CONTEMPORARY
WORLD MEDIA

当代世界媒体

（上）

徐和建　刘笑盈◎主编

中国传媒大学出版社
·北京·

《当代世界媒体》编委会名单

序

世界离不开媒体，中国也离不开媒体。媒体离不开世界，更是离不开中国。世界、中国、世界媒体、中国媒体紧紧地联系在一起，构成国际命运共同体的重要组成部分。

近年来，中国开始越来越多地参与全球治理，全面参与全球化的进程。有人甚至认为，在经历了大航海时代的“全球化 1.0”“英式全球化 2.0”“美式全球化 3.0”之后，现在正处于全球化部分破碎的“3.5 阶段”，而中国将会在推动“全球化 4.0”的过程中一步步重回世界之巅。[①]中国的经济实力在上升，中国已经成为世界第二大经济体和最大的生产国，中国对世界经济的贡献率已经超过 30%。不过，中国参与全球化也存在困难，最大的问题就是在经济全球化和文化软实力影响中存在反差。2017 年底，环球舆情调查中心公布的《2017 年中国国家形象与国际影响力全球调查报告》中显示，超过八成的国外受访者认为中国已经进入或正在进入世界性强国行列。在他们看来，中国最突出的国际形象是“复杂的”“自信的”。具体来看，国外受访者对于中国的评价是：经济实力突出，科技实力稳步提升，军事和政治外交实力向前，而文化影响有限。其中，66.4%的人认为中国已具备世界性强国的“经济实力”，远远超过“科技实力”(38.4%)、“军事实力”(31.7%)、“政治及外交影响力”(30.5%)，而排在最后的“文化影响力”仅有 18%的受访者认同。[②]当代中国国际形象的树立主要源于“他塑”，而非“自塑”，中国媒体的话语空间遭到挤压，机遇和挑战同时存在。

与此同时，中国以更为积极自信的姿态融入世界体系、参与世界事务，世界对中国的关注也逐渐加强，各国媒体也将目光聚焦到中国，国际媒体的驻华记者人数、驻华新闻机构的数量在快速上升。掌握当代世界主流媒体的背景信息、最新动态、发展趋势，了解其所在国家的媒体政策，熟悉驻华国际媒体的对华态度、报道倾向，有助于我们更加从容地与外国媒体打交道，更加自如地与驻华记者沟通交流，更加正确地把握国际舆论的状况和态势，从而更好地传递好中国声音，讲好中国故事，进一步提升我国的国际传播能力。

正是在这样的背景下，北京市人民政府新闻办公室联合中国传媒大学国际新闻研究所，共同推出了“当代世界主流媒体研究”项目。北京是中华人民共和国的首都，是全国的政治中心、文化中心、国际交往中心、科技创新中心，受到世界的极大关注，自然成为世界媒体的聚焦中心。统计表明，截至 2016 年 6 月，共有来自 45 个国家 272 家新闻机构的 629 名外国记者常驻北京，他们平均每个月从北京发出超过 2000 多条国际新闻报道(包括文字和音视频报道)，主题非常广泛，涉及中国的政治、经济、文化、社会的方方面面，其中也有不少是有关北京市的报道，北京有了解世界媒体的迫切现实需要，更有作为首都的担当。在这个项目的基础上，也才有了这本研究著作的问世。

“当代世界主流媒体研究”项目自 2014 年开始启动，组织了一个数十人的研究工作团队，通过媒体选择、文献整理、案例分析、走访调查、研讨论证、文章撰写、修改打磨、专家论证等步骤，经历了两年多艰苦的研究过程，才得以最终完成，这本书可以说既饱含研究者的辛勤汗水，又是集体智慧的结晶。特别需要指出的是，项目组先后组织召开了项目论证会和成果鉴定会，得到了中宣部新闻局、外交部新闻司、国务院新闻办公室对外新闻局、中国外文局对外传播研究中心、中国记协国际部、中国国际问题研究院、中国现代国际关系研究战略研究中心、新华社、中新社、北京大学、清华大学、中国人民大学、中国传媒大学、中国社科院新闻与传播研究所、北京市人民政府外事办公室、北京市公安局出入境管理总队等与会相关领导、业内专家、学者教授的大力支持和充分

① 邵宇，秦培景：《全球化 4.0：中国如何重回世界之巅》，桂林：广西师范大学出版社，2016 年，第 7 页。

② 范凌志：《中国国际形象：复杂和自信》，《环球时报》2017 年 12 月 18 日第 3 版。

肯定。

概而言之,本书的编写具有如下特点:

首先是项目规模庞大、收入媒体数量多、地区分布全、媒体形态广,超过了以前所有的境外媒体研究项目。在学术乃至业界范围,对世界媒体的研究都是一大重点课题。目前国内对于当代世界主流媒体的研究,主要集中在少数西方传媒大国的大型主流媒体上,对于其他国家地区的传媒产业以及媒体机构所知不多,存在资料不系统、信息大多较为陈旧等问题。现有相关研究多为简单检索式的资料汇编,而且大多是 20 世纪 80 年代汇编出版的手册资料等。而在这个项目中,共收集了世界五大洲 75 个国家的 437 家媒体机构。涵盖了包括报纸、杂志、广播、电视、通讯社和网络媒体在内的多种媒介形态,其中收入的媒体包括欧洲 186 家、亚太 118 家、北美 75 家、拉美 19 家、非洲 39 家。在这些媒体中,既有具有世界影响的一流媒体,也有具有地区影响的一流媒体,还有在所在国影响力较大的媒体,所选媒体的分布也比较平衡。可以说,目前在华设有办事机构的媒体基本上都被收入其中了,其中还包括了少量没有设办事机构的媒体,全书多达 251 万字,可以说是当代的世界媒体大全。

其次是结构完整、逻辑清晰、研究比较深入。全书的编写体例分三部分。一是世界媒体概述,包括世界媒体的总体发展概况、世界媒体的地区发展概况、世界媒体的发展趋势和中国与世界媒体的关系。二是各州的媒体发展概况,包括欧洲、亚太、北美、南美和非洲五大洲的媒体发展,做了相对具体的介绍,其中包括媒体形态、传媒体制、地区特点和发展趋势等具体内容。三是具体媒体的研究,按照不同国家的报纸、广播电视、通讯社和新媒体排列,每一个媒体都是按照历史沿革、发展现状和趋势、媒体报道特点,以及涉华报道四部分内容进行分类研究,不仅有一般介绍,而且有媒体报道特点分析。这样可以从宏观、中观、微观的立体角度,认识当代的媒体。尤其是在编写世界媒体的各地区发展状况时,本书用世界媒体地图的表述,可以更清晰地描述媒体的不同情况。

第三是坚持准确性、资料性和材料的新鲜性。准确性是编写本书的重要要求,基本的事实要求反复核对,内容不出错。本书的资料性也是一个重要特点,在研究中发现许多媒体由于研究不多,资料有限,所以本研究团队在展开研究的过程中,动员了包括英语、法语、德语、西班牙语、日语、意大利语、朝鲜语等外文语种的专门人员,参考引译了大量外文资料文献,尽可能地为本书的读者提供更多的资料。同时,在资料的运用上,尽可能地利用最新的资料,本书的资料数据,多为 2015 到 2016 年的新鲜资料,也为读者提供了方便。

第四是兼顾实用性、学术性和前瞻性,这样可以扩大本书的使用范围和价值。本书的实用性首先体现在包括了几乎所有在华设有媒体机构的媒体,另外还专门设立了媒体的报道特点,尤其是涉华报道的部分,在介绍基本情况的基础上,进一步提出了舆情研判以及舆论应对的相关建议,能够有效指导对外传播的实践工作。而学术性不仅体现在全书的结构设计上,同时严格要求使用资料说话,研究参考文献多为新闻传播学领域经典著作,全书的索引部分达到了 2000 条以上,而且还要求立论尽量做到客观准确。另外在研究中还比较注意趋势发展,重视对媒体和行业发展的前瞻性研究。

当然,由于相关材料和信息源的问题,对于部分媒体的研究还稍显单薄,尤其对于部分尚未实现网络化传播的媒体来说,在一些具体的研究内容上有待进一步深入扎实。传媒行业瞬息万变,这一研究题目具有较强的时代性和时效性,本研究虽然尽量强调了资料数据的时效,但行业的发展很快,在指导实际工作时仍要将研究文本与现实情况相结合。全书是研究工作团队合作的产物,在文风和研究的深入程度上也参差不齐。还有就是在媒体的选择上,新媒体的部分还不够多。我们觉得欣慰的是,系统性研究走出了宝贵的一步。

本书编写的主要目的,是为从事国际传播的政府官员们提供帮助,为从事世界一流媒体建设的业界同行们提供启发,为从事世界媒体研究的学界同行们提供参考,同时为所有对世界媒体感兴趣的读者们提供一条入门的路径。我们希望本书能为提升我国的国际传播能力提供助力,但是能不能达到这样的目的,还是需要读者们自己评价了。

目 录

（上册）

(下册)

总　论

本研究的核心概念是媒体。“媒体”是一个外来词，源于英文单词 media。根据学者的研究界定，“媒体”一词包含两层意思：一是具体的表现形式，比如印刷出版的报纸；二是维持并保证这一形式运行的机构组织，比如报社等机构。二者合一才能称之为媒体。[①] 当代世界是一个信息的世界，是传播全球化的世界。媒体在当代世界的重要性毋庸置疑，由媒体源源不断提供的信息是当代世界赖以运转的基础。那么，我们应该如何认识当代世界媒体的基本状况——世界媒体的总体发展状况如何？各大洲的媒体发展状况又是如何？当代世界媒体发展的基本特点如何？世界媒体与中国的关系又是如何？这是本书带领我们认识当代世界媒体的四个基本出发点。

一、世界媒体总体概况：媒体的发展形态

从历史上看，新闻媒体的发展经历了四种形态——报刊、广播、电视和网络媒体，也可以按照媒体的性质分为印刷媒体（报纸杂志）、电子媒体（广播电视）和网络媒体（数字媒体）。尽管现在有所谓的“新媒体”，在过去十几年间，手机新闻信（短信）、即时通讯软件（MSN 等）、电子公告板（BBS）、博客、微博、微信等陆续出现，但是由于其组织系统并不完善，目前是否可以列入新闻媒体的范畴还存在争论。当然，在媒体形态中还应该包括新闻媒体的公分母——通讯社。

人类传播的发展史，也是信息媒介和传播媒体的发展史。在人类的前新闻时期，人类创造了多种多样的信息传递方式，但是其中最基本的传播方式是图画、语言和文字，而这三种基本的传播方式，最终又反过来形成了三种不同的大众新闻媒体。[②] 最先出现了以文字为主的报刊，随后是有声语言的广播，再后来是以图像为主的电视。在此之后出现的网络媒体，由于集合了文字、语言和图像的多种传播方式，因而也被称为“多媒体”。在网络媒体的发展历程中，也经历了从门户网站、搜索引擎、社交应用到视频流媒体的代际更替。

总而言之，在当代世界，媒体的四种形态都在发展。据预计，当代世界有两万到三万种报刊，日发行量超过 6 亿多份，有十万家以上的广播电台，几十万个广播频道，有 7000 多家电视台，数万个电视频道，20 亿台以上的电视机，还有 30 多亿网民，10 亿个以上的网站，数十亿的移动互联用户，以及建立在社会发展和移动传播技术基础上的自媒体。此外，值得注意的还有数百家国家级通讯社和少数几家世界性通讯社。不过在不同的地区，媒体发展的速度和形态不同，媒体所属的体制不同，媒体发挥的作用也不尽相同。

（一）报纸

报纸是以文字形式体现的第一种新闻媒体。16 到 17 世纪之间，近代报刊开始出现。1615 年，德国人埃格诺尔夫·艾莫尔（Egenolph Emmel）创办了著名的《法兰克福新闻》（*Frankberter Journal*），每周刊发一期报纸刊登数条新闻，被公认为世界上第一家真正的报纸，而艾莫尔本人也因此被尊为“德国报业之父”。[③] 在此之后，定期出版的报纸开始在欧洲各国陆续涌现，如荷兰的《荷兰报》（1618 年）、英国的《每周新闻》（1621 年）、法国的《各地见闻》（1631 年）等，均成为各国最早的近代报刊。与此同时，世界新闻史上第一份日报也诞生于德国，1656 年，由出版商蒂莫托伊思·里兹赫（Timotheus Ritzsch）创办的《新到新闻》（*Einkommende Zeitungen*）成

---

① 林刚：《新媒体概论》，中国传媒大学出版社 2014 年版，第 2 页。

② 刘笑盈：《中外新闻传播史》，中国传媒大学出版社 2006 年版，第 486 页。

③ 陶涵：《世界新闻史大事记》，人民日报出版社 1988 年版，第 10 页。

为德国,同时也是世界第一份日报。到19世纪末20世纪初,报纸在西方国家发展到了历史上的第一个高峰。尽管受到了广播的冲击,到“二战”结束后的20世纪五六十年代,报纸在西方国家还是迎来了发展的第二个高峰。不过自那之后,报纸就开始了缓慢的下滑过程。与此相对,发展中国家的报纸则一直处在上升过程。

在报纸成为大众媒体并在19世纪末达到发展的高峰以后,从外部看报纸经历了三次冲击:20世纪30年代来自广播的冲击,50至60年代来自电视的冲击,以及世纪之交来自网络媒体的冲击。从自身发展的情况来看,报纸曾经经历过“政论模式”“信息模式”“故事模式”和“解读模式”四种发展模式,[①]而报刊的“故事模式”也一直在冲击着“信息模式”:经历了19世纪末的煽情主义新闻时期,在20世纪又遭遇了30年代的公关新闻、50至60年代的意识形态新闻和80年代以后的小报化的冲击。不过,报业组织也不断通过报纸的形式和内容的改变,来适应这些冲击。其主要表现就是:(1)报纸的垄断和集中程度加剧,以增加报纸的实力。(2)增加报纸的厚度和扩大版面。例如,美国的日报就从20世纪40年代的平均6版24页增加到了80年代的16版64页,报纸开始分叠,同时增加广告容量。目前,几乎全世界的主要报纸都采取分叠编版的方式,大多数报纸的内容已经扩展到20到40个版面,包括副刊在内,多时甚至可以达到百余页。例如,美国《纽约时报》日常版通常出刊A到F六个叠次,分为20到30多个版面,每期有40到80多页不等,而周末版通常能达到300多页。(3)报道的内容更加广泛,从新闻、评论到娱乐、体育、旅行、购物、餐饮无所不包。(4)报纸的新闻开始从消息向深度报道发展,如20世纪30年代以后出现的解释性报道、60年代出现的精确性报道、70年代以后日渐趋热的调查性报道等等,报纸开始突出其原新闻和思考性新闻的特色。时至今日,可以说报纸依然是我们重要的新闻来源。在“9·11”事件之后,美国人在看完了电视节目以后直扑报摊,这一现象就说明了这一点。“12日那天,在全美,平时不大读报的人都会买一份报纸,目不转睛地阅读。”报纸的发行量普遍大幅上升。美国两位资深新闻人称:“如果没有报纸,新闻世界就会像一辆雅致的敞篷汽车,但是没有引擎。”[②]

不过总的来说,报纸的处境开始日益艰难。目前,全球报纸的数量在2万到3万种之间,日发行量可以达到6到8亿份。20世纪90年代,发达国家千人拥有报纸319份,其他地方是33份。[③] 不过,这一数据在进入新世纪以来有所变化。总的趋势来看,发达国家的人均报纸拥有量在下滑中,目前的千人拥有量已经落到200多份。而发展中国家的报纸却在上升,千人拥有量达到了60多份。在这些报纸中,日报大约有8000种,日发行量5亿多份。在世界范围内,报纸的千人拥有量平均数为90份。在世界的报纸市场上,欧洲占据了其中的30%,北美洲占20%,其他地方占50%。也就是说,发展中国家在世界报纸市场上的总量已经超过了一半。近年来,发行报纸较多的国家如印度有报纸3500多种,俄罗斯有近3000种,中国2000多种,美国1800种,英国1200种,乌克兰1000种,南非700种,墨西哥400种,德国375种,巴西300种,法国250种,埃及240种,智利225种,韩国150种,日本120种,加拿大100种,等等。与此同时,在世界报纸中,以英文出版的报纸约占到总数的四分之一。除英文报纸外,发行量最大的是中文报纸,随后是德文和西班牙文报纸。有人认为,当今世界上最有影响的十家报纸是《纽约时报》《华盛顿邮报》《华尔街日报》《今日美国》《金字塔报》《泰晤士报》《真理报》《图片报》《世界报》《读卖新闻》,[④]就发行量来说,或者还应该加上《人民日报》。

目前来看,在广播电视特别是网络媒体的冲击下,成本上升和发行量下降是报纸难以阻挡的趋势,大多数报纸已经开始走向深度报道和杂志化的路线。由于报纸是最早发展起来的媒体,而且是以文字报道为特色,因而具有历史悠久、规范成熟、权威性强、可信度高的显著特点。一般说来,报纸是准确消息源和深度新闻的主要提供者,所以在媒体家族中具有独特地位。

(二)广播

广播是以有声语言形式体现的第二种大众新闻媒体。从20世纪初期起就开始有科学家致力于广播技术

---

① 张军芳:《报纸是“谁”——美国报纸社会史》,中国传媒大学出版社2008年版,目录。

② 〔美〕伦纳德·小唐尼等:《美国人和他们的新闻》,中信出版社2003年版,第75、77页。

③ 〔法〕洛特菲·马赫兹:《世界传播概览——媒体与新技术的挑战》,中国对外翻译出版公司1999年版,第172页。

④ 李良荣:《当代世界新闻事业》,中国人民大学出版社2002年版,第115页。

实用化的实验。1906年，美国科学家范思登通过自己建立的实验广播发射台播出了演说以及音乐，成为世界上第一次语言广播，但收听范围很小，效果也不好。直到20世纪20年代，广播开始逐渐发展成为大众传播媒体。1920年，美国无线电公司制造出了最初的收音机，同年就在美国国内出现了两座广播电台，其中第一个领取执照正式成立的广播电台是由威斯汀豪斯公司建立的匹兹堡电台（KDKA），该台于11月2日晚八点首次播音，向听众播出了当天有关哈定与柯克思竞选总统的消息，"有几千人收听了这个长达18个小时的节目"。① 自诞生以后，广播经历了20世纪三四十年代的黄金发展时期，尽管在五六十年代受到了电视的冲击，使得广播逐渐丧失了第一大众媒体的地位，但是在经历了电子管过渡到晶体管的技术升级之后，广播还是得到了一定的发展。到七八十年代以后，广播媒体又开始了专业化和"窄播"化的调整。在网络媒体兴起后，广播在世纪之交的数字化改造中继续保持平稳发展。

数字广播是继调幅和调频广播之后的第三代广播，它全部采用最新的数字处理方式进行音频广播。与调幅、调频广播相比，数字广播具有几大优势：音质纯净，可与CD媲美；抗干扰能力强，收听效果好；适于固定、便携和移动收听，快速移动时接收效果好；除音频节目外，还可以提供数字多媒体广播和数据服务。此外，数字广播还具有发射功率低、发射带宽使用充分等优点。② 从20世纪六七十年代开始，随着集成电路和微处理器的发明，以电子信号进行音频广播的物理条件已经基本具备。但是数字广播的真正发展，却主要是由于调频广播频道分配有限这一缺点的推动。20世纪80年代，欧洲多个国家都致力于数字广播技术的研发，其中又以工业强国德国为领先。德国的广播技术研究所开始以Eureka 147系统研究数字信号音频广播，并于1985年在慕尼黑率先投入试播实验。1986年，德、英、法、荷、丹麦等国的政府及广播机构与电子产业界共组Eureka联盟，并制定了Eureka 147 DAB标准。从1988年1月1日开始，欧洲正式实施Eureka 147标准。到1994年时，Eureka 147标准又被国际电信联盟（ITU）确认为国际标准。

目前，国际上集中发展较为成熟的数字广播包括：数字音频广播（DAB）、数字多媒体广播（DMB）和数字调幅音频广播（DRM）。上述Eureka 147标准即为数字音频广播的主要播出标准规范，除了欧洲各国以外，还在加拿大、新加坡、澳大利亚等国广泛应用。此外，还有美国的带内同频（IBOC）标准和日本的单套节目DAB标准。另外几种数字广播技术——数字多媒体广播是在数字音频广播基础上能够同时传送多套节目、数据业务和活动图像的广播，主要应用于公交车、出租车、地铁等移动场所的内容传播；数字调幅广播的工作频段为150KHz到30MHz，也被称为30MHz以下调频广播，它将数字化技术引入调幅广播，极大地解决了调幅广播本身固有的抗干扰能力差、音质一般的缺点。目前，越来越多的电台和广播网络运营商都已启动数字调幅广播项目。③

可以说，广泛应用新的传播技术，发展卫星广播和数字广播，是广播再次获得发展的重要基础。与此同时，汽车的增长也为广播的复兴提供了条件，在路上的时间增多使得各种交通类的广播电台得到迅速发展。全球广播电台的数量很难统计，因为很多国家存在许多不登记的私人电台，估计全球的电台有十万家以上，广播频道则能达到十万个以上。

从内容上来看，在广播出现的初期，新闻曾经是其播出的重点。除新闻外，还有广播剧、音乐、交通、气象、体育、财经节目等。现在广播变得专门化了，更多的电台是音乐和气象、交通，也有专门的新闻频道，在综合频道和其他频道中也有新闻。总的说来，广播的新闻功能在下降，但是由于其快速、现场感和"伴随性"特征，广播新闻依然不可缺少。目前，世界上有众多规模庞大的广播网，例如，美国的美国广播公司（ABC）、全国广播公司（NBC）、哥伦比亚广播公司（CBS）、美国之音（VOA），英国的英国广播公司（BBC），法国的法国国际广播电台（RFI）、法国广播公司（Radio France），德国的德国广播电台（DRadio）、德国之声（Deutsche Welle），日本的日本

---

① 〔美〕迈克尔·埃默里、埃德温·埃默里：《美国新闻史：大众传播媒介解释史》，展江、殷文译，新华出版社2001年版，第314页。

② 程曼丽、乔云霞：《新闻传播学辞典》，新华出版社2012年版，第280页。

③ 宫承波：《广播电视概论》（第2版），中国广播电视出版社2014年版，第74页。

放送协会(NHK),以及中国的中央人民广播电台(CNR)、国际台(CRI)等等。目前,在世界不同的地区,广播发挥的作用也不完全相同。

(三)电视

电视是以活动视觉图像形式为主的第三种大众新闻媒体,是传统三大媒体中最后出现,但却最具有竞争力的强势媒体。电视出现于20世纪30年代,1925年,英国科学家贝尔德利用自己发明的设备,配合德国科学家尼普考发明的扫描图盘,成功地完成了首次传输图像的实验;到1928年时,美国纽约的一个实验电视台在实验室中成功地播出了第一个电视剧节目。1931年,俄裔美国科学家兹沃利金发明了电子扫描的显像管,大大提升了图像传输的技术。1936年,英国广播公司创立了世界上第一个电视台,并于11月2日开始定时播出电视节目,被认为是世界电视事业诞生的标志。① 可以说,20世纪五六十年代是无线电视的发展期;七八十年代是有线电视和卫星电视的发展期;90年代以后则开始了网络电视、数字电视的发展历程。电视的出现改变了新闻,电视不仅把新闻变成了展示,而且变成了"正在发生的"故事。由于这样的传播特点,电视很快发展成为强势媒体。电视的播出内容有新闻、娱乐、电视剧、体育、财经、教育、综艺、生活、广告等,其中,新闻、电视剧和体育通常是收视率最高的节目。据统计,发达国家平均每天观看电视时间长达3小时以上,其中美国人日均观看电视的时间达到5小时以上,英国人也达到3小时44分钟(2014年数据)。② 尽管受到网络媒体的冲击,电视仍然是大多数人获取新闻的主要渠道。根据皮尤研究中心发布的研究报告,55%的受众以电视为获取新闻信息的主要来源,然后依次是网络(39%)、广播(33%)和报纸(29%)。③ 同时,由于画面所体现的信息内容远远超过了文字和语言,所以电视所发挥的新闻传播作用也许比我们想象的还要大。

电视在当代世界传播格局中的地位非常重要,甚至可以说在展现新闻方面首屈一指。当代英国传播学者尼古拉斯·阿伯克龙比(Nicholas Albercrombie)说,"在所有的媒体形式中,最突出表现全球化意识的是电视。其传播的范围和影响力真正有了国际性"。④ 美国学者莱斯特·瑟罗(Lester Thurow)也曾经指出:"电视不再是反映现实,它就是现实。如果饥饿的索马里儿童上了电视,全世界都想为此做些什么;如果没上电视,他们就不存在,人们什么也不会做。"⑤20世纪60年代,美国电视对世界的报道开始增加,特别是对越南战争的报道,由于是电视把这场战争带入了美国的普通家庭,它甚至被称为"客厅里的战争"。⑥ 在六七十年代期间,许多国家的电视都开始增加国际新闻报道。随后,以1980年美国有线电视网(Cable News Network)的创办为标志,国际电视开始异军突起。从有线电视新闻网开始,电视媒体打破了原本的国家、文化界限,从建立之初就定位为国际化的新闻传播机构,全球布点设站,广泛报道世界各地的新闻时事。到世纪之交,世界上已经出现了上百个商业性的国际电视台和30多个官方、半官方的国际电视台。前者的代表如有线电视新闻网(CNN),后者的代表如英国广播公司世界台(BBCWorld)。国际电视在更多地显示出新闻性特点的同时,也成了全球新闻的主要提供者。

据统计,2002年全球共有7000多个电视台和20亿台电视机。目前,尽管电视受到了新媒体的冲击,但是依然处于发展中。据全球最大的卫星电视运营商SES估计,2014年,全世界的电视频道有2万多个,而十年之后的2024年,全球范围内将会有多达38500个电视频道。其中,北美地区增长率为2%,总数大约达到15500

---

① 刘笑盈:《中外新闻传播史》(第2版),中国传媒大学出版社2012年版,第256页。

② 数据引自:http://www.nydailynews.com/life-style/average-american-watches-5-hours-tv-day-article-1.1711954,http://www.thedrum.com/news/2015/02/28/total-tv-viewing-falls-45-2014-tv-sets-remaining-uk-viewers-screen-choice,检索时间:2016年7月20日。

③ PEW Research Center: In Changing News Landscape, Even Television is Vulnerable, Trends in News Consumption: 1991-2012, http://www.people-press.org/2012/09/27/in-changing-news-landscape-even-television-is-vulnerable/,检索时间:2016年7月20日。

④ 〔英〕尼古拉斯·阿伯克龙比:《电视与社会》,张永喜译,南京大学出版社2001年版,第110页。

⑤ 〔美〕莱斯特·瑟罗:《资本主义的未来》,周晓钟译,中国社会科学出版社1998年版,第143页。

⑥ 郭镇之:《电视传播史》,北京师范大学出版社2000年版,第229页。

个;西欧国家电视频道数量的增长率预期为4.5%,总数量大约为3650个;中美洲和拉丁美洲国家预期电视增长率为5.1%,总数量达到3800个;亚太地区的增长率在5.9%左右,总数量大约有7500个;而中东欧地区的预期电视增长率则将达到6%,东欧地区的国家电视频道数量将会达到5150个。[①]

(四)网络媒体

网络是20世纪90年代才出现的新兴传播技术,而依托于网络诞生的网络媒体也自此才开始出现,但是其发展速度却非常快。一般认为,网络媒体是通过互联网传播数据的综合信息发布平台,而这个平台的信息呈现为经过一定的编辑制作系统加工的界面表现形式,并可为不同电子终端所接受。[②] 严格说来,互联网也不过是文字、声音、图画三种主要媒介形式的综合表现,即所谓的"多媒体"。1998年,联合国将网络命名为"第四媒体"。因此,也有将网络媒体称为"多媒体"和"第四媒体"的说法。

2003年,全球使用计算机的用户达6亿人,接入网络的主机有3亿台。到2008年时,全球网民总数超过了16亿。2014年的数据显示,世界网民数首次超过了30亿,全球互联网普及率达到40%。新加坡《联合早报》2014年9月18日刊登报道称,"互联网实时统计"(Internet Live Stats)公布,1995年,全球的网站只有1.8万家,2004年就达到了50000家,在2006年达到了1亿家,2014年甚至突破了10亿家。[③] 截至2014年12月,中国网民规模达6.49亿人,网络普及率为47.9%。[④] 美国网民规模达2.8亿人,中美两国的网民数合计占世界网民数的30%。同时,中美两国也是世界互联网公司前十强的拥有者。[⑤] 另外,印度的网民也超过了3.5亿。从2009年到2014年五年间,发展中国家的网民数增加了一倍,现在2/3的网民都在发展中国家,就是说最近的新网民绝大多数都是来自发展中国家,这是一个非常值得关注的现象。但是我们同时也看到世界上仍然有近40亿人无法上网,其中90%生活在发展中国家。2015年,世界的网民数超过了32亿人,而中国的网民数在2015午6月达到了6.68亿人。

国际上数以亿计的网站中,有千万家是新闻网站,其中许多是由报纸、广播和电视台等传统媒体发展而来,另一部分是网络公司直接创办。在网络新闻中,需要注意的有以下几点:(1)与传统媒体不同,网络有海量信息。一般规模的网站每天提供的新闻信息可以达到数千条、数十万字,还有方便的链接和庞大的资料库。(2)美国是网络媒体发展最为先进的国家,拥有世界上最多的大型网络服务器,世界前100家浏览量最大的网站绝大多数都在美国,而且英语是网络传播世界中毫无疑问的第一语言,可以占到80%的比例。不过,如今各国间在网络空间的竞争也日趋激烈,美国仍占显著优势。(3)网络的功能排列依次是沟通、娱乐、资料库和新闻,尽管绝大多数的网民天天上网浏览新闻,但因为缺少原创性,网络新闻在公众心目中的可信度不高。不过这种状况正在改变,新闻的地位在不断提升。除英语外,其他语种如阿拉伯语、汉语的网络占有率也在提升。(4)从形态上看,网站的发展经历了以"美国在线""雅虎"等为代表的门户网站,以"Google""百度"等为代表的搜索网站,以"Facebook""MySpace"等为代表的社交网站,以及以"YouTube""Hulu"等为代表的视频网站等代际的发展,不断展示着互联网的海量信息、互动与分享和多媒体的特点。(5)当今社会以通信和计算机网络技术为基础,还出现了许多基于社交网络及其应用平台的全新媒体形态。不过,因为其背后没有专业性的社会组织,所以并非真正的新闻媒体,或者可以引入一个新的词汇称为"自媒体",即指普通大众通过网络等途径向外发布他

---

① Advanced Television 杂志网站:38,500 TV channels by 2024,2015年6月26日,http://advanced-television.com/2015/06/26/38500-tv-channels-by-2024/,检索时间:2016年7月22日。

② 潘瑞芳、谢文睿、钟祥铭:《新媒体新说》,中国广播电视出版社2014年版,第19页。

③ 中国新闻网:《全球互联网网站数量突破十亿大关仍在急速增长》,2014年9月18日,http://www.chinanews.com/gj/2014/09-18/6604823.shtml,检索时间:2016年7月22日。

④ 中国互联网络信息中心:《第35次中国互联网络发展状况统计报告》,2015年2月3日,http://www.cnnic.net.cn/hlwfzyj/hlwxzbg/hlwtjbg/201502/P020150203548852631921.pdf,检索时间:2016年7月22日。

⑤ 世界互联网公司前十强中,中国占四家,美国占六家。其中,中国的四家是百度、腾讯、阿里巴巴和京东。

们本身的事实和新闻的传播方式。[①] 因此，这类媒体并没有纳入本书的研究范围，但是这种新的传播方式也正在改变着新闻的形态。

网络媒体的出现对新闻的影响是十分巨大的。首先，网络媒体本身就是地地道道的国际化媒体，任何信息一进入互联网，就同时可以被全球网民看到，可以说是真正的全球媒体。其次，网络媒体的出现很大程度上改变了新闻报道的方式与内容，对传统的新闻报道模式提出了挑战。有人认为，网络媒体的主要特征就是“去中心化”，由此而来形成了与传统话语体系不同的新型话语体系，“分享”与“体验”成了新闻报道的新特点。最后，网络媒体，同时也包括“自媒体”形式的社交媒体，它促进了国际新闻报道的发展，体现在信息更加多元化、更多的即时性目击新闻、汇集人才专业性更强、新的议程设置者和监督主流媒体等方面。[②] 当然，网络媒体也存在着报道不专业、缺乏监督、受众面窄等局限，但是这一局面正在发生改变。有研究表明，用户更喜欢提供多渠道新闻报道的网站。以雅虎为例，它就同《今日美国》、法新社等 100 多家新闻媒体达成了协议，转载其新闻内容或者提供与其网站的链接，用户可以在雅虎的信息内容中搜索大约 7000 个网络新闻来源，因此受到欢迎。目前来看，在网络媒体与传统媒体之间，一方面形成了互补的关系，另一方面两者间的竞争也促进了媒介融合，为国际新闻报道提供了更多的方式和更大的空间。

(五)通讯社

新闻通讯社是面向媒体提供新闻信息服务的媒体机构，因而被称为世界新闻的消息批发商和新闻公分母，是世界新闻的主要提供者。美国著名国际新闻学者威廉·哈森认为，“当今世界新闻播发体系的历史，很大程度上就是一部世界性通讯社的发迹史，以及它们对各种技术创新进行应用的历史”。[③] 在世界数百家通讯社中，可以分为世界通讯社、国际通讯社、地区和国家通讯社三个不同层次。通讯社诞生于 19 世纪 40 年代，1835 年成立的法国哈瓦斯通讯社是世界上第一家新闻通讯社。加上此后相继成立的德国沃尔夫通讯社(1849 年)、英国路透社(1851 年)和美国港口新闻联合社(1848 年)，成为新闻史上的近代四大新闻通讯社。1870 年，四家通讯社签订了著名的“三边四社协定”，将世界新闻资源划分为四个势力范围，由四家通讯社分管各自范围内的新闻报道，世界传播体系由此初步建立。伴随着对世界新闻市场的瓜分和垄断，这四家通讯社发展成为最早的一批世界通讯社，即在世界范围内展开业务活动，并且具有世界性影响力的新闻通讯机构。与此相对，国际通讯社是指报道辐射能力和影响力范围稍逊于世界通讯社，主要在国际间开展报道活动和新闻业务的新闻通讯机构。而地区和国家通讯社则指主要在本地区或国家开展业务的新闻通讯机构，其影响力也往往更为有限。

威廉·哈森认为，处在第一层的是世界五大通讯社——美联社、合众国际社、路透社、法新社和俄塔社。“这五家媒体之所以成为全球性的新闻机构，主要在于它们具有向世界各地报道几乎发生在世界每个角落里的新闻的能力。”[④]其中，前四家西方通讯社就提供了世界新闻报道的 80%。以美联社为例，该社在全球的订户近 2 万家(其中国内 7700 家)，遍布世界 115 个国家与地区，每天用 6 种语言提供上千万字的新闻、图片、照片、广播电视声音和图像及网上服务。据美联社自己的统计，全球每天有 15 亿人接触到美联社的新闻。[⑤] 随着苏联解体以后，塔斯社的业务范围和影响能力也大大缩减，不复世界新闻通讯社的地位。如今，塔斯社连同包括德国的德新社、日本的共同社等在内的一些国际通讯社，也在向世界性的新闻通讯社迈进。同处国际通讯社范畴的还有意大利的安莎社、西班牙的埃菲社和埃及的中东社。这些构成了世界范围内的十大通讯社。[⑥] 当然，中国的新华社也应属世界范围内的主要通讯社之一。1983 年新华社就提出了建立世界性通讯社的目标，到 2000

---

① 总政宣传部:《网络新词语选编》，解放军出版社 2013 年版，第 225 页。

② 严怡宁:《论博客对传统主流媒体的挑战》，《郑州航空管理学院学报(社会科学版)》2005 年第 10 期。

③ 〔美〕威廉·哈森:《世界新闻多棱镜》，张苏、苏丹译，新华出版社 2000 年版，第 66 页。

④ 〔美〕威廉·哈森:《世界新闻多棱镜》，张苏、苏丹译，新华出版社 2000 年版，第 58 页。

⑤ 〔美〕威廉·哈森:《世界新闻多棱镜》，张苏、苏丹译，新华出版社 2000 年版，第 63 页。

⑥ 李良荣:《当代世界新闻事业》，中国人民大学出版社 2002 年版，第 95 页。

年时已经在世界92个国家和地区设立了100多个总分社和分社，形成了以中国新闻、发展中国家新闻和世界热点新闻为重点的多语种、多渠道的新闻发布体系，新闻用户近一万家，也完成了建成世界性通讯社的目标。截止到2016年7月，新华社在世界97个国家和地区分布有102个海外分社。①

通讯社是根据专业性分工建立起来的，其服务的对象是媒体，通过大众媒体与受众发生联系。换句话说，通讯社实际上是一个消息批发商，在专业化分工负责的原则下，通讯社为各种新闻发布机构提供采访和写作的原料，它打破了新闻媒体的个性结构，实现了新闻传播内容的标准化。因为通讯社是"媒体的媒体"，这就要求通讯社具有超强的新闻搜集能力，能够提供丰富的新闻产品。传统的通讯社主要是以文字作为新闻传输方式，如今现代通讯社的内容产品也越来越多样化，既有图片、音频、视频，也有多媒体报道。目前，各国通讯社的业务范围和传送手段都有了重大的发展。通讯社的供稿对象除报纸、广播电台、电视台之外，还包括网络媒体。各通讯社报道的内容，除传统的政治、经济、社会等新闻之外，大量增加了科学、体育、气象、经济信息等，特别是经济信息，由于其超越文化和意识形态的特点，更加受到重视。有的通讯社，甚至还开始发展自有媒体，直接面对新闻受众播发新闻信息。

通讯社的出现和发展直接带来了两个方面的影响。一方面，通讯社进一步促进了新闻的专业化，通讯社与媒体之间形成了相互促进的关系。通讯社通过采用新的通讯技术、建立记者队伍和报道网络、提供各类新闻信息和报道，在新闻专业化的过程中发挥了重要作用。另一方面，通讯社促进了新闻资源的整合，特别是新闻报道的国家化。各种通讯社尽管在体制上有民营和公营、半政府和政府控制之分，但是在国际政治中，通讯社往往是国家利益的代言人。不仅国家通讯社如此，世界通讯社也是一样，"世界性通讯社兼具有'世界性'与'国家性'的双重角色，可以说是无可逃避的"。② 不过，国家通讯社维护国家利益的最重要原则，就是它发布的新闻必须为外国新闻媒体所采用，这除了有它对新闻源的独占因素之外，还取决于它所发布的新闻具有客观性、公正性与独立性。

加拿大著名传播学者麦克卢汉曾经指出"媒介即讯息"，尽管新闻的信息传播本质没有改变，但是由于传播技术的发展，媒体的传播效果和社会功能的确发生了很大的变化。正是媒体的发展，才使我们生活在今天异常丰富的新闻世界里。

二、各大洲版块的媒体发展：世界媒体地图

如果说上一部分是根据媒体形态对世界媒体的总体介绍，那么这一部分就是根据世界地理区域的不同所做的媒体概览。如果说世界各个部分的自然地理地形不同，有高山、平原、湖泊、沙漠的话，经济文化也有不同的厚度和特色的话，那么在世界各大洲的媒体发展也是一样。倘若我们要描绘这么一副世界媒体地图，那么海拔最高的北美洲、地处高原的欧洲、地形多样的亚洲、迅速崛起的拉丁美洲以及仍处低谷的非洲，将是我们需要呈现的基本地貌。

具体来说，北美洲的媒体相比欧洲起步稍晚，但是随着美国的崛起很快也成了世界媒体最发达的高原。作为一个超级媒体大国，美国在报刊、广电和网络媒体各个媒体领域的发展水平都居于世界前列，也拥有众多的知名媒体品牌，在世界舆论界的影响首屈一指；欧洲地区是各类媒体汇聚、各类媒体都比较发达的地区。尽管纸媒出现了下滑，但影响依然很大，广播发展平稳，电视依然强势，新媒体发展水平也较高，媒体的体制也多种多样，也是知名媒体较多、媒体强国较多的地区，在世界上有较大影响；亚太地区的媒体最为复杂，特点之一是媒体发展不足的"媒体穷国"与媒体实力较为雄厚的"媒体富国"差别巨大，特点之二是各种类型的媒体几乎同时发力，报刊、广播电视、新媒体几乎同时在发展，但是发展的速度快慢不一，发展的形态各异，媒体分化比较严重，特点之三是部分媒体实力雄厚的国家发展迅速，而且发展潜力巨大，正在成为世界媒体的新势力；拉丁美洲

---

① 新华网：《新华社简介》，http://203.192.6.89/xhs/zwfs.htm，检索时间：2016年7月22日。

② 李瞻：《国际传播》，台湾三民书局1984年版，第11页。

的媒体也有一定的历史,近年来发展较快,已经进入电视时代,部分国家开始进入网络媒体发展阶段,各国之间媒体发展的差别很大。在发展中国家中,拉美国家媒体的私有化程度最高,少数媒体强国的大型媒体集团也已开始参与世界媒体竞争;非洲的媒体发展依然落后,主要还停留在广播时代,但是其他如报刊、电视甚至网络媒体的发展速度也在提升。非洲具有较强媒体实力的国家不多,媒体私有化程度相对较低,是世界媒体发展的低地,也是世界各国传媒集团竞争的最后领地。可以看到,由于世界媒体的快速发展,世界媒体地图的颜色也在不断变动中。

或者可以换一种说法,为世界各个大洲依照媒体发展情况排序——北美洲只有两个国家,却是世界媒体海拔最高的地区;欧洲有 44 个国家,是仅次于北美的世界媒体高原,媒体密集而丰富;在亚太地区,亚洲有 48 个国家,是世界媒体地形最为复杂的地区,有高山有低谷,总体居于中间地带。而大洋洲有 14 个国家,在世界各大洲中位列中游靠上一点的位置;拉丁美洲有 34 个国家,媒体发展程度和特点不一而足,是世界媒体地图中的丘陵地带;非洲有 53 个国家和 6 个地区,是世界媒体最不发达的地区,属于世界媒体的低地。

下面分而论之——

(一)北美洲的媒体

北美洲即 Northern America,是政治地理学上的概念。“北美”与“拉美”以美国和墨西哥的国界线为分界,二者共同构成了亚美利加洲。北美处于大西洋、太平洋、北冰洋三大洋的包围中,根据联合国关于世界地理区域的划分,北美包括美国、加拿大和格陵兰岛等,美国和加拿大为该地区最主要的两个国家。北美面积为 2178 万平方公里,占世界陆地的 16.2%,排在亚、非之后为世界面积第三大的大洲,人口总数 3.6 亿,仅排在大洋洲之前位列世界第五。北美人口分布不均,大部分集中在自然环境适宜且城市繁荣的东部和南部地区,加拿大北部和美国西部等地人口密度很低。北美大部分居民是欧洲移民的后裔,也有印第安人、黑人、纽特人、犹太人和亚裔移民。北美是世界上经济最发达的地区,2014 年,该地区的 GDP 总量达到 19.34 万亿美元(其中美国 17.5 万亿,加拿大 1.84 万亿美元),占全球 GDP 的 25%,仅次于亚洲名列世界第二,欧洲位居其后,但是其人口不到亚洲的十分之一,人均 GDP 超过欧洲为世界第一。

在近代新闻业发展上,北美洲紧随欧洲国家之后,较早出现了近代报刊。1690 年由英国移民本杰明·哈里斯创办的《国内外公共事件报》是美国第一份定期报刊,而第一份日报则出现于独立战争之后的 1783 年,在费城出版的《宾夕法尼亚晚邮报》成为北美洲第一份日报。与此同时,北美更是世界现代新闻媒体的发源地。1833 年,在美国纽约创刊的《纽约太阳报》标志着世界上首张廉价报刊的诞生,开启了报纸现代化之路。1920 年,匹兹堡 KDKA 电台开始播音,是世界上第一座商业广播电台,开启了人类的广播史。世界上最早的商业广播电视网也诞生于美国。在现代新闻发展史中,美国有着无可替代的地位。直至今日,美国各类媒体都比较发达,著名媒体众多,而且很多都世界级的大型媒体。例如在纸媒方面,美国有一千多家报纸和一万多种杂志,本书介绍的就有《纽约时报》、《华尔街日报》、《华盛顿邮报》、《时代》、《国家地理》、《新闻周刊》这样世界级的知名报刊。美国的广播电视也在世界上领先,有一万多家电台和一千多家电视台,拥有世界上最大的电视市场和最著名的电视媒体,如本书中介绍的有线电视新闻网、福克斯电视网、全国广播公司等等。美国还是世界上网络及移动新媒体最为发达的国家,网络普及率高达 87%,而且移动设备使用时长已经超过了电脑,因此美国还有很多世界上著名的网络媒体,不仅有网络新闻的排头兵《赫芬顿邮报》,还有新闻领域的新力量“脸谱”(Facebook)、“推特”(Twitter)等移动新媒体。美国还是媒介融合的最大试验场,在对《纽约时报》和有线电视新闻网的介绍中,可以看到这样的实例。美国还拥有世界上最大的通讯社——美联社。作为自由主义模式传媒体制的代表,美国是世界媒体的高地。但是,过度商业化和往往被本国意识形态、外交政策所绑架,是美国媒体的两大硬伤。

加拿大的传媒业发展也颇为迅速。不仅有发达的报业、电视业,加拿大也是网络普及率较高的国家,平均上网时间在世界上名列前茅。不同于美国的高度商业化抑或英国的公营体制,加拿大的传媒体制走出了一条折中的“综合之路”。但是。加拿大的传媒产业深受美国文化的渗透,如何保持自己的特色,一直是加拿大需要面对的问题。总而言之,因为经济实力、历史底蕴、传媒体制等各方面因素,北美传媒业的发展水平在世界范围内处于领先地位,是世界媒体的高地。

(二)欧洲的媒体

欧洲的全称是欧罗巴大洲(Europe),总面积约为1018万平方公里,占世界陆地总面积的6.8%,面积是世界上最小的大洲。欧洲大陆人口7.42亿,排在亚洲、非洲之后为世界第三。欧洲整体经济水平较高,是最早开始工业化的地区。2014年欧洲的GDP为14.5万亿美元,占全球77.3万亿的18.7%,总量排在亚洲、北美之后,为世界第三,但是人均达到两万美元,仅次于北美位列世界第二。欧洲的语言文化较为复杂,主要语言包括英语、法语、俄语、西班牙语、德语、意大利语等等。文化种类繁多,主要有日耳曼文化、斯拉夫文化、拉丁文化等。欧洲各国基本上属于高收入国家或中等偏上收入的国家,人民生活水平和文化程度较高,因而对于新闻资讯的要求较高。欧洲是世界现代新闻传播业的兴起之地,是世界媒体的高原,媒体历史悠久,著名媒体众多,至今还维持着媒体重镇的地位。经过多年发展,欧洲也形成了各国、各地区独特的传媒体制。

就欧洲媒体的整体格局而言,各类媒体都比较发达。作为现代报刊发源地的欧洲,近年来纸质媒体行业整体呈现颓势,报刊发行量逐年下降。根据世界报业协会2014年的报告,欧洲的报纸发行量在五年间下降了23.03%,与同期世界各大洲的报刊业相比,降幅最大。但是欧洲依然拥有世界报纸市场34%的份额,每千人拥有报纸数量仍然在200份以上,依然处于较高水平,与世界其他各个大洲相比,仍然属于纸媒覆盖较高的地区。[①]欧洲的广播电视业比较发达,可以说,长期以来,欧洲占主导地位的媒体是广播电视,尤其是电视。在地区乃至国际范围内,欧洲广播电视媒体也享有很高的声誉,以其高质量的新闻和文娱节目赢得了广泛受众。在多数欧洲国家,广播电视一直属于政府重点扶持的行业。值得注意的是,早在2006年,互联网在欧洲首次超过平面媒体,成为欧洲人获取新闻资讯的主要渠道。到2014年,欧洲的网民总数已经达到5.8亿,占人口总数的70.5%,远远高于全球40%的网络普及率。[②] 高度的数字化、网络化发展程度,使得网络媒体成为欧洲新闻传播格局中重要的组成部分,欧洲也成为媒介融合的前沿重地。各国的传统媒体纷纷发展线上业务,甚至有的媒体已经将业务重心转移到网络,通过网站和新媒体平台实现新闻内容的实时发布,同时减少甚至取消传统纸媒的发行。可以看到,欧洲新闻传播事业的格局正处在新的变化之中。

就媒体的地域发展来看,尽管从整体上说,欧洲在世界上属于媒体发达地区,但是各国之间的经济发展水平、政治影响力不同,媒体发展的状况也各不相同。既有像英国、法国、德国、俄罗斯这样的媒体大国,拥有部分依托国家硬实力发展形成拥有地区性乃至全球性影响力的大型媒体集团,以及一些具有世界性影响力的知名媒体;也有很多国家,媒体发展境况堪忧,长期在世界上默默无闻,在网络媒体冲击下更是遭遇生存困境。从另一个角度来看,欧洲的一体化程度较高,人员、商业、资本的流动比较频繁,信息流动比较自由,也出现了一些面向全欧洲的媒体,比如欧洲广播联盟支持设立的欧洲新闻频道,可以覆盖到欧洲近30种国家、地区语言中的14种。但是,由于各国之间语言不同、文化差异明显,这类媒体始终无法达到全地区的覆盖,民众也依然倾向于选择本国媒体,各国政府也较为注重对本国的文化及信息主权的保护。因而在欧洲,媒体的一体化、全球化与本地化、本土化是同时存在的。

正如尼尔森于2014年底发布的一份收视报告中所说:“内容依然是王,但是收视习惯可能随地域变化。”[③]欧洲各个地区的媒体发展差异很大,地理上可以将欧洲划分为西欧、南欧、中欧、北欧、东欧五个部分,但从传媒

---

① 世界报业协会WAN-ifra: World Press Trend 2014, p.10.

② Internet World Stats: http://www.internetworldstats.com/stats4.htm,检索时间:2015—10—05。

③ 尼尔森市场研究有限公司:内容依然为王,但收视习惯可能因地域变化而不同,http://www.nielsen.com/us/en/insights/news/2014/content—is—king—but—viewing—habits—vary—by—demographic.html,检索时间:2015—10—04。

体制和媒体发展的角度,更宜将其分为西南欧、中北欧、英国及爱尔兰、东欧与俄罗斯等四个地区。① 通过研究可以看到,每一个部分都有自己的发展特色。

西南欧主要包括地中海沿岸的一些国家,其中既有法国、意大利、西班牙这样的媒体大国,同时也有希腊、葡萄牙、马耳他、斯洛文尼亚、克罗地亚、塞尔维亚和黑山、阿尔巴尼亚等媒体小国,②形成了传媒格局的双重结构。从新闻史上来看,西南欧是欧洲新闻传播事业的发源地,是现代新闻传播业较早萌芽发展的地区。主要媒体大国法国、意大利、西班牙经济实力强、政治影响大,尤其是法国,代表了西欧媒体发展的特色,拥有很多世界级媒体,如本书中介绍的法新社、《费加罗报》、《回声报》、法国 24 电视台等等。整体来看,西南欧的媒体格局比较完整,报刊、广播电视、网络媒体都比较发达。在传媒体制方面,西南欧国家的特点,就是媒体呈现精英导向,报刊的发行量不大,新闻业参与政治的热情高,热衷于时评和价值判断,政治化程度高而专业性低,媒体的市场化程度不高,国家对于媒体的干预较多。尽管商业媒体和公营媒体并存,但是媒体更倾向于倡导模式,主要功能在于政治引导而非盈利。

中北欧的范围涵括斯堪的纳维亚国家、低地国家、德国、奥地利和瑞士,③这一地区的新闻传播业也十分发达,而且发展较为均衡。从地理上来看,中欧是一个相对宽泛的概念,主要包括德国、瑞士、捷克、奥地利等,北欧则包括欧洲北部的挪威、瑞典、芬兰、丹麦和冰岛 5 个国家,以及 3 个实行内部自治的地区。在这些国家中,德国是最主要的传媒大国,拥有著名的贝塔斯曼集团、德新社和其他一些著名媒体,如本书中介绍的《明镜周刊》、《图片报》、《世界报》等等。就中北欧的媒体格局来看,具有以下两大特点:首先是报纸极为发达,报纸阅读量在世界范围内居于领先地位。报纸在北欧地区被视为重要的"公共话语",是人们参与政治生活的重要途径;其次是网络媒体的发展,这一地区的互联网普及率达到了 80%,高居世界前列,不仅冲击了传统北欧国家的第一媒体报纸,也导致了媒体格局的变化,开始呈现出多元化、数字化的发展趋势。在传媒体制方面,中北欧国家的主要特点表现为报业发育成熟,报纸发行量大,商业化报刊与党派报刊并存,国家干预与新闻自由并存,企业力量强大。在市场调节与国家适度干预下,中北欧的媒体体现出均衡发展的态势,高度的政治性与高度发达的大众媒体共存,行业高度自治与国家干预共存,媒体专业化程度较高,公共服务意识强,已经开启了向网络媒体的转型。

英国和爱尔兰位于欧洲西北海岸的不列颠群岛。其中,英国是最早完成工业革命的国家、最大的殖民主义国家、最早完成了政治变革的国家,同时也是媒体最发达的国家。尽管如今昔日的大英帝国早已风光不在,但是英国发达的传媒业依然支撑着这个"帝国",使其能继续影响着世界,④包括路透社、《泰晤士报》、英国广播公司等在内的英国媒体都是当之无愧的世界一流媒体。爱尔兰 1922 年才从英国独立,从 1990 年代开始,爱尔兰的媒体开始快速发展,但是其媒体一直深受英国的影响。就媒体格局来看,这一地区的媒体发展比较均衡。而在传媒体制方面,这两个国家同欧洲大陆的国家有所区别。在哈林和曼奇尼的研究中,将这两个国家和北美的加拿大、美国一起划归为北大西洋自由主义模式,⑤可见这两个国家在传媒体制上与北美国家更为接近。这一模式的特点主要表现在报纸发行量较大,媒体以提供信息的权威为专业导向,自由度和专业化程度都较高,政府对媒体的直接干预也较少。

---

① 根据美国学者哈林和意大利学者曼奇尼对欧洲和北美 18 个发达国家的研究(没有包括俄罗斯和东欧国家),他们将欧洲主要国家划分为西南欧(地中海极化多元主义模式)、中北欧(民主法团主义模式)和英国及爱尔兰(北大西洋或自由主义模式),本书借鉴该研究的划分框架。参见:〔美〕丹尼尔·C·哈林,〔意〕保罗·曼奇尼,陈娟、展江等译:《比较媒介体制——媒介与政治的三种模式》,中国人民大学出版社 2012 年版。

② 〔美〕丹尼尔·C·哈林,〔意〕保罗·曼奇尼,陈娟、展江等译:《比较媒介体制——媒介与政治的三种模式》,中国人民大学出版社 2012 年版,第 87 页。

③ 〔美〕丹尼尔·C·哈林,〔意〕保罗·曼奇尼,陈娟、展江等译:《比较媒介体制——媒介与政治的三种模式》,中国人民大学出版社 2012 年版,第 142 页。

④ 《英国传媒业支撑"大英帝国"》,《环球时报》2008 年 12 月 5 日。

⑤ 〔美〕丹尼尔·C·哈林,〔意〕保罗·曼奇尼,陈娟、展江等译:《比较媒介体制——媒介与政治的三种模式》,中国人民大学出版社 2012 年版,第 195 页。

东欧与俄罗斯是欧洲传媒的另外一种类型。东欧指欧洲东部国家,包括白俄罗斯、爱沙尼亚、拉脱维亚、立陶宛、摩尔多瓦和乌克兰等在内。东欧民族以斯拉夫民族为主体,自然资源丰富,但是经济发展差异大,既有人均收入超过1.5万美元的爱沙尼亚、拉脱维亚、立陶宛等高收入国家,也有像乌克兰这样人均收入低于4千美元中低收入国家。俄罗斯是东欧面积最大、人口最多、经济总量最强的国家,2014年人口达到1.44亿,几乎是其他六个国家的人口总和,人均收入也超过了1万美元。无疑,俄罗斯也是这一地区的唯一的媒体大国,由于政府支持、媒体发达、立场独特,俄罗斯媒体不仅在俄语世界影响力最大,在世界范围内也享有较高知名度和较强的话语权。就传媒格局来看,传统媒体依然是这一地区的主要力量,同时网络媒体也已开始发展。就媒体环境和传媒体制而言,这一地区的特点主要表现在媒体的私有化与国际化,从国家控制到商业化转型逐步展开,同时从政治导向到娱乐消遣的市民媒体、从传统媒体到网络媒体的转型也在进程当中。目前,东欧与俄罗斯媒体呈现出了多元化所有制、多样化的管理体制、媒体格局多结构的显著特点。总的来看,尽管东欧与俄罗斯的媒体在所有结构上有政府经营、政党经营、集体经营和私人经营等多种形式,并且具有明显的非国有特征,但是国家始终在以各种方式掌控着媒体。

(三)亚太的媒体

亚太地区主要可以划分为亚洲和大洋洲两个大的地区范围。

亚洲是世界各大洲中面积最大、人口最多的一个,陆地面积4400万平方公里,占世界陆地面积的29.4%,人口有40多亿,占世界总人口的60%。同时,亚洲也是世界上最为复杂的一个洲。亚洲有48个国家和地区,国体和政体也非常复杂,几乎包括了世界上所有形式的政府结构。亚洲现有1000多个民族,约占世界民族总数的一半。与人口民族多样性并存的是文化的丰富多元,所有的世界性宗教都诞生于亚洲,包括基督教、佛教、伊斯兰教、犹太教,此外还有印度教、锡克教等亚洲宗教。亚洲的语言也很复杂,分属于蒙语系、汉藏语系、南亚语系、阿尔泰语系、马来—波利尼西亚语系、达罗毗荼语系、闪含语系、印欧语系等等。每个亚洲国家都有自己的官方语言,同时由于地理相近,许多国家间还通用多民族语言。此外,由于近代历史上很多亚洲国家都有过殖民历史,英语、法语等语言也比较普及。亚洲各国在社会经济方面明显不平衡,其中既有如日本这样位列世界经济前列的国家,也有中国、韩国、新加坡这样的新兴国家,还有朝鲜、柬埔寨和老挝这样的贫困国家。2014年,亚洲的国民生产总值为28多万亿美元,占全球的比例为36%。其中,中国(10.4万亿)、日本(4.8万亿)、印度(2.1万亿)、韩国(1.2万亿),这四个国家就占了整个亚洲GDP的66%以上。

亚洲的复杂性决定着其政治、经济和文化的多样性,与之相联系的媒体也是复杂多元的。总体而言,亚洲还处于传统媒体发展阶段,网络媒体发展低于世界平均水平,2015年的数据显示,亚洲地区的网络普及率已经达到了48.2%,而世界平均水平为51.8%。[①] 亚洲的媒体发展非常迅速,同时也极不平衡。东亚的中国、日本、韩国是媒体较为发达的国家,不仅在印刷媒体和广电媒体领域发展较为成熟,而且开始进入网络时代;东南亚国家总体属于发展中国家,媒体发展相对落后,而且较为不平衡,受西方的影响较大,除了少数发展稍好的媒体,总体在世界传播体系中没有什么话语权;南亚也是媒体相对发达的地区,尤其印度是比较重要的媒体大国,2004到2013年十年间,印度登记在册的报刊数量就从55000发展到了94000份,[②]印度媒体的庞大数量和发展速度均由此可见一斑;中、西亚属于亚洲的穆斯林地区,情况比较复杂。中亚人口密度低,媒体不甚发达,受前苏联的影响大。而西亚国家的媒体则发展迅猛,科威特的报纸与卡塔尔的半岛电视台迅速崛起,都是其中比较突出的现象。很多媒体机构的研究都表明,媒体的发展中心正在向亚洲转移,世界媒体的新势力也将在亚洲出现。

---

① Internet World Stats:http://www.internetworldstats.com/stats3.htm,检索时间:2016年7月22日。

② The World Post: The Rise Of India's Booming Media Business, 2014年7月12日, http://www.huffingtonpost.com/2014/12/07/india-media-2014_n_6262080.html,检索时间:2016年7月22日。

东亚地区的日、韩、中三国媒体较为发达,而朝鲜和蒙古的媒体发展仍然比较薄弱。就媒体格局看,日本的纸媒发达,传统媒体主导着网络媒体和媒介融合的发展。尽管日本也进入了网络媒体时代,但是以报纸和电视台为代表的传统媒体依然保持了较强的影响力。日本著名媒体众多,在本书的研究中就有《读卖新闻》、《朝日新闻》、《产经新闻》、《日本经济新闻》、日本放送协会(NHK)和共同社等等。韩国的媒体也十分发达,不仅有多达150种日报,121家电视台,206家广播电台,同时还有高达80%的网络普及率,"韩流"也成为了世界性的文化现象。中国经过多年的努力,实际上已经成为世界排名前列的媒体大国,报刊、广播电视和网络在同时发力,人均媒体拥有量较高。世界媒体实验室(World Media Lab)根据2014年营业收入所评出的世界媒体500强排行榜中,中国有87家媒体入选(大陆65家、港澳台22家),仅次于美国的95家而排名第二,远远高于排名第三、第四的日本(45家)和英国(38家)。[①] 而同属于东亚的朝鲜则是另一种类型,依然维持着集中化和计划性的体制,媒体数量有限,内容也闭塞简单,政治性强,网络普及率很低。总而言之,包括中国在内的东亚媒体在亚洲处于领先地位,在世界媒体的版图上也是值得注意的一个新高地。

东南亚的越南、老挝、柬埔寨、缅甸、泰国、马来西亚、新加坡、印度尼西亚、菲律宾、文莱、东帝汶等国家和地区,都属于发展中国家,媒体发展程度各异。总体而言,泰国、新加坡两国的媒体相对发达,马来西亚、菲律宾、越南、印尼等国次之,接下来则是缅甸、老挝、柬埔寨等国又次之。就媒体发展来看,东南亚是情况最为复杂的地区,其中既有泰国、印度尼西亚这样基本上处于电视时代的国家,也有网络发展很快的国家,包括马来西亚、新加坡、菲律宾等。就传媒体制而言,新加坡是"发展新闻学"的典范,媒体在国家建设中作用巨大,政府也对媒体有较多的管控。而越南则是传统的集中和中央计划体制,近年也开始了商业化运作的改革。在媒体的多样性方面,马来西亚和菲律宾是其中典型。马来西亚约有50份报纸以8种文字出版,广播电台拥有6个广播网,用马来语、英语、华语和泰米尔语等多种语言广播;而菲律宾受到美国的影响较大,媒体多样性的特点较为突出,媒体语言涵盖英语、菲律宾语、中文等多语种。尤为值得注意的是,这一地区有悠久的华人移民历史,各国都有较大的华人群体,也相应成为海外华文媒体较为发达的地区。

南亚地区媒体比较发达的国家有印度和巴基斯坦,尤其是印度更为突出,其他国家诸如斯里兰卡、马尔代夫、孟加拉国、尼泊尔、不丹等则是媒体不发达地区。作为媒体大国的印度,2014年的注册报纸数量达到了99660份,[②]用180多种语言出版,数量惊人;印度有四家通讯社,其中本书介绍的印度报业托拉斯(PTI)是最大的一家;同时,印度还是世界第三大电视市场,电视网覆盖全国人口的90%以上。尽管印度的网络普及率较低,到2014年只有17.4%,不过近两年的增速都很快。

中西亚的国家都属于亚洲的伊斯兰世界,其媒体发展也值得关注。中亚五国,包括土库曼斯坦、吉尔吉斯斯坦、乌兹别克斯坦、塔吉克斯坦、哈萨克斯坦,都属于温和伊斯兰国家,又同是从前苏联脱离出来,媒体发展特色不明显,在世界媒体中的地位也不高。而西亚的阿富汗、伊朗、土耳其、塞浦路斯、叙利亚、黎巴嫩、巴勒斯坦、约旦、伊拉克、科威特、沙特、也门、阿曼、阿联酋、卡塔尔和巴林等国则媒体特色鲜明。西亚位属中东地区,地理环境重要,又是伊斯兰复兴运动的中心,不仅存在着激烈的宗教文化冲突,而且也是世界能源争夺、世界政治角逐的主要舞台,因此其媒体发展也格外引人注目。西亚国家新闻事业发展的客观条件参差不齐,发展程度也各不相同。由于阿拉伯地区文盲较多,所以基于广电媒体的视听新闻的发展,尤其是广播的发展相较更快。在这些国家中,黎巴嫩因其优越地理位置和发达教育水平,媒体发展较早,被视为阿拉伯新闻媒体的诞生地和发展中心。科威特近年来报业崛起,一跃成为阿拉伯新闻的又一中心。土耳其、卡塔尔和沙特、伊朗等国家则建立了新闻传播的完整体系,而其中卡塔尔半岛电视台的崛起,在改变东西方传播格局上作用巨大。

简而言之,关于亚洲媒体可以得出这样的结论:首先,印刷媒体在亚洲依然占据着极其重要的地位。在世

---

① 世界媒体实验室网站:《2015年(第三届)世界媒体500强》,2015-12-28,http://media.icxo.com/summit/2015media500/,检索时间:2016年1月5日。

② Economic Times:《印度现有注册报纸99660份》,2014年7月30日,http://articles.economictimes.indiatimes.com/2014-07-30/news/52237784_1_registrar-print-media-newspapers,检索时间2015年9月17日。

界报纸市场上，亚洲占据了40%的份额，尤其在日本、印度、新加坡和马来西亚等国，报纸的影响依然巨大；其次，亚洲的电子媒体发展迅速，西亚的广播和东南亚的电视，正在占据着受众越来越多新闻空间；其三，尽管网络普及率在亚洲并不太高，2015年亚洲地区的网络普及率为48.2%，仍低于世界平均水平，但是发展迅速(2014年的数字为34.7%，)，而且还有巨大的增长空间；其四，亚洲的一些媒体发达国家如日本、韩国、中国、印度，也开始参与世界传媒竞争。在世界媒体地图上，亚洲是传媒新势力，是最大的受众市场，也是最有潜力和最不可忽视的地区。

大洋洲和亚洲同属亚太地区，但在实际上区别很大。

大洋洲有14个国家和10个地区，多数是岛国，897万平方公里的面积约占世界陆地的6%，人口2900万，面积和人口在世界各洲中都排在最后。2014年大洋洲的国民生产总值为0.6万亿美元，占全球比例不到1%。大洋洲人口密度很低，居民中70%以上都是欧洲后裔。其中人口2170万的澳大利亚和410万的新西兰两国最大，媒体实力也较强。这两个国家的传媒体制与欧美国家接近，传播体制自由化，传统媒体发达，同时也在经受着网络媒体的冲击。

大洋洲媒体的第一个特点就是呈现出了明显的双层结构，其中澳大利亚和新西兰处于这个结构的顶层，而其他小国和地区则处于下层；深受西方殖民主义文化影响，采用相对自由的传媒体制是大洋洲媒体的第二个特点，澳大利亚和新西兰的传媒体制很大程度上效仿英国；而本土化意识与全球化意识并存，采取多元文化的策略是其第三个特点。正是由于自由体制和全球化意识，才有默多克新闻集团的全球扩张这样的典型实例。

(四)拉丁美洲的媒体

拉丁美洲即America Latina(西班牙语)，是基于地理、政治、语言、文化、种族等方面，与撒克逊美洲相对的概念，位于西半球的南半部。20世纪70年代，联合国等国际组织决定将拉美地区的名称正式修订为“拉丁美洲与加勒比海地区”，以涵括后来独立的加勒比诸岛。不过，为便于表达，通常还是将这一地区称为“拉美”。根据联合国拉美和加勒比经济事务委员会(ECLAC)的信息，该地区目前有34个国家和地区，总面积达2070万平方公里，有6.34亿人口(2015年数字)。[①] 基于语言在文化当中的地位，通常按照官方使用语言来划分拉美国家：首先是西班牙语系国家共有18个，其次是英语系国家共有12个，再次是葡萄牙语系国家巴西，还有法语系的国家海地和法属圭亚那，最后是荷兰语系的国家苏里南。拉美从整体上属于发展中国家，经济发展差异大，有墨西哥、智利这样的中等收入国家，也有洪都拉斯、玻利维亚这样的低收入国家，其中经济总量最大的是巴西、墨西哥、阿根廷，加上委内瑞拉、哥伦比亚、智利、秘鲁，这七个国家占据了拉美GDP的90%。2014年，拉美的GDP大约为6万多亿美元，占全球的8.8%。进入21世纪以来，拉美各国的现代化进程持续深化，同时也形成了一个范围广泛的传媒市场。

就国家的层面来看，拉美也有媒体富国和媒体穷国的区分，发展并不平衡。依照媒体发展程度，可以将拉美国家化分为三个层级，处于最高层的是媒体实力最强的巴西、墨西哥和阿根廷，处于中层的是媒体发展较好的委内瑞拉、智利、哥伦比亚和秘鲁等，处于最下层的是媒体发展较弱的玻利维亚、厄瓜多尔、巴拉圭和乌拉圭和中美洲国家等。这种排列也影响到了新闻与信息的流动方向。处于高层和中层的墨西哥和委内瑞拉由于可以覆盖西班牙语系而在整个拉美地区具有很大的影响，而巴西的影响力则具有世界性。这些处于顶层的国家都有实力强大的媒体集团，比如巴西的环球集团、墨西哥的特莱维萨集团、委内瑞拉的西斯内罗斯集团等等，都已跻身全球的传媒市场的竞争。

就整个传媒行业的格局看，拉美地区的各类媒体都在发展，根据普及率高低排序依次是电视、广播、网络媒体与报纸。拉美电视的覆盖率高达90%左右，巴西的环球电视网、墨西哥的特莱维萨电视公司都是其中的佼佼

---

① Economic Commission for Latin America and the Caribbean (ECLAC): Statistical Yearbook for Latin America and the Caribbean 2015. Santiago: United Nations publication, 2015.

者;广播仅次于电视,尤其是在加勒比海国家影响大;拉美地区的网络普及率也超过了全球平均水平(2014 年数字为 50.2%),互联网用户接近 3.3 亿人,而且网络用户特别是移动网络用户还在快速增长中;报纸在拉美地区的发展程度一般,2010 年的报纸千人拥有量是 67 份,相当于世界平均水平。不过在欧美报纸市场萎缩的同时,拉美的报纸发行量却在增长。在拉美各国,报纸的发展程度也有很大差别,例如在墨西哥,上世纪 90 年代就达到了千人拥有 142 份的水平。[①] 在本书中介绍的阿根廷的《号角报》、墨西哥的《改革报》、巴西的《圣保罗州报》等等都是拉美报业的典型代表。

就拉美的传媒体制看,相比于亚太和非洲,媒体私有化程度更高一些。在上世纪开始的去国有化改革中,拉美各国加快了广播电视私有化的脚步。例如阿根廷的五家全国性电视台中只有一家是国营电视,巴西的 250 家电视台中私营的有 230 家,而墨西哥的 500 多家电视台中只有两个是国营性质。[②] 拉美的媒体私有化特点还突出表现在媒体产业的集中方面,在传媒行业相对发达的地区产生了一些发展强劲的媒体巨头,传播实力仅次于发达国家的大型传媒集团,例如巴西就有两家媒体入选了世界媒体实验室评选的 2015 年世界媒体 50 强。总而言之,拉美国家的媒体尽管呈现出了发展不平衡而且深受欧美媒体的影响,但还是取得了一定的发展成就,也开始在世界信息与传播市场上显示自己的力量。

(五)非洲的媒体

非洲全称为阿非利加洲,面积为 3022 万平方公里,占世界陆地面积的 20.4%,人口 10.32 亿,占世界人口的 15%以上,两项都是世界各大洲中的第二名。非洲有 53 个国家和 6 个殖民地遗留的自治区,以撒哈拉沙漠为界可以划分为北部非洲和南部非洲两个部分。非洲是世界上最贫困的大洲,整体社会发展程度偏低。2014 年非洲的 GDP 只有 2.2 万亿美元,仅占全球的 3%左右,而埃及和南非两个国家就占了其中的近三分之一。除了埃及和南非,大多数非洲国家都属于中低或低收入的国家。而且在非洲大陆内部,各国之间发展水平也差别很大,北部非洲整体要高于南部非洲。因此,非洲的传媒发展不仅在整体上与世界上的其他地区相比有较大差距,其内部水平也高低不一。

在世界媒体地图上,非洲是比较落后的地方,受限于不发达的经济和不甚成熟的媒体环境,非洲成为了世界媒体最为欠发达的低地。尽管如此,非洲国家的媒体也正在奋力追赶、快速发展的路上不懈前进。尽管非洲国家众多,但是媒体发展程度高的国家却并不多。相对具有一定传播实力的国家有埃及、阿尔及利亚、肯尼亚、坦桑尼亚、南非,以及尼日利亚。尤其是北非的埃及和南部的南非,是非洲媒体最为发达的国家。埃及是中东及北非地区的媒体重镇,本书中介绍的《金字塔报》、中东通讯社等不仅在非洲具有很强的影响力,在世界范围内也有一定的知名度。拥有 5 千多万人口的南非是非洲最富裕的国家,拥有非洲最大的报业市场,也是非洲最早进入电视时代的国家,本书中所介绍的国营的南非广播公司(SABS)和私营的电子媒介电视网(M－Net),是南非最大的广播电视媒体机构。

就整体传媒格局而言,非洲还处于广播时代。在非洲大部分地区,广播是最有影响力的主导媒体。根据抽样统计,非洲地区的广播设备拥有率在 2008 年就可达到 80%。[③] 报纸和电视在非洲的普及率较低,每千人报纸拥有量最高不超过 30 份,远低于世界每千人 90 份的平均水平。由于经济和基础设施建设水平落后,非洲更是网络媒体发展的洼地。根据统计,到 2015 年,非洲的互联网用户数量为 3.34 亿,网民数量仅占世界网民总数的 9.4%,与非洲人口占世界人口总数 16.2%的比例无法相称,28.1%网络普及率也远低于世界平均的 48.6%。[④] 不过也正因如此,非洲也是互联网传播增长最快的地方。2014 年,非洲互联网用户仅有 1.67 亿人,一年之内就增长了一倍之多。尤其是埃及和南非,是非洲互联网最发达的国家,埃及 2014 年的网络普及率为 35%,仍低于

---

① 郑超然:《外国新闻传播史》,中国人民大学出版社 2000 年版,第 507 页。

② 陆地:《世界电视产业市场概论》,中国人民大学出版社 2003 年版,第 219 页。

③ 陈佳沁,齐峥伊:《非洲广播的发展历程与现状探析》,《中国广播》2014 年第 7 期。

④ Internet World Stats: http://www.internetworldstats.com/stats1.htm,检索时间:2016 年 7 月 25 日。

世界平均水平，但年增长速度可以达到40%。南非的网络使用率最近几年也在飞速增长。

就世界的传媒体制来看，大体可以分为三种类型：国有、公共或社会所有、私有。在世界范围的发展中国家之中，如同其多样的政治体制一样，发展中国家的传媒体制也有多种形式。有以国有化为主的国家，例如埃及和中东多数国家，有公有制为主的国家，例如南非、印度等，还有以私有制为主体的国家，例如巴西、墨西哥等。总体上说，近年来在发展中国家中，无论哪种传媒体制，都开始呈现出更加自由化、私有化、商业化和对外开放的趋势。对于非洲国家来说，由于其传统上采取媒体国有制经营的较多，上述的变革趋势就愈加明显。在埃及，电视长期是由国家垄断，但2001年出现了第一家私人电视台（梦想电视台），随后甚至还在开罗建立了所谓的“媒体自由区”，吸引各国媒体入驻。在南非，尽管长期以来电视行业是以公营为主，但是私人电视台发展迅速开始后来居上，激烈的竞争促使电视市场的规模快速扩张，公营的南非广播公司和私营的电子媒介电视网两家在南非电视市场几乎各持半壁江山。尼日利亚的电视私有化也引人注目，仅1998年6月15日一天，就有18家私人电视台开播。[①]

非洲国家的媒体主要是地区性、国家性的，除了少量的媒体巨头具有较强的传播实力，非洲媒体整体上在世界范围的影响非常有限。然而，非洲拥有10亿人口和众多国家，作为媒体产业尚欠发达的洼地，自然成为了世界传媒巨头争夺的目标。在非洲，西方传媒拥有传统的强影响力，例如有线电视新闻网和英国广播公司一直在非洲开拓市场。自1996年半岛电视台成立之后，这一西方媒体主导非洲传播市场的格局开始出现变化。在2006年以前，半岛电视台主要面向北非阿拉伯语地区进行播出，自2006年英语频道成立之后开始向南部非洲播出。通过在非洲设立记者站，与非洲播出平台建立合作，以及利用网络媒体和社交媒体扩展对非传播空间，“半岛”开始成为非洲最为重要的洲外传播力量之一，有些节目的影响甚至超过了英国广播公司，总体影响力超过了天空电视台和哥伦比亚广播公司。此外，中国媒体近年来也开始进入非洲。2012年，中央电视台在内罗毕设立了非洲分台，新华社也加强了在非洲的传播，开始雇佣当地人员，除了通讯社传统的新闻采集发稿，新华社在非洲的业务还扩展到了电视媒体和网络媒体领域。

三、当代世界媒体发展的特点

在对当代世界媒体的发展形态以及各大洲媒体版块进行研究之后，需要再次回到宏观层面，对当代媒体的发展特点进行简要概括。

可以说，最近几年的国际媒体，展开的是一幅起伏跌宕、热闹非凡的画面。概括来看，主要有以下几个方面的特征：一是在传媒功能上，媒体对于国际新闻的热度高涨，媒体越来越多地参与到了世界政治中，甚至媒体本身成了世界政治事件中重要的活跃主体，媒体越来越成为国家软实力的体现和话语权的载体；二是在传媒体制上，世界各国的传媒体制、政府与媒体的关系也在发生变化，媒体的社会作用正处于新的转化过程中；三是在传媒环境上，表现在全媒体环境下的变革与调整，媒体的经营体制在发生变革，报道和传播的方式平台也在破旧立新；四是在世界媒体格局上，随着经济格局的变化，世界的媒体格局也在发生着变化，传统“西强东弱”的格局正在改变，媒体地图的起伏和颜色也在发生着变化；五是媒体报道的焦点也在发生着变化，除一些传统的焦点之外，也产生了一些新的焦点。在这当中尤其值得注意的是，中国正在日益成为世界媒体关注的中心。

下面就这几大特征分别展开论述——

（一）积极参与：世界媒体的国际政治热

从2013年以来的国际新闻热点来看，世界媒体的国际政治热一直在不断升温。2013年岁末年初，中日之间的论争成为国际媒体的聚焦点。安倍参拜靖国神社之后，中日两国的驻英大使先后在《每日电讯报》上刊文，就“谁是伏地魔”展开论战。随后，这场论战又通过英国广播电台的知名节目《新闻之夜》蔓延到整个国际舆论

---

① 陆地：《世界电视产业市场概论》，中国人民大学出版社2003年版，第207页。

界。这场原本发生在东亚一隅的事件,在各国媒体的关注和参与下,成为引发国际舆论的焦点事件。英国媒体不仅参与了这场东亚国家间的舆论战,而且主动为其提供平台、扩大影响,这在以往是鲜见之举。实际上,这场舆论战不过是媒体积极参与国际政治的一个缩影。

在2013年,世界媒体参与国际政治的热情空前高涨,几乎在所有的重大国际事件中都有积极表现。无论是应对台风"海燕"中的菲律宾国际救援,还是曼德拉逝世后的各国首脑亮相;无论是太空探索、星际漫步,还是美国"驴象之争"中的政府停摆,各国媒体都给予了极大的关注。不过,纵观全年的舆论战,中东和东亚显然是世界媒体竞技的主要舞台。2013年的中东地区继续在喧嚣和不安中躁动,包括叙利亚、埃及、伊朗等多个国家在内,动荡余波尚未平息,新的问题接踵而来,也成了各国媒体竞相竞技的舞台。在东亚,世界媒体对朝鲜的瞩目贯穿2013年始终。2月,朝鲜高调宣布成功进行地下核试验,日本要求联合国安理会召开紧急会议,韩国下令提升军队戒备状态,美日联合紧急出动侦察机投入调查。3月,朝鲜宣布撕毁《朝鲜停战协定》,切断板门店的对美军事热线,宣称与韩国进入"战争状态",朝韩边境剑拔弩张。在接下来的几个月中,朝鲜政府重启宁边的核子反应炉,关闭开城工业区,北方界线附近又起炮击冲突。一时之间,朝核问题、半岛和平这两大国际热点问题,双双悬于一线。各种分析评论与内幕揣测,为2013年的国际媒体和世界舆论留下一连串的感叹号。2013年,日本的右倾化和中日之间的岛屿之争,更在世界各国媒体的报道中成为热点。同年年底,安倍参拜靖国神社,英国广播公司破例在节目中安排中日两国大使同期交锋。短短几天之内,中国40余位驻外大使先后在驻在国媒体上发表文章,同时还有很多驻外使节以接受专访、媒体吹风会等方式,通过驻在国媒体集中发声,掀起一轮国际舆论战的高潮。各国的主流媒体及一些世界级媒体成了这一舆论战的平台,形成了国际传播的新景观。如果说这些新闻事件中,媒体主要是在国际政治的波云诡谲中推波助澜,那么在美国的"棱镜门"事件中,媒体本身则成了掀动国际政治浪潮的活跃主体。在这一事件中,不仅传统媒体如《卫报》《华盛顿邮报》等锋芒毕露,而且网络媒体巨头也被牵扯其中。在此期间,《卫报》和《华盛顿邮报》持续发布最新信息,中国香港、俄罗斯、拉美、北欧等世界各地的媒体都加入其中。在世界各国媒体的烘托呼应之下,"棱镜门"成为搅动2013年国际政治局势的风暴眼。实际上,"棱镜门"事件是美国所遭遇的重大形象危机,也成为国际传播中的重大事件。

2014年,媒体的国际政治热有增无减。围绕中国提出的"一带一路"和亚投行计划,围绕着俄、美、欧在乌克兰危机中的博弈,震惊世界的"伊斯兰国"的崛起,以及埃博拉病毒肆虐、马航飞机失联,世界媒体开始了轮番的报道大战。例如在2014年3月8日的马航370客机失联,这一牵涉多个国家、充满各种新闻要素的重大事件,迅速成为全球各大媒体争相报道的对象和全球受众关注的焦点。各国媒体展开十八般武艺,连续不断地质疑和调查,与政府、航空公司、警方及各类相关组织较量,拿出大量的版面、时段在各种媒体渠道进行了一个多月持续不停的报道。"马航370"一时之间成了国际新闻界提及频率最高的关键词,各国媒体的表现也成了这一事件中一个重要的组成部分,充分体现了国际新闻的新竞争。[1]

2015年的世界局势依然风云变幻。开年就是交织了文化因素和宗教冲突的《查理周刊》遭遇恐怖袭击,随后是东海、南海冲突,由伊斯兰国制造的俄国客机坠毁、巴黎连续恐怖袭击,之后又有亚投行协定签署、希腊深陷债务危机、叙利亚难民问题升级、伊朗核问题达成协议、大国深度介入中东,再有为纪念"二战"胜利70周年的俄罗斯卫国战争庆典、中国纪念世界反法西斯战争胜利大阅兵等等,国际媒体在上述各个国际新闻热点事件中都不断地深度介入。例如在2015年1月7日,《查理周刊》遭遇恐怖袭击后,各大媒体围绕"我是查理"和"我不是查理"展开了激烈论争。在媒体高度国际化之后的今天,新闻媒体原本的"伦理""自由""社会功能"等等概念都需要重新界定,对这些问题的讨论又成为了新的一轮报道焦点。在此次事件中,媒体也继"棱镜门"之后,再次成为世界政治的参与主体。

2016年的开端,包括南海军事化、朝鲜核危机和中东局势的动荡,又成为媒体关注的焦点。可以说,媒体作为国家话语权的载体和软实力的体现,表现得日益明显。这在本书对世界媒体的研究中,在媒体关注的议题中

① 刘笑盈、康秋洁、刘雯:《从马航"失联"客机报道看国际新闻的新竞争》,《新闻战线》2014年第4期。

也可以得到体现。

(二)监管加强:媒体与政府的互动新态

随着媒体参与政治的热情升温,媒体与政府之间的摩擦不可避免,甚至可能愈益频繁。正如《赫芬顿邮报》在2013年的年终回顾中称,2013年是记忆中媒体与政府之间冲突博弈最为激烈的一年。前有美国所谓的“泄密调查”——美联社刊发报道,揭露司法部秘密获取美联社、福克斯多位记者、编辑的通讯记录,是“史无前例的大规模侵害”。司法部对此回应称,此举是为了调查史上最严重的“泄密”。双方都称对方“将美国人民置于危险之中”,媒体和政府之间关系趋紧;后有英国媒体的“棱镜门”后续事件——记者格伦·格林沃德本人屡受威胁恐吓并最终离开《卫报》,年底该报主编艾伦·拉斯布里杰受到英国议会质询。重重矛盾,使得媒体与政府之间的关系看似紧绷,却也因此更加凸显二者之间的紧密联系。媒体的社会作用正在转型,政府的监管体制也在发生变化,两者之间的关系亟须理顺。究竟应该如何化解矛盾,又应如何寻找平衡,成为2013年被提出但没有解决的疑问。

在媒体与政府关系的冲突博弈中,英国成为各种要素汇聚的结点,持续发酵的“窃听门”促使英国政府着手调整传媒体制。2013年10月28日,《世界新闻报》的窃听案开始审理,包括前新闻集团高管和前英国政府官员在内的多人接受了这场“世纪审判”。紧接着,英国枢密院通过“皇家宪章”,准备建立一个官方的媒体监管体系,取代原本的媒体自律体系。这一决定获得三大主要政党的一致支持,历史性地改变了英国的传媒体制。2014年11月3日,在“皇家宪章”的基础上,政府的独立监督机构——认证委员会(Recognition Panel)正式成立。由此,英国的报业监管改革正式开始,英国媒体则称此举为政府“插手”新闻行业。这项被英国首相卡梅伦称作“英国史上最严厉”的宪章条款,也被英国媒体视为“新闻自由的终结”。尽管目前监管体系仍未成形,众多媒体的愤懑之声仍未平息,但是英国政府对自身与媒体之间关系的调整已经展开。

在英国政府对自身的传媒管理做出调整的同时,媒体自身也已开始着手角色转换。受“窃听门”事件的困扰,默多克将主营业务在英国的“新闻国际集团”改名为“新闻英国”。随即有着30多年历史、曾经名列全球传媒集团前列的新闻集团正式通过拆分计划,将旗下的新闻媒体和娱乐产业剥离,分别纳入新的新闻集团和21世纪福克斯两家公司。长期以来,默多克的媒体帝国一直与“娱乐”为伍,不仅因为娱乐产业是集团营收的主要来源,更重要的是集团新闻报道中浓重的娱乐化特征。传统的新闻业务在依靠娱乐产业反哺的同时,也在实质上向娱乐渐渐倾斜,这也是新闻集团长期以来饱受诟病的原因。如今的拆分,也算是“新闻的归新闻,娱乐的归娱乐”,形式上在新闻与娱乐之间划出界线,是默多克既想要确保娱乐“摇钱树”不倒,又冀图新闻业务能够逆水行舟的举措。拆分之后,默多克开始对英国业务展开人事调整、高层换血,将新闻业务的中心移至纽约,试图通过集团内部调整和效率提升实现转型升级。

如果说英国政府调整政策的目的是为了加强监管,那么俄罗斯的调整则是为了加强国际传播。与英国政府的“插手”相比,俄罗斯政府的传媒体制调整举措可谓“强力铁腕”。2013年12月9日,俄罗斯总统普京签署总统令《关于提高国有媒体效率的一些措施》,着手重组国有媒体。根据这条政令,联邦政府将原国家通讯社俄新社和国有广播电台俄罗斯之声撤并,组建新的“今日俄罗斯”国际新闻通讯社。新的“今日俄罗斯”将作为联邦单一制国有媒体,专注于向海外报道俄罗斯的国家政策和社会生活。普京还下令将“今日俄罗斯”纳入国家战略企业名单,打造成俄罗斯的媒体航母。此次重组国有媒体,是为了“重构世界对俄罗斯的恰当认知”,要主动在全球塑造积极的国家形象。事实证明效果极佳,“今日俄罗斯”的影响力在日益增长。2014年,俄罗斯又重新恢复了塔斯社的名称,让通讯社独立发展业务。

实际上,在本书的研究中,也有很多媒体与政府关系重新调整的案例。由于上个世纪开始的媒体产业自由化、商业化改革,既在一定程度上弱化了新闻的严肃性,也影响到了政府的权威和对媒体的控制,使得媒体与政府的关系也进入一个调整的新时期。

(三)转型弯道:世界媒体的"全媒体化"

从世界媒体的发展走向来看,随着世界网民数量的迅速增加,世界媒体的"全媒体化"趋势十分明显。这在本书的媒体研究中,也是一个突出的现象。

面对互联网和数字技术的冲击,传统媒体在过去几年中尝试多种改变,有些采取了推出网络版、建立收费墙等等举措,但似乎仍难阻挡传统出版发行业日渐衰落的颓势。随后,更多的媒体开始从更广、更深的路径陆续进入到这个转型弯道中,从经营体制、采编方式、传播平台等各个层面开启全媒体的变革之路。作为融合媒介的实验场,美、英两国的媒体表现最为突出、最为典型。

2012 年 12 月 31 日,美国著名杂志《新闻周刊》发行了最后一期印刷版本,在走进创刊的第 80 个年头之时,以《全球新闻周刊》的新名字开始网络发行。与此同时,好莱坞权威刊物《综艺》在不间断出版近 80 年、两万期之后,也在这一年的 10 月被出售给了网络公司,以适应媒体环境的变化。

同年,美国报业的两大巨头,《纽约时报》和《华盛顿邮报》也先后传出转战网络的消息。2012 年 4 月,纽约时报公司首席执行官马克·汤普森透露,自己正在研究美国流媒体视频服务 Netflix 的订阅模式,希望能够将这家网络公司的商业模式借鉴到纽约时报公司的数字化战略中,推动传统新闻出版公司向现代互联网公司转型。近几年,《纽约时报》的广告收入一降再降,而从"收费墙"业务开始以来,《纽约时报》的网络订阅用户增速很快,2012 年的订阅收入首次超过广告收入,成为营收的主要来源。对于《华盛顿邮报》来说,2013 年是一个跌宕起伏的年份。这份因报道"水门事件"而声名远扬,又因为"棱镜门事件"而再次成为世界舆论中心的报纸,8 月由格雷厄姆家族转手给电子商务巨头、亚马逊的总裁杰夫·贝索斯,成了世界新闻界的一大热点。对于上述两份世界一流的知名报纸来说,积极改变现有的体制结构,不仅是具有生存意义的现实问题,更是影响到整个新闻媒体行业的破冰尝试。《纽约时报》的变革,不仅体现在经营体制的战略转型,还表现在对新闻采编方式的开拓。2013 年,普利策新闻奖将特稿写作奖授予了《纽约时报》的多媒体报道"雪崩"。次年 5 月,《纽约时报》发布了一份长达 96 页的创新报告(New York Times Innovation Report 2014),标志着《纽约时报》进一步转型的开始。

与此同时,美国电视巨头有线电视新闻网也一直在探索新媒体环境下的传播创新。2014 年 3 月,世界媒体疯狂进入"马航失联报道"的新闻战中,有线电视新闻网无疑是风头最劲的媒体,其用虚拟现实技术演示马航失联过程的报道和利用人机互动技术而搭建的演播室可视化传播,使世界各国的观众都印象深刻,同时也引发了全球媒体同行的广泛热议。

在媒介融合方面,英国也不甘落后。在世界媒体业界中,英国知名媒体《卫报》的数字化战略是公认的一流水准,被称为是"最开放、最彻底的数字化转型",该报也被称为"传统媒体拥抱数字技术的先锋"。《卫报》是全世界第一家让受众自产、众包内容成为其核心支柱之一的媒体,也是第一家自发转型成一个真正的数据共享公共平台的媒体。其建立的"开放新闻"体系取得了极好的效果,确立了迄今为止英国报业最坚决、最彻底的数字化转型模式。2012 年,《卫报》的媒体排名从全国第九位一跃升至第一位。2013 年,《卫报》的数字营收达到了 11700 万美元,相较于 2012 年的 9200 万美元增长 25%。截至 2014 年,《卫报》的电子版用户数量已经达到了其纸质版读者数量的 15 倍之多。

从本书的媒体研究中,读者也可以看到世界媒体全媒体转型的特点。例如到 2013 年时,"今日俄罗斯"就成了全世界第一家在 YouTube 上实现点击量过 10 亿的新闻频道。① 再如法国最有名的平面媒体《世界报》于 2003 年就开设了网站,成为一直领跑全世界的法语新闻网站,同时在全球的新闻网站中产生了巨大的影响力。《世界报》还与著名的互联网媒体《赫芬顿邮报》(*Huffington Post*)合作,推出法语版《赫芬顿邮报》,同时也适

---

① 俄新社:《RT 成为第一家在 YouTube 上点击量超过 10 亿的新闻频道》,2013 年 6 月 3 日,http://ria.ru/society/20130603/941030745.html,检索时间:2015 年 8 月 5 日。

时推出了针对智能手机和平板电脑等移动终端的应用软件。

(四)媒体格局:"西强东弱"的量变和质变

经济全球化在造成全球经济发展不平衡的同时,也加剧了信息传播格局的不平衡,出现了"信息穷国"与"信息富国"之间的巨大差异。在2015年世界媒体实验室评出的全球媒体公司排行中,位序最高的前十家中没有一家来自发展中国家,甚至在前50家中,来自发展中国家的媒体也屈指可数。在国际电视节目交易中,发达国家生产的节目占75%。在国际新闻领域,包括美联社、路透社、法新社和合众社在内的世界四大通讯社占据了新闻供应的80%,美、英媒体占据了世界信息传播的65%以上。在传播内容上,也很容易发现对不发达国家的报道往往数量偏少且内容充满偏见的现象。德国学者说,"从重构主义的角度看,外国报道介绍的也许是一个残缺不全的世界形象。这种报道主要集中在政治和文化相近的国家,集中在发展中国家的危机和冲突,以及理解多样性的领域。简言之,非常有限地集中在那些对本国新闻传媒体制具有特殊新闻价值的新闻"。① 传播问题的背后实际上还是经济问题,世界新闻市场上发达国家媒体主导的传播垄断,是由发达国家所处的经济地位决定的。可以看到,在全球化过程中,随着经济格局的变化,发展中国家中"新兴经济体"的崛起,世界传播格局正在发生显著的变化。未来的国际新闻市场是否能形成多种力量并存的均衡发展局面,也是研究者面临的重要课题。

当代世界的一个重要现象就是"他国崛起"。本世纪以来,世界经济的版图和权力分配发生了巨大的变化。根据国际货币基金组织的统计,2000年,在世界经济排名前十的国家中,只有中国、巴西、墨西哥三个发展中国家,GDP超过万亿美元的发展中国家则只有中国。2013年,在世界经济排名前十的国家中,出现了中国、巴西、印度、俄罗斯四个发展中国家。与此同时,当年共有16个国家的GDP超过了万亿美元,其中发展中国家就有7个,在世界GDP排名前三十的国家中,非西方国家占了一半。其中,被称为"金砖五国"的中国、印度、巴西、俄罗斯和南非的发展尤为引人注目,五国拥有全球42%的人口和30%的领土,在世界经济中所占的比重也超过了20%。在经济崛起的同时,非西方国家在制度探索方面也获得了相应的自信和文化觉醒。值得注意的还有"他国崛起"中的文化与传播权力竞争。可以说,原来"西强东弱"的传播格局正在发生着整体的量变和局部的质变,出现了全球信息与文化的逆向流动。随着今日俄罗斯、半岛电视台、南方电视台等媒体的崛起,尽管西方国家还掌握着文化和传播霸权,但是"各国人民相互了解的决定权"和新闻的解释权已不完全掌握在西方媒体手中了。这些变化是当前媒体转变的重要组成部分。"随着全球政治经济力量的重组和传播技术的发展,全球信息与传播秩序发生了整体上的量变和局部上的质变,'他国'的媒体在其中起着不可忽视的重要作用。"②

尽管多元化、多层次的新国际传播格局正在出现,但是建立公正、合理的国际传播秩序依然是我们所要面对的基本任务。美、英等西方国家长期存在的传播霸权难以在短时间内消除,非西方国家的媒体在国际新闻领域也刚刚崭露头角,覆盖范围和影响能力仍有限。特别是在全球化浪潮中,国家之间的不平衡发展更加突出,所有这些因素都使得国际新闻的平衡、合理流动依然是一个任重道远的任务。

(五)媒体焦点:焦点转移和中国地位的凸显

西方有学者称,"新闻是沿着国际航班的线路而传播的"。其实就是指出,除了冲突以外,越是经济发展快的地区,也就越是新闻密集的地区。

在当前的国际新闻报道中,中国越来越成为世界媒体报道的重点。2005年,财富论坛在北京召开,引发了西方国家大规模报道中国的热情。2008年,中国与世界大事频发,世界媒体的中国报道更是成了常态。在这一

---

① 〔德〕赖纳·特茨拉夫主编:《全球化压力下的世界文化》,江西人民出版社2001年版,第59页。

② 钱晶晶:《"他国崛起"与全球信息和传播新秩序的重构》,清华大学博士学位论文,2014年,前言。

过程中,世界媒体对中国的报道视角也出现了“从轻视、俯视到重视、平视的模式转变”。[①] 2009 年,新闻集团总裁默多克在新华社组织的世界媒体峰会上甚至说出,“报纸要想畅销,就把中国放在头版”这样的“语录”。随着中国政府以积极开放的姿态面对国际舆论,外国记者在华采访越来越方便。据统计,1990 年年底,外国驻华记者约有 170 人,全年临时来华采访记者约计 1500 人。截至 2015 年 6 月,共有 47 个国家的 277 家新闻机构在中国设有常驻新闻报道机构,在华工作的外国记者共有 636 人。为了广泛展开对中国各个领域的新闻报道,他们还雇佣了大量的中国员工,每年还有平均四五千名外国记者来华采访。2008 年是中国接待境外媒体记者数量创纪录的一年,仅北京奥运会期间就接待境外记者 3 万多名。[②] 与此同时,国内舆情与国外舆情也越来越多地形成了广泛的互动,许多国内的突发事件、重大事件,也很快成为国外媒体争相报道的热点新闻。比如说,2011 年 10 月 13 日发生的“小悦悦”事件[③],就迅速引起了国际媒体的高度关注。有线新闻网在 10 月 18 日到 22 日连续报道了 4 次,英国广播公司从 17 日到 21 日报道了 5 次,朝日新闻也在 19 日和 21 日做了两次专题。经由这一事件,中国的司法体系、文化人情到社会风气,甚至城市化与“陌生人社会”的转型,都成了这些媒体探讨的主题。近年来,中国更是成为世界媒体关注的焦点,中国常常成为媒体关注的主要国际新闻议题。在本书的研究中,这样的案例比比皆是。例如,2015 年 8 月 12 日的天津港爆炸事件,随后举行的“9·3”阅兵,几乎世界上所有的重要媒体都对这些事件做了报道,有的还是持续多日的连续报道。面对这一局面,也需要中国媒体的积极参与。

有一个实例可以说明中国在媒体领域所做出的努力。从 2008 年开始,由新华社着手同包括新闻集团、美联社、路透社、共同社、英国广播公司等在内的多家世界知名媒体接洽会谈,就媒体应如何应对数字化多媒体时代的挑战及加强交流、合作等问题展开讨论。在此基础上,由来自世界各地的多家媒体共同成立了世界媒体峰会,为全球媒体搭建了一个沟通交流和集思广益的有效平台。成立以来,世界媒体峰会已经分别于 2009 年在北京、2012 年在莫斯科、2016 年在多哈举办了三届峰会。这个由新华社率先发起成立的世界媒体协同机构,已经协调成员机构共同制定并发布了《世界媒体峰会共同宣言》《世界媒体峰会知识产权公约》《世界媒体峰会章程》等重要文件,成立颁评“全球新闻奖”,发起组织了“全球媒体儿童日”“关注贫困”摄影大赛等大型公益活动和新闻报道,而且还多次组织了面向全球新闻从业人员的各种培训活动。其中,全球新闻奖是首个覆盖全球范围、涵括多种媒体业态的世界性新闻奖项,甫一诞生便引起了世界各国媒体业界的普遍关注,被誉为“媒体的奥林匹克”。[④] 可以说,世界媒体峰会是以国家通讯社新华社为代表的中国媒体主动参与国际新闻传播格局,积极推动国际新闻传播秩序的重建,以中国特色的新闻观影响世界的重要努力。

当然,上述的五个特征并未勾勒出当前世界媒体的全貌,而主要是给我们提供了一个观察世界媒体发展现状和前景的角度。要对当前的世界媒体做更全面的表述,还需要更为深入的研究。

四、世界媒体与中国

本书的研究重点之一是世界媒体与中国,所以这一问题须得加以篇幅进一步展开论述。

过去几年中,由于世界经济局势的变化,各国媒体对国际新闻的投入整体上有所下降。在国际新闻的报道数量、财政投入程度,尤其是对驻外机构的投入和配置方面,均有大幅收缩。然而,中国却在整体收缩之中成为国际媒体逆势扩张的一个重要国家。近几年中,国际媒体的驻华记者人数、驻华新闻机构数量都在快速上升。

---

① 刘笑盈、贺文发:《俯视到平视:外国媒体上的中国镜像》,中国传媒大学出版社 2009 年版,第 11 页。

② 王晨:《2008 中国以更开放姿态向世界说明一个真实中国》,2008 年 12 月 30 日,新华网:http://news.xinhuanet.com/politics/2008-12/30/content_10579309_1.htm,检索时间:2016 年 7 月 28 日。

③ “小悦悦”事件发生在 2011 年 10 月 13 日,2 岁的小女孩“小悦悦”(本名王悦)在佛山南海黄岐广佛五金城相继被两车碾压。事发后七分钟内,18 名路人经过但都对受伤的孩子视而不见,漠然而去。尽管最后一名拾荒阿姨陈贤妹上前施以援手,但孩子仍因伤势过重而离世。事件经媒体报道和网络传播发酵之后,不仅在国内引发舆论广泛热议,也引发了国外媒体的积极关注和连续报道。一个发生在中国南方一隅小城的事故,最终变成世界聚焦中国的一个热点新闻议题,进而成为世界聚焦中国的一个典型案例。

④ 康秋洁、刘笑盈:《全球新闻奖:改变世界媒体生态的新尝试》,《对外传播》2015 年第 2 期。

截至2015年6月,共有来自47个国家的277家新闻媒体在中国设有办事机构,常驻外国记者636名,主要集中在北京、上海、广州等地。其中,驻北京的外国媒体机构达到236家,共有493名外国记者在京从事报道工作;驻上海的外国媒体机构有78家,记者126人;驻广州的外国新闻媒体有10家,记者10人;驻重庆2家,记者2人;驻沈阳3家,记者3人;驻大连1家,记者1人;驻深圳1家,记者1人。

时间	驻华记者	驻华新闻机构	国家
2002	350	210	39
2005	500	280	44
2007	616	320	49
2008	600+	378	54
2012	649	421	58
2013	700-	438	59
2014	680	445	59
2015	636	277	47

※相关数据来自外交部外国记者新闻中心。

北京是中国的政治经济文化中心,聚集了大量的外国媒体机构和外国记者,将驻华新闻机构设在北京的外国新闻机构有236家,占全部外国驻华新闻机构的85.1%,驻京外国记者人数达到493名,达到全部注册外国驻华记者的77.5%。这是一个非常高的数字,超过了冷战高峰期在莫斯科和华盛顿的外国媒体机构及记者数量。据美国国际传播学者福特纳的统计,在冷战高峰期的1979年,莫斯科也只有46个国家派驻的182名记者,而在1983年的华盛顿有61个国家派驻的286个新闻单位和480个特派记者。①

可以说,常驻北京的外国新闻机构数量和外国记者人数,都占据了驻华机构和人数的绝大多数,这是一个极大的报道力量。例如,统计表明,在2012年到2013年之间,共有来自374家国际媒体机构的519名外国记者常驻北京,他们平均每个月从北京发出超过2000条国际新闻报道(包括文字和音视频报道),报道涉及的议题非常广泛,触及中国的政治、经济、文化、社会的方方面面,甚至还包括北京各区县及中国各地方的各种新闻。这一现象值得注意。

当代世界媒体的中国报道有一个发展的过程,从上世纪80年代以来,主要经历了三个阶段:80年代到新世纪初的初步接触期,21世纪前十年的深度报道期,以及最近几年的快速扩展报道期。长期以来,西方媒体的中国形象基本上是不正确的,在不同的时期尽管形象有所变化,但是"美国人长期以来所得到的有关中国的画面一直是歪曲的景象"。② 而且在西方媒体的涉华报道中,长期以来是以轻视和俯视作为基本视角的,只有在进入了21世纪之后,这种报道视角才开始有所改变。在此过程中,西方媒体对华报道的过渡是从逐渐重视开始的。2005年,借由财富论坛在中国召开的契机,西方媒体集中刊发了一系列对中国的深入报道,形成了一轮"中国报道热"的高峰。当年3月,英国广播公司组织了中国报道周;5月,美国《新闻周刊》推出封面文章——《中国的世纪》,并用21个版面从商业、教育、电影、汽车文化、奥运等多个角度解读中国,这在该刊的历史上前所未有;同月,美国《纽约时报》评论版出现了漂亮的中文隶书标题;在财富论坛召开期间,《财富》杂志专门制作了中国特辑;同一时间段,有线电视新闻网也组织了一个星期"聚焦中国"的报道。在此之后,这样的"中国报道热"得以持续。特别是2008年以后,中国大规模地进入世界,西方媒体也开始对中国进入了"从俯视到平视"的聚焦式报道。这一时期,发展中国家的媒体也开始大规模地进入中国。最近几年,世界媒体对于中国的报道,无论是

---

① 〔美〕罗伯特·福特纳:《国际传播:全球都市的历史、冲突及控制》,刘利群译,华夏出版社2000年版,第191页。

② 〔美〕托马斯·博克、丁伯成:《大洋彼岸的中国幻梦——美国"精英"的中国观》,外文出版社2000年版,第35页。

报道数量、报道角度、报道题材还是报道方式及观点立场,都有进一步增加和丰富的趋势。在本书的研究过程中,调研小组特地搜集了近 30 年间《纽约时报》的 17000 多篇涉华报道文章,从中可以体现出这样的趋势。在本书的研究中,也可以在许多媒体的涉华报道中看到这种现象,不仅涉华报道的数量在其所有国际新闻报道中的比重不断上升,关注中国的报道领域和报道角度也在不断丰富。大致说来,研究所呈现的外媒涉华报道,其议题设置的比重依次是经济、双边关系、中国政治、社会与民生、文化,其中,经济的比重占据所有报道的三分之一到一半以上。尽管还有一些消极的、负面的报道,但是积极正面和客观中性的涉华报道数量也在不断增加,即使是部分西方媒体仍然不时发表针对中国的敌视性报道,也是基本把中国作为平等的对手来看待的。这说明,中国融入世界的程度在加深,在世界上的地位也在提升。

与此相应,中国政府对外国媒体在中国的报道及管理方面也有一个不断变化的过程。

新中国建立之初,中国实行"打扫干净房子再请客""一边倒"和"另起炉灶"的外交方针,外国记者纷纷撤离了中国。1955 年,英国路透社在中国开设分社,成为西方四大通讯社中第一家在中国设立的驻华新闻机构。调查表明,在 20 世纪 50 年代初的中国,外国新闻界共有三十余名驻华记者,其中只有路透社和法新社是来自西方国家的媒体。[①] 为了管理外国记者,1957 年成立的中华全国新闻工作者协会(中国记协),其职能之一就是开展与外国新闻界的交流和沟通。到 1966 年,法新社、德新社和英国广播公司等欧洲媒体也都在中国设立了分社。"文革"爆发后,很多驻华记者因为在报道中批评"文革"而被迫限期离境,外国驻华记者的规模大大萎缩。这一局面到 1978 年改革开放之后得到了根本改变。可以说,改革开放至今,中国的外国媒体管理政策经历了三个阶段的转变。

第一个阶段是从 1978 年到 1989 年,主要的政策特点是接触与合作。这一时期,外国记者开始大量进入中国,主要报道中国的改革开放。尤其是包括美联社、合众社以及《纽约时报》《华尔街日报》《洛杉矶时报》《新闻周刊》等美国媒体在内的诸多西方媒体,都在 1979 年到 1980 年间进入了中国。1981 年 3 月 9 日,中国政府颁布《中华人民共和国国务院关于管理外国新闻机构常驻记者的暂行规定》(简称《暂行规定》),14 条规定内容只有 900 多字。《暂行规定》明确指出,"外国新闻机构关于常驻记者的任何派遣、更换、延期、中止等活动都必须向中华人民共和国外交部提出申请,经批准后由外交部新闻司办理相关手续","常驻记者采访机关、团体、事业和其他单位,都应当按照中华人民共和国外交部新闻司的要求,事先向有关当局提出申请,经同意后始能进行"。当时也提出了建立新闻发言人制度和鼓励开放、借助外力的媒体政策。当时的对外宣传小组组长朱穆之多次强调"利用外力"的重要性,要求"团结一切可以团结的力量","克服怕犯错误的思想,主动见外国人、外国记者","让他们多接触我国实际","帮助他们比较正确地了解和报道我国的情况"。但是,由于政府人员长期受到封闭以及帝国主义等观念的影响,缺乏与西方媒体记者打交道的经验,因此并没有全面开放世界媒体的采访空间。这一时期,中国对国际媒体的认识还没有达到战略高度。

第二个阶段是从 1990 年到 2007 年,主要的政策特点是严格管控。1989 年政治风波之后,国际局势风云突变。1989 年至 1990 年,苏东集团解体。与此同时,世界上掀起了反华浪潮,西方国家政府纷纷宣布制裁中国。这样的国际政治变局也反映在西方媒体的对华报道上。许多西方媒体记者带着强烈的意识形态偏见,甚至编造谣言和扭曲事实,出现了大量失实报道。他们还对中国的人权、政治体制、西藏、台湾等问题大肆渲染,驻华记者的违规操作之风屡禁不止。中国政府出于稳定局势的需求,1990 年 1 月 19 日,国务院颁布实施《外国记者和外国常驻新闻机构管理条例》(国务院第 47 号令)。这个文件具有强烈的管理色彩,较之原来的《暂行规定》,从篇幅上增加到了 22 项条款,共计 2500 多字,不仅对外国常驻记者、外国短期采访记者、外国常驻新闻机构都作了明确界定,还对外国记者以及新闻机构的驻华采访活动作了严格的规定。"外国记者赴中国开放地区采访,应当事先征得有关省、自治区、直辖市人民政府外事办公室同意;赴中国非开放地区采访,应当向新闻司提出书面申请,经批准并到公安机关办理旅行证件。"这一时期,尽管大量的外国媒体进入中国,包括法国的《费加

---

① 张功臣:《外国记者与近代中国》,新华出版社 1999 年版,第 3 页。

罗报》、西班牙的《解放报》、英国的《卫报》，以及美国的《今日美国》、全国广播公司、彭博新闻社、《财富》杂志等等，但是报道的倾向性总体上趋于负面。这一时期，也正是"中国威胁论""崩溃论"甚嚣尘上的时期。尽管中国对驻华外媒采取了"适当限制"，但另一方面，中国政府也看到了正确引导西方驻华记者的重要性。1991 年 1 月，国务院新闻办正式组建，开始着手主动加强对驻华外媒的正面引导，通过"融冰""架桥""突围"，度过了困难的时期。[①] 进入 21 世纪以来，外国驻华记者和短期采访的人数都逐步增多，西方媒体高层也频繁来华。例如，2004 年至 2007 年，美国的《华尔街日报》、哥伦比亚广播公司、《芝加哥论坛报》、彭博新闻社，英国的《金融时报》、独立电视公司，以及法国的法新社等媒体高层人士都曾分别相继访华。

第三个阶段是 2007 年至今，主要的政策特点是积极开放。这一时期是中国全面走向世界、国际影响力不断扩大的时期，因此中国也希望能够主动在国际舞台上塑造一个积极的国家形象。随着中国的国际影响力日益扩大，与西方国家的合作日益增多，世界对中国信息的需求量也不断扩大，外国媒体开始大量进驻中国，并开始调整原来对华报道中以偏见为主的基调，逐渐形成了对中国较为清晰、客观的看法。在对外媒的管理上，中国政府接连颁布了两个重要的国家法令，一是 2007 年 1 月 1 日开始实施的《北京奥运会及其筹备期间外国记者在华采访规定》（国务院 477 号令），以及在这一暂行条例终止后，于 2008 年 10 月 17 日颁布的《中华人民共和国外国常驻新闻机构和外国记者采访条例》（国务院 537 号令）。这两个政令的发布，表明中国政府以更加积极、开放、自信的姿态来对待驻华外媒，并且取得了良好的舆论引导效果。国务院 477 号令为奥运会期间外国记者在华采访提供了诸多便利，在与国际接轨的同时，对外国记者的采访、工作人员的聘用、所带设备的入境等等方面都给予了极大的自由。例如，"外国记者在华采访，只需征得被采访单位和个人的同意"，"外国记者可以通过外事服务单位聘用中国公民协助采访报道工作"，所带的合理设备也可以免税入境。在 477 号令颁布之后，外国驻华媒体机构及记者人数都开始大幅上升。截至 2007 年年底，共有来自 49 个国家及国际机构的 320 家新闻机构、600 余名外国记者在华常驻。随后出台的 537 号令则在很大程度上延续了 477 号令的许多规定，是对 1990 年 47 号令的较大修改，给予了外国记者在华采访很多的自由，是中国推进改革开放、言论自由的重要标志。

自 2008 年以来，特别是最近几年，中国的外媒管理工作在进一步推进。在长期的实践中，也总结出了包括完善的新闻发布机制，掌握舆论主动权；增强服务意识，注意管理方式；优化政策环境，引导民众积极参与公共外交，以及做好服务的同时，规范管理等等措施和工作策略。可以说，中国的外媒管理工作正在不断的探索中前进，中国正在越来越多地向世界展示自己的开放、进步、文明、自信和负责任的大国形象。

学术研究的成果表明，一个国家的形象建构过程包括"自塑""他塑"与"合塑"三个部分，而"他塑"的重要性不可忽视。[②] 在中国的外国媒体机构及外媒记者，是中国国家形象建构过程中的重要力量。了解驻京国际媒体的背景信息，熟悉驻京外国记者的对华态度，研究各大媒体的对华报道倾向，是中国外宣部门、各级宣传部门，尤其是各单位的新闻发言人，必须储备的专业信息。学术研究的成果还表明，在新闻的事实、媒体、受众三要素中，媒体是连接事实和受众的关键因素，了解媒体、研究媒体是必须要做的重要工作。唯有如此，才能在面对纷至沓来的外国媒体采访时，做到心中有数并且游刃有余。这也是我们编著此书的目的。

本书所选的媒体，绝大多数都是在中国设有办事机构或派驻记者的媒体，同时也是在世界范围或所在国具有重要影响和代表性的媒体。本书在写作体例上从宏观、微观两个层次展开。宏观视角以区域板块为单位，从对各洲媒体概况的研究入手，根据具体的媒体发展情况，研究地区的典型媒体，包括印刷媒体、电子媒体、网络媒体及通讯社；微观视角则落脚在具体媒体的研究上，从历史沿革、发展现状、报道特点和涉华报道四个维度展开论述。最后需要强调的是，在本书的写作中，力求用数据说话、事实说话，采用实事求是的描述方法。同时，书中采用的大量材料均已注明出处，各类注释涉及多个语种，这不仅是为了本书的专业性和权威性，也是为读

---

① 曾建徽：《曾建微论对外宣传：融冰·架桥·突围》，五洲出版社 2006 年版，序言。

② 徐小鸽：《关于传媒塑造国家形象的思考》，《国际新闻界》2002 年第 2 期。

者进一步的研究提供路径。

当然,作为国内第一个大型的世界媒体研究项目,我们深知这个项目的困难。我们面临的最大问题就是研究资料问题,有的媒体研究很多,有的媒体则资料十分匮乏。同时,在较短的篇幅内进行抽象描述,也需要编写者多看资料和具有较强的总结概括能力。尽管我们的想法是为读者提供一个简洁明快的媒体资料图,一个明晰的媒体指路图,以及一个媒体研究的路径,但能否真正达到这个目标,还需要读者来评价。

(项目研究组,撰稿:刘笑盈)

北美洲媒体概况

北美是世界媒体的“高地”，是需要特别关注的地区。本书介绍了 75 家北美媒体，其中，美国各类媒体 68 家，在研究涉及的所有国家中，是入选的媒体数量最多的。另外，还有加拿大的各类媒体 7 家。

北美即(Northern America)，是一个政治地理学概念。根据联合国关于世界地理区域的划分，北美包括美国、加拿大和格陵兰岛等地区。北美的面积为 2178 万平方公里，占世界陆地总面积的 16.2%，人口总数 3.6 亿，占世界人口的 5%。地广人稀的北美洲，人口分布稠密不均，适当的人口集中为媒体发展提供了条件。北美洲的经济非常发达，2014 年北美的 GDP 总量达到 19.34 万亿美元(其中美国 17.5 万亿，加拿大 1.84 万亿)，占全球 GDP 的 25%，在世界上仅次于亚洲而排第二，但人均 GDP 则高达 5 万美元，远远超过了欧洲位居世界第一。

尽管美国建国时间不长，加拿大的历史更短，但是北美却是世界媒体最为发达的地区。可以说，美国的国家建设史，就是媒体的发展成长史，媒体不仅在美国的建国过程中发挥了巨大的作用，而且在之后的发展过程中一直相伴相随，并且在美国的世界扩张过程中发挥了重要作用。《大众传播与美帝国》的作者赫伯特·席勒声称，“美国传播媒介联合体的性质具有重要的意义，它在影响国内人民生活和日常行为中有着极其重要的作用，在国内并不明显而在国外日益显著的意义就是其与国际社会的联系”“这种强大机构现在直接冲击着世界各地人们的生活”。[①]

美国是世界上最为重要的传媒大国，也是现代新闻媒体的发源地。1833 年，《纽约太阳报》在纽约创刊，标志着世界上最早的廉价报刊诞生。19 世纪晚期，美国的报业达到了高峰。1880 年全美共有报纸 7000 家，90 年代增加到 12000 家。在 1872 年时，美国只有两家报纸的发行量超过了十万，到 1892 年时增加到了 8 家。1870 到 1900 年期间，报纸的数量增加了 3 倍，销售量增加了 6 倍，周刊数量增加了两倍。[②] 除此之外，美国还是所谓的“客观报道”“煽情报道”和“深度报道”等报刊发展史上关键概念的最早倡导者和深入探讨者。在广播电视方面，1920 年，匹兹堡 KDKA 电台开始播音，是世界上第一座商业广播电台，开启了人类广播史的篇章。世界上最早的商业广播电视网也诞生于美国，[③]第一台彩色电视也诞生在美国，[④]美国还是网络媒体的发源地和媒介融合最发达的国家。可以说，美国在现代新闻传播业的发展史中有着至关重要、无可替代的地位。

就媒体形态而言，美国的各类媒体都比较发达，而且形成了报刊、广播、电视结合互联网的梯度发展态势。在美国的新闻传播史上，各种媒体的发展都有一个达到高峰的明显阶段。美国的报业在 19 世纪末 20 世纪初进入了发展的高峰，如今依然是世界报业的最大市场之一。截止到 2013 年，美国共有日报 1427 家，总发行量达到了 4300 多万份，报纸的覆盖率达到了 41.6%。[⑤] 美国各个城市的日报发展平稳，并且拥有大量的社区报，这是美国区别于其他国家报业的一大特色。在此基础上，美国拥有《纽约时报》《华尔街日报》《华盛顿邮报》等世界大报。美国有一万多种杂志，拥有如《时代》《财富》《福布斯》《新闻周刊》这样的世界级名刊。尽管美国报业也存在着销量下降的问题，但是影响力依然很大。美国是世界上广播电视最先发展，并且一直保持领先的地区。在 20 世纪 30 年代，广播就在美国达到了发展高峰。而电视也在“二战”后的美国率先发展起来，20 世纪 60 年代开始成为美国人接收新闻的主要方式。根据统计，截止到 2010 年，美国共有电台 11000 多家，其中商业调

---

① 〔美〕赫伯特·席勒：《大众传播与美帝国》，上海译文出版社 2013 年版，第 15 页。

② 郑超然等：《外国新闻传播史》，中国人民大学出版社 2000 年版，第 332 页。

③ 全国广播公司 NBC，成立于 1926 年 11 月，由母公司美国无线电公司建立。

④ 1950 年 3 月 29 日，美国无线电公司向外界展示了一种全电子彩色电视显像管。到 1954 年 3 月 25 日，世界上第一台彩色电视机正式问世，同年美国无线电公司便开始为消费者生产彩色电视机 CT-100，这款彩色电视机屏幕大小 15 英寸，当时的价格是 1000 美元。2007 年，《连线》杂志将 RCA CT-100 评为人类历史上最伟大的产品之一。

⑤ 世界报业协会 WAN－ifra：World Press Trend 2014，pp. 41－49.

幅电台5000多家,调频电台4750多家。同时,拥有美国联邦通信委员会签发许可证的商业电视台达到了1202家,非商业电视台360家。美国全国拥有电视机3亿台,每千人拥有约1116台,均占世界第一位,65%的家庭接入有线电视。① 美国的三大广播电视网是全国广播公司、哥伦比亚广播公司和美国广播公司,再加上有线电视新闻网和福克斯电视网,构成了五大覆盖全国的电视网,同时也向全球传播渗透。美国还是世界上网络及移动新媒体最为发达的国家。2014年,美国互联网用户达到2.8亿人,网络普及率高达87%,占世界网民总数的10%。② 而在2013年时,美国的移动设备使用时长就首度超过了电脑,智能手机和平板电脑已经成为用户多屏生活形态中不可分割的部分。由于网络媒体的发展,美国还是媒介融合的最大试验场,《纽约时报》、有线电视新闻网等知名媒体都在这些方面提供了成功的经验。值得特别一提的还有《赫芬顿邮报》,这个以新闻博客网站起家的网络新闻媒体凭借其灵活的报道模式和"分布式"新闻发布方式,迅速抢占新闻市场,甚至在一些新闻事件中抢发了重大独家新闻或深度评论,成为新闻转型的"排头兵"。此外,美国还拥有世界上最大的通讯社,如今的美联社是由美国各大报纸(1300家报纸)和广播电视成员(3890家电台、电视台)组成的新闻联合组织,不仅为美国1500多家报纸、6000家电台、电视台服务,还为世界上115个国家和地区的1万多家各类新闻媒体供稿。据美联社网站介绍,如今全世界有近一半人口每天都可以接触到美联社的新闻。的确,美联社对国内、国际媒体都极具影响力,被称为是"在全球新闻机构中起主导作用的新闻机构"。③

就传媒体制来看,哈林和曼奇尼经过研究将美国和加拿大同欧洲的英国、爱尔兰划归为一类,统称为自由主义模式。④ 区别在于,美国媒体的商业化趋向更加明显,不仅所有的报纸都是私有制,而且广播电视的私有化程度也很高。美国的电视台主要分为两类,商业电视台和公共电视台。在美国的一万多家电台、千余家电视台中,商业化电台和电视台占据了绝大多数。例如,商业电视台占到了全美电视台总数的80%以上。这些商业电视台以广告作为主要收入来源,播出种类丰富、满足不同层次需求的电视节目,但是也带上了浓厚的商业气息。至于公共电视台,播出节目主要以教育和文化性质为主,具有公益性的特点。公共电视台不以营利为目的,收入主要来自政府资助和社会捐赠,公共广播公司(PBS)是公共电视台的主要代表。而在网络媒体领域,美国更是以私有制和商业性为主要特点。

美国媒体不仅具有较强的商业性,而且高度集中。美国学者也认为,这种商业性的消极意义就是"媒介公司公共价值的衰落和边缘化",甚至有可能"告别新闻"。⑤除了商业性以外,美国媒体的另一大特点就是国际新闻报道中的"政治性",宣传美国的意识形态和价值观念。正如美国独立革命时期的思想家潘恩所说,"我们有力量去重新安排世界"。⑥ 这成了美国外交的信条,也成了美国媒体在进行国际新闻报道过程中秉承的信条。

加拿大是西方国家中面积最大而人口最少的国家,全国分为西部的英语区和东部的法语区两大部分,媒体也相应分为两个语种。与美国一样,加拿大的媒体也是与加拿大的国家发展共同兴起的。早在殖民地时期,加拿大就开始发展报刊。20世纪30年代,加拿大获得了英联邦自治领的地位,80年代又进一步取得了事实上的独立,媒体发展也逐渐走上了快车道。目前,加拿大主流媒体在全国范围形成了"两报"(《环球邮报》《全国邮报》)、"两社"(加拿大通讯社、加西通讯社)、"两台"(加拿大广播电视公司、加拿大电视台)为主导的基本格局。⑦ 就报业而言,加拿大有报纸近千份,其中有110多份日报,800多份所谓的社区报、周报等小报。由于加拿大同时采用英语和法语为通用语言,因此其报业也呈现出英语、法语报纸并行的特点。加拿大共有电视台140多个,其中公营台40多个,民营台100多个,全国主要有4个电视网,加拿大广播公司(CBC)拥有其中两个,两大

① 李良荣:《当代西方新闻媒体》,复旦大学出版社2010年版,第46—47页。

② Pew Research Center: Internet User Demographics 2014, http://www.pewinternet.org/data-trend/internet-use/latest-stats/,检索时间:2016年8月4日。

③ 〔美〕威廉·哈森:《世界新闻多棱镜:变化中的国际传媒》,新华出版社2000年版,第60页。

④ 〔美〕丹尼尔·C. 哈林、〔意〕保罗·曼奇尼:《比较媒介体制——媒介与政治的三种模式》,中国人民大学出版社2012年版,第七章。

⑤ 〔美〕罗伯特·W. 麦克切斯尼:《富媒体、穷民主:不确定时代的传播政治》,新华出版社2004年版,第56页。

⑥ 〔美〕迈克尔·H. 亨特:《意识形态与美国外交政策》,世界知识出版社1999年版,第31页。

⑦ 世界知识年鉴编委会:《世界知识年鉴2012—2013》,世界知识出版社2013年版,第851页。

民营公司加拿大电视网有限公司(CTV)和魁北克法语电视网拥有另外两个。[①] 尽管地广人稀,加拿大的电视覆盖率却很高。加拿大的网络媒体也在发展,但是由于上网费用较为昂贵,网民数量和网络覆盖率并不是很高。加拿大与美国号称是"没有国界"的邻邦,因而加拿大媒体面临的最大问题便是深受美国影响。有人说,加拿大与美国报纸的差异,甚至没有美国50个州之间报纸的差异大。与报纸一样,加拿大的电视也大量引进美国电视节目。尽管加拿大在传媒体制上实行了差别于美国的高度商业化体制和不同于英国的公营体制,走出了一条折中的"综合体制"之路,但是如何保持自己的媒体特色和民族文化,一直是加拿大需要面对的问题。

① 世界知识年鉴编委会:《世界知识年鉴2012—2013》,世界知识出版社2013年版,第852页。

美　国

《波士顿环球报》*The Boston Globe*

The Boston Globe

《波士顿环球报》创刊于1872年，是波士顿地区最古老的日报，在波士顿地区具有很大的地区影响力。

一、历史沿革

(一)查尔斯·泰勒(Charles H Taylor)时期(1872年～1993年)

1872年，波士顿的商人埃本·乔丹(Eben Jordan)——也就是现在的梅西百货公司的创始人——与其他5名波士顿商人一起创办了《波士顿环球报》，每份售价4美分。1873年8月，乔丹聘请了27岁的查尔斯·泰勒(Charles H Taylor)将军做业务经理。泰勒参加过南北战争，曾经做过《波士顿旅行者报》的印刷商，也当过《纽约论坛报》的特约记者。当时《波士顿环球报》经济上面临问题，每年亏损6万美元，还被打趣地称为“每日发行的周报”(weekly paper published every day)[1]。

面对经营不善的报纸，泰勒进行了一系列改革，最终使报纸扭亏为盈。这些改革举措包括：1877年创办周日版，大获成功；1878年削减报纸价格至2美分；同年发行晚报版；在报纸上刊登专门针对女性的新闻，这样男人们不得不将报纸带回家；增加体育新闻，在头版报道发生的重要体育事件，吸引了一大批新的读者群[2]。很快报纸走上盈利之路，到1890年，该报的晨刊和晚刊总发行量高达15万份，成为美国十大报纸之一[3]，泰勒也成了乔丹的合伙人。后来泰勒被任命为发行人，在此后一个多世纪里，其家族成员继续主持着该报的出版直到1999年，使该报成为新英格兰地区的主流报纸。

在1973年以前，《波士顿环球报》为私人所有，直到1973年成为一家新成立的“附属出版公司”(Affiliated Publications)的一员，在之后的20年中，附属出版公司不断壮大，成为一家拥有电视、广播、杂志等多种产品的多媒体公司。

在整个20世纪，《波士顿环球报》一直保有良好的势头，并从70年代起积极干预政治和公共事务，参与美国一流报纸的竞争。该报曾与《纽约时报》和《华盛顿邮报》几乎同时刊登“五角大楼文件”，引起全国注意；1967年5月该报成为美国第二家反对“越战”的大报；1973年10月成为美国第一家要求罢免尼克松总统的大报。经过不断发展，到了1982年，该报的年发行量达到了52万多份，其周天刊的发行量在全国排名第七，广告额占波士顿全市报纸广告收入的八成。[4]

---

① 〔美〕大卫·斯隆：《美国传媒史》，刘琛等译，上海人民出版社2008年版。

② 〔美〕大卫·斯隆：《美国传媒史》，刘琛等译，上海人民出版社2008年版。

③ 辜晓进：《走进美国大报》，南方日报出版社2003年版。

④ 辜晓进：《走进美国大报》，南方日报出版社2003年版。

(二)纽约时报公司旗下时期(1993 年～2013 年)

1993 年 10 月 1 日,纽约时报公司买下了包括《波士顿环球报》在内的附属出版公司。当时的交易额达到 11 亿美元,创当时美国报业史上交易金额最高。当时促使《纽约时报》高价收购《波士顿环球报》的主要原因源于《纽约时报》的扩张战略,即进军新英格兰地区,进而把美国东北部地区变成其报团的领地。①

总体来看,《波士顿环球报》被《纽约时报》收购之后,在读者、广告、发行量和整体营收方面表现出下降的颓势。尤其是进入 21 世纪以来,随着互联网的普及以及金融危机等影响,报业发展举步维艰,2008 年《波士顿环球报》亏损了大约 5000 万美元。

由于美国报业整体下滑,《纽约时报》越来越无法负担亏损严重的《波士顿环球报》。2009 年,《纽约时报》报业集团表示,若《波士顿环球报》的工会不能同意公司提出的 2000 万美元的减支计划,则将关闭该报。后来由于没有合适的买家出现,再加上工会同意 1000 万的减支,包括薪水和福利的减少,《纽约时报》公司停止了对《波士顿环球报》的关闭威胁。但是 4 年后,《纽约时报》还是选择卖出了《波士顿环球报》。

(三)新时期(2013 年至今)

2013 年 8 月,出于专注打造核心资产的战略考虑,纽约时报集团以 7000 万美元卖出了《波士顿环球报》及新英格兰媒体资产,相比起当时 11 亿美元的购入价,出售价已大大缩水,买主是波士顿红袜队和利物浦队资产的主要持有人约翰·亨利(John Henry)。

二、发展现状

现在的《波士顿环球报》仍然主要向新英格兰地区发行,是一家实力强劲的地区报纸,同时也是波士顿地区发行量最大的报纸。2014 年 4 月 15 日,《波士顿环球报》凭借 2013 年波士顿马拉松爆炸案中的系列报道获得了普利策"突发新闻报道奖",评委会在授奖理由中评价该报的这次报道是"地方媒体报道突发新闻的卓越案例"②。这是《波士顿环球报》创立以来获得的第 24 个普利策奖。

图 1 《波士顿环球报》办公楼外景

《波士顿环球报》实行"两家网站战略"(two－site strategy),分别是免费的"boston.com"和付费的"bostonglobe.com"网站。前者早在 1995 年就上线了,主要刊登突发新闻、博客、体育与本地消息;后者于 2011 年上线,提供更多深度新闻和特写以及一部分纸质报纸的内容。2014 年,《波士顿环球报》宣布付费的"bostonglobe.com"网站实行计量收费模式,未订阅的读者一个月内可以免费阅读 5 篇文章,而免费的"boston.com"网站将更多地往移动终端方向发展。这一计划也使两个网站的内容完全不同,"boston.com"网站的工作人员搬进了独立的办公室。③

现在《波士顿环球报》纸质版的发行量在 22 万份左右,星期天的发行量能达到 35 万份,"boston.com"网站

① 阮次山:《美国报业两大"皇室"通婚——〈纽约时报〉收购〈波士顿环球报〉的始末及影响》,《国际新闻界》1993 年第 6 期。

② 普利策官网:http://www.pulitzer.org/citation/2014－Breaking－News－Reporting,检索时间:2015 年 8 月 27 日。

③ 哈佛尼曼新闻实验室网站:http://www.niemanlab.org/encyclo/boston－globe/? =fromembed,检索时间:2015 年 8 月 27 日。

每天大约有 36 万的读者点击,“bostonglobe.com”网站大约有 9.2 万读者。[①] 受众年龄普遍偏高,超过 60 岁的受众占到了 42%,且大多经济条件优越、受教育程度高。[②]

图 2 《波士顿环球报》网站主页

2014 年《波士顿环球报》的编辑布莱恩·麦克格罗里在谈到报业的未来时表示,《波士顿环球报》现在的收入四分之三仍然来自纸质产品,因此他认为,尽管网络是未来报纸的发展方向,但是现阶段仍要努力在纸质版与电子版之间取得平衡。说到《波士顿环球报》的发展趋势和近期目标,麦克格罗里表示会把重点放在高质量的内容生产上。为了使报纸更加吸引人,报纸将在五个方面进行努力:第一,使头版更加丰富;第二,刊登更多的深度记叙性报道;第三,从不同的角度讲好新闻故事;第四,增加解释性和调查性新闻比重,同时加强政治新闻的报道;第五,重视新开辟的房地产专栏,吸引广告主,以此来支持更重要的调查性新闻报道。[③]

此外,由于《波士顿环球报》新的东家亨利拥有美国职业棒球联盟的波士顿红袜队、芬威集团、新英格兰体育在线以及英国利物浦足球队,在当地体育界十分有影响力,而《波士顿环球报》在体育报道方面也十分出色[④],在未来更加看重体育报道是有可能的。

三、报道特点

作为一家重要的、具有代表性的地区性报纸,区域性是《波士顿环球报》的最大标签,而且该报在波士顿这座城市的发展进程中发挥了很大作用,因此在波士顿人心中,《波士顿环球报》具有举足轻重的地位。

2009 年《纽约时报》威胁关闭《波士顿环球报》时,波士顿当地官员在得知该报有可能被关闭的消息后纷纷表示十分震惊,他们甚至不敢想象失去该报后的将来是怎样的一种局面。州长戴佛·帕特里克(Deval Patrick)说:“我相信好的政府,但同时我也相信,好的政府得依靠一份强有力的报纸。在相当长的时间内,《波士顿环球报》担当着马萨诸塞州的此种角色”“很难想象假若没有了这份报纸,我该如何开始一天的生活或者做好当前的工作,”波士顿市市长托马斯·米利诺(Thomas M. Menino)说,“如果该报关闭,波士顿市将会失去一个重要的公共机构,《波士顿环球报》帮助了城市的建设和发展,培养了公众的责任意识。”[⑤]

---

① In Harvard talk, Boston Globe editor McGrory opines on future of newspapers: http://www.bizjournals.com/boston/news/2014/04/09/in－harvard－talk－boston－globe－editormcgrory－editor.html

② 《波士顿环球报》集团官网:http://www.bostonglobemedia.com/bostonglobe,检索时间:2015 年 8 月 27 日。

③ Bizjournals: In Harvard talk, Boston Globe editor McGrory opines on future of newspapers, 2014 年 4 月 9 日, http://www.bizjournals.com/boston/news/2014/04/09/in－harvard－talk－boston－globe－editormcgrory－editor.html,检索时间:2015 年 8 月 27 日。

④ 哈佛尼曼新闻实验室网站:http://www.niemanlab.org/encyclo/boston－globe/? ＝fromembed,检索时间:2015 年 8 月 27 日。

⑤ 〔美〕罗伯特·加文、罗伯特·韦斯曼:《纽约时报集团威胁关闭〈波士顿环球报〉要求工会接受 2000 万美元的减支计划》,《中国报业》2009 年第 5 期。

四、涉华报道

在《波士顿环球报》的网上档案馆用“China”作为关键字进行搜索，截止到2015年8月26日，涉华报道累计35382篇，逐年进行搜索，可以发现近10年的涉华报道数量呈现略微下降趋势，这是与《波士顿环球报》的地区化发展战略分不开的。

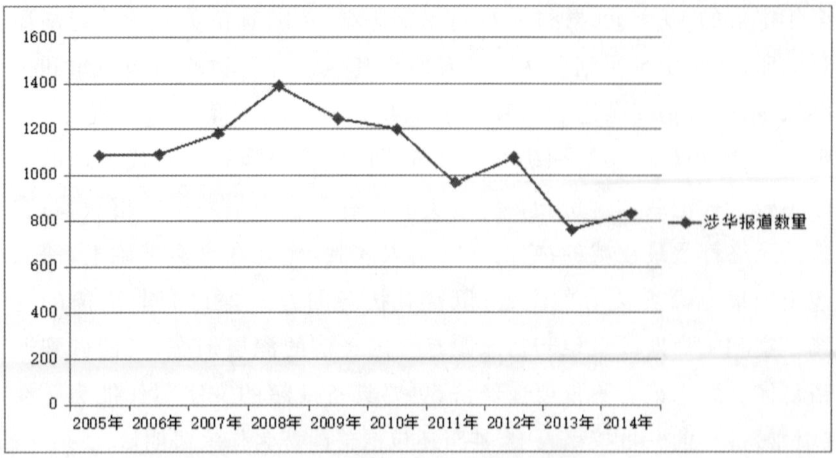

图3　《波士顿环球报》涉华报道数量

通过对《波士顿环球报》涉华报道的研究分析发现，从数量上看，其中国报道——即对中国的直接报道——只占到其涉华报道的32%左右，其余的大部分涉华报道是在国际议题或是他国报道中提及中国。而中国报道这部分则主要关注中国的经济、突发或灾难事件、政治、社会、文化、体育等，其中对中国经济关注最多，占到了总涉华报道的15%左右。

从来源上看，《波士顿环球报》超过半数的涉华报道转载自美国主流媒体，如美联社、《纽约时报》、彭博新闻、《华盛顿邮报》等，其中来自美联社的新闻最多，占到转载新闻的59%左右。而在自采新闻中，对中国的直接报道占20%左右，主要关注经济、政治、突发或灾难事件、体育、文化等；从价值倾向来看，《波士顿环球报》的自采新闻对中国的报道较为客观，但在一些政治问题上，偶有偏激的言论，如在2015年8月2日的一篇题为《中国也有历史问题需要忏悔》的评论中，作者用十分激烈的词语抨击中国历史上的饥荒、西藏问题，体现了其狭隘的历史观和敌视中国的态度。①

《财富》*Fortune*

FORTUNE

《财富》(*Fortune*)在2000年之前也被译作《幸福》，是美国著名的财经类杂志，是世界经济类期刊中当之无愧的领头羊。在80多年的发展历程中，它承担起了美国及全球经济变迁与发展的纪录者的角色，并以出色的商业模式成为当今世界上首屈一指的经济期刊。一直以来，阅读《财富》杂志被美国企业界人士视为一种身份象征，其创办的“全球企业500强”和“《财富》全球论坛”等衍生品牌更是为世人所熟知。

一、历史沿革

财经媒体的兴起与发展往往与经济发展的走势密不可分。19世纪末，在第二次工业革命的带动下，美国经济逐渐发展起来。特别是在20世纪的头20年，美国经济保持持续增长的强劲势头，迫切需要相应的经济刊物对这一发展态势进行报道。在这种情况下，办刊经验丰富，同时富有经济头脑的亨利·卢斯决心创办一份能够全面深刻反映美国经济状态的经济刊物。

① Boston Post：China has its own horrors to atone for，2015年8月1日，http://www.bostonglobe.com/opinion/2015/08/01/china－has－its－own－horrors－atone－for/1kECAKyBY2u8s1izkEaf8L/story.html，检索时间：2015年8月27日。

经过两年的调研和准备，1929年的秋天，《财富》杂志在芝加哥发行第零期试刊，次年开始正式出版第一期杂志。当时杂志售价的1美元，全年定价的10美元。184页的重磅铜版纸，伴随着精美的图片与高质量的印刷，特别是所刊登文章具有的与其他经济刊物的不同视角和文字风格，使《财富》杂志迅速吸引了读者的注意，刚刚创立便一炮走红。创立之初，《财富》杂志便确立了其鲜明的定位与风格。时代公司的文献中曾这样记载：“这份刊物将是美国现有刊物中最精美的出版物；它自始至终都是最权威的；它的文字引人入胜，建立在事实基础上，深入浅出地报道商界关心的主题；以富有技巧的方式探讨商业道德的立场。”亨利·卢斯既希望刊物能跟踪美国经济的深层动态，又能做到通俗易懂。杂志记者不仅要懂经济，更要具备高超的文字写作能力。在《财富》最早的一批撰稿人中，甚至还包括美国著名作家海明威。

图4 第一期《财富》杂志封面

不幸的是，《财富》杂志创刊不久就赶上了美国的经济大萧条，即1929至1933年的经济危机。在此期间，《财富》凭借其准确的定为和独到的眼光最终发展起来。《财富》杂志强调用讲故事的方式写文章，使其极富可读性和人情味，拉近了和读者之间的距离。而对于一些企业的商业道德问题，《财富》则采取了一种大胆揭露的手法。这种犀利的、敢说敢当的风格，不同于当时众多同类的杂志，因此赢得了不少读者的欢迎和信赖。1938年，时代公司搬到纽约的洛克菲勒中心办公，《财富》杂志从此开始在纽约出版。[①]

到20世纪40年代，《财富》杂志关注的范围已非常广泛，几乎涉及经济领域的方方面面。此时杂志除了报道工商企业界动向之外，还开始刊登经济问题的研究文章。常常介绍美国大型企业以及国外企业、工业的经营状况。这些报道拓展了《财富》杂志所涉领域的范围，使刊物更具有参考性和实用价值。到40年代后期，《财富》又增加了调查性报道，使杂志更具深度并拓展了舆论引导功能。这些改革让《财富》在公众心目中的权威地位不断上升，杂志的发行量达到20万份，并逐渐成为美国不少企业家枕边案头不可或缺的经济读物。

1955年，《财富》杂志推出“美国工业企业500强”排行榜，这一衍生品牌的出现与美国当时的经济发展状况息息相关。20世纪50年代，美国国内经济总量逐渐居于世界前列，工业在总产能中有着举足轻重的地位，因此，工业企业也就受到人们越来越多的关注。《财富》杂志在当时是一份服务工业企业的杂志，因此提供一份全面、权威的企业排行榜也是分内之事。另外，排行榜的盛行也迎合了美国企业界在激烈竞争中的英雄主义情结和功利思想。《财富》杂志的排行榜自创立以来，逐渐受到美国乃至全球企业界的欢迎，经过60多年的发展和不断调整排行榜的评选范围和标准，该排行榜在1995年发展演变为“全球企业500强”排行榜。时至今日，它始终是《财富》杂志的特色主打产品。[②]

20世纪60年代，《财富》杂志的发行量达到60万份左右。1977年，发行量突破62.5万份。[③] 1978年1月，《财富》杂志由月刊改为半月刊。1983年，创办了《财富》国际版(*Fortune International*)，其内容编排与国内版基本相同，但减少了部分有关美国的文章，增加了国际商业方面的内容。20世纪80年代以后，《财富》杂志更多地关注企业的管理方法，反映技术革新的内容也越来越多。以财经杂志为载体，不断向文化、社会等领域延伸。到90年代，其发行量达到70万份以上。

1995年，《财富》杂志推出了《财富》全球论坛，每16至18个月会在世界上选取一个最具经济活力或发展潜力的地方举办，邀请全球企业精英及知名的政治家、学者参加，共同探讨全球商界关心的问题。1996年，《财富》的母公司——时代华纳公司看中了中国经济的持续发展给商业类杂志带来的广阔发展空间和商机，授权香港

---

① 季风：《〈财富〉杂志的故事》，《光明日报》2005年5月26日第8版。
② 申林、谢康：《〈财富〉全球论坛和世界500强》，《沪港经济》1999年第10期。
③ 夏文辉：《〈财富〉——不断创新的经济杂志》，《新闻天地》2002年第10期。

中询公司创办了《财富》中文版，在中国发行。[1]《财富》中文版编辑部门设在北京，内容上大部分是《财经》英文版的中文翻译，一小部分为资深记者采写的对于中国经济的报道。它的出版宗旨是为在中国运营的中外企业家提供来自世界的管理信息，帮助他们在竞争的激烈中和迅速变化的环境里管理企业。

图5　中文版《财富》杂志封面

二、发展现状

进入21世纪，《财富》的发行量一直保持在90万份左右，读者群体达到500万人。如今，《财富》的三个版本（国内版、国际版和中文版）的总发行量达到200万份，使其成为全美商业和财经期刊中发行量最大的杂志。[2] 除此之外，《财富》所创办的“全球企业500强”排行榜和《财富》全球论坛更是形成了巨大的影响力。

《财富》杂志推出的“全球企业500强”排行榜适应了世界经济的一体化进程，促使各国企业透明度的提升。排行榜每年会根据企业上一年度的营业收入、利润、资产、股东权益和雇员人数这5项指标，来确定年度“全球500强”。在此基础上，《财富》杂志还结合上一年度的财务数据分别列出收入和利润相对上一年度的增长率，结合资产和股东权益指标对企业的业绩进行分类排序，以反映企业的综合实力。具体分为营业收入增幅最大、盈利最多、利润增幅最大、营业收入收益率最高、资产收益率最高等项目。每个项目下再按世界500强公司的10%即50家公司进行排序。同一个企业在这份榜单上排名前后的动态对比，往往反映了企业的经营状况和市场需求的转变，而新上榜企业则反映出经济趋势和市场导向。从这个角度而言，这份排行榜的意义远远超出了对企业综合实力的单 界定，也是各国以及全球经济状况的“晴雨表”。如今，《财富》“全球企业500强”已经成为业内的风向标，超越了国家、民族、文化而成为全球经济的标准。

《财富》杂志另一个大名鼎鼎的衍生品牌就是《财富》全球论坛。该论坛至今已在新加坡、布达佩斯、曼谷、巴黎、华盛顿、上海、香港、北京等地举行了12届，被称作“全球经济权威人士比赛前瞻和预测能力的奥林匹克大会”。论坛常常依托《财富》杂志的权威性邀请与会人员，出席者仅限于各大跨国企业的董事长、总裁、首席执行官、高级管理人士。同时，论坛也很重视召开地的选择。首先，这些地域必须是在当时世界经济界具有重要地位的城市。一旦决定在此地召开，那么《财富》论坛就会以召开地的首要政要打头阵，继而以来自政界、学界、商界等的显赫名流为招牌，并以国际重大焦点问题为核心，形成一个超豪华的阵容。这对于召开地而言，也隐含着巨大的发展机遇。比如，2001年第七届《财富》全球论坛在香港召开，所定的研讨题目是“亚洲新貌”，旨在讨论亚洲各国经济发展的最新动向及其对世界经济格局的影响。[3] 而选择在香港召开这一主题的全球论坛，是因为全球投资者都密切注视中国“入世”之后会给投资界带来什么商业机会。“一国两制”的实践使香港成为最庞大、最富活力的中国市场的窗口，而中央政府又支持香港加强国际经济中心的地位。所以可见，这样的论坛主题和召开地，都是经过主办者缜密考量和统筹的。对于《财富》杂志而言，论坛这一形式也突破了既往杂志单向传播信息的局限性，是杂志本身极好的拓展延伸物。

现在，《财富》杂志的“全球企业500强”排行榜已成为世界上最具影响的企业排名之一，而《财富》全球论坛则被视为世界经济界巨头、激发新思维的良机。从平面杂志到动态的排行榜再到交互的论坛，可以说，这三者形成了良好的互动循环，并相辅相成，使《财富》杂志逐渐全球性的影响力，并使它能持续维持在财经杂志领域的“霸权地位”。

---

① 唐润华：《傲视财富——世界顶尖财经媒体透视》，南方日报出版社2002年版。

② 21世纪经济报道：《理解传媒的7个步骤》，南方日报出版社2004年版。

③ 严恒元：《美国〈财富〉杂志探秘》，《中国税务》2001年第12期。

三、报道特点

(一)实用有效的刊物定位

经济类刊物必须全面反映当前的经济发展趋势,《财富》因此确定了实用、有效的刊物定位。在此指导下,《财富》的常设版块有公司指数、主编值班记录、经济要闻、精明管理、投资者、个人理财等,这些版块中所刊登的文章除了介绍世界的经济动态、各行业动向外,还详尽地介绍世界著名企业的成功之道。此外,有关政治、军事和外交等影响经济发展领域的文章也会出现在《财富》杂志中。值得一提的是,杂志中所刊登的广告也注重实用性和有效性。目前《财富》的广告页数大约占到总页数的四分之一,几乎每一页广告都在画面和色彩上经过精心设计,内容上也力图迎合读者的需求,读者阅读广告不仅能获取自己所需要的信息,也能得到轻松愉悦的休闲享受。

(二)客观独立的编辑风格

《财富》杂志的编辑部门和运营部门彼此独立、互不干扰,杂志靠着两条永不相交的平行线,逐渐树立起富有公信力的形象。编辑部门的最高领导是总编辑,经营部门的最高领导是总裁;总编辑与总裁平行并列,没有隶属关系。① 因此,总编辑不会考虑广告和利润,只考虑如何按他们的原则和理念办出一本读者信任的杂志。总裁则负责市场推广和赚钱,但不能对总编辑施加影响,不能干预报道。《财富》曾有过多次为坚持客观报道而牺牲巨大商业利润的事,甚至还发文批评过自己的总公司——时代华纳。1997 年,《财富》发表报道,对当时炙手可热的 IBM 总裁进行无情抨击,此后一年中,IBM 撤掉了在《财富》杂志上 500 万美元的广告费。总编辑休伊并不为此后悔,表示"记者的观点是不能被收买的"。事实上,就在 IBM 撤出广告的第二年,杂志的广告收入不降反升,增长了 13.6%。② 这种独特的管理结构保证了编辑风格的客观独立,确保《财经》杂志能长期恪守职业道德,真实、客观地报道经济类新闻,在读者中树立了极大的权威形象。

(三)浓厚的人文气息和情怀

《财富》杂志虽然被划分为经济类的刊物,但却有着浓厚的人文气息和情怀,这是《财富》超脱于其他杂志更深层的底蕴所在。这种人文情怀的体现之一就是它所选择的图片的风格,卢斯在办刊之初对《财富》的定义中就有一条"插图极其珍贵"。2002 年,《财富》杂志时任摄影总监米切尔·玛格娜莉曾谈到图片在《财富》版面上占有的篇幅,"我们试图让每一页都有一张照片"。而《财富》的摄影报道,除了在量上有所保证,在风格上也极具特点。摄影师们不仅紧扣"经济"这个题眼,更十分注重对于人性的刻画。比如,"9·11 事件"发生时,几乎所有的新闻报刊都用了大楼倒塌的照片,而《财富》选用的照片是一个人掩鼻从街上走过,街上杂乱的废纸上的内容都是有关经济的。这个封面在美国的一次评选中获奖。当时,《财富》的摄影编辑们还花了一天时间拍摄人们对"9·11 事件"的各种反应,与文字报道步调一致地把重点放在人们回到工作岗位后的种种情形。他们试图描述的是事件对人的生活状态的改变。另外一个可圈可点的例子是,在做财政部长、公司总裁等业内风云人物的个人访谈时,《财富》杂志的摄影编辑常常会让他们离开办公桌到外面,或是回家跟狗、猫、孩子们在一起拍摄。这些充满了浓厚生活情趣的照片,向人们昭示着,无论你身处何要位,都与普通人一样需要幸福而平凡的生活。

四、涉华报道

《财富》杂志作为一本经济类的期刊,随着中国经济的发展对中国的关注也越来越多。特别是进入 21 世纪

---

① 辰目:《呼风唤雨靠哪般——谈〈财富〉杂志给我们的启示》,《出版发行研究》1999 年第 11 期。

② 来颖燕:《书写传奇的〈财富〉杂志》,《编辑学刊》2012 年第 3 期。

以来，这样的趋势也越来越明显。例如早在2002年，《财富》杂志中的一篇文章中就曾提到，"到中国去！中国正在成为饥饿的国际投资者们面前的一道诱人大餐。赤裸上身的中国汉子，笨拙地抱着一身红袄的心爱女人向世人宣告自己的胜利，展示自己的勇气。这是改革开放之初《红高粱》电影展示给西方公众的中国形象，地摊上和小型便利店廉价的中国鞋帽和服装是最初的小额贸易商带给欧美老百姓的中国印象。然而随着改革开放的不断深入，连续20年超过7%的经济增长使中国在全球经济中的地位越来越突出。中国印象不再是一个艺术化的图腾，而成为最为现实和巨大的商业机会。"①

除此之外，《财富》杂志所创办的"全球企业500强"排行榜和《财富》全球论坛这两大衍生产品中也越来越多地出现中国的身影。2015年7月22日，2015年度"全球企业500强"公布，中国上榜公司的数量继续增长，达到了106家。其中中国石油化工集团公司在榜上的排名比2014年上升一位，排名超过壳牌石油，成为榜单的亚军。② 在排行榜的前10名里，中国公司占3家，美国公司占2家。荷兰、英国、德国、日本、瑞士公司各1家。按利润将所有上榜公司从高到低排列，中国工商银行以447.6亿美元的利润成为榜上利润最高的公司，苹果公司以395.1亿美元的利润，屈居第二。

《财富》全球论坛目前已举办了12届，其中4届举办地在中国，分别是上海、香港、北京和成都。1999年上海《财富》全球论坛的主题是"中国：未来的50年"，主要讨论有关中国的问题。2001年在香港，论坛的主题变为"亚洲新貌"，开始关注整个亚洲经济的发展问题。2005年在北京，论坛的主题为"中国和新的亚洲世纪"，把中国和亚洲的经济结合在一起，联系世界经济发展现状进行高屋建瓴的讨论。2013年，第12届《财富》全球论坛在成都举行，论坛的主题是"中国的新未来"，论坛聚焦于中国国内经济的演进、中国西部地区的发展以及中国在全球经济中所扮演的新兴角色。总编辑苏安迪更是在会后给予高度评价，表示"成都《财富》全球论坛，是历届财富全球论坛之最！"(Fortune Global Forum in Chengdu tops all theprevious FGF!)③

《大西洋月刊》*The Atlantic*

《大西洋月刊》(*The Atlantic*)于1857年创办于波士顿，至今已有100余年的历史，已经发展成了一本内容涵盖政治、经济、文化、外交等与美国社会生活息息相关的高质量严肃杂志。作为美国"利基杂志"的典型代表，《大西洋月刊》的读者普遍文化程度较高，在社会中拥有较高的地位。如今，凭借其高质量的评论，《大西洋月刊》已经成为世界范围内有着重要舆论影响力的精品刊物。

一、历史沿革

到19世纪中叶时，美国脱离英国的殖民统治已有数十年之久，但是欧洲的文化和生活方式仍在美国社会中占据着重要的地位。面对这种现状，美国的精英阶层有着强烈的不满情绪，他们相信美国有能力创造出自己的文化和生活方式。这一时期，新英格兰地区是全美国文化的中心，这一地区的民众普遍文化素质较高，而该地区也拥有众多怀有抱负的有识之士，他们试图通过自身努力塑造"美国精神"。

1857年4月，一群文学界鼎鼎大名的有识之士集结在一起，共同创办了一本新的杂志。这群人当中，就有知名的詹姆士·洛威尔、拉尔夫·爱默生、亨利·朗费罗以及弗朗西斯·安德伍德。他们给这本杂志命名为

---

① 维娜：《〈财富〉杂志——2002年度外商的中国印象》，《世纪行》2002年第11期。

② 财富中文网：《2015年财富世界500强排行榜》，2015年7月22日，http://www.fortunechina.com/fortune500/c/2015－07/22/content_244435.htm，检索时间：2016年1月30日。

③ 张魁勇：《本报记者独家专访〈财富〉杂志总编辑苏安迪——成都财富全球论坛是历届论坛之最》，《成都日报》2013年6月9日第1版。

《大西洋月刊》(*The Atlantic Monthly*),并且推选洛威尔为杂志的第一任主编。1857年11月,《大西洋月刊》创刊号出版,杂志首先刊载了爱默生、朗费罗、洛威尔等人的诗歌作品。在创刊宣言中,《大西洋月刊》写道:“在政治领域,《大西洋月刊》将坚持无党派、无偏见原则,但无论如何,它都将是美国理想的代言人。它会坦率地同任何人物与党派接触,但其观点会超越狭隘的党派与个人偏见。这种态度将是真理与持久繁荣之根本。它拒绝将自己置于任何派系中,但它将永远与拥戴自由、国家进步和荣誉的人站在一起。”[①]其中,不偏向于任何党派的宗旨在今天依然被写在杂志的封面上。《大西洋月刊》是作为文学和文化评论性刊物创办的,一经创办就成为美国年轻文学家和思想者的重要阵地。两年之内,《大西洋月刊》的发行量就超过了30000份。

图6 第一期《大西洋月刊》

在随后的几十年内,《大西洋月刊》继续坚持自己的办刊宗旨,并且吸引了许多美国历史和文化巨匠为其投稿,杂志也因此成为许多美国重要历史瞬间的见证者。1875年,《大西洋月刊》连载马克·吐温的首部作品《密西西比河上的生活》,此外,梭罗、霍桑、爱默生等人的作品也纷纷在杂志上亮相,亨利·詹姆斯也在杂志上发表了自己的处女作。随着自身的不断发展,《大西洋月刊》逐渐打破了文学性刊物的局限,开始成为态度中立客观的高质量综合评论杂志。20世纪初,《大西洋月刊》发表了伍德罗·威尔逊与西奥多·罗斯福的重要政治论文,在当时产生了巨大的影响。此外,《大西洋月刊》还曾经发表过海伦·凯勒的《假如给我三天光明》,体现了其对于女性和弱势群体的关照。

图7 2016年1～2月刊《大西洋月刊》

1915年,《大西洋月刊》的发行量达到了38200份,而到了“二战”结束后的1950年,该刊的发行量已经达到了169500份。[②]《大西洋月刊》在强烈关注政治与文化的同时,对于新兴的技术思想同样抱有浓厚的兴趣。“二战”后,它发表了探讨原子能技术的文章,对于计算机带来的人工智能,它是最早予以评价的杂志。

二、发展现状

从2001年开始,《大西洋月刊》每年出版11期。2003年,《大西洋月刊》将杂志名称简化为*The Atlantic*,并且每年出版10期,杂志正式以新名称继续出版。

如今的《大西洋月刊》是一本在全球范围内有着广泛影响力的精品杂志,2010年纸质版杂志的发行量达到了462478份,其中91%的发行量来自于长期订户的订阅,只有9%的销量来自于报刊亭的零售,说明杂志拥有较为稳定的读者群体。2011年,《大西洋月刊》官网的独立访客数达到了330万,页面浏览量达到1270万。

现在,《大西洋月刊》的宗旨可以概括为:为读者提供政治、经济、艺术和文化方面的具有深度的观点,力争做美国具有影响力的观点、评论和分析性信息的来源。为了实现这一宗旨,杂志汇集了大批优秀的作者,为读者提供高质量的报道。目前,《大西洋月刊》固定的版块有“经

① Collecting Old Magazines: The Atlantic Monthly History, Award Winners and Notes for Collectors, http://collectingoldmagazines.com/magazines/atlantic－monthly/,检索时间:2015年7月2日。

② 《大西洋月刊》网站:http://www.theatlantic.com/past/docs/about/atlfaqf.htm#circulation,检索时间:2015年7月2日。

济”“科技”“旅行”“饮食”“传媒”等。凭借其优秀的表现,《大西洋月刊》多次获得美国期刊出版业最高奖项——美国国家杂志奖,其获奖总次数在美国所有杂志中排名第二。

进入 21 世纪,以报刊杂志为代表的传统媒体受到了新媒体的冲击,媒介融合已经成为大趋势。《大西洋月刊》抓住了这样的机遇,通过新媒体建设使杂志在竞争激烈的传媒业中继续站稳脚跟。2008 年,《大西洋月刊》取消了此前官网设置的付费墙,让读者可以自由进入官网阅读最新的报道和历史文章。同时,《大西洋月刊》在官网之外又建立了“theatlanticwire.com”和“theatlanticcities.com”两个网站,以汇集网络上值得关注的精品内容。2010 年,这三个网站月均吸引 1100 万独立访客,并且帮助《大西洋月刊》在数字端的营收超过了纸质版杂志,在近几十年来首次实现了盈利。

三、报道特点

《大西洋月刊》是美国具有代表性的“利基杂志”(Niche Magazine)。“利基”一词本是商业用语,常见于“利基市场”等用法中,指的是相对更“窄”和小众的市场及群体。“利基杂志”则特指那些具有针对性和专业性,专门瞄准某一类读者市场的杂志。在美国期刊市场中,《大西洋月刊》与《经济学人》《哈泼斯》和《纽约客》通常被认为是利基杂志。与大众型的期刊杂志相比,《大西洋月刊》的读者在年龄和受教育程度等方面具有比较明显的特点。

从图片中可以看到,《大西洋月刊》的读者年龄平均在 50 岁左右,这一数字高于其他欧美著名杂志的读者平均年龄。而且,《大西洋月刊》的读者年龄多年来保持稳定甚至有上升趋势。此外,根据统计,该杂志的读者中 59%为男性,41%为女性。

	The Atlantic	Jet	Newsweek	The New Yorker	Time	U.S. News	U.S. Adult Population	The Economist
1995		33.6	41.5	44.9	41.4	44.3	41.5	
1996		35.2	42.5	45	41.4	45.1	41.7	
1997	51.5	36.6	43.8	45.1	43	44.7	41.8	
1998	46.6	34.3	43	45.6	43.4	46.3	42.2	
1999	48.9	37.2	43.6	46.7	43.1	46.1	42.5	
2000	49.9	37.7	43.9	47.9	43.6	45.2	42.7	
2001	46.8	38.7	44.8	47	44	45.5	43.1	
2002	49.5	38.3	45	48.7	43.8	45.9	43.4	
2003	50	37.8	44.4	45.4	43.1	45	43.7	
2004	50.9	38.7	45.9	46.8	44.6	45.9	43.8	
2005	49.7	40.5	46.6	48.4	45.7	46.0	44	
2006	50.3	41.1	46.4	48.7	45.6	45.9	44.3	40.1

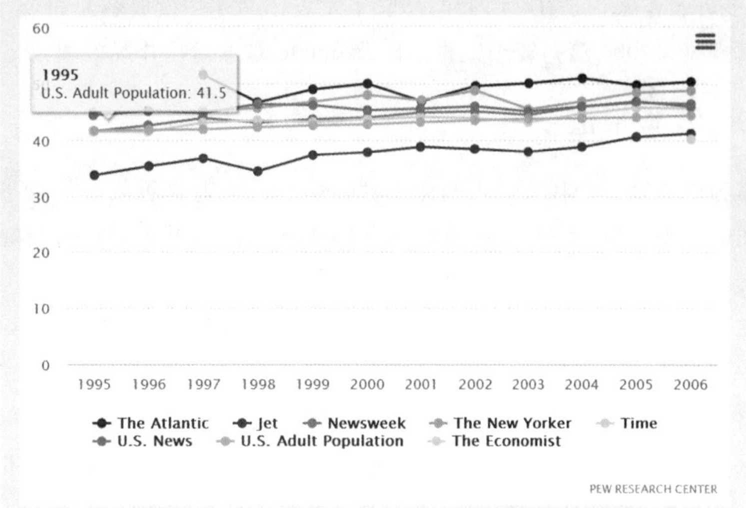

图 8　《大西洋月刊》及其他欧美著名杂志读者平均年龄

Pew Research Center: Median Age of Readership by Magazine, http://www.journalism.org/numbers/median－age－of－readership－by－magazine/,检索时间:2015 年 7 月 2 日。

除了年龄之外,《大西洋月刊》读者的另一个特点就是受教育程度较高。杂志 77%的读者拥有大学本科以上学历,41%的读者拥有硕士以上学历。根据《大西洋月刊》的定位,其读者为有财富、成就及影响力的公民,是美国思想的领袖。拥有这样优质且精英的读者群体,《大西洋月刊》的影响力得以最大限度地发挥,同时也反过来促使杂志维持其高尚的品位。

从内容上讲,《大西洋月刊》以对严肃话题的深度长报道见长。杂志经常对美国的教育、人权、政治、经济乃至对外关系等严肃问题发表见解深刻的长报道,文章常常长达上万字,并且会产生很大的社会影响。例如,

图 9 《大西洋月刊》报道《ISIS 到底要什么?》

2015 年的三月刊中,《大西洋月刊》发表了题为《ISIS 到底要什么?》(“What ISIS Really Wants?”)的文章,该文章深度分析了 ISIS 的历史、本质、宗旨等,向大众披露了伊斯兰国这一极端组织的各种基本和深度信息,文章一经发布就产生了巨大的影响,中国媒体也纷纷翻译转载该文,同时文章在微信等社交网络上爆炸式地传播,成为了关于伊斯兰国的媒体报道中最为成功的案例。

《大西洋月刊》对于其文章内容的格式安排也非常有特色。在杂志的纸质版中,最严肃的外交政策和商业新闻被放置在了最前的版面。《大西洋月刊》相信自己的读者对这部分内容最感兴趣,也有足够的能力理解这部分内容。关于新科技等话题的报道被放置在杂志的中间位置,随后是文化类的报道版块,而杂志的最后是虚构小说部分。稀奇的是,每期杂志的封面报道都安排在 70~110 页左右的位置,这一举措一定程度上是为了持续吸引读者的关注。

此外,《大西洋月刊》的文学色彩浓厚,这也是其一大特色。杂志在历史上曾经长期担当美国文学的重要阵地,许多著名作家正是在《大西洋月刊》上发表作品才一夜成名。如今,《大西洋月刊》平均每年会收到 75000 首的诗歌投稿,12000 篇短篇小说投稿以及 60000 篇非虚构作品的投稿。

四、涉华报道

作为严肃杂志的代表,《大西洋月刊》对于政治、教育等问题保持了高度关注。从整体来看,美国社会是杂志关注的重中之重,不过,由于外交和国际关系相关话题也是《大西洋月刊》的选题领域之一。因此,中国也时常会出现在杂志的报道当中。

在《大西洋月刊》官网以“China”为关键词进行搜索,能够查到 80000 余篇报道,这样的报道量足以看出杂志对中国报道的密集程度。从消息来源上看,绝大部分涉华报道均为《大西洋月刊》原创,这体现出了杂志在涉华报道上基本不受到西方主要通讯社的支配,拥有自己的立场。

深入分析《大西洋月刊》的涉华报道可以发现,不同于欧美部分低格调报刊对于中国的歧视和戏谑态度,抑或部分英美大报对中国大量的负面报道,《大西洋月刊》能够较为理智、客观地看待中国的实力、地位,并且对于中美关系的未来发展以及中国的未来走向保持了高度的关注。从报道议题来说,中美关系成为杂志涉华报道的一大重点。例如,2015 年 6 月 4 日,《大西洋月刊》以《中国对于美国构成多大威胁?》为题发了表分析文章,对比了美国和中国领导层的特点,同时强调了中美关系对于美国而言的重要意义。[①] 2015 年 6 月的纸质版杂志上,《大西洋月刊》又刊登了题为《为什么美国要听中国之言?》的报道,文章分析了中美两国之间经济上互相竞

① The Atlantic: Just How Great a Threat Is China? http://www.theatlantic.com/international/archive/2015/06/about-the-china-threat-on-the-the-35th-of-may/394988/,检索时间:2015 年 7 月 5 日。

争和经济政策上相互批评的影响和意义，对中美经济关系提出了新的看法。[①] 类似的报道频繁出现在《大西洋月刊》的实体版和网站上。《大西洋月刊》整体上承认中国实力和地位的迅速提升，同时也能够预见到未来中国有可能在国际地位和经济发展水平上与美国达到同一水平。因此，杂志对于中国发展的走向保持着关注。2014 年 1 月，《大西洋月刊》发表了题为《为何中国未必能够领导全球?》的文章，分析了中国未来发展的优势和劣势，并且认为曾经对中国发展起促进作用的国家体量有可能会在日后成为限制。[②]

此外，《大西洋月刊》对于外国企业在华发展也保持关注，如谷歌、沃尔玛等公司在中国的经历和发展都曾经出现在杂志的报道当中。除了与美国直接相关的涉华话题，《大西洋月刊》对于中国的社会现状也有着自己的理解。如新华网就曾在 2013 年编译过《大西洋月刊》一篇题为《中国代沟为何愈演愈烈》的文章，分析了中国社会不同年龄层群体之间的关系及相关影响。[③]

图 10　2007 年 7～8 月《大西洋月刊》刊载法洛斯撰写的《为什么中国崛起有益于美国》

图片引自《大西洋月刊》网站：http://www.theatlantic.com/magazine/toc/2007/07/，检索时间：2015 年 7 月 18 日。

在《大西洋月刊》登载的涉华报道中，相当一部分都是由专栏作家詹姆斯·法洛斯(James Fallows)撰写的长文。法洛斯从 20 世纪 70 年代就开始给《大西洋月刊》撰稿，是该刊的资深国际记者，其曾经作为驻华记者在上海和北京长期生活工作。在此期间，法洛斯刊发了大量阐释不断发展的当代中国面貌的文章。他在文章中指出，仅从表面观察就想要述说中国的试图只能流于徒劳。基于多年的驻华经验，他认为应该从动态的、变化的、长远的眼光去看待这个飞速发展的国家。[④] 他的文章往往从多个方面阐述一个综合的中国，而非简单、标签化地理解中国。2012 年，法洛斯出版了自己的新书《中国航空》(*China Airborne*)，以一个美国人的视角描述了中国近代航空业的发展历程。评论家称，从表面上看，这是一本关于中国航空业的书，实际上它是最好的描写中国的书之一。

总体来看，《大西洋月刊》关注的与中国有关的话题都比较严肃，属于硬新闻的范畴，同时，杂志对于中国的报道也相对理性、客观，并且能够提出独特的观点和见解，避免陷入西方媒体对于中国的成见当中，这些都体现出了《大西洋月刊》的格调和实力。

《福布斯》*Forbes*

《福布斯》(*Forbes*)是美国历史最悠久的财经杂志，主要报道美国和世界其他国家经济与商业领域的动态

---

① The Atlantic: Why the U.S. Needs to Listen to China, http://www.theatlantic.com/magazine/archive/2015/06/the－blame－trap/392081/，检索时间：2015 年 7 月 5 日。

② The Atlantic: Why China's Global Supremacy Is Not Inevitable, 2014 年 1 月，http://www.theatlantic.com/international/archive/2014/01/why－chinas－global－supremacy－is－not－inevitable/282785/，检索时间：2015 年 7 月 5 日。

③ 新华网：《美国〈大西洋月刊〉：中国存在巨大代沟》，2013 年 3 月 16 日，http://news.xinhuanet.com/world/2013－03/16/c_124465765.htm，2015 年 7 月 5 日。

④ The Atlantic: What is the Chinese Dream? 2012 年 5 月 9 日，http://www.theatlantic.com/international/archive/2012/05/what－is－the－chinese－dream/256929/，检索时间：2015 年 7 月 18 日。

新闻并发表评论,坚持并提倡企业家精神与创新意识,是美国商业杂志中唯一连续 13 年发行量保持增长的刊物。[①] 在美国最主要的三家商业杂志《福布斯》《财富》和《商业周刊》中,《福布斯》的发行量和广告收入均居首位,单期发行约 92.5 万册。特别是其一年一度推出的各种排行榜,更是受到世界各国受众的普遍关注。

一、历史沿革

《福布斯》杂志本身是一个以姓氏冠名的家族企业,并且一直以传统模式在经营运作。从 1917 年创刊至今,《福布斯》已在新老三代"掌门人"的领导下走过了一个世纪的发展历程。在《福布斯》的发展历史上,三代掌门均为个性突出、特点鲜明的非凡人物,使得《福布斯》杂志的历史绚丽多姿、富有传奇色彩。

(一)伯蒂·福布斯时期

《福布斯》的创始人伯蒂·查尔斯·福布斯(Bertie Charles Forbes)1880 年出生在苏格兰的阿伯丁郡,在全家 10 个兄弟姐妹中排行第六。由于家庭经济困难,他只读了 8 年书就被迫辍学。尽管读书不多,但他天资聪颖,爱好文学,很早就开始全心练习写作,并练就了生动流畅的文笔。

1904 年,伯蒂决定移民美国。当年 9 月,这位雄心勃勃的 24 岁年轻淘金者乘船抵达纽约。20 世纪初的纽约是个充满活力的"竞技场",成群的创业者、金融家和制造商涌进这座城市。在来到纽约之前就已是记者的伯蒂就打算从记录其中的成功人物入手,开创自己的事业。虽然苏格兰人一向以节俭著称,但当伯蒂到达曼哈顿时,却来到了在今天的纽约依旧是最豪华的沃尔多夫·额斯多利亚酒店,几乎把所有的积蓄都花在了酒店房费和一套西装上。作为一名记者,他想着要把自己"包装"一番,以接近当时商界最有影响力的人物。此后,伯蒂想尽办法周旋于当时的商界名流之间,以超越普通记者的方式接触、了解这些人。他得到了大量独家采访的机会,写出了许多精彩的报道。经过几年的打拼,他成为当时美国顶尖的财经记者,供职于最有声望的赫斯特报系,并担任《纽约时报》财经版主笔。他采写的报道内容深入、丰富而又具有人性化,为财经版吸引了前所未有的读者群,从而在商业界造成了不小的影响。

图 11 1917 年 9 月 15 日《福布斯》杂志创刊号

作为一名高产记者,伯蒂的很多文章没办法全部发表到他所供职的报纸上。为了创造新的"出口",1917 年 9 月 15 日,伯蒂创办了自己的杂志《福布斯》。从一开始,他就非常注重塑造杂志与众不同的风格。他反对当时财经新闻盛行的堆砌枯燥数字的报道方法,坚持关注企业家的生活故事。另外,他还要求记者在写批评报道时,必须小心求证,力求击中要害,生动刻画出报道对象的个性特征,通过细节描写让读者一眼就能看清真相。在创刊号上,他亲自写了一篇批评一个家族企业的文章,题目为《败家子掌权:乔治·古德,美国财经企业的悲剧》,文中充满了"目光短浅""败家子"等字眼。报道面世后不久,这家企业开始一蹶不振。这一开端奠定了《福布斯》"挑衅性"的文字报道风格,成为《福布斯》不同于其他财经杂志的最大特色。在编辑策略上,《福布斯》强调内容为王,选题大胆而富有张力,对那些只顾自己发财的无良商人穷追猛打,这些优秀特质一直保持至今。加之此时正逢美国的经济腾飞时期,从创刊到 1929 年,《福布斯》的销量和广告量节节攀升,获得了极大的商业成功。[②]

---

① 周伟:《〈福布斯〉的个性》,《中国出版》2008 年第 9 期。

② 《〈福布斯〉第一代:B. C. 福布斯苏格兰穷小子的美国之路》,《经营者》2008 年第 5 期。

然而好景不长。20 世纪 30 年代，美国遭遇历史上最严重的经济危机。伯蒂的股市资产几乎在一夜之间荡然无存，导致杂志也濒于破产。在此后的 10 年里，伯蒂度过了一段极为艰难的时光，他不得不重新开始为赫斯特的报纸撰写专栏，以维持生计。为了使杂志得以继续办下去，他还发明了被雇员称作“苏格兰周”的做法，即公司每个雇员都保留工作，但每月有一周不发薪水，而他自己也不领工资。经过 10 年的艰难度日，伯蒂成功把《福布斯》从破产的边缘拉了回来，并伴随美国经济的复苏重新焕发活力。[①]

(二)马尔克姆・福布斯时期

1954 年伯蒂・福布斯去世，他一手创办的《福布斯》由大儿子布鲁斯・福布斯(Bruce Forbes)接管。由于经营有方，杂志继续稳定地向前发展，杂志发行量大增，10 年间几乎翻了一倍。不幸的是，1964 年 6 月 2 日，正值盛年的布鲁斯却因癌症撒手西去，他的弟弟马尔克姆・史蒂文森・福布斯(Malcolm Stevenson Forbes)接任成为杂志的“掌门人”。就是在马尔克姆手中，《福布斯》迎来了突飞猛进的黄金时代。

马尔克姆既善交际，又长于营销。在他看来，做成一个出色的产品只是做到了一半，而开拓市场是另一半。为了提升他本人以及《福布斯》杂志的影响力，他经常会有各种各样稀奇古怪、耸人听闻的举动，大搞各种奢华的公关活动。他曾与好莱坞女星伊丽莎白・泰勒传出绯闻，努力把自己塑造成一个生活奢华、一掷千金而面不改色的财富英雄，让那些比他更有钱的人也不得不崇拜他。

马尔克姆最知名的营销手段之一是一艘叫做“高地人”的豪华游艇。这艘高级游艇常常载着各大公司的 CEO 和各界名流，从纽约港沿哈得逊河而上，一直抵达西点军校。以奢华和夸张出名的马尔克姆在半个世纪之前创造的这个宣传工具，直到今天仍被《福布斯》看作是杂志最好的移动广告。

1987 年 5 月，马尔克姆在他位于新泽西州、占地 75 英亩的亭柏菲山庄举办盛大晚宴，庆祝《福布斯》杂志创刊 70 周年。排场之大前所未有，宾客多达千人，持续时间长达 6 小时。当晚，不断有私人飞机载着 拨又 拨的成功人士飞进飞出，甚至一度同时有 38 架飞机停在那里。两年之后，马尔克姆又在他位于摩洛哥的别墅里摆出一场气势更大的晚宴来庆祝自己的 70 大寿，他甚至请来了 600 位肚皮舞娘、200 位北非柏柏尔骑士，动用三架飞机接送宾客。花样之多，宛如一场精致的大型马戏表演。当然，马尔克姆的“醉翁之意”不在摆阔，而在于向广告客户作秀，搞好与他们的关系，为杂志的发行营造噱头。以 1987 年的那场宴会为例，其收益就远大于支出，据说举办这场宴会的支出为 200 万美元，而收益则高达 1000 万美元。

经常创造“事件”也是马尔克姆的“拿手好戏”。1973 年，马尔克姆乘热气球横跨美国的壮举，使他成为家喻户晓的大明星。他所乘坐的红绿相间的大气球上写着这样几个字：“福布斯——资本家的利器”(Forbes, capitalist tools)。到旅行结束，即便是那些对财经新闻没有兴趣的普通民众，也牢牢记住了“福布斯”这个名字。在那之后，他乘坐的游艇、哈雷摩托和私人飞机上，全部打着“福布斯，资本家的利器”这句宣传语。

图 12　马尔克姆・福布斯与伊丽莎白・泰勒身着“福布斯——资本家的利器”的宣传语

为抗衡《财富》世界 500 强等名噪一时的榜单，马尔克姆不失时机地推出了“福布斯富豪榜”，并将这个排名定名为“全美 400 富豪排行

---

① 刘火雄：《福布斯家族：一本杂志打天下》，《文学选刊》2014 年第 12 期。

榜”。福布斯富豪榜的第一次排名,花了近一年的时间用于调研。研究人员翻箱倒柜搜集证券交易委员会的交易资料、新闻片段乃至法院档案中的遗嘱、委托甚至离婚协议,还有行政部门的相关记录,从中寻找着各种数据。1982 年 8 月 26 日,《福布斯》向媒体提前公布了长达 50 页的富豪排名。当期杂志刚在纽约市各报摊亮相,几个小时就被疯抢一空。据说有一次,一位福布斯排行榜上的富豪乘飞机出国时忘了带护照,恰巧他的照片刊登在《福布斯》的封面上,情急之下他拿这本杂志当身份证明,居然通过了海关。富豪榜从此一炮打响,成为《福布斯》的标志和品牌。[①]现在,《福布斯》不但在每年的 3 月编制“全球富豪排行榜”,还为亚洲 12 个主要国家编制国别富豪榜。

在这位掌门人一个接一个天才创意的助推下,到 20 世纪 80 年代末,《福布斯》步入了鼎盛时期,风头盖过了《财富》和《商业周刊》,成为美国浮华资本主义世界名副其实的代言人,也成了每一位经商者的必读刊物。

(三)史蒂夫·福布斯时期

1990 年随着马尔克姆的辞世,他的长子史蒂夫·福布斯(Malcolm Stevenson Forbes)接手了杂志出版人的工作。走马上任后,史蒂夫随即开始了一系列的改革创新。在这一年,首次发行的生活类副刊 *Forbes FYI* 让读者耳目一新:桀骜不驯的时尚人物和奢华的生活方式光鲜亮丽地出现在上面。《福布斯》也从此一改板着面孔的传统形象,让人们清晰地感受到了史蒂夫的创新精神。从 1990 年到 2003 年,《福布斯》杂志的国际版、日文版、西班牙语版以及为服务拉丁美洲最大消费群体而发行的葡萄牙文版和《吉尔德科技月报》等 10 余种杂志陆续与世人见面。在信息技术高速发展的时代,福布斯集团也没有落伍,先是于 1997 年推出了网站福布斯网“forbes.com”,继而又与福克斯合作推出电视节目 *ForbesonFox*。

图 13 《福布斯》的生活类副刊 *Forbes FYI*

作为《福布斯》杂志兼任总编辑,史蒂夫对文字工作也乐此不疲。他在《福布斯》开设了一个名为《事实与评论》的专栏,并坚持为每期杂志撰写文章。基于深厚的理论功底和丰富的实践经验,他总能以敏锐的目光对美国经济做出准确的判断,因而获誉“经济预言家”,文章也被誉为美国经济的“诊断书”。[②]

二、发展现状

随着信息技术的进步和电子时代的到来,再加上金融危机的来袭,包括《福布斯》在内的平面媒体都遭遇到前所未有的冲击,面临着巨大的挑战。2000 年以前,《福布斯》以惊人的速度扩版,2000 年全年杂志共刊出 6083 页广告,但之后即遇到了挑战。到 2003 年,广告页码是 2000 年的一半,2010 年则只有 1845 页广告,广告收入较 2000 年大约减少了 2 亿至 3 亿美元。20 世纪 90 年代,每一期杂志都有 200～300 页,而现在多数只有 116 页,其中广告页占 60%,40%为内容页。[③]

在新形势下,《福布斯》杂志为了应对冲击和压力,为了继续生存和发展,采取了一系列积极措施以迎接挑战。首先是经济措施,《福布斯》在 2009 年,先后进行了 3 次裁员,公司的游艇也在那时停止了使用。此外,福

---

① 周有恒:《〈福布斯〉三代掌门的传奇人生》,《财富人物》2008 年第 7 期。

② 王海洲、任杰:《特立独行——〈福布斯〉的成功之道》,《传媒观察》2002 年第 10 期。

③ 张歌燕、于天文:《〈福布斯〉杂志的生存发展之道及其借鉴意义》,《科技与出版》2013 年第 4 期。

布斯公司还采取措施"回笼":2010年把位于纽约第五大道的地标建筑卖给了纽约大学,然后再回租;2006年将公司40%的资产卖给了合伙人——位于加州的一家私人投资公司;还卖掉一些艺术收藏品及其他资产,如科罗拉多州的一处大型农场。

其次在经营上也进行了很多尝试,包括:

一是创办多种分版,进行品牌裂变。2005年,《福布斯》杂志开办《福布斯》亚洲版;2003年,中国分支机构创办中文版《福布斯》,接着韩国的分支机构又创办了韩文版《福布斯》;2009年开设印度分公司,2010年开设印度尼西亚分公司,在当地出版英文版《福布斯》。①

二是创办专门网站,开设个人博客。为了充分利用《福布斯》杂志的品牌效应,杂志创办了专门的《福布斯》网站,不收任何费用。但即使广告费非常低,巨大的浏览量也能产生相当数量的收入。2010年,福布斯公司重新设计了《福布斯》网站,并开始招募个人博主,让他们就自己选择的话题写作,且几乎是免费发表文章。这些博主包括大学教授、想出名的生意人、想要继续写作的退休记者等。目前,网站拥有850名博主,在不久的将来或能增至1000名。而且,公司里每位职员也都有自己的博客。这一举措为公司带来了惊人的出版业务量,每周能发布成百上千篇报道。之前的网站每月仅有1600~1700万次的访问量,2011年9月的访问量已达2500万次。

三是优化搜索引擎,以便更好地连线新闻网站。网站支持作者利用不同的工具编辑自己的报道、图片、评论,并进行分类,页面的顶端显示点击量的实时计数。这些手段实现了搜索引擎的最优化,当用户使用搜索引擎搜索关键词"福布斯"时,《福布斯》杂志的内容能快速地显示到前端,这样,许多出版业务通过搜索引擎得以实现。在激烈的市场竞争中,《福布斯》杂志努力使自己的报道内容进入雅虎新闻、美国在线及其他大型在线新闻网的主页,其大约25%的出版业务是与直接登录"福布斯"网站的人达成的。

最后,借助社交媒体,实现在线交流。近年来,《福布斯》杂志越来越多的出版业务是借助于社交媒体实现的。人们在脸谱网、人脉网、推特网等社交网上推荐《福布斯》杂志报道的内容,福布斯公司的职员们也把自己的报道上传到上述网站。人们更加愿意阅读朋友或熟人推荐的内容,也更愿意对这些报道内容发表评论,而评论越多,《福布斯》的业务也就越多。

2014年7月18日,《福布斯》杂志母公司兼发行商福布斯传媒(Forbes Media)宣布,将把公司大部分股权出售给一个由国际投资者组成的投资集团。一项声明中称,由国际投资者组成的投资集团将收购公司大部分股权,但福布斯家族将继续持有一部分股权,积极参与运营福布斯传媒,并与投资者合作进一步提高福布斯传媒当前产品线的市场份额。

三、报道特点

《福布斯》杂志的报道特点主要体现在以下几个方面:

(一)读者本位的办刊理念

明确的读者定位是任何一种期刊的办刊基础,是获取读者青睐、抢占读者市场的关键。《福布斯》聚集企业界的精英群体,通过介绍他们的成功之道来吸引读者;同时,又用"挑衅性"的报道风格以实现标新立异之效。读者关系的长期维护和固定读者群的不懈培养,有利于品牌的形成和完善。此外,《福布斯》杂志还有着十分强烈的服务意识,非常重视读者服务,注重与读者的交流与沟通,努力提高读者的忠诚度,增进读者的品牌认同感。②

---

① 王积龙:《〈福布斯〉杂志的成功秘诀》,《编辑之友》2010年第5期。

② 杜建华:《略论〈福布斯〉杂志的编辑思想》,《编辑之友》2010年第5期。

(二)塑造品牌的办刊策略

《福布斯》杂志的富豪排行榜享誉全球,影响深远,已连续评选数十年,并成为美国新闻业界的一个传统。除此之外,《福布斯》还通过自己的网站征集排行榜信息,组织财富论坛,并通过各种活动提升杂志的知名度与影响力,使《福布斯》的精神与品牌享誉全球。

(三)跨越媒体的经营技巧

《福布斯》杂志在美国拥有超过92万份的发行量,一个十分重要的发行途径就是根据市场的变化和自身发展,实现杂志的品牌延伸和跨媒体经营。其经常改变传统的经营思路,丰富办刊形式,超越纸媒的局限,借助网络、社交媒体、博客、播客等新型媒体实现跨媒体经营,由以往单纯提供新闻、广告转向利用各种新兴媒体为读者提供资讯、信息服务,为读者、作者打造一个全媒体交流平台。

(四)跨国经营的全球战略

《福布斯》杂志以美国本土为基础,瞄准全球市场,积极向海外拓展,现已在世界各地创办了多种版本,有亚洲版、中文版、韩文版、日文版等,实现了真正意义上的跨国经营。

四、涉华报道

对于世界上人口最多的中国,福布斯家族早已心向往之。实际上,福布斯家族是中国改革开放后最早来访的外国家族之一。早在1982年9月,马尔克姆·福布斯便带着他的摩托车和热气球来到中国,访问了西安、洛阳和北京,并受到了国家领导人的接见。

图14 中文版《福布斯》杂志

随着中国的经济地位日益提升,《福布斯》对中国的关注也不断加强。1994年开始,《福布斯》与香港《资本家》杂志合作,首次公布了中国内地亿万富豪榜;1999年,《福布斯》杂志开始独立发布中国富豪榜。近年来,福布斯"掌门人"史蒂夫多次来到中国。在他的努力下,《福布斯》已于2003年在中国内地出版中文版,目前已成为中国最有影响力的财经杂志之一,并成功举办了福布斯年度论坛和福布斯全球峰会。2006年,史蒂夫还带着近300名美国投资者进行了"中国之旅",他们从北京到天津再到上海,以帮助美国人在蓬勃发展的中国寻找投资机会。①

目前,在金融危机与经济衰退的背景下,中国正在以相对加快的速度,引领一次历史性的全球财富转移。《福布斯》更是深探到这一伟大转移的源头:蕴藏于中国生生不息的企业家精神和创造财富的奔涌活力。多年以来,《福布斯》权威的榜单在中国财经媒体中独树一帜,以最直观、最系统的方式记录中国在全球财富新格局

① 袁丽娜:《〈福布斯〉是这样步入中国的》,《传媒观察》2004年第8期。

中的奋力攀升，在其所涉及的领域中都成为引起广泛关注和媒体争相报道的标杆。

《福布斯》关于中国的报道贴近中国企业家和创业家，力图发现其背后一切推动财富创造与财富增长的力量：企业家精神、科技创新、管理创新、商业模式创新、财富管理创新，以及有利于创业与创富的商业环境。秉承“创业精神、创富利器”的理念，《福布斯》为中国几十万顶尖读者提供关于财富创造、财富管理、财富伦理、财富生活方面更深入、更独到的分析与报道，力争在中国不断扩大的创富与精英人群中成为一本必读的商业杂志。

《高等教育纪事周报》*The Chronicle of Higher Education*

《高等教育纪事周报》(*The Chronicle of Higher Education*)是美国学术界的主要新闻报刊之一，主要面向大学生、大学教师与高校管理者。报纸内容是有关高等教育的新闻、信息以及各种招聘信息，被认为是高等教育新闻领域的《华尔街日报》①。

一、历史沿革

1957 年，约翰·霍普金斯大学(Johns Hopkins University)校友杂志的编辑科尔宾·格沃尔特尼(Corbin Gwaltney)与其他几个大学杂志的编辑一起，发起了一个旨在探求大学高等教育存在问题的项目，取名为“射月者”(Moonshooter)，作为大学刊物的增刊发行。“射月者”项目的第一期成果长达 32 页，名为《美国高等教育：1958》(*American Higher Education*，1958)。1959 年，格沃尔特尼离开霍普金斯大学，参与了一个非营利的教育组织——教育编辑组织(Editorial Projects for Education，后改名为 Editorial Projects in Education，Inc.，简称“EPE”)，出版了《EPE15 分钟报告》。基于这些经验，他开始意识到创立一份高等教育报纸的重要性。

1966 年，格沃尔特尼与其他几位教育编辑组织的董事会成员一起创立了《高等教育纪事周报》。初创时，该报不刊登任何广告，靠卡耐基和福特基金会的资助维持运转。1970 年，《高等教育纪事周报》开始刊登招聘信息，之后逐渐系统化开展广告业务，于是报纸开始靠广告收入自给自足。1978 年，《高等教育纪事周报》由于广告收入颇丰，格沃尔特尼与同事杰克·克劳尔(Jack Crowl)从教育编辑组织的董事会手里买下《高等教育纪事周报》，后来格沃尔特尼又从克劳尔手中买下报纸的全部股权。从此开始，《高等教育纪事周报》成为一家能够盈利的媒体公司。到 1971 年 10 月，报纸的订阅量就上升了 25%，达到了 24500 份。

1993 年，《高等教育纪事周报》成为第一批在互联网出现的报纸。2003 年广告收入达到 3300 万，发行量约 700 万份。②

二、发展现状

目前，《高等教育纪事周报》总部位于华盛顿特区，拥有 70 多位记者、编辑和驻外记者。③ 纸质版报纸分成两个部分，第一部分刊登新闻和招聘岗位信息，第二部分是一个艺术性的杂志，叫做《周报评论》(*Chronicle Review*)。《高等教育纪事周报》订阅者每年会收到《高等教育年鉴》和其他一些特别报道。

---

① De Pasquale，Sue：A Model of Lively Thought，John Hopkins Magazine，2010 年 3 月 20 日，http://pages.jh.edu/～jhumag/0400web/corbin.html，检索时间：2015 年 12 月 30 日。

② Miller，Lia：New Web Site for Academics Roils Education Journalism，The New York Times，2005 年 2 月 14 日，http://www.nytimes.com/2005/02/14/business/media/14education.html? _r=0，检索时间：2015 年 12 月 30 日。

③ Chronicle of Higher Education website：About The Chronicle of Higher Education，http://chronicle.com/section/About－the－Chronicle/83，检索时间：2015 年 12 月 30 日。

与此同时,《高等教育纪事周报》还推出了在线电子版,通过 APP 和报纸网站都可以浏览该报的电子版。

另外,《高等教育纪事周报》的网站(http://chronicle.com)建设也比较好。读者在网站上可以看到纸质版报纸的全部内容,网站还设有每日新闻和建议专栏,发布上千条职位招聘信息以及求职信息等。现在,《高等教育纪事周报》网站的访问量是每月 1200 万,有超过 190 万名读者访问该网站。

《高等教育纪事周报》在美国学术界有超过 6 万的订阅量,总订阅量超过 31 万。该报每年出版 45 期,在学校学期时间内每周出版一期,而在 6、7、8 月份和 12 月则不定期出版。由于该报的读者群中有很多美国高校的决策者以及高等教育的学者,[①]因此该报在教育界十分具有影响力。创办多年以来,《高等教育纪事周报》曾获得过许多奖项:9 次提名“美国国家杂志奖”(National Magazine Awards);2005 年,《高等教育纪事周报》专栏作家卡林·罗曼诺(Carlin Romano)入围普利策奖;2007 年,《高等教育纪事周报》又通过杂志《优涅读者》(*Utne Reader*)评选得到“政治报道独立媒体奖”。

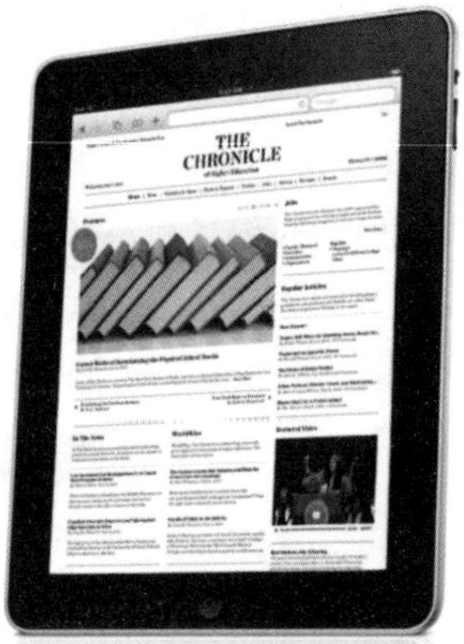

图 15 《高等教育纪事周报》电子版头版

图 16 《高等教育纪事周报》网站首页

图片引自《高等教育纪事周报》网站:http://chronicle.com,检索时间:2016 年 3 月 4 日。

三、报道特点

作为高等教育的行业报纸,《高等教育纪事周报》的突出特点是专业、权威,内容集中在高等教育领域。同时,《高等教育纪事周报》自诩为高等教育的记录报。[②] ——在报纸上从来看不到代表报纸立场的社论。创办人格沃尔特尼说:“我们很早就决定不办社论版。不管是在政治还是其他方面,我们从没发表过社论和立场,我们只报道新闻。”[③]

由于《高等教育纪事周报》报道的高校话题,比如抄袭现象,是大多数报纸所不覆盖的领域,因此它给美国高等教育领域带来的意义是十分重大的,而它的权威性也使它报道的主题会在全美引发讨论。

四、涉华报道

作为一份高等教育的行业报纸,《高等教育纪事周报》也关注国际范围内的高等教育动态。在其网站上以关键词“China”进行检索,结果显示 4346 篇新闻报道提到中国,全部集中在中国教育,尤其是高等教育领域。而以“Japan”和“India”为关键词进行检索,则分别有 2390 和 2920 篇报道。相对来说,在亚太地区,中国是《高等教育纪事周报》尤为关注的重点。

通过对最近一年的有关中国的报道进行抽样分析可以发现,《高等教育纪事周报》对中国教育的报道持负面立场的居多,主要表现在对中国学术环境自由等问题的质疑和批判、对中美在教育方面的合作提出一些反对意见以及对中国国内政治影响教育的嘲讽等。如 2015 年 6 月 24 日的一篇报道,标题为《中国高校招募学生“大

---

① Baldwin, Joyce: Chronicling Higher Education for Nearly Forty Years, Carnegie Results, Carnegie Corporation of New York, Winter, 2006 issue.

② Miller, Lia: New Web Site for Academics Roils Education Journalism, The New York Times, 2005 年 2 月 15 日, http://www.nytimes.com/2005/02/14/business/media/14education.html? _r=0,检索时间:2015 年 12 月 30 日。

③ Baldwin, Joyce: Chronicling Higher Education for Nearly Forty Years, Carnegie Results, Carnegie Corporation of New York, Winter, 2006 issue.

军”审查互联网》,文中多次用到“propaganda”一词,语带讽刺。[①] 又如,2015 年 1 月 30 日的一则报道,标题为《中国教育部禁止使用带有“西方价值观”的教科书》,文章虽字面上客观描述,但语气不善。再如,2014 年 12 月 3 日和 12 月 5 日,《高等教育纪事周报》分别发表了两篇报道对中美大学之间的合作提出质疑,一方面提出对孔子学院的不信任,另一方面指责美国一些高校为了得到中国的经济援助而背弃自身价值观甚至学术自由等。[②] 除此之外,也有少部分对中国教育政策的介绍性报道,这类报道以客观陈述为主,体现立场态度较少。如 2015 年 6 月 3 日,《高等教育纪事周报》发布的报道《中国力图使高考分数在国外大学得到认可》,比较客观地对中国的高考进行了介绍,并且对中国力图推动国外学校认可高考分数背后的原因进行了阐述。[③]

《广告时代》*Advertising Age*

AdvertisingAge

《广告时代》(*Advertising Age*)是美国影响力最大的广告周刊,1930 年创刊,主要报道并评论广告业界的重大事件。杂志总部设在纽约,现隶属于美国克雷恩传播公司(Crain Communications)。

一、历史沿革

1930 年,《广告时代》创立于纽约,当时是作为一份专业报纸刊行,后来才改为每周发行一期的杂志。在《广告时代》的历史上有一位重要人物,他就是西德尼·伯恩斯坦(Sidney R. Bernstein)。1932 年,伯恩斯坦担任总编辑时,《广告时代》只有两个工作人员。在伯恩斯坦的领导下,《广告时代》得以不断壮大。到 1965 年时,《广告时代》扩展到了 150 人,在全国设置了 5 个办事处。《广告时代》的成功很大一部分归功于伯恩斯坦对社会问题的高度警觉以及用公正客观的态度直言问题要害的能力。伯恩斯坦认为,《广告时代》对广告行业的贡献是:“作为广告行业的杂志,《广告时代》十分全面、易懂、客观。我们试图保持一种平衡。也许从一个角度来看,我们为这个行业远离低级做出了一点贡献。”[④]

二、发展现状

目前,《广告时代》刊登关于市场和媒体的新闻、分析和数据,每周推出一份电子版期刊,通过网站(www.adage.com)发布相关新闻信息,同时还推出电子简报《每日广告时代》(*Ad Age Daily*)。

作为一份广告行业的专业期刊,《广告时代》为市场和媒体行业提供全球资讯和分析,为大、中型公司市场营销人员提供战略性议题,同时也提供突发新闻和数据库。

三、报道特点

《广告时代》每年会发布 15 个原创排名,包括全国广告人百强、媒体公司百强、年度广告公司报告等。[⑤] 从 1945 年起,《广告时代》还逐年公布美国各大广告公司(后来扩大到世界范围)的营业额和税前收益额以及公司

---

① Chronicle of Higher Education website: Chinese Universities Told to Recruit a Student “Army” to Patrol the Internet, 2015 年 6 月 24 日, http://chronicle.com/article/Chinese－Universities－Told－to/231131/,检索时间:2015 年 12 月 30 日。

② Chronicle of Higher Education website: House Panel Plans to Scrutinize U.S. Universities' Ties With China, 2014 年 12 月 3 日, http://chronicle.com/article/House－Panel－Plans－to/150319/,Lawmaker Calls for Investigation of U.S.－China University Deals, 2014 年 12 月 5 日, http://chronicle.com/blogs/ticker/lawmaker－calls－for－investigation－of－u－s－china－university－deals/90669,检索时间:2015 年 12 月 30 日。

③ Chronicle of Higher Education website: China Pushes for Foreign Universities to Use Its College－Entrance Exam, 2015 年 6 月 3 日, http://chronicle.com/article/China－Pushes－for－Foreign/230649/,检索时间:2015 年 12 月 30 日。

④ Leaders in Marketing: S. R. Bernstein, *Journal of Marketing*, Vol. 29 (April, 1965), pp.63－64.

⑤ 《广告时代》杂志官网:http://adage.com/help/about－us,检索时间:2015 年 12 月 30 日。

分支结构、职工数目等资料。新公布的数字是国际广告界、统计界乃至官方机构用以作为工作根据的重要数据。除此之外,《广告时代》还经常举办各种广告业界的讨论会、研讨会。①

图 17 《广告时代》封面

四、涉华报道

以《广告时代》网站(www.adage.com)作为基础数据库,检索包含关键词"China"的相关报道,所得结果大约为 6352 篇。在 2015 年 3 月到 2016 年 3 月的一年时间内,涉华报道数量共有 304 篇。经过分析,《广告时代》的涉华报道集中在经济领域,主要报道国际品牌在华发展情况,如 2016 年 2 月 18 日的《苹果公司在华与本土公司进行移动支付合作》("Apple Joins with Local Partner to Offer Mobile Payments in China")②、2016 年 2 月 18 日的《奥迪公司推行吸引中国年轻人战略》("Audi Reaches Out to China's Younger Car Buyers")③等,这些报道从市场角度分析国际品牌在中国的发展情况,内容较为客观中立。

《国际纽约时报》*International New York Times*

International New York Times

《国际纽约时报》(*International New York Times*)原名为《国际先驱论坛报》,是一份为欧洲定制的美国报纸,后来逐渐扩展到在世界范围内出版发行,是第一份真正意义上的"全球性"报纸。多年来,《国际纽约时报》凭借着其强势的国际化平台,吸引了《纽约时报》和《华盛顿邮报》的入主。丰富的资源加上良好的品牌形象,这份有着 128 年报龄的报纸在世界媒体的璀璨星河中留下了独特的一笔。

一、历史沿革

1887 年,《纽约先驱报》(*New York Herald*)的老板小詹姆斯·戈登·贝内特(James Gordon Bennett, Jr.)在巴黎创建了《巴黎先驱报》(*Paris Herald*),作为《纽约先驱报》的欧洲版,并于 10 月 4 日发行了第一期。1918 年,贝内特去世后,《纽约先驱报》连同其欧洲版报纸被一起转手给了知名报纸出版人弗兰克·安德鲁·芒塞(Frank Andrew Munsey)。六年后,芒塞又再次将报纸出售给了《纽约论坛报》(*New York Tribune*),随着母报改名为《纽约先驱论坛报》(*New York Herald Tribune*),欧洲版报纸也改为了《巴黎先驱论坛报》(*Paris Herald Tribune*)。1928 年,《巴黎先驱论坛报》成为第一份使用飞机运送的报纸,以使报纸能在每天早饭前从

---

① 王多明:《中国广告词典》,四川大学出版社 1996 年版。

② 《广告时代》杂志官网:http://adage.com/article/digital/apple-joins-local-partner-offer-mobile-payments-china/302731/,检索时间:2015 年 12 月 30 日。

③ 《广告时代》杂志官网:http://adage.com/article/global-news/audi-reaches-china-s-younger-car-buyers/302742/,检索时间:2015 年 12 月 30 日。

巴黎总部送抵读者的餐桌。①

在此期间,《巴黎先驱论坛报》开始在旅欧美国人的生活中扮演越来越重要的角色,阅读该报逐渐成为一种风尚。在海明威的著名长篇小说《太阳照常升起》中,主人公巴恩斯在出外旅行返回巴黎后的第一件事,就是直奔报摊购买一份《巴黎先驱论坛报》,然后坐在标志着法国生活方式的咖啡馆里读报。这一场景鲜明地描述了当时该报在欧洲的发展情况,该报甚至成为一个时代的标志。

"二战"期间,纳粹占领巴黎,致使该报停刊4年。1959年,美国驻英大使同时也是商人的约翰·海伊·惠特尼(John Hay Whitney)买下了《纽约先驱论坛报》及其欧洲版。到1966年时,惠特尼决定关闭《纽约先驱论坛报》,全力经营总部位于巴黎的欧洲分部,以合伙经营的方式继续在欧洲出版这份美国报纸。

1966年12月,《华盛顿邮报》注资入股,次年5月,《纽约时报》也加入成为联合股东。随后,报纸正式更名为《国际先驱论坛报》(*International Herald Tribune*,简称"IHT")。1974年,《国际先驱论坛报》开始采用传真技术将报纸版面发往其他国家,大大提高了该报在不同国家的出报速度。紧接着,报纸在伦敦建立了印刷点,后来又于1977年在苏黎世设立印刷点。至此,《国际先驱论坛报》在欧洲多地的发行时间与巴黎本部发行时间相差无几。

图18 《纽约先驱论坛报》欧洲版

INTERNATIONAL Herald Tribune

INTERNATIONAL Herald Tribune

International Herald Tribune

图19 《国际先驱论坛报》三次更改报头

1980年,《国际论坛先驱报》通过卫星技术将报纸版面的电子图像传送至香港,使得该报在地球另一端也可以实现同步发行。这一创举,使该报成为世界上第一个实现跨洲传送版面的报纸媒体。此后,该报又在新加坡、海牙、马赛、迈阿密、东京等地实现了同步出版发行。报纸每日平均出刊14版,广告占到版面总量的30%,销往欧洲和亚洲的160多个国家和地区。

1991年,随着其他股东的撤出,《华盛顿邮报》和《纽约时报》成为该报的合伙控股人,二者各持50%股权。到2005年2月时,《国际先驱论坛报》在香港开设了亚洲新闻中心。2001年4月开始,日本最大的报纸《朝日新闻》与《国际先驱论坛报》合作,以《国际先驱论坛—朝日新闻》(*International Herald Tribune/Asahi Shimbun*)的名义共同出版英文报纸。这一合作关系一直持续到2011年2月。

2002年12月30日,《纽约时报》公司宣布以7500万美元收购《华盛顿邮报》50%的股份,由此《纽约时报》公司成为《国际先驱论坛报》的全资控股股东。同时,这次收购也结束了《纽约时报》与其头号竞争对手长达35年的合作关系。2013年10月15日,《纽约时报》公司正式将旗下的《国际先驱论坛报》更名为《国际纽约时报》(*International New York Times*)。全新推出的《国际纽约时报》,除了在报头和第二版的版式设计上发生变化,同时还增加了几十位知名国际专栏作家,与母报之间的编辑团队实现深度融合,国际采编队伍也实现了资源共享。这次改组使《国际纽约时报》的影响力进一步增强,同时也极大地促进了《纽约时报》的国际化程度。

① 〔英〕马克·唐盖特:《国际传媒巨擘品牌成长实录》,许怡勤译,水利水电出版社2007年版,第71-84页。

EATING WISELY EXPOSING FOOD FALSEHOODS
ROGER COHEN THE GREEK SHIP IS TURNING
SUITING UP STEPPING OUT IN HIGH TECH

International New York Times

Family favors and cozy jobs shake politics in Bavaria

Big retailers agree to plan on safety in Bangladesh

Disillusion descends on Euroland

Museums cry foul at Turkish demands for lost treasures

图 20 《国际纽约时报》头版

二、发展现状

目前,《国际纽约时报》是《纽约时报》全资持股的一份国际性报纸,总部设在巴黎。这份颇有影响的英文报纸在全球拥有35个印刷点,发行范围覆盖全世界160多个国家和地区。2013年,该报的发行量为22.4万份。在发行的地区分布上,60%在欧洲,亚洲可以占到35%。在采编力量上,《国际纽约时报》在世界多个地区都派有驻外记者,同时与母报《纽约时报》共享海外报道资源。

通常,《国际纽约时报》每期出刊4大张,共16个版面。头版是要闻版,主要是消息和解释性报道,大多是政治性和经济性的新闻;第二、三版基本上是国际新闻,有时第四版也用于刊载国际新闻。一般情况下,关于中东和欧洲的新闻刊登在二版,美洲的新闻登在三版,而第四版则刊登亚洲新闻。第五版是文化、艺术、文学版,第六版是社论版,最后还有三个版作为娱乐版,经常刊发各种不同类型的连载漫画、桥牌打法以及一至两篇书评。倒数第二版为体育版,现在只有这个版还保留着往日"美国报纸"的痕迹,因为该版刊登的内容以美国体育界动态新闻为主,目的在于使旅居欧洲和到国外旅行的美国人能够了解国内体育界的情况。最后一版为名家专栏,每期刊发由三名美国著名专栏作家定期轮流撰写的文章。除此之外,名人轶事、人物专访、事件特写等文章也都在这个版刊登。由于选题、编辑非常精巧,报道内容又具有世界性,所以《国际纽约时报》特别引人入胜,在世界范围内吸引了不少读者。

2013年更名为《国际纽约时报》之后,报纸内容也发生了部分变化。在原有内容设置的基础上,又增加了时尚内容,由巴黎时尚界的元老级人物苏茨·曼克斯(Suzy Menkes)担任时尚编辑。另外,报纸还增加了两个版面,评论版也开始刊登更多重量级国际专栏作家的文章。也有沿袭《国际先驱论坛报》时期的传统内容,包括垒球比分、每日填字游戏、漫画等仍是该报的固定版块。

另外,《国际纽约时报》还推出了网站、电子版报纸以及移动客户端应用,以便世界各地的用户都能随时随地接收到来自该报的新闻信息。其中,其网站搭建在母报《纽约时报》的网站之上,可以在内容上和《纽约时报》网站实现无缝连接。目前,《国际纽约时报》网站的内容主要划

图 21 《国际纽约时报》网站首页

图片引自《国际纽约时报》网站:http://international.nytimes.com,检索时间:2016年3月23日。

分为新闻、观点、艺术、生活和其他五个部分，涉及范围从政治、经济、科技到地产、旅游、时尚，议题无所不包，内容十分丰富。

三、报道特点

从创办之时起，这份报纸的定位就是面向国际受众的"美国报纸"。报纸主要在欧洲和世界其他地方编辑和出版，但从设计、版式到新闻内容，都透着浓郁的美国气息。在《华盛顿邮报》和《纽约时报》同时控股的 35 年里，《国际先驱论坛报》被称为两报的精华版，经常会在重要版面刊载来自两份大报的社论和重要文章。2002 年由《纽约时报》全资控股后，该报刊登的新闻和评论大多来自《纽约时报》报系。凭借《纽约时报》的丰富资源、良好声誉以及双方编辑团队的深度整合，《国际纽约时报》作为国际报纸的定位进一步增强，权威性也随之提高。在该报 100 周年纪念日的时候，《莲花》艺术杂志肯定了该报作为"第一份全球性报纸"的重要意义，是美国人及其他英语国家旅游者、商务人士、欧亚外交家、侨民及记者的每日读物。

在《国际纽约时报》看来，良好的品牌形象是其成功的重要保障。因此，该报多年来在新闻选题时，格外注重客观性、公正性，警惕外来干预。由于在美国以外的地方出版、发行，《国际纽约时报》较少受到美国政府和党派的影响，其更容易保持美国新闻业独立、客观的光荣传统。另外，由于该报受众群体主要是海外工作的美国人和讲英语的移民，所以其选题范围更为广泛，内容更为务实贴切，较少掺杂政治色彩，报道视角也更为自由和开明，其影响力非同小可。《国际纽约时报》着重报道国际新闻和文化动态，以迅速报道纽约股票行情而受到国际金融界重视。

四、涉华报道

早在 1980 年，当时的《国际先驱论坛报》就在香港开设印刷点，作为报纸在亚洲地区出版发行的重要据点。2005 年，该报又在香港建立了新闻中心，成为采访报道亚太地区新闻信息的基站。在中国国内，虽然该报并未单独设立驻华记者站，但其母报《纽约时报》的驻华记者站也肩负着为《国际纽约时报》采写涉华相关新闻报道的任务。2015 年 5 月 1 日，《国际纽约时报》开始发行中文杂志，即《国际纽约时报・月刊》，内容包括新闻、评论、生活、时尚等，主要在香港和澳门以简体中文出版。该刊每期约 24 页，其中大约 20% 的版面集中报道与港澳直接相关的本地新闻。月刊由《国际纽约时报》负责采编制作，在内容上由《纽约时报》中文网提供支持。[①]

多年以来，该报一贯较为重视对中国的报道，其涉华报道范围广泛，篇幅相对较长。《国际纽约时报》尤为擅长经济和文化领域的报道，这些优势在对中国的报道上也多有体现。近年来，中国在经济领域表现亮眼，该报对中国在经济规模、增长速度、发展短板等方面，都有不少报道和分析。

图 22　《国际纽约时报》月刊首期封面

改组之前，《国际先驱论坛报》就长期关注中国的经济发展局势，并发表了大量相关报道。例如 2008 年 9 月 3 日，该报发表了《中国能否实现以国内需求为导向?》一文，首先提出中国的高速经济增长对处于衰退中的世界经济具有很重要的作用，同时也指出目前中国经济增长需要实现向以国内需求为导向的增长模式转变。2009 年 2 月 17 日，该报刊发题为《世界经济下滑，中国形象改变》的文章，指出在 2008 年经济危机背景下，中国在保持经济发展方面表现出色，促使 G7 集团国家纷纷开始转变对中国的态度，积极向中国靠拢。2012 年 7 月 19 日，《国

① 纽约时报公司网站：The International New York Times Launches "Chinese Monthly" in Hong Kong and Macau，http://www.nytco.com/the－international－new－york－times－launches－chinese－monthly－in－hong－kong－and－macau/，检索时间：2015 年 8 月 14 日。

际先驱论坛报》原文刊载了新华社社长李从军撰写的署名文章《全球经济再平衡》,从中国的视角阐释对于经济危机、世界经济格局转变的观点,并提出“摩擦难以避免,但重要的是双方通过基于平等和相互理解的协调合作来处理分歧。只有承认我们对彼此的极度依赖,我们才能让《鱼缸效应》服务于人类的福祉,而不是产生负面影响。”

除此之外,作为《纽约时报》的国际版子媒体,《国际纽约时报》与母报共享国际报道资源,在人员分配和报道内容上都与母报密不可分,而且《国际纽约时报》的网站也搭建在母报网站之中。因而,《国际纽约时报》的涉华报道在很大程度上与《纽约时报》相似,只是在议题选择和报道基调上有所调整,以更符合其国际性报纸的定位,将更为多元开放的一面展现给国际受众。

《国家》*The Nation*

THE Nation.

《国家》(*The Nation*)杂志是美国现存最古老的周刊,是一本政治性突出的观点杂志。《国家》杂志的报道立场偏左,被认为是左派的旗舰论坛。《国家》杂志自诩为“一份持有异议的、独立的、制造麻烦的、提供想法建议的批判性观点的期刊”(a dissenting, independent, trouble-making, idea-launching journal of critical opinion)。①

一、历史沿革

1865 年,《国家》杂志由埃德温·戈德金(Edwin L. Godkin)创办。在戈德金时期,《国家》杂志在反对过度重建、政府腐败、滥用公共服务等事务中发声,影响颇大。1881 年,戈德金把杂志出售给《纽约晚邮报》(*New York Evening Post*),开始了两家出版物的长期合作。戈德金成为《纽约晚邮报》的编辑,温德尔·菲利普斯·加里森(Wendell Phillips Garrison)成为《国家》的主编。1918 年,奥斯瓦德·加里森·维拉德(Oswald Garrison Villard)接任主编,《国家》杂志也结束了与《纽约晚邮报》的合作,并且开始在政治立场上慢慢向左倾斜。②

图 23 《国家》杂志创办于 1865 年

自创办以来,《国家》杂志几乎每年都面临财政赤字,直到 2003 年才开始第一次盈利。从 2001 年到 2003 年,杂志的销量从 107000 份增加到 149000 份,到 2006 年达到了历史最高的 187000 份。而到了 2010 年上半年,《国家》杂志的订阅量下降到了 145000 份;2010 年 11 月,《国家》杂志的广告页面较 2009 年下降了 5%,而网站(thenation.com)的访问流量也同时下降。从 2008 年到 2010 年,《国家》杂志每年又要面对平均 50 万美元的财政赤字。③

---

① 《国家》杂志官方网站:http://www.thenation.com/about-us-and-contact/,检索时间:2015 年 12 月 20 日。

② 大英百科:http://academic.eb.com/EBchecked/topic/404223/The-Nation,检索时间:2015 年 12 月 20 日。

③ 《纽约时报》网站:http://www.nytimes.com/2010/11/08/business/media/08nation.html? _r=2&ref=business,检索时间:2015 年 12 月 20 日。

二、发展现状

《国家》杂志的运营模式十分特殊，不像其他报纸杂志一样主要靠广告收入维持运作，广告收入在《国家》杂志的收入来源中只占 11%左右。《国家》杂志主要靠订阅费(占总收入的 60%左右)和筹资(占总收入的 20%左右)运营。

在筹资方面，《国家》杂志专门有一个名为“Nation Associates Program”的项目(2012 年底更名为“The Nation Builders”)，读者通过这个项目向《国家》杂志提供少到几美元多到几千美金的资金支持。当杂志广告和发行量不甚大时，这个项目有力地帮助杂志化险为夷，度过艰难时期。

近年来，《国家》杂志还通过举行游轮项目带来了不菲的收入。游轮项目即《国家》杂志邀请一些重量级的左派人物到游轮上进行演讲，人们需花费几千美金的入场费参加。杂志现任主编卡特里娜·万登·海维尔(Katrina vanden Heuvel)表示，每年这个项目可以为杂志带来 20 万美元的收入。

与此同时，《国家》杂志也积极推进电子策略，推出了 Kindle、Nook、e－reader 和 iPad 的电子阅读版本，并在 MSNBC 的网站上投放广告。[①]

三、报道特点

《国家》是一本政治性突出的观点性杂志，政治立场偏左。而作为一家严肃探讨政治事件的杂志，《国家》的报道内容在新媒体崛起的今天不免显得有点老派。

然而，对于杂志的员工来说，《国家》更是作为一项“事业”(cause)而非为盈利而存在。《国家》杂志的主席特丽莎·斯塔克(Teresa Stack)曾说：“我们(杂志)是一个企业，也是一项事业。与其说它是一个严格被管理着的企业，倒不如说它是一项充满热情的使命”。[②]

图 24 《国家》杂志封面

四、涉华报道

在《国家》杂志的官方网站(thenation.com)上以“China”为关键词进行搜索，在 2015 年 1 月到 12 月的一年间中，涉华报道共有 189 篇。经研究发现，含关键词“China”的新闻报道中只有约 11%左右属于直接涉华报道，其他多为以中国作为相关背景信息的报道。而在直接涉华报道中，《国家》杂志对华报道领域主要集中在政治方面，约占 50%左右。其他关注领域主要有社会(38%)、文化(9%)和经济(3%)等。

在政治方面，《国家》杂志视中国为一个强大而同时具有威胁性的国家。一方面，在提及中国历史时往往用负面事件做文章；另一方面，在报道涉及中国现状的内容时，倾向于把中国描绘成野心勃勃的“全球资本主义家”，欲与美国一较高下，如 2015 年 11 月 23 日的报道《中国的新丝绸之路有西方参与的份吗?》(“Is There a Place for the West Along China’s New Silk Road?”)[③]文章用十分耸人听闻的口吻，描述中国的“一带一路”等经济动作，认为中国野心勃勃。又如 2015 年 7 月 19 日发表的报道《中国在南美洲大造高铁罔顾人文和环境的

① 《纽约时报》网站：http://www.nytimes.com/2010/11/08/business/media/08nation.html? _r=2&ref=business，检索时间：2015 年 12 月 20 日。

② 《纽约时报》网站：http://www.nytimes.com/2010/11/08/business/media/08nation.html? _r=2&ref=business，检索时间：2015 年 12 月 20 日。

③ 《国家》杂志网站：Is there any place for the west along China’s new silk road，2015 年 11 月 23 日，http://www.thenation.com/article/is－there－a－place－for－the－west－along－chinas－new－silk－road/，检索时间：2016 年 3 月 9 日。

代价》(“China is Building a Massive Railway across South America—at a Huge Human and Environmental Cost”)①,文章认为中国在南美建高铁是全球资本主义(global capitalism)的表现,不顾社会和环境因素,一味追求利益;而在2015年2月23日的报道《中国在西方眼皮底下创造新的世界经济秩序》(“China is Creating a New Economic World Order Right Under the West’s Nose”)②和2015年6月8日的报道《21世纪将是中美两国对抗的世纪吗?》(“Will the 21st Century Pit Washington Against China?”)③,作者更是直接把中国称为下一个“帝国”(emperor),并且预测21世纪将是属于中国“龙”的世纪。

在社会报道方面,杂志的选题集中在负面新闻上。如2015年7月17日的新闻《中国出租车朝打车软件革命反向而行》(“Cabbies are Driving the Opposition to China’s Ridesharing Revolution”)④,选题为出租车司机罢工事件;2015年10月12日的报道《中国工厂削减开支的秘密?实习生》(“The Secret Weapon for Cutting Costs at Chinese Factories? Interns”)⑤聚焦中国工厂压榨实习生的事件。在其他一些选题上,文章语调多为批判讽刺,如2015年3月23日的报道《奇怪的同行者》(“Weird Bedfellows”)⑥聚焦北京喊停奇怪建筑,文章认为建筑这种艺术不应该被限制,而中国则只害怕“不和谐”。

《国家地理》*National Geographic*

NATIONAL GEOGRAPHIC

《国家地理》(*National Geographic*)是美国国家地理学会的官方杂志,自1888年创刊以来,已有120多年的发展历史。《国家地理》关注地理、考古、世界文化及旅行探险等各方面的内容,是美国家喻户晓的精品杂志。同时,《国家地理》以令人叹为观止的图片及描绘风土人情的生动报道见长,在世界范围内具有广泛影响。

一、历史沿革

1888年1月27日,美国国家地理学会(National Geographic Society)正式创立。该学会是一个非营利性的科学与教育组织,由33位初期创会会员决议创设,其目的在于“增进及普及地理知识”。在经过约两周的讨论后正式确定该学会的组织章程与营运计划,并开始运作。学会创立后,各创办者意识到需要有一个媒介来满足人们对知识的渴求,于是在1888年10月,即学会创立后9个月,出版了第一期《国家地理》。杂志的创刊号与如今大不相同,在第一期杂志中,学术型的文字占据了几乎所有版面,整本杂志没有一副插图,里面刊登的文章内容严肃而专业,如《地质探勘的地理学方法》《圣经创世纪里的地理形势分类》等,文章表明了杂志的学术性质,而这一期杂志也仅仅发行给了200名学会会员。

---

① 《国家》杂志网站:China is building a massive railway across South America at significant human and environmental cost, 2015年7月19日, http://www.thenation.com/article/china—is—building—a—massive—railway—across—south—america—at—significant—human—and—environmental—cost/,检索时间:2016年3月9日。

② 《国家》杂志网站:China is Creating a New Economic World Order Right Under the West’s Nose, 2015年2月23日, http://www.thenation.com/article/china—creating—new—economic—world—order—right—under—wests—nose/,检索时间:2016年3月9日。

③ 《国家》杂志网站:Will the 21st Century Pit Washington Against China? 2015年6月18日, http://www.thenation.com/article/will—21st—century—pit—washington—against—china/,检索时间:2016年3月9日。

④ 《国家》杂志网站:Cabbies are Driving the Opposition to China’s Ridesharing Revolution, 2015年7月17日, http://www.thenation.com/article/cabbies—are—driving—the—opposition—to—chinas—ridesharing—revolution/,检索时间:2016年3月9日。

⑤ 《国家》杂志网站:The Secret Weapon for Cutting Costs at Chinese Factories? Inters, 2015年10月12日, http://www.thenation.com/article/the—secret—weapon—for—cutting—costs—at—chinese—factories—interns/,检索时间:2016年3月9日。

⑥ 《国家》杂志网站:Weird Bedfellows, 2015年3月23日, http://www.thenation.com/article/weird—bedfellows/,检索时间:2016年3月9日。

1890 年,《国家地理》刊出了第一幅图片,这在杂志的历史上堪称里程碑。而在杂志向广泛使用插图的月刊转变的过程中,两个人起到了关键的作用。1898 年,亚历山大·格拉汉姆·贝尔担任国家地理学会的会长,他倡导对学会和杂志大力革新。同时,贝尔选任吉尔伯特·格罗夫纳作为《国家地理》杂志的主编,在格罗夫纳的领导下,杂志有了巨大变化。根据他的设想,《国家地理》应该不仅仅传递枯燥的地理知识,同时要记载这个世界上那些鲜活而与人类相关的故事。于是,《国家地理》开始大规模地引入图片,并且在格罗夫纳的倡导下开始采取第一人称且平实简洁的写作手法。到 1910 年,《国家地理》已经因对黑白及彩色图片乃至艺术插画的广泛使用而蜚声业界。而这时,《国家地理》的发行量已经达到了 74000 份。到 1920 年时,杂志的发行量达到 71300 份。

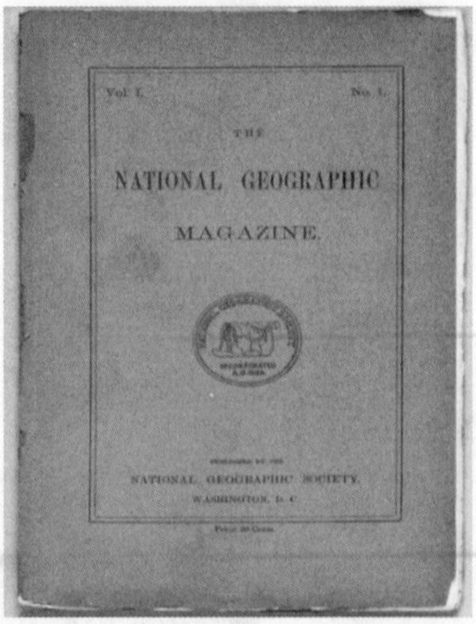

图 25　第一期《国家地理》杂志

20 世纪 20 年代到 30 年代,《国家地理》的读者见证了杂志一系列的新发展。杂志的记者梅纳德·威廉姆斯曾写道:“世界上每一个角落的人都希望了解其他地方的人是如何生活的。”正是秉持这这一理念,他驾车穿越亚洲,创造了历史,而国家地理学会和《国家地理》杂志也经常组织和鼓励这样的探险活动。20 世纪 30 年代,莱卡相机和柯达彩色胶卷的推广促进了摄影技术的进步,而《国家地理》也得以更生动地向读者传递世界各地风光。

1957 年,吉尔伯特·格罗夫纳的儿子,麦尔维尔·格罗夫纳成为杂志的主编,在他的领导下,《国家地理》在 20 世纪 50 年代和 60 年代成为最能代表那一时期乐观主义和理想主义的刊物,杂志采用更好的摄影技术和印刷技术,在内容方面也更加成熟。60 年代对于太空的探索成为杂志关注的一个重要话题,同时这一时期杂志也开始启用内页刊登海洋图片,向读者更生动地传递信息。到 70 年代,杂志的领导层改变了原有的报道理念。此前,《国家地理》杂志倡导只刊登关于某一国家或民族有益的信息,而从 70 年代起,杂志开始涉足争议话题,如化学污染、核能、非法野生动物售卖等都成为《国家地理》关注的议题。

过去的 30 多年中,由于科技的进步,《国家地理》呈现图像的能力又得到了发展。杂志开始在附赠的地图中使用卫星图像,刊登放大的细胞和分子图片,向读者介绍海洋生物和宇宙奇观。这种种独有的精彩内容巩固了《国家地理》的优势,让杂志经历百年后仍旧稳步发展。

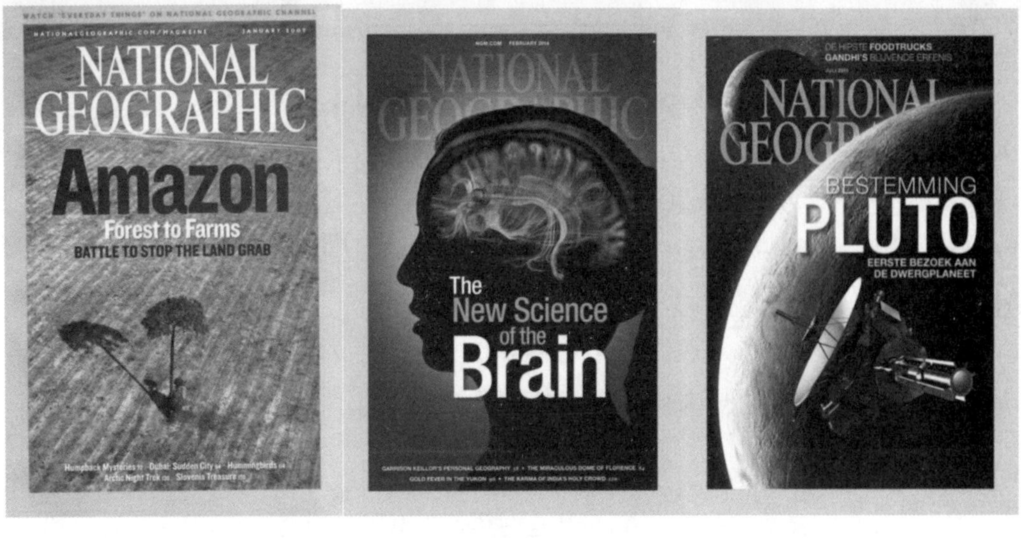

图 26　《国家地理》杂志封面

二、发展现状

目前,《国家地理》已经是美国杂志的主要代表,成为在世界范围内具有重要影响力的精品杂志。《国家地理》已经成了一个品牌,一种生活方式的代表。

如今的《国家地理》在世界各地发行接近 40 种不同语言的版本,包括日语、西班牙语、意大利语、希伯来文、法语、德语、汉语、韩语、俄语等,其全球月均发行量已经超过了 680 万份,美国的发行量达到 350 万份。除了纸质刊物外,《国家地理》也建立了不同国家版本的官网,美国、英国、澳大利亚、意大利、西班牙、日本、印度都有相应的《国家地理》网站。[①]

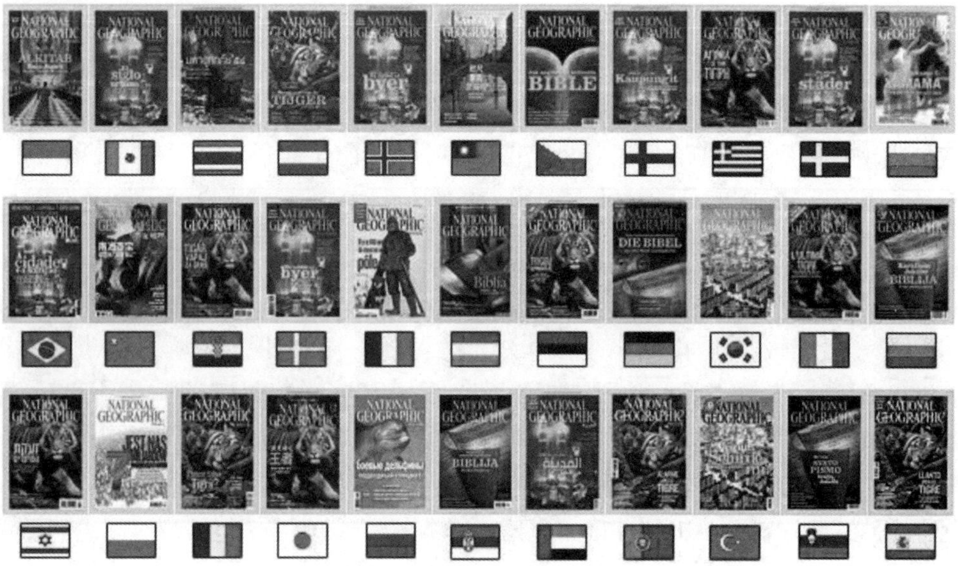

图 27　各个国家版本的《国家地理》

图片引自 National Geographic 网站:http://www.nationalgeographic.com/international－publishing/magazines/,检索时间:2016 年 2 月 10 日。

此外,凭借优异的表现,《国家地理》杂志在众多媒体奖项中也屡屡夺魁。例如,美国的国家杂志奖,《国家地理》在该奖项的评选中历年都是热门。2012 年,杂志赢得了最佳移动客户端建设奖,而在过去的 10 年内,杂志已经在国家杂志奖的评选中揽获十余项奖项,这最能证明杂志的实力以及其在美国期刊出版界的地位。

2015 年 9 月,美国国家地理学会在其官网宣布,将与 21 世纪福克斯公司展开合作,双方将成立新的联合企业,而 21 世纪福克斯将拥有该企业 73%的股份,国家地理学会持有剩余 27%的股份。[②] 杂志因此将会从学会中分离出来,从原来的非营利性质转变为营利性质,据双方称,这一举措能够为杂志提供更为雄厚的财政支持。无论如何,这是《国家地理》杂志历史上经历的最大一次所有权变更,对于杂志的日后发展无疑将会产生重要影响。

三、报道特点

(一)一流的图片

《国家地理》杂志得以在期刊界扬名的最大优势,便是其世界一流水准的图片和摄影作品。在电影《廊桥遗梦》中,男主角便是《国家地理》杂志的摄影记者,虽然这一角色为电影虚构的人物,但是这也说明了杂志的摄影

---

① National Geographic 网站:http://www.nationalgeographic.com/international－publishing/magazines/,检索时间:2016 年 2 月 10 日。

② National Geographic 网站: National Geographic and 21st Century Fox Expand Media Partnership, http://news.nationalgeographic.com/2015/09/150909－21st－century－fox－media－partnership/,检索时间:2016 年 2 月 1 日。

作品在行业内和人们心目中的地位。《国家地理》杂志的摄影师对图片质量的追求是十分苛刻的，世界一流的摄影师也以能够为《国家地理》工作为荣。要成为《国家地理》的摄影师，有一个硬性条件就是摄影师需要在某一体裁上至少要有8年的摄影经验。杂志规定每个摄影记者平均每一年拍摄的专题要150个，每年奔走100万英里的行程。为了获取达到杂志要求的好照片，摄影师需要在荒野中或者在偏远山区生活一个月甚至一年以等候拍摄的最佳时机。这不仅要具备上乘的拍摄技巧，而且还要有极大的耐心和相关的专业知识。《国家地理》的拍摄图片闻名世界，就是因为它雇佣的摄影师比一般摄影记者优秀，而图片淘汰率却又高出一般杂志数十倍。《国家地理》为了保持期刊的高质量、高水平和高新闻性，每期杂志首先从世界各地摄影师寄来的3000到4000余张照片中筛选出最符合主题的60～80张，然后再经过编辑、专家反复斟酌、讨论，确定20张。整个挑选过程充满了“挑剔”和“苛刻”，这样选出的作品仅占总数的0.05%～0.16%，也就是说投稿的摄影作品被《国家地理》杂志选中的几率几近千分之一。

图28　《国家地理》刊登的照片都是精选之作

然而，正是这种严格甄选、精益求精的态度使《国家地理》的图片在人们心目中拥有十分神圣的地位。在美国流传着这样一句话：“《国家地理》杂志如同圣经般令人不敢丢弃。有朝一日，美国可能会因过期杂志的重量而陆沉。”这看似夸张的话却很形象地说明了《国家地理》在人们心中的分量。据史料记载，“二战”期间美国部队的许多军用地图就是由《国家地理》杂志提供的，其精密程度以及人们对它的信赖程度可见一斑。

(二)打造品牌

《国家地理》杂志企业战略第一条规定：把《国家地理》杂志的品牌向所有国家地理学会的产品(例如图书、电视等)延伸，维持各产品在品牌形象上的统一性。[①] 由此可见，《国家地理》杂志的发展战略非常看重品牌的统一性。

在一百多年的发展过程中，《国家地理》杂志形成了富有特色、形象鲜明的品牌标志——黄框。封面的黄框标志与封面图片的搭配造型成为了《国家地理》杂志的独特名片，也是它区别于其他杂志的一个明显的特点。如今，黄色边框早已成为世界著名的品牌标识。这个标识颜色醒目，简单明了，能够使人们产生强烈的视觉冲击感，而且能够使人过目难忘。黄色象征着冒险与激情，成功与超越，经典与质量，而方框象征着一扇可以探索大千世界的窗户。透过这扇窗户，读者可以看到世界每一个角落，不管是浩瀚的宇宙太空，奇妙的微生物世界，还是白雪皑皑的喜马拉雅山。这一品牌标志的寓意是《国家地理》杂志已成为读者看世界的窗口。

而且，《国家地理》还利用成功的品牌形象，打造出了众多副产品，如对核心品牌《国家地理》进行开发辐射：针对喜欢旅行的年轻人出版了《国家地理·旅行家》，针对有冒险精神的、喜爱户外活动的读者出版了《国家地理·探险》，针对儿童读者出版了《儿童国家地理》，针对少年读者出版了《国家地理探索者》。在出版业之外，国家地理学会还将触角延伸到了电子媒体领域，开办了国家地理频道，通过其充满科学性、教育性、娱乐性和艺术性的纪录片，为全世界爱好科学、追求时尚的人们提供了一个探索大自然的窗口，节目还被制作成VCD和

---

① 杨欢：《解读美国〈国家地理〉杂志的品牌策略》，《当代传播》2004年第5期。

DVD对外销售。1996年,国家地理学会开办了自己的网站,网站多次获官方及民间奖项,并荣登雅虎2002年"100个最佳网站"。但不论是传统媒体还是新媒体、纸质媒介还是电子媒介,《国家地理》杂志的标志"黄色边框"标志无一例外都会出现在显要位置。

(三)对文化地理观念的提倡

《国家地理》被认为是探索世界的眼睛,它关注的更多的是大多数人看不到的那一部分世界。《国家地理》杂志的照相机在捕捉神奇奥秘的大自然的同时,更将镜头投向了生活在不同文化中的普通人。《国家地理》试图扩展地理的概念,将文化的含义注入其中,它要向世界展示的是一个有文化渊源的地理环境。它探索的重点是人在这些独特的地理景观中发挥了怎样的作用。《国家地理》杂志摄影师的镜头不仅着眼于陌生的部落和遥远神秘的国度,还关注人们日常生活的城市,这些地方反映的实际上都是一种文化地理景观。

《国家地理》杂志十分重要的一个特征就是它能够帮助读者了解世界,尤其是了解世界各种不同现象之间的联系,杂志有助于读者了解自己的国家,了解自己国家的历史、文化和各区域各民族的自然和文化,有助于读者对世界各地区各民族文化形成多元的理解,从而形成一种宽容的包容心态。文化地理概念的引入使得《国家地理》杂志变得更有人情味。

四、涉华报道

对于大多数西方人来说,位于东方的中国始终是神秘而未知的,而《国家地理》正是为西方读者提供了探索未知的窗口。因此,多年以来,《国家地理》杂志都对中国保持着关注。

早在1897年的一篇讲述欧亚铁路的文章中,中国的东北就第一次在《国家地理》杂志中亮相。而在1910年,《国家地理》刊登的第一幅彩色照片也拍摄于中国。1920年,一位名叫约瑟夫·洛克的德国人以探险家、撰稿人、摄影家的身份,先后在中国西南部的云南、四川一带生活了27年,他将自己在中国的惊人发现发表在了《国家地理》杂志之上。于是,世人知道了香格里拉。1926年,杂志更是刊登了嘉兴大运河岸边的三塔照片,作为中国的标志。

图29 《国家地理》中国特刊封面

在选择驻华记者时,《国家地理》也有自己的方法。杂志一般聘用对中国有相当程度了解的文字记者和摄影记者,尤其是曾经长期在中国生活过或者有着中国渊源的记者。大多数人都知道美国著名华人作家谭恩美曾经写过《喜福会》这样在华人世界影响广泛的作品,可少有人知道她也曾受聘于《国家地理》,深入中国贵州等地的小山村,写出诸如《时间边缘上的村庄》这样的报道。① 此外,近几年因为关于中国的非虚构写作而名声大噪的美国记者何伟(彼得·海斯勒,Peter·Hessler),他大部分时间是以《纽约客》驻华记者的身份为大众所认识的。然而,何伟也曾经受聘于《国家地理》,在杂志上发表过他那些标志性的非虚构作品。在驻华期间,何伟为《国家地理》报道过浙江温州等地日夜喧腾的工厂,介绍过深圳经济的崛起,同时也描写过涪陵十几年来的变化。可以说,何伟的写作风格与《国家地理》的特点相得益彰。在他的报道中,何伟着重刻画中国社会生活的变化图景,探索中国的公路风光,同时也对中国百姓的生活百态进行跟踪描绘。何伟发表在《国家地理》

① National Geographic: Village on the Edge of Time, http://ngm.nationalgeographic.com/2008/05/china/guizhou/amy-tan-text,检索时间:2016年2月2日。

中的关于中国的报道也大多被收录进其关于中国的三部曲当中。

分析《国家地理》杂志的涉华报道可以看出，杂志关注中国的角度与其本身的性质完全吻合。杂志基本没有关于中国政治的报道，更多的是介绍中国的历史文化，尤其是关于名胜古迹的报道有很多，此外，杂志对于中国的环保问题、中产阶级生活以及风俗传统都有报道。从这些话题上来看，《国家地理》杂志对中国的态度相对比较客观，主要是从一种富有人文色彩的角度进行报道。

除了刊登富有影响力的涉华报道之外，《国家地理》杂志也通过其他方式扩大在中国的影响力。2003 年，国家地理中文网上线，网站沿袭美版网站的风格与美感，且与英文版网站同步更新。国家地理中文网采用最先进的技术、最简洁的视觉风格为中国读者提供数量庞大的原版和本土化图文、视频。网站涵盖了摄影、动物、环境、旅行、探险、装备、儿童、杂志、科技、活动等精彩版块，并开通了目前读者最喜欢的视频版块，引入了大量的高质量和高观赏性的国家地理视频，用独特的视角，多角度立体化地为读者展开一个动感的世界。2007 年，中国的《华夏地理》杂志与《国家地理》建立正式的版权合作关系，从此《华夏地理》将作为《国家地理》的简体中文版发行，与世界上其他语言版本同步刊载《国家地理》的精彩内容。在中国，凭借一本版权合作杂志和一个中文网站，《国家地理》得以将其标志性的精彩内容传递给读者。

《国家利益》*The National Interest*

THE NATIONAL INTEREST

《国家利益》(*The National Interest*)杂志是美国的一份专门报道和评论国际事务的双月刊杂志，是美国现实主义外交学派的代表刊物。其报道内容不限于外交政策，还关注文化社会差异、技术创新、历史和宗教对国家的影响等，在美国国内和国际社会均有一定的影响力。

一、历史沿革

1985 年，美国新保守派的领军人物欧文·克里斯托创办了《国家利益》杂志。因此，杂志从创立之初就成了新保守派的论坛。正如当时的编辑所言，“新保守派迄今未有人得到理想的位置，通过办这份杂志，或许可以弥补舆论上的空白，给新保守派提供一个争鸣的场所”。[1]

杂志在第一期的按语中总结了新保守派关于国际事务的三点看法：“第一，美国外交政策的首要目标必须是保护美国的国家利益；第二，当前国际政治的格局仍然是强权政治；第三，苏联是唯一对美国利益构成最大威胁的国家”。在这样的办刊方针下，《国家利益》最大的任务就是反对苏联，创办人欧文·克里斯托曾在杂志中这样写道：“在这场同苏联进行的利害冲突中，我们应当抛弃谋求平衡的目标，要力争取得压倒对方的胜利”。[2]

1989 年，伴随着苏联的解体，杂志在办刊方针上也进行了调整。冷战的结束如何评价资本主义制度和社会主义制度的命运成为东西方理论界普遍关注的现实问题。在这一背景下，著名学者福山在《国际利益》上发表了《历史的终结？》一文，正式提出他的“历史终结论”，轰动一时。[3] 在他看来，苏联解体、东欧剧变、冷战的结束，标志着共产主义的终结，历史的发展只有一条路，即西方的市场经济和民主政治。除此之外，《国家利益》还深入讨论了“地缘政治”等概念，这在一定程度上推动了国际政治理论的演进和发展。

---

① 黄煜、钟梦白：《〈国家利益〉——美国新保守派的外交论坛》，《国际新闻界》1986 年第 3 期。

② 黄煜、钟梦白：《〈国家利益〉——美国新保守派的外交论坛》，《国际新闻界》1986 年第 3 期。

③ 李勐：《福山“历史的终结”思想探索》，西南师范大学硕士论文，2004 年。

图 30　早期《国家利益》杂志封面

图 31　《国家利益》封面

二、发展现状

2005 年,美国国内新保守派与现实主义派对伊拉克战争持有不同态度,使得《国家利益》的编委会内部产生了很大的分歧,最终结果是 14 名编委会成员中有 10 名离开,《国家利益》的编辑方针再一次发生变化。① 离开的绝大多数编委会成员是新保守派,而其中的现实主义派却留了下来。

2006 年《国家利益》进行了一次改版,改版后的封面采用纸印刷,并采用上名称、下图片的结构,其中封面图片占到了整个封面的四分之三,突出了头条新闻。此后,《国家利益》还开通了自己的官方网站(http://nationalinterest.org/),将杂志上的文章同步在网站上发布,这在一定程度上扩展了《国家利益》的阅读范围。值得一提的是,杂志网站在 2010 年、2011 年和 2013 年被美国的新闻聚合类网站"Real Clear World"评为全球最佳评论网站,这是世界上唯一一家三次获此殊荣的网站。

三、报道特点

近年来,《国家利益》开始转向现实主义的编辑方针。一方面,《国家利益》着力批评布什政府以推行民主的名义在伊拉克发动战争的行为,并且反对对伊朗等国家实施制裁;另一方面,《国家利益》对于中国和俄罗斯持积极态度,认为美国应该与两个国家努力发展外交关系。

另外,《国家利益》杂志的读者群体并不限于美国境内,它的文章通常会被《纽约时报》、英国的《金融时报》、澳大利亚的《澳大利亚人报》、法国的《国际先驱论坛报》和韩国的《东亚日报》等媒体转载。

四、涉华报道

秉持着现实主义的办刊理念,《国家利益》杂志认为中国的崛起是机遇而非挑战,中国的发展提供了巨大的机会。要抓住机会,需本着现实主义态度,从实际出发,对国家利益进行冷静客观的评估,而非死守特定的意识形态,让少数政治问题阻碍合作。因此,《国家利益》的涉华报道通常持有积极态度,并极力说服美国,希望能与中国巩固和发展外交关系。

例如,在 2004 年 1 月《国家利益》发表的一篇文章中,作者认为中美关系已接近于美国与日韩等传统盟友

① 《国家利益》官方网站:http://nationalinterest.org/about-the-national-interest,检索时间 2016 年 1 月 30 日。

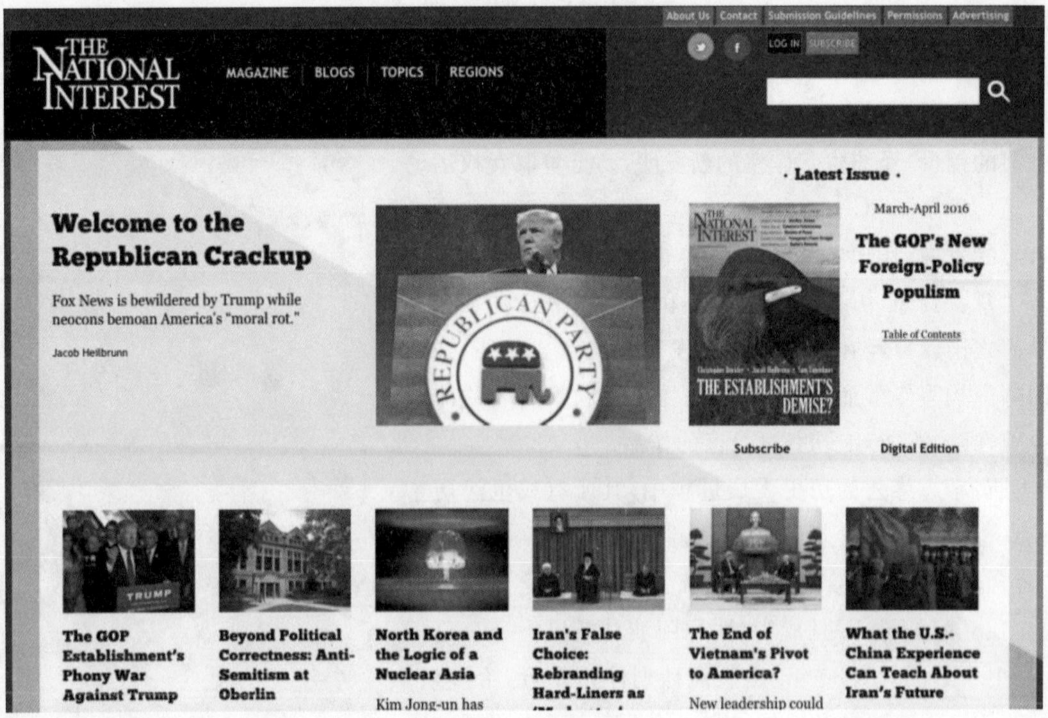

图 32 《国家利益》网站首页

图片引自《国家利益》网站：http://nationalinterest.org，检索时间：2016 年 3 月 4 日。

国家。文章指出，美国应该看到中国未来巨大的发展潜力，而“9·11 事件”又给两国从国家安全利益层面上加以合作提供了可能，因此两国领导人应该抓住机会将两国的关系从竞争转为合作。① 又如，2015 年 8 月，《国家利益》发表了中国驻美国大使崔天凯的署名文章《聚焦中美利益交汇点》，文章指出，尽管中美间的一些棘手问题经常占据媒体头条，但中美在几乎所有重要的全球性问题上都保持着紧密合作，这些合作不仅出自双方的善意，更是基于两国的根本利益以及对世界的共同责任。②

《哈泼斯》*Harper's*

HARPER'S MAGAZINE

《哈泼斯》(*Harper's*)是美国一份历史悠久的综合性月刊，内容涵盖政治、经济、文化、文学等领域。《哈泼斯》杂志创办于 1850 年，至今已有超过百年的历史，仅次于《科学美国人》杂志，是连续出版时间第二长的刊物。《哈泼斯》杂志以严肃而高质量的深度报道闻名，在美国期刊出版界享有崇高的声誉。

一、历史沿革

1850 年，美国哈珀兄弟出版社(Harper&Brothers)在纽约创办了《哈泼斯》杂志，当时期刊定名为《哈泼斯新月刊》(*Harper's New Monthly Magazine*)。第一期杂志发行了 7500 本，很快销售一空。创办 6 个月之后，杂志的发行量便突破了 50000 份。初创时期，该杂志大多刊登一些英国作家的作品，如狄更斯、萨克雷、勃朗特姐妹的作品就常常出现在杂志之上。不久之后，杂志开始刊登美国本土作家和艺术家的作品，这对于美国文化

① 沈玉麟：《美国〈国家利益〉杂志——美中关系已接近于美与日韩等传统盟友国家》，《国际展望》2004 年第 2 期。

② 何屹：《中美合作是对世界的共同责任——崔天凯在美国〈国家利益〉杂志撰文谈中美合作》，《科技日报》2015 年 8 月 29 日第 2 版。

的发展无疑起到了鼓励作用,如亨利·詹姆斯、马克·吐温、杰克·伦敦等作家纷纷在杂志上发表作品。同时,杂志也逐渐刊登一些近期的重要新闻事件,如麦尔维尔的《白鲸》一书的出版,第一条跨大西洋电缆的铺设,爱迪生工作室的新发明,乃至争取女权运动的最新进展等。

随着杂志的发展,其知名度逐渐上升,也吸引了更多重要人物在其上发表文章。例如,伍德罗·威尔逊和温斯顿·丘吉尔在成为国家领导人之前就曾经在《哈泼斯》上发表过文章。此外,杂志也支持美国非虚构写作事业的发展,如诺曼·梅勒等著名的非虚构奠基人也曾在《哈泼斯》上刊登过自己的作品。

在《哈泼斯》杂志悠久的历史发展进程中,其所有权也经历了数次变更。1962 年,杂志出版商哈珀兄弟公司与劳 & 皮特森公司合并,二者合并后成立了哈珀 & 劳出版公司。数年之后,《哈泼斯》杂志成立独立的公司,并且成为《明尼阿波利斯星报》和《论坛报》公司的一个子公司。1980 年,出版商计划停止发行《哈泼斯》杂志,这时,约翰·麦克阿瑟和他的父亲罗德里克·麦克阿瑟共同组织成立了"《哈泼斯》杂志基金会",该基金会接管了《哈泼斯》杂志的出版发行,时至今日,该基金会仍是杂志的所有者。在该基金会的管理下,杂志继续支持美国文学事业发展,发表了约翰·厄普代克等人的作品。同时,在新闻评论方面,《哈泼斯》杂志也敢于直言批评社会及美国政府,屡屡发表影响巨大的报道。

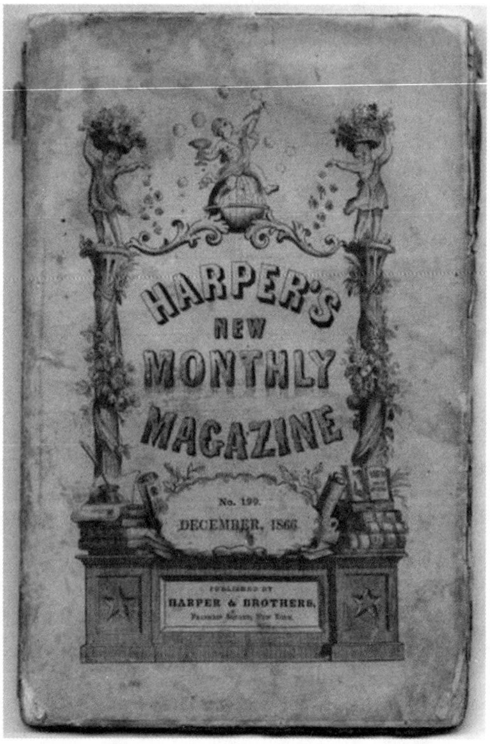

图 33 1866 年 12 月出版的《哈泼斯新月刊》

Percentage of Islamic State recruitment videos released since January 2014 that target an English-speaking audience : 4

Portion of Americans who worry that a family member will be a victim of terrorism : 1/2

Number of people killed by political or religious extremists on U.S. soil since September 11, 2001 : 93

Percentage of these deaths attributable to far-right-wing political extremism : 52

Percentage of U.S. Muslim doctors who say their religion has caused patients to refuse their care : 9

Number of times TSA inspectors attempted to sneak fake weapons through passenger checkpoints last year : 70

Number of those attempts that were successful : 67

Number of people injured at a Nairobi university after a security drill was mistaken for a terrorist attack : 37

Number killed : 1

图 34 "哈泼斯指数"版块内容

二、发展现状

经过了 100 多年的发展,《哈泼斯》杂志如今仍保持着其长久坚持的风格,并且继续作为一家具有良好声誉的严肃杂志在美国期刊界存续。目前,杂志主要有以下版块:"哈泼斯指数"版块汇集各种杂志认为有特殊意义的数据,通过数据反映时代精神;"阅读"版块汇集杂志认为值得读者阅读和了解的短文、采访、段落、图片等信息,体现了杂志的审美情趣;"论坛"版块为读者提供平台,读者可以就某一争议性话题在该版块发表观点、进行讨论;"文章"版块刊登《哈泼斯》杂志优秀作者写的长篇文章或报道,是杂志的核心版块;"评论"版块则对新近的文化现象或文化作品展开评论,为读者提供鉴别信息。

近年来,新媒体发展迅猛,逐渐成为传媒领域的强势力量,对于《哈泼斯》一类的传统杂志造成了巨大的冲击。在这样的挑战之下,《哈泼斯》的发展也出现了一定程度上的危机。2010 年,杂志发行量为 227583 份,到 2014 年,杂志的发行量已经下降到了 209356 份。[①] 除此之外,杂志的人事变动也能够体现出其目前经历的困

① 数据来源:Gale Database for Publications and Broadcast media,检索时间:2015 年 9 月 21 日。

难和起伏。2015 年 10 月,《哈泼斯》杂志任命 35 岁的克里斯托弗·考克斯为杂志新任主编。[①] 然而,就在三个月之后,杂志宣布解雇考克斯,具体原因没有对外披露,杂志仅仅声明考克斯的离开是因为"与发行人存在编辑业务方面的冲突"。[②] 这样的人事纠纷,也从一个侧面反映出杂志目前不尽如人意的现状。

尽管在新时期的营收和发行方面遇到了问题,《哈泼斯》杂志在内容上的高质量却没有受到过多的影响。杂志在媒体信息快餐式消费的今天坚持深度报道,维持了其在媒体界本身的声誉,也多次获得美国国家杂志奖。

三、报道特点

悠久的历史传统是《哈泼斯》最大的财富,也有可能是限制其未来发展的枷锁。目前,《哈泼斯》杂志并不是作为一家商业性杂志在运营,而是麦克阿瑟等人所组织基金会的资产。因此,麦克阿瑟作为发行人对于杂志发展的规划和想法起着几乎决定性的作用。在某种程度上,麦克阿瑟的风格也就是《哈泼斯》杂志的风格。

图 35 《哈泼斯》杂志封面

《哈泼斯》代表了美国传统期刊的精神,杂志本身也颇具老派作风。相比于其竞争对手《纽约客》和《大西洋周刊》,《哈泼斯》更敢于发表批评性报道,有时甚至还会派记者进行暗访,发表调查性揭露报道。例如,2008 年 9 月,杂志发表了题为《揭露卡普兰内部勾当》的调查性报道,一举揭发了美国著名的考试培训机构卡普兰的违规操作秘密,在美国国内引起了相当大的争议。此外,《哈泼斯》杂志甚至为了发表批评性报道,不惜得罪自己的广告商。2014 年 10 月,杂志以《PBS 的自我毁灭》为题,发表文章批评了美国 PBS 公共电视网受到商业和政治因素的侵蚀,节目公正性和质量下降。文章发表后,PBS 撤掉了在《哈泼斯》杂志投放的广告。但是,杂志发行人麦克阿瑟表示,因为《哈泼斯》的读者很多也是 PBS 的观众,这一问题涉及这一部分公众的利益,因此文章必须刊登。[③] 这样的正直作风在如今的新闻界颇为珍贵。

然而,悠久的历史传统和老派的正直作风尽管促进了《哈泼斯》在内容上的精益求精,与之相伴的僵化守旧思维也在一定程度上阻碍了杂志在新媒体时代的发展。自 19 世纪以来,《哈泼斯》和《大西洋周刊》两份风格定位近似的杂志之间存在着长久的竞争关系,二者被称为美国杂志界的"百事可乐"和"可口可乐"。在内容层面,两家杂志确实都有着很高的报道水平,几乎难分伯仲。然而,进入 21 世纪,在新媒体推广和媒介融合方面,《哈泼斯》可谓全面落后于《大西洋周刊》。后者在几年的时间内接连开办三个相关网站,开发移动端 APP,同时大力使用社交媒体进行推广,使杂志的影响力大幅度提升。反观《哈泼斯》,其发行人麦克阿瑟大力推崇传统的印刷媒体,抵触媒体的数字化,在此影响之下,《哈泼斯》在社交媒体推广方面基本上碌碌无为,而杂志的手机客户端

---

① New York Post: Harper's magazine appoints new editor－in－chief, 2015 年 10 月 1 日, http://nypost.com/2015/10/01/harpers－magazine－appoints－new－editor－in－chief/,检索时间:2016 年 2 月 8 日。

② The New York Times: Harper's Magazine Publisher Fires Christopher Cox as Editor, 2016 年 2 月 3 日, http://www.nytimes.com/2016/02/03/business/media/harpers－magazine－publisher－fires－christopher－cox－as－editor.html? _r=0,检索时间:2016 年 2 月 8 日。

③ Columbia Journalism Review: PBS pulls ads from Harper's Magazine after critical essay, http://www.cjr.org/behind_the_news/pbs_pulls_ads_from_harpers_mag.php,检索时间:2016 年 2 月 8 日。

也直到2013年才上线，这就导致了在媒体界人人谈论《大西洋周刊》和《纽约客》的环境之下，《哈泼斯》的存在感越来越低，经常在提及优秀杂志时被大众忽略。

四、涉华报道

与《纽约客》和《大西洋周刊》等其他同类型刊物相比，《哈泼斯》对于国际关系动向等国际新闻关注相对较少。综合来看，《哈泼斯》杂志对于美国经济社会自身有着持续的关注和独到的见解，如教育、人权、堕胎等争议性话题都能成为《哈泼斯》的选题目标。然而，在国际新闻方面，《哈泼斯》投入很小，纽约和美国才是杂志业务的重点。

图36 《哈泼斯》杂志网站首页

图片引自《哈泼斯》杂志网站：http://harpers.org，检索时间：2016年3月4日。

这样的特点能够从杂志的涉华报道量上反映出来。在《哈泼斯》官网以"China"为关键词进行搜索，可以得到3000多条结果，对于一份有着一百余年悠久历史的杂志，这样的报道数量相对较少。2010年之后，杂志网站上涉及"中国"的报道数量只有400余篇，深入分析各篇文章之后可以发现，这些涉华报道大多只是间接提到中国，鲜有直接以中国为对象的报道出现。

在少量的样本之中，也能够看出《哈泼斯》杂志对于中国态度的变化。2000年之前，杂志在提到中国时，措辞间往往带有轻视的意味，对于中国存在某种程度上的偏见。例如，在1982年的4月刊中，杂志就曾经以《中国糟透了》为题目发表文章，文章中提到"中国作为旅行的目的地来讲不错，但是对于十亿多住在中国的居民来说简直太糟了"。[1]此外，杂志在20世纪七八十年代的一些报道对于中国的"叩头"传统风俗也提出了比较负面的看法，对于中国的社会文化现象有着比较明显的偏见。

进入21世纪以来，这种情况有所改观。这首先与中国综合国力和国际地位的提升有着明显的关系，《哈泼斯》杂志不得不正视中国的崛起。虽然在这一时期，《哈泼斯》直接报道中国的文章很少，但是在评论美国社会的各种议题时，杂志不时会以中国为参照进行对比。例如《哈泼斯》在刊文批评美国的教育时，就时而会拿出崛起的中国和印度的教育进行比较，而对于奥巴马政府的评论文章往往也离不开对于美国政府对华政策的评价。可以说在这一时期，杂志基本上摆脱了对于中国的偏见态度，开始正视中国作为一个世界主要国家的实力和地位。

总体来看，《哈泼斯》的涉华报道数量非常有限，但是由于杂志的读者多为年龄在50岁左右、受过良好教育的男性，《哈泼斯》的对华态度变化在某种程度上也能反映出美国精英社会群体对中国认识的变化。

---

① Harper's: China stinks, http://harpers.org/archive/1982/04/china－stinks/，检索时间：2015年9月21日。

《航空与空间技术周刊》*Aviation Week & Space Technology*

《航空与空间技术周刊》(*Aviation Week & Space Technology*,简称“Aviation Week”或“AW&ST”,中文简称《航空周刊》)是美国一本聚焦于航空航天行业的专业杂志,是航空周刊集团(Aviation Week Group)的旗舰媒体,公司总部设在纽约。该杂志的报道领域包括航空航天、国防与飞机制造业,主要专注于航天技术。

图 37 《航空与空间技术周刊》封面

一、历史沿革

1916 年 8 月 1 日,出于行业需要,一位航空业的资深官员莱斯特·加德纳(Lester D. Gardner)创办了一本名叫《飞机与航空技术》(*Aviation and Aeronautical Engineering*)的杂志,旨在“收集这些领域全球的信息和材料,服务于(航空业)建造者、设计师、飞行员等。杂志兼顾国内外的技术信息,用准确、科学和客观的报道展现最新的发展”。[①] 后来,由于读者群和航空行业的不断发展变化,杂志的名字几次变更。1958 年,该刊改为《航空周刊包括空间技术》(*Aviation Week Including Space Technology*),1962 年进一步改为《航空与空间技术周刊》(*Aviation Week & Space Technology*),并一直沿用至今。[②]

2013 年,航空周刊集团连同《航空与空间技术周刊》被信息服务和营销公司 Penton 收购。

二、发展现状

如今,《航空与空间技术周刊》是全球航空、航天和国防行业最大的多媒体信息服务商,订阅者遍布全球 180 个国家,拥有超过 6 万名付费读者,目前在全球各地总共设有 16 个新闻处。《航空与空间技术周刊》的主要读者群不仅包括航空航天业的各类专业人士,如航空航天公司及机场等业内实体高级行政管理人员、各国政府管理机构官员、专业新闻从业人员及业内学者等,而且还包括不少兴趣爱好者。[③]

现在,该杂志每个月都会出两期增刊,分别是《国际国防技术》(*Defense Technology International*)和 MRO (*Maintenance, Repair and Overhaul*),前者集中关注该领域内运作、政策、项目和筹集资金等运营方面,后者则集中报道设备维护、修理和检修等技术层面的信息。但是,由于杂志对飞机型号等国防技术描述过于详细,以至于在国防圈它被起了个别名叫“航空与空间泄密周刊”(Aviation Leak and Space Mythology)。[④]

三、报道特点

2014 年 11 月,Penton 公司宣布《航空与空间技术周刊》将推出电子服务,致力于把杂志打造成一个多平台的媒体。新的电子服务每天通过电子邮件给用户发送即时新闻,并推出手机端的 APP。而且新的电子服务推

① An Idea Is Born: Aviation Week website,http://aviationweek.com/idea-born,检索时间:2016 年 3 月 9 日。
② 《航空与空间技术周刊》网站:A Century of Aviation Week, http://aviationweek.com/century-aviation-week,检索时间:2016 年 3 月 9 日。
③ 民航资源中国网:Aviation Week & Space Technology 杂志简介,http://www.carnoc.com/awst/index.htm,检索时间:2016 年 3 月 9 日。
④ GlobalSecurity.org: The Mystery Continues, http://www.globalsecurity.org/military/systems/aircraft/continue.htm,检索时间:2016 年 3 月 9 日。

送的新闻每天的主题都不一样:周一是技术方面,周二是商业航空方面,周三是太空方面,周四是国防方面,周五则是适于移动端阅读的一周周刊。[①]

图 38 《航空与空间技术周刊》的新媒体应用

可以预见,《航空与空间技术周刊》将适应时代变化,走上电子化道路,通过移动客户端到达更多人的指尖。

四、涉华报道

《航空与空间技术周刊》十分关注中国的航天航空领域,在其官方网站上以关键词"China"检索,结果有两万多条有关中国的报道。相对来看,有关日本和印度的报道分别只有一万多条,从一个侧面说明了杂志在整个亚太地区中,相对其他国家更为关注中国。另外值得一提的是,中国科学家钱学森曾被该杂志评为 2007 年年度人物。[②]

作为一本行业杂志,《航空与空间技术周刊》的涉华报道也不外乎航空和航天方面的内容,包括中国在航空航天方面的技术发展以及这种发展对中国在军事安全方面的一些分析等。其中技术发展方面的文章相对来说较客观,如 2015 年 5 月 12 日的报道《中国在卫星着陆方面领先》("China advances in satellite－based landings")[③],文章从专业角度对中国的卫星着陆技术进行了较客观的描述和分析;又如 2015 年 10 月 22 日的文章"薪水涨幅下跌而在中国保养行业发展势头强劲"(Maintenance outlook improves in China with lower pay increases),[④]文章较为客观地对中国业内现象和发展进行了分析。但是,该杂志在对中国的海上安全报道方面,则多有主观偏颇之词。例如,在 2016 年 2 月 18 日的报道《地区国家中越南和菲律宾对中反应最大》("Vietnam, Philippines Lead Region's Reaction to China")[⑤]中,文章开头就暗示在南海问题上中国因自认为是一个大国而十分强硬和不讲道理;在 2015 年 4 月 3 日的分析文章"每周精选:中国的'焰火'"(NavWeek: Chinese fireworks)[⑥],作者更是直接指出中国的海上实力和野心都不容小觑,并指出中国的目标是"在 2049 年代替美国成为世界上最强大的国家"(supplant the U.S as the world's major national force by 2049)。

此外,该杂志的文章也频频被国内各大媒体编译报道,如 2015 年 10 月 16 日新华网编译的《外媒:中国将在

① Penton 公司网站:Penton's Aviation Week & Space Technology to become a daily experience for paying customers, http://www.penton.com/pentons－aviation－week－space－technology－to－become－a－daily－experience－for－paying－customers/,检索时间:2016 年 3 月 9 日。

② 《航空与空间技术周刊》网站:Person of the Year: Qian Xuesen, http://aviationweek.com/blog/person－year－qian－xuesen,检索时间:2016 年 3 月 9 日。

③ 《航空与空间技术周刊》网站:http://aviationweek.com/commercial－aviation/china－advances－satellite－based－landings,检索时间:2016 年 3 月 9 日。

④ 《航空与空间技术周刊》网站:http://aviationweek.com/mro/maintenance－outlook－improves－china－lower－pay－increases,检索时间:2016 年 3 月 9 日。

⑤ 《航空与空间技术周刊》网站:http://aviationweek.com/singapore－airshow－2016/vietnam－philippines－lead－region－s－reaction－china,2016 年 3 月 9 日。

⑥ 《航空与空间技术周刊》网站:http://aviationweek.com/blog/navweek－chinese－fireworks,检索时间:2016 年 3 月 9 日。

2018年开始组装空间站》;[①] 2014年11月2日参考消息网站的文章《美刊关注歼-20战机最新改进:中国航空巅峰之作》;[②] 2015年8月31日中国新闻网文章《俄军公开新型电子站系统可干扰美军预警机》;[③] 2012年3月10日中国网文章《〈航空和空间技术周刊〉:中美竞相研发空战网络武器》;[④] 2015年1月5日环球网文章《巴西大力强军:买'鹰狮'战机修航母造核潜艇》[⑤]等。

《赫芬顿邮报》*The Huffington Post*

《赫芬顿邮报》(*Huffington Post*)是美国一家知名新闻博客网站,目前拥有12种语言版本,受众范围非常广泛,以"第一份互联网报纸"作为自己区别于其他新闻博客的定位。《赫芬顿邮报》在发展过程中,充分体现了互动传播和公民新闻的理念,是分布式新闻的先行者。在世界新闻传播领域《赫芬顿邮报》也发挥着不容小觑的作用。

一、历史沿革

《赫芬顿邮报》建立于2005年9月,创始人是美国社交名流阿里安娜·赫芬顿和"美国在线"(American Online)前任高管肯尼斯·勒瑞,其最初的目的是致力于以"德拉吉报道"(Drudge Report)为模板,打造自由党自己的新闻网站,定位为新闻聚合类网站。建立初期,《赫芬顿邮报》的目标受众主要是高层次读者,以社会各界的名流和上层人士为核心。《赫芬顿邮报》开始创建时,其创始人赫芬顿女士运用其人脉资源带动了网站的阅览量,邀请名人为其撰稿,吸引大批读者。正是这样的名人效应,使得《赫芬顿邮报》与其他新闻博客区别开来,并在早期的竞争中脱颖而出。

图39 《赫芬顿邮报》创办人阿里安娜·赫芬顿

与其他聚合新闻网站不同,《赫芬顿邮报》最初就是一个博客性质的新闻网站,没有记者队伍,只是号召读者分享自己的博客文章,将网站视为公民记者发布新闻评论的平台,将主动权交给网民。但是,网站也很注重文章质量,邀请政治界和文化界的著名学者以及专栏作家在《赫芬顿邮报》网站上发表评论。网站一方面拥有了相对权威的文章,树立起网站的品牌;另一方面又成为公众发声的平台,提高了用户黏度和满意度。《赫芬顿邮报》在创立一年之后便获得了500万美元的风险投资,2008年初,《赫芬顿邮报》的每月独立流量已经超过了当时美国的第一新闻博客"德拉吉报道"。

---

① 新华网:《外媒:中国将在2018年开始组装空间站》,2015年10月16日,http://news.xinhuanet.com/world/2015－10/16/c_128325769.htm,检索时间:2016年3月9日。

② 参考消息网:《美刊关注歼－20战机最新改进:中国航空巅峰之作》,2014年11月2日,http://m.cankaoxiaoxi.com/mil/20141102/550102.shtml? fr＝mb,检索时间:2016年3月9日。

③ 中国新闻网:《俄军公开新型电子战系统可干扰美军预警机》,2015年8月31日,http://t.m.youth.cn/transfer/index/url/news.youth.cn/jsxw/201508/t20150831_7066467.htm,检索时间:2016年3月9日。

④ 中国网:《航空和空间技术周刊:中美竞相研发空战网络武器》,2012年3月10日,http://www.china.com.cn/international/txt/2012－03/10/content_24860261.htm,检索时间:2016年3月9日。

⑤ 环球网:《航空和空间技术周刊:中美竞相研发空战网络武器》,2015年1月5日,http://mil.huanqiu.com/world/2015－01/5342363.html,检索时间:2016年3月9日。

2008 年的总统选举是《赫芬顿邮报》发展的转折点，正是由于在总统选举报道中的突出表现，《赫芬顿邮报》渐渐进入了主流受众的眼帘。在报道中，《赫芬顿邮报》开创了“off the bus”项目，创造了“分布式新闻”这种新型的报道方式。[①] 这一方式强调新闻网站和受众的互动，将受众作为新闻内容的制作者，鼓励其参与到新闻报道中来，也就是我们现在所说的“公民记者”。然而，与无组织的“公民记者”不同的是，《赫芬顿邮报》有意识地组织“公民记者”，分发给其特定的任务，从而完成对事件的报道，这种方式使得读者拥有对网站的归属感，从而保持较高的用户黏度。根据 Comscore 公司的调查数据，《赫芬顿邮报》在 2008 年 10 月，即总统大选期间，访问量第一次达到了 500 万。这是《赫芬顿邮报》第一次进入美国大众的视野中。

2008 年总统选举给《赫芬顿邮报》提供了发展的契机，此后《赫芬顿邮报》稳步发展，在重视公民新闻、注重与读者互动的同时，也着眼于聚合新闻。《赫芬顿邮报》也从成千上万的网站上搜取新闻，并将之呈现给受众，以由读者选择的热点头条来吸引受众，新闻的准确性和质量同时也得到了保证。在《赫芬顿邮报》之后，类似的聚合新闻网站层出不穷。《赫芬顿邮报》“分布式新闻”和其“聚合新闻”的理念都为互联网新闻开辟了与传统媒体迥异的道路。

图 40　2012 年《赫芬顿邮报》获得了美国新闻界最高奖项普利策奖

普利策委员会网站：http://www.pulitzer.org/citation/2012—National—Reporting，检索时间：2015 年 10 月 5 日。

二、发展现状

2011 年 3 月，“美国在线”收购了《赫芬顿邮报》，收购价为 3.15 亿美元。“美国在线”员工布拉德·加林豪斯在推特上用一句话概括了《赫芬顿邮报》所取得的成就——“6 年战胜了 100 年”。

《赫芬顿邮报》是互联网报纸中的佼佼者，以其受众意识和聚合新闻理念，逐渐跻身于主流媒体行列，其评论和报道也逐渐受到主流社会的瞩目。根据美国皮尤研究公司在 2014 年 10 月 21 日所发布的“美国政治两极化与媒体接触习惯”的调查报告，《赫芬顿邮报》被认为是在政治新闻方面最值得信任的新媒体。[②] 从 2010 年开始，《赫芬顿邮报》就实现了盈利。2011 年 6 月，根据美国数据调查公司 Comscore 的调查数据显示，2011 年 5 月《赫芬顿邮报》的每月独立用户访问量首次超过《纽约时报》网。[③]

虽然在公信力等方面，《赫芬顿邮报》尚不能与《纽约时报》这样的传统媒体比肩，但是访问量的超越对于这一家博客新闻网站而言仍是近乎飞跃的一步，它证明了传统媒体的领导地位不是不可撼动的。2011 年，《赫芬顿邮报》开始向地方化和国际化迈进。2012 年，《赫芬顿邮报》对从伊拉克和阿富汗归国的美国退伍军人的报道，获得了普利策新闻奖。这是第一家获得此奖项的营利性网络媒体，可见其新闻报道的质量受到业界认可。同年，《赫芬顿邮报》发布了 iPad 版报纸，最初定价为每期 99 美分，不久变为免费提供给受众。与此同时，《赫芬顿邮报》还开始了流媒体视频相关项目的探索。

2013 年，《赫芬顿邮报》开创了日语版，首次进入亚洲市场。现在《赫芬顿邮报》已经有了 12 种语言版本，成为一家拥有广泛影响力的博客新闻网站，拥有一批出色的新闻评论员和专栏作家，同时与《世界报》等传统媒体开展合作，定位为“互联网报纸：新闻博客视频社区”，喊出了“第一份互联网报纸”的口号。

---

① 王冲：博客网站《赫芬顿邮报》的制胜之道，新闻传播，2013(8)

② Jason Abbruzzese：Digital Media's Trust Problem：It's Still a Legacy World，2014 年 10 月 26 日，http://mashable.com/2014/10/21/digital—media—pew—study/，检索时间：2015 年 10 月 5 日。

③ 胡泳：《“报纸已死”还是“报纸万岁”(下)——以〈赫芬顿邮报〉和〈纽约时报〉为例》，《传媒》2012 年第 7 期。

三、报道特点

(一)依托社交平台,强调互动传播

《赫芬顿邮报》的一个突出特点就是被强化了社交属性。与其他新闻网站相比,《赫芬顿邮报》尤其强调与受众的互动,作为一份彻底的互联网报纸,其和社交媒体的关系也极为紧密。《赫芬顿邮报》的受众可以通过Facebook 和 Twitter 分享《赫芬顿邮报》相关报道的内容,对新闻内容进行评论,并且可以将相关内容推荐给其他用户。通过社交媒体的强化关系,《赫芬顿邮报》在进行新闻传播、观点分享的同时,增加了自己的推广力度和影响力。

自 2009 年起,《赫芬顿邮报》开始与 Facebook 进行合作,开发了社会化新闻版块"Huff Post Social News",以新闻为中心连接社会关系。用户可以将自己感兴趣的新闻内容分享给好友,由此形成某种程度上的新闻意见领袖,扩大新闻信息在某个群体中的传播,形成较为稳定一致的舆论。《赫芬顿邮报》在 2014 年 5 月对其评论平台进行了改革。原本《赫芬顿邮报》中的评论平台是独立于其他社交媒体的,用户通过评论新闻、提供图片和视频等方式对该条新闻进行生产和再加工,这种对新闻的再生产只局限于《赫芬顿邮报》网站自身的平台,并没有扩展到其他社交平台。然而,正如《赫芬顿邮报》在该次改革的公告中所说,"《赫芬顿邮报》的成长是和互联网的进步一起的。而现在我们所看到的最重要的变革就是大量的关于我们网站的新闻的讨论不仅仅产生于我们自己的评论平台上,也发生在其他许多社交媒体和平台上"。① 于是,《赫芬顿邮报》将自身的评论平台与 Facebook 的评论平台相关联,使自身的用户能够参与到 Facebook 的平台中,同时,也让 Facebook 的用户能与《赫芬顿邮报》的读者互相联系并进行互动。这样,新闻的再生产就不再局限于《赫芬顿邮报》自身所搭建的平台,而是可以在更大的社交平台上得以完善和充实。这一改革同时也扩大了《赫芬顿邮报》的用户群。《赫芬顿邮报》敏锐地发觉了社交媒体与新闻接近性之间的关系,并借助社交媒体所提供的平台来扩大受众群,提高新闻的覆盖面。

《赫芬顿邮报》强化了受众之间的社交关系,以社交平台的态度打造新闻网站,突出社交这一不可或缺的特质,以社交关系带动网站流量。《赫芬顿邮报》的评论平台允许用户参与评论内容的生产与监管,同时与其他用户进行互动,对网站提供的内容作出贡献。《赫芬顿邮报》最大限度地利用了这一社交优势,将其转化为新闻的传播力和内容的优质方法,集众思而广其言。

(二)多方参与内容制作,地方版特色鲜明

《赫芬顿邮报》之所以能够取得现在的成就,与其出众的受众意识是分不开的。它最大化地领会了互联网时代的 UGC(User Generated Content,用户原创内容)精神。在其内容生产中,充分重视用户,引导用户参与到新闻制作中。《赫芬顿邮报》网站运行各方面都体现了以受众为本位的精神,将网站的内容创建交给受众,增加了用户黏度和满意度。在《赫芬顿邮报》上,用户可以通过多种方式参与网站的内容提供,既可以发布博客和评论,也能够上传视频。媒体不仅仅只是内容的提供商,更要关注到新闻信息背后的传播,"众包"模式在互联网时代的价值越发明显。《赫芬顿邮报》网站改变了传统媒体的运作方式,变身为信息发布和交流平台,鼓励普通公民上传新闻和发表观点。以社交媒体的思维方式来运作新闻网站,读者和专栏作者的差别被淡化,"公民新闻"的思维在《赫芬顿邮报》上得到了充分的实践。在坚持用户制作内容、刺激用户黏度和归属感的同时,《赫芬顿邮报》也保有一定数量的专业记者,对普通新闻进行信息补充并深化独家新闻。由于公民记者的不专业性,其提供的内容多为表面信息,这些新闻信息在深度和广度上都还有发掘的空间,专业记者能够对公民记者所提

---

① Otto Toth:Moving the Conversation to Where You Want to Have It,2014 年 10 月 24 日,http://www.huffingtonpost.com/otto-toth/were-moving-the-conversation_b_5423675.html,检索时间:2015 年 10 月 6 日。

供的信息进行进一步的深加工，提供富有深度的分析和评论。对于一些公民记者难以涉及的重大事件，专业记者也能及时予以补充。

在传播中，《赫芬顿邮报》也适应了因空间而导致的文化差异，推出了适应各地文化的地方版。在国内，《赫芬顿邮报》推出了纽约、旧金山等版本，而在全球，有英、法、德、意多个版本，地方版与主网页相比，更加贴近当地生活，适应当地文化。故而，《赫芬顿邮报》的全球性扩张使其成为真正满足全球文化需求的互联网大报。

四、涉华报道

《赫芬顿邮报》的全球化扩张之路当然也难以避开中国，2012 年，《赫芬顿邮报》推出中文版，与中国的媒体接洽。《赫芬顿邮报》对中国的关注度也一直在升高。在创办之年 2005 年，《赫芬顿邮报》只有 26 篇报道标题中涉及“中国”字样，2006 年，该数目为 42 篇，自 2010 年起，《赫芬顿邮报》涉华报道数目急剧增长，2012 年，《赫芬顿邮报》涉华报道数目多达 448 篇。而根据涉华报道的议题来看，最受关注的是政治议题，其次是社会方面的议题，再其次是经济议题，最后才是文化议题。而政治、社会及经济议题的数目相差无几，文化议题数目相对较少。可以看出，由于中国的政治经济与世界联系较为紧密，中国政治、经济的动向可以影响到他国的发展方向，因而《赫芬顿邮报》相对关注中国的政治和经济议题。而《赫芬顿邮报》中受众较为关注，评论与分享数量能够超过 2000 的文章议题，则大多是关于社会生活、犯罪和国际政治的。

《赫芬顿邮报》的政治立场偏左派。在关于中国的报道中，虽然大部分能够采取较为客观公正的态度，但不可忽视的是，在其有明显态度倾向的文章中，负面议题几乎是正面议题的两倍。在关于中国国内事务方面，正面态度与负面态度的报道数目基本持平；而在关涉中国国际事务方面，负面报道占据了很大的比例。这种负面的倾向特点报道在“人权”“环保”和“犯罪”等议题中尤为明显。不过，在谈及中国的商业和军事科技的报道中，《赫芬顿邮报》大多是积极正面的口吻，用“迅速发展”“科技进步”等词语来表现其积极肯定的态度。因此可以说，《赫芬顿邮报》对中国的负面报道远多于正面报道。

《华尔街日报》*The Wall Street Journal*

THE WALL STREET JOURNAL.

《华尔街日报》(*The Wall Street Journal*)创刊于 1889 年，是一份极具影响力的英文报纸，以财经新闻为主要报道内容。1998 年，弗朗西斯·迪利[1]在其撰写的《华尔街日报》[2]一书中写道：“每天早上约有 500 万最富有、最有影响力的美国人，起床后的第一件事就是看《华尔街日报》。”在世界范围内，《华尔街日报》也被公认为是最好的财经类媒体之一，跻身全球最具影响力的专业新闻媒体。

一、历史沿革

(一)初创时期(1882～1889 年)

1882 年，查尔斯·亨利·道(Charles Henry Dow)与爱德华·琼斯(Edward Jones)一起在纽约证券交易所附近的地下室里创立了道琼斯公司，主要业务是经营出版刊物。三个月后，查尔斯·博格斯特莱斯(Charles Bergstresser)加入公司。1889 年，博格斯特莱斯注意到财经新闻在当时并没有得到有力的报道，因此他便说服

---

① 弗朗西斯·迪利曾担任过道琼斯公司的最高执行主管，所著《华尔街日报》一书获得 1990 年度美国记者暨编辑调查协会颁发的最佳书目奖。

② 〔美〕弗朗西斯·迪利：《华尔街日报》，张连康译，企业管理出版社 1998 年版。

另外两位投资人，出版了一份晚报。这份报纸的主要阅读者集中在“美国金融中心”华尔街，因此，他们将报纸命名为《华尔街日报》。报纸于 1889 年 7 月 8 日面世，每天下午 3 点 30 分开始发售，是一份每日发行的晚报。一年之后，《华尔街日报》正式开始发行日报版，当时仅有 4 个版面，售价为每份两美分。到 1899 年，日报的发行量已达到 11000 份。

(二)巴荣时期(1902～1933 年)

1899 年，爱德华·琼斯和查尔斯·道在是否需要增添机器设备和迁就广告商的问题上产生矛盾。道以编辑的立场反对增添设备和重视广告商，琼斯随后离开公司，并将股权售出。1900 年，查尔斯·道和查尔斯·博格斯特莱斯两人间也起了纷争，无法达成一致。双方都不愿继续经营，便计划将道琼斯公司和《华尔街日报》出售给克劳伦斯·巴荣(Clarence W. Barron)。

1902 年，克劳伦斯·巴荣在查尔斯·道过世后获得了道琼斯公司的控制权，并把公司和《华尔街日报》登记在妻子杰西·巴荣的名下，由杰西来经营。起初业绩一直不错，但在 1912 年，《华尔街日报》的发行量下跌到 7500 份。巴荣对这种状况极为不满，开始接手公司事务并制定了七条写作原则，即：勇敢无畏、无我、句法简单、清楚易懂、抓住正确的要点、说一个故事、开头重于一切。在巴荣的领导下，到 1917 年，报纸的销售量增至 20000 份。[①] 随后，巴荣引进全套的现代化印刷设备，雇佣何格特为《华尔街日报》的编辑。到了 20 世纪 20 年代末期，在两人的努力经营下，《华尔街日报》日发行量已达到 5 万份之多。1928 年巴荣逝世后，《华尔街日报》由何格特接手。这时正值美国遭遇经济危机，《华尔街日报》发行量日益下滑。到 1941 年期间，公司一直由何格特负责经营。

(三)基尔戈尔时期(1941～1967 年)

1918 年，基尔戈尔加入《华尔街日报》。1941 年，基尔戈尔正式担任道琼斯公司的副董事长和总经理。此后，在他的领导下，《华尔街日报》逐步迈向黄金时期。基尔戈尔在任期间，对报纸进行了一系列改革，包括报纸定位、报道风格以及报纸头版等方面都一改先前，呈现出全新的面貌。

首先，基尔戈尔对报纸的读者群重新进行了定位。他立志使《华尔街日报》成为商业、政府、法律、教育与政治人士人人要看、想看与喜欢看的报纸，不管他们是经理、老板、小业主或中产阶级人士，只要看了《华尔街日报》都能受益良多，并兼得娱乐效果。其次，报道风格上，基尔戈尔提倡用浅显易懂的语言报道商业信息，尽量少用晦涩难懂的术语，鼓励记者不要局限在经济领域的报道中。基尔戈尔也提倡打破传统的“5W”报道模式，要求记者多挖掘“为什么”，用故事的形式对财经事件进行报道。正是由此开始，《华尔街日报体》逐渐形成。这种新闻报道文体大大增加了新闻的可读性，更好地吸引了读者。再次，在头版的改革上，基尔戈尔令三分之二的版面刊登社论性文章，同时兼具娱乐性。他认为，“我们得动一点怪念头，以揭开那些严肃故事的原因或者是实情”。基尔戈尔还设立专门的编辑组，由他们把记者们粗糙的采访稿改写为通顺的文章。

基尔戈尔确立了“坚决支持‘自由市场’与‘自由人’”的采编立场以及“编辑理想重于一切”的《华尔街日报》传统。到 1945 年时，日报的销量达到了 55000 份。1947 年，《华尔街日报》首次获得了美国最高新闻奖普利策奖，记者威廉·格兰姆斯(William H. Grimes)凭借他精湛的文笔获得当年的“最佳社论写作奖”。有评论称，格兰姆斯的获奖，不仅仅肯定了他的才华，更意味着《华尔街日报》的重生。当时的报纸编辑贝伦·麦克洛马说道：“基尔戈尔为格莱姆斯获奖做好了嫁衣”。

基尔戈尔的一系列改革，重新塑造了《华尔街日报》的风格。在他去世时，《华尔街日报》的发行量已超过 100 万份，成为美国公认的主流大报。

---

① 〔美〕弗朗西斯·迪利：《华尔街日报》，张连康译，企业管理出版社 1998 年版，第 27 页。

(四)华伦·菲利普时期(1970～1988年)

1970年,随着互联网的发展,道琼斯公司开始进军新领域——电子出版,并且收购了奥特维报系(Ottaway)。1972年,华伦·菲利普(Warren Phillips)正式就任道琼斯公司总裁。1976年,道琼斯公司在香港出版了《亚洲华尔街日报》,这是第一份以亚洲读者为对象、以商业经济新闻为主的综合性报纸。随后在1979年,《华尔街日报》成为美国发行量最大的报纸。

到了20世纪80年代,《华尔街日报》的发行量已经超过了200万份。1983年,《欧洲华尔街日报》在布鲁塞尔创刊。截至1985年,《华尔街日报》共有11位记者获得普利策奖。

(五)皮特·卡恩时期(1989～2007年)

皮特·卡恩(Peter R. Kann)于1989年被任命为道琼斯公司总裁。此时,传媒的生态环境随着技术发展发生了深刻的变革,《华尔街日报》也率先开启了数字化经营历程。1993年,《华尔街日报》推出了电子版,也就是后来的《华尔街日报》网。1996年,《华尔街日报》网不仅创办了第一个网络版块"金钱与投资",并于同年8月转变为付费订阅模式,开创了网络付费阅读模式的先河。此后几年里,亚洲版、欧洲版《华尔街日报》网站也纷纷上线。

《华尔街日报》的数字化战略建立在报纸与网络融合的基础上,利用网络平台开创特色专栏项目,走出了一条独特的网络化之路。从1996年开始,网站的注册用户以每年5万的速度递增。即便在金融危机时期,网站的月浏览量也达到2000万人次。[1]

(六)默多克时期(2007年至今)

尽管《华尔街日报》在过去取得了很大的进步,但是由于卡恩的一系列决策失误,《华尔街日报》开始面临危机。由于对资金链断裂的过度担心,加上公司内部的族阀主义盛行,2007年8月1日,道琼斯公司以56亿美元的价格将《华尔街日报》出售给新闻集团。2007年6月28日,《华尔街日报》记者和编辑对此进行抗议,他们认为新闻集团将破坏《华尔街日报》新闻报道的客观性和独立性。

图41 《华尔街日报》对默多克成功收购道琼斯的封面报道

在收购了《华尔街日报》之后,默多克将新闻集团和道琼斯公司的业务进行整合,节省了大量成本。默多克还为《华尔街日报》制定了新的发展计划,增加其对欧洲和亚洲的关注度,广泛报道国内国外信息而非只专注于商业信息,展开与《纽约时报》和美国其他全国性报纸的竞争。2009年,据美国发行量审计局10月发布的数据显示,2009年4月至9月间,《华尔街日报》的日平均发行量达到了202万份,居美国各大报纸之首。2010年,《华尔街日报》的发行量达到209万份,是当时美国所有大报中唯一一家发行量持续增长的报纸。2011年,《华尔街日报》的发行量更是达到了210万份之多。[2] 2012年,媒体稽核联盟(AAM)发布报告称,美国销量第一的日报依然是《华尔街日报》。[3] 2013年,《华尔街日报》开启"大数据工程"项目,将大数据、智能化生成和网络革命作为引领未来大变革的武器。

---

① 段乐川:《华尔街日报在线收费的策略与启示》,《青年记者》2012年第2期。

② 章平:《论华尔街日报的数字化战略》,《新闻传播》2011年第8期。

③ 新华网:《外电:〈华尔街日报〉发行量蝉联美国第一》,2013年5月2日,http://news.xinhuanet.com/cankao/2013－05/02/c_132355003.htm,检索时间:2015年5月21日。

二、发展现状

传统媒体的衰退源于新媒体的出现，出路同样也在于加强与新媒体的融合。早在 20 世纪 90 年代，《华尔街日报》就率先推出了自己的网站。90 年代，《华尔街日报》借助自身网站的推出取得了媒体融合的初步成功。进入 21 世纪，媒介融合的时机已逐渐成熟。此后，《华尔街日报》的媒介融合战略可以分为三个方面：内容融合、终端融合和经营融合。

在内容融合上，由报纸改版带动网站改版，发展融合新闻的理念。2005 年和 2007 年，《华尔街日报》分别进行了两次改版，将报纸与网站紧密结合，采取多媒体联通的方式播发新闻，打造全天 24 小时不间断的信息播出模式，全天候更新网站内容，并定点给用户推送重要的新闻内容。

图 42 《华尔街日报》iPad 版客户端

在终端融合上，《华尔街日报》加强了与各新媒体终端的合作，在苹果 iPad、亚马逊 Kindle、谷歌 Android 平板等平台上均有内容投放，并实行不同的订阅费用策略。《华尔街日报》的执行主编罗伯特·汤姆森曾自豪地声称：“《华尔街日报》开发的 iPad 客户端可以给用户提供纸质般的阅读感受”。

在经营融合方面，《华尔街日报》制定了特殊的发行和广告营销策略，不断探索印刷版和网络版的运作方式，并提供不同的订阅渠道以方便读者选择。《华尔街日报》还一改过去只有美元报价的方式，针对世界不同币种进行不同报价，并且提供按篇收费的方式，改变了以往按年、月收费的方式。在广告营销上，《华尔街日报》分别推出了普通广告和精准广告，还将纸质版首页的广告放到互联网上，实现了广告在不同平台上的联动。此外，《华尔街日报》努力扩大广告市场，例如 2006 年推出了时尚版，以此吸引了很多奢侈品广告商。

三、报道特点

(一)读者定位——“三高”读者

《华尔街日报》是一份享誉全球 100 多年的、专注于财经信息的报刊，读者群体大多属于高收入、高学历、高职位的人群。事实上，整个美国企业界，以及具有重大影响力的法律、政治、教育及医学界的高端人士，从星期一至星期五，每天至少要花 45 分钟看《华尔街日报》。《华尔街日报》的订户，平均每人拥有总值 92.5 万美元的住宅和别墅以及价值 4.3 万美元的汽车。[①] 由此不难看出，《华尔街日报》立足高端的读者定位。从受教育水平来看，《华尔街日报》的读者大多数拥有大学本科或以上文凭；从所处行业来看，他们大多是企业白领、金融家、学者和政府官员，拥有较高的社会地位。据说，美国 MBA 学院的老师们都会让他们的学生订阅《华尔街日报》，作为上课参考教材的一部分。

---

① 〔美〕弗朗西斯·迪利：《华尔街日报》，企业管理出版社 1998 年版，第 1 页。

(二)办报理念——独立办报

不论不同时期的管理者们如何进行改版,《华尔街日报》秉承的办报理念始终如一,即坚持独立办报。公司的经营者通常不干预日报的日常运作,完全由编辑们自己掌握。从创刊初期到现在,报纸一直坚守“观点的自由市场”与“记者是一个自由人”的理念,不受广告商的影响。早在 20 世纪 50 年代基尔戈尔时期,《华尔街日报》就因为反对当时广告部负责人接受福特公司在主要版面刊登广告的要求而损失了大笔广告费。这种严格执行新闻采编与广告营销分离的政策,在很大程度上维护了《华尔街日报》“独立办报”的理念。正是这种理念,使它作为一份专业性的报刊,影响力能与综合性大报《纽约时报》相媲美。

(三)写作风格——“《华尔街日报》体”

在结构上,“《华尔街日报》体”的新闻稿一般由四部分组成:开头,叙述与新闻主旨有关的人物故事;承接,从人物与新闻主旨的结合点入手,将要表达的新闻内容呈现给读者;展开,有层次地集中论述新闻主题;呼应,重新让人物回归新闻,解释此人和新闻主旨的关系。

在写作风格上,《华尔街日报》体讲究用浅显易懂的语言报导商业信息,尽量避免使用晦涩难懂的术语,要求记者深入挖掘新闻的背景故事,用讲故事的形式对财经事件进行报道。这种新闻写作文体通常以一个具体的故事开始,经过一段叙事,才进入新闻的主要部分;接下来将所要传递的主题和盘托出,集中力量加以深化,结尾再呼应开头,回归到开端的人物身上,进行主题升华。用讲故事的方式写新闻,对记者能有深刻的借鉴意义,但也要求记者们更加深刻地观察被采访对象,挖掘现场信息。

(四)内容丰富,形式多样

目前,《华尔街日报》有 96 版,分为五个叠次,主要内容如表 1 所示:

表 1 《华尔街日报》版面主要内容

第一叠次	The Wall Street Journal	美国特写、国际商业新闻、美国政治经济新闻
第二叠次	Marketplace	健康、媒体、工业、科技领域的新闻
第三叠次	Money & Investing	商业投资、国际金融市场分析
第四叠次	Personal Journal	个人理财、文化特刊(星期二至星期四加印)
第五叠次	Weekend Journal	各类资讯、房地产、旅游特刊(星期五加印)

《华尔街日报》历史上曾多次对版面进行调整和改革。基尔戈尔时期曾对新闻头版进行调整,增加了一些非财经性的新闻。之后在 2005 年和 2007 年也分别进行过两次改版。改版后报纸的一个显著变化是更为强调独家新闻,80%的新闻内容集中于“意义何在”的深入层面,超越了仅仅报道“何时发生”的单纯事实层面。

经过最近一次改版之后,《华尔街日报》的内容和版面发生了较大变化。在内容方面,《华尔街日报》新增了“即日日程”“灵通读者”版块,提供《华尔街日报》之外的重要视点;为了提高读者群体的参与度,《华尔街日报》还增加了“编辑信箱”版块。同时,《华尔街日报》还加大了与网络的媒介融合,对报纸和网络上的新闻做了一些细节处理。例如，报纸会提供新闻的检索目录，而将更详细的版本放到网络上，重要的消息用户还可以接收到电子邮件的提示。

(五)全球扩张

目前，《华尔街日报》在全球设有 42 个分社，拥有近 600 名记者和编辑，整个报系全球发行量超过 1900 万份。《华尔街日报》分别在美国、亚洲和欧洲三个地区编辑出版，是全球首屈一指的商业新闻报系，尤其以对商业和财经领域的深度分析报道著称。此外，《华尔街日报》还有网络版、手机版和教育版。

图 43 《亚洲华尔街日报》

《亚洲华尔街日报》由卡恩和华伦精心操办，于 1976 年在香港创刊。亚洲版在亚洲各地共有 15 个分社，在香港、新加坡、东京、曼谷、吉隆坡、首尔、台北、马尼拉和雅加达设有分印点，发行遍及亚太地区。截至 2005 年上半年，《亚洲华尔街日报》的发行量超过 8 万份。

图 44 《欧洲版华尔街日报》

《欧洲华尔街日报》于 1983 年在布鲁塞尔创刊，是覆盖欧洲、中东和非洲的区域性商业报纸。

《华尔街日报》网络版于 1996 年 4 月正式推出，截至 2005 年上半年，付费订户已超过 76 万。在《华尔街日报》和道琼斯通讯社全球报道资源的支持下，网络版具备了不间断更新和全面覆盖全球商业新闻的特点，用户可随时查阅各类最新商业新闻和分析报道。除此之外，网络版还提供独特的服务，诸如定制个性化界面和突发新闻邮件，为读者提供跟踪个人投资组合信息的功能。

《华尔街日报》中文网是道琼斯公司旗下唯一的在线中文财经出版物，向全球华语读者提供重要的商业与财经资讯，全天 24 小时更新。《华尔街日报》中文网刊登的内容来自公司旗下的《华尔街日报》《远东经济评论》《巴伦周刊》等。

除此之外，《华尔街日报》还有周日版和教育版两种特别刊。《华尔街日报》周日版自 1999 年开始随同美国十种都市报纸发行。目前，附带发行该版的美国都市报纸已达 82 种，每期发行量总计超过 1000 万份。《华尔街日报》教育版于 1991 年推出，每年 9 月至次年 5 月间出版，是一份以大、中学生为主要服务对象的月报，定期提供商业、经济、就业、创业、科技、个人理财和全球发展报道，文章大部分直接摘自《华尔街日报》。教育版的文章大多辅以彩色图表和插图以便学生理解，每月阅读人数达 75 万。

近几年，《华尔街日报》还应智能手机和移动网络的发展而推出了手机版，目前针对不同手机操作系统推出了不同的应用版本。

四、涉华报道

从宏观层面来看,《华尔街日报》的涉华报道具有体量大、议题广、篇幅长报道深的特点。由于《华尔街日报》是一份以经济金融为主的报纸,因此经济报道是其涉华报道中最多的。以 2001 年至 2010 年的 10 年为例,期间共有涉华经济报道 505 篇,对这些样本报道详细分析可以看到,单月

从报道的体量上来看,一方面在报道篇数方面,总体呈现出稳定的上升态势。对比 2001 年和 2010 年涉华经济报道数量有明显的上升趋势,从 2001 年 10 月份的 11 篇上升到 2010 年 10 月的 67 篇。在报道篇幅方面,同样以 10 月为例,2001 年 10 月的涉华经济报道总字数只有 8000 多字,2002 年有 14000 字左右,从 2003 年突然开始猛增,达到了 33000 字。此后于 2004 年到 2007 年 4 年间逐年增长,2007 年 10 月份涉华经济报道字数有 40000 左右,达到 10 年来的最高水平。此间在 2008 年稍有下降,但又于 2009 年和 2010 年有所回升。

从报道的内容上看,《华尔街日报》的涉华经济报道涉及经济生活的方方面面,所涉议题十分庞杂。大致集中于以下七个主要议题:外资在中国的投资经营、产业动态和市场行情、中国企业的经营状况、宏观经济形势和调控政策、股票证券市场、贸易以及汇率、国际经济合作。其中,美国企业在华的经营活动、中国金融市场的外资进入政策这两个议题是《华尔街日报》关注的重中之重,充分体现了该报以美国利益为导向的报道侧重。

从报道的倾向性来看,这 10 年间的报道可以划分为三个阶段。第一阶段为 2001 年到 2002 年,正面报道、负面报道、中性报道所占比重较为均衡,其中正面报道所占比重略高于后两者;第二阶段为 2003 年到 2006 年,在这 4 年的时间里,以中性报道为主,负面报道和正面报道比重较小,并且两者比例相差不大;第三阶段是 2007 年及以后,在这一区间中负面报道比重不断上升,正面报道比重开始下降,在 2008 年之后这一趋势更加明显。综合来看,可以说,从 2001 年到 2006 年,《华尔街日报》涉华报道中的中国发展被解读为一种进步现象,也强调美国实实在在分享着中国经济发展的红利。然而在 2007 年以后,中国的经济崛起被解读为一种值得担忧的现象,会对美国构成威胁。

从微观层面来看,如今的《华尔街日报》中对中国的报道以负面新闻居多。在报道体例上,沿袭《华尔街日报》体,通常以中国某个相对负面的经济现象作为切入点进行感性描写与生动刻画。随后开始深入探讨中国政府、市场体系或者生产厂家背后的"深层次问题",最后将结论与文首的案例相结合,并且对中国宏观体制以及制度政策提出质疑。这些报道经常大量使用直接引语,以体现报道的"客观与可信"。例如,在 2013 年发表的一篇报道中,《华尔街日报》认为上海自贸区只是深圳特区的翻版,意义并不太大;同时自贸区存在制度漏洞,需要承担一定的风险,实现成功运作仍有很长的路要走。对于自贸区是否解禁 Facebook、Twitter 等社交媒体也是其关注的议题。①

综上所述,《华尔街日报》一般善用两种途径塑造中国的形象:扩大横向辐射面和延伸纵向时间表。下面以对中国产品质量问题的报道为例展开说明。

第一种方式,扩大横向辐射面。这类报道往往通过"举一反三"的报道策略,把个别问题寻常化、普遍化,行文逻辑是:由于某种中国产品质量隐患被发现,所以这一大类的中国产品也是不安全的,因此可以推断所有中国制造的产品都是不安全的,这是基于"中国政府监管不力和中国社会制度不完善"得出的结论。

第二种方式,延伸纵向时间表。即在报道某种问题产品时,记者会把以前所有的"劣质中国产品"再梳理一遍。在罗列一系列产品质量问题的基础上,形成整体的中国产品有质量问题,最终还是归结到"中国政府监管不力和中国社会制度不完善"的基本结论上去。

---

① 相德宝、张人文:《2013 年美国媒体怎样报道中国》,《对外传播》2013 年第 12 期。

《亚洲华尔街日报》*The Wall Street Journal Asia*

THE WALL STREET JOURNAL.
ASIA
PRINT ◦ ONLINE ◦ MOBILE

《亚洲华尔街日报》(*The Wall Street Journal Asia*)是美国著名财经类报纸《华尔街日报》面向亚洲地区读者发行的一份报纸,致力于提供全球商业财经新闻和分析。报纸总部位于香港,主要读者分布在亚洲的中国大陆、中国香港和中国台湾、日本、马来西亚、新加坡、泰国等。根据美国媒体研究公司 CMR 的数据,该报在亚洲地区的市场占有率达到 17.2%。[1]

一、历史沿革

《亚洲华尔街日报》创刊于 1976 年,面向亚洲政府官员以及企业的中高层管理人员,致力于提供本地区及全球重要的商业新闻和财经信息。

一直以来,《亚洲华尔街日报》拥有着良好的声誉。在 1985 至 2006 年间,连续 9 次蝉联“亚洲地区工商行政人员阅读习惯调查”(Asian Business Readership Survey,简称“ABRS”)[2]评选的“最重要的商业读物”首位,2006 年更是被评为“亚洲地区排名第一的商业报纸和出版物”。时任董事总经理的克里斯汀·布伦德尔(Christine Brendle)对该报在 ABRS 中的排名非常自豪,并且表示《亚洲华尔街日报》不仅在许多关键性项目上保持着领导地位,还在其他的重要类别中荣登榜首,纸质报纸及网络版的战略性整合符合亚洲地区读者的阅读习惯。

从 2001 年至今,《亚洲华尔街日报》多次荣获亚洲出版业协会(SOPA)颁发的年度“优秀英文报纸奖”,并有多篇新闻报道荣获该协会颁发的各类奖项。在该协会 2015 年度的各类奖项评选中,《亚洲华尔街日报》再次凭借 5 篇新闻报道一举斩获“女性议题新闻奖(Excellence in Reporting on Women's Issues)”“卓越网络新闻奖(Excellence in Digital News)”(2 篇报道)、“卓越人权报道奖(Excellence in Human Rights Reporting)”“卓越解释性新闻奖(Excellence in Explanatory Reporting)”四项大奖。[3]

二、发展现状

如今,《亚洲华尔街日报》在香港编辑出版,并分别在曼谷、香港、雅加达、吉隆坡、马尼拉、汉城、新加坡、台北和东京 9 个城市设有印刷点,发行范围遍及整个亚太地区。其中,《亚洲华尔街日报》77.9%以上的订户都来自亚洲地区。

《亚洲华尔街日报》的风格紧跟时代变化趋势,常变常新。特别是对于报纸来说,头版文章往往体现其议程设置以及立场倾向。多年来,《亚洲华尔街日报》不断探索与改革,通过其头版发表的重要文章发挥着其在经济领域的影响力。

从 2005 年 10 月 17 日起,《亚洲华尔街日报》由大开版改为小开版。头版的版面也相应由对开大报的 6 栏变成了四开小报的 5 栏,前两栏主要用于新闻内容导航,后 3 栏用于头版新闻报道。头版中将近有一半的版面

① 王悦承:《〈亚洲华尔街日报〉是这样运作的》,《英才》2004 年第 11 期。

② 亚洲地区工商行政人员阅读习惯调查创立于 1985 年,由全球第三大市场调查公司益普索(Ipsos)组织并实施,每两年发布一次。这一调查涵盖了诸多国际出版物。受调查的工商行政人员所需具备的条件是:受聘于本地区最大及最有影响力的公司,并身居高层以上的管理职务。调查范围涵盖中国香港、新加坡、中国台湾、印尼、马来西亚、菲律宾、韩国、泰国等亚洲国家和地区,至今已持成为为亚洲地区最具规模与影响力的独立综合的媒体调查。

③ 亚洲出版业协会官方网站:http://2015.sopawards.com/awards/awards－finalists/,检索时间:2015 年 8 月 15 日。

用于导航,以便读者快速浏览检索当天“有价值”的信息,并且跟进阅读后面版面的进一步报道。由于版面空间的缘故,在头版详细展开报道的新闻很少。这一时期该报重视读者对信息的自由检索,读者可以根据自身需求来做选择性的阅读。除此之外,版面语言也更加鲜明,不仅出现了破栏标题的运用,而且启用了大字粗体,甚至出现了横跨两栏的新闻照片。

THE WALL STREET JOURNAL.
ASIA
What's News—
India's tech sector can't dodge crisis
Pain of crisis spreads across Eastern Europe
Citic Pacific under investigation

Diving With Sharks, Cameras Flashing
OFF DUTY W1
THE WALL STREET JOURNAL.
Aung San Suu Kyi Says She Wants to Be President of Myanmar
New Charges Are Readied Over Libor
Two Koreas Agree to Resume Talks
Drug Shortages Threaten Fight Against Tuberculosis
2.6x Better Performance
ORACLE

图 45　左为 2005 年改版后的报纸;右为 2009 年再次改版后的报纸

在 2009 年的 11 月,报纸的头版再次发生了较大程度的变化。具体来说,首先,导航部分在头版“消失”而转到第二版,报头上方出现商业数据和彩色导航。其次,头版全部用于新闻报道,一般会有 2 至 3 篇,这些新闻内容的导语部分会加以呈现,其余的部分则转到后续的版面。最后,这些新闻一般采用彩色图片加粗体标题的方式编排,主图所占面积很大,有时甚至占头版的四分之一,图片具有视觉冲击力,饱含情感。① 这一时期,头版的编排采用一种集中的、强化的、强信息的呈现方式,放弃琐碎的片段式表述方式,头版的重点更加突出,使信息被高度整合在一起。

此外,现在的《亚洲华尔街日报》也十分注重新兴媒介的发展以及自身的融合策略,正如其报纸名称下面的“Print、online、mobile”三个单词紧紧相连所展示的那样,其正在寻求一种印刷版、网络版以及移动版的有效互动方式,从而实现从传统媒体向新媒体的过渡。《亚洲华尔街日报》采用多种渠道来向读者送达新闻报道,除了传统报纸,它的内容同时刊登在《华尔街日报》网络版“wsj.com”上,该网站是全球最大的付费新闻网站。部分内容还被刊登在《华尔街日报》的中文网上(http://chinese.wsj.com)。除此之外,为了迎合近几年来手机等移动平台的发展,其在 Facebook、Twitter 上都开设了社交媒体账号,用于第一时间和读者互动。这种全方位的传播策略使得《亚洲华尔街日报》有更多的机会与读者接触,同时也利于信息挖掘,便于从网络上发现更多的新闻。

三、报道特点

目前,技术革新正在改变报刊传统的采编方式。对于《亚洲华尔街日报》来说,其运用电话、网络等沟通手段采集和编辑新闻内容,在全球范围整合资源,使新闻报道更加丰富、深刻。具体来说,通过便捷的远程沟通手

① 岳思佳:《〈华尔街日报亚洲版〉的版面变革》,《新闻世界》2012 年第 7 期。

段，《亚洲华尔街日报》可以实现与欧洲版、美国版和网络版编辑的有效沟通，并动用这些编辑共同修改和完善新闻报道。另外，记者和编辑会根据当前焦点，建立特定主题的报道小组，比如说像汽车、纺织、旅游和航空等行业都有固定的报道小组，甚至还有恐怖主义组，所有跟恐怖主义相关的文章都会放进这个组。当有一篇新的文章放到组里时，其他曾经做过相关报道或者有相关背景知识的人，就可以对文章进行改进。这样一来，信息更新就会变得快捷准确。

《亚洲华尔街日报》的第六任主编蔡翔祁曾经表示，这是“一份编辑味很浓(Editor-heavy)的报纸”。[①] 一篇新闻报道从采写完成到发表见报通常要经历以下流程：记者在写好稿件以后，首先要由所在分社的社长(Bureau Chief)把关；随后，稿件会到达新闻编辑(News Editor)处，进行组版；接下来，稿件会传到纽约总部的文字编辑(Copy Editor)手里，对文字拼写、句子语法、结构逻辑等进行审定；最后，由终审编辑(Slot Editor)对文字编辑的修改把关。在每一个环节中，审阅稿件的编辑很多时候都不止一个人。在这个过程中，编辑和记者必须要遵循两个最基本的原则——准确性和公正性。

四、涉华报道

作为一份总部设在香港、主要面向亚洲的英文财经类报纸，《亚洲华尔街日报》与中国一直保持着良好的合作关系，尤其在支持中国的高等教育方面做出过很多贡献。1994 年，《亚洲华尔街日报》首次在亚洲推出教育项目，为亚洲地区顶级大学部分专业的研究生和毕业班学生赠阅报纸。在 2002 年，在中国国家教育部和国家新闻出版署的批示和支持下，《亚洲华尔街日报》推出了专门面向中国高校学生的项目——中国学生商业教育服务项目。[②]借助该项目，相关合作院校的部分高年级学生将可获赠一定时期的《亚洲华尔街日报》，以满足中国学生不断增长的对经济全球化知识和商业英语的学习需求，从而为即将到来的择业和就业做好更充分的准备。

在新闻报道方面，《亚洲华尔街日报》延续了母报的风格，关注中国财经动态，并且与中国的《财经》杂志联手，在“管理”(Managing)版面刊登《财经》杂志的英文报道，足见其对中国财经报道的重视程度。

从报道数量来看，《亚洲华尔街日报》涉华财经报道数量多，重要新闻所占的比重大。有研究者以《亚洲华尔街日报》2007 年 6 月到 7 月两个月的 42 份报纸作样本分析，一共收集涉华财经报道共 290 篇。其中消息 237 篇、评论 15 篇、特稿 17 篇、简讯 21 篇。值得一提的是，在 21 篇简讯中仅引用了美联社的 3 篇，由此可见《亚洲华尔街日报》采编实力很强，很少摘用其他通讯社的文章。《亚洲华尔街日报》每周发行 5 份报纸，周一到周四各一份，周五到周日合并发行一份，因此平均每份报纸的涉华报道为 7 篇。

从报道内容来看，《亚洲华尔街日报》的涉华报道涵盖政治、经济、文化、社会、生活、体育等多个领域，但主要还是以财经报道居多。具体来说，主要涉及经济与政策(对中国经济指标变动的阐释)、公司新闻(知名企业盈利的信息披露和高管变动信息)、金融投资(在华投资机会风险的解读)、劳资和物流运营(劳资事件、劳工的生存状况报道，能源和商品、对外货物运送等信息)这四大主题。涉及中国经济的能源、环保、汇率、股市、投资等多个方面。此外，每当有要事发生，《亚洲华尔街日报》也会第一时间给予关注，作出自身的报道和解读。

从报道倾向来看，《亚洲华尔街日报》由美国的道琼斯公司所有，在报道中国重大政治事件时，其政治倾向性往往与美国政府的一贯立场保持一致。例如 2013 年 11 月 13 日《亚洲华尔街日报》在头版报道十八届三中全会的文章中就有所体现。首先，用描写的手法，引用文件《中共中央关于全面深化改革若干重大问题的决定》的内容“market forces would play a ‘decisive’ role in future economic decisions”(市场力量在资源配置中，未来将扮演决定性的角色)。然而，这种看似客观的第一步描述仅仅是为了赢得读者对于其中立客观立场的初步印象：接下来，该文章将主观词汇及臆测，例如“failed”(失败的)、“hobble”(蹒跚、阻碍)、“vaguely”(含糊地、茫然

---

① 王悦承：《〈亚洲华尔街日报〉是这样运作的》，《英才》2004 年第 11 期。

② 上海交通大学新闻网：《〈亚洲华尔街日报〉高等商业教育服务项目在化工学院展开》，2004 年 11 月 26 日，http://news.sjtu.edu.cn/info/1003/94965.htm，检索时间：2015 年 8 月 15 日。

地)等,分别运用到行文中,逐步推翻读者之前刚刚建立起的正面或中性印象。然后通过外国专家和中国某些官员的分析来结束该篇报道,将读者的情绪沉淀、内化为中国的负面刻板印象。[①]

由此可以说,《亚洲华尔街日报》的政治倾向很明显,即对中国的报道总体上持批评态度,虽然在经济改革领域给予一定的肯定,但描述为西方经济模式的胜利。在民生报道方面,把"单独两孩"等政策阐述为取悦民众的政治手段等。

《华盛顿邮报》*The Washington Post*

The Washington Post

《华盛顿邮报》(*The Washington Post*)是美国最负盛名的报纸之一,与《纽约时报》齐名。这份有 130 多年报龄的报纸以擅长政治类新闻而扬名于世。在过去的几十年中,《华盛顿邮报》对美国政治和政策走向产生了重大影响,如 1972 年的"水门事件"系列报道和 2013 年"棱镜计划"的深度报道等。

一、历史沿革

The Washington Post.
OVER THE WATER

图 46 《华盛顿邮报》创刊于 1877 年

1877 年 12 月 6 日,民主党人斯蒂尔森·哈钦斯创立的《华盛顿邮报》开始正式出版,当时的发行量只有 1 万份,售价为每份 3 便士。1880 年,《华盛顿邮报》开始刊行星期日版,并一直延续至今。1889 年,时为共和党内阁成员的弗朗克·哈顿和前民主党议员伯瑞尔·威肯斯购买了《华盛顿邮报》的所有权,苦心经营了 16 年。之后在 1905 年,《华盛顿邮报》又被转让给了《辛辛那提探询者》的老板约翰·R.麦克林。在麦克林手中,华盛顿邮报的发行量和广告收入均有显著增加,大大提高了报纸的盈利能力。可惜的是,麦克林非常忠诚于民主党,在新闻报道中有所偏袒,不够客观公正,损害了报纸的信誉和影响力。

1916 年,麦克林去世之后,其子爱德华成为发行人,发行量和广告收入下跌严重,报纸经营陷入困境。1933 年 6 月,《华盛顿邮报》不得不破产拍卖,最后以 82.5 万美元的价格出售给并不熟悉报业的金融家尤金·迈耶。

① 王灿发、马寅桂:《中美主流媒体对十八届三中全会报道的新闻框架比较》,《新闻爱好者》2014 年第 1 期。

尤金·迈耶控制的《华盛顿邮报》逐渐摆脱了美国政党纷争的影响，开始奉行比较客观、公正的编辑策略，从而逐渐赢得了较高的社会声望，为《华盛顿邮报》日后的崛起奠定了坚实的基础。1943 年，华盛顿邮报的发行量攀升到 16.2 万份，广告收入增加到 1200 万美元，不论是发行量还是广告收入都比尤金·迈耶接管初期增加了三倍。1946 年，迈耶的女婿菲利普·L.格雷厄姆主管该报，次年成立华盛顿邮报公司。1963 年，菲利普·L.格雷厄姆饮弹自杀，他的妻子凯瑟琳·格雷厄姆成为华盛顿邮报公司董事长，也由此迎来了《华盛顿邮报》历史上的黄金时期。

1971 年，《华盛顿邮报》记者取得了五角大楼关于越战的“绝密文件”，但报道的风险极高，当时的尼克松政府正是以此事将《纽约时报》告上了法庭。面对巨大的压力，凯瑟琳·格雷厄姆展现了非凡的胆识，力主报道并取得了最终的胜利。凯瑟琳的坚持将《华盛顿邮报》推上了与《纽约时报》齐名的大报宝座。1972 年 6 月，两名年轻的邮报记者得知了有关尼克松为首的共和党在总统大选中做手脚的情况，凯瑟琳再度全力支持记者，将“水门事件”率先捅了出来。当时执政的尼克松政府为了掩饰丑行，不断向《华盛顿邮报》施压，警告凯瑟琳不要“出风头”。在白色恐怖的气氛下，面对总统集团的巨大压力，凯瑟琳带领《华盛顿邮报》上下一追到底，引起了美国新闻界对“水门事件”丑闻的轮番轰炸，最终迫使尼克松成为目前为止唯一一个辞职的美国总统。而《华盛顿邮报》也因报道“水门事件”而赢得了 1973 年普利策最高奖——公共服务奖，进而奠定了报纸今日的崇高地位。

The Washington Post
FRIDAY, AUGUST 9, 1974
Nixon Resigns
Ford Assumes Presidency Today
Era of Good Feeling
Congress Expects Harmony
A Solemn Change
Power Is Passed Quietly
THE NIXON YEARS

图 47　1974 年 8 月 9 日，《华盛顿邮报》头版刊发“尼克松辞职”

图片引自《华盛顿邮报网站》：https://www.washingtonpost.com/rf/image_908w/2010－2019/WashingtonPost/2013/08/05/Local－Enterprise/Images/nixon%20front1375737491.jpg，检索时间：2015 年 12 月 10 日。

1979 年，凯瑟琳·格雷厄姆辞去了报社发行人一职，由其子唐纳德·格雷厄姆接任，直到 2000 年 9 月。此后，《华盛顿邮报》经历了两代发行人小布瓦弗耶·琼斯和凯瑟琳·韦茅斯，其中凯瑟琳·韦茅斯是凯瑟琳·格雷厄姆的孙女，也是唐纳德·格雷厄姆的侄女。她于 2008 年 2 月 7 日接受任命，全权负责《华盛顿邮报》的业务，一直持续到 2013 年报纸再次被出售。2013 年 8 月 5 日，《华盛顿邮报》公司宣布将旗下《华盛顿邮报》在内的报纸业务以 2.5 亿美元出售给亚马逊掌门人杰夫·贝索斯，结束格雷厄姆家族四代人对该报业的掌管。伴随该报出售的还包括一系列报纸以及印刷厂、出版公司、网站和地产。其中，位于市中心的价值 1.59 亿美元的总部大楼并不包括在内。

2014 年 3 月，贝索斯在纽约设立了软件研发中心，致力于改善在线阅读体验和广告产品。随后推出“早综合”“邮一切”等广受欢迎的项目。“早综合”采用夜班形式，将采编部门所有的稿件集中起来，进行整合编辑，次日清晨呈现给读者；“邮一切”，主要是通过搜集各方面热门话题，从政治、经济到房产、减肥、宠物无所不包，话题新奇刺激，迅速在网络世界获得大量粉丝。2014 年 11 月 20 日，亚马逊在其移动电子终端 Kindle，Fire Phone 上推出《华盛顿邮报》电子版，分为日间和夜间两个版本。报纸内容十分丰富，除华盛顿地区新闻以外，还覆盖国内国际要闻。2014 年 8 月，《华盛顿邮报》在官网推出“get there”版块，用户可以在此平台公布其个人财务情况。

二、发展现状

2013年8月5日，亚马逊创始人兼总裁杰夫·贝索斯以个人名义收购了《华盛顿邮报》，并单独成立纳什控股有限公司来完成这笔交易。

如今，《华盛顿邮报》主要通过与世界主流通讯社合作、特派记者以及签约评论员对国际新闻进行全方位报道。该报在全球范围内有19个记者站，包括巴格达、开罗、伊斯兰堡、耶路撒冷、香港和上海等。被收购后的《华盛顿邮报》采编队伍仍在不断壮大，2014年年底就增加了36个采编岗位。此外，《华盛顿邮报》在国内也有设立记者站，其中以华盛顿地区最多，共有8个。根据美国发行审计局2013年9月的数据显示，《华盛顿邮报》的发行量在43万份左右，排在全美第七。进入2014年，《华盛顿邮报》的印刷版销量出现下滑，降至40万份，但在线读者数量一直稳步增长，其中6月至9月以43%的速度增长，访问量达到3230万人次。

The Washington Post
TUESDAY, AUGUST 6, 2013
Grahams to sell The Post
NEW OWNER: AMAZON FOUNDER BEZOS TO BUY FLAGSHIP PAPER
THE DEAL: FAMILY KEEPS SOME ASSETS IN $250 MILLION SALE
TRANSITION: PUBLISHER AND NEWSROOM LEADERS RETAINED
JEFF BEZOS
Chief executive is noted for patience
THE GRAHAMS
'We have loved the paper'
Inside today's paper
On washingtonpost.com
The Washington Post through the years

图48 《华盛顿邮报》在格雷厄姆家族手中经营了80年

《华盛顿邮报》下设部门中比较重要的有分类广告部、展示广告部、发行服务部、社区关系部、报纸参与教育部、新闻编辑部、社评部、特稿部、读者代表等。报纸领导层为主编、执行主编、副执行主编和助理执行主编。值得一提的是，在邮报内部，领导与被领导者之间的关系比较平等，大家可以争论，而非绝对地服从。《华盛顿邮报》的新闻采编部门分为大都市、国际、国内、财经/商业、体育、时尚、头版特稿、调查报道、观点、新闻、图表、照片、规划与行政、邮报杂志、专业发展等部门。其中以大都会，即市政新闻报道的实力最强，人数最多，内容也最为丰富。在华盛顿特区以及华盛顿周边的马里兰州的一些县区，几乎每一个县都有特派记者。其次是国内和国际新闻。另外，财经新闻和时尚版也很受重视。该报的周末版以杂志的形式呈现，其容量大小接近报纸的一半，内容以长文为主，经常刊登一些深度报道和版面较大的广告。

为及时把握读者的反馈，报纸设立督查员一职。这个职务在报社内以读者代表的身份而存在，专门负责接受读者投诉、听取读者意见。读者可以通过电话或电子邮件和督查员联络，请他调查感到不满的事情，然后由这位督察员写成文章发表。报社还会聘请全职人员负责监控整个报社的运作过程，批评报纸的工作。另外，邮报还专门设置了“NEWS ART”一职，专门负责修改稿件、润色文章。邮报还聘请有名的专栏作家担任版面的评论员等。为了吸引更多的在线读者，减轻其阅读负担，邮报还组建了一个16人的团队，专门负责重写邮报部分题目和文章内容。

《华盛顿邮报邮报》很早就确立了重视人才的传统。报社每年都留出相当一部分利润用于扩大再生产，即提高现有的记者团队能力和继续招募精兵强将。另外，该报对摄影记者的待遇格外优厚，其并不非常强调记者的工作量，并保障他们的工资和福利。所以在几乎没什么后顾之忧的情况下，很多摄影记者能够用两三个月的时间做出一个令人震撼的专题。

三、报道特点

图 49 2013 年 8 月 5 日,贝索斯成为《华盛顿邮报》新东主

与众多擅长本地新闻的其他大报一样,《华盛顿邮报》的记者终日奔波于联邦政府各部门之间,以至于华盛顿要人的一举一动,甚至美国首都的整体立场,都会在这张报纸中得以体现。在世界近 300 家新闻机构派驻华盛顿的数百名记者中,除少数记者有条件进行实地采访外,其余大部分只能通过报纸、电视、通讯社获取消息,而《华盛顿邮报》往往就是他们的首选信息源。从报道的地域分布来看,《华盛顿邮报》优先并着力报道华盛顿特区事务,然后才对国内、国际重大事物进行报道。其中以政治新闻为主,同时涉及经济、军事外交、文化教育、社会等多个严肃领域。从语言风格来看,邮报偏严肃,用词也较正式,以凸显大报沉稳、理性的特质。

《华盛顿邮报》特别强调文章的深度和原创性,经常刊登长篇文章。《华盛顿邮报》前主编指出,由于邮报每天只出版一次,在速度上无法与新媒体抗衡,因此在内容上必须发掘新闻的深度,最大限度地增加其附加值。从尤金·迈耶时期开始,《华盛顿邮报》在体现深度的基础上更加注重专业性,以更高质量的新闻标准树立行业标杆。在《华盛顿邮报》的文章里,有医学博士报道医药信息,有工商管理硕士报道金融变动,有律师报道法庭状况。另外,所有驻外记者在上岗前都要接受高标准的培训。凯瑟琳·格雷厄姆始终强调"质量和利润手牵着手前进"的原则,使邮报在积极拓展利润空间的同时,始终向公众提供高质量的内容和服务。

《华盛顿邮报》以独立著称。它曾自豪地宣称:我们的光荣传统就是帮助政府"泄密"。作为一家挑战权贵而闻名的报纸,邮报记者经常会接到白宫和国会议员的"提醒"电话。而《华盛顿邮报》则表示,会听取他们的意见,但不会接受他们的命令。同时,《华盛顿邮报》还对商业权威提出挑战,实事求是地揭露商业丑闻,获得了业界的广泛赞许。

2014 年,传统媒体行业不算景气,在竞争对手纷纷采取裁员减薪的方式维持运营时,《华盛顿邮报》却反其道行之,坚持这种"先做大,再想别的"的发展模式。《华盛顿邮报》的这次扩张利用数字化平台优势,及时分析受众反馈,迅速调整战略,最大程度满足受众需求。其大胆放弃弱势领域,集中优势抢夺市场,让受众的需求真实地反应在报纸中。为了进一步增强邮报的数字优势,贝索斯成立一个特别团队,在纽约建立了一个"远程开发中心",致力于改善的网络设计和阅读体验。此外,贝索斯还投资建立了一个技术先进的数据平台,几位博士受命展开研究,使在大数据方面取得先机。《华盛顿邮报》网站 2013 年 9 月 23 日推出全新页面,通过动态的话题式互动,以视觉方式呈现网站所有的内容。

然而,在发展的过程中,《华盛顿邮报》也面临着一些问题:

首先,《华盛顿邮报》最擅长深度分析类的政治报道,对于一些重大政治新闻,它长篇累牍,不惜篇幅。很多文章还充满艰深的术语,交叉着各种复杂的背景介绍。阅读时,读者需要专门抽出时间平心静气地跟随作者的思路和编辑的编排。而现在的受众越来越倾向于使用移动智能终端接受信息,阅读习惯和节奏也较之前大有不同。《华盛顿邮报》多年引以为豪的深度挖掘加面面俱到的鸿篇巨制在网络媒体上反而成为了劣势。因此,如何保持邮报特有的报道风格并尽可能符合当下读者的阅读习惯,找到其中完美的结合点,将尤为考验新一代人的创新精神和专业水平。

其次,随着政府对媒体的公关和操控能力进一步增强,《华盛顿邮报》的独立性与批判性也在经受考验。在报道伊拉克战争时,《华盛顿邮报》采取了嵌入式报道模式,即随军报道。表面上记者可以进入军队内部进行采访,随时与高层取得联系,由军队提供衣食住行并保障其生命安全。但为了获得随军报道的名额,记者要签署一分协议以保证遵守所谓的“基本规则”(The Ground Rules)。这些规则包括大量禁止报道和经过审批、修改才能报道的内容,事实上极大地限制了记者的采访自由。因此,在对伊拉克战争报道的前几天中,《华盛顿邮报》头版充斥着部队胜利挺进,萨达姆寝宫遭到轰炸等消息。然而,有关炮火之下的伊拉克军队和平民的报道则寥寥无几。另外,嵌入式报道使战地记者很难不对那些与之朝夕相处的士兵产生同情心理,因此也难以对美军军事行动的侵略性进行揭露和批判,进而损及报纸的独立性和公正性。另外,《华盛顿邮报》的新“掌门”杰夫·贝索斯同时还是亚马逊公司创始人兼首席执行官,而亚马逊2013年与中情局签署了一份价值6亿美元的“云计算”服务大单,这就导致该报在报道中情局时陷入道德困境,这种利益纠葛使《华盛顿邮报》遭到多方质疑。

最后,在竞争激烈的网络环境中,过度迎合读者的需求可能会弱化甚至威胁《华盛顿邮报》的定位。2013年9月,贝索斯在到访邮报总部时提出了“每记者流量计划”(即平均每位记者能为《华盛顿邮报》带来多少数字流量),这种“以流量论英雄”的鼓励机制也在《华盛顿邮报》内部引起争议。另外,尽管《华盛顿邮报》利用其技术和资源优势新近推出了一系列广受好评的产品,比如“早综合”和“邮一切”,但在这些产品中很难看到《华盛顿邮报》的特质。此外,《华盛顿邮报》的现任主人贝索斯是业界有名的冒险家,其投资范围十分广泛,甚至包括火箭和原子钟,因此投资《华盛顿邮报》是否只是贝索斯一次有趣的尝试到现在还不得而知。《华盛顿邮报》与庞大的亚马逊帝国相比仍然略显渺小,如果不能得到贝索斯的足够重视,或者沦为亚马逊公司产品推广的下线品牌,都会对《华盛顿邮报》的百年声誉造成难以估量的损失。

四、涉华报道

《华盛顿邮报》国际部主任戴维·霍夫曼曾说:“中国现在是世界上最具影响力的国家之一,《华盛顿邮报》有理由对中国感兴趣。中国的行为、理想、经济和政治体制或是人民币汇率都是重要的新闻故事。”而且他还指出,“美国20%～25%的长期国库券是中国购买的,美国需要的家具现在都是在中国制造的,中国的一举一动现在都对美国产生影响”。相较于在日本仅安排1名外派记者,《华盛顿邮报》向中国派出了3名常驻记者,其中1名专门报道中国经济。《华盛顿邮报》对中国报道的数量之多、篇幅之长,在其他报纸中并不多见。

由于《华盛顿邮报》的核心受众多为政府官员及其他政治精英,所以其对中国的报道角度和风格也多倾向于迎合他们的口味。另外,所谓的制度优越感和残余的意识形态因素,使得《华盛顿邮报》在一些问题上难以向受众呈现真实、客观的中国形象。如对中国人权问题的报道,《华盛顿邮报》在议程设置上几乎完全倒向中国政府的对立面,许多反政府人士都被塑造成争取民主自由的人权斗士。在一些中国领导人晋升问题的报道上,《华盛顿邮报》时常质疑其正当性,如暗示某些领导人的官方背景。

然而从整体来看,《华盛顿邮报》对中国的报道风格随着时间的推移趋向客观化和多样化。如对中国“两会”的跟踪报道,在2013年的报道版面和涉及领域相较于前些年都有进一步提升。从军费到总理政府工作报告,再到高层人事变动及国务院机构调整,都在《华盛顿邮报》的报道中得到详细体现,态度也趋向客观公正。

总的来看,有理由相信,随着中国的世界影响力进一步增强以及中美关系的深度交融,《华盛顿邮报》涉华报道日趋客观公正的趋势将会保持,并将逐步占主导地位。

《基督教科学箴言报》*The Christian Science Monitor*

The CHRISTIAN SCIENCE MONITOR

《基督教科学箴言报》是美国一份面向全国发行的日报，尽管报名带有宗教字样，但该报却是一份面向大众的主流报纸。《基督教科学箴言报》对于国际性事务及问题的报道在业内享有盛名，其读者主要是美国的中上层阶级，故而对美国主流观点有着重要的影响。

一、历史沿革

1908年，玛丽·贝克·埃迪(Mary Baber Eddy)在波士顿创办了《基督教科学箴言报》。埃迪是美国第一基督教科学家教会的创始人，在创办该报纸时，埃迪已达88岁高龄。正是这一特殊的宗教背景给《基督教科学箴言报》带来了鲜明的办报风格，其宗旨定为："不伤害任何人，但保佑所有人。"(To injure no one, but to bless mankind)[1]。这一宗旨也成了《基督教科学箴言报》的格言，然而，这一目标定位却受到了当时声名远扬的普利策所办的《纽约世界报》的攻击。但这些攻击并没有让埃迪却步，当时的黄色新闻浪潮让她惊愕，当时各家报纸为了争夺读者而热衷于煽情和渲染暴力，埃迪决心创立一份严肃、高品位的报纸，通过对社会事件的正面报道来感染、启示读者。因而，虽然《基督教科学箴言报》有着浓厚的宗教背景，但却并不直接宣扬教义。《基督教科学箴言报》这一严肃、独立、冷静的办报风格在当时的黄色新闻氛围中独树一帜，而这一传统也一直被继承下来。

图50　创办初期《基督教科学箴言报》的街头报童

图片引自玛丽·贝克·埃迪博物馆网站：http://www.marybakereddylibrary.org/mary－baker－eddy/accomplishments/the－christian－science－monitor/，检索时间：2015年12月1日。

《基督教科学箴言报》一般会回避对暴力色情事件的报道，对犯罪案件等也不详述细节，以独立、冷静的报道风格报道国内国际的重大事件，其分析和评论享誉界内。然而，报纸高尚品格的维持必然伴随着庞大的费用支持。在创办初期，《基督教科学箴言报》并不能够自负盈亏，运营支出很大程度上都是依靠着埃迪所创办的教会来支付。每年报社从教会中得到的捐赠在900万美元左右，可以占到全部报社收入的90%，而广告等经营性收入只有不到100万。此后，该报纸积极向外拓展读者，成为了美国历史上第一份全国性日报。

作为一份以严肃、冷静自居的报纸，《基督教科学箴言报》在很多方面有大报的特质。在1971年全美反战浪潮中，《基督教科学箴言报》也加入了《纽约时报》《华盛顿邮报》等大报的行列中，接力刊登五角大楼关于越南

[1] 南希·赫莎：《〈基督教科学箴言报〉转型：这是报业的未来吗？》，陈志娟译，《中国报业》2008年第12期。

战争的秘密文件，报刊因此事件声名大噪，发行量也因此大增。此后，该报在波士顿、芝加哥、洛杉矶和纽约都设立了印刷厂以向全国投递发行，同时在伦敦也建立了印刷厂，以拓展海外的销售渠道。1988 年，在迎来 80 岁生日之际，《基督教科学箴言报》的发行量达到了历史最高，成为媒体排行榜上的“全美十佳报纸”。凭借着其日渐扩大的发行量和良好的声誉，《基督教科学箴言报》七度获得普利策新闻奖。《基督教科学箴言报》对待广告的态度在美国主流媒体中也独树一帜，广告篇幅相对较少，并且尽量拒绝烟、酒、咖啡等广告。

然而，一次战略性的失误将《基督教科学箴言报》拖入了泥潭。《基督教科学箴言报》的发展与美国第一基督教科学家教会是分不开的，教会在该报的发展过程中突然将资金投向当时大热的广播电视行业，使得《基督教科学箴言报》遭受重创。在大举向电视行业进军的过程中，教会投资损失已经达到了 30 亿美元。《基督教科学箴言报》在此过程中逐渐没落，教会依然在勉力维持着该报的运营。曾任该报发行经理的约翰·赛罗德明确表示，营利不是《基督教科学箴言报》的办报宗旨，教会始终将这张报纸看做是为公众和社会服务的载体。

图 51　2008 年 10 月停刊前夕的纸质版《基督教科学箴言报》

除此之外，《基督教科学箴言报》也是美国全国性报纸中第一个全面转向互联网的。2008 年 10 月，该报宣布由纸质日报改为每日出版网络版报纸。这一转型，一方面是报社高层意识到了互联网对于传统媒体的巨大冲击，这一机遇可能成为报业洗牌背景下《基督教科学箴言报》重新崛起的最佳契机；另一方面，受纸质版经营状况不良影响，转战网络版可以大大的削减运营成本。从 2009 年 4 月份起，《基督教科学箴言报》不再出版纸质报纸，代之以完全的网络版(含移动终端)，并实施“付费墙”模式。在此之后，《基督教科学箴言报》的发展开始走上了数字化、网络化的崭新道路。到 2012 年 4 月底时，《基督教科学箴言报》的页面浏览量达到了月均 4200 万，独立访客量也逼近 1000 万。2008 年的发行量为 4.3 万份，而到了 2012 年时，付费用户数达到 6 万，广告营销和内容付费的收入都达到 50%的增长率。与此同时，为了满足线下需求，该报在转网的同时创办了一份纸质周刊，在 2014 年时该周刊也达到了 5 万份的发行量。

二、发展现状

作为第一份全面转型互联网的全国性日报，《基督教科学箴言报》在互联网领域的发展为业界所瞩目。虽然《基督教科学箴言报》全面转型互联网，但是仍以周刊形式保留了纸质版，转型互联网的决定和轻微裁员促进了网站流量的增加和报纸财政收入的提升。电子版报纸每周一到周五以 PDF 文档形式通过电子邮件传送给用户。转型后的《基督教科学箴言报》周末刊每份定价 3.5 美元，年定价 89 美元，延长纸质版周期的决定也是为了迎合当前读者无暇看报、周末才有时间进行深度阅读的趋势。因此，《基督教科学箴言报》试图开发出一种能够把新型的媒体和传统媒体、浅层信息与深度报道结合起来的模式，更好地满足读者的信息需求。与别的报纸经常转载来自路透社、美联社的文章不同，《基督教科学箴言报》有着自己独立的采编队伍，坚持着高品质、冷静、客观的报道风格，试图在新闻内容同质化的今天为受众提供有价值的报道，实践其“不伤害任何人，但保佑所有人”的宗旨。

《基督教科学箴言报》目前主要有三种产品：网站报道、每周印刷版和电子邮件推送。依托其遍布世界的分支机构以及在华盛顿的强势地位，《基督教科学箴言报》能够保证其现有的国际、国内报道水准。而当其他新闻机构都在削减国际范围内的机构时,《基督教科学箴言报》广泛分布的新闻机构正好是其最为明显的竞争优势。[①] 即便是在报业竞争尤其激烈的今天,《基督教科学箴言报》仍然显示出其独特的宗教特征和人文关怀。《基督教科学箴言报》的网页版在分为世界、评论、商业等诸多版块的同时,还有鼓励人们参与志愿活动的版块,涉及环境保护、教育等内容,这一版块的设置显示出了《基督教科学箴言报》从创报开始就有的关怀世人的色彩,即使是在商业化异常发达的今天,营利也不是其主要目标。《基督教科学箴言报》全面转型网络以及高尚的报格使其在新的一个百年里正焕发出勃勃的生机。

图 52 《基督教科学箴言报》的三大产品

图片引自《基督教科学箴言报》网站:http://www.csmonitor.com/,检索时间:2015年12月1日。

三、报道特点

《基督教科学箴言报》作为一份百年老报,在百年的历史积淀中逐渐形成了独树一帜的风格与传播特点,在报界产生了不可忽视的影响。

(一)独立、高尚的报道风格

《基督教科学箴言报》区别于众多报纸的最大特点就是独特的教会背景,正是这一背景使得该报的报道一直维系着高尚、客观的品味,对读者产生着积极正面的影响。从创刊开始,该报就力图以正面报道来影响读者,纵然也有对战争、犯罪等内容的报道,但却绝不渲染具体的细节和氛围,以客观的报道来影响受众。同时,《基督教科学箴言报》从不迎合读者的趣味,秉持着高尚的品格,尤其擅长调查性报道和深度报道,该报此前的总编欧文·坎汉曾说该报旨在"帮助人类提供拯救自己的工具"[②]。故而,该报的读者相较其他报纸而言地位相对较高,曾有媒体调查机构调查显示,《基督教科学箴言报》的读者大多是成熟且有一定经济地位的人士,该报公布的相关调查表明读者中七成以上受过四年以上的大学教育,四成以上的读者有着研究生学历,家庭年收入平均在9.38万美元,净资产在117万美元左右,这已经足以证明《基督教科学箴言报》的读者大多处在社会的中上层阶级。虽然《基督教科学箴言报》名义上是一份教会报,但是,其并不以布道为中心,反而极力避免宗教布道式的说教,因而,每期只有一篇宗教文章。

《基督教科学箴言报》对待广告的态度也大大区别于其他商业报刊,秉承教会教义,《基督教科学箴言报》一直以来都拒绝烟酒和药品的广告,这也在一定程度上削弱了赞助商对报纸内容的控制,从而使得该报能以客观、中立的态度进行报道。此外,《基督教科学箴言报》的国际新闻报道和深度报道也为其确立良好的报风打下了基础。在采编方面,该报有自己的记者和撰稿人,很少采用其他通讯社或撰稿人的文章,独立的采编队伍保证了在重大突发事件的报道中,《基督教科学箴言报》能够发出自己的声音,从不一样的角度解读事件,某种程度上确保了报纸的独立观点与立场。故而,该报对国际性事件和问题的看法与评论都具有独特性,相对客观、公正,受到美国政界人士以及国外研究国际问题的专家学者的重视。

(二)互联网报刊的先行者

正如前文所提到的,《基督教科学箴言报》是全美第一份全面转型互联网的日报,其在互联网领域的转型具

---

① 〔美〕戴维·库克:《〈基督教科学箴言报〉的战略转型:从纸质到网络》,杨帆译,《中国报业》2008年第12期。

② 张瑾、高瑜:《西方主流媒体对重庆大轰炸的报道分析——以〈基督教科学箴言报〉为例》,《西南大学学报(社会科学版)》2009年第1期。

有先锋性的意义。《基督教科学箴言报》一方面全面停止了纸质版日报的发行，以网络版日报的方式节约了印刷和发行成本；另一方面该报并没有完全放弃对深度报道和阅读的追求，以纸质周刊的方式迎合了受众的信息需求；此外，该报还开辟了电子邮件推送收费服务，拓展了报纸的营业收入。“电子版日报＋纸质版周刊”的方式为该刊所开创，该模式平衡了网络报道和纸质报刊，为后续的转型者提供了一种新的发展思路。

该报网站首页最上方以“图片＋标题”的方式来吸引读者注意，左侧陈列当日各个栏目中的最新消息、评论热点和博客观点，其余部分则是简报和事件焦点等，首页兼顾软新闻和硬新闻。同时，网站以醒目的图片和富有吸引力的标题来推荐付费电子邮件的内容，该内容一般是深度报道或时新观点，试图以此措施来增加电子邮件的订阅量。该网站还重点推荐三个子频道：“早报”(the monitor breakfast)、“密码”(Passcode)和“改变世界的人们”(People Making A Difference)。网站在首页力推这三个频道与其一贯的试图正面影响人们的高尚品格相符合。“早报”频道旨在激发高层政客和记者之间的对话，“密码”频道则关心与人们安全和隐私相关的现代领域，“改变世界的人们”这一频道则是为了显扬普通人正采取措施来实现巨大的改变。即便是在网络版上，《基督教科学箴言报》仍然希望宣扬真诚、善良与美好，以积极向上的能量来影响读者。该报网络版最大的特点就是专门设立了鼓励人们参与志愿活动的版块，涉及内容有环境保护、教育等。该报称其致力于尽可能提供具有启发性、超党派的报道，同时，也给那些为报道所激励的读者提供参与到志愿活动中的机会。此外，该网站也与社交网站 Facebook、Twitter 合作，读者可以将报道分享到相应的社交网站上。

四、涉华报道

该报在纸质出版时期就对中国非为关注。自 2000 年以来，《基督教科学箴言报》对中国的报道数量一直比较平稳，没有太大的变化，但在整体上呈逐渐上升的趋势。这显示出在中国国际影响力逐渐增加的同时，国际媒体也对中国投来越来越多的关注。通过对多个热点问题的分析，《基督教科学箴言报》在对中国的态度上和美国主流媒体是一致的。此前的研究表明，在对华问题上，美国媒体经常无视中国在人权问题上正获得的持续发展和进步，而是有意识地给中国形象抹黑，这在美国外交政策上已上升到战略的层面。作为美国主流报纸，《基督教科学箴言报》则“跟着政府指挥棒跳舞”，在对中国的报道中常常将某些社会问题简单归结到人权因素。[①] 环境问题也是吸引《基督教科学箴言报》的焦点，该报密集地报道了环境污染问题，故而该报笔下的中国社会形象并不令人满意。然而，在提及中国的文化生活方面时，该报是予以肯定态度的。比如，2009 年，《基督教科学箴言报》曾经以图文相配的方式介绍了中国的时装周，对中国时尚给予了关注；2010 年，一则题为《中国元宵节》(China's Lantern Festival)的新闻图文并茂地向读者介绍了中国的这一传统节日。此外，该报还关注了哈尔滨的冰雪节，称该节日是同类娱乐节日中最为古老的。

与此同时，《基督教科学箴言报》对中国经济形象的报道也没能摆脱西方主流媒体价值观的影响，其涉华经济报道中的信息源如从国别上划分，66％的信息源来自美国和其他国家的团体或个人，剩下 34％的信息源来自中国。由此可见，《基督教科学箴言报》在报道中国时所接触到的大部分信息仍然是西方所固有的观点，并没有能够接触到真实的中国，故而对中国的展现依然是站在西方角度的。此前的研究指出，在报纸的全部经济报道中，有两点不利于中国的信息被反复渗透——“中国经济发展所带来的负面影响”以及“中国威胁论”。在此类信息出现时，《基督教科学箴言报》往往将“经济发展带来严重负面影响”的责任推向中国经济体制。[②]

总体而言，该报在刻画中国的经济形象时倾向于引用多方评论来表达观点，以看似中立的口吻来陈述事实，表面上倾向性较为模糊，但其依旧深受西方主流价值观的影响。

---

① 张颖：《〈基督教科学箴言报〉中的北京形象(2000—2012)》，《国际论坛》2014 年第 6 期。

② 刘昉：《〈基督教科学箴言报〉在涉华经济报道的文本分析——以 2008 年第一季度为例》，《商业文化月刊》2008 年第 6 期。

《今日美国》*USA Today*

《今日美国》(*USA Today*)是美国唯一一份彩色印刷的全国性英文对开日报。该报创刊于 1982 年 9 月，隶属于美国最大的报业集团甘尼特报团(Gannett)，报社总部设在弗吉尼亚州的罗斯林。《今日美国》创刊几年就跻身美国发行量最大的报纸之一，与《纽约时报》《华尔街日报》等百年大报并驾齐驱。近些年来，《今日美国》一直是美国发行量最大的报纸，同时也是美国大报中最年轻的一份报纸，创造了美国报业的奇迹。

THE NATION'S NEWSPAPER

WEDNESDAY, SEPTEMBER 15, 1982

NEWSLINE

USA TODAY

Coast-to-coast
News from all 50 states

Weather across the USA

Scoreboard
All sports, all results

Miracle: 327 survive, 55 die

America's Princess Grace dies in Monaco

Minnesota passenger's crash photos

Your kid REALLY may be sick of school

COVER STORY
New suburbs old pains in Sun Belt

USA SNAPSHOTS
Retirement costs in the U.S.

Primaries forecast trouble in November

FIRST EDITION
The Nation's Newspaper

图 53　1982 年开始发行的《今日美国》

一、历史沿革

20 世纪 80 年代，随着科学技术的发展，网络媒体逐渐兴起，门户网站、新闻网站、论坛、博客、电子报和电子杂志等网络媒体先后出现，在各方面开始有效替代纸质媒体，对传统的新闻传播方式产生了巨大的冲击，纸媒一统天下的局面已然被改写，类似“纸媒的黄昏”即将到来的论调也愈来愈多。然而就在这种情况下，美国仍然诞生了一份全国性的大报，这份名为《今日美国》的报纸从创办之初不被看好，到日后成为美国商业性报纸的最杰出代表，可谓是美国全国性报纸的成功典范。

《今日美国》的东家是美国最著名的报业集团甘奈特。这家由弗兰克·甘奈特(Frank Gannett)创办于 1906 年的报业托拉斯，通过一百年来的不断兼并与并购，已经成为当今美国的第一大报团。目前甘奈特报团在全美 44 个州拥有 101 份日报、660 份周报、17 家电视台，每天报纸发行量达 770 万份，占美国所有日报发行量的 15%。然而《今日美国》报的创办并非甘奈特报团的创业者们所为，而是后来的甘奈特掌门人——艾伦·纽哈斯的得意之作。1963 年，38 岁的纽哈斯从知名的奈特·里德报团跳槽至甘奈特，担任甘奈特总部所在地，同时也是其业务核心区的罗切斯特地区的报业总经理。在他的带领下，区域运营收入在短短三年后就突破了一亿美元大关。春风得意的纽哈斯在此之后更是频有惊人之举：1977 年斥资 1.7 亿美元收购斯毕得报业公司，创下当时的美国第二大报业并购纪录；1979 年并购联合通讯。1982 年，在重重阻力之下，纽哈斯说服董事会投票通过了《今日美国》的创立方案。

创办之初，纽哈斯就大胆地将《今日美国》定位为一份“全国性”的报纸，并且将“国家级报纸”(The Nation's Newspaper)这一口号堂而皇之的列于报纸的头版。而在当时的美国，足有一百多年历史的《纽约时报》和具有相当影响力的《华尔街日报》几乎统治了国内报纸的“全国版”，因此《今日美国》的这一定位在当时的业界看来，不过是纽哈斯本人张狂性格和满足其不断膨胀的个人欲望的表现罢了，纽哈斯本人也因此被称为“新闻界最胆大妄为的人”。然而，作为甘奈特的掌舵者，纽哈斯的惊人之举并非没有经过深思熟虑，《今日美国》“全国性”报纸的定位也并非没有其合理之处。从其两个主要的竞争对手来看，《纽约时报》虽然历史悠久，但其全国版直到

1980 年才创办,也没有独立的发行网络,进而使其在时效性上大打折扣。而《华尔街日报》虽然也有全国版,但一直未得到重视,其自身的定位也只是“商业性报纸”罢了。反观《今日美国》报,凭借着甘奈特公司在全国庞大的发行采编网络,可以保证新闻的时效性和报纸的及时发行,让读者拿到报纸就能读到最新鲜最吸引人的新闻。同时,甘奈特还在财政、技术、人力等各方面给予《今日美国》报以强大的支持,保证了其能够在最佳的外部环境下运行,《今日美国》美国第一全国性大报的美名也因此得以成就。

二、发展现状

目前,《今日美国》是全美国唯一的彩色全国性英文对开日报,主要特点是多彩的版面、集中的信息、丰富的图表和优秀的体育报道。该报每周发行五天,拥有国内版和国际版两大类版面,国内版每日刊行 56 版,国际版每日刊行 16 版,面向全球五十多个国家同步发行,依靠先进的卫星传送技术。目前,国际版主要在新加坡和瑞士进行印刷,目前发行量高达近 300 万份。

创办以来,《今日美国》最令人惊讶的是它的发展速度,在其创刊仅仅半年后的 1983 年,《今日美国》的发行量就从创刊之初的三十多万份一举突破百万大关。1984 年国际版创刊之后,迅速向全球展开扩张,于新加坡、香港以及瑞士卢塞恩等多地设立印刷点,在亚洲和欧洲等地区笼络了数量庞大的读者群体,实际阅读者达到了 550 万人次,已经超越了《华尔街日报》的阅读量。1998 年,《今日美国》报一跃成为全美发行量最大的报纸,2001—2002 年度日平均发行量达到 220 万余份,实际读者达到 5200 万人。1995 年,《今日美国》推出上线了网络版,并于 2000 年同美国著名互联网服务商美国在线(American Online)结成战略同盟,联合进行网络内容开发及传播服务。2002 年,《今日美国》又同天气频道合作,为读者提供天气信息,进一步完善了自己的服务体系。

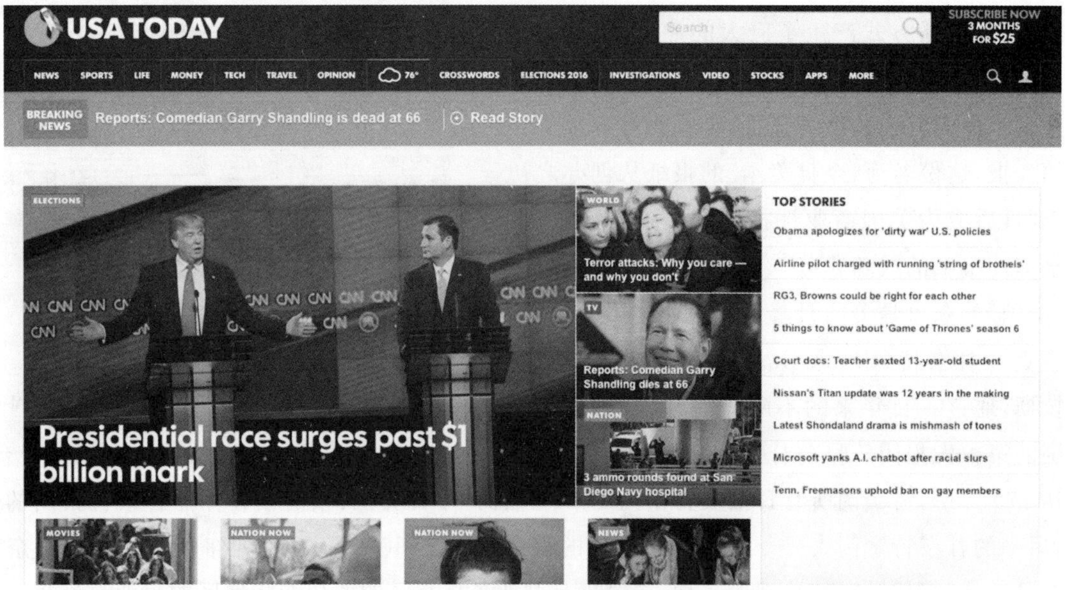

图 54 《今日美国》网站首页

图片引自《今日美国》网站:http://www.usatoday.com,检索时间:2016 年 3 月 23 日。

2000 年,时任《今日美国》总裁兼公司首席执行官的汤姆·库里(Tom Curley)确立了《今日美国》网络化发展的总方针,并勾勒出了该报网络化发展策略的蓝图,即报纸、电视与网络的联动内容发布策略。而根据《今日美国》主编凯伦·吉根森(Karen Jurgensen)的“三段论”点,《今日美国》报的发展历程应该经历三个阶段:第一阶段为 1982 年报纸创刊到 1994 年,在这个阶段主要运用的手段应该有色彩鲜艳的版面、平易近人的报道风格以及公正平衡的报道态度;第二阶段为 1995 到 1999 年,此时报道应该向深度报道方向发展,重在挖掘富有深层涵义的内容;第三阶段则为 2000 年至今,这个阶段将第一、二阶段的优点相结合,并在此基础上做出改进。

对于“改进”一词吉根森也做出了解释，那就是依靠网络的力量。因此，在高层领导不谋而合的基础上，《今日美国》报的网络化改造风生水起，并在极大程度上迎合了美国社会普罗大众的阅读需求，因此取得了巨大的成功。

三、报道特点

“读者第一”(Put the Reader First)一直以来都是《今日美国》报奉为圭臬的第一信条，因此该报无论是内容还是风格都力图迎合广大读者的需求，为读者服务。

具体来说，在新闻选择上，《今日美国》大大减少了硬新闻的比例，增加了大量趣味性的软新闻及新闻特写，提高了报纸的娱乐性，也就更易被读者所接受。同时，《今日美国》还加强了深度新闻以及调查性、分析性新闻报道的力度，以“新闻背后的新闻”来吸引读者。各类生活服务信息以及读者来稿的刊登更是加强了报纸的实用性和交互性，这也在很大程度上取悦了读者。在版面设计上，报纸编排合理，条理清晰，用醒目的大标题和大图片给予读者以视觉冲击，多留空白，缓解了读者的阅读压力，彩色印刷的方式更是给读者留下了深刻的印象，就如同“万灰丛中一抹彩”，让人过目难忘、印象深刻；在专版专刊方面，《今日美国》增开了许多针对不同目标群体的专版和专刊，尤其是大量针对年轻群体的专版专刊，起到了很好的吸引读者作用。

除此之外，《今日美国》在内容制作方面的独到之处还在于其电视化的内容制作观。首先，从版面设计上来说，《今日美国》并没有采取传统美国报纸水平式的排版方法，而是从人的视觉习惯特点出发，选择了垂直式竖格排列的方法，文段之间留开空白，让读者的视线可以自然地在文段之间流转，深得读者青睐。同时，《今日美国》多选用短小精悍的故事，整份报纸除封面故事外无一转版，以免读者在阅读兴趣高涨之际有戛然而止之感。此外，《今日美国》还借鉴电视节目中导视版块的做法，在报纸最显眼的部分刊登带图的新闻提示，这极大地节省了读者的阅读时间，方便了读者的同时也为自己赢得了人气。

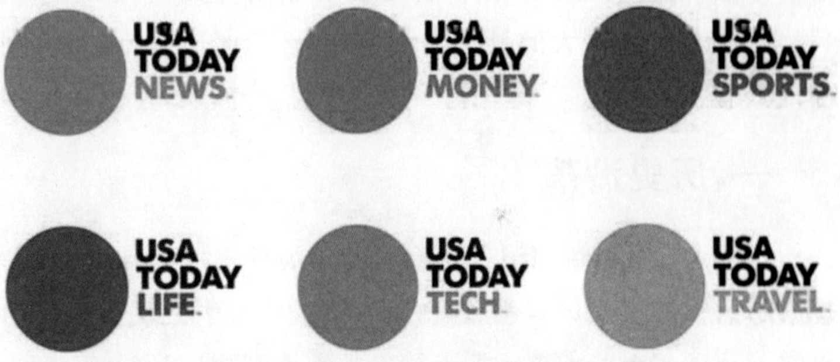

图 55 《今日美国》为不同版面设定了专门的颜色

从印刷方式来说，《今日美国》是美国最早采用彩色印刷的报纸，1982 年创刊时就大胆地在其副刊上采用了彩色印刷，1984 年起又开始在头版和体育版采用彩色印刷。同时，拥有综合新闻、财经、体育以及生活四个版面的《今日美国》还在每个版面的色彩设计上都花了一番心思：综合新闻版采用了端庄稳重的淡蓝色，财经版则采用了更显冷静沉着的绿色，体育版采用了活泼的橙色，而生活版则采用了淡雅的紫色，这些颜色的选择一方面在色彩上提升了报纸的格调，另一方面也形成了报纸的色彩特色，给读者留下了深刻的印象。后来，该报又加入了橘色的科技版和青色的旅行版。此外，在新闻图片的选择上，符合版面风格的图片才会被选用。同时大幅图片的选用也能给读者带来极强的视觉冲击，极大程度地增强了读者的阅读体验，也便于读者更好地理解文章内容。

最后，在办报风格上，《今日美国》不屑于大量刊登当时风靡一时的“调查性报道”和“揭露性报道”，而是强调“精确而不悲观、详细而不消极、鼓吹理解与团结而非歧视与分歧”。这样的报道风格让读者在阅读时精神更为放松，心情更为愉悦，极大地迎合了当时内部经济不景气、外部恐怖袭击侵扰的美国人脆弱的神经，也因此得到了欢迎。同时，简练而明快的文字风格也一如电视一般，让人一看就懂，力求以最少的字数还原最完整的新闻事实，这在很大程度上也是为读者阅读体验而考虑。

四、涉华报道

据统计，2008 年，《今日美国》共刊登各类报道 19521 篇，这其中含有“China”一词的报道有 468 篇，也就是平均每天有不少于一篇的涉及中国的报道。相对来说，涉华报道量占其全年报道总量的2.4%，相对于涉及欧洲

(234篇)、加拿大(160篇)以及英国(92篇)的报道量来看,可以说涉华报道在《今日美国》的国际新闻报道中占据了很重的分量。当然,这其中也固然受到了2008年5月汶川地震爆发、8月北京奥运会举办等因素的影响,但基本可以说,涉华报道是《今日美国》涉外报道的重要组成部分。

同时,从内容上来分析,《今日美国》涉华报道的内容主要分布于人权、经济、贸易、金融、社会生活、教育、食品药品安全以及重大事件报道等方面。在这其中,涉及人权状况等敏感问题的报道达到了近半数,同时在对中国的评价方面,则主要以批评、否定和不表态为主。基于此,可以得出的初步结论是,《今日美国》在涉华报道的倾向方面以负面报道为主。

因此,从《今日美国》报的涉华报道数量和内容来看,可以看出其对中国保持了相当高的关注度,甚至排在欧洲诸国之前。当然,《今日美国》报道策略的安排也要结合当时美国的国家战略,作为美国在多个领域重要的战略合作伙伴或竞争对手,《今日美国》作为拥有广大受众的美国第一大全国性报纸也将中国视作"利益攸关体"。同时,因为其全国性报纸的属性,其涉华报道也不仅仅局限于宏观层面,而是深入到社会生活的各个方面,这一点尤为值得注意。

《科学》*Science*

Science AAAS

《科学》(*Science*)是美国科学促进会(AAAS)出版的一份综合性科学杂志,每周出版。作为全世界最权威的学术期刊之一,《科学》被认为是发表原创研究论文、综述或现行科研政策研究的最佳平台。从1900年起,《科学》成为美国最大的科学团体"美国科学促进会"的官方刊物。如今,该杂志全年总共发行51期,在世界范围内具有很大影响。

一、历史沿革

1880年,纽约新闻记者约翰·迈克尔斯创办了《科学》,并在随后得到了托马斯·爱迪生以及亚历山大·格拉汉姆·贝尔的资助。不过,由于一直无法吸引到足够数量的订阅者,《科学》于1882年3月停刊。一年后,昆虫学家塞缪尔·哈伯德·斯卡德挽救了该刊物。1894年,《科学》再次遭遇财务危机,被以500美元的价格出售给心理学家杰姆斯·麦基恩·卡特尔。

1900年,卡特尔与美国科学促进会干事勒朗德·霍华德签订协议,使《科学》成为该协会的官方刊物。在20世纪早期,《科学》发表了包括托马斯·亨特·摩根关于果蝇基因变异的论文、阿尔伯特·爱因斯坦关于引力透镜效应的论文以及埃德温·哈勃关于螺旋星云的论文在内的重要文章。1944年,卡特尔去世后,美国科学促进会成为《科学》的新主人。

卡特尔死后,杂志一度缺少有为的编辑,直到格拉汉姆·杜尚接管。在杜尚的带领下,《科学》吞并了《科学月刊》,自此该期刊的发行量由38000上升到61000,创造了60%的惊人涨幅。[1]

随后,《科学》杂志又经历了数任主编,而这些主编也大多是大名鼎鼎的科学家。在他们的领导下,《科学》杂志稳步发展,并且每每发表影响科学界的重要论文和研究成果。

二、发展现状

如今,《科学》杂志依然是世界上最具影响力的科学性期刊之一,杂志的主要任务是发表重要的原创科学研

---

① American Association for the Advancement of Science: 150 Years of Advancing Science: A History of AAAS. AAAS and the Maturing of American Science: 1941—1970, http://archives.aaas.org/exhibit/science5.php,检索时间:2015年10月15日。

究和研究评论，不过也会涉及与科学相关的新闻、与科学政策相关的观点、科学家及科学爱好者感兴趣的问题。与大部分的科学杂志不同，《科学》并不专注于特定的领域，而是涵盖所有科学学科。《科学》杂志在科学界拥有非常高的引用率和影响力，根据汤森路透的《期刊引证报告》，《科学》在 2014 年的影响力指数为 33.611。[1]

目前，《科学》杂志每周的发行量为 129552 份，每周有 305000 的读者能够收到杂志的邮件推送，而综合各个版本的数据，《科学》杂志每周能够覆盖的读者人数为 570400 人，此外，每月浏览科学、求职、新闻等网页信息的平均访问人次为 5169707，[2]而《科学》官网月均独立访客量已经突破了 360 万。此外，该杂志的读者遍布各地，以北美读者为主体，占总数的 82%，9%为欧洲读者，3%为亚洲读者，余下 6%的读者来自其他区域。《科学》杂志的读者接受过良好的教育，大部分就读于或工作于科技领域。而读者对于《科学》的忠诚度也比较高，根据此前《科学》进行的读者调查，78%的读者表示他们阅读《科学》的时间多于其他任何期刊，有 72%的读者则表示每月会阅读 3～4 期《科学》。

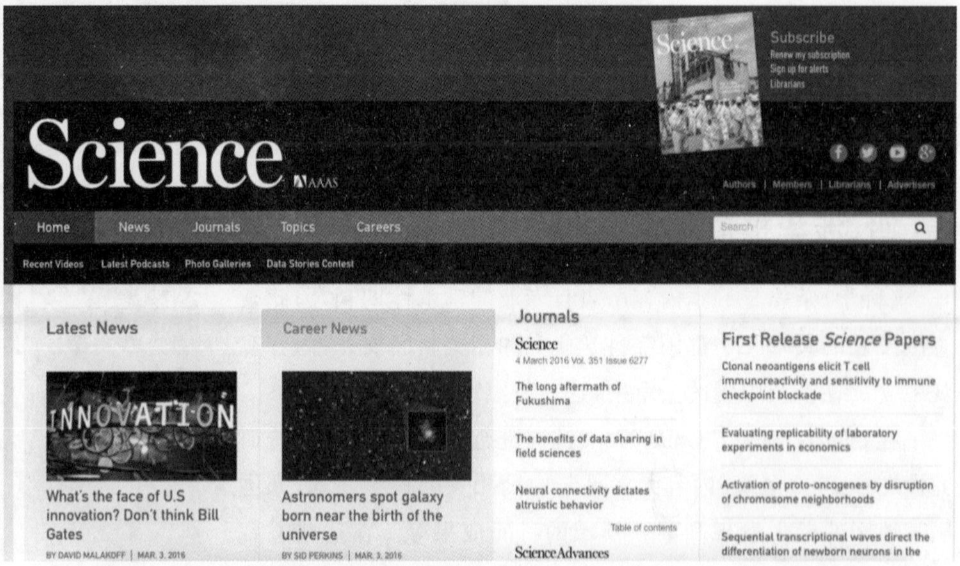

图 56 《科学》杂志网站首页

图片引自《科学》杂志网站：http://www.sciencemag.org，检索时间：2016 年 3 月 4 日。

虽然《科学》是美国科学促进会的期刊，但在此中发表文章并不受美国科学促进会的会员资格限制，世界各地的作者均可向《科学》提交论文。因为在这样高引用率的期刊上发表文章可以为作者吸引关注，帮助其职业发展，所以发表文章的竞争极其激烈。提交给编辑的文章只有不到 10%有机会发表，且所有的研究文章在见刊之前皆须进行同行评审。

三、报道特点

《科学》杂志作为科学期刊领域的领导者，权威性是其最大的特点。而杂志在科学领域的权威性主要靠两点实现：文章和作者。

《科学》杂志以发表开创性的、具有高引用率的文章著称，如历史上其曾经发表的关于果蝇基因变异、引力透镜效应的论文就是其中的代表。此外，《科学》杂志还最先发表了关于人类基因组的发现，刊登了此前从未问世的火星表面图片，并且发表了世界上最早将艾滋病与人类免疫缺陷病毒建立联系的研究。这种种的首创性和革命性研究都通过《科学》杂志首度面向世人。

除了文章本身水平过硬之外，在《科学》杂志上发表文章的作者也不乏世界知名的科学家。历史上，爱因斯坦等人都曾在《科学》发文，而近几年，杂志更是刊登过 2007～2012 年间 27 位诺贝尔奖获得者的文章，这样的作者阵容可谓非同凡响。此外，《科学》历史上的历任主编也多位科学界的知名学者或科学家，现任主编玛西亚·麦克纳特就是美国著名的地球物理学家。这样的编辑阵容也确保了《科学》杂志的权威性。

---

① Thomson Reuters：2014 Journal Citation Reports，http://thomsonreuters.com/en/products－services/scholarly－scientific－research/research－management－and－evaluation/journal－citation－reports.html，检索时间：2015 年 10 月 15 日。

② Science 2015 Media Kit：https://www.sciencemag.org/site/help/advertisers/2015_Media_Kit－Product_Advertising.pdf，检索时间：2015 年 10 月 15 日。

《科学》杂志还利用自己的地位、影响力和资源,积极推进科学事业的发展。杂志以“推动科学,服务社会”为任务,积极向大众传递科学的价值及精神,帮助政府形成科学政策,推进科学教育及科学的多样化发展,同时又为科学工作者的事业提供机遇。此外,杂志还与其他机构合作,设立十余项奖项,用来表彰科学工作者的优异成就。上述举措均反映了《科学》杂志对于科学事业的使命感和责任心。

图 57 《科学》杂志封面

图片引自《科学》杂志网站:http://science.sciencemag.org,检索时间:2016 年 3 月 4 日。

四、涉华报道

《科学》杂志是一本内容严肃且专业的学术性期刊,因此杂志上发表的文章几乎都围绕科学研究和相关新闻展开,内容客观中立。在涉及中国的文章中,这一特点也比较明显。

在《科学》官网以“China”为关键词进行搜索,能够得到非研究性文章 1000 余篇,内容大多是与中国相关的科学新闻,如中国某地区的考古发现和某一领域的科研成果等。在这些文章中,《科学》杂志对于中国的态度客观,以事实信息和背景信息交代为主。此外,也有文章关注中国的城市在科研方面的规划和投入,这体现了《科学》杂志对于中国科学发展的了解之深。不过,在个别文章中,杂志也曾涉及过少数持不同政见的中国科学工作者,然而这样的报道数量极少,并不构成《科学》杂志涉华报道的主流。

而在官网以“China”为关键词搜索杂志发表过的研究型文章,可以得到 1 万余条结果,而这些结果都为专业的学术型文章,其内容全部为科学学科话题,与新闻报道不同,基本不存在态度和立场问题,内容客观性很高。综合来看,由于其特殊的性质,《科学》杂志关于中国的报道及文章较为客观,且大部分为含金量高的学术研究,价值较大。

此外,《科学》杂志还设立了中文网站“Science Magazine China”(sciencemagchina.cn),其中有关于中国科学界的新闻更新发布,另外也提供中国近期科技展会及活动的信息,不过网站建设程度有限,其内容较为混乱,可读性也很低。

《科学美国人》*Scientific American*

SCIENTIFIC AMERICAN™

《科学美国人》(*Scientific American*)是美国一本著名的科普杂志,是美国连续出版历史最长的杂志,也是著名杂志《科学》的“姊妹刊”。该杂志内容质量上乘,吸引了大量专业读者。到目前为止,有 150 多位诺贝尔奖获得者为其撰写了 250 多篇稿件。此外,该杂志还积极参与社会活动,在科学界有着重要影响。

一、历史沿革

《科学美国人》由鲁弗斯·M. 波特创办于 1845 年。初创时,它是一份单页周报,侧重于报道美国专利局的事宜,也用于报道专利局所登记的项目,比如永动机等科技产品。

10 个月后,波特将报纸售给艾尔弗雷德·伊利·比奇和奥森·德赛·芒恩一世。在奥森·德赛·芒恩三世接手报业管理后，该报纸逐渐演变成了类似于《大众科学》的读物。

第二次世界大战以后，杂志陷入了短期的低迷。1948 年，杰拉德·皮尔、丹尼斯·弗拉纳根和唐纳德·H.米勒为了创办新的通俗科学读物收购了《科学美国人》的资产，在此基础上创办了新杂志，他们三人分别担任该杂志的发行人、编辑和总经理。到杰拉德·皮尔的儿子乔纳森成为主席兼编辑时，该杂志的发行量比之 1948 年增加了 15 倍。

1986 年，德国霍尔茨布林克集团收购了该杂志。2008 年秋，该杂志纳入霍尔茨布林克集团的自然出版集团旗下。

《科学美国人》曾于 1979 年起发行名为《科学》的中文版杂志，但是由于发行量不足等原因，该杂志于 2005 年底停办。2006 年 1 月，与《科学美国人》版权合作的简体中文月刊《环球科学》创刊。如今，《环球科学》作为《科学美国人》的中文版，每个月 5 号出版一期杂志。

二、发展现状

1890 年，《科学美国人》出版了第一版外文杂志，即西班牙语版的 *La America Cientifica*，不过该杂志在 1905 年停刊。时隔 63 年后，《科学美国人》出版了第二版外文杂志，即意大利语版的 *Le Scienze*。日语版杂志于 3 年后出版。此后，更多的外文版本杂志陆续出版。如今该杂志共出版了 18 种外文版本刊物，包括阿拉伯语版、巴西葡萄牙语版、简体中文版、繁体中文版、捷克版、荷兰版、法语版、德语版、希腊语版、希伯来语版、意大利语版、日语版、朝鲜语版、立陶宛语版（发行 15 期后停刊）、波兰语版、罗马尼亚语版、俄语版和西班牙语版。目前，《科学美国人》在全球范围内拥有 350 万名读者，读者遍及 30 多个国家。

表 2　《科学美国人》杂志旗下国际版期刊[①]

出版语言	杂志标识	出版语言	杂志标识
法语（巴黎）	POUR LA SCIENCE	法语（巴黎）	Cerveau & Psycho
德语（海德堡）	Spektrum DER WISSENSCHAFT	德语（海德堡）	GEHIRN UND GEIST
西班牙语（巴塞罗那）	INVESTIGACIÓN Y CIENCIA	西班牙语（巴塞罗那）	MENTE y CEREBRO
意大利语（罗马）	Mente & cervello	意大利语（罗马）	Le Scienze
中文（北京）	环球科学 SCIENTIFIC AMERICAN	中文（中国台湾）	SCIENTIFIC AMERICAN 科學人 中文版

① 信息引自《科学美国人》杂志网站：http://www.scientificamerican.com/page/international/，检索时间：2016 年 3 月 4 日。

续表

出版语言	杂志标识	出版语言	杂志标识
葡萄牙语(圣保罗)	SCIENTIFIC AMERICAN BRASIL	葡萄牙语(圣保罗)	SCIENTIFIC AMERICAN mente cérebro
荷兰语(安特卫普)	eos WETENSCHAP	荷兰语(安特卫普)	PSYCHE &BREIN PSYCHOLOGIE • GEZONDHEID HERSENONDERZOEK • OPVOEDING
希伯来语(耶路撒冷)	סיינטיפיק אמריקן ישראל	俄语(莫斯科)	В мире науки
捷克语(普拉哈)	SCIENTIFIC AMERICAN ČESKÉ VYDÁNÍ	波兰语(华沙)	SCIENTIFIC AMERICAN ŚWIAT NAUKI
日文版(东京)	日経サイエンス SCIENTIFIC AMERICAN 日本版		

与此同时,《科学美国人》的网站月平均在线独立访客人数达 550 万。[①]读者以男性居多,男性读者占 62%,而女性读者仅占 38%。读者的平均年龄为 50 岁。[②]

随着阅读人数的增加,该杂志在各个行业和日常生活中的渗透率不断上升。例如,杂志频繁出现在各种公共场合乃至大银幕之上。近年来,许多电影电视剧中频频提及《科学美国人》的名称,杂志有时甚至在情节发展中起到了重要的作用,如《X 战警:背水一战》《钢铁侠 2》等电影以及《生活大爆炸》《绝命毒师》等电视剧。再者,该杂志拥有了大量知名人士组成的忠实读者,如比尔·盖茨、艾伦·艾尔达和艾伯特·戈尔等。这些读者往往有前瞻的预见性眼光,并且能够以科学为基础积极寻求问题解决方法,他们被认为代表了《科学美国人》这本杂志的精神。

三、报道特点

作为一本非娱乐性的严肃刊物,《科学美国人》在创刊至今超过 100 年的时间中,始终关注科技发展与社会变革,见证了 100 多年来世界科学的每一次进步,深受主流知识阶层喜爱,成为精英群体了解世界变化的必读刊物。每一期它都会为读者提供 7 个方向的主题探讨,内容涵盖 IT、医学、电子、经济、天文、地理、人类、自然、哲学等各大领域,以生动活泼、通俗晓畅的文字,深度剖析每个前沿领域的发展趋势,满足每一位社会精英的需求。

作为一本科普杂志,《科学美国人》注重科学报道,能以预见性的眼光准确及时地把握科学脉搏。在 18 世

---

① Scientific American: About Scientific American, http://www.scientificamerican.com/page/about－scientific－american/, 检索时间:2015 年 9 月 20 日。

② Scientific American: https://www.scientificamerican.com/mediakit/advertise/scientific－american/print/audience/, 检索时间:2015 年 9 月 20 日。

纪末19世纪初，当其他媒体饶有兴致地报道自行车和汽车发展时，《科学美国人》的编辑大力报道新的速度记录，就是该杂志报道了1904年亨利·福特在密歇根圣克莱尔湖创下的以39.4秒完成1英里的新速度记录。[①]在怀特兄弟成功完成飞行实验的两年之前，《科学美国人》就刊出了怀特兄弟的飞机照片。

图58 《科学美国人》杂志封面

一般科普性杂志具备前瞻性的优点，但同时也往往有写作风格枯燥呆板的缺陷。科学家的写作风格往往过于学术化，内容过于专业，难以吸引大量的读者，尤其是不能吸引女性读者的阅读兴趣。为此，《科学美国人》做出调整，在内容上选择最受瞩目的疑难问题为研究对象并提供解决方法，如气候问题、健康问题等。同时，在叙事风格上，《科学美国人》由编辑帮助作者调整叙事结构，以讲故事的方式进行论述。这样的调整成效显著，数据显示，改革后的《科学美国人》杂志读者中，只有3.6%是科学工作者，而女读者的数量明显上升。

除了保证质量和数量，做好出版工作以外，《科学美国人》还积极参与社会事务，通过实际行动扩大影响力。例如，该杂志与谷歌、乐高、欧洲核子研究组织和《国家地理》一起为13到18岁的少年或少年团体举办全球性在线科学竞赛——谷歌科学挑战赛，并提供5万美元的奖金，鼓励参赛者们寻求能解决具体环境问题、健康问题、资源枯竭问题的有效方法。[②]此外，《科学美国人》还担任"科学突破奖"和"诺贝尔奖"的主要合作媒体。杂志还赞助并积极参与"美国科学与工程艺术节"，以激发青少年对科技、工程和数学的兴趣。而《科学美国人》编辑作为达沃斯论坛的参与者和主持人，积极促进论坛议程的形成并参与到实际会议当中。这些各个层面的社会活动增加了杂志的曝光率，也扩大了其在行业内的影响力。

四、涉华报道

在《科学美国人》杂志官网以"China"为关键词进行搜索，可以得到7000余条结果，对于一本拥有百年历史的杂志来说，这样的报道数量并不算多。可以说，《科学美国人》杂志对于中国报道的频率与其本身的杂志性质有关，作为一本科普性质的期刊，其新闻性并不强，因此在对于中国的科技发展和科技信息的捕捉方面似乎并不灵敏。

在有限的报道当中可以看出，《科学美国人》杂志对于中国的环境以及可能会对环境造成影响的举措、政策等相关话题较为关注。如杂志就多次报道了中国开发核能以及采取措施节能减排的相关新闻，而对于中国的雾霾问题，《科学美国人》杂志也给予了关注。

不过，正是由于《科学美国人》杂志的特殊属性，其对中国的报道基本不会涉及敏感的政治问题，也不会触及西方媒体对中国评价往往较为负面的社会问题，而是对于中国的科技发展和相关政策举措进行报道。在这些领域，《科学美国人》的涉华报道相对来讲较为客观。

---

① Scientific American：About Scientific American，http://www.scientificamerican.com/page/about－scientific－american/，检索时间：2015年9月20日。

② Scientific American：https://www.scientificamerican.com/mediakit/impact/，检索时间：2015年9月20日。

《科学美国人》还与中国的《环球科学》杂志进行合作,后者以《科学美国人》中文版的身份在中国出版,这体现出了杂志对于中国市场的重视。作为独家授权的中文版,《环球科学》沿袭了《科学美国人》严谨、客观的报道风格,坚持“科学家＋翻译家＋记者”的编辑方针,力求原汁原味地呈现《科学美国人》的精髓,同时关注国内重大科技动态以及它们对人类生活的深刻影响,努力拓展科学与经济、社会、生活等方面的联系。《环球科学》同时专注本土话题报道,集中世界级科学大师、商业领袖及科技观察家和专栏作家的思想智慧,以多元化、国际化角度为社会精英阶层提供有关科技和商业的重要参考。目前,《环球科学》在中国拥有 15 万份的发行量,是中国最重要的科学刊物之一。

《克莱顿论坛报》*The Clayton Tribune*

《克莱顿论坛报》(*The Clayton Tribune*)是一份服务于佐治亚州克莱顿县的社区报纸,从属于“社区报出版集团”(CNI),这一集团的经营范围覆盖整个佐治亚、佛罗里达和南北卡罗莱纳四个大州。该报创办于 1897 年,目前是美国众多社区报中发展较为出色的一家。发达的社区报是传媒大国美国的一大重要特色,美国新闻界定义社区报为发行量低于 5 万份、强调当地社区居民新闻报道的报纸,“小”是其最显著的特征。由于切实的针对性和特色化,社区报就如同为每个社区居民量身定制的新闻产品。根据《走进美国社区报》一书,目前美国的社区报发展日益朝气蓬勃,各色社区报可以占美国报纸总数的 97%。

一、历史沿革

1897 年,来自佐治亚州达摩莱斯特的雷诺兹在克莱顿县创办了《克莱顿论坛报》,雷诺兹是民意调查员和工程师出身。报纸初创时期条件十分艰苦,只有一架手动油印机来印制报纸,甚至不得不跟杂货店回收商品包装作为印刷用纸。不过,经过雷诺兹的苦心经营,《克莱顿论坛报》与克莱顿县共同发展,报纸成为了当地社区发展的见证。1914 年,雷诺兹将《克莱顿论坛报》卖给了辛格尔顿,后者为报社建造了一座被称为“论坛报大楼”的办公场所,同时又引进了新的技术设备,大大增强了报纸的硬件实力。1927 年,克罗斯从辛格尔顿手中收购了《克莱顿论坛报》,与辛格尔顿类似,克罗斯也为报社新盖了一座办公大楼,并且引进了先进的印刷设备。在 20 世纪 50 年代,《克莱顿论坛报》的固定订阅人数超过千人,这是社区报发展历史上的一个里程碑。1953 年,来自亚特兰大的报人艾迪·巴克买下了《克莱顿论坛报》,精心经营 10 年之后又将《克莱顿论坛报》卖给了克罗斯的儿子小克罗斯。随后,克罗斯将报纸又转手给社区报出版集团(CNI)。从此之后,《克莱顿论坛报》成为社区报出版集团旗下众多社区报中的一员,经营发展也进一步的专业化。

二、发展现状

20 世纪 90 年代,《克莱顿论坛报》进入了发展的高峰阶段,凭借其优秀表现多次赢得了“佐治亚州媒体协会”和“社区报出版集团”的大奖,其中包括“最佳社论版”“最佳体育版”“最佳版面设计”等奖项。同时,报社员工也屡屡获得社区内乃至州内的摄影、新闻写作、社论写作等奖项。1997 年及 1998 年,《克莱顿论坛报》被评为社区报出版集团的“年度最佳报纸”,这一殊荣代表着集团旗下 30 多家报纸的最高水平。自 2004 年以来,《克莱顿论坛报》6 次被“佐治亚州媒体协会”评为全州最佳周报,同时又两次荣膺社区报出版集团的年度最佳评选大奖。可以说,《克莱顿论坛报》已经成为了佐治亚州乃至整个美国社区报的优秀代表。

现在,《克莱顿论坛报》开办有一个较为完备的网站,用户不仅可以通过网络阅读报纸的文章,通过网站与编辑记者互动交流,网络版的报纸还提供很多与当地的日常生活息息相关的实时信息。网站还设有开放版块,由报纸用户自行提交关于当地主要活动和新闻事件的图片和信息等内容。除了面向本地的读者用户提供便利的信息服务，网站也成了克莱顿面向外界的一扇窗户，提供大量关于在当地旅游、投资的相关信息。对于普通用户来说，网站上当天发布的内容可以免费浏览，但是要阅读电子版报纸则需要进行订阅注册，纸版报纸的订户可以免费获得电子版的权限。

三、报道特点

根据美国新闻界的定义，社区报指发行量低于5万份、强调当地社区居民新闻的报纸，“小”是其最显著特征。根据美国学者的总结，美国社区报的特征可以概括为“四小”：规模小，人员少，采编、广告人员加在一起10人左右；版数少，基本上只关注本社区的新闻，有的会关注一些国际国内时事，有的干脆不做时事新闻，头版报道百分百当地化；视角小，只关注本社区的“小新闻”；发行范围小，只在本社区内自办发行。①

图59 左为网站发布的旅游信息；右为网站刊发的《2015年医疗服务信息手册》

《克莱顿论坛报》网站，http://www.theclaytontribune.com/，检索时间：2015年7月27日。

《克莱顿论坛报》作为美国社区报的优秀代表，无疑彰显着许多社区报的特点和优势：

从新闻采编内容来看，社区报最重要的一个特点就是“think small”（小处着眼）。在报道内容上，《克莱顿论坛报》以克莱顿县和其所在城市拉本的新闻为主，重点覆盖社区新闻，报纸不只关注区域内发生的重大事件，同时也对社区内、邻里间的小事予以关注，可以说真正地做到了新闻的“贴近性”。

服务功能也是《克莱顿论坛报》业务的一个重点。本着“强大的社区报铸就强大社区”的理念，《克莱顿论坛报》始终以服务社区为己任。《克莱顿论坛报》上刊登有大量的房地产和其他商品的交易信息、广告以及社区居民的出生、订婚、婚礼信息和通知，这样便利的服务是任何美国大报都无法提供的。

与此同时，《克莱顿论坛报》与读者有着良好的互动性。在报纸官网的首页，读者可以通过链接直接向编辑发送信息，递送“读者来信”，这加强了报纸与读者的互动，有利于双方关系的维护。

除了上述社区报独有的特点外，《克莱顿论坛报》也有着许多独立媒体共同的坚守。在网站首页，报纸声明“要保持商业利润与新闻质量的平衡，在完成报纸长期发展目标的情况下，努力实现社论的独立性”。

四、涉华报道

《克莱顿论坛报》本身是一份立足本地的社区报纸，主要报道其所在社区内的新闻，对国际新闻的报道并不关注。具体报道内容中，几乎没有直接涉及中国的报道。

近几年，一位名为Shannon Van Sant（中文名字为孙珊珊）的女记者作为《克莱顿论坛报》的雇员，常驻中国展开新闻采访工作。在此期间，这位记者同时也作为出镜记者，为美国哥伦比亚广播公司（CBS）工作，所发涉华报道大多供电视台播出。

---

① 大河报：《目前在中国，没有一份真正意义的社区报》，2013年5月20日A04版，http://newpaper.dahe.cn/dhb/html/2013－05/20/content_896409.htm? div=－1，检索时间：2015年7月27日。

《拉丁贸易》*Latin Trade*

《拉丁贸易》(*Latin Trade*)创刊于1993年,旨在报道拉丁美洲和加勒比海岸的国际商业新闻。该刊每两个月出刊一期,以英语和西班牙语发行,两种语言的版本发行量共计约四万份。《拉丁贸易》杂志主要面向拉丁美洲,以拉丁美洲读者为主,影响力范围可以达到整个西半球。

图60 《拉丁贸易》杂志封面

作为一本经济类的月刊,《拉丁贸易》与《财富》《福布斯》在报道内容上有所重合。《拉丁贸易》杂志在兼顾全球市场讯息的同时,对拉丁美洲和加勒比海岸地区贸易的趋势尤其重视,偶尔也对商界和政界的杰出人士予以报道。自2002年至今,《拉丁贸易》杂志已经获得了27项编辑和设计方面的奖项,其中包括美国商业出版物编辑协会所颁布的奖项。

为顺应网络媒体兴起的大势,《拉丁贸易》杂志也推出了网络版本。《拉丁贸易》网络版原名为《拉丁商业纪事》,每日提供新闻和免费的新闻推送,以锁定受众群体,扩大网络影响力。目前,《拉丁贸易》网站(http://latintrade.com)每年还会给拉丁美洲的商业、政治、科技、安全和全球化程度进行排名和打分,以舆论排名的方式来评估拉丁美洲的发展状况,以此促进该地区的进一步发展,同时给商业投资者提供对拉丁美洲市场最为准确和全面的视角分析。这项独特的服务因具有较高的参考价值,因而成为网站的主要付费服务,只有订阅用户才能够使用。这也是报纸网络化时代必须要找到自己独特的价值资讯的体现。在以免费精神为导向的互联网时代,报纸想要成功生存,一部分要依托于免费内容的支撑来获得用户与流量,另一部分则需要挖掘自己所提供资讯的独特性,《拉丁贸易》网站正是看到了这一点,在提供独特价值方面做出了自己的努力与尝试。

《拉丁贸易》杂志是拉丁贸易集团(The Latin Trade Group)的代表性杂志,该集团通过组织会谈、颁奖仪式和论坛的方式来为拉丁美洲的投资者和经济助力。这些活动也被认为是《拉丁贸易》杂志的有力补充,通过活动能够有力扩大《拉丁贸易》杂志的影响力,提高其公信力。拉丁贸易会谈将拉丁美洲超过500位在政界和商界拥有广泛影响力的名人汇集在一起,讨论拉丁美洲地区所面临的主要问题。而《拉丁贸易》举办的"BRAVO Business Awards"被誉为"拉丁美洲商业圈的奥斯卡奖",该奖项奖励西半球在商业、政治和社会各个领域对拉丁美洲贸易做出杰出贡献的人们。拉丁美洲贸易论坛则致力于挖掘北美中小型公司的潜力,使其能够将贸易扩张到拉丁美洲地区,从而带动该地区的经济发展。通过这种方式,《拉丁贸易》杂志在拉丁美洲的金融商业方面具有相当的权威性与影响力。

图61 《拉丁贸易》杂志封面

《连线》*Wired*

WIRED

《连线》(*Wired*)是美国的一份科技类月刊,隶属于国际期刊出版巨头康泰纳仕集团(Condé Nast)。《连线》杂志着重报道科学技术应用于现代和未来人类生活的各个方面以及科技对文化、经济还有政治的影响,在世界范围内对科技领域具有很大的影响力。

一、历史沿革

《连线》于1993年创办,第一期发行于美国旧金山,该杂志的创办者为美国记者路易斯·罗塞托(Louis Rossetto)和他的妻子简·梅特卡夫(Jane Metcalfe),二人将加拿大著名传播学者马歇尔·麦克卢汉(Marshall McLuhan)称为杂志的"守护神"(patron saint)。

在杂志发行的第一期,罗塞托曾经说过"数字革命正如台风一样席卷我们的生活",这本杂志发行的目的就是在数字化革命中,从人的角度来探讨技术以及技术带来的各种影响。在杂志创办后的最初四年,该杂志获得了两次国家杂志奖,得到了业内的承认和褒奖。

1998年6月15日,康泰纳仕集团收购了《连线》杂志,并把发展重点放在了互联网时代的商业上。连线新闻网则被单独卖给了莱科思,但是根据协议,当时的连线新闻网会继续将《连线》杂志的内容放至网站上。在2006年,康泰纳仕集团又以2500万美元的价格买下了连线新闻网。

2001年担任总编辑的克里斯·安德森,致力于在版刊风格上更加迎合主流阅读品味。在他的带领下,《连线》杂志变得广为人知,同时也多次获得国家杂志奖。

二、发展现状

《连线》杂志是网络新文化的重要阵地和一座丰碑,获誉为"技术领域的《滚石》杂志"。

目前,《连线》杂志还出版有多个海外版本,在德国、意大利和日本都出版了各自国家语言版本的杂志。

在2010年5月27日,《连线》杂志发行了移动客户端版本,并首先在iPad上推广使用,很快便受到了消费者的追捧。现在,《连线》杂志的移动端应用还针对不同特质的屏幕特别推出了专门的版本,包括适于10寸屏幕、7.9寸mini屏幕和手机屏幕的客户端应用。

图62 《连线》杂志推出适应不同屏幕的移动客户端应用

面对用户快速变化的阅读习惯和对网站设计、加载速度等更高的要求,《连线》的线上版(wired.com)也进行了大幅改版,wired.com精简了排版设计,在内容上也进行了精简,还采用了卡片式的内容展示,以迎合移动互联网时代的阅读要求。

三、报道特点

《连线》杂志的设计与其内容在气质上极为吻合，这种吻合不仅在于外在的视觉效果，更在于内在的逻辑，尤其是其目录设计，一改惯常的以虚线连接标题和页码的做法，以多层次信息传达、图像化的编辑和数码界面化的处理精准地传达了数字时代的气息。其最显著的特点是把“连接”这一动作隐藏了起来，让目录的功能实现变得不落痕迹，这一点正如数字技术于当今社会的作用，化身隐形的绳结，维系着人与物、个人与群体的羁绊与意义。①

图 63 《连线》杂志版面设计

图片引自康泰纳仕集团网站：Wired Media Kit 2015，http://www.condenast.com/brands/wired/media－kit/print/pdf，检索时间：2016 年 3 月 10 日。

《连线》杂志还曾经提出过很多著名的术语，如“长尾理论”“众包”等。另外，《连线》杂志还特别善于利用互联网和高科技等作为平台来宣传自己的内容。

图 64 《连线》新版网站首页

图片引自《连线》杂志网站：http://www.wired.com，检索时间：2016 年 3 月 10 日。

2015 年 3 月 1 号，《连线》杂志推出了新版的官方网站，削减了很多栏目版块，只留下商业（business）、文化（culture）、设计（design）、装备（gear）、科学（science）、安全（security）和交通（transportation）6 个分栏，文章内容都以卡片形式分布在页面上。这使版面更加清爽干净、易于阅读。另外，他们的技术人员还对过去十几年存储在不同数据库的文章进行了整合，大大提升了网页的加载速度。

此次《连线》杂志的新版网站，其网站底层架构的调整更适合移动阅读。这不仅指卡片式的内容呈现形式能适配多个终端平台，还可以通过灵活性的排版以及多种字体设计，更好地兼容桌面、平板电脑以及手机屏幕。另一方面，无处不在的分享按钮，尤其是多个移动社交媒体的分享按钮增强了互动性。②

四、涉华报道

在《连线》杂志的官方网站上对“China”这一关键词的搜索，总共有 3781 条搜索结果。但是，其中只有 10%

---

① 万长林：《隐性的连线——从〈连线〉杂志看数字时代纸刊的目录设计》，《装饰》2011 年第 6 期。

② 赵赛坡：《传统媒体在逆袭：纽约客和彭博之后，最酷杂志连线也改版了》，澎湃新闻，http://www.thepaper.cn/newsDetail_forward_1308104，2015 年 3 月 5 日。

的内容是完全研究中国的事件或产品的，其他 90%的内容基本都是在研究世界性的科技问题时，顺带提到中国的某些产品或者现象。

由于《连线》杂志是一份科技类杂志，它的报道内容都集中于科技领域，因此其关于中国的内容也主要是科技方面的。包括中国的智能手机市场、汽车行业、阿里巴巴以及最近很风靡的专车服务，并且内容都从事实出发分析相关行业领域，关注中国国内互联网事业的发展趋势以及“互联网＋”等推动相关产业发展的政策。

《连线》杂志的刊发内容基本都是原创的，在涉华报道这一块也不例外。记者利用专业的知识，对新闻事实进行细致、专业、有深度的分析，不涉及明显的立场倾向。

《洛杉矶时报》*The Los Angeles Times*

Los Angeles Times

《洛杉矶时报》（*The Los Angeles Times*，简称“LA Times”）是美国发行量最大的大都会日报，也是全国范围内发行量最大的报纸之一。该报在美国国内具有很大的影响力，国内读者通常直接称其为“时报”，视其为与《纽约时报》《华盛顿邮报》齐名的第三大报。目前，《洛杉矶时报》隶属于论坛出版公司（Tribune Publishing）。

一、历史沿革

1881 年 12 月 4 日，一份名为《洛杉矶每日时报》（*Los Angeles Daily Times*）的地方性报纸在美国西部重要城市洛杉矶创刊。这份报纸的创办人是本地富商小内森·科尔（Nathan Cole Jr.）和托马斯·加德纳（Thomas Gardiner），并由本地印刷商杰西·亚内尔（Jesse Yarnell）和托马斯·凯斯蒂尔（Thomas J. Caystile）共同经营的印刷公司（Mirror Printing）负责出版。

LOS ANGELES DAILY TIMES.

VOL. I. LOS ANGELES, CALIFORNIA, SUNDAY MORNING, DECEMBER 25, 1881. NO. 19.

PROFESSIONAL AND BUSINESS CARDS

W. C. COCHRAN, M. D.

SAMUEL McCURDY, M. D.

F. T. BICKNELL, M. D.

A. S. SHORB, M. D.

JOSEPH KURTZ, M. D.

ISAAC FELLOWS, M. D.

GEO. H. BEACH, M. D.

J. HANNON, M. D.

DR. CHIN QUONG ZIE,

J. ROWLAND, M. D.

H. B. LATHROP, M. D.

J. W. HOLLINGSWORTH,

R. C. CUNNINGHAM,

DR. WM. HAZELTINE,

C. E. SHELDON,

GROCERIES & PROVISIONS.

THE GRANGE STORE!

Choice Groceries,

WHOLESALE AND RETAIL.

Gilt Edged Butter a Specialty.

Hay, Grain and all kinds of Farm Produce.

SEYMOUR, JOHNSON & CO.,

LEN J. THOMPSON & CO.,

GROCERS.

TEAS, COFFEES, SPICES, Etc., Etc.

PENANG GROUND SPICES,

Samson and Aerial Baking Powder.

F. HANIMAN & CO.,

Fruits, Nuts.

MISCELLANEOUS.

DOTTER & BRADLEY,

FURNITURE!

Carpets, Mattings, Oil Cloths, Linoleums, Wall Paper,

Upholstery Goods, Etc.

80, 82, 84 and 86 Main Street, Los Angeles, Cal.

S. W. LUITWEILER,

Studebaker Farm, Freight and Spring and the Cortland Spring Wagons, Buggies, &c.

34, 36 and 38 LOS ANGELES STREET.

All Work Fully Warranted.

MISCELLANEOUS.

DOLLAR STORE! DOLLAR STORE!

CHRISTMAS PRESENTS!

For Everyone. We have a

Finer Stock than ever Before and Prices Lower!

Wax Dolls, 6 inches tall, with hair, only 5 cents.

Wax Dolls, 10 inches tall, with hair, only 10 cents.

Wax Dolls, 24 inches tall, with hair, only 75 cents

China Tea Sets from 10 cents up. Doll Carriages from 50 cents up.

WHY! WHY! WHY!

An Elegant Assortment of Rogers Bros. Silverware,

Beautiful Initial Handkerchiefs put up in Fancy Boxes!

图 65 创办于 1881 年的《洛杉矶每日时报》

第二年，科尔和加德纳就陷入资金不足的问题，由于没有办法支付所欠的印刷费用，二人便将报纸抵给了印刷公司。与此同时，当地知名出版商塞缪尔·杰伊·马西斯（Samuel Jay Mathes）加入报纸的经营，并且在他的坚持下该报才得以继续出版。经过几年的惨淡经营，《洛杉矶每日时报》迎来了带领它走向成功的重要人物。

（一）哈里森·格雷·奥蒂斯时期

1882 年 8 月，哈里森·格雷·奥蒂斯（Harrison Gray Otis）接手《洛杉矶每日时报》的工作，初时只是作为主编负责该报的新闻采编。当时，洛杉矶只是美国西部一个不起眼的边陲小镇，人口只有 12500。趁着 1883 年南太平洋公司铁路竣工和后来发现大油田之机，奥蒂斯通过《洛杉矶每日时报》大造舆论，鼓励青年人到西部去创业，结果吸引了大批人纷纷奔赴西部，也为报纸带来了迅速发展的契机。1884 年，奥蒂斯与合伙人联手出资，将报纸和它的出版公司一并买了下来，将二者合并成立了“时报与镜出版公司”（Times－Mirror Company）。

1886 年,奥蒂斯又进一步买断了合伙人手中的股份,成为这份报纸的唯一所有人。[①] 当年 10 月,奥蒂斯决定将报名中的"每日"去掉,正式变为《洛杉矶时报》。这一年,《洛杉矶时报》的发行量达到 7000 份,而在此时,洛杉矶的人口也增长到了 10 万。[②]

随着移民的疯狂涌入,洛杉矶的房地产业开始飞速发展,而因房地产投放广告的需要,《洛杉矶时报》的广告量也不断上升。到 1900 年时,报纸的发行量增长到了 26000 份,但是广告条数却位居全国第一。除了经营报纸,奥蒂斯不断在加利福尼亚和墨西哥州购买土地,很快就达到 100 万英亩,而房地产交易中产生的广告需求又使《洛杉矶时报》受益。[③] 1906 年 4 月 18 日,旧金山发生大地震,次日的《洛杉矶时报》头版头条位置以通栏图片和几乎通栏的标题予以报道,并在内页刊登很多特稿,引起读者强烈关注。

奥蒂斯参加过南北战争,获得过上校军衔,因此人们都称他为"奥蒂斯将军"。在人们眼中,他是一个吝啬的资本家,经常在报纸上对准自己的敌人开炮。[④] "奥蒂斯是从来不掩饰他的政治观点的。他痛恨民主党,拥护共和党。"[⑤]在他执掌时报期间,由于他"不懈"地与工会斗争,以至于在 1910 年 10 月 1 日,《洛杉矶时报》办公大楼被几名工会激进分子炸毁。奥蒂斯因不在现场而幸免于难,但却有 20 名工人在爆炸中丧生,爆炸案当时在全国引起了很大的轰动。不久奥蒂斯便着手重建印刷厂,《洛杉矶时报》的印刷出版并没有受到影响。一年之后,奥蒂斯开始在报社原址上重建新的时报大楼。竣工落成时,奥蒂斯在大楼顶上安置了一尊老鹰铜像,以此彰显他为报纸定下的报训"站得牢,站得稳,站得定,站得真"(Stand Fast, Stand Firm, Stand Sure, Stand True)。

可以说,《洛杉矶时报》的发展与洛杉矶这座城市由小镇走向繁华的大都市的发展是分不开的。背靠这座城市,《洛杉矶时报》不仅实现了财务上的盈利,而且获得了由地区走向全国的基础。

(二)钱德勒时期

1917 年奥蒂斯去世,他的女婿哈里·钱德勒(Harry Chandler)继任成为报纸的新发行人。由此开始,《洛杉矶时报》经历了钱德勒家族的三代发行人。

哈里·钱德勒接手时,《洛杉矶时报》已经成为南加州地区实力最强、影响力最大的报纸。[⑥] 但是哈里不是报人出身,对办报不感兴趣,他把注意力重点放在报纸的经营上,力图把这份家业更加发扬光大。在他担任发行人期间,《洛杉矶时报》发展势头良好,广告成倍增加,发行量也节节攀升。[⑦]

1944 年,诺曼·钱德勒(Norman Chandler)接替父亲出任《洛杉矶时报》的发行人。和他的父亲及外公一样,诺曼保守而且在政治上有明显的偏向,在他任下的《洛杉矶时报》一度被新闻界列为仅次于麦考米特上校时期的论坛公司和赫斯特报团的最不公正报纸。[⑧]事实上,诺曼并不具备什么领导才能,他的妻子多萝西·巴法姆·钱德勒(Dorothy Buffum Chandler)更有魄力,开始在报社业务中日益活跃,正是她迫使诺曼退位,让儿子继承发行人一职,也就是对日后《洛杉矶时报》影响最大的奥蒂斯·钱德勒(Otis Chandler)。

身为报业家族的第四代继承人,奥蒂斯·钱德勒很早就受到父母的有意锻炼,在报社各个岗位上工作过,"从运报车司机、广告促销员到记者、编辑、部门主任"。[⑨] 1960 年,31 岁的奥蒂斯·钱德勒正式接任成为了《洛杉矶时报》的发行人。在他的领导下,《洛杉矶时报》步入了一个黄金发展期。奥蒂斯大胆、勤奋又有野心,他不

---

① 《洛杉矶时报》网站:http://touch.latimes.com/#section/-1/article/p2p-51029764/,检索时间:2015 年 10 月 5 日。
② 蔡晓滨:《美国报人——游走于现实与历史之间》,山东画报出版社 2010 年版。
③ 辜晓进:《走进美国大报》,南方日报出版社 2002 年版。
④ 〔美〕埃里默:《美国新闻史:大众传播媒介解释史》,展江译,中国人民大学出版社 2004 年版。
⑤ 蔡晓滨:《美国报人——游走于现实与历史之间》,山东画报出版社 2010 年版。
⑥ 苏荣才:《对华美国报业总裁》,南方日报出版社 2005 年版。
⑦ 蔡晓滨:《美国报人——游走于现实与历史之间》,山东画报出版社 2010 年版。
⑧ 辜晓进:《走进美国大报》,南方日报出版社 2002 年版。
⑨ 苏荣才:《对华美国报业总裁》,南方日报出版社 2005 年版。

甘心只做一份狭隘的地方性报纸，他的目标是即使不发展成为全国第一的报纸，也要成为仅次于《纽约时报》的优秀报纸。[①]为此他做了两件大事：改革和上市。而这两件事彻底改变了《洛杉矶时报》的面貌。

奥蒂斯·钱德勒接手《洛杉矶时报》之时，报纸因为严重的党派倾向而广为受人诟病。刚一上任，奥蒂斯·钱德勒便不顾家族成员的反对，扭转了报纸的右翼倾向，改持更为中立的立场。[②]此外，奥蒂斯的改革还集中在以下几个方面：第一，在新闻报道方面，扩大新闻版，大大增强国内新闻和国际新闻的分量，并招募了一批才华横溢的记者，鼓励他们多写有深度的和调查性报道，同时改变社论写作作风，使评论大胆而公正；第二，在经营方面，1962 年，《洛杉矶时报》与《华盛顿邮报》合作创办了洛杉矶时报－华盛顿邮报新闻社（Los Angeles Times－Washington Post News Service），并在国内和国外大量建立分社或记者站，[③]很快便在美国及全球拥有了 34 家分社。同时，奥蒂斯·钱德勒还大举扩张《洛杉矶时报》的母公司时报－镜出版公司，收购了《新闻日报》《巴尔的摩太阳报》《哈特福德新闻报》、数家电视台和有线电视台以及两家享有盛誉的图书出版商新美利坚丛书公司和哈里·艾布拉姆斯出版公司，同时也为自己赢得“帝国打造者”的美誉。[④]

图 66　1967 年《新闻周刊》封面人物奥蒂斯·钱德勒

1964 年，时报－镜出版公司在纽约证交所上市，成为美国第一个上市的家族报业公司，[⑤]由此开启了美国报业公司上市的热潮。公司上市之后，从 1968 年到 1980 年的 12 年间，家族的收入增加了四倍。与此同时，报纸的新闻业务也更上层楼，在奥蒂斯·钱德勒执掌的 20 年间获得了 14 次普利策奖奥蒂斯·钱德勒不仅稳固了《洛杉矶时报》作为西部第一大报的地位，而且率领报纸跨过密西西比河，进入幅员辽阔的中部，直达东部的纽约、华盛顿、波士顿地区，发行量从当初的 40 万份一举跃过了 100 万大关，每年的广告和发行收入从原来的 1 亿美元增至 10 亿美元以上。[⑥]

（三）后家族时期

20 世纪 80 年代，南加州陷入了经济衰退，报纸的广告收入大幅减少，奥蒂斯·钱德勒也开始从公司管理职位上退下来。1980 年，汤姆·约翰逊（Tom Johnson）上任成为《洛杉矶时报》第一位非家族成员的报纸发行人。1989 年，《洛杉矶时报》的发行量达到了 120 万份，周日版发行量达到 150 万份，成为美国最大的都市报纸。[⑦]在这之后，新的管理层按照市场要求对新闻进行定位，把营销人员和编辑人员并入同一部门。[⑧]这种把利润放在新闻前的做法自然不利于报纸的发展。不出十年，公司便开始亏损。

2000 年 6 月，《芝加哥论坛报》的母公司论坛公司并购了《洛杉矶时报》及其公司。连同此前已经收归旗下的 KTLA 电视台，论坛公司成为一个拥有报纸、电视和网络的跨媒体集团。到 2007 年时，论坛公司被亿万富翁

---

① 辜晓进：《走进美国大报》，南方日报出版社 2002 年版。

② Jonathan Kandell：《奥蒂斯·钱德勒——改革〈洛杉矶时报〉的发行人》，英语文摘：阮江平摘译自 2006 年 2 月 28 日《纽约时报》，2006 年 4 月，第 21－24 页。

③ 辜晓进：《走进美国大报》，南方日报出版社 2002 年版。

④ Jonathan Kandell：《奥蒂斯·钱德勒——改革〈洛杉矶时报〉的发行人》，英语文摘：阮江平摘译自 2006 年 2 月 28 日《纽约时报》，2006 年 4 月，第 21－24 页。

⑤ 苏荣才：《对华美国报业总裁》，南方日报出版社 2005 年版。

⑥ 苏荣才：《对华美国报业总裁》，南方日报出版社 2005 年版。

⑦ 《洛杉矶时报》网站：http://www.latimes.com/la－mediagroup－times－history－htmlstory.html，检索时间：2015 年 10 月 20 日。

⑧ 〔美〕W. 兰斯·班尼特：《新闻：政治的幻象》，杨晓红、王家全译，当代中国出版社 2004 年版。

房地产商山姆·泽尔(Sam Zell)以83亿美元收购。身为一个商人,山姆·泽尔的金钱至上原则完全不适于报纸的发展。由于业务铺展过大导致资不抵债,2008年12月,论坛公司申请破产保护,2012年底解除。

2013年,论坛媒体集团拆分,包括《洛杉矶时报》《芝加哥论坛报》《巴尔的摩太阳报》等在内的报纸由论坛出版集团负责经营管理。然而,从成立至今论坛出版集团始终未能走出困境。2015年10月,《洛杉矶时报》再次宣布裁员计划,外界对于论坛出版集团及其旗下报纸的未来都抱持不乐观的态度。

二、发展现状

目前,《洛杉矶时报》仍然是美国最大的报纸之一,创办至今已经获得了40余座普利策奖杯。在2011年的读者投票评选中,《洛杉矶时报》在美国影响力最大的传统媒体报纸中排名第四,同时在2012年美国发行量前十位的日报中位列第四。在南加利福尼亚尤其是洛杉矶市,《洛杉矶时报》享有非常高的声誉。2013年,曾一度传出亿万富翁科赫兄弟将买下《洛杉矶时报》的消息,为此洛杉矶的市民不惜上街游行,高举写着"救救时报"的条幅反对收购。

与其他所有传统报纸一样,在新媒体和经济危机的冲击下,《洛杉矶时报》也面临许多挑战。从2008年起,《洛杉矶时报》就频繁进行裁员、减版:2008年2月,裁减了《洛杉矶时报》100个职位,后又裁掉135名编辑人员,把印刷量减少了14%;2009年1月为应对印刷广告业务下滑和债务,《洛杉矶时报》裁员10%,包括70名新闻编辑。

面对危机,《洛杉矶时报》选择积极面对,推出了一系列新媒体战略。首先,积极转战电子业务,加强对《洛杉矶时报》网站的开发。早在1996年4月8日,《洛杉矶时报》就推出了自己的网站时报在线(latimes.com)。经过努力,数据显示2013年美国最有影响力的在线新闻媒体排名中,《洛杉矶时报》网站位居第十。据时报在线网站内容介绍,网站每月访问人数达到2200万人次。

其次,始终保持专业精神和读者至上原则。在不断裁员和削减开支的情况下,《洛杉矶时报》的编辑部内仍然保有"试验厨房"等项目——这是为《洛杉矶时报》的美食版而设置的一个厨房,所有在报纸上刊登的美食都会在这个厨房里先经过试验和品尝。可以说,这个厨房集中表露着《洛杉矶时报》不变的读者至上的精神。

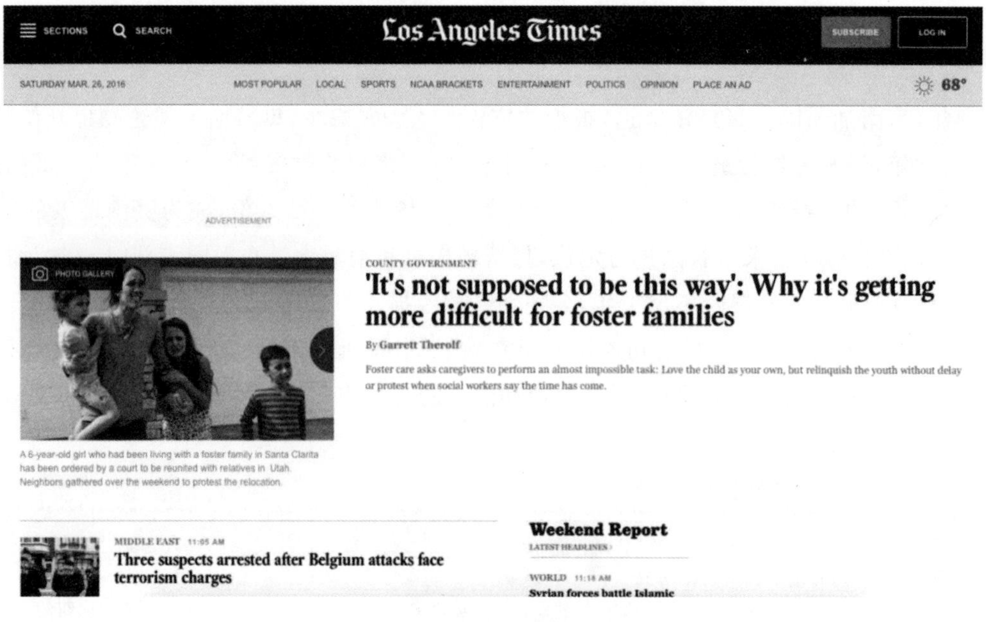

图67 时报在线网站首页

图片引自时报在线网站:http://www.latimes.com,检索时间:2016年3月25日。

三、报道特点

纵观《洛杉矶时报》的历史与现状，可以看出作为一份都市报纸，该报一直具有一大明显的特点，即地方报纸全国战略。

从家族发行人奥蒂斯·钱德勒开始，《洛杉矶时报》就不满足于“只是一家西海岸报纸”的形象，努力把自己办成一家在国内外都有影响力的大报。为此，报纸开始大量派驻国外记者、重视对国际新闻的报道。在1991年的第一次伊拉克战争期间，《洛杉矶时报》一口气向海湾地区派出了20名文字和摄影记者，而传统上以重视报道国际新闻出名的《纽约时报》也仅仅派出12名记者，《华盛顿邮报》则只派出了10名。同时，《洛杉矶时报》又始终十分重视对洛杉矶本地的新闻报道，这一点从其新改版的网站也可以体现出来。

2014年5月，时报在线网站进行改版。改版主要集中在几个方面：首先，版面上更适于网络阅读，如关键内容字体放大、引导性内容缩短等；其次，更重视本地新闻。网站提出了“寻找你附近的新闻”(find news near you)的口号，推出了“社区专栏”，汇集了洛杉矶88个大小城镇中300多个社区的地理信息，在用户登录时识别地理位置，自动显示所在社区的新闻资讯；第三，更深入应用数据新闻。2014年7月，美国加州发生一次里氏4.4级的地震，《洛杉矶时报》在三分钟内发出了消息，是所有新闻媒体中最快的。原来发布消息的是一个叫作“Quakebot”的软件，它是一个新闻自动生成系统，能够在地震发生后，根据美国地质勘探局发出的数据，自动将信息输入模版并提交至采编系统。这种“机器人新闻”的发布大大加快了简易消息发布的速度。

未来的《洛杉矶时报》主要发展趋势是电子化、网络化，努力不断走在技术前沿，致力于推动并参与新闻的变革。

四、涉华报道

在时报在线网站上，通过其网络档案馆进行关键词检索，其中标题含有“China”的报道从1985年1月至2015年5月共有12985篇。但是由于《洛杉矶时报》的网站设置，检索内容只能够以与关键词的相关程度呈现，没有办法进行时间排序和类别划分，观察和分析都较为困难。

总的来看，《洛杉矶时报》涉华报道的议题主要关注中国的政治、经济、外交、文化以及人权、中美关系等。在经济报道方面，《洛杉矶时报》发表的大量涉华报道都对中国的发展成就以及对世界经济的贡献予以肯定，例如2016年1月该报刊文发表“亚投行”相关报道，文章称，即使放缓，中国的经济增速仍是美国两倍以上，中国依然是世界经济的火车头，国际市场的担心是因为“一旦中国离去，美国及世界其他地区无法填补空缺”。与此同时，《洛杉矶时报》也对中国的飞速发展以及由此带来的影响力上升表示担忧，尤其是在报道与中国的军事实力等相关议题时，该报的报道往往饱含“中国威胁”的意味。举例说，2015年6月22日，该报发表一篇题为《中国或试图布局潜艇深藏南中国海》的报道，文章大量引用来自美国军方和国防部的发言表态，充满了主观的揣测和臆断。

此外，该报也十分关注中国的社会变化和文化生活，发表了大量相关议题的报道。2013年7月，《洛杉矶时报》刊文报道中国修订养老法案，文章在报道新闻事实的同时，阐述了中国社会的家庭传统，指出与西方社会不同，在中国，家庭将是养老的主要支持力量。近几年间，《洛杉矶时报》发表了很多从新闻事实出发，阐释中国社会、中国文化及其发展变化的文章，例如古老的北京胡同变得时尚、羊年带来中国人生育低峰、中国人喝热水的好处等。此外，作为立足洛杉矶的地方性大报，《洛杉矶时报》同样非常关注旅美华人、赴美中国人等报道议题。

《美国汽车新闻》*Automotive News*

Automotive News

《美国汽车新闻》(*Automotive News*,简称"AN")是美国发行的一份行业周报,隶属于克雷恩通信集团(Crain Communications Inc.)旗下的美国汽车新闻集团。《美国汽车新闻》的内容涉及全球汽车行业的方方面面,是一份典型而具有影响力的行业性、专业性报纸,在汽车行业内有非常大的影响力。

一、历史沿革

《美国汽车新闻》的创始人是乔治·斯洛克姆(George Slocum)。面对20世纪初美国汽车行业突飞猛进的发展,斯洛克姆深深觉得汽车行业需要一份专业而负责任的报纸来对业内信息进行报道与宣传,尤其是商业信息的分享与传播。因此,在克服了包括资金问题在内的种种困难之后,他于1925年8月27日创办了《美国汽车新闻》的前身——《每日美国汽车新闻》(*Automotive Daily News*),并在纽约出版了该刊的第一期,受到了读者的广泛好评。

1933年,斯洛克姆说服了众多的投资人,将《每日美国汽车新闻》的报社总部迁至美国的汽车之城——底特律,并将该刊的发行频次从每周出版一次更改为每周出版两次。1938年,《每日美国汽车新闻》取消了周三版本,再度恢复为每周出版一次,并在当年的6月4日正式将刊物名称改为《美国汽车新闻》并一直沿用至今。之后的五年间,斯洛克姆一直秉持薄利多销的理念,《美国汽车新闻》的订阅价也从最初的一年6美元降到了一年4美元,这一举措也为其赢得了广泛而稳定的读者群体。1939年,《美国汽车新闻》的出版时间由每周六调整至每周一。

1933年迁往底特律时,《美国汽车新闻》的发行量只有5000份,而到"二战"爆发时已经上升至12000份。受战争影响,《美国汽车新闻》的发行量增长受到影响,但是即使是在战后汽车业发展停滞不前的时候,其发行量仍旧能稳定在战前的70%以上。作为一份行业性报纸,这与内容的优质和价格的低廉是分不开的。

作为创始人,乔治·斯洛克姆执掌《美国汽车新闻》整整38年。1971年,克雷恩通信集团宣布收购《美国汽车新闻》。随后,基斯·克雷恩(Keith Crain)就任主编及出版人,《美国汽车新闻》进入了发展的新时代。

二、发展现状

目前,《美国汽车新闻》为克雷恩通信旗下的美国汽车新闻集团所有,基斯·克雷恩任董事长兼总编辑。[①]《美国汽车新闻》每周一出版一期,最高年发行量达到57693份。

1996年,《美国汽车新闻》开始了在欧洲地区发展的脚步。2006年,《美国汽车新闻·中国》创立,并有简体中文和英文两个版本同时发行,以满足不同读者的阅读需求。作为一份中英双语的免费电子周刊,《美国汽车新闻·中国》除了在中国拥有一支优秀的记者团队外,其"姊妹出版物"《美国汽车新闻》、《美国汽车新闻·欧洲》(*Automotive News Europe*)以及《德国汽车周报》(*Automobilwoche*)亦是其强有力的后盾,美国汽车新闻集团遍布全球的编辑和记者将为读者提供全方位报道。

如今,《美国汽车新闻》在线网页(autonews.com)也已上线,并为全球20000多个汽车行业的高管和市场主管提供免费的邮件信息服务,[②]普通读者也可以通过其网站获取来自全球的优质汽车行业新闻,其新闻内容也

---

① Crain: About Crain, Crain Communications Inc., http://www.crain.com/about/index.html,检索时间:2015年7月25日。

② Automotive News China: http://www.autonewschina.com/en/aboutus.asp,检索时间:2015年7月25日。

图 68 《美国汽车新闻》网站首页

图片引自《美国汽车新闻》网站：http://www.autonews.com，检索时间：2016 年 3 月 5 日。

时常被彭博财经和路透财经转用，影响力可见一斑。

三、报道特点

作为一份集行业性、专业性于一身的刊物，《美国汽车新闻》的全部重心都放在汽车及汽车新闻领域，硬新闻方面，《美国汽车新闻》关注业内的最新发展动态，如各品牌汽车新车型的推出、新型汽车技术的问世及应用等。评论性文章方面则多为汽车市场走向分析、汽车品牌经营战略[1]等，其观点较为客观中立，受政治性因素影响较小。

其传播媒介目前以纸质报纸和网站传播为主，发行量和访问量稳定，受众遍及全球，影响范围很广。

图 69 《美国汽车新闻》头版

四、涉华报道

《美国汽车新闻》对中国的汽车市场及主要汽车企业保持着很高的关注度，如“上汽、一汽、奇瑞、吉利以及长城”等企业都是其重要的合作伙伴，中国的读者群体也是其重要的收入来源之一。总的来说，首先，美国汽车新闻对中国的关注度很高，对中国汽车企业的报道是其报道的重要内容之一，同时，其报道对象还包括在中国制造并出口零部件的国际供应商（如爱信精机、佛吉亚、李尔、伟世通等）以及在国内外销售零部件的中国供应商（如万向、重庆青山、贵州红湖等）。其次，由于其同中国汽车企业的合作关系及中国读者

① Automotive News：http://www.automotive.com/about－us/，检索时间：2015 年 7 月 25 日。

群体的影响,其对华态度比较友好,如《德国供应商纷纷寻求中国市场机遇》《古巴从中国订购 719 辆比亚迪轿车》等新闻报道都有力地塑造了中国汽车市场正面、积极的形象。

《纽约客》*The New Yorker*

THE NEW YORKER

《纽约客》(*The New Yorker*)杂志于 1925 年创办于纽约,是一份内容涵盖新闻报道和评论、人物特写、散文、小说、诗歌、漫画以及文艺评论的综合性周刊,尤以对美国国内政治和国际关系的评论观点而著名。《纽约客》杂志为康泰纳仕集团所有,是一份在世界范围内有着重要舆论影响力的精品杂志。

一、历史沿革

自 1925 年创刊以来,《纽约客》杂志至今已经历了近百年的发展历史。期间,《纽约客》历经五位风格各异的主编辑,他们都是杂志各个发展阶段的核心灵魂。按照五位主编的任职时期,可以将这份知名期刊的发展历程划分为五个阶段。

(一)哈罗德·罗斯时期

图 70　1925 年 2 月出版的《纽约客》创刊号封面

作为杂志的创始人,罗斯在《纽约客》发展历程中的重要地位不言而喻。初创时期,罗斯就为杂志定下了高雅、幽默、文艺气息浓厚的腔调,并且在工作中严格维护这种风格。在发刊词中,罗斯就写道:“这本杂志不是办给小城镇的老人看的。”可以说罗斯虽然个人性情古怪,但是确实一个编辑方面的奇才,他吸纳了一批优秀的编辑和记者,将《纽约客》这种高雅风趣的知识分子情怀发扬到了极致。但是,杂志游离于社会现实之外也招致了一部分人的批评,《纽约客》不得不寻求改变。1945 年,记者赫希在日本采写了一篇名叫《广岛》的报道,描写了“二战”中原子弹对于日本城市的摧毁和对于人民的伤害,杂志破例用整期杂志刊登了这篇 30000 多字的特稿,引起了强烈的反响。这篇报道成为了美国新闻史上的一座重要里程碑,也标志着《纽约客》进入一个新阶段。作为知识分子的代表,原本阳春白雪的《纽约客》开始积极“入世”了。在罗斯的带领下,《纽约客》从单纯的文化幽默类杂志过渡成了有着鲜明风格的综合性杂志,为日后的发展奠定了基调。

1951 年,罗斯去世,威廉·肖恩接任主编,将《纽约客》又带入了一个新时代。

(二)威廉·肖恩时期

罗斯去世后,《纽约客》内部的威廉·肖恩接任主编。肖恩曾经做过记者,又在《纽约客》主笔过评论。在罗斯去世前,肖恩已经长时间充当罗斯的副手。在肖恩的带领下,《纽约客》又发展到了一个高峰。

如果说罗斯时代后期,《纽约客》开始了介入社会、报道时事的尝试,那么在肖恩的带领下,《纽约客》则是全方位地承担起了社会责任。由于肖恩曾当过记者,《纽约客》在他任期内明显增强了新闻性,也用一篇篇出色的报道在新闻业界树立起自己的标杆。1962 年,《纽约客》刊登了蕾切尔·卡森的报道《寂静的春天》,揭露了美国 DDT 农药对环境和人体的伤害,引起了巨大的争议和反响。这篇报道也是美国新闻界对环境问题关注的开端,再次在新闻史上画下不同凡响的一笔。1963 年,凭借汉娜·阿伦特备受争议的报道《耶路撒冷的伊希曼》,

《纽约客》进一步确认了自己在新闻界的地位。肖恩在《纽约客》任职主编30多年，这段时间也是《纽约客》发展的一个黄金期。在此期间，《纽约客》杂志经历了一次易主，肖恩也由于与新老板纽豪斯出现分歧，于1987年遭到公司解雇。

(三)罗伯特·戈特利布时期

肖恩卸任之后，罗伯特·戈特利布接任了主编的位置。戈特利布原是著名的图书编辑，曾发掘并编辑了约瑟夫·海勒的《第22条军规》。接任《纽约客》主编使戈特利布一度遭到众多质疑，任职初期戈特利布也并没有拿出实际行动证明自己的能力。这一时期的《纽约客》编辑风格保守，冲淡了原本鲜明的特色。此外，由于戈特利布图书编辑出身的原因，这一时期《纽约客》的新闻性明显下降，对时事的关注和报道远远不如肖恩时期出色，内容上乏善可陈。曾经名耀一时的《纽约客》进入了一个低谷期。1992年，戈特利布被《纽约客》解雇，保守的他注定只能在《纽约客》的历史当中充当一个过渡的角色。

(四)蒂娜·布朗时期

戈特利布被解雇后，《纽约客》迎来了历史上第一位，也是截至目前唯一一位女主编——蒂娜·布朗。布朗是英国人，凭借在担任《名利场》主编时的出色表现，在美国期刊业界声名鹊起。接手《纽约客》后，布朗对杂志进行了一系列大刀阔斧的改革，例如在社论版面应用色彩，采用更现代化的版面布局，首开《纽约客》使用新闻摄影的传统等。布朗为人高调，这与肖恩近乎自闭的内向性格不同，因此在布朗的领导下，《纽约客》杂志也明显增加了话题性。杂志在这一时期增加了对于名人和争议性人物的报道，甚至开始使用具有话题性的封面。虽然这在一定程度上引起了争议，但也无疑提高了杂志的知名度，发行量也随之大增。这与戈特利布时代相比无疑是一大进步。

1998年，布朗辞去《纽约客》总编一职，并且提拔杂志社内部的大卫·雷姆尼克为新一任主编。在布朗任期内，成功实现了力推《纽约客》一定程度上的商业化和通俗化。

(五)大卫·雷姆尼克时期

《纽约客》现任主编是大卫·雷姆尼克，他曾经作为《华盛顿邮报》记者常驻莫斯科，凭借《列宁的坟墓：苏联时代的终结》一书获得普利策奖。可以说，新闻记者出身的雷姆尼克对于杂志和新闻都有着比较深刻的理解。在他的带领下，《纽约客》近几年来稳步发展，在国内外都有着一流口碑。同时，《纽约客》也是这几年"国家杂志奖"的得奖大户。另外值得一提的是，《纽约客》近几年在国际新闻报道上表现尤其出色，杂志在世界各地的驻外记者发回的深度报道常常获得好评。

二、发展现状

如今的《纽约客》已经发展成为在世界范围内具有广泛影响力的一流精品杂志，发行量达到105万份，包括纸质版和电子版在内的读者总数已达到450万人。[①] 单纯从名字来看，《纽约客》的关注侧重点似乎在纽约本地事务，事实上，《纽约客》对于美国甚至全世界的政治、经济、外交、流行文化、科技、艺术乃至体育都有着敏锐的观察和独到的见解。其新闻报道尤其以深度写作和特稿见长，评论则保持客观公正的立场，杂以幽默风趣的笔触，深受读者欢迎。与其他综合性刊物不同的是，《纽约客》对于文学艺术的关注和理解尤其突出。杂志对于当代音乐、电影、戏剧、流行书籍的评论富有深度，并且在读者中有很强的权威性。文学色彩浓厚也是《纽约客》的一大特点，杂志每期刊载优秀的短篇小说和诗歌，作品写作水平极高，甚至让美国的纯文学性刊物也难以企及，许多作家正是因为在《纽约客》发表作品才赢得了文学界的关注，从而一夜成名。此外，《纽约客》杂志在版面上

---

① 数据来源：美国杂志出版人协会官网 www.magazine.org，检索时间：2015年7月20日。

大幅使用漫画,并且数十年坚持以漫画作为封面。《纽约客》所刊登的漫画,一向以讽刺性强为特点,往往针对新闻事件和社会现象专门创作,每每在读者中引起强烈反响,甚至成为公众讨论的焦点。

目前,《纽约客》在编辑上版块上分类清晰,分别针对内容的各个方面:“Goings On About Town”版块主要向读者简要介绍近期纽约市内的文化艺术活动,力图使杂志成为读者获取该类信息的权威来源;“The Talk of the Town”版块发表杂志主编或作家针对时事撰写的评论,以写作水平高且观点公正著称;“Reporting&Essays”版块下统辖许多不同主题的新闻报道,每期的设置不尽相同。其中,“Personal History”及“Profiles”版块刊登各种人物特写和专题,关注重点不局限于名人,一些冷门的具有新闻价值的人士也常常成为这两个版块的报道对象。而“Letter From China”“Letter From Cairo”等版块则专门刊登《纽约客》驻外记者报道,这些版块也成了杂志关注国际新闻的主要窗口,逐渐成为《纽约客》的特色;“Shouts&Murmurs”版块主要登载杂志特有的幽默诙谐性质的杂文,其中网络专版“The Borowitz Report”因其对时事虚构性的戏谑往往获得出其不意的效果,也成为杂志一道独特的风景;“The Critics”版块刊登关于文学、书籍、音乐、电影和戏剧等艺术形式的评论,以专业性和讽刺性见长;“Fiction”和“Poems”版块则分别刊登写作水平极高的短篇小说和诗歌。总体来看,杂志的版块设置涵盖内容丰富而全面。

多年以来,《纽约客》杂志一直是美国“国家杂志奖”的得奖大户。“国家杂志奖”创立于1966年,每年颁发一次,被视为“杂志界的奥斯卡”。下设20多个奖项,分别颁发给该年度在综合表现、特稿、评论、专题报道、专栏等领域表现优秀的杂志期刊。在“国家杂志奖”近50年的发展历程中,《纽约客》杂志共揽下62个分类奖项,在总获奖数量上遥遥领先排在第二位的《大西洋月刊》,其他知名期刊如《时代》《国家地理》《哈泼斯》等也位列其后。

三、报道特点

(一)坚持“慢新闻”写作

新闻界普遍认同的价值观是,新闻必须凸显时效,时效性是新闻的生命。然而,在《纽约客》这里,这一点却行不通。长期以来,《纽约客》一直倡导的是“慢新闻”写作。据称,杂志历史上曾多次强调要反对片面追求新闻的时效性。《纽约客》杂志的驻外记者一般每年只需要发回4篇至5篇报道,但是每篇报道都要经过几个月的调查采访,采访对象数量常常达到上百人,形成的稿件字数往往上万。对于《纽约客》来说,其非但不反对记者花大量时间和精力在一个报道上,反而鼓励记者进行一年以上的调查和写作。在这些做法背后,是《纽约客》独特的新闻理念和哲学。《纽约客》杂志认为新闻不应该是易碎的,而应该像文学作品一样具有永恒的价值,只有深度报道才是最有价值的新闻。挖深度、做精品、走“内容为王”之路,是《纽约客》的哲学。

(二)恪守新闻专业主义

在美国新闻界,《纽约客》向来以对新闻专业主义的恪守而闻名。杂志严格遵循编辑部与发行部独立的原则,两个部门之间尽量避免往来,虽然都在同一座办公楼内工作,但是双方人员却不能随意互相走动。此外,《纽约客》杂志内部有比较成熟的“事实核查”制度。杂志内部设立独立的“事实核查部”。这一部门有20到30名全职工作人员,主要负责对记者采写回来的稿件,进行细致到每一个字的真实性核查。因此,接受过《纽约客》采访的人往往会在一段时间之后再次受到杂志“事实核查员”的核实调查。事实核查部门对记者采访过的百余人和采访具体内容进行核实,确认记者的引用是否准确,是否误解了采访对象的意思以及记者的写作方法是否会造成读者的误解等。在这样严格的制度之下,《纽约客》杂志的报道具有非常高的可信度。

(三)强大的记者和作家群体

《纽约客》杂志是一本文学性很强的读物,这不仅因为其经常刊登文学作品,同时也因为其新闻报道也提倡文学性的写作手法,杂志的很多记者本身也是作家。作为美国新闻史上“新新闻主义”的源头和主战场,《纽约客》曾连载过杜鲁门·卡波特的长篇非虚构作品《冷血》，该作品被认为是“新新闻主义”的滥觞。此外，许多美国历史上的著名作家都曾为《纽约客》写作。E.B.怀特、J.D.塞林格、约翰·厄普戴克、菲利普·罗斯、菲茨杰拉德、爱丽丝·门罗，这一长串作者简直可以组成美国文学的名人堂。强大的记者和作家群体，保证了《纽约客》出色的写作质量。

(四)刊载讽刺幽默漫画

提到《纽约客》，就不得不提它的漫画。《纽约客》自创刊以来，一直坚持使用漫画作品作为封面，内部也专门设置漫画创作团队。与照片相比，漫画的讽刺性和幽默感都更强，这也帮助塑造了《纽约客》独特的风格。《纽约客》的封面往往根据时事创作，深刻而尖锐的讽刺风格往往引起广泛讨论。下面仅举一例说明。

图 71 是《纽约客》2014 年 11 月份一期杂志的封面，新闻背景是美国刚刚结束的中期选举。在这次选举中，共和党大获全胜，将在未来同时掌管美国国会的参议院和众议院。如此一来，民主党总统奥巴马将不免在未来的执政过程中处处受限，成为“跛脚鸭总统”。在这一封面中，作为共和党象征的大象安然稳坐在总统办公室当中，而奥巴马则出现在远远一隅进入不了画面主体。两相对照，含义不言而喻。这样饱含讽刺的政治隐喻，一贯是《纽约客》封面漫画的主调。

图 71　2014 年 11 月 17 日刊《纽约客》封面

《纽约客》网站：http://archives.newyorker.com/，检索时间：2015 年 7 月 20 日。

四、涉华报道

在众多国际知名的期刊杂志中，《纽约客》杂志比较重视对华报道，在西方媒体中比较有特色，尤其是专设的“Letter From China”版块，以发表深度报道中国的新闻评论为主，经常引起国际媒体的重视和世界舆论的关注。

从 2000 年开始，《纽约客》在中国常设记者站，两位驻华记者在任期内发表了大量关于中国社会方方面面的深度报道，引起了美国及国际社会的普遍关注。同时，由于他们出色的工作能力以及个人影响力，《纽约客》杂志近几年在中国也人气大涨，他们采写的中国报道引起了中国社会舆论的追捧。

《纽约客》第一任驻华记者是彼得·海斯勒(Peter Hessler，中文名为“何伟”)，从 2000 年开始常驻中国，在七年任期内写出了大量关于中国社会变化的深度报道，并且出版了《江城》《甲骨》《寻路中国》三本讲述中国故事的纪实作品，在国际范围内引起了巨大反响。

何伟在大学期间就读于普林斯顿大学英文系，后来又去牛津大学攻读英国文学专业的研究生。因此，他的新闻报道中体现出的文学性和人文色彩比较浓厚，却对政治等“硬”问题没有太大兴趣。在这样的价值取向影响之下，何伟为《纽约客》杂志撰写的报道多关注中国普通人的生活，侧重于中国普通民众，尤其是底层和中产阶级人群在社会转型时期所遇到的困惑、烦恼以及他们在生活中表现出来的乐观和智慧。何伟的报道中鲜有宏大叙事和分析评论，大多是关于具体事件和人物的细微观察和细节描摹。驻华期间，何伟长期跟踪关注他做外教时教授过的几名大学生毕业后的生活经历，以他们在城市的奋斗为范本，反映出一代中国人，乃至中国整个国家奋斗和崛起的风貌。此外，何伟还在北京郊外的怀柔乡村租住了一处农家住宅，并且与村民魏子淇一家建立了友谊，并将他们的生活变迁反映在了自己的报道里。这些事例能够比较鲜明地反映出何伟关注中国的侧重点 y 和风格。

2008 年，第二任驻华记者欧逸文(Evan Osnos)接替何伟开始为《纽约客》撰文。2014 年，欧逸文的《野心时

图 72 《纽约客》第一任驻华记者何伟和他的中国三部曲

代:在新中国追逐财富、真相和信念》一书出版,随后获得了“美国国家图书奖”。在此之后,何伟和欧逸文几乎成为了外国媒体驻华记者的标杆,《纽约客》开设的涉华报道专版“Letter From China”也成为国际媒体对中国报道的一块重要领地。

与何伟不同,欧逸文毕业于哈佛大学政治系,他的教育背景也决定了他的报道对时政领域的关注更多。驻华期间,欧逸文对动车事故、腐败问题、中美网络安全之争、韩寒和胡舒立等社会精英和网络民族主义等问题都进行过采访和报道。这种议题分布导致欧逸文的报道涉及的敏感人物和事件更多,有时甚至还会涉及异见人士。在涉及政治主题的报道中,西方媒体往往对中国的制度和文化抱有一定程度的偏见,欧逸文也没有逃脱这种传统的影响。2013 年是欧逸文担任驻华记者的最后一年,《纽约客》杂志官网共发表由他采写的涉华报道 37 篇,均收录在固定的“Letter From China”专栏。从消息来源来看,37 篇报道中共有直接或间接引用的消息来源 120 个,分别来自 6 个国家。来自美国的消息源共有 59 个,几乎占了总数的百分之五十,而来自中国的消息源共有 54 个,在数量上略逊于美国,欧洲也有 6 个消息源,其中还采访到一位朝鲜的学者。这四部分构成了 2013 年《纽约客》涉华报道的主要消息源。尽管消息源大多代表的是第三方观点,可是对消息源的选择和使用也难免会带上作者的倾向性。《纽约客》在这 37 篇报道中使用了大量美国消息源,也表明了杂志更多是倾向于站在美国的立场上报道新闻和看待新闻事件的。尤其值得注意的是,在这 120 个消息源中,以“美国之音”和《纽约时报》为代表的美国媒体占了 14 次,占消息源总数的 11.67%,而这两家媒体对华态度都不算友好。综合来看,《纽约客》对美国消息源的使用有很大可能会影响到新闻报道的倾向性。在中国媒体中,欧逸文常引用新华社、《人民日报》,尤其是《环球时报》的言论,且常常引用这几家媒体中相对来说感情色彩浓重或者极端的言论作为消息源。例如《纽约客》网站 2013 年 6 月 24 日发表一篇题为“Why China Let Snowden Go”的报道中,就有这样一处引用:

图 73 欧逸文和他的《野心时代》

Xinhua, the state news agency, responded with glee. “These, along with previous allegations, are clearly troubling signs. They demonstrate that the United States, which has long been trying to play innocent as a victim of cyber attacks, has turned out to be the biggest villain in our age.”①

① Evan Osnos: Why China Let Snowden Go, 2013-6-24, The New Yorker: http://www.newyorker.com/news/evan-osnos/why-china-let-snowden-go,检索时间:2015 年 7 月 20 日。

这里援引的是新华社发表的一篇回应美国的评论，而文章在此处引用时特别加上了“responded with glee”这样拟人的情绪化表达，呈现出一种新华社“幸灾乐祸”的感觉，加重了感情色彩。综合来看，《纽约客》第二任驻华记者欧逸文对于中国的报道较前任何伟话题尺度更大，涉及政治方面较多，且基本上与西方其他媒体的价值取向相似。

2013 年欧逸文离任之后，《纽约客》暂时还没有派驻新的驻华记者。目前，《纽约客》的前后两任驻华记者，何伟和欧逸文都已经成为美国新闻媒体业界的“中国通”，经常作为中国问题专家接受各大媒体的采访，或者撰写评论文章。

《纽约每日新闻》*New York Daily News*

DAILY NEWS

《纽约每日新闻》(*New York Daily News*)创办于 1919 年，总部位于美国纽约，是美国第一份以小报版面印刷的日报。该报在历史发展过程中曾一度在发行量上位列全美第一，如今虽然略有衰落，但仍然是美国的第五大报纸。《纽约每日新闻》在纽约市场拥有众多读者，在发行量和广告业务方面具有相当程度的竞争力。

图 74　1929 年 10 月 29 日《纽约每日新闻》头版

图片引自《纽约每日新闻》网站：http://assets.nydailynews.com/polopoly_fs/1.2272417.1435332539!/img/httpImage/image.jpg_gen/derivatives/gallery_1200/new－york－daily－news－cover－october－29－1929.jpg，检索时间：2016 年 3 月 4 日。

一、历史沿革

《纽约每日新闻》的创办人是《芝加哥论坛报》的前出版人约瑟夫·麦迪尔·帕特森，其因与其他出版人意见不同而决定自立门户，独立创办报纸。受伦敦小报《每日镜报》出版人艾尔弗雷德·哈姆斯沃思(即北岩勋爵)的启发，帕特森于 1919 年 6 月 26 日创办了《纽约每日新闻》。起初，该报名为《纽约每日画报》，几个月后更名为《纽约每日新闻》。在创办初期，《纽约每日新闻》一直以刊出精彩图片见长，在 1920 到 1991 年间以成为“纽约的图片报”为宗旨，甚至直接将摄像机图案作为商标的组成部分，这充分体现了其对于图片使用的重视。1985 年起该报的口号开始转变，并且几经更改，目前其口号为“纽约的地方报”及“纽约的耳、目及诚实声音”，但是《纽约每日新闻》重视图片使用的传统得以延续至今。

纵观《纽约每日新闻》的发展进程，其经营状况几经起伏。创办后的第 3 个月，报纸发行量仅为 26625 份。后来，《纽约每日新闻》以其亲民的风格逐渐俘获大量读者，一年后报纸发行量升至 10 万份以上。1925 年，报纸发行量超过百万。在 1947 年，《纽约每日新闻》的日报发行量为 240 万，周末版报发行量为 470 万，达到该报发行量的顶峰。[①] 1982 年，《纽约每日新闻》经历了经营危机，东家《芝加哥论坛报》将其出售。1991 年，富豪罗伯特·麦斯威尔对报纸进行了经济支援，使其得以继续运营。麦斯威尔去世后，《纽约每日新闻》经历破产，最终于 1993 年被莫特·祖克曼收购。

① 数据引自《纽约每日新闻》网站：http://www.company－histories.com/New－York－Daily－News－Company－History.html，检索时间：2015－10－11

二、发展现状

目前,《纽约每日新闻》是全美第五大报纸,已经10次获得普利策奖。报纸在发行量上在全美位列前十,截至2014年3月份,《纽约每日新闻》平均日报发行量为338944份、周末版的发行量为410839份。[①] 该报以犯罪、丑闻、暴力、娱乐等方面的出色报道及其漫画作品吸引了大量读者,早年曾热衷于黄色新闻,于20世纪20年代在美国刮起一场“小报旋风”。然而,1929年经济危机后,《纽约每日新闻》受到了舆论抵制,进行了一定程度上的改革。此后,报纸开始倾力于报道地方新闻、社会新闻和各种软新闻。在版面设置上,《纽约每日新闻》开设了本地新闻、国际新闻、体育、生活、娱乐、意见、图片等版块。

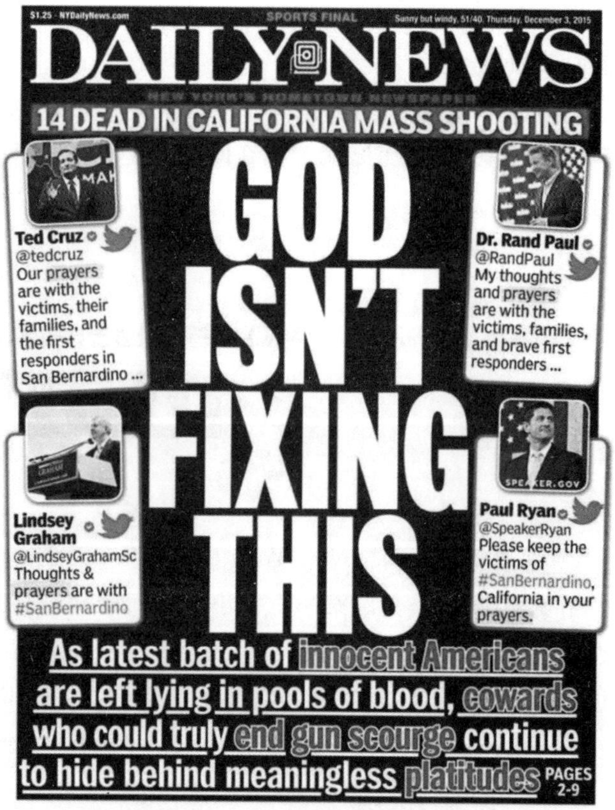
$1.25 · NYDailyNews.com　SPORTS FINAL　Sunny but windy, 51/40. Thursday, December 3, 2015

DAILY NEWS

NEW YORK'S HOMETOWN NEWSPAPER

14 DEAD IN CALIFORNIA MASS SHOOTING

GOD ISN'T FIXING THIS

Ted Cruz @tedcruz Our prayers are with the victims, their families, and the first responders in San Bernardino ...

Dr. Rand Paul @RandPaul My thoughts and prayers are with the victims, families, and brave first responders ...

Lindsey Graham @LindseyGrahamSc Thoughts & prayers are with #SanBernardino

Paul Ryan @SpeakerRyan Please keep the victims of #SanBernardino, California in your prayers.

As latest batch of innocent Americans are left lying in pools of blood, cowards who could truly end gun scourge continue to hide behind meaningless platitudes PAGES 2-9

图75　2015年12月3日《纽约每日新闻》头版

除了内容建设之外,该报大力进行网页和移动客户端建设,吸引了大量读者。报纸的官方网站(www.nydailynews.com)为纽约第二大新闻网、全美第八大新闻网,2015年时月平均页面访问量为1.82亿。[②] 此外,《纽约每日新闻》在手机和平板电脑平台上开发了移动客户端,这也为读者提供了阅读便利。

和其他报纸相比,该报的读者人群较为年轻,读者的年龄层次分布较为均衡。根据统计,网站的访客人群中,41%的浏览者的平均年龄在18岁到34岁之间。而在该年龄段用户的拥有量上该报纸位列全美前五名。另外,《纽约每日新闻》的男女读者的比例及日报和周末版的读者人数分布都比较均衡。这也能够表明《纽约每日新闻》的题材选定和报道风格比较广泛地受到欢迎。

三、报道特点

作为美国第一份成功的小报,《纽约每日新闻》在题材选择和报道方式上都体现出了小报化的特点。首先,在题材选择上该报偏重地方新闻、社会新闻和各种软新闻,尤其注重对新闻、娱乐、体育等题材的报道,如纽约本地重大事件、名流八卦、漫画、体育赛事等都是《纽约每日新闻》重点关注的领域。其次,在报道方式上,《纽约每日新闻》往往采用大胆的标题和富有争议的图片。比如,1928年,在对因谋杀罪而被判处死刑的鲁斯·施耐德进行报道时,《纽约每日新闻》的记者将摄像头绑在腿上带入禁止拍照的行刑室,拍下了电椅通电后的场面。第二天该报将所拍摄图片刊为头版图片,将标题定为《死亡》。又如,1975年10月29日,美国总统杰拉尔德·鲁道夫·福特发表演讲,拒绝为纽约提供联邦援助使其免于破产。第二天该报的头版标题是“《福特之言:去死吧》”。这些事例都表明,《纽约每日新闻》从创办至今,就一直遵循着争议性和话题性的报道策略,体现出了鲜明的小报风格。

另外,面对手机用户和智能机用户人群不断增加的趋势,《纽约每日新闻》注重利用移动客户端平台进行传播,通过适用于手机或平板电脑的网站或客户端传递信息、吸引读者,确保用户可以在任何时间地点、通过任何合适的设备登录网页和应用。数据显示,该报移动客户端的每月独立访客数量达到0.166亿,55%的用户是通

① Daily News:http://multimedia.nydailynews.com/mediakit/Circulation2014.pdf,检索时间:2015-10-9

② Daily News网站:http://multimedia.nydailynews.com/mediakit/NYDN_overview.pdf,检索时间:2015年10月9日。

过《纽约每日新闻》的移动客户端浏览该报纸的。《纽约每日新闻》相关客户端的月平均页面访问总量为 0.189 亿，月平均独立访客数量为 11.4 万。[①]其客户端除了向用户提供新闻，还担当着城市向导、广告推送者的角色，向用户提供纽约本地的衣、食、住、行、娱乐等生活信息。

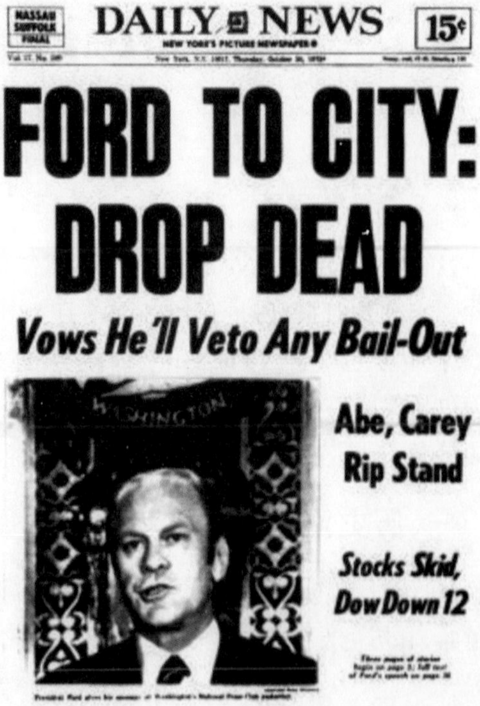
NASSAU SUFFOLK FINAL

DAILY NEWS

NEW YORK'S PICTURE NEWSPAPER

15¢

FORD TO CITY: DROP DEAD

Vows He'll Veto Any Bail-Out

Abe, Carey Rip Stand

Stocks Skid, Dow Down 12

图 76　1975 年 10 月 29 日《纽约每日新闻》刊登福特总统演讲

四、涉华报道

综合来看，《纽约每日新闻》更关注纽约本地新闻及美国国内新闻，对于国际新闻的关注力度相对较弱。不过，作为一份有着较高发行量的综合性报纸，国际新闻版自然也在其版面设置当中。由于中国地位的崛起和中美之间关系的复杂性，中国也是《纽约每日新闻》在国际新闻报道中比较关注的一个目标。

根据对其官网的往期报道进行搜索和整理，可以发现：在过去的七年当中，《纽约每日新闻》共发表关于中国的报道 5944 篇。平均每年发表涉华报道接近 1000 篇，相对其他同类报纸来说数量较大。不过，如果进一步详细分析这些文章，可以发现，大部分涉华报道均是间接提到中国，直接以中国为报道对象的新闻相对属于少数。这也说明了，涉华报道，或者更广泛来讲的国际新闻报道，并不是《纽约每日新闻》业务的重点。

从新闻来源的角度分析，根据其官网的统计数据显示，在《纽约每日新闻》最近 7 年的涉华报道中，有近 1000 篇报道为直接转载美联社及路透社的稿件，这说明了《纽约每日新闻》在国际新闻报道上实力相对比较薄弱，还比较依赖于西方通讯社的稿件。同时，这也导致该报在涉华报道上与西方主流通讯社或媒体的态度和立场有着某种程度上的一致性。

不过，通过深入对《纽约每日新闻》自采涉华报道的分析，也不难看出该报在报道中国相关新闻方面区别于其他媒体的某些特点。由于《纽约每日新闻》本身的属性，该报的自采涉华报道很多均为犯罪新闻或社会新闻，总体来讲以该类软新闻居多。例如，2016 年 1 月 18 日，《纽约每日新闻》就发表文章报道了中国的留美女学生被一名美国妇女开枪射杀的犯罪性新闻。[②]《纽约每日新闻》对于中国反腐、天津爆炸等事故也保持了关注。此外，该报对于中国一些富有情趣的花边新闻也有报道，体现了其小报化的特征。如 2015 年 6 月 16 日，《纽约每日新闻》网站上就通过组图的形式报道了中国部分游泳者佩戴面具游泳的怪异举动，[③]类似的花边新闻在该报的涉华报道中也是屡见不鲜。

---

① Daily News：http://multimedia.nydailynews.com/mediakit/DailyNewsMobile_Brocure_6.2014.pdf，检索时间：2015 年 10 月 12 日。

② New York Daily News：Chinese exchange student，19，killed in road－rage shooting by depressed Arizona woman who left note promising violence，http://www.nydailynews.com/news/crime/chinese－student－19－killed－road－rage－shooting－article－1.2500927，检索时间：2016 年 1 月 26 日。

③ New York Daily News：Introducing the facekini! China's most terrifying swimwear trend，http://www.nydailynews.com/life－style/facekini－china－terrifying－swimwear－trend－hit－beach－gallery－1.1910561，检索时间：2016 年 1 月 26 日。

《纽约时报》*The New York Times*

《纽约时报》(*The New York Times*,简称"NYT")是美国第一大报,在国际新闻业界享有"报纸中的报纸"之称。[1]《纽约时报》创办于1851年9月18日,是美国严肃报刊的代表,由于一直秉持严肃古典的版面风格,而被戏称为"灰色女士"(The Gray Lady)。经过百余年的发展,《纽约时报》业已成为美国乃至世界报界的领头军。包括美国国务院、国会、各国大使馆和社会团体都是《纽约时报》的忠实订户,甚至把该报作为制订某些政策的参考。[2]

一、历史沿革

《纽约时报》创办于1851年,至今已经有160多年的历史。长期以来,《纽约时报》走的是一条家族化经营的道路,其历史发展进程主要可以划分为四个阶段。

(一)雷蒙德时代

早在大学时代,《纽约时报》的创始人雷蒙德(Henry Jarvis Raymond)就开始给当时的知名报人格里力(Horace Greeley)的报刊投稿。大学毕业后,雷蒙德顺利进入格里力担任主编的《纽约论坛报》(*NewYork Tribune*)并结识了营业部的同事,也是后来重要的合作伙伴乔治·琼斯(George Jones)。1851年,由于反感以牺牲新闻道德来刺激发行量的办报理念,雷蒙德携好友琼斯毅然出走,随即成立了自己的雷蒙德琼斯公司。9月18日,以《纽约每日时报》(*New-York Daily Times*)为名的报纸首次出刊发行,售价仅为1美分,由雷蒙德出任主编,琼斯成为首位发行人和财务主管。尽管当时以煽情和追求轰动效应为主流的黄色新闻大肆盛行,雷蒙德仍决心将这份新报纸打造成一份内容纯正、言论平和的大报。新报发行10天之后,《纽约时报》便宣称拥有了一万订户,第一年年底时,订户数量就达到了二万五千。[3] 1857年,雷蒙德决定将报名简化为《纽约时报》(*New-York Times*),后来又将城市名称中间的连字符去掉,成为沿用至今的报名。

1869年,雷蒙德意外离世,悲痛之余的琼斯匆忙接过主编一职,并决心将严肃客观、公正独立的新闻理念发扬光大。一年后,当时还是共和党性质的《纽约时报》向民主党贪官打响了第一枪,揭露民主党大佬威廉·马西·特威德(William M. Tweed)在纽约市建项目中的贪腐行径。在这场力量悬殊的较量中,势单力薄的《纽约时报》一开始并不被外界看好。因雷蒙德的突然辞世,不仅使《纽约时报》痛失一名帅才,更使他所持的大额股权成为真空。

New-York Daily Times.

VOL. I....NO. 1. NEW-YORK, THURSDAY, SEPTEMBER 18, 1851. PRICE ONE CENT.

图77 1851年9月18日创刊发行的第一期《纽约每日时报》

---

① 《简明大不列颠百科全书》(第2卷),中国大百科全书出版社1985年版,第228页。

② 田红宏:《〈纽约时报〉成功因素探析》,河北大学出版社2004年版,第1页。

③ 〔英〕沃克:《报纸的力量——世界十二家大报》,苏潼均等译,新华出版社1987年版,第234页。

被激怒的民主党人甚至要扬言要买下雷蒙德的股份，从此使该报销声匿迹，报社上下一时人心惶惶。万分不利的情况下，琼斯一方面鼓励旗下记者继续深挖内幕，另一方面力促旧友摩根(Morgan)入股，两人随后成功控制了《纽约时报》82%的股份。随着更多的贪腐证据不断被曝光，民愤将特威德推上风口浪尖，气急败坏的他差人给琼斯送去500万美元的封口费。1971年7月22日，《纽约时报》迎来史上第一场最为精彩的胜仗。琼斯不仅将特威德团队所有欺诈和挪用公款的账单明细整理成册，并将其贿赂自己的细节刊登在《纽约时报》的头版，一举将其扳倒。这次漂亮的道德胜仗，不仅使《纽约时报》声名鹊起，更为所有报纸树立了更高的新闻道德标准。

为进一步深化公正独立的公共形象，1884年琼斯肃清了报纸与共和党的关系，并将报社总部搬到了曼哈顿的市政大厅对面，也就是今天的公园街144号。搬入市中心的《纽约时报》在新总部的布置和装潢上毫不吝惜，大气堂皇的办公环境使得报社上下士气大振，其版面和风格也随之焕然一新。然而，由于后期竞争对手的进一步围堵，再加上新总部耗费大量资金，在经济上每况愈下的《纽约时报》只能等待着新主人的接手。

(二)奥克斯时代

1896年，作为唯一的竞标人，36岁的德裔犹太人阿道夫·奥克斯(Adolph Simon Ochs)以借来的7.5万美元买下了当时不断赔钱的《纽约时报》。奥克斯接手时，《纽约时报》在纽约10家主要日报中排行最末，日发行量仅为9000份(实际印发21000份，多数为赠送阅读)，与普利策的《纽约世界报》(*New York World*，晨刊发行量20万份，晚刊发行40万份)和赫斯特的《纽约日报》(*New York Journal*，晨刊发行20万份，晚刊发行40万份)等报纸远不可同日而语。[①] 由于手上已握有几家成功的南方报纸，年轻的奥克斯对《纽约时报》的未来充满信心。凭借着雄辩的口才和志在必得的激情，奥克斯打动了很多本来持怀疑态度的纽约上层人士，使他们纷纷入股。踌躇满志的奥克斯还与股东达成协议，如果他能连续三年让《纽约时报》盈利，就能获得报纸的绝对控制权。上任伊始，奥克斯便进一步深化了《纽约时报》新闻独立的政策，确立起“应无畏无惧、不偏不倚，并无分党派、地域或任何特殊利益”(To give the news impartially, without fear or favor, regardless of any party, sect or interest involved.)的新闻报道原则，“所有适宜刊载的新闻”(All the News That's Fit to Print)从此成为《纽约时报》的新闻标准。而与此同时，他的主要竞争对手威廉·赫斯特正凭借标题轰动、内容煽情的黄色小报垄断纽约，并以低价刺激发行量来挤压其他报纸的生存空间。

图78 “所有适宜刊载的新闻”一直印在《纽约时报》的报头

为打入主流市场，奥克斯领导下的《纽约时报》与黄色新闻划清界限，并增加了当时颇为稀有的国际新闻、社论、周末版等以吸引读者。这一系列改革使《纽约时报》获得巨大成功，其发行量在1899年猛增到7万5千份，更在1901年首次突破10万份大关，广告收入也随之增长。1904年，奥克斯将《纽约时报》总部迁入到曼哈顿西42街，也就是今天被称为“世界十字路口”的时报广场。在一路高歌猛进的同时，奥克斯仍不忘告诫旗下记者一定要客观公正地报道新闻，并同时警惕来自政商两界的诱惑。对广告的数量和质量，奥克斯也做出了严格限制，强调广告性质一定不能与社论和新闻发生冲突，不然“牺牲千金也不会放弃任何一条值得刊登的新闻”。另外，奥克斯还开创了时报高层不惜成本聘用顶级人才的光荣传统；对待普通员工，他更采用终身雇佣制来提升员工的忠诚度和积极性。因此，在20世纪

---

① 辜晓进：《走进美国大报》，南方日报出版社2002年版，第29页。

60年代之前,《纽约时报》就没有解雇过任何员工。在1935年奥克斯去世时,《纽约时报》的发行量已经接近50万份,周末更达到70万份,无论从品质、销量还是地位来看,此时的《纽约时报》已俨然晋身于美国报坛的翘楚行列。

(三)苏兹伯格时代

1935年,第三代发行人阿瑟·海斯·苏兹伯格(Arthur Hays Sulzberger)接过岳父奥克斯的"帅印",成为《纽约时报》的发行人兼社长。颇具商业头脑的苏兹伯格与洛克菲勒大财团关系密切,在任期内力推作为家族企业的《纽约时报》朝着股份公司转型,使其最终成为拥有多家美国报纸、杂志、电视台、广播电台和国外联合企业的大报团。在新闻业务方面,苏兹伯格提倡扩大采访视角,丰富正文细节、特征以及配图等背景信息,使新闻报道在严肃真实的基础上生动起来。苏兹伯格非常重视对重大新闻事件的报道,责成编辑部遇有重大新闻,不论在任何情况下都要通知他。在"二战"期间,《纽约时报》反对纳粹及法西斯主义,发表大量针对国际问题和时事格局的社论。在任20多年期间,苏兹伯格带领下的《纽约时报》将广告收入提高了一倍以上。他认为,办报并非仅仅为了赚钱,但一定要像生意一样经营,不但要自给自足,还必须要有相当的利润,以备经济不良之需。同时,利润对扩大与改进印刷设备亦极为重要。[①] 作为一个有着高度新闻原则和信仰的人,苏兹伯格成为这个时代最有影响力的报纸发行人之一。

1961年,苏兹伯格将报纸发行人的头衔传给自己的女婿奥维尔·德里福斯(Orvil Dryfoos)。两年后,德里福斯突然病逝,苏兹伯格经过一段时间的考量,最终于6月20日宣布由自己的儿子阿瑟·奥克斯·苏兹伯格(Arthur Ochs Sulzberger)接任发行人一职。37岁的阿瑟成为《纽约时报》有史以来最年轻的一位发行人,这位幼时以小名"彭区"(Punch)著称于家人朋友之间的继承人,曾经担任过记者,也曾在《纽约时报》报社接受历练。《纽约时报》当时最著名的专栏作家雷斯顿将"彭区"称为"时报的杜鲁门",他临危受命、毫无准备,但在必须承担大任之时,却出乎意料地表现出了决断和魄力。[②] 多年后,当"彭区"总结自己30年执掌《纽约时报》的经验时,表示外公"报王"奥克斯的训诫对自己影响最深,其中两条印象深刻:第一,发行人的天职在于"保证记者不受恐惧和诱惑的干扰,赋予新闻以公正和可靠,让新闻媒体作为社会最宝贵的机构而存在";第二,"时报营利的目的不为家族和股东,只为报纸本身有更好的发展"。

在位30年,"彭区"从不掩饰自己的"无知"。每次开选题会,尽管很少发言,但只要时间允许他都会参加。当编辑有时因为选题取舍或采写视角争执不下时,他也只是适当地强调一下时报的新闻理念,并不会替编辑们"拍板"。和所有读者一样,"彭区"也需要等到报纸第二天早上送抵曼哈顿的家中,才知晓当天讨论的最终结果。值得一提的是,公正犀利的报道虽然使《纽约时报》在新闻界博得满堂彩,却给作为掌门人的"彭区"添了不少麻烦。尽管如此,"彭区"多年来对旗下记者的保驾护航可谓尽心尽力。有时候记者无情抨击了报社的重要广告商,"彭区"则需要事后登门致歉,试图挽留客户或只是求得到谅解。有时需要"得罪"的是"彭区"多年一起打高尔夫的老友,碍于情面的总编会在刊登前征求"彭区"的意见。而忍痛点头的"彭区"也只能在隔天报道出来后,往朋友家中寄去一束鲜花"缅怀"逝去的友谊。由于《纽约时报》记者在越南前线的不断曝光揭露,时任国务卿曾多次电话"提醒彭区"并"表示关切"。在许多涉及当局政府利益的报道中,承受着巨大的压力的"彭区"经常会被请去白宫"喝咖啡"。与肯尼迪、尼克松、里根等几任总统多年博弈下来,"彭区"仍不改初衷。

其中,最值得一提的"彭区"任期内重大事件应属"五角大楼的文件案"。1972年,《纽约时报》记者取得了来自五角大楼绝密文件,记录了美国政府在越战初期采取蒙蔽、欺骗公众的行径以获取人们对"越战"的支持。正当《纽约时报》准备火速刊登全文时,"彭区"接到来自政府的电话,并再三警告其不要"强出头"。冒着巨额罚款、名声大损以及自己和几个主编都可能因此入狱的风险,"彭区"仍然坚持刊登。被彻底激怒的尼克松政府不

---

① 李子坚:《〈纽约时报〉的风格》,长春出版社1999年版,第10页。

② 李子坚:《〈纽约时报〉的风格》,长春出版社1999年版,第13页。

图 79　《纽约时报》头版刊文报道本报在最高法院胜诉

仅以“威胁国家安全罪”将《纽约时报》告上法庭，并向联邦法院申请了针对该报的禁止令，成为美国史上第一次政府公开阻止媒体刊登文章。顶着巨大压力的“彭区”据理力争，不但聘请了强大的律师团队并争取到广大舆论的支持，将官司告到了联邦最高法院并且胜诉。这份绝密文件的最终刊登，不仅使尼克松政府颜面扫地、加速了越南战争的结束，更使《纽约时报》获得了当年的普利策新闻奖，进一步巩固了该报在新闻界的崇高地位。而这次媒体对政府的胜利，不但重塑了美国的政媒关系，捍卫了媒体的新闻自由，也被认为启发了后来《华盛顿邮报》对“水门事件”的披露。由于《纽约时报》对宪法修正案第一条的有力诠释，至此美国再无媒体因为“国家机密”的原因而遭遇出版受阻。

相较于对报道内容的自由开明，“彭区”对报纸业务的操持则更显自信果敢。1976 年，他大胆采用单面 6 栏的格式替代了从 1912 年沿用至今的 8 栏格式，使报纸版面更加整洁美观。与此同时，他将报纸原来的 2 版扩展至 4 版，增加了科技、生活、体育、家居等吸引眼球的版块，并聘请专业的艺术品鉴家执笔以及设计师负责宏观版面的造型排布。通过这样的改革，“彭区”一方面丰富了《纽约时报》的内容，提升了其艺术气息；另一方面则吸引了大量体育迷、科技迷和家庭主妇等颇具消费力的潜在读者以及许多“以发行量论成败”的广告商。1980 年，随着卫星技术的日臻成熟，低成本的远程同步印刷成为可能，“彭区”顺势在全国范围内推出了筹备已久的国内版。上乘的品质加上浓郁的精英气息，使国内版一经推出便大获成功、风行全美，发行量与广告量均稳步攀升，成长为今日《纽约时报》印刷收入的重要来源。此外，为进一步提升读者的阅读体验，“彭区”还斥资 10 亿美元在纽约皇后区的 Edison，N.J.和 College Point 两地建立高科技印刷厂，研发价廉物美的彩打技术。1993 年，《纽约时报》的周末版率先实现全刊彩印，而到 1997 年 9 月时，《纽约时报》便整体进入彩色时代。

30 年来的励精图治，通过选拔优秀的编辑和经营人才、引进先进技术和开拓多元化经营等一系列措施，“彭区”成功将《纽约时报》打造成美国“品质与口碑共舞、发行与广告量齐飞”的报中之王，发行量从 1963 年的 71 万份升到 1992 年的 110 万份，而且公司年度总收入从 1963 年的 1 亿美元，飙升至 1991 年时的 17 亿美元，而此时的报社已占帝国的半壁江山。

(四)小阿瑟时代

1992 年，小阿瑟·奥茨·苏兹伯格从父亲“彭区”手中接过“大印”，成为苏兹伯格家族的新一代发行人。相较于父亲刚上位时的仓促惶恐，小阿瑟的经历可谓平顺自然。很早便被钦点为《纽约时报》唯一的接班人，小阿瑟大学时期选择了有着全美最古老国际关系学院的拉菲大学主攻政治科学，大学毕业后开始投身新闻行业。他先是以记者身份进入了位于北卡罗莱州的《罗利时报》，两年后又去了美联社伦敦记者站继续历练。1978 年，小阿瑟开始进入《纽约时报》工作，14 年间辗转于采购部、广告宣传部、市场营销部以及行政等部门。在成为发行人后，小阿瑟选取了一种跳脱出传统新闻人的视角来经营《纽约时报》。一方面，他更加重视广告收入丰厚的纽约市新闻，另一方面则试图将报纸打造成一份平民更容易接受的报纸，因此报纸开始涉及煽情新闻，一度致使《纽约时报》公信力大损。直到 2004 年，通过公开批判美国政府伊拉克战争的正义性，《纽约时报》的风格才发生转变，逐渐重振雄风。

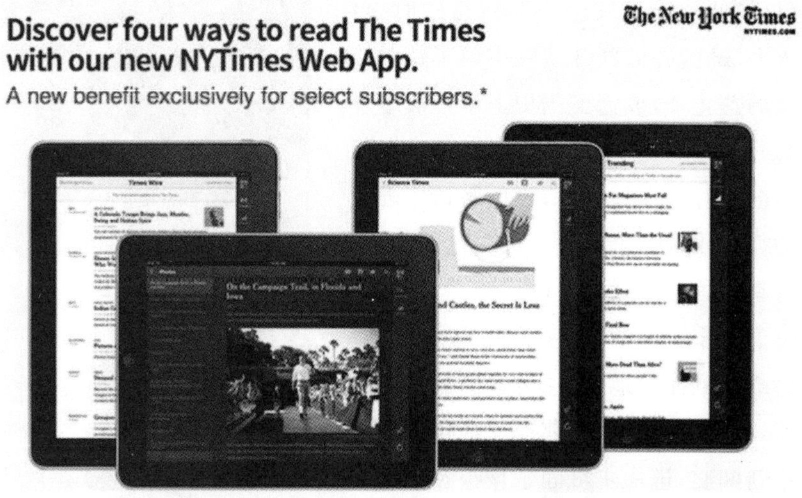

图 80 《纽约时报》不断推出新媒体应用平台

20 世纪 90 年代,随着个人电脑最早在美国开始普及,《纽约时报》率先于 1996 年推出了网站,纽约时报网(www.nytco.com)目前已经成长为总点阅量全球排名 59 的热门网站,名列全球纸媒之首。2005 年 9 月,小阿瑟推出了类似于《纽约时报》电子版的"Time Select"服务,更为丰富的内容以及符合电子阅读习惯的排版,一经推出便广受好评。每月 7.5 美元(年 49.95 美元)、低于纸质版的价格,以及可以任意查阅一年之内所有新闻的服务吸引来大量的订阅者。由于后来意识到高点击量带来的广告收入已经超过订户上缴的费用,小阿瑟还一度免费开放"Time Select"服务。进入 21 世纪以后,智能手机的出现进一步改变了人们的阅读习惯,移动数据终端开始成为小阿瑟努力攻占的高地。2006 年 4 月,小阿瑟与比尔·盖茨在西雅图签署战略合作协定,由微软团队提供技术,《纽约时报》负责内容,《纽约时报》推出手机版。2008 年,小阿瑟与苹果公司合作,先后在 iPad Touch 和 iPad 的封闭系统中推出《纽约时报》应用,其中提供的离线下载服务,能使用户在没有信号的情况下仍能自由阅读报纸。2010 年,随着 iPad 2 风靡全球,《纽约时报》顺势免除了 iPad 用户阅读时报的所有费用,进一步招揽读者。同年,《纽约时报》还在安卓系统开通了类似的服务。

2012 年,小阿瑟正式推出了《纽约时报》中文网。先进的数字化技术运用以及与英文版高度统一的版面,使中文网一经推出便获得极大的关注。具体来看,其内容大致由三部分组成。首先是来自《纽约时报》在北、上、港三地记者站对于中国本土的一手报道,其次是翻译当天《纽约时报》英文版最受关注的各类新闻,最后是向一些颇具影响力的中国专家学者约稿,就国内外新近发生的重要事件展开评论,进一步强化《纽约时报》的本土化色彩。小阿瑟对中文版的重视还可以体现在英文版、世界版、中文版(及其超链接)被放置在官网最中心的位置。无论读者正在阅读哪个版本都可以自由地实现一键切换。

从经济意义来看,庞大的本土市场、海外华人以及越来越多的中文使用者让小阿瑟兴奋不已。随着中国社会物质水平的进一步提高,拥有良好阅读习惯以及超强购买力的中产阶级队伍将进一步扩大,无论是潜在的订阅量攀升还是广告商的招揽对于任何一家媒体来说都是难以抗拒的诱惑。从政治意义来看,一百多年来,《纽约时报》一直以影响精英阶层进而影响全球舆论。随着中国在全球的影响力进一步增强,来自中国的知识精英在《纽约时报》的服务中地位也进一步提升。赢得这群人的好感以及信任,对于提升《纽约时报》在全球的影响力无疑具有深远的影响。

二、发展现状

从《纽约时报》公司 2014 年 12 月 28 日发布的财报数据来看,《纽约时报》目前在全美的发行量约 180 万份,位列全美第五;旗下全职员工有 3588 人,迄今共 117 次获得普利策新闻奖。其纽约总部的国际部目前有 40 多名专职记者供职,另外还拥有数量庞大的供稿人。此外,《纽约时报》的 26 个固定驻外记者站散布全球,在中国的北京、上海、香港和台湾设有常驻机构。2014 年,公司总收入达到 15 亿 9000 万美元,其中营业利润为 2 亿 5630 万美元。由于 2014 年公司进行了一系列大刀阔斧的改革,包括折旧、摊销、买断工龄和其他特别项目支出尤为庞大,其 2014 年的净利润为 9100 万美元,远低于 2013 的 1 亿 5600 万美元。从主要收入来源来看,2014 年《纽约时报》纸质版发行量收入较去年增加了 1.5%,但广告收入出现下滑。数字版订阅量增长强劲,迄今共

图 81 《纽约时报》中文网首页

图片引自纽约时报中文网：http://cn.nytimes.com，检索时间：2016 年 3 月 15 日。

拥有 91 万名固定用户，较去年增长 13.5%。值得一提的是，其广告收入在 2014 年出现连续 4 个季度的增长，创造了自 2005 年以来最好成绩。

对于所有老牌强势印刷媒体来说，汹涌而来的数字化浪潮既可能意味着一场泰山压顶般的灾难，也可能蕴藏着一次百年不遇的良机。而这份双重挑战，对于《纽约时报》这种印刷媒体中“航母”式的存在来说，其意义更为深远。就目前来看，挑战显然大过机遇。特别是印刷业务，已然成为公司的“鸡肋”。具体表现为：印刷总体销量不断下滑，印刷广告收入在整体收入中的比例不断萎缩并成为公司整体连年亏损的重要原因。

继 2009 年大都市版块被裁进 A 叠后，为节省成本，《纽约时报》的周日汽车版块于 2014 年底彻底停刊。同时，公司高层仍在讨论对报纸其他部分的不同处理方式，一些版块也可能面临被裁减的命运。其最终目标是：削减资产，集中优势资源发展核心品牌。而公司总裁汤普森在瑞银年度媒体大会上透露，公司将在时机成熟的时候增加一些国内和国际的编辑版块。但具体是哪些版块以及何时增加，目前还没有成型的计划。

为进一步迎接挑战以及扭转亏损的不利局面，《纽约时报》公司更换了总裁，也就是英国广播公司前“掌门人”汤普森。他在上任伊始便推出了一系列大刀阔斧的改革，其中包括领导层改组、创新审计、新产品推出以及大幅削减报道力量。其中削减报道力量尤为引人注目，21 个新闻编辑职务被裁减、85 位全职员工接受买断工龄建议离开《纽约时报》，而公司高层仍在筹划再从编辑部裁去 100 人。随着这些裁员计划的敲定，一些著名作者的署名很快从报纸上消失，包括比尔·卡特、斯图尔特·埃利奥特、史蒂文·格林豪斯、弗洛伊德·诺里斯、卡罗尔·沃格尔、伊桑·布朗纳和巴里·巴瑞克等。大都市记者大卫·邓拉普写道：“他们可能是代表人类知识的最非凡的一群天才，而这群人在仅仅一天之内就永远地离开了《纽约时报》。”

如果说止损只是汤普森改革《纽约时报》的第一步，那么完成数字化转型无疑便是这位“新掌门”改革的第二步。2014 年，《纽约时报》公司推出一系列新数字产品，其中以几个手机和平板电脑等移动设备为服务平台的应用程序最受关注。其中，“NYT Opinion”在推出仅仅 4 个月就被关闭，原因是没有足够的用户能每月掏出 6 美元来支付这项服务。而另一款编辑整合时事新闻的新产品“NYT Now”也遭遇挫折，每月 8 美元的费用让很多习惯免费数据服务的用户望而却步。然而经过后期加大营销力度以及尝试新的定价方案，“NYT Now”的前景开始出现转机。第三个是关于烹饪的免费应用“NYT Cooking”,该应用程序一经推出便获得了极大的好评。截止到2014年11月该程序共收获300万独立访问用户,与“NYT Now”一道位列苹果公司iTunes和App Store的“2014最佳应用程序”。

2014年3月,影响广泛的纽约时报公司内部刊物《创新报告》出炉,该刊物指出《纽约时报》在数字业务的一些关键领域仍然落后于主要竞争对手。同年9月,在汤普森的领导下,报社高层重组了《纽约时报》的新闻编辑部领导层:由4位执行副总编辑、1位创意总监和1位创新和策略主编组成。其中创新和策略主编由金赛·威尔逊担任,这位前美国国家公共电台(NPR)首席内容官一上任便被寄予厚望:一方面他将领衔绘制一份使《纽约时报》逐步成为顶级数字化新闻机构的路线图,另一方面他还将尽快打造一个先进的数字平台,确保《纽约时报》记者拥有讲述伟大故事的利器。而威尔逊本人也表示,希望通过大力推动《纽约时报》整体的智能数字思维,有效争取在电脑桌面和移动平台阅读并付费的受众。因为在印刷行业整体江河日下的不利境况下,享受数字广告收入和付费读者成为《纽约时报》公司的重要目标。

为进一步确保《纽约时报》成功实现数字化转型,公司高层还对业务部门的领导力量作出一系列重要调整。其中包括新增网络产品和受众扩展执行总监,裁撤数字产品与服务执行副总裁而分设数字执行副总裁和市场营销执行副总裁。针对这两个新增职位的功能,《纽约时报》公司主席小阿瑟·苏兹伯格和首席执行官马克·汤普森在10月一份致员工的备忘录中解释道:数字执行副总裁将负责技术、所有数字产品、用户体验以及数据与数据分析,而市场营销执行副总裁将主管印刷和数字产品订阅营销、品牌营销、客户服务和所有消费者收入流。高层希望这样的组合将为《纽约时报》加速建立一个完善而发达的数字产品订阅平台。从短期来看,受益于实施三年的付费数字模式以及数字广告的显著攀升,《纽约时报》公司2014年前三季度收入增长显著。但从长期来看,外界仍普遍对此轮改革持观望态度。正如媒体分析专家肯·多科特所说:“2014年我们在《纽约时报》看到的这些重大变革,既推动公司前行,也增加了更多未知的风险。”

2015年,《纽约时报》公司又陆续推出了一系列新举措:

(1)提高家庭递送价格:《纽约时报》将从2015年1月5日开始,将家庭递送价格平均提高5%;

(2)重新推出《纽约时报杂志》:《纽约时报》将在2015年2月22日投入巨资重新推出《纽约时报杂志》。该杂志在前《得克萨斯月刊》主编杰克·西尔弗斯坦5月份任主编后,出现转机;

(3)推出更多移动产品:《纽约时报》对此满怀信心,因为随着越来越多的读者通过智能手机和平板电脑获得新闻,移动产品占据了一个快速增长的细分受众群;

(4)推出更多的视频产品:在2013年遭遇总量问题后,《纽约时报》于2014年加大了视频产量。视频由于能够带来利润丰厚的广告费而成为炙手可热的产品,同时它也被视为未来重要的收入驱动者。怎样使视频成为高利润的产品,是《纽约时报》最大的挑战之一;

(5)实现全球覆盖:全球覆盖是《纽约时报》的另一个目标。2013年《纽约时报》将《国际先驱论坛报》更名为《国际纽约时报》,就是向这一方向迈进的一步。代理国际主编莉迪亚·波尔格林在最近一份备忘录中写道:“全公司的计划是探索能够吸引持各种语言读者的方式,而不仅仅是英语。”

三、报道特点

(一)“神话般”的声望

就地位而言,《纽约时报》在美国精英媒介中有着“神话般”的声望。它不但被西方精英尊为“权力机构的圣经”,更被新闻同行称作“档案记录报”。在强手如林的美国传媒圈,《纽约时报》总是各类新闻奖项的最大赢家。其中在象征着美国新闻界最高成就的“普利策新闻奖”中,《纽约时报》更是独揽一百多项大奖,令其所有对手望尘莫及。除此之外,《纽约时报》还被公认为是“政治精英的内部刊物”,除了受到美国上流知识精英的推崇以外,国务院、国会和各国大使馆也是《纽约时报》的忠实订户,对于政策制订和关键决策都会产生影响。

毫不夸张地说,《纽约时报》的历史即是一部美国新闻发展史。纵观国际新闻史,几乎所有重大事件的第一现场都能看到《纽约时报》记者的身影。其中,1912 年,《纽约时报》是全球第一家报道“泰坦尼克号”沉没的媒体;在第二次世界大战诺曼底登陆一役中,诺曼底海滩上居然潜伏着 10 名《纽约时报》记者;1945 年,《纽约时报》的报道详尽记录了日本长崎遭受美国原子弹轰炸的前后经过等。①

另外,《纽约时报》第一时间取得顶级史料的能力也不辱其“档案纪录报”的美称。1862 年 9 月 22 日,《纽约时报》最早并全文刊载了林肯政府的《解放黑奴宣言》。之后,“一战”中的《凡尔赛条约》、“二战”中的《雅尔塔密约》以及“冷战”中的《赫鲁晓夫秘密报告》全文都可以在《纽约时报》的过刊中找到。为此,《纽约时报》还按传记档案要求以及按章内容编排顺序专门设立了一个剪报图书馆,以《纽约时报》报道为基础,详尽记载了新闻史上发生的所有大事。在电子科技并不发达的年代,这一度成为学者翻阅史料的重要工具。

(二)国际新闻与人才战略

成就一份伟大的报纸,需要众多成功因素的合力。如果要总结《纽约时报》的核心竞争力,当首推其国际新闻战略和人才战略。据联合国教科文组织的一项报告显示,国际新闻占据了《纽约时报》要闻版块中 40%的版面,远远高于其他世界大报 15%～20%的平均水平。② 同时,《纽约时报》也是最早向全球各地派设常驻特派员、特约记者并建立最完整的国际新闻报道网络的世界性媒体。因此,如果该报记者没能出现在国际重大事件的第一线,这对于《纽约时报》来说是一个难以接受的耻辱。可以说,《纽约时报》在美国甚至世界的巨大影响力,与其强大的国际新闻报道能力有直接关系。

然而随着“冷战”结束,特别是 20 世纪 90 年代新闻商品化浪潮的汹涌而来,美国读者对于国际新闻的兴趣显著下降,《纽约时报》的销量和影响力随之下滑。加之一直以来,股东对于《纽约时报》向国际新闻投入巨资的做法颇有微词。迫于压力,不同时期的总编都对《纽约时报》的报道重点做了不少调整,但这种退守是有限度的,因为《纽约时报》深知其核心竞争力所在。值得一提的是,不论从绝对数量或突出位置来看,《纽约时报》头版的国际新闻比例在全美乃至全球大报中都无人能及。然而,随着来自纽约的地方性广告逐渐成为《纽约时报》的主要收入来源,特别是极力倡导“亲近读者”的小阿瑟执掌“帅印”后,纽约本地新闻以及国内新闻比例有所上升。尽管如此,《纽约时报》在兼重软新闻的同时,从没有放弃过对严肃新闻,特别是国际新闻的执著追求。

在《纽约时报》150 多年的发展历史中,其人才战略独成风景。在聘用顶级新闻人才方面,《纽约时报》从不吝啬。如奥克斯、赖斯顿、罗森索等这些美国新闻界传奇人物的加盟,确保了《纽约时报》的从小到大、从弱到强,更打造了这份报纸精神高尚、专业权威、内容丰富的伟岸形象。此外,《纽约时报》还被称为全国新闻人才最密集的地方,除了受益于“老人带新人,手把手地教”的光荣传统外,《纽约时报》还“不拘一格降人才”,直接从高校新闻学院“预定”虽无经验、但极有天赋的高材生从头栽培。因此,在整个美国新闻史上,众多著名记者、新闻从业人员都与《纽约时报》有过“亲密”关系,如最著名的编辑主任范安达、专栏作家克罗克、记者霍姆·比加特、记者尼尔·希思、总编辑卡特利奇等。可以说,精明强干的用人制度,有效地构成了《纽约时报》的发展史和基本精神。在这些优秀人才的合力之下,最终成就了 150 年来《纽约时报》左右世界舆论的传奇故事。

(三)稳重与谨慎

作为一家能够流芳百年的大报,《纽约时报》一直谨遵“报纸纪录”的原则。这一政策的直接结果就是除了纽约市当地新闻外,《纽约时报》较少首先报道一件时事。如果《纽约时报》真的就某一事首先展开报道,那么意味着这条新闻的可靠性很高。因此,全美内外其他大报或者通讯社通常直接将《纽约时报》的报道作为新闻来源。而美国大多数公共图书馆更是向公众开放《纽约时报》的索引,陈列近几十年来《纽约时报》对国内外时事

---

① 田虹虹:《〈纽约时报〉成功因素探析》,河北大学博士学位论文,2004 年。

② 陈凯、孙江华:《〈纽约时报〉的悄悄变脸——1990－1999 年〈纽约时报〉头版内容分析》,《现代传播》2004 年第 2 期。

的所有报道。

另外,“观点平衡”也是《纽约时报》多年来坚守的重要原则之一。这种“为平衡而平衡”的原则指的是,当报道某一个受争议且牵涉到多个关系人的事件时,《纽约时报》要求旗下记者必须公平纪录所有涉事方的声音。在报道国内政治类新闻时,特别是对竞选候选人的政见发表、竞选活动行程以及候选人竞选照的处理上,《纽约时报》通常会求得平衡,以示公允。

除了对报道篇幅做严格的要求外,《纽约时报》还要求旗下记者在遣词方面一定要做到谨慎。因此,在《纽约时报》的报道中,除非与解释核心事实存在重大关联以外,记者不得在新闻中指出当事人的种族、宗教以及经济文化背景。前哥伦比亚广播公司(CBS)著名新闻主播沃尔特·克朗凯特(Walter Cronkite)曾说:“要知道哪些新闻最为重要,只要看《纽约时报》的第一版就好。”问他如何选择品质好的报纸,他说:“凡是固定刊登‘更正’新闻栏的报纸,便是最负责的报纸。”

自1972年以来,《纽约时报》便在第二版专门开设了更正版面以刊登读者来信中的批评建议,同时也通报报道中出现的一些重大失误。2003年,《纽约时报》曝光记者布莱尔炮制假新闻,2009年再次向公众承认其报道中存在故意误导读者相信伊拉克拥有大规模杀伤性武器以及刊登其他29处存在明显误导性文字的文章并标明其作者和确切日期。然而,《纽约时报》自曝家丑的做法并没有伤害公众的信任。这种知错就改、对读者负责任的精神不但让业界同行叹服,更赢得了读者的深度信任。

(四)精英与严肃

19世纪末,虽然同一时期的主要竞争对手普利策、赫斯特凭借各自轰动、粗劣的黄色新闻大行其道,称雄美国报坛。但这种过分强调消遣性的材料和滥用特写煽情镜头的新闻,让许多美国上层知识精英感到反感。此时,《纽约时报》以“本报绝不玷污你的早餐桌布”作为广告口号,旗帜鲜明地向黄色新闻发起了挑战。在印刷排版方面,《纽约时报》力求美观干净、文雅大方,极少使用图片和特大字号标题;在新闻取材方面,《纽约时报》务实谨慎、庄重权威。大胆增刊扩版的同时还增加了当时颇为稀有的国际新闻。经过这一系列的成功改革,《纽约时报》在不到5年的时间里,销量突破了10万大关,成为面向社会上层的严肃性报纸先驱。

在美国保守势力回升的20世纪中期,不苟言笑、端庄肃穆、摒弃花哨成为20世纪50年代精英分子们的自我认定。而以严肃著称的《纽约时报》则顺势成为刻板的大公司文化代表,时任主编的奥克斯为此更进一步强化了《纽约时报》的既定风格,以巩固核心受众。其中,严肃谨慎的新闻报道方式以及简洁利落的排版风格尽显《纽约时报》的精英气质。那时的《纽约时报》版面单调、文字整齐,极少用图片,就连新闻部的桌子都如碑石一样排列整齐,与精英们的气质不谋而合。不苟言笑的政府与企业精英热衷于阅读《纽约时报》,不仅因为其新闻的严谨性与权威性,更因为《纽约时报》表现出的鲜明精英风格和态度。

(五)精英与精致

进入20世纪70年代,随着美国战后社会物质文化的进一步繁荣,读者对报纸的功能以及品味要求也随之进一步提升。在这一大趋势下,《纽约时报》在保证国际新闻与硬性报道优势的同时,开始了杂志化转型。生活、时尚、科学之类的每日增刊也从昔日严肃甚至有些刻板的《纽约时报》主刊开始出现在读者的餐桌前,让人不禁产生耳目一新的感觉。

时任总编的罗森索注意到,当下的美国精英不仅关注国会议题和世界风云,如何享受高品质的生活也慢慢成为他们感兴趣的话题,甚至连室内的新款小方块地毯都能引起精英读者的极大兴趣。为此,罗森索大胆向音乐评论家、书评家、艺术记者伸出橄榄枝,请他们就许多引起热议的书籍、电影等喜闻乐见的文化现象进行专业且不失趣味的解读。在版面组合方面,罗森索锐意进取,选用大标题、多栏标题并辅以吸引眼球的新闻照片为特征的水平样式版面风格,为读者呈现清晰、整齐、美观、易读的视觉享受。在版面的艺术设计方面,罗森索破格将新闻艺术主管提拔为副总编,并鼓励其大胆启用刚走出校门的专业艺术设计师以提升《纽约时报》的艺术品位。

在单元改版方面,《纽约时报》更是首开业界之先河,将两个单元扩展成四个单元。其中,第一个单元为国际和国内新闻,社论版和论坛专栏版被专门放置在最后两页。第二单元分别为纽约大都会新闻、国内新闻以及体育新闻。而第三单元则以特刊的形式呈现,从周一到周五分别为体育版、科学时代版、生活版、家园版以及周末版,其中文艺新闻和评论新闻最受关注。第四单元主要是财经商业新闻以及全球股票市场价格表。这样将新闻分门别类地归置,方便读者迅速找到自己感兴趣的新闻。在受到追捧的同时更引起全美其他各报的纷纷仿效。值得一提的是,罗森索这一系列改革主要针对的是大都会中上阶层的读者,不论从多样性还是深度来看都进一步满足了美国上流精英的需求。其功能性和品位的大幅提升,在受到精英界追捧的同时也赢得了知识界的尊重。

四、涉华报道

从时间来看,《纽约时报》称得上是美国历史上报道中国最早的报纸之一。1851 年,一创刊,“China”这个关键词就以“中国移民”的形象就出现在《纽约时报》对加州的报道中。这篇报道描绘了来到新大陆的中国移民如何与英国人、瑞典人、德国人和芬兰人在这片土地打造平等、相爱的熔炉。[①] 其超前的民主、博爱意识,使“中国人”以及其他“中国元素”第一次以真实、生动的形象呈现在《纽约时报》的报端。从数量来看,《纽约时报》也不遑多让。《纽约时报》在线档案馆是全球最早也是最全面的档案馆之一,记录了《纽约时报》从 1851 年创刊以来所有的报道。如果以“China”作为关键词,截止到 2015 年 6 月 1 日,共可以搜索到 381485 篇与“中国”相关的报道。

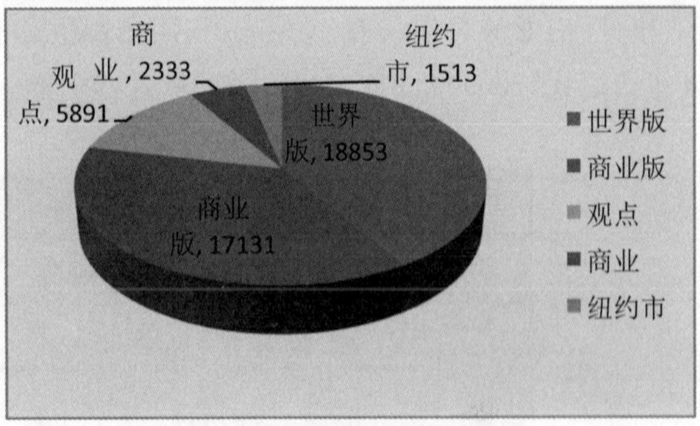

图 82 《纽约时报》涉华报道版块分布

从 2005 年至 2015 年 10 年间数据来看,共有 71700 篇涉华报道,其出现在各个版面的频率也各有不同。其中,世界版关注中国的程度最高,为 18853 篇。其次是商业版,为 17131 篇。出现次数最少的为本地新闻版块,但“中国”作为背景信息也出现在其中的 1513 篇报道中。

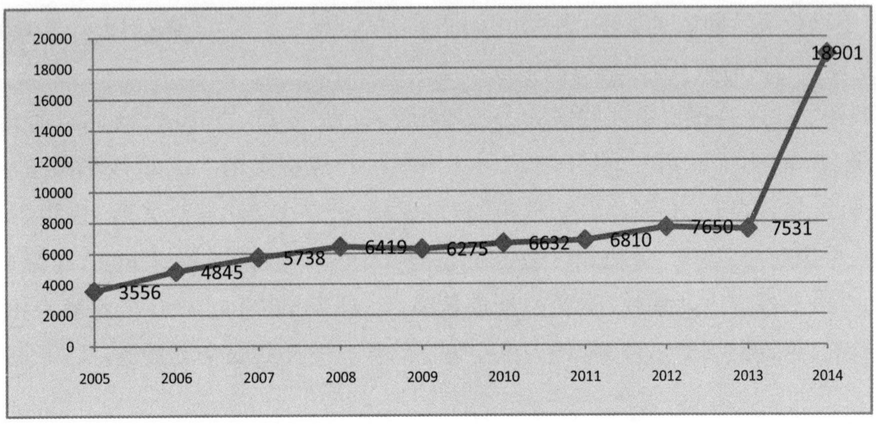

图 83 2005 至 2015 年《纽约时报》涉华报道数量变化

从各年数值的横向比较来看,其涉华报道数量一直呈现逐年上升的趋势。其中,由于 2008 年北京奥运会的举办以及金融危机等事件的发生,《纽约时报》对华关注度陡增,从而使 2009 年数值相较之下呈现小幅下滑。2012 年,“神九”升天、“蛟龙”下海以及“中共十八大”召开领导人换届等重要事件,都在《纽约时报》中得到详细

① 纽约时报网:http://timesmachine.nytimes.com/timesmachine/1851/09/24/443417172.htm,检索时间:2016 年 3 月 15 日。

的介绍。值得一提的是,2014 年《纽约时报》对华报道的总数呈现井喷式增长,达到 18901 篇,为前一年 2.3 倍。这种变化一方面可能由《纽约时报》进一步数字化转型而引起;另一方面,也可能因为北京“APEC 会议”“马航事件”、台湾“太阳花”学运以及香港“占中”等事件的发生,使中国持续成为《纽约时报》关注的焦点。

从 2015 年《纽约时报》官网的搜索热度来看,“中国”作为关键词一直与美国大热的电视剧、流行歌曲以及重要本地新闻一道,频繁占据《纽约时报》搜索榜单前十的位置。

(一)报道议题

作为中国发展的忠实记录者,2009 年对于《纽约时报》也是颇具代表性的一年。在这一年当中,中国因成功举办 2008 北京奥运会而被世界瞩目,国际形象相较之前得到大幅提升。同时,2009 年也是全球经济步入寒冬的第一年,相比发达国家经济恢复乏力,中国救市表现亮眼。聚焦国内,新疆“乌鲁木齐 7·5 打砸抢烧暴力犯罪事件”引发的对华宗教、民族、人权问题的报道和讨论,也相继成为《纽约时报》聚焦中国的原因。因此,通过《纽约时报》2009 年全年对华报道数据进行定量分析,有助于勾勒出《纽约时报》对华报道中的某些倾向性。[①]

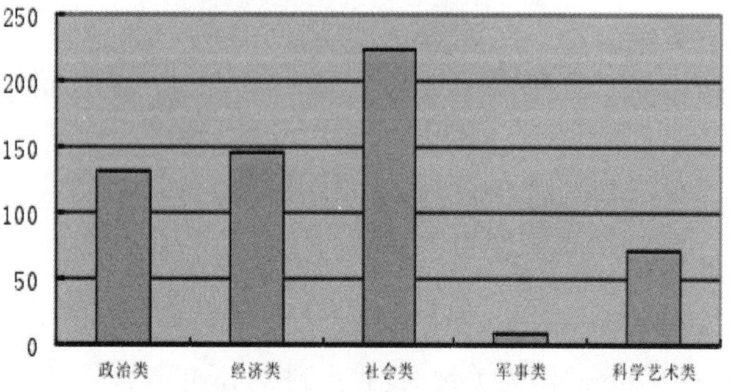

图 84　2009 年《纽约时报》涉华报道议题分布

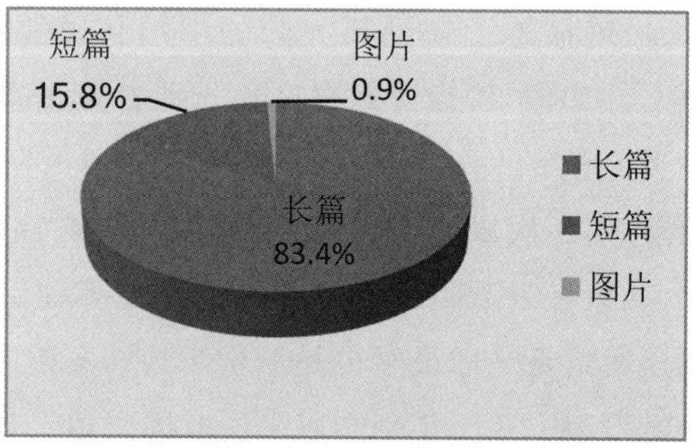

图 85　2009 年《纽约时报》涉华报道类型分布

2009 年,《纽约时报》纸版报纸一共刊登了 583 篇对华报道。通过简单整理发现,《纽约时报》对中国的报道大致可以分为 6 类:政治、经济、社会、军事、科技艺术、艺术体育。其中以社会类的 224 篇最多,占总数的 38.42%;经济类其次,占 25.22%;政治类第三,占 22.47%。

这 583 篇新闻中以长篇新闻数量最多,为 486 篇,占 83.4%;短篇新闻 92 篇,占 15.8%;图片新闻最少,只占 0.9%。由此不难发现,《纽约时报》的涉华报道多以深度报道为主。

具体来看:在政治类 131 篇报道中,以“国际关系类”最多,为 62 篇,占 10.63%,“新闻自由”类次之,为 30 篇,占 5.15%;“官员、政策”类排在第三,共 15 篇,占 2.57%。在经济类的 147 篇涉华报道中,“公司、工厂、股份、股票”类最多,为 43 篇,占到 7.38%;“经济危机、贸易保护、经济复苏”类位居第二,共 35 篇,占 6%;“进出口、关税、经济合作、中国商品”类与“进出口、关税、经济合作、中国商品”类并列第三,同为 26 篇,占总数的 4.46%。在社会类的 224 篇报道中,“宗教”主题的报道最多,为 83 篇,占 14.24%;与此紧密相关的“人权、种族”问题也备受关注,共 55 篇,占 9.43%,位列第三;排在第二的社会类公共安全类报道,共 70 篇,占 12%。

(二)引语和消息来源

《纽约时报》在中国的北京、上海和香港设有三个分社,就驻华的规模和人数来看,对于任何一家美国报纸来说都是绝无仅有的。豪华的采写团队使《纽约时报》极少错过来自中国本土的一线新闻报道,这也是《纽约时报》得以保持对华高自采率的重要原因。总体来看,相较于中国,《纽约时报》更倾向于引用来自美国的声音;相较于政府,《纽约时报》更倾向于引用非官方的观点。

① 邵静:《〈纽约时报〉和〈华盛顿邮报〉的涉华报道研究》,上海大学博士学位论文,2010 年。

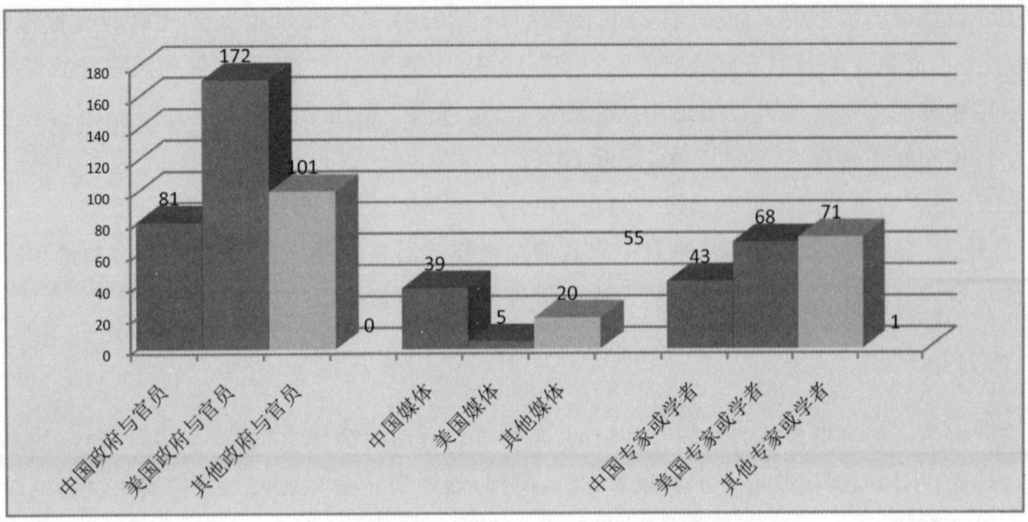

图 86 《纽约时报》涉华政治报道采用信源对比

在对华的 131 篇政治类报道中，由于具备强大的自采能力，《纽约时报》极少引用其他美国媒体的报道，相比之下引用中国媒体的报道较多。为凸显政治类报道的权威性，《纽约时报》倾向于引用政府和官员的话语，但引用美国的政府和官员的次数要远高于引用中国政府和官员的声音。此外，专家学者的观点也受到重视，其中以中美两国的专家观点为主。

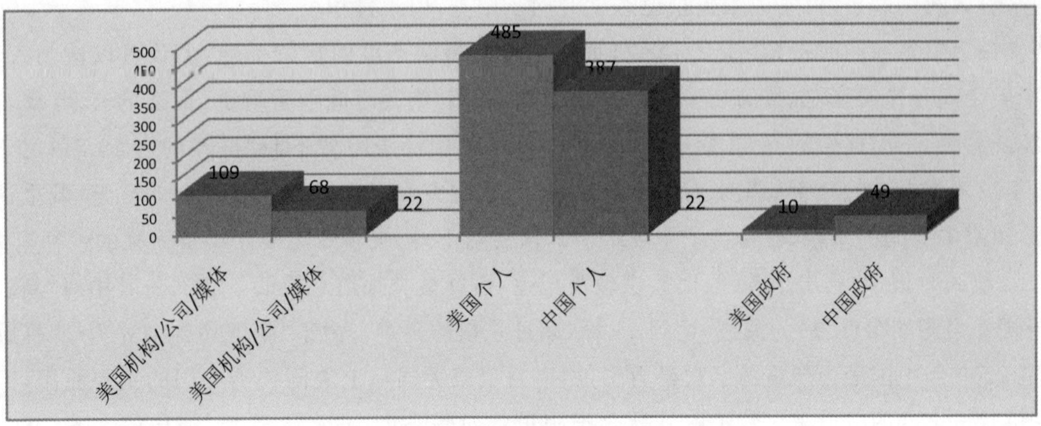

图 87 《纽约时报》涉华经济报道采用信息源对比

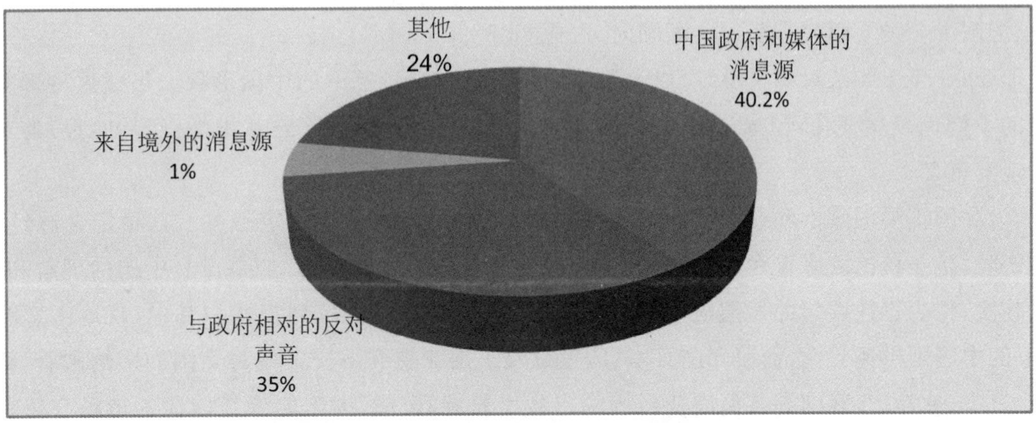

图 88 《纽约时报》涉华民族宗教类报道采用信息源对比

在全年128篇经济类报道中,《纽约时报》共使用引语1108次。为凸显独立于政府的大报形象,《纽约时报》在涉华经济类报道中极少引用来自政府的观点,仅59次,不到10%。其中,来自美国官方的观点最少,不及中国官方被引用次数的25%。在此类报道中,《纽约时报》最倾向于引用个人的观点,超过70%,共872次,其次是引用来自于机构和媒体的观点,为117次,接近20%。

在41篇关于民族宗教类的报道中,《纽约时报》共引用425句引语,其中直接引语占比74%,为313句;间接引语占比26%,为112句。大致来看,来自中国政府和媒体的消息源共计180条,占到总数的40.2%,而来自于政府相对的反对声音共计148条,占比35%,来自境外的消息源最少,只有22条,不足1%。

(三)价值倾向

一直以来,"报道一切值得报道的新闻",并为此"不惜于与政府对簿公堂"成就了《纽约时报》相对独立客观的大报形象。然而,不偏袒美国政府并不意味着《纽约时报》能做到完全客观公正。事实上,《纽约时报》被奉为美国精英界的必读刊物,而主流精英本身也正是《纽约时报》服务的核心人群。因此在媒体市场化竞争日益激烈的大背景下,为最大限度地保持竞争优势、满足核心受众的需求,《纽约时报》的价值倾向也难以避免地受到这些主流精英立场的影响。在对华报道中,这种倾向性也会根据报道内容本身的不同而发生改变。总体来看,《纽约时报》对华报道态度以中立为主,但消极多过积极;其积极程度,至少在2009年,以经济、政治、社会类报道的排序递减。

在政治类报道中,《纽约时报》共计有62篇报道中带有情绪态度明显的标题:其中态度中立的有39篇,占63%;带有合作庆祝情绪的有6篇,9%;带有侵略和压抑情绪的有17篇,占27%。因此,从2009年经济类报道的全年数据来看,《纽约时报》对华政治类报道态度倾向于中立,但难言积极。

在经济类报道中,《纽约时报》共计有128篇报道中带有情绪态度明显的标题:大致可以被归入4个类别:其中采用"中美之间合作共赢"框架的有34篇,占26.6%;采用"中美之间矛盾重重"框架的有30篇,占23.4%;采用"中国经济蒸蒸日上"框架的有39篇,占30.5%;采用"中国经济阻力不断"框架的占19.5%,为25篇。因此,从2009年经济类报道的全年数据来看,《纽约时报》在选题方面遵守了全面和平衡的原则,既重视中美之间的合作,也不回避中美间的摩擦;既肯定了中国经济的恢复与上升,也不否定中国经济面临的种种阻力。

2009年,《纽约时报》共刊出了79篇民族宗教类报道,占社会类报道总数的34.8%。其中对"新疆乌鲁木齐7·5打砸抢烧暴力犯罪事件"最为关注,达到41篇,超过总数的一半。由于"新疆乌鲁木齐7·5打砸抢烧暴力犯罪事件"是2009年中国最为严重的宗教暴力事件,事后也成为国际上美国攻击中国的主要原因,因此可以通过《纽约时报》对该事件的报道来大致了解其社会类报道的对华态度。在41篇"新疆乌鲁木齐7·5打砸抢烧暴力犯罪事件"中,仅标题使用如"clash(冲突、交锋)""riot(暴乱、骚乱)""upheaval(大动荡、大变动)"等消极词汇的报道就有25篇,接近总数的61%。而这些消极词汇在正文中共出现233次,平均每篇出现6次。另外,在相应的46幅配图中,有26幅带有明显负面倾向,占比56.5%。

通过整理2009年583条对华报道,可以大致总结出《纽约时报》笔下的中国形象。虽然这种形象会根据每年具体情况的不同而发生变化,但通过对2009年全年数据的分析,对当下宏观把握《纽约时报》的对华态度仍具有一定的现实意义。

首先,作为美国重要的政治和经济伙伴,《纽约时报》对中国的身份持肯定态度。在稳定全球经济体系、阻止全球气候变暖、防止核扩散等重大问题上,《纽约时报》都直截了当地指出,如果没有中国的理解和支持,美国难成大事。其次,作为迅速崛起的大国,《纽约时报》对中国的这重身份感到担忧。其中,就地区影响来看,《纽约时报》笔下的中国因迅速壮大,而使邻国日本、印度以及东南亚感到不安。就对美国的影响来看,特别是经济领域,中国从汽车、冰箱、互联网等各类消费市场的迅猛增长,到风能、太阳能等新能源的市场开拓和技术创新都会被拿来与美国比较。"近期超过美国"或者"已经超过美国"等字眼的频繁使用或多或少都体现出了《纽约时报》对中国"崛起"的某种隐忧。

再次，作为耗能大国，《纽约时报》笔下的中国经常以贪婪的能源侵占者身份出现。在2009年探讨中国与其他国家之间的国际关系时，《纽约时报》几乎都涉及“能源”这一关键词。在《纽约时报》眼中，中国向非洲、澳大利亚投资的目的是能源，中国与伊朗、阿富汗、越南保持密切关系的原因还是能源。而且这些报道中还时常伴随“catch(圈套)、corruption(腐败)、pollution(污染)”等负面词汇。此外，作为全球合作的参与者，中国经常以“逃避国际责任、疏于遵守国际秩序的形象”在《纽约时报》中出现。具体表现为：中国利用各种手段，努力在全球谈判或国与国之间的摩擦中占据优势；在“全球气候谈判”中，中国逃避责任并拒绝做出任何承诺；在“中澳力托案”中，中国政府以危害国家安全罪为名，不惜各种手段对澳大利亚企业进行报复。

最后，《纽约时报》认为，作为转型中的国家，相较于美国“旁观者清”的高姿态，中国政治、经济和社会问题依旧紧迫。在国内，中国面临工人失业、政治改革受阻、环境污染加重、人权状况恶化等麻烦；在国际上，中国掠夺小国资源，欺凌邻国且拒绝承担国际责任。以至于《纽约时报》发出这样的“感慨”：中国只有做到尊重自己的人民和邻国，才能变得更为稳定，经济更为强大，具有更多的国际影响力，成为美国更好的伙伴。

《女装日报》*Women's Wear Daily*

WWD

《女装日报》(*Women's Wear Daily*，简称“WWD”)是美国著名的时装行业报，创办于1910年，被业界尊为“时尚圣经”。[①]该报提供世界时尚潮流的最新资讯，如纽约、巴黎、米兰、伦敦等时尚界的最新动态，当季流行趋势，最新超级名牌新品以及服装搭配与实用着装技巧等。

一、历史沿革

1910年7月13日，《女装日报》由埃德蒙·费尔柴德(Edmund Fairchild)一手创办。《女装日报》的前身是1910年的6月创办的《女装》。《女装》原先是费尔柴德出版公司的另外一份报纸《每日新闻记录》(*Daily News Record*)的插页，后来埃德蒙将其独立发行，并一步步发展为现在的《女装日报》。[②]

图89 《女装日报》前身——《每日新闻记录》报插页

在创办最初的几十年时间里，《女装日报》的影响力主要在美国，因此也获得了很多像沃纳梅克氏百货公司这样的广告主的支持。1955年，《女装日报》想要涉足欧洲市场，便派出了伊迪丝·罗森鲍姆(Edith Rosenbaum)作为该报首位驻法国巴黎的记者参加高级定制服发布会，此时的《女装日报》尚且是时尚界的“无名小卒”，因此伊迪丝被安排在观众席最后一排的次要位置。此后，伊迪丝作为一名出色的时尚买手和著名时装设计师，给予了《女装日报》很多帮助。

1960年，曾负责费尔柴德出版公司欧洲事务的约翰·费尔柴德(John Fairchild)成为《女装日报》的新主编，在他的主持下，该报快速发展，逐渐成为时尚媒体界的翘楚。约翰先是调整了办报思路，在此之前《女装日报》的关注点主要在时尚产品上，而新的思

① Miller, Lia: Women's Wear Daily Setting Its Sights on the Luxury Market, *The New York Times*, 2005年3月14日。
② Trager, James: The New York Chronology: A Compendium of Events, People, and Anecdotes from the Dutch to the Present, Harper Collins, 2003.

路则要求记者要关注和时尚有关的人,包括设计师、模特等趣闻轶事。《女装日报》的记者不仅报道最新的时尚资讯,还关注时尚界人士的生活,介绍他们爱去的地方,展示他们的日常,并将他们的八卦公之于众,这个叫"Eye"的版面不久便风靡一时。甚至当时时尚界认为,只有在"Eye"版面上出现过的人,才能算一名真正的时尚人士。就这样,《女装日报》逐渐扩大其影响力,在时尚圈中站稳了脚跟。

到20世纪60年代末,《女装日报》已经家喻户晓,其对时尚新闻的改变也一直为后人所称道。有评论称,在约翰30多年的任期内,《女装日报》用其"毒舌"般的报道改变了时尚新闻一贯的谄媚态度和奉承口吻。约翰的性格促使他相信"争议"对他的报纸有益。在他的任期内,《女装日报》的地位扶摇直上,一举成为欧美时尚界首屈一指的行业报。同时,约翰的坏脾气也为他本人赢得了"不公童子"(Unfair Child)的谑称,但其作为资深时尚记者的判断力和影响力却从未被人怀疑过。约翰的助手曾回忆,他亲眼目睹法国知名品牌圣罗兰(YSL)的创始人之一皮埃尔·贝尔热(Pierre Bergé)在听到约翰的夸奖后,立马拿圆珠笔在品牌新装的标价牌上加了好几百美元。可见,就连贝尔热也从不怀疑他的专业眼光。①

Women's Wear Daily
THE RETAILERS' DAILY NEWSPAPER
Wide Skirts, Off-Shoulder Necklines "They Are Wearing"—On New Year's Eve
Straus, Gimbel Predict Spiral Will Continue
Truck Deliveries Again Rolling as Ban is Lifted
—take it away, '48!
Smith Is Promoted In Hudson's Basement
MAYER NYLONS
Now Showing for Spring 1948
coats suits rainwear

图90　1948年1月2日刊发的《女装日报》

在职业生涯中,约翰曾经发明"热裤"(Hot Pants)一词,也曾经为德国著名的时装设计师卡尔·拉格斐(Karl Lagerfeld)取了"时装界的凯撒大帝"的绰号,他也曾大不敬地称玛格丽特公主为"无聊殿下"。约翰"敢言"的风格也得罪了很多时尚界人士,30多年间与之闹过矛盾的服装设计师多达数十名,其中不乏杰弗里·比尼(Geoffrey Beene)、奥斯卡·德拉伦塔(Oscar de la Renta)、乔治·阿玛尼(Giorgio Armani)等时装设计界的大师级人物。这些与设计师私下不和的轶事,也都在日后被转述成经典,足以写半部时装史。

1997年,帕特里克·麦卡锡(Patrick McCarthy)成为《女装日报》的新负责人。从1970年为《女装日报》工作开始,帕特里克已在约翰手下工作了22年,先后出任华盛顿记者、伦敦特派通讯员、巴黎办事处总监以及《女装日报》的编辑总监,是约翰名副其实的"模范学生"。帕特里克曾这样评价他和约翰的关系:"约翰先生是我的朋友,我们的关系像一对父子,又不像父子。对他来说,我的任务是捕捉新闻,得到第一手资料。如果我拿不到新闻,我就是历史了。如果是你的父亲,不管发生了什么,不管你搞砸了什么,他仍然是你的父亲;但约翰先生就不是这样了。"由此也可以看出约翰对帕特里克的严格和信任。

帕特里克领导下的《女装日报》虽然仍留有一口"伶牙俐齿",但态度却变得相对温和了许多。如果说此前的《女装日报》更注重个性表达,帕特里克则给它增添了更多的公正性和专业度,因此《女装日报》也结束了和部分设计师之间的私人恩怨。此外,此时的《女装日报》更加注重独家新闻的采集,他曾表示:"我们是《女装日报》,我们必须最早得到新闻——这是Fairchild先生教导我的。我会不惜一切抢到独家新闻,如果我没抢到,但别人抢到了,我会火冒三丈。"在此期间,秉承着"人无我有"的办报理念,《女装日报》成了美国著名设计师汤姆·福特(TomFord)在威尼斯电影节参展期间接见的唯一时尚媒体;也是在这里,福特宣布回归女装界。而当安娜·温图尔(AnnaWintour)抱怨《女装日报》对她举办的大都会博物馆晚宴报道不够时,《女装日报》亦态度坚决,表示"时代不同了,定制服的时代已经结束"。

1999年,全球最负盛名的出版集团之一康泰纳仕斥资6.5亿美元收购了费尔柴德出版公司,《女装日报》迎

① Gross, Michael, Women's Wear Daily and Feuds in Fashion, *The New York Times*, 1987年5月8日。

来了他的新主人。[①] 从这一刻起,《女装日报》便开启了变革之路。2005 年底,报社总部从纽约西 34 大街 7 号迁至位于第三大道 750 号的新址,《女装日报》的"康泰纳仕化"之路正式开始,改版后的报纸虽保留了原先的栏目设计,但往日的锋芒已不再。加之经营上出现了财政危机,不得不大幅度裁员,这导致其在国内外时尚媒体界的影响力大幅衰减。

2010 年 3 月 17 日,帕特里克宣布离开《女装日报》,有时尚圈人士评论称,"他的离任标志着一个时代的终结"。

二、发展现状

2015 年 4 月 24 日,《女装日报》发表声明宣布停止日报纸质版的发行,而改为发行每周一期 *WWD Weekly* 纸质周刊。声明中称:"今天,我们向延续几代的早晨读报习惯告别,这将是《女装日报》最后一版纸质报纸。我们停下来,向新闻报纸和有着 105 年历史的新闻行业致敬。"[②]

声明中亦指出,如今是即时新闻代替周期新闻的时代,"以前吵嚷的排版机和电报机已经被安静的服务器和键盘、应用程序、搜索引擎等淘汰"。谈到报纸的未来发展,声明中表示,《女装日报》作为一个媒体对于全球信息网络的加速和即时化转变感到振奋,将充分利用这些新的工具,不放过任何一条时尚界的新闻。而对于纸质版的业务,《女装日报》也不会放弃,将在 4 月 29 日推出 *WWD Weekly* 周刊,内容将更具深度,包括时评和美图。最后,谈到自身的转型之路,声明中还形象地说:"随时随地,你都能找到《女装日报》。尽管每天日落时,已不再有印刷机晃动我们报社的地板,但我们保证会将我们的服务器用到极致。"[③]基于丰富的网站资源和新媒体产品,《女装日报》依然是引领世界时尚前沿的权威媒体机构。

MILAN'S MOMENT
COTERIE PREVIEW
DAISY'S DECADE
WWD
TAKING A STAKE?
LVMH Said Eyeing J.W. Anderson
Renaissance Flare
SPRING 2014 NEW YORK COLLECTIONS
Krakoff's New Era

图 91　2013 年 9 月 11 日发行的《女装日报》

图 92　《女装日报》的网络媒体及移动应用

图片引自《女装日报》网站:http://wwd.com/subscriptions/7/,检索时间:2015 年 12 月 20 日。

---

① 新浪女性频道:《时尚行业报百年楷模〈女装日报〉改朝换代》,2010 年 5 月 7 日,检索自:http://eladies.sina.com.cn/cy/2010/0507/0718989834.shtml,检索时间:2015 年 11 月 30 日。

② 环球网:《向 105 年历史的〈WWD 女装日报〉说再见》,2015 年 4 月 27 日,http://fashion.huanqiu.com/zxtg/2015－04/6284690.html,检索时间:2015 年 11 月 30 日。

③ 《女装日报》网站:From the Editors: WWD Launching Weekly Format,2015 年 3 月 12 日,http://wwd.com/media－news/publishing/from－the－editors－wwd－launching－weekly－format－10094216/,检索时间:2015 年 12 月 20 日。

三、报道特点

作为服装产业首屈一指的行业报,《女装日报》创立100多年来见证了时尚界的潮起潮落。《女装日报》为用户提供了即时、可靠的商业新闻和核心时尚趋势报道,是零售商、设计师、生产商、广告机构、时尚达人等不可或缺的信息资源,[1]被称为"时尚界的第一大报"和"独家时尚新闻的集中营"。

拿到第一手资料一直是《女装日报》的办报宗旨。在约翰担任主编的时代,如果一位设计师把独家新闻透露给了《女装日报》以外的媒体,那么他将为此付出惨重的代价。当年因为约翰得罪了某位时装设计师,《女装日报》被拒绝参加时装秀。为了第一时间发布时装秀的新闻,约翰偷偷派画师躲在街对面的公寓里,通过望远镜观察时装秀的新系列服装,并将其第一时间公布在报纸上。[2] 而约翰的继任者帕特里克继承了其恩师的优秀传统,青出于蓝而胜于蓝,他也曾表示:"最重要的是抢到有趣的新闻,不管它是一场时装发布会、一场派对还是一位明星,如果你能先于其他人得到这条新闻,那就再好不过了。"

四、涉华报道

《女装日报》作为时尚界的行业报,涉及报道中国的新闻并不多,其新闻大多遵循时尚界的判断标准,因此也不涉及报道倾向的问题。但值得一提的是,2013年6月22日至28日,中国国家主席习近平对美国进行了国事访问,并出席联合国成立70周年系列峰会。在此期间,《女装日报》曾刊登一篇评论习主席着装的文章,[3]但是评分结果只有"C+"。文章称,尽管中国近期在打击反腐和奢侈品消费,但习近平主席也应该选择一套更合身的定制西装。

《彭博商业周刊》*Bloomberg Businessweek*

Bloomberg Businessweek

《彭博商业周刊》(*Bloomberg Businessweek*)是美国知名的国际商业杂志,其前身为创办于1929年的《商业周刊》。2009年,彭博资讯公司收购了《商业周刊》,并将其打造成为一本注重新闻性、前瞻性、深度和观点的国际商业周刊。目前,《彭博商业周刊》已成为彭博媒体帝国的重要组成部分,在世界范围内有着相当的影响力。

一、历史沿革

说到《彭博商业周刊》,就不能不提起其前身——大名鼎鼎的《商业周刊》。创办于1929年7月的《商业周刊》(*Business Week*),诞生于大萧条时期的美国。在过去八十余年的发展历程中,《商业周刊》凭借着不同一般的风格得到了全球140个国家近500万名读者的青睐。[4] 然而近年来,随着读者的兴趣从传统媒体转向网络媒体,《商业周刊》发行量锐减,其后广告收入逐年下降。美国经济的衰退和来自竞争对手的压力,让这家有着八十余年历史的老牌商业杂志面临破产的危机。据悉,进入新世纪之后的《商业周刊》年亏损达到四千万美元。到2009年5月时,《商业周刊》仍背负3200万美元的债务,据出版人信息机构(Publishers' Information Bureau)

---

① 《女装日报》官网:http://wwd.com/about-us/,检索时间:2015年11月30日。

② Rothenberg, Randall, From Pauline Trigere, a Dressing Down, *The New York Times*, 1988年8月17日。

③ 武义新闻网:《习近平〈WWD女装日报〉得C+》,2013年6月18日,http://wynews.zjol.com.cn/wynews/system/2013/06/18/016551995.shtml,检索时间:2015年11月8日。

④ 黄健源、黄奎:《〈第一财经周刊〉VS美国〈商业周刊〉》,《传媒》2010年第5期。

的数据显示，2009 年上半年，《商业周刊》的广告收入减少了三分之一，只有 7780 万美元。[①]

与《商业周刊》相反，彭博资讯公司的发展则是蒸蒸日上，2008 年的财务业绩可谓异彩纷呈。根据资料显示，彭博终端每年的租金费用高达 2 万美元，其在全球范围内的终端用户已经超过 30 万。也就是说，仅终端租金这一项就可以为彭博资讯带来 60 亿美元的收入。再加上彭博新闻社、彭博电视台、彭博电台等各领域业务的收入，彭博资讯的业绩在不断攀升，这也给其收购《商业周刊》打下了坚实的基础。2009 年 10 月 13 日，彭博资讯公司董事会主席兼总裁彼得·格劳尔(Peter T. Grauer)宣布正式收购《商业周刊》，随后将期刊更名为《彭博商业周刊》。2010 年 4 月，全新的《彭博商业周刊》正式出版第一期，开启了全新的发展历程。

图 93 左为 1929 年 12 月刊《商业周刊》，当时售价 15 美分；右为 1934 年 4 月刊《商业周刊》，当时售价为 20 美分

二、发展现状

彭博资讯收购成功后，由曾任《时代》周刊副主编的乔希·特兰吉尔(Josh Tyrangiel)接手《彭博商业周刊》的总编辑一职，亚瑟·霍克斯坦(Arthur Hochstein)任设计咨询师。改版之后的《彭博商业周刊》每期杂志刊发文章数量有所增加，但在文章的篇幅上则有所缩减，杂志的总页数增加了 20%，每年的发行期数从 47 期增加到了 50 期。同时，在内容方面，《彭博新闻周刊》也做出了很大的改变，在延续老《商业周刊》部分风格的基础上，更加关注信息时代的新型信息，以满足读者日益改变的阅读需求。

如今的《彭博商业周刊》，更加注重报道的新闻性和前瞻性，受众定位仍然以高层政府官员及制造业、通讯业、银行业和金融业的精英人士为主。在内容上，则以服务高层管理人员、企业决策者以及经济理论学家，为其制定企业乃至整个国家的长期规划、提供信息为宗旨。同时，新版杂志充分利用彭博资讯所提供的信息资源，详尽报道来自世界各地的商业信息，以国际化的视角展现完整的全球经济地图。伴随着内容质量的提升和年总期数的增加，《彭博商业周刊》的定价也水涨船高，目前大多数国家和地区的年订阅价为 150 美元。除此之外，《彭博商业周刊》网也提供非常丰富的收费数字内容，2008 年的网站数据访问量就达到了 920 万人次。[②]

随着彭博资讯公司接手《商业周刊》，其中文版也发生了很大的变化。作为最早一批"中外合资"的产物，《商业周刊》中文版创刊于 1986 年，由中华人民共和国商务部同《商业周刊》前东家、美国麦格劳·希尔公司合作发行。[③] 改版后的《彭博商业周刊》沿袭了美国版的诸多优势，以覆盖全球的新闻网络、对全球经济准确的分析和判断及炫目精美的设计风格赢得了广大商界人士的喜爱。[④]

---

① 丁磊：《彭博资讯收购〈商业周刊〉解密》，《21 世纪经济报》2009 年 10 月 29 日第 17 版。

② 张勤：《〈彭博商业周刊〉的生存之道》，《中国记者》2010 年第 10 期。

③ 王欣然：《〈商业周刊〉：一扇俯瞰世界的商业之窗》，《新闻爱好者》2009 年第 16 期。

④ 谈佳隆：《彭博全球首席内容官解密美国〈商业周刊〉收购幕后——〈商业周刊〉是谁赚钱的托?》，《中国经济周刊》2010 年第 28 期。

图 94 《彭博商业周刊》中文版电子期刊

三、报道特点

从以往的《商业周刊》来看，其主打内容为篇幅较长的深度报道，这在很长一段时间内为《商业周刊》吸引了大量的读者，但也成为其进入互联网时代之后发展放缓、面临危机的根本桎梏。因此，新版本的《彭博商业周刊》在内容上做出了很大改变。首先，是大幅度缩短了文章内容的篇幅，以更多短小精悍的文章来满足读者更具时效性的阅读需求。然而，在内容上的主要定位并没有发生太大改变，从《商业周刊》到《彭博商业周刊》，其关注的核心始终都是与商业、经济密切相关的行业动态，仍然是一份为企业高层管理人员、决策者以及经济学家服务的商业周刊。不过，如今的《彭博商业周刊》在报道风格上更具新闻性和前瞻性，以满足信息时代读者日益多样的阅读需求。

同时，《彭博商业周刊》非常值得注意的一个内容特点是其定期推出的排行榜。定期推出具有权威影响力的行业排行榜，这也是美国顶尖财经杂志的特色之一，也是杂志日常业务的重要组成部分，这些排行榜的影响力在某种程度上甚至超过了杂志本身。目前，《彭博商业周刊》发布的较有影响力的排行榜有：年度全美商学院排名、年度全球最佳商学院排名、年度最具创新能力公司排名等。这些排行榜甚至已经成为最具权威的业内评价，也成了诸多企业及学校宣传的金字招牌。

进入互联网时代，《彭博商业周刊》的另一个重要传播特点，就是其数字媒体领域的发展。如今，《彭博商业周刊》在线网站的日常访问量已经以千万计数。其网站内容对于在线阅读仍然延续免费政策，但近年来，彭博资讯也采取了《华尔街日报》式的数字内容改革，在提供免费内容的同时也提供垂直收费的深度内容，用户注册费用约为每年 100 美元。在推动内容改革的同时，《彭博商业周刊》还在数字版的技术层面下了一番功夫。基于相同的数据内容，《彭博商业周刊》提供包括电脑、平板以及移动端在内的三种阅读模式，同时还提供较为优惠的订阅价格，以吸引大量用户。①

四、涉华报道

从同中国的交流合作来看，这一世界性的商业杂志一直同中国有着密切的联系。自改革开放伊始，《商业周刊》就开始了同中国的密切合作，与中国商务部共同推出《商业周刊》中文版，新版的《彭博商业周刊》也继承了这一点。

《彭博商业周刊》中文版执行主编许知远在为新版杂志的首期开卷词《我们的新旅程》一文中写道："在关注

---

① 张勤：《彭博商业周刊》的生存之道，中国记者，2010(10)：98—99 页

全球新闻时，我们致力于提供中国视角，而在描述中国故事时，我们又试图挖掘它的普遍意义。对我们来说，中国的故事，不仅与中国有关，还是人类普遍经验的一部分。"这也可以体现出《彭博商业周刊》对同中国合作的重视程度。在对彭博咨询公司董事长彼得·格劳尔的采访中，格劳尔也提到，中国对于《彭博商业周刊》来说是最为重要的市场之一，其在中国的增长速度也是有目共睹的。目前，彭博资讯公司独家授权现代传播控股有限公司在中国境内出版简体中文版的《彭博商业周刊》。然而，其目前同中国的合作还面临着信息保密等一系列问题。

图 95 《彭博商业周刊》首期开卷词

其次，在对中国的报道方面，《彭博商业周刊》对华报道的内容主要集中关注商业与经济领域，很多报道由于深入报道了中国经济社会发展的不同侧面，在中国国内也引起了很多关注。例如，《烟草为中国带来财富和疾病》①、《小米：中国第一个消费科技大品牌》②、《国际信用卡公司鏖战中国》③等，都集中关注同中国经济发展息息相关的方方面面。值得注意的是，《彭博商业周刊》虽然专注于商业与经济，但这并不意味着其对中国的其他方面不关注，很多文章诸如《来自地狱的一所中国复读学校》④、《中国小说海外受热捧》⑤等深度报道也拓展到对教育、文化的深度报道。因此，对于《彭博商业周刊》对华报道关注的内容主题特点，可以大致概括为"聚焦经济，兼容并包"。

就对华报道的频率来说，以《彭博商业周刊》官方网站为基础，通过对关键词"China"的检索，可以得到从1991年至今的所有涉华报道总计为11.6万条，包括11.3万余条文字报道、3290条视频内容以及20余篇摄影专题。以2015年为例，《彭博商业周刊》平均每天发表的涉华报道数量可以达到76篇左右，其中以文字报道占绝大多数，还包括少量视频报道。⑥ 由此可见，《彭博商业周刊》对中国保持着较高的关注度。

最后，就《彭博商业周刊》对华报道的态度倾向来说，首先中文版的《彭博商业周刊》由现代传播集团携手中华人民共和国商务部、美国彭博集团联合打造，在报道上以深度解析中国经济社会发展、探讨产业趋势变化为核心内容，在报道态度上秉持经济新闻惯有的冷静、客观立场。相对来说，国际版的《彭博商业周刊》在世界范围内的影响更为深远，杂志定位为"提供深入独到的见解和细致详尽的信息，帮助专业人士在商业、财务及事业发展方面作出更明智的决定"。其报道内容紧紧围绕着"商业与经济"这一核心，以专业的眼光、多面的视角，透视全球商界的风云变幻和世界经济的潮起潮落。专注于经济、金融领域，较少触及其他中西差异更为凸显的主题，这一根本特点也就使《彭博商业周刊》的对华报道在态度倾向上更为中立、客观。

① 引文可见于环球网：http://hope.huanqiu.com/globalnews/2014－12/5245047.html，检索时间：2015年11月18日。
② 引文可见于和讯网：http://tech.hexun.com/2014－07－26/167004575.html，检索时间：2015年11月18日。
③ 引文可见于环球网：http://oversea.huanqiu.com/economy/2013－05/3898794.html，检索时间：2015年11月18日。
④ 引文可见于参考消息：http://china.cankaoxiaoxi.com/2013/1015/286330.shtml，检索时间：2015年11月18日。
⑤ 引文可见于环球网：http://oversea.huanqiu.com/entertainment－Articles/2012－10/3213282.html，检索时间：2015年11月18日。
⑥ 数据来源于《彭博商业周刊》网站：http://www.bloomberg.com/，检索时间：2015年11月18日。

《侨报》The China Press

《侨报》(*The China Press*)是美国唯一一家以简体中文印刷发行的大型综合性日报。经过20多年的发展,《侨报》已成长为一家拥有日报、周报、网络新媒体和中国文化中心的多元化媒体集团。[①]《侨报》大力推行"覆盖全美"战略,其印刷媒体已在洛杉矶、旧金山、纽约、华盛顿、费城、波士顿、休斯敦、达拉斯、奥斯汀、西雅图、波特兰、芝加哥等12个华人最为集中的城市同步发行,同时在这些地区设立办事处,并派驻记者,形成了强大的新闻采编网络,为受众提供全面和第一手的美国华人新闻。

图96 《侨报》头版

一、历史沿革

《侨报》于1990年1月5日在纽约创刊。当时,国内政治风波余波未了,加之苏联解体、东欧剧变等一系列世界性变革,中美关系陷入低谷。美国亲中派报纸几乎全军覆没,《美洲华侨日报》[②]、《中报》等先后停刊。正是在这样的背景下,《侨报》逆势而生。其注册公司名为太平洋企业有限公司,首任董事长是陈金坚,总编辑是郑衣德,社址设在离纽约曼哈顿唐人街不远的Mercer街15号。

创办初期,《侨报》是一份周报,逢周五出版。报纸为全开版本,繁体竖排版式,套红印刷,每期28版,零售价25美分。在其创刊号上发表的《我们同在一条船上》发刊词中,《侨报》提出了三大宏愿,即"谋求华人福祉""关怀故土吾民"和"放眼世界",并明确该报的宗旨是"从美国华人华侨的切身利益出发,推动中美关系发展,支持中国的和平统一"。[③]

1990年8月31日,该报改为彩色印刷日报,每周出版6期。1992年6月1日创办旧金山版,1994年6月1日创办洛杉矶版,《侨报》逐渐成为美国东西两岸同步印刷、行销全国的日报。

创刊二十多年以来,《侨报》不断与时俱进,开拓创新,开创了北美华文传媒历史上的诸项第一。1992年5月,《侨报》与中国华光集团合作,成为北美首家运用"STS华光电脑照排系统"进行中文输入、排版并整版电脑传输的中文报刊。1997年1月1日,《侨报》创建北美首家华文日报网站,并相继与新浪网等中国大陆门户网站合作,交换新闻内容。2000年1月1日,《侨报》美东版实现了365天全面无休出报,零售价调整为0.5美元。2001年,《侨报》在北美华文日报中首先改为横排编排,同年11月,改用简体字出版,成为北美首家以简体字出版的中文日报。2011年11月1日,《侨报》洛杉矶版实现了全彩印刷,成为美国华文媒体中第一家全彩色印刷的日报,同时精编内容,版面缩减为44版。

二、发展现状

目前,《侨报》分美东(纽约)、美西(洛杉矶、旧金山)两版。创办以来,《侨报》不断与时俱进,改版、扩版、更

---

① 《侨报》网站:http://www.uschinapress.com/about/index.shtml,检索时间:2015年8月6日。

② 《美洲华侨日报》报纸创刊于1940年7月8日,直到1989年7月29日出最后一期,前后共49年,在美国华文报刊的历史上,是仅有的几家存续时间最长的华文报纸之一。

③ 邱沛萱:《访美国〈侨报〉》,《新闻界》1997年第2期。

新设备、充实内容；从周报到日报，从地方性小报到全美大报，从平面媒体向网络空间拓展，《侨报》竭力向全美华人提供精神食粮。自创刊伊始，《侨报》便着力向读者提供及时、客观、准确、公正的两岸三地新闻、国际新闻、美国新闻、华人新闻等各类资讯，成为美国华人与外部世界以及美国主流社会的重要桥梁。

得益于过去数十年中国改革开放事业的发展，中国国力和在世界影响力的不断提高以及中国大陆移民的迅猛增长，《侨报》已成为美国发展最快和最有影响力的华文媒体之一，包括中国国家主席和国务院总理在内的许多中国高层官员都接受过《侨报》的独家专访。

《侨报》网(www.uschinapress.com)是美国《侨报》的网络新闻平台。《侨报》网的视频播报、仿真数字报纸和《天下华人》栏目技术先进、信息丰富、原创水平高。2004 年 1 月，《侨报》提升网站建设，举行纽约州议员参选人与《侨报》网民互动活动，创下北美华文网站邀请政坛人士进行网上即时问答和辩论的先例。2007 年 9 月 2 日，在四川成都举办的第四届世界华文传媒论坛上，《侨报》宣布与中国新闻社实现跨国合作，开通新版美国《侨报》网和《侨报》电子报，读者可以随时在网上阅读最新的《侨报》《侨报周末》等产品，进一步拓宽了发展空间。据“Alexa 排名”2015 年 8 月 6 日统计，《侨报》网目前在世界各大网站中排名第 29693，在全美网站中排名第 75781。[①] 根据全球中文排行榜(cwrank.com)2015 年 8 月 6 日统计，《侨报》网在全球海外中文网站中排名第 1937 位，访问量的 75.5%来自美国，16.9%来自中国，2.4%来自加拿大。[②]

图 97 侨报网首页

图片引自侨报网：http://www.uschinapress.com，检索时间：2016 年 3 月 10 日。

2011 年 10 月 19 日，《侨报》发出第一条微博。短短两年多时间，《侨报》官方微博粉丝数量上升至 202 万(截至 2015 年 8 月)[③]，在全球海外华文媒体中位居首位，在微博影响力和人气排行榜上超过许多中国重量级的主流媒体。

《侨报》的子报——《侨报周末》(*The China Press Weekly*)于 1999 年创刊。这份周刊以对中国大陆纵深权威的深度报道和专题评论，赢得了读者的广泛好评。《侨报周末》开始只在洛杉矶旧金山和纽约等地发行，目前已扩大到华盛顿、费城、波士顿、休斯敦、达拉斯、奥斯汀、西雅图、波特兰、芝加哥、新泽西、圣地亚哥、沙加缅度等 15 个华人最为集中的地区，同时在这些地区设立办事处，并派驻记者，形成了强大的新闻采编网络，为受众

① 数据检索自 Alexa.com：http://www.alexa.com/siteinfo/http%3A%2F%2Fwww.uschinapress.com，检索时间：2015 年 8 月 6 日。

② 数据检索自全球中文排行榜网站：http://cwrank.com/main/info.php? url=http://www.chinapressusa.com，检索时间：2015 年 8 月 6 日。

③ 《侨报》官方微博：http://weibo.com/2376534624/，检索时间：2015 年 8 月 6 日。

提供颇具深度的美国华人新闻和资讯服务。作为一份周报，其主要内容与日报有所区别，每期围绕重大新闻事件推出“封面故事”和原创报道，分量十足。如纽约版的《侨报周末》封面文章主要是记者采写的原创专题报道，许多文章发表后被广泛转载，产生了较大影响。在社区新闻报道方面，视角更低，记者的报道触角伸得更长，《侨报周末》社区来稿更为踊跃。加强对华人生活的纵深关注，切实服务于华人，其娱乐版块轻松、愉快，令人赏心悦目。

三、报道特点

《侨报》美东版每日出版5叠52至54版，美西版为4叠44版。现以美东版为例，分析《侨报》的版面和内容编排。《侨报》美东版包括要闻、美东新闻、中国新闻、娱乐副刊、健康养生5叠。

A叠要闻版块，共12版，主要版面有头版、要闻、专题报道、热门话题、每日焦点、新闻追踪、言论、环球视窗、美国社会、美国焦点、美国财经和体育新闻。每当有重大新闻发生时，《侨报》经常在A叠推出“系列专题报道，如2014年3月就推出昆明暴力恐怖袭击专题、中国两会专题、马航失事专题”等。3月10日该报A叠共有6个专题报道版，因此A叠版面临时增加到16版。

B叠是地方新闻版块，共12版，主要版面有美东新闻、社区新闻、都会生、大纽约新闻、天下华人、美华新闻，这些版面聚焦华人新闻，特别是大纽约地区的华人新闻。

C叠中国新闻版块，共12版，主要版面有大陆新闻、大陆财经、港澳新闻、台湾新闻和中国北京、广东、福建、江苏、安徽等地方新闻专版。

D叠是娱乐副刊，共8版，主要版面有大陆娱乐、港台娱乐、古今轶闻、文学时代等。

E叠是健康养生版块，共8版，主要版面有健康养生、多彩生活、纽约商讯等。

四、涉华报道

《侨报》是北美唯一一份左派华文日报，因此中国内地的报道占据了主要版面。以2014年3月10日的报纸[①]为例，头版头条是《中国9舰船搜救“马航”失联班机》，配发一张乘客家属痛哭的照片，在茫茫大海中的一艘搜救船的背景照片上。头条上方的提要部分共有两个标题，都与习近平有关，一是有关两会的标题：“习近平：不能在改革中把国资变成谋暴利机会”；二是“习近平同奥巴马通话：期待不久后会晤”（二版头条）。当天有关中国的版面约20版，占全部版面的35.7%。

对于许多重大事件和敏感新闻，《侨报》作为一家亲中媒体会及时发出声音，在一定程度上消除了西方媒体负面报道的影响。如2008年“拉萨3·14”事件发生后，西方媒体记者未到事件现场，却发出了铺天盖地的负面报道。许多报道违背基本事实，在西方公众中造成极大的误导。《侨报》在事件发生后次日即展开了揭示真相的系列报道，以具有说服力的原创报道强力反击西方舆论。《侨报》3月17日刊发当地藏学专家披露英国BBC中文网新闻图片严重失实的专访，对揭露西方媒体所谓的“公正”报道发挥了重要影响。[②] 3月19日、4月7日，《侨报》先后发表美东华人社团联合总会执行主席黄克锵的《西方媒体对西藏问题意欲何为》和《致CNN的公开信》两篇评论，代表旅美华侨华人强烈谴责CNN等西方媒体“采用双重标准、背离新闻操守”的行为。3月31日，《侨报》又报道了当地华人社团呼吁全球华人以一人一信抗议CNN的行动的消息。[③]

《侨报》通过一系列维护客观正面的报道，改变了不少西方媒体和民众对西藏问题的看法，对西方舆论霸权起到了一定的抗击和平衡作用。从新闻价值的角度看，海外华文媒体有着地理及心理上接近性的优势，能更迅速、有效地澄清西方民众对中国的误解，向西方民众更好地传达关于中国的真实新闻信息，从而塑造中国的良好形象。

---

① 检索自《侨报》官方网站：http://ny2.usqiaobao.com/e—paper/category/2059—3—10—2014.html，检索时间：2015年8月6日。

② 刘北宪：《迎接新机遇共建世界华文媒体传播体系》，《侨务工作研究》2009年第6期。

③ 《侨报》官方网站：http://ny2.usqiaobao.com/e—paper/category/2059—3—10—2014.html，检索时间：2015年8月6日。

《生命科学》*Live Science*

《生命科学》(*Live Science*)成立于2004年,是一家新兴的网络媒体,总部在美国纽约。创办以来,这本在线科技杂志主要就重大科技突破、尖端研究探索和科学界奇闻逸事进行报道和评论。目前,该网站隶属于知名科技网络媒体公司珀奇(Purch)。

一、历史沿革

《生命科学》成立于2004年,公司总部位于美国纽约,是由电子商务公司 Imaginova Corporation 创办的一本专业在线网络期刊。创办以来,这本在线科技杂志主要就重大科技突破、尖端研究探索和科学界奇闻逸事进行报道和评论。成立次年,《生命科学》的编辑部主任安东尼·杜伊格南·卡布雷拉(Anthony Duignan－Cabrera)在接受《华盛顿邮报》采访曾说:"我们并不止步于报道科技新闻本身。长久以来,美国读者对许多重大科学成果存在不同程度的误解。我们希望通过《生命科学》精简、犀利的文字,一方面还原科学的真实面貌,另一方面展现尖端科技的奥妙和时髦。简单来说,我们的目标就是让科学变的有趣和迷人"。[①]

创办之后几年,《生命科学》逐步打开了受众市场,不仅受到科技专业领域人士的关注,甚至在美国年轻人中也具有了很大的号召力和影响力。对此,该刊市场部负责人马拉·加德纳(Mara E. Gardner)回顾这一历程称:"这本科技杂志原本定位于满足那些拥有高学历读者的好奇心,以简单且有趣的方式向他们呈现科学世界的精彩纷呈。"但出人意料的是,《生命科学》还受到了美国高中生群体的喜爱,使很多对选择专业感到困惑的高中生意识到了自己对科学的热爱,激励了他们当中的许多人走上了科研之路。

与此同时,《生命科学》刊发的许多引人入胜的故事报道和编辑评论一经发表便会引来大量转载,其中不乏雅虎、福克斯新闻、美国在线和微软全国有线新闻网等具有相当影响力的美国主流媒体网站。

2009年,《生命科学》及其所在公司一同被科技媒体网络公司(TechMediaNetwork)全资收购。2014年4月,科技媒体网络公司改组并更名为珀奇(Purch)。如今,珀奇是美国主要的在线出版公司之一,除了拥有一系列知名的线上数字媒体品牌外,还通过分析和比较与科技相关的产品和服务,为顾客提供咨询和参考。[②]珀奇已经成为在线媒体、专业电子期刊的一大品牌。

图98　在线网络媒体公司珀奇

珀奇公司网站:http://purch.com,检索时间:2015年8月13日。

二、发展现状

目前,珀奇网络媒体公司拥有350名员工,在全球范围内开设了11个分支机构。其中,美国本土有6个分支机构,位于纽约、波士顿、洛杉矶等;在欧洲有5个,位于伦敦、巴黎、斯图加特、格勒诺布尔和米兰。

除了《生命科学》以外,珀奇旗下共拥有18个网站,其中有与《生命科学》定位相近的自然科学类网站,如"space.com "和"newsarama"等,也有专门介绍和分析数码科技产品及其应用服务的网站,如"buyerzone.com"、"mobile nations"和"Tom's Hardware"等。

《生命科学》在2008年7月开通了自己的推特账号,到2015年8月,拥有了20万名关注者,共发出4.04万

---

① 《华盛顿邮报》网站:Newsy Live Science quenches curiosity,2005年6月15日,http://www.washingtontimes.com/news/2005/jun/15/20050615－110803－3772r/? page＝1,检索时间:2015年8月13日。

② 珀奇公司网站:http://purch.com/about/＃staff,检索时间:2015年8月13日。

篇推文。如今,《生命科学》的账号已经在推特科技频道具有极高的知名度。[①]

三、报道特点

目前,《生命科学》网站共有 8 个频道,分别是科技(Tech)、健康(Health)、地球(Planet Earth)、太空(Space)、奇闻逸事(Strange News)、动物(Animals)、历史(History)和人类本性(Human Nature)。

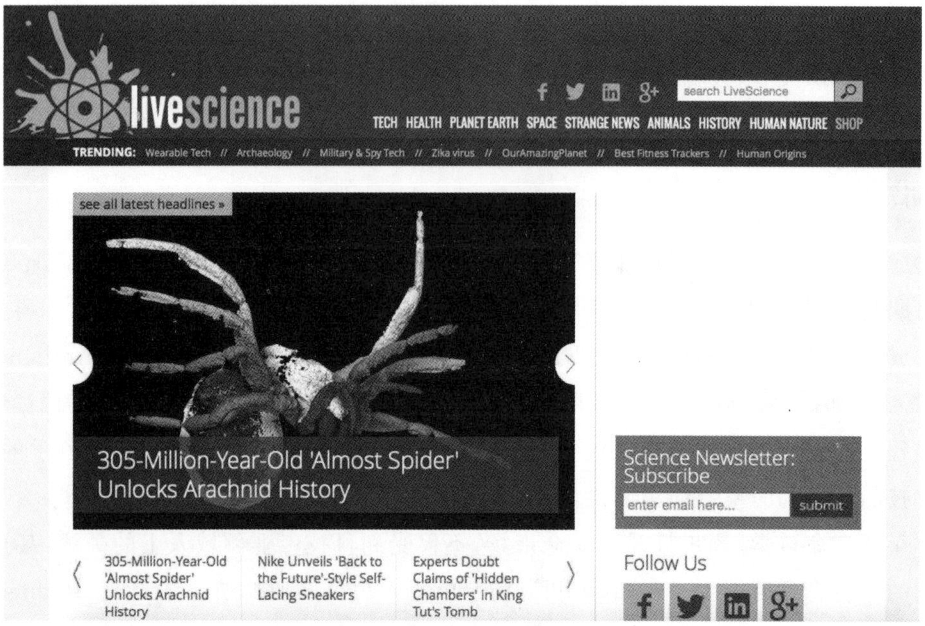

图 99 《生命科学》在线杂志首页

图片引自《生命科学》在线杂志:http://www.livescience.com,检索时间:2016 年 3 月 30 日。

《生命科学》主要以文字加图片的形式进行报道,有时也会辅以视频,生动地介绍和分析科技创新、人体奥秘及特动植物等。在科技频道中,有各类新型机器人、能在海面飞行的滑板以及可以自行制作的螺旋飞机等新奇物品。许多只有在科幻电影中才能看到的场景,在这里被不同程度地实现。正是这些联通幻想与现实的报道内容,让许多对未来充满无限幻想的科技迷不能自拔。

在健康频道中,《生命科学》从科学的角度,向读者提供各种与身体健康相关的知识内容。如毒品、刺青、隐形眼镜等对人体的危害,如何锻造更强大脑以及科学健康保持体形的方法等。这类文章往往配备了前沿科学成果和充分的研究数据,以很"酷"的讲述方式来告诉读者如何爱护自己。相较于呆板枯燥的说教,这类新闻往往更容易受到青少年读者的喜爱,也经常被他们大量转载和评论。

在动物频道中,《生命科学》向读者主要介绍两类动物:一类是已经灭绝或刚被发现的动物,另一类是虽然被人们熟知却存在误解的动物。前一种例如在恐龙时代拥有绸缎状羽毛的鸟类、湄公河流域的吸血蝙蝠和可以变色的蟾蜍等;后一种如可以进行无性繁殖的锯鲛、瞬间致人昏厥的黄蜂以及人们对黑寡妇蜘蛛的误解等。这类文章往往视角新奇、内容翔实并配以生动的图片,给读者造成极大的视觉冲击并留下无限的想象空间,颇有一种观看好莱坞大片的即视感。

四、涉华报道

总体来说,《生命科学》对中国较为关注,包含"中国"的报道一共有 4180 条,其中与"北京"相关的占到 358 条。

---

① 《生命科学》推特账号:https://twitter.com/livescience,检索时间:2015 年 8 月 13 日。

《生命科学》的涉华报道覆盖范围深广，从风土人情到稀有物种再到中国各地的奇闻逸事无所不包。由于《生命科学》并没有在中国正式设立记者站，因此其报道中国实效性较强的前沿科技成果并不多。对中国文化、稀有动物等领域的相当一部分报道也来自于其他设有驻华记者站的美国通讯社。

在文化类报道中，以考古类发现最多。如汉代第一王陵的挖掘进展、沙漠化对夏朝的破坏以及170万年前北京地区能够使用工具的原始人等具有中国传统文化特色的报道，都引起了读者的极大兴趣。另外，中国各地可能存在的恐龙、熊猫三胞胎的诞生和长江江豚等关于特殊动物的报道，也频繁出现在读者视野中。

此外，随着中国国际影响力的进一步提升，北京的空气污染也逐渐成为《生命科学》报道中的高频词汇之一。有关雾霾改善、沙尘暴管控和中美二氧化碳减排协议的签署等报道都出现在与涉华报道中。

《时代》周刊 *Time*

TIME

《时代》(*Time*)创办于1923年，是美国第一份新闻时事周刊，至今已有近100年的历史，有世界"史库"之称。凭借对美国和国际新闻广泛而富有深度的报道，《时代》在许多领域创造了优秀的传统，为国内外的其他杂志所模仿。除了在美国拥有大量读者之外，《时代》还在世界不同地区发行国际版，在国际上具有广泛影响力，是美国最为世界所熟知的周刊杂志。

一、历史沿革

《时代》的创办离不开亨利·卢斯(Henry Luce)和布里顿·哈登(Briton Hadden)两人的努力。卢斯和哈登是耶鲁大学的同学，在校期间二人曾同时在校园报工作，毕业后又分别供职于不同的报纸。后来，卢斯和哈登在《巴尔的摩新闻》相聚，共同的新闻理想让两人不谋而合。很快，卢斯和哈登便从《巴尔的摩新闻》辞职，开始着手共同创办一份新的杂志。起初，二人给杂志拟定的名字为《事实》，因为两人希望杂志能够力求简洁，让繁忙的现代人在一个小时之内读完。二人关于杂志的构想，是一本以分类的形式覆盖各种简洁新闻的出版物。最后，经过考虑，卢斯和哈登将杂志的名字定为《时代》。随后，二人广泛发动其耶鲁大学的校友关系，积极为杂志创办筹措资金。

1923年3月3日，《时代》创刊号发行，第一期杂志的封面是美国政客约瑟夫·坎农(Joseph Cannon)，整本杂志有32页，其中有6页广告，其他部分均为新闻。根据卢斯和哈登的设想，周刊内容被划分为了22个门类进行报道。第一期杂志出刊1.2万份，卖出了近9000份。

创办初期，哈登负责杂志的编辑工作，而卢斯处理财政事务。《时代》在这时一期采用匿名写作制度，杂志的文章除了个别的特例之外，均不署作者姓名。此外，哈登还在这一时期创造了"《时代》文体"，对报道中所涉及的事实进行大量的修饰和形容，从而吸引了读者的阅读兴趣。虽然这多少与卢斯和哈登的最初设想有些出入，但是杂志还是在创办的第二年就达到了7万份的发行量。

这时，哈登在杂志内容方面的影响力大于卢斯，而卢斯为人对于权力、名望和财富的渴望较为迫切，并不喜欢被人抢了风头。20世纪20年代末期，卢斯开始着手筹备一本新的商业杂志，出版时定名为《财富》，后来这本杂志也成了美国历史上的经典期刊之一。1928年，哈登患病去世，卢斯开始成为《时代》周刊从编辑到发行的实际控制者。

在这段时间里，卢斯奠定了《时代》在很多方面的传统及原则。首先，卢斯要求杂志所刊新闻的组织结构必须完整，每篇稿件安排到恰当的版面位置，而且每个部分都应该分成细目。其次，杂志要采取解释性新闻的写作方式，表现"新闻的意义"。在公众服务和重大新闻中，《时代》编辑遵循"要完全的中立是不可能的"这一理念，容许某些偏见，但不刊载社论或者其他文章来证明任何特别事件。最后，卢斯领导下的《时代》信奉“人物是制造新闻的主角”这一原则。而这一原则对于那些“制造新闻”的个人，尤其是有影响力的人物，《时代》不但会去报道他们的人格和见解，有时候甚至会报道到他们生活中最小的细节。这些原则肇始于卢斯时期，对于现在的《时代》仍然有着深远的影响。可以说，卢斯在许多方面塑造了《时代》，他自然也是杂志发展历程中最为重要的人物。在他的领导之下，《时代》逐渐发展成熟，成为在美国期刊出版界举足轻重的角色。到 1962 年时，《时代》的发行量就达到了 300 万份。[①] 在 1964 年，卢斯卸任杂志主编，并于三年之后辞世。

图 100　1923 年 3 月 3 日发行的《时代》创刊号

卢斯去世后，《时代》进入了后卢斯时代。告别了原来一人大权独揽的家长制老派媒体作风，《时代》在后来几任主编的领导下开启了改革之路。后卢斯时代的《时代》更接近美国主流新闻界的风格，倾向性大大减弱，而公正和独立逐渐成为主旋律。在这一时期，杂志的报道领域不断拓宽，新闻质量提高，且向海外市场拓展，逐渐成为在世界范围内具有重大影响力的杂志。1995 年，《时代》的发行量达到了 550 万份，并号称拥有 3000 万读者。[②]

二、发展现状

图 101　2015 年《时代》年度人物封面

进入 21 世纪后，《时代》成为美国杂志世界媒体的代表。2014 年，杂志的发行量已经达到了 3286467 份。[③] 2015 年，在“世界品牌实验室”评选出的世界 500 强品牌中，《时代》排在第 183 位，与《纽约时报》《华尔街日报》等精品媒体比肩而立。而在著名企业品牌林立的榜单中，《时代》作为媒体品牌拥有这样的排位实属不易。此外，杂志还多次获得“美国国家杂志奖”，获得了业界的认可。而《时代》每年评选的“年度人物”和“一百位最具影响力人物”都在世界范围内受到广泛关注，成为世界各国谈论的焦点。这也体现了《时代》在世界范围内的权威地位和巨大影响力。

在新时期，《时代》这样的媒体难免会受到新媒体的冲击，在销售量等方面遇到困境。2009 年下半年，《时代》在报刊亭的销量下降了 34.9%，而在 2010 年上半年又继续锐减三分之一，下半年时杂志的销量又减少了 12%。考虑到如今的媒体格局特点，纸质版杂志的销量几乎难以实现大的突破。于是，《时代》也开始在新媒体领域发力，以期保持强劲的竞争力。在美国众多媒体官网中，《时代》周刊的网站属于建设情况较好的。

与杂志类似，《时代》官网将新闻详细地分为“国内”“国际”“政治”“经济”“科技”“娱乐”“体育”“健康”等版

---

① 叶新：《美国杂志的出版与经营》，中国传媒大学出版社 2007 年版，第 4 页。

② 展江：《从六任总编看〈时代〉周刊的演变》，《国际新闻界》2006 年第 8 期。

③ Consumer Magazines：Alliance for Audited Media，http：//abcas3.auditedmedia.com/ecirc/magtitlesearch.asp，检索时间：2016 年 2 月 19 日。

图 102 《时代》周刊网站

图片引自《时代》周刊网站：http://time.com，检索时间：2016 年 3 月 17 日。

块，涵盖了广泛的新闻内容。此外，网站设计也沿袭纸质版杂志红色的色彩风格，非常引人注目，具有视觉冲击力。除了 PC 端的官网之外，《时代》也推出了自己的移动客户端。通过《时代》的移动客户端，用户可以在手机或者平板电脑上直接阅读杂志的新闻内容，同时还能收听语音播报，观看视频报道等。可以看出，《时代周刊》的移动客户端呈现出向全媒体靠拢的倾向。

三、报道特点

在《时代》杂志的历史发展进程中，曾经采用过集体写作制度，即大部分杂志文章不署作者姓名，以编辑部的名义发表，以体现编辑人员和编辑部在杂志内容上至关重要的影响。经过了近百年的发展，虽然传统的集体写作制度已经"作古"，但是编辑人员依旧在《时代》的内容制作过程中发挥着巨大影响。如今，《时代》记者交给编辑部的稿件并不是严格意义上的成品新闻稿，而是汇集了新闻中必要的要素和内容的文字汇编，文档在杂志编辑部要经过核查员进行事实核查，再经过几个层级的编辑的改写，才能最终成稿。与过去不同，杂志的记者和做出重要工作的写作者能够在文章前署名。

在《时代》对美国新闻事业的众多贡献中，解释性新闻是其中最重要的一点。《时代》是解释性报道的开创

图 103 2013 年 3 月 11 日《时代》就"刀锋战士"皮斯托瑞斯枪杀女友案件刊发封面报道

者，是最早将对新闻事件的解释和描绘引入报道当中的杂志。20世纪二三十年代期间，美国社会和整个国际社会都经历着深刻而巨大的变化，《时代》觉得有必要向人们详细描述新闻事件，并且分析背景原因和走向，这就是解释性新闻的开端。如今，《时代》依旧以内容丰富和富有深度的报道闻名于世，延续了解释性新闻的传统。

《时代》闻名于世的另一个原因是它那具有标杆地位的封面报道。杂志的封面和报纸的头版一直都是媒体自身重要的生命线，也是各个平面媒体展开竞争的重要战场。《时代》在封面和对应的封面报道这一项业务上处于世界顶级水平。杂志多选择有具有重要影响力或新闻价值或历史意义的人物作为封面，这一点从创刊初期一直延续至今。《时代》封面已经成为美国的一种文化现象，而登上其封面甚至可以算作人物的成就之一。此外，《时代》的封面作为历史的见证和存档，已经被视为重要的历史资料，具有深刻的历史意义和文化内涵。与封面相对应，杂志的封面报道也是每一期的重头戏，其封面报道往往紧扣时事热点进行深度的分析和描写，质量具有相当程度的保证。

《时代》在世界范围内被人熟知，也因为其立足国际的视角。如今，《时代》实体杂志共发行四个不同地区的版本：美国版，欧洲、中东和非洲版、亚洲版和南太平洋版。不同版本根据当地的读者兴趣和新闻事实，有着区别化的内容安排，做到了"因地制宜"。此外，杂志对于国际新闻一直保持着高度的关注，其实体杂志和官方网站都开辟有"世界"版块，专门刊登国际新闻，而由于其强大的影响力，这些报道也往往被各个国家关注。

四、涉华报道

从某种程度上说，《时代》可以说是与中国有着深刻渊源的杂志。其创办人亨利·卢斯就出生于中国山东，他的父亲是美国来华进行传教和教育活动的传教士。卢斯在中国度过了幼年的大部分时间，并且进入中国的寄宿学校学习，接受教育。在大多数美国人对中国还几乎没有认识的时候，卢斯就已经与中国有了这样亲密的接触了。

图 104　1924 年吴佩孚登上《时代周刊》封面

图 105　《时代》将香港"占中事件"命名为"雨伞革命"

也许是这样的经历使然，卢斯后来回到美国后创办的《时代》，对于中国也有着非同寻常的关注。作为最早关注中国的杂志之一，《时代》对于中国的近代史几乎扮演着一个记录者的角色。1924年9月8日，军阀吴佩孚登上了《时代》的封面，并且配以"吴将军"的称呼，也使他成为最早登上《时代》杂志的中国人。1927年，蒋介石成为杂志的封面人物，《时代》开始关注作为北伐军指挥的蒋介石，他在去世之前先后十次登上过《时代》封面。此后，冯玉祥、张学良、阎锡山、汪精卫等人纷纷成为《时代》报道的对象，体现了杂志对于中国社会进程的关注。

不过，尽管对于中国报道频繁，但是卢斯领导下的《时代》却是有着鲜明反共倾向的杂志。《时代》对于苏联和斯大林等苏联领导人的报道极为负面，而对于中国的报道，杂志也明确地支持和帮助国民党政府，对共产党有着根深蒂固的偏见。这些特点，也体现了《时代》为卢斯一人独揽大权的局限性。

如今，《时代》沿袭其历史传统，对于国际新闻报道频繁，而中国自然也是其报道的重点对象。在杂志的官网以“China”为关键词进行搜索，可以得到30000余条结果。在西方国家的期刊杂志中，这一数字相当可观。不过，深入分析其涉华报道内容不难发现，与西方很多主流媒体一样，其对于中国的负面新闻相对较多。尤其能够反映《时代》对中国态度的是，2014年发生在香港的“占中”事件。与许多西方媒体一样，《时代》没有把“占中”事件视作是违反公共秩序的骚乱，而是当作香港少数人追求“自由”和“民主”的斗争。甚至，在西方广为流传的“雨伞革命”的称呼也是出自《时代》的报道。如此违反中国的社会现实给事件定性，《时代》对华报道的态度可以说有失偏颇。

不过，尽管没有摆脱西方媒体报道中国的刻板印象，《时代》还是能够在客观上认识到中国目前蒸蒸日上的国家实力和国际地位。例如，2015年8月20日，《时代》以《欢迎来到中国时代》为题发表了文章。[1] 文章称，尽管中国过去几周遇到许多困难，股市暴跌、货币贬值、天津仓库爆炸事故占据了媒体头条，但不能因为这些暂时的困难作出误判。作者分析认为，中国这个新崛起的大国经济仍处于上升趋势。中国经济确实出现增长放缓的现象，但就是这种速度也是让任何一个发达国家羡慕不已的。同时，中国迈向世界第一经济大国的脚步并没有停下。国际货币基金组织(IMF)统计数据显示，以购买力平价(PPP)计算，中国GDP已经超过美国，成为全球最大的经济体。按照这个标准，中国2014年GDP占全球16.32%的份额，而美国占16.14%。文章总结说，中国的强劲增长势头打破了原先的世界格局，中国国内存在的问题也会对全球产生影响。不管中国未来能否顺利战胜挑战，世界格局都会因此改变。所以，欢迎来到“中国时代”。这样的涉华报道，体现出《时代》对于中国实力和地位的承认。

综合来看，作为一家历史悠久的美国精品期刊，《时代》对于中国一直保持着高度的关注，频繁发表涉华报道，是西方报道中国最为多的媒体之一。不过，杂志并没有摆脱西方大多数主流媒体对于中国认识的偏见和刻板印象，这是其作为世界第一流杂志的遗憾之处。

《塑料新闻》*Plastics News*

《塑料新闻》是美国的一家行业性报纸，隶属于科伦传媒集团(Crain Communications Inc.)，总部位于底特律。《塑料新闻》覆盖全球塑料行业的商业信息，着重报道全球范围内塑料制品生产商、供应商以及客户的商业活动、金融投资、行业标准和市场动态。

一、历史沿革

1989年，《塑料新闻》由科伦传媒集团创办于美国俄亥俄州阿克伦市，每周出版一刊，主要针对美国市场，定位为塑料业的行业报纸。1996年4月，报纸开始运营官网“plasticsnews.com”，这在其发展历程中堪称里程碑式的事件。网站开始提供超过10种电子杂志推送服务，使《塑料新闻》从一个传统的行业周报延伸成为面向全球的每日新闻供应服务商。2005年5月，《塑料新闻》启动了“《塑料新闻》中国e周刊”电子杂志，同时配套建立了“塑料新闻中国”网站(pnchina.com)，充分体现出报纸对于中国市场的重视。2012年，《塑料新闻》推出一系

① 凤凰网:《美国〈时代周刊〉:欢迎来到“中国时代”》，http://finance.ifeng.com/a/20150823/13927775_0.shtml，检索时间:2016年2月19日。

列付费的数据产品和市场调查报告,这些服务通过《塑料新闻》的在线商店出售,进一步拓宽了业务范畴。2013年,报社搬入位于底特律的科伦总部大楼。

二、发展现状

《塑料新闻》在世界各地拥有超过20人的采编队伍,报纸发行量达到45000余份,目前这一数字还在增长。官网每月的独立访问量超过80000,这个数字对于一家行业性媒体来说已经颇为出色。

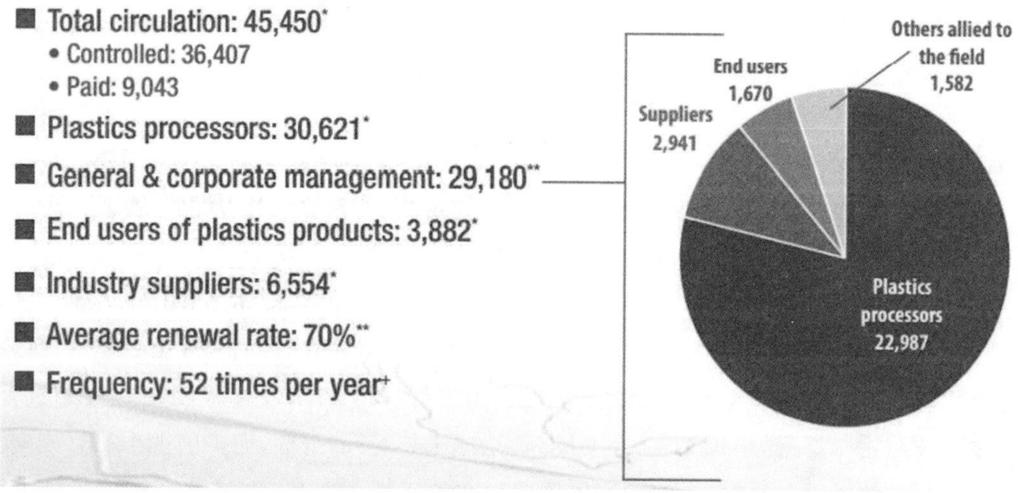

图 106 2014 年《塑料新闻》发行量

《塑料新闻》网站:Plastic News 2014 Media Kit,http://www.pnchina.com/assets/mediakit.pdf,检索时间:2015年8月25日。

作为北美地区塑料行业的领先媒体品牌,《塑料新闻》多次被选为指定媒体,全程报道世界第二大国际塑料展(NPE)的盛况,备受全球塑料业界的关注。《塑料新闻》现在属于"塑料新闻全球团队"的一部分,该团队目前拥有三份实体出版物、四家网站、众多电子杂志推送服务,还负责举办一些行业内的论坛和展会。2007年,科伦传媒集团并购了欧洲两家塑料行业媒体——《塑料 & 橡胶周刊》和《欧洲塑料新闻》,形成了"塑料新闻全球团队",《塑料新闻》与其"姊妹媒体"共同组成了世界上最大的塑料行业出版组织。

三、报道特点

作为一家塑料业的行业报纸,《塑料新闻》的报道和运行特点都与塑料产业本身息息相关。报纸立足于为北美地区的塑料产品生产商、供应商和客户报道在全球范围内发生的对其产生影响的商业活动、金融活动、立法进展及市场动向。《塑料新闻》按照西方的新闻标准精心采编,注重实地报道,内容涵盖塑料产业的上、中、下游,包括原料和机械商情、模具制造、制品加工及终端OEM企业。其报道专业性强,视野宽阔,很多前瞻性报道和市场分析具有很高的含金量。《塑料新闻》的专业性程度从其官网的版块设置就能看出:在新闻分类中,塑料生产和销售的整个流程被划分开来,每一个环节都有对应的新闻报道,在各个环节下面还有具体小环节的划分,这样的专业性确保了《塑料新闻》在行业内的权威地位。

除此之外,《塑料新闻》还在线下负责主办行业内的一系列活动。在北美地区,《塑料新闻》每年组织塑料行业经理论坛及其他各种业内商务会议,为塑料行业新产品和新创意的推广以及行业相关问题的独立讨论提供了平台。此外,为塑料行业内表现出色的企业颁发奖项也是《塑料新闻》的业务活动之一。自1996年开始,《塑料新闻》每年都为北美地区表现出色的塑料加工商颁发"年度加工商奖",并在其主办的塑料行业经理论坛上为该奖项获奖者安排特定的颁奖典礼以授予该荣誉。自1998年开始,《塑料新闻》为行业内优秀的设计成果颁发

"IDSA&《塑料新闻》年度最佳设计奖"。IDSA 是美国工业设计协会的简称，该协会也参与赞助了这一奖项。目前，"IDSA&《塑料新闻》年度最佳设计奖"已经被吸纳进了三年一度的塑料行业 NPE 展会，作为其中的一个竞赛单元出现，这足以说明该奖项和《塑料新闻》在领域内的地位。

自 2011 年开始，《塑料新闻》为行业内处理客户关系、雇员关系以及发展公益事业出色的企业颁发"《塑料新闻》卓越奖"，这一奖项受到了业内的好评。2014 年，《塑料新闻》开始颁发"《塑料新闻》优秀办公环境奖"。一系列活动和奖项设置鲜明地体现了《塑料新闻》行业报纸的特点，也提升了报纸在行业内的知名度和影响力。

四、涉华报道

中国作为世界上最重要的塑料行业市场，自然是《塑料新闻》关注的重点。在其官网上以"China"为关键词进行搜索，一共可以得到 7867 篇报道(截至 2015 年 8 月)，由此可见其对中国的重视程度。

在这些报道中，《塑料新闻》主要关注中国塑料相关企业的发展动向以及中国经济环境和政策变化对于塑料行业的影响等。由于《塑料新闻》行业报纸的特殊属性，其对中国的报道均围绕"塑料"这一核心，几乎不存在明显的倾向性和偏见，总体来说较为客观。除了新闻报道之外，《塑料新闻》在开拓中国市场方面做出的努力也可以说明中国在其业务规划中的重要地位。

随着经济飞速发展，中国作为世界经济重要市场的潜力逐步显现，北美塑料制品商及其上下游企业都开始进军中国。中国市场的蓬勃发展令《塑料新闻》意识到需要进驻中国，以深入一线进行报道。2005 年 5 月，《塑料新闻》启动了"《塑料新闻》中国 e 周刊"电子杂志，专为中国的塑料加工行业量身定做，每周通过电子邮件的方式免费向订户发放。同时，《塑料新闻》配套建立了"塑料新闻中国"网站(pnchina.com)，凭借高质量的新闻和独家报道，深受国内外读者关注和好评。这两项中英双语服务成了《塑料新闻》在中国市场的发展重点。"《塑料新闻》中国 e 周刊"于 2013 年 1 月改版，发行频率增加至每周两次，并更名为《塑料新闻中国报道》。该电子邮件杂志可以链接到"塑料新闻中国"网站，提供新闻全文报道、详尽行业数据和本刊信息库。目前，该项服务的订户已超过 10000 人，"塑料新闻中国"网站每月的独立访问量也达到 15000 人，成长速度是北美官网(plasticsnews.com)的三倍之多。①

在网站和电子杂志迅猛发展的同时，《塑料新闻》继续推进在中国的业务开展，加大了采访报道和参展推广两方面的力度。《塑料新闻》设展位参展的展会包括过去两届中国国际塑料橡胶工业展览会(Chinaplas)、新加坡国际塑料及橡胶博览会(Aseanplas)和北京的亚太国际塑料橡胶工业展(Applas)。此外，报纸还派多名记者实地报道亚洲的塑料展会和会议。

图 107　塑料新闻中国网

2006 年 6 月，经过长期策划和考虑，《塑料新闻》与中国塑料加工工业协会达成协议，为广大会员提供时效性强的免费商业信息。《塑料新闻》授权"塑协"的《国外塑料》杂志每月转载一定数量的新闻，同时向中国"塑协"全体会员赠送网络新闻，使其足不出户就能掌握全球行业动态。

《塑料新闻》在中国广泛布局、大力发展的宗旨是向中国和对中国感兴趣的塑料界高层人士提供及时的行业新闻和决策参考。目前来看，《塑料新闻》已经实现了其在中国发展的规划目标。

---

① 慧聪网:《美国〈塑料新闻〉:客观报道，内容为王》，2006 年 9 月 7 日，http://info.plas.hc360.com/html/001/010/015/130413.htm，检索时间：2015 年 8 月 18 日。

《托莱多刀锋报》*The Blade*

THE BLADE

One of America's Great Newspapers

《托莱多刀锋报》(*The Blade*)是美国的一家历史悠久的日报,总部位于美国俄亥俄州的托莱多市,是该市最古老的企业。作为一份地区性的报纸,读者群体主要分布在俄亥俄州和密歇根州两个地区,发行量保持在14万份左右,在全美国的平面媒体中排名第83位。①

一、历史沿革

1835年12月19日,托莱多市的几个当地人创办了《托莱多刀锋报》。当时的办报环境十分简陋,报社被设在一个破旧的小木屋里,报纸采用手动印刷机印刷,并凭借四轮的运货马车送到读者的手里。最初的《托莱多刀锋报》为周报,每周六发行1期,每期4版。《托莱多刀锋报》的命名也别有一番用意,托莱多市的名称来源于西班牙的托莱多古城,那里盛产刀、剑等冷兵器,报纸因此得名。而"刀锋"的锋利、坚韧也反映了报纸最初的理念,在发刊词中就有这样的表述:"我们会为了真相而毫无畏惧,因为刀锋代表着宁死不屈"(Truth without fear, our blade has no elasticity, it will break before it will bend.)。②

图108 第一期《托莱多刀锋报》

图片引自《托莱多刀锋报》网站:http://www.toledoblade.com/olds-axolinks? query=extrefid:1010335,检索时间:2016年3月4日。

1846年5月,报纸改为每周出版3期。到1848年,随着电报技术的发展,《托莱多刀锋报》改为日报发行。1867年,罗斯戴维·洛克(David Ross Locke)买下了报纸,《托莱多刀锋报》从此开启了家族经营的历史。罗斯曾是《托莱多刀锋报》的著名记者,此前他曾以石油·V.纳斯比(Petroleum V. Nasby)的笔名在报纸上发表了一系列讽刺类文章,内容涉及奴隶解放、南北战争、禁欲运动等主题。罗斯因此名声大噪,他的许多文字甚至被林肯总统所引用。

1926年,《托莱多刀锋报》再次易主,现任主编约翰鲁滨逊·布洛克所属的布洛克家族从洛克家族手中买下了它,此后报纸一直属于布洛克传媒公司。1927年,报纸迁往现在的地址。新址的启动仪式十分有趣,时任美国总统的卡尔文·柯立芝在白宫按动一枚电钮,信号通过电报的形式传送到了《托莱多刀锋报》的总部,远程启动了报纸的印刷机开始工作。

1960年,报纸的名称由 *The Toledo Blade* 简化为 *The Blade*,表明报纸希望将其报道范围和读者群体扩大到托莱多市以外的地区。目前,《托莱多刀锋报》的读者群体覆盖俄亥俄州西北与密歇根州东南地区的14个市,是该地区最主要的一家日报。

---

① BurrellesLuce:2008 Top 100 Daily Newspapers in the U.S. by Circulation,2008年3月31日,http://www.infoplease.com/ipea/A0004420.html,检索时间:2016年3月4日。

② 《托莱多刀锋报》网站:JANET ROMAKER:Blade looks to its roots in 2010,2010-1-1,http://www.toledoblade.com/local/2010/01/01/Blade-looks-to-its-roots-in-2010.html,检索时间:2016年1月30日。

自创刊以来,《托莱多刀锋报》报道了很多发生在当地的著名事件,其中包括发生在 1960 年的坠机事件、1963 年的莫米化工厂爆炸事件、1965 年棕榈节的龙卷风以及 1978 年的暴雪。《托莱多刀锋报》以其真实、客观的品质很好地充当了一名记录者的角色,它的很多文章都具有史料价值,成为很多历史学家的引用材料。

二、发展现状

随着新媒体技术的发展,《托莱多刀锋报》也在与时俱进。1997 年,报纸开办了官方网站"toledoblade.com",通过这一网络平台将新闻传播到世界各地,而纸质版的报纸则继续面向本地读者发布。①

图 109 《托莱多刀锋报》注重新媒体发展

图片引自托莱多刀锋报网站:http://eblade.toledoblade.com,检索时间:2016 年 3 月 4 日。

1999 年,报纸将管理网站的人员独立出来,成立了数字媒体部,用以发展新媒体业务。面对新兴媒介环境的冲击,《托莱多刀锋报》的总编辑布洛克先生表示,尽管报纸需要跟 Twitter 等社交媒体竞争,但仍会努力变革,使报纸一如既往地成为本地新闻的最主要提供者。

三、报道特点

180 多年来,《托莱多刀锋报》始终承担着历史记录者的角色。尽管世事变迁,但岁月没有磨掉它曾经的锋芒,其依然保持着创刊词中"敢言"的本色,报纸也因此获得了很多荣誉。2004 年,报纸凭借一组题为《掩埋的秘密,残酷的真相》的新闻报道获得了"普利策调查性报道奖"。报道揭露了美国精英部队 Tiger Force 在越南战争中所犯下的罪行,他们残忍和漠然让全世界为之汗颜。②此外,《托莱多刀锋报》还在 2001 年和 2006 年两度获得普利策奖的提名。

对于新闻报道来说,真实性永远是第一原则,《托莱多刀锋报》在这方面一直表现出色,对于记者也一直严格要求。2007 年 3 月 31 日,《托莱多刀锋报》刊登了一副摄影记者 Allan Detrich 拍摄的棒球赛场照片。照片记录的是布拉夫顿大学棒球队自经历 3 月严重车祸以来的首场棒球赛事,很多媒体摄影记者都进行了现场拍摄。比赛前,该棒球队队员们围在一起,为在车祸中丧生的 5 名队友祈祷,背景是赛场围栏上悬挂的标有 5 名队友球衣号码的布幅。这是个非常感人的场面,因此很多摄影记者都将其收入镜头。奇怪的是,其他摄影记者的画面中,在标有 19 号的布幅下都有一个穿着蓝色牛仔的人的双腿露出来,而 Allan 的画面却没有这一"多余"

---

① 《托莱多刀锋报》网站:http://www.toledoblade.com/abouttheblade,检索时间:2016 年 1 月 30 日。

② 钟丹丹:《全球背景下中西传媒的价值取向比较——兼谈中国新闻奖与普利策新闻奖的比较》,《成都大学学报(社科版)》2006 年第 1 期。

的细节。[1]事后,Allan 承认对画面进行了修改,最终因此被报社解雇。《托莱多刀锋报》还删掉了报纸网站上的所有由该摄影师拍摄的图片,并封存了他在报社资料库里的图片。看似为无关紧要的细节,却给了这么严重的处罚,报纸主编在告读者书中给出的答案很简单:这种行为是不诚实的。无论是文字还是图片新闻必须准确呈现事实。

四、涉华报道

《托莱多刀锋报》是美国的一家地方性报纸,因此其有关中国的报道较少。通过搜索引擎对《托莱多刀锋报》含有关键词“China”的文章进行检索,以 2016 年 2 月为例,其中直接涉及中国的新闻报道有 10 篇。报道内容涵盖经济(中国的经济改革)、政治(中韩关系)、文化(中国的春节)、军事(中国建造空间站、南海问题)、环境(雾霾、北京人口膨胀)等多个方面,报道题材较为广泛。

在报道倾向方面,涉及中国文化方面的报道较为客观,重点向读者介绍了中国的风土人情、人文风貌。例如在介绍中国春节的两篇文章中,一篇介绍了中国人如何过大年初一,另一篇则报道了在托莱多市的华裔如何庆祝春节,文中提到了中国人在春节拜佛上香、逛庙会、舞狮舞龙等习俗。[2] 在涉及政治、军事等方面的新闻报道中,《托莱多刀锋报》依然未能跳出西方媒体惯有的报道方式,仍然站在美国国家利益的立场之上,批评中国在南海的诸如部署导弹、扩建岛屿等行为。[3]

《外交政策》*Foreign Policy*

《外交政策》(*Foreign Policy*)杂志是美国的一份时事政治评论性杂志,创始人为美国政治学泰斗萨缪尔·亨廷顿。经过数十年的发展,《外交政策》杂志目前已经被公认为是世界上最有影响力的国际时事刊物之一,在国际政治界和世界传媒界都有着相当的影响力。

一、历史沿革

《外交政策》杂志创办于 1970 年的一个冬日,哈佛传奇教授兼鹰派人物代表塞缪尔·亨廷顿在经过长时间的酝酿后,携手密友同时也是鸽派人物代表的沃伦·曼舍尔推出了这本如今被公认为世界上最有影响力的国际时事刊物。时光荏苒,世风变化,如今这本杂志已经走过了 45 个年头,尽管亨廷顿已经逝世多年,但《外交政策》杂志仍然活跃在世界舞台上。

在亨廷顿的领导下,《外交政策》杂志针砭时事,用语辛辣毫不留情。在 1970 年发布的创刊号中,《外交政策》刊登了一位名叫理查德·霍尔布鲁克(Richard Holbrooke)的年轻外交官所写的文章,痛批美国国务院为“一个失败的外交机器”,直言美国之所以深陷东南亚战争沼泽的重要原因之一,就是现存的不合理体制束缚了人们说出真话的权利,以至于当权者无法看清事情的真相。创刊号刊文便如此锋锐,《外交政策》杂志之犀利风格由此可见一斑。[4]

---

① 陈俊妮:《一个基本原则——新闻照片必须讲述真实:美国〈托莱多刀锋报〉摄影记者造假事件的思考》,《新闻记者》2007 年第 8 期。

② 《托莱多刀锋报》网站:Chinese visit temples fairs to ring in Year of the Monkey, 2016 年 2 月 8 日,http://www.toledoblade.com/World/2016/02/08/Chinese-visit-temples-fairs-to-ring-in-Year-of-the-Monkey.html,检索时间:2016 年 3 月 1 日。

③ 《托莱多刀锋报》网站:US angers China with latest South China Sea sail by, 2016 年 1 月 31 日,http://www.toledoblade.com/World/2016/01/31/US-angers-China-with-latest-South-China-Sea-sail-by.html,检索时间:2016 年 3 月 1 日。

④ 《外交政策》网站:Samuel Huntington 1927-2008,2009 年 2 月 16 日,http://foreignpolicy.com/2009/09/30/samuel-huntington-1927-2008/,检索时间:2015 年 8 月 12 日。

经过30年的漫漫发展,《外交政策》杂志在版式等方面也取得了长足的进步,广泛受到读者的欢迎。2000年,在当时杂志的实际持有者卡内基国际和平基金会(Carnegie Endowment for International Peace)以及著名作家、时任主编莫伊塞斯·纳伊姆(Moises Naim)的领导下,《外交政策》杂志再次进入蓬勃发展期,从纸张选用、版式设计到文章格调都提升了一个档次。2002年,华盛顿邮报公司宣布收购《外交政策》杂志,同时宣布向全世界读者开放该杂志的网络版,从而将《外交政策》引上了网络传播的大道。而《外交政策》也在日后成为华盛顿邮报公司的招牌刊物,即使是在2013年公司被亚马逊创始人杰夫·贝索斯(Jeff Bezos)大举收购时,仍然保留了《外交政策》这一杂志,足以体现《外交政策》的重要地位。

《外交政策》前任主编苏珊·格拉瑟(Susan Glasser)在杂志创刊40周年特刊的卷首语中说:"尽管历经变迁,《外交政策》始终秉承着它的创办者们所希冀的批判精神。尤为重要的,是对执掌外交事务者不加批判的顺应理念的坚决批判。"①

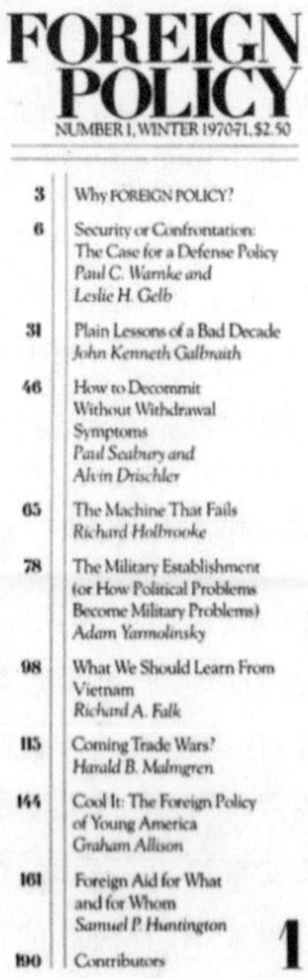

FOREIGN POLICY

NUMBER 1, WINTER 1970-71, $2.50

3	Why FOREIGN POLICY?
6	Security or Confrontation: The Case for a Defense Policy Paul C. Warnke and Leslie H. Gelb
31	Plain Lessons of a Bad Decade John Kenneth Galbraith
46	How to Decommit Without Withdrawal Symptoms Paul Seabury and Alvin Drischler
65	The Machine That Fails Richard Holbrooke
78	The Military Establishment (or How Political Problems Become Military Problems) Adam Yarmolinsky
98	What We Should Learn From Vietnam Richard A. Falk
115	Coming Trade Wars? Harald B. Malmgren
144	Cool It: The Foreign Policy of Young America Graham Allison
161	Foreign Aid for What and for Whom Samuel P. Huntington
190	Contributors

1

图110 1970年冬季号,《外交政策》创刊号封面

图片引自《外交政策》网站:http://fpgroup.foreignpolicy.com/about/history/,检索时间:2015年8月12日。

二、发展现状

现在的《外交政策》杂志被公认为是世界上最有影响力的国际时事刊物之一,它鼓励对美国外交政策面临的至关重要的所有问题展开讨论。至今,这本以美国首都华盛顿为总部的杂志已经成为一个集有深度讨论的论坛和新主张、新观念的信息来源。

图111 《外交政策》杂志印刷版

图片引自《外交政策》网站:http://fpgroup.foreignpolicy.com/why—print/,检索时间:2015年8月12日。

现在,《外交政策》杂志为双月刊,针对构成当代特点的全球性趋势和状况,向读者介绍全新的思考和富有创意的分析。几十年来,这份杂志已经成为世界知名思想家和重量级呼声的论坛,便于他们传播研究成果、探

① Susan Glasser: Foreign Policy at 40: Special Anniversary, Foreign Policy, 2010年12月28日, http://foreignpolicy.com/2010/12/28/fp—40th—anniversary/,检索时间:2015年8月12日。

讨全新观点，并且提出创造性的解决方法。目前，《外交政策》杂志由格雷厄姆控股公司(Graham Holdings Company)所有，并于2006年开通了博客服务功能，进一步拓展了自己在网络战线的发展。根据《外交政策》杂志网站提供的数据，目前该杂志每年的读者数达到10.3千万，平均每月的在线读者达到240万人以上，平均每天向订阅用户发送120万封新闻推送。[①]

同时，《外交政策》杂志每年都会推出的一个"全球百位思想家"的评选排名，如今已经成为全球思想界的一个标杆，每次名单出炉也会引起舆论界沸沸扬扬的热议，"美联储"主席贝南克、美国总统奥巴马等人都登上过该榜，人民银行行长周小川、作家韩寒等来自中国的面孔也曾榜上有名。同时，《外交政策》还会发布"全球化指数""失败国家指数列表"等报告，同样在世界范围内备受关注。

三、报道特点

作为一份典型的新闻杂志，《外交政策》具备杂志应该有的一切特征。首先，自2000年之后，《外交政策》全部改为光面印刷，纸质也得到了改进，阅读观感得到了提升，同时高品质的杂志也便于读者长期保存；其次，《外交政策》在内容上具有极高的思想学术价值，能够深入剖析问题、探讨观点，能够引导读者展开富有深度的阅读和思考；与此同时，《外交政策》的文章特点在于往往论证考究，提出的观点都有大量论据支撑，相对于高时效性媒体的就事论事，这样的深度性文章在思想传播的深度上更有成效；最后，《外交政策》杂志因其内容深度、受众定位等因素，有着极高的传阅率和二次传播率，所刊文章的思想观点可以在纵深层面得到更为高效的传播。

从发行范围来看，《外交政策》杂志目前基本能够覆盖全球主要国家，并拥有美洲、亚洲、欧洲、中东及非洲和南亚等五个版本，以适应全球各地不同国家读者的阅读需求。在传播内容上，《外交政策》杂志目前有Books & Culture(读书与文化)、Decoder(数据解码)、Economics(经济大势)、Energy(解读能源)、Feature(深度特写)、Mappa Mundi(世界地图)、National Security(国土安全)、The Exchange(观点交锋)、Visual Statement(漫语时评)等多个版面，各个版块共同汇聚成每期杂志的丰富内容，基本可以满足社会不同领域读者的阅读需求。

在长达数十年的发展过程中，《外交政策》杂志积累了一批忠实的读者，尤以世界各国在政治、经济、学术领域的精英人群为主。加之杂志所具有的高权威性特点，《外交政策》的传播能力十分强大，其时事评论和时局解读在国际上都有着相当高的认同度，尤其是在国际政治、世界经济等领域。

四、涉华报道

对于《外交政策》杂志的涉华报道，本书将从以下两个角度进行分析：新闻评论性文章中体现出的报道态度和在评比排行类文章中呈现的涉华报道。

从新闻、评论性文章来看，《外交政策》杂志的涉华报道主要体现为战略上高度重视，而在理念中强调对中国的压制。从关注度来说，《外交政策》对于中国的战略重视是不言而喻的。首先，从报道数量上来看，近年《外交政策》每一期的杂志中都有与中国相关的文章，其中有直接关涉中国的新闻评论(通常每期一篇)，其他文章中也经常提及中国(如与中美关系、中国与其他国家之间关系等)。在《外交政策》的网络版中，还特辟一个名为"茶叶之国"(Tea Leaf Nation)的版块，刊发大量与中国相关的评论文章。在这一版块中，既可以看到对中国政治局势、经济发展的深入讨论，也可以找到对中国社会文化的介绍分析，既有台湾问题、两岸关系的相关报道，也有对海外中国人生存状况的关注。可以说，《外交政策》对中国报道的重视，既体现在数量之多上，也体现在关注范围之广上。

尤其值得注意的一点是，在大多涉及中国的新闻评论性文章中，《外交政策》杂志往往将美国和中国置于同一层面上做比较，如《中国是新美国吗?》(2009年3月号)、《美国仅靠军力赢不了中国》(2012年6月号)、《中美战争美海军没有机会靠近中国海岸》(2014年9月号)等文章，都在美国和中国各方面的力量对比上做足了文

① 《外交政策》网站：http://fpgroup.foreignpolicy.com/，检索时间：2015年8月12日。

章，而且在很多情况下，《外交政策》都将中国视为与美国处于同一量级水平上的国家来论证问题。在具体内容体现的态度倾向上，多数文章的对华基调都是以压制为主，主张在各方面遏制中国的崛起。此类文章诸如《制造业未来在美国，不在中国》《中国把美赶下宝座尚需时日》等，都强调了中国和美国之间存在的实力差距。更为值得关注的是，《外交政策》杂志十分关注中国在亚太地区所处的位置以及和周边国家的关系，如《你希望当中国人还是印度人？》《中国比印度更“失败”》《亚洲邻国能否制衡中国？》等文章，都强调了中国与周边国家的关系问题。①

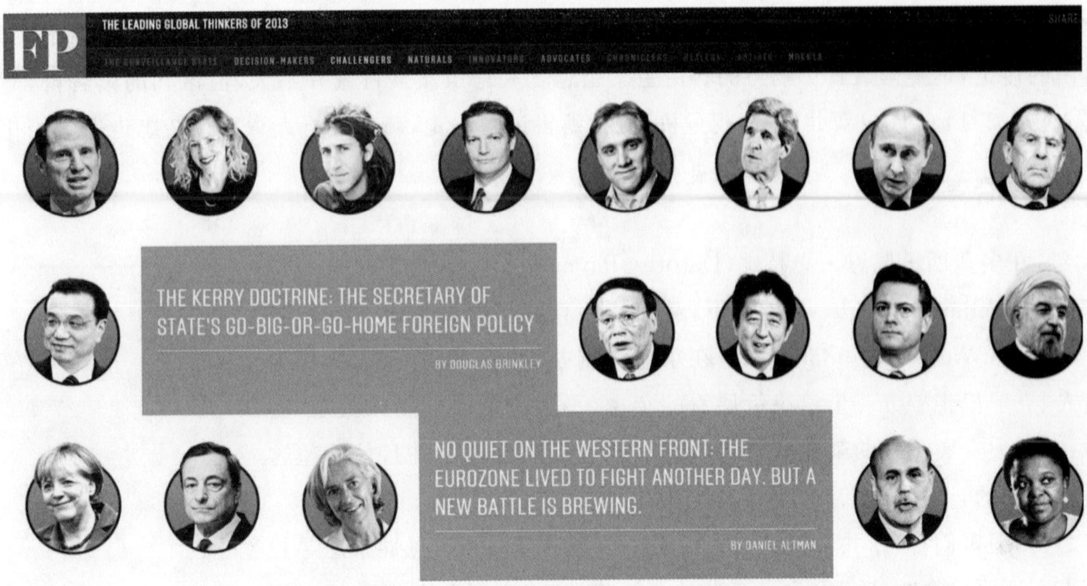

图 112 2013 年“全球百大思想家”，李克强、王岐山两位中国领导人入选

《外交政策》网站：2013 Global Thinkers of the Year，http://2013－global－thinkers.foreignpolicy.com/，检索时间，2015 年 7 月 10 日。

评比排行榜类文章当中，也体现出《外交政策》杂志涉华报道的特点。首先是《外交政策》杂志每年评选出的“全球百大思想家”。在这一排行榜中，《外交政策》的大体态度是推崇主流，以 2013 年的百大思想家名单为例，中国总理李克强、副总理王岐山分列榜单“决策者”部分的第四位和第五位，发榜评论称“李克强是一位训练有素的经济学家，在中国经济发展的关键时刻承担起改革的重任，直面中国经济结构调整的多场挑战”，还称“王岐山推动了中国的反腐工作，批评享乐主义，积极推动法制反腐”②。由此可见，《外交政策》杂志对中国的主流价值观，即推动经济改革、抓紧党风廉政建设还是持肯定态度的。

与此同时，在 2013 年的榜单中，同样入选的中国面孔还有因怀揣“打造中国好莱坞”梦想的中国内地新首富王健林（排在“名人”部分的首位）以及导演贾樟柯、发明新式太阳能电池的华人科学家郑晓琳等。除此之外，因扰乱公共场所秩序被捕的“维权律师”王功权、许志永也被列入榜单之内。尽管王功权自己已经坦诚认罪，国内知名律师陈有西也表示王功权并非所谓的“反体制英雄”，但是《外交政策》杂志仍然把他们作为“民间反腐人士”大加吹捧。③

可以说，《外交政策》杂志的涉华报道，在很大程度上再现了美国精英智库群体的对华态度。一方面高度重视中国，尤其关注中国在政治经济社会等各个领域的发展；另一方面又时刻保持对中国的警惕和防备，秉持以压制为主的对华舆论基调。

① Philip Seib：Headline Diplomacy，Praeger Publishers，2005，p. 36.

② 新华网：《知名美刊评全球“百名思想家” 李克强王岐山上榜》，2013 年 12 月 29 日，http://news.xinhuanet.com/overseas/2013－12/29/c_125928346.htm，检索时间：2015 年 7 月 10 日。

③ 观察者：《美国〈外交政策〉杂志评 2013 年百大思想家》，2013 年 12 月 13 日，http://www.guancha.cn/america/2013_12_13_192352.shtml，检索时间：2015 年 7 月 10 日。

《新共和》*The New Republic*

NEW REPUBLIC

《新共和》(*The New Republic*)是美国一本拥有百年历史的政治性杂志，强调对政治问题和重大事件展开严肃和自由的讨论，是美国最具影响力的自由主义杂志之一。虽然发行量并不大，但该刊的读者群都是有影响力的重要人物。2014年底，《新共和》出现危机，大批编辑记者出走，新任发行人意欲让杂志走上电子化道路。

一、历史沿革

1914年，在多萝西·佩恩·惠特妮(Dorothy Payne Whitney)与其丈夫威拉德·斯特雷特(Willard Straight)的资助下，赫伯特·克罗里(Herbert Croly)与沃尔特·李普曼(Walter Lippmann)联手在华盛顿创办了《新共和》杂志。作为主要创始人，克罗里想要办一份给决策层看的杂志，不强调及时的新闻报道，而是力图"给美国大众舆论中的某些理想与观点一个更高的价值"，并且他希望这本杂志是"客观"的，不被党派、政客和利益团体左右。①

创办之初，编辑们称《新共和》是"一个实验……为解释性和意见性杂志寻找读者"，而事实证明这个"实验"成功了。当时，《新共和》建立了与美国总统专门座驾"空军一号"的合作，使其成为了"空军一号"上的飞行刊物。通过这个高端渠道的传播，《新共和》发表的政治、文化、艺术和文学报道俘获了一群有知识、有文化的读者。②

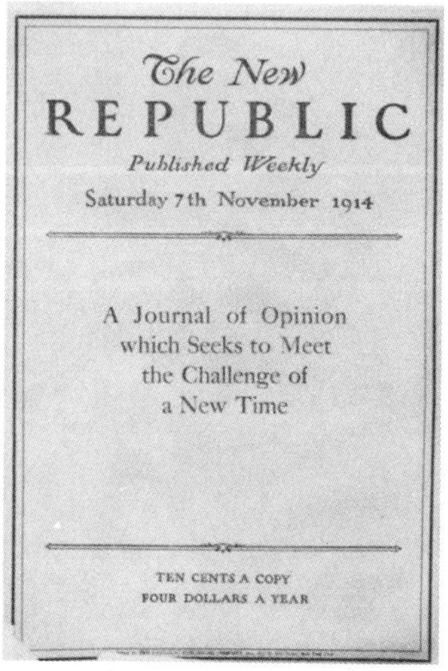

图113　1914年11月7日出版的首期《新共和》

1918年，资助人斯特雷特去世，而惠特妮则一直资助杂志直到1953年。这一年，她把杂志卖给了吉尔伯特·哈里森(Gilbert Harrison)。哈里森以给予编辑最大的自由被称道，他掌管杂志20年，直到1974年将其出售给马丁·佩雷斯(Martin Peretz)。自此开始，佩雷斯掌管《新共和》长达半个多世纪之久，直到2012年才真正退出《新共和》的历史舞台。在此期间佩雷斯也曾失去对杂志的所有权，后来又再度买回。这样的曲折与杂志一直以来的财政问题有关，实际上从创始开始，《新共和》就几乎没有盈利过。

政治性杂志几乎没有一本是盈利的，因为发行量不大，加上没有十分明确的读者群，所以广告卖不出去，而且如果太过依靠广告，也怕影响编辑自由。2014年，《新共和》因刊登了一篇批评亚马逊集团(Amazon)的文章，致使该公司收回了在其杂志上投放的广告。③《新共和》从1914年创刊起，就得到有钱的女继承人惠特妮的资助，后来的两任发行人哈里森与佩雷斯娶的也都是有钱的女继承人。他们同斯特雷特一样，即便承受着利益上的亏损也要保持杂志的编辑自主权，使其在大多数情况下不受政党和商业利益的影响。

直到2001年，因无法再负担杂志的连年亏损，佩雷斯引入了许多合伙人和投资方，2007年更是把杂志卖给了当时加拿大最大的传媒集团加西环球传媒公司(CanWest Global Communication Corp.)。不过两年后，佩雷斯又联合几人把杂志买了回来。到了2012年，投资方下了最后通牒，威胁因杂志的财政损失而要减少预算并

① John B. Judis: The Product: Chris Hughes wants to turn The New Republic into just another media business, after a century as a public trust, Columbia Journalism Review, 2015年1月2日。

② Jenna Steege: The New Republic, Peretz: A 30－Year Marriage, St Louis Journalism Review, 2007年7月。

③ John B. Judis: The Product: Chris Hughes wants to turn The New Republic into just another media business, after a century as a public trust, Columbia Journalism Review, 2015年1月2日。

裁员。

正在此时，一个年轻的亿万富翁作为买家出现了，就是 Facebook 的联合创始人克里斯·休斯（Chris Hughes）。由于拥有 Facebook 的股份，克里斯年纪轻轻就坐拥 7 亿美元的身家。他买下了岌岌可危的《新共和》杂志，声称他接手之后不会改变杂志的编辑自主权。当时他在采访中对《纽约时报》说："赚钱并不是我的目的。我买下《新共和》是因为我相信我们这个社会需要这样一本有活力、关心社会的杂志。"①

二、发展现状

图 114　2013 年两期《新共和》杂志封面

2013 年初，休斯开始表明希望把《新共和》杂志做成一本像是《纽约客》那样的"大众杂志"，即不再只关注于政治方面。他招聘了一些新人，往杂志里加入一些艺术和摄影照片的版面，使杂志变的厚重。这都表明休斯开始对之前作出的保证后悔了，他希望杂志可以最早在 2015 年开始赚钱。②

2014 年 12 月，休斯请来的新任 CEO 盖·维德拉（Guy Vidra），宣布《新共和》将从每年 20 期减少到 10 期，将总部搬到纽约，并且变身为"垂直整合的数字媒体公司"（vertically integrated digital－media company）。为表抗议，许多记者和编辑都已辞职，包括前主编、几十年老资历的编辑等。有二十几个前《新共和》杂志记者和编辑联合给休斯写了一封信，信中称休斯和维德拉的做法已经"毁掉"了《新共和》。③因为太多编辑和记者的突然辞职，杂志被迫停刊一期，这也是创立百年来的首次。

休斯对《新共和》的数字化路线规划，在《新共和》的那些老雇员眼中是对这份百年政治杂志的破坏。而在休斯看来，这是为跟上时代所必须做出的选择。究竟《新共和》的数字化之路会不会走得顺利，还待时间检验。

---

① John B. Judis: The Product: Chris Hughes wants to turn The New Republic into just another media business, after a century as a public trust, Columbia Journalism Review, 2015 年 1 月 2 日。

② John B. Judis: The Product: Chris Hughes wants to turn The New Republic into just another media business, after a century as a public trust, Columbia Journalism Review, 2015 年 1 月 2 日。

③ 《纽约客》网站：Inside the Collapse of the New Republic, http://www.newyorker.com/news/news－desk/inside－collapse－new－republic，检索时间：2015 年 9 月 10 日。

三、报道特点

自创刊以来,《新共和》就以刊登国内及国际问题的政论为主,同时也刊载一些文学、戏剧、电影、图书等方面的评论,不时也有就教育问题和少数族裔问题进行深刻论述的文章。《新共和》向以单刀直入的自由主义编辑方针和明白易懂的文体著称。

在其百年历程中,《新共和》曾经支持威尔逊总统,抨击《凡尔赛和约》;20世纪20年代曾攻击禁酒运动及司法部长帕尔默掀起的“赤色恐怖”。在此过程中,该刊一直是美国报业中的尖刻批评者。之后,《新共和》起初与罗斯福政府对立,后来又转而支持其新政。在杜鲁门任期内,该刊支持其“公平施政”,但对越南战争持谨慎态度。之后在“水门事件”中,该刊反应强烈。进入五六十年代,几任主编和发行人都曾尝试矫正该刊的抨击性社论,但最终该刊未改其激进强烈的倾向。

从20世纪80年代开始,《新共和》一直被视为“新自由主义”的先锋,堪称美国自由主义的舆论旗舰。该刊每期刊发一篇《观察白宫》的专栏,经常透露一些与总统相关的内幕消息和政策意图。另外,该刊还辟有《华盛顿特约评论》专栏,始于1943年,刊登对美国官方政策行动的评论性文章,经常得到其他主流媒体的广泛关注和转载,被视为重要的评论观点。

近些年来,《新共和》杂志仍然保持新自由主义的色彩,该刊前编辑富兰克林·福尔(Franklin Foer)曾经表示,该刊“发明了‘自由主义’的现代阐释”“深入参与当下时事的讨论不断阐释自由主义的内涵,这是我们继承下来的历史传统和必尽义务”。

四、涉华报道

以《新共和》杂志的网站为基础进行关键词检索,限定在杂志刊发文章范围。根据该刊网站的特点,其检索结果不显示结果总数,而只是以时间顺序排列呈现。

就其报道的数量来说,相对于《新共和》杂志刊发文章的总体数量来说,该刊的涉华报道数量较为有限。以2013年到2015年的3年为例,该刊总计发表涉华报道84篇,其中尤以2014年数量最多,占50%以上。主要原因是当年香港发生“占中事件”,该刊仅在10月期间就连续发表了8篇文章讨论此事。平均来看,基本每个月大约发表1到2篇涉华报道,在有与中国相关的重大事件发生时,涉华报道数量会明显增多。例如2014年11月APEC领导峰会期间习近平与奥巴马会面,《新共和》连续发表5篇文章展开报道和分析评论。

图115 2014年11月《新共和》报道习近平与奥巴马会面

《新共和》网站:The World Has Waited for the U.S. and China to Take Action on Climate Change. They Just Did,2014年11月12日,https://newrepublic.com/article/120242/us－and－china－reach－agreement－climate－change,检索时间:2015年2月1日。

在此之前,《新共和》杂志的涉华报道主要以对美国本国的形势和政策的分析评论为主,将中国作为对比的对象。最近几年来,该刊的文章一方面密切关注中国作为重要国家在国际舞台上的表现,同时也开始关注中国国内的社会发展和其他相关情况。与其一向辛辣激烈的风格一致,这些涉华报道的基调也都是较为猛烈的抨击。例如,2015年8月1日,《新共和》刊发文章评论北京将承办冬季奥运会,称“无雪的北京举办冬季奥运会将是一场环境灾难”[1];2015 年 10 月 6 日,该刊发表文章报道中国科学家屠呦呦获得诺贝尔奖一事。2014 年 4 月 21 日,该刊网站发表的一篇文章,讨论中国社会面临的道德危机,竟称“两岁孩子也是有心机的虚无主义者”。

《新闻周刊》*Newsweek*

《新闻周刊》(*Newsweek*)是美国一份历史悠久的新闻期刊,受众遍布美国、澳洲和加拿大,影响范围十分广泛。凭着“不缺席每个历史性时刻”的新闻专业主义精神,《新闻周刊》成为世界新闻期刊中的佼佼者。《新闻周刊》的读者多为美国的中上层阶级,引导着美国主流舆论的走向。2013 年 1 月 1 日起,《新闻周刊》以全面数字化的做法来应对互联网新闻时代不可逆转的趋势。

一、历史沿革

《新闻周刊》刊名最初为“News-Week”,由托马斯·J.C.马丁于 1933 年 2 月 17 日创立,他曾在《时代》周刊任外文编辑。之后,马丁获得了许多美国股东的资金支持,原始所有者投资约为 250 万美元。在 1946 年以前,该刊物的两大股东是公用事业投资银行家斯坦利蔡尔兹(Stanley Childs)和华尔街公司律师威尔顿(Wilton Lloyd-Smith)。第一期杂志在 1933 年 2 月 17 日出版,7 幅照片被印在了《新闻周刊》的封面上。1937 年,*News-Week* 与《今日周刊》合并。1959 年,马尔柯姆·米尔成为该刊主编及总裁,他将刊物改用现名,并加强了该刊文章的可读性,引入了新的署名专栏和国际版面。随着时间的推移,该刊物广泛扩展消息源并充实写作素材,重视突发新闻和分析评论。

图 116 1933 年 2 月 17 日《新闻周刊》创刊号封面

1961 年,《新闻周刊》被《华盛顿邮报》公司收购,奥斯本·艾略特在 1961 年被任命为《新闻周刊》的编辑,并于 1969 年成为主编。爱德华在 1975 年到 1979 年担任编辑时,因指导杂志广泛地报道“水门事件”,对于尼克松总统在 1974 年辞职起到了很大的舆论推动作用。1998 年,理查德·M.史密斯成为杂志的主席,杂志开始刊发“美国最好的高中”排行榜。公共中学的排名基于挑战指数,衡量标准是跳级的比率或毕业生中通过国际学士学位考试的人数,学校平均 SAT 成绩高于 1300 或 ACT 成绩高于 27 的学校在列表中排除在外。2007 年,史密斯正式卸任。

2008 年至 2009 年,《新闻周刊》进行了广泛的企业重组,每周一期的形式,使《新闻周刊》难以与实时更新的在线新闻网站在抢新闻上一较高低,于是该杂志在新闻评论、强调新鲜独家的观点方面加大了力度。尽管如此,《新闻周刊》的市场看起来仍在紧缩。2008 年初,其订户从 310 万缩减到 260 万,到 2009 年 7 月又下降到 190 万,到 2011 年 1 月仅剩 150 万。短短 1 年时间,订户数量下降了 50%。在此期间,该杂志不断有员工下岗,《新闻周刊》的广告收入比前一年下降了近 50%,出版费用也在减少。出版商都期待《新闻周刊》将会重新实现

① 《新共和》网站:A Winter Olympics in Snowless Beijing Will Be an Environmental Disaster,2015 年 8 月 1 日,https://newrepublic.com/article/122438/winter－olympics－snowless－beijing－will－be－environmental－disaster,检索时间:2016 年 2 月 1 日。

盈利。

2009 年由《华盛顿邮报》公司发布的财务报告表明,《新闻周刊》的广告收入下降了 37%。在 2009 年该杂志公布其各部门运营亏损为 1600 万美元。到 2010 年 5 月,《新闻周刊》已经连续亏损两年,从而转向出售,吸引了不少国际投标人,其中还包括叙利亚的企业家。随后在 2010 年 8 月 2 日,该杂志被老东家《华盛顿邮报》卖给音频先锋悉尼哈曼,他以 1 美元价格换取了该杂志的金融负债。3 个月后,哈曼国际工业集团把《新闻周刊》与新兴新闻网站《野兽日报》合并,成立了新闻周刊—野兽新闻公司。2011 年哈曼去世后,他的家人决定放弃投资《新闻周刊》。目前,周刊归《野兽日报》所属的美国互联网巨头 IAC 公司所有。

二、发展现状

2012 年 10 月 18 日,《新闻周刊》宣布将在 2012 年 12 月 31 日出版发行最后一期印刷版杂志,之后将全面转向数字化。公司声称,此举可以每年节约出版成本 4000 万美元。转型后的《新闻周刊》网络出版物称为"*Newsweek Global*"(《全球新闻周刊》),其将是一个全球通行的单一版本,并基于用户订购的模式,通过平板电脑和网页等电子阅读工具发布。此举在世界新闻媒体业界引起极大的关注,被普遍认为是传统媒体进入"寒冬"的标志性事件。甚至有不少媒体以"平面纸媒已死""出版业凋敝衰退"等为主题,对这一事件投以满怀伤感的关注。

2013 年 8 月 3 日,IBT 传媒集团成功收购《新闻周刊》,成为该杂志及其线上业务的新任东家。原本名不见经传的 IBT 传媒集团,是一家基于网络分析业务的新媒体公司,旗下主要业务是以"ibtimes.com"为网址的在线金融期刊《国际商业时报》(*International Business Times*)。随后不久,IBT 传媒集团宣布,他们将恢复《新闻周刊》的印刷版。停刊 15 个月之后,2014 年 3 月 14 日,《新闻周刊》又一次以纸质印刷的形式回到了广大受众的视野中。为此,IBT 传媒集团制定了一套全新的商业模式。首先是高端定位为基准,以类似于《经济学人》的高端定位,以社会上层的精英群体为目标受众,一来精准确定杂志今后的内容和市场趋向,二来以此区别于老对手《时代》周刊;其次是一改往日广告为主的盈利模式,转而以订阅费为主要利润来源。新杂志的定价全面提高,由停刊前的每份 3.95 美元上升到如今的 7.95 美元。包年订阅纸质版和网络版的费用是 149.99 美元,比《时代》周刊的定价高出四倍。按照 IBM 传媒集团首席执行官乌扎克的说法,其公司不在于一期卖出多少份,而在于愿意掏钱捧场的铁杆读者的长尾效应。复刊后的《新闻周刊》,在新东家的打造下俨然成为一份精英消费的奢侈品。

图 117 2012 年 12 月底,最后一期印刷版《新闻周刊》

《新闻周刊》的"重出江湖"立即引发了新一轮的关注和争议。一方面,仅仅停刊 15 个月便高调复刊,业界普遍对恢复印刷版是否能让杂志的发展更有前途抱有怀疑。尤其是当下,《纽约客》改为双周刊行,《时代》周刊的业务中心也日益向数字产品倾斜,《新闻周刊》反其道而行,成为业界普遍质疑的"赌博"行为;另一方面,《新闻周刊》显然对此次复刊做了充分的准备,以极具争议性的封面报道成功引发舆论热潮,趁势回到公众视野。这篇以神秘的"比特币之父"为对象的调查性长篇报道,一经发表便引起极大争议,很多读者和业界人士都质疑杂志未经确切证实就发表了相关报道。然而,杂志总编辑印波科在采访中表示,"做大,或者回家。这就是《新闻周刊》"。这说明了杂志的立场。有不少业界人士指出,如此不惜引发争议博人眼球的做法,对于杂志的声誉和未来发展可能会带来一些影响。

三、报道特点

(一)鲜明的左派倾向

图 118　2014 年 3 月 14 日,复刊后的第一期《新闻周刊》

《新闻周刊》一直保持着明显的政治倾向,其政治立场一直倾向于自由派,在对事件报道的自由度方面具有较强的掌控能力,也曾因为其过于鲜明的左派倾向而受到不同程度的打击。2005 年,《新闻周刊》就因为指出美军基地存在亵渎《古兰经》的行为而受到白宫和五角大楼的指责与施压。该篇报道在世界范围内引发了舆论哗然,穆斯林信徒对美国政府的该行为严重抗议。在政府的高压下,《新闻周刊》不得不发布了撤销声明。该声明仅仅只有一句话:基于我们现在所掌握的情况,我们撤回关于军方在关塔那摩基地亵渎《古兰经》的报道。

然而,这次受挫并没有能够阻止《新闻周刊》继续保持其左派作风,《新闻周刊》也因此形成了自由的报道风格。克林顿性丑闻、“9·11 事件”等中《新闻周刊》与美国政府直接对抗,左派的作风为其赢得了不畏强权的美名。《新闻周刊》这种自由、左派的作风与其历史渊源也有所关联,1961 年《新闻周刊》被《华盛顿邮报》公司收购,而《华盛顿邮报》曾经揭露过“水门事件”,其自由的办报风格在收购合并的过程中很大程度上影响了《新闻周刊》的办报理念。虽然与《时代》周刊同属于新闻类周刊,但是《新闻周刊》在报道事件上更加自由,这使其与《时代》周刊区别开来,成为其独特的标志。

(二)定位中上层阶级,着眼全球化与网络化

《新闻周刊》的目标读者群体是中上层阶级,其报道具有一定深度与见解,企图通过影响关心时事变动的政界、商界和知识界人士来影响社会公共事务。这一受众定位也与《新闻周刊》提供严肃新闻、成为具有权威性的周刊的定位相一致。作为一份严肃报纸,《新闻周刊》一直以来很重视全球化的发展战略,在转型网络以前,《新闻周刊》就已经进入了全球化扩张阶段。《新闻周刊》不仅仅是在海外发行,还针对不同地区推出了不同的英文版本。除了英文版本以外,《新闻周刊》还使用西班牙文、俄文、日文和韩文 4 种文字发行多语种版本。国外版本中至少有半数以上的内容是和美国国内版本不尽相同的,这也体现出《新闻周刊》对其全球化战略的重视。同时,《新闻周刊》也极其注意海外版本在当地的适应性,不但雇佣当地的记者和专栏作家,而且对当地的热点和要闻也给予相当的关注。目前,《新闻周刊》的网站拥有美国、欧洲、西班牙、日本、韩国、巴基斯坦、波兰、塞尔维亚等多个版本。这一改革固然有着削减成本、维持运营的考量,但更是顺应了移动网络化时代的潮流。《新闻周刊》网络版也与社交媒体相联系,试图通过社交媒体来巩固受众群。已有八十岁“高龄”的《新闻周刊》应当如何适应移动互联网的新时代,是否还能在新的时代中重新焕发光彩,都还有待时间的检验。

四、涉华报道

《新闻周刊》作为自由派的报刊,仍然遵从着美国主流媒体的对华态度,《新闻周刊》的新闻报道也显示出明显的倾向性。2001 年以后,随着中国加入世界贸易组织,中国经济进入腾飞阶段,《新闻周刊》对中国的报道持续增多,报道内容也涉及多个领域,涵盖了经济、政治、军事、社会、科技等多个方面。在诸多领域的报道中,《新闻周刊》尤为关注政治问题,经济和社会问题的报道也显著增加。在报道倾向上,《新闻周刊》注意使用平衡手法来营造客观的印象,但其倾向性仍然被隐蔽地包含其中。

与很多世界媒体一样,《新闻周刊》对中国的关注和报道在2008年前后呈现出不同的特点。

在2006到2008年期间,《新闻周刊》的对华报道不像20世纪五六十年代西方媒体那样进行赤裸裸的污蔑,但其倾向性依旧十分突出。在这一时期内,《新闻周刊》涉华报道仍以负面为主,负面报道的比重在50%的高比率上徘徊:2006年该比例为47%,2007年该比例为57%,而2008年则为50%。此外,这三年内,在《新闻周刊》对中国军事、民族和宗教等问题的报道中,几乎全是负面倾向的报道。就不同报道议题来看,在政治、军事议题上,《新闻周刊》倾向于遵从美国主流媒体论调,对中国持较为否定的态度,并且一直渲染中国对周边地区以及对美国的威胁。不过,在经济、科技文化、社会生活等领域,《新闻周刊》对中国还是持较为肯定态度的。这一时期内,在涉华经济报道方面,《新闻周刊》报道了中国汽车行业的发展,特别关注了中国公司的全球化道路。可以看出,它着重描述中国的崛起,肯定中国在经济发展方面的成就,同时站在美国的立场分析,认为中国试图改变世界现行金融体系,挑战美元的地位。

图119 2007年7月16日《新闻周刊》封面报道《中国制造:19世纪制造工业的冒牌产品涌向21世纪的世界》

图120 2014年12月5日,《新闻周刊》封面报道:《中国:奇迹过后——中国的经济奇迹是否已经走到尽头?》

2008年以后,《新闻周刊》的涉华报道开始呈现出新的特点。首先从报道数量来看,涉华报道的绝对数量出现了一个持续的下降趋势。在2008年到2010年期间,每年涉华报道的数量在60篇左右,尤其是2008年达到了78篇。而2011年到2013年期间,涉华报道的数量降至每年15篇左右,2013年仅有9篇。但是,从报道的篇幅来看,又呈现出短篇新闻报道减少而长篇深度报道增多的趋势。可以说,《新闻周刊》近年对中国的报道侧重于对包括历史社会背景在内的深度解读,而相对之下仅以核心事件为关注的新闻报道相对减少。其次就报道议题来说,2008年以后的《新闻周刊》将更多关注点放在了中国国内的政治、经济发展上,相关报道可以达到涉华报道总数的半数以上,其次是对于中国作为世界性大国在外交和国际事务上的相关报道,占比达到35%左右。另外,对于中国社会文化的报道非常之少。

总的来看,《新闻周刊》的涉华报道虽然在2008年以后呈现出了一些结构性的变化,但是在基本报道立场和态度倾向上仍然以负面报道为主。在政治报道上,突出民主问题、西藏问题、人权问题等,对于中国的政治制度、媒介环境、社会监管等方面存在诸多质疑。在外交报道中，一方面强调中国应该承担更大的国际责任，同时又坚决不肯放弃“威胁论”的腔调；在经济报道中，通过中国经济增速放缓等报道，不遗余力地唱衰中国经济；在文化体育类报道中，往往以带有偏见的眼光看待中国的教育、文化等，在论调中随处可见意识形态主导的冲突性思维。不过，在为数不多的社会报道中，还是有一些内容体现出相对客观的态度，展现了一些中国社会发展所取得的进步。

目前，《新闻周刊》驻华记者站设在北京，现任记者站负责人是资深驻华记者 Melinda Liu（中文名为“刘美远”）是一位美籍华裔女记者，具有丰富的中国报道经验。驻华多年以来，她一向以深入解析中国的调查报道著称。《新闻周刊》刊发的涉华报道中，大半都出自她之手。除了驻华记者之外，《新闻周刊》还经常邀请包括国际关系、政治、经济等领域的专家学者作为特别撰稿人，为其撰写与中国有关的深度分析评论文章。

《星条旗报》*Stars and Stripes*

STARS AND STRIPES

《星条旗报》（*Stars and Stripes*）是一份拥有浓厚军方背景的报纸，覆盖美国、欧洲、太平洋以及中东地区，并针对各个地区推出了有对性的版本。《星条旗报》现在是一份面向全民的报纸，然而其军报属性仍未磨灭，为维系海外军队及家庭对国家的责任感方面做出了重要的贡献。

一、历史沿革

1861 年，美国内战即将结束之际，十名联邦士兵用缴获的印刷机出版了一份以美国国旗命名的报纸，报道自己步兵团的相关信息，这一报纸就是今天的美国国防部级军报——《星条旗报》的前身。这份报纸的发展历程，与美国经历的数次战争是分不开的。美国陆军部长在“一战”时期的自传中提到，当时他和美国远征军的上层领导都对保持军队高昂的士气心存忧虑，决定发行某种报刊来服务于这一目的。①

1918 年 2 月 8 日，美国远征军总司令部发行了第一期《星条旗报》，该期报纸对刊发概况作了大致介绍，还说明了它将通过电报来获取新闻报道和体育报道；该报还将致力于沟通部队之间的情报，为远征军的成员发表诗歌、故事、漫画等，以调节部队生活，打造部队文化。

“一战”结束后，报纸也随即停刊。1919 年 6 月 13 日的《星条旗报》停刊号显示，当时编辑人员共有 6 名，均为士兵。“一战”期间报纸的最高销售量达到了 52 万份，共计发行了 71 期。1942 年，《星条旗报》在“二战”开始时再度复刊，由几名军人创办了两便士一份的四版周报，并很快发展为八版日报。编辑人员随着美国军队去往前线，报刊也随之不断扩展，一度在欧洲、北美、中东和夏威夷拥有 25 个出版点。夏威夷版在 1945 年开印，是《太平洋星条旗报》的前身。“二战”结束后，《星条旗报》成为美国国防部为海外驻军出版的报纸。同年 4 月，《星条旗报》设立了在德国的第一个报社。一年后，报社接管了纳粹报纸《德尔·斯特姆》的印刷设备。1949 年，该报迁往了位于达姆施塔特市市郊的前纳粹

The Stars and Stripes
A MESSAGE FROM OUR CHIEF
ARMY MEN BUILD AN OVER-SEAS PITTSBU
YANKING CAR TOURING FRANCE
HUNS STARVE AND RIDICULE U.S. CAPTIVES
FREE SEEDS FOR SOLDIER FARMERS

图 121　1918 年 2 月出版的《星条旗报》

---

① 金苗、徐东亮：《浴火而生因战而兴——美军〈星条旗报〉历史追踪》，《军事记者》2004 年第 5 期。

德国空军的训练场,也就是现在该报在德国的印刷点。此后,该报相继开办了《欧洲星条旗报》和《太平洋星条旗报》。

2000 年,《欧洲星条旗报》和《太平洋星条旗报》合并,广告业务和出版发行分别在两地进行。由于报刊发行量的上升,盈利所得已经基本能够维持报刊的正常运转,政府拨款降至办报经费的三分之一,专门用于在偏远地区驻军报纸的发行。2003 年,为服务参加伊拉克战争的美军,中东版《星条旗报》开印,该报在科威特城设立了分社,还采用了嵌入式记者的方式来报道新闻。

二、发展现状

《星条旗报》旨在为美军提供独立的新闻信息,在美国国防部所授权的众多报纸中,该报是唯一保证宪法第一修正案所赋予权利的。自"二战"后,《星条旗报》就一直未曾停刊,1999 年《星条旗报》推出了网络版(www.stripes.com)。通过《星条旗报》网,用户可以免费浏览报纸内容和各种新闻信息。网站还建立了专门的电子报纸浏览界面,以供读者浏览电子版的报纸,同时也可以通过这一界面检索往期报纸的版面内容。

图 122 《星条旗报》电子报纸浏览

图片引自《星条旗报》网站电子报纸浏览界面:http://www.stripes.com/epaper,检索时间:2016 年 3 月 7 日。

如今,《星条旗报》已经成为一个多媒体新闻机构,周一到周四出版纸质版报纸,周五在欧洲和太平洋地区推出特制的周末版,中东地区也会在周五和周六推出只为该地区发行的特别版。此外,《星条旗报》还会不定时地推出一些周刊或月刊以及其他特制的补充阅读物,日报的阅读者平均在 20 万左右。该报的中东版受到了政府的支持,并向战争地区的军队免费提供。而该报在欧洲和太平洋地区的发行版本也有不同程度的折扣。在比利时、英格兰、德国、意大利、日本和韩国,该报均有送报上门服务。

《星条旗报》的其他刊物有年度人物刊和特别增刊,增刊基本上聚焦于教育、保险、养老金计划和旅游等议题。《欢迎来到欧洲》每年出版三次;为太平洋地区出版的《年度指南》每年出版一次。尽管《星条旗报》是国防部授权的军报,其立场与观点并不代表美国国防部或军方的观点。《星条旗报》是一家独立的报纸,提供关于美国和世界的新闻消息。《星条旗报》也在维系海外军队及家庭对国家的责任感方面做出了重要的贡献。

三、报道特点

自创刊以来,《星条旗报》一直保持着浓厚的兵团特色和较高的专业水准。《星条旗报》作为一份具有军方性质的报纸,以严肃性的报道著称,然而其特有的读者意见调查员制度使得该报在严肃之余也富有了几分趣味性。该报对监督与沟通的重视增强了报纸与读者之间的联系,使该报拥有了较为广泛的受众和日益求精的品质。

《星条旗报》设立读者意见调查员制度至今已有十余年时间,2000 年欧洲、太平洋两版采编合并促成了该制度的落实。《星条旗报》的调查员肩负着重责,一方面要维护报纸宪法第一修正案的权利、报纸编辑的独立性,另一方面也要负责确保海外驻军及其家属的信息自由流通。与传统的责任相比,《星条旗报》的调查员别具特色。他们接受双重监督,担负着双向沟通的重任,同时也受到双重监督,即一方面要接受行政监督,另一方面也要接受行业监督。同时,《星条旗报》归国防部所有但却不代表官方意见的性质决定了该报调查员需要承担起报纸、国防部和海外驻军三方面的责任。读者意见调查员虽然是以受众监督的形式出现,但是实质上调查员必须是深具新闻敏感与新闻理论的新闻人，能够以独立的眼光去审视报纸，以专业的态度对新闻报道进行评价。从某种程度上而言，他们更类似于行业内的监督。《星条旗报》隶属于国防部，因而要求其必须对国防部进行行政监督，读者意见调查员必须对国防部之于《星条旗报》的管理依法进行监督，防止报纸的独立性被侵蚀，保障《星条旗报》虽为政府报纸但却不代表官方的立场。《星条旗报》对国防部进行行政监督既可以保证信息流通的自由，同时又维护了报纸的责任与独立观点。以读者调查员为媒介，《星条旗报》打通了国防部、报纸与海外官兵读者之间的联系，更好地实现了国防部与官兵之间的意见交换。双向沟通的模式使得读者的声音能够被传达出来，使得报纸能够以受众为中心而进行报道。

纵使《星条旗报》现在已经是一份面向全民的报纸，其身上的军报属性依旧难以磨灭。该报的上级主管和大部分读者都出自军队，编辑团队也脱不开军队的影子。在坚守新闻职业道德的同时，《星条旗报》也会遵从军人的道德标准，将军队的价值观渗透到新闻报道中去。这种做法与其军队报纸的属性息息相关，也是军队报纸的特殊需要所决定的。军队的驻地限制以及其他原因，使《星条旗报》成为了美军及其家属了解外界的主要渠道。在这种情况下，一方面，《星条旗报》必须担负起满足读者信息需求、提供一定娱乐信息的责任，另一方面也要起到为官方进行宣传教育的作用，承担军报应尽的义务。

四、涉华报道

作为美国国防部军报的代表，尽管《星条旗报》声明观点独立，但是报纸的对华态度与政府立场保持一致，尤其是该报还负担着与海外驻军沟通的重责，更使其态度不得不与国防部在相当程度上保持一致。

随着中国综合国力的增强，美国对中国崛起的事实一直耿耿于怀，这一倾向也反映在《星条旗报》对中国的报道中。观察《星条旗报》网络版 2015 年 4 月到 5 月的涉华报道可以发现，共有 175 条涉及中国的新闻报道，涉华报道的数量还是比较多的，平均每天约有 2.8 条关于中国的报道。而在涉华报道中，《星条旗报》尤其关注中国的军事动态，并有意识地将中国刻画成对美国和太平洋周边国家有威胁的军事存在，强调中国和美国在利益上的冲突，宣扬"中国威胁论"的论调，在南海及亚太地区等区域性问题上尤为敏感。

2015 年 9 月 25 日，《星条旗报》发布了名为《中国在黄海海域拦截了美国侦查飞机》的文章。[①] 文章称，中美两国海上利益和空中利益近年来频频发生冲突，而这一切冲突的源起是中国在南威岛附近建造珊瑚礁，并称这一拦截行为显示了中国在亚太地区越来越大胆地采取激进的措施，言语中表现出对中国在太平洋地区的军事行为极为不满。2015 年 9 月 24 日，《星条旗报》发布了名为《中国不断延伸的手可能引起与印度的紧张局势》的报道。文章称，中国向东部和南部国家秀出了强硬的"军事肌肉"，而对西方近邻却采取了温和的手段，使用人道主义资助等方式来扩大影响力，寻求自然资源，而现今这一策略或许会引来印度的反弹。

在谈及中国的周边关系时，《星条旗报》的评价并不积极。《星条旗报》中的涉华报道多为军事上的报道，故而其遵从国家立场的论调分外明显，对中国持较为否定的态度。

《芝加哥论坛报》*Chicago Tribune*

Chicago Tribune

《芝加哥论坛报》(*Chicago Tribune*)是现今美国发行量第九高的日报，报社总部位于美国伊利诺伊州芝加哥市，是芝加哥及美国中西部地区的主要日报，隶属于论坛报业公司。

---

① Wyatt Olson: Pentagon: Chinese jet intercepted US surveillance plane in Yellow Sea，2015 年 9 月 25 日，http://www.stripes.com/news/pacific/pentagon-chinese-jet-intercepted-us-surveillance-plane-in-yellow-sea-1.370342，检索时间：2015 年 8 月 28 日。

一、历史沿革

1847 年 6 月 10 日，詹姆斯·凯利(James Kelly)、约翰·E.维勒(John E. Wheeler)和约瑟夫·K. C.福瑞斯特(Joseph K. C. Forrest)三人联合创办了《芝加哥论坛报》。在接下来的八年中，该报几经易手。1855 年，约瑟夫·梅迪尔(Joseph Medill)与其他 5 个合伙人一起收购了该报，真正开启了《芝加哥论坛报》的历史。1874 年，梅迪尔买下其他合伙人的股份，成为《芝加哥论坛报》的唯一股东。因而，约瑟夫·梅迪尔被称作《芝加哥论坛报》的缔造者。在他的领导下，该报先后收购了芝加哥地区的三家出版物：1855 年收购《西部自由报》(*The Free West*)、1858 年收购《民主报》(*The Democratic Press*)、1861 年收购《民主党人日报》(*Chicago Democrat*)。

在美国内战爆发前和战时，《芝加哥论坛报》都极力支持林肯总统，在 1860 年时更助其登上总统之位。林肯曾经给《芝加哥论坛报》写信说："我欠了它(《芝加哥论坛报》)很多，恐怕我一辈子也还不清了。"①

早期的《芝加哥论坛报》经历过一次重大的劫难。1871 年芝加哥发生了历史上最严重的一场大火，《芝加哥论坛报》大楼也未能幸免。"很多人认为《芝加哥论坛报》可能就此消失，谁知，仅仅两天之后，报纸浴火重生，头版发表的社论《芝加哥应当重新站起来》说出了全体芝加哥人的心声。此次大火之后，《芝加哥论坛报》的总编辑兼合伙人约瑟夫·麦迪尔竞选芝加哥市长获胜，开始领导大规模的城市重建工作"。②

在梅迪尔 1899 年 3 月 6 日去世后，报纸由两个女儿的家庭继承。1914 年起，报纸的经营权转到老梅迪尔的两个外孙手中，他们是罗伯特·R.麦考密特(Robert R. McCormick)和约瑟夫·M.帕特森(Joseph Medill Patterson)。第一次世界大战期间，这对年轻的表兄弟将《芝加哥论坛报》的发行量和广告量都扩大了一倍。1919 年，帕特森离开《芝加哥论坛报》，去纽约创办了自己的报纸《纽约每日新闻》，麦考密特在《芝加哥论坛报》的地位得到加强。从 1911 年到 1977 年，该报一直伴随着一句著名的口号："世界上最伟大的报纸(World's Greatest Newspaper)"。这句话来自 1909 年 2 月 7 日在纪念林肯诞辰 100 周年时该报的一篇文章，原文为《世界最伟大报纸的最伟大一期》。③ 从 1911 年 8 月 29 日开始，该报就将这句口号印在头版头条下，直到 1977 年才从头版撤去。1924 年该报收购一家广播电台时，还用这句话的英文缩写"WGN"来命名这家电台。

在麦考密特的领导下，《芝加哥论坛报》成了美国政界极端保守的右派主要发言人，麦考密特本人在报社中的地位也是重如泰山。美国学者埃默里在《美国新闻史》一书中描述："署名为'R. R. Mc'(麦考密特)的备忘录在《芝加哥论坛报》帝国等于是法律。身高 6.4 英寸的麦考密克上校以严峻的眼光注视着这家企业各方面的活动。"④与此同时，麦考密特本人狭隘的民族主义思想也对报纸产生了决定性的影响。麦考密克对军事史有深入的研究，但他对国际事务的见解是以这样一种信念为基础的，那就是：外国人是危险的，特别是英国人。他用尽一切办法反对富兰克林·罗斯福总统，反对新政的对内政策。⑤ 这一时期的《芝加哥论坛报》经常发表言辞激烈的评论，致使报纸受到普遍批评。1936 年的一次对华盛顿记者的民意测验中，《芝加哥论坛报》获得了"最不公正和最不可靠的报纸"的称号。1947 年华盛顿记者再次对《芝加哥论坛报》做出评价，把它选作"一家最明目张胆地带着偏见报道新闻或添油加醋加以渲染的报纸"。⑥

尽管报纸被多次批评，销量却一直保持着不错的水平。20 世纪 50 年代中期，《芝加哥论坛报》刊登的广告相当于它在芝加哥的三家竞争者的总和。它每天的发行量虽然从 1946 年的 107.5 万份下降到 90 万份，但仍然

---

① Alfred Borcover: 150 Years—A chronology of memorable moments in the history of the Chicago Tribune, Chicago Tribune, 1997.

② 苏荣才:《对话美国报业总裁》，南方日报出版社 2005 年版。

③ Alfred Borcover: 150 Years—A chronology of memorable moments in the history of the Chicago Tribune, Chicago Tribune, 1997

④ 〔美〕迈克尔·埃默里、埃德温·埃默里、南希·L. 罗伯茨:《美国新闻史:大众传播媒介解释史》(第九版)，展江译，中国人民大学出版社 2004 年版。

⑤ 〔美〕迈克尔·埃默里、埃德温·埃默里、南希·L. 罗伯茨:《美国新闻史:大众传播媒介解释史》(第九版)，展江译，中国人民大学出版社 2004 年版。

⑥ 〔美〕迈克尔·埃默里、埃德温·埃默里、南希·L. 罗伯茨:《美国新闻史:大众传播媒介解释史》(第九版)，展江译，中国人民大学出版社 2004 年版。

是美国同类规模的报纸中销路最大的一家。[①]

1955年麦考密特去世，家族没有直系继承人。1969年，克莱顿·柯克帕特里克（Clayton Kirkpatrick）接任总编辑，开始了一系列改革，该报保守的党派报纸性质发生改变，报纸开始刊登代表不同立场的观点评论，新闻报道方面也不再具有麦考密特时期的保守倾向。因此，1969年被美国新闻界认为是《芝加哥论坛报》的转折年。1972年至1976年，《芝加哥论坛报》获得了3项普利策奖，报纸的发行量也稳定在75万份左右。1977年1月1日起，报纸放弃了“世界上最伟大的报纸”的口号，将其从头版撤除。1980年到1990年期间，《芝加哥论坛报》获得了11个普利策奖。

进入21世纪，在新兴媒体的挤压下，再加上2008年金融危机的影响，美国报业遭遇困境，《芝加哥论坛报》也不例外。面对发行量和广告收入的持续下滑，《芝加哥论坛报》及其母公司论坛报公司开始寻求应对策略。2007年12月份，房地产大亨塞缪尔·詹尔（Sam Zell）收购了论坛报公司后，论坛报业公司的债务一度达到128亿美元。而随着2008年金融危机的爆发，论坛报业公司广告受到严重影响，收入巨幅下滑。为了应付经营窘境，论坛报业公司采取了多种措施，其中最引人瞩目的当属2008年9月其主力报纸《芝加哥论坛报》的全面改版。此次改版的目的很明确，一是要更好地满足读者需求，以吸引更多读者，拯救一路下滑的广告收入；二是要有助于报纸控制成本。

在改版前，《芝加哥论坛报》“编辑部通过报纸网站向20多万名读者发出电子邮件，向他们征询报纸改版的建议”[②]，通过此项举动，《芝加哥论坛报》发现读者更喜欢精简易读的报纸。于是在四个方面对报纸进行了改版：“第一，调整内容格局。改版后，经济新闻，尤其是本地新闻，在版面的安排上有更多的优先权”。[③] 第二，精简稿件。为照顾新时代读者快速的生活和阅读习惯，报纸的新闻报道更短了。第三，版面颜色增多，更加活泼。第四，推出小报版本。2009年1月13日，《芝加哥论坛报》宣布将推出小报版本，主要在地铁站、报刊亭等地出售，而同时家庭订户收到的仍然是大报版本。不过这一举措并没有获得读者的青睐，于是在2011年8月《芝加哥论坛报》取消了小报版本。

但是，此次改版依然未能挽救论坛报业公司破产的命运。2008年12月8日，由于第三季度遭受1亿多美元的损失，论坛报业公司申请破产保护。根据美国《破产保护法》第十一章规定，一个旨在解决其财政危机的公司可以继续经营。因此，此次破产只是针对债务，报纸、电视等媒体业务暂时不会受影响，集团还有足够的现金保证这些业务照常运行。[④]

二、发展现状

2013年1月，论坛报业公司从破产的窘境中走出来，重整旗鼓。在新的时代，《芝加哥论坛报》采取以下措施，跟上时代步伐，实现了转亏为盈。

首先，内容整合方面以受众为指向。“在《芝加哥论坛报》总编辑杰罗德·科恩看来，明确受众的需求和喜好，是报纸内容变革的前提……科恩介绍，经过对受众的调查，《芝加哥论坛报》发现，要整合当前的媒体内容，就要强调和把握以下六个方面：第一，扮演舆论监督人的角色；第二，加强政府和公共事物的报道；第三，加强财经方面的报道；第四，加强娱乐、体育、文化等方面的报道；第五，要起到引导大众舆论的作用；第六，对社区起到更好的亲和作用，用报纸内容与社区加强联系。”[⑤]

其次，媒介融合的发展战略。事实上，《芝加哥论坛报》在媒介融合的实践方面从1924年下属电台WGN

---

① 〔美〕迈克尔·埃默里、埃德温·埃默里、南希·L. 罗伯茨：《美国新闻史：大众传播媒介解释史》（第九版），展江译，中国人民大学出版社2004年版。

② 郑慰雯：《报业危机下的求生策略——〈芝加哥论坛报〉改版前后》，《新闻记者》2009年第4期。

③ 郑慰雯：《报业危机下的求生策略——〈芝加哥论坛报〉改版前后》，《新闻记者》2009年第4期。

④ 郑慰雯：《报业危机下的求生策略——〈芝加哥论坛报〉改版前后》，《新闻记者》2009年第4期。

⑤ 陶志强：《大数据北京下的报纸转型样本——以〈芝加哥论坛报〉〈佛山日报〉的大数据应用为例》，《新闻与写作》2013年第9期。

开播就已开始，1992 年《芝加哥论坛报》网站上线，1993 年《芝加哥论坛报》旗下芝加哥首个 24 小时新闻台 CLTV 开播，可以说媒介融合是《芝加哥论坛报》的传统。如今，论坛报业公司是一家拥有 8 份报纸、49 家电视台、多家电台以及网站在内的全媒体新闻集团，拥有实时流量检测和"数码新闻港"等多媒体内容管理工具。

再次，利用"大数据"生产互动新闻，促进报纸发行以及运作广告服务。《芝加哥论坛报》副主席、数字发展总监比尔(Bill Adee)接受采访时说："我们的互动新闻是基于数据库技术的。这可以从以下几个方面来理解：技术人员帮助我们的记者处理他们在采访中获得的数据，并建立数据库，并且赋予这些信息一种可搜索的格式。"[①]在报纸发行与广告方面，《芝加哥论坛报》利用大数据技术对受众进行分类、对受众消费媒体的行为进行分析，以在广告领域得到回报。

如今的《芝加哥论坛报》仍属于美国销量最高的日报之一，在国内以及国际都颇具影响力。《芝加哥论坛报》之所以能从破产保护状态中走出来，主要依赖于新时代的大数据对报纸内容作出的改变。"芝加哥报业公司针对受众习惯、受众接受的报道内容等进行调查分析，调整报纸内容。"[②]依据大数据，《芝加哥论坛报》推出了针对芝加哥当地西班牙人的《今天报》(*Hoy*)以及针对 20～30 岁年轻人阅读的《红眼睛》(*Red Eye*)。

2014 年 8 月，拥有《芝加哥论坛报》《洛杉矶时报》和其他 8 家报纸的论坛出版公司(Tribune Publishing)独立出来，而母体论坛报业公司(Tribune Company)改名为论坛媒体公司(Tribune Media Company)，自此拆分了出版与广播电视业务。"这意味着《芝加哥论坛报》与当地电视台 WGN 共享新闻的机制将停止，但是报纸编辑部里的演播室仍将担当起视频新闻制作播出的重任。除了传统的记者和编辑，越来越多的新岗位和新的机构部门因为数字化转型和融合而增设，整个编辑部的构成也被改变了。"[③]如新增突发新闻中心与视频新闻部、将更多的重点放在社交媒体与新闻 App 上等。

《芝加哥论坛报》的执行总编、副社长简·赫尔特(Jane Hirt)女士在接受采访时表示："是的，印刷版仍旧在盈利，我们的主要业务收入来自我们的印刷报纸。但是未来一定有赖于数字战略。"[④]《芝加哥论坛报》2013 年从破产保护中走出来，依赖大数据、以受众为中心的战略显示出了其正确性，可以预见《芝加哥论坛报》未来一定会紧跟潮流、紧跟受众，做出与时俱进的发展规划。

三、报道特点

"'我们不仅仅是张报纸，也不仅仅是个报纸网站、移动 App，我们是和读者共生的社区的一部分。'几经反思和讨论，《芝加哥论坛报》编辑部找到了论坛报的独特性，形成了六点共识：为社区报道，记录芝加哥的经历，以情理打动人，帮助引导人们的生活，推动对话，分析新闻而不仅仅是报道新闻。"[⑤]可见，在《芝加哥论坛报》的办报原则里，"为社区报道"排第一。

《芝加哥论坛报》的社区版每周出版一次，内容包括社区内的小型犯罪事件、社区学校活动等。社区报聚焦具体社区，关注社区居民的无原则求和身边发生的大小事。社区报的记者从社区居民中选拔，绝大部分社区记者是兼职人员，内容则由编辑或记者把关。[⑥]

现在的《芝加哥论坛报》，数字媒体产品主导印刷版的倾向已经越发明显。执行总编简·赫尔特女士说："《芝加哥论坛报》现在的 400 多名采编人员，同时负责印刷版和网络版以及新兴的社交媒体采访编辑和供稿。编辑部采编人员现在开始适应这样的思维，即在考虑'写'这个稿子时就同步想到，是否及如何用视频来表现？首先发到数字媒体平台上的稿件应该是怎么样的？见报稿又该如何操作？……他们真正成了多媒体合一的新

① 马忠君：《在创新与传统之间寻找平衡——访〈芝加哥论坛报〉副主席 Adee》，《传媒》2010 年第 6 期。

② 《大数据时代，美国人如何办报纸》，《中山商报》2014 年 7 月 29 日 A05 版，http://www.zsnews.cn/Backup/2014/07/29/2659057.shtml，检索时间：2015 年 9 月 30 日。

③ 任琦：《〈芝加哥论坛报〉的数字化转型与融合实践》，《中国记者》2014 年第 10 期。

④ 任琦：《〈芝加哥论坛报〉的数字化转型与融合实践》，《中国记者》2014 年第 10 期。

⑤ 任琦：《〈芝加哥论坛报〉的数字化转型与融合实践》，《中国记者》2014 年第 10 期。

⑥ 《大数据时代，美国人如何办报纸》，《中山商报》，http://www.zsnews.cn/Backup/2014/07/29/2659057.shtml，检索时间：2015 年 9 月 30 日。

闻生产者。"[1]视频新闻是《芝加哥论坛报》现在重点发展的业务之一。据简介绍，短小的视频广告含金量很高，是普通数字广告的10倍。对视频新闻的未来，《芝加哥论坛报》十分看好，甚至提出未来《芝加哥论坛报》视频的目标是成为当地领先的视频提供者。[2]

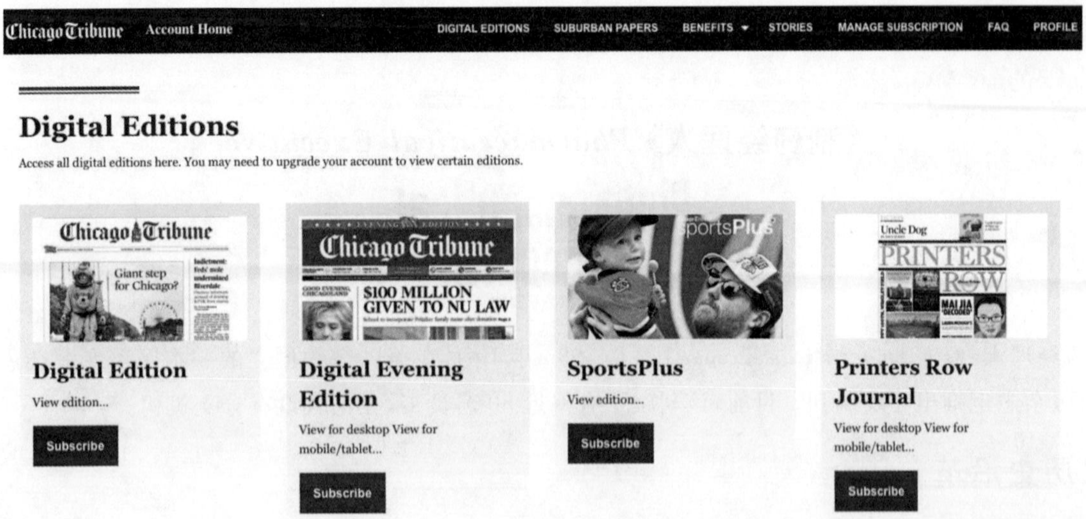

图 123 《芝加哥论坛报》电子报纸浏览平台

图片引自《芝加哥论坛报》电子报纸浏览平台：http://membership.chicagotribune.com/digital－editions，检索时间：2016年3月7日。

四、涉华报道

在《芝加哥论坛报》网站搜索标题内含关键词"China"的报道，截至2015年9月30日，搜索结果有9900条，而从2005年至今的近十年时间里，涉及中国的报道有1805篇。

从报道内容来看，大约80%左右的文章是在报道别的国家时提到中国的，而其余20%左右则是对中国的直接报道。对这20%的文章进行分析发现，《芝加哥论坛报》对中国的报道主要集中在中国的政治、经济和突发事件等方面，视中国为一个崛起的大国，是一个可以与美国抗衡的大国。其他涉及的领域还有文化、社会、宗教、军事、科技和体育等。

从报道来源来看，《芝加哥论坛报》的对华报道主要转载自美联社和彭博社等新闻通讯社，占到总量的78%。而自采新闻中，经济类报道最多，其次则是关于政治、文化、宗教等方面的报道。

从报道倾向来看，自采新闻中的经济新闻相对较为客观，认为中国作为世界的第二大经济体，对美国甚至对世界具有较大的影响力，但其中也不乏一些对中国政府经济政策的质疑和不满，如在2015年8月24日的一篇名为《中国，请告知决策过程》("Editorial: China, show your math")的报道中，提到中国的经济决策太过"神秘"，中国"欠贸易伙伴一个透明的经济决策过程"[3]。

在政治报道方面，此类新闻多选取具有争议性的话题，如南海领土争端、香港问题以及中国的网络防火墙等。在这类问题上，报纸的言论多采用强硬语调，如2015年9月29日的一篇讲述香港问题的文章中，作者引用某人士言论认为中国大陆不仅控制香港高校的学术自由，也控制香港的言论自由。[4] 又如2015年4月2日的

---

① 任琦：《〈芝加哥论坛报〉的数字化转型与融合实践》，《中国记者》2014年第10期。

② 任琦：《〈芝加哥论坛报〉的数字化转型与融合实践》，《中国记者》2014年第10期。

③ 《芝加哥论坛报》网站：Editorial: China, show your math，2015年8月24日，http://www.chicagotribune.com/news/opinion/editorials/ct－china－economy－markets－dow－jones－sp－500－edit－0825－jm－20150824－story.html，检索时间：2015年9月30日。

④ 《芝加哥论坛报》网站：Academic freedom at risk? Prof who backed Hong Kong protests denied post，2015年9月29日，http://www.chicagotribune.com/news/nationworld/la－fg－hong－kong－academic－freedom－20150929－story.html，检索时间：2015年9月30日。

一篇报道,标题就十分耸人听闻:《通过打造“人工岛”中国正在占领太平洋》(“China is taking the Pacific, one fake island at a time”),其中提到,中国的做法十分令人担忧,并呼吁美国政府做出相应的行动来阻止中国。[①]

在宗教报道方面,报纸言论多为嘲讽风格,如 2015 年 3 月 16 日的一篇名为《中国说转世由政府说了算》(“China says it's in charge of reincarnation”)的报道,讽刺意味浓厚,对中国政府对新疆宗教事务的管理表示出不屑。[②]

《制药经理人》*Pharmaceutical Executive*

Pharmaceutical
Executive

《制药经理人》(*Pharmaceutical Executive*)是 1996 年 10 月在美国纽约创立的一本医药专业杂志,既出版发行纸质版杂志也推出在线期刊。目前,该刊旗下有将近 50 名员工,在伦敦设有分支机构。[③]

一、历史沿革

《制药经理人》是优星公司(Advanstar)旗下的全资子公司。优星是美国一家贸易展会组织公司,于 1987 年在加利福尼亚州圣莫尼卡市创立。该公司主要在美国本土向时尚、汽车和体育等行业提供展会组织和市场资讯服务。公司的客户来源十分多元,包括牙医、兽医、制药、科学和保健恢复等各个行业。优星公司每年举办 50 多个展会,旗下拥有 5 个出版公司和 30 多个网站向客户提供种类丰富的数字信息服务。[④] 以市场为导向的品牌形象和提供创新、高质产品的承诺,都使公司能够广泛接触到各行各业的客户,并迅速与合作伙伴实现客户共享。

2014 年 11 月 19 日,优星公司被来自英国的博闻集团(UBM)以 9.72 亿美元的价格收购,公司名称也从原先的优星资讯(Advanstar Communication)改为博闻优星(UBM Advanstar)。总部位于伦敦的博闻集团也是一家提供商营展会服务的公司,但规模要比优星大得多。作为全球展会巨头,博闻集团是世界排名第二的商业展会集团,仅次于励展集团(Reed)。[⑤] 该集团主要为顾客提供行业展会、商贸活动、期刊杂志、B2B 网站、综合行业数据库、政府及媒体关系等服务。博闻集团旗下与《制药经理人》功能类似的网站还有:色谱分析在线(LCGC)、光谱在线(Spectroscopy.com)、制药科技(Pharmatech.com)、生物制药(BioPharm.com)、临床试验(Clinicaltrial.com)等,大多都是生物科技类新闻网站。

二、发展现状

《制药经理人》团队致力于将该杂志打造成全球医药行业的新闻与资源中心,主要向读者全面介绍医药行业动态、市场分析、研究报告、医药政策法规、法规解读、医药前沿科技,医药行业名企动态等。

这本专业期刊的核心服务对象为国际医药企业经营者、投资者、医药行业监管机构,其服务内容包括为决策者提供关键信息和战略决策借鉴。在全球范围内,《制药经理人》拥有 3.6 万名固定读者。

与此同时,《制药经理人》每年都会根据市场变化的关键指标——处方药全球销量,对全球最大的制药公司前

---

① 《芝加哥论坛报》网站:Editorial: With the U.S. distracted, China builds “The Mischief Islands”, http://www.chicagotribune.com/news/opinion/editorials/ct-islands-spratly-south-china-sea-vietnam-edit-0316-jm-20150313-story.html,检索时间:2015 年 9 月 30 日。

② 《芝加哥论坛报》网站:Commentary: China says it's in charge of reincarnation, 2015 年 3 月 16 日, http://www.chicagotribune.com/news/opinion/huppke/ct-talk-huppke-dalai-lama-reincarnation-20150316-story.html,检索时间:2015 年 9 月 30 日。

③ 彭博新闻社网站:http://www.bloomberg.com/research/stocks/private/snapshot.asp? privcapId=24389,检索时间:2015 年 8 月 19 日。

④ 优星公司网站:http://ubmadvanstar.com/about-us,检索时间:2015 年 8 月 19 日。

⑤ 优星公司网站:http://www.ubm.com/ubm-overview,检索时间:2015 年 8 月 19 日。

图 124 《制药经理人》期刊封面

50 强进行排名，在全球制药行业都具有非常大的影响力。虽然，到目前为止还没有中国企业成功入选该榜，但这份排名在中国医药界仍然具有不俗的影响力，被认为是中国制药公司观察国际制药行业形势的重要风向标。

三、报道特点

目前，《制药经理人》的在线网络版主要有 6 个频道，包括欧洲、编者寄语、全球、新闻、研究开发和战略。[①] 此外，在印刷版中还包括 3 个固定版块，分别为新闻与分析、战略与策略以及洞察。

其中，新闻或分析常以《华盛顿报告》和《全球报告》两种形式交替出现。具体来看，由于该杂志母公司总部设在伦敦，且欧洲是除美国以外的制药重地，因此欧洲频道的设立不出意料。瑞士、英国、荷兰、丹麦等拥有顶级制药公司的国家经常成为被重点报道的对象，读者在该频道可以接触到大量有关欧洲制药公司最新、最权威的资讯。在编者寄语频道中，主要是由杂志编辑威廉·鲁尼（William Looney）围绕新近重大生物科技突破、行业新变化新趋势进行介绍以及预测，同时也对决策者的整体战略和业内重大并购方案进行分析和点评。

在全球频道中，《制药经理人》着重就新兴市场国家的制药行业进行介绍、预测以及提供应对风险的方案。如古巴、印度、阿尔及利亚等国家正遭遇的挑战以及解决之道，都在杂志中有详细的介绍。在研究开发频道中，该杂志提出了许多中肯且实用的建议来提高制药行业的效率以及服务水平。如税收抵免的讨论、药剂师临床

---

① 《制药经理人》网站：http://www.pharmexec.com，检索时间：2015 年 8 月 19 日。

图 125 《制药经理人》在线网站

图片引自《制药经理人》网站:http://www.pharmexec.com,检索时间:2016 年 3 月 30 日。

研究能力的提高和制药行业可能出现的商业以及调查模式的创新。

在新闻与分析版块中,一些重大且极具实效性的业界新闻都会在这里出现。如一年间制药巨头之间的几次重要圆桌会议、在市场引起强烈反响的新药和美国食品及药物管理局出台的新规以及对市场的影响等。

而在战略与策略的版块中,《制药经理人》往往会就全球制药行业内一些新的重大趋势进行解读并提出应对策略,如提高采购部门运行效率的 4 剂良方、解析生物科技短暂兴隆背后的隐忧、预测 2015 年制药行业的大致走向等。

四、涉华报道

在 2005 到 2015 年间,《制药经理人》共刊登 370 多篇与中国相关的报道。[①]这对于每月只出 1 刊、每刊不到 10 篇文章的杂志来说已经相当可观。

总体来说,《制药经理人》非常重视对华报道,中国新药的批准进程、药品注册费用的增加以及中国医疗改革等“纯中国”新闻都受到这本美国杂志的高度关注。另外,许多成长迅速的“非著名”中国制药公司,由于具有强大的融资能力和广阔的消费市场,被认为拥有潜力成为世界顶级制药名企的,也常常成为该杂志关注的热门对象。在《制药经理人》的报道中,中国作为最重要的新兴市场国家,有着丰富的人才储备、充足的资金以及广阔的市场,正吸引着越来越多的制药行业的国际人才和尖端技术涌入。如在生物科技领域的大数据时代,该杂志最看好中国有潜力引领这股潮流。

另外,值得一提是,在该刊的涉华报道中,中国经常与美国作为关联体出现,成为美国的比较对象。在医保市场、生物科技研究规模等领域中国经常以“已经”或“即将超过美国”的形象出现。当然,该杂志对中国也存在负面的报道,如贪污受贿、工人工作环境恶劣、市场机制不完善等议题,但总的来说数量相对较少,且此类问题在对其他新兴市场国家的报道中也有出现。

① 《制药经理人》网站:http://www.pharmexec.com/search/apachesolr_search/china,检索时间:2015 年 8 月 19 日。

道琼斯金融通讯社 Dow Jones Newswires

道琼斯金融通讯社(Dow Jones Newswires)属于道琼斯公司(Dow Jones & Company),该公司是全球一流的新闻资讯和商业信息提供商,涉足多样化的新闻和尖端科技,致力于提供对事件、话题的解读,激发受众的思考,使读者和消费者能够获取足够的信息以做出商业决定。

一、历史沿革①

自1882年建立起,道琼斯公司就一直努力寻求新的方式来呈现新闻信息,该公司的不同阶段都在追求着更好的新闻形式,这一点从其历史发展进程中就可以明确看出。

Charles Henry Dow (1851-1902)　　Edward Davis Jones (1856-1920)

图126　道琼斯公司的两位命名创始人

1882年,道琼斯公司建立,创办人是三位记者:查尔斯·道(Charles Dow)、爱德华·琼斯(Edward Jones)和查尔斯·贝格斯特拉瑟(Charles Bergstresser),公司地址就设在金融中心华尔街。当时,道琼斯公司推出的第一个新闻产品就是关于股票市场的新闻简报。在证券交易日当天,道琼斯公司通过人工传递的方式,将第一手新闻简报送到用户手上。1889年7月8日,道琼斯公司旗下最主要的媒体《华尔街日报》创刊发行。作为一份下午出版的报纸,当时的《华尔街日报》只有四版,售价为两美分。1896年,道琼斯公司开始正式发布道琼斯股票价格平均指数(Dow Jones Industrial Average,简称"DJIA"),通常称为"道琼斯指数"。查尔斯·道早从1884年就开始编制股票价格平均指数,是世界上历史最为悠久的股票指数,后来则逐渐发展成为全世界最具影响、最有权威的股票指数。1897年,道琼斯公司宣布开始建设一个实时发布新闻信息的通讯社,即后来的道琼斯金融通讯社,在发布新闻信息的同时为投资人提供基础的新闻财经分析。

1902年,公司的共同创办人查尔斯·道去世,当时美国最杰出的金融记者克拉伦斯·巴伦(Charles Barron)出资购下了道琼斯公司成为新任东家。在接下来的30年中,巴伦成为道琼斯公司的灵魂,他广征贤才并善用其能,带领道琼斯公司走过经济大萧条时期,进一步发展到一个新的高度。1921年,道琼斯公司推出了美国最初的财经周刊《巴伦周刊》(*Barron's*),由巴伦出任首位主编。1928年巴伦过世后,道琼斯公司的所有权转到他的继女班克罗夫特姐妹手中,从此开始了班氏家族对道琼斯公司长达近80年的掌控。

1941年,伯纳德·基尔戈(Bernard Kilgore)成为《华尔街日报》的执行总编,后又于1945年成为道琼斯公司的首席执行官。在基尔戈的带动下,道琼斯公司的新闻业务有了极大的提升。他主张,道琼斯不能止步于报道"发生了什么",更要向用户阐释"这意味着什么"。1962年,道琼斯公司采取了重要的一步,创新性地应用微波技术实现远距离传真报纸副本,《华尔街日报》开始成为真正意义上的全国性报纸。

1967年,传奇总编基尔戈离世,之后40年间道琼斯公司的发展凸显了对新技术的推崇和应用。从1967年

① 道琼斯公司网站:http://solutions.dowjones.com/history.asp? link=djc-topnav,检索时间:2015年12月30日。

图 127 《巴伦周刊》封面

开始,道琼斯金融通讯社开始在世界范围内布置全球性的报道网络,往欧洲、亚洲、拉丁美洲、澳大利亚和非洲的主要金融中心都派驻了记者。[①] 1970 年,道琼斯公司收购了渥太华的报业公司,吸纳了该公司旗下的九家日报和三份周日报纸,大大充实了自己的出版实力。1971 年,道琼斯金融通讯社和邦克拉莫公司(Bunker Ramo)合作,开始了一项充满冒险意味的尝试——道琼斯通讯社的新闻首次通过电子传送的方式送达用户。由此,道琼斯公司开始以“电子先行者”的姿态使用电子存储的方式存储新闻和信息,而这一技术最终进化演变成了搜索网站“Factiva”。之后几年,道琼斯公司继续布局全球业务,《华尔街日报》的亚洲版和欧洲版等业务相继展开。1995 年,《华尔街日报》网络版终于成为了现实,道琼斯公司十分清楚其异质化内容的重要性,其独特的内容终将会有读者为之买单,《华尔街日报》也成为网络上最成功的付费新闻网站。

图 128 2007 年 7 月 31 日《华尔街日报》头版报道“默多克成功购得道琼斯”

2007 年,道琼斯公司被新闻集团收购,纳入默多克的传媒帝国旗下。2009 年,道琼斯公司将总部搬至曼哈顿市中心,与新闻集团旗下其他媒体公司在一起办公。2010 年,通过与芝加哥交易所集团(CME Group)合作,道琼斯公司进一步巩固了自己在新闻和资讯方面的核心业务。同时,《华尔街日报》继续扩展其纸质版和电子版的发行,并且延伸出了《华尔街日报周末版》(*WSJ Weekend*)和平板终端的电子版本。2011 年,道琼斯公司推出了针对外汇市场的实时资讯服务“DJ FX Trader”,大大推进了公司在外汇市场的业务领域。到 2012 年时,《华尔街日报》的国际传播集群又增加了德语网站,道琼斯公司的信息发布涵盖了包括英语、中文、日语、阿拉伯语、西班牙语等在内的十余种语言。

① News Corp Announces Changes at Dow Jones & Company, 2014 年 1 月 21 日,http://newscorp.com/2014/01/21/news－corp－announces－changes－at－dow－jones－company/,检索时间:2015 年 10 月 3 日。

二、发展现状

目前，道琼斯公司在新闻业的涉足十分广泛，既有报纸、通讯社、网站、应用软件、杂志，还提供金融数据库，举办科技论坛，道琼斯公司在新闻行业中涉足众多领域，也几乎在每一个领域都发挥着重要的作用。其旗下产品包括《华尔街日报》、道琼斯通讯社、搜索网站"Factiva"、《巴伦周刊》、新闻网站"Market Watch"、《财智月刊》、科技博客"All Things D"。

道琼斯金融通讯社主张生产影响市场见解并启发行动的新闻。道琼斯金融通讯社致力于以无与伦比的速度和准确性在商业新闻市场上脱颖而出，并称生产的新闻"为分析师打造的新闻、为用户打造的新闻和为专业人士而生的新闻"。在并购"VentureWire"和"Alternative Investor"之后，道琼斯通讯社成立了道琼斯金融信息服务部，为风险投资以及私人资本市场提供时事通讯、数据库和会展服务。

三、报道特点

道琼斯金融通讯社凭借其多年的积累，建立了覆盖全球的报道网络，该网络由两千多名记者组成，最大限度地保证了道琼斯金融通讯社消息的覆盖面和即时性。道琼斯金融通讯社每日发出的新闻消息超过一万九千条，这些消息涵盖世界各地所有资产类别、重点地区和市场。该通讯社同时还为《华尔街日报》《巴伦周刊》和"Market Watch"提供独家内容。

道琼斯金融通讯社的实时新闻和新闻档案库也为专业人士和消费者提供专业的平台。道琼斯的新闻除了可以通过道琼斯的产品如《华尔街日报》上找到外，也能从公司内部网站、经纪网站、交易和分析软件以及第三方应用程序上获取。[①]

道琼斯金融通讯社还为全球的读者提供实时财经报道和市场评论，报道准确及时、分析深入精辟，力求为金融从业者提供最佳的参考。目前在商业信息领域，道琼斯金融通讯社已经成为全球热点新闻以及信息的代名词，实时报道涉猎广泛，涉及外汇、股票、债券、期货、能源市场等，以权威全面的信息为投资者提供参考，用十余种语言向全球受众提供专业的财经新闻。

四、涉华报道

作为一个上升中的市场，中国一直吸引着道琼斯公司的目光。目前，道琼斯公司已经分别于1993年在北京、1995年在上海成立了中国代表处。道琼斯旗下几大媒体也均已向中国派驻了常驻记者，长期在华工作人员总数达到16人，其规模超过其他任何一家国际媒体在中国的报道机构。

图 129 《华尔街日报》中文网

1996年5月，在道琼斯指数诞生100年之后，道琼斯公司推出了道琼斯中国指数。这第一个由全球经济指数编制机构为中国股票市场编制的指数系列，包括道琼斯中国88指数、道琼斯中国指数、道琼斯上海指数和道琼斯深圳指数，为投资者提供了一个衡量中国国内资本市场表现的权威性工具。在1999年，道琼斯公司针对中国企业界和金融界，推出了专门的中文信息服务产品，致力于为中国市场提供高水准的中文财经新闻和信息产品。该

① Dowjones：about，http://www.dowjones.com，检索时间：2016年3月8日。

产品在工作日不间断地跟踪报道世界主要金融市场的情况，为金融从业人士提供及时准确的信息参考。

2002年初，面向中国的读者，道琼斯公司推出了《华尔街日报》中文网络版(http://cn.wsj.com/)，其在线中文财经信息服务得到了中国用户的广泛肯定。

道琼斯金融通讯社作为一家金融信息的提供商，对中国保持着较为客观的态度，尤其在经济信息的报道方面，因为需要向消费者提供参考性信息，故而其评价大多为对经济形势的预测，往往较为客观。随着中国在世界市场中地位的上升，道琼斯金融通讯社对中国的关注也越来越多。

福克斯广播公司 FOX Broadcasting Company

福克斯广播公司(FOX Broadcasting Company，简称"FOX")，是美国一家有线电视新闻频道，隶属于福克斯娱乐集团(Fox Entertainment group)，母公司是由传媒大亨鲁伯特·默多克掌舵的21世纪福克斯公司(21st Century Fox)。福克斯广播公司与美国有线电视新闻网(CNN)并列，成为当今美国最重要、最有影响力的两大新闻电视机构。福克斯广播公司的立台口号是"公正与平衡"(Fair & Balanced)，但其报道内容带有明显的保守主义倾向。

一、历史沿革

福克斯公司是在20世纪初开始起家的。1904年，匈牙利籍移民威廉·福克斯出资1600美元购买了纽约市一家影院。1915年，福克斯影业集团成立，成为当时世界上第一家集电影制作、发行、放映于一体的公司。1935年，福克斯影业集团改组成20世纪福克斯公司。1985年，新闻集团总裁默多克出资收购了20世纪福克斯公司以及其他六家电视台，联合105家独立电视台形成了全国性的广播网，并于次年开始播出广播网的联播节目。从20世纪80年代中期到90年代中期，是福克斯公司不断扩张的时期。到90年代中期时，福克斯已经崛起成为同美国传统三大广播电视网全国广播公司(NBC)、美国广播公司(ABC)、哥伦比亚广播公司(CBS)齐名的著名电视网，甚至开始被称为"第四网"。在90年代中期以后，福克斯进一步加快了在美国的收购步伐，开始迅速成长。[①] 1996年，福克斯广播公司成立，开始与当时已经赫赫有名的有线电视新闻网以及刚成立不久的微软全国有线广播电视公司(MSNBC)竞争。

(一)成立背景

福克斯广播公司刚成立时，美国电视新闻的龙头是有线电视新闻网。当时，经过对"里根遇刺""美军入侵巴拿马""拆除柏林墙""苏联解体"等一系列重大事件的实时报道，特别是在1991年海湾战争中的大量直播报道，有线电视新闻网已经牢牢建立起在电视新闻领域的霸主地位。与此同时，另外一家由全国广播公司(NBC)与微软公司(Microsoft)强强联手共同打造的新闻频道MSNBC也已崭露头角。背靠两大巨头，MSNBC的实力也绝对不容小觑。如何在已有两家实力强将的市场中突出重围呢？身为一个保守派，默多克稳健布局，将"市场开发的焦点放在了华盛顿新闻界的自由主义倾向上"。[②]

为此，默多克聘请了罗杰·艾尔斯(Roger Ailes)来掌舵即将成立的福克斯新闻台。艾尔斯是一位资深的保守派人士，曾任尼克松、里根和老布什总统的媒体顾问。福克斯广播公司面世之前，艾尔斯雇佣民主党民意

---

① 刘笑盈、徐琴媛：《国际一流媒体系列介绍之八——当代商业电视的领头羊：福克斯电视网》，《对外传播》2009年第8期。

② 〔美〕W.兰斯·班尼特：《新闻：政治的幻象》，杨晓红、王家全译，当代中国出版社2004年版。

调查专家调查美国人的媒介得知，“大约 65％到 75％的美国人认为媒体有左倾倾向”。艾尔斯说：“现在无论它左倾与否，如果他们认定了这个，那么只要你不右倾，这就留下了大量空间。但是，在让自由派说他们想说的时候，用不同的说法来平衡之，你就可以打开局面。”①因此，艾尔斯提出了“公正与平衡”(Fair & Balanced)以及“我们报道，你们决定”(We Report, You Decide)两大的著名宣传口号。但需要指出的是，福克斯的“公正与平衡”不是绝对意义上的公正，更多意义上是指“没有像其他媒体一样忽略保守派的观点”。

图 130　福克斯广播公司主席罗杰·艾尔斯

(二)与 CNN 的竞争

从一问世开始，福克斯广播公司就开始了与有线电视新闻网的较量，并且靠着煽动狂热的爱国主义和极端民族主义、故事化的新闻手法和大胆出位的操作理念，福克斯广播公司在这场竞争中赢得了胜利。

与默多克的新闻集团一脉相承，福克斯广播公司沿袭了新闻集团其他媒体共有的特点——煽情和戏剧化的新闻报道风格——并凭此在 2001 年的“9·11 事件”报道中脱颖而出。在这个对美国人来说十分特殊的历史事件中，福克斯广播公司这种煽情的、爱国主义的风格正好迎合了当时美国人的心理，频道收视率扶摇直上。据市场调查，它的收视率当时以 34.8％跃居全美电视新闻频道榜首，这是有线电视新闻网第一次在重大事件报道中输给福克斯广播公司。

2003 年的伊拉克战争使福克斯的收视率又上了一个台阶。当时，福克斯追加 150 万资金投入报道，并且在战争第一天没有播放任何广告，24 小时连续播放伊拉克战争的新闻。但是，在此次报道中，福克斯并没有遵循“公平、公正、准确”的新闻原则，而是明显支持军方的立场，对战争造成的伊拉克平民伤亡常常视而不见。这种与有线电视新闻网的相对冷静客观截然不同的报道风格，迅速吸引了大量观众，收视率名列各大电视网之首。

经过这两次重大新闻报道，福克斯广播公司一举超过有线电视新闻网与 MSNBC，自 2002 年起就一直占据着美国有线新闻收视率的龙头榜首。

---

① 〔美〕斯科特·柯林斯：《狐狸也疯狂——福克斯电视网和 CNN 的竞争内幕》，张卓、王瀚东译，华夏出版社 2007 年版。

二、发展现状

图 131 福克斯国际频道

2009 年,福克斯广播公司第一次打败了哥伦比亚广播公司,成为全美家庭收视率的总冠军,旗下福克斯新闻频道成为全美收视率最高的新闻频道。其后几年间,福克斯一直保持着全美第四大电视网、第一大电视新闻频道的地位,在国内的收视人数一度超出有线电视新闻网一倍之多,观众数目和广告收入均可与三大电视网比肩。①现在福克斯广播公司发展依然强势,2011 年的数据显示,在美国影响力最大的传统媒体中,福克斯广播公司名列电视排行的首位,遥遥领先于排在第二的有线电视新闻网和第三的 MSNBC。即使被很多人指责带有明显的保守倾向,广播公司依然获得了非同凡响的收视率。MSNBC 主管索伦森认为,福克斯广播公司做新闻的方式有如跳探戈,而有线电视新闻网和 MSNBC 则是跳华尔兹,"我们跳的是很优美的华尔兹,但探戈才是当红舞蹈"。

目前,福克斯广播公司总部位在洛杉矶,旗下拥有多个电视频道,包括福克斯新闻频道、福克斯有线电视网、有限娱乐电视网、福克斯电影频道、福克斯体育网络、福克斯全球家庭等。福克斯广播公司旗下在全美范围内拥有 28 家地方电视台以及 350 多个国际电视频道,在全球范围内覆盖 18 亿观众,能够以 50 余种语言播出节目。②

根据 2015 年 3 月初美国昆尼皮亚克大学(Quinnipiac University)公布的一项调查显示,当被询问最信赖的电视新闻频道是哪家时,29%的美国人选择了福克斯广播公司,其次是有线电视新闻网 22%,哥伦比亚广播公司和全国广播公司都是 10%,而美国广播公司和 MSNBC 则分别是 8%和 7%。③

三、报道特点

(一)"福克斯现象"

福克斯广播公司的崛起引起了学术界的关注。有人概括了所谓的"另类新闻"概念,就是"内容耸人听闻,观点鲜明而主观"。有人提出了所谓的"福克斯现象",就是"利用爱国主义和国家利益的名义误导受众,不是致力于让受众知情,而是使用影射、暗示和渲染的新闻手法,说服受众接受某种新闻观点,同时,通过对政府的舆论支持,反过来谋求和巩固自己的舆论领袖地位,最终实现商业利益的最大化"。

有线电视新闻网的创始人泰德·特纳(Ted Turner)对此指出,福克斯新闻在报道战争时采用"超级爱国主义"(Super Patriotism),是在误导美国观众。实际上,美国传媒公司的市场调查显示,在美国受众中,看福克斯电视越多的人,政治常识就越差。

2011 年 7 月,英国《经济学人》专文评述了"福克斯式新闻"(The Foxification of News),从杂志特地创造出"Foxification"一词来表述这一现象可以看出福克斯广播公司的这种煽情、超级爱国主义的报道风格已经对美

① 徐琴媛:《世界一流媒体研究》,中国广播电视出版社 2011 年版,第 73 页。
② 21 世纪福克斯公司网站:http://impact.21cf.com/contact/,检索时间:2015 年 12 月 30 日。
③ Politico 新闻网:http://www.politico.com/story/2015/03/fox—news—trusted—network—poll—115887,检索时间:2015 年 12 月 31 日。

国乃至世界新闻报道产生了重大影响。

(二)报道特点

1. 报道内容:观点化、煽情化

使福克斯新闻在激烈的竞争中与其他频道有所区别的,是它新闻节目中充斥着鲜明的观点。这其中的一个重要体现就是它的新闻深度解读类节目。除了在每个整点的开始和结尾部分福克斯会固定地更新新闻资讯外,中间的大部分时间多为各类新闻的深度分析节目。许多美国观众即使收看了其他电视台有关某一事件的报道,仍然喜欢收看福克斯观点鲜明的深度分析。另外一个体现是福克斯鼓励记者在报道中加入个人观点。《皮尤 2005 年度新闻媒体报告》中指出,福克斯广播公司允许记者在报道中发表自己的观点,其 68%的新闻含有个人观点。相比之下,MSNBC 的这一数据是 27%,而有线电视新闻网只有 4%。

至于煽情化,福克斯提出"我们不仅是记者,我们更是美国人"(We are journalists, but we are also Americans),坚持在处理政治新闻时将爱国主义凌驾于新闻原则之上。在"9·11 事件"中福克斯新闻的主持人公开将美国军队称为"我们的军队",将美国对阿富汗塔利班政权的战争称为"我们的战争",这种具有爱国主义煽动性的手法是其吸引观众的一个"法宝"。此外,在社会新闻方面,福克斯新闻也是极尽煽情之能事,在故事讲述上大量借鉴小说、电影、戏剧的叙事手法,使节目悬念丛生,生动好看。

2. 报道形式上:视觉化、名主持人效应

"福克斯频道自开播以来,就非常重视视觉表达。为了'帮助'观众更好地捕捉新闻重点,它通常会使用并列视窗呈现主持人、评论员和受访者的关键语句。"[①]福克斯新闻采用的具有动画效果的图表等形象化的表达也引起了各类电视台的模仿,比如有人认为 MSNBC 的多层级图表新闻、滚动式文本等是受福克斯新闻的影响。

名主持人效应。早在福克斯广播公司刚成立时,艾尔斯就聘请到诸多右翼的明星主持人,如比尔·奥莱利和肖恩·哈尼迪。其中比尔·奥莱利主持的《奥莱利因素》更是连续十年收视排名第一。这些主持人在节目中立场鲜明,观点大胆,令严肃的政治话题变得通俗好看、娱乐性强,以此吸引观众。

3. 报道定位上:本土化

与有线电视新闻网不同,福克斯主要面对的是美国国内观众,国际新闻报道的比例相对较小。福克斯管理层无意将它打造成一个国际性频道,他们认为很多人对美国发生的事情感兴趣,这是一个独特的市场。在选题上对美国境外的、与美国利益没有直接相关的新闻持一种事不关己的态度。

(三)争议层出

2012 年 9 月 28 日,美国亚利桑那州发生了一起持枪抢劫汽车的案件,劫匪被警察追踪,走投无路的劫匪在灌木丛中开枪自杀。福克斯广播公司直播了劫匪自杀的血腥场面,引发了社会争议。2015 年 2 月,约旦飞行员遭"伊斯兰国"(IS)恐怖组织残杀,大多数媒体选择不播出残忍的火刑视频,以免为恐怖组织提供宣传渠道,但福克斯不仅播出了视频,还进行了浓墨重彩的"特别报道"。而面对外界质疑,福克斯反驳这样做是为了还原事实真相。

可以说,福克斯广播公司的煽情、耸动性的新闻报道手法在可预见的未来依然不会改变,这是它保持高收视率的法宝。

四、涉华报道

尽管坚持美国本土为主的内容编排,福克斯新闻多次在西藏、人权、苏丹达尔富尔等地区问题上指责中国。2006 年,福克斯电视台曾经播放过一个恶搞姚明的节目,把姚明形容成"一个来自中国的怪胎"。2008 年,在有

---

① 徐帆:《底色与策略:"福克斯式新闻"的"透明"启示》,《新闻记者》2012 年第 4 期。

图 132　福克斯新闻主持人鲍勃・贝克尔在节目中放出辱华言论

线电视新闻网爆出卡夫蒂辱华事件的同一天，福克斯电视台主持人提出过激言论，称让每个运动员都穿一身西藏僧侣的红色长袍进场，“让中国人丢脸”①。

2014 年，福克斯新闻台主持人鲍勃・贝克尔(Bob Beckel)在节目中说中国人是美国国家安全的唯一最大威胁，使用带有种族歧视色彩的“中国佬”(Chinamen)一词指称中国人：“我们教一帮中国佬，呃……中国人，如何用电脑，然后他们回到中国，非法侵入我们的计算机系统。”②面对外界抗议，福克斯广播公司的回应则是，“没有什么要补充的”。可以看出，福克斯广播公司在涉及中国的问题上，坚持着鲜明而顽固的反华立场。

盖蒂图片社 Getty Images

gettyimages®

盖蒂图片社(Getty Image)是美国一家具有全球影响力的图片新闻社，总部位于美国西雅图。作为全球最大的高质量图片供应商之一，盖蒂图片社同中国的诸多政府机构和企业都有着密切的合作关系。

一、历史沿革

盖蒂图片社成立于 1995 年，其创办者马克・盖蒂(Mark Getty)和约翰森・克莱恩(Jonathan Klein)在伦敦汉布罗斯银行(Hambros Bank)工作时相识，并出于共同的爱好创办了盖蒂图片社。在创办之初，盖蒂便以极大的手笔斥资 3000 万美元收购了英国图片公司 Tony Stone Images，随后又迅速收购了大大小小上百家图片公司。1996 年，盖蒂图片社成功在纽约证券交易所上市，并于两年后收购了数字图片销售企业“PhotoDisc”，这也是盖蒂进军数字图片市场的第一步。1999 年，盖蒂图片社将总部迁至飞机之城西雅图，并在这里再次展开了疯狂的扩张。

2005 年，盖蒂图片社同视觉中国集团(Visual China Group)合作，成立了合资公司华盖创意(Getty Image China)，总部设于北京，并在上海、广州等地设有分公司。同样是在 2005 年，盖蒂图片社收购了异军突起的图片公司“iStockphoto”，并开始进军“微利”领域，改变了以往向小部分客户出售昂贵图片的商业模式，以低廉的价格将图片大量出售，并在此基础上获得了巨大成功。2012 年，凯雷投资集团以 33 亿美元的估价买下了盖蒂图片社的多数股权，而昔日盖蒂的两位创始人盖蒂和克莱恩也变成了新公司的董事长与首席执行官。③

① 刘笑盈、徐琴媛：《国际一流媒体系列介绍之八——当代商业电视的领头羊：福克斯电视网》，《对外传播》2009 年第 8 期。

② 雅虎新闻网：Bob Beckel's Racial Slur on “The Five” Triggers Internet Backlash(video)，2014 年 7 月 11 日，https://www.yahoo.com/tv/s/bob-beckels-racial-slur-fox-news-five-triggers-043900210.html，检索时间：2015 年 12 月 31 日。

③ 北方：《领导与颠覆——Getty Images 华盖创意的光荣梦想》，《广告大观》2005 年第 8 期综合版。

二、发展现状

如今，盖蒂图片社已经成为全球最大的图片提供商之一，同时它还是最大的视频及其他多媒体产品的分销商之一。目前盖蒂图片社在全球各地拥有4500余名签约摄影师及摄像师，并在全球设有65个分支机构，为120多个国家和地区提供服务。经过多年的积累，盖蒂图片社的数据库中目前有超过8亿张图片，并以每月5万张的速度保持更新。在2002年成为国际“奥委会”指定图片合作商后，盖蒂图片社又于2008年和2012年再度成为了北京奥运会和伦敦奥运会“奥组委”官方图片社。[1]

图133　盖蒂图片社位于洛杉矶的总部

目前，盖蒂图片社采取“薄利多销”的经营模式，同时为客户提供不同的授权协议以及订阅服务。在新闻图片领域，盖蒂图片社的主要竞争对手是路透社和美联社，在图片分享领域，包括“Instagram、Corbis”在内的众多图片社区都是其强力的竞争对手。在2005年进军中国后，盖蒂图片社和亚洲及中国本土的摄影师展开了更为密切的合作，不断扩充内容，并创办了“Asia Image、Taxi Japan、DAJ、Dex Image以及Photonica”等多个东方概念品牌，成为亚洲重要的图片提供商之一。[2]

三、报道特点

目前来说，盖蒂图片社虽然是提供图片、视频等多种多媒体素材的综合性图片社，但其主要服务项目还是在图片领域，同一些世界级通讯社如路透社、联合社、法新社一样，盖蒂图片社每年也会推出其“年度图片”排行。同通讯社选照片偏向于新闻性不同，盖蒂图片社所选择的照片更偏向于新奇性，更加强调摄影技巧和照片的独特之处，也因此更受到摄影爱好者的推崇。[3]

图134　盖蒂图片社中国合资公司华盖创意网站首页

华盖创意网站：http://www.gettyimages.cn/，检索时间：2015年12月18日。

四、涉华报道

自2005年在中国成立合资公司华盖创意(Getty Image China)后，中国就成为盖蒂图片社其重要的市场所在国之一。特别值得注意的是，在2008年北京奥运会期间，盖蒂图片社除了服务诸如可口可乐这样的国际化客户之外，同时也服务于联想等知名的中国企业，还为45家中国赞助商提供了宣传培训，进一步深入中国市场，也逐渐在中国站稳了脚跟。

作为一个专注于图片等媒体材料的公司，盖蒂图片社的倾向性相对于文字媒体来说要弱上

[1] 袁茵：《世界图片巨头瞄准北京奥运》，《21世纪经济报》2005年7月28日第12版。
[2] 蒋海英：《华盖创意，开启中国创意之路》，《广告大观》2007年第11期综合版。
[3] DPME：Getty Images 2006全球创意趋势报告会信息，影像材料，2006(8)

许多,同时由于其图片作品来自于全球各地区上千名专业或业余的摄影师,因此其倾向性也难以一概而论,但就中国市场在其全球战略中的重要性而言,其对华态度至少是客观中立的。

哥伦比亚广播公司 Columbia Broadcasting System

哥伦比亚广播公司(Columbia Broadcasting System,简称"CBS")隶属于维亚康姆集团(Viacom Group),是美国三大商业广播电视网之一,也是全球最大的电视节目制作发行商。该公司经营的哥伦比亚广播电视网覆盖全美,节目种类多样,在美国乃至全世界都极具影响力。

一、历史沿革

哥伦比亚广播公司创立于 1927 年,是美国三大商业广播电视网之一。最初为由 16 家广播电台组成的独立广播业者联合公司(United Independent Broadcasters, Inc.),之后哥伦比亚唱机公司(Columbia Phonograph Company)对其进行了投资,并于当年 9 月 18 日将其改名为哥伦比亚唱机广播公司(Columbia Phonograph Broadcasting System)。不久,哥伦比亚唱机公司便退出。由于资金问题,公司也由此陷入困境。1928 年,威廉·佩利(William S. Paley)花费 40 万美元将其买下,并将其改名为哥伦比亚广播公司。

佩利上台之后,开始为哥伦比亚广播公司寻求更有力的资金支持。到 1929 年,派拉蒙影业公司(Paramount Pictures)收购了哥伦比亚广播公司 49% 的股份,同时双方的协议里还有一个附加条件,捆绑了一部分哥伦比亚广播公司的股票,价值达 380 万美元。根据这个条款,如果哥伦比亚广播公司在 1931 到 1932 年间盈利达到 200 万美金的话,派拉蒙影业公司就必须在 1932 年 3 月 1 日之前以 500 万美元的价格购买哥伦比亚广播公司的那部分股票。1929 年股票市场崩塌,极大地刺激了佩利和他的同事们,他们不得不加速发展哥伦比亚广播公司,使其在两年内的利润额达到 200 万美元。1932 年,派拉蒙公司将哥伦比亚广播公司的股份卖还给公司,而哥伦比亚广播公司的纯利润也由 140 万美元上升到 470 万美元。之后,佩利又开始改善与附属台的关系。

图 135 哥伦比亚广播公司的缔造者威廉·佩利

1931 年,哥伦比亚广播公司开始在纽约试播电视节目。十年之后,哥伦比亚广播公司开始在纽约通过"WCBW－TV"电视台每周播放固定的黑白电视节目。1954 年,哥伦比亚广播公司开始播放彩色电视节目,不过由于当时彩色电视普及率并不高,还是没有撼动其对手全国广播公司(NBC)的霸主地位。佩利决定开始对哥伦比亚广播公司进行一系列改革,包括与广告客户争夺节目的控制权、聘用著名记者和明星等。1955 年,哥伦比亚广播公司终于超过全国广播公司,成为了全美最大的电视网。19 世纪 60 年代开始,哥伦比亚广播公司开始了多领域的投资,包括图书、运动俱乐部、玩具等,进一步扩大了公司的资金链。

1987 年,哥伦比亚广播公司在纽约、洛杉矶、费城、芝加哥和圣易路斯等地设有自营电视台 5 座、调频广播电台 6 座、超短波电台 7 座,另外还为 2200 多家电视台提供电视片和新闻,形成了全国性电视网。多年以来,哥伦比亚广播公司的新闻节目在美国声誉很高。20 世纪 80 年代末 90 年代初,有线电视新闻网(CNN)的崛起以及全国广播公司和美国广播公司（ABC）共同发起创新改革，使得哥伦比亚广播公司失去了在美国电视新闻界的霸主地位。1997 年，哥伦比亚广播公司和西屋电气公司合并组成哥伦比亚广播公司电视集团。2000 年，哥伦比亚广播公司被维亚康姆公司兼并，一直延续至今。①

图 136　哥伦比亚广播公司“眼睛”标识衍变

二、发展现状

哥伦比亚广播公司是美国三大商业广播电视网之一，总部设在美国纽约。哥伦比亚广播公司的典型标识为“眼睛标志”。该标志设计者是威廉·戈登，于 1951 年首次使用。因此哥伦比亚广播公司又被称作“眼睛网络”。

哥伦比亚广播公司的节目包括娱乐、体育、新闻等，在美国的覆盖率达到了 96.73%。公司经营的领域包括有线电视、广播、本地电视台、电影、交互式媒体等。目前，哥伦比亚广播公司拥有并经营着 16 座广播电视台，同时还拥有覆盖 49 个州的 222 个附属电视台。目前，只有新泽西、新罕布什尔和特拉华州没有本地的隶属哥伦比亚广播公司的附属台。与此同时，哥伦比亚广播公司还是全球最大的节目制作发行商，很多节目都通过各种国际网络在全球范围内播放。

截止到 2015 年 5 月 21 日，哥伦比亚广播公司每股的股价已经达到了 15 美元。

三、报道特点

（一）主要节目

哥伦比亚广播公司最为著名的特点就是其高质量的节目，其有很多口碑很好的经典节目收视率非常高。

1.《现在请看》（See It Now）

《现在请看》节目开播于 1951 年 11 月 18 日，前身为爱德华·默罗（Edward R. Murrow）主持的广播节目《现在请听》。默罗和他的制片人弗莱德·弗莱德利（Fred Friendly）把《现在请听》的节目风格与制作手法加以改造，巧妙地运用到了电视节目中，取得了很好的效果。《现在请看》被称作系列新闻纪录片，并逐渐摆脱了传统电影新闻纪录片留下的影响，形成了自己独特的表达方式。1952 年，默罗和他的团队前往朝鲜拍摄了一期名为《圣诞节在朝鲜》的特别节目，这期节目揭示了美军在朝鲜受到的挫折，被大家看作是国际电视新闻界第一部最具有影响的深度报道节目。《现在请看》还深入研究了很多重大问题，如麦卡锡主义，核武器未来的发展等。在默罗看来，新闻信息本身比它的传播手段更为重要。他精心写解说词，认真剪辑新闻片，并通过自己富有说服力的声音、严肃的表情、庄重的举止，使人们领略到什么是真正的新闻。但默罗本人对电视新闻性质的理解

① 唐世鼎、黎斌：《世界电视台与传媒机构》，中国传媒大学出版社 2005 年版，第 23 页。

与商业电视台对收视率的追求之间终究有着不可调和的冲突,1958 年哥伦比亚公司董事长威廉·佩利决定停办《现在请看》节目,7 月 9 日,最后一期节目播出后,这个锋芒毕露的节目终止了。①

2.《60 分钟》(60 Minutes)

图 137

《60 分钟》开播于 1968 年 9 月,是哥伦比亚广播公司的王牌新闻节目,开播至今一直很受观众的喜爱。由于其播报新闻的客观性、公正性和自由性,使其成为新闻业的旗帜。该节目在调查性深度报道的基础上进行了创新。该节目于每周日晚 7 点至 8 点播出,每期的《60 分钟》基本由 3 个独立的新闻深度报道和 1 个新闻评论版块组成,深度报道各 13 分钟左右,评论版块 4 分钟左右,加上片头导视、片花和广告,总共 60 分钟整。《60 分钟》所探讨的内容一般都比较具有社会性、政治性和趣味性。《60 分钟》的一大特色是,其主持人都是记者,如迈克·华莱士(Mike Wallace)、埃德·布莱德利(Ed Bradley)、莫利·赛弗(Morley Safer)等。《60 分钟》将自己定位为公共利益的守护者,固守独立、客观、公正的准则,即使面对自身经济利益的压力也不屈服。正因为《60 分钟》再现了美国社会的现实.它被社会学家们称为"美国社会的一面镜子"。《60 分钟》在美国声名显赫,连续 23 个年度进入收视率前十名,五次收视率排名第一。它也是转播率最高的黄金时段节目,1999 年更创下了 1423 家电视台同时在黄金时段转播该节目的纪录,每周约有 1600 万人会准时收看该节目。② 该节目迄今为止共 78 次获得艾美奖,11 次获得皮博迪(Peabody Awards)"杰出电视节目奖"。它还曾创纪录地连续 23 季高居尼尔森电视节目排行榜前十。《60 分钟》基本上囊括了所有电视新闻节目类的奖项。

(二)著名主持人

1. 爱德华·默罗(Edward R. Murrow)

爱德华·默罗主持过包括《现在请听》《现在请看》《面对面》等节目。他被美国大众所熟知是在 1937 年被派往伦敦领导欧洲新闻的报道工作时,他于 1938 年为哥伦比亚广播公司报道慕尼黑危机。1938 年 3 月 12 日,默罗在维也纳安排了历史上第一次新闻联播。他客观、冷静的报道风格赢得了美国听众的信任。1945 年他担任哥伦比亚广播公司副总经理。并于 1947 年重上新闻报道第一线,主持广播和电视节目。又于 1961 年至 1964 年担任美国新闻署署长。他不仅是广播记者的一代宗师,同时还被誉为电视新闻的先驱。

图 138 爱德华·默罗

① 王玮:《镜头里的第四势力——美国电视新闻节目》,北京广播学院出版社 1999 年版。

② 张熙锦:《"60 分钟"成功因素简析》,《中国电视》2006 年第 12 期。

2. 沃尔特·克朗凯特(Walter Cronkite)

克朗凯特于1950年加入CBS。在加入哥伦比亚广播公司之前,他在合众通讯社接受了专业的记者训练,并先后在一些小报社和广播电台工作。他一直保持着沉稳、自信、严肃认真的品质,报道了世界各地发生的一系列重要事件,如"肯尼迪遇刺事件、水门事件、阿波罗号登月事件"等。克朗凯特使得新闻播报者的名称由"播音员"(announcer)变为了"主持人"(anchor)。他被称为是美国最受人钦佩的人物之一,美国人称他为"克朗凯特大叔"(Uncle Cronkite)。克朗凯特坚持新闻必须以事实来表现,哥伦比亚广播公司的电视新闻在他的影响下收视率一直有着不俗的成绩。

图139 沃尔特·克朗凯特

3. 麦克·华莱士(Mike Wallace)

华莱士以老辣和主持严肃新闻著称,但当1950年华莱士第一次在电视上亮相的时候,他主持的是游戏节目《少数服从多数》。1962年全力投入严肃的新闻节目之前,华莱士还主持了不少娱乐节目、音乐节目,甚至拍了不少广告。华莱士于1968年开始担任哥伦比亚广播公司王牌电视新闻节目《60分钟》的主持人,他采访过很多重要的新闻人物,包括马丁·路德·金、邓小平等。他的提问非常尖锐,还拥有灿烂的笑容。他的幽默也为他平添了许多个人魅力。

图140 麦克·华莱士

(三)经营管理策略

哥伦比亚广播公司的经营特点之一,就是特别强调节目质量与经济效益之间的关系。哥伦比亚广播公司相信高质量的节目才能留住客户,才能吸引广告商,进而产生经济效益。它的经费主要来自于广告收入。1970年,哥伦比亚广播公司发起了节目史上"最激烈最彻底的一次节目大检查"。在这次节目改革中,哥伦比亚广播公司取消了14个黄金时段的连续节目,引进8个全新的节目,并且重新安排了11个节目。在这次改革中,哥伦比亚广播公司取消的节目都是那些在观众定位上失误的节目,尽管许多节目的收视率在当时看来相当高,也被毫不留情地删去。取而代之的是与时代联系紧密的现代节目,目的是争取那些生活态度积极的、住在城市的、高消费的观众群。《家庭中的所有成员》(Al lin the Family,1971～1979)、《桑尼和切尔喜剧小时》(Sonny and Cher Comedr Hou,1971～1974)就是这次改革中的创新节目。

这种对观众市场的细分和加强节目针对性的做法早在美国广播公司就已经被成功地加以验证。哥伦比亚广播公司的做法却是把电视节目的规划提高到一个新阶段,在这个阶段中,对观众市场细分的考虑和电视节目技术性安排的考虑都被提高到前所未有的程度。[①]

哥伦比亚广播公司还有一个特点,就是以客户的需求为导向。如公布客户产品的价格等。这些破除行业

① 王玮:《镜头里的第四势力——美国电视新闻节目》,北京广播学院出版社1999年版。

常规的做法为哥伦比亚广播公司赢得了众多广告客户商,也使广告收入不断攀升。

四、涉华报道

哥伦比亚广播公司的很多新闻节目中都有大量涉及中国的新闻报道,包括《60 分钟》、《CBS 今晨》(CBS This Morning)、《CBS 晚间新闻》(CBS Evening News)等。而关于中国的报道也往往围绕中国的军事、与美国的关系以及中国的经济等展开。关于中国的经济方面的报道,哥伦比亚广播公司往往能比较客观地分析中国经济市场存在的问题,以及应对的措施。但是在与美国的关系方面则往往会有意无意地抨击中国,抨击中国在南海建岛,或者是怀疑中国对美国政府进行黑客攻击等。

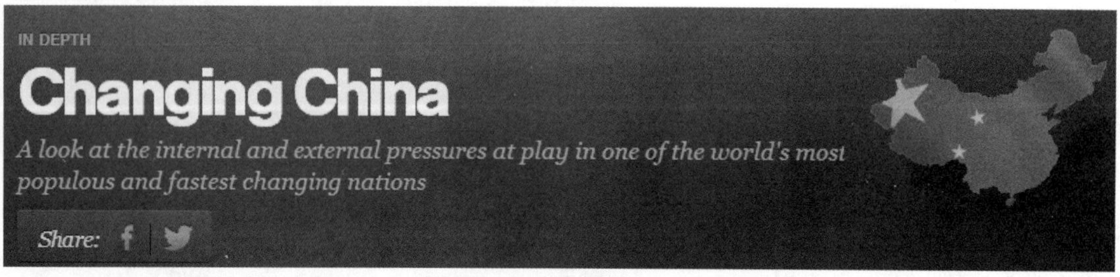

图 141　哥伦比亚新闻网"变化的中国"专栏

哥伦比亚广播公司网站:http://www.cbsnews.com/feature/changing-china/,检索时间:2015 年 1 月 16 日。

在哥伦比亚广播公司新闻网站中,有一个专栏名为《变化的中国》(Changing China),内容主要分为四部分,分别为经济、国防、在非洲的投资以及社会。在其涉华报道中,大约有 25%是援引自美联社、路透社等国际大型通讯社的新闻消息,其余 75%则主要是自采的涉华报道。内容主要集中于经济、政治和社会。关于中国的新闻报道中有时也涉及一些敏感问题。如在 2014 年的 12 月,哥伦比亚广播公司就发表了一篇关于伊力哈木·土赫提的报道。伊力哈木·土赫提原为中央民族大学的讲师,他在 2006 年创办了"维吾尔在线"网站,该网站因"大肆进行煽动宣传,传播谣言"多次被关闭。这些年多起涉疆事件发生时,伊力哈木都接受外媒采访,毫不掩饰地表达"异见",2013 年"冲撞金水桥"事件,伊力哈木曾宣称涉案暴恐分子更像是"受到不正当待遇的自焚者",试图从道德上为暴恐分子开脱。他于 2014 年因为涉嫌分裂国家而被判无期徒刑。在哥伦比亚广播公司的报道中,他们将伊力哈木塑造成了一个热爱国家、为少数民族呐喊奔波并因此蒙冤入狱的大学教授,并且还一直添油加醋地描写如何千方百计绕过政府才能采访到伊力哈木的妻子。文章甚至说,在中国采访一个维吾尔族人都需要花费如此大的力气。另外,哥伦比亚广播公司的新闻网站还曾经抨击过中国政府给新闻记者施加压力,在中国没有新闻自由。由此可见,哥伦比亚广播公司虽然是美国电视三大巨头之一,但是在涉华报道中,还是会不免戴上西方的有色眼镜。

国际公众电台 Public Radio International

"🌐" PRI®

国际公众电台(Public Radio International,简称"PRI")是美国的一家公共广播电台,1983 年建立于明尼苏达州明尼阿波利斯市。如今,在波士顿、纽约、伦敦和北京等地都可以接收到该台信号。国际公众电台是一家非营利性组织,由独立的董事会进行管理。电台节目类型丰富,与国家公共电台和美国公共传媒在美国公共广播节目的制作和分销方面形成三足鼎立的局面。此外,国际公众电台致力于打造全球新闻和文化节目,负责策划与美国社会生活息息相关的特别栏目。

一、历史沿革

国际公众电台创办于1983年，最初被命名为美国公共广播电台(APR)。创办人将其定位为可与美国国家公共电台(NPR)匹敌的公共广播节目分销公司。创建初期，有四家电台与公共国际电台建立了联合企业的关系：明尼苏达州的公共电台网络、波士顿的WGBH电台、纽约的WNYC电台和洛杉矶的KUSC电台。几年后，美国公共广播电台深入涉足国际音像出版发行领域，与英国广播公司展开众多合作。为了体现出电台的发展趋势，美国公共广播电台于1994年改名为国际公众电台(PRI)。

20世纪90年代中叶，国际公众电台在分销广播节目之余开始制作广播节目。开启革新的节目是该电台与英国广播公司国际频道及WGBH电台合作的新节目*The World*。

2012年，国际公众电台被WGBH电台收购。

二、发展现状

如今，国际公众电台是全美规模最大的公共广播节目供应者之一，每周要向各电台及听众提供超过280小时的节目。[①] 根据2012年阿比创公司的评级显示，每周约有8.7百万听众收听国际公众电台的节目。此外，每月约有1900万受众接收国际公众电台提供的音频、文字和视频内容，约有900个电台分支或其他场所播放或下载国际公众电台的节目。很多著名的节目就是由国际公众电台向其他公共广播电台进行独家分销的，其中包括屡次获奖的国际新闻节目*The World*，国际公众电台向280多个电台分销该节目，每周有250万听众。

和行业内其他竞争者相比，国际公众电台专注于国际新闻播报，专注于提供来自各界的不同意见和不同的文化、艺术视角。在全球多样化的背景下，国际公众电台以向受众提供独特的源头信息、见解和文化体验为使命。目前国际公众电台的版块主要有"艺术 & 文化 & 媒体""商务 & 金融 & 经济""冲突和正义""发展和教育""国际政治"等。

由于节目品质过硬、创意丰富，国际公众电台被多次授予奖项，其中包括哥伦比亚奖、斯克里普斯·霍华德奖、卓越电子媒体/电台奖、乔治·福斯特皮博迪奖、金盘奖和加布里埃尔奖。

三、报道特点

国际公众电台的口号是"倾听不同的声音"。它将国际新闻和文化视角作为核心主题，关注国际中的重要问题。著名节目*The World*就是国际公众电台国际新闻报道的代表。面对商业化媒体减少对国际新闻投资份额的现状，国际公众电台与英国BBC电台和美国WGBH电台合作推出了*The World*，向美国受众提供大量的原创国际新闻。自创办至今，该节目已获得大大小小众多奖项，如全国编导协会/团结奖、亚裔美国新闻记者协会奖等。

值得一提的是该电台对女性问题的关注力度较之其他同类机构更大，国际公众电台还专门设置了有关女性权利和女性生活的专栏*Her Rights*和*Across Women's Lives*。*Her Rights*对不同国家(尤其是印度)中女性的地位和权利进行研究，倡导两性平等。*Across Women's Lives*则分门别类地列举了各种女性问题，以各种问题为主题讲述女性生活并提出建议。

国际公众电台不仅以公共媒体为基石进行传播，还利用网页、移动媒体和社交媒体扩大自己的影响力，比如利用广播节目、网站、博客等促进内容开发、伙伴合作以及受众的互动积极性。

作为一个较为年轻的公共广播机构，国际公众电台注重以创新性的节目战略出版广播节目。为了更好地

---

① PRI官网：PRI Fact Sheet，http://www.pri.org/pri－fact－sheet，检索时间：2015年12月28日。

达到传播目的,国际公众电台推出了一套变革理论(内容+参与=影响力)[①],采取有效的方式将媒体内容和受众的参与进行了融合,以此树立知名度并提升受众对该电台的认知度。在内容方面,国际公众电台制作传播独特的新闻、信息和故事,帮助受众理解所发生事件的复杂性和关联性。具体来说,国际公众电台致力于制作受众所需的新内容,整合其他机构制作的同类内容,并且促使其他机构效仿本电台的工作。在"参与"方面,国际公众电台鼓励受众在对内容得出结论前先与其他受众分享自己的观点并进行讨论。

四、涉华报道

国际公众电台对国际新闻保持了较高程度的关注,而其中关于中国的报道也不在少数。根据其官网的节目历史查询结果,国际公众电台共制作过涉及中国的节目 2438 期,其中大部分(1600 期以上)是在 *The World* 这一节目中出现。不过,*The World* 不同于一般的国际新闻节目,并不追踪时事热点,而是根据自身的节目定位和版块设置选择每一期的话题。因此,国际公众电台的节目中关于中国的报道并不一定是新闻热点,有时也可能是冷门的话题人物或者事件。

图 142 图国际新闻节目 *The World*

除了传统的文化和经济等话题,*The World* 也会从国际政治和社会公平的角度报道中国。而在这两个方面,国际公众电台的节目和其他西方媒体类似,对于中国往往存在一定程度的偏见。如在国际政治方面的话题上,*The World* 时而会报道中国和美国在部分问题上的对立和矛盾,如中美在南海问题上的争端等,但是报道多是站在西方国家的立场上阐释问题。社会公平方面,*The World* 对于中国的人权问题十分关注,常常有对于异见人士的报道,试图塑造出他们受到政府"迫害"的形象。例如,2016 年 2 月 10 日,*The World* 节目就采访了一位持不同政见的漫画家,试图通过他的故事批评中国的言论自由现状。[②] 此外,节目对于中国的腐败问题,计划生育政策都有着较为负面的评价。

除了节目内容之外,*The World* 的节目风格也会对其的涉华报道产生影响,不同于传统的严肃新闻,*The World* 试图"用一个小时的时间让听众了解世界上有趣的故事"。[③] 因此,节目力求风格诙谐轻松,语言也有戏谑的成分,尤其是当话题涉及西方人不了解的中国社会时,其语言有时难免会缺乏客观的姿态。

国际市场新闻社 Market News International

mni | DEUTSCHE BÖRSE GROUP

国际市场新闻社(Market News International,简称"MNI")成立于 1983 年,目前是隶属于德意志交易所集团(Gruppe Deutsche Börse)的全资子公司。国际市场新闻社作为领先的全球外汇和固定收益产品市场新闻和情报的提供商,为市场专业人士和需要做出明智投资的决策人士提供及时、关键、有洞察力的信息,对世界经济金融行业有很大的影响力。

---

① PRI 官网:About PRI,http://www.pri.org/about-pri,检索时间:2015 年 12 月 28 日。

② PRI 网站:A Chinese cartoonist skewers the Communist rulers from afar,2016 年 2 月 10 日,http://www.pri.org/stories/2016-02-10/chinese-cartoonist-skewers-communist-rulers-afar,检索时间:2016 年 2 月 11 日。

③ PRI 网站:http://www.pri.org/programs/the-world,检索时间:2015 年 11 月 25 日。

一、历史沿革

1983年，国际市场新闻社在国际金融大都会纽约成立。刚刚成立的国际市场新闻社，开始以擅长报道华尔街金融新闻以及对其内幕消息的解读而声名鹊起。取得初步成功后，国际市场新闻社很快在伦敦、芝加哥和华盛顿等多地开设分支机构。然而，之后国际市场新闻社开始陷入管理不善的困境，在20世纪90年代末几度陷入破产边缘。

2003年，总部位于上海的新华财经公司收购了国际市场新闻社。这家来自中国的财经资讯供应商实力雄厚，办事处遍布亚洲、澳洲、北美洲及欧洲的19个地区，另外还设有20家新闻分社，充分覆盖中国本土及国际市场。[①] 凭借着自身过硬的业务能力以及新东家提供的本土化优势，国际市场新闻社加速了进入中国的进程。一方面，出身华尔街的先天优势，使得国际市场新闻社发布的有关美国市场金融资讯持续受到来自中国和全球各地订户的青睐；另一方面，对中国经济数据的全面收集和准确分析使得国际市场新闻社在世界范围内获得成功，其独具特色的报道也逐渐成为市场主流。其中，该社推出的《中国市场新闻快递》(*China Bullet Points*)一度被认为是全球政府债券、外汇交易商及其他金融专业人士的必备读物。

2008年，由于受到金融危机波及和公司战略的调整，新华财经公司以1000万美元的价格将国际市场新闻社出售给了德意志交易所集团。加入“德籍”的国际市场新闻社开始侧重为东家负责市场数据分析和新闻发布，展开对欧洲金融市场的报道。德意志交易所集团是欧洲乃至世界最大的证券交易中心之一，其交易量占德国本土股票交易量的90%。德意志交易所集团掌握了大量德国以及欧洲上市企业的经济数据，而这些都可以与国际市场新闻社实现内部共享。可以说，国际市场新闻社以极为优越的平台开始了对欧洲金融市场的报道，其发布的分析报告很快在业界引起重视。

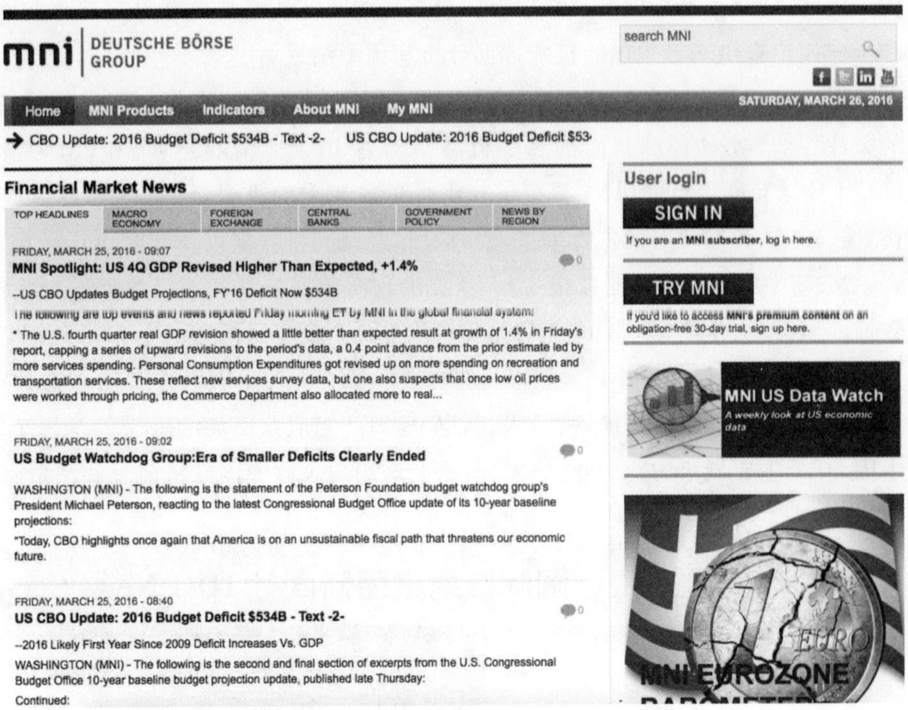

图143　国际市场新闻社网站首页

图片引自国际市场新闻社网站：https://mninews.marketnews.com，检索时间：2016年3月25日。

由于身兼美、亚、欧三地的国际化背景，在牵一发而动全身的全球金融市场中，这种多元化优势使国际市场新闻社发布的财经新闻获得了难以替代的强劲竞争力。

二、发展现状

作为领先的全球外汇和固定收益产品市场新闻和情报的提供商，国际市场新闻社为市场专业人士和需要做出明智投资的商界决策人提供及时、关键、有洞察力的信息。除此之外，该公司提供的一些华尔街独家内部

---

① 证券之星：《新华财经子公司 Market News International 拓展中国新闻服务》，2006年9月8日，http://finance.stockstar.com/SS2006090830449737.shtml，检索时间：2016年3月11日。

消息解读也受到用户追捧。国际市场新闻社不仅提供新闻,也提供深度精准的分析,评估重大新闻对资本市场可能造成的影响,以独家的信息和情报推动市场发展。

对关键信息的高品质服务,成就了国际市场新闻社三十余年来的良好信誉。目前,国际市场新闻社下设 12 家分支机构,遍布美洲、亚洲、欧洲,60 余位记者以高质量的报道和丰富的经验,为该公司获得成功提供了重要保障。国际市场新闻社的市场报道团队中,既有来自固定收益和外汇产品的前交易员,也有深谙市场的策略专家。负责宏观经济政策及数据的记者,能够将专业的经济学知识熟练运用到严谨的财经新闻之中。

在全球范围内,国际市场新闻社的主要竞争对手是路透集团、道琼斯公司和彭博资讯等国际一流金融资讯机构。

三、涉华报道

在 2003 年到 2008 年期间,国际市场新闻社作为新华财经公司的下属公司,积极拓展中国业务以及面向中国的市场。一直以来,德意志交易所集团希望正式进军增长迅猛的中国市场以争取更多的中国公司在德国上市。因此,在 2008 年收购国际市场新闻社之后不久,德意志交易所集团于同年 12 月 12 日在北京设立分支机构。因此,国际市场新闻社重视报道中国市场的既定战略并没有因为被收购而出现中断,其得以继续向母公司和全球用户提供来自中国的权威数据分析和预测结果。

为满足中国客户的特殊需求,国际市场新闻社接连推出一系列广受好评的产品,在海内外都引起了相当高的关注。如《MNI 环球新闻重点剖析》《MNI 中国企业信心指数》和《MNI 中国消费者信心指数》等。其中,《MNI 环球新闻重点剖析》主要报道与市场息息相关的重要新闻,内容包括 MNI 驱动市场的各国央行独家专访,美、亚、欧各国政府的重要决策,实时发布宏观经济数据以及即时市场动向。基于对中国企业高管的月度调查,《MNI 中国企业信心指数报告》在重要的政府数据与私营部门数据发布之前精确预测中国经济状况。该指数追踪新订单、生产、就业、财务状况及其他重要企业变量的现状与未来预期,与官方 PMI 走势高度契合,是每个月第一个发布的衡量中国经济状况的指标。而《MNI 中国消费者信心指数》则是以消费者为主的调查分析,包括个人经济状况、经济前景、通胀、利率、房地产与股票市场的感受以及汽车和家电的购买意愿。该指数调查中国 30 个主要城市中约 1000 户家庭,是全球用户了解中国经济前景和消费者支出预期的第一手资料。

国际数据集团新闻社 IDG News Service

国际数据集团(International Digital Group)是全世界上最大的信息技术出版、研究、发展与风险投资公司,创建于 1964 年,总部设在波士顿。国际数据集团新闻社(IDG News Service)是国际数据集团旗下的重要组织机构,服务于国际数据集团的出版业务,提供全球关于信息技术的相关新闻和观点评论。从 1964 年建立至今,国际数据集团已经发展成为价值百万美元的大型公司,在全球 97 个国家中都有用户。

一、历史沿革

1964 年,帕特里克·麦戈文(Patrick J. McGovern)建立了国际数据集团,致力于科技信息的传播。1967 年,国际数据集团正式发行了第一份出版物《计算机世界》。1969 年,国际数据集团在英国成立了第一个国际分部。到 1972 年时,国际数据集团第一个国际性刊物在日本开始发行。1980 年,国际数据集团带着中国版的《计算机世界》进军中国市场。八年之后,国际数据集团又成为第一个在前苏联从事出版行业的美国公司。

进入新世纪之后,国际数据集团继续发展。2001 年,国际数据集团荣获《财富杂志》“前 100 名最佳雇主公司”的头衔。在2006年，国际数据集团推出的“IDG Connect”上线，服务于超过600万的用户。随着新媒体发展不断冲击传统出版媒体，很多媒体都选择了停止出版纸质版产品，转而专注数字出版，国际数据集团也不例外。2007年，国际数据集团旗下的《信息世界》美国版停止纸质版的出版和发行，只以电子版的形式存在，从而也标志着国际数据集团全面向以网络用户为中心转移。2009年，国际数据集团发布了社交媒体项目“IDG Amplify”和“IDG Social Scout”，正式向社交领域进军。

二、发展现状

2014年，国际数据集团的创始人兼主席麦戈文去世，由泰德·布鲁姆(Ted Bloom)接任国际数据集团主席。

国际数据集团新闻社在世界各地都有职员向其提供各地的报道，故而能够做到观测各地的市场变动，提供时兴的财经资讯。该新闻社在东京、北京、巴黎、伦敦、班加罗尔、斯德哥尔摩、布鲁塞尔、纽约、迈阿密、华盛顿、西雅图、波士顿和旧金山等地均有驻地记者，同时，这些记者的报道也受到国际数据集团从世界各地提供的信息支持，故而，国际数据集团的新闻拥有着较深入的分析，能够给投资者提供一定的参考。

三、报道特点

国际数据集团新闻社是内部性质的，只对该出版公司或国际数据集团所授权的职员提供新闻，再由这些职员通过他们的网站、报纸和杂志公开发表。国际数据集团新闻社从国际数据集团旗下，分散于世界各地的子机构来收集主要IT市场的信息，尤其注重于新闻网站的建设。①

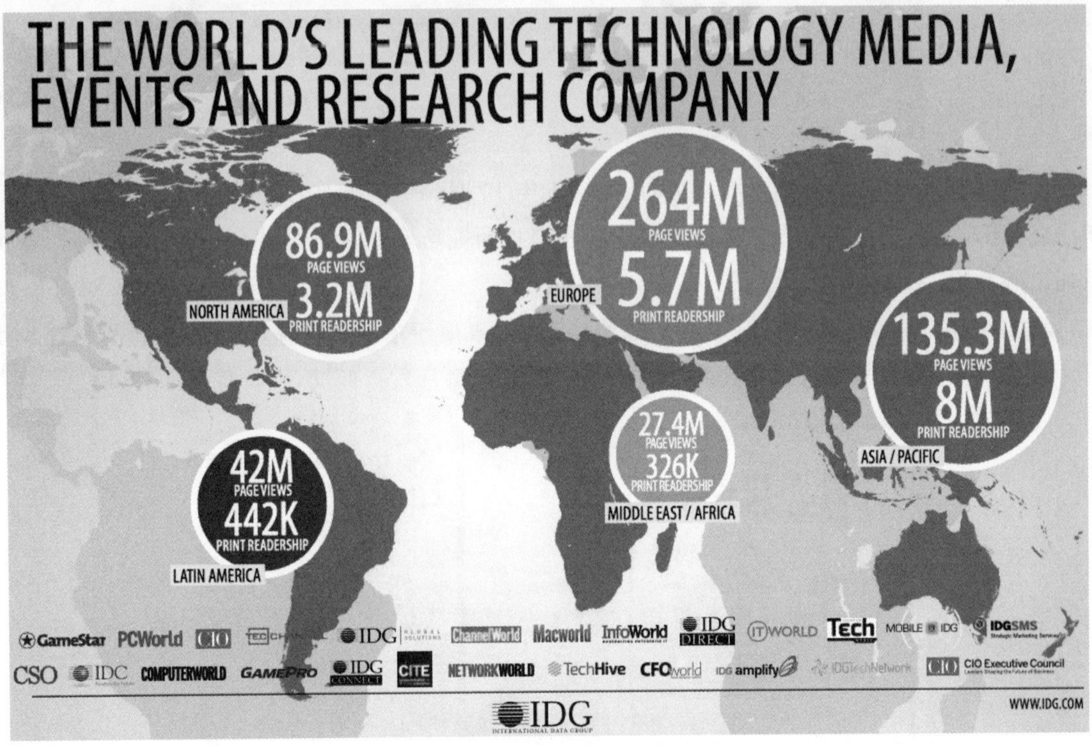

图144 国际数据集团的全球业务数据

图片引自国际数据集团网站：Media kit 2014，2015，https://www.idg.com/mediakit/2015/MediaKit_2014_Interactive.pdf，检索时间：2016年3月8日。

① IDG News Services: About IDG, https://www.idg.com/www/home.nsf/docs/about_idg，检索时间：2016年3月8日。

国际数据集团成立以来，其任务就是向全球受众提供关于信息技术的新闻，至今，该集团的产品和服务已经推送至 97 个国家的 28 亿的受众。此外，国际数据集团也与其他公司合作，去年，国际数据集团就与三星合作推广三星的平板电脑，对三星而言，与国际数据集团合作可以在期间更有效地接触到目标受众群，而国际数据集团也能够在这一过程中充分利用其与其他企业的联系，增强自己的品牌和参与度。

四、涉华报道

作为一个国际性的大型集团，国际数据集团很早就进入了中国，并积极开拓中国市场。目前，国际数据集团在中国国内出版有多种期刊，包括：

《经理世界》(*CEO & CIO China*)，创办于 1998 年，是一份专业商业管理杂志，强调以信息技术推动企业管理进步。该杂志每月发行两期，每期发行 19.8 万份。①

《计算机世界》(*China Computerworld*)，创立于 1980 年，由工业和信息化部主管，由电子科技情报研究所与国际数据集团合资创办，是中国新闻出版领域迄今为止唯一一家中外合资新闻出版企业，是中国信息产业领域第一大专业媒体。每周发行一期，发行量为 24 万份。②

《网络世界》(*China Network World*)，初创于 1984 年 10 月，1998 年改名为《网络世界》，由中华人民共和国工业和信息化部主管，工业和信息化部电子科学技术情报研究所和国际数据集团合资出版，是计算机世界传媒集团系列出版物之一。③

《电脑爱好者》(*Computer Fan*)，创办于 1993 年，杂志社隶属于中国科学院，是计算机世界传媒集团系列出版物之一。目前，该刊是中国发行量最大的 IT 技术普及杂志，每月发行两期，发行量为 35 万份。④

---

① 经理世界网站：www.ceocio.com.cn，检索时间：2016 年 3 月 8 日。

② 计世网站：http://www.ccw.com.cn，检索时间：2016 年 3 月 8 日。

③ 网界：http://www.cnw.com.cn，检索时间：2016 年 3 月 8 日。

④ 电脑爱好者 Cfan：http://www.cfan.com.cn，检索时间：2016 年 3 月 8 日。

《数码精品世界》(*Digital Power*)，其前身《家用电脑世界》创刊于 1999 年 8 月，2003 年更名为《数码精品世界》，提供全方位的流行数码资讯，展示海内外最新数码时尚。该刊属于中国计算机世界传媒集团旗下系列刊物，每月出版一期，发行量为 30 万份。①

《电子产品世界》(*Electronic Engineering & Product World*)，1993 年创刊，由国际数据集团和中国科技信息研究所共同创办。该刊服务于中国电子业界的广大技术工程师以及技术决策者，在嵌入式系统、元器件、电源、无线技术等领域都有深入细致的报道。每月发行两期，发行量为 38000 份。②

《今日电子》(*Electronic Products China*)，创刊于 1993 年，由中国电子工业出版社和国际数据集团主办，为国内的电子工程师和工程管理人员提供最前沿的产品技术信息。每月发行一期，发行量为 25000 份。③

《创业邦》(*Entrepreneur China*)，创业邦集团成立于 2007 年 1 月，由国际数据集团和清科集团共同投资成立，致力于成为中国创业类的第一媒体集团，帮助中国新一代的创业者实现创业梦想，推动中国中小企业成长壮大。《创业邦》杂志每月发行一期，发行量为 23 万份。④

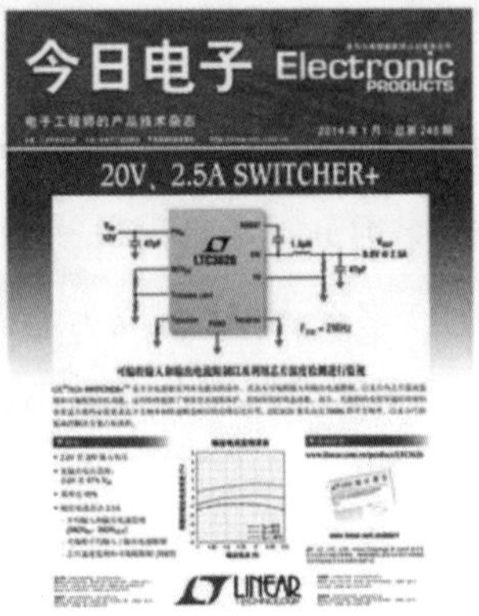

《新金融世界》(*New Finance World*)，创刊于 2002 年，聚焦于金融与信息产业。每月发行一期，发行量为 86000 份。

《微电脑世界》(*PC World China*)，创刊于 1985 年，是国内最早的信息产业杂志，专注于商用计算领域的技术和产品。每月发行一期，发行量为 14 万份。⑤

---

① 数码精品世界网站：http://www.dpmag.com.cn，检索时间：2016 年 3 月 8 日。

② 电子产品世界网站：http://www.eepw.com.cn，检索时间：2016 年 3 月 8 日。

③ 今日电子网站：http://www.epc.com.cn，检索时间：2016 年 3 月 8 日。

④ 创业邦网站：http://www.cyzone.cn，检索时间：2016 年 3 月 8 日。

⑤ PC world 网站：http://www.pcworld.com.cn，检索时间：2016 年 3 月 8 日。

《通讯世界》(*Telecom World*),创办于1994年,由中国科技信息研究所和国际数据集团合办,以报道国内外通信行业最新技术、产品、市场、运营信息为主。每月发行一期,发行量为32000份。[①]

合众国际社 United Press International

合众国际社(United Press International,简称"UPI")是美国的第二大通讯社,也是享誉世界的国际性通讯社之一。合众国际社属于民营性质,总部设在华盛顿,曾与英国路透社、美国美联社、法国法新社并称为"西方四大通讯社"。1982年之后,合众国际社由于管理不善,经济上长期亏损,所有权几度易主,影响力也大幅减退。目前,在国际新闻传播体系中,合众国际社仍有一席之地。

一、历史沿革

合众国际社成立于1958年5月28日,由合众社与国际新闻社合并而成。合众社创办于1907年,由斯克里普斯报业集团创办;国际新闻社成立于1909年,由赫斯特报业集团创办。两社合并之后,合众国际社由斯克里普斯·霍华德报业集团控制,设有国内分社90多个,国外分社80多个,并逐渐成为与美联社、路透社、法新社等齐名的世界级大型通讯社。到1959年,合众国际社已拥有234家新闻和图片分社,在全世界92个国家和地区拥有媒体订户6208家。[②]

20世纪60年代初期,合众国际社的规模一度可以与美联社媲美。在20世纪50年代末到60年代初的美国民权运动报道中,美联社采取了相对掩盖和歪曲的态度来报道新闻,而合众国际社却因其独立客观的姿态脱颖而出。尤为值得一提的是,1963年11月22日,美国总统约翰·肯尼迪遇刺,合众国际社记者梅里曼·史密斯通过车载电话抢先向社里发回报道。这条新闻快讯只有简单的一句话:"三颗子弹射向肯尼迪总统在达拉斯闹区的汽车队。"这句话迅速引爆了全美国乃至全世界,并且为史密斯赢得了美国新闻界的最高奖项——普利策新闻奖。

然而,从20世纪60年代后期开始,合众国际社财政开始拮据,管理不善,长期处于赤字运转状态。一方面,电视业的发展导致美国的报业受到很大冲击,合众国际社没有能够适时发展出自己的电视新闻服务,大量

---

① 通讯世界网站:http://www.tele.com.cn,检索时间:2016年3月8日。

② Chicago Tribune: Upi R.i.p. As A New Book By Two Veterans Of United Press International Shows, The World Lost More Than A Scrappy Wire Service When Upi Died, It Lost A Vital Witness To History, 2003年5月4日。

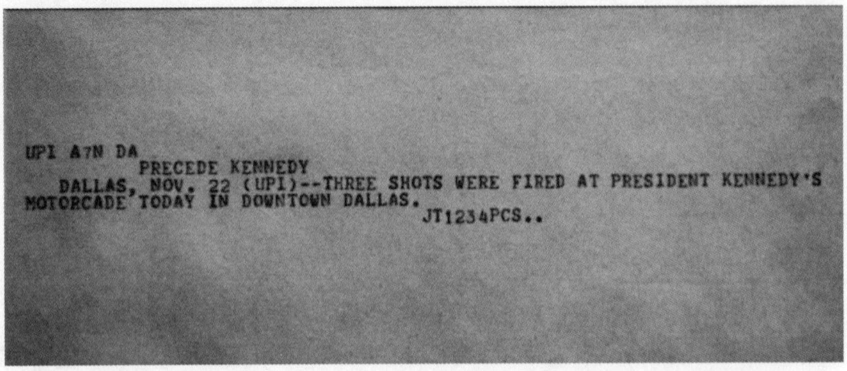
UPI A7N DA
PRECEDE KENNEDY
DALLAS, NOV. 22 (UPI)--THREE SHOTS WERE FIRED AT PRESIDENT KENNEDY'S MOTORCADE TODAY IN DOWNTOWN DALLAS.
JT1234PCS..

图 145　1963 年 11 月 22 日肯尼迪遇刺后合众国际社发出的第一条电文

图片转引自合众国际社网站:《肯尼迪遇刺 50 周年纪念专栏》,2013 年 11 月 22 日,http://www.upi.com/Top_News/Special/2013/11/22/50th－anniversary－of－the－Kennedy－assassination－UPI－reported－it－first/9431384882932/,检索时间:2015 年 8 月 22 日。

用户流失到美联社,收入也急剧减少;另一方面,与竞争对手美联社的组织架构不同,合众国际社没有社员,只有顾客,一切费用都由自己承担,特别是在重大事件如奥运会、战争等需要集中大量人力、物力和财力的报道中,这种劣势体现得更为明显,最终导致其在与美联社的竞争中败下阵来。合众国际社的经济状况自 20 世纪 70 年代末开始每况愈下,渐渐出现巨额亏损,以至于连日常业务也难以维持。到 20 世纪 80 年代初期,员工人数下降到 1800 人,世界各地的分社数量也下降至不到 100 家。[①]

1982 年,合众国际社创始人忍痛把这家通讯社卖给田纳西州的两名商人,通过注入新资金,希图重振雄风。不料,第一次易主非但未扭转其颓势,反倒把它推进了“破产—拍卖—再破产—再拍卖”的恶性循环中。1985 年,合众国际社由于资不抵债,首次申请破产。11 月 12 日,墨西哥报业大王瓦兹奎兹·拉纳以 4100 万美元买下该社 90%的股份,但仍未能扭转其亏损的形势。1988 年,合众国际社第三次易主,被纽约一家资讯科技公司收购。同年,这家公司开始陷入困境并最终于 1991 年 8 月抽回了注入合众国际社的资金。期间,该社曾在 1990 年与路透社发生图片纠纷,在管理上也出现失误,导致一些有经验的资深记者被美联社挖走,经营情况进一步恶化。很快,合众国际社又一次面临绝境,不得不再次申请破产。1992 年 6 月,合众国际社被伦敦的中东广播中心买下。经过 10 年的波折,合众国际社元气大伤,不得不收缩业务,削减分社,裁减员工。

到 1998 年,合众国际社的员工数量下降到不足 250 人,分社数量也下降到 12 家。[②] 这一时期,合众国际社开始进行自创办以来最大程度的新闻业务转型。一方面,合众国际社放弃了包括广播在内的传统新闻业务,甚至将其原来的广播新闻订户转卖给了美联社;另一方面,则采取措施增加投资,创立了合众国际社新闻网站,开始向互联网新闻传播领域进军。

二、发展现状

2000 年 5 月 15 日,由统一教会出资的新闻世界传播公司(News World Communications)宣布收购合众国际社。2005 年,在由世界品牌实验室(World Brand Lab)独家编制的《世界品牌 500 强》榜单中,合众国际社排名第 390 位,获得其在该榜单中的最好成绩。此后,该社排名一再滑落,最终于 2009 年跌出榜单。[③] 2007 年,合众国际社开始了进一步重组,大幅度消减包括驻白宫和联合国总部记者在内的记者人数。在新闻业务方面,合众国际社将关注重点转向中东、中亚和非洲,主要报道这些地区的恐怖主义、地区安全和环境能源等问题。

2011 年,合众国际社将总部由原来的纽约签到华盛顿,分社也缩减到仅有韩国首尔、黎巴嫩贝鲁特、日本东京、智利圣地亚哥和中国香港五个,[④]用英语、西班牙语和阿拉伯语三种语言发稿。目前,合众国际社集中以纸媒和网站的形式向订户推送新闻,并面向世界各地的企业、政府以及学术机构提供特定的信息,以方便其进行更好的决策和研究。此外,合众国际社还经营自己的新闻网站(upi.com),内容划分为头条、娱乐、商业、体育等

① Forbes:Spiegel Peter:“Old dog, new tricks?”,1998 年 6 月 1 日,http://www.forbes.com/forbes/welcome/,检索时间:2015 年 10 月 3 日。

② 合众国际社网站:《肯尼迪遇刺 50 周年纪念专栏》,2013 年 11 月 22 日,http://www.upi.com/Top_News/Special/2013/11/22/50th－anniversary－of－the－Kennedy－assassination－UPI－reported－it－first/9431384882932/,检索时间:2015 年 8 月 22 日。

③ 世界品牌实验室:《〈世界品牌 500 强〉排行榜》,http://www.worldbrandlab.com/brand500/top500_list4.htm,检索时间:2015 年 6 月 14 日。

④ 合众国际社网站:http://about.upi.com/,检索时间:2015 年 6 月 14 日。

七个频道,重点关注新兴威胁、环境能源以及工业安全等议题。

三、报道特点

在 20 世纪很长的一段时间里,合众国际社有很大的影响力,究其成功的原因主要在于对新闻报道和传播技术的重视。

在新闻报道方面,作为一家通讯社,衡量其好坏的标准就是是否能为媒体客户提供高质量的新闻,合众国际社在这方面的表现值得称赞。合众国际社对自己的媒体订户十分重视,对于每一个新闻事件,不仅会采取连续报道的方式及时加以追踪,还会采用不同篇幅、不同体裁的报道来发稿,以方便不同的订户根据自己的需要加以采用。例如,对于一些国家领导人发表的讲话,合众社不仅会刊登全文和摘要,还会将讲话编辑成不同的部分,每一部分表达一个中心思想。

此外,合众国际社对新闻的时效性也特别重视,这一方面得益于其记者的新闻素养,另一方面也与总社的指挥调度有重要的关系。早在 20 世纪中期,合众国际社就初步形成了现在新媒体时代流行的"大编辑部"统一指挥的组织模式,即总社的编辑会定期与分社的记者编辑沟通,及时发现和汇总各地的新闻线索,这样就给发现独家新闻提供了很好的机会。更为重要的是,得益于平时的沟通交流,在突发新闻出现时,一线的编辑记者能得到最大程度的调度并及时发回报道。

在传播技术的运用方面,合众国际社也一直走在前列。甚至业界有传闻称,合众国际社的衰落正是由于它在技术方面投入了太多的资金所导致的结果。早在 20 世纪 80 年代,为了提高新闻传递的速度,合众社投入了众多的先进技术。例如在美国国内通过搭建闭路电视系统来传递文字信息,而为了提高新闻图片的传递效率,其是在纽约和布鲁塞尔设置了"数字暗室",在 80 年代就通过数字技术来编辑照片,然后再利用卫星传递到在全球设置的 450 多个盘形地面站上。

如今,合众国际社的业务已大幅度缩水,约有员工 500 人,采用英语、西班牙语和阿拉伯语三种语言发稿,日播新闻约 220 条,只提供文字和图片,覆盖地区包括美国、南美、欧洲、中东、非洲、亚太,但以美国本土为主。

四、涉华报道

由于合众国际社属于新闻通讯社,新闻报道并不面向普通受众发布,对于该社涉华报道的研究只能通过其他媒体平台展开。目前,合众国际社的新闻报道大多通过雅虎新闻频道发布。通过以"China"为关键词,在雅虎新闻检索所有来自"合众国际社"的新闻,可以看到:

从报道数量上来看,合众国际社对中国的关注度比较高,报道频率可以达到平均每天 1~2 篇涉华报道。与其他媒体相比,合众国际社的涉华报道关注议题相对较为集中,内容主要涉及政治、外交、突发事件等几个方面。以 2015 年 6 月 1 日~14 日两周为例,有关中国报道共有 17 篇,其中涉及的报道议题主要集中在南海问题(5 篇)、"东方之星"客船翻沉事故(7 篇)以及中朝关系(2 篇)三个方面,其余均为单篇分散报道。

在报道态度上,可以说合众国际社未能跳出西方媒体在涉华报道中整体上缺乏客观性的窠臼。例如,在上述南海问题的报道中,合众国际社一味突出菲律宾等国诉求的"正当性",并未对中方的立场和理据加以说明阐释,显现出明显的立场偏颇;而在关于"东方之星"客船翻沉事故的报道中,则忽略积极展开的救援行动,一味突出灾难损失,并且对事故原因妄加揣测,刻意渲染消极情绪。

在很大程度上,这与合众国际社近年来业务大幅收缩有极大的关系。目前,合众国际社的驻华记者站仅有一名摄影记者,并不具备深度报道的文字采写能力。不过,这位名叫谢笛文(Stephen Shaver)的摄影记者所拍摄的新闻图片,在各大媒体发布的涉华新闻报道中采用率非常高,拍摄内容不仅表现中国的经济发展、城市建设等严肃主题,也有展现传统文化和普通人生活的画面。

Stephen Shaver / UPI / Landov

Chinese delegate hostesses in Tiananmen Square during the opening ceremony of the 17th Party Congress at the Great Hall of the People in Beijing, October 15, 2007.

图 146 2007 年十七大期间谢笛文所摄图片被美国《时代》周刊采用

图片引自《时代周刊》网站：http://content.time.com/time/world/article/0,8599,1672897,00.html，检索时间：2015 年 8 月 22 日。

A woman in downtown Beijing walks past a building adorned with a patriotic mural by Chinese graffiti artists on April 22.

Stephen Shaver/UPI/Landov

图 147 2013 年 4 月谢笛文所摄图片成为美国媒体"中国梦"报道的配图

图片转引自美国媒体 NPR 网站：http://www.npr.org/2013/04/29/179838801/chasing－the－chinese－dream－if－you－can－define－it? ft=1&f=1001，检索时间：2015 年 8 月 22 日。

环球邮报网 Global Post

环球邮报网(GlobalPost)是美国的一家英文网络媒体，总部位于美国波士顿，由来自美国多家著名媒体的近百位编辑及记者人员组成，活动范围遍布全球 50 多个国家。环球邮报网发布的内容前沿且富有新意，在新兴网络媒体中具有相当的影响力。

一、历史沿革

2009 年，《波士顿环球报》(Boston Globe)资深记者查尔斯·赛诺特(Charles Sennott)创办了新闻网站环球邮报网。随着信息时代的不断深入发展，纸媒的衰亡已经人尽皆知，这也导致了美国的各大传统纸质报纸纷纷缩减开支来维持生计，也正是在这样的背景下，赛诺特毅然离开了《波士顿环球报》，创办了国际新闻网站"www.globalpost.com"。① 尽管国内有些机构将该站直接译为"环球邮报"，但该报与加拿大知名纸质媒体《环球邮报》(The Globe and Mail)并无关联，而是一家彻头彻尾的网络媒体。

二、发展现状

目前，环球邮报网的总部位于美国"飞机之城"波士顿，有 18 名管理人员及编辑人员驻扎于此。同时，环球邮报网还在全球部署了 70 名专职记者，这些记者来自美国有线电视新闻网(CNN)、《纽约时报》(*The New York Times*)、《华盛顿邮报》(*The Washington Post*)、《时代周刊》(*Time*)、《新闻周刊》(*News Week*)和美联社等媒体机构。这些训练有素的记者活动于全球 53 个国家，包括巴西、印度尼西亚以及中国、印度等发展中国

① Globalpost 官网：Our Mission，2009 年 7 月 4 日，http://www.globalpost.com/mission/our－team/correspondents，检索时间：2015 年 5 月 27 日。

图 148　环球邮报网的网站首页

家。值得注意的是，这些加盟环球邮报网的资深新闻工作人员每月基本工资为 1000 美元左右，同时还将获得公司的部分股权，兼职工作者的身份使其还可以服务于其他新闻机构。

目前，环球邮报网提供的内容主要以国际新闻为主，力求利用最先进的互联网技术与组织机构能力来还原最真实的国际新闻，其宗旨是向美国公众以及其他国家的英文阅读者提供原汁原味的英语国际新闻。①

2012 年 11 月，环球邮报网记者詹姆斯·弗利(James Foley)在叙利亚采访时被极端组织“伊斯兰国”恐怖分子绑架，随后于 2014 年 8 月份被恐怖分子斩首杀害。绑架者曾向环球邮报网高层提出高额赎金要求，遭到拒绝后对弗利施以毒手。②

2015 年 1 月，环球邮报网获得世界媒体峰会全球新闻奖(WMS Global Awards for Excellence)的新媒体报道奖，获奖作品为《变革中的缅甸》(*Myanmar Emerges*)。该网页作品通过视频、图片和文字报道等多媒体手段，全方位展现了缅甸的历史与现状。

三、报道特点

作为一家纯数字媒体，环球邮报网的经营模式类似于网上“新闻批发市场”，通过和全球各地的报纸、网站等媒体机构签订合作协议，环球邮报网每周都会获得其兼职记者从世界各地发回的新闻讯息，并第一时间将其发布在自己的网站上。同时，环球邮报网还同多家没有独立新闻采编力量的美国媒体签订了合同，如《纽约媒体新闻》(*New York Daily News*)等客户都可以通过付费的方式从其网站上获取新闻服务。此外，环球邮报网还以其低廉的价格吸引着众多客户的目光。据环球邮报网总裁菲利普·巴尔博尼(Philip Balboni)介绍，即使是发行量最大的都市类报纸，一年所需要支付环球邮报网的费用也不超过 5 万美元。③

---

① 环球邮报网官网：http://www.globalpost.com/content/about，检索时间：2015 年 7 月 3 日。

② Washington Post：James Foley's last message to his family：'I am going to need your help to reclaim my life，2014 年 8 月 25 日，http://www.washingtonpost.com/news/morning－mix/wp/2014/08/25/james－foleys－last－message－to－his－family－i－am－going－to－need－your－help－to－reclaim－my－life/，检索时间：2015 年 9 月 12 日。

③ 中国台州网：《百年老报停刊转发电子版》，2009 年 3 月 18 日，http://paper.taizhou.com.cn/tzsb/html/2009－03/18/content_186671.htm，检索时间：2015 年 9 月 12 日。

图 149 《变革中的缅甸》网页报道封面

环球邮报网:Myanmar Emerges,http://www.globalpost.com/pages/GP-Myanmar-Emerges/,检索时间:2015 年 9 月 12 日。

四、涉华报道

早在环球邮报网创立之初,其创始人赛诺特便称中国等发展中国家将是其重点关注的对象。由于其网站并未提供搜索功能,所以其有关中国的具体信息条目数量无法得知,但从各大搜索引擎的搜索结果来看,环球邮报网对中国报道的密度和频率还是相当高的,尤其是在政治方面,中美关系是其报道的重点所在。

通过搜索引擎谷歌可知,该报官方网站内与"China"有关的信息条目高达 105000 条,把时间限制在一年以内,仍可以得到 24800 条搜索结果,平均每天就有高达 60 篇以上涉及中国的报道发布。① 从报道数量来看,环球邮报网对中国的关注度也是很高的。更为重要的是,环球邮报网设有中国新闻专栏,②该专栏专门负责更新同中国相关的新闻内容,但其内容多转自于法新社、路透社等国际通讯社,极少有原创性新闻作品。

在对于中国形象的塑造和描述上来看,环球邮报网对中国的态度并不十分友好,以其几篇比较有影响力的报道为例:其一,《中国黑客窃取美国 F18 和濒海战斗舰机密》,主要内容为抨击中国黑客对美国机密信息的窃取行为;其二,《中国利用使馆被炸煽动反美情绪》,主要内容为中国利用美国轰炸中国驻贝尔格莱德大使馆事件煽动人民反美;其三,《中国在美展示软实力》,主要内容为中国在缅甸进行石油管道建设。这些报道都向外界渲染了中国具有攻击性、侵略性的形象。由此可见,环球邮报网对中国的态度绝非完全友好,是一家渗透了美国国家利益因素在内的综合体。正如网站自己所宣称的定位:"美国的世界新闻网站。"

旧金山公共广播公司 KQED

KQED

旧金山公共广播公司(KQED)位于加利福尼亚州的旧金山,旗下拥有电视台和旧金山公共广播。同时,该公司旗下还有旧金山公共广播电台互动项目和旧金山公共广播电台的教育项目。旧金山公共广播公司为于北

① 数据来自于谷歌站内搜索:www.google.com,检索时间:2015 年 8 月 19 日。

② 其网址为:http://www.globalpost.com/news/regions/asia-pacific/china,检索时间:2015 年 8 月 19 日。

加利福尼亚公共广播公司所有。

一、历史沿革

旧金山公共广播公司的创始人是在传媒行业内摸爬滚打多年的老手，二位创始人詹姆斯·戴伊(James Day)和乔纳森·莱斯(Jonathan Rice)都是资深记者。1953 年 6 月 1 日，二人共同创立了旧金山公共广播公司，正式开播是在 1954 年 4 月 5 日。旧金山公共广播电台是美国第六个公共广播电台，该电台的呼号是由拉丁语中的数学术语转换而来。

2006 年，旧金山公共广播公司和 KTEH 电台合并，成立了北加利福尼亚公共广播公司。旧金山公共广播公司的资产包括旗下的电视台和广播电台，这两大资产也归属于北加利福尼亚公共广播公司。

与此同时，旧金山公共广播还是全国公共广播电台(PBS)的成员之一。因为合并的缘故，旧金山公共广播电台和 KTEH 电台被认为是“姊妹电台”。

二、发展现状

旧金山公共广播公司的主营业务由公共电视、公共广播、互动服务和教育服务四大部分组成。

就旧金山公共广播公司的电视业务来说，旧金山公共电视九套是美国黄金时段收视率最高的公共广播电视台之一。旧金山公共电视制作节目的要求是，该节目必须能使北加利福尼亚地区的民众得到启示、获取讯息、享受娱乐。此外，旧金山公共电视还从公共广播公司等其他媒体进行节目转播，同时也会自己制作国家性和地方性的节目、电视剧和特别节目。旧金山公共电视独立制作的电影项目远远超过了其他公共广播电视台，其致力于将地方性的独立电影制作人介绍给大众。现在，该台的电视节目内容既可以在其网站上找到也可以通过 iTunes 下载观看，同时还有流媒体形式可以直接观看。

图 150　旧金山公共广播公司网站首页

图片引自 KQED 网站：http://www.kqed.org/，检索时间：2016 年 3 月 19 日。

就广播业务来说，旧金山公共广播电台是美国收听率最高的公共广播电台，其新闻和公共事务项目曾经屡获奖项。旧金山公共广播电台的官网也提供流媒体节目播放、部分节目下载和音频博客服务。

此外，旧金山公共广播公司还有在线互动服务，通过电子平台和移动设备提供内容和应用。自1994年起，旧金山公共广播公司的在线互动服务就为受众提供互动、学习和交流的平台以讨论电视广播节目中的议题。该网站为旧金山公共电视、公共广播和教育项目提供在线服务，作为社区的召集者，互动服务提供了事件介绍、资源、在线投票、博客、播客和其他相关服务。在线互动服务作为旧金山公共广播电视公司的第三方媒体平台，为其官方网页单独提供报道内容。

教育服务对任何公共媒体来说都是重要的服务内容。旧金山公共广播公司与学校、学院、大学以及非正式教育机构中的教育者相联动，支持他们使用全国广播公司和旧金山公共广播公司的报道内容作为学习的辅助。旧金山公共广播公司制作了大量高品质的电子学习产品，从音频到视频、从互动工具到课程计划，这些内容与国家和州的要求是完全一致的。

同时，旧金山公共广播公司还通过官网和其他网上平台(如 Itunes U)和全国广播公司的 LearningMedia 平台来传播其制作的教育节目。此外，旧金山公共广播公司在提供深入的职业发展机遇和在线训练的过程中训练学校的教职工在教育中使用教育性媒体和电子媒体工具。

三、报道特点

旧金山公共电台公司的宗旨是帮助人们过上更好的生活，使个人和团体实现全部的潜能。[①] 旧金山公共电台为北加利福尼亚的人们服务，电台为公民提供参与社会生活所需要的知识，使他们能够加入社会对话中，将艺术带给每一位读者，同时鼓励受众分享他们的故事。

在传播特点方面，旧金山公共广播电台与其他公共广播电台是一致的，突出其为公共服务的特质，在传播过程中，尤其注意对公众的影响。之前已经提及旧金山公共广播电台在教育方面所做出的努力，其致力于以电子教育媒介的形式促进社会的进步与发展，为线上教育提供高质、优秀的内容，为教化民众承担公共电台的责任。

旧金山公共广播电台还注重受众的互动，从其特别增设的互动部门就可以看出旧金山公共广播电台对受众互动的重视。旧金山公共广播电台以第三方媒体平台的方式与受众互动，及时调整自己在传播过程中的策略，其投票、博客、播客等栏目更是加强了对受众声音的反馈，使该电台的节目能够更加符合公众利益，为公众服务。其报道内容也更加倾向于教化方面，很少报道哗众取宠的黄色新闻，而以优质健康的报道来引领受众的视听品位。

四、涉华报道

旧金山公共广播电台作为一家公共广播电台，一直以实现公共利益为己任，更由于其地域性广播电台的特征，播报内容经常局限于北加利福尼亚州，略有涉及国家性的新闻。但是，随着中国在世界的影响逐渐加大，在世界舞台中扮演着越来越重要的角色，旧金山公共广播电台对中国的报道也随之增加。

尽管旧金山公共广播电台以教化民众为己任，然而在对华报道中，仍然不可避免地带有美国媒体的主流态度，在看似冷静客观的报道中，有意识地构建出中国对美国的威胁，在谈论中国经济发展的同时也会夸大中国对美国的威胁，在环保、军事方面对中国持否定态度。

---

① KQED:KQED Mission Statement，http://ww2.kqed.org/about/，检索时间：2016年3月8日。

联系新闻图片社 Contact Press Images

CONTACT PRESS IMAGES

联系新闻图片社(Contact Press Images,也译为“卅达新闻图片社”)是美国著名的新闻图片社之一,总部位于美国纽约。如今的联系新闻图片社已经成为具有世界影响力的新闻图片社之一,其主要工作人员为来自世界各地的签约摄影师,这给联系新闻图片社带来了丰富而多元的图片来源,也是其发展到至如今规模的法宝之一。

一、历史沿革

联系新闻图片社成立于 1976 年,总部位于美国纽约,其创办者为美国著名摄影师大卫·伯纳特(David Burnett)和著名记者罗伯特·普雷基(Robert Pledge)。在创办联系新闻图片社之前,大卫·伯纳特为《生活》(*Life*)杂志的签约摄影师,而罗伯特·普雷基则是专职报道美国事务的新闻记者。两人在 1973 年法国伽马(Gamma)图片社的一次拍摄中相识,两人因对方对新闻及新闻摄影的独到理论和见解而惺惺相惜,并于 1976 年共同创办了联系新闻图片社。受当时的时代背景影响,联系新闻图片社的很多作品都与刚刚结束的越南战争有关,质疑权力、伸张人权是其创办之初的宗旨。

在联系新闻图片社成立之后,凭借两位创办者的巨大影响力,众多摄影界及新闻界的精英人士纷纷加入,其中包括后来成为《名利场》(*Vanity Fair*)首席摄影师的安妮·莱博维茨(Annie Leibovitz)、以色列著名摄影师阿隆·瑞格宁(Alon Reininger)、英国史上最杰出的战地记者唐·麦库宁(Don McCulin)以及巴西著名摄影师塞巴斯提奥·塞尔加多(Sebastiao Salgado)等人。如此强大的阵容使得联系新闻图片社在创办之初就获得了众多媒体机构的青睐,这其中还包括《时代》周刊、《纽约时报》以及《新闻周刊》等著名媒体。[1]

图 151　联系新闻图片社联合创办人、著名摄影师大卫·伯纳特

2000 年,中国著名摄影师李振盛先生成为联系新闻图片社的签约摄影师,他也是目前联系新闻图片社唯一一位中国籍摄影师。

二、发展现状

发展至今,联系新闻图片社已经成为可以比肩伽马、马格南等老牌图片社的重要摄影机构,拥有约三百万张新闻图片,这一数字还在以平均每天一百张的速度上升着。联系新闻图片社的作品关注世界各地重大的新闻事件及社会问题,从其创立之初的越南战争战后的人权问题、到 20 世纪六七十年代中国的“文化大革命”,再到 1990 年德国柏林墙的倒塌、20 世纪初美国的“9·11 事件”,联系新闻图片社始终以人道主义精神关注着全

① Contact Press Images: About Contact (History & Bios),2015 年 7 月 15 日,http://www.contactpressimages.com/about.html,检索时间:2015 年 11 月 10 日。

球的重大历史事件，并用图片将其记录下来，传播到全世界。[①]

与此同时，联系新闻图片社还在其十、二十、三十周年庆典之际举办了周年摄影庆典，其三十周年庆典是在中国古城——山西平遥举办的，大卫·伯纳特、法兰克·福涅尔、洛里·格林科以及中国摄影师李振盛的作品皆在参展之列。

三、报道特点

作为一个专业的新闻图片媒体，联系新闻图片社的绝大部分内容都通过图片的形式来传达给读者，同美联社、路透社等通讯社不同，联系新闻图片社所选择的图片更多地从人权角度出发，注重刻画人物的细节，如穿着、动作以及表情等，力图以此来还原历史事件并反映事件背后的人道主义精神，这一点是其在内容传播主题上的突出特点。

四、涉华报道

与一般媒体不同，联系新闻图片社的主要工作人员为签约摄影师，而这些来自世界各国的摄影师又因其国籍、阅历的不同而对中国有着不同的态度及倾向，因此很难以一个图片社为单位来说明其涉华报道的特点。然而可以肯定的是，联系新闻图片社对中国的关注度从未减少过，这其中最为突出的便是其对中国的"文革"、改革开放、奥运会等重大历史事件的关注。从图片内容看，联系新闻图片社涉及中国的图片多反映时代的变化、人民的精神面貌以及人权问题等，这一点从中国摄影师李振盛同联系新闻图片社合作的多次摄影展的内容即可看出。

总体来说，联系新闻图片社对华态度较为客观公正，但在涉及人权及相关问题时则比较敏感。

麦克拉奇报业集团 McClatchy Newspapers

MCCLATCHY

麦克拉奇报业集团(McClatchy Newspapers)是美国一家大型新闻媒体集团，主要经营报纸出版，在全美各州经营有30余家日报以及几家新闻网站和社区报纸。麦克拉奇报业集团的总部位于加利福尼亚州的萨克拉门托，是美国三大报业集团之一。

一、历史沿革

麦克拉奇报业旗下的第一份报纸可以追溯到加州淘金年代。1857年，公司创始人詹姆斯·麦克拉奇(James McClatchy)作为合伙人，与友人一起创办了西部最为古老的报纸《萨克拉门托蜜蜂报》(The Sacramento Bee)。[②] 随着《弗雷斯诺蜜蜂报》(TheFresno Bee，1922年创办)和《莫德斯托蜜蜂报》(The Modesto Bee，1927年收购)两家报纸的加入，麦克拉奇报业确立了以加州为中心的报道业务范围并持续了一个多世纪，日后，麦克拉奇报业也由此开始显露雏形。

1979年，通过收购《安克雷奇每日新闻》(*The Anchorage Daily News*)和《三城先驱报》(*Tri-City Herald*)，麦克拉奇开始将版图扩展到美国东北部。之后，麦克拉奇报业开始在美国的东部和北部各州高歌猛

---

① The Digital Journalist：Contact Press Images：30 Years of Excellence，2007年2月，http://digitaljournalist.org/issue0702/contact_intro.html，检索时间：2015年11月10日。

② 麦克拉奇报业集团网站：http://www.mcclatchy.com/about_us/，检索时间：2015年8月5日。

进,不断扩展业务覆盖范围。1986 年正式收购了位于塔科马港市(华盛顿州)的《新闻论坛报》(*The News Tribune*);1990 年收购了南卡罗来纳州的三家日报,首次实现在美国东岸的印刷出版;1995 年收购《新闻观察者报》(*The News & Observer*)后开始进入北卡罗来纳州;1998 年又收购了在明尼苏达州“双子城”明尼阿波利斯和圣保罗颇具影响力的《明星论坛报》(*The Star Tribune*),使明尼苏达州成为该公司第四个重点覆盖的地区。

到 2004 年,麦克拉奇报业收购了位于加州中谷地区的《默塞德太阳星报》(*Merced Sun-Star*)。这家报纸擅长报道莫德斯托和弗雷斯诺两地的本地新闻,被收购后随即与报业旗下其他位于中谷地区的报纸实现有效的优势互补。这使得此次收购不仅大大增强了麦氏集团在加州的市场占有率,同时还深化了集团实力雄厚、服务内容丰富的品牌形象。

2006 年 3 月,一则并购新闻成为震惊世界媒体业界的重磅炸弹,美国第二大报业集团奈特—里德集团被麦克拉奇公司以 45 亿美元的价格整体收购。当时的麦克拉奇报业在美国巨头林立的报业集团中仅仅排名第八,以经营地方性报纸为主的麦克拉奇集团只是媒体行业中名不见经传的小角色。这起“小鱼吞鲸鱼”的收购,顺势让麦氏报业一跃成为美国最大的报业集团之一,与甘乃特和论坛报集团等行业大佬平起平坐。

THE DAILY BEE

VOL. I.

NO. 1.

图 152 1857 年 2 月 3 日发行的第一期《萨克拉门托蜜蜂报》

图片引自麦克拉奇报业集团网站:《150 周年特刊》,http://150th.mcclatchy.com/assets/1857firstissue.pdf,检索时间:2015 年 8 月 5 日。

经历了一系列战略调整,麦克拉奇集团卖掉了 12 家与自身整体战略不符的报纸,并补充了一系列数字媒体和新员工。由于报道团队的大跨步扩容,使得麦氏报业一方面对华盛顿地区的报道实力大大增强,另一方面使其有能力开设海外记者站,开启了国际新闻的自采时代。2007 年,在出售了当时旗下最大的报纸《明星论坛报》之后,麦氏报业退守为全美第三大报业集团(根据日发行量)。

到 2014 年,麦克拉奇报业又出售了旗下的《安克雷奇每日新闻》,仅保留了遍布全国 28 个城市的 29 家极具潜力且增长速度超过全美平均水平的日报。至此,麦氏报业确立了以本地媒体为主打的企业形象,向当地社区提供形式多样、内容丰富的报纸和数字产品。

二、发展现状

目前,麦克拉奇报业是美国最大的报业集团之一,旗下有 8000 多名员工,经营 29 家日报和 44 家其他出版物,分支机构遍布全美 9 个州。根据集团 2015 年公布的数据,麦氏报业第一季度的发行量为 258.8 万份,在线访问量为 4595 万人次,2014 年全年收益接近 2.6 亿美元。[1]

截止到 2014 年,麦克拉奇报业在历史上共获得 51 项普利策奖,其中包括 11 项普利策新闻奖中最有分量的

① 麦克拉奇报业集团网站:Mcclatchy reports first quarter,2015 年 4 月 24 日,http://www.mcclatchy.com/2015/04/24/3694/mcclatchy－reports－first－quarter.html,检索时间:2015 年 8 月 5 日。

图 153 麦克拉奇报业集团网站首页

图片引自麦克拉奇报业集团网站：http://www.mcclatchy.com/home/，检索时间：2016 年 3 月 25 日。

“公共服务奖”。① 集团旗下很多历史悠久的报纸，包括《迈阿密先驱报》(*Miami Herald*)、《堪萨斯城明星报》(*The Kansas City Star*)、《莱克星顿先驱领袖报》(*Lexington Herald－Leader*)、《新闻观察者报》(*The News & Observer*)和《萨克拉门托蜜蜂报》(*The Sacramento Bee*)等，都曾为集团获得普利策奖的殊荣。

在集团现有媒体中，以华盛顿分公司(McClatchyDC)的影响力最大。华盛顿麦克拉奇以报道华盛顿新闻和国际新闻擅长。凭借集团效应，华盛顿麦克拉奇成功将报道的触角延伸到全美 14 个州、29 个社区上。华盛顿麦克拉奇采编的新闻报道刊登在集团旗下的 29 家报纸，同时还通过手机、电脑、iPad 等移动终端进行 24 小时推送。②

2014 年，麦克拉奇报业每季的平均阅读量达到 4000 万。此外，集团通过《麦克拉奇论坛报》信息服务(McClatchy－Tribune Information Services)向全球 1200 多家媒体客户提供新闻。集团还拥有线上互联网机构——麦克拉奇互动(McClatchy Interactive)，专门向互联网媒体提供资金和信息支持。麦克拉奇报业旗下还有新闻印刷合资公司，经营范围覆盖华盛顿全州的新闻印刷厂。

三、报道特点

打开麦克拉奇报业的官网，其新闻理想以及报纸定位赫然映入眼帘——“您可以依赖麦氏来认识华盛顿和全世界”。在麦氏报业看来，最好的记者不仅能在第一时间发现新闻，并能做到锲而不舍地深挖信息源，实现每条新闻的最大价值。以质疑和批判的眼光，麦氏报业开始了对政府以及各界权威的挑战。面对 2004 年布什政府公布伊拉克藏有大规模杀伤性武器的说法，麦氏报业第一个提出质疑并公开批评政府，随后展开了近十年的追踪报道。2007 年，在揭露前司法部长冈萨雷斯(Alberto Gonzales)的政治丑闻以及抨击美国司法部门的政治化的报道中，麦氏报业行动积极。此外，在经济方面，麦氏报业深挖高盛公司的各类经济报告，剖析席卷全美的几次重要的金融灾难。在揭露奥巴马当局发起的内部威胁调查、军队正义和移民问题、报道叙利亚反对派以及

---

① 麦克拉奇报业集团网站：Pulitzer prizes，2012 年 6 月 6 日，http://www.mcclatchy.com/2012/06/06/2577/pulitzer－prizes.html，检索时间：2015 年 8 月 5 日。

② 麦克拉奇报业集团网站：http://www.mcclatchydc.com/about－us/，检索时间：2015 年 8 月 5 日。

阿拉伯之春等重大国际问题中,读者都能看到麦氏报业大胆且鲜明的观点。

尽管办公地点距离白宫只有几步之遥,但麦氏报业要求旗下记者必须以远离华盛顿的视角来报道华盛顿。一直以来,这一独立自主的光荣传统让集团员工倍感骄傲。凭借集团的广阔平台,麦氏旗下的报道镜头能够从迈阿密一直延伸到安克雷奇。其报道重心不局限在身居高位的政策制定者,那些受政策直接影响的普通民众也时常成为记者笔下的主角。曾担任华盛顿麦克拉奇报业负责人的著名记者约翰·沃尔科特(John Walcott)指出,麦氏报业与其他媒体的核心区别在于深度和态度。不曾浅尝辄止,拒绝迎合高层,麦氏报业善于发现分歧、聆听分歧并尝试沟通分歧的双方。①

2013年,以擅长"捅"新闻而闻名的麦克拉奇报业率先曝光了基地组织头目 Ayman al－Zawahri 和也门基地组织分支负责人 Nasser al－Wuhayshi 的通话内容,认为二人正谋划另一场重大的恐怖袭击。麦氏报业此举引发了美国国内的两极化反应,支持者赞赏麦氏报业独立自主的新闻操守,而批评者称麦氏报业此举致使美国情报工作倒退十年,严重损害了美国国家利益。②

在2006年完成对奈特－里德集团的收购之后,麦克拉奇报业对华盛顿地区的报道实力大增,也由此收获了各种新闻奖项以及来自业界的赞誉。③ 2010年开始,麦克拉奇报业与《基督教科学箴言报》合资共建5个海外记者站,进一步增强了该报的国际新闻报道能力。

四、涉华报道

2010年,麦克拉奇报业与《基督教科学箴言报》合资共建的5个海外分站中,就包括北京的驻华记者站。④前莫斯科分站负责人汤姆·拉赛特(Tom Lasseter)被调往北京主管驻华分社的业务,开始了长期驻华的新闻工作。一直以来,麦克拉奇报业十分重视对中国的报道。随着中国经济发展带动软实力不断提升,中国对于美国的战略意义不言而喻。在应对气候变暖、经济复苏等世界性议题以及全球战略的推广,如处理对朝鲜、阿富汗、伊拉克问题上,美国都需要取得中国的理解和支持。⑤

以麦克拉奇报业旗下最为主要的新闻报道机构华盛顿麦克拉奇网站为例,截止到2015年6月,共发布了3033篇关于中国的报道,平均每天发布1～2篇涉华报道;其中与北京相关的报道为1088篇,占总数的36%。相关涉华报道议题范围非常广泛,从政治、经济、环境到文化、社会、能源等都有涉及。其中,尤以人权、环境、领土争端等政治类议题占多数,但是报道态度大多较为负面,言辞大胆辛辣,以批评和抨击为主。

以麦克拉奇报业旗下明星记者,同时也是长期驻华记者的拉赛特为例。在2011～2013年间,拉赛特共向美国总部发回了217篇关于中国的报道,其中主要以暴力冲突、环境污染、人权践踏、黑客攻击等话题为主。拉赛特的这些文章在美国新闻界广受好评,先后获得了2011 Sigma Delta Chi Award、2012 Robert F. Kennedy Journalism Award、Madeline Dane Ross Award 等鼓励媒体抨击他国人权事务的奖项。其中,2012年拉赛特获得的由肯尼迪基金会颁发的奖项,该集团已连续5年蝉联该奖。

---

① 麦克拉奇报业集团网站:John Walcott truth is not subjective,2008年10月9日,http://www.mcclatchydc.com/2008/10/09/53716/john－walcott－truth－is－not－subjective.html,检索时间:2015年8月5日。

② 麦克拉奇报业集团网站:Qaeda plot leak has undermined us intelligence,2013年9月30日,http://www.nytimes.com/2013/09/30/us/qaeda－plot－leak－has－undermined－us－intelligence.html? hp&_r=1&,检索时间:2015年8月5日。

③ 麦克拉奇报业集团网站:http://www.niemanlab.org/encyclo/mcclatchy/,检索时间:2015年8月5日。

④ 另外四个记者站分别在开罗、喀布尔、墨西哥城和巴格达。

⑤ 麦克拉奇报业集团网站:http://www.poynter.org/news/mediawire/99750/mcclatchy－christian－science－monitor－to－share－baghad－bureau－staffing－expenses/,检索时间:2015年8月5日。

每日野兽网 The Daily Beast

每日野兽网(The Daily Beast)是美国新兴的新闻网站之一,从属于著名的美国媒体与互联网公司 IAC(Inter Active Corp)。在互联网新闻领域,每日野兽网可以称得上是绝对的佼佼者,其触角已经伸入了美国白宫,成为白宫新闻简报室中仅有的四家网络原生媒体之一。现今,该网站每月有超过两千万的读者,致力于报道原创新闻和独立观点,主要关注政治、流行文化和世界新闻中的前沿领域。

一、历史沿革

每日野兽网创建于 2008 年 10 月 6 日,其创始人是蒂娜·布朗。蒂娜·布朗曾主编过包括《闲谈》《名利场》《纽约客》在内的多本知名期刊,《哥伦比亚新闻评论》盛赞她是"当代最伟大的杂志编辑"。该报的名字取自于伊夫林·沃的小说《独家新闻》中虚构的报纸名。由于这个独特的名头,该网站在其发布的第一个月内,页面浏览量就超过了 140 万,这对于一个刚刚建成的新闻网站而言无异于是一针强心剂。

图 154　《新闻周刊》与每日野兽网合并

2010 年 11 月 13 日,《新闻周刊》宣布与每日野兽网合并。建立了一家联合公司,即新闻周刊-每日野兽公司。在该公司,IAC 和《新闻周刊》的现任东家——美国电子设备巨擘西德尼·哈曼各持有 50%的股份。哈曼在谈及这一合并时称,"在这一充满挑战的时代,每日野兽网与《新闻周刊》的合并事宜是传统媒体和新兴媒体的理想组合方式"。[①] 由此,蒂娜·布朗也成为《新闻周刊》和每日野兽网的联合主编。然而,这一合并并没有带来理想的结果,两个媒体的目标受众相去甚远,这也给广告主带来了困扰,使得两个媒体对广告商的吸引力都急剧下降。不得不承认的是,这次合并也对原本的《新闻周刊》网站造成了打击,将网站员工所有的努力付诸东流。2013 年 8 月 3 日,IAC 将《新闻周刊》卖给了数字出版商 IBT 媒体公司。可以说,两者的这一合并对《新闻周刊》的打击远比对每日野兽网来得沉重,就在每日野兽网以强势的姿态入驻美国白宫新闻简报室之际,《新闻周刊》作为老牌媒体却黯然从白宫新闻简报室中离场了。

2014 年 9 月,在蒂娜·布朗离开每日野兽网一年之际,每日野兽网的浏览量再创新高,该网站拥有了 2100 万的独立浏览量,每年读者数量增长量为 60%,同时其社交媒体规模也扩大了近 3 倍。如今的每日野兽网更加注重对于政治和流行文化的报道和评论,正成为美国新闻网站中难以忽视的新力量。

---

① The Daily Beast: 50/50 Joint Venture will Merge all Newsweek Businesses and The Daily Beast's Digital Assets; Tina Brown to Serve as Editor-in-Chief,2010 年 11 月 12 日,http://www.thedailybeast.com/articles/2010/11/12/newsweek-daily-beast-merge-announcement.html,检索时间:2015 年 8 月 10 日。

二、发展现状

每日野兽网作为一家新闻网站，以独特的观点与评论吸引着受众，其发展速度十分惊人，上线后一个月页面浏览量就超过了140万。即便是在今天看来，其发展势头仍旧不容小觑。2013年，每日野兽网每月的独立浏览量是1350万人，发展到2014年时，该网站每月独立浏览量已经超过了1700万人次。

截至2015年7月，根据美国数据公司Alexa的排名，每日野兽网在全球网站中平均排名为847名。该排名与之前相较，上涨了101名。同时，近期网站的访问比例为99.46%，人均页面浏览量为2.02。[1] 这一数据在同类新闻网站中也可以称得上是佼佼者了。以《商业内幕》网站(*Business Insider*，businessinsider.com)为例，《商业内幕》在2015年的网站访问量为90.04%，人均页面浏览量为1.91。可以看出，每日野兽网在受众的有效访问量上无疑是胜出的，这从侧面也证明了每日野兽网的用户黏性在同类新闻网站中非同一般。

根据Alexa网站提供的数据，2015年4月至7月，每日野兽网的全球网站排名呈现出波折的态势，5月份该网站排名较为平缓，6月份明显的下跌过后在7月份逐渐上升。总体来看，该网站的排名较为稳定，一般在900名至1000名之间浮动。每日野兽网在获得受众支持的同时，也受到了主流社会的认可，每日野兽网曾两次获得互联网行业的奥斯卡奖——“威比奖”。在2012年和2013年，每日野兽网两度获得“最佳新闻网站奖”。

三、报道特点

作为一个新闻网站，每日野兽网拥有独特的传播特点才能够在众多新闻网站中脱颖而出。

每日野兽网有一个“备忘录”版块，里面囊括了网站精选的文章，实时更新。“备忘录”给读者提供了一个快速阅读的机会，从新闻网站中选择对新闻事件的报道，将之呈现给读者，包括对文章的简介以及相关链接，将读者引导到内容提供者的界面上。从成立初始，每日野兽网就与其他新闻网站区别开来，在“备忘录”版块提供视频服务，集合当日的视频新闻精华。此外，该网站的登录界面也极富特色，时常会使用热点话题作为当日的登录界面。2014年，每日野兽网已经构建了较为完全的移动浏览系统，同时发布了IOS系统下的移动应用。每日野兽网作为一家新生的新闻网站，对于网站的移动化、应用化倾向的应对是十分迅速的。正是这种对未来趋势的把握，以及在技术更新的时代不断寻觅自身特质的坚持，使得每日野兽网能够在激烈的媒体业竞争中掌握更多的主动权，继而脱颖而出。

图155 每日野兽网的“Cheat Sheet”实时选出推荐用户必读的网络文章列表

每日野兽网：http://cheatsheet.tumblr.com/，检索时间：2015年10月8日。

四、涉华报道

每日野兽网作为一家美国的新闻网站，对于中国这一崛起中的大国也给予了较多的关注。以“China”为关键词在每日野兽网的网站上进行检索，可以发现，自2014年7月28日至2015年7月28日的一年间，与“中国”有关的报道搜索结果一共有180余条。对比其他国家，比如以“Japan”(日本)作为关键词在同一时段内搜索，相关报道结果只有90余条。以2015年6月至7月的报道为例，野兽新闻网涉华报道共计19条，与美国其他新闻媒体网站相比数量较少。其中，负面报道数量达到13条。

在样本时段中，每日野兽网的负面涉华报道主要集中在黑客问题、狗肉节以及恐怖主义活动等议题，同时还有报道对中国的人权状况加以抨击。比如，每日野兽网发表的一篇报道题为《从中国狗肉节上拯救小狗》(“Saving Pups From China's Dog Meat Fest”)，介绍了一位名叫杨晓云的中国人从玉林狗肉节上拯救了500多只小狗，同时展示了玉林狗肉节上屠杀狗的场景。然而，该报道却对当地风俗避而不谈，暗示意味十分浓厚。

① Alexa：http://www.alexa.com/siteinfo/thedailybeast.com，检索时间：2015年8月6日。

图 156　每日野兽网撰写“中国”文章的专栏作家章家敦

图片来自每日野兽网：http://www.thedailybeast.com/contributors/gordon－g－chang.html，检索时间：2016 年 1 月 19 日。

另外，该报屡次提及或影射黑客问题，如发表的《UVA 网络攻击源起中国》一文中就称，中国的网络攻击已经影响了弗吉尼亚大学的科技信息系统，指责中国黑客问题严重。另一篇报道，《奥巴马团队知晓中国是 OPM 黑客事件主导者，为何不挑明?》一文中，文章坚称，“中国是此前黑客事件的主使者，该次黑客事件导致百万名美国官员的敏感信息泄露”，极大地渲染了所谓来自中国的“黑客威胁”。

此外，在其他涉华报道中，尽管每日野兽网没有表现出明显的负面倾向，但是也并未展现中国积极向上的一面。其中，多数报道还是以中国国内发生的突发事件，如自然灾害等为主要议题，如台风引发万人大撤离等。在这类报道中，以事实信息报道为主，并未表露明显的倾向立场。

可以说，每日野兽网的对华态度是具有较为明显的倾向性的。而这种态度上在一定程度上也是和美国大多主流媒体的对华态度大体一致，即较多选取关于中国的负面新闻，在看似客观的报道中流露出对中国的批判，夸大中国在环境、人权等方面的负面情况。

作为一家网络新闻媒体，每日野兽网发布的内容大多是“文章”(article)而非“报道”(report)，其中还有很多转引自《纽约时报》《华盛顿邮报》等传统媒体的新闻报道和评论文章。在每日野兽网一手发表的文章中，大多都是由特邀专栏作家撰写的评论文章，因而个人观点的色彩也较为浓厚。与“中国”相关的文章，主要是由美籍华裔律师章家敦(Gordon G Chang)来撰写的。章家敦是一名华裔律师，后来因为出版《中国即将崩溃》一书成为媒体圈炙手可热的人物，一方面为报纸期刊和网站撰写文章，同时也在一些电视节目中担任评论员。如同令他声名鹊起的那本书的书名一样，章家敦是一名忠实的“中国崩溃论”高唱者。在 2001 年出版的《中国即将崩溃》一书中，他就提出中国经济“早则五年，晚则十年，必将崩溃”，并且凭借这样的论调成为畅销书作者，甚至在美国国会和全美各地举办演讲。在后来的文章著述中，他也始终秉持这样“唱衰”“做空”中国的论调，对华态度一向消极负面。而每日野兽网聘请这样一位畅销作家来担任专栏作家撰写文章，其对华态度倾向可见一斑。

美国城市商业日报系 American City Business Journals

ACBJ

美国城市商业日报系(American City Business Journals)是美国一家报纸连锁集团，旗下包括 40 家在主要城市发行的周报以及《商业日报》(*The Business Journals*)及其网站。美国城市商业日报系的总部位于北卡罗来纳州，隶属于前进出版公司(Advance Publications)。

一、历史沿革

1985 年 4 月 22 日，《美国城市商业日报》由一位名叫麦克·拉塞尔(Mike Russell)的商人创办，总部设在堪萨斯城。除了核心刊物《美国城市商业日报》,公司旗下还有其他几本刊物。四年后,公司由知名记者雷·肖(Ray Shaw)接管。雷·肖曾经担任美联社的国内新闻报道记者,后来还曾担任过《华尔街日报》的高级管理层。1989 年,雷·肖从道·琼斯公司离职,随后与合伙人一起买下了《美国城市商业日报》公司。随后,雷·肖将公司总部迁到了南卡罗来纳州的夏洛特城。到 1995 年时,《美国城市商业日报》公司被前进出版公司收购,但雷·肖仍留任主编的位置。在雷·肖的任期内,公司由 850 名员工的小型企业发展到 1900 余名员工的大公司,旗下的刊物也增加到了 40 余本。

2009 年 7 月 19 日,75 岁的雷·肖去世。到此时,他执掌《美国城市商业日报》公司已经长达 20 年之久。在雷·肖去世之后,他的长子惠特尼·肖(Whitney Shaw)接任了执行主编的位置。之后,惠特尼·肖在《美国城市商业日报》公司任职多年,曾经历任该公司体育期刊出版部门的主管以及高级副总裁。现在,惠特尼·肖是该公司的总裁和首席执行官。[①]

2009 年,《美国城市商业日报》接受了"公事包网"(portfolio.com),该网站以报道中小型企业的新闻消息为主。到 2012 年 6 月时,公司对网站进行了改版升级,更名为《崛起商业日报》(*Upstart Business Journal*),作为公司旗下的线上产品之一继续运营。

二、发展现状

图 157 不同城市的《商业日报》

目前,《美国城市商业日报》公司旗下经营有 40 种在主要城市出版的商业周刊,覆盖读者达到 360 万左右。除此之外,公司还运营有以《商业日报》(*The Business Journals*)为名的在线电子期刊,该网站每天都更新来自公司内其他刊物以及自采的商业新闻信息。目前,该网站平均每月的访问量已经达到了近一千万。

在商业新闻报道以外,美国城市商业日报公司的另一大主要业务是专业体育新闻报道。该公司是斯特里与史密斯体育出版集团(Street & Smith Publications)的母公司,旗下出版有一系列的赛车专业期刊,包括《体育商业期刊》(*Sports Business Journal*)、《体育商业日报》(*Sports Business Daily*)、《海明斯汽车新闻》(*Hemmings Motor News*)等报纸,杂志有《体育新闻》(*The Sporting News*)以及多种体育年鉴等。

目前,《美国城市商业日报》公司在全美 43 个大型城市派驻有超过 600 位记者,遍及华盛顿、旧金山、奥斯丁和奥尔巴尼等,负责报道本地的商业新闻信息。

三、报道特点

《美国城市商业日报》以刊发本地财经新闻为主,通过广泛在各个不同城市驻扎记者,对当地的商业、财经、

① 美国城市商业日报公司网站:http://www.acbj.com/aboutus,检索时间:2016 年 3 月 30 日。

和公司新闻展开报道。公司旗下的刊物在《商业日报》的统一品牌之下，往往以当地城市来命名，比如位于波士顿的《波士顿商业日报》(*Boston Business Journal*)。《商业日报》已经成为一个非常重要的本土商业财经新闻品牌，旗下媒体的办刊宗旨是“提供最详尽和独家的本地财经新闻报道”。(To provide the most comprehensive, exclusive coverage of local business in each market it serves)。

图 158 《海明斯汽车新闻》

图 159 《商业日报》系列期刊的统一品牌

美国城市商业日报公司网站：http://www.acbj.com/brands/bizjournals，检索时间：2016 年 3 月 30 日。

四、涉华报道

由于《商业日报》系列刊物的定位是报道美国本土公司相关新闻，所有的采编力量都布置在本土各个城市，并不涉及国际新闻的采集和报道。另一方面，该公司旗下刊物的网站实行会员订购阅览模式，网站内容仅向付费用户开放。

美国广播公司 American Broadcasting Company

美国广播公司(American Broadcasting Company，简称“ABC”)是美国传统三大广播电视公司之一。目前，美国广播公司的直属公司是美国广播公司电视网(ABC Television Network)，其最大股东是迪斯尼集团，是迪斯尼集团旗下最重要的电视媒体机构。

一、历史沿革

美国广播公司的前身是全国广播公司(National Broadcasting Company，简称“NBC”)的一部分。当时，全国广播公司拥有红色广播网和蓝色广播网两个部分。1941 年，美国联邦通讯委员会(Federal Communications Commission，简称“FCC”)宣布，同一公司不能拥有两个及以上的广播网。因此，1943 年，全国广播公司决定将盈利性更差的蓝色广播网出售，最终卖给了爱德华 · 诺贝尔(Edward J. Noble)。随后，诺贝尔将蓝色广播网更名为“美国广播公司”。成立早期，美国广播公司主要依靠雇佣流行歌手克罗斯比(Bing Crosby)录制周播综艺节目来提高收视率，因为该节目采取录播的形式，美国广播公司也因此成为磁性录像的领军者。

1948 年，美国广播公司将注意力转向电视节目，并于 1953 年被联合派拉蒙剧院公司(United Paramount Theatres)收购，组成美国广播－派拉蒙剧院公司(American Broadcasting Paramount Theaters. Inc)，由原联合

图 160　1943 年成立初期时，美国广播公司的台标

派拉蒙剧院公司董事长伦纳德·戈登森(Leonard Gold-enson)出任新公司的董事长。虽然这次收购解决了美国广播公司的资金问题，但是面对美国两大老牌广播公司全国广播公司和哥伦比亚广播公司，美国广播公司还是缺乏相应的竞争力。

1954 年，美国广播公司获得了迪斯尼公司《迪斯尼乐园》和《米老鼠俱乐部》的播出权，因此赢得了大批广告商，进而增加了很多附属台。1975 年，随着节日经理佛瑞德·西尔弗曼(Fred Silverman)的上任，美国广播公司播放了一系列观众喜爱的情景喜剧，使得美国广播公司的收视率一度超过全国广播公司和哥伦比亚广播公司两大电视网。从 1976 年至 1979 年，美国广播公司新增了 35 个附属台，总数达到了 203 个，覆盖了美国 98%以上的家庭。

1986 年，美国广播公司被首都城市通信公司以 55 亿美元的价格收购。到 1995 年时，再被迪斯尼公司以 190 亿美元的价格收购。1999 年至 2000 年，美国广播公司凭借游戏节目《谁想成为百万富翁》，创下美国历史上所有电视节目中收视率的最高纪录。然而，随着《谁将成为百万富翁》热度逐渐降低，美国广播公司的收视率急剧下滑。到 2004 年，美国广播公司在全美所有电视台的排名中下降到第 4 位。①

图 161　美国广播公司的经典游戏节目《谁想成为百万富翁》

迪斯尼公司网站：Disney urges court of appeal to Overturn $319 Million "Millionaire" Verdict，2012 年 10 月 11 日，http://www.disneydigitalfiles.com/2012/10/disney－urges－court－of－appeal－to.html，检索时间：2015 年 9 月 28 日。

进入 21 世纪以来，美国广播公司推出了《迷失》《绝望的主妇》和《实习医生格雷》等电视连续剧，收视率逐渐回暖。

二、发展现状

目前，美国广播公司的集团总部在纽约曼哈顿，节目制作总部在加州洛杉矶市附近的伯班克市，与迪士尼公司总部和迪士尼摄影棚靠人行天桥相连。根据 2008 年的数据，美国广播公司是美国观众最多的电视网。直到今天，美国广播公司也依然是美国收视率最高的电视台之一。

目前，美国广播公司的呼号是"Start Here"。只有为了区别于其他电视台的时候，才会使用旧的呼号"America's Broadcasting Company"。在使用"America's Broadcasting Company"作为呼号之前，1997 年到 2000 年期间，美国广播公司的识别呼号是集团的全称。集团正式的名称"美国广播公司集团"(American Broadcasting Companies. Inc)，总是出现在版权声明和本电视网制作的节目中，同时也出现在集团的所有正式文件当中，包括合约和支票。

根据迪斯尼集团 2014 年的年度报告，截止到 2014 年 9 月底，美国广播公司旗下有 8 个全资拥有并经营的电视台以及 240 家协议附属电视台，覆盖全美 49 个州、哥伦比亚大区以及四个海外属地，覆盖全美 99%的家庭。② 美国广播公司负责向这些附属台提供节目和相关服务，附属台则向美国广播公司提供地方新闻内容。就附属台的数量来说，美国广播公司力压其他电视广播网，在美国国内首屈一指。

美国广播公司是一家商业电视网，因此其主要的收入来源是广告。美国广播公司的最高决策层是公司董事会，董事会一般会任命一位总裁来负责公司事务的运行。

---

① 唐世鼎，黎斌：《世界电视台与传媒机构》，中国传媒大学出版社 2005 年版，第 10 页。

② 迪斯尼集团 2014 财年年度报告：The Walt Disney Company Fiscal Year 2014 Annual Financial Report，https://thewaltdisneycompany.com/investor－relations/#reports，检索时间：2015 年 7 月 14 日。

三、报道特点

(一)品牌节目

美国广播公司一直追求节目的质量,因此有一系列的品牌节目,深受观众的喜爱。以下介绍几个美国广播公司的品牌节目。

1.《ABC今晚世界报道》

该节目注重世界政治新闻的报道。中东问题、巴以冲突、各国元首出访等都是该节目关注的重点。该节目虽然在新闻题材的选择上一般都是传统意义上的"硬新闻",但是表现形式多样化,注意节目的结构和编排,勇于创新,选用构图简单、主体突出的固定镜头,采用丰富的声音和画面来承载有质量的信息,吸引了大批年轻的观众。该节目善于强化节目中的矛盾冲突,记者也富有特色,表现十分积极,提问尖锐,创立了美国广播公司独特的新闻风格。

2.《20/20》

该节目于1978年开播,由美国广播公司新闻执行主管鲁伊·阿利奇(RooneArledge)创办,节目主要模仿的是CBS的《60分钟》。不过该节目更加关注新闻报道中的人情味。报道题材涉及范围较广,如国内国际时政、社会问题、儿童问题等。《20/20》的特色在于,每段专题节目结束后,记者会被请到演播室和两位主持人坐在一起,提供关于报道事件的最新进展,或发表对于事件的个人看法。著名主持人芭芭拉·沃尔特斯(Barbara Walters)、休·唐斯(Hugh Downs)等都曾主持过该节目。目前,该节目的主持人为伊丽莎白·法格丝(Elizabeth Vargas)和大卫·梅尔(David Muir)。

图162 《ABC今晚世界报道》

图片引自美国广播公司网站:http://abcnews.go.com/WN/,检索时间:2015年10月10日。

图163 《20/20》节目标识

图片引自美国广播公司网站:http://abcnews.go.com/2020,检索时间:2015年10月10日。

图164 《早安美国》节目

图片引自美国广播公司网站:http://abcnews.go.com/topics/entertainment/tv/good-morning-america.htm,检索时间:2015年10月10日。

3.《早安美国》

该节目是美国广播公司于1975年开播的晨间新闻节目,周一至周五每天播出两小时。周末的时长为一小时。该节目内容主要包括新闻、天气、谈话以及特别专题。该节目目前的主持人主要为乔治·斯迪法诺普洛斯(George Stephanopoulos)、罗宾·罗伯特(Robin Roberts)和劳拉·斯宾塞(Lara Spencer)。《早安美国》一般是仅次于NBC的《今日秀》的收视率第二的节目,不过在20世纪80年代中期至90年代中期,在查尔斯·吉布森(Charles Gibson)与琼安·兰登(Joan Lunden)的主持下,收视率一度超过《今日秀》,跃居美国第一。1999年,该节目的制作地点由林肯广场移至现在时代广场摄影棚的所在地,使该节目具有了加入户外直播的特色。

2007 年,《早安美国》获得了两座艾美奖,2008 年又再度获奖。

(二)王牌主持人

美国广播公司的节目之所以大受欢迎,很大程度上得益于美国广播公司众多的王牌主持人。

1. 彼得·詹宁斯(Peter Jennings)

彼得·詹宁斯是美国广播公司的著名新闻主播,与哥伦比亚广播公司(CBS)的丹·拉瑟(Dan Rather)及全国广播公司(NBC)的汤姆·布洛考(Tom Brokaw),并列为美国三大新闻主播。詹宁斯最初在加拿大安大略省的一家小电台做记者,之后来到加拿大第一家独立电视台工作。1964 年,他在美国采访民主党全国代表大会,获得赏识进入到美国广播公司做新闻节目。1965 年,詹宁斯初次担任晚间新闻栏目主持人遭受了失败,之后被调到罗马当驻外记者,并在中东成立了电视新闻分布,他担任美国广播公司新闻部驻贝鲁特的负责人长达 7 年。在此期间,他采访过很多重大新闻,包括柏林墙建立、越战等。

图 165　美国广播公司的著名主持人彼得·詹宁斯

1978 年,詹宁斯重回主持人岗位。五年后,詹宁斯接管《晚间世界新闻》节目,并且主持这档节目直到 2005 年。他以自信、成熟、稳重的风格赢得了美国观众的喜爱。凭借着多年的记者经历,他对于一些敏感问题总是具有独到的见解和敏锐的洞察力。他在职业生涯中共拿下 16 个艾美奖以及多个新闻奖项。詹宁斯于 2005 年 4 月宣布患上肺癌,并公开表达了与癌症搏斗的决心。然而,治疗令他的声线变得沙哑,导致詹宁斯无法继续在幕前工作,于是转为幕后为节目提供建议。同年 8 月 7 日,詹宁斯在纽约家中去世。

图 166　美国广播公司传奇女主持人芭芭拉·沃尔特斯采访卡斯特罗

图片引自美国广播公司网站:http://a.abcnews.com/images/Entertainment/abc_walters18_080502_ssh.jpg,检索时间:2015 年 10 月 10 日。

2. 芭芭拉·沃尔特斯(Barbara Jill Walters)

芭芭拉·沃尔特斯是美国电视新闻历史上第一位女性主持人,也是尼克松首次访华团中唯一的女主播。她采访过自尼克松以来的每一位美国总统和第一夫人,多次采访古巴领导人卡斯特罗,五次获得艾美奖,并有"历史上最伟大的流行文化偶像""20 世纪最有影响力的妇女"等称号。她于 1961 年开始主持全国广播公司的《今日秀》,之后又在 1976 年与美国广播公司签约,进入该台担任主播。芭芭拉访谈风格犀利,在访谈类节目中的名声已经到了无人匹敌的地步,她先后担任《今天》(*Today*)、《观点》(*The View*)以及《20/20》的主持人。直到 2014 年,芭芭拉才正式退休离开电视台。

3. 黛安·索耶(Lila Diane Sawyer)

黛安·索耶是美国知名的电视新闻记者,后来进入美国广播公司开始担任新闻主播。1978 年,索耶被哥伦比亚广播公司聘为驻华盛顿记者,她上进认真的态度很快使她成为明星记者。1984 年,索耶成为《60 分钟》的第一位女记者兼主持人。1989 年,戴安·索耶在离开老东家时,被美国广播公司以 1600 万美元的年薪聘为《黄金时间直播》的节目主持人,她不仅拥有丰富的社会经验,而且还在电视界充分展示了她的才华。她还先后担任过《20/20》《早安美国》的联合主播,以及《ABC 世界新闻》的主播。2001 年,她被 *Ladies Home Journal* 杂志评选

图 167　美国广播公司主持人黛安·索耶采访奥巴马

图片引自美国广播公司网站：http://a.abcnews.com/images/Politics/abc_president_obama_diane_sawyer_1_120126_wg.jpg，检索时间：2015 年 10 月 10 日。

为美国 30 位最有影响力的女性之一。2007 年，她又入选《福布斯》杂志评选的“世界百位最具影响力女性”，排名第 62 位。

(三)体育报道

在与哥伦比亚广播公司和全国广播公司的竞争中，美国广播公司一直注意加强体育节目的分量。20 世纪 60 年代，美国广播公司在体育报道上倾尽全力。当时担任美国广播公司体育部主任的鲁尼·阿里基是一个既有干劲又富有创意的人，他率先在体育报道中采用即时回放手法。1961 年，美国广播公司的第一个周末体育节目《疯狂体育世界》诞生。1969 年，美国广播公司推出另一个体育节目《周一晚间橄榄球》。另外，美国广播公司还一直坚持体育赛事的转播，在举办 1984 年洛杉矶奥运会时以 3 亿美元购买了比赛的转播权。在这次转播中，美国广播公司获得了巨大的成功，不仅收获了巨额广告费，还赢得了大批的观众。

四、涉华报道

截止到 2015 年 7 月中旬，在美国广播公司的新闻网站中以“中国”为关键词进行搜索，可以得到 13231 个检索结果。从 2014 年 7 月 14 日至 2015 年 7 月 13 日，一年间共有 809 篇涉华报道。其中，仅仅 2015 年 6 月 14 日至 7 月 14 日一个月间的涉华报道就多达 323 篇。经过分析这一个月的新闻报道可以发现，美国广播公司的涉华新闻主要援引自美联社，在 323 篇报道中多达 199 篇，约占总数的 62%，而自采新闻则有 110 篇，约占新闻总数的 34%，另外还有部分援引自盖蒂图片社、《中国日报》和 ESPN 频道等媒体的图片视频新闻，数量相对较少。

在涉及中国的报道中，经济领域的新闻报道能够占到总数的 32%以上，另有 19%是关于中国国际关系的报道，有 15%关于中国的环境问题，对中国社会的报道约为 13%，另外还有对于中国的民族、政治、娱乐和科技等领域的报道，占比均不足 10%(分别为 9%、5%、4%和 3%)。当中国发生突发性新闻事件时，美国广播公司往往也会对这些事件进行集中性报道。例如，2015 年 7 月初在中国南方登陆的台风以及中国股市动荡，美国广播公司发布了多条新闻对其进行全方位的报道。

总体数量上来看，美国广播公司的涉华报道在价值倾向上以立场中立的中性报道最多，有少数负面报道援引自美联社。而这些负面的报道一般是涉及中国的人权问题或民族问题。

在美国广播公司的涉华评论中，最为人所知的莫过于 2013 年的“杀光中国人”言论失范事件。在 2013 年 10 月 16 日播出的《吉米鸡毛秀》中，主持人吉米·基梅尔邀请了四名不同肤色的孩子组成“儿童圆桌会议”，讨论政府债务违约的国家大事。当主持人问道“我们欠中国 1.3 万亿美元应该怎么办”时，一名 6 岁儿童回答道：“我们要杀光所有中国人。”听闻此言，主持人不但没有予以制止，反而调侃道：“这是一个很有趣的想法。”节目一经播出，就引起了在美华人的极度愤慨，各大团体纷纷要求美国广播公司和吉米公开道歉。11 月 10 日，美国广播公司发表声明称：针对 10 月该台播出带有辱华色彩的言论发布公开道歉声明，承诺加强审查，杜绝类似事件。美国广播公司在声明中承认了错误，并承诺将永久清除该内容，永久取消“儿童圆桌会”环节。

美国之音 Voice of America

美国之音(简称"VOA")是美国一家提供45种语言服务的动态国际多媒体广播电台,同时也是美国广播事业管理委员会BBG(Broadcasting Board of Governors)监管下的政府机构。美国之音的广播内容涉及全球各国的政治、经济、文化的各个方面,平均每周约有1.64亿听众。

一、历史沿革

20世纪30年代,美国的广播事业进入发展的黄金时期。在这一时期,美国拥有收音机的家庭数量飞速增长,电台数目在1930～1948年间从600座猛增至1621座,电台的广告收入也从1927年的300万美元上升到1929年的4000万美元。但即便是在这样的时代背景下,一向走在技术革新前列的美国却没有一家由政府出资开办的国际性广播电台。事实上,在当时,美国甚至是世界强国中唯一没有官方国际广播电台的国家。为了改变这种情况,美国高层人士做出了许多努力,包括曾经担任美国前总统富兰克林·罗斯福演讲撰稿人的罗伯特·舍伍德(Robert E. Sherwood)、纽约州议员伊曼纽尔·塞勒(Emmanuel Siler)等人。

这种尴尬的局面一直持续到1941年,美国国内事务协调局(CIAA)从私营业主手中租用了几部低功率短波发射机,开始向拉美地区进行广播,这也被视为美国之音的肇始。而这套广播节目成为真正的"美国之音"还要归功于"美国之音之父"——罗伯特·舍伍德。1941年罗斯福总统任命当时自己的演讲撰稿人——著名剧作家舍伍德为美国外国新闻处(FIS)处长。一贯推崇国际广播的舍伍德如鱼得水,以"向国外传播美国思想"为指导方针来管理广播事业。在这种指导思想下,舍伍德先是把外国新闻处总部设在了国际化程度最高的纽约,同时开始制作针对亚洲、欧洲的广播节目。1941年12月,外国新闻处在旧金山播音室进行了第一次对亚洲广播;1942年2月24日,外国新闻处通过英国广播公司(BBC)进行了第一次对欧洲广播。由于当时的播音员威廉·黑尔(William·H. Hell)经常以"现在是来自美国的声音"(Now is the voice of America)作为开场白,"美国之音"(The Voice of America)的名字逐渐成为了该广播节目的正式名称,真正意义上的"美国之音"由此诞生。

1942年美国战时情报局(OWI)成立,并成为了美国之音的主管部门,美国之音也进入了一个高速发展阶段。到"二战"结束之际,美国之音已经拥有20多座发射台,并用41种语言向全世界多地进行广播。但是很多语种在战后就被取消,对"拉美"的广播事务也在1945年12月31日转交给了国务院。进入"冷战"时期后,为对抗苏联不断加强的对外广播,美国也开始加大了对美国之音的支持力度,这其中就包括在美国东、西海岸建立大型发射台以及建立审查制度等。1953年8月1日,美国新闻署(USIA)成立,美国之音划入该署管理,并成为其最大的部门。

在之后的20多年时间中,美国之音抓住了"匈牙利十月事件、苏伊士运河危机"等机会,进入了一个平稳而快速的发展时期。1960年,美国新闻署时任署长乔治·艾伦(George Ellen)签署了《美国之音章程》作为美国之音广播的准则,这一准则在1976年由总统杰拉尔德·福特(Gerald Rudolph Ford)签署成为联邦法律文件,这一文件的签署让美国之音的地位进一步提高,并获得了政府在更多层面上的支持。1977年,美国之音成为了第一个24小时使用卫星线路由播录室向海外转播台传送节目的国际广播电台,这是当时其他国际广播电台是难以企及的。①

然而美国之音的发展也并非一帆风顺。二十世纪七八十年代,受经济危机的影响,美国之音也陷入了财政

① 温飚:《美国之音简史》,《中国广播电视学刊》1995年第12期。

危机。财政危机又进一步导致了人员和设备的严重短缺。在度过了艰难的几年之后，通过里根政府及时任台长肯尼斯·汤姆林森(Kenneth Tomlinson)的努力，美国之音在困境中实现了变革。现代化转型之后的美国之音不仅在设备上焕然一新，更重要的是还正式开办了对欧广播(VOA Europe)，24 小时对欧洲 20 多个国家进行广播。它还成立了马蒂广播电台，24 小时对古巴播出西班牙语节目。到 80 年代末，美国之音的固定听众已达 1.3 亿。到 1990，美国新闻署成立广播局，美国之音、古巴广播电视处以及电影电视处等部门统一收归该局管理。

1994 年，为改变美国之音在职业新闻和宣传工具之间徘徊的尴尬处境，美国总统克林顿签署法规，决定美国之音由一个 9 人董事会领导，董事会成员中，4 个是民主党，4 个是共和党，1 个是国务卿。他们各自有自己的政府公差，共同职责是讨论并挡住政府对美国之音的业务干扰。但这一举措并未取得很好的效果。1999 年，美国国会通过法案改组外交机构，美国新闻署于当年 10 月解散，美国之音归入新成立的国际广播理事会来管理[①]，美国之音也进入了一个新的发展时期。

二、发展现状

要说明美国之音发展现状，必须对美国政府于 1948 年 1 月颁布的《史密斯—蒙特法案》加以阐释。该法案是美国政府为了在“冷战”初期对抗苏联不断加强的对外广播而制定，该法案正式授权官方的广播电台进行对外广播宣传以支持美国的对外政策。如此一来，美国之音的对外宣传活动便有了法律依据，美国政府进行国际宣传和教育交流活动也在法律上拥有了合理性。但是很多人不知道的是，该法案第 501 款的一条规定——“明确禁止美国之音、自由亚洲电台等国营媒体对美国国内广播”，而且这一禁令至今有效。

对此，美国之音在其官网上提供的解释是，此举是为了确保美国政府不会把某个媒体当作自己的官方喉舌，面向国内公众进行宣传活动。1985 年，美国对《史密斯—蒙特法案》进行修订，进一步加强了对美国政府制作的针对海外受众的宣传品在本土传播的限制，其中也包括美国之音。因此，在谈到美国之音时，不得不面对这样一种怪现象：一方面，美国之音在全球范围内拥有每周过亿的稳定听众数量；另一方面，美国之音在国内的知名度远不如在国外，许多美国人甚至不知道美国之音是否依然存在。

在新旧世纪交替之时，美国之音的发展主要体现在语种数量的变化上。1991 年 3 月 25 日，美国之音开启了日播 15 分钟的藏语广播节目，达赖喇嘛也曾多次通过该节目发布反动言论，为此中国政府多次向美国政府提出了严正抗议。1992 年 4 月 25 日，针对伊拉克和伊朗听众的库尔德语节目开播。1996 年波斯尼亚语、克罗地亚语、塞尔维亚语、奥罗莫语以及提格雷尼亚语节目开播，节目播出语言达到 50 种。最高峰时期，美国之音的语种数量曾达到过 52 种，但有些语种在后期因各种原因遭到裁撤，例如 2011 年中文广播被裁撤就是其中典型案例。目前，美国之音的广播语种为 45 种。

在网络技术的应用上，美国之音也是一马当先。1994 年美国之音成为世界上首家利用国际互联网络的国际广播电台。但起初其网站只发布一些简单的文本信息，在 1996 年信息化改革后，该网站得到了极大的升级，节目表、频率表、节目及数字化音频资料等都陆续出现在其网站上。如今，美国之音网站已经成为一个集文本、图片及音视频为一体的综合性新闻服务网站。根据著名浏览数据网站 Alexa 给出的数据，当前美国之音网站日均页面浏览量达到了 433,620 次，流量排名居全球第 5,101 位(该数据每日有小幅变化)[②]。

三、报道特点

虽然美国之音在其漫长的发展历史中一直在职业新闻和宣传工具之间做着艰难的选择，但听众都可以感受到其浓重的宣传意味。出于这种宣传的需要，其节目也主要被划分为两类：一类是以国内外新闻报道和分析

① 李杨：《美国之音，即将消逝的电波》，《看历史》2011 年第 8 期。

② 数据来源：alexa.chianz.com，http://alexa.chinaz.com/alexa_more.aspx? domain=voanews.com，检索时间：2015 年 10 月 2 日。

为主的时事类节目,而另一类则是以介绍美国社会文化和政治经济现状的专题类节目。从比例来讲,时事类节目同专题类节目的比例大概是六比四。时事类节目比重较大这一点是由美国之音的宣传工具性质决定的,因为时事类节目中的观点可以直接代表美国政府的立场,可以起到向外界阐释美国政府政策的作用。

具体而言,时事类节目包括国内新闻、国际要闻、新闻评论等内容,其内容来源主要是美联社、路透社以及法新社这些西方大通讯社,还有《纽约时报》《华盛顿邮报》等全国性的报刊杂志以及美国之音驻外记者发回的报道。更为重要的是,美国之音还可以从美国中央情报局(CIA)的外国情报监听处获得资料。这一点是其他广播电台无法做到的。新闻素材从各个来源收集合并之后会统一发至总部新闻中心,进行进一步的精心处理。

从材料的选择上,作为资本主义国家的官方喉舌,有关社会主义制度国家"阴暗面"的报道以及资本主义国家"光明面"的报道自然是首选材料。对资本主义国家"民主、自由、平等"思想的传播有益的材料也更是首选。事实上,只要不同美国的国家利益相冲突,不与其对外政策产生矛盾的材料都有可能入选。在这方面,美国之音每天一篇的"社评"可谓是典型代表,它可以直接公布或解释美国的对外政策,其立场完全可以代表官方立场,有着非常强烈和直接的宣传效果,因此该项目也从最初的每月3到4篇改为了每天1篇,足以看出美国之音对其的重视程度。

相对于时事新闻类节目来讲,专题类节目就没有那么"简单粗暴"了,而是多了几分"以利相诱"的意味。该类节目不直接对政策进行公布和解释,而是通过对美国社会政治、经济及文化等方面的介绍来吸引听众,潜移默化地使听众接受其观点,并提升听众对其政策的理解度和支持度。简单地说,时事类节目的效果更为直接,注重短期效果;而专题类节目则更为间接,注重长期效果。事实上,美国之音的专题节目也经历了从赤裸裸的"反共唱资"到柔和、友好的美国梦宣传片这样一个转变过程。现在的美国之音专题节目主要宣传美国强大的国力与先进的科技水平,进而以美国式的生活方式和价值观来感染听众①。

四、涉华报道

早在美国之音成立之前,美国就开始了对华进行中文广播,在1939年的美国旧金山博览会上就出现了用粤语广播的对华广播节目。"二战"爆发后,美国新闻局开始用粤语和普通话进行各半小时的对华广播,这档节目后来在1942年6月并入美国之音。美国之音进入中国后引起了极大的反响,尤其是在20世纪70年代的知青群体中更是风靡一时,而70年代到80年代末这段时间也是美国之音对华广播的巅峰时期。同时,受当时中美关系正常化的影响,中国政府对美国之音的风行也采取了默许的态度,美国之音在这段时期之内以及之后的10年里发展十分迅速。然而,在新旧世纪之交的几年时间里,美国之音连续在北约轰炸中国驻南联盟使馆、李文和事件以及南海撞击事件的报道中选择了为美国开脱、对中国进行讽刺的态度,其不负责任的报道和评论也使其公信力一落千丈,中国听众对其抵制情绪日益升高,听众数量大幅降低。进入21世纪之后,随着网络的兴起,广播开始式微,本就入不敷出的美国之音对华广播更是难以生存。在2011年对汉语、粤语节目部进行大规模裁员及削减预算后,美国之音2014年8月发布的亚洲地区广播名单中已经赫然没有了中国的身影。

从美国之音对华广播的历史我们也可以看出,作为美国政府的官方喉舌,其对社会主义国家并不抱有友好的态度。无论具体的报道形势如何,对社会主义国家的打击和对资本主义国家的宣扬才是其最终目的。② 在这种大的基调下,我们可以再进行具体的报道分析。

以美国之音在2008年中国"3·14事件"前后的涉藏报道分析,在2008年3月5日到4月15日之间,美国之音共发表了315篇涉藏报道,平均每天6.8篇,这其中直接性新闻报道占到了90%之多。从稿件内容及倾向来看,这些稿件乍一看都保持了美国媒体"一贯的公正与客观",并没有直接对中国政府进行指责,但在一些词语的使用上,却能明显读出其讽刺和敌意。如在《中国佛教大发展达赖喇嘛派受压》一文中,开篇就写道:"中国

---

① 张健:《美国主流媒体涉华报道分析》,《国际关系》2007年第1期。
② 孟庆鸿:《我们应该怎样看待"妖魔化"》,《新闻记者》2002年第9期。

是一个由信仰无神论的共产党统治的国家,但是近年来,中国大陆沉寂已久的宗教力量有了突飞猛进的发展。"在《西方媒体有关西藏报道是否公正》中也写道:"中国没有真正意义上的独立媒体,没有新闻自由,媒体是党和政府的喉舌和工具。"这样的语段会直接给读者带来中国专制、腐败的印象。

再以美国之音关于"钓鱼岛事件"的报道为例,在2009年到2012年90多篇涉及钓鱼岛问题的报道中,有着相当一部分报道站在了日本或者美国的立场上,强调和放大了日方和美方的利益,而淡化了中国对其拥有权的事实以及《开罗宣言》《波茨坦公告》等法律文件的效用。如美国之音在2009年10月27日发布的一篇名为《中国船只出现在接近日本的争议水域以示防御》的文章中指出,日本要求中国对进入日本海域的行为向日本道歉而被中国拒绝,中国外交部发言人姜瑜称,"钓鱼岛及其附属岛屿历来归中国所有"。但在后文中却又一再强调日本自1895年占领台湾时控制钓鱼岛,而关于中国对钓鱼岛历史上的拥有权和"二战"前后的国际公约只字未提。

从以上涉华报道分析来看,美国之音的对华态度显而易见。但根源在于其美国政府喉舌的基本属性,这一点决定了美国之音不可能摆脱对社会主义国家的偏见,其倾向性也因此而定。同诸多美国媒体的倾向性来比较,美国之音也属于反华言论比较高调的一类。

美联环球电视新闻 Associated Press Television News

AP

美联环球电视新闻(Associated Press Television News,简称"APTN")是美联社的视频业务机构。它通过亚洲、拉美、北美和全球服务四条专线,每天用6种文字连续不断地向全球500多家电视台和网站提供政治、经济、体育、文化等方面的音像素材。[①]

一、历史沿革

美联环球电视新闻的前身是美联社电视部工作中心(APTV),成立于1994年。1999年,为进一步拓展电视业务,美联社兼并了1963年成立的位于英国伦敦的环球电视新闻网(Worldwide Television News,简称"WTN"),两者合并组建了现在的美联环球电视新闻,并将总部迁移到了原环球电视新闻网位于伦敦北部的总部。

2005年,美联环球电视新闻进行了一次品牌重组,摒弃了原来的标志,改为使用和美联社统一的标志,强化了依托美联社的品牌形象色彩。

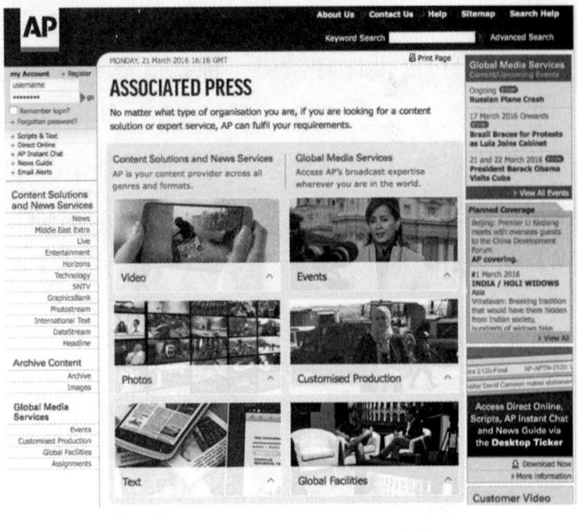

图168 美联环球电视新闻网站首页

图片引自美联环球电视新闻网站:http://www.aptn.com,检索时间:2016年3月20日。

二、发展现状

目前,美联环球电视新闻的总部位于英国伦敦北部,在全世界拥有280多个分支机构,其中包括北京、华盛顿、纽约、莫斯科、巴黎、罗马等国际都市,也包括一些国际新闻的热点地区,如阿富汗和伊拉克。同时,美联环球电视新闻还得到美联社遍布全球的报道网络的有力支持。

---

① 刘阳:《北美地区视频直播信号传输方式的现状分析与思考》,《中国传媒科技》2010年第8期。

美联环球电视新闻向全球的电视媒体用户提供电视新闻，和路透电视(Reuters TV)构成了世界上两个最大的电视新闻供应商，全球50%左右的国际新闻视频都由这两家机构提供的。

过去的几年中，美联环球电视新闻通过对国际重大突发事件的报道获得极大的成功，其对“别斯兰人质事件”[1]的报道获得了2005年国际艾美奖“最佳电视新闻报道”。此外，美联环球电视新闻在“以色列自杀式爆炸”[2]、“香港回归”“教皇保罗二世去世”等报道中都极大地扩大了影响力。

三、报道特点

美联环球电视新闻的主要业务是通过卫星和光纤向其订阅客户发放原始的音像素材，特别是在全球性的突发事件中，依托美联社覆盖全球的包括地面线路和卫星传送在内的通讯网络——美联社的全球视频专线GVW(the global video wire)，能够24小时不间断地向全球任一地点传输视频信号。[3] 如在2004年印度尼西亚发生海啸时，由于陆路和空路交通全部被封锁，最早的一段现场视频资料是美联环球电视新闻通过其卫星传向世界各地的。

除了及时报道世界各地发生的新闻外，美联环球电视新闻还提供各种专业性的电视新闻服务，其中包括专题报道、电视新闻档案、每日娱乐新闻以及根据用户要求采编的中东报道等。此外，美联环球电视新闻还将建立世界上最大的电视广播特别服务系统，向用户提供摄制人员、电视新闻编辑及卫星传送等业务。

与此同时，美联环球电视新闻还与体育新闻电视台合作，向用户提供体育新闻。特别值得一提的是，依托美联社悠久的历史，美联环球电视新闻还向其客户提供历史视频资料，这些视频最早可以追溯到1895年，其中包括美联社的视频资料以及购买的合众国际社以及原WTN的视频资料。

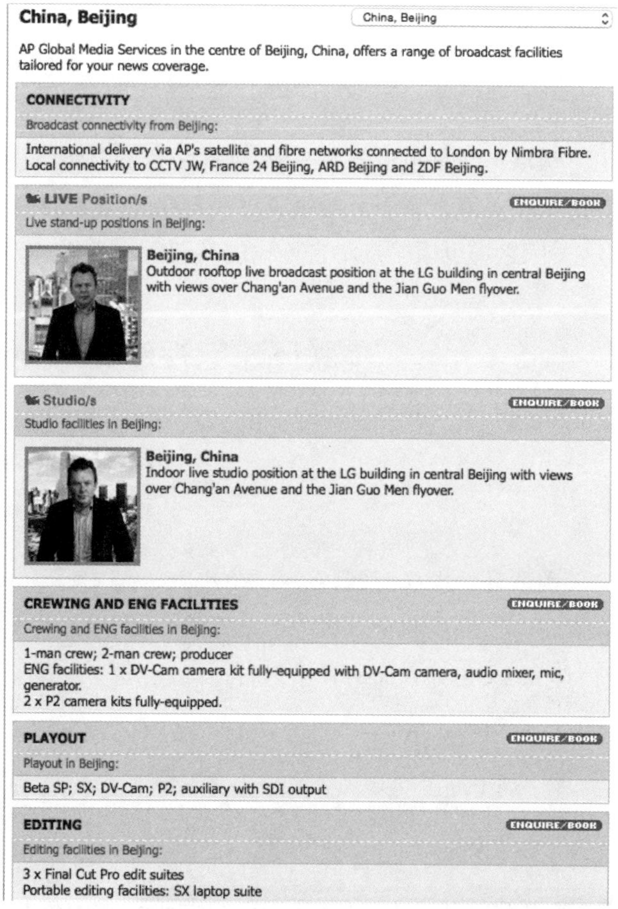

图169　美联环球电视新闻驻京办事处介绍

图片引自美联环球电视新闻网站：http://www.aptn.com/80257026004B1988/(httpOffices)/C18558E72821A6CE802570260050BA74? OpenDocument，检索时间：2016年1月10日。

四、涉华报道

目前，美联环球电视新闻在中国设有常驻机构，配备有三名工作人员，包括两名摄影师和一名制片人，可以在北京完成拍摄和初步的编辑制作程序。

由于美联环球电视新闻的业务主要是基于用户的要求，拍摄制作原始音像素材，提供实地的新闻画面，因此并不涉及具体的涉华报道。

---

① 别斯兰人质事件指2004年9月1日，车臣分离主义武装分子在俄罗斯南部北奥塞梯共和国别斯兰市第一中学制造的一起劫持学生、教师和家长作为人质的恐怖活动。

② 这里的“以色列自杀式爆炸”指2008年2月4日发生在以色列南部城镇迪莫纳的自杀式爆炸事件。

③ 陈怡：《美联社的新媒体战略》，《中国记者》2007年第8期。

美联社 Associated Press

AP

美联社(Associated Press,简称"AP")的全称是美国联合通讯社,是美国最大的新闻通讯机构。经过一个多世纪的发展,美联社已发展成为当之无愧的世界第一大通讯社,代表着可靠、真实、迅速。美联社是一个基于媒体联社体制的非营利合作组织,由其成员媒体共同所有。目前,美联社有1300家报刊和3400家广播电视台成员。通过美联社的平台,这些报纸、电台、电视台及其他媒体组织将各自的新闻相互交换、互通有无,同时共同分担新闻采编制作的费用。

一、历史沿革

如今,"美联社"的名字已是家喻户晓,但在初创时期,它并不叫这个名字。在一个多世纪的发展历史中,美联社曾经几易其名,每一次名称的变化也代表其不同的发展阶段。

图170 美联社历年使用标识

(一)"港口新闻社"时期

随着电报技术的发展成熟,经由电报传递的新闻快讯成为报纸刊载的重要消息来源。但是电报的费用相对较为高昂,为了应对这个问题,一些地方报纸开始组织起来,通过合资的方式支付电报费用获取新闻消息。比如1846年3月成立的纽约州联合通讯社。这一需求对于报业发达的纽约来说,更是日益突出。

《纽约商业时报》的黑尔最早提出了组建一个联合组织的设想。他造访了《纽约先驱报》的发行人贝内特,提出各竞争对手合伙经营新闻采集业务,集中资源联合展开对墨西哥战争和其他重大新闻的报道。这一提议为纽约几家报纸同行所采纳,为创办新闻通讯社奠定了基础。[1]

1948年5月,纽约市的六家报纸《纽约先驱报》《纽约太阳报》《纽约论坛报》《纽约商业日报》《快报》和《纽约信使及问询报》的出版商举行了一场意义重大的聚会,商讨建立报纸联合组织的可能性。具体来说,就是每家报纸都拿出一部分专款,以供广泛地报道这个世界发生的所有重大事件之用。5月13日,《纽约信使及问询报》的亨利·雷蒙德致信波士顿的电报代理公司,通知他上述六家报纸希望"通过电报从波士顿获得共同采用的国外新闻"——包括在驶往纽约之前停靠波士顿码头的轮船所带来的新闻以及从哈利法克斯分呈传递而来的新闻。一周之后,雷蒙德代表"联合通讯社"签订了一项合同,规定每拍发3000字的新闻支付电报费100美元,并声明新闻将同时发给费城和巴尔的摩的报纸。[2]

1849年1月11日,上述六家报社共同签署了一项协议,正式组成"港口新闻社"(Harbor News Associa-

---

① 〔美〕迈克尔·埃默里、埃德温·埃默里:《美国新闻史——大众传播媒介解释史》(第八版),展江译,新华出版社2001年版,第135页。

② 〔美〕迈克尔·埃默里、埃德温·埃默里:《美国新闻史——大众传播媒介解释史》(第八版),展江译,新华出版社2001年版,第135页。

tion)。协议规定,这六家合伙人按约定共享两艘船只,在驶入纽约港的轮船上采集新闻,共同分担费用,同时可以向纽约市以外的报纸出售新闻内容。由于通过电报出售新闻的生意变得越来越重要,六家报社随即于1851年签署了新的协议,将"港口新闻社"改名为"电讯与综合新闻联合社"(Telegraphic and General News Association)。

(二)"纽新社"时期

1857年,"电讯与综合新闻联合社"进一步改称为"纽约联合新闻社"(New York Associated Press,简称"NYAP")。此时,纽新社除了向纽约本地会员提供服务之外,也逐渐开始向其他地方扩张。但是,此时纽约联合新闻社的业务还并非直接向各地报纸供稿,而是将新闻提供给各地组成的报业团体。这些团体类似于纽约联合新闻社在各地的二级机构,所以也都冠以"某某联合新闻社"的名称,如"费城联合新闻社""南部联合新闻社""西部联合新闻社"等。其中,"西部联合新闻社"于1862年成立,总部位于芝加哥。在当时分散各地的联合新闻社中,该机构的实力最强,进而为日后美联社的成立打下基础。

(三)"伊利诺伊联合新闻社"时期

1882年,"纽约联合新闻社"在与芝加哥新成立的一家名为"United Press"的新闻通讯机构的竞争中失利,致使大部分成员离开加入对手旗下。在这种情况下,剩余的小部分会员与西部联合新闻社合并,于1892年成立了新的"伊利诺伊联合新闻社",总部设在芝加哥。

伊利诺伊联合新闻社的第一任社长是梅尔维尔·斯通(Melville E.Stone)。为了能在竞争中胜出,斯通一上任就马上赶赴欧洲,以巨大的代价同当时的欧洲三大通讯社签订了独家交换新闻的合同。其实早在1870年1月17日,路透、哈瓦斯和沃尔夫三家通讯社就在巴黎举行了会谈,并签署了分割世界新闻市场的垄断性协定,至此世界新闻市场已被瓜分完毕。此后伊利诺伊联合新闻社的加入,虽获得了与其他通讯社交换国际新闻的特权,但报道范围不能插足美国以外地区。这一协定,也因此而被称为"三社四边协定"。这在一定时期内限制了联合新闻社在世界范围内的扩张,但是由于该协议实际上切断了主要竞争对手"United Press"的国际新闻来源,致使后者最终于1897年倒闭。

从伊利诺伊联合新闻社到如今的美联社,这一过渡源于一场官司的败诉。从1898年起,伊利诺伊联合新闻社卷入了一场持续两年的官司。当时,由于芝加哥《洋际报》采用了其他通讯社的稿件,伊利诺伊联合新闻社便以此为借口停止向该报供稿,《洋际报》因此向法院提起诉讼。经过长达两年的审理,1900年,伊利诺伊州法院做出最终裁定认为,联合新闻社必须将其稿件提供给任何想要订阅的客户,不得加以区分和歧视。此次败诉后,斯通为规避伊利诺伊州法院的后续制裁,便解散了伊利诺伊联合新闻社,同时又在纽约成立了一家新的通讯社,定名为"联合通讯社"(Associated Press)。[①]经过此次重组,美联社的名称也正式确定下来,并且一直沿用至今。

(四)"美联社"时期

进入20世纪,美联社走上了发展变革的快车道。一方面确立了新的报道方针——"报道事实,不报道意见"。这是在反对美国18世纪末到19世纪初政党报刊的黑暗年代的历史背景下出现的。随后,经历了19世纪末到20世纪初自由主义新闻理论的大行其道、社会责任论的盛行和读者需求的变化,美联社转向关注"新闻背后的新闻",即强调解释性、探索性、预测性的深度报道。

另一方面,美联社也通过一次次的变革扩大了其新闻报道的覆盖范围。尽管在20世纪初,美联社凭借此前与欧洲三大社的国际新闻交换协定取得了一定程度的发展。但是依据该协定,美联社仅能在美国本土进行

---

① 〔美〕迈克尔·埃默里、埃德温·埃默里、南希·L.罗伯茨:《美国新闻史》,展江译,中国人民大学出版社2004年版。

新闻采集，在很大程度上束缚了自身的扩张。对此，美联社第七任总裁肯特·库伯曾愤愤不平地说："直至现在，美联社还不能把美国的新闻发布到世界其他地方，我对这种屈从于如此卑劣的新闻压制，感到痛心不已。"[①]正是由于深刻认识到这一点，美联社开始了向外扩张之路。

在两次世界大战中，民众了解新闻的需求激增，美联社也因此获得了绝佳的发展机会，趁势迅速崛起。"一战"爆发时，美联社的订户仅有100多家。到"一战"结束之后，法国受到重创，而德国也作为战败国一蹶不振，哈瓦斯通讯社和沃尔夫通讯社往日的风采已不再，三大通讯社垄断独大的局面实际上已名存实亡。到第二次世界大战时，美联社逐渐开始向海外拓展。到1946年"二战"结束时，美联社已经完全能凭借其强大的实力自由地向世界各地供稿了。而且凭借对于新技术的运用，美联社不断扩展自身的媒体业务，其成员也从报纸扩大到电台、电视台，供稿范围也从媒体逐渐发展到非媒体用户。

1941年，美联社开设了一条广播专线，开始涉足广播新闻服务，与一些电台签约并提供适口播的新闻。1947年，美联社开始广泛吸收电台成员，1974年建立美联社广播网，专门为其电台成员提供文字和音频报道，并建成世界上首家通过卫星传播节目的广播网。1979年，美联社开始向电视台提供视频新闻。1998年，美联社收购了美国广播公司旗下的新闻通讯社WTN、英国独立电视新闻台的ITN和澳大利亚第九频道，在此基础上成立了美联社电视新闻网。[②]

1995年时，美联社成立了多媒体服务部，开始了新媒体业务的发展之路。1996年，美联社推出了服务其成员新闻网站的"连线"(The Wire)业务，日夜滚动发布全球最新消息。2000年，美联社又推出了专为媒体网站服务的实时视频新闻"美联社源流新闻"(AP Stream News)服务，提供包括口播新闻、视频新闻、直播新闻等形式的信息。到2000年底，美联社的网络订户已超过800家，网络新闻服务开始成为其重要的财源之一。[③]

可以说，在整个20世纪，随着美国在世界范围内不断扩大影响力，美联社也成了世界首屈一指的国际新闻通讯社。

二、发展现状

进入新世纪以来，随着媒体技术的革新以及传媒生态的变化，美联社也在通过一步步的改变，紧跟时代的发展步伐。

在新媒体发展方面，美联社始终在探索。2003年，美联社的社长汤姆·柯利率先迈开了变革的步伐。他曾说："我们正在使美联社由传统的通讯社向一个将我们连在一起的互动式数据库和新闻网络转变，它不

图171 美联社网站首页

图片引自美联社网站：http://ap.org，检索时间：2016年3月22日。

---

① 〔美〕约翰·钱塞勒、沃尔特·米尔斯：《记者盛宴》，史文新译，世界知识出版社1985年版。

② 王永志：《全球新闻神经大透视》，中国台湾中央通讯社2004年版。

③ 唐润华：《西方三大通讯社如何应对互联网带来的机遇与挑战》，《国际新闻界》2001年第6期。

仅在技术上将我们联结在一起，还会将我们的业务与新闻目标连接在一起。”[①]

在这样的背景下，美联社开启了从新闻采集到发布的多媒体化。以美联社在北京的分社为例，早在 2007 年的 6 月 12 日，美联社就宣布将该分社重新整合，将文字信息、图片、视频整合成一个多媒体的新闻工作室，配合先进的技术，同时提供从文字到多媒体的多样式的新闻产品。与之相配套的是，美联社建立了自己的多媒体数据库，其记者和工作人员均可以从这个数据库里提取各自需要的资源。这样的变革使美联社每一个单独部门所生产的资源在全球范围实现了共享，避免了之前各部门各自为战、资源浪费的局面。

美联社还与时俱进地向用户推出了个性定制服务，用户可以根据自身的需求接受美联社提供的信息，美联社还可以以此跟踪用户的信息使用情况。为此，美联社在多媒体产品的内容和形式上不断丰富，2006 年美联社和微软公司 MSN 网站推出了美联社在线视频网(APOnline Video Network)，有效地拓展了美联社视频节目在网络上的影响力。在内容分发方面，美联社注重打造自己的新闻客户端，早在 2008 年 5 月，美联社就推出了自己的新闻客户端“AP Mobile”，目前已覆盖 Windows、iOS、Android 以及 Windows Phone 等各大个人电脑(PC)和移动平台，以确保将自己生产的新闻内容第一时间推送给不同的用户。

同时，美联社还在有影响力的社交媒体中开设账号传播自己的新闻信息。截至 2015 年 8 月底，美联社的新浪微博账号粉丝已经超过 18 万，其十分注重本土化传播策略，报道的新闻内容大多是与中国受众接近性较强的，涉及两会、雾霾等多个热点议题。[②]

在内容生产方面，美联社推出的“Wordsmith 自动化撰稿”服务颇具亮点，这一技术使计算机与记者之前的鸿沟逐渐被弥合，是新技术在新闻生产领域的又一次革新。2015 年 1 月 28 日，美联社发布了题为“苹果第一季度营收远超华尔街预测”的新闻稿。令人惊讶的是美联社新闻发稿的速度，在苹果公司数据公布之后几分钟便已经完成了发稿。另一大亮点在于，这篇报道并非由记者编辑采写，而是由“机器人记者”Wordsmith 自动化撰稿系统生成并发布。[③] Wordsmith 是自动化洞察力公司(Automated Insights)公司自主研发的自动化写作平台，通过计算机程序将数据融入结构化的语言中生成新闻报道，其撰稿内容与语言风格模拟真人口吻，完全符合美联社的新闻采编方针。未来这种技术将率先被运用到需要进行数据处理和话题策划性较强的新闻报道中，如体育新闻与财经新闻等。

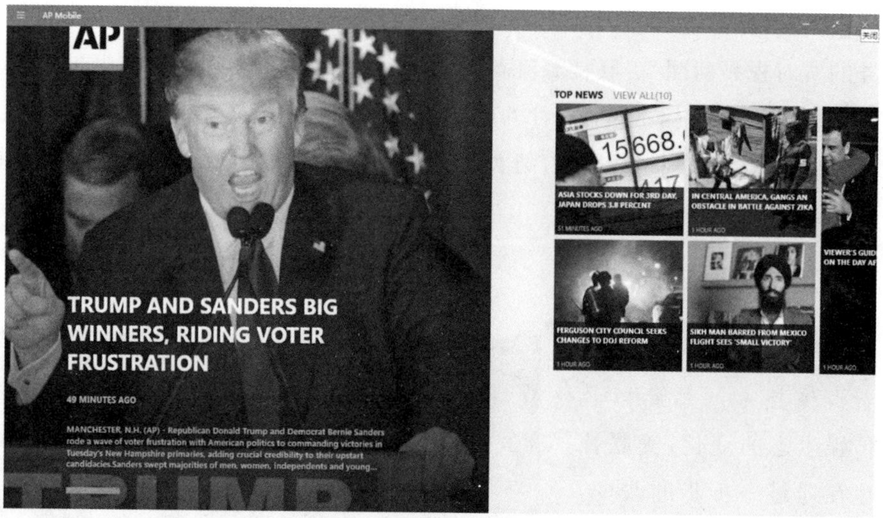

图 172　美联社 Windows 客户端

此外，值得一提的是，美联社十分重视其国际新闻报道方面的发展。尤其在世界经济不景气，大多数媒体都在收缩国际新闻业务纷纷撤回其海外分社时，美联社却把全球布点作为其发展的一部分。经过 4 年的筹划和努力，2006 年 5 月，美联社成为第一个在朝鲜建立长期办公室的西方新闻机构。当年朝鲜洪水肆虐，美联社发布了大量深度报道。伯恩特新闻学院的媒体分析员里克・埃德蒙德称，这(全球布局)使美联社成为世界上最大、运营成本最高的新闻机构。

---

① 雷向晴:《美联社:迎接电子时代的挑战》,《对外大传播》2004 年第 8 期。

② 美联社官方微博:http://weibo.com/2461865593/,检索时间:2015 年 8 月 30 日。

③ 李湘湘:《美联社 Wordsmith 自动化撰稿观察》,《青年记者》2015 年第 4 期。

《波士顿环球报》前海外新闻编辑詹姆斯·史密斯曾经把研究美联社海外新闻作为他的一项工作，见证了美联社从报道爆炸性事件到专注于深度综合报道的转变。虽然爆炸性新闻仍是其获利的手段之一，“观察到美联社的国际报道在深度、广度和背景上的扩展”。[①]

2015 年 4 月，美联社发布了 2014 年度报告(2014 *Annual Report*)。年报中着重强调了美联社在国际新闻领域特别是深度国际报道方面的能力。其中提到“这是特别动荡的一年，极端的冲突、致命的流行病、空难和自然灾害不断，美联社借助全球资源讲述其他媒体无法讲述的故事。尽管这一年我们遭遇了混乱和危险的挑战，但是我们的故事一旦公之于世就无人能及，我们不仅提供重要的背景、洞察力，而且与众不同”。[②]年报显示，目前美联社记者的触角已遍布全世界 110 个国家，共设有 10 个区域编辑中心及 280 个分支机构，每天能够播发 2000 条文字报道；每年播发的图片超过 100 万幅，视频超过 5 万条。超过世界一半的人口可以每天通过全球 15000 余家新闻媒体看到来自美联社的消息。通过多种新媒体产品，美联社的新闻资讯可以直接到达超过 4000 万用户，这些产品包括美联社新闻客户端(AP Mobile)和数字新闻体验平台。

三、报道特点

(一)客观性原则的先驱

1900 年，美联社在进行改组时提出了“报道事实，而不报道意见”的宗旨。这是美国，也是整个西方世界第一次正式把客观性定为新闻传播的原则，标志着客观性作为一个重要新闻专业主义理念的问世，这在很大程度上是由客观环境决定的。新闻和言论自由是美国立国的基本理念之一，因此美联社的众多会员间在新闻价值方面观念的分歧、价值取向的差异都不足为奇。而作为成员媒体的联合组织，美联社发布的新闻需要提供给持有不同立场、不同办报方针的报纸。为了避免疏远那些在经济上有利于美联社的订户，美联社开始采用一种“安全”的文体。记者被要求将他们的个人价值观与新闻报道分离，并坚持提供可以验证的事实，新闻只提供信息，不表达观点，将议论、意见、情感排除在外而仅仅叙述事实本身。这些价值无涉的报道，可以普遍向明显持有不同政治、社会和经济观点的客户提供的。

被称为美联社之父的梅尔维尔·斯通提出了“五个 W”和“一个 H”的客观报道模式，该模式也被称为新闻的六要素，作为标准的新闻写作手法而为世界各国记者所广泛接受。[③] 在具体的报道写作中，美联社普遍采用“倒金字塔”式导语，大大推进了客观性报道原则的发展，同时也由此提高了自己作为一个可靠新闻机构的声望。曾经报道过美国内战、林肯遇刺等重大历史事件的美联社首位驻华盛顿记者劳伦斯·哥德莱特(Lawrence Gobright)曾说：“我的工作就是传播事实，我所受的教育不允许我对事实做任何评论。我的稿件发送给持有各种不同政治观点的报纸。因此，我努力限制自己写我所认为的合理新闻，并努力做到真实和公正。”客观报道的出现，不仅解决了写作方法上的问题，而且还促进了新闻产品的分类。正是在客观性原则的影响下，新闻和评论才彻底分家，报纸也因此具有了区别于一般宣传品的特殊个性。

(二)无处不在的通讯社

印度民族独立运动的领袖马哈特马·甘地(Mahatma Gandhi)一次出狱后，在印度一个遥远的火车站碰到前来采访他的美联社记者吉姆·米尔斯，他说：“我想，我死后在天堂门口碰到的第一个人也应该是美联社记者。”有人将美联社誉为无处不在的通讯社，以说明其报道覆盖范围之广。

最初，美联社只有一位华盛顿记者。而今天，美联社在华盛顿驻有 150 多名记者；1849 年，美联社在加拿大

---

① 杨晓白：《美联社：报道世界新闻》，《青年记者》2008 年第 10 期。

② 美联社官网：http://www.ap.org/annual－report/2014/index.html，检索时间：2015 年 8 月 30 日。

③ 刘笑盈、付江：《世界第一通讯社——美联社》，《对外传播》2009 年第 5 期。

新斯科细亚省(Nova Scotia)建立了第一个国外分社,只有一位驻外记者。如今,美联社在世界各国拥有280多个分社,美联社的目标是塑造不可或缺的世界新闻网。

美联社起初是国内通讯社。1870年1月,欧洲三家世界级通讯社签订的《联环同盟》协议瓜分了世界新闻市场,确认了各社采访和发布新闻的范围,虽然美联社随后也以"三社四边"的形式参与到该协定中,但却不能插足美国以外的地区。1893年,美联社又与欧洲通讯社签订新闻交换合同,规定美联社采集的美国新闻要由外国通讯社发布。

1902年,美联社开始为古巴、菲律宾和中美洲国家提供信息,这是它对欧洲三大通讯社霸权地位的首次挑战。1919年,美联社再次发起进攻,应22家南美洲报纸的需求,向它们提供全面的信息服务。1933年,美联社开始向日本供应新闻。1934年,美联社的管理层终于废止了与欧洲通讯社定下的不在国外销售美联社新闻的限制性安排,早先的世界新闻垄断格局被打破。随着世界新闻中心卡特尔的崩溃,美联社的海外业务得到了缓慢而稳定的发展,这种发展被"二战"中断,"二战"结束后其海外业务迅速发展起来。1946年,美联社世界部开张。如今,美联社向全球15000多家订户发送新闻和照片。现在,大多数美国报纸只在海外派驻数量有限的记者,而主要依赖美联社提供国际新闻稿件。正如美国一位法官早在1943年所预言的:"美联社是一个巨大的、复杂的网状组织,它是通讯社中的翘楚,它是在世界范围内收集信息的主要信息源,是美国新闻界的主要信息提供者。"

四、涉华报道

由于通讯社的新闻内容并不面向公众公开传播,目前尚没有精确的研究数据来明确美联社对于中国的关注度和报道频率,但可以从其新闻客户端"AP Mobile"的新闻推送中略窥一二。在2015年8月1日至20日的362条新闻推送中,其中涉及中国的报道有47条,占总数的13%。相对之下,涉及欧洲的报道占26%,涉及美国本土的占24%。

在涉华报道的倾向方面,因为国际通讯社所兼有的"国家性"和"世界性"双重特征,所以尽管是世界性的新闻机构,通讯社也首先要作为美国国家利益的代言人。这一点,即使是以所谓的"客观""中立"为立社之本的美联社也不例外。

具体来说,美联社的涉华报道倾向呈现以下两个特点:一是以负面或消极报道为主,通常情况下美联社喜欢使用貌似"客观"的叙述,转移新闻焦点,即使在介绍科技、文化、体育等领域的成就时,也加入一些政治性的前提。无论是在什么领域的发展变化,都紧紧伴随着政治化的暗示,引导读者联想起一个好战的、贪婪的、混乱的中国。此外,利用中国的负面事件,夸大渲染,丑化攻击,也是其对华消极报道时常用的手法。二是有失公允或使用双重标准,其对华报道简单化和模式化,采用双重标准,模糊新闻来源,只取对己有利的新闻报道,其中加入来自西方专家的评论,乱用背景材料或直接发表恶意评论,丝毫说不上全面和公正。

例如,有的学者在对比了2002年布什访华期间新华社和美联社发布的相关报道之后,得出了美联社的报道"严重偏离了客观性"原则的结论。① 还有学者曾经研究了美联社在2006年"两会"期间(3月3日至14日)美联社涉及中国的30条电视新闻,发现几乎全部是负面取向的报道。例如在一条主要报道人大会议开幕、温总理所作政府工作报告内容的综合性消息中,美联社所起的标题却是《中国部署15000名警察以保人大会议安全》,并在开篇就提及中国政府部署大量警察以防下岗工人、农民闹事,行人被拦截盘问甚至被扣留,一群学生与外国人交谈被驱散等,但没有出现相应的画面与同期声,纯属"莫须有"的报道。② 再如美联社对于2008年北京奥运开幕式的报道,有学者研究后认为,美联社的相关报道着力塑造中国是个"问题"大国的国家形象,并由此产生一种负向舆论。报道中充斥着"受过训练的笑脸""欧盟主席将抵制奥运开幕式""一名舞蹈演员排练受

① 孙有中:《布什访华——新华社新华网与美联社新闻网的比较分析》,《国际新闻界》2002年第2期。

② 金力:《"两会"期间美联社有关中国报道评析》,《视听纵横》2006年第3期。

伤及6名工人死亡”“开幕式焰火及林妙可演唱遭质疑”等负面信息，甚至会在其中大肆渲染中国的人权问题、西藏问题、开幕式彩排问题、台湾问题、环境问题、新闻自由问题和安保问题。①

明尼苏达公共电台 Minnesota Public Radio

MINNESOTA PUBLIC RADIO®

明尼苏达公共电台(Minnesota Public Radio,简称“MPR”)是一家美国最大的非营利地方性电台。作为全国领军的公共媒体机构，明尼苏达主要以电台、网络和现场参与三种方式向听众播送节目。

一、历史沿革

1967年1月22日，明尼苏达公共电台的前身KSJR电台开始在圣克劳德市郊的圣约翰大学校园首次进行广播。② 该校毕业生威廉·克林(William H. Kling)担任播音部主任以及电台实际负责人。由于电台地理位置偏僻，仅能覆盖到圣克劳德市和斯登县的听众，这远远低于克林的预期。为了将圣保罗和明尼阿波利斯两个人口大市的听众纳入播送范围，克林将电台的功率提高了三倍。即便如此，KSJR电台也只覆盖到了两市的一小部分，且信号极差。在电台收听率持续走低的不利形势下，克林深刻地意识到必须要覆盖双城，这是电台唯一的活路。1967年底，在财政吃紧的情况下，克林买下了功率低但地理位置极佳的KSJN调频，完全覆盖双城。1969年，为进一步刺激收听率、提高知名度，克林将KSJR和KSJN合并成为一个非营利的社区公司，先后更名为圣约翰大学电台、明尼苏达教育电台再到今天的明尼苏达公共电台。值得一提的是，作为明尼苏达公共电台的传奇人物，克林见证并指导了电台的成长，担任公司主席和首席执行官长达44年，直到2011年宣布退休。

1969年至1970年，明尼苏达公共电台为国家公共电台(National Public Radio,简称“NPR”)的前期筹划和机构形成提供了重要帮助。1971年，明尼苏达公共电台正式成为国家公共电台的创始成员。20世纪70年代，电台将主要业务搬往圣保罗市，播送范围覆盖明尼苏达全州，旗下的KSJN频道较高的知名度。1974年，加里森·谢勒(Garrison Keillor)主持的《大家来我家》(*A Prairie Home Companion*)一经播出，在全州范围内引起极大反响，*MPR*知名度也水涨船高。1980年，明尼苏达公共电台推出了另一档王牌栏目《圣保罗周日》(*Saint Paul Sunday*)，该栏目不仅夺得了当年有“广播界奥斯卡奖”之称的“皮博迪奖”，还因被其他电台广泛转播而享誉全美。1983年，明尼苏达公共电台参与了公共国际电台(Public Radio International)的创立。在起步阶段，明尼苏达公共电台主要播放古典音乐和转播一些国家公共电台的新闻谈话节目。然而，随着国家公共电台拨款的增加，克林萌生了将电台一分为二、专台专用的打算。1980年，明尼苏达公共电台购买了WLOL频道，以FM99.5开始专门播放音乐。1989年，原先的“AM1330”改名为“KNOW”，以FM91.1专门播放国家公共电台的新闻和谈话节目。2005年，明尼苏公共电台以1050万美元购进WCAL频道(FM 89.3)并改呼号为“KCMP”。至此，明尼苏达公共电台形成今天三足鼎立的模式。

二、发展现状

明尼苏达公共电台通过旗下44家成员组成的电台网络，范围覆盖明尼苏达全州，服务人数超过500万。目前明尼苏达公共电台拥有13.4万名会员，每周收听人数接近100万人次。根据2013年公布的财务报表显

① 刘小燕、原平方:《制造舆论:新闻媒介的议程设置作用实证分析——以新华社、美联社北京奥运会开幕式报道为例》,《北京交通大学学报(社会科学版)》2012年第10期。

② MPR官网:http://www.mpr.org/about，检索时间:2015年8月13日。

示,明尼苏达公共电台获得的外界捐款达到 5159 万美元,其中政府拨款占到 14%,为 732.1 万美元。明尼苏达公共电台同年净资产为 9436 万美元,总收入为 8456 万美元,其中电台收入占 30%,为 2573 万美元。[①]

三、报道特点

明尼苏达公共电台主要向听众提供 *MPR News*、*Classical MPR* 和 *The Current* 三大节目。新闻节目(*MPR News*)通过 47 个发射塔向全州提供新闻资讯服务,主要包括政治、商业、教育、健康、环境以及经济 6 类。其官网以文字、视频、语音等多种手段,邀请听众参与到新闻制作过程中。其中以新闻制作室旗下的"公众洞察网"最为著名。该网站由热心的听众根据不同的主题以及各自的专业特长,提供独家地新闻线索,或对新闻进行专业性的解读。开放的交流平台和多样化的思想碰撞,使这个论坛式的网站短时间内聚敛了大量人气。仅在 2011 年,明尼苏公共电台通过该网站采集了超过 14 万条有效消息。古典音乐节目(*Classical MPR*)除了为读者介绍和播放最新的古典音乐作品外,还用独家珍藏的 5 万多张老版激光唱片牢牢吸引住大量古典乐迷。潮流节目(*The Current*)主要向读者推荐以专辑为导向的摇滚乐,许多本地艺人的原创音乐作品都通过该节目面世。

以播放古典音乐起家,48 年来明尼苏达公共电台共获得超过 1000 项广播和新闻大奖。[②]其中包括七座"皮博迪奖",六座"罗伯特・肯尼迪新闻奖"和一座"格莱美奖"。另外,明尼苏达公共电台还使用其地方网络和基础设施在明尼苏达全境内提供各类公共服务,如州立紧急情况预警系统、用于儿童绑架的州立琥珀预警系统、为盲人服务的电台读书等。明尼苏达公共电台拥有能够容纳 1,058 人的菲茨杰拉德戏院并以此作为直播场地,经常组织大批观众进行现场讨论、政治辩论以及各类文化项目。

四、涉华报道

一直以来,明尼苏达公共电台秉承"不党不私"的报道原则,并在业界获得广泛认可。由于财政独立以及公共媒体的传统优势,明尼苏达公共电台能够做到尽可能的独立、公正,监督和督促当权者。[③]明尼苏达公共电台致力于为受众提供交流、辩论以及加深理解的公共平台,并要求旗下记者以丰富受众思想和生活为己任,为听众提供更为多元的视角以享受更高的生活品质,帮助他们更深入地融入当地社区。此外,明尼苏达公共电台还鼓励记者勇于创新,在新闻报道中尽可能做到多元、包容。由于拥有强势的传播平台,明尼苏达公共电台的本地新闻和国内新闻在美国具有相当的影响力。其过硬的专业素质和独特的报道风格深受听众喜爱。由于明尼苏达公共电台并没有在中国设立记者站,因此其对华报道中原创性内容较少,多引自于国家公共电台、美联社、彭博社等。从 1996 年至 2015 年的 19 年间,明尼苏达公共电台共报道 4320 条涉华报道,其中涉京报道占到 17%,为 762 条。[④] 在这些报道中,中国通常以"经济巨人""碳排放大国""世界工厂"等形象出现。此外,明尼苏达公共电台对中国的台风、暴雨、沉船等造成重大伤亡的灾难性新闻比较关注。从针对北京的报道来看,北京多与"雾霾""奥运""中国政府"等关键词并列出现,以转载一些重大的事实性报道为主。

---

① 数据引自:http://minnesota.publicradio.org/about/mpr/finance/Annual_Report_MPRAPM_FY13.pdf,检索时间:2015 年 8 月 13 日。

② MPR 官网:http://minnesota.publicradio.org/about/mpr/,检索时间:2015 年 8 月 13 日。

③ MPR 官网:http://minnesota.publicradio.org/about/mpr/ethics_guidelines.shtml,检索时间:2015 年 8 月 13 日。

④ 数据引自:http://find.publicradio.org/search? q=china&site=mpr&proxystylesheet=mpr&client=mpr&output=xml_no_dtd&filter=p&numgm=5,检索时间:2015 年 8 月 13 日。

彭博新闻社 Bloomberg L.P.

Bloomberg

彭博新闻社(Bloomberg L.P.)是一家全球性的信息服务、新闻传媒集团,是一家专门提供金融经济信息的专业信息服务商。在国际金融业界,彭博新闻社的数据终端系统"彭博专业服务",通过将新闻信息、实时数据、分析工具和多媒体报告整合在单一平台上,为全球各地的用户提供最优质的专业信息服务,是全球最大的财经金融资讯公司。

一、历史沿革

相比其他世界知名一流媒体,彭博新闻社实在算是年轻的"毛头小伙",该公司成立于 1981 年,其创始人是美国政商传奇人物迈克尔·彭博(Michael R. Bloomberg)。这位传奇式人物除了彭博新闻社创始人之外的另一个身份则是美国纽约市市长,自 2002 年 1 月 1 日正式就任以来,他已成功连任三届。出生于马萨诸塞州一个平民家庭的彭博,自小就对信息和科技有着极为浓厚的兴趣。先后在约翰·霍普金斯大学和哈佛大学商学院拿下工学学士学位和 MBA 学位的他在毕业后十分顺利地进入了华尔街一流投资公司——所罗门兄弟公司(Salomon Brother),并凭借着自身的努力和过人的天资在第 6 年时成为了公司的合伙人。

图 173 彭博新闻社创办人迈克·彭博

1981 年,彭博离开了工作 15 年之久的所罗门兄弟公司,自立门户创办了一家专门为金融机构提供咨询服务的信息公司,即创新市场系统公司(Innovative Market Systems),也就是日后彭博资讯公司的前身。公司成立后,彭博利用自己在金融界积攒下的广泛人脉,把新公司再次带进了华尔街的视线内,也取得了一定的地位。随后,在同美林证券(Merrill Lynch)之间的合作过程中,彭博取得了美林资本市场部董事总经理艾德·莫里亚蒂(Ed Moriarty)的支持,建立了一个提供数据和数据分析服务的财经信息系统。在美林资本强大的财力支持下,彭博新闻社的新系统销售渐入佳境,从英格兰银行、梵蒂冈教廷到世界银行、国际清算银行乃至"美联储"都开始购买他的系统。经过几年的努力,美林资本在彭博资讯的帮助下成为世界上最大的股票和债券承销商,而彭博的公司也在美林的支持下,成功打入了美国新闻界。

1987 年,彭博的资讯公司成功取代纽约联邦储蓄银行,成为《华尔街日报》和美联社唯一的美国政府债券价格信息来源,而《华尔街日报》和美联社的宣传也为彭博的资讯公司日后打入财经新闻界打下了坚实的基础。1990 年,彭博新闻社正式成立,并同时推出了实时的财经新闻服务。当时"冷战"刚刚结束,在美国经济出现明显衰退的大环境下,彭博新闻社凭借翔实的报道、细致的数据分析和图表的形象结合顺利地在和路透财经、道琼斯财经的竞争中站稳了脚跟。同时,因为有着终端服务出租收入的保证,其新闻报道受经济因素影响较少,报道独立性有一定保证,获得了受众的欢迎。

如今,彭博新闻社从成立之初一个只有 20 余名记者的小通讯社发展成为如今拥有全球 85 个分社、1200 余名记者编辑的巨大传媒组织。其服务内容上至债券收益、美国证券交易委员会(SEC)文件,下到各公司 CEO 的情况及分析报告可谓应有尽有,彭博新闻已成为金融新闻的代名词。值得注意的是,尽管其终端的服务费高达每月 1285～1640 美元,但其在全球范围内仍然坐拥超过 16 万的稳定用户,其收入也在以每年 25%的速度不断增长着。

二、发展现状

2013 年 5 月,高盛集团对全球最大的金融信息服务商彭博集团发出质疑,称彭博新闻社记者可能利用其数据产品彭博终端对用户使用情况进行窥探。对此,彭博集团首席执行官兼总裁丹尼尔·多克托奥夫发布声明承认彭博新闻社记者使用该终端秘密采集新闻,并称已认识到到这种做法"是个错误"。随后,彭博新闻社宣布修改保密政策,使彭博新闻社所有记者目前只可以访问与其他客户一样的客户关系数据。此外,彭博集团还宣布任命史蒂夫·罗斯(Steve Ross)为新设立的客户数据监察官,以保证新闻业务不会再获得机密的客户数据。然而事情到此还未结束。据报道,彭博新闻社员工还通过此系统窥探过"美联储"主席伯南克和前美国财政部部长盖特纳的信息。同时,彭博新闻社还被曝出在 2009～2010 年期间泄露了大量高端用户的私密信息。此消息在全球范围内引起了轩然大波。随后,中国央行、日本央行、欧洲央行等多家央行开始了对彭博新闻社"偷窥门"的调查。

尽管"偷窥门"事件引起了全球范围内对彭博社新闻的广泛关注,但业内人士表示,该事件实为"雷声大,雨点小"。由于彭博社在金融终端系统上的垄断地位,该事件并不会给彭博在销售上带来太大的负面影响。根据金融数据资讯公司伯顿－泰勒国际(Burton－Taylor International)估计,目前彭博的市场份额为 30.44%,仍旧略高于路透社(30.05%)。彭博新闻目前的终端服务器租用年费高达 2 万美金/年,但仍在全球拥有 31.5 万名客户,每年为公司贡献近 80 亿美元的收入。相对于路透新闻金融系统主要侧重于外汇信息的特点,彭博新闻社的终端系统更加关注股市及其相关信息,其特点是速度快、内容全面。高盛公司、摩根大通公司等金主的技术部门都曾试图建立一套自己的类似于彭博终端的系统,但都没有什么实质性的进展,彭博新闻社在技术上仍旧处于垄断地位。

现在,彭博新闻社已经成为全球金融咨询的领航者,从美联储、美国之音到美国的各大证券投资机构和资金管理公司都是它的忠实客户。目前彭博新闻社在全球 132 个国家建立了记者站,拥有员工一万余人,每天用 7 种语言播发 5000 条以上的财经新闻讯息,并拥有 450 家报纸、700 多家电台的媒体订阅,这其中就包括《华尔街日报》《华盛顿邮报》,美国之音电台等。同时,除了占总收入 95%的财经数据终端出租外,彭博新闻社还建立了一套包含电台、电视台、杂志书籍出版、互联网及电子数据交换网为一体的庞大信息网络。

目前而言,彭博新闻社在财经新闻领域的主要竞争对手为来自英国的新闻和媒体巨人路透社集团。作为世界上最大的新闻制作和播发机构,路透社所服务的客户几乎涉及所有的行业与市场。而在金融信息领域,路透社则致力于提供实时的财经信息,交易系统与解决方案。相对于路透社而言,彭博新闻社则显得更加"专"和"精",它的业务——无论是数据终端还是广播、电视,无不围绕财经领域展开,这也是彭博新闻社在和路透社的竞争中略占上风的重要因素。在新时期,路透社在新任 CEO 格罗瑟的领导下,开始实现其逐步网络化的战略计划,甚至还在集团内部建立了名为"瞪羚计划"(Project Gazelle)的行动小组,专门开发基于网络的产品和服务。而与路透社急不可耐地进入网络领域的态度不同,彭博新闻社并未以十分积极的态度投身网络领域,仍然固执地采用自己的专线系统,以保证信息的安全性和服务的可靠性,这也是两者在未来发展战略上的重大不同。

三、报道特点

作为财经资讯领域的领头羊,彭博新闻社最为突出的特点就是技术与信息的完美结合,其对技术的重视也是业内数一数二的。在彭博新闻社目前拥有的一万名员工中,仅技术人员就达到了四千多人,包括数据库在内的诸多系统都是其自主研发的，从而保证了数据的安全性和可靠性。在彭博集团内部，与技术相关的部门就包括应用软件组、网络设计与信息系统组、研究组以及技术软件组等，这些组在彭博新闻社的各种系统开发、硬件架构、数据分析以及技术支持上起到了巨大作用，也为彭博新闻社快速、稳定、可靠的信息传播提供了强大的硬件支持。

图 174　彭博电视

从其财经新闻以及数据终端产品来看，彭博新闻社突出的特点就是交互式与可视化。同以往财经数据新闻静态的图表、文章不同，彭博新闻社强调的交互性新闻改变了传统新闻作品线性传播的特点，给读者以最大的阅读自由，用户可以通过点击、拖拽等各种电脑指令来浏览自己所需要的金融信息，很好地满足了不同需求读者的阅读要求。同时，这种模式下用户的反馈也更为快速、及时，便于彭博新闻社及时进行改进与更新。

从可视化方面来讲，彭博新闻社的诸多主打新闻结合了漫画、图表、图解、坐标系、地图以及时间轴等具体的图文形态，整体风格简洁而统一，使用户可以在短时间内用更为通俗的方式接收大量信息，因此也就能够取得更好的传播效果。

最后，从传播方式与传播路径角度来说，彭博新闻社的一个重要特点就是多媒体平台的结合与互动发展。早在 1991 年，彭博咨询就用 1350 万美元的价格买下了纽约的 WNEW 无线电台，并于 1993 年正式成立了彭博电台，其王牌电台 WBBR1130 如今已能够达到 24 小时不间断广播的水平。1994 年，彭博电视台成立，目前也已发展为每天 24 小时在 10 个不同电视网上以 7 种语言不间断播放的主流电视台。1995 年开始试运行的网站“www.bloomberg.com”目前也已经成为美国排名前五的财经新闻和信息网站。多媒体平台的参与给彭博新闻社的资讯带来了多种多样的信息来源与源源不断的发展活力，使其传播方式更加多元，形式也更为多样。

四、涉华报道

同自己的主要竞争对手相比，彭博资讯进入中国的时间相对较晚，直到 1994 年底才正式进入大陆市场，在北京、上海两地设立了办事处。2002 年 8 月，彭博新闻社在深圳举行了大型产品推介会，正式进入中国的数据产品市场。11 月，彭博资讯的第二任“掌舵者”、现任董事长、总裁兼首席财务官彼得・格劳尔（Peter・T. Grauer）亲自出席上海办事处的开幕典礼，足见其对中国市场的重视与期望。2003 年，经国家广电总局批准，彭博资讯下属的彭博财经电视台亚太频道（Bloomberg TV）获准在中国大陆播出，彭博在中国的市场开发更进一步。在隶属彭博大中华区的台湾，彭博新闻社还建立了分公司，而作为彭博亚太区总部所在地的香港其业务也更加深入。因此，总的来说，在彭博新闻社的发展战略上，中国是极为重要的一环，同时也是其在亚洲地区的最重点发展对象。目前彭博新闻社在中国主要提供三种类型的服务：一是终端系统，彭博社的金融咨询终端系统可以为用户提供数量庞大、内容丰富的深度报道、快速新闻和数据信息；二是主要服务于中国银行、基金投资者的交易服务系统；三是数据服务。更为重要的是，在 2010 年，基于其重视中国的发展战略和来自竞争对手路透社的压力，彭博新闻社在其终端系统上加入了中文服务，中国的订户也可以在终端上获得中文的实时新闻报道、信息搜索服务以及各种金融服务工具，其在中国的市场占有率也进一步提高。

其次，从其涉华报道频率方面，也可以看出彭博新闻社对中国市场的重视。目前彭博新闻社对于中国市场的报道主要侧重于外汇、衍生品市场以及股市等方面,而股市也尤为侧重 QDII 和 QFII 两方面的服务性信息。同时,对于尚未完全开放的中国金融市场,彭博新闻社也早有准备。早在 2011 年,彭博新闻社就通过与中国外汇交易中心(CFETS)的合作,率先推出了首个全球性的实时数据服务,提供中国境内人民币市场的银行间实时汇率数据以及深度市场行情。中国期货市场、国债期货市场、人民币的国际化与自由化以及跨境资本流动的增长也是彭博社一直以来关注的焦点。

最后,从涉华报道内容导向方面来看,彭博新闻社的对华态度较为中立和客观。作为主打财经领域新闻的彭博新闻社,其新闻报道的中立性、客观性乃是其安身立命之根本,因此其产品相对于报道政治、社会新闻的媒体来说可信度更高。同时,彭博新闻大多也来自于专业的数据分析师与经济评论家,因此其深度以及可靠性也有一定的保障。

全国公共广播电台 National Public Radio

全国公共广播电台(National Public Radio,简称"NPR")是美国国内收听率最高的公共广播电台,以公共拨款和个人捐资来支持运营。全国公共广播电台在美国各地拥有 900 多家公共广播电台成员,各地的成员电台都会播出由全国公共广播电台制作的节目。在全国范围内,该台及其各地成员电台成为美国人最为信赖的新闻来源之一。①

一、历史沿革

1967 年,美国国会通过了《公共广播法案》,确立了美国公共广播服务的建立,随后成立了公共广播公司(Corporation for Public Broadcasting,简称"CPB")。公共广播公司由美国联邦政府提供资金,负责支持公共广播电视机构的运营。在该公司的支持推动下,成立了全国公共电视网(Public Broadcasting Service)和全国公共广播电台。1970 年 2 月 26 日,全国公共广播电台取代了全国教育广播网(National Educational Radio Network),为美国听众提供以新闻、文化和教育为主的公共广播服务。创办之时,公司聘请了唐纳德·奎尔(Donald Quayle)担任全国公共广播电台的主席,负责管理 30 名员工、90 家成员电台以及在华盛顿地区的节目制作中心。

1971 年 4 月,全国公共广播电台首次正式播出节目,报导参议院的一次关于越南战争的听证会。同年 5 月 3 日,该台的重要新闻节目 *All Things Considered* 开始在黄金时段播出,由著名记者罗伯特·康利(Robert Conley)担任主播。该节目是全国公共广播电台的首个新闻节目,很快成为该台的旗舰节目,受到听众的广泛好评。

图 175 成立初期,全国公共广播电台的标识

在成立初期,全国公共广播电台的主要业务是节目的制作和发行,并不直接参与到节目的播出中。直到 1977 年,全国公共广播电台与公共广播电台协会(Association of Public Radio Stations)合并之后,业务范围开始扩展到节目播出环节。然而在 1983 年,扩展业务导致了高达 700 万美元的赤字,全国公共广播电台的发展遭遇重大挫折。在国会介入调查以及时任主席引咎辞职之后,公共广播公司同意注资以避免全国公共广播电台陷入破产。作为交换条件,全国公共广播电台必须将这笔资金用来刺激地方电台订阅自己的节目产品。另外,为增

① 2005 年,在对美国广播听众的调查中,票选全国公共广播电台为"最受信任的新闻来源"。

加收入，全国公共广播电台还将开放其专用卫星系统，在全国范围内播出许多其他广播电台的节目。在这一系列举措推动之下，全国公共广播电台终于在三年之后偿清了所有债务。

2002年11月，全国公共广播电台出资1300万美元买下了一个位于西岸的工作室，被称为“西部NPR”。这个面积为2300平方米的工作室能容纳90多名员工同时办公，使全国公共广播电台的整体制作能力大大提升，对美国西部地区的报导也大幅增加。与此同时，配备了全套制作播出设备的西部的工作室也可以作为华盛顿总部的后备制作中心。这样即使总部发生突发状况，仍可以通过西部工作室保持全国公共广播电台的正常播出。

2003年11月6日，全国公共广播电台收到一份2亿3500万美元的捐款，也是有史以来最大的一笔捐款。这份厚赠来自于琼恩·B.克洛克(Joan B. Kroc)，她也是麦当劳公司创始人雷·克洛克(Ray Kroc)的遗孀。全国公共广播电台将其中一大部分存入公司基金会，其余投入下一年的财政预算。这使全国公共广播电台2004年的预算大增50%，达到1亿5300万美元。加上利息所得的收入，全国公共广播电台得以利用充足资金大大扩充员工队伍，并减免了一些下属机构的版权费用。

2008年秋季，全国公共广播电台播出节目的周平均收听率达到2750万人次，创下历史最高纪录。同时，电台连同各地成员电台的整体收听率达到了3270万人次。[①]然而由于受到金融危机波及，全国公共广播电台的效益出现明显下滑。当年12月10日，公司宣布裁员7%，并撤掉了新闻节目《每日》(*Day to Day*)和《新闻便笺》(*Newsnote*)。之后几年，全国公共广播电台接到更多来自企业机构的捐赠款项，2009年时，企业捐款占到全国公共广播电台当年预算的26%。2010年，全国公共广播电台收到来自开放社会机构(the Open Society Institute)的180万美元捐款，用于在未来三年中为全国公共广播电台及其成员电台增加100名记者。

2013年4月，全国公共广播电台总部迁至位于北主道1111号的新台址，作为办公地点和制作中心。9月份，全国公共广播电台宣布通过自愿买断方式实施缩减计划，将从现有840名员工中裁撤10%的人员，以期在2015年能够达到收支平衡。[②]

二、发展现状

作为公共电视广播机构，全国公共广播电台的节目内容以新闻资讯及综述为主，其中以文化栏目最为知名，是美国国内收听率最高的公共广播电台。每周，包括900多家地方电台成员在内，[③]全国公共广播电台为大约3200万美国人提供广播服务，这一数字可以占到全美人口总数的12%左右。全国公共广播电台的听众非常广泛，其中不乏知识分子和来自政界、商界的精英人士。调查显示，在全国公共广播电台的听众中，60%以上的人受过大学教育，75%来自中高等收入家庭。美国前总统克林顿就曾说，自己是全国公共广播电台的忠实听众。

全国公共广播电台是非营利的公共广播机构，在创立初期主要依靠联邦政府的拨款运营，联邦政府从20世纪90年代开始逐步减少拨款额度。2012年，全国公共广播电台获得的联邦政府拨款仅占其总收入的10.9%。目前，全国公共广播电台的营收主要来自于成员电台播出其节目而支付的费用、基金会及商业机构的拨款以及来自个人或组织的捐款。

与商业广播电台不同，全国公共广播电台不能播出广告节目，而只能通过播出“赞助信息”(underwriting spots)的方式为提供赞助的企业机构给予一定的宣传。而且，这类信息的播出必须严格遵守联邦通信委员会(Federal Communications Commission，简称“FCC”)的相关规定，并且符合关于广告真实性的法律要求。赞助信息可以包括企业机构名称、对相关产品或服务的描述、电话或网址等联系方式信息，但是不能出现任何标榜

① 全国公共广播电台网站：http://www.npr.org/about/press/2009/032409.AudienceRecord.html，检索时间：2015年8月9日。

② 全国公共广播电台网站：http://www.npr.org/about－npr/192827079/overview－and－history，检索时间：2015年8月9日。

③ 全国公共广播电台网站：http://www.npr.org/stations/pdf/nprstations.pdf，检索时间：2015年8月9日。

或推销相关产品及服务的内容。尽管有这些限定,很多人认为所谓赞助信息与广告大同小异,究其形式和目的都没有本质上的区别。而且,这些限制仅适用于广播电台,并不延及其他电子传播平台。因此,全国公共广播电台于 2011 年推出了在线广告网络,各成员电台都可以通过这一网络播出面向本地受众的广告内容,以为电台拓宽增收渠道。

图 176 全国公共广播电台的两档旗舰节目——《晨报》和《面面俱到》

目前,全国公共广播电台制作了 30 余档日播和非日播节目,大致可以分为三类:新闻与谈话类节目有 11 档,故事与笑话类栏目有 9 档,音乐类节目有 12 档。在新闻与谈话类节目中,除了播报即时新闻外,主持人还就新闻给出自己的观察和分析,有时还会邀请嘉宾参与讨论,如《晨报》《面面俱到》《拉丁美利坚》《观点》等栏目均获得了很高的评价;故事与笑话类节目,往往以专题形式呈现,不以实效性著称,但以极强的故事性和趣味性吸引听众,经典节目有《聊点别的》《最佳车话》《电台实验室》《快速决断》等;同时,全国公共广播电台也十分重视音乐类节目,节目数量和播出比重都比较可观。除了推荐最前沿的流行音乐外,该台的专业乐评也在业界独树一帜,受到全球乐迷的追捧,《新歌首发》《爵士之夜》《大都会》《小试麦克风》《音乐旅行》《世界咖啡厅》等节目都拥有大量观众。在众多节目中,交通高峰时段播出的新闻栏目《晨报》(*Morning Edition*,上午时段)和《面面俱到》(*All Things Considered*,下午时段)一直是最受欢迎的节目,收听率分列全美排行榜第三和第四。

进入数字化时代后,越来越多的受众习惯在网络上收听广播,全国公共广播电台格外重视网络版的经营和发展。目前,全国公共广播电台网站已经发展成为电台的升级版,内容更为丰富、形式更为多样,新闻内容的时效性也更强。网站分为新闻、艺术和生活、音乐三大版块,多以文字和图片的形式呈现。其中新闻版块中涵盖美国、世界、科技、教育、健康等 9 个部分;艺术和生活版块则含有大量书评、影评、美食和时尚等内容;音乐版块会推荐大量最新的和经典的音乐以及种类丰富的乐评文章。

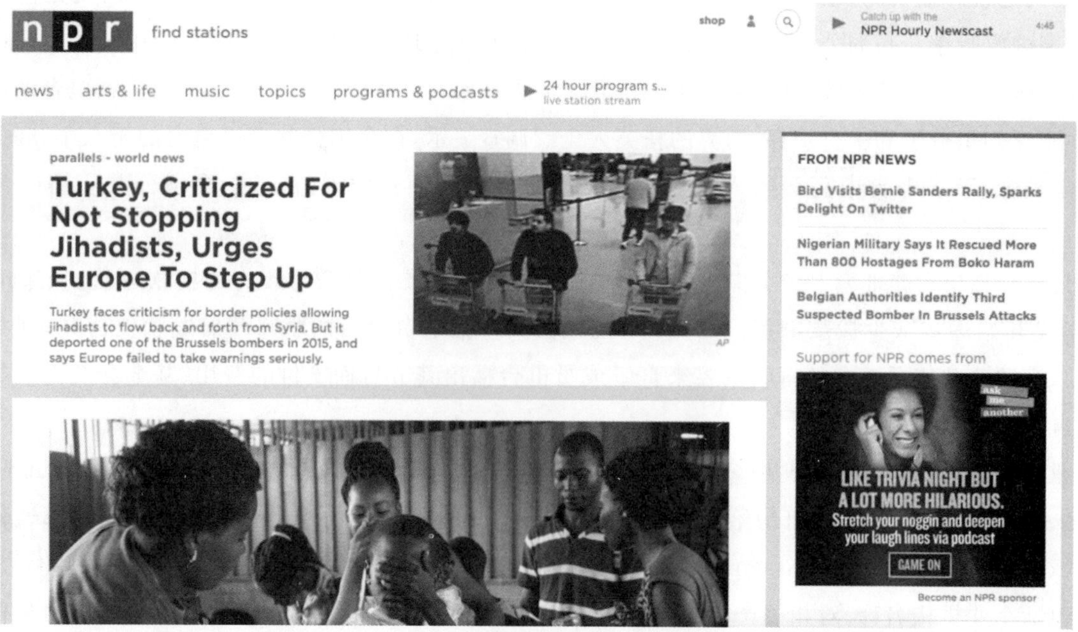

图 177 全国公共广播电台网站首页

图片引自全国公共广播电台网站:http://www.npr.org,检索时间:2016 年 3 月 25 日。

另外，网络编辑会根据点击量和回复率，定时按受欢迎程度将这些内容重新排序。这些内容大部分都为网络版所独有，广播节目则以新闻和故事为单位按近似度被插入不同的主题中。广播节目也会配上图片和文字，受众可以选择文字或音频的形式进行收听或收看。因此，如果听众喜欢某一个节目或故事，登录网络版后可以找到更多的相关信息及类似的故事内容。另外，除了可以一键收听外，网络版还特别设置了两个特殊功能，用户可以选择通过点击来收听最近一条新闻或最近一档节目。同时，全国公共广播电台网站也十分重视受众的用户体验，在界面十分醒目的位置开设了意见和投诉通道，以便及时把握受众的需求和意见。

三、报道特点

态度严肃。对于全国公共广播电台的记者来说，第一时间发现新闻只是开始，对新闻本身进行不断的挖掘、质疑和求证才是制胜的关键，应永不满足于浅显的答案。每逢重大国际战事发生，人们总能在新闻一线看到全国公共广播电台记者的身影，这在美国广播媒体中非常罕见。为了得到一手资料，全国公共广播电台记者甚至有过在环境恶劣的野外跋涉 72 小时、蜷缩在废纸盒上度过寒夜等诸如此类的经历。最后，这种严肃还体现在报道的全面性上。全国公共广播电台要求旗下记者必须留心所有那些可以决定新闻走向的人物、观点和背景细节。同时，还要善于捕捉不同种族、宗教、文化之间的细微差别以及均衡倾听截然不同的观点。

讲述精彩。全国公共广播电台旗下的记者常常以工程师、编辑、发明家和梦想家的身份要求自己，他们善于发现新闻并以独特的视角来阐释公众熟知的新闻。该台认为，每一条播出的新闻都有其特有的价值，记者的职责就是将其发挥到极致。与其他主流媒体相比，全国公共广播电台更倾向于从历史和文化的角度来挖掘新闻的潜质。因此，该台发出的报道常常带有其独有的厚重感和书卷气。同时，全国公共广播电台还要求旗下的记者深入社区和民众，倾听普通百姓的故事，及时把握社会的脉搏，反应草根生活和基层变化的新闻会经常见诸该台的报道。在访谈节目中，主持人总能成功卸下受访者的面具，通过各种采访技巧或激烈的辩论，让他们在最放松和真实的状态下讲述自己的故事。①

四、涉华报道

目前，全国公共广播电台下设有 17 个国内记者站以及全球范围内的 17 个国外记者站。②在整个东亚和东南亚地区，全国公共广播电台选择以中国为基点设立地区记者站，在北京和上海都派有常驻记者，其对中国报道非常重视。2011 年 9 月 20 日，全国公共广播电台宣布正式入驻新浪微博。从此以后，全国公共广播电台开始通过社交网络平台，以中文加图片的方式向中国网友简要传递特色新闻并附上原文地址。此举吸引了大量对外媒视角感兴趣的国人，其粉丝人数在短短数周之内便成功突破 4 万，其中不乏各路知名学者。

在全国公共广播电台网站以关键词“China”进行检索，共发现 13200 余条与中国相关的新闻。其中，截至 2015 年 6 月，之前一年期间的涉华报道数量达到 1024 条，平均每天发布 2.8 条涉华新闻。全国公共广播电台对于中国的报道涉及议题范围很广，从政治、经济、文化到体育、社会、科技等领域，基本都有所涉及。

图 178　全国公共广播电台官方微博

具体来看，在政治、社会类等关涉美国国家利益的新闻报道中，全国公共广播电台的报道立场和观点紧随美国其他主流媒体，难以摆脱西方传统媒体所固有的偏见和所谓的“制度优越感”，这在这类报道中时有体现。

① 全国公共广播电台网站：http://www.npr.org/about/aboutnpr/#pg—4，检索时间：2015 年 8 月 9 日。
② 全国公共广播电台网站：http://www.npr.org/about/aboutnpr/#pg—2，检索时间：2015 年 8 月 9 日。

在反映中国社会民生、历史文化的相关新闻报道时，全国公共广播电台往往以细腻、多元的视角来呈现中国社会的风土人情和民生百态，如在京打拼的美国相声演员、中国女孩儿足球队的培养、中国许多城市风行广场舞以及北京地下室蜗居的“蚁族”等。这些报道以细致深入为长，能够为美国听众呈现一个形象而生动的中国。而这类新闻也往往让美国听众感到耳目一新，经常在短时间内便能引起大量讨论和转载。

全国广播公司 National Broadcasting Corporation

全国广播公司(National Broadcasting Corporation，简称“NBC”)是美国三大商业广播电视公司之一，总部位于纽约，是美国历史最悠久、实力最强劲的商业广播电视公司之一。目前，全国广播公司归属 NBC 环球传媒集团(NBC Universal)所有，在整个传媒行业有着巨大的影响力。

一、历史沿革

全国广播公司的历史，从美国无线电公司开始的。1919 年，美国无线电公司(Radio Corporation of America，简称“RCA”)成立。该公司由通用电气公司(General Electric Company，简称“GE”)、西屋电子集团(The Westinghouse Electric Corporation)、联合水果公司(The United Fruit Company)和美国电话电报公司(AT&T)四家公司联合创建并控股，主要产品为电视机、显像管、录放影机、音响以及其他通讯产品。在巅峰时期，该公司拥有分布在全球 45 个国家的近 55000 员工，产品更是行销全球 100 多个国家。

在广播技术风行一时的年代，美国无线电公司凭借着联邦政府在技术和财政上的通力支持而遥遥领先于其他公司，成为无线电广播技术领域的龙头企业。在世界上其他国家还沉醉于广播的魅力不能自拔时，美国无线电公司又一马当先地把电视机从实验室带入了寻常百姓家，量产型黑白电视机就此问世。1950 年，美国无线电公司再度把现实染上了五彩斑斓的颜色，推出了全球第一个全电子彩色电视显像管，也自豪地宣布人类从此进入了彩色电视的时代，这也为日后电视技术的日新月异奠定了坚实的基础。

图 179 美国无线电公司标识

可以毫不夸张地说，全国广播公司的的确确“出身豪门”，但其能够发展到如今的规模，也绝非一日之功。在广播事业方兴未艾之时，一个个电台如雨后春笋般诞生，这其中发展得比较好的就包括 AT&T 旗下的纽约广播电台以及西屋电子旗下的先锋电台。纽约广播电台最一开始并未作为一个公共广播电台使用，而是作为 AT&T 旗下西部电力公司的一个负责开发、制造设备和天线的实验机构而存在。它和同在 AT&T 旗下的贝尔实验室通力合作，专注于开发高质量的音频传输技术。在此基础上，纽约广播电台制定了固定的节目播出时间表，还与其他电台建立合作网络播出体育和政治新闻，并且在新节目的开发上下了很大功夫，受到听众的欢迎。先锋电台原本驻扎于新泽西州纽瓦克市，该电台曾和纽约州广播电台(WGY)进行了美国历史上第一次联播，也具有相当的影响力。

在这个时候，美国无线电公司看准时机，先后将纽约广播电台和先锋电台收至麾下，并将其集中在纽约——美国广播事业发展的中心城市。随后，美国无线电公司又马不停蹄的花费 100 万美元收购了纽约广播电台的“姊妹电台”WCAP。在完成吞并任务之后，美国无线电公司于 1926 年夏天成立了自己的子公司——全国广播公司(The National Broadcasting Company)，该公司分别由美国无线电公司、通用电气和西屋电子持有 50%、30%和 20%的股份。作为美国无线电公司的两大台柱，纽约广播电台和先锋电台也在新成立的公司内并

图 180　全国广播公司历年标志

存了大概一年有余，这一情况一直持续到 1927 年，全国广播公司红蓝网策略正式启用。在新策略的框架下，NBC 红网(the NBC Red Network)负责播出娱乐类和音乐类节目，其内容主要来自于纽约广播电台。由于节目十分热门，红网在商业上最成功。而 NBC 蓝网(the NBC Blue Network)则负责播出新闻类和文化类节目，其内容主要来自于先锋电台。由于内容相对高雅，在节目热度上明显不如红网。在此之后，全球广播公司又在美国南部建立了 NBC 白网(the NBC White Network)，在中西部建立了 NBC 金网(the NBC Gold Network)，还在西海岸建立了 NBC 橙网(the NBC Orange Network)。至此，NBC 的全国覆盖网基本形成。

然而好景不长，全国广播公司的飞速发展引起了美国联邦电信委员会(Federal Communications Commission，简称"FCC")的注意，该委员会认为全国广播公司旗下的红蓝两网以及其庞大的电台组织涉嫌垄断了美国的广播市场，并于 1939 年对全国广播公司予以起诉，要求其剥离其中一个网络。经过长达一年的诉讼战，虽然美国无线电公司取得了胜利，但在 1940 年的上诉战中却败下阵来，不得已将全国广播公司拆分为两个公司，即由蓝网组成的"NBC 蓝网有限公司(NBC Blue Network, Inc.)"以及由红网组成的"NBC 红网有限公司(NBC Red Network, Inc.)"。1943 年，在美国最高法院的判决下发之后，美国无线电广播不得已将一手养大的 NBC 蓝网以 800 万美元的价格出售给保险业大亨 Edward · J.Noble，Noble 也因此得到了纽约市的先锋电台、旧金山的 KGO 电台和与"牧场主"电台分享频率的芝加哥 WENR 电台以及其他共计 60 个成员台。在将 NBC 蓝网改名为"蓝网有限公司"(The Blue Network, Inc.)之后，Noble 又于 1944 年将其更名为"美国广播公司(American Broadcasting Company)"，NBC 蓝网正式消失在人们的视野中，NBC 红网则继承了全国广播公司的名称。

在此过程中，不得不介绍一位重要人物——大卫 · 沙诺夫(David Sarnoff)。这个来自俄罗斯的犹太移民不仅担任了美国无线电广播的第一任总经理，还一手成立了全国广播公司，并出任总裁兼董事长，堪称名副其实的无线电工业巨头。作为第一位出任美国无线电台台长的犹太人，沙诺夫本人也因其对美国无线电和电视业的巨大贡献被人成为"美国无线电广播之父"。尽管如此，全国广播公司在建立之初的很长一段时间内都只是沙诺夫销售无线电设备的一种手段而已，并未得到真正富有意义的发展。在经过一段时间的发展后，美国联邦电信委员会颁布了由沙诺夫和美国无线电广播共同制定的广播法规，并在 1939～1940 年的纽约世界博览会上正式向公众介绍了电视。在电视的整个历史当中，全国广播公司也创造了很多个"第一次"，如第一次将电视转播用于足球比赛等。

在电视的试验阶段结束之后，美国联邦电信委员会正式批准了全商业化的电视广播，并于1941年1月1日开始正式施行，NBC纽约电视台也顺理成章地获得了第一个商业电视广播的牌照，呼号为“WNBT”。最初的WNBT采取工作日收费、周末免费观看的方针，丰富的节目也受到了人们的广泛欢迎。“二战”时期，受战争影响，节目数量被大大压缩，但在战争结束之后，其节目无论是数量还是质量都堪称典范。1945年5月8日的对“二战”欧洲胜利日的4小时长新闻报道更是令人津津乐道，这也揭开了“二战”后美国电视业蓬勃发展的序幕。

“二战”后，全国广播公司发展的一个突出表现就是电视网的建立，全国广播公司原有的四个分台互相连接形成了NBC电视网。电视网间的节日转播使电视台的销售业绩得到了突飞猛击的增长，这也进一步刺激了更多电视网的诞生。从美国的东部海岸到中西部的广袤陆地，数不清的电视台被电缆联结起来形成了一个又一个的电视网，1951年9月，第一个横贯大陆的电视网诞生了。

1953年，美国无线电广播公司获得了美国联邦电信委员会关于彩色电视系统的批准。有了充分的前期准备，1954年夏天全国广播公司便首次用彩色信号播出了电视节目 *The Marriage*，并大获成功。1956年，全国广播公司在芝加哥召开的全国电视协会会议上宣布芝加哥电视台(WNBQ)成为全国首个彩色电视台，并每天保证至少六个小时的彩色信号播放。1961年，在彩色信号的吸引下，迪士尼系列的电视节目也宣布从美国广播公司脱离而转投全国广播公司。1962年，全国广播公司首次用彩色信号转播了足球比赛。之后，全国广播公司进入了飞速发展的时代，到1965年秋，95%的电视节目都已采用彩色信号播出，1966年正式实现全彩色信号播出。

然而，受短期内节目质量和目标人群定位不准确的影响，之后一段时间的全国广播公司进入了萧条期。全国广播公司的收视率有所下滑，并在20世纪70年代被美国广播公司反超，屈居第二大电视网之位。1978年，施罗瑟(Schlosser)被任命为执行副总裁，美国广播公司的总裁弗雷德·希尔弗曼也被挖了过来，担任全国广播公司的总裁，希望能够重振昔日雄风。然而，在施罗瑟掌权期间，全国广播公司并没有太大的起色。众多附属电台转投美国广播公司，更是让全国广播公司的境况雪上加霜，其前景也变得十分渺茫。

直到1981年格兰特·丁克(Grant Tinker)和布兰登·塔蒂科夫(Brandon Tartikoff)上台之后，这种情况才有所转机。收视率得到了戏剧般的增长；*Late Night with David Letterman*、*The Cosby Show* 以及 *The Golden Girl* 等一系列王牌节目的推出让全国广播公司重新回到了行业的最高点。1986年鲍勃·莱特(Bob Wright)上台后又将这一辉煌延续到了世纪末，连续几届奥运会的精彩播报也让世界记住了全国广播公司的名字。①

二、发展现状

2004年，全国广播公司与法国的维旺迪环球旗下的娱乐部门合并，将其公司名称由“全国广播公司”变更为“NBC环球公司”(NBC Universal, Inc.)，但在一些节目中仍会使用“全国广播公司”的全称。

目前，全国广播公司是美国最大的主流广播电视网络公司之一，总部设在纽约的洛克菲勒中心(Rockefeller Center)，以“孔雀开屏”为台标。现在的全国广播公司归属传媒集团NBC环球公司所有，并向旗下的200余家美国电视台提供节目。与康卡斯特的有线电视部门整合后，现在NBC环球的有线电视部门拥有非常多样化的有线电视网络，包括USA电视台、Syfy、“E!”、CNBC、MSNBC、美国精彩电视台、高尔夫频道等。该部门还拥有13个地区性的体育与新闻频道以及60个以上的国际频道。

另外，全国广播公司曾于20世纪60年代中期参与投资香港无线电视(TVB)，但持股量极少，后来选择了退出。

三、报道特点

首先，全国广播公司以大胆创新而著名，美国历史上很多个“第一”都由其创造，如最早成立全国性广播电

① 钱晓文:《传媒业:从渠道竞争向内容竞争的转变》,《新闻实践》2003年第1期。

视网、最早播出彩色电视节目、最早实现电视节目的高清化等。可以说,全国广播公司一次又一次的创举在极大程度上推动了美国和世界广播电视业的发展。

其次,作为一个传统的主流媒体,全国广播公司新闻报道的传播特点非常明确。从其新闻节目的宗旨"准确无误、不偏不倚"不难看出,全国广播公司的新闻报道所遵循的第一信条即是客观。在这一信条的指引下,其对一些敏感话题如政治斗争、恐怖分子活动的报道也有一套更为细化的报道方针。在新闻报道业务准则中,从该公司的新闻报道政策,到采访、制作和播出新闻节目的具体原则,再到新闻从业人员的新闻职业道德等,都做了详细的规定和提示。在这样严格的管理下,全国广播公司的新闻报道才能始终如一地保持平实而客观的报道风格,受到广大观众的喜爱。①

图 181 亨特利和布林克利两位全国广播公司的新闻主持人

再次,全国广播公司十分有特点的还有其晚间新闻版块。其晚间新闻的模式比较固定,以集中的新闻报道和零散的单条新闻相结合,通过穿插广告的方式将每期的新闻节目划分为新闻时段。这样的报道方式既满足了人们的信息需求,又在一定程度上保证了观众对新闻信息的理解和消化。在日常的新闻节目编排上,全国广播公司也十分重视节目之间的逻辑性,有时为了重大事件报道甚至还会安排 24 小时不间断报道。颇具代表性的就是 1963 年 11 月,肯尼迪总统遇刺事件发生后,全国广播公司大胆停播了所有的广告,安排了 24 小时的新闻连续报道,开重大突发事件连续报道之先河。后来这种方法被各家电视台仿效。亨特利(Chet Huntley)和布林克利(David Brinkley)作为两位较早的晚间新闻主持人,不断吸引着忠实的观众群,使全国广播公司的晚间新闻和新闻特别报道版块的收视率一直稳居三大商业电视网之首。②

目前,全国广播公司在美国范围内的两大竞争对手为美国广播公司和哥伦比亚广播公司。比起另外两家商业电视网,全国广播公司显得比较细致和平稳。它也坚持着自创立以来一贯传承的大胆革新的作风,为大众呈献出更精彩、更真实、更有生命力的电视作品。

四、涉华报道

首先,从重视程度来看,中国一直以来都是全国广播公司重点关注的对象,这一点也是和美国的国家战略相契合的。在全国广播公司的网站上可以搜到大量的与"China、Chinese"等关键词有关的视频片段和集锦,在谷歌中以"NBC、China"为关键词更是可以得到 38,500,000 个搜索结果(数据截至至 2015 年 8 月)。从数量上来看,全国广播公司的涉华报道数量十分庞大。

其次,从报道内容分布上来看。全国广播公司的涉华报道深入到中国的各个角落,从政治到经济,从科技到民生,随处可见全国广播公司对中国的报道。但是,全国广播公司涉华报道最突出的还是中国的重大国际性事件,如对北京奥运会的报道。在北京奥运会期间,全国广播公司采用了诸多报道策略,如通过报道重心前移和营造奥运会现场气氛来拉近观众与事件发生地的距离,通过展现原汁原味的中国文化来吸引观众对新闻的兴趣,通过最新技术手段来提升赛事转播的观众观感。这些报道策略都让全国广播公司的奥运报道大获成功。更为重要的是,全国广播公司的讲述方式也比较独树一帜。不管是体育比赛的转播还是关于中国社会的新闻报道,都是以一种轻松、诙谐的方式进行讲述的。他们是真正将奥运会报道做成了体育报道,而不是时政

① 高振强:《全球著名媒体经典案例剖析》,中国国际广播出版社 年版,第 101—102 页。

② 金初高:《美国全国广播公司的新闻报道策略》,《世界广播电视参考》1997 年第 2 期。

报道。

最后,从涉华报道的倾向上来看,西方媒体对中国传统意义上的偏见在全国广播公司的报道中表现得不是很明显,其很多时候是采取中立、审慎的态度来报道的。全国广播公司的涉华报道更多是把中国当作一个重要的、强大的战略对手来考量。如《美国经济增速必须加快 不能落后中国》《只有抛开偏见才能读懂中国》以及专题片《中国崛起》等都突出了中国逐渐成为世界重要大国之一这一事实。

全国广播公司财经频道 Consumer News and Business Channel

CNBC

全国广播公司财经频道是美国最大的商业财经电视频道之一,由美国全国广播公司(NBC)与道琼斯公司联合推出,以深入的财经分析和实时报道赢得了金融界和企业界的信任。全国广播公司财经频道的定位十分明确,即为投资者服务,这一理念始终贯穿着整个频道的经营与运转。

一、历史沿革

1989年4月17日,美国全国广播公司与有线电视系统公司(Cablevision)创办了全国广播公司财经频道,频道名的全称是"消费者新闻与商业频道"(Consumer News and Business Channel),更为人所知的是频道的简称"CNBC"。CNBC是一个定位于将商业、消费和健康等信息交织在一起的综合频道。起初,CNBC默默无闻,到1990年时只有1700万用户,远不及当时的竞争对手财经新闻网(Financial News Network,简称"FNN")。而到了1991年,财经新闻网遭遇严重的财政危机,CNBC顶着巨大的经济压力收购了宣布破产的前任对手,留下了财经新闻网的优秀人才,同时也收获了财经新闻网的用户。之后,有线电视系统公司把所持有的50%股份卖给美国全国广播公司,撤出了对CNBC的控股和经营。

收购财经新闻网后,CNBC着手对频道重新策划,创办了许多新节目。其中最重要的一步,是CNBC开始播出实时股票市场价格,利用股市开盘和收盘的时机,顺应投资者的心理需求,紧跟行情的跌宕起伏。以此为基础,CNBC围绕股市行情安排了一系列节目,既提高了频道的收视率,也由此构建了频道节目的主体框架和灵魂。

从20世纪90年代开始,CNBC开始迅速发展。1995年,CNBC亚洲频道开播,1996年又开办CNBC欧洲频道。1997年,CNBC与道琼斯公司(Dow Jones)达成了一系列战略合作意向,欧洲频道与道琼斯旗下的欧洲商业新闻(European Business News,简称"EBN")合并,亚洲频道与道琼斯的亚洲商业新闻(Asian Business News,简称"ABN")合并。至此,CNBC拥有了强大的后盾:最专业的财经专家和财经节目主持人,庞大而权威的财经资料库,还有对财经界人士进行采访的最便利条件。"从此,道琼斯公司、NBC的新闻专业背景和新闻信息网络构成了CNBC的核心竞争力。"①

二、发展现状

如今的CNBC是全球三大财经电视媒体之一,公司总部位于美国新泽西州。尼尔森发布的2011年数据显示,美国影响力最大的传统媒体中,在全美电视同行排名中,CNBC位列第四。目前,CNBC的节目播出遍布全球89个国家,除了本国节目、亚洲频道、欧洲频道及CNBC世界四个频道,CNBC还在多个国家设有专门频道,如"CNBC-TV18"(印度)等。与此同时,CNBC还在香港、曼谷、台北、悉尼、上海、东京及25个欧洲城市设有

① 周根红:《美国CNBC财经频道的发展历程与战略突围》,《电视研究》2011年第8期。

节目制作中心。作为全球商业新闻的领头羊，CNBC 在世界范围内有将近 3.7 亿家庭用户。在全球设有 129 个记者站，能够在最短的时间内提供各个地区的消息。

1996 年 CNBC 官方网站 cnbc.com 上线以来，CNBC 一直追随着网络化的脚步。到了如今的融媒时代，CNBC 依然不甘落后，将新闻传播的渠道不断拓宽至多重终端，发挥台网联动的力量。2007 年 12 月 13 日，雅虎宣布与 CNBC 签署协议，将在雅虎财经网站发布 CNBC 的视频和文字新闻。CNBC 还开发了适用于手机终端的 App——“CNBC Real－Time”，安装该程序的用户可以根据自己的需求定制接收的信息和新闻。2010 年 12 月 4 日，CNBC 与桌面和移动金融信息解决方案的先驱者 Carry Quote 合作推出“CNBC Pro”，这是一款应用于手机和电脑终端的财经软件，服务于个人投资者，提供全球超过 100 个股票交易所的实时财经数据以及 CNBC 的新闻和视频。

图 182　CNBC 的全球新闻总部

三、报道特点

（一）主打财经

CNBC 作为一个专业的财经频道，全天候提供财经报道，一方面播放最新的财经消息，另一方面在大时段滚动播出财经新闻，以市场的发展和财经新闻的动态发展来安排节目；受众定位也是社会地位高、学历高、收入高的“三高”人群。

在财经节目时间安排方面，CNBC 是围绕股市来进行节目编排的。以美国为例，早上在股市开盘之前，CNBC 于 4 点播放第一档新闻节目《全球交易》（*Worldwide Exchange*），这时候欧洲股市尚处盘中，亚太股市已经收盘，而美国的华尔街人士正准备开始一天的工作，完全贴合股市和目标受众的时间。开盘后，有《华尔街直播室》（*Squawk on the Street*）、《午间充电》（*Power Lunch*）、《收盘报道》（*Closing Bell*）等节目，“与股市交易现场进行同步报道，快速反映整个股市指数和当天变化幅度最大的各股情况，并将这些股涉及的公司的背景资料和造成的动荡及企业经营行为的变化快速地传送给受众。另外还会邀请相关专家和投资人士在现场、演播室进行权威分析，不仅保证了新闻信息的时效

图 183　新闻杂志类节目《财经论坛》

性,还保证了新闻信息的权威性”。[①]

在财经节目类型方面,有以《财经论坛》(*Squawk Box*)为代表的新闻杂志节目,有以《挣快钱》(*Fast Money*)为代表的新闻谈话节目,还有以《收盘报道》(*Closing Bell*)为代表的新闻评论节目。

除了财经新闻和节目,CNBC 还会配合播出一些时政新闻节目以及娱乐节目。世界各地有重大事件发生时,一定会有 CNBC 的声音。另外,因为周末股市交易停止,此时 CNBC 会播出一些包括高尔夫球、赛艇等体育节目以及富于娱乐性的脱口秀、明星访谈,还会播放电影、纪录片等。同时,CNBC 还会自主制作播出一系列与经济、金融相关的电视节目、真人秀,通常在晚间黄金时段播出,吸引了大量的受众。例如,以帮助小型企业通过内效改革提高经济效益为主题的《盈利》(*The Profit*,2013 年开始播出,每年播出一季)、记述美国历史上著名金融诈骗案的电视节目《美国贪欲》(*American Greed*,2007 年开始播出,每年播出一季)等。[②]

图 184　黄金时段的高收视节目

(二)现场直播

1995 年,CNBC 决定尝试一种新的报道方式,就是在每个交易日开盘前让一位记者在纽约股票交易所现场进行报道,“这种令人耳目一新的尝试取得了巨大成功”。[③]由于华尔街采取电子交易和人工交易并用的方式,所以交易现场气氛热烈,在这样的现场进行报道给人一种身临其境的感觉,也因为现场直播所以使报道十分可信。另外,在 CNBC 的节目里,经常现场直播连线全世界各地的专家,解读证券市场、外汇市场等,直播给观众带来即时和真实的观感。

CNBC 之所以能够每天顺利进行现场直播的原因之一也在于主持人的专业化。CNBC 美国频道的主持人除了具有良好的学历背景之外,大多在进入 CNBC 之前做过专业的财经类工作,或者供职过《华尔街日报》等财经媒体,所以既有专业的经济知识,又有新闻方面的良好训练,这让他们可以自如地进行现场直播。

(三)本土化

CNBC 是一个全球性的媒体,在世界各地拥有分台或演播室。现在 CNBC 已经形成美国(CNBC U.S)、亚洲(CNBC Asia)、欧洲(CNBC Europe)和世界(CNBC World)四大电视频道网络,在本地化方面也狠下了一番功夫。

CNBC 亚太区总裁兼董事总经理萨德佩·布瑞奇(Satpal Brainch)曾表示,“虽然总体上运用的技术差不多,但我们还是做了很多本土化的工作,其中非常重要的一点就是按照不同地区受众的要求把同样的内容进行差异化”。[④]不同地区频道的观众除了可以看到全球的财经资讯外,更多可以看到本地的股票、经济方面的新闻和分析。

---

① 王轩:《CNBC 财经频道理念与栏目分析》,《电视研究》2006 年第 6 期。

② CNBC 网站:http://www.cnbcprime.com/,检索时间:2015 年 9 月 30 日。

③ 郭安菲:《CCTV-2 与美国财经频道 CNBC 之比较》,《声屏世界》2008 年第 6 期。

④ 钱蓉:《CNBC 的亚太蓝图》,《中国外资》2009 年第 12 期。

以 CNBC 亚洲频道为例，其总部设在新加坡，每天播放 7 小时的亚洲节目，辅以一些来自欧洲和美国的市场消息。此外，CNBC 还在不同的国家进行细分，在亚太地区的频道有 CNBC 亚洲、CNBC－TV18(印度)、Nikkei－CBNC(日本)、SBS－CBNC(韩国)。

在中国的市场上，CNBC 的战略主要是采取与中国电视台进行内容合作。2003 年，CNBC 亚太频道与上海电视台财经频道建立合作关系，推出了财经信息节目《中国财经简讯》、谈话节目《决策》、商业访谈节目《商业新思维》等；2010 年，CNBC 与中央电视台财经频道合作推出《每日亚太财经》和《环球财经连线》节目，CNBC 负责向央视财经频道提供国际资本市场分析和最新的财经新闻报道。通过与中国电视台的合作，CNBC 积极深化了在中国的本土化。

四、涉华报道

作为一家专注于财经新闻报道的频道，相对于其他美国媒体来说，CNBC 的涉华报道较为聚焦于经济领域，内容以提供新闻事实为主，相关评论分析也较为理性中立。这一方面源自于经济新闻本身具有较高的客观性，另一方面也与 CNBC 的全球本土化发展战略有很大关系。CNBC 在全球各地设立分台和办事处，并且着力在各个国家实现本土化，可见如果没有客观中立的立场，这种战略是难以实现的。

在中国，CNBC 不仅设有驻华机构，同时与中国中央电视台等媒体展开深入合作，因此在对华报道方面通常较为客观，同时又鉴于 CNBC 在财经新闻领域深厚的专业性，其报道经常被中国媒体转引采用，作为国际媒体深度解读中国经济的参考信息。例如，腾讯财经 2015 年 6 月 27 日发布的《CNBC：中国股市并非全球风险》[①]、凤凰财经于 2015 年 7 月 1 日刊载《CNBC："食品"将是中国电商的必争之地》[②]一文以及东方网 2015 年 5 月 23 日的《中国对美投资近 500 亿 8 万多美国人受雇于中国老板》[③]等。此外，2015 年 3 月至 6 月中旬，在 CNBC 的亚洲、欧洲、美国、韩国、日本、印度、澳大利亚等七个频道以及 CNBC 的官方网站上，都播出了中国国家旅游形象广告片。可以说，CNBC 在面对中国时，基本上能够保持客观与合作的原则。

以 CNBC 官方网站为基础资料库，通过以"China"为关键词进行检索，从 2015 年 7 月到 11 月中旬，涉华报道有 16607 篇。从报道来源来看，大约 45％左右属于自采新闻，其他多转自西方主流媒体，如路透社、美联社、《金融时报》《纽约时报》等。其中转载自路透社的报道最多，达到总涉华报道的 40％左右。从报道领域来看，作为财经类媒体，CNBC 的涉华报道以经济类新闻为主，大约占 74％左右。除此之外，CNBC 也十分关注中国的政治、社会等方面。从报道倾向来看，CNBC 的经济类报道用事实说话，角度较为客观中立。在政治类新闻如南海问题、中国国内反腐问题等方面，报道中多事实叙述，无过多倾向表达，总体来说较为客观。在社会类新闻方面，也以事实性报道为主，偶尔也会出现对中国国内政策的主观评判，如 2015 年 11 月 2 日的一篇讲述中国开放"二胎政策"的报道[④]，文章认为即使开放"二胎"也不会帮助解决中国面临的问题，文末表达了对中国生育控制政策的唱衰与批评。

总体来说，CNBC 的涉华报道大体上以事实性报道为主，在立场上较为客观。但在一些具体报道中，也有对中国国内社会情况横加主观评判的案例。

---

① CNBC：《中国股市并非全球风险》，转引自腾讯网，2015 年 6 月 27 日，http://finance.qq.com/a/20150627/026353.htm，检索时间：2015 年 9 月 24 日。

② CNBC：《"食品"将是中国电商的必争之地》，转引自凤凰网，2015 年 7 月 1 日，http://finance.ifeng.com/a/20150701/13811248_0.shtml，检索时间：2015 年 9 月 24 日。

③ 《中国对美投资近 500 亿 8 万多美国人受雇于中国老板》，转引自东方网，2015 年 5 月 23 日，http://finance.eastday.com/m/n964866/u1a8723413.html，检索时间：2015 年 9 月 24 日。

④ China's Two-Child Policy Problems，CNBC，2015 年 11 月 2 日，http://www.cnbc.com/2015/11/02/china－2－child－policy－problems－－commentary.html，检索时间：2015 年 11 月 15 日。

雅虎新闻 Yahoo! News

YAHOO! NEWS

雅虎新闻(Yahoo News)是雅虎网旗下的一个新闻聚合类网站,它的先锋地位在于为未来的资讯世界建立起了一套应用方便、功能强大的新闻检索系统,极大地改变了信息的传播和接收方式。2014 年 11 月,亚马逊旗下的数据调查公司 Alexa 发布报告称,雅虎新闻在全世界新闻类网站中访问量排名第二,仅次于社交类新闻网站 Reddit,而领先于美国有线电视新闻网旗下的新闻网站。

一、历史沿革

雅虎新闻隶属的雅虎网创立于 1994 年,创立之时,两位创始人杨致远和大卫·费罗还都是美国斯坦福大学的学生。创办雅虎网最初的目的是为了建立一个搜索引擎程序,以便查询、识别互联网上存储的海量资料。

1996 年,雅虎开始涉足新闻行业,起初自己并不生产新闻,而是将美联社、路透社、有线电视新闻网、英国广播公司等各大媒体的信息聚合到一起。1997 年 1 月,这种做法在《今日美国》的一项关于网站的评比中被盛赞,称雅虎所提供的资讯信息"内容最优良,并且实用性最高"。随后,在此基础上,雅虎开始并购与寻找合作伙伴,正式着力打造自身更为优质的互联网新闻服务——雅虎新闻。

2001 年,雅虎新闻参照电子邮件的信息交互方式,开始在每篇新闻的结尾引入读者评论版块,在当时受到了极大的欢迎,并被认为一项是具有革命性的创举。① 雅虎新闻首次将社交属性引入到新闻产品中,使读者在阅读新闻的过程中能够参与其中,通过跟帖将自己的观点和感受表达出来。这些跟帖与新闻正文"捆绑"在一起,形成互文关系。在这种新的模式里,雅虎新闻为网友提供了一个"话题"和互动平台,并且由于网络媒体的开放性,互动过程中不断有人退出或加入,这就使得评论和互动可以一直持续下去,几乎没有结束的时候,无疑增加了新闻的传播热度。此外,这样的互动使读者既加深了对新闻事实的理解、认识,又收获了一份轻松、愉悦。此后,在 2006 年 12 月 19 日,由于政策方面的原因,评论版块曾被禁用了一段时间,直到 2010 年 3 月 2 日又重新上线。

二、发展现状

2011 年 6 月,雅虎新闻正式启用了新的网络信息管理平台,该平台能更好地将新闻信息按语言和地区进行分类,以便为世界各地的受众提供更加多元的信息服务。②在该平台的助力下,目前雅虎新闻共有 24 个版本的网站,分别为美国网站(英语版、西班牙语版)、加拿大网站、南美洲网站(阿根廷版、巴西版、智利版、哥伦比亚版、墨西哥版、秘鲁版、委内瑞拉版)、亚洲(印度英语版、马拉地语版、泰米尔语版、中国香港版、中国台湾版、印度尼西亚版、马来西亚版、菲律宾版、新加坡版)以及欧洲网站(英国版、法国版、德国版、意大利版、西班牙版)。

从 2011 年起,雅虎新闻开始发展原创新闻内容,这是其从门户网站向媒体集团转型的重要一步。它聘用沃尔特·夏皮罗(Walter Shapiro)和弗吉尼亚·赫弗南(Virginia Heffernan)等知名的资深记者加入到他们的

---

① New York Times: New Economy; Yahoo Charts the Spread of the News by E—Mail, and What It Finds Out Is Itself Becoming News,2001 年 1 月 29 日,http://www.nytimes.com/2001/01/29/business/new—economy—yahoo—charts—spread—e—mail—what—it—finds—itself—becoming.html,检索时间:2015 年 12 月 20 日。

② Yahoo News: An Inside Look at Rebuilding the Largest News Site on the Web,2010 年 11 月,https://developer.yahoo.com/blogs/ydn/posts/2010/11/ynews—an—inside—look—at—rebuilding/,检索时间:2016 年 2 月 27 日。

新闻报道行列中去,并在2012年2月第一次派遣记者入驻白宫记者团。[1] 2013年,雅虎新闻还聘请哥伦比亚广播公司(CBS)前著名的晚间新闻主播凯蒂·库里克(Katie Couric)担任自己的全球新闻主持人。[2] 目前,库里克是雅虎新闻一档新闻访谈类节目的主持人,该节目除了在线上播出外,还在美国广播公司(ABC)著名的早间节目《早安美国》(*Good Morning America*)中播出。

三、报道特点

打开雅虎新闻的网站,可以看到目前该网站所提供的新闻信息分为以下几个版块:有按信息种类(政治、财经、体育、娱乐、科技、健康、趣闻、凯蒂·库里克)进行分类的频道,也有按信息地域(本地、美国、国际)进行分类的频道。在这些版块和产品中,以娱乐频道"Yahoo! Celebrity"和移动新闻客户端"News Digest"最具特色。

雅虎新闻的娱乐频道"Yahoo! Celebrity"的前身是2007年6月创办的"OMG!"频道,最初是为了吸引更多的女性读者能使用雅虎新闻服务。该频道所发布的娱乐新闻涵盖了各路明星最新的消息和图片,内容主要来自于《走进好莱坞》(*Access Hollywood*)和美联社等媒体。"OMG!"在获得了巨大的成功,甚至在2007年的秋季先后超过"tmz.com"和《人物》杂志等网站,二者均为时代华纳集团下属的关注名流八卦的著名媒体。据流量监测机构"comScore"的统计数据显示,"OMG!"2009年5月的独立访客数达2060万人,较上一年同期增长了65%,比流量分列第二、第三的"tmz.com"和《人物》杂志网站之和还要多。[3]

与对手主要关注突发和原创新闻不同,"OMG!"的成功之道主要在于其清新积极的格调以及在雅虎主页的显要位置进行推介的营销策略。如在2009年歌手迈克尔·杰克逊逝世的报道中,死讯是由tmz.com最先爆出的,但雅虎新闻"OMG!"频道的后续报道更为出色。在随后的时间里,"OMG!"通过图片和文章,很好地梳理了杰克逊在艺术方面的成就和贡献。与此同时,雅虎网还把这些文章的链接放在门户首页的显著位置上,极大地推动了点击量的增加。据统计,"OMG!"的大部分的流量都来自于雅虎主页。尽管用户平均每次访问"OMG!"时的页面浏览量仅为16页,约是其他娱乐新闻网站平均值(29页)的一半,但其总的页面浏览量仍然位居各大娱乐网站之首。2012年12月,"OMG!"与哥伦比亚广播公司(CBS)合作推出了娱乐电视新闻节目*OMG! Insider*。[4] 2014年1月,该频道改为现在的名称"Yahoo! Celebrity"。

图185 雅虎新闻旗下移动客户端应用"News Digest"

"News Digest"是雅虎新闻于2014年推出的移动新闻客户端产品,它每天从多方面筛选出16条新闻分两次推送给读者,让其稍加浏览就能完成一天应知的重要新闻。和其他的新闻客户端24小时实时更新新闻不同,"News Digest"的特点在于其更加契合读者阅读新闻的原始需求,每天仅在早上8点以及下午6点分两次推送共16条新闻,以配合上班族的上下班时间来阅读。

在新闻的选择上,其涵盖政治、经济、国际、艺术、科学等各个领域的重要信息,通过把长篇大论的新闻压缩

---

① Yahoo News: Yahoo News hires Olivier Knox as its first White House correspondent,2012年2月3日,https://www.yahoo.com/news/blogs/cutline/yahoo-news-hires-olivier-knox-first-white-house-114041483.html,检索时间:2016年2月27日。

② Politico: Yahoo News makes Couric move official,2013年11月25日,http://www.politico.com/blogs/media/2013/11/yahoo-news-makes-couric-move-official-178309,检索时间:2016年2月27日。

③ 新浪科技:《雅虎OMG娱乐网站借雅虎主页吸引流量》,2009年7月5日,http://tech.sina.com.cn/i/2009-07-05/14293236122.shtml,检索时间:2016年2月27日。

④ Deadline.com: The Insider' Signs Deal With Yahoo's Omg! WIll Be Renamed "Omg! Insider",2012年10月24日,http://deadline.com/2012/10/the-insider-signs-deal-with-yahoos-omg-will-be-renamed-omg-insider/,检索时间:2016年2月27日。

为简短的摘要让读者能快速消化信息,稍加浏览就能了解一天应知的重要新闻。除了精选性,客户端也保留了新闻的完整性,读者直接点击新闻标题就可进入阅读完整的内容。每条新闻均摘自多个来源,并提供了丰富的背景材料,其中会整合相关的关键引语、图像、视频、地图、信息图以及维基百科摘录等信息,并通过电脑算法和人工手段将这些信息进行双重筛选,既确保了新闻内容的高质量,又使读者的阅读体验更加广泛和完整。

在界面设计上,“News Digest”也给人一种耳目一新的感觉。从每日更换的背景图片到新闻摘录画面的色块布置,它更像一个阅读软件而不是传统的新闻客户端。另外,一些细节也让其非常有趣和出彩,如当白天和黑夜时段转换的时候,软件会自动切换成白色背景正常模式和黑色背景的护眼模式;当一天所有的新闻都浏览完毕之后,软件会点亮下方的 6 个彩色圆点,提示读者当天的新闻阅读任务已经完成。目前,“News Digest”受到广泛的好评,还获得了 2014 年度的苹果设计奖。[1] 美国著名的科技博客“The Verge”将其评价为“最具创新型和视觉冲击力的新闻客户端”。[2]

四、涉华报道

作为一个新闻聚合类网站,雅虎新闻的信息主要来自于各大传统媒体,并且以西方的各大媒体为主。在雅虎新闻首页以“China”为关键词进行搜索,排在前五位的信息来源分别是《华尔街日报》《纽约时报》、彭博社、路透社和法新社。从报道的新闻种类来看,以财经新闻居多,这也从侧面反映出雅虎新闻对中国经济发展的关注。

有线电视新闻网 Cable News Network

有线电视新闻网(Cable News Network,简称“CNN”),是美国时代华纳公司旗下的电视新闻媒体。有线电视新闻网是全球首家进行 24 小时全天新闻播报的电视台,同时也是美国第一家主要以新闻为内容的电视频道。有线电视新闻网以对历史事件的全方位报道而扬名世界,在海湾战争中的独家报道使有线电视新闻网获得了世界级的广泛知名度,与美联社、路透社等国际通讯社一道成为国际新闻的重要来源。目前,有线电视新闻网以美国为中心,多语言为支点,受众覆盖全球。

一、历史沿革

有线电视新闻网于 1980 年 6 月 1 日上线,随后便衍生出了一系列有线电视、无线电视以及新闻网站,其中还产生了专门化的闭路电视节目。该公司拥有 36 个部门,其中 10 个部门属于国内业务,26 个部门主营国际业务。同时,该公司已经拥有了超过 900 个当地的新闻联络点,有线电视新闻频道的成功还直接推动了 1996 年时代华纳集团对华纳广播公司的收购。

1982 年 2 月 1 日,有线电视新闻网成立了“姊妹频道”有线电视新闻网第 2 频道,24 小时不间断地持续播放新闻节目。这一频道后来成为美国有线电视新闻网的热点新闻频道。

1987 年 10 月 14 日,得克萨斯州一名 18 个月的幼儿跌落深井,有线电视新闻频道迅速以电视直播的形式播报了该事件,这一事件直接使有线电视新闻频道在国内声名远扬。1995 年,《纽约时报》发表文章回顾了这一

---

① TechCrunch:Yahoo Wins Another Apple Design Award For News Digest App,2014 年 6 月 2 日,http://techcrunch.com/2014/06/02/yahoo-wins-another-apple-design-award-for-news-digest-app/,检索时间:2016 年 2 月 15 日。

② The Verge:Yahoo's sleek News Digest app swims against the stream,2014 年 1 月 7 日,http://www.theverge.com/2014/1/7/5284300/yahoos-sleek-news-digest-app-swims-against-the-stream,检索时间:2016 年 2 月 16 日。

报道，分析了电视新闻直播这一形式的深远影响。对于有线电视新闻频道而言，改变其命运的事件却是1999年的海湾战争。这场战争直接使24小时全天候新闻直播这一形式进入了新闻界的眼帘，也正是这一场战争让有线电视新闻频道历史上第一次超过了美国传统三大电视新闻台。当然，这也与有线电视新闻频道垄断了海湾战争的报道权有关。在轰炸发生时，有线电视新闻频道是唯一有能力与伊拉克内部联络的新闻频道。有线电视新闻频道对海湾战争的报道广泛为世界各地的电视台所引用，继而使得带有CNN标志的节目被数以千万计的全球受众所记住。同时，这次报道的成功也直接推动了有线电视新闻网国际频道的诞生。

有线电视新闻网对海湾战争和20世纪90年代初期重大事件的报道产生了深远的社会影响，美国官方甚至使用了“CNN影响力”来描述24小时全天候新闻报道方式对美国政府决策过程的影响。由此可见，有线电视新闻独创的24小时新闻报道在社会影响力方面可谓一时间非同凡响。有线电视新闻网在诸多历史性事件中都拥有敏锐的嗅觉，时效性极强的报道树立了有线电视新闻网严肃、典范的报道风格，使之成为了世界电视新闻报道的领头羊。

二、发展现状

虽然与传统的国际大型通讯社相比，有线电视新闻网的创建时间只有短短的25年，但是目前有线电视新闻网已经成为国际新闻的重要生产者，其影响力范围也早就超越了美国国内，成为具有全球影响力的媒体网络。截至2015年2月，有线电视新闻网在全美已经进入到9628万美国家庭，而其全球受众也遍布212个国家和地区。

1995年8月30日，有线电视新闻网推出了CNN网站，这一网络化的实践在其最初的十年内引发了大规模的受众关注。现今，CNN网站已经成为世界上最受欢迎的新闻网站之一。在网络化的过程中，有线电视新闻网也受到了博客、社会化媒体以及用户制作内容等潮流的影响，尤其是博客这一形式对CNN网站早期的内容提供产生了重要作用。2005年，有线电视新闻网第一次以博客综合报道的方式推出了新闻节目，到2006年时又推出了“CNN交流项目”和“CNN iReport项目”，两个项目都旨在专注于博客和公民新闻内容的打造。其中，“CNN iReport项目”提倡用户上传相片和视频，受到了广泛的关注，业余的公民记者持续不断地上传高质量的报道。在弗吉尼亚理工大学枪击案中，目击者第一时间将现场照片发布在“CNN iReport”上，迅速使该产品更加为业界所瞩目。这一产品也是对公民新闻和用户制作内容潮流的回应，有线电视新闻网在洞察业界先机上交出了一份令人满意的答卷。根据“Alexa”网站排名机构2015年10月提供的数据，CNN网站的全球排名稳定在80位左右。在众多新闻网站中，这一排名可以称得上是世界前列了。

目前，CNN网站和CNN国际频道、CNN美国新闻频道均隶属于时代华纳集团。2001年，有线电视新闻网经历了一次大规模的裁员。此后10年中，有线电视新闻网一直致力于整合电视及网络资源，也正是在这10年间，依托强大的互联网优势，有线电视新闻网迅速发展成为一家综合化、全方位的世界媒体巨头。

三、报道特点

有线电视新闻网能够在美国电视三大巨头阵营中“厮杀”出来，与其在历史浪潮前准确的判断、大胆的尝试有着密不可分的关系。自海湾战争后的每次历史性事件中，有线电视新闻网都能以敏锐的嗅觉提供迅速、深入的报道。不管是对24小时全天候新闻的创新之举，还是在Web 2.0时代对用户制作内容潮流的敏感应对，都证明了有线电视新闻网永远以进取的姿态进行着最恰当的转变。

(一)历史事件的记录者

有线电视新闻网扬名就是因为对海湾战争的垄断性的报道，有线电视新闻网当时是唯一一个能够拍摄到轰炸场景的媒体，并将之传播给了世界。有线电视新闻网对历史性事件上总是扮演着这样的角色，正是有线电视新闻网在历史性重大事件的报道，为其赢得了“CNN影响力”的赞誉，也为业界众多从业人员所研究和推崇。

图 186 CNN 网站首页

图片引自 CNN 网站：http://edition.cnn.com，检索时间：2016 年 3 月 15 日。

除了众所周知的海湾战争的报道，有线电视新闻网在“9·11”事件中的表现也可圈可点。在此次事件中，有线电视新闻网是第一个报道该次恐怖袭击的有线电视新闻频道。在众多媒体中，有线电视新闻网的反应极为迅速，主持人 Carol Lin 第一个对该次事件做了公共报道，正当有线电视新闻网的记者 David Ensor 直播称政府官员认定该起事件实属恐怖袭击的时候，电视画面直接拍摄到了第二架飞机撞击世贸大楼北塔的场景。对于“9·11”事件的报道，进一步有力提升了有线电视新闻网作为国际媒体的知名度。

在 2008 年美国大选之前，有线电视新闻网倾注了大量人力物力报道政治相关的内容，甚至还主办了候选人辩论。在 2007 年，有线电视新闻网举办了第一届以 Youtube 为平台的总统竞选辩论，受众们可以通过 Youtube 上的视频分享服务来提出自己的问题，大大提高了受众的互动感。辩论会的举办和大选报道也为有线电视新闻网创造了当年的收视纪录。

以这些促成其成功的一系列报道案例为基础，有线电视新闻网在报道政治事件以及历史事件时极为敏感，反应积极迅速，善于拓宽报道的方式，这也成为其独特的传播特征。

(二)新媒体之路开拓者

有线电视新闻网一直在实验着新技术，验证着在新闻领域改变的可能性，旨在做这个领域的创新者与领路人。

CNN 网站于 1995 年上线，现已成为全球最受欢迎的新闻网站之一。而在美国，CNN 网站也常年占据电视媒体网站前十的位置。目前，CNN 主网站下设有 14 个分网站，此外还有“RSS、Blog、CNN Mobile”等 11 项功能设置。[①] CNN 网站拥有巨大的平台优势，依靠较为成熟的用户群，能够保持较高的用户黏度，以优质的内容巩固着作为传统媒体的受众群优势。与此同时，有线电视新闻网对移动媒体上的新闻提供也十分重视，早在 1992 年就推出了专门的移动设备新闻提供服务“CNN Mobile”，2010 年又推出了专供苹果品牌手机使用的国际版新闻，而 2012 年更是推出了适应苹果平板电脑的美国版和国际版新闻。

① 刘笑盈、张聪：《CNN 的新媒体战略》，《电视研究》2011 年第 8 期。

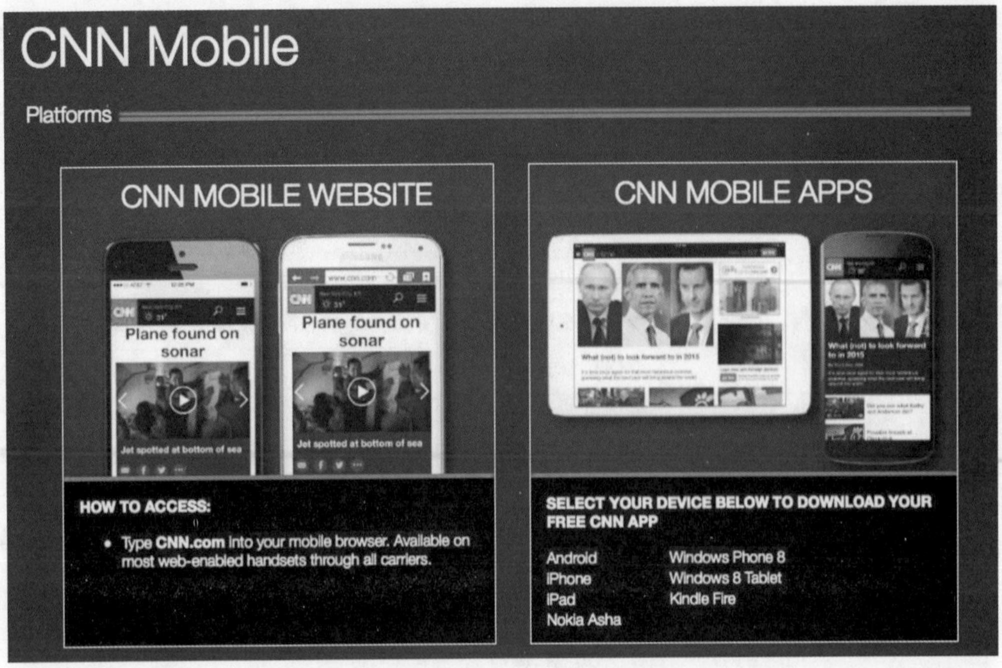

图 187 "CNN Mobile"移动设备服务

图片引自 CNN 网站：http://edition.cnn.com/interactive/mobile/，检索时间：2015 年 12 月 30 日。

有线电视新闻网对公民新闻和用户制作内容也十分注重，此前提到的"iReport 项目"就是针对用户制作内容和多媒体报道的一次大胆尝试。2007 年发生弗吉尼亚校园枪击案时，目击者第一时间将现场照片发布在"CNN iReport"上，借助公民记者身在现场的报道，有线电视新闻网在该事件的报道中发挥了重要的作用。对于社交媒体也是如此，有线电视新闻网与 Twitter、Facebook 以及 Youtube 等新兴媒体积极合作，积极开发社交网络资源，向新技术和新潮流敞开方便之门，在瞬息万变的时代中以积极开放的姿态继续保持行业领头羊的地位。

四、涉华报道

随着中国在世界舞台上的作用越来越突出，美国主流媒体越来越难以忽视中国，与中国相关的报道也逐渐增多，有线电视新闻网也不例外。近年来，国内也有不少研究者聚焦于有线电视新闻网对中国的报道，将其作为国际主流电视媒体的代表深入展开研究。

通常，学界将 2008 年视为外国媒体对中国报道整体趋势变化的一个重要时间节点。以 2008 年到 2012 年为例，通过在 CNN 网站以"China"为关键词进行检索，共有相关涉华报道 4158 篇。从报道数量上来看，2008 年涉华报道数量最多(773 篇)，主要是由于当年以"3·14"事件、火炬传递、北京奥运会等事件为主的涉华重大新闻事件贯穿全年，引发外国媒体的报道热潮。而到 2009 年，涉华报道数量回降到正常水平，但也达到 640 篇。此后几年的涉华报道数量，始终都保持在 800 到 900 篇左右，2012 年的涉华报道数量达到了 960 篇。

据统计，在 2008 年至 2012 年期间，有线电视新闻网最为关注中国的政治。政治报道占到涉华报道总量的 36%，社会议题占到 33%，而经济议题约为 24%，文化领域的报道较少。

就报道倾向来看，相关涉华报道在选材倾向和报道倾向上呈现出不同的特点。首先，以选取题材来说，相关涉华报道在选取新闻事实题材时，尤以负面事件为主，可以达到报道总量的 51%。而选取的新闻事实本身趋向正面的报道仅为 12%，趋于中性的介绍说明性报道为 37%。这一特点，较为符合西方新闻界贯以"坏新闻才是好新闻"的新闻价值理念。其次，以报道倾向来说，相关涉华报道以提供新闻事实为主的中性报道占到总量的 56%，负面取向的报道达到 32%，正面取向的报道仅为 12%。总体而言，虽然在报道题材的选择上，有线电视新闻网的涉华报道仍以负面事件为主,但在进行报道的过程中,基本还是能够做到以客观的阐述新闻事实为主。当然,其负面报道远多于正面报道的情况,还是能够体现该媒体在对中国进行报道时是带有一定的立场倾向的。

表3 2008年至2012年涉华报道议题分布

议题领域	占比	报道层次	报道内容
政治	36%	国内	人权、民族、社会矛盾、网络自由、对中国政府的评价。
		国际	中国与其他国家的外交往来。
			中国军事力量增长对美国的影响(军事威胁论、军事间谍等)。
			中国国际政治地位的变化。
经济	25%	国内	中国的经济发展及评论与预测。
			跨国公司在华情况。
		国际	中国与大国的经济关系:中欧、中美与阿拉伯(贸易、合作、援助)。
			中国的国际经济地位及中美经济摩擦。
社会	33%	国内	自然灾害、环境问题、科技发展、交通事故、食品安全。
文化	3.5%	国内	餐饮、娱乐、旅游。
		国际	文化产品进出口。
体育	2.5%	国际	体育明星。

具体而言,政治是该媒体涉华报道最为集中的领域。在中国国内政治方面,CNN主要关注人权、民族、腐败问题,相关报道多以负面批评为基调。在国际政治议题上,相关报道大多以中国威胁论、中国军事扩张、网络间谍攻击等为基调,偏好来自美国军方、国防部、五角大楼等部门机构的信息,鼓吹对中国的警惕甚至敌视。少量的正面报道主要是对中国社会民主取得进步做出肯定,积极看待中国的发展和成就,以及对"中国威胁论"做出的驳斥。其次,对经济领域的报道以中性报道占据绝对多数,达到报道总量的77%之多。相关报道主要涉及中国的经济发展趋势及现状、中国在世界经济中的责任和中国的国际贸易三大核心议题,对于中国的经济发展成就和在具体领域做出贡献的代表企业也有不少积极正面的报道。

对于社会领域议题的报道,大部分都集中于突发事件,诸如地震、洪水等自然灾害。其中,对于中国近些年在科技、教育和城市化发展等方面取得的进站,相关报道基本上能够给予正面评价。另外,有线电视新闻网格外关注农民工、留守儿童、HIV感染者等弱势群体,不时发表关注他们生存状态的深度报道。最后就文化领域的报道来说,在选材和报道的倾向上都以正面取向为主,报道内容涉及中国电影产业的迅速发展、中国在文化艺术领域的杰出人物等。

整体来看,CNN的涉华报道在选择报道的题材时,仍然保持负面为主的价值取向原则,但在具体报道中也能够看到中性报道占比最大,而且数量上也有逐渐增长的趋势。在不同的议题领域,CNN的涉华报道呈现出不同的特点。在一些涉华核心议题上,包括人权、民族问题等,CNN作为西方主流媒体的典型代表在相关报道中仍以冲突对立性的视角看待中国。与此同时,也应看到主张以发展眼光看待中国、增强沟通理解的另一种声音也越来越多。

政客新闻网 Politico

POLITICO

政客新闻网是美国的一家政治新闻网站，总部位于弗吉尼亚州的阿灵顿。政客新闻网关注美国乃至全球范围内政治圈的事件、观点、人物，已经成为美国最有影响力的政治新闻网站之一，而对于华盛顿政坛的报道更是该网站的一大特色。同时，政客新闻网还出版实体报纸，在华盛顿哥伦比亚特区一带发行。

一、历史沿革

政客新闻网由罗伯特·奥尔布里顿（Robert Allbritton）于 2007 年出资创办，约翰·哈里斯（John Harris）和吉姆·范德海（Jim VandeHei）为联合创办人。奥尔布里顿出身传媒世家，其家族曾经拥有《华盛顿星报》。然而，由于《华盛顿邮报》在本地的强势地位，奥尔布里顿家族于 1978 年将《华盛顿星报》售出，退出华盛顿报界。带着在特区创办一个专注报道国会新闻的政治媒体的愿望，罗伯特·奥尔布里顿卷土重来。而哈里斯和范德海都是原《华盛顿邮报》的资深政治记者，这三位新闻界老兵一起打造了政客新闻网的最初架构。

创办第二年，政客新闻网对于 2008 年大选的报道便在业界打响了名气。大选之后，政客新闻网借势继续扩大自己的影响，从多家传统媒体挖来众多资深时政记者，逐渐成为华府政治新闻报道的引领者。2009 年，政客新闻网已经拥有了 100 名员工，其报纸的发行量达到了 32000 份，而网站每月也能吸引 670 万的独立访客。[①] 2011 年，政客新闻网推出“Politico Pro”服务，该服务因其专业性和实用性备受好评，进而成为政客新闻网的旗舰产品。

二、发展现状

如今，政客新闻网已经成为全美最为权威和知名的政治新闻媒体，也是读者获取该方面信息的一站式来源。

目前，政客新闻网拥有超过 300 名员工（其中 150 余名是编辑人员），在布鲁塞尔、伦敦、柏林、巴黎、纽约、佛罗里达、新泽西等地都派驻有记者，其网站的月均独立访客量已经达到了 1200 万，而月均页面访问量也达到了 5000 万。网站月均更新 3000 篇新闻报道，向订阅用户发出 2000 条新闻推送。同时，政客新闻网还在华盛顿地区发行约 35000 份纸质出版物（曼哈顿地区也有少量发行），[②]并且每年发行 6 期杂志。

近几年，新媒体在美国新闻界成为了一股不可忽视的力量，政客新闻网作为美国新媒体的代表，也逐渐凭借自身的鲜明特点，挑战《华盛顿邮报》《纽约时报》等老牌报纸在政治新闻报道领域的地位，并且在各个新闻奖项的评选中崭露头角。2012 年，政客新闻网的插画家马特·伍尔克获得了普利策的“政治漫画奖”。而在 2015 年，政客新闻网的杂志还获得了“美国国家杂志奖”的提名。根据其网站统计的数据，政客新闻网自 2008 年以来，共在大大小小的新闻奖项中获得了近 70 项提名，这一表现证明了政客新闻网正越来越受到新闻界的关注。

随着自身实力的提升，政客新闻网开始广泛布局。2015 年 4 月，网站欧洲版正式开始运营，其欧洲分部设在布鲁塞尔。而政客新闻网也正逐步在美国各州扩张自己的势力范围。

三、报道特点

不同于《赫芬顿邮报》等综合性新媒体，政客新闻网专注于政治领域新闻的报道，专业性是其最明显的特

① 数据来源：www.comscore.com，检索时间：2015 年 7 月 18 日。

② 数据来源：www.comscore.com，检索时间：2015 年 7 月 18 日。

征。大到国际政治动向，小到关于奥巴马家庭的琐碎流言，在政客新闻网上读者能够看到最专业和全面的政治话题。政客新闻网力图成为华盛顿政治议题的设置者，而其网站上最著名的版块“Playbook”正是其实现该目标的最重要的助推器，也是政客新闻网在政治领域新闻报道专业性的最佳体现。

“Playbook”版块由网站的资深华府报道记者麦克·阿伦操刀。阿伦每天早晨 4 点半坐在办公室中开始他的工作，他将有可能在这一天影响到华府政治的一切消息归纳汇编进“Playbook”版块，版块中不仅包含基本的新闻信息，甚至还有相关的细节和背景解读。华盛顿的政治圈和时政记者圈几乎人人都会在早晨阅读“Playbook”版块，因为就连政客新闻网的竞争对手都知道，麦克·阿伦几乎能将当天有重要意义的新闻一网打尽。

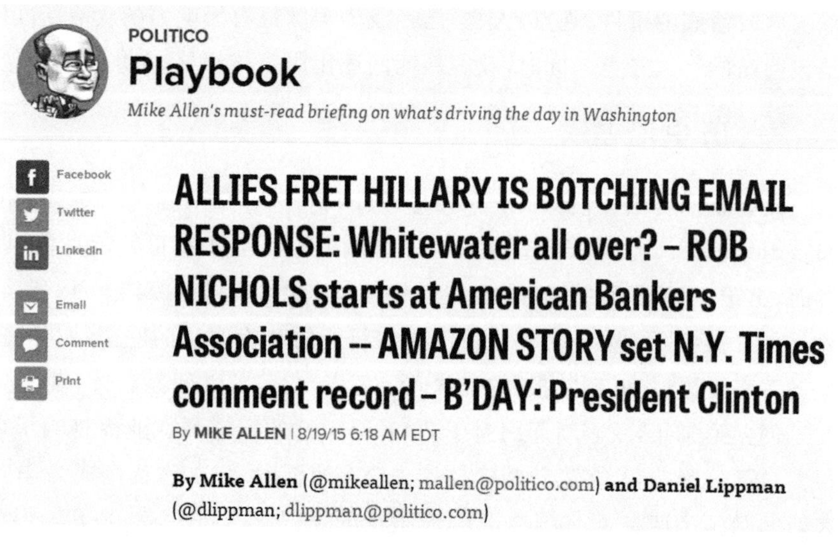

图 188　麦克·阿伦的“Playbook”版块

凭借对政治的深刻理解和广泛覆盖，政客新闻网在竞争激烈的新闻界站稳了脚跟，但是，传统观点普遍认为，政治新闻的专业性和严肃性过强，相对来说趣味性及与生活的贴近性不足，不容易引发读者的兴趣，因此往往也就只被一小部分人所关注，然而，政客新闻网凭借自身的新媒体优势，革新了政治新闻的报道方式，从而增加了自身内容的可读性。

首先，政客新闻网的许多报道与传统媒体的新闻写法有所不同，以“Playbook”为例，该版块的文章中并没有传统的“倒金字塔”结构新闻，而是把相关的信息以一定的逻辑收纳进文章中，并且不时插有新闻人物的社交网络发言等细节信息。在大选等重大政治事件时，网站的新闻专题还会以时间为线索将事件的最新进展更新进报道。

其次，政客新闻网强调记者个人能力的发挥。传统的新闻理念较为重视新闻媒体作为一个组织机构的信誉和实力，但是政客新闻网的创始人和核心人员在多年的报道实践中发现，真正维系美国政治新闻报道的往往是出色记者的个人才华，媒体的作用日渐式微，于是，政治新闻网广纳优秀的记者，并且鼓励记者发挥个人特长，甚至于鼓励记者在各种节目和公共场合露脸，进行推销和宣传。

最后，作为新媒体，政客新闻网在时效性方面也是做到了极致。网站的新闻几分钟一更新，关于某一话题和事件的最新动态得以在第一时间被捕捉。2011 年，政客新闻网推出了“Politico Pro”服务，在对订户的服务上将时效性进一步推进。“Politico Pro”类似于彭博新闻的金融信息服务，订户需支付一笔价格不菲的费用，以订阅政客新闻网提供的专业实时信息推送，这一产品使用户能够第一时间接收到感兴趣的领域的最新信息。

四、涉华报道

总体上说，政客新闻网对于美国政坛，尤其是华盛顿政坛更为重视，但是其对于国际政治和局势也有关注，而中国作为世界主要大国，自然也会成为政客新闻网报道的重点。政客新闻网的关键词检索结果显示，自建站以来，政客新闻网共发表涉华报道 8700 余篇(截至 2016 年 1 月)，年均 800 余篇的报道可谓非常密集了。

不难想象，由于政客新闻网的专业特性，其对于中国的报道基本都从政治的角度入手，对于其他方面鲜有涉及。而在政治领域，西方媒体对于中国的报道往往并不客观，政客新闻网也没有逃脱这种偏见的束缚。举例来说，2014 年 3 月 2 日，政客新闻网就昆明暴恐事件发表了一篇题为“中国将袭击归咎为分裂分子”的报道，文章中对于中国政府的调查结果提出质疑，引用少数民族受访者的话间接表达出对于暴恐分子是新疆分裂势力这一结论的怀疑，为了制造出中国民族矛盾问题突出的印象，文章还反复引用多位异见人士的观点，表明是政

图 189　伍尔克获奖漫画

府对于新疆的管理不当才造成了民族矛盾恶化的局面。[①]这样的新闻带有明显的偏见，与事实存在严重不符。

不过，中国在近几年经济发展势头迅猛，实力提升令世界瞩目，而美国一直试图从前几年的经济危机中走出来，国民经济正处在恢复阶段。对于这样的事实，政客新闻网也能够客观的面对，在许多报道中，能够体现出其对于中国实力和地位的认同。政客新闻网的插画家马特·伍尔克在 2012 获得普利策奖的漫画《经济超级碗决赛》便能够反映出这种倾向。

漫画发表在美国橄榄球“超级碗”决赛之前，作者伍尔克借用橄榄球比赛比喻中国和美国两个大国之间的经济竞争。漫画中，中国一方的队员整齐划一，站为一排等待比赛开始，而美国队员之间却相互推搡、打斗，秩序混乱。漫画的含义不言而喻。

《明报》*Ming Pao Daily News*

明報

《明报》原本是创办于香港的一份重要报纸，是香港最有影响力的报纸之一。由于海外华人群体的发展，《明报》开始在美国等多个国家出版海外版报纸，其中主要包括纽约、多伦多和温哥华，如今已经成为北美地区最为重要的海外中文媒体之一。

一、历史沿革

《明报》由查良镛(金庸)和沈宝新共同创办于 1959 年，每日出版一期。在《明报》创办初期，亏空非常严重。但是随着金庸的武侠小说读者不断增加，很多人开始关注《明报》，再加上沈宝新的经营手法，《明报》的广告业务逐步上升。1960 年代，《明报》开始找到自己的方向和定位，从一份侧重武侠和煽情的报纸转向了为一般读书人和知识分子所能接受的报纸。到 1962 年 7 月，《明报》的销量超过三万份。到 1963 年，《明报》完全摆脱了财政困境，平均日销量高达五万份。1980 年代，《明报》获得了很高的声誉，并被视为一份拥有独立报格的知识分子报刊。其 1988 年和 1989 年的日销量分别为 11 万份和 18 万份。金庸在 1991 年成立了“明报企业有限公司”。《明报》集团 1990 年度的盈利高达七千万元人民币，到 1991 年度则接近一亿元。

《明报》集团于 1993 年 5 月在加拿大多伦多设办《明报》加东版，直接与该地区的《星岛日报》与《世界日报》竞争。同年 10 月，集团在温哥华设立《明报》加西版。《明报》加东版及加西版自创刊以来，销量不断大幅增加，目前两份北美版已分别成为当地读者人数最多的中文报。1997 年 4 月，集团于美国纽约创办《明报》美东版，并

① Politico：China attack blamed on separatists，2014 年 3 月 2 日，http://www.politico.com/story/2014/03/kunming－china－massacre－separatists－104136，检索时间：2015 年 9 月 13 日。

于2007年再出版《纽约免费报》。2009年2月,集团整合两份报章的资源,成立《明报(纽约)免费报》,继续为美国东岸的华人服务。①

二、发展现状

《明报》纽约版分为A、B、C三版。其中A版包括一些要闻、中国新闻和分类广告。B版则主要是一些社区新闻、国际新闻、副刊、娱乐新闻,其中副刊是一些关于星座、心理测试或小评论。C版则都是一些广告。

《明报》加东版约90版,版面包括"加国""世界各地""中国""香港""台湾地区""要闻""社区""经济""影视""娱乐""生活副刊"等。周一附加《中华探索》、周四附送《地产金页》、周五附送《潮流周刊》、周六附送《生活周刊》、周日附送《娱乐周刊》。《明报》加西版日出对开纸约100张,版面内容包括"加国""世界各地""中国""香港""台湾""地区要闻""社区新闻""经济""影视娱乐"等。②《明报》纽约版每周的发行量为46000份,《明报》加东版每周发行量为277000份,《明报》加西版每周的发行量则为277500份。

三、报道特点

《明报》加东版,加西版和纽约版的读者拥有不同的特点。加东版的读者60岁以下的占比88%,拥有年轻化的特点。而加西版有66%的读者拥有大学或以上学历,60岁以上的读者也占到了27.24%,读者的年龄范围相对加东版更广。纽约版的读者则有着高学历的特点,其中大学或以上的读者占比78%。《明报》加西版有27%的读者是经理,企业家或学者。加东版的读者有48%来自香港,43%来自中国大陆,其中66%的常用语言是普通话。

《明报》海外版往往比较关注本地的新闻,经常会报道一些社会新闻,生活方式等,报道也相对简短,主要以消息为主,缺少深度报道,新闻也以自采新闻为主。

四、涉华报道

《明报》海外版因为主要受众是华人,因此对于中国的报道占有相当大的比重,各个版本都有相应的中国版块来报道中国的各方面新闻。在《明报》加东版和加西版的网站上,除了加国、国际、社区、体育、经济、影视等版块外,还有中国和港闻版块,分别报道中国大陆和台湾的有关新闻。其中中国版块里又包括中国要闻和中国新闻,其中要闻主要是一些中国经济或政治政策等方面的报道,中国新闻则主要涉及一些发生在大陆的社会新闻,文化新闻等。《明报》海外版的涉华报道内容相对客观,态度中立,并且大部分都是由《明报》自采的。

举例来讲,《明报》加东版和加西版的网站上都曾发表过一篇名为《习式最严党规来临》的新闻,文章称中国新党规之严格程度堪称空前,关键是条文将从纸面落地,反映了习近平从严治党、依规治党的思路。报道还提到了最近查处的中央音乐学院院长为女儿违规办婚宴问题,之后还援引了内地相关反腐专家人士的观点,体现了其能够广开信源进行涉华报道的特点。此外,《明报》纽约版也能够在重要问题上为中国发声,维护国家的利益,该报曾经发表过一篇名为《张晓卿:香港不能独立,一国两制是最好定位》的文章,文章引用了世华媒体集团暨长青集团执行主席张晓卿的话,认为香港和中国是一个相互依存、共荣共赢的命运共同体。

除了这些与政治相关的涉华报道,《明报》海外版还经常报道一些中国的社会新闻,如《疑貌美妻出轨,醋夫剁手》《银行开加单贴息存款,片存户6200万元》等类似的报道经常见诸报端,在这些报道中,《明报》北美各个版本也都能坚持正确而客观的价值取向。

---

① 《明报》网站:http://www.mingpaocanada.com/VAN/htm/Responsive/info.cfm? ty=about_ch,检索时间:2015年12月4日。
② 中国新闻网:http://www.chinanews.com/focus_site/hwlt-4/mtjj-jianada.htm,检索时间:2015年12月4日。

加拿大

《多伦多星报》*Toronto Star*

TORONTO STAR

《多伦多星报》(*Toronto Star*)是一份加拿大英文报纸,隶属于多伦多星报有限公司(Toronto Star Newspapers Limited),是加拿大最大的日报,发行范围可以辐射到整个加拿大,在加拿大本国有着很大的影响力。

一、历史沿革

《多伦多星报》曾名《星晚报》(*Evening Star*),1892 年由多伦多印刷工人创办,后来曾以《多伦多每日星报》(*The Toronto Daily Star*)发行,并于 1900 年改为现用名。尽管报纸创办之初经历了短暂的成功,但该报纸很快就面临着财政问题,销量也日益下降。1899 年,该报纸由约瑟夫·阿特金森(Joseph Atkinson)接管,并在他的领导下日益繁荣。他只用了一年的时间,便将报纸的日销量由 7000 份提高到了 10000 份。到了 1903 年,报纸的日销量已经达到了 21000 份;同时,该报也拥有了更大的影响力。

THE TORONTO DAILY STAR
6 O'CLOCK EDITION
LIBERALS HAVE A GOOD CHANCE IN TORONTO RIDINGS
WORKMEN GIVEN FULL OPPORTUNITY TO VOTE
IRISH POLICE MAY BE CATHOLIC FORCE
BRAINS BEHIND AUSTRIAN PLOT, NOT FANATICISM
LORDS ARE LIKELY TO ALLOW SECOND READING
HOTEL MAN INDIGNANT NAME WAS NOT ON LIST
OVER 2,000 WOMEN WERE PRAYING TO-DAY
SEVENTY SEATS FOR HOWELL IS ESTIMATE
DUKE OF TECK WILL ATTEND THE FUNERAL

图 1 《多伦多星报》曾以《多伦多每日星报》之名发行

阿特金森非常关注失业保险和养老基金等民生问题,《多伦多星报》在他的影响下也非常关注普通劳动人民的利益和需求,不断为人民的利益发声。不过,当时的《多伦多星报》也因为不断用黄色新闻来吸引大众眼球而饱受诟病。1910 年至 1973 年,该报又发行了名为《星周报》(*Star Weekly*)的周报,作为《多伦多星报》的补充。"二战"期间,由于《多伦多星报》对纳粹政府进行公开的反对和批评,该报纸成为第一份在德国被禁的北美报纸。

1948 年,阿特金森去世后,《多伦多星报》交由他在 1942 年创立的慈善组织管理,受托人对于他的政策和信念都非常熟悉。但是,当时安大略省的法律禁止此类组织拥有超过百分之十的商业控股,因而他的受托人在承诺将坚持该报长期以来办报准则的前提下,于 1958 年经法院批准由私人购买了《多伦多星报》。

二、发展现状

目前,《多伦多星报》是加拿大最大的日报,在加拿大拥有最多的读者。该报每周七天在大多伦多地区发行,并由多伦多星报集团(Torstar Corporation)的子公司多伦多星报报纸有限公司(Toronto Star Newspapers

Limited)所拥有。

《多伦多星报》通常发行30～50版,最重要的世界新闻和全国新闻等一般放在最开头的A版,紧随其后的有"娱乐版""本地新闻""生活""体育"和"商业"等,根据每天新闻的不同会有不同的编排。周四和周六一般会有更多的版面,周四一般能达到80版,周六则一般是130～150版,比较偏重于娱乐休闲,与其他几天相比也多增加了一个本周全世界发生的奇闻怪事,同时也会增加几版刊登字谜与漫画。另外,周六与周日的《多伦多星报》会把名字相应地换成《周六星报》(*Saturday Star*)和《周日星报》(*Sunday Star*)。

JOSEPH E. ATKINSON

图2 加拿大知名报人约瑟夫·阿特金森

《多伦多星报》一直以来都遵循着由阿特金森创立的准则,即:

1. 建立一个强大、团结、独立的加拿大;
2. 公民参与;
3. 追求个人和公民自由;
4. 保卫劳动人民的权力;
5. 打造有效率的政府。①

图3 《多伦多星报》周六和周日各出一个周末版

2013年8月,《多伦多星报》决定在网站上开启付费墙。没有订阅的网站访客每个月只能阅读10篇文章。和其他传媒公司一样,《多伦多星报》之所以设立付费墙就是希望通过电子订阅量来弥补不断下降的纸质订阅量。不过电子订阅量并没有达到预期的目标,《多伦多星报》只得于2015年4月正式取消付费墙。而且,多伦多星报集团计划与加拿大《新闻报》(*La Presse*)合作推出一款免费的平板电脑的版本,以此来吸引更多的年轻读者并且获得更高的广告收入。

不过,摆在《多伦多星报》面前的问题是,要如何使得他们的平板电脑应用更加吸引人,从而获得更多的电子广告商青睐。另外,随着手机屏幕不断变大,使用平板的用户数量也有所停滞,平板电脑的市场能否如《多伦多星报》预期的那样扩张还有待考察。

三、报道特点

(一)报道严谨

《多伦多星报》是加拿大第一家专门聘请监察专员来监督报纸的新闻职业道德及检查重大错误的报纸。同时,该报的新闻方针和标准也都在网上公开。他们认为真相必须通过自由的讨论和报道才能得以体现,只有保证公众的知情权才能保证加拿大的民主。1972年,该报当时的出版商毕兰德·洪德里奇就表示,"一份报纸最大的资产就是以说真话而闻名"。《多伦多星报》的目标就是充分且真实地传播新闻和观点,并且最大限度地遵循新闻职业道德。《多伦多星报》力求报道每天发生的重大事件和新奇事件,并特别重视政治和公众事务。

① 《多伦多星报》官网:阿特金森准则,http://www.torstar.com/html/social－responsibility/Atkinson_Principles/index.cfm,检索时间:2015年7月18日。

《多伦多星报》的新闻职业道德主要有以下七大准则：[①]

1. 要对读者、股东、雇员和广告商负责，尤其是要对民主社会负责；
2. 需要提供不同的观点，不论是社会的什么阶层都能阅读并了解该报的新闻报道；
3. 报道要真实准确；
4. 尊重新闻中所提到人物的权利，对于出版的任何报道都应该确保其公平性和可靠性；
5. 不接受任何可能会危害报纸的报道的公正性的活动；
6. 新闻和评论应该予以区分，所有个人的观点应该以评论或分析的形式发表；
7. 每个人都有隐私权，当隐私权与公众知情权发生冲突时，应该在常识和人性的综合考虑之下做出权衡。

（二）倾向自由党

《多伦多星报》是加拿大主要报纸中最倾向自由党的报纸。在 20 世纪 80 年代，该报就反对与美国的自由贸易，并且对于美国不断收购加拿大公司的情况也表示出担忧。自从《多伦多太阳报》(*Toronto Sun*)出现以后，《多伦多星报》的立场逐渐变得温和。《多伦多星报》早期曾反对伊拉克战争，并猛烈抨击小布什的很多政策，但是却鼓励加拿大参与美国的边界导弹防御系统。在联邦选举中，《多伦多星报》主要支持自由党派。不过在 2011 年的选举中，该报纸支持的却是新民主党派，因为他们的宣言是"以人为本"。

四、涉华报道

在《多伦多星报》的官方网站上搜索"中国"这一关键词，总共能获得 20457 条结果，但是其中只有约 20％的内容是直接对于中国的新闻报道，其余的都是在报道世界性议题或者他国新闻的时候顺带提到了中国的作用或关系。另外，在《多伦多星报》官方网站上的新闻有 80％采用的是国际通讯社和其他媒体的报道。

在最近十几年间，《多伦多星报》对于中国的报道，在数量上有所增加，并且报道议题也有所扩展，包含社会、经济、军事、娱乐等多个方面。与其他西方主流媒体不同，《多伦多星报》在报道有关中国的新闻时，不仅仅关注大事，更多的还是关注很多与中国人民生活相关的社会新闻。例如，中国大妈们为了锻炼身体而跳广场舞，却因此而出现扰民现象，使得政府不得不规定广场舞的指定区域和音乐的最高音量。《多伦多星报》还跟踪报道了成龙之子房祖名吸毒事件。

在香港"占中"期间，《多伦多星报》发表一系列报道，将"占中"者称为"支持民主的保卫者"，并把他们的行为称作"为从中国政府手中获取更多自由而战"。[②] 报纸还公开表示希望加拿大政府支持香港对于公正的渴求，要求中国政府同意让香港人自己选举特首。另外，该报纸还会对中国发出的一些言论断章取义，并且就此对事实进行扭曲，对中国强加批评。如《人民日报》曾经发表过一篇题为《责任感缺失，狗必成患》的评论，其中有一句是：无论对养狗者还是对管理者而言，只学洋人的生活方式而不学其管理方式，恐有东施效颦之嫌、之弊。[③]《多伦多星报》就将其翻译为：中国城市里那些养狗的人都是对西方生活方式粗糙的模仿。《人民日报》原文只是劝导养狗之人需要有公德心，管理好自己的狗，而在《多伦多星报》里则将其称为中国政府正在打压宠物饲养，以此打压西方信仰和生活方式在中国国内普及传播，并且还借此机会上升到"民主""自由"的高度，对中国国内政策指手画脚。这种报道方式在一定程度上夸大事实，有过分解读之嫌。

---

① 《多伦多星报》官网：《〈多伦多星报〉职业道德原则声明》，检索自：http://www.thestar.com/about/statementofprinciples.html，检索时间：2015 年 7 月 18 日。

② 《多伦多星报》官网：Hong Kong pro－democracy leaders start bigger protest amid student standoff with police，2014 年 9 月 27 日，http://www.thestar.com/news/world/2014/09/27/hong_kong_prodemocracy_leaders_kick_off_occupy_central.html，检索时间：2015 年 7 月 18 日。

③ 人民网：《责任感缺失，狗必成患》，2014 年 7 月 29 日，http://opinion.people.com.cn/n/2014/0729/c1003－25358373.htmll，检索时间：2015 年 7 月 18 日。

《环球邮报》*The Globe and Mail*

THE GLOBE AND MAIL

《环球邮报》(*The Globe and Mail*)是加拿大仅次于《多伦多星报》的第二大日报,每周一至周六发行。根据发行地区不同划分为六个版本,分别为阿尔伯塔省版(Alberta Edition)、不列颠哥伦比亚省版(British Columbia Edition)、安大略省版(Ontario Edition)、魁北克省版(Quebec Edition)、大西洋版(Atlantic Edition)和大草原版(Prairei Edition)。《环球邮报》一直致力于报道加拿大国内和国际新闻事务,具有极大的影响力,被称为加拿大的"历史记录报"。

一、历史沿革

《环球邮报》的前身是1844年由苏格兰裔移民乔治·布朗(George Brown)创立的《环球报》(*The Globe*)。该报最初为仅在多伦多地区发行的周报,并且是改革党的喉舌。在发行一段时间后,布朗意识到了报纸行业潜在的利润,因此他把目标转向了自由派的民众。

The Globe.

图4 1844年由乔治·布朗创办的《环球报》

19世纪50年代,《环球报》转变成为一份独立日报。在加拿大联邦建立后,该报开始通过火车运输系统在安大略省内发行。进入20世纪,《环球报》开始在报纸上增加图片和女性专栏,当时开始采用的"加拿大的全国性报章"(Canada's National Newspaper)口号至今还刊印在报纸的头版。与此同时,报社开始在其他城市开设分局,并在全国范围内发行。

1936年,《环球报》与《帝国邮报》(*The Mail and Empire*)合并为《环球邮报》。由于当时《环球报》的发行量只有78000份,而《帝国邮报》的发行量却有118000份,因此这次合并也被称为"小鱼吞鲸鱼"。

1965年,拥有多份加拿大地区报纸的FP出版公司收购了《环球邮报》。FP出版公司非常重视《环球邮报》在1962年开设的财经版,通过一系列措施树立了该刊在多伦多商界的声望。1980年,汤姆森集团(The Thomson Corporation)出资收购了《环球邮报》及其母公司FP出版公司,成为该报的新任东家。

2001年,贝尔加拿大电信公司(Bell Canada)拥有了《环球邮报》的控制权,但汤姆森集团仍然是其最大股东。之后,《环球邮报》和私营电视台CTV合并成立贝尔环球传媒(Bell Globemedia)。

在2004年,该报纸在周一至周五的报纸中新添了一个名为"环球生活的生活方式"版块。此外,《环球邮报》一改往日传统,列出详细的股票名单,进而将报纸缩为12英尺宽。到2010年时,《环球邮报》又进行了进一步的改版。10月1日,全新设计的报纸版面和在线网站一起推出。新版的报纸采用大幅彩色照片,版面设计更加突出醒目,在内容上突出生活方式等较为轻松的版块,开辟专门的版面刊载图书介绍、艺术评论等内容。

二、发展现状

《环球邮报》目前是加拿大仅次于《多伦多星报》的第二大日报。自1949年以来,该报曾获138项全国性报纸奖项,远多于任何其他加拿大报纸。在《环球邮报》的读者群中,以男性为主要人群,周内版的读者有59%为

图 5　改版以后的《环球邮报》头版

男性，周六版有 54%的读者为男性。另外，该报读者的平均年龄为 52 岁。在订阅读者中，有超过 60%以上的读者是大学以上学历，职业主要为白领、管理层、业界专家等。订阅读者的平均家庭收入达到 108500 美元。[①] 目前，该报纸周一至周五的平均浏览量为 893000 人次，周末则达到了 1032000 人次。

通常，《环球邮报》周内版每期出刊 40 版，周末版则增加到 100 版左右。周内版报纸一般分为四个版块，分别为要闻、商业经济新闻、体育新闻和生活与艺术。相比之下，周末版的内容则比较丰富，增加部分文化娱乐信息，还有环球聚焦等版块。在版面设计上，《环球邮报》经常采用变栏形式，经常刊登大幅彩色照片。在加拿大各大报纸中，《环球邮报》以一贯重视国际新闻报道而著称，在报纸上经常会出现一些对国际重要新闻的评论与报道。

三、报道特点

《环球报》在与《帝国邮报》合并成立《环球邮报》之前，已经被广泛认为是加拿大精英群体（包括多伦多商界以及代表学术界和政府机关的知识分子）的发声筒。合并成立新报之后，《环球邮报》一直毫不掩饰自身的党派倾向，在每一次联邦大选中不是支持加拿大自由党便是支持加拿大进步保守党（后者已于 2003 年与加拿大联盟合并成新的加拿大保守党），但亦曾两度于省选中支持新民主党，分别是 1991 年的沙省大选和 1991 年的卑诗省大选；新民主党在两次省选均告捷，并组成新一任省政府。

在“二战”之后，《环球邮报》的立场虽然一般被认为是较为保守并偏向商界建制派，但该报在这个时期的社评对嬉皮士和同性恋人士给予了相对正面的评价。同时，《环球邮报》还拥护福利国家的大部份原则，发声反对越战，并支持大麻合法化。这一时期，在《环球邮报》的刊发内容中最著名的就是商业版块，该版块一般都会占报纸的 15～20 页。

随着科技的进步与发展，《环球邮报》也开始注重新媒体的运用，并采用视频新闻来丰富其报道。对于编辑来说，视频新闻是扩张十分迅速的一个领域，速度超乎预期。《环球时报》每月在 Globe Digital Network 上发布多达 200 则视频新闻。目前，该网站每个月有超过 400 万用户访问量，远高于其他任何报纸网站，同时每个月已达将近 1.07 亿次页面浏览率。近几年，《环球邮报》对于视频新闻领域制定的发展策略是：前往更多地方，拍摄更多视频新闻。《环球邮报》希望达到的目标是，每天能制播 6 小时视频节目，以满足包括移动互联网、网络电视与视讯流媒体等各种阅览需求。

四、涉华报道

早在 20 世纪 50 年代，《环球邮报》就向新中国派出了常驻记者，先于任何西方国家媒体。为此，在西方各国中，《环球邮报》对新中国情况的报道、介绍较多，在世界媒体中也颇具影响力。该报采写的有关中国的文章，除供该报刊登外，也常被包括美国《纽约时报》、英国《泰晤士报》等国际一流媒体转载。

整体来说，《环球邮报》关于中国的报道比较全面与深入，视角也很开放。记者在报道过程中，也会经过细致的采访以确保报道的客观性与真实性。在《环球邮报》的官方网站上，开设有一个关于中国的专题，里面都是关于发生在中国的新闻以及相关评论。其中，大约 90%的报道内容都是围绕中国的经济与投资，另外不到

① 数据引自《环球邮报》网站：http://globelink.ca/readership/#tab1，检索时间：2015 年 8 月 6 日。

10%的报道则涉及军事、政治、环境问题等议题。

截止到2015年8月29日，在《环球邮报》官方网站上以“China”为关键词进行检索，可以得到62308条相关报道。其中60%的报道来自《环球邮报》的自采内容，其余40%的内容主要援引自路透社等国际大型通讯社。自采新闻涵盖中国政治、经济、社会等议题，主要集中于中国的经济发展，相关报道也没有体现出明显的倾向性，对于中国经济发展的各个方面以介绍说明为主。例如，《环球邮报》刊文分析2015年的中国经济，认为美国经济的动荡是影响中国经济的一个重要因素，并且认为中国实行的宽松货币政策并不利于改善中国的经济；另一篇文章则进一步提出，对中国经济暂时的动荡不需要恐慌，并相信中国达到7%的经济增长率预期没有问题，从长远来看，中国会成为世界上最大的经济体。

图6 Globe Digital Network

图片引自环球邮报网：http://globelink.ca/platforms/digital/，检索时间：2015年3月15日。

《全国邮报》*National Post*

NATIONAL POST

《全国邮报》(*National Post*)是加拿大三大全国性报纸之一，隶属于加拿大邮报传媒集团(Postmedia Network)，主要以财经报道见长。该报每周一至周六发行，在加拿大国内具有较大的影响力。

一、历史沿革

1997年，传媒大鳄康拉德·布莱克(Conrad Black)①从太阳媒体集团(Sun Media)手中购得一份报纸《金融邮报》(*Financial Post*)，并在此基础上创办了《全国邮报》，而《金融邮报》则作为新报纸的经济版得以继续保留。《全国邮报》从1998年开始发行，总部位于加拿大多伦多。该报成为世界第三大传媒集团。创刊号发行量达到创纪录的50万份，但由于前期投入资金过大，在初期的21个月就亏损了近9900万美元。与此同时，《全球邮报》所属的霍林格国际传媒集团也开始深陷财务问题，布莱克决定对部分加拿大媒体业务撤资，其中就包括入不敷出的《全球邮报》。

从2000年开始，布莱克逐步将《全国邮报》出售给了由伊斯雷尔·阿斯珀(Israel Asper)执掌的加西环讯传媒集团(CanWest Global Communications Corp.)。2000年的首次交易中，加西环讯购得索瑟姆(Southam)报团以及《全国邮报》50%的股份，后又于2001年的第二次交易中最终完成对该报的全股收购。此前，加西环讯

① 康拉德·布莱克，传媒业界传奇人物，被很多业界人士认为是传媒奇才。从20岁收购第一家加拿大地方报纸开始进入传媒业界，20世纪80年代先后收购英国《每日电讯报》(1985年)、以色列《耶路撒冷邮报》(1989年)、美国《芝加哥太阳时报》(1994年)等知名媒体，曾经是世界第三大报业集团霍林格国际(Hollinger Interntional)传媒集团的董事会主席兼首席执行官，旗下经营超过600家报刊。2007年，他因几项诈骗和妨碍司法公正的罪名获刑，由传媒大亨沦为阶下囚。

一直以广播电视业务为主，通过此次收购后成为加拿大最大的报纸出版集团。

为了扭转一直以来的颓势，《全国邮报》于 2007 年 9 月开始了对报纸的改革，包括了对印刷字体、版面设计等在内的整体全新设计。最大的变化在于，将原本位于版面上方的横向报头改为了页面左侧的竖向排版。经过此次改版，《全国邮报》面貌一新，在报纸的整体外观、设计布局各个方面都得以大大提升。

然而，大举的变革仍然未能改变《全国邮报》一直以来入不敷出的经营局面。2009 年 7 月，公司决定采取措施开源节流，临时停止刊行周一版的《全国邮报》。持续两个多月之后，资金困难的加西环讯公司还是向法院提出申请将《全国邮报》并入其他公司，并最终获得法院准许。2010 年 7 月，《全国邮报》时任首席执行官保罗·戈弗雷(Paul Godfrey)筹资 11 亿美元购下加西环讯旗下的报纸业务，在此基础上成立了新的邮报传媒集团(Postmedia Network)。

图 7　改版前后的《全国邮报》头版对比

2011 年，邮报传媒集团在多伦多证券交易所上市，并于当年 10 月首次公布了盈利情况。

图 8　《全国邮报》订阅服务

图片引自全国邮报网：http://www.nationalpost.com/subscribe/index.html，检索时间：2016 年 3 月 16 日。

图 9　《全国邮报》周六发行的增刊《周末邮报》

二、发展现状

目前,《全国邮报》隶属于邮报传媒集团,该公司主要经营报纸出版、新闻采集以及网络媒体。

《全国邮报》的读者群体主要包括高级知识分子、工商金融界人士、政府官员以及常驻加拿大的外交人员。近几年来,该报纸的发行量仅次于《多伦多星报》和《环球邮报》,并且其社论和新闻报道常常被国外报刊引用或转载,具有较大的影响力。

另外,《全国邮报》目前也开始往网络与新媒体方向发展,不仅推出了自己的新闻资讯网站 www.nationalpost.com,以及属于自己的移动客户端应用,还推出了可以在 kindle 等电子阅读工具上下载其报纸的电子版本。新媒体战略的实施,为《全国邮报》吸引了一大批年轻的读者。

三、报道特点

《全球邮报》每周一至周六发行,周一至周五发行的周内版通常出刊 30～40 版,周六版则可以达到 40～50 版。作为一份加拿大全国性的报纸,《全国邮报》报道的新闻主要集中于加拿大国内新闻。另外,每天报纸中非常大的一块比重都放在经济新闻版块"金融邮报"(Financial Post)上。该版的内容主要是涉及金融、经济和投资创业等方面的新闻信息。除此之外,其他版块设置还包括体育、娱乐和健康等。

在周六发行的报纸中则会发行《周末邮报》(Weekend Post)增刊,这一版块经常发布一些比较轻松的内容,如美食、图书介绍、设计专刊等,为读者的周末带来消遣。

四、涉华报道

早在 2004 年 10 月 23 日,《全国邮报》就在头版显著位置刊登了《中国:苏醒过来的巨人》(*China*: *The Awakening Colossue*)一文,以积极态度评价中国的飞速发展,并且从此开始积极关注对中国的报道。

通过在《全国邮报》官方网站以"中国"作为关键词进行检索,可以发现平均每月关于中国的新闻报道就有两三百条。相关检索结果中,只有 24%的内容是与中国国内的新闻直接相关的,剩余的则都是关于美国、日本或菲律宾等国家与中国的关系的内容。可以说,对于《全国邮报》来说,作为世界主要经济体和重要国家的中国是更为重要的关注点。报道的内容主要围绕中国的经济新动态,如"一带一路"和证券市场等议题。大部分报道内容都比较中立,以介绍说明中国的发展变化为主,并没有明显的倾向性。就信息来源来说,60%左右的报道属于自采来源,还有 40%是援引自路透社、《华盛顿邮报》等国际知名媒体。

此外,该报还特别关注中国经济动向对加拿大本国的影响,如在 2015 年 8 月的一篇报道中,就讲到加拿大阿尔伯塔公司(Alberta)的工资水平将在 2016 年大幅下降,原因是近年来阿尔伯塔的油气价格都有所下降,并提到如果像中国这类的油气进口大国对石油和天然气的需求猛烈上升,才有可能遏制工资下降的势头。

《新闻报》*La Presse*

《新闻报》(*La Presse*)总部位于加拿大蒙特利尔市,是加拿大最大、最具影响力的法语报纸。[①]该报创办于 1884 年,至今已有百余年历史。从 2016 年 1 月 1 日起,该报停止印刷版的发行,只保留网络版。

---

① 蒙特利尔市政厅网站:《〈新闻报〉简介》,2002 年 4 月 22 日,http://www.vieux.montreal.qc.ca/inventaire/fiches/fiche_gro.php? id=142,检索时间:2015 年 11 月 12 日。

一、历史沿革

1884年10月20日，《新闻报》创办。1889年，该报由印刷工人出身的特弗雷·贝蒂尧姆（Trefflé Berthiaume）接手掌管。在他的领导下，《新闻报》稳扎稳打，成功跻身加拿大一线报纸行列。[①] 1901年，该报在当地开展了“魁北克城市巡游”和“圣诞节贫困儿童礼物赠送”等活动，借此提高了报纸的知名度。1904年，特弗雷将报纸售出转手。在之后的几年里，《新闻报》几经转手，最终又由特弗雷收购回来，并吸纳之前多家收购该报的公司作为委员会成员，共同指导《新闻报》的新闻实践。在这一时期，《新闻报》致力于推动加拿大社会发展，尤其关注加拿大工人阶级和加拿大法国后裔的权益。[②]

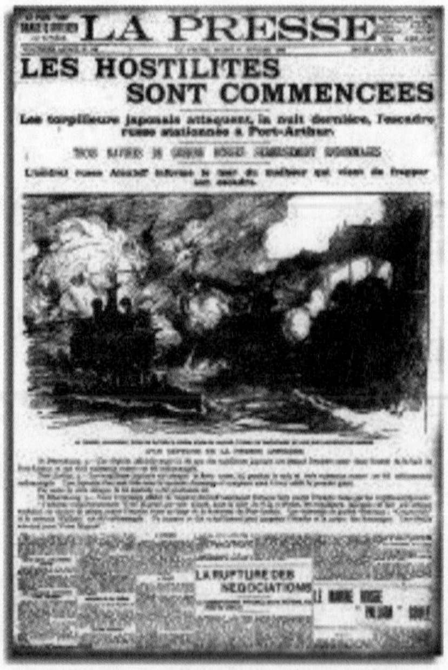
LA PRESSE
LES HOSTILITES
SONT COMMENCEES
LA RUPTURE DES NEGOCIATIONS

图10 创办早期的《新闻报》

1915年，特弗雷去世，其三个儿子分别掌管《新闻报》在运营、编辑和设备三个方面的业务。1922年，《新闻报》顺应广播技术发展的潮流，在办公室内安装了当时北美大陆最为先进的电信通讯设备，并在此基础上设立了CKAC广播台，成为了世界法语广播的先驱。[③]

之后，《新闻报》在其漫长的发展历程中遭遇多次因员工罢工、竞争对手挑战等危急时刻而暂时停刊，但都最终选择了坚持，显示出强大的生命力。

作为一份拥有逾百年历史的大报，《新闻报》在历史上积极参与加拿大的历史进程。例如，《新闻报》一直以来坚定地反对魁北克从加拿大独立，在1980年和1995年两次全民公决的历史关头都选择为反对魁北克独立鼓与呼；在同性恋婚姻问题上，该报则一直表示支持态度。

二、发展现状

目前，《新闻报》已经发展成为加拿大魁北克地区重要的新闻信息发布平台。除了传统的报纸业务以外，《新闻报》还拥有基于移动智能设备的La Presse＋信息发布平台和La Presse电视台。[④] 进入21世纪以来，《新闻报》特别关注雇佣具有富有创造力的编辑记者以迎合年轻一代的读者，其改革措施在吸引年轻读者、提升阅读率等方面十分成功。

2015年9月16日，《新闻报》宣布将从2016年1月1日起不再印刷纸质版报纸，仅保留周六特刊的纸质版，这一决定也使其成为加拿大第一家宣布不再印刷纸质版报纸的大型日报。[⑤]

三、报道特点

《新闻报》既注重报道的质量，对记者的新闻专业主义要求严格，同时也重视创新新闻信息的表现形式。历史上《新闻报》多次改版以迎合读者的阅读习惯，同时也注重使用新技术。

《新闻报》在政治上支持加拿大联邦主义，反对魁北克独立。但是，在新闻实践过程中，《新闻报》能够给予

---

① 蒙特利尔市政厅网站：《〈新闻报〉简介》，2002年4月22日，http://www.vieux.montreal.qc.ca/inventaire/fiches/fiche_gro.php? id＝142，检索时间：2015年11月12日。

② 加拿大人物传记在线辞典：《特弗雷·贝蒂尧姆》，http://www.biographi.ca/en/bio.php? id_nbr＝7209，检索时间：2015年11月12日。

③ 《新闻报》官网：http://www.lapresse.ca/a－propos－de－nous/la－presse/，检索时间：2015年11月12日。

④ Arretsurimages：La Presse＋，每台平板电脑都配备的加拿大新闻日报，2014年3月5日，http://www.arretsurimages.net/articles/2014－03－05/La－Presse－le－quotidien－canadien－qui－mise－tout－sur－les－tablettes－id6575，检索时间：2015年11月12日。

⑤ 《新闻报》：《〈新闻报〉宣布裁员158人》，2015年9月24日，http://www.lapresse.ca/le－soleil/affaires/actualite－economique/201509/24/01－4903537－la－presse－annonce－la－suppression－de－158－postes.php，检索时间：2015年11月12日。

各个不同政见的党派自由发表观点的机会和空间,其编辑部内部也注重雇佣不同政见的专家作为编辑,以保证多元观点的呈现。

此外,《新闻报》在当地新闻、国家新闻、国际新闻、体育、文艺等几个版块的报道表现出众,多次获得加拿大当地新闻业大奖。①

四、涉华报道

《新闻报》对中国议题较为关注,截至 2015 年 12 月 15 日,该报于 2015 年在其网络平台上共发表 86 篇以中国为主题的报道,平均每 4 天就会有 1 篇关于中国的报道。就新闻来源来说,《新闻报》涉华报道全部来自于法新社驻华记者站的采写报道。

《新闻报》的涉华报道选取议题主要聚焦于政治、经济和科技等几个方面。在政治报道方面,该报热衷于报道中国国内有争议的事件,经常触及民族政策、独生子女政策、人权等问题,报道中多体现出明显的倾向性。例如:在报道中国记者高瑜因泄漏国家机密而被判刑这一事件时,该报直接在标题中使用"杰出记者"这一字眼描述当事人,这种在新闻标题中使用如此主观的字眼甚至难以符合西方的新闻规范。

相对来说,《新闻报》关于中国经济的相关报道虽然数量较少,但大多数经济类报道较为中立客观。主要聚焦于马云、王健林等中国商界领袖,中国经济对世界经济的影响、中国智能手机普及、"互联网+"等中国经济新现象的报道为主。在科技领域,《新闻报》十分关注中国科技发展的新成就,对于中国探月工程、基因工程、深空探测等多个方面的科技成就都有着快速的反应和深入的报道。

Montréal mardi 13 décembre 2011

LA PRESSE

SIDNEY CROSBY AU REPOS

LE DOUTE S'INSTALLE

Le joueur phare de la LNH ressent à nouveau les séquelles de la commotion cérébrale qui l'a garde à l'écart durant 10 mois

SPORTS

Sidney Crosby

PARIS P.Q.

Cirque. Musique. Humour. En France, le Québec est plus que jamais sur le devant de la scène.

ARTS

ENTREVUE À *LA PRESSE*

« LES ADÉQUISTES ADHÈRENT À UN SONDAGE », DIT CHAREST

Le premier ministre a hâte d'en découdre avec le chef de la CAQ, François Legault. NOTRE ENTREVUE PAGE A6

U2

L'ANNÉE DE TOUS LES RECORDS

ARTS

IMPÔT FONCIER

UN RÉPIT POUR LES LAVALLOIS

PAGE A10

LA PRESSE À KINGSTON

LE DEUXIÈME FILS SHAFIA À LA DÉFENSE DE SES PARENTS

PAGES A2 ET A3

ENDETTEMENT

LES MÉNAGES CANADIENS JOUENT AVEC LE FEU

À la veille des Fêtes, le gouverneur de la Banque du Canada, Mark Carney, lance un appel à la prévoyance financière. *LA PRESSE AFFAIRES*

图 11 《新闻报》头版

环球电视台 Global TV

加拿大环球电视台(Global TV)是加拿大一家隶属于萧氏通讯公司(Shaw Communications)的私营电视台,是仅次于加拿大电视台 CTV、观看人数第二多的广播电视网络。该台在加拿大的播出覆盖率基本达到 100%,在整个加拿大具有较大的影响力。

一、历史沿革

加拿大环球电视台建立于 1974 年,建立之初为加拿大安大略省唯一的一个电视频道。在成立后的三个月该电视台就陷入了危机,之后便被多伦多商人保罗·莫顿(Paul Morton)和阿尔兹·阿斯皮尔(Izzy Asper)收购。

1985 年,加西资本集团(CanWest Capital)获得加拿大环球电视台的控股权,并决心将环球电视台发展成

① 《新闻报》官网:http://www.lapresse.ca/a-propos-de-nous/la-presse/,检索时间:2015 年 11 月 12 日。

为加拿大第三大全国性网络。该集团在萨斯喀彻温省设立了两个分台，同时还在 90 年代在加拿大滨海诸省创立了一个新的传媒体系。集团于 1997 年收购了魁北克城的 CKMI－TV 后，开始统一企业形象为“环球电视网络”，并定位为全国性电视网络。

2000 年加西集团收购了西方国际通讯集团(Western International Communications)，并将其于 1988 年创立的位于卡加利(Calgary)、爱民顿(Edmonton)和列必珠(Lethbridge)的地区电视台归入环球网络。次年秋天，位于温哥华的联播分台 CHAN－TV 也被加西集团收购。

2010 年，萧氏通讯收购环球电视以及加西集团的其他收费电视业务。

二、发展现状

加拿大环球电视台(Global Television Network)是萧氏通讯旗下的加拿大英语广播电视网络，是仅次于 CTV 的加拿大观看人数第二多的广播电视网络，目前在全国有 12 个附属台。环球台的节目主要面向 18～49 岁年龄段的观众，在加拿大拥有很高的收视率。

与加拿大广播公司以及加拿大电视台不同的是，加拿大环球电视台是各分台分散管理，各分台有权自行决定自身的广告时长。

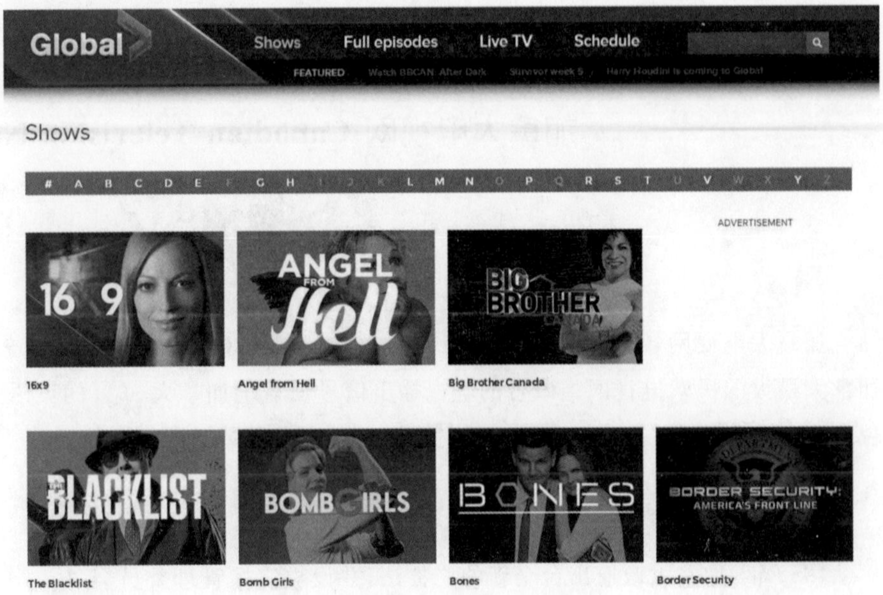

图 12 加拿大环球电视台网站

图片引自环球电视台网站：http://www.globaltv.com，检索时间：2016 年 3 月 22 日。

三、报道特点

环球电视台播出的节目大部分都是美国引进的电视节目，如《老友记》《人人都爱雷蒙德》和《幸存者》等等。该台的大多数节目都反映了美国的社会生活和价值观，因此备受加拿大国内观众的诟病。

不过，近来环球电视台也开始播放一些加拿大的节目，如常年播放的金融剧 *Traders*、情景喜剧 *The Jane Show* 等，同时还购买了加拿大版《学徒》的播出权。

环球新闻是环球电视新闻网的一个播报新闻和时事的分台。该台播放的节目包括环球台的全国性新闻节目——《环球全国新闻》(*Global National*)以及新闻杂志节目《16×9》等。环球电视台在各地的分台还提供了很多的当地新闻节目。这些新闻节目的安排一般和美国一样，大多数节目流程都是三或四小时的早间新闻，一小时的午间新闻，30 到 90 分钟的晚餐时段新闻，还有半小时至一小时的晚间新闻。环球电视台的很多分台还会播放关于当地公共事务的节目。

四、涉华报道

环球电视台的对华报道主要来自于环球新闻。该电视台在新闻节目中的对华报道并不是特别多。通过对近三个月的新闻报道进行统计分析，其中有 50％是关于中国的社会新闻，以及一些突发的热点新闻，如 2015 年 6 月的长江“东方之星”沉船事件，以及工厂爆炸事件等灾难性新闻，对这些新闻的报道一般都是对客观事实的陈述，如伤亡多少、事故原因等等。另外还有 12.5％是经济类的新闻，15％涉及中国与他国的关系，如美国、日本、俄罗斯等。7.5％是体育报道，5％是关于环境与科技，另外还有一部分新闻是关于加拿大人在中国的一些故事。

总体来说,环球电视台的电视节目中关于中国的报道比较客观,而且节目中经常会引用中央电视台的新闻片段。如关于天津滨海新区塘沽开发区的爆炸事件,环球电视台就直接引用了中央电视台报道的涉事的11名官员被采取刑事强制措施的视频。在四川发生洪水时也引用了中央电视台记者徒步挺进重灾区高峰村的视频。另外,除了其在电视节目中的报道之外,在环球新闻的官方网站上还有一些援引自美联社或者加拿大通讯社等国际大媒体的一些报道,也主要是针对中国发生的一些热点问题,其中不乏一些娱乐性新闻,不过也有少数新闻涉及人权问题等敏感议题的报道。但是总体来说,环球电视台对于中国的报道立场能够保持相对的客观。

加拿大电视网 Canadian Television Network

加拿大电视网(Canadian Television Network,简称CTV)隶属于贝尔全球媒体公司(Bell Globemedia),是加拿大最大的民营电视网。该台的电视播出信号覆盖了加拿大99%的英语家庭,旗下拥有21家国内运营的电视台和三个附属台,各类节目在加拿大的很多省份收视率都排行第一。

一、历史沿革

1958年,加拿大政府出台全新的广播法,并设立广播管理委员会(Board of Broadcast Governors,后来改为加拿大广播电视委员会 Canadian Radio—television and Telecommunications Commission)对加拿大广播进行监管。委员会在哈利法克斯、蒙特利尔、渥太华、多伦多、温尼伯、卡尔加里和温哥华开启了第二条免费地区性电视频道,上述七个城市的地区性私营频道陆续在1960年至1961年间陆续启播。由此,打破了皇家所属的加拿大广播公司(Canadian Broadcasting Corporation,简称CBC)的市场垄断。

加拿大电视网于1961年10月1日成立,由于加拿大广播公司不满于CTV名字中带有"Canadian"这一显露国家性的字眼,因此CTV便仅以这三个字母为标识,之后不再添加任何注释。在之后的几年里,加拿大电视网相继在圣约翰斯、基奇纳和萨省增设联播分台。不过,加拿大电视网的管理团队很快就陷入了财政危机。与此同时,加拿大电视网和各地区分台的关系也不是特别融洽。在很多情况下,加拿大电视网甚至还必须和自己的分台来竞争播放节目。1965年,加拿大电视网面临破产的命运。因此,电视网旗下分台于1966年提出要收购加拿大电视网,并将之改为合作社模式经营,由各分台共同控股。不论分台大小,各分台所有者在网络运营事务的决策上都拥有自己的一票。该建议一经提出,很快便被采纳。1966年9月1日,加拿大电视网开始播出彩色节目。

到70年代中期,加拿大电视网的节目已经遍布加拿大全境。到70年代末,加拿大电视网经常购买流行音乐和摇滚音乐的版权用来做节目。80年代中期卑顿广播(Baton Broadcasting)开始收购电视网旗下的附属台。1971年收购萨斯卡通分台CFQC之后,卑顿广播又于1986年收购了里贾纳的CKCK,艾伯特亲王城的CIPA和约克顿的CICC,1988年收购渥太华分台CJOH,1990年收购MCTV(包括萨德伯里的CICI、北湾的CKNY和蒂明斯的CITO)以及苏圣玛丽的CHBX。经过这一系列的收购行动,卑顿广播所持有的加拿大电视网的股份增至57.2%,并夺得网络的控制权。

2000年,贝尔公司一举收购了加拿大电视网、网星通讯公司和《环球邮报》三家媒体机构,并将之合并成立了贝尔环球媒体(Bell Globemeia)。2005年,贝尔公司宣布将其持有的贝尔环球媒体集团的大部分股份转售给其他股东,仅保留百分之二十的股份。2010年9月10日,贝尔公司宣布购入包括加拿大电视网和"A"电视系统在内的 CTV Globemedia 广播资产。2011 年 3 月 7 日，这项交易获准得以实施，而 CTV Globemedia 则于同年 4 月 1 日改称贝尔传媒。同年 5 月 30 日，贝尔传媒宣布将“A”电视系统更名为 CTV 第二台（CTV Two），从当年 8 月 29 日（即新一电视季度展开之际）开始生效。[1]

二、发展现状

目前，加拿大电视网隶属于贝尔环球媒体公司。电视网旗下拥有一系列专门付费频道网，包括 24 小时新闻频道 CTV 新闻网（the News Network）、专门播报商业新闻的财经电视报道频道、专业的谈话节目频道（Talk TV）、戏剧电视网（the Comedy Network）、体育网 TSN（The Sports Network）、世界上第一个用法语播送的体育专业频道 RDS（Le Résequ des Sports）、加拿大探索频道（Discovery Channel Canada）以及户外生活频道（Outdoor Life Network）。

图 13　加拿大电视网新闻频道——CTV 新闻网

除此之外，加拿大电视网旗下还有 5 个数字频道，分别是 CTV 动物星球（CTV Animal Planet）、播放重要体育赛事的 ESPN 加拿大频道（ESPN Classic Canada）、为曲棍球爱好者播放节目的 NHL 电视网（NHL Network），以及探索文明频道（Discovery Civilization）和专业的旅游频道（CTV Travel）。

三、报道特点

与加拿大其他电视台一样，加拿大电视网的节目一般也分为新闻、体育、娱乐、电影、健康、财经等，主要新闻节目有《CTV 新闻》《早安加拿大》《加拿大 AM》等。除了普通播放制式的节目外，加拿大电视网还有 20 个高清节目，包括《法律与道德》《第三次看》等。下面将举例介绍两个加拿大电视网的著名节目。

（一）《加拿大 AM》

该节目开播于 1972 年 9 月 11 日，是加拿大电视网第一个早间新闻栏目，同时也是加拿大收视率最高的早间节目。节目内容包含了国内外新闻、经济、天气、体育和娱乐等。该节目除了播报世界发生的最新新闻外，还经常将观众带出演播室，让其领略加拿大全国各地不同的风土人情，将硬新闻与生活小故事完美地融合在一起。

（二）《CTV 全国新闻》

该节目是加拿大电视网的旗舰性新闻节目，于每天晚上十一点播出。在节目开播初期，时长只有 20 分钟，到 20 世纪 80 年代节目时长达到半小时。在 1992 年以前，该节目一直是加拿大收视率第二高的新闻节目，仅次于加拿大广播公司的 *The National*。在那之后，《CTV 全国新闻》还一度成为了加拿大最受欢迎的新闻节目。

四、涉华报道

近几年间，加拿大电视网在北京派驻有记者。作为一个电视网，加拿大电视网对于中国的新闻报道除了以文字形式展现之外，还包括大量视频报道内容。在加拿大新闻网的新闻网站上搜索关键词“China”，相关结果多达 14605 条。其中，部分新闻只是将中国作为背景材料一笔带过，但是大部分新闻都是以中国为聚焦主题的报道。相关报道中，对中国的社会、政治、经济以及同他国的关系进行了详细的描写。其中尤其以政治经济类

---

① Gittins, Susan (1999). CTV: The Television Wars. Toronto: Stoddart Publishing Co. Ltd.

的新闻居多,政治类的新闻包括中国与日本、菲律宾等国家之间关系紧张的问题,还有对推进反腐败、贪官落网的报道等。对于涉华新闻中经济类议题的报道,则主要包括中国与其他国家的经济往来,以及中国公司企业在世界范围的运营与发展,还包括中国股票市场的动荡等。

在相关涉华报道中,消息来源大部分来自于美联社,也有一部分是来自于由加拿大电视网驻中国记者自己采写的内容,但整体来说,加拿大电视网对于西方大型新闻通讯社的依赖较强,在议程上也深受美联社等媒体机构的影响。

加拿大广播公司 Canadian Broadcasting Corporation

CBC

加拿大广播公司(Canadian Broadcasting Corporation,简称 CBC)是加拿大政府的公共国家广播公司。它是加拿大广播电视业的巨无霸,主要业务范围包括电视广播和无线电广播。加拿大广播公司的英语广播总部设在多伦多,且规模比较大,法语广播总部规模较小,设在蒙特利尔。在全国范围内,加拿大广播公司旗下共有 13 个英语电视台、34 个英语电台,以及 8 个法语电视台和 10 个法语电台。

一、历史沿革

20 世纪 20 年代,传媒大国美国的广播电视业异常发达,作为美国近邻的加拿大一直深受美国文化的影响。为了应对美国文化的不断入侵,同时保护本国文化,加拿大国内要求建立自己的国家电台的呼声日益高涨。当时,由加拿大国家铁路公司(Canadian National Railways,简称 CNR)主持,已经在渥太华、蒙特利尔、多伦多、蒙克顿和温哥华等地建立起了广播电台。这个基于铁路线路的 CNR 广播电台,成为了加拿大广播行业的先行者。直到 1929 年时,这些广播电台每周只能在全国范围内播放三小时的节目。因此,公共广播委员会提出要建立一个能够表现加拿大精神的国营广播网络。1932 年,加拿大广播委员会(Canadian Radio Broadcasting Commission,简称 CRBC)成立,并接管加拿大国家铁路公司的广播电台。1936 年,加拿大广播委员会正式更名为加拿大广播公司。作为一家国营企业,加拿大广播公司有着组织性的结构和稳定的资金来源,同时也面临着更少的政治压力。

在成立初期,加拿大广播公司只有 8 个自己的电台以及 16 个附属电台。当时加拿大 1100 万人口中只有一半人能收听到加拿大广播公司的节目,其中大部分都是城市居民,而且这些电台还一直受到功率强大的美国电台的影响。1937 年,加拿大广播公司在蒙特利尔和多伦多建造了 50 千瓦的发射机,将广播的覆盖范围提升到了 76%。到 1939 年,全国性广播覆盖面接近 90%。

“二战”期间,加拿大广播公司开播了对外广播。1941 年 1 月,加拿大广播公司新闻部正式成立。到 40 年代中期,一系列私人电台加入加拿大广播公司的国家广播网络,每日播放英语和法语节目共计 43 小时。1952 年,属于加拿大广播公司的两座电视台开播,一座为开播于蒙特利尔的 CBFT 电视台,另一座为开播于多伦多的 CBLT 电视台。到 1955 年,加拿大广播公司的电视服务覆盖了 66%的加拿大人口。

1966 年,加拿大广播公司开始引进彩色电视技术,尝试在一些节目中使用彩色信号传输。1974 年,加拿大广播公司的所有节目都采用了彩色信号传送,黑白电视技术被彻底抛弃。1978 年,加拿大广播公司开始使用轨道卫星传送节目,是世界上第一家采用这种传递技术的电视台,开创了卫星传输节目的先河,使得节目覆盖率进一步加大。① 80 年代以来,随着高科技和经济全球化的发展,观众面临越来越多的选择,大部分的观众都转向了特殊频道

① 唐世鼎、黎斌:《世界电视台与传媒机构》,中国传媒大学出版社 2005 年版,第 67—68 页。

和付费电视。1989 年,加拿大广播公司开办了“新闻世界”,为加拿大人提供属于他们自己的 24 小时的新闻频道。

图 14　加拿大广播公司历代标识

二、发展现状

目前,加拿大广播公司通过多个频道面向加拿大居民播出节目,包括 8 个国家广播电视网络、全方位服务的 Web 网络、本地/区域电视台和联合广播电台、全新闻服务频道“CBC 新闻世界”和 RDI 频道。此外,还有数字电视频道 Country Canada、不间断音乐网络 Galaxie。

加拿大广播公司以英语、法语和 8 种土著语言播放节目,为加拿大居民带来丰富多彩的有地域和文化特色的节目。同时,加拿大广播公司还与其他广播公司合作,是专业电视服务机构 ARTV 和纪录片频道的成员。公司共有职工近万人,其中编采人员 3800 人。[①]

加拿大广播公司的财政收入主要来源于政府拨款,其他收入还包括广告、产品服务的销售等。2013 年,加拿大广播公司的收入总额约 18 亿美元,其中政府拨款占 64.1%,广告收入占 18.4%,产品服务收入占 9.5%。

2013 年,加拿大广播公司就加拿大广播公司关键领域的问题对 373 名意见领袖进行了问卷调查,在关于加拿大广播公司的重要程度这一问题中,89%的受访者都认为加拿大广播公司对于加拿大来说是重要的,其中将近 80%的受访者认为加拿大广播公司的存在极其重要。由此可见,虽然遭受付费频道和特殊频道的冲击,但是加拿大广播公司仍然屹立于加拿大传媒业,国家级电视媒体巨头的地位仍未被撼动。

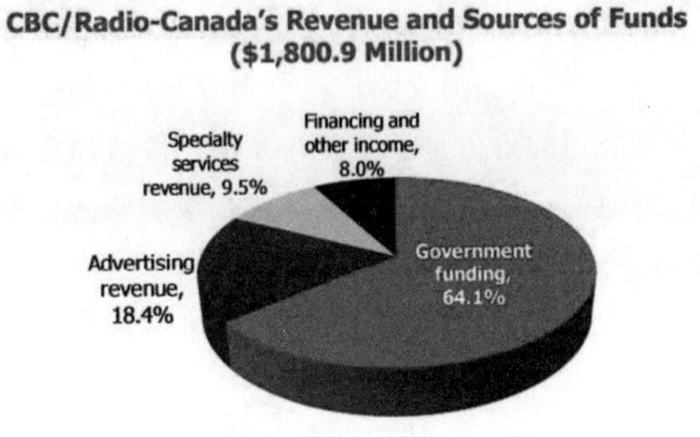

图 15　加拿大广播公司 2013 年资金来源

2013 Media Environmental Scan:http://www.cbc.radio－canada.ca/_files/cbcrc/documents/latest－studies/media－environment.pdf,检索时间:2015 年 7 月 11 日。

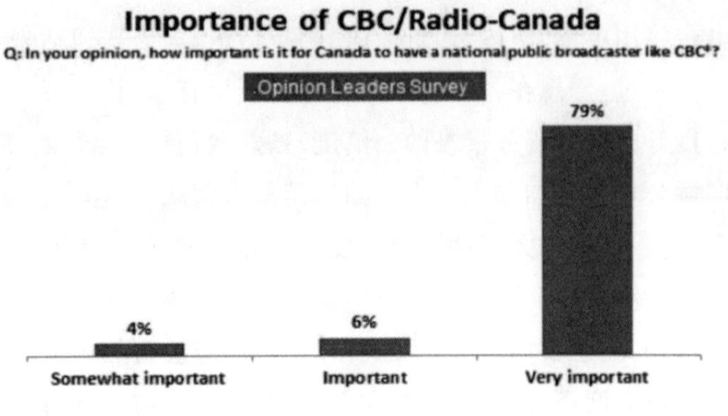

图 16　加拿大意见领袖关于加拿大广播公司重要程度的调查结果

2013 Opinion Leader Survey Research Highlights: http://www.cbc.radio－canada.ca/_files/cbcrc/documents/latest－studies/CBC－2013－Stakeholder－Survey－Research－Summary－en.pdf,检索时间:2015 年 7 月 11 日。

意见领袖对于加拿大广播公司的看法总体上是积极的。其中有 85%认为加拿大广播公司在未来仍将发挥重要的作用,83%的人认为加拿大广播公司是加拿大文化的重要组成部分,79%认为加拿大广播公司对于加拿大社会贡献巨大。另外,还有 76%的人同意加拿大广播公司的节目反映了不同观点,74%的人认为加拿大广播公司的节目符合大多数人的兴趣。还有 73%的人认为加拿大广播公司的节目平衡地涉及了各种重要的问题,

---

① 唐世鼎、黎斌:《世界电视台与传媒机构》,中国传媒大学出版社 2005 年版,第 65 页。

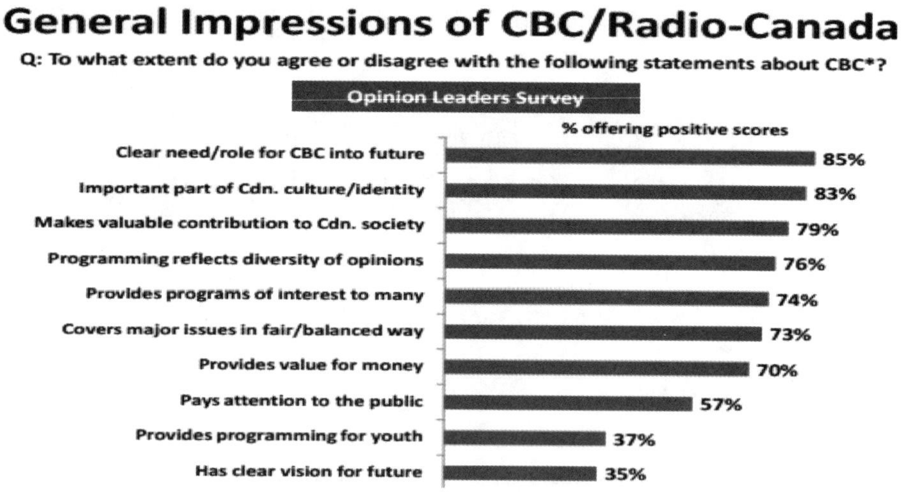

图 17 意见领袖对 CBC 的整体印象

2013 Opinion Leader Survey Research Highlights：http://www.cbc.radio－canada.ca/_files/cbcrc/documents/latest－studies/CBC－2013－Stakeholder－Survey－Research－Summary－en.pdf，检索时间：2015 年 7 月 11 日。

70%的人认为加拿大广播公司的节目物有所值。但是只有57%的人认为加拿大广播公司关注大众，37%的人认为加拿大广播公司为年轻人提供了节目，35%的人认为加拿大广播公司对未来有清晰的规划。

进入新世纪以后，加拿大广播公司开始面临困境。随着私营媒体的不断发展，这个老牌的传媒机构已经感受到了巨大的压力。虽然加拿大广播公司也一直在改革创新，向新媒体发展，但是观众面临的选择越来越多，竞争日益激烈。另外，在加拿大 2012 年联邦预算中，政府对加拿大广播公司的财政支出将在三年内缩减 11500 万。这对于长期以来依赖于政府资助的加拿大广播公司来说是一个巨大的打击。为了削减开支，加拿大广播公司于 2014 年 6 月宣布在 2020 年之前将缩减 1000～1500 名员工。此举遭到很多员工的反对，同时还引发了大规模的游行抗议活动。

另外，加拿大广播公司还将一些不符合公司策略的频道进行出售，原本计划开创的儿童数字电视频道也暂时搁浅，同时也不再继续购买数字体育电视频道。

在加拿大广播公司 2015 年发布的发展战略中，公司表示将在未来三年增加 5000 万美元的自营收入，他们将通过热播的电视节目来扩大广告收入。同时将提高数字广告的数量。另外，加拿大国家广播电台还将逐渐停止短波和卫星通讯服务，并逐渐将重心转向网络广播。加拿大广播公司总裁拉克鲁瓦表示，加拿大广播国际电台将用英语、法语、西班牙语、阿拉伯语、汉语普通话来让全世界的人了解加拿大的民主、文化生活和价值观。

不过，要想在各种新媒体的冲击下生存求胜，最重要的还是节目的质量。加拿大广播公司立足的基础，正是良好的公共服务带来的公信度。这一特色一旦失去，加拿大广播公司的价值也就不复存在了。虽然加拿大广播公司需要加拿大人支付的只是每人每天一杯咖啡的价钱，但是他们是否愿意出这笔钱才是最重要的。很多人表示，加拿大广播公司大量播出商业节目，和其他的私营公司并没有区别，国家没有必要在加拿大广播公司身上浪费钱。因此加拿大广播公司在削减开支、赚取收入的同时，更应该花费心思去制作加拿大原汁原味的节目，同时也要创新节目形式，以此来适应最新的媒体环境。

根据调查显示，加拿大人近 20 余年以来，对于电视的兴趣都丝毫没有减弱。从这一点出发，加拿大广播公司应该重点发展旗下的电视，以吸引更多观众的目光，并以此来吸引更多的赞助与广告收入。

三、报道特点

加拿大广播公司旗下的频道中，CBC Television（加拿大国营频道，英语）和 Radio－Canada télévision（加拿大法语频道）是包括新闻、娱乐、体育赛事、电视剧和电影等内容的两个综合频道。此外，加拿大广播公司还拥有专门播放新闻和资讯的两个新闻频道 CBC Newsworld（加拿大新闻世界，英语）和 Réseau de l'information（RDI，法语资讯频道）。

另外，加拿大广播公司还拥有四个全国性的电台频道：加国一台（CBC Radio One，英语播出）、加国二台（CBC Radio Two，英语播出）、第一连线（La Première Chaîne，法语播出）和音乐空间（Espace Musique，法语播出）。

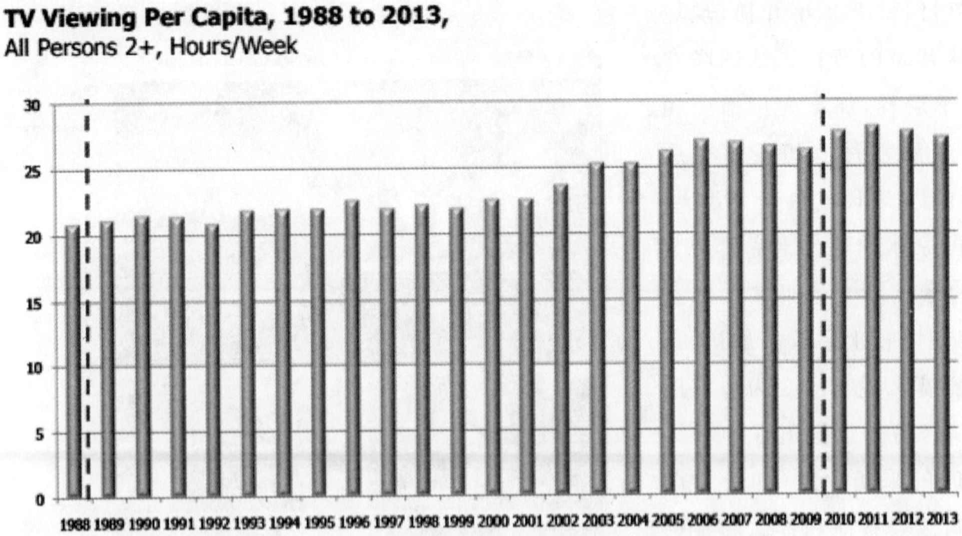

图 18　1988 年至 2013 年加拿大人均每周观看电视时间

CBC/Radio－Canada Research and Analysis (BBM Nielsen, BBM)

其中,最具特色的是加拿大新闻世界频道。该频道诞生于 1989 年,是一个全天 24 小时播放新闻的电视频道,是世界上仅次于 CNN 的第二家专业新闻频道。该频道立足于直播,大多数内容都是突发的新闻事件。新闻世界频道还注重节目的质量与多样性,客观地向加拿大人提供重要的国际国内新闻事件,是加拿大人民了解世界的一个重要窗口。

加拿大广播公司的节目主要以英语和法语两种语言进行播报,而且主要播放的都是加拿大本土的节目,各种节目类型也非常丰富。作为加拿大政府所属的广播公司,加拿大广播公司一直致力于满足公众的需求。

以下从新闻节目、娱乐节目、教育节目来分析加拿大广播公司的广播节目。从新闻节目来看,加拿大全国性以及世界性新闻主要由加拿大广播公司提供,内容上把本国放在第一位。在国内,从中心大城市到内陆地区,按与其实力相配的比重进行报道。从集中报道加拿大情况和强调政治、经济方面的报道中可看出,加拿大广播公司的新闻热衷于报道那些可显示加拿大是个政治上稳定、经济上务实的国家的内容。从娱乐节目来看,主要有英语广播剧、法语广播剧和音乐广播。从教育节目来看,主要是启蒙教育、激发智力、增进知识、提供资料。而很有意思的是,教育广播节目被很多大学和学校社团很好地利用起来,非常生动。①

加拿大广播公司的主要节目如下:

(一)*The National*

这是加拿大国营频道的旗舰新闻节目,于每周一至周五和周日晚上 10 时和周六晚上 6 时播放。该节目的前身是 1954 年开播的 *The National News*,节目时长 5 分钟,主要播报国内的最新消息。在 1992 年,加拿大广播公司将该节目与 *The journal* 整合成一个全新的名为 *Prime Time News* 的节目,但由于播出效果不佳,又在 1995 年改名为 *The National*。

The National 着眼于加拿大国内与世界新闻。首先播放 15～20 分钟的新闻,接着播放不同长度的深度报道或新闻评论。在 2006 年 10 月以前,该节目每天于 11 时在加拿大广播公司的各大站台重播一次,不过内容只包括重点新闻部分,而不包括新闻纪录片与新闻分析的环节。但在这之后,这个时段就被 *The Hour* 所替代了。

(二)*Hockey Night in Canada*

加拿大广播公司最受欢迎的一个节目是每周六晚上播出的《加拿大冰球之夜》(*Hockey Night in*

① 王云娜:《双轨体制下的存在与发展——浅析加拿大广播公司(CBC)与日本广播协会(NHK)的相似点和区别》,《群文天地》2009 年第 1 期。

Canada)。该节目自1952年开播,现场直播NHL冰球赛事的节目。冰球联赛分为季前赛和季后赛,加拿大广播公司一般从三月下旬到六月上旬转播季后赛。这种做法源于CNR电台于1931年开始的加拿大国家冰球联盟比赛转播节目,然后由它的继任者——加拿大国营频道于1952年在电视上播放。最初,每周只播出一场比赛。现在已变为每周播出两场不同比赛,另外也报道在中场休息和比赛间隔时的采访片段(如唐·彻丽的"教练角"),以及赛前和赛后的各种相关报道。

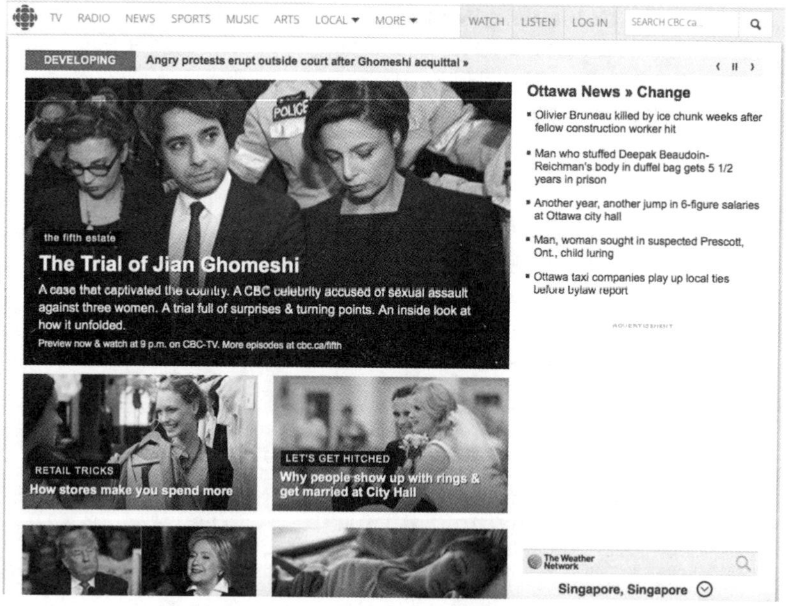

图19 加拿大广播公司网站首页

图片引自加拿大广播公司网站:http://www.cbc.ca,检索时间:2016年3月23日。

(三)*The Fifth Estate*

The Fifth Estate 是一档曾经获得过双子星奖(Gemini Award)以及加拿大新闻界最高奖项麦切纳奖(Michener Award)等众多奖项的加拿大新闻杂志节目。该节目在加拿大广播公司英语电视新闻网播出。由于新闻界被称为第四等级,因此节目取名为第五等级,意在表明自己将打造超出日常新闻的独特报道。该节目开播于1975年,主要内容为调查报道。该节目还与英国广播公司、《纽约时报》《多伦多星报》《环球邮报》等展开合作。

四、涉华报道

随着中国综合国力的不断上升,世界各大媒体关于中国的报道也不断增加。中国目前是加拿大第一大移民来源国家,移民部估计目前全加拿大的华裔人口接近150万。加拿大广播公司作为加拿大媒体的巨头,在关注加拿大国内新闻的同时,也报道了很多国际事件。对于日益强大的中国,加拿大广播公司对中国的报道也不断增加。

在2006年,加拿大广播公司与《纽约时报》等媒体共同制作了大型纪录片《中国崛起》(*China Rises*),分别从政治体制、强大的经济实力、环境和社会四个方面介绍中国的崛起,真实地记录了转型时期中国社会的方方面面。该节目第一部分于2006年1月22日晚8时在加拿大广播公司播出,前半部分名为"Party Games",观众将跟随六名中国普通老百姓的视线观察中国的社会主义政治体系与市场经济结合后的社会新面貌,后半部分则名为"Getting Rich",这一部分讲述了中国经济的巨大发展,同时通过采访不同地区的人民,展现中国悬殊的贫富差距。

该节目第二部分于2006年1月29日播出,前半部分名为"City of Dreams",主要在上海取景,拍摄了这个城市的不平等和两极分化现象。节目的后半部分名为"Food is Heaven",展示了中国的饮食,受访者既是一名正在接受培训的厨师,也是一名环保主义者,他呼吁人们采取有效的措施来保护中国的环境。

截止到2015年7月中旬,加拿大广播公司网站上有关中国的报道共有1970条。这些报道涉及经济、文化、社会、军事等各方面,可以说报道较为全面。例如,2014年3月5日,加拿大广播公司发表了一篇关于中国经济的新闻,介绍中国2015年的经济增长目标为7%,低于以往的7.5%。同时,报道还引用习近平、李克强的话,认为这种低增长将成为新常态。另外,报道还从利弊两方面分析了中国经济放缓对全球经济的影响。

不过,加拿大广播公司毕竟是西方世界的主流媒体,主要新闻专业立场就是主张言论自由。因此对于一些中国的敏感人物,加拿大广播公司也不会像一些中国媒体一样避嫌。比如2015年3月24日,加拿大广播公司报道了中国的激进艺术家艾未未获国际特赦组织最高奖的新闻。

欧洲媒体概况

欧洲拥有发达的媒体市场，欧洲各国所拥有的媒体数量可以说是世界上最多的。在本书的研究中，欧洲媒体也是研究的重点，入选介绍的欧洲媒体共有187家之多。

欧洲的全称是欧罗巴大洲(Europe)，位于东半球亚欧大陆西北部。欧洲的总面积约为1018万平方公里，约占世界陆地总面积的6.8%，从面积上来说，欧洲是世界上第六大洲。欧洲大陆共有7.42亿人口，是世界上人口第三多的大洲。2014年，欧洲的国民生产总值为14.5万亿美元，占全球总值77.3万亿的18.7%。欧洲国家基本上都属于高收入或中等偏上收入的国家，欧洲也是世界上经济最发达的地区，全欧洲的人均GDP大约为2万美元。欧洲有44个国家，语言情况较为复杂，文化种类繁多。欧洲是世界现代新闻传播业的兴起之地，是世界媒体的高原，至今还维持着媒体重镇的地位。欧洲媒体历史悠久，著名媒体众多，经多年发展形成了各国、各板块独特的传媒体制。从传媒体制和媒体发展的角度，可以将欧洲划分为西南欧、中北欧、英国及爱尔兰、东欧与俄罗斯四个板块，每一个板块都有自己的发展特色。

在西南欧国家中，法国、意大利、西班牙是其中的媒体大国，此外还包括希腊、葡萄牙、马耳他、斯洛文尼亚、克罗地亚、波士尼亚赫塞哥维纳、塞尔维亚和黑山、阿尔巴尼亚等媒体小国，由媒体大国和媒体小国形成了媒体发展的双重结构。

西南欧地区是欧洲新闻传播事业的发源地。从媒体发展情况的国家实力排行来看，最主要的媒体强国是法国、意大利和西班牙。这三个国家经济实力强、政治影响力大，其中尤其是法国，代表了西南欧国家媒体发展的特色。法国的知名媒体众多，各类媒体都比较发达，拥有《费加罗报》《世界报》《解放报》，还有经济类的《回声报》、体育类的《队报》，以及法国24小时电视台和法新社这样的国际一流媒体。在此基础上，法国不仅成为了这一地区媒体发展的领头羊，在全球传媒领域内也有极高的权威性，尤其是在法语世界。意大利比较知名的媒体有《晚邮报》、意大利广播电视公司(RAI)等，西班牙比较知名的媒体有埃菲社、《阿贝塞报》和《国家报》等，它们也都在世界范围内有一定的影响力。在本书的研究中，选择了法国的各类媒体27家、意大利媒体12家、西班牙媒体20家，三个国家的媒体共计59家。

整体来看，西南欧国家的媒体格局比较完整，包括报刊、广播电视、网络媒体在内的各类媒体类型都比较发达。就报刊来看，近年法国报纸出现了发行量的整体下滑，广告市场萎缩、读者市场老化的现象较为突出。近年来，法国的报纸阅读率相当低，从不读报的人占总人口比例约为36%，且以年轻人为主。目前，法国报业唯一的亮色是地方报刊的持续发展，在各个地方发行的报刊数量仍在增加，从2009年的98种增加到了2013年的123种，其中大多数都是地方报刊和免费报纸。例如，地区性报刊的典型代表《法兰西西部报》在2015年达到了日发行量80万份，另外还有广受欢迎的《20分钟报》为免费报纸的范例。在意大利，目前共有140家日报，大多数都为地方性或区域性的报纸。从报社的经营所属来看，大多数意大利报纸都有政治党派或大型媒体集团的背景。[①] 同法国一样，意大利也出现了报业的整体下滑，在发行量和广告营收上均有所收缩。其中，全国性报纸下降明显，中小型城市报纸仍在发展。

在法国和意大利两国都出现了全国性报刊发行量持续下降、城市报纸和地方报纸逐渐走俏的趋势，呈现出这一“逆生长”现象的原因，在于这些地方报纸以服务当地居民生活为宗旨，新闻资讯本地化程度较高，因而广受当地居民的欢迎。西南欧国家的广播电视非常发达，比如说，法国有1200多家广播电台，意大利有400家电视台和2500家广播电台，而在西班牙则是以电视作为最主要的信息来源。目前，西南欧国家的广播电视行业

---

① Freedom House：Freedom of the Press 2015，Italy，https：//freedomhouse.org/report/freedom－press/2015/italy，检索时间：2016年7月30日。

正处在转型期。2004 年的一份研究表明,平均收视时间排在前三位的欧洲国家是:意大利 245 分钟、希腊 234 分钟和西班牙 222 分钟。[①] 这一数字在 2014 年后发生了改变,西南欧地区主要国家的人们观看视频的总时间变长了,但是收看方式不仅仅局限于传统电视,还包括网络视频和移动终端等新的平台在内,观众收视变得更加多样。与世界上其他日均观看视频时长较长的国家相比,西、法、意三国的多数民众仍然倾向于以传统方式观看电视。目前,电脑和智能手机已经成为西南欧民众获取信息的重要渠道。这一特点在下面的图 1 和图 2 中,可以得到清晰的说明。

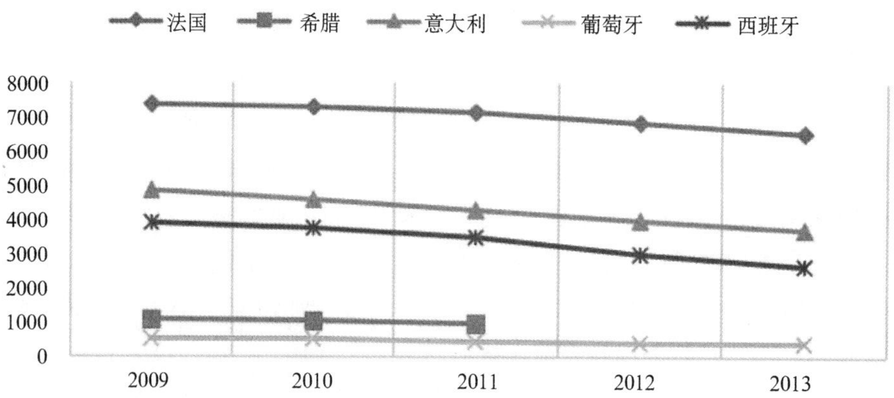

图 1 2009～2013 年西南欧地区主要国家日报发行量变化示意图(单位:千份)

世界新闻出版协会:《2014 年新闻出版行业报告》,http://www.wan－ifra.org/reports/2014/10/07/world－press－trends－report－2014,检索时间:2015 年 10 月 5 日。

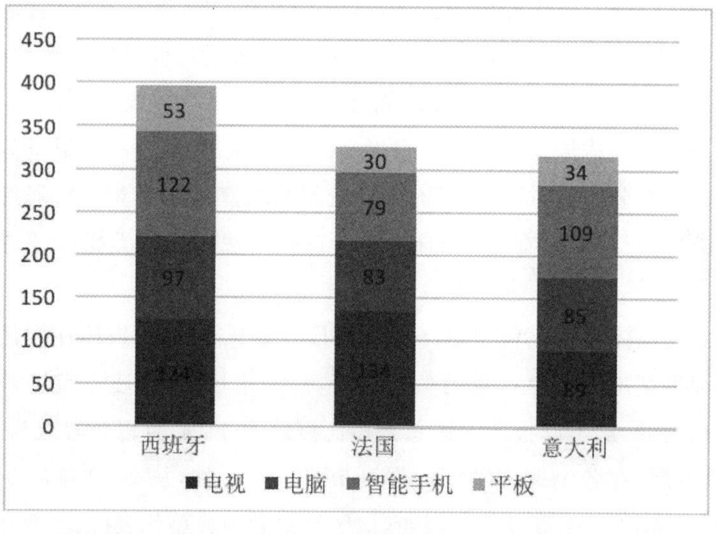

图 2 2014 年西、法、意三国日均观看视频时长分布图(单位:分钟)

世界新闻出版协会:《2014 年新闻出版行业报告》,http://www.wan－ifra.org/reports/2014/10/07/world－press－trends－report－2014,检索时间:2015 年 10 月 5 日。

在传媒体制方面,根据哈林和曼奇尼在《比较媒介体制》中的研究,西南欧国家的传媒体制属于地中海极化多元主义模式。这种模式的特点就是媒体呈现精英导向,报刊发行量不大,新闻业参与政治的热情高,热衷于时评和价值判断,政治化程度高而专业性低,媒体的市场化程度不高,国家对于媒体的干预较多。尽管商业媒

① 托马斯·科兹、罗青:《全球竞争力——欧洲电视市场博弈的启示》,《第二届亚洲传媒论坛——新闻学与传播学全球化的研究、教育与实践论文集》,中国传媒大学亚洲传媒研究中心,2004 年,第 16 页。

体和公营媒体并存，但是媒体更倾向于倡导模式，主要功能在于政治引导而非盈利。① 在法国和意大利，媒体的政治化特点比较明显。就报纸来说，法国的多数报刊都有来自政党或政府的资助，普遍缺乏盈利能力。而在意大利，政党长期直接或间接地控制着各种报纸，大众化的商业报纸并不发达。在广播电视方面，尽管西南欧这一地区的国家基本都有推行私有化改革，实行公私并行的经营模式，但是国有力量依然很强。例如在法国，国家广播电台依然占有重要地位，对内广播主要由法国广播公司(Radio France)负责，对外广播则主要由法国国际广播电台(Radio France Internationale)负责。法国的电视行业主要有六家电视台，经营属性上公私皆有。在西班牙，电视频道也分为公共频道和私营频道，主要有 2 个国家公共电视频道和 10 个归属于当地广播电视集团的区域性公共电视频道，而私营频道则由西班牙本土与国外新闻集团共同投资经营。在意大利，绝大多数的广播电视媒体均为私营，但全国性的电视和广播节目则由半官方的意大利广播电视公司(Radiotelevisione Italiana)垄断。在整个西南欧地区的电视行业中，通常是国营电视台注重节目的严肃性和发布信息的权威性，私营电视台偏重内容的娱乐性和受众导向。

中北欧地区的新闻传播业也十分发达，而且发展较为均衡。从地理上来说，中欧是一个相对宽泛的概念，主要包括德国、瑞士、奥地利、比利时、荷兰等，北欧则包括欧洲北部的挪威、瑞典、芬兰、丹麦和冰岛 5 个国家，以及 3 个实行内部自治的地区。在中北欧地区，有 3 个以德语为主要语言的国家，而荷兰语、挪威语、丹麦语和瑞典语又与德语有着亲族关系，因此德语成为这一地区最主要的传播语言。可以说，中北欧各国不仅在地缘上接近，在语言和文化上也有着深厚的渊源。尤其在北欧五国，人民的生活习惯、历史以及社会结构十分相似。在这些国家中，德国是最主要的传媒大国，拥有众多著名的传媒集团。比如，名列世界 500 强的贝塔斯曼集团，旗下经营有欧洲最大的广播电视集团 RTL，还兼并了美国的蓝登书屋等等，是具有国际级影响力的媒体航母。另外，德新社也是国际性通讯社中的佼佼者。位于北欧的瑞典也是媒体相对发达的国家，各种媒体的覆盖率都非常高，人均 台收音机，95%以上的人口拥有电视机，85%以上的人口能够使用互联网，70%的人口订阅有报纸。同时，瑞典还出现了如邦尼集团(Bonnier Group)、施伯史泰德出版集团(Schibsted)等这样的强势媒体集团。在本书的研究中，选择了德国的各类媒体 25 家，瑞士媒体 13 家，丹麦媒体 11 家，瑞典媒体 7 家，奥地利媒体 4 家，比利时媒体 3 家，以及其他一些中北欧地区国家的媒体。

就中北欧的媒体产业格局来看，首先是报业极为发达，报纸阅读量在世界范围内居领先地位。尤其在北欧国家，报纸被视为重要的"公共话语"，是人们参与政治生活的重要途径。举例来说，仅有 480 万人口的挪威，出版有 229 种不同类型的报刊，其中 74 份为每日定时出刊的日报，各种报刊的发行量从几千份到几十万份不等，其中比较著名的有《世界新闻》《晚邮报》等。② 再如芬兰，截至 2014 年，全国共有报刊近 800 种，其中 47 种为日报，主要报刊有《赫尔辛基新闻》《商报》等。② 2013 年，北欧五国的日报总发行量达 706 万份。③ 相对于这一地区仅有 2600 万的总人口来说，这一数量十分可观。不过，中北欧的报纸也受到了网络媒体的强烈冲击，出现了报纸数量减少、日均发行量明显下降的趋势。中北欧地区的互联网普及率位居世界前列，高达 80%，网络媒体的发展成为这一地区媒体产业的亮色，传媒产业格局开始呈现出多元化、数字化的发展趋势。例如，芬兰在信息和通讯技术方面一直居世界领先地位，而其传媒业也已开始实现数字化转型。据芬兰国家统计中心 2013 年公布的数据，芬兰共有 194 种全国发行的报纸(含日报和非日报)，其中 168 种都已推出了网络版，占到 87%的比例。再比如丹麦，在免费报纸和互联网广告的冲击下，国内报纸订阅量严重下降，许多报社也开始尝试向网络媒体公司转型，转变成多媒体融合的新型媒体公司，其中以哥本哈根为大本营的媒体集团——贝林报业集团，就是较为成功的一个。中欧国家的媒体变革则以德国为代表，在政策、法律不断宽松的环境下，媒体合并成为了德国媒体公司发展的重要路径。

---

① 〔美〕丹尼尔·C. 哈林、〔意〕保罗·曼奇尼:《比较媒介体制——媒介与政治的三种模式》，中国人民大学出版社 2012 年版，第 87 页。

② ② 世界报业协会:*World Press Trends 2014 Report*，p. 44，p. 49。

③ 世界报业协会:*World Press Trends 2014 Report*，p. 38。

表1 中北欧国家媒体使用情况

	日报发行量(万份)	报纸阅读率(%)	互联网使用人数(万)	人口(万)
丹麦	106.8	62.00	531.2	564
瑞典	256.7	66.00	909.2	969
芬兰	165.6	73.00	497.8	546.4
挪威	163.1	64.00	483.3	513.6
冰岛	13.8	——	31.19	32.76
德国	1724.2	64.70	6761.12	8089
瑞士	244.9	75.10	700.67	819
奥地利	298.6	71.80	682.15	853.4

数据引自世界报业协会 WAN-ifra:*World Press Trends 2014 Report*.

就传媒体制来看,中北欧国家属于民主法团主义模式,[①]主要特征有以下几个方面:一是商业媒体高度发达,报纸发行量大,高度的政治一致性与高度发达的大众媒体共存,商业化报刊与党派报刊并存,但是企业的力量大,同时媒体又有着为政党或其他社会组织代言的倾向。二是新闻行业专业化程度高,行业自律程度高,中北欧的新闻从业者在专业行为标准方面达成很高的共识,很早就发展出一套新闻专业模式。比如,世界上的第一个新闻工作者联盟就出现在挪威。这在很大程度上实现了行业自治,具有很强的公共服务意识,至今仍然具有十分强大的影响力。三是行业高度自治与国家干预共存,国家干预程度较高,但同时保护新闻自由,新闻法规也非常完善。在福利国家的制度下,通过减税和津贴的方式,媒体可以获得直接或间接的资助,从而使自身能够保持公共性。

英国和爱尔兰位于欧洲西北海岸的不列颠群岛,分别有 6440 万和 460 万人口,与欧洲大陆隔海相望。其中,英国是最早完成了工业革命的国家,曾经是最大的殖民主义国家,最早完成了政治变革,相应地也成为世界范围内媒体最发达的国家之一。时至今日,尽管英国早已风光不再,但是其发达的传媒业依然支撑着这个"帝国",让其能继续影响着世界。[②] 包括路透社、《泰晤士报》、英国广播公司等在内的英国媒体都是当之无愧的世界一流媒体。就传媒格局来看,这两个国家的发展也都比较均衡。目前,英国有 105 种报纸,[③]365 家广播电台,4 家主要的电视台和 500 余个电视频道,数字电视的家庭覆盖率已经达到 97%。[④] 英国的报纸分为两种类型,一种是宽幅报纸(broad-sheet),另一种是小报(tabloid)。从内容特点来看,这两类报纸对应地称为严肃大报和市场小报,前者报道内容讲求新闻性与专业性,后者则以追求轰动效应为主。与此同时,英国有两家最大的报业集团,一家是拥有《太阳报》《世界新闻》《泰晤士报》和《星期日泰晤士报》的新闻集团,一家是拥有《每日镜报》《星期日镜报》《人物报》《每日记录报》《星期日邮报》《独立报》及《星期日独立报》的镜报集团。[⑤] 近年来,小报的发行量远高于大报,严肃大报迫于市场的压力,也开始出现小报化趋势。不少报纸不断尝试扩展业务领域,甚至开始进军电视领域,并且加强网络媒体开发。爱尔兰 1922 年从英国独立,随着上世纪 90 年代的经济腾飞,媒体也得到快速发展。爱尔兰与英国联系紧密,英国媒体整体上对爱尔兰的影响很大。目前,爱尔兰有 10 种报纸,[⑥]74 家广播电台,34 家电视台。这两个国家的网络普及率都很高,所以网络媒体也比较发达。就传媒体制来说,这两个国家和欧洲大陆国家的地理特征、政治制度、文化背景等差别较大,哈林与曼奇尼把英国和

① 〔美〕丹尼尔·C. 哈林,〔意〕保罗·曼奇尼:《比较媒介体制——媒介与政治的三种模式》,中国人民大学出版社 2012 年版,第 142 页。

② 《英国传媒业支撑"大英帝国"》,《环球时报》2008 年 12 月 5 日。

③ 世界报业协会 WAN-ifra:*World Press Trends 2014*, p. 40。

④ Ofcom: Media facts & figures, http://media.ofcom.org.uk/facts/,检索时间:2016 年 7 月 20 日。

⑤ 《英国媒体概况》,《中国报业》2001 年第 12 期。

⑥ 世界报业协会 WAN-ifra:*World Press Trends 2014*, p. 40。

爱尔兰与美国和加拿大四国归为自由主义模式，主要特点表现在：较大的报纸发行量，媒体以提供信息权威为取向，自由度和专业化程度较高，并且较少受到政府干预。[①] 在本书的研究中，选择了英国的各类媒体 14 家，爱尔兰媒体 3 家，共 17 家。

东欧与俄罗斯是欧洲传媒的另外一种类型。东欧指欧洲东部地区，包括白俄罗斯、爱沙尼亚、拉脱维亚、立陶宛、摩尔多瓦和乌克兰在内的国家，民族以斯拉夫民族为主体。东欧地区自然资源丰富，但是经济发展差异较大，既有人均收入超过 1.5 万美元的爱沙尼亚、拉脱维亚、立陶宛等高收入国家，也有像乌克兰这样的人均收入低于 4000 美元的中低收入国家。在这一地区，俄罗斯是面积最大、人口最多、经济总量最强的国家，2014 年人口达到 1.44 亿，几乎是其他六个国家的人口总和，人均收入也超过了一万美元。鉴于这样的巨大差异，因而在研究中我们对俄罗斯单独展开阐述。毫无疑问，俄罗斯是这一地区唯一的媒体大国，由于政府支持、媒体发达、立场独特，俄罗斯媒体不仅在俄语世界影响力最大，而且在世界范围内也享有较高的知名度和重要的话语权。在本书的研究中，选择了俄罗斯的各类媒体 12 家，其他 5 个东欧国家共有 12 家，总数 24 家。

就传媒产业的发展格局来看，包括报纸、广播电视在内的传统媒体依然是这一地区的主要传播力量。在印刷媒体方面，东欧各国的报纸大多极为发达。例如在俄罗斯，报纸主要分为全国性和地区性报纸两大类。全国性报纸主要是一些大众化和专业化的报纸，比如《消息报》《论据与事实》等，但就所占的市场份额来说，全国性报纸的比例要远远小于地区性报纸。在白俄罗斯，报纸的经营所属既有国有也有私有，但私有报纸的数量远远多于国有报纸，主要以白俄罗斯语和俄语出版，最有影响力的报纸为《苏维埃白俄罗斯报》，还有白俄罗斯国家电视二台等其他主要媒体机构。这一地区的广播电视也很发达，其中，俄罗斯是东欧各国中电视发展水平最高的国家。俄罗斯的电视市场分为全国性电视及区域性电视，其中，全国性电视中的第一频道是俄罗斯最大的电视台，占据了大部分受众市场。同时，英文的国际电视“今日俄罗斯”也获得了非凡的影响力，如今更是被打造成了综合性的媒体航母。此外，白俄罗斯有 94 家电视台，付费收看的有线电视普及速度非常快，观众通过有线电视可以收看包括“欧洲新闻”“英国广播公司”“欧洲体育”等在内的 100 多套国际电视节目。与此同时，白俄罗斯电视行业的数字化转型已经基本完成，有 90%以上的白俄罗斯人能够接收数字电视。此外，网络媒体也是这一地区的主要发展方向。在俄罗斯，传统媒体纷纷开始上网，逐步实现了与网络媒体的互动。在白俄罗斯，总统在 2010 年 2 月签署“关于完善国家互联网使用”的法令，对网络资源使用实行统一管理。截至 2013 年 12 月，白俄罗斯拥有 9 万多个网站。在哈萨克斯坦，各种数字化的报纸、杂志和其他信息媒体层出不穷，许多传统媒体也都纷纷建立了在线网站。在通讯社方面，俄罗斯拥有俄通社、俄罗斯新闻社、国际文传电讯社三大通讯社，其中前者在世界各国的国际通讯社中居于前列。

就传媒环境和传媒体制而言，这一地区继承了苏联的遗产。在计划经济时代，苏联曾建立了非常发达的媒体系统。苏联解体后，叶利钦时期的私有化政策导致大量媒体被寡头控制；普京担任总统后，重新建立了国家控制下的市场化模式，收回了国家对媒体的管控权。目前，俄罗斯 20%的全国性报刊、80%以上的地方性报纸以及 80%以上的电视媒体都在政府的控制下。苏联解体后，东欧其他国家同样经历了传媒体制与格局的变革。主要表现在：媒体的私有化与国际化，从国家控制的媒体到商业化媒体，从政治媒体到娱乐消遣的市民媒体，从传统媒体到新兴媒体的转型。目前，东欧媒体呈现出了所有制多元化、管理体制多样化、媒体格局多结构的趋势特征。尽管有政府经营、政党经营、集体经营和私人经营等多种形式，但是国家始终在掌控着媒体。

---

① 〔美〕丹尼尔·C. 哈林、〔意〕保罗·曼奇尼：《比较媒介体制——媒介与政治的三种模式》，中国人民大学出版社 2012 年版，第七章。

法 国

《20 分钟报》*20 Minutes*

目前,《20 分钟报》(*20 Minutes*)是法国国内发行量最大的一份免费报纸,由法国斯帕(SIPA)图片新闻社所在的斯帕传媒集团和施伯史泰德集团(Schibsted)共同拥有。这份报纸创立于 1999 年的瑞士,后来才转入法国市场。以《20 分钟报》作为报纸的名字是挪威传媒集团施伯史泰德的理念,“20 分钟”是欧洲人平均每天花在上班途中的时间,希望以此倡导人们利用乘坐公共交通工具的时间来阅读报纸。

一、历史沿革

《20 分钟报》1999 年创立于瑞士苏黎世,其创立者是一位名为施伯史泰德的挪威报人。该报以施伯史泰德传媒集团为依托,在欧洲开拓市场,2001 年进入西班牙市场,2002 年进入法国市场。《20 分钟报》和另一家著名的免费报纸《地铁报》于同年进入法国,之后迅速发展起来。相比之下,《20 分钟报》的发展势头更为良好,始终保持着全法国免费报纸读者人数最多的地位。

免费报纸主要在人流密集的地方发放,主要针对有消费能力而没有阅读传统报刊习惯的年轻人。免费报纸的经营方式很快就被其目标读者所接受,但同时也引起了传统付费报纸的强烈不满。包括《世界报》《解放报》等在内的传统付费报刊纷纷对这种新模式口诛笔伐,甚至有匿名人士袭击运载免费报纸的车辆以及发放免费报纸的工作人员。

2005 年至 2008 年经济危机出现之前,报纸的广告市场仍然景气,以《20 分钟报》为代表的欧洲免费报纸迎来了发展高峰期,[1]在传统媒体的压制下越挫越勇。2008 年,经济危机波及广告业,也给免费报纸带来了致命打击。在此动荡中,由于发展相对成熟,《20 分钟报》经受住了冲击,在经济危机中依然保持盈余。[2]

二、发展现状

《20 分钟报》的开张只有普通报纸一半大小,这样的尺寸方便携带,[3]也适于在公共交通工具上阅读。该报多数新闻为简讯,篇幅短小,重要信息一目了然。报纸除了大量的简讯和少量的深度新闻评论外,还提供丰富的生活信息和娱乐资讯。整张报纸与其名称所述一致,可以在 20 分钟之内读完。除了每日发行全国版,该报还在法国 11 个主要城市(巴黎、里昂、里尔、马赛、南特、斯特拉斯堡、蒙特利尔、尼斯、雷恩、波尔多、图卢兹)及其辐射地区发行本地版。[4] 每周五,《20 分钟报》都会推出紫色周末版,邀请资深时尚人士撰写稿件,提供有关

① 一鸣:《欧洲免费报纸走向衰落》,《中国出版传媒商报》2014 年 2 月 18 日。

② 施伯史泰德集团:《2008 年集团年报》,http://hugin.info/131/R/1309844/302692.pdf,检索时间:2015 年 8 月 25 日。

③ 法国:《免费报纸咄咄逼人,传统报刊该怎么办?》,《新华每日电讯》2007 年 2 月 19 日(3),http://news.xinhuanet.com/mrdx/2007－02/19/content_5755394.htm,检索时间:2015 年 8 月 25 日。

④ 《20 分钟报》,官方网站:http://www.20minutes－media.com/,检索时间:2015 年 8 月 25 日。

旅游、厨艺、网络、购物、美容等信息，①进一步巩固了《20分钟报》在为数众多的女性读者中的地位。

如今，《20分钟报》在法国的营业规模远超过其他同类报刊，连传统报刊都难以望其项背。根据其公司年报②，2014年法国版《20分钟报》的年营业收入是1.28亿挪威克朗（约合人民币1.01亿元），较2013年的1.17亿克朗（约合人民币9241万元）增长了约9.4%。不仅如此，无论是全国总发行量还是各个城市版本的发行量，《20分钟报》都力压其他免费报纸。2015年1月15日至2月15日期间，《20分钟报》在全国共发行93.8万份，比排名第二的《直达晨报》全国总发行量多出5万多份。《20分钟报》的主要发行途径有两种：一是通过放在公共交通枢纽专门的报架上任人取阅，这种方式占到发行量的一半以上；二是通过工作人员发放，约占三分之一。

20 minutes
CORÉE DU NORD
KIM JONG-UN, DICTATEUR COMME PAPA ? P.10
www.20minutes.fr
MARDI 20 DÉCEMBRE 2011 N° 2169
ÉDITION FRANCE
NORD
Une cérémonie des vœux en mode austérité P.2
POLITIQUE
Hollande bataille sur les chantiers navals P.6
JEU VIDÉO
« Star Wars », un monde multi-Jedi P.29
SUR 20MINUTES.FR
Vos questions à Olivier Berthe, président des Restos du cœur à 17 h
LE TEMPS DE LA FÊTE
Les Français dépenseront moins à Noël P.6
Que font les candidats à la présidentielle ? P.10
Le champagne va couler à flots P.20
Nos conseils pour bien digérer le réveillon P.16
Des cadeaux pour se fâcher joyeusement P.26
Les événements sportifs à ne pas rater P.44
Vingt bonnes raisons d'aimer 2012
Retrouvez votre quotidien « 20 Minutes » le lundi 2 janvier 2012
Montpellier à Thonon, Paris dans le chaudron, Lyon et Nice dans les corons, qui d'automne sera le champion ?
PARIONS sport
(en pages sport)

图1　《20分钟报》的版面

尽管发行量惊人，仍有人质疑读者是否真的会主动阅读《20分钟报》这样的免费报纸。取阅或接受免费报纸可能属于被动阅读，而网络浏览和手机客户端浏览则属于主动阅读，更能说明该报的影响力。通过网络阅读《20分钟报》虽然不属于该报的主要发行方式，但从网站浏览量以及手机、平板电脑等客户端的阅读量来看，《20分钟报》的影响力不仅在四通八达的公共交通线上，还延伸到了虚拟世界。

图2　《20分钟报》网站页面

2015年第一季度，《20分钟报》网站http://www.20minutes.fr/，在法国新闻类网站排名第七③，在全法国网站访问量综合排名第三④。相应的，《20分钟报》在手机、平板电脑上推出的新闻客户端应用也都排在新闻类应用的前十名⑤。用户可以通过《20分钟报》的网站和移动端应用，随时随地免费浏览该报的新闻报道内容，也可以下载当日报纸的版面。由于年轻一代受众对网络的依赖和使用惯性，《20分钟报》网络阅读量一直居高不下。尽管经济危机之后网站开始出现亏损，但是其母公司施伯史泰德集团认为，免费报纸和以免费模式为主导的新闻网站之间有天然的协作性，在巨大的压力面前保留网站绝对是明智之举。

---

① 《20分钟报》，官方网站：http://www.20minutes－media.com/a－propos，检索时间：2015年8月25日。

② 施伯史泰德集团：《2014年集团年报》，http://www.schibsted.com/en/Annual－Report－2014/Boards－report/Operating－segment－analysis/Media－houses－international/，检索时间：2015年8月25日。

③ 法国媒体发行监测机构OJD：《法国网站访问量统计》，http://www.ojd.com/Chiffres/Le－Numerique/Sites－Web/Sites－Web－GP，检索时间：2015年8月25日。

④ 法国媒体发行监测机构OJD：《法国网站综合数据统计》，http://www.ojd.com/Chiffres/Le－Numerique/Sites－Hybrides，检索时间：2015年8月25日。

⑤ 法国媒体发行监测机构OJD：《法国手机客户端》，http://www.ojd.com/Chiffres/Le－Numerique/Applications－Mobile；http://www.ojd.com/Chiffres/Le－Numerique/Sites－Hybrides，检索时间：2015年8月25日。

三、报道特点

《20 分钟报》十分强调独立性和公正性，收入完全依靠广告，不接受政府以及任何政党的补贴，也不为任何政党说话。虽然是一份免费报纸，《20 分钟报》仍然严格遵循新闻从业者的职业道德，恪守新闻的真实性原则，尽可能提供客观公正的新闻事实，较少表达其立场观点。

《20 分钟报》十分重视贴近读者，不仅注重本地报道的比重，还精炼内容以适应年轻上班族的信息需要。为了在激烈的竞争中站稳脚跟，免费报纸必须将办报成本降至极限。编辑和报道成本通常只占免费报纸运营成本的 10%，而传统付费报纸的这一比例大多保持在 20%～40%。[①] 在尽可能降低运营成本的情况下，为了提高报纸内容质量，《20 分钟报》采取了各国分部合作的方式，各国编辑部将全球新闻通过内部网络进行共享，同时也上传本地新闻供其他地区编辑参考。这样联合采编的方式非常适合免费报纸的本地化策略，当地编辑部只需采编当地新闻，全球新闻和全国新闻等内容则由总部和其他国家的编辑部提供，大大降低了运营成本。

四、涉华报道

由于实施本地化报道策略，《20 分钟报》对中国的关注度不高。自 2007 年网站上线到 2015 年 4 月，该报网站的涉华报道总量为 1400 余篇，略高于多数同类新闻网站，平均每 2～3 天一篇。2007 年，网站涉华报道数量较少。自 2008 年开始，中国话题开始升温。到 2015 年，网站几乎每天都有涉华新闻更新，数量为 1～4 篇不等。

在消息来源方面，《20 分钟报》网站涉华新闻超过半数是援引法新社报道，少数为自采或与法新社合作报道。援引法新社报道的涉华新闻大多是重大、紧急的事件，如关于中国内政外交的新闻、重大自然灾害和其他突发事件。自采新闻多数是对中国社会文化现象、微观经济现象等的调查。

在新闻题材上，《20 分钟报》除了常规的经济、政治题材之外，还会报道中国的社会、文化及环境问题，数量随新闻事件的规模而波动。例如，2015 年 1 月上海发生踩踏事件，《20 分钟报》连续两天进行关注。再如柴静制作的纪录片《穹顶之下》发布之后，引起《20 分钟报》对于中国环境问题长达一周的持续关注。

通过对《20 分钟报》网站涉华报道的分析发现，在 2015 年前三个月的涉华新闻中，经济新闻占据半壁江山，内容大致围绕以下三类话题：一是对中国宏观经济形势的探讨，包括正反两方面意见；二是对中法经济交流的报道，包括合作与冲突两方面；三是对于中国网络及科技巨头的关注。在网站涉华报道中，经济新闻立场基本客观，政治类新闻的数量则明显少于传统付费报刊。体现出这一特点的原因，主要在于以下两个方面：一方面，《20 分钟报》不是法国原生报刊，不具有法国报纸的政论传统；另一方面，讲求经济效益的免费报纸不需要通过评论和观点来吸引读者。

在报道立场上，《20 分钟报》基本秉持其一贯的客观原则。尽管在达赖问题、奥运圣火在巴黎遭抢夺等涉及中法关系的敏感问题上倾向于法国，但其报道中并没有过多的批判性评论，基本上是对事实的简单介绍。随着中国经济的强势发展，该报对政治话题的报道也逐渐弱化，很少刻意抹黑中国，但也不避讳负面报道。

《阿尔萨斯最新消息报》*Les Dernières Nouvelles d'Alsace*

DNA
DERNIÈRES NOUVELLES D'ALSACE

《阿尔萨斯最新消息报》(*Les Dernières Nouvelles d'Alsace*，简称 DNA)是在法国北部阿尔萨斯省发行的地区综合性日报，其总部坐落在阿尔萨斯省的斯特拉斯堡城。目前，该报总编是弗朗西斯·海恩(Francis Hirn)，

---

① 孙浩：《免费报逐鹿欧美市场》，《中华新闻报》2006 年 8 月 30 日(C03)。

主编由多米尼克·荣格(Dominique Jung)担任,隶属 BFCM 集团所有。该报不仅在法国北部,而且在整个法国都具有相当大的影响力。

一、历史沿革

《阿尔萨斯最新消息报》最开始时是以德语的《斯特拉斯堡最新消息报》命名的,由德国编辑海因里希·路德维希·凯泽(Heinrich Ludwig Kayse)于 1877 年 12 月 1 日创立,是法国历史悠久的地区性日报之一。起初,它是一份免费的德国周报,在 1878 年时变成了付费日报。

1939 年"二战"初期,当时的斯特拉斯堡变成了一座空城,该报也被德国纳粹军队用作宣传工具。直到 1940 年,该报在波尔多以《逃亡报》(*Journal des Réfugiés*)的名字出现,然而却很快就遭到了维希政府的禁止。之后,该报成员又在蒙彼利埃以《逃亡回声报》(*L'Echo des réfugiés*)的名字再次问世,以帮助阿尔萨斯人和洛林人发声。1952 年,一项新的法律迫使《阿尔萨斯最新消息报》一周停刊一天。在此期间,该报创办了体育周刊《周一最新消息报》(*les Dernières Nouvelles du Lundi*)。

自 1995 年起,《阿尔萨斯最新消息报》成为了法国最先拥有网络版的地区性报纸之一。目前,该报网站每个月拥有超过 100 万的访问用户。2012 年 1 月,《阿尔萨斯最新消息报》加入到 Crédit Mutuel① 的新闻中心。紧接着,《阿尔萨斯最新消息报》在阿尔萨斯(上、下诺曼底)的发行量平均每天超过 55 万份。2012 年,该报更是推出了手机版的《阿尔萨斯最新消息报》,让读者可以随时随地接收到最新消息。

图 3 《阿尔萨斯最新消息报》头版

二、发展现状

如今,《阿尔萨斯最新消息报》大约有 140 名记者,20 个编辑部,该报要求每个记者必须具备的素质是敬业

① Crédit Mutuel 是一个拥有 5390 个当地相互合作柜台的法国银行网。

精神,对新闻事实要严谨,能把握好新闻写作语言和表达要流畅。同时,该报在阿尔萨斯大区还有约1400名的通讯员负责采集新闻。《阿尔萨斯最新消息报》旗下还创立了杂志:《阿尔萨斯的四季》(*Les Saisons d'Alsace*)、《葡萄酒之爱》(*Passion Vin*)和《孚日激情》(*Passion Vosges*)。

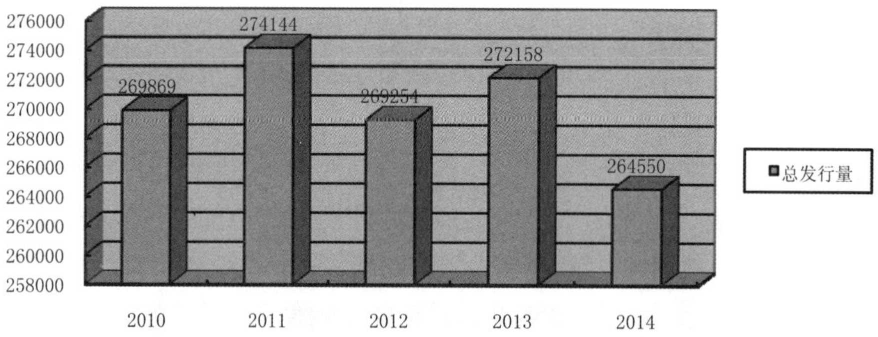

图4 2010—2014年《阿尔萨斯最新消息报》的发行量变化

根据法国媒体发行监测机构(Office de justification de la diffusion,简称OJD)2014年的统计数据,《阿尔萨斯最新消息报》平均每天的发行量为164692份,其中周五的发行量达到了165000份。阿尔萨斯作为仅位于布列塔尼之后的第二大发行地,占有全国读者的49.7%。

三、报道特点

现在,《阿尔萨斯最新消息报》每年出版362期,其中1月2日、5月1日和12月26日三天不发行。该报每期刊行48版4开纸,主要版块包括:综合新闻、当地新闻、地区新闻、法国与世界、社会新闻、体育和文化。该报在阿尔萨斯当地发行有17个版本,主要是每天早上7点之前通过邮寄到户的方式发售。

《阿尔萨斯最新消息报》的报道数量较大,内容非常丰富,并且更多关注社会与民生,对于读者来说,该报就像天气预报一样,在生活当中是必不可少的。其中,最受欢迎的是当地新闻,其次是大区新闻和花边新闻。该报以诙谐的语言加上热点的新闻话题,总是能够吸引大量读者的订阅,是阿尔萨斯乃至整个法国都相当重要的报纸。

四、涉华报道

《阿尔萨斯最新消息报》是在中国常设记者站的法国地区性日报之一,长期就中国各个领域展开涉猎广泛、解析深刻的报道,受到中国媒体和公众的关注。

综合来看,《阿尔萨斯最新消息报》的涉华报道主要体现出三个方面的特点:

(一)报道数量

《阿尔萨斯最新消息报》的涉华报道较多,从2015年6月24日到7月24日的一个月时间就有139篇。根据报道内容与"中国"的关联程度,可以将所有的涉华报道划分为三个类别:"中国报道",指对中国新闻的直接报道;"国际议题",指在全球性、国际性或地区性议题的报道中涉及中国;"他国报道",指以其他国家为报道核心,但其中仍有涉及中国的内容。相对来说,该报以"他国报道"为主,占涉华报道总量的85%左右,而"国际议题"类的涉华报道占4%,"中国报道"占11%。可以看出,该报对中国的关注度相对于其他法国媒体来说略低。

在《阿尔萨斯最新消息报》的涉华报道中,刊发数量最多的是社会领域,有49篇报道,占总数的35.3%;其次是文化类新闻,有20篇,占总数的14.4%;接下来是政治类和体育类报道,都各有16篇(11.5%);然后是经济类的报道,有14篇(10.1%);接下来是环保类和科技类的报道不相上下,分别为10篇(7.1%)和9篇(6.5%);最后是宗教类和民族类报道,分别为3篇(2.2%)和2篇(1.4%)。将后面的四项都归为其他类,占总比例的17.2%。

(二)消息来源

《阿尔萨斯最新消息报》的消息来源主要分为三个类别:自采、转载其他媒体(主要转载法新社和美联社的新闻报道)和与法新社联合发表。总体来说,该报的涉华报道主要还是依靠本报记者自采编写,139 篇报道中有 126 篇是自采得来的,占总数的 90.6%;而转载其他媒体的有 12 篇,占总数的 8.6%;最后与法新社联合发表的报道只有 1 篇,占 0.8%。

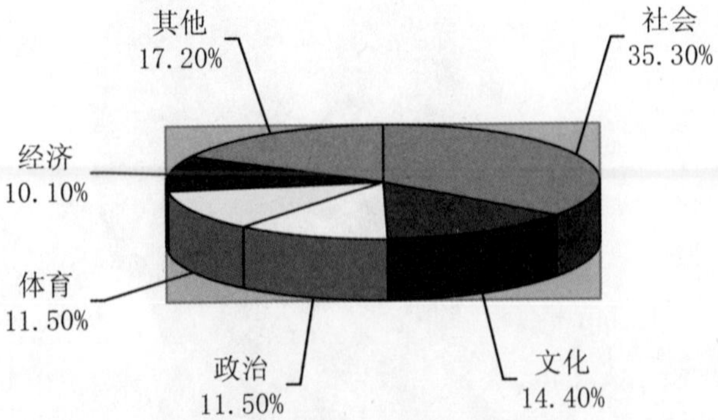

图 5 《阿尔萨斯最新消息报》涉华报道议题分布

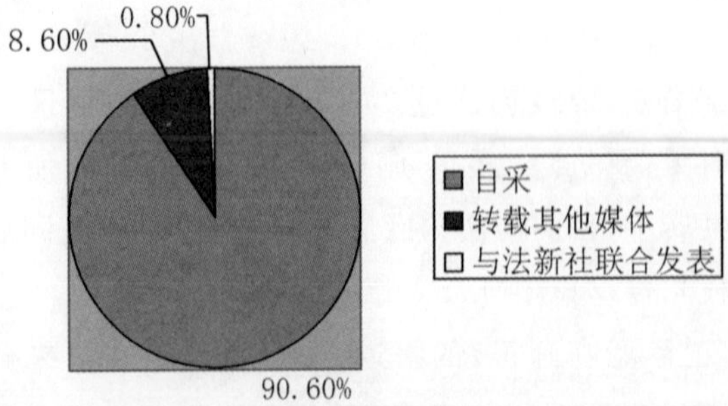

图 6 《阿尔萨斯最新消息报》涉华报道消息来源比例

(三)价值倾向

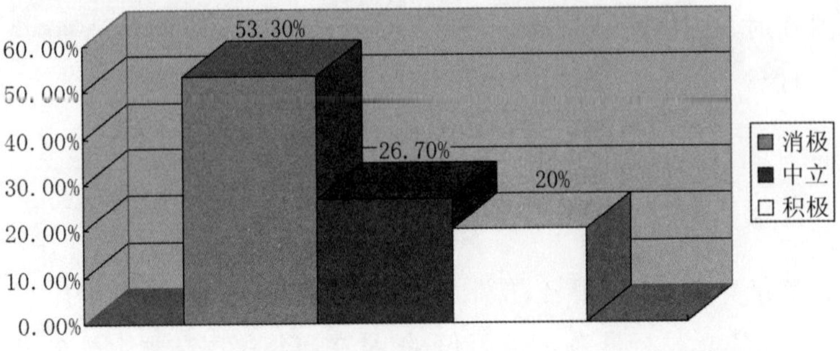

图 7 《阿尔萨斯最新消息报》涉华报道报道倾向比例

由于《阿尔萨斯最新消息报》的涉华报道中,间接报道占大多数,并且没有明显的价值倾向,因此仅对中国 15 篇的直接报道来看,还是因为该报对中国的了解不够彻底、比较片面,导致该报以消极报道为主(53.3%),而中立和积极报道不相上下,分别占总数的 26.7% 和 20%。其中的积极报道主要是来源于对中国经济的报道,例如 7 月 1 日和 7 月 3 日的报道中都主要描写了中法双方签订了经济协议,共同促进双方发展。负面报道如同其他法国媒体一样,来源于对中国民族和社会的报道。例如 7 月 1 日的一篇题为《西藏,一个坚持抗争的民族》的文章,其中对西藏反对中国政府表示支持。

《巴黎竞赛画报》*Paris Match*

《巴黎竞赛画报》(*Paris Match*)是法国著名的时事新闻周刊,以内容上乘的图片报道而著称,是法国知名度最高、发行量最大的时事杂志。它虽然是一份以视觉冲击力闻名的图片杂志,所刊内容多有名人轶事,却能在严肃新闻和娱乐新闻中找准平衡。

一、历史沿革

《巴黎竞赛画报》创立于 1949 年,前身是由莱昂·拜耶比(Léon Bailby)创办于 1928 年 11 月的体育副刊

《竞赛》。1938年,纺织工业家让·普鲁斯特(Jean Proust)收购了《竞赛》并将其改版为大开本图片时事杂志。在他的精心改造下,新版《竞赛》的第一期于1938年7月7日出版,首次尝试就大获成功。到1940年6月,《竞赛》的发行量已经达到了170万册。同年6月,第二次世界大战蔓延到法国,巴黎被德国军队占领,《竞赛》被迫停止出版。

1949年3月25日,《竞赛》改名为《巴黎竞赛画报》并恢复出版,老板依旧是让·普鲁斯特,主编则换为保尔·高尔多(Paul Gordeaux)。该杂志在20世纪50年代达到鼎盛,曾经创造过200万册发行量的纪录,①风头一时无两。此后多年间,《巴黎竞赛画报》的所有权曾几经转手,目前与法国欧洲一台、《周日报》等同属于拉加代尔传媒集团(Lagardère-Group)。

《巴黎竞赛画报》的报道能力出众,一直以来致力于挖掘国内国际独家消息,因此在国际新闻界备受关注:它曾对美国总统乔治·布什做过独家专访,还曾在法国前总统密特朗的默许下披露其私生女的消息。②20世纪六七十年代,由于受到来自同类型杂志的竞争以及电视新闻崛起的冲击,《巴黎竞赛画报》在图片时事杂志的竞争中不再占有绝对优势地位,但其发行量依然在法国的新闻类期刊中名列前茅。

图8 2013年12月《巴黎竞赛画报》封面

二、发展现状

《巴黎竞赛画报》为16开杂志,采用全彩页、铜版纸印刷,纸张很轻,携带方便。③《巴黎竞赛画报》的纸质版销量多年保持稳定,主要销售渠道为零售。2014年,杂志总发行量为57.8万份,销量在当年法国杂志中排名第15位。其中,零售占当年总销售量的一半以上,订阅占37.6%。

在内容设置上,“时事”“人物”和“图片”是《巴黎竞赛画报》的三大主要版块。其中,“时事”为该刊重心所在,篇幅约占整本杂志的40%~60%,内容既有世界重大政治、军事事件,也有明星动态,页数从110多页到150多页不等。④除此之外,《巴黎竞赛画报》的图片专栏也很有特色,例如自1949年就开辟的动物图片专栏,曾经有多张新闻图片引起很大的社会反响,在动物保护和环境治理等方面起到重要作用。

为方便读者,《巴黎竞赛画报》建立了网站,并且推出了手机客户端。2014年,网站访问量达到535万,在法国时事新闻网站中排名第50位。③ 手机客户端总访问量为108万次,在法国时事新闻手机应用中排名第38位。④ 该杂志网站内容和纸质版设置略有不同,网站划分为时事、人物、生活、图片视频等专栏。除了广受欢迎的人物专栏外,网站还为皇室成员单独开设了一个专栏,主要报道欧洲各国王室的动态。

---

① ③④陈玉洁:《〈巴黎竞赛〉画报的图片传播》,《对外传播》2009年第4期。

② 陈玉洁、周小普:《图片传播成就“法国第一时事杂志”——〈巴黎竞赛〉画报办刊特色探析》,《国际新闻界》2006年第8期。

③ 数据引自法国媒体发行监测机构OJD网站:http://www.ojd.com/Chiffres/Le-Numerique/Sites-Web/Sites-Web-GP,检索时间:2015年8月4日。

④ 数据引自法国媒体发行监测机构OJD网站:http://www.ojd.com/Chiffres/Le-Numerique/Applications-Mobile,检索时间:2015年8月4日。

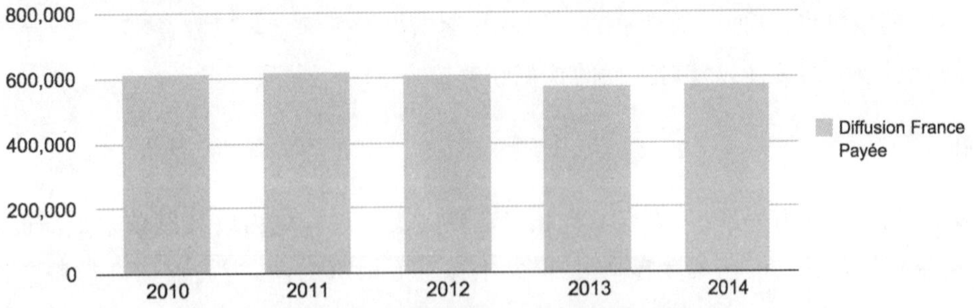

图 9 《巴黎竞赛画报》2010～2014 年销量

图片转引自法国媒体发行监测机构 OJD 网站：http://www.ojd.com/Support/paris－match，检索时间：2015 年 8 月 4 日。

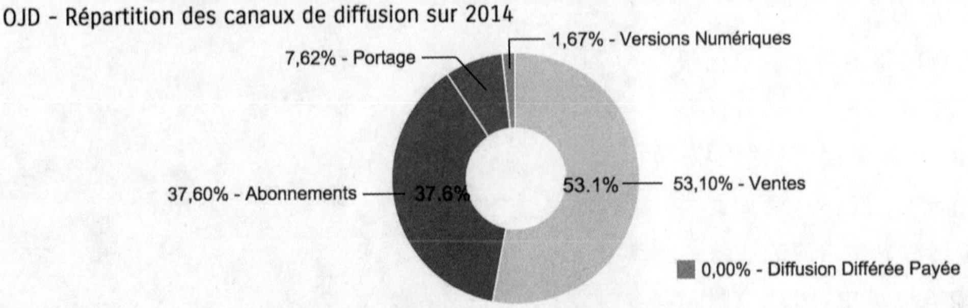

图 10 《巴黎竞赛画报》2014 年销售渠道占比

图片转引自法国媒体发行监测机构 OJD 网站：http://www.ojd.com/Support/paris－match，检索时间：2015 年 8 月 4 日。

三、报道特点

(一)新闻性与娱乐性

由于《巴黎竞赛画报》的主要销售渠道为报亭零售，吸引眼球的封面照片是决定销量大小的重要因素，因此出色的图片采集与运用成为《巴黎竞赛画报》最值得称道的特点之一。该刊图片报道着重于表现人物，不仅在人物访谈中是如此，在突发事件报道中，也往往通过一个人物或人物群体来表现。另外，表现生活中的人物时，倾向图片的现实主义和个人化，即将人物安排在随意的更贴近真实生活的场景中。《巴黎竞赛画报》的新闻图片使用也充满人情味，部分报道中的黑白照片、每期必备的跨页整版大幅照片，让读者有身临其境之感。即使是广告图片，也力求构图简洁大方，具有很强的视觉冲击力。

报道新闻时讯乃时事杂志的第一要务，《巴黎竞赛画报》也必须在新闻性和娱乐性之间寻找平衡。《巴黎竞赛画报》的策略是以娱乐性作为卖点，将时事作为核心内容。每一期杂志封面都可能出现名人明星甚至大尺度照片来吸引读者购买，封面人物报道专栏也不以时效性作为第一准则。不过，时事新闻专栏则较为遵循新闻规律，内容多为政治、经济和军事等领域的长篇深度报道。

(二)报道理念的变迁

《巴黎竞赛画报》最初的宣传口号为：语言的分量，照片的冲击。但是，由于过分追求照片冲击力，《巴黎竞赛画报》的历史上不仅有过修改新闻图片的丑闻，甚至还曾有主编允许杂志使用记者偷拍的照片，内容涉及名人隐私甚至牵涉未成年人法庭的事件。[①] 这些照片在刺激杂志销量的同时，也引发了不少争议。

① 〔美〕马特·唐盖特：《国际传媒巨擘品牌成长实录》，许怡勤译，水利水电出版社 2007 年版，第 156－163 页。

2008 年 1 月，为了适应时代变化，《巴黎竞赛画报》的宣传口号更改为“生活是真实的历史”(La vie estune histoire vraie)。进入网络时代，新闻时效性提高的同时却逐渐失去了深度，《巴黎竞赛画报》旨在通过这一口号唤起新闻人对新闻背后故事的关注以及对人性的挖掘和解读。

四、涉华报道

《巴黎竞赛画报》几乎不在海外发售，内容上也相应地较多关注法国国内以及巴黎本地新闻，因而涉华报道总体数量不多。文字报道部分，在《巴黎竞赛画报》网站上以“Chine”(中国)为关键词进行检索，可以发现 2014 年共有 153 篇报道，每月平均近 13 篇，而 2015 年截至 6 月则仅有 24 篇。与其他法国时事类新闻杂志相比，该刊对中国的关注程度并不太高。

从报道立场来看，在 2014 年 1 月到 2015 年 6 月间的所有涉华报道中，主要以积极和中性立场的报道为主。负面报道比例较小，仅占 10%左右，涵盖议题主要是新闻自由、政治制度、民主人权、环境污染和食品安全丑闻等，诸如此类西方媒体抨击中国时老生常谈的话题。

图 11　2014 年 3 月 8 日，艾乐思在记者会上向外交部部长王毅提问

在所有的涉华报道中，图片专栏对中国的关注程度相对较高，设有专门的中国专题。仅 2015 年上半年，在《巴黎竞赛画报》官方网站的中国专题下，就有图片专栏报道 113 篇，内容多为文化类、政治类及社会类。文化类内容主要是关于中国文化的介绍和中法文化交流的报道。其中，以包括大熊猫在内的中国特色题材报道居多。政治类内容主要是国家政要的互访与会面①，以及其他不包含政治立场的软性新闻。

由于杂志定位的关系，《巴黎竞赛画报》的涉华报道和其他报道一样，倾向于选择具有视觉冲击力的题材，因而政治新闻较少，社会和文化类内容居多。社会新闻中，既有新鲜猎奇的趣味故事，也有充满正能量的好人好事。文化类题材的内容则更加丰富，既有对中国传统文化的介绍和对当代中国电影的报道，还有诸如大熊猫、中国美食等讨喜而吸睛的话题。② 相比之下，政治题材的报道仅集中在对中国的人权、法治和新闻自由等主题。对于宗教话题下的中国，《巴黎竞赛画报》的报道更是轻描淡写。在面对令整个西方世界敏感的中国与梵蒂冈关系时，仅用“一个巨大的挑战”这样的形容来一笔带过。

艾乐思(Richard Arzt)是《巴黎竞赛画报》和《巴黎人报》的驻华记者，他从 2010 年开始开始作为《巴黎竞赛画报》派驻中国的专职记者，负责提供有关中国的新闻稿件。在众多驻华外国记者中，艾乐思可以说是一位资深的“中国通”。

早在 20 世纪 70 年代，尚在学生时代的艾乐思就开始接触中国新闻报道相关工作。他的职业记者生涯包括为法国、德国等多家媒体的工作履历，例如，他曾先后担任摩纳哥蒙特卡罗广播电台和法国 RTL 广播台的政

① 《巴黎竞赛画报》图片专栏：《美国总统夫人访华图集》，2014 年 3 月 24 日，http://www.parismatch.com/People/Politique/Tribulation-de-Michelle-Obama-en-Chine-555452#555464，检索时间：2015 年 8 月 4 日；丹麦皇室访华图集，2014 年 4 月 28 日：http://www.parismatch.com/Royal-Blog/famille-royale-Danemark/La-reine-Margrethe-et-Henrik-visitent-la-Chine-561599#561602，检索时间：2015 年 8 月 4 日。

② 《巴黎竞赛画报》网站：《中国专栏》，http://www.parismatch.com/Pays/Chine，检索时间：2015 年 8 月 4 日。

治新闻部主管。在此期间，他经常一年内飞赴中国多次，报道中国的政治、外交、经济等新闻议题。2008 年，艾乐思辞掉在 RTL 的新闻主管职位，来到中国专注从事中国报道工作。

驻华多年来，艾乐思一直保持着对中国重大新闻的关注和报道。到目前为止，他已经连续参与了十余次全国两会和三次党代会(十六大、十七大和十八大)的报道工作。在此期间，艾乐思曾多次接触采访外交部发言人傅莹，还曾在第十二届全国人大二次会议的记者会上获得向外交部部长王毅提问的机会。作为驻华外国记者的资深代表，艾乐思还曾就中法关系、对华印象等问题接受过中国媒体同行的采访。[1]

除此之外，艾乐思还在法国版《石板书杂志》网站上开通了新闻博客[2]，发表有关中国的文章。截至 2015 年 8 月底，艾乐思共发表了 46 篇博文，文章涵盖中国的国内政治、经济发展、社会变迁，以及中法关系等主题。

图 12 法国版《石板书杂志》上艾乐思的个人新闻博客

《巴黎人报》*Le Parisien*

Le Parisien

《巴黎人报》(*Le Parisien*)是一份在法国全国范围内发行的综合性日报，长期在巴黎地区保持着最高的阅读率。目前，《巴黎人报》由 2012 年 9 月成立的传媒公司——解放的巴黎人股份有限公司(Le Parisien Libéré SAS)发行，隶属于法国知名的家族经营性质媒体企业——阿莫里集团(Groupe Amaury)。尽管名为“巴黎人”，《巴黎人报》在整个法国的各个地区都广受欢迎，具有很大的影响力。

---

① 国际在线：法国记者：十八大后中法关系必将进入新阶段，2012 年 11 月 6 日，http://gb.cri.cn/27824/2012/11/06/6651s3914976.htm，检索时间：2015 年 8 月 4 日；中国网：《法国资深驻华记者：今年的人代会似乎很不同》，2014 年 3 月 12 日，http://news.china.com.cn/2014lianghui/2014－03/12/content_31760305.htm，检索时间：2015 年 8 月 4 日。

② 法国《石板书杂志》：《艾乐思专栏文章》，检索自：http://www.slate.fr/source/richard－arzt，2015 年 8 月 4 日。

一、历史沿革

《巴黎人报》创办于 1944 年 8 月 22 日,原名《解放的巴黎人报》(*Le Parisien Libéré*),后于 1986 年更为现名。该报由阿莫里集团(le Groupe Amaury)的创始人埃米里安·阿莫里(Émilien Amaury)和三位法国抵抗运动[①]的杰出代表罗伯特·布龙(Robert Buron)、让·埃勒(Jean Helleu)和费利克斯·加拉(Félix Garras)以工人合作的形式创立,并由克洛德·贝朗热(Claude Bellanger)担任报社总经理。当时,该报的出现取代了德军占领时期被禁止发行的《小巴黎人报》,作为地下组织的机关报发行。报纸出版当日距离巴黎全面解放只有三天时间,创刊首期的《解放的巴黎人报》即在头版文章宣告《巴黎胜利在望!》。

"Nous savons de quels abîmes nous émergeons et vers quels destins nous luttons. Nous sommes tous unis dans la même volonté: celle de la grandeur française".
Charles de GAULLE

Le Parisien Libéré

PREMIÈRE ANNÉE - N° 1

MARDI 22 AOUT 1944

LE NUMÉRO: 2 FRANCS

Dans la liberté reconquise ce journal continue le combat mené sous l'oppression par O. C. M. (Organisation Civile et Militaire) et par ses revues ou journaux: Cahiers - Études pour une nouvelle révolution française; l'Avenir; l'Essor.

La victoire de Paris est en marche !

UNE PRESSE NEUVE DANS UNE FRANCE LIBRE

Trois grandes journées

DANS LA CAPITALE
Choses vues

LES ALLIES ONT DEPASSE LA SEINE DES DEUX COTES DE PARIS

Conquête rapide du Midi par les Alliés

En Normandie

LA FUITE DES COLLABORATIONNISTES
COMMENT ILS SONT PARTIS

Une scène de la bataille

APPEL aux membres de l'O. C. M.

En accompagnant les troupes libératrices

Le général Koenig gouverneur militaire

图 13 1944 年 8 月 22 日《解放了的巴黎人报》创刊号头版文章"巴黎胜利在望!"

创办初期的《解放的巴黎人报》,在版面风格上模仿《小巴黎人报》,采取大众报刊的采编风格,由法国报刊政论为主的传统转向新闻报道为主。到 1946 年,法国全国有日报 200 多家(巴黎 28 家,外省 175 家),总发行量 1500 万份。巴黎此时形成号称"四大报纸"的新报刊,包括《解放的巴黎人报》、《法兰西晚报》(France—Soir)、《费加罗报》(Le Figaro)及《震旦报》(L' Aurore)。[②] 20 世纪 60 年代,《解放的巴黎人报》一度成为法国销量最大的报纸,日销 78 万多份。[③]

图 14 全国版《今日法国》报头

进入 20 世纪 70 年代,《解放的巴黎人报》深陷泥潭。经济危机导致日报失去将近一半的读者,加上出版业印刷工会(Le Syndicat Général du Livre et de la Communication Ecrite,简称 SGLCE—CGT)持续数月的罢工活动,使得报纸陷入全面停刊的危机当中。1977 年,创立者埃米里安·阿莫里的离世更是雪上加霜,家族内部为财产继承纠纷不断,直到 1983 年才终于告一段落。经此一事,集团业务被一分为二,分别由埃米里安·阿莫里的一双儿女接管。女儿弗朗辛·阿莫里(Francine Amaury)接管了杂志《玛丽—法国》(*Marie—France*)和《观点》(*Point de Vue*),儿子菲利普·阿莫里(Philippe Amaury)则接管了报纸业务。在菲利普·阿莫里的推动下,1986 年 1 月 25 日,《解放的巴黎人报》正式更名为《巴黎人报》,并由黑白版面变为彩印。1994 年开始,《巴黎人报》分为两个版本同时发行,在巴黎和法兰西岛地区发行《巴黎人报》,而在巴黎以外地区发行的报纸则以《今日法国》(*Aujourd'hui en France*)为名。

二、发展现状

根据法国媒体发行监测机构 OJD(Office de justification de la diffusion,简称 OJD)的统计数据,《巴黎人

---

① 法国抵抗运动(La Résistance française):"二战"期间,法国人民为抗击纳粹德国的占领,反对傀儡维希政权的统治,在德占区展开游行、罢工、斗争等形式的抵抗运动,随后波及整个法国。

② 明安香:《全球传播格局》,社会科学文献出版社 2006 年版,第 288 页。

③ 《国际时事辞典》,商务印书馆 1981 年版,第 659 页。

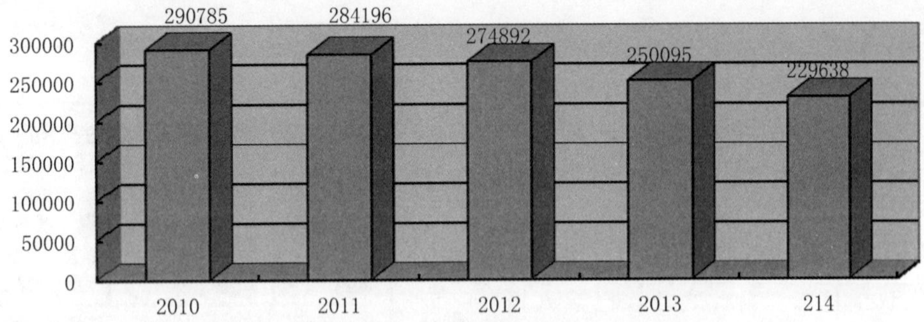

图 15 2010—2014 年《巴黎人报》国内付费发行量

数据来自法国媒体发行监测机构 OJD：http://www.ojd.com/Chiffres/La－Presse/La－Presse－Payante/Presse－Quotidienne－Nationale，检索时间：2015 年 7 月 22 日。

报》的两个版本在 2014 年的日发行量为 377834 份，每天有 2373000 人阅读该报。① 其中，《巴黎人报》的付费发行量为 22.9638 万份，比 2013 年下滑 8.2%，而全国发行版本《今日报》的国内付费发行量为 14.8220 万份。在这一数据背景下，《巴黎人报》的行业地位已经滑落到法国全国性报刊排行的第六位。

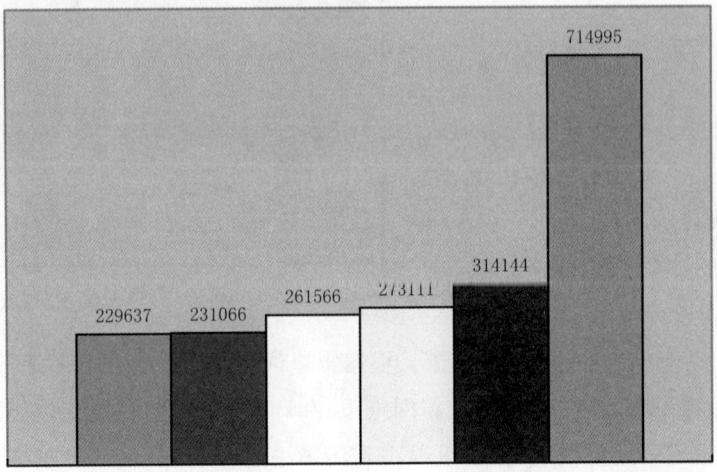

图 16 2014 年法国主要全国性日报发行量排行

除了这两个版本的报纸以外，《巴黎人报》还推出了许多副刊。例如，自 2012 年开始每周五发行的杂志《巴黎人》(*Le Parisien*)；每月第一个周六发行的《巴黎女人》(*La Parisienne*)；每周一发行的《经济巴黎人》(*Le Parisien Economie*)。除此之外，其网站版——巴黎人报网也因报道的政治观点中立、更加贴近群众而广受好评，在法国新闻网站中排名第五。而且，《巴黎人报》手机新闻客户端访问量排名同行列的第三位。同时，《巴黎人报》也开通了 Facebook，关注粉丝数量达到 1827323 人，关注度排名新闻媒体类账户的第一位。②

由于法国媒体行业的整体滑落，很多媒体开始寻求新的出路。近年来，《巴黎人报》也多次传出将被收购的消息。早在 2010 年，阿莫里报团就曾委托一家投资银行作为中介，寻求合适的买家来购买这份报纸。但是，不久这项交易又被撤回。有媒体分析其原因是，阿莫里集团未能收到其所寻求的 2 亿欧元(约合 2.2 亿美元)的投标。2015 年 5 月，法国报业再次传出重大消息，世界奢侈品巨头路易威登集团将通过旗下回声报业集团收购《巴黎人报》及其全国版《今日法国》。阿莫里集团表示，出售这份报纸的原因是想要将业务重心放在盈利能力更好的体育相关资产上。③

① 阿莫里集团网站：《巴黎人报》与《今日法国》的介绍页面，http://www.amaury.com/le_parisien.shtml，检索时间：2015 年 9 月 1 日。

② 阿莫里集团网站：http://www.amaury.com/le_parisien.shtml，检索时间：2015 年 9 月 1 日。

③ 《金融时报》：LVMH in tailks to buy Le Parisien newspaper，2015－5－26，http://www.ft.com/intl/cms/s/0/52b2819e－03cd－11e5－8585－00144feabdc0.html，检索时间：2015 年 9 月 8 日。

三、报道特点

在 20 世纪 70 年代之前,《巴黎人报》一直被视为倾向于右翼戴高乐主义的报纸。为摆脱明显的政治倾向以及区别于其他报纸,《巴黎人报》以读者的日常生活,尤其是一些花边新闻作为报道重心,更加注意反映公众关心的切身利益问题,淡化政治色彩。自此之后,《巴黎人报》一直以信息客观并且慎选报道主题而享有盛名,因此也受到广大工薪阶层的欢迎。

如今,《巴黎人报》是一份非常受欢迎的综合性日报,报道内容既具有全国性又具有地区性,观点深刻且独到。地区版《巴黎人报》和全国版《今日法国》每天发布的消息主要是当地、国内和国际新闻,提供娱乐消遣和附近服务。[①]

PARIS Les propositions de l'UMP pour aménager les rythmes scolaires (Cahier central)

75

Le Parisien

Le grand déballage

L'affaire Bygmalion-Copé est devenue hier l'affaire des comptes de campagne de Nicolas Sarkozy. (Pages 2 et 3)

UKRAINE Reportage à Donetsk, ville en guerre (Page 8)

TRANSPORT SNCM : autopsie d'un désastre (Page 10)

FAITS DIVERS Dominique, abattue au Musée juif de Bruxelles (Page 18)

FRANCE - NORVÈGE Les supporteurs derrière les Bleus... mais pas trop (Pages 22 et 23)

CIRCULATION Les auto-écoles manifestent sur l'A 86 (Cahier central)

FESTIVAL DES REPRISES CHEZ CITROËN FÉLIX FAURE !

图 17 《巴黎人报》版面

四、涉华报道

《巴黎人报》是在北京设有驻华办事处的法国媒体之一,它长期就中国社会生活的各个领域展开涉猎广泛、解析深刻的报道,受到中国和法国媒体的关注。

从数量上来看,《巴黎人报》的涉华报道较多。在《巴黎人报》网站上以"chine"为关键词进行检索,可以发现,一周内(2015 年 7 月 13 至 7 月 20 日)[②]就有近百篇涉华报道。根据报道内容与"中国"的关联程度,可以将所有的涉华报道划分为两个类别:直接报道(即直接关于中国的新闻报道)和间接报道(即在报道他国或国际事件中涉及中国)。相对来说,该报的涉华报道以间接报道为主,可以占到涉华报道总量的 64%,主要体现了中国在国际社会中的重要地位和在国际事务中的参与程度。其他都属于对中国的直接报道,可以占到涉华报道总量的 36%。

在《巴黎人报》的涉华报道中,数量最多的集中在政治相关议题,可以占到涉华报道总量的 34%。政治类的涉华报道中,有 8 篇是对中国的直接报道,主要是转载自法新社的报道,报道体现的立场大多较为片面,经常是从法国视角出发主观评判中国事务。其次,涉华报道中还有不少文章涉及经济领域,占报道总数的 29%。此外,还有涉及社会生活的报道占 11%、体育运动占 8%、文化占 6%,以及自然、科技、娱乐、健康和宗教等其他领域,比例均非常小。

从消息来源来看,《巴黎人报》涉华报道的消息来源可以分三类:转载、自采和综合报道。其中,转载报道中绝大多数来自于法新社,可以占到涉华报道总量的 53%。另外,综合报道中的大多数,也是由本报编辑记者在综合法新社消息的基础上编写的内容。其他转载文章中,主要来源于法国国内媒体,占总报道数的 6%左右。《巴黎人报》的自采类涉华报道可以占到总报道数的 32%左右,这个比例在设有驻华机构的媒体中也属于较多的。

---

① 阿莫里集团网站:《〈巴黎人报〉与〈今日法国〉的介绍页面》,http://www.amaury.com/le_parisien.shtml,检索时间:2015 年 9 月 1 日。

② 根据该报网站的设置,读者仅能检索过去一周内的相关报道。

《队报》*L'Equipe*

《队报》(*L'Equipe*)是法国的一份日报,也是全欧洲乃至世界范围内最专业的体育媒体之一。法国人十分热爱体育运动,对体育新闻也情有独钟,从而为专业的体育媒体提供了发展的沃土。《队报》的全国销量曾一度超越《费加罗报》《世界报》,成为全法销量第一的大报。该报创办了欧洲冠军杯、环法自行车赛等十几项具有世界性影响力的国际赛事[①],如今的《队报》是一个世界级体育媒体品牌。

一、历史沿革

《队报》的前身《汽车报》创立于1900年,主要报道汽车工业和赛车运动的相关新闻。该报在"二战"期间停刊,战后复刊并更名为《队报》。第一期《队报》于1946年2月28日正式出版,起初为周三刊发,每期只有两版。从1946年4月7日起,《队报》改为周六刊发。如今,《队报》在世界范围内的总发行量达到30万份左右[②],每期至少十版,多时可达到三十余版。

在《队报》的发展历程中,环法自行车赛是一个里程碑式的重要节点。环法自行车赛和F1世界一级方程式锦标赛、欧洲足球冠军联赛一起,并称为欧洲大陆三大体育赛事。[③] 1903年,法国《队报》的前身《汽车报》为了和对手《自行车报》展开竞争并扩大发行量,决定组织一项全国范围内的自行车赛,即环法自行车赛(以下简称"环法")。环法的标志"黄色领骑衫"(Maillot Jaune),正是采自当时《汽车报》的纸张颜色。[④] 1903年至1961年环法创立初期,是报纸对比赛具有重要影响力的时期。《队报》不仅创办了环法赛事,并且有权决定比赛运行的各个环节。反过来说,环法大赛的举办,在拉动报纸发行量的同时,也对报纸的图片、评论和深度报道等提出了更高的要求。为了避免赞助商的过度介入,报纸会及时进行干预以确保比赛的公平。

L'Auto
LE TOUR DE FRANCE — LE DÉPART
Organisé par L'AUTO du 1er au 18 Juillet 1903
L'EQUIPE
L'ARGENTINE PASSE À L'ORANGE
DANTESQUE

图18　创办环法自行车赛的《汽车报》与2014年《队报》环法自行车赛封面报道

由于第二次世界大战爆发,导致1940—1946年期间比赛停办。到1947年环法比赛恢复时,法国的社会经济环境已经发生了重大变化,电视媒体的崛起大量侵吞了报纸的受众和广告。随后,《队报》在经营上失去了对环法自行车赛的控制,在新闻报道上也让位于新兴的电视媒体。[⑤] 1955年,《队报》又创办了欧洲足球冠军联

① 杨圣韬:《从环法自行车赛看媒体与赛事的双向作用》,《第九届全国体育科学大会论文摘要汇编》(4),《中国体育科学学会》2011年第1期。
② 法国媒体发行监测机构OJD网站,http://www.ojd.com/Support/l—equipe—edition—generale。
③ 杨圣韬:《体育赛事与媒体的双向作用》,上海体育学院硕士学位论文,2009年。
④ 陈国强:《〈队报〉的采编与经营》,《环球体育市场》2008年第2期。
⑤ 杨圣韬:《从环法自行车赛看媒体与赛事的双向作用》,《第九届全国体育科学大会论文摘要汇编》(4),《中国体育科学学会》2011年第1期。

赛,在后期将这项赛事的主办权交给了欧洲足联。此外,《队报》还创办了滑雪世界杯等颇具影响力的比赛,提高了该报在国际体育界的知名度和美誉度。

《队报》旗下的杂志创办于1980年,周末版创办于2009年。在媒体技术不断更新换代的今天,《队报》也致力于发展新技术,适应新趋势。此外,《队报》所在集团还以体育新闻为基础拓展了广播、电视和新媒体等业务,不断提升《队报》作为体育新闻品牌的影响力。

二、发展现状

如今,《队报》隶属阿莫里(Amaury)集团。阿默里集团实力雄厚,旗下还有《巴黎人报》这样的影响力较大的全国综合性期刊。《队报》拥有报纸、杂志、网络、手机客户端和电视等多种传媒形态,其中包括《法国足球》《自行车报》《网球》月刊等。

《队报》在国内发展均衡,优势明显,态势良好。2014年,《队报》全国版的销量为21.98万,在法国全国性日刊销量中仅次于综合性日报《世界报》和《费加罗报》[①]。其增刊《队报》周日版的销量位居法国周刊销量榜第五位[②],而网站和平板电脑客户端的访问量都位居法国新闻资讯类前列,手机客户端则名列第一。

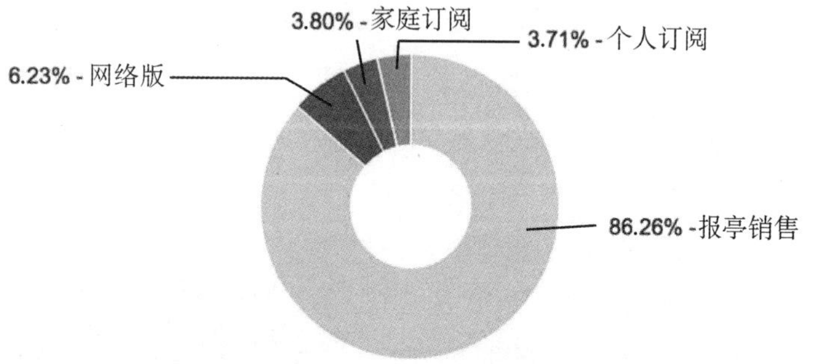

图19 2014年《队报》发行渠道占比

图片引自法国媒体发行监测机构OJD网站,http://www.ojd.com/Support/l-equipe-edition-generale,检索时间:2015年8月20日。

《队报》的主要发行渠道为报亭销售,占2014年总销售量的86.26%;个人订阅和家庭订阅仅占7.51%;网络版销售占6.23%。《队报》每期的发行篇幅是由体育行情来决定的,平均每天16个版,最少12个版,最多36个版。《队报》每年的营收中,有85%来自于报刊发行,只有15%来自于广告。可以说,《队报》是一家以内容取胜的报纸。

由于语言方面的障碍,《队报》在非法语国家的发行量很小。由于法国传媒的网络版几乎不用英文,《队报》网站月均80%以上的访问量来自于法国国内。语言在某种程度上制约了《队报》的进一步拓展。[③]

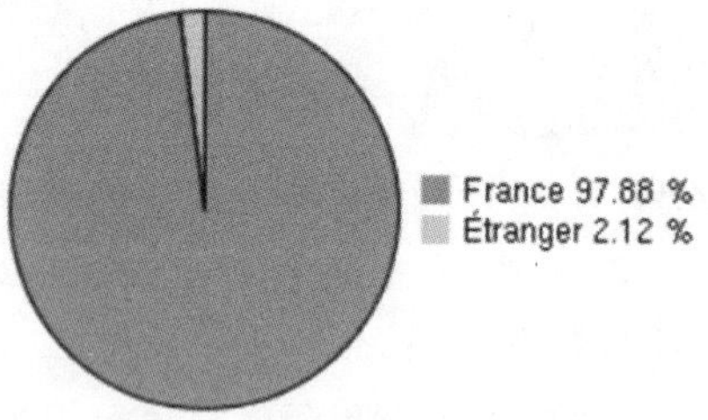

图20 《队报》2015年6月网站访问量对比

图片引自法国媒体发行监测机构OJD网站,http://www.ojd.com/Support/l-equipe-edition-generale,检索时间2015年8月20日。

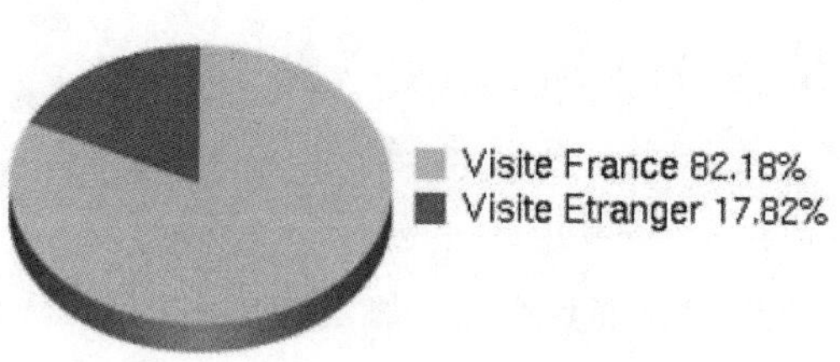

图21 《队报》2014年国内外发行量对比

图片引自法国媒体发行监测机构OJD网站,http://www.ojd.com/Support/l-equipe-edition-generale,检索时间:2015年8月20日。

---

① 法国媒体发行监测机构OJD网站,http://www.ojd.com/Chiffres/La-Presse/La-Presse-Payante/Presse-Quotidienne-Nationale,检索时间:2015年8月20日。

② 法国媒体发行监测机构OJD网站,http://www.ojd.com/Chiffres/La-Presse/La-Presse-Payante/Presse-du-7eme-Jour,检索时间:2015年8月20日。

③ 陈国强:《〈队报〉的采编与经营》,《环球体育市场》2008年第2期。

三、报道特点

专业性是《队报》的最大特点，其报道具有很强的权威性和影响力。强大的采编能力确保该报经常得到独家消息，因而很少采用通讯社的通稿。[①] 目前，《队报》拥有600多名记者，每名记者都有自己专门负责的赛事、运动队和运动员，很多记者会在一个专项报道上专注十几年甚至二十几年。为了不影响报纸的公正性，一些著名运动员会由三位记者轮番采访报道。[②] 除了报道的专业性外，《队报》的评论也很有特色。每年年底或年初，该报都要发表有关田径、足球、游泳等主要运动项目的综合评论，颇具专业参考价值。[③]

《队报》的另一大特点是全面性。《队报》早先的报道集中于赛事，受众主要针对男性。如今，《队报》的报道在保留专业化特色的同时，呈现出全方位、大众化的趋势。其对国内外体育运动的报道涉及面非常广泛，内容从竞赛、群体到体育教学科研、场地器材等一应俱全。《队报》是全世界唯一一家关注和报道所有体育赛事的媒体，与许多世界级明星运动员都建立了良好的关系。[④] 全面性的特点也延伸到了《队报》的新闻网站和手机客户端。简洁明了的分类以及翔实的新闻报道，充实了《队报》的新媒体发展，体现了《队报》在传播渠道上的全面拓展。

四、涉华报道

《队报》网站建立于2000年。2015年，通过网站以“中国”(Chine)为关键词进行搜索，可以检索到5000余条新闻信息，以“北京”(Pekin)为关键词可以检索到7000条以上新闻信息。以此为参考数据，在法国所有全国性报纸中，《队报》的涉华报道在数量上属于较高水平。可以说，《队报》对于中国的相关报道非常关注。

图22　2005年11月12日《队报》周刊特别专题“北京2008：还有1000天”

2015年11与12日出版的《队报》周刊特辟专题，用了超过40页的版面、将近三分之一的篇幅，图文并茂地介绍了今天的中国体育。转引自新华网：法国体育杂志聚焦北京奥运，2005年11月13日，http://www.hlj.xinhuanet.com/tp/2005－11/13/content_5573079.htm，检索时间：2015年8月25日。

图23　2004年8月《队报》对刘翔夺冠的报道

从报道来源上看，《队报》注重独家新闻，基本为自采新闻。作为一家专业的体育类报纸，其报道很少涉及

① 陈国强：《〈队报〉的采编与经营》，《环球体育市场》2008年第2期。

② 唐磊：《一份影响世界体坛的报纸》，《中国新闻周刊》2007年第13期。

③ 体育报国际部：《世界最大的体育报——〈队报〉》，《新闻战线》1979年第3期。

④ 陈国强：《〈队报〉的采编与经营》，《环球体育市场》2008年第2期。

政治、社会等领域,报道大都集中在体育运动、体育赛事及其相关新闻议题上。因此,所呈现出的对华态度也基本上能够保持中立客观。对于有关中国的体育赛事,《队报》都会进行详尽、客观的报道。例如,2008 年北京奥运会期间,《队报》曾派出 46 个特派记者前往北京进行全方位的报道[1],相关报道评价称,中国已经兑现举办一届气氛热烈的奥运会的承诺,并且对中国观众对赛事表现出的极大热情和观赛时的良好风度都予以肯定褒扬。[2]

中国体育新闻界对于《队报》的关注程度也非常高,不仅关注《队报》对中国运动员在国际赛事中表现的报道,同时也关注《队报》自身的采编经营,将其视为中国体育媒体发展学习的标杆。不少专业人士屡屡将国内体育新闻媒体与法国《队报》进行比较,希图借由《队报》的成功经验推动中国体育专业媒体以及体育新闻报道水平的整体提升。在实践层面,《队报》和国内的《体坛周报》保持着长期的合作伙伴关系,《体坛周报》的驻法国记者常年跟随《队报》一起展开采访报道。

《法兰西西部报》*Ouest-France*

ouest france

《法兰西西部报》(*Ouest-France*)是一份法国地区日报,从属于希帕一法兰西西部报集团。《法兰西西部报》反映的是人民共和党的观点,其发行范围主要在法国西部和巴黎地区。从 1975 年起,《法兰西西部报》就一直以日报第一的销售量而闻名法国国内外。

一、历史沿革

《法兰西西部报》(*Ouest-France*)原名为《西部闪光报》(*L'Ouest-Éclair*)。1899 年 8 月 2 日,天主教社会民主党共和派特罗许神甫(L'abbé Trochu)和厄马尼埃·德格雷·迪卢(Emannuel Desgrées Du Loû)合作,在法国西部城市——雷恩(Rennes)创办了这份报纸。起初,二人准备投身于天主教的共和事业当中,因此决定在法国西部创办一份报纸用于宣传天主教的共和思想,于是《西部闪光报》应运而生。在广大天主教徒的拥护下,《西部闪光报》迅速发展,在“二战”前夕成为了法国地区的第一大报。不幸的是,1940 年,伴随着德军纳粹踏入法国西部的脚步和特罗许神甫的离开,《西部闪光报》不仅失去了独立和自由,而且面临无人接管的困境。

L'Ouest-Eclair
JOURNAL REPUBLICAIN QUOTIDIEN
5centimes
Nous progressons sur quelques points
en Belgique et dans le Nord
EN WOËVRE
Les Allemands demandent un armistice
EN POLOGNE
Les Russes continuent leur offensive

图 24　1899—1944 年发行的《西部闪光报》

1944 年 8 月 7 日,第一期《法兰西西部报》彻底取代了《西部闪光报》,并且一直延续至今。1990 年 4 月,人道共和主义援助协会(l'Association pour le soutien des principes de la démocratie humaniste)成立,完全领导《法兰西西部报》,喊出“说,不伤害;报,不打击;证,不侵犯;揭露,不斥责”的准则。同年,《法兰西西部报》从长远发展的战略角度考虑,与希帕图片社联合成立希帕一法兰西西部报集团,掌管着《法兰西西部报》的资产和财务大权。而人道共和主义援助协会则负责其社会活动直至今日。不过,如今的人道共和主义援助协会已经从

① 陈国强:《〈队报〉的采编与经营》,《环球体育市场》2008 年第 2 期。

② 《〈队报〉:“全民总动员”中国好风度》,《新华每日电讯》2008 年 8 月 15 日第 3 版,http://news.xinhuanet.com/mrdx/2008－08/15/content_9339147.htm,检索时间:2015 年 8 月 20 日。

属于法国第三大报业集团——希帕一法兰西西部报集团。

二、发展现状

根据法国媒体发行量稽查机构OJD(Office de justification de la diffusion)的统计数据,自1975年以来,《法兰西西部报》的发行量一直基本保持稳定,2014年全年达到发行量714995份。① 与此同时,为顺应时代潮流,《法兰西西部报》也非常关注新媒体的发展。2012年,《法兰西西部报》就推出了网页版,目前旗下共有十几个网站,包括http:www.sur ouest-france.fr,http:www.ouestfrance-entreprises.fr,http:www.jactiv.ouest-france.fr和http:www.lemarin.fr等,各大网站都在顺利运行中。2013年,《法兰西西部报》的移动端应用开始可以在手机和平板电脑上下载观看。

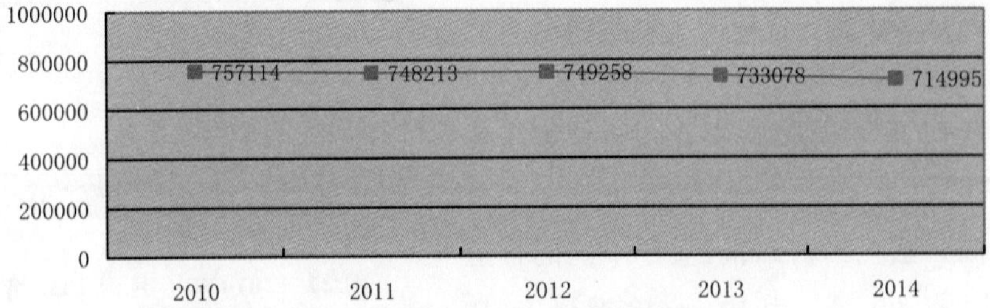

图25 2010—2014年《法兰西西部报》的发行量

数据来自法国媒体发行量公正机构OJD网站:http://www.ojd.com/Support/ouest-france-fr,检索时间2015年7月9日。

Rennes

ouest france

L'angoisse d'habiter derrière une digue

Nouvelle évacuation de locataires à Rennes

Montpellier arrache un point à Bordeaux

Ille-et-Vilaine

Un adolescent disparu à Rennes depuis vendredi

Régionales : 20 millions de documents mis sous pli

100e Journée de la femme : le combat continue

Réélection contestée au Togo

Une mer de plastique en Atlantique

Télé : la Normandie passe à la TNT

Commentaire

par Michel Urvoy

La hantise de l'abstention

LIQUIDATION AVANT TRAVAUX

roche bobois

ROUTE DU MEUBLE - LA CHAPELLE DES FOUGERETZ

图26 《法兰西西部报》版面

从2010年到2014年的五年内,《法兰西西部报》的发行量一直基本稳定,保持在较低的降速。这在整个报业发行日益萧条的大环境中,已经非常难得。

三、报道特点

从创立的那天起,《法兰西西部报》就一直秉承共和、爱国的理念向前发展。也正是因为《法兰西西部报》对法国西部共和事业的贡献,这份报纸也能够深入民心,赢得人们的尊重,并连续多年成为最受欢迎的报纸。

目前,《法兰西西部报》分为周内和周末两个版本。从内容上看,主要以地方性新闻为主,共有40个地方版本,广泛涉及政治、经济、文化、社会等主题。2014年,日报的周末版又添加了新的版块:访谈、社会问题、日常生活和消费等,使内容变得更加视觉化,也更加深入人心。

《法兰西西部报》的主编是弗朗索瓦·泽维尔·勒弗朗(François Xavier Lefranc)。目前该报有1506名员工,男女比例大约为6:4,其中专业记者有576名。除此以外,该报还有驻国内外的63个记者站,以及一个由2600多名记者组成的通讯网。

四、涉华报道

目前,《法兰西西部报》是在中国北京设有办事处的法国报纸之一,长期就中国各个领域开展广泛而深刻的报道工作。

① 数据来自法国媒体发行量公正机构OJD网站:http://www.ojd.com/L-observatoire/Presse-Payante-Grand-Public/(family)/2,检索时间:2015年7月9日。

(一)关注侧重

一般来讲,《法兰西西部报》对中国比较关注,尤其注意近距离观察中国社会,涉及政治、经济、社会、文化、环保、科技、法律、文化和体育娱乐各个方面。2014 年 6 月至 2015 年 6 月间,《法兰西西部报》关于中国的报道共有 90 篇。其中,政治报道有 19 篇,占全部涉华报道的 21.1%;社会报道最多,达到 47 篇,占 52.2%;经济报道有 11 篇,占 12.2%;环保 4 篇,占 4.4%;体育娱乐 3 篇,占 3.3%;宗教和科技分别为 2 篇,各占 2.2%;文化和法律分别为 1 篇,各占 1.1%。

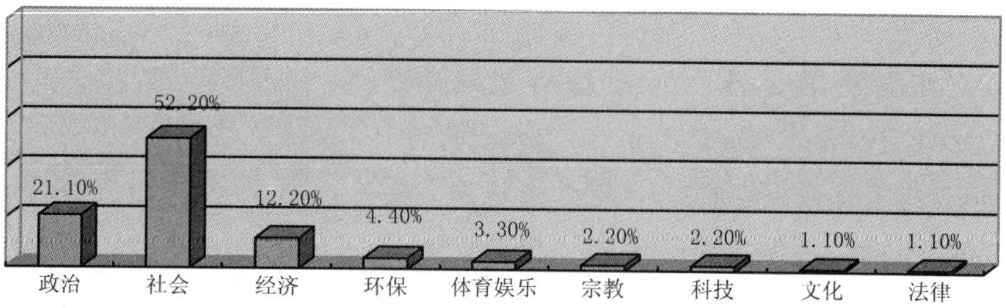

图 27　2014 年 6 月到 2015 年 6 月,《法兰西西部报》涉华报道类别比例

(二)消息来源

《法兰西西部报》的报道来源主要分为两种:自采新闻和整合编辑来自中国媒体的新闻。值得注意的是,该报一般没有文章是直接转载其他媒体的。在 2014 年 6 月至 2015 年 6 月这 90 篇报道中,有 68 篇是由该报的驻华记者亲自采编(75.6%)的;剩下的 22 篇报道是基于其他媒体的综合报道(24.4%)编写的,素材来源包括中国的中新网、新华社和法国的法新社等(见图 28)。

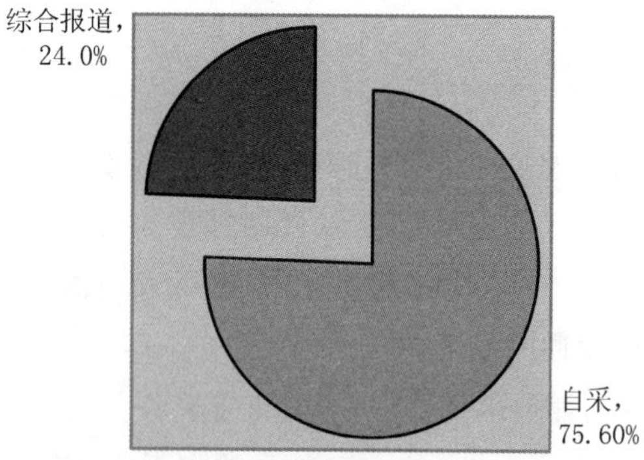

图 28　2014 年 6 月到 2015 年 6 月,《法兰西西部报》涉华报道来源比例)

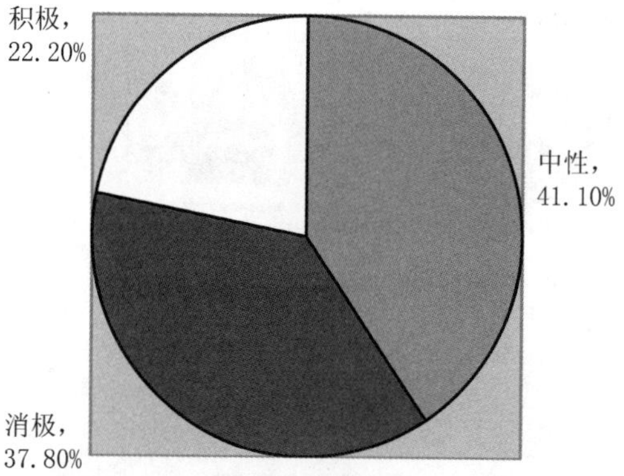

图 29　2014 年 6 月到 2015 年 6 月,《法兰西西部报》涉华报道态度倾向比例

(三)态度倾向

《法兰西西部报》的涉华报道在价值倾向上,以立场中立的中性报道居多,接近涉华报道总量的半数(占 41.1%),消极(占 37.8%)和积极(占 22.2%)两种取向的报道之间数量虽有差别,但并不悬殊。其中,消极报道主要集中在政治类新闻和社会类新闻,尤其是在涉藏、涉疆等民族问题上。这些报道多为自采,报道较不客观(见图 29)。

举例来看,《法兰西西部报》在 2014 年 9 月 22 日发表的一篇题为《五个月来第一个自焚的藏民》的文章,陈述了自 2009 年以来中国出现了 130 多例的藏民自焚现象,称这些藏民自焚是为了西藏的独立和自由。而对中国国内发生的事故和灾难性事件,报道相对来说比较客观,没有明显的态度倾向。积极报道主要体现在涉华经济类的报道中,对中国经济发展的成就多持认可态度,并表现出法国与中国在经济领域开展合作的积极意向。例如,《法兰西西部报》在 2014 年 11 月 10 日发表的一篇题为《米其林公司未来十年将在中国市场投入双倍》的文章,其中指出,中国汽车市场已发展成为世界第一大汽车市场,这吸引着米其林公司瞄准时机,未来十年将在中国市场的投入翻一番。

《费加罗报》*Le Figaro*

LE FIGARO

《费加罗报》(Le Figaro)是法国历史最悠久也最具有影响力的综合性日报，同时也是发行量最大的全国性报纸。其名字取自法国著名作家加隆·德·博马舍的代表作品《费加罗的婚礼》，书中塑造的主人公名字就叫“费加罗”。报头部分印有“若批评不自由，则赞美无意义”，也是来自博马舍的名言。《费加罗报》将这句话引为自己的立身格言，阐释其重视社会责任和社会引导的办报宗旨。《费加罗报》被称为“法国中上层阶级的圣经”，同时也是公认最能体现法兰西“贵族风格”的报纸。

一、历史沿革

1825 年，《费加罗报》的前身《油灯》创刊。到 1854 年，亨利·德·威尔梅桑(Henri de Villemesant)买下这份周刊并改名为《费加罗报》。通常认为，1854 年才是《费加罗报》真正的诞生时间。1866 年，《费加罗报》正式从周刊改为日报发行。

创办人威尔梅桑对于报纸的用心经营，为《费加罗报》今天的成功奠定了基础。威尔梅桑知人善任，培养了一支精于业务的编辑队伍。在他的领导下，《费加罗报》注重分类编排，重视文学艺术，培养了一批忠实的读者。同时，威尔梅桑十分注重《费加罗报》的媒体形象。在那个小报兴起、黄色新闻泛滥的年代，依然维持着自身严肃大报的格调。《费加罗报》在威尔梅桑时代奠定了自己的公信力和影响力，发行量达 5.6 万份，订户总数也超过 1.5 万。1879 年，威尔梅桑去世，《费加罗报》由弗朗西·马涅阿尔(Francis Magnard)执掌。

20e Année. 3e Série. — Numéro 130.　Le Numéro : 15 cent. à Paris, 20 cent. dans les Départements.　Dimanche 9 Mai 1880.

FRANCIS MAGNARD

H. DE VILLEMESSANT

LE FIGARO

SECOND ROULEMENT DE TAMBOUR

NOUVELLES A LA MAIN

图 30　1880 年的《费加罗报》

多年以来，《费加罗报》一直专注于对时事的报道。1870 年，随着法国政治形势的变化，该报开始重视政治报道，并在 1871 年“巴黎公社”事件后逐渐形成了代表中产阶级的立场。在 1898 年轰动整个法国的反犹太事件“德雷福斯案”中①，《费加罗报》坚持站在德雷福斯阵营②，发表了大量支持德雷福斯的新闻报道和时事评论，其中还包括著名作家左拉的一系列文章。这样鲜明的立场，导致以保守人士为主的读者群体不满，报纸几个月期间收到大量的退订威胁。迫于压力，报纸不得不收敛态度，并且撤回了一些支持德雷福斯的报道。直到后来逐渐恢复保守中立的态度，报纸才重新赢回了最为广泛的读者群。

一战以后，《费加罗报》由主编比埃尔·布里松(Pierre Brisson)主持大局，进一步发展壮大成为一份全国性报纸。比埃尔本人主持着该报的文学版块，同时雇佣优秀摄影记者，刊登大量新闻图片。这一时期，该报除了具有法国报纸一贯以来的文学写作风格外，新闻图片也成为报纸的一大特色。到“二战”期间，德国军队占领法国，比埃尔被迫停止《费加罗报》的出版，停刊一直延续到 1944 年 8 月。复刊后的《费加罗报》发表了关于戴高

---

① 德雷福斯事件——1894 年，法国陆军部发现内部有人向德国大使馆泄露军事情报。当时法国军界上层出于狭隘的反犹太主义情绪，在未掌握确凿证据的情况下，无端认为有犹太血统的军官德雷弗斯是出卖情报的叛徒，未经审讯便将他逮捕入狱。因此，也有人称之为“德雷福斯冤案”。

② 曾伽、刘文立：《近代法国的右翼报刊》，《法国研究》2007 年第 4 期。

乐的评论文章,并对共产主义者和社会主义表达了友好的态度。“二战”结束后,《费加罗报》凭借之前奠定的良好声誉以及当时精干的采编团队获得了更大的发展,并且吸引了大批作家、经济学家、政治专栏作家为其撰稿,报纸的声誉得到了进一步提升。

自“二战”以来,《费加罗报》曾几经转手。“二战”后初期,《费加罗报》曾归属于普鲁沃斯特报团(Groupe Proust),1975 年又并入埃尔桑报团旗下的 Socpress 公司。2004 年,法国达索工业集团收购了包括《费加罗报》在内的 Socpress 公司。尽管几经易主,但其大报水准和思想深度始终没有改变。时至今日,《费加罗报》依然是当之无愧的法国第一大报。

二、发展现状

作为法国最大的全国性日报,《费加罗报》除周日外每天出版。纸质版平时有 40 多个版面,各个版面的内容依次为要闻、国际新闻、国内政治、社会新闻、评论、科技、房地产、体育、旅游、文化、电影电视等。最后一版是《费加罗报》的特色,刊载有关新闻传媒和广告传媒等行业的专业性报道。除了常规版面,《费加罗报》每天都会附上一张印刷着橙色版头的经济版,以及一页题为《费加罗与您》的单页增刊。一周六天,报纸每天都有不同的副刊,内容包括文学专刊、大学生专刊等,多为文化类和生活类软新闻。每周五随《费加罗报》一起发行的是《费加罗杂志》,周六的增刊则是《费加罗夫人》和《电视杂志》。根据《费加罗报》的周发行量统计,周五版和周六版的销量最好,明显高于其他时间。此外,《费加罗报》还出版有一些固定的月刊,如《费加罗遗产》《费加罗大学生》等。

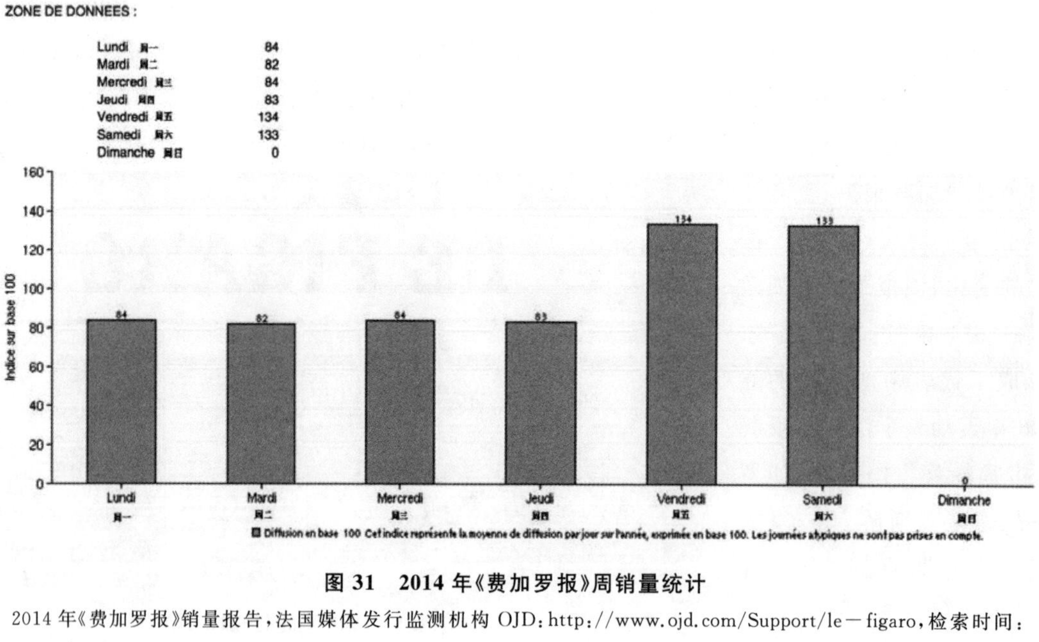

图 31 2014 年《费加罗报》周销量统计

2014 年《费加罗报》销量报告,法国媒体发行监测机构 OJD:http://www.ojd.com/Support/le-figaro,检索时间:2015 年 8 月 22 日。

2014 年,《费加罗报》的日发行量为 31.4 万份,在法国报刊行业整体发展情况堪忧的情况下,仅仅下滑 0.92%,仍属非常不错的成绩,并且继续保持着日发行量最高的全国性报纸地位。[①] 2014 年,《费加罗报》的主要发行渠道仍以传统的零售订阅为主,尤其是报亭零售占比达到总销售量的半数以上(50.44%),包括家庭、团体等各种订阅售量占四成以上(42.92%),而数字订阅也占到 6.63%。[②]除此之外,报纸还对大学等公共机构实行免费发放。

《费加罗报》旗下的《电视杂志》,以月销量 515 万,名列法国杂志销量第一位,《费加罗夫人》和《费加罗杂

---

① 法国媒体发行监测机构 OJD:http://www.ojd.com/Chiffres/La-Presse/La-Presse-Payante/Presse-Quotidienne-Nationale,检索时间:2015 年 8 月 22 日。

② 法国媒体发行监测机构 OJD:http://www.ojd.com/Support/le-figaro,检索时间:2015 年 8 月 22 日。

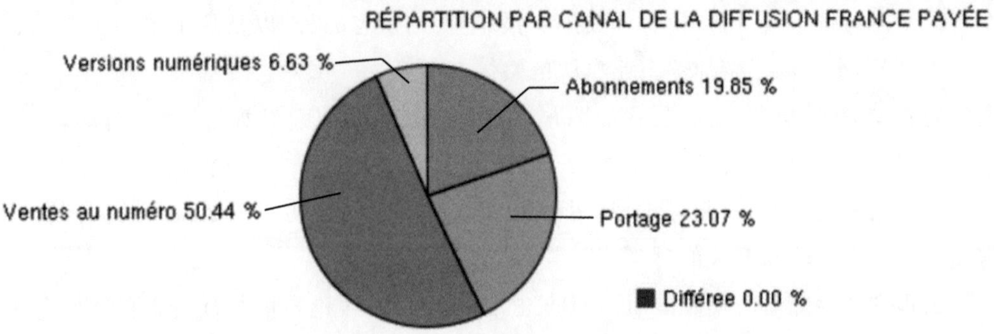

图 32 2014 年《费加罗报》销售渠道占比

2014 年《费加罗报》销量报告，法国媒体发行监测机构 OJD：http://www.ojd.com/Support/le－figaro，检索时间：2015 年 8 月 22 日。

志》也以超过 40 万份的发行量，分别名列 2014 年法国杂志销量第 20 位和第 21 位。《费加罗报》的网站浏览量在法国全网排名第四[①]，在新闻类中仅次于世界报网站。此外，该报在手机等智能设备客户端的浏览量也在信息类智能应用中名列前茅。[②]

在纸媒行业整体发展不容乐观的情况下，尤其是在法国免费报纸行业兴起的冲击之下，《费加罗报》仍然长期保持法国大报发行量第一的地位，与其重视发行量的政策密不可分。提到保持发行量的诀窍，不得不提到前些年持有《费加罗报》股份的埃尔桑报业集团。埃尔桑是当代法国最大的报业垄断集团，其以惊人的速度席卷了法国报业，发迹的秘诀就在于重视读者需求并进行工业化管理。埃尔桑在推进报业发展方面借鉴美国报刊的手法，重视技术创新以及理念创新。埃尔桑拥有一定的政治基础，掌握着庞大的舆论机构，主张实行报业自由竞争，反对国家干预。它不断并购最具影响力的报纸，刺激了死气沉沉的法国报业市场，即使反垄断法也未能限制其扩张。《费加罗报》正是在这样的市场环境下不断发展，成为埃尔桑集团近年来新型报刊的成功典范。[③] 尽管埃尔桑报团追逐商业利益、破坏《费加罗报》大报定位的行为遭人诟病，但它与时代接轨的经营模式也确实让《费加罗报》焕发出新的神采。

三、报道特点

早期，《费加罗报》曾被右翼势力控制，是右派政党的言论阵地。但是在党派观念逐渐淡化的今天，《费加罗报》的超党派色彩越来越浓厚，报道立场趋于中立。经历了普鲁沃斯特报团和埃尔桑报业集团的商业运作，《费加罗报》的政论色彩逐渐淡去，开始回归到专业的新闻报道。

《费加罗报》的报道特色主要体现在社论、新闻采编和副刊三个方面。首先，作为法兰西第一大报、法国历史最悠久的报纸之一，《费加罗报》继承了法国报纸一贯的政论传统，十分注重社会舆论的引导，社论则是其“拳头产品”。《费加罗报》社论的功能主要在于给读者补充重要信息，帮助读者理解新闻事件。自威尔梅桑时代起，该报的历任老总都有亲笔撰写社论的传统。如今，报社设有专门的社论委员会，商讨每天要刊发的社论。其次，出色的新闻采编能力也是体现《费加罗报》公信力和权威性的重要指标。截至 2008 年，《费加罗报》拥有职员 1200 名，其中编辑、记者约占四分之一。它在 30 多个国家派有资历丰富、新闻感敏锐的常驻记者，拥有仅次于法新社的国际新闻采编能力，在法国乃至国际上拥有较高的知名度和美誉度。最后，副刊是《费加罗报》吸

---

① 法国网站浏览量综合排名，法国媒体发行监测机构 OJD：http://www.ojd.com/Chiffres/Le－Numerique/Sites－Web/Sites－Web－GP，检索时间：2015 年 8 月 22 日。

② 法国手机客户端以及平板电脑客户端阅读量排名，法国媒体发行监测机构 OJD：http://www.ojd.com/Chiffres/Le－Numerique/Applications－Mobile，http://www.ojd.com/Chiffres/Le－Numerique/Applications－Tablettes，检索时间：2015 年 8 月 22 日。

③ 孙维佳：《法国的报业帝国：埃尔桑报团》，《新闻战线》1987 年第 4 期。

引读者的独家秘方。在报业不断衰落的法国,《费加罗报》纸质版的购买率和线上阅读率能保持较高的水平,与其每日随刊发行的杂志有密不可分的关系。《费加罗报》丰富的杂志品种,以及从不单独出售的特性,有效地拉动了《费加罗报》的销量,也提高了费加罗报业集团的整体知名度。

历经百余年的发展,从历史角度纵观《费加罗报》的编辑理念,可以总结如下:初创时期,秉持中庸主义;20世纪上半叶,崇尚言论自由与社会责任;20世纪下半叶,政治立场走向开放,风格趋于现代;21世纪初至今,一方面强调独立于利益集团之外,回归新闻本位,另一方面强化新媒体的功能与地位。总体而言,《费加罗报》完成了从保守与僵化平缓向现代与开放的过渡。[①]

《费加罗报》的理念风格随着时代发展而不断演进,始终秉持在言论自由与社会责任之间寻求平衡的原则,坚持其严肃大报的定位,这正是《费加罗报》成为老牌世界级大报并长盛不衰的秘诀。

四、涉华报道

从学术研究的角度来看,《费加罗报》的涉华报道一直是国内学界关注的重点,关于《费加罗报》自上世纪末以来涉华报道的内容、立场和价值取向等,学界已积累了丰富的研究资料。纵观近年来对《费加罗报》涉华报道的研究,按照时间线索可以梳理出该报对华态度的衍变——

从报道数量来看,《费加罗报》对中国的报道呈逐年增多的趋势。在1997年至2010年间,《费加罗报》的涉华报道数量呈明显上升的趋势,其中2006年是报道数量的峰值,随后稍微有所下降。从报道主题来看,在2001年之前的涉华报道中,《费加罗报》最为关注的是台湾问题,占每年涉华报道总量的30%～40%。2001年以来,关注主题开始转向并且日渐丰富多元。一方面,中国加入世界贸易组织后经济迅猛发展,《费加罗报》对于中国经济的关注度也随之增加。另一方面,中国更多地参与全球性事务,日益扮演着重要角色,也使得《费加罗报》对于中国政治体制和社会制度有更多的深入报道。与此相对,海峡两岸关系日趋缓和,西方媒体整体上都对台湾问题的兴趣有所下降。

在此期间,2008年是一个特例。这一年,中法关系充满波折,进而导致大多数法国媒体当年的涉华报道数量跌入低谷,《费加罗报》也是如此。报道内容基本围绕两个主题展开:一是抵制奥运;二是关于中国人权问题的探讨。所有报道的观点立场以负面论调为主。自2009年哥本哈根气候大会召开以来,有关中国环境问题的新闻也成了《费加罗报》的关注内容。在这类议题的报道中,《费加罗报》的报道立场也多有偏颇失实的成分。这样的中国形象认识,契合了大多数法国媒体对中国一贯"报忧不报喜"的报道方针。

近几年来,《费加罗报》对中国的报道总体数量仍在不断上升,关注的领域也越来越丰富,从政治拓展到经济、社会和文化等多个领域。该报的涉华报道基本上保持客观公正的立场,所持态度由负面倾向居多逐步转变为以中立报道为主。总体上来看,《费加罗报》对中国的政治和社会发展仍持有刻板印象,但对中国改革开放取得的经济成就以及中法两国的文化交流则给予肯定。现任《费加罗报》驻华记者阿尔诺·德·拉·格朗热(Arnaud de la Grange)具有丰富的新闻从业经验,他从1995年开始为《费加罗报》工作,目前作为《费加罗报》驻东北亚地区记者常驻北京。2012年,他共发表了165篇涉华报道。根据此前对这些报道的研究,报道倾向整体上还是相对客观的,其中仍有相当大一部分新闻报道呈现出负面倾向,特别是涉及与中国政治或国内人权民主状况有关的主题。

在2013年3月至12月期间,《费加罗报》的涉华报道共有308篇,平均每天至少一篇。其中,分析类报道比消息类报道多出8%,对经济、政治、社会和科技领域的报道比例分别为41%、23%、31%和5%,可见,该报更关注中国经济和社会领域的新闻。在这些涉华报道中,关注主题非常广泛,对军事、体育和娱乐等内容均有报道。与此同时,报道角度非常细致,大多属于以点带面式报道。从报道立场来看,客观中立的报道占26%,正负面新

---

① 黄莹:《法国〈费加罗报〉的办报实践》,《中国记者》2008年第10期。

闻的比例相当，各占 37%。①

除此之外，《费加罗报》也非常重视与中国的交流合作，不时刊登中国政要的署名文章，给予中国发声的机会。2009 年和 2011 年，《费加罗报》就曾分别刊登过时任中国商务部长陈德铭和中国国务委员戴秉国的署名文章。在 2013 年底到 2014 年初期间，中日外交界之间围绕钓鱼岛问题展开了一场媒体舆论战。作为法国最有影响力的媒体代表，《费加罗报》也参与其中，发表了中国驻法大使翟隽的署名文章《为什么中国对日本首相参拜靖国神社感到愤怒》②，以历史事实、历史实证向法国读者揭露安倍参拜靖国神社的实质。

LE FIGARO
lefigaro.fr
Pourquoi la visite du premier ministre japonais à Yasukuni a choqué la Chine
Sur l'histoire de la Seconde Guerre mondiale, l'attitude du Japon frappe par sa différence avec celle de l'Allemagne
ZHAI JUN

图 33 2014 年 1 月 16 日《费加罗报》刊登驻法大使翟隽署名文章

此外，在出访法国之前，中国领导人也经常选择《费加罗报》作为舆论预热的重要平台。2014 年 3 月，习近平总书记出访法国时就在该报发表了《特殊的朋友，共赢的伙伴》③一文，期待中法关系的未来发展可以“朋友越走越近，良言越说越亲”；2015 年 6 月，李克强总理出访法国时同样在该报刊登文章，题为《深化中法合作与创新》④，总结中法关系经过五十年的发展，历久弥新达到新高度。

图 34 2014 年 3 月 15 日习近平在《费加罗报》刊发署名文章

图 35 法语版《中国日报》搭载《费加罗报》刊行

图片转自《中国日报》网站：http://www.chinadaily.com.cn/world/2015－05/29/content_20860530.htm，检索时间：2015 年 8 月 22 日。

在此基础上，《费加罗报》与中国媒体同行之间也有很多交流合作。2015 年 5 月 29 日，首期《中国国家形象专刊》即法文版《中国日报》随《费加罗报》刊发，主要内容为中国制造 4.0 规划以及北京积极申办 2022 年冬奥会

① 王明利、曹琳：《十年的节点：对法国三大报纸涉华报道的研究》，《现代传播》2014 年第 6 期。

② Figaro, Pourquoi la visite du premier ministrejaponais à Yasukuni a choqué la Chine，2014 年 1 月 15 日，http://www.lefigaro.fr/mon－figaro/2014/01/15/10001－20140115ARTFIG00610－pourquoi－la－visite－du－premier－ministre－japonais－a－yasukuni－a－choque－la－chine.php，检索时间：2015 年 8 月 22 日。

③ 新华网，习近平在法国《费加罗报》发表署名文章，2014 年 3 月 26 日，http://news.xinhuanet.com/2014－03/26/c_119941373.htm，检索时间：2015 年 8 月 22 日。

④ 人民网，李克强在法国《费加罗报》发表署名文章，2015 年 6 月 30 日，http://politics.people.com.cn/n/2015/0630/c70731－27228884.html，检索时间：2015 年 8 月 22 日。

等。专刊一经发行引起普遍关注,并且获得法比尤斯外长和中国驻法大使翟隽的一致好评。6 月 12 日,《中国日报》法文版正式创刊,每月一期随《费加罗报》一同刊发,以法文报道中法及中欧间的重要议题,面向对中国兴趣浓厚的法国读者提供便捷、全面的新闻报道和分析。① 这是中国媒体进入欧洲非英语国家的一次重要尝试。

除了作为中国媒体在法发行的搭载平台,《费加罗报》也在中国出版发行。《雅致巴黎》(*Paris Chic*)是《费加罗报》出版的季刊,也是一份在世界许多国家地区发行的国际刊物。2011 年,中文版《雅致巴黎》首次出版,致力于为赴法的中国游客提供出行、旅游、时尚和购物等信息。2014 年,中文版单期发行量达到 24 万份,其中 18 万份在中国发行。②

《观点》*Le Point*

Le Point

《观点》(*Le Point*)是法国一份报道综合资讯的时事新闻周刊,与美国的《新闻周刊》和《时代》类似。目前,《观点》隶属于弗朗索瓦·皮诺(François Pinault)所有的阿耳忒弥斯控股公司(la holding Artémis)。其编辑总部位于巴黎,但其影响力却绝不仅仅局限于法国,还辐射到了整个非洲及其他法语国家地区。

一、历史沿革

1972 年,一批刚离开《快报》(*L'Express*)③编辑层的记者创办了《观点》。创办初期,《观点》就已经开始展现出深度改革“新闻周刊”的能力。创办后仅三年的时间里,读者数量和广告收入都得到大幅增长,《观点》成功地做到了财政收支平衡,之后更是实现了高额盈利,并且拥有了 150 位合作者。

1982 年 2 月 25 日,高蒙电影集团(le Groupe de cinéma Gaumont)从阿歇特集团(le Groupe Hachette)手中购得《观点》51%的股份,成为该杂志最初的,也是最主要的股东。1992 年 9 月,阿尔卡特－阿尔斯通的子公司 Générale Occidentale 获得了该报 40%的股份,并于次年 9 月正式成为《观点》的多数股权股东之一,在此基础上创建了经济利益集团——《观点》和《快报》。

1994 年 1 月 22 日,《观点》经过改版后以一种全新的形式呈现在读者眼前:方形扩大的版面、新的排版方式、新的标志、更实惠的价格,报纸的发行量由此开始稳步上升。1997 年 12 月,阿耳忒弥斯控股公司接替哈瓦斯通讯社(Havas)成为周刊的多数股权股东之一。随后,《观点》采用了新模板、新专栏,报道内容也有所更新,该报基本上呈现上升发展趋势。

图 36　1972 年 9 月刊行的第一期《观点》

二、发展现状

从 2001 年开始,《观点》更换了版面设计,启用全新的标识、扩大的版面和新的专栏,以全新的面貌呈现在广大读者面前。

---

① 国际在线:《〈中国日报〉法文版创刊仪式在法国鲁昂举行》,2015 年 6 月 13 日,http://gb.cri.cn/42071/2015/06/13/6891s4996180.htm,检索时间:2015 年 8 月 22 日。

② 《费加罗报》季刊《雅致巴黎》发行量报告,法国媒体发行监测机构 OJD:http://www.ojd.com/Support/paris－chic－chine,检索时间:2015 年 8 月 22 日。

③ 《快报》(*L'Express*)是法国第一份新闻周刊,创办于 1953 年 5 月。该刊注重调查性报道和新闻分析,具有较大的影响力。

图 37 现在的《观点》封面

图 38 《观点》网站首页

图片引自《观点》网站:http://www.lepoint.fr,检索时间:2016 年 3 月 8 日。

2014 年,艾蒂安·热内勒(Étienne Gernelle)成为该周刊报的董事长。他说:"是上任董事长将《观点》变成一份出言不逊的期刊,我认为期刊应当是一种科技产品,即使纸媒仍然有未来、有市场,期刊也别无选择,否则它必将成为一种奢侈品。"因此自热内勒上任以来,《观点》摆脱了传统纸媒的束缚,更加注重将新闻传统和科学技术相结合,注重网络版的发展。

目前,《观点》周刊的网站分为政治、国际、经济、科技与网络、文化、辩论、科学、健康和生活方式等专栏,每天发布 40 多条新闻。除此之外,《观点》网站还下设非洲观点专栏,主要报道非洲的新闻,下面设有新闻、经济、文化、生活方式、体育、多媒体和国家七个专栏,主要面向法国和非洲国家及地区。

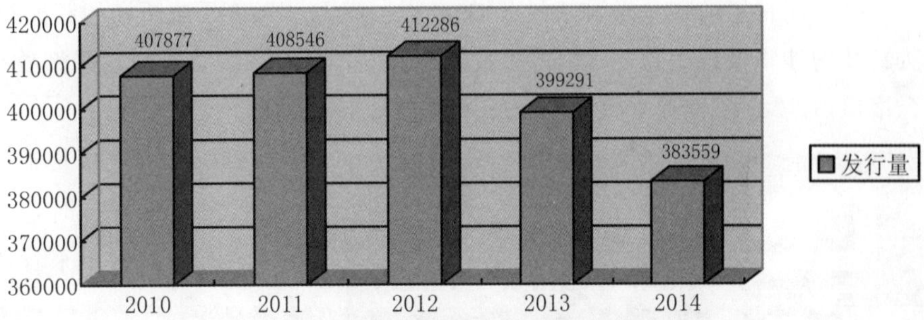

图 39 2011～2014 年《观点》在法国国内付费发行量

根据法国媒体发行监测机构(Office de justification de la diffusion,简称 OJD)2014 年的统计数据,《观点》2014 年的发行量为 383559 份,大致位列法国全国性报刊的中游。

三、报道特点

《观点》的报道主要关注政治、经济、文化、体育和社会等方面,报道内容比较广泛综合,是一份报道内容通透的新闻周刊。尽管该周刊被认为走的是自由主义的编辑路线,但实际上,其所持的右派思想始终贯穿于政治访谈、政治剖析等政治报道中。《观点》通常能够对一个问题以多篇报道来详细阐述,大多数报道篇幅较长,其中经常引用当事人或者相关人士的话语来给读者一个最直观的感受,由此增加报道的真实性,也使该周刊具有事实多于评论的报道特点。

四、涉华报道

《观点》是在中国常设记者站的法国新闻媒体之一，长期对中国各领域展开采访报道。

仅以 2015 年 7 月 1 日到 7 月 10 日十天为例，《观点》的涉华报道就达到了 94 篇。根据报道内容与“中国”的关联程度，可以将所有的涉华报道分为两个类别：直接报道（即直接关于中国的新闻报道）和间接报道（即在报道他国或国际事件中有涉及中国的报道）。相对来说，该周刊的涉华报道以间接报道为主，占涉华报道总量的 79%左右，主要是从国际社会的角度分析中国的国际形象和中国对国际事务的参与程度；而对中国的直接报道，只占涉华报道总量的 21%。

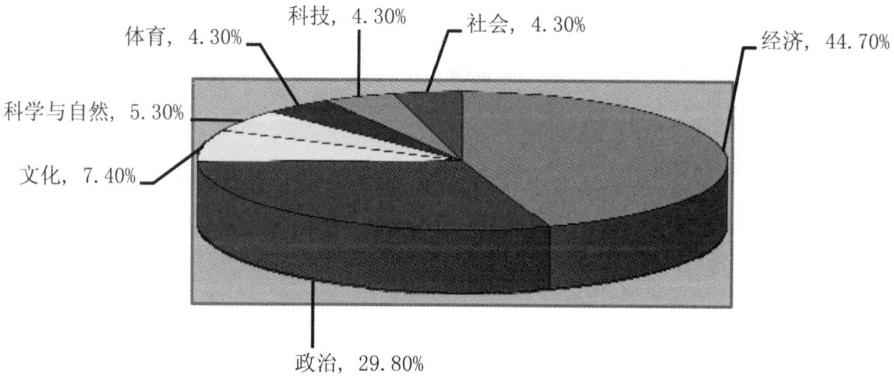

图 40 《观点》涉华报道各领域议题占比

在《观点》周刊的涉华报道中，数量最多的报道集中在经济领域，达到 42 篇，占涉华报道总量的 44.7%。经济类涉华报道中，有 9 篇是对中国经济的直接报道，其他是对美国和欧洲经济的报道中提及中国，中国与世界主要国家和地区的经济发展之间呈现出高相关性。其次，《观点》的涉华报道中还有很多对于政治领域的报道，样本中共有 28 篇（占 29.8%）。此外，文化领域有 7 篇（占 7.4%）、科学与自然领域有 5 篇（占 5.3%），以及体育、科技和社会领域各 4 篇（各 4.3%）。

就新闻报道的信源来说，《观点》的涉华报道大量来自于法新社的新闻报道。在样本时间段内，《观点》转载法新社的涉华报道达到 74 篇，占总数的 78.8%，剩下有 18 篇属于自采性质（占 19.1%），还有 1 篇是与法新社综合报道（1.1%），1 篇是与其他 6 家媒体联合发布（1.1%）。

图 41 2009 年 12 月刊行的《观点》中国特刊

《观点》的涉华报道中，对中国的间接报道占大多数，间接报道中提及中国时，并没有明显的价值倾向。而从少量关于中国的直接报道来看，以提供新闻信息为主的中立报道占多数，达到 55%左右，而积极和消极报道不相上下，分别为 4 篇（20%）和 5 篇（25%）。

从 1996 年开始，《观点》杂志多次在推出年终特刊时都将对中国的报道囊括其中。2007 年年末，《观点》推出的特刊以中国为聚焦点，以中国影星章子怡为封面人物。特刊中发表了几篇文章，介绍中国的经济发展。文中指出，“中国在 2007 年经济发展有成效，也越来越向国际靠近，发达国家对中国应该试着去了解，并试着去包容发展中出现的矛盾和问题”。但是，这期特刊的中国报道篇幅有限，内容也主要集中在经济领域，仅仅是一次对中国的初步解读。

随后在 2009 年年末，《观点》又推出了一期中国特刊，其中以 80 页篇幅对中国进行了特别报道，30 多篇文章的内容涉及经济、文化和科技等多个领域，封面采用中国演员周迅的大幅照片。在特别报道的开篇卷首语《新主人》一文中，《观点》杂志将中国称为“世界的新主人”，并且表示“几个世纪以来，世界的心脏第一次离开了欧洲，法国和许多国家都希望这一切停止。不过，中国人 30 年来默默的努力，使这个曾经落后的国家变成了世界强国”。这期特别报道将主要篇幅放在中国经济上，强调中国的经济发展速度令欧美刮目相看，特别是中国在经济危机中从容淡定的行动，挽救了自己的同时也挽救了其他国家，对世界走出经济危机功不可没。除此之外，特别报道还对中国影视的发展、中国的杰出当代作家、城市生活的变化等等方面进行了介绍。特刊结尾还引用法国知名汉学家、《易经》法文版译者西里尔·加瓦里的话，指出“中西文化本不同源，西方人的固有概念被中国人的行为方式所打乱，从而产生了种种对中国的误读。要跨越这一鸿沟，西方必须首先学会尊重并理解中国人的思维方式”。[①]

2012 年 8 月，《观点》杂志再次在中国引发关注，原因是该刊发表了一篇题为《中国移民在法国奇特的成功之道》的文章，其中对在法华人的成功之道曲解总结为超时工作、使用黑工、偷税漏税，更将偷渡、黑帮等帽子扣在华人头上。随后，法国华人组织向当地法院提起诉讼，此事经华文媒体《欧洲时报》的报道也在中国国内引发了抗议之声。在此之后的 2013 年 1 月 17 日，《观点》刊出总编吉斯博特(Franz Olivier Giesbert)撰写的文章《为结束一场愚蠢的论战》，向华人全体道歉。但是，文章中以“幽默”为理由解释此前的报道，无法让抗议群体满意。最后的结果是，当地法院对该杂志处以 1500 欧元的罚款。这次判决也成为法国华人社会的一次重大转变，由此警醒以《观点》为代表的法国主流媒体应摒除对华人群体的偏见和歧视。

总体来说，《观点》杂志不是一份有着明确“亲华”或“反华”立场的媒体，对待中国也没有一以贯之的报道基调。但是，该刊多年以来试图通过刊发特刊和深度文章来介绍中国，加深对中国的了解和理解，这样的做法仍是值得肯定的。

《回声报》*Les Échos*

Les Echos

《回声报》(*Les Échos*)是法国最具权威性的经济类日报之一，目前从属于路易威登轩尼诗集团(LVMH)旗下的子公司。《回声报》创刊于 1908 年，总部位于巴黎。该报的发行范围可以辐射到整个欧洲及其他法语国家地区，尤其在金融方面影响力较大。[②]

一、历史沿革

1908 年，斯克雷伯兄弟(塞尔旺·施赖伯、罗贝尔和埃米尔三兄弟，Robert et Émile Servan-Schreiber)创办了《出口回声报》。最初，该报纸是一份供进出口专业人员参考的实用信息简报，实质上类似于一种市场价目表。二十年后，《出口回声报》从创办之初的月刊变为了每天发行一期的日报，并更名为《回声报》，从此作为一份权威性的经济报纸，主要刊登快讯和公布企业公告。“二战”期间，该报长时间停刊，加之其他原因，使得《回声报》在战后缩水成为只有寥寥几页的小报，并且一周只能出版两期。1953 年，斯克雷伯兄弟的后代决心重振家业，发行了取名为《快报》的周六增刊，如今该周刊已从《回声报》中独立出来。

1963 年，由于家族内部斗争，最终不得不将《回声报》卖给贝图家族，由雅克利娜·贝图(Jacqueline Beytout)收购。经过一系列的创新改革，《回声报》开始有了突飞猛进的发展。1988 年，贝图夫人将《回声报》转卖给了《金融时报》的母公司——英国培生出版集团。从此，法国《回声报》、英国《金融时报》成为同一个报业集团下的“兄弟”媒体。直到 2007 年 6 月，英国培生出版集团对外宣称希望出售《回声报》，随即法国亿万富翁贝

---

① 新华网:《法国〈观点〉杂志年终号推出中国特刊》，2010 年 1 月 2 日，http://news.xinhuanet.com/world/2010－01/02/content_12744856.htm，检索时间:2016 年 1 月 2 日。

② Evelyne Lentzen: La presse quotidienne francophone, CRISP, 1986, p. 7.

尔纳·阿尔诺(Bernard Arnault)的路易威登轩尼诗集团(LVMH)宣布有意将其收购,并于2007年7月12日正式达成交易。

二、发展现状

根据法国媒体发行量稽查机构(Office de justification de la diffusion,OJD)2014年的统计数据,《回声报》是目前法国国内实际发行量排名第五的全国性日报(2014年的日均发行量为125172份),且是其中唯一一份发行量呈上升趋势的报纸(增幅为1.24%)。

表1 2014年法国报纸发行量排行,前9名①

排名	报纸名称	类型	年份	发行量	同上年相比
1	《费加罗报》	日报	2014	314312	−0.92%
2	《世界报》	日报	2014	273111	−0.80%
3	《队报》	日报	2014	219810	−9.76%
4	《今日法国》	日报	2014	148220	−7.89%
5	《回声报》	日报	2014	125172	1.24%
6	《解放报》	日报	2014	93781	−7.71%
7	《十字架报》	日报	2014	93149	−1.61%
8	《人道报》	日报	2014	38184	−5.86%
9	《纽约时报》国际版	日报	2014	16867	−1.75%

从上世纪90年代起,《回声报》就开始关注新媒体的发展。1996年,《回声报》网络版诞生,这是法国第一批类的网站,是集经济、金融、股市等资讯于一体的综合信息网站,内容主要包括:经济新闻、综合新闻、证券交易信息、企业信息、娱乐、奢侈品和个人理财等方面的信息。网站内容除来源于每日发行的《回声报》纸质版上刊登的文章外,还会一天内不断更新由网络编辑部提供的各类资讯。网站信息更新及时,因此被誉为管理阶层的"左膀右臂",成为了商业不可或缺的资讯来源。2007年1月20日,该网站开通了刊登各大企业官方介绍的"企业对外传播"频道(les Echos－Comfi)。这为推动企业财政透明,为各上市企业在欧盟范围内搭建刊登财务状况的信息平台作出了很大的贡献。2007年9月12日,《回声报》在法国各大报纸中首当其冲地推出了报纸电子版,并与法新社强强联手,及时提供政治、文化、体育等领域的国内外快讯。另外,读者还能下载由培生教育出版社等机构提供的各类电子书籍,受到广泛好评。

2009年3月,不断壮大的网页版《回声报》继续推出了一个特别版块——"回声俱乐部"(*Le Cercle Les Échos*),旨在为广大网友提供一个发表经济言论的平台。

表2 网页版《回声报》2015年3—4月访问量数据和数据对比

	3月15日 vs 2月15日	3月15日 vs 3月14日
月访问量	↗ 13.74%	↗ 5.86%
月访问页数	↗ 11.51%	↘ −1.63%
日平均访问量	↗ 3.63%	↗ 7.53%

① 数据来自法国媒体发行量公正机构OJD网站:http://www.ojd.com/Chiffres/La－Presse/La－Presse－Payante/Presse－Quotidienne－Nationale2014,检索时间:2015年7月1日。

表 3　手机版《回声报》2015 年 3—4 月访问量数据和数据对比

	3 月 15 日 vs 2 月 15 日	3 月 15 日 vs 3 月 14 日
月访问量	↗18,42%	↗36,25%
月访问页数	↗18,89%	↗70,37%
日平均访问量	↗6,56%	↗26,35%

如今的《回声报》拥有 200 名记者，其中包括 12 名驻外记者，还有 50 名记者常驻在法国各地。

三、报道特点

自创办以来，《回声报》就定位于经济类报纸，主要分析法国以及国际的宏观经济政策、企业及股票行情，为读者提供比较全面和严肃的世界经济和财政消息，因此读者多为工商企业管理人员。①

目前，《回声报》每期刊行两个版本：一个版本用来刊登宏观经济方面的内容，主要涉及法国及国际经济新闻报道、先进科技介绍，还设立了“创见版”和“辩论版”两大专题版块，提供了一个讨论的平台，由著名的经济学家各抒己见，畅谈经济远景；另一个版本更为具体，主要涉及微观经济、股票行情及分析、财政资讯等方面的内容。

Les Echos

Syndicats : ce qui change dans le Code du travail

● François Rebsamen présente sa réforme du dialogue social en Conseil des ministres.
● Le texte simplifie les institutions représentatives du personnel.
● Il crée une prime d'activité pour inciter au retour à l'emploi, même à temps partiel.

L'ESSENTIEL

Les hôteliers remportent une manche décisive face à Booking.com

Le numéro deux de BNP Paribas en position pour la Banque de France

Le gouvernement accélère le déploiement de la fibre optique

La progression du très haut débit en France

La santé du futur, avec ou sans pharmaciens ?

图 42　《回声报》头版

四、涉华报道

目前，《回声报》在中国北京设有常驻记者站，因而对中国的报道也相对较多。

（一）关注侧重

通过对《回声报》2013 年 3 月至 12 月的报道统计和分析后发现，《回声报》对中国的报道数量达到 437 篇，超过法国大报《世界报》和《费加罗报》。《回声报》的涉华报道题材主要是消息类（50.8%）和分析类（49.2%）。内容主要集中于经济领域（64.3%），政治议题和社会议题比例相当，均为 16.5%，科技报道（2.7%）最少。②

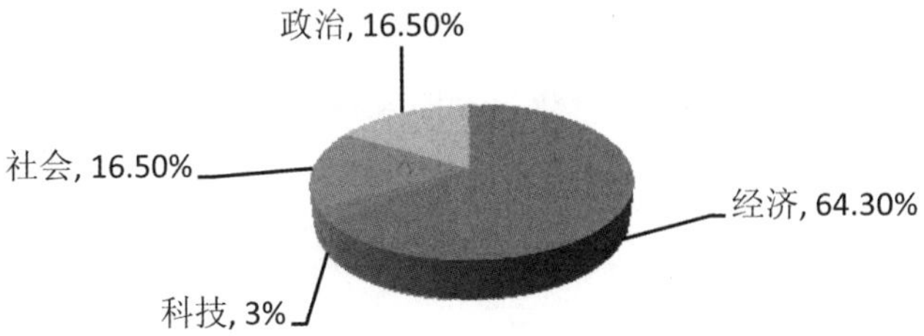

图 43　《回声报》涉华报道关注核心议题

（二）价值倾向

分析后发现，《回声报》的涉华报道以中立性报道为主，为 53.1%；负面报道（29.4%）高于正面报道（17.5%）。经济新闻在其中占主导地位，这也是中立报道达一半以上的主要原因。在 4 月和 5 月两个月份的报道中，有 7 篇直指中国经济发展缓慢和负债问题，关于法国欲开拓中国农产品加工、化妆品及娱乐市场，雪铁龙在中国的市场表现方面的报道更是事无巨细。这些报

① 《外国新闻界概况编辑室：外国新闻界概况》，新华出版社 1982 年版，第 953 页。

② 王明利、曹琳：《十年的节点：对法国三大报纸涉华报道的研究》，《现代传播》2014 年第 6 期。

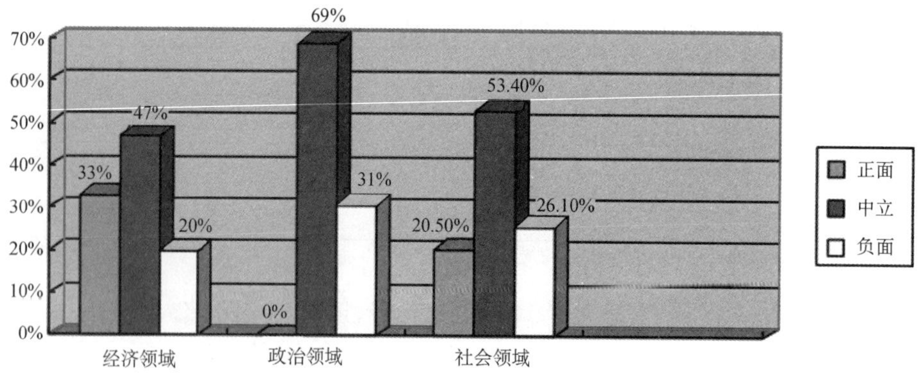

图 44 《回声报》涉华报道价值倾向

道或分析现状和前景,或出谋划策。科技和政治报道基本上为单纯的事实报道;社会报道主题则带有较明显的负面情绪倾向,如中国利用葡萄酒报复欧洲、中国窥探美国军事机密等。从不同领域涉华报道所持的态度来看,科技领域方面的报道为百分百中立。在经济领域,《回声报》正面、中立和负面报道的比例依次为 33%、47% 及 20%。政治领域,这一报道比例依次为 0%、69%及 31%。社会领域,依次为 20.5%、53.4%和 26.1%。在这些报道中,中国的经济形象基本上得到了肯定,该报对近年来中国经济的增长大加赞赏,在中法经济合作方面的报道较为积极正面。[①]

(三)消息来源

对《回声报》2013 年 12 月份涉华报道的消息来源分析可以得出,《回声报》的消息更多来源于其他法国媒体和国际媒体,非自采的所占比例为 55.5%,其中国际媒体以路透社和道琼斯通讯社(Dow Jones)为主。而自采性质的信息报道则占 44.5%,其中有少量是由驻华记者采写自中国本土的一手报道。

(四)报道特点

《回声报》的涉华报道多为对中国经济的报道,报道的篇幅较长、解析深刻并且观点独到,可以看出该报对中国的经济了解比较透彻。同时,该报的涉华报道中还经常加入专家的意见,凸显出该报严谨的报道态度。

除此之外,《回声报》的许多报道都曾被我国媒体所引用,尤其是经济领域的报道。例如,参考消息网 2014 年 11 月 26 日引用《回声报》发表于 11 月 24 日的一篇题为《中国已经并将继续改变世界》的文章,其中描写到:"中国的经济增长对欧洲来说是遥不可及的,中国已经从全球化、信息技术和金融化改变了世界,并且将继续改变着世界。"[②]再如,新华网 2009 年 9 月 10 日刊出一篇题为《法国〈回声报〉:中国再次让诋毁者预言落空》的文章,编译自《回声报》9 月 3 日发表的一篇题为《中国幻想》的文章。文章认为,虽然中国经济表面上增长迅速,但也存在重"量"不重"质"的问题。[③]《经济参考报》2015 年 6 月 15 日刊出的一篇题为《奢侈品"中国军团"崭露头角》的报道,则是援引同年 6 月 10 日《回声报》的一篇名为《"亚洲虎"出击奢侈品市场》的文章。在这篇文章中,以香港周大福为例,报道其进入国际市场并且产生了较大的影响力,尽管与一些西方的奢侈品牌相比还具有一定的差距,但也足以引起关注。[④]

---

① 王明利、曹琳:《十年的节点:对法国三大报纸涉华报道的研究》,《现代传播》2014 年第 6 期。

② 参考消息网:《法国〈回声报〉:中国已经并将继续改变世界》,2014 年 11 月 26 日,http://finance.cankaoxiaoxi.com/2014/1126/576888.shtml,检索时间:2015 年 12 月 30 日。

③ 人民网转引自新华网:《法国回声报:中国再次让诋毁者预言落空》,2009 年 9 月 10 日,http://finance.people.com.cn/GB/8215/168061/168470/10030989.html,检索时间:2015 年 12 月 30 日。

④ 经济参考网:《奢侈品"中国军团"崭露头角》,2015 年 6 月 11 日,http://dz.jjckb.cn/www/pages/webpage2009/html/2015－06/11/content_6648.htm,检索时间:2015 年 12 月 30 日。

《交流与商务新闻》*Communication & Business News*

CBNEWS

《交流与商务新闻》(*Communication & Business News*，简称 CB News)是法国的一份专业性杂志，报道内容集中于四个领域：传播、广告、市场和媒体。由于其专业性较强，该杂志在整个法国地区具有行业标杆的作用，对于媒体、广告和市场的专业人士来说，是一份不可或缺的专业杂志。

一、历史沿革

1986 年，《交流与商务新闻》由法国知名媒体人、作家、企业家克里斯提安·布拉沙(Christian Blachas，1946—2012 年)创立，最早是以周刊的形式刊发。法国还有另外一份著名的市场与传播类杂志《战略》(*Stratégies*)，也是由克里斯提安·布拉沙创办。

自创立至今，这本杂志更换过多次名称。最初的名字是《交流与商务》(*Communication et Business*)，后改名为《传播－交流与商务新闻》(*Communication CB News*)，最终在 1995 年确定为《交流与商务新闻》并一直沿用至今。

1998 年，《交流与商务新闻》开启了技术革新，推出了网页版——交流与新闻网(cbnews.fr)和网络版日报《交流与商务时讯》(*CB Newsletter*)。后来，《交流与商务新闻》被比利时杂志社迪普伊报社(Dupuis Presse)收购，70 岁以上的员工被辞退，整个管理团队人员重组、更新，杂志也进行了重新改版。

2010 年，《交流与商务新闻》曾经由于纸版平面广告的下降而中断过，后于 2011 年 6 月开始以月刊的形式恢复出版。2012 年 12 月，迪普伊报社将《交流与商务新闻》杂志转让给 *Startinvest* 杂志。

二、发展现状

通常，《交流与商务新闻》杂志会以其中 100 页左右的篇幅来分析和解读媒体、消费、市场和广告四大领域的前沿趋势。《交流与商务新闻》注重将数字媒体与纸媒相结合，在月刊中专门设立两个社会性专栏：一是 Twitterview，专访 140 名各界人士来陈述对于相关问题的观点；另外一个是 Profil CB。与此同时，杂志还辟出 6 页左右的篇幅作为专访专栏，名字叫作《超级访问》(*la Grande interview*)。

除此之外，网页版的 CB newsletter 还设有品牌、媒体、建议、数字化和创造专栏，积极与读者进行沟通与互动。同时，《交流与商务新闻》杂志还在 1988 年创办了 *Coffret Shortlist*——一个专门做报社和传媒市场行业的专业指导手册。

如今的《交流与商务新闻》网站设有品牌、媒体、顾问、数字、创造、学习、职业、奢侈品等专栏，为用户持续提供新闻和丰富的数据，其社交网络上也拥有约 45000 个读者。

三、报道特点

《交流与商务新闻》的报道内容重点关注经济趋势、品牌发展和新兴科技，例如应用程序、手机技术和因特网技术的前沿资讯等等。除此之外，该杂志的报道语言一般都比较简洁概括、清晰明朗，实用性非常强，并且经常会直接引用一些专家的观点，来为报道增强具有专业性的说服力。除了专家观点外，该杂志的另一大特点是喜欢用数字说话，在文章中列举出诸多数据来彰显信息的准确性与科学性，同时还会综合运用图片、表格等来增加直观性。

图 45 《交流与商务新闻》网站首页

图片引自《交流与商务新闻》网站：http://www.cbnews.fr，检索时间：2016 年 3 月 20 日。

四、涉华报道

过去几年中，《交流与商务新闻》是在北京常设驻华办事处的少数法国专业媒体之一，主要是展开针对中国的营销、传媒等领域的专业报道。相关报道通常篇幅较短，基本上以对事实的陈述为主，媒体自身的评论性内容较少，不过字里行间仍能透露出一定的态度和倾向。

以该杂志网站为基础，可以检索到的最早一篇涉华报道发表于 2012 年 4 月 25 日。截至目前，该网站有涉华报道 144 篇。从 2012 年 4 月至今，每年的报道数量总体呈上升趋势：2012 年 4 月至 12 月共有 21 篇报道，2013 年有 34 篇报道，2014 年达到 55 篇，2015 年 1 月至 7 月的报道数量达到了 34 篇。在这些涉华报道中，直接与中国相关的涉华报道占多数，达到 84 篇，占总数的 58%。其他报道多为在报道国际事务或他国新闻中涉及中国，共有 60 篇，占比 42%。

《交流与商务新闻》刊发的涉华报道数量最多的是对品牌营销的相关报道，总共有 44 篇，占总数的 30.5%；其次是对商业领域的报道，共有 38 篇文章，占总数的 26.4%；接下来是对传媒领域的报道，有 24 篇文章，占总数的 16.7%；然后是对数字领域和教育领域的报道，分别有 18 篇(12.5%)和 14 篇(9.7%)文章；另外还有少量对中国原创品牌的报道，有 6 篇，占总数的 4.2%。

就消息来源来说，《交流与商务新闻》刊发的涉华报道全是自采性质的报道，都出自本报记者之手。其中撰写涉华报道最多的是一位名叫卡罗尔·苏珊(Carole Soussan)的记者，她自 2011 年 9 月起就是《交流与商务新闻》的记者，并且从 2010 年 9 月起担任杂志旗下《交流与商务早报》的负责人。

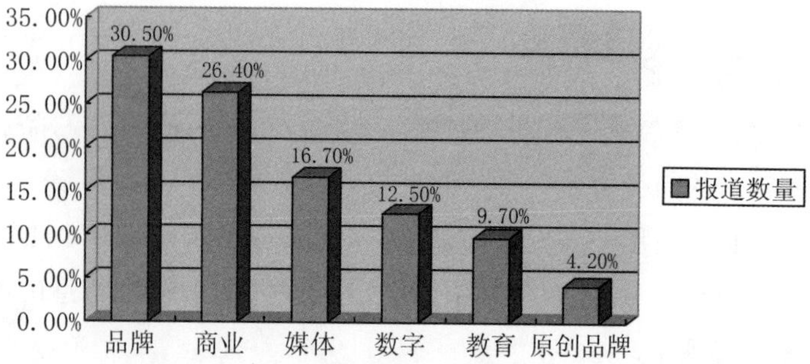

图 46 涉华报道分类占比

在《交流与商务新闻》对中国的直接报道中，

基本上以立场积极的正面报道居多，占报道总数的92%；中立性的报道也有11篇；另外还有1篇采取负面倾向的报道。在对华的正面报道中，主要聚焦于三个议题：一是介绍国际品牌或者是媒体在中国的良好发展情况，例如法国《西南报》《观点报》以及李维斯和雪铁龙等，相关报道都表述了这些机构在中国的业务顺利展开；二是报道国际品牌进军或加强开拓中国市场，或者与中国的交流合作情况，例如该刊报道了法国标致汽车与中国东风公司之间的合作，以及中央电视台与法国电视五台（TV5）之间的项目合作，知名品牌雅漾要加强中国市场的开拓，而欧莱雅和兰蔻也都十分看重中国市场等等；三是介绍中国市场空间大，在世界经济中占有重要地位，例如该刊2015年4月3日发表的《中国即将成为世界第二大手机广告市场》，文中称中国是世界第一大智能手机购买国，占全球总量的48.1%，并且介绍了中国电信运营商在之前四年中的发展规模等等。[①]

《科学与未来》*Sciences et Avenir*

《科学与未来》（*Sciences et Avenir*）是法国一份科学普及类月刊，于1947年3月创立。1993年起，《科学与未来》与另外两家法国媒体《新观察家》（*L'Obs*）和《挑战》（*Challenges*），共同属于佩德里埃尔集团（Groupe Perdriel）。目前，该杂志在法国科普类杂志中的地位首屈一指。

一、历史沿革

《科学与未来》创办于1947年，半个多世纪以来，该刊一直不断改革变化，包括商标、发行形式和发表内容都在不断演进。《科学与未来》的第一期发行于1947年5月，以半月刊的形式出现。最初的11期《科学与未来》杂志，是仅仅只有16页的黑白版面杂志，文章内容配有各式各样的插图。1948年2月，即从第12期开始，《科学与未来》开始以月刊形式固定发行，内容也增加至32页。1951年12月，《科学与未来》标新立异，首次以简装书的形式面向公众。

图47 1947年黑白刊行的《科学与未来》标识

图48 1959年11月第153期《科学与未来》杂志封面

1956年1月（即第107期），《科学与未来》的版面由黑白变成彩色。1969年探月计划完成后，该杂志出版

① 《交流与商务新闻》：中国即将成为世界第二大手机广告市场，2015－4－3，检索自：http://www.cbnews.fr/etudes/la－chine－bientot－numero－2－mondial－du－marche－de－la－publicite－mobile－a1019012，检索时间：2015－10－30

了《我们的新世界—月球》一书。1990 年第 531 期发行后,《科学与未来》成为了唯一一份读者大量增长的科学月刊,平均每月发行量达到了 19 万本。据官方统计,每月读者有 125.9 万人,其中 51%的人年龄小于 35 岁,44%的人为女性,45%的人接受过高等教育。

二、发展现状

根据法国媒体发行监测机构(Office de justification de la diffusion,简称 OJD)的统计数据,2014 年《科学与未来》杂志的总发行量是 265982 份,相比于 2013 年下降了 2.77%(273572 份)。最近几年以来,《科学与未来》的发行量虽然有小幅度的波动,但是整体还算比较稳定,每年的总发行量一直都维持在 260000 份左右。

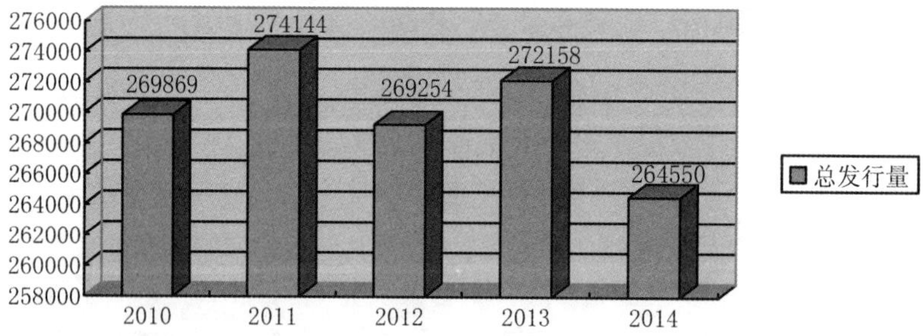

图 49 《科学与未来》2010～2014 年付费刊发行量

数据来自法国媒体发行监测机构 OJD 网站:http://www.ojd.com/Support/sciences－et－avenir,检索时间:2015 年 9 月 5 日。

除此之外,《科学与未来》还开设了网站 http://www.sciencesetavenir.fr。在科学与未来网上,开设有健康、营养、自然、动物、高科技、计算机等专栏。用户可以通过网站,随时获得最新、最权威的相关资讯。

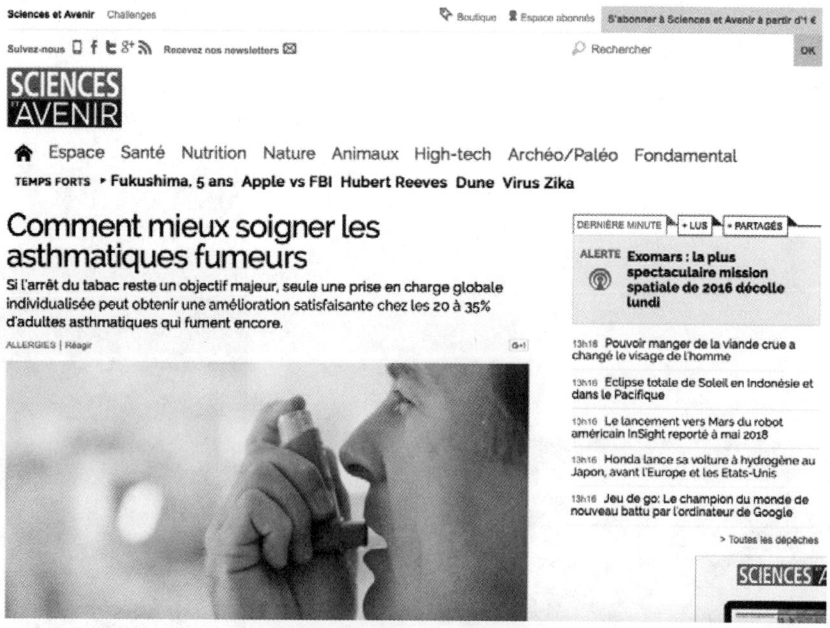

图 50 《科学与未来》网站首页

图片引自《科学与未来》网站:http://www.sciencesetavenir.fr,检索时间:2016 年 3 月 12 日。

三、报道特点

目前,《科学与未来》的网络版分为日刊和月刊。与纸质版不同的是,每期网络版杂志的最后两页都会固定作为广告页面。除了纸质版和网页版的《科学与未来》之外,杂志社还注册了 Twitter 和 Facebook 账号,受到广泛关注和评论。在 Twitter 中，几乎每天都会推送杂志中的大约 10 条新闻，主要涉及科学、生物、科技等领域的专业资讯，关注者达 31800 人，并且每条新闻都有相当数量的粉丝转发；同样，在受到 1108909 人喜爱的 Facebook 中，也会大量发表杂志中的新闻，其中很多条都有几百人转发和评论。

图 51 《科学与未来》移动端应用

《科学与未来》杂志的主编多米尼克·勒格吕(Dominique Leglu)不仅是一名记者，而且是一位科学家。在 1978 年获得了粒子和核物理的博士学位后，勒格吕参加了巴黎记者培训中心的精英式培训。1985—1997 年，勒格吕一直担任《解放报》的记者，并且还为该报创办了科学专栏，之后还为法国电视二台和法国电视三台创办了几档科学节目。2003 年，善于走科学路线的多米尼克·勒格吕担任了《科学与未来》的主编，希望更加突出该杂志的科学专业性。

四、涉华报道

目前，《科学与未来》是法国唯一一家在中国设立了驻华办事处的科学期刊，办公地点设在北京，长期就中国在科学、科技等领域的最新情况展开广泛报道。

从 2015 年 1 月至 6 月这半年中，《科学与未来》的涉华报道共有 32 篇，其中对中国的直接报道占多数，有 25 篇，占总数的 78.1%，对中国的间接报道则有 7 篇，占 21.9%。

在这 32 篇直接涉华报道中，数量最多的是对自然与科学和历史与考古的报道，都达到了 7 篇(21.9%)；其次是对动物的报道，共有 6 篇(18.8%)；接下来是高科技领域的涉华报道，共有 4 篇(12.5%)；健康领域的报道有 3 篇(9.4%)；社会和军事领域各有 2 篇(6.3%)；最后是科学领域 1 篇(3.1%)。作为一份专业的科学期刊，《科学与未来》对中国的自然科学、历史考古和科技发现等都较为感兴趣。

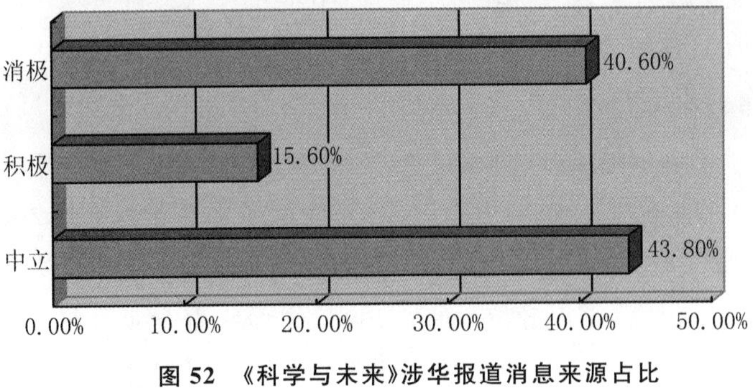

图 52 《科学与未来》涉华报道消息来源占比

《科学与未来》涉华报道的消息来源大致可以分为三类：自采报道、联合报道和转载报道。其中，自采性质的报道数量最多，达到半数(50%)；与法新社等法国媒体联合报道的新闻紧随其后，有 15 篇(46.9%)；直接转载自法新社等其他媒体的新闻近半年只有 1 篇(3.1%)。

就报道立场来说，《科学与未来》的涉华报道在价值倾向上，以立场中立的中性报道为主，可以占到近半数(14 篇 43.8%)；持积极和消极两种取向的报道数量之间有一定差距，分别为 5 篇(15.6%)和 13 篇(40.6%)。

在《科学与未来》的涉华报道中，被中国媒体引用和关注的报道并不多。2008 年 7 月 29 日，新华网刊发的一篇题为《法国科技杂志关注北京奥运会“科技元素”》[①]是来源于《科学与未来》的一篇叫作《北京已经打破 11 项纪录》的文章。文章对北京奥运会中的科技亮点进行了盘点，认为国家体育场、游泳中心、北京地铁、奥运会绿化工程以及奥运村的废水回收系统等工程在技术上都实现了不小的创新。

① 新华网：《法国科技杂志关注北京奥运会“科技元素”》，2008 年 7 月 29 日，http://news.xinhuanet.com/newscenter/2008－07/28/content_8829575.htm，检索时间：2015 年 7 月 17 日。

《论坛报》*La Tribune*

《论坛报》(*La Tribune*)是法国财经类报刊,由布鲁诺·贝尔泰(Bruno Bertez)创立于1985年1月,自2012年1月改为周刊发行。[①] 目前,《论坛报》是法国规模第二大的财经类报刊,无论从发行量、影响力等各个方面,都在法国乃至整个法语世界具有较大的影响力。

一、历史沿革

《论坛报》的创建者贝尔泰是一位对股市很有心得的记者。1985年,他从《世界报》《回声报》等多家知名媒体挖来很多优秀记者,建立了《经济论坛报》。之后通过并购其他同类报纸不断发展壮大,整合发展成为了《论坛报》。报纸成立之初,即以建立一个法国版的《华尔街日报》为目标,旨在发展成为一家比当时占领主要财经新闻市场的《回声报》更面向国际的报纸。该报设定的目标受众是股票市场的小规模投资者。1987年,因经营不善,贝尔泰将《论坛报》以及旗下的另两家报纸一并卖给了发展集团(Groupe Expansion)。此后经年,《论坛报》的经营始终不见起色,几经转手之后,最终于1993年由路易威登集团(LVMH)收购,从此进入了一个较为平稳的发展阶段。

随着1995年希拉克政府上台,整个法国迎来了私有化浪潮,法国人普遍对于股票市场产生了浓厚的兴趣,《论坛报》也随之在法国经济"左倾"转型时期迎来了发展高峰。1998年,为了保持《论坛报》新闻的独立性和公正性,新闻工作者和股东们在专家的指导下签订了一份独立协议,主要目的是为了保证股东们不干涉报纸的新闻业务,让记者们可以排除困难,尽可能地报道事实真相。1999年到2000年,《论坛报》真正实现了盈利,也曾经在2000年以90918份的发行量逼近对手《回声报》(2000年日发行量128342份)。可惜好景不长,股东们出于各种目的无法完全遵守独立协议,过多地干涉报道、撤稿或要求"软化"新闻稿件,结果导致很多新闻人才愤而离职,中坚力量大批出走。[②] 为了尽可能避免股东向记者施压的同时保证内容生产的数量和质量,2000年《论坛报》成为法国第一个和工会签订保护网络供稿作者权益的报纸。这一先锋举措,也为十年后《论坛报》转型成以网络更新为主的周报打下了坚实基础。

21世纪初,《论坛报》和《回声报》的竞争越发激烈,但是囿于有限的市场,二者相争的结果几乎没有赢家。用《世界报》采访一位法国新闻史专家帕特里克·埃弗诺(Patrick Eveno)的话说:"法国目前的金融资讯市场上只能容得下一家财经日报。"到2011年年底,《论坛报》惨淡经营难以为继,而《回声报》也面临着全年亏损500万欧元的窘境。[③] 2012年1月,法国区域经济集团(GIE France ÉconomieRégions)及法国在线媒体集团(Hi Media Groupe)出资15万欧元(约合125万元人民币),联合收购了《论坛报》,并注资700万欧元(约合5800万元人民币)将其改造为周报,于每周五发行。[④] 至此,《论坛报》走上了以网站更新为主、每周五发行纸质版的新道路。

---

① 法国《世界报》:"La Tribune", dernièreheure,2012年1月30日,http://www.lemonde.fr/actualite－medias/article/2012/01/30/la－tribune－derniere－heure_1636464_3236.html,检索时间2015年8月24日。

② 89街新闻网:Médias : les petits coups de ciseaux de Bernard Arnault,2007年8月9日,http://rue89.nouvelobs.com/2007/11/09/medias－les－petits－coups－de－ciseaux－de－bernard－arnault,检索时间:2015年8月27日。

③ 法国《世界报》:"La Tribune", dernièreheure,2012年1月30日,http://www.lemonde.fr/actualite－medias/article/2012/01/30/la－tribune－derniere－heure_1636464_3236.html,检索时间2015年8月24日。

④ 新华网:《法国〈论坛报〉告别日报时代 》,2012年1月31日,http://news.xinhuanet.com/world/2012－01/31/c_111474273.htm,检索时间:2015年8月24日。

二、发展现状

《论坛报》一直将法国另一大财经报刊《回声报》作为竞争对手，而《回声报》的历史要比《论坛报》久远很多（《回声报》创办于1908年，比《论坛报》早77年）。在整个欧洲，大多数国家都是只有一份较为领先的财经类报纸，如英国的《金融时报》、德国的《商报》和意大利的《24小时太阳报》。而在法国，在两份财经报刊的竞争中，《论坛报》也是始终落于下风。2012年受到欧洲经济不景气的影响，《论坛报》终于改为周刊发行，并将业务重心转移到新闻网站建设。改为周刊发行省去了大量人力，原先165人的报社规模只剩下不到50人，其中只有半数是记者。

《论坛报》将新闻业务重心转到网络的做法，引起了法国新闻传媒行业极大的关注。各大媒体纷纷猜测这会给法国的财经新闻市场带来怎样的影响。当时的《论坛报》网站（www.latribune.fr）访问量为200万。改版初期，法国区域经济集团总裁让·克里斯托弗·托尔托拉（Jean－Christophe Tortora）在接受采访时表示2013年希望将网站访问量提升到300万。[①] 如今《论坛报》网站的月访问量已经达到500万左右。[②] 但是与老对手《回声报》网站（www.lesechos.fr）1300万的月访问量相比，仍然不占优势。[③] 甚至纯粹网络媒体的财经新闻网站证券万象（Boursorama.com），也以2200万的网站访问量遥遥领先。[④] 然而，论及国际化程度，《论坛报》确实超越了《回声报》，在法国财经媒体中领先。2015年上半年，《论坛报》的网站访问中，有18%以上来自国外，而《回声报》只有15%左右来自国外。

表4 2015年1－6月《论坛报》与《回声报》网站访问量对比

《论坛报》	一月	二月	三月	四月	五月	六月	上半年总计
总访问量	6542150	6387154	5777506	5096905	4678341	5252954	32735010
国内访问量	5474810	4480133	4732282	4112744	3757246	4179840	26737055
国外访问量	1067340	907021	1045224	984161	921095	1073114	5997955
《回声报》	一月	二月	三月	四月	五月	六月	上半年总计
总访问量	19638270	14431856	16414776	13406737	12747814	15333253	91972706
国内访问量	16872875	12335595	14056063	11260787	10798793	13009810	78333923
国外访问量	2765395	2096261	2358713	2145950	1949021	2323443	13638783

三、报道特点

作为一份财经报刊，《论坛报》的报道主要关注法国乃至全世界的经济发展。《论坛报》网站对于财经新闻进行了非常细致的划分，包括"经济新闻""股票市场""实业与金融""科技新闻""个人理财""就业"和法国地方新闻等版块。其中，"经济新闻"一栏包括法国、欧洲和国际三个层次，显示了《论坛报》在财经新闻中的全球视野。

① 新华网：《法国〈论坛报〉告别日报时代》，2012年1月31日，http://news.xinhuanet.com/world/2012－01/31/c_111474273.htm，检索时间：2015年8月24日。

② 法国媒体发行监测机构OJD：《论坛报》发行量数据，http://www.ojd.com/Support/latribune－fr，检索时间：2015年8月24日。

③ 法国媒体发行监测机构OJD：《回声报》网站访问统计，http://www.ojd.com/Support/site－hybride－lesechos－fr，检索时间：2015年8月24日。

④ 法国媒体发行监测机构OJD：http://www.ojd.com/Classement－personnalise/page/numerique? section＝7&public_type＝1&support_type＝7&thematic＝32，检索时间：2015年8月24日。

尽管《论坛报》是在左翼思想的风潮下发展起来的,但是该报并不认为自己是左翼报纸。其中一位主创人让·米歇尔·卡特勒普安(Jean－Michel Quatrepoint)曾表示,之所以取名为“论坛”,就是希望这份报纸能成为各种观点汇集的平台。[①] 在报道内容上,为了针对实力雄厚的《回声报》,《论坛报》只能出奇制胜。该报通过报道独家新闻、广泛报道影响经济发展的各行各业以及提出鲜明的立场和观点,在当时赢得了突出的舆论导向地位。

《论坛报》一直致力于报道的独立性和公正性。2008 年,也就是上一份独立协议签订十年后,《论坛报》的股东和编辑再次签订协议,对于周刊和网站的新闻原则做出了新的规定。[②]

四、涉华报道

由于中国近年来经济发展的客观事实,使得《论坛报》对于中国经济比较关注。《论坛报》是一份财经类报纸,其涉华报道的题材基本都是中国经济发展的宏观情况和各个行业的介绍,观点比较多元,总体上承认中国经济发展成果的客观现实,也承认中国经济对于世界的影响。

Vendredi 27, samedi 28 et vendredi 29 janvier 2012 · n° 4902 www.latribune.fr France métropolitaine · 1,50 €

LA TRIBUNE

Nokia voit une lueur d'espoir avec Lumia. PAGE 8

La Réserve fédérale fait tanguer le dollar. PAGE 15

L'ESSENTIEL

GRÈCE. PAGE 4

PORTUGAL. PAGE 4

L'IRAN PAGE 4

CLIMAT. PAGE 5

JOHANNES HAHN, PAGE 5

RADIO. PAGE 8

CINÉMA. PAGE 9

NISSAN. PAGE 11

TORPILLES. PAGE 11

INTERNET. PAGE 13

L'AMF PAGE 15

VOS FINANCES. PAGE 16

« La Tribune » doit vivre !

MERCI pour vos témoignages de soutien et merci de continuer à nous faire part de votre solidarité pour la pérennité du journal.

Nous avons besoin de vous sur LATRIBUNE.FR

LA « RÉVOLUTION FISCALE » DU CANDIDAT SOCIALISTE

Hollande en impôse

▶ L'ambitieux volet fiscal du programme présenté par le candidat PS doit faire passer le déficit public de 4,5 % à 3 % en un an.

▶ Ce sont les entreprises et les ménages aisés qui devraient supporter l'essentiel de la facture.

▶ Les PME, au cœur de la campagne présidentielle, bénéficieront de la création d'une banque publique d'investissement.

PAGES 2-5, ET ÉDITORIAL PAGE 25

Des subventions « vertes » nuisibles pour l'environnement

Bonus automobile, soutien aux biocarburants... les aides publiques coûteuses pour l'État et souvent inefficaces, voire nuisibles à l'environnement, pourraient être limitées. C'est l'objet d'un rapport du Centre d'analyse stratégique dédié à la biodiversité. PAGE 12

2011 : une année à oublier pour l'assurance

L'assurance-vie a connu une de ses pires années en 2011 avec cinq mois consécutifs de décollecte : les épargnants ont retiré plus d'argent qu'ils n'en ont versé. Les cotisations en assurance dommages ont augmenté, mais les résultats des compagnies restent fragiles. PAGE 13

Carrefour attend Georges Plassat comme le Messie

Trois ans après sa nomination à la tête de Carrefour, Lars Olofsson quitte un groupe en situation délicate, qui ne cesse de perdre des parts de marché. Georges Plassat, patron de Vivarte, le remplacera dans les prochaines semaines. PAGE 10

Georges Plassat, patron de Vivarte.

图 53 《论坛报》头版

截至 2015 年 8 月,在《论坛报》网站搜索中国(Chine)一词,从创刊至今的相关结果可以达到 18.5 万次左右,数量相当可观。在网站以时间和相关程度为条件,搜索前一百条新闻作为案例进行分析。其中 90%以上都是经济新闻,其余 10%的新闻报道所涉内容包括:中国与日本领土争端[③]、中国环境问题[④]等,总体报道立场较为中立。

对 2015 年上半年出版的 25 期《论坛报》周报进行语篇分析,可以发现,当中共有 7 期杂志刊登 14 篇涉华报道,其中有两期以专题形式集中报道中国经济。2015 年 2 月 13 日的第 119 期《论坛报》周刊更是以《习近平,新的毛泽东?》(*Xi Jinping, le nouveau Mao?*)为封面报道,该期周刊中有两篇关于中国经济年终盘点的长文,分别是《中国,五十度红?》(*Chine, Cingquante Nuances de Rouge*)[⑤],以及《习近平,要征服群山的男人》(*Xi Jinping, l'homme qui veutabattre les montagnes*)[⑥]。该报对于中国 2015 年放缓经济增长总体持消极态度,唱衰论调此起彼伏。

---

① 法国《世界报》:“La Tribune”, dernièreheure,2012 年 1 月 30 日,http://www.lemonde.fr/actualite－medias/article/2012/01/30/la－tribune－derniere－heure_1636464_3236.html,检索时间:2015 年 8 月 24 日。

② 论坛报官网:charted'indépendance et de déontologie de La Tribune et de latribune.fr, 2008－4－7,http://static.latribune.fr/assets/CharteT-RIBUNE.pdf,检索时间:2015 年 8 月 27 日。

③ 论坛报官网:Et si les tensions en mer de Chine dégénéraient en un conflitarmémajeur? 2015 年 7 月 28 日,http://www.latribune.fr/entreprises－finance/industrie/aeronautique－defense/et－si－les－tensions－en－mer－de－chine－degeneraient－en－conflit－arme－majeur－494484.html,检索时间:2015 年 9 月 4 日。

④ 论坛报官网:Xingtai, en Chine : Bienvenue à“Pollution City”!,2015 年 6 月 8 日,http://www.latribune.fr/economie/international/xingtai－en－chine－bienvenue－a－pollution－city－481431.html,检索时间:2015 年 9 月 4 日。

⑤ 论坛报官网,2015 年 2 月 23 日,Chine, Cinquante nuances de rouge,http://www.latribune.fr/opinions/editos/20150223trib6312d987d/chine－cinquante－nuances－de－rouge.html,检索时:2015－8－28

⑥ 论坛报官网,2015 年 2 月 27 日,Xi Jinping, l'homme qui veutabattre les montagnes,http://www.latribune.fr/actualites/economie/international/20150227trib851b277e5/xi－jinping－l－homme－qui－veut－abattre－les－montagnes.html,检索时间:2015 年 8 月28 日。

LA TRIBUNE .fr

FORUM DE DAVOS 2014
« ÇA Y EST, C'EST LA REPRISE? »

2014, l'année du cheval
La Chine à l'aube d'une ère nouvelle

Les cookies assurent le bon fonctionnement de nos services.

PAGES 4 à 9

图 54　2014 年 1 月 14 日《论坛报》头版刊文“2014 马年：中国迎来新时代”

论坛报官网：http://www.latribune.fr/hebdomadaire/hebdomadaire/page—8.html，检索时间：2015 年 8 月 28 日。

NETEXPLO 2015

INDUSTRIE

VILLES INTELLIGENTES

LA TRIBUNE

LA FRENCH TECH S'EXPORTE
CES QUATRE « FRENCHIES » QUI CARTONNENT AUX ÉTATS-UNIS
Emmanuel Macron incite les start-up de la French Tech à s'internationaliser. La jeune garde Frenchy le prend au mot. De New York à San Francisco, elle s'attaque sans complexe à l'eldorado américain.

CE QUE VEUT LE PRÉSIDENT
DE LA NOUVELLE PREMIÈRE PUISSANCE MONDIALE
Xi Jinping, le nouveau Mao?

TOUR DU MONDE DE L'INNOVATION
#LivingCircular

ENTREPRISES
LES TÉLÉPHÉRIQUES ENTRENT EN VILLE
De plus en plus de téléphériques prennent leur envol en ville. Un mouvement mondial où la France est bien représentée, avec un premier projet en cours à Brest.

MÉTROPOLES
PARIS NUMÉRISE SON « PETIT COMMERCE »
Faire basculer 80000 commerçants dans l'économie numérique, c'est le défi de la Mairie de Paris.

PORTRAIT
NICOLAS GARREAU
À 36 ans, il vend des scénarios sur mesure de demande en mariage.

Alors que la croissance chinoise ralentit, Xi Jinping entend accélérer tant les réformes libérales que la lutte contre la corruption. Aucun dirigeant chinois n'a été aussi puissant depuis Mao, auquel Xi Jinping ne cesse de se référer. Portrait d'une ambition en marche.
NOTRE DOSSIER
PAGES 4 à 8

图 55　2015 年 2 月 13 日《论坛报》中国专题

总的来看，作为一家以财经新闻为主的媒体，《论坛报》对中国的发展前景不甚看好，对中国的一些社会问题存在一定的刻板印象。

《生活》杂志 *La Vie*

《生活》(*La Vie*)杂志是法国的一本宗教性周刊，隶属于《世界报》传媒集团。该集团旗下还拥有《世界报》《新观察家报》《赫芬顿邮报》(法国版)等大型媒体。

一、历史沿革

《生活》杂志的核心理念，是对于现代基督教主流的继承。20 世纪上半叶，马克·桑尼埃(Marc Sangnier)引领道路运动，反对莫拉斯引领的法国抵抗运动，主张宗教应当高于政治。“二战”爆发前，基督教修士多米尼克(Dominique)创办了一家名为“鹿”的出版社，并创立了一本名为《七》(*Sept*)的周刊，这也就是《生活》杂志的前身。1945 年，乔治·乌尔丹(Georges Hourdin)将其改版为如今的《生活》杂志。

2003 年，《生活》杂志被《世界报》集团收购。2008 年，《生活》杂志进行了一次较大规模的改版，2009 年的发行量有所提振,但是自 2010 年以来,发行量仍旧呈现逐年下滑的趋势。①

图 56　从创办至今,《生活》杂志不同时期的封面

二、发展现状

目前,《生活》杂志的主要内容共包括五个部分:世界新闻、生活资讯、宗教修行、文化以及电视节目。②

近年来,《生活》杂志的发行量并不高,尤其是 2008 年金融危机以来,杂志发展更是受到影响。尽管 2009 年时杂志社采取了一系列改革措施,但却并未从根本上扭转一路下滑的颓势。自 2010 年以来,《生活》杂志的发行量一直在下降。2014 年,平均每期《生活》的发行量有 11 万份左右,在法国付费时事杂志中排名在 100 名以外。③ 发行渠道主要依靠订阅。

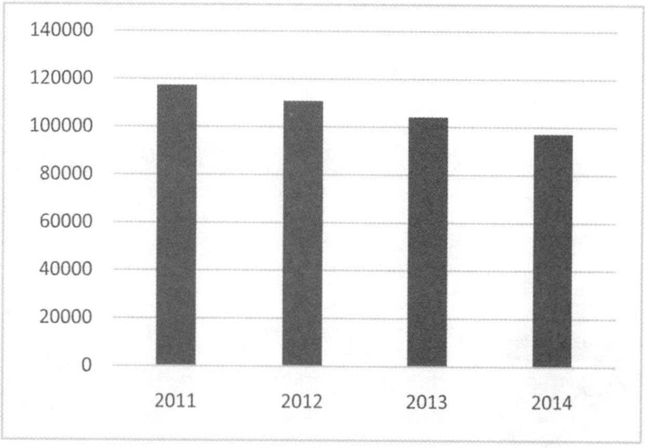

图 57　《生活》杂志 2011～2014 年发行量

法国媒体发行监测机构 OJD:《生活》杂志发行数据,http://www.ojd.com/Support/la－vie,检索时间:2015 年 9 月 9 日。

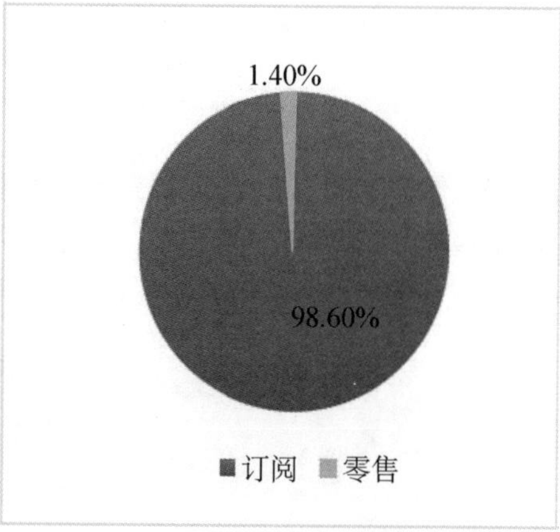

图 58　《生活》杂志 2014 年销售渠道统计

法国媒体发行监测机构 OJD:《生活》杂志发行数据,http://www.ojd.com/Support/la－vie,检索时间:2015 年 9 月 9 日。

三、报道特点

尽管是一份宗教杂志,《生活》的定位却是以世俗化、大众化的方式报道新闻。正因如此,《生活》杂志开辟了一种传播福音的新方式,传递的核心价值观是支持福音、尊重人性,强调团结和信任,包容不同的观点。《生

① 《生活》杂志官网:Qui sommes nous,http://www.lavie.fr/arches/page.php? sk＝qui－sommes－nous.sk,检索时间:2015 年 9 月 9 日。

② 《生活》杂志官网:http://www.lavie.fr/,检索时间:2015 年 9 月 9 日。

③ 法国媒体发行监测机构 OJD:《生活》杂志发行数据,http://www.ojd.com/Support/la－vie,检索时间:2015 年 9 月 9 日。

活》杂志的宗旨是致力于维护正义与和平，关注穷人以及边缘群体。它的几位著名记者都是以左派政治立场著称，①其观点在《生活》杂志的诸多报道中都有体现。

作为一本带有宗教性质的杂志，《生活》对于世俗生活也积极参与。在2000年左右，《生活》杂志曾发起一场人道主义运动，鼓励人们担负起社会责任，加强政治参与，到2008年又增添了环境保护的活动。《生活》杂志所倡导的社会责任在其报道中有明显的体现。

作为一本独立的宗教杂志，《生活》也偶尔会对宗教高层作为提出异议，杂志主编还曾撰文声援支持同性婚姻。股东皮埃尔·贝尔热(Pierre Bergé)多次通过《世界报》《回声报》等报纸表达自己对《生活》杂志这种行为的不满，②并表示要卖掉杂志的股份。不过，截至2015年年底，《生活》杂志尚未出售，依然属于《世界报》集团。

四、涉华报道

截至2015年5月，在《生活》杂志官方网站以"中国"为关键词进行搜索，可以得到2600多条结果。相对其他议题来说，《生活》杂志对于中国报道的重视程度并不太高。涉华报道主要关注中国政府和基督教以及其他宗教的关系，其中，对中国的宗教政策及政策实施有歪曲和误读，对于中国不接受梵蒂冈教皇指派等颇有微词。③ 除了民族宗教题材以外，其他涉华报道多为社会新闻和文化新闻，言辞较为激烈。

《生活》杂志报道中的中国，是一个逐渐基督化的中国，人民精神迷茫，寻求基督教庇护。2014年4月28日，《生活》杂志发表文章称，中国即将成为世界上最大的基督教国家。④文章表示，目前耶稣在中国社交网络上的受欢迎程度已经超过了毛泽东。文章还引用了英国《每日电讯报》的观点，预测中国将在15年后成为世界上最大的基督教国家。"毛泽东认为他可以消灭宗教的尝试彻底失败"以及"十三亿中国人目前正在寻找新的精神支柱，共产主义和资本主义都满足不了他们"这样的言论充斥整篇文章。类似论调的文章还包括"中国，一个新的帝国?"文中满是对中国形象的歪曲和负面的放大。⑤ 还有文章将中国对于以圣诞节为代表的"洋节热"的思考，歪曲理解为对于基督教等西方思想的封杀。⑥

图59 《生活》杂志刊文"中国，即将成为世界上最大的基督教国家?"

La Vie：La Chine，bientôt le plus grand pays chrétien du monde ? 2014年4月25日，http://www.lavie.fr/religion/la－chine－bientot－le－plus－grand－pays－chretien－du－monde－22－04－2014－52213_10.php,检索时间:2015年10月25日。

---

① 《回声报》网站:Je serais heureux que la vie ne fasse plus partie du groupe le monde，2013年7月3日，http://www.lesechos.fr/03/07/2013/lesechos.fr/0202870812063_pierre－berge－－－－－je－serais－heureux－que－la－vie－ne－fasse－plus－partie－du－groupe－le－monde－－.htm,检索时间:2015年9月9日。

② 《回声报》网站:La colère de Pierre Bergé contre le magazine La Vie，2013年7月23日，http://www.lexpress.fr/actualite/medias/la－colere－de－pierre－berge－contre－le－magazine－la－vie_1263406.html,检索时间:2015年10月25日。

③ La Vie:http://www.lavie.fr/dossiers/catholicisme－chine/,检索时间:2015年10月25日。

④ La Vie：La Chine，bientôt le plus grand pays chrétien du monde ? 2014年4月25日，http://www.lavie.fr/religion/la－chine－bientot－le－plus－grand－pays－chretien－du－monde－22－04－2014－52213_10.php,检索时间:2015年10月25日。

⑤ La Vie：Chine，le nouvel empire? 2015年5月8日，http://www.lavie.fr/culture/television/chine－le－nouvel－empire－05－08－2015－65555_31.php,检索时间:2015年11月10日。

⑥ La Vie：Le christianisme croit mais reste soumis，2015年1月5日，http://www.lavie.fr/actualite/monde/le－christianisme－croit－mais－reste－soumis－a－la－pression－des－autorites－05－01－2015－59096_5.php,检索时间:2015年11月10日。

《世界报》*Le Monde*

Le Monde

《世界报》(*Le Monde*)是法国在海外销售量最大的日报,与美国《纽约时报》和西班牙《国家报》并称为世界上最具影响力的三大报纸。作为法国报业的领头羊,受新媒体冲击,《世界报》的发行量近年来也有所下降。但是,顺应时代变革发展,坚守言论的独立性和深度性,使得《世界报》在法语世界的第一大报地位依然不容撼动。

一、历史沿革

《世界报》的前身是第三共和国的传统半官方报纸《时报》(*Le Temps*)。"二战"时期,光复后的法国新政府迫切希望有一份在国内外备受尊敬的报纸,可以推动重建法国的形象。在此背景下,著名抵抗运动记者休伯特·伯夫一梅里(Hubert Beuve—Mery)受戴高乐将军的指示,接手《时报》并着手改制重建。《世界报》由此诞生,成为法国解放运动的一个重要组成部分。

伯夫一梅里联合30多名年轻记者共同创办了《世界报》,并且为这份新报纸确定了四大原则:国际视野、保持质量、维护独立、信守承诺。其中,"维护独立"作为该报办报原则的核心理念,伯夫一梅里宣称要打造一份"独立于政治党派、金钱力量和宗教势力"的报纸。① 1944年12月18日,《世界报》创刊号出版,第一篇社论即宣布了他们的新闻理想:"本报的第一个宏愿就是保证读者得到明确、真实和尽可能迅速完整的新闻。"②一年之后,《世界报》便获得了初步成绩,销售量达到15万余份,并且开始在国内外确立"独立的""可信赖的"声誉。③《世界报》的半官方创刊历史,追求"独立"、重视"质量"的办刊理念,以及高层次的读者群体,整体上决定了它作为严肃报纸的身份。

随着法国报业的不断发展壮大,集团化成为发展的大趋势。1997年,《世界报》设立了职工储蓄方式。当时全报共有职工500余人,每人每月从工资中提出152欧元参加"共同投资基金"。"共同投资基金"的股价增长很快,1997年底至2001年四年间,总股值从137万欧元飞速增长到1524万欧元,为报社走集团化道路做好了资金准备。③ 自2000年起,《世界报》开始陆续创办新刊物,并且收购了国内的一些报纸、杂志,包括2000年11月收购的*Telerama*。1951年创办的*Telerama*,是法国最大的电影界专业期刊,代表了法国电影研究的最高水平,同时也是一本雅俗共赏的大众杂志,在国内具有极高的影响力。同年,《世界报》还完成了对自由南方报业集团的收购。这个集团旗下拥有法国南部十多个出版物,覆盖100万读者。在一系列类似的收购、合并推动之下,通过与国内不同领域媒体的强强联合,《世界报》开启了报业媒体集团的发展道路。

《世界报》前任社长在总结报纸集团化发展的过程时曾说过:"文字媒体的生产与销售不如其他媒体那样快捷灵活,这迫使我们改革。在新闻大战的生死时刻,我们如不改革、不图变,就会被击垮。在当前形势下,也只有通过扩大规模,才能增强财力,也才有可能捍卫始终不渝的目标——办一份独立的报纸。"④

二、发展现状

法国媒体发行监测机构OJD(Office de Justification de la Diffusion,简称:OJD)发布的最新数据显示,如今的《世界报》是法国第二大全国性日报,发行量仅次于《费加罗报》。⑤ 同时,《世界报》也是法国在海外销售量最

---

① 毛莉:《法国〈世界报〉上演易主风波》,《中国文化报》2010年6月29日(4)。

② ③胡连利、田红虹:《英法美报业发展研究》,河北大学出版社2003年版,第117页。

③ 郑园园:《法国〈世界报〉的改革实践》,《新闻战线》2003年第6期。

④ 郑园园:《法国〈世界报〉的改革实践》,《新闻战线》2003年第6期。

⑤ 法国广告报刊发行量检查所(Office de Justification de la Diffusion, 简称:OJD),http://www.ojd.com/,检索时间:2015年7月31日。

大的日报，在欧洲、北美以及非洲大部分地区，超过 120 个国家都有《世界报》的订户，[①]国际知名度颇高。目前，《世界报》的年发行量稳定在 30 万份以上，其中本土发行量在 28 万份以上。2013 年，《世界报》的发行量有所回落，但是境外发行量始终维持在占比 8%以上。

《世界报》不仅发行量大，读者层次也相对较高。核心读者群体以法国和其他法语国家地区的政、经、学界以及专业人士为主。他们对公共事务和文化活动较为关心，不少人在形成舆论、制定国家政策方面有一定影响。

另外，在互联网新媒体方面，《世界报》也是法国媒体中的佼佼者，处于领先地位。早在 1999 年，世界报股份有限公司就注资 3000 万欧元成立了一家专门负责新媒体事务的子公司——交互世界报(Le Monde Interactif)，并由子公司和法国拉加代尔集团共同搭建了世界报的网站 http://www.lemonde.fr。2002 年 4 月 15 日，世界报网站开始设立付费墙，部分文章只有通过付费才能够进入阅读。付费用户可以看到来自世界报网站的专题性新闻信息、即时的新闻快递、深度的新闻评论等，同时也可以使用《世界报》的过刊资料数据库，搜索浏览该报自 1987 年至今的所有发表内容。

图 60　2006 年启用的新网站域名

《世界报》网络版的用户主要以 35 岁以下的年轻一代为主，他们中的大多数人以往并没有读报的习惯，但有很多人在使用网络版之后进而成为纸质报纸的购买者甚至长期订户。网络版与文字版之间的有机结合、彼此配合，一方面缓解了电子版可能对主报发行带来的冲击，另一方面也解决了用户上网看报不买报的问题。《世界报》这一报网融合的成功实践，也为世界其他报纸提供了可资借鉴的经验。2003 年以来，《世界报》网站一直领跑全世界的法语新闻网站，同时在全世界的新闻网站中也具有很大的影响力。《世界报》还与著名的互联网媒体《赫芬顿邮报》(*Huffington Post*)合作，推出法语版《赫芬顿邮报》。

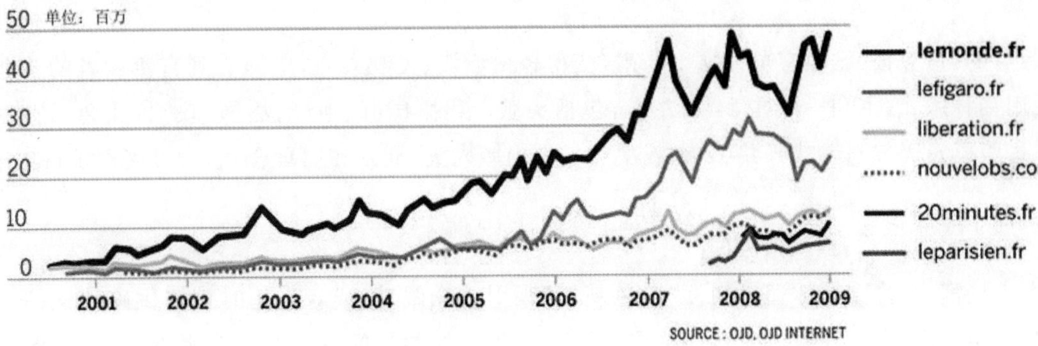

图 61　法国主要媒体网站网页浏览量

此外《世界报》还适时地推出了针对智能手机和平板电脑等移动终端的应用软件。根据法国相关监管部门的统计，截至 2014 年 10 月，通过《世界报》手机应用进行访问的用户数量达到近 2257 万次，[②]荣居法国国内新闻类应用的第 4 位。[⑤]

三、报道特点

总的来看，《世界报》的报道特点主要体现在以下几个方面：

---

① 《世界报》官网：qui sommes nous，2002－2－5，http://www.lemonde.fr/qui－sommes－nous/article/2002/02/05/le－monde_261404_3386.html，检索时间：2015 年 7 月 19 日。

②⑤ 法国广告报刊发行量检查所(Office de Justification de la Diffusion，简称：OJD)，http://www.ojd.com/Chiffres/Le－Numerique/Applications－Mobile，检索时间：2015 年 7 月 19 日。

(一)从“重语言轻图片”到“图文并茂”

创办之初,“重语言轻图片”是《世界报》的一大特色。除广告之外,《世界报》从头版到内页基本上不刊登任何图片。一方面,《世界报》认为文字报道已足以说明问题,再刊登“可视性材料”没有用处;另一方面,刊登图片可能会削弱读者对严肃主题文字稿件的注意力。不过,上世纪中叶,新闻图片的获取比较困难,报纸的印刷都比较粗糙,《世界报》的这种版面风格对其发行量似乎并没有造成太明显的影响。随着电视影响力的日益扩大,各报为保持自身的竞争力纷纷多登图片,报业竞争日趋激烈。1989 年,《世界报》步入彩色刊印时代。到了 21 世纪,这份一向以版面风格严肃、单调著称的世界著名报纸,终于抵挡不住读者大量流失的事实,进行了多次改版。版面设计从严肃转向活泼,并且开始采用照片,逐渐增加数量,用图也从单色转为彩色,字体加大 13%,文章数量适当减少,在观感上更加贴近读者。

Le Monde
La France et l'U.R.S.S. ont conclu un traité d'alliance et d'assistance mutuelle
LE GENERAL DE GAULLE ET SES TEMOINS

Le Monde
WEEK-END
Juppé, les fragilités d'une popularité record
Obama veut régulariser plus de 3 millions de clandestins
Séville pleure la plus people des grands d'Espagne

图 62 左为 1944 年 12 月 19 日第一期的报纸头版;右为 2014 年 11 月 22 日的报纸头版

多次改版后的《世界报》已没有早先那么严肃,变得轻松活泼、美观大方,更加受到青年读者的欢迎。《世界报》的版面采用柏林版式,主刊一般在 24 版左右,包括头版、事件、国际、地球、法国、政治、社会、经济、争论、文化与潮流、布告版以及天气与游戏等共 12 个版次。一周出版六天,周六和周日合刊,于每周六发行周末版。

(二)坚守内容深度性,捍卫主流价值观,政治上中偏左

为了迎合市场需求,许多媒体通过刊发“黄色新闻”吸引受众眼球,或者强抢时效提供碎片化信息。然而,尽管历经数度改版,《世界报》在报道内容上始终忠实于一贯坚持的新闻价值及专业水准。在《世界报》发行第一万期的时候,时任报社主编雅克·福韦发表了长篇社论,在文章结尾处指出:“本报的编辑和记者都持有最低限度的共同见解——最重要的是都有正义的感情。”①

《世界报》始终强调报纸自身内容的严肃性与深度,侧重“解释性报道”,鼓励记者多写带分析的新闻稿。这与英美报纸比较重视刊登“事实性报道”的做法恰成鲜明对比。《世界报》的社论往往颇有分量,侧重政治和外交主题,大多反映政府尤其是外交部的观点,对法国的外交政策和议会都有一定的影响。《世界报》还非常关注国际问题,每天有 1/3 甚至 1/2 的版面报道国际问题,对重大国际事件反应灵敏,不乏对一些敏感政治问题的深入探讨。

(三)经济因素制约下的独立自主编辑

《世界报》一直是法国唯一独立自主编辑发行的主要报纸,产权为报纸人员合作所有。在外来资金参股的章程中,明确写道:“股民关心报纸的独立性,关心报社的经济发展,希望对报纸的发展作出贡献,而无意干涉报纸的编辑业务。”②

---

① ②汤耀国:《法国〈世界报〉:奇特的混血儿》,《中华新闻报》2005 年 6 月 8 日(F03)。

直到2010年,受金融危机的影响,《世界报》负债累累,收购《世界报》股权的竞争在政治倾向完全不同的两方买家中展开,并最终由几个企业家组成的收购联盟竞购成功,这一合作所有的机制才被打破。《世界报》易手遭到了时任法国总统萨科齐的阻拦,而报社记者和雇员却对此表示支持,他们当中90%的人投票给企业家收购联盟。成为报纸新任老板的企业家收购联盟也作出承诺,他们将保持报社采编体系的独立性。由此,负债累累的《世界报》有望在重组后获得新生。此次报纸股权易手"标志着一个时代的结束",是迫于现实发展和资本压力的无奈之举。[①]

四、涉华报道

在所有法语媒体中,《世界报》对中国报道的总量始终保持着较高水平。通过对报纸网站的检索,可以发现,目前《世界报》对中国的报道量可以达到平均每月75篇左右。相关报道涉及议题非常广泛,涵盖政治、经济、外交、社会环境、科技文化等方方面面。其中,对中国内政外交的分析评论可以占到四成左右,特别是中国经济对世界经济的影响、中国崛起对世界格局的冲击等等。随着中法贸易的增多,中法关系也日益成为《世界报》报道的关注焦点。

由于在北京、上海等地都设有常驻机构,并且派有常任驻华记者,《世界报》的稿件基本都出自本报记者之手。在新闻来源上,也会不时引用中国主流媒体(如新华社)的报道内容,引用部分多为事实性信息。这些记者还会走访中国的大小城市,为报纸提供视角独特的一手稿件。在报道倾向方面,一方面来看,《世界报》深受西方主流新闻价值观的影响,不时发表一些针对中国的负面报道和批评言论,甚至还有不少渲染"中国威胁论"的报道;另一方面,《世界报》又一贯秉持发表客观独立观点的新闻理念,不时发表一些与西方主流媒体相左的言论,深入评论中国的发展和进步,在不少中国议题上抱持积极中肯的立场。

2001年7月,就在国际奥委会投票决定2008年奥运会举办城市的前一天,《世界报》在头版刊出社论文章——《奥运会:请投北京!》[②]。尽管巴黎和北京是竞争对手,无论是法国社会上层还是在普罗民间,舆论普遍认为巴黎胜券在握,然而,《世界报》公然和法国主流舆论唱反调,认为支持北京主办奥运会是对中国改革开放成绩的支持肯定,应该给予中国一个与世界接轨的机会。在《世界报》看来,最重要的是阐明自己独立的立场,而不是随波逐流。

图63 《中国傲慢》一书法文原版封面

2011年,《世界报》前社长埃里克·伊茨拉勒维奇(Erik Izraelewicz)出版了*L'arrogance Chinoise*一书,后由中央编译出版社译为《中国傲慢?———来自〈世界报〉前社长的"盛世危言"》引介到中国国内出版发行。全书以经济为主线,分为三大部分:第一部分为"桀骜不驯的巨龙",通过大量的例证来阐述中国对待西方世界的态度变化,使用"不听话的中国朋友""自命不凡,表里不一""当巨兽挣脱牢笼"等词组来表述对中国的形象认知;在第二部分"一切皆正确的巨龙"中,作者不惜笔墨分析了伴随中国国际形象的提升,中国变得自命不凡的原因;第三部分名为"惊恐的巨龙",指出中国在面临经济重大转型期的恐惧,潜藏有不少挑战和不确定因素。在他看来,未来应该如何平稳过渡,保证经济健康有序发展,不再做西方世界的小学生或追随者,而是成为世界的领导者,将是中国面临的一个重大课题。[③]

---

① 国际金融报:《法国〈世界报〉〉企业家联合收购》,《新闻实践》2010年第8期。

② Le Monde: JO: votezPékin!, FRANCIS DERON, 2001-7-13, http://www.lemonde.fr/archives/article/2001/07/13/jo-votez-pekin_4204186_1819218.html? xtmc=pekin&xtcr=18, 2015年7月19日。

③ 〔法〕埃里克·伊茨拉勒维奇:《中国傲慢?来自〈世界报〉前社长的"盛世危言"》,范吉宏译,中央编译出版社2014年版。

《挑战》杂志 *Challenges*

Challenges

《挑战》(*Challenges*)杂志是法国财经类周刊,每周四发行,每份售价 3.6 欧元。目前,《挑战》杂志隶属于《新观察家》所在的报业集团佩德里埃尔(Perdriel)。凭借经常刊发独家报道,《挑战》杂志在法国新闻界享有较高的声誉,在公众舆论中也占有重要地位。

一、历史沿革

《挑战》杂志由帕特里克·福柯尼耶(Patrick Fauconnier)创办,从1982年开始出版。《挑战》杂志聚焦于经济、商业相关领域,同时也对国内政治和国际事务有所涉及。创办初期,《挑战》杂志是一份每月出刊一期的月刊,后来改为两周一期的半月刊,最后才进一步改为每周四出刊一期的财经新闻时事周刊。

2011年,《挑战》杂志获评为"2010年度法国最佳商业期刊"(the Business Magazine of the Year in France in 2010)。[①]

图 64 《挑战》杂志封面

二、发展现状

自2009年以来,《挑战》杂志开始将发展重心向网络转移。除了杂志文章的网络版,该杂志也推出了视频新闻,且已经形成了常规性周播视频新闻。目前,《挑战》杂志官方网站[②]在法国新闻传媒类网站中排名52位。[③] 与此同时,《挑战》杂志还推出了一系列新媒体产品,包括手机端和平板电脑的新闻应用。

图 65 《挑战》杂志的新媒体应用

图片引自《挑战》杂志网站:http://www.challenges.fr/mobile.php? xtatc=INT-14,检索时间:2016年2月1日。

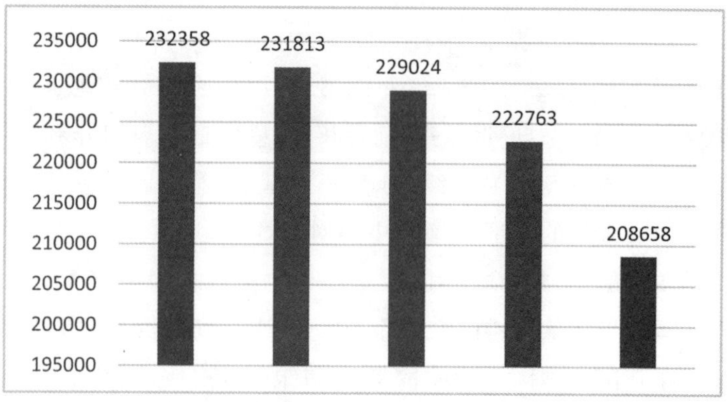

图 66 《挑战》杂志 2010—2014 年发行量

---

① Kmedia: http://www.kmedianet.es/en/media/france/print-media/magazine/challenges-2, 检索时间:2016年2月1日。

② 《挑战》杂志官网:http://www.challenges.fr/,检索时间:2015年9月4日。

③ 法国媒体发行监测机构 OJD:法国网站访问量排行,http://www.ojd.com/Chiffres/Le-Numerique/Sites-Web/Sites-Web-GP,检索时间:2015年9月4日。

近年来,《挑战》杂志的销量不断下滑,从 2010 年的 273.2 万下降到了 2014 年的 20.8 万册。在法国杂志销量排行榜中,《挑战》杂志排名仅第 60 位。[1] 不过,鉴于《挑战》杂志的市场定位,即瞄准决策层和经济金融业界的精英阶层,其影响力依然深厚。

三、报道特点

《挑战》杂志的口号是“本周经济所述何事?”(Que dit l'économie cette semaine?)在政治倾向上,《挑战》杂志的报道基本持中立的态度立场。内容上,《挑战》杂志多关注财经新闻。从网站新闻分类上看,共分为企业、经济、政治、汽车、科技、职场、遗产、奢侈品等版块,设置基本围绕经济议题展开。

《挑战》杂志在法国财经类杂志中具有不可替代的作用,主要体现在杂志对于部分行业排行榜的发布。排行榜囊括了法国大学和预备教育、行业前景以及房地产行业等的行业排名。排行榜的权威性是《挑战》杂志的核心竞争力之一,对于企业高层、普通职工和家庭等都有重要的参考价值。[2]

四、涉华报道

在国际新闻议题上,《挑战》杂志一向更多关注法国和欧洲以及日本的新闻。但是,由于近年来中国经济的腾飞,中国也开始成为《挑战》杂志必须关注的议题。统计 2015 年上半年《挑战》杂志的涉华报道,共有 54 篇,平均每月 9 篇。其中 2、3、5 月均为 7 篇。2015 年 1 月,由于法国总理访华,商讨经济合作事宜,中国在该杂志上的曝光率相对较高,达到 14 篇。

《挑战》杂志发表的新闻报道多为独家自采新闻,涉华报道内容基本集中在中国经济的发展状况。相关报道所涉议题包括中法经济往来、中国经济对世界宏观经济的影响、中国经济数据及意义解读等多个方面。大部分报道都能够客观反映中国经济的发展,但是少量涉华新闻评论对中国经济新常态的解读则显得有些悲观,在描述中国经济新常态的过程中多用“经济放缓”“中国经济危机”等词语作为标题。在报道中也过于关注各种宏观经济数据中那些放缓较为明显的指标,而对于能够反映中国经济结构转型升级的数据和事实则有所忽视,“报忧不报喜”的倾向较为明显。

除此之外,该杂志也关注中国在政治、社会等方面的重大新闻,如 2015 年 11 月的“习马会”、全面放开“两孩”政策,2015 年 8 月的天津港爆炸事件等。同时,在报道中,多分析事件对中国社会和经济发展有可能造成的影响。通过这些报道,可以说《挑战》杂志对中国的报道并不仅限于经济财经等议题,而是将中国社会作为一个整体,并在这个整体的框架下分析中国经济走势,报道能够兼顾覆盖广度和专业分析深度。

《新观察家》*L'Obs*

L'OBS

《新观察家》(*L'Obs*)是一份法语新闻周刊,总部位于法国巴黎,由世界新观察家股份有限公司发行。该杂志经过多次变迁,内容覆盖包括欧洲、中东以及非洲的政治、商业及文化问题,在法语国家具有较大影响。

一、历史沿革

1964 年 11 月 19 日,《新观察家》由克洛德·佩德里埃尔(Claude Perdriel)、让·丹尼尔(Jean Daniel)和安

① 法国媒体发行监测机构 OJD:法国付费杂志排行,http://www.ojd.com/Chiffres/La－Presse/La－Presse－Payante/Presse－Magazine,检索时间:2015 年 9 月 4 日。

② Kioskakabo:https://www.kioskabo.fr/challenges.html,检索时间:2015 年 9 月 4 日。

德烈·戈尔兹(André Gorz)三人创立。创立至今,杂志名字发生了多次变化:《观察家:政治·经济·文学》(*L'Observateur politique, économique et littéraire*)、《今日观察家》(*l'Observateur aujourd'hui*)和《法兰西观察家周刊》(*France Observateur*)。

表 5 《新观察家》历年标识

标 识	使用时间
Le nouvel Observateur	2011 年之前
Le nouvel Observateur	2011 年 5 月 4 日～2013 年 9 月 12 日
le nouvel Observateur	2013 年 9 月 12 日～2014 年 10 月 23 日
L'OBS	2014 年 10 月 23 日至今

自创立伊始,该刊涉足政治、经济等领域。尽管自我标榜为中立主义,实际上它是持左派立场的刊物。《新观察家》在一般国际问题和殖民地问题上持"进步"态度,例如,曾主张停止印度支那战争,反对"欧洲军",主张缓和国际局势,猛烈攻击政府的阿尔及利亚政策。另一方面,该刊也曾极端反苏反共,反对法国工人统一运动,以"左"倾姿态在知识分子中间大量刊登煽动性的消息和"内幕"报道,颠倒事实真相,制造思想混乱,并经常挑拨社会主义国家的关系。

随着 1984 年新财政危机的出现,同时克洛德·佩德里埃尔决定增加对《新观察家》周刊的投资继而成为最大股东之后,一些新的记者也加入到该周刊中,因此其中心观念也发生了变化。《新观察家》不再一味报道政治,转而关注社会新闻,报道言论也更加平和。1985 年起,副刊《巴黎观察家》将焦点放在了城市文化生活和经济上。

二、发展现状

2014 年 10 月 23 日,《新观察家》周刊开始受到广泛关注,其成功的原因在于抓住了时代的思潮:做社会道德变化的代表,同时也向大众揭示社会文化的潮流。目前,《新观察家》周刊已成为法国(综合)浏览次数最多的杂志,拥有 1250 万名读者,其中 800 万来自网络用户和手机用户,每五个法国人中就有一个是该周刊的读者。另据法国媒体发行监测机构 OJD(Office de Justification de la Diffusion,简称:OJD)2014 年的统计数据,《新观察家》周刊 2014 年的总发行量是 460797 份。

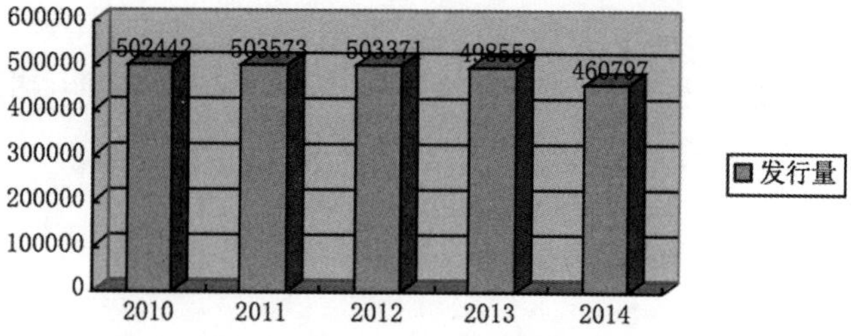

图 67 《新观察家》2010—2014 年发行量变化

法国媒体发行监测机构(Office de Justification de la Diffusion,简称:OJD),http://www.ojd.com/Support/l－obs,检索时间:2015 年 7 月 24 日。

过去几年中,《新观察家》周刊 66%的股权由法国《世界报》持有者贝格·尼尔·皮格(Bergé-Niel-Pigasse)所有,而剩下的 34%归佩德里埃尔集团(Groupe Perdriel)所有,由马修·克洛桑多(Matthieu Croissandeau)担任总编。2015 年 9 月 8 日,法国《解放报》一篇题为"《世界报》再次购入《新观察家》周刊"的文章深刻解读了《新观察家》周刊的股权变动情况。[①]《世界报》宣布将购入《新观察家》周刊创始人克洛德·佩德里埃尔持有的最后三分之一的股权，从而持有《新观察家》周刊100%的股权。

三、发展特点

《新观察家》周刊经营多元化，旗下有多份副刊。创立于1985年的《巴黎观察家》是一本侧重巴黎文化生活的杂志，2003年由纪尧姆·马洛里(Guillaume Malaurie)担当主编；1993年9月，在理查德·卡纳沃(Richard Cannavo)指导下创建的用来报道电视时讯的增刊《电视电影观察家》(*TéléCinéObs*)面世且在巴黎发行，并于1994年1月扩展到在全国范围内发行。2012年3月29日，《新观察家》又推出了月刊——《顽念》(*Obsession*)，是一份报道时尚生活方式、潮流及旅游资讯的刊物。

图68 《新观察家》新媒体产品

图片引自《新观察家》网站：http://tempsreel.nouvelobs.com/mobile.php? cm_mmc=autopromo_web-_-NO-_-AppliNO-_-display_pave_actu，检索时间：2016年2月16日。

L'OBS
Le Plus
Témoins, Experts, Opinions

图69 《新观察家》旗下信息参与平台《更多》(Le Plus)

同时，拥有巨大网络读者的《新观察家》周刊也非常注重新媒体的发展。1999年，帕特里克·菲奥里(Patrick Fiole，同时也是网站主编)和克里斯蒂娜·苏里奥(Christina Sourieau，负责电子版管理)在互联网上推出了该杂志的同名网站——新观察家网(nouvelobs.com)，向用户提供在线新闻；2007年9月，《新观察家》周刊推出了专门报道文学新闻的网站——BibliObs.com；2011年，《新观察家》又推出了一个全新的信息参与平台——《更多》(*Le Plus*)，这个由《新观察家》内部发展团队所建立的信息平台还招募到了前《邮报》(*Le Post*)的撰稿人参与其编辑工作，而今天的《更多》已经强大到拥有将近两百万的独立访问人数；2011年12月22日，《新观察家》周刊宣布以750万欧元的总额收购89街(Rue89)公司的全部股权。这一兼并被认为是双方为实现经营权上的一体化以及《新观察家》与89街网站合作推广品牌的一个新举措。

四、涉华报道

《新观察家》是在中国设有记者站的法国新闻媒体之一，长期就中国各个领域展开涉猎广泛、解析深刻的报道，经常被中国媒体所采用转载。其中一些观点较为偏激，也遭到了中国媒体的抨击。下面从关注侧重、消息来源、价值倾向以及报道案例四个方面分析《新观察家》周刊的涉华报道情况。

(一)关注侧重

在2015年1月至6月这半年中，《新观察家》对中国的报道有38篇。根据报道内容与“中国”的关联程度，

① 《〈世界报〉再次购入〈新观察家〉周刊》，2015年9月8日，检索自法国《解放报》网：http://www.liberation.fr/futurs/2015/09/08/le-monde-rachete-le-nouvel-obs_1378457，检索时间：2015年11月3日。

可以将其所有的涉华报道分为两个类别:一是"中国报道",指直接对中国的新闻报道;二是"间接报道",指主要是对别国或国际的报道中有涉及中国。相对来说,该杂志以"中国报道"数量居多,达到 32 篇,可以占到涉华报道总量的 84%;而间接报道则只有 6 篇,占总比的 16%。在这 6 篇报道中分为两种类别:一种是在对他国进行的报道中,中国也会作为一个主体出现;另一种就是以他国报道为主,文章中仅仅涉及了中国。这说明该报比较重视对中国社会的近景观察,注重对中国的直接体验,同时也比较重视中国和其他国家的国际关系,尤其是对中国与日本、朝鲜和俄罗斯的关系关注度最高。

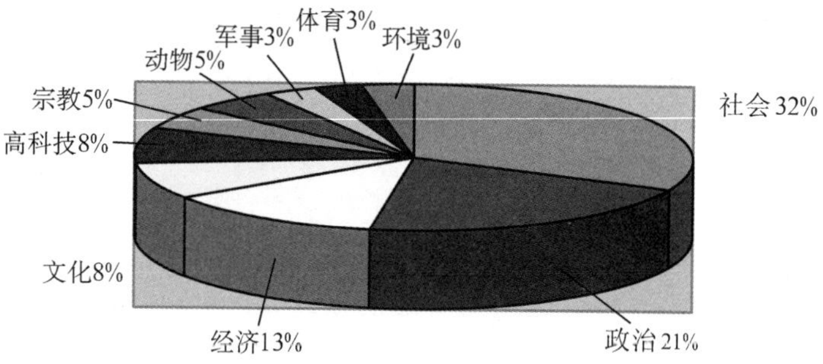

图 70 《新观察家报》涉华报道:报道领域

在《新观察家》的涉华报道中,主要是以政治类、社会类新闻为主。其中最多的是社会类新闻,有 12 篇,占总数的 32%;其次是政治类新闻,有 8 篇,占总数的 21%;紧接着是经济类新闻,有 5 篇,占总数的 13%;还有其他方面的报道,但是所占比例都较小:文化和高科技报道各 3 篇(8%),宗教和动物类新闻各 2 篇(5%),军事、体育和环境类新闻各 1 篇(3%)。

(二)消息来源

总体来说,《新观察家》的涉华报道的消息来源可以分为两类:自采和与法新社联合发表。其中,自采的文章占大多数,在 2015 年 1 月至 6 月这段时间里,有 30 篇是自采性质的报道,占总数的 79%。在自采的涉华报道中,除了是本报记者所采写的报道外,还有几篇是来自于专家或者是其他职业人的撰稿。例如 2015 年 1 月 7 日发表的一篇有关中俄的新闻,就是来自法国俄罗斯研究专家之手;还有 2015 年 6 月 25 日一篇描写中国社会的文章,是由法国法学家所撰写的。

(三)价值倾向

总体数量上看,《新观察家》的涉华报道在价值倾向上以立场中立的中性报道居多,可以占到涉华报道总量的半数左右(18 篇,47%);其次是消极报道,有 14 篇,占总数的 37%;最后是积极报道,有 6 篇,占总数的 16%。通过进一步分析,可以看到:在积极取向的涉华报道中,主要是来自经济和文化领域的报道。

(四)报道案例

《新观察家》周刊对中国社会的热点问题会进行详细报道,例如 2015 年 10 月 30 日一篇题为"中国为何结束独生子女政策"的文章就深刻地挖掘了中国的社会问题。文章中提到,这首先是一个历史性的决定。在 1971 年,中国新出台一项法律规定:城镇夫妇不得生育二胎,除非双方都为独生子女;农村夫妇如果第一胎为女儿,则有权生育二胎。这个有争议的政策给社会带来了许多问题,例如,中国的退休人口越来越多,男女性别比例失调,人口老龄化严重等。因此中国政府全面开放二胎政策。[1]

除此之外,《新观察家》周刊的报道被中国媒体大量转载,其中该报的涉华报道也有被中国媒体编译转载。例如 2013 年 12 月 31 日,星岛环球网的一篇题为"中国经济正在软着陆还是在栽跟斗?"[2]的文章,就是转载《新观察家》周刊的一篇叫作"金融泡沫危机转到中国"的文章。文章中写道:"中国的经济增长是在房地产投机以及超大规模的基础建筑投资的刺激中勉强维持目前的增速,它难免有朝一日会发生爆炸,从而引发新的危机。"

---

① 《新观察家》网:《中国为何结束独生子女政策》,2015 年 10 月 30 日,检索自 http://tempsreel.nouvelobs.com/economie/20151030.OBS8595/pourquoi-la-chine-met-fin-a-la-politique-de-l-enfant-unique.html,检索时间:2015 年 11 月 3 日。

② 星岛环球网:《中国经济正在软着陆还是在栽跟斗?》,2013 年 12 月 31 日,http://ed-china.stnn.cc/finance/2013/1231/9492.shtml,检索时间:2015 年 7 月 24 日。

再如2013年8月20日星岛环球网的一篇叫作“《新观察家》:法流行中医针灸”[1]的报道,就是结合《新观察家》周刊所做的相关调查和列举出的11种常见“替代医学”所写的。

2015年11月18日,时值巴黎恐袭案过后不久,《新观察家》发表该刊驻北京记者高洁的文章,诬称中国重申“反恐不能搞双重标准”的主张是想借同情法国遭恐怖袭击“塞私货”,而且放肆地攻击中国新疆民族政策,为新疆恐怖分子辩护招魂唱颂歌。这一报道遭到中国媒体的驳斥与批判,《环球时报》发表社评“法国《新观察家》,请你有点底线”[2]、凤凰网也发表评论“法恶评中国反恐无是非辜负巴黎冤魂”[3]等等,一时引发巨大反响。

《中国》杂志 *Monde Chinois*

MONDE CHINOIS
nouvelle Asie
Editions ESKA

《中国》杂志(*Monde Chinois*)全名为《中国,新亚洲》(*Monde Chinois*, *Nouvelle Asie*)是一本在法国出版的季刊,每年出版四次,杂志发行分英语和法语两个版本。每期杂志定价30欧元。该杂志由雅克·博杜安(Jaques Baudouin)创办于2004年,自2013年1月起被ESKA传媒集团收购。该杂志设有驻华机构。

一、报道特点

《中国》杂志的报道面广泛,涉及中国的经济发展、政治政策以及历史文化等多个领域。该杂志名为《中国》,而其法语名称“Monde Chinois”原意不仅指中国,还包括中国的周边地区[4]。因此,杂志内容对于和中国密切相关的日本、韩国、中亚以及东亚等地区也多有涉及,尤其注重这些国家、地区和中国的关系。近年来,杂志也刊登了一些学者对于非洲、拉丁美洲等广大地区和中国交往的研究。值得注意的是,该杂志长期关注台湾问题,每期杂志都设有台湾专栏。

杂志主要分为封面文章、时事、档案、亚洲问题、地区热点、所见所闻、自由论坛、书籍推荐等版块,页数从140页到230页不等,平均每期170页左右。

《中国》杂志旨在为全世界范围内的中国问题研究学者、与中国有经济合作的企业家、非政府组织以及外交家提供一个交流探讨中国话题的平台。杂志的编委会成员多来自世界范围内高校的亚洲以及中国研究专家。杂志的读者定位也是中国问题研究学者、亚洲报道记者等专业人士。

图71 2014年总四期以及2015年第一期《中国》杂志封面

---

① 环球网:《〈新观察家〉:法流行中医针灸》,2013年8月20日,http://oversea.huanqiu.com/Foreign－Journals－Express/2013－08/4265480.html,检索时间:2015年7月24日。

② 《环球时报》:《法国〈新观察家〉,请你有点底线》,2015年11月20日,http://msn.huanqiu.com/opinion/editorial/2015－11/8015420.html,检索时间:2015年12月3日。

③ 凤凰网:《法恶评中国反恐无是非辜负巴黎冤魂》,检索自 http://news.ifeng.com/a/20151120/46321447_0.shtml,检索时间:2015年12月3日。

④ ESKA传媒集团,《中国》杂志主页:http://eska－publishing.com/index.php? id_category＝1324&controller＝category&id_lang＝1,检索时间:2015年8月14日。

二、涉华报道

该杂志主要体现各位专家学者的研究，所呈现的
观点较为多元。杂志文章作者既有来自于中国的专家学者，也有西方国家的专家学者，对于中国的各种观点兼容并包。以 2014 年全年以及 2015 年第 1 期(总期 37－41 期)的内容为例进行分析，[①]每期杂志 24 篇文章，共 120 篇文章，在杂志网站可以看到封面、文章标题以及试读段落。其中，2015 年第 1 期的封面标题为“中国人在梦什么?”(A quoi rèvent les Chinois?)。封面文章从东亚政治局势说起，分析中国在东亚各国发展变化中所起到的影响，隐含着对“中国梦”的质疑和“中国威胁论”论调。2014 年 3 期封面文章的标题分别为“美国对亚洲的恐惧”(Craintes asiatique *à* Washington)、“从南方看中国”(La Chine vue du Sud)、“亚洲一体化”(Integration Asiatique)。封面文章较多地体现出对于中国的审视和冷思考。其他文章中有对中国软实力发展的肯定、对中国文化的欣赏等。投稿人多来自学界，也有业界人士。既西方学者对中国的褒奖，也有中国学者的隐忧。

法国 24 小时 France 24

法国 24 小时(France 24)是一家公营电视台，属于法国世界媒体集团(France Médias Monde)。同法国“世界电视五台”(TV5 Monde)一道，法国 24 小时是法国开展电视国际传播的重要渠道。法国 24 小时电视台用英语、法语、阿拉伯语三种语言面向全球进行新闻播报，影响力远远超越法语地区，传播实力遍布全球。

一、历史沿革

早在 2002 年，时任法国总统的希拉克就提出创建“法国人自己的 CNN”。希拉克在一系列重大国际事件面前认识到，尽管法国有着不同于美国的意见，却缺乏表达的途径。他认为，法国在国际新闻舞台的声音和影响力不够，因而建议创立国际新闻频道。然而，由于投入资金、新闻来源和市场规模等问题，这项计划起步较晚。[②] 2004 年，法国议会通过一项超过 4500 万美元的预算，决定按照美国有线电视新闻网(CNN)的模式建立法国自己的国际新闻频道。[③] 但是，这家电视台又绝对不是第二个 CNN，在经营模式和传播内容等各个方面都与 CNN 大相径庭。法国 24 小时以国家财政为依托，同时也肩负着推广法国价值观的重要使命。

政府初始投入为 3000 万欧元，在 2006 年追加至 6500 万欧元。在政府的大力扶持之下，这个全天 24 小时连续播报的法国国际新闻电视台终于建立起来。法国 24 小时于 2006 年 12 月 6 日首次播出，通过卫星、有线电视和因特网向全球观众播送节目。[④] 法国 24 小时一开始配备了英、法两种语言的节目，后又于 2007 年 2 月开办了阿拉伯语频道。[⑤] 据称，电视台还有增开西班牙语等其他语种频道的计划。到 2013 年，该台在全世界范围内共有 2500 万订户，网站的月访问量也达到了 1400 万次左右[⑥]，可谓发展迅猛。

目前，法国 24 小时隶属于法国世界媒体集团。这一集团的前身是法国对外视听传播系统，属于国有集团。这家国有传媒集团旗下除了拥有法国 24 小时之外，还有法国国际广播电台和蒙特卡罗电视台等媒体，它们共同肩负着法国对外传播的重要任务。

---

① Cairn 杂志网，《中国》杂志页面，https://www.cairn.info/revue－monde－chinois－2015－1.htm，检索时间：2015 年 8 月 14 日。

② 曹怡平：《法国人自己的 CNN——法国 24 小时频道》，《新电视》2007 年第 Z1 期。

③ 李宇：《法国电视国际传播策略及启示》，《对外传播》2013 年第 3 期。

④ 曹怡平：《法国人自己的 CNN——法国 24 小时频道》，《新电视》2007 年第 Z1 期。

⑤ 法国 24 小时官网，公司介绍，http://www.france24.com/fr/entreprise，检索时间：2015 年 8 月 11 日。

⑥ 法国 24 小时官网，公司介绍，http://www.france24.com/fr/entreprise，检索时间：2015 年 8 月 11 日。

二、发展现状

如今的法国 24 小时共有法语、英语和阿拉伯语三个频道，每周七天 24 小时不间断联播，在世界范围的 117 个国家拥有收视订户①。该台在巴黎本部拥有 400 多名记者，在海外也有上百个记者站，采编系统几乎覆盖了全世界所有的地区，每天播发新闻多达 140 多条。② 巴黎本部的编辑人员来自 35 个国家③，新闻自采能力极强。法国 24 小时电视台除了通过卫星电视、有线电视之外，还有地面数字电视等多种播出方式。目前，法国 24 小时的网站月浏览量在 600 万次左右，在法国所有新闻资讯类网站中排名第 47。其中，月均三分之二以上的访问量来自于国外。④ 法国 24 小时的法语频道主要面向非洲的广大法语地区；阿拉伯语频道主要面向阿拉伯国家和非洲的马格里布地区；除此之外，印度也有四分之一的家庭收看该台的英语频道。⑤

在发展战略上，法国 24 小时一向特别重视新技术的应用。众所周知，电视新闻的时效性略逊于新闻网站和客户端推送。为了增强电视新闻的时效性，法国 24 小时每半小时播出一次新闻节目。同时，为了实现更及时、更准确、更全面的新闻报道，该台在网站、社交网络、手机客户端等倾注了更多精力。无论是英语、法语还是阿拉伯语新闻，受众都可以在网站及手机客户端上实时收看新闻节目，还可以发表评论或分享到社交媒体和好友进行互动。大力倾注于新媒体技术的努力已经初步见到回报，2014 年法国 24 小时手机客户端访问量超过 300 万次，2015 年以来也呈现出继续不断上升的趋势⑥，在法国手机新闻客户端中排名第 15 位。⑦ 另有数据显示，三种语言播发新闻视频浏览量达到每月 700 万次，在各类社交网站上共有 650 万人订阅其新闻。

三、报道特点

法国 24 小时在立台之初即秉持办“法国人自己的 CNN”这一理念，力图在美国媒体把持新闻话语权的大局面下开辟出一条新的道路。事实上，除了 CNN 以外，还有包括 BBC 等在内的其他老牌媒体劲旅以及后崛起的半岛电视台等，法国 24 小时在争取国际传播市场的路途上可谓强敌环伺。然而，法国 24 小时电视台以独特的新闻视角和采编独家报道立足于国际电视新闻行业。与美国 CNN 相比，法国 24 小时的视角更加全面、更为开放。可以说，法国 24 小时的特点在于，既不同于美国媒体倾向于单极化的论调，也不同于半岛电视台等抱持反美立场，而是希望发出尊重美国、颂扬对手的声音。⑧ 该台新闻采编负责人曾表示，尽管受到政府的资助，法国 24 小时电视台不是法国政府的传话筒，而是具有独立思想的媒体。⑨ 如今，该台的口号是“平等、自由、时事”⑩，源自于法国的国家格言“自由、平等、博爱”，并将其中的“博爱”替换为时事，彰显本台的新闻媒体本质，同时将口号中的“时事”凸显为蓝色，表明新闻立台为根本。

为了提高报道质量，降低报道成本，法国 24 小时三个不同语种频道的工作人员经常是一起工作，并且共享独家新闻资讯。这样，三种语言的电视新闻在时效性和准确性上都获得大大提高。⑪ 目前，法国 24 小时电视台每半个小时就能播送一期国际新闻综合播报，包括国际天气预报在内的播报总长度可达到 15 分钟。《巴黎直

---

① 法国 24 小时官网，公司介绍，http://www.france24.com/fr/entreprise，检索时间：2015 年 8 月 11 日。

② 法国 24 小时官网，2013 年年报，http://static.france24.com/infographies/presse/FRANCE24_PressKit_1214_FR.pdf，检索时间：2015 年 8 月 11 日。

③ 法国 24 小时官网，公司介绍，http://www.france24.com/fr/entreprise，检索时间：2015 年 8 月 11 日。

④ 数据来自法国新闻媒体管理机构网站：http://www.ojd.com/Support/france24－com，检索时间：2015 年 8 月 11 日。

⑤ 法国 24 小时官网，2013 年年报 http://static.france24.com/infographies/presse/FRANCE24_PressKit_1214_FR.pdf，检索时间：2015 年 8 月 11 日。

⑥ 数据来自法国新闻媒体管理机构网站：http://www.ojd.com/Support/appli－france24－com，检索时间 2015 年 8 月 11 日。

⑦ 数据来自法国新闻媒体管理机构网站：http://www.ojd.com/Chiffres/Le－Numerique/Applications－Mobile，检索时间：2015 年 8 月 11 日。

⑧ 曹怡平：《法国人自己的 CNN——法国 24 小时频道》，《新电视》2007 年第 Z1 期。

⑨ BBC, France launches world TV channel, 6 December 2006: http://news.bbc.co.uk/2/hi/europe/6215170.stm，检索时间：2015 年 8 月 11 日。

⑩ 法国 24 小时电视台官网，2013 年年报，http://static.france24.com/infographies/presse/FRANCE24_PressKit_1214_FR.pdf，检索时间：2015 年 8 月 11 日。

⑪ 法国 24 小时电视台官网，2013 年年报，http://static.france24.com/infographies/presse/FRANCE24_PressKit_1214_FR.pdf，检索时间：2015 年 8 月 11 日。

播》(*Live From Paris*)是法国24小时电视台最重要的电视新闻节目之一。这档节目分别在巴黎时间的早上6:00—10:00、下午1:00—3:00以及晚间6:00—12:00播出。节目基本覆盖国际、国内的所有热点新闻,以每15分钟为一个单位,分别介绍世界各地的政治、经济、文化、体育类以及地区新闻等。在这些单元中,有针对不同地区、不同形式的节目版块。例如,针对阿拉伯地区社会问题的新闻评论节目“社会辩论”,每周四下午4:00点播出,主持人是塔妮亚娜·马萨达(TanianaMassaade)。而其中最受欢迎的当属“马格里布时间”,于巴黎时间每晚9:00播出。节目时长一小时,主要播报北非地区新闻,是《巴黎直播》中收视率较高的版块。

图72 法国24小时的立台口号“平等、自由、时事”

图73 法国24小时电视台新闻直播画面

四、涉华报道

截至2015年8月,在法国24小时电视台的网站上以“中国”(Chine)为关键词进行检索,可以得到超过3000条新闻内容,即平均每月有30余篇报道与中国相关。该台于2006年末建立并推出网站,短短9年时间内播出的涉华报道,在数量上和同类电视新闻网站相比较为丰富。可以说,法国24小时对于有关中国的报道较为重视,报道数量相较同类电视台更多。

在上述检索新闻内容中,涉华报道所涉新闻议题较为广泛,尤以国际政治、经济发展为主要关注点。从涉华报道中出现的关联词及其关联频次来看,相关度最高的关联词分别是美国(386次)、叙利亚(342次)、网络(230次)和联合国(219次),主要涉及中国在国际事务当中的参与,此类关联词还包括法国(190次)、日本(160次)、俄罗斯(139次)、印度(110次)、韩国(87次)等。其次是与经济议题相关的关联词,包括贸易(66次)、经济(65次)、经济危机(60次),与此相关的经济议题涉华报道也占了较大比例。除此之外,还有关于安全(69次)、人权(67次)、环境(65次)、司法(59次)等主题的新闻报道,但在报道数量和报道频率上都不及对中国在国际政治和经济领域的关注。

法国24小时涉华报道主要是关于全球事务和国际关系中,中国的参与和作用。除了自采新闻以外,该台的新闻来源多以法新社为主,因此也在一定程度上沿袭了法新社的客观报道传统。为了更好地凸显自身不同于美国CNN的立场,法国24小时电视台十分重视展现全面的视角和多元的观点。这一特点也体现在涉华报道上。在这些报道中,中国正负面形象兼具。该台对于中国的报道基本持中立的立场。

目前,法国24小时在北京和上海设有常驻机构。现任驻华记者名叫巴蒂蒂斯特·法列夫(Baptiste Fallevoz),中文名字方百醍。在法国24小时的网站上设有他的专栏[①],内容更新至2014年10月。这一专栏的内容涉及题材广泛,既有关于中国内政的香港、台湾问题,有反映文化市场问题的文物拍卖诈骗案,也有基本国策计划生育变化给中国社会带来的影响,等等,其中尤以政治议题的内容居多。发表形式包括文字、图片和视频等,以视频为主。

---

① 法国24小时官网,方百醍专栏,http://www.france24.com/fr/auteur/baptiste—fallevoz/,检索时间:2015年8月12日。

另一位驻华记者名为塞巴斯蒂安·勒贝尔齐克(Sebastien Lebelzic)，曾于2006—2009年在法国24小时担任节目主编，随后出任驻华记者。2009—2013年期间他还曾兼任法国广播电台、《回声报》等其他法国媒体的驻华记者。[①] 目前，他专职负责法国24小时的经济专栏，同时还与中国中央电视台合作，为中国媒体提供新闻培训服务。

法国电视台 France Télévisions

francetélévisions

法国电视台(France Télévisions)是法国国有广播电视集团，法国视听行业的龙头老大。其前身是法国广播协会(ORTF)。法国电视台拥有5个全国性频道、24个地区频道、9个海外频道以及一套完整的数字频道。

一、历史沿革

1974年，法国广播协会被分解为法国电视一台、法国电视二台、法国电视三台、法国广播电台，以及负责广电播出的法国电视广播公司、负责节目制作的法国电视生产公司，还有负责人员培训、研究咨询和资料储存的全国视听研究所(INA)。[②] 其中，法国电视一台(TF1)进行了私有化改革，极大地削弱了其他公营电视台的竞争力。1989年，法国文化部部长雅克·朗(Jack Lang)提议将当时的法国电视二台(Antenne2)和三台(FR3)合并，以便和法国电视一台平分秋色，也有利于国家控制发展卫星电视和有线电视。如此两台合并为法国电视台后，二者于1992年分别改名为法国电视二台(France 2)和法国电视三台(France 3)。2000年，法国电视二台、法国电视三台、法国教育五台以及法国艺术频道和海外一台共同合并，成为法国电视台集团(France Télévisions)。2005年，法国电视台集团又建立了法国电视四台(France 4)。从2007年开始，法国电视台开始通过地面数字电视(TNT, Télévision Numérique Terrestre)播送节目。

表6　历年变更的法国电视台台标

时　间	台　标	时　间	台　标
2002—2008年	francetélévisions	2011年	123456 francetélévisions
2008—2011年	francetélévisions	2012年至今	francetélévisions

在2008年，除了建立以网络电视形式播出的法国教育五台以外，法国电视台集团还进行了一次改革，主要目的是让各个频道之间更好地融合，并增强法国电视台集团的总体品牌效应。此次改革将原先统一的蓝色台标替换为彩色，并根据不同频道的特点，为各个频道赋予了不同的色彩。当时的色彩方案得到了保留。尽管台标后来又几经更换，但仍体现的是法国电视台的整体特点。

目前，法国电视台最高级别的人事任命权归法国总统所有。在2008年以前，这一权力属于最高视听委

---

① 塞巴斯蒂安·勒贝尔齐克个人主页，http://www.lebelzic.com/Sebastien_Le_Belzic/Presentation.html，检索时间：2015年8月12日。

② 黎斌：《世界电视台与传媒机构》，中国传媒大学出版社2005年版，第185页。

员会。

二、发展现状

法国电视台主要包括五个全国性电视频道：法国电视二台、法国电视三台、法国电视四台、法国教育五台和海外一台，相互之间是竞争关系。但是，各个频道之间的定位略有不同：法国电视二台是法国收视率仅次于法国电视一台的综合性大台，体育赛事以及其他重要的节目都在电视二台播出，能满足法国电视观众最基本的收视需求；法国电视三台由 24 个区域性电视台联合组成，以本地新闻内容为主，也有丰富的文化节目；法国电视四台是数字电视台，之前名为“节日”(festival)频道，如今的受众定位是青少年，节目内容主要是法国以及欧洲各国的戏剧、歌剧等文艺作品；法国教育五台主要关注社会问题，节目内容以纪录片和百科节目为主，着力展现当代社会发展以及全球变迁；海外一台也是 9 家海外当地电视分支机构的合称，本地新闻是由当地电视台制作的，每年这部分节目的播出时长能达到 12000 小时，其余时间主要转播法国电视台购买或原创的节目。[①]

如今，每四个法国人中就有三个每周收看法国电视台的节目。2014 年度法国电视台的收视率约在 28.6%，2015 年上半年的收视率是 28.9%，晚 7:00—8:00 点的黄金时间甚至可以达到 30%。[②] 由此可见，法国电视台在国内视听行业中仍占有明显优势。但是，电视行业内部竞争越发激烈，电视行业本身也在受到冲击。法国电视台的年收入从 2012 年的 29.04 亿欧元下降到 2013 年的 28.39 亿欧元，再一路跌至 2014 年的 28.07 亿欧元，下降了 3%左右。[③] 在创造收益最高的节目中，排名前五位的分别是新闻类、电视剧、电视杂志、体育类以及娱乐节目。

图 74　法国电视台旗下各大网站

法国电视台网站在 2014 年共获得了 1080 万次点击量，比 2013 年增长了 9%。法国电视台集团在同类视频新闻网站中的点击量最高，包括手机和平板电脑在内的移动客户端访问量共计 2620 万次，比去年翻了一番。

三、报道特点

作为公共电视集团，法国电视台的核心任务自然是为公众服务。法国电视台的口号为：“法国电视台，满足您所有需要。”(France Télévisions ： vous avez tous les choix.)要做“所有法国人的电视台”，节目内容尽可能地覆盖到各个层次。法国电视台具备公共电视台必备的发布国内国际新闻、教育民众、民主辩论等功能，也承担为法国民众提供优质的文化艺术节目以及体育赛事等的职责。

在全面覆盖各个层次内容的基础上，各个电视台也在逐渐走向差异化的道路。为了更好地履行公共电视台的职责和义务，法国电视台在影视作品创作以及电影发展上倾注了更多的资金支持。尽管近年来法国经济不甚景气，财政预算趋紧，但 2013 年仍投入 4.73 亿欧元，用于支持法国公营电视台的发展。此外，法国电视台的运营收入主要来自于电视许可证以及广告收入。

---

① 法国电视台集团官网：http://www.francetelevisions.fr/groupe/chaines/，检索时间：2015 年 9 月 2 日。

② 法国电视台集团官网：http://www.francetelevisions.fr/index.php/groupe/chiffres—cles，检索时间：2015 年 11 月 25 日。

③ 数据检索自法国电视台集团官网：http://www.francetelevisions.fr/chiffres_cles，检索时间：2015 年 11 月 25 日。

图 75 法国电视台总部大楼

四、涉华报道

法国电视台集团的新闻报道较为庞杂，这里仅以法国电视台中新闻报道最权威、最专业化的新闻频道网站为样本进行统计。在国际新闻频道的中国专栏下，法国电视台写道："中国如今是世界第一大经济体，拥有数千年历史文化。在开放和封闭、资本主义和共产主义、传统和现代之间，中国魅力独特，却也因其复杂性和巨大财富而令人望而生畏。近二十年来中国发展飞速，在世界舞台上独占鳌头，中国政府越发具有影响力。现任国家主席习近平将直面中国更多问题。"①

截至 2015 年 11 月，在新闻频道的中国专栏下，法国电视台共收录了自 2012 年 11 月起的涉华新闻 238 篇。

图 76 法国电视台驻中国北京的首席记者夏翁

2015 年 8 月 30 日，法国电视台网站发表了一篇题为"中国经济是否已经筋疲力尽？"②的文章，内容主要是对总部设在香港的法国天使投资人戴维·巴弗雷(David Baverez)的采访。文章引用大量官方公布的数据来说明中国经济的现实，但是其中也不乏对于这些数字的质疑和揣测。例如，被采访者认为中国 4% 的失业率水分来自于中国大量机构中存在用人冗余现象，并以中国人都买得起苹果手机来证明中国人的工资收入水平足够高。

法国电视台在北京设有驻华记者站，首席记者中文名叫夏翁（Alain de CHALVRON)。夏翁自 2010 年 9 月开始驻京，主要负责中国和亚太地区的报道工作。③ 他曾经就中国的政治、教育④、中国文化等多个主题进行过采访报道。

除此之外，法国电视台的多个频道也设有自己的驻华记者，其中包括在 2000—2006 年间驻华的记者菲利普·罗授(Philippe Rochot)。

---

① 中国专栏，检索自法国电视台网站官网：http://www.francetvinfo.fr/monde/chine/，检索时间：2015 年 11 月 22 日。

② 法国电视台网站：le modele chinois est－il arrive a bout de soufflé? 2015 年 8 月 30 日，http://www.francetvinfo.fr/economie/crise－financiere－en－chine/le－modele－chinois－est－il－arrive－a－bout－de－souffle_1058785.html，检索时间：2015 年 11 月 25 日。

③ 法国电视台驻京首席记者：《真实的中国在乡下》，2012 年 9 月 10 日，检索自腾讯新闻：http://news.qq.com/a/20120904/000881.htm，检索时间：2015 年 9 月 2 日。

④ 《法国电视台驻京记者站全面采访报道我校中法工程师学院》，《北京航空航天大学校报》第 844 期(第 01 版：综合新闻)，2012 年 5 月 1 日，检索自：http://buaa.cuepa.cn/show_more.php? doc_id＝610386，检索时间：2015 年 9 月 2 日。

法国电视一台 Television Française 1

TF1

法国电视一台(*Television Française 1*,简称 TF1)正式成立于 1975 年,是目前法国第一大商业电视公司,总部设在巴黎。法国电视一台目前是法国国内电视市场占有率最高的免费电视频道,其所在的法国电视一台集团也是欧洲首屈一指的传媒集团。

一、历史沿革

法国是世界上最早开始电视实验的国家,20 世纪 30 年代末就开始有经常性的电视节目播出。当时是法国国营广播(RTF, Radio diffusion－Television Française)开办的第一家电视频道,名字叫作第一频道(la première chaîne)。当时的法国电视,政治上向政府靠拢,突出喉舌作用;文化上倾向于传播经典,并以精致的形式呈现给观众。① 1964 年,法国国营广播改制成为法国广播协会(ORTF, Office de Radio diffusion－Television Française)。1974 年,法国广播协会被分解为法国电视一台、法国电视二台、法国电视三台、法国广播电台、负责广电播出的法国电视广播公司、负责节目制作的法国电视生产公司以及负责人员培训、研究咨询和资料储存的全国视听研究所(INA),第一频道也是在 1975 年正式更名为法国电视一台(Television Française 1),成为独立机构。此时的法国电视一台依然是国营电视台,但是由于政府控制传媒的同时财政投入不足,导致节目质量下滑。②

1986 年 9 月,法国议会通过法律,决定对电视一台实行私营化改革。经过一番激烈的竞争,法国著名商业集团布伊格集团收购了法国电视一台,法国电视一台也因此成为世界上第一个被私有化的公营电视台。③ 法国电视一台的私有化给法国电视行业带来了不小的震撼,主要表现在电视运作模式和内容向市场靠拢。法国电视一台付高薪争夺明星主播,出高价抢转播合约,增加了电视的娱乐性和商业性,改变了法国电视原有的官方色彩和政治意义。1987 年刚实现私有化时,周播约 110 小时,覆盖全国 90%以上。私有化以后的法国电视一台继续保持传播市场上的强势地位,1990 年拥有占全法国 40%左右的电视受众,营业额达到 53 亿法郎,盈利 2.17 亿法郎,并于 1991 年开始实现全天候播出。反观国营的电视二台和三台,营业额分别为 34 亿和 30 亿法郎,分别亏损了 7.44 亿和 1.79 亿法郎,观众份额分别为 22%和 11%。而法国电视一台在私有化后的十年里营业额翻了一番。

二、发展现状

法国电视一台目前是法国占领市场份额最大的免费电视频道,也是欧洲电视行业首屈一指的电视集团。法国电视一台下设有新闻频道、欧洲体育频道、纪录片频道以及 TPS 卫星公司。目前,法国电视一台直接持股 8 个专业频道,通过 TPS 间接持股 12 个专业频道。法国电视一台如今是一家上市股份公司,主要股东是布伊格集团和兴业银行,盈利主要靠广告收入,没有任何国家补贴。

目前,法国有 130 多个电视台,法国电视一台依然占有最大的市场份额。自 1987 年以来,法国电视一台就是法国收视率最高的电视频道,曾一度占有半数以上的市场。伴随着各个私营电视台的崛起和新媒体的冲击,这一比例在逐年下降,并曾在 2012 年达到最低点。通过法国电视一台艰难而大步的改革,收视率有所回升,但

---

① 〔法〕弗雷德里克·巴尔比耶,施婉丽译:《从狄德罗到因特网——法国传媒史》,上海人民出版社 2009 年版,第 239 页。

② 唐世鼎:《世界电视台与传媒机构》,中国传媒大学出版社 2005 年版,第 185 页。

③ 贾玉敏:《文化保护与市场化进程中的法国广电业》,《当代传播》2001 年第 4 期。

图 77 NT1 电视台王牌综艺节目《秘密故事》(*Secret Story*)

是，能否抵挡住媒体变革洪流的冲击，法国电视一台的前途还未可知。截至 2015 年，法国电视一台的收视率占全法国的 21%～22%，比排名第二位的法国电视二台高出七个百分点。法国电视一台依然在法国电视市场上占有绝对优势。

法国电视一台一直以来致力于单一频道的节目制作，但是自 2003 年，法国对于有线电视、卫星频道等电视平台许可证费用进行下调，多频道电视领域迅速发展，让原有的单一频道电视台成本相对增加。因此，法国电视一台通过收购法国国有电视台的历史频道等手段，也走上了多频道经营的道路。①

除了法国电视一台频道外，法国电视一台集团还拥有 NT1 电视台的所有权以及蒙特卡罗电视台(TMC)的部分股份。NT1 电视台是 2009 年被法国电视一台集团完全收购的，法国电视一台对其进行了从电视制式到节目定位的全方位改造，并让 NT1 电视台瞄准青少年市场。② 如今 NT1 电视台有明确的定位和固定的观众群体，收视率常年稳定在 2%③左右。蒙特卡罗电视台的法语部分主要凭借地理优势在法国南部播出，以娱乐节目和影视剧为主，新闻节目主要依托“新闻频道”(LCI)，收视率常年高于 3%。

三、报道特点

在新闻报道方面，法国电视一台有专门的新闻频道(LCI，La chaîne Info)。“新闻频道”是法国第一家专业电视新闻频道，开办于 1994 年。“新闻频道”十分重视其报道的深度以及立场。在电视新闻报道策略上，它借鉴了法国《费加罗报》《回声报》等政论大报的做法，也曾与《世界报》《费加罗报》这样的主流媒体进行合作。该台的报道注重呈现出不同的观点，进而阐释出自己的立场。“新闻频道”的新闻报道是精英式的，关注财经新闻，关注巴黎地区，对法国其他地区的报道比例明显较低。近年来，“新闻频道”也遭遇了很多后起的竞争对手，比如 Canal Plus 集团推出的 iTELE 新闻频道，以及 NextRadio TV 开办的商业调频电视台(BFMTV)。

法国电视一台的节目内容十分丰富，除了新闻频道之外，大量优质的非新闻节目也是吸引受众的法宝。法国电视一台的日常节目中，收视率最高的是电视剧和娱乐节目④。该台大量引进《实习医生格蕾》《绝望主妇》等美剧迎合市场，取得了很好的效果。2015 年上半年的收视报告显示，法国电视一台上半年覆盖观众 800 万。89%的晚间节目都是该时段的收视冠军。50 岁以下的妇女有 32%收看法国电视一台的节目，这部分观众是家庭消费主力军，也是广告商的目标。⑤ 而在重大体育赛事面前，法国电视一台通过购买独家转播权在收视率上独占鳌头。自 2002 年起，法国电视一台一直包揽世界杯在法国的独家转播权。⑥

体育赛事转播累积下的强大的观众基础，让法国电视一台在无体育赛事期间也受到广告商的青睐。2015

---

① 唐世鼎：《世界电视台与传媒机构》，中国传媒大学出版社 2005 年版，第 187 页。

② 《新观察家报》：NT1 se tournerésolumentvers les jeunesadultes，2010 年 9 月 17 日，http://teleobs.nouvelobs.com/tendances/20130327.OBS7447/nt1－se－tourne－resolument－vers－les－jeunes－adultes.html，检索时间：2015 年 9 月 7 日。

③ Mediametrie 法国电视收视率统计机构：《2014 年法国全年收视统计》，http://www.mediametrie.fr/television/communiques/telecharger.php?f=4f284803bd0966cc24fa8683a34afc6e，检索时间：2015 年 9 月 7 日。

④ Mediametrie 法国电视收视率统计机构：《2015 年 4 月收视统计》，http://www.mediametrie.fr/television/communiques/l－audience－de－la－television－au－mois－d－avril－2015.php? id=1259，检索时间：2015 年 9 月 6 日。

⑤ 法国电视一台集团：《2015 年上半年集团报告》，2015 年 7 月 23 日，http://www.groupe－tf1.fr/sites/default/files/communiques/s1_2015_cp_fr.pdf，检索时间：2015 年 9 月 7 日。

⑥ 《世界报》网站：http://www.lemonde.fr/sport/article/2002/05/27/tf1－s－assure－l－exclusivite－des－deux－prochaines－coupes－du－monde－de－football_277534_3242.html，检索时间：2015 年 9 月 7 日。

年上半年广告营业额达到77.47亿欧元，比2014年播放世界杯期间还高0.6%。

四、涉华报道

法国电视一台对中国的关注程度较高。截至2015年9月，在法国电视一台新闻频道的网站搜索“Chine”(中国)可以获得8000余条结果，搜索“Pékin”(北京)也可以获得近3000条结果。搜索结果多为法国电视一台的自采新闻，其中半数以上是文章，视频新闻占四分之一左右。涉华报道的内容侧重于对中国经济发展的报道，承认中国经济发展取得的成就以及如今对于世界的影响力。法国电视一台对于2015年中国股市震荡十分关注，从各个侧面立体的全方位地报道了股市震荡对于中国、法国乃至全球经济的影响，同时它也对中国媒体对股灾的避而不谈表达了不满。

图78 法国电视一台报道股灾中中国媒体的避讳

TF1：En Chine，un Krachboursierni vu niconnu，2015年8月26日，http://lci.tf1.fr/videos/2015/en－chine－un－krach－boursier－ni－vu－ni－connu－8648613.html? xtmc=chine&xtcr=23，检索时间：2015年9月7日。

法国电视一台对于中国社会新闻报道不遗余力，在2015年上半年网站的涉华新闻中，社会新闻的比重甚至要高于中国经济和政治报道。该台对于2015年8月12日天津滨海新区危险品爆炸事件进行了长达一周的追踪报道，十余篇文章和数条视频新闻分别从事故进展、原因、影响以及问责等方面进行调查。它基本上做到了真实报道天津爆炸事件的经过，客观地还原了灾后情况以及舆论环境，同时反映了中国官方媒体的问责并指出其还应该为此事的调查施加更多的舆论压力①。但是，法国电视一台对于中国的社会新闻报道并不都能做到客观公正，也会出现一些未经证实的奇闻怪事，例如中国犯罪团伙在巴黎用中药药物催眠洗劫路人②等。

图79 中法建交50周年时《城市之间》节目特别版

法国电视一台曾经和中央电视台CCTV－5联合主办过综艺体育节目《城市之间》(*Interville*)。《城市之间》原本是一档在法国电视一台热播的综艺体育类节目，在法国拥有40多年的历史，是该台的王牌综艺节目之一。两台联合主办的《城市之间：北京－巴黎》特别节目曾在法国引发中国热。2005年，CCTV－5将法国电视一台的国际版《城市之间》引进中国，也受到了中国观众的广泛好评。

法国电视一台曾播放过辱华纪录片《我在亚裔社会卧底》，将法国亚裔社群描绘成暴力泛滥、非法贸易横行、充满罪恶的社会，引起了华人社团的极大愤慨。随后，法国最高视听委员会裁定《我在亚裔社会卧底》损害了华人的形象，这位名为夏尔·维尔纳夫(Charles Villeneuve)的记者也遭到了解职。③

---

① TF1：Explosion de Tianjin：la colère des familles，des riverains... et même des médiasofficiels，2015年8月17日，http://lci.tf1.fr/monde/asie/tianjin－colere－des－familles－inquietude－des－riverains－critique－8645459.html? xtmc=chine&xtcr=20，检索时间：2015年9月8日。

② TF1：Paris：deux femmes ensorcelaient des personnesâgées pour les escroquer，2015－9－1，http://lci.tf1.fr/france/faits－divers/paris－deux－femmes－ensorcelaient－des－personnes－agees－pour－les－8650327.html? xtmc=chine&xtcr=3，检索时间：2015年9月8日。

③ 中新网：《旅法华人打赢维权战要求“辱华”电视节目道歉》，2008年4月15日，http://www.chinanews.com/hr/ozhrxw/news/2008/04－15/1220674.shtml，检索时间：2015年9月8日。

法国广播公司 Radio France

法国广播公司(Radio France,简称 RF)是法国的国营广播公司,正式成立于 1975 年,前身是法国广播电视组织(ORTF)下属的广播机构。

一、历史沿革

在 1974 年之前,法国的公共广播电视统一归由法国广播电视组织(L'Office de Radiodiffusion－Télévision Française,简称 ORTF)管理。到 1974 年年底,法国广播电视组织进行改组,逐步分解为七个独立的媒体机构,其中包括法国广播公司。改组后的法国广播公司依然属于国有性质,除了保留了原先的法国国际频道(France Inter)、法国新闻频道(France Info)、法国蓝色频道(France Bleu)、法国音乐频道(France Musique)和法国文化频道(France Culture)之外,还创立了如法国国际广播电台(RFI)这样具有影响力的国际广播电台。

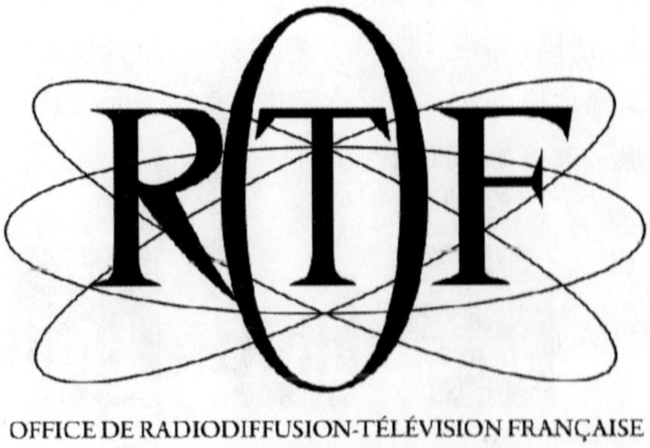

图 80 法国广播电视组织 ORTF

改组初期,法国广播公司发展良好,彼时广播听众较多,随着许多以境外媒体名义开办的私营电台悄然崛起,法国的广播听众市场悄然发生了变化。1981 年,以密特朗为首的法国社会党执政后,分别于 1982 年 7 月、1986 年 9 月和 1989 年 1 月通过了具有划时代意义的广播电视法律,允许开办私营广播电台和电视台,加强广播电视行业的竞争。其中,1982 年颁布的新法令对法国广播公司的发展产生了重要影响。根据此法令,法国政府解除了国家对于广播行业的垄断,新的商业广播电台纷纷兴起。1987 年,法国国际广播电台也脱离法国广播公司,成立了独立的子公司。

音乐频道是法国广播公司的一个主要发展方向,法国广播公司从立台时就专门创建了法国音乐频道以及地区性音乐频道 FIP(France Inter Paris)。到 1997 年时,法国广播公司建立了专门的数字音乐电台 Le Mouv'。2014 年 5 月,法国广播公司又成立了一家以网站为依托的音乐广播电台——法国广播八台(RF8),[①] 以及其他一些分类音乐电台。

二、发展现状

目前,法国广播公司开设有十余个广播频道,除了改组前继承的几个频道以外,还创办了很多新频道,以音乐频道为主。由法国最高视听委员会(CSA)发布的《2014 年下半年法国视听行业数据报告》(*Les chiffres clés de l'audiovisuel français－Edition du 2nd semestre* 2014)显示,法国广播公司在法国广播行业所占的广告市场份额不大,只有 2%～3%。而听众数量则达到人口比例的 7.5%。[②]

自 2006 年以来,法国广播公司开始向数字化方向转型。2012 年,法国广播公司开始以网络播客(Podcast)形式播送节目,在 ITunes、Winamp 等平台上免费提供下载。最近几年间,法国广播电台新媒体运营成绩斐然,

---

① 法国广播公司网站:Radio－France lance rf8 sa nouvelle offer, 2014 年 5 月, http://www.radiofrance.fr/espace－pro/espace－presse/communiques－de－presse/2014/05/radio－france－lance－rf8－sa－nouvelle－offre,检索时间:2015 年 11 月 4 日。

② 法国最高视听委员会网站:《2014 年下半年法国视听行业主要数据》, http://csa.fr/Etudes－et－publications/Les－chiffres－cles/Les－chiffres－cles－de－l－audiovisuel－francais－Edition－du－2nd－semestre－2014,检索时间:2015 年 11 月 25 日。

手机客户端访问量一直在增长。2013 年 5 月客户端访问量为 53 万,而到了 2014 年 10 月已经增长到 100 万以上,在 2015 年 1 月曾经达到 136 万。最新的数据显示,法国广播电台的客户端的 2015 年 4 月访问量是 116 万,在时事新闻类客户端中排名第 35 位。

三、报道特点

法国广播电台的报道特点由其国家所有性质决定,国有广播公司的广播节目主要是为了服务大众,因此,法国广播电台节目主要传播法国文化,满足广大法国人民的需求,履行其教育和服务社会的使命。另一方面,法国广播电台为法国发展文化产业服务,积极为法国艺术家提供展现自己的平台。除了传播自己的文化,法国广播电台也致力于向法国民众展现世界各地的民族文化。

法国广播公司采取差异化的经营策略,不同的频道内容定位不同,也吸引了不同层次的受众。在节目设置上,法国广播公司以音乐频道为主,以音乐类型等作为区分,兼有音乐新闻报道。而在综合新闻播报方面,法国新闻广播(France Info)是其主要的新闻播送平台,担负着新闻报道的重要职责。法国国际频道(France Inter)也是重要的新闻播送平台。

图 81　法国广播公司旗下各个频道的台标

四、涉华报道

法国广播公司旗下的各个频道特点不同,涉华报道的数量、题材以及价值取向均有所差异。这里主要以将新闻业务作为核心的法国新闻频道的涉华报道为例进行分析说明。

相对来说,法国新闻频道对于中国报道数量较少,2015 年 1 月到 5 月期间只有 41 篇。其中,主要是文化类报道,共计 15 篇,其次是政治报道 12 篇、经济类报道 8 篇。另外,几乎每个月都会有一到两篇关于中国环境问题的报道,①显示出该报对中国越来越严重的环境问题日趋关注。在政治类报道中,涉及宗教、人权(如西藏问题)等议题时,报道立场比较偏激,而对于中国内政(如反腐等)则持中立立场。

图 82　法国新闻频道报道中国首架国产大飞机 C919

另外,法国国际频道也较为侧重新闻节目,但是该频道对于中国的报道数量也不多。在为数不多的涉华报道中,经济和文化类新闻是报道重点。以 2015 年前 5 个月的新闻报道为例,法国国际频道每个月都会有文化新闻,在中法两国之间有经济交流合作时则会集中发布有关中国经济的报道,偶尔有政治、环境和社会新闻。

① 法国新闻频道:《中国专题》,http://www.franceinfo.fr/liste/Chine,检索时间:2015 年 11 月 25 日。

就报道立场来看，法国新闻频道的涉华报道中有不少负面报道。例如，2015 年 11 月 12 日，该频道报道称，“酷刑在中国监狱中依然普遍存在”。[①] 对于两岸领导人见面的报道中，则多处使用“两国总统”这样的不恰当字眼。而在经济报道中，法国新闻频道基本可以客观地报道中国的经济发展成就等。在中国推出首架国产大飞机 C919 时，法国新闻频道的报道肯定了中国航空技术的发展，承认中国这一突破将打破 50 年以来的双巨头垄断局面。但是同时，法国新闻频道也不乏情绪化地表示：“令人欣慰的是，即使中国技术进步飞速，要完全满足自身需要也还要等待数年。”

法国国际广播电台 Radio France Internationale

法国国际广播电台（Radio France Internationale，简称 RFI，汉语简称“法广”）隶属于法国世界媒体集团（France Médias Monde），是仅次于英国广播公司（BBC）和美国之音（VOA）的第三大国际广播电台。法国国际广播电台现已成为集文字、声音、图像于一体的多媒体电台，能够及时、迅速地向全球播报各类优质新闻，内容囊括世界各地的政治、经济、体育、社会及文化活动等方面。

一、历史沿革

法国国际广播电台成立于 1931 年，前身是法国殖民地电台，当时主要服务于法属赤道非洲。1938 年，电台更名为“巴黎 世界电台（Paris－Mondia）”。1939 年，更名为“巴黎电台（Radio Paris）”。1975 年，电台最终更名为法国国际广播电台，隶属于法国广播集团（Groupe Radio France）。

1986 年，法国政府通过一项新法令，规定法国国际广播电台的运营可独立于法国广播集团之外。此后不久，在“法广”基础上成立的法国国际广播集团（Groupe Radio France Internationale）问世。如今，法国国际广播集团旗下拥有包括法国国际广播电台、蒙特卡洛中东电台（RMCMoyen－Orient）、巴黎－里斯本电台（Paris Lisbonne）、“法广”－索菲亚电台（RFI Sofia）以及设在罗马尼亚的“法广”－三角洲电台（Delta RFI）在内的多家电台。

此后，在时任法国总统萨科齐的推动下，法国政府于 2007 年大力深化对外广播系统改革，并在一年后成立法国对外视听传播公司（Société de l'audiovisuel extérieur de la France），将法国国际广播电台、阿拉伯语蒙特卡洛中东电台（Monte Carlo Doualiya）和法兰西 24 小时（FRANCE 24）三家主要对外视听媒体并入新公司。法国政府将“打造法国的 BBC 电台”[②]确立为新公司的发展宗旨。2013 年 6 月 27 日，法国政府将对外视听传播公司正式更名为“法国世界媒体集团”。

图 83 三强联合组成的“法国世界媒体集团”

---

① 法国新闻频道：Les cas de torture sont “monnaie courante” en Chine, selon Amnesty，2015 年 11 月 12 日，http://www.franceinfo.fr/actu/monde/article/les－cas－de－torture－sont－monnaie－courante－en－chine－selon－amnesty－744999，检索时间：2015 年 11 月 25 日。

② 雷霏：《法国对外广播的改革与发展——以法国国际广播电台为例》，2011 年 8 期。

二、发展现状

如今,法国国际广播电台已经成为世界第三大国际广播电台,仅次于英国广播公司(BBC)和美国之音(VOA),与德国之声(Deutsche Welle)并列。目前,法国国际广播电台由法国外交部资助运营。其受众范围广泛,广播语言众多,包括法语、英语、法语(非洲地区)、斯瓦希里语、豪萨语、罗马尼亚语、波斯语、西班牙语、葡萄牙语、葡萄牙语(巴西)、俄语、柬埔寨语、越南语、汉语等。近年来,法国国际广播电台取消了部分收听率不佳的语种,其中包括德语、阿尔巴尼亚语、波兰语、阿拉伯语、保加利亚语、老挝语等。

法国国际广播电台是法国国内第一大广播电台,其技术、制作、语言及多媒体优势明显,国际影响力显赫。每天,"法广"均由巴黎总部与其派出在全世界的共约400名记者进行新闻播报与节目广播。据统计,每周全球范围内收听"法广"的听众高达近4000万;每月,通过手机应用程序等新方式浏览"法广"网站的数据更是早已上升到数以千万计。[①]

在管理体制方面,"法广"实行董事会管理制。董事会常设12个席位,包括2个议会席位、4个政府席位、4个广播电视管理机构席位以及2个媒体雇员席位。董事会成员任期一般为3年。法国法律明确规定,政府及广电机关不得直接操控媒体。但由于"法广"运营资金严重依赖政府及广电机关的财政拨款,因此其不得不受政府及广电机关影响。因此,收视费、商业广告费和节目赞助费等"法广"主要的收入来源分配比例均由法国议会决定。[②]

法国国际广播电台的主要频道有——

法国国际频道(France Inter):1963年设立,在法语广播中居首要地位。该频道内容覆盖面十分广泛,涉及新闻、辩论、娱乐、文体等众多领域,几乎不存在缺失。该频道常设一档音乐节目,50%的内容均为法语音乐,其中一半来自歌坛新秀。

法国信息频道(France Info):1987年设立,以新闻更新频繁及时著称。该频道有150余名记者为其不间断地提供信息,几乎可涵盖国内外所有时段的重要信息。其不同于欧洲甚至全世界的独特信息渠道及运营模式使其受益匪浅。据统计,截至2013年6月,该频道每日听众数量达430多万。

法国蓝色频道(France Bleu):在全法共设有44个工作室,几乎覆盖国内所有地区。不仅播报国内外重要新闻,还及时准确地提供地区有关信息,包括天气、交通和突发事件等日常信息。

法国文化频道(France Culture):主要播报国内外思想和文化领域信息,旨在传播思想,丰富民众世界观,为民众提供了解异域文化的机会。其广播形式多样,包括小说、纪录片和杂志等。

MOUV 频道:专为年轻人设置的音乐频道,受众范围主要为15—30岁的年轻听众。该频道紧紧抓住年轻人的心理特征,时常用诙谐幽默的语言进行播报,已成为法国年轻人的传话筒。

FIP 频道:一个特点鲜明的音乐分享平台。其崇尚快乐音乐理念,不播放任何广告,不受政治因素影响。该频道每日约播放300首不同曲目,每年约播放超过11万首曲目。这些曲目时常为其他电台不会出现的各类电影插曲和配乐。

三、报道特点

"法广"坚信多元化信息传播理念,除电台节目门类齐全外,其意见表达也可谓五花八门。其社会职能广泛,不仅扮演信息传播者的角色,同时还充当了文化艺术传播的使者。在运行过程中,"法广"以广播和音乐制作为起点,大力加强文化传播,根据听众意见,努力改善教育及娱乐功能。

作为信息传播者,"法广"以公告、报纸、新闻、杂志、调查报告等众多方式进行信息传递,重点关注国内外政治文化领域信息。仅以2011年2月为例,在法语频道广播中,新闻时事类节目主要涉及政治、经济、文化、体育

---

① "法广"中文台网站:http://cn.rfi.fr/关于"法广",检索时间:2015年10月19日。

② 陈中原:《世界公共服务传媒管理体制浅析——以外国广播电视系统为例》,《新闻学论集》1999年第22期。

和天气内容，占总播放时间的64%，占总栏目数的59%，处于主导地位。“法广”的新闻更新及时快速，24小时不间断播放新闻，早、中、晚播放有关专家学者对热点时事的新闻评述，每小时播放10分钟新闻报道，每半小时推出3分钟最新资讯。除此之外，其推出的《简明法语新闻》节目面向全球法语学习者，后者可以以收听新闻的方式进行法语学习。官网也提供海量免费法语学习资料，与法语爱好者们一同分享。[①]

同时，在音乐方面，“法广”将音乐的真实性与听众的喜好相结合，播放种类齐全，古典音乐、现代音乐、电子音乐、爵士乐、传统音乐、世界音乐及摇滚乐等都是其常客。此外，“法广”尤其重视创新能力，它频繁地通过创办音乐会等活动鼓励音乐创作，发掘新兴歌手。

长期以来，保证新闻报道的客观性和理念多元性一直是“法广”的重中之重。其在全球设有9家办事处，同时拥有来自50多个不同国家的、极具经验的专业性记者团队，信息来源的准确性及时效性得到有效保障。其记者团队职业素养非凡，一贯坚持“尊重事件真实性、尊重受访人和采访内容、尊重职业操守”[②]的“三个尊重”原则。但是，由于“法广”的财政收入主要来自政府经费，其“独立、客观、诚信和多元化”的节目制作原则仍会受到一定的影响。数据显示，2010年，“法广”98%的财政收入来自政府拨款。

四、涉华报道

1989年6月8日，“法广”华语节日正式播出。起初每日只进行30分钟的播报，现今已增加到每日3小时，全球及巴黎大区的华裔听众均可通过网络直播、卫星、播客等方式收听。华语广播在每时段的前15分钟进行新闻播报，全方位报道国际重大时事、中国新闻和法国与欧洲新闻的，并从多角度、宽领域分析新闻本身，为听众带来及时、准确的一手信息。

“法广”的华语广播节目均由各位记者独立主持制作，主要节目包括“国际要闻”“要闻解说”“法国报纸摘要（周一至周五）”“法国舆论看中国（周末）”“香港传真（周六）”“台北一周（周日）”“当今世界”，涉及政治、经济、社会、军事、文化、环保、艺术、科技、旅游等众多领域。“法广”拥有广阔的国际视野，在播报新闻的同时，注重从全球角度出发，分析事件的来龙去脉，力图真实地反映人类社会文明发展的多样性。“法广”中文部由16名常设记者、8名非常设记者和15名海外特约记者组成。[③] 现任中文部主任为法籍华人陈彦。

“法广”高度重视涉华报道，其知名记者史蒂芬·拉加德曾表示：“对中国进行全方位的报道，是所有海外驻华记者的首要任务。”他认为，“法广”正尽力在法国乃至全球听众面前展示一个真实的中国，“随着中国国际地位的提升，全球媒体都在努力报道中国，中国未来五年的发展，对中国、对世界都至关重要”。[④]

与此同时，同其他西方媒体一样，受意识形态左右，“法广”也不乏持有双重标准，偶尔发出对华带有主观偏见性质的批评性报道。2010年3月13日，“法广”在一篇标题为《诺奖得主谈中国崛起的影响》的文章中，援引诺贝尔奖得主、美国经济学家约瑟夫·斯蒂格利茨（Joseph E. Stiglitz）的评论：“中国的崛起首先将导致全球在原材料以及能源领域的全面竞争；其次，中国的崛起将使联合国更加难于在气候领域达成协议，因为，谁也不能指望中国按照他国的要求行事；最后，中国的崛起必将使全球的贸易冲突日益激烈，因为中国的大量出口正在日益加剧发达国家的失业问题。”[⑤]虽然引用的是第三方的观点，但该观点并非客观，反而充满了对中国的偏见。

2010年3月31日，“法广”在《中国再爆问题疫苗丑闻》的报道中称：“继山西‘毒疫苗’事件后，中国再次爆出‘问题疫苗’丑闻。著名疫苗生产商被查出疫苗生产过程中长期故意造假，大批问题疫苗已流入市场，估计至少超过100万人受害。”“法广”抓住法国人对数字的敏感性，刻意用“100万”来吸引眼球。该条新闻并没有提供信息来源，并通篇使用“估计”这种违背新闻真实性原则的词汇，背离了公正、客观的轨道。

---

① 雷霏：《法国对外广播的改革与发展——以法国国际广播电台为例》，2011年第8期。

② 雷霏：《法国对外广播的改革与发展——以法国国际广播电台为例》，2011年第8期。

③ 赵万智：《制造“他者”——法国国际广播电台报道中的中国形象》，2010年第8期。

④ 王露露：《欧洲法语媒体中的中国形象》，《中国记者》2013年第7期。

⑤ 赵万智：《制造“他者”——法国国际广播电台报道中的中国形象》，2010年第8期。

法国新闻社 Agence France-Presse

法国新闻社(Agence France-Presse,简称 AFP,中文通常简称“法新社”),总部位于法国巴黎。该通讯社成立于 1944 年,是欧洲最早的三大通讯社之一,在全球新闻市场上,与路透社(Reuters)及美联社(Associated Press)形成三足鼎立的局面。法新社是世界三大通讯社中历史最为悠久的一家,同时也是最具有国家色彩的新闻通讯社。

一、历史沿革

法新社的前身是“哈瓦斯通讯社”(L'Agence Havas),是由法国银行家夏尔·哈瓦斯(Charles Havas)于 1835 年创立的全世界第一家通讯社。哈瓦斯通讯社每日出一份新闻稿供给报刊、使馆、政府机关和银行,该社自称为“报纸的报纸”,新闻供稿原则是“迅速和优质”。[①]

1870 年,哈瓦斯通讯社与英国的路透社、德国的沃尔夫社(Wolff Telegraphen Bureau)和美国的美联社签订了著名的“三边四社协定”,又叫“联环同盟”。根据该协定,四大新闻社建立了对世界新闻市场的瓜分垄断体系,一边树立世界舆论,一边也开始操纵舆论。19 世纪 80 年代,电话、电传打字机和长波广播的广泛使用大大提高了通讯社的工作效率与质量,新闻数量从此飞速增长。20 世纪 30 年代,短波无线电的使用对新闻传播领域产生了巨大影响,各国间的新闻交流更加便利,同时也增强了哈瓦斯社在国际新闻界的影响。

19 世纪 40 年代是哈瓦斯社在发展道路上的转折点。“二战”法国沦陷期间,哈瓦斯社在德国纳粹的管制下,被迫进行诸多改变,失去了原有的风貌。1944 年,巴黎解放,法国抵抗运动力量接管了哈瓦斯通讯社。同年 9 月 30 日,在戴高乐临时政府的指导下,在哈瓦斯通讯社的原址上组建了法国新闻社。当时,法新社是法国官方通讯社,社长由政府任命,经费由政府拨款支持。1957 年 1 月 10 日,法国国民议会通过法新社改组章程,规定该社为“独立的公共企业”,社长不再由政府任命,经费依靠向订户出售新闻收入,从而在形式上取得了独立地位。章程还规定,法新社应准确、迅速、清晰并完全独立地向全世界各地发布消息,报道分别用法、英、西、德、阿、葡文供稿。此后,法新社进入了稳定的发展阶段。[②]

二、发展现状

法新社总部位于法国巴黎,在全球 150 个国家设有 200 个分社,拥有 4600 余位客户。新闻部、总务部、技术部是法新社的三大业务部门。法新社的现任首席执行官是埃马纽埃尔·胡格(Emmanuel Hoog)。截至 2014 年年底,法新社拥有 2326 名雇员,其中记者 1575 名。法新社的五颗通讯卫星以及位于全球各地的 2000 个卫星地面站为其组成了完善的全球新闻发布网。[③]

法新社处于法语新闻行业的顶端,在全球新闻市场上同样占据着不可替代的位置。每天,法新社都会用包含英、法、西、德、阿、葡文等在内的多种语言发布超过 5000 份报道、3000 张图片、250 条视频新闻,[④]真正意义上实现了全球范围内的全天候、全覆盖。

作为独立的公共企业,法新社的领导机构主要由 3 个组织构成:

---

① 刘笑盈:《国际一流媒体系列介绍之九——历史最为悠久的世界级通讯社:法新社》,《对外传播》2009 年第 9 期。

② 刘笑盈:《国际一流媒体系列介绍之九——历史最为悠久的世界级通讯社:法新社》,《对外传播》2009 年第 9 期。

③ 法新社官网:http://www.afp.com/en/agency/afp－in－numbers/,检索时间:2015 年 9 月 1 日。

④ 法新社官网:http://www.afp.com/en/agency/afp－in－numbers/,检索时间:2015 年 9 月 1 日。

(1)行政评议会,即管理委员会,由1位首席执行官和15位董事组成,负责社长的任命及预算的批准。管委会的日常运营由法新社社长兼总经理主持。这是法新社的最高领导机构。

(2)高级委员会,负责监督法新社章程的实施,并有权撤换管委会主席。高级委员会由8人组成,其主席由国会指派的议员担任。

(3)财务委员会,由3名委员组成,负责监督预算的执行和财务管理。

图 84 法新社总部办公楼

值得一提的是,以上领导机构中均有来自政府的官员参加,这直接体现了政府决策对法新社的影响。同时,法新社的主要服务对象也是法国政府。据统计,政府订户的经费往往占法新社的总收入的40%以上,这也是法新社之所以被称为半官方通讯社的原因。

随着互联网及新媒体的迅猛发展,新时代下,法新社面临着诸多挑战。传统纸媒极力缩减国际新闻和社会新闻,以便节省开支,使曾经作为纸媒重要给养的法新社遭受重创。法新社一名记者表示:"以前,法新社在信息传播速度上拥有绝对的主导权,任何媒体都无法与其竞争。但推特的出现改变了一切。"[①]2002年,法新社的赤字累计达7100万欧元。2004年,法国免费地铁报纸《地铁报》(*Metro*)曾一度取消与法新社签订的资讯服务。2009年,《普罗旺斯报》(*La Provence*)、《尼斯晨报》(*Nice-Matin*)、《巴黎诺曼底报》(*Paris Normandie*)和《联合报》(*L'Union*)等报纸,也相继与法新社解除了合同。

面对挑战,法新社采取了一系列举措:一是加强与国际媒体合作,更加侧重发展中国家和地区。据统计,2011年之后,与国际媒体进行合作所带来的收入已占到法新社总营业额的54%,而在2004年,这一比例仅为47%。随着路透社驻非洲记者站的逐渐减员,非洲市场将成为法新社今后主要拓展的市场之一。[②] 2015年4月,法新社新开创了一档名为《非洲周刊》的电视节目,标志着其新一轮非洲业务转型正式启动。同时,法新社也明确指出,其关于非洲的报道角度将不再仅仅是关于死亡、疾病和毁灭,其任务和目标是要展现一个真实的非洲,特别是要着力展现非洲的潜力、成就和挑战。

二是调整经营方式。面对危机,法新社调整了其经营方式,大力改善原有产品,提高稿件质量,力求准确、迅速,重视采制独家新闻,注意运用系列报道,同时注重创新,力主研发新产品。

三是新技术的运用。近年来,法新社将新产品开发与新传播技术结合起来,多媒体及视频产品逐渐成为其新业务核心。2008年奥运会是其新技术运用的一个典型。当时,法新社以文字、图片、视频、图表、FLASH等多种形式提供实时体育比赛结果、重点体育赛事数据库等,向国际社会展示了其转型后的风采。2010年,埃马纽埃尔·胡格担任法新社首席执行官之后,法新社加大了对新技术的研发与运用,相继推出了多种语言的移动终端应用程序。新技术的运用扭转了法新社以往在竞争中的不利局面,2012年,法新社营业额达到了2.896亿欧元;[③]2014年,法新社的营业额更是达到了2.882亿欧元,创了近20年之最。其中,多媒体及照片视频服务占比高达43%。

三、报道特点

作为世界三大通讯社之一,法新社在众多领域表现出了其独到之处——

---

① Marc Endeweld:《法新社如何应对纸媒危机》,陈婉茹编译,《传媒评论》2015年第5期。

② Marc Endeweld:《法新社如何应对纸媒危机》,陈婉茹编译,《传媒评论》2015年第5期。

③ Marc Endeweld:《法新社如何应对纸媒危机》,陈婉茹编译,《传媒评论》2015年第5期。

在所处地位方面,法新社在法国拥有独一无二的“半官方背景”,在保证新闻相对独立的前提下,其拥有来自政府强大的支持和稳固的法律地位,同时也能保证其不会遭受太大的经济困扰;在影响范围方面,与法国在历史上的扩张进程类似,法新社在欧洲、非洲、南美和中东地区拥有很大的影响;在传播技术方面,法新社高度重视传播技术,早在哈瓦斯社时期,其便先后多次尝试用信鸽、电报、海底电缆等方式传播信息。当前,为增强竞争力,法新社在向客户推送文字稿件时要求必须配发现场或历史资料图片,并尽可能多地加上链接文字。在管理方式方面,法新社的记者和编辑没有所谓的“职称”之说,取而代之的则是相应的级别。法新社内部规定明确,条例清晰。举个例子,在消息来源方面,为保证新闻的真实性,法新社明确规定禁止将某些网络消息作为消息源。此外,法新社设立的编外报道员制度也大大提高了报道效率,降低了成本。在报道方式方面,法新社强调“迅速和优质”的一线报道,其在历史上抢发了大量重要新闻,如 1972 年德国慕尼黑奥运会上以色列代表团被袭击等。除上述以外,法新社出色的新闻报道能力和独特的报道角度也是其超越其他通讯社的重要因素。

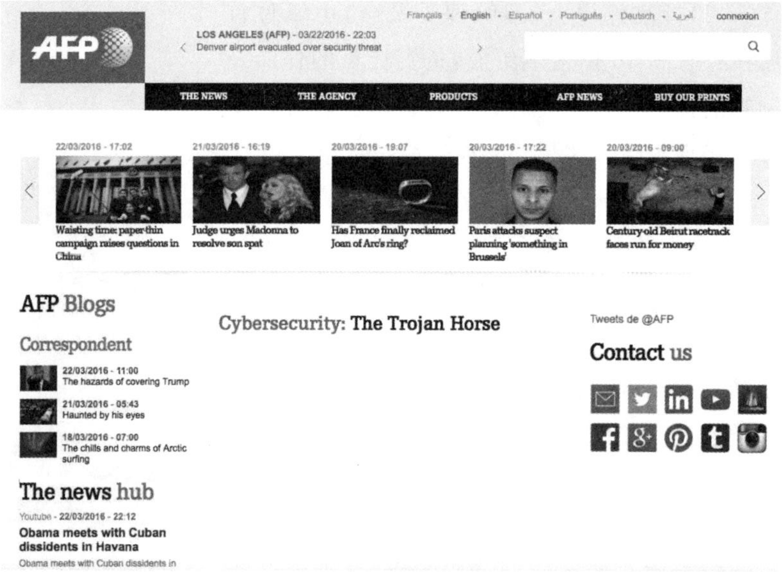

图 85　法新社网站首页

图片引自法新社网站:http://www.afp.com/en/home,检索时间:2016 年 3 月 22 日。

法新社能够成为世界主流媒体之一,不仅仅在于其新闻网络庞大,记者与技术人员能力优异,还在于其对于企业价值观的坚守。真实、公正与多元化是法新社的黄金准则。正是这一准则,让法新社远离政治与经济的干扰,发布严谨、多样的新闻报道。首先是真实。为获取绝对真实的信息,法新社严格审查事件的真实性并予以清晰说明。此外,对于既有事实全部报道,避免断章取义。同时,拒绝报道推测与谣言,发现错误立即纠正。其次是公正。完全客观很难做到,但这不会影响法新社对于绝对中立的追求。脱离法国政府及所有政治经济利益控制的法新社致力于传达不掺任何个人意见的新闻事实。多元化也是很重要的一点。法新社致力于从各方视角报道新闻事实,因而会努力了解各方当事人的信息。此外还有两项价值观也极具重大意义,即准确与迅速。如今许多新闻缺乏可靠来源,坚守这些原则是众多希望获得可信新闻的订户的强烈企盼。[①]

四、涉华报道

法新社是最早进入中国的西方大型通讯社。1957 年,法新社与新华社签订了新闻交换协议,并于 1958 年在北京开设分社。从此,法新社也成了新中国成立后第一家在北京设分社的西方通讯社。过去几十年中,法新社不断加强与中国媒体合作,涉华报道数量逐年大幅度增加。继北京分社之后,法新社又在上海开设了分社,而且位于香港的亚太区总部也随时提供支援。

法新社的涉华报道有其独到之处。有学者在对比了美联社、路透社和法新社的涉华报道后指出,法新社的涉华报道主要集中在政治和经济领域,其在这两个领域的报道比例远远高于美联社和路透社;而美联社、路透社的涉华报道主要集中在社会领域,法新社在这方面的报道相对较少。此外,在涉华报道方面,法新社有大量的报道都是关于“中国与国际组织的关系”的。

在涉华报道方面,法新社总是有其独特的角度。2011 年,时值中国共产党成立 90 周年,国际上极为关

① 刘笑盈:《国际一流媒体系列介绍之九——历史最为悠久的世界级通讯社:法新社》,《对外传播》2009 年第 9 期。

注这一历史性时刻，各种各样的报道也如雪花一般飞舞，所选角度、题材五花八门。法新社记者独辟蹊径，于当年5月1日发表了一篇题为《娘子军故里兴起红色旅游》的报道。其选用"红色娘子军"这一在中国家喻户晓的经典革命故事作为切入点，来到故事中娘子军的故里——海南省琼海市进行实地考察，并巧妙地将其作为对中国共产党成立90周年系列报道的开篇之作。"尽管过去30多年来中国人在迅速的现代化过程中似乎一直只顾着'往前看'，而日渐火爆的红色旅游则反映出他们迫切希望重温历史的需求。"①在故事讲述过程中，法新社记者通过引用琼海市某红色旅游负责人的话，开门见山地向受众点名了报道的主旨。报道为支持此观点，还在文中提供了很多支撑，包括前往井冈山、韶山、延安、遵义等革命圣地的游客逐年上升、重庆市大力倡导红色文化等。由此，法新社的该篇报道以小见大，通过讲述红色娘子军故里琼海市，扩展到了全中国的红色旅游业，表现出中国共产党成立90年来，中国人民对于红色旅游业的需求日益上升，进而点明中国人民真心实意地拥护中国共产党领导，珍视中国革命取得胜利成果的主旨。此外，值得一提的是，为了在报道时获得更多真实可靠的信息及一手新闻，近年来，法新社向中国各地派遣了越来越多的记者，即使是在一些偏远地区，也都有法新社记者的影子。

不得不说的是，在涉华报道方面，作为西方媒体，法新社也具有两面性。一方面，在重大国际事件上，法新社相对其他主流通讯社更为客观。2008年北京奥运会后，美联社的报道特色是"冷眼旁观北京奥运"，路透社的报道是"广泛涉及有争议的热点"，而法新社则为此投入了多达200人的采编团队，创了历史之最，其报道"有闻必录，兼听兼报"，对开幕式的壮观、中国人的热情、安保的严密和境外的"藏独"游行等都有报道。②

不过也应该看到，法新社的涉华报道也带有明显的西方媒体新闻特征，采取双重标准做法的痕迹依然明显。至今，国人对法新社就2008年的"3·14"事件和奥运火炬传递中的偏见报道记忆犹新。在2009年的"7·5"事件中，法新社依然刊发了许多"张冠李戴"的照片，用明显的媒体偏向性指责中国、吸引受众。"7·5"事件过去了10天之后，法新社才刊发了一篇文章开始关注动乱中的汉族受害者。

光媒图片新闻社 Lightmediation

法国光媒图片新闻社(Light mediation)是一家在线图片新闻报道机构，它也是一家独立公司。光媒图片新闻社是一个广阔、公正的平台，每个人都可以在这里自行上传自己的摄影作品，最后由法国图片新闻社对这些图片进行筛选，保留优质图片并向其他媒体推送。

一、发展现状

法国光媒图片新闻社是唯一一家属于摄影师和客户之间的媒介机构，它不仅为摄影师提供了技术上的支持，以便他们的图片能够快速出版，同时图片的商业化价值也能够让摄影师被其他媒体和公众所熟知。目前，已有65%的摄影师的摄影作品在这里获得了商业价值，这给予年轻的摄影师拍出更好作品的动力。

法国光媒图片新闻社在图片传播上具有国际化的特点，它能运用电子邮件和网络传输协议(ftp)来向杂志、国际或国内日报推送摄影师对新闻或者重大事件报道中的图片，确保在最好的条件下和最大范围内来实现图片的商业化价值。

二、报道特点

光媒图片新闻社的新闻报道基本采取图文配合的方式，即主要以图片为主，配上少量的文字。主要版块

① 强力静：《法新社为何远赴琼海看中共建党90周年？》，《对外传播》2011年第7期。
② 刘笑盈：《国际一流媒体系列介绍之九——历史最为悠久的世界级通讯社：法新社》，《对外传播》2009年第9期。

有:展览、摄影师、人物、旅行、科学、自然、文化、遗产等。

2015年3月19日,一篇题为《用鸬鹚捕鱼:濒临灭绝的中国艺术》的文章用了大量的图片来表现这种中国传统艺术的珍贵与美好,下面配有少量文字描写了由于中国的污染和经济改变导致这种艺术濒临灭绝,对此记者感到惋惜。[①]

图86 《用鸬鹚捕鱼:濒临灭绝的中国艺术》

三、涉华报道

目前,法国光媒图片新闻社在中国北京设有驻华办事处。对中国的第一篇报道发表于2006年11月20日,题为《聚焦中国——巴特里克·朗德曼(Patrick Landmann)探索中国木乃伊之旅》。该报道配有三张图片和一句简短的文字说明,"摄影师巴特里克·朗德曼探索中国木乃伊之旅没有结束"。[②]

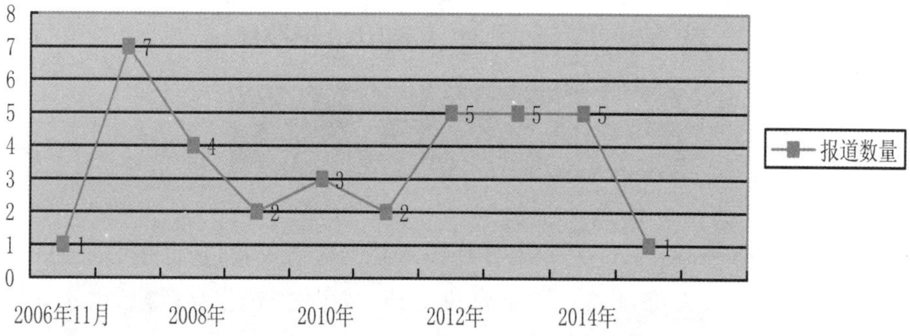

图87 2006年至2015年7月,光媒图片新闻社涉华报道数量变化情况

从第一篇报道至今,即2006年至2015年7月这九年半的时间里,光媒图片新闻社对中国的报道数量并不多,仅有35篇。每年的报道数量波动不大,其中2007年的报道数量最多,达到7篇。光媒图片新闻社的涉华报道基本上属于自采性质,仅有一篇是转载自日本媒体的报道。2013年3月16日的一篇题为《中国人——波尔多酒庄的新主人》的文章,文章中也是以图片为主,配有少量文字,描写了波尔多的很多酒庄已经被中国人收购,并且这种趋势还将继续甚至翻倍。[③]

① 光媒图片新闻社:《用鸬鹚捕鱼:濒临灭绝的中国艺术》,2015年3月19日,http://www.lightmediation.net/blog/index.php/2015/03/19/cormorant-fishing-an-endangered-chinese-art/,检索时间:2015年10月29日。

② 光媒图片新闻社:《聚焦中国——巴特里克·朗德曼(Patrick Landmann)探索中国木乃伊之旅》,2006年11月20日,http://www.lightmediation.net/blog/index.php/2006/11/20/chine-focus-les-momies-de-patrick-landmann/,检索时间:2015年10月29日。

③ 光媒图片新闻社:《中国人——波尔多酒庄的新主人》,2013年3月16日,http://www.lightmediation.net/blog/index.php/2013/03/16/the-chinese-are-the-new-masters-of-bordeaux-wines/,检索时间:2015年10月29日。

图 88　图片报道《中国人——波尔多酒庄的新主人》

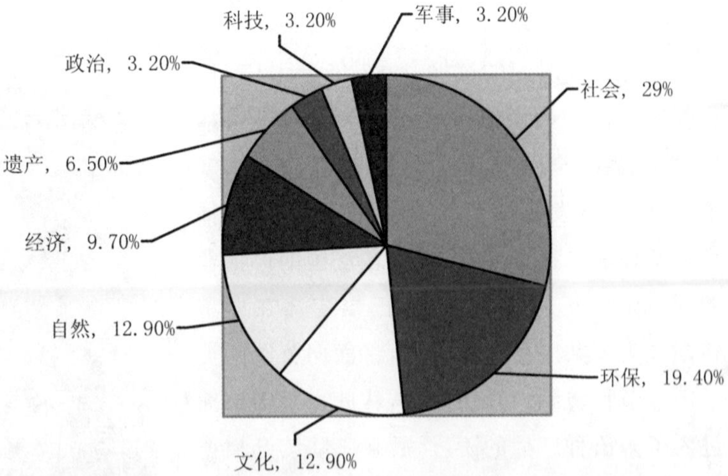

图 89　光媒图片新闻社的涉华直接报道领域分布情况

在关注侧重点方面，根据报道内容与“中国”的关联程度，可以将光媒图片新闻社所有的涉华报道分为两个类别：一是“中国报道”，指直接对中国的新闻报道；二是“他国报道”，指以其他国家为报道核心，其中有涉及中国。相对来说，该图片社的“中国报道”有 31 篇，占总涉华报道的 88.6%。可以看出，光媒图片新闻社很重视对中国的近景观察，注重对于中国的直接体验。在光媒图片新闻社对中国的直接报道中，共涉及九个方面：社会领域，9 篇报道(29%)；环保领域，6 篇报道(19.4%)；文化和自然领域各 4 篇报道(12.9%)；经济领域，3 篇报道(9.7%)；遗产领域，2 篇报道(6.5%)；政治、科技和军事领域各 1 篇报道(3.2%)。

从总体数量上看，光媒图片新闻社的涉华报道在价值倾向上以立场积极的正面报道居多，有 14 篇，可以占到中国报道总数的半数左右(45%)；持中立和消极两种取向的报道数量分别为 11 篇(35.5%)和 6 篇(19.4%)。通过进一步分析，可以看到：光媒图片新闻社对中国的自然风光和传统文化以及遗产非常感兴趣，而且持积极的态度，可以体现出法国光媒图片新闻社对中国的肯定。

卢森堡广播电视 Radio Television Luxembourg

RTL

卢森堡广播电视(Radio Television Luxembourg，简称 RTL)如今是欧洲最大的传媒行业集团之一，总部位于法国首都巴黎。目前，卢森堡广播电视集团(RTL Group)的上游控股母公司是贝塔斯曼集团。卢森堡广播电视旗下拥有众多媒体，影响力覆盖可以达到全球。卢森堡广播电视的法语节目以卢森堡、法国、比利时为对象地区，德语节目以德国、奥地利、瑞士的德语节目观众为主要目标对象。此外，卢森堡广播电视也面向荷兰观众制作荷兰语节目。

一、历史沿革

卢森堡广播电视公司的前身是卢森堡广播(RadioLuxembourg)，而卢森堡广播则是在卢森堡公国的国有广播公司(Société Luxembourgeoise d'Études Radiophoniques，简称 SLER)的基础上建立的。卢森堡公国国有广播公司成立于 1929 年，成立的目的在于绕开当时法国政府对广播电视行业的严格控制，建立能够面向法国受众播出的私营广播电台。因此,1930年,卢森堡公国国有广播公司与巴黎广播(Radio Paris)合作,共同与卢森堡政府签订合约,在卢森堡建立一家能够面向全法进行广播的私营广播电台。1931年5月,新成立的卢森堡广播公司(Compagnie Luxembourgeoise de Radiodiffusion,简称CLR)取代了卢森堡公国国有广播公司,负责广播电台的运营。

经过一段时间的试播,1933年3月15日,卢森堡广播开始了第一次正式的常规节目播出,采用当时全欧洲最为先进、最强功率(200千瓦)的广播发射设备。1934年,卢森堡广播直播了环法自行车大赛,从此在法国的广播业务开始走上正轨。1935年,巴黎广播在即将转制成为公共广播机构之际,将面向英国的英语广播节目转到卢森堡广播,从此卢森堡广播进入了多语种广播的阶段,后来又陆续开播德语、荷兰语等其他语种的广播节目。此后经年,卢森堡广播逐渐成为整个欧洲大陆最大、最具影响力的商业广播电台。

图90 卢森堡广播早期的发射站

在"二战"期间,出于保持中立的需要,卢森堡广播选择暂停播出,直到1945年11月12日才恢复播出。1966年10月,卢森堡广播正式更名为卢森堡广播电视(Radio Télévision Luxembourg,简称RTL),并开始向现代化广播电视机构转型。[①] 1981年,密特朗总统执政时期,法国放开了对私营广播电视机构的限制,卢森堡广播电视正式进入法国,并且从此成为法国广播电视行业的领头羊,长期占据广播收听率排行的第一把交椅。1991年,卢森堡广播电视在比利时设立分公司"比利时—卢森堡广播电视"(Bel—RTL),针对比利时的法语受众人群展开广播节目播送。

如今,卢森堡广播电视公司是欧洲最大的视听行业公司集团之一,旗下有包括法语广播电台在内的52个电视频道和29个广播频道。该集团旗下媒体影响范围覆盖全球,并且在欧洲受众市场占据优势地位。[②] 卢森堡广播电视公司的电视频道包括德国的RTL电视、法国的M6及荷兰、比利时、卢森堡、克罗地亚、匈牙利、南非和印度的RTL频道,除此之外还拥有西班牙Atresmedia的股份。此外,RTL旗下子公司FremantleMedia,是美国以外电视内容制作、许可和发行领域最大的跨国节目制作公司。同时,集团已经在法兰克福、布鲁塞尔和卢森堡证券交易所上市。

图91 卢森堡广播电视公司历次台标变化

① 卢森堡广播电视公司网站:RTLfete ses 80 ans,http://www.rtl.fr/culture/rtl—fete—ses—80—ans—7693344156,检索时间:2015年9月9日。
② 卢森堡广播电视公司网站:http://www.rtlgroup.com/en/about_us/the_group/history.cfm,检索时间:2015年11月12日。

二、发展现状

自1981年以来，卢森堡广播电视在法国主要通过104.3 MHz播送节目，多年来保持着全法国听众数量最多的行业纪录。目前，卢森堡广播电台拥有听众650万人，每月播客(Podcast)下载量在900万次左右，每月约有420万人次访问其官方网站。①

除了原有的广播电视业务，如今的卢森堡广播电视还致力于新媒体发展。除了成为世界上首批将节目在播客上架的广播电台机构以外，②卢森堡广播电视还推出了网站和智能手机客户端。为了满足受众对于新闻的视觉需要，卢森堡广播电视于2014年上线了新的官方网站 www.rtl.fr/。③ 如今，在每天直播12个小时新闻资讯节目的基础上，卢森堡广播电视还通过网页端推送文字、视频以及新闻图片等。

根据法国最高视听委员会(CSA)发布的2014年下半年法国视听行业数据报告(Les chiffres clés de l'audiovisuel français — Edition du 2nd semestre 2014)，④目前卢森堡广播电台占法国广播行业广告市场份额的23%，这个比例十年来没有明显变化。同时，卢森堡广播电视的受众数量占到法国总人口比例的10.7%。

三、报道特点

就法语业务部分来说，卢森堡广播电视十分重视新闻内容，纵观其多年来的节目推广，大多与新闻有关——1983年的"RTL，收听新闻"，1991—1992年的"新闻由大写字母组成"，1993年的"消息灵通的人是收听RTL的人"，乃至2002年的"欲知后事，收听RTL"，这些都一再明确地强调了卢森堡广播电视的内容定位，凸显其对于新闻的重视程度。⑤ 正因如此，卢森堡广播电视一直比较重视新闻采编队伍的建设，有着较强的新闻自采能力，共有记者100多名。⑥

卢森堡广播电视的受众定位多为年轻人和女性。为了不断地吸引年轻受众，卢森堡广播电视在2000年对节目内容进行了大刀阔斧的改革，一度流失了原有听众的三分之一，甚至收听率也下降到全法国的第二位。但是，经过一番艰难的改革，卢森堡广播电台终于争取到了新的年轻受众，并于2006年重新夺回了广播市场的第一位。

图92 专题报道《中国如何实现了生态变化》

四、涉华报道

通过在卢森堡广播电视的网站中以"中国"(Chine)一词进行检索，⑦我们发现卢森堡广播电视的涉华报道数量为平均每月20篇左右。其中，自采来源的新闻报道较少，大多数为采用

① IP法国(卢森堡广播电视集团下属广告公司)，检索自：http://www.ipfrance.fr/radio/rtl，检索时间：2015年11月12日。

② 卢森堡法语广播电台官网：《卢森堡广播电台集团庆祝80周年》(RTL fete ses 80 ans)，http://www.rtl.fr/culture/rtl—fete—ses—80—ans—7693344156，检索时间：2015年11月12日。

③ 检索自IP法国：《卢森堡广播电台介绍》，http://www.ipfrance.fr/radio/rtl，检索时间：2015年11月12日。

④ 2014年法国视听行业数据，检索自法国最高视听委员会官网：http://csa.fr/Etudes—et—publications/Les—chiffres—cles/Les—chiffres—cles—de—l—audiovisuel—francais—Edition—du—2nd—semestre—2014，检索时间，2015年11月12日。

⑤ 刘昶：《简析国际一流广播媒体品牌建设路径与经验——以法国最大电台RTL为例》，《中国广播》2013年第8期。

⑥ 卢森堡广播电视官网：http://www.rtl.fr/le—nouveau—rtl，检索时间：2015年11月12日。

⑦ 卢森堡广播电视官网：http://www.rtl.fr/sujet/chine，检索时间：2015年11月12日。

其他媒体的转引或汇编性质的内容。值得注意的是，卢森堡广播电视也会转引部分来自中国中央电视台等中国媒体的报道。在卢森堡广播电视的节目中，涉华报道题材主要集中在中国的社会文化方面，偶尔有政治题材。报道内容也基本能够反映中国的社会现实和发展成绩。

除此之外，卢森堡广播电视也十分重视中法合作。在 2015 年 11 月，法国总统奥朗德访华期间，卢森堡广播电视的报道肯定了奥朗德寻求中国在联合国气候变化大会上支持之举，认为中国的支持是"非常必要的"。[1]同一时期，卢森堡广播电视还就中国一直以来在西方媒体中饱受诟病的环境问题发表了题为《中国如何实现了生态变化》(*Comment la Chine réussit sa mutation écologique*)[2]的专题报道。文章详细地介绍了中国国内目前对于环境恶化和生态破坏的深刻认识以及社会反思，通过一个改造成功的生态园区来展现如今中国政府对于环境治理的重视。

卢森堡广播电视对于中国的社会文化报道种类丰富繁多，既有万人广场舞创造世界纪录[3]、双十一网购狂欢的节日文化[4]，也有全面开放二孩政策[5]等，显示出其对于中国文化社会变迁的浓厚兴趣。在社会报道中，卢森堡广播电视对于中国的报道带有浓重的猎奇色彩，报道的选题往往以奇异现象为内容，例如《中国经济学教授建议合娶老婆解决光棍危机》等。

除了涉华报道内容以外，作为欧洲几大广播电视节目制作公司之一，卢森堡广播电视与中国的媒体机构之间也有着很多的合作交流。这家大型传媒集团旗下的电视内容制作公司 Fremantle Media，每年制作 9200 小时的电视节目，在全球 62 个国家制作、播出一系列广受欢迎的节目。Fremantle Meida 在约 150 个国家拥有电视节目制作权，是除美国以外其他地区最大的独立电视节目发行公司。[6] 在中国，这家公司与包括中央电视台、湖南卫视、东方卫视、浙江卫视等在内的电视台都建立了良好的合作关系。很多与中国媒体机构合作推出的节目都在中国受众中广受欢迎，包括《谢天谢地你来啦》《中国达人秀》《中国梦之声》《黄金 100 秒》《中国最强音》等。仅 2013 年一年，Fremantle Media 在中国上档的节目就有 13 个。

希帕图片社 Sipa Press

Sipa Press

希帕图片社(Sipa Press)是一家法国新闻图片社，也是一家股份有限公司。作为世界四大图片社之一，希帕图片社向世界各国传送新闻图片。除了在法国本土，该图片社也向美国和中国市场进军，在整个世界范围内都具有不可忽视的影响力。

一、历史沿革

1969 年，希帕图片社由一名土耳其摄影记者——戈尔申·希帕尤格鲁(Gökşin Sipahioğlu，1926－2011)创

① 卢森堡广播电视官网：Hollande fait un pas majeur en Chine，2015 年 11 月 2 日，http://www.rtl.fr/actu/international/cop21－hollande－fait－un－pas－majeur－en－chine－7780336675，检索时间：2015 年 11 月 15 日。

② 卢森堡广播电视官网：comment la Chine reussit sa mutation ecologique，2015 年 11 月 2 日，http://www.rtl.fr/actu/sciences－environnement/comment－la－chine－reussit－sa－mutation－ecologique－7780333437，检索时间：2015 年 11 月 14 日。

③ 卢森堡广播电台官网：Chine：18441 femmes dansent de maniere synchronisee et battent le record du monde，2015 年 11 月 10 日，http://www.rtl.fr/actu/international/video－chine－18－441－femmes－dansent－de－maniere－synchronisee－et－battent－le－record－du－monde－7780453363，检索时间：2015 年 11 月 14 日。

④ 卢森堡广播电台官网：le site chinois Alibaba explose les compteurs，2015 年 11 月 12 日，http://www.rtl.fr/actu/economie/le－site－chinois－alibaba－explose－les－compteurs－7780484983，检索时间：2015 年 11 月 14 日。

⑤ 卢森堡广播电视台：La Chine met fin a la politique de l'enfant unique，2015 年 10 月 29 日，http://www.rtl.fr/actu/international/la－chine－met－fin－a－la－politique－de－l－enfant－unique－7780298092，检索时间：2015 年 11 月 14 日。

⑥ 贝塔斯曼中国公司网站：http://www.bertelsmann.com.cn/index.php/index/category_zjtz/rdid/201＃＃＃，检索时间：2015 年 12 月 12 日。

办。戈尔申·希帕尤格鲁是一名难得的优秀摄影记者，他一生拍摄了大量优秀作品，对摄影极其有天赋，也具有专业精神与素质。他曾在土耳其《自由报》(*Hürriyet*)任职，1968 年辞职踏上了前往巴黎的火车，报道法国的“五月风暴”。[①] 他拍摄了大量优秀的图片，并希望将这些图片传遍世界。带着这样的想法，戈尔申·希帕尤格鲁创立了希帕图片社。2001 年，戈尔申·希帕尤格鲁将希帕图片社出售给法国南方传播公司(Sud Communication)，后于 2003 年离开了希帕图片社。

希帕尤格鲁与中国也有着深厚情谊，早在 1965 年，还是摄影记者的他就作为第一位土耳其国籍的记者采访了中国，并受到了周恩来总理的亲自接见。1970 年，他受中国政府的邀请第二次来到中国，并参加了十月一日的国庆阅兵仪式。他是当时唯一被邀请的外国新闻摄影师。

二、发展现状

2013 年年底，这家具有 40 年历史的图片社因为母公司破产，导致自身也进入了破产重组的程序，一共有 6 家公司先后参与了竞标。年营业额近 50 亿美元的法国第八大富豪泽维尔·尼尔(Xavier Niel)所拥有的互联网公司 free.fr 是此次竞标最强的竞争者，他们不但拥有最大的互联网，还有数十家电视台等其他媒体机构，同时在法国社会的政治影响力也是无可比拟的。2013 年 3 月 21 日，巴黎商业法庭正式通过了收购案，旅美摄影收藏家靳宏伟[②]与英国雷克斯(Rex)图片社、比利时(isopix)图片社联手将希帕图片社并购，靳宏伟成为该图片社的第一大股东。

图 93　“2015/2016NBA 赛事”的专题报道

如今，希帕图片社总资产已达到 100 万欧元，由米古埃·费罗(Miguel Ferro)担任董事长，总经理是马奈·波尔(Marnet Paul)，总部坐落于巴黎。希帕图片社非常重视支持和培养新秀，被认为是“著名摄影记者的摇篮”，在世界摄影图片史上有着辉煌的历史。[③]

希帕图片社每天给 80 多个国家传送 8000—10000 张图片，拥有在线图片 2500 万张，档案图片 2500 张，共 5000 万张库存图片。从成立至今的 40 年多来，在所有有国际影响力的重大事件报道中，我们都能看到希帕图片社记者的身影，也有很多国际知名的日报、杂志、电视台和网站在用他们的图片。希帕图片社在世界各地拥有的这 12000 名签约摄影师中，不乏获得过新闻摄影最高奖项的优秀摄影记者。如今，希帕图片社还有 35 名员工和超过 1000 名的国际通讯员。[④]

三、报道特点

希帕图片社的报道特点主要体现在两个方面：专题报道与时代潮流。

---

① 五月风暴，1968 年 5－6 月在法国爆发的一场学生罢课、工人罢工的群众运动。

② 靳宏伟，世界华人最大摄影作品收藏家，世界四大图片社之一 SIPA 最大股东。

③ 希帕图片社网站：http://www.sipaphoto.com/about/recommend，检索时间：2015 年 10 月 31 日。

④ 希帕图片社网站：http://www.sipaphoto.com/about/recommend，检索时间：2015 年 10 月 31 日。

(一)专题报道成特色

希帕图片社经常会针对某个重大事件或者主题以专题形式进行报道,这不仅是希帕图片社的特色之一,而且也正因为这样的特色吸引了大量的读者。该社以专题形式报道,使事件能够更加完整清晰地展现在读者面前。例如对"2015/2016NBA 赛事"的专题报道。

(二)时代潮流不错过

希帕图片社的报道紧跟时代潮流,不仅关注国际上的大事,对于娱乐、体育、生活身边等的新鲜事,该图片社也不错过。整个报道版面很具有前卫性,给读者一种时代、年轻的视觉享受。例如希帕图片社报道的"'血色'阿舒拉节"(见图 94);再如对"浙江杭州:大学生电商提前备战'双十一'"的报道(见图 95)。

图 94 "血色"阿舒拉节

图 95 浙江杭州:大学生电商提前备战"双十一"

四、涉华报道

希帕图片社曾经有过耀人的历史,除了在法国巴黎外,希帕在美国纽约、好莱坞也设有分支机构,是世界久负盛名的图片社之一。因为拥有优良的市场团队、图片编审团队以及全球销售渠道,希帕在法国本土的市场占有率达到了 90%以上。2013 年年初,希帕图片社开始在中国落地。目前,希帕在中国的市场销售渠道正在不断延伸,除了与世界一流的图片和媒体机构建立广泛且深入的合作外,国内的高品质媒体、机构也是希帕中国强大的内容供应商。

作为希帕图片社最大的股东,靳宏伟曾在采访中表示:"如果希帕中国、希帕美国和希帕雷克斯(趣图和娱乐性强)结合好的话,希帕会很有竞争力的。我们还保留了皇家摄影师和总统摄影师,我们的皇家摄影师与皇室家族有很密切的关系,经常被请到家中去拍照,这些资源是别人不具备的。"①

希帕图片社在中国北京设有驻华办事处,希帕中国网站(www.sipaphoto.com)是专门为各大媒体、出版机构、商业公司、政府部门提供图片的专业网站。网站内每天发布大量图片,网站下面划分为国际、娱乐、体育、时尚、国内、故事、旅游等专栏,除了对中国国内的报道外,对国际社会的新闻事件也会进行相关报道。其报道均为事实性报道,对华态度没有明显的价值倾向,通过近景观察中国社会,报道较为深刻。

① 国际在线:《靳宏伟:Sipa 图片社在中国的路还很长》,2014-1-24,http://gb.cri.cn/42071/2014/01/24/6351s4402261.htm,检索时间:2015 年 10 月 31 日。

I－Télé 电视台 I－Télé

法国 I－Télé 电视台是法国的一家全国性免费电视频道，其内容以新闻节目为主，属法国传媒集团新频道传媒(Canal Plus)所有。I－Télé 电视台创立于 1999 年 11 月 4 日，该电视台的创立主要是为了和法国电视一台(TF1)旗下的全国性免费电视频道“新闻频道”(LCI)争夺新闻市场。但是其发展势头一直未能力压“新闻频道”。

一、历史沿革

I－Télé 电视台原名 I－Télévision，是法国新频道传媒集团于 1999 年 11 月出资 1.6 亿法郎(合 2440 万欧元)建立的法国电视新闻频道，电视台正式开播于法国时间 1999 年 11 月 4 日中午 12 点。成立之初，I－Télévision 电视台的团队有 170 人。其中，37 名记者分布在法国的各个地方，用当时最先进、最轻便的设备进行新闻报道。

自 1999 年建立以来，I－Télé 的定位是 24 小时不间断播出的电视新闻频道。这是自 LCI 建立以来，法国的第二家全天候免费电视新闻频道。为了抢夺已经被 LCI 独占五年之久的电视新闻市场，新频道传媒集团对 I－Télé 的发展十分重视，尽管建立时间不长，却历经多次改革。

2001 年，由于高层变动进行团队大换血 I－Télé 新闻频道，解雇了当时 220 人团队中三分之一的员工，同时也从新频道集团内部以及《论坛报》等知名媒体聘请了业内资深人士为其把关。此后，I－Télévision 电视台又进入了一段平稳扩张的阶段。

2003 年，I－Télé 电视台再次改革，裁员 305 人，并将 138 名本台员工编制改为外包工作。自从 2005 年法国数字电视兴起以来，法国最高视听委员会(CSA)将 I－Télé 和法国商业调频电视台(BMFTV)同时纳入免费的地面数字电视，I－Télé 的主要竞争对手也就变成了法国商业调频电视台。彼时，I－Télé 电视台有 145 名记者，包括 18 名法国地方站通讯员以及 3 名驻海外记者。

2008 年，法国商业调频电视台后来者居上，自称为“法国第一新闻频道”。I－Télé 电视台也被迫走上转型之路，更换了多个节目的制片人。时任 I－Télé 电视台台长的皮埃尔·弗雷登莱奇(Pierre Fraidenraich)表示，一定要重新夺回法国第一新闻频道的位置，但历经大规模的节目调整和人事变动，这一目标并未实现。随后连台长皮埃尔·弗雷登莱奇也跳槽至纸质媒体《解放报》。I－Télé 电视台始终紧跟着竞争对手的步伐，2009 年随着法国电视一台旗下的“新闻频道”(LCI)开办广播电台，I－Télé 电视台也很快开办了数字广播电台。

二、发展现状

目前 I－Télé 电视台拥有 300 多名员工，其中包括 200 多名记者、19 位主编以及分布在法国各地乃至海外的特派记者。[①] 由于是免费电视台，I－Télé 电视台为受众提供尽可能多且便利的收视渠道，以扩大自身的影响力。法国当地的观众可以通过地面数字频道、卫星电视、网页和手机客户端等多种途径收看到 I－Télé 电视台的节目。

自 I－Télé 电视台创办以来，新频道集团就在其身上投入了超过 1 亿欧元，但是 I－Télé 电视台基本一直处于亏损的状态。1999 年开办时投入 2400 万欧元，到 2007 年 I－Télé 电视台全年预算 3700 万欧元，亏损

---

① I－Télé 电视台官网：http://www.itele.fr/page/a－propos－itele，检索时间：2015 年 8 月 19 日。

1500 万欧元。[①]

三、报道特点

I－Télé 电视台的主要报道特点是普及性,定位和一般的法国电视新闻不同。1999 年立台之初,I－Télé 提出“深度法国”的口号,将新闻受众定位成全国受众,而不仅局限在巴黎地区。同时,为了迎合较年轻的电视观众,I－Télé 的节目定位和展现方式也尽可能符合时代潮流。

I－Télé 电视台的另一大特点是新闻报道的专业性。专业性一方面体现在电视新闻的时效性上。I－Télé 每半个小时到一个小时就会有新闻节目,对于所有正在发生的重大事件都能做到及时覆盖。另一方面,I－Télé 不仅注重新闻事实的报道,也注重观点的传播。该台不仅注重价值观的输出,而且重视观点的多样性。

I－Télé 电视台有很多特色新闻节目,包括由帕斯卡尔·于莫(Pascal Humeau)等主持的《五点开始》(*Dès 5H*)、布鲁斯·图桑(Bruce Toussaint)的《图桑团队》(*Team Toussaint*)等晚间新闻节目[②],也有历经十余年却最终停播的金牌周播新闻评论节目《争论》(*Ça se dispute*)。其中《I－Télé 在你的咖啡馆》(iTELE dans ton café)这一节目很有新意:由几位著名主持人到遍布大街小巷的咖啡馆中,就最新的时事新闻随机采访咖啡馆中的普通法国民众。

四、涉华报道

由于该电视台主要倾向法国本地报道,因而涉华报道数量不算丰富,且多为自采新闻。在该电视台网站上搜索“Chine”(中国)一词[③]可以发现,涉华新闻数量不多,但涉及面甚广。通过对 2015 年上半年的涉华报道进行定量分析我们可以发现,涉华报道中,经济报道占多数,无论是报道政府合作还是民间交流,态度均较为客观、公正。例如 2015 年年初法国总理曼努埃尔·瓦尔斯(Manuel Valls)访华,电视台以“瓦尔斯在中国受到欢迎”[④]为题进行报道,以及随后的京东商城与法国签订进口货物协议报道[⑤]。政治报道略有倾向性,在中国的民族宗教、人权等问题上,多引用对华不友善的专家说法和观点。国际新闻报道中,中国多以备受争议的形象出现,例如在南海问题上,中国堆沙建岛[⑥]等。社会新闻报道颇有特色,有部分猎奇的社会报道,搜集中国发生的奇闻趣事,没有褒贬之意或任何意识形态色彩[⑦]。

马若琳娜·格拉普(Marjolaine Grappe)是法国 I－Télé 电视台的驻华记者,她常驻上海。她曾经因《中国,生而不存》(*Chine, naître et ne pas être*)一文获得过法国的最高新闻奖项——阿尔伯特伦敦奖电视新闻奖。

五、新频道传媒集团介绍

I－Télé 电视台所属的新频道电视台(CanalPlus)集团是法国著名的传媒集团。该集团的前身——新频道电视台成立于 1984 年 11 月,是法国的第四个电视频道,也是第一个收费频道[⑧]。新频道电视台自诞生之日起

---

① 《新观察家报》网站:i－Télé veut redresser ses audiences avec une nouvelle grille,2008－9－3,http://tempsreel.nouvelobs.com/medias/20080903.OBS9918/i－tele－veut－redresser－ses－audiences－avec－une－nouvelle－grille.html,检索时间:2015 年 8 月 20 日。

② I－Télé 电视台官网:http://www.itele.fr/tranches/des－5h－pascal－humeau－isabelle－moreau,检索时间:2015 年 8 月 20 日。

③ I－Télé 电视台官网:http://www.itele.fr/recherche/sujets/q/chine,检索时间:2015 年 8 月 15 日。

④ I－Télé 电视台官网:Manuel Valls, populaire en Chine,http://www.itele.fr/chroniques/edito－politique－christophe－barbier/manuel－valls－populaire－en－chine－109774,检索时间:2015 年 8 月 20 日。

⑤ I－Télé 电视台官网:JD.com, géant chinois de l'e－commerce, mise sur le “made in France”,http://www.itele.fr/economie/video/jdcom－geant－chinois－de－le－commerce－mise－sur－le－made－in－france－110953,检索时间:2015 年 8 月 20 日。

⑥ I－Télé 电视台官网:La Chine accusée de construire une grande muraille de sable,http://www.itele.fr/monde/video/la－chine－accusee－de－construire－une－grande－muraille－de－sable－118195,检索时间:2015 年 8 月 20 日。

⑦ I－Télé 电视台官网:http://www.itele.fr/insolite/video/elle－passe－7－jours－dans－un－kfc－apres－un－chagrin－damour－97900,检索时间:2015 年 8 月 20 日。

⑧ 姜红:《几经变革的法国广播电视体制》,《电视研究》1998 年第 8 期。

便拥有法国政府的支持，国营广告公司哈瓦斯持有其40%的股份。短短几年，新频道电视台就成为了世界上订户增长速度最快、盈利最多、扩展最快的大公司之一。到1990年，新频道电视台已经拥有了300万订户，进入了法国85%的家庭。它的节目颇具特色，拥有大量电影新片的播出特权，还有对于法国体育节目的垄断权，而I－Télé电视频道只是其旗下众多品牌中的一个。

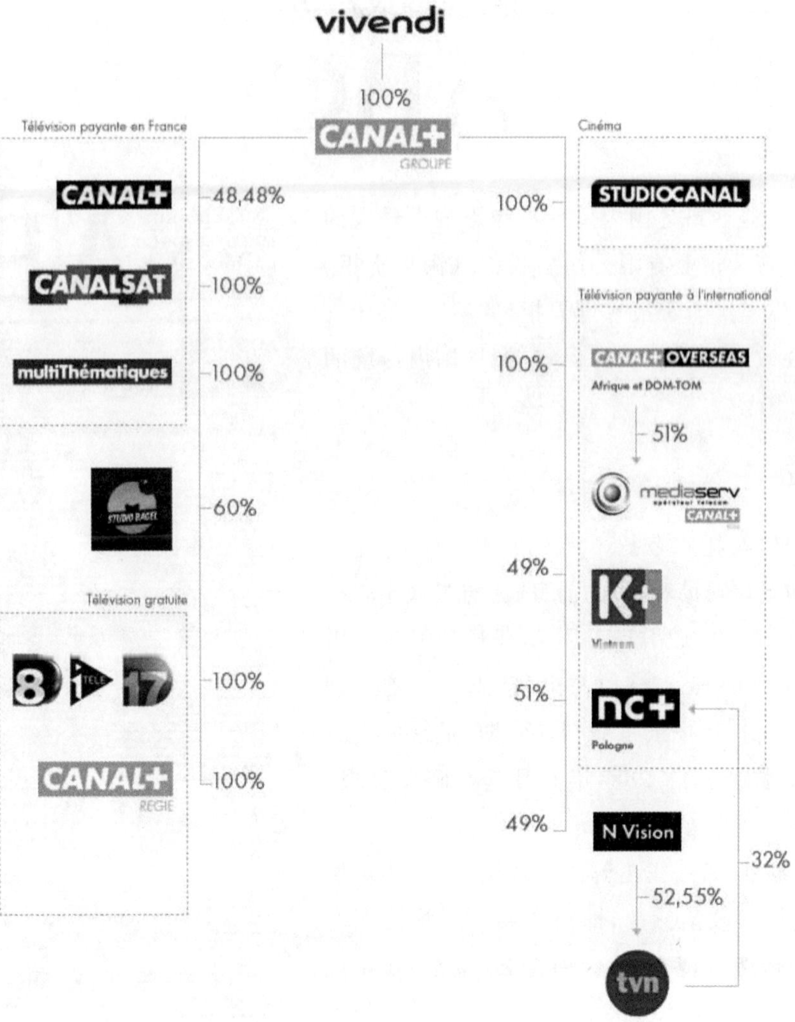

图 96 新频道传媒集团结构示意图

新频道传媒集团官网：http://www.canalplusgroupe.com/actionnariat.html，检索时间：2015年8月20日。

西班牙

《阿贝赛报》*ABC*

ABC

《阿贝赛报》(*ABC*)是西班牙国内发行量和影响力最大的综合性日报之一,由西班牙报业有限公司出版。[①]《阿贝赛报》有“西班牙记录报”之称,与《国家报》《世界报》并称“西班牙三大报”。《阿贝赛报》在政治立场上相对保守,拥护国内传统的天主教派和君主制。

AÑO UNO. NÚMERO 1.º CRÓNICA UNIVERSAL ILUSTRADA.
ABC
MADRID, 1.º DE ENERO DE 1903. NÚMERO SUELTO, 10 CÉNTS.
MATERIAS QUE CONTIENE EL PRESENTE NÚMERO
En cumplimiento de un deber
El Rey y la Prensa
Crónica Política
El público del teatro

图 1 1903 年 1 月 1 日发行的第一期《阿贝赛报》

《阿贝塞报》网站:http://hemeroteca.abc.es/detalle.stm,检索时间:2016 年 2 月 4 日。

一、历史沿革

1891 年 5 月 10 日,在托尔夸托·卢卡·德纳(Torcuato Luca de Tena)的推动下,《阿贝赛报》的前身《白与黑》(*Blanco y Negro*)杂志创立。1903 年 1 月 1 日,托尔夸托和阿尔瓦雷斯·奥索里奥(Álvarez Osorio)在《白与黑》杂志的基础上创办了《阿贝赛报》。创刊初期,报纸每周刊发一期,报纸创立时的信条为:真实、趣味、快速。自 1905 年 6 月起,《阿贝赛报》改为每日刊发,自此成为真正的日报。[②]

在创办时,《阿贝赛报》即表露出鲜明的政治态度:相对保守并支持君主制。这样的政治倾向,即使在弗朗哥统治下严格的新闻审查环境中依然表现突出,因而在 20 世纪 60 年代受到了弗朗哥政权的严厉压制。到 20 世纪 80 年代,弗朗哥专制政权向君主立宪制成功过渡后,《国家报》逐渐崛起并在国内的影响力逐渐提升。《阿贝赛报》的发展因此受到了一定程度的影响,在国内的发行量落到第二位,并直到 20 世纪 90 年代始终保持这样的排名。一直到 20 世纪末期,《阿贝赛报》的发行量以微弱之数领先于《世界报》和《先锋报》。但是,《阿贝赛报》长期以来在西班牙国内知识分子中具有较高的声誉和影响力,其发展历程也成为一个多世纪以来西班牙报业发展的缩影。[③]

二、发展现状

目前,《阿贝赛报》有 11 个不同的发行版本。其中,在国内出版的《塞维利亚阿贝赛报》在安达卢西亚地区

① 刘连详:《西班牙〈阿贝赛报〉创新之路》,《中国记者》2007 年第 5 期。

② 《西班牙语船艄》(El Argonauta Español):《阿贝赛报》在巴斯克地区问题上的转型和民主(1975 年—2001 年),2005 年 2 月,http://argonauta.revues.org/1197,检索时间:2015 年 5 月 20 日。

③ 刘连详:《西班牙〈阿贝赛报〉创新之路》,《中国记者》2007 年第 5 期。

发行，在首都马德里和南部安达鲁西亚大区的塞维利亚具有稳定而巩固的重要地位；在国外出版的《美洲阿贝赛报》发行于拉丁美洲和美国拉丁族裔聚居地区。

《阿贝赛报》是西班牙国内发行量排名第四的综合性日报。来自西班牙新闻审计局（la Oficina de Justificación de la Difusión，简称为 OJD）的报告显示，2013 年 7 月至 2014 年 6 月，该报日均发行量为 134553。[①]

除了其他报纸以外，《阿贝赛报》还面临来自电视、广播和网络的竞争压力。为此《阿贝赛报》提出了一系列积极应对的改革措施。为了实现这一目标，1995 年 10 月 20 日，《阿贝赛报》推出了网络版。[②] 在 1995 年至 1998 年间，该报网络版处于初步探索时期，由两人专门负责，版面设置和新闻内容主要来源于纸质版报刊。而由于当时网速限制等原因，网络版也对报刊原有的照片、图画和图标进行了相应的缩减，以保证网上阅读的流畅性。

如今，《阿贝赛报》网络版经过多年的发展，形成了自身固定的模式和特点。在排版上，《阿贝赛报》网络版首页在头条新闻下面以三栏的形式呈现：第一栏（左侧）在整个网页中所占的面积最大，主要为国内及国际重大新闻事件；第二栏（中间）面积占比较小，主要为国内、国际与文化有关的新闻，风格较为轻松；第三栏（右侧）则主要为体育新闻。与纸质版报刊一致的是，《阿贝赛报》网络版对文化类新闻十分重视，它积极报道西班牙国内大大小小的文化新闻事件，关注满足人们需求的文娱生活，为西班牙文化生活的宣传与传播作出了重要贡献，从而也吸引和巩固了国内关注文化、文娱生活领域的读者的人数。

图 2 《阿贝赛报》网站的三栏设计

除此之外，《阿贝赛报》还推出了手机和平板电脑的客户端应用，从技术到内容上为用户提供更好的阅读体验。

三、报道特点

面对众多媒体的竞争，实施改革后的《阿贝赛报》形成了明显的报道特点，有效地维持了原有的受众。

（一）信息量大、可读性强，社论和评论剖析深刻

《阿贝赛报》积极与各领域的专家学者和社会精英合作，以特约评论员的形式让他们在该报发表关于重大事件的评论性文章。在《阿贝赛报》的日常报道中，超过一半的新闻来源于该报的一手采访，其本身的新闻报道具有分量。与此同时，编辑在这一过程中也起到了关键的作用。编辑通过整合多渠道信息，随时对外界发生的各种变动做出分析与判断，再统筹和指挥记者进行采访。[③]

---

① 西班牙新闻审计局，西班牙语全称为 la Oficina de Justificación de la Difusión，简称为 OJD。

② Sonia Pérez Marco，El Concepto de Hipertexto en el Periodismo Digital：Análisisi de la Aplicación del Hipertexto en la Estructuración de las Noticis de las Ediciones Digitales de Tres Periódicos españoles：（www.elpais.es，www.elmundo.es，www.abc.es），（Ph.D.thesis）Universidad Complutense de Madrid，2003，pp. 41－57.

③ 刘连详：《西班牙〈阿贝赛报〉创新之路》，《中国记者》2007 年第 5 期。

(二)突出国际新闻的报道分量

一方面,由于与《国家报》《世界报》和《先锋报》同属于综合性日报,《阿贝赛报》在报道西班牙国内新闻方面,与竞争对手相比不能凸显出鲜明的特点;而另一方面,西班牙的读者越来越关注世界和国际时事。为此,《阿贝赛报》以开拓国外新闻报道作为特点吸引读者,该报在多个国家和地区设立了常驻记者,遇重大国际事件,报社常从国内抽调特派记者赶赴现场采访,尽力在全球新闻现场发回属于自己声音的报道。与此同时,该报还经常约请权威人士撰写国际新闻评论和分析文章。

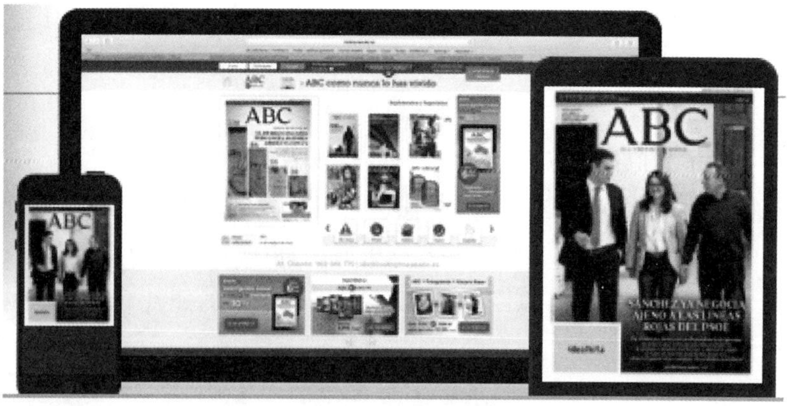

图 3 《阿贝赛报》的新媒体产品

图片引自《阿贝赛报》网站:http://www.abc.es,检索时间:2015 年 12 月 10 日。

(三)凸显西班牙文化特色

《阿贝赛报》虽然是个政治上保守、亲近王室的主流报纸,但是其文化新闻报道尤为开放。[①] 该报积极关注国内重大文化活动,报道深入而丰富,内容详尽而殷实,其中对于西班牙传统运动"斗牛"有定期的报道,力求保持本国民族的文化特色。

四、涉华报道

由于中国的经济影响力和政治地位不断提高,注重国际新闻报道的《阿贝赛报》对中国的关注也越来越多。目前,《阿贝赛报》在北京的常任驻华记者为巴勃罗·迪埃斯(Pablo M. Díez),同时另有一名香港常驻记者——丹尼尔·坎塞拉(Daniel Cancella),主要关注香港地区的新闻。《阿贝赛报》实行编辑中心体制,即编辑部向记者交代新闻采访要求,指出报道切入角度,引导记者准确地观察,提示观察角度并帮助记者完成稿件及修改,驻华记者在中国完成撰稿后会返回总部进行相应的补充背景和内容完善。[②]

以巴勃罗·迪埃斯为例,他积极关注中国的政治、经济、文化、社会等领域,并针对与中国国内国际有关的新闻事件进行详尽的分析性报道。在 2007 年"两会"开始前,巴勃罗·迪埃斯收到《阿贝赛报》总部的报道提纲,据此在"两会"期间编写了五条分析文章和三篇特写。编辑部对他发回的稿件进行补充背景和内容完善。他在中国"两会"期间的报道收到良好效果,同时他的特写还刊登在《阿贝赛报》网络版上。[③] 2015 年 5 月 18 日至 21 日李克强总理访问巴西期间,巴勃罗·迪埃斯对此次重大事件进行了描述性报道,同时他对中国和巴西、拉美的政治、经济、贸易关系进行简单的历史梳理及未来发展趋势的分析和判断,其报道篇幅较长,内容丰富而充实,态度中立。

除此之外,《阿贝赛报》在西班牙国内也积极关注和生产关于中国的新闻。它以埃菲社等新闻通讯社关于中国的报道作为新闻来源,通过搜集多方信息对新闻进行补充和完善,最终形成分析性报道。

总的来说,《阿贝赛报》对中国的关注程度较高,态度大多中立,善于从历史、现状和未来的角度进行全面的分析。

①—③ 刘连详:《西班牙〈阿贝赛报〉创新之路》,《中国记者》2007 年第 5 期。

《大众日报》*Público*

Público

《大众日报》(*Público*)是西班牙一家全国性的在线发行的数字报纸，总部设在首都马德里。2007 年创办的《大众日报》曾作为一份日报印刷出版。随着数字媒介的兴起，《大众日报》于 2012 年开始缩减版面，并转为在线发行的数字报纸。

一、历史沿革

《大众日报》创办于 2007 年 9 月 26 日，创办者是吉米·卢尔斯(Jaume Roures)。《大众日报》从属于 Mediapro 媒体集团，是一家政治倾向左翼的报纸。在创办之初，卢尔斯就将左派思想“自由”和“青春”作为该报的目标。《大众日报》虽然有专栏作家进行写作，但从不出版社论，并且从创办之初就拒绝刊登广告。在最初开始发行时，《大众日报》的版面是其竞争对手的三分之二，售价只有 50 欧分，不及竞争者的一半，每天发文 25 万字左右。[①]

图 4　2012 年《大众日报》停止发行纸质版报纸

自 2007 年推出以来，该报就提出减少工作人员和削减开支的一些调整方案。然而，由于《大众日报》常年处于亏损状态，并且面临着高达 900 万欧元的赤字，2012 年，该报开始寻找新的投资伙伴，却始终未能达成愿望，这直接导致《大众日报》印刷版的结束。2012 年 2 月 24 日，《大众日报》停止出版印刷版报纸，转为只在网络上发行的数字在线报纸。

截至 2014 年，《大众日报》已经成为西班牙第九大大众化报纸。

二、发展现状

如今，《大众日报》已经成为西班牙的一家全国性数字在线报纸。报社总部设在西班牙首都马德里，包括管理人员、行政人员和编辑在内，共有 35 名员工。2014 年 6 月的统计数据显示，该数字报纸拥有 440 万固定读者。此外，在 Facebook 上有超过 94.6 万人关注了其官方账户，Twitter 上的关注人数也超过 58 万。

从网络版报纸可以看到，《大众日报》首页分观点、国际、政治、社会、经济、文化等九个版块。由于该报的大众化定位，其报道面广泛，涉及国际事件及西班牙国内政治、经济、社会、体育、文化、娱乐等各个方面的报道，就其报道内容而言，比较综合化。[②] 截至目前，《大众日报》仍是一家非常活跃的网络在线报纸，并获得多项西班牙媒体奖项。

三、报道特点

作为一家综合性的数字在线报纸，《大众日报》的报道涉及政治、经济、文化、社会等各个方面。该报关注国

---

① 《大众日报》网站：http://www.publico.es/，检索时间：2015 年 9 月 9 日。

② 《大众日报》网站：http://www.publico.es/，检索时间：2015 年 9 月 9 日。

内新闻事件,不仅报道数量多,还将国内新闻置于版面显要位置,并对西班牙国内政局及执政党工人社会党的新闻保持密切关注。相对来说,国际新闻则通常被置于次要位置,一般都是重大国际性事件的报道。①

图 5 《大众日报》网站首页

图 6 《大众日报》的"言论"(opinion)版块

图片引自《大众日报》网站:http://www.publico.es,检索时间:2016 年 3 月 10 日。

该报版面图片丰富,新闻通常用大字号标题配以图片。报道中几乎没有短讯,国内新闻多为自采,以事实性报道为主,篇幅也根据新闻事件而定。而国际新闻则多援引路透社、埃菲社、美联社等通讯社的报道。

《大众日报》虽不发表社评。但是却有许多专栏作家对某一新闻事件发表评论及看法,这符合该报创立之初的目标。

四、涉华报道

《大众日报》是面向西班牙国内民众的一份大众化报纸,其对中国的报道侧重于经济、政治、军事及国际关系等方面,同时也有社会、文化等方面的涉华新闻报道。从消息来源来说,该报涉及中国的新闻报道多援引其他媒体或通讯社。

《大众日报》基本每天都有关于中国的新闻报道,遇重大事件也会增加报道数量。比如仅 2015 年 9 月 3 日一天就有两篇关于中国纪念二战胜利 70 周年阅兵的报道,报道客观中立。《大众日报》关注中国经济发展动态,每周都有两至三条有关中国经济的报道,报道也较为客观公正。②

在 2008 年到 2010 年期间,《大众日报》曾经在中国派设驻华记者,负责对中国及亚洲其他国家的新闻报道工作。在此期间,《大众日报》驻华记者曾经采访报道了中国年轻漫画师的创作梦想、中国的广播传播历史等新闻主题,广泛介绍了关于中国社会、文化、历史等方面的内容。但是后来由于资金问题,在前任驻华记者离任后一直未能继续维持记者站的工作。

---

① 《大众日报》网站:http://www.publico.es/,检索时间:2015 年 10 月 16 日。

② 《大众日报》网站:《"中国"关键词检索》,http://www.publico.es/search/?query=China&category=&contentTypes%5B%5D=article&contentTypes%5B%5D=video&contentTypes%5B%5D=gallery&contentTypes%5B%5D=opinion&publishedAt%5Bfrom%5D=&publishedAt%5Buntil%5D=,检索时间:2015 年 9 月 9 日。

《国家报》*El País*

EL PAÍS

《国家报》(*El País*)是西班牙发行量最大的日报，于1976年5月4日创刊，总部设在马德里。《国家报》是一份全国性报纸，[①]在欧洲报业中占有重要地位。在西班牙，《国家报》和《阿贝赛报》《世界报》这三份报纸被视为西班牙的"国家记录报"。除了发行纸质版，《国家报》还提供在线阅读的电子版，[②]该报的网站是西班牙乃至整个西语世界中影响力最大的新闻网站之一。

一、历史沿革

在《国家报》诞生之前，西班牙报业曾在佛朗哥的独裁统治下经历了一段黑暗时期。1975年，佛朗哥死后，西班牙开始进行民主改革。随着自由民主道路的铺开，西班牙的报业也逐渐打破之前的专制和垄断。20世纪70年代早期，大众传媒集团普利萨(PRISA)开启了旗下的报纸业务。1976年年初，普利萨集团旗下的一个团队开始着手创办《国家报》。同年5月4日，《国家报》创刊号正式出版，发布的首篇文章名为《晨报的独立日》(Diario Independiente de la Mańana)。

在《国家报》创办之时，西班牙的大多数媒体都依循佛朗哥专制时期的保守风格，正当其时出现的《国家报》是西班牙第一份支持民主改革的新报纸。因此，这份报纸的发行被认为是标志着西班牙新闻史和政治文化历史的一座里程碑，为西班牙报业注入了新鲜的血液。创办当年，《国家报》的发行量就达到了116600份，并于次年继续飞涨达到137562份。到1980年时，《国家报》一跃成为继《先锋报》之后的西班牙第二大报。[③]

1981年2月23日，西班牙的民主之路再起波澜，军队发动军事政变，企图推翻民主政体。当天晚上，军方派出坦克在瓦伦西亚实施军事戒严，并将议会全体成员控制在国会大楼，要求现任政府交出权力。正在情势如此紧急之际，《国家报》于当晚10点率先发行捍卫宪法的专刊《面临政变——国家报：支持宪法》(*Golpe de Estado: El País, con la Constitution*)，呼吁支持民主政府。直到今天，这篇报道的资料图片还陈列于《国家报》马德里总部的办公大楼中，这是让《国家报》所有人倍感骄傲的光辉一页。

到1982年时，社会工人党候选人费利佩·冈萨雷斯(Felipe González)获胜当选，《国家报》持续在舆论上对新政府予以积极支持。作为坚定支持并大力推动国家民主进程的主要媒体，《国家报》在此期间迅速积累了大量的民众支持，发行量激增并超过《阿贝塞报》成为西班牙发行量最高的报纸，同时也崛起成为最具影响力的舆论大报。1986年，由于对言论自由的积极捍卫，《国家报》一举获得由罗斯福学会(Roosevelt Institute)颁发的四项言论自由大奖。

在此之后，《国家报》一直致力于对自身新闻报道专业能力的打造，在西班牙报业历史上开创了很多先例。比如说，《国家报》是第一家建立质量检控机制的西班牙报纸，并经由此举大大提升了报纸的品质；《国家报》还是第一家开创"读者倡议"的日报，即由普通读者作为报纸的督察专员，对报纸的质量和言论予以把关。由《国家报》制定的新闻报道"文体指南"(Style Guide)，已经成为西班牙新闻出版行业奉为圭臬的基准规范。1989年，《国家报》与意大利的《共和国报》(*La Repubblica*)和法国的《世界报》(*Le Monde*)建立合作，在信息资源上实现三报之间的交流共享。

进入20世纪90年代之后，《国家报》遭遇了来自不同层面的新挑战。随着冈萨雷斯政府遭遇腐败丑闻，西

---

① 全国性报纸，即指报纸总部所在自治区的读者不超过该报纸总读者的三分之一，主要发行分布在全国范围内。

② 《国家报》网站：www.elpais.com，检索时间：2015年8月1日。

③ 路燕萍：《西班牙新闻传播的发展脉络及当代传媒格局》，《国际新闻界》2012年第4期。

班牙政界乃至左翼、右翼的报纸都开始呈现出对立的局面。《国家报》及其母公司普利萨集团旗下的其他媒体都受到来自持对立立场媒体的攻击，指责该报是社会工人党及其当政政府的勾结媒体。在面临诸多非议的情况下，《国家报》的竞争对手《世界报》(*El Mundo*)逐渐拉近了与其的差距，两报发行量逐步逼近。然而，依凭一贯对报道质量和新闻品质的严格把控，《国家报》依旧保持住了西班牙第一大报的位置，发行量始终冠于各大报纸之首。

2001 年，《国家报》全新推出了一份英文副刊，作为《国际先驱论坛报》(*International Herald Tribune*)的西班牙语版，随主报一同发行。2006 年，《国家报》获得了由“新闻设计学会”(Society for News Design，简称 SND)颁发的“世界最佳报纸设计”大奖。

EL PAIS

DIARIO INDEPENDIENTE DE LA MAÑANA

EDICION ESPECIAL

El general Milans del Bosch decreta el estado de excepción en la Región Militar de Valencia

Golpe de Estado

El País, con la Constitución

El Gobierno y el Parlamento, rehenes de un grupo de guardias civiles

¡Viva la Constitución!

图 7　1981 年 2 月 23 日《国家报》呼吁捍卫宪法的专刊

二、发展现状

长期以来，总部位于马德里的《国家报》一直是西班牙报纸媒体中的领导者。2000 年时，《国家报》的发行量为 43.6 万份，位列西班牙各大报纸之首，紧随其后的是《马卡报》(*Marca*，40.3 万份)和《阿贝赛报》(29.2 万份)。① 其中，《国家报》和《阿贝赛报》是全国性的报纸，《马卡报》则是西班牙的畅销体育报纸。之后几年中，随着世界报业的整体式微，以及金融危机对西班牙的冲击，西班牙各大报纸的发行和营收都受到明显冲击。数据分析显示，2009 年第一季度时，在西班牙报业整体广告收入同比下降 31% 的情况下，《国家报》依然在保持 10 万份以上发行量的八家时事类报纸中排名第一位，位列《世界报》和《阿贝赛报》之前。② 到 2011 年，西班牙发行量超过 10 万的日报仅有六份，其中《国家报》发行量为 370080 份，遥遥领先于另外两份全国性大报《世界报》(285867 份)和《阿贝赛报》(249540 份)。③

与此同时，《国家报》是最早推出网络版的西班牙报纸之一，同时也是最早推出付费墙的西班牙报纸。1994—1995 年，《国家报》的网络版电子报纸上线，当时西班牙国内只有一份名为《今日》(*Avui*)的加泰罗尼亚语报纸已经建立了电子版。2002 年 11 月 18 日，《国家报》网站正式启用付费墙，然而随后出现了网络访问量急剧下降的局面，导致老对手《世界报》网站反超成为访问量最大的西班牙媒体网站。与此同时，西班牙新闻出版稽查机构(Oficina de Justificación de la Difusión，简称 OJD)以《国家报》网站新推出的“付费墙”违反相关规定，对该网站予以四个月的停办处罚。到 2005 年 6 月，《国家报》网络版重新出发，取消了原先的付费墙，改为仅对多媒体内容和历史资料检索库予以特别收费，其他新闻报道内容全部免费开放。④

2013 年 11 月 26 日，一向以拉丁美洲地区为主要目标市场的《国家报》，在西班牙语拉丁美洲版报纸以外，进一步面向拉美地区最大的国家巴西推出了葡萄牙语版的电子版报纸。次年 10 月，《国家报》又面向

LENA
LEADING — EUROPEAN
NEWSPAPER - ALLIANCE

图 8　主流欧洲报纸联盟 LENA

① Spain: Ten Largest Newspapers http://www.pressreference.com/Sa－Sw/Spain.html#ixzz3h9PAz100，检索时间：2015 年 5 月 10 日。

② Media Landscapes: http://ejc.net/media_landscapes/spain#link_960，检索时间：2015 年 4 月 10 日。

③ 数据来源：西班牙出版物流通量统计局〔Oficina de Justificación de la Difusión (OJD)〕网站，2012 年 3 月 4 日，http://www.ojd.es/OJD/Portal/diarios_ojd/_4DOSpuiQo1Y_FOivPcLIIA，检索时间：2015 年 7 月 20 日。

④ 路燕萍：《西班牙新闻传播的发展脉络及当代传媒格局》，《国际新闻界》2012 年第 4 期。

国内广大的加泰罗尼亚语受众推出了加泰罗尼亚语电子版报纸。

2015 年 3 月,《国家报》倡议并推动成立了"主流欧洲报纸联盟"(Leading European Newspaper Alliance)。该联盟由七份来自不同欧洲国家的主流报纸强强联合共同创立,成员包括德国《世界报》(*Die Welt*)、意大利《共和国报》(*La Repubblica*)、法国《费加罗报》(*Le Figaro*)、比利时《晚报》(*Le Soir*)、瑞士《每日导报》(*Tages－Anzeiger*)和《日内瓦论坛报》(*La Tribune de Genève*),以及西班牙《国家报》。这七家报纸加起来有超过 700 万的读者量,以及超过 4300 万的网络注册用户。联盟成立之后,由《国家报》主编哈维尔·莫雷诺(Javier Moreno)担任首位主席,任期从 2006 年持续到 2014 年。基于联盟的内容共享平台,每家报纸的新闻报道和评论文章都可以在其他成员媒体得以进一步传播。同时,七家报纸之间还建立了常规的记者编辑交流机制,以及在媒体技术层面的共享机制。[①]

三、报道特点

目前,《国家报》的报社总部设在马德里,同时在国内主要城市都设有地方分支机构,由总部负责主要的新闻采编工作,各地分支机构负责本地版本的制作出版。

从创立之初开始,《国家报》就以捍卫自由民主的观点和支持新兴自治体的多元观点为特色,设定了西班牙一系列新闻领域的基调,并且在国家转型为民主社会中扮演着核心角色。因此,该报一直秉承严肃大报的风格特点,在报道内容和版面设计上都一以贯之。从创刊之日到 2007 年长达 30 年的时间里,《国家报》一直保持同样的版面设计,通版采用黑白印刷出版,文字版面简洁清晰,慎用照片图表,整体保持庄肃严谨的面貌。2007 年 10 月 21 日,报社开始推行整体改版,包括纸质版报纸的版面和网络版的网页界面都进行了重新设计。报纸由原本的大报版式改为紧凑的小报版式,报头的立刊标语从原来的"独立的晨间日报"(Diario Independiente de la Mañana)变为"全球性西语报纸"(El Periódico Global en Español),采用的字体也由 Times Roman 改为 Majerit。[②]

图 9 改版之后的《国家报》报头

如今的《国家报》,主要集中于报道西班牙国内文化生活的方方面面,同时也注重对国际新闻的广泛报道和深度分析。周一至周五,每期《国家报》出刊 48 个常规版面,以及 8 个版面左右的地方版。周六和周日的周末版报纸,在平时两个部分 56 个版面的基础上,另外出版 48 个左右的增刊。除了常规版面以外,《国家报》还出版有很多不同内容侧重的增刊,包括:每周二出刊的"未来"(Futuro),内容以科学议题为主;每周四出刊以计算机和电子技术为主要内容的"网络世界"(Ciberpaís)、以男性读者为主要目标群体的 Icon,以及西班牙语版的《纽约时报》增刊;每周五出刊以年轻群体为目标读者的 EP[3]和以文化活动为主要内容的"休闲"(Ocio);每周六出刊以文学为主的 Babelia',以及休闲旅游为主的"旅行"(El Viajero);每周日出刊以时尚、特别报道和言论批评为主要内容的《国家报周刊》(El País Weekly),以及聚焦金融经济类内容的"商务"(Negocios)。此前还有

---

① 世界报业协会网站 WAN-IFRA:Leading European Newspaper Alliance: European newspapers establish joint network,2015 年 3 月 10 日,http://www.wan－ifra.org/articles/2015/03/10/leading－european－newspaper－alliance－european－newspapers－establish－joint－network,检索时间:2015 年 5 月 10 日。

② 《世界报》网站:EL PAÍS será el periódico global en español,2007 年 10 月 9 日,http://elpais.com/diario/2007/10/09/sociedad/1191880804_850215.html,检索时间:2015 年 5 月 10 日。

专门为儿童出版的《小国家报》(*Pequeño País*),已于2009年停止出版。除此之外,它还定期或不定期地出版一些汽车、体育、医疗健康等方面的刊物,都是随报附赠。这些刊物很受读者欢迎,既扩大了报纸的影响力,也给报社带来了可观的广告收入。现在,报社一半的广告收入来自于这些附赠刊物。①

EL PAÍS
www.elpais.com
EL PERIÓDICO GLOBAL EN ESPAÑOL

EL PAÍS SEMANAL
Lo que el circo esconde
Viaje a los secretos del 'laboratorio' del Cirque du Soleil en Montreal

Kibera, la ciudad sin nombre de África
Entramos en el suburbio de Nairobi (Kenia), el más grande del continente

NATIONAL GEOGRAPHIC HISTORIA
Las civilizaciones de Mesopotamia
Hoy, con el ejemplar de EL PAÍS, por solo 9,95 euros, el cuarto tomo de la colección

Rajoy: "Es falso. Nunca, nunca he recibido ni repartido dinero negro"
El presidente difundirá sus declaraciones de renta y patrimonio
Aguirre y otros dirigentes exigen que el PP denuncie a Bárcenas

El yihadismo se disemina por África tras la guerra de Malí
Los grupos terroristas aprovechan a fondo la inestabilidad de la zona

Gao, la ciudad que resistió la 'sharia'
Tombuctú saluda con júbilo la visita de François Hollande

Domingo
El milagro de los euros y las fincas
Los seguidores de la vidente de El Escorial acumulan 21 millones en patrimonio
Por Álvaro de Cózar

Negocios
El comercio agoniza

EDITORIAL
La urgencia del debate

TODOS LOS PAPELES DE BÁRCENAS
Las 14 páginas que han sacudido al PP

Metroscopia: el 80% pide la dimisión de la cúpula del partido

DÍA SIN IVA
AHÓRRATE -21% DE IVA
¡FULMINAMOS EL IVA EN TODO!
Media Markt

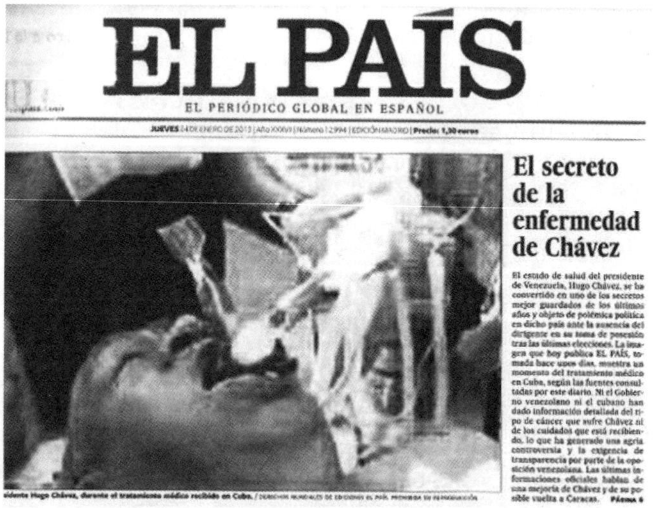
EL PAÍS
EL PERIÓDICO GLOBAL EN ESPAÑOL

El secreto de la enfermedad de Chávez

El estado de salud del presidente de Venezuela, Hugo Chávez, se ha convertido en uno de los secretos mejor guardados de los últimos años y objeto de polémica política en dicho país ante la ausencia del dirigente en su toma de posesión tras las últimas elecciones. La imagen que hoy publica EL PAÍS, tomada hace unos días, muestra un momento del tratamiento médico en Cuba, según las fuentes consultadas por este diario. Ni el Gobierno venezolano ni el cubano han dado información detallada del tipo de cáncer que sufre Chávez ni de los cuidados que está recibiendo, lo que ha generado una agria controversia y la exigencia de transparencia por parte de la oposición venezolana. Las últimas informaciones oficiales hablan de una mejoría de Chávez y de su posible vuelta a Caracas. Página 6

图10 改版之前的报头宣称"独立的晨间日报" **图11 2013年1月24日《国家报》头版报道被曝使用虚假照片**

新时代互联网的迅猛发展给传统媒体带来了巨大的挑战,发展新媒体也成为《国家报》克服危机的"钥匙"。《国家报》正在把传统的纸质媒体变为拥有多个平台的媒体,这不仅需要技术上的革新升级,而且要求记者具备运用多媒体平台进行采访、编辑和发布新闻的能力。差强人意的是,面对强大的挑战,《国家报》在发展新媒体方面仍然没有找到合适的盈利模式,网站的广告收入只占整个报社广告收入的5%。②

在《国家报》的国际版面,既有来自通讯社的新闻报道,也有出自本报海外记者站的采访报道。《国家报》网站国际版(El País International)的在线订阅为收费模式,日访问量超过180万次。③其网站虽然不是西班牙访问量最高的网络媒体,但却是在西班牙乃至西语世界(主要在拉丁美洲)中影响力最大的新闻网站之一。

另外,2013年1月24日,《国家报》因刊登一张有关委内瑞拉总统查韦斯的虚假图片,不得不紧急停售并重新出版当天的报纸。这张大幅图片刊登在《国家报》纸质版头版和网络版面上,图片上显示一个男子嘴里插着呼吸机。委内瑞拉政府随后证实该图像不是查韦斯本人,而是来源于2008年被上传至Youtube网站的一个视频截图,并附上视频链接,谴责《国家报》的行为严重违反了新闻道德,将成为世界新闻历史上的丑闻,并不是道歉就可以弥补的。这一事件,成为《国家报》光辉历史上的一个污点,受到国际新闻同业指责其违背新闻专业和道德。④

四、涉华报道

作为西班牙首屈一指的全国性大报,《国家报》对中国的态度相对友好,在中国国家领导人出访西班牙期间给予积极的报道和舆论支持。2011年1月3日,《国家报》全文刊发了时任国务院副总理李克强的署名文章,题

①－③ 《人民日报》:《没有中国新闻就是一份失明的报纸——访西班牙〈国家报〉常务副社长文森特·希门内斯》,2011年10月24日,第022版国际,检索时间:2015年8月1日。

④ 现代快报:《西班牙〈国家报〉刊登查韦斯假照片》,2013年1月26日A15版,http://kb.dsqq.cn/html/2013－01/26/content_241107.htm,检索时间:2015年7月20日。

为《携手互利合作共创美好未来》。文章强调了中国的市场优势,表明中国会继续购买西班牙国债,支持西班牙金融市场的恢复。① 文章刊登后,在西班牙民众中引起了很多的关注,并且进一步引发各国媒体广泛转载和讨论。

与此同时,《国家报》对与中国媒体同行之间的交流合作也抱持开放态度,与国内主流媒体时有互动。比如说,2011 年 10 月,《人民日报》派出代表团访问了《国家报》并对该报常务副社长文森特·希门内斯进行了专访。在 24 日刊发的报道《没有中国新闻就是一份失明的报纸》中,希门内斯表示,"在我们的报纸上,有关中国的新闻增长是最快的。这是理所当然的,因为中国将会成为世界第一大经济体,在政治上也发挥着越来越大的作用。"他还指出,《国家报》不但关注中国自身发生的事情,也密切关注世界各地发生的与中国有关的事情,尤其关注拉美、非洲国家与中国的关系。② 目前,《国家报》在全世界有十多个常驻记者站,其中亚洲地区的记者总站就设在北京。

以《国家报》网络版对十八大的报道为例,在该报网站新闻搜索栏中输入"中国共产党第十八次全国代表大会"(XVIII Congreso del Partido ComunistaChino),可以找到该报关于中国共产党全国代表大会的专题报道版块,其中共有约 750 篇报道,最早的一篇文章发表日期为 1976 年 9 月 10 日。其中,2012 年发表的报道共有 125 篇。如果进一步将时间范围缩小至 2012 年 10 月 20 日至 11 月 25 日,可以得到 42 篇相关报道。在样本报道中,内容大多数可视为中性或负面,正面内容相对较少。③

相关报道具有以下三大特点:首先,贪污腐败问题被反复提及、放大。相关报道中,多次将中国形容为"关系之国"〔país de los guanxi (contactos)〕,认为裙带关系与随之滋生的贪污腐败问题在中国人的文化与思想中根深蒂固,左右中国人的行为。其次,民主体制深受质疑。在民主相关议题的涉华报道中,向来采取负面倾向,尤其是对中国网络审查机制的抨击。再次,"中国威胁论"的基调始终都存在。一方面,对于中国的经济发展采取成就展示的报道方式,另一方面又突出中国经济强大背后的隐患,即"中国威胁论"。例如,在《国家报》一篇题为《中国欲成为第一》(China quiere la primacía)的报道中提出,对于中国而言,19 世纪是遭受耻辱的世纪,20 世纪是重整国威的世纪,21 世纪则是统治全球的世纪,以此来渲染中国对世界可能造成的威胁。④

就整体而言,《国家报》在经贸议题类的涉华报道中往往能够保持比较客观中立的立场。比如,在 2013 年 3 月 22 日发表的一篇题为《新兴中国人》的报道中,⑤文章客观描述了在西班牙经商的中国人,已经不是西班牙人思维中固有的开餐馆或者小商店的社会地位低下的移民,而是转战网络公司、时装连锁公司以及投资顾问公司,跻身于西班牙银行和电信公司一类企业中的华裔精英。报道同时提出,这也是华人经济自身实现的进步和转型。

《经济学家报》*El Economista*

elEconomista

《经济学家报》(*El Economista*)是一份西班牙语财经金融类日报,主要报道经济、金融及商业消息,报社总部设在西班牙首都马德里。创办于 2006 年的《经济学家报》是一份年轻的报纸,但目前业已成为西语世界最具影响力的财经媒体,同时在全球财经媒体中也占有一席之地。

---

① 南都网:《中国领导人访欧连发三文》,2011 年 1 月 11 日,http://gcontent.oeeee.com 检索时间:2015 年 8 月 15 日。

② 《人民日报》:《没有中国新闻就是一份失明的报纸——访西班牙〈国家报〉常务副社长文森特·希门内斯》,2011 年 10 月 24 日第 022 版国际。

③ 贾中山、朱婉君:《西班牙媒体三大报纸上的中国国家形象分析——以"十八大"期间涉华报道为例》,《现代传播》2013 年第 4 期。

④ 贾中山、朱婉君:《西班牙媒体三大报纸上的中国国家形象分析——以"十八大"期间涉华报道为例》,《现代传播》2013 年第 4 期。

⑤ 《国家报》:《新兴中国人》,2013 年 3 月 22 日,http://economia.elpais.com/economia/2013/03/22/actualidad/1363969826_438646.html,检索时间:2015 年 7 月 10 日。

一、历史沿革

《经济学家报》创办于 2006 年 2 月 28 日，由知名报人阿方索·萨拉斯(Alfonso de Salas)连同格雷戈里奥·培尼亚(Gregorio Peña)和胡里奥·古铁雷斯(Julio Gutiérrez Race)共同创立，萨拉斯也是西班牙第二大日报《世界报》(*El Mundo*)的创办人。由阿方索·萨拉斯担任《经济学家报》的公司总裁，格雷戈里奥·培尼亚作为副总编辑，而胡里奥·古铁雷斯则担任总经理。[①] 创办之时，《经济学家报》已经是西班牙媒体市场第四份金融财经类报纸，但它很快便脱颖而出，成为最好的一份专业日报。

2006 年 3 月 31 日，《经济学家报》网站上线，同时也使得该报成为西班牙首家发行电子版的财经媒体。随后，该报又推出了英语版网站，进一步扩大了自身的影响范围。自 2008 年开始，该网站便晋身为访问量最高的西班牙语财经网站。到 2014 年时，网站的月访问量已经达到了 650 万，仅西班牙国内用户的月访问量就达到 370 万。[②]在世界财经媒体网站中，仅次于华尔街日报网。

图 12　2006 年《经济学家报》以“全新概念的经济新闻”为理念，售价 1 欧元

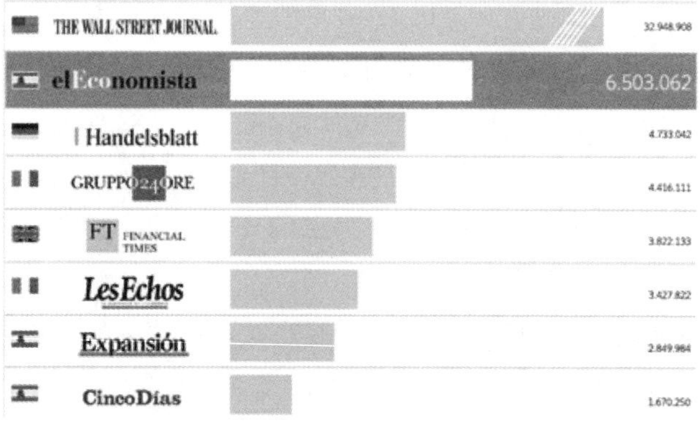

图 13　2014 年，经济学家报网成为世界范围内访问量第二大的财经媒体网站

图片引自经济学家报网：http://www.editorialecoprensa.es/? p=1003，检索时间：2015 年 9 月 9 日。

二、发展现状

在很多方面，《经济学家报》都体现出一份年轻报纸充满创新意识的发展活力。创办当年，《经济学家报》就凭借出色的版面设计获得了由新闻设计协会(Society for News Design)颁发的“世界最佳报纸设计奖”。次年，世界报业协会(World Association of Newspapers)也对《经济学家报》的杰出设计不吝赞美，将其评为“世界十大最佳设计报纸”。[③]

2013 年 4 月，《经济学家报》开始大举向美洲进军，不仅推出了针对美洲市场用户的经济学家报网美洲版 elEconomistaAmerica.com，同时在墨西哥、阿根廷、哥伦比亚、秘鲁、智利和巴西增派了六个记者站，大大增强了原本只在美国设站的美洲报道力量。到 2014 年 1 月时，经济学家报网在美洲的用户数量激增 93.6%，在拉美地区一些国家增长更快，其中墨西哥达到 95.4%，哥伦比亚达到 136.2%，巴西甚至达到了 216.2%。[④]

经过几年的发展，如今《经济学家报》已经发展成为提供全方位专业财经资讯服务的媒体机构。除了报纸日常版面外，每天还搭配有关投资、理财等主题的副刊，报社旗下还出版两本高端精品杂志(*Orus* 和

---

① 《经济学家报》网站：http://www.eleconomista.es/quienes/somos.php，检索时间：2015 年 9 月 9 日。

② 经济学家报网：elEconomista.es, ocho años líder, 2014-3-5, http://www.editorialecoprensa.es/? p=1003，检索时间：2015 年 9 月 9 日。

③ 世界报业协会：http://www.snd.org/competitions/print/worlds-best-designed/，检索时间：2015 年 9 月 9 日。

④ 经济学家报网：América se consolida como un gran éxito，2014 年 3 月 5 日，http://www.editorialecoprensa.es/? p=1013，检索时间：2015 年 9 月 9 日。

Ecomotor)。在原有网站的基础上，经济学家报网又延伸了几大特色服务版块，包括提供综合新闻的 EcoDiario.es，提供贸易资讯的 Ecotrader.es，以及汽车专版 Ecomotor.es，教育专版 Ecoaula.es 和时尚专版 Evasion。经济学家报网还承诺，将全年 24 小时即时提供最新的新闻信息。除此之外，用户还可以通过平板电脑、移动终端等新媒体平台链接到经济学家报网的资讯服务。

图 14 《经济学家报》的通版设计

三、报道特点

《经济学家报》面向专业人士、年轻读者及投资者，倡导自由竞争、性别平等和资讯透明。纸质版报纸采用宽版印刷，尽量使用通俗易懂的语言进行报道。与金融类日报通常用粉红色纸进行印刷不同的是，《经济学家报》使用白色纸全彩印刷。《经济学家报》是一份每周发行七天的日报，工作日刊行 36 版，周末则增至 64 版，增加版面通常会刊登深度报告和评论分析等文章。

《经济学家报》以经济、金融报道见长，该报网络版首页分市场和行情、商业、经济、科技等版块，下设外汇、道琼斯指数、纳斯达克指数、宏观数据、经济笔记等精分版面，重点关注与经济相关的各类信息。不同于大多数媒体以国家地区或报道领域为标准划分版块，《经济学家报》的版块划分完全是按照财经信息的特点来设置的，突出体现了该报的专业财经媒体背景。

总体来看，《经济学家报》也会报道一些综合新闻社会动态，例如报道西班牙国内的政治局势，也有不少体育新闻，甚至也会关注一些文娱新闻，但是该报的报道重点始终还是放在财经金融报道上。从报道来源来看，《经济学家报》的大部分新闻为自采，也采用很多来自路透社、美联社、埃菲社等通讯社的消息内容和新闻图片。

图 15 经济学家报网旗下分支产品

图片引自经济学家报网：http://www.editorialecoprensa.es/? page_id=37，检索时间：2015 年 9 月 9 日。

四、涉华报道

作为一家以经济金融为主要关注点的新闻媒体，对于已经成为世界主要经济体的中国，《经济学家报》一直非常注重对中国的新闻报道。早在2006年报纸初创时期，《经济学家报》就设立了驻华记者站，派出资深记者常驻北京，后来出于运营的考虑又将亚太记者站转至香港。近几年，由于西班牙深陷债务危机，导致很多媒体都不得不缩紧开支，因而出现大批裁撤驻外机构的情况。尽管《经济学家报》未雨绸缪将发展重心转向了美洲市场，但是在世界范围内的采编业务收缩也是不可避免的。

就涉华报道的数量和频度来说，由于经济学家报网目前已经转为全面新闻资讯网站，即时更新网站发布的新闻内容，因而涉华报道的数量也随之大大提升。但是，其中大多数都是提及中国或将中国作为对比参照的背景信息出现，实际以中国为关切的新闻报道相对较少。目前，经济学家报网平均每天发布10余条涉华新闻，但在时间分布上非常不均衡，多时一天有二十多条而少时一天只有一两条。在所有涉及中国的新闻报道中，绝大多数都是来自其他媒体的转引报道，来自《经济学家报》的自采新闻大约可以占到三分之一。外引新闻的主要来源媒体，包括埃菲社、路透社、法新社以及欧洲新闻社(Europa Press)等新闻通讯社。

从涉华报道的内容来看，《经济学家报》及其网站发布的内容绝大多数都是财经金融领域的专业报道。这从网站自动抓取的与关键词“中国”最相关、最常出现的核心标签就可以知晓，包括中国人民银行、中国发展银行、中国联通公司等，这些中国的金融机构和公司企业都与《经济学家报》关切的焦点议题有关。相关报道包括人民币汇率及其对世界经济的影响、中国股市变动、中国经济增速、中国经济前景，以及中国公司企业与西班牙之间的合作(如中国联通与西班牙电信之间建立了战略合作伙伴关系)，等等。例如，2015年7月1日，《经济学家报》发表了题为《为什么中国希望希腊留在欧元区》的文章。文章指出，2000年中国在欧元区的投资还为零，2014年已达到140亿欧元，在整个欧盟达到了460亿美元。中国企业购买欧洲资产达到创纪录的地步，欧洲对于中国企业来说越来越重要。与此同时，欧洲也“正进入中国资本时期”，大部分的企业家或投资商来自距离欧洲很远的中国东部沿海地区。①

在整体上，《经济学家报》在报道中将中国置于“影响世界经济局势的重要经济体”的地位，长期保持对中国经济局势的动态关注，并对相应的世界经济变局作出分析评论。由于《经济学家报》以专业分析财经新闻见长，报道也相应比较客观中立。

《时代》*El Temps*

ELTEMPS

《时代》(*El Temps*)是西班牙国内的一份综合性新闻周刊，以加泰罗尼亚语出版。《时代》杂志创立于1984年，总部位于西班牙瓦伦西亚地区，在巴塞罗那和马略卡岛的帕尔马设有编辑部，并在欧洲的多个重要城市设有常驻记者。

一、历史沿革

1984年，瓦伦西亚人埃利塞乌·克利芒科尔维拉(Eliseu Climent)创办了综合新闻周刊《时代》。1994年3月13日，在该杂志联合创始人文森特·帕塔尔(Vicent Partal)的推动下，《时代》推出网络版，成为西班牙最早

① 《经济学家报》:Por qué China muestra tanto interés en la permanencia de Grecia en el euro?，2015年7月1日，http://www.eleconomista.es/economia/noticias/6837342/07/15/Por－que－China－muestra－tanto－interes－en－la－permanecia－de－Grecia－en－el－euro.html，检索时间:2015年9月9日。

呈现在网络上的媒体之一。[①]

目前，《时代》杂志主要以订阅方式发刊，核心订阅群体主要为政府、国有企业、公共机构以及在上述机构就职的人员。

2012 年，《时代》杂志遭遇经济危机。由于杂志内部的管理问题逐渐累积，导致经营不善、困难重重。在当年的 5 月至 10 月期间，《时代》停止在报刊售卖，仅面向订阅用户出版发行。

2012 年 10 月，新任总编辑文森特·桑奇斯（Vicent Sanchis）宣布《时代》重新恢复公开售卖，停刊危机就此告一段落。

二、发展现状

由于《时代》是一份以加泰罗尼亚语出版的杂志，因此被加泰罗尼亚政府列为资助媒体名单中，并定期向该杂志社提供经济补贴。根据加泰罗尼亚自治区官方日报（西班牙语原名为 el Diario Oficial de la Generalidad de Cataluña，简称 DOGC）在 2014 年发布的报告，[②]《时代》杂志在 2013 年接受来自自治区政府 91,077,69 欧元的资金支持。[③]

图 16 《时代》杂志封面

图 17 《时代》网站首页

图片引自《时代》网站：http://www.eltemps.cat，检索时间：2016 年 3 月 23 日。

三、报道特点

《时代》杂志刊发的文章多以新闻呈现与文化评析相组合，具有一定的深度。该刊积极追踪社会热点，文章篇幅较长，分析性特征明显。同时，《时代》杂志重视评论部分的专业性和深度性，与多名专家、学者和专栏作家建立长期合作，发表大量专家特约撰稿，并且在网站上以平均每日一篇的速度更新评论撰稿。

以《时代》杂志的网站来看，其栏目设置丰富，覆盖范围具有一定的广度。《时代》网络版包括政治、科学与环境、经济、社会、文化、评论、社论和公民科学等版块，积极关注西班牙国内和欧洲进行的各类新闻话题。

四、涉华报道

目前，《时代》杂志在中国设有常驻报道人员。尽管该刊对于中国的报道数量有限，但仍呈现出较为明显的特点。

就报道内容来看，《时代》杂志主要以中国经济为重点关注话题，特别是在国内宏观经济、中国制造业发展、

① Sonia Pérez Marco, El Concepto de Hipertexto en el Periodismo Digital: Análisisi de la Aplicación del Hipertexto en la Estructuración de las Noticis de las Ediciones Digitales de Tres Periódicos españoles: (www.elpais.es, www.elmundo.es, www.abc.es), Ph.D.thesis, Universidad Complutense de Madrid, 2003.

② 加泰罗尼亚自治区官方日报网站:《加泰罗尼亚自治区官方日报 2014 报告》, http://portaldogc.gencat.cat/utilsEADOP/PDF/6562/1338833.pdf, 检索时间:2015 年 5 月 30 日。

③ 加泰罗尼亚自治区官方日报网站:《加泰罗尼亚自治区官方日报 2014 报告》, http://portaldogc.gencat.cat/utilsEADOP/PDF/6562/1338833.pdf, 检索时间:2015 年 5 月 30 日。

中国进出口贸易等方面有较为详细的分析。如2015年5月11日由比奥莱塔·特纳(Violeta Tena)撰写的《新丝绸之路的中国雄心》①,就以“意新欧铁路”为开题,对中国的“一带一路”规划进行评述,对中国对欧洲多国和亚洲邻国的贸易合作的动态表示关注。除此之外,《时代》也会挑选其他世界主流媒体对于中国的经济类报道进行编译刊载,如英国的《经济学人》和德国的《明镜周刊》。

在相关报道中,《时代》经常采用纵向与横向比较相结合、较多引用数据的方式,将中国经济的历史、现在和未来以及中国与其他发展中国家如“亚洲四小龙”和东南亚国家进行比较,将中国称为“亚洲工厂”“亚洲巨人”。

《世界报》*El Mundo*

EL MUNDO

《世界报》(*El Mundo*)创建于1989年,是西班牙第二大综合性日报,隶属意大利大型跨国公司RCS传媒集团在西班牙的子公司——编辑单位有限公司(Unidad Editorial, S.A.)。自创立以来,《世界报》善于对新闻事件进行深度调查和辩证批判,在西班牙和欧洲地区具有较大的影响力。

一、历史沿革

自1975年独裁者弗朗哥去世后,西班牙社会的各个领域正式开始了重要的变化和改革,新闻媒体领域逐渐获得宽松自由的言论环境。在1976年至1978年的短短两年间,西班牙国内诞生了多个新闻报刊,其中包括因注重深度调查而在西班牙报刊历史中具有里程碑意义的《16日报》②,以及如今全国最大的综合性日报《国家报》。而且,《国家报》的诞生也与《16日报》有着深厚的渊源。

1980年,任职于《阿贝赛报》(*El Diaro ABC*)的新闻记者佩德罗·J. 拉米雷斯(Pedro J. Ramírez)加入《16日报》担任社长,并带领该报尝试多项变革,不仅成功地提高了报纸的销量,还对西班牙报业日后的发展具有深远影响。1989年,由于佩德罗坚持调查和报道当时西班牙国内所谓的“反恐怖主义解放团体”③而触犯了当局政府的利益,被《16日报》时任主席胡安·托马斯·德·萨拉斯(Juan Tomás de Salas)免去职位。④ 同年10月23日,佩德罗与包括阿隆索·德·萨拉(Alonso de Sala)在内相继从《16日报》离职的同事以十分有限的资金创办了《21世纪世界报》(*El Mundo del Siglo XXI*),简称为《世界报》(*El*

EL MUNDO
DEL SIGLO VEINTIUNO
Leve descenso del PP y auge del CDS e IU — Los ecologistas tendrán escaños si sus votos van a una sola lista — Un 43% cree que TVE manipula la campaña
El PSOE perderá la mayoría absoluta si hay una fuerte participación electoral
El último sondeo, basado en 8.400 entrevistas, sólo le da 168 escaños
OPINION
Carta del director
Los placeres y los días
La rueda de la fortuna
Politicastros
TOSHACK ARREMETE CONTRA SUS JUGADORES
ALFOMBRAS

图18 创刊于1989年的《世界报》

① 《时代》:《新丝绸之路的中国雄心》,2015年5月11日,http://www.eltemps.cat/ca/notices/2015/05/l—ambicio—xinesa—d—una—nova—ruta—de—la—seda—9759.php,检索时间:2015年10月31日。

② 《16日报》是一份于1976年至2001年期间发行的西班牙综合性日报,宗旨是“近距离地监督政府的行为以阻止少数集中掌握权力的人剥夺大多数人的自由”。在佩德罗担任社长期间,当时只有一份名为《星期一单张》的报纸拥有官方许可能够在周一刊发报纸,该报坚持每天出版一期,打破了官许报纸的垄断,随后其他报纸争相效仿,在西班牙新闻传媒史上留下一段争取新闻出版自由的佳话。

③ 反恐怖主义解放团体(西班牙语全称为los Grupos Antiterroristas de Liberación)是一个以清除西班牙巴斯克地区分裂组织——埃塔,及其支持者的团队组织,活跃于社会工人党费利佩·冈萨雷斯执政的1983年至1987年间,并对西班牙主要是巴斯克地区的27人死亡表示负责。

④ 《世界报》网站:何塞·阿梅多的出现,http://www.elmundo.es/nacional/gal/investigacion/3.html,检索时间:2015年4月6日。

Mundo)。正如佩德罗在最初介绍该报的文章中写道,《世界报》是“一个捍卫信念的激进喉舌”(un órgano radical en la defensa de sus convicciones)。[①]

从创立初期起,《世界报》就延续了佩德罗在领导《16 日报》时期的报道风格,致力于深度调查与报道,揭露当时执政的社会工人党费利佩·贡萨雷斯(Felipe González)政府内部的贪污腐败问题,积极支持时任人民党领袖何塞·玛丽亚·阿斯纳尔(José María Aznar),为后者在 1996 年议会的首相大选中获得胜利营造了良好的舆论氛围。通过新闻调查和批判性报道,《世界报》对西班牙政府和执政党起到了长期的舆论监督作用,受到了西班牙群众的欢迎,从而在国内保持很高的阅读量。

2010 年,《世界报》遭遇了一次严重的经济困境。由于报刊销量和广告投入量的大幅度下降,《世界报》处于技术破产的状态,并不得不向其意大利母公司 RCS 媒体集团申请 8800 万欧元的借款。2012 年 5 月,《世界报》实行了大幅度的裁员措施,共有 142 名员工被解雇,其中 113 名从事《世界报》新闻撰写工作,29 名为附属刊物的工作人员,这也直接对该报新闻报道的时效性和专业性造成了一定的冲击。

二、发展现状

如今,《世界报》是西班牙第二大综合性日报,仅次于《国家报》。根据西班牙传媒研究协会 AIMC 发布的报告,2014 年《世界报》平均每日拥有 1006000 名阅读者。根据西班牙新闻稽查机构(la Oficina de Justificación de la Difusión,简称为 OJD)发布的数据显示,2014 年 1 月至 12 月,《世界报》的日均发行量为 217959 份,日均阅读量为 149684 人次。

图 19 《世界报》网络版首页

图片引自《世界报》网站:http://www.elmundo.es,检索时间:2016 年 3 月 3 日。

目前,《世界报》隶属于 RCS 传媒集团。该集团是意大利大型跨国传媒公司,经营领域包括日报、杂志、书籍、广播、新媒体、数字电视和商业广告等。集团旗下的海外业务已拓展至西班牙、葡萄牙、法国、英国、美国和

① 〔美〕丹尼尔·C·哈林、〔意〕保罗·曼奇尼:《比较媒介体制》,陈娟、展江译,中国人民大学出版社 2012 年版,第 105 页。

中国,海外业务占公司总体业务的 32%。RCS 传媒集团在意大利和西班牙的媒体市场中占据重要的份额,2014 年该集团在两国的收益分别为 8 亿 7620 万欧元和 3 亿 6490 万欧元。[①]

《世界报》现任社长为卡斯米洛·加西亚·阿巴迪攸,并有三位各司其职的副社长,分别为负责《世界报》报刊的拉法尔·莫亚诺(Rafael Moyano)、负责《世界报》网络版的费尔南德·巴埃塔(Fernando Baeta)和负责《世界报》增刊的伊尼亚琪·吉尔(Iñaki Gil)。

图 20 读者可以通过 Orbyt 电子报亭订阅《世界报》

图片引自 Orbit 电子报亭网站《世界报》阅读入口:http://quiosco.elmundo.orbyt.es,检索时间:2016 年 3 月 3 日。

《世界报》网络版(Elmundo.es)于 1996 年 7 月问世。创立同年,其网络版刊登印刷版和增刊的内容,同时设有"今日新闻总结"专栏。《世界报》在创立网络版时坚称,此举并不是出于单纯的商业动机,而是在接受和欢迎互联网技术的基础上,为推动媒体发展所做出的决定。基于对互联网交互性特点的充分认识,在 1998 年到 1999 年,《世界报》网络版开设了"读者封面"专栏(la Portada de los Lectores),专门刊登用户筛选出来的每日重要新闻;同时设立"秘密入口"专栏(la Entrada Secreta)专门针对热点新闻事件展开讨论,并通过游戏环节或邀请评论的方式增加读者的参与度。[②]《世界报》网络版新闻报道具有很强的时效性,有时甚至会比新闻通讯社更早发布新闻消息,同时善于引用不同的信息源。

目前,该报在西班牙国内拥有 1180 万忠实用户,[③]主要目标受众为 15—34 周岁的读者。根据不同地区的西班牙语受众需求,《世界报》分为西班牙版本和美洲版本,其中美洲版本的专栏设置符合相应的本土化战略,开设了不同国家的专栏,如墨西哥、美国、古巴、阿根廷、巴西、哥伦比亚、委内瑞拉,同时还开设了不同话题的专栏,包括足球、经济、娱乐等。在南美洲,《世界报》网络版的忠实用户超过 350 万人,在美国则有近 33 万人。[④]

2010 年 8 月,编辑单位有限公司创建了一个付费电子期刊网络平台——Orbyt 电子报亭(http://quiosco.orbyt.es),联合旗下《世界报》、西班牙第一大体育报《马卡》(*Marca*)和西班牙财经类媒体《拓展报》(*Expansion*),综合整理文本和视听资讯,为订阅用户提供来自这些媒体的新闻内容。

三、报道特点

《世界报》的读者多为城市人口和社会精英人士,在该报刊的所有读者中,社会高层人士占 51.7%,高校学生占 41%,城市人口是主要的阅读人群,占该报总阅读人数的 65.2%,而来自首都马德里的读者占比 22%。[⑤]

---

① 意大利 RCS 传媒集团官网:《集团简介》,http://www.rcsmediagroup.it/en/pages/group/at—a—glance/,检索时间:2015 年 4 月 6 日。

② Sonia Pérez Marco, El Concepto de Hipertexto en el Periodismo Digital: Análisisi de la Aplicación del Hipertexto en la Estructuración de las Noticis de las Ediciones Digitales de Tres Periódicos españoles: (www.elpais.es, www.elmundo.es, www.abc.es), [Ph.D.thesis], Universidad Complutense de Madrid, 2003, pp.41—57.

③ 编辑单位有限公司官网:《西班牙编辑单位有限公司广告市场部报告》,2015 年 4 月,http://www.unidadeditorial.com/publicidad/MediaBook/presentacion_unidadeditorial.pdf,2015 年 4 月 6 日。

④ 编辑单位有限公司官网:《西班牙编辑单位有限公司广告市场部报告》,2015 年 4 月,http://www.unidadeditorial.com/publicidad/MediaBook/presentacion_unidadeditorial.pdf,检索时间:2015 年 4 月 6 日。

⑤ 编辑单位有限公司官网:《西班牙编辑单位有限公司广告市场部报告》,2015 年 4 月,http://www.unidadeditorial.com/publicidad/MediaBook/presentacion_unidadeditorial.pdf,检索时间:2015 年 4 月 6 日。

与其读者定位相应，该报的新闻报道体现出如下特点：

(一)立场客观，批判性强，代表民意，对执政当局起到有效的监督作用

总体来讲，《世界报》延续创办以来坚持针砭时弊的新闻原则和报道宗旨。尽管该报在西班牙国内被认为政治立场偏向右翼派别的人民党，但在众多重大国内外事件面前，《世界报》仍然坚持力求中立、客观的报道态度，重视西班牙民众的利益，对执政党和当局政府起到必要的舆论监督作用。20 世纪 90 年代初，《世界报》对执政的社会工人党的党内腐败贪污进行了一系列详尽的调查报道，使得该党的民众支持率严重下降，也促成了人民党阿斯纳尔在议会选举中的胜利。而在 2003 年伊拉克战争时期，《世界报》对时任首相阿斯纳尔支持伊拉克战争的亲美行为进行了严厉的抨击，并通过积极引用社会工人党的质疑之声，对阿斯纳尔政府施加压力。

(二)报道严肃话题，注重新闻调查，语言叙述性强

通常，《世界报》报道的平均篇幅较长，坚持"以抛出质疑态度为先，以严肃新闻调查为主，以客观呈现事实为要"的报道特点。由于注重现场调查，《世界报》记者多采用描述现场的叙述性文字进行报道，突出新闻现场感，同时善于引用多方消息源，力求报道的客观与真实。

(三)积极关注国际时事，尽力前往现场进行报道

与西班牙其他具有同等影响力的综合性日报相比，《世界报》更加关注国际领域的新闻事件。对于国际上发生的重大经济政治事件和重大突发新闻事件，《世界报》的外国常驻记者或特派记者都会亲临新闻事件现场，遵循其严谨、详尽的调查和报道态度进行系列报道。与此同时，《世界报》的外派常驻记者会积极关注当地的政治、经济、文化和社会等动态，定期推出深度报道。

四、涉华报道

作为世界第二大经济体，中国在众多世界事务中越来越具有举足轻重的影响力。因而，对国际领域有较高关注度的《世界报》对中国的报道也相对较多，在对中国的报道上形成了明显的特点。《世界报》十分关注中国的重大新闻事件，积极关注中国政府的动态，在报道中国新政策时尝试为读者进行解读，经常报道中国的对外关系话题，其中尤其关注涉及中欧关系的相关新闻。

目前，《世界报》在中国设有两个驻华机构，分别位于北京和香港。现任亚洲通讯员兼常驻北京记者是哈维尔·埃斯皮诺萨(Javier Espinosa)，还有驻香港记者伊斯梅尔·阿拉纳(Ismael Arana)。其中，驻京记者哈维尔对中国的报道频率较高，主要报道北京及周边地区，报道议题主要涉及中国外交、国内社会和环境等；伊斯梅尔主要报道在香港地区的新闻事件。同时，《世界报》还会派遣某一领域的专业记者前往中国进行相应的报道和采访，如 2014 年 4 月举办的上海国际车展，《世界报》特别派出汽车版主编塞尔吉奥·彼西奥尼(Sergio Piccione)前往上海，发回 3 篇关于中国汽车市场的独家报道。

由于《世界报》一贯注重新闻调查，驻京记者哈维尔常通过采访普通百姓的方式，对中国社会进行报道和解读。如 2015 年清明节期间，哈维尔撰写了一篇名为《中国清明节期间的生意》("El negocio del Día de los Difuntos en la China comunista")的报道，第一段通过叙述性较强的语言描述了中国清明节祭拜祖先的场景，随后对清明节的消费现象进行简要的分析。哈维尔积极关注北京地区的民生话题，曾采访报道过北京的地下室房客。除此之外，《世界报》还对如环境问题、文化类话题以及重大突发事件等方面的话题进行过报道。

《算盘》杂志 *Ábaco*

《算盘》杂志(*Ábaco*)是西班牙一份对社会文化科学进行深度报道的杂志,隶属于西班牙文化倡议中心(el Centro de Iniciativas Culturales,简称为 CICEES)

图 21 《算盘》杂志封面

一、历史沿革

《算盘》杂志所属的西班牙文化倡议中心是一个非营利组织,1986 年创办于西班牙北部自治区阿斯图里亚斯。该组织致力于社会文化科学领域的专业刊物出版、学术、调研、培训和宣传活动的举办。

同年,该组织创办的《算盘》杂志开始发刊,成为该中心的核心刊物。

二、发展现状

截至目前,《算盘》共发表了一千余篇文章,均由国际社会文化领域的重要学者和专家进行撰稿。自 2002 年起,《算盘》每年固定发行 3 期,如今在西班牙本土、欧洲其他国家和拉美地区发行,在西班牙语世界的社会科学及文化领域中具有一定的影响力。[①]

三、报道特点

《算盘》积极关注国际国内热点话题,每期均会设定一个备受国际、欧洲或国内社会重点关注的主题(社会学、政治、哲学、文化现象、经济、社会心理学等)。杂志每一专题的文章辑关注解决当代问题,致力于向观众呈现有深度、多角度和宽领域的分析。如 2010 年第 66 期的主题为"双无年轻人,积极关注西班牙经济危机影响下的就业问题"。

与此同时,《算盘》的文章由该社编辑、与话题相关的专家、学者和媒体人撰写。由于撰稿人在职业和关注领域方面呈现多样性,使得该杂志的文章具有报道角度多样、全面,专业性较强的特点。

四、涉华报道

2009 年开始,《算盘》杂志在中国设有记者站,常驻记者为丽塔·阿尔瓦雷斯·图德拉(Rita Álvarez Tudela)。在对中国进行较长时间的了解后,杂志社决定在 2012 年出版以"中国现状"为专题的一期杂志,并刊登中国学者和专家的文章,希望通过尽可能接近中国的视野和角度向读者呈现中国的面貌。

在 2012 年的第 71－72 期,《算盘》的主题定为"中国就在身边"。[②] 该期杂志共刊发 14 篇专题文章,涉及的话题包括中国经济、政治、电影、文学、女性角色和地位、毛泽东对现当代中国的影响、汉语言在世界的发展、中国人海外旅游、日常生活、中国社会秩序现状等。每篇文章均具有一定的分析力度,分别对现当代中国的某个领域进行深入的探讨。如由就职于西班牙驻华大使馆的桑德拉·杜兰德·卡斯蒂攸(Sandra Durand Castillo)

---

① 《算盘》杂志网站:《杂志介绍》,http://www.revista－abaco.es/5－revista－abaco? p=3,检索日期:2015 年 4 月 6 日。

② 〔西〕米盖尔·安赫尔·阿瓦雷斯·阿雷瑟斯:《中国在身边》,《算盘》2012 年第 71－72 期。

撰写的《对于中国现代性的思索》[①]一文中，作者通过自己在华十余年的生活经验和对中国文化生活的关注，讲述了以自己亲身经历为基础的中西文化差异和冲突。她在文中谈到了中国传统文化对当代中国的影响，对中国文化伴随经济发展并在世界扩展的现象进行了探讨，还描写了中国民众文化生活的变迁与发展。文章内容环环相扣，以居华多年的外国文化人士的角度，理性而客观地展现了近十年来中国文化建设发展和民众文化生活的变化。

在该杂志的第73期"新型经济方程式，应对过往就问题"专刊中，丽塔撰写了一篇名为《中国商业变革》的文章。[②]她以中国政府推出转变经济增长方式、扩大内需的政策为背景，从一名在华多年记者的角度出发，介绍中国内需的现状和潜力，包括外国跨国公司在中国的发展、扩张和面临的挑战，并通过采访中国最大的购物网站——淘宝网的店主和消费者，试图呈现中国互联网购物的现状。

除此之外，《算盘》还与多名中国资深媒体人和新闻记者合作，通过独立撰稿和委托采访的方式，为该期杂志专题供稿。如《环球时报》英语版副主任编辑李宏伟就为该杂志撰写了《"两会"与微博问政》[③]一文，向读者介绍了中国"两会"，探讨了以微博为代表的互联网媒体通过自身的报道，逐渐深入影响"两会"议题的现象，反思其背后对中国政治生活发展的深远影响；《南方周末》记者张哲受《算盘》邀请对西班牙驻华大使欧亨尼奥·布雷戈拉特进行专访；文化专题记者吴蔓伶通过对三个出生于不同年代的中国人进行采访，撰写《出走中国：三代人的行走梦》，[④]分享他们海外旅游的想法、经历和感受，从中反映中国经济、社会和中国人的思想随着时代发展而变迁。

《算盘》不仅呈现现代中国，同时还注重分析中国与西班牙的关系。在该期专题中，驻华资深记者丽塔对中国著名作家阎连科进行采访，[⑤]着重谈论了阎对西班牙的初始印象、旅西后的感受和在西班牙受到的文学启发和灵感。阎连科在采访中也表达了他对西班牙某些文化的不认同，如具有悠久历史的传统运动——斗牛等。在另一篇丽塔的采访报道《我的生活充满了巧合》，[⑥]中国著名西班牙语教授董燕生则回忆自己学习和教授西班牙语的经历，并对西班牙语教育在中国的发展进行了探讨。除此之外，在西班牙华人也成为本期《算盘》关注的重点，在《带西班牙语口音的中国人》[⑦]一文中，作者分别对一对开酒吧的中国情侣、一位教授中文的中国老师、一位第一代移民生意人和一位第二代移民华人进行采访，多角度呈现在西华人的生活状态。

总体来讲，《算盘》的"中国就在身边"所涵盖的主题丰富、全面、多样，撰稿人均对中国有一定程度的了解，分析深刻而有力度，立场较为客观和真实，为读者呈现了一个生机勃勃、繁荣发展、包容开放的中国形象。随着中国在国际社会中地位的不断提高，《算盘》杂志对中国的关注也将提高，日后关于中国的报道数量也有可能进一步提高。

《五天报》*Cinco Días*

Cinco Días

《五天报》(*Cinco Días*)是西班牙主要的经济类报纸，报社总部位于西班牙首都马德里。该报专注于国内国际的经济金融相关新闻，在西班牙国内对于经济、金融、企业和贸易等方面的报道具有很高的权威性和影响

① 〔西〕桑德拉·杜兰德·卡斯蒂攸：《对于中国现代性的思索》，《算盘》2012年第71—72期。
② 〔西〕丽塔·阿尔瓦雷斯·图德拉：《中国商业变革》，《算盘》2012年第73期。
③ 李宏伟：《"两会"与微博问政》，《算盘》2012年第71—73期。
④ 吴蔓伶：《出走中国：三代人的行走梦》，《算盘》2012年第71—72期。
⑤ 〔西〕丽塔·阿瓦雷斯·杜德拉：《旅游是消费文化的重要方式》，《算盘》2012年第71—72期。
⑥ 〔西〕丽塔·阿瓦雷斯·杜德拉：《董燕生："我的生活充满了巧合"》，《算盘》2012年第71—72期。
⑦ 〔西〕埃娃·加里多：《带西班牙语口音的中国人》，《算盘》2012年第71—72期。

力。[①] 目前,《五天报》隶属于西班牙著名的普里沙传媒集团(el Grupo Prisa)。

一、历史沿革

20 世纪 70 年代末,受石油危机的影响,西班牙经济一度衰退,通货膨胀和失业率居高不下,而传统的经济政策也难以奏效。[②] 在经济危机过后,西班牙国内开始积极关注宏观经济,关注与劳务有关的社会问题,《五天报》正在此时应运而生,积极响应国内对这类问题的质询。

自 1978 年 3 月创立以来,《五天报》专注于国内外经济新闻报道,逐渐在全国积累并巩固了自己的受众。到 1999 年时,《五天报》共有 100 余名采编人员,日均发行总数为 5 万份。在西班牙的 4000 万人口中,每天有 300 万网民浏览《五天报》电子版。[③]

二、发展现状

目前,奥维迪奥・拉蒙(Ovidio Ramón)为《五天报》的总监,何塞・路易斯・戈麦斯・莫斯克拉(José Luis Gómez Mosquera)担任总经理。[④]

cinco días

Fuentes se fue, pero su política queda

José Ramón Alvarez Rendueles, gobernador del Banco de España

El ex ministro de Economía y Manuel Lagares, consejeros del presidente Suárez

Cesa José Ramón Lasuen

Rodríguez Sahagún no representa a los empresarios, según Luis Olarra

TIRANDO A DAR

Esperanza: han florecido los almendros

图 22 创刊初期的《五天报》

CincoDías

www.cincodias.com

Valores para prolongar el tirón de la Bolsa

El mercado ofrece OPCIONES con importante POTENCIAL tras el rally en compañías que estaban rezagadas, como BBVA, DIA, REPSOL o INDITEX

Brookfield disputa a Villar Mir el control de Colonial

La banca pone en venta Castellana 200 por 150 millones

Todos los autónomos cotizarán por cese de actividad

Asia, terreno abonado al aprendizaje empresarial

La crisis de Fagor alcanza a la cúpula de Mondragón

Por primera vez en 60 años de historia dimite un presidente de la corporación cooperativa

图 23 《五天报》头版

《五天报》是经济话题的专业性报刊,拥有长期稳定的固定受众。根据西班牙传媒研究协会[⑤]于 2015 年初发布的报告,从 1998 年至 2014 年,《五天报》的读者常年保持固定,占西班牙总人口的 2%。

如今,《五天报》网络版围绕经济类话题分为多个版块,包括"第二页"(Página 2),主要报道当日最重要的国际国内新闻内容并附有读者的名义调查;"企业"(Empresas)是网络版排序第一的专栏,每周都会对具体的几个

---

① 孙洪康:《简朴务实、声名远播——走访〈费加罗报〉〈五天报〉实录》,《新闻记者》1999 年第 12 期。

② 李军:《西班牙经济危机的原因及相关启示》,《当代世界与社会主义》2013 年第 5 期。

③ 孙洪康:《简朴务实、声名远播——走访〈费加罗报〉〈五天报〉实录》,《新闻记者》1999 年第 12 期。

④ 普里沙传媒集团"新闻"专栏:《何塞・路易斯・戈麦斯・莫斯克拉,〈五天报〉新任总经理》,2012 年 11 月 24 日,http://www.prisanoticias.com/es/sala-de-prensa/ovidio-ramon-nuevo-director-general-de-cinco-dias/,检索时间:2015 年 5 月 21 日。

⑤ 西班牙语全名为 Asociación de la Investigación de Medios de Comunicación。

行业进行分析报道；“评论”（Opinión）与多个知名专家合作，呈现与经济相关的专业分析，也是最受读者欢迎的专栏；除此之外还有“金融”“市场”“经济”等专业栏目。①

图 24 《五天报》网站也是最重要的西语经济新闻资讯网站之一

三、报道特点

作为经济类话题的报刊，《五天报》对报道的专业性十分重视，它善于引用官方机构和第三方机构的数据，同时积极进行人物采访，力求在新闻报道上体现全面性、客观性，从而对于读者来说具有较强的参考价值。除此之外，多名经济领域专家与学者与《五天报》合作，在其网络版上开设博客，定期撰写和发布分析文章。

四、涉华报道

对于专注于经济领域报道的《五天报》来说，作为世界第二大经济体的中国是其在全球范围内关注度较高的对象国。

由于中国近年来在世界的经济影响力不断提高，因此中国在国内国际上的经济活动均在一定程度上受到了较高的关注。对此，《五天报》多角度、多方位的进行采编和报道。一方面，《五天报》在中国设有常驻记者站，便于采集中国国内与经济话题相关的重要新闻，同时关注如新华社以及其他新闻通讯社关于中国经济的新闻；另一方面，《五天报》在西班牙和所在的欧洲地区积极关注中国对外的经济、投资活动。

《五天报》集中关注中国国际国内的经济、投资和金融领域，特别是与西班牙以及欧盟联系较为紧密的新闻，同时也积极关注西班牙在中国的出口、投资活动。通常来说，《五天报》关于中国的报道大多篇幅较长，善于引用数据和进行人物采访，对于中国国内或在海外的经济新闻事件都与西班牙或欧洲的经济进行联系，报道普遍具有较强的分析性。

《先锋报》*La Vanguardia*

LA VANGUARDIA

《先锋报》（*La Vanguardia*）创建于 1881 年 2 月 1 日，隶属于西班牙知名媒体集团——戈多集团（el Grupo Godó）。该报总部位于加泰罗尼亚首府巴塞罗那，是西班牙重要的综合性日报。自 2011 年 5 月 3 日加泰罗尼亚语版本面世后，《先锋报》开始成为加泰罗尼亚地区宣传本土语言的重要工具。

一、历史沿革

1881 年 2 月 1 日，卡洛斯·戈多和巴托洛梅·戈多（los hermanos Carlos y Bartolomé Godó Pié）兄弟二人创立了《先锋报》，成为巴塞罗那自由党为获得巴塞罗那政府执政权的重要宣传武器。因此，自发行第一期报纸时起，《先锋报》就被定义为“公布通知和发布新闻的政治性日报”。

---

① 普里沙传媒集团官网：《〈五天报〉简介》，http://www.prisanoticias.com/es/pagina/cinco－dias/，检索时间：2015 年 5 月 21 日。

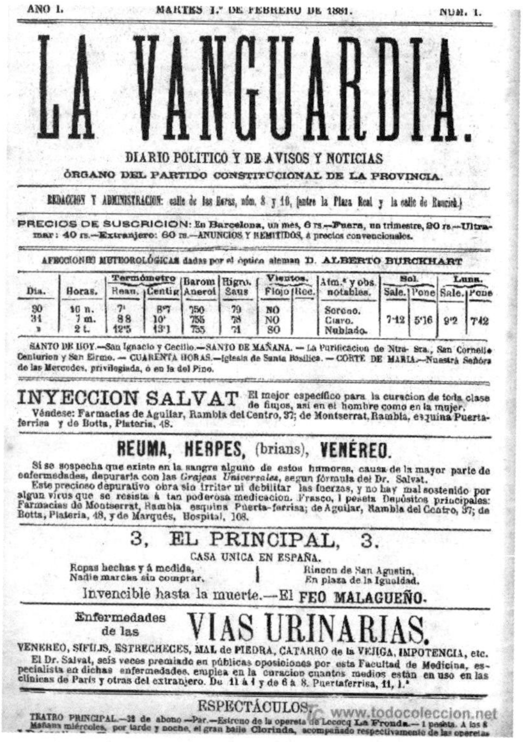
ANO I. MARTES 1.º DE FEBRERO DE 1881. NUM. 1.

LA VANGUARDIA.

DIARIO POLITICO Y DE AVISOS Y NOTICIAS

ÓRGANO DEL PARTIDO CONSTITUCIONAL DE LA PROVINCIA.

REDACCION Y ADMINISTRACION: calle de las Heras, núm. 8 y 10, (entre la Plaza Real y la calle de Rauricà.)

PRECIOS DE SUSCRICION: En Barcelona, un mes, 6 rs.—Fuera, un trimestre, 20 rs.—Ultramar: 40 rs.—Extranjero: 60 rs.—ANUNCIOS Y REMITIDOS, á precios convencionales.

AFECCIONES METEOROLÓGICAS dadas por el óptico aleman D. ALBERTO BURCKHART

Dia.	Horas.	Termómetro Reau.	Termómetro Centig.	Barom Aneroi	Higro. Saus	Vientos. Flojo	Vientos. Rec.	Atm.ª y obs. notables.	Sol. Sale.	Sol. Pone	Luna. Sale.	Luna. Pone
30	10 n.	7'	8'7	750	79	NO		Sereno.				
31	7 m.	8 8	10'	755	78	NO		Claro.	7'12	5'16	9'2	7'42
»	2 t.	12'5	13'1	755	71	SO		Nublado.				

SANTO DE HOY.—San Ignacio y Cecilio.—SANTO DE MAÑANA.—La Purificacion de Ntra. Sra., San Cornelio Centurion y San Ermo.—CUARENTA HORAS.—Iglesia de Santa Basilica.—CORTE DE MARIA.—Nuestra Señora de las Mercedes, privilegiada, ó en la del Pino.

INYECCION SALVAT El mejor específico para la curacion de toda clase de flujos, así en el hombre como en la mujer.
Véndese: Farmacias de Aguilar, Rambla del Centro, 37; de Montserrat, Rambla, esquina Puerta-ferrisa y de Botta, Plateria, 48.

REUMA, HERPES, (brians), VENÉREO.

Si se sospecha que existe en la sangre alguno de estos humores, causa de la mayor parte de enfermedades, depurarla con las *Grajeas Universales*, segun fórmula del Dr. Salvat.
Este precioso depurativo obra sin irritar ni debilitar las fuerzas, y no hay mal sostenido por algun virus que se resista á tan poderosa medicacion. Frasco, 1 peseta. Depósitos principales: Farmacias de Montserrat, Rambla esquina Puerta-ferrisa; de Aguilar, Rambla del Centro, 37; de Botta, Plateria, 48, y de Marqués, Hospital, 108.

3, EL PRINCIPAL, 3.
CASA UNICA EN ESPAÑA.
Ropas hechas y á medida, Nadie marcha sin comprar, | Rincon de San Agustin, En plaza de la Igualdad.
Invencible hasta la muerte.—El FEO MALAGUEÑO.

Enfermedades de las VIAS URINARIAS.
VENEREO, SIFILIS, ESTRECHECES, MAL de PIEDRA, CATARRO de la VEJIGA, IMPOTENCIA, etc.
El Dr. Salvat, seis veces premiado en públicas oposiciones por esta Facultad de Medicina, especialista en dichas enfermedades, emplea en la curacion cuantos medios están en uso en las clínicas de Paris y otras del extranjero. De 11 á 1 y de 6 á 8. Puertaferrisa, 11, 1.º

ESPECTÁCULOS.
TEATRO PRINCIPAL.—32 de abono.—Par.—Estreno de la opereta de Lecocq La Fronda.—1 peseta. A las 8
Mañana miércoles, por tarde y noche, el gran baile Clorinda, acompañado respectivamente de las operetas

www.todocoleccion.net

图 25 1881 年创刊第一期《先锋报》

自 1887 年 12 月 31 日起,《先锋报》不再作为宪法党(el Partido Constitucional)的党报,而作为独立报刊继续发行。1888 年 1 月 1 日,以巴塞罗那世博会举办为契机,《先锋报》成功推出改版,分为早上和下午两个版本发行。在这一过程中,莫德斯托·桑切斯·奥尔蒂斯(Modesto Sánchez Ortiz)是将《先锋报》从一份党报转变为独立报刊的关键性人物。莫德斯托深入巴塞罗那文化圈,结识当地具有革新意识的知名年轻艺术家和学者,并在《先锋报》为他们提供表达想法的空间,其中就包括了著名画家毕加索。20 世纪初,《先锋报》与多名《巴塞罗那日报》的知名专栏作家合作,全面关注加泰罗尼亚地区的文化社会生活。《先锋报》具有突出贴近性的内容和彰显丰富文化气息的文章,这使得该报迅速发展成为当地发行量最大的报纸。

在“一战”期间,《先锋报》特派通讯员前往巴黎和柏林进行实地报道,成为西班牙第一个向国外派遣记者的报纸。直到 20 世纪 30 年代初,该报已经在多个国家派设有驻外记者。1920 年,奥古斯丁·卡尔维·加齐耶(AgustíCalvetGaziel)接替原驻巴黎记者米格尔·德尔斯·桑斯·奥利弗(Miquel dels Sants Oliver)。在奥古斯丁和企业家拉蒙·戈多·拉利亚纳(Ramón Godó Lallana)的推动下,《先锋报》最先报道及介绍先进技术和使用照相凹版,巩固了该报当时西班牙第一和欧洲主流媒体的地位。

LA VANGUARDIA

Barcelona repintará las calzadas en dos años

Conectados a la tecnología desde la cuna

La reforma laboral y de las pensiones llegará en enero

►Zapatero espera que se creará empleo a final del 2010

►La gestión del aeropuerto se aplaza y no va a contentar al 100%

►El fallo del Estatut "no será un antes y un después", afirma

►Rajoy pide un giro radical de la política económica

"No estuve muy acertado...".

Montilla previene contra los "falsos atajos"

• El president se erige en adalid del despliegue del Estatut frente a las aventuras soberanistas de CiU

Las muertes de tráfico bajan por sexto año consecutivo

• El 2009 acaba con 1.900 decesos frente a los 4.295 del 2000

图 26 《先锋报》头版

1936 年 7 月 19 日,西班牙内战在巴塞罗那爆发。在内战期间,《先锋报》被加泰罗尼亚地区政府收编,成为当地政府最重要的宣传工具。1939 年,内战随着弗朗哥的胜利而结束,《先锋报》所有者重新获得该报的经济控制权,但由于弗朗哥专政期间实行严格的新闻审查制度,使得该报出版的内容受到了高度的限制。这一时期,报纸名称被迫改为《西班牙先锋报》,以显示对国家特别是弗朗哥政权的忠诚。在 20 世纪 60 年代,这一情势进一步加剧。

媒体人奥拉西奥·萨恩斯·格雷罗(Horacio Sáenz Guerrero)接手报纸管理后作出了大胆的举措,报纸与多个知名的作家合作,发表代表当地民意的文章,坚持表达支持民主改革、建立君主制度和恢复加泰罗利亚自治等。直到 1978 年,《先锋报》在名称中将“西班牙”删去,恢复了原来的官方名称。

二、发展现状

戈多集团随着《先锋报》在 1881 年的创办而成立,是西班牙具有较大影响力的媒体集团,涉足领域包括日报、杂志、广播、电视和电视节目制作等业务。[①]

① 戈多集团官方网站:《戈多集团业务介绍》,http://www.grupogodo.net/actividades/index.html,检索时间:2015 年 4 月 9 日。

21 世纪以来，戈多集团注重开展海外扩展战略，《先锋报》是其中的主力军。2000 年 4 月，何塞·安蒂克(José Antich)接手管理《先锋报》，他恢复和拓展了海外记者点，随后在北京、布宜诺斯艾利斯和哈瓦那等城市新设立了通讯记者。与此同时，《先锋报》注重保持一贯的评论和分析的风格，与多名知名撰稿人合作，每周推出一期辩论专栏，就某具体领域邀请相关专家进行讨论。同时，报纸还在周日刊增加了关于财经话题的副刊。2007 年，为了巩固在加泰罗尼亚地区的领先地位，《先锋报》实行了减版改革，并对内容进行合理的精简化。

图 27 《先锋报》网站首页

图片引自《先锋报》网站：http://www.lavanguardia.com，检索时间：2016 年 3 月 23 日。

2011 年 5 月 3 日，《先锋报》推出了加泰罗尼亚语版的报纸，从此开始成为加泰罗尼亚地区宣传本土语言的重要工具。为了鼓励媒体对本土文化的宣传，加泰罗尼亚自治政府每年为当地几家加泰罗尼亚语媒体提供总计超过百万欧元的资助。作为加泰罗尼亚地区报刊的领军者，《先锋报》在 2013 年接受来自当地政府 835436.20 欧元的资助，对该报的长期发展起到了重要的作用。[①]

根据《西班牙传媒研究协会 AIMC2014 报告》显示，2014 年《先锋报》平均每日拥有 677000 名阅读者，紧随《国家报》和《世界报》之后，成为西班牙阅读量排名第三的综合性日报。目前，《先锋报》的主席兼主编为哈维尔·戈多(巴塞罗那，1941—)，是戈多家族的第四代。

三、报道特点

1995 年 6 月 14 日，《先锋报》推出上线网络版，配备专门的编辑团队，力求在新闻内容的呈现、与读者的互动和传播效果的优化上不断取得进步。2003 年 2 月 1 日，《先锋报》网络版进行了改革，面向网络订户推出付费服务，包括《先锋报》报纸的 PDF 版本、1881 年以来的新闻档案阅览、1999 年至 2005 年间的新闻全文搜索等。

目前，《先锋报》网络版具有以下特点：

1. 主要内容上与纸质版一致，同时注重评论性。《先锋报》网络版的头条新闻和每个栏目下的重要新闻都会与当日发行的纸质版报刊在内容上保持总体的一致，但为了保证较高的浏览量和阅读量，网络版同时注重评论性和分析性较强的文章。

2. 网络版面更新速度快，具有较强的新闻时效性。在保持与纸质版总体一致的基础上，网络版充分发挥互联网更新便捷、迅速的特点，力求使新闻内容具有较强的时效性。

3. 设置纠错和报料环节，增强与读者的互动。与大多数西班牙综合日报网络版不同的是，除评论环节之外，《先锋报》在每篇新闻后还开设了“纠错”和“报料”的环节，这在一定程度上让读者参与新闻内容制作的过程，有效地增强了与读者的互动。

---

① Crónica Global：《加泰罗尼亚政府继续为加泰罗尼亚语私营媒体提供多样化补助》，http://www.cronicaglobal.com/es/notices/2014/02/la-generalidad-sigue-regando-con-subvenciones-multimillonarias-a-los-medios-de-comunicacion-privados-4985.php，检索时间：2015 年 5 月 29 日。

四、涉华报道

关于对中国的报道,以《先锋报》网站为平台进行关键词检索,可以看到:

就涉华报道的数量来说,《先锋报》网站每天均有超过 10 篇涉及中国的报道,相关议题领域较为广泛,包括国际政治、国内经济、国内社会、科技、金融等。如 5 月 19 日发布的一则题为《中国发布十年计划,重新为高新技术产业作指导》[①]的新闻,对中国发布的“中国制造 2025”规划进行了较为客观的概述,文中用“世界工厂”一词指代中国,随后对规划的内容进行了简要的解读,包括全面推行绿色制造、推进信息化与工业化融合等。整体来看,文章的表述和用语都较为客观。

与《国家报》《世界报》等其他西班牙主流大报相比,《先锋报》对于中国的报道欠缺一定的主动性和积极性,新闻内容主要来源于埃菲社。

《消息报》*Diario Información*

INFORMACION

《消息报》(*Diario Inforrnación*)是西班牙巴伦西亚自治区阿利坎特省的地方性付费日报,隶属于西班牙地方性传媒集团——伊比利亚报刊出版公司(Editorial Prensa Ibérica)。该报的总部位于阿利坎特地区首府阿利坎特市,在该省的其他 7 个城市[②]设有记者站,共出版有 6 个不同版本。[③]

一、历史沿革

1939 年,在阿利坎特地区出现了一个集中于本区域的报纸——《阿利坎特公报》(*La Gaceta de Alicante*)。

西班牙内战结束后,弗朗哥掌握政权,开始对众多持不同政见的报纸进行没收和清理。在此基础上,《阿利坎特公报》更名为《消息报》,成为了拥护执政者的报刊。

1984 年,《消息报》并入伊比利亚报刊出版公司,并由该公司旗下的阿利坎特报刊出版社负责出版,专门提供阿利坎特地区的新闻资讯和当地读者感兴趣的国内国外新闻。[④]

二、发展现状

目前,《消息报》所属的伊比利亚报刊出版公司是西班牙区域性传媒集团,在国内的 9 个地区[⑤]拥有 16 家区域性报刊,其中 14 家为综合性日报,另外 2 家是体育类的日报。

目前,《消息报》每日搭配固定话题的副刊出版,如周一的副刊报道上周末的体育赛事,周二则关注移民问题并发布阿利坎特大学的相关新闻,周三的话题锁定青少年儿童,周四发布每月文化活动,周五汇总刊登各类生活娱乐类信息,周六关注医药与健康,周日发布汽车、生活与经济话题类新闻。

《消息报》刊登的新闻资讯绝大部分与阿利坎特地区息息相关,能够最大限度地满足当地受众的新闻阅读需求,因此拥有数量稳定的读者。据西班牙传媒研究协会 2015 年的报告显示,从 1998 年至 2014 年,《消息报》读者占全国人口的 0.6%左右。

---

① 《先锋报》网站:《中国发布十年计划,重新为高新技术产业作指导》,2015 年 5 月 19 日,http://www.lavanguardia.com/economia/20150519/54431329126/china-lanza-plan-decenal-para-reorientar-la-industria-hacia-alta-tecnologia.html,检索时间:2015 年 8 月 20 日。

② 这 7 个城市分别为埃尔切、贝尼多姆、德尼亚、埃尔达、阿尔科伊、奥利维拉、托雷维耶哈。

③ 《消息报》网站:http://www.diarioinformacion.com/servicios/corporativo/conozcanos.html,检索时间:2015 年 4 月 12 日。

④ 《消息报》网站:http://www.diarioinformacion.com/servicios/corporativo/conozcanos.html,检索时间:2015 年 4 月 12 日。

⑤ 这 9 个地区分别为加利西亚、阿斯图里亚、卡斯蒂利亚-莱昂、加泰罗尼亚、瓦伦西亚、巴利阿里、伊维萨岛、穆尔西亚、安达鲁西亚。

《消息报》的网络版继承了其纸质报刊的特点，能够及时更新阿利坎特地区关于经济、政治、社会、民生等话题的新闻报道，同时积极提供当地的生活类资讯，以满足当地受众的需求。

三、报道特点

《消息报》重点关注巴伦西亚自治区和西班牙国内新闻。作为地方性日报，《消息报》积极关注所在大区的政治、经济、社会和民生话题，其中经济类新闻占比最大，对于国内和大区当地的经济社会发展给予了较大的重视。

在报道中善用数据、报道客观。《消息报》发表很多关于当地经济和社会发展等议题的新闻。在这类报道中，《消息报》能够活用各种数据，力求报道客观中立，给受众呈现新闻的客观事实。

四、涉华报道

目前，根据中国外交部外国记者中心的登记信息，《消息报》在中国设有驻华记者，办公地点在北京。但是，在《消息报》网站上，以“中国”(China)作为关键词未能搜到任何一篇报道。与此同时，该报与中国媒体机构也没有交流合作的相关信息。

INFORMACIÓN
www.informacion.es
ALICANTE
Mercados financieros
Salgado intenta evitar que el hundimiento de Grecia arrastre a la economía española
Interior investiga presuntos abusos sexuales en una cárcel de mujeres de Madrid
Plato de postre
El Consell pagó 150.000 euros a la red Gürtel sólo por el montaje de una comida en Fitur
El Bigotes cobró a la Generalitat 23.331 euros por el asesoramiento para el ágape en la feria
Una empresa de la trama facturó a Turismo 5.400 euros por la actuación de un mago
El juglar del poeta
La CAM explica a sus consejeros la normativa sobre las «fusiones virtuales»
El Ayuntamiento encarga a una empresa privada el estudio de Ikea
Hoy
Cuatro consellers no tienen deudas y el más entrampado únicamente debe 184.000 euros
La Santa Faz espera hoy la visita de miles de devotos
OBRI LA PORTA A LES LLENGÜES

图 28 《消息报》头版

Hemeroteca | Suscríbete | Clasificados | Miércoles, 23 marzo 2016 | Cartelera | TV | Tráfico | Identifícate o Regístrate
CÓDIGO REGALO DÍA DEL PADRE: ¿Te han regalado una suscripción anual? Canjéalo aquí ahora
www.informacion.es
INFORMACIÓN
Alicante 16 / 7° | Elche 18 / 7° | Benidorm 17 / 8°
Alicante | Actualidad | Deportes | Economía | Opinión | Cultura | Ocio | Vida y estilo | Participación | Multimedia | Suscriptor
Política | Elche | Vega Baja | Benidorm/Marina Baixa | Alcoy/Comtat/Foia | Elda/Vinalopó | L'Alacantí | Baix Vinalopó | Marina Alta | Agenda | Especiales
RESUMEN 7 noticias para terminar el día bien informado
HASTA UN -15% EN CÁPSULAS
VIDEOS DE HOY
Turquía detuvo y expulsó en 2015 a uno de los suicidas
Miles de universitarios participan en el festival de la primavera en Alicante
Los terroristas de Bruselas también participaron en la masacre de París
España se blinda contra el terrorismo
Sánchez e Iglesias se reunirán el próximo miércoles 30
INTERNACIONAL Bruselas, atacada por el Daesh
Turquía detuvo y expulsó en 2015 a uno de los suicidas y alertó a Bélgica de su peligro
1 comentario
Cuponísimo
Antes 35€ -58% 15€
Ems Body Training
Sesión de electroestimulación
Más ofertas en cuponisimo.diarioinformacion.com

图 29 《消息报》网站首页

埃菲通讯社 Agencia EFE

埃菲通讯社(Agencia EFE,简称 EFE,即埃菲社)是西班牙语新闻通讯社中的领导者,也是全球最重要的新闻通讯机构之一。埃菲通讯社总社设在马德里,在国外设立的分社分布于五大洲,主要分社有以巴拿马城为总部的中美洲通讯社以及在亚洲的北京、东京、马尼拉、新德里、香港和曼谷分社。

一、历史沿革

埃菲社起源最早可追溯至 19 世纪,其前身是西班牙的第一个新闻机构——记者中心,由记者尼罗·玛丽亚·法布拉(NiloMariaFabra)于 1865 年设立。[①] 1870 年,记者中心和哈瓦斯通讯社签订了协议,获得了在西班牙分发哈瓦斯社国际要闻的授权。到 20 世纪,埃菲社经历了成立、巩固和扩张三个阶段,逐步壮大。

1919 年,由尼罗·玛丽亚·法布拉建立的记者中心(通常称为法布拉通讯社)被哈瓦斯通讯社兼并。1939 年,埃菲通讯社成为有限公司,管理层决定单独命名为埃菲社,主要负责国外新闻;另有三个分部:CIFRA,对口国内新闻;CIFRA Grafica,主要负责图片;ALFIL,主播体育新闻。1940 年,埃菲社购买了马德里的一幢大楼作为总部,并于同年成立了巴塞罗那记者站。

1951 年,埃菲社安装了第一台远程图片接收设备。1965 年,埃菲社设在美洲的第一家分社在布宜诺斯艾利斯成立。1966 年埃菲社对美洲的广播服务正式开启,美洲大陆所有国家均设有分站。1969 年,埃菲社开始了英语和法语的有线广播服务。1972 年,埃菲社和中美洲一家完全独立的私人媒体合作,成立了中美洲通讯社(ACAN),总部设在巴拿马。

从 1977 年总部搬迁之时起,所有的新闻通讯业务都使用"埃菲通讯社"作为同一商业品牌,埃菲社新闻奖也在这一年设立。1979 年,埃菲社成为美洲新闻协会(SIP)的一员。1983 年,埃菲社和美国合众国际社(UPI)签署合作协议,以推进广播部门的发展。1984 年,埃菲社正式加入欧洲新闻图片社(EPA),并持有该公司 20% 的资本。1988 年,埃菲数据库(Efe Data)设立,这是首个西班牙语的新闻信息数据库。同一年,还设立了埃菲基金(The Fundación EFE),目的在于鼓励进行信息和其相关技术的研究与发展,同时也向研究有关媒介的任一领域的优秀学生颁发奖学金。1989 年,埃菲社开始通过通信卫星向客户直接传送信息内容。1990 年,埃菲社创办了子公司 EFEAGRO 和 EFECOM。1994 年,埃菲社又开辟了 EUROEFE,专门提供欧盟事务的信息。1998 年,数字图片库 FOTOTECA 上线运行。2000 年,埃菲社开始进军互联网和数字化图片及新闻,网站"我们之间"(Between Us)上线并投入运营。

发展至 21 世纪,埃菲社进入了开发新技术和关注未来发展的阶段。2001 年,埃菲社开设了针对巴西的葡萄牙语业务。同时,通讯社不再仅是依靠国家资金运营,而是加入了社会工业参股(SEPI)。2002 年,在迈阿密成立的出版中心使得埃菲社的新闻内容能够更加与美洲市场契合。2003 年,埃菲社与欧洲新闻图片社合作开设了国际摄影服务(SGI),同年在马德里成立了多媒体协调组(Multimedia Coordination Unit)。

2005 年 2 月,埃菲社和 BBVA 银行集团合作成立了一个鼓励媒体正确使用西班牙语的机构——"紧急西语基金会"(Fundéu)。2006 年,埃菲社在更新标志的同时,也引进了一项称为"世界数字议程"的新业务。2007 年,作为西班牙电视台和埃菲社的战略联盟成果,两个新频道应运而生,分别是采用西班牙语播出的埃菲美洲电视台(TVEFE América)和采用葡萄牙语播出的埃菲巴西电视台(TVEFE Brasil)。几个月后,这条产品线扩大至埃菲阿

① 埃菲社网站:http://www.efe.com/efe/english/queesefe/50000230,检索时间:2015 年 6 月 10 日。

拉伯语电视台(TVEFE Arabic)和用英语播出的埃菲国际电视台(TVEFE International)。同年,首席执行官阿莱士·格里哈尔默(Álex Grijelmo)当选为世界新闻机构理事会(the World Council of News Agencies)主席。

2008 年,埃菲社与道琼斯通讯社签署了合作协议,组建了战略联盟,在西班牙共同开发一项独家联合西班牙语新闻服务——埃菲—道琼斯新闻(EFE Dow Jones News),为金融专业人士、企业、媒体、机构和私人投资者提供服务。通过这一联盟,客户将能够获得目前市场上最强劲以及最广泛的西班牙语服务。这家新的实时新闻机构通过埃菲社的经济服务(EFECOM),对西班牙企业和政策制定进行全面报道,其中包括对中小型股的区域性报道和分析。加上道琼斯西班牙语频道(Dow Jones en Espanol)对国际金融市场的报道,一起为客户扩大了西班牙语商业报道的范围。该联合服务机构设在马德里,并有专门的编辑人员来撰写西班牙语原创内容。

图 30　埃菲社网站首页

埃菲社网站:http://www.efe.com/efe/espana/1,检索时间:2016 年 3 月 2 日。

二、发展现状

2014 年 1 月 3 日,埃菲社迎来了建社 75 周年庆典。从 1940 年在马德里成立总部至今,埃菲社发展成为由来自 60 多个国家的 3000 多名记者组成的多媒体新闻机构,这些记者从 120 个国家的 181 个城市里,全天候 24 小时向总社提供新闻报道。目前,埃菲社在马德里、迈阿密、开罗和里约热内卢分别设有四家出版社,为五大洲的客户提供出版物。[①]

埃菲社每年提供将近 300 万条新闻稿,形式多样,包括文本、图片、视频、音频等多媒体形式,并将这些内容提供给 2000 多家新闻媒体。通过在世界各地的办事处和记者站,埃菲社用西班牙语、葡萄牙语、英语、阿拉伯语、加泰罗尼亚语以及加利西亚语等语言进行编辑,并以西班牙和拉美视角观察世界。在拉丁美洲的国际新闻市场,来自埃菲社的稿件占到 40%以上。[②]

就西班牙国内而言,17 个自治体的首府均设有埃菲社的办事处,甚至包括位于北非的西班牙城市休达和梅利利亚,在西班牙其他城市也设有小的办事处或记者站。

埃菲通讯社的新闻稿件和图片资源是其引以为傲的一项业务。其中,埃菲社的图片库内以胶片和幻灯片等形式收藏了 1300 万份新闻资料。埃菲社的 FOTOTECA 是西语世界最大的图片门户网站,收录着从 19 世纪末至今的 250 万张图片,这个数据库还在以每日逾千张的数量不断更新。埃菲社的新闻档案库(EFE data)

① 埃菲社网站:http://www.efe.com/efe/english/queesefe/50000230,检索时间:2015 年 6 月 10 日。

② 埃菲社网站:http://www.efe.com/efe/english/queesefe/50000230,检索时间:2015 年 6 月 10 日。

是全世界最大的西班牙语新闻稿、档案和文件数据库，同时包含葡萄牙语、阿拉伯语、英语和加泰罗尼亚语的文章。该库的智能历史文献系统包含超过1100万份文档，还有美洲版(EFE data America)和其他商用版本(EFE data empresas)。埃菲社的影像库包含了15000份录像带，其中存储着可追溯至1989年的图像和节目。

面对日趋数字化的新闻界，埃菲社做好了应对挑战的准备，它针对现在和未来的新闻走势，设计并推出了几款新的市场产品，主要包括——

世界数字议程(World Digital Agenda)：该数据库是埃菲社的一项重点产品，负责提供教育和休闲新闻，每分钟更新一次，公布对未来将发生于小城镇、首都或整个大洲的事件的预测信息。

埃菲社频道(EFE Channel)：埃菲社自设的多媒体新闻频道，包含图片、文章、视频等多种内容。

埃菲社精选(EFE Collections)：这是埃菲社运用的一项新技术，由此可以提供覆盖整个媒体编辑进程的完整服务：从许可合作、挑选图片到排版、目录编辑，最后发布。该技术将运用全新的系统对信息进行分类、归档、加工、处理图像和筛选，使媒体能够为用户创建在线信息集合，进行出版或展示。

新闻稿(Press releases)：成千上万的编辑、记者——凡是埃菲社的客户都可以收到新闻稿。这些稿件以文本、图片或者以视频形式由埃菲社采集，统一制作并通过它的分发渠道发送给受众。

三、报道特点

从20世纪1970年代后，埃菲社逐渐面向国外，特别是向拉丁美洲发展，成为国际性通讯社。埃菲社在国外设有80多个分社，用西班牙语、法语和英语向世界1000多家订户提供消息。① 利用西班牙在语言、文化方面与拉丁美洲国家的历史渊源，埃菲社提出建成采用西班牙文的第一大通讯社的方针，把半数驻外记者部署在拉丁美洲各个分社，及时、全面地报道拉丁美洲新闻，进而受到重视。除电传提供新闻外，埃菲社每月还向国外报刊提供300多篇专稿。此外，埃菲社也要负责转发西班牙政府的公报与法令，但不代表政府表态或发表评论。

埃菲社是世界主要国际新闻联合体的成员之一，与世界近50家通讯社保持合作关系。② 良好的合作氛围、广泛的合作基础，让来自世界各地的埃菲社合作记者受益良多。埃菲社旗下包含英语服务，这一点对于信息交换至关重要，在非西班牙语的国家或非西班牙语的媒体中，这一服务显得尤为独特。其中，埃菲社与德新社的关系十分紧密，长期以来一直保持合作关系。两者不仅在技术方面互相提供支持，而且共享阿拉伯语服务，当前又同为欧洲新闻图片社成员，并且还有其他正在研究的项目合作。埃菲社与美联社的合作关系也值得强调，多年来埃菲社从一方的单向依赖逐渐走向双向合作，如今更多的是平等对话。

埃菲社还长期与世界上的主要国际新闻机构保持着联系。比如，埃菲社是多个新闻联盟和媒体组织的成员，其中包括：泛美新闻协会(IAPA/SIP)、欧洲新闻机构联盟(EANA)、地中海新闻机构协会(AMAN)、国际新闻学会(IPI)以及国际报业电信委员会(IPTC)，并且常规性地参加其活动和会议。此外，埃菲社同世界报业及出版协会(WAN－IFRA)这个全球性的报纸编辑和新闻出版组织也有联系。埃菲社还是世界通讯社理事会(NAWC)的一分子，并且在2004年大会的成立中起到了重要作用。

四、涉华报道

埃菲社在北京设有国际办事处，是西班牙媒体中驻华记者人数最多的机构。目前，埃菲社驻华记者站的负责人是拉斐尔·卡尼亚斯(Rafael Cañas)，此外还有多名驻华记者与其一起工作。③ 一直以来，埃菲社对中国报道的议题大多集中在财经领域，其原因一方面归结于中国和西班牙越发频繁的经济往来，另一方面也受到驻华记者本身的知识背景和关注兴趣的影响。例如，2014年"两会"召开前夕，埃菲社驻华记者荣哈维接受了人民网

---

① 埃菲社网站：http://www.efe.com/efe/english/queesefe/international－relations/50000334，检索时间：2015年6月10日。

② 埃菲社网站 http://www.efe.com/efe/english/queesefe/international－relations/50000334，检索时间：2015年6月10日。

③ 埃菲社网站：http://www.efe.com/efe/english/queesefe/50000230，检索时间：2015年6月10日。

的采访。在采访中他表示，因为自己是经济专业出身，所以非常关注与中国经济有关的议题。在荣哈维的职业生涯中，他曾多次参与中国两会等政治活动的报道，除了宏观经济，他还对包括教育和医疗等人民福利问题表示关注。①

总体来说，埃菲社对中国问题的态度秉持客观报道的原则，对中国国内发生的发展变化大多采取积极报道的方式。例如，2012 年中共十八大召开前夕，埃菲社的一篇文章对中国从 2002 年以来十年间发生的重大变化做了盘点，选取了十六大、十七大召开及领导人换届等政治议题，“神舟五号”载人飞船、“嫦娥一号”探月卫星成功发射等科技议题，中国政府出台 4 万亿元人民币的经济刺激政策应对全球金融危机、中国成为全球第一出口大国等经济议题以及青藏铁路建成通车、京沪高铁开通运营等基础设施建设问题，称中国在过去 10 年经历了前所未有的经济腾飞，社会也在互联网推动下日益开放。② 另外，埃菲社记者在中国领导人答记者问的场合所提出的问题，虽然体现了外媒一贯的直接甚至尖锐，但对实际问题的关注总体比较客观中正。

巴斯克广播电视台 Euskal Irrati Telebista

巴斯克广播电视台（台名为巴斯克语 Euskal Irrati Telebista，简称 EITB），成立于 1982 年 5 月 20 日，总部位于西班牙城市毕尔巴鄂（Bilbao），是西班牙巴斯克自治区的第一大电视媒体，其主要品牌为巴斯克电视台（ETB），自成立以来一直致力于巴斯克语的标准化。③

一、历史沿革

1982 年 5 月 20 日，巴斯克自治区国会一致通过了成立巴斯克广播电视台的决议；同年 11 月 23 日，该台旗下第一个广播电台开播；巴斯克电视台于同年 12 月 31 日启动，其第一个频道 ETB 1 于次年 2 月 16 日正式开播。成立之初，巴斯克广播电视台只有 30 余名员工，公司总部设在西班牙城市 Yurreta，后于 2007 年迁至巴斯克地区经济社会发展中心——毕尔巴鄂。

1986 年 5 月 31 日，巴斯克电视二台（ETB 2）成立。此后，又相继成立了巴斯克国际台（ETB Sat）、巴斯克电视三台（ETB 3）、巴斯克电视四台（ETB 4）、巴斯克频道（Canal Vasco）。

二、发展现状

目前，巴斯克广播电视台共有 5 个电视频道和 5 个广播频道，其电视频道内容多样，广播频道以播放当地新闻节目与娱乐节目为主。④

其中，巴斯克一台（ETB 1）为巴斯克语的大众节目频道；巴斯克二台（ETB 2）为西班牙语的大众节目频道；巴斯克国际台（ETB Sat）为使用卫星信号传播的国际频道，该台的收视范围覆盖全欧洲，播出语言为西班牙语和巴斯克语；巴斯克三台（ETB 3）为巴斯克语少儿频道；巴斯克四台（ETB 4）为体育频道，主要播出语言为巴斯克语；最后成立的巴斯克频道（Canal Vasco）目标播放区域为拉丁美洲。

---

① 人民网：《关注两会：外媒记者想问总理什么问题?》，2014 年 2 月 28 日，http://world.people.com.cn/n/2014/0228/c1002－24486974－10.html，检索时间：2015 年 6 月 16 日。

② 参考消息网：《埃菲社盘点中国十年非凡路》，2012 年 11 月 8 日，http://china.cankaoxiaoxi.com/2012/1108/116679.shtml，检索时间：2015 年 6 月 16 日。

③ 巴斯克语为西班牙四大官方语言之一，使用于位于西班牙北部与法国西南部的巴斯克地区，是一个非印欧语系的语言，与西班牙语有较大差别。

④ 在巴斯克广播电视的电台中，Euskadi Irratia 主要是巴斯克语的新闻访谈类节目，Radio Euskadi 主要是西班牙语的新闻访谈类节目，Radio Vitoria 是针对维多利亚市（西班牙城市）的新闻类电台，Euskadi Gaztea 是面向年轻一代的音乐类巴斯克语节目，EiTB Irratia 是西班牙巴斯克双语的音乐以及文化类节目电台。

而在5个广播频道中,Euskadi Irratia 频道主要播出巴斯克语的新闻访谈类节目;Radio Euskadi 频道主要播放西班牙语的新闻访谈节目;Radio Vitoria 频道是针对维多利亚市的新闻类电台;Euskadi Gaztea 频道面向年轻一代播出音乐类巴斯克语节目,EiTB Irratia 频道是西班牙、巴斯克双语的音乐以及文化类节目电台。

近几年,巴斯克广播电视台每天的受众数超过100万。

三、报道特点

巴斯克广播电视台的节目类型多样,以新闻访谈类以及文化类、娱乐类节目为主,彰显其宣传巴斯克文化,致力于巴斯克语言规范的宗旨。

四、涉华报道

作为一家地区性的广播电视媒体,巴斯克广播电视台主要聚焦于本地区和本文化的相关内容和新闻报道。对于其他国家的报道相对较少,而对于中国的报道则数量更少。在极为有限的涉华报道中,大多是文化类与经济类新闻报道,较少出现政治等硬新闻议题。这在很大程度上,与该广播电视台的风格和定位相符合。

2004年,巴斯克电视台录制的一则华人专题片引起了当地社会的广泛关注。该专题片介绍了旅居巴斯克地区华人家庭的生活情况,以及旅西华人协会的一些情况,向西班牙观众介绍华人移民,对于西班牙百姓更好地了解华人社会起到了良好的效果。[①]

加泰罗尼亚电视台 Televisió de Catalunya

Televisió de Catalunya

加泰罗尼亚电视台(Televisió de Catalunya,简称TVC)是西班牙加泰罗尼亚地区的公共广播电视机构,也是该地区最重要的加泰罗尼亚语电视媒体。目前,加泰罗尼亚电视台总部位于圣琼德斯(Sant Joan Despí,巴塞罗那近郊地区),隶属于由加泰罗尼亚政府建立的加泰罗尼亚广播电视公司(Corporació Catalana de Ràdio i Televisió)。

一、历史沿革

加泰罗尼亚电视台旗下主要有6个频道,包括加泰罗尼亚电视三台(TV3)及其高清频道、文化频道33、儿童频道(Super3)、24小时三台(3/24)、体育三台(Esport3)和国际频道(TV3 CAT)。加泰罗尼亚电视台的主要频道是加泰罗尼亚电视三台,其他频道则是以其为基础逐步建立的。

1983年9月11日,加泰罗尼亚电视三台(TV3)开始进行试验性播放,并于1984年1月16日正式开播。它是第一个以加泰罗尼亚语播出节目的电视频道,为加泰罗尼亚自治区内听众提供综合电视节目,同时,它也是西班牙国内继巴斯克地区巴斯克公共电视一台(ETB1)后第二个创办的自治区频道。

从1985年开始,加泰罗尼亚电视三台的节目播出范围进一步扩大,涵盖了安道尔、北加泰罗尼亚以及巴伦西亚大区。1987年,加泰罗尼亚电视三台开始在节目播出的时候增加一个声道,用于播出引进影视作品时保持原声,此举获得了受众的欢迎。从1988年开始,加泰罗尼亚电视三台进一步实施去中心化的战略,逐步出现以地方语言播出的节目,并于随后一年开始在大区内的四个省分别建设分台,负责制作以本地语言播出的新闻

---

① 《人民日报》海外版:《西班牙巴斯克电视台录制华人专题片受华人欢迎》,2004年7月14日(5),http://www.people.com.cn/GB/paper39/12456/1120225.html,检索时间:2015年12月12日。

节目。

1992 年，加泰罗尼亚电视三台和西班牙国家电视台（TVE）联合建立了一个奥林匹克频道，对巴塞罗那奥运会进行了合作转播。通过这一次国际体育盛事，加泰罗尼亚电视三台提高了自身的知名度，也有力地推动了日后与西班牙国家电视台的合作。

在 1997 年至 2003 年间，加泰罗尼亚电视三台连续六年成为所在自治大区收视率第一的电视台。[①]

二、发展现状

如今，加泰罗尼亚电视台已经成为西班牙最重要的加泰罗尼亚语电视媒体，也是加泰罗尼亚语使用地区最受欢迎的电视新闻媒体。西班牙传媒研究协会（la Asociación para la Investigación de Medios de Comunicación，简称 AIMC）发布的报告指出，2014 年，从西班牙国内每人日均观看分钟数来看，加泰罗尼亚电视三台在全国范围内排名第十。其中收视率较高的节目主要为新闻类节目，如新闻资讯类节目《电视新闻》（*Telenotícies*）和泽维尔·格拉塞特（Xavier Graset）主持的时事谈论类节目《待续 324》（*Més 324*）[②]等。

图 31　加泰罗尼亚电视三台网站首页

加泰罗尼亚电视三台网站：http://www.ccma.cat/tv3/，检索时间：2016 年 3 月 19 日。

除了保持电视媒体领域在加泰罗利亚语使用人口中的领先地位，加泰罗尼亚电视三台还积极通过网络媒介不断扩大影响力和提高竞争力。2004 年，加泰罗尼亚电视三台启动了名为“3 台菜单”（3alacarta）的网络服务，成为西班牙国内首个在互联网平台提供视频点播服务的电视台。目前，该台网站对新闻的重视程度较高，将“新闻”专栏置于网络版首页首位，并将新闻分为社会、政治、经济、科技、文化等话题，同时设有“分析评论”专栏。

三、报道特点

加泰罗尼亚电视台重点关注加泰罗尼亚地区，同时积极跟进西班牙国内新闻和国际各国重大政治、经济宏观话题和社会民生的新闻事件。作为加泰罗尼亚地区最重要的新闻媒体之一，加泰罗尼亚电视台在经济、政治、社会民生等话题上积极地为所在地区发声，维护该地区政府和人民的利益。

整体来说，加泰罗尼亚电视台的节目具有较强的新闻时效性。该台网络版的新闻版面更新速度较快，同时其子目录一栏会根据最新的新闻事件设置话题。

从新闻采编方式来看，加泰罗尼亚电视台采用独家采编和整合其他主流新闻媒体消息相结合的方式进行新闻采写。同时，该台网站对图片和视频的使用率较高。作为电视媒体，该台网络版充分利用自身的优势，将图片和视频资料作为新闻的重要内容之一，为观众在新闻资讯中提供更多的试听服务。

---

① VerTele 网站新闻：《TV3，连续十年称雄》，http://www.vertele.com/noticias/tv3－un－liderazgo－irrebatible－que－dura－ya－diez－anos/，检索时间：2015 年 10 月 22 日。

② TV3 网站：《〈待续 324〉节目简介》，http://www.ccma.cat/tv3/mes－324/programa/，检索时间：2015 年 9 月 27 日。

图 32　加泰罗尼亚电视台网络版新闻版面首页

TV3 官方网站:《网络版新闻版面》,http://www.ccma.cat/324/#,检索时间:2015 年 9 月 27 日。

图 33　《中国将裁军 30 万》报道

TV3:《中国将裁军 30 万》,2015 年 9 月 3 日,http://www.ccma.cat/324/la－xina－reduira－lexercit－en－300－000－soldats/noticia/2683170/,检索时间:2015 年 9 月 5 日。

四、涉华报道

目前,加泰罗尼亚电视台在北京设有驻华常驻记者。总体来说,加泰罗尼亚电视台对于中国相关新闻保持了一定的关注度,对于中国的新闻报道均为国际社会关注的重点话题。通过对该媒体网络版涉华报道进行分析可以看出,加泰罗尼亚电视台对中国政治、经济、社会和环境方面的话题报道占比例较高,如在 2015 年 10 月 29 日发布的《中国结束“独生子女”政策,允许夫妻生育二胎》①,对于中国全面实施一对夫妇可生育两个孩子政策展开报道说明。

在新闻采集方式上,加泰罗尼亚电视台主要整合各主流媒体新闻资源为主的形式对中国的新闻进行采写和报道,新闻内容和引用图片大多来源于埃菲社、路透社以及中国的主流媒体中央电视台和新华社等。如在 2015 年 9 月 3 日抗战胜利 70 周年阅兵举办之际,加泰罗尼亚电视台发布的《中国将裁军 30 万》报道中,所引用的图片就来源于路透社。

加泰罗尼亚广播电台 Catalunya Ràdio

加泰罗尼亚广播电台(Catalunya Ràdio)是西班牙加泰罗尼亚地区的一家公共广播电台,与加泰罗尼亚电视台 TV3 同隶属于加泰罗尼亚传媒集团(加泰罗尼亚语为 Corporació Catalana de Mitjans Audiovisuals,简称 CCMA)。目前,该媒体有四套广播节目:加泰罗尼亚广播电台(Catalonia Radio)、加泰罗尼亚广播电台音乐之声(Catalunya música)、加泰罗尼亚广播电台资讯之声(Catalonia Information)和播放文化专题内容的加泰罗尼亚广播电台 iCat 之声。

一、历史沿革

1982 年,加泰罗尼亚政府批准建立加泰罗尼亚传媒集团(CCMA)和加泰罗尼亚广播电视集团(Corporació Catalana de Ràdio i Televisió),以促进和推动加泰罗尼亚语及文化的传播。1983 年 6 月 20 日,加泰罗尼亚自

① TV3:《中国结束“独生子女”政策,允许夫妻生育二胎》,2015 年 10 月 29 日,http://www.ccma.cat/324/la－xina－acaba－amb－la－politica－del－fill－unic－i－permet－ara－dues－criatures－per－parella/noticia/2693583/,检索时间:2015 年 10 月 29 日。

治区的第一家广播电台——加泰罗尼亚广播电台正式开播。1989年,加泰罗尼亚广播电台经过6年的时间首次在该地区获得最高收听率。①

Corporació Catalana de Mitjans Audiovisuals,SA

图 34　加泰罗尼亚传媒集团

与此同时,设立专题类电台也成为该媒体重点开展的计划。经过策划和筹备,加泰罗尼亚广播电台音乐之声、加泰罗尼亚广播电台资讯之声和加泰罗尼亚广播电台 iCat 之声于 1987 年、1992 年和 2006 年相继开播,②以进一步满足听众不同的需求。

1995 年,加泰罗尼亚广播电台一同与 TV3 首次通过卫星对外传播。1996 年,加泰罗尼亚广播电台网络版(catradio.cat.)正式上线运行。2005 年,加泰罗尼亚广播电台与法国广播电台国际频道(Radio France Internationale)联合发起了一项欧洲广播项目——建立起第一个关于欧洲新闻资讯广播电台的网络调频。在这之后,波兰、葡萄牙、意大利和比利时的公共和私营广播电台纷纷加入到这一项目中。③

二、发展现状

自 1989 年起,加泰罗尼亚广播电台在所在大区的收听率始终保持领先位置。在 1994 年至 2008 年期间,该电台在加泰罗尼亚地区的收听人数保持第一。④ 直到 2009 年,加泰罗尼亚私人广播电台 RAC 1 首次超越加泰罗尼亚广播电台,在该地区获得了最高的收听率。从 2009 年起至 2014 年,加泰罗尼亚广播电台成为该地区的第二大广播电台。⑤

图 35　iCat 之声网络版

图片引自:http://catradio.cat/icat,检索时间:2015 年 11 月 30 日。

三、报道特点

自 2006 年 iCat 之声开播以来,加泰罗尼亚广播电台继续开拓互联网平台,将广播节目整合在广播电台和网络平台上播出。⑥ 目前,加泰罗尼亚广播电台的四套节目均可通过数字广播和网络广播进行收听。加泰罗尼亚广播电台的节目总体可分为新闻资讯、娱乐、体育、文化专题、音乐等类型,其中以新闻资讯类节目数量最多,总共有 22 个节目,主要为听众带来加泰罗尼亚地区、西班牙、欧洲的时事和国际社会备受关注的新闻事件。

四、涉华报道

关于中国的新闻,主要集中在加泰罗尼亚广播电台所属的加泰罗尼亚传媒集团(CCMA)网站新闻版块上。该媒体对于中国相关新闻呈现较高程度的关注,报道话题均为备受国际社会关注的中国新闻。加泰罗尼亚广

---

① 加泰罗尼亚传媒集团官网:《加泰罗尼亚传媒集团历史》,http://www.ccma.cat/corporatiu/ca/historia/,检索时间:2015 年 10 月 5 日。

② 加泰罗尼亚传媒集团官网:《加泰罗尼亚广播电台介绍》,http://www.ccma.cat/corporatiu/ca/oferta－audiovisual/radio/,检索时间:2015 年 10 月 5 日。

③ 加泰罗尼亚传媒集团官网:《加泰罗尼亚传媒集团历史》,http://www.ccma.cat/corporatiu/ca/historia/,检索时间:2015 年 10 月 5 日。

④ 加泰罗尼亚传媒集团官网:《RAC1 超越加泰罗尼亚广播电台,成为该地区收听率最高的广播电台》,http://www.ccma.cat/324/RAC1－esdeve－lemissora－mes－escoltada－al－pais－per－davant－de－Catalunya－Radio/noticia/380860/,检索时间:2015 年 10 月 5 日。

⑤ 《RAC 1 保持其历史纪录并以拥有 766000 收听人数的优势成为加泰罗尼亚地区的领先广播电台》,http://www.ara.cat/media/RAC1－historic－lemissora－Catalunya－oients_0_1124887626.html,检索时间:2015 年 10 月 5 日。

⑥ 加泰罗尼亚传媒集团官网:《加泰罗尼亚传媒集团历史》,http://www.ccma.cat/corporatiu/ca/historia/,检索时间:2015 年 10 月 5 日。

播电台对中国国内重大政治、经济和社会方面的新闻报道比重较高。如 2015 年 8 月 12 日发布的题为《因经济下行中国人民银行实行人民币对美元贬值》[①]的新闻,该媒体对中国央行采取的人民币对美元贬值的措施进行了信息性的简述报道。

在新闻采集方式上,加泰罗尼亚广播电台与 TV3 共同合作,主要以整合各主流媒体新闻资源为主的形式,对与中国有关的新闻资讯进行采写和报道,新闻内容和引用图片大多来源于西班牙的埃菲社、英国的路透社以及中国的主流媒体中央电视台和新华社等。如在 2015 年 9 月 3 日抗战胜利 70 周年阅兵举办之际发布的《中国将裁军 30 万》[②],这则新闻中所引用的图片主要来源于路透社。

卡斯蒂利亚拉曼查大区电视台 Castilla-La Mancha TV

Castilla-La Mancha

卡斯蒂利亚拉曼查大区电视台(Castilla-La Mancha TV)是西班牙卡斯蒂亚拉曼查区的一家地方公共电视台,是西班牙"自治广播电台联盟"的永久会员,属于第二代自治区电视台。该电视台总部位于托莱多市(Toledo)。其收视范围覆盖整个卡斯蒂亚拉曼查地区、南部的卡斯蒂亚莱昂(Castilla Leon)地区和安达卢西亚(Andalucia)地区、西部的埃斯特雷马杜拉(Estremadura)地区以及东部的瓦伦西亚(Valencia)地区,是西班牙收视率最高的地区电视台。收视率一度达到 12%左右,如今保持在 5%左右。

一、历史沿革

卡斯蒂利亚拉曼查大区电视台创建于 2000 年 5 月 26 日,但是直到 2001 年 12 月 13 日晚 8 点才开始正式播出电视节目,其第一个节目是介绍该地区动植物的纪录片,紧随其后的是一档晚间新闻节目。

图 36 卡斯迪亚拉曼查大区电视台新闻节目

2008 年初,卡斯蒂利亚拉曼查大区电视台推出了国际卫星频道"CMT SAT",作为传播卡斯蒂利亚拉曼查地区文化的窗口。此外,该电视台还准备推出第二个电视频道——CMT-2,目前已经开始进行地面电视传输测试,但还未公布具体的开播日期。

卡斯蒂利亚拉曼查大区电视台播出大量的综艺娱乐、体育、音乐、电影等节目,由于它贯彻坚持卡斯蒂利亚拉曼查文化的传播,受到大众的喜爱。从 2011 年 11 月起,卡斯蒂利亚拉曼查大区电视台开始制作播出新闻节目。经过一系列的发展改革,最终呈现出目前以《早间新闻》《午间新闻》和《晚间新闻》为代表的,政治上倾向于西班牙人民党,以本地区天气、社会、体育、娱乐新闻为主的节目风格。

---

① CCMA 网:《因经济下行中国人民银行实行人民币对美元贬值》,2015 年 8 月 12 日,http://www.ccma.cat/324/el-banc-central-de-la-xina-devalua-el-iuan-respecte-el-dolar-per-la-frenada-de-la-seva-economia/noticia/2680126/,检索时间:2015 年 10 月 13 日。

② CCMA 网:《中国将裁军 30 万》,2015 年 9 月 3 日,http://www.ccma.cat/324/la-xina-reduira-lexercit-en-300-000-soldats/noticia/2683170/,检索时间:2015 年 10 月 13 日。

二、发展现状

目前，卡斯蒂利亚拉曼查大区电视台在西班牙阿尔巴塞特（Albacete）、雷阿尔城（Ciudad Real）、昆卡（Cuenca）、瓜达拉哈拉（Guadalajala）、普尔托努（Puertollano）、塔拉韦拉德拉雷纳（Talavera y la Reina）以及首都马德里（Madrid）均设有办事处，并在美国纽约和比利时布鲁塞尔派驻有通讯员。卡斯蒂利亚拉曼查大区电视台已经发展成集电视节目、广播、电视剧制作等的综合性媒体。现任主管为卡门·阿莫莱斯·加西亚（Carmen Amores Garcia）。

三、报道特点

卡斯蒂利亚拉曼查大区电视台的电视节目主要针对卡斯蒂利亚拉曼查地区的居民，主要播出新闻、电视剧、竞赛、音乐、娱乐及访谈节目，以及西班牙电影、地区足球、斗牛节目等。其中，新闻、体育节目、斗牛和娱乐节目占有较大的比重。

2005 年，卡斯蒂利亚拉曼查大区电视台获得最佳地区电视台娱乐节目奖，后又于 2006 年获得最佳地区电视台纪录片奖。

四、涉华报道

卡斯蒂利亚拉曼查大区电视台旨在宣传卡斯蒂亚拉曼查地区的文化等，针对的受众也是以该地区为主的西班牙民众，因此其新闻版块中针对中国等国际新闻的报道较少。通过观察其近一年内的新闻报道，未发现涉华内容。而且，该台在中国也并未派驻记者。

表 1　卡斯蒂亚拉曼查大区电视台往年收视数据

	1月	2月	3月	4月	5月	6月	7月	8月	9月	10月	11月	12月	年均
2001													17.4%
2002							7.9%	9.3%					7.3%
2003	11.8%	11.9%	11.2%	11.7%	11.1%	10.6%	10.9%	11.4%	11.2%	10.9%	10.3%	10.8%	11.1%
2004								10.5%	10.7%	10.3%	10.7%	12.7%	11.6%
2005	12.2%	13.6%	14.0%	13.9%	14.1%	12.8%	12.3%	12.4%	12.6%	11.8%	11.4%	12.1%	12.8%
2006	12.2%	12.2%	12.0%	12.4%	12.3%	11.0%	11.5%	12.6%	13.2%	12.0%	11.3%	11.4%	12.0%
2007	10.9%	11%	11.5%	12.1%	12.1%	11.1%	10.7%	11.2%	10.8%	10.4%	10.4%	10.6%	11.1%
2008	10.1%	10.2%	9.7%	10%	10.5%	10.3%	11.0%	10.7%	10.0%	10.3%	9.8%	10.3%	10.2%
2009	10.4%	10.7%	11.1%	10.7%	10.4%	11.1%	10.8%	9.8%	9.7%	9.9%	9.5%	9.6%	10.3%
2010	8.8%	8.3%	8.1%	7.6%	7.1%	7.5%	6.5%	7.1%	6.8%	6.8%	7.2%	7.3%	7.5%
2011	6.7%	7.1%	7.2%	7.3%	7.1%	6.9%	6.3%	6.2%	5.9%	5.4%	5.4%	6.0%	6.4%
2012	5.5%	5.7%	5.9%	6.5%	5.0%	4.9%	5.0%	5.4%	5.0%	4.6%	4.0%	4.3%	5.1%
2013	4.2%	4.3%	4.3%	4.3%	4.4%	4.6%	4.4%	5.3%	5.0%	4.1%	4.1%	4.2%	4.4%
2014	4.4%	4.6%	4.4%	4.6%	4.4%	4.4%	4.8%	5.6%	5.0%	4.1%	4.4%	4.4%	4.6%
2015	4.3%	4.2%	4.6%	4.5%	4.4%	4.4%	4.5%	5.5%	5.3%	5.0%			

柯尔比撒通讯社 AgenciaColpisa

Colpisa

柯尔比撒通讯社(Agencia Colpisa)是西班牙第一大私营新闻通讯社，总部位于西班牙首都马德里，隶属于西班牙大型传媒集团 Vocento。该通讯社主要提供国内外评论性新闻报道。

一、历史沿革

1972 年，柯尔比撒通讯社在一个由西班牙各地区记者组成的团体的倡导下成立，目的是为了在首都马德里提供具有独立性和客观性的新闻资讯，[1]并以此作为贯穿于其中的发展理念。

柯尔比撒通讯社隶属于西班牙最大的传媒集团之一——Vocento。该集团成立于 2001 年，由邮报集团(Grupo Correo)和西班牙新闻公司(Prensa Espanola)合并而成。Vocento 旗下拥有十余份报纸、数家广播电视媒体以及分类门户网站等，其中最知名的媒体是全国性日报《阿贝赛报》(ABC)。

在 Vocento 集团中，柯尔比撒通讯社承担着重要的信息采集和内容制作的任务。集团旗下的各大地方报纸均以柯尔比撒通讯社为最主要的信息来源。从 2008 年开始，柯尔比撒通讯社还成立了专门的新闻中心，以便编辑制作包括文字、图片和音视频在内的新闻信息内容，提升集团内媒体新闻采发的力度和质量。

二、发展现状

目前，柯尔比撒通讯社社长为罗德里戈·庞塞·莱昂，总部核心团队由新闻专业人士和各领域研究员组成，人数超过 40 人。与此同时，柯尔比撒通讯社还与多位作家、专家和学者建立长久合作关系，提供国内外政治、经济、社会等主题的分析性时事评论。

图 37 柯尔比撒通讯社网站

柯尔比撒通讯社网站：http://www.colpisa.com，检索时间：2016 年 2 月 18 日。

---

① 柯尔比撒通讯社网站：《柯尔比撒通讯社介绍》，http://www.colpisa.com/quienes－somos/，检索时间：2015 年 5 月 29 日。

作为倡导新闻客观和独立的媒体，柯尔比撒通讯社如今拥有稳定的客户，包括西班牙国家广播(RNE)、国内各区域性报刊、政府机构、国有和私有企业。其中区域性报刊构成该通讯社最主要客户，如巴斯克地区综合性日报《邮报》(*ElCorreo*)、《莱昂日报》(*Diario de León*)、《纳瓦拉日报》(*Diario de Navarra*)、穆尔西亚地区综合性日报《事实报》(*LaVerdad*)等。[①]

三、报道特点

与其他新闻通讯社相比，柯尔比撒通讯社具有较强的评论特点。该通讯社以报道24小时新闻为主，以知名专家、学者的评论性文章和专栏为特色，同时提供图片资源、图表数据、幽默诙谐的插画、博客等，形式多样，内容充实，但新闻报道数量少，更新速度较低。

从报道关注点来看，欧洲、美国、拉美及中东地区构成柯尔比撒通讯社的重点报道地区。从关注的新闻议题来看，柯尔比撒通讯社对上述地区均有不同的关注话题，如对拥有重要政治经济力量的国家(如美国、德国、俄罗斯等)，更关注其国内重大政治、经济话题及其在国际社会中的重要活动，对拉美地区国家则关注其政治局势和变化及其导致的社会现象，对于中东地区则把报道重点放在地区的冲突事件上。

四、涉华报道

2009年，柯尔比撒通讯社开始在上海设立常驻机构，这也是该媒体唯一的驻华机构。[②]

从其网页版的搜寻结果来看，该媒体关于中国的报道极为有限。在该媒体网页版以“中国”(China)、“中国的”(chino及china)为关键词和逐条搜索“国际”版块相结合的方法，最终获得三篇与中国有关的新闻报道。

从这三篇报道的字里行间可以发现，柯尔比撒通讯社对中国存在明显的偏见，涉华报道有失偏颇。在搜寻到的三篇关于“中国”的报道中，两篇采编自美国，话题均涉及中美关系。在其中一篇名为《面对中国“帝国主义”，亚洲寻求白宫保护》[③]的报道中，文章将中国塑造成了构成亚洲安全威胁的形象；另一篇报道题名为《中美网络紧张局势》[④]，在没有证据的情况下，间接批评中国侵入美国网络；而第三篇新闻则关于尼泊尔地震(2015年4月25)后中国登山队的报道，消息源为法新社。

从总体来看，柯尔比撒通讯社对中国的关注度相对较低，仅有的关于中国的报道具有明显的偏见。该媒体驻华机构在自采新闻方面所做的工作很少，因此在很大程度上导致了中国在该媒体报道中的形象缺失。

视频新闻社 Agencia de Noticias y Comunicacion Audiovisual

VNEWS | AGENCIA DE NOTICIAS Y COMUNICACIÓN AUDIOVISUAL

视频新闻社(Agencia de Noticias y Comunicacion Audiovisual，简称VNEWS)，是西班牙一家以视听产品为主的新闻通讯机构。

一、历史沿革

视频新闻社的全称是“音视频新闻通讯社”，成立于2006年。该社总部位于马德里，隶属于西班牙第三广

---

① 柯尔比撒通讯社网站：《柯尔比撒通讯社客户列表》，http://www.colpisa.com/clientes/，检索时间：2015年5月29日。

② 上海地方志办公室网站：《上海年鉴2010：四十、外事》，http://www.shtong.gov.cn/Newsite/node2/node19828/node82611/node82743/node82745/userobject1ai115945.html，检索时间：2015年5月29日。

③ 柯尔比撒通讯社：《面对中国“帝国主义”，亚洲寻求白宫保护》，2015年6月13日，http://www.colpisa.com/noticias/internacional/20150613/asia－busca－la－proteccion－de－la－casa－blanca－frente－al－imperialismo－chino.html，检索时间：2015年5月15日。

④ 柯尔比撒通讯社：《中美网络紧张局势》，2015年6月5日，http://www.colpisa.com/noticias/internacional/20150605/cibertension－entre－ee－uu－y－china.html，检索时间：2015年5月15日。

播公司(al grupo Antena 3)。

视频新闻社是一家小型新闻通讯机构,以向用户提供音频、视频新闻报道素材为主要业务。该社规模较小,只有不到 10 名员工。

二、发展现状

截至目前,视频新闻社的官方网站上共发布新闻视频 140 余条,每条新闻点击量从 100 到 6000 不等,其视频内容以体育、文化相关报道为主。

由于该社的音视频内容产品主要是应用户定制要求而生产的专门新闻素材产品,并不面向公众发布,因此其报道内容并不便于直接观察分析。

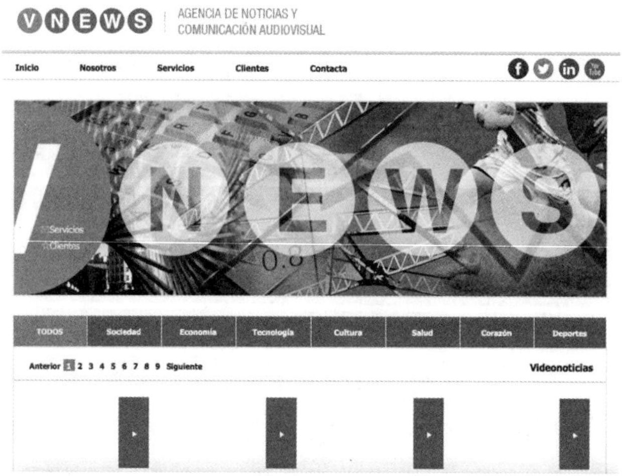

图 38 视频新闻社网站首页

图片引自 VNEWS 网站:http://videonoticias.es/inicio,检索时间:2015 年 11 月 20 日。

三、报道特点

成立以来,视频新闻社主要发布国内、国际以及体育类的视频新闻。

此外,视频新闻社还面向企业、个人以及公共机构等用户提供视听媒体服务,它曾为 2008 年萨拉戈萨世博会提供新闻服务,还为马德里 2016 年奥运会申办宣传提供服务支持。

2013 年以来,视频新闻社承接马德里城市频道的节目制作,每天制作 15 个小时的新闻和娱乐电视节目,供该频道播出。①

四、涉华报道

2010 年以来,视频新闻社在中国设有驻华机构,办公地点设在北京,现任驻华记者名为迭戈·埃雷罗(Diego Herrero),中文名为何大伟。

通过观察该社网站上发布的所有视频,并未发现其报道含有涉华内容。

另外,该社属于商业新闻通讯机构,报道内容属于用户定制的专门产品,没有办法通过公开渠道予以研究分析。

西班牙电视四台 Cuatro TV

cuatro

西班牙电视四台(Cuatro TV)是西班牙的一家商业电视频道,自 2005 年建立之后几经并购重组,目前隶属于意大利梅地亚赛特传媒集团西班牙公司(Mediaset Espana Comunication)集团。该频道的播出内容涵盖新闻、娱乐等各个类型的节目,其中以体育新闻播报著称。该台以直播和转播的体育赛事为主,诸如欧洲冠军杯、世界杯等重大足球赛事,尤其受到观众的喜爱。

① VNEWS 网站:http://videonoticias.es/nosotros_vnews,检索时间:2015 年 11 月 20 日。

一、历史沿革

西班牙电视四台是西班牙的一家商业电视频道，于 2005 年 11 月 9 日开播，现归属于梅地亚赛特媒体集团西班牙公司(Mediaset Espana Comunication)。它使用的电视频率是前东家 Sogecable 于 1990 年获得播出许可的频率，这项许可之前也用于付费点播的模拟信号频道 Canal＋。[①] 2005 年，Canal＋转变为数字信号播出，便将自己的有线广播频率让渡给了普利萨集团(PRISA)旗下新开设的不加密电视频道——西班牙电视四台。

事实上，在西班牙电视四台获得广播许可之前，西班牙的公共电视市场处于国家电视台的垄断之下。2005 年，西班牙电视四台获得广播许可成为一家私营电视台，当时其所属的 Sogecable 有线电视公司和另一家私营电视频道西班牙电视六台(LaSexta)[②]的东家 Mediapro 之间打响了足球比赛转播权的争夺战。激烈的竞争促使之前公共电视完全垄断的市场格局发生改变，无论新老电视台，收视率数据很快便被改写。尽管这两家新的私营电视台打入市场打破了原本的格局，但是主流付费电视频道的受众增长率依然稳定，电视市场出现分裂和多元的局面，却并未对公共电视台的受众份额形成根本性的影响。[③]

2006 年，西班牙电视四台与西班牙皇家足球联会、西班牙国家队达成协议，由其负责直播其所有比赛。在嗜足球如命的西班牙，获得这些赛事的直播权对电视台来说无异于加冕。而在此之前，西班牙国家队的比赛直播权一直牢牢地掌握在西班牙国家电视台(TVE)手中。凭借这些赛事直播，西班牙电视四台大获成功。随后，西班牙电视四台又与其竞争对手西班牙电视六台(La Sexta)协定共享 2006 年世界杯的转播权。2008 年，西班牙电视四台和兄弟频道 Digital＋(2011 年之后改称 Canal＋)共同直播了 2008 年欧洲冠军联赛，创造了 1992 年以来西班牙电视史上的最高收视率。在这之后，这两个频道又双双拿到了 2010 年世界杯的直播权。

二、发展现状

图 39 梅地亚赛特集团西班牙公司

2009 年 12 月 18 日，意大利梅地亚赛特集团(Mediaset)通过并购获得了 Gestecision Telecinco 旗下的西班牙电视五台(Telecino)频道和普利萨(PRISA)旗下的西班牙电视四台。并购之后，西班牙四台从原东家 Sogecable 公司脱离，被归入新成立的 Sogecuatro 公司(Sociedad General de Televisión Cuatro, S. A. U.)。2010 年 5 月 28 日，在西班牙国会的见证下，Sogecable 公司将广播许可正式让渡给西班牙电视四台。同年 12 月，四台的母公司普利萨集团以 4.85 亿欧元的价格将 Sogecuatro 出售给了 Gestevisión Telecinco，同时西班牙电视购进了 Gestevisión Telecinco 公司 17.3%的股份。此举使得 Gestevision Telecinco 公司以强大的受众份额，跻身西班牙最大的电视网络之列。2011 年，Gestevision Telecinco 公司改组成为梅地亚赛特集团西班牙公司。

目前，梅地亚赛特集团西班牙公司旗下运营西班牙电视四台 Cuatro(包括高清频道 Cuatro HD)、西班牙电视五台 Telecinco[④](包括高清频道 Telecinco HD)和 Divinity[⑤] 等八个电视频道。

三、报道特点

目前，西班牙电视四台的大部分节目以 16∶9 数字信号播出，诸如电影和老电视剧等少部分节目仍以4∶3

---

① 法国付费电视台，成立于 1984 年 11 月 4 日，属于 Canal＋集团(Canal＋ Group)，主要播出加密节目。

② laSexta 西班牙电视六台，2006 年开播的私有电视频道，节目以幽默和娱乐为特色，最知名的是其大量体育节目和美国引进节目。

③ Ángel Arrese, Juan Pablo Artero and Mónica Herrero, The Media in Spain Three Decades of Transformation, the handbook of spanish language media, 2009, p. 27.

④ Telecinco 是建立于 1990 年的一家商业电视频道，主要播出大众电影、电视剧和真人秀等娱乐节目。

⑤ Divinity 是一个针对女性受众的数字频道，2011 年 4 月 1 日正式开播，主要播出内容包括电视剧、新闻和娱乐。

制式播放。西班牙电视四台最为知名的节目是其体育报道,尤其是各类足球比赛的直播,包括西班牙国家队的所有比赛、欧洲冠军联赛以及世界杯。

除此之外,各种真人秀节目也是西班牙电视四台的主要播出内容。值得一提的是,该台曾播出真人秀节目《北京速递》(*Peking Express*)。[①] 该节目是一档源于荷兰的竞赛类真人秀,一共制作了5季。2008年至2011年,西班牙电视四台拥有该节目在西班牙的播出权。这档真人秀主要记录来自北京,或者目的地是北京的徒步旅行者的旅程。第一季的路线是从莫斯科到北京,第二季是从北京到孟买,第三季是穿越"湄公河航线",从第四季开始将路线改为美国和南非。

四、涉华报道

近年来,西班牙多家媒体不时发表辱华言论,制造西班牙当地民众与华裔族群之间的紧张气氛。在这样的背景下,2014年5月,西班牙电视四台的真人秀节目《21天》(21 *Dias*)制作推出了一期聚焦西班牙华人商圈的内容。节目组女记者阿黛拉·乌卡(Adela Ucar)在华人圈子里"卧底"三个星期,通过走访华人经营的仓库、跟拍甜品店华人老板、亲身体验打工生活等方式,用参与者的视角记录旅西华人的故事,向观众客观地展示了马德里华人勤劳努力的生活,引起海内外的广泛关注。[②]

图40 女记者阿黛拉体验在华人超市打工

《21天》本身就是西班牙电视四台一档颇受欢迎的节目。在这期关于华人的节目中,记者没有提出明显的褒贬,只是通过镜头如实地展现马德里华人的工作和生活。节目最后指出:"华人有自己的习惯,有自己的工作和生活的节奏。整个节目拍摄过程,华人都非常友好。这些像普通西班牙人一样在阳光下生活的华人,有他们的喜怒哀乐。"在经历了"帝王行动"[③]之后,西班牙电视四台是少数依然能够秉持客观、真实原则对华人群体展开报道的媒体之一。

西班牙广播公司电台 Cadena SER

西班牙广播公司电台(Cadena SER,全称为 Cadena de Sociedad Española de Radiodifusión)是西班牙历史最悠久、最受欢迎的广播电台,目前隶属于西班牙普利沙广播公司(PRISA Radio)。

一、历史沿革

1924年10月15日,西班牙巴塞罗那电台(EAJ－1 Radio Barcelona)开始广播,成为西班牙第一个取得官方承认的广播电台。1925年6月17日,马德里广播电台正式成立并开始广播。同年,电台联盟(Unión Radio)成立,并且拥有当时最好的广播节目播出设备,当时西班牙国内主要的广播电台相继加入该联盟,使之在20世

---

① Peking Express Plot Summary: http://www.imdb.com/title/tt0429410/plotsummary? ref_=tt_ov_pl,检索时间:2015年9月6日。

② 节目视频链接:http://www.mitele.es/programas－tv/21－dias/temporada－6/programa－37/#,检索时间:2015年9月9日。

③ 2012年10月16日,西班牙国家高级法院发布了名为"帝王行动"的检查令。随后,西班牙警察、海关、移民等七个机构500多人,在马德里、巴塞罗那等地大肆查封华商店铺。短短3天,西班牙警方拘捕近百名华商,没收1150万欧元现金和200多辆汽车,冻结逾120人的银行账户。著名华商、西班牙国贸城集团董事局主席高平被指涉嫌组织犯罪、走私、洗钱、偷税漏税、恐吓、侵犯公民权利以及贩卖军火、毒品和组织卖淫等13条罪状,在其居住的别墅被西班牙警方拘捕。当地媒体称其涉案金额高达12亿欧元,是西班牙"中国黑帮头目"。这一事件对西班牙的华人商圈造成了不小的创伤,对西班牙华人的生活也投下了阴影。

纪 30 年代成为西班牙最重要的无线广播电台组织。1926 年 11 月 20 日，这一广播电台组织进一步发展，并在此基础上形成了西班牙首个全国性的广播电台。到 1927 年时，除了原本的巴塞罗那电台和马德里电台，电台联盟还经营有塞维利亚电台（EAJ－5 Radio Sevilla）、毕尔巴鄂电台（EAJ－9 Radio Bilbao）等地方电台，以马德里电台为节目制作录播中心，各地电台共同播出节目。

1940 年，西班牙内战[1]结束之后，电台联盟正式更名为西班牙广播公司电台，即 Cadena SER。1975 年，西班牙广播公司电台将公司 25％的股份售于西班牙政府，由此开始，西班牙广播公司电台成为带有官方性质的广播媒体机构。到 1984 年，普利沙传媒集团收购了西班牙广播公司电台的大部分股份。1992 年，在冈萨雷斯首相任内，政府又将手中的股份全部售出，西班牙广播公司电台成为普利沙传媒集团旗下子公司。

在普利沙传媒集团的经营下，西班牙广播公司电台逐步成为西班牙的重要媒体机构，对西班牙国家、社会的发展都发挥了重要的作用。

二、发展现状

目前，在西班牙的不同地区，西班牙广播公司电台开设有 36 个不同的广播电台，如 SER 加那利群岛电台（SER Canarias）、SER 加泰罗尼亚电台（SER Catalunya）、格拉纳达广播电台（Radio Granada）等等。

图 41　西班牙广播公司电台网站首页

图片引自西班牙广播公司电台网站：http://cadenaser.com，检索时间：2016 年 3 月 9 日。

《今日谈》（*Hoy por hoy*）是西班牙广播公司电台最受欢迎的广播节目之一，也是西班牙最重要的新闻类广播节目之一。该节目于 1986 年 9 月 22 日开播，由来自西班牙圣塞瓦斯蒂安的记者伊尼亚奇·加维隆多（Iñaki Gabilondo）策划和并担任主持人。自 2012 年 9 月 3 日起，由女记者佩帕·布埃诺（Pepa Bueno）和杰玛·尼尔加（Gemma Nierga）担任该节目的主持。所报道的新闻话题涵盖西班牙国内和各地区的政治、经济、社会时事，以及欧洲地区和国际社会的重大新闻事件。[2] 与此同时，《今日谈》在该公司各地方广播电台拥有相应的本土版本，各自增加本土新闻播报的比重。除此之外，西班牙广播公司电台的多个不同类型的广播节目同样在全国拥有较高的知名度，如体育类节目《体育时刻》（*Carrusel Deportivo*）、电影资讯类节目《电影笔记》（*Nota de Cine*）和音乐类节目《音乐思想者》（*El pensador de música*）等。

根据西班牙传媒研究协会（la Asociación para la Investigación de Medios de Comunicación，简称 AIMC）2014 年的报告，西班牙广播公司电台日均收听人次达 4447000，以较大优势成为西班牙收听率排名第一的广播电台。同时，西班牙广播公司电台在各大社交网站的关注度较高，其中在社交网站推特（Twitter）拥有 849908 名关注者，而在脸书（Facebook）上关注人数则为 373063 人。[3]

随着电视和互联网的发展，广播受到了很大的冲击。西班牙传媒研究协会 2015 年的报告指出，2014 年西班牙广播收听率最高时段为每日早上 8 时至下午 1 时，此时段的广播收听人数占全国人口的 10％－20％，而该数据在其他时段为 1％－10％；与此同时，观看电视的高峰期集中在下午 3 时和晚上 11 时，收看观众占全国人

---

① 西班牙内战发生于 1936 年 7 月至 1939 年 4 月。1939 年 4 月，以弗朗西斯科·佛朗哥为中心的西班牙国民军击败了共和国总统曼努埃尔·阿扎尼亚的共和政府军与人民阵线左翼联盟，获得内战胜利。

② 西班牙广播公司电台网站《今日谈》节目主页：http://cadenaser.com/programa/hoy_por_hoy/，检索时间：2015 年 10 月 25 日。

③ 西班牙广播电台（Cadena Ser）官方网站首页：http://cadenaser.com，检索时间：2015 年 10 月 30 日。

口的比重最高可达将近60%。由此可以看出,尽管西班牙广播公司电台在西班牙拥有比重最高的听众,但相比于电视媒体和网络媒体,其受众在全国人口中所占比重仍然较低。为此,西班牙广播公司电台非常注重与新媒体融合,重视建设和运营其网站。

目前,西班牙广播公司电台网站的新闻版块主要分为西班牙国内、政治、国际、社会、文化、经济、科技、娱乐等,并会根据最新的国内国际重点关注话题,对首页的新闻专栏进行实时更新。

2015年9月,何塞·穆努埃尔·罗梅罗(José Manuel Romero)被任命为西班牙广播公司电台新闻部主任。①

三、报道特点

如今,随着电视媒体和互联网的不断发展,西班牙广播公司电台在保持自身在全国的优势以外,也充分利用互联网,形成了自身的报道特点:

在报道内容方面,重点关注西班牙国内、欧洲地区的话题,并积极跟踪国际各地区的重大新闻事件,报道具有较强的评论性。在多档新闻类节目中,西班牙广播公司电台经常采访专家、学者和专业人士,邀请他们对某一新闻事件进行观点评论。与此同时,该媒体会对部分采访对话进行总结和概括,并撰写文章发布于网络版,因此该台的新闻报道会带有明显的主观性和评论性。

在新闻更新速度方面,追求较高的新闻时效性。由于广播电台节目采取实时直播的形式进行,在新闻类广播节目中,西班牙广播公司电台会及时更新各大新闻事件的最新进展,同时保证网络版新闻的及时发布。

四、涉华报道

近几年,西班牙广播公司电台在中国设有常驻记者,为西班牙国内广播节目和新闻报道中有关中国的新闻话题提供内容。通过对该媒体网络版的分析,可得出其涉华报道的特点如下:

对于有关中国的话题关注领域广泛,包括中国国内经济、对外贸易、科技发展、环境和国内社会等话题,其中尤为关注经济类话题。如2015年8月25日发表的《中国火山》②一文中,该媒体关注中国股市动态,尝试探讨中国股市对世界经济和股市的影响,将中国股市最近的走势形容为"中国火山"(el volcán chino)。同时,西班牙广播公司电台积极关注中国与西班牙政府间和非政府间的经济合作。2015年1月,该媒体针对大连万达购买马德里竞技足球俱乐部这一事件刊发了三篇新闻,对中国企业在西班牙体育行业进行投资表示积极和乐观的态度。

另外,西班牙广播公司电台采编的中国新闻消息来源多样化。从网络版涉华新闻报道来看,西班牙广播公司电台主要采集其他媒体关于中国报道的一手新闻,包括同样在中国有驻华机构的埃非社和《国家报》等,以及中国媒体,如新华社、《人民日报》和《中国日报》等。

与此同时,西班牙广播公司电台对于中国的部分报道也具有较强的评论性。该台发布的涉华新闻主要分为仅发布于网络的新闻文章和摘自于广播节目的文章。在广播节目中,该台常邀请专家或学者对中国某一具体话题的新闻事件进行点评,因此存在较强的主观性和评论性。如2015年9月7日的一篇题为《何塞·卡洛斯·迪亚斯:这不是一个围栏,而是一个大院子》③的文章,正是摘录于话题专访类节目《窗户》(*la Ventana*)就中国股市的话题采访阿尔卡拉大学经济学教授何塞·卡洛斯·迪亚斯的片段,文中的观点均为采访对象评论的总结和概括,具有很强的主观性。

---

① 西班牙普利沙广播公司官方网站新闻:《何塞·穆努埃尔·罗梅罗西班牙广播公司电台新闻部新主任》,2015年9月7日,http://www.prisaradio.com/es/sala-de-prensa/jose-manuel-romero-nuevo-director-de-informativos-de-la-cadena-ser/,搜索时间:2015年10月5日。

② Cadena SER:《中国火山》,2015年8月25日,http://cadenaser.com/programa/2015/08/25/hoy_por_hoy/1440479775_363595.html,检索时间:2015年10月25日。

③ Cadena SER:《何塞·卡洛斯·迪亚斯:这不是一个围栏,而是一个大院子》,2015年7月9日,http://cadenaser.com/programa/2015/07/09/la_ventana/1436454767_270270.html,检索时间:2015年10月20日。

西班牙国家电视台 Televisión Española

西班牙国家电视台(Televisión Española,简称 TVE)是西班牙的国有公共电视传播机构,自 2007 年 1 月 1 日起隶属于西班牙广播电视集团(Corporación de Radio y Televisión Española, S.A. 简称 RTVE)。西班牙国家电视台是西班牙电视行业的开拓者和领导者,在西班牙电视市场具有很大的影响力。

一、历史沿革

TVE 最初是作为西班牙国家广播(Radio Nacional de España,简称 RNE)旗下一个辅助服务的功能出现的。1956 年 10 月 28 日,在经过漫长的吸取外国技术经验和本土试验的阶段后,西班牙国家电视台(TVE)正式宣告成立,并于当日从位于首都马德里哈瓦那大道上的演播室开始了国内第一次电视节目的播放。当时只有不到 3000 个马德里人收看了这档节目,然而这却标志着西班牙电视事业的真正起航。

20 世纪 50 年代,由于弗朗哥早前推行的自给自足经济政策使西班牙的经济发展十分缓慢,广大民众基本不具备购买电视机的能力,这段时期西班牙电视事业发展比大多数欧洲国家都要相对滞后。1965 年,西班牙国家电视台的第二频道(TVE 2)成立,每天播出 3 个小时的节目。[①]

(1956~1962)　(1962~1991)

(1991~2008.10)　(2008 至今)

图 42　创台以来 TVE 台标

图片引自:http://www.teleypunto.es/estudio－de－logos－3,检索时间:2015 年 8 月 30 日。

随着国内经济水平和电视技术的不断进步和发展,电视自 20 世纪 70 年代起逐渐成为西班牙民众日常生活的重要部分。1970 年,西班牙国内拥有 400 多万台电视机,每天收看电视节目的西班牙人占全国总人数的 90%。西班牙国家电视台旗下的一台覆盖了全国的绝大部分地区,二台也覆盖了国内各大主要城市;同年,西班牙国家电视台吸引了 730 万至 1020 万的稳定观众,收看电视节目成为人们工作学习时间外的主要消遣活动。[②] 直到 1986 年,西班牙国家电视台的一台和二台一直是西班牙电视观众唯一能收看的两个频道。

1986 年,西班牙加入欧洲共同体,本国媒体也需要与其他欧洲伙伴国同步规范化,以保证更好地融入媒体市场进行竞争。此时,西班牙国内大媒体集团相继成立并纷纷进入欧洲市场,国外媒体集团也陆续进军西班牙媒体市场。从 1989 年开始,西班牙陆续向商业化电视频道发放牌照,标志着该国媒体行业自由开放化的关键点。在这段时期,西班牙国家电视台相继推出了一系列专题类频道,如体育频道和古典频道,并开始在海外播出 TVE 国际频道。[③]

1995 年,西班牙人观看电视的时间大幅增加,人均日收看时间达到 214 分钟,TVE 和其他商业频道都受到了广大观众的普遍欢迎。1996 年,右翼党派西班牙人民党(Partido Popular)首次执政后,在电视行业实施了一

---

① Manuel Palacio: Francisco Franco y la television, http://www.uv.es/imagengc/articulos/Francisco%20Franco%20y%20la%20television.pdf,检索时间:2015 年 4 月 12 日。

② 西班牙教育文化体育部:《西班牙电视史》,http://tv_mav.cnice.mec.es/siglo/50/loaded_movies/guias/01_red/01_pdfs/30_primeros_anyos.pdf,检索时间:2015 年 4 月 12 日。

③ Albarran A. B: The Handbook of Spanish Language Media, New York: Routledge, 2009, pp. 21－22.

系列宽松的自由化政策,促使电视领域的市场竞争日趋激烈,也让西班牙国家电视台必须面对来自各大传媒集团旗下电视频道的竞争威胁。

二、发展现状

从20世纪90年代以来,西班牙国家电视台受到了来自其他私有电视频道的强劲冲击,但是作为国营传媒机构RTVE经营下的国家电视台,西班牙国家电视台始终在全国的电视市场份额中位居前列。2000年到2004年期间,TVE一台的日均收视时间居于西班牙所有电视频道的首位。自2005年开始,该频道被Telecinco和Antena 3超越,但依然保持着较高的收视率。① 根据西班牙传媒研究协会的数据显示,2014年,西班牙人均每日观看电视的时长为238分钟,其中TVE一台的市场占比为13.4%,在全国所有电视台中排名第四。②

2007年1月1日,西班牙广播电视集团RTVE成立,它是西班牙广播电视领域的国有股份有限公司,负责提供、组织和管理西班牙广播电视的公共服务。该公司的运营只对国家议会负责,独立于任何政党和经济集团,其最高管理层由5名众议院议员和4名参议员议员组成。③ 国家公共电视股份有限公司(TVE,S.A.)和国家公共广播股份有限公司(RNE,S.A.)都隶属于RTVE,二者分别负责提供电视和广播的公共服务。

三、报道特点

目前,西班牙国家电视台旗下共有6个电视频道,分别为:国家一台(La 1,原TVE1频道)、国家二台(La 2,原TVE2频道)、国家体育频道(Teledeporte,简称Tdp)、国家电视少儿频道(Clan)、24小时频道(Canal 24H)和国际频道(TVE Internacional)。其中,国际频道是负责对外传播的电视频道,播出范围覆盖五大洲,根据不同地区划分为四个分台:欧洲/非洲分台、美洲一分台、美洲二分台以及亚太地区分台。其中,国家一台频道是一个综合型的频道,国家二台侧重于体育及文化类的节目,国家体育频道则专注于各大体育赛事电视直播。④

图43 RTVE网络版首页

图片引自RTVE网站:http://www.rtve.es,检索时间:2015年8月26日。

在TVE旗下多个频道中,国家一台频道是历史最悠久、最重要的一个。在国家一台频道的节目设置中,足球比赛直播和电视剧是收视率最高的两个节目类型。在2014年的前8个月中,足球赛事直播节目的收视率位居国家一台第一,这源于西班牙国家电视台所属集团RTVE多年来牢牢控制着西甲联赛和一些重大赛事的转播权,从而吸引了大批为足球疯狂的西班牙人。⑤ 而在没有足球比赛直播的情况下,以历史题材为主的电视剧则往往获得最高的收视率。

---

① Albarran A. B., The Handbook of Spanish Language Media, New York: Routledge, 2009, p. 27.

② 西班牙传媒研究协会官网:《西班牙传媒研究协会AIMC2014报告》,http://www.aimc.es/-Descarga-Marco-General-Asociados-.html,检索时间:2015年4月2日。

③ 西班牙广播电视集团RTVE官网:《西班牙广播电视集团RTVE介绍》,http://www.rtve.es/rtve/20140512/quienes-somos/937847.shtml,检索时间:2015年4月1日。

④ 西班牙广播电视集团RTVE官网:《西班牙广播电视集团RTVE数据统计》,http://www.rtve.es/rtve/20140514/nuestras-cifras/939661.shtml,检索时间:2015年4月1日。

⑤ 唐世鼎等:《世界电视台与传媒机构》,中国传媒大学2005年版,第175页。

在 20 世纪 90 年代中期,西班牙的互联网普及率很低。1997 年时,全国只有 0.9%的民众使用互联网。随后几年,互联网的使用率逐渐上升。到 2014 年,使用互联网的人数占西班牙总人口的 60.7%。早在 1996 年,RTVE 集团的前身西班牙广播电视公共机构就推出了综合网站 www.rtve.es,提供旗下媒体的节目内容,TVE 和 RNE 的电视广播节目都包括在内。2007 年,RTVE 集团由原来的公共机构重组成为集团公司的同时,对网站进行了一定程度的改革,形成 RTVE 交互网络媒体(Interactivos de RTVE),与旗下 TVE 和 RNE 同级。RTVE 网站在整合集团的电视、广播等媒体资源的基础上,开设了其他全新栏目:新闻、儿童、体育和订阅节目等。2008 年,RTVE 网站在 2008 年北京奥运会上首次进行了奥运会体育赛事的实时转播,实现了新的突破。目前,受众可以通过 RTVE 网站在线实时观看正在播出的节目,也可以通过数据库搜索以往的节目资料。

四、涉华报道

截至 2015 年,西班牙国家电视台在全球共有 17 个驻外记者点。其中,北京是其在亚洲唯一设有驻外记者的城市,玛丽安·瑟琳是西班牙国家电视台驻北京记者兼亚太地区通讯员。

玛丽安·瑟琳毕业于纳瓦拉大学信息科学专业,2007 年进入西班牙国家电视台信息服务部门,专门撰写社会版块教育话题的新闻,随后成为西班牙国家电视台的一名电视新闻采访记者,主要负责新闻调查采访和报道。2011 年,玛丽安·瑟琳进入西班牙国家电视台的国际部,并在一线分别对利比亚战争和肯尼亚、索马里亚饥荒进行了报道。[①]

图 44　2014 年 5 月 19 日,玛丽安·瑟琳报道《中国政府派 5 艘船舶赴越南接人》

图 45　2015 年 3 月 5 日,玛丽安·瑟琳在两会现场做报道

整体来说,由于西班牙国家电视台的目标受众为西班牙一般民众,国际频道的目标受众也是以西班牙语人口为主,因此在节目的设计和安排上,侧重于满足西班牙人的需求,更多关注西班牙国内和欧洲的新闻消息,与中国有关的新闻报道相对较少,主要集中在国家一台(La 1)、国家二台(La 2)和 24 小时频道(24H)。其中,国家一台和 24 小时频道更关注中国政治、经济和社会民生等重大新闻事件,主要以新闻快讯为主。在部分拍摄中,驻华记者玛丽安·瑟琳出镜为新闻做简要报道,以凸显西班牙国家电视台在报道中国方面的现场性和独家性,增强报道时效和一手信源。但当发生距离北京较远的重大新闻事件时,玛丽安·瑟琳并未前往新闻现场进行采访,而是在引用其他媒体的新闻视频后,以北京街头作为外景对新闻事件进行几句话的综合概述。例如,2014 年 5 月 19 日在《中国政府派 5 艘船舶赴越南接人》的报道中,在新闻的最后玛丽安·瑟琳就是在北京街头进行拍摄的。

国家一台的《西班牙人在世界》是一档值得注意的纪实性节目。该节目通过常住在世界各地的西班牙人,向西班牙国内观众介绍世界不同城市的面貌,是西班牙人感性认识外部世界的重要渠道。2011 年 3 月 8 日,该

① 西班牙广播电视集团 RTVE 官网:《TVE 北京驻华记者介绍》,http://www.rtve.es/tve/informa/correspo/pekin09.htm,检索时间:2015 年 4 月 20 日。

节目推出了《西班牙人在北京》的特别专题,时长约一小时。在节目中,来自西班牙的两位旅行社老板、一位酒店销售员、一位演员兼艺术家和一位科学教授,通过各自在北京多年的生活经验,向观众多角度地介绍北京的风貌,包括著名景点(如长城、故宫),中国传统的婚礼和酒文化以及现代的北京生活景象(如地铁、国贸和798艺术区等),该集节目对展现一个融合传统文化和现代化气息的北京具有积极的作用。除此之外,澳门、香港和台湾的特别专题也在随后播出。

在国家二台频道中,关于中国的报道内容更加多样化。一方面,国家二台对于中国的报道具有一定的深度和分析性:在2014年1月14日的《La 2新闻面面观》(Para todo La 2)访谈节目中,汉语言学者奥古斯托·索多和经济学家路易斯·多拉斯对中国的发展进行了探讨。在节目中,两位嘉宾对中国正在实施的强有力的反腐政策和新一轮的经济改革表示了充分的肯定和赞赏,并探讨了以旅游业为主的西班牙如何从中获得商机;在2015年1月19日的《封面》深度报道节目中,采访记者比拉尔·雷克娜(Pilar Requena)针对香港"占中"事件进行了深度访问和调查,但节目一味地为"占中"支持者发声,在某种程度上缺乏报道的客观性。究其原因主要在于:一是该记者在这次报道之前只在1997年香港回归中国的前几个月来过香港,对香港回归后的经济、政治和社会的发展和变化没有足够的了解;二是长达40分钟的节目只对"占中"支持者进行采访,具有明显的议程设置偏向。除此之外,国家二台在中国的社会文化方面略有涉及,如《我的眼睛》旅游节目中曾播出关于上海和桂林的专题节目,向观众展现了这两座城市的魅力。

意大利

《24 小时太阳报》*Il Sole 24 Ore*

Il Sole 24 ORE

《24 小时太阳报》(*Il Sole 24 Ore*)隶属于意大利工业总联合会,是意大利最大的金融商业日报,其电子报纸发行量居意大利首位,纸质版发行量略逊于《晚邮报》(*Corriere della Sera*),位居第二。该报创建于 1965 年,由《太阳报》(*Il Sole*)和《24 小时报》(24 *Ore*)两家报纸合并而成。

一、历史沿革

作为《24 小时太阳报》的前身之一,创立于 1865 年的《太阳报》是欧洲地区最有影响力的金融日报之一,其政治立场偏左翼,坚持自由、民主的政治路线,反对教皇统治,在 19—20 世纪意大利的转型期间,助长了意大利社会主义的兴起。20 世纪 20 年代的意大利新闻业饱受墨索里尼法西斯主义思想的摧残,从 1925 年起,墨索里尼公开实行新闻传播业的全面法西斯化,《太阳报》在 1927 年和 1936 年,曾两度因为"颇具反叛意味的言论"被查封。身处政治强压之下,《太阳报》坚持报道,准确可信地反映了当时的意大利经济局势,在 20 世纪 30 年代意大利金融系统转型期间还开辟专栏,进行追踪报道。在集团网站的介绍中对这段历史是这样记录的:"在报刊亭中虽然难以得见《太阳报》公开贩售,但在 1945 年能有近 3 万份的订阅量,这支撑起了报纸的运营。"[①]

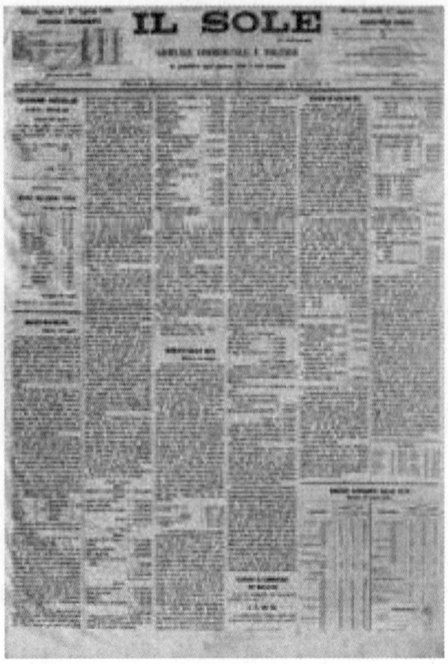
IL SOLE

图 1　1865 年创办的《太阳报》

为了发展报业,意大利政府从 1946 年起对全国各家报社进行政策扶持,以三分之二的价格为报社供应原料纸,并根据情况减税或免税,这一福利政策一直持续到 20 世纪 70 年代。[②]得益于政府的优惠政策,1946 年,《24 小时报》在米兰创刊,同样将关注重点放在了意大利的经济和金融方面。《24 小时报》发展迅速,仅 13 个月的时间内就累积了 4100 个用户,发行量达到了 2 万份。报纸的版面也从初始时的 4 版逐步扩大,到 1961 年达到了 12 版。

1965 年,两报合并,《24 小时太阳报》随之成为米兰至今仍在发行的最古老的一家报纸。

二、发展现状

《24 小时太阳报》的行政总部位于米兰蒙特罗莎街 91 号。此外,报社于 2009 年在罗马的独立广场另设一行政中心,北部和中部两大编辑中心形成遥相呼应之势。随着业务的逐渐发展,报社在意大利的那不勒斯、都

---

① Il Sole 24 Ore: About Us — Fra Stato e mercato, http://www.gruppo24ore.ilsole24ore.com/en-us/chi-siamo/storia/fra-stato-e-mercato,检索时间:2015 年 5 月 2 日。

② 陈力丹:《世界新闻传播史》,上海交通大学出版社 2002 年版,第 120 页。

灵、佛罗伦萨等 9 个主要城市都成立了编辑分部。

《24 小时太阳报》以大报的形式发行,每日随报纸附送增刊——《金融与市场》(*Finanza e Mercati*),其上专门刊登股票、金融产品的信息与当日排行。进入 20 世纪 80 年代,报社开始更加注重增刊内容的多样性,并进行了多种尝试,其在 1983 年创立发行了周日版专刊"Domenica",专注于文学休闲类内容,取得了巨大的成功,为其他报社树立了典范。

经过多种尝试,《24 小时太阳报》逐渐摸索出一系列受到市场欢迎的专题增刊,并将其发行日期固定下来:周四版"Nòva",主要关注科技界新闻;周五版"Moda",专门关注服装、时尚类资讯;周六版"Plus",主要刊登私人投资类话题,如房产市场信息、金融市场分析、家庭储蓄等;周日版"Domenica"为文艺休闲专刊,关注文艺、哲学类话题,登载影评、书评等。除此之外,报社还会根据时事热门,不定期发行专题特刊。

20 世纪 80 年代,《24 小时太阳报》的订阅量为每月平均 20 万份左右,1988 年曾一度达到 32 万份的高峰①。根据意大利统计机构"Accertamenti Diffusione Stampa"("新闻传播调查",简称 ADs)的数据显示,从 20 世纪 90 年代初至 2008 年左右,报纸的每月订阅量一直保持在 30 万份以上,2000—2001 年曾一度接近 40 万份;2009—2012 年,《24 小时太阳报》的订阅量陷入一个短暂的低谷,连续几年的月订阅量跌破 30 万份;但订阅情况从 2013 年开始又有所好转。

目前,意大利各大报纸订阅量分为两大部分:纸质版订阅量和电子版订阅量。除了传统的用户订阅和报摊零售之外,读者还可以通过订阅报刊电子版进行移动阅读,或者直接下载安装报纸的移动客户端。根据 ADs 在 2015 年 2 月发布的一份统计数据显示,包含电子版订阅量在内,《24 小时太阳报》的总发行量在意大利日报业中排名第二,仅次于《晚邮报》。《晚邮报》为意大利报业发行量最大的报纸,其纸质版加上电子版的每月发行总量可达 39.3 万份;《24 小时太阳报》以月 38.2 万份的总发行量位居第二;《共和国报》名列第三,发行量为 35.6 万份。②在电子订阅部分,《24 小时太阳报》以月平均 20.1 万份订阅量的绝对优势领衔其他报纸,跟随其后的是《晚邮报》(8.1 万份)和《共和国报》(7.1 万份)。③

图 2 《24 小时太阳报》的发行包括纸质版和电子版

商业广告创收是支撑报业发展的一个重要财力来源。在意大利,电视是广告界当之无愧的宠儿,报业的广告创收自 2000 年以来一路下滑,呈现颓势,这也成为意大利报业面临的主要困境之一。订阅收入在整个财政收入中的比例有所见长,数据显示,自 2000 年起,意大利报纸的订阅收入在总收入中所占的比例从 40%逐渐升到了 59%。④ 根据图尔库经济学院发布的《欧洲出版业监控 · 意大利篇》报告,"意大利报业出版公司在 2003 年的平均营业利润额是总收入的 13.2%,扣除物价上涨等经济因素,2003 年报业的实际利润额为 12 亿 5200 万欧元,占人均 GDP 的 0.1%"。

① Peter Humphreys: Mass Media and Media Policy in Western Europe. Manchester University Press, 1996, p.90.

② 意大利报业 2013 年 12 月至 2014 年 12 月发行量报表:Tabella comparativa dicembre 2014—dicembre 2013, http://www.primaonline.it/wp—content/uploads/2015/02/AdsDIC2014—13_Quot.xls,检索时间:2015 年 5 月 2 日。

③ Prima online: Diffusione della tampa (Ads) November/December 2014, 2015 年 2 月 20 日, http://www.primaonline.it/2015/02/20/198451/, 检索时间:2015 年 5 月 2 日。

④ European Publishing Monitor Italy, Turku School of Economics and KEA, P4, http://edz.bib.uni—mannheim.de/daten/edz—du/gda/07/med—ind—italy_en.pdf,检索时间:2015 年 5 月 2 日。

三、报道特点

作为意大利最大的金融商业报纸，《24 小时太阳报》对于经济领域和与金融市场相关的新闻尤为关注。除了经济版块和政治版块之外，该报还会特别关注经济法规和税收方面的政策变动，这一点可以从其官网上开辟的相关专题版块中体现出来。该报还开辟专栏，介绍房地产、法律法规与税收领域的新变化，每日的报纸会有经济分析人士和专家的专栏，对热点新闻进行分析和评论等。

和其他大部分的日报有所不同，《24 小时太阳报》对于休闲娱乐方面的新闻关注较少，纸质版内容中关于风俗习惯和戏剧节目方面的新闻只留下了很小的版块。相关话题被留到了其周日版增刊“Domenica”中集中展示。对于学者、企业家、公共管理者和金融投资者来说，《24 小时太阳报》是一个可信赖的参考工具。

在对外传播方面，《24 小时太阳报》还有可以改进的空间。报纸本身的内容只有意大利语版本，报社的母公司——24 小时集团(Gruppo 24 ORE)推出了英语网站“意大利 24”(Italy24)，由《24 小时太阳报》旗下的记者和专栏作家们供稿。

Il Sole 24 ORE

Domenica
Il tesoro segreto di Gerusalemme

nòva

Salviamo (almeno) il salvabile

«Politica inerte, se chiude l'impresa muore il Paese»
Squinzi: in cinquanta giorni buttato un punto di Pil

IL DOVERE DI RISPONDERE

Il ritorno al futuro è la moneta

Con Berlino accordo obbligato

Berlusconi: governo forte o si vota, no a Prodi sul Colle

Il crocevia del «modello francese»

La carta dei prestiti per i prelievi in Bce

L'ingiusto dilemma indebitarsi o chiudere

Perché fare il governo è ormai un dovere etico

Prima Industrie spinge sui ricavi per abbattere l'indebitamento

TWINS optical

图 3 《24 小时太阳报》的淡橙红色用纸成为一大特色

《24 小时太阳报》于 2011 年开通推特网账号“ILSore24ORE”，运用社交媒体对报纸进行推广和宣传。同时，报社还开发了移动客户端，读者可以通过直接安装客户端，付费下载当日的报纸进行阅读，每份报纸售价约为 12 元人民币。其手机客户端和主网站内容相同，同样也只支持意大利语，没有其他外语版本，这一点是其在对外传播方面还可以改进的部分。

谈及报纸特色，不得不提到一个很有意思的小细节——《24 小时太阳报》所选用的纸张是淡橙红色的，这在所有意大利报纸中是十分罕见的。采用这种原料纸的原因还要追溯到它的前身之一——《太阳报》。在 1946 年《太阳报》创建之际，恰逢“二战”结束，意大利国内实行严格的管控制度，限制原料纸的产量。橙红色纸张虽然更贵，但较容易获得，同时也更有特色，能让人在报亭里一眼就与其他报纸区分出来。基于这几点原因，报社做出了这一决定，使得《太阳报》拥有了与其他报纸截然不同的颜色。两报合并后，这一特色被保留下来，《24 小时太阳报》也因此继承了这一抹独特的色彩。此外，《24 小时太阳报》的网站也与纸质版统一风格，采用淡橙红色作为底色，保持了这一具有特殊意义的传统。

四、涉华报道

从 2004 年 3 月起，《24 小时太阳报》在中国北京开设了办事处，并派遣常驻记者，致力于为报社及时传递回中国经济发展的最新动态，提供从报纸、广播到电视新闻全方位的服务，及时向意大利民众介绍中国经济发展的最新动态。

在《24 小时太阳报》的官网主页上，不乏与中国有关的新闻报道。第二大版块“世界”(MONDO)下设的“亚洲与太平洋”(Asia e Oceania)栏目中，首页就有数篇以“中国”作为大标题的报道。例如：

Cina, oscurato in rete il documentario virale di Chai Jing sull'inquinamento

中国,柴静关于污染的纪录片(《穹顶之下》)被屏蔽

图 4

La Cina frena per davvero e il premier Li Keqiang diventa mr. 7%

中国经济发展刹车,总理李克强变成7%先生

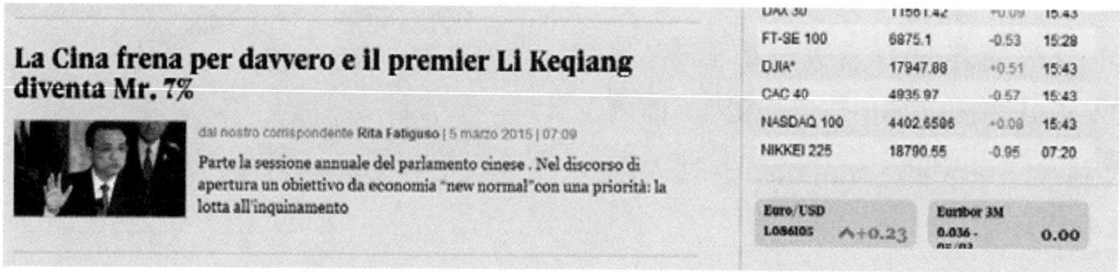

图 5

Capodanno cinese, tempo di bonus. Le aziende hi—tech cinesi trattengono i talenti a colpi di Suv e azioni, e noi?

中国新年,利好时候。中国高新产业用SUV和公司股份激励人才,我们呢?

图 6

Cina, la mossa del Governatore non ha convinto le Borse, vincono i timori per l'economia cinese
中国,执政者的举措并未安抚股市,对于中国经济的担忧仍占上风

图 7

在《24 小时太阳报》设立北京记者站时,时任该报总编的吉多·詹蒂利(Guido Gentili)曾表示,中国是一个正在迅速上升并充满巨大潜力的国家,意大利工商界人士对中国抱有强烈兴趣。正是基于这一点,《24 小时太阳报》决定在中国开设办事处,派遣记者进行常驻。[①]

《24 小时太阳报》的常驻记者中不乏中国通,比如曾任该报北京站常驻记者的弗朗西斯科·郗士(Francesco Sisci),他曾在一次采访中表示,自己经常看《人民日报》和《环球时报》,参考上面的消息,"获取关于中国政治经济走势的信号"[②]。该报上海站的常驻记者龙景威(Luca Vinciguerra)十分关注中国的国情民生,在驻站期间他曾去到三峡工地,对三峡大坝的建设工程进行过实地采访,尤其关注工程的施工安全问题。[③] 这两位记者都已于 2013 年离职,不再出任《24 小时太阳报》的驻华记者站常驻记者。

《共和国报》*La Repubblica*

la Repubblica

《共和国报》(*La Repubblica*)是意大利的第二大报纸,创立于 1976 年,隶属于快报集团,现总部位于罗马,日平均发行量 60 万份左右,如今属于较为温和的中立偏左派日报。

一、历史沿革

欧金尼奥·斯卡尔法里(Eugenio Scalfari)于 1976 年 1 月创办了《共和国报》,当时他还是《快报》杂志的主

---

① 中华人民共和国商务部:《意大利〈24 小时太阳报〉在北京开设办事处》,2004 年 2 月 13 日,http://it.mofcom.gov.cn/aarticle/jmxw/200402/20040200181839.html,检索时间:2015 年 5 月 2 日。

② 中国青年网:《意大利〈24 小时太阳报〉评论家:最关心美国总统如何驱动经济》,2012 年 10 月 18 日,http://news.youth.cn/gj/201210/t20121018_2525596.htm,检索时间:2015 年 5 月 2 日。

③ 浙江日报:外国记者在三峡工地上,2006 年 5 月 23 日,http://zjrb.zjol.com.cn/html/2006-05/23/content_99678.htm,检索时间:2015 年 8 月 17 日。

编,同时出版家卡洛·卡拉乔洛(Carlo Caracciolo)和蒙达多里(Mondadori)每人也为《共和国报》提供了约 130 万欧元的资金。

1976 年 1 月 14 日,《共和国报》首次出版,该报成为意大利第一份将运动、商业等版块内容省去的小型画报。建立之初,《共和报》想将自己打造成为继意大利第一大报《晚邮报》之后的"第二报纸",面向那些已经阅读过地方报纸的受众,集中报道国家层面的新闻。创办之初,报纸共有 20 页,从周二到周日出版。

在最初的两年,《共和国报》的核心受众是意大利共产党的中立偏左派成员。1977 年,欧金尼奥·斯卡尔法里决定迎合当时的大学生运动,从此《共和国报》开始扩张。该报的力量主要集中在社论版块,评论通常非常尖锐和激进。与此同时,来自《晚邮报》的詹保罗·潘萨(Giampaolo Pansa)入职《共和国报》成为副主编。

在 1978 年早期,《共和国报》的平均发行量为 11.4 万份,凭借在"摩洛绑架案"中精彩的报道和评论,《共和国报》受到了更多读者的青睐、读者的欢迎。到年末,《共和国报》的销售量达到 14 万份。到 1979 年时,销售量一度超过 18 万份,报社的经营也达到了收支平衡点。同时报纸的页数扩大到 24 页,并增加了一些有关体育方面的内容,经验丰富的知名记者詹尼·布雷拉(Gianni Brera)也加入该报。

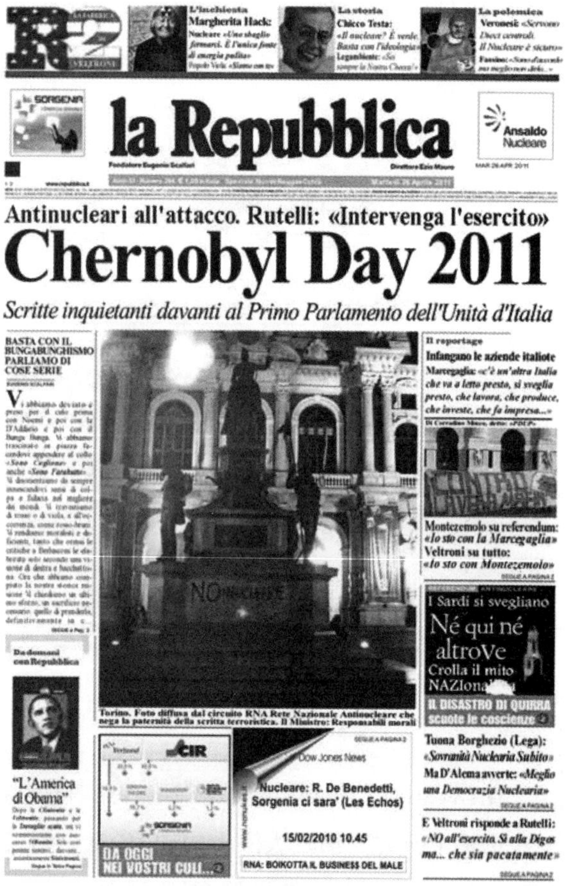

图 8 《共和国报》头版

1981 年,《晚邮报》陷入丑闻,这让《共和国报》争取到了更多的读者,并从《晚邮报》挖到了一些享有盛誉的评论家,如恩佐·比亚吉(Enzo Biagi)等人。为了增加销量,主编要求报纸要迎合更多的读者需求,与读者形成良好的互动,随后报纸版面扩张到了 40 页,并新增加了"娱乐"和"体育"这样的独立版块。至此,该报被定位为涵盖各类型读者的综合性报刊。1986 年适逢《共和国报》创刊十周年纪念,《共和国报》出版了特刊,刊登了过去十年的优秀评论。

1987 年 10 月 16 日,《共和国报》创办了自己的杂志《星期五》(*Venerdì*)。1988 年,《共和国报》发行量达到 73 万份,成为意大利销量最大的报纸。[1]到 19 世纪 80 年代,《共和国报》的销量更是达到了 80 万份。

2004 年,《共和国报》改为彩版印刷,这一举措促使意大利所有的报纸都随之进行了革新。2007 年 10 月 19 日,报纸的版面布局更新,分为两部分:一部分主要刊登新闻,另一部分主要对新闻事件进行分析和评论。

二、发展现状

1996 年,《共和国报》官方网站——"共和国在线"创立,这也是意大利第一家报业网站。2010 年,该网站成为意大利国内继谷歌、雅虎、脸谱、优图和 MSN 之后,跻身访问量排行榜前十的网站。截至 2011 年,《共和国报》拥有 200 万网络用户,并以 25%的年增长速度快速增长。"共和国在线"的经济来源主要是出售新闻信息和经营手机报,但主要依靠的还是广告。其广告营业额是全意大利网站中最高的,约为 4000 万欧元,占集团广告总收入的 15%。广告客户主要来自汽车、银行、超市、电信等大集团。共和国报业集团除印刷日报外,还出版《快报》周刊和《妇女》杂志。该报从创刊之日起就一直坚持鲜明的中左翼政治旗帜方针,时政报道大胆鲜明,常

① Peter Humphreys (1996): Mass Media and Media Policy in Western Europe. Manchester University Press, p.90.

将矛头指向中右派或极右派核心活跃人物身上。①

“共和国在线”的新闻都是来自《共和国报》自己的400多人的记者队伍,他们都是能够撰稿、摄像、拍照的全媒体记者,他们将传统媒体和新媒体结合起来,使“共和国在线”的报道更加迅速及时,篇幅更短,而《共和国报》的新闻更具有深度,在一定程度上保证了报纸的销量。

la Repubblica.it
Il mondo in diretta
24 ore su 24
BARI BOLOGNA FIRENZE GENOVA MILANO NAPOLI PALERMO PARMA ROMA TORINO
Cerca nel sito
TRAFFICO METEO
Home Politica Economia Sport Spettacoli Tecnologia Motori Tutte le sezioni D Rep tv
Terrorismo Pakistan Caso Regeni Omicidio stradale Comunali 2016 Cuba Interviste
Repubblica su
MUSICA PEOPLE CINEMA SPETTACOLI
Bruxelles, rilasciato il reporter Faisal Cheffou
'Nessuna prova che fosse lui il terzo uomo' video
La Grecia: "Avvertimmo i belgi sulle mosse di Abaaoud"
Reptv Bonini: Le ultime incredibili sviste degli investigatori
Dal Belgio a Treviso, El Bakraoui passò in Italia nel 2015
FOTO Ouali accusato di aver dato documenti falsi a stragisti
Arrestato a Salerno, caccia alla sua rete di complici di C. BONINI e F. TONACCI
295 condivisioni
30 commenti
Quarant'anni di Pere Ubu ai confini (e oltre) del rock
La band di David Thomas in Italia
Foto La discografia ristampata
Video Il singolo "Golden Surf II"
di PAOLO RUSSO
68 condivisioni

图 9 《共和国报》网站首页

图片引自《共和国报》网站:http://www.repubblica.it,检索时间:2016年3月27日。

三、报道特点

《共和国报》对于每天出版的内容要求是精益求精,通过其编前会的流程就可以获知一二——

编前会由总编辑主持,参加人主要是各部门负责人。会议内容,一是点评前一天出版的报纸,主要是挑毛病、找不足;二是讨论当天的新闻报道方案——政府、议会的新闻,就业形势变化,社会问题等等。编辑部对编前会全程进行录像,相关视频经编辑于当天下午2点上传到“共和国在线”,晚上7点在网站电视上播出。一方面为读者做导读,另一方面表达编辑对当日各方面新闻的看法。这不仅丰富了网站的原创内容,而且形成了与受众的良性互动,增加了媒体运作的透明度,最大限度地发挥了全媒体的潜能,为新闻传播方式提供了多种可能性。②

四、涉华报道

随着中国经济的发展和国际地位的提高,《共和国报》对于中国的关注度也在不断提升。《共和国报》每月基本都有几篇与中国有关的报道,其中经济方面的内容占了绝大多数。比如时任温家宝总理在出席十一届全国人大五次会议记者招待会上阐述了关于人民币汇率的问题,《共和国报》在第一时间以《人民币汇率接近均衡水平》为题刊登了这条消息,并援引温家宝总理的话称,“2012年对中国而言可能是最困难的一年,但也可能是最有希望的一年。面对正在蔓延的国际金融危机,中国最重要的是把自己的事情做好”。③ 从《共和国报》的快速反应,可以看出,它一直对中国保持着高度的关注,而援引温家宝总理的发言也表现出该报对于中国经济发展的肯定和前景的看好。

此外,在中华人民共和国成立60周年之际,在意大利留学的中国学子特别制作了宣传广告,将祝贺祖国以及对中意两国永远保持友好感情的希望融合在一起。这则宣传广告于2009年10月1日当天被刊登在了《共和国报》之上,引起了意大利民众的积极反应,也表达出《共和国报》对于中国和中意关系的深深祝福。

---

① 付卓:《框架理论视阈下意大利主流媒体涉华报道研究》,《2014中国传播论坛:“国际话语体系与国际传播能力建设”研讨会会议论文集》,2014年。

② 王同英:《意大利媒体:融合、传承和发展》,《军事记者》2011年第6期。

③ 新华网:《意媒体关注温总理答记者问》,2012年3月15日,http://news.xinhuanet.com/newmedia/2012－03/15/c_122837965.htm,检索时间:2015年7月18日。

《晚邮报》*Corriere Della Sera*

CORRIERE DELLA SERA

《晚邮报》(*Corriere Della Sera*)是意大利第一大报,也是意大利历史最悠久的报纸之一。报社总部位于米兰,在意大利享有极高的声誉。

一、历史沿革

《晚邮报》创立于1876年3月5日,由里卡多·帕韦西、托雷利一维奥利尔和友人共同创办。因为当时的里卡多·帕韦西想要进入政治领域,因此三人决定创办一份报纸,以帮助其打开进入政界之门。《晚邮报》历史上的几位知名主编对于报纸的发展起到了不可忽视的重要作用。

托雷利一维奥利尔为《晚邮报》的发展打下了基础,他想将《晚邮报》办成一份客观中立、不偏不倚的独立报纸,成为意大利的《泰晤士报》。他非常重视新闻,在任期间对许多其他报纸没有关注到的新闻进行了报道,深受读者的喜爱,到1880年,报纸发行量超过了一万份。

1885年,贝·克雷斯皮买下了《晚邮报》,获得了报纸所有权并解决了报社财政困难,他是"意大利第一个不把一家日报的所有权看作是政治讲坛,而看作是利润的来源和公众的一种责任的出版商"。① 克雷斯皮邀请维奥利尔继续出任主编,并将更多的钱花在新闻上。随后,维奥利尔派出伯尔纳斯科尼去巴黎担任该报的第一名驻外记者。到1887年,《晚邮报》的发行量超过了5万份。② 1889年,报社又进一步建立了伦敦分社和柏林分社。

随后,由路易吉·阿尔贝蒂尼(Luigi Albertini)接任《晚邮报》的主编职位,他对报纸进行了许多大刀阔斧的改革,特别是发展了报纸的国际网络,在圣彼得堡、君士坦丁堡和维尔纳都开办了新的分社,并建立了一个庞大的记者网。此外,阿尔贝蒂尼还扩展了报纸的版面,使《晚邮报》成为意大利第一份拥有8个版面的报纸,每个版面的内容也更加丰富,增加了更多的新闻和广告,还开设了星期日专刊,建立了意大利第一支自办发行的报贩队伍。"一战"爆发以后,《晚邮报》的国际记者们大量向意大利民众迅速传播最新鲜的前线消息,报纸每天的销售量高达70万份。

之后,随着意大利法西斯化的不断加强,《晚邮报》对于法西斯的抨击遭到了法西斯主义的仇视,阿尔贝蒂尼也被迫离开了《晚邮报》主编的职位,而报纸本身受到了法西斯的统治。这段时期是《晚邮报》最为艰难的一段时期,因最先揭发了法西斯暗杀社会党议员的罪行,社长被迫辞职,报纸被迫按照法西斯口径报道。后来1943年至1945年,报社完全被法西斯占领,许多记者不得不转入地下工作或直接加入反法西斯的运动。

"二战"以后,《晚邮报》恢复了往日的地位,但20世纪70年代初的意大利经济危机又使其陷入困境之中,在这种情势下,皮耶罗·奥托尼就任主编。奥托尼上任以后,报纸的政治方向有所扭转,支持社会改革派,还提出了许多以前没有提及过的议程。改革后的报纸再度吸引了读者,读者也积极参与由《晚邮报》发起的问题讨论,形成了报纸和受众的良性互动。1974年,克雷斯皮家族将其《晚邮报》股份卖给了里祖利大出版企业。在财大气粗的里祖利的支持下,奥托尼主编的《晚邮报》逐步恢复了元气。报社引进了一系列新技术,如冷排技术和照相排版技术,并建设了通向罗马的电讯传输线。新的罗马版拥有自己的工作人员和七版专门的罗马新闻。到1980年,这些改革初见成效,晚邮报集团再次实现了收支平衡,而《晚邮报》本身则取得了相当大的利润,能够支持内部的亏损企业,其发行量稳定在60万份,一整版广告可以收入1500万里拉。新的体育和青年杂志也

①—③ 汤耀国:《〈晚邮报〉:主编的力量》,《中华新闻报》2005年11月23日(F03)。

创办起来。③

二、发展现状

目前,《晚邮报》有两大编辑中心,一个设在米兰,一个设在罗马。每天出版两个版本的报纸,一个版本聚焦南方,一个版本面向北方。在总部所在地米兰,同样每天出版两个版本,一个版本面向伦巴蒂地区,一个版本面向米兰地区。报纸主要面向北部地区读者销售,在欧盟等其他国家有编辑分部,在世界各大城市如华盛顿、莫斯科、纽约、巴黎、伦敦等都有派驻记者,现在的日平均发行量在30余万份,也是意大利国外读者最多的报纸。

除《晚邮报》以外,晚邮报集团还出版有《体育报》等子报刊。① 晚邮报集团是意大利唯一拥有两家报纸的集团,其股东有意大利著名的金融、工业集团,报纸的主要收入来自广告销售,发行上以零售为主。集团与意大利多地的报刊亭都签署了合同,读者可以在各大城市主要街道的路口、地铁站、火车站等多地购买到《晚邮报》。

CORRIERE DELLA SERA
Fondato nel 1876 www.corriere.it
Bon ton digitale
Party e social network Eccesso di galateo
Il film
Batman e il ritorno del cavaliere oscuro
Con il Corriere
Collana Storie Vere «Sotto il burqa»
L'ALTRO FRONTE DELL'ECONOMIA
Il vertice europeo. Draghi: bene i provvedimenti di Roma, i governi abbiano più coraggio
Salva Stati, sfida sui tempi
L'Italia preme: subito le misure per tagliare gli spread
OBIETTIVI MINIMI PER UN'INTESA
LE DIVERSE IDENTITÀ DI UN'INDUSTRIA SMARRITA
L'INSOSTENIBILE INDIFFERENZA ITALIANA AGLI SPRECHI
La compagna di Hollande scomparsa dalla vita pubblica
Che fine ha fatto Valérie?
«Non è più rinviabile». Si muovono Schifani e Fini
La spinta di Napolitano per la riforma elettorale: «Anche a maggioranza»
«Il Pd porti oltre il 2013 l'agenda di Monti»
TWIN STORIES UTILI E DILETTEVOLI
Il caso Barcella svelato da una telefonata
Belsito, l'autista di Bossi e il posto alla Fincantieri
Il ritiro del generale Ganzer: rifarci tutto
Il degrado della stazione Tiburtina a Roma
Ntv contro le Ferrovie Accuse ad alta velocità
Primavere arabe L'Occidente può fidarsi

图 10 《晚邮报》头版

三、报道特点

《晚邮报》的主要受众是35岁以上、受教育程度较高的中上层人士。题材内容主要集中在文化和经济领域,报道时效快捷,深入浅出,总体报道风格保持政治中立。② 《晚邮报》非常重视报纸的质量,曾经邀请过许多知名人士担任报纸的特邀撰稿人,与其合作的有1000多名政治家、外交家、历史学家等等,如前欧盟主席、前欧洲央行副行长以及许多意大利文艺界有名的"笔杆子",包括已故的诺贝尔文学奖获得者路易吉·皮兰德娄都曾是《晚邮报》的专栏撰稿人。中国人非常熟悉的著名记者奥丽亚娜·法兰奇也来自这家报纸,她曾经采访过多位重要的领导人。

SEZIONI EDIZIONI LOCALI CORRIERE TV ARCHIVIO TROVOCASA TROVOLAVORO SERVIZI CERCA LOGIN SCOPRI PER TE
CORRIERE DELLA SERA
lunedì 28 marzo 2016 · Aggiornato alle 18:30
Meteo: Milano | 11.8°
NUOVA VERSIONE
Morte di Giulio Regeni, l'Egitto: «Daremo all'Italia tutta la documentazione»
Il procuratore generale del Cairo ha telefonato al procuratore di Roma Pignatone: «Quella della banda criminale non è l'unica pista» nelle indagini per la morte del ricercatore
CORRIERE TV
Manchester, il Boeing sembra fermo in mezzo alla tempesta: l'atterraggio è spettacolare Guarda il video
La Gran Bretagna colpita dalla tempesta «Katie»: raffiche di vento oltre i 100 km/h
BRUXELLES, LE INDAGINI
Rilasciato il reporter Fayçal Cheffou «Non era lui il terzo uomo» Video
di G.
La polizia ha rilasciato per mancanza di prove il reporter arrestato

图 11 《晚邮报》网站

图片引自《晚邮报》网站:http://www.corriere.it/,检索时间:2016年3月26日。

随着时代的发展,《晚邮报》也不断地进行一些改变,让读者能够一直被他们吸引住。《晚邮报》上除了有文字、图片等报纸常规内容之外,有时还会在版面上留下空白,让读者能够拥有思索和休息的心理空间。此外,除了出版一些特刊、专刊以外,《晚邮报》还会随报销售一些连载系列小说或者知识丛书等等,它们与普通的小说书相比会有一些优惠,这样让读者既能够

① 朱铁志:《意大利新闻界的历史和现状》,《世界》2006年第6期。

② 付卓:《框架理论视阈下意大利主流媒体涉华报道研究》,《2014中国传播论坛:"国际话语体系与国际传播能力建设"研讨会会议论文集》,2014年。

获得有关这个世界的新闻消息,还能够陶冶情操,娱乐一下。除了这些措施,《晚邮报》在以后的发展中也会坚持不断地推陈出新,保持住自己的市场竞争力。

四、涉华报道

近年来,随着中国国力的增长,中国与意大利之间合作的增强,意大利媒体对中国的报道也越来越多。整体来讲,意大利各主流媒体对于中国的态度还是较为积极正面的,报道也较为客观公正。在经济、政治外交等议题上,基本可以反映事实。而对于我国的一些传统固有“负面观念”和“先入为主意识”,在报道中也不乏体现,如对于“中国政府的专制问题”“中国员工工作不受保护”等议题,报道风格和语气上仍无法脱离原本的窠臼腔调。①

《晚邮报》驻华记者马可·德尔·科罗于1987年第一次来到中国,之后便与中国有了不解之缘。他从1996年开始给《晚邮报》专门撰写有关中国的文章,从2008年起正式作为驻华记者常驻北京。他认为中国处在不断的变化和发展之中,中国对于世界的影响力也越来越大,而中国和意大利两国之间也有着良好的友谊。马可认为,对中国的报道不能一味地受到传统意识的笼罩,西方媒体不应戴着有色眼镜来看待中国,要认认真真地去了解中国,去感受中国的变化,去客观地报道中国,给世界人民展现出一个真正的中国形象。

《晚邮报》的另一位记者萨保罗经常作为带班记者到北京接替回意大利休假的驻华记者,还常常到中国各地进行调研。萨保罗认为中国在近二三十年间发生了巨大的变化,中国在国际舞台上的地位越来越高,但中国是一个热爱和平的国家,他认为中国历史上从未威胁到别的国家,中国的崛起是和平友善的,中国是世界各国的朋友,而且他明确表示不赞同西方国家鼓吹的“中国威胁论”。

《新闻报》*La Stampa*

LA STAMPA

《新闻报》(*La Stampa*)是意大利发行量仅次于《晚邮报》和《共和国报》的第三大综合性日报,也是意大利最为古老的报纸之一。报社总部设在都灵,而发行范围则覆盖意大利及其他欧洲国家。目前,该报隶属于菲亚特集团(Fiat SpA)。

一、历史沿革

《新闻报》有着悠久的历史,该报由记者、小说家维托里奥·贝尔塞齐奥(Vittorio Bersezio)于1867年创办,当时命名为《皮埃蒙特日报》(*Gazzetta Piemontese*)。1895年,报纸被阿尔弗雷多·弗拉萨蒂(Alfredo Frassati)收购,并改名为《新闻报》。之后几年,《新闻报》发展成为了一张全国性的报纸。1924年,阿尔弗雷多·弗拉萨蒂辞职并将报纸卖给了乔瓦尼·阿涅利(Giovanni Agnelli)。之后,《新闻报》又被转手归于菲亚特集团所有。

1999年,《新闻报》创办了自己的官方网站。2000年,《新闻报》在意大利媒体中第一个引进彩色印刷,开始在头版刊登大幅专题照片。之后几年间,《新闻报》还首先建立了局域,采用远程传输技术,使报纸实现了网络化。

2006年11月,《新闻报》改为柏林版式设计。

2012年9月,《新闻报》编辑部整体搬迁到了新办公楼。

---

① 付卓:《框架理论视阈下意大利主流媒体涉华报道研究》,《2014中国传播论坛:“国际话语体系与国际传播能力建设”研讨会会议论文集》,2014年。

LA STAMPA

QUOTIDIANO FONDATO NEL 1867

Scandalo Regione Lazio, si dimette il capogruppo Pdl

"Fiorito accusa Polverini" ma lui va in tv e ritratta Berlusconi la convince: resta

Blitz della Finanza, tremano altri 10 consiglieri

La difesa è attaccare Marrazzo

Verdone: superano la nostra fantasia

Il premier: si vede la luce, nessun aumento delle tasse. Debito pubblico, via libera alla vendita dei beni dello Stato

Recessione anche nel 2013

Il Pil 2012 scende del 2,4%. Monti: l'anno prossimo -0,2%, ma comincerà la ripresa

CASI ITALIANI

I rifiuti di Parma

Grillo in trincea per la guerra dell'inceneritore

La solidarietà che serve all'Italia

"Pareggio di bilancio adesso più difficile"

L'Ue avverte: ma Roma ha un elevato avanzo primario

Consumi, industria e occupazione Come reggere alla crisi più lunga

Confindustria: ci sarà un ulteriore adattamento al ribasso dei redditi, le famiglie rinvieranno le spese

Il «Gex» di Aosta

L'aeroporto da 36 milioni senza gli aerei

India, 50 milioni contro i megastore stranieri

FORMULA 1

"Ho sfidato Alonso al simulatore"

Buongiorno

Il Senato decollato

Colifagina

Difendi il tuo intestino

PAULO COELHO

IL MANOSCRITTO RITROVATO AD ACCRA

CERSAIE SALONE INTERNAZIONALE DELLA CERAMICA PER L'ARCHITETTURA E DELL'ARREDOBAGNO CERSAIE

图 12 《新闻报》头版

二、发展现状

《新闻报》的发行范围并不局限于本地，在都灵周边三个大区的发行可以占到总发行量的 70%，其他地区占 30%。该报的发行工作由专门的发行公司承担，在各地设有分支机构。《新闻报》刊登的广告主要是区域性的，也有部分全国性的。其版面安排 60% 是新闻，40% 是广告。最近十年来，报社的经济效益越来越不妙，过去广告和发行大致各占一半，而现在 70% 靠广告。①

《新闻报》认为，如今人类迈入信息社会，世界每天被众多的新消息所包围，与外国同行的合作非常重要，通过与别的媒体机构的交往可以取长补短、交换信息，最终实现资源共享。当然，在学习借鉴外国同行经验的同时，并不能放弃自己的立场、观点和办报特色。在世界主要国家的首都，该报基本都派驻有两名记者，力争重大国际事件都能够有自己的独家新闻。

三、涉华报道

知名记者弗朗西斯科・郗士(Francesco Sisci)长期担任《新闻报》亚太地区主编，在中国工作生活长达 20 多年的时间。20 多年前，弗朗西斯科开始在社科院学习中国古代历史，并与一位中国女子共结连理，从此便定居北京。1989 年，他进入意大利安莎通讯社工作，后来又当过意大利驻华使馆文化参赞，最终加入《新闻报》。他在《新闻报》的主要工作职责是撰写中国政治、经济以及社会方面的新闻评述。为了力争更加全面而客观地向意大利人民展现一个真正的中国，他每天都要阅读大量的报纸，了解其他的媒体机构都在报道什么。而《新闻报》要做的就是发现其他媒体没有发现的东西，做其他媒体没有做过的报道，让中国各个方面的情况都能被展现，而不只是某个片面。

2015 年，《新闻报》记者罗莎・里亚(Rosa Ria)连同其他几位意大利记者一起，应中国国家旅游局邀请参观丝绸之路沿线的青海省。在此过程中，罗莎接受中国媒体同行的采访表示，中国和意大利的关系一直很稳定，双方在许多领域都有一定的合作，目前他们也非常关注亚洲基础设施投资银行和"一带一路"的建设。②

《宣言报》*Il Manifesto*

il manifesto quotidiano comunista

《宣言报》(*Il Manifesto*)创建于 1969 年，总部设于意大利罗马。该报是一份意大利语的综合性日报。

一、历史沿革

1969 年，《宣言报》由一群左翼记者联合创建于意大利罗马，当时是一份每月发行一刊的评论性报纸。受四位创始人——路易吉・平托(Luigi Pintor)、瓦伦蒂诺・帕拉托(Valentino Parlato)、卢乔・马格里(Lucio

① 朱铁志：《意大利新闻现状一览》，《传媒》2003 年第 1 期。

② 中国新闻网：《意大利记者眼中的青海"很棒"》，2015 年 4 月 20 日，http://www.chinanews.com/df/2015/04-20/7220798.shtml，检索时间：2015 年 11 月 16 日。

Magri)和罗萨娜·罗桑达(Rossana Rossanda)的左翼政治倾向影响,《宣言报》的报道以自由独立、反官僚和批判性著称,为当时的意大利新闻界提供了与主流不同的视角和新闻。从 1971 年 4 月开始,《宣言报》改为日报发行。

创办初期,《宣言报》共有四个版面,除了政治问题,对其余如社会、犯罪、体育等方面毫不关心,也不刊登任何广告,是一份完完全全的政论性报纸。在当时的意大利,社会普遍认为单纯的政治媒体是办不长久的,但《宣言报》的热卖却打破了这个偏见,其订阅量一度达到每日 4 万份。[1] 当时,意大利共产党(*Italian Communist Party*,简称 *PCI*)和意大利社会主义党(*Partito Socialista Italiano*,简称 *PSI*)各有自己的党内刊物,分别是《团结报》(*L'Unità*)和《前进报》(*L'Avanti!*)。同为左翼报纸,《宣言报》填补了传统报纸所没能涉及的领域,对当时意大利爆发的工人和学生运动做了许多相关报道,为社会公众提供了一个信息接收和交流的平台。当时的《宣言报》对意大利共产党多有批评,但却受到很多党内支持者的追捧,甚至认为该报比当时的党报《团结报》办得更好。

il manifesto
Bella ciao
UNA DONNA IN BATTAGLIA
Il gerovital delle riforme
Il governo si regala 2 anni
LATINOAMERICA

图 13 《宣言报》头版

20 世纪 70 年代之后,意大利政局动荡不断,支持左翼思想的人数也在逐渐减少,《宣言报》只好相应地作出改变,不再只关注报道政治内容,而是增加了报道文化议题的版面,例如哲学、文学批评、电脑科学等方面。1985 年,《宣言报》已经成为意大利主要的综合性报纸之一,其 20 世纪 90 年代的发行量约为每日 5 万份。[2]与此同时,《宣言报》还经常参与到相关活动的推广第一线,如 1994 年 4 月 25 日,该报就曾作为首要承办方,组织了位于米兰的全国解放日的庆祝活动。

二、发展现状

在近 50 年的办报历史中,《宣言报》从未寻求过任何政党或财团的经济支持,虽然这一点让它在发展过程中受到了不少的挫折,但庞大的读者群是报社强大的财政后盾,并支撑着它渡过了数次经济危机。不过就其政治立场来说,《宣言报》从创立之日直到今天,一直宣称自己是"共产主义者"。

受报业整体萎靡的影响,《宣言报》近年来的发行量呈现下滑趋势,2008 年至 2010 年的平均销售额分别为 2.5 万、2.2 万和 1.9 万。[3] 2014 年,《宣言报》的发行量为 1.05 万。[4]

三、报道特点

《宣言报》的文章标题以短标题为主,简洁明了,言辞犀利,并喜欢在标题中运用相同韵脚的词语进行呼应,令人读之朗朗上口。

《宣言报》报道的文章篇幅适中,长度多在千字左右,报道文章的言语精巧,常巧用双关,并多采用趣味性强、贴切度高的配图,这一点也是该报纸的特色所在。《宣言报》注重图文搭配,十分善用配图,几乎每篇文章都会配上相应的新闻图片。

---

① Gino Moliterno, ed. (2005). Encyclopedia of Contemporary Italian Culture. London and New York: Routledge, p.498.

② Gino Moliterno, ed. (2005). Encyclopedia of Contemporary Italian Culture. London and New York: Routledge, p.499.

③ National-Newspapers_total-circulation_IFABC_17-1-13, www.ifabc.org,检索时间:2015 年 12 月 20 日。

④ Classifica mensili digitali gennaio 2014-gennaio 2013, http://www.primaonline.it/wp-content/uploads/2014/04/Ads_MENSILI_digitale_gennaio14-13.xls,检索时间:2015 年 12 月 20 日。

Obama provoca, Cina «furiosa»

Mentre la leadership cinese è impegnata nella riunione del Plenum del comitato centrale del partito comunista, dagli Stati uniti arriva una provocazione epocale, che costituirà un momento determinante nelle relazioni tra i due paesi nell'immediato futuro, facendo sfumare eventuali posizioni comuni, già difficili in precedenza, per quanto...

Detour, dalla Cina alla luna, in mongolfiera

Un ex pugile slovacco costretto dalla vita a tornare sul ring, una donna francese sbalzata dalla provincia alla Cina profonda per riportare a casa il figlio morto, i reduci americani da Afghanistan e Iraq accolti in una cittadina della California. Questi i vincitori di Detour, Festival del Cinema di Viaggio,...

图 14 《宣言报》标题以短标题为主

四、涉华报道

《宣言报》的涉华报道数量多、发表频率高，对与中国相关的热点新闻和时事话题跟进十分及时，展现出该报对中国的密切关注。

以 2015 年 11 月 9 日的搜索结果为例，当日在《宣言报》官网上搜索关键词“中国”，可以发现，最新的一篇报道发布于 11 月 8 日，题为《中国大陆和台湾的历史性会面：“没有力量能将我们分开”》，对习马会进行了专门报道。对于这一历史性的会面，该篇文章的整体立场和言辞表述较为积极，多次引用习近平原话，如“我们是血浓于水的一家人”“没有力量能将我们分开”等，对习马会的进程和谈话成果进行了跟踪记录。

Roma, contro l'ideologia del decoro nella città dei prefetti

Pensieri critici. Passeggiate piscogeografiche, dibattiti, reading, proiezioni, mostre, musica. A Roma un dibattito pubblico sulle origini del "degrado": la speculazione edilizia e urbana alimentata dagli impreditori del rancore sociale, la commercializzazione della vita, lo stato di emergenza contro poveri, migranti, senza casa

图 15 图文并茂的《宣言报》报道内容

2015 年 10 月 26 日晚，美国“拉森”号军舰驶入中国南海岛礁 12 海里内，《宣言报》把握新闻热度，在第二天便对该事件进行了报道。

GERENZA MI RIPRENDO IL MANIFESTO

Edizione del 8 novembre 2015
· aggiornata oggi alle 12:24

il manifesto quotidiano comunista

TARIFFE ANNUNCI PROFILO

ABBONATI LOGOUT

Leggi il giornale · Editoriali e Commenti · Interni · Esteri · Culture e Visioni · Inchieste · Alias · Global Blog Archivio

INTERNAZIONALE

Cina e Taiwan, incontro storico: «Nessuno potrà dividerci»

Xi-Ma. Primo incontro dal 1949 storica stretta di mano tra i presidenti: «Siamo una sola famiglia»

Simone Pieranni

EDIZIONE DEL 08.11.2015

PUBBLICATO 7.11.2015, 23:59

«Xue nong yu shui», *il sangue è più denso dell'acqua*, ha detto Xi Jinping al presidente taiwanese Ma Ying-jeou. È il tono di voce scelto da Xi Jinping per questo storico incontro, il primo dal 1949, tra i presidenti di Cina e Taiwan sul campo neutro di Singapore, a conferma della sua imprevedibilità e calcolata strategia. Un approccio familiare, a sottolineare la «fratellanza» tra Cina e Taiwan (i popoli «delle due sponde dello Stretto di Taiwan sono una sola famiglia», ha detto Xi, che ha aggiunto, «nessuna forza ci può dividere») a discapito del mare che divide i due paesi.

CONDIVIDI FACEBOOK GOOGLE+ LINKEDIN TWITTER EMAIL

图 16 中国大陆和台湾的历史性会面：“没有力量能将我们分开”

Obama provoca, Cina «furiosa»

Mar cinese meridionale. Una nave da guerra americana «sfila» a meno di 12 miglia dalle isole Spratly rivendicate da Pechino e altri paesi asiatici. Secondo il ministero della difesa cinese si tratta di un atto «illegale» e una «minaccia alla sovranità»

图 17 美国南海挑衅，中国“怒气冲天”

安莎社 Agenzia Nazionale Stampa Associata

全国报业联合社(Agenzia Nazionale Stampa Associata,缩写为 ANSA),通常译为安莎社,是意大利最大的通讯社。安莎社总部坐落在意大利罗马,由朱利奥·安塞尔米(Giulio Anselmi)担任董事长,詹比罗·格拉玛利亚(Giampiero Gramaglia)任总编辑。安莎社不仅在意大利及欧洲有很大的影响力,在整个世界也是不容忽视的重要媒体机构。

一、历史沿革

第二次世界大战期间盟军占领意大利后,原受法西斯政府控制的斯蒂芬通讯社(agency Stefani)被解散。在意大利抵抗时期的三位主要政治代表朱塞佩·利维拉尼(Giuseppe Liverani)、菲尔斯特·帕里尼(First Parrini)和阿梅里戈·泰伦齐(Amerigo Terenzi)的推动下,12 家日报于 1945 年 1 月 13 日联合创办了安莎通讯社,以代替之前斯蒂芬通讯社的工作。此举对米兰具有推动作用,使其成为满足意大利公共社会信息需求的主要地方。创办后不久,安莎社又有了其他一些报纸的加入,这个拥有多达 31 家日报的新闻通讯机构,每天用意大利语、西班牙语、葡萄牙语、德语、阿拉伯语和英语六种语言对外发布新闻和评论文章,日发稿量达到约 75 万字,全球共有 4000 多名用户。安莎社每天还会发布超过 3500 条新闻,1700 多张图片和大量视频,主要供媒体公司、政府、国际贸易组织等使用。为了稳定发送信息服务,安莎社拥有丰富多样的发送渠道:网络、卫星、电视和手机等。

20 世纪 80 年代以来,安莎社进行了重大的技术革新。新闻业务全部实现电脑化,并采用各种地面和卫星线路及时地向国内外发稿,它用以贮存资料的电脑设备是世界最为先进的设备之一。从 1996 年起,安莎社就成为意大利第一家可以通过短信推送新闻的通讯社。

二、发展现状

在形式上,安莎社是各报发行人的联合组织,而实际上,它是意大利政府的官方通讯社,是一家半民间半官方性质的媒体组织。目前,安莎社是由 75 家报社合作组成的公司。同时,任何一家意大利报纸只要购入一到五股每份价值 5 万里拉的股票,就可以成为该社成员,这也决定了安莎社的民间性质。但从 1949 年起,前总理加斯贝利决定拨给该社津贴,几个月后,该社的经费基本上由政府供给。同时,安莎社和意大利政府之间也有“约定”,即由政府负责在国外推销和分发安莎社的国际新闻服务,政府负责向通讯社提供新闻源。与此对应,安莎社有责任报道政府机关和议会的活动情况,并向驻外使馆提供新闻信息。①

目前,安莎社总部设在罗马,有职工 800 余人,业务部门分对内编辑部、对外编辑部、图片部、技术设备部等。它在意大利国内有 22 个分社,92 个国外分社分布在五大洲的 90 个国家。其中,设在布宜诺斯艾利斯的分社负责在拉美地区的新闻采集并向当地用户发送新闻信息。安莎社之所以如此重视对拉美地区的报道,是因为拉美地区的意大利侨民很多。

2013 年 2 月 11 日,安莎社率先发布了《十六世教皇宣布退位》的消息,在世界媒体中拔得头筹。主要原因是安莎社派驻梵蒂冈的记者奇利(Giovanna Chirri)说得一口流利的拉丁语,因而能够在教廷宣布这一消息时当

① 陈力丹:《世界新闻传播史》,上海交通大学出版社 2002 年版,第 103 页。

即发稿。[①]

三、报道特点

安莎社供给 945 家媒体的内容涵概经济、政治、金融、文学、卫生等各个方面的议题，每星期一还专门出版《意大利一星期》，专门供给意大利和国外报纸及订有协定的国外通讯社作为参考。同时，安莎社还比较注重对于发展中国家的报道，反映该国政府和企业界重视同发展中国家合作的意向。

图 18　安莎社网站首页

图片引自安莎社网站：http://www.ansa.it，检索时间：2016 年 3 月 9 日。

在合作方面，安莎社和路透社、法新社都签订有合同，与塔斯社、德新社、瑞士通讯社等订有交换新闻的协定。该社主要是发布政府的官方消息，国外消息主要由路透社、法新社供给。2014 年 8 月，安莎社与美联社签署了一项为期五年的合作协议，2015 年到 2020 年期间，两社将在图片、文字和视频的新闻内容上展开合作。

除了面向媒体客户，安莎社还推出了面向普通公众的网站。安莎社网站下设政治、商务、科技、生活方式、体育、梵蒂冈、世界、图片和 2015 年世博会几个栏目，提供包括文字、图片、视频在内的多种新闻资讯服务。安莎社网站主要以意大利语发布新闻信息，同时还开设有英文网站，以及面向地中海地区、欧洲、拉美和巴西专门开设的国际版网站。

四、涉华报道

在所有在中国设有常驻记者站的意大利媒体中，安莎社是最大的一家，其长期就中国各个领域展开涉猎广泛的报道。该社对中国国内新闻展开报道时，通常篇幅较短，以说明新闻事实为主，评论性的观点较少，报道相对比较客观，受到中国媒体的关注。

以 2015 年 6 月 1 日至 6 月 30 日为例，安莎社发布的涉华报道数量共有 44 篇。相对来说，该通讯社的涉华

---

① 安莎社网站：Pope：ANSA scoop becomes global headline news in seconds，2013 年 2 月 11 日，http://www.ansamed.info/ansamed/en/news/nations/qatar/2013/02/11/Pope－ANSA－scoop－becomes－global－headline－news－seconds_8230175.html，检索时间：2015 年 7 月 26 日。

报道以直接与中国相关的报道为主,达到 32 篇,可以占到总量的 72.7%,较为重视对中国的近景观察,注重对于中国的直接体验。同时,作为国际事务的主要参与者,中国与国际社会和其他国家的关系也是安莎社关注的重点,这类报道占到总数的 27.3%。

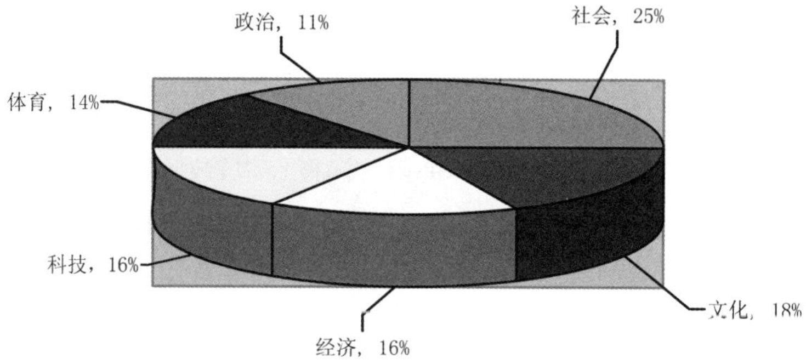

图 19　安莎社涉华报道议题分布

就报道议题来看,在安莎通讯社每日发布的涉华报道中,数量最多的是社会报道,可以占到总量的 25%,尤其是对于中国国内发生的一些事故性、灾害性事件,通常是连续发布多条信息的跟踪报道。例如,2015 年 6 月发生的长江沉船事故,安莎社持续跟踪报道并第一时间更新事故的变化情况和伤亡人数。其次是文化类的报道,有 8 篇,可以占到总量的 18%。接下来是经济类和科技类的报道,均为 7 篇(16%)。最后是体育类和政治类的报道,分别为 6 篇(14%)和 5 篇(11%)。

就报道信源来看,安莎通讯社的所有涉华报道都是由本站记者自采的,几乎所有的配图也都是安莎社自己拍摄的图片。然而,在这些涉华报道中,除了国内发生的灾难性事件的新闻是由该社驻京记者亲自采写之外,大部分都是由该社记者在其他国家和城市所采写的,如 2015 年 6 月期间涉华报道的采写地点就包括东京、纽约、米兰、佛罗伦萨和罗马等。

从报道倾向来看,安莎通讯社的涉华报道在价值倾向上以立场中立的报道居多,可以占到半数以上(53%),而积极取向的报道也可以达到 30%左右。在这些报道中,安莎社对中国的科技和经济领域尤其持积极态度,报道中有多次提到过中国电商——阿里巴巴在科技方面的领先以及对中国经济的突出贡献。

反差摄影图片社 Contrasto

contrasto

反差摄影图片社(Contrasto)是一家意大利专业图片摄影通讯社,创建于 1986 年,以其高质量的新闻摄影图片而闻名。

一、发展现状

反差摄影图片社旗下共拥有近百位合作供图摄影师,约半数为意大利本土摄影师,其余则来自世界各地——美国、英国、荷兰、意大利、挪威、印度、哥伦比亚等。用户可分别从新闻图片、人像摄影、史料图片等分类查找相对应的摄影师作品。此外,通过与不同渠道的合作,反差摄影图片社保证了其丰富的图片资源,并且将其工作范围扩展到多个领域,包括新闻图片的拍摄和传播、广告摄影、个人形象设计、时尚摄影和时尚出版等。其官网资料库中储存了的社内影像资料,供大众浏览。

反差摄影图片社的现有作品都可以于其网站 www.contrasto.it 上搜索到。网站首页下设了新作展示、新闻图片、创意图片、合作伙伴等多个区块,各区块又有进一步的细分内容供查看。在“新作展示”区块中,又细分为获奖作品、书籍、展览、多媒体、出版等版块。

反差摄影图片社与多家国际知名品牌有着商业合作,承接品牌时尚杂志硬照和产品宣传照拍摄工作。该社同时也是出版公司,它与意大利公共或私人机构合作,承接摄影集出版、摄影展等活动。该社同时给世界多家知名媒体供图，合作媒体包括法国《费加罗报》、德国《明镜》周刊，以及意大利《晚邮报》和《新闻报》等。

图 20　反差摄影图片社网站首页

图片引自反差摄影图片社网站：http://www.contrasto.it，检索时间：2016 年 3 月 9 日。

图 21　反差摄影图片社为法国《费加罗报》拍摄的图片作品

二、报道特点

反差摄影图片社与世界各国多达 37 家杂志社、通讯社、图片社有合作关系。[①]其合作伙伴包括美国的 Corbis 图片库、Trunk Archives 图片库、《纽约时报》(*New York Times*)、英国路透社(Reuters)、科学图片库(science photo library)、葡萄牙 4SEE 图片库、西班牙 ALBUM 图片库等。其最主要的合作伙伴是世界著名的法国摄影经纪公司——玛格南摄影通讯社(Magnum)。[②]

图 22　反差摄影图片社为德国《明镜》周刊拍摄的图片作品

该社在中国的合作伙伴是中国最大的综合性图库——东方 IC 图片库。

三、涉华报道

在反差摄影图片社官网中搜索关键词“China”，共可得 35 万张图片搜索结果，每个摄影作品都有十分详细

① 反差图片社网站：“Our Partners”，http://www.contrasto.it/index.php? 42637014026327386302.00002032292182，检索时间：2015 年 9 月 5 日。

② 反差图片社网站：“Who We Are”，http://www.contrasto.it/index.php? 41692545752449535700.00001943223073，检索时间：2015 年 9 月 5 日。

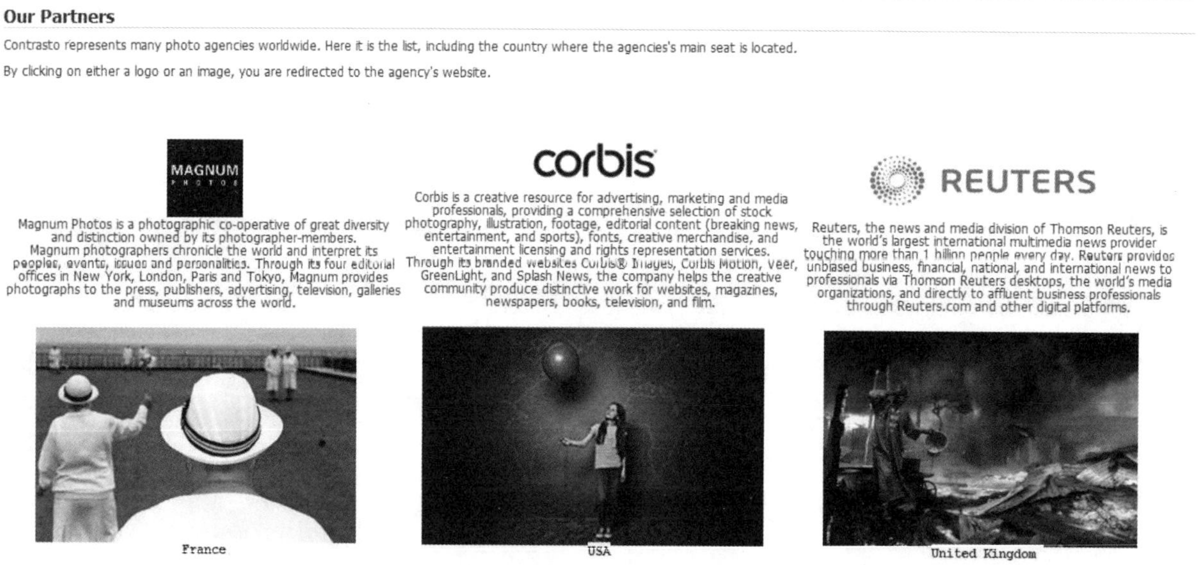

图 23　反差摄影图片社主要合作伙伴

图片引自反差摄影图片社网站:http://www.contrasto.it/index.php? 426370140263273863O2.00002089548005,检索时间:2015 年 9 月 5 日。

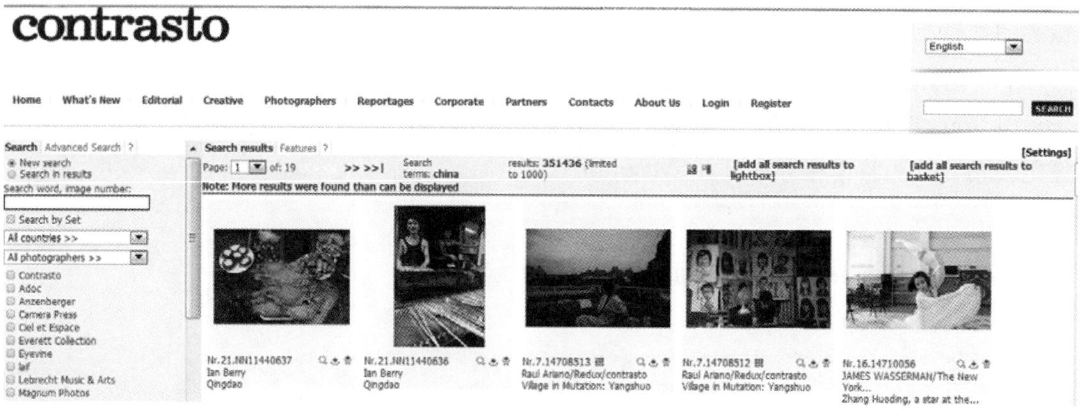

图 24　反差摄影图片社的"中国"图片

的相关信息,包括拍摄时间、拍摄地点、摄影师姓名等,大部分图片还会有简短的主题描述。

该社图库中收藏了世界各国摄影师镜头下的中国,主题丰富,包括人物、风景、体育、新闻等多个种类。需要注意的是,未注册的游客只能浏览图库中的缩略图片,进行账号注册后,用户可浏览并下载部分作品的高清大图,但一些图片需要联系作者或摄影公司后额外付费购买。该网站可使用英语和意大利语两种语言进行浏览和搜索。

梅地亚赛特媒体集团 Mediaset

梅地亚赛特(Mediaset)是一家意大利传媒集团,并且是该国最大的私营广播电视公司。该公司是欧洲首屈一指的综合性传媒集团,旗下拥有包括三个电视频道的电视公司、一个意大利最大的出版集团、一家大型广告公司、一家电影制作公司,并且控制着两份大型报纸。在新媒体领域,梅地亚赛特旗下的 Mediaset online 是意大利访问量极高的门户站点。

一、历史沿革

梅地亚赛特媒体集团的前身，是意大利前总理贝卢斯科尼于 1978 年在米兰投资创立的有线电视台 Telemilamo。[①] Telemilamo 后来更名为第五频道(Canale 5)，逐渐成为家喻户晓的私营电视机构。然而，在一度禁止私营公司进入广播电视领域的意大利，该电视台的地位并没有得到法律上的确认。1984 年，法院判决"第五频道"侵犯了意大利广播公司(RAI)独家的全国播出权。贝卢斯科尼求助于他的老朋友克拉克西总理，后者成功游说国会于 1985 年 10 月通过法律，使贝卢斯科尼避免了 3 家商业台因未经批准进行全国性播出而被司法部门关闭的灭顶之灾。尽管如此，在 1991 年 1 月以前，贝卢斯科尼拥有的 3 个商业电视频道仍然不被允许播出新闻和时评。

经过 30 多年的发展，梅地亚赛特集团成为上市传媒公司。直到今天，贝卢斯科尼的家族控股公司菲宁维斯特集团依然持有该集团 38.5%的股份。梅地亚赛特集团旗下拥有众多媒体，其中包括三家在意大利深受欢迎的电视台：第五频道(Canale 5)、意大利电视一台(Italia 1)和第四频道(Rete 4)。为了彰显这三家电视台的核心地位，梅地亚赛特集团将三者的台标都包括进了集团的标识当中。

除此之外，梅地亚赛特集团在 1997 年开始进军国外市场，在西班牙也拥有多家电视台。

二、发展现状

如今，梅地亚赛特(Mediase)传媒帝国的规模仍在不断发展壮大，旗下除原有的三大频道外，还拥有诸多电视台：西班牙电视五台、CSPN 中国电视体育联播平台、地面数字电视频道、Boing 儿童频道(梅地亚赛特媒体集团拥有 51%股份，其余 49%属于 TBS)、Mediashopping 购物频道、Iris 电影频道等。截至 2005 年 12 月 31 日，梅地亚赛特媒体集团在意大利天空电视台还拥有 4 个加密卫星电视频道。

然而，在梅地亚赛特媒体集团飞速扩张的同时，大媒体集团的管理漏洞纷纷暴露而出。2012 年，梅地亚赛特媒体集团曝出有员工参与买卖、吸食毒品丑闻。2014 年，梅地亚赛特媒体集团创始人、意大利前总理贝卢斯科尼本人，也因公司在电视台买卖交易中涉嫌巨额逃税，被判以从事社区服务的方式来接受惩罚。地方法院认为，贝卢斯科尼控制的梅地亚赛特集团在购买转播权中，利用离岸公司夸大购买电视转播权的成本进行骗税，并利用逃税款项设立秘密基金，从事政治贿赂。这些丑闻都在一定程度上对梅地亚赛特集团的媒体形象造成打击。

三、涉华报道

梅地亚赛特媒体集团是一家传媒集团，自身并不涉及对中国的报道。下面仅以集团旗下西班牙电视五台为例，一窥相关媒体涉华报道情况。

2014 年，集团旗下的西班牙电视五台在节目中出现涉华不当内容，引起旅西华人和中国国内舆论的关注和愤慨。作为西班牙电视五台的母公司，梅地亚赛特媒体集团随后在西班牙《世界报》上刊登相关解释信息。但是，西班牙电视五台在过去几年中一再出现这样的问题，已经不是可以解释的失误问题。

---

① 王晓红：《走进意大利电视台》，《新闻战线》2009 年第 7 期。

天空 24 小时新闻台 Sky TG24

天空 24 小时新闻台(SKY TG24)隶属于天空广播集团,是一个 24 小时滚动播出的全天候新闻频道,总部位于意大利罗马,在米兰设有分部。

一、历史沿革

天空 24 小时新闻台成立于 2003 年 8 月 31 日,首任频道总监为埃米利奥·卡雷利(Emilio Carelli)。频道在创建伊始只能通过卫星信号收看,但自 2009 年起,频道增加了地面数字信号,观众可以自由选择观看方式。

图 25 天空 24 小时新闻台新老标志对比

自 2011 年起,该道以 16:9 的画面制式播出。同年 7 月,原频道总监埃米利奥·卡雷利离职,由莎拉·瓦雷托(Sarah Varetto)接任频道总监一职。频道的标志也于 2011 年年底更换了新的版本。

二、发展现状

自 2013 年开始,天空 24 小时新闻台增设了高清模式。从 2015 年起,频道节目进行了调整,节目构成,70%为纯新闻节目,剩余节目份额由深度调查、纪录片、电影和电视剧瓜分。

除意大利本土之外,频道在美国五个城市——纽约、华盛顿、芝加哥、波士顿和费城都可以通过 RCN 公司的有线网络接收观看。天空 24 小时新闻台下设加拿大分频道,其内容大部分与主频道相同,但加入了一些加拿大当地新闻。

图 26 天空 24 小时新闻台网站首页

图片引自天空 24 小时新闻台网站:http://skytg24.tlntv.com,检索时间:2016 年 3 月 31 日。

三、报道特点

作为全天候新闻频道,天空 24 小时新闻台的节目编排考虑到观众的收视习惯,以短节奏的半小时时长新闻节目为主,每天早 6 点至 12 点之间,每半小时播出一档新闻节目,内容包括实时新闻及报纸社评选摘。每日中午 12 点到 14 点播出两档新闻节目,时长为 1 小时,注重新闻专题和深度评论。14 点至 19 点继续切换为半小时新闻,其内容会选择早间播出过的新闻进行滚动播出。19 点晚间新闻时长为一小时,内容为最新的新闻动态,并在随后的时间连播两档半小时新闻,内容同样为最新消息。21 点的整点新闻更多地将重点放在当天频道网站上的内容。随后的节目内容为当天各档新闻的重播版本。

天空 24 小时新闻台从未停止过创新的步伐。2004 年，频道推出了一个全新的互动模式——Sky TG 24 Active。这一模式为电视用户提供了快捷的内容选择，用户通过遥控器上的按钮可以选择观看内容，其中包括频道当日的重要新闻回放等。用户还可以通过这一平台表达意见并投票，参与当日头条新闻的评选。2012 年，频道编辑室改建，增设 70 块监控屏幕，使得新闻编辑可以更好、更快地调控所有素材。频道编辑室充分运用了科技技术，打造了一块宽 7 米的电子视频墙，并通过巧思设计，在编辑室内安装了 LED 灯，通过灯光颜色的改变——柔色的清晨、金红的黄昏和湛蓝的深夜等不同光线，制造出一天中变换的色彩，配合新闻节目的播出效果。

天空 24 小时新闻台在脸谱和推特上都开设有账号，并鼓励网友运用社交网络进行新闻节目的评论与互动。同时，频道也开发了专门的移动客户端，供各终端用户下载使用。

四、涉华报道

此前，天空 24 小时新闻台曾经在中国派驻记者，办公地点设在北京。从 2012 年开始，该频道前任驻华记者离职以后，一直没有派出新的记者接任驻华记者一职，驻华记者站已经基本撤销。

目前，天空 24 小时新闻台的涉华报道包括视频新闻、文字新闻和图片新闻三种形式，报道主题较为广泛，涉及政治、经济、体育、文化、环境等多个方面。

通过在天空 24 小时新闻台的官方网站上搜索关键词“Cina”(中国)，可以看到最新一篇有关中国的报道是 2015 年 11 月 4 日对于新加坡习马会的视频新闻，新闻时长为 1 分 26 秒，视频内容下方还有相关话题的背景内容介绍，篇幅约为 400 字。报道题为《中国大陆与台湾：历史性的领导人会面》[1]，虽然在文字内容中仅仅是对习马会的事实陈述，并未表现出明显的倾向性，但是视频中却突出了台湾民众抗议的画面。

MONDO

Cina, la tempesta di sabbia non dà tregua. "Restate a casa"

22 marzo 2010

Sono settimane che la polvere continua a creare problemi in vaste zone del Paese, compresa Pechino. L'Istituto Metereologico cinese ha consigliato ai cittadini di uscire solo proteggendosi il volto con mascherine e sciarpe, di sigillare porte e finestre.

图 27 《沙尘暴给中国带来短暂休憩，“待在家吧”》

天空 24 小时新闻台网站：Cina，la tempsta di sabbia no da tregua. “Restate a casa”，2010 年 3 月 22 日，http://tg24.sky.it/tg24/mondo/2010/03/22/cina_tempesta_di_sabbia_non_uscite_di_casa.html，检索日期：2015 年 11 月 15 日。

其次，天空 24 小时新闻台的网站中还有一部分纯文字性的涉华报道。这类文字报道通常篇幅不长，形式多为短讯和消息，字数多在 500 字以内，来源以新闻通讯社为主，偏重对新闻事实的描述和报道，评论性文字较少。但是在版面上，每篇文章基本都会搭配相关的新闻图片，突出报道的可视性。

另外，天空 24 小时新闻台网站的涉华报道中，还有一部分是完全以图片为主的报道。每篇报道都以大幅高清图片组图为主，辅以大字标题和简要文字说明。相关报道主要包括灾难事故、节日活动等画面性比较强的新闻议题。

① 天空 24 小时新闻台网站：Cina-Taiwan：sabato lo storico incontro tra i leader，2015—11—4，http://tg24.sky.it/tg24/mondo/2015/11/04/cina—taiwan—sabato—storico—incontro.html，检索日期：2015 年 11 月 7 日。

除此之外,天空 24 小时新闻台对于在意华人群体也较为关注,此前曾播出专门报道,引发欧洲华文媒体和国内公众的普遍关注。2007 年 7 月 9 日,罗马市移民议会的华裔议长潘永长受邀作客天空 24 小时新闻台的电视直播室,向当地主流社会介绍华人社区的情况,并与罗马副市长玛拉—戈拉瓦利亚(Mara Gravaglia)和罗马大学教授玛利亚—爱玛考拉达(Maria Immacolata)同台对话,现场解答当地市民关注的移民问题。报道通过移民议会华人代表、罗马当地政府和学者之间的对话以及对三方的采访,指出移民对本地社会经济发展起到的重要作用,强调各界要帮助移民融入当地社会,而当地民众也应积极了解移民的文化习俗,在沟通交流的基础上实现对话、合作和融合。①

图 28　从北京到伦敦,各地华人欢度新春

天空 24 小时新闻台:Da Pechino a Londra, i cinesi festeggiano il Capodanno, http://tg24.sky.it/tg24/mondo/photogallery/2014/01/31/capodanno_cinese_2014.html,检索时间:2015 年 11 月 13 日。

意大利电视七台 LA 7

意大利电视七台(LA 7)是一家意大利私营电视台,成立于 2001 年,其前身是 1974 年成立于摩纳哥亲王国的蒙特卡洛电视台(Tele Monte Carlo,简称 TMC)。蒙特卡洛电视台是当时意大利国内唯一能与意大利广播电视公司(Radiotelevisione Italiana,简称 RAI)相抗衡的电视公司。创办伊始,蒙特卡洛电视台就采用彩色电视制式播出,使用这一技术的时间比意大利国内最早建台的意大利广播电视公司还要早了三年。

一、历史沿革

1993 年,意大利电视七台的前身——蒙特卡洛电视台加入欧洲广播联盟(European Broadcasting Union)下属的欧洲电视网(Eurovision),与机构中其他欧洲各电视公司共享新闻和电视节目,所转播的大型赛事包括 1992 年巴塞罗那奥运会、美洲杯帆船比赛、欧洲足球锦标赛等。

图 29　TMC 台标

1999 年,蒙特卡洛电视台的总部由蒙特卡洛搬迁至意大利罗马。两年后,蒙特卡洛电视台被转手卖给意大利最大的电信运营商——意大利电信集团(Telecom Italia)旗下的意大利电信传媒(Telecom Italia Media),并于同年更名为意大利电视七台。为了表示传承,同时也为了给观众适应的时间,频道在过渡时期的节目播出时,对屏幕右上角的蒙特卡洛电视台台标采取了逐渐透明化的处理,2001 年 9 月正式废除"TMC"台标,全面转为"LA7"。

2013 年,意大利电视七台被开罗传媒公司(Cairo Communications)收购,频道总部现位于罗马,另在米兰

① 中国新闻网:《做客电视台意浙江侨民政要向主流介绍华人移民》,2007 年 7 月 11 日,http://www.chinanews.com/hr/ozhrxw/news/2007/07-11/976961.shtml,检索时间:2015 年 11 月 16 日。

(Milan)设有制作中心。

二、发展现状

意大利电视七台为综合电视频道,设有新闻、体育、文化、财经、访谈等多种类栏目。其中,新闻节目和深度访谈类节目是意大利电视七台的王牌栏目。其新闻栏目 TG LA7 (Tele Giornale La7)是电视台的收视王牌,共分为早间档(7:30)、午间档(13:30)、晚间档(20:00)和深夜档。2010—2011 年,意大利电视七台依靠其新闻栏目,将收视率翻了两番。2013 年,意大利前总理贝卢斯科尼参加该频道的访谈节目《公共服务》(Servizio Pubblico),创下了 33.58%的全频道最高收视纪录,收视总人数达到 867 万人。①

据意大利收视率调查网站"Prima Online"的数据显示,意大利电视七台在过去六年间,每年的平均收视率都达到了 3%以上。

表 1　意大利电视七台 2009—2014 年收视率数据②

	2009	2010	2011	2012	2013	2014
1 月	3.00%	2.69%	3.38%	3.65%	3.98%	3.42%
2 月	2.93%	2.63%	3.47%	3.28%	4.09%	3.65%
3 月	2.97%	2.78%	3.38%	3.16%	4.41%	3.68%
4 月	2.99%	2.76%	3.53%	3.63%	4.88%	3.60%
5 月	3.27%	2.91%	3.61%	3.91%	4.07%	3.82%
6 月	3.55%	3.12%	4.43%	3.14%	3.51%	3.39%
7 月	3.47%	2.99%	3.75%	3.28%	2.97%	2.76
8 月	3.40%	3.10%	3.66%	3.00%	2.69%	2.37%
9 月	3.06%	3.67%	4.18%	3.35%	3.19%	2.70%
10 月	3.25%	3.44%	4.27%	3.41%	3.88%	3.06%
11 月	3.29%	3.44%	4.22%	3.66%	3.81%	3.03%
12 月	3.08%	3.21%	3.87%	3.67%	3.67%	2.92%
年收视率	3.18%	3.06%	3.82%	3.44%	3.81%	3.43%

三、报道特点

意大利电视七台的栏目中,娱乐节目占了很大一部分比例,如各类文化节目、电影及电视剧等。很多英美热门电视剧集都是电视七台的常客,如美剧《欲望都市》(*Sex and the City*)、《实习医生格蕾》(*Grey's Anatomy*),以及英剧《神秘博士》(*Doctor Who*)、《飞天大盗》(*Hustle*)等。除此之外,意大利电视七台还在 2010 年开设了子频道"LA7d",主打时尚娱乐节目,吸引年轻女性观众收视群。

与此同时,意大利电视七台还推出了网站,其主频道"LA7"、子频道"LA7d"和新闻栏目"TG LA7"都有单独的页面,每个页面版块下有实时更新的节目时刻表。网站拥有丰富的在线节目资源,供世界各地的观众观看。其中,TG LA7 版块的新闻节目可以免费观看完整版,其他版块的一些节目,如谈话节目、美食节目等,可以观看节目片段。

在利用社交媒体方面,意大利电视七台十分具有特色。不同于一些媒体仅仅在官网页面给出社交网络账

---

① 意大利《共和报》:Tv, in 9 milioni per "Servizio Pubblico". Berlusconi: Santoro eccellente professionista,2013 年 1 月 11 日,http://www.repubblica.it/politica/2013/01/11/news/santoro_berlusconi_9_milioni_in_tv—50305619/,检索时间:2015 年 5 月 20 日。

② Prima Online:http://www.primaonline.it/category/dati_cifre_televisione/,检索时间:2015 年 5 月 20 日。

号的做法，意大利电视七台的官网页面上分设了专门的区块，用户可在浏览官网的同时，在侧边栏直接看到 Facebook 和 Twitter 账号的最新内容。除此之外，新闻频道还开发了专门的手机客户端“TG LA7”，供移动用户下载使用。

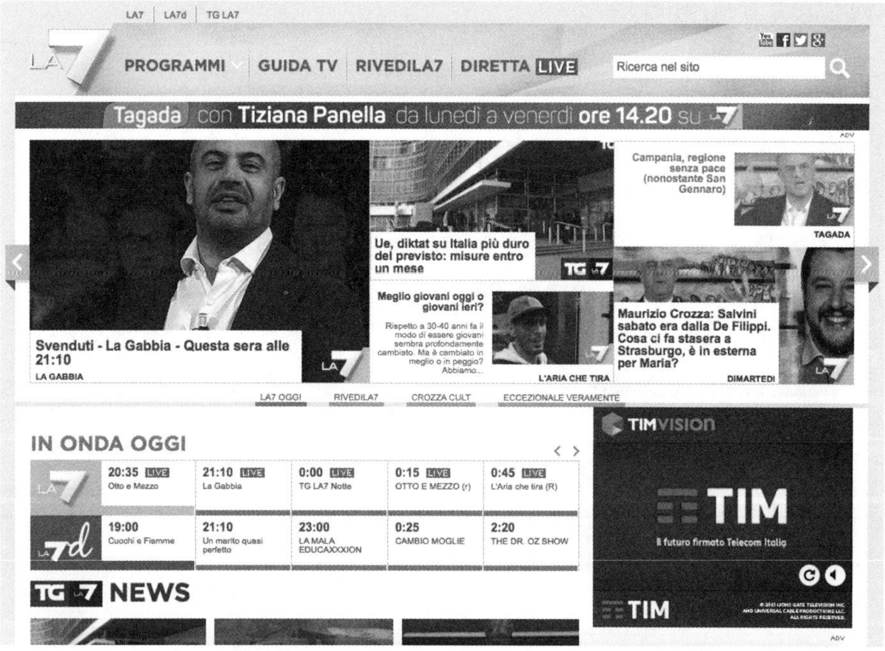

图 30 意大利电视 7 台网站首页

图片引自意大利电视七台网站：http://www.la7.it，检索时间：2016 年 3 月 10 日。

四、涉华报道

2004 年，意大利电视七台设立了驻华记者站，将常驻地点设在北京。

在意大利电视七台官方网站搜索关键词“Cina”(中国)，共得到 43 条搜索结果，根据其发布时间可得表 2 数据：

表 2

年份	2006	2007	2008	2009	2010	2011	2012	2013	2014	2015
报道数量	10	1	1	0	0	8	4	4	9	5

从数据中可以看出，意大利电视七台对中国相关新闻的报道数量不多，且一度出现过报道断层。相关报道的主题较为分散，包括政治、经济、社会等多个方面，如：意大利总理访华①、意大利品牌在华的假货问题②等。

2014 年，意大利电视七台对总理马泰奥·伦齐对中国的正式访问进行了报道。随后，该台还转载了中央电视台财经频道《对话》节目对伦齐的专访，③采用了 1 分 20 秒的节目内容，重点突出了伦齐邀请中国游客前往意大利旅游、欢迎中国投资者对意大利进行投资等信息。

此外，意大利电视七台的涉华新闻中不乏一些新颖独特的视角。比如，2015 年 5 月 21 日，该台制作播出了一条 6 分钟的短片，介绍了当前中国竞技游戏职业玩家的现状及中国的竞技游戏迷们。④ 一周后，该台又播出了一条 11 分半钟的片子，继续就中国的竞技游戏现状进行深入的挖掘，并引出了当下中国青少年网络成瘾的问题。⑤

① 意大利电视七台：I politici italiani quando vanno in Cina…，2014 年 6 月 18 日，http://www.la7.it/laria－che－tira/video/i－politici－italiani－quando－vanno－in－cina…－18－06－2014－133498，检索时间：2015 年 9 月 7 日。

② 意大利电视七台：Tutela del Made in Italy. Come nasce un falso? 2014－6－30，http://www.la7.it/mode－e－modi/video/tutela－del－made－in－italy－come－nasce－un－falso－30－06－2014－134064，检索时间：2015 年 9 月 7 日。

③ 意大利电视七台：Venghino signori cinesi, venghino，2014－6－17，http://www.la7.it/laria－che－tira/video/venghino－signori－cinesi－venghino－17－06－2014－133442，检索时间：2015 年 9 月 7 日。

④ 意大利电视七台：League of Legends: Pablo Trincia in Cina per raccontare la droga videoludica，2015 年 5 月 21 日，http://www.la7.it/announo/video/league－of－legends－pablo－trincia－in－cina－per－raccontare－la－droga－videoludica－22－05－2015－155568，检索时间：2015 年 8 月 28 日。

⑤ 意大利电视七台：Drogati dalla rete? Il reportage di Pablo Trincia dalla Cina，2015 年 5 月 28 日，http://www.la7.it/announo/video/drogati－dalla－rete－il－reportage－di－pablo－trincia－dalla－cina－29－05－2015－156178，检索时间：2015 年 8 月 28 日。

图 31　2014 年 6 月，意大利电视七台报道总理马泰奥·伦齐访华

图 32　意大利电视七台引用央视《对话》节目画面

除了对与中国直接相关的新闻进行报道之外，意大利电视七台也非常关注意大利华裔移民。意大利电视七台的人物专访节目“Invazioni Barbariche”在意大利受到观众的广泛喜爱，2015 年，该栏目邀请了华裔演员石阳石做客访谈，畅谈他的意汉双语戏剧“铜门同梦”。[1] 该剧在普拉托市政府支持下正式于 2015 年 2 月 15 日公演，并且是米兰世博会文化项目之一。[2]

意大利广播电视公司 Radiotelevisione Italiana

Rai

意大利广播电视公司(Radiotelevisione Italiana，简称 RAI)是意大利的一家全国性的公共电视广播媒体。该公司总部坐落于罗马，由保洛·加林贝蒂(Paolo Garimberti)担任董事长。意大利广播电视公司是欧洲广播联盟的 23 个成员之一，也是意大利最大的电视网。其播出范围已经扩展到了欧洲各国、美国和澳大利亚等国家，在整个国际范围内都有较大的影响力。

一、历史沿革

资本主义萌芽最早的意大利，一直以来都在文化、艺术等方面处于世界前列。早在 1924 年，意大利就出现了广播电台，广播的诞生让意大利人第一次领略到了电子媒介的魅力。20 世纪 20 年代初期，意大利开始研究电视技术，但是“二战”的爆发阻滞了意大利对电视技术的探索。直到战争结束后，原有的广播机构得以重组，推动了意大利广播公司的建立，但当时也只开办了广播业务。直到 1954 年 1 月，电视业务才被正式启动，公司

① 意大利电视七台：L'intervista all'attore italo－cinese Yang Shi，2015 年 2 月 25 日，http://www.la7.it/le－invasioni－barbariche/video/lintervista－allattore－italo－cinese－yang－shi－26－02－2015－148354，检索时间：2015 年 8 月 28 日。

② 欧洲华人报：《华裔演员石阳石被邀请上意大利电视台人物访谈节目》，2015 年 3 月 5 日，http://www.ozhrb.eu/News/08/20150305_16231.html，检索时间：2015 年 5 月 20 日。

名称也由 Radio Audizioni 改为 Radiotelevisione Italia,1954 年也被铭记为意大利电视事业的诞生之年。

意大利的广播电视经营权要遵守国家的相关法规和受到国家的监督。"二战"结束后,意大利广播电视公司与政府签订了特殊协议,成为了广播电视的独家经营者。1952 年,政府决定将意大利广播电视公司的经营期限延长至 20 年,这使得意大利广播电视公司开始了将近 30 年的垄断时期。在这段时间里,该公司发展快速,为日后的领先地位打下了坚实的基础。直到 20 世纪 70 年代末,意大利才开始出现私营商业电视台。如今的意大利电视行业基本上形成了公营和私营的两大阵营,而意大利广播电视公司就是公营电视的代表。

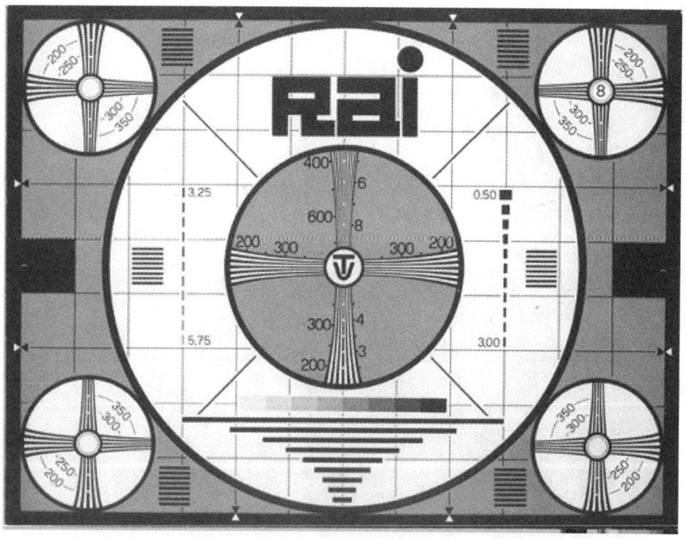

图 33 1954 年开播的意大利广播电视公司电视业务

1984 年,意大利广播电视公司开办了图文服务,安排在该台的第一和第二套节目中播出。1989 年,该公司开始通过"奥林巴斯"卫星开播卫星直播电视,节目内容是从地面节目中挑选出来的,平均每天播出 15 个小时左右。[①] 意大利广播电视公司不仅通过"欧洲卫星"将第一、二套的节目传送到欧洲其他国家,同时也运用卫星向拉丁美洲传送节目。1995 年,意大利广播电视公司与中国一家媒介公司合作开办了一个国际频道;1996 年起开始进入美国和澳大利亚的市场,从此意大利广播电视公司走向了国际。

1997 年,意大利广播电视公司又开始涉足数字电视业务,并在 1998 年从法国新频道电视台手中获得了意大利最大的收费电视网"Telepiu"45%的股份。1999 年 4 月,两家公司的合作进一步升级,合作经营意大利的数字电视业务。由于采取了一系列新的措施,进行了内部机构改革,制定了长期发展战略和规划,20 世纪 90 年代后期,意大利广播电视公司逐渐开始赢利,经营状况大为好转。[②]

二、发展现状

意大利广播电视公司的资本主要来自工业复兴公司,该公司占有意大利广播电视公司 99.55%的股份,而剩下的 0.45%的股份属于意大利作家和编辑协会。意大利广播电视公司的股东大会拥有最高决策权,股东大会下还设有相当于董事会的经营委员会,负责意大利广播电视公司的具体运营。而意大利广播电视公司的收入来源是收视费、广告费和少量的政府补贴,各部分所占比例分别为:55%、31%和 14%。

意大利广播电视公司在机构上分为两个部分:广播和电视。三套广播均分别用长波、中波、短波、调频播出,广播时数均为每天 24 小时,其中,短波主要对地中海沿岸广播。同时,意大利广播电视公司的广播深夜节目和边境地区播出的节目,还同时用德语、斯洛文尼亚语、拉丁语广播;新闻节目则用英语、法语和德语播出。就电视业务来说,首先有面向全国的三个主要频道(RAI 1、RAI 2、RAI 3),此外还有电视新闻一台、电视新闻二台,以及与法国新频道电视台合办的第六套节目——新数字频道。三个综合频道主要播出新闻、电影、电视剧、娱乐节目和少儿节目等。

RAI 1 是意大利收视率最高的频道,它是意大利广播电视公司的旗舰频道,直接与梅地亚赛特集团下属的 Canale 5 频道展开竞争;RAI 4 是播出影视、娱乐节目的频道;RAI 5 是播出科教类和纪实类节目的频道;另有卫星频道 RAI Italia(意大利国际频道)面向全球播出,节目按时区编排分为亚洲版、非洲版、澳洲版和美洲版。

---

① 唐世鼎、黎斌:《世界电视台与传媒机构》,中国传媒大学出版社 2015 年版,第 149 页。

② 唐世鼎、黎斌:《世界电视台与传媒机构》,中国传媒大学出版社 2015 年版,第 150 页。

图 34　意大利广播电视公司旗下的三个全国频道

其中，非洲版、澳洲版和美洲版在周末和节假日期间会转播多场意大利足球甲级联赛和乙级联赛。而亚洲版则由于版权问题，在比赛时段会改播其他节目，通常是意大利的老电影及综艺节目。

意大利广播电视公司的各个频道实行统一编排和制作节目，基本实现了制播分离。在罗马、都灵、米兰和那不勒斯分布着四个大规模的节目制作中心，其中，罗马的制作中心是最大的一个，拥有 1200 多名员工、十几个演播室和先进的设备，许多著名的节目都是在这里完成的。

意大利广播电视公司的节目总体感觉比较成熟、严肃，重视新闻节目、知识性和文化品位。由于它是国营公共电视台，因此言论受到了政党的控制，电视新闻一台代表的是天主教民主党的观点，而电视新闻二台则是社会党的喉舌。①

三、报道特点

受国际大环境的影响，近几年来，意大利广播电视公司也越来越重视娱乐节目的播出，目前其比重仅次于电视剧和电影。不过由于其制作费用比较大，因此意大利广播电视公司多制作室内节目来降低成本，同时注重节目质量的提高，以吸引更多的观众，来提高广告价格。

除了娱乐节目外，由于意大利是一个热爱足球的民族，因此转播足球赛事是意大利广播电视公司不可忽视的一个部分，虽不及电视剧和娱乐节目所占的比重大，不过在周末，体育节目的时间会明显增加，也不负众望地带来了极高的收视率。不过，相比于庞大的转播费用，意大利广播电视公司还是慎重地选择比赛，通过谈判来压低价格。

意大利广播电视公司在精心打造精品节目的同时，也不忘对潜质主持人的包装培养，以此来提高收视率。例如，莉莉·格鲁伯尔就是一位著名的主持人，为广大观众所熟知。她主要负责播报电视台的晚间新闻，还曾经担任一线记者，报道过重大国际新闻如伊拉克战争等，是意大利广播电视公司的明星主持人之一。

意大利广播电视公司不仅针对国内节目做出改革，对外也积极开展国际合作，发展多种经营，不仅在数字电视上走在欧洲前列，同时还和国外多家电视机构合作，如西班牙国家电视台、法国新频道电视台等，他们在合作办台、节目交易和节目制作等方面都已经迈出了坚实的一步。②

四、涉华报道

目前，意大利广播电视公司是在中国设有驻华办事处的少数意大利媒体之一。2009 年 9 月 5 日至 7 日，受中国国家旅游局的邀请，意大利广播电视公司中国旅游宣传片摄制组赴桂林进行取景拍摄。此次拍摄，是为了提升中国在意大利公众心中的认知度和影响力，以此更好地推动两国的旅游合作。

根据对意大利广播电视公司网站的检索来看，自创立以来，意大利广播电视公司对中国的报道数量达到 232 个。从内容上看，意大利广播电视公司的涉华报道大多远离政治等严肃话题，而是将更多的注意力放在了轻松愉快的社会文化生活等方面。例如，2015 年 6 月 18 日播出的一则题为《中国美食：猪肉的五种做法》的报道，就是向观众介绍中国的美食，教大家怎么做中国口味的猪肉菜肴，这也是传播中国文化的一方面。③

---

① 唐世鼎、黎斌：《世界电视台与传媒机构》，中国传媒大学出版社 2015 年版，第 150 页。

② 唐世鼎、黎斌：《世界电视台与传媒机构》，中国传媒大学出版社 2015 年版，第 151 页。

③ 意大利广播公司网：《中国美食：猪肉的五种做法》，2015 年 6 月 18 日，http://www.decanter.rai.it/dl/portali/site/articolo/ContentItem-57b2be9a-2d1a-44fc-bec2-166d54f976f4.html，检索时间：2015 年 11 月 3 日。

意大利新闻社 Agenzia Giornalistica Italia

agi
agenzia italia

意大利新闻社(Agenzia Giornalistica Italia,简称AGI)是意大利第二大全国性通讯社,以经济类新闻为重点,规模仅次于安莎社(Agenzia Nazionale Stampa Associata,简称ANSA)。该社创办于1950年,总部设在罗马,于意大利全国各地设有17个地方分社。

一、历史沿革

1960年,意大利新闻社划归意大利国家碳化氢公司集团(Ente Nazionale Idrocarburi,简称埃尼集团——ENI)下属管辖。在创立初期,意大利新闻社持左翼政治立场。①

与各国大型通讯社同样,意大利新闻社每日所播发的新闻类型多样、内容丰富,包括国内外政治、经济、社会、科技、文化、体育、食品健康等,划分为国内新闻、国际新闻和经济新闻三条线路播发。其新闻播发渠道多样,既包括各大媒体、出版商,也包括企业及政府公共职能部门等。

二、发展现状

在对外合作方面,意大利新闻社与多个国家的通讯社建立了合作关系,如美联社(Associated Press)、塔斯社(TASS)等。② 2014年6月,意大利新闻社与越南通讯社(Vietnam News Agency,VNA)建立了合作伙伴关系。③ 同年,意大利新闻社还与哈萨克斯坦国际新闻通讯社(Kazinform)签署了《新闻信息交流合作备忘录》。④

目前,意大利新闻社的网站支持英语和阿拉伯语两种外语,同时还设有"中国""阿拉伯""能源""健康""欧洲"五个专栏网站。此外,意大利新闻社开通了Facebook、推特、Google+等社交软件账号,进行新媒体运营,同时支持移动终端用户的RSS订阅。然而,意大利新闻社的新媒体运营情况并不太乐观,其推特账户拥有9万名粉丝,截至2015年8月24日共发布57002条推文,虽然更新频率不低,但有效互动非常少,每一条推文的点赞率和转发率都仅有个位数,许多条推文的互动率甚至为零。其Facebook专页2009年12月22日发布第一条状态,头两年的回复数量寥寥无几,虽然如今的互动率有所增加,但每条状态多则四五十条评论、少则零回复的情况依然有很大的改善空间。当前,意大利新闻社的Facebook专页共有7万余名关注者,平均每日发布4～5条新动态,一般为网站新闻的摘要和推荐,并会随贴附上网站新闻的全文链接。

三、涉华报道

意大利新闻社十分重视与中国的交流传播。

早在2007年,意大利新闻社就与意大利金融日报《24小时太阳报》(*Il Sole* 24 *Ore*)一起,联手打造了AGI中国频道——"意讯社中国"(agichina),从意大利新闻社的网站首页就能链接进入该分站。网站语言为中意双语,主要为身在中国的意大利企业家提供在地信息服务。中国驻意大利大使董津义在网站开通的致辞中称,"这一网站的开通具有非常重要的意义,希望它真正成为两国经济企业界交流的桥梁与纽带,为推动双方相互

---

① Gino Moliterno: Encyclopedia of Contemporary Italian Culture. Routledge, 2002,p.406.

② Gino Moliterno: Encyclopedia of Contemporary Italian Culture. Routledge, 2002,p.406.

③ Vietnam Plus:"Vietnamese, Italian news agencies boost ties", 2014年6月10日,http://en.vietnamplus.vn/Home/Vietnamese－Italian－news－agencies－boost－ties/20146/51341.vnplus,检索时间:2015年5月7日。

④ 哈通社:哈萨克国际通讯社与意大利通讯社签订合作协议,2014年4月14日,http://www.inform.kz/chn/article/2648708,检索时间:2015年5月7日。

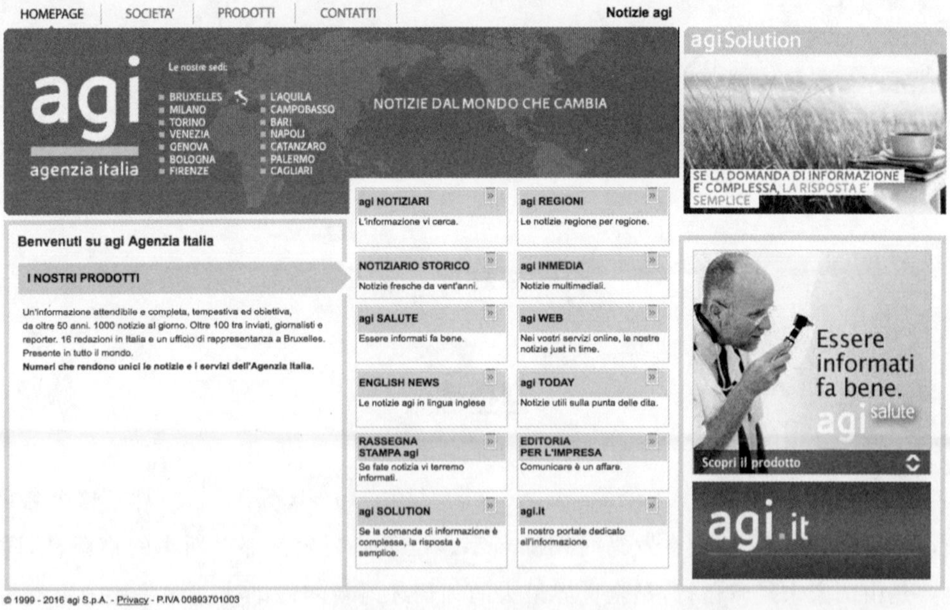

图 35　意大利新闻社网站首页

图片引自意大利新闻社网站，http://www.agenziaitalia.it，检索时间，2016 年 3 月 26 日。

投资发挥积极作用”。[①] 2006 年到 2013 年期间，“意讯社中国”的驻华记者为李东安(Antonio Talia)，他自 2007 年 2 月起出任意大利新闻社驻北京站的记者，主要负责经济金融类报道。

在中国的两会期间，“意讯社中国”特别开辟了两会专栏，实时更新内容，积极跟进两会的动态和政策调整，为意大利工商界、企业界人士提供了快速了解中国最新政策的窗口。

与此同时，“意讯社中国”还不忘进军中国的社交网络，在新浪微博上开设了账号：@意讯社中国 Agichina。但是到目前为止，粉丝人数仅有 6000 余人，互动也寥寥无几，可见其在中国的国际推广能力有待加强。

---

① 新华网：《意大利新闻社中国网站开通》，2007 年 11 月 20 日，http://news.xinhuanet.com/newscenter/2007－11/20/content_7114886.htm，检索时间：2015 年 5 月 7 日。

葡萄牙

卢萨社 Lusa

卢萨社全名为葡萄牙新闻通讯社(Agência de Notícias de Portugal, S.A.)。"卢萨"这个名字取自卢西塔尼亚(Lusitannia),是现代的葡萄牙疆土在罗马时期的名字。位于葡萄牙首都里斯本的卢萨社,同时也是一家股份有限公司,主要是由国家来经营运行,是全世界最大的葡萄牙语新闻通讯社。卢萨社的影响力不仅在葡萄牙国内,它在全世界范围也是不可忽视的重要媒体机构。

一、历史沿革

1944 年,葡萄牙创建了第一个国家通讯社——卢西塔尼亚。紧接着,在 1947 年又出现了另一家新闻通讯机构,即 ANI(Agência Noticiosa de Informação)。1974 年 4 月 25 日,葡萄牙新政权当局命令取消原本的卢西塔尼亚通讯社和 ANI,将二者合并成一家通讯社,命名为葡萄牙国家通讯社(ANOP)。之后的几年,ANOP 面临财政困难等问题,于是在 1982 年,政府决定废除该通讯社,同时支持创建一个新的通讯社——葡萄牙新闻社(NP)。

到了 1986 年 12 月,政府决定将葡萄牙通讯社(ANOP)和葡萄牙新闻社(NP)合并成一家国家通讯社,卢萨社也就此诞生。

二、发展现状

作为国家通讯社,卢萨社的主要职责是为全球的报纸、杂志、广播、电视和网络传达国内和国际新闻,并将其转换为葡萄牙语新闻。目前,卢萨社在全世界有 1000 多家分支机构。除了在葡萄牙主要城市设有分社之外,卢萨社还在全世界的其他国家设有分社及外派通讯记者共 280 名,包括比利时、德国、英国、法国、俄罗斯、安哥拉、莫桑比克、印度、阿尔及利亚、巴西、美国、加拿大、澳大利亚以及中国澳门等国家和地区都有卢萨社的新闻采编人员。这样有利的条件为卢萨社形成了一个完整、高效的信息网,使卢萨社每天可以获得大量来自世界各地的新闻信息,同时每天对外发出大量的新闻报道、照片、视频和音频。除了在葡萄牙本土外,卢萨社在安哥拉、巴西、莫桑比克等地也拥有大量用户。

与此同时,卢萨社还是欧洲图片协会 EPA(European Photo Association)的创始成员之一,平均每天可以向其提供 1000 张来自世界各地的新闻图片。

表 1 2010—2013 年国家公共部门向卢萨社提供的经济补贴

年份	经济补贴(单位:埃斯库多)①	年份	经济补贴(单位:埃斯库多)
2010	17735920	2012	19147614
2011	18640910	2013	13161000

① 1000 埃斯库多=5 欧元。

目前，卢萨社 50.1%的股份属于国家，其余股份由 9 家私人机构所有，年收入大约为 190 万欧元，同时国家也会对国家通讯社给予一定的经济补贴。

卢萨社的管理越来越先进，内容设置也越来越新颖，迎合大众的需求。同时卢萨社还推出了安卓和苹果版的 APP，用户可以免费下载并通过这些客户端应用来实时接收新闻资讯，其中内容包括简要新闻、图片和视频。

在 2012 年，卢萨社第一次推出了 IPAD 版的应用程序，仅仅 18 个月就推出了 2.5 万张图片和 10 万个视频，广受用户欢迎。据统计，该应用在 18 个月内就已经被下载了 2.3 万次。

图 1　卢萨社网站首页

图片引自卢萨社网站：http://www.lusa.pt，检索时间：2016 年 3 月 12 日。

三、涉华报道

卢萨社设在中国澳门的分社是其五大分社之一，具有重要地位。澳门分社每天用中文发稿大约 10 条。同时，卢萨社和新华社于 1990 年 5 月 16 日签订新闻合作协定，双方交换新闻。[①] 总体来说，基于葡萄牙与澳门在历史上的殖民关系，澳门至今仍有大量葡萄牙移民以及葡语人口，卢萨社对中国的报道也更为关注澳门的新闻。

由于新闻通讯社的报道是面向媒体用户发布的，不便于直接展开研究分析；在国内媒体采用的卢萨社新闻内容中，也主要以与澳门有关的内容为主。2014 年 12 月 21 日，新华网发布一篇题为《伟大构想促进澳门持续健康发展——海外学者和媒体高度评价"一国两制"政策实施》[②]的报道，其中引用卢萨社报道内容称："卢萨社 20 日援引葡萄牙外交部的表态说，10 多年来，澳门和葡萄牙合作关系非常紧密，这为近年来中葡加强全面战略伙伴关系作出了贡献。" 再如搜狐网 2015 年 5 月 6 日发布的一篇题为："葡萄牙经济秘书访华加强经济合作"的报道中，引用卢萨社的采访信息，"葡萄牙经济部秘书向卢萨社表示，中葡两国之间保持着建设性及积极的政治关系，两国的经济双边关系充满活力，并在各个行业得到了显著的发展。目前，中国既是葡萄牙十分重要的投资者之一，也是一个重要的贸易合作伙伴。"[③]

---

① 陈玉斌、王玉成：《国际大众传播媒介简介》，青岛出版社 1992 年版，第 172 页。

② 新华网：《伟大构想促进澳门持续健康发展——海外学者和媒体高度评价"一国两制"政策实施》，2014 年 12 月 21 日，http://news.xinhuanet.com/legal/2014－12/21/c_1113722339.htm，检索时间：2015 年 7 月 29 日。

③ 搜狐网：《葡萄牙经济秘书访华加强经济合作》，2015 年 5 月 6 日，http://mt.sohu.com/20150506/n412510350.shtml，检索时间：2015 年 7 月 29 日。

思科电视台 Sociedade Independente de Comunicação

思科电视台(Sociedade Independente de Comunicação,简称 SIC)是葡萄牙的一家私人电视传媒公司,旗舰媒体是与公司同名的思科电视频道,于 1992 年 10 月 6 日开播。思科电视台总部设在葡萄牙首都里斯本,是仅用葡萄牙语播放节目的电视台,其覆盖范围不仅是整个葡萄牙地区,还包括安哥拉、莫桑比克、美国、加拿大和法国,是一家具有国际影响力及知名度的电视媒体。

一、历史沿革

思科电视台于 1992 年 10 月 6 日开播,成为葡萄牙第一个民营的、独立的商业电视频道。创办初期,思科电视台将战略重点放在了新闻、娱乐和纪录片上。在这种创新的战略方法和强大的市场营销活动的推动下,思科电视台的收视人数迅速增长,到 1995 年时就已经成为葡萄牙电视市场的领导者,成为欧洲私营电视媒体中第一家能够在两三年内就成功赢得受众市场的样本。2001 年 1 月 8 日开始,思科电视台拥有了自己的第一批节目。思科电视台以最短的时间带领葡萄牙走进了一个视听的世界,葡萄牙的新闻传播水平也随之得到了极大的提升,获得了国际上的认可。在此过程中,思科电视台也为自己创造了独特的风格,很快就成为了"独立""严密"和"高质量"的代名词。思科电视台还率先在葡萄牙推出了有线和卫星电视频道,通过 SIC Internacional、SIC Notícias、SIC Radical、SIC Mulher 和 SIC K 来播出节目。

二、发展现状

目前,思科电视台隶属于葡萄牙最大的媒体集团——Impresa。Impresa 集团旗下的主要业务分为三个领域:思科电视台、Impresa 出版与 Impresa 数字印刷,其出版业务包括报纸、杂志和媒体网站。

思科电视台的节目通过葡萄牙 5 台的所有付费频道播放,同时也面向海外播出。2003 年年末,思科电视台开始对安哥拉和莫桑比克播出节目,2006 年起对美国播出节目,后来它将加拿大也纳入了其播出覆盖范围。2013 年 5 月,思科电视台开始面向澳大利亚和法国播出节目,其节目成为法国常规葡语节目的一部分。近几年内,思科电视台还将投放到巴西市场。

如今,思科电视台已经成为葡萄牙国内第四大电视机构与最主要的电视和卫星频道。其节目内容主要包括全天的新闻、时事报道、经济、体育、采访和辩论等。新闻类的节目有:《晨报》(*Edição da Manhã*)、《10 点新闻》(*Jornal das 10H*)、《午间新闻》(*Jornaldo Meio Dia*)、《下午 2 点新闻》(*Jornal das 2*)、《下午新闻》(*Edição da Tarde*)、《新闻全天候》(*Jornal Síntese*)、《晚间 7 点新闻》(*Jornal das 7*)、《晚间 9 点新闻》(*Jornal das 9*)、《夜报》(*Edição da Noite*)、《午夜新闻》(*Jornal da Meia Noite*)、《新闻星期六》(*Jornalde Sábado*)和《周日新闻》(*Jornal de Domingo*);体育类节目有:《第二天》(*O Dia Seguinte*)和《加时赛》(*Tempo Extra*);经济类的节目有:《经济一星期》(*Negócios da Semana*)和《经济新闻》(*Jornal de Economia*);辩论性节目有:《民意》(*Opinião Pública*)和《午夜快车》(*Expresso da Meia－Noite*)等。另外还有一些其他节目,包括《60 分钟》(*60 Minutos*)、《BBC 全景》(*Panorama BBC*)和《每日秀》(*The Daily Show*),等等。

三、报道特点

自创办以来,思科电视台一向以播出优质的节目内容著称。其创办两三年间就迅速晋升为欧洲最知名的电视媒体机构之一,这与其优质精良的节目制作播出能力不可分割。1997 年,法国纪录片导演 Mariana Otero

拍摄了一部名为《这是你的电视台》(*Cette Télévision est la Vôtre*)的纪录片,以思科电视台为纪录对象,走进思科电视台的各个部门,带领观众领略电视节目制作的各个环节。通过这部纪录片,各国的观众更加了解了思科电视台,进而也更加关注思科电视台的节目。

目前,思科电视台的自制节目中,主要是以资讯谈话类节目为主,同时它也制作了一部分综艺节目和情景喜剧。同时,该台还大量引进播出由巴西环球电视网制作的电视小说和葡语肥皂剧等节目,以及由美国制作的电视剧集。基于语言和文化上的接近性,思科电视台与巴西的环球电视网之间建立了紧密的合作关系,双方签订的合作协议规定:思科电视台成为环球电视网电视节目在葡萄牙播出的主要渠道。

四、涉华报道

与葡萄牙的其他媒体机构相比,思科电视台对中国的关注度较高。据统计,从 2015 年 9 月 1 日至 10 月 31 日这两个月期间,思科电视台对中国的报道就达到了 31 篇,主要关注三大方面:政治(39%)、经济(26%)与社会(19%)。除此之外,还有几篇对中国军事和文化体育(共占 6%)的报道。

政治方面,思科电视台主要关注与报道的是中国领导人对外访问与其他国家领导人访华等国际外交新闻;经济方面,主要关注的是中国的经济发展现状与一些国际品牌在中国的发展趋势等;社会方面的报道则会更加深入到中国社会,尤其是中国出台新政策后对中国社会的报道。而且,对于一个新闻主题,思科电视台经常会连续推出几篇报道,以期对其作出充分阐释。例如,就中国全面开放二胎政策,思科电视台连续发出了三条报道。其中,2015 年 10 月 29 日发表的一篇题为《中国取消独生子女政策》的报道,介绍了中共中央政府出台的新政策取代了 2013 年的单独二孩政策。[①]

2012 年中新网的一篇报道《葡萄牙电视节目恶搞中国人形象提升收视率引争议》[②]在国内引起了广泛关注。报道称,"里斯本'思科电视台'在一档每周播一集的电视节目中,频频拿中国人开涮,靠恶搞中国形象来提升收视率,引发争议。"在这一节目中,两名葡萄牙喜剧演员担任主角,他们跑到中国人经营的饭店或商店里,通过问一些无厘头的问题,让中国人无从回答来达到搞笑效果。例如其中一期节目,一个葡萄牙人身穿中国唐装,头顶中式草帽,扮演新闻主播宣读新闻:"葡萄牙要出售啦,价格很便宜,有意购买本国的竞争者有三个国家:中国、巴西和安哥拉。中国人钱最多,优势最大,中国一定胜出,'葡萄牙'将成为'中国牙'"。如此荒唐戏谑的内容,一经播出便吸引了当地受众的目光,并很快提升了节目的收视率。同时,这样的做法也引发一些葡萄牙观众的不满,在中国国内也引发了关注。

诸如这样既不严肃也不客观的内容,在思科电视台的其他节目中也曾出现过。究其原因,这与思科电视台作为市场化私营媒体的属性具有很大的关系,市场竞争激烈,电视媒体也不时会有以吸睛博取高收视率的做法。

---

① 思科电视台网:《中国取消独生子女政策》,2015 年 10 月 29 日,http://sicnoticias.sapo.pt/mundo/2015－10－29－China－anula－politica－de－filho－unico,检索时间:2015 年 11 月 3 日。

② 中新网:《葡萄牙电视节目恶搞中国人形象提升收视率引争议》,2012 年 4 月 19 日,http://www.chinanews.com/hr/2012/04－19/3831930.shtml,检索时间:2015 年 7 月 27 日。

德　国

《柏林晨邮报》*Berliner Morgenpost*

Berliner Morgenpost
DAS IST BERLIN

《柏林晨邮报》(*Berliner Morgenpost*)是德国一份历史悠久的地方报,主要在首都柏林发行。该报诞生于1898年,至今已有一百余年的历史。《柏林晨邮报》由德国著名报人利奥波德·乌尔施泰因(Leopold Ullstein)创办,于1959年被欧洲大型出版集团施普林格传媒集团(Axel Springer)收购,2013年又由德国第三大传媒集团冯克传媒集团(FunkeMediengruppe)接手。目前,《柏林晨邮报》是当地最受欢迎的报纸之一,在柏林以及周边的勃兰登堡州影响较大。

BERLINER MORGENPOST
Neues Berliner Lokalblatt.

图1　1898年9月19日《柏林晨邮报》创刊号样报

一、历史沿革

《柏林晨邮报》于1898年9月20日首次出版,创始人和发行人是报人利奥波德·乌尔施泰因。

1933年希特勒上台后,对《柏林晨邮报》实行所谓的"雅利安化",并于1937年将报社更名为德意志出版社(DeutscherVerlag)。尽管当时《柏林晨邮报》仍继续出版,但事实上已经沦为纳粹的宣传工具。编辑部中数位犹太裔编辑被解雇,进而被关进集中营甚至遭到杀害,这是《柏林晨邮报》漫长历史中最为黑暗的一段时期。①

"二战"期间,《柏林晨邮报》与当时非常畅销的《柏林导报》(*Berliner Lokal-Anzeiger*)合并,成为柏林地区最主要的报纸。"二战"结束后,德国战败,盟国管制理事会(*AlliierterKontrollrat*)禁止其出版报纸。1933年到1952年,《柏林晨邮报》的历史出现一个断层,直到1952年重获新生,由报纸创始人的儿子鲁道夫·乌尔施泰因(Rudolf Ullstein)再度接手,并加入乌尔施泰因出版社。1956年到1959年,该报又逐步被施普林格集团收购。②

---

① 柏林历史网:Gerhard Fischer 100 Jahre Berliner Morgenpost, http://www.luise－berlin.de/bms/bmstext/9809gesa.htm,检索时间:2015年7月5日。

② Dieter Opitz (Hrsg.): Das Buch, 100 Jahre Berliner Morgenpost, 1898—1998, 100 Jahre Zeitgeschehen, Ullstein, Berlin, 1998.

二、发展现状

根据德国报刊发行量稽查机构(Informationsgemeinschaftzur Feststellung der Verbreitung von Werbeträgern)的数据,自 1998 年以来,由于新媒体冲击等多重原因,纸媒面临的市场危机急剧发酵,《柏林晨邮报》在这场保卫战中损失惨重,销量下降了 8.02 万份,约占总销量的 44.4%。该报日均发行量为 10.4 万份,读者人数为 10.19 万(2015 年第一季度)。[①]

图 2　2013 年 7 月,《柏林晨邮报》改换东家

《柏林晨邮报》网站:Funke Mediengruppe übernimmt die Berliner Morgenpost, 2013 年 7 月 25 日, http://www.morgenpost.de/berlin－aktuell/article118393024/Funke－Mediengruppe－uebernimmt－die－Berliner－Morgenpost.html,检索时间:2015 年 7 月 5 日。

自 2006 年起,《柏林晨邮报》开始与同为施普林格集团旗下的《世界报》(*die Welt*)和《世界报》周日版启用同一个编辑部,共同发行出版。2008 年 9 月起,该报每周日出版周末特刊,印刷量上百万,免费分发给柏林的各家各户。2012 年 10 月 26 日,施普林格集团决定将《柏林晨邮报》编辑部与《汉堡晚报》(*Hamburger Abendblatt*)合并,同时继续保留其设在柏林、汉堡的地方编辑部,以避免消息源单一,保障本地消息的采编量。

BERLINER MORGENPOST | SONNTAG, 28. APRIL 2013　　POLITIK | 3

Berliner Spaziergang Die Sonntagsserie in der Berliner Morgenpost. Unsere Reporter treffen Menschen, die etwas bewegen. Treffpunkt ist ihre Lieblingsecke. Heute: ein Spaziergang mit **Shi Mingde**, Botschafter der Volksrepublik China

Herrn Shis Gespür für Flughäfen

Zur Person

Das Buch

图 3　2013 年 4 月 28 日《柏林晨邮报》整版刊登对史明德大使的专访

2013 年 7 月,施普林格传媒集团宣布将《柏林晨邮报》再度转手,连同旗下另外两家报纸和杂志,以 9.2 亿欧元的价格出售给德国第三大传媒集团冯克传媒集团(Funke Mediengruppe)。[②] 此举在德国传媒界引发了强烈震动,被视为德国传统媒体遭遇的又一次危机。

目前,《柏林晨邮报》还提供网站、APP 和电子报等多种阅读方式。柏林晨邮报网(http://www.morgenpost.de/)采取收费墙模式,订阅用户可以检索自 2002 年 5 月以来的所有报纸内容。

三、报道特点

《柏林晨邮报》在建立初期就确立了进步、自由的基本准则,政治立场上偏右倾保守派,在报道内容上力图反映普通劳动者的心声和看法,不依附于任何政党。直至今日,该报仍在柏林当地报刊中占有十分重要的地位。

《柏林晨邮报》的编辑总部设在柏林,主要报道柏林当地新闻,以柏林受众为主,在其他地区也派驻有记者。该报对本地报道非常重视,开设很多便民栏目,其刊登的就业、不动产和汽车市场信息在柏林出版的所有日报中数量最多。2006 年起,该报兼并了《柏林儿童邮报》(*Ber-*

① 德国报刊发行量稽查机构网站:http://www.ivw.eu/aw/print/qa/titel/1010,检索时间:2015 年 7 月 5 日。

② 《明镜》周刊网站:Medienwandel: Springer－Verlag verkauft "Hamburger Abendblatt", "Berliner Morgenpost", "Hörzu", http://www.spiegel.de/wirtschaft/unternehmen/springer－verkauft－abendblatt－und－berliner－morgenpost－a－913022.html,检索时间:2015 年 7 月 5 日。

liner Kinderpost),并且开始在周日版刊登有关青少年的信息专版。

四、涉华报道

《柏林晨邮报》在北京长期派驻记者。由于该报与《世界报》编辑部在德国国内因经费等原因合并,该报驻京记者站也合并至《世界报》驻华记者站,由《世界报》记者兼任。

自 2012 年起,《柏林晨邮报》(网络版)每年发布的新闻报道中,提及"中国"关键词的报道数量,平均每月可以达到 200 余篇。虽然涉华报道总量较大,但其内容大部分并非与中国直接相关,而是基于德国或柏林本地的经济、政治或文化需求提到有关中国的信息。报道重点集中在经济领域,对于中国经济改革、股市和汽车行业的发展都十分关注。在《柏林晨邮报》有关中国的新闻消息中,大多援引自德新社,自采报道数量较少。

2013 年 4 月,《柏林晨邮报》对中国驻德国大使史明德进行了专访,并随后在 28 日的"周日散步"栏目以整版刊登了这篇题为"Herrn Shis Gespür für Flughäfen"的文章。资深记者施托滕贝格在文中以第一人称记述的方式,报道了与中国大使的一次"散步漫谈",其中既结合了史大使的个人经历,也就中德关系、中国经济社会发展甚至人权状况等问题展开了讨论。文章不时提到"中、德元素的完美结合"、大使的"德语堪称完美"、两人在对话中自然流露的幽默相契等等细节,一方面用充满人情味的故事展现了中国大使的亲切魅力,另一方面也通过这次"既探讨积极面也不讳言问题"的坦诚对话阐述了中国在诸多相关议题上的观点。[1]

《法兰克福汇报》*Frankfurter AllgemeineZeitung*

Frankfurter Allgemeine

《法兰克福汇报》(*Frankfurter AllgemeineZeitung*,简称为 FAZ)是最具国际知名度的德文报纸,在世界范围都有着一定的影响力,其所登载的文章经常被其他国家的媒体引用或转载。目前,《法兰克福汇报》每天要向世界 140 多个国家和地区提供报纸,是德国所有高品质日报中国际发行最广泛的一家。

一、历史沿革

《法兰克福汇报》创刊于 1949 年 11 月 1 日,总部位于美因河畔法兰克福,创始发行人为汉斯·鲍姆加滕(Hans Baumgarten)、埃里希·东布罗夫斯基(Erich Dombrowski)、卡尔·科恩(Karl Korn)、保罗·泽特(Paul Sethe)和埃里希·韦尔特(Erich Welter)。参与报纸创刊的编辑人员中,有相当一部分曾在已于 1943 年被禁的《法兰克福报》(*Frankfurter Zeitung*)和《美因茨汇报》(*Allgemeine Zeitung*)工作过。该报自视为"《法兰克福报》的继任者",于 1958 年 12 月 18 日起将这一定位作为副标题印在了报头上。报社最初坐落于法兰克福市拉特瑙广场(Rathenauplatz),1961 年之后迁到本市的黑勒庭院大街(Hellerhofstraße)。该报曾获得德国总理艾哈德的农业经济公司出资赞助。

2001 年,《法兰克福汇报》的营业额为 4.16 亿欧元,同比下降了 22.5%。为了扭转局面,该报于同年 9 月 30 日增加了星期日版《星期日法兰克福汇报》并实现全国发行。《星期日法兰克福汇报》风格轻松活泼,除与母报共享资源之外,还拥有 50 多名独立的编辑和记者。[2]同年,《法兰克福汇报》开始提供独立采编的在线新闻报道,网址为 www.faz.net。

---

① 史明德大使接受《柏林晨邮报》专访,检索自中华人民共和国驻德意志联邦共和国大使馆网站:http://www.fmprc.gov.cn/ce/cede/chn/gdxw/t1036588.htm,2015 年 7 月 27 日。

② 周健:《最具国际知名度的德文报纸——〈法兰克福汇报〉》,《对外传播》2009 年第 11 期。

为了专注于核心业务，《法兰克福汇报》于2005年将旗下的三家图书出版社转让给兰登书屋，并于2006年放弃了另一家艺术类图书出版社。2009年，《星期日法兰克福汇报》从130家竞争对手中脱颖而出，获得第13届“国际报纸奖”。这一届“国际报纸奖”评判的核心内容是质量、设计、色彩和摄影，评委会称其“具有令人印象深刻的领先优势”，赞美其美工设计和版面编排“精美绝伦”、图片质量“非凡卓越”、文字“简洁易懂”。

Frankfurter Allgemeine
ZEITUNG FÜR DEUTSCHLAND
Zeitung für Deutschland
In Berlin
Der Saum des Mantels
Der Bundespräsident in Berlin

图4　1949年1月11日出版的《法兰克福汇报》创刊号

二、发展现状

《法兰克福汇报》拥有遍布全球的记者网，除了在国内15个城市建有分社外，还在包括中国在内的24个国家和地区派驻了记者，在纽约、伦敦、巴黎等国际大都市更有多名通讯员分别负责政治、经济或文艺等不同领域的新闻报道，这使得该报能对国际上发生的重大事件做出比通讯社消息更有深度的独家报道。该报不设主编，由五名发行人集体决定编辑方针。[①]

图5　《法兰克福汇报》公司总部

图片来自德新社，转引自 http://www.fnp.de/rhein－main/FAZ－will－bis－zu－200－Stellen－streichen;art801,1035784，检索时间2015年12月18日。

《法兰克福汇报》通过订阅方式在全德发行，是德国发行量较大的报纸之一。正如其他德语日报一样，《法兰克福汇报》在近几年的发行量也有所下降。德国报刊发行量稽查机构（Informationsgemeinschaft zur Feststellung der Verbreitung von Werbeträgern，即IVW）提供的数据显示，自1998年以来，该报的发行量下降了33.7%，[②]目前发行量为265481份[③]，订阅量在总发行量中占到了72.6%。

2012年，因为广告收入下降，《法兰克福汇报》旗下的出版公司遭受损失达430万欧元；[④] 2013年，公司出版业务持续赤字，营业额也在下降；2014年，报纸版面减少，随之而来的是编辑部裁员。2014年9月16日，报社宣布2017年以前每年节省2000万欧元，共计裁掉200到900个职位。[⑤]

---

① 周健：《最具国际知名度的德文报纸——〈法兰克福汇报〉》，《对外传播》2009年第11期。

② 德国报刊发行量稽查机构：Verlag Frankfurter AllgemeineZeitung GmbH(Frankfurt)，http://www.ivw.eu/aw/print/qa/titel/1056? quartal%5B20152%5D=20152&quartal%5B19984%5D=19984，检索时间：2015年8月3日。

③ 德国报刊发行量稽查机构：Verlag Frankfurter AllgemeineZeitung GmbH(Frankfurt)，http://www.ivw.eu/aw/print/qa/titel/1056? quartal%5B20151%5D=20151&quartal%5B20152%5D=20152，检索时间：2015年8月3日。

④ Spiegel Online："FAZ"－Gruppe schreibt Millionenverlust，2013年7月11日，http://www.spiegel.de/kultur/gesellschaft/frankfurter－allgemeine－faz－schreibt－millionenverlust－a－905110.html，检索时间：2015年7月11日。

⑤ hr-online.de："FAZ" streicht bis zu 200 Stellen，http://hessenschau.de/index.html，检索时间：2015年7月13日。

三、报道特点

《法兰克福汇报》版面严肃,“端庄大方”,纸张考究,印刷精良。内容包括政治、经济、金融、文艺评论四个主要部分,平日每期大约有30至40个版面,周末最多可达180个版面。该报注重对国际政治和经济的报道,金融版、文艺评论版颇具权威。“经济透视”专栏对经济动向作深入细致的评论和分析,“文艺评论副刊”则提供大量的文化、社会新闻及背景材料,这些内容使得该报的可读性大大提高。

图6 《法兰克福汇报》报头下印有“为德国而办之报”

《法兰克福汇报》的刊头印有“为德国而办之报”字样,这是对该报宗旨最简明扼要的表达形式。《法兰克福汇报》认为真相是至高无上的,激发思考也是报纸的任务,因而明确区分新闻和评论至关重要。时至今日,该报仍然致力于客观反映整个德国的真实情况。

作为联邦德国著名的严肃报纸,《法兰克福汇报》是德国各证券交易所的必读刊物,并且每隔一至两年会公布一次联邦德国100强企业和若干其他企业的情况。该报还是德国一份名副其实的“主流报纸”,政府官员、经济界管理人士、中产阶级知识分子和自由职业者占其读者的大多数。由于报道内容经常涉及当下的热门法律话题,法律界人士也将《法兰克福汇报》视为必读报纸。

虽然独立于任何政党或组织,但该报的立场偏向自由保守主义,政治上同情基督教民主联盟(CDU)和基督教社会联盟(CSU)的立场。不过,报纸也会为其他立场的评论者提供发言的论坛,并且定期刊登读者来信以发表不同的观点,许多名人也通过该报参与某个话题的讨论或发表自己的见解。《法兰克福汇报》在政治和社会领域影响广泛,在许多重要讨论中都充当着舆论引导者的角色。例如,1996年《法兰克福汇报》决定在德语新正写法使用一年之后恢复旧正写法,这一举动对“德语正写法改革的讨论”产生了直接影响。

四、涉华报道

《法兰克福汇报》的涉华报道比较关注中国的政治和经济问题,而且对华经济关注度高于对华政治关注度。以2015年1月1日到2015年8月31日期间为例,在该报官网以德文“中国”为关键词进行搜索,可以找到涉华政治报道共计253篇,涉华经济报道则有430篇。[①]

该报涉华政治报道积极与消极并存:对于中日关系,该报曾在2014年3月7日发表文章,指出历史修正主义令安倍越发孤立[②];对于中国发起的整治网络运动,《法兰克福汇报》借批评家之口指出中国压制言论自由;对于2015年发生的天津爆炸案,该报则直指中国的腐败问题与之挂钩。与此同时,该报对西藏问题更是表现出异乎寻常的关注度。例如,在2008年3月1日至2009年3月15日期间,该报发表的涉藏新闻报道共有442篇,平均每天报道1.1篇。[③]

该报对华经济报道内容十分庞杂。例如,在2011—2012年欧债危机中,该报报道几乎涉及经济生活的每一个领域,其中最为关注的议题是中国对外援助尤其是对欧援助的情况,其次是中国的宏观经济形势和政策调控,此外还有关于中国对外贸易和汇率的相关内容。近来该报则认为中国经济发展疲软,包括中国在内的边缘国家经济发展前景并不乐观。

---

① 王异虹等:《德国主流媒体重构的“西藏问题”——德国媒体涉藏报道内容分析》,《新闻与传播研究》2010年第4期。

② 参考消息:《法兰克福汇报:历史修正主义令安倍越发孤立》,http://world.cankaoxiaoxi.com/2014/0309/357743.shtml,检索时间:2015年9月1日。

③ 王异虹等:《德国主流媒体重构的“西藏问题”——德国媒体涉藏报道内容分析》,《新闻与传播研究》2010年第4期。

《法兰克福汇报》是中国国家领导人在德国媒体上刊登署名文章的首选。例如，2014 年 3 月 28 日，在对德国进行国事访问之际，国家主席习近平在该报发表了题为《中德携手合作造福中欧和世界》[①]的署名文章。2014 年 1 月 14 日，中国驻德国大使史明德在该报发表题为《日本严重损害和平》的文章，强烈谴责日本首相安倍晋三参拜靖国神社这一公然挑战战后国际秩序的错误行径。2012 年 10 月 23 日，中国驻德国大使馆新闻发言人周健在该报发表文章，向德国公众阐明中日钓鱼岛争端的事实真相。

除此之外，在中国政府举行的中外记者会上，经常会出现《法兰克福汇报》记者的身影。在 2007 年 3 月 16 日温家宝总理与中外记者见面会、2010 年 3 月 6 日十一届全国人大三次会议记者招待会上，《法兰克福汇报》记者都出席并且得到提问的机会。

《法兰克福评论报》*Frankfurter Rundschau*

FrankfurterRundschau

《法兰克福评论报》(*Frankfurter Rundschau*，简称 FR)是一家跨区域发行的德国日报，报社总部位于法兰克福。该报于 1945 年 8 月 1 日首次出版发行，隶属于德国社会民主党控股的德国印刷出版有限公司(DDVG)。2012 年 11 月 13 日，《法兰克福评论报》因长期处于经营困境而宣布破产。2013 年 2 月 27 日，该报发表声明，《法兰克福评论报》仍将作为独立的日报而存在。

一、历史沿革

《法兰克福评论报》是“二战”后美国占领区开办的第一家报纸，也是“二战”后德国的第三家报纸，于 1945 年 8 月 1 日首次出版。从 1946 年 10 月起，《法兰克福评论报》每周出版三次，1947 年开始出版对全国发行的版本。1948 年，《法兰克福评论报》开始每天出版。

《法兰克福评论报》以发表调查性新闻而闻名。通过该报记者的调查和深访，许多丑闻得以揭露并引发公众讨论，推动了诸多历史事件的发展。20 世纪 60 年代初，《法兰克福评论报》以其报道推动了奥斯维辛审判；到 60 年代末，该报又揭露了联邦德国史上第一大军火案 HS－30 丑闻(HS－30－Skandal)。在这一时期，《法兰克福评论报》的声誉达到了顶峰。

图 7 《法兰克福评论报》头版

2003 年，报社出现财务困难。2004 年 5 月，德国社会民主党控股的德国印刷出版有限公司(DDVG)取得了该报发行商——法兰克福印刷出版社 90％的股份。此举引起公众激烈的争论，因为这样一来《法兰克福评论报》将成为由社民党控制的媒体。而社民党则强调，《法兰克福评论报》属于德国少数左翼自由主义报纸之一，应该继续存在。在得到社民党政治家不对报纸施加影

① 新华网：《习近平在德国〈法兰克福汇报〉发表署名文章》，2014 年 3 月 28 日，http://news.xinhuanet.com/world/2014－03/28/c_119997636.htm，检索时间：2015 年 9 月 1 日。

响的保证后,人们也确实没有发现报纸受到社民党的任何影响。

至2006年年底,社民党将股份减持至40%。为了挽救报社糟糕的财务状况,德国印刷出版有限公司通过裁员和外包等方式大幅度地减少开支,员工人数在三年间由1700人减为750人。

二、发展现状

目前,《法兰克福评论报》出版有全国版和三个地方版,此外还在网上发布电子报。根据德国报刊发行量稽查机构(Informationsgemeinschaft zur Feststellung der Verbreitung von Werbeträgern)的数据,该报的发行量在1998年后下降55%,目前日均发行量为5.95万份(2014年第一季度),[①]照以往下降了10.54万份,而且仍有下降趋势,是德国报业中读者量流失较多的一家报纸。

《法兰克福评论报》在2001年时仍能维持其日均约19万份的发行量,但之后因经营不善而陷入持久困境,不断更换管理层、进行重组和裁员。2007年,《法兰克福评论报》改为小报排版,之后发行量一度稳定在日均15万份左右,随后继续出现大幅度亏损。杜蒙·绍贝尔格出版集团曾用各种办法努力削减该报开支,以努力维持其收支平衡,并于2011年尝试与经营状况尚可的《柏林报》合并,但最终谈判没有结果。2010年,《法兰克福评论报》加入杜蒙特编辑联合会(DuMont-Redaktionsgemeinschaft),该组织成员还包括《柏林报》(*die Berliner Zeitung*)和《科隆城市导报》(*der Kölner Stadt-Anzeiger*)等,加入该联合会为该报在德国其他区域的报道提供了支持。

2012年11月13日,《法兰克福评论报》因长期处于经营困境而宣布破产结业。2013年2月27日,《法兰克福汇报》(*Frankfurter Allgemeine Zeitung*)发表声明,《法兰克福评论报》将会继续存在。[②] 在法兰克福报业联盟(Frankfurter Societät)、法兰克福汇报出版社(F.A.Z.－Verlag)和卡尔·格罗尔德基金会(Karl Gerold Stiftung)的共同支持下,《法兰克福评论报》将继续作为独立的传统日报存在。在此之后,该报的编辑和记者人数急剧下降,目前地方版有28个员工,德国版仅有17个员工。经过各方的不懈努力,历经多年亏损的《法兰克福评论报》,终于从2013年起开始逐步走向盈利。[③]

三、报道特点

图8 《法兰克福评论报》新媒体应用

多年以来,《法兰克福评论报》自称是"左倾自由派"和"社会自由主义"。[④] 但是,德国学者乌特·福克斯曼(Ute Volkmann)研究发现,该报目前已经逐渐转变为德国社会民主党(SPD)的支持者。[⑤]

该报在当地主要的竞争者为保守主义的《法兰克福汇报》(*FAZ*)、《法兰克福新报》(*Frankfurter Neue Presse*)和《图片报》(*Bild*)的法兰克福版。相对其他竞争者,《法兰克福评论报》对法兰克福和莱茵－美因地区的本地新闻投入较大。尽管报社财政较为紧张,但该报仍坚持"左倾自由派"的办报理念,因为只有这样,法兰克福人才能自己做主——什么样的新闻应该出现在报纸上。[⑥]

---

① 德国报刊发行量稽查机构网站:http://www.ivw.eu/aw/print/qa/titel/1058? quartal%5B19984%5D=19984&quartal%5B20124%5D=20124#views－exposed－form－aw－titel－az－aw－az－qa,检索时间:2015年6月12日。

② Frankfurter Allgemeine rescues left－leaning rival newspaper Reuters,2013年2月28日。

③ In eigener Sache: FR schreibt schwarze Zahlen, fr－online.de, 2014年2月10日, http://www.fr－online.de/wir－ueber－uns/in－eigener－sache－fr－schreibt－schwarze－zahlen,4353508,26150938.html,检索时间:2015年6月12日。

④ FR vom 21. Februar 2009, B 11: „Die Rundschau sollte,sozial－liberal, links－liberal' sein. Das blieb sein [Karl Gerolds] Vermächtnis"

⑤ 德国《世界报》:Wie sich die "FR" zum Linksspießerblatt schrumpfte,http://www.welt.de/debatte/article111077604/Wie－sich－die－FR－zum－Linksspiesserblatt－schrumpfte.html,检索时间:2015年7月12日。

⑥ 《明镜》周刊:Frankfurter Rundschau": Gerettet, aber künftig nur noch eine Mini－Redaktion, 2013年4月28日,http://www.spiegel.de/kultur/gesellschaft/frankfurter－rundschau－faz－billigt－nur－mini－redaktion－a－897013.html 检索时间:2015年7月12日。

四、涉华报道

《法兰克福评论报》在北京有派驻记者，但是由于大幅裁员和财政紧张，该报对于国际新闻的报道投入大为减少。

在该报网站上搜索有关中国的报道，相关报道检索结果较少，有关中国的消息多援引自德新社，很少有自采报道。在涉华报道的关注议题上，主要包括环保问题、体育和德国汽车在中国的销售情况等。

FrankfurterRundschau
FR-online.de Wirtschaft
Anzeigenmarkt | Zeitungsan

Startseite
In- & Ausland
Politik
Wirtschaft
▸Aktuell
Debatte
Interaktiv
Spezial: Autobauer
Spezial: Banken
Spezial: Staatshilfen
Spezial: Überwachte Beschäftigte
Dossiers
Finanzen
Sport
Panorama
Kultur & Medien
Multimedia
Wissen & Bildung
Ratgeber

Wirtschaft

Kommentar

Danke, China

Robert von Heusinger (Bild: FR)

Wow. Diese Daten begeistern. Die deutsche Industrieproduktion zog im Mai so stark an wie nur einmal nach der Wiedervereinigung. Und die Auftragseingänge waren mit plus 4,4 Prozent rekordträchtig. Ist das der Beginn einer kräftigen Wirtschaftserholung, die das Krisengejammer vergessen lässt?

Natürlich nicht. Es ist eine technische Erholung nach dem tiefen Absturz und sie ist ganz und gar künstlich. Es sind die massiven Konjunkturprogramme, die nun in der Realwirtschaft Wirkung zeigen. Deshalb geht der erste Dank an John Maynard Keynes, der in den 30er Jahren genau aufschrieb, was im Fall einer derartigen Marktstörung zu tun ist. Der zweite Dank geht an all die Ökonomen (außerhalb Deutschlands), die seine Theorie nicht verachtet haben. Und der besondere Dank geht an China, das den Keynes ganz besonders studiert hat, die massivste Konjunkturstimulierung auf den Weg gebracht hat und nun Deutschland aus der Patsche hilft.

图 9　2009 年 7 月 9 日《法兰克福评论报》发表评论文章“谢谢，中国”

《法兰克福评论报》对中国议题发表过一些独具见解的评论，受到国内媒体的关注。如该报 2008 年 8 月 1 日发表文章《真正世界强国的回归》，指出“为了符合时代步伐，中国将不必再向欧洲学习，而欧洲不久却必须向中国学习”，从人类历史不断向前发展的角度，阐释中国的崛起是人类历史迈向现代化的一个新的历史阶段，欧洲应该以积极的眼光看待；[①] 2009 年 7 月 9 日，该报又以《谢谢，中国》为题发表评论，称德国经济最近的好转主要得益于中国经济的带动。[②]

除此之外，《法兰克福评论报》也关注过有关中国普通民众旅游等社会文化主题。2010 年 7 月 12 日，该报发表文章《海南无乐趣》，[③]称多数中国人仍不太会享受旅游。

《焦点》周刊 *Focus*

《焦点》周刊（*Focus*）是德国第三大新闻周刊，也是德国颇有影响力的周刊之一。自 1993 年创刊以来，《焦点》周刊凭借其独特的办刊理念逐渐在德国站稳脚跟，并在几年内得以巩固。如今，《焦点》周刊与《明镜》周刊在德国国内并驾齐驱，但因两者的报道理念和风格的不同，各自拥有不同的读者群。《焦点》周刊以其温和的政治主张与激进派报刊区分开来。

一、历史沿革

1993 年 1 月 18 日，《焦点》周刊首次发行，创始人是德国著名记者赫尔穆特·马克沃特（Helmut Markwort）和传媒巨头胡贝特·布尔达（Hubert Burda），目标读者群是社会精英。当时，有许多杂志试图与《明镜》周刊竞争，但都以失败告终。而令许多媒体观察家吃惊的是，《焦点》周刊经营得很成功，而且其发展成果在

---

① 新华网：《德国〈法兰克福评论报〉中国真正回归世界强国》，2008 年 8 月 14 日，http://news.xinhuanet.com/world/2008－08/14/content_9289102.htm，检索时间：2015 年 6 月 21 日。

② 国际在线：《〈法兰克福评论报〉：德国经济好转得益于中国》，2009 年 7 月 9 日，http://gb.cri.cn/27824/2009/07/09/2585s2558169.htm，检索时间：2015 年 6 月 29 日。

③ 新华网：《德报：多数中国人仍不太会享受旅游》，2010 年 7 月 16 日，http://news.xinhuanet.com/world/2010－07/16/c_12339856.htm，检索时间：2015 年 6 月 19 日。

图 10　左为《焦点·财富》,右为《焦点·教育》

仅有的几年内得以巩固。《焦点》周刊以"事实,事实,事实"作为宣传口号,在德国新闻媒体受众中人尽皆知。

1996年1月,《焦点》周刊推出在线网站,之后与MSN德国公司建立了合作关系。随后,作为Pro7电视台的一款新闻周刊节目,《焦点》电视节目开播。除此之外,《焦点》周刊下辖刊物还有《焦点·财富》(Focus－Money,2000年3月创刊)和《焦点·教育》(Focus－Schule,2005年1月创刊)。2004年11月,乌利·鲍尔(Uli Baur)加入《焦点》周刊,成为周刊的主要负责人之一。

2010年秋,周刊主编赫尔穆特·马克沃特(Helmut Markwort)退休,沃尔夫冈·魏默(Wolfgang Weimer)成为其继任者,不过马克沃特还一直担任新闻杂志的发行人。2004年加入周刊的乌利·鲍尔一直担任主编到现在。作为周刊主编,魏默和乌利·鲍尔拥有同等权力。

除了"事实,事实,事实"之外,在宣传口号上,魏默还特别强调"重大,重大,重大",即新闻事件的重大性。周刊涉猎话题广泛,职能部门结构更新,例如,媒介文化和现代生活的结合或者是德国和外国职能部门共同致力于的一些跨界话题,都在其关注范围之内。魏默想通过与国际企业联合,借助出版年度回望之类的印刷品进一步推动《焦点》周刊的繁荣。

根据《南德意志报》发表的报道,马克沃特和鲍尔"拒绝并且越发强烈地反对魏默的办刊方针"。任主编期间,魏默对《焦点》的定位是"高要求和政治性",马克沃特和鲍尔则想把这一杂志打造成像以前那样"有经济效益和亲民的"杂志。基于这种不可调和的矛盾,两位主编共同在任时,杂志的零售发行量下跌10万份。[①] 担任主编一年之后,魏默于2011年7月26日离开了《焦点》周刊。从此,乌利·鲍尔成为唯一的主编。

2013年1月1日,约尔格·阔斯(Jörg Quoos)接任《焦点》周刊主编一职。在他的领导下,这一杂志揭露了以乌利·赫内斯(Uli Hoeneß)为中心的税务纠纷,并且首次报道了艺术收藏家科尔内留斯·古利特(Cornelius Gurlitt)所谓的"纳粹珍藏"。因为杂志社和阔斯在周刊未来发展的问题上意见不一致,2014年10月,约尔格·阔斯被乌尔里希·赖茨(Ulrich Reitz)接替,后者成为周刊新主编,副主编则由马库斯·克里舍尔(Markus Krischer)和沃尔夫冈·路透(Wolfgang Reuter)担任。2014年初,生产部门、编辑部门和重要的职能部门从慕尼黑迁到了柏林。

过去的几年中,鉴于网络技术的发展,包括《明镜》《明星》等杂志在内的知名周刊的发行量都有所下降,《焦点》周刊也不例外。根据德国报刊发行量稽查机构(Informationsgemeinschaft zur Feststellung der

① Focus: Chefredakteur Weimer gibt auf sueddeutsche.de,2011年7月26日。

Verbreitung von Werbeträgern，简称 IVW）提供的数据，自 1998 年以来，该刊发行量下降了 35.9%。[①] 2015 年第一季度的发行量为 501504 份。[②] 由于主题不同，周刊的零售发行量变动是相当大的。《焦点》周刊是继《明镜》周刊和《明星》杂志之后的第三大德语新闻周刊。《明镜》周刊和《明星》杂志销售额的三分之二来自于广告销售，而《焦点》周刊销售额中则有四分之三来自广告收入。[③] 这也从侧面印证了《焦点》周刊的内容和受众群对广告商的吸引力之大。

二、发展现状

目前，《焦点》周刊及其衍生产品全面开花，但也引来不少批评。

所谓衍生产品包括旗下刊物、电视频道以及移动客户端等。在《焦点》周刊旗下刊物中，最著名的当属《焦点·财富》，这是德国范围内发行量居于第二的经济周刊，其销售量达 125462 份。[④] 除此之外，2011 年 11 月 3 日以来，《焦点·健康》（*FOCUS Gesundheit*）开始发行，报道的主题较为广泛。2012 年 9 月 25 日，《焦点》又创办了一个新刊，《焦点—糖尿病》（*FOCUS－Diabetes*）。

乘着纸质刊物的东风，自 2005 年 6 月 1 日以来，《焦点》周刊开始运营付费电视频道"焦点健康"（Focus Gesundheit），这一电视频道的信号通过 SKY 德国股份公司传送。与此相关，以《焦点》为品牌衍生出许多电视节目，如《焦点—电视》（Focus－TV）和《未来－趋势》（Future－Trend）等。通过 Pro 7 电视台和德国最大的私营电视台 RTL，《焦点》杂志在向观众阐释当今社会发展背后的故事。

为了便于观众更便捷地阅读杂志的内容，《焦点》周刊借助网络技术的发展，着力开发了移动客户端服务。2012 年以来，用户除了可以在移动端接收电子版杂志（焦点杂志 E－Paper 之外），还可以通过订阅服务，在焦点 App 或者是焦点在线 App 上阅读杂志。

然而，《焦点》周刊在发展的过程中，也因其一些做法不为人理解而遭到了批评。《焦点·财富》与创新型社会市场经济（Initiative Neue Soziale Marktwirtschaft）合作推出了校园项目"我们说经济"。在这一项目的体系内，每个月老师和学校都会得到由二者共同推出的教学资料。对此，隶属于北德广播公司的一档广播电视述评节目 Zapp 认为，《焦点》周刊通过这一项目，利用企业和游说群体对学校和教学内容施加单方面以及不透明性影响。《焦点》周刊与博施和西门子家用器具有限责任公司的合作项目"焦点办学校"，同样也遭受到质疑。

2014 年 11 月，正值德国铁路股份公司和铁路工人出现劳资矛盾之际，《焦点》周刊在一篇文章中称工会主席克劳斯·韦泽尔斯凯（Claus Weselsky）可能是目前最令人讨厌的德国人。这篇文章对克劳斯·韦泽尔斯凯的私人住所进行了详细描述，知情人士完全可以间接确认其居住地址。周刊的这种做法遭到了大众的普遍批评，被批评是违反新闻伦理的做法。

三、报道特点

《焦点》周刊在巴伐利亚州首府慕尼黑出版，在德国全国范围发行。该杂志偏向于政治保守派和经济自由主义派，在呈现上，通常采用大量的彩色图片和经典信息图表。以《明镜》为竞争对手，《焦点》周刊"高要求和政治性"的定位与对手相似，然而，《明镜》周刊却并不认同这一点，甚至不时将《焦点》周刊称为"慕尼黑画报"。

首先二者的编辑理念不同。《明镜》周刊以复杂的政治、经济和社会分析为重点，旨在阐明其较为紧密的关联；而《焦点》周刊除着眼政治报道外，还涉及日常生活性话题，包括家庭、健康、金融和事业等，即所谓的"可用新闻"。因此，《焦点》提供给读者的是短文、多图、鲜明的图片语言和排名信息，这样的形式有利于读者接收信

---

①② 德国报刊发行量稽查机构：Focus Magazin Verlag GmbH（München），2015 年 2 月，http://www.ivw.eu/aw/print/qa/titel/2952? quartal%5B20152%5D=20152&quartal%5B19984%5D=19984，检索时间：2015 年 8 月 5 日。

③ Bettina Kaltenhäuser: Abstimmung am Kiosk, Deutscher Universitats－Verlag 2005, S.95 f.

④ 德国报刊发行量稽查机构：Focus Magazin Verlag GmbH（München），2015 年 2 月，http://www.ivw.eu/aw/print/qa/titel/2952? quartal%5B20152%5D=20152&quartal%5B19984%5D=19984，检索时间：2015 年 8 月 5 日。

图 11 《焦点》周刊封面

息。年轻人,特别是有教育和职业意识的年轻人,对《焦点》周刊尤其感兴趣。其次,二者在读者群上的区别,并不体现在读者年龄结构上的差别,而在于读者群的取向和政治定位:《焦点》周刊的读者对金融和消费问题更感兴趣。与《明镜》周刊相比,《焦点》周刊政治上更为保守,而《明镜》周刊的读者更愿意把自己归为政治左派。不过,两家杂志的相似之处在于,女性读者分别占其各自读者群的三分之一。[①]

2014 年,德累斯顿工业大学的一项研究对新闻与宣传的同步性问题进行了探讨。研究结论是:“不管是就《明镜》还是《焦点》周刊而言,企业对杂志投放的广告越多,杂志对其进行报道的频率就会越高、报道基调就会越友好,对企业产品的宣传就会越多。”由此来看,《焦点》周刊的报道基调也会因广告利益而有所偏颇。

鉴于《焦点》周刊的政治保守派立场,焦点在线也只发表温和的评论,避免过于激烈的言辞。

四、涉华报道

截至 2015 年 9 月 1 日,在《焦点》周刊官网以德语的“中国”一词为关键词进行检索,可以得到相关报道 53545 篇,近 30 天内报道 1398 篇,近 10 天内报道多达 501 篇。[②] 从关注题材分类来看,涉及政治、经济、文化、健康等。其中,该网站对中国经济较为关注,其次是政治文化方面。在所有报道中,涉华经济报道多达 27550 篇,涉华政治报道共计有 6188 篇。

与诸多西方媒体面对中国问题煽风点火不同,《焦点》周刊能较为客观实际地看待中国。早在 2005 年 8 月 29 日的一期文章中,《焦点》周刊就看到了中国经济的迅速发展,称赞中国共产党更具市场意识。[③] 2013 年 11 月十八届三中全会闭幕后,《焦点》周刊 15 日以《中国,下一阶段的改革》为题发表文章,肯定了全会取得的成绩,更对具体政策给出期待,文章称:“这些政策将改变中国,也可能改变世界”。[④] 对于较为敏感的新疆问题,2015 年 8 月 1 日,《焦点》周刊国际部副主任多姆泰特在接受中新社记者采访时,对中国政府对新疆作出的贡献给予

---

① Bettina Kaltenhäuser: Abstimmung am Kiosk, Deutscher Universitats—Verlag 2005.

② 《焦点》周刊官网:http://www.focus.de/suche/china/,检索时间:2015 年 8 月 5 日。

③ 中国网:《焦点周刊:中国共产党人更具市场意识》,2005 年 9 月 2 日,http://www.china.com.cn/chinese/HIAW/959179.htm,检索时间:2015 年 9 月 1 日。

④ 新华网:世界期待中国改革推动全球经济利好,2013 年 11 月 16 日,http://news.xinhuanet.com/world/2013—11/16/c_125711972.htm,检索时间:2015 年 9 月 1 日。

了肯定，称“中国政府确实做了很多努力来推动新疆的经济发展与民生改善”。这在西方媒体中是很难得的。[①]

不过，近期《焦点》周刊的封面却体现出了与以往不同的格调。以图 12 为例，《焦点周刊》将一条巨龙作为封面主体，而龙在西方往往是邪恶的象征。封面辅以大字标题“中国有多么病态”(Wie Krank ist CHINA)，同时以问句“为何摇摆的巨龙会威胁到我们的富裕生活”(Warum der wankende Drache auch unseren Wohlstand bedroht)，凸显出对中国的发展抱有的恶意和担忧。

图 12　2015 年以“中国”为主题的《焦点》周刊封面

《经济周刊》*Wirtschafts Woche*

Wirtschafts Woche

《经济周刊》(*WirtschaftsWoche*，简称 WiWo)是德国目前最大、最权威的经济类杂志，每周五出版一期。该刊由德国《商报》出版集团(Verlagsgruppe Handelsblatt GmbH)发行，杂志社位于杜塞尔多夫。

一、历史沿革

《经济周刊》创刊于 1926 年，历经多次更名。最初，该刊以《德国国民经济学家》(*Der deutsche Volkswirt*)为名出版。在 1943 年至“二战”结束期间，更名为《德国国民经济》(*Wirtschaftsdienst*)，到 1946 年又改为《法兰克福经济学家：新经济报》(*Frankfurter Ökonomist. Zeitung für die neue Wirtschaft*)。1947 年至 1949 年，该刊又以《经济金融报》(*Wirtschafts－ und Finanz－Zeitung*)为名，在 1949 年至 1971 年间以《国民经济学家》(*Der Volkswirt*)为名继续出版。历经多次反复，该刊改名的历史终于在 1973 年结束，最终将名字定为《经济周刊》，并一直沿用至今。

二、发展现状

目前，《经济周刊》为周刊，每周五出版一期，编辑部设在杜塞尔多夫，是法兰克福和杜塞尔多夫证券交易所的责任刊物。《经济周刊》旗下拥有超过 100 位经济学家，通过遍布全球的记者及合作伙伴网络，共同为读者报道全球经济大事、分析经济走势。

根据德国报刊发行量稽查机构(Informationsgemeinschaft zur Feststellung der Verbreitung von Werbeträgern)的数据，《经济周刊》2015 年第一季度发行量为 14.9 万份，自 1998 年以来下降了 16.1%。[②]《经济周刊》的读者群集中在德语区国家(德国、奥地利、瑞士)企业的决策层，收入水平较高。

---

① 中国新闻网：《新疆变化令外媒记者惊讶：中国政府付出很多努力》，2015 年 8 月 1 日，http://www.chinanews.com/gn/2015/08－01/7441913.shtml，检索时间：2015 年 9 月 1 日。

② 德国报刊发行量稽查机构网站：http://www.ivw.eu/aw/print/qa/titel/1010，检索时间：2016 年 3 月 8 日。

图 13 《经济周刊》封面

三、报道特点

《经济周刊》经常发布一些排名类报道，如高校排名、城市排名以及品牌排名等。其 2012 年 4 月公布的德国大学专业排名，由其委托专业的咨询公司“Universum Communications”和人事服务公司“Access”共同完成。针对综合型大学和应用科技大学两种学校，该杂志一方面就大学的教学质量、大学的设备设施、科研项目、受学生欢迎程度等方面对大学做了调查，另一方面调查采访了来自德国各大公司的人事主管，就什么样的专业最受企业欢迎，哪些大学拥有良好的声誉，具备什么样能力的毕业生最受企业青睐等问题展开问卷调查，所得结果更具实际意义。

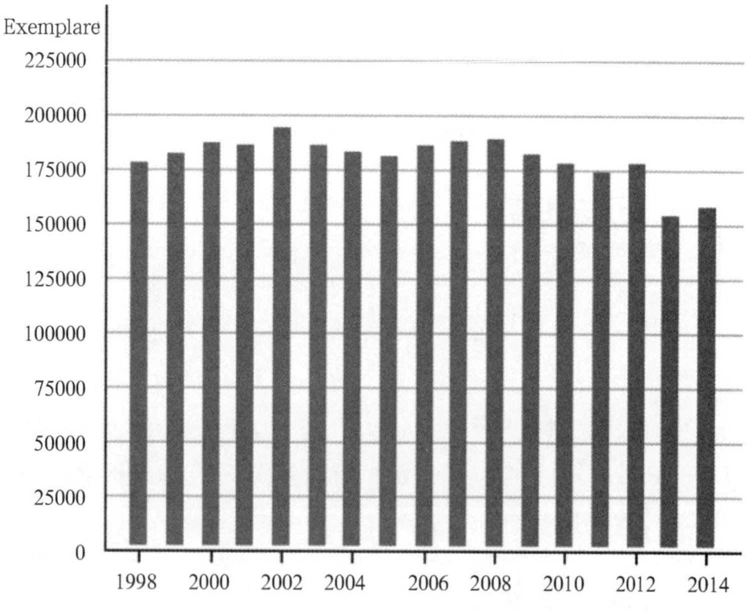

图 14 1998—2014 年《经济周刊》发行量变化图

此外，《经济周刊》自 2013 年起创办新专题“WIWO Gruen”关注绿色经济，主要内容为可替代能源、企业可持续发展战略、房屋建造、特大城市以及投资项目领域的革新技术等。

《经济周刊》还设立许多经济领域的奖项。从 2007 年起，《经济周刊》与广告公司“Jung von Matt”以及经济办公室“White & case”举办创业者大赛，每年提供 30 万欧元赞助，从而促进年轻企业家的成长。此外，该杂志还设立了最佳办公室奖，由《经济周刊》和 Koelnmesse 每两年轮流举办，为办公室和办公室用品举办国际专业博览会。[①]

① 《经济周刊》网站：http://www.wiwo.de/themenuebersicht/，检索时间：2015 年 5 月 10 日。

图 15　《经济周刊》关注绿色经济

图 16　《经济周刊》网站首页

《经济周刊》网站：http://www.wiwo.de/，检索时间：2016 年 3 月 9 日。

四、涉华报道

由于中德两国的经济联系越来越紧密，《经济周刊》对中国经济格外关注，对德企在中国的发展、中国经济政策的转变以及中国经济形势的变动有较多数量的报道。

总体来说，《经济周刊》较为重视对中国的报道，关于中国的报道所占比重相当高，而且通常能够以相对客观、中肯的态度和角度来报道中国。在 2003 年和 2004 年，《经济周刊》相继两次出版中国特刊，详细深度介绍中国的经济状况和投资环境等。尤其在第二次出版中国特刊时，时任国家主席胡锦涛还为《经济周刊》中文版题写贺词。① 德国总理施罗德接受了本期“中国特刊”的专访，并在专访中指出：“中国不仅是一个经济极为活跃的国家，它在全球的政治意义也在增加……这一进程的成功，不仅符合我们的国家利益，也符合全球的利益。”

2012 年 9 月 6 日，《经济周刊》刊文《中国人敬畏德国标准》，报道称，以海尔集团为代表的中国企业，绝不是所谓“劣质中国制造”印象中的中国生产商，其产品的质量水准已经直逼美诺或利勃海尔这样的德国顶级制造商，而且中国企业也越来越重视产品质量，逐步向世界级企业品牌发展。文章更在结尾提出，“中国在 5000 年中一直是世界大国，仅在过去 200 年落后。从自己的角度看，中国只是重新崛起罢了”。2014 年 10 月，李克强总理访问德国之前，《经济周刊》发表文章《从中国医药发展中获益的设备制造企业》，以德国的一家生产医药包装设备的中小企业伊佩斯公司为例，是“从蓬勃发展的中国经济中受益的德国中小企业的一个缩影”，阐述中国的经济发展对德国的积极作用。

此外，《经济周刊》还曾多次举办中国论坛，对中国经济的发展持乐观的态度，称德国的未来决定于中国。②

---

① 新浪网：《德〈经济周刊〉发行德中双语特刊》，2004 年 9 月 30 日，http://news.sina.com.cn/o/2004－09－30/04373805870s.shtml，检索时间：2015 年 5 月 8 日。

② 新华网：《德〈经济周刊〉：德国的未来决定于中国》，2006 年 11 月 2 日，http://news.xinhuanet.com/world/2006－11/02/content_5279039.htm，检索时间：2015 年 5 月 10 日。

《莱比锡人民报》*Leipziger Volkszeitung*

LEIPZIGER VOLKSZEITUNG

《莱比锡人民报》(*Leipziger Volkszeitung*,简称 LVZ)是在莱比锡地区唯一的一份日报。该报至今已有110多年历史,其创刊可以追溯到社会民主主义时期。在当时的德国工人运动中,《莱比锡人民报》作为重要的出版物之一,起到了非常大的作用。

一、历史沿革

1894年9月29日,布鲁诺·舒恩朗克(Bruno Schoenlank)创办了《莱比锡人民报》,第一期试刊发行并免费发放5万份。为了增加关注量,舒恩朗克还专门在一份名为《选举人》(*Der Wahler*)的报纸上刊登了《莱比锡人民报》的创刊消息。从1894年10月1日起,《莱比锡人民报》开始由新成立的G. Heinisch书本印刷股份公司正式出版,通常刊行12至14版面,偶尔会扩展到28版。在舒恩朗克的主持下,《莱比锡人民报》发展成为一份重要的社会民主党报刊。虽然该报言辞犀利、感染力强,但由于其处事小心,从没受过法律诉讼等审查。1914年,《莱比锡人民报》发行量平均保持在5.3万份。在这一时期,《莱比锡人民报》是一份站在社会民主党左翼立场的报刊。

Leipziger Volkszeitung

图17 创刊于1894年的《莱比锡人民报》

19世纪末到20世纪初,《莱比锡人民报》在反对修正主义斗争中作用突出、旗帜鲜明,该报还利用一切机会谴责德国军国主义的反动本质。在1900年至1901年,《莱比锡人民报》就发表了谴责德国军国主义在中国暴行的文章。[①] 列宁曾在1905年6月25日写过一封《给〈莱比锡人民报〉编辑部的公开信》,驳斥卡·考茨基之前在《莱比锡人民报》发表的一篇有关俄国社会民主党分裂的文章,要求《莱比锡人民报》刊登发表,然而,最终该报并未发表列宁的文章。[②]

在1917年社会民主党内部分化后,《莱比锡人民报》成为独立社会民主党(USPD)的机关报,1922年社会民主党统一后又成为右翼社会民主党的机关报。著名的马克思主义学者弗朗茨·梅林(Franz Mehring)和罗莎·卢森堡(Rosa Luxemburg),都曾多年担任《莱比锡人民报》的编辑。

1933年法西斯政权上台后,《莱比锡人民报》被禁。直到"二战"结束后,《莱比锡人民报》在"二战"中被毁的《莱比锡最新消息报》的旧址上建立新的印刷厂和编辑室,重建的《莱比锡人民报》于1946年5月19日重新出版。一直到德国统一前,《莱比锡人民报》一直作为东德统一社会党(SED)的机关报在萨克森州西北部发行。[③]

德国统一后,《莱比锡人民报》转为私营性质,由阿克塞尔·施普林格出版社以及汉诺威的Madsack出版社

---

① 于沪生:《第一次世界大战前德国社会民主党重要报刊介绍》,《当代世界与社会主义》1981年第2期。

② 宣讲家网:http://www.71.cn/2011/1208/648361.shtml,检索时间:2015年7月1日。

③ Madsack出版集团网站:http://www.madsack.de/Portfolio/Tageszeitungen/Leipziger-Volkszeitung,检索时间:2015年7月5日。

各持有 50%的股份。2009 年 2 月 5 日,《莱比锡人民报》完全由 Madsack 出版集团控股,其中,德国社会民主党参与 Madsack 出版集团 20.4%的股份。[①] 进入 21 世纪以来,《莱比锡人民报》已成为莱比锡及其周边地区订阅量最大的地方日报。据 2005 年的调查显示,在全国 236 家报纸中,《莱比锡人民报》位列阅读量最大的日报第九位。[②]

2013 年,《莱比锡人民报》所属的 Madsack 出版集团拟定一项“Madsack 2018”议程,计划将其旗下的报纸编辑室逐步精简人员、融通联合,成立一家“德国编辑网络公司”,并最终在 2018 年共同建立一个地方报纸的中心编辑室,更方便地为各地方报纸提供跨地区的新闻。由于该计划的实施推进,《莱比锡人民报》已在 2014 年 5 月裁员 40 人,并计划在 2015 年年底缩减员工至 90 人(据之前统计,员工总数为 165 名)。[③]

二、发展现状

《莱比锡人民报》是一份周一至周六出版的订阅性日报,订阅比例达 89.7%。除莱比锡以外,《莱比锡人民报》还在萨克森州、图灵根州以及萨克森—安哈尔特州等多地区发行。目前,该报共有九种版本,包括一种通版和八种地区版。其中,三个地区版以《莱比锡人民报》为报名,在报名下方的副标题上显示当地地区名;另外五个地区版,以本地区为报名出版。

表 1　以《莱比锡人民报》为报名的三个地区版

报名命名地区版本	发行地区	发行量
Delitzsch-Eilenburger Kreiszeitung	Delitzsch/Eilenburg	11,993
Muldentalzeitung	Grimma/Wurzen	16,947
Borna Geithainer Zeitung	Borna/Geithain	13,923

LEIPZIGER VOLKSZEITUNG

Ein Bayer übernimmt Aufbau-Ost-Koordinierung

China setzt Journalisten unter Druck

Kind darf nicht Pfefferminza heißen

图 18　以《莱比锡人民报》为报名的地区版刊例

DÖBELNER ALLGEMEINE ZEITUNG

Bäcker erwarten höhere Brotpreise

Bevölkerung: Deutschland bald nur Dritter in Europa

Das Mekka der Gruftis

OSCHATZER ALLGEMEINE

3400 Ausbildungsplätze in Sachsen unbesetzt

Alien-Fahndung aus Geldnot gestoppt

Gewitterperiode und Nachtfröste

图 19　以本地区名为报名出版的《莱比锡人民报》地区版刊例

---

① 阿克塞尔·施普林格出版社网站:Axel Springer verkauft Regionalzeitungsbeteiligungen an Verlagsgruppe Madsack, 2009 年 2 月 4 日,http://www.axelspringer.de/presse/Axel－Springer－verkauft－Regionalzeitungsbeteiligungen－an－Verlagsgruppe－Madsack_507512.html,检索时间:2015 年 7 月 5 日。

② Firmendb.de:http://www.firmendb.de/firmen/6666303.php,检索时间:2015 年 7 月 5 日。

③ Dwdl.de: Leipziger Volkszeitung plant massiven Stellenabbau, 2014 年 5 月 22 日, http://www.dwdl.de/nachrichten/45980/leipziger_volkszeitung_plant_massiven_stellenabbau/,检索时间:2015 年 7 月 6 日。

表 2　以本地区名为报名出版的《莱比锡人民报》五个地区版

地名命名地区版本	发行地区	发行量
Döbelner Allgemeine Zeitung (DAZ)	Döbeln	6800
Oschatzer Allgemeine (OAZ)	Altkreis Oschatz	7069
Torgauer Zeitung (TZ)	Torgau	8663
Osterländer Volkszeitung (OVZ)	Altenburg	10,979
Dresdner Neueste Nachrichten (DNN)	Dresden	22,228

近几年来,《莱比锡人民报》的发行量总体呈下降趋势。2015 年第一季度《莱比锡人民报》总发行量为 19.2 万份,第二季度发行量约为 18.4 万份,第三季度发行量约为 18.9 万份。与 1998 年相比,第二季度发行量同期下降 44%。①

从 2012 年起,《莱比锡人民报》主编由扬·埃门德费尔(Jan Emendörfer)担任,他曾在同为 Madsack 出版集团旗下的《东湖报》(*Die Ostsee－Zeitung*)长期工作并担任主编,其父是著名的反纳粹共产党人马克思·埃门德费尔(Max Emendörfer)。②

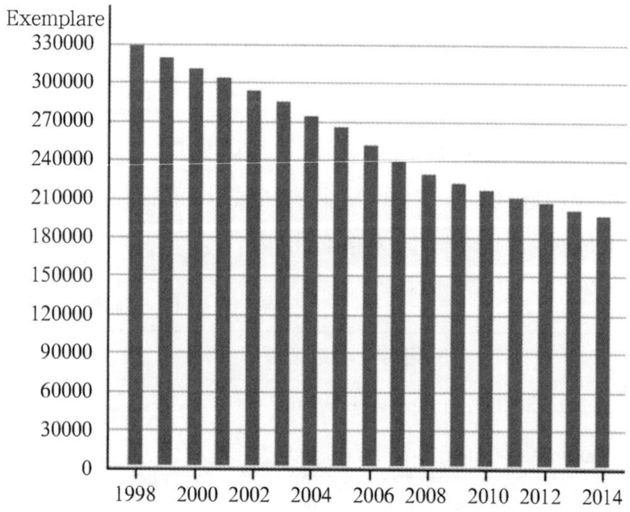

图 20　1998 年至 2014 年《莱比锡人民报》发行量变化图

三、报道特点

自 2007 年 1 月 13 日起,《莱比锡人民报》开始在周一至周六按序出版不同专题,首先是经济内容,之后是文化、地方和体育新闻,周五时增加政治专题,周末是轻松休闲特刊。而且其版面也发生了变化,配色变得更加丰富多彩,《莱比锡人民报》的标志和主要元素由之前的深蓝绿色改为深蓝色,封面头版头条改为深红色,新闻专题为深绿色,副刊为橙色,职场为橄榄绿色,旅行版为鹅黄绿,房地产为棕色,汽车版块为银蓝色。③

《莱比锡人民报》曾多次获得阿登纳基金会新闻奖,该奖项由以德国前总理康纳德·阿登纳命名的基金会(Konrad Adenauer Stiftung,KAS)设立。1995 年,《莱比锡人民报》用长达 12 周时间连续发表的系列报道《五十年前的莱比锡》获得特别奖;1998 年,《莱比锡人民报》的每月特别专题《反思》获得二等奖;2002 年时,《莱比锡人民报》又以专题《为什么》(warum)获得一等奖;2008 年,系列专题《无眠在……》(schlaflos in...)又获得了德意志地方新闻奖。

在创刊 100 周年时,《莱比锡人民报》专门创立了一个艺术奖,从 1995 年起开始颁发,奖金为 1 万欧元。④

四、涉华报道

以《莱比锡人民报》网站报道为基础进行检索,可以发现,该报的涉华报道频度较高,平均每天发表 1 篇中国报道,而稍有提及"中国"字眼的报道更是不计其数。而在报道来源上,《莱比锡人民报》作为一份地方报纸,多数信息均来自德新社的新闻信息服务,自采新闻非常少。而且,在为数不多的自采新闻中,大多为在莱比锡

① Ivw.de 网站:http://daten.ivw.eu/index.php? menuid=1&u=&p=&detail=true,检索时间:2015 年 10 月 10 日。

② 《莱比锡人民报》官网:Jan Emendörfer wird Chefredakteur der Leipziger Volkszeitung,2011 年 12 月 16 日,http://www.lvz.de/Mitteldeutschland/News/Jan－Emendoerfer－wird－Chefredakteur－der－Leipziger－Volkszeitung,检索时间:2015 年 7 月 5 日。

③ 《莱比锡人民报》官网:http://content.lvz－online.de/download/lvz/PL_25a_2015_150928.pdf,检索时间:2015 年 8 月 1 日。

④ Madsack 官网:http://www.madsack.de/Portfolio/Tageszeitungen/Leipziger－Volkszeitung,检索时间:2015 年 7 月 5 日。

当地发生的社会性事件，诸如“中国游客与警察一道抓小偷”之类的报道。

在报道内容和议题选择上，《莱比锡人民报》与德国其他地方报一样，大多数涉华报道都采自德新社新闻，所以其涉华报道内容与其他地方报纸较为类似，态度上比较客观中立。该报对中国经济关注较多，其中大多数涉华报道为中国经济方面的新闻，如中国互联网公司近况，中国股市跌涨情况，中国经济放缓势态，德国汽车、奢侈品等各行业在中国市场的发展情况等；少量为中国社会热点新闻，如芜湖天然气爆炸、大熊猫盼盼三十岁生日、中国队获国际机器人比赛冠军等。

Ungeplanter Zwischenstopp

Kommentieren Drucken Text

Chinesischer Tourist und Polizei verfolgen Dieb in Leipzig

Einen ungeplant aufregenden Zwischenstopp hat ein chinesischer Reisender am Wochenende in Leipzig einlegen müssen. An der Fernbus-Haltestelle in der Goethestraße wurde er bestohlen und verfolgte später den Dieb gemeinsam mit der Polizei.

Artikel veröffentlicht: 28. September 2015 19:42 Uhr | Artikel aktualisiert: 28. September 2015 21:07 Uhr

An der Fernbus-Haltestelle in der Leipziger Goethestraße ist ein Tourist aus China bestohlen worden. (Archivfoto)

Quelle: Leipzig report

图 21 《莱比锡人民报》报道“中国游客与警察一道抓小偷”

由于《莱比锡人民报》的地方报定位，其涉华报道较为关注报道与本地的关联性，以及地方读者的兴趣。因此，该报的涉华报道主要突出经济和社会两大类新闻。经济类新闻凸显中国发展与德国经济之间的关系，而社会类新闻则更多凸显趣味性。

《亮点》周刊 *Stern*

《亮点》（*Stern*）周刊是一家德国时事周刊，每周三出版一期，发行范围覆盖德国大部分地区。该周刊于1948年8月1日在德国汉诺威创刊，如今隶属于全球五大媒体集团之一的贝塔斯曼传媒集团（Bertelsmann），由其旗下子公司欧洲第二大出版公司古纳亚尔传媒公司（Gruner Jahr）负责经营出版。目前，《亮点》周刊是《明镜》周刊的有力竞争对手，在德国具有非常大的影响力。

一、历史沿革

《亮点》周刊诞生于“二战”结束后的英国占领区，创始人是著名报人亨利·南宁（Henri Nannen）。早在“二战”期间，也曾有一本名叫《亮点》的电影画报，[①]这本画报在当时拥有很高的销量。因此，为了搭上老刊《亮点》的顺风便车，新的《亮点》周刊把首期杂志的封面人物定为德国著名女演员希尔德加德·尼芙，并在一定程度上沿袭了之前的版面风格。史学家哈勃·克诺赫（Habbo Knoch）认为，“这打下了《亮点》周刊作为文化、明星和性的混合体的基础”。[②]

1950年，《亮点》周刊曾因一篇批评英国占领军的文章而遭到了英军当局的短暂封杀。[③]从20世纪40年代末起，创始人亨利·南宁逐渐卖出了《亮点》周刊的股份。1965年，古纳亚尔传媒公司全面接手了这本杂志。

---

① Tim Tolsdorff: Von der Stern－Schnuppe zum Fix－Stern. Zwei deutsche Illustrierte und ihre gemeinsame Geschichte vor und nach 1945. Herbert von Halem, Köln 2014 S. 242 - 245 u. S. 254.

② Habbo Knoch: Die lange Dauer der Propaganda. Populäre Kriegsdarstellung in der frühen Bundesrepublik. In: Wolfgang Hardtwig und Erhard Schütz (Hrsg.): Geschichte für Leser. Populäre Geschichtsschreibung in Deutschland im 20. Jahrhundert. Steiner, Stuttgart 2005, S. 205 - 226, hier S. 213.

③ Henri-Nannen-Preis, Meine Stern Stunde - Interview mit Henri Nannen.

1968 年,该周刊与德国《时代》周报(*die Zeit*)共同出版了《亮点－时代－盲文杂志》(*Stern-Zeit-Blindenzeitschrift*),为视力有障碍的人士提供阅读工具,受到了广泛的社会好评。

图 22 1948 年 8 月 1 日刊行的第一期《亮点》周刊封面

图 23 《亮点》周刊发布"希特勒日记"

20 世纪 70 年代后,《亮点》周刊在争议和荣誉中踽踽前行。1971 年 6 月 6 日,《亮点》周刊发表了一篇名为《我们受够了奴役!》(*Wir haben abgetrieben*!)的文章,374 名堕过胎的妇女公开站出来发声,反对刑法法典第 218 条针对堕胎的惩罚措施。由于当时这还是禁忌话题,这篇文章产生了很大的轰动效应,被视为德国妇女运动的一座里程碑。① 1978 年,多位知名女星将《亮点》周刊告上法庭,称该周刊不尊重女性,刊登暴露过度的女性照片,史称"反性别歧视案"(Sexismus－Klage 或 Stern－Klage),最终以原告败诉告终。1978 年,《亮点》周刊的两位记者凯·海尔曼(Kai Hermann)和霍斯特·雷克(Horst Rieck)采访了当时只有 15 岁的克里斯蒂安娜·费舍诺夫(Christiane Felscherinow),以她的经历为基础,两位记者进行了两个月的深入调查,揭露了雏妓卖淫、毒品交易等现象,报道引起了社会轰动。随后,名为《堕落街》(Wir Kinder vom Bahnhof Zoo)的克里斯蒂娜个人传记以该报道为基础出版,该书被翻译成多国语言,并于 1981 年搬上大荧幕。②

《亮点》周刊历史上最严重的丑闻是发生在上个世纪 80 年代的"希特勒日记"。1983 年 4 月 28 日,《亮点》周刊向全世界发布了一个惊人的独家新闻消息,声称他们发现了希特勒手书的 62 卷本日记。编辑部以为自己获得了有史以来最阴暗心理独裁者所写日记的独家版权,然而,科学家很快便证实,花了数百万美元买来的所谓"希特勒日记"却皆系伪造。③ 这一丑闻影响巨大,至今仍被视为德国新闻史上的黑暗一页。《亮点》周刊的信誉严重受损,花了数年时间才逐渐恢复到事前的地位和声誉。

二、发展现状

根据德国报刊发行量稽查机构(Informationsgemeinschaft zur Feststellung der Verbreitung von

---

① Thomas Grossbölting: Der verlorene Himmel: Glaube in Deutschland seit 1945. Vandenhoeck & Ruprecht, Göttingen 2013, ISBN 978－3－525－30040－4, S. 131 f.

② Ein Kind vom Bahnhof Zoo, Kommunikative Funktionswörter von Sandra Mahlke.

③ Esser, Frank; Uwe Hartung (2004). "Nazis, Pollution, and no Sex: Political Scandals as a Reflection of Political Culture in Germany". American Behavioral Scientist 47 (1040). Retrieved 4 October 2013.

Werbeträgern)的数据,《亮点》周刊在近年来的发行量大幅下降,自 1998 年起下降了约 31.6%。虽然销量有所下降,但是《亮点》周刊仍是德国影响力最大的时事周刊之一,目前每期的平均销量约为 75.4 万份(2015 年第一季度)。[①]《亮点》周刊的读者达 762 万人,覆盖德国总人口的 11.5%。[②]

图 24　《亮点》周刊网站首页

图片引自《亮点》周刊网站:http://www.stern.de,检索时间:2016 年 3 月 11 日。

进入 21 世纪,《亮点》依旧以披露调查文章而闻名,所刊发的多篇独家调查报道引发了社会的广泛探讨。2008 年,《亮点》的记者发现,德国大型连锁商店利德超市(LIDL)有监视员工的行为,这一以《LIDL 丑闻》(Lidl－Skandal)为题的报道刊发出来后,引发了全德国上下对如何保护员工隐私的讨论。[③] 2009 年 1 月,《亮点》再次爆出质疑德国铁路公司监视员工的报道。[④] 在此之后,《亮点》接连曝光了多个窃取员工个人资料的公司,这一系列报道对如何保护个人隐私这一问题影响深远。

目前,《亮点》周刊旗下还出版有专注于电视节目的《电视杂志》(*TV Magazin*)、儿童杂志《小亮点》(Sternchen),针对 20－35 岁年轻群体的《*Neon*》等面向不同特定群体的杂志,以吸引更多年龄段的受众。此外,《亮点》周刊还出版过多期特刊,如报刊纪念联邦德国成立六十周年、柏林墙倒塌二十年等。

《亮点》周刊是较早进入新媒体行业的纸质媒体,1995 年开始运营官方网站,此后陆续推出 APP、电子报等多种服务。《亮点》周刊的网站编辑部独立于杂志编辑部,设计别具一格,突出了其作为周刊的综合性与实用性,对于时效性的要求较低。《亮点》周刊的 App 可以在 Apple store 上免费下载,提供实时更新的网站内容,好评率较高。[⑤]

除此之外,《亮点》周刊还与 RTL 和 VOX 电视台合作,联合制作《亮点 TV》(*stern TV*)和《亮点报道》(*stern TV Reportage*)等节目。

图 25　"亮点 TV"电视台台标

三、报道特点

《亮点》周刊重点关注政治和社会问题,崇尚实用主义新闻学和古典主义报道方式,倾向于使用大量图片。新闻报道涉猎丰富,素以生动耐读的文字和人物刻画见长,尤其难得的是,在新闻类期刊中,该杂志至今仍坚持大力而又精当地使用图片,并因此享有盛誉。

在德国,《亮点》周刊是著名时事杂志《明镜》周刊的有力竞争对手。与行事正统的《明镜》相比,《亮点》周刊的作风是围绕封面报道做足文章,以此增加销量,并以每期覆盖性非常高的报道题材参与激烈的竞争。

---

① 德国报刊发行量稽查机构网站:http://www.ivw.eu/aw/print/qa/titel/1010,检索时间:2015 年 7 月 20 日。

② 60 Jahre Stern - Aktuelle Daten, Fakten und Hintergründe. Pressemitteilung, 1. August 2008.

③ Lidl ließ Beschäftigte systematisch bespitzeln. Stern－Pressemitteilung, 26. März 2008.

④ Stern－Pressemitteilung: Stern: Deutsche Bahn ließ mehr als 1000 Mitarbeiter ausspähen, 21. Januar 2009.

⑤ stern - Nachrichten aus Politik, Sport und Entertainment - täglich neue Bilder und Videos, https://itunes.apple.com/de/app/stern－nachrichten－aus－politik/id376155932? mt＝8,检索时间:2015 年 8 月 10 日。

四、涉华报道

图 26　1971 年 6 月 6 日,《亮点》周刊封面文章“我们受够了奴役!”

图片来源:www.dhm.de, Haus der Geschichte Bonn,EB—Nr.:1996/01/0049。

近几年来,《亮点》周刊在上海设有驻华记者站。根据粗略统计,从 2011 年起,该报每年发表的新闻报道中,含有“中国”一词的涉华报道频度为月均 100 余篇,并呈现出逐年增多的趋势。报道所涉及的内容包括中国的政治、经济、百姓生活等多方面,大多数议题与德国相关。

就涉华报道的新闻来源,有关中国的消息源多援引自德新社、法新社和路透社,也有一定数量的自采报道。在自采涉华报道中,尤其重要的是《亮点》周刊此前做过的一些有关中国的专题。2008 年北京奥运会举办前夕,该周刊在名为“巨人中国”(Gigant China)的专题中这样描述中国:这是一个极与极的国度。奥运会即将举办,全世界的目光都聚焦在这个国度上。这个国度充满了极端:再也没有其他的共产主义国家中,资本主义如此繁荣,没有其他的国家有着如此严重的污染,并且到处都是向往自由的声音。通过“巨人中国”这个专题,《亮点周刊》着意刻画这个与德国迥然相异的国度是如何发展,走上世界舞台的中央。[①] 在该专题中,充斥着如《和谐社会中的滋事生乱》《老龄化问题困扰中国》以及有关达赖喇嘛的报道,报道基调较为负面。

此外,在 2009 年新中国成立 60 周年之际,《亮点》周刊又推出了“中华人民共和国 60 周年”的专题,[②]以德国普通人的视角对中国的政治、经济制度进行诠释,对西方与中国的不同之处做出了较为细致而深入的探讨,并且以驻外记者游记的方式表现了中国普通人生活的剧变。

《每日镜报》*Der Tagesspiegel*

DER TAGESSPIEGEL

《每日镜报》(*Der Tagesspiegel*)是德国首都柏林的地方日报,隶属于每日镜报有限责任公司(Verlag Der Tagesspiegel GmbH)。该报在柏林当地的销量仅次于《柏林报》,读者主要集中在柏林西部的城区。近年来,该报的影响力逐步提升,已经成为一家“立足柏林,放眼全德”的主流媒体。

一、历史沿革

《每日镜报》成立于“二战”结束后,1945 年 9 月 27 日首次出版,受美国占区军政府信息控制部(Information Control Division)管辖。在创刊之初,《每日镜报》只在柏林和勃兰登堡州发行,在苏占区很不受欢迎。1949 年的柏林封锁更使得《每日镜报》的发行彻底局限在了西柏林。

该报最早的发行人名叫海因里希·冯·施威新(Heinrich von Schweinichen)。受资金所困(初始资金只有 5000 马克),成立第一个月,发行人不得不自掏腰包以维持报社的运转。1946 年 6 月,海因里希·冯·施威新被

① 《亮点周刊》网站:Extra:Gigant China,http://www.stern.de/politik/ausland/extra—gigant—china—615892.html,检索时间:2015 年 7 月 3 日。

② 《亮点周刊》网站:Extra 60 Jahre Volksrepublik China,http://www.stern.de/reise/fernreisen/extra—60—jahre—volksrepublik—china—1511519.html,检索时间:2015 年 7 月 3 日。

美国占领当局从《每日镜报》中除名，至今确切原因仍不得而知。[①]

1992年，当时的报纸所有人把《每日镜报》卖给了德国的一家综合性出版公司——霍兹布林克出版集团(Verlagsgruppe Georg von Holtzbrinck)。从2001年起，报社改变了办报方针，力图将《每日镜报》打造成德国跨区域报纸。此后，该报在头版印刷其办报信条为"一份柏林和全德的报纸(Zeitungfür Berlin und Deutschland)"，并取得了极大的成功。2002年，《每日镜报》的发行人欲将霍兹布里克传媒集团和柏林出版社合为一家媒体，以进一步扩大影响力。为防止该报垄断市场，这一合并申请被德国反垄断法执行机构联邦卡特尔局否决。

2009年，《每日镜报》股份再度交接。霍尔茨布林克出版集团(Dieter von Holtzbrinck)新成立的迪特·冯·霍兹布里克传媒有限责任公司(DvHMedien)接手了《每日镜报》有限责任公司的全部股份，并于当年10月搬进了全新的办公大楼。

二、发展现状

据德国报刊发行量稽查机构IVW(Informationsgemeinschaftzur Feststellung der Verbreitung von Werbeträgern，简称：IVW)的数据显示，1998年后，受德国国内报业不景气的大环境影响，《每日镜报》的销量减少达16.9%，日均发行量为11万份(2015年第一季度)。[②] 不过，其下滑速度远远慢于其他柏林当地报纸。2015年，《每日镜报》拥有读者约32万人，对柏林政策制定者和意见领袖的覆盖率达40%。[③]《每日镜报》主要针对受教育水平较高的读者群，格调相较于《柏林报》和《柏林晨邮报》等柏林当地报纸更高，并且在跨区域发行方面更有竞争力，虽然在柏林和勃兰登堡州外的发行量只占其总发行量的7%，但是却远超过其他柏林本地报纸。[④]

图27 《每日镜报》网站

在网站方面，《每日镜报》的官方网站浏览量一直在德国各大媒体中名列前茅，2010年9月的访问量达到430万次。此外，在2007年的报社年报中，《每日镜报》宣称，该报是德国被引用率最高的报纸。[⑤] 2009年，该报发行人霍尔茨布林克称，《每日镜报》在柏林之外的影响力稳步提升。[⑥]

此外，自2005年至2015年的十年中，该报编辑与记者已经获得100余个奖项，包括纽约新闻设计协会颁发的世界最佳报纸设计奖。[⑦]

① Wolfgang Schivelbusch: Vor dem Vorhang. Das geistige Berlin 1945 - 1948. München 1995, S. 254 ff.

② 德国报刊发行量稽查机构网站，http://www.ivw.eu/aw/print/qa/titel，检索时间：2015年6月3日。

③ Frank Kautter: Der Verleger als Erfolgsfaktor der Tageszeitung", Dissertation an der FU Berlin, 2007, S. 87, Abgerufen am 1. November 2009.

④ 德国反托拉斯委员会：Gutachten der Monopolkommission zur Ministererlaubnis nach Ablehnung durch das Bundeskartellamt http://www.monopolkommission.de/sg_36/text_s36.pdf, Tz. 86, 121 检索时间：2015年6月3日。

⑤ Tagesspiegel bleibt meistzitierte Hauptstadtzeitung. Der Tagesspiegel, 11. Januar 2008, abgerufen am 8. März 2009.

⑥ 德国传媒市场调查网：http://www.dnv-online.net/medien/detail.php? rubric=Medien&nr=32196，检索时间：2015年6月3日。

⑦ 26th Edition Winners Pressemitteilung der Society for News Design vom 4. März 2005.

三、报道特点

《每日镜报》以严肃新闻著称，在德国国内享有很高的声誉；崇尚古典自由主义，为读者提供政治深度背景报道与分析。该报的报道宗旨是“探索新闻事件背后的前因后果”(拉丁语：rerumcognoscerecausas)。其发行人之一，乔万尼·迪·劳伦斯(Giovanni di Lorenzo)曾这样描述《每日镜报》，“在表象和本质之间，一家像《每日镜报》这样高品质的报纸只能选择本质”。[①]

在内容方面，除柏林和勃兰登堡州的当地新闻外，该报还提供德国国内外商业与体育、艺术与文化等领域的资讯。

四、涉华报道

DER TAGESSPIEGEL

RERUM COGNOSCERE CAUSAS

Gebändigte Gefühle: Wie **Meditation** unser Gehirn verändert – S. 25

Und nun Westermann: Die lange Verletztenliste von **Joachim Löw** – S. 22

Teurer Nichtsnutz: Berlin baut eine sinnlose **Brücke** – S. 9

Begeisterter Empfang für Lena

Lenas Triumph

Das Oslo-Gefühl

BP: Ölpest wird noch schlimmer

Jetzt misstrauen die Grünen der Ampel

Gespaltenes Echo auf Öffnung der FDP für Rot-Gelb-Grün in NRW / Steinmeier: Das Land will neue Politik

Vier Fragen an Josef Joffe

Was macht die Welt?

Auf Pump leben, Israel provozieren und das nationale Hemd tragen

EU-Kommissar warnt vor zu viel Sparen

mega sale aktionstage

flieg mit unserem sonderangebot nach amsterdam – schnell buchen bis zum 31. mai

.com

45°

图 28 《每日镜报》头版

《每日镜报》对中国议题非常关注，在北京派驻有记者。据粗略统计，该报(网络版)每年发表的新闻报道中，涉及“中国”报道的频度为月均 100 余次(2012 年起)。该报的网络版将中国视为一大关注重点，并在中国议题版面中这样写道：从习近平主席上台以来，中国展现了更多的自信。理由十分充分，中国人可以充分发挥自身的优势，与此同时克服各种问题。本报将关注中国在 1978 年改革开放后发生的惊人变化，也将关注中国在未来即将面临的挑战，以及即将到来的 2020 年改革。[②]

2014 年 3 月，《每日镜报》推出 6 个版的专刊《中国 2014》，以客观积极的态度介绍中国，表达了对远方贵客的真诚欢迎。开篇文章以“中国梦”为题，作者是前德国驻中国大使施明贤。他写道，“中国正面临着第二次深刻的改革进程，这将改变这个国家。欧洲应在这条道路上陪伴中国”。他强调：对于中国梦的实现，欧洲无需担心和恐惧。他希望“中国制造”与“德国制造”携手并进。此外，该报还在专刊中关注了德国民众眼中的中国、德国掀起“中文热”等主题。[③]

除了经济、政治、外交政策、一带一路等宏观问题，该报对中国的关注重点也涉及农村选举、网络安全等与中国老百姓生活密切相关的话题。在消息源方面，除自采报道外，主要的消息源来自德新社、法新社和路透社。

总体上来说，《每日镜报》对中国的报道秉持该报一贯崇尚的严肃新闻态度，讲求用事实和数据说话，观点较为中立、平衡。此外，该报对德国与中国在经济和文化方面的合作报道量较大，将中国视为未来德国在制造业方面的强有力对手，对中国的工业发展进行了较多篇幅的报道。

---

① 《每日镜报》网站：Der Tagesspiegel — Das Presseportal，http://www.tagesspiegel.de/themen/presseportal/，检索时间：2015 年 6 月 3 日。

② 《每日镜报》Der Tagesspiegel — Das Presseportal，http://www.tagesspiegel.de/themen/presseportal/，检索时间：2015 年 6 月 3 日。

③ 新华网：《德国各界期待习近平到访望中国加大投资》，2014 年 3 月 28 日，http://news.xinhuanet.com/world/2014－03/28/c_126325777.htm，检索时间：2015 年 6 月 1 日。

图 29　《每日镜报》新闻网站“中国”主题页面

2014 年 3 月 24 日，我国驻德国大使史明德大使曾接受该报采访。史大使就习近平主席即将访德、中德关系及中国改革发展等问题阐述了看法。[①]

《明镜》周刊 *Der Spiegel*

DER SPIEGEL

《明镜》周刊(*Der Spiegel*)是德国最为重要的新闻类期刊之一，该刊注重调查性报道，敢于揭露政界内幕和社会弊端，在国内外具有相当大的影响力。自 1947 年 1 月 4 日首次出版以来，鲁道夫・奥格斯坦(Rudolf Augstein)一直是《明镜》周刊的总编辑兼发行人，也正是他将杂志更名为《明镜》。1952 年，《明镜》周刊总部由汉诺威迁至汉堡，并开始发行《经理杂志》(Manager－Magazin)。2002 年 11 月 7 日，鲁道夫・奥格斯坦逝世，但依然是该刊的挂名发行人。

一、历史沿革

1946 年，英国占领军在汉诺威创办杂志《每周关注》(*Diese Woche*)，这就是《明镜》周刊的前身。自创刊之日起，《明镜》就与英国的主管在发行权的问题上一直纠缠不清，直到 1947 年时由德国人接手继续出版。新的杂志于 1947 年 1 月 4 日开始以《明镜》的刊名出版发行，由鲁道夫・奥格斯坦出任周刊第一任主编。创刊初期，年轻的编辑们就确立了《明镜》周刊的主旨：政治批评与严肃的政治评论。[②]由于《明镜》周刊这样的政治倾向，当

---

① 外交部：《驻德国大使史明德接受〈每日镜报〉专访：主线就是改革？》，http://www.fmprc.gov.cn/ce/cede/chn/sgyw/t1140404.htm，检索时间：2015 年 6 月 8 日。

② 中国新闻出版报：《〈明镜〉周刊何以行销全球经久不衰》，2007 年 12 月 27 日第 3 版，http://www.chinaxwcb.com/xwcbpaper/html/2007－12/27/content_20411.htm，检索时间：2015 年 9 月 2 日。

时德国的其他三个占领国都对周刊的发行施加了极大的压力，所以周刊不得不在一定程度上沿用以前《每周关注》杂志的编辑风格出版发行。

在 1950 年到 1960 年的十年当中，联邦德国政府十分黑暗。由奥格斯坦率领的《明镜》周刊首先向政府发难，写了大量十分尖锐的政治评论。奥格斯坦与当时黑暗的联邦政府抗争的十年，在德国历史上被称作“民主突击炮”(Sturmgeschütz der Demokratie)时期。早在《明镜》还没有成为德国大众传媒的领导者之前，它就已经开始影响着人们的观点了。经历过十年的“民主突击炮”时期之后，《明镜》在德国传媒界逐渐站稳脚跟，成为真正的主流杂志。因此，德国前外长根舍(Hans-Dietrich Genscher)曾对《明镜》周刊的主编奥格斯坦评价很高，认为如果没有他，德国会完全不同，绝对不会如此自由开放。

图 30　1947 年 1 月出版的《明镜》周刊

图 31　1962 年 10 月 10 日出版的《明镜》周刊刊发关于“Fallex62”的军事演习的报道

在《明镜》的办刊历史上，最惊险，也是最荣耀的时刻，当属 20 世纪 60 年代轰动一时的“明镜事件”(Spiegel-Affäre)。[①] 1962 年，该刊引用北约秘密文件报道了代号为“Fallex62”的军事演习，并在文中批评联邦德国国防军战备低劣，无以应对东欧威胁。此文一出，引发了阿登纳政府的震怒。10 月 16 日，在司法部长毫不知情的情况下，36 名警察突然查抄《明镜》编辑部，将奥格斯坦及其他三名编辑以“特嫌”(指被怀疑为特务的人)罪名逮捕。就连正在西班牙度假的撰文者也被联邦国防军逮捕回国。事后证明，整件事是国防部长弗朗茨·约瑟夫·斯特劳斯(Franz Josef Strauss)一手主使，越权所为。得知真相后，汉堡民众上街游行，声援《明镜》周刊，阿登纳内阁中也有五位部长辞职，以此来抗议政府滥用权力。次年，联邦德国宪法法院最终裁定《明镜》周刊无罪，这被视为德国战后新闻史上最重要的时刻之一。“明镜事件”导致斯特劳斯因侵犯新闻自由而辞职，阿登纳总理本人也因受到牵连于 1963 年黯然下台。

1993 年，《明镜》周刊最大的竞争对手《焦点》周刊开始出版。《焦点》周刊以其中立的观点赢得了不少读者。但即便这样，《明镜》周刊自始至终都没有改变自己的宗旨，还是以其批判性的特点拥有大量的读者。到 1994 年时，斯特凡·奥斯特(Stefan Aust)接掌《明镜》主编一职。为了让杂志顺应时代进步的潮流，奥斯特上任当年

① 人民网:《德国最著名的新闻周刊〈明镜〉创刊 60 年》，2007 年 1 月 16 日，http://media.people.com.cn/GB/40606/5287650.html，2015-9-1，检索时间:2015 年 9 月 2 日。

便使《明镜》周刊成为全世界首本登陆互联网的杂志，读者可以通过网站浏览杂志刊文目录，并且能够免费阅读部分文章。

然而，奥斯特的某些改革措施也招致非议。有人强烈批评其违背了周刊从不结交权贵的铁律，与政客勾勾搭搭。而且，奥斯特还被指责过度追求耸人听闻，格调日渐低下。但不管怎样，《明镜》周刊仍然能够在每周一准时出现在大大小小的报摊，以醒目的封面吸引着过往的读者。同时，几乎每一期《明镜》周刊都能给读者提供"全面的真相"，尽管它已经多年不曾揭露过大丑闻了。

自2002年起，《明镜》周刊的网络版可供付费读者进行查询阅览，阅读内容不受时间限制。为了进一步适应市场竞争新形势的需要，从2007年开始，《明镜》周刊就提出要推出"明镜知识库"的想法，决心放弃原本付费检索《明镜》周刊资料的服务方式，而改为在"知识库"免费开放周刊自1947年创刊至今的所有文章资料，同时提供声音、图片、图像等多种资源检索。

二、发展现状

目前，《明镜》集团下属五个分支机构，分别负责在线、周刊、出版社、经理人月刊及视频等五方面业务。《明镜》集团所制作的视频除了可以在网上点播外，主要出售给电视台等机构播放。

1947年创办以后，《明镜》周刊创始人就将一半股份送给了员工。截至2008年2月，集团共有50.5%的股份属于800名平面媒体的工作人员，但从事在线和视频业务的员工尚未获得这一福利。[①]

如今的《明镜》周刊在全德国范围内发行，以德文和英文在汉堡出版。该刊的特点是全面深刻，所刊登的文章篇幅一般比较长。但是，文章的长短与记者的收入并不挂钩，删稿子也不影响记者的收入。这样做的目的是希望记者能够保持独立性，其才华能够根据自己的专长得到充分发挥。除此之外，《明镜》周刊员工的工资要比其他媒体工会提出来的基本工资高很多，所以周刊的职位空缺主要凭借高薪从别的媒体吸引员工过来填补。《明镜》周刊一直秉承创刊之时总编辑的传统：要个人化的叙述，永远讲述具体人的具体事情；同时鼓励故事讲述的戏剧化，要有铺垫和高潮；明确规定了若干禁用措辞；报道与经营严格区分等。[②]

除了出版系列期刊外，《明镜》周刊的网站还建设了详尽的档案资料库，收录内容十分齐全，有很多人选择通过该刊网站的档案系统查找所需要的历史、新闻资料。明镜在线公司推出的"明镜知识库"，通过建立一个可以附加新闻内容的百科全书，除了给人们提供快速、便捷、周到的服务，还为杂志本身增加了可观的经济收入，做到了社会效益与经济效益的同步发展。

三、报道特点

随着柏林墙倒塌，《明镜》周刊就转而开始放眼国际，虽不再以"民主突击炮"的强烈形象出现在公众视野中，但却保持了一贯理性严谨的风格。其整体报道以时政性硬新闻为主，偶尔刊登科技文艺类文章。如今，在《明镜》周刊的封面故事中，时政类的硬新闻占了74%以上。[③] 与此同时，《明镜》所刊登的医学、科技和历史类封面报道，也都是与当今社会民众生活有极大关系的深度报道。这些报道旨在引领民众从新闻事件、历史事件中吸取教训，用批判的眼光看待当今政治风云的变幻，以监督政府做出必要改革。

在1949年制定并且一直到现在都还在施行的《明镜》周刊写作守则里，明确提出了报道要讲究时效、真实性和趣味性的要求。值得注意的是，在对真实性的要求中，明确规定《明镜》不允许有刊登更正声明的机会，在不能确定新闻的可信性时，宁可放弃一条新闻，也不能冒刊登假新闻之险。

除此之外，在这份写作守则中，对一篇《明镜》新闻故事应有的结构与行文标准做出了详细的规定：(1)尽可

---

① 聂晓阳：《德国媒体现状及年轻记者培养》，《中国记者》2008年第2期。

② 聂晓阳：《德国媒体现状及年轻记者培养》，《中国记者》2008年第2期。

③ 黄典钟：《期刊常青树是这样炼成的——〈时代〉〈明镜〉发展模式探究》，《海外传媒》2008年第11期。

能把人放到事件情节的关键点中加以报道;(2)将所有的新闻放到历史背景中加以报道。

同时,在创立初期,奥格斯坦还为周刊定下了两条基本原则:其一,只写自己想看而在其他报刊上看不到的文章;其二,不论敌友,决不向任何权威低头。① 通过这样的明确规定,奥格斯坦培养出了对周刊感兴趣的、持续而忠实的固定读者群,这使得《明镜》周刊迅速成长为全国范围内最有影响力的一份综合性时事刊物,并且在国际新闻领域中也享有很高的声誉。德国外交部长菲舍尔曾这样评价《明镜》周刊,"自从在村里的剃头铺排队的时候第一次读到《明镜》周刊,就一直被其大胆和无所顾忌的风格所深深吸引",②此后他便成为了《明镜》周刊的忠实读者。

在这样的编辑原则指导下,《明镜》周刊一直以来的风格,就是以直言不讳的笔锋道出民众疾苦,直指政治家的软肋。这种风格既体现了德国新闻自由,同时也赢得了读者的认同。在《明镜》周刊的章程中明确规定:"《明镜》要避免各种陈词滥调、废话空话以及廉价的公式化的文风,在文章的表述方面要力求做到简洁明了、切合实际、精到准确,切不可装腔作势。"③

作为德国调查性报道的代名词,《明镜》周刊以其犀利的调查性报道让自己成为德国承载最多社会期望的媒体。从创刊开始,《明镜》周刊就把其报道重点集中在对社会和政治事件的揭露方面。在过去几十年中,《明镜》周刊揭露过很多政治丑闻,也有数十位德国政府高官因丑闻而被削职或者引咎辞职。在揭露丑闻的同时,《明镜》周刊也自然而然地把批判的矛头指向了政界名人,德国前总理阿登纳(Adenauer)、前国防部长斯特劳斯都曾因丑闻而成为其攻击目标。但《明镜》周刊的矛头并不单单指向保守党人,社民党的领袖人物维利·勃兰特(Willy Brandt)、约翰内斯·劳(Johannes Rau)以及拉·封丹(La Fontaine)等等也都遭到过《明镜》的炮轰。

有评论认为,如今的《明镜》周刊虽然不能称"民主突击炮",但也没有堕落到无足轻重。它建立于"二战"废墟,创办之初就给德国打开了一扇窗口。从它诞生之日起,德国新闻业就有了全新的变革,不再是统治阶层的工具和传声筒,也不再对政坛达官要人毕恭毕敬。正因如此,《明镜》周刊一向敢于发起挑战、反抗权威,它所尊重的只有事实。在《明镜》周刊看来,这个世界的表象十分可疑,新闻人的使命就是揭露,就是粉碎神话。如上评论对一份新闻期刊来说,是非常高的评价。曾经专注于研究《明镜》的学者汉斯·艾森伯格(Hans Eisenberg)曾表示,《明镜》的成功,是作为一个不可替代的社会监督者的成功。如果这个国家还没有能够代替它的批判者,《明镜》就是不可或缺的。它是唯一一份从来不顾忌官僚和政党魁首的报纸;唯一一份从来不做任何形式的自我新闻检查的报纸;唯一一份从来不对当政者低头的报纸。它有能力将一个腐败的官员拉下马,有能力公开攻击政府内阁,有能力取笑政府的谎言,同时也有能力影响数百万人的意见和观点。④

四、涉华报道

自创刊以来,《明镜》周刊一直关注中国的发展,对中国的报道数量逐年上升,近几年一直保持在很高的水平,这反映出中国是《明镜》周刊关注的一个焦点。从 1999 年开始,《明镜》就大幅加强了对中国经济的报道力度。随着中国经济的不断发展,《明镜》对华经济报道的数量日趋增加,对华经济关注度远胜对社会、民主等方面的报道。在选材和角度上,《明镜》周刊更倾向于对中国进行负面报道,通过选取特定材料和报道角度,直接影响了中国形象在《明镜》中的呈现。有关中国政治、经济、社会、文化等领域的报道,形成了《明镜》周刊对华报道的主要内容。在以上议题中,《明镜》对华经济、政治报道较多,尤其关注中国经济。

长期以来,《明镜》周刊关于中国国内政治方面的报道大致可以分为以下几个类别:

1.对于中国整个政治形势的全面报道;

---

① 黄典钟:《期刊常青树是这样炼成的——〈时代〉〈明镜〉发展模式探究》,《海外传媒》2008 年第 11 期。

② 中国新闻出版报:《〈明镜〉周刊何以行销全球经久不衰》,2007 年 12 月 27 日第 3 版,http://www.chinaxwcb.com/xwcbpaper/html/2007－12/27/content_20411.htm,检索时间:2015 年 9 月 2 日。

③ 吕月:《风雨四十年——谈〈明镜〉周刊》,《国际新闻界》1988 年第 4 期。

④ 张征、冯静:《〈明镜〉周刊与调查性报道》,《国际新闻界》2005 年第 3 期。

2.关于党内高层权力机制运行情况；

3.关于中国领导人的特写；

4.关于体制改革的报道。

在社会议题领域的涉华报道中，《明镜》周刊 65％是对社会阴暗面的报道。在《明镜》周刊的报道中，中国社会整体呈现为“体制缺陷诱发腐败问题，贫富悬殊埋藏潜在危机”。[①] 在民主问题上，《明镜》驻华记者劳伦茨(Lorenz)认为，中国的民主状况在 1989 年之后并没有得到明显的改善。此外，他还认为，对《明镜》周刊而言，人权问题始终将是《明镜》对华报道的重要组成部分。关于人权问题的报道总量可能会因为中国经济的备受瞩目而减少，但是，如果中国的民主得不到实质性发展，《明镜》周刊对华人权问题报道就绝对不会消失。[②]

纵观《明镜》周刊关于中国的报道，从整体上体现出中国的三方面特点：(1)经济发展迅速，逐渐成为世界新兴经济的主导力量；(2)国内人权问题依然存在，民族问题和国内政治民主、人权自由都受到质疑；(3)无论是把中国看作伙伴还是对手，都印证了中国具有越来越显要的国际影响力。整体来看，这三个特点基本上贯穿了《明镜》周刊对中国的报道。

《南德意志报》*Süddeutsche Zeitung*

Süddeutsche Zeitung

《南德意志报》(*Süddeutsche Zeitung*，简称 SZ)是德国的一份全国性日报，由总部设在慕尼黑的南德意志出版社发行。作为一份主流报刊，该报内容主要涉及严肃的政治经济类话题，在德国社会中具有广泛的舆论影响力。

一、历史沿革

《南德意志报》的前身是曾于 1848 年至 1945 年出版的《慕尼黑最新新闻报》，该报在 20 世纪 30 年代初是南德地区发行量最高的一份自由派报纸，这个曾用名如今被慕尼黑一家地方报纸所使用。[③] 1945 年 10 月 6 日在取得美占区新闻监管部门的许可证后，《南德意志报》作为巴伐利亚州战后第一份特许报纸得以在慕尼黑创刊发行，每份报纸 4 到 6 页，售价 20 芬尼。

在第一期报纸的序言里，《南德意志报》阐释了当时创刊的社会环境以及该报坚守的立场，写道：“经过 12 年希特勒的奴役统治和德国集体意志的疯狂后，当下的德国仍处于政治紧急状态，《南德意志报》也仍处于艰难的创刊初期，但本报不会受制于此，本报也并不是某个政府或某个政党的机构，而是所有热爱自由的德国民众的代言人。”

1949 年 8 月《南德意志报》发表了一封以阿道夫·布莱布特罗伊(Adolf Bleibtreu，意为“希特勒忠实者”)为名的读者来信，信中在表达对犹太人的同情时的一句“我们并没有毒死所有人”引起了犹太大屠杀幸存者的愤怒，他们立即举行游行示威公开反对《南德意志报》，并向其编辑部扔石块表示不满。[④]

---

① 张征、冯静：《〈明镜〉周刊之“镜中中国”解析》，《国际新闻界》2005 年第 2 期。

② 张征、冯静：《〈明镜〉周刊之“镜中中国”解析》，《国际新闻界》2005 年第 2 期。

③ 巴伐利亚州历史百科网：“Münchner Neueste Nachrichten”，http://www.historisches－lexikon－bayerns.de/artikel/artikel_44551，检索时间：2015 年 3 月 14 日。

④ 《犹太汇报》网站：1949：Antisemitismus in der》Süddeutschen Zeitung《，2012 年 11 月 8 日，http://www.juedische－allgemeine.de/article/view/id/14415/highlight/Antisemitismus&in&der％E2％80％82％C2％BBS％C3％BCddeutschen&Zeitung％C2％AB，检索时间：2015 年 3 月 14 日。

Faksimile-Nachdruck der ersten SZ-Ausgabe

Preis 20 Pfg.

Süddeutsche Zeitung

MÜNCHNER NACHRICHTEN AUS POLITIK · KULTUR · WIRTSCHAFT UND SPORT

1. Jahrgang / Nummer 1

Samstag, 6. Oktober 1945

Zum Geleit

Neue Regierung Bayerns unter Dr. Högner

Dr. Högners Programm

Schriftleitung und Verlag

General Patton scheidet aus Bayern

图 32　1945 年 10 月 6 日第一期《南德意志报》

自 1946 年 6 月 22 日起,《南德意志报》开始在封面左上角刊登讽刺性杂文版块"高光"(Streiflicht),从此该版块成为《南德意志报》的特色之一。而其他特色版块——第三版(DIE SEITE DREI)的专题报告和第四版(Meinungsseite)的社论、评论和漫画,则在 20 世纪 60 年代由主编赫尔曼·普罗耶普斯特(Hermann Proebst)推出并沿用至今。自 1949 年起,该报开始在国外建立驻外记者站,并于 1967 年形成遍布全球的驻外记者网络。该报 1977 年开始在慕尼黑周边地区发行 7 种不同的《南德意志报》地方版;1989 年开始出版杂志 *SZ－Magazin*,后又于 1994 年推出面向青少年读者的全国性杂志《青年杂志》(*Jugendmagazin*),但由于运营不善在 2002 年停刊。①

在《南德意志报》创刊 50 周年之际,1995 年 10 月 6 日,报社以"SZonNet"为名建立了网站,当时网站上的文章全部来自报刊,被视为《南德意志报》的电子版。1996 年,该报科学版编辑奥利弗·邦特尔(Oliver Bantle)在一篇文章中提出在线新闻理念,即只在网上发布新闻,是年,该网站便推出了"观点(Blickpunkt)"栏目,该栏目内容只在线刊登而不出现在报纸上。之后,网站又逐渐增添旅游、消息、采访、评论等特色版块。在 1998 年德国联邦议会大选前期,"观点—政治(Blickpunkt politik)"版块又及时上线,得以在选举期间充分营造网上舆论。随着文化、经济版块的增加,网站编辑室越来越壮大,并在 2006 年将域名改为 www.sueddeutsche.de。

在 2000 年,整个德国日报行业都面临着危机,《南德意志报》也难逃厄运,经营状况不佳。但是,通过一系列兼并及停刊措施后,报社经济情况得以改善,并且在 2002 年至 2004 年间实现了扭亏为盈。

2004 年 8 月初,《南德意志报》与《明镜》周刊以及施普林格公司旗下报纸共同决定放弃使用新德语正字法,恢复使用旧正字法。2006 年,该报还与《法兰克福汇报》以及《明镜周刊》呼吁出版一本通用的使用旧正字法的杜登字典,此举加剧了对德语正字法改革的争论。②

在 2005 年的一项大型调查中,《南德意志报》代替《明镜》周刊成为德国主流报刊的第一名。传媒学者西格弗里德·魏申贝格(Siegfried Weischenberg)在对德国新闻的研究中称,在德国 1536 个有代表性的记者中,34.6%的人会为了获得信息或者找到有关话题而阅读《南德意志报》。③

---

① 南德意志出版社网:Geschichte des Süddeutschen Verlages,http://www.sueddeutscher－verlag.de/info/facts/geschichte,检索时间:2015 年 3 月 18 日。

② 《明镜周刊》网:Rechtschreibreform:"Es war ein Fehler",2004 年 8 月 8 日,http://www.spiegel.de/kultur/gesellschaft/rechtschreibreform－es－war－ein－fehler－a－312106.html,检索时间:2015 年 7 月 28 日。

③ Lesekreis:"Süddeutsche Zeitung mit Rekord－Auflage",2008 年 1 月 16 日,http://lesekreis.org/2008/01/16/sueddeutsche－zeitung－mit－rekord－auflage/,检索时间:2015 年 3 月 18 日。

二、发展现状

2008 年 2 月，南德意志报出版社五大股东中的四个把在该出版社持有的股份卖给了西南德意志传媒股份公司，该公司得以占据南德意志报出版社 81.25%的股份，因而牢牢掌控了《南德意志报》的出版发行。之后，决定该报纸基本立场和对外形象的《南德意志报》出版商理事会的成员构成也相应地发生了变化。

从 1998 年至 2008 年，《南德意志报》的发行量先是上升后，一度处于停滞状态，之后便一直下降。2015 年第一季度的发行量为 392204 份，比 1998 年下降了 5.2%。①

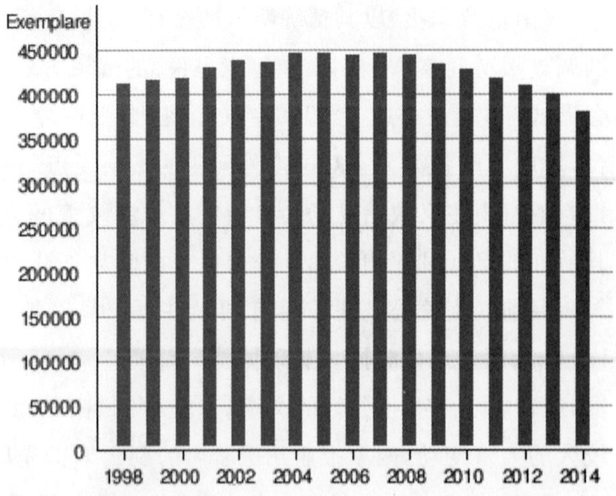

图 33 《南德意志报》1998 至 2014 年报纸发行量变化

另一方面，该报的网站却发展繁荣，在 2006 年《南德意志报》门户网站改为 www.sueddeutsche.de 后，运用了新的设计和理念，网站编辑队伍越来越壮大，网站编辑室也越来越独立，使得网站蓬勃发展。之后在 2012 年，为了与《南德意志报》的标识相呼应，网站又改名为 www.süddeutsche.de。截至 2015 年 3 月，网站累计访问者多达 3572 万人，网页访问量约为 1.26 亿次。② 2015 年 3 月 24 日，网站开始采用付费墙模式，每个用户每周可以免费访问 10 篇文章，想要阅读更多文章则需要登录账号并购买。

《南德意志报》曾在 2006 年计划增加周日版，这一计划最终于 2008 年搁置。2012 年 7 月 9 日该报进行小幅改版，纸张大小和行距不变，字体由原来的 Helvetica，Excelsior 以及 Times 改为 SZ－Schrift。③ 2014 年 10 月，《南德意志报》又在周六出版一份名为《南德意志报周末版》的大幅纸张增刊。④

《南德意志报》报社在德国国内许多城市设有地方编辑部，如奥古斯堡、柏林、德累斯顿、杜塞尔多夫、法兰克福、汉堡、卡尔斯鲁尔、纽伦堡以及斯图加特等。其旗下还有许多媒体，包括——

1.《南德意志报杂志》(*SZ－Magazin*)；

2. 面向青年的杂志和网站 www.Jetzt.de；

3. 发布《南德意志报》报纸上的文章和评论音频的南德意志报音频(Sueddeutsche Zeitung Audio)；

4. 于周六发行的有关档案搜集和调查研究的杂志《南德意志报档案》(Sueddeutsche Zeitung Archiv)；

5. 于 1993 年起开播的南德意志报电视(Süddeutsche.TV)；

6. 传播科学知识的月刊《南德意志报—科学》(*Süddeutsche Zeitung Wissen*)，2004 年 12 月 11 日创刊，2009 年 5 月 22 日由于经营不善停刊；

7. 2015 年 6 月 13 日，《南德意志报》又推出一份有关"女人对经济的影响"的经济类杂志《W 计划——女人改变经济》("Plan W" － Frauen verändern Wirtschaft)。⑤

---

① Ivw：http://daten.ivw.eu/index.php? menuid=1&u=&p=&detail=true，检索时间：2015 年 4 月 14 日。

② Ivw：http://ausweisung.ivw－online.de/index.php? i=1161&a=o18475，检索时间：2015 年 4 月 14 日。

③ 南德意志网：Was sich ändert － und was bleibt，2012 年 7 月 8 日，http://www.sueddeutsche.de/medien/layout－reform－der－sz－was－sich－aendert－und－was－bleibt－1.1406218，检索时间：2015 年 3 月 18 日。

④ 南德意志网：Das Beste zweier Welten，2015 年 1 月 15 日，http://www.sueddeutsche.de/kolumne/die－neue－sz－am－wochenende－das－beste－zweier－welten－1.2178403，检索时间：2015 年 3 月 18 日。

⑤ Kress："SZ" startet "Plan W" － Frauen verändern Wirtschaft，2015 年 6 月 12 日，https://kress.de/alle/detail/beitrag/131823－neues－supplement－sz－startet－plan－w－frauen－veraendern－wirtschaft.html，检索时间：2015 年 7 月 28 日。

三、报道特点

《南德意志报》以其精练明快的短评、题材广泛的报道和来自世界各地的即时新闻以及涉及重大现实问题的调查报道闻名。[①] 根据《南德意志报》的编辑方针所示,其政治立场为"以自由和社会为原则的自由民主的社会形式"[②],也被描述为"温和左派"[③]或"自由偏左",表明其在政治上推行多元化,为各派政治力量提供发言平台,从中了解各派力量对国内外问题的不同观点与看法,从而为读者提供全方位的观点和信息。《南德意志报》批判的自由主义政治立场和自由主义经济政策的立场使得该报也被戏称为巴伐利亚州的"唯一反对党",因为其所在的巴伐利亚州长期以来由保守派政党基社盟(CDU)执政。

目前,《南德意志报》拥有两位主编:库尔特·基斯特(Kurt Kister)和沃尔夫冈·克拉赫(Wolfgang Krach),两人地位相同。赫瑞博特·普朗特尔(Heribert Prantl)是代表主编之一,持左翼自由立场,写作经验丰富,经常发表一些批判性的文章。2001年,《南德意志报》与德国另一家著名报纸《法兰克福报》之间发生了一场较大的人事变动,两家报业几位著名的副刊编辑先后跳槽到对方编辑部中。[④]

2000年5月,《南德意志杂志》陷入一场虚假新闻丑闻中,该杂志发表了多篇记者汤姆·库默(Tom Kummer)对知名人士的采访报道,如布拉德·皮特、莎朗·斯通等,但经调查证明,这些报道均为虚假新闻,库默并未对这些名人进行过采访,只是把之前的材料整理后再虚构一些内容加工而成。[⑤]

2009年,《南德意志报》编辑室又陷入一场丑闻中。据德国DAA公关调查机构(Deekeling Arndt Advisor)透露,德国核能论坛对《南德意志报》一篇有关核电站与儿童患癌关系的文章的发表施加了影响,因为原本发表时间正处于2009年联邦议会选举高潮期间,德国核能论坛因怕受影响而要求该文章发表推迟到议会选举过后。事件爆出之后,《南德意志报》主编赫瑞博特·普朗特尔对此表示了否认,但是仍难以平息争议。[⑥]

现在,在全德国范围发行的《南德意志报》包含四个部分:政治、文化、经济、体育。近几年,《南德意志报》的报道重点由政治经济领域转到文化领域,在政治内容版面后直接便是文化类副刊。

《南德意志报》的特色版块有以下几个:

1. 每期报纸封面上方都有讽刺性短评栏目——"高光"(Streiflicht);
2. 每期报纸第三版整版栏目也是《南德意志报》的特色,一般是通讯报道和深度背景文章;
3. 第四版是"观点(Meinungen)",每天刊登一篇报社知名作者写的社论。

在德国学者进行的媒体研究中,《南德意志报》经常被拿来作分析和研究,特别是在对安全、国防政策和经济危机的报道和评论方面,经常被作详细地分析。比如,汉斯·尤根·奥尔特(Hans Jürgen Arlt)和沃夫冈·施多茨(Wolfgang Storz)在2010年3月发表的一篇题为《危机中的经济新闻——大众媒体与经济市场政策的关系》的论文中,主要研究《南德意志报》从1999年春至2009年秋的新闻报道。研究得出一项结论:《南德意志报》等德国报纸媒体作为经济市场、经济政策以及全球经济危机爆发的观察者、报道者和评论者有所失职,《南德意志报》总是以"市场可以通过价格来得到有效的调节,政府应该抽身于市场外"为经济报道的解释框架,阻

---

① 陈志斌:《新闻德语教程》,华东师范大学出版社2003年版,第17-18页。

② Maaßen Ludwig: Die Zeitung: Daten - Deutungen - Porträts. Heidelberg 1986, p. 95.

③ Davide Brocchi: Die Presse in Deutschland, Cultura21-Institut, Köln 2007, p. 7.

④ 《柏林日报》网:Gleich drei führende „FAZ-Feuilletonisten wechseln zur »Süddeutschen«, 2001年2月7日, http://www.berliner-zeitung.de/archiv/gleich-drei-fuehrende--faz--feuilletonisten-wechseln-zur--sueddeutschen--der-lauf-der-dinge,10810590,9875194.html,检索时间:2015年3月19日。

⑤ 《焦点》杂志网:Als Tom Kummer die Welt zum Narren hielt, 2010年10月25日, http://www.focus.de/kultur/medien/media-box-als-tom-kummer-die-welt-zum-narren-hielt_aid_565446.html,检索时间:2015年7月28日。

⑥ 德国《日报》网:Die Süddeutsche Zeitung und die Kinderkrebsstudie, 2011年10月30日, http://blogs.taz.de/rechercheblog/2011/10/30/die-sueddeutsche-zeitung-und-die-kinderkrebsstudie/,检索时间:2015年7月28日。

止新的理念和解决办法的尝试，而这显然对德国的经济发展并无所用。①

四、涉华报道

《南德意志报》驻华首席记者包克在 2008 年接受采访时谈到，他选题的判断标准就是“厨房喊”，即男人在客厅看到一些新闻报道后，向在厨房里干活的女人大喊发生了什么事，即那些有意思、令读者大吃一惊并值得相互传播的报道。其对新闻的理解就是“问题”和“坏消息”，“如果一个社会没有问题，政府把什么事情都处理得很好，那不是他要写的东西，所以每次选题一般为有意思或负面的新闻”。所以，他不可能向德国人提供一个很全面的中国，也没办法完全客观，而德国读者也深谙其中道理，懂得怎么运用媒体，可以自己判断是非。此外，包克称对中国偏僻地区和弱势群体更感兴趣，强调驻外记者要多下去农村和大街小巷去接触更真实的中国人，多与他们交朋友。②

Auf Salz gebaut – Gorleben, Stuttgart 21, Schmalkalden / Wissen

Süddeutsche Zeitung

MÜNCHNER NEUESTE NACHRICHTEN AUS POLITIK, KULTUR, WIRTSCHAFT UND SPORT

Fernsehen

Mehr als 300 Tote in Kambodscha

Wehrpflicht endet am 1. Juli

Shoppen und demonstrieren

Irlands Regierung verspricht Neuwahlen

图 34 《南德意志报》头版

据 2015 年 7 月的粗略统计，在《南德意志报》新闻网站搜索 2015 年 5 月、6 月、7 月三个月的涉华报道，其中，政治、经济类占多数，政治报道所占比例约为 30%，经济报道约为 18%，体育新闻为约 12%，社会新闻为约 8%，而科技新闻则占 9%。

2011 年 1 月 5 日，时任国务院副总理李克强到访德国前一天，《南德意志报》经济版发表李克强的署名文章《以更开放的姿态面向世界》。李克强在文中阐释了中国“十二五”期间加快转变经济发展方式的发展蓝图，并从克服金融危机影响、扩大贸易领域、改善投资环境、推进服务业开放和深化人文交流等方面，指出中德战略伙伴关系将进一步发展。《南德意志报》当时的外交新闻编辑史蒂芬·柯内琉斯参与了该报策划刊发李克强文章的全过程，并在接受中国媒体采访时表示：李克强的署名文章质量高，很有“卖点”，一经登出后，德国的各大通讯社、电台和电视就做了大量转载，在德国民众特别是关心政治和经济的读者中引起了巨大的反响。德国工商界人士在与李克强副总理见面前，几乎每个企业家都认真阅读了这篇文章，德国的经济、政治和中国问题专家还仔细分析了其中针对投资条件、与中国企业同等待遇的段落。③

2008 年，由于北京举办奥运会的原因，《南德意志报》格外关注中国，每期报纸平均有 4.2 篇是与中国有关的报道，其中在 8 月份，更是达到近 300 篇报道量。在主题上，24.1%为奥运，19.7%为中国国内政治，之后为经济 17.8%；在国内政治问题中，主要关注西藏问题、中国人权以及新闻自由等话题。④ 此后，该报一直对中国保持相当高的关注度。

2012 年 6 月 8 日，《南德意志报》针对“藏独”分子达赖喇嘛发表《神圣的表象》一文，对上个世纪 50 年代达赖集团与美国中央情报局的关系及达赖的虚伪面目进行了揭露。⑤ 2015 年 1 月 1 日，《南德意志报》刊登了一篇名为《完美的德国神话》的文章，指出德国被中国神化的现象。⑥

---

① Hans-Jürgen Arlt, Wolfgang Storz: Wirtschaftsjournalismus in der Krise-Zum massenmedialen Umgang mit Finanzmarktpolitik, Studie der Otto Brenner Stiftung, Arbeitsheft 63, Frankfurt am Main, 2010.

② 张志安、叶柳：《中国怎么样——驻华记者如何讲述中国故事》，南方日报出版社 2009 年版，第 74－84 页。

③ 新浪网：《中国领导人访欧连发三文李克强在西班牙〈国家报〉、德国〈南德意志报〉和英国〈金融时报〉刊登署名文章，在当地引起强烈反响》，2011－111，http://news.sina.com.cn/s/2011－01－11/190921798822.shtml，检索时间：2015 年 8 月 16 日。

④ Carola Richter, Sebastian Gebauer: Die China－Berichterstattung in den deutschen Medien，海因里希·伯尔基金会 2010 年版，第 45－46 页。

⑤ 网易新闻：《德国〈南德意志报〉发表长文揭露达赖与美国中央情报局的关系——神圣的表象》，2012 年 6 月 27 日，http://news.163.com/12/0627/05/84VUK2F300014AED.html，检索时间：2015 年 3 月 14 日。

⑥ 新华网：《〈南德意志报〉：德国被中国神话了》，2015 年 1 月 11 日，http://news.xinhuanet.com/world/2015－01/11/c_127376546.htm，检索时间：2015 年 3 月 14 日。

《日报》*Tageszeitung*

taz.die tageszeitung

《日报》(*Tageszeitung*)是一份在德国全国发行的左翼激进派报刊,成立于1978年,由该报的忠实读者合资成立的日报出版集团发行,其辛辣批判的言辞经常引发争议。

一、历史沿革

作为一份左翼激进派报纸,《日报》在德国激进而又有些疯狂的学潮运动中应运而生。1978年9月22日,《日报》在西柏林创办,但由于当时报纸编辑出现问题,修订了五天才最终解决,导致首刊正式出版日期向后推迟了五天,即于1978年9月27日正式发行《日报》创刊号。《日报》创刊人多为左翼或绿党人士,如今在德国联邦下议院担任议员的绿党代表汉斯·克里斯蒂安·施特略贝勒(Hans Chiristian Ströbele)就曾是《日报》的创始人之一。

从1979年4月17日起,《日报》开始从周一到周日定期发行。该报采用的纸张是柏林纸规格,比一般德国北部发行的全国性大报小一些。[①]《日报》标榜自己是表达市民心声的报纸,其目标读者群体是学生、环保人士、绿党、左翼自由派和左翼社会民主党。该报最初坚持"人人平等"的原则,不管上级或下级,员工工资均为600马克。因此,该报常被称为"记者学校共和国",表示其平等而民主的环境。此外,许多后来的德国领导人或官员都曾在《日报》工作过,比如德国前联邦健康部长安德烈·费舍尔(Andrea Fischer)就曾在《日报》做过印刷工。

图35 《日报》周末版

自创刊以来,《日报》经历了多次财务危机,但其经常通过发起一些趣味运动来提高知名度,以争取更多读者。在一次自称"敲诈运动"的活动中,编辑室"威胁"读者说,如果在该周新订户增加量未达标的话,某天报纸将没有图片和评论,于是读者纷纷奔走相告,为《日报》作宣传。[②] 1992年,《日报》一度面临破产,于是该报聪明地引入了"读者合作制":一批忠实读者为保持《日报》的独立性,组成读者合作制集团,自掏腰包集资救报。任何人都可以向报社投资,最少500欧元。无论股份多少,每个人都有平等的发言权。[③] 直到2013年时,《日报》才终于实现盈利。目前,《日报》经济状况稳定,2013年收入达2600万欧元,而广告收入却只占10%,大部分收入为客户订阅费用。2013年,该报社还建造了一栋新的大楼。[④]

从1995年5月12日起,《日报》开通了网站,将其纸质版上的内容全部呈现在网络上。用户付费后可以查到一年前的文章,而再久一些的文章(1986年9月1日至1994年5月12日的文章)则可以在其网上档案中查

---

① 《日报》官网:http://www.taz.de/1977—1986/! 109039/,检索时间:2015年5月10日。

② 《日报》官网:http://www.taz.de/1987---1996/! 110631/,检索时间:2015年5月10日。

③ 《德国读者自掏腰包挽救〈日报〉》,《新闻研究导刊》2012年第11期。

④ 《日报》官网:http://www.taz.de/Umbenennung—in—Rudi—Dutschke—Strasse/! 119615/,检索时间:2015年5月10日。

到。2001年10月，《日报》网站的访问量达到20万人次，在2010年的一次抗议事件直播中，更是达到150万人次。2011年4月9日，《日报》网站又推出自由支付阅读模式，读者自由支付一定金额后便可进行阅读。2014年10月，《日报》通过这种模式已收入30万欧元。[1]

《日报》每到周年庆时都要以特刊庆祝。在2009年定期发行30周年之际，《日报》发行了《日报大会》(taz-kongress)特刊，致力于对当下政治的讨论。同时，报纸版面也进行了小幅改动，而且周末版报头由之前的taz mag改为sonntaz。[2] 2013年4月又改名为taz. am wochenende。

除了纸质版，《日报》还发行电子版taz.epaper并推出《日报》客户端APP，用户可以通过购买进行阅读和下载。2010年，《日报》已有2508个电子报用户，[3]而同期的《世界报》和《图片报》的用户数才分别达到383个和785个而已。

Deutsche Ausgabe
LE MONDE
diplomatique
Russland und Ukraine – Mythen und Propaganda
Verwüstung
Wie der Klimawandel Konflikte anheizt
Jeden Monat die komplette Ausgabe als Audiodatei
monde-diplomatique.de

图36 《日报》搭载的德语版 Le Monde diplomatique

二、发展现状

除了全国版之外，《日报》还发行许多地区版或地区版面：1980年11月4日开始在东德联邦州地区发行的《日报》中增加柏林地区版面；[4]《北部地区版》(*Nord*)在不来梅、汉堡、下萨克森、石勒苏益格－荷尔斯泰因州发行。《日报》曾经还专门为各大城市出版各地版本，如《日报明斯特版》(*münster taz*)、《日报鲁尔版》(*taz ruhr*)、《日报科隆版》等，但由于报社财政危机，某些地区版逐渐停刊或并入大地区版。

此外，《日报》还发行许多副刊，如：译成德语版的法国月刊*Le Monde diplomatique*；关注环境、政治和新经济的季刊杂志*Zeozwei*；德语和土耳其语双语版的周刊*Perşembe*(Perşembe为土耳其语，表示周四，2000年每周四全国发行，后来遭遇停刊)；以及在《日报周末版》增加4版来自《斯图加特因特网报》(*die Stuttgarte Internet-Zeitung*)里的内容。

近年来，《日报》发行量呈下降趋势，在2015年第一季度，《日报》的发行量为5.47万份，比1998年同期下降了6.4%。[5]

1991年前，《日报》员工从排字工人到主编的工资水平都是一样的，个别部门领导可能还有几百欧的责任附加工资。如今，《日报》的编辑室和出版社共有约250名员工，虽然员工的工资水平已分等级高低，但大多数员工每月税前工资约为2000欧元，而这还不到普通记者工资的50%，所以该报记者和编辑经常跳槽。该报也因此被戏谑为一个不断在“进水－加热－出水”的“直通式加热器”，来表示其编辑室经常处于人员“进入－在职－流失”的状态。

---

① 《日报》官网：http://www.taz.de/1997－2006/! 110632/，检索时间：2015年5月10日。

② 德语中周日为sonntag，在此《日报》聪明地做了一个文字游戏，将sonntag(周日)与日报简称“taz”结合组成“sonntaz”表示日报周末版，一语双关。而以前的“taz mag”，意思是“日报所爱”。

③ Ivw.de网站：http://ausweisung.ivw－online.de/，检索时间：2015年5月10日。

④ 《日报》官网：http://www.taz.de/1977－1986/! 109039/，检索时间：2015年5月10日。

⑤ 德国报刊发行量稽查机构网站：http://daten.ivw.eu/index.php? menuid＝1&u＝&p＝&detail＝true，检索时间：2015年5月10日。

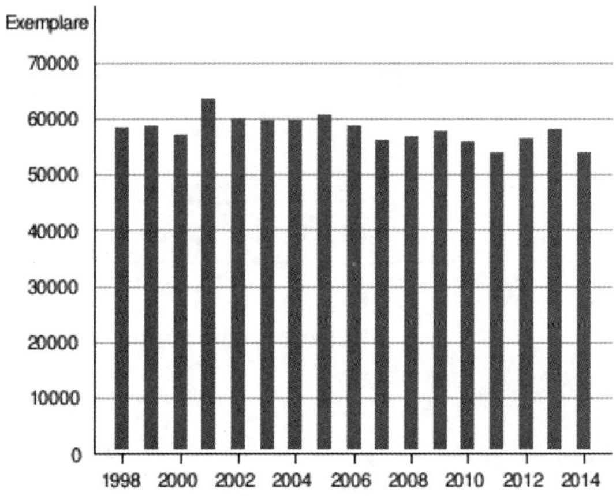

图 37 《日报》1998 年—2014 年发行量变化图

图 38 驻华记者李德辉网页专栏

《日报》网站:http://taz.de/Felix-Lee/! a145/,检索时间:2016 年 2 月 29 日。

三、报道特点

作为一份左翼激进类报刊,《日报》的内容主要是有关政治、环境、文化类的主题,观点新颖偏颇、言辞辛辣讽刺,特别是其讽刺性版面"真相(Wahrheit)",以讽刺性、幽默文章闻名,但也经常引起众多争议,多次受到德国新闻委员会(deutsches Presserat)的斥责。

此外,《日报》与阿克塞尔·施普林格传媒集团旗下的报纸为对立关系,相互之间经常发生论战。其独特的风格也使其曾经获得《纽约时报》奖项提名。

四、涉华报道

首先,通过《日报》网站关键词检索进行统计,发现该报涉华报道频率较低,大约平均五天一篇涉华报道,实时消息较少,报道多为深度报道或者分析评论。在报道议题上,多为经济、政治类新闻。在报道来源上,《日报》的涉华报道多数为自采,少数报道来自对美联社、奥地利通讯社等国外媒体涉华报道的综合整理。

其次,《日报》的涉华报道也体现了其激进、辛辣的报道态度。《日报》的驻华记者是一名名叫李德辉(Felix Lee)的华裔记者。李德辉在 2012 年 4 月正式来到中国担任驻华记者,在此之前曾担任《日报》的编辑。当时李德辉对中国的态度较为积极正面。例如,2011 年 5 月 15 日,《日报》发表了李德辉的一篇题为《向中国学习》的文章。文章赞赏中国政府的经济政策和促进公共福利的措施,主张西方在这一方面应该向中国学习,以消除自己的弱点。文章写到,中国目前的经济和福利政策,有些甚至比西方更好,值得仔细观察。[①]

而近年来,李德辉的文章中体现出的态度逐渐转变。他平均每周在《日报》上发表一篇深度报道或评论文章,其评论较辛辣、幽默,讽刺意味浓重,对华态度较为负面。如 2015 年发表的涉华报道中:在报道习近平 9 月访美时,其标题为"一次尴尬的会面"。报道中称,由于南海问题、网络黑客、人权、阅兵式和朝鲜核问题等多方面冲突较大,"中美关系最近跌入低谷,奥巴马会给习近平好脸色吗?"而在报道 9 月初中国举行抗战胜利阅兵式时,标题为"和平鸽与战斗机齐飞",凸显讽刺意味;在报道 8 月末的田径世锦赛时,更是连续发表负面评论,《世锦赛? 什么是田径世锦赛》和《糟糕的比赛》两篇报道称,中国由于偏向阅兵式而不重视此次田径世锦赛,导致中国媒体对世锦赛宣传报道少、主办方准备不到位、工作人员服务态度差、选手不满意等,之后又以标题"至少一个金牌吧"讽刺中国作为此次田径世锦赛东道主终于不再尴尬,可以获得一枚金牌自豪一下。

① 人民网:《德媒:中国正在实行人类有史以来最大社会福利计划》,2011 年 5 月 20 日,http://world.people.com.cn/GB/14692442.html,检索时间:2015 年 9 月 22 日。

《世界报》*Die Welt*

DIE WELT

《世界报》(*Die Welt*)是德国的一家跨区域发行的日报,隶属于欧洲大型出版集团施普林格传媒集团(Axel Springer SE)。该报时事社评水平很高,视角独特。其主要读者是政界、经济界领导人,发行量相比《南德意志报》《法兰克福汇报》等其他全国性报纸略低,但在世界上的影响力很大,因而该报被视为德国的代表性报纸。

Die Welt

Einzelheiten zum Industrieplan

Keine geheimen Annexionen

UNO wartet auf Rußlands Antwort

Europäische Ernährungskonferenz

Das Wesen der CDU

图 39　1946 年 4 月 2 日刊发的《世界报》第一期

一、历史沿革

“二战”后,《世界报》由战胜国之一的英国在其德国占领区汉堡创办,旨在打造一份同《泰晤士报》一样高品质的报纸。1946 年 4 月 2 日,《世界报》刊发第一期报纸,当时定价为 20 芬尼。

当时的英国占区政府想把《世界报》打造成自己的宣传报纸,但是,该报坚决反对这种做法,两者之间发生数次冲突。经过不懈的努力,该报最终确立了独立媒体的地位。很快,该报因其内容翔实,观点中立,发行量迅速上升到 100 万份。1953 年,施普林格传媒集团以 200 万马克的价格收购了该报。

在施普林格时代,《世界报》的第一任主编是右倾保守派汉斯・策尔。他将该报从一份自由报纸转变为“国家性大报”,从 1965 年开始,报纸便启用这一标语作为自己的立报准则。在 20 世纪 60 年代末联邦德国的大学生运动中,施普林格集团成为学生的重点反对对象,而《世界报》也成了重点攻击的靶子。1975 年,该报编辑部从汉堡迁到波恩,又于 1993 年迁往柏林。

INTERVIEW Bud Spencer über Prügel und Pasta

HOCHZEIT Kate rettet Englands Wirtschaft

MODE Die Rückkehr der breiten Streifen

EXKLUSIV Schalkes Boss über Magaths Rauswurf

WELT am SONNTAG

Deutschlands große Sonntagszeitung | Gegründet 1948 | www.welt.de

Rösler erwägt Führung der FDP

Liberalen entscheiden bereits morgen über neuen Parteivorsitz

So grün wird Deutschland

Mord von Krailling: Onkel verhaftet

„Adolf Eichmann hat alle getäuscht“

图 40　《世界报》周日版头版

《世界报》周日版作为《世界报》的补充,于 1948 年 8 月在汉堡出版,有自己单独的编辑部,也在 1953 年被施普林格传媒集团收购。2001 年,该报编辑部从汉堡搬到了柏林。

二、发展现状

作为施普林格传媒集团麾下最具代表性的日报,《世界报》在国内有 11 家分社,在世界的主要国家都驻有记者,而且在 130 余个国家和地区都有出版发行。根据德国报刊发行量稽查机构(Informationsgemeinschaft zur Feststellung der Verbreitung von Werbeträgern)的统计数据,《世界报》的德国国内日均销量为 20.58 万份(2015 年第二季度),覆盖读者达到 71 万人。[①]

目前,《世界报》拥有汉堡和柏林两种地区版本,在 1997 年到 2002 年间还曾出版过不来梅地方版,2002 年

① 德国报刊发行量稽查机构网站:http://www.ivw.eu/aw/print/qa/titel,检索时间:2015 年 5 月 12 日。

出版过巴伐利亚地方版。以往,《世界报》的周内版和周日版各自设有总编辑部,办公地点都在柏林。从 2002 年起,《世界报》的周内版、周日版和《柏林晨邮报》三家施普林格传媒集团旗下的报纸合并编辑部,共用同一套编辑班子,但是各自的名称得以保留。

在德国国内,《世界报》最主要的竞争对手是《法兰克福汇报》《南德意志报》和《法兰克福评论报》。与对手相比,《世界报》在竞争上处于劣势,这应归咎于它漫长而不平静的历史。这份创办于 1946 年的报纸,编辑部多次易址,汉堡创刊后来又迁往波恩再搬至柏林,因此《世界报》始终没能培育起一个本地读者市场。相比之下,《法兰克福汇报》

DIE WELT

DIENSTAG, 3. APRIL 2012

Zippert zappt

SPD fordert Orden für Steuerfahnder

Wohltaten helfen nicht

Singen in der Heimat

THEMEN

25 Millionen ohne Arbeit – Berlin wirbt um Europäer

Höchste Arbeitslosenquote im Euro-Raum seit 15 Jahren. Großes Gefälle zwischen Deutschland und den Krisenländern im Süden

SED-Experten: Gysis Leugnen unglaubwürdig

„Du kriegst gleich eine gescheuert“

Handlicher kann man Zeitung nicht lesen.

图 41　2012 年 4 月 3 日《世界报》柏林版头版

大部分在黑森州销售,《南德意志报》是巴伐利亚的主流报纸,而《世界报》则在德国全境分散发行,各地的销量差别不大,造成其成本居高不下。受德国报业整体不景气的影响,近年来《世界报》的销量下降较快。周一至周五版本发行量 20 万份,下降 5 万份,预订报纸占 48.4%。[①]

《世界报》是欧洲卓越报纸联盟的创始成员,该联盟的成员还有西班牙《国家报》、意大利《共和报》、法国《费加罗报》和瑞士《每日导报》等。这些报纸通过组成联盟强强联合,在国际问题新闻报道和编辑上进行合作。

1995 年,《世界报》的网站就已经开通上线。在实现数字化之后,《世界报》网站免费提供所有报纸文章的存档。目前,《世界报》推出了新的战略,该报仍然作为印刷物存在,但是所有的报纸内容要首先在网络上发布,也就是说,网站新闻从早到晚都要以最快的速度报道出来。自 1998 年秋起,《世界报》网站增加了一个每周文学的附刊栏目,该栏目源于维利·哈斯(Willy Haas)于 1925 年创立的文学杂志,所以该栏目沿用杂志名称《文学世界》。

从 2014 年起,42%的《世界报》不再通过传统的预订或零售渠道进行出版发行,而是以样刊或者特价的形式出售。

2013 年末,施普林格传媒集团收购了 N24 电视台。2014 年 2 月,N24 电视台和《世界报》的编辑部合并,以生产全媒体新闻。2015 年 1 月,WeltN24 责任有限公司成立。[②]

从 2015 年 1 月起,《世界报》的在线版本每个月只有 20 篇文章能够免费在线阅读。面对《南德意志报》和《法兰克福汇报》向广大读者提供超信息量的激烈竞争,以及《世界报》自身频繁改变其政治倾向,导致该报失去部分吸引力,读者人数日趋下降,广告收入减少,近些年来不断出现赤字。

三、报道特点

一向以来,《世界报》的报道特点在于严格地将新闻事实与评论分开,社论中会同时给出双方对立的观点,让读者自己进行判断,让每种声音都能得到传播,非常注重平衡性。该报的社论视角独特,常能挖掘到其他媒体不曾注意过的问题。该报侧重经济报道,对其投入了较大的人力和物力。《世界报》的经济新闻通常图文并茂,用平实的语言阐释复杂的经济现象,受到诸多好评。

例如,在欧债危机中,该报发动大量的人力和物力,对欧洲央行实行的量化宽松政策、欧元大幅贬值的前因

① 德国报刊发行量稽查机构网站:http://www.ivw.eu/aw/print/qa/titel,检索时间:2015 年 5 月 12 日。

② Axel Springer SE: Geschäftsbericht 2014. Abgerufen am 18. März 2015.

后果做出一系列翔实的报道。这些报道大都图文并茂，取得了很好的传播效果。

在《世界报》的出版史上，其政治倾向几经变更。20 世纪 60 年代，该报曾以批评态度面对阿登纳政府。在 1969 年至 1982 年“社民党—自民党”联合执政期间，它又激烈地反对过联合政府，猛烈抨击其推行的“东方政策”。现在，该报又以“偏右”(rechts)或“偏保守”(konservativ)自称，明显倾向联盟党。

四、涉华报道

《世界报》与中国渊源颇深，中国领导人也曾多次接受该报采访，并且在该报上发表署名文章。例如，2004 年 4 月 27 日，《世界报》发行人施托尔特采访了当时正在访问德国的温家宝总理，温总理就中德关系、中欧关系、中国经济形势、伊拉克问题和巴以局势等问题阐述了中方立场。[①] 2014 年 10 月 8 日，李克强总理即将访问德国之前，也选择在《世界报》发表署名文章《让开放创新引领中德合作》，为此次访问营造良好的舆论氛围。[②]

《世界报》对中国议题非常关注，在德国媒体中有关中国问题的报道数量名列前茅。根据粗略统计，自 2012 年起，该报每年发表的新闻报道中，含有“中国”一词的频度为月均 180 余次，消息源多源于德新社和法新社，自采报道所占比例也较高。

Jetzt beginnt das Zeitalter des schwachen Euro

Star-Investoren wie Warren Buffett und Bill Gross erwarten eine neue Euro-Ära. Sie prophezeien eine jahrelange Schwäche der Gemeinschaftswährung. Und wittern das Geschäft ihres Lebens.

127 Twittern Von Holger Zschäpitz Leitender Wirtschaftsredakteur

Die Analysten der Großbanken sind sich einig, dass es mit dem Euro-Kurs noch weiter nach unten geht
Foto: Infografik Die Welt

图 42 《世界报》欧债危机相关报道

《世界报》网站：《现在进入弱欧元时代》，Jetzt beginnt das Zeitalter des schwachen Euro，2015 年 7 月 3 日，http://www.welt.de/wirtschaft/article138153695/Jetzt－beginnt－das－Zeitalter－des－schwachen－Euro.html，检索时间：2015 年 10 月 27 日。

REISE PEKING 12.10.15

Bis tief in die Nacht kommen Chinesen zum Lesen

Peking ließ zwei Garnionsbauten wieder errichten, um der Innenstadt einen Teil ihres historischen Gesichts zurückzugeben. Ein Mann versprach, sie zum neuen kulturellen Wahrzeichen zu machen.

0 Twittern Von Johnny Erling

MEISTGELESENE ARTIKEL

Syrien-Krieg
Assads Armee bringt Russland in die Bredouille

Foto: Johnny Erling

图 43 《世界报》：北京的读书热潮

《世界报》：《北京的读书热潮》，http://www.welt.de/reise/staedtereisen/article147509049/Bis－tief－in－die－Nacht－kommen－Chinesen－zum－Lesen.html，检索时间：2015 年 10 月 26 日。

与中国相关的报道议题分布广泛，包括政治、经济、民生和文化等。该报一向重视经济报道，在涉华报道中也不例外，侧重点放在中国的经济改革、股市情况、经济走势预测，以及德国如何与中国在经济上展开交流合作等，通常图文并茂，简明易读。

目前，《世界报》在北京设有常驻记者，由于该报与《柏林晨邮报》编辑部合并，两报在华记者站也已合并。该报驻华记者约尼·埃林(Johnny Erling)是一名“老北京”，从 1975 年就来到中国，能说流利的普通话。他驻华三十年时间，对中国的政治、经济看法独到。

---

① 人民网：《温家宝总理接受德国〈世界报〉发行人采访》，2004 年 4 月 29 日，http://www.people.com.cn/GB/shizheng/1024/2475870.html，检索时间：2015 年 5 月 19 日。

② 人民网：《李克强总理在德国〈世界报〉发表署名文章》，2014 年 10 月 10 日，http://politics.people.com.cn/n/2014/1010/c1001－25806575.html，检索时间：2015 年 5 月 17 日。

《图片报》*Bild*

《图片报》(*Bild*)是由德国传媒大亨阿克塞尔·施普林格出版社(Axel Springer Verlag)出版的街头小报,分为全国版和地区版,是德国发行量最高的日报。在 2012 年以前,《图片报》一直是欧洲发行量最高的日报,直到 2012 年被英国《太阳报》取代。发行 60 多年来,该报由于其求刺激、博噱头的风格而饱受争议和批评。

一、历史沿革

(一)创刊初期(1950—1959 年)

1952 年 6 月 24 日,《图片报》由阿克塞尔·施普林格(Axel Springer)模仿发行量很高的英国街头小报《每日镜报》而创办,自称是“印刷的电视”。《图片报》在汉堡首发,第一期报纸只有四版,头版和底版印着国际新闻的大幅照片、大段说明文字以及三部连环漫画,内版则刊登了一些简短新闻、星座运程和小说等内容。《图片报》第一期是免费的,大约发放了 45.5 万份;之后每份售价 10 芬尼,读者可以在街头报刊亭购买,也可以订阅。[1]施普林格当时办《图片报》的理念是做一份可以“迅速吸引读者”且方便“快速阅读”的报纸,他认为报纸正面应是政治新闻,而背面则可以是名人绯闻。1952 年 12 月 11 日,该报第一次刊登广告。

在第二任主编鲁道夫·米歇尔(Rudolf Michael)的主持下,《图片报》的图片减少,文字增加,封面开始采用吸引人眼球的大字标题,内容较少涉及政治话题,一般选择大众感兴趣的话题,销量迅速上升。1953 年 3 月,该报发行量增加到 100 万份。1953 年 4 月 11 日,《图片报》发行首个地区版——《汉堡图片报》。

1952 年至 1961 年,《图片报》刊登过一系列主人公名为莉莉(Lilli)的漫画。莉莉出自漫画家赖茵哈德·鲍汀(Reinhard Beuthin)的笔下,是个金发碧眼、身材高挑的女孩儿。该系列漫画自刊登以后广受欢迎,《图片报》便由此设计了一个 30 厘米高的玩偶莉莉。1955 年,玩偶莉莉开始在德国售卖,并成为美国芭比娃娃的原型。1958 年,德国人还以玩偶莉莉为原型拍摄了一部电影,叫作《莉莉——一个来自大城市的女孩儿》。[2]

1956 年,《图片报》的发行量上升至 250 万份,同年,分刊《星期日图片报》出版。1957 年 10 月 14 日,《图片报》柏林版出版。1959 年,《图片报》全国版和地方版的发行总量已达到 300 万份,成为当时欧洲发行量最高的日报。

(二)学生运动的动荡时期(1960—1979)

学生运动在德国兴起的 20 世纪六七十年代,《图片报》也经历了动荡的二十年。

创立初期,施普林格坚持办报为“大众而不是知识分子”的理念,因而较少涉及政治话题。但在保守的第二任主编卡尔·海因茨(Karl Heinz)时期,政治报道占据主流,该报成为了激烈的反分裂和反共主义阵地。1962 年,彼得·伯尼施(Peter Boenisch)担任《图片报》主编,政治立场逐渐弱化,涉及的话题也仅限于国内政治以及东西德关系,电影明星、知名人士以及体育等轻松话题又成为主流。不过,这一时期《图片报》的繁荣引来许多批评者的质疑,他们担心以《图片报》为主的施普林格报团垄断舆论,因而以其危害新闻自由的名义发起了“反

---

① 彭薇:《德国〈图片报〉:每日凝固的电视节目》,《青年记者》2005 年第 6 期。

② Geschichte der Bild—Lilli Bild—Lilli sammeln,http://www.sammeln—sammler.de/bild—lilli,检索时间:2015 年 6 月 7 日。

施普林格运动”。[1]

20 世纪 60 年代末，以“反对现有体制、反对权威”为口号的学生青年运动指向了舆论引导者《图片报》和施普林格出版社。一个名为“(议院)院外反对派”的学生联合会首先发起了大规模的“没收施普林格”运动，《图片报》则讽刺这些学生为“恐怖组织”或“纳粹者”。1967 年 6 月 2 日，一个名叫本诺(Benno)的学生在柏林被一个警察射杀，导致施普林格报团与学生的矛盾更加激化。1968 年 4 月 11 日，学生运动首领鲁迪·多茨克(Rudi Dutschke)被约瑟夫·巴赫曼(Josef Bachmann)击毙，许多学生认为《图片报》与该行动有关系，再次对《图片报》报社进行了大规模破坏。其中，激进左翼恐怖组织“红军旅”的学生极端分子还对报社实施爆炸攻击，报社安全受到严重危害。

Bild wünscht Guten Tag!
Gute Nacht kann einem auch jede Schlafmütze wünschen.

Liebe Lilli!
Aus den schwarz-weißen Zeitungsseiten hast Du den Sprung ins Farbig-Dreidimensionale gewagt. Ein gelungener Sprung - Deiner schönen Beine würdig. Was uns der Zeichner mit schwungvollem Strich täglich verspricht, wird jetzt zum plastischen Erlebnis. So lege ich Dich denn liebevoll und - zugegeben - ein wenig eifersüchtig Deinen Verehrerinnen und Verehrern ans Herz.
Hans im Bild

Lilli
„Du findest es empörend, was über mich in der Zeitung steht? Da bin ich ganz deiner Meinung – immer wird die Hälfte unterschlagen!“
Das ist mir gestern passiert! Und was ich heute erlebte, lesen und sehen Sie morgen in BILD!

Ich habe den Führerschein
– zum Mitfahren. Nehmen Sie mich deshalb im Auto mit! Ich halte immer hübsch den Mund und liege gut in den Kurven. Ich begnüge mich sogar mit dem Hinterfenster. Dort kann ich den Autos, die Sie überholt haben, mitleidig nachwinken – wenn Sie es wünschen!

winke-winke

Die wahre Geschichte
Bild Novelle von heute
Wenn sie interessant und neu und nicht lang ist, heißt sie Novelle. Sie finden jeden Tag eine in Bild. Schlechte Geschichten (Verleumdungen eines hübschen jungen Mädchens) finden Sie unter der Rubrik „Lilli“.

Gute Ausrede
Ja, ich bin auch als Ausrede gut. Der Tante Eulalie können Sie sagen: „Ich kann dich leider nicht im Wagen mitnehmen.“ Dann flüsternd: „Ich habe nämlich schon eine andere junge Dame im Wagen.“ Sie brauchen ihr aber nicht zu verraten, wie lange Sie schon mit mir fahren.

O mein Papa
Reinhard Beuthien
das ist das Bild meines Vaters. Meine Mutter ist die Muse, die ihn verschwenderisch küßt.

für sie
Cocktailkleid in Pastell
Pullover und Samtkostüm
Sportlich in Pulli und Shorts
Après Ski: Anorak und Keilhose
Weil Sie's sind – will ich Ihnen sogar den Namen meiner Schneiderin verraten. Sie heißt Martha Maar, ist Inhaberin einer großen deutschen Puppenfabrik und gilt als erste Künstlerin im Reich der Puppenmode. Falls Sie einige Kostüme von mir sehen wollen – bitte:

Wenn Sie mich fragen ...
„Hübsche Beine, was? Wer so kurze hat wie ich, kennt sich aus!“
sagt Redaktionsdackel Rübezahl

Bild HOROSKOP
Sie werden lachen: ich bin Jungfrau, mit Goethe und Greta Garbo unter dem gleichen Stern geboren.

Kopfverdrehen
ist meine Spezialität. Arme und Beine sind genauso gelenkig. Unter „SPORT IM BILD“ sehen Sie mich bei der berühmten, nach dem italienischen Schlangenmenschen Spaghetti benannten: Spagat-Übung, die auch Ihnen vor dem Frühstück zur Erzielung der schlanken Linie empfohlen wird!

Irrtum eines alten Krokodils
wer einem Weibe traut, schreitet auf Wasserlinsen über einen Teich. Dies ist die Ansicht eines alten Krokodils, in Kiplings Dschungelbuch. Glauben Sie ihm nicht, sondern Ihrer „Lilli“: Ich bleibe beständig.

Mit Politik
habe ich mich bisher nicht beschäftigt. Eigenartigerweise gelingt es mir trotzdem, überall mit sanfter Gewalt meinen Kopf durchzusetzen.

und ohne
Sollte gelegentlich von „verflachenden“ Tendenzen in der Mode die Rede sein, so bin ich gern bereit, ohne viele Worte und im gutsitzenden Pullover jede Diskussion zu entscheiden.

SPORT im Bild

图 44　《图片报》的经典漫画形象“莉莉”

一些知名左翼知识分子也从 1967 年开始公开反对以《图片报》为首的施普林格报团的报纸，其中最著名的是作家团体“四七社”(Gruppe 47)的成员，如后来的诺贝尔文学奖得主君特·格拉斯(Günter Grass)等，他们抨击《图片报》扭曲事实、威胁言论自由，发起了“抵制《图片报》运动”。此外，海因里希·伯尔(Heinrich Boell)、西奥多·阿多诺(Theodor Adorno)等知识分子也相继发表反对施普林格的言论。海因里希·伯尔甚至在 1974 年写了一部名为《失去名誉的卡特里娜·布鲁姆》的小说，强烈讽刺以《图片报》为原型的街头小报违背新闻真实性、刻意追求轰动性的舆论暴力。在 1977 年也有两本书相继出版——《大字标题——一个〈图片报〉记者的报道》和《醒目标题》，揭露《图片报》弄虚作假、夸大事实等各种不堪行径。

《图片报》与学生和知识分子之间的矛盾使得该报在 20 世纪六七十年代间成为舆论批评的众矢之的，该报的发行量也因此急剧减少 100 万份。直到古伊特·普林茨(Gueter Prinz)担任主编后，其混合“性、真相、犯罪以及小贴士”的风格使得该报发行量很快恢复到 400 万份以上。1979 年，《图片报》的印刷量高达 579 万份。

1965 年，《图片报》每份售价变为 15 芬尼，不再是廉价报刊。1969 年 7 月 21 日美国登月后，《图片报》首次刊登彩色图片。1968 年《图片报》慕尼黑版发行，70 年代又在人口密集地区创办了 15 家地区报。1974 年，社会学家霍斯特·霍尔茨尔(Horst Holzer)通过调查分析发现，《图片报》的读者群体中，34%为技术工人，23%为其他工人，23%为公务员和职员，10%为公司领导或店主，可见，《图片报》的受众大部分为社会中下层群体。[2]

(三)两德统一时期(1980—1999)

1985 年，德国媒体大王施普林格去世。截至 1990 年，又有 9 家《图片报》地区版在联邦德国相继出版。1990 年初，《图片报》在民主德国的德累斯顿、莱比锡等地区建立了本地编辑室。虽然开拓了民主德国的市场，但这一时期《图片报》的发行量并没有明显上升，1990 年至 1998 年始终保持在 450 万份左右。

---

① Melchert Florian: Meinungsfreiheit in Gefahr? Die medienpolitische Debatte in der Bundesrepublik vom Fernsehstreit bis zur Anti-Springer-Kampagne (1961 - 1969). Bochum, Univ., Diss., 2003.

② Horst Holzer: Politik in Massenmedien. Zum Antagonismus von Presse— und Gewerbefreiheit; in: Manipulation der Meinungsbildung; Opladen: Verlag Opladen, 1974, p. 92.

(四)互联网时期(2000 年至今)

由于电视和网络的兴起以及整个报刊行业的衰退,《图片报》的发行量也逐年下降,从 1998 起至今已失去了近 100 万读者。2005 年,《图片报》跃升为世界第六大日报,但其发行量仍在持续下降。①

早在 1996 年,《图片报》便开始进军互联网并推出图片在线(BILD online),在德国报刊网络发展初期产生了很大的影响。② 2006 年,《图片报》又开始推出新的报道形式——读者型记者自主报道新闻,并在网站开辟了读者制作视频的播放专区。

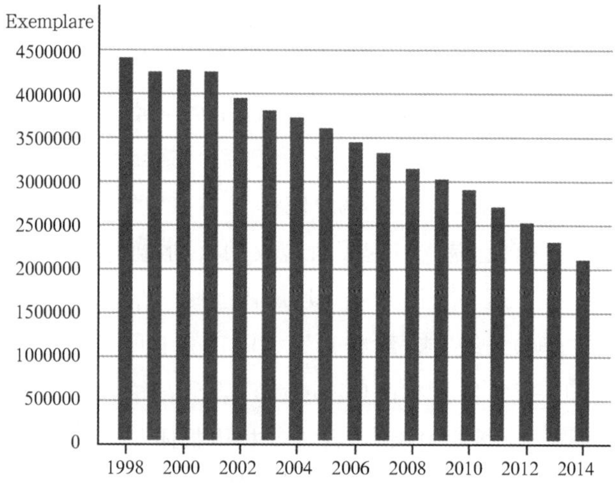

图 45 《图片报》1998 年至 2014 年发行量变化图

二、发展现状

2008 年 3 月,《图片报》总部由汉堡迁往柏林。2012 年,英国《太阳报》超越发行量逐年下降的《图片报》,成为欧洲发行量最高的报纸。同年 3 月 9 日,《图片报》宣布停止刊登封面女郎并将其移至内刊。而在此之前,该报刊登封面女郎的传统已有 28 年,共刊登过 5000 多名裸体模特的照片。③

现任主编凯·迪克曼(Kai Diekmann)自 2001 年开始主持《图片报》,在他的带领下,报纸又开始关注政治话题,其较为偏激的政治观点和立场经常在社会上引发争议。此外,迪克曼还加快了《图片报》的互联网化进程。2012—2013 年,他前往美国硅谷考察,研究《图片报》数字化改革的问题。④ 2015 年 7 月 1 日,《图片报》推出手机视频新闻客户端——《每日图片》(*BILD Daily*),每周一至周五早上 10 点推送 3 至 8 分钟最新鲜的视频新闻。⑤

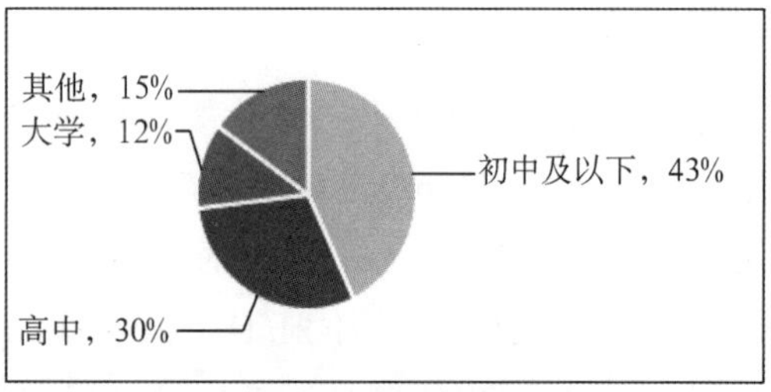

图 46 《图片报》读者教育水平比例

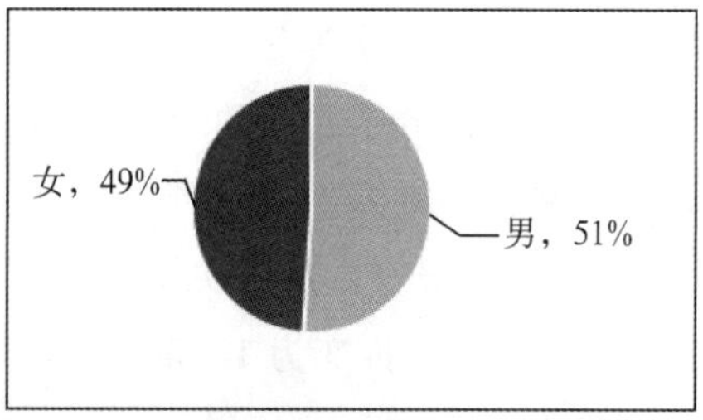

图 47 《图片报》读者性别比例

如今,《图片报》每周一至周六发行一份全国版和 27 个地区版,周日发行《星期日图片报》,三个版本的售价分别为 0.6、0.7 及 0.8 欧元,在 44 个国家约 10 万个销售点售卖。据调查,2015 年第一季度,《图片报》的平均发行量为 2099864 份,约为 1998 年发行量的一半(见图 45)。据德国调查机构 Media Impact 统计,2015 年《图片报》的读者人数为 1250 万。其中,男性占 51%,女性占 49%,高中及以下学历读者占 73%,职业工人比例为

① The International Federation of Audit Bureaux of Circulations, Top 50 magazines, http://www.ifabc.org/site/assets/media/Top-50-magazines-30042014.xlsx,检索时间:2015 年 8 月 28 日。

② 《图片报》网站:Mehr Web geht nicht! http://www.bild.de/corporate-site/ueber-bild-de/bild-de/artikel-ueber-bild-de-17520982.bild.html,检索时间:2015 年 6 月 7 日。

③ 国际在线:《德〈图片报〉结束在头版刊登裸女照片传统》,http://gb.cri.cn/27824/2012/03/11/5105s3594935.htm,检索时间:2015 年 3 月 15 日。

④ 《明镜周刊》网站:Bezahlmodelle im Internet: Diekmann will 'Bild'-Zeitung digitaler aufstellen, http://www.spiegel.de/kultur/gesellschaft/paid-content-diekmann-will-die-bild-digitaler-aufstellen-a-901338.html,检索时间:2015 年 7 月 28 日。

⑤ 雅虎新闻网:100 Tage Hochkant: "BILD Daily", das neue Video-Angebot für Smartphones, https://de.nachrichten.yahoo.com/100-tage-hochkant-bild-daily-das-neue-video-000000821.html,检索时间:2015 年 7 月 28 日。

26%，普通职员占 44%。①

借助“图片”这一品牌效应，该报推出了一系列图片报刊，如《星期日图片报》《图片女友》《图片汽车》《图片体育》《图片计算机》等等，形成了一个庞大的“图片家族”。

表 3 《图片报》旗下刊物

	刊名	发行时间	发行量	覆盖范围(百万)
	Bild am Sonntag《星期日图片报》	1956 年至今	1.066.033	10,07
	Bild der Frau《图片女友》	1983 年至今	855.205	6,44
	Bildwoche《图片一周》	1983 年至今	108.135	1,05
	Auto Bild《图片汽车》	1986 年至今	446.754	2,72
	Sport Bild《图片体育》	1988 年至今	349.672	4,32
	Computer Bild《图片计算机》	1996 年至今	310.075	3,12
	Computer Bild Spiele《图片比赛》	1999 年至今	70.646	2,15
	Auto Bild Motorsport《图片赛车》	2001—2009 年	未知	1,03
	Autobild Sportscars《图片跑车》	2002 年至今	53.663	未知
	Autobild allrad《图片四轮驱动》	2002 年至今	63.059	未知
	Audio Video Foto Bild《图片音频视频图片》	2003 年至今	46.477	0,8
	Reise Bild《图片旅行》	2003—2006 年	200.000	未知
	Tier Bild《图片动物》	2002—2006 年	300.000	未知
	Bild.de《图片报》网站 (2001 年至 2007 年为 Bild.T-Online.de)	1996 年至今	—	未知

① Media impact 网站：Axel Springer AG－Marktforschung，ma－reichweiten，http://www.ma－reichweiten.de/index.php? fm＝1&tt＝2&mt＝1&sc＝000&vr＝1&d0＝0&d1＝1&d2＝2&d3＝－1&b2＝0&vj＝1&mg＝a0&ms＝19&bz＝0&m0＝100781&rs＝18&m1＝－1&vs＝3&m2＝－1&m3＝－1，检索时间：2015 年 7 月 28 日。

三、报道特点

作为一份追求轰动效应的街头小报,《图片报》的版面以黑、红、白、黄等强烈对比的色调为主,可以称得上相当“好看”。在德国、奥地利、瑞士等欧洲德语区国家,几乎每个报亭都可以看到色彩耀眼的《图片报》。作为“印刷的电视”,图片在该报的地位非常重要,占到内容的一半左右。报纸封面的上半部分是美编最为关注的地方,它决定着报纸当天的发行量。[1] 据统计,阅读一份《图片报》的平均时间为 45 分钟。

图 48 《图片报》头版

《图片报》将目标受众定位于“普通大众”,主要特点为:迎合大众趣味,报道方式大胆、有煽动性;突出图片,新闻形象化;简化语句,使阅读更加方便;黑红配色的大字加图片形成爆炸性新闻标题,感叹、疑问等标点符号的数量超过陈述标点,更加吸引眼球、激发读者情感;渲染故事情节,使其更加跌宕起伏。此外,总编辑部下辖 27 个地方编辑部的体制为《图片报》创造了巨大的发行量。总编辑部负责《图片报》全国版的版面和内容,地方编辑部则负责地方版的版面和内容。为了使全国版和地方版的版面风格协调一致,总编辑部每天都要和各个编辑部进行沟通与协调,各编辑部也会根据当地的具体情况对地方版的内容做出相应调整。[2]

《图片报》致力于揭丑、追求轰动性的报道方式使许多德国政要、知名人士栽在其笔下。2012 年,该报报道了德国总统武尔夫在担任萨克州州长期间利用私人关系获得低于标准利息的大额贷款用于购买住房一事。武尔夫得知消息后致电报纸主编,威胁其撤掉该报道,但《图片报》不畏强权,继续进行深入报道,同时也引发了其他媒体对此事的关注。很快,全国范围内形成了要求武尔夫辞职的强大舆论,武尔夫的信任度和支持率大幅下降,最终不得不辞去总统职务。[3]

2015 年 7 月,在“希腊破产危机”期间,《图片报》经常在封面头条发布“反对援助希腊”的大标题新闻,并号召德国人民发起“反对援助希腊”运动。《图片报》向默克尔提议“不要再费十亿了,我们需要铁血宰相”,此举遭到了多家媒体及记者协会的批评。《明镜》周刊称,德国和默克尔需要的是找到解决办法,使德国人民不再因为

① 陈力丹:《〈图片报〉缔造图片家族》,《中华新闻报》2004 年 7 月 23 日。
② 陈力丹:《欧洲发行量最大的报纸:德国〈图片报〉》,《新闻实践》2005 年第 1 期。
③ 颜武:《德国总统辞职前后》,《检察风云》2012 年第 6 期。

希腊而烦恼愤懑，批评《图片报》作为街头小报只会渲染小市民情绪，把表达愤怒当成了止疼片。[①] 据德国调查机构 caustic 的统计，自 1986 年至 2014 年，《图片报》已经被德国新闻委员会(Deutsches Presserat)点名批评了共 109 次，是被该委员会批评得最频繁的报刊。

四、涉华报道

作为一份迎合普通大众兴趣的街头小报，《图片报》的大部分涉华报道都是社会性新闻，特别是一些吸引眼球的奇闻异事、名人八卦等，政治和经济类新闻则相对较少。

2015 年 4 月至 7 月的四个月间，《图片报》共有涉华报道约 60 篇，平均每月 20 篇。其中，约有 30%的报道为社会新闻，如熊猫三胞胎出生、吃豆腐长结石、张家界建玻璃栈道、某市街头屏幕播放不良录像、女孩儿胃里发现头发等等；约 25%为体育新闻，大多是关于足球球员和 F1 赛车比赛的报道；约 15%是经济新闻；另有 15%为艺术文化新闻；其他则为综合报道，以排名类新闻数量居多，如最美夜景城市、最受欢迎宫殿、十大物种新发现等。

在对中国的报道中，《图片报》涉及如中国黑客袭击美国网站、玉林狗肉节、长江覆船事故、中国富二代等热点话题的新闻虽然数量较少，但却多以负面报道为主。该报对于达赖喇嘛持支持态度，曾发稿庆祝其 80 岁生日。由于社会新闻数量居多，《图片报》较少引用中国官方媒体的报道，主要消息源为网站、微博和地方媒体。

2008 年北京奥运会期间，《图片报》涉华报道的内容涵盖政治、体育、文化、地理、环境、交通、经济、军事以及政府管理等诸多方面。其中，政治报道多与西藏问题和恐怖活动有关，新闻标题常常使用具有消极和否定色彩的词汇；在对于环境和交通方面的报道中，也有一些负面的关键词。[②]

《亚琛报》*Aachener Zeitung*

Aachener Zeitung

《亚琛报》(*Aachener Zeitung*，简称 AZ)是在德国亚琛出版的一份地方日报，与其姊妹报《亚琛消息》(*Aachener Nachrichten*)一起由亚琛报纸出版社有限公司(Zeitungsverlag Aachen GmbH)出版发行。

一、历史沿革

《亚琛报》最初名为《亚琛人民报》(*Aachener Volkszeitung*)，由雅克布·施密茨(Jakob Schmitz)、约瑟夫·霍夫曼(Josef Hofmann)和阿尔贝特·马斯(Albert Maas)等人共同创办。该报于 1946 年 2 月 22 日首次出版，首刊发行量为 5.3 万份。《亚琛人民报》是“二战”后德国第一份自由的报刊，可以不受监控，独立报道当地新闻和议题。而其姊妹报《亚琛消息》，虽然先于《亚琛人民报》从 1945 年 1 月开始出版，但由于处于美占区统治时期，并不能自由报道新闻。[③]由于两份报纸为姊妹报，发行量一般按两报总的发行量计算，在 1946 年末两份报纸的总发行量达到 9.9 万份，美占领期间两报发行量受美占区对报刊的规定影响。1949 年 9 月 1 日前，《亚琛人民报》每周发行两到三次，之后改为周一至周六发行的日报。[④]

---

① Kritik vom Journalistenverband：‘Bild’ soll Anti－Griechenland－Kampagnestoppen，引自《明镜周刊》网站：http://www.spiegel.de/kultur/gesellschaft/bild－zeitung－kritik－von－djv－an－anti－griechenland－kampagne－a－1020718.html，检索时间：2015 年 7 月 28 日。

② 沈妍：《德国媒体中的中国形象——以德国〈图片报〉对奥运前后中国的报道为例分析》，《东南传播》2009 年第 1 期。

③ 德国报纸网：http://www.zeitung.de/medien/aachener－zeitung/，检索时间：2015 年 5 月 8 日。

④ 亚琛报纸出版社网站：http://www.zeitungsverlag－aachen.de/verlag/g_aachenerzeitung.php? PHPSESSID＝rl98jjm64esj7jq53ttsva3k91，检索时间：2015 年 5 月 8 日。

1996 年 3 月 6 日，在创刊五十周年时，《亚琛人民报》正式改名为《亚琛报》。

二、发展现状

《亚琛报》是一份以订阅为主的日报，但由于《亚琛报》和《亚琛消息》的发行量通常在一起计算，所以无法得知《亚琛报》单独的发行量数据。在过去几年中，两份报纸的发行量呈下降趋势，2015 年第一季度的发行量约为 11.3 万份，自 1998 年下降了 30.7%，减少了近 5 万份，预计到 2016 年将降低至 10 万份。[①]同时，受纸媒行业萎缩和发行量下降的影响，其地方编辑室也大幅缩水。

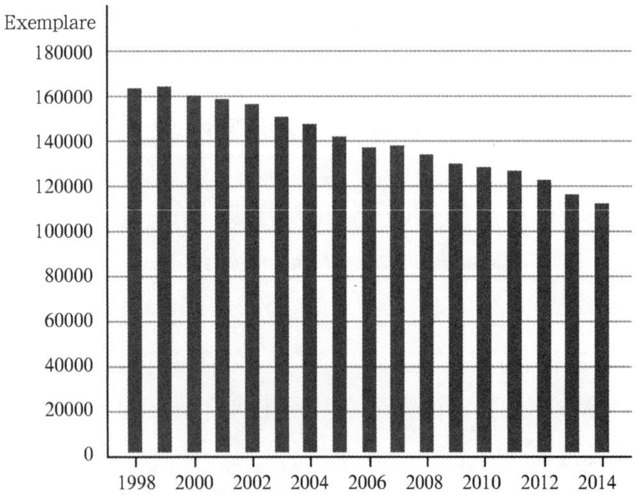

图 49 《亚琛报》和《亚琛消息》1998—2014 年总发行量变化图

图 50 《亚琛报》在亚琛九大地区发行地区版

《亚琛报》现任主编贝恩德·马修(Bernd Mathieu)自 1995 年开始担任这一职位，他是德国著名新闻奖——特奥多·沃尔夫奖(Theodor－Wolff－Preis)的九个评委之一，同时也是亚琛高等专业学院传播学兼职讲师。《亚琛报》和《亚琛消息》的编辑还获得过许多新闻类奖项：编辑曼弗雷德·库彻(Manfred Kutsch)以作品《小手和驼背》(*Kleine Hände, krumme Rücken*)获得 1997 年的发展政策媒体奖(Medienpreis Entwicklungspolitik)；编辑马龙·戈果(Marlon Gego)的作品《幻想的终点》(*Am Ende der Illusion*)获得 2007 年的特奥多·沃尔夫奖；另外还有两名编辑奥利弗·施迈茨(Oliver Schmetz)和斯蒂芬·莫纳(Stephan Mohne)在 2010 年得到亨利命名奖的提名(Henri－Nannen－Preis)。此外，两报还多次获得欧洲报纸奖。[②]

目前，《亚琛报》在亚琛九大地区各自发行不同的地区版：(1)《亚琛报》(亚琛市区发行版)；(2)《亚琛报》(亚琛北部阿尔斯多夫地区发行版)；(3)《迪伦报》(南部地区迪伦发行版)；(4)《艾弗尔报》(老城蒙绍发行版)；(5)《埃施韦勒报》(埃施韦勒市区发行版)；(6)《盖伦基兴人报》(海因斯贝格南区发行版)；(7)《海因斯贝格人报》或《埃尔克伦茨人民报》(海因斯贝格北区发行版)；(8)《于利希报》(迪伦区老城于利希北部发行版)；(9)《施托尔贝格报》(施托尔贝格市发行版)。[③]

三、报道特点

《亚琛报》作为亚琛地区最重要的地方报刊，已成为当地居民的权威消息源和民意代言人。其主要内容为地方新闻、周边新闻和服务信息，如地方事件、重大事故、讣告、活动预告、天气预报、招聘应聘等。同时为了扩大读者视野，广泛了解周边各地信息，该报也会报道一些德国、欧洲以及世界各地发生的重要事件，其中主要关

---

① 德国报刊发行量稽查机构网站：http://daten.ivw.eu/index.php? menuid＝1&u＝&p＝&detail＝true，检索时间：2015 年 5 月 8 日。

② 《亚琛报》：http://www.aachener－zeitung.de/，检索时间：2015 年 5 月 8 日。

③ 亚琛报纸出版社网站：http://www.zeitungsverlag－aachen.de/anzeigen/media_ausgaben.php? PHPSESSID＝rl98jjm64esj7 jq53ttsva3k91 检索时间：2015 年 5 月 8 日。

注政治和经济议题。

在报道内容上,《亚琛报》的报道语言既不像街头小报那样夸大事实和渲染情感,也不像《南德意志报》等大报一样严肃深度,而保持了一种较为平和亲民的特色。

四、涉华报道

根据对《亚琛报》网站的关键词检索,发现《亚琛报》涉华报道数量较多,平均每两天一篇报道,有时甚至一天会有三篇报道。在涉华报道内容上,鉴于该报的地方报刊性质,涉华报道多为中德两国在中小城市之间的经济、文化交流活动,如郑州代表团来访交流合作、中国艺术家作品展、上海交通大学艺术团来德演出、中德篮球友谊赛、中国队获得无人车比赛大奖、中国来德采购飞机等等。在这些报道中,消息大多为该报自采新闻。此外,该报还会报道一些中国热点事件和社会新闻,如中国经济放缓、熊猫盼盼已经三十岁、大众汽车将在中国市场推新品牌、天津爆炸事件、雾霾问题等,而这类报道多转载自德新社的新闻消息。

Aachener Zeitung

Mit Steuersenkung aus der Krise?

Ärzte wollen Leistungen kürzen

Kita-Streik geht weiter

图 51 《亚琛报》头版

在涉华报道的态度方面,《亚琛报》的涉华报道多为消息类报道或民生新闻报道,涉及政治立场、观点态度的内容不多,因而其涉华报道态度较为客观中立。如在报道天津爆炸事故时,该报以"天津悲剧——114 人遇难,70 人失踪"(Tianjin－Tragoedie: 114 Tote, 70 Vermisste)为题,从各方面介绍事故的进展情况,文中多处引用中国官员和中国媒体(新华社和《南方周末》)对网上各种质疑做出的回应。该报道整体呈现为对事件的陈述,未做出价值评判。相对于其他德国报纸以"危险港口""环境污染程度比预计更严重""下雨天气加剧危险"等抓人眼球的字眼作为大标题的报道,该报的报道更为平实。

China schafft Ein-Kind-Politik ab

Von: dpa

Letzte Aktualisierung: 29. Oktober 2015, 16:29 Uhr

Immer im Mittelpunkt: Die Ein-Kind-Politik in China erzeugt weniger lebenstüchtige Einzelkinder, fanden Wissenschaftler heraus. Foto: Bernd Thissen/Archiv

PEKING. Nach mehr als drei Jahrzehnten hat China die umstrittene Ein-Kind-Politik abgeschafft. In einem Kommuniqué zum Abschluss der Sitzung des Zentralkomitees der Kommunistischen Partei in Peking hieß es, künftig werde allen Paaren zwei Kinder erlaubt.

图 52 《亚琛报》对中国放开二胎政策报道

29. Oktober 2015, 18:28 Uhr Geburtenkontrolle in China

Gefährliche Zukunft

Etwa 1,3 Milliarden Einwohner hat China, aber zwei Generationen von Kindern wuchsen ohne Geschwister, Cousins, Onkel und Tanten auf. (Foto: dpa)

图 53 《南德意志报》对中国放开二胎政策报道

在报道中国放开二胎政策时,《亚琛报》引用德新社通稿,题目为"中国取消一胎政策"(China schafft Ein－Kind－Politik ab),文中简要地介绍了中国计划生育政策的历史,分析中国放开二胎政策的原因是中国人口老龄化以及生育率降低。虽然,文中谈到中国当下抚养孩子成本较高,可能影响政策的实际实施效果,而且在报道中也提及人权问题,但也表示中国人权在走向一个正确的方向。相对于同期其他报纸,例如《南德意志报》报道"危险的未来(Gefährliche Zukunft)",该报对中国政策变化的报道更为客观平实。

《证券报》*Börsen-Zeitung*

Börsen-Zeitung

Zeitung für die Finanzmärkte

《证券报》(*Börsen-Zeitung*)是德国一份专注发布金融证券信息的全国性日报,在法兰克福出版。《证券报》报道当下德国和国际金融市场的发展变化,在金融资本市场中具有一定的舆论影响力,被视为一份严肃的报纸。

Der Aktienmarkt läuft heiß, nun droht die Korrektur – Leitartikel Seite 8

Börsen-Zeitung

Zeitung für die Finanzmärkte

UBS schreibt erneut Milliardenverlust
Kunden laufen in Scharen davon

Kein Grund zum Jubeln

Gewinneinbruch bei Deutscher Börse

Deutsche vor Einstieg bei Oppenheim

Weiches Abwehrbollwerk

Gewinnmitnahmen verstärken Angst der Anleger

图 54 《证券报》头版

一、历史沿革

1947 年,法兰克福信贷机构企业联合组织(Interessengemeinschaft Frankfurter Kreditinstitute)与 Lehmann 和 Kepple 家族出版公司(Verleger－Familien Lehmann und Kepple)联合组建了一家股票信息出版公司(Herausgebergemeinschaft Wertpapier－Mitteilungen)。之后,该出版集团计划发行一份向银行证券经营领域提供证券贸易信息的日报。于是在 1952 年 2 月 1 日首次出版《证券报》,如其首刊社论中所言,创办该报是为了"振兴和促进证券行业的发展"。①

《证券报》的报道焦点主要在金融市场,因此其第一期报纸实际上是德国 8 个地方证券交易所的信息汇总。在发行的最初几年中,《证券报》需要编辑的新闻只占报纸的一到两版,剩下的版面全都是股票行情信息。之后,随着全球化的进展和金融市场的活跃,《证券报》的规模逐渐扩大,如今其总版面达到 46—54 版,其报道视野也越来越全球化。②

除了实体报纸之外,《证券报》也注重通过网站进行报道的电子存档。因此,报纸 1995 年以来发表的文章都可以在网上档案 Online－Archiv GBI－Genios 中查询到。

二、发展现状

除了在法兰克福之外,《证券报》还在柏林、杜塞尔多夫、汉堡、慕尼黑、斯图加特以及国外的纽约、伦敦、布鲁塞尔、巴黎、米兰、东京、马德里、苏黎世设有编辑室。但该报纸从不公布其发行量。③

《证券报》报道主题主要分为八大版块:封面、财经动态、银行和金融、经济状况和政策、评论和分析、企业和行业、经济人物以及资本市场。此外,该报还出版一些杂志:月刊 Ultimo 是《证券报》的基金杂志;季度刊物 Rendite 则是《证券报》的设施杂志。此外,《证券报》还提供金融数据信息统计服务,如 WM 数据服务(WM Datenservice)。④

《证券报》是一份订阅性质的报纸,只在极个别指定的售报亭零售发行。订户可以在每天早上接收到报纸,了解当下金融市场最新的动态。现在随着互联网的普及,世界各地的读者还可以网上付费订阅《证券报》,订户只要用手机或平板电脑就可以浏览其所有内容。网上订阅除了提供一般的内容外,还增加了许多优质内容,订

---

① 德国报纸网:http://www.zeitung.de/medien/boersen－zeitung/,检索时间:2015 年 5 月 8 日。

② 德国报纸网:http://www.zeitung.de/medien/boersen－zeitung/,检索时间:2015 年 5 月 8 日。

③ 《证券报》网站:https://www.boersen－zeitung.de/index.php? li=327,检索时间:2015 年 5 月 8 日。

④ 《证券报》网站:https://www.boersen－zeitung.de/index.php? li=312&subm=sonderbeilagen,检索时间:2015 年 5 月 8 日。

户可以接收到来自各个领域的更广泛更全面的信息。

三、报道特点

目前,《证券报》以新闻、分析、评论和背景报道等各种形式对金融市场各领域进行报道,从证券公司信贷和保险行业、国际金融机构、德国和全球的资本市场,到政府的经济金融政策,都有涉足。《证券报》根据信息对金融市场的重要程度进行筛选报道,并对经济市场进行专业性的研究和分析,得到经济领域专业人士认可。该报从一开始就明确其客户为专家和决策者,致力于满足他们的需求。

图 55 《证券报》网站首页

图片引自《证券报》网站:https://www.boersen－zeitung.de/index.php,检索时间:2016 年 3 月 17 日。

《证券报》提供大量的证券行情信息和投资基金价格行情及图表信息,在证券信息可以网络传播之前,该报的行情信息是德国证券交易所价格最广泛的信息来源。如今,订阅客户不仅可以在证券信息系统 BZ WPI 中搜索到行情和价格信息,还可以在《证券报》发行出售前,在其网站 www.boersen－zeitung.de 上查到其纸质版中的文章,而且这些文章内容还会随着最新的金融报道的变化,在网上进行动态的调整。[①]

四、涉华报道

由于《证券报》主要报道经济和金融领域的信息,而中国在世界经济中具有重要的地位和影响力,所以《证券报》十分关注中国经济动态。该报涉华报道数量非常多,每天至少有两篇报道。

作为一份经济类报纸,《证券报》在涉华报道议题上,几乎只关注中国经济领域的信息。报道涉及中国经济各个行业,如金融业、汽车行业、纺织品业、奢侈品业、原材料、能源、矿业、房地产、电子产品、互联网产业等等,能够向读者提供具体、全面和最新的中国经济微观动态,尤其是 2015 年 9 月,详细且频繁地报道了有关中国经济低迷对世界各地经济和股市的影响。

在涉华报道来源上,《证券报》的消息多来自世界各地证券交易所的信息,其中,以来自德国金融中心法兰克福证券交易所和中国上海证券交易所的较多,还有一些报道来自于路透社和彭博社。综合来看,在经济层面,《证券报》的涉华报道态度相对客观,且专业性较强。

《中国之窗》*China Contact*

CHINACONTACT

《中国之窗》是一本德语经济类杂志,主要为德国企业家提供有关中国地区的经济贸易、政策和法律等方面信息。

一、历史沿革

《中国之窗》于 1996 年由德国 OWC 对外经济出版社出版。OWC 是一家主要关注亚洲、中东欧及世界经

---

① 《证券报》网站:https://www.boersen－zeitung.de/index.php? li＝327,检索时间:2015 年 5 月 8 日。

济市场的出版社。

二、发展现状

《中国之窗》是一份月刊,每期页数为 52—68 页,发行量约为 9000 份。该杂志在欧洲和亚洲为所有驻华德国分公司提供订阅服务,并在德国飞往中国内地城市和香港的汉莎航空公司的头等舱和商务舱中随机赠阅。每月有 4800 份杂志在德国和其他欧洲国家发行,3000 份杂志发行于汉莎航空公司飞机上,1200 份杂志发行于中国及其他亚洲国家。①

《中国之窗》的读者群主要是已在中国内地、香港、澳门及台湾地区从事经贸、投资的德国企业高层领导和驻华机构的负责人,以及有在华投资兴趣的德国企业领导层。其读者群中,53%是董事、企业总经理,42%是专业人士及领导层。②

图 56 《中国之窗》封面

图 57 《中国之窗》对中德矿业企业交流报道

三、报道特点

每期的《中国之窗》杂志均会介绍中国地区性的商业投资环境,如中国地区各行业市场和趋势分析、中国各地区以及企业介绍、中国的经济类法规、中国的经济促进政策以及德中经济关系展望分析等。而其进行的行业分析主要涉及工业企业,占 41%的比例,其次是法律咨询(14%)和进出口(11%)。③

此外,该杂志还提供一些譬如联系地址、活动预告、人员服务等信息。该杂志与德国经济亚太委员会合作,每隔一定时间在"亚太要闻版"会发布德国经济亚太委员会提供的经济信息。

四、涉华报道

作为一份专业介绍中国经济的杂志,其报道多为自采新闻,通过各种报道形式。(如消息、报道、采访、对话、专题等)来全面介绍中国经济现状和中德经济交流近况,如对中德矿业企业交流报道,对中国经济专家的采访,由中国文化组织和企业在德国举办的活动,就中国经济形势对德国专家的采访等等。

①—③ ChinaContact 媒体官方数据:Mediadaten: ChinaContact 2015, p. 6, 检索于 http://media.owc.de/verlagsprogramm/wirtschaftsmagazine/chinacontact/,检索时间:2015 年 8 月 2 日。

图 58 《中国之窗》对涉华文化活动的报道

图 59 《中国之窗》涉华报道"不必惊慌"

因该杂志致力于积极促进中德交流合作，所以其涉华报道态度多为客观偏正面，且呈现出积极友好的态度。例如，在该杂志发表的《不必惊慌》(Kein Grund für Panik)一文中就写道，近期中国股市波动以及中国经济增长率降低激起了德国对中国市场未来的担忧，但德国亚洲一太平洋经济委员会发言人弗雷多林·史特拉克(Friedolin Strack)在接受该杂志主编采访时表示，虽然中国经济增长率的确有所下降，但中国经济的基础数据还是比较乐观的，中国经济还是处于增长状态，即使中国经济增长率降到 5%，德国企业仍会从中受益。而且中国政府正在积极引导中国经济进入"新常态"，在这个过程中，中国的消费和产业结构会发生相应变化，尤其是高新科技会快速发展，而这正需要国外尤其是德国企业的支持和帮助，因此中国市场还是很有吸引力的。而且德中经济委员会也将长期致力于中德更好的经济交流，其曾在 2014 年首次建立了一个中德企业家与德中两国总理交流的平台，为中德更有效的经济合作创造条件。①

Pro7 电视台 ProSieben

ProSieben

Pro7(全称为 ProSieben，Sieben 在德语中代表数字 7)电视台是一家德国私立电视台，隶属于 Prosiebensat.1 传媒集团。除了 Pro7 以外，该集团旗下还有 Sat.1、有线一台(kabeleins)和 sixx 三家电视台，而 Pro7 电视台是其中盈利能力最强的一个。该电视台的总部在德国慕尼黑，共有员工 260 名。

Pro7 电视台的口号是"我们致力于娱乐"(We love to entertain you)②。

一、历史沿革

1988 年 10 月 13 日，ProSieben 电视有限公司成立，其前身是 1986 年成立的 Eureka TV。从 1989 年 1 月 1 日起，该台每天制作播出 9 小时节目。当时全台约有员工 70 人，观众数量已经达到 244 万。该台于 1989 年 7 月开始使用卫星传输，再次扩大了收视人群数量，且播出时长逐渐延长至每天 17 小时。从 1990 年 10 月 1 日起，Pro7 电视台实现了全天候不间断播放。③

---

① Peter Tichauer: Kein Grund für Panik—Gespräch mit Friedolin Strack, ChinaContact, 2015(9), p. 39.

② Pro7 电视台：WeLove! ProSieben strahlt ab 12. Februar im neuen Design, http://www.presseportal.de/pm/25171/2942870，检索时间：2015 年 7 月 18 日。

③ Patrick Schulze: ProSiebenSat.1: Großes Stühlerücken in der Führungsetage. digitalfernsehen.de. 31. Juli 2012. Abgerufen am 4. Oktober 2012.

成立之初,该台财政情况不佳,在最初五年一直处于亏损状态,不得不将台址从慕尼黑迁往附近的县城。但是,该台一直没有放弃在业务方面的拓展。1992 年,该台与德国电信(Deutscher TELEKOM)合作推出了有线电视频道(Der Kabelkanal),Pro7 占 45%股份。1994 年,该台开始提供电视文字广播服务,并启用了新台标。此外,财务状况也不断好转,逐渐实现扭亏为盈,在 1994 年达到了税前盈余 1.44 亿德国马克(相当于现在的 9500 万欧元)。1996 年,Pro7 电视台获得了德国全境的播出权,并且开始提供互联网服务。从 1997 年起,该台开始向瑞士和奥地利扩张,与该国电视台联合制作节目,推出 ProSieben Austria 和 ProSieben Switzerland。这两个频道不仅制作针对所在国的新闻节目和谈话类节目,也播放在德国制作的电视剧节目等。2000 年,该台旗下新闻频道 N24 开始播出,成为当时最具影响力的经济新闻频道 n-tv 的竞争对手。1998 年,Pro7 电视台收购了德国电报资讯(ddp)通讯社。

图 60　Pro7 电视台 1989—1994 年台标,更改台标后使用至今

二、发展现状

2000 年 10 月,Pro7 与 Sat.1 正式合并,Prosiebensat.1 传媒集团成立。同年,该公司在法兰克福上市。2005 年,德国第二大传媒公司施普林格传媒集团(Axel Springer SE)本来计划收购 Prosiebensat.1,但德国联邦卡特尔局以垄断为由驳回了这一请求,最终施普林格放弃了这次合并计划。

根据德国媒介调查委员会 KEK(KommissionzurErmittlung der KonzentrationimMedienbereich)的数据,Pro7 电视台的市场份额较为稳定,在 1995 年达到最高的 9.9%,之后有所下滑,2014 年市场份额为 5.5%。受众结构较为年轻化,在 14—29 岁的青少年电视市场中占市场份额 18%。[①]

三、报道特点

在德国的电视市场中,Pro7 电视台面向年轻受众,主打休闲娱乐类节目,包括电视剧和故事片,是 RTL 电视台的主要竞争对手。在收看该台节目的所有观众当中,绝大多数观众的年龄在 14—39 岁之间。该台的目标受众的年轻化突出了该台与众不同的定位。

图 61　Pro7 电视台官网界面

图 62　Pro7 节目《伽利略》(Galileo)

Pro7 一向遵循娱乐至上的原则,播出节目大部分以娱乐为导向,以大量译制播放美国电视剧而闻名,播放了包括《生活大爆炸》《绝望的主妇》《傲骨贤妻》等多部知名美剧。同时,该台也制作德国本土电视剧和娱乐节

---

① 数据来自德国媒介调查委员会 KEK(KommissionzurErmittlung der KonzentrationimMedienbereich)网站:http://www.kek-online.de/medienkonzentration/zuschaueranteile.html,检索时间:2015 年 7 月 20 日。

目，包括《德国下一个超模》(*Germany's Next Topmodel*)等都拥有很高的收视率。

但是，因为过度娱乐化的倾向，Pro7 也遭到了很多批评。很多家长批评该台在白天播放成人节目，对儿童造成了不好的影响。此外，该台在节目之间播放广告次数过多也引起了观众的不满。

四、涉华报道

秉承“我们致力于娱乐”的立台宗旨，该台对于中国的报道集中于百姓的日常生活和奇闻异事。如娱乐节目《伽利略》(*Galileo*)经常播出有关中国人的生活习惯、中餐、中国人对西方的看法、中国教育、剩男剩女问题，有时还会制作一些中德对比的节目[1]，以街头提问的方式，测试两国人民相互了解的程度。节目气氛轻松，寓教于乐。

该台的另一档深夜娱乐脱口秀节目 TV Total 中也经常出现有关中国的话题。该节目由德国著名主持人斯蒂芬·拉布(Stefan Raab)自编自导，1999 年开播至今已有十余年历史，在德国享有较高的知名度。成龙、郎朗等人曾作为嘉宾出演过该节目。

图 63　Pro7 节目 TV Total

RTL 电视台 RTL Television

RTL 电视台(RTLTelevison)，最初名为 RTL plus，是一家德国私营电视台，隶属于卢森堡广播电视集团(RTL Group)。台址最初在卢森堡，后来迁往德国，现在坐落于德国科隆，于 1984 年 1 月 2 日正式开始播出。起初，RTL 电视台是卢森堡广播的分支，所以初期名称中含有“plus”一词。卢森堡广播电视集团在欧洲拥有 53 个电视台和 28 个广播电台，是欧洲最大的广播电视集团。该集团的最大股东是德国传媒巨头——贝塔斯曼集团(Bertelsmann)。

一、历史沿革

RTL 电视台发端于 1984 年的路德维希港有线电视先驱计划(LudwigshafenerKabelpilotprojekt)，当时还在卢森堡制作播出，作为卢森堡广播电台的德语节目，名称是 RTL plus。1986 年起，贝塔斯曼集团占有 40%的股份，当时的西德意志报集团(德语简称：WAZ，如今更名为冯克传媒集团，德语：FunkeGruppe)占有 10%的股份。此时，已经有 125 万个德国家庭可以收看 RTL 电视台的节目了。80 年代，RTL 电视台制作的《早餐新闻》(*Frühstücksfernsehen*)和《德国，早上好》(*Guten Morgen Deutschland*)等节目已经取得了不错的收视率。1988 年，RTL 电视台的台址从卢森堡迁往科隆，在慕尼黑也设有编辑部。此后，该电视台以北莱茵－威斯特伐利亚州为基础，全面进入德国电视市场。1990 年，RTL 电视台的节目开始在民主德国播出。RTL 电视台于 1992 年将名称中的 plus 去掉，标志着 RTL 电视台与卢森堡广播电台正式分离。

起初，RTL 电视台的日子并不好过，在经历了艰难的创业时期后，它在 1993 年迎来了迄今为止的最高市场份额，并在同年首次成为了市场领导者和欧洲最大的广告媒体，这种情况持续到了 1997 年。在此之后，RTL 电视台虽然仍保持了较高的收视份额，但逐渐失去了领先地位，并在 2006 年跌到了第四位。不过，RTL 电视台在

① Pro7 电视台：Germany meets China，2014 年 4 月 7 日，http://www.prosieben.de/tv/galileo/videos/201447－germany－meets－china－clip，检索时间：2015 年 7 月 18 日。

14—49 岁观众中仍是最受欢迎的电视台。2000 年以后,RTL 电视台的市场份额略有下滑,基本稳定在 11%—15%之间。①

从 2010 年 6 月 7 日起,RTL 集团将旗下所有电视台集中至一处,将台址设在了科隆西部的容克斯多夫,形成了规模巨大的媒体群。包括 RTL、VOX、N－TV 和 RTL 旗下的子公司全部聚合在此,每天有大量的节目从这里传送至千家万户。

二、发展现状

根据德国媒介调查委员会 KEK(KomissionzurErmittlung der Konzentrationim Medienbereich)公布的数据,2014 年,RTL 电视台所有频道在德国电视市场中占有 10.3%的份额,仅次于公立德国电视台一台(ARD)和二台(ZDF),在私营电视台中所占份额最高②。目前共有固定员工 500 人。

与德国电视一台和二台等公立电视台不同,RTL 电视台没有收视费,主要依靠广告收入为生,实际广告的播出时间占整个节目的 15%－20%。不同于公立电视台以信息量大的新闻节目、无广告的紧凑播出和题材严肃的影视剧而取胜,如 RTL 这样的私营电视台主要以休闲消遣性节目为重头戏。

图 64 RTL 著名节目《谁能成为百万富翁》(*Werwird Millionär?*)

图 65 RTL 著名节目《德国寻找超级巨星》(*Deutschland sucht den Superstar*)

RTL 电视台在经历了 30 年的发展后成为欧洲大型广电集团之一,也是经营状况最好的传媒集团。该电视台的成功得益于其行之有效的经营模式。该台总部在科隆,在德国其他地区设有分部,包括柏林、慕尼黑、法兰克福、汉堡等,在德国国外也驻有记者,包括纽约、布鲁塞尔、莫斯科、伦敦、巴黎和北京。总部为分部提供基础素材,如新闻、体育、娱乐等,各个当地编辑部进行再加工,加入本土化的地方新闻和针对本地观众的节目,然后向本地观众传送整个 RTL 电视台的节目。反之亦然,各个地方编辑部也向总部无偿地提供自己制作的节目,总部再进行整合,使综合处理过的节目可以为多个地区所用。这样,RLT 电视台以有限的投资而有效地覆盖了德国以及欧洲的许多国家,产生了非常良好的收益,其他电视台也纷纷效仿这种经营模式。此外,RTL 电视台在新媒体方面也是先行者。21 世纪刚初,该电视台率先制定了"多媒体战略",较早地投入了多媒体新闻的制作。

三、报道特点

RTL 电视台主要制作以休闲消遣性为主,娱乐节目、侦探电视剧和体育节目占据大部分播出时间,倡导以正面节目引导受众。例如,上午档的《我的婴儿》(*Mein Baby*)关注家庭和育儿;下午档的《爱的脱口秀》(*Talk-*

---

① Hans-Peter Siebenhaar: Das große Umschalten. In: Handelsblatt. Nr. 27, 7. Februar 2013, ISSN 0017－7296.

② 德国媒体调查委员会网站 KEK(KommissionzurErmittlung der KonzentrationimMedienbereich)网站:http://www.kek－online.de/medien-konzentration/zuschaueranteile.html,检索时间:2015 年 9 月 12 日。

show der Liebe）关注青少年教育；晚间节目多为娱乐性节目，包括选秀、竞猜节目等，收视率也最高。RTL 电视台制作的《谁能成为百万富翁》（*Werwird Millionär?*）、《德国寻找超级巨星》（*Deutschland sucht den Superstar*）、《我们跳舞吧》（*Let's dance*）等节目风靡欧洲，在世界各地模仿者甚众。

不过，正是因为娱乐性的特点，追求轰动效应让 RTL 电视台的节目也遭到了很多批评。在 2010 年，尽管如《超级奶奶》（*Die Super Nanny*）等节目播出时声称是真实事件，实际上却是有脚本的表演，使该台制作节目的真实性受到了广泛质疑[①]，人们称之为"说谎的电视"，该电视台的声誉受到了损害。

四、涉华报道

近几年，RTL 电视台在上海派有驻华记者。

在中国议题方面，贯彻该台节目的娱乐休闲性，关注的话题更为贴近中国普通人的生活，主要包括环境问题、网络安全、宗教、中国与德国的经济合作等。在时事的报道方面中规中矩，消息多来源于德新社、美联社和法新社等通讯社，也有一定数量的自采报道。

2008 年 3 月 14 日，西藏拉萨发生打砸抢烧事件。RTL 电视台网站的新闻栏目针对该事件登出一幅表现 4 名挥舞棍棒的警察追打游行者的照片，并将其注解为"中国警察在西藏镇压抗议者"。在中国媒体以事实揭露"藏独"事件真相后，一些德国媒体也开始自查相关报道。此后，德国 RTL 电视台网站承认对这幅照片做出了错误的文字说明，说这一照片事实上反映的是 3 月 17 日尼泊尔警察在首都加德满都驱散游行者。RTL 电视台网站在其声明中承认了这一错误，并对此表示遗憾。[②]

德国电视二台 Zweites Deutsches Fernsehen

德国电视二台（Zweites Deutsches Fernsehen，缩写 ZDF）是德国的一家公立电视台，也是欧洲最大的公立电视台之一，台址设在德国美因茨。德国电视二台与德国公共广播联盟（ARD）、德国广播电台（Dradio）共同组成了德国公共电视广播系统。

一、历史沿革

从 1960 年起，德国联邦邮政局开始为设立电视二台做准备。德国电视二台的发送频率为特高频无线电波（UHF）。对于当时的电视机来说，接收这种电波时需要使用额外一根天线以及一个能够接收特高频的接收机。老一代的电视机无法接收特高频，要另花 80 马克使用特高频转换机收看。德国电视二台的建台计划中，在民主德国尽可能扩展收视范围是一个非常重要的考虑因素，这与德国电视一台相似。在德国电视二台还没有建立之前，为了使用已经建成的发射网以及鼓励观众接收特高频信号，电视一台就开始播放第二套节目，每天 20：00—22：00 播出。第二套节目从 1961 年 5 月开始播出，一个月后普及至整个联邦德国地区。[③]

阿登纳[④]政府本想将德国电视二台打造成自己的宣传工具台，起名为"德国电视"（Deutschland—

① 德国电视一台：„Das Lügenfernsehen“，Fernsehsendung „panorama“，7. Juli 2011，http://daserste.ndr.de/panorama/archiv/2011/luegenfernsehen127.html，检索时间：2015 年 7 月 18 日。

② 新华网：《德国网民对德 RTL 电视台网站失实报道西藏暴力事件表示愤慨》，2008 年 3 月 25 日，http://news.xinhuanet.com/newscenter/2008-03/25/content_7851688.htm，检索时间：2015 年 8 月 24 日。

③ Zwanzig Jahre ZDF. Zweites Deutsches Fernsehen，Mainz 1981.

④ 康拉德・阿登纳（1876—1967），德意志联邦共和国第一任总理。

Fernsehen),与电视一台竞争。1961年,汉堡、不来梅、下萨克森和黑森州向联邦法院上诉,表示该计划违反了《联邦第一广播法》,公共广播电视所有权应隶属于国家。随后,德国联邦宪法法院判决该做法违宪。1961年,各州达成共识,共同建立“德国电视二台”,以保证立场独立、公正。由各州轮流负责对电视二台的监督工作,每个州的监督期为两年。各州、各党派意见不同,在电视台的地址和台长的选择上也争议颇多,最终决定电视台的总部设立在美因茨,由卡尔·霍尔茨阿默(Karl Holzamer)出任台长。[①]

1963年3月20日凌晨,德国电视二台进行了第一次非正式放送,播放了有关香港金融的纪录片,两集美国电视剧《三个好朋友》和一个奥地利节目。[②] 在经过了几次试播后,德国电视二台于4月1日正式开播。根据相关规定,如果要参加国际节目交换,电视二台必须成为欧洲广播联盟成员。有建议提出让电视二台合并成为电视一台的一部分,但是遭到了电视二台的强烈反对,提出的理由是民众不想让电视二台失去其独立性。通过不懈努力,电视二台终于在1963年5月加入欧洲广播联盟,与电视一台拥有平等的会员地位。[③] 1967年,德国电视二台开始播出彩色电视节目。

创立之初,德国电视二台的经济状况十分困难。德国的广播电视事业实行公立和私营协调共存的“双轨制”。联邦宪法规定,德国公立电视台不以盈利为目的,作为公共事业的公立电视台不允许经营广告,其日常费用主要来自广播电视收视费。[④] 1963年,每户每月的收视费为5马克,其中1.35马克(或27%)缴纳给联邦邮局,用于信号发射网络的建设,剩下的由电视一台和电视二台七三开,电视二台的份额为1.095马克。直到1972年收视费提高后,这一状况才得到改善。自2009年1月起,德国广播、电视和新媒体(接入网络的计算机和手机)的收视费为每月每户17.98欧元,电视二台获得其中的约4.37欧元。[⑤] 用户并不直接将收视费交给电视二台,而是通过德国公立广电系统收视费服务中心(ARD ZDF Deutschlandradio Beitragsservice)[⑥]统一收取。据德国媒体与传播政策研究所的统计数据,2005年德国电视二台的收入为16亿欧元(按通货膨胀率计算,约为今天的18.3亿欧元);2009年,收入突破20亿欧元大关,达到20.28亿欧元;2013年,德国电视二台的收入为20.11亿欧元。[⑦]

建台的第一年,德国电视二台仅使用地面站在联邦德国境内播送。德国电视二台使用的地面站不是自有的,而是租用德意志联邦邮局的设备。1990年前,其在两德边境设立的地面站试图最大面积地覆盖民主德国地区。当时,德国电视二台在民主德国也有许多观众。从1990年12月起,德国电视二台也开始在德国东部各州内发送,使用的频道是原民主德国电视三台的频道。德国电视二台是德国首家传送有线信号的电视台。从1993年8月的柏林国际无线电博览会开始,德国电视二台使用Astra卫星播送,同年使用有线电视和卫星播放数字信号。2002年起,德国电视二台开始通过数字电视地面广播播送数字电视节目。德国电视二台是德国首家将所有自制节目应用16∶9宽幅播送的电视台。它最早使用宽幅播送的节目是2006年世界杯足球赛。此后,德国电视二台逐渐将所有自制节目转为宽幅。从2010年1月12日起,德国电视二台高清频道开始播出节目。

二、发展现状

目前,德国电视二台是欧洲最大的公营电视机构,并着力打造德国最先进的电视节目演播室。从建台伊始,德国电视二台就计划建立一个集中的驻地。1964年6月25日,德国电视二台在新开辟的美因茨市区美因

---

① Die Geschichte des ZDF, Kapitel 4.5 Wahl des Intendanten.

② Die Geschichte des ZDF, Kapitel 5 Aufnahme des Sendebetriebs des Zweiten Deutsche Fernsehen.

③ Die Geschichte des ZDF, Kapitel 4.8 ZDF Mitgliedschaft in der Eurovision.

④ 李维肖:《德国广播电视考察印象》,《中国广播电视学刊》2002年第6期。

⑤ ZDF:http://www.zdf.de/ZDF/zdfportal/blob/36175542/1/data.pdf,检索时间:2015年7月12日。

⑥ 德国公立广电系统收视费服务中心(ARD ZDF Deutschlandradio Beitragsservice),1976年成立,2013年1月1日正式更名,位于德国科隆。主要职责是收取和管理德国公立广播电视三大台(电视一台、二台和德国广播台)的收视费,以及对14个私立电视台进行监管。

⑦ 欧洲媒体数据库:http://www.mediadb.eu/datenbanken/deutsche-medienkonzerne/zdf.html,检索时间:2015年7月12日。

图 66 德国电视二台位于美因茨的总部大楼和圆形录播中心

茨—莱尔辛贝格购买了一块面积约为 104 万平方米的土地。第一期工程包括转播车的车库，于 1967 年初完工；第二期工程包括一幢 14 层楼的编辑和管理楼，于 1974 年初完工；1977 年 9 月 15 日第三期工程开工，建设外围直径为 166 米的圆形录播中心。此工程于 1984 年 12 月 6 日完工。基于这些投入，德国电视二台成为当时欧洲最大的广播中心。

2009 年 7 月 17 日，一个全新的演播室开始投入使用，主要用于录制《今日》(*heute*)等德国电视二台的王牌新闻节目。[①] 该演播室耗资 3000 万欧元，是德国国内最先进的演播室。人们戏称其为“绿色的洞穴”，[②]因为演播室的墙壁完全是绿色的，以便添加背景和 3D 特效。预计在 2016 年，德国电视二台的观众就可以观赏到高清的电视新闻节目。[③]

如今，除其总部外，德国电视二台在德国各联邦州内设有 16 个演播室（每个联邦州一个），以及 19 个国外演播室，分布在北美洲、亚洲和欧洲。

从组织结构来看，德国电视二台的直属机构电视委员会(ZDF－Fernsehrat)的主要职责有三项：为电视二台节目的制作与播出制定规章制度，选举台长以及批准由理事会通过的电视台运营预算。委员会成员每四年换届一次，每年召开四次会议讨论上述问题，并选出其中的 8 名成员组成二台理事会，8 名成员中不能包括政府官员。此外，委员会也负责收集观众的意见与建议。[④]

然而，政界过多地参与德国电视二台的决策机构也引起了很大争议。2014 年 3 月 25 日，联邦立法院判决德国电视二台台规中的多项规章制度违反联邦宪法。[⑤] 联邦法院称，委员会与理事会的组合阻碍了媒体的自由发展。在联邦法院宣读的判决书中称，目前，委员会与理事会的成员中，政界和党派参与过多，其人数比例必须从现在的超过 40%降到三分之一以下。此外，政府官员在选择委员会成员时“不得施加影响”，德国电视二台“不能成为国家的电视台”。联邦法院规定，各州需在 2015 年 6 月 30 日前起草新的德国电视二台台规。[⑥]

德国电视二台的台长是该台职位最高、对外代表并对内领导电视二台的核心人物。此外，台长还对电视二台播出的节目负责，为总编辑提供建议。台长由电视二台电视委员会选举产生。创立至今，电视二台共有过 5 位台长，现任台长是托马斯·布鲁特(Thomas Bellut)。每位台长可以任命 5 名负责人，分别是总编辑、节目导演、欧洲卫星节目导演、行政总监、产品总监。

三、报道特点

根据联邦电视广播法，同电视一台一样，电视二台每天只能在 20:00 以前播放广告，每天时长不得超过 20

---

① ZDF 网站：http://www.zdf.de/ZDFmediathek/beitrag/video/1574496，检索时间：2015 年 7 月 9 日。

② 《焦点周刊》：Die “grüne Hölle” ist eröffnet http://www.stern.de/kultur/tv/das－neue－zdf－studio－die－gruene－hoelle－ist－eroeffnet－706477.html，检索时间：2015 年 7 月 9 日。

③ 电视数字化网：http://www.digitalfernsehen.de/ZDF－Nachrichten－erst－bis－2016－komplett－HD－faehig.104726.0.html 检索时间：2015 年 7 月 9 日。

④ 德意志联邦宪法：https://www.bundesverfassungsgericht.de/pressemitteilungen/bvg14－026，检索时间：2015 年 7 月 12 日。

⑤ 德意志联邦宪法：https://www.bundesverfassungsgericht.de/entscheidungen/fs20140325_1bvf000111.html，检索时间：2015 年 7 月 12 日。

⑥ 《明镜周刊》：http://www.spiegel.de/kultur/tv/verfassungsgericht－klage－gegen－zdf－staatsvertrag－a－960571.html，检索时间：2015 年 7 月 12 日。

分钟,不能在主要节目中间插播广告,周日和全国性的节假日内不能播放广告。广告一般不中断节目,而且最长为三分钟。每个在电视二台播出的广告中都会出现美因茨小人儿(Mainzelmännchen)的动画。根据新修订的联邦广播法,广告和赞助间的区分被废除。因此,自 2013 年 1 月起,公立电视台在晚上 20 点后和全国性节假日中也不能播出赞助商的相关信息。

目前,德国电视二台和德国电视一台同所有 16 个联邦州共同制作"德国广播"(Deutschlandradio)的节目,包括文化、新闻资讯、科学三个频道。此外,德国电视二台还与其他电视台共同制作 3sat(占 32.5%播出分量)、凤凰台(50%)、Arte(50%)、儿童台(50%)等电视频道节目。该台还通过其数字节目免费播送三个不同内容的专门频道——资讯频道、纪录频道和文化频道。德国电视二台是优质节目的盛产者,它依靠众多制作精良、影响力极高的名牌栏目傲视群雄。自 1963 年 4 月 1 日开播以来,德国电视二台的口号就一直是"电视二台第一"(Am Ersten das Zweite)。德国电视二台正式播出的第一个节目是提前录制好的、时长为 90 分钟的《柏林乐曲》,内容是过去柏林的音乐。正式开播的第一年里,大多数节目是本来生产的商业电视台制作的节目。除此之外,电视二台还试图通过体育节目,如《实时体育报道》来吸引观众,也取得了巨大的成功。迁往威斯巴登后,电视二台将过去下午播出的节目综合到一起,创办了《转盘》这个综合性的节目。1966 年,德国电视二台与电视一台签订了共同制作上午节目的协定。儿童节目 ZDFtivi 在周末上午播出。

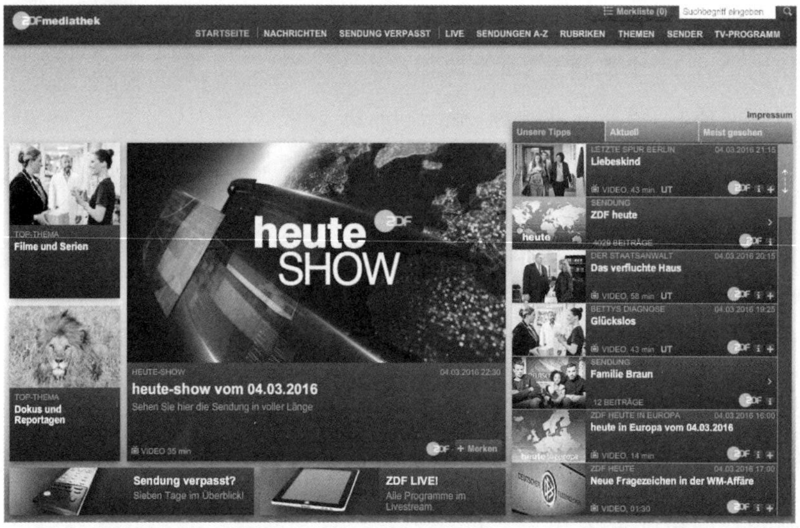

图 67 德国电视二台的新媒体播出平台 ZDFmediathek 列出的主要节目

图片引自 ZDF mediathek:http://www.zdf.de/ZDFmediathek#/hauptnavigation/startseite,检索时间:2016 年 3 月 4 日。

德国电视二台的节目类型多种多样,涉及新闻、资讯、电影电视剧、文化、少儿等多个种类,其中不乏一些全德乃至全欧影响力的王牌节目,例如——

(1)新闻类节目:《今日》(*heute*)是德国电视二台的王牌节目,在德国享有很高的公信力和收视率,多次获得各种奖项。《今日》是一档新闻节目,关注政治、经济、科学、文化、社会、体育和天气等方面,主要新闻每天晚间 7 点播出,类似于德国电视一台的《每日新闻》和中国的《新闻联播》。全天共播出 11 档不同主题的新闻资讯节目,包括《今日德国》《今日欧洲》《今日话题》等。《今日话题》在 2013 年 10 月获得了德国最佳电视新闻节目奖。

(2)娱乐类节目:《想挑战吗?》(*Wetten, dass..?*)是自 1981 年开始播出的德语电视综艺节目,是欧洲此类节目中最成功的一个,广泛受到德国、瑞士、奥地利等国观众的喜爱。自 1987 年起,节目主持人由托马斯·戈特沙尔克(Thomas Gottschalk)担任。该节目于 2004 年被央视引进。①

(3)电视剧:德国电视二台制作播出了很多优质的电视剧集,比如《我们的父辈》(*Unsere Mütter, unsere Väter*)。这是一部关于"二战"时期德国的迷你电视剧,总共三集,2013 年 3 月在二台播出。该剧以五个好友各不一样的遭遇穿插为主线,凸显人性与反思。该剧也从德国人的角度冷静客观地描绘了第二次世界大战中苏德战争与犹太人大屠杀等情节。该剧一经推出即受到巨大好评,在中国也获得了广泛关注。②

(4)体育类:因为体育节目在德国非常受欢迎,体育比赛直播经常会取得超高收视率。德国电视二台与德国电视一台签署了协议,德国电视二台主要在《二台体育速递》(*ZDF Sport extra*)节目中播出重大体育赛事的

---

① 《想挑战吗》栏目简介:http://ent.sina.com.cn/v/2006-06-27/10561137509.html,检索时间:2015 年 7 月 12 日。

② 《南方都市报》:《〈我们的父辈〉真正的胜利者是苍蝇》,http://paper.oeeee.com/nis/201306/01/60450.html,检索时间:2015 年 7 月 12 日。

结果,如世界杯、欧洲杯和奥运会。德国电视二台和德国电视一台在一些比赛中享有独播权,如奥运会。但在他比赛中,别的台也有转播的权利,比如在 2006 年世界杯中,德国电视一台和德国电视二台只直播了 64 场比赛中的 48 场。

根据德国著名媒介市场研究公司"媒介监控"的调查显示,在过去的 20 年中,德国电视二台在莱茵兰—法耳次州和黑森州的收视率最高,在梅克伦堡—前波莫瑞州的收视率最低。2013 年,德国电视二台推出纪录片《为了大众的利益》(*in der Gunst des Publikums vorne*),见证了德国电视二台从建台以来的收视高峰。20 世纪 80 年代,《梦之船》(*Das Traumschiff*)和《黑森林中的诊所》(*der Schwarzwaldklinik*)等节目的收看人数达到了 2000 万;1992 年,《想挑战吗?》的收看人数达到 2047 万,市场份额达 65.8%。因为当今电视市场的竞争日趋激烈,这样的数字已经很难达到,主要的高收视率节目集中在体育比赛转播上,如 2006 年世界杯半决赛意大利对德国的比赛有超过 2966 万人收看。[①]

2012 年的数据显示,德国电视二台观众的平均年龄为 61 岁,在奥运会和欧洲杯进行过程中,这一数据变为 60 岁。[②] 由于主要节目观众平均年龄普遍偏大,德国电视二台被竞争对手戏称为"老年台"。[③] 德国电视二台台长反击称,德国电视二台的目标受众是整个社会。所以他们必须加强节目对年轻观众的吸引力。数字频道和在线产品的成功就已经说明了问题。但是,德国电视二台并无"刻意追求年轻化"的打算,而是达到逐步现代化,以符合受众的收看习惯。[④]

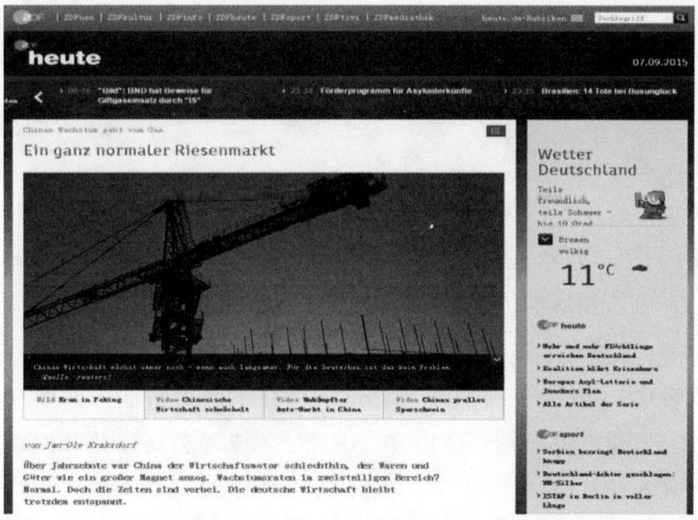

图 68　2015 年 4 月 27 日德国电视二台播出有关中国经济放缓的报道

德国电视二台:Ein ganz normaler Riesenmarkt,2015 年 8 月 27 日,http://www.heute.de/chinas—wirtschaft—waechst—langsamer—deutsche—investoren—bleiben—entspannt—38183298.html,检索时间:2015 年 9 月 11 日。

因为其公立电视台的性质,德国电视二台始终将"为公众服务"作为指导理念,力图打造高效率的媒体平台。尽管也有一些节目受到了公正性的质疑,但是德国电视二台仍是德国乃至欧洲的电视业的一支重要力量。

四、涉华报道

德国电视二台在北京设有驻华记者站,负责对中国新闻的采访报道。该台对中国议题非常关注,报道数量较多,以自采报道为主,报道题材广泛,涉及政治、经济、军事等。近年来,德国电视二台对中国普通人生活也越

---

① 德国之声:http://www.dwdl.de/untermstrich/40204/zahlen_bitte_quoten_aus_50_jahren_zdf/,检索时间:2015 年 7 月 16 日。

② Hans-Peter Siebenhaar: Finanzielle Höchstleistungen. In: Handelsblatt. Nr. 18, 25./26./27. Januar 2013.

③ 《斯图加特报》:http://www.stuttgarter-zeitung.de/inhalt.zdf-aufbruch-der-mainzelmaenner.eff65a49-9f1d-4137-97f8-4fb49ae80a2d.html,检索时间:2015 年 7 月 12 日。

④ Sonderveröffentlichung von ZDF.werbung in Horizont 37/2012 vom 23. September 2012.

来越关注,甚至制作播出了一些有关中国传统文化的报道,可谓无所不包。总体上来讲,德国电视二台的涉华报道角度多样,一般情况下可以做到就事论事,不过,其对华报道仍有一些存在偏见的问题。

首先,有关中国军费上涨、经济增长速度放缓的报道出现频率较高;其次,对于所谓的"人权问题"有较多评论性文章,其中的事实和评论普遍存在充满偏见的论调;此外还有一些对中国进行调侃恶搞的报道。2009 年 10 月 20 日,在德国电视二台《今日》报道法兰克福书展的专题中,该台记者利用中国书展商听不懂德语的弱势,歪曲翻译并编造解说词,用低级庸俗的手法嘲弄书展的中国工作人员,诋毁中国形象。该台随后将报道视频上传至网络,在德国各视频网站传播,引发华人网民的广泛批评,对这种违反职业道德的歧视性报道纷纷予以强烈谴责。[①]

事后,德国电视二台时任台长夏希特(Markus Schächter)致函中国驻德国大使吴红波,就该台《今日》辱华节目正式道歉,并且从网站上撤下这则视频。夏希特在道歉函中表示,对于《今日》辱华节目引起的批评,德国电视二台将严肃对待,认识到这一节目伤害了中国人民的感情,并保证不再发生这类事情。

德国电视一台 Das Erste

Das Erste

德国电视一台(Erstes Deutsches Fernsehen ,简称 Das Erste)是德国公共广播电视的典型代表,也是德国公法广播电视联合会(ARD)成员联合成立的电视台。因而,该台通常也被称作 ARD 电视台。

一、历史沿革

二战后,英、美、法在德国各自的占领区内开始了广播电视的重建工作。为了与之前纳粹时期国营、中央集权的广播电视制度分离开来,各占领区模仿英国广播公司(BBC)的模式建立公共法人性质的广播电视机构,并根据德国的联邦特点实行了一种较为分散的联邦地方公营模式。美占区建立了巴伐利亚台(设在慕尼黑)、南德台(设在斯图加特)、黑森台(设在法兰克福)和不来梅台(设在不来梅);法占区建立了西南德台(设在巴登一巴登);英占区建立了西北德台(设在汉堡)。[②] 1949 年 9 月 20 日德意志联邦共和国成立之后,这 6 家广播机构都交由各联邦州自行管理。

为了在战后追赶美国电视技术的发展,各国纷纷涉足电视频道的试验制作。而由于德国这种联邦地方公营广播电视模式较为分散,且各广播公司实力比较单薄,无法单独制作一套独立的节目提供给观众。为了促进和维护广播电视业的共同利益,实现共同开办电视频道的目的,并在节目领域实现交流和共享,西德各州的广播电视机构于 1950 年组成德国公法广播电视联合会(ARD),上述 6 家地方广电机构为初创成员,共同签署了 ARD 章程。

1950 年 11 月 27 日,实力最为雄厚的德国西北广播公司(NWDR)开始试播电视节目。1952 年 12 月 25 日,由各成员联合组成的电视台——当时叫"德国西北电视台",开始每天晚上 8 点至 10 点播出两个小时的电视节目,当时的播出覆盖范围仅限于德国西北部和柏林地区。正式播出后的第二天,德国电视一台最重要的节目——《每日新闻》(*Tagesschau*)开始正式播出。同年新年前夜,该电视台转播了联邦德国总统发表的新年贺词,从此以后,转播总理或总统新年贺词成为电视一台的传统。

1954 年 11 月,德广联成员合办的第一家全国性电视台——当时称"德国电视台"(Deutsches Fernsehen)才

---

① 环球网:《德国家电视二台节目恶意戏弄中国被采访者》,2009 年 11 月 6 日,http://world.huanqiu.com/roll/2009－11/620638.html,检索时间:2015 年 7 月 10 日。

② 曹晚红:《德国双轨电视制度研究》,中国广播电视出版社 2009 年版,第 28 页。

正式开播。当时，德广联成员已增加至 10 个，电视台节目由各成员广播电视台合作编排制作，统一通过全国性的传播网络和各州电视台向全国播出。统一播出的全国性节目由德广联成员按比例分担，同时集中购买故事片、电视连续剧等以供共同播出，但新闻节目由统一设置的新闻中心采编制作，办公地址设在汉堡。

1960 年起，德广联又筹备建立电视二台，为了使用已经建成的发射网以及刺激观众接受电视二台的极高频信号，电视一台被允许每天从晚上 8 点至 10 点在极高频上试播电视二台的节目，直到 1963 年 4 月 1 日电视二台 ZDF 正式成立后才停止。1967 年德国电视台开始播出彩色节目。

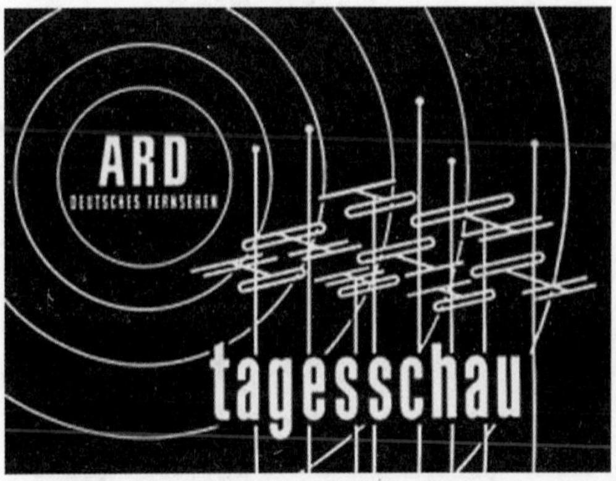

图 69 1952 年开播的《每日新闻》

图 70 播出至今的《每日新闻主题》

1978 年 1 月 2 日，《每日新闻》的衍生版——晚间新闻节目《每日新闻主题》(*Tagesthemen*)播出。1984 年 10 月 1 日，"德国电视台"(Deutsches Fernsehen)改名为"德国电视一台"(Erstes Deutsches Fernsehen)，1996 年又直接简称为"电视一台"(Das Erste)。1989 年又推出午间新闻节目《午间新闻述评》(*Mittagsmagazin*)。

从 1990 年 12 月 14 日起，德国电视一台的节目通过之前东德电视台(DFF1)的频率开始在东德地区进行播出。两德统一后，东德的德中广播(MDR)和东德勃兰登堡广播(ORB)在 1992 年加入德广联。从 1995 年 1 月 1 日起，德国电视一台开始全天候 24 小时播出。2000 年前后，德广联的一些成员之间进行了合并重组：1998 年南德广播和西南德广播合并为西南德广播电台；2003 年自由柏林广播和东德勃兰登堡广播合并为柏林—勃兰登堡广播。①

二、发展现状

(一)德广联成员

如今，通过不断重组合并，德广联成员仍为十个，九个为州立广播电视台：巴伐利亚广播、黑森广播、中德广播、北德广播、不来梅广播、柏林—勃兰登堡广播、萨尔州广播、西南广播和西德广播；以及一个全国性对外广播：德国之声。十个成员共同为德国电视一台制作编排节目。2009 年，各州立广播电视台在德国一台节目中所占比例如表 4 所示。②

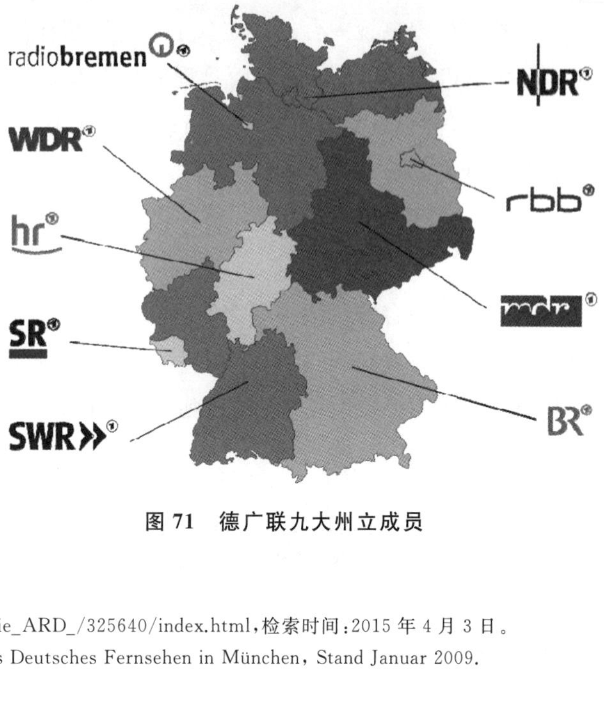

图 71 德广联九大州立成员

---

① ARD 官网：http://www.ard.de/home/intern/die-ard/Warum_gibt_es_die_ARD_/325640/index.html，检索时间：2015 年 4 月 3 日。

② 德国一台信息报告文件：Informationen von der Programmdirektion Erstes Deutsches Fernsehen in München, Stand Januar 2009.

表 4 德广联各成员在德国电视一台节目中所占比例

广播机构	比例%	标识
西德广播	21.40	WDR
西南德广播	18.20	SWR
北德广播	17.60	NDR
巴伐利亚广播	15.95	BR
中德广播	10.85	mdr
黑森广播	7.40	hr
柏林—勃兰登堡广播	6.60	rbb
萨尔州广播	1.25	SR
不来梅广播	0.75	radiobremen

(二)组织和监管机构

截至 2013 年,德国电视一台在国外有 45 名驻外记者,26 个海外演播室,2012 年海外支出约 4800 万欧元。德国电视一台的北京演播室于 1984 年建立。[①]

德国电视一台设有三个负责管理和监督的职能部门,即电视委员会、管理委员会和台长。其组织结构的重要特点是“行政独立”,独立于政府、党派利益和商业利益,其管理是由社会各阶层、各领域人士共同参与实现与实施的。[②]

台长是德国电视一台的法定代表人,负责节目和所有行政事务,有权任命其他工作人员。现任台长是卢茨·马尔默(Lutz Marmor)。而管理委员会和电视委员会由不同“社会相关”团体的代表组成,承担了监管的职能,管理委员会负责对公法机构的行政和财政事务的监管,电视委员会负责对节目的监管。德国电视一台管理委员会和电视委员会现有 20 名成员,代表社会各方利益。[③]

(三)资金来源

德国电视一台的收入主要来源于观众缴纳的广播电视视听费、少量的广告收入和其他收入,如赞助、捐款和节目销售等。2015 年 4 月 1 日德国的广播电视视听费由之前的 17.98 欧元降为 17.50 欧元,其中 ARD 占 12.37 欧元。[④] 作为公法电视,德国电视一台的广告时间只限在周一至周五的 20 点以前播出,且每天广告时间不

① Tagesschau 官网:http://korrespondenten.tagesschau.de/,检索时间:2015 年 4 月 3 日。

② 曹晚红:《德国双轨电视制度研究》,中国广播电视出版社 2009 年版,第 57 页。

③ Ard 官网:http://www.ard.de/home/intern/gremien/gvk-mitglieder/GVK_Mitglieder___Uebersichtsseite/693506/index.html,检索时间:2015 年 4 月 3 日。

④ Ard 官网:http://www.ard.de/home/intern/die-ard/17_50_Euro_Rundfunkbeitrag/309602/index.html,检索时间:2015 年 4 月 3 日。

超过 20 分钟,周末和节假日不得插播广告。[①]

(四)合作开办频道

一台在主频道之外,还有较为轻松幽默的文化娱乐频道 einfestival、音乐艺术频道 einsplus 以及信息综合频道 tagesschau 24。

图 72 文化娱乐频道、音乐艺术频道和信息综合频道的标识

此外,德国电视一台还与各电视台合办了一些专业频道。如 ARD 等一些德国电视台与法国电视台合办文化频道(arte),ARD 和 ZDF 以及奥地利、瑞士等公营电视机构合办三星电视台(3Sat),ARD 与 ZDF 合办凤凰新闻频道(Phoenix)、儿童频道(KIKA)以及电视三台(ARD-Dritte)。

图 73 文化频道标识

图 74 三星电视台标识

图 75 凤凰新闻频道标识

图 76 儿童频道标识

据德国电视调查机构 AGF 的调查结果显示,在 2014 年德国电视日均市场份额中,德国电视二台 ZDF 以 13.3%的市场份额占据全德第一,德国电视一台综合频道 ARD Das Erst 和第三频道 ARD-Dritte 分别以 12.5%和 12.4%的市场份额排列第二、三名。[②]

进入新媒体时代以来,德国电视一台也积极进行媒体融合。首先,建立网站 ARD.de 和 DasErste.de,在网站上可以观看视频、直播,阅读新闻,匿名评论,查找电视台信息等;其次,建立了 Twitter、Facebook 和 Google +账户,与观众进行互动;此外还开发了新闻产品的客户端应用,如《每日新闻》(*Tagesschau*)、《体育新闻》(*Sportschau*)以及直播应用等。

三、报道特点

(一)节目定位

德国电视一台作为公法性质的电视台,“基本供给”是其基本功能和承担的社会责任,即传播规范的内容和让尽量多的人接受和参与,形成公众舆论,以维护社会的民主和自由,同时照顾社会多元性,体现社会各界的利益。其非官方非商业的性质既实现了其独立于政府、不被政府干涉的愿望,又不被商业利益所诱惑而大量播出媚俗的内容。因此总的来说,德国电视一台的报道风格是严肃正统的。

作为综合频道,德国电视一台播出信息、文化、娱乐、影视剧、体育、儿童等不同类型的节目。而其中信息类节目占主要地位,2013 年比例高达 48%,且节目内容中有关政治、社会的最多,达 31.2%,其次是有关家庭的,达 18.3%,再次是故事片,达 16.1%。[③]因此,德国观众对电视一台的新闻和信息内容非常依赖和信赖。

(二)节目时段

德国电视一台每天播出 24 小时,信息类节目贯穿始终,早间、午间及晚间都有新闻评述类节目,《每日新

---

① Ard 官网:http://www.ard.de/home/intern/die－ard/17_50_Euro_Rundfunkbeitrag/309602/index.html,检索时间:2015 年 4 月 3 日。

② Agf.de 网站:https://www.agf.de/daten/tvdaten/marktanteil/,检索时间:2015 年 4 月 3 日。

③ 德国电视台 2013 年年度数据报告:Fernsehstatistik 2013, http://www.ard.de/home/intern/fakten/ARD_Statistiken/329092/index.html ,检索时间:2015 年 4 月 3 日。

闻》在各个时段滚动播出,《每日新闻话题》晚间播出,上午、下午都为电视剧或电影时间,同时穿插纪录片和儿童节目。①

四、涉华报道

德国电视一台的涉华报道数量比较多,每日至少一篇相关报道,且来自该台多档栏目。在各时段滚动播出的新闻快讯类栏目《每日新闻》(*tagesschau*)中,通常报道中国当下最新的时政、经济及社会事件,多为短消息类,报道客观事实,态度较客观中立。

图 77 "中国人对数字 4 的忌讳"

此外,该台早、中、晚播出的新闻专题类节目《早间新闻述评》(*Morgen magazin*)、《午间新闻述评》(*Mittagesmagazin*)和《晚间新闻述评》(*Nachtsmagazin*)中的涉华专题类报道则较为深入,且多为经济类报道,其中会有些评论性的内容,态度大多较为客观。

除上述新闻类报道外,德国电视一台还有一档名为《世界大观》(*Weltspiegel*)的栏目对中国报道更为详细和全面,涉及中国古代和当下社会的文化、历史、习俗、社会问题等各个方面,如中国人对 4 的忌讳(见图 77)、中国社会老龄化问题、拐卖贩卖人口、中国青年人拍摄婚纱照、护工劳务输出、饭店机器人当厨师、环境问题等等。在这些报道中,文化类的报道主要凸显趣味性,社会问题类报道以事实介绍为主,但历史政治类报道则大多态度较为负面。

德国广播电台 Deutschland Radio

Deutschlandradio

Deutschlandfunk Deutschlandradio Kultur DRadio Wissen

德国广播电台(Deutschland Radio,简称 DRadio)是一家面向德国国内听众的全国性广播电台,属于公共性质的广播机构。

一、历史沿革

1994 年 1 月 1 日,德国通过了一项由联邦 16 个州签署的国民协议,宣告德国广播电台由德国电台、德国文化电台以及西柏林美占区电台合并。该项国民协议规定,分别在柏林和科隆制作一个全国性质的德语广播节目,并由德国电视二台 ZDF 以及德国电视一台 ARD 的广播电台共同经营。②新成立的德国广播电台为公共性质,不播出广告,由广播费补助。

① 德国电视一台官网:http://programm.daserste.de/pages/programm/liste.aspx,检索时间:2015 年 4 月 3 日。

② 陈志斌:《新闻德语教程》,华东师范大学出版社 2003 年版,第 40 页。

二、报道特点

目前,德国广播电台由三个频道组成,分别是德国电台、德国文化广播以及德国知识(科教)广播。

德国电台(Deutschlandfunk)是信息频道,台址设在科隆,前身是科隆一家私立的广播电台。该频道的对话和访谈节目观点明确而尖锐,新闻报道严肃而犀利,关注各阶层、各领域的听众。除了每天长达240分钟的新闻报道外,还播出许多涉及社会各方面的高质量深度报道及调查类节目。①

德国文化广播(Deutschlandradio Kultur)台址设在在柏林,之前是由西柏林电台RIAS一套和东柏林电台DS文化频道合并成立的德国柏林广播电台,在2005年3月7日逐渐改为德国文化广播的节目形式,2008年曾获得"德国批判者奖"。虽然该广播为文化频道,但其对"文化"作现代化的理解,也关注政治、经济、社会、哲学等领域。其核心节目是"Studio 9"(第九舞台/工作室),涉及每天最新的文化或政治类主题,在每天的黄金时段以采访、通讯、评论、深度报道等各种形式滚动播放。此外还制作许多专题节目,如文学、音乐、影视等栏目。②

德国知识(科教)广播于2010年1月18日开播,是一档新颖的寓教于乐节目。其办台理念是"烧脑运动(或脑筋急转弯)"(Hirn will Arbeit),除了传播科教知识、文化学习内容之外,还播放许多轻松娱乐的节目以及音乐节目,非常受青少年的欢迎。而且该频道是数字节目,可以在网上直接收听直播。③

图78 德国电台频道标识

图79 德国文化广播频道标识

图80 德国知识(科教)广播频道标识

此外,德国广播电台还引进德国一台广播台以及一些国际广播公司如RFI、BBC等广播的节目。其网站开通后,在2011年获得格莱美网络编辑设计奖。④

三、涉华报道

德国广播电台中,"德国电台"作为信息频道报道中国新闻比较多,其次是"德国文化广播"。其涉华报道主要关注中国经济、时政和社会热点等事件。其中,消息类报道多来自各地通讯社,其涉华态度较为客观中立;该台涉华评论也比较多,态度偏负面一些,如以"和谐表面下的芥蒂"为题报道默克尔访华与李克强会面。

德国之声 Deutsche Welle

德国之声(Deutsche Welle,简称DW)是德国唯一的一家国家对外广播机构,是德国公共广播联盟(ARD)的成员。德国之声的国内编辑部设在波恩和柏林,其总部坐落在波恩。在德国之外,德国之声还在华盛顿、莫斯科和布鲁塞尔设有分部。除广播外,德国之声同时提供电视节目(DW-TV)和网络新闻(dw.de)。为适应新闻媒体行业的不断发展,德国之声还开设了德国之声学院(DW Akademie)。开办60余年来,德国之声履行了向外国听众和观众全面介绍德国的职责,包括政治、经济、文化和社会生活,传播和解释德国对国际重大问题的

① 德国广播电视台官网:http://www.deutschlandradio.de/deutschlandfunk.2142.de.html,检索时间:2015年4月6日。

② 德国广播电视台官网:http://www.deutschlandradio.de/deutschlandradio－kultur.2143.de.html,检索时间:2015年4月6日。

③ 德国广播电视台官网:http://www.deutschlandradio.de/dradio－wissen.2144.de.html,检索时间:2015年4月6日。

④ 德国广播电视台官网:http://www.deutschlandradio.de/programme.2080.de.html,检索时间:2015年4月6日。

立场和观点，同时报道各个语言对象国家和地区的情况，对维护德国与世界各国的双边关系，塑造德国在国际社会上的良好形象起到了重要的作用。

一、历史沿革

1953 年 5 月 3 日，德国之声正式成立，首次以短波播出德语节目。当时的德国联邦总统特奥多尔·豪斯以“全世界同胞问好”向德国之声发去了贺电。几周后，也就是 1953 年 6 月 11 日，德国广播联盟的成员签署合约，共同制作德国之声的短波节目。节目首先由当时的北德广播公司(NWDR)负责，之后又由坐落在科隆的西德广播公司(WDR)接管。一年之后，德国之声已经可以制作德语、英语、法语、西班牙语、葡萄牙语和波兰语等六种语言的节目了。

根据联邦立法，德国之声在 1960 年正式成为公共广播电台，职责是为外国受众制作短波广播节目。自 1962 年起，德国之声陆续扩充其他语言丰富广播节目，如俄语、土耳其语等。

1990 年，随着两德统一，原民主德国的柏林国际广播电台(RBI)终止对外广播，该电台的部分工作人员和其播出频率与播出设备被德国之声收编。

1992 年 4 月 1 日，德国之声开始在柏林以德语和英语播出德国之声电视节目，每天播出 14 小时。从 1995 年 7 月 1 日起，德国之声电视节目每天的播出时长增加到 24 小时。该电视节目通过卫星播出，在以后的几年内不断完善，增加了阿拉伯语和西班牙语的电视节目。

1994 年，联邦广播结构进行了调整，德国广播电台不再作为独立的电台而存在，德国之声已于 1993 年接手了德国广播电台的所有外语节目。一年之后，德国之声成为德国公立电台广播中首家推出网站的机构，开创了先河。

为庆祝成立 50 周年，德国之声于 2003 年将总部从科隆迁址到波恩。自此，波恩总部主要负责广播节目的制作，而柏林编辑部主要负责电视节目。德国之声网的内容由柏林和的编辑部共同制作，提供 30 种语言服务。2004 年，德国联邦议院通过新的德国之声条例，规定德国之声为“三媒体”(trimedial)机构，德国之声网拥有与德国之声广播和电视节目平等的法律地位，这与其他的德国公立媒体很不一样。

表 5 德国之声历年使用台标

时间	德国之声标识	时间	德国之声标识
1953～1992 年	D W	2003～2012 年	DEUTSCHE WELLE DW
1992～1995 年	DW Deutsche Welle radio & tv international	2012 年至今	DW
1995～2003 年	DW DEUTSCHE WELLE		

2009年3月，德国之声电视台(DW－TV)针对亚洲受众开设德国之声亚洲频道(DW－TV Asien)和德国之声亚洲＋(DW－TV Asia＋)两个频道。德国之声亚洲频道主要以德语播音，每天播出16个小时的德语节目和8个小时的英语节目；德国之声亚洲＋则主要以英语播音，每天播出18个小时的英语节目和6个小时的德语节目。

二、发展现状

根据德国之声条例(Deutsche－Welle－Gesetz)第四条规定，德国之声的使命是向国外听众全面介绍德国，阐释德国作为欧洲成长中的文化与自由之国的方方面面，促进文化和人民的交流和理解。① 可以说，德国之声是对外传播德国文化政策的使者。

目前，德国之声共有1500名固定员工和来自60余个国家的自由工作者。经过多年发展，到2015年时，德国之声共用30种语言制作节目，包括中文、阿拉伯语、西班牙语和俄语等。

进入21世纪，德国之声在诸多方面都遭遇了挑战。2011年，德国联邦议院推出了新的媒体管理计划，包括广播、电视和在线类媒体都要在2013年之前进行大规模整合，电台节目必须进行缩减，电视和网络媒体具有内容优先权。② 该计划遭到各方强烈反对，认为减少或放弃短波德语节目的制作与放送是非常不明智的举动。③

经多方努力，德国之声在2012年经历了全面改革，开始扮演比之前更加重要的角色。改革后，德国之声开始面向拉丁美洲制作西班牙语节目，每天播出20小时。2013年11月，新上任的台长彼得·林堡要求在英语节目上投入更多财力，④以提升德国之声的全球竞争力，应对今日俄罗斯、半岛电视台和中国中央电视台外语频道的挑战，更有效地“让有影响力的决策者听懂德国之声的节目，以传播德国的价值观”。⑤

而在资金来源方面，因为德国之声是公立电台，属于公权力的一部分，其主要收入来源是联邦政府的拨款，也就是来自于纳税人。德国之声的财政由联邦政府文化与媒体委员会负责，在国家财政预算中从属于联邦总理和总理府。此外，德国之声也可以通过播放广告或由赞助商来获得资金，2014年的经费约为2.8亿欧元。⑥

自1999年以来，联邦政府不断缩减开支，德国之声也受到波及。2004年，削减的金额就达到了75万欧元。由于这种状况，德国之声重新进行内部结构重组，不得不通过采取裁员、减少短波广播语种、调整节目的方向和重点等措施缩减经费，以适应不断变化的政治气候和媒体市场的需求。同时，德国之声也看到新媒体的巨大市场空间，对德国之声网站的内容和语种不断完善和改进，并开发除新闻之外其他的互联网服务项目。

此外，通过加强与发展中国家媒体的交流和合作、加强节目的针对性、推进节目的本地化战略、增加新闻节目时间、突出新闻节目特色等手段，德国之声实现了向全球迅猛扩张的目标。

三、报道特点

作为德国对外传播的平台，德国之声重点报道德国及欧盟新闻，向世界展现德国的良好形象是其义不容辞的责任。除此之外，各个语种有单独的编辑部，会针对不同国家的受众报道一些有关该国的政治、经济问题。

以德国之声德语版为例，节目重点关注德国、世界、经济、文化、知识与环境和体育等六大议题。在“德国”议题中包括“理解德国”和“德国宗教——东正教与天主教”两个分议题，介绍了德国的政治体制和宗教传统，以帮助外

① Deutsche Welle Gesetz：http://www.gesetze－im－internet.de/dwg/BJNR309410997.html#BJNR309410997BJNG006501310，检索时间：2015年5月12日。

② Bundestag verabschiedet Aufgabenplanung der Deutschen Welle bis 2013. Kulturnachrichten. DeutschlandRadio Kultur. 7. April 2011. Abgerufen am 7. April 2011.

③ Deutscher Kulturrat：Verzicht der Deutschen Welle auf Kurzwelle ist fahrlässig. Der Auslandsrundfunk der Bundesrepublik stellt Übertragung via Kurzwelle ein. 25. Oktober 2011. Abgerufen am 4. November 2011.

④ Ralf Pauli：Medienkrieg：Unsere Werte，Eure Propaganda. In：zeit.de. 18. Marz 2014，abgerufen am 11. Dezember 2014.

⑤ Die Zeit Nr. 40 vom 25. September 2014.

⑥ 德国之声网站：http://www.dw.de/zahlen－daten－fakten/a－15679961，检索时间：2015年7月12日。

国人增进对德国的了解;在“世界”议题中分为欧洲、中东、非洲、美洲和亚洲议题,其中“南非——种族隔离废除20年”单独成为一个专题;经济版块重点关注议题有气候变化与经济、欧元危机、国际自由贸易和能源政策;文化版块则分为电影、书籍、音乐和艺术等,其中“德国的世界文化遗产”单独成为一个专题;知识与环境议题则重点关注气候、健康与人类的未来;体育方面,足球和F1赛车是关注的重点。

此外,德国之声的网站上还有为增进外国人对德国历史了解的特别专题,包括“柏林墙倒塌25周年”“1945年:结束与启程”“第一次世界大战”等。其他语种的网站在版面设置上与德语网站类似,同时针对德国与该国的政治经济关系,增加适合受众国读者的内容。

德国之声的消息源主要来自德新社、路透社和美联社等世界级通讯社,经过德国之声各语种编辑的综合与加工,通过各种语言向受众传播。此外,德国之声也有一定数量的自采新闻和独家评论。

除了树立德国的良好形象外,德语教学也是德国之声的重要使命之一。德国之声专门开设了“德国之声一德语学习”版块,通过德国之声的德语新闻资源和自制德语学习节目,帮助全世界的爱好者学习德语,受到广泛好评。

四、涉华报道

德国之声中文广播成立于1965年3月7日,目前有近20名工作人员,并在全球范围内拥有一个通讯员网络。德国之声中文部通过信件、电话、电邮与听众联系,并于2006年开通手机简讯平台。中文广播每天通过互联网向全球各地的华人用普通话播音60分钟。德国之声中文节目以国际时政为主要内容,此外还有文化、地理、历史等专栏节目。

一直以来,德国之声在中国议题上较多关注中国经济放缓、反腐、西藏、股市等问题,在议题选择和报道角度上均以负面居多。多数消息源来自德新社、路透社和美联社等国际通讯社,由各语种编辑部进行编译和整理,中文版网站还会对德语媒体的中国报道进行编译。直到目前,这类新闻议题仍然是德国之声涉华报道的主流。

图81 2015年8月2日德国之声中文网有关中国经济放缓的报道

2008年8月4日,北京奥运会开幕前四天,时任德国之声中文部副主任的张丹红受邀参加德国电视二台访谈话节目称时,中国在过去的几十年中成功地“使4亿人脱贫”,说明“中国共产党比世界上任何一支政治力量在实践人权宣言第三条方面的贡献都要大”。此前的7月24日,张丹红在德国电视二台节目中谈到西藏时表示,中国政府“为保护西藏文化做了很多事情”等。随后,《焦点》杂志指责张丹红“向中国共产党献媚”,表示张违反德国之声的传播价值观。之后,张丹红因这两次的“不实”言论被停职。该事件当时在中国国内引起很大震动,致使德国之声在中国的声誉大幅滑坡。2011年,在德国之声工作的王凤波(任职9年)、朱虹(任职23年)、李琦(任职11年)、王雪丁(任职12年)四名资深华人编辑被停职。随后,他们发表公开信,称自己是“2008年‘中国论战’迟来的牺牲品”,

并指责德国之声暗箱操作，践踏新闻自由。[①]

2013年德国之声新台长彼得·林堡(Peter Limbourg)上任以后，开始调整德国之声对华报道的方针政策。一方面，召开编辑会议，强调德国之声中文部不要办成“异议之声”，单方面突出冲突性的报道不符合编辑方针，并表示德国之声要致力于报道多元化的声音；另一方面作出人事调整，先是于2014年年初聘任在华生活近20年的评论员泽林(Frank Sieren)，随后对以发表反华异议言论为主的编辑人员苏雨桐予以解聘。[②]此前驻华期间，泽林作为《德国之声》电视台《亚洲谈话》节目的主持人和德国《商报》的专栏作者，专门从事对中国经济的观察和评论，出版有多本与中国主题相关的书籍。在书中，泽林阐述的主要观点认为，一个在价值观、文化和意识形态上完全不同的中国的日益强大，对于西方来说并非坏事，而是好事。他认为，中国在经济上已经非常强大，在政治上也在谋求在世界上相应的位置，特别是在确保经济发展战略资源的供给安全方面，可能与西方发生冲突。但是，中国不是西方的敌人，充其量是一个竞争对手。在此基础上，他主张，西方正确的战略不应该是妖魔化中国或孤立中国，而是同中国合作，将中国融入世界，承认包括中国在内的多极化世界的事实。与此同时，利用中国崛起产生的竞争压力，加强西方的科技创新和经济优势，保持西方的经济和政治地位。

德新社 Deutsche Presse Agentur

dpa

德意志新闻社(Deutsche Presse Agentur，简称DPA)，通常称为德新社，是世界重要通讯社之一，也是德国规模最大的通讯社。德新社成立于1949年，总部位于汉堡，总编辑室设在柏林，使用德语、英语、西班牙语和阿拉伯语四种语言播发新闻。

一、历史沿革

“二战”结束后，德国新闻界百废待兴，被希特勒宣传毁坏的新闻界需要彻底重建，进而为德国战后建设提供真实而可靠的信息，德新社就诞生在这样的背景下。作为战败国，德意志帝国被盟军被划分为四块，美国、法国和英国三个西方国家各自成立了通讯社。1949年，在艰难而漫长的谈判后，德国新闻社(DENA)、德国媒体服务中心(DPD)和南德意志新闻社(Südena Agencies)合并。在此基础上，德新社于1949年8月18日在德国哥斯拉尔市成立，初始资本为35万德国马克。[③]

起初，德新社的日子过得很艰难，因为缺乏资金，甚至在汉堡的办公室中连椅子都不够用。9月1日，办公室搬进了已经被战火严重破坏的皇家巴伐利亚公使馆大楼，之后办公条件不断改善，逐渐在全德7个州拥有了办公室和19个小型区域办公室。从1979年起，德新社的新闻产品实现标准化，可以通过电脑传输。1986年，德新社成立了全球媒体服务有限公司(die Global Media Services GmbH，简称：GMS)，并在1988年收购了其竞争对手——全球卡片服务有限公司。同年起，德新社只发布本社驻外记者采写的新闻。

GMS

图82 德新社成立的信息公司，全球媒体服务有限公司

---

① 中国网：《被开除华人记者控告“德国之声”败诉 法官自称很为难》，2011年5月21日，http://www.china.com.cn/international/txt/2011-05/12/content_22549723.htm，检索时间：2015年7月12日。

② 人民网：《德国之声开除反华女记者苏雨桐》，2014年8月23日，http://hb.people.com.cn/n/2014/0823/c192237-22082580.html，检索时间：2015年9月9日。

③ dpa in Zahlen auf der Website des Unternehmens. Zahlen bezogen auf das Geschäftsjahr 2013 (= Kalenderjahr). Abgerufen am 27. Juni 2014.

在国际新闻方面,德新社起初寻求与强大同行建立合作伙伴关系,也就是英国的路透社。并在随着经济实力的逐渐提高,德新社开始在国外派驻记者,第一个驻地就是伦敦。之后,在巴黎、阿姆斯特丹、斯德哥尔摩等地都有了德新社记者的身影。1990年,德新社在前东德也开始建办公室并派驻记者。

两德统一后,德新社成为德国全境的官方通讯社。

二、发展现状

2010年之前,德新社总部位于汉堡,图片编辑总部在法兰克福,文字与音视频编辑部在柏林,在波恩设有联邦分社。2010年后,以上机构全部合并到柏林中心编辑部,只在汉堡保留销售部门和地方新闻编辑部。此外,德新社在德国境内的50多个城市设有分社或编辑部,在世界超过80个国家和地区派有驻外记者或聘任自由撰稿人。德新社共使用德语、英语、西班牙语和阿拉伯语四种语言对外发布新闻,在世界范围内覆盖超过100个国家,社内有包括国内新闻部、国际新闻部和新闻图片部等6个部门,每日成稿量22万字,发稿数量约750篇,图片档案库中的图片总量达1600万幅,业务涉及报纸、杂志、广播、电视、网络等。

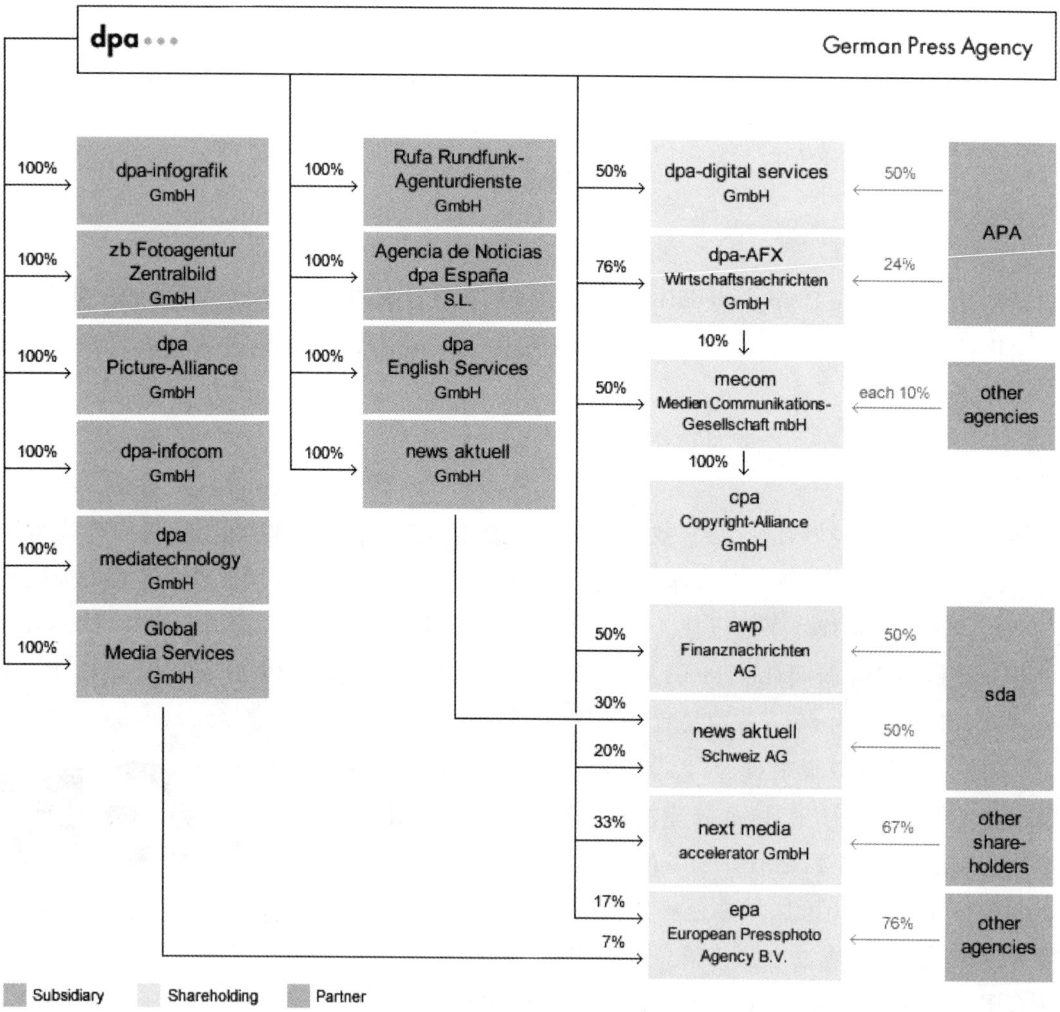

图83 德新社下属分支机构

图片引自德新社网站:http://www.dpa.com/dpa—Subsidiaries.368.0.html,检索时间:2015年11月30日。

目前,德新社在全世界范围内的90多个国家设有办公机构,共有1200余名员工。2013年时,德新社的营业额达到8720万欧元,并且在近年创收能力稳步提升。①通讯社的目标是"无党派,不受党派、社会组织和财团

① dpa in Zahlen auf der Website des Unternehmens. Zahlen bezogen auf das Geschäftsjahr 2013 (= Kalenderjahr). Abgerufen am 27. Juni 2014.

的影响”。

德新社共有 190 余个股东，这些股东全部都是媒体企业，如出版社和电台等，这样可以达到客户和股东的一致性。每个股东最多能持有 1.5%的股份，如此每个股东的影响力不至于太大。电子媒体的股份总量最多不超过 25%，较大的股东如东德意志广播电台(NDR)、科隆西德意志广播电台(WDR)、德国电视二台(ZDF)，所占股份分别为 65.155 万欧元，总和相当于 3.8%的股份。电视台总股份占 11.64%。

目前，德新社仍与各国通讯社保持着良性竞争与合作的关系，在欧洲通讯社联盟(European Alliance of A-gencies)、国际出版通讯委员会(IPTC)和国际出版协会(IPI)等机构中也扮演着积极角色，它与全球超过 79 个国家通讯社建立了伙伴关系，从而保障了其国际新闻报道的质量和一手信息来源的全面覆盖。

德新社的报道重点集中在欧洲，同时它也注重对其他地区的报道，特别是第三世界国家的消息来源。为保障其新闻质量，德新社往往在当地高薪聘用高水准的雇员。德新社以德语新闻为基础，作为德国新闻业的重要支柱，在德国国内长期保持高水准的业务覆盖率，对国内日报的覆盖率一度达到 100%，承担着议程设置的关键任务。德新社在海外的合作机构也非常广泛，包括媒体、大型公司和政府机构等等。但是，随着新媒体的强烈冲击和报社自采新闻体系的逐渐完善，德新社也遭遇了危机。2009 年，德国第二大报业集团西德意志报公司(WAZ)宣布不再与德新社合作，仅保留使用法新社的消息源和消息自采。尽管该报业集团在 2012 年 12 月宣布重新开始与德新社的合作，但这一事件仍引发了人们对通讯社未来如何适应新形势的思考。[①]

dpa in numbers

Foundation	1949
Shareholders	187
Share capital	16,464 Mio
Turnover	87,230Mio
Yearly surplus after tax	0,91 Mio
Coverage of daily papers' circulation	almost 100%
Domestic and foreign editors	439
Employed editors	131
Employed technicians, administrators and sales staff	112
Journalistic members of staff worldwide	ca. 1,000
Countries with a dpa presence	92
Offices in Germany	60
German regional services	12
Stories in the German core service	231,000
News items in all text services per year	1.2 Mio
Pictures in current daily services	1,950
Pictures in dpa databases	16 Mio
Departments	6
International services	4
Subsidiaries	11
Shareholdings	9

图 84　数说德新社

图片引自德新社网站：http://www.dpa.com/Facts－and－Figures.371.0.html，检索时间：2015 年 11 月 30 日。

目前，德新社面临的最大挑战是，如何保证新闻报道的高品质，与此同时又能完全适应媒体市场的新需求。因此，德新社在 21 世纪也需要进行全面的改革。2015 年，德新社开始面向亚洲媒体客户推出一项新服务，以其分布在世界各地的驻外记者为基础，向媒体提供多媒体格式的德新社头条新闻(dpa top news)。该项服务包括英语配套新闻、照片和信息图等。德新社国际团队将当天 30 则头条新闻打包，以便编辑部门通过 API Feed 快速顺利地导入其内容

① 德国《日报》:《新闻通讯社的危机》，http://www.taz.de/！54465/，检索时间：2015 年 7 月 12 日。

管理系统。[①] 报道内容覆盖亚洲和欧洲以及世界其他地区发生的重大事件,让客户的操作使用变得更加简单便捷。

三、报道特点

在建社初期,参照新闻业最为发达的美国模式,德新社建立起一套报道方针,要求把新闻和评论严格区分,语言必须简明准确,概念翔实清晰,并且一直延续至今。此外,德新社还要求新闻工作者必须对新闻中所出现的数据、姓名和引用进行反复检查,使用来源必须可靠,对于政治问题,必须提出两方面的观点并且没有任何偏向,从而让读者能够自行展开价值判断。此外,德新社也充分行使新闻通讯社在把关人方面的作用,在选择报道主题上,必须选择和大众联系较紧密的事件,如战争、犯罪、丑闻、失业和腐败等负面事件必须占有一定的比例。[②]

为贯彻这样的方针,德新社十分强调业务的独立性,不受任何政党、财政集团及政府的影响和干扰,目标是发表"独立、可信赖和及时的新闻"。[③] 德新社的主要职能是收集、加工和传播各种形式的新闻消息、档案和图片。其采编人员是一支专业化的职业供稿人队伍,他们没有自己所属的媒体,专职为德国乃至全球数百家媒体机构提供文字、图片、视频等综合性报道,整个采编制作过程就是一个多业态的信息整合、高度融合的过程。随着新闻事业的不断发展,德新社的业务范围也在不断扩大,几乎所有德国的报纸以及许多电台、电视台都接收它的基础新闻。同时德新社自身的媒体机构也成为媒体大军中不可或缺的组成部分。

作为向其他新闻机构提供"基础材料"的德新社,它一向追求态度严肃认真,立场上不偏不倚,受到广大客户的欢迎。但是,包括德新社在内的通讯社都受制于市场经济,客户的订单往往决定着什么是新闻。近年来,由于用户对新闻的需求有较大变化,德新社为适应形势变化,对机构进行了大规模重组,综合部目前是社内的最大部门。德新社就为各个媒体量身定做一些新闻产品,按照单个媒体的需求提供个性化的新闻采访。采编部门集中办公,就像一个"新闻大厨房",各个部门之间建立了良好的相互交流融合的运作机制,技术部、图片部、文字部之间相互合作、相互补充,客户有个性化服务需求时,10 分钟内就能做出反应,新闻产品也不再是大路货。[④]

此外,德新社在世界各地有针对性地开展自己的业务,例如,对东亚和东南亚的报道和营销重点是英文稿件,在对拉丁美洲的西班牙语报道中则努力提高体育新闻的比例。在很多非洲国家,很少有驻外记者驻扎在此,当地雇员也难以保障,但是德新社在努力改变这一状况,以担负起自身的责任。[⑤]

四、涉华报道

从 1964 年起,德新社就开始在中国北京设立记者站。[⑥] 1974 年,德新社与新华社正式签订了交换新闻和合作协议,这是德新社与中国媒体合作的开始。1996 年 2 月,新华社又与德新社签订了新的交换新闻和合作协议。到 2008 年时,德新社开始与亚洲新闻联盟(ANN)合作,亚洲新闻联盟的成员媒体大都会偶尔刊登德新社的文章,其中包括《中国日报》。2008 年北京奥运会期间,北京网通与德新社签约,德新社通过网通的网络向德国及欧洲地区报道北京奥运会。在北京奥运会之后,德新社陆续与中国媒体和企业开展密切的交流合作。

德新社对中国的报道有自己的特点,也基本上可以做到客观公正。作为通讯社,德新社发表的新闻多为事实性,德国各大媒体通常以德新社的新闻为基础进一步报道评论。德新社涉华报道的关注议题涉及方方面面,

---

① 《德新社面向亚洲媒体客户推出头条新闻服务》,http://www.prnasia.com/story/112792-1.shtml,检索时间:2015 年 7 月 12 日。

② Die Geschichte der immer eine Kette , Von Dr. Hans Benirschke, dpa-Chefredakteur 1968-1991.

③ 德新社介绍,检索自官网:http://www.dpa.de/UEber-uns.41.0.html,检索时间:2015 年 7 月 12 日。

④ 张光辉:《德国文化产业与媒体发展印象》,《新闻爱好者》2014 年第 4 期。

⑤ 德新社:《全球运作者、新闻报道闸和服务提供者》,《德国双月刊》2006 年第 6-7 期。

⑥ Dpa: Zahlen & Fakten, The history of the German Press Agency dpa, http://www.dpa.de/Zahlen-Fakten.152.0.html,检索时间:2015 年 7 月 12 日。

图 85　德新社网站

德新社官网：http://www.dpa.de/，检索时间：2016 年 1 月 14 日。

既有宏大的政治经济问题，例如中国经济的涨落、领导人换届等，也有中国普通居民的生活议题。此外，德新社也格外关注德国与中国在经济领域的合作问题，特别是德国厂商品牌的汽车在中国市场的动态等等。不过，德新社的报道难以避免地带有明显的西方媒体特色，对如军费增长、人权等问题的报道占据大量篇幅。

中国的主流媒体也经常援引德新社的对华报道，让读者了解西方媒体是如何认识中国的经济社会发展的。如参考消息《外媒：习近平再为中国外交开新局》编译德新社对习近平访问埃及的报道，①《经济日报》也编译发表了德新社对中国经济转型的报道，②以及德新社对中国环境污染的报道等等。③

欧洲新闻图片社 European Pressphoto Agency

epa european pressphoto agency

欧洲新闻图片社（European Pressphoto Agency，简称 EPA）是一家国际性图片社，它是由 11 个欧洲通讯社共同组成的联合体，总部位于德国法兰克福。

---

① 参考消息：《外媒：习近平再为中国外交开新局》，2016 年 1 月 25 日，http://www.cankaoxiaoxi.com/china/20160125/1062189_2.shtml，检索时间：2016 年 2 月 3 日。

② 《经济日报》：《德新社：中国正致力于新增长模式》，2015 年 7 月 16 日，http://paper.ce.cn/jjrb/html/2015－07/16/content_248045.htm，检索时间：2016 年 2 月 3 日。

③ 参考消息：《外媒关注北京十天内再发雾霾"红色预警"》，2015 年 12 月 19 日，http://www.cankaoxiaoxi.com/china/20151219/1031692.shtml，检索时间：2016 年 2 月 3 日。

一、历史沿革

欧洲新闻图片社于1985年在荷兰海牙创建，初始成员有7个通讯社，包括法新社、荷兰通讯社、葡萄牙通讯社、西班牙通讯社、德新社等。1985年1月1日，欧洲新闻图片社正式开始提供图片服务。该图片社成立的目标是，为了适应“读图时代”的要求，为全欧洲的新闻机构提供高质量的，适应电视、报纸、杂志等不同媒体类型的图片而成为这一拥有广阔发展空间的市场领头羊。

从2003年起，欧洲新闻图片社的服务范围得到极大扩展，开始为全世界各地的新闻机构提供包括时效性图片、图片档案和图像打印(Image Print Service)等服务。①

二、发展现状

该图片社的官方网站从1997年起正式运营。目前，欧洲新闻图片社的在线图片库中已经存有480.67万张图片，大部分的图片可在线浏览。若有需求，该图片社也为客户和伙伴提供个人在线账户。

2003年，法新社退出，欧洲图片新闻社重新改组，新加入了匈牙利和瑞士等国的通讯社。2015年，欧洲新闻图片社共有11个会员通讯社，它们都是各自国家新闻市场的领导者，包括希腊的雅典－马其顿通讯社(ANA－MPA)，荷兰的ANP通讯社(ANP)，意大利的安莎社(ANSA)，奥地利通讯社(APA)，比利时通讯社(belga)，德国的德新社(DPA)，西班牙的埃菲社(EFE)，瑞士的吉斯通通讯社(KEYSTONE)，葡萄牙的卢萨通讯社(LUSA)，匈牙利的电讯公司(MTI)和波兰通讯社(PAP)。

欧洲图片新闻社的主要竞争对手是美联社、路透社与法新社三大通讯社的图片业务，以及图像技术公司——盖蒂图片社(Getty Images)。

三、报道特点

目前，欧洲新闻图片社每天为全世界客户提供约1300张图片，其中40%的内容关于欧洲。该社在全球范围内聘用了400余名自由摄影师。② 摄影师将图片发回法兰克福总部，在那里进一步加工制作，然后再发送给客户。

图86 欧洲新闻图片社网站首页

图片引自欧洲新闻图片社网站：http://www.epa.eu，检索时间：2015年9月25日。

图87 欧新社——2015年9月20日北京国际航天展

欧新社：http://www.epa.eu/economy－business－and－finance－photos/defence－transport－photos/aviation－expo－in－beijing－photos－52216018，检索时间：2015年9月10日。

① 欧新社：Epa history，http://www.epa.eu/about－epa/history，检索时间：2015年7月5日。

② 数据来自欧新社网站：EPA Service (English)，http://www.epa.eu/products－and－services/epa－service，检索时间：2015年7月9日。

四、涉华报道

2009 年北京世界媒体峰会后，欧新社与新华社就展开合作事宜进行了多轮沟通和谈判。2010 年 10 月 14 日，双方在北京签署图片合作协议。根据协议，新华社将在中国境内代理销售欧新社实时图片和档案图片。另外，协议还授权新华社销售欧新中文图片专线。①

在该社图片库以“中国”为关键词进行搜索，可以找到相关图片 21 万余张。图片数量庞大，涉猎广泛，主题较多集中在政治和经济领域，既包括中国政府对外高层交往、大型国际会议、阅兵仪式等国家大事，也有许多与百姓日常生活相关的图片。

图 88　欧新社——2015 年 9 月 20 日北京一家证券交易所

欧新社：http://www.epa.eu/economy－business－and－finance－photos/markets－exchanges－photos/china－stock－market－photos－52220728，检索时间：2015 年 9 月 10 日。

图 89　欧新社——2015 年 9 月 3 日抗战胜利 70 周年阅兵仪式

欧新社：http://www.epa.eu/war　photos/war－photos/wwii－victory－over－japan－day－70th－anniversary－photos－52184388，检索时间：2015 年 9 月 10 日。

外贸新闻网 BundesagenturfuerAussenhandelsinformation

外贸新闻网（BundesagenturfuerAussenhandelsinformation，简称 BFAI）是由德国联邦外贸与投资署（GesellschaftfürAußenhandel und StandortmarketingmbH，英文名称 Germany Trade & Invest，简称 GTAI）主办的一家经济投资信息网站，也是德国联邦政府官方经济促进机构的下属资讯网站。

一、历史沿革

2009 年 1 月 1 日，德国政府投资促进署与德国联邦外贸信息办公室合并成立了德国联邦外贸与投资署，作为德国联邦政府的官方经济促进机构，从属于德国联邦经济及科技部（Bundesministeriumfür Wirtschaft und Technologie）。该机构位于柏林，同时在波恩也设有办事处。目前，该机构共有员工 302 名，总资产 2500 万欧元。② 该机构的前身是 1951 年成立的德国联邦外贸咨询机构，经过数次结构改革和从属变动，最终在 2009 年

① 新华社：《欧新社与新华社签署图片合作协议》，http://www.xinhua08.com/cp/gsgk/gsdt/201012/t20101215_158026.html，检索时间：2015 年 7 月 9 日，检索时间：2015 年 9 月 10 日。

② 外贸新闻官网：Auszug aus den Unternehmensregister：Geschäftsbericht der Germany Trade andInvest，http://www.gtai.de/GTAI/Navigation/DE/Meta/Ueber－uns/Unternehmen/historie.html，检索时间：2015 年 8 月 1 日。

合并后确立。

该署主要为德国国内提供对外贸易方面的新闻信息,所提供的信息包括从世界经济发展概况到单个品牌的前景趋势、法律问题和海关关税等,也会提供有关投资和发展规划方面的咨询。企业可以咨询有关商业的问题,并且可通过该署寻找潜在的外国合作伙伴。

同时,该署还在全世界的 50 个国家和地区派有驻外记者和金融专家,所提供的大部分信息免费。德国联邦外贸与投资署是德国联邦政府的官方经济促进机构。该机构推动德国作为一个商业与技术的投资地,并支持在德国的企业获得全球市场的信息。

二、发展现状

德国联邦外贸与投资署依据《联邦公共企业管制准则》第六条进行机构的运行与监管。依据相关法律、民约及商业行为准则,自 2010 年 6 月 2 日开始,德国联邦外贸与投资署制定了自己的机构章程。从机构属性来说,德国联邦外贸与投资署是负责执行政府部门具体政策和计划的半独立机构。

图 90 外贸新闻网站中文版页面

目前,德国联邦外贸与投资署有三项主要职能——

第一,帮助德国企业进入国际市场。针对德国对外经贸和技术投资的需要,提供专业而全面的海外市场分析与咨询建议。通过其驻外机构以及与德国驻外使领馆、商协会的紧密合作,德国联邦外贸与投资署能满足德国外向型企业的需求,向其提供全面的、一致的并具有行业针对性的各种服务。

第二,为外国企业进入德国市场提供服务。宣传和介绍投资德国的好处和优势,为外国投资者提供具有国际竞争力的专业咨询和服务,介绍合作伙伴,与州政府密切合作,选择最佳投资地点等。这些举措有效地促进并活跃了德国的就业市场。

第三,促进包括柏林在内的德国东部地区/新联邦州的经济发展。

目前,德国联邦外贸与投资署设有两位总经理。另外设有监理会,由来自德国联邦政府以及各州各行业的经济、政界代表人士,企业总裁,法人代表共 14 人组成。监理会按照章程可提出对监理会成员的任命和罢免。

该署的经费来源包括联邦政府拨款和自营收入两部分。有力的政府财政支持保证了德国联邦外贸与投资署实现服务企业、招商引资和拓展海外市场的功能,降低了该机构的信息服务及咨询服务成本,更容易为企业特别是中小企业所接受。

三、报道特点

德国联邦外贸与投资署利用驻外办事机构的市场分析和观察人员收集的信息、200余个德国驻外使领馆发回的市场经济报告①、与欧盟成员国相关机构开展的信息交流项目、国内外统计数据库和专业报纸期刊等各种渠道获得大量信息。这些信息经研究和分析处理后提供给有意进入国际市场的德国企业。分析报告涵盖世界上150多个国家的经济贸易形势、行业发展趋势、技术走向、法律法规、海关规章、投融资政策、金融项目投标、实用商业建议、外国公司需求、潜在的合作伙伴以及联系部门等方方面面的内容。这些信息统一通过外贸新闻网公开发布，同时还编选成册结集出版，或者制成光盘等。

除此之外，德国联邦外贸与投资署还会根据企业进入国际市场的实际需求，提供从项目立项到具体实施各个环节的支持服务，内容包括提供法律咨询、融资信息以及协助寻找国外合作伙伴等。所有信息一般在三个工作日内即可处理完毕，有利于提高帮助企业走出去的服务和工作效率，从组织保证到工作流程，使企业的对外投资工作有始有终。

四、涉华报道

近年来中德两国贸易激增，中国市场现已成为德国企业的第三大贸易伙伴，并且仍有上升趋势。中德两国越来越紧密的经济联系，让德国联邦外贸与投资署对中国经济格外关注。

目前，该署在北京设有办事处。外贸新闻网共有六种语言版本，中文就是其中一种。该署的中文网主要为中国企业提供在德国的商业投资信息和行业专业信息以及成功商业人士的故事等。②

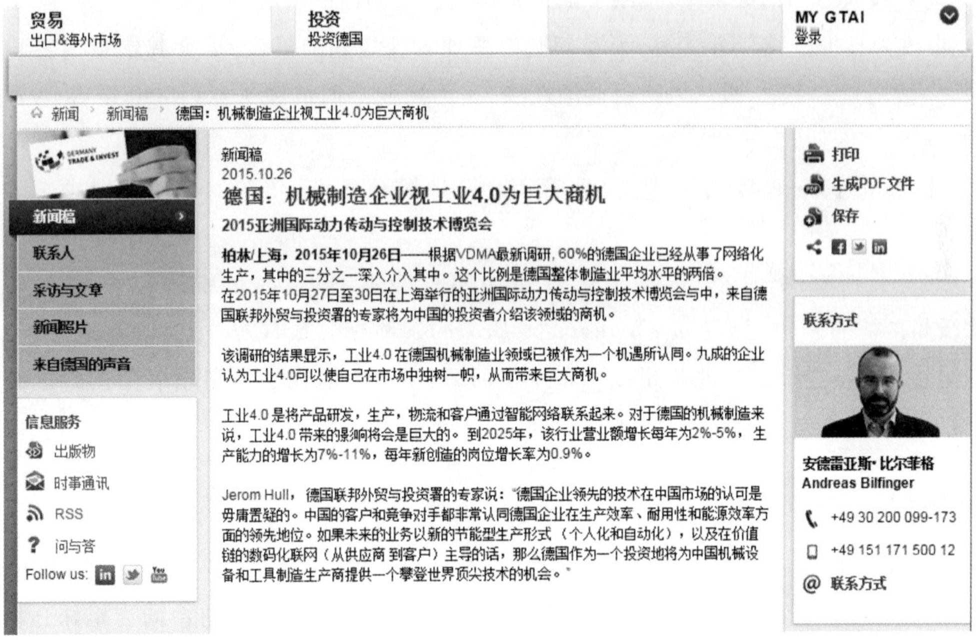

图91 德国：机械制造企业视工业4.0为巨大商机

外贸新闻中文版：《德国：机械制造企业视工业4.0为巨大商机》，http://www.gtai.de/GTAI/Navigation/CN/Meta/Press/press－releases，t＝40，did＝1333050.html，检索时间：2015年10月27日。

---

① 根据有关规定，德国驻外使领馆有义务把收集到的驻在国宏观经济信息以及招投标信息交外贸与投资署使用。

② 外贸新闻官网：http://www.gtai.de/GTAI/Navigation/CN/Invest/Service/publications.html，检索时间：2015年8月1日。

瑞 士

《24 小时报》*24 Heures*

《24 小时报》(*24 Heures*)是瑞士的一家法语报纸,在沃州的首府洛桑出版,主要报道沃州及周边地区新闻、瑞士国内新闻、国际新闻,内容涉及文化、体育、高新技术、汽车等。

一、历史沿革

《24 小时报》成立于 1762 年 6 月,起初为周报,每周三出版,名为《广告观点大观》(*Annonces et Avis divers*),后很快于 1779 年改为《观点报》(*Feuille d'Avis*)。1796 年前,每年的订阅价为 3 瑞郎,其内容主要是各类广告与通告,如地产出租出售、求职招聘等信息,也有生活服务类信息,如食品价格、汇率变化等。

1799 年,该报改名为《洛桑观点报》(*Feuille d'avis de Lausanne*),首位编辑是沃州人大卫·迪雷(David Duret)。该报当时并没有专门的编辑室,报纸上的地址栏是迪雷自己的居所。

1872 年,该报改为日报。1872 年 4 月,为了摆脱洛桑地方性报刊的形象,扩大其销量与影响力,该报改名为《24 小时报》。[①] 使用新名字后,报纸风格也逐渐改变,努力摆脱当时的激进党(Radical Party)与教会对其的支配。

1907 年,瑞士 Edipresse 媒体集团成立,掌管《24 小时报》。2005 年,《24 小时报》被苏黎世传媒集团(Tamedia)收购。

2005 年 2 月 25 日,《24 小时报》依据地域分化为四种版本,包括:《里维埃拉—沙布莱》(*Riviera—Chablais*)、《北沃州区—布罗伊河》(*Nord Vaudois—Broye*)、《海岸》(*La Côte*)及《洛桑地区》(*Lausanne and area*)。其中,《里维埃拉—沙布莱》《北沃州区—布罗伊河》两个版本取代了两家原本存在的报纸《里维埃拉—沙布莱报》和《北沃州报》。

二、发展现状

《24 小时报》总部位于瑞士洛桑市,隶属于苏黎世传媒集团,现任董事长塞尔日·雷蒙(Serge Reymond),主编蒂埃里·梅耶尔(Thierry Meyer)。《24 小时报》与同集团成员《日内瓦论坛报》同为姐妹刊物,其某些刊载内容也与对方共享。每周一至周六发售。

2007 年,《24 小时报》发行量为 71 957 份,拥有读者 23.3 万人。随着网络与多媒体的迅猛发展,2013 年,该报发行量下降为 68 464 份。2015 年,该报读者约 18.3 万人,其中,中老年读者居多,60 岁以上读者约占总数的 19.3%。[②]

2012 年,洛桑大学州立图书馆(Bibliothèque cantonale et universitaire deLausanne,下称 BCUL)设立了名

---

① 《时报》网站:《转向〈观点报〉的一页》(*La page tournée de la Feuille d'Avis*),2011 年 4 月 16 日,http://www.letemps.ch/Page/Uuid/3338d2f0—67a0—11e0—9382—b8620ae5b88d,检索时间:2015 年 9 月 1 日。

② Tamedia 网站:http://www.tamedia.ch/fr/medias/media/24_heures/,检索日期:2015 年 7 月 17 日。

为“写字间”(Scriptorium)的数字图书馆，其中收录了《24 小时报》的网络版。为了更好地推广并长久保存历期刊物是一方面，毕竟纸质材料的保存期有限；但对该报来说，它的存在就像是该州社会的一面“镜子”，开放网络版能够帮助人们更好地了解沃州的政治、经济与文化。

图 1　《24 小时报》头版

在网站开发期间，该报也面临一些困扰，如技术上的难题以及早期报刊的缺失。对于一家有 250 余年历史的刊物来说，想要完整保留所有刊物确实颇具难度。除了在民间收集历史期刊外，前母公司 Edipresse 集团为洛桑档案馆提供的大量刊物对网站资料库的建设起了巨大作用。在资金问题上，BCUL 通过向联邦申请，获得由国家图书馆发放的数千瑞士法郎，帮助解决了 20%的项目用款。最终，该报的网络平台得以顺利建成并逐渐完善。现在，读者可以登录网站看到该报的最新内容，也可查阅几十年甚至百年前的历史报道。正如 BCUL 图书馆管理员所说，“这是一项大工程，但是所有的投入都是值得的”。①

三、报道特点

《24 小时报》以沃州居民为目标受众，所以该报的多数版面都为沃州本地新闻和瑞士国内新闻。在话题选择中，相比于政治和经济新闻，该报更关注以民生问题为主的社会话题。以 2015 年 10 月 15 日的《24 小时报》为例，由于欧洲的难民危机愈演愈烈，该报对此事十分关注。在 15 日头版头条位置的是瑞士处理反种族主义的问题；头条下方是一幅大尺寸的人物特写，配文为沃州人民对难民的帮助。照片旁，四篇新闻摘要也全部是瑞士国内的社会新闻。由此可见，《24 小时报》对本地的社会新闻十分关注。在新闻源方面，《24 小时报》中的自采新闻居多，非自采新闻则以瑞士通讯社(SDA)作为主要新闻源。

图 2　《24 小时报》网站

《24 小时报》网站：http://www.24heures.ch/，检索时间：2015 年 11 月 24 日。

随着多媒体的蓬勃发展，《24 小时报》也开通了官方网站和电子期刊来迎合网络用户与移动设备用户的需求。在《24 小时报》网站中，读者可以阅读到大量未出现在报刊中的新闻报道。此外，网站中还设有图库专栏和视频专栏。图库专栏向读者展示近一个月来的十余幅风格迥异的新闻照片或漫画，并配有几十字的解说，主题多为美丽风景、娱乐消遣、节日活动。视频专栏包括五个版块：沃州地区、瑞士国内、体育活动、大千世界、八卦闲谈。每个版块只发布最新的十则视频信息，以往内容则不再显示。

四、涉华报道

《24 小时报》是一家态度中立的媒体，没有明显的政治导向。通过对该报官网的新闻统计，

① 《24 小时报》网站：《24 小时网络版全部生成》Toutes les éditions de 24heures sur internet，2012 年 12 月 6 日，http://mobile2.24heures.ch/articles/31972669，检索时间：2015 年 9 月 9 日。

平均每周有7篇与中国有关的报道,大部分为经济、社会、文化方面。中国之于瑞士,纯属外国,因此作为瑞士媒体,《24小时报》更关注中国与瑞士产生差异的方面,或是在瑞士人看来比较新奇的话题,如中国的独生子女政策,中国对MERS病毒的应对,北京禁止公共场所吸烟,等等。由于与瑞士《日内瓦论坛报》为姐妹刊物,其报道内容多有重合,自采新闻较少,多来自法新社或瑞士通讯社。虽有个别内容涉及敏感话题,如狗肉节、过期冻肉、劣质商品、西藏问题等,但多为客观表述,不过多进行评论,更关注事实的报道。

《观察报》*Blick*

《观察报》(*Blick*)是瑞士国内发行量最大的付费报纸,也是瑞士唯一的小开型日报。该报以德语发行,刊登有关政治、经济、社会和体育领域的重要事件以及八卦报道。报社总部位于瑞士第一大城市苏黎世,其出版商为瑞士最大的国际传媒公司荣格集团(Ringier AG)。

Blick
Algerien: Bomben und Verhandlungen
Sensationelle Wendung beim Genfer Kinder-Mord
Der Diener ist nicht der Mörder
Vater von der Polizei verhört
Wir glauben
Drei Tage Königin von Paris
Lawinen-Drama
Das Wetter:
Die Börse:

图3 1959年10月14日第一期《观察报》

一、历史沿革

《观察报》由荣格集团创立于1959年,于10月14日发行的第一期报刊就达到了5万份的发行量,成功打开了瑞士的德语报刊市场。随后该报的发行量一路上涨,1986年的日发行量达到了38万份。但同时,由于报刊内容侧重犯罪、性、体育和政治等花边新闻,该报引起了不小的争论和批评。

1969年,该报推出姐妹报《星期日观察报》(*Sonntags Blick*),作为《观察报》的周末版,增添更多较为轻松、娱乐、休闲的版面内容。

20世纪90年代,随着主编职位不断地产生人事变动,该报发行量有所萎缩,对此,该报积极研究新策略,如进行版面变化和内容多样化,但仍抵挡不住新媒体对读者的吸引力。

2000年之后,免费报纸异军突起,其代表《20分钟报》(*20 Minuten*)更是迅速抢占了瑞士纸媒的大块市场。为此,荣格集团推出了《观察报》的另一家免费的姐妹刊物《晚间观察报》(*Blick am Abend*)。

二、发展现状

目前,《观察报》总部位于瑞士第一大城市苏黎世,现任主编是勒内·卢辛格(René Lüchinger),出版总监沃尔夫冈·布赫纳(Wolfgang Büchner)。自2010年3月7日起,《观察报》所有信息均由其内部的新闻编辑中心提供。

2014年,《观察报》发行量为16.36万份,是瑞士国内发行量最大的付费报纸。《观察报》及其两份姐妹报,周末版《星期日观察报》和免费报《晚间观察报》,共同构成了该报的品牌组合。

图 4 左为《星期日观察报》,右为《晚间观察报》

截至 2015 年 1 月,《观察报》拥有读者 64.7 万人。[①] 虽然拥有众多读者,《观察报》的影响力更多依赖于报道话题的流行性而非新闻内容和质量。该报与任何政党性或地域性特征无关,其读者零散分布在德语区内。

三、报道特点

《观察报》以当代流行的八卦新闻形式刊载真实故事,贴近人们的生活和感受。虽然不属于严肃媒体,但也拥有大量受过高等教育的订阅人群。

自 1959 年创刊以来,《观察报》从报道内容以及版面设计等各个方面经历了多次重大的转变,报纸的尺寸也发生了改变。如今,在版面设计上,《观察报》提供了现代化的模式:大开幅、大图片和重要历史事件。在内容选材上,《观察报》的报道内容非常贴近日常生活,都是读者关心的问题。体育占据了重要的篇幅;有些内容具有政治性,但不完全依赖于此。这使得《观察报》在瑞士众多纸媒中显得与众不同:大多瑞士报纸外观严肃、色调沉重、只有极少量的插图。此外,《观察报》在销售模式上也不同于主流媒体。大多数瑞士日报的收入来源中有 90%来自订阅收入,而《观察报》重视零售,在苏黎世和德语区的很多地区都有零售点。

不过在图片使用上,《观察报》曾因作假丑闻饱受批评。1997 年 11 月,埃及发生了枪击游客事件。《观察报》继而刊登了一张于埃及拍摄的照片,地上有大片血迹,令人触目惊心。但事后人们发现该照片上的红色血迹系作假,[②]从而引发对《观察报》新闻真实性的质疑。类似的事情在 2009 年再一次发生——8 月 31 日,在一篇题为《警方通过谷歌街景地图抓捕毒贩》的新闻报道中,《观察报》使用了一张街景地图的照片,上面显示三个女孩在街角围绕着一名男子。事后,该报发表声明称这张照片系误用,当中出现的当事人实为领取正在发放的购物优惠券。[③]因此,不少人批评《观察报》对待新闻的不严谨性。

随着人们对网络和多媒体的依赖加强,《观察报》紧随潮流,建设网络平台。网站中丰富多彩的服务元素让《观察报》变得更像是一个服务顾问,例如,它可以为读者对新轿车的选购或对晚间电视节目的选择提供咨询和建议。

---

① 荣格集团官网:《观察报》(*Blick*),http://www.ringier.com/cn/products/switzerland/newspapers/blick,检索时间:2015 年 9 月 24 日。

② 《明镜周刊》官网:《作假照片:看得到的错误》(Manipulierte Bilder: Finden Sie die Fehler!),2008 年 7 月 11 日,http://www.spiegel.de/fotostrecke/manipulierte-bilder-fotostrecke-107186.html,检索时间:2015 年 9 月 24 日。

③ 《观察报》官网:《与毒品无关!》(Hier gehts nicht um Drogen!),2012 年 1 月 19 日,http://www.blick.ch/news/schweiz/google-street-view-hier-gehts-nicht-um-drogen-id30121.html,检索时间:2015 年 9 月 24 日。

四、涉华报道

《观察报》平均每周有 2 至 3 篇对中国的报道,且多涉及中国经济、社会及有关国际热点问题。以 2015 年 8 至 9 月为例,在《观察报》官方网站上出现的有关中国的报道涉及话题有官员腐败、习近平主席访美、股市行情等,

图 5 《观察报》推出在线网站和移动客户端新闻应用

图 6 《观察报》发表报道《中国拥有最多亿万富翁》

其中对习近平主席访美事件有多篇相关报道,重点关注中美未来的合作与发展。2015 年 9 月 24 日,该报发表题为《习近平在美提出改善中国投资环境》一文,引用习近平主席在中美会议上的讲话,介绍了出席会议的中美企业代表,并指出中国近期的经济增速以及股市行情。

2015 年 10 月习近平主席访英期间,《观察报》同样连发数篇报道,显示出该报对中国外交关系的重视。与对中美事件的报道略有不同,该报在访英新闻中更加侧重娱乐性:2015 年 10 月 21 日,网站发布一篇关于白金汉宫国宴的报道,主要介绍了威廉王子夫妇的落座位置以及凯特王妃的着装造型。报道以《凯特王妃闪耀国宴》为题目,并配有多张王妃与习近平主席交流的照片。2015 年 10 月 23 日,该报发布了习近平主席与英国首相卡梅伦在酒吧喝啤酒的照片,并对酒吧和当时的情景加以介绍。

对于中国社会的报道方面,2015 年 8 月,《观察报》在其网站上报道称瑞士阿尔卑斯山脉里吉山管理部门开设了专为中国旅游团准备的特殊列车,而这一举动在中国反响不佳。这些列车上的卫生间会进行更频繁的清洁,还设有中文标识,告诉游客该如何正确使用卫生间。[1] 在有关国际热点问题方面,受经济全球化影响,深圳证券和上海证券的走势也关系到欧洲股票交易甚至经济形势的走向,因而该报也对此发布了数篇报道。2015 年 8 月 31 日,该报报道了中国某记者因散布股市不实消息而被捕的新闻,同时介绍了中国股市的现状。由于对经济的关注,《观察报》自然也少不了对中国商人的报道。2015 年 10 月,该报在题为《中国拥有最多亿万富翁》的报道中介绍了中国两位富豪商人王健林和马云的事业及资产。

从消息源来看,《观察报》几乎没有自采的对华新闻,而是多采编自瑞士通讯社(SDA)。

《金融经济报》*Finanz und Wirtschaft*

FINANZ und WIRTSCHAFT

《金融经济报》(*Finanz und Wirtschaft*)是瑞士的一份经济类报纸,出版时间是每周的周三和周六。报纸

---

① 参考消息网:《瑞士景点因"文化差异"给中国游客开特殊列车》,2014 年 8 月 31 日,http://world.cankaoxiaoxi.com/bd/20150831/924013.shtml,检索时间:2015 年 10 月 26 日。

由位于苏黎世的金融经济股份公司出版社(Verlag Finanz und Wirtschaft AG)出版，该出版社是瑞士大型媒体集团苏黎世传媒集团(Tamedia)的子公司之一。据统计，2013 年该报的发行量达 26369 份。①

一、历史沿革

1928 年 10 月 4 日，《金融经济报》由苏黎世一家私人银行(Dätwyler & Co.)创立，以《交易所报》(*Börsenblatt*)的名字首次发行。1929 年 1 月 3 日，报纸改名为《金融经济报》，并由同名出版社出版，记者汉斯·赫尔曼(Hans Hermann)为此做出了不少努力。1961 年，律师阿尔弗雷德·伊斯勒(Alfred Isler)接管《金融经济报》，担任报纸的出版商和临时主编。接下来的几年中，报纸的发行量和影响范围都在不断上升。待到经济实力足够之时，《金融经济报》转型为股份公司。1988 年，格哈德·伊斯勒(Gerhard Isler)作为主要成员之一接手出版社的领导层。

2000 年 1 月 1 日，瑞士大型媒体集团苏黎世传媒集团收购了金融经济报股份公司的全部股份。由此，苏黎世传媒集团的彼得罗·苏皮诺(Pietro Supino)成为《金融经济报》的出版商。

二、发展现状

目前，《金融经济报》的现任主编是马克·迪特利(Mark Dittli)，出版负责人是沃尔特·冯托贝尔(Walter Vontobel)。除了在苏黎世的总编室外，《金融经济报》还在波恩、法兰克福、伦敦、纽约和巴黎有办公室，记者网也遍布全世界。

图 7 《金融经济报》网站

《金融经济报》网站：http://www.fuw.ch/，检索时间：2015 年 11 月 22 日。

三、报道特点

在《金融经济报》的网站上，设有“企业”“市场”“评论”“博客”“卷宗”“奢侈品”“市场数据”等 7 个分类。各大分类之下，又分别会给出小的分类。②

其中，“企业”部分是就瑞士或者是国外企业的一些情况进行报道，报道内容涵盖“消费”“科技”“工业”“能源”等各个方面。“市场”则主要是从宏观的角度对经济做出分析报道，主要包括“股票”“外汇”“不动产”“市场科技”等方面。“评论”部分主要是刊载一些评论专家的原创评论，很少出现转载的情况。“博客”部分则会刊登

---

① 根据 AG für Werbemedienforschung 的统计数据。该公司是瑞士一家调查媒介推广使用情况的专业机构，包括对报纸、杂志的发行和读者数的统计调查。

② 《金融经济报》网站：http://marktdaten.fuw.ch/，检索时间：2015 年 9 月 12 日。

一些有意思的文章，大家可以就此在下边发表看法，系统会匿名发表。“卷宗”部分更像是一个个专题报道的集合体，比如说“我的投资哲学”“经济学巨匠”等一系列主题下都会刊载一系列相关文章供读者欣赏。“奢侈品”部分是各种名车名表，琳琅满目。“市场数据”部分则是各种指数、汇率的呈现。

正如其名一样，《金融经济报》侧重于报道国际交易所的相关活动、刊登企业信息分析或者市场和汇率信息。《金融经济报》会在每两周对一家企业进行全方位的分析，报道该企业在市场中的位置、特性数值以及前景等，还会对企业的股票做出评价。在进行这样的分析报道，《金融经济报》的特色在于：以图表为主，以文字为辅。例如，在《耐克捍卫其市场顶尖位置》(*Nike verteidigt seinen Platz an der Spitze*)一文中，该报引用了彭博社的图表数据，从“业绩账目”“收支”“盈利”“企业评价”等几方面做出分析，最后得出的结论是“这一自 1989 年以来在体育界位列第一的运动装备生产厂家，面对竞争尚无需害怕”。① 其实不仅仅是耐克，《金融经济报》对各大企业的分析都会为这些企业在做出决策前提供重要参考。

四、涉华报道

以 2015 年 1 月 1 日到 2015 年 9 月 12 日为限，在《金融经济报》网站检索关键词德文“中国”，可以得到相关报道 1041 篇，除经济、消费外，鲜有涉及其他主题。但是，报道的切入角度大部分为中国承受原油压力、原材料价格上涨，股市情势不妙等负面信息。

例如，在 2015 年 9 月 11 日发表的一篇文章《预警信号增加》(*Die Warnsignale häufen sich*)②，对股市中的“救市”现象进行了评价。文章指出，“救市”一词听起来是无害的，经过“救市”可以让世界回归秩序，市场重现“牛市”，这是大家一直以来的看法。但是作者在谈到不能忽视“救市”的危险信号时，提出的例子包括，中国疲软的、不断下降的全球增长活力，美国企业获取的利润在下降，信贷价格不断上涨等。在文章看来，这只是几个例子而已。而在谈到中国“救市”以及针对人民币汇率问题时，认为中国的应对之法是专制的，并借此反问西方发行银行能否更有分寸。

再如，在 2015 年 9 月 10 日发表的《中国经济通货紧缩危险加剧》(*Deflationsgefahr in China steigt*)指出，中国企业因为需求市场疲软，大幅降低产品价格，这是经济上通货紧缩的前兆。文章指出，通货紧缩所导致的结果将会是企业投资减少，也会为节约生产成本而裁员。鉴于许多公司订单会减少，可能会导致许多公司的解体。文章还称，中国国务院总理李克强认为中国经济面临挑战，但是他却并没有看到“硬着陆”的危险性。③

《每日导报》*Tages-Anzeiger*

Tages Anzeiger

《每日导报》(*Tages-Anzeiger*，简称 TA 或 Tagi)是一家瑞士全国性德语日报，1893 年 3 月 2 日于瑞士苏黎世创办，是一家历史悠久、影响力较大的瑞士德语报纸。该报每个工作日发行，是瑞士全国发行量第二大的报纸(仅次于《观察报》)，与《观察报》(*Blick*)和《新苏黎世报》(*Neue Zürcher Zeitung*)并称为瑞士最有影响力的三大德语报纸。目前，《每日导报》隶属于瑞士第二大传媒公司苏黎世传媒集团(Tamedia)，是该集团旗下最重要的报纸。

---

① 《金融经济报》网站：Nike verteidigt seinen Platz an der Spitze，2015 年 8 月 20 日，http://mobile.fuw.ch/article/nike－verteidigt－seinen－platz－an－der－spitze/，检索时间：2015 年 9 月 12 日。

② 《金融经济报》网站：Die Warnsignale häufen sich，2015 年 9 月 11 日，http://www.fuw.ch/article/die－warnsignale－haufen－sich/，检索时间：2015 年 9 月 12 日。

③ 《金融经济报》网站：Deflationsgefahr in China steigt，2015 年 9 月 10 日，http://www.fuw.ch/article/preise－in－china－sinken－deflationsgefahr－steigt/，检索时间：2015 年 9 月 12 日。

一、历史沿革

Tages-Anzeiger
für Stadt und Kanton Zürich.
Unparteiisches Organ für Jedermann und Hauptanzeigeblatt für die Nordostschweiz.
Was wir wollen!

图 8　1893 年创刊的《每日导报》

《每日导报》于 1893 年 3 月 2 日首次出版,创始人是德国人威廉·吉拉尔(Wilhelm Girardet)。[①]在当时,《每日导报》共刊行 16 个版面,内容算得上十分丰富,包括政治、经济、文化和生活等专题,报道质量也较高。因此,该报在创办的第三年就成了瑞士订阅量最高的报纸。1910 年,该报的发行量达到 7 万份。[②]

《每日导报》自我定位为无任何党派导向的报纸,会以公开公正的态度进行报道,并将各方观点都予以呈现。历史学家康拉德·卓灵格(Konrad Zollinger)表示,《每日导报》这样的表述是有经济基础进行支撑的:如果人们不想评价的时候,当然也不会让任何人动怒——包括读者和利益相关方,也就是出资者。[③] 正因为这样缺乏立场而完全以经济利益为导向的理念,该报还曾在 1931 年刊登过希特勒的一篇文章《我们纳粹分子想要什么》(*Was wollen wir Nationalsozialisten*),和墨索里尼在 1933 年发表的七篇文章,这些也成为该报发展历程中的一段黑暗历史。

1964 年,《每日导报》成了瑞士第一家实行早上发售的报纸。《每日导报》的编辑时间变为从早上到下午,晚上送交印刷厂印刷,次日一早就可以呈现在读者面前。这一方式后来在瑞士被广泛采用。

二、发展现状

进入 21 世纪,《每日导报》一直是瑞士销量第二高的报纸。[④] 根据瑞士广告媒体研究股份公司(Die WEMF AG für Werbemedienforschung)的数据,2014 年该报日均发行量达 17.29 万份,覆盖读者达到 50.4 万(2013 年)。[⑤]

图 9　《每日导报》及其主要副刊

2009 年以前,《每日导报》仍采取较为古典的分区风格,共分为五个版面,分别是头版、苏黎世和地区、经济、体育和文化。2009 年开始,《每日导报》对版面设置进行了大幅改动。自此之后,每期报纸共有四个版面,头版是瑞士国内和国际新闻,第二版是苏黎世本地新闻,第三版是文化和社会新闻,包括一些生活资讯,第四版是经济和体育版块。

---

① Ariane Knüsel (1 September 2012). Framing China: Media Images and Political Debates in Britain, the USA and Switzerland, 1900－1950. Ashgate Publishing, Ltd. p.32.

② Ariane Knüsel (1 September 2012). Framing China: Media Images and Political Debates in Britain, the USA and Switzerland, 1900－1950. Ashgate Publishing, Ltd. p.32.

③ Konrad Zollinger: Frischer Wind oder faschistische Reaktion? Die Haltung der Schweizer Presse zum Frontismus. Chronos, Zürich 1991, pp. 399 - 404.

④ Lisa Müller (10 September 2014). Comparing Mass Media in Established Democracies: Patterns of Media Performance. Palgrave Macmillan. p.225.

⑤ 瑞士广告媒体研究股份公司 MACH Basic 2013－2: Tages-Anzeiger Leserstruktur in: tamedia, abgerufen am 5. Oktober 2012.

每天,《每日导报》都有不同的专门栏目,分别是:周一刊发《纽约时报》国际版文章;周二职位招聘信息;周四生活小贴士;周六《阿尔法》杂志增刊,刊登一些招聘广告。另外,《每日导报》共出版三种副刊,分别是周三出版的《苏黎世生活提示》(*züritipp*)、周六出版的《瑞士杂志》(*Das Magazin*)和《阿尔法》(*Alpha*)。

三、报道特点

该报的报道重点是苏黎世欧洲都会区,该区域是围绕苏黎世的城市群,同时也是瑞士的金融中心和欧洲经济能力最强的地域之一。

《每日导报》是瑞士第一份无政治倾向的报纸。该报编辑在宣言中称自己是“政治和经济完全独立”,并且希望成为一份不仅提供信息,而且也“激发社会讨论”的报纸。① 但是,人们一般将该报的立场描述为中间偏左。

四、涉华报道

Tages-Anzeiger

Freitag 1. April 2011

Sexfilme Übermässiger Pornokonsum hat zur Folge, dass die Lust auf richtigen Sex verloren geht. 44

Sergio Ermotti Kaum einer kennt den Banker. Das könnte sich bald ändern: Er wird als neuer UBS-Chef gehandelt. 47

Fritz Stern Der US-Historiker sagt, die Tea Party verachte den Staat. 6

Zürich profitiert kaum vom geplanten Bahnausbau

Nur ein kleiner Teil der 9 Milliarden Franken, die der Bund in die Bahn steckt, fliesst nach Zürich.

Angst vor einem blutigen Freitag in Syrien

Ohne Atomstrom fehlt Zürich das Geld für den Ausstieg

«Zürich im Jahr 2035 ist in den Randquartieren eine Stadt mit sieben Stöcken.»

Auktionen für Schweizer Kunst
Wir beraten Sie gerne
KOLLER

图 10 《每日导报》头版

目前,《每日导报》在北京派驻有记者。该报对于中国的态度较为温和,符合其一向在国际问题报道上的作风,不过不少报道仍带有西方媒体对中国的固有成见。根据粗略统计,该报每年发表的新闻报道中(网络版),含有“中国”一词的频度为月均 20 次(2012 年到 2015 年),消息源多为瑞士通讯社。不同于其他瑞士报纸,该报对于中国问题有很多独家的分析评论,可以看出该报对于中国议题投入很大。

议题中较为宏观的有瑞士企业与中国经济的关系、人权问题、中美关系等,关系到普通中国人生活的剩女问题、禁烟以及中国传统民俗等。该报对瑞士和中国的双边关系、民间往来等着墨较多,如对于在瑞士的中文热潮,以及中国游客到瑞士旅游等都有较多关注。

Login Abonnieren Immo · Auto · Job · Marktplatz · Trauer · SonntagsZeitung · Das Magazin Suche

Tages-Anzeiger

Front Zürich Schweiz International Wirtschaft Börse Sport Kultur Leben Wissen Auto Blogs Panorama Mehr

Zeitungen //

Mit China-Touristen durch Zürich

Was der 14-köpfigen Gruppe aus der Millionenmetropole Chengdu an der Limmatstadt gefällt – und was nicht.

Fotoblog

→ Wie die Chinesen Zürich erobern

Artikel zum Thema

Zürcher Tourismus boomt trotz Frankenstärke

Der Frankenschock spielt für den Zürcher Tourismus keine grosse Rolle.

Tausende Fotos machen die Besucher von der frischen, natürlichen, menschenleeren Schweiz.

图 11 《每日导报》2015 年 8 月 25 日报道“苏黎世的中国游客”

① BBC: The press in Switzerland, http://news.bbc.co.uk/2/hi/europe/3703425.stm,检索时间:2015 年 5 月 9 日。

《日内瓦论坛报》*La Tribune de Genève*

《日内瓦论坛报》(*La Tribune de Genève*)是瑞士日内瓦地区极具影响力的法语报刊，于1879年创刊，总部位于瑞士日内瓦。主要报道日内瓦本地、瑞士国内以及世界各地的社会、经济、体育、科技、文化等新闻。

一、历史沿革

《日内瓦论坛报》的创立者是一位名叫詹姆斯·贝茨(James T. Bates)的美国商人。他出生于1844年，1875年来到妻子的家乡日内瓦定居。1876年，他创立英文报纸《日内瓦时报》(*Geneva Times*)。1879年2月1日起，该报以新名称《日内瓦论坛报》发行。起初该报为晚报，直到1990年改为晨报。

从第一版起，《日内瓦论坛报》就明确承诺："我们追求独立自主的报道，我们会一直自由地观察各党派而不受任何组织控制。"一开始，只有一位主编带着寥寥几名记者制作新闻，报中面向青年读者的话题，如美术、音乐、戏剧等，则全部留给自由职业者们来做，他们没有工资，能获得的唯一报酬就是成果得以出版所带来的荣誉。最初几年，该报发展迅速，1894年，日发行量已达到3万份。

1960年5月，该报读者超过两万名。1971年，该报废弃活字印刷，成为瑞士第一家使用平版印刷的报纸。同年，随着彩色报纸的发行，其发行量超过70万份。

1991年，《日内瓦论坛报》由于销量减少，亏损额达到800万瑞士法郎。此时，该报被Edipresse集团[①]收购。2009年3月，瑞士苏黎世传媒集团(Tamedia)收购Edipresse集团49.9%的股份，两家公司逐渐合并。2011年，Edipresse集团正式将《日内瓦论坛报》交由苏黎世传媒集团管理。

二、发展现状

目前，《日内瓦论坛报》是瑞士影响力最大、销量最佳的法语日报。[②]《日内瓦论坛报》每周一至周六发行，销量中71%来自读者订阅，29%来自报亭零售。据统计，该报每周有26.8万的阅读量。2006年起，该报主编为皮埃尔·吕奇(Pierre Ruetschi)[③]。

《日内瓦论坛报》与苏黎世传媒集团旗下的另一份日报《24小时》(*24 Heures*)为姐妹报，两者有些共享内容。《日内瓦论坛报》从周一至周六每日发布日内瓦本地及瑞士国内的趣闻与消息，为读者的生活带来便利；同时，也会报道国际上的大事件。其版块主要有：日内瓦新闻、国内新闻、世界、经济、体育、文化、生活、科技、人物、汽车、健康与环境等。2014年，该报每份售价3.20瑞士法郎(约合人民币20.8元)。

三、报道特点

瑞士由多民族组成，具有多元文化背景，很多瑞士人掌握多种语言。日内瓦虽然不是首都，却是个名副其实的国际化城市，这里集中了多家国际机构，如联合国日内瓦总部、国际红十字会等。《日内瓦论坛报》总编辑丹尼斯·爱蒂尼认为，对于瑞士记者，语言优势还是次要的，但日内瓦的国际化带来的世界视野和全球情怀是瑞士记者的一大天然优势，也是《日内瓦论坛报》的立身之本。[④]

---

① Edipresse集团1762年成立于瑞士，主营杂志出版、数字媒体和电子商务，拥有超过180种刊物。2005年进驻亚洲市场，总部位于香港，旗下有员工超过300人。

② BBC官网：瑞士出版业，2004-5-17，http://news.bbc.co.uk/2/hi/europe/3703425.stm，检索时间：2015年7月1日。

③ 苏黎世传媒集团网站：简介，http://mytamedia.ch/Journaux/Tribune-de-Geneve/Profil-fr，检索时间：2015年7月1日。

④ 李选清：《随中国新闻代表团访问瑞士的见闻与思考——"袖珍国"记者的立身之本》，《军事记者》2013年第9期。

吉·麦当曾担任《日内瓦论坛报》的主编。他说,从历史上看,自从加尔文宗教改革以来,日内瓦就成了对革新思想非常宽容的一个地方。瑞士记者的薪水大概 5000 欧元左右,与当地公务员水平相当,且奖金很少。记者除了正规的硕士学历要求外,还要会 2—3 门语言,每个编辑记者都要在本专业成为行家里手。尽管对记者素质要求很苛刻,但年轻人都想当记者,因为记者的职业受人尊敬,有挑战性。①

自 2000 年起,由于互联网的发展,人们的阅读习惯转向在线阅读。同时,在免费报刊发行的冲击下,《日内瓦论坛报》销量日益下降,2014 年日均发行量仅为 42440 份。③

为应对挑战,除了几次更改报纸标志外,《日内瓦论坛报》在页面和内容布局上也进行了创新。报纸也增加了新的版块:资产,工作和汽车版块。此外,每日的版本都有特定主题的内容。例如,在周四版该报会发布有关周末出行的贴士专栏“周末出发(Sortir ce weekend)”,周六版则有多个特别专栏,如休闲专栏“周末乐游(Week-end en balade)”、美食专栏“美食家(Fines gueules)”。有了新的内容布局,《日内瓦论坛报》的编辑们也有了新的目标——“为读者提供更有深度和含金量的信息”。

Chantre de l'austérité, Angela Merkel est de plus en plus seule
Monde, page 6
Les Etats-Unis compteront bientôt 40% d'obèses!
Monde, page 7
130
Emploi
Tribune de Genève
Le média genevois. Depuis 1879 | www.tdg.ch
Développement durable: un centre à 200 millions
L'éditorial
L'Europe doit réagir au séisme grec
«Objectif Terre», un gigantesque projet porté par une fondation privée, devrait voir le jour à Lancy, avec le soutien de l'Exécutif genevois
Arbres abattus
Maudet s'emporte un peu vite
Grands prédateurs
Hache de guerre presque enterrée
L'actu avec vous
Maladie de Parkinson
Enjeux et espoirs
Jeudi 10 mai | 17h
Bourse 11 | Courrier 13 | TV 26 | Cinéma 27 | Décès 29 | Aujourd'hui 30 | Météo, Jeux 31 | Encre Bleue 32

图 12 《日内瓦论坛报》头版

四、涉华报道

2013 年,《日内瓦论坛报》平均每周有四五篇涉华报道。2015 年,该报对华报道愈加频繁,每周已增至十余篇。对于涉华报道这类“国际报道”,瑞士媒体也是非常讲究与本国民众的关联,并不是单纯介绍与瑞士人毫不相关的中国新闻。例如,“人民币贬值”“中国股市行情”与瑞士经济息息相关,因此有关货币和证券的涉华资讯常出现于报道中。

瑞士虽然是中立国,但非常关心国防建设。目前瑞士民众较为关心中国军队,其中包括三个方面:一是军队预算,二是军舰航母,三是与美国的关系。2015 年 9 月 3 日是世界反法西斯战争胜利 70 周年纪念日。当日,《日内瓦论坛报》连发三篇报道和图片介绍中国阅兵仪式,包括出席的多国重要领导人、国家主席习近平的讲话、万名士兵和无数新式武器装备的宏大规模、日本政府的评论等。

中立国策让瑞士新闻同行特别重视“兼听则明”。其信息来源除自采外,多来自大型通讯社。在报道 2015 年 8 月底发生的天津爆炸事故时,虽然没有采取自采,但没有偏听偏信,而分别发表了瑞士通讯社和法国新闻社对事件的报道,为读者呈现较为客观的事实。

关于中日岛屿之争,瑞士《日内瓦论坛报》做过专题报道,报道把中国与日本关于钓鱼岛的立场主张“一分为二”,只介绍客观情况,不做结论。对于 2015 年发生的中国长江客轮事故,该报也进行了追踪报道,详细探寻事件始末,为本国读者带来忠实的介绍。总体来说,得天独厚的地缘和语言优势、与生俱来的世界视野,造就了瑞士记者专业与客观的职业素养,希望《日内瓦论坛报》能够为其读者带来更多与中国相关的正面报道。

---

① 李选清:《随中国新闻代表团访问瑞士的见闻与思考——“袖珍国”记者的立身之本》,《军事记者》2013 年第 9 期。

③ WEMF 网站:《2014 年统计数据公告》(REMP BULLETIN DES TIRAGES 2014),http://www.wemf.ch/pdf/de/auflagen/2014/2014Bulletin—Dv01.pdf#page=20,检索时间:2015 年 7 月 1 日。

图 13　《日内瓦论坛报》网站

图片引自《日内瓦论坛报》网站:http://www.tdg.ch/,检索时间:2015 年 11 月 24 日。

《乡村信使报》*Der Landbote*

Der Landbote

《乡村信使报》(*Der Landbote*)是一份以德语为主,多语言发行的综合性日报。经过 100 多年的发展,《乡村信使报》已成为温特图尔地区唯一一份报纸,在瑞士国内拥有重要影响力。

一、历史沿革

《乡村信使报》于 1836 年成立于瑞士第六大城市温特图尔,创办之初以周报形式出版,主要面向除苏黎世以外的苏黎世州地区。

1857 年,《乡村信使报》改为日报发行,由约翰内斯・舍尔(Johannes Scherr)和雅各布・杜布斯(Jakob Dubs)担任主编,主要报道瑞士与国外的重要新闻,以及体育方面的内容。该报的副刊还提供求职招聘、活动日历等实用内容,受到读者的欢迎。

1861 年起至 1886 年,萨洛蒙・布洛伊勒(Salomon Bleuler)担任主编,负责该报的印刷和发行,并刊登自撰的社论,从而使该报成为当时苏黎世州民主党[①]的喉舌,以及国内民主运动的宣传平台。[②]

布洛伊勒去世后,报社由齐格勒家族接管,齐格勒兄弟于 1974 年成立家族企业齐格勒印刷出版公司(Ziegler Druck-und Verlags-AG)。

1971 年,民主党日趋衰落,直至分裂为瑞士人民党和自由民主党,《乡村信使报》也因此逐渐回归中立。

二、发展现状

《乡村信使报》现任主编是本杰明·盖格尔(Benjamin Geiger)。目前,该报的报道内容分为几大版块,包括国内新闻、地区新闻、本地新闻、经济金融、活动展览、体育版块等。每份报纸定价 2.5 瑞郎(约合人民币 16.5 元)。

2006 年至今,该报为温特图尔足球俱乐部(FC Winterthur)的媒体合作伙伴,除此之外,还支持多家区域性的体育俱乐部。

2013 年 8 月,瑞士苏黎世传媒集团(Tamedia)对齐格勒公司的股份持有大大增长,两公司旗下的报业也因此建立合作关系。在此合作之下,苏黎世传媒集团旗下的《伯尔尼报》(*Berner Zeitung*)为《乡村信使报》提供国内外新闻报道,而苏黎世传媒集团的《苏黎世湖报》(*ZürichseeZeitung*)则由《乡村信使报》提供苏黎世地区的新闻。

三、报道特点

目前,《乡村信使报》是瑞士温特图尔地区唯一一家报纸。该地区曾经存在过五家报纸,但在过去几年中,这些报纸的发行量纷纷大幅下滑,最终走向消亡。但与此相反的是,《乡村信使报》的发行量反倒迅速攀升,区域市场的渗透率达到 60%。该报的成功,可归纳为以下四项举措。[③]

Der Landbote

Sonne sei Dank

Der nächste Erfolg

Wasser wird etwas teurer

Theaterprojekt ruft zum Verfluchen Köppels auf

IV-Rente für Junge: Umbau

Elektroautos sind beliebt

Feuz triumphiert bei WM-Hauptprobe

Tram- und Buspilot bis 70

Fragen um Pfungens Kern

图 14 《乡村信使报》头版

《乡村信使报》长期坚持定期免费派送报纸。每周三,该报社向大约 8.8 万个家庭免费发放报纸。面对免费赠送上门的报纸,大多数居民会欣然接受,因而很容易养成阅读该报的习惯,订阅也就是水到渠成的事了。定期免费取得了不错的订阅效果,该推销手段可谓巧妙。

第二,《乡村信使报》虽然主要在温特图尔地区发售,其内容却囊括了很多有关苏黎世的新闻和时尚内容。作为瑞士第一大城市,苏黎世居民的生活压力较大,导致很多工作或居住在苏黎世的人口搬到了像温特图尔这样的郊区、乡村。即使搬到了郊区,苏黎世的上班族们依然关注着苏黎世的新闻资讯,依然保持着对时尚生活的兴趣和追求。《乡村信使报》明白,这类读者既关心居住社区的消息,又关注大城市的信息和时尚。通过增加苏黎世的相关资讯,这批从大城市来的新读者迅速成为该报的铁杆粉丝,报纸发行量也自然不成问题。

第三,该日报对同一内容有不同的语言版本。温特图尔区是德语区,但仍有 20%的非德语区人口,他们主要是法语和意大利语的使用者。对这些人来说,使用母语阅读会比阅读外语习惯得多,因而大大改善了阅读体

---

① 民主党 Democratic Party,后来称为 Social-Political Group,当时在瑞士联邦委员会占有最多席次。

② 瑞士历史百科:《乡村信使报》(Landbote, Der),2008 年 11 月 11 日,http://www.hls-dhs-dss.ch/textes/d/D24775.php,检索日期:2015 年 9 月 1 日。

③ 邹远:《欧洲发行策略的成功案例》,《广告人》2007 年第 6 期。

验，大大增强了读者黏性，大大缩小了报纸与读者之间的距离。

第四，该报社重视网络报刊营销。报社曾在互联网上做过调查，收到了约 1000 位读者的反馈，其中有半数反馈是通过电子邮件发送的。这一点引起了该报社对网络这一新型信息交流媒体的注意。对于喜爱使用互联网的用户，报社制作了《乡村信使报》的网络版。网络版的内容并不是对纸质报刊进行简单的复制和搬运，而是利用网络多媒体的特性提供更多图片、视频等多样化的信息。在瑞士，报纸的订阅价格不贵，所以 98% 的报纸的发行都是依靠订阅。该报的网络版也是通过订阅进行收费。未订阅印刷版报纸的读者一年需花 200 瑞士法郎订阅，已支付 300 瑞士法郎订购全年报纸的读者只需再支付 40 瑞士法郎即可阅读全年的网络版报纸。虽然网站所创造的利润仅够维持运行，但通过网络提供的丰富多彩的信息内容，每年能够吸引 30% 的新订户（约有 3000 至 5000 人）。

总之，几项管理措施促进了《乡村信使报》发行的增长：首先，巧妙地以一周一次的免费赠送来养成读者的阅读习惯；其次，深入了解社区居民的生活背景和关注点，灵活调整内容定向与结构订阅收费体系；最后，通过结合报纸订阅和网络版订阅，吸引新读者订阅报纸。

四、涉华报道

《乡村信使报》的涉华报道主要涉及经济、政治及有关热点社会问题。

该报虽较其他瑞士媒体语言多中立客观，但对于个别话题仍不乏批判和负面新闻。以 2015 年 6 月下旬为例，其官方网站几乎每天都有负面涉华报道：25 日发布题为《奥巴马敦促中国打击网络犯罪》的新闻；24 日发布有关中国当局没收走私过期冻肉事件新闻，在该文中片面援引《中国日报》报道，包括“全案涉及走私冻品货值超过 45 亿瑞郎，包括冻肉副产品等 10 万余吨”等内容；22 日发布题为《狗肉节在中国：成千上万的动物被宰杀》的新闻；21 日发表关于《意大利当局调查当地华人洗钱》的报道。

London schliesst mit Peking milliardenschwere Wirtschaftsverträge

Beim Besuch des chinesischen Präsidenten Xi Jinping in Grossbritannien sind Handels- und Investitionsverträge im Wert von fast 40 Milliarden Pfund (60 Milliarden Franken) unterzeichnet worden. China steigt nun auch in den Atomreaktorbau ein.

Etwas gesehen, etwas geschehen?

Haben Sie etwas Spannendes gesehen gehört?
Schicken Sie uns ihr Bild oder Video pe E-Mail an webredaktion@landbote.ch informieren Sie uns telefonisch unter d Nummer 052 266 99 85. Mehr...

图 15　《乡村信使报》发表报道《中英签订百亿美元经济大单》

与此同时，对于一些具有重大国际影响力的事件和中国重大政治举措，《乡村信使报》也会以相对积极的态度进行报道。

2015 年 10 月，在中国国家主席习近平对英国进行国事访问期间，该报积极跟踪有关进展，频繁发布新闻。在访问结束时，10 月 21 日，该报发布《中英签订百亿美元经济大单》新闻，全面、客观地报道了中英在习近平主席访问期间所达成的各项成果。该文用简明的语言、详细的清单和大量的数据，让受众更加直观、清晰地了解习近平主席此访所达成果。

China schafft die Ein-Kind-Politik ab

China hat offiziell das Ende seiner umstrittenen Ein-Kind-Politik verkündet. Von nun an dürften alle Paare mit staatlicher Erlaubnis zwei Kinder bekommen, meldete die amtliche Nachrichtenagentur Xinhua am Donnerstag.

Etwas gesehen, etwas geschehen?

Haben Sie etwas Spannendes gesehen oder gehört?

图 16　《乡村信使报》报道《中国放弃独生子女政策》

2015 年 10 月 29 日，中国共产党第十八届五中全会公布宣布将全面实施“一对夫妇可生育两个孩子”政策，《乡村信使报》对该政策积极评价和报道。当日，该报通过援引新华社消息，详解中国计生政策的历史演变，全面阐述中国放开二胎政策内容,并通过引用中国社会科学院有关学者的话,有力地向西方受众说明中国长期以来坚持计划生育政策的合理性和其重要意义,传递出了积极的信息与讯号。

《新苏黎世报》*Neue Zürcher Zeitung*

Neue Zürcher Zeitung

《新苏黎世报》(*Neue Zürcher Zeitung*,简称 NZZ)是瑞士一家历史悠久的日报,隶属于新苏黎世报集团。作为一家具有深厚传统的报纸,《新苏黎世报》享有瑞士历史记录报的美誉,在欧洲乃至世界范围内都有着很大的影响力,是德语区的重点媒体,被认为是自由民主思想的代表。

一、历史沿革

18 世纪末至 19 世纪中期对欧洲来说是一个大动荡的时代,同时也是历史性变革的时代。法国革命、欧洲各国工业革命相继展开,在这一背景下,越来越多的瑞士人想要了解欧洲各国的动态,国家之间的资讯亟须互通。于是,《新苏黎世报》的前身《苏黎世报》(*Zürcher Zeitung*)于 1780 年 1 月 12 日在苏黎世创刊。该报的创办者萨洛蒙·格斯纳(Salomon Gessner,1730.4.1—1788.5.2)是瑞士的一名田园诗人、画家及版画家。至今为止,《新苏黎世报》已成为瑞士出版历史最为悠久的报纸。

1815 年,《苏黎世报》对拿破仑滑铁卢战役的报道引起巨大反响,开始成为颇受关注的主要媒体。1821 年,《苏黎世报》更改报名为《新苏黎世报》,并一直沿用至今。1868 年,《新苏黎世报》成立股份公司。1400 名股东中,没有一人持股多于股本的 1%。

No. 1. 1780.
Zürcher Zeitung.
Mittwoche, den 12. Jenner.
Nachricht.

图 17　1780 年 1 月出版的《苏黎世报》创刊号

早期,《新苏黎世报》反对封建贵族势力,主张建立联邦国家。1933 年,维利·布雷切尔(Willy Bretschers)担任主编,《新苏黎世报》开始走上反法西斯道路,对纳粹德国扩军备战活动发出警告,在希特勒制造"国会纵火案"妄图嫁祸于德国共产党时,该报也勇敢揭露纳粹头目戈林是真正罪魁祸首。正因这一系列报道,该报于 1934 年后被禁止在德国发行。1943 年至 1945 年反法西斯战争期间,《新苏黎世报》记者英勇无畏的报道精神为该报在整个欧洲赢得了声誉。1951 年,《新苏黎世报》创办了英文新闻月刊《瑞士世界事务评论》,专门刊登《新苏黎世报》的评论和瑞士国内情况,面向全世界发行。

2009 年,《新苏黎世报》进行了编排修订,新的报纸在版面上分为三个版次——第一版次包含国际政治以及国家和地区的新闻报道;第二版次包括经济和体育报道;第三版次则是文艺副刊。同时,在第三版次中,每天还附有不同主题的副刊内容,包括教育—社会问题增刊(周一)、媒体增刊(周二)、科研和技术增刊(周三)、移动—数字增刊(周四)、旅行及休闲时间增刊(周五)以及文学和艺术增刊(周六)。其他副刊《政治文学》(*Politische Literatur*)、《国家政治论坛》(*Staatspolitisches Forum*)和《建筑与家居》(*Bauen und Wohnen*)则出版时间间隔较长。

2012 年 6 月,联机编辑部和印刷编辑部合并,重新发布以 Neue Züricher Zeitung 为名的网站 http://www.nzz.ch。与之前的 NZZ online 不同,全新的新苏黎世报网是一个综合新闻资讯网站,而老版的 NZZ online 则仅

图 18　新苏黎世报网

图片引自新苏黎世报网：http://www.nzz.ch，检索时间：2016 年 2 月 21 日。

仅是报纸的网络版。在新苏黎世报网上，由印刷编辑部写作的新闻在完成制作后直接发布到网页上。

二、发展现状

现今，《新苏黎世报》每天发行约 16 万份，瑞士媒介调查机构 WEMF[①] 认证的发行量为 129627 份。

《新苏黎世报》之所以享有高质量报纸的美誉，不仅是因为其出色的经济报道，权威可靠的国外报道也是其中很重要的一个原因，而这些优秀的国外报道源于报纸系统密集的驻外记者网。瑞士联邦总理赫尔穆特·施密特(Helmut Schmidt)曾经说过，与国外的军事情报机构报告相比，他更喜欢读《新苏黎世报》。[②] 该报的影响力可见一斑。除此之外，该报的副刊也享有很高的声望，报社也往往给国际文艺报道腾出很大的版面。

图 19　采用独特字体的《新苏黎世报》

《新苏黎世报》使用自己独特的德语正字法版本，其简明教程为此提供了入门浅说手册。《新苏黎世报》在全瑞士发行一份月刊杂志，这一杂志在德国有时候会被称为《开本 新苏黎世报》(*NZZ Folio*)。该报接受了这一称呼，并正式以此冠名，每周出版一期。在每月第一个周一发行的杂志中，总是附上当期的《新苏黎世报》印刷版。同瑞士其他主要日报一样，《新苏黎世报》的副刊比其报纸本身更受知名人士的欢迎。因而，根据媒体调查机构的统计，《开本 新苏黎世报》的读者达到 375000 人以上，而相比之下，《新苏黎世报》的读者仅为 274000 人。[③]

---

① 即 AG für Werbemedienforschung，是瑞士的一家调查媒介推广使用情况的公司，包括对报纸、杂志的发行和读者数的统计调查。

② Der Spiegel：Still in der Ackerfurche，1994 年 12 月 19 日，http://www.spiegel.de/spiegel/print/d－13686947.html，检索时间：2015 年 10 月 23 日。

③ WEMF：TOTALAUDIENCE，2015 年 2 月，http://www.wemf.ch/pdf/de/nutzerstudien/total_audience/2015－2/BroschuereTotal_Audience2015－2.pdf#page＝8，检索时间：2015 年 9 月 8 日。

图 20 《开本 新苏黎世报》封面

《新苏黎世报》这一名字除了用于报纸外,还用于该报旗下许多其他媒体产品,包括——

《新苏黎世报周日版》(*NZZ am Sonntag*)(每周日出版),

《开本苏黎世报》(*NZZ Folio*)(月刊杂志),

《新苏黎世报焦点》(*NZZ Fokus*)(重点卷宗),

《新苏黎世报校园版》(*NZZ Campus*)(定位于大学生受众),

《美页》(*Die schönen Seiten*)(特殊规格大小的杂志),

《新苏黎世报开本》(*NZZ Format*)(电视节目)。

除此之外,还有出版社等业务,还有一些报纸杂志并不是以 NZZ 命名的,但确属于 NZZ 集团旗下。同时,新苏黎世报媒体集团还包括两家电台,即瑞士东部电台(针对瑞士东部地区的区域性电台)和电视一台(瑞士中部一家区域性电台),以及两家广播(皮拉图斯广播和 FM1 广播)。

三、报道特点

在政治上,《新苏黎世报》亲瑞士自由民主党,代表自由的资产阶级立场。该报股东必须是自由民主党派成员或者拥护秉持自由民主态度,其他党派的成员不得入股《新苏黎世报》。鉴于该报在很多方面的保守风格,报界人士给它取了个绰号叫"老姨妈"。

众所周知,瑞士地处欧洲的心脏地带,是个小国,也是个中立国。正因如此,瑞士在新闻传播上服从并服务于国家确立的中立国策,在立场上力求做到客观公正,不厚此薄彼。这种客观公正并不同于西方媒体一贯标榜的"客观全面公正",而是真正的实事求是。这一点从《新苏黎世报》对"国会纵火案"的报道就可以看到。在欧洲版图中,瑞士毗邻德国,其中 65%的瑞士居民说德语。无论从地缘还是血缘上来看,这份德文报纸似乎都应该更"亲德"。而且,当时纳粹势力甚嚣尘上,英法等大国媒体对纳粹暴行都心知肚明,但是却因本国绥靖政策失声,而区区瑞士小国的《新苏黎世报》不仅大胆发声,而且还一针见血地直指纳粹痛处,这份勇气实在可嘉。

通过新苏黎世报网可以看到,这份报纸的新闻报道覆盖全世界,并不仅仅局限于瑞士或者欧洲地区。其文字优美,报道有深度,可以满足想要了解世界各地信息的读者的需求,特别在国际政坛的高端读者中占有一席之地。当然,追求时效性也是其不可缺少的筹码。与一些黄色报刊相比,《新苏黎世报》没有美女、没有具有视觉冲击性的照片，更不会利用噱头来吸引读者，恰恰相反，它所允许刊登的广告都是颇为严肃的。正是这份严肃性成就了《新苏黎世报》。它是瑞士国内最受尊重的精英日报，不仅被列为世界十大报纸，而且排在“高级报纸金字塔”的第一组，名列第二位。世界传媒研究专家公认它是最有个性、最严肃、最负责、最具世界性的报纸，甚至很多国际专家评价它为“世界上最好的报纸”。[①] 正如中国人民大学的陈力丹教授所言：“所谓‘大报’，不在于它的发行量多，也不在于它的利润额高，更不在于它的开本大，而在于它的影响力(不仅仅是影响自己所覆盖的读者)、权威性、专业素养、媒介操守等等。”由此，不难理解，发行量并不高的瑞士《新苏黎世报》为何曾被联合国教科文组织列入世界十大报纸之列。

四、涉华报道

总的来说，《新苏黎世报》的涉华报道相对客观公正，并且在一定程度上起到积极引导社会舆论关注中国的作用。

(一)对华报道相对客观公正

在此部分，主要选取三个《新苏黎世报》对华报道实例来予以说明。

1938 年 5 月，该报记者瓦尔特·博斯哈德为了了解当时中国社会各界青年十分向往延安的真实情况，专程来到西安八路军办事处拜访了林伯渠。林伯渠热情地为他联系安排了前往延安的采访事宜。瓦尔特·博斯哈德到达延安后，专访了毛泽东、朱德等中共中央主要领导。回国后，他在《新苏黎世报》上一连发表了 6 篇介绍延安的文章，成为当时第一个报道延安情况的欧洲记者。[②]

20 世纪 60 年代，十四世达赖喇嘛与瑞士商人勾结，强行将近 200 名藏族儿童从亲生父母身边夺走，称其为“孤儿”，安排瑞士家庭领养，酿成多起人间悲剧。《新苏黎世报》在 2013 年 9 月刊登题为《藏族“孤儿”并非孤儿》和《达赖喇嘛的道歉十分重要》两篇文章，以大量篇幅揭露达赖集团如何编造“孤儿”身份，强行安排藏人子女前往瑞士寄养的内幕。十四世达赖出于“藏独”的政治目的，制造“孤儿”事件，导致几百个家庭骨肉分离的人间悲剧。达赖集团所为，严重践踏儿童权利，公然违背人伦道德，一切善良和爱好正义的人们都应该对这种卑劣行为予以谴责。《新苏黎世报》并没有像欧美一些媒体一样，支持“藏独”分子，其公正报道实为可敬。[③]

关于中日问题，该报的报道把中国与日本关于钓鱼岛的立场主张“一分为二”，只介绍客观情况，不做结论。不过，《新苏黎世报》在其报道中也批评过日本不正视历史的问题。2005 年，《新苏黎世报》的一篇文章称，过去日本处理台湾问题十分谨慎，最近却越来越接近台湾，无视中国反对而发给李登辉旅日签证，取消对台湾游客入境限制，但对中国大陆游客却一如既往，严加控制。反对欧盟取消对华武器禁运，是日本疏远北京、亲近台北的又一例子。[④]

Han Han und Guo Jingming – Superstars der Pop-Literatur

Seifenblasen vom chinesischen Traum

Seit die Literatur in China als ideologisches Leitmedium ausgedient hat und die Zensur gelockert worden ist, haben viele Autoren ihre politischen Ambitionen verloren. In der jüngeren Generation dominiert der Kommerz – wobei es durchaus Kontraste gibt wie jenen zwischen den Superstars Han Han und Guo Jingming.

von **Wei Zhang** | 31.10.2013, 06:00 Uhr

图 21　韩寒 vs 郭敬明——谁代表了中国梦？

---

① 李远清：《“袖珍国”记者的立身之本——随中国新闻代表团访问瑞士的见闻与思考》，《军事记者》2013 年第 9 期。

② 林禹康：《林伯渠是延安精神的积极倡导者、践行者》，《中华魂》2006 年第 3 期。

③ 彦凌：《“藏独”达赖制造“藏族孤儿”真相》，《晚报文萃》2014 年 2 月 1 日。

④ 李远清：《“袖珍国”记者的立身之本——随中国新闻代表团访问瑞士的见闻与思考》，《军事记者》2013 年第 9 期。

(二)注重引导社会舆论关注中国

作为瑞士最大的报纸,除了保持客观公正的报道态度外,《新苏黎世报》也注意引导社会舆论关注中国。2006 年,《新苏黎世报》驻华记者施特里在一次接受采访时说道,该报的任务首先是消除瑞士对中国的偏见,他经常在报纸上写一些小文章、小故事来介绍中国的生活。瑞士人民和中国人民一样,既有一部分观念很现代的人,也有一些保守的人。以此,施特里试图告诉瑞士人民:中国并不是一个很遥远、陌生的国度,而是一个和瑞士一样的国家。同时,由于该报拥有一批专家读者群,便可以通过专家读者带动更多的瑞士和欧洲人关注中国。

驻华期间,施特里每月大约写 25 篇关于中国的文章,涉及政治、经济、文化等各方面,如中国需要民主、中美关系中的博弈问题、张艺谋的电影等,包罗万象。现在,《新苏黎世报》对中国社会更为关注,通过对新苏黎世报网的检索,以 2015 年 6 月 9 日至 7 月 9 日的一个月为例,含有关键字德文"中国"的相关报道多达 3340 篇。[①] 此前,《新苏黎世报》还刊登了一篇文章,分析对比了中国两位 80 后"流行文化的超级明星"——韩寒和郭敬明,并由此联系到"中国梦",从中国流行文化透视政治内涵,足见其对中国问题的关切程度。[②]

值得一提的是,中国国务院总理李克强上任后出访的第一个西方国家就是瑞士,而且特地选择《新苏黎世报》发表了题为《为什么选择瑞士》的署名文章。[③] 由此也可说明,中国领导人对《新苏黎世报》对华报道权威性的认可。

Besuch Li Keqiangs

Bilateraler Dialog mit Finanzbranche

Seine erste Rede auf europäischem Boden hat der chinesische Ministerpräsident Li Keqiang vor Spitzen der Schweizer Wirtschaft gehalten. Er warb für Freihandel und Zusammenarbeit im Finanzsektor und sandte unverkennbar auch Signale nach Brüssel und Washington.

von Peter A. Fischer | 24.5.2013, 19:45 Uhr | 1 Kommentar

图 22 《为什么选择瑞士》

荣格集团 Ringier AG

荣格集团(Ringier AG)是瑞士最大的国际传媒公司,在世界各地拥有 8000 多名员工,出版发行 120 多份报纸和杂志,拥有多家印刷厂、电台和电视节目以及 80 多个移动网络平台。荣格集团于 1833 年在瑞士组建,迄今已有 180 多年的发展历史,作为一个家族企业已历经五代,并取得了历久弥新的成功。

---

① 《新苏黎世报》网站:http://www.nzz.ch/,检索时间:2015 年 7 月 9 日。

② 朵蝶网:《〈新苏黎世报〉韩寒 vs 郭敬明——谁代表了中国梦?》,2013 年 11 月 6 日,http://www.duodie.com/forum.php? mod=viewthread&tid=89151,检索时间:2015 年 6 月 30 日。

③ 新华网:《李克强在瑞士〈新苏黎世报〉发表署名文章"为什么选择瑞士"》,2013 年 5 月 24 日,http://news.xinhuanet.com/mrdx/2013-05/24/c_132405851.htm,检索时间:2015 年 11 月 30 日。

一、历史沿革

1833 年，牧师的儿子约翰·鲁道夫·荣格（Johann Rudolf Ringier）在瑞士北部的乡村小镇祖芬根（Zofingen）办了一个印制官方文件和教科书的印刷厂，出版了自己的首张报纸《祖芬根周刊》。

1911 年《瑞士画报》（*Schweizer Illustrierte Zeitung*）创刊，当时还是采用书刊印刷方式。这份杂志在当时和现在都是瑞士最成功的人物杂志。

图 23 《瑞士画报》封面

1914 年，在伯尔尼的博览会上，荣格展出了自己发明的凹版印刷机。在印刷领域中进行技术创新始终是荣格的强项。基于先进的印刷技术，公司在很长的时间内都保持了竞争优势。

1959 年，荣格公司首次推出了《观察报》（*Blick*）。这是瑞士国内首份小开型日报，它的风格最初在读者中引起了很大的争议，但事后证明这份报纸是极为成功的。直到今天，《观察报》依然是瑞士最成功的日报之一。

20 世纪六七十年代起，荣格已成为瑞士最大的出版社。此后，荣格逐渐向现代化的媒体企业转型。1974 年，荣格新闻学院成立，这是瑞士首家新闻类的培训机构，现已成为瑞士媒体培训的重要机构。

1984 年，地方电视节目制作公司 Zürivision 成立，正式进军电视领域。这个项目得到了荣格内部的小型电影制作公司 Rincovision 的支持。Rincovisio 后更名为荣格电视部。

1987 年至 2002 年是荣格拓展新市场和新媒体领域的重要时期。通过与新加坡时报文化出版公司（Times Publishing Co.，Singapore）共同成立了时报一荣格（香港）有限公司，荣格成功进军亚洲市场。之后，荣格逐渐打开东欧市场。1995 年，荣格在中国推出了经济报《现金》（*Cash*），借此发展为中国的第二位国外出版商。*Betty Bossi* 是瑞士最受欢迎的烹饪杂志，同时在中国以《贝太厨房》命名的这本杂志也取得了极大的成功。

尽管互联网在 90 年代末期才发展成为大众媒介，但荣格很早就意识到了新媒体的发展潜力，1996 年，随着在线平台“观察报在线”（Blick Online）和“现金在线”（Cash Online）在瑞士的推出，荣格成功进入互联网领域。同年，荣格还建立了首个企业网站。

2002 年，荣格收购了 *Népszabadság* Rt 公司 49.6%的股权，成为匈牙利最大的日报出版公司。此后，荣格通过入股、合资、收购等方式与多国媒体公司合作开展新业务或接手现有业务，大大增强了其在世界上的影响力。

二、发展现状

自 1978 年以来，荣格集团的总部就坐落在苏黎世市中心的杜芳街。每天有 1000 多名员工在这里进进出出。作为一家家族拥有企业，集团现由荣格家族第五代传人掌管，集团董事长为荣格家族的迈克尔·荣格（Michael Ringer）先生。马克·瓦尔德（Marc Walder）先生现任荣格集团首席执行官。

如今，经过 180 多年的发展，荣格集团已是瑞士最大的国际化媒体公司，在世界各地拥有 8000 多名员工，出版发行 120 多种报刊和杂志，制作多部电台、电视节目，拥有多家印刷厂及 80 多个网络平台，以出版、数字业务和娱乐业务为重点发展方向。2013 年，荣格的营业额达到 1.03 亿瑞士法郎（合人民币 6.5 亿元）。2014 年，荣格集团的营业额略有下降,为 989 万瑞士法郎(合人民币 6.46 亿元)。①

除了业务开展,荣格集团还通过设立基金会、开展志愿项目与关爱员工等活动履行企业责任。瑞士汉斯荣格基金会(Hans Ringier Foundation)的设立是为了通过对记者进行相关培训,来促进瑞士新闻业发展。位于罗马尼亚的荣格基金会(Ringier Foundation)旨在对贫困儿童、青少年和他们的家庭提供帮助。除了自家开设的基金会,荣格集团还对越南的达留基金会(Dariu)提供资金支持,通过提供小额信贷帮助越南家庭。在志愿项目上,荣格为与新闻自由和质量、青春以及媒体能力相关的项目提供支持。其员工作为志愿者,通过特定活动帮助弱势家庭及其孩子融入到社会中。在员工福利方面,荣格在各地有不同的安排,但目标都是为了提高员工归属感与满意度,增强员工工作积极性,如提供全面的培训课程、灵活的工作时间模式和系统的健康管理等。

图 24　荣格集团苏黎世总部大楼

图片来自荣格集团网站:http://www.ringier.com/en/press－database/images－and－logos,检索时间:2015 年 9 月 9 日。

三、报道特点

荣格始终秉承勇往直前的开拓精神和个性,代表着独立自主的风格。2007 年以来,荣格集团已投资约 16 亿瑞士法郎,致力于将公司打造成为多元化媒体集团,而 60%的资金都用来打造数字业务。2014 年,荣格集团总收入达 9.89 亿瑞士法郎(合人民币 64.6 亿元),其中 32.1%来自数字业务。总收入中,62%为瑞士和德国的业务,24%来自东欧地区,11%来自瑞士的纸媒收入,3%来自亚非市场。② 用荣格首席执行官马克·瓦尔德的话来说,"从涵盖的地域和领域来看,荣格在欧洲都是最具多元化的传媒集团之一。"

在出版业务方面,荣格的报纸杂志在 2014 年强势发展,得到了读者和广告商等的广泛接受。尽管也面临一些挑战,纸媒业务仍能逐渐引领市场,并有所创新。例如,数字平台"Blick am Abendde"在第一年运营期间,便吸引来每月 100 余万的访问量。

在新主编的领导下,《观察报》的影响力大大增强,目前已拥有 66.7 万的读者,成为瑞士阅读量最高的付费报纸。*Sonnatags Blick* 每周有 76 万阅读量,是本土最热门的周日报。观察报网站"Blick.ch"一直保持着瑞士最大门户网站的位置,每月点击量达到 400 万次。

"我曾经被无数次地问到过,家族生意成功并且延续经营 175 年的秘密是什么。"2008 年,荣格家族的第五代传人迈克尔·荣格曾说。他的答案是三点:创新之源、忍耐之力与和谐之美。③ 对于创新之源,只有对服务、产品保持创新的人,特别是用积极的态度来提升自己的人,才有可能求得长期的生存。在其发展过程中,董事长亲自参加发明的行为数不胜数。尽管互联网在 90 年代末期才发展成为大众媒介,但荣格在 1996 年就意识到了新媒体的发展潜力。对于忍耐之力,迈克尔认为,勇于尝试新事物的人必须做好失败的准备。荣格在 180 余年发展过程中曾经遭遇过不少挫折,如在 20 世纪 50 年代,荣格曾试图购买德国当地画报,但由于购买过程

① 荣格集团网站:《事实与数据 2014》,http://www.ringier.com/sites/default/files/upload/field_publication_file_en_art/jahresbericht2014_en.pdf,检索时间:2015 年 9 月 9 日。

② 荣格集团网站:《事实与数据 2014》,http://www.ringier.com/sites/default/files/upload/field_publication_file_en_art/jahresbericht2014_en.pdf,检索时间:2015 年 9 月 9 日。

③ 人民网:《175 年传媒企业荣格的三条生存哲学》,2008 年 3 月 14 日,http://mnc.people.com.cn/GB/6998682.html,检索时间:2015 年 9 月 9 日。

中画报销量减少，致使买卖双方陷入争执，最终收购以失败告终。在其发展过程中，类似的例子并不少，但这些失败都未曾打败过荣格致力于创新的发展理念。对于和谐之美，迈克尔称，公司的发展离不开员工的高度忠诚和对公司的信心。荣格集团重视保障其员工的利益，在庆祝荣格成立 175 周年时，迈克尔还特意提到了三位工作 20 余年的核心团队成员。

四、涉华报道

自 1995 年进入中国市场，如今荣格集团已在中国发行一系列杂志并为其搭建网络平台。荣格集团在中国的员工总数已达到近 700 人，在上海、北京、广州等城市设有业务分支，目前，原《城市周报》全国销售总监刘晓青女士担任荣格中国所有产品的全国销售总监。

图 25　荣格集团在中国共出版七种期刊

图片引自荣格集团网站：http://www.ringier.com/en/portfolio#filter=495，检索时间：2015 年 9 月 11 日。

其主要产品包括——

《贝太厨房》及其网站"beitaichufang.com"：《贝太厨房》2002 年创刊，由《中外食品工业》与荣格集团 *Betty Bossi* 杂志版权合作，是中国国内第一本、亦是发行量最大的家庭厨艺美食及时尚生活月刊。任芸丽女士担任主编，每月有 60 多万城市读者阅读，月发行量约 715 800 份。[1]

《城市周报》(*City Weekend*)及其网站"cityweekend.com.cn"：《城市周报》是国内最早成立的民营出版刊物之一，于 1998 年在北京和上海发行，现任主编李·马克(Lee Mack)，双周刊，提供如当地活动、时事新闻、餐饮场所、分类信息等各类资讯，发行量约 120 000 份。[2] 网站"cityweekend.com.cn"是一家面向英语用户的娱乐资源网站，已有 12 万注册用户并在不断增加。

《上海家庭》(*Shanghai Family*)：月刊，2004 年发行，文章涉及上海家庭从食品、健康到教育、娱乐各个领域，主编西莉亚·泰森(Celia Thaysen)。发行量约 30 000 份。[3]

---

① 荣格集团网站：《贝太厨房》，http://www.ringier.com/cn/products/china/magazines/bettys－kitchen，检索时间：2015 年 9 月 11 日。

② 荣格集团网站：《城市周报》，http://www.ringier.com/cn/products/china/magazines/city－weekend，检索时间：2015 年 9 月 11 日。

③ 荣格集团网站：《上海家庭报》，http://www.ringier.com/cn/products/china/magazines/shanghai－family，检索时间：2015 年 9 月 11 日。

《中国民航》:创刊于1982年,每月1号出版,是由中国民航局主管的中国民航系统的唯一官方杂志。由荣格集团在中国的独资公司荣格(中国)广告有限公司管理并运营。每月发行量约350 000份,每月覆盖航班数高达210 097次。①

英文网站"shanghaiexpat.com":该网站于2012年被荣格集团收购,目前是中国最大的上海外籍友人网上社区之一,拥有超过11.4万的注册会员和超过2.5万的电子周刊订户。每月网页浏览量超过800万。②

荣格集团在华发展顺利,《城市周报》网络平台发展迅猛,收入增幅达到86%。《贝太厨房》通过跨媒体运营,在杂志、网站和社交媒体三大平台为读者和广告商提供服务,从而在纸媒普遍存在的困境中得以站稳脚跟。它还与飞利浦优质生活事业部建立战略合作伙伴关系,成为在中国有史以来首次与飞利浦合作的媒体。革新是荣格集团在中国的一项重要发展战略,2014年10月,荣格与中国民航总局签订合作合同,为其出版未来十年的《民航杂志》。

瑞士财经新闻社 awp Finanznachrichten AG

瑞士财经新闻社(awp Finanznachrichten AG,以下简称AWP)是瑞士主流的通讯社之一,主要提供财经类新闻服务。总部位于瑞士苏黎世市。现任首席执行官为克里斯托夫·加贝斯(Christoph Gaberthüel),主编罗尔夫·阿尔帕高(Rolf Arpagaus)和乌里·霍赫(Ueli Hoch)。

一、历史沿革

1957年,记者瓦尔特·冯·卡埃内尔(Walter von Kaenel)在伯尔尼创立AWP,他去世后,汉斯于尔格·扎格尔(Hansjürg Saager)于1972年接管该社,并担任董事长。1974年起,该新闻社开始主打财经类时事新闻报道,并经历了由电报发稿到数字化传送新闻服务的转变。2005年10月,克里斯托夫接任首席执行官一职,扎格尔仍留在公司工作。

二、发展现状

2012年,两家瑞士新闻社SDA和AWP在苏黎世合资创立SDA/AWP多媒体公司。两家专业的新闻机构强强联手,为企业、出版商等机构客户提供多媒体新闻服务,包括供图、供稿、宣传、联络等,其丰富的资源涵盖商业、政治、文化、社会、科学、体育等诸多方面。

如今,AWP由三大新闻社共同控制,即瑞士通讯社(Schweizerische Depeschenagentur,SDA③)、德国新闻社(Deutsche Presse-Agentur, DPA)和英国路透社。其中,SDA与DPA拥有该社50%股份。

三、报道特点

AWP总部有德语、意大利语、法语记者约30名,每日发布千余份报道,内容涉及国内外有关企业、市场、财经分析、经济形势、政策等话题。稿件内可查找到超过1000家瑞士企业的相关新闻。AWP关注国内外经济和金融领域的热点事件,并能够及时带来最新进展。不管对企业、市场还是整个行业,AWP都能为客户带来客观、专业的分析、评价以及数据等相关信息,及时帮助专业人士和金融投资者做出有利决策。

---

① 荣格集团网站:《中国民航》,http://www.ringier.com/cn/products/china/magazines/asia－inflight－magazine,检索时间:2015年9月11日。

② 荣格集团网站:《外籍友人网上社区》shanghaiexpat.com,http://www.ringier.com/cn/node/4537,检索时间:2015年9月11日。

③ 瑞通社为国家级新闻社,属非营利机构,但归私人所有。

AWP 凭借经验丰富的团队，以时效性与信誉度在业界树立口碑，积极开发及参与多媒体合作，致力于为客户提供高质量的新闻服务。AWP 的新闻服务有三大宗旨：迅速、专业、及时。追踪市场前沿是他们的目标，引领财经风向是他们的使命，满足读者所需是他们的动力。

AWP 的报道不只投放国内新闻市场，也被国际上多家主流通讯社或金融分析机构所采用，如彭博社、路透社、美国 FactSet 研究系统公司（FactSet Research Systems Inc）、美国互动数据公司（Interactive Data Corporation）、IT 企业胜科公司（Sungard）等，其新闻调查的专业性和权威性可见一斑。每天，AWP 发布的信息受到来自专业领域的 35 000 多名客户关注，其中包括多家网络平台与门户网站。很多瑞士纸媒公司对证券市场的评估与报告也依赖于 AWP 给出的相关报道。

AWP 为用户提供以下两种新闻服务：

AWP 优选（AWP Premium）：为专业机构读者提供的实时新闻服务。

AWP 基础（AWP Basic）：AWP 网站专属内容，可在线免费阅读。网站每天都会发布一个视频新闻，即就某个财经话题对领域专家或企业领导进行问答采访，该视频也会通过视频网站 YouTube 发布。

从发展趋势来看，瑞士财经新闻社还具有以下特点：

第一，AWP 重视线上媒介，不仅与瑞士国家通讯社 SDA 合作成立子公司积极发展多媒体业务，并且在 Twitter、YouTube 上建立企业平台进行新闻直播，让喜爱社交媒体的年轻人第一时间掌握社会动态。

第二，AWP 重视提高自身竞争力，2006 年 3 月，通过与道琼斯通讯社（Dow Jones Newswires）和 AFX 新闻有限公司（AFX News①）合作，获得两公司在瑞士德语区和列支敦士登英文新闻服务的独家代理权。这标志着 AWP 公司的信息平台上了一个新台阶，从此将囊括德、法、意、英文的国内外新闻服务，更好地为客户提供全面优质的新闻资源。正如该社首席执行官克里斯托夫所说：“此次与两家媒体的长期合作，能够为瑞士和列支敦士登的客户创造真正有价值的资源库，提供一站式的新闻定制服务。”②

四、涉华报道

AWP 对中国的关注度较高，主要集中于对中国股市行情的分析，以及对政府在经济领域进行的举措的报道。2015 年 7 月份以来，AWP 几乎每天都对当日中国股市的涨跌情况进行详细报道和分析，还常就此事采访在中国有影响力的证券分析师并引述评论。相比之下，对亚太其他地区如澳大利亚、日本和印度的股市报道则略显单薄，经济状况的综合分析也多见国家与中国的关系或受中国的影响，可见 AWP 对中国在亚太地区金融界重要地位的肯定。同样，在谈及欧洲的证券市场时，“受中国影响……”“考虑到中国……的状况”等语句常出现在报道中；欧洲企业在中国的发展情况也常作为企业新闻报道的内容。

在涉华报道中，AWP 自采新闻占多数，有时与法新社联合报道，有时会从彭博社等大通讯社引用数据进行分析，做到客观实际，有理有据。

瑞士德语电视台 Schweizer Fernsehen

SRF Schweizer Radio und Fernsehen

瑞士德语电视台（Schweizer Fernsehen，简称 SF）是瑞士一家德语和罗曼语的双语公共电视台。2011 年 1 月 1 日起，与瑞士德语广播电台（Schweizer Radio DRS，简称 SR DRS）合并为瑞士德语广播与电视公司

① 英国 AFX 新闻有限公司，曾由法新社与 Extel 公司（2000 年被汤森财经收购）联合经营，向欧洲的金融及企业界提供信息和服务。2006 年，AFX 公司被汤森财经（Thomson Financial，现属汤森路透集团）全资收购。

② finextra.com：AWP 将代理道琼斯与 AFX 瑞士地区新闻业务（AWP to sell Dow Jones Newswires and AFX News services in Switzerland），2006 年 3 月 1 日，http://www.finextra.com/news/announcement.aspx? pressreleaseid＝8235，检索时间：2015 年 7 月 27 日。

(Schweizer Radio und Fernsehen,简称 SRF)。该公司是瑞士广播与电视公司(SRG SSR)旗下最大的分支。

该电视台的股份构成十分复杂。官方说法中,瑞士德语电视台是一家私法公司,但是却通过瑞士联邦参议院获得特别许可,进入公共服务范畴,主要靠收视费维持生计,享有公法机构的权利。

一、历史沿革

1939 年,为展示瑞士全国博览会的盛况,瑞士进行了第一次播出电视节目的尝试。1953 年起,瑞士德语广播电台开始常规性播放节目,每周播出五个晚上。1963 年播放了第一个罗曼语节目。1964 年开始播出广告,1968 年出现彩色电视节目。

不过,该台自节目播放之初起就批评之声不断,不少人表示节目的政治倾向过于明显,没有保持价值观的中立。

SF SCHWEIZER FERNSEHEN

图 26 瑞士德语电视台合并前台标

1984 年,该台开始与德国电视二台(ZDF)和奥地利国家广播电台(ORF)共同制作文化频道 3sat。1997 年,第二套节目开始播出。1999 年,信息频道开始播出。

二、发展现状

目前,瑞士德语广播电台独立制作三个频道的节目,分别是一台、二台和信息频道[①]。

一套主要播放新闻节目、独立制作的娱乐节目、体育转播和电视剧等,知名节目包括《差十分钟十点》(10*vor*10)、《每日快讯》(*Tagesschau*)、《时事瑞士》(*Schweiz aktuell*)、《俱乐部》(*Der Club*)、《以一敌百》(*1 gegen* 100)等。

二套主要针对年轻受众制作节目,重点是电视剧和体育节目转播,知名节目包括《体育新闻》(*sport aktuell*)、《体坛全景》(*sportpanorama*)、儿童节目《三宝颜》(*Zambo*)等。

信息频道则以重播节目为主,大多来自一套和二套的播出内容,也会进行一些单独的体育转播。

除自制节目外,该台目前还与德国一台(ARD)、二台(ZDF)和奥地利国家广播电台(ORF)合办了卫星频道 3sat,在欧洲有着良好收视率。瑞士德语电视台也在新闻节目方面与德国一台和二台合作密切,并播放由德国和法国共同制作的文化节目 ARTE。[②]

除此之外,瑞士德语电视台还加入了欧洲歌唱比赛节目的制作,与德国、奥地利等国共同制作多档音乐节目。近年来,瑞士国内的私营电视台逐渐兴起,包括瑞士五套(Schweiz 4)和 3+等频道,对瑞士德语电视台造成了很大冲击。

三、报道特点

瑞士德语电视台主要服务于瑞士德语区的受众,一向以其节目精良的制作和与欧洲各国电视台的合作而深受好评。该台偏重于对日常生活问题的关注,有关政治、经济等关乎国计民生的问题,一般援引自德新社或瑞士新闻社的消息。

四、涉华报道

瑞士德语广播与电视公司在中国派设常驻记者,中国议题也是该台的关注重点之一。

2015 年,该台制作了一部全面介绍中国历史、政治、经济、文化和社会生活的七集纪录片。在该纪录片的页

---

① RTL überholt SF zwei beim Marktanteil. In: KleinReport. 14. Januar 2012, abgerufen am 14. Januar 2012 (Beleg für alle genannten Marktanteile).

② 瑞士《二十分钟报》:Tschüss SF, willkommen SRF, http://www.20min.ch/news/kreuz_und_quer/story/20391781,检索时间:2015 年 6 月 2 日。

图 27　瑞士德语广播与电视公司网站

图片引自瑞士德语电视台网站：http://www.srf.ch/，检索时间：2015 年 9 月 24 日。

面中，该台这样描述中国："中国是站在传统与现代交汇点处的超级大国。在过去的几十年中，她迅速地从发展中国家走上了世界舞台的中心。然而，这个超级大国也不得不面对环保、腐败以及贫富差距等问题的严峻挑战。"①总体来说，该纪录片以较为客观的语调向瑞士观众介绍了有关中国的方方面面，展现了中国在改革开放后发生的巨变。

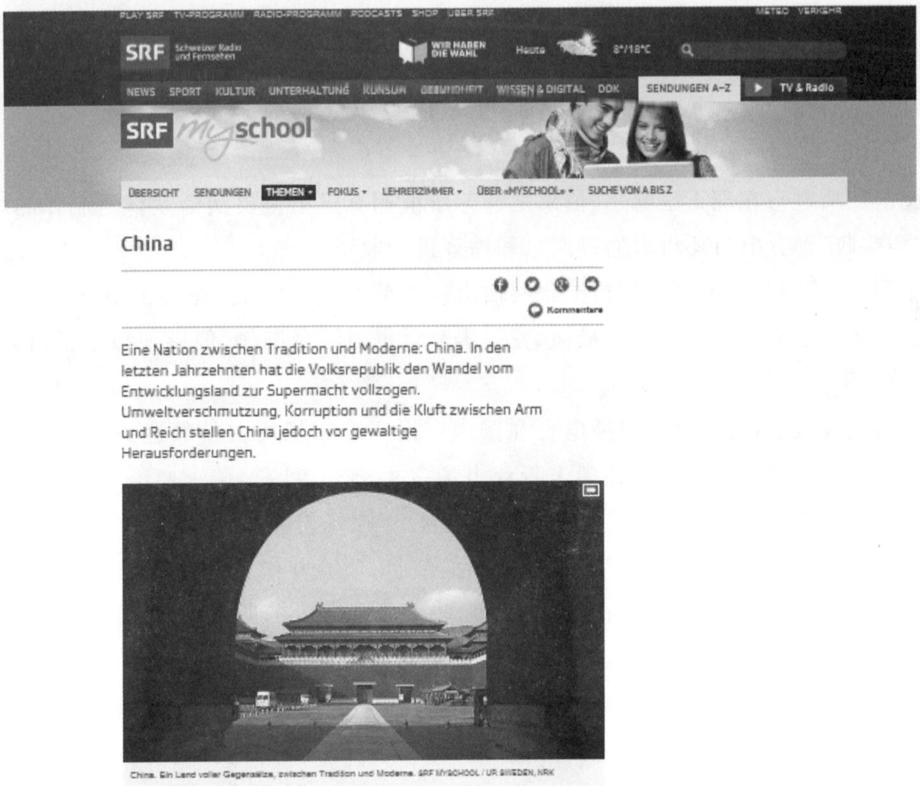

图 28　瑞士德语广播与电视公司的中国纪录片

就消息来源来说，瑞士德语电视台的涉华报道多为瑞士通讯社发布的新闻信息，也有少量自采消息。其中，大多数内容均多为事实性报道，分析性报道较少。此外，该台对中国的传统文化和民俗有较多关注，制作了很多介绍相关知识的节目。

① 瑞士德语广播与电视公司中国纪录片：http://www.srf.ch/sendungen/myschool/china，检索时间：2015 年 9 月 2 日。

瑞士德语广播电台 Schweizer Radio DRS

瑞士德语广播电台(Schweizer Radio DRS,简称 SR DRS)是瑞士一家公共广播电台。2011 年 1 月 1 日起,与瑞士德语电视台(Schweizer Fernsehen,简称 SF)合并为瑞士德语广播电视公司(Schweizer Radio und Fernsehen,简称 SRF)。该公司是瑞士广播电视公司(SRG SSR)旗下最大的分支。

一、历史沿革

1923 年,瑞士巴塞尔大学的汉斯·茨科德拉特(Hans Zickendraht)教授尝试播放广播成功,这成了瑞士广播的开端。1931 年,瑞士广播电台成立,开始制作德语、法语和意大利语节目,1938 年又开始制作罗曼语节目,达到了瑞士国内四个语种的全面覆盖。成立之初,节目主要播放的是来源于瑞士通讯社(SDA)的新闻消息。二战期间,广播成了官方的宣传工具。[①] 战后,瑞士广播重新获得经营自主权,并逐步扩大影响,增加节目播放时间,提高节目内容质量。1945 年,瑞士德语广播电台派出了第一个驻外记者。

图 29 瑞士德语广播电台合并前台标

2012 年 12 月,瑞士德语广播电台正式更名为瑞士德语广播电视公司,与瑞士电视台在结构和内容上进行融合,启用全新的台标,网站也进行了全新的设计,标志着该台发展进入了新的纪元。

二、发展现状

目前,瑞士德语广播电台在瑞士巴塞尔、伯尔尼和苏黎世拥有三个主要演播室。所制作的所有节目可以在全瑞士和整个欧洲接收,部分节目还可以通过网页和播客进行收听。

从 2012 年 12 月 16 日起,瑞士德语广播电台共播出六档节目。[②] 该电台在瑞士德语区占有超过 60%的市场份额,是全瑞士市场占有率最高的电台。最初,罗曼语节目也由该台制作,但后来独立了出去,也就是今天的罗曼语广播电台(RTR)。

根据 2014 年的统计数字,瑞士德语广播电台在国内广播听众市场所占份额达到 58.7%,本国其他商业广播电台所占份额为 30.4%,外国广播电台在瑞士听众市场占 4.8%。目前,瑞士德语广播电台共制作播出六套节目。一套节目(Radio SRF 1)是瑞士收听人数最多的电台,年市场份额达 31.3%,收听人数接近 180 万。主要播放重要的新闻信息和专家深度解读,也有与观众互动的节目,听众年龄层偏大。二套(Radio SRF 2 Kultur)主要播放文化类节目,包括古典音乐、哲学、文化生活等,收视份额 3.8%,听众人数 40 万。三套(Radio SRF 3)是流行资讯台,播放流行音乐、新闻、天气、交通和生活讯息,受青年听众喜爱,市场份额 16.8%,听众人数 130 万。四套节目(Radio SRF 4 News)是新闻频道,市场份额 0.8%,听众人数 40 万。五套(Radio SRF Musikwelle)是音乐台,播放各种类型的音乐。六套(Radio SRF Virus)专门针对青少年观众,播出节目充满青春气息,市场份额 0.2%,听众人数近十万。

三、报道特点

瑞士德语广播电台主要服务于瑞士德语区的受众,一向以其节目的精良制作和良好的受众互动而深受好

① Die Geschichte des Radios in der Schweiz 1911－2004, Schweizer Radio DRS, 3. Auflage 2005 S. 19.

② 瑞士德语广播电视公司:http://www.srf.ch/Nachrichten/Archiv/2012/12/03/Unternehmen/Die－neue－Markenwelt－von－SRF,检索时间:2015 年 7 月 2 日。

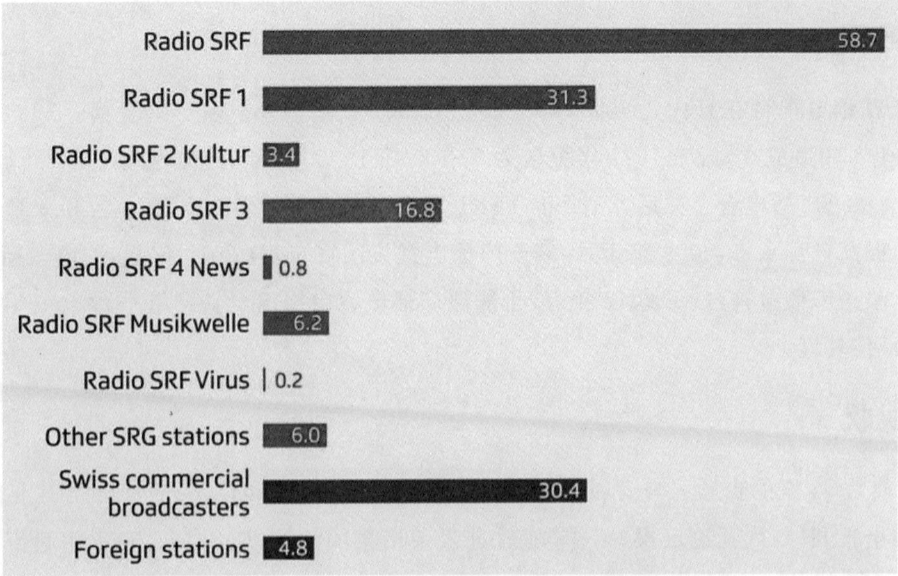

图 30　2014 年瑞士德语广播电台市场份额

瑞士德语广播电视公司网站：http://www.srgssr.ch/en/radio/schweizer－radio－und－fernsehen/，检索时间：2016 年 2 月 14 日。

评。该台偏重于对日常生活问题的关注，有关政治、经济等关乎国计民生的问题，一般援引自德新社或瑞士新闻社的消息。

四、涉华报道

2011 年 1 月 1 日起，瑞士德语广播电台与瑞士德语电视台合并为瑞士德语广播电视公司，关于该台的涉华报道请参见瑞士德语电视台。

瑞士法语广播电视台 Radio Télévision Suisse

瑞士法语广播电视台（Radio Télévision Suisse，简称 RTS）隶属于瑞士公共广播公司瑞士广播电视集团（SRG SSR），总部位于瑞士日内瓦，主要面向在瑞士生活的 190 万法语使用者。该台的许多电视节目都通过全球性的法语电视网 TV5 Monde 在世界各地播放。

一、历史沿革

瑞士法语广播电视台于 2010 年成立，是两家国有机构——瑞士法语广播电台（RSR，Radio Suisse Romande）和瑞士法语电视台（TSR，Télévision Suisse Romande）的合体。

（一）广播电台

1922 年，瑞士广播电台在瑞士洛桑建立。1928 年，进行首次实况转播，内容为一次教堂弥撒。1936 年，首个新闻节目在日内瓦广播台播出，名为"微杂志"。1922 年，一频道（La 1ère）诞生。1956 年，"空间"二频道（Espace 2）诞生。1982 年，"色彩"三频道（Couleur 3）诞生。1994 年，"音乐选择"频道（Option Musique）诞生。

(二)电视台

1954 年,瑞士法语电视台在日内瓦成立,同年成立 TSR1 频道,1968 年开始彩播。1984 年,TV5 频道成立。1993 年。瑞士 4 频道成立,后于 1997 年更名为 TSR2 频道。2001 年,建立网络平台 tsr.ch。2007 年,高清瑞士频道建立。与法语广播电台合并后,2012 年 TSR1 和 TSR2 频道更名为 RTS 1 台和 RTS 2 台。

为加强合作,提高自身水平,2009 年 3 月,瑞士广播电视集团宣布,自 2010 年起,法语广播电台与法语电视台合并,名为瑞士法语广播电视台①。2012 年,瑞士法语广播电视台推出全新网络平台 rts.ch,为广播和电视的多媒体互动提供最佳环境。

二、发展现状

RTS 现任总裁是 53 岁的吉勒・马尚(Gilles Marchand)。毕业于日内瓦大学社会学专业的马尚曾于 1988 年至 1990 年在瑞士报刊《日内瓦论坛报》工作,随后进入荣格集团法语部。他自 2001 年起担任瑞士法语电视台台长,2010 年广播电台与电视台合并后直接晋升为 RTS 台长。

2014 年,RTS 共有全职员工 1584 名,在黄金时段市场份额为 35.1%。②

(一)广播电台

瑞士法语广播电台是一家有着 90 多年历史、非营利性的国家公共电台,在瑞士洛桑制作和播送法语广播节目。目前广播电台共有四个广播频道。

La 1ère"一频道":主播新闻类、谈话类、综合类节目,提供社会、文化等公共服务新闻。

《每日晨间新闻》(*Le Journal du matin*)是一频道每日播出时长最久的一档节目,每周一至周五的电台黄金时间早 6 点至 8 点播出,播送国内外各领域的新闻热点。2 小时的节目时间中,6 点整、7 点整和 8 点整播放整点新闻,其余时间安排了几个固定版块:城间新闻(InterCités),播送瑞士城市的热点资讯,并邀请嘉宾参与讨论,如 2015 年 11 月 4 日的话题是介绍世界最古老的酒店管理学院——瑞士洛桑酒店管理学院的未来规划,并邀请该院教研主任共同讨论③;地区新闻(RTSreligion),播送国内外的地区焦点话题,如 2015 年 10 月 28 日介绍了美国福音派的地位和困境④;每日一词,围绕某一单词展开相关的新闻话题,如 2015 年 11 月 4 日由"污染(pollution)"一词谈到中国的空气污染⑤,2015 年 11 月 6 日由"罢工(Grève)"一词谈论了法国巴黎的工人罢工情况⑥;此外还有每日歌曲(MP3)、晨间体育(Sport matin)、各地美食(Le goût des autres)等版块。

Espace 2"空间二频道":主播文化类、古典音乐节目,提供音乐与多种文化内容。

《漂泊心情》(*L'humeurvagabonde*)是一档文化类节目,通常以一周或两周的播放内容为一期⑦,每期介绍一位世界著名的文艺界大师,包括其生平、成就、重要事件、揭秘、评价等等。例

---

① RTS 官网:《RTS 历史》,http://www.rtsentreprise.ch/une-histoire/,检索时间:2015 年 11 月 9 日。

② 瑞士广播电视集团:《瑞士法语广播电视台》,http://www.srgssr.ch/fr/television/radio-television-suisse/,检索时间:2015 年 10 月 19 日。

③ RTS:《晨间新闻》(Le Journal du matin),2015 年 11 月 4 日,http://www.rts.ch/la-1ere/programmes/le-journal-du-matin/7205567-le-journal-du-matin-du-04-11-2015.html,检索时间:2015 年 11 月 12 日。

④ RTS:《晨间新闻》(Le Journal du matin),2015 年 10 月 28 日,http://www.rts.ch/la-1ere/programmes/le-journal-du-matin/7187607-le-journal-du-matin-du-28-10-2015.html,检索时间:2015 年 11 月 12 日。

⑤ RTS:《晨间新闻》(Le Journal du matin),2015 年 11 月 4 日,http://www.rts.ch/la-1ere/programmes/le-journal-du-matin/7205567-le-journal-du-matin-du-04-11-2015.html,检索时间:2015 年 11 月 12 日。

⑥ RTS:《晨间新闻》(Le Journal du matin),2015 年 11 月 6 日,http://www.rts.ch/la-1ere/programmes/le-journal-du-matin/7211887-le-journal-du-matin-du-06-11-2015.html,检索时间:2015 年 11 月 12 日。

⑦ 通常以周一为一期的第一集,周一至周五共播 5 集(两周即 10 集),周六为该期精选。详见节目官方主页:http://www.rts.ch/espace-2/programmes/l-humeur-vagabonde/,检索时间:2015 年 11 月 12 日。

如，2015 年 10 月的四周节目中共介绍了 4 位文艺巨匠：俄国作家契诃夫（Anton Chekhov）、法国诗人波德莱尔（Charles Pierre Baudelaire）、英国小说家乔治·奥威尔（George Orwell）以及美国电影导演霍华德·霍克斯（Howard Hawks）①。该节目每周一至周五下午 1 点至 2 点半、周六上午 10 点至 12 点播出，周六播送的是当周的精选内容。

Couleur 3“色彩三频道”：面向青年的节目，提供当代潮流文化、新科技与社会问题。

《一二》（*One-Two*）就是一档为青年听众提供的潮流文化节目。工作日的上午播出，刚好在新闻节目结束后为听众带来一丝轻松活泼的气息。任何潮流领域都是该节目的关注点——电影、漫画、音乐、社交、幽默、旅行等等。具体播放时间为每周一至周四上午 9 点至 12 点，周五 9 点至 11 点，周六上午 8 点，周日下午 4 点。

Option Musique“音乐选择频道”：主播音乐节目，多为法语歌曲，也有来自其他国家的主流音乐，比如《神圣的蓝调》（*Sacré blues*）就是一档推荐美式音乐的节目。该台关注热门歌手，同时也挖掘瑞士本土音乐人及新秀。

据 2013 年年度报告显示，在前 4 年共计 35040 小时的广播节目中，59％为音乐类，13％为文化教育类，12％为时事资讯类。在瑞士法语区，每天有 134 万人收听该电台。②

与此同时，完善的网络平台建设让听众可通过网络电台或手机应用在线同步收听四个频道的节目。

图 31　瑞士法语广播电视台的网络应用平台

（二）电视台

瑞士国家电视台主要制作与播出新闻、体育和娱乐节目。目前电视台共有 2 个广播频道。

RTS 1 台：综合频道，提供各类自制节目，社会新闻、文化传播等，在瑞士法语区以 24.6％的观众占有率位居第一位。③ 该频道播出节目除电视剧外，大多时长较短，15 分钟至半小时的节目时长很常见。

《均含税》（*Toutes Taxes Comprises*，下称 TTC）就是一档时长 30 分钟的时事新闻栏目，每周一晚 8 点 10 分播出。该栏目每期有一社会类主题，如房价、新职业、旅游问题等，主持人首先介绍该话题，并引出相关新闻报道。接着，栏目请出一位当期嘉宾，该嘉宾涉猎的领域与栏目主题相关，因而能够与主持人通过谈话讨论的形式就话题抒发意见。栏目每期还会介绍一款“未来系”产品，该产品多与改善生活质量的新科技有关，如机器人、新型应用程序、新型医疗器械等。

RTS 2 台：主要播送体育类、传记类、文化类和青年话题节目。在 RTS1 台中播出的某些文化类栏目也会在 2 台播出。

《现在时刻》（*Temps Présent*）是该台一档老牌新闻报道栏目，始创于 1969 年，现每周四晚 8 点播出，每期时长约 55 分钟，常有一到两个主题，以社会新闻为主，也涉及瑞士国内外的政治、经济事件。例如，在 2015 年 10 月 15 日栏目中，《现在时刻》通过前往采访伊拉克、叙利亚等国的流亡难民，深入展现其生活现状，引出对难民

---

① RTS：《漂泊心情（L'humeurvagabonde）10 月》，2015 年 10 月 1 日，http://www.rts.ch/espace－2/programmes/l－humeur－vagabonde/7095462－l－humeur－vagabonde－du－01－10－2015.html，检索时间：2015 年 11 月 12 日。

② issuu.com：《瑞士法语广播电视台 2013－2014 主要数据》（InformationsClés 2013－2014），http://issuu.com/radiotelevisionsuisse/docs/doc_informations_cles_2014_web/25? e＝6605568/10374568，检索时间：2015 年 10 月 19 日。

③ 李选清：《“袖珍国”记者的立身之本——随中国新闻代表团访问瑞士的见闻与思考》，《军事记者》2013 年第 9 期。

危机的解读和对这一混乱的追本溯源[1]。如今,《现在时刻》已培养出一代优秀的导演和记者,在新闻行业获得的声誉颇佳,2009 年还荣获了第 22 届瑞士"让·迪米尔新闻奖"(Prix Jean Dumur)[2]。

图 32 2015 年 10 月 5 日,TTC 在以"葡萄酒"为主题的栏目中播出了对中国内蒙古某酒庄的采访

RTS:《均含税》(*Toutes Taxes Comprises*),2015 年 10 月 5 日,http://www.rts.ch/play/tv/toutes-taxes-comprises/video/les-bars-a-vin-le-parker-la-chine? id=7143252,检索时间:2015 年 11 月 12 日。

图 33 同期,TTC 邀请瑞士某葡萄酒学校创始人多米尼克·福那热 Dominique Fornage 就葡萄酒产业现状和发展进行交流

2014 年,RTS1 台与 2 台制作电视节目的总时长为 23585 小时。[3] 瑞士法语广播与电视协会(RTSR,Radio Télévision Suisse Romande)是由法语区的 7 个州共 3 家法语广播台和电视台组成,目的是联手创建一个适合发展的环境,共同对未来的健康发展进行决策。

三、报道特点

卫星数字电视迅猛发展所带来的竞争力冲击,加上邻国电视台的电视信号覆盖全境,是瑞士法语电视台面临的挑战之一。不过,瑞士法语电视台依然处于领先地位。该台《地缘政治》栏目制作人兼主持人,著名评论员泽维尔·柯林自信地表示:"我们的节目大众化,年轻人和老年人都爱看。因此,我们提出找回青少年,把青少年从网络上找回来!"[4]该台深谙报道要贴近民众的道理,影视剧内容的播放时长占节目总时长的 29%之多,其次才是占比 28%的新闻时事内容。[5]

广播电台在节目配比上也是十分"接地气"。音乐类节目占据 59%的总播出时长,其次是占比 13%的文化教育类,以及 12%的新闻时事类。[6]

此外,公司也十分重视当代最具影响力的传播媒介——互联网的作用,不遗余力地加强网络平台的建立与应用。除了在各大主流社交网站中开设主页进行宣传,还通过使用互联网将广播、电视信息搭载到手机网页及

---

① RTS:《现在时刻》(Temps Présent),2015 年 10 月 15 日,http://www.rts.ch/play/tv/temps-present/video/avec-les-exiles-de-lhorreur-europe-et-migrants-aux-sources-du-chaos? id=7172399,检索时间:2015 年 11 月 12 日。

② 让·迪米尔新闻奖(Prix Jean Dumur)以瑞士优秀记者让·迪米尔命名,旨在奖励勇敢的新闻从业人员,是瑞士新闻界的重要奖项。

③ 瑞士广播电视集团:《瑞士法语广播电视台》,http://www.srgssr.ch/fr/television/radio-television-suisse/,检索时间:2015 年 10 月 19 日。

④ 李选清:《"袖珍国"记者的立身之本——随中国新闻代表团访问瑞士的见闻与思考》,《军事记者》2013 年第 9 期。

⑤ issuu.com:《瑞士法语广播电视台 2013-2014 主要数据》(Informations Clés 2013-2014),http://issuu.com/radiotelevisionsuisse/docs/doc_informations_cles_2014_web/25? e=6605568/10374568,检索时间:2015 年 10 月 19 日。

⑥ issuu.com:《瑞士法语广播电视台 2013-2014 主要数据》(InformationsClés 2013-2014),http://issuu.com/radiotelevisionsuisse/docs/doc_informations_cles_2014_web/25? e=6605568/10374568,检索时间:2015 年 10 月 19 日。

程序中，RTS因此大大增强了自身竞争力，保住了市场份额的主导地位。

不过，开发者在进行网络开发的过程中遇到了比较棘手的问题。65000小时的视频和播音节目需要存储为电子档案，而庞大的存储空间所需要的技术和资金问题成为公司面临的一大挑战。通过采取包括调整档案格式大小以及积极寻找赞助商等应对措施，公司正努力化解这一问题。

四、涉华报道

RTS广播节目由于无法对涉华内容进行查找，在此不做对华报道的数量统计。中国香港出台对大陆游客的购买奶粉限购令之后，电台立即采访了北京营养师俱乐部，并提出诸多关于中外奶粉差异的针对性问题，这对瑞士制造商来说算得上是含金量极高的市场调查和顾客心理调查。[①]

RTS电视台每周都有新闻节目报道与中国有关的内容，根据其在线电视节目存档统计，2015年8月两个电视频道共出现18次涉华新闻报道；9月有7次涉华新闻报道；10月共8次涉华新闻报道。其播报内容主要涉及社会新闻，如8月天津爆炸事故（11次）、“农民达·芬奇”（3集）、台湾台风等；经济新闻，如人民币贬值（2次）、瑞士对华出口量下降、粮食产量等；以及国家大事件，如9月3日反法西斯纪念活动（2次）、11月新加坡“习马会”等，每次报道均以简短的粗略介绍为主，时长通常在两分钟左右。

总的来说，电视台报道方式多为对事件的平铺直叙，但受西方价值观念影响，该台有时有对中国进行批评指责和涉华不实报道。在2015年10月27日的《晚间新闻》（19*h*30）中，节目大肆炒作中国拘捕所谓的“维权律师”案，通过直接采访和电话连线某些“维权律师”及反华非政府组织大赦国际有关人员，妄称中国继续打压“维权律师”，认为“中国律师和记者常常成为权利的牺牲品”[②]，与中国推进依法治国的精神不符，敦促中国政府尽快释放所谓的“维权律师”。此外，该节目还通过采访相关涉案人员，借涉嫌编造并制造传播证券、期货虚假消息的《财经》记者王晓路案诬称中国政府限制记者权利及言论自由。总体来看，该台涉华负面报道性质较为恶劣。

瑞士意大利语广播电视公司 Radiotelevisione Svizzera

瑞士意大利语广播电视公司（Radiotelevisione Svizzera，简称RSI）主要为意大利语区居民提供广播电视服务。作为一家公共服务性质的非盈利企业，瑞士意大利语广播电视公司成立于1931年，总部位于瑞士首都伯尔尼，是瑞士广播电视集团（SRG SSR）[③]的子公司，现已成为瑞士传播业的支柱。

一、历史沿革

瑞士意大利语广播电视公司是瑞士意大利语广播公司和瑞士意大利语电视台的合体。

首先在瑞士发展起来的，是1925年创立的瑞士意大利语广播公司，当时名为“蒙特切内里广播电台”（Radio Monte Ceneri），因为位于提契诺州的蒙特切内里正是当时电台发射机所在地。几年的试播之后，电台于1933年正式成立，定名为“瑞士广播公司”（Società svizzera di Radiodiffusione），在提契诺州和格劳宾登州定期播出，旨在促进瑞士联邦凝聚力的同时将意大利文化在瑞士广泛传播。

---

① 李选清：《“袖珍国”记者的立身之本——随中国新闻代表团访问瑞士的见闻与思考》，《军事记者》2013年第9期。

② RTS：《晚间新闻》（19h30）2015年10月27日，2015年10月27日，http://www.rts.ch/play/tv/19h30/video/en－chine－la－repression－persiste－a－legard－de－certaines－categories－de－population－jugees－trop－indociles? id=7205228，检索时间：2015年11月12日。

③ 因瑞士为多语区，该公司官方全称包括四种语言：Schweizer Radio und Fernsehen（德语）；Radio télévision suisse（法语）；Radiotelevisione svizzera（意大利语）；Radiotelevisiun Svizra Rumantscha（罗曼什语）。

20 世纪三四十年代是个动荡的年代，瑞士正处于南北两个独裁政权之间。当时，大多数邻国的媒体都受到法西斯的压制，墨索里尼甚至要求瑞士意大利语区倒向意大利法西斯政权。幸运的是，瑞士广播公司受到瑞士政府保护，政府将广播定义为国家“精神防线”的一项工具，最终使得瑞士广播公司可以免于审查，因此也成为意大利民众及知识分子在瑞士发声的唯一可靠平台。例如，意大利著名学术大师贝内代托·克罗切(Benedetto Croce)和诗人德利奥·泰沙(Delio Tessa)都曾通过该电台发表过反法西斯言论。1989 年时，瑞士意大利语广播公司推出两个新的专题广播电台，一是文化类频道广播二台(Rete Due)，一是更加年轻化的广播三台(Rete Tre)。

而瑞士电视台首播于 1958 年 11 月 18 日，当时节目并非使用意大利语，而是以后期添加意大利语字幕的形式播出。在苏黎世和日内瓦试播几年之后，瑞士意大利语电视台(Televisione svizzera di lingua italiana，简称 TSI)于 1961 年正式成立，台址位于提契诺州的帕拉迪索。1968 年，该台开始播出彩色电视节目。

20 世纪 70 年代，意大利的电视业被意大利广播电视公司(Radiotelevisione italiana S.p.A.)垄断，多数居民只能收看该公司播出的节目。但由于意大利米兰市能收到瑞士意大利语电视台的信号，因此生活在伦巴第(米兰所属大区)和皮埃蒙特(意大利西北部大区)地区的电视观众在意大利语电视频道中有了新选择。当时，意大利电视台很多举足轻重的人物都曾与瑞士意大利语电视台合作过，其中包括意大利首家商业电视台“比耶拉电视台(Telebiella)”的创始人佩波·萨基(Peppo Sacchi)。

1997 年，电视频道二台 TSI 2 开播，首个电视频道也因此而更名为电视一台 TSI 1。2006 年 7 月 24 日，提契诺州成为瑞士第一个能够收到数字地面信号的地区，从此在全国范围内逐渐展开数字电视业务。

2012 年 2 月 29 日起，TSI 所有电视频道改为高清信号播出。2009 年 2 月 28 日，瑞士意大利语广播电视公司将名称简称正式改为 RSI，从此开始以 RSI 作为公司的标识。

二、发展现状

RSI 现任总裁是毛里齐奥·卡内塔(Maurizio Canetta)，于 2014 年 6 月上任。截至 2013 年 12 月底，RSI 共有员工 111291 人，其中兼职员工或特约合作伙伴 1235 人。[①] 2014 年，RSI 官方网站数据显示，该台在瑞士意大利语区和阿尔卑斯山以北地区拥有目标受众约 60 万人。[②] 该台的标语是“Da sempre, parte del tuo mondo”(直译为：我永远在你的世界)，凸显与观众之间的紧密关系。

图 34 瑞士意大利语广播电视公司总部

2010 年，RSI 进行重组以促进广播、电视和多媒体的整合，提供文化、娱乐、体育和新闻资讯四个方面的播报。重组后的公司下设新闻部、文化部、体育部、娱乐部、通讯部、财务与行政部、运营部、人力资源部和图像编辑部九个部门，全部归公司统一管理。

目前，RSI 在多种媒体平台提供公共服务，包括两个电视频道(LA 1 和 LA 2)、三个广播频道(Rete Uno、

① RSI 官方网站：《RSI 事实与数据》(Fatti e cifre RSI)，2014 年 12 月 23 日，http://www.rsi.ch/incoming/Fatti－e－cifre－2013－2014－160772.html/binary/Fatti%20e%20cifre%202013－2014，检索时间：2015 年 8 月 7 日。

② RSI 官方网站：《国家性服务机构》(Un'azienda al servizio del Paese)，2014 年 4 月 18 日，http://www.rsi.ch/la－rsi/Unazienda－al－servizio－del－Paese－71921.html，检索时间：2015 年 8 月 7 日。

Rete Due 和 Rete Tre)、一个多媒体平台(网站 rsi.ch,包括图文、移动服务、播客、视频等),以及瑞士卫星广播(瑞士爵士乐、瑞士流行乐、瑞士古典乐)和 RSI+(直播用新媒体)。其中,最有影响力的是广播和电视服务。

RSI 的广播部为使用意大利语的瑞士听众提供意大利语广播节目,录音室位于卢加诺贝索。旗下主要广播频道包括——

广播一台(Rete Uno):广播一台定位为综合资讯,内容覆盖时事、体育、生活、娱乐、健康、教育、饮食等。由于该频道节目也在网站播出,2008 年听众超过了 1 亿 3000 万,为 2007 年的四倍。其年报显示,2014 年该频道市场占有率为 45.6%。① 每周五晚 6 点半播出的《意大利语格劳宾登之声》(*Voci del Grigioni italiano*)作为该频道的主打栏目之一,诞生于 1939 年,是世界上最长寿的新闻周刊类节目,被载入吉尼斯世界纪录。②

广播二台(Rete Due):广播二台开播于 1985 年,以文化类节目为主。节目常邀请一些艺术家来谈论各国的经典文化,包括戏剧、油画、钢琴、古典乐以及各种艺术流派等。该频道也可以通过网络收听。广播二台拥有高水平制作班底,参与节目制作编辑的专业人士都具有深厚艺术背景。2014 年该频道市场占有率为 5.1%。

广播三台(Rete Tre):广播三台也是一个综合性频道,但更加关注青年听众。除了时事新闻外,也兼具很多文化、音乐类节目。值得一提的是周一到周五下午 5 点至 6 点播出的音乐节目《猴面包树》(*Baobab*),这是一档较为成功的音乐栏目,也是一个卓越的音乐主题平台。此外,该频道还注重对瑞士各种音乐节、活动的转播,如蒙特勒爵士音乐节(Montreux Jazz Festival)、夏季爵士音乐节(Estival Jazz)等。在频道官方网站上,有音乐和视频发布平台,也有专门的讨论区供人们进行交流。2008 年,RSI 广播三台获得了"年度瑞士广播电台"的称号。2014 年市场占有率为 17.9%。

RSI 的电视部为使用意大利语的瑞士观众提供意大利语电视节目。演播室位于科马诺,共有两个频道:LA1 和 LA2。其中,LA1 为综合资讯频道,2014 年市场占有率为 32.6%;LA2 主要提供体育、音乐、少儿资讯,2006 年市场占有率为 8.2%。

三、报道特点

根据 RSI 官方发布的"服务宗旨",其运营重点及发展目标主要涵盖以下几个方面:提供公共服务,以告知、娱乐和教育公众为目的,将其他语言的信息如实提供给意大利语受众;使民众了解更多信息,增强人民凝聚力,加强国内各地区之间、不同社会文化群体间的交流,以及促进外国人与本地间的交流,帮助瑞士发展国家文化,增强文化价值,并促进意大利语和意大利文化在全国各地的发展;鼓励人民自由发表公众意见。③

RSI 的运行具有明晰的准则,包括:RSI 的工作高度透明,以事实为依据,接受不同意见的发声;RSI 敢于表达观点,对于持有意见者是宽容开放的,并接受内部和外界的监督检查;RSI 致力于将方案(或节目)的关注点融合国内所有多数族裔和少数族裔不同的语言与文化;RSI 对待社会与经济中新技术的态度是开放的;RSI 围绕市场发展,结合公众的需求和期望,向他们提供合适的节目;对于新闻媒体界合作伙伴,RSI 平等待人,尊重个人权利及隐私;为企业雇员提供现代化的工作条件,并要求其对公共服务事业具有热情和忠心。

RSI 注重多媒体的发展,为听众和观众提供了一个广泛的多媒体平台,并不断优化发展。通过登录官方网站 www.rsi.ch,受众可以随时浏览电视电台节目以及其他网站专供信息,同时还可以通过播客(rsi.ch/podcast)在电脑和智能手机上免费下载大多数节目内容,苹果移动产品的终端用户也可通过 RSI 的应用程序查看栏目信息并参与平台互动。

---

① RSI 官方网站:《RSI 事实与数据》(Fatti e cifre RSI),2014 年 12 月 23 日,http://www.rsi.ch/incoming/Fatti－e－cifre－2013－2014－160772.html/binary/Fatti%20e%20cifre%202013－2014,检索时间:2015 年 8 月 7 日。

② Swissinfo:《70 年的意语格劳宾登之声》,2010 年 4 月 1 日,http://www.swissinfo.ch/chi/70%E5%B9%B4%E7%9A%84%E6%84%8F%E8%AF%AD%E6%A0%BC%E5%8A%B3%E5%AE%BE%E7%99%BB%E4%B9%8B%E5%A3%B0/8573122,检索时间:2015 年 8 月 18 日。

③ RSI 官方网站:《指导方针》(Linee guida),2014 年 5 月 6 日,http://www.rsi.ch/la－rsi/chi－siamo/Linee－guida－591778.html,检索时间:2015 年 8 月 7 日。

此外,RSI还提供图文电视广播业务,不仅在电视和电脑上可以看到图文信息,RSI通过和瑞士运营商swisscom、orange和sunrise三家公司合作,现在通过手机终端也可以看到以短信息形式发送的图文信息。随着智能电视在欧洲乃至全球的迅速发展,RSI也紧紧跟随潮流,运用先进的HbbTV(Hybrid Broadcast/Broadband TV)技术,将互联网与电视相结合,使观众在电视上也可以阅读或观看来自网络的新闻文本或图像等,这可以说是网络新闻的媒体延伸。

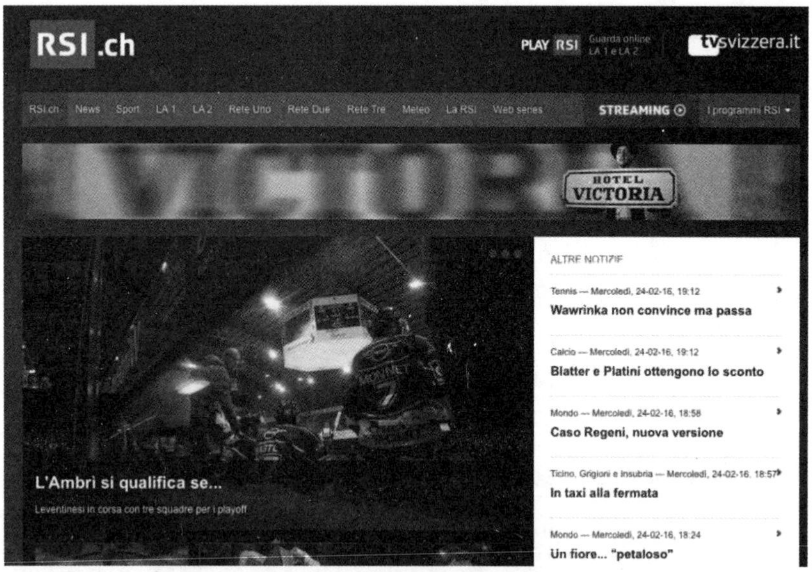

图35 瑞士意大利语广播电视公司网站首页

图片引自RSI网站:http://www.rsi.ch,检索时间:2016年2月22日。

这些多媒体服务主要针对瑞士居民,尤其是喜爱新鲜事物的青年群体。据官方调查统计,多媒体平台访客的平均年龄为37岁,远低于公共媒体观众的平均年龄。除瑞士本地居民外,也有来自世界各地的访客登录RSI的多媒体平台获取信息。2013年,RSI官方网站的国外浏览人次达到250777,比上年增长14%,播客上的节目下载量达到350万次。这些好成绩更加激励了RSI发展多媒体服务的信心。

四、涉华报道

根据在RSI网站上搜索"中国(Cina)"与"中国人(Cinesi)"进行结果统计,2015年1月初至4月底期间,RSI共有涉华报道近30篇。就数量上来说,该媒体对中国的关注程度并不算高。关注话题包括环境污染、外滩踩踏、两会议题(经济增长和军费开支等)、瑞士代表团访华等。在2014年的涉华报道中,影响力较大的话题有海南台风、云南地震、马航失联、两会决议、中美意见分歧、中日APEC会议态度、中日领土争端等;而2013年的涉华报道则偏向社会话题,包括劳改废除、生育政策放松、云南地震期间政府组织救援人员和志愿者救助等。

就关注点来看,该媒体的涉华报道主题较为宽泛,政治、经济、环境、社会几方面内容都有涉及。其中,中国的政治与外交事件最受RSI重视,而中国与瑞士因国情不同而产生的社会现状也颇受关注,如人多而引起的"外滩踩踏"事件、台风地震等自然灾害等。整体来说,RSI倾向于就事件本身进行介绍,报道语气多为中立。RSI的自采报道占比最大,并且在网站文章中常附有该新闻的视频、音频报道,读者因而可以更直观地感受事件本身。其他报道来源占比较小,多为欧洲的通讯社,如瑞士通讯社、法国新闻社、罗马通讯社等。

丹 麦

《贝林时报》*Berlingske*

BERLINGSKE

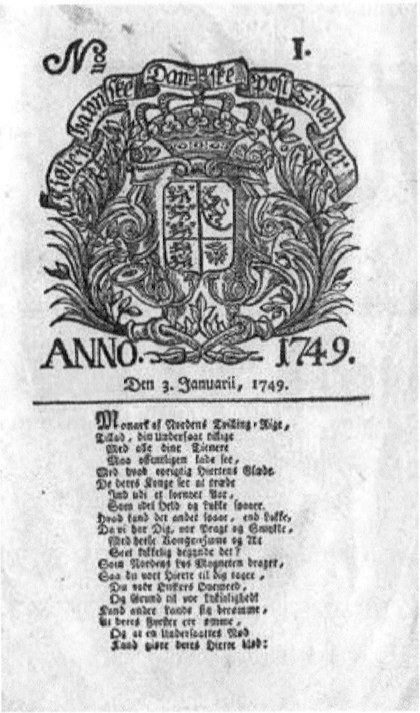

图 1 第一期《哥本哈根丹麦邮递新闻》

《贝林时报》(*Berlingske*)是一份丹麦语日报，面向全丹麦发行。该报是丹麦目前仍在发行的最古老的报纸，在世界范围内也是历史悠久的报纸之一，在业内久负盛名。

一、历史沿革

《贝林时报》于 1749 年 1 月 3 日发行第一期，由丹麦皇家出版商厄恩斯特·亨里希·贝林(Ernst Henrich Berling)创办。创刊时，报纸命名为《哥本哈根丹麦邮递新闻》(*Berlingskes Politiske og Avertissements Tidende*)。该报一直受到本国保守党派的支持，1903 年之前，一直长期享有刊发政府相关新闻的授权。1936 年，报纸重新命名为《贝林时报》(*Berlingske Tidende*)。到 1957 年时，《贝林时报》的发行量达到了平均日发售 157932 份。①

创办之后多年，该报一直由贝林家族持有。20 世纪 70 年代，《贝林时报》遭遇危机，报纸发行量下降。随着能源和纸张价格的上涨，油费和运输费的大幅增加，该报出现了严重亏损。为了压缩开支，报社降薪裁员，报社员工发起了大规模罢工，引发劳资双方冲突。1977 年 2 月，资方宣布停产，报纸出刊中断近五个月。直到 1982 年，包括丹麦银行(Danske Bank)、马士基集团(A. P. Møller Mærsk)等组成的企业联合出资整体收购了贝林集团，结束了贝林家族两百多年的经营。此次收购将在罢工潮中挣扎的贝林集团拯救出来，同时也给长期发行受挫、广告萎靡的《贝林时报》带来了新的生机。②

图 2 更名后的《贝林时报》

2000 年，挪威奥卡拉工业集团(Norwegian Orkla)收购了贝林出版公司(Det Berlingske Officin)，后者加入了母公司旗下的跨国企业奥卡拉传媒集团(Orkla Media)。2006 年，母公司

① Britt-Mari Persson Blegvad: Newspapers and Rock and Roll Riots in Copenhagen, Acta Sociologica 1964, 7(3).

② Bent Jensen: The Unemployed in the Danish Newspaper Debate from the 1840s to the 1990s, University Press of Southern Denmark, 2008.

进行业务重组，奥卡拉传媒集团出售给英国一家专营报业出版的媒介集团——梅柯姆集团(Mecom Group)。

《贝林时报》是丹麦三大严肃报纸之一，另外两家为《日德兰邮报》(*Morgenavisen Jyllands-Posten*)和《政治报》(*Politiken*)。三家报纸都以宽幅版面印刷，内容严肃、设计庄重，是丹麦颇有影响力的大报。从2006年8月28日起，《贝林时报》改为紧凑版式发行，在版面呈现上，脱离了严肃大报的传统形象。

2011年1月，《贝林时报》展开新一轮的改革，首先便是将沿用了75年的报名进一步简化为《贝林》(*Berlingske*)，同时对报纸的网站和电子版都进行了大规模的重新设计，以更加符合新时代读者的喜好。①

二、发展现状

多年以来，《贝林时报》长期位居丹麦报纸发行量之首。2002年，《贝林时报》的发行量为14.9万份，是丹麦第二畅销的报纸。之后几年，该报的发行量一直呈缓慢下降趋势。到2010年时，《贝林时报》的发行量为101121份，2011年跌破10万，降到了96897份。

为了应对传统报纸出版的下降，《贝林时报》积极发展新媒体，连续推出了报纸网站和数字版报纸。

图3 《贝林时报》网站首页

图片引自《贝林时报》网站：http://www.b.dk，检索时间：2015年3月22日。

创办以来，《贝林时报》的摄影作品曾四次获得世界新闻摄影最高奖项“荷赛奖”，是获得该奖项次数最多的报纸媒体之一。1961年，该报获得美国密苏里新闻学院授予的“荣誉奖章”。2009年，《贝林时报》获得丹麦最高新闻奖项——查夫林奖(Cavling Prize)，这项大奖由丹麦记者协会评选颁发，褒奖记者或团队在新闻报道专业领域的突出贡献。2012年，《贝林时报》获得了由欧洲报业协会(European Newspapers Congress)评选的“年度最佳报纸”全国性类别的大奖。

三、报道特点

《贝林时报》的观点偏向保守，没有明确的政治倾向。

该报强调严肃新闻写作，图文并茂，并在丹麦报纸中首创文艺版。此外，报纸的新闻图片出色，屡屡获得荷赛奖等国际新闻摄影奖项的肯定。

同时，《贝林时报》对国际报道和国内报道并重，在伦敦、巴黎、波恩、华盛顿、莫斯科等地派有常驻记者，国际新闻占该报全部篇幅的10%。②

四、涉华报道

在北欧国家中，丹麦是唯一一个与中国建立全面战略伙伴关系的国家。相对来说，《贝林时报》对华态度较为友好，积极肯定中国的经济发展和在国际关系当中发挥的作用。此外，报纸在中国长期派驻记者，广泛报道发生在中国的突发事件，高频报道中国的经济发展、社会改革等议题。

---

① The Media in Europe The Euromedia Handbook: The Euromedia Research Group, 2004.

② The Media in Europe The Euromedia Handbook: The Euromedia Research Group, 2004.

BERLINGSKE

Tegningerne: Fra JP til Charlie Hebdo
Berlingske fra Paris: Frankrig i chok
Portræt: Satireblad i frontlinjen

CHARLIE HEBDO

Demokrati og ytringsfrihed må og skal ikke kues. Der er dog ingen tvivl om, at det for mange efter gårsdagens feje terrorangreb vil være en nærliggende konklusion at holde lav profil, at dække sig, undgå at provokere stærke følelser. Men vi skal ikke dukke os, for så kommer vi til at give efter for en uacceptabel trusselskultur.

BERLINGSKE

Verdensordenen under pres

Skibsrederen der var nede at vende

70'er bilen i høj kurs

Landmand på bankens nåde

Rumteknologi gør hverdagen nemmere

Danskerne er åbne overfor flere flygtninge

Der er sket et holdningsskred i den danske befolkning. Det viser en ny Gallup-måling. Efter at flygtningestrømmen for alvor nåede Danmark i denne uge, er et flertal af danskerne klar til at tage imod flere flygtninge.

Tænk nyt når du tænker FRITIDSHUS

图 4　2015 年 1 月 10 日和 9 月 13 日《贝林时报》头版

Det dansk-kinesiske forhold bør styrkes

Slangens År. Danmark burde profilere sig mere i Kina, så kinesiske virksomheder kan lære mere om danske forhold, dansk kultur og danske erhvervsforhold, skriver Kinas ambassadør i Danmark.

KOMMENTAR

图 5　2013 年 2 月 10 日，李瑞宇大使在《贝林时报》发表署名文章

2013 年 2 月 10 日，驻丹麦大使李瑞宇在《贝林时报》发表题为《共同构建成熟稳定的中丹关系》的署名文章。① 文章分析了中国丹麦两国友好关系对于双方的良好作用，同时分析了中丹应从哪些方面进一步推进双边关系发展。2014 年 1 月，驻丹麦大使刘碧伟接受《贝林时报》专访，就中丹关系、中国发展道路等问题回答提问。刘大使在采访中指出，中丹经济社会发展互补性强，合作空间广阔。他还主动阐述了中方在日本首相安倍晋三参拜靖国神社问题上的严正立场，希望有更多的丹麦人和中方一道发出正义之声，敦促日本正视历史，改正有关错误言行。②

在《贝林时报》官方网站检索“Kina”(中国)，截至 2015 年 9 月共有 29880 篇相关报道。经济方面，《贝林时报》尤其关注中国的创新能力。例如，2014 年 7 月 23 日，该报发表题为《中国只会山寨吗?》的头条报道，文章总体态度正面，并认为中国的山寨虽然名声在外，靠着代工、贴牌发展经济，但现在中国在寻找新的经济增长点，发展创新。③ 当月，《贝林时报》记者采访了中国发明协会鹿大汉秘书长，鹿秘书长综合介绍了中国的文化、教育、创新意识等，说明中国的发明创新正在兴起，对国家的经济建设发挥着越来越大的推进作用，对中国发明创新的发展前景充满了信心。④

2015 年 9 月，《贝林时报》发表了多篇报道分析中国股市形势，态度客观中立。在文化、体育方面的涉华报道中，《贝林时报》以提供信息为主要内容，介绍展览、作品，报道体育赛事活动等，态度较为中立客观。

《基督教日报》*Kristeligt Dagblad*

Kristeligt Dagblad

《基督教日报》(*Kristeligt Dagblad*)是丹麦唯一一份以宗教信仰为主题的报纸，总部位于丹麦首都哥本哈根，每周一到周六出版。

---

① 中华人民共和国驻丹麦王国大使馆官方网站：《驻丹麦大使李瑞宇在〈贝林时报〉发表署名文章》，2013 年 2 月 11 日，http://www.fmprc.gov.cn/ce/cedk/chn/zjsg/sgxw/t1013217.htm，检索时间：2015 年 9 月 16 日。

② 中华人民共和国驻丹麦王国大使馆官方网站：《驻丹麦大使刘碧伟接受丹麦〈贝林时报〉专访》，2014 年 1 月 9 日，http://www.fmprc.gov.cn/ce/cedk/chn/zjsg/sgxw/t1116082.htm，检索时间：2015 年 9 月 16 日。

③ 〔丹〕乐思：《中国只会山寨吗?》，《贝林时报》2014 年 7 月 23 日(A1)。

④ 鹿秘书长接受丹麦《贝林时报》记者采访，检索自中国发明协会官方网站：http://www.cainet.org.cn/html/121.html，检索时间：2015 年 9 月 16 日。

一、历史沿革

《基督教日报》是一份丹麦语日报,1896 年首次发行。创办初期,《基督教日报》作为福音派报纸,不涉及政治,只刊登宗教、道德和文化方面的文章。《基督教日报》反对激进主义和无神主义,1909 年,该报发表了一篇反对进化论的文章,强烈抨击达尔文的观点。1914 年,《基督教日报》扩大了其选题范围;1935 年,该报不再拘泥于宗教选题,开始关注时政和新闻,报道以提供信息为主,没有明确的政治倾向;1950 年,《基督教日报》增加了国际新闻和体育新闻的篇幅。

图 6 《基督教日报》网站首页

图片引自《基督教日报》网站:http://www.kristeligt-dagblad.dk,检索时间:2015 年 11 月 9 日。

二、发展现状

20 世纪 90 年代初,因经营问题,《基督教日报》负债百万,几近破产;1995 年,该报出让 22%的股权重新融资,财务危机得以缓解。

2004 年,《基督教日报》的发行量为 25000 份。① 近年来,发行量略有提高,2013 年的发行量达到 26000 份。②

《基督教日报》注重新媒体发展,官方网站内容丰富,既有纸质版的在线阅读,也有网站自采内容,随时发布最新消息,以图片新闻和长篇报道见长。网站设计以白、蓝、黑三色为主,简洁直观。

三、报道特点

《基督教日报》的办报理念是"以基督教精神书写每日新闻"(publish a daily newspaper managed and written in a Christian spirit)③,该报政治独立,宗教色彩浓厚。

《基督教日报》的内容分为新闻、生命与灵魂、家庭、伦理、教会与信仰、辩论、文化七个板块。该报擅长讨论道德伦理等问题,关注社会,生活气息浓厚。例如,2015 年 11 月 9 日,《基督教日报》在"生命与灵魂"版刊登的文章选题是电台节目主持人、两性关系和城市生活(见图 7)。

四、涉华报道

《基督教日报》较为关注中国议题,在北京派驻有记者。

截至 2015 年 11 月 9 日,在《基督教日报》官方网站检索"Kina"(中国,丹麦语),共有 21700 篇相关报道,其中仅 11 月当月就有 18 篇,涉及的议题有:经济形势分析、两岸关系、对非援助、社会生活和体育赛事等。

11 月 4 日,《基督教日报》报道了中国对非洲的经济援助,文章认为,中国的援助是基于自身经济发展和外交需求的手段。③

---

①③ BBC 网站:The press in Denmark,http://news.bbc.co.uk/2/hi/europe/4059213.stm,检索时间:2015 年 11 月 9 日。

② Kristeligt Dagblad:http://www.denstoredanske.dk/Samfund,_jura_og_politik/Massemedier/Medier_og_dagblade,_Danmark/Kristeligt_Dagblad? highlight=Kristeligt%20Dagblad,检索时间:2015 年 11 月 9 日。

③ 《基督教日报》网站:Kinas bistand til Afrika ligner på en prik Vestens, 2015 年 11 月 4 日, http://www.kristeligt-dagblad.dk/udland/kinas-bistand-til-afrika-ligner-paa-en-prik-vestens,检索时间:2015 年 11 月 9 日。

liv & sjæl

Flemming Rose: Det giver mit liv mening at stå på mål for friheden

DANIEL ØHRSTRØM, 26. september 2015

interview

Redaktør Flemming Rose forlader Morgenavisen Jyllands-Posten for at bruge sin tid fuldt ud på debatten om ytringsfrihed. Læs eller genlæs interviewet med Rose om livet som hadet mand LÆS MERE

Ti år efter Muhammed-tegningerne: Hvordan mærker Danmark krisen i dag?

Mange nye flygtninge og indvandrere vil forstærke muslimers krav om særbehandling

Publicist-prisen til Flemming Rose

Flemming Rose stopper på Jyllands-Posten: Tiden er kommet til at skifte spor

Flemming Rose leverer igen et vigtigt forsvar for friheden

Byen er et bombardement af menneskets sanser

Menneskets hjerne har svært ved at følge med urbaniseringen, og det kan føre til stress og sygdom...

Mænd vil gerne have en klog kvinde – lige indtil de møder en

Det er på tide at gøre op med gamle kønsroller om den kloge mand, der vælger den dumme blondine,...

Radiovært: Udsigten til en friweekend er en af de smukkeste det gode liv

For Søren Dahl, 57 år og vært for "Café Hack" på DR P4, er weekender med familien uden planer noget...

图 7 2015 年 11 月 9 日《基督教日报》“生命与灵魂”版块

Kinas bistand til Afrika ligner på en prik Vestens

Del på Facebook | Del på Twitter | Tilmeld nyhedsbrev

KARITTE LIND BEJER

4. november 2015 00:00

Den nye jernbanestation i Addis Ababa i Etiopien er financieret med støtte fra Kina. Foto: Mulugeta Ayene/AFP

Afrika har fået over 200 milliarder kroner af Kina i udviklingsbistand. Bistand, der uden grund bliver tillagt skjulte motiver, viser forskning

Facebook | Twitter | Print | Send

Europæiske og amerikanske politikere og intellektuelle har skabt og cementeret en fortælling om Kinas økonomiske engagement i Afrika, der lyder nogenlunde sådan her:

Kinas udviklingsbistand er primært drevet af et ønske om at få adgang til råstoffer. Derfor yder man også gerne officiel udviklingsbistand til afrikanske lande med bundkorrupte, autoritære regimer, når det kinesiske styre har interesse i at stå på god fod med dem.

图 8 2015 年 11 月 4 日《基督教日报》关于“中国对非援助”的文章

11 月 7 日，《基督教日报》报道了习近平和马英九的新加坡会面，对两岸关系持积极态度。①

11 月 8 日，《基督教日报》发文分析中国十月份的经济形势，认为中国经济疲软，处于 2009 年以来最低水平。②

OVERBLIK: Optøning mellem Kina og Taiwan fortsætter

Del på Facebook | Del på Twitter | Tilmeld nyhedsbrev

RITZAU

7. november 2015 05:56

Singapore er lørdag været vært for historisk møde mellem præsidenterne for Kina og Taiwan.

Facebook | Twitter | Print | Send

Lørdagens møde mellem Kinas præsident, Xi Jinping, og Taiwans præsident, Ma Ying-jeou, er det første mellem de politiske ledere fra de to lande i næsten 70 år.

Samtalerne finder sted i Singapore.

Sigtet med mødet er at forbedre forholdet mellem de to lande.

Ifølge flere internationale medier er der på forhånd ingen forventninger om, at der på mødet vil blive indgået aftaler, eller at de to præsidenter bagefter vil udsende en fælleserklæring.

Her et kort overblik over den lange konflikt mellem Kina og Taiwan.

KØB EN GAVE LAVET AF KUNSTNERE I MALI AFRIKASHOP.DK

* Nationalisterne tabte i 1949 borgerkrigen til kommunisterne, hvorefter nationalisterne flygtede til øen Taiwan og oprettede deres eget styre.

* Både styret i Taipei i Taiwan og styret i Beijing i Kina har regnet sig for den retmæssige leder af det store land.

* Det store kommunistiske Kina har regnet Taiwan for en provins, der vil rive sig løs. Regeringen i Beijing har truet med at invadere Taiwan, hvis øen skulle erklære sig selvstændig.

图 9 2015 年 11 月 7 日《基督教日报》对“习马会”发表文章

Kinas økonomi tager endnu et dybt stød

Del på Facebook | Del på Twitter | Tilmeld nyhedsbrev

RITZAU

8. november 2015 05:16

Eksporten i verdens næststørste økonomi fortsætter ned. Faldet i oktober var større end forventet.

Facebook | Twitter | Print | Send

Indtrykket af en svag økonomisk vækst i Kina forstærkes af de seneste handelstal.

I oktober faldt eksporten for fjerde måned i træk.

Det viser en opgørelse fra de kinesiske toldmyndigheder søndag.

Nedgangen i eksporten på 3,6 procent i forhold til oktober sidste år var større end ventet.

Et panel af økonomer havde ifølge Bloomberg News forudset et fald på 3,2 procent. Tallene er baseret på værdien af eksporten målt i den lokale valuta.

KØB EN GAVE LAVET AF KUNSTNERE I MALI AFRIKASHOP.DK

Mens det således fortsat kniber for eksportvirksomhederne, ser det endnu værre ud for den indenlandske efterspørgsel.

Importen var i oktober 16 procent lavere end året før. Det er 12. måned i træk, at importen er lavere på årsbasis.

- Importen vil muligvis begynde at stige, når rentelempelser begynder at

图 10 2015 年 11 月 8 日《基督教日报》关于中国经济的文章

① 《基督教日报》网站：OVERBLIK：Optøning mellem Kina og Taiwan fortsætter，2015 年 11 月 7 日，http://www.kristeligt-dagblad.dk/udland/overblik-optoening-mellem-kina-og-taiwan-fortsaetter，检索时间：2015 年 11 月 9 日。

② 《基督教日报》网站：Kinas økonomi tager endnu et dybt stød，2015 年 11 月 8 日，http://www.kristeligt-dagblad.dk/udland/kinas-oekonomi-tager-endnu-et-dybt-stoed，检索时间：2015 年 11 月 9 日。

《日德兰西岸》*Jydske Vestkysten*

JydskeVestkysten

《日德兰西岸》(*Jydske Vestkysten*)是丹麦最大的地方性报纸,在日德兰半岛西南部具有很大的影响力,是丹麦发行量较大的报纸之一。

一、历史沿革

《日德兰西岸》是丹麦埃斯堡(Esbjer,日德兰半岛西南部城市)的一份地方性报纸。该报于 1991 年 1 月 15 日首次发行,由创建于 1917 年的《西海岸》(*Vestkysten*)和《日德兰半岛期刊》(*Jydske Tidende*)合并而来。1993 年,《日德兰西岸》兼并了另一家当地媒体《科尔丁人民报》(*Kolding Folkeblad*),从而覆盖了日德兰半岛的整个西部和南部。

二、发展现状

2000 年,《日德兰西岸》的发行量为 9.1 万份,在丹麦报纸中位居第六,之后发行量连年下跌,2009 年发行量在 7 万份左右。①

Table 108 The 20 largest daily newspapers 2000

	Circulation[1]	
	Weekdays	Sundays
	thousands	
Daily newspapers:		
Jyllands-Posten	180	251
Berlingske Tidende	156	197
Politiken	143	185
Ekstra Bladet	134	174
B.T.	123	169
JydskeVestkysten	91	104
Nordjyske Stiftstidende	82	98
Århus Stiftstidende	71	83
Fyens Stiftstidende	66	89
Frederiksborg Amts Avis	56	•
Børsen	53	•
Næstved Tidende/Sjællands Tidende	35	•
Vejle Amts Folkeblad/Fredericia Dagblad	29	•
Aktuelt	26	•
Lolland-Falster Folketidende	25	•
Information	22	•
Fyns Amts Avis	20	•
Horsens Folkeblad	20	•
Holbæk Amts Venstreblad	20	•
Midtjyllands Avis	18	•

[1] Average circulation (papers per day) measured in the first half year of 2000.
Source: *Dansk Oplagsbulletin 2000* (Danish circulation bulletin 2000).

图 11 2000 年丹麦发行量最大的 20 份日报

图 12 《日德兰西岸》报纸及其新媒体产品

《日德兰西岸》注重新媒体的发展,提供多终端付费阅读,官方网站与出版物相辅相成,网站实时更新最新信息,新闻按地方、国内、国际归类,同时划分出商业、体育等专业版块。该报注重媒介融合,不仅有文字报道、图片报道,还发布视频新闻。其网站设计以绿色为主色调,简洁大方,用大量图片作为索引,内容丰富。

■ LÆSERBREVE

God køreplan - kundeservice trækker fra

AF: S.R. FRANDSEN , SØVANG 42, HADERSLEV, SKRIVER:
Publiceret 21. oktober 2015 kl. 22:30

0 kommentarer Facebook Twitter Print Send

图 13 《日德兰西岸》网站报道的分享页面

《日德兰西岸》注重与读者的交流互动,其网站上的每一条新闻都可以分享到社交网站。官方网站首页有主编、记者简介和联系方式,方便读者及时反馈。

---

① Eva Harrie: The Nordic Media Market 2009, University of Gothenburg, http://www.nordicom.gu.se/sites/default/files/publikationer－hela－pdf/nmt09_001－194.pdf,检索时间:2015 年 10 月 20 日。

三、报道特点

1998 年，欧洲议会评价《日德兰西岸》秉持自由主义原则，该报也宣称自己没有任何政治倾向，然而，丹麦外交部认为《日德兰西岸》偏保守；2006 年的媒体研究显示，该报为右翼报纸。

四、涉华报道

《日德兰西岸》较为关注中国报道，在中国设有驻华记者，对中国的报道态度相对中立。

通过《日德兰西岸》官方网站检索“Kina”（丹麦语“中国”），可以发现，2015 年 10 月共有 35 篇涉华报道，其中半数以上为以介绍信息为主的事实性报道，如时政新闻（中国外交官在菲律宾遭枪杀，习近平访英等）和介绍赛事赛况的体育新闻。除此以外，还有几篇深度报道文章：10 月 19 日发表的长文分析中国经济形势，就 6.9％的经济增速陈述各国经济学家的观点，态度相对中立；① 10 月 2 日发布两篇关于西藏问题的报道，2012 年曾有“藏独”分子在丹麦游行，被警方控制，文章以案件调查进展为主要内容，未对中国政治作过多评价。②

BUSINESS

Kan du stole på Kinas vækst-tal?

AF: CASPER SCHRØDER
Publiceret 19. oktober 2015 kl. 14:35

0 kommentarer　Facebook　Twitter　Print　Send

Mandagens væksttal fra Kina er helt på linje med kommunistpartiets forventninger. Mistænkeligt meget på linje, mener nogle. For godt til at være sandt, siger dansk økonom.

Da Kina mandag morgen rapporterede om en vækst på 6,9 pct. i tredje kvartal stemte det noget så nydeligt overens med kommunistpartiet og premierminister Li Keqiangs officielle målsætning om fremgang på »omkring 7 pct.«

Det skulle da nok være i stand til at mane de seneste måneders frygt for en hård landing - ja måske ligefrem et brutalt kollaps - i landets økonomi i jorden.

Men der gik ikke lang tid før følgende pippede frem på Twitter fra Danske Banks chefstrateg Frank Øland: »For godt til at være sandt?«

Også i Nordea var seniorstrateg Tine Choi hurtig ved tasterne med skepsis over for de pæne tal.

图 14　2015 年 10 月 19 日《日德兰西岸》对中国经济的报道

《日德兰邮报》*Morgenavisen Jyllands-Posten*

MORGENAVISEN
Jyllands-Posten

《日德兰邮报》（*Morgenavisen Jyllands-Posten*），通常简称为 JP，是一份丹麦语日报。该报面向丹麦全国发行，是丹麦发行量较大的日报之一。

一、历史沿革

《日德兰邮报》创办于 1871 年，总部位于日德兰半岛奥胡斯（Århus，丹麦第二大城市）。

创刊后，《日德兰邮报》发展迅速。作为政府信任的媒体，《日德兰邮报》每晚 9 点通过电报拿到政府当天要闻，生产出大量独家报道，在与同行的竞争中赢得了先机。随着内容的扩充，《日德兰邮报》的版面也不断增加。

1929 年，《日德兰邮报》在哥本哈根设立办公室，并与《泰晤士报》建立合作关系。该报自称为“丹麦国际新闻报”，关注国际新闻，早期多引用路透社、《泰晤士报》和《每日电讯报》的稿件。从 20 世纪 80 年代起，《日德兰邮报》开始逐步增加外派记者，目前在世界各地的记者超过 20 人。

---

① 《日德兰西岸》网站：Kan du stole på Kinas vækst－tal? http://www.jv.dk/artikel/2139080：Business－Kan－du－stole－paa－Kinas－vaekst－tal，检索时间：2015 年 10 月 12 日。

② 《日德兰西岸》网站：DF vil have det politiske ansvar belyst i Tibet－sagen，http://www.jv.dk/artikel/2126094：Indland－DF－vil－have－det－politiske－ansvar－belyst－i－Tibet－sagen，检索时间：2015 年 10 月 12 日；EL：Tibet－sagen kan blive en alvorlig skandale，检索自《日德兰西岸》官方网站：http://www.jv.dk/artikel/2125879：Indland－EL－Tibet－sagen－kan－blive－en－alvorlig－skandale 检索时间：2015 年 10 月 12 日。

二、发展现状

《日德兰邮报》的主要竞争对手是《贝林时报》(*Berlingske*)和《政治报》(*Politiken*)。20 世纪 90 年代,总部位于哥本哈根的《贝林时报》试图在日德兰半岛提高发行量,《日德兰邮报》推出“哥本哈根特别版”作为回击。[①]

《日德兰邮报》的官方网站 http://www.jp.dk 在 1996 年 1 月上线,该网站是丹麦第二大网络媒体,也是第一大新闻网站。2006 年 10 月,网站将其商业报道部分独立开来,网址为 http://www.epn.dk。

DANMARKS INTERNATIONALE AVIS
MORGENAVISEN
Jyllands-Posten
Onsdag den 2. marts 2016 www.jp.dk
Kr. 32,00

Datteren blev taget af Boko Haram

Esther Yakubus datter er en af de 219 piger, hvis skæbne er uvis, efter at de blev kidnappet i Nigeria for snart to år siden. Yakubu og andre samles hver dag i protest over, at pigerne ikke er fundet.

Europa arbejder på at få Tyrkiet til at tage flygtninge tilbage

Lego-chefen: »Jeg synes, det er et af de sjoveste job, man kan få.«

TIVOLI HOTEL & CONGRESS CENTER

Mit JP

C&C

图 15 《日德兰邮报》头版

三、报道特点

(一)报道立场

1938 年以前,《日德兰邮报》支持保守人民党,亲英反德,反对共产主义。从 20 世纪 20 年代到 30 年代,该报因为同情法西斯主义和理解纳粹德国的独裁而名誉扫地。1938 年以后,该报自称是“一个独立的右翼报纸”。“二战”结束后,该报开始支持经济自由主义。

(二)报道内容

《日德兰邮报》每天的固定版块为重大新闻版和商业新闻版。从 2006 年 1 月 5 日开始,每周一到周五都附有一份不同主题的“小开本”杂志,周一“体育”,周二“国际”,周三“消费”,周四“文化”,周五“旅行”,周六“探索”,周日“生活”。

图 16 《日德兰邮报》网站

图片引自《日德兰邮报》网站:http://jyllands-posten.dk,检索时间:2016 年 3 月 22 日。

(三)漫画风波

2005 年 9 月,《日德兰邮报》刊发文章《穆罕默德的面孔》,指责穆斯林“拒绝接受现代世俗社会”,与“世俗民主和言论自由格格不入”,同时配发了 12 幅以穆罕默德为主题的讽刺漫画。2006 年初,伊斯兰世界发起普遍抗议,导致利比亚、沙特阿拉伯、叙利亚撤回驻丹麦大使,一些伊斯兰国家抵制丹麦产品。该报总部收到了几次炸弹威胁。[②] 之后,《日德兰邮报》对漫画冒犯了穆斯林表示了道歉,但坚持它有权发表漫画,声称宗教激进主义无权命令丹麦的报纸发表什么内容。[③]

---

① The Media in Europe The Euromedia Handbook: The Euromedia Research Group, 2004.

② Denmark: Papers Reprint Muhammad Cartoon, New York Times, 2008 年 2 月 14 日。

③ Danish Paper Has History of Controversy, Editor & Publisher, 2006 年 9 月。

四、涉华报道

相对来说，《日德兰邮报》较为关注中国，在中国派驻有记者，也发表了大量涉华报道，尤其关注中国经济形势和外交政策。截至2015年9月，《日德兰邮报》官网共有涉华报道6000多篇。

《日德兰邮报》对中国态度友好，与中国方面外交互动频繁。2012年12月13日，该报刊登中国驻丹麦大使李瑞宇的署名文章。文章称赞了中国的建设成就，并且称“丹麦是中国在北欧唯一建立全面战略伙伴关系的国家。中国共产党十八大确定的目标任务，将为中丹关系提供更加广阔的发展前景，尤其在可持续发展等方面更为突出”。①

2015年5月11日，外交部长王毅同丹麦外交大臣马丁·利德高联合撰文，通过《日德兰邮报》面向丹麦公众发表。这篇题为《深化中丹全面战略伙伴关系，积极打造中欧合作典范》的文章，由中丹两国外长联合署名，庆祝中丹建交65周年。文章一方面总结了两国关系在过去65年中取得的成果，另一方面表述了要继续推进两国合作，不断丰富中丹全面战略伙伴关系内涵的决心。文章称，中丹两国将“力争成为不同历史背景、社会制度和发展阶段国家合作的典范，为中国与北欧关系、中欧关系乃至中西方关系发挥示范作用”。

Debat 27

KRONIK DEN 11. MAJ 2015

Kina og Danmark i 65 års samarbejde

Kina og Danmark udbygger det omfattende strategiske partnerskab og vil skabe et mønster for samarbejde mellem Europa og Kina.

图 17 《日德兰邮报》发表中丹外长联合署名文章

《商报》*Dagbladet Børsen*

BØRSEN.

《商报》(*Dagbladet Børsen*)是一份丹麦语报纸，也是丹麦颇具影响力的商业媒体。

一、历史沿革

《商报》创刊于1896年，总部位于哥本哈根。从1899年起，该报开始以商业和股票资讯为主要内容。1969年，《商报》被瑞典波尼亚传媒集团(Bonnier Group)控股。1970年，该报效法瑞典商业杂志《商业周刊》(*Veckans Affärer*)进行改版，以商业新闻为主要内容，提供大量的独家报道。通过此次改版，《商报》的发行量得以提升。

1993年3月1日起，丹麦《商报》效仿英国《金融时报》(*Financial Times*)的风格，开始使用橘红色纸张印刷，一时间引人注目。2011年，该报重新设计，用色更加丰富，报纸颜色与网站颜色均为品红色。由此，品红色开始成为《商报》的标志性颜色。

① 中华人民共和国外交部：《丹麦〈日德兰邮报〉刊登驻丹麦大使李瑞宇署名文章》，http://wcm.fmprc.gov.cn/preview/chn/slglgk/t998003.htm，检索时间：2016年3月23日。

图 18 《商报》网站首页

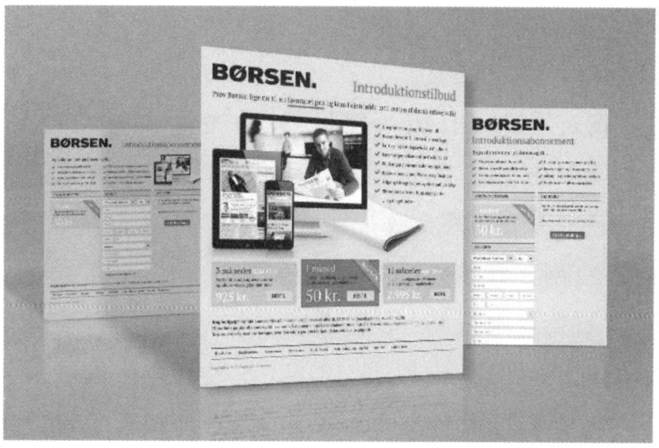

图 19 《商报》的移动端应用

二、发展现状

2000 年,《商报》的发行量达到 5.3 万份,跻身丹麦报纸发行量前 20 名。2005 年,该报的发行量为 6.89 万份。随后几年,《商报》的发行量都保持在 6.5 万份以上,并数次超过 7 万份。①

《商报》注重全媒体发展,其官方网站(http://www.borsen.dk)整合文字、图片、视频等内容,与出版报纸相辅相成。与此同时,网站界面的设计也与报纸一脉相承,以品红色为主色调。

图 20 《商报》记者个人信息栏

图 21 《商报》官方网站视频节目

《商报》网站具有浓厚的商业气息,首页顶端股票信息实时滚动,不间断更新最新消息,并辅以专业人士的深度解读。该网站发布的图片、视频材料非常丰富,大部分新闻都配有图片或短片说明。同时,该报非常注重与读者的互动,每篇报道都开放跟帖。而且,网站首页还公布了记者的个人信息和联系方式,方便读者提供新闻线索和反馈信息。

① 瑞典波尼亚传媒集团网站:http://www.bonnierbusinesspress.com/markets/denmark/,检索时间:2015 年 9 月 25 日。

除此之外，提供视频新闻也是《商报》的特色之一。在《商报》网站的右上角，设有“商报直播”栏目，循环播出财经新闻节目。

三、报道特点

《商报》的纸质版仅在工作日发行，周六、周日推出线上特别版。报纸的第一部分为每日要闻，另分为投资、数字、媒体、贸易、管理等版块，周五有生活方式特别版，涉及时尚、酒、美食、文化、旅行等内容。

《商报》没有明显的政治倾向，提倡自由的市场经济，支持私营企业发展，倡导公平开放的国际贸易。①

四、涉华报道

《商报》非常关注中国，在中国设有常驻记者站，紧密跟踪中国经济发展的各种新闻议题。

2009 年，中国驻丹麦大使谢杭生接受《商报》记者采访，向丹麦读者介绍中国文化，畅谈中丹文化异同和驻丹生活感受。② 2014 年，中国驻丹麦大使刘碧伟在《商报》发表署名文章《弘扬丝绸之路精神，谱写发展合作新篇章》，文章强调“一带一路”是合作、发展的理念和倡议，继承了古丝绸之路开放的优良传统，中国不会搞封闭、固定、排外的机制，欧洲国家从长远看也有必要考虑在内，中国愿与各国一道，不断丰富和完善“一带一路”的理念、构想和规划，共同谱写丝绸之路的新篇章。③

Klar til et nyt kapitel om Silkevejen

Bælte og Vej-tiltaget er Kinas vision for et økonomisk samarbejde på tværs af civilisationer

图 22 《弘扬丝绸之路精神谱写发展合作新篇章》全文

图 23 《商报》关于第八届中美互联网论坛上习近平讲话的报道

2015 年，《商报》刊登题为《丹麦贸易和发展大臣欢迎中国企业赴丹投资》的文章，其中引述对丹麦贸易和发展大臣莫恩斯·延森的采访，表示欢迎中国企业赴丹投资。④

2015 年 9 月 25 日，以“Kina”（丹麦语“中国”）为关键词在《商报》网站检索，共有 31071 篇相关报道，最近一周的议题集中在习近平访问美国、货币政策、股市分析、海外投资等方面。这些报道以阐述事实、提供信息为主，相对客观中立，没有明确的政治倾向。⑤ 例如，2015 年 9 月 24 日，《商报》网站发表对第八届中美互联网论坛的报道，文中引述习近平主席在会上的讲话，表示将放宽中国和国外的互相投资限制。⑥

---

① Jose L. Alvarez, Carmelo Mazza, Jordi Mur：The management publishing industry in Europe，University of Navarra. October 1999.

② 中华人民共和国外交部官方网站：http://www.fmprc.gov.cn/mfa_chn/wjdt_611265/zwbd_611281/t626313.shtml，检索时间：2015 年 9 月 25 日。

③ 中华人民共和国驻丹麦王国大使馆网站：http://www.fmprc.gov.cn/ce/cedk/chn/zjsg/sgxw/t1144366.htm，检索时间：2015 年 9 月 25 日。

④ 环球网：http://china.huanqiu.com/News/mofcom/2014－12/5326708.html，检索时间：2015 年 9 月 25 日。

⑤ 《商报》网站：http://borsen.dk/soegning.html? query＝kina&x＝0&y＝0，检索时间：2015 年 9 月 25 日。

⑥ 《商报》网站：Kina：Det skal være lettere for udlandet at investere，http://borsen.dk/nyheder/politik/artikel/1/311594/kina_det_skal_vaere_lettere_for_udlandet_at_investere.html? hl＝S2luYQ，检索时间：2015 年 9 月 25 日。

《消息报》*Dagbladet Information*

Information

《消息报》(*Dagbladet Information*)是一份丹麦语日报,面向全国发行,总部位于哥本哈根,是丹麦颇具历史的报纸之一。

一、历史沿革

“二战”期间,丹麦反法西斯力量创办了《消息报》,于 1943 年开始发行。战时的《消息报》不受德国占领政权管控,属于非法出版物。1945 年 5 月 5 日,丹麦德军投降。当年 8 月,《消息报》终于得以正式创刊。到 1957 年时,《消息报》的发行量达到 2.42 万份。20 世纪 90 年代以来,该报的发行量一直维持在 2 万份上下。

如今的《消息报》隶属于 A/S 消息报业集团(A/S Information),总部位于哥本哈根,周一至周六每日出版。

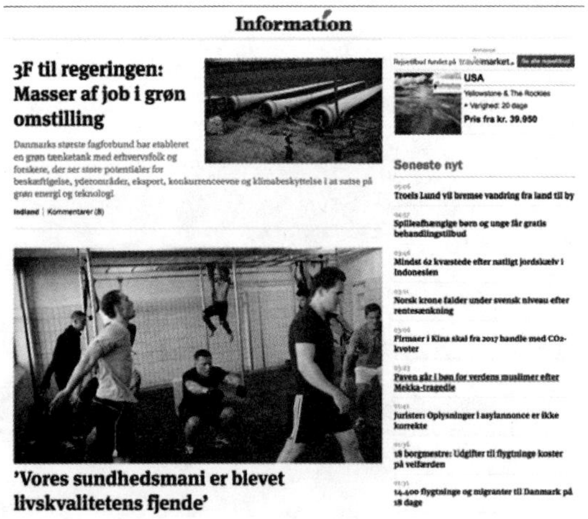

图 24 《消息报》网站首页

图 25 《消息报》头版

二、发展现状

根据统计数据,2009 年,《消息报》的发行量为 2.2 万份,是丹麦发行量较小的报纸,近年来有所提升。[①] 《消息报》重视全媒体发展,官方网站界面以黑、白、红三种颜色为主,与同类网站相比,图片数量少,多用大图,布局简洁清晰。

《消息报》官方网站设有“报纸”版块,分为“今日报纸”和“报纸档案”两部分,免费提供部分段落,全文阅读需注册并付费。同时,网站有独立采编团队,按国内、文化、经济、评论等版块实时更新。《消息报》注重自媒体和网友评论,发布的每篇文章都可以跟帖,同时设有博客和评论两个版块,与读者互动。同时,《消息报》还提供手机客户端下载,建有 Facebook、Twitter 主页,实时发布最新的新闻消息。

三、报道特点

《消息报》在政治上保持独立,对各党派予以同样的关注和报道,同时对所有政党组织都持审慎批判的态

① 欧洲传媒网站:http://www.eurotopics.net/en/home/medienindex/media_articles/? frommedia=861,检索时间:2015 年 9 月 25 日。

度。该报的新闻报道选题广泛，不设禁忌。《消息报》曾刊登保守派领袖的信件，有人认为其立场偏左。

《消息报》的报道基调以严肃著称，常刊登长篇深度分析文章，与英国《卫报》的调性相似。该报与英国的《独立报》长期合作，在报道手法和文章写作方面互有借鉴。①

四、涉华报道

《消息报》较为重视涉华报道，在上海设有常驻记者，对华态度总体较为中立。

2015 年 9 月 25 日，以“Kina”(丹麦语“中国”)为关键词在《消息网》网站检索，可以检索到 9495 篇相关报道。经统计，2011 年至 2014 年的涉华报道数量如表 1 所示：

表 1 《消息报》2011 至 2014 年涉华报道数量

年份	2011	2012	2013	2014	2015(至 9 月 25 日)
报道数量(篇)	747	1009	926	800	579

根据网站统计信息，在 9495 篇涉华报道中，出现频次最高的八个关键词依次是经济(530)、批评(513)、历史(511)、文化(393)、教育(391)、战争(375)、人权(374)、电影(373)。② 通过这些关键词可以看出，《消息报》对于中国经济议题的报道非常关注，对于艺术、文化、历史、教育等也都有所涉猎，同时也有相当数量的关于人权等问题的负面报道。

以 2015 年 9 月 21 日至 9 月 25 日的涉华报道为例，其中 4 篇文章分析中国的货币政策和股市动态，1 篇报道习近平访问美国，1 篇文章介绍全球海洋能源的勘探，1 篇文章描述丹麦与中国的贸易状态。总的来看，这些报道态度相对中立，以介绍情况和提供信息为主。③ 另外两篇文章涉及西藏问题。2012 年，胡锦涛主席访问丹麦期间曾有“藏独”分子示威，被当地警方逮捕，案件至今未结。《消息报》就新的证据和相关讨论作出报道，内容以陈述事实、介绍观点为主，没有表露明显的立场倾向。④

《政治报》*Politiken*

POLITIKEN

《政治报》(*Politiken*)是一份丹麦语日报，面向全国发行，是丹麦发行量较大的日报之一。

一、历史沿革

图 26 1884 年创刊的《政治报》

《政治报》创刊于 1884 年 10 月 1 日，总部位于哥本哈根，与《日德兰邮报》(*Morgenavisen Jyllands-Posten*)和《贝林时报》(*Berlingske*)齐

---

① Jose L. Alvarez, Carmelo Mazza, Jordi Mur: The management publishing industry in Europe, University of Navarra, 1999.

②③ 《消息报》网站：http://www.information.dk/search/site/kinesisk，检索时间：2015 年 9 月 25 日。

④ 《消息报》网站：Kristian Villesen: Betjente modsiger politiledelse i Tibetsag, http://www.information.dk/546440，检索时间：2015 年 9 月 25 日。

名,是丹麦最知名的三大报纸。

从 2003 年 1 月 1 日起,《政治报》的出版公司(Politikens Hus)与《日德兰邮报》的出版公司(Jyllands-Posten A/S)合并,成立"日德兰邮报－政治报出版集团(JP/Politikens Hus)。从此以后,《政治报》和《日德兰邮报》两份大报成为姊妹报。

现在,《政治报》同时还出版《政治周刊》,面向国际发行,为海外的丹麦人编译每周的重要新闻报道。

二、发展现状

创刊初期,《政治报》的日发行量为 2000 份。到 1910 年,《政治报》的发行量达到了 41400 份;1950 年,发行量为 165615 份;2000 年以后,《政治报》的发行量稍有下降,但仍然多次位居丹麦报纸发行量的第三名。[①]

图 27 《政治报》官网

图 28 《政治报》推出移动客户端

近年来,《政治报》重视媒介融合,官方网站内容丰富,实时滚动更新新闻报道,辅以大量的图片、视频信息。2011 年,《政治报》网站的月访问量达到 80 万。

三、报道特点

早期的《政治报》在丹麦激进自由党(Danish Social Liberal Party)的建党过程中发挥了重要作用。1970 年,该报宣布脱离政党,执行独立的编辑方针,但是报道立场依然较为激进、"左倾"。[②]

《政治报》的版面设计是其一大特色,这一优势令其在国内外多次获得传媒大奖。此外,《政治报》也因为出色的新闻图片而闻名,其记者也常常在国际性的新闻图片奖项评选中有所斩获。

图 29 《政治报》头版

四、涉华报道

《政治报》比较关注中国新闻,在中国派有常驻记者。与此同时,该报与中国驻丹麦大使互动频繁,对华态度较为友好。

2012 年 12 月 27 日,《政治报》刊登驻丹大使李瑞宇关于钓鱼岛问题的署名文章《尊重历史事实,维护地区和平》,全面批驳日本驻丹麦大使的不实言论。2013 年 4 月,李瑞宇大使会见《政治报》总编,积极评价《政治报》近年来加大对华报道力度,表示中方愿与丹麦媒体加强交流与合作,希望《政治报》今后更加全面客观地向丹麦民众介

① Peter Kjær: The evolution of business news in Denmark 1960—2000: context and content: Copenhagen Business School Working Papers, 2005.

② Tina Gudrun Jensen; Sara Jul Jacobsen; Kathrine Vitus; Kristina Weibel: Analysis of Danish Media setting and framing of Muslims, Islam and racism: Danish National Centre for Social Research, 2012.

绍中国，促进相互了解，深化中丹友谊。当年 10 月，李瑞宇离任前夕，又在《政治报》上发表署名文章，积极回顾中丹关系发展，强调中丹合作大有可为，也是双赢的战略选择，希望两国共同努力，推动中丹关系不断取得新进展。

2013 年 12 月，中国驻丹麦大使刘碧伟访问《政治报》总部，鼓励《政治报》加强对华交流合作，更加积极地为中丹关系的全面发展营造良好氛围。

《周末报》*Weekendavisen*

Weekendavisen

《周末报》(*Weekendavisen*)是一份丹麦语综合性周报，不仅面向丹麦国内发行，还拥有相当数量的海外读者。作为丹麦最古老的报纸《贝林时报》(*Berlingske Tidende*)的周末版，《周末报》的报道质量高，是丹麦最具影响力的媒体之一。

图 30 《周末报》报头

一、历史沿革

《贝林时报》是丹麦最古老的报纸，创刊初期分为早、晚两版，分别投递。1971 年，丹麦邮政系统取消晚间报纸投递，《贝林晚报》不再发行，由《周末报》取代，每周五出版。因此，《周末报》最初被称为《周末贝林晚报》(*Weekendavisen Berlingske Aften*)。作为《贝林晚报》的延续，《周末报》被认为是世界最古老的报纸之一。

《周末报》属于贝林传媒集团(Berlingske Media)，总部位于哥本哈根。

二、发展现状

根据贝林传媒集团网站的数据，2007 年，《周末报》的发行量为 6 万份，其中十分之一为海外订户。①

《周末报》注重媒介融合，报纸与官方网站相互呼应，网站既提供纸质版部分内容阅读，也有原创报道。《周末报》网站主页以黑色、白色、蓝色调为主，简洁清晰，首页按类目推送头条新闻。除此之外，《周末报》还提供手机客户端下载。

三、报道特点

《周末报》的目标受众是知识分子，内容分为五个版块：社会、文化、读书、观点、新闻；科技虽然没有独立成为一个版块，但是科技类新闻报道和分析文章也是该报的一大亮点。《周末报》的选题不局限于国内，也有国际新闻事件或人物的相关报道，视野开阔，也因此吸引了部分海外读者。

---

① 贝林传媒集团官方网站：http://www.berlingskemedia.dk/? brands=weekendavisen，检索时间：2015 年 9 月 25 日。

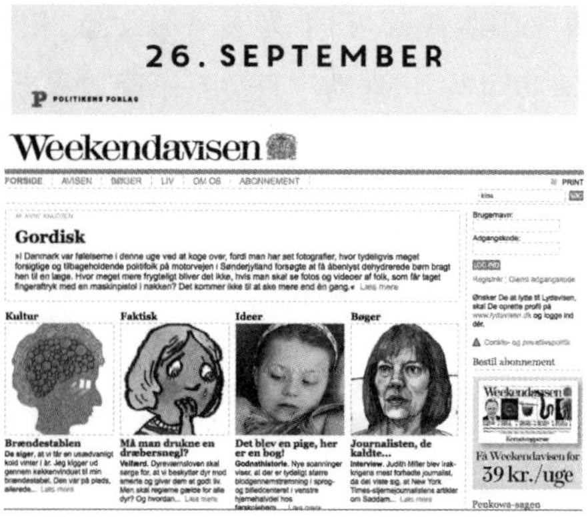

图 31　2015 年 9 月 26 日《周末报》网站首页

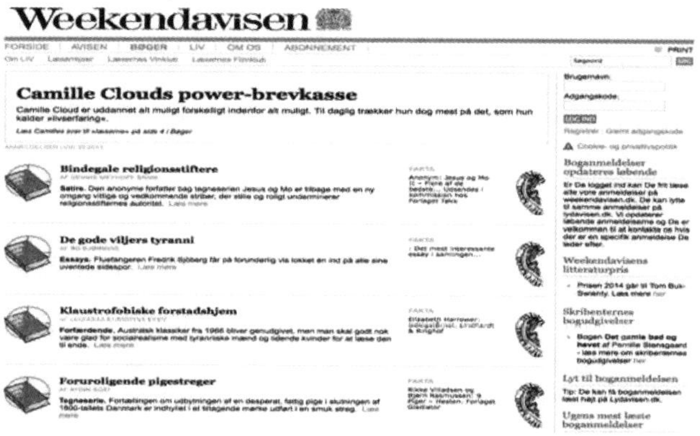

图 32　《周末报》读书版块

《周末报》追求格调和深度，文字报道集中，用图偏少。《周末报》不注重热点追踪，而注重新闻解读，有大量政治评论文章和社会题材特稿。“读书”是《周末报》独具特色的一个版块，分为新书、排行、概观、评论、文学五个部分，推荐书单，品评文学艺术。

四、涉华报道

目前，《周末报》在中国设有常驻记者站。但是，与丹麦其他媒体相比，《周末报》对于中国的报道数量相对较少。2015 年 9 月 25 日，以“Kina”(丹麦语“中国”)为关键词在《周末报》网站检索，共有约 120 篇相关报道。

以 2015 年 4 月到 7 月为例，《周末报》共有 9 篇涉华报道，选题涉及经济政策、国际关系(中美、中俄)、气候政策(治理空气污染)、生育政策、中越关系、人类科学(太空探索)、战争历史等。① 《周末报》的涉华报道肯定中国的经济发展及中国在国际上的大国地位，在环境和人权等问题上沿袭了西方主流媒体一贯的对华态度。

丹麦电视二台 TV2

丹麦电视二台(TV2)是一家丹麦语电视台，由丹麦政府创办、独立经营，下设 6 个频道和 8 个地区电视台，是丹麦收视率最高的电视台。

一、历史沿革

上个世纪 80 年代，丹麦议会决定创办丹麦电视二台，以结束丹麦广播电视台的独家垄断。丹麦电视二台正式开播于 1988 年 10 月 1 日，总部位于欧登塞，后在首都哥本哈根新建台址。

丹麦电视二台是一家由政府创办、独立经营的商业性电视台，最高管理机构为广播委员会，日常业务由总经理负责。为避免出现政府绝对控股，也为了更好地体现电视台的公共性，电视台必须把 51%以上的股份销售给社会公众。

丹麦人在购买电视机的同时，必须向国家缴纳电视执照费，用以支持公共电视台的运营。开办之初，电视执照费是丹麦电视二台的重要资金来源，但从 2004 年 7 月开始，除了下属的 8 家地区电视台仍然部分依靠这种方式外，丹麦电视二台主频道的经费已经完全来自广告费和电视收视费。

① 《周末报》官方网站：http://www.weekendavisen.dk/search/node/kina，检索时间：2015 年 9 月 25 日。

自开播后，丹麦电视二台发展势头迅猛，并于1990年成为丹麦收视率最高的电视台。

二、发展现状

近些年来，丹麦电视二台一直在丹麦占据着最大的收视份额。2009年的数据显示，丹麦电视二台在丹麦的收视份额为37%，排在第二位的丹麦广播电视台约占27%，丹麦电视二台优势明显。[①]

图33　丹麦电视二台网站首页

图片引自丹麦电视二台网站：http://tv2.dk，检索时间：2015年10月18日。

丹麦电视二台的网站（http://www.tv2.dk）与丹麦电视二台坚持同样的新闻价值观，遵守“真实可信、贴近生活、娱乐轻松”的编辑原则，在丹麦的新闻类网站中，流量排名第一。网站注重与用户之间的互动，丹麦民众可以把自己拍摄到的突发事件的照片、视频上传到网站上，编辑从中选择优秀内容，核实真伪之后推到网站上。另外，为了在网络媒体竞争中抢占先机，有些新闻会在电视播出前一小时在网站首发。

三、报道特点

丹麦在全国设立了8个地区电视台，这8个台目前也属于丹麦电视二台，从而构成一个全国性的电视网。电视台除了播出新闻和部分特别节目外，大部分节目均由独立的节目制作机构提供。丹麦电视二台大量引进电视剧和电视节目，为了照顾儿童，电视台会给动画片进行丹麦语配音，其他的引进节目仍然使用原声，配以丹麦语字幕。

根据受众群的不同，丹麦电视二台开设了6个频道：“TV2”为综合频道；“TV2 Zulu”开播于2000年10月15日，目标受众是15至40岁之间的年轻人，频道节目幽默风趣，主打创造性和生活激情的体现，“TV2 Charlie”开播于2004年10月1日，定位观众群为50岁以上的老年观众，主打电视剧和脱口秀；“TV2 Film”开播于2005年11月1日，不间断播出各类电影；“TV2 News”开播于2006年12月1日，这是丹麦第一个24小时新闻频道；“TV2 Sport”开播于2015年1月9日。此外还有一个网络付费频道“TV2 Sputnik”，开播于2004年12月，观众可以通过付费方式点播丹麦电视二台各频道的往期电视节目。

丹麦电视二台具有很强的公共服务性质，报道多方信息，传递多方观点，坚持客观、无偏见的报道立场；尽量在更广泛的范围内选择节目，以满足最广泛人群的需求。

四、涉华报道

丹麦电视二台在北京设有常驻机构，关注中国的大政方针、经济发展和文化方面的议题，对华态度比较友好。

2012年中国共产党第十八次全国代表大会召开，丹麦电视二台做了详尽的报道。中国《经济日报》驻哥本哈根记者总结发现，丹麦媒体通过对中共十八大的报道号召丹麦向中国学习，积极融入全球化，大力发展经济。

2010年12月，丹麦电视二台记者凯瑟尔（Pia Elcrs Caspcrsen）到中国河北省保定市采访新能源产业，记者先在英利三期的生产现场向英利公司负责人详细了解了该公司的发展情况，随后深入高新区就太阳能应用走

① 张晓家：《丹麦电视二台：为打破垄断而生》，《军事记者》2011年第2期。

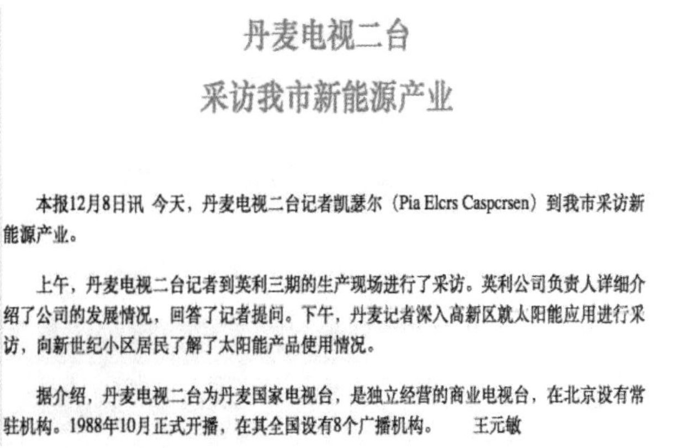
丹麦电视二台
采访我市新能源产业

本报12月8日讯 今天，丹麦电视二台记者凯瑟尔（Pia Elcrs Caspcrsen）到我市采访新能源产业。

上午，丹麦电视二台记者到英利三期的生产现场进行了采访。英利公司负责人详细介绍了公司的发展情况，回答了记者提问。下午，丹麦记者深入高新区就太阳能应用进行采访，向新世纪小区居民了解了太阳能产品使用情况。

据介绍，丹麦电视二台为丹麦国家电视台，是独立经营的商业电视台，在北京设有常驻机构。1988年10月正式开播，在其全国设有8个广播机构。 王元敏

图 34 《保定日报》2010 年 12 月 9 日报道

访了新世纪小区居民，报道展现了丹麦电视二台对中国能源产业和民众生活的关心。

2004 年，“安徒生 2005 在中国”系列文化活动期间，丹麦二王妃亚历山大率领丹麦国家女子合唱团于 7 月 13 日至 24 日对华进行了访问演出，丹麦电视二台派摄制组随团制作了一部专题纪录片，该片 2004 年圣诞节前黄金时间在丹麦电视二台播出，对宣传中国文化和社会发展状况起到了积极正面的宣传效果。[①]

2012 年 7 月 4 日，驻丹麦大使李瑞宇在官邸会见了丹麦电视二台新闻频道主任德尔比。双方就中丹关系、中国社会经济发展、两国媒体合作等问题交换了意见。[②]

丹麦广播公司 Danish Broadcasting Co.

丹麦广播公司(Danish Broadcasting Corporation)是丹麦最大的全国性广播电视机构，也是丹麦最古老的广播电视媒体。

一、历史沿革

丹麦广播公司成立于 1925 年 4 月 1 日，总部位于哥本哈根。

丹麦广播公司是一家国有公共性质的广播公司，目前设有国内地区部、文化部、新闻部、媒体部、财务科技部、法规战略部、人力交流部共 7 个部门，采取公司化运作方式，由董事会管理公司的日常运营，实行公司化的财务管理。丹麦广播公司的收入主要来源为“收视许可费”，由文化部核定收费标准，公司统一收取，收取总额的 80%用于日常运营，20%由国家安排拨给其他媒体，同时丹麦广播公司还享有免缴企业所得税的优惠政策。[③]

1988 年丹麦电视二台(TV2)成立之前，丹麦广播公司在丹麦境内一直一枝独秀，丹麦电视二台不仅打破了丹麦广播电视台的垄断，而且后来居上，从 1990 年起成为丹麦收视率最高的电视台。此后丹麦广播公司面临着严峻挑战。

二、发展现状

为了应对挑战，丹麦广播公司重视节目制作和节目创新，提倡精品，致力于为受众提供有价值、可信赖的节目。同时，公司大力发展新媒体，扩大了受众的覆盖范围。

目前，丹麦广播公司的广播节目可以通过网络收听，电视节目也实现了网络同步播出，另外，大部分电视节目还提供网络点播。丹麦广播公司的官方网站不仅提供广播和视频节目，还有大量文字和图片新闻。

① 中国文化网:《丹麦国家女子合唱团访华回国后反响热烈》，2004 年 8 月 18 日，http://www.chinaculture.org/gb/cn_news/2004－08/18/content_59107.htm，检索时间:2015 年 10 月 19 日。

② 中华人民共和国驻丹麦王国大使馆官方网站:《驻丹麦大使李瑞宇会见丹麦电视二台新闻频道主任》，2012 年 7 月 5 日，http://www.fmprc.gov.cn/ce/cedk/chn/xnyfgk/t948093.htm，检索时间:2015 年 10 月 19 日。

③ 董为民、张平平、贾丽、南梅、赵江涛:《芬兰、丹麦广播公司财务管理的实践与启示》，《电视研究》2014 年第 12 期。

图 35 丹麦广播公司网站首页

图片引自丹麦广播公司网站：http://www.dr.dk，检索时间：2015 年 10 月 20 日。

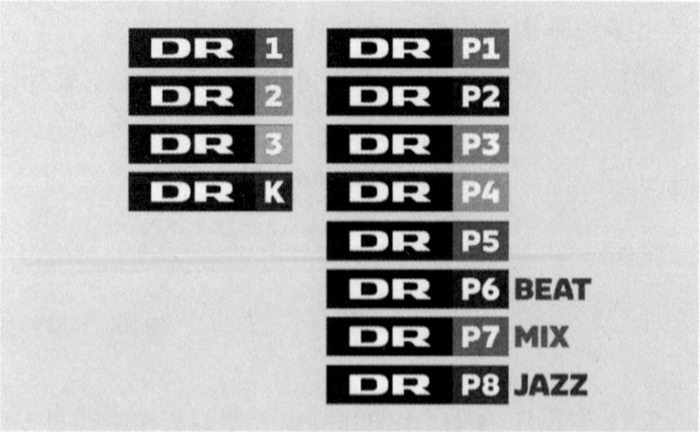

图 36 丹麦广播公司旗下主要电视和广播频道

2009 年 1 月，丹麦广播公司搬入新址。新址大楼建设耗资巨大，公司因此陷入财政危机。为扭转局面，丹麦广播公司辞退了 300 多名员工，停播了多档体育、教育类节目。

三、报道特点

目前，丹麦广播公司拥有 6 个电视频道：DR1 首播于 1951 年 10 月 2 日，是丹麦第一个电视频道，以综合类新闻报道为主；DR2 开播于 1996 年 8 月 30 日，以文化报道、深度新闻解读、纪录片见长；2007 年之后，丹麦广播公司又开播了新闻频道（DR Update，2013 年 3 月停播）、儿童频道（DR Ramasjang）、文化频道（DR K）、高清频道（DR HD，后更名为 DR3，不再仅播出高清节目）和青少年频道（DR Ultra）。

丹麦广播公司现有 4 个全国性广播频道：DR P1 为时政频道；DR P2 为音乐、文化频道；DR P3 为娱乐、体育频道；DR P4 为“现代公共服务台”，按丹麦的 11 个地区分制 11 个不同的版本，播出国家新闻、地方新闻、交通信息和流行音乐。其中，DR P4 是丹麦广播公司最受欢迎的广播频道，该频道不仅可以通过广播收听，也可以通过网络信号收听。除此之外，丹麦广播公司还有 5 个主要针对年轻人的数字广播频道，以播放音乐节目为主。

丹麦广播公司不受政府干涉，保持独立运营，坚持公益性，始终秉持“为丹麦人民塑造正确价值观”的理念，制作节目尽量满足所有公民的需求和喜好，同时特别关注弱势群体利益。面对日益严峻的竞争形势，丹麦广播公司依然以提高节目质量为出发点，不以盈利为目的，不播放商业广告。

四、涉华报道

丹麦广播公司关注中国，有大量涉华议题，不仅有中国经济发展形势、社会百态、体育新闻等信息类介绍，还有推介中国自然风光和文化的记录形态节目，对华态度友好。

2015 年 10 月 20 日，在丹麦广播公司网站首页检索“Kina”（中国，丹麦语）。可以找到 10 份共有 60 余篇相关报道，其中数量最多的是体育新闻，记录十月大大小小国际赛事中中国所取得的成绩。

NYHEDER

19. OKT. 2015 KL. 06.02 | OPDATERET 19. OKT. 2015 KL. 06.17

Kina noterer den sløjeste vækst i et kvartal i seks år

I forhold til forventningerne lå Kinas vækst i tredje kvartal dog en smule til den gode side.

Detailsalget voksede i Kina med 10,9 procent i september. (Foto: Kim Kyung-Hoon © Scanpix)

Kina oplevede i månederne fra juli til september en vækst på 6,9 procent i forhold til samme periode året før.

Det viser tal fra det kinesiske statistikbureau.

Der er tale om den svageste vækst i et kvartal siden 2009.

Helt skidt er nøgletallet dog ikke. Markedsanalytikere havde ifølge Bloomberg News ventet en fremgang på 6,8 procent i bruttonationalproduktet, og væksten ligger dermed til den positive side i forhold til analytikernes forventninger.

Mål inden for rækkevidde

Kina har et officielt mål om at komme i land med en samlet vækst på omkring syv procent i år. Præcis sådan lå væksten i årets to første kvartaler. Dermed synes det overordnede mål fortsat inden for rækkevidde.

Samtidig med væksttallet har Kina offentliggjort, at detailsalget i september voksede med 10,9 procent, mens væksten i industriproduktionen i samme måned dykkede til 5,7 procent i forhold til året før.

De kinesiske myndigheder har inden for det seneste år iværksat flere tiltag med det formål at undgå en hård opbremsning i landets økonomi.

Sidste år voksede Kinas bruttonationalprodukt 7,3 procent. Det var det laveste niveau siden 1990.

图 37 丹麦广播公司分析中国 2015 年第三季度经济增速

丹麦广播公司关注中国的宏观经济发展，10

月 19 日,新闻中心发文介绍中国第三季度的经济发展状况,文章指出"中国经济增速放缓,中国政府在最近几年推出多项举措避免经济硬着陆。"

2015 年 10 月,丹麦广播公司还推出了 6 集纪录片《质朴的中国》,记录中国的乡村生活和旷野风景。

图 38 《质朴的中国》第一集

2014 年 3 月 24 日,中国驻丹麦大使刘碧伟走访丹麦国家广播公司,会见了公司的新闻部主任和外事主编。刘大使强调,媒体应坚持全面客观公正报道,希望丹麦广播公司积极扩大与中国媒体的交流合作,传播客观真实的中国故事,为增进中丹两国人民的了解和友谊作出积极贡献。[①] 2014 年 4 月 9 日,刘大使在使馆与丹麦广播公司及其他几家媒体代表座谈,就中丹关系及中国发展相关问题进行友好深入交流。[②]

丹麦通讯社 Ritzaus Bureau

/ritzau/

丹麦通讯社(Ritzaus Bureau)是丹麦最大的新闻通讯社,为丹麦大部分的报纸、广播、电视台和网站供稿,在丹麦具有相当的影响力。

一、历史沿革

1866 年 2 月 1 日,Erik Nicolai Ritzau 创建丹麦通讯社,总部设在哥本哈根。自创建之日起,丹麦通讯社一直由 Ritzau 家族经营,直至 1947 年,被收归国有;2011 年,丹麦通讯社完成股份制改革。

丹麦通讯社约有 150 名员工,其中 100 人组成采编团队,大部分记者和编辑在哥本哈根总部工作,小部分在各分站进行新闻采编。丹麦通讯社在奥胡斯、欧登塞、布鲁塞尔和柏林都设有分站。

/ritzau/info /ritzau/ FINANS /ritzau/grafik /ritzau/ FOKUS

图 39 丹麦通讯社的四个分支机构

二、发展现状

丹麦通讯社是丹麦最大的、全国性的通讯社,此外丹麦还有两家由地方媒体联合建立的小型通讯社,其规模和影响力都与丹麦通讯社不可同日而语。

丹麦通讯社目前有四个分支:Ritzau info 主做新闻;RitzauFINANS 提供经济信息和商业资讯;Ritzau

---

① 中华人民共和国外交部网站:《驻丹麦大使刘碧伟走访丹麦国家广播电视公司》,2014 年 3 月 25 日,http://wcm.fmprc.gov.cn/preview/chn/slglgk/t1140446.htm,检索时间:2015 年 10 月 25 日。

② 中华人民共和国外交部网站:《驻丹麦大使刘碧伟与丹麦媒体人士座谈》,2014 年 4 月 10 日,http://wcm.fmprc.gov.cn/preview/chn/slglgk/t1145816.htm,检索时间:　　　　。

grafik 是丹麦通讯社的图片库；Ritzau Focus 根据性质和定位为各家媒体提供定制内容，Ritzau Focus 的主编说："我们为每家媒体量身打造它们所需要的专题和内容，比如旅行、娱乐、消费等。"①

图 40　2015 年 11 月 1 日丹麦通讯社网站首页

三、报道特点

丹麦通讯社坚持独立采编原则，以新闻和信息为主要内容，无明确政治倾向。

丹麦通讯社注重国际新闻报道，与北欧其他国家的通讯社合作紧密。该社报道以文字稿件为主，部分辅以音频和视频。

丹麦通讯社注重全媒体发展，业务范围广泛，包括广播/电视、天气、影视、赛事、网络等，网站首页的主要内容为通讯社的推介。

四、涉华报道

丹麦通讯社在中国北京派驻记者，对华态度较为中立。

2012 年 6 月 20 日，中央纪委驻新华社纪检组组长、社党组成员刘越考察丹麦通讯社，与丹麦通讯社社长兼总编辑拉尔斯・维斯特洛克交谈。②

2015 年 11 月 1 日，在丹麦通讯社新闻网（Ritzau info）检索"Kina"（中国，丹麦语），可以找到自 2007 年起至今共有 160 篇相关报道，与丹麦其他主要媒体（如《贝林时报》）相比，对中国议题关注度不高。关于文化、体育、环境等方面的报道，多数篇幅短小，以提供信息为主要内容。近期的涉华报道是 8 月份的两篇对中国经济模式的探讨，文章认为中国"从以低成本制造业为主向现代消费社会过渡将面临困难"。③

图 41　刘越（左一），拉尔斯・维斯特洛克（右二）

图 42　丹麦通讯社 2015 年 8 月份有关中国经济的报道

---

① 丹麦通讯社官方网站 Nyt fra Ritzau：https://www.ritzau.dk/en/Om%20Ritzau/Nyheder%20fra%20Ritzau.aspx，检索时间：2015 年 12 月 20 日。

② 央视网：《刘越考察丹麦通讯社》，2012 年 6 月 25 日，http://news.cntv.cn/20120625/106297.shtml，检索时间：2015 年 12 月 20 日。

③ 丹麦通讯社新闻网（Ritzau info）：Deloittes Kina－ekspert kommenterer den seneste devaluering，https://www.ritzauinfo.dk/release/deloittes－kina－ekspert－kommenterer－den－seneste－devaluering/4119075？releaseId＝4283189，检索时间：2015 年 12 月 20 日。

荷 兰

《电讯报》*De Telegraaf*

《电讯报》(*De Telegraaf*)是荷兰国内最大的晨报日刊,2014 年每日发行量约为 45 万份,是全欧洲排名前十的畅销报纸。

一、历史沿革

1893 年 1 月 1 日,《电讯报》由亨利·廷达尔(Henry Tindal)在阿姆斯特丹创立。在第二次世界大战期间,《电讯报》曾发表支持纳粹德国的言论。随即在战争结束后,《电讯报》一度遭到禁止出版。1949 年,《电讯报》解禁重生,并且一跃成为荷兰发行量最大的第一大报。

二、发展现状

目前,《电讯报》总部位于阿姆斯特丹,隶属于荷兰电讯传媒集团(Telegraaf Media Group)。报纸一周出刊 6 期,报道版块包括国内/国际新闻、财经时事版块“财经时代”、体育版块“电讯体育”。其他的版块包括“私人”“畅所欲言”“妻子”和社会专栏版块“斯坦·惠更斯周刊”。周六,《电讯报》对所有的订阅读者随报附赠《女人》杂志。

早在 1996 年,《电讯报》就推出了报纸的线上网络版,读者可以通过《电讯报》网站www.telegraaf.nl浏览报纸内容。网站向读者提供体育、财经、时政的最新资讯,同时也开有播放《电讯报》电视新闻的版块。此外,网站还设有提供移动服务的线上商店,读者可以在线购买报纸,之后选择附近的公交、地铁站要求报纸进行投递,极大地方便了上班族的阅读需求。除了网站之外,读者也可以在 Facebook 和 Twitter 上与《电讯报》进行互动。

图 1　1898 年《电讯报》的宣传海报

三、报道特色

《电讯报》主要提供荷兰国内外要闻、体育、娱乐、八卦、商业、生活等内容,以报道轰动性的新闻和体育资讯著称,部分内容由八卦杂志提供,但其财经新闻一般保持严肃论调,整体报道风格偏向平民大众化,比较符合大众读者的口味。在政治立场上,《电讯报》旨在吸引更广大的读者群和广告主,因此,报道倾向于民粹主义和保守观点,更加倾向于荷兰的右翼政党。

图 2 《电讯报》网站首页

《电讯报》是荷兰国内广受受众欢迎的流行报纸，因为该报报道内容高度娱乐化，以报道轰动的花边事件和体育消息而闻名。但在读者群中，该报仍被看作是同《共同日报》一样，以文章品质著称的、有影响力的大报。《电讯报》虽然娱乐内容较多，但与知名的花边小报英国《太阳报》和德国《图片报》不同，《电讯报》的报道风格比较节制、温和，报道也以文字内容为主，而非大幅的八卦图片。

四、涉华报道

《电讯报》的体育版是荷兰体育媒体的权威，因此对于中国与荷兰在体育事业上的合作格外关注。诸如《中国企业对于荷甲球队的收购》等新闻，《电讯报》都能在第一时间拿到一手资料，远远早于国内其他媒体进行独家披露。

此外，由于该报追求新闻猎奇化、娱乐化、八卦化、通俗化，因此对于中国的报道也往往倾向于负面，并且通过刻意夸大渲染“中国威胁论”。例如，《电讯报》曾报道过《荷兰乳制品企业将产品运往中国，因此导致本地奶粉短缺》的新闻，也曾将“荷兰皮革价格上涨”归罪于“中国人越来越有钱”。同时，《电讯报》对中国的报道也多关注于“计划生育”“性少数群体权利”“言论自由”“雾霾与环境污染”等中国社会发展中出现的敏感问题，较少提及中国经济发展、民主建设中取得的进步和成绩。

2008年，时任中国驻荷兰大使张军曾接受《电讯报》“斯坦·惠更斯周刊”版块专栏资深编辑威廉·库尔(Willem Kool)的专访，就荷兰公众关心的北京奥运会筹备工作、中国的发展、西藏问题等内容作了相关介绍。通过对张大使的访问，《电讯报》的报道表达了中国对于举办北京奥运会的基本看法，“在中国这样一个既是文明古国，又是最具活力的新兴经济体的国家举办奥运会本身就具有重要意义……各国都应尊重奥林匹克精神，不应将不必要的事情与奥运会联系起来，更不应将奥运会政治化”。

《共同日报》*Algemeen Dagblad*

《共同日报》(*Algemeen Dagblad*,简称 AD)是荷兰三大媒体之一,1946 年成立于鹿特丹,是《今日新鹿特丹报》(*New Rotterdam Courant*)的姊妹报。2014 年,《共同日报》每天的发行量约为 36 万份,是荷兰发行量第二大的报纸。

一、历史沿革

1946 年 4 月 29 日,《共同日报》第一期报纸正式出版。1964 年,《共同日报》和《今日新鹿特丹报》合并,由荷兰报纸联盟(Dutch Newspaper Union)发行出版。

1995 年,荷兰报纸联盟同新闻联合公司(Perscombinatie)、莫伊伦霍夫公司(Meulenhoff & Co)合并,成立新的 PCM 出版集团(PCM Uitgevers,英文 PCM Publishers)。PCM 集团的日报出版业务在荷兰处于领先位置,以出版和发行全国性报纸为主。该公司同时拥有 5 张全国性报纸和若干地区性报纸,包括《人民报》《新鹿特丹商报》和《忠诚报》等,公司旗下媒体每日的总发行量超过 330 万份。

自二十世纪八十年代起,《共同日报》就是仅次于《电讯报》的第二大报纸。1993 年,《共同日报》启用了全新的设计版式和形象标志,决心打造一份"有品质的报纸",但读者并不买账,其发行量也有所下降。1995 年,所属公司重新整合之后,《共同日报》在集团内部地位并不受重视。2004 年,《共同日报》去掉了打造"品质报纸"的口号,调整了报道内容,重新获得了读者的欢迎,对《电讯报》的霸主地位发起了强有力的挑战。

二、发展现状

《共同日报》所报道的内容及题材广泛,以新闻、体育、经济、汽车、旅游和天气信息为主。除报道报社所在地鹿特丹的新闻之外,《共同日报》也与临近的乌得勒支和海牙地区的当地媒体进行合作,对当地的新闻进行报道。

2004 年,体育新闻被单独编辑成体育副刊随报发行。2008 年 4 月至 8 月,《共同日报》短暂发行了《共同日报—专业体育报》。2009 年春天,《共同日报》的母公司 PCM 出版集团被著名的比利时传媒巨头 De Persgroep 收购。之后,《共同日报》报社裁员 116 人,国内的常驻记者站也由 5 个减少到 4 个。

三、报道特点

《共同日报》自我定位为中立报纸,在报道中不体现政治立场和宗教倾向。该报的办报理念是,打造一份受欢迎、值得信赖、独立报道的全国性晨报。《共同日报》面向荷兰全国进行发行,但绝大多数的读者都集中在西南地区,来自三大城市的读者占到了全国订阅人数的 25%。

zaterdag 12 maart 2011 NATIONALE EDITIE Prijs: € 1,30

AD ALGEMEEN DAGBLAD

INTERVIEW CARICE 'Mensen denken dat ik met een gouden ticket overal binnenkom' P12

'ERG BLIJ DAT WE TERUG ZIJN' Militairen weer terug van missie P8

VANDAAG DVD DEEL 1 UIT DE SERIE HISTORISCHE OORLOGEN 'DE KRUISTOCHTEN' GRATIS!

Dief ná celstraf uitgerust met enkelband

Overvaller kan geen kant op

DEN HAAG • De politie moet notoire overvallers na hun celstraf langdurig in de gaten kunnen houden en op de hielen kunnen zitten. Door de dief uit te rusten met een enkelband met gps-systeem kunnen agenten na nieuwe overvallen zien welke 'oude bekenden' in de buurt waren.

Priester (85) stapt alsnog in het huwelijksbootje

'Lekker de tijd om flink te trainen'

Vitaminepil is nutteloos

Deze week in prijs verlaagd

Blijvend in prijs verlaagd

TURKIJE

图 3 《共同日报》头版

四、涉华报道

《共同日报》对一些国际问题（包括中国问题）的分析都比较客观、公正，涉及中国的题材从政治、经济、生活到文化、教育，几乎无所不及。其中，既有对中国国力提高的称赞，也有对中国社会现存问题的提醒和建议。

近年来，中国环境污染问题日益严重，越来越多地引起各方重视，《共同日报》一直以来都对此问题进行广泛报道。同时，针对中国收购荷兰企业，引发“恐华”的问题，《共同日报》也发文进行探讨，请出多位中国问题专家力证荷兰人无需害怕中国人的五大理由。

对于中国发起成立亚洲基础设施投资银行，《共同日报》给予了高度关注，并发表评论文章称，亚投行的成立完全符合中国政府的地缘政治雄心，“中国政府这步棋走得很好”。

除了中国的经济、政治新动作、新举措外，《共同日报》也聚焦于中国的一些社会问题，比如采访中国最年长的跨性别人士伊玲（84 岁），认为伊玲的个例反映出中国社会对跨性别的接受出现了变化。

2013 年间，《共同日报》还对中国惩治设“黑狱”拦截上访者的消息进行了报道。

《金融日报》*Het Financieele Dagblad*

fd.
hetfinancieeledagblad

《金融日报》（*Het Financieele Dagblad*，简称 FD）是荷兰国内最大的商业财经报纸，2014 年的日发行量为 5600 份。该报于 1796 年创刊，是荷兰创办历史最为悠久的报纸之一，目前总部位于阿姆斯特丹。《金融日报》同其母公司金融日报媒体集团（FD Media Group）一起，隶属于 BNR 传媒集团。

图 4 《金融日报》头版

一、历史沿革

从严格意义上讲，《金融日报》创办于二战时期。迫于德占政府的压力，两份荷兰报纸——《阿姆斯特丹证券报》（*Amsterdamsch Effectenblad*）和《股市日报》（*De Dagelijkse Beurscouran*）合并成立了《金融日报》。1943 年 9 月 15 日，第一期《金融日报》正式出版。

而《阿姆斯特丹证券报》的前身——《普莱斯·柯朗证券报》（*Prys-Courant der Effecten*）创办于 1796 年，因此《金融日报》将 1796 年视为创办元年，并在 1996 年庆祝了该报创刊 200 周年。

在主编斯皮特尔（Spittels）的领导下，《金融日报》逐渐发展成为一份在经济领域颇有影响力的专业报纸。由于《金融日报》母公司“追求利润最大化”的经营策略，该报出现了被称为“特殊版面”的广告：整版的版面都由某个选定行业、各式各样的广告所填满。直到 1987 年，《金融日报》更换主编后，该情况才有所缓解。

2007 年，《金融日报》全新改版，重新设计了标识，并成为荷兰首家以浅橙色纸张印刷的报纸。2010 年，《金融日报》发行了周末版，并采用了小报型版式，以和工作日版《金融日报》相区别。2013 年，《金融日报》改用柏林版式出版。

二、发展现状

《金融日报》已经发展成为荷兰首屈一指的财经多媒体品牌，除了发行纸质版内容外，也通过《金融日报》网站 https://fd.nl 向全世界的读者们呈现最新鲜、及时的财经新闻和深刻、独到的观点。

图 5 《金融日报》网站首页

图片引自《金融日报》网站：https://fd.nl，检索时间：2016 年 3 月 1 日。

《金融日报》网站的版面设计，与报纸采用同样的颜色设计，以体现与报纸保持一致的整体风格及内容水准。该网站为全球的商业精英和决策者们提供每日不可或缺的商业财经新闻、深度分析以及评论。网站凭借《金融日报》遍布全球的丰富报道资源，深入分析对世界经济和全球商业具有影响力的重大事件，并揭示事件的来龙去脉，成为可以丰富国际视野、了解最新动态的商业财经资讯网站。

三、报道特点

《金融日报》主要报道商业和财经新闻，涉及国际商业、企业实体、技术制度创新、财政经济等广泛领域的诸多话题，并为读者提供权威性的分析以及评论。《金融日报》有着完整、独立的新闻覆盖面，这使得它成为财政与经济领域的权威媒体。该报也在世界各地设有分社，就当地时事作第一手报道。

《金融日报》报道中体现出对于事实的尊重、不受政治力量、商业集团左右的独立精神和它不落窠臼的报道角度和深度，令它收获了荷兰国内和世界各地精英知识分子的喜爱。《金融日报》周一至周五的新闻主要聚焦于商业世界发生的大事和新鲜事。周六版主要刊登对于财经新闻的深度解读，分析未来经济走向与趋势，给读者以深刻的洞见和前瞻性。

四、涉华报道

《金融日报》旨在向世界读者提供有关全球时事、商业及文化的高水准报道，因此在各主要国家和地区都驻有记者站，广泛展开采访和报道。该报集中关注中国的经济走势和发展，报道的文章涉及商务、金融以及经济等多个领域。

《金融日报》多关注中国经济及企业与荷兰、欧洲的经济的影响和联系，在欧元区各国政府绞尽脑汁寻求摆脱债务危机之时，中国也开始频繁地出现在《金融日报》的报道当中。《金融日报》指出，中国是有意向欧洲提供帮助的，但它同时要求欧洲国家必须尽快地想办法消除债务危机，制定与实行一个负责任的货币与财政预算政策。《金融日报》对荷兰皇家 KPN 电信集团和中国华为及中兴通讯股份有限公司之间的合作也作出了跟踪报道。

同时该报也关注中国的经济发展，《金融日报》曾援引国际知识产权组织 WIPO 公布的年度数据表明，中国 2011 年收到的专利申请数量居世界首位，首次超过美国，并对此进行分析。2015 年 8 月，人民币的贬值当然也引起了《金融日报》的关注。该报报道称，中国政府实施的人民币贬值措施引起了金融市场的大动荡。这一出乎意料的举动让北京的投资者感到紧张，他们认为这是一个表明中国经济正处于一个比官方数字还要糟糕的状态的信号。

《人民报》De Volkskrant

deVolkskrant

《人民报》(*De Volkskrant*)是荷兰最大的全国性深度日报，总部位于阿姆斯特丹。

一、历史沿革

《人民报》创立于1919年，最开始是一份天主教劳工运动周刊，由几个天主教工会联合创办，每期刊行4页。1921年改版成为日报，1941年曾遭遇停刊。1945年，《人民报》重组，总部由荷兰南部的登波士迁至阿姆斯特丹。此后，《人民报》发展迅速，尤其是二十世纪六七十年代，涌现出一大批知名的记者和编辑。二十世纪六十年代起，《人民报》的政治立场倾向于荷兰左翼政党，八十年代之后，左翼色彩逐渐转淡。该报读者群以精英阶层为主，因此内容颇具深度。

2006年10月，《人民报》推出免费的《人民报·职业》周刊，聚焦青年职场，为他们提供就业方面的建议，旨在吸引更多的年轻读者。一年之后停止发行纸质版，转为数字版发行。

2010年，《人民报》追随潮流，改用小型版面设计，该版式也是荷兰国内各主流大报采用的流行版型。周六副刊则采用稍大的柏林版式。

Marathonloper Haile Gebrselassie: 'Laat me stoppen en ander werk doen' p27

deVolkskrant

Bont is helemaal in bij jongeren

Jong, vrouw, nuchter en boeddhist

Wilders hard in aanvaring met Leers

Verbod op kraken nu al aan het wankelen

Voetnoot Bananenrepubliek

De memoires van George W. Bush

€ 1,40

图6　《人民报》头版

二、发展现状

此前，《人民报》隶属于PCM出版集团，2009年PCM出版集团被比利时著名的De Persgroep集团荷兰分公司收购。2011年，《人民报》发行量为250 812份，[①]是荷兰第三大付费报纸，仅次于《电讯报》和《共同日报》。

在创立和发展过程中，《人民报》一直深受著名的天主教报纸《马斯河使者报》(*De Maasbode*)的影响。《人民报》通常被认为是和《新鹿特丹商报》以及《忠诚报》一样，具有深度和品质的全国性报纸。因为互联网媒体的崛起，面临发行量的节节下跌，《人民报》选择受过更高等教育的精英群体作为自己的读者受众。为满足这部分读者的需求，报道内容也更倾向于文学艺术和休闲生活。

2013年，《人民报》荣获了欧洲最佳全国性报纸大奖。

三、报道特点

《人民报》为荷兰的全国性大报，但在各地发行时会根据地区的不同，发行相应的地方版面。《人民报》拥有超过200名编辑，在荷兰拥有4个办事处，还在世界上18个主要国家设有常驻记者站，在全球拥有极为广泛的报道资源。同时，该报编辑部也负责制作网络新闻和视频内容，《人民报》网站已经成为一个综合新闻资讯网。

《人民报》通常任命一些有独特风格的人来担任主编，往往能触及一些少有关注的新闻内容，也敢于发布一些尖锐，甚至容易引起争议的题材。《人民报》的办报理念是：没有什么是显而易见的，因此会对报道进行充分

① 荷兰报刊数据查询网站：http://www.hoi－online.nl/，检索时间：2015年8月8日。

图 7 《人民报》网站首页

图片引自《人民报》网站:http://www.volkskrant.nl,检索时间:2016 年 3 月 1 日。

的深度发掘,以期呈现事件的来龙去脉,并作出合理的解读。《人民报》着力在报道中呈现出开阔的世界视角,以批判的态度来审慎对待每一个新闻事件。

《人民报》也被读者称为“酸兆”,因为在进行报道时,该报的笔触总是偏向于负面,甚至充满尖酸的挑拨,尤其是专栏作者 Geenstijl 更是让读者加深了此印象。2011 年,荷兰泽兰省的一对二重唱组合推出了一首名为《中国人》的狂欢节歌曲,内容是对中国人的小眼睛进行挖苦和讽刺。这首歌在推出后并没有多大反响,然而随后 Geenstijl 刊发了一篇文章称,这首歌曲在旅荷中国人中间激起了很大的愤怒,一个中国社团的代表直指这首歌是纯粹的种族主义,是对所有中国人的侮辱。该文还称,泽兰省泰尔衲曾市所有的中餐外卖店上周日集体关店两小时以示抗议。然而,事实并非如此。经过调查,这篇文章的大部分内容纯属无中生有,那首名为《中国人》的歌的确存在,但荷兰的中国人既没有群情激愤,也没有中餐馆为此而抗议。

四、涉华报道

《人民报》的涉华报道数量较多,涉及面较广。在对政治议题的报道中,主要侧重于中国同荷兰、中国同欧洲的关系,对 2014 年习近平主席出访荷兰进行了集中的报道和深刻的解读。《人民报》为此采访了中欧事务通讯员佛可 · 欧博马(Fokke Obbema),报道引用采访发言表示,荷兰对中国来说是欧盟的第二大贸易伙伴,仅次于德国。借核峰会的光,荷兰成了习近平作为中国国家主席访问的第一个欧洲国家。中国人是注重这种象征意义的,而荷兰的外交今后几年内也将能够对此作出积极回应。

近年来,随着中国的不断发展、影响力上升,《人民报》也越来越注意到中国在国际问题中表现出的立场和态度。同时,《人民报》也在向荷兰读者介绍当代中国,尤其偏重文化层面,曾报道过红色旅游、周口店遗址考古、青年钢琴家李云迪等议题。2013 年,该报曾刊登题为《只有一个目标:高考成功》的文章,让荷兰人一窥中国人面对高考背后的纠结。

中国的经济也是《人民报》关注的重点领域,既有对中国经济发展取得的发展、成就的正面评价,也有对政府干预市场等经济行为的批评。就 2015 年中国股市的暴跌,《人民报》记者以《中国股市肥皂泡即将破灭》为标题撰文称,目前的金融市场简直是一场噩梦:希腊带来了欧元危机,中国出现了股灾并殃及亚洲金融市场。尽管已采取了严厉措施,但中国政府似乎失去了对局势的控制力。2013 年,《人民报》经济版刊登了以《人民币在贸易上超过欧元》为标题的文章，报道了人民币在国际贸易上的地位已超过欧元的消息。文章指出，人民币地位猛升，同中国经济保持强劲增长势头有关，同时这也是中国领导人实行的不断开放的金融政策的结果。

2007 年秋天，《人民报》总编 Broertjes 先生与副总编 Arie Elshout 先生曾在该报驻华特派记者 Hans Moleman 先生的邀请下访问中国。该报总编在访问中曾表示，他认为中国与美国占有同样的重要地位，中国与美国已经成为《人民报》最重要的国外新闻报道对象。

《新鹿特丹商业报》*NRC Handelsblad*

NRC HANDELSBLAD

《新鹿特丹商业报》（*NRC Handelsblad*，通常简称 NRC）是荷兰第四大全国性报纸，2014 年每日的发行量约为 20 万份。

一、历史沿革

1970 年 10 月 1 日，两家历史悠久的荷兰报纸合并，共同成立了《新鹿特丹商业报》。这两家报纸中，一家是于 1828 年在阿姆斯特丹创立的《共同商报》（*Algemeen Handelsblad*），另一家则是于 1843 年成立的《新鹿特丹报》（*New Rotterdam Courant*）。在合并初期（1970－1972 年），《新鹿特丹商业报》除发行正常版本外，还在阿姆斯特丹地区发行报道当地新闻的特别版。

ALGEMEEN HANDELSBLAD

AAN VOORAVOND VERKIEZINGEN:

Toestand in Belgisch Kongo verslechtert snel

TWEE STAMMEN IN LEOPOLDSTAD SLAAGS: VIJF DODEN

Zó is „Cannes"

Chinees protest in Djakarta

BETOGING IN DJOKJA

Scheepsramp in India

Compromis over Zuid-Afrika

NATIONALE LEVENSVERZEKERING-BANK

NIEUWE ROTTERDAMSE COURANT

Muiters trekken door de straten

Duizenden Belgen vluchten in paniek uit Leopoldstad

Er zijn geen doden gemeld

Belgische troepen naar de Kongo

Een meerderheid zwicht onder druk: een beperkte toto

Tal van stemmingen vereist

De moeilijkheden met Cuba

Amerika bezint zich op een beheerste politiek

Doden bij relletjes in Italië

Gancia

图 8 《新鹿特丹商业报》的两家前身报纸

目前，《新鹿特丹商业报》隶属于著名的 PCM 传媒集团（PCM Uitgevers）。1995 年，PCM 由三家出版机构合并而成，这三家公司是新闻联合公司（Perscombinatie）、莫伊伦霍夫公司（Meulenhoff & Co）以及《新鹿特丹商业报》的拥有者——荷兰报纸联盟（Nederlandse Dagbladunie）。PCM 的日报出版业务在荷兰处于领先位置，以出版和发行全国性报纸为主。荷兰现有 5 种全国性日报，其中 4 种由 PCM 传媒集团出版，除《新鹿特丹商业报》之外,还包括《人民报》和《忠诚报》这两份颇有影响力的报纸。另外还有 4 种地区性报纸,也由该集团发行。

2011 年 3 月,《新鹿特丹商业报》开始改以小幅版面出版。

二、发展现状

2012 年,《新鹿特丹商业报》将总部迁至了阿姆斯特丹。尽管《新鹿特丹商业报》并不是荷兰发行量最大的报纸之一,但是该报在社会精英阶层中有着广泛的影响,在政治、经济、文化领域的报道也十分权威。《新鹿特丹商业报》在政治倾向上偏向自由主义,通常被认为是一份内容颇有深度的报纸。

2005 年,《新鹿特丹商业报》的编辑约斯特·奥伦齐(Joost Orange)和耶罗恩·韦斯特(Jeroen Wester)因为对零售集团阿霍德的财务丑闻的调查报道,荣获了该年度"荷兰报纸新闻"大奖。此外,2006 年、2007 年、2012 年、2013 年和 2015 年,《新鹿特丹商业报》的编辑都获得了荷兰新闻奖。

图 9 《新鹿特丹商业报》头版

三、报道特点

《新鹿特丹商业报》致力于打造成一份有品质的报纸,内容主要集中在政治、经济、艺术和文学等领域。该报顺承了《共同商报》的办报宣言——"自由的理性之光"(Lux et Libertas),即启迪并维护商业的自由。该报聚焦于报道国内外重大的政治、经济、文化事件,《新鹿特丹商业报》将自己定位为"新闻事件忠实的记录者",调查式采访是该报的传统。从 1971 年开始,该报每周四都出版一个"文化补充"版块,会对当前国内外的艺术文化事件展开背景介绍、事件报道、艺术家访谈和观点解读。每周六出版的《新鹿特丹商业报》周末版,主要聚焦于商业和个人理财深度报道。

图 10 2013 年 11 月 15 日《新鹿特丹商业报》头版报道吕特访华

除此之外,《新鹿特丹商业报》还开始发行另外一份周末版刊物《光》(*Lux*),主要为读者提供关于时尚、设计、美食和旅游的最新资讯。2009 年,《新鹿特丹商业报》推出了周六出版的全新副刊《*M*》,主要内容包括"科学""观点""激辩"等栏目。同时,《NRC 下一代》(*NRC Next*)则是面向青年读者的专门副刊。

四、涉华报道

目前,《新鹿特丹商业报》在全球范围共设有 23 个办事处,数量位列所有荷兰媒体驻外机构之首。《新鹿特丹商业报》在北京也设有记者站,向荷兰读者源源不断地提供有关中国的商业、经济和政治等最新、最权威的报道分析。《新鹿特丹商业报》不仅聚焦于新闻事件,更善于提供独立的深层分析和评论。

2013 年 11 月 15 至 16 日,荷兰首相马克·吕特(Mark Rutte)对中国进行正式访问。期间,荷兰很多大型企业公司都随同访问,期望进一步推动中国与荷兰之间的经贸合作关系,巩固荷兰连续十年成为中国在欧盟第二大贸易伙伴国的重要地位。对于此次访问,《新鹿特丹商业报》不仅派出特派记者全程报道此次访问的主要行程和重要新闻，同时还调动驻华记者做了充分的采访准备。11 月 15 日，习近平主席与吕特首相会面，对于两国关系和未来更深层面的交流合作等展开讨论。当日的《新鹿特丹商业报》在头版以大幅版面发表文章，题为《吕特：对话中国》的报道在新闻导语中便指出，中荷两国领导人会谈，“开诚布公，成效显著”。

2014 年 3 月 23 日，在对荷兰进行国事访问并出席第三届核安全峰会之际，中国国家主席习近平在《新鹿特丹商业报》发表了题为《打开欧洲之门　携手共创繁荣》的署名文章。文中指出，基于此次访问作为“中国国家元首首次访问荷兰”，标志着两国关系进入新的发展阶段，并且直接面向荷兰民众说明中国对待两国关系的立场，“北京和阿姆斯特丹相距近 8000 公里，但再远的距离也不能阻挡中欧相互走近、扩大合作的步伐，不能阻挡双方民众相互吸引、增进友谊的热情”。[①] 文章发表之后，在《新鹿特丹商业报》当天的数字版阅读排行榜上，习近平发表的署名文章名列第 16 位。在《新鹿特丹商业报》观点版编辑马丁·海根看来，这类题材的文章获得如此排名已经显示出“非常有关注度”。他表示：“大家知道中国的主席要来，带来了讯息。读者们非常好奇，来自中国的主席会说些什么。”[②]

《忠诚报》*Trouw*

deVerdieping
Trouw

《忠诚报》(*Trouw*)是一份在荷兰阿姆斯特丹出版的晨报，创刊于二战期间，作为反对革命党的机关报。多年以来，该报已经发展成为欧洲地区最有声誉的报纸之一。

一、历史沿革

《忠诚报》创刊于 1943 年，当时正值二战期间，荷兰正处于德国占领之下，因此该报最初是作为一份非法的地下刊物出版的。《忠诚报》由一群反抗德军的新教教徒创办，其中不少人之前也积极地参与了另外一份地下报纸《自由荷兰》的创立和出版。在 1942 年，其中部分编辑因与其他人员政治意见不合而发生冲突，随后选择离开《自由荷兰》而另外创办了《忠诚报》。

报纸名称“Trouw”在荷兰语中是“忠诚”之意，与英语中的“True”(真实的)来自同一词源。以“忠诚”作为报名，是为了表示尽管荷兰沦于纳粹德国占领，但仍要矢志不渝地忠于祖国和上帝的虔诚之心。

Trouw
3 APRIL 1945　Speciale uitgave

Wilhelmus van Nassouwe
Ben ick van Duytschen bloet,
Den Vaderlandt ghetrouwe
Blijf ick tot in den Doot.
Een Prince van Oraengien
Ben ick vry onverveert
Den Coninck van Hispaengien
Heb ick altijdt gheëert.

In de laatste winterdag van de oorlog, toen de lente van de vrede uitbrak over ons land, hebben de Duitsers met een laatste schanddaad onze Hollandse werkers:

J.H.Bosch	geb. 12- 6-1900	Insp. Inv. & Acc.	Bolhaarslaan 72
W.Mink	" 2-11-1906	Annoncer	Zuiderhagen 23
P.Zandbergen	" 3-10-1908	Incasseerder	Egstraat 31
A. van Essen	" 23-11-1911	Opp.Wachtm.v.Pol	Dammenweg 132
J.H.Wennink	" 27- 8-1913	Typograaf	Zanierstraat 19
G.L.Rutgers	" 4-11-1912	Comm.Belastingen	Oldenz.straat 645

Terechtgesteld.
Met hen viel:
J.J.Prumsoije　26- 5-1913　Onderwijzer　Egstraat 29.

Zij, belangrijke schakels in de machine der illegaliteit, zij, die gewerkt hebben dag en nacht voor hun vaderland; zij, die reeds werkten vóóruit, om na de oorlog ons geplunderd en moreel-vervallen land uit de lodem greep van het verval te rukken, en te sturen naar een waarlijke herrijzing; zij, die uit de angst van de verdrukking uitzagen naar de verlichting van de bevrijding; om dan nog niet hun werk neer te leggen en te zeggen: Het is volbracht; maar met een innerlijke kracht en een geweldig enthousiasme het fundament wilden leggen voor ons nieuwe Nederland; zij, zij vielen, toen de echo's van de kanonschoten reeds natrilden over onze stad.

Laten wij, in de roes van ontkomen te zijn aan alle druk en alle opgejaagdheid en knechting, niet vergeten deze helden, deze grote, deze grootste Nederlanders, die hielpen ons bevrijden, die groter dan een soldaat, leiding en kracht gaven en het daadwerkelijk bewijs van: "De Bevrijding komt!"..........
laten wij eren hun nabestaanden, voor hetgeen zij doden, en niet onze eigen roes ten top vieren, maar werkelijk een moment voelen welk een toestand het zijn moet om nu, in deze feestroes te leven zonder hen, en laten wij dat immer indachtig zijn.

Ons respect voor hen was groot, onze hulde is groter, onze eerbied is het grootst voor deze Nederlanders, die Nederland reeds bevrijdden, vóórdat de bevrijding een feit was.

Mijn Schildt ende betrouwen
Zijt ghy, O Godt, mijn Heer,
Op u soo wil ick bouwen,
Verlaet mij nimmermeer.
Dat ick doch vroom mach blijven,
U dienaer taller stondt.
Die Tyranny verdrijven,
Die my mijn hert doorwondt.

图 11　1943 年创刊的《忠诚报》

诚之心。

由于坚定的反法西斯立场，《忠诚报》的记者受到了德国占领政府的疯狂迫害。仅在 1944 年 8 月，就有超过 130 人被抓，其中包括报纸的创始人之一维姆·斯皮尔曼(Wim Speelman)。但是，《忠诚报》并没有屈服。到 1945 年二战结束之际，《忠诚报》已经发展成一份发行量超过 25 万份，颇具规模和影响力的报纸。

战后，《忠诚报》开始每日出版，并与荷兰归正会(荷兰基督教派)有着非常紧密的关系。1967 年，该报的主编曾特别声明，《忠诚报》是全体荷兰人的报纸，并非只服务于基督教徒。在此之后，《忠诚报》读者群中非荷兰

---

① 新华网：《习近平在荷兰〈新鹿特丹商业报〉发表署名文章》，2014 年 3 月 24 日，http://news.xinhuanet.com/world/2014－03/24/c_119921282.htm，检索时间：2016 年 3 月 20 日。

② 南都网：《习近平署名文章是怎样发表的》，2014 年 3 月 31 日，http://news.nandu.com/html/201403/31/922255.html，检索时间：2016 年 3 月 20 日。

deVerdieping Trouw

zaterdag 5 februari 2011 €1,60

Miljoenen varkens wegens ziekte levend begraven in Korea

Honderd miljoen boze jonge Arabieren de Verdieping

'Vers afgebakken' brood is dus niet vers de weekendgids

Herman van Praag: We zijn meer dan ons brein Letter & Geest

V.S. Naipaul: Slordige reiziger in Afrika Boeken

De roep om vertrek verstomt niet

■ Hoop op het Plein van de Bevrijding ■ Militairen duidelijk aanwezig ■ Grote vraag: hoe nu verder?

Jolande Sap: Moties van treurnis, afkeuring én van respect

图 12 《忠诚报》头版

归正会教徒的比例大幅上升。在 1965 年时,约有 70%的《忠诚报》读者来自于该教派,到 20 世纪末,这一比例已经下降到了 28%。

二、发展现状

2005 年 2 月,《忠诚报》改版,以紧凑版型出刊,编辑部表示,"希望保留报纸的基督教传统,并竭力为大众提供源源不断的思考和灵感,不管是教徒抑或是非教徒,读者都需要精神上和道德上的引导。"

2009 年,来自比利时的 De Persgroep 出版集团收购了《忠诚报》老东家 PCM 传媒集团的大部分股份,旗下很多媒体也随之改弦更张。目前,《忠诚报》隶属于 De Persgroep 集团的荷兰分公司。

到 2014 年时,《忠诚报》每期的发行量约为 9 万份。2012 年,《忠诚报》获得"欧洲年度最佳报纸"大奖,被认为是欧洲各国最优秀的报刊之一。

三、报道特点

除了提供来自海内外的政治、经济、文化、娱乐新闻最新信息之外,《忠诚报》格外关注报道与宗教有关的新闻,并发表具有哲学性的观点。报纸常设版块有"背景""哲学"和"观点"。《忠诚报》每周发行报纸和小册子两种印刷品。每周六,《忠诚报》随报发行名为《信与灵》(*Letter en Geest*)的迷你杂志,主要刊登一些日常生活的散文和故事。

在报道内容上,《忠诚报》明显没有取悦读者、迎合社会的倾向,和其他媒体趋于关注冲突和矛盾的报道不同,《忠诚报》是以一种客观而冷静的报道理念独树一帜。

四、涉华报道

《忠诚报》致力于向信徒和普通公众提供服务,让他们了解世界上发生的事情。报纸更关注与人类整个福祉有关的事件,报道角度也更具人文关怀。该报对中国问题的关注点,也彰显出该报如此的办报理念。在新疆"7·5"事件发生后,《忠诚报》刊登了名为《西方片面报道无益于任何问题的解决》的文章,批评西方媒体对新疆的报道带有明显的偏见,报道过程中充斥着不实言论,对于解决问题没有任何帮助。[①]

图 13 《忠诚报》网站

图片引自《忠诚报》网站:http://www.trouw.nl,检索时间:2016 年 3 月 20 日。

在十八大期间,《忠诚报》以《背着沉重的包袱不断发展》为题,报道了中共十八大的召开以及新领导人将面临的种种难题。贫富差距越来越大,房屋市场价格居高不下,社会保险体系不完善,环境污染严重,等等,在此基础上探讨中国的发展历程。

① 中国网:《荷兰忠诚报:西方片面报道无益于任何问题的解决》,2009 年 7 月 17 日,http://www.china.com.cn/international/txt/2009-07/17/content_18154631.htm,检索时间:2016 年 3 月 10 日。

《自由荷兰》*Vrij Nederland*

VRIJ NEDERLAND

《自由荷兰》(*Vrij Nederland*，简称 VN)是荷兰的一本左翼新闻期刊。该杂志每周六出版，社址在荷兰首都阿姆斯特丹。直到 20 世纪 90 年代，《自由荷兰》都是以报纸形式出版，之后才逐渐转变为杂志，隶属于 WPG Uitgevers 出版集团。目前，《自由荷兰》被认为是荷兰最具影响力的四大周刊之一。

一、历史沿革

《自由荷兰》创办于第二次世界大战期间，当时荷兰正处于德军占领之下，第一期《自由荷兰》出版于 1940 年 8 月。起初，《自由荷兰》是一份反对德国纳粹的地下报纸，名称来源于同名的荷兰广播电台。由于该报的反法西斯立场，《自由荷兰》的三位联合创始人安妮·安东(Anne Anton)、鲁道夫·雅克布(Rudolf Jacob)及科内利斯(Cornelis van der Vegte)在 1941 年先后被纳粹当局抓捕，并遭到迫害致死。之后，爱德华·德·内弗(Édouard de Neve)成为《自由荷兰》的主编，但他在半年后也遭到逮捕。自 1941 年 12 月起，《自由荷兰》在考德姆附近的小村内秘密印刷出版。1943 年，因为不满报纸的亲苏维埃态度，部分主编离开《自由荷兰》，创办了另一家荷兰著名媒体，即《忠诚报》(*Trouw*)。

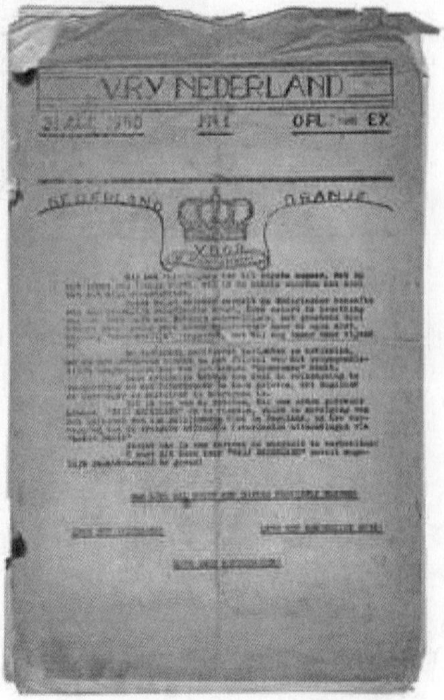
VRY NEDERLAND

图 14　创办早期的《自由荷兰》

二战后，《自由荷兰》每周出版一期，由荷兰著名的记者、媒体人范·兰德维克(Van Randwijk)担任该报主编，但由于他发表支持印度尼西亚摆脱荷兰殖民统治实现民族独立的文章，造成了印尼人民与当地警察对峙的骚乱，该事件导致杂志的发行量锐减。1950 年 2 月，范·兰德维克正式请辞，离开《自由荷兰》。

20 世纪 90 年代后，由于新闻刊物市场的激烈竞争，《自由荷兰》逐渐由报纸转型为杂志。

二、发展现状

进入 21 世纪以来，传统媒体受互联网的强烈冲击，期刊业陷入低迷，《自由荷兰》杂志的订阅量也呈现出逐年下降的态势，2014 年的发行量为 31 623 份，[①]仅为 20 世纪 70 年代巅峰期的三分之一。[②]

2003 年，《自由荷兰》正式推出网站 https://www.vn.nl，供互联网用户浏览。除了文字新闻和滚动消息之外，该网站还为读者提供包括音频、视频在内的多媒体新闻服务。2011 年，《自由荷兰》App 在应用市场上线，App 版同纸质版内容相同，定期更新，纸质版订阅用户可以免费浏览，非订阅用户可以购买单期数字杂志后阅读。

三、报道特点

《自由荷兰》编辑部位于阿姆斯特丹，每周六出版。主要版块有：人物采访、系列报道和专栏文章等。该周刊注重深度报道和连续报道，其言论观点较为倾向于左翼，经常对社会政治、经济体制及文化、道德观念等采取

① 荷兰媒体数据查询网站 http://www.nommedia.nl/，检索时间：2015 年 10 月 16 日。

② 荷兰数据查询网站 http://politiekcompendium.nl，检索时间：2015 年 10 月 16 日。

图 15 《自由荷兰》网站首页

《自由荷兰》网站：https://www.vn.nl/，检索时间：2015 年 11 月 22 日。

批判立场。

四、涉华报道

近年来，伴随着中国的崛起，《自由荷兰》对中国的报道越来越多，涉及政治、经济、文化和普通百姓生活的方方面面，但对中国社会变革中取得的成就、进步涉及较少，更多的焦点集中于“少数民族问题、领土主权问题以及人权问题”等。

2008 年，《自由荷兰》曾刊登名为《中国对抗世界银行》的文章，将中国经济每年两位数的快速增长归功于外国资本的直接投资，并由此宣扬来自中国的经济威胁，暗示所有工业发达国家都正面临着所谓来自中国等发展中国家的对富裕的抢夺。

2010 年，《自由荷兰》对那些在西方生活过又重新回到中国的中国女性进行了采访。文中表示，这些女性都曾在西方居住过，因此都能以一种西方式的开放态度来进行交谈。采访内容涉及人权、性与性别等敏感话题，并且在作者的描述中，持有明显的对中国及中国政府的批评态度。

图 16 《自由荷兰》杂志封面

荷兰 RTL 4 台 Radio Télévision Luxembourg 4

荷兰 RTL 4 台(Radio Télévision Luxembourg 4，简称 RTL4)是荷兰规模最大的商业电视台，该台的节目主要面向 20 到 49 岁年龄段的中青年观众，节目内容以肥皂剧、真人秀、体育节目为主。

一、历史沿革

20世纪80年代之后，荷兰的商业媒体得到政府许可，正式合法化，开始繁荣发展。荷兰RTL 4台正是在这样的背景下建立的。该台成立于1989年10月，隶属于欧洲最大的广播机构之一的泛欧电视广播网（RTL Group）。

1989年10月2日，RTL 4台的前身——RTL维罗妮卡台（RTL Véronique）正式在荷兰开播，最初为一家面向青年观众的广播电台，也是荷兰最早的商业媒体之一。当时，荷兰的商业电视市场仍未完全开放，因此RTL维罗妮卡台的节目在总部卢森堡制作，然后传输接入荷兰的电视网进行播出。

图17　RTL 4台播出的长寿剧集《好时光，坏时光》

RTL维罗妮卡台主要观众群以年轻人为主，诸多荷兰当红的明星频频在该台的节目上亮相，荷兰超模达芙妮·德克斯（Daphne Deckers）更是成为该台的标志。一年后，RTL维罗妮卡台正式更名为RTL 4台。

1990年10月，RTL 4台开始播出荷兰历史上第一部也是最长的一部肥皂剧，《好时光，坏时光》（荷兰语：Goede tijden，slechte tijden），周一至周五每天晚上20:00定点播出，至今仍在持续制作播出，已经累计达到25季，5200多集。二十多年以来，这部长寿剧集已经逐渐演变成很多荷兰人生活记忆的一部分，其中一些演员也就此成为名噪荷兰乃至欧洲的知名人物。

1998年，RTL 4台重新设计了台标，并对节目进行了改版创新。2000年之后，RTL 4台为了应对与其他电视台之间越来越激烈的收视竞争，在节目预算方面加大了投入的力度。2007年8月，RTL 4台获得了荷兰足球甲级联赛的转播权，频道风格发生了急转，体育资讯和体育节目比重不断增加。但在2008年，荷兰足球甲级联赛转播权被荷兰NOS电视台获得，RTL 4台重新回归"家庭娱乐"的定位，制作播出了《X音素》《与星共舞》和《冰上起舞》等娱乐节目，并于同年推出了大热的益智类节目"我爱荷兰"。

二、发展现状

RTL集团旗下的荷兰电视台共有四个，包括RTL 4台、RTL 5台、RTL 7台和RTL 8台。四个电视台的总部均位于卢森堡，持有的是卢森堡政府颁发的电视经营执照，其目的是为了规避荷兰严苛的媒体管控政策。

RTL 4台的节目以娱乐节目为主，面向全国20—49岁的年轻收视群体。从20世纪90年代之后，RTL4台多年持续占据荷兰收视份额第一名的位置，当之无愧地成为最受欢迎的电视台。2014年时，该台的收视份额为18.9%。①

① 唐世鼎：《世界电视台与传媒机构》，中国传媒大学出版社2005年版，第178页。

RTL 4 台是荷兰电视行业中的佼佼者，撼动了国营电视台的霸主地位，并被公认为是荷兰广播事业解除管制之后的先行者和引领者。

三、报道特点

RTL 4 台的节目以娱乐节目、真人秀、纪录片、资讯类节目、电视剧和电影为主，一直秉承着“当然是 RTL 4”(荷兰语：Natuurlijk bij RTL4)的办台理念。RTL 4 台的广受欢迎和它旗下研发、制作的多档娱乐节目是分不开的。风靡全球的电视真人秀节目《老大哥》(*Big Brother*)就是由 RTL 4 台在 1999 年首先提出节目概念并制作播出的，随后迅速被澳大利亚、德国、丹麦、美国等 18 个国家照搬、引进了各自的版本，成为目前传播最广泛、影响力最大的真人秀节目，并且在节目蓝本上不断创新，发展出一系列的相关节目。

此外，RTL 4 台还有许多其他的优质节目，在荷兰电视历史上产生了深刻而深远的影响，如介绍荷兰风景名胜的《荷兰花园》(*In Holland ligt een tuin*)和人物专访类节目《名人相约》(*Looking Good*)。

除了综艺节目和肥皂剧之外，RTL 4 的新闻节目也是该台的亮点。2004 年，RTL 4 台凭借着对美国大选的全程报道而在新闻节目的较量中一举超过了荷兰公共广播电视网(NOS)。各档新闻栏目也同娱乐节目一样，收获了大量的观众，成为广告收入的主要来源。

近年来，火爆中国电视屏幕的《中国好声音》，正是源自荷兰的选秀节目《荷兰之声》(*The Voice of Holland*)。2010 年，《荷兰之声》在荷兰 RTL 4 电视台首次播出，很快吸引了占总人口 18.2%的电视观众，每周的收视观众超过 300 万，决赛直播时收看人数已达 370 万(荷兰总人口为 1600 多万)，成为有史以来最成功的音乐真人秀。2011 年，美国版好声音经美国全国广播公司(NBC)播出，第二季的平均收视率达到 6.7%。目前，这个节目模式已经红遍了世界上的 50 多个国家。

四、涉华报道

RTL 4 台在北京设有记者站，对于中国的政治经济新闻、文化艺术和民生百态等各个不同领域，能够反映当代中国发展的题材都有所涉及，成为荷兰观众了解中国的一扇窗口。

2014 年十二届全国人大二次会议的记者发布会上，RTL 4 台记者曾就中国企业进入欧洲市场存在的障碍及中国政府将采取什么措施来解决欧方对欧洲公司进入中国市场的关切等问题，对李克强总理进行提问。该台更关注中国同荷兰、欧洲间经济合作、产业互补等问题，早在 2006 年，针对当时国际钢价上涨的问题，RTL 4 台也曾采访中国钢铁专家，就中国的经济繁荣如何影响着钢材市场、中国钢铁产量对欧洲钢铁消费等问题进行采访。

RTL 4 台现任驻华记者是马莱雅(Marije Vlaskamp)，她在中国工作、生活多年，对中国十分熟悉，因此更善于挖掘到其他媒体忽略的新闻事件和人物，报道足迹更是遍布中国城乡，从最基层呈现出当代中国的风貌。2009 年，RTL 4 台记者走访了北川图书馆地震遗址，并前往北川图书馆临时文献收藏室了解羌族资料的收集情况，对汶川震后灾区重建进行报道。2014 年，十八大召开在即，RTL 4 台记者走进南街村，报道了南街村特色的集体经济、红色文化和年轻人的思想等情况。此外，RTL 4 台还对中国雕刻之乡河北曲阳的雕刻历史和当地文化进行过报道。

荷兰报业联盟 Geassocieerde Pers Diensten

荷兰报业联盟(Geassocieerde Pers Diensten,英文机构名称:Netherlands Press Association)是荷兰的一家新闻通讯社,成立于 1936 年。荷兰报业联盟是由几份地区报纸联合而成立的一家新闻通讯社,以此同荷兰全国性的媒体竞争。

一、历史沿革

荷兰报业联盟的前身为荷兰新闻协会(Gemeenschappelijke Persdiens)。

1994 年,新闻协会与荷兰新闻联盟基金会(Stichting Pers Unie)合并,共同成立荷兰报业联盟(Geassocieerde Pers Diensten)。荷兰报业联盟向旗下的报纸以及国内各新闻单位供稿,包括国内外的综合性消息、议会新闻、立法司法、财政经济、商业、体育新闻等。

2007 年 11 月,荷兰社会事务和就业部的数名新闻官员曾非法侵入荷兰报业联盟的内部网站,并要求该通讯社对一篇尚未发表的稿件进行修改。据悉,荷兰报业联盟内部处理系统被非法入侵多达 350 余次,涉事的多名社会事务和就业部新闻司官员后被停职。

二、发展现状

2013 年 1 月 1 日,荷兰报业联盟母公司韦格纳公司(Wegener)的财务亏损,因此决定关闭该通讯社。目前,该新闻通讯社仍处于关闭停业状态。

三、报道特点

荷兰报业联盟主要为荷兰国内和比利时佛兰德斯地区的地方性报纸供稿。与荷兰通讯社(ANP)和 Novum 通讯社(Novum News)不同,荷兰报业联盟不仅提供最新的、来自于现场的一手报道,更是会深度发掘新闻事件背后的故事。在发展的鼎盛时期,荷兰报业联盟在全世界 19 个国家和地区,派出了超过 50 位记者进行报道,源源不断地为读者提供各地的资讯。

四、涉华报道

此前,荷兰报业联盟在北京、上海设有驻华分部,既关注中国普通百姓对于的荷兰的印象和看法,也聚焦了中国政治、经济、社会、外交上的最新动态。在涉华报道上,既有客观求实的报道,也有无端猜测的新闻,甚至还有恶意中伤的言论。总的来看,涉华报道中负面报道相对较多,猜测性报道时有所见。例如,乌鲁木齐"7·5"打砸抢烧严重暴力犯罪事件,来自荷兰报业联盟的记者不仅无视事实真相,对这一事件进行了歪曲报道,甚至违背新闻伦理,公然造假。

"7·5"事件发生后,包括来自荷兰报业联盟在内的多名外国记者来到乌鲁木齐,在采访报道的过程中,多次用刺激、挑唆和煽动性的语言,企图引诱、"启发"被采访者表达对政府和现实的不满和愤怒。甚至不顾媒体从业人员的起码职业准则,充当起临时"导演"和"演员",当场教唆被访者如何游行、如何呼喊口号等,同时马上用摄像机进行摄像、录音,在光天化日之下现场造假。不仅违背了在新闻报道中应该坚持的真实、客观、公正原则,对于媒体的公信力和影响力也是极大的损害。[①]

荷兰公共广播公司 Nederlandse Publieke Omroep

荷兰公共广播公司(Nederlandse Publieke Omroep,简称 NPO)是荷兰所有公共广播电视媒体的管理机构,也是荷兰最大的新闻媒体公司。该公司旗下主要有广播、电视、互联网等媒体平台,向全世界提供客观独立的新闻资讯、时政报道和服务信息。

一、历史沿革

荷兰公共广播电视体系,是由一系列各级组织一起负责广播、电视节目的制作和播出。荷兰的公众广播电视体制下共有 35 个广播电视组织,由公共广播电视的统一管理机构——荷兰公共广播公司根据各组织会员人数分配广播电视的播放时间。其中,八大广播电视媒体在三套属于半官方性质的全国性电视节目中拥有支配性的播放时间。荷兰公共广播公司直接隶属于荷兰公共广播电视协会,是荷兰的国家电视媒体机构。尽管在 20 世纪 70 年代之后,商业电视台的冲击使荷兰广播电视一贯的"支柱化"传统渐渐式微,不过公共媒体还是占据着媒体市场的主体。

荷兰公共广播公司的前身为 NTS 新闻台(NTS Journaal),以提供新闻报道和体育赛事信息为主。该台创立于 1956 年,由荷兰电视服务协会(Nederlandse Televisie Stichting,简称 NOS)创立。之后荷兰电视服务协会与荷兰广播联合会(Netherlands Radio Union)合并,1967 年正式更名为荷兰放送协会(Nederlandse Omroep Stichting),负责旗下节目的制作播出、摄影棚、乐团及播出设备的管理和维护,同时也向协会各会员提供设备的使用权。从 1969 年开始,荷兰电视服务协会不仅为大众提供公共服务性质的电视和广播节目,同时作为荷兰广播电视业的代表,负责海外节目的购买和交易。

1988 年,荷兰颁布了《传媒法》,将整个广播电视体系中的技术、播出和传输等业务由公共服务变成商业公司的私有化行为,也就意味着荷兰电视服务协会也需要付费才能得到这些服务,进而保证节目的正常播出。在此基础上,由荷兰放送制作公司(NOB)负责重组和提供这些服务。同时,新的《传媒法》也规定,节目的审查将由专门的政府检查委员会进行,不再由荷兰电视服务协会负责。

1995 年修改后的《媒体法》又一次削减了荷兰电视服务协会的职能范围,原本由协会负责制作的文化、儿童、教育、少数族裔节目将交由新成立的荷兰节目服务协会(Nederlandse Programma Stichting,简称 NPS)负责。此后,荷兰电视服务协会则负责制作播出新闻、体育和直播节目。

2005 年,荷兰电视服务协会重新设计了已经使用了 36 年的台标,同时对新闻中心也作出了重大调整。将原本各自独立的广播、电视台、网络新闻中心整合,以新闻类型,而非播出平台进行重组。

2014 年 8 月起,荷兰广播电视协会为了顺应网络时代发展,提高国家广播电视台的辨识度,正式将协会名称由荷兰广播电视协会(Nederlandse Omroep Stichting)变更为荷兰公共广播公司(Nederlandse Publieke Omroep),公司所属的广播部、电视部的名称也相应进行调整。公司改组之后,电视台也正式更名为荷兰公共广播电视台。同时,荷兰公共广播公司为更名支付了 10 万欧元给原来的拥有者,以便获取域名 npo.nl。当电视台更名的消息发出后,出现了不少反对者和批评者,他们认为更名没有必要而且花费巨大。但是,公司董事会仍坚持更名计划。

---

① 人民日报:《一些西方媒体公然造假受到强烈抗议》,2009 年 7 月 14 日第 3 版,http://paper.people.com.cn/rmrb/html/2009—07/14/content_295499.htm,检索时间:2015 年 12 月 30 日。

二、发展现状

根据荷兰2008年颁布的《传媒法》，一直到2020年，荷兰公共广播公司将一直作为荷兰公共广播电视系统中的国家媒体，主要负责对外的电视节目播出。同时，荷兰公共广播公司的领导层也分为两部分：广播电视节目制作委员会和节目监管委员会。

目前，荷兰公共广播公司的运营资金来自于荷兰文化教育部的拨款和电视台的广告营收。2008年，该台全年的财政拨款为7380万欧元，[1]次年该台的广告营收达到1960万欧元。以荷兰现有人口来说，平均每位荷兰公民纳税额中的116欧元被用来支持国家电视台的运营。

近年来，荷兰公共广播公司已经加入了欧洲广播联盟(European Broadcasting Union)，是该联盟中的重要成员之一。在世界范围内，荷兰公共广播公司作为荷兰媒体的代表，获得了业界的广泛认可。2013年，荷兰公共广播公司凭借制作播出电视剧集 *The Deflowering of Eva Van End*，获得了由欧洲委员会、欧洲文化基金和欧广联共同举办的传媒业界奖项“欧洲奖”(Prix Europa)评选出的“最佳电视原创剧本”。

三、报道特点

经过几十年的发展和壮大，目前荷兰公共广播公司旗下共有3个覆盖全国的电视频道和十多个数字频道，向全国观众提供包括国内外政治、经济、体育、娱乐在内的资讯和节目。

目前，荷兰公共广播公司旗下主要有电视、广播和数字广播三大业务领域。在电视方面，主要有三大全国性电视频道NPO1、NPO2和NPO3，两个专为儿童和青少年收视群体开办的频道NOP Zappelin和NOP Zapp，遍布全国的十几家地方台，以及一个国际频道BVN(Het Beste van Vlaanderen en Nederland)。广播业务包括广播1台(NPO Radio 1)、广播2台(NPO Radio 2)、调频3台(NPO 3 FM)、广播4台(NPO Radio 4)、广播5台(NPO Radio 5)和广播6台(NPO Radio 6)六家广播电台，以及国际广播服务荷兰世界广播(Radio Netherlands Worldwide，简称RNW)。另外，数字频道主要通过卫星数字频道播出，同时也通过网络上线传播。目前，荷兰公共广播公司旗下的大多数电视和电台的节目都可以通过数字技术进行传播。

图18 荷兰公共广播公司旗下主要电视及广播频道标识

其中，最具影响力的是三大全国电视频道。NPO 1台主要制作播出新闻和家庭节目，最著名的节目是晚间8点钟播出的新闻节目，时长25分钟，每期收视人次约为150万到200万；NPO 2台以文化、艺术、政治和宗教节目为主，也会实况直播体育赛事，如环法自行车赛、奥运会和世界杯等；NPO 3台受众主要是年轻族群，白天(6:00—19:30)以儿童节目为主，晚间时段则播放青年人喜欢收看的节目，如电影、迷你剧、喜剧节目和真人秀等。

与此同时，荷兰公共广播公司还推出了综合网站 http://www.npo.nl，旗下所有频道的节目内容都收录在网站。同时，网站还提供在线实时收看电视节目、收听广播节目的服务。

① Met een nettoresultaat van 190 miljoen euro in 2009 levert Ster een belangrijke bijdrage aan de mediabegroting van het ministerie van OC&W. http://www.ster.nl/overster/jaarverslag.html，检索时间：2015年10月19日。

四、涉华报道

作为荷兰的国家电视台，荷兰公共广播公司重视与中、荷两国相关的新闻，报道也比较深入详细，使荷兰观众有机会更加全面地了解中国、中国人的生活以及中国对各类事务的看法。报道内容主要聚焦于中国在国际舞台上的表现，以政治、经济新闻为主，除此之外，对于中国的民族、人权、环境等方面也报道颇多。

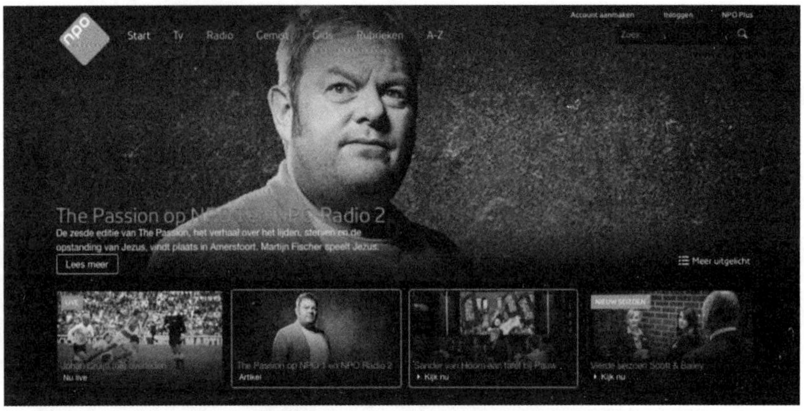

图 19　荷兰公共广播公司网站首页

图片引自荷兰公共广播公司网站：http://www.npo.nl，检索时间：2016 年 3 月 23 日。

中国经济是全球经济增长和贸易的引擎，因此，中国经济是荷兰公共广播公司最为关注的问题。2015 年中国股市震动成为世界各大媒体的头条，荷兰公共广播公司也就此话题采访了荷兰经济大臣坎姆普。报道称，荷兰对中国的出口只占其出口总额的 2%，所以荷兰经济对中国并没有直接的依赖，中国经济状况对荷兰可能产生的影响较小。坎姆普在采访中强调，中国“并非是一个泡沫经济体，而是一个以成绩为基础的经济体”，因而对中国经济表示乐观。

2014 年两会期间，荷兰公共广播公司也聚焦于经济增长模式的转变，关注了中国国务院总理李克强在人大会议开幕式上所作的政府工作报告。该报道介绍称，中国总理宣布将通过经济改革实现今后多年的稳定增长，中国将从追求发展的“量”转化成改善发展的“质”。

2014 年，荷兰公共广播公司在其网站刊登了一篇题为《中国对美国说：虐囚的种族主义分子，别再不停抱怨》的文章，对中美两国在国际人权日发布报告直指彼此人权问题一事作出报道。美国国务卿和美驻华大使均在国际人权日发表了对中国人权状况表示关切的声明，中国对此很快作出反应，并对美国弗格森枪击黑人案和中情局虐囚丑闻展开了批评。荷兰 Clingendael 研究所中国问题专家范德普顿对中国的立场表示理解，他认为美国将人权作为外交政策的重要内容，自认站在道德制高点上，而中国的观点则是应该考虑各国不同的发展情况和发展阶段。

瑞　典

《哥德堡邮报》*Göteborgs Posten*

Göteborgs-Posten

瑞典不仅是北欧，也是世界大众传播业最为发达的地区之一。瑞典每百万人人均拥有日报数超过 12 种，是欧共体平均值的 3 倍。报纸主要集中在斯德哥尔摩、哥德堡、马尔默三大城市出版。《哥德堡邮报》(*Göteborgs Posten*)，是瑞典主要的报纸之一，也是瑞典西海岸哥德堡市最大的早报，由家族企业姚耐集团(Hjörne Group)所有。

一、历史沿革

《哥德堡邮报》历史悠久，创办于 1813 年，由出版人 Georg Löwegren 在哥德堡市创立，起初以杂志的形式出版，每星期出刊两期。1822 年曾一度停刊，1850 年复刊后，经营至今。1860 年，该刊物开始每周发行六期，1872 年，《哥德堡邮报》正式以报纸的形式开始发行。1939 年，《歌德堡邮报》改版成日报，每日发行。2004 年，《可德堡邮报》主报改为小报型发行，同之前已改版的各副刊保持一致。

二、发展现状

1995 年，《哥德堡邮报》推出了线上数字版，为读者提供网络阅读服务。

进入新千年，《哥德堡邮报》以传媒集团为发展重点，通过一系列的合并和合作，目前已经成为在瑞典西海岸拥有多家报纸、杂志和电视台的综合传媒集团。

2007 年 5 月，《哥德堡邮报》的网络电视台 GP TV 正式上线，标志着《歌德堡邮报》向全媒体的方向迈进。

2014 年，网络付费电视台 GP＋正式推出，其宗旨为向互联网和移动端用户提供最新鲜及时的资讯。

三、报道特点

《哥德堡邮报》报社总部位于瑞典第二大城市哥德堡，主要在瑞典南约塔兰地区发行，是一份面向哥德堡广大市民的综合性城市报纸，它以贴近市民生活的报道、读者喜闻乐见的内容和形式，受到了广泛的欢迎。在本地版之外，《哥德堡邮报》也同时发行全国版，力图以全国性的政治、经济和文化报道吸引读者，并且成为最有影响力的瑞典媒体之一，是瑞典全国发行量第二大的报纸。瑞典舆论环境宽松、意识形态多元，在政治观点上，《哥德堡邮报》较倾向于自由主义，对于社会福利、移民、宗教等敏感的社会问题，该报的观点较为温和。1904 年，Edvard Alcman 出任《哥德堡邮报》主编，该报的立场开始偏向自由主义，报道的内容也更多地倾向于文化、文学和艺术。

1926 年，主编 Harry Hjørne 创立了该报体育版，用每周一的第五版和第六版两个版面对赛事进行固定报道。这个改变受到了读者的欢迎。1959 年，报道 Ingemar Johansson 成为拳击世界冠军的那期报纸，一共卖出了 322,000 份，至今仍然保持了《哥德堡邮报》单日出报量的纪录。

从 1944 年起，《哥德堡邮报》就成了哥德堡市最大的广告发布媒体，它的广告额通常要占哥德堡周边地区的媒体市场的三分之一以上，广告内容会占据报纸的40%左右的版面，这成为报纸营收的一大重要手段。

四、涉华报道

《哥德堡邮报》的涉华报道以中瑞两国在不同领域、层次上的互动交流为主，涉及经济(如吉利收购沃尔沃事件)、文化(如瑞典上海周、哥德堡号重走海上丝绸之路等事件)、体育(如瑞典球员转会中超)等各个方面，成为哥德堡市民、瑞典读者了解中国的一扇重要窗口。

《哥德堡邮报》十分重视中瑞之间的经济关系及对瑞典的影响。《哥德堡邮报》报道称，2015年以来旅瑞中国游客增长迅猛。瑞典工商和创新大臣米卡尔单贝里曾经表示，中国是瑞典政府必须关注的旅游客源国，今年来自中国的游客数量预计将增长10个百分点。这在一定程度上体现了其在涉华经济报道问题上的视角。

同时，《哥德堡邮报》也积极关注世界第二大经济体中国的商业表现和市场活力，就2015年动荡的中国股市，《哥德堡邮报》发表评论文章，指出中国近来的股市低迷是由于计划经济导致的。文章称，最新的5年计划把政府工作的重点从经济发展转向别处，例如反腐。此外，中国出口依赖度下降和国家投资的减少也是导致经济下行的重要原因。

此外，《哥德堡邮报》也从一些有趣的小细节，向远隔万里的瑞典读者更好地介绍当下中国。《哥德堡邮报》曾报道过淘宝网的“奇葩商品”，该报称，中国的淘宝网是世界上最大的在线交易网站，这个网购商场有多达8亿件商品。近来，淘宝网上接连出现租赁男友、活蝎、无人机甚至人乳香皂等“奇葩商品”，引人注目。

《今日工业》*Dagens Industri*

《今日工业》(*Dagens Industri*)是北欧地区最大的财经媒体，隶属于瑞典最大的传媒集团波尼亚集团(Bonnier AB)。

一、历史沿革

二十世纪七八十年代，经济全球化日趋深入，瑞典自身工业经济实力发展壮大，经济类媒体的读者群也不断扩张。在这一背景下，波尼亚集团于1976年创办了专业的财经报纸《今日工业》。创刊时，《今日工业》是一本聚焦于科技领域的刊物。1983年，《今日工业》实施战略转型，转变为一份关注商业公司和股市发展的财经报纸。

凭借着自身尖锐、坦率的报道风格和专业的报道水平，《今日工业》从创办之初的每周仅发行两期的小报纸，现已发展成为发行量达到10万份、拥有38.2万名读者的经济类日报。而且，《今日工业》的发行范围也已经辐射到丹麦、挪威、芬兰、波兰和俄罗斯等国，麾下拥有8家分布在不同国家、完全当地化的经济类报纸，成为北欧地区规模最具影响力的权威性经济媒体品牌。

二、发展现状

在互联网时代，《今日工业》积极面对数字化阅读给传统媒体带来的冲击，致力于发展报纸的网上内容，并不断开发出新的产品和服务满足读者的需求。

1994年5月，《今日工业》的网络版Di.se正式上线。网络版内容包括由编辑精选的《今日工业》当日重要的头版报道内容，同时也会实时更新来自斯德哥尔摩股票交易所的最新股票大盘信息。《今日工业》网络版上线之初就获得了近 8000 次的每日访问量。此后，读者访问量每年都在显著增长，成为瑞典民众获得财经信息和商业新闻的重要方式。2015 年初，《今日工业》网络版每周的独立访问用户数是 80 万。①

2005 年 11 月，《今日工业》旗下的财经视频节目 DiTV 正式上线。从 2008 年 12 月起，该节目可以在《今日工业》的网站上免费观看。

2014 年 3 月，《今日工业》推出了全新的数字应用，今日工业数据（Di Agenda），可以提供关于能源、保健和对外贸易三个领域最新的分析、行业报告、趋势前瞻以及《今日工业》往期的相关内容。

三、报道特点

作为一份专业报纸，《今日工业》主要关注政治经济和商业方面的新闻。瑞典经济发达，国内交通、通讯、医药保健、信息、环保领域在世界上具有较强的竞争力，拥有沃尔沃汽车、萨博汽车和爱立信通信、伊莱克斯电器、宜家家具和 H&M 服装等国际知名品牌。《今日工业》以公司行业新闻、区域经济报道、投资理财资讯为主，同时关注瑞典企业在全球化市场上的表现，关注全球化背景下瑞典经济的发展和社会进步。

图 1 《今日工业》头版

图 2 《今日工业》网站首页

图片引自 http://www.di.se，检索时间：2016 年 3 月 5 日。

① 瑞典互联网数据查询网站：http://www.kiaindex.se/，检索时间：2015 年 6 月 1 日。

除《今日工业》报纸外，每周末该报同时发行《今日周刊》(Di Weekend)。该周刊于2002年推出，内容聚焦商业人专访和深度解读最新风尚，对时下流行的汽车、酒类、手表以及度假旅馆进行评测和推荐，也对热门的电影、音乐、书籍、时装、建筑等内容进行报道。

图3 《今日工业》的各种内容产品

四、涉华报道

近年来，随着中国经济的蓬勃发展、中国国际影响力的扩大、中瑞企业双边经贸合作的加强，《今日工业》对于中国的报道篇幅也在不断增加，角度也日趋丰富。对于吉利与沃尔沃的成功“联姻”、两国其他企业在商业上的合作共赢，《今日工业》都进行了大量的持续报道，并给予了正面的评价。

此外，该报也积极关注走出国门、在瑞典发展的中国企业。秉承全球视野和战略眼光，《今日工业》正不断将中国经济社会发展情况介绍给瑞典民众。除关注中国的市场发展、经济走向等经济类资讯外，该报也对中国的两会、环境问题等政治、环保类新闻进行报道，更加全面、客观、积极地介绍中国和中国的发展情况。同时，《今日工业》积极推动中瑞经贸关系，连续多年举办中国峰会，增进瑞典各界对中国的了解。

《每日新闻》*Dagens Nyheter*

DAGENS NYHETER.

《每日新闻》(*Dagens Nyheter*，简称DN)是瑞典的一份日报，报社总部设在斯德哥尔摩，发行覆盖全国范围。目前，《每日新闻》是瑞典最大、最具影响力的报纸，在国际上也有一定的影响力。

一、历史沿革

1864年，《每日新闻》由瑞典历史上著名的出版人、记者鲁道夫·沃尔(Rudolf Wall)在斯德哥尔摩创办，最初为一本杂志，主要报道内容以斯德哥尔摩市的新闻为主。目前，《每日新闻》由瑞典传媒巨头波尼亚集团(Bonnier Group)所有，波尼亚新闻集团旗下辖有17家报纸、70多份杂志、9家出版社，在全球20多个国家和地区拥有150多家子公司。2013年，该报达到销售额40亿美元。《每日新闻》是波尼亚集团发行量最大的一份报纸，2013年每日的发行量为28万份，每周约有150万人浏览《每日新闻》网站www.DN.se提供的新闻。[①]

二、发展现状

面对互联网对传统报业的冲击，《每日新闻》会在第一时间将最新近的国内、国际新闻资讯更新到网站上，然后根据浏览量、评论数选择出读者最感兴趣的新闻，作为当天(或隔天)报纸的主要内容。

《每日新闻》致力于成为“瑞典最重要的社交和民主阵地。期望在最大程度上来反映生活和生命的多样态，为民众指引方向，提供价值，成为民众生活中重要的一部分”。成为一份启迪民智的都市报，一直是该报的发展方向。

① 瑞典媒体数据查询网站：http://info.dn.se/info/om－oss/korta－fakta/，检索时间：2015年7月4日。

图 4 《每日新闻》网站首页

图片引自《每日新闻》网站：http://www.dn.se，检索时间：2016 年 3 月 10 日。

图 5 《每日新闻》分为新闻、经济与体育和文化三叠

三、报道特点

作为瑞典国内的主流大报，《每日新闻》的读者也大多为中产阶级及精英阶层。因此，很多政治人物也通常都会选择在该报上发表社论来表达自己的政治观点和理念。《每日新闻》定位于一张不受任何政党影响的中立性报纸，但其政治上更倾向于“独立的自由主义”。《每日新闻》的办报宗旨是成为一份所有瑞典人都能看得起的报纸，并且编发具有本报独立见解的新闻。每天，《每日新闻》都会组织 40 个业余新闻评论员，针对读者所关心的国内外话题撰写评论，再从中选择 1 到 2 篇优秀的文章予以刊发。

2004 年，《每日新闻》改为更为紧凑的版式，主要内容分为 ABC 三叠，关注重点分别为“新闻”“文化”“经济与体育”，向读者提供来自国内外的最新资讯。其中 60% 的新闻内容为读者更为熟悉和感兴趣的国内新闻，国际新闻每天约 4 个版面。在世界上多个有影响力的大国以及热点地区，《每日新闻》都派驻有报道组或办事处，24 小时关注全球范围内所发生的有国际影响力的新闻事件。

四、涉华报道

作为一份拥有全球视野的严肃报纸，《每日新闻》也关注中国当下的社会现状，关心中国改革开放以后经济的快速发展和政治上的改革，尤其在中国同瑞典经济往来日益密切的环境下，该报格外关注中瑞经济合作的关系以及瑞典企业在华表现。

2011 年，《每日新闻》发表文章报道中国的汽车工业发展。报道指出，中国在轿车销售、原材料进口等多个领域位居世界第一。自 1978 年实施改革开放政策以来，中国经济发生了世界历史上最为深刻的转变，GDP 年均增幅接近 10%。如今，中国成为许多瑞典企业最重要的市场。并对中国经济发展表示乐观，认为再过 10 至 20 年，中国将成为全球最大的经济体。这将在所有层面给全世界带来影响。此外，《每日新闻》还曾报道曼德尔森呼吁采取措施解决中国服装积压欧洲海关的问题，建议对积压在欧洲海关仓库的中国服装放行。2013 年，《每日新闻》又报道了瑞典知名快销时装品牌 H&M 拟在中国推出电子商务平台，进一步扩大中国市场的消息。

同时，《每日新闻》也聚焦中国当代社会在发展中暴露出的问题，如环境污染、同性恋群体权益等。该报曾采访过中国著名环保人士、环保活动家吴立红，并在报道中指出，在过去的二十多年中，吴立红一直致力于保护中国第三大湖太湖的环境，并认为她从未放弃自己的环保信念。对于北京愈演愈烈的雾霾，《每日新闻》曾发布图片新闻称，因居民意识到他们所呼吸的空气有缩短寿命的风险，在北京街头佩戴口罩的人已非常普遍。近年来，中国北部的天空，就像 19 世纪的伦敦和 20 世纪 70 年代的洛杉矶，经常被雾霾笼罩。

《南瑞典日报》*Sydsvenskan*

SYDSVENSKAN

《南瑞典日报》(*Sydsvenska Dagbladet Snällposten*,简称 Sydsvenskan)创办于 1870 年,至今已有近一个半世纪的历史。报社总部位于瑞典南部斯科讷省马尔默市(Malmö,Scania),每日早上发行。《南瑞典日报》以自由、独立为办报原则,是瑞典南部声望最高、发行量最大的报纸之一。

一、历史沿革

《南瑞典日报》的前身是 1848 年创办于马尔默的《马尔默快报》(*Snäll-Posten från Malmö*)。1870 年,《南瑞典日报》正式创刊,成为《马尔默快报》的竞争者。两家报社不久之后即合并,于 1872 年 1 月 2 日开始以《南瑞典日报》(*Sydsvenska Dagbladet Snällposten*)之名继续发行。

44
SYDSVENSKA DAGBLADET
SNÄLLPOSTEN.
1914
30 Maj.
agen
Grand Hôtel Fersen
öppnar Pingstdagen fullständig Café- och Boulevardservering.
Bästa plats för utställningsbesökande att intaga sina måltider och förfriskningar.
Prima
Tjärstrykning
Adler-Automobilernas Segertåg 1914.

图 6 早期《南瑞典日报》报头

在 1945 年之前,《南瑞典日报》一直是马尔默唯一一家周日也照常出刊的报纸,在当地拥有非常高的支持率,广告收入也一直名列前茅。① 在 20 世纪 40 年代,《南瑞典日报》已经成为马尔默市内最大的报纸,② 1948 年在马尔默市内的覆盖率为 37%。③ 然而,《南瑞典日报》并不满足于只在马尔默一隆德地区发行,而是希望能够将覆盖面扩展到整个瑞典南部。

六十年代,《南瑞典日报》搬迁至马尔默市郊的新办公大楼,并建立了自己的印刷厂,所登文章的质量也在不断提高。报社立场虽偏向保守党,但也经常在报道内容上有所放松。1966 年,报社的政治立场由保守派转向独立自由派,其订阅覆盖也在接下来的一年内,成功达到了马尔默市内超过半数的居民。④

1989 年,《南瑞典日报》开始实行三份制发行形式,即一份报纸由三个独立叠次(ABC-delen)组成,每个叠次拥有各自单独的页码。依据发行地区的不同,报纸又进一步区分为三种版本:各版本的 C 叠(C-delen)为当地新闻,并且根据发行地区的不同而有着不同的内容与编排方式。第一种版本发行于除了隆德与马尔默地区以外的其他瑞典城市(如约塔尔南部),第二种版本在隆德发行,第三种版本在马尔默发行。由于马尔默地区发行的版本较瑞典其他地区的版本晚一小时左右截稿,因而第三种版本的时效性与可信度相较其他版本也相对更高。

---

① Karl Erik Gustafsson, Per Rydén (2010): A History of the Press in Sweden . Gothenburg: Nordicom, p. 189.

② Karl Erik Gustafsson, Per Rydén (2010): A History of the Press in Sweden . Gothenburg: Nordicom, p. 241.

③ Karl Erik Gustafsson, Per Rydén (2010): A History of the Press in Sweden . Gothenburg: Nordicom, p. 253.

④ Karl Erik Gustafsson, Per Rydén (2010): A History of the Press in Sweden . Gothenburg: Nordicom, p. 271.

1994年，瑞典最大的传媒公司——邦尼集团(Bonnier Group)收购了《南瑞典日报》。[1] 邦尼集团是瑞典唯一称得上全国性的传媒公司，旗下掌控有瑞典国内超过四分之一的报纸发行量，1997年其在日报业所获的利润超过40%。

BONNIER
THE BONNIER GROUP

图7　邦尼集团标识

1995年9月1日，《南瑞典日报》推出在线网络版，开始随平面报纸同步更新网络新闻内容。2004年10月5日，《南瑞典日报》的三个版本同时一改传统的大报版式为紧凑的小型报编排模式，报头上的报名也由原本的全称简写为Sydsvenskan(意为"南瑞典")，不过自1872年以来一直沿用的正式报名——《南瑞典日报》仍然保留了下来。

二、发展现状

在瑞典，报纸大致分为四种类型：都市晨报(Metropolitan morning papers)、都市晚报(Metropolitan evening papers)、地区报纸(The provincial press)和非日刊报纸(Low-frequency papers)。[2] 其中，都市晨报是瑞典最典型的报纸类型，发行区域大多集中在斯德哥尔摩、哥德堡和马尔默三大城市，每天发行一期，派送至订购用户家中。《南瑞典日报》是瑞典的三大都市晨报之一，其余两种为斯德哥尔摩的《每日新闻》(*Dagens Nyheter*)和哥德堡的《哥德堡邮报》(*Göteborgs－Posten*)。这三份报纸的发行量在瑞典国内遥遥领先，是瑞典最重要的主流报纸媒体。都市晚报包括《瑞典晚报》《瑞典快报》等，而地区报纸则涵括了在除三大城市之外的其他地区发行的报纸，例如《纳克人报》(*Nerikes Allehanda*)等。这类报纸都是每天早上出刊，每周发行六天，仅面向订阅用户发行，并不零售。最后一类，包括周刊、半月刊、月刊等低频率发行的报纸都被归为一类，即非日刊报纸。这类报纸发行地区不限，大部分报纸同样仅面向订阅用户发行。

图8　《南瑞典日报》移动客户端应用

1998年时，《南瑞典日报》的发行量为周内版125 000份，而周日版则达到146 000。在2005年前后，该报的发行量达到历史最高水平，平均发行量达到129 300份。在这之后，传统报业发行受到来自网络新媒体的巨大冲击，《南瑞典日报》也未能出其外，发行量明显下降。2012年，该报的平均发行量为94 800份，之后在2013

---

① Stig Hadenius, Lennart Weibull (1999): "The Swedish Newspaper System in the Late 1990s. Tradition and Transition" (PDF). Nordicom Review, p. 143.

② Stig Hadenius, Lennart Weibull (1999): "The Swedish Newspaper System in the Late 1990s. Tradition and Transition" (PDF). Nordicom Review, p. 137.

年又略有回升,达到 99 800 份。最近几年,《南瑞典日报》的发行量趋于平稳。

从 2013 年 2 月开始,《南瑞典日报》网站开始启用付费墙。报纸电子版订户可以 28 瑞典克朗(1 瑞典克朗约合人民币 0.8 元),订阅网站全部内容的浏览权限。对于没有订阅纸质版报纸的用户,每月可以免费浏览 20 篇文章。经过一年的推广期,《南瑞典日报》网站获得了 6000 名注册用户,以及超过 4000 名固定付费订户。2014 年 8 月开始,电子订阅的费用上提到 59 瑞典克朗,并基本固定下来。同时,公司又进一步修订规则,将免费浏览内容的限定改为每周 5 篇文章。在此基础上,该报还推出了适用于移动端阅读的移动客户端应用。

三、报道特点

长期以来,《南瑞典日报》的报道侧重以斯堪尼亚西南部的地方新闻为主,同时对全国新闻、欧盟消息和国际时事都有所关注。《南瑞典日报》的报道覆盖面十分广泛,包括国内外新闻、文化、体育、娱乐、经济、家庭和电视节目等多个版面。除此以外,《南瑞典日报》还专门设置有四个特殊版块,包括:"我们之间"(Oss emellan)、"周围环境"(Omkretsen)、"那个字"(Ordet)以及青少年专刊 Postis。其中,Postis 是一个针对十七岁以下的青少年设置的辩论版面,于 1973 年 3 月 4 日正式开始出版。最初,《南瑞典日报》仅在每周日刊发这个专版,但是随着如潮好评则逐渐发展为每天一期的专栏内容。另外,"周围环境"(Omkretsen)专版则主要是针对隆德和马尔默市及其周边环境的监督性报道。设置这些特色专版的主要目的之一,在于增加《南瑞典日报》在马尔默周边乡镇市与郊区的阅读率。

2004 年报社启动的全面改革中,除了上文所述更改版式和报头,还包括整体增加版面,由以往的三个叠次增至每天出刊四个叠次。与此同时,前三个叠次也进一步明确了各自的内容定位,A 叠次以国内外重要新闻为核心内容,B 叠次主要报道文化与娱乐新闻,C 叠次则集中报道体育新闻,根据发行覆盖地区的不同分别以"马尔默与体育"和"隆德与体育"命名。

四、涉华报道

在《南瑞典日报》官方网站上以"中国"为关键词进行搜索,共得 3529 条结果,其报道覆盖面包括政治、经济、体育、娱乐等多方面内容,读者可根据时间顺序浏览相关文章,也可点击网站侧边栏给出的"发布时间""报道主题"和"文章作者"三个分区进行有侧重点的阅读浏览。根据发布时间搜索所得的相关报道数量如下:

图 9 《南瑞典日报》版面

表 1

年份	2009	2010	2011	2012	2013	2014	2015
报道数量	271	219	169	242	120	128	300

数据截止日期:2015 年 8 月 24 日

而根据报道主题来看,“体育”和“世界”是报道数量最多的两大主题,报道数分别达到 1412 篇和 1361 篇,其余主题的报道数量都在 1000 篇以下。排在第三位的主题是“新闻速递”,数量为 203 篇。第四位为“观点”,该主题为评论员文章,数量为 173 篇。剩余两个报道数量过百的主题分别是“经济”及“文化娱乐”,数量分别是 127 篇和 123 篇。

《南瑞典日报》发表的涉华报道关注的主题多样,在最新的报道文章中,跟踪报道了天津特大爆炸事故的各方进展,同时特别关注报道了在北京举行的世界田径锦标赛。

除此之外,该报的涉华报道经常会报道一些较为轻松的软新闻话题。例如,采取多图形式报道了中国成都熊猫基地的熊猫宝宝们等。与这类主题相应,报道的阅读量也较高。

SYDSVENSKAN
Välj hur du vill läsa
Obegränsad tillgång. Ingen bindningstid. Från 59 kr/mån.
Malmö +15°C
MALMÖ LUND OMKRETSEN SPORT EKONOMI OPINION KULTUR & NÖJEN SKÅNE SVERIGE ÅSIKTER HEMMA RESOR BIL & TRAFIK JOBB

En medalj Sveriges VM-mål i Peking

DELA 0 TWEETA 0 MEJLA

Text: TT

Publicerad 21 augusti 2015 17.28 · Uppdaterad 21 augusti 2015 17.28

Textstorlek

I Moskva för två år sedan var Abeba Aregawis guld på 1 500 meter Sveriges enda medalj i VM.

Förbundskapten Karin Torneklint hoppas att åtminstone en friidrottare tar sig upp på prispallen även i Peking.

MEST DELADE ARTIKLARNA

39715 delningar Inför döden ångrar få att de inte simmat med delfiner

4817 delningar Fackligt uppror mot polisens toppchefer

3907 delningar Rosenberg: Vi är starkare än förra året

图 10 瑞典将在北京田径世锦赛上对奖牌发起冲击

《南瑞典日报》官网:《瑞典将在北京田径世锦赛上对奖牌发起冲击》,2015 年 8 月 21 日,http://www.sydsvenskan.se/sport/en－medalj－sveriges－vm－mal－i－peking/,检索时间:2015 年 8 月 25 日。

SYDSVENSKAN

Dubbel bebislycka för jättepanda

DJUR Det råder bebisyra på National Zoo i Washington. Jättepandan Mei Xiang har, något överraskande, fött tvillingar.

Text: TT

Jättepandan Mei Xiang har fött två ungar i djurparken i Washington. Här är hon med sin tidigare pandababy, Bao Bao, som föddes 2013.

Intresset har varit stort för publikmagneten Mei Xiangs förlossning. När djurparken twittrade ut att hon hade fått värkar kraschade deras direktsändning på nätet.

"Vi är glada över att Mei Xiang har fött. Ungen är sårbar nu när den är så liten, men vi vet att Mei är en utmärkt mamma" sade djurparkschefen Dennis Kelly i ett uttalande, efter att den första ungen kommit till världen.

图 11 熊猫宝宝的双倍幸福

《南瑞典日报》官网:《熊猫宝宝的双倍幸福》,2015 年 8 月 23 日,http://www. sydsvenskan. se/varlden/ny － pandaunge － i － washington/,检索时间:2015 年 8 月 25 日。

瑞典电视四台 TV 4

瑞典电视四台(TV 4)是瑞典最大的商业电视台,成立于 1990 年,公司总部位于瑞典首都斯德哥尔摩。

一、历史沿革

瑞典电视四台可谓是瑞典电视行业的后起之秀。它的头号竞争对手——瑞典电视台(Sveriges Television)自 20 世纪 20 年代创立以来,是瑞典的全国性公共电视台。长期以来,得益于政府政策的优待支持,瑞典电视台真正实现一家独大。因此,在很长一段时间内,瑞典广播电视业的特征是集中性和垄断性。①

1990 年,瑞典电视四台的出现打破了瑞典国内电视公共体制的垄断格局。在成立仅仅四年后,瑞典电视四台就一跃成为国内最大的电视台,并占据收视第一的位置数年之久。2004 年,瑞典电视四台决定转型为纯数字

① 杨瑞明:《当代瑞典新闻传播业概况》,《新闻战线》1998 年第 4 期。

电视,并于2005年逐步开始停止地面模拟信号的传输。两年后,瑞典电视四台正式全面停止发射地面模拟信号。

2004年,瑞典电视四台成为欧洲广播联盟(European Broadcasting Union)的正式成员之一。

二、发展现状

当前,瑞典电视四台下设十六个地区电视台。在四台创建初期,这些地区分台由地区投资人和四台共同掌管。2001年,瑞典电视四台将这些地区分台买断,重新进行统一调配。地方电视台的节目内容往往取材于当地居民的日常生活,更贴近群众,也因此吸引了大量的观众。

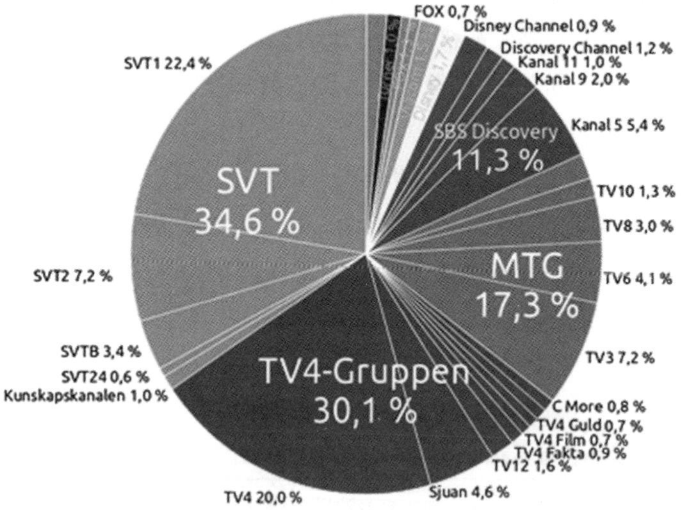

图12　2014年瑞典各电视台收视统计数据

根据2014年统计数据显示,瑞典电视四台集团旗下的电视频道收视率占30.1%,仅次于国家台瑞典电视台(34.6%)。①

在此基础上,瑞典电视四台还推出了在线服务,用户可以通过瑞典电视四台的网站观看到各档节目。但是,目前网站仅支持瑞典语浏览。此外,瑞典电视四台还推出了移动客户端"TV4 Play",以供用户在手机等移动终端使用。同官网一样,客户端目前只支持瑞典语。

三、报道特点

瑞典电视四台是一个综合电视台,播出内容包括新闻、体育、时政、纪录片、电视剧、娱乐等各种节目。其中,新闻节目是瑞典电视四台的重头戏。常规新闻节目《新闻》(*Nyheterna*)于每天晚上七点和十点播出。除此之外,还有早间新闻《早新闻》(*Nyhetsmorgon*)。该栏目自1992年开播至今,创造了瑞典电视的历史,成为全国第一档在工作日播出的早间新闻栏目。

图13　早间新闻节目《早新闻》

图片引自瑞典电视四台网站:节目介绍,http://www.tv4.se/nyhetsmorgon,检索时间:2015年8月18日。

与此同时,瑞典电视四台不仅是第一家开办早间新闻的电视台,同时也是瑞典第一家播放自己制作的电视连续剧的电视台。除了自制栏目之外,瑞典电视四台还会从国外引进一些电视剧和电视节目,英国和美国是瑞典电视四台主要的节目引进对象国。对于引进的英美电视剧,瑞典电视四台在播放时采取播放原声并全部配

---

① Mediamätning i Skandinavien:Årsrapporten 2014 för TV och Webb-TV(《瑞典电视与网络电视年度报告-2014》),http://www.mms.se/_dokument/rapporter/ar/Årsrapport%202011.pdf,检索时间:2015年5月19日。

上瑞典语字幕的方式。

四、涉华报道

在瑞典电视四台的网站中以关键词“Kina”（中国）进行检索，共有 1402 条搜索结果。其中，完整的专题节目共有三个，两个是中国主题纪录片，分别是 2006 年由美国拍摄的《被宠坏的中国年轻人》（*Ung och bortskämd i Kina*）和 2008 年由加拿大拍摄的《中国餐馆》（*Kinarestaurangen*）。另外一个节目，则是 2014 年瑞典对阵中国的女子冰壶锦标赛比赛视频。除此之外，其他涉及中国的报道都是新闻节目中相关的视频片段，而非对中国的直接报道。

近几年，瑞典电视四台的新闻节目也对发生在中国的新闻事件十分关注。例如，2015 年“8·12”天津爆炸事故发生后，瑞典电视四台在从 12 号到 16 号的新闻中，每天都有对事件进展的关注，篇幅平均在一分钟上下，13 号更是一天内播出了三条消息。此外，瑞典电视四台关注的新闻事件还包括中国南方省份受台风“苏迪罗”影响受灾严重、中国游泳健将宁泽涛世锦赛夺冠、中国经济走势等多方面内容。

瑞典电视台 Sveriges Television

瑞典的广电行业于 20 世纪 20 年代起步，在开设之初，国家决定采用与英国广电类似的模式，由国家垄断经营，向社会收取执照费。[①] 瑞典电视台（Sveriges Television）创建于 1956 年，是瑞典的国家电视台。该台拥有全瑞典最大的电视广播网络，总部位于瑞典首都斯德哥尔摩。

一、历史沿革

瑞典第一家广播电台——“AB Radiotjänst”（Radio Service Inc.，广播服务公司）为国营电台，隶属国有电信公司 Telegrafverket，是欧洲广播联盟（European Broadcasting Union，EBU）的 23 个初始成员之一。AB Radiotjänst 创建于 1924 年 3 月，正式开播时间为 1925 年元旦。1954 年，AB Radiotjänst 尝试开办电视业务。两年后，瑞典国会正式宣布将电视业务定为固定项目。[②] 因此，从 1957 年起，瑞典开始拥有固定播出的电视节目。同年，AB Radiotjänst 更名为瑞典广播公司（Sveriges Radio），负责全瑞典范围内广播电视节目的制作和播出。瑞典电视台作为其旗下的合资公司，专门负责电视业务部分。1979 年，瑞典广播公司旗下除了瑞典电视台，又分设了三个子公司，分别为瑞典国家广播公司（Sveriges Riksradio [RR]，Sweden's National Radio）、瑞典本土广播公司（Sveriges Lokalradio [LRAB]，Sweden's Local Radio）和瑞典教育广播公司（Sveriges Utbildningsradio [UR]，Sweden's Educational Radio）。在这一重组后，瑞典电视台主要负责除了教育节目之外所有电视节目的制作和播出。

1958 年，瑞典电视台推出了其第一档电视新闻栏目——《晚间新闻》（*Aktuellt*），它同时也是瑞典的第一档电视新闻节目，播出至今。*Aktuellt* 将自身定位为深度新闻时政节目，每期会对两到三个新闻事件进行深度剖析。自 2012 年 3 月开始，节目扩展时长至一个小时，并增加了体育报道、地区新闻和新闻简报栏目。

1969 年，经过多方考虑和商议，电视台决定增设一个频道，命名为 SVT2，该台与原有的 SVT1 同属瑞典电视台（Sveriges Television），为姐妹频道。两频道拥有各自独立的编辑团队，于节目时间安排上也相互协商好，不会在

---

① Television i Sverige — Ägande och struktur, Ministry of Culture, 1996, p.7.

② Television i Sverige — Ägande och struktur, Ministry of Culture, 1996, p.8.

同一时间段播放相同类型的节目以比拼收视,如:大热的周末娱乐节目在 SVT1 为周六播出,在 SVT2 则错峰于周五播出。在 1966 年,瑞典电视台引进彩色制式,并于四年后成为常规播送制式。

二、发展现状

1987 年,瑞典电视三台成立,自此,瑞典电视台不再是国内唯一的电视台,但瑞典三台的收视率一直无法与瑞典电视台竞争;直到 1992 年,私人商业电视台——瑞典电视四台(TV4-Gruppen)创立之后,瑞典电视台才开始真正有了竞争对手。瑞典电视四台在 20 世纪 90 年代末期曾一度跃居首位,成为最受瑞典人欢迎的电视公司,并于 2006 年一举夺得频道收视榜首。不过,截至 2014 年,瑞典电视台依旧是全国范围内最大的电视台,拥有 34.6 %的收视率①,占据国内电视台之首。

瑞典的电视广播系统很大程度上按照英国的广播电视系统打造,同英国 BBC 一样,瑞典电视台的节目中不播放广告,其收入来源为用户缴纳的电视执照费(television licence fee),该费用标准由瑞典国会(riksdagen or Sveriges riksdag,简称 Riksdag)决定。2015 年的电视执照费为 2076 克朗,约合 1552 人民币。②

在瑞典电视台的官方网站中,可以观看各频道的节目内容,其中大部分新闻节目都可以观看到完整片段,体育、教育、娱乐等节目则大多只能看到数分钟的片段。

图 14 瑞典电视台网站

图片引自瑞典电视台网站:http://www.svt.se,检索时间:2016 年 3 月 22 日。

三、报道特点

瑞典电视台下设六个国内频道,分别是两个综合频道"SVT1""SVT2", 新闻和体育频道"SVT24",儿童频道"SVT B "(Barnkanalen) 和教育频道"Kunskapskanalen"。

① Mediamätning i Skandinavien:Årsrapporten 2014 för TV och Webb－TV(《瑞典电视与网络电视年度报告－2014》),http://www.mms.se/_dokument/rapporter/ar/Årsrapport 2011.pdf,检索时间:2015 年 5 月 19 日。

② 瑞典电视台:SVT － the Swedish public service broadcaster,http://www.svt.se/aboutsvt/the－swedish－public－service－broadcaster,检索时间:2015 年 8 月 15 日。

表 2　瑞典电视台旗下主要频道

频道名称	台标
SVT1	svt1HD
SVT2	svt2HD
体育频道 SVT24	svt24
儿童频道 SVT B(Barnkanalen)	svt BARNKANALEN
教育频道 Kunskapskanalen	KUNSKAPSKANALEN

综合频道 SVT1 是瑞典最大的频道,其收视率在全国范围内也居于首位。该频道在 1956 年以“Radiotjänst TV”的名称首播,一年后随集团更名为“Sveriges Radio TV”。1969 年,SVT2 频道建立后,Sveriges Radio TV 随之更名为 SVT1。一开始,SVT1 频道只播放在斯德哥尔摩制作的节目,但 2001 年集团对频道节目内容进行了整改,将瑞典电视台的几档最有名的娱乐节目放到 SVT1 播放,企图将 SVT1 打造成为瑞典最受欢迎的电视频道。SVT1 频道内的其他节目包括几档常规整点新闻和儿童节目等。2008 年 8 月,SVT1 首次尝试播出地区新闻节目,并于一年后成功实现 24 小时全天放送。

与综合频道 SVT1 相比,SVT2 频道的节目针对的是更加细化的受众群体。SVT2 的内容以文化类节目为主,评论性新闻类节目为辅。还有特别针对萨米语、芬兰语和手语观众制作的节目。SVT2 并非 24 小时播出,凌晨五点至八点是空档期,没有节目播送。

另外,瑞典电视台还有一个当前仅在芬兰试播出的国际频道“SVT World”。所有频道中,只有 SVT1 和 SVT2 有高清版本,其余频道皆为数字信号播出。

四、涉华报道

在瑞典电视台官方网站上搜索关键词“Kina”(中国),共可得两大部分相关结果,一部分为“Program och sajter”(节目与网站),是瑞典电视台曾播放过的以中国为主题的各档节目。

图 15　关键词“中国”相关节目

如上图所示,该部分共有六个节目,其中《Kina－TV》(《中国电视》)与 *Alice från Kina*(《中国来的爱丽丝》)两档节目的链接已经失效,也无法找到节目简介。*Kinas affärer i världen*——《中国商店》是一档英国在2011年拍摄的纪录片,片中讲述了开在世界各地的中国商店。*Kinas mat*——《中国美食》为一档外景美食节目,带领观众探索中国博大精深的美食文化,主持人为瑞典电视台驻华记者弗雷德里克·翁纳瓦尔(Fredrik Önnevall)。

翁纳瓦尔能够说中文,在2005年到2008年的三年间,他作为驻华记者,负责瑞典电视台的对华报道,2011年至今担任瑞典电视台的制片人,工作地点依然在北京。*Världens händelser*——《世界大事记》为2012年播出的七集系列节目,该节目每集聚焦一件世界近代史上的大事,各集主题包括1984年英国矿工大罢工、1966年中国"文化大革命"、1967年希腊政变、2011年利比亚内战、1981年西班牙政变、2007年巴基斯坦前总理贝娜齐尔·布托遇刺。*Sidenvägen på 30 dagar*——《三十天重走丝绸之路》是一档2012年芬兰制作的旅行节目,主持人用一个月的时间,从格鲁吉亚的首都第比利斯出发,重新丈量古代丝绸之路。

图16 瑞典首相访华报道

搜索关键词"中国"的第二部分内容则是与中国相关的新闻文章和视频,共有104条,各年报道数量如下:

表3

年份	2012	2013	2014	2015
报道数量	4	7	16	77

从数据中可以看出,2015年来,瑞典电视台对中国的报道呈现井喷状态,其中既包括政经新闻,如报道瑞典首相访华[①]、中国下调利率防止经济动荡[②];还有从很具体的角度切入的相关报道,关注诸如:"拆迁市长"耿彦波对山西古城大同的改造[③]、中国筹建瑞典新铁路[④]等新闻议题。2015年8月16日,网站还对中国天津"8·12"爆炸事故进行了后续报道,报道中还配上了由外国网友拍摄的爆炸当日的视频。[⑤]

① 瑞典电视台:"Löfven väjer för frågorna i Kina",2015年3月29日,http://www.svt.se/nyheter/utrikes/lofven－vajer－for－fragorna－i－kina,检索日期:2015年9月21日。

② 瑞典电视台:"Kina sänker räntan - försöker stoppa raset",2015年8月25日,http://www.svt.se/nyheter/ekonomi/kina－rantesankning－for－att－bromsa－borsfallet,检索日期:2015年9月21日。

③ 瑞典电视台:"Full rulle i Kina",2015年3月6日,http://www.svt.se/dox/full－rulle－i－kina,检索日期:2015－9－21

④ 瑞典电视台:"Kina vill bygga svensk järnväg på rekordtid",2015年8月31日,http://www.svt.se/nyheter/inrikes/kina－vill－bygga－svensk－jarnvag－pa－rekordtid,检索日期:2015年9月21日。

⑤ 瑞典电视台:"Skrackbilder fran explosionerna i Tianjin",2015年8月16日,http://www.svt.se/nyheter/utrikes/85－doda－efter－explosioner－i－kina,检索日期:2015年9月20日。

瑞典广播电台 Sveriges Radio

瑞典广播电台(Sveriges Radio)是瑞典的公共广播机构,体制上同英国广播公司(BBC)类似,是接受政府财政资助的公营媒体,由独立的基金会负责运作,可以被视为一个半自治的非政府组织。

一、历史沿革

瑞典广播公司1924年在斯德哥尔摩成立,最初名为瑞典广播服务公司,于1925年1月1日开始播出节目。1957年,公司正式更名为瑞典广播公司。公司董事会由11人组成,其中包括董事长在内的6人由政府任命,其余5人为股东代表,重大问题都是采取投票方式协商解决的。广播政策根据广播法和瑞典广播公司与政府的协议而制定。政府在节目播出之前不作审查。但是在节目播出后,代表政府的广播委员会有权对违反广播法和协议的节目提出责难和意见。广播委员会由政府指定的7人组成。瑞典广播公司只负责广播电视节目的制作和播出,节目传送和发射由瑞典邮电部统一管理。瑞典广播公司的经费来源主要靠电视机执照费的收入,并且《广播法》规定,公共广播节目中不能播广告。

1979年之前,瑞典广播公司负责瑞典国家广播与国家电视台节目的制作和播出。1979年,该公司正式分成四部分:瑞典国家广播电台、瑞典电视台、瑞典地方广播电台和瑞典教育广播电台。但四个独立机构的母公司,名称仍保留为瑞典广播公司。1993年,瑞典国家广播电台与瑞典地方广播电台合并,并更名为瑞典广播电台。

二、发展现状

2005年,瑞典广播电台宣布将内部裁员,并加大对外部制作公司节目的购买力度。并且计划,将70%的娱乐节目,40%的文化节目,30%的社会及民生节目,25%的体育节目,以及5%的新闻节目交由制作公司。与瑞典广播电台合作的制作公司约有十家,分别为瑞典广播电台提供不同领域的节目。

购买外部制作公司节目或与之共同制作节目,是为了更好地“推动节目形态的多样化”。节目的外采经理和编导必须共同协商决定是否购买一档节目。

受此政策影响,仅2013年,瑞典广播电台就收到了1700个节目计划,并购买了其中的80档节目。大型节目基本上由十几家大型制作公司提供,小型节目或是节目元素则由多达2500家制作公司负责制作。同时,每年的8月与11月,瑞典广播电台会到海外采购精品节目,为数不多的名额由500多个节目共同竞争。每年的外采节目经费约占瑞典广播电台项目预算的12%。①

除了节目上的积极转变,在技术层面上,瑞典广播电台也在寻求提高。为了提高节目的收听音质,瑞典广播电台将计划最早于2022年全面关停FM调频广播,从而全面转向数字广播信号。

目前,瑞典广播电台的日均收听人数是420万,②是瑞典最重要的广播机构之一。

---

① Externa produktioner－FAQ, 2014年8月12日, https://sverigesradio.se/sida/gruppsida.aspx? programid＝3113&grupp＝21322&artikel＝5935956,检索时间:2015年10月19日。

② Nya lyssnarsiffror: Allt fler lyssnar på P1－morgon och Morgonpasset i P3,2012年4月13日,http://sverigesradio.se/sida/artikel.aspx? programid＝2938&artikel＝5063656,检索时间:2015年10月18日。

三、报道特点

瑞典广播电台主要有4套全国性广播节目和国际广播。第一套节目以新闻、谈话节目为主,部分节目同时作为国际广播节目播出;第二套节目以古典音乐和教育节目为主,也包括对少数民族广播的芬兰语、萨米语节目;第三套播出轻音乐和娱乐节目;第四套节目是由全国25座地方台联结成网,向全国播出的地方性节目。第一套节目用长波、中波、短波和调频播出,后3套节目均只用调频。对外广播使用“瑞典国际广播电台”(Radio Sweden International)的名义播出,节目内容用英语、德语、阿拉伯语等9种语言进行播出。

此外,听众也可以登录瑞典广播电台官网,进行线上收听和精彩音频下载。瑞典广播电台也注重通过社交媒体等手段推广自己的节目。目前,电台在Facebook、Twitter和Instagram等多个知名社交媒体都开辟有页面,结合电台本身关于数字广播的规划,可以判断瑞典广播电台对于新媒体和媒介融合的新趋势也有着自身的应对策略。

四、涉华报道

除了报道中国经济、政治、外交领域发生的重大事件之外,瑞典广播电台更是善于深入到中国普通民众的生活中,对他们进行采访,以人物专访、人物故事的方式展现出中国社会的不同侧面,让瑞典听众更加了解万里之外的东方国度。

2008年汶川地震之后,瑞典广播电台记者对四川大学经济学教授进行了采访,采访涉及了受访人对于四川灾后重建方案的看法及建议,以及中国经济改革的方向、中国城市化进程及出现的问题等更深入的问题,体现出了瑞典广播电台对于中国问题的报道具有相当程度的深度和自身的思路。

对于“中国制造”这样话题的报道,瑞典广播电台的记者同样采访了一位普通的中国工人,采访中谈到了工人的薪水和他对工作、生活的想法及未来的打算。同时,在报道中国制造业及经济发展情况时,瑞典广播电台也注重报道中瑞双方的经贸往来,以平民化的视角,讲述其中的小故事,作为宏大时代发展中的小注脚。电台采访了福建石料厂的一位工人,而该石料厂与瑞典最大石料供应商有着长期的合作关系。采访中提到了普通工人工资的提高、福利待遇更加完善,同时,以前石屑四溅会引起硅肺病的工作环境也得到了改善。这样的选题能在一定程度上体现出瑞典广播电台在涉华报道风格上与其他主流西方媒体的区别。

在内容上,瑞典广播电台更偏重科技、文化题材的报道。孔夫子、中国诗歌和中国现代文学都曾被该台介绍给瑞典听众。在2012年我国学者屠呦呦获得美国拉斯科医学奖之后,该台对屠呦呦的职业履历,研制青蒿素过程的困难与收获进行了报道,高度肯定了她的贡献。并在当时就认为屠呦呦是中国科学工作者中最有希望获得诺贝尔奖的一位。

奥地利

《标准报》*Der Standard*

DER STANDARD

《标准报》(*Der Standard*)是一份以德语发行的日报,是奥地利主流媒体之一。1988 年,该报创始人奥斯卡·布龙纳(Oscar Bronner)以美国《纽约时报》(*New York Times*)为模板创建了这份报纸。2003 年,报纸进一步与在线姊妹篇新闻网站——在线标准报(der Standard.at)开启融合发展,影响力进一步扩大。①

一、历史沿革

《标准报》的报名在报纸第一次发行后才确定下来。报纸在试发行阶段,也就是所谓的赠阅本时期,以《经济报》(*Wirtschaftsblatt*)为名。后来,为了借英语报纸中办得较好的香港《英文虎报》(*The Standard*)和英国《伦敦标准晚报》(*Evening Standard*)的名声,最终将报名定为《标准报》(*Der Standard*)。

1988 年 10 月 19 日,《标准报》首次正式发行。由于资金不足,报纸创办人奥斯卡·布龙纳允许德国著名出版社——施普林格出版社入股 50%。1995 年,布龙纳将施普林格手中 50%的股份购回,但在 1998 年 4 月又将 49%的股权转让给了南德意志出版社。剩下的股份中,41%由布龙纳的家庭私人基金会掌管,10%由布龙纳直接持有。直到 2008 年 8 月 13 日,布龙纳在线股份公司收购了《南德意志报》,《标准报》100%的股份才全部归由布龙纳及其基金会所有。②

在与其他媒体的互动交流中,《标准报》一直不断进步发展。自 2005 年起,《标准报》与《纽约时报》合作,在每周一发行《纽约时报国际周刊》(*The New York Times International Weekly*),这是一份六页的增刊,刊登从《纽约时报》精选出来的英语文章。2006 年,《标准报》又效仿德国发行量最大的、以订阅方式发行的日报——《南德意志报》(*SüddeutscherZeitung*),开始发行电影资料档案。《标准报》的编辑部会为读者挑选"有收看价值"和"令人喜爱"的奥地利电影刊登在报纸上。

2007 年 7 月 1 日,亚历山德拉·福德尔－施密特(Alexandra Föderl－Schmid)成为继奥斯卡·布龙纳之后的第二位主编,《标准报》也成为第一家雇佣女主编的奥地利报纸。2012 年 10 月 1 日,福德尔－施密特成为《标准报》和在线标准报的共同发行人,阿妮塔·齐耶利纳(Anita Zielina)则担任了两家媒体的副主编。

二、发展现状

目前,《标准报》是奥地利销量最好的精英报纸之一。早在 2002 年,《标准报》就已成为全国四大精英报纸之一,其他三家分别是《萨尔茨堡新闻》(*SalzburgerNachrichten*)、《新闻报》(*Die Presse*)和《维也纳报》(*Wiener Zeitung*)。到 2013 年,《标准报》的日发行量已经达到了 67604 份。③

---

① 《标准报》:Journalistische Macht hat nur, wer sie missbrauch, Armin Wolf, 2013 年 10 月 18 日,http://derstandard.at/1381368793895/Journalistische－Macht－hat－nur－wer－sie－missbraucht,检索时间:2015 年 5 月 7 日。

② 视野在线网站:http://www.horizont.at/newsdetail/news/standard－will－oesterreich－klagen.html,检索时间:2015 年 7 月 2 日。

③ 奥地利报纸发行量稽查机构(ÖsterreichischeAuflagenkontrolle):http://www.oeak.at/,2014 年 1 月 31 日,检索时间:2015 年 9 月 10 日。

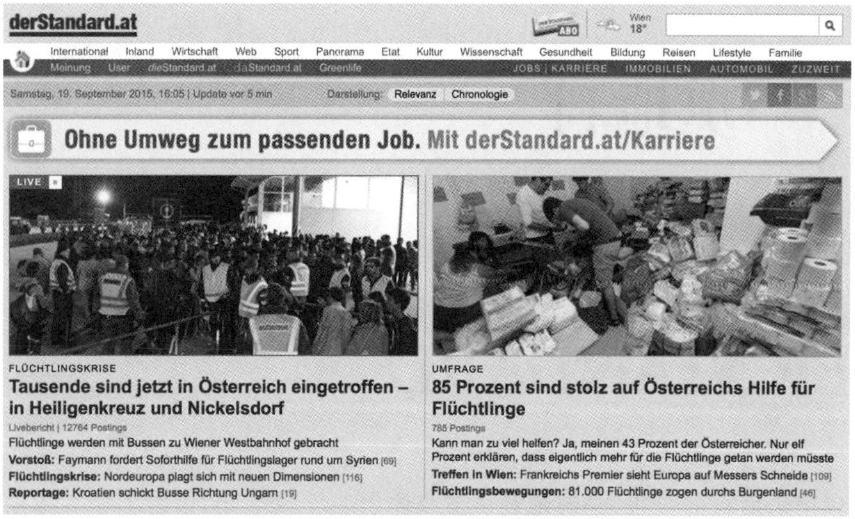

图 1　在线标准报网页 derStandard.at

同大多数奥地利日报一样，《标准报》也是奥地利新闻社(Austria PresseAgentur)的成员。在此合作体系下，该报的许多消息源和新闻图片都来自奥地利新闻社。《标准报》在奥地利境内的分支机构较多，在奥施蒂利亚州(Steiermark)、上奥地利州(Oberösterreich)和克恩滕州(Kärnten)都设有自己的编辑部。报纸的主要编辑部还是在首都维也纳。

在新媒体方面，《标准报》也在德国媒体中始终占据领先地位。1995 年，在线标准报(http://www.derStandard.at)上线，从而使《标准报》成为第一家拥有电子版报纸的德语媒体。① 在线标准报上线初期，主要内容都有由纸质版报纸提供。后来，在线标准报也拥有了自己的编辑部，不仅发布印刷版本的报道内容，也会有一些独立采编的报道。2011 年，在线标准报逐渐成长为奥地利规模最大、影响范围最广的网站之一，利润一度超过《标准报》的印刷版。在线标准报具有互动性强的突出特点，注册用户可以对网上的文章进行在线评论。2013 年 6 月 19 日，印刷版和在线标准报进行了两大重组——《标准报》和在线标准报合并，编辑部、广告和市场部进行了大范围的整合。经过整合重置，全新的发展格局为《标准报》的未来发展带来了新的生机。

除了在线标准报外，《标准报》还设有两个专业网站：

(1)标准报女性版(http://www.dieStandard.at)。2000 年 5 月 8 日上线，聚焦女性政治、性别主题和女权主义。该网站是由印刷日报和在线标准报的一位女编辑发起的。部分文章由在线标准报提供链接或者是从印刷版转载而来。

图 2　标准报女性版网页

(2)标准报移民版(http://www.daStandard.at)。2010 年初上线，专门为移民提供在线服务。

三、报道特点

目前，《标准报》的主要读者以国内精英群体为主。根据全球知名市场调查机构捷孚凯 2009 年发布的研究数据，在奥地利的所有报纸中，《标准报》在拥有大学及以上学历的人群中占有最高的读者比例，26%的高学历读者将《标准报》评选为自己心目中最好的报纸。②

---

① Oscar Bronner：EinStücksösterreichischeMediengeschichteimSchnelldurchlauf.Der Österreichische Journalist，Nr. 8+9 2008，S. 46.

② Derstandard.at：STANDARD für Akademiker beste Zeitung，2009-5-14，http://derstandard.at/1242273675491/Image-der-Tageszeitungen-STANDARD-fuer-Akademiker-beste-Zeitung，检索时间：2015 年 9 月 24 日。

在新闻报道实践中，《标准报》严格遵守新闻道德准则，秉持自由独立的报道路线。作为辛迪加项目(Project Syndicate)[1]的参与者，报纸定期发表由国际知名人士所撰写的评论，这些评论往往通过辛迪加项目的框架传递到全世界。

《标准报》的版面内容也非常丰富。每周五都会增发自制副刊回旋曲(Rondo)，内容涉及时尚、美容、旅行、设计、科技新品、美食、音乐和电影等各方面。每周一，报纸还会节选《纽约时报》的部分内容，发行多达八页的英文副刊。与此同时，为了使报纸版面生动有趣，每期报头下方都会有本期重点报道，附上事件主角或者核心内容的相应图片，由趣味图片引出标题的形式为读者提供索引。

图 3　捷孚凯调研报告：高学历人群心目中“最好的报纸”排名

图片转引自：Derstandard.at：STANDARD für Akademiker beste Zeitung，2009 年 5 月 14 日，http://derstandard.at/1242273675491/Image－der－Tageszeitungen－STANDARD－fuer－Akademiker－beste－Zeitung，检索时间：2015 年 9 月 24 日。

自 2010 年开始，《标准报》在媒介印刷公司(Mediaprint)付梓生产，其版面规格也由原来的柏林版 315×470 毫米减小至 300×450 毫米，方便读者携带阅读。

图 4　2015 年 9 月 9 日《标准报》报头

四、涉华报道

作为奥地利主流媒体，《标准报》是奥地利人民了解中国的重要窗口。该报在华设有记者站，对于中国报道非常重视。截至 2015 年 9 月 13 日，通过在线标准报的网页检索，以“China”(德语：中国)为关键词，可以发现，过去一年中该报涉华报道共有千余篇，议题涵盖经济、文化、政治、旅游和社会生活等多个方面。其中，尤以对经济领域的报道最为突出，这部分报道体现出来的对华态度也是最为积极的。而在对政治、文化等领域的报道中，《标准报》则以聚焦争议事件、抱持消极立场的典型西方媒体态度为主。不过，近年来我们也看到，《标准报》在报道中越来越多地体现出对中国社会变迁，乃至普通中国人生活等主题的关注，报道范围不断拓宽的同时，在对华舆论上也呈现出更多客观、真实的倾向。

长期以来，《标准报》对中国经济发展以及中奥经贸合作一直十分看好，尤为重视中奥两国贸易往来。2005 年 4 月 15 日，《标准报》发表报道，称中国是奥地利在亚洲的“出口发动机”，奥经济界认为亚洲以中国为代表有许多巨大的“希望市场”。文章表示，对奥地利企业而言，中国所蕴藏的巨大潜力在全球仅次于中东欧国家。[2]

---

① 辛迪加是一家世界非营利性组织，总部位于布拉格，现今共有来自 150 个国家的 430 多家报纸和杂志参与其中，旨在促进新闻独立性的发展。

② 中华人民共和国商务部网站：《中国是奥在亚洲的“出口发动机”》，2005 年 4 月 7 日，http://www.mofcom.gov.cn/aarticle/i/jyjl/m/200504/20050400070407.html，检索时间：2015 年 8 月 19 日。

近几年中,该报对于中国股市的变化局势也比较关注,相关报道大多较为客观,主要认为在中国政府的努力下,股票市场趋于稳定。

在文化方面,《标准报》主要关注文化政策以及和文化人物相关的事件,但在相关报道中,经常表现出明显的西方主体立场。对于中国的文化政策,在线标准报于 2014 年 12 月 2 日发表了一篇题为《无可指摘的艺术理解力:中国将把艺术家发放乡下》(korrektesKunstverständnis:China will Künstleraufs Land schicken)的文章,把中国文化政策中的“贴近群众”解读为:电影制作人、电视节目制作者和其他艺术家应该深入到农村人口中间,重塑其世界观。文章还由此联想到知识分子上山下乡,进而指出:中国的文化和艺术创造受到很严格的监管,往往会受到意识形态的限制。[①] 文章上下充满主观臆断式的论调。

而在政治方面,该报较为关注对中欧关系等领域的报道。同时,在涉华报道中,德语媒体通常聚焦于言论自由、西藏问题等议题,《标准报》也不例外。在在线标准报的网站上,还有针对西藏问题报道而开设的专题页面,版面设计较其他涉华报道也更为精致。从具体报道内容来看,《标准报》对西藏问题的报道立场也沿袭了西方主流媒体的一贯腔调,往往站在西方式“民主”的主观立场对中国加以批评。对此,中国驻奥使馆做出了大量努力,并且收到了一定的效果。2010 年 11 月,时任中国驻奥大使史明德特地拜会《标准报》总编辑施密德女士,在交流中表示希望《标准报》今后继续在全面、客观报道和介绍中国方面发挥积极作用。[②] 2011 年 1 月,史明德大使又接受了《标准报》国际部主任的专访,围绕中奥关系、中欧关系、气候变化问题、中国经济社会发展乃至人权问题和西藏问题等回答了记者的提问。随后于 26 日,该报刊登了这次采访的内容。[③]

derStandard.at › Sport › Mehr Sport › Olympia 2012 › Olympia: Chronik

Das China-Syndrom

30. Juli 2012, 18:02

foto: ap/dapd

Beinahe ratlos reagiert die Sportwelt darauf, dass China sich aufgeschwungen hat, die größte Sportnation der Welt zu werden. Man kritisiert Doping, Drill und Zwang, damit aber implizit auch den traditionell westlichen, rekordjagenden Showsport.

London - Es ist schon erstaunlich. Die Welt verhält sich China gegenüber wie Österreich vis à vis der Welt: Da kann was nicht stimmen.

Die schlichte Tatsache, dass eine Nation, die unter 1,3 Milliarden potenziellen Sportlern selektieren darf, gegenüber einer solchen, die das nur unter 311 Millionen (USA) tun kann, deutlich im Vorteil ist, wird nonchalant ignoriert. Stattdessen redet jeder über Doping und Drill und Zwang, als gäbe es das alles nicht auch anderswo. (Außer hier: too small!)

图 5 2012 年 7 月 30 日《标准报》发表“中国综合征”一文

一方面基于中国驻外使馆的积极努力,另一方面也由于《标准报》驻华记者的认真工作,在其近几年的报道中,我们也可以看到一些尝试更加深入理解中国社会发展变化的报道内容。2012 年伦敦奥运会期间,《标准报》发表了一篇题为《中国综合征》的文章,对世界热议“中国已经跃升为世界最大体育强国”提出不同的观点。文章对“人们如此热衷于抹黑中国的成就”表示令人惊讶,指出世界舆论形成了对于中国各种成就“合乎逻辑地称为机器”的刻板印象,并且提出“中国不仅在体育上觉醒……已经走过衰落的奥地利应该对此泰然处之”。[④]

---

① 在线标准报:korrektesKunstverständnis:China will Künstleraufs Land schicken,2014 年 12 月 2 日,http://derstandard.at/2000008914555/Korrektes-Kunstverstaendnis-China-will-Kuenstler-aufs-Land-schicken,检索时间:2015 年 9 月 13 日。

② 中国驻奥地利大使馆网站:《史明德大使拜会奥地利《标准报》总编施密德女士》,2010 年 11 月 9 日,http://www.fmprc.gov.cn/ce/ceat/chn/xwdt/t770708.htm,检索时间:2015 年 9 月 24 日。

③ 中国驻奥地利大使馆网站:《驻奥地利大使史明德接受奥〈标准报〉国际部主任专访》,2011 年 1 月 27 日,http://www.fmprc.gov.cn/ce/ceat/chn/xwdt/t790385.htm,检索时间:2015 年 9 月 24 日。

④ Der Standard: Das China-Syndrom, 2012-7-30, http://derstandard.at/1342948112877/Das-China-Syndrom,检索时间:2015 年 9 月 24 日。

《侧面》杂志 *Profil*

profil

《侧面》(*Profil*)是奥地利独立政治评论周刊，社址位于维也纳。作为调查性新闻的发起者，《侧面》的调查性新闻在奥地利的乃至整个欧洲范围内都具有很大的影响力。

一、历史沿革

1970 年 9 月，知名媒体人奥斯卡·布龙纳(Oscar Bronner)创办了《侧面》，他还曾先后于 1970 年 1 月创办《趋势》季刊(*Trend*)，于 1988 年 10 月创办《标准报》(*Der Standard*)。

1970 年 9 月 7 日，杂志首版发行，起初是以月刊形式出现。从 1972 年 10 月起，每两周发行一次，1974 年 1 月起改为每周发行。由于写作风格类似，《侧面》在当时被看作是德国《明镜周刊》在奥地利发行的竞争对手。1974 年，布龙纳把他在《趋势》季刊和侧面出版社 51%的股份以 1800 万先令的价格出售给了《信使报》(*Kurier*)集团，其他部分则赠送给了在《侧面》长期共事的伙伴。①

自 1998 年以来，克里斯蒂安·赖纳(Christian Rainer)一直担任《侧面》的发行人和主编。2001 年，《侧面》成为新闻出版集团(NEWS)的一员，并于 2008 年被评为最重要的奥地利新闻杂志。②

图 6　1970 年出版的第四期《侧面》杂志封面

图片引自《侧面》网站：http://www.profil.at/covergaleie/profil－covers－1970－5431180/5431176，检索时间：2015 年 12 月 20 日。

二、发展现状

《侧面》一直以独到的视角和深度的报道而闻名。在 20 世纪 80 年代的马尔维纳斯群岛战争③中，《侧面》极力保持独立和自由的立场，报道英国公众对战争的反应，引起极大反响。此外，正是《侧面》揭露了奥地利前总统库尔特·瓦尔德海姆(Kurt Waldheim)过去的纳粹经历。

2006 年，《侧面》的读者人数占奥地利总人口的 6%，杂志阅读量仅次于《新闻周刊》(NEWS)。④ 2008 年上半年，该杂志发行量为 59124 份。⑤ 2010 年，这一数字达到 74000 份。⑥ 2013 年上半年发行量下降到 71033 份。⑦同时，《侧面》杂志还建有自己的新闻资讯网站。

自 2008 年以来，《侧面》杂志编辑部每年都会推选一位年度人物，推选依据是此人在过去一年对社会和政治生活所产生的正面影响。2015 年，该杂志将德国总理默克尔评选为年度人物。

---

① Oscar Bronner：Ein Stück österreichische Mediengeschichte im Schnelldurchlauf.，In：Der Österreichische Journalist，Nr. 8+9 2008，S.46.

② Harald Fidler：Österreichs Medienwelt von A bis Z，Falter－Verlag，Wien 2008，ISBN 978－3－85439－415－0，S.497.

③ 马尔维纳斯群岛战争又称福克兰群岛战争，是 1982 年 4 月到 6 月间英国和阿根廷为争夺马岛(阿根廷称“马尔维纳斯群岛”)的主权而爆发的一场战争。

④ Günter Bischof，Fritz Plasser：The Changing Austrian Voter，Transaction Publishers，p.133.

⑤ Publicitas：Austria：New circulation figures for 1st half 2008，http://www.publicitas.com/en/home/media－news－events/news－detail/?newsid＝24173&title＝austria－new－circulation－figures－for－the－1st－half－2008#.VebvhNKl9Ml，2008－8－20，检索时间：2015 年 9 月 1 日。

⑥ eurotopics：“Profil”，http://www.eurotopics.net/en/home/medienindex/media_articles/? frommedia＝1572，检索时间：2015 年 8 月 15 日。

⑦ Publicitas International AG：List of represented titles. Magazines，检索时间：2015 年 8 月 10 日。

三、报道特点

《侧面》所涉版面有“观点”“国内”“国外”“经济”“社会”“科学”和“文化”等。在“观点”版面，文章都由《侧面》所属评论员独家采写，不转载其他媒体的评论。而对于其他版面，则会引用奥地利新闻社、德新社等通讯社的报道，但总量上自采报道占大多数。杂志内容的侧重点会根据时事变化有所调整。2014 年至 2015 年，《侧面》主要在政治、社会尤其是人权的层面上关注欧洲难民潮问题。

图 7 《侧面》官网

《侧面》官网：http://www.profil.at/，检索时间：2015 年 12 月 4 日。

《侧面》一直秉持左派自由政治立场，将读者定位瞄准奥地利的知识阶层。《侧面》和《趋势》季刊是奥地利调查性新闻的发起人。《侧面》目前有大批优秀的独立评论员，他们的评论是社会风向的导航，经常会引发大规模的社会讨论。

图 8 《侧面》2015 年第 12 期封面——“年度人物”默克尔

四、涉华报道

关于中国的发展，《侧面》多年来一直都有报道。但其对中国人权问题的报道一向以负面消极为主。2011 年 6 月 27 日，奥地利《侧面》杂志刊登所谓“恶劣中国”的主题报道，对中国进行无端攻击和丑化，甚至“妖魔化”。6 月 29 日，中国驻奥地利使馆新闻发言人史明德向该杂志提出交涉，表达强烈不满，并要求其采取措施消除不良影响。为回应《侧面》的歪曲报道，向广大奥地利读者还原一个真实的中国，史明德大使在 7 月 13 日接受《侧面》外事主编霍夫曼专访。在此过程中，史大使从回顾中国历史起，讲述了中国人民和中国共产党为争取民主和人权的不懈奋斗，同时对霍夫曼关于中国在网络审查、经济发展等问题上的诸多质疑给出了一一回应。①

报道应该讲求客观全面，有问题也有成绩，只见问题而不看成绩，显然不符合新闻报道的原则。

---

① 中华人民共和国外交部：《驻奥地利大使史明德批驳奥〈侧面〉杂志恶意反华报道》，http://www.fmprc.gov.cn/mfa_chn/dszlsjt_602260/t840526.shtml，2011 年 7 月 18 日，检索时间：2015 年 8 月 25 日。

《新皇冠报》*Kronen Zeitung*

《新皇冠报》(*Kronen Zeitung*)是奥地利发行量最大的小报型日报。自1900年以来,该报主要在维也纳发行,以简单的语言和简练的文章著称。长期以来,《新皇冠报》的风格是关注大众。

一、历史沿革

《新皇冠报》于1900年1月2日开始发行,创立者是古斯塔夫·戴维斯(Gustav Davis)。报纸的命名起源于创办之时一克朗(Krone)[1]的订阅价格。

从1900年到1905年,报纸名称为《奥地利皇冠报》(*Österreichische Kronen-Zeitung*)。1905年,该报改名为《皇冠画报》(*Illustrierte Kronen-Zeitung*)。1938年5月,奥地利的国家社会主义者开始对报纸实行一体化管理,并于1941年将报纸改名为《维也纳皇冠报》(*Wiener Kronen-Zeitung*),后来又干脆决定将在1944年8月31日后结束该报的发行。正当此时,似乎是《新皇冠报》的命运已经无法挽回了。然而,该报刊登了一篇题为《贝尔格莱德的国王谋杀》(*Königsmord zu Belgrad*)的报道,重新赢得了人们的热烈欢迎。[2]

1944年9月1日,《维也纳皇冠报》和其他三家办于奥地利国家社会主义时期(NS-Ära)的维也纳报纸合并为《维也纳战时小报》(*Kleinen Wiener Kriegszeitung*),这一报纸一直发行到1945年4月7日维也纳战役(Schlacht um Wien)[3]时停刊。1959年,在维也纳被占领时期过后,奥地利《信使报》前任主编兼记者汉斯·迪先特(Hans Dichand)买下了该报纸的冠名权,使报纸以《新皇冠报》为名,东山再起。1967年,报纸一度改名为《皇冠报》,在1971年以后又重新改回《新皇冠报》。

奥地利工会联合会前副主席,同时也是最具影响力的社民党政治家弗朗茨·奥拉(Franz Olah)向迪先特引荐了德国商人费尔迪南德·卡尔皮克(Ferdinand Karpik),后者想收购报纸50%的股份。后来,卡尔皮克请广告专家库尔特·福尔克(Kurt Falk)来帮助迪先特经营报纸。很快,《新皇冠报》发展成为奥地利阅读量最大的报纸,而这位广告专家也成了奥地利影响范围最大的周报——《全周报》(*Die ganze Woche*)的发行人。

20世纪60年代中期,奥地利工会联合会(der ÖGB)突然向《新皇冠报》提出所有权要求,因为下台的弗朗茨·奥拉之前把奥地利工会联合会的担保基金用于了创办《新皇冠报》的投资。鉴于此,《新皇冠报》发起反抗运动,所导致的结果是报纸和工会联合会之间长达一年的法律纠纷。最后,奥地利工会联合会获得了1100万先令的补偿,库尔特·福尔克接管了德国卡尔皮克50%的股份。

到了80年代,经过和汉斯·迪先特很长一段时间的纠纷之后,库尔特·福尔克离开了报纸,并将股份出售给了亲德国社民党的西德汇报(WAZ)出版集团。该集团为德国第三大出版社,总部位于埃森,2012年起改名为火花(Funke)媒体集团。1989年,自1983年起就开始担任发行人汉斯·迪先特顾问的汉斯·马尔(Hans Mahr)出任《皇冠报》的领导层。

---

① 克朗是奥地利曾经的货币单位,外文名称Krone的意思是“王冠”,等同于crown。

② Aleksandar Obrenovia I,2004年1月21日,http://www.findagrave.com/cgi-bin/fg.cgi? page=gr&GRid=8300866,检索时间:2015年8月20日。

③ 维也纳战役是“二战”期间苏联红军和德国国防军在维也纳和维也纳森林展开的作战,持续时间为1945年4月3日至23日。

二、发展现状

2005年,在全世界100家大型日报中,《新皇冠报》的发行量位列第45位。[①] 在奥地利800万民众中,《新皇冠报》拥有近300万读者,由此,该报成为世界上最有实力、最成功和最有影响力的报纸之一。[②]

根据奥地利媒体分析,在2005年,平均每天有307.4万人(14岁以上)接触《新皇冠报》,影响范围达到44.9%。[③] 与其最强势的竞争对手《小报》(die Kleine Zeitung,2005年拥有读者83.8万人,[④]所占比例12.2%)相比,《新皇冠报》拥有的读者人数是前者的3.5倍之多。不过2005年以后,这一数字有所下降。现在,《新皇冠报》拥有268.7万读者(2012年度),[⑤]销售量达809990份,其中订阅出售量为681603份(2012年度)[⑥]。

报纸读者人数在奥地利东西部存在明显差别。在东部的各州,例如布尔根兰州,由于其没有自己的日报,2012年《新皇冠报》在这一地区的影响范围达53.3%;在西部各州,如蒂罗尔(39.9%)和福拉尔贝格(4.5%),《新皇冠报》的影响程度就没有这么大。[⑦]

《新皇冠报》和曾经的奥地利第二大日报《信使报》在20世纪90年代一起创立了出版和销售公司——媒介印刷公司(Mediaprint)。这一公司承接印刷、运营和出售这两家报纸的业务。西德汇报出版社(Westdeutschen Allgemeinen Zeitung)是建立这一公司的推动性力量。当时,这一出版社在《信使报》和《新皇冠报》各自拥有45%的股份,现在这一数字涨到了50%。自那时起,很多观察家就断言称媒介印刷公司垄断了市场。

三、报道特点

《新皇冠报》的编辑方针是:"尊重发行人和编辑意见的多样性。"[⑧]基于这一方针,《新皇冠报》的一大特点是具有大量的评论专栏,发行人汉斯·迪先特也会就自己认为重要的主题不定期地写一些评论。在2010年联邦总统选举中,他让奥地利自由党(der FPÖ)的候选人在《新皇冠报》上以宣誓的形式阐明自己与纳粹思想保持距离,使其借此在选举战中赢得更广泛的支持。

报纸会定期策划一些活动,并且对全民公投类的活动给予支持,例如,支持维也纳天文台公园(Wiener Sternwartepark)建立,支持动物保护活动,反对捷克的铁米林核电站(Kernkraftwerk Temelín)等。2004年夏,报纸曾在全国范围内反对正字法改革运动,但最后并没有成功。

《新皇冠报》一贯是彩色印刷,规模大概在80页。传统上是小报形式,在报摊上售价1欧元。报纸在很多地区发行,根据地区的不同,报纸会有不同版本——在奥地利的每一个州(福拉尔贝格除外),至少有一种版本的《新皇冠报》,版本差别主要在于当地新闻部分。不过,所有版本的《新皇冠报》的一大特点都是文章相对较短,一般控制在1600个字符以内。

《新皇冠报》经常受到指责,称其报道具有倾向性和主观性。以下是公众近两年来对报纸感到不满的几个例子:

◇ 2013年1月,《新皇冠报》发表了系列专题《军队之战》,并在专题中支持奥地利社民党取消义务兵役的

---

① World Association of Newspapers: World's 100 Largest Newspapaers, http://www.wan-press.org/article2825.html,检索时间:2015年8月25日。

② Die Zeit: Zeitungswirren in österreich,1996年5月10日,http://www.zeit.de/1996/20/medien.txt.19960510.xml,检索时间:2015年8月25日。

③ Österreichische Media-Analyse :Die Media-Analyse,2005,http://www.media-analyse.at/welcome.do,检索时间:2015年7月1日。

④ Österreichische Media-Analyse :Die Media-Analyse,2005,http://www.media-analyse.at/welcome.do,检索时间:2015年7月1日。

⑤ Österreichische Media-Analyse :Die Media-Analyse,2012,http://www.media-analyse.at/studienPublicPresseTageszeitungTotal.do? year=2014&title=Tageszeitungen&subtitle=Total,检索时间:2015年7月1日。

⑥ Auflagenliste Jahresschnitt,2012, http://www.oeak.at/content/intern/Auflagenlisten/OEAK_2012_JS_20130711_KORR.pdf, p. 10,检索时间:2015年8月21日。

⑦ Österreichische Media - Analyse, 2014, http://www.media-analyse.at/studienPublicPresseTageszeitungTotal.do? year = 2014&title = Tageszeitungen&subtitle=Total,检索时间:2015年7月1日。

⑧ 欧洲报纸协会,http://www.voez.at/l8w118,检索时间:2015年8月27日。

方针。在第五部分,《皇冠报》列出了多位奥地利人民党成员(ÖVP－Parteimitglieder)在服兵役体检时因查出疾病而失去机会的名单。[①]

◇ 2014 年 1 月,《新皇冠报》因主观臆想地对乞丐一黑手党这一组织进行了报道而遭到奥地利报业评议会(österreichischen Presserats)的训斥。报业评议会说道:“根据决议,在所调查的七篇文章中,有五篇触犯了媒体伦理原则。”[②]

◇ 2014 年 5 月,上奥地利州版本的《新皇冠报》声名鹊起,因为它连续九天借新的乞丐法(eines neuen Bettlergesetzes)影响了上奥地利的州政治。[③]

四、涉华报道

截至 2015 年 9 月 12 日,在《新皇冠报》官网输入德文“中国”二字,共出现相关报道 19400 篇(网页中没有时间范围框定),报道主题涵盖广泛,包括狗肉节、高铁提速、二胎政策、天气状况、股市风云、大阅兵等都有所涉及。[④]但通过具体报道来看,《新皇冠报》的对华态度并不是十分积极。

在对中国经济方面的报道中,该报官网在 2015 年 8 月 24 日刊载了一篇题为《中国经济疲软:交易所行情下行》(Chinas Wirtschaft taumelt:Börsen auf Talfahrt)的文章。文章指出:全球经济形势都不景气,华尔街行情也在下降,而中国正处于“震中”位置。[⑤]

在 2015 年习近平主席访美之际,《新皇冠报》在 9 月 11 日刊登了一篇题为《美国因网络间谍行为批评中国》(*USA kritisieren China wegen Cyberspionage*)的文章。文章指出:美国指责中国的这一行为,并借《金融时报》之口说明,美国政府因为此事欲对中国在美公司实行制裁。[⑥]

对于中国国庆 60 周年阅兵和 2015 年 9 月 3 日的纪念抗日战争暨世界反法西斯战争胜利 70 周年的阅兵仪式,《新皇冠报》都有报道。对于中国国庆 60 周年的阅兵仪式,《新皇冠报》报道篇幅很短,但却用了“可怕的,异常宏大”(monströs)一词来表明其报道基调;[⑦]而对于 2015 年的阅兵仪式,该报对中国人民爱好和平的心愿不闻不报,反而称此次阅兵是中国向其竞争对手释放信号。与此同时,尽管那几天北京交通环境等不错,该报特别指出这是例外情况,中国政府为此连养老院的相关活动都限制了。[⑧]

---

① Kronen Zeitung:Richard Schmitt & Oliver Papacek: Krone“－Serie: Fehlt der Wehrpflicht die Gerechtigkeit? 2013 年 1 月 9 日, http://www.krone.at/Nachrichten/Krone－Serie_Fehlt_der_Wehrpflicht_die_Gerechtigkeit－Zu_viele_Untaugliche－Story－346998,检索时间:2015 年 8 月 22 日。

② Bettlermafia? Presse rügt Krone,2014 年 5 月 9 日,http://www.roma－service.at/dromablog/? p=26710,检索时间:2015 年 8 月 27 日。

③ 8 Titelseiten in 9 Tagen,2014 年 6 月 5 日,http://www.roma－service.at/dromablog/? p=27326,检索时间:2015 年 8 月 26 日。

④ 《新皇冠报》网站:http://www.krone.at/krone/kmprog/S122/index.hbs? q=China&sa=Suche&meta=sitesearch%3Dwww.krone.at&kmm_google_js_search=1&cof=FORID%3A11&forid=11&ie=ISO－8859－1&oe=ISO－8859－1&client=pub－4981001104715327&hl=de,检索时间:2015 年 9 月 12 日。

⑤ 《新皇冠报》网站:Chinas Wirtschaft taumelt:Börsen auf Talfahrt, 2015 年 8 月 24 日, http://www.krone.at/Welt/Chinas_Wirtschaft_taumelt_Boersen_auf_Talfahrt－Panikattacke－Story－468731,检索时间:2015 年 9 月 12 日。

⑥ 《新皇冠报》网站:USA kritisieren China wegen Cyberspionage,2015 年 9 月 11 日,http://www.krone.at/Digital/USA_kritisieren_China_wegen_Cyberspionage－Sanktionen_geplant－Story－471534,检索时间:2015 年 9 月 12 日。

⑦ 《新皇冠报》网站:Monströse Militärparade in China,2005 年 10 月 1 日,http://www.krone.at/Videos/Monstroese_Militaerparade_in_China－Propaganda－Schau－Video－164037,检索时间:2015 年 9 月 12 日。

⑧ 《新皇冠报》网站:China feiert Kriegsende mit gigantischer Parade,2015 年 9 月 3 日,http://www.krone.at/Welt/China_feiert_Kriegsende_mit_gigantischer_Parade－Spektakel_in_Peking－Story－470291,检索时间:2015 年 9 月 12 日。

奥地利广播电视台 Der österreichische Rundfunk

ORF

奥地利广播电视台(Der österreichische Rundfunk,简称 ORF)是奥地利最大的广播电视媒体,旗下共有 4 套电视节目和 3 套联邦范围内的地区性广播节目。作为一家公共事业机构,奥地利广播电视台的总部位于维也纳。除此之外,它还是奥地利新闻社(Austria Presse Agentur)最大的合作社员。

一、历史沿革

奥地利广播电视台的前身是"二战"后在奥地利成立的奥地利广播有限公司,最早可以追溯到 1924 年 9 月 30 日成立的交通广播股份公司(Radio Verkehrs AG)。1938 年,纳粹德国实现了德奥合并,交通广播股份公司随即被解散,收归德国国家广播公司(deutschen Reichsrundfunkgesellschaft)旗下。直到 1945 年"二战"结束之前,每个占领区内都播送自己的节目。1955 年,各地分散的节目统一合并为奥地利公共广播系统(Österreichisches Rundspruchwesen)。1957 年 11 月 11 日,奥地利广播有限公司成立,并且获得许可从 1958 年 1 月 1 日起正式开始播送广播和电视节目。①

1964 年,奥地利针对广播事业的改革进行第一次全民公投,奠定了奥地利广播电视台建立的基础。紧接着在 1966 年,广播法通过,并于 1967 年 1 月 1 日正式生效。1967 年,奥地利广播有限公司改组为奥地利广播电视台。改组后的奥地利广播电视台标榜政治和经济上独立,自称不受各党派的影响和控制。在广播法的框架下,1974 年,奥地利广播电视台转型成为公共事业机构。

2001 年,奥地利广播电视台又迎来了一次大型改革,转型成为公共事业基金会,受益人为公共大众。

二、发展现状

目前,奥地利广播电视台旗下拥有 4 套主要电视节目,包括电视一台(及其高清频道)、电视二台(及其高清频道)、电视三台(及其高清频道)和体育频道,以及卫星频道和私人播出两个专门频道。其中,电视一台(ORF eins)的播送内容较为严肃,主要播送新闻、文化、音乐和教育性质的节目;电视二台(ORF2)的播送内容则偏重于娱乐消遣性质。

近几年来,奥地利广播电视台无论是观众数量还是节目影响范围都在下降。2007 年 4 月,奥地利广播电视台主席亚历山大·弗拉贝茨(Alexander Wrabetz)试图用"有史以来最大的节目改革"对抗观众流失,尤其希望可以吸引 49 岁以下的目标受众群体。在过去的几年中,这一群体一直流向德国私人电视台,导致奥地利广播电视台的市场份额持续下降。然而,改革并没有产生预期的效果。2007 年 4 月,奥地利广播电视台所占市场份额仅剩不到四成。2013 年 4 月,奥地利广播电视一台的份额第一次跌下 10%,只达到了 9.9%,电视一台和电视二台所占的总市场份额仅为 31.1%,又创新低。②

另外,广播也是奥地利广播电视台的主要业务之一,目前主要有包括广播一台、广播二台、广播三台在内的三大广播节目台,以及一套音乐调频节目。其中,广播一台(Ö1)是一个不播广告的文化电台,有精心生产的新闻日志;广播二台(Ö2)由各个州的九大地方节目组成,分别是维也纳广播(Radio Wien)、下奥地利广播(Radio

---

① Nur die Programmleitung soll das Programm gestalten In: Arbeiter-Zeitung, 1957 年 12 月 12 日, http://www.arbeiter-zeitung.at/cgi-bin/archiv/flash.pl? year=1957&month=12&day=12&page=&html=1,检索时间:2015 年 12 月 5 日。

② Krisensitzung im ORF wegen sinkender Quoten kurier.at, abgerufen,2014 年 11 月 29 日,http://kurier.at/kultur/medien/krisensitzung-im-orf-wegen-sinkender-quoten/11.518.604,检索时间:2015 年 12 月 3 日。

Niederösterreich)、上奥地利广播(Radio Oberösterreich)、布尔根兰广播(Radio Burgenland)、萨尔茨堡广播(Radio Salzburg)、施蒂利亚广播(Radio Steiermark)、蒂罗尔广播(Radio Tirol)、福拉尔贝格广播(Radio Vorarlberg)和克恩滕广播(Radio Kärnten);广播三台(Ö3)是当代流行歌曲广播(Contemporary Hit Radio),主要播送娱乐性节目、现代乐曲和舞曲,重点播报当下流行音乐。三台是最成功的奥地利广播台,每天听众达 300 万人。收听人数最多的节目是《奥地利三台一闹钟》,在工作日的 5 点到 9 点播出。广播三台还专为维也纳的国际机构成员播送英文节目,呼号是"蓝色的多瑙河"(Blue Danube)。

表 1　奥地利广播电视台主要电视节目频道

Bezeichnung(名称)	AktuellesLogo(台标)	Sendezeitraum(放送时间)	Rechtsform(所有形式)
ORF eins(电视一台)	ORF eins	1955 年至今	öffentlich-rechtlich(公共)
ORF eins HD(电视一台高清)	ORF eins HD	2008 年至今	öffentlich-rechtlich(公共)
ORF 2(电视二台)	ORF 2	1961 年至今	öffentlich-rechtlich(公共)
ORF 2 HD(电视二台高清)	ORF 2 HD	2009 年至今	öffentlich-rechtlich(公共)
ORF 2 Europe(电视二台欧洲)	ORF 2 EUROPE	2004 年至今	öffentlich-rechtlich(公共)
ORF III(电视三台)	ORF III Kultur und Information	2011 年至今	öffentlich-rechtlich(公共)
ORF SPORT +(体育频道)	ORF SPORT +	2006 年至今	öffentlich-rechtlich(公共)
ORF Sat(卫星台)	ORF SAT	1997 年至 2000 年	öffentlich-rechtlich(公共)
TW1	TW1	1997 年至 2011 年	privatrechtlich(私人)

另外,调频台 FM4 专门播放可供选择的流行音乐、趋势和现场报道。每天 1 点到 14 点,音乐节目用英语播出,新闻节目则交替用英语、德语和法语播报。面向国际的蓝色多瑙河频道原来是以这个频率播送的,在 20 世纪 90 年代,从 FM4 脱离出去了。而 FM4 也因为其不同寻常的音乐选择和相应的德语节目,在南德地区颇受欢迎。

奥地利广播电视台还制作播出面向国际的广播节目,即奥地利一台国际广播(Radio Österreich 1 International)。该台于 2003 年 7 月 1 日开设,出于成本考虑,主要播出自产节目。现在,该台播放的大部分节目都来自于奥地利广播一台。

20 世纪 90 年代,奥地利广播电视台的地方广播转化为格式化广播(Formatradios),重点播送民间以及大众通俗音乐,目标观众在 35 岁以上,他们是主要的市场引领者。

三、报道特点

(一)受政治党派的影响

20 世纪 50 年代,奥地利广播电视台几十年的广播垄断唤起了政党们的贪欲,政党试图通过影响奥地利广播电视台来控制公众舆论。社民党政府(SPÖ-Alleinregierung)执政期间(1971—1983),曾多次利用奥地利广播电视台的垄断地位来贯彻自己的政治目标,但也因此招致了不少批评。同时,奥地利广播电视台也在人事安排和报道立场等方面,与社民党走得很近。后来,奥地利广播电视台中政党的影响非但没有弱化,反而进一步加强了,并且得到了奥地利广播电视台基金委员会(ORF-Stiftungsrat)的支持,而委员会主席是卡西诺斯一奥地利董事(Casinos-Austria-Vorstand)和社民党成员迪特马尔·霍舍尔(Dietmar Hoscher)。

(二)对党派影响的反抗

在发展历程中,奥地利广播电视台因受党派政治的影响而遭到诸多反对。第一次反抗运动发生在1964年的"全民公投广播"(Rundfunk-Volksbegehren),这是由各州的印刷媒介强力实施的。1964年10月5日到12日,83万余名奥地利合法选举人签署了这份请求,最终促进了新广播法的诞生。

2012年1月,奥地利广播电视台的部分成员私人制作了一个表达反对意见的视频上传到Youtube,视频里尽是对奥地利广播电视台领导层的批评之意,要求新闻独立,成立新的监管机构以及制定新的编辑规约。

2014年,由诸多独立的奥地利记者发起建立了网页ORF－Watch.at,呼吁公众展开自由、公共辩论,试图对依附国家、政党的收费广播电视进行舆论监控,同时监督政府滥用权力、操纵媒体的现象。

四、涉华报道

目前,奥地利广播电视台在北京设有驻华机构,负责在中国的新闻采编业务。

到目前为止的历任驻华记者中,黄安海(Michael Arri)是较为著名的一位。他自2006年9月起开始驻华,2013年7月离任。在担任驻华记者期间,黄安海关注中国宗教和环保问题,持续关注两会报道。离任后,黄安海并没有离开中国,而是继续以制作人的身份为中国电视服务工作。

在这之后,奥地利广播电视台新任首席驻华记者名叫鹿瑞蒙。在启程前往中国履任之前,鹿瑞蒙先拜会了中国驻奥地利大使赵彬。2014年12月29日,赵彬大使应约与鹿瑞蒙会面。赵大使表示希望鹿在华期间能全面、深入地了解中国,将一个客观、真实的中国介绍给奥公众,推动双边关系不断健康发展,并且代表使馆表示愿意为他在中国开展工作提供便利和协助。鹿瑞蒙则称自己十分钦佩中国近年来的发展和对外开放取得的巨大成就,同时表示十分期待作为首席驻华记者在中国工作,并且表示自己将以客观公正的态度向奥地利民众介绍中国,为奥中关系发展作出贡献。[①]

在2015年两会期间,奥地利广播电视台的记者表现活跃。2015年3月5日15时,十二届全国人大三次会议举行记者会,邀请国家发展和改革委员会主任徐绍史就"经济社会发展与宏观调控"的相关问题回答中外记者的提问。鹿瑞蒙代表奥地利广播电视台就网络限制提出相关问题。

---

① 中华人民共和国驻奥地利共和国大使馆:《赵彬大使会见奥地利广播电视台新任首席驻华记者》,2014年12月29日,http://www.fmprc.gov.cn/ce/ceat/chn/xwdt/t1224042.htm,检索时间:2015年8月21日。

比利时

《旗帜报》*De Standaard*

《旗帜报》(*De Stanaard*)是比利时一份政治上偏右的基督教民主派日报,拥有近百年历史。该报在比利时弗拉芒地区以荷兰语发行,是该地区发行量最高、影响力最大的日报之一。

一、历史沿革

《旗帜报》的创刊人是弗朗斯·范·考韦拉特(Frans Van Cauwelaert),他曾在1911年创办了《弗拉芒天主教学生会周刊》(*Ons Volk Ontwaakt*)。1914年,考韦拉特与人合作创办了一家出版公司"旗帜集团"(De Standaard N.V.),打算在布鲁塞尔创办一份保守的、天主教的,具有弗拉芒当地特色的日报,起名为《旗帜报》(*De Standaard*)。考韦拉特为报纸订立的创刊口号是"一切为了弗兰德——弗兰德为了耶稣"(Alles voor Vlaanderen – Vlaanderen voor Kristus,弗兰德为弗拉芒地区别名),缩写为AVV–VVK。自创刊之日起至1999年,AVV–VVK一直被印在《旗帜报》的封面上。[①]

第一期《旗帜报》的发行日期原定在1914年11月22日,但由于"一战"爆发而不得不取消,后终又于1918年"一战"结束后继续发行。古斯塔夫·沙普(Gustave Sap)在1919年加入编辑部,他给报社投入了一大笔资金,大大地扩大了《旗帜报》的初期规模。[②]

图1 《旗帜报》的创刊口号AVV-VVK

在1940年比利时被德国纳粹占领后,《旗帜报》又被迫停刊,不过旗帜集团在原来的职员和印刷厂基础上又出版了一份新的报纸——《通用消息报》(*Het Algemeen Nieuws*),但是这份报纸只能出版纳粹占领区政府允许的内容。1944年比利时光复后,"旗帜集团"被控告与纳粹勾结而停办两年。因此,集团只得成立了一家新的公司"向导集团"(De Gids N.V.),并于1944年11月起开始发行《新旗帜报》(*De Nieuwe Standaard*)。1947年,"旗帜集团"的禁令到期后,公司重新恢复以前的业务,《新旗帜报》改为《新向导报》,后来又改回为《旗帜报》。

在20世纪60年代和70年代,《旗帜报》以其高质量的内容和独立的国外事件报道而知名。[③] 但是,报纸的

---

① 《旗帜报》官网:http://www.standaard.be/over,检索时间:2015年4月5日。

② European Stability Initiative: Communicating Europe Manual: Belgium, supported by ERSTE Stiftung, July 2010, p. 46.

③ Pieter Maeseele: On news media and democratic debate: Framing agricultural biotechnology in Northern Belgium, The International Communication Gazette 73 (1–2), 检索时间:2015年4月5日。

经营状况却不尽如人意，并最终在 1976 年 6 月 22 日宣布破产。不过，比利时商人安德烈·莱森(André Leysen)挽救了报社。莱森成立了“弗拉芒出版商合作集团”(Vlaamse Uitgeversmaatschappij N.V.，简称 VUM)，接手“旗帜集团”继续出版《旗帜报》。之后，VUM 公司改名为 Corelio，并出版《旗帜报》的姊妹报《新闻报》(*Het Nieuwsblad*)。现在，《旗帜报》由 Mediahuis 公司出版。[①]

2004 年 3 月，《旗帜报》在现代化改革中，将之前传统的大幅版式改为紧凑型版式。[②]

二、发展现状

2002 年，《旗帜报》的发行量为 9.8 万份。在经历连续几年下降后，又在 2007 年上升到 10 万份，之后发行量平均保持在 10 万份左右，其中电子版发行量逐渐增加。[③] 2014 年，《旗帜报》的纸质版发行量为 101375 份，电子版发行 11447 份。此外，《旗帜报》旗下还发行刊物《旗帜杂志》(*De Standaard Magazine*)和《旗帜报每周新闻》(*De Standaard Weekblad*)，这两份刊物的发行量都约为 12.8 万份。[④]

图 2 《旗帜报》及旗下两份刊物

《旗帜报》的现任主编为巴尔特·斯图尔特瓦根(Bart Sturtewagen)和卡雷尔·费尔赫芬(Karel Verhoeven)。作为一份保守的右翼报纸，《旗帜报》曾与弗拉芒基督教民主党关系亲密，但如今该报立场逐渐改变，越来越偏向中间派。[⑤]

三、涉华报道

大体来看，该报的涉华报道数量相当多，每日至少发布一篇中国新闻，其中，社会新闻和经济新闻报道最多。但自 2010 年至 2014 年的 5 年来，《旗帜报》网站上的涉华报道数量总体呈缓慢下降趋势。

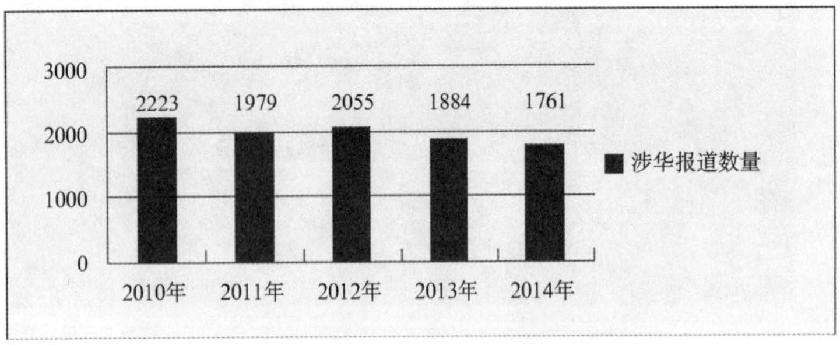

图 3 《旗帜报》涉华报道数量变化图

在涉华报道来源上，该报网站报道主要来自于比利时通讯社(Belga)，有时转载国外媒体如路透社、法新社、英国广播公司、英国《卫报》、荷兰《商业报》、欧洲图片新闻社的相关报道。有些深度报道及评论多为该报驻华记者或该报编辑自写，少数涉华报道来自中国媒体如中新社、新华社等。总的来说，其涉华报道多来自于欧洲媒体，尤其是英国媒体和荷兰媒体，而美国媒体的涉华报道却极少被其引用。

在涉华报道内容方面，该报报道多为经济新闻和社会新闻，其次是政治新闻。尤其是 2015 年 8 月，当月近

---

① Mediahuis 集团网站：http://mediahuis.be/media/de-standaard/，检索时间：2015 年 4 月 5 日。

② Strategy Report: Shaping the Future of the Newspaper, June 2005，检索时间：2015 年 4 月 5 日。

③ Hnieuwsblad.be 网站：De Standaard grootste groeier op krantenmarkt，2009 年 5 月 8 日，http://www.nieuwsblad.be/cnt/dmf20090508_046，检索时间：2015 年 7 月 28 日。

④ 比利时 CIM 媒体数据统计网站：http://www.cim.be/fr/presse/presse-authentication-reports，检索时间：2015 年 7 月 28 日。

⑤ European Stability Initiative: Communicating Europe Manual: Belgium, supported by ERSTE Stiftung, July 2010, p. 46.

70%的报道都是涉及中国经济放缓和中国股市动态的议题，其他多为天津爆炸事故的报道。而政治新闻多关注中国对外关系(如中俄关系、中日关系等)和国内高层政治等议题。

该报的对华态度整体偏向负面，在报道中国经济放缓时，报道题目多为消极性质，如“中国出口进一步萎缩”[1]“中国的危险远没有消失”[2]“中国的经济增长低于预期”[3]等，还发表了一篇文章《我们为什么如此关注中国》[4]来解释大规模关注中国经济现状的原因，分析了中国经济放缓对全世界各国的不良影响。这些报道整体上营造了中国经济发展遭遇危机，进而严重影响世界经济的氛围。在社会新闻上，选题多为负面新闻，如“中国判处强奸26名儿童的老师”[5]“中国计划疯狂建立新核电站，而且安全性较低”[6]“天津爆炸附近小区居民示威游行”[7]等。在政治新闻中，选题和内容也偏关注较负面的事件，如“上海艺术家运用‘习近平笑’创作艺术品被捕”[8]“中俄联合举行军事演习”[9]。此外，在报道中国大阅兵时，还称“由于中国近来经济面临危机，引世人担忧，便借此次阅兵展示其强大的军事实力”。[10]

《时报》*De Tijd*

《时报》(*De Tijd*)是在比利时的一份重要的荷兰语经济类日报，主要在比利时北部弗兰德地区发行。

一、历史沿革

《时报》创刊于1968年1月3日，由当时的弗拉芒经济联盟(Vlaams Economisch Verbond)发行出版，服务于比利时的企业和商人。《时报》原名为《金融经济时报》(*De Financieel－Economische Tijd*)，2003年改为现名。创刊初期的20世纪70年代，《时报》发行量约为1万份。80年代后，该报逐渐增加了许多新的信息服务版块，如“消息简要”“时报电子”“时报学术”“时报数据”等栏目，发行量稳步上升，2002年达到59144份，市场份额占4.7%。[11]

2005年，比利时两大传媒集团De Persgroep和Rossel公司合资成立了新的传媒集团Mediafin，《时报》与比利时另一份著名法语报纸《回声》(*L'Echo*)转为该集团旗下出版。[12]

---

① 《旗帜报》网站：China ziet export nog verder krimpen，2015年9月8日，http://www.standaard.be/cnt/dmf20150908_01855680，检索时间：2015年9月9日。

② 《旗帜报》网站：Chinees gevaar is nog lang niet geweken，2015年9月8日，http://www.standaard.be/cnt/dmf20150907_01855120，检索时间：2015年9月9日。

③ 《旗帜报》网站：Chinese economie minder gegroeid dan gedacht，2015年9月7日，http://www.standaard.be/cnt/dmf20150907_01853940，检索时间：2015年9月9日。

④ 《旗帜报》网站：Waarom we naar China kijken，2015年8月26日，http://www.standaard.be/cnt/dmf20150826_01835119，检索时间：2015年9月9日。

⑤ 《旗帜报》网站：China executeert leerkracht die 26 leerlingen verkrachtte，2015年5月29日，http://www.standaard.be/cnt/dmf20150529_01704603，检索时间：2015年9月9日。

⑥ 《旗帜报》网站：Plannen voor nieuwe Chinese kerncentrales zijn krankzinnig，2015年5月25日，http://www.standaard.be/cnt/dmf20150525_01697128，检索时间：2015年9月9日。

⑦ 《旗帜报》网站：“Ik hou van China, maar ook van mijn huis”，2015年8月26日，http://www.standaard.be/cnt/dmf20150825_01834302，检索时间：2015年9月9日。

⑧ 《旗帜报》网站：Lachen met Xi verboden，2015年5月30日，http://www.standaard.be/cnt/dmf20150529_01705736，检索时间：2015年9月9日。

⑨ 《旗帜报》网站：“Plannen voor nieuwe Chinese kerncentrales zijn krankzinnig”，2015年8月20日，http://www.standaard.be/cnt/dmf20150820_01825922，检索时间：2015年9月9日。

⑩ 《旗帜报》网站：Xi probeert de wereld te imponeren，2015年9月4日，http://www.standaard.be/cnt/dmf20150903_01849227，检索时间：2015年9月9日。

⑪ Mediafin官网：http://www.mediafin.be/nl/content/lezersmarkt，检索时间：2015年6月5日。

⑫ Mediafin官网：http://www.mediafin.be/nl/content/merken－en－producten，检索时间：2015年6月5日。

图 4 《时报》2011 年报纸头版

图 5 《时报》2012 年改版后头版

2006 年,《时报》率先推出“无纸化”电子报,读者可利用该报提供的一种便携式电子装置阅读当天新闻,荧屏大小如同一页报纸,画面版式和普通报纸无异。[①]从 2009 年开始,报纸颜色改为金融证券类报纸通用的粉色纸张。2012 年 3 月,报纸版式又改为国际流行的柏林版[②]。2012 年,《时报》被欧洲报纸大会评为“年度报纸”。

从 2011 年起,伊莎贝尔·阿尔贝斯(Isabel Albers)接替皮埃尔·惠伦布洛克(Pierre Huylenbroeck)担任该报主编。

图 6 《时报》客户端

图片引自《时报》网站:http://www.tijd.be/home,检索时间:2015 年 12 月 20 日。

二、发展现状

近年来,《时报》的发行量持续下降,2013 年发行量为 3.5 万份,比 2002 年下降了近 2.5 万份。[③] 此外,《时报》覆盖的读者范围大约为 12.3 万人,在比利时北部弗兰德地区,市场份额为 6.4%。

2007 年,《时报》建立了在线网站,日访问量为 15 万。从 2010 年开始,《时报》网站采用付费阅读模式,还开通了移动终端服务以及手机 APP 客户端服务等。

① 搜狐新闻网:《比利时时报:“无纸化”奥运报道(海外之声)》,2008 年 4 月 4 日,http://news.sohu.com/20080404/n256095485.shtml,检索时间:2015 年 6 月 5 日。

② 柏林版即 Berliner,是欧洲国家流行的三种主要报纸版式之一。柏林版的特点主要由报纸尺寸作为区分,根据报纸尺寸来决定内容的编排布局。采用这种版式的报纸通常尺寸为 470 mm × 315 mm(18 英寸 × 12.4 英寸)。包括法国《世界报》、英国《卫报》等主流大报,都采用这一版式。

③ Mediafin 官网:http://www.mediafin.be/nl/content/lezersmarkt,检索时间:2015 年 6 月 5 日。

三、报道特点

目前,《时报》每周出版五期,周二至周六出版周内版,周日发行的周末版增加两份杂志副刊,包括关注个人金融的 Netto 和介绍时尚生活的 Sabato。

图 7　Netto 封面

图 8　Sabato 封面

《时报》的口号是“刊登一切重要和及时的新闻”(Voor belangrijke zaken neemt u De Tijd)。作为一份典型的经济类日报,《时报》的报道内容覆盖经济、商业、金融市场、国家和国际经济政策等多方面,是比利时商业人士最重要的信息获取渠道。[①]

四、涉华报道

鉴于《时报》为经济类日报,因此其涉华报道中绝大多数也为经济类报道。该报时刻关注中国时下最新的经济发展动态,涉及中国经济的各个方面及各个行业,如股市、汽车销售市场、金融政策、食品行业、奢侈品行业、房价、钢铁制造业、互联网等。而且其涉华报道相当频繁,根据对《时报》网站报道的粗略统计,该报每天大约发布 3 篇以中国为对象的涉华报道,而在文章中提到中国的报道数量更是相当可观,平均每天有 6 篇以上。可见,由于世界经济市场中中国的影响力越来越大,《时报》作为一份经济类报刊,时刻关注着中国经济的动态。

当然,在《时报》涉华报道的内容上,除了占绝大多数的经济类报道外,还有少量的社会新闻和时政新闻,如柳州爆炸事件、中美共同打击网络犯罪行为、中国人权事件、习近平访问英国等。在涉华报道态度上,经济类报道较为详细客观,但其中含有一些唱衰中国经济的论调,如“中国自 2009 年起经济已经开始低迷”“中国股市再次震荡”“中国制造业疲软趋势仍然不改”等;而在人权问题上,态度明显偏向负面,如关注艾未未事件动态或评论中国授予津巴布韦独裁总统穆加贝“孔子和平奖”等事件,并在报道中讽刺中国人权问题仍然严重。

① 陈力丹、尚昊:《多语种环境下的比利时新闻传播业》,《新闻界》2013 年第 22 期。

《自由比利时报》*LaLibre Belgique*

La Libre BELGIQUE

《自由比利时报》是比利时发行的一份法语报纸，内容覆盖本国国内以及国际时事，是比利时第二大法语报纸。无论在规模上还是影响力上，《自由比利时报》都略逊于《晚报》(*Le Soir*)，但是在比利时仍有一定的影响力。

一、历史沿革

《自由比利时报》的前身是一份名为《爱国者》(*Patriote*)的日报，由一位名为维克多·茹尔丹(Victor Jourdain)的比利时人创办。1918年，《爱国者》正式更名为《自由比利时报》。在两次世界大战期间，《自由比利时报》均以地下形式继续出版，反对德国法西斯占领。

2013年，《自由比利时报》经历了一场重要的改革。该报主编韦斯廷(Francis Van de Woestyne)接受采访时坦言，这次改革让《自由比利时报》在艰难的报纸市场环境下进行了成功的数字化转型，去年一年的订阅数和阅读均有所增加。他声称，“尽管我们要捍卫永恒不变的价值观，但还是要迎接新形势的挑战”①。

LA LIBRE BELGIQUE
Mardi 8 mai 1945
UN FRANC LE NUMÉRO JOURNAL QUOTIDIEN
L'Allemagne a capitulé !
GRATITUDE à nos LIBÉRATEURS !
D'UNE GUERRE A L'AUTRE
L'amiral Doenitz a donné l'ordre à toutes les forces allemandes de se rendre sans conditions.
La capitulation a été signée à Reims, lundi à 2 h. 41
Les Alliés ont annoncé lundi officiellement, à Reims, que l'Allemagne avait capitulé inconditionnellement.
La reddition a eu lieu à 2 h. 41 du matin (heure française) dans un petit bâtiment d'école qui constitue le quartier général du général Eisenhower.
Victoire
La guerre est finie

图9　1945年5月6日，《自由比利时报》头版头条“德国投降了！”

二、发展现状

目前，《自由比利时报》是比利时两大发行量最大的法语报纸之一。近年来，随着欧洲国家报业整体上进入萧条时期，《自由比利时报》的市场也在收缩。从2009年到2013年，《自由比利时报》的纸质版发行量由44000份下降到了38346份。② 为应对变革，《自由比利时报》通过多次改版不断提升报纸质量，并于2001年建立了《自由比利时报》网站。③ 目前，自由比利时报网发展良好，每日发稿量很大，更新消息迅速，在一定程度上扭转了报纸发行量下滑的局面。通过自由比利时报网，受众可以免费阅览最新的新闻信息，而付费订户可以收到定制内容推送，并且可以进行内容检索。根据比利时媒体调研中心出具的报告，2013年到2014年2月期间，《自由比利时报》的纸质版和电子版平均销量在69.8万份，加上网站和手机客户端的阅读量，达到92.25万，其中男性读者比例略高于女性读者。④

目前，《自由比利时报》隶属于比利时的IPM媒体集团(Informations et productions multimédias)。该集团

---

① 《自由比利时报》网站：Francis Van de Woestyne, nouveau rédacteur en chef de La Libre Belgique，2013年9月10日，http://www.lalibre.be/economie/libre－entreprise/francis－van－de－woestyne－nouveau－redacteur－en－chef－de－la－libre－belgique－522f402835703d8e48d45ab3，检索时间：2015年10月22日。

② European Stability Initiative，Communicating Europe Manual：Belgium，检索自：http://www.esiweb.org/pdf/enlargement_debates_manual_belgium.pdf，检索时间：2015年8月21日。

③ 《自由比利时报》简介，检索自法国《国际邮报》网站：http://www.courrierinternational.com/notule－source/la－libre－belgique，检索时间：2015年8月21日。

④ 比利时新闻传媒信息中心：2013－2014年报刊发行量，http://www.cim.be/fr/presse/press－audience，检索时间：2015年8月21日。

主要经营在比利时的法语报刊业务，旗下还拥有《最后一点钟报》(*La Dernière Heure*)和《巴黎竞赛画报》(比利时版)等报刊。

LaLibre.be Lire le journal Services Contactez-nous

Vers un plus grand rôle de la Chine ?

CONTRIBUTION EXTERNE Publié le dimanche 10 mai 2015 à 14h54 - Mis à jour le dimanche 10 mai 2015 à 15h06

Recommander Partager 28 Tweeter 42 G+1 0

› Soutenu par l'iPhone et la Chine, Apple dépasse les attentes

› La Chine produit plus de vin que la France

ENTREPRISE / EMPLOI Une opinion de Vincent Juvyns, Stratégiste chez J.P. Morgan A.M.

Depuis l'Antiquité, la prééminence d'une monnaie sur la scène internationale a toujours été liée au pouvoir économique, et souvent militaire, du pays qui en était l'émetteur, mais aussi à la capacité de celui-ci à protéger la valeur réelle de sa monnaie en maintenant une inflation basse et stable. Il est ainsi intéressant d'observer que si la Grèce moderne traverse actuellement une mauvaise passe, la Grèce antique connut une période de gloire entre le Ve et le Ier siècles avant notre ère, et sa monnaie, la drachme d'argent, fut probablement la première monnaie à revêtir un statut international.

图 10　2015 年 5 月 10 日《自由比利时报》发表文章《中国将成为更重要的角色?》

《自由比利时报》网站：Vers un plus grand role de la Chine，http://www.lalibre.be/economie/libre－entreprise/vers－un－plus－grand－role－de－la－chine－5548cb2c3570fde9b31454a0，检索时间：2015 年 10 月 22 日。

三、报道特点

《自由比利时报》是一份高品质的报刊。该报注重国内国际时事，内容主要包括经济、政治以及社会事务等。《自由比利时报》的内容本地性不强，并非一份大众性报刊。该报自称“独立的天主教”报纸，而它实际上反映的是瓦隆区天主教社会党右翼观点，代表布鲁塞尔保守资产阶级的利益。[①]《自由比利时报》具有公认的宗教立场，但这并不妨碍它成为一份优秀的时事新闻日报。[②] 一直以来，《自由比利时报》彪炳要尽可能降低政府的干预，主张新闻自由，以独立和新闻自由著称。

现在，《自由比利时报》设有“环境”“国内”“国际”“图片新闻”“体育”“广告”“地区新闻”“发现”等多个版块。该报每天还出版不同主题的增刊，增刊的主题包括房地产、阅读、艺术、音乐、女性、电视剧等。

四、涉华报道

相对来说，《自由比利时报》对中国议题的关注程度比较高。通过在《自由比利时报》的官方网站进行检索，自 2000 年到 2015 年 6 月期间，提及“中国”的涉华报道有 18860 多条。其中，在 2015 年 1 月到 6 月的半年期间，《自由比利时报》有关中国的报道，月均数量在 100 条以上。在每月的 100 余条涉华报道中，半数以上是以中国本身为关注点的“中国报道”，其他则是提及“中国”的其他报道和国际报道。在这些搜索结果中，《自由比利时报》最关心的涉华议题是有关中国的国际事务以及中国在国际事务中发挥的作用。另一个较为热门的议题是中国的经济发展，尤其是中国与比利时乃至欧洲各国之间的经济合作。《自由比利时报》对于中国本国的政治、文化等议题的关注程度相对较低。

图 11　菲利普·巴盖作为中国问题专家接受法国电视台访问

---

① 甘惜分：《新闻学大辞典》，河南人民出版社 1993 年版，第 425 页。

② 法国《国际邮报》官网：《〈自由比利时报〉简介》，http://www.courrierinternational.com/notule－source/la－libre－belgique，检索时间：2015 年 8 月 21 日。

在《自由比利时报》对于中国经济的相关报道中,大多数报道以事实信息为主,整体上呈现较为客观的态度。2015 年 5 月,《自由比利时报》发表了一篇题为《中国将成为更重要的角色?》的文章,列举了很多重要的数据:"尽管以美元计算,中国的经济总量目前只占全世界的 13.33%,但是中国的购买力却已跃居全球第一,过去七年中,全球 30%的经济增长来自中国。"文章多处采用"雄心"(Ambition)一词来描述中国近年来的货币政策,在对中国经济发展的评价上基本保持客观。

目前,《自由比利时报》设有长期驻华记者站,现任驻华记者为菲利普·巴盖(Philippe Paquet)。巴盖是一位中国问题专家,也曾就职于比利时法语广播电视台。2001 年时,菲利普·巴盖曾采访过时任国家总理朱镕基。①

La Libre.be Lire le journal Services Contactez-nous

Avez-vous lu le Lotus bleu?

LIQIANG LIAO, AMBASSADEUR DE CHINE EN BELGIQUE Publié le mardi 25 février 2014 à 13h23 - Mis à jour le vendredi 07 mars 2014 à 10h58

Recommander Partager 0 Tweeter 0 G+1 0

OPINIONS La visite d'un temple par le Premier ministre Shinzo Abe fait craindre la résurgence du militarisme japonais. **Une opinion de Liqiang Liao, Ambassadeur de Chine en Belgique.**

Le personnage de Tintin issu de la plume d'Hergé est mondialement connu et apprécié et j'ai eu le grand plaisir de recevoir des mains d'un très respectable ami belge un album du "Lotus bleu" dans une édition de 1984. L'histoire raconte qu'à son arrivée en Chine, Tintin apprend que des agents secrets japonais ont dynamité le chemin de fer reliant Shanghai à Nankin et que, de surcroît, ils rejettent la responsabilité de cet attentat sur les Chinois... Alors que ce n'était qu'un alibi pour envahir la Chine.

图 12 廖力强大使撰写的文章《你读过〈蓝莲花〉吗?》

自由比利时报网:Avez—vous lu le Lotus bleu?,2014 年 3 月 7 日,http://www.lalibre.be/debats/opinions/avez—vous—lu—le—lotus—bleu—530b9dbb35708d729d812151,检索时间:2015 年 10 月 22 日。

2014 年中日关系比较紧张的时期,《自由比利时报》还曾署名刊发中国驻比大使廖力强撰写的文章《你读过〈蓝莲花〉吗?》。文章谴责日本领导人参拜靖国神社,敦促日方正视侵华历史。②

弗拉芒广播电视台 Vlaamse Radio-en Televisieomroeporganisatie

VRT

作为欧共体创始国之一,比利时的广播电视政策严守欧盟的基本立场,即坚持对广播电视产业的保护主义,打造具有多语言特色的广播电视传播体系,力图摒除国外强势广播电视节目的入侵。因而,为适应国内多语种的传播环境,比利时广播电视体系形成了按语种划分的格局,即荷兰语区广电系统、法语区广电系统和德语区广电系统。弗拉芒广播电视台(全称为 Vlaamse Radio-en Televisieomroeporganisatie,简称 VRT),是比利时北部弗拉芒大区荷兰语公共服务性质的广播电视机构,占据 40%左右的市场份额。

一、历史沿革

语言是信息传播的基本介质,尤其是广播电视传播的基础条件。比利时是一个多语言国家,主要使用语言是荷兰语(约占人口总数的 57%)、法语(约占人口总数的 32%)和德语(约占人口总数的 10%)。根据语言民族的分布特点,北部的弗拉芒大区主要讲荷兰语,南部的瓦隆大区以法语为主,德语人口分布比较分散。在此基

① 中国共产党新闻网:《接受比利时〈自由比利时报〉巴盖采访》,2001 年 9 月 6 日,http://dangshi.people.com.cn/GB/146570/168023/9982915.html,检索日期:2015 年 8 月 21 日。

② 《中国驻比利时大使撰文敦促日本正视侵华历史》,2014 年 2 月 26 日,转引自新华网:http://news.xinhuanet.com/2014—02/26/c_119514050.htm,检索时间 2015 年 8 月 21 日。

础上，比利时国内的媒体以荷兰语和法语为主要传播语言，而以荷兰语播出的弗拉芒广播电视台也就成为了比利时国内最为重要的广播电视媒体机构。

作为比利时的荷兰语广播电视媒体，弗拉芒广播电视台在发展过程中历经变革，期间始终保持与法语广播电视媒体之间的合作与竞争。从 1930 年创建至今，弗拉芒广播电视台曾经历过四次改名(见表 1)。

表 1　弗拉芒广播电视台历次更名情况

时间	名称	原文名称	简称
1930－1959 年	国家广播电台	Nationaal Instituut voor de Radio－omroep	NIR
1960－1990 年	比利时广播电视台	Belgische Radio-en Televisieomroep	BRT
1991－1997 年	比利时荷兰语广播电视台	Belgische Radio-en Televisieomroep Nederlandstalige Uitzendingen	BRTN
1998 年至今	弗拉芒广播电视台	Vlaamse Radio-en Televisieomroeporganisatie	VRT

1930 年，随着广播技术的发展和广播媒体社会影响力的扩大，比利时议会通过法案建立全国性的广播电台，按照播出语言的不同，分别设立了荷兰语区的 NIR(Nationaal Instituut voor de Radio-omroep)和法语区的 INR(Institut national de radiodiffusion)，弗拉芒广播电视台最初就是由荷兰语区的 NIR 发展而来。"二战"时，NIR 和 INR 均由于德国入侵而停播，"二战"后再次恢复播音，并于 1953 年开办电视广播。1960 年比利时议会通过新的广播法，成立了比利时广播电视台(Belgische Radio-en Televisieomroep，缩写为 BRT)以及比利时法语广播电台(Radio télévision belge de la communauté fran・aise，缩写为 RTB)，分别替代了原来的 NIR 和 INR。1971 年，BRT 开始引进了彩色电视。[①]

20 世纪 70 年代后，随着比利时国家改革产生的联邦主义影响，荷兰语的 BRT 和法语的 RTB 开始分道扬镳，逐步交由两个语言区自治管理，从此两种语言的广播电视自成体系。80 年代后，比利时商业电视如 VTM 等发展迅速，抢走了 BRT 一半以上的观众，因此 BRT 通过和外面的节目制作公司合作推出一些新的节目，赢回了许多观众，在与商业电视的激烈竞争中占据了一定的优势。

1991 年，BRT 更名为比利时荷兰语广播电视台(Belgische Radio-en Televisieomroep Nederlandstalige Uitzendingen，缩写为 BRTN)，后又于 1998 年 1 月 1 日改为弗拉芒广播电视台(Vlaamse Radio-en Televisieomroeporganisatie，缩写为 VRT)，并一直沿用至今。[②] 2003 年，弗拉芒广播电视台开始了网络化进程，建立了第一个新闻网站 http://www.vrtnieuws.net，网站域名现已改为 http://www.vrt.be。如今 VRT 也成为欧洲广播联盟(European Broadcasting Union)的成员之一，现任台长为莱奥・埃勒曼(LeoHellemans)。2015 年，由于弗拉芒区政府实行财政紧缩政策，对公共服务机构的补助减少，使得弗拉芒广播电视台的财政补贴更是减少了近 2000 万欧元。为了应对这一变化，莱奥台长表示，VRT 可以更小巧，将采取精简机构措施，在台内进行小规模的裁员。[③]

二、发展现状

目前，VRT 的主营业务集中在电视和广播两个方面。

就电视业务来说，VRT 现在有六个电视频道，其中两个为既有频道的高清频道：(1)Eén(曾用名为 VRT TV1)是以新闻时事节目为主的第一频道，1953 年开播，此外该频道还有一个高清频道 Eén HD；(2)Ketnet 是

① 张允若：《"低地国家"广播电视体制的特色》，《国际新闻界》1993 年第 4 期。

② 陈力丹、尚昊：《多语种环境下的比利时新闻传播业》，《新闻界》2013 年第 22 期。

③ 弗兰德地区新闻网站 deredactie.be：The VRT should become more compact，2015 年 5 月 15 日，http://deredactie.be/cm/vrtnieuws.english/News/1.2340022，检索时间：2015 年 8 月 16 日。

以儿童、青少年为目标受众的频道,同时该频道还兼营以年轻人和外国人为受众的 OP12 频道;(3)Canvas 为优质电视频道,主要播放纪录片和电视剧,此外该频道还有一个高清频道 Canvas HD;(4)Sporza 是体育频道,主要播放国内外各种比赛赛事。[①]

在广播电台方面,目前 VRT 旗下共有七个电台,所有频道的节目都可以在网络上实时收听。七大电台包括:(1)Radio 1 是有关新闻、信息和文化的电台;(2)Radio 2 是大众电台;(3)Klara 是古典音乐电台,之前称为 Radio 3;(4)Studio Brussel 是以年轻人为听众的电台;(5)Sporza 是体育电台;(6)MNM 是流行音乐电台,之前称为 radio Donna;(7)RVi(Radio Vlaanderen Internationaal)为专门的对外广播电台。[②]

就机构设置来说,VRT 作为公共服务性质的广播电视机构,其对外宣称文化自主、信息自由、独立于政府。VRT 设有独立的理事会,负责日常管理和运营,理事会由荷兰语区的文化委员会选定并受该区政府的监督。此外,国家法律也规定,广播电视新闻节目要保持客观中立,政府不得干预。同时,VRT 还与比利时政府签订了一份《管理合约》,规定其作为公共服务性质的广电机构的职责和任务。1997 年为第一次签订,以后每五年签订一次,每次条约的重点都不同。《2012－2016 年管理合约》的重点是体现公共广播机构所承载的社会价值:VRT 应以多样性、高质量且通俗易懂的节目,触及并反映弗拉芒地区的现状和特点。除此之外,VRT 每年还要呈交一份年度报告,以显示其是否完成了条约里的目标和执行标准。[③]

比利时公共广播电视台的经费主要来源于收音机、电视机的执照费,由国家征收并按一定比例进行分配。[④]因此,VRT 的经费来源主要是国家按比例分发的视听费津贴,还有一部分广播电台的广告收入和电视节目赞助收入,此外还有广播电视节目产品的销售收入等。在《管理合约》中,政府还对广播广告和电视赞助收入设置了限制:从 2008 年起,广播广告收入一年不得高于 4090 万欧元,电视赞助费收入不得高于 1000 万欧元。另外,政府还规定,最低广告收入为最高广告收入的 90%,若未达到最低收入,便会给予警告。[⑤]

三、报道特点

作为公共服务性质的广播电视机构,VRT 独立于商业组织和政府机构,追求客观独立的报道精神,向受众展示多元化的社会舆论,通过提供全面、优质、原创、革新性的节目来赢得观众的信任,达到启发民智、传播信息、教育大众以及提供娱乐的目的。因此,VRT 主要提供有关信息、文化、教育以及娱乐方面的高质量节目,其中最优先的是信息和文化节目,还有一些体育、现代教育、自产的戏剧作品以及娱乐等节目。在满足大众的利益同时,还为个别群众和不同年龄层的观众提供特殊的节目,特别是儿童和青年人。

为了实现增强弗拉芒地区的文化认同、社会多样性以及民主、宽容性社会的可持续发展目标,VRT 提出办台的六项主要原则:[⑥]

1. 保证传播独立、有用以及合乎情理的信息、知识或经验;
2. 在快速变化和碎片化的媒体生态中做永恒的标杆,起到参考作用;
3. 增加民众参与性、舆论多样性以及唤起社会责任感;
4. 在推进文化认同的同时为大众提供一个看世界的窗口;
5. 发挥自身的创造性和革新性;

6、积极与公共权威、私人伙伴以及媒体公司进行有效合作。

---

① VRT 官网:http://www.vrt.be/en/about－our－brands,检索时间:2015 年 6 月 8 日。
② VRT 官网:http://www.vrt.be/en/about－our－brands,检索时间:2015 年 6 月 8 日。
③ VRT 官网:http://www.vrt.be/en/task,检索时间:2015 年 6 月 8 日。
④ 张允若:《"低地国家"广播电视体制的特色》,《国际新闻界》1993 年第 4 期。
⑤ VRT 官网:http://www.vrt.be/en/task,检索时间:2015 年 6 月 8 日。
⑥ VRT 官网:http://www.vrt.be/en/mission－and－values,检索时间:2015 年 6 月 8 日。

四、涉华报道

通过对 VRT 旗下新闻中心网站 http://www.deredactie.be 的涉华报道进行检索，可以对 VRT 的涉华报道展开如下分析——

从报道数量上来看，以 2010 年至 2014 年为例，VRT 五年间的涉华报道数量总体上呈现持续上升的趋势。其中，2010 年的涉华报道数量较前后两年明显更多，超出数量达到百余篇，主要原因是该报对于当年举办的上海世博会有大量的报道。在此基础上可以说，VTR 网站发布涉华报道的频度较高，可以达到每天 2 篇涉华报道的平均频次，同时涉华视频报道的发布频次约为每周 5 篇。由此可见，VRT 对中国的关注度非常高，其中原因之一是比利时作为许多国际组织机构总部的所在地，对世界各国的新闻事件都比较关注，国际新闻报道的数量在总体上就比较多。

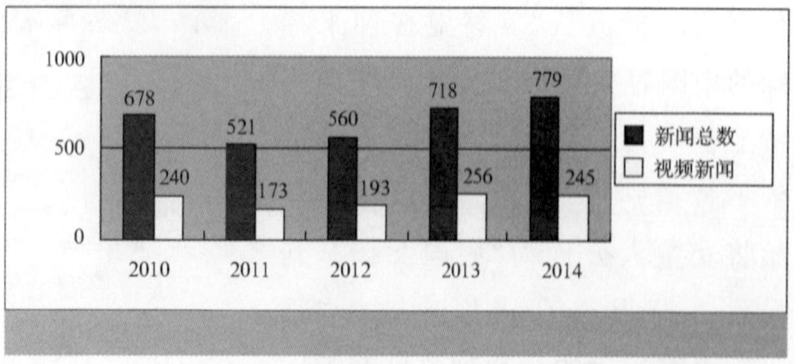

图 13　2010—2014 年 VRT 新闻中心网站涉华报道数量统计

就涉华报道的议题内容来看，VRT 新闻中心网站关涉的报道领域较为广泛，其中尤以政治、经济类报道最多，社会新闻紧随其后。在政治新闻中，最常出现的报道议题是中比两国领导人之间的国事访问、外事交流活动等；经济新闻则多关注中国股市动态以及中国经济发展的趋势变化；而在社会新闻中，大多关注发生在中国各地的地方新闻，其中又对天气和环境报道尤其关注，常见诸如暴雨、洪水、沙尘暴、雾霾等自然灾害的报道；此外，VRT 还时刻关注中国国内新近发生的重大新闻或热点新闻，如抗战胜利 70 周年大阅兵、天津港爆炸事故、长江翻船事故、文化部禁止 120 首网络歌曲等等。

图 14　2015 年 6 月 23 日，VRT 报道菲利普国王来华访问[1]

就涉华报道的信息来源来看，有关中国国内重大事件的报道大多来自弗拉芒广播电视台的驻站自采，部分报道来自比利时通讯社(Belga)。此外，VRT 的涉华报道中还有一些转载自中国主流媒体的内容，例如新华社和 CCTV NEWS 等。其中，有关中国经济和外交关系的报道则主要来自西方主流通讯社，首先是美联社(AP)，还有少数援引自路透社(Reuters)；另外，对于社会新闻或地方新闻的报道，则主要是通过中国国内的网络媒体报道转引发布，如微博、腾讯视频等。

从报道所持的观点立场来看，VRT 的涉华报道大多抱持中立倾向正面的立场，较少有消极负面的涉华新闻报道。例如，在以中国经济发展增速放缓的报道中，VRT 深入分析了中国经济放缓对全世界经济的影响，同时也乐观地指出："虽然现在的经济增长率在中国人看来是倒退了，但却也是表明中国在趋向一个更正常化的发展速度。"[2]

2015 年 7 月 16 日，VRT 报道了正在比利时举行的"中国当代艺术展"，认为"(展览)展现了中国当代艺术

---

① VRT 新闻中心网站 Deredactie.be：chinese president verwelkomt koning fillip，2015 年 6 月 23 日，http://m.deredactie.be/#!/snippet/558998e40cf27fbd94e37c8e，检索时间：2015 年 9 月 7 日。

② VRT 新闻中心网站 Deredactie.be：Als het regent in China，druppelt het elders?，2015 年 8 月 25 日，http://deredactie.be/cm/vrtnieuws/economie/1.2423455，检索时间：2015 年 9 月 8 日。

家的风采,与西方艺术形成冲击对比,表明中国当代艺术与之相比毫不逊色”。①

2015年7月到8月,VRT制作了一系列报道,对中国女孩赵丹丹的安特卫普之行进行了跟踪报道。这一系列报道主旨是为了经由一个中国女孩的眼睛,去展现发掘安特卫普的文化风情,一方面借此推动当地的旅游产业,另一方面促进文化交流。报道从“安特卫普迎来特殊的中国客人”“中国女孩眼中的安特卫普一月行”,一直到“赵丹丹依依不舍道别离”结束。报道从一开始将女主人公称为“中国女孩”,到最后一篇报道直接称呼她为“丹丹”,由符号化的指称到凸显亲近感的直呼其名,凸显了交流增进感情的主旨。②

图15 2015年7月16日,VRT报道“中国当代艺术展”

图16 2015年7月14日至8月16日,VRT报道中国女孩赵丹丹的安特卫普之行

---

① VRT新闻中心网站Deredactie.be:Chinese art in Brussels: a confrontation,2015年7月15日,http://deredactie.be/cm/vrtnieuws.english/videozone_ENG/1.2392883,检索时间:2015年9月8日。

② VRT新闻中心网站Deredactie.be:Wat er in Antwerpen te beleven valt door de ogen van jonge, Chinese vrouw,2015年7月14日,http://deredactie.be/cm/vrtnieuws/videozone/programmas/journaal/2.39999? video=1.2390914,检索时间:2015年9月8日。

芬 兰

《赫尔辛基新闻》*Helsingin Sanomat*

HELSINGIN SANOMAT

《赫尔辛基新闻》(*Helsingin Sanomat*，简称 HS)是芬兰发行量最大、影响力最广泛的一家芬兰语日报。在芬兰首都赫尔辛基，大约有四分之三的居民阅读该报，在芬兰全国范围内有四分之一民众阅读该报。《赫尔辛基新闻》大部分靠订阅发行，是北欧地区最大的订阅性日报。

一、历史沿革

《赫尔辛基新闻》创办于 1889 年，原名《赫尔辛基日报》(*Päivälehti*)。创刊之时，芬兰还属于俄国沙皇管辖下的大公领地。由于该报主张芬兰应获得更大自由，甚至是完全从俄国手中独立出来，沙俄当局审查机构经常临时强迫《赫尔辛基日报》停刊。1904 年报纸被查封，数月后复刊，遂将报名改为《赫尔辛基新闻》。1932 年以前，该报作为年轻芬兰党(Young Finnish Party)的机关报出版。而自 1932 年以来，该报宣称在政治上保持独立并且永远不会结盟。

PÄIVÄLEHTI.
№ 0. Helsingissä, Lauvantaina 16 p. Marraskuuta. 1889.
Päivälehti,
Palovakuutus-osakeyhtiö „Fennia"
„PATRIA"
M. RINTALA.
Työpalkkaus-Tauluja
Metrimuutos-Tauluja
Lång ja Ståhlberg
Veljeksillä POPOFF:
Castrén & Snellman,
J. E. CRONWALL,

图 1 创办于 1889 年的《赫尔辛基日报》

在很长一段时期，《赫尔辛基新闻》曾作为家族企业为埃尔科(Erkko)家族持有。很长一段时间内，《赫尔辛基新闻》的持有人和芬兰政府之间的关系是很亲近的。例如，在冬季战争准备期间，《赫尔辛基新闻》的发行人埃利亚斯·埃尔科(Eljas Erkko)同时出任了芬兰的外交部长。直到 1999 年，萨诺玛(Sanoma)媒体集团将其并购，从而成为该报的新持有人。

1993 年，《赫尔辛基新闻》的发行量达到 476163 份，[1]成为芬兰阅读量最大的报纸。1995—1996 年间，报纸日发行量保持在 470600 份。[2] 一直到 2001 年，该报都是芬兰发行量最大的报纸。2008 年，报纸每日发行量为 412421 份，比 2007 年下降了 1.8%。[3] 2011 年，《赫尔辛基新闻》的发行量为 365994 份，虽然比之前几年降幅明

---

① Media Policy：Convergence，Concentration & Commerce，SAGE Publications，1998－9－24，p.10.

② Mary Kelly，Gianpietro Mazzoleni，Denis McQuail：The Media in Europe：The Euromedia Handbook，SAGE Publications，2014 年 1 月 31 日。

③ 芬兰发行审计局：Finnish Audit Bureau of Circulation Statistics，检索时间：2015 年 6 月 19 日。

显,但仍然占据国内报纸阅读量的第一位。[①]与此同时,在所有北欧国家的日订阅报纸中,该报在大赫尔辛基地区(the Greater Helsinki region)的发行量最大。

2013 年 5 月,一直担任报纸总编的米卡埃尔·彭蒂凯宁(Mikael Pentikäinen)被解雇,里卡·韦内莱宁(Riikka Venäläinen)接替了他的职位。

图 2 《赫尔辛基新闻》头版

二、发展现状

2013 年 1 月 6 日以前,《赫尔辛基新闻》以大报的形式出版,之后则改为以小报的形式出版。该报每年只在公共节假日的几天休息,其他时间每天出版一期。当然,也存在例外情况,芬兰独立日(12 月 7 日)之后,这天按照习惯是报社的休息日,但是报纸还是照常出版了,主要原因是这个时间段丰厚的圣诞广告收入保证了报纸的发行。在《赫尔辛基新闻》的发行量中,订阅可以占到总量的 97%,[②]因而该报不需要在报摊吸引普通读者,报纸头版往往完全被广告占领。

除此之外,《赫尔辛基新闻》每月还会发行一期增刊,名字即为《每月增刊》(*Kuukausiliite*)。另外还有每周电视指南,以及一份以娱乐为导向的增刊《现在》(*Nyt*)。

图 3 《赫尔辛基新闻》网站首页

图片引自《赫尔辛基新闻》网站:http://www.hs.fi,检索时间:2016 年 3 月 8 日。

1999 年,《赫尔辛基新闻》网站正式上线。在 1999 年到 2012 年期间,网站同时推出芬兰语和英语两种版本,目前网站语言为芬兰语。网站会从每周的报刊中挑选精华内容放在上面,以方便更多读者及时阅览。目前,《赫尔辛基新闻》的网站已经成为芬兰国内网站最重要的新闻来源之一。2009 年 6 月,该网站在芬兰全部网站中,排名第六位"最受欢迎的网站"。2010 年,该网站在芬兰全部网站中浏览量位居第七位,每周访问量达 1236527 次。[③] 在付费订阅的情况下,《赫尔辛基新闻》每天都会通过移动端应用向读者推送内容。iPad 版的《赫尔辛基新闻》与传统报纸内容相似,不过专门针对平板设备对报纸版本进行了优化处理。

---

① Georgios Terzis:European Media Governance:Nationa and Regional Dimensions, Intellect Books,2014,p.100.

② 芬兰发行审计局:Finnish Audit Bureau of Circulation Statistics, 检索时间:2015 年 6 月 19 日。

③ Kari Karppinen, Hannu Nieminen,Anna-Laura Markkanen:High Professional Ethos in a small, Concentrated Media Market, http://blogs.helsinki.fi/kekarppi/files/2014/01/05FINLANDkorr1.pdf, p. 118, 检索时间:2015 年 9 月 1 日。

三、报道特点

多年以来,《赫尔辛基新闻》对芬兰社会和公众舆论都具有很大的影响力。芬兰记者及学者佩尔蒂·克莱莫拉(Pertti Klemola)曾称,此报是国家权威机构,是一家拥有自己独立社会和政治意志的机构。1994 年,在芬兰决定加入欧盟以前,《赫尔辛基新闻》极力主张芬兰入欧,该报也曾公开表示支持芬兰加入北约。

该报属于无党派报纸,标榜独立性,主要代表中上层知识分子,标榜自己是芬兰的《纽约时报》。近些年来,在一些重大问题上,该报曾发表过一些颇有见解的评论性文章。2000 年,哈洛宁当选芬兰第一位女总统时,《赫尔辛基新闻》评论道:哈洛宁夫人的胜利对争取男女平等的斗争来说极具象征意义。[①] 和芬兰其他的订阅性报纸一样,《赫尔辛基新闻》设有一个标题页,在这一页上仅仅刊登宣传性的广告。

《赫尔辛基新闻》的特色在于,凡是重大新闻,必有图片报道。重要图片在版面上占的篇幅大,非常醒目。同时,图片与文字新闻密切结合,文字与照片的版比为 2∶1,每年刊登照片达 3 万多张。[②]

四、涉华报道

总体来看,《赫尔辛基新闻》对中国报道不多,关注点多集中在政策性问题上。比如,对中国放宽计划生育政策,《赫尔辛基新闻》的评价是有助于解决老龄化和人口比例失调问题。在 2013 年 11 月,《赫尔辛基新闻》刊文对十八届三中全会释放全面深化改革的信号评价积极,报道称在中国急需进行重大经济结构调整之际召开本次会议,其重要性及对中国和世界的意义,可以同 1978 年和 1993 年那两次深刻改变中国经济走向的三中全会相提并论,中国自此将走向更加开放的市场经济。[③]

《商报》*Kauppalehti*

Kauppalehti

《商报》(*Kauppalehti*)是一份芬兰经济类日报,在赫尔辛基地区出版。该报至今已有一个多世纪的历史,是芬兰最大的专业财经类报纸。

一、历史沿革

1898 年,芬兰商人协会创立了《商报》。[④] 自 1919 年以来,该报每周发行五到六次。[⑤] 1996 年,《商报》建立网站,这一网站成为芬兰商业社会的重要枢纽。网站语言是芬兰语,但也会刊登英语文章。2010 年,该网站访问量在芬兰所有网站中居第 11 位,每周访问量达 655093 次。[⑥]

---

① 中国宁波网:《芬兰女总统哈洛宁:单身母亲创奇迹》,2002 年 11 月 25 日,http://news.cnnb.com.cn/system/2002/11/25/000411795.shtml,检索时间:2015 年 9 月 2 日。

② 郑红:《让新闻照片亮起来》,《新闻通讯》2000 年第 8 期。

③ 中国新闻网:《外媒积极评价三中全会释放全面深化改革信号》,2013 年 11 月 13 日,http://www.chinanews.com/gj/2013/11－13/5497546.shtml,检索时间:2015 年 8 月 31 日。

④ Peter Kjær, Tore Slaatta: Mediating Business: The Expansion of Business Journalism. Copenhagen Business School Press DK, p. 80.

⑤ Mary Kelly, Gianpietro Mazzoleni, Denis McQuail, eds : The Media in Europe: The Euromedia Handbook, SAGE Publications. p.62.

⑥ Kari Karppinen, Hannu Nieminen, Anna－Laura Markkanen :"High Professional Ethos in a Small, Concentrated Media Market", Blogipalvelut, 2014 年 12 月 29 日。

2001 年,《商报》的发行量为 85292 份。[①] 次年,发行量为 84626 份。[②] 2011 年,其发行量降到了 68252 份。[③] 而到 2012 年时,报纸发行量跌到 63471 份。[④]

《商报》开始提供增刊是在 2002 年,杂志《技术与经济》(*Tekniikka ja Talous*)是增刊之一。星期六增刊《时刻》(*Presso*)也是增刊中的一种,只不过其发行时间是自 2004 年 10 月开始,该刊维持到 2007 年 12 月就停刊了。

二、发展现状

《商报》属于芬兰第二大报系——晨报集团,基地坐落在赫尔辛基最繁华的街上。该报每周出报五天,每两周还出版一份商报杂志。芬兰另一家著名报纸《晨报》(Aamulehti)是《商报》的姊妹报之一。目前,《商报》以小报形式发行,现任主编是阿尔诺·阿霍斯内米(Arno Ahosniemi)。

按绝对数量来看,《商报》的发行量并不算太高,只有 7 万多份。但是,如果按照人均拥有份数来比较,其名次则在各国同类报纸中名列前茅。以经济类报纸的发行量在各国人口中所占的比例计算,《商报》为每千人 16 份(芬兰全国人口只有 500 万),而北欧其他各国的同类报纸,这一比例最高的为每千人 12 份,最低的只有 8 份。至于著名的美国《华尔街日报》,尽管其发行量高达 180 万份,但由于美国人口众多,千人拥有份数才不过 5 份。英国的《金融时报》的这一统计数字更是低到仅为 2 份。[⑤]

《商报》的内部机构设置颇为简单,在编辑部中,有一部分人固定从事杂志的编辑工作。《商报》编辑部的最高领导是总编辑,总编辑之下便是新闻部主任,新闻部主任各有助手协助工作。这种机构设置,是由报纸本身的特点决定的。因为《商报》的报道内容和范围比起其他报纸来更为简单明了,又是以新闻为主,因此没有必要设太多的编辑部和更多的领导。

三、报道特点

随着芬兰经济的日趋国际化,《商报》对于国际经济报道的分量也在逐步增加。目前,报纸在国外派有记者,同时还组织了一批自由撰稿人提供各种稿件。《商报》的读者大多为中上收入者,这也是国外经济类报纸读者构成的一般规律。在《商报》的发行量中,九成以上属于长期订阅,报纸并不上摊零售。这些订户主要为企业、公司和政府机构。

如今的《商报》是一份四开报纸,每天要出刊 30 个版左右。其中,一版、二版以及最后的两个版全部是彩色广告,而且所用纸张要比其他各版更白、更好,广告所占比例大约为四成。之所以这样做,是因为广告主希望将广告刊登在醒目的地位,这对报道并无影响,读者可以从第三版开始阅读新闻,而报纸则能增加收入。在《商报》的全部收入中,广告费要占三分之二,其余为报纸发行收入。作为晨报集团的成员,《商报》的财务状况由集团掌握,自己并不具体负责。为了适应不同纸张的印刷需要,《商报》还特地购置了新印刷机。

从第三版开始才是报纸的正页。三版是要闻,主要刊登重大经济消息和其他各版的重要报道的提要。四版是社论版,专门刊登评论性文章,表明报纸对于当前经济形势、重大经济政策等问题的态度。这两个版可以说是报纸最重要的版。以后各版则分门别类,依次报道经济形势、经济政策、经营状况、金融资本市场走势等内容。这些新闻有大有小,主要采自国内。

除了一般性的新闻报道之外,《商报》在 24 版之后还用大量篇幅刊登各种信息和数据,包括股票行情、货币

---

① Martin V. Bauer et. Al:“The BSE and CJD crisis in the press”(BOOK CHAPTER),BVSDE,2015 年 3 月 4 日。

② The Europa World Year Book 2003. Taylor & Francis. 10 July 2003. p.1613.

③ “National newspapers total circulation”. International Federation of Audit Bureaux of Circulations, 2014 年 12 月 2 日。

④ Sampsa Saikkonen,Paula Häkämies (5 January 2014):“Mapping Digital Media:Finland” (REPORT),Open Society Foundations,2015 年 4 月 23 日。

⑤ 汪朗:《赫尔辛基访同行——芬兰〈商报〉参观记》,《记者观感》1995 年第 1 期。

汇率、原材料价格等等。最后的一两个版，则专门用来刊登新建企业的简况，也就是所谓的关系稿。这些稿件的篇幅都不大，也不讲究编排，只是从上到下依次排满。

作为一家日报，《商报》报道的重点是新闻和有关经济的各种变化，一般不刊登大块文章。有关新闻事件的背景报道，由《商报双周刊》负责刊发。周刊也有自己的编辑部和总编辑，保持相对的独立性。

近年来，《商报》积极进行媒体渠道的多元化。除了传统的报纸之外还建立了包括网络、短信、广播、WAP、电视在内的多种发行方式，形成了全方位的信息服务平台。《商报》旗下的主要网站是商报在线（Kauppalehti Online），主要提供当天《商报》报纸内容和即时股票行情、货币汇率等内容服务。除此之外，商报在线还提供市场数据、市场分析和存档文件等附加值服务。

图 4 《商报》头版

图 5 《商报》的网络版和移动端应用

《商报》向移动通讯用户提供的多种形式的信息服务，内容主要包括当天《商报》的文章摘要，当天的国内国际要闻，滚动更新的股票市场信息和投资基金信息与汇率等。《商报》还向广播、电视提供信息，也与广播和电视合作共同推出财经类的广播、电视节目。最初几个媒体渠道是分开运行的，2003 年上半年《商报》成立了一个“超级编辑室”（Super-Desk），统辖旗下所有的媒体渠道。“超级编辑室”的编辑与记者都是多面手，他们可以采集不同类型的媒体信息，也可以将同一条信息处理成适合不同媒体播放的形式。在“超级编辑室”的指导下，《商报》的几个信息渠道做到了信息共享与整合。

四、涉华报道

在《商报》的涉华报道中，最为关注中芬商贸合作，但也不仅仅关注商业方面的报道。

（一）经贸报道

2011 年时，芬兰奥图泰公司为中国提供闪速炼铜技术，这一公司与广西金川有色金属有限公司签订协议。对于这种中芬两国间的大型经贸合作，《商报》进行了详细报道。[①]

（二）高端访谈

2008 年 3 月 25 日，中国驻芬兰大使马克卿在使馆就拉萨打砸抢烧暴力犯罪事件等问题接受了《商报》记者

---

① 中华人民共和国商务部网站：《芬兰奥图泰公司将为中国提供速炼铜技术》，2011 年 11 月 21 日，http://www.mofcom.gov.cn/aarticle/i/jyjl/m/201111/20111107840882.html，检索时间：2015 年 8 月 28 日。

的采访,还回答了有关北京奥运筹备工作的许多问题,对中芬经贸合作现状进行了评价,对未来合作也进行了展望。[①] 在这之后,为迎接北京奥运会,《商报》在8月出版的旗下期刊中集中报道中国,届时中国驻芬兰大使马克卿又接受了《商报》专访。

(三)深入报道

2007年,《商报》记者在三峡库区移民局有关人士的陪同下,前往重庆万州三峡服装艺术学校了解该校移民培训以及就业情况,对万州移民培训及就业、万州的部分企业和特色产业、三峡库区的风土人情、地域特色等进行了采访。

与此同时,《商报》也会关注中国企业管理上的经验。正如2006年时,常州爆发禽流感,常州市立华畜禽有限公司用严格有效的预防措施,有效地预防了禽流感的爆发,保证了600多家养殖专业户的利益。[②] 对此,《商报》记者专程到常州进行采访,详细报道他们防治禽流感的经验。

芬兰广播电视三台 Mainostelevisio 3

芬兰广播电视三台(Mainostelevisio 3,简称MTV3)是芬兰历史最悠久的商业广播电视台,于1957年创建,台址位于芬兰首都赫尔辛基。该台是一家综合电视频道,所属MTV公司(MTV Oy)由瑞士邦尼传媒集团(Bonnier AB)控股。目前,芬兰广播电视三台是芬兰最受观众喜爱的电视台。

一、历史沿革

MTV公司成立于1957年4月29日,由当时芬兰广告商协会主席彭蒂·汉斯基(Pentti Hanski)出任总经理,是芬兰首家商业电视媒体机构,在当时的欧洲也是第一家具有全国影响力的商业电视台。MTV公司原名为"广告电视公司(Oy Mainos-TV-Reklam Ab)","MTV"即"Mainos－TV"的缩写。创办初期,MTV公司没有自己的播出频道,其节目主要通过芬兰广播公司(Yle)的两个频道播出,每周只有十余个小时的播放时间。尽管如此,MTV仍然以其鲜明的风格和寓教于乐的态度吸引了大批观众。

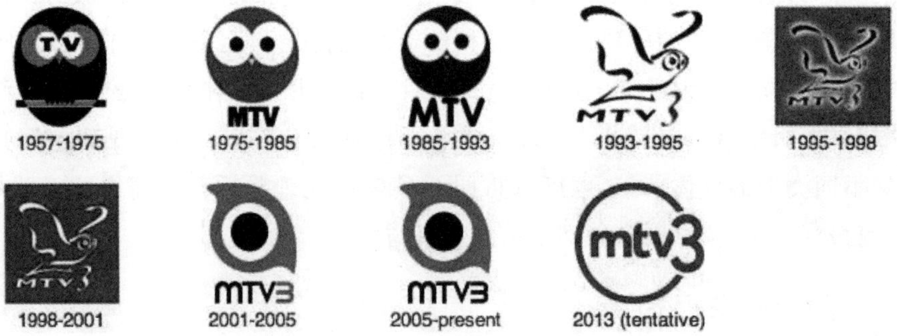

图6 芬兰广播电视三台创立至今的标识变化

1986年,MTV获得了自己的频道"TV3"(芬兰广播公司当时已有TV1和TV2),属于芬兰广播公司、MTV公司和诺基亚公司的合资品牌,不必再因借由其他频道播出节目而在播放时间上受到影响。1993年,

---

① 和讯新闻:《中国驻芬兰大使马克卿就拉萨打砸抢烧暴力犯罪事件等问题接受芬兰〈商报〉采访》,2008年3月26日,http://news.hexun.com/2008－03－26/104785144.html,检索时间:2015年8月22日。

② 西祠网:《芬兰商报、芬兰MTV三台记者采访报道常州防治禽流感经验》,2006年3月16日,http://www.xici.net/d35601784.htm,检索时间:2015年8月28日。

MTV公司接手了另外两家股东手中的股份，拥有TV3的全部控制权，并将其更名为MTV3，该台的节目也不再经由芬兰广播公司旗下的频道播出。同年，该台正式加入欧洲广播联盟。短短一年内，MTV3迅速成为芬兰国内最受欢迎的频道，市场份额达到43%。①

2007年，MTV公司及旗下MTV3被瑞士邦尼传媒集团收购。

从创办至今，MTV电视台的标识几经改变。最初时的台标是一只猫头鹰，后来多年虽然几经变化，但仍一直以猫头鹰的形象为基础蓝本。到2003年时，标识改为猫头鹰的眼睛，2013年再度简化为由圆和文字组成的新形象。

二、发展现状

目前，MTV公司总部位于芬兰首都赫尔辛基，现任首席执行官亚尼·科斯基宁（Jani Koskinen）。截至2013年，MTV公司有434名工作人员，全球共设有包括北京在内的8个驻外记者站，年营业额2.6亿欧元，其中净利润达5000万欧元。

与芬兰公共电视台不同，该台的主要收入来源为商业广告，并不向订户收取收视费。MTV3电视台在芬兰的收视率很高，仅次于芬兰广播公司旗下的Yle TV1频道。即使在网络多媒体飞速发展的今天，MTV3仍然具有很强的竞争力。截至2014年，MTV3在国内的收视率为17.4%。在芬兰，MTV3还有一个昵称"Maikkari"（与电视台同义），体现了观众对这家电视台的喜爱。

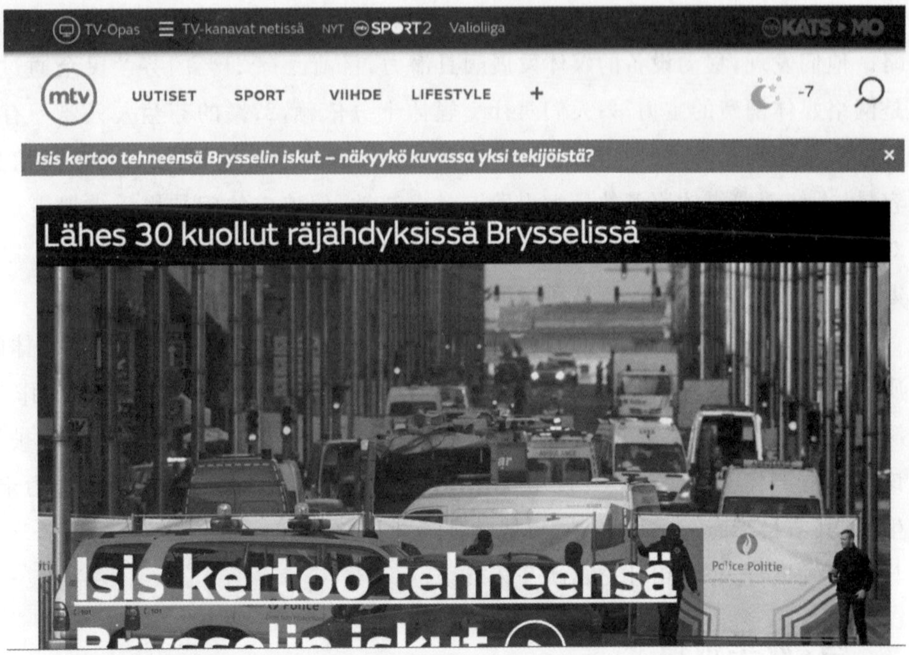

图7 芬兰广播电视三台网站首页

图片引自MTV公司网站：http://www.mtv.fi，检索时间：2016年3月22日。

MTV3从清晨到凌晨持续播放节目，凌晨到清晨的时间段则变成短信互动聊天平台。该台播出的节目内容，既有从英、美等国家进口的海外影视作品，也有不少本土风格的自制节目。芬兰著名导演兼制作人斯佩德·帕萨宁（Spede Pasanen），此前应邀为该台制作了多部影视作品，在观众中广受欢迎。

MTV3非常重视时事新闻节目，每晚7点和10点的黄金时间以及清晨和夜间都安排了新闻类节目；与此同时，MTV3还是芬兰首家播放肥皂剧的电视台。上世纪90年代，MTV3首次引进当时正红的美剧《勇士与美人》，为该台拔得收视率头筹。

2015年5月，MTV公司开展管理层改革，重新任命决策层领导，并进行适当裁员，目的是明确各方责任，加快决策进程，保障企业健康发展。与此同时，新的领导团队更加重视优化盈利模式以及满足客户定制需求。②在强大的专业知识背景与领导力作为立身之本下，未来，MTV努力为芬兰观众带来更优质、更专业的信息服

① MTV公司官网：《芬兰人自己的电视台》（Finns' very own Maikkari），2013年12月19日，http://www.mtv.fi/yritys/en/article/finns-very-own-maikkari/5113268，检索日期：2015年10月19日。

② MTV公司官网：《MTV管理层改革》（MTV is reforming its management system），2015年5月29日，http://www.mtv.fi/yritys/en/press/press-article/mtv-is-reforming-its-management-system/5322022，检索时间：2015年10月19日。

务,打造更具情感吸引力的品牌,获取更大的市场份额。

目前,MTV3 推出了自己的网站,电视台播出的节目大多可以通过网站观看。

三、报道特点

MTV3 的新闻报道内容十分丰富,集政治、经济、社会、文化、娱乐、休闲和风土人情等题材于一身,而且报道形式较为活泼。在仅有 530 万人口的芬兰,该电视台拥有的观众超过 100 万人,有些节目的收视率高达 40% 以上。

可以说,MTV3 的成功取决于它多样化且充满活力的节目设定。除了新闻时事外,MTV3 还播出体育节目、娱乐节目、国内外大片等,使其备受青年观众的追捧。许多国外热门剧目,如热门美剧《老友记》《欲望都市》等等,都是由 MTV3 引进到芬兰国内的。① 很多芬兰国内的影视剧在 MTV3 播出后,也成为风靡一时的收视传奇。除此之外,MTV3 还推出真人秀、谈话、辩论节目等等,也成为该台的一大看点。2010 年,MTV3 制作推出了真人秀节目《瀑布》(Putous),一经播出便引发各年龄段观众的热烈关注。

2015 年,MTV 公司根据其调研结果总结出未来芬兰媒体业发展的五大趋势,并针对其调整自身的发展策略。他们发现,移动设备的媒体发展颇具潜力,目前已有 21% 的芬兰民众通过手机消费媒体服务,而年轻人则是网络媒体消费的主力军;人们对社交媒体十分依赖,27% 的芬兰人只要一有机会就会使用社交服务;人们与移动网络愈加密不可分,应对超大信息量的能力变得越发重要,面对丰富的信息世界做到自制和专注也越发不容易;人们消费媒体服务的最大出发点是求知欲,但追求休闲与娱乐也慢慢成为人们对媒体信息的关注点;面对多种媒体带来的庞大信息量,人们对信息质量也有了越来越高的要求;71% 的芬兰人对信息质量有了明确的期待,22% 的民众愿意为更高质量的信息服务买单。②

由此,MTV 公司认为,如今民众对于媒体服务期待更高,同时对数字媒体的依赖性越发增强,因此,树立优质、强大的媒体品牌并与消费群体建立良好的情感沟通颇为必要且重要。作为一家商业化的媒体公司,MTV 深谙观众心理与推广策略,努力开拓新媒体广告市场。2014 年,MTV 公司被评为"2014 年度社交媒体公司"。该芬兰本土奖项认为,MTV 公司"在社交媒体中生产话题与制造娱乐的能力十分出众,丰富了芬兰民众的网络生活,其节目形态与 B2B 互动,也成功地通过网络媒体广泛传播"③。可见,MTV 公司十分重视互联网的推广与互动效果,充分利用社交媒体开拓市场。

四、涉华报道

目前,MTV3 在北京设立了记者站,因此获取对华新闻的一手资料相对容易。MTV3 曾多次派记者与中国官员进行面对面采访,探究中国国内热点以及对外交往等问题。

2008 年 12 月 18 日,时任中国驻芬兰大使马克卿应邀走访芬兰广播电视台三台,与该台高层领导及驻京记者进行座谈,回答了有关中国私营经济、新闻自由、少数民族文化保护、计划生育和人口老龄化等问题,并对 MTV3 的对华报道作出了积极评价。④ 2009 年 7 月 10 日,马克卿大使再次接受芬兰 MTV3 专访,就中芬关系和乌鲁木齐"7.5"暴力犯罪事件等问题回答国际新闻部记者提问。⑤ 2009 年 12 月 16 日,MTV3 就气候变化问

---

① MTV 公司官网:《芬兰人自己的电视台》(Finns' very own Maikkari),2013 年 12 月 19 日,http://www.mtv.fi/yritys/en/article/finns—very—own—maikkari/5113268,检索日期:2015 年 10 月 19 日。

② MTV 公司官网:《五大媒体趋势》(Five Key Media trends),2015 年 6 月 4 日,http://www.mtv.fi/spotti/en/general/artikkeli/five—key—media—trends/5160804,检索日期:2015 年 10 月 19 日。

③ MTV 公司官网:《MTV 公司成为 2014 年度社交媒体公司》(MTV is the Social Media Company of the Year),2014 年 12 月 5 日,http://www.mtv.fi/spotti/en/general/artikkeli/mtv—is—the—social—media—company—of—the—year/4582996,检索时间:2015 年 10 月 19 日。

④ 外交部网站:《驻芬兰大使马克卿走访芬兰广播电视台三台》,2008 年 12 月 19 日,http://www.fmprc.gov.cn/ce/cefi/chn/xwdt/t527085.htm,检索时间:2015 年 11 月 13 日。

⑤ 中国驻芬兰大使馆:《驻芬兰大使马克卿接受芬兰 MTV3 电视台记者专访》,2009 年 7 月 10 日,http://www.chinaembassy—fi.org/chn/xwdt/t572397.htm,检索时间:2015 年 11 月 13 日。

题采访了中国驻芬兰大使黄兴，黄大使就气候变化问题介绍了中方观点，并回答了关于中国减排目标、哥本哈根气候变化会议、中国未来发展等问题。[①] 2013 年 1 月 29 日，驻赞比亚大使周欲晓接受了芬兰 MTV3 记者采访，就中非和中赞关系以及中非合作论坛的情况回答了记者提问。[②]

在 MTV3 的网站新闻中，以"中国"及"中国人"等关键词进行检索，得到的相关报道并不多。按报道议题进行分类，出现最多的是政治、经济方面的时事新闻，如《美国政府警告中国在美追捕腐败分子的"猎狐行动"》[③]《中国降低 2015 年经济增长率目标》[④]《中国的网络审查制度》[⑤]等；其次是评论文章，如 2012 年该台编辑彼特里·萨拉斯特（Petri Saraste）在评论文章《当中国统治世界的时候》[⑥]中表达了对中国和平崛起的信任与展望。2013 年，该台网站刊登了旅英中国作家薛欣然女士的文章《芬兰人与中国人的相同之处》[⑦]，为芬兰人了解中国提供了真实、客观的介绍。

相对来说，MTV3 的对华报道较为客观、真实，多反映中国的发展和积极面，在自采报道以及编辑评论文章中，以正面态度为主。就新闻来源来说，MTV3 的多数涉华新闻来自于芬兰通讯社，其次采用法新社、路透社等欧洲大型通讯社的稿件。

在 MTV3 的电视新闻中，并不常见对中国的报道内容。根据对该台 2015 年 8 月至 10 月涉华报道内容的统计，可以发现，平均每月有涉华报道 4 次，主要以短新闻的形式出现在相关主题的节目内容中，主题多围绕经济形势、政治事件和重大政策。举例来看，MTV3 对中国在世界经济上的影响力较为肯定，2015 年 8 月 24 日播出的 MTV3 晨间新闻栏目《早安芬兰》（*Huomenta Suomi*）中，在报道全球股市形势时首先提到了中国股市情况，并辅以视频资料展开阐释。相比之下，对其他地区的股市情况则以笼统概括为主，没有单独列出。[⑧]

图 8　MTV3"早安芬兰"

图 9　MTV3《晚 7 点新闻》

---

① 外交部网站：《芬兰 MTV3 电视台就气候变化问题专访黄兴大使》，2009 年 12 月 17 日，http://www.fmprc.gov.cn/ce/cefi/chn/xwdt/t646019.htm，检索时间：2015 年 11 月 13 日。

② 中非合作论坛：《驻赞比亚大使周欲晓就中非和中赞关系接受芬兰 MTV3 台记者采访》，2013 年 1 月 31 日，http://www.focac.org/chn/zxxx/t1009894.htm，检索时间：2015 年 11 月 13 日。

③ MTV 官网：《中国"猎狐"行动》（Kiinalaisagentit saalistavat maanmiehiään - operaatio "ketunmetsästys" käynnissä），2015 年 8 月 17 日，http://www.mtv.fi/uutiset/ulkomaat/artikkeli/kiinalaisagentit－saalistavat－maanmiehiaan－operaatio－ketunmetsastys－kaynnissa/52670948，检索时间：2015 年 11 月 13 日。

④ MTV 官网：《中国寻求更可持续的增长》（Kiina hakee aiempaa kestävämpää kasvua），2015 年 3 月 5 日，http://www.mtv.fi/uutiset/talous/artikkeli/kiina－hakee－aiempaa－kestavampaa－kasvua/4842308，检索时间：2015 年 11 月 13 日。

⑤ MTV 官网：《中国：敌对势力通过互联网攻击》（Kiina：Vihamieliset voimat hyökkäävät internetin kautta），2014 年 5 月 18 日，http://www.mtv.fi/uutiset/it/artikkeli/kiina－vihamieliset－voimat－hyokkaavat－internetin－kautta/3383076，检索时间：2015 年 11 月 13 日。

⑥ MTV 官网：《评论文章：当中国统治世界的时候》（Kun Kiina hallitsee maailmaa），2012 年 12 月 14 日，http://www.mtv.fi/uutiset/mielipiteet/kolumnit/artikkeli/kun－kiina－hallitsee－maailmaa/1811106，检索时间：2015 年 11 月 13 日。

⑦ MTV 官网：《欣然揭示中国人与芬兰人的相同之处》（Kirjailija Xinran paljastaa：Mitä yhteistä on suomalaisilla ja kiinalaisilla?），2013 年 4 月 29 日，http://www.mtv.fi/lifestyle/tunteet/artikkeli/kirjailija－xinran－paljastaa－mita－yhteista－on－suomalaisilla－ja－kiinalaisilla/3306834，检索时间：2015 年 11 月 13 日。

⑧ MTV 在线电视：《早安芬兰》（Huomenta Suomi），http://www.katsomo.fi/#!/jakso/33001022/uutisjutut/512370/kiinan－kurssit－jatkaneet－syoksyaan，检索时间：2015 年 11 月 13 日。

涉华社会新闻也是MTV3关注的热点。在中国政府宣布调整计划生育政策后,欧洲各大主流媒体竞相报道这一事件,MTV3也不例外。2015年10月29日,十八届五中全会正式宣布全面实施一对夫妇可生育两个孩子政策,当天MTV3的新闻栏目《晚7点新闻》便报道了这一消息,[①]通过电视采访展现中国民众对此举的态度,并就该政策的影响和重要性方面采访了芬兰国际研究所的高级研究员。

芬兰广播公司 yleisradio

芬兰广播公司(芬兰语原文为yleisradio,瑞典语称为rundradion,通常用简称YLE)是由芬兰政府经营的国家公共广播电视公司,成立于1926年。作为欧洲广播联盟(European Broadcasting Union)的一员,芬兰广播公司在芬兰广播业中覆盖面最广、影响力最强。

一、历史沿革

1926年,芬兰广播公司在赫尔辛基成立,首个广播节目于当年9月开播。然而直到1928年,其广播服务才在全国普及。1934年,芬兰广播公司被政府买下成为国有机构,并在之后的50年中成为芬兰国内唯一获颁营业执照的广播公司。[②] 1950年,在芬兰广播公司的参与组织下,欧洲广播联盟(European Broadcasting Union)成立。1989年,芬兰广播公司开始面向全球提供拉丁语广播服务。

1958年,芬兰广播公司的电视节目开播,频道名称为"芬兰电视台(SuomenTelevisio)"。1964年起,电视在全国迅速普及,又增加了两个新频道,后合并为Yle TV2。到上世纪70年代,其所有电视节目转为彩播。2007年,芬兰广播公司开通了数字电视服务。

过去,芬兰广播公司在国内一直被视为左派喉舌,特别是在1965年至1969年间,总经理艾诺·雷波(Eino S. Repo)与农民党领袖、时任芬兰总统的吉科宁(UrhoKaleva Kekkonen)私交甚厚,因而受到指责称该公司偏向左翼学生和批判资本主义,当时的芬兰广播公司也被戏称为"雷波电台"。在上世纪70年代,亲苏思想盛行,吉科宁主张"中性"政策,即通过广播节目不加批判地大肆宣传苏联政治思想。雷波于1969年辞职,但新一任经理由社会民主党指派,因而芬兰广播公司依旧带有政治色彩。直到2010年情况才有所转变,总经理改由右翼的芬兰民族联合党人出任。

二、发展现状

目前,芬兰广播公司总部位于赫尔辛基,总部大厦被称作"Iso Paja",意为"大工厂"。芬兰广播公司是国有媒体机构,国有股份占99.98%。现任首席执行官为劳里·基维宁(Lauri Kivinen),公司员工约有3200人。2010年,芬兰广播公司的营业额达到3亿9840万欧元。根据相关法律规定,芬兰广播公司由芬兰交通通讯部实施行政管理,每年须向国会提交年度报告。法律还规定,芬兰广播公司由行政委员会作为最高管理机构进行监管,委员会的21名成员由议会选举产生。行政委员会有权任命新的、外来的董事会成员。

芬兰广播电视业十分发达,开放广播电视市场的时间也较早。芬兰与意大利、英国一起于1983年向私营广播电视台颁发营业特许,是欧洲最早开放广播电视市场的三个国家。但芬兰广播公司与英国广播公司在盈

① MTV在线电视:《晚7点新闻》(Huomenta Suomi),2015年10月29日,http://www.katsomo.fi/#!/jakso/33001022/uutisjutut－ulkomaat/536161/kiina－luopuu－yhden－lapsen－politiikasta,检索时间:2015年11月13日。

② 徐培喜:《芬兰媒体图景白描》,《新闻战线》2009年第8期。

利方式上又有所不同。英国广播公司的运营经费主要来自于收视费，而芬兰广播公司的运营经费则由三部分构成：80%来自于特许费、10%来自于补偿费、10%来自于专门基金。根据法律规定①，芬兰广播公司作为国有的有限责任公司，不能播出任何商业广告与赞助节目。运营经费中的特许费实为向订户征收的收视费，自2013年起，该特许费由公共广播税取代（称为"YLE税"），每年与企业或个人的其他税收一并上交。补偿费为商业广播电视公司按营业额比例缴纳。芬兰的公共广播电视的收听/收视费不像英国、瑞典、挪威、丹麦等国家那样由议会确定标准，而由政府内阁决定。向芬兰广播公司提供补偿费是芬兰境内的商业广播电视公司的法定义务。为了保障几经变革的芬兰广播公司正常运行，芬兰议会颁布了《公共广播基金法》（*Public Service Broadcasting Fund Act*.）。商业广播电视公司向公共服务广播电视公司提供补偿费也成了世界公共服务广播电视系统中一种独特的制度。②

现在，芬兰广播公司开设有6个广播频道、3个网络广播频道，以及4个电视频道。③ 电视频道主要有——

YLE TV1：YLE历史最悠久也是最重要的频道。它主要播报新闻、时事和事件报道，也播放一些纪录片、电视剧、文化和教育类节目。有时还会出现讽刺类娱乐节目或电影。

YLE TV2：成立于1964年，主要受众为青少年，播放体育节目，也有戏剧类、娱乐类和纪实节目。欧洲歌曲大赛（Eurovision Song Contest）也通过此频道播出。2007年，在赫尔辛基主办的欧洲歌唱大赛便是由芬兰广播公司主办。

YleTeema："Teema"意为"主题"，播放文化、教育和科学类节目，侧重表演艺术、古典音乐、历史纪录片、电影等主题节目。

YLE Fem："Fem"意为数字5，该频道为瑞典语，提供新闻、事件报道、娱乐节目、儿童节目及北欧影视剧等。多数节目有芬兰语字幕。黄金时间段以外可播放来自瑞典电视台的部分节目。

TV Finland：该频道为数字卫星频道，在瑞典播放芬兰广播公司的部分节目。

YLE Teksti－tv：Teksti－tv直译为"文本电视"，24小时播放节目，主要为交通、天气、工作和休闲等话题。

从2014年1月起，芬兰广播公司旗下的所有电视频道都开通了高清服务。

此外，芬兰广播公司的主要广播频道有——

Yle Radio1：文化频道，主要为时事深度分析谈话类节目，也播放多类型音乐。

Yle X：为年轻人播报流行文化，70%为音乐节目。

Yle Radio Suomi：综合频道。

YlePuhe ：新闻时事频道。

Yle X3M：瑞典语频道，为年轻人提供新闻时事讨论、潮流文化等内容。

Yle Radio Vega：瑞典语频道，为各年龄段的瑞典语听众提供新闻、时事、文化等内容。

Yle Sámi Radio：为拉普兰地区提供萨米语资讯播报。

三、报道特点

芬兰人民对广播和电视的依赖促进了芬兰广播电视业的发展，芬兰广播公司也从很早就开始在多国的大城市中安排记者，在北京和香港也派有常驻记者。

芬兰是双语国家，大约5.5%的居民的母语是瑞典语。因此，芬兰广播公司也提供瑞典语电视节目，配以芬兰语字幕。考虑到还在语言习得阶段的孩子们，电视频道播出的动画片会有译制配音。许多自然类和历史类的纪录片也会有配音，以免字幕的出现会"破坏画面的美感"。

---

① Acton YleisradioOy of 1993，2003年修订。

② 陈中原：《世界公共服务传媒管理体制浅析——以外国广播电视系统为例》，《新闻学论集》（第22辑）2009年第6期。

③ 董为民等：《芬兰、丹麦广播公司财务管理的实践与启示》，《电视研究》2014年第12期。

芬兰广播公司以“服务所有芬兰人”为宗旨,不以盈利为目的,不播放任何商业广告,将制作资金大量投入到节目制作与创新中。为了向观众提供精品节目,2013 年,芬兰广播公司将公司年度费用总额的 69%用于节目制作中。同时,为了迎合观众对娱乐节目的观看喜好,芬兰广播公司从美国有线电视联播网 HBO 购买多部电视剧。然而,此举也备受批评,因为有观点认为,用纳税人的钱购买国外的娱乐节目是一种浪费。芬兰广播公司对此回应,强调以低价购买 HBO 的节目并无问题,并说明包含 HBO 节目在内的美国节目只占芬兰广播公司播出内容的 7%而已。

在新媒体蓬勃发展之时,芬兰广播公司将广播与电视节目通过不同的渠道播出,不仅能够扩大受众面和企业品牌影响力,还能够摊薄节目制作成本,提高节目的传播效率。

四、涉华报道

总体来看,芬兰广播公司对与中国有关的新闻事件较为关注,而且通常报道态度比较中立。在其广播、电视节目中,平均每天有 1 篇涉华新闻播出。官网上还单独设有“YLE 世界新闻——北京”(YLE maailmalla: Peking)[①]版块,以每周 4—5 篇新闻的频率发布对华报道。

目前,芬兰广播公司在北京和香港两地设有常驻记者。现在,有 25 年国际新闻经验的记者米卡·梅凯莱宁(Mika Mäkeläinen)担任芬兰广播公司的驻京记者,为该台提供中国及亚洲的新闻图文报道,报道语言客观中立。

图 10 芬兰广播公司驻华记者米卡·梅凯莱宁

图 11 视频报道“中国告别独生子女政策”

中芬两国在很多方面存在差异,因此这些差异也成为芬兰广播公司涉华报道的一大关注点。其中,芬兰广播公司对中国在社会生活层面与芬兰的差异较为感兴趣,例如,严重的交通堵塞与交通事故问题、孤儿院与被遗弃儿童的问题等。2015 年 10 月 29 日,中国共产党十八届五中全会决定,坚持计划生育的基本国策,完善人口发展战略,全面实施一对夫妇可生育两个孩子政策,积极开展应对人口老龄化行动。次日,芬兰广播公司就发布了一条 2 分 23 秒的电视新闻,题为“中国告别独生子女政策”,在新闻中采访了中国人对该政策的态度、对是否生育二孩的意见,并指出该决定的背后是中国对社会老龄化的担忧。

芬兰电视节目主持人、作家罗曼·沙茨(Roman Schatz)在芬兰广播公司主持一档系列周播节目,每期约 55 分钟。在 2015 年 10 月 26 日播出的节目中,沙茨邀请芬中协会主席韦利·罗森伯格(Veli Rosenberg)与作家陶林(Tao Lin,音译)作为节目嘉宾,讨论了中芬两国的合作、交流情况与文化上的差异。

除社会类报道外,芬兰广播公司同任何一家主流媒体一样,对政治上的重大话题及事件予以关注。2015 年 3 月 6 日,正值中国两会举行,芬兰广播公司发表了一篇佩尔蒂·斯帕拉(Pertti Seppälä)的评论文章《中国的民主》,文中讨论了民主在中国的发展、言论自由、司法独立等问题。2015 年 9 月 3 日,天安门广场举行盛大阅兵

① YLE 官网:《YLE 世界新闻——北京》(YLE maailmalla: Peking),http://yle.fi/uutiset/yle_maailmalla/peking/,检索时间:2015 年 11 月 30 日。

图 12　广播节目话题“中国的事”

式，纪念中国人民抗日战争暨世界反法西斯战争胜利 70 周年。当日，芬兰广播公司以“中国纪念抗战胜利阅兵式——80%的新装备”为题，引用中国中央电视台的现场视频，综合了路透社、塔斯社、法新社、美联社的报道内容，客观地为读者介绍了当日阅兵阵容、武器装备、主席讲话等事件关键点，并明确表明中国和平崛起的意愿。

挪　威

《上游》*Upstream*

《上游》(*Upstream*)是挪威的一份英语财经类周报,面向全国发行,是挪威最具影响力的商业媒体之一。

一、历史沿革

《上游》周报创建于 1996 年,报道内容围绕全球石油、天然气产业,关注商业新闻、经济政策和行业领袖,选题包括专业研究、行业发展、公司新闻、新科技、新政策等。《上游》周报总部位于挪威首都奥斯陆,并在全球多个城市设有分部,包括伦敦、莫斯科、阿克拉、新德里、新加坡、惠灵顿、里约热内卢和休斯敦等,关注全球经济动态。①

2001 年《上游》推出网页版,24 小时更新,既推送纸质出版的文章,也发布原创内容。

二、发展现状

目前,《上游》周报是一份很受欢迎的行业报纸,每周五出版一期。

《上游》网站有一支强大的网编团队,负责撰写消息、评论和特稿。②现在,《上游》的网站分为新闻、地区、报纸、市场数据、焦点、事件、广告等几大版块,内容丰富,图文并茂。

图 1　《上游》官方网站首页新闻版块

图片引自《上游》网站:http://www.upstreamonline.com,检索时间:2015 年 9 月 14 日。

图 2　《上游》周报移动客户端应用

① Romero, Simon:One Journal Of Oil Industry Covers More Than Just Rigs,The New York Times,2004-6-12,http://www.nytimes.com/2004/06/12/business/one-journal-of-oil-industry-covers-more-than-just-rigs.html,检索时间:2015 年 12 月 10 日。

② Calvo, Dana.:Tabloid Swims Against Tide of Oil and Gas Industry,Los Angeles Times,2003-9-7,http://articles.latimes.com/2003/sep/07/business/fi-houston7,检索时间:2015 年 12 月 10 日。

除此之外，《上游》周报还推出了移动客户端应用，便于用户随时随地接收新闻信息。

三、报道特点

《上游》周报秉承独立原则，涉及整个行业纵深，选题广泛，报道深刻。在表现形式上，《上游》周报往往标题设置醒目，图片运用大胆而具有独创性。

四、涉华报道

作为世界第二大经济体，中国在国际能源市场上扮演着重要角色，挪威与中国在能源、船舶、运输等方面的互动频繁。目前，《上游》周报在上海设有常驻记者，对中国的报道涉及中国石油、天然气等行业的发展。

图 3 《上游》周报封面

《上游》周报有大量涉华报道，官方网站开设有中文版。截止到 2015 年 9 月 17 日，在《上游》官方网站检索关键词"China"共有 22 508 篇相关文章，内容涉及原油进出口、油价、船舶业、股市等。比如，2015 年 9 月 11 日刊文介绍中国铺设新石油管道的相关情况，[①] 9 月 9 日刊文分析中国能源类企业股价，[②] 9 月 7 日刊文解读中海油管理层重组。[③] 在这些报道中，《上游》周报基本保持客观中立的态度，以介绍情况、提供信息为主要内容。

《世界新闻》*Verdens Gang*

VG

《世界新闻》(*Verdens Gang*，简称 VG)是一份挪威语日报，从属于挪威最大的媒体集团施伯史泰德公司(Schibsted)。目前，《世界新闻》发行量很大，新媒体发展迅速，是挪威最有影响力的媒体之一。

一、历史沿革

二战后，挪威反法西斯运动成员在首都奥斯陆创办了《世界新闻》。该报于 1945 年 6 月 23 日第一次出版，由克里斯坦 A. R.克里斯坦森(Christian A. R. Christensen)担任首任总编辑。

1967 年，克里斯坦森去世，随后施伯史泰德公司收购了《世界新闻》。当时的《世界新闻》只是一家小型晚报，面临严重的经济危机，发行量不足三万。收购之后，施伯史泰德着手把《世界新闻》打造成现代化的通俗小报，在市场上获得巨大成功。1981 年，《世界新闻》超过《晚邮报》，成为挪威发行量最大的报纸。1994 年，《世界新闻》日发行量达到 390 000 余份。这个数字意味着，平均每天每三个挪威人中就有不止一人阅读《世界新闻》。

---

① 《上游》官网：Plan for new pipe to China，2015 年 9 月 11 日，http://www.upstreamonline.com/hardcopy/news/article1410861.ece，检索时间：2015 年 9 月 17 日。

② 《上游》官网：Oil steady in early trade，2015 年 9 月 9 日，http://www.upstreamonline.com/live/1410778/oil－steady－in－early－trade，检索时间：2015 年 9 月 17 日。

③ 《上游》官网：《中海油将进行管理层重组》，2015 年 9 月 7 日，http://www.upstreamonline.com/incoming/article1410606.ece，检索时间：2015 年 9 月 17 日。

然而在2010年,《晚邮报》发行量再次反超《世界新闻》。[①]

VERDENS GANG

Størstilet innvandring til Australia forberedes

U.S.A. HYLLER EISENHOWER

Amerikansk flåte truer Japan nordfra.

55 millioner til fiskerne

RYTI-RIBBENTROP-AVTALEN

图4 创办于1945年的《世界新闻》

二、发展现状

1995年,施伯史泰德集团借由《世界新闻》的品牌效应开办了网站www.vg.no。一经创办,VG网站就吸引了年轻读者群体,成为印刷报纸的有益补充。

VG网站注重与读者的互动,2004年推出自制新闻栏目,读者可以将自己认为有新闻价值的事件用文字、图片或视频的形式上传到网站,这些新闻会被放在网站的专门版块,由网站工作人员对内容真实性进行核实,同时通过其他网络读者进行监督。博客刚兴起时,《世界新闻》立即提出"读者的VG",让报纸读者在网站上建立博客,抒发情感,表达见解,VG网站上有许多挪威名人和政党首领的博客,这种读者与报纸、网络的交互活动提升了报纸及网站的影响。[②]

除此之外,VG网站还制作和发布视频,成为突发事件网络视频的最佳来源,并且在某些重大事件报道上在时效上打败了电视。2009年该网站成为挪威访问量最大的网站,每周吸引大约200万用户访问该站点,接近挪威一半的人口数。

VG网站的广告收入非常可观,该网站从2003年开始盈利,2006年盈利200万美元。施伯史泰德公司旗下网站可以通过互相链接控制流量,这些站点大多数访问量是从公司内部站点流入的,比如通过VG的站点可以直接接入公司旗下一份纯粹网上出版的经济报纸《E24》。通过这种方式,VG成功地从Google、Yahoo!这样的搜索引擎手中抢走了广告。另外,VG营销人员的口号是"资金追逐读者",即根据网友的兴趣和口味来选择合适的广告,不同的版块会有不同的产品广告;网站还将各个栏目的冠名权拆分出售,最大限度地利用了网络资源。根据该集团国际业务执行副总裁蒙克的介绍,目前VG网站上一个顶端横幅广告的价格大约是报纸一个整版彩色广告的价格,而且要排4个月的队才能做得上(2009年)[③]。

图5 《世界新闻》报纸及旗下出版物

VG网站作为报业转型的成功案例成为哈佛商学院的研究对象。不过,新媒体发展给报纸纸质版发行量带来巨大的挑战。在2004到2009年间,《世界新闻》流失了大约20%的读者,目前日发行量居全国第二。

三、报道特点

《世界新闻》不依附于任何政治党派,其定位为通俗小报,顺应市场需求,追逐热点,关注国际新闻。

《世界新闻》报道配图丰富,版面设计大胆,

① The Media in Europe: The Euromedia Handbook, The Euromedia Research Group, 2004.

② 周欣枫:《挪威媒体集团的数字时代经营策略》,《中国记者》2008年第9期。

③ 赵鸿燕、李金慧:《挪威报业的化"危"为"机"策略》,《中国记者》2009年第12期。

标题醒，目吸引眼球。

四、涉华报道

《世界新闻》关注中国议题，有大量涉华报道，其中负面报道居多，从人权和环境等角度质疑中国。该报对华态度不甚友好，有时会过分夸大负面信息。例如，2011 年，VG 网站曾把“台独”分子某次抗议活动的照片说成是“中国的茉莉花革命”。① 他们利用自己在本国的传播优势，反复传播这些虚假的信息，干扰了人们对中国的正确认识。

《晚邮报》*Aftenposten*

Aftenposten

《晚邮报》(*Aftenposten*)是一份挪威语日报，从属于挪威最大的媒体集团施伯史泰德公司(Schibsted)。《晚邮报》面向全挪威发行，是挪威最有影响力的媒体之一。

一、历史沿革

1860 年 5 月，阿曼达斯·施伯史泰德(Amandus Schibsted)在挪威首都奥斯陆创办了《奥斯陆报》(*Christiania Adresseblad*)。次年，该报更名为《晚邮报》(*Aftenposten*)。

1885 年开始，《晚邮报》分为晨报和晚报两版，晨报面向全国发行，关注国内国际重大新闻，晚报主要在挪威东部地区发行，关注地区新闻。每周五的《晚邮报》包含一份《A 周刊》(*A-magasinet*)，刊登政治、科技和艺术特稿。

《晚邮报》是挪威历史最悠久的报纸，历史上长期位于挪威报纸发行量之首；1981 年，《世界新闻》(*Verdens Gang*)发行量超过《晚邮报》；2010 年，《晚邮报》重回榜首。

图 6 1913 年的《晚邮报》

二、发展现状

在世界报业普遍萎缩和经济危机的大背景下，挪威报业也遭遇危机。在 2004 到 2009 年间，挪威的两大报纸的发行量都出现了下跌，《世界新闻》丧失了大约 20% 的每日购买者，《晚邮报》则失去了大约 6% 的发行量。尽管如此，根据 2009 年 9 月挪威读者人数调查，在其他报纸都遭遇读者大幅流失的同时，《晚邮报》的发行相对保持稳定。②

为了应对挑战，《晚邮报》一方面坚持提供高品质内容，另一方面实行网络化经营，开展媒介融合。长期以来，报纸在挪威人生活中占据重要的位置，拥有比较稳定的读者群，这是以报纸的高质量作为基础的。《晚邮

① 人民网：《稳定，是中国人最想要的》，2011 年 3 月 10 日，http://news.163.com/11/0310/15/6UPU61QI0001124J.html，检索时间：2015 年 7 月 7 日。

② 王宇：《北欧国家报业变革与发展》，《青年记者》2009 年第 1 期。

报》是欧洲领先的高质量报纸,因其权威性与可信性,拥有相对稳定、高忠诚度的读者群。因此,面对新媒体与免费报纸的威胁,它的策略并非一味依赖网络或迎合读者,而是坚持报纸的高品质与核心价值,锁定自己的读者对象,使其愿意掏钱购买付费新闻。

二十世纪九十年代中期,施伯史泰德媒介集团就开始在网上设置站点并提供报纸全部或者部分的内容。《晚邮报》的网络版内容丰富,广受欢迎。网站首页上的新闻故事均配有大幅照片,同时只给出标题和两行摘要,视觉冲击力强,易于理解,从而吸引了大量读者点击。此外,还分别出版在线故事和报纸故事,各有专攻、互相配合,比如,网站文章中会写出:“欲知该话题更多信息,请选择明天的报纸”,或者“该文仅可在网络上获取”。媒介融合趋势下,《晚邮报》开展视频业务,其官方网站设有“晚邮报电视台”(Aftenposten tv),不断更新新闻短片。

图 7 《晚邮报》的新媒体产品

三、报道特点

《晚邮报》一向以严肃、可信著称,在挪威颇具影响力。

从创刊伊始,《晚邮报》一直由施伯史泰德家族经营,是一份家族企业经营下的传统报纸。对施伯史泰德家族来说,报纸首先是一个巨大的商业企业,因而该报一向重视商业经营,以大量篇幅刊登可使公司获得巨额利润的商业广告。

历史上,《晚邮报》一直坚持“独立、保守”的立场,政治上倾向挪威保守党,被视为保守党的非正式机关报。二战期间,《晚邮报》被德国纳粹控制。

在二十世纪七八十年代,该报发表文章认为美国干涉中东是危险的,因为阿拉伯民族主义将把美国视为主要敌人。冷战期间,该报也曾就中苏会谈等作出报道,但大多论调偏颇,甚至挑拨中苏关系,同时又认为西方国家对中国的态度是不现实的,是“西方国家与亚洲这个强国之间关系上一种不必要的负担”。

报业改革之后,挪威不再推行政党办报,《晚邮报》重新定位为独立的中右翼报纸。[①]现在的《晚邮报》刊行三个版本,《晨报》《晚报》和以深度报道文章为主的《周五特刊》。

四、涉华报道

根据此前相关研究,在挪威媒体中,《晚邮报》对中国的关注较多,在北京派有常驻记者,发表了大量涉华报道。仅以 2007 年为例,当年《晚邮报》发表的涉华报道有 1690 篇。其中,负面报道占 60%左右,正面报道仅为 22%,其余均为提供新闻信息为主的中立报道,尤其对中国的人权和环境问题持怀疑态度。但是,在经济、改革等议题上,《晚邮报》则较为肯定中国的发展及中国对世界的贡献。总的来看,《晚邮报》对中国的报道呈现为两个不同的面向,一方面对于中国国内社会发展情况抱有犹疑,另一方面又对中国的经济发展以及由此带来的机遇持积极态度。

2010 年,诺贝尔委员会给刘晓波颁发“和平奖”后,挪威与中国的关系一度陷入紧张。事后,《晚邮报》发表长篇文章,对中国的经济发展、社会改革、外交关系等议题进行了积极的报道说明,并且指出“从经济方面和中

① The Media in Europe The Euromedia Handbook, The Euromedia Research Group, 2004.

国成为全球伙伴这个意义上讲，中国才应该得到诺贝尔和平奖”。

《晚邮报》与世界上很多家媒体建立了合作，中国香港的《南华早报》也在其合作媒体当中，在官网上可以通过链接直接链接到《南华早报》的主页。

挪威广播公司 Norsk rikskringkasting

NRK

挪威广播公司（Norsk rikskringkasting，简称 NRK）是一家全国性广播机构，总部位于挪威首都奥斯陆，在挪威各大城市设有分站。该公司由政府出资，向挪威本土和海外提供电台、电视、互联网服务，是挪威影响力最大的公共媒体机构。

一、历史沿革

挪威广播公司的前身是一家私营广播公司（Kringkastningselskapet），1925 年开始在挪威国内广播。1933 年，挪威借鉴英国广播公司（BBC）的运营模式，在这家私营广播公司的基础上建立自己的公共广播机构，从而正式成立了挪威广播公司。挪威广播公司的性质属于国营公共服务广播公司，负责挪威的公共广播和公共电视两大业务。公司隶属于挪威文化部，董事会成员均由文化部任命。

二战期间，德国占领挪威，挪威广播公司曾一度被德军用作战时宣传工具，面向北欧地区展开广播宣传，播出覆盖范围包括苏格兰、爱尔兰北部以及斯堪的纳维亚半岛。二战结束后，挪威广播公司开始恢复发展。

作为国家建立的公共广播机构，挪威广播公司还承担着对外广播的任务。挪威广播公司的国际广播部门称为“海外播送”（Utenlandssendingen），于 1948 年开始短波广播。刚开始时，海外播送以挪威语播出，随后开通了英文广播。之后多年，挪威广播公司的海外播送逐渐发展成为传播能力强大的国际性广播电台，在北美地区都可以接收到节目信号。海外播送的播出内容包括本土广播的现有节目，以及一个专门制作的“欧洲频道”（Europakanalen）。1950 年，挪威广播公司作为 23 个创始成员机构之一，加入了欧洲广播联盟（European Broadcasting Union）。

1954 年，挪威广播公司开始测试播出电视节目，在此基础上建立了挪威的第一个电视频道，即挪威国家电视一台。到 1960 年，挪威国家电视一台才开始进入正式播出阶段。当时，电视台的运营主要依靠收取电视收视执照费。直到 1992 年，挪威政府都没有放开对公共电视台播放广告的限制。[①]

基于挪威的公共服务制度，即播出国家垄断、资金靠执照费，挪威广播公司曾长时间占据本国广播电视行业的垄断地位。直到 1975 年，随着地方电视台和卫星电视台的兴起，这种垄断局面才逐渐被打破，挪威广播公司也开始考虑增强自身播出内容的吸引力。

1984 年，挪威广播公司建立了广播二台，随即开始正式播出节目。相较于其他欧洲国家的公共广播公司，挪威广播公司是较晚建立广播二台的。广播三台 P3 则于 1993 年才建立，以年轻群体为目标受众。到 1995 年时，挪威广播公司又建立了一个全音乐频道（Alltid Klassisk），即如今的 NRK 古典频道。该台每天 24 小时播出古典音乐，采用数字音频技术播出。1997 年又推出另一个 24 小时播出的广播频道，这个全新闻频道（Alltid Nyheter）只播出新闻资讯和其他新闻类节目。2000 年，挪威广播公司旗下的青少年广播频道 mP3 推出，主要播出节奏明快的流行音乐。2004 年还推出了一个以音乐为主的广播电台 NRK Alltid folkemusikk，即现在的

① 陈素然：《广告和赞助的法律规定及其特点初探——对挪威广播电视法中相关规定的研究》，《才智》2009 年第 23 期。

流行音乐台 NRK Folkemusikk。该台以数字音频技术播出,面向国际广播。

挪威广播公司的电视二台 NRK2 开播于 1996 年,同时将原本唯一的一个电视频道更名为电视一台 NRK1。直到 2007 年 9 月 3 日,挪威广播公司才正式推出第三个电视频道,电视三台 NRK3 以年轻人为目标观众群体。同年 12 月 1 日,挪威广播公司的第四个电视频道随即开播,频道命名为“超级台”(NRK Super),主要播出少儿节目。电视三台和超级台采用分时播出的方式共用一个播出频率,即超级台每天早上六点到下午七点半播出,而电视三台则从晚上七点半播出到次日早上六点。

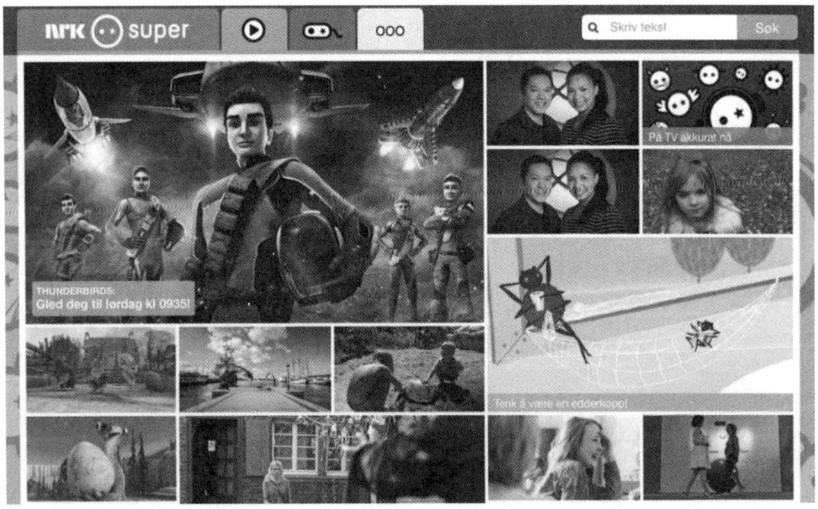

图 8 超级台网站首页

二、发展现状

目前,挪威广播公司的广播业务涵盖综合、青年、音乐、新闻等 13 个频道,其中包括仅在线上播出的网络电台频道。

同时,挪威广播公司下属的挪威国家电视台是挪威最大的电视台,节目播出覆盖挪威 99%的人口。[①]目前,该台有三个频道。其中,电视一台(NRK1)、电视二台(NRK2)均为综合频道,而电视三台(NRK3)则是由少儿频道和青年频道组成的综合播出频道。

早在 1995 年,挪威广播公司就开始筹建官方网站 www.nrk.no。目前,该网站的访问量位居挪威新闻资讯网站的第二名,仅低于挪威知名小报《世界之路报》(*Verdens Gang*)的网站,该公司下属电台和电视台的节目都可以通过官方网站收听或观看。

图 9 挪威广播公司网站

图片引自挪威广播公司:http://www.nrk.no,检索时间:2016 年 3 月 30 日。

但是近些年来,挪威广播公司在收缩国际广播业务。2002 年 1 月 1 日,挪威广播公司停止了海外播送的播出。2004 年 1 月 1 日,挪威广播公司停止了所有短波广播的业务。到 2006 年 7 月 1 日,公司旗下的中波广播也停止了播送。

三、报道特点

按照挪威广播法规的有关规定,挪威广播公司的宣传方针和节目安排由公司自己决定。挪威广播公司有义务、有权力播送有关国家安危和人民生命财产的重要新闻,其主要领导成员的任职期限,不受政府更迭的影响。因此,在政治问题上,公司强调广播电视报道持“客观公正”态

① 张君荣:《挪威慢电视:在快世界中寻找慢的理由》,《中国新闻周刊》2013 年第 32 期。

度，不得偏向某一政党。凡在议会有议席的政党，其负责人在大选期间都有适当机会通过广播电视发表政见。

在报道内容方面，挪威广播公司以独特的“慢电视”形式取得了不错的效果。“慢电视”是对马拉松式电视报道类型的概括，以事件发展的本来速度完整报道普通事件，播出时间长，节奏慢。这种节目形态起源于瑞典一家媒体，在挪威国家广播电视台发展、成名。

2009 年，挪威广播公司播出的《卑尔根铁路：分分秒秒》，是挪威“慢电视”节目的开篇作品。节目拍摄一列火车从首都奥斯陆到西南部城市卑尔根的过程，记录了 7 小时旅程中的“分分秒秒”，120 万挪威观众收看了这个节目。在高收视率的推动下，挪威广播公司又策划了《海达路德巡航之旅》，全程直播一艘名为“北挪威”号的客船沿着挪威海岸线 5 天 5 夜的航行，创造了电视直播的吉尼斯世界纪录。2013 年 2 月，挪威广播公司电视二台在黄金时段推出《挪威柴火之夜》，连续 12 小时直播一堆柴火从点燃到熄灭的全过程，前 4 小时的直播中还有专家讲解和配乐，后 8 小时的画面中则只有一堆火在烧，节目收视率高达 20%。[①]

如今，“慢电视”已经成了挪威文化景观的一部分，更是挪威广播公司的招牌节目。

四、涉华报道

随着经济的发展，中国在国际关系中扮演着重要的角色，中挪两国之间经济、文化交往日益频繁，挪威广播公司关注中国议题，在北京派驻记者，并设有分站。2013 年，挪威国家广播电视台驻华记者安德斯·马安(Anders Magnus)全程观摩、采访了中汇国际保险经纪股份有限公司的党支部会议，积极评价了中国的基层党建活动。

挪威广播公司与中国新闻机构互动频繁。早在 20 世纪末，挪威广播公司和中国电视台互派团队访问、学习、合作。2012 年，挪威广播公司战地记者安德勒斯·马格努斯还接受了《南方周末》的采访，分享其做战地记者的经验和心得。[②]

图 10　挪威国家广播电视台记者安德勒斯·马格努斯

截止到 2015 年 9 月 14 日，在挪威广播公司的官方网站检索“Kinesisk”(中国，挪威语)，共有 4990 条相关报道。分析最近两个月的报道可以看到，挪威广播公司尤其关注中国的经济形势，共有 5 篇报道分析中国的股市，比如 2015 年 9 月 11 日发表文章称“中国的股市泡沫破裂”[③]。

在政治方面，挪威广播公司对中国的言论自由和媒体管理制度持负面态度，2010 年，在中国外交部发言人例行记者会上，外媒记者称挪威国家广播电视台网站在华被屏蔽，外交部发言人姜瑜回应，中国政府依法管理网络，目的是维护互联网的健康有序发展，此次采取的网络管理措施符合国际通行做法。2015 年 9 月 11 日，挪威广播公司网站发表文章称“在中国，媒体的主要任务是渲染中国经济的大发展”。[④]

---

① 张君荣：《挪威慢电视：在快世界中寻找慢的理由》，《中国新闻周刊》2013 年第 32 期。

② 《南方周末》网站：《没有一篇报道值得为之付出生命——访挪威国家广播电视台记者安德勒斯·马格努斯》，2012 年 3 月 19 日，http://www.infzm.com/content/71729，检索时间：2015 年 9 月 16 日。

③ 挪威广播公司官网：Den kinesiske aksjeboblen sprekker，2015 年 9 月 11 日，http://www.nrk.no/norge/_－den－kinesiske－aksjeboblen－sprekker－1.12447266，检索时间：2015 年 9 月 16 日。

④ 挪威广播公司官网：Lekkasjer avslører Kinas krav til mediene，2015 年 9 月 11 日，http://www.nrk.no/verden/kina－krever－positiv－media-dekning－av－okonomien－1.12546555，检索时间：2015 年 9 月 16 日。

匈牙利

《人民自由报》*Népszabadság*

NÉPSZABADSÁG

《人民自由报》(*Népszabadság*)是匈牙利第一大报,也是匈牙利最大的政治类报纸,政治立场“左倾”。在东欧剧变后,该报以其独立的风格、高质量的新闻报道在新闻界获得权威地位,在国内拥有极大的读者群体。

一、历史沿革

《人民自由报》前身是1942年创刊的匈牙利共产党机关报《自由人民报》(*Szabad Nép*),1956年11月1日改为现名,成为匈牙利社会主义工人党的机关报。作为匈牙利第一大报的《人民自由报》,至今已有七十余年的历史。受国内政治局势影响,该报在不同的历史时期所发挥的社会功能不尽相同,同时也呈现出各个时期的鲜明特点。

(一)党报时期

《人民自由报》创刊于1942年,1948—1956年为匈牙利劳动党机关报,而后成为匈牙利社会主义工人党的机关报。在这一时期,《人民自由报》的言论及立场,被要求严格服从执政党的领导和监督,并刊登党中央制定的各类决议草案,如《关于政治体制改革几个迫切问题的立场(草案)》《社会主义工人党政治纲领草案》等。1956年10月23日以后的数天内,匈牙利发生群众游行。随后示威者与武装部队发生冲突,并攻占了一系列新闻机构,《人民自由报》的编辑部和印刷厂就在其中。

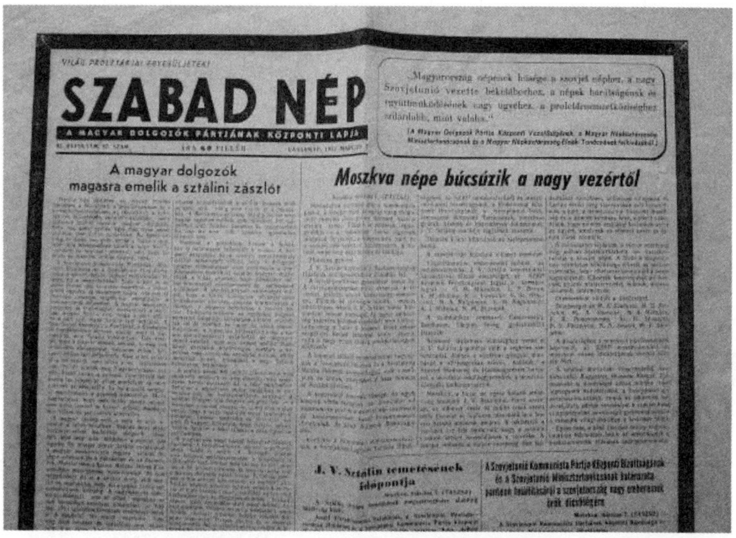
SZABAD NÉP
A MAGYAR DOLGOZÓK PÁRTJÁNAK KÖZPONTI LAPJA
A magyar dolgozók magasra emelik a sztálini zászlót
Moszkva népe búcsúzik a nagy vezértől
J. V. Sztálin temetésének időpontja

图1 1953年3月8日的《自由人民报》

这一时期的《人民自由报》,作为匈牙利最大的机关报,主要发挥其党政喉舌功能,且由于体制限制,独立性不足,声音和论调单调。

(二)国内独立报纸时期

1989年匈牙利宣布实行多党制,《人民自由报》由执政党机关报变为在野党报纸,原来报纸几十年积累的所有动产和不动产都被没收或被新的政党瓜分[1],编辑部大楼和印刷厂被掠夺、人才大量流失给该报带来极大打击。而另一方面,匈牙利社会主义工人党党中央于1989年3月29日对有关新闻法的问题做出决定,允许不同

① 赵绍棣:《匈牙利人民自由报的沉浮》,《新闻战线》1993年第5期。

党派和个人(包括外国人在内)创办报刊、电台、电视台和商业性的新闻机构[①]。各类新兴报刊、杂志的涌现,也给《人民自由报》这一老牌报纸带来极大冲击。这一时期,该报的发行量及知名度均有所下降,已丧失了自己原有发行量的 32.7%(截至 1989 年 1 月,发行量为 458.6 万份)[②]。

身处困境的《人民自由报》也在努力适应不断变化的形势和新闻体制。作为匈牙利社会主义工人党的机关报,它力争把党的思想和政策措施及党内争论尽可能全面地传达给读者,对中间党派及其报刊采取通融的态度,允许争鸣,放弃发表决定性意见的特殊权力。在新的竞争环境下,《人民自由报》也努力维持自己的读者群。自 1990 年 10 月党的全会后,该报脱离了党的领导,而变成独立报纸。[③]

Polt Péter úgy látja, túl enyhék az ítéletek
A legfőbb ügyész szerint még tart a Simon-ügy.
Magyarország →3
Farkas Flóriánnak már szólnia sem kellett
Elmaradt a várt botrány az ORÖ rendkívüli közgyűlésén.
Magyarország →4
A Hajnali láz világhírre tör
Gárdos Péter könyvét 26 külföldi kiadó vette meg.
Kultúra →11

NÉPSZABADSÁG

Vizes vb A parlamenti döntés előtt tudatosan alultervezhették a költségeket

Úsznak az árral

ÖTÖDIK HASÁB
Mesefa

Vélemény
A merengőhöz
Hívószóforgó

Az a legnagyobb kérdés, működik-e a centrális erőtér Simicska nélkül
Putyin orosz elnök feketelistáján a Kreml európai bírálói szerepelnek
A Veszprém BL-második

图 2 《人民自由报》头版

(三)外国控股时期

受到匈牙利国内报业大环境的影响,1990 年 7 月 30 日,《人民自由报》把 50%的股份卖给了德国阿克塞尔・施普林格公司[④],后来由瑞士荣格集团(Ringier AG)控股。这一时期,《人民自由报》尽管由外国公司控股,但其编辑部独立于董事会运行,投资人不得干预报纸的言论及立场,不得侵犯编辑的评论自由。这使得《人民自由报》在新的历史时期中,立场更加独立,坚持客观报道,关注读者关心的问题,报道质量高于以往。加之在与其他报刊激励竞争的压力下,全报上下迸发出空前的凝聚力和战斗力,使得《人民自由报》在国际新闻界占有一席之地。目前,《人民自由报》已经成立了股份公司。

二、发展现状

目前,《人民自由报》以三十万固定读者的数量,稳居匈牙利第一大报的位置,在全国范围内拥有最大规模的记者采编团队。《人民自由报》以匈牙利文出版,通过零售和订阅的方式在匈牙利全国出版发行,每日出 24 版,周末达 36 版。[⑤]

创办以来,该报的日发行量一度达到 70 万份以上。[⑥] 随着科学技术的不断发展,匈牙利报纸的发行量遭遇网络传播的挑战而逐年下降。《人民自由报》也不能幸免,2006 年的发行量尚为 16 万份,而 2007 年降至 15 万份,到 2009 年更是跌至 10 万份。匈牙利其他主要报纸的发行量均呈逐年下降趋势。[⑦] 到 2013 年时,《人民自由报》的发行量降至 4.6 万份。

为应对数字时代的挑战,《人民自由报》推出了自己的网站和线上产品。人民自由报网 http://nol.hu 是《人民自由报》的网络版,目前已经成为最重要的匈牙利语新闻资讯网站。相比纸质版报纸,人民自由报网的显著优势是能够持续提供更多更新的相关新闻资讯。

---

① 程曼丽:《动荡变化中的东欧新闻界》,《现代传播》1992 年第 3 期。
② 张丹:《东欧五国新闻业现状》,《新闻研究资料》1992 年第 2 期。
③ 张丹:《东欧五国新闻业现状》,《新闻研究资料》1992 年第 2 期。
④ 赵绍棣:《匈牙利人民自由报的沉浮》,《新闻战线》1993 年第 5 期。
⑤ 赵绍棣:《匈牙利人民自由报的沉浮》,《新闻战线》1993 年第 5 期。
⑥ 陈力丹、方惠:《匈牙利民族新闻传播业的曲折历程》,《新闻界》2014 年第 11 期。
⑦ 陈力丹、方惠:《匈牙利民族新闻传播业的曲折历程》,《新闻界》2014 年第 11 期。

图 3 《人民自由报》网站

图片引自《人民自由报》,网站:http://nol.hu,检索时间:2016 年 2 月 13 日。

三、涉华报道

作为最早和中国建交的国家之一,匈牙利和中国的友谊源远流长。而作为曾是匈牙利最大机关报的《人民自由报》,一直对中国保持友好态度。《人民自由报》在两国关系中,依然发挥着积极的作用。

在过去几年中,《人民自由报》一直与中国政府之间保持着较为友好的交流合作。在 2011 年 5 月,《人民自由报》曾对国务委员戴秉国进行书面采访。在采访中,该报表示出高度重视中方对匈评价,热切期望未来双边的深入合作,视中国为重要的战略合作伙伴,对中国释放积极的信号。① 在 2015 年 8 月,《人民自由报》总编辑穆拉尼与中国驻匈大使段洁龙会面,就深化与中国媒体之间的交流合作等事宜进行深入讨论。②

随着 2008 年欧洲各国陷入经济危机,匈牙利等东欧国家也受到了很大的影响。在此背景下,匈牙利等国都对作为世界第二大经济体的中国投以了更多的关注。因而,在近几年《人民自由报》的涉华报道中,尤为关注经济相关议题的报道。以 2009 年 1 月 1 日至 2011 年 12 月 31 日三年为参考时间段,《人民自由报》平均每年发表涉华经济报道 40 余篇。在报道的信息来源上,《人民自由报》的涉华报道主要采用匈牙利通讯社采写的新闻信息,其次是由本报记者采写的一手报道,这两类信源的报道加起来可以达到大约 50%左右。此外,《人民自由报》还经常引用包括新华社在内的中国媒体作为涉华报道的主要信源,此类信源所占比例还呈现出一定的上升趋势。

从报道议题来看,《人民自由报》涉华经济报道所涵盖的报道内容主要包括:中国经济发展政策、中国与他国经贸往来、中国与匈牙利之间的经贸合作交流、中国经济发展现状等。在这些报道中,侧重反映出匈牙利对中国经济具体领域的敏感和重视。比如说,在加入欧盟之后,匈牙利的汽车工业得以加速发展,迅速成为匈牙利的支柱产业之一,因而《人民自由报》在报道中也会格外关注中国汽车企业的发展动态和国际动向。

就报道体现出来的态度倾向来看,《人民自由报》涉华经济报道以中性报道为主,在报道中主要呈现事实而不予过多置评。除了中性报道以外,在评论性文章中,持积极态度的报道也在数量上略多于消极立场的报道。其中,尤其突出了中国发展快、投资热和不断推进改革的经济形象。

---

① 中央政府门户网:《戴秉国接受匈牙利〈人民自由报〉书面采访稿》,2011 年 5 月 13 日,http://www.gov.cn/ldhd/2011－05/13/content_1863244.htm,检索时间:2016 年 2 月 13 日。

② 中华人民共和国驻匈牙利大使馆网站:《段洁龙大使会见匈牙利〈人民自由报〉总编穆拉尼》,2015 年 8 月 1 日,http://www.chinaembassy.hu/chn/xwdt/t1290381.htm,检索时间:2016 年 2 月 13 日。

匈牙利广播电台 Magyar Rádió

匈牙利广播电台(Magyar Rádió,简称 MR)最早成立于 1949 年,是匈牙利国家性的广播机构,共主办 3 套全国性广播节目,同时经营地方性广播。发展至今,匈牙利广播事业不仅拥有广泛的国内受众,在国际上也逐渐占据一席之地。

一、历史沿革

匈牙利广播事业历史悠久,起步比较早,发展比较快。匈牙利自 1893 年就有了有线广播,1925 年出现无线广播。目前,除国有电台外,匈牙利有 30 多家民营广播电台。

匈牙利的广播事业也几经波折,经历了两个维度的变化历程。

(一)先合后分,从合到分

匈牙利广播电台的成立早于匈牙利电视台。在匈牙利广播电台正式成立三年多后,1953 年匈牙利电视台才开始试播,1957 年 5 月 1 日开始正式播送节目。而就在同年 8 月,匈牙利广播电台就被要求与匈牙利电视台合并,成立匈牙利广播电视公司。

这样的情况并没有持续很久,因为机构繁杂,电台与电视台合并后常常就经费、设备、人员等问题产生摩擦。直到 1974 年 7 月,匈牙利广播电台和匈牙利电视台分家,重新各立门户,分别成为独立机构后,两台之间的协作关系反而有所好转。

(二)国有到民营,再到国有

匈牙利媒体在东欧国家媒体中的私有化程度最高。1948 年匈牙利修复了被战争破坏的电台设备,1949 年建成了两个主要的国内电台,即哥舒特电台和裴多菲电台,均为国营电台。1950 年,匈牙利广播电台的听众达到了 60 万人。1980 年停收广播收听费以及 1986 年匈牙利人民共和国新闻法的生效,都在一定程度上促进了民营电视和广播公司的崛起,而公共服务广播的听众份额有所下降。

1992 年 5 月,匈牙利总理安托尔曾致信总统根茨,建议免去时任匈牙利广播电台台长的戈姆巴尔的职务。[①] 然而,此议遭到总统拒绝,并引起国内反对,认为总理这样做是“干涉电台的民主活动,严重违反宪法规定和新闻自由的原则”。当时匈牙利国内舆论权力的争夺,达到一个高峰。匈牙利广播电台也在人事任免等方面,逐渐脱离其国有性质。

二、发展现状

2011 年,匈牙利新媒体法生效后,该法将所有公共服务类媒体——包括三家电视机构、三家广播机构以及一个全国新闻服务转为国有,并且由总理任命新的主管。再一次在法律意义上强化了匈牙利广播电台的国有性质,使其重新成为国家媒体的重要组成部分。

匈牙利的广播事业早年历经坎坷,但依然发展繁荣。有调查数据显示,2013 年广播时间共 296 万小时。

---

① 匈牙利权利之争:《控制舆论》,《国际新闻界》1992 年第 4 期。

三、报道特点

匈牙利广播电台发展相对繁荣，节目分为两大类：文字广播节目和文艺广播节目。文字节目主要有新闻、评论、《国际十分钟》以及服务性节目；[1]文艺节目主要播送音乐。除此之外，经济宣传始终是广播电台宣传的重要内容。匈牙利自 1968 年实行经济改革以来，广播在改革中充当了重要的舆论工具，为此成立了专门的编辑部并开办专题节目。

目前，匈牙利电台共主办 3 套全国性广播节目，分别为哥舒特广播电台、裴多菲广播电台和巴尔扎克广播电台。匈牙利广播电台针对不同类型的听众，分别开办了工人、农民、知识分子、青年、少儿、老人、妇女等专题节目。在发展国内广播的同时，匈牙利国家广播电台还用德语、意大利语、西班牙语等 9 种语言进行对外广播，每周播音约 270 小时。[2]

四、涉华报道

由于地域问题，没有办法对匈牙利广播电台的广播节目进行收听和分析。

匈牙利国家电视台 Magyar Televízió

匈牙利国家电视台(Magyar Televizio，简称 MTV)是匈牙利的一家国营性质的全国性电视机构，总部位于布达佩斯。该台是匈牙利历史最悠久的电视台，在匈牙利电视领域乃至整个媒体界都具有重要影响力。

一、历史沿革

匈牙利国家电视台最早于 1954 年开始试播，但是初期仅为实验性质的静止画面信号和短暂的动态画面信号。1957 年 2 月，电视台开始进行规律的信号试播，1957 年 5 月 1 日正式播送节目。1957 年 7 月，电视台开始播放每日新闻节目。1964 年，匈牙利国家电视台已经拥有了 270 万观众。1969 年，该台开始试播彩色节目，1971 年彩色节目已经开始正式播出。1972 年，匈牙利国家电视台第二频道开播。直到 1973 年，彩色电视业务才正式推广。

20 世纪 80 年代，匈牙利国家电视台的年节目播放时长已经达到了 4300 小时。然而，1985 年起，匈牙利国家电视台逐渐开始进入衰落历程，这也是其正式自给自足的最后一年。到 90 年代时，随着社会主义制度在匈牙利解体，电视事业也受到影响。这一时期对于匈牙利国家电视台来说是一个混乱的阶段，社会动荡，而电视台的领导和人事也频繁变动。受此影响，节目也不稳定。同时，由于缺乏财政来源，匈牙利国家电视台在这一阶段逐渐丧失了独立性，成为政府的喉舌，且新闻报道也因为倾向性而受到广泛批评。

二、发展现状

进入 21 世纪后，匈牙利国家电视台仍旧长时间面临着财政困难，节目制作也因此常常受到影响。2005 年前后，匈牙利国家电视台原本计划开设 M3 频道，但由于缺乏资金而夭折。开设该频道基础投入为 7 亿幅林

① 陆原：《匈牙利的“家庭朋友”》，《新闻界》1987 年第 6 期。
② 陈力丹、方惠：《匈牙利民族新闻传播业的曲折历程》，《新闻界》2014 年第 11 期。

(350 万美元),但当时该台的自有资产已为负 25 亿幅林(1250 万美元),正向国会申请资助,已自顾不暇,无法开设新频道。

2011 年,匈牙利国家电视台旗下所有的员工和资本都被转移到了一个名为"媒体服务支持和资产管理基金"的新建政府组织名下。随后,匈牙利广播电台和杜纳电视台以及匈牙利政府掌控的通讯社也被纳入这一组织。至此,匈牙利政府完成了对国内公共媒体部门的统一收编。

2015 年,匈牙利政府将上述四个公共媒体资源再次整合,成立"杜纳媒体服务",这一机构继承了四个媒体的所有资产,政府对媒体的控制进一步加强。

三、报道特点

从 20 世纪 90 年代开始,匈牙利国家电视台受政府和政治势力干预的现象逐渐严重,因此也被大众视为丧失了作为媒体的独立性。历任匈牙利政府普遍将匈牙利国家电视台作为官方喉舌,用来宣传其政治主张,扩大政治影响力。

2015 年的媒体整合使政府对于电视台的控制进一步加强,尽管政府方面宣称整合的目的是为了改善公共媒体的财政状况,这样的举动还是受到了非政府组织的广泛批评,人们认为这样的变化完全是受政治目的的驱动,并且将进一步削弱以匈牙利国家电视台为代表的公共媒体的独立性。

四、涉华报道

多年以来,匈牙利与中国一贯保持着友好的外交关系。作为国营媒体的匈牙利国家电视台。也与中方媒体有着密切的交往和合作关系。

2013 年 1 月 24 日,匈牙利国家电视台在中国拍摄的旅游纪录片《味道、茶叶和园林》在首都布达佩斯举行首映式,随后该纪录片也在匈牙利国家电视台一台播出。这部纪录片以匈牙利记者的视角拍摄中国,是中国国家旅游局驻苏黎世旅游办事处与匈牙利国家电视台合作的结晶,旨在向匈牙利人更生动直观地介绍中国,促进中匈旅游业的发展。

从 2016 年 1 月 4 日起,匈牙利国家电视一台开始播出中文新闻,向在匈牙利生活和工作的中国人用中文播报匈牙利新闻。匈牙利媒体服务支持与资产管理基金会发表公告说,启动中文新闻的重要因素是,中国是匈牙利具有战略意义的经济伙伴。中文新闻的名称为《匈牙利新闻联播》,每次时长控制在 5 分钟以内,每天 23 时 45 分至 24 时之间播出。毕业于北京外国语大学匈牙利语系并且曾在匈牙利驻中国使馆工作的马颖担任中文《匈牙利新闻联播》的主持人。她表示,匈牙利电视台开播中文新闻很有意义。同时,马颖也是公益性组织匈中文化艺术中心的副主席,该中心曾在匈牙利电台开设了首家宣传中国文化艺术的直播匈语节目《中国之花》,马颖担任了 5 年该节目的直播电台主持。

图 4 马颖主持的中文节目《匈牙利新闻联播》

匈牙利通讯社 Magyar Távirati Iroda

匈牙利通讯社(Magyar Távirati Iroda,简称 MTI)成立于 1880 年,是世界上最为古老的新闻机构之一。其新闻来源有塔斯社、法新社、路透社、美联社、合众社和新华社等 20 多家世界大通讯社。自创立以来,匈通社以其体制灵活、重视革新、多能高效等特点,在社会主义国家和欧洲国家中享有良好声誉,并不断为国内外读者提供政治、经济、体育等各个方面的客观真实的新闻报道。

一、历史沿革及发展现状

匈通社隶属匈牙利党中央中宣部和部长会议双重领导,社长由部长会议任命,负责全盘工作;第一副社长兼总编辑一人,负责宣传报道业务,另一副社长负责行政、财政、技术等工作。①

作为地处东欧的社会主义国家的通讯社,匈通社不断打破固有模式,探索新闻机构如何更好地为社会生活服务。由于匈牙利在经济上十分依赖对外贸易,20 世纪 80 年代末,匈通社开办两张报纸:《每日新闻报》与《世界经济报》。《每日新闻报》针对外国驻匈机构人员、外国旅游者等,刊发英文、德文两个版本的新闻报道;而每周两期的《世界经济报》针对匈牙利国内各经济部门与企业工作者,重点刊登国内外的经济新闻与经济信息。这两张报纸的开办,一定程度上转变了通讯社单纯地对读者间接服务的传统方式,进而转化为以间接服务为主、间接服务与直接服务相结合的通讯社事业发展新模式。

匈通社历来重视技术革新,1984 年曾访华的技术部主任布道伊强调说,通讯社就是要应用最新技术,争取时间,节省劳动力。在重视技术的思想指导下,匈通社的工作人员效率较高。从 20 世纪 80 年代起,匈通社告别以纸和笔为主要创作工具的新闻时代。同时匈通社注重多功能、多层次、多渠道开发新闻业务,与匈牙利电视台等合作,在电视媒体上发布当天的文字新闻信息。匈通社摄影部利用其专业技术优势,除日常新闻图片外,也拍摄广告照片,为展览会、交易会摄制的展览幻灯图片,深受各界好评。

二、报道特点

匈通社尽管在政治上受国内执政党领导,但在经济上不受国家拨款,独立自主,自负盈亏。匈通社的主要收入来自新闻信息服务。因此,匈通社在国内外新闻事件的报道中,基本能够做到态度客观中立,内容真实可靠。

三、涉华报道

自 1949 年 10 月 6 日,中国与匈牙利建立大使级外交关系以来,两国关系发展顺利,政治互信不断增强,双边贸易额增长较快,各领域合作富有成果。随着两国在文化和教育领域的交流扩大,政府往来和民间交流日渐频繁,匈牙利现已成为中国公民出国旅游的目的国。匈牙利通讯社,作为匈牙利的国营媒体,其报道立场是政府态度的一面镜子。因此,匈通社与中国媒体保持着友好往来,在对华报道中,能够做到客观真实。

时任匈牙利通讯社社长的布尔扬曾高度评价匈通社与新华社之间的友谊,“我们两国两党关系还没有正常化时,两国通讯社之间就相互合作,相互信任,现在两国、两党关系实现正常化,我们应当更加珍视我们的友谊,为发展我们之间的友谊而努力。”②

---

① 周东耀:《一家颇有特色的通讯社——匈通社》,《中国记者》1987 年第 9 期。

② 方言、梁星:《匈牙利纪行》,《中国记者》1988 年第 1 期。

四、相关研究

目前国内对匈牙利媒体的研究总体较少，在学术数据期刊库中检索到的，以匈牙利通讯社为研究主体的文章只有两篇，且年代均已久远。一篇是 1986 年徐光春发表于期刊《新闻业务》的《探索新闻为经济改革服务的新路——访东欧五国通讯社有感》；另一篇是 1987 年周东耀发表于《中国记者》的《一家颇有特色的通讯社——匈通社》。两篇文章都对匈通社的发展模式和发展成果给予肯定。除此之外，1988 年方言、梁星共同发表于《中国记者》的《匈牙利纪行》和 1988 年由 E.Ц.安德鲁那斯发表于《国际新闻界》、由傅显明摘译的《匈牙利人民共和国的新闻教育》两篇文章也从不同侧面，反映了匈通社在 20 世纪末的发展以及匈通社新闻工作者队伍的源流。但近三十年来，国内并无对匈牙利通讯社稍具规模的研究，相关领域研究成果近乎空白。当前匈通社的发展状况如何，在国际传播中的影响力如何，还需进一步的深入研究。

波　兰

波赛新闻电视台 Polsat News

波赛新闻电视台(Polsat News)是波兰波赛集团(Polsat Group)旗下的一个电视新闻频道。波赛新闻电视台于2008年6月7日开播,是波兰第一家以16:9制式播出的电视频道。目前,该电视台借助数字波赛(Cyfrowy Polsat)、UPC Polska(波兰最大的有线电视和宽带互联网供应商之一)等卫星平台播送,在波兰境内已覆盖了13个主要城市,其所属的波赛集团已成为波兰最大的付费电视供应商,并且也是欧洲第四大卫星直播电视平台。

一、历史沿革

波兰富豪齐格蒙特·索罗茨·扎克于1992年创建了波赛卫星电视台(Telewizja Polsat Polsat),这是波兰第一家不加密商业卫星电视频道,打破了原有公共电视台的垄断。当时,波赛卫星电视台也是波兰境内唯一获得全国有线广播许可的商业频道,并于1993年获得了国际商业电视运营许可。至今,齐格蒙特·索罗茨·扎克仍是10多个境内卫星转播的免费和付费频道的老板。[1]

波赛卫星电视台的前身是波兰卫视二台(Polsat 2 Cyfrowy),最初波赛卫星电视台也沿用了波兰卫视的台标。2001年,更名为波赛数字电视台(Polsat Cyfrowy)后,对以太阳为主要图案的台标做了个性化更改。2004年起,以数字波赛(Cyfrowy Polsat)的名称运营,并于2006年重新设计了自己的标识。2008年,集团拓展了移动电话业务,2010年又开设了宽带互联网服务,至此成为综合服务运营商。2011年收购了波兰卫视,2012年开始发展移动电视业务。[2]

为了紧跟传媒业时代的变革,波赛集团不仅仅满足于波赛卫视的单独成功。2006年,索罗茨一扎克以老板兼董事长的身份拍板决定要开设24小时新闻频道。筹备24小时新闻频道的过程十分艰难,其中包括与德国设备公司AVID技术支持的签订谈判,培训已经适应老模式的记者和编辑们转换工作思维投入数字电视的大新闻室等等。[3] 2008年6月,波赛集团斥资600万欧元打造了波赛新闻电视台专用的录影棚。2008年6月7日,所有的转型和融合正式完成。当日,波赛新闻提前30秒在早间7点前开播,成为波兰第一个以16:9制式播出的新闻电视频道。6月7日至14日为一周的试播阶段,2008年9月,频道节目正式通过非加密频道播出。"直播"栏目从早上7点至晚间24点,每半小时播出一档新闻栏目。

由于2009年整个欧洲不景气的经济形势,波赛卫视整体被迫限制技术升级范围,当时高清技术只运用到波赛体育频道(Polsat Sport)。2009年,在模拟电视依然普及的环境下,波赛卫视率先开拓数字卫星传输市场,除了不加密广播,还通过数字波赛提供卫星直播电视(DTH,direct to home)节目。数字波赛是波兰最大的数

---

① TVBEurope:24 hours at telewízja Polsat,2009年7月,检索自EBSCO数据库,检索时间:2015年5月20日。

② 《数字波赛集团2011年度报表》(CYFROWY POLSAT S.A. GROUP ANNUA L REPORT 2011),检索自EBSCO数据库,检索时间:2015年5月20日。

③ TVBEurope:24 hours at telewízja Polsat,2009年7月,检索自EBSCO数据库,检索时间:2015年5月20日。

字多频道电视供应商，并以 2700 万用户成为波赛集团的主要力量。主要竞争对手包括老牌数字电视运营商法国 Canal＋和 TVN。[①]

二、发展现状

现在，波赛集团已经在华沙证券交易所（Warsaw Stock Exchange）挂牌上市，集团包括一个数字化平台和多个体育、新闻、电影、音乐等频道。2008 年，集团建立了包含数字家庭、移动电视、互联网宽带以及 LTE 移动电话服务在内的综合多媒体新闻运营中心。截至 2013 年 6 月 30 日，波赛新闻电视台的付费数字电视用户总数超过 3500 万，互联网宽带用户将近 20 万。[②]

图 1　波兰卫星电视台主要频道

从 2008 年开始，波赛集团在技术上大步革新，发展了数字卫星电视、宽带互联网以及移动电视技术。发展到 2011 年，波赛新闻电视台的入户率已经达到 46.3％。[③] 数字波赛集团为用户提供包括综合频道、新闻频道、电影频道、教育频道、娱乐频道和儿童频道等在内的 100 个电视频道。作为当时唯一的卫星直播电视运营商，该集团旗下还有专门的波赛体育频道（Polsat Sport 和 Polsat Sport Extra），并于 2011 年成为波兰收视最高的体育频道。此外，数字波赛旗下还有 28 个高清频道。[④] 这些频道也为波兰本土的主要电视频道提供内容，包括波赛卫星电视、波兰国家一台（TVP1）、波兰国家二台（TVP2）、波兰新闻频道（TVN）等。2014 年 2 月 3 日，电视台又增设了波赛新闻高清频道（Polsat News HD）。

波兰境内的地方台分布在格但斯克、克拉科夫、卢柏林、波兹南和弗罗茨瓦夫等 13 个主要城市，境外则在柏林、布鲁塞尔、伦敦、莫斯科、巴黎和华盛顿设有分台。[⑤]

技术支持方面，目前波赛新闻电视台（Polsat News）通过数字波赛（Cyfrowy Polsat）、法国 Canal＋电视台以及 Hot Bird 6 卫星进行播送。

三、报道特点

波赛新闻电视台全天候 24 小时直播，主要聚焦国内新闻和主要国际事件。目前，波赛新闻电视台一天的

---

① TVBEurope：24 hours at telewizja Polsat，2009 年 7 月，检索自 EBSCO 数据库，检索时间：2015 年 5 月 20 日。

② TVBEurope：Going tapeless at telewizja Polsat，http：//www.tvbeurope.com/going－tapeless－telewizja－polsat/，检索时间：2015 年 7 月 28 日。

③④ 《数字波赛集团 2011 年度报表》（CYFROWY POLSAT S.A. GROUP ANNUA L REPORT 2011），检索自 EBSCO 数据库，检索时间：2015 年 5 月 20 日。

⑤ 波赛新闻电视台官方网站：http：//www.polsat.pl，检索时间：2015 年 4 月 5 日。

主要节目包括:半小时一档的直播新闻、日间新闻、晚间新闻、天气预报、体育资讯、国内重大要闻、国际重大要闻回顾、财经新闻以及政治脱口秀等。

与波兰大多数媒体的报道特点类似,波赛新闻电视台将主要焦点集中在波兰境内新闻,比如 2015 年 4 月的波兰总统大选。尽管在节目编排中,每晚 9 点半至 10 点有半小时的新闻节目用以总结回顾当天的世界要闻,但其中依然以欧盟事务和西方国家的消息为主。

四、涉华报道

在波赛卫星电视的官方网站内,以关键词"中国"(波兰语:chiński)进行检索,可以发现,在为数不多的有关中国的新闻视频里,多半关注的是中国的经济和商业发展以及对波兰经济的影响。比如,2015 年 7 月 8 日发布的一则视频报道是一期访谈,请到嘉宾讨论关于中国股市如果崩溃将会对全球经济和华沙证券交易所造成什么影响;又如 2012 年 4 月 29 日发表的一条报道则关注波兰和中国的经济论坛。还有一档名为《艰辛周末》的脱口秀,第六集特别探讨"中国制造"在波兰泛滥的问题。其次则是文化类的消息。比如,波赛卫星电视对 2014 年 8 月 2 日华沙瓦津基公园中国园落成典礼暨第三届中国彩灯文化节开幕式进行了报道和采访,以及 2007 年对华沙庆祝北京奥运会开幕倒计时 1 周年的报道。

波兰广播电台 Polskie Radio

波兰广播电台(Polskie Radio SA),又称波兰国家电台,是波兰全国性公共广播电台,1925 年成立于华沙,1926 年 4 月 18 日起开始常规节目广播。波兰广播电台现在以国有股份制公司形式运作。主打五套节目,包括四个对内广播的中央台和一个对外广播电台(第五台),提供新闻服务。

一、历史沿革

波兰广播电台成立于 1925 年 8 月 18 日,第一个广播站落成于华沙,配备一台英产的马可尼无线电装置,于 1926 年 4 月 18 日开始常规广播。[1] 之后不久,波兰广播电台又引进了另一套达到 10 千瓦输出功率的设备,旧设备被转移到克拉科夫继续承担广播工作。随后,华沙广播站进行了扩张并建立了五个新的录音棚。至第二次世界大战爆发之前,波兰广播电台在波兰其他的主要城市陆续成立了地方广播站,包括 1927 年成立的克拉科夫(Kraków)广播站、1928 年成立的波兹南(Poznań)广播站、1930 年成立的利沃夫(Lwów)和罗兹(Łód)两个广播站,以及一个名为华沙二台(Warsaw II)的临时广播站,地方广播站总数达到九个。1931 年 5 月,一台拥有 120 千瓦功率的新发射机在华沙郊区搭建起来,该设备是当时欧洲信号最强的长波发射机,后来在 1939 年德军进攻华沙时被毁。[2]

第二次世界大战后,波兰广播电台由波兰国家广播电视管理委员会(Committee for Radio and Relevision of Poland,波兰语:Krajowa Rada Radiofonii i Telewizji,简称 KRRIT)监管。[3] 1991 年 9 月 13 日,波兰议会通过《广播电视法》,决定成立波兰国家广播电视管理委员会,作为波兰广播和电视行业的主管机构。[4] 为此,议会还对波兰宪法有关条款进行了修订,将此机构写入了国家基本法。波兰国家广播电视管理委员会作为政府部

---

① 王彦:《波兰广电传媒业的变迁》,《中国电视》2008 年第 2 期。

② 波兰广播电台官网:http://www.polskieradio.pl/39,Historia,检索时间:2015 年 11 月 23 日。

③ 赵玉明、王福顺:《中外广播电视百科全书》,中国广播电视出版社 1995 年版,第 603—604 页。

④ 王彦:《波兰广电传媒业的变迁》,《中国电视》2008 年第 2 期。

门,职责是领导和管理波兰广播电台、波兰电视台、10 个电视中心和 17 个地方广播电台。从 1993 年 4 月起,该机构主要运行的职能包括:

第一,作为上级管理机关向波兰广播电台和波兰公共电视台(TVP)分别派出 8 名代表,会同国库部长派遣的 2 人组成两个董事会(各 9 名成员),分别对上述两家公共媒体的工作进行监督。

第二,根据法律规定,波兰国家广播电视管理委员会还负责同部长会议主席(即总理)商讨国家在广播电视领域的政策走向,审核在波兰建立电视台、电台及扩展播送业务的一切申请,监督电视台、电台的活动,确认颁发许可证的有关费用,促进广播电视领域的科技进步和发展对外合作等。

第三,波兰国家广播电视管理委员会附设公众舆论调研中心,每周调查一次广播和电视的收听、收看情况,调查公众对社会政治形势的看法和意见。该机构所属的广播电视出版社出版《天线》周刊,主要介绍一周的广播电视节目以及听众、观众关心的各种问题。

1990 年 10 月,波兰众议院通过关于允许开办私营电台和电视台的法令。1991 年,波兰政府修改了广播电视业的政策,除了少数广播电台和电视提案由国家所有外,其余下放给地方或者面向市场。在 1991 年波兰议会通过的《广播电视法》中,规定私人创办广播电台和电视台等仅需到省级法院办理登记注册即可。新闻媒体允许创办自己的经营实体,包括出版发行、开展广告业务、从事进出口贸易以及提供各种形式的有偿新闻和信息服务等。不过,在此后的很长一段时期内,主要的电视台和广播电台仍由国家控制,大部分新闻媒体,或同政府关系密切,或为主要政党控制。《广播电视法》于 1993 年 3 月 1 日生效后经过了几次修订,除了涉及"国家广播电视委员会"的内容外,还具体规定了广播电视发送方的责任和义务,对广播电视节目的要求,以及公共电视台、电台的任务等。在此背景下,波兰广播电台受到这项法令的直接约束。

随着国有经济私有化,波兰广播电台、电视台等许多新闻媒体也开始实行股份化或私有化。主要通过三种方式:一是允许个人(法人)开办私营电台、电视台或参与控股;二是允许波兰人(或新闻媒体)与外国人合办或合资经营广播电台、电视台等;三是允许外国新闻媒体进入波兰,或设立分支机构,或直接投资创办信息咨询公司等。[①]在这种情况下,波兰广播电台于 1992 年成为独立的一家广播公司,并在 1993 年 1 月 1 日获准成为欧洲广播联盟(European Broadcasting Union)的成员。

二、发展现状

波兰广播电台是波兰全国性公共广播电台,目前以国库所有的股份制公司形式运作,由独立的董事会监督电台日常工作。从 1992 年起,波兰广播电台受上级单位——波兰国家广播电视管理委员会的监管。根据有关规定,委员会共有 9 名成员,分别代表不同的社会和政治团体,其中 4 名由众议院任命,2 名由参议院任命,3 名由总统直接任命。委员任期六年,每两年改选三分之一成员,委员会主席从委员中选举产生。就当时委员会委员的产生方法来看,尽管它对外宣称"非政治化",但不可避免地要同某些党派发生关系。在国家广播电视管理委员会中拥有绝对影响的肯定是议会的多数党(多数情况下即执政党),因为它最多可以掌握参众两院的 6 张票源,从而轻而易举地形成多数,把自己的意愿通过代言人在委员会的行动中体现出来,并通过他们和国库部长的代表来一起间接影响波兰的公共电台、电视台,使舆论导向朝有利于政府和执政党利益的方向倾斜,这是由于 1992 年新通过的《广播电视法》中明文规定:"公共媒体应为国家最高行政机关直接阐述国家政策提供便利。"

现在,波兰广播电台主打五套节目,分别为:综合频道 Program1、高端文化频道 Program2、新闻信息服务频道 Program3、教育频道 Program4 和国际频道 Radio Polonia。其中,前四套节目针对国内听众,使用波兰语进行广播。各套节目平均每天播出时间为 20 个小时,信号覆盖波兰全境。全天 24 小时播出的 Program1 是该台

① 转引自中国社会科学院俄罗斯东欧中亚研究所网站:《波兰广播、电视、通讯社》,http://euroasia.cass.cn/news/85637.htm,检索时间:2015 年 11 月 16 日,原载于高德平编著《波兰》,社会科学文献出版社 2005 年版。

的主打频道,也是波兰最受欢迎的综合性广播节目之一。另外,波兰广播电台还设有一系列专门频道,比如,欧洲频道针对年轻听众,议会频道对议会会议进行播报。同时,波兰广播集团还经营 17 家地方广播站以及针对海外波兰侨胞的频道。一项 2009 年的研究显示,Program1 和 Program2 是波兰最热门的公共电台广播节目,分别拥有 12%和 6.3%的收听率。[①]

图 2 波兰广播电台主要频道

1936 年开播的"RadioPolonia"(或称第五套)是波兰的"国际台",主要针对海外波侨和欧洲地区有兴趣的听众,以提供波兰境内的新闻为主,内容涉及波兰发展、对外政策、经济商务、境外投资、日常生活、社会发展、科技文化等方方面面,同时还能够客观、准确地提供国际时事新闻信息。该频道每天以波兰语、英语、德语、西班牙语、俄语、捷克语、斯洛伐克语、立陶宛语、乌克兰语、白俄罗斯语等十种语言播出,每种语言节目的播出时间从 30 分钟至 4 个小时不等。节目信号通过多颗卫星传输,欧洲、美洲、澳洲及亚洲和非洲的大部分地区都能覆盖。2007 年,该套节目开设了相应的网站(thenews.pl),全天更新消息,主要采用波兰国家通讯社(PAP)等多家主流媒体的消息来源,同时也为广播内容供稿。该网站被《经济学人》杂志评价为是中欧和东欧境内英语新闻网站中最好的一家播送波兰新闻的网站。[②]

另外,波兰广播电台运营的 17 个地区广播站,主要分布在弗洛茨瓦夫、格但斯克、卢柏林、波兹南什切青、比得哥什、比亚韦斯托克等城市和地区。

三、报道特点

目前,波兰广播电台经营的频道包括国家台和地区广播站。其中,第 5 频道是国际广播台,分别用白俄罗斯语、英语、德语、希伯来语、波兰语、俄语和乌克兰语进行广播,支持短波和中波调频,并且有卫星广播和数字音频广播,支持互联网在线收听。1992 年,该台对国内广播的新闻部取代了新闻专稿部,并撤销西班牙语节目,缩减了阿拉伯语、意大利语、瑞典语和芬兰语节目,加强了俄语以及对波罗的海国家和邻国的广播。以上频道都支持 FM 调频、数字音频广播和互联网在线收听。

从 1927 年开始,波兰广播电台的第一套节目每到中午 12 点都会直播长达 4 分钟的克拉科夫玛丽亚教堂的号声,至今已有 90 年的历史。2012 年,波兰国家电台决定从 9 月 22 日开始将 4 分钟的直播缩短为 2 分钟,以加快整套节目的节奏,增加新闻节目的信息量。这个决定在当时遭到了不少克拉科夫市民的反对,他们认为这样声音已经听了 80 多年了,应该被保留和尊重。甚至一些人还专门致电波兰广播电台的上级管理机构——波兰国家广播电视委员会,要求波兰广播电台撤销上述决定。[③]

四、涉华报道

波兰广播电台的友好对华态度由来已久。早在 1959 年,中波两国的广播电视管理机构就彼此签订了合作

---

① European Journalism Centre: Ania Lara: Media landscapes－Poland, http://ejc.net/media_landscapes/poland,检索时间:2015 年 11 月 15 日。

② 波兰国际广播频道官网:http://www.thenews.pl/1/64/Artykul/23557,About－Us#sthash.s03xJRys.dpuf,检索时间:2015 年 11 月 15 日。

③ 国际在线:《波兰国家电台缩短玛丽亚教堂号声直播引争议》,2012 年 10 月 1 日,http://gb.cri.cn/27824/2012/10/01/2225s3873901.htm,检索时间:2015 年 11 月 15 日。

协议。1986 年 12 月 4 日，当时的中华人民共和国广播电影电视部和波兰广播电视委员会“波兰电台和电视台”签订了一份新的广播电视合作协定——《中华人民共和国广播事业局和波兰人民共和国广播事业委员会广播和电视合作协定》①。经友好协商后达成十条协议，内容大致包括双方定期交换广播电视节目、交换节目的所有权、定期互派工作人员交流或采访、服务费用结算方式以及协定有效期等方面的内容，进一步在平等互利互惠的基础上发展和加强两国在广播、电视方面的合作。

图 3　2015 年 11 月 23 日波兰广播电台网站首页新闻

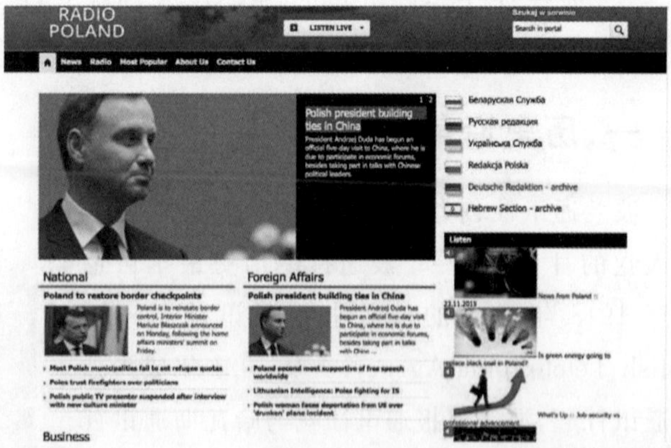

图 4　2015 年 11 月 23 日波兰国际广播频道网站首页新闻

现今，中波两国关系发展迅速，政府高层交往频繁，经贸与文化交流日趋活跃，两国媒体间的交流与合作越来越重要。早期建立的波兰广播电台和中国同行的友好关系，至今依然延续如常。例如，2011 年，由中国国际广播电台副台长王冬梅率领的代表团一行 7 人访问了波兰广播电台，考察了波兰广播电台的音视频机房及技术设施，并与波兰广播电台董事维斯尼斯卡女士、对外节目部副主任克普舍斯基就开展电台间合作举行了会谈，达成了进行业务交流与合作的初步意向。②

2015 年 11 月 23 日，波兰新任总统安杰伊·杜达访华行程的第一天，波兰国家广播电台网站(图 3)③和波兰国际广播频道网站(图 4)④分别以波兰语和英语同时在网页头条刊登了这一消息。波兰国际广播频道的消息称，总统杜达将在上海举行的中波经贸投资峰会上发表“一带一路”主题的演讲，随后将出席第四次中国—中东欧国家领导人会晤。报道还称，总统将大力扶持中资企业在波投资。新闻内容和立场都与中国外交部网站消息以及中国主流媒体的报道内容基本一致。⑤

---

① 法律图书馆:《中华人民共和国广播电影电视部和波兰广播电视委员会“波兰电台和电视台”广播电视合作协定》，http://www.law－lib.com/law/law_view.asp? id＝76577，检索时间:2015 年 11 月 15 日。

② 国际在线:《中国国际广播电台代表团访问波兰国家电台》，2011 年 8 月 10 日，http://gb.cri.cn/27824/2011/08/10/2225s3334316.htm，检索时间:2015 年 11 月 15 日。

③ 波兰广播电台官网:Prezydent Andrzej Duda zachęca w Chinach do inwestowania w Polsce，2015 年 11 月 23 日，http://www.polskieradio.pl/5/3/Artykul/1547893，Prezydent－Andrzej－Duda－zacheca－w－Chinach－do－inwestowania－w－Polsce，检索时间:2015 年 11 月 23 日。

④ 波兰国际广播频道官网:Polish president building ties in China，2015 年 11 月 23 日，http://thenews.pl/1/10/Artykul/229917，Polish－president－building－ties－in－China，检索时间:2015 年 11 月 23 日。

⑤ 中华人民共和国外交部网站:《波兰总统杜达将访华》，2015 年 11 月 17 日，http://www.fmprc.gov.cn/web/zyxw/t1315476.shtml，检索时间:2015 年 11 月 23 日。

波兰通讯社 Polska Agencja Prasowa

波兰通讯社(Polska Agencja Prasowa，简称 PAP，中文简称波通社)是波兰人民共和国的国家通讯社，也是波兰三大通讯社之一。波通社提供国内外每日新闻，包括新闻图片、经济、科技、文化等分类消息。

一、历史沿革

波兰通讯社创办于 1945 年，原是波兰统一工人党的耳目喉舌。[①] 波通社的历史最早可追溯至 1918 年成立的波兰电报通讯社(PAT，Polish Telegraphic Agency)。从 1921 年成为独立通讯社起，波兰电报通讯社就与哈瓦斯通讯社和路透社签订了合作协议，并相继在柏林、维也纳、巴黎、罗马、加里宁格勒和莫斯科派驻分社。第二次世界大战爆发时，波兰电报通讯社随波兰政府辗转巴黎和伦敦，战后留在伦敦继续为流亡政府工作。该机构的最后一篇稿件发表于 1991 年 1 月 8 日。1944 年 8 月，波兰共产党建立了短暂存在的Polpress通讯社，随后在 1945 年 10 月 26 日正式建立了今天的国家通讯社——波通社。1989 年 9 月，以马佐维耶茨基为总理的团结工会政府上台后，波通社成为政府通讯社。

图 5 波兰通讯社旧址

图片引自波兰通讯社网站：http://www.pap.pl/o－agencji/historia－pap，检索时间：2015 年 7 月 20 日。

1991 年 2 月 27 日，波通社与成立于 1918 年的波兰电报通讯社合并，同时合并的还有成立于 1951 年的专供图片资料的机构——中央图片社。波兰议会于 1997 年 7 月通过法律，将波通社转制为国库控股的股份制公司—Polska Agencja Prasowa SA。1998 年，华沙地方法院给予其商业注册资格。波通社上有董事会监督其日常工作，下设编辑部、图片社、财务部、商业部、技术部、网络部和出版社等机构。波通社的业务经费只有 3%来自国家补贴，主要靠电讯稿收入和广告收入维持运营。[②]

二、发展现状

波通社目前为国家所有，拥有工作人员 400 余人，在欧美七个国家设有分社，并与新华社及美联社、法新社、路透社等世界几大通讯社签有消息共享的合作协议。[③] 现任管理团队由一名总裁、一名秘书及两位副总裁构成。除了在波通社华沙总部工作的 250 名记者外，社内还有派驻在各大城市的 22 个分站的 50 名本地通讯员，以及分散于柏林、布鲁塞尔、伦敦、马德里、莫斯科、纽约、巴黎、罗马、斯德哥尔摩、华盛顿等世界各大城市的

---

① 波兰通讯社网站：http://www.pap.pl/palio/html.run? _Instance=cms_www.pap.pl&_PageID=34&s=oagencji&dz=en_oagencji&_CheckSum=－1996909218，检索时间：2015 年 7 月 20 日。

② 中国记协网：《波兰国际新闻报道的特点》，2012 年 10 月 8 日，http://news.xinhuanet.com/zgjx/2012－10/08/c_131892812.htm，检索时间：2015 年 3 月 2 日。

③ 波兰通讯社官方网站：http://www.pap.pl/palio/html.run? _Instance=cms_www.pap.pl&_PageID=34&s=oagencji&dz=en_oagencji&_CheckSum=－1996909218，检索时间：2015 年 7 月 20 日。

多名合作记者。另有华沙和波兰其他大城市的摄影记者 50 人。①

2001 年 1 月，波通社成为第一个被欧洲新闻图片社（EPA，European Pressphoto Agency）接纳的非西欧国家成员。波通社现可为客户提供以下产品：国内外每日新闻、新闻图片、经济、科技、文化等分类消息，地方自治政府信息，电子版的每日要闻以及专门为电台提供的信息服务。其中，地方自治政府信息是波兰最大的市民自治信息平台。

图 6　波兰通讯社网站首页

图片引自波兰通讯社网站：http://www.pap.pl，检索时间：2016 年 3 月 4 日。

波通社媒介（PAP－Media）是目前波通社最大的新闻采编室，下设 7 个组：政治、经济、社会、体育、国外、市民服务以及英语服务，此外，还包含科技学术和生活（PAP－Life）两个组。波通社媒介另设发展部，而旗下的科技组则服务于互联网和手机等电子平台。

三、报道特点

总体而言，波通社报道中的国际新闻所占比重偏小。波通社日均发文字稿 1700 条，图片 1000 条左右，但国际新闻只占 20%左右，遇重大国际事件也不过 25%。② 出于满足受众的需求，波通社主要报道国际重大事件，特别是经济、社会类新闻。考虑到波通社的主体受众对国际政治问题不感兴趣，所以叙利亚问题、朝核问题等国际重大新闻并不能成为波通社的重点报道内容。

由于历史原因，波通社记者在采访时经常能够受到政府的额外关照，一般在各大重要场合均能见到其记者身影，所发关于波兰国内外大事的消息也常被其他报刊采用。③

1989 年，波兰在政治剧变后开始采取西方式的政治体制。在新闻报道取向上，波通社的新闻报道重点也开始向西看。④ 2004 年，波兰加入欧盟，政治上与西欧一体化，人员、货物自由往来，波通社和其他波兰媒体一样，表现出了对欧盟事务的重点关注。波兰媒体更是以西方媒体自居，其国际新闻中，一半以上报道的是欧盟新闻，包括政治、经济、文化、社会、教育、就业、环境、汽车等各个方面。其次，关注美国新闻，因为波兰认为美国对世界的影响是其他国家所无法比拟的，所以引用美国通讯社的新闻稿、播发美国消息是其一大特点。

四、涉华报道

波通社对中国新闻的报道以客观报道为主，总体上对中国态度较为友好。中国是正在崛起中的大国，对亚太地区的发展有着重要影响。30 多年来，中国经济的高速发展引起了波兰国家和人民的重点关注。所以，波兰读者对中国的重大经济、社会消息都很关注。波通社前副总编辑米罗斯塔瓦・哈拉欣称，该社在东北亚只有在中国设有记者站，在华记者站负责采访包括东南亚、日本、朝鲜半岛等东亚地区的所有消息。⑤

波通社的对华报道首先关注中国的经济发展、贸易合作和对外投资的动向，其次关注中国的政治外交、社会发展问题。由于驻华记者人数有限，波通社关于中国的政治、经济稿件多引用新华社消息，国际报道中很少发表新闻评论。但是，关于中国的社会问题，波通社则经常引用西方媒体的消息，比如经常关注中国的人权议题，时常报道一些所谓人权问题的个案等等。

---

① 波兰通讯社官方网站：http://www.pap.pl/o－agencji/korespondenci－i－fotoreporterzy，检索时间：2015 年 7 月 20 日。

②④⑤ 中国记协网：《波兰国际新闻报道的特点》，2012 年 10 月 8 日，http://news.xinhuanet.com/zgjx/2012－10/08/c_131892812.htm，检索时间：2015 年 3 月 2 日。

③ 杨新正：《波兰新闻界一瞥》，《新闻天地》2001 年第 8 期。

捷 克

《今日青年阵线报》*Mladá fronta Dnes*

MLADÁ FRONTA
DNES

《今日青年阵线报》(*Mlada fronta DNES*,简称 MF DNES 或 MfD)是捷克销量最佳的报刊之一,创刊于1990年9月。虽然报名同《青年阵线报》(*Mlada fronta*)十分相似,二者却是完全不同的两家媒体。与《人民报》一样,《今日青年阵线报》归捷克阿格罗费特集团(Agrofert)旗下的马弗拉公司(MAFRA a.s.)所有。

一、历史沿革

1945年,出于青年运动的需要,日报《青年阵线报(*Mlada fronta*)》得以创立,目标读者为青年群体。社会主义时期,《青年阵线报》先是为捷克斯洛伐克青年联盟(Československý svaz mládeže)服务。到1970年时,社会主义青年联盟(Socialistický svaz mládeže)从青年阵线出版社(vydavatelství Mladá fronta)取得了该报的管理出版权,《青年阵线报》转变为该组织的资产与喉舌。

1989年"天鹅绒革命"结束后,社会主义青年联盟改组为青年联盟(Svaz mladých),《青年阵线报》也宣告关闭。1990年7月,《今日青年阵线报》创立,注册资本195000克朗,由全体65名职工每人出资3000克朗捐赠,而3000克朗相当于当时的人均月工资。9月,《今日青年阵线报》正式发行,出版权仍在青年阵线出版社。采用与《青年阵线报》相似的名称,有考虑到《青年阵线报》品牌价值的因素。确实,许多读者因此转向该报纸,其人气随之大增。

1990年,时任该报新闻部主编卡雷尔·赫维日贾拉(Karel Hvížd'ala)认为,报刊不应受政府掌控,而将产权私有化并交由外资企业管理是一个脱离政府管控的办法。因此,1991年,《今日青年阵线报》被法国索科出版公司(Socpresse)收购,拥有其48%的股份,马弗拉公司拥有MFD 52%的股份。之后,索科公司增持股份至52%,后来又将该报卖给了德国莱茵施印刷出版公司(Rheinisch- Bergische Druckerei- und Verlagsgesellschaft)。2013年,捷克阿格罗费特集团买回该报股权,现在《今日青年阵线报》由该公司全资所有。

二、发展现状

起初,《今日青年阵线报》是一家严肃的新闻媒体,但是如今在内容和排版上逐渐小报化。该报自称政治态度中立,实际上轻微右倾。现任主编博胡米尔·斯贝希克(Bohumil Spacek),编辑部主任达尼埃尔·马列克(Daniel Malek)。

除正刊外,《今日青年阵线报》每日还提供如下副刊。读者可通过购买报纸获赠,也可单独订阅。周一副刊《今日她(Ona DNES)》,探讨流行趋势、化妆、美食和健康生活等女性话题。周二副刊《今日测试(Test DNES)》,侧重有关食品、消费品及服务业的检测,此外也有健康、汽车、财富等方面的内容。周三副刊《今日居家(Test DNES)》,涵盖关于家庭中的方方面面,如创意手工、园艺等居家话题。周四副刊《今日+电视杂志(Magazín DNES + TV)》,主要提供电视节目预告,也有名人访谈、社会话题、新闻和图片新闻。周五副刊《今日家庭(Rodina DNES)》,专为家长及其少年子女设计,为青少年提供在校在家消遣娱乐活动方面的建议,也有电脑和手机游戏的评测。周六副刊《今日周末(Víkend DNES)》,类似读者文摘,关注轻松幽默的阅读内容,话题涵盖旅行、饮食、健康等,近年来新增了历史、科学、自然和犯罪等话题。旗下杂志《城市生活(CITY LIFE)》,月刊,为读者带来独家专访、热点讨论,报告发生在布拉格的新鲜动态。

尽管经营有道,《今日青年阵线报》近几年的销量一直在走下坡路。2006 年日销量为 30.3355 万份,而 2010 年下降到 23.6339 万份。[①] 这主要是因为人们日渐对较为严肃的日报缺乏兴趣,而对八卦小报一直抱有热情。对此,《今日青年阵线报》积极转变,除了软新闻比例增多,还将版面风格小报化,常常采用具有小报设计感的大号醒目标题和大尺寸图片。

目前,捷克多数纸媒都发布了电子版报纸或期刊,《今日青年阵线报》也不例外。读者可通过网站 mfdnes.cz 进行电子报刊订阅。此外,其网络平台 iDNES.cz 的访问量也很可观,2010 年访客达到 1054639 人,[②]在捷克新闻类网站中排名第二,在 2012 年捷克十大热门网站中排名第七。

The 10 most popular websites in the Czech Republic, 2012

No.	Website	
1	Seznam.cz	Czech search engine and internet gateway
2	Facebook.com	International social network
3	Google.cz	Local engine of the international search engine Google
4	YouTube.com	Video-sharing website
5	Google.com	Search engine
6	Novinky.cz	Czech online news portal run by *Právo* daily newspaper
7	iDNES.cz	Czech online news portal run by *Mladá fronta Dnes* daily newspaper
8	Centrum.cz	Czech search engine and internet gateway
9	Super.cz	Czech tabloid website
10	Aukro.cz	Online auctions website

Source: Alexa.com (accessed 15 May 2012)

图 1　2012 年捷克十大热门网站

图片来源:《开放社会基金会网站:数字媒体测评——捷克》,http://www.opensocietyfoundations.org,检索时间:2015 年 7 月 27 日。

有观点认为,其高访问量部分归功于它所提供的如列车时间表等生活服务信息,部分是因为它所提供的用户生成内容(user-generated content,简称 UGC)服务。[③] 这一广泛使用于社交网络的 UGC 模式让用户可以将自己生成的内容通过网络平台进行展示或者提供给其他用户。网站发布的新闻或文章下方设有多家社交网站的直达分享键和网页链接二维码供用户分享,并且设有评论区,供用户发表看法或彼此进行讨论,其火热程度比它的竞争对手——捷克新闻网站访问第一的 Novinky.cz 强得多。网站有时还邀请政客或知名人士参与话题讨论。此外,用户可以免费在网站设立博客,通过 UGC,iDNES.cz 实现与用户的更多互动,不过针对过激与辱骂性言论也设立了一定强度的审查机制。

三、报道特点

虽然《今日青年阵线报》被视作一家思想右倾的媒体,在报道中有时会发表倾向性的评论,但它也因在调查报道中敢于大胆揭发政治黑幕而知名。很多政治腐败丑闻因为该报而为人所知,例如,在 2012 年,该报曝光了多位捷克大亨间的谈话录音,其中包括政治说客和布拉格市长,谈话内容涉及贿赂等罪行,引发社会轩然大波。[④]

著名新闻调查记者雅罗斯拉夫·克门塔(Jaroslav Kmenta)就曾在《今日青年阵线报》工作过 13 年之久。他多次揭露捷克政坛、商界以及黑手党的内幕,在国内引起很大反响,被称作捷克新闻调查界的领军人物。2013 年 11 月,他选择辞职,原因是《今日青年阵线报》所属媒体集团阿格罗费特的新总裁安德烈·巴维斯

---

① 捷克出版商联盟(Unie vydavatelů):2015 年发行量年鉴,http://www.rocenkaunievydavatelu.cz/2015/index.php,检索时间:2015 年 7 月 27 日。

② 开放社会基金会网站:《数字媒体测评——捷克》,http://www.opensocietyfoundations.org,检索时间:2015 年 7 月 27 日。

③ Open society foundations: COUNTRY REPORT-MAPPING DIGITAL MEDIA: CZECH REPUBLIC, 2013, p. 24.

④ 《经济学人》官网:《捷克腐败问题》(Czech corruption),2012 年 3 月 26 日,http://www.economist.com/blogs/easternapproaches/2012/03/czech－corruption,检索日期:2015 年 8 月 4 日。

(Andrej Babis)在他看来是“教父”[①]般的人物,而他拒绝在此人手下工作。[②]

2007年起,《今日青年阵线报》在学校中开设“读写新闻”项目,旨在提高学生处理信息的能力,并鼓励他们对报纸发表自己的见解。“读写新闻”项目每年举行两次,每次历时6周,《今日青年阵线报》会给参与的学生寄发报纸以供阅读。参与学生达25000人。2015年是该项目开展的第9年,仅春季项目就有346所学校参与。[③] 很多学生因此对新闻产生兴趣,有意加入《今日青年阵线报》的编辑阵营。

四、涉华报道

《今日青年阵线报》对中国较为关注,从对该报网络平台iDNES.cz的报道粗略统计来看,2015年7月有涉华报道30余篇,平均每日一篇。除了个别话题涉及国际、外交,如“金砖四国会议”“捷克总统访华”以外,涉华报道多有关文化、经济、环境,如中国申办冬奥会、温州政府拆除十字架、股市行情、黄海台风、苹果手机假货、自动扶梯塌陷事故、马航MH370残骸确认等,体现了该报对中国社会问题的关注。

MLADÁ FRONTA
DNES
Karlovarský
Kraj zaplatí pokutu za chyby
Zastupitelé rozhodli, že uhradí 308 milionů. Program poběží.
Každý den příloha z vašeho kraje
TISK + DIGITAL
WWW.iDNES.CZ
VÝLETY: KDE VŠUDE BYL A SEDĚL JÁRA CIMRMAN
Za ližicí hladomorkou či do Kaprounu, kde ho vyhodili z vlaku...
Rozpouštění
Poslanci rozhodnou, jestli poprvé v historii bude Česko bez Sněmovny. Posílí Senát
67 dní
Al-Káida zaútočí na vlaky v Evropě, zní z Německa. Česko hlídá koleje
PRÁŠEK V KINECH Pixar přinesl další pokračování animovaného hitu Auta. Tentokrát s křídly
Česká továrna uprostřed nepokojů
Dvořák: Naši atleti mohou být i lepší
Srpen 1968 očima rakouské fotografky
Zavařování: kysané zelí i řepa

图2 《今日青年阵线报》头版

整体来看,《今日青年阵线报》的报道风格以软新闻为主,角度客观中立,多描述事实,极少出现评论性文字。报道源多为本报记者采编,也有部分来自路透社、捷克通讯社等西方新闻社,不过没有来自中国通讯社的材料。图片与视频类新闻材料多取自路透社。

《人民报》*Lidové Noviny*

LIDOVÉ NOVINY

《人民报》(*Lidove Noviny*,简称LN,英文译名为*The People's Paper*)是捷克的全国性日报,也是捷克历史最悠久的日报。1893年创立于布尔诺,现总部位于布拉格。其报道内容覆盖政治、经济、文化和科学等,政治上倾向于右翼。

一、历史沿革

《人民报》由阿德洛夫·斯特兰斯基(Adolf Stránský)于1893年在布尔诺设立。当时,该报重点报道国内外政治和文化方面的消息,并最先在国内刊发政治讽刺漫画。捷克许多著名人物都曾为其出力,其中不乏作

① “教父”一词在捷克媒体用语中常被用来称呼权利掮客的保护伞一类的人物。

② Jaroslav Kmenta个人网站:http://www.kmenta.cz/cs/kauzy/article/rozlouceni－s－mfd,检索时间:2015年7月27日。

③ 《今日青年阵线报》官网:《学生读写新闻》,http://www.mfdnes.cz/? y=predplatne－mfdnes/studenti－ctou－a－pisi－noviny.htm,检索时间:2015年7月27日。

家、政治家和哲学家等。因此,《人民报》在当时有较高的声望,颇具影响力。在国家社会党(Czech National Social Party)执政期间,《人民报》因报社的亲德政治倾向而得以延续。二战期间,《人民报》被迫中断发行。1948年,共产党上台,报社主编也被共产党人取代。1952年,报社关闭。

图3 不同时期的《人民报》

1987年,一群以记者伊日·鲁姆尔(Jiří Ruml)为首的政治异见分子提议创立一份地下出版月刊。在连续试发行两期之后,1988年1月,该地下出版物的第一份正式刊物发行。1989年11月,该报公开出版,1990年改为日报。几年后与《人民民主报》(*Lidovádemokracie*)合并,标志也改为与《人民民主报》相同的蓝色字体。

1990年6月,该报创造了其史上最高日均发行量的纪录——2.7万份,这很大程度上是因为当月出现的大新闻——捷克斯洛伐克50年来首次实现自由选举。

1998年,《人民报》被传媒集团马弗拉公司(Mafra)收购。马弗拉公司旗下还有捷克第二大日报《今日青年阵线报》(*MladáfrontaDnes*)、免费报刊《地铁报》(*Metro*)等,当时是德国莱茵施印刷出版公司(Rheinisch-BergischeDruckerei und Verlagsgesellschaft GmbH)的子公司。

2013年末,马弗拉公司被捷克阿格罗费特集团(Agrofert, a.s.)收购。2014年,捷克财政部长安德烈·巴维斯(Andrej Babiš)出任阿格罗费特集团总裁。

二、发展现状

2002年,《人民报》的日销量约为91000份,但之后呈逐年递减趋势。到2015年,第一季度日均销量约39737份。[①] 此外,《人民报》还提供电子期刊订阅,每期阅读量达到21万次。然而,与捷克国内其他日报相比,这些数据并不可观,仍有很大的提升空间。伴随销量缩水而来的,是广告收入的减少。2013年,《人民报》亏损4500万捷克克朗(约合人民币1140万元)。[②] 虽然有广告商企图通过广告投放左右刊物内容,但《人民报》报社仍努力抵抗来自广告商的压力,做好质量工作,不愿因为一味讨好广告商而失去读者的信任。

目前,《人民报》的总部位于首都布拉格,每周一至周六发售。报纸采用柏林版式,内容主要包含以下几个版块:国内事件、全球热点、文化新闻、观点、经济新闻、体育报道,常邀国内外知名人士在刊物中发表观点。作为报纸的传统版块,电视节目咨询和天气预报也占有部分版面。该报在每期末页会显示精选新闻的摘要,使读者迅速了解新闻内容,从而为其提供高效的阅读体验。

三、报道特点

《人民报》在其道德规范中明确提出对少数民族的尊重。在欧洲,吉卜赛人、非洲移民等外来移民认为自己常遭受种族歧视。不仅如此,欧洲各国间的歧视也很严重,如:东欧人被西欧人歧视,波罗的海国家歧视俄罗斯移民等。《人民报》因此设立道德规范,禁止记者使用贬义轻蔑的词汇评价来自苏台德地区的德国人以及越南

---

① Mafra官方网站:《Mafra公司旗下日报数据》,http://www.mafra.cz/cs/default.asp? y=mafra_all\cs_pro-inzerenty_advertising-department-mafra.htm,检索时间:2015年7月27日。

② 伊什特万·洛科:《〈人民报〉去年损失4500万克朗》(IstvánLéko: Ztráta LN lonibyla 45 mil. Kč),2014年3月28日,http://www.mediaguru.cz/aktuality/istvan-leko-ztrata-ln-loni-byla-45-mil-kc/#.VbM7o5P49sM,检索时间:2015年7月27日。

人、库尔德人等少数民族群体。

据该报调查显示，其读者群在捷克国内属于中高端群体。其中商人、管理层人士占比高于国内其他报纸，读者多收入稳定，40%的订阅家庭月收入超过 30000 捷克克朗(约人民币 7600 元)。

该报主编伊什特万·洛科(István Léko)从 1989 年起开始从事记者行业。1993 至 1995 年，他进入《人民报》工作。1998 至 2010 年间，他在经济政治周刊《欧元》(*Euro*)做了 12 年的主编工作。离开《欧元》杂志后，他亲自创立并管理新闻网站“捷克立场(Českápozice)”。2013 年 12 月，他回到《人民报》担任主编，专注政治和商业方面的报道。对于这份工作，他曾表示：“我一直将《人民报》视作行业高端，它总能带来不同的思想，能为政治、经济、文化领域做出新贡献，我会带领它成为全国最好的报纸。”①编辑部主任凡科夫(VeselinVačkov)，自 1997 年起担任该报编辑，之后在《人民报》的杂志《人民报周五》(*Friday LN*)担任副主编。2010 年，他荣升为马弗拉公司的区域主管。2014 年 11 月，他重新回到《人民报》。

图 4 《人民报》头版

《人民报》每期都有增刊，增刊内容同样颇具阅读价值，主要包括——

《体育报道》(*SPORT*)：周一增刊，国内外有关体育和体育竞赛的新闻报道。

《学术信息》(*AKADEMIE*)：周二增刊，是捷克唯一一家定期报道教育和培训相关内容的刊物。

《医学资讯》(*MEDICÍNA*)：周三增刊，介绍医药业相关资讯。

《经济特别版》(*EKONOMIKA SPECIÁL*)：周四增刊，提供主刊内容之外的更多商业事件、热点话题、人物访谈、数据分析等。

《生活服务》(*SERVISNÍ LN*)：周五增刊，为读者提供生活中各方面的实用技巧。

《捷克立场》(*Česká pozice*)：周六增刊，提供当下热点时事分析。

《态度》(*ORIENTACE*)：周六增刊，共 12 页，呈现当下最热门的思想、文化和艺术话题。此版曾获得欧洲报纸设计奖(European Newspaper Design)。

《休闲》(*RELAX*)：周六增刊，内容涉及生活休闲的各方面，感情、美食、时尚、建筑装饰和汽车等。

与此同时，为了满足读者对工作和休闲生活的需要，《人民报》还出版了系列杂志，包括——

《人民报周五》(*PÁTEK LN*)：每周五出版，主要涉及人物访谈，故事报道，以及一些原创话题，已发行 14 年。

《人民报才思》(*ESPRIT LN*)：每月首个周三出版的时尚杂志，为读者提供生活，职业，时尚，艺术，旅游等方面的文章。

《人民报指数》(*INDEX LN*)：每月首个周一出版的经济杂志，主要介绍捷克国内外的经济发展趋势，囊括金融、投资、法律、技术和汽车行业等多个领域。

---

① 《人民报》官方网站：《伊什特万·洛科担任〈人民报〉编辑》(ŠéfredaktoremLidovýchnovin se staneIstvánLéko)，2013-11-19-，http://byznys.lidovky.cz/lidove-noviny-maji-noveho-sefredaktora-je-jim-istvan-leko-pmh-/media.aspx? c=A131119_121519_ln-media_ebr，检索时间：2015-7-27

《人民报》的新闻网站域名为 Lidovky.cz，在捷克颇有影响力，每月访问用户达到 87 万(2010 年数据)，且还在继续增长。与一般网站相比，Lidovky.cz 更关注科学、文化和信仰等方面的内容，还有很多未见报的独家内容在此发布，如完整访谈、录音、录像、数据等。网站包括如下几个版块：旅行、住房、商业、美食、体育、人物。该网站新闻通常提供多平台一键分享与用户评论区，供用户跨平台分享和参与讨论。

图 5 《人民报》网站首页

图片引自《人民报》网站：http://www.lidovky.cz，检索时间：2016 年 3 月 1 日。

此外，《人民报》还拥有自己的出版社——人民报出版社(Nakladatelství Lidovénoviny)。该出版社主要出版历史、社会科学与自然科学类书籍。

四、涉华报道

对《人民报》网站发布的报道以“中国”一词为关键词进行检索，发现其涉华报道数量较为平稳。以 2015 年 6 月为例，平均每天有 1—2 篇涉华报道，多数为关于中国的时事新闻，也有部分内容是在报道其他议题时提及中国。涉华报道关注议题主要侧重社会、文化、生活方面，话题较为轻松活泼，如：《女星赵薇遭观众起诉》《湖南张家界大峡谷玻璃桥建立》《洛阳采用无人机防高考作弊》等。个别话题涉及经济、军事、政治政策等“硬新闻”，如《俄对华输天然气管道动工》《北京公共场所全面禁烟》《民用船只可做军用》等。也有少量的评论文章，如报道《捷克人的旅华生活》、对《港人抗议大陆客购物》的评论等。就新闻报道的来源来看，以捷克通讯社(CTK)为主要信源，少量新闻材料取自路透社、法新社等国际大型通讯社。自采报道占比较小。虽然大部分内容并非原创，但选材角度较为中立，报道语言较为客观。

捷克国家广播电台 Český rozhlas

Český rozhlas

捷克国家广播电台(Český rozhlas)是捷克的公共广播电台,从 1923 年创办开始播出节目,总部位于布拉格。该电台共开办 8 个全国频道和 14 个地方频道,全天 24 小时播出。

一、历史沿革

捷克是欧洲第二个开始定期广播的国家,它的无线广播开办于 1923 年 5 月 18 日,仅晚于英国。当时,电台名为"日报广播(Radiojournalu)"。[①] 由于技术和资金匮乏,播音室只是一个简陋的户外帐篷。1924 年,广播间从小帐篷搬进了布拉格市中心的一间出租屋中,直到 1933 年才拥有自己的广播大楼。该台第一位正式的广播员名叫阿道夫·多布罗沃尔尼(Adolf Dobrovoln ??),他于 1924 年 1 月上任,在该岗位工作 10 年直到离开人世,每天由他从日报中选取新闻并进行播报,内容多为发生在捷克斯洛伐克的新闻或纪念日活动。1930 年,电台首次实现了来自纽约的越洋转播。[②] 1936 年,布拉格频道(Radio Plaha)首次面向国外播出。1953 年,捷克斯洛伐克电台设立电视台"捷克斯洛伐克电视台(Československá televize,ČST)",到 1957 年时该电视台独立。1968 年,在"布拉格之春"运动爆发过程中,捷克斯洛伐克电台一边积极报道事态进展并安抚民众,一边同苏联武装军队周旋,[③]但最终仍被苏联军队查禁,直到 1969 年运动宣告结束。

1991 年年底,原捷克斯洛伐克解体后,1992 年通过了广播电视法案,允许私人电台开播。捷克广播电台从原捷克斯洛伐克广播电台分出,作为在捷克独立运作的公共媒体。2002 年,捷克广播 7 频道布拉格频道,为在捷克居住的外国人推出了多语言节目,以捷克语、英语、德语、西班牙语、法语和俄语为听众播报新闻。1951 年开播的捷克广播 6 频道,即自由欧洲频道(Radio Free Europe),也播放国际广播节目,该台后于 2013 年 2 月 28 日停播。

二、发展现状

捷克广播电台由台长负责,台长由捷克广播理事会选出,任期为 6 年。现任台长是彼得·杜汉(Peter Duhan)。全国性广播台和特色性广播台由总编辑负责管理,区域性广播台的主管在台长的提议下由捷克广播理事会任命。目前,电台约 90%的收入来自广播执照费,其余的来源于商业收入(广告费、技术租金等)。

现在,捷克广播电台旗下主要有以下四类频道[④]。

综合频道包括:Radiožurnál 频道(Czech Radio Radiožurnál),主播新闻、时事与音乐;二频道(Czech Radio Dvojka),主播娱乐与教育;伏尔塔瓦频道(Czech Radio Vltava),主播文化类节目;Plus 频道(Czech Radio Plus),主播时事、分析、科教。

特色频道包括:D-dur 频道(Czech Radio D-dur),主播古典音

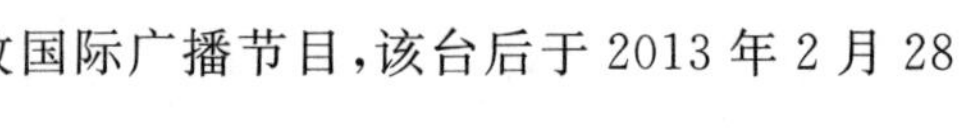

图 6 捷克国家广播电台网站首页

图片引自捷克国家广播电台网站:http://prehravac.rozhlas.cz/radiozurnal,检索时间:2016 年 3 月 10 日。

---

① 捷克国家广播电台官网:Josef Maršík:无线电广播的先驱 1923—1925(Průkopníci rozhlasového vysílání 1923 - 1925),http://media.rozhlas.cz/_binary/01074898.pdf,检索时间:2015 年 8 月 6 日。

② 捷克国家广播电台官网:捷克广播历史(History of Czech Radio),http://www.rozhlas.cz/english/history/_zprava/59220,检索时间:2015—8—6

③ 苗炜:《1968 年 8 月的布拉格电台》,《晚报文萃》2008 年第 23 期。

④ 捷克国家广播电台网站:简介(informace),http://www.rozhlas.cz/informace/informace/,检索日期:2015 年 8 月 7 日。

乐；爵士乐频道（Czech Radio Jazz），主播爵士乐；无限电波频道（Czech Radio Radio Wave），主播青年话题；少年频道（Rádio Junior），主播儿童相关话题。

地区频道：共有 14 个地区频道组成覆盖全国的广播网络。

海外广播：布拉格频道，于 1936 年首播，提供六种语言的广播服务。

近年来，互联网的应用大大促进了电台的收听率，这一点在布拉格频道体现得尤为明显。由于是面向多国听众的国际化电台频道，听众通过布拉格频道的网站或网络收音机可以随时收听节目，网络已成为布拉格频道播放的最主要平台。① 近年来，电台在互联网平台的投资愈发增多，网站的访问量也逐年增长。

三、报道特点

从电台建立伊始，政府就已意识到这一新媒体所背负的社会责任：一种教育和舆论控制的手段。如今，捷克国家广播电台不忘初衷，核心使命是为公众服务，提供高质量的教育、文化和娱乐资讯，帮助形成和保护社会的核心价值观。

捷克国家广播电台时刻牢记，它的生存发展离不开民众资金的支持。因此，他们履行公共服务职责，并遵循如下原则：真实可信、保质保量、全面多样、继往开来、尊重各方。

捷克广播电台设立了如下目标以指导其履行使命：向公众提供客观公正且高质量的节目和内容；建立并维护现代民主社会的基本价值观；促进新技术的形成与发展；丰富本民族文化遗产，并向国内外推广传播；捍卫独立性原则，提高捷克电台竞争力。

与此同时，捷克国家广播电台还经常与其他电台共同制作节目，或者为其他电台提供自制的节目。为使旅居国外的捷克侨民能够更方便地收听母语广播，布拉格频道将自己的捷克语节目投放至澳大利亚的 SBS 电台，克罗地亚的达鲁瓦尔电台（Radio Daruvar），罗马尼亚的蒂米什瓦拉电台（Radio Timisoara），以及美国的几家广播电台。2001 至 2008 年间，布拉格频道的英语节目还与斯洛伐克国际电台（Radio Slovakia International）、布达佩斯广播电台（Radio Budapest）以及波兰广播对外电台（Polish Radio External Service）共同制作了一档节目《走进中欧（*Insight Central Europe*）》，解读中欧国家当前面临的种种问题。通过与国外电台的合作，捷克国家广播电台得以开拓新的服务内容，并起到宣传广告的作用。

四、涉华报道

在新闻报道方面，捷克国家广播电台密切关注中国动态。近年来，随着中国国力不断增强，中捷两国之间的交流也愈发密切。捷克广播电台的涉华报道中，有诸多关于中国经济、科技、文化发展的内容。例如，2015 年阿里巴巴开发自拍支付系统、中国在沙漠地区建立新长城——环保树木带、中国赴捷游客大量增长、中国电影拍摄宣传捷克风土等。在这之中，捷克国家广播电台尤其关心中捷在经济、文化上的交流与合作，如 2015 年 9 月布拉格与北京直达航线开通、中捷领导人数次会面等。除此之外，捷克国家广播电台也有不少新闻涉及中国敏感话题，如中国产品质量安全、中国人权问题与西藏问题等。

---

① 布拉格频道官网：《布拉格频道 2006－2011》（Radio Prague 2006－2011），http://www.radio.cz/en/static/history－of－radio－prague/radio－prague－2006－2011，检索时间：2015 年 8 月 7 日。

冰 岛

《晨报》*Morgunblaðið*

Morgunbladid

《晨报》(*Morgunblaðið*)是在冰岛发行的一家主流日报，发行范围集中在冰岛首都雷克雅未克市区。20 世纪初期，该报在冰岛发行量第一，如今仍然是冰岛最有竞争力的两大主流报纸之一。

一、历史沿革

《晨报》由威廉・芬森(Vilhjálmur Finsen)和奥拉夫・比约恩松(Olaf Björnsson)创办于 1913 年，奥拉夫・比约恩松也是冰岛第一任总统斯温・比约恩松的兄弟。《晨报》创刊号于 1913 年 11 月 2 日发行，第一份报纸仅有 8 页内容。[1]

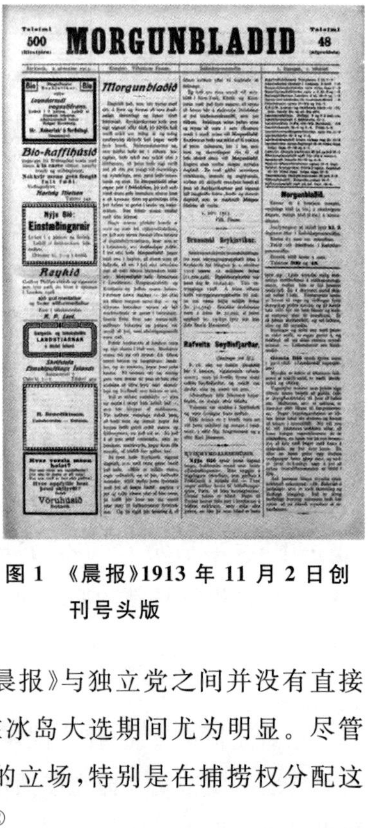
MORGUNBLADID

图 1 《晨报》1913 年 11 月 2 日创刊号头版

1919 年，印刷集团 Árvakur 购入《晨报》，此后一直运营至今。这份报纸与反对派的独立党(Independence Party)关系密切，特别是在冷战时期，《晨报》的总编和记者以议会代表身份出席该党会议。直到 1983 年，新上任的 Árvakur 集团董事会主席兼独立党主席的吉尔・哈尔德(Geir Hallgrímsson)发现，继续维持报纸和党派之间的这种联系，无论对党派发展还是报纸发展都没有好处，从而结束了这种瓜葛。虽然在此前的几十年当中，《晨报》与独立党之间并没有直接的关系，但《晨报》依然常常因其言论过多地倾向于独立党而遭到诟病，这一点在冰岛大选期间尤为明显。尽管这份报纸整体上为独立党的主流价值代言，但在很多关键议题上依然坚持自己的立场，特别是在捕捞权分配这一问题的争论上。而且，在冰岛申请加入欧盟的问题上，《晨报》也持反对立场。[2]

在 20 世纪 70 年代，《晨报》稳固了它在冰岛报业中的绝对领导地位，在接下来的 30 年间也长期保持着不可撼动的权威性。在其发展的这段黄金年期，冰岛《晨报》还开设了“金融”“渔业”“食品”等丰富多样的专栏。《晨报》在后期也特意招聘了一些政治立场“左倾”的记者和编辑人员，并且在社论版对页就女权主义政策等议题的讨论给出回应。

二、发展现状

2001 年之前，冰岛整个早报市场由《晨报》一统江山，晚报市场则由小报“DV”占领。直到 2001 年，冰岛《日报》(*Frettabladid*)加入到了市场竞争中。《日报》的迅速崛起改变了冰岛原有的报业市场格局。《日报》是创立

① 《冰岛晨报》官网:《大卫和哈拉迪尔出任主编》(Davíð og Haraldur ritstjórar)，2009 年 9 月 24 日，http://www.mbl.is/frettir/innlent/2009/09/24/david_og_haraldur_ritstjorar/，检索时间:2015 年 11 月 15 日。

② 《晨报》网站:《大卫和哈拉迪尔出任主编》(Davíð og Haraldur ritstjórar)，2009 年 9 月 24 日，http://www.mbl.is/frettir/innlent/2009/09/24/david_og_haraldur_ritstjorar/，检索时间:2015 年 11 月 15 日。

于 2001 年的一家报纸，起初是每周一到周六发行六天，在冰岛最大的城市中心挨家挨户免费投递。这样的策略确实有效，使得《日报》从一开始就呈现出的良好的发展态势。尽管随后也曾陷入过财政困境，不过在 2002 年，来自零售业的一股强有力的投资注入帮助《日报》安然地渡过了危机。该报也并从 2003 年起改为每天发行。①

在创办初期，《晨报》只在周二至周日这六天发行。然而，在《日报》这个新对手的强烈冲击下，《晨报》从 2003 年起也改为一周发行七天以应对挑战。除了增加发行天数之外，《晨报》还将内容版面由 60 页扩展到了 120 页。其中，广告的篇幅占据了 30%到 40%，日发行量达到 5 万到 5.5 万份，其中大部分是付费订阅，发行地区主要集中在冰岛本国的西南部，尤其是首都雷克雅未克。

然而，从 2003 年 2 月起，《日报》取代了《晨报》一跃成为冰岛发行量最大的报纸。根据盖洛普的统计，到 2003 年年底，在《晨报》平均订阅量只有 53%的情况下，《日报》的平均订阅量已经达到了 65%，这导致《晨报》不得不像晚报“DV”那样裁员，这两家报纸都感受到了来自《日报》，对订阅量和广告收益格局的撼动。

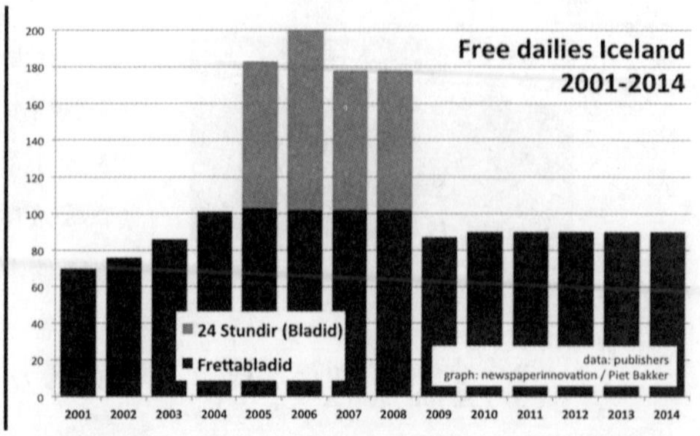

图 2　冰岛免费报纸 2001—2014 年发行量

Newspaper Innovation:“Iceland, free newspaper Frettabladid rules”,1 June 2015，检索自：http://www.newspaperinnovation.com/index.php/2015/06/01/iceland－free－newspaper－frettabladid－rules/，检索时间：2015 年 11 月 15 日。

2005 年 5 月，另一份在全国范围内发行的免费日报《报纸》(*Bladid*)诞生了。尽管这份报纸短期内在发行量上一度紧随《晨报》，市场表现不凡，但是，事实证明，它在经济效益上的表现平平，最终在 2007 年被《晨报》收购，并且以“24 小时”这个新名字运营了一年。遗憾的是，由于受到冰岛金融危机的影响，《24 小时》不得不在 2008 年 10 月 10 日终止发行，同时还有 20 个岗位遭到裁撤。

2009 年 9 月，《晨报》的所有者做出了一个颇受争议的决定，那就是启用戴维·奥德森(Davíð Oddsson)作为晨报的两名总编之一。戴维·奥德森不仅是一名独立党党员，同时也是冰岛在位时间最长的总理(1991 年至 2004 年)，他曾出任冰岛外交部部长，还是前中央银行行长。《晨报》的这个聘用决定在当时激起了全国范围内的反对声一片，甚至出现了员工辞职、大批用户终止订阅《晨报》的情况，来表达对这件事的不满。

三、报道特点

在《晨报》的官方网站(http://www.mbl.is/frettir/)上，用户可以通过付费订阅的方式浏览报纸的电子版。网站同样由《晨报》的所有者 Arvakur 经营，自从 1998 年 2 月 2 日成立以来，它一直是冰岛最热门的网站。网站以登载国内新闻和国际新闻为主，覆盖了商业新闻、体育新闻、娱乐新闻、生活资讯、天气资讯等多方面的内容。该网站也是冰岛最热门的房产广告和分类网站，同时也是获取冰岛《晨报》的新闻和图片内容的主要门户。根据统计，大约 89%的年龄在 12—80 岁之间的冰岛人基本每周都会访问该网站。② 该网站也为英文用户专门开辟了名为“Iceland Monitor”的英语版面，③主要提供有关冰岛活动和出行信息的英文资讯。

《晨报》的发行方 Arvakur 是冰岛国内最大的两家出版公司之一，旗下经营着冰岛最大的报纸印刷出版社 Landsprent。这家出版社拥有可以进行大规模印刷的先进机器，除了印刷出版《晨报》之外，还印刷其他出版社的各类小报、宣传册和广告画册，并且常常通过 Arvakur 集团自己的报纸分发系统来发行这些印刷品。因而，《晨报》的订阅用户常常会收到随报纸附送的种种垃圾邮件。与 Arvakur 形成激烈竞争的另一家大的出版机构

---

① European Journalism Centre:Birgir Gudmundsson,“Media Landscapes－Iceland”,http://ejc.net/media_landscapes/iceland，检索时间：2015 年 11 月 15 日。

② 数据来自冰岛晨报官网英文版：icelandmonitor.mbl.is/，检索时间：2015 年 11 月 15 日。

③ 《晨报》网站：icelandmonitor.mbl.is/，检索时间：2015 年 11 月 15 日。

RÁÐIST Á PARÍSARBÚA

Lífeyrissjóðirnir bjóða sjálfir í Arion banka

图 3 冰岛《晨报》2015 年 11 月 14 日头版

图片引自《晨报》官网:http://www.mbl.is,检索时间:2015 年 11 月 15 日。

就是 365 media 公司,除了经营着冰岛阅读量最大的免费报纸冰岛《日报》之外,365 media 旗下还经营着一家拥有多个频道的广播电视台。

四、涉华报道

中国和冰岛于 1971 年 12 月 8 日建立外交关系。近年来,中冰关系取得长足发展,各领域友好合作不断深化,在经贸、地热、北极等领域合作潜力巨大。双方对进一步深化合作有着高度共识。冰岛是首个承认中国市场经济地位的西欧国家,也是欧洲首个与中国开展自贸区谈判的国家。

在这样的双边关系背景下,《晨报》作为冰岛全国性的主流报纸,涉及中国报道的议题多为经贸领域以及中冰两国的友好合作,特别是经贸、地热、北极开发等领域。比如,《晨报》2014 年 7 月 24 日发表了一篇有关中国投资者有意投入冰岛某银行股份的报道。同类报道已不是第一次出现在《晨报》上,2013 年 8 月也曾有过类似报道。又如,2015 年 4 月 30 日,《晨报》报道了冰岛总统奥拉夫强调冰岛与中国的地热合作的重要性,并有意加强这方面的进一步合作的表态。① 再如,关于 2014 年 7 月 1 日生效的《中冰自由贸易协定》,《晨报》在 2015 年 1 月 6 日发表的报道中指出,新年期间冰岛民众习惯燃放烟火来辞旧迎新。元旦前后有大量游客到访冰岛,欣赏各色烟火点亮首都周边的天空。而中国是烟火的主要来源国,冰岛每年自中国进口数百吨烟火。报道指出,尽管受中国物价上涨以及国际运费上浮等因素影响,但是 2015 年冰岛新年烟火价格基本保持不变,核心原因在于《中冰自由贸易协定》的正式实施降低了关税成本,进而通过这一具体事例指出这一协定实施后给冰岛人民带来的实惠和便利。②

在与中国政治和外交有关的议题上,《晨报》也表现出了较为客观的态度。具体而言,譬如 2014 年 1 月 13 日,中方就日本首相安倍晋三公然供奉有 14 名“二战”甲级战犯的靖国神社一事向《晨报》主编奥德松表明了在此事上中方的原则立场,并向奥德松提供了反映靖国神社在过去侵略战争中充当军国主义精神工具的大幅照片。奥德松表示,2013 年年底,《晨报》就已经对日本首相安倍晋三参拜靖国神社和中方立场做过报道。中方提供的图文并茂的介绍使他们对整个事件的性质和来龙去脉有了更详细、深入的了解,可作为他们下一步相关报道的观点依据。③

可以说,《晨报》的涉华报道基本保持客观、友好的态度。不过,《晨报》也常常援引西方主流媒体的部分观点立场。比如,2015 年 5 月 11 日,《晨报》对中国央行下调利率进行了报道,该报在此事的看法上援引路透社的评论,认为此举或反映中国经济已出现明显放缓迹象。④ 由此可见,《晨报》的涉华报道在一定程度上还是会受到西方强势媒体话语的影响。

---

① 中华人民共和国商务部网站:《冰岛总统就中冰地热合作表态》,2015 年 5 月 7 日,http://www.mofcom.gov.cn/article/i/jyjl/m/201505/20150500964832.shtml,检索时间:2015 年 11 月 16 日。

② 中华人民共和国商务部网站:《冰岛媒体:中冰 FTA 带来实惠》,2015 年 1 月 25 日,http://is.mofcom.gov.cn/article/jmxw/201501/20150100877331.shtml,检索时间:2015 年 11 月 16 日。

③ 环球网:《驻冰岛大使马继生会见冰岛主流媒体机构负责人揭批安倍晋三参拜靖国神社》,2014 年 1 月 16 日,http://china.huanqiu.com/News/fmprc/2014-01/4761710.html,检索时间:2015 年 11 月 16 日。

④ 中华人民共和国商务部网站:《冰岛媒体关注中国降息》,2015 年 5 月 18 日,http://www.mofcom.gov.cn/article/i/jyjl/m/201505/20150500975419.shtml,检索时间:2015 年 11 月 16 日。

CONTEMPORARY
WORLD MEDIA

当代世界媒体

（下）

徐和建　刘笑盈◎主编

中国传媒大学出版社
·北京·

目 录

(上册)

(下册)

英 国

《金融时报》*Financial Times*

FINANCIAL TIMES

《金融时报》(*Financial Times*,简称 FT)至今已有超过百年的历史,是全世界最负盛名的财经媒体。《金融时报》创立于英国,以经济报道、金融信息为主,作为全世界商业精英的必读刊物而享誉世界,由该报所创立的伦敦股市金融时报 100 指数也是闻名全球的权威金融经济指标。目前,《金融时报》是日本日经新闻集团旗下报纸。

一、历史沿革

1888 年初,这份报纸创办于英国伦敦,当时的报名为《伦敦金融指引》(*London Financial Guide*),随后于 2 月 13 日正式定名为《金融时报》。从创刊之日开始,《金融时报》对自身的定位为“诚实金融家与可敬股票经纪人的忠实朋友”,当时每期报纸只有 4 版。报刊初创时,目标受众即为金融业从业者,同时也包括来自政界、商界的精英人士。一个多世纪以来,《金融时报》坚定保持着这一定位,切实担当起为“精英人士”提供高质量信息的“精英报刊”之名。

报纸成立之时,《金融时报》的主要竞争对手是《金融新闻报》(*Financial News*),为了便于读者进行区分,《金融时报》在 1893 年 2 月开始采用玫瑰金色的纸张进行印刷。与此同时,这种未经漂白的纸张也更为廉价,可以很好地节约成本,更好地与《金融新闻报》展开竞争。这一有特色的用纸传统延续至今,已有一百多年的历史,但现今的技术使得《金融时报》必须增加额外工序给纸张染色,印刷制作成本反而更高。但是,为了延续本报的这一独有特色,《金融时报》从未放弃这一传统。

The Financial Times.
“Without Fear and Without Favour.”
DAILY.
With which is Incorporated the “LONDON FINANCIAL GUIDE.”
New Series.—No. 1.] LONDON, MONDAY, FEBRUARY 13, 1888. [ONE PENNY.

图 1　1888 年 2 月 13 日出版的第一期《金融时报》

20 世纪 70 年代是报刊快速发展时期,《金融时报》的报道内容更加广泛,版面相应迅速增多,记者站数量也大幅增加。与此同时,《金融时报》在世界金融市场的影响力也越来越大。1979 年 1 月 1 日,《金融时报》出版了欧洲大陆版,在德国法兰克福印刷,从而开启了从英国本土向外扩张的世界化、全球化历程。这标志着《金融时报》由英国国内市场转向世界市场,办刊内容也由主要关注英国国内信息转向关注世界金融市场。

1995 年 5 月 13 日,《金融时报》的网络版金融时报网 FT.com 正式上线,使得这份国际财经大报在实现网络化这一步上,仍然大大领先于众多世界一流报刊(《纽约时报》网站 1996 年上线,《卫报》网站 1999 年整体上线)。1996 年,《金融时报》亚洲版创办。同时,《金融时报》也开始在马德里、波士顿、米兰等多个城市印刷发行。在接下来的几年中,《金融时报》的国际发行量超过英国本土的发行量,晋升成为一份真正意义上的国际大报。

图 2　1893 年《金融时报》开始采用玫瑰金色纸张印刷

图片引自《金融时报》网站:http://aboutus.ft.com/#axzz3srr0Z6tb,检索时间:2015 年 10 月 2 日。

不过,《金融时报》的发展也并不是一帆风顺的,在英文以外市场的拓展上就遭受到不小的挫折。2000 年,《金融时报》德语版正式发行,总部设在德国汉堡。与英语版的《金融时报》取得的成就相比,德语版的经营一直十分困难,发行的十几年间一直未实现盈利,最终于 2012 年宣告停刊。

在《金融时报》漫长的发展历史中,报社所有权曾几经易手,始终不变的是"不偏袒,不畏惧"的编辑方针。其中,持有时间较长并且具有较大影响的一任大股东是 1957 年接手报纸的培生集团(Pearson)。之后一段时间,在新媒体的冲击下,《金融时报》也一度经历连年亏损的低谷。直到 2015 年再次转手,由日本媒体集团日经新闻(Nikkei)收入旗下。

二、发展现状

如今的《金融时报》共发行五个版本,分别为英国版、欧洲版、美国版、亚洲版和中东版,并且在全世界 22 个地区城市设有印刷点。其中,欧洲版《金融时报》覆盖欧洲和非洲,在欧洲各地设立了诸多记者站,使得其内容丰富且具有独家性,被认为是欧盟、欧元区和欧洲事务的权威报道者。

凭借《金融时报》在国际上的巨大影响力,金融时报网站也取得了巨大的成功。依托报纸内容,金融时报网从 2002 年开始提供付费订阅服务,是英国为数不多的收费新闻媒体网站之一。凭借高质量的新闻和商业独家分析，《金融时报》的网上订阅数十分可观。到2013年《金融时报》创办125周年时，报社公布的数字称，包括印刷销售和数字订阅在内，《金融时报》的内容盈利要远超过广告收入。到2015年时，金融时报网的长期订阅用户超过50万。目前，《金融时报》总发行量的70%来自数字渠道。①

图3 《金融时报》报社总部位于伦敦

2015年7月24日，日本媒体集团日经新闻宣布成功收购《金融时报》，这家传统英国大报转而成为日本媒体集团的一分子。日经新闻对外明确表示将尽全力维护其“不偏袒，不畏惧”的编辑方针。日经新闻能否践行诺言，《金融时报》未来发展路在何方，还需要长时间的观察才能得出结论。

尽管英国一直有较好的读报传统，但是近年来英国大报都在网络媒体的冲击下，渐渐呈现出不可避免的颓靡之势。根据英国发行量审计局(Audit Bureau of Circulation)公布的数字显示，《金融时报》的销售额从2008年至今一直在走下坡路。2008年时，工作日期间从英国报摊上售出的《金融时报》总量约为9.2万份，2010年这一数字下降为6.6万份，截至2015年5月，这一数字仅为3.6万份。

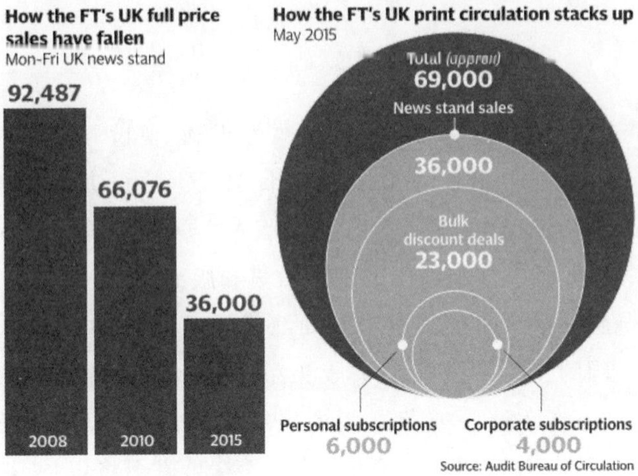

图4 《金融时报》的报摊发售量和纸质版发行量

一财网：《FT被收购背后：培生不堪财政重负》，2015年7月14日，http://www.yicai.com/news/2015/07/4659836.html，检索时间：2015年8月10日。

图5 日经新闻成为《金融时报》新东家

The Financial Times and the Future of Journalism，2015年9月28日，图片转引自《纽约客》：http://www.newyorker.com/news/john—cassidy/the—financial—times—and—the—future—of—journalism，检索时间：2015年8月10日。

三、报道特点

一直以来，《金融时报》最大的报道特点是以财经金融为主，报道内容以专业的深度评析为主，报道立场较为客观公正。

《金融时报》对金融信息的重视从其版面布局就可见一斑，周一至周五的《金融时报》共有22版，分为两个叠次。第一叠次主要报道国内外政治、经济新闻和评论，包括著名的Lex专栏。Lex专栏以深刻的全球经济、金融评论为特色，被称为“《金融时报》议程设置专版”，传达了《金融时报》对热点事件的看法，可以说是办刊最

① 《金融时报》网站：http://aboutus.ft.com/#axzz3srr0Z6tb，检索时间：2015年10月2日。

重要的发声版块。除此之外,第一叠次的内容还包括文艺等方面的软新闻。但整体来看,无论是政治硬新闻还是软新闻,都强调新闻本身对经济的影响。

图6 《金融时报》

第二叠次是“公司与市场”(Companies &Markets)专版,主要提供公司和市场信息。公司信息包括世界重要公司的新闻,包括其公司内部政策变动给世界经济带来的影响。而市场信息以数据和深度报道为主,数据部分提供当天汇率、股票等数据;深度报道部分提供关于市场变动的调查性报道。

由此来看,整份报纸如同其报名,集中地报道每天重大的经济、商业、金融信息,为读者及时地提供信息更新。

THE LEX COLUMN

Thursday March 26 2009

Bear-faced cheek

Just when foreign investors thought it was safe to paddle in Russian waters, up looms another shark fin. A $2bn investment by Norway's Telenor is under threat in a brawl that echoes last year's TNK-BP debacle. One of the protagonists, Mikhail Fridman's Alfa Group, is even the same. But this fight is arguably more troubling. TNK-BP operates in the politically sensitive oil business, Telenor is in humdrum mobile telecoms. And since the Norwegian state controls Telenor, there are diplomatic implications too.

Alfa's telecoms arm, Altimo, and Telenor own 44 and 29.9 per cent of Vimpelcom, Russia's number two mobile operator. The two have fought bitterly since Altimo took Vimpelcom into Ukraine via a 2006 acquisition, so competing with rival Kyivstar – which Telenor controls, with Altimo as junior partner. Telenor says its objections to Vimpelcom's move were illegally overruled. Altimo argues Telenor delayed Vimpelcom's expansion into a fast-growing market.

Telenor has won US rulings against Altimo. But, in the meantime, a mystery Vimpelcom shareholder, Farimex, challenged Telenor in Siberia. Last month, an Omsk court backed Farimex, ordering Telenor to pay $1.7bn damages to Vimpelcom – roughly the value of its Vimpelcom stake. Farimex, a British Virgin Islands-registered holder of 0.002 per cent of Vimpelcom, has enjoyed surprising legal success. Telenor thinks Farimex is a front for Altimo. Altimo vigorously denies this.

Bailiffs this month seized Telenor's Vimpelcom stake and Telenor lost an initial bid for a stay of the Siberian ruling. Unless Telenor pays, bailiffs can sell the stake. The most likely resolution remains a "divorce", with Telenor and Altimo swapping assets. But Telenor must now negotiate with, in effect, a gun to its head.

The dispute is almost certainly not state-sponsored. Yet Russian officials have declined to support Telenor, even after Norway's foreign minister lobbied his Russian counterpart. That is regrettable. Russia needs foreign investment more than ever. President Dmitry Medvedev also pledged to reform the legal lottery of the courts system. Time to deliver.

Fighting for subscribers

Mobile market share, Feb 2009 (%)

Russia: Vimpelcom (Altimo 44%, Telenor 29.9%) 25.7; MTS* 34.2; Megafon 22.9; Others 17.2

Ukraine: Kyivstar (Telenor 56.5%, Altimo 43.5%) 42.0; MTS* 32.4; Astelit 20.4; Others 1.8; Vimpelcom 3.4

* Mobile TeleSystems

Russia's corporate minefield

■ 2003: Yukos
Oil giant sold to Rosneft after owner Mikhail Khodorkovsky jailed

■ 2006: Royal Dutch Shell
Shell sells control of $20bn Sakhalin-2 project to Gazprom after legal assault

■ 2007: TNK-BP/Kovykta
BP venture agrees to sell control of gas field to Gazprom after licence threatened

■ 2008: TNK-BP
BP makes concessions to Russian partners after harassment by authorities

■ 2008: Mechel
New York-listed steel company attacked by premier Vladimir Putin over pricing

图7 《金融时报》著名的Lex专栏

在编辑方针上,《金融时报》是全球化和自由市场经济的倡导者。而在政治倾向方面,《金融时报》一直有支持工党的传统,但在2010年大选中曾经支持保守党。①

四、涉华报道

《金融时报》是一份全球性报刊,在世界范围内发行五个版本,对华态度在各个版本的报道中呈现出一定程度的一致性,各个版本之间的不同之处主要体现在涉华新闻的报道数量和版面安排上。亚洲版的报道内容侧重于亚洲地区的经济金融,关于中国的新闻常常登上头版头条;然而,同样的新闻内容,在欧洲版或英国版的报纸上,则要明显靠后排版,有时篇幅也会有所缩减。因此,以下将以《金融时报》亚洲版作为样本来源,说明《金融时报》的涉华报道及其态度倾向。

从报道数量上来看,在《金融时报》网站上的“世界”菜单栏下,有“亚太”的子菜单,其中主要包括四个国家:中国、印度、日本、韩国。“中国”作为独立版块单独呈现相关报道,体现中国作为地区主要关注侧重的重要性。其中所包含的报道,大多集中在中国的政治大势和经济动态等方面。《金融时报》对中国的经济动向、政策变动十分敏感,并就重要的事务进行深度剖析。在每1条新闻议题之下,往往都有2至5条新闻报道,分别从不同角度切入新闻事件,进行深度的剖析。

从消息来源来看,《金融时报》几乎全部采用自采报道,使用独立新闻源,只有在采用图片时部分从法新社、路透社、盖蒂图片社等新闻通讯机构购买。《金融时报》在中国设有三个新闻采编机构,其中包括北京的驻华记

① Reuters:Financial Times Backs Conservatives,2015年5月4日,http://uk.reuters.com/article/2010/05/04/uk-britain-election-ft-idUKTRE64304Z20100504,检索时间:2015年7月25日。

者总站、上海记者站和香港记者站。其中,香港记者站同时也是整个亚太地区的新闻报道总站和编辑中心。[1]除了来自驻华记者的一手报道,其他具有专业经济金融背景的记者也会经常撰写与中国经济有关的评论性文章。

现任《金融时报》北京分社社长是吉密欧·安德利尼(Jamil Anderlini)[2],具有多年驻华经验,是名副其实的中国通,擅长写中国经济的深度报道。2015 年 6 月 1 日,《金融时报》对北京政府实行“史上最严禁烟令”一事发布报道,一方面肯定了新规的积极意义,另一方面也对如何贯彻这一政策提出担忧。[3]

西方新闻业长期秉持“坏新闻才是新闻”的价值理念,也有调查新闻的传统,这也反映在对中国的报道中。在近一年来与“北京”最为相关的报道中,关注议题最多的是反腐败行动、交通拥堵问题、环境污染问题等。除此之外,还包括其他一些与中国人日常生活息息相关的议题,如北京地铁涨价、非京籍学生入学政策等。

总的来看,《金融时报》报道中,北京虽然在发展过程中存在诸多问题,但在总的基调上呈现为经济发展迅速、不断改革求新的形象。

《经济学人》*The Economist*

《经济学人》(*The Economist*)是一份老牌的英国杂志,总部位于伦敦。《经济学人》由经济学人报纸有限公司出版,主要关注政治和商业方面的新闻报道。在如今新媒体强势发展的背景下,该杂志的发行量依然在上升。

图 8 1843 年出版的第一期《经济学人》

一、历史沿革

二十世纪四五十年代,英国国内实施了《谷物法》,该法令限制外国商品进口,这一法令受到了自由主义学派的谴责,废除该法成为他们的共同目标。1843 年,一位信奉自由主义的苏格兰帽商詹姆士·威尔逊(James Wilson)为了促进自由贸易,在伦敦开办了《经济学人》杂志。顾名思义,创立之初,《经济学人》报道的主要重点在经济领域。在随后的发展中,《经济学人》历经了多位主编,他们大多是颇有成就的经济学家,用他们专业的素养将该杂志扬名海外。

在创立之后,《经济学人》的发展并不是特别突出,真正让《经济学人》声名鹊起的是詹姆士·威尔逊的女婿沃尔特·白芝浩(Walter Bagehot)。白芝浩是杂志的第三任主编,在他的带领下,杂志的报道范围从单一的经济领域扩展到国际政治、社会生活的各个方面,让《经济学人》逐渐成为颇受关注的综合性期刊。此外,也是在白芝浩掌管杂志期间,《经济学人》对美国的报道逐渐增多,为其以后在北美拥有总销量一半的好成

---

① Financial Times:http://aboutus.ft.com/press—office/ft—journalists/? display=asia#axzz3blJnlSeK,检索时间:2015 年 6 月 24 日。

② Financial Times:http://aboutus.ft.com/press—office/ft—journalists/? display=asia#axzz3blJnlSeK,检索时间:2015 年 6 月 24 日。

③ Beijing Stubs out Public Smoking,2015 年 6 月 1 日,检索自 Financial Times:http://www.ft.com/intl/cms/s/0/dd8947aa—080d—11e5—a58f—00144feabdc0.html#axzz3bm49SDpB,检索时间:2015 年 6 月 24 日。

绩打下了坚实基础。

经历了半个世纪的平稳发展,《经济学人》在1922年迎来了又一位对其发展功不可没的主编沃尔特·雷顿(Walter Layton)。雷顿为杂志奠定了语言风格,强调了杂志不是对信息的归纳,而是要从中分析问题,展开深度报道,确立了杂志的基本特色。

随着第二次世界大战的爆发,全球政治经济一体化进程的加快,社会公众对于及时而广泛的信息需求不断扩大,这一时期的《经济学人》在杰弗里·克劳兹(Geoffrey Crowther)等主编的带领下开始了跨国开辟市场的路程,开办了该杂志在美国的版本,在世界各大洲的主要国家和地区都设立了营销网络,发行量大大增加。同时杂志还进一步将内容扩展丰富,加入了"科学技术"等版面,让杂志一步步成为高品质、高规格的全球性、综合性刊物。

二、发展现状

经过170多年的沉淀,《经济学人》在国际传媒市场上占据了不可动摇的地位。该杂志每周四在全球六个国家同步印刷,隔天或稍晚就能在全球主要城市购买阅读。2005年以来,《经济学人》的发行量每年都以7%到9%之间的速度上升,2012年的销量超过了160万份。在北美的发行量占其总发行量的53%,是英国本土(14%)的三倍之多。其在欧洲大陆的发行量占总发行量的19%,亚洲(太)区域为11%。[①]

目前,《经济学人》栏目的设置分为三个主要部分:世界政治和时事(World Politics and Current Affairs),商业、金融、科学(Business Finance and Science),书籍与艺术(Books and arts)。其中,世界政治和时事的主要子栏目包括:美国(America)、国际(International)、欧洲(Europe)、英国(Britain)、亚洲(Asia)等。商业、金融、科学包括:商业(Business)、金融(Finance and Economics)、科学与技术(Science and Technology)、经济和金融指数(Economic and Financial Indicators)等。独立栏目:社论(Leaders)、特别报道(Special Report)和观察(Survey)。社论通常包括5至7篇内容独立的文章,其中第一篇是针对同期封面故事的导读。特别报道通常在一至两千字之间,两至三个页码,封面故事往往放在这个栏目里刊发。"观察"大概每两至三周推出一组篇幅不等的文章,通常是某个研究人员或某个研究机构提供的调查报告。[②]

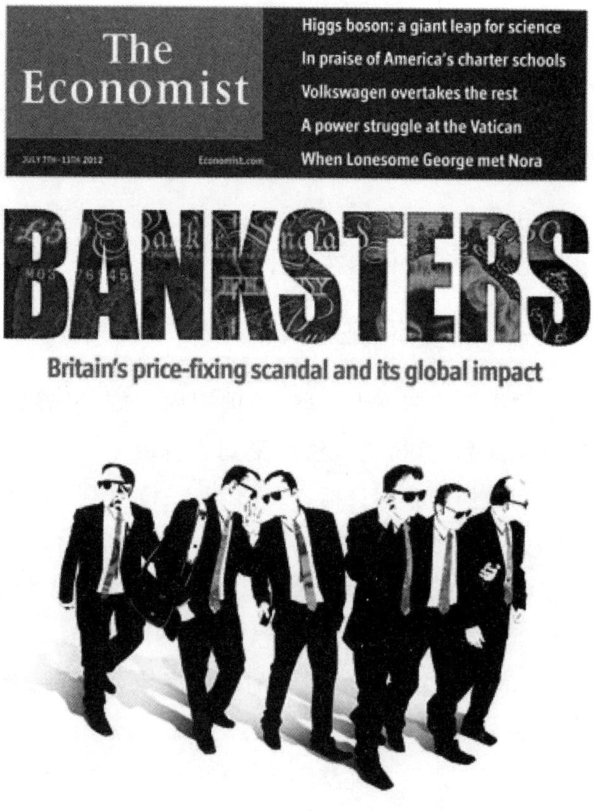

图9 《经济学人》封面

在新媒体环境下,相比于其他刊物,《经济学人》对于网络化的热情并不是太高,其数字化进程相对来说是较为滞后的。直到2007年,《经济学人》才推出了免费和付费的分层网络系统,以满足不同的网络用户对《经济学人》杂志的需求。网站上的大部分内容是免费的,只有一些深度报道需要付费。

《经济学人》认为目前这个社会纷繁复杂,人们仍然需要信息,甚至比过去更渴望信息,需要知悉世界上发生了什么,并且愿意付费获得资讯。杂志坚信人们仍需媒体提供有价值的信息,资讯越充足,媒体就越有发展的希望。因此,《经济学人》在未来的发展中不会忘记以质量取胜的原则,努力从这个被信息包围的社会中为读者提取、筛选最有趣、最精彩的信息。

---

① 星岛:《〈经济学人〉160年不败的秘诀》,《青年记者》2007年第9期。

② 王煜婷:《〈经济学人〉财经报道特色分析》,《学习月刊》2010年第8期。

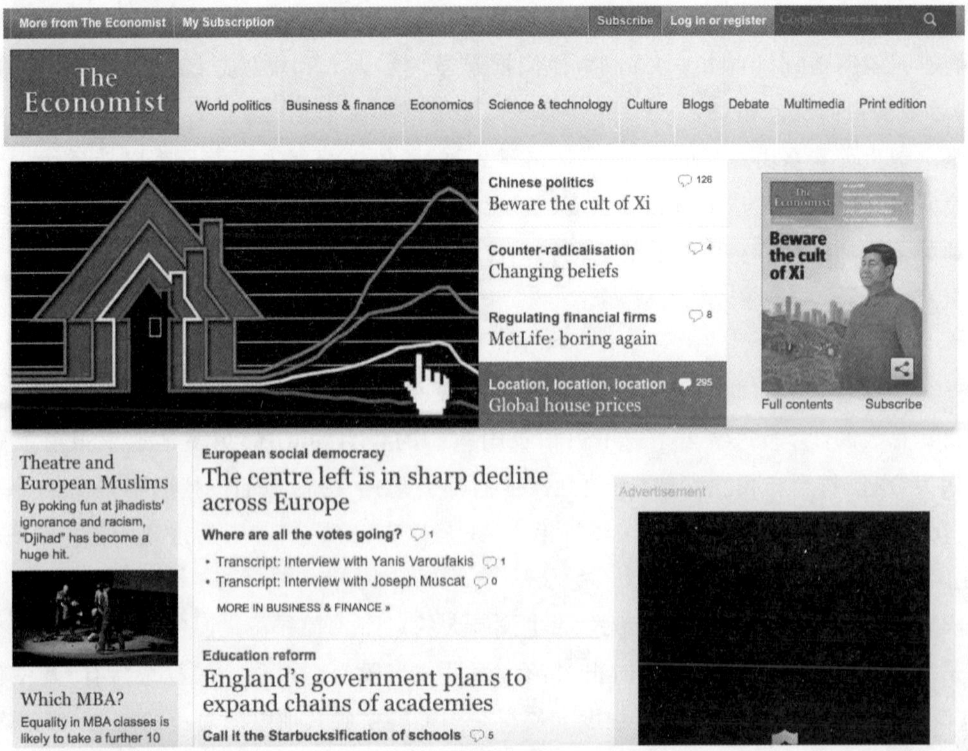

图 10 《经济学人》网站首页

图片引自《经济学人》网站：http://www.economist.com，检索时间：2016 年 3 月 30 日。

与此同时，《经济学人》也不会落后于时代潮流，新媒体的发展是一个不可逆的趋势，杂志也会充分发挥起新媒体的力量，让杂志这个传统媒体与新媒体能够更好地结合。几年前，杂志和官方网站的采编人员还是相互独立的，而现在则将进一步融合：最上层是整个杂志和网站的主编，下面有分管政治、经济、商务等不同领域的主编，此外还有分管不同地域（比如中东、亚洲和美国等）的主编。杂志和网站的记者、编辑是合二为一的，例如负责美国的记者、编辑既要为杂志撰写、编排美国方面的报道，也负责给网站提供相关稿件。总体而言，杂志组织架构由两部分组成：一部分是采编人员，他们按照领域和地域划分，同时给杂志和网站供稿；另一部分是运营人员，主要负责网站和移动平台的更新维护。[①] 在内容上，杂志和网站基本一致，不过网站会更加丰富一点。此外，凡有重大报道，《经济学人》会力争使杂志、网站、手机应用包括社交网络都能及时传达讯息。未来，杂志还会研发更多手机应用让读者使用，还会加强与读者的互动，读者可以在网站上留言，编辑可以跟读者通信往来，了解读者的喜好，实现网络与杂志的高度融合。

三、报道特点

（一）坚持自由主义原则

《经济学人》从建立伊始就秉持着自由贸易主义的原则，反对政府的限制，主张自由开明的政治。《经济学人》的创办人威尔逊曾被马克思誉为“自由贸易派神灵”，这一思想也贯穿在了它一百多年的历史之中，并且反映在了它的报道之中。早期《经济学人》的报道经常把自由市场原则运用到当时各种各样的问题中，文章中经常引用的是亚当·斯密（Adam Smith）、约翰·洛克（John Locke）和艾德蒙·柏克（Edmund Burke）的话，运用他们的理论来审视世界范围内的经济活动事件和热点问题并发表意见。每当《经济学人》内部编辑出现分歧的

---

① 光明日报：《〈经济学人〉副主编艾玛·邓肯：“人们仍需媒体提供有价值的信息”》，2015 年 2 月 14 日，http://news.gmw.cn/2015-02/14/content_14846020.htm，检索时间：2015 年 7 月 17 日。

时候,他们需要思考的就是自由派会如何处理这个议题,站在自由主义的角度去回答去解决,最后写出一篇精彩的报道。他们旗帜鲜明地宣扬自由主义精神,他们推崇撒切尔夫人和里根总统,他们从早期的反奴隶制,主张废除死刑,到后来支持同性恋婚姻,“9·11”后推动关闭关塔那摩监狱,甚至支持越战和伊拉克战争,在他们的编辑方针里坚定地贯彻着自由主义的思想。《经济学人》的各位主编和采编人员都坚持延续着自由主义的精髓思想。尼古拉斯·艾略特评论这本杂志时说道:“接近150年里,这本杂志忠实于持之以恒的传统,使现代受众同样能够读到关于市场经济和自由贸易的论证,并且这论证建立在翔实的事实论述与数据统计的基础上。”

(二)匿名的独立作风

虽然《经济学人》有着明确的自由主义倾向,但是它并没有明显的党派倾向,正如前文所说,《经济学人》在英国的销量不到其总数的20%,这给予了它不惧怕英国政府的势力的底气,更多地追求报道上的客观、真实。只要是该杂志认为合理、符合自由主义的,不论党派他们都会选择支持,他们支持的不是简单以“自由”标榜的政策,而是实实在在践行自由主义的行为。《经济学人》正是以自己独立、客观的报道,打造出了属于他们的品牌特色,才能在国际市场上获取更多的受众。

除了没有依附任何一个政党以外,《经济学人》也没有大的财团或者利益集团的背景,目前该杂志是经济学人集团的全资子公司,一半股份是由《金融时报》持有,而另一半股份则由独立的股东持有,其中包括了杂志的许多员工,由广泛的员工自己持股也在一定程度上使得杂志能够摆脱其他财团对其的控制,保证客观独立。

另外,保证了《经济学人》独立作风的还有其内部编辑方针,该杂志一直实行的是匿名写作,读者不会在其刊物上看到文章末尾的作者署名。在采编过程中,记者要参与编辑事务,编辑也要承担写稿的任务,记者在撰写的时候不署名,编辑在修改时也没有负担,可以以更客观的立场来进行完善和修改。可以说,《经济学人》的每一篇报道都不是某一个人的产物,而是整个编辑部的智慧结晶,代表的是整个杂志的共识。正是这种独特的编辑方式,让杂志的报道能够尽可能少带一些主观色彩。

(三)全球化视野突出

《经济学人》一直是一份全球性的杂志,其报道从来不只局限在英美等大国之间,而是密切地关注发生在全球各个角落的事件,报道重点也会随着时代的变化而调整。当以前发达国家的经济较为领先时,杂志的关注重点还是集中在欧美等发达国家。但近年来随着发展中国家的不断崛起,在国际舞台上的地位不断提升,发挥的作用越来越大,《经济学人》也将报道的目光放得更远更为开阔。目前,它已建立了一个遍布全球的记者和营销网络,经济学人集团在世界21个国家拥有80个代办机构。为了让读者能对全球发生的事件有更为深入的理解,《经济学人》不惜花重金推出非洲偏僻角落探访、博茨瓦纳贸易政策解读、印尼化学燃料调查等长达几十页的报道。[①] 它的记者奔波于世界各个偏僻而落后的地域,写出大量关于这些地方的长篇报道,呈现给读者一个不为人知的世界。

《经济学人》的全球视野还体现在它对于世界各个地区的整体性把握。该杂志认为,随着全球化进程的加快,公众对于其他国家正在发生什么或即将发生什么都具有浓厚的兴趣,一本全球性的刊物就是要给读者提供一个能够透视世界的窗口,不管报道是正面的还是负面的,不管内容是与读者的价值观相悖或是相同的,都应该展现在读者面前。读者不是要从一本声称“全球性”的刊物中读到大量的、自身可以接触到的本地的新闻,而是要了解世界各地,了解自己接触不到的地方在发生什么。只有一直坚持立足世界,关注全球,才能让这本杂志永远保持全球化的特征。正是这样的定位造成了它的独特性,在其他知名周刊如《时代》等纷纷推出自己的针对某区域的版本时,《经济学人》还是坚持在各地区发行的内容一样,但为了突出地区针对性,在排版上有所改变。首先,前后几页以及中间部分的广告实行本地化,如亚洲的读者一打开周刊,就看到亚洲文化风味的商

① 余婷:《〈经济学人〉如何应对周刊危机》,《青年记者》2009年第17期。

品广告。其次，把里面的栏目分为：亚洲、美国、英国、欧洲、中东和非洲几个版块，除聚焦性的特别报道等少数几个小栏目外，亚太版的就把亚洲的报道放在前面，美国版的把“美国”版块提前。[①] 通过这种方式既保证了《经济学人》内容质量的一致性，又能够更贴近当地，增强接近性，吸引更多的读者。

(四)语言平实、图表清晰

乍听杂志的名称，可能会让人觉得里面的内容充斥着大量的专有名词和一系列晦涩的经济术语，但其实不然。首先从封面来看，该杂志就让人有阅读的兴趣，它的封面大多是采用漫画形式，增加了趣味性。再到内容上，杂志的著名主编白芝浩曾经就说过，要让杂志使用平实的语言，要将事情以最直接、最生动的方式展现出来，就像人们在日常交谈中说的话一样。因此，在报道中我们经常会看到记者使用文学化的表达方法，引用大家耳熟能详的谚语和一些小故事，增加语言的趣味性。当然，文章中也不可避免会出现大量的财经专业术语，与此同时则会配备大量详尽易读的曲线图和表格等，将繁杂的数据形象化，能够增加读者对内容的理解。

四、涉华报道

由于亚洲经济的腾飞，中国改革开放以后取得了极大的成就，在国际上的地位日益显著，因此《经济学人》向中国投注了极大的关注。据统计，在过去的2002到2012年这十年间，《经济学人》中以中国为主题的分析报道高达1420篇，平均每期有两篇，自2009年开始，涉及中国报道的数量出现显著变化，从之前每年100篇左右增加到130篇以上。2012年1月28日，《经济学人》更是推出了“中国”专栏，这是其除了自己的英国之外，第二次为 个国家单独开辟专栏，上一次是在1942年开设的“美国”专栏，可见其对中国的重视程度。开设“中国”专栏之后，全年的中国报道更是达到了217篇之多，相较于2002年的79篇，翻了将近三番。《经济学人》报道的选题范围广，以时政和经济为主，同时拓展至商业、文化、科技、民生等诸多方面。

从内容分布来说，《经济学人》对于中国的经济问题报道的比重相对于内政、外交、文化等更多。总的来说，由于《经济学人》一贯独立的作风，不受政党和财团的操控，因此在对中国的报道上基本坚持了中立、客观的原则，持绝对正面或者负面立场的报道数量极少。该杂志对于中国目前的经济状况还是比较肯定的，对于中国的经济发展态势抱有信心，对于中国未来的发展对世界经济的促进作用也给予了好评。《经济学人》杂志网站3月14日刊发了其新一期杂志的封面文章《中国制造》，文章总结中国制造业三大超强优势，并认为中国带动了亚洲制造业的发展，形成了地位更加稳固的“亚洲工厂”。但文章中也对中国经济提出了不少的问题和担忧，比如对于中国政府宏观调控干预经济的某些措施颇有微词。此外，该杂志和其他西方媒体一样，在报道中国政治的时候受本国意识形态、价值观、媒体性质等因素的影响，在中国政府、中国政党及政策方面的报道带有一些偏见。在谈论诸如港台、西藏、新疆等问题时还是带有西方媒体传统的偏见，在人权问题上诸多讨论，带有比较明显的倾向性。

总的来说，《经济学人》相对于其他一些美国杂志对华态度上要温和得多，该刊物并没有明显鼓吹“中国威胁论”，整体的报道态度为“机遇与挑战并存”。在大多数文章当中，都是正面和负面倾向性都共存的，能够看到作者们对于达到他们认为中立客观的标准而所做的努力，没有报道是全盘否定的情况。

---

① 王积龙：《跨国传媒如何开拓经营海外市场——对于英国经济学人集团的个案分析》，《现代传播》2006年第1期。

《每日电讯报》*The Daily Telegraph*

The Daily Telegraph

《每日电讯报》(*The Daily Telegraph*)是英国严肃大报的代表,也是英国历史上第一份成功的便士报,与《泰晤士报》和《卫报》并称为"英国三大报"。多年来,《每日电讯报》一直秉持准确、公正和无畏的新闻理念,致力于打造受众信任和尊敬的传媒品牌,提供高质量和高整合度的新闻产品。[①] 时至今日,《每日电讯报》一直是英国销量最高的报刊之一,有着广泛的影响力和良好的声誉。

一、历史沿革

1855年英国"报纸印花税"法案废除,使得英国廉价报刊获得发展契机。6月,亚瑟·巴勒斯·斯莱(Arthur B. Sleigh)上校创办了《每日电讯邮报》(*The Daily Telegraph and Courier*),报纸创刊号于29日出版。由于资金困难,创刊不久,斯莱便将报纸转让给出版人约瑟夫·摩西·利维(Joseph Moses Levy)。利维接手报纸后的第一件事就是降价,以便与当时伦敦的主要报纸《每日新闻报》(*Daily News*)和《晨邮报》(*The Morning Post*)展开市场竞争。利维任命他的儿子爱德华·利维·劳森(Edward Levy Lawson)为报纸总编,对报纸展开市场化的便士报改革。

图11 《每日电讯报》创刊于1855年

在劳森的领导下,正式更名为《每日电讯报》的第一期报纸于1855年9月17日刊发,宣称是"全世界最大、最好且最为廉价的报纸"。劳森借鉴引进美国报纸的编辑方法,排版上大胆使用多行标题,加大标题字号,选用刺激性的新闻,扩大版面内容,根据读者特点采写新闻,聘请高水平的记者和作家参与采编。这一系列改革手法使得《每日电讯报》销量大增,也标志着英国新报业的成功。劳森也因此被誉为《每日电讯报》之父,是这份大报真正的缔造者。与此同时,劳森还非常重视国外新闻,追求轰动性的报道。办刊重视国外新闻的传统也就此开始,如今的《每日电讯报》仍然十分重视国际新闻。

在《每日电讯报》改革的带动下,其他英国报纸纷纷效仿,越来越多的报刊开始了更加大众化、市场化的策略,英国报纸版面风格大变。到1871年,该报的销量达到20万份。1876年到1888年,销量增至30万份,成为当时世界上销量最大的报刊之一。[②] 1916年,劳森过世,报纸销量也开始下滑。1928年,劳森之子将报纸卖给贝里兄弟(Berry),报纸格调变得更加庄重,开始脱离大众报刊行列。1937年,《每日电讯报》与《晨邮报》(*The Morning Post*)合并,一度改名为《每日电讯和晨邮报》(*The Daily Telegraph and Morning Post*),政治倾向更加趋于保守。

1986年,加拿大传媒大亨康拉德·布莱克(Conrad Black)买下了《每日电讯报》。由布莱克接手之后,报社在短短的两三年内就实现了赢利,并成为布莱克报业帝国中的主要收入来源。从1993年开始,国际传媒大亨默多克接手《泰晤士报》后,掀起针对《每日电讯报》的价格战,双方在此后多年间争相降价以争夺市场份额。到1995年时,双方报价都压制到了5便士,《每日电讯报》的发行量在此期间攀升到了102万份。到1997年,双方终于停止了这场两败俱伤的价格大战,恢复到25便士的价格。

---

① 电讯网:http://www.telegraph.co.uk/topics/about－us/11570701/Editorial－and－commercial－guidelines.html,检索日期:2015年6月21日。

② 李磊:《外国新闻史教程》(第二版),中国传媒大学出版社2011年版,第199页。

2004 年,《每日电讯报》的东主康拉德·布莱克因经济犯罪被逮捕,报纸发展也受到影响,只得再度转手。同年 6 月,金融巨头巴克莱兄弟(David and Frederick Barclay)接手《每日电讯报》,成为这份英国大报的新任东家。2006 年 10 月,《每日电讯报》的所有公司更名为电讯传媒集团(Telegraph Media Group),开始迈入发展新台阶。

二、发展现状

进入融媒体时代,《每日电讯报》最卓有成效的改革之一,便是建立起"大蜘蛛网"式的编辑部模式。从俯视角度来看,整个编辑部就像一张四处延伸的大蜘蛛网,编辑部的中心位置设一张大圆桌(Hub),作为各部门核心领导的工作区。以圆桌(Hub)为中心,各部门其他工作人员呈辐射状在四周依次排开,如众星拱月般紧密围绕中心编辑区。每条纵向"直线"上的工作人员负责一个内容版块,比如国际新闻、经济新闻、体育新闻等。而横向"弧线"则是由分管内容、设计、生产等不同职能分区的工作人员组成。这种模式有效地增加了部门间的交流,整合各功能分区,提高了整体工作效率。

图 12 从左至右分别为该报旗下《每日电讯报》《星期日电讯报》和《电讯报》世界版

电讯网:http://www.telegraph.co.uk/advertising/platforms/newspapers/,检索时间:2015 年 6 月 21 日。

《星期日电讯报》是其姐妹刊,于 1961 年 2 月创刊,同属于电讯传媒集团,但与《每日电讯报》拥有不同的编辑人员。虽然编辑人员不同,但在整体报道风格、立场倾向等方面,《星期日电讯报》均与《每日电讯报》一致。除此之外,《每日电讯报》还出版一份主要在海外发行的报纸,名为《电讯报》(世界版)(*The Telegraph World Edition*)。1964 年 9 月,《每日电讯报》又开始推出《电讯周刊》(*Weekend Telegraph*)杂志,以每周一刊的形式就重大新闻事件发表深度报道。三报一刊,构成《每日电讯报》的主要发行刊物。

1994 年,《每日电讯报》推出电子版,成为整个欧洲第一家推出新闻网站的报纸。2004 年,《每日电讯报》电子版上线十周年之际,正式将域名改为 telegraph.co.uk,《每日电讯报》和《星期日电讯报》以及旗下其他报纸刊物的文章,都可以通过电讯网检索阅读。2005 年 11 月,《每日电讯报》推出了英国首个由报纸提供的播客服务。2006 年 5 月,报社着手对电讯网展开改版,全新的网站页面更宽,音频、视频以及记者博客等内容所占比例更大。不断革新的《每日电讯报》及其网络版,旨在吸引更多年轻读者,以适应迅速变化的媒介环境。

三、报道特点

多年以来,《每日电讯报》是英国发行量最大的主流严肃大报,也是英国最具国际影响力的大报之一。在英国的 10 份全国性日报中,《每日电讯报》是处于上游市场的精英读者群体报纸,与《泰晤士报》《卫报》并称英国三大报。在这三者当中,又以《每日电讯报》的发行量最大,读者群体最为稳定。目前,《每日电讯报》的日均发行量保持在 90 万份左右,电讯网也是英国浏览量最高的报纸网站之一。《每日电讯报》的读者主要以受过高等教育、收入较高且有一定社会地位的社会精英群体为主。而且,根据《每日电讯报》提供的数据,其读者群体相比竞争对手更为“忠实”,超过80%的读者只阅读《每日电讯报》一家严肃大报。

现在的《每日电讯报》通常每天出刊28个版面,分为新闻版、世界新闻版、评论和特写版、健康版、艺术版、宫廷公报版(Court Circular)、讣告版和电视广播版。2014年10月的统计数据显示,《星期日电讯报》每期发售量约为1 075 000份,[①]在英国周日刊中排名前十。在2014年,《每日电讯报》的阅读量在英国所有报刊中排名第六,达到2 125 000,比2013年略有上升,有8%的受众称《每日电讯报》是他们日常新闻的主要来源。[②]

多年以来,《每日电讯报》一向以刊登独家新闻和高水平报道而闻名,具有重视国际新闻报道的传统。自创刊以来,《每日日电讯报》一直是一份秉持保守政治立场的报纸。在巴克莱兄弟接手报纸以后,大卫·巴克莱(David Barclay)曾在采访中表示,《每日电讯报》可能会改变支持保守党的政治倾向,变得更加中立。然而,在2005年的英国大选中,《每日电讯报》仍然支持保守党。

图13 1964年9月25日《电讯周刊》第一期封面:“越南——丑陋的战争”

电讯网:http://www.telegraph.co.uk/news/uknews/11701032/The-Daily-Telegraph-160th-Anniversary-The-best-front-pages.html? frame=3355182,检索时间:2015年6月21日。

巴克莱兄弟接手后,随即着手对《每日电讯报》编辑部进行大规模的裁员重组。之后,报社每天开两次编前会,截稿时间则在次日凌晨。同很多英国大报一样,《每日电讯报》采取滚动出版的方式,每天晚上十点半为首轮出报,印刷数量仅为几千份,发往较边远的地区,末轮出版在凌晨四点半左右。每晚滚动出报三到四轮,有时不同版次的报纸在标题或文章内容上会有改动。[③]

近年来,《每日电讯报》在西方媒体业界备受争议,被批评“为商业利益而罔顾媒体的独立原则”。其中一个原因是,《每日电讯报》从2014年开始搭载俄罗斯政府机关报刊《俄罗斯报》(*Rossiyskaya Gazeta*)的海外副刊。之后,在MH370航班失踪事件之后,英国媒体纷纷报道俄罗斯牵涉其中的说法,然而《每日电讯报》并未跟风发文,因此被斥为收取俄罗斯机关报纸高额广告费用而为其代言。2015年2月,《每日电讯报》前政治评论主管彼得·奥彭(Peter Oborne)辞职,并屡次发表言论声称自己离职的主要原因,是《每日电讯报》的新闻和评论受到广告营销的严重干涉,已经丧失了新闻媒体的专业立场,称其报道为“对读者的欺骗”。[④]

四、涉华报道

《每日电讯报》派有驻华记者,刊发涉华报道数量也很多。近十几年来,《每日电讯报》对中国的报道数量呈现上升趋势,2003年时涉华报道量刚刚超过100篇,到2013年已经达到475篇。在《每日电讯报》的网站分类栏中,在“世界”一栏下专门开辟了“中国”子栏,而该栏目中大部分是以地区分类,如“亚洲”“欧洲”“中东”等,仅有“美国”“澳大利亚”和“中国”是以国家为单位单独划分栏目的,由此,《每日电讯报》对中国的关注可见一斑。

在报道领域方面,该报对中国的报道多数集中在经济和文化议题上,政治和外交方面的报道数量不定,随着中国政治事件和中英外交联系的变动而有浮动。近年来中国经济崛起迅速,《每日电讯报》对中国的报道也反映出这一点。该报关注中国经济发展,特别是中英贸易以及英国在对华贸易中的收益。中国的经济形象并

---

① News Works:http://www.newsworks.org.uk/the-sunday-telegraph,检索时间:2015年6月21日。

② Ofcom:News Report 2014,阅读量包括纸质版和报纸网站订阅量。

③ 叶晶:《英伦报坛常青树——150岁的〈每日电讯报〉走访记》,《新闻记者》2005年第6期。

④ The Guardian: Telegraph's Peter Oborne resigns, saying HSBC coverage a “fraud on readers”, 2015年2月18日, http://www.theguardian.com/media/2015/feb/17/peter-oborne-telegraph-hsbc-coverage-fraud-readers,检索时间:2016年2月18日。

SIR ALEX FERGUSON: 16-PAGE SOUVENIR SPECIAL

ALAN HANSEN
Fergie's success is unparalleled in the history of the game

PAUL HAYWARD
He lit up our days and nights with brilliance and energy

HENRY WINTER
English football will never see his like again

The Daily Telegraph

telegraph.co.uk

Britain's greatest manager retires at 71

"He could have been a great leader in any field he chose. Manchester United were lucky he chose football"

Emergency care in crisis admits NHS regulator

Thatcher 'wanted Britain out of EU in the Nineties'

All prisoners face a year of supervision upon release

NEW QUOOKER FUSION

FREE

Quooker

图 14 《每日电讯报》头版

不都是正面的，虽然中国经济发展迅速，但也伴随着产品质量低下、产品安全状况堪忧、贸易保护主义严重等问题。中国产品的确存在部分问题，但从整体上看质量水平、性价比都有值得肯定的一面。然而《每日电讯报》对中国产品的报道主要以负面为主，有失公允。经济的高速发展还以环境为代价，报刊对中国的环境问题也多有关注，认为环境污染大大降低了生活质量，引发中产阶级的不满。但同时，该报也在一定程度上肯定中国政府为治理环境污染而取得的成效，报道中也提到关于“中国可能提前 5 年完成减排二氧化碳的任务”等信息。①

在政治议题的报道中，人权问题一直备受关注。相对经济议题，《每日电讯报》显然认为人权问题应该居于次要地位，虽然这种让步有时显得很微妙。在这当中，中国的政治体制和言论自由问题受到的诟病最多。其报道中虽然经常有质疑政府的论调，但在反腐等方面也有对中国政府的肯定。

在社会议题上，《每日电讯报》的关注可以分为两类。一是重大社会新闻，基本是由驻华记者或对中国问题有深刻了解的评论员撰写，如对 2015 年 6 月 1 日北京“最严禁烟令”的报道。这类报道一般数量不多，但只要涉及中国较为有影响的社会新闻，《每日电讯报》基本都会有所报道。二是日常社会新闻的报道，如市民路上踩到松动井盖致使摔伤、王思聪给宠物狗戴苹果手表等等。此类新闻多根据中国媒体报道进行编译，所投入的采写精力明显不如第一类，但也不失为外国人了解中国的一个窗口。这部分新闻多出现在网站上，更多呈现为“万花筒”式的小品消息。但是，这类新闻整体上通常呈现偏向负面的事实。在西方媒体中，类似的“坏新闻”“小插曲”才有报道价值。虽然事实选取上略有负面性，但总体上使得中国的形象更加丰满，不再只是一个生硬的坐落在遥远东方的神秘国度。

值得一提的是，2015 年 4 月 28 日起，《每日电讯报》网站开设“中国观察”(China Watch)栏目。这一栏目由《中国日报》负责搭建，是两份报刊深度合作的结果。至此，《每日电讯报》网站上有了专门展示中国的版块，内容由《中国日报》提供，包含政治、经济、文化、社会等内容，还经常制作专题版块，推出有特色的中国报道，让西方读者更好地了解中国。

① 电讯网：China “making progress on carbon emissions”, say British researchers，2015 年 6 月 8 日，http://www.telegraph.co.uk/news/worldnews/asia/china/11658688/China－making－progress－on－carbon－emissions－say－British－researchers.html，检索时间：2015 年 6 月 21 日。

图 15 《中国日报》在电讯网开设的"中国观察"栏目

电讯网:http://www.telegraph.co.uk/sponsored/china－watch/,检索时间:2015 年 6 月 21 日。

《每日镜报》*Daily Mirror*

《每日镜报》(*Daily Mirror*)创刊于 1903 年,是英国最著名的小报之一,曾经一度是世界发行量最大的报纸。如今的《每日镜报》依然具有鲜明的小报特点,版面使用大量图片和大字标题,以社会新闻为主,在英国国内销量巨大,由"三一镜报集团"(Trinity Mirror)经营。

一、历史沿革

《每日镜报》创刊于 1903 年 11 月 2 日,创办人是英国最早的报团建立者——艾尔弗雷德·哈姆斯沃思(Alfred Harmsworth),也即有"舰队街拿破仑"之称的北岩勋爵。最初的创报理念是"为女性办报,由女性办报"。之所以取名为《每日镜报》,是取"成为所有女性生活的真实写照,做一份娱乐性报刊,但力求不轻浮虚夸;做一份严肃报刊,但力求不枯燥无味"之意。《每日镜报》售价只要一便士,是世界上第一份小报。刚开始时,《每日镜报》的销售并不顺利。第二年开始,哈姆斯沃思调整了报道策略,将该报变为报道范围更广、含有大量图片的报刊,同时将售价降为半便士一份,将女性编辑全部开除,将报头改为"为男性和女性创办的报刊"。

第二次世界大战期间,英国政府对媒体的控制加强,《每日镜报》则努力摆脱政府控制,站在普通军人和市民的立场上,对政治领导人持批评态度。在 1945 年的选举中,《每日镜报》坚定地支持英国工党,并最终帮助工党赢得选举。1955 年,《每日镜报》开始发行周日版。在这一时期,《每日镜报》的读者群体主要是广大工人阶级,销量巨大。但是该报并不满足于街头小报的地位,在 1968 年开办"镜报观察"(Mirrorscope)栏目,关注国际新闻、政治新闻和产业、科学、艺术、商业新闻。

1995年至2004年期间任职于《每日镜报》的皮尔斯·摩根(Piers Morgan),是这份百年报纸历史上最年轻的主编。在摩根任职期间,《每日镜报》面临激烈竞争,也曾多次深陷丑闻。2000年,《每日镜报》为突出自己与其他小报的区别,把报头由醒目的红色改为较为严肃的白色,但从总体风格来看,《每日镜报》依然保持着传统小报的版式。

2004年,《每日镜报》经历了史上最为严重的丑闻。该报在5月11日的头版头条刊登了英国政府虐囚的文字报道与照片,但这条新闻之后被证实系伪造。虽然《每日镜报》在随后的头版中向公众致歉并更正错误,但给英国军队造成的负面影响难以磨灭。由于这一事件,也直接导致了总编皮尔斯的辞职。

THE DAY'S NEWS IN PHOTOGRAPHS SEE PAGES 4 & 5.
The Daily ILLUSTRATED Mirror.
News in Photographs.
MONDAY, JANUARY 25, 1904.
A CHARMING PHOTOGRAPH OF MISS MARIE STUDHOLME.

图16 1904年1月25日的《每日镜报》头版

二、发展现状

英国报纸发行量总体呈下滑趋势,《每日镜报》也不例外。2014年,《每日镜报》在英国报纸发行量总排名(纸质版发行量与网络版阅读量之和)中下降至第四位,总计29.3万,较2013年的31.5万略有下滑,其中纸质版订阅量下降明显,而电子版订阅量略有上升。在2010年时,《每日镜报》网络版的浏览量曾居英国报网之首。[①]

DAILY Mirror
WORLD EXCLUSIVE
VILE
...but this time it's a BRITISH soldier degrading an Iraqi
MORE SHOCKING PHOTOGRAPHS
DAILY Mirror
SORRY.. WE WERE HOAXED
VOICE OF THE Mirror
Iraqi PoW abuse pictures handed to us WERE fake

图17 2004年《每日镜报》刊出虐囚假新闻(左)及事后致歉(右)的两份报纸头版

《每日镜报》所属的三一镜报集团是英国报纸杂志发行巨头。1999年,原本的镜报集团与拥有100多份地区性报纸的三一集团合并,形成全新的三一镜报集团,总部位于伦敦。目前,三一镜报集团旗下有240家地区性报纸。长期以来,三一镜报集团旗下报刊在英国报刊集团中的读者到达率一直排名第二。在2011年新闻集团爆出窃听丑闻之后,三一镜报集团的读者到达率在随后一年升至第一名。然而好景不长,在紧接着的2013

① 邓文雷:《〈镜报〉网站浏览量居英国报网之首》,《中国新闻出版报》2010年6月29日第3版。

年,三一镜报集团又被长期排名第三的每日邮报集团反超,排名退居第三。[①]

2011 年,由默多克新闻集团旗下的《世界新闻报》引发的窃听丑闻震惊世界,导致整个英国报业的信誉危机。在此过程中,《每日镜报》及其所在的三一镜报集团也未能幸免。面对前员工的指控,三一镜报集团于 2014 年 9 月 24 日正式承认曾通过窃听电话和语音信箱等方式获取私人信息。这一行为遭到起诉,《每日镜报》不得不作出赔偿。在当年 3 月到 9 月短短 6 个月的时间内,三一镜报集团的股价大幅下跌 19%。

三、报道特点

(一)政治倾向:工党的坚定支持者

《每日镜报》自建报以来就是英国工党的坚定支持者。因而它的主要读者群体也是工党支持者。在《每日镜报》漫长的历史上,只有为数不多的几次,它所持有的观点与工党相抵触。甚至可以说,工党能在英国国内扩大影响,《每日镜报》的支持功不可没。

2015 年 4 月英国大选在即,《镜报》又一次坚定地站在英国工党一侧。4 月 13 日,报纸头版刊登了工党时任党首爱德华·塞缪尔·米利班德(Edward Samuel Miliband)的大幅照片,配以大标题"我的承诺",副标题引用党魁竞选演说的内容,"我在此承诺,我们将给国家带来变革,使人民的每一分税款得到合理的使用,致力于建立更加公平的英国,使每一个人分享社会进步的成果"。

图 18 2015 年 4 月 13 日《每日镜报》头版为工党候选人摇旗呐喊

图 19 2015 年 5 月 8 日《每日镜报》正版全黑对保守党获胜表示失望

5 月 8 日,大选结果尘埃落定,保守党再次大获全胜。《每日镜报》头版整版为黑色背景,以分外醒目的白色大字写着"这倒霉的日子还要再过五年",以此表达对保守党获胜的不满。

---

① Ofcom:News Consumption in the UK: Research Report,2014,http://stakeholders.ofcom.org.uk/binaries/research/tv—research/news/2014/Ofcom_News_Report_2014_slides.pdf,检索时间:2015 年 5 月 17 日。

(二)大量应用图片

《每日镜报》虽然曾经做过严肃化的努力，但在商业大潮的冲击下，为了同《太阳报》竞争，它不得不回归小报化的道路。图片在《每日镜报》的版面中占据大量篇幅。以《每日镜报》第一版为例，除了大字标题外，图片经常占据整个版面，甚至在很多情况下，标题就印在图片上。

在图片选取上，照片和漫画都比较常用，漫画多以讽刺性漫画为主，照片也追求轰动效应。

图 20　与皇室有关的消息更是《每日镜报》头版刊图的首选议题之一

(三)标题排版用字抓人眼球

《每日镜报》之前一直采用红色报头，2002 年时为了表露向《泰晤士报》等严肃大报风格靠近的意图，才将报头改为较为庄重的黑色。转型失败之后，又于 2005 年 4 月改回传统的红色报头。近年来，迫于激烈的市场竞争，文章标题越来越耸人听闻。诸如《来看看旅美英国男的二妻共侍之道》①之类的标题充斥在报纸各个版面。除了标题内容本身醒目，排版也力求吸引眼球，因而普遍采用超大字号，力求在读者快速翻阅报纸时能够第一时间抓住读者眼球。

(四)取材以社会新闻为主

在《每日镜报》的报道中，社会新闻是绝对的主角。这主要是由读者群体决定的，《每日镜报》的读者多为中下层民众，尤其是工人阶级，他们大多对国外事件和严肃新闻不大关注。作为一份市场化报刊，读者的喜好在一定程度上对《每日镜报》的内容选择起很大的决定作用。

四、涉华报道

作为一家典型的小报，《每日镜报》的涉华报道也表现出不同于大多数英国媒体的风格特点。

(一)更加关注中国社会新闻

与《每日镜报》本身的报道特点相一致，该报涉华报道关注的也大多是中国的社会新闻，特别是有趣味性的新闻。诸如《中国女子为挽回前男友大肆整容，整后惨不忍睹》之类的涉华报道题目经常在《每日镜报》网站上出现。这类新闻本身就有很强的离奇性、趣味性，容易引起大众读者的关注。即使是一些严肃新闻的议题，《每日镜报》也会努力挖掘其中最具轰动性的新闻点来进行报道。比如在关于雾霾的涉华报道中，《每日镜报》选取的其中一个新闻点是浓雾来袭，33 车连环相撞致使 6 人死亡，并配以车祸现场的大幅图片。

(二)政治新闻态度保守

关于中国的重大政治、经济发展变化等方面的信息也在《每日镜报》上有所反映，但见报频率远远低于社会新闻。在较为严肃的政经类涉华新闻中，《每日镜报》不以速度取胜，而侧重有观点的分析性文章。在很大程度

---

① Daily Mirror: Meet the Polyamorous Brit Who Lives with Two Women in the US，2015 年 4 月 13 日，http://www.mirror.co.uk/news/world－news/meet－polyamorous－brit－who－lives－5510367，检索时间：2015 年 5 月 17 日。

上,《每日镜报》并不像大多英国媒体那样标榜报道的中立性,因而订阅《每日镜报》的读者也不期望从该报获得严肃的事实性信息,而更期待看到《每日镜报》对事件提出的独特看法。

从整体上来说,《每日镜报》对待中国政治的态度较为保守。在关于西藏、计划生育等问题的报道中,《每日镜报》每每批评中国政府政策,并以民主、人权等西方主题框架置评中国内政事务,论调往往未免偏颇。

除此之外,《每日镜报》也发表一些关于中国经济的报道。在关注议题上,《每日镜报》更加关注中国经济发展对英国的影响,如《中国经济问题蔓延世界,英国公司一周损失 95 亿英镑》[1]《中国经济下行导致股票下跌,英国公司一天损失 46 亿英镑》[2]等报道。

总的来说,《每日镜报》在进行涉华报道时,整体上态度较为激进。《每日镜报》耸人听闻的分析评论更加凸显小报风格,大多论点更加具有争议性,以此激起读者的兴趣,进而扩大发行量。

《每日邮报》*Daily Mail*

Daily Mail

《每日邮报》(*Daily Mail*)创立至今已经有近 120 年的历史,时至今日依然是英国发行量最大的报刊之一。长期以来,它的风格游走在严肃大报和通俗小报之间,成为英国乃至全世界最为成功的一份“走中间路线”的报刊。

一、历史沿革

Daily Mail.

图 21　1896 年 5 月 4 日出版的第一期《每日邮报》

《每日邮报》建立于 1896 年,创办者是英国著名的黄色新闻鼻祖艾尔弗雷德·哈姆斯沃思(Alfred Harmsworth,又称“北岩勋爵”)。在新闻传播的发展历史上,《每日邮报》的创办标志着现代资产阶级办报的开端。[3] 当时,英国在资产阶级革命的影响下,底层民众的教育水平得到普遍提升,他们对新闻信息的需求迫切。而此时英国报纸的售价普遍颇高,使得普通民众无法负担。在此背景下,哈姆斯沃思敏锐地感知到时代的变化,提出“办一份忙人、穷人的报纸”。于是,在《每日邮报》建立之初,就把报道重点放在了社会新闻上,同时还兼设有体育新闻、小说连载、趣味杂谈等栏目,十分注重趣味性和人情味。而在售价方面,《每日邮报》每份仅卖半便士,这使得它迅速走进普通民众的家庭,并取得了巨大的成功。

哈姆斯沃思十分重视广告营销,同时也坚持新闻报道的真实性,由他所奠定的这些理念一直延续至今。他

① Daily Mirror: UK Firms Lose 46billionin a Week as China's Economy Problems go global, 2015－8－20, http://www.mirror.co.uk/news/business/uk－firms－lose－95bn－week－6288894,检索时间:2015 年 9 月 5 日。

② Daily Mirror: UK Firms Lose 46billion a Day as China's Economy Woes Cause Stock Market Meltdown, 2015－8－21, http://www.mirror.co.uk/news/uk－news/uk－firms－lose－46billion－day－6295867, 检索时间:2015 年 9 月 5 日。

③ 李磊:《外国新闻史教程》,中国广播电视出版社 2001 年版。

一方面强调简洁、清晰的新闻报道原则，另一方面又坚持报纸在经济上保证独立性。在第一次世界大战期间，《每日邮报》曾经冲破英国政府的战时新闻审查，报道了英军前线的真实情况，引起了巨大的社会反响。在此之前，媒体对战争报道往往抱持含糊遮掩的态度，民众一度无法得知真相。2008 年 8 月 7 日，格鲁吉亚对谋求独立的南奥塞梯采取军事行动，攻占南奥塞梯首府茨欣瓦，英国派出部队援助格鲁吉亚，与俄罗斯形成对峙。在此期间，《每日邮报》又一次冲破英国政府阻拦，指责政府把英国卷入一场“不必要”的冲突中。由此，《每日邮报》不畏权力追求真实独立的新闻报道的理念一以贯之。

《每日邮报》初办时期是宽幅报刊，在成立 75 周年之际，即 1971 年 3 月 3 日起，开始改为窄幅版面。1982 年，《每日邮报》的周日刊《星期日邮报》(*The Mail on Sunday*)开始发行。周日发行特别版是英国报业的传统，《泰晤士报》《太阳报》等报纸都在周日刊行内容更加丰富的周日版，而在编辑方针等方面都与常刊保持一致。

1947 年，苏格兰版《每日邮报》开始发行，而直到 2006 年，爱尔兰版《每日邮报》才得以发行。这两份报纸都属于《每日邮报》的地区版，主要区别在于内容上更加侧重本地区的新闻事件。

The Mail
ON SUNDAY
85p
Appalling tragedy shocks the world
DIANA DIES AFTER PARIS CAR CRASH
Mail on Sunday Reporters
DIANA, Princess of Wales was killed early today. She died in a Paris hospital hours after a horrific car crash in which her boyfriend Dodi Fayed was also killed.

图 22　1997 年 8 月 31 日，《星期日邮报》头版整版报道戴安娜王妃车祸离世

二、发展现状

目前，《每日邮报》隶属于每日邮报和通用信托集团(Daily Mail and General Trust)。从 2013 到 2014 年，《每日邮报》连续两年均为英国发行量第二大的报刊，仅次于高度娱乐化的市场小报《太阳报》。根据统计，2014 年 3 月间《每日邮报》的日发行量超过 170 万份。2014 年全年，《每日邮报》的报刊发行量和网站阅读量加起来，总数更是超过了《太阳报》，综合影响力在所有英国媒体中位列第一，这同时也反映出邮报在线网站的巨大成功。不仅如此，在英国的新闻报刊类手机应用中，《每日邮报》的影响力也是最大的。①

现在，《每日邮报》分为爱尔兰版、苏格兰版、海外版和欧洲大陆版四个版本发行。2014 年，每日邮报中文网 dailymail.cn 上线，以科技信息、体育赛事、娱乐新闻等软新闻为主要内容，大多数信息都来自《每日邮报》的编译文章。

三、报道特点

(一)政治倾向——保守党的坚定支持者

《每日邮报》一直代表着英国保守党的立场，因而其读者也多为保守党的支持者。据 1945 到 2015 年连续 70 年的调查显示，《每日邮报》读者群体的政治立场一直以支持保守党的倾向为主。② 在英国，报刊持有特定的政治倾向是很普遍的现象，但只有《每日邮报》在长达 70 年的时期内始终保持立场如一，这种长期的政治立场一致是不常见的。

2015 年是英国的大选年，《每日邮报》一如既往地支持保守党。4 月 19 日，邮报在线首页刊发了质疑时任工党领袖托尼·布莱尔(Tony Blair)政策的报道。在这篇文章下方，又以近四倍的篇幅，详细报道了时任首相

① Ofcom：News Consumption in the UK－Research Report，2014 年 6 月 25 日，http://stakeholders.ofcom.org.uk/binaries/research/tv－research/news/2014/Ofcom_News_Report_2014_slides.pdf，检索时间：2015 年 5 月 16 日。

② The Guardian：TheSun and Labour Support：How Newspaper Readers Have Voted in UK General Elections，2009 年 10 月 5 日，http://www.theguardian.com/news/datablog/2009/oct/05/sun－labour－newspapers－support－elections，检索时间：2015 年 5 月 16 日。

卡梅伦(David Cameron)的竞选活动,《每日邮报》的政治倾向由此可见一斑。

此外,《每日邮报》虽然公开倾向于保守党,却不会运用政党性小报常用的人身攻击的方式去批评其对手工党,而是遵循了用事实说话的基本原则。尽管现在通常将《每日邮报》划分到小报的行列,但该报在政治新闻中尽力保持严肃性,尽量将倾向性隐于事实报道之中,不以明显煽动受众反对其他党派为目的。

(二)内容定位——走"中间路线"的"中报"

《每日邮报》在英国通常被归为小报的行列,但其自身定位是试图走一条在严肃大报和娱乐小报间游走的"中间路线",可以称其为一份"中报"。

一方面,《每日邮报》无论在版式还是内容上都具有明显的"小报化"特征。《每日邮报》采取窄版印刷,内容上以报道英国当地的社会新闻为主,兼顾涉及娱乐新闻;在标题上倾向于采用耸人听闻的风格;在图片选取上,也倾向于视觉冲击力,比如通常会选取有关血腥、色情的图片等,并会采用大图印刷的风格,通常每张图片占据大块的版面。

另一方面,与以《太阳报》为代表的典型小报相比,《每日邮报》又有自己独特的风格,是一份"有情怀"的报刊。例如,《每日邮报》头版采用黑色的报头,与一般以红色作为报头的小报有明显的区别。在内容上,也较为关注国内的政治经济新闻以及重大的国际事件。

(三)市场定位——以女性为主的读者群

与传统报刊读者以男性为主不同,《每日邮报》则是以女性为主要目标受众。有评论戏称《每日邮报》的读者对象是"中产阶级家庭,父亲、母亲、小孩和一只狗"。报社将主要读者群锁定在女性,主要因为"她们通常是一个家庭的决策者"[①],很大程度上决定了家庭的支出分配。正因为如此,广告商很乐意在《每日邮报》上投放广告,以期通过影响家庭主妇的消费行为来获得收益。

(四)融合策略——报纸和网站相区别

2006年,《每日邮报》推出了网络版——邮报在线(Mail Online),希望借此扩大影响力,拓展新的盈利模式。2008年时,网站已做到收支平衡。2012年6月,邮报在线首次实现盈利。2013年,邮报在线的广告收入增长41%,达到1100万英镑。[②] 在《纽约时报》《金融时报》等主流大报纷纷对网站文章设立付费墙之后,邮报在线的内容依然保持着免费浏览的模式。

邮报在线很重视自身在内容和形式上的独特性,而不是简单地复制《每日邮报》。具体来说,在内容上,报纸上的文章只占三分之一,其余以网站自采为主,特别推出了大量有关娱乐、明星、家庭、体育等趣味性的信息。此外,图片版块也是邮报在线的一大特色。在当今"视觉时代"的大背景下,邮报在线每天更新大约4000幅各类图片。在形式上,邮报在线的传播手段更加贴合网络的特点,例如导读性的标题运用更多,也更加具有吸引力。值得一提的是,邮报在线设有专门的"女性版"页面,整体设计以粉色为主色调,信息也重新进行了整合。其中有关明星、美容、时装、美食等信息被前置,而政治等硬新闻则涉及较少。

四、涉华报道

截止到2015年8月初,在邮报在线网站上以"China"为关键词进行搜索,可以检索到52 120条新闻。[③] 从稿件来源上看,分布情况如下:

---

① 邓瑜、陈野:《每日邮报大手笔——〈每日邮报〉盖伊·齐特和邮报在线瑞奇·卡卡波罗访谈录》,《新闻战线》2013年第12期。

② 《每日邮报集团在线广告增收41%》,《青年记者》2013年第25期。

③ Mail Online:http://www.dailymail.co.uk/home/search.html? sel=site&searchPhrase=China,检索时间:2015年8月7日。

表 1

来源	路透社	美联社	自采原创	法新社	“这就是货币”
数量	10243	4559	3478	1962	1766

可以看出，在涉及中国的报道中，路透社的稿件在数量上占有绝对优势，其次是美联社、法新社。这三大通讯社是国际新闻的集散地，相对于一般报刊、网络媒体来说，主要以提供新闻事实为主，也更为客观公正。从来源上来看，《每日邮报》的选用方式，在一定程度上保证了报道的相对客观，也体现出它与一般通俗小报标榜新异极端观点的报道方针具有明显差别。

“这就是货币”(This is Money)是同属于每日邮报和通用信托集团的金融信息提供商，也是《每日邮报》关于中国的经济报道的主要信息来源。此外，《每日邮报》对于来自中国的奇闻异事也有关注，诸如北京女孩在家饲养猪做宠物、中国 15 岁少女整容似蛇精等新奇趣闻。

就《每日邮报》的自采新闻报道来看，占大多数比例的主要是社会性新闻，内容基本以猎奇为主，以吸引眼球为目的，娱乐性、新奇性主导着选题方向。在此基础上，这类报道也更多出现在邮报在线上。而《每日邮报》纸质版则由于版面限制，并未刊载大量此类信息。与此相对，自采新闻报道中较为严肃的内容，主要都刊载在《每日邮报》纸质版上。从内容上来看，这类报道则更加遵循新闻原则，更加偏向于硬新闻，评论性文章也往往有理有据，遵循新闻评论的基本原则，新闻与评论有所区分。

《苏格兰人报》*The Scotsman*

THE SCOTSMAN

《苏格兰人报》(*The Scotsman*)是一份在爱丁堡出版发行的紧凑型日报，是苏格兰地区最有影响力的大报。该报成立于 1817 年，隶属于约翰逊传媒集团(Johnston Press)。英国女皇伊丽莎白曾这样评价这份报刊的重要性：“很难想象苏格兰没有权威性与影响力并存的《苏格兰人报》。这是一份始终保持办报初衷的报刊。”

一、历史沿革

《苏格兰人报》创立于 1817 年，最初的创立者是律师威廉·里奇(William Ritchie)和海关职员查尔斯·麦克拉伦(Charles Maclaren)。两人深感当时的报纸受到严格的政府检查，无法提供全面公正的信息，因而决定创办一份自己的报刊。二人为新报刊订立的办刊准则是“公正、坚定、独立”(Impartiality, Firmness and Independence)。最初为周报，售价为 10 便士，报纸关注政治议题，特别是政府特权阶级和腐败等内容的新闻，受到下层群众的欢迎。

1855 年，英国政府废除了印花税，《苏格兰人报》改为日报，售价降为 1 便士，销量大大提升。取消印花税次日，《苏格兰人报》销售量增加至 6000 份，广告也随之增加，报纸的经营状况大为改善，影响力也随之扩大。到 1865 年，销量已经高达 17000 份，是当时英国销量最高的报纸之一。但是，《苏格兰人报》的影响力主要局限在爱丁堡地区，怎样扩大发行范围成为当时主编最关心的问题。当年，时任主编亚历山大·拉塞尔(Alexander Russel)做出了一个大胆的决定。当时铁路发展迅速，但铁路运报成本高昂。拉塞尔与铁路当局做出协定，提供远高于其他报纸的价钱，使铁路当局拒绝其他报刊的运送要求，只为《苏格兰人报》提供运送服务。在火车投递的加持下，报纸的影响力很快遍及整个苏格兰地区。第一次世界大战期间，《苏格兰人报》宣扬爱国主义情绪，呼吁苏格兰人民团结一致，共渡难关，全力支持英军。

1953 年,加拿大媒体大亨罗伊·汤姆森(Roy Thomson)收购了《苏格兰人报》。汤姆森为报纸注入大量资金,并改革管理体制,而且不干涉编辑政策。在汤姆森的改革下,报纸重新焕发生机。之后,《苏格兰人报》又几经转手。2005 年,英国大型地方报业集团约翰斯顿出版公司(Johnston Press)通过收购将《苏格兰人报》纳入旗下。

1988 年 8 月 7 日开始,每周末出版刊行周日版报纸《星期日苏格兰报》(*Scotland on Sunday*)。作为《苏格兰人报》的周末姊妹报,《星期日苏格兰报》从 2013 年开始改为窄幅小报出版,内容上侧重于较为轻松娱乐的周末话题,包括"洞察"(Insight)、体育和杂志副刊三个部分。而《苏格兰人报》本身也做出相应调整,从 2004 年 3 月 6 日开始由一周发行五天改为每周发行六天,在周六也发行日常刊。由此开始,读者可以在一周七天内都能通过《苏格兰人报》获得最新的新闻信息。

THE SCOTSMAN,

OR EDINBURGH POLITICAL AND LITERARY JOURNAL.

SATURDAY, DECEMBER 27. 1817.

图 23　1817 年 12 月的《苏格兰人报》

SCOTLAND THROW IT AWAY

SPORT

£10 OFF AT FRANKIE & BENNY'S RESTAURANTS

VOUCHER INSIDE, PAGE 18

SCOTLAND on SUNDAY

Grief as plane 'vanishes': 239 on board Boeing 777

Insight — Taylor and Burton's remarkable love story

Spectrum — Douglas Henshall on how the US has stolen Britain's TV crown

Sport — Andy Murray pledges his help and support for Elena Baltacha

Business — The truth about the economic recovery

Midwives' fears over 'too busy' hospitals

Increases in complicated births and long stays mean overstretched Scottish maternity wards need more staff says Royal College Page 6 »

图 24　《星期日苏格兰报》

二、发展现状

多年以来,《苏格兰人报》一直保持宽幅大报的版面风格,直到 2004 年 8 月 16 日才改为窄版印刷。但是,在内容上,《苏格兰人报》依然坚持自己严肃大报的专业风格。然而,随着传统报业遭遇寒冬,《苏格兰人报》也面临着转型的困境。根据英国报刊发行统计机构(Audit Bureau of Circulation)的统计数据,《苏格兰人报》近年来的发行量一直在下降。2011 年 8 月公布的发行量为 42 581 份,2012 年上半年下降到 35 949 份,2013 年下半年的发行量已经不足 30 000 份,而到 2014 年发行量只有 27 208 份。[①]

1998 年时,《苏格兰人报》就推出了门户网站,迈出了网络化的第一步。目前,苏格兰人在线(Scotsman.com)是苏格兰地区内容最全面、信息最权威的新闻网站之一,享有很高的声誉。根据英国报刊发行统计机构公布的数据,2014 年下半年期间,苏格兰人在线的平均日访问量达到了 182 499,呈明显的增长趋势。

《苏格兰人报》的现任主编是上任于 2012 年的伊恩·斯图尔特(Ian Stewart)。

---

① BBC: Scottish Newspaper see sales slumps, 2012 年 12 月 7 日, http://www.bbc.co.uk/news/uk－scotland－scotland－business－20643803; BBC: Further declines in Scottish newspaper sales, 2014 年 2 月 27 日, http://www.bbc.com/news/uk－scotland－scotland－business－26366464, 检索时间:2015 年 5 月 18 日。

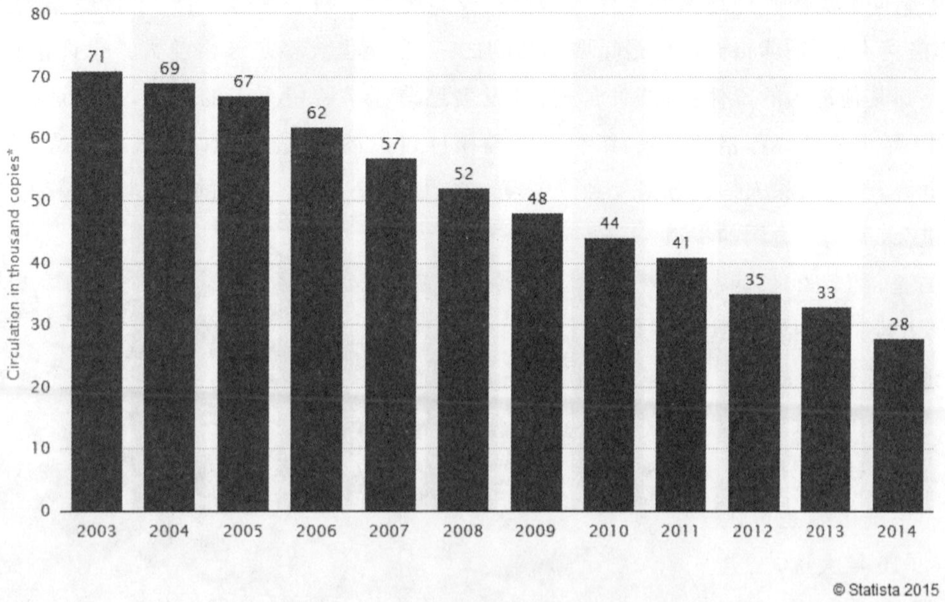

图 25　2003—2014 年《苏格兰人报》发行量变化

图片转引自:http://www.statista.com/statistics/288432/the-scotsman-newspaper-circulation-trend-in-the-uk/,检索时间:2015 年 5 月 20 日。

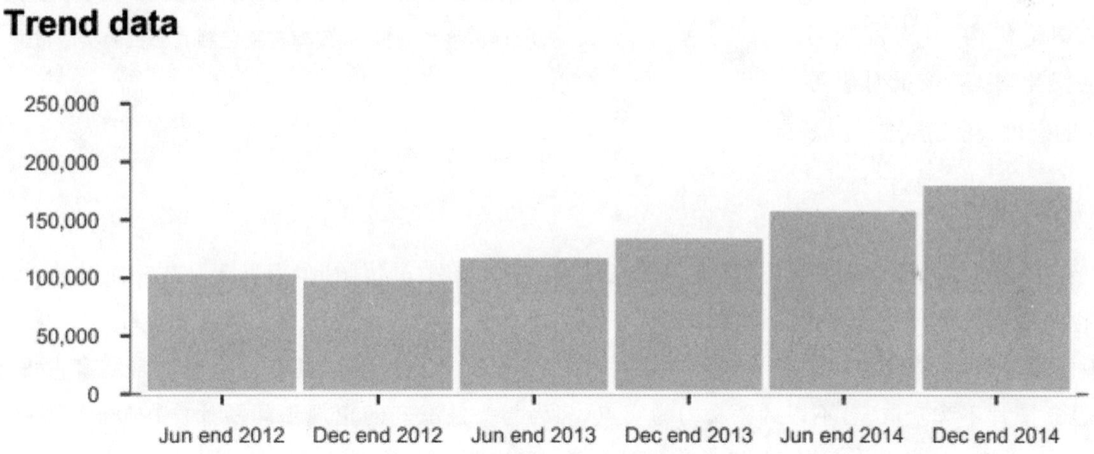

图 26　2012 年下半年—2014 年下半年苏格兰在线网站访问量变化趋势

图片转引自英国报刊发行统计机构 ABC:http://www.abc.org.uk/Certificates/47046607.pdf,检索时间:2015 年 5 月 18 日。

三、报道特点

(一)关注苏格兰议题

《苏格兰人报》总部设在苏格兰首府爱丁堡,正如报名所示,其关注报道重点是苏格兰,目标受众也主要是苏格兰地区的民众。在每天出版的报纸上,报头下方都印有"苏格兰的国民报纸"(Scotland's National Newspaper),开宗明义地阐明了自身定位。

在关注重要性排序上,排在第一的是苏格兰议题,其次是英国议题,然后才是世界新闻。除非发生世界关注的重大事件,否则报刊的头版一定是苏格兰地区相关新闻。在这个意义上,可以说《苏格兰人报》是世界上最成功的地区性报刊之一。

苏格兰独立问题无疑是近年来苏格兰地区最热门的重大事件,《苏格兰人报》也对此投注了极大的关注。在其网站上,有专门的栏目叫做"苏格兰独立公投"(Scottish Independence Referendum),专门报道有关苏格兰独立公投及相关新闻。英国其他地区的媒体大多坚决反对苏格兰独立,强烈表达了希望苏格兰继续留在英国内的愿望。《苏格兰人报》是苏格兰地区最重要的报刊之一,受众也大多是苏格兰人。也许正是因为这一点,该报无法像很多英国其他地区的媒体一样"宣言式"地发表恳请苏格兰留下来的文章,而是选择了客观中立地展开报道。在 2013 年上半年,《苏格兰人报》组织了 8 篇稿件讨论苏格兰独立,四篇表示支持,四篇持反对态度,分别从不同角度展开论述,深入探讨苏格兰独立究竟利弊几何。[①] 在 2014 年的历史性公投中,该报也力争让两方都有发声的机会,避免一边倒的报道。

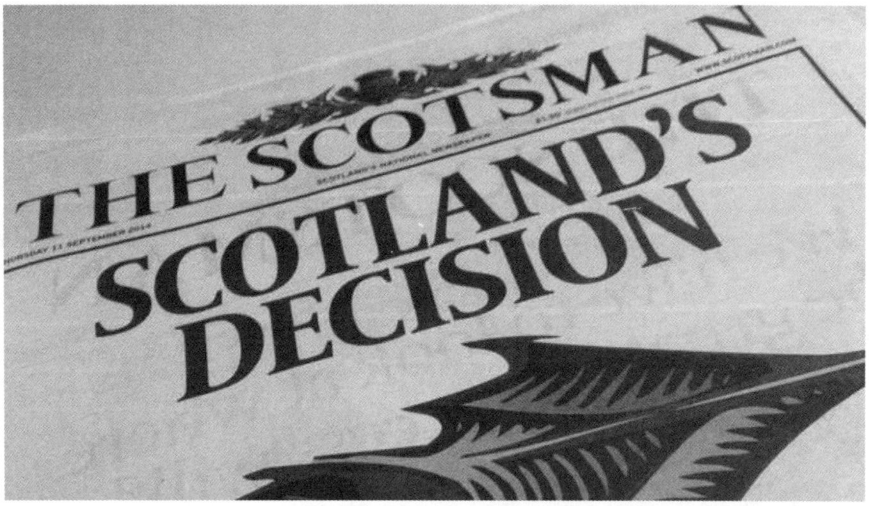

图 27 2014 年 9 月《苏格兰人报》刊发对苏格兰独立公投的头版报道

需要注意的是,随着 2015 年 5 月英国大选落下帷幕,苏格兰独立党史无前例地在苏格兰选区拿下 56 个席位(在 2010 年大选中,苏格兰独立党在这一地区只拿下 6 个席位),而这一选区曾是英国工党的大本营(2010 年大选,工党在苏格兰占有 41 个席位,2015 年大选只剩 1 个席位)。这反映出苏格兰地区独立倾向日益明显,因而《苏格兰人报》作为这一地区最重要的舆论机构,其态度很可能会发生变化,未来该报对于苏格兰独立的态度,还需要进一步观察。

(二)严肃的报道风格

《苏格兰人报》是一份严肃大报,虽然近年来也呈现出一定的小报化倾向,但并未从根本上改变严肃大报的风格,无论是版面设计还是行文风格都能体现这一特点。

从版面设计来看,报头采用黑色通栏印刷,在文字上方配有苏格兰国花蓟花。头版通常配有占据半个版面左右的大图,图片不哗众取宠,不以凶杀暴力为卖点,多为与头条配套的正规新闻图片。在报道风格上,始终坚持评论与新闻分开。《苏格兰人报》专门设有评论版面,发表报刊对事件的观点和看法,新闻部分则较少涉及观点。

(三)报道范围广泛

《苏格兰人报》视野开阔,关注面广,对政治、经济、文化、体育、娱乐等议题都设有相应的版面。其中,政治议题位于该报较靠前的版面,体现出对政治议题的重视。这也从另一个侧面体现了《苏格兰人报》作为严肃大报的新闻议程风格。

四、涉华报道

《苏格兰人报》对中国的关注主要集中在政治、经济领域,尤其侧重在政治领域的报道。

近年来,《苏格兰人报》对中国重大的新闻事件都给予一定的关注,如香港"占中"事件、周永康案等等。在经济问题上,报刊着眼于中国经济的快速发展,特别关注中国发展将会给苏格兰带来的影响。除此之外,涉及

① The Scotsman:Scotland Decides: Eight Essays on Independence, 2015 年 3 月 17 日,http://www.scotsman.com/news/scotland－decides－eight－essays－on－independence－1－2841425,检索时间:2015 年 5 月 18 日。

Extending the hand of lasting friendship

图 28　2011 年 7 月 12 日,《苏格兰人报》发表刘晓明大使署名文章

中国驻大不列颠及北爱尔兰联合王国大使馆网站:《驻英国大使刘晓明在〈苏格兰人报〉上撰文:〈伸出友谊与理解之手,构建互利伙伴关系〉》,2011 年 7 月 14 日,http://www.chinese－embassy.org.uk/chn/dsxx/dashijianghua/2011/t839422.htm,检索时间:2015 年 8 月 20 日。

中国的社会新闻也见诸该报,例如对社会观念变迁、环境问题等的报道。从版面安排来看,与中国相关的报道一般都在国际版。从数量上看,政治新闻占绝大多数。

在《苏格兰人报》官方网站上以“中国”为搜索词,在 2015 年 4 至 7 月三个月间,共有 20 篇以中国为主题的报道。其中有半数报道属于政治领域,报道议题包括人权问题、西藏问题、计划生育、南海争端、香港“占中”运动等;经济新闻关注到中国银行随着中国经济发展而崛起,以及外国投资者在中国的扩张;社会新闻方面,关注到中国熊猫、狗肉节等事件。除此之外,在这段时间之内,中国发生了长江沉船这一重大事件,《苏格兰人报》也对这一事件刊发连续报道。

从报道倾向来看,《苏格兰人报》的涉华报道大多持中立态度,但是在政治议题的新闻报道中则大多趋向负面。在具体的报道中,往往会以西方的立场为出发点,难免对一些事件有纯属出于主观的评价,观点立场未免偏颇。例如在对周永康案的相关报道中,指出“周或许也是权力博弈的牺牲品”;报道“占中”行动的过程中,将这一事件定性为香港市民对普选这一民主权利的争取,等等。

除此之外,《苏格兰人报》对待与中国合作交流抱持开放态度。此前,《苏格兰人报》曾多次刊发中国官员的文章,用大量版面发表来自中国政府的声音,传达双方友好合作关系,也在一定程度上表明报纸对待中国的友好开放态度。中国驻英国大使刘晓明就经常为《苏格兰人报》撰文,该报每次都专辟重要版面刊发刘晓明大使的文章。

2011 年 7 月 12 日,《苏格兰人报》用两个版面刊登了刘晓明大使的署名文章,《伸出友谊与理解之手,构建互利伙伴关系》,文章阐释了中国与苏格兰之间日益紧密的交流合作关系,也指出双方关系中尚且存在一些习惯性的偏见,更从实际层面说明中国现阶段作为发展中国家“不平衡、不协调、不可持续问题依然突出”的现实情况。文章发表后,在当地引起读者关注,达到了很好的传播效果。

NEWSPAPER OF THE YEAR

THE SCOTSMAN

THURSDAY 7 JUNE 2012　SCOTLAND'S NATIONAL NEWSPAPER　WWW.SCOTSMAN.COM

Don't let 'Cold War' prejudice deny opportunities to young people

Promoting Chinese culture and language is not propaganda, it's progress, writes Liu Xiaoming

HAVE YOUR SAY
Join the debate at scotsman.com/opinion

图 29　2012 年 6 月 7 日,《苏格兰人报》发表刘晓明大使署名文章

中国驻大不列颠及北爱尔兰联合王国大使馆网站:《驻英国大使刘晓明在〈苏格兰人报〉上撰文:〈弃冷战偏见,予青年机遇〉》,2012 年 6 月 20 日,http://www.fmprc.gov.cn/ce/ceuk/chn/dsxx/t943550.htm,检索时间:2015 年 8 月 20 日。

2012 年 6 月 7 日,刘晓明大使再次在《苏格兰人报》发表署名文章《弃冷战偏见,予青年机遇》,介绍了孔子学院在英国的发展,也就个别对孔子学院的非议做出了说明阐释,通过“文化的吐故纳新和不同民族文化间的相互交融是人类文化发展的基本方式”传播中国的价值观点,并且明确表示:“我欢迎英国和苏格兰的民众特别是年轻人,走进孔子学院,掌握汉语这项职业发展之技能,掌握汉语这把了解中国文化之钥匙,并通过孔子学院这座‘汉语桥’走进中国,这个世界上第二大经济体和第二大贸易国。”

2015 年 7 月 11 日,《苏格兰人报》又一次刊发刘晓明大使的文章《友谊长存》,阐述了中国与苏格兰地区的友好关系,并展望未来,表达对“友谊长存”的坚定信心。[①] 另外,中国驻爱丁堡总领事李瑞佑也曾在《苏格兰人报》上发表过署名文章,借由当地媒体的平台批驳日本首相参拜靖国神社的行径。[②]

《泰晤士报》*The Times*

THE TIMES

《泰晤士报》(*The Times*)是英国最重要的严肃大报,是目前仍在刊行的历史最悠久的报纸之一。长久以来,被认为是“英国第一主流大报”,被视为“历史记录者”。无论在国内政治还是国际关系领域,《泰晤士报》的影响力都是英国其他报刊难以企及的。历经两个多世纪的发展历程,《泰晤士报》在世界范围内都具有极大的影响力。

一、历史沿革

《泰晤士报》历史悠久,在二百多年的发展历程中,经历了曲折的起起落落。1785 年 1 月 1 日,约翰·沃尔特(John Walter)创办了《泰晤士报》,当时定名为《每日环球记录报》(*Daily Universal Register*)。创办初期,《泰晤士报》同其他报纸一样,接受政府补贴。

1788 年,报纸正式改名为《泰晤士报》。Times 本意是“时代”,报纸名称的本意应为“时报”。在早期译介到国内时,最初的译者将其报名音译为“泰晤士”,后来成为约定俗成的译法沿用下来。在全世界媒体中,《泰晤士报》是第一个以“Times”一词命名的报刊,后来很多国家的报纸都以此命名,诸如《纽约时报》《印度时报》等等,其中也含有向这份古老大报的致敬与学习之意。

THE Universal DAILY Register
Printed Logographically
By His Majesty's Patent
NUMB. 1.] SATURDAY, JANUARY 1, 1785. [Price Two-pence Halfpenny.
SHIPPING ADVERTISEMENTS
To the Public.

图 30 1785 年 1 月开始发行的《每日环球记录报》

《泰晤士报》态度公正,坚守新闻真实性原则,在欧洲法国革命和拿破仑战争中,翔实公正的报道使得该报名声大振。1812 年,老沃尔特的儿子,约翰·沃尔特(John Walter)接管报刊,不再接受政府津贴,《泰晤士报》至此成为独立报刊。约翰·沃尔特一方面坚持客观公正的报道原则,另一方面注重经营,大力招募人才,积极使用新技术。1817 年,托马斯·巴恩斯(T. Barnes)成为报刊主编,在他的领导下,《泰晤士报》赢来了发展史上的第一个高峰,报刊销量达到 5 万份,在当时的报纸中是最高的。1847 年,小约翰·沃尔特(John Walter)接替父亲掌管报刊,依然保持独立客观的报

① The Scotsman: Liu Xiaoming: Extending the Hand of Lasting Friendship,2015 年 7 月 11 日,http://www.scotsman.com/news/liu－xiaoming－extending－the－hand－of－lasting－friendship－1－1741835,检索时间:2015 年 8 月 15 日。

② 中华人民共和国驻爱丁堡总理事馆:《中国驻爱丁堡总领事批日本首相参拜靖国神社的恶劣行径》,2014 年 1 月 11 日,http://www.fmprc.gov.cn/ce/cgedb/chn/xwdt/t1117835.htm,检索时间:2015 年 8 月 15 日。

道风格。进入 19 世纪下半期，廉价报刊开始崛起，《泰晤士报》始终坚持严肃大报的品格，终于不抵市场的压力，销量逐步下滑。

1908 年，著名的廉价报刊大王艾尔费雷德·哈姆斯沃思(Alfred Harmsworth，即北岩勋爵)取得了报刊的所有权，收归英国最早的报业集团北岩报团旗下，《泰晤士报》随即进入发展的第二个时期。哈姆斯沃思旗下的北岩报团拥有著名的廉价报刊《每日邮报》(*Daily Mail*)和《每日镜报》(*Daily Mirror*)，有着丰富的办报经验。在哈姆斯沃思的革新下，《泰晤士报》销量大增，在国际事务中的影响也越来越大，其发行量猛增至 31 万份，这是《泰晤士报》的第二个巅峰。

1922 年北岩勋爵去世后，报刊被卖给阿斯特家族，约翰·雅各·阿斯特(John Jacob Astor)接管了报刊。这段时期见证了《泰晤士报》的又一次衰落，在第二次世界大战期间，《泰晤士报》支持首相张伯伦(Arthur Neville Chamberlain)的立场，支持"绥靖政策"，纵容法西斯的侵略。这也成为《泰晤士报》数百年光辉历史上最为不光彩的一段。

1966 年，阿斯特家族遭遇经济困难，报纸再度易手，由加拿大最大的出版商罗伊·赫伯特·汤姆森(Roy Herbert Thomson)接手《泰晤士报》。有着国际报业大王之称的汤姆森采取了一系列措施，试图扭转颓势，重新提振销量，然而效果却并不明显。甚至于 1979 年的一起劳工纠纷，导致《泰晤士报》停刊长达近一年时间。到了 1981 年，不堪重负的汤姆森家族只得将《泰晤士报》出售给了传媒大王鲁伯特·默多克(Rupert Murdoch)。

新闻集团的收购，揭开了《泰晤士报》现代发展的开端。默多克刚接手《泰晤士报》时，报刊负债累累、危机四伏，百年报刊的发展遭遇了前所未有的危机。凭借丰富的传媒经营经验和独特的经营理念，默多克传媒帝国下的媒体运营大部分都取得了成功。收购成功之后，默多克开始借助新闻集团的强大资本力量，施展高超的商业手段，在经营策略、编辑方针和人员管理方面，都做出了创新和变革，逐步带领这份百年老报开启新的一页。

20 世纪 80 年代的调整集中体现为"沃坪革命"。1986 年，默多克将报社迁出舰队街，搬到伦敦东部郊野地区的沃坪。在新的报社基地，《泰晤士报》开始采用全新的电子技术和印刷设备生产报纸，一方面大大降低劳动成本，另一方面也提升了报纸的印刷生产质量。此举引发各大报刊的效仿，在英国报业被称为"沃坪革命"。20 世纪 90 年代的变革主要体现在价格战，为实现五年内扭亏为盈的承诺，默多克向主要竞争对手《每日电讯报》

THE TIMES

50 websites to make you smarter (at any age)

Plus Caitlin Moran's Celebrity Watch Times2

MPs to quiz charity chief over huge tax scam

Charity at heart of massive tax avoidance scam

High Court opens way to Sharia divorces

Devout couples could settle under religious laws

Alors, sur ma tête, mon fils

In Africa's killing fields Fight to save the elephant

Philip Collins Aid mission shows the PM at his best

Syria threatens to retaliate War clouds gather after Israeli attack

Banks braced for more claims Small businesses seek compensation

Hot property Winchester, the city of dreams

NEWSPAPER OF THE YEAR

THE TIMES

Britain's property hotspots bricks&mortar Where to buy - and sell

Caitlin Moran's Celebrity Watch Times2

Voters back Osborne's pensions revolution

Budget poll boost gives new hope to Tories

Ocean debris suggests missing jet was hijacked

IN THE NEWS

Iraq claims dropped

Christian rights plea

'Mole in Wall Gang'

Crimea sanctions

Credit rating warning

图 31　日益小报化的《泰晤士报》

左图为 **2013** 年 **2** 月 **1** 日《泰晤士报》头版，采用英国球星贝克汉姆出席转会新闻发布会的大幅照片；右图为 **2014** 年 **3** 月 **21** 日《泰晤士报》头版，采用女影星斯嘉丽·约翰逊出席影片首映式的"靓照"。

发起价格战。从 1993 年 9 月开始降价,从 45 便士降为 30 便士,到当年 12 月,报刊销量上升了 24%,达到了 43.9 万份。到 1995 年 1 月降至最低的 5 便士,报刊销量也上涨到 57 万份。愈演愈烈的价格战虽然提高了销量和影响力,却给报刊带来了亏损。到 2004 年,报刊亏损额达到 4010 万英镑,《泰晤士报》在 2006 年结束了持续了 12 年的价格战,把售价提高到 60 便士。价格上的大举出让,使得报纸的发行量在几年内大大提高。在默多克的经营策略下,《泰晤士报》得以起死回生。

二、发展现状

尽管默多克是个商业奇才,但是他的小报理念也一直饱受诟病。进入 21 世纪以后,新闻集团对《泰晤士报》的调整策略也主要集中在"小报化"的转向。在编辑风格上,更多地采用大幅彩色图片,经常有娱乐、体育等新闻图片出现在报纸头版,以吸引读者眼球。从内容上来说,社会、体育、音乐、文学方面的报道和文章逐渐增多,但传统的政治内容仍然占有主要地位,力图在严肃性和可读性之间寻找平衡。

2003 年,《泰晤士报》进行了小开张改革,时任主编表示:"虽然紧凑型的《泰晤士报》是小报格式,但它和一般意义上的小报有本质的区别,它是用一种新的形式来展现大报的内容和价值。卓越的编辑质量是我们所有工作的基础,不管报纸的形状如何,它都将是一份专业的、高尚的、充满激情的报纸。"

总体来说,报刊在默多克的管理下恢复了生机,但强大的报刊必须有强大的国家实力作为支撑,就国家的影响力来说,现在的英国已经无法与过去同日而语。不过,《泰晤士报》依然是英国乃至世界上最有影响力的严肃报刊之一,其厚重的历史和长久以来积淀的严肃报道风格都是其他报刊不可比拟的财富。

《星期日泰晤士报》(*The Sunday Times*)是《泰晤士报》的姊妹刊,于每周日出版,是英国严肃报刊中销量最大的周日刊。《星期日泰晤士报》创刊于 1821 年,原名为《新观察家》(*The New Observer*)。1822 年,该报改名为《星期日泰晤士报》,当时该报与《泰晤士报》并无关联。1981 年,默多克成功收购该报,从而将《星期日泰晤士报》与《泰晤士报》共同收归于新闻集团。目前,两份报纸仍保持独立的编辑部,不过两报的网站目前已经整合链接到一起了。《星期日泰晤士报》是英国境内最著名的周日刊,以客观独立的报道赢得了良好声誉。

图 32 《泰晤士报》的姊妹报刊《星期日泰晤士报》

目前,《泰晤士报》是一份每周从周一到周六发行六天的日报。根据新闻集团 2015 财年[①]报告提供的数据,《泰晤士报》的日均读者数为 1 011 000,其中纸质版报纸日发行量为 392 000 份。截止到 6 月底,《泰晤士报》的印刷版订户数为 165 000,电子版付费用户数为 147 000。作为《泰晤士报》的周日姊妹刊,《星期日泰晤士报》在 2015 财年期间的读者量达到 2 038 000,其中纸质版报纸日发行量为 789 000 份。截止到 6 月底时的印刷版订户数为 211 000,而电子版付费用户数达到 158 000。[②]

① 新闻集团的财年为前一年 7 月 1 日到当年 6 月 30 日。

② News Corp: Annual Report 2015, 2015 年 8 月 30 日, http://newscorpcom.files.wordpress.com/2014/09/2015-annual-report.pdf, 检索时间:2015 年 10 月 5 日。

三、报道特点

(一)报道风格客观严肃

《泰晤士报》非常重视新闻报道。回顾历史,《泰晤士报》是第一家派出驻外记者的报纸,也是第一家拥有战地记者的报社。目前,《泰晤士报》在世界各地有三十多个记者站。《泰晤士报》一向以"独立客观报道事实""报道发展中的历史"为宗旨[①],这也决定了报刊客观严肃的报道风格。该报在小报化的浪潮中力图保持传统,时至今日依然是英国严肃报刊的代表。

(二)政治立场相对保守

历史上,《泰晤士报》一直抱持相对保守的政治态度。近年来,普遍认为《泰晤士报》代表着中间偏右的保守派立场,在重大国际事务上支持英国政府的观点和主张,是英国当权派的"喉舌",尤其在被默多克收购之后表现出或多或少的亲美色彩。[②] 然而在国内事务报道中,特别是在最能体现政治倾向的英国大选报道上,《泰晤士报》却不总是倾向于英国保守党的。例如在 2001 年和 2005 年的大选中,《泰晤士报》就选择了支持英国工党领袖托尼·布莱尔(Tony Blair)。而在这两次大选中,工党都赢得了胜利。值得一提的是,当时的报刊掌门人默多克与布莱尔私交甚好。在最近一次的 2015 年大选中,《泰晤士报》又明显倾向于支持保守党和自由民主党联合执政,而非工党和苏格兰独立党的联合,最终大选结果保守党大获全胜。

(三)范围广泛政治主导

《泰晤士报》报道范围广泛,特别是默多克收购该报后,对除政治外的领域投注了更多的关注,以此让报刊风格更为轻松,进而吸引更多的读者。但是,从总体上来说,《泰晤士报》一直都有关注政治的传统,这也是该报严肃报刊风格的集中体现。

(四)定位摇摆不定

《泰晤士报》是独立报业的典范,报道客观公正。廉价报刊和市场化报业的兴起给《泰晤士报》带来沉重打击,销量下滑导致报纸经营困难,而经济独立是报道独立的重要保障。改革中的《泰晤士报》在权威大报和市场小报的两种定位之间摇摆不定,在精英读者和普通大众读者间难以抉择,在本地化与国际化中举棋不定。面对这些如何确定自身定位的问题,《泰晤士报》仍在试图寻找平衡,发展前路任重而道远。

近年来,随着新媒体浪潮席卷全球,报刊行业受到严重冲击,《泰晤士报》面临的境遇更加严峻。

四、涉华报道

多年以来,《泰晤士报》都比较关注对中国的报道。早在 1996 年,《泰晤士报》就曾赞助在大英博物馆举行的"中国的奥秘"主题展览。2007 年中国春节期间,《泰晤士报》推出了为期十天的"中国周"活动,每天在头版显著位置刊登两个汉字,同时刊登有关中国历史文化的测验,邀请读者参与其中,还随报赠送汉语短语手册和光盘。通过这样的方式,推动英国民众对中国文化的兴趣,并且鼓励英国人学习汉语。

从 2008 年以来,《泰晤士报》对中国的报道有明显增长。以 2012 至 2014 年三年为例,《泰晤士报》每年的涉华报道数量都在 3000 篇左右,其中 2012 年涉华报道数量达到 3700 多篇,2013 年 2967 篇,2014 年 2815 篇。相对来说,在英国主流大报中,《泰晤士报》对于中国的报道更为关注,报道数量和议题覆盖都要高于《卫报》《独立

---

① 刘笑盈:《国际一流媒体系列介绍之三〈泰晤士报〉:古老报纸的现代发展》,《对外传播》2009 年第 3 期。

② 冯帆:《英国主流媒体对华报道中的中国映像分析》,《传播与版权》2015 年第 2 期。

报》等其他英国大报。[①] 在《泰晤士报》的涉华报道中，报道涉及的议题包括经济、社会、政治、文化、体育、环境、安全等多个领域。其中，《泰晤士报》对于中国经济的相关报道所占比例最大，2012到2014年期间每年的涉华经济报道基本都可以占到涉华报道总量的35%以上（2012年35.9%，2013年34.8%，2014年37.8%）。

图33　2007年2月“中国周”期间的《泰晤士报》

图片转引自：《新华日报》2007年2月11日，http://xhrb.jschina.com.cn/mp1/html/2007－02/11/content_5895820.htm，检索时间：2015年10月5日。

在经济类报道中，《泰晤士报》重点关注了中国经济增速放缓、房地产市场泡沫、股票市场不稳定等问题，总体观点较为消极悲观，抱持“唱衰”的基调。总体来看，《泰晤士报》对中国经济的报道往往立足宏观大势，从国企改革到人民币贬值，体现了英国主流大报的一贯立场和报道方式。而在对政治议题的报道中，《泰晤士报》关注的内容也较为宽泛，包括中国两会、政治改革、基层民主、反贪行动等等。与此同时，《泰晤士报》对香港“占中”行动和西藏问题等议题投注了大量关注，在这类报道中往往采取一边倒的立场，对中国提出质疑、批评甚至抨击。除此之外，《泰晤士报》非常关注中国作为一个“崛起大国”与世界其他国家之间的关系，尤其是中英、中美之间的关系变化，以及中日领土争端问题。在这类报道中，《泰晤士报》尽显其保守欧洲大报的风格，采取亲美的西方保守主义态度，对中国的军事实力增长表达担忧，从各个层面对比中美之间的力量，并且对中国在国际事务中的作用往往表示犹疑。

总体来看，《泰晤士报》在涉华报道中仍秉持了一贯以来批评多于表扬的传统，在很多报道议题中始终囿于意识形态差异和刻板印象沿袭，但是在具体报道策略上又会力求凸显自身的“客观公正”。不过，从趋势上说，近几年来《泰晤士报》对于中国的报道开始有了更多不同声音，既有仅仅就事论事的中立报道，也开始出现从积极层面探讨中国的文章，只是这类文章在目前来说还非常之少。

《卫报》*The Guardian*

theguardian

《卫报》（*The Guardian*）是英国的一份全国性综合日报，与《泰晤士报》《每日电讯报》被合称为英国三大报。《卫报》是一份代表左翼立场的自由民主派报纸，读者多是知识界和年轻人，被认为是欧洲知识界最有影响力的报纸。在世界范围内，《卫报》已经成为严肃的、可信的、独立的新闻的代名词。

一、历史沿革

1818年，一群主张民主改革的知识分子创办了一份名为《曼彻斯特观察者》（*Manchester Observer*）的报纸，以新兴的工人阶层为目标对象，发表大量支持选举改革、废除谷物法和取消禁止工人结社法等观点的文章。在

① 冯帆：《英国主流媒体对华报道中的中国映像分析》，《传播与版权》2015年第2期。

迅速赢得普通民众的同时,《曼彻斯特观察者》也因"激进"的改革言论而官司缠身,主要编辑管理层面临牢狱之灾,报社面临巨额罚款。到 1821 年 6 月时,该报已经难以为继,被迫关闭。

The Manchester Guardian.

Manchester: Printed and Published by J. GARNETT, No. 29, Market-street.

No. 1. SATURDAY, MAY 5, 1821. PRICE SEVEN-PENCE.

图 34 1821 年 5 月 5 日出刊的第一期《曼彻斯特卫报》

在《曼彻斯特观察者》报社关闭之前,一份意在承袭该报的新报纸《曼彻斯特卫报》(*The Manchester Guardian*)于 1821 年 5 月 5 日创办。新报的创办获得了改革派团体(Little Circle)的支持,由出身棉农的商人约翰·爱德华·泰勒(John Edward Taylor)出资兴办。在办报初期,知名记者杰里米业·加内特(Jeremiah Garnett)起到了重要的作用,他不仅全力帮助泰勒创办报纸,并且在创刊初期一力承担报纸的出版人、经理,以及报纸当时唯一的记者和编辑。很多时候,为了赶上出报时间,他都只能草草记下笔记,没有时间先写成新闻稿,就匆匆直接制版。因此,当时报纸的内容以刊发评论文章、转载伦敦大报报道为主,自采内容仅限于本地新闻。创办初期,该报为每周六出刊一期的周报,定价为每份七先令。

1825 年,《曼彻斯特卫报》与另一份报纸《大英志愿者》(*British Volunteer*),更名为《曼彻斯特卫报与大英志愿者》(*The Manchester Guardian and British Volunteer*)继续出版,直到 1828 年恢复原名。1844 年,报纸创办人泰勒逝世,他所留下的《曼彻斯特卫报》有这样三个特点:第一,它树立了精确完整的报道新标准;第二,持续警觉地关注其服务的社团的商业利益;第三,泰勒为他自己和报纸树立了绝对独立自主的立场,如此他就可以利用这样的自由说出自己的想法,而不是各个党派的政治领导人认为他应该说什么。

泰勒之后,他的两个儿子相继担任报纸的发行人,将报纸带入新的发展时期。1855 年,英国政府废除印花税,纸张价格下跌导致成本降低,《曼彻斯特卫报》遂于当年 7 月开始改为日报发行。此时的发行人约翰·爱德华·泰勒是老泰勒的小儿子,他从 1861 年开始亲自出任报纸的总编。1870 年,《曼彻斯特卫报》租下专用电缆,并且在伦敦开设办事处,以便获得消息更为便捷准确。不久之后,《曼彻斯特卫报》获得了国会的特许,可以派驻记者到下议院旁听。① 此时的《曼彻斯特卫报》已经超越了曼彻斯特一地,成为在英国颇有影响的全国性报纸之一。

1905 年,爱德华去世后,由他一手提拔的主编查尔斯·普雷斯特维奇·斯科特(Charles Prestwich Scott)继续承担起报纸的大任。在他的带领之下,《曼彻斯特卫报》逐渐成长为一份真正的全国性报纸,并开始获得国际认可。查尔斯从 1872 年便开始担任《曼彻斯特卫报》的编辑,任期长达 57 年。1907 年在泰勒的儿子死后,查尔斯筹资买下该报,并着手对报纸进行改革。查尔斯为报社创设了公积金制度,规定报社盈利不再以红利方式

① 管翼贤:《新闻学集成》(第六辑),中华新闻学院 1943 年,第 193 页。

全部分配,而是以公积金的形式留作报纸未来的发展之用。查尔斯誓将《曼彻斯特卫报》创立者一直坚持的自由独立原则延续下去,保持报纸的自主性。他在纪念该报 100 年诞辰时陈述了这个原则:"评论是自由的,但事实是神圣的,反对者的声音与朋友们的都一样有被听到的权利。"

退休以后,老斯科特将报纸传给了他的两个儿子,约翰·斯科特(John Scott)为经营者,爱德华·泰勒·斯科特(Edward Taylor Scott)为主编。1932 年,这位为《曼彻斯特卫报》的发展立下汗马功劳的主编去世,但 4 个月后他的儿子爱德华也因事故离世,因此报纸的经营权交到了约翰手上。在接手报纸后,约翰做出了一个大胆的决定,因为当时斯科特家族必须要支付高额的遗产税,已经大大超过了他的承担范围,但如果将报纸出售或是上市招募股东,报纸就难以不受经济利益的干扰而保持其独立性,这与其父亲终生坚持的原则是相悖的。最终,约翰决定放弃个人的继承权,成立斯科特基金会来托管报纸的所有权和管理权,而斯科特基金会还是由斯科特家族来掌管。一直到 1984 年,理查德·斯科特(Richard Scott)在 70 岁时从基金会退休。基金会的章程规定,该报不再属于任何家族或个人;报纸不得为谋求所有权人或股东的私利而改变立场;不允许把报纸卖给任何个人或财团;办报盈余必须全数投入报纸的经营,使品质得以提高。基金会的成立不仅使斯科特家族免于遭遇财政危机,同时也让《曼彻斯特卫报》免于沦为颠沛流离、不断易主的命运。

1959 年,《曼彻斯特卫报》正式更名为《卫报》,并于 1964 年将总部由曼彻斯特迁至首都伦敦。然而不久,《卫报》就面临了财政问题,时任斯科特基金会主席劳伦斯·斯科特(Laurance Scott)与同样处于经济困境的《泰晤士报》商量合并事宜,但最终并未达成。1988 年,《卫报》进行了一次彻底的重新设计,将报纸分为两部分并采用新的刊头。同时,《卫报》国际版开始在欧洲推出。

THE GUARDIAN
Manchester, Monday August 24, 1959
DE GAULLE URGED TO MEET MR K.
Direct contact in Moscow or Paris
QUESTION OF PRESTIGE
DR STOCKWOOD CANCELS PRIEST'S LICENCE
flushline

图 35　1959 年更名后的《卫报》

Chris Patten: How the Tories lost the plot
Simon Schama: America will never be the same again
Amy Jenkins: The me generation is now in charge
theguardian
Backlash over Blair's school revolution
City academy plans condemned by ex-education secretary Morris
Bad day mate Aussies lose their grip
Column five The shape of things to come
UK link to terror snatches
Police chief blames Orangemen for riots
Judges may block deportations
Israeli troops leave Gaza after 38 years
Sky's Premiership rights under threat
Bigger isn't always better...

图 36　改版后《卫报》的头版

1993 年,英国的大报市场竞争十分激烈,不少报纸的价格都一降再降。尤其是《泰晤士报》和《每日电讯报》,二者都为了在竞争中生存下去而大幅降价。与之相对应的是,在这期间的《卫报》始终保持原价发售,远离这场价格战而独善其身。同时,独特的、创新的市场运作模式使得报纸销量仍然增长,并不断打破纪录。

从 2005 年 9 月 12 日开始,《卫报》改为柏林版式发行,成为英国第一家使用该版式的全国性报纸,并且在世界范围内引发了报纸版式改革的风潮。柏林版式的版面大小为470×315毫米，介于传统的大报和小报之间，因而也被称为“中间版式”。与此同时，报名字体也发生了变化，改成新颖的“卫报埃及体”。报纸印刷也由原来的部分彩印，变为更加鲜艳的全部彩色印刷，成为英国第一家全彩色出刊的报纸。《卫报》时任主编艾伦·罗斯布里奇(Alan Rusbridger)表示，《卫报》此次改版是半个世纪以来最大的变革，初衷在于：“新的年轻一代是在图片与色彩中成长起来的，对于他们而言传统的黑白报纸太落伍了，不具有吸引力”。也因为这样，新版报纸的导读功能还延伸到了网络，把《卫报》网络版的内容也“链接”到了报纸的版面上。

2013年，《卫报》再次凭借对于“棱镜门”的报道而震撼世界。《卫报》是斯诺登发布“棱镜”相关内容的主要渠道，最早有关这一项目的内容以及英国相关回应的报道都是由《卫报》记者格伦·格林沃尔德(Glenn Greenwald)撰写的。2014年4月14日，美国普利策奖评选委员会将当年的“公众服务奖”颁发给了《华盛顿邮报》和《卫报》美国版。

二、发展现状

目前，《卫报》的总部设在伦敦，同时在伦敦和曼彻斯特两地出版。英国有“有权欲者读《卫报》”一说，该报传统上以“自由派”面貌出现，自称在政治和国际问题上持“独立”见解，但其观点一般倾向于自由党和工党，读者多为政界人士和高、中级知识分子。创办至今，《卫报》还一直保持自己的左翼立场，而且在二十世纪七八十年代非常明显，在高端市场和年轻读者当中占有很大的优势。因而在英国，人们也把《卫报》戏称为愤青报纸。[①]《卫报：报纸的传记》一书曾经这样评价这家报纸：《卫报》是唯一的，就像我们的警察、我们的政治组织、我们的英格兰的气候一样，是英国风景中必不可少的一部分。

图37 改版后其他版面的首页

从内容上看来，《卫报》大致由新闻、体育和特别内容的增刊组成，其中新闻、体育部分和新闻纸杂志是每天报纸的固定部分。星期一的增刊是卫报媒体周刊；星期二是卫报教育周刊；星期三是卫报社会周刊；星期四是卫报技术周刊；星期五是电影音乐周刊；星期六的增刊内容则相当丰富，包括家庭、指南、财富、书评、旅行、工作以及生活性杂志《周末》等九个部分。另外，招聘增刊每周发行五天，主要提供专家有关各种市场和部门的评论和分析。

三、报道特点

(一)报道大胆，质量高

《卫报》的高质量报道内容和敢于创新的精神使其获得了业界的认可，2011年《卫报》获得了英国新闻奖“年

---

① 兰杰、罗蓉：《英国主流媒体对中国形象的认识》，《湖北社会科学》2013年第8期。

Exclusive
The whistleblower
I can't allow the US government to destroy privacy and basic liberties
theguardian
● Edward Snowden, 29, emerges from hiding in Hong Kong
● IT contractor says his concerns were ignored and he had to go public
PRISM

'I am the happy one' Mourinho's back - but has he really changed? By Daniel Taylor
theguardian
Europe demands answers from Obama over surveillance by US
In my estimation, there has not been in American history a more important leak than Edward Snowden's release of National Security Agency material - and that includes the Pentagon Papers, for which I was responsible 40 years ago. Snowden's whistleblowing gives us the possibility to roll back a key part of what has amounted to an executive coup against the American constitution ... the so-called intelligence community has become the United Stasi of America
Daniel Ellsberg
Comment, page 30
Yeo steps aside as committee chair during investigation

图 38 《卫报》就“棱镜门”发表一系列独家报道

度报纸”的荣誉,其下的一些记者也获得了“年度最佳记者”的称号。2014 年,该报又因“通过大胆的报道就安全和隐私问题激发了一场有关政府和公众之间关系的辩论”获得了普利策新闻奖。

(二)注重数据新闻

《卫报》一直以来都具有大胆的思想和创新的作风,如今,新媒体如雨后春笋般迅速崛起,传统媒体陷入了迷惘彷徨之中,《卫报》面对如此境况,迅速做出了反应,并且取得了良好的效果。

早在 1996 年,《卫报》就建立了自己的网站,不过当时在网络上的新闻较少,图片几乎没有,2000 年以后网络版本才逐步丰富与完善。2005 年,《卫报》开通一项免费的桌面提醒服务,将最新消息发送到用户的电脑屏幕上。在 2006 年,《卫报》迈出了历史性的一步,宣布了它的“网络优先”原则,即所有的新闻先在网络版上发布,然后才能在纸质版上出版,这样使得报纸的网络版本不再是从纸质版上照搬过来,反而还能够进一步优化纸质版的内容。新闻出现在网络版后,有些读者会给出及时的评论和反馈,编辑部就可以根据这些评论来调整纸质版上新闻的排版以及报道的篇幅大小和侧重点,同时在以后的工作中还可以根据读者的关注度以及读者的关注重点来对新闻进行跟踪报道。这种方式将传统媒体与新媒体有机地结合起来,将两种媒体方式优劣互补。

2009 年,《卫报》又提出了“数据优先”的策略,开创了数据博客,这个设于《卫报》网站上的独特栏目从 2009 年 1 月 14 日上线至 2013 年 5 月,共制作各类数据新闻 2500 多则,涵盖政治、经济、体育、战争、灾难、环境、文化、时尚、科技、健康等不同领域,采取的形式有图表、地图以及各种互动效果图,数据类型既有量化数据也有质性数据,还有两者兼顾的混合数据。[①]《卫报》的数据新闻开办以来,做出了许多享誉国际的报道,用图表的方式清楚明白地向读者讲述了新闻的实际情况和发展,给予了读者极大的震撼。比如 2010 年 10 月 23 日刊登的一则关于伊拉克战争的新闻,报纸运用地图软件制作出了一幅战争伤亡情况图,用红点表示死亡事件,点击红点可以了解到该次事件的发生时间、伤亡人数和具体原因,地图上密密麻麻的红点让读者清楚地了解到了战争的残酷。

① 章戈浩:《作为开放新闻的数据新闻——英国〈卫报〉的数据新闻实践》,2013 年第 6 期。

图 39 《卫报》的新媒体平台

《卫报》网站上的主要栏目都设置了博客，如音乐博客、体育博客等等。记者在博客上发帖报道新闻，包括了记者采访的文字、音频、视频等等，读者对新闻的评论也可能被记者编辑加入到博客的内容中去，以这种博客的方式实现了与读者的互动，让读者不仅能够获取新闻消息，还能够参与到内容的生产之中。

2009 年，《卫报》还向用户开放数据库的链接和搜索，包括统计数据、世界各国政府数据库等，这些公开的数据来自政府机构、非政府组织、研究机构、院校等。这让读者不再只是一个被动的接受者，而能让感兴趣的读者自己去数据库核实新闻的消息来源，甚至还能挖掘出一些新的东西。

2015 年《卫报》与美国在线(AOL)在内容和出版方面达成合作，《卫报》正式将内容加入视频聚合平台——AOL On。协议签订后，AOL On 将分发来自《卫报》的原创视频内容。这种内容与网络出版商的结合，将为国际新用户带来优质视频。

如今，《卫报》可以说是世界传媒业界在数据新闻领域的领头羊，在新的形势下大胆革新，迎接挑战，开创了新的发展前景。在未来，《卫报》仍会坚持发展数据新闻，《卫报》记者最重要的任务是在信息冗杂的社会里为读者精心挑选并对数据加以处理，成为数据和读者之间的桥梁。

四、涉华报道

《卫报》网站上关于中国的内容非常丰富，平均每天大约都有 3—5 条的涉华报道。其中，大约 80%的报道是以中国为主要报道对象的直接涉华报道，另外 20%则是在报道国际问题的内容中提及中国，将中国作为背景信息或者对比案例。在《卫报》网站上的涉华报道中，其新闻来源较为广泛，既有援引自路透社、法新社、美联社等国际通讯社的新闻稿件，也有本报驻站记者从北京发回的自采报道。在网络上转载其他通讯社的内容较多，而在报纸纸质版上则以自己的驻华站记者报道占大多数。同时，纸质版上对中国的报道数量要大大少于网络版。

从报道发布的主题来看，大多数版面栏目都有涉华报道的出现，但是在数量上差别较大。其中，对中国的报道大多出现在“国际版”上，包含政治、经济、军事、社会等多个方面。首先，在政治议题上，《卫报》的涉华报道能够占到涉华报道总量的 35%左右，内容主要集中在大多数西方媒体都较为关心的传统涉华问题，诸如尤以中日关系、中英关系、中美关系为重的涉华国际关系议题，以及人权、军备等常见议题。其中，《卫报》对中日关系以及传统的人权问题的关注，体现了英国媒体一贯的思维模式。但是，值得注意的是，该报涉及我国台湾地区、西藏的报道不多，报道内容也是一般性的动态新闻，并没有刻意描写政治上的分歧。其次，经济议题可以占到《卫报》的涉华报道的 32%左右，相关报道更多聚焦于英国本国的利益上。相关议题诸如中英贸易、英国企业在中国的发展情况、中资企业进入英国市场、欧盟与中国之间的经济贸易往来等等。从相关报道可以看到，《卫报》反映出西方社会较为看好中国的新兴领域市场，同时较为看好中国经济的带动作用。

此外,《卫报》的涉华报道也有广泛关注到中国社会情况的多个层面,包括社会、文化、体育、科技、教育等领域的相关报道。其中,既有中国媒体也较为关注的煤矿、农民工等问题,也有较为突出中国风味的艺术、旅游、美食等报道。另外,很重要的一部分涉华报道将目光投注向食品安全、事故灾害等问题上。

从整体上看,《卫报》的涉华报道中基本采用了"客观报道"的报道方法。就是说,在报道中陈述客观事实和别人对这些事实的评价,而不直接发表自己的观点和评论。而倾向和观点都是包裹在事实之中,通过对事实的精心选择和排列组合,及其隐秘地流露出来。很难用"正面"或"负面"这样绝对的词语来判断一篇报道的价值取向,完全"中立"的报道也很少。英国媒体对中国基本持"正负参半"的态度,即肯定与否定并存。由此他们塑造的中国形象也是喜忧参半:有希望的、崛起的,但也是有麻烦的、问题重重的。[①]

《艺术新闻》*The Art Newspaper*

INTERNATIONAL EDITION
THE ART NEWSPAPER

《艺术新闻》(*The Art Newspaper*)是一份英语月报,专门报道艺术领域的新闻信息,在艺术界享有盛誉,被认为是英国专业报刊的代表之一。目前,该报在中国发行有《艺术新闻》(中文版)。

一、历史沿革

《艺术新闻》于 1990 年创办于英国伦敦,是全球领先的艺术类新闻报道者。该报每月发行一期,在 30 多个国家有超过 50 名的驻外记者,其中包括中国、印度、德国、意大利等。

《艺术新闻》纽约分社的主编这样评价这份报刊:"这是一份提供高品质、高价值艺术信息和新闻的报刊,它既关注艺术家个人,也关注艺术世界中发生的大事件,但它不去理会艺术界的八卦新闻,而是追求准确性,其编辑原则是一贯追求高品位的严肃新闻,并力图做一份有责任、有担当的报刊。"[②]因此,《艺术新闻》为艺术界专业人士以及众多艺术界爱好者所广泛称道。

二、发展现状

目前,《艺术新闻》在全球范围内设有 6 个分社,分别设在意大利都灵、英国伦敦、希腊雅典、法国巴黎、俄罗斯莫斯科和中国北京。其中,北京分社建立于 2012 年。

《艺术新闻》旗下还聚集着一批著名的艺术家,包括泰特现代艺术馆(Tate Modern and Tate Britain)的馆长尼古拉斯·塞洛塔(Nicholas Serota)等,他们会为该报提供专业的艺术评论。

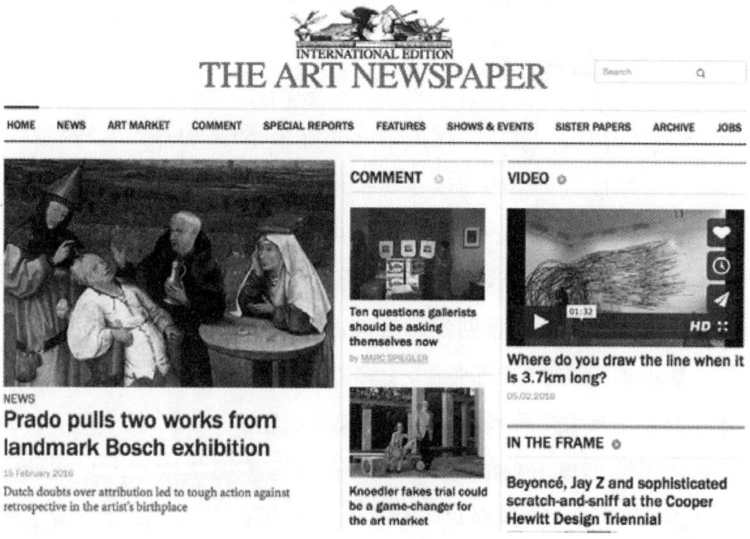

图 40 《艺术新闻》网站

图片引自《艺术新闻》网站:http://theartnewspaper.com,检索时间:2016 年 2 月 13 日。

---

① 张咏华、殷玉倩:《框架建构理论透视下的国外主流媒体涉华报道——以英国〈卫报〉2005 年关于中国的报道为分析样本》,《新闻记者》2006 年第 8 期。

② Project Gutenberg Self—Publishing Press: http://self.gutenberg.org/articles/the_art_newspaper,检索时间:2015 年 8 月 7 日。

三、报道特点

《艺术新闻》是一家专业的艺术文化类新闻媒体，具有鲜明的报道特点。

首先，报道范围明确。

《艺术新闻》报道范围十分明确，主要关注艺术领域的新闻和信息。大致可以分为以下两类：第一类是有关视觉艺术的报道，包括与视觉艺术相关的博物馆、展览、艺术品市场走势、艺术家的出版物等；第二类主要关注与艺术相关的政策与法规，这在一定程度上将影响艺术的发展。

其次，“杂志型”报刊。

《艺术新闻》以月报的形式发行，发刊周期较长。这也决定了它以深度性的内容为主。虽然很难在时效性上取胜，但也给《艺术新闻》的记者和编辑做“慢新闻”提供了条件，使报纸得以去关注新闻背后的故事，探寻艺术发展的深层脉络。因此，评论是该报的一大特色，且力图做到评论不偏不倚，有独到的见解。

四、涉华报道

《艺术新闻》(中文版)是《艺术新闻》与现代传播集团合作出版的刊物，于2013年3月面市，是中国第一份印刷版和数字版同步上市的艺术媒体。该刊的电子杂志3月7日于苹果应用商店上线后得到积极反馈，迅速成为下载量排名第一的艺术类媒体。

图41 《艺术新闻》中文版

《艺术新闻》国际版创始主编安娜·萨默斯-科克斯(Anna Somers-Cocks)这样评价中文版的发行：“过去30年间，艺术在中国的复苏是这个国家最具革新性的发展。中国政府对于艺术的发展给予重视，与此同时，全球对中国的艺术亦充满兴趣。”“相信《艺术新闻》(中文版)将会增进中国与西方的相互了解。”①

在《艺术新闻》网站上，以“China”为关键词进行搜索，共得出86个搜索结果。② 但并不是所有的文章都以中国为写作主体，很多都只是提到中国。在以中国为主体的文章中，几乎全部都是关于中国艺术界的报道，有涉及艺术展览以及相关的评论内容，也有关于艺术行业整体发展情况的内容。而《艺术新闻》(中文版)则大部分是关于中国内容的报道，很好地做到了本土化。

---

① 艺术中国：《“聚焦中国”——〈艺术新闻〉中文版在京发刊》，2013年5月14日，http://art.china.cn/zixun/2013－05/14/content_5950492.htm，检索时间：2015年8月7日。

② 《艺术新闻》官方网站：http://www.theartnewspaper.com/search/? q=China，检索时间：2015年7月20日。

独立电视台 Independent Television

独立电视台(Independent Television,简称 ITV)是英国第二大无线电视经营商,同时也是英国历史上成立的第一家商业电视台。该台于 1955 年创办,自开播以来一直与英国广播公司(BBC)竞争市场份额,是其主要竞争对手。独立电视台信号覆盖英国全境,广受观众欢迎,至今旗下已有 6 个频道,全天候提供电视广播服务,播出包括新闻、娱乐、体育、文化、科技在内的各类节目。①

一、历史沿革

图 42 独立电视台 1989—1998 年标识　图 43 独立电视台 1998—2006 年标识　图 44 独立电视台 2006—2013 年标识　图 45 独立电视台 2013 年至今标识

1954 年,英国政府宣布许可设立商业电视台,旨在打破英国广播公司(BBC)的垄断状况。议会通过《电视法案》(*Television Act 1954*)之后,成立了独立电视管理局(Independent Television Authority,简称 ITA)。创立之初,独立电视管理局的职责是负责监督、管理新的商业电视机构,特别强调商业经营必须和节目内容明显区分开来。1954 年,独立电视管理局先是核准设立了六家地方分支商业电视机构,包括伦敦、中部地区和北部地区在内,另外各分部之间还有周内分部和周末分部的区别。

1955 年 9 月 22 日,独立电视台旗下第一家电视台开播,正是位于伦敦的"联合播送"(Associated Rediffusion)。12 月 22 日,独立电视台的第一家节目运营商开始制作《平日伦敦》,两天之后《伦敦周末》的运营商也开始制作节目。随后,中部地区的分部(1956 年 2 月)、北部地区的分部(1956 年 5 月)陆续开播。在此之后,独立电视管理局进一步核准设立了更多的分部。到 1962 年时,英国的全国各地都已经设有商业电视的分部,共有 14 家地方分台。当时,各个分台都由不同的公司负责运营,分别有独立的台徽以供识别。当时的独立电视台共有十余家运营商,这些运营商都独立制作节目甚至拍摄电视剧,其中最著名的分包商为格林内达公司(Granada)。

1967 年,独立电视管理局对负责各分部节目制作的运营商进行了很大的调整,整个独立电视台的结构发生了巨大的变化。其中包括:同一地区平时和周末节目分开制作的,除伦敦之外,都取消合并;同时,将北部地区重新划分为三个部分,西北、约克郡和林肯郡。

1990 年通过的《1990 年广播法案》(*Broadcasting Act* 1990),进一步改变了独立电视台的基本格局。根据法案规定,取消原本的独立广播委员会和有线电视管理局,并以新的独立电视委员会(ITC)和无线广播局(RA)代替。由独立电视委员会负责除威尔士第四套节目以外的所有商业电视服务(包括地面、卫星和有线电视)的执照颁发和管理。在此法案之下,独立电视台的本质发生了变化,运营公司可以通过商业收购的方式买到独立电视台地方分部的执照,而且依照拍卖的方式价高者得。与此同时,独立电视网的官方名称改为"第三频道"(Channel 3),原本隶属于独立电视台的"第四频道"变为政府所有的公共电视频道。

之后,由于法案放宽经营者的收购合并限制,所以触发了各家运营公司之间的并购潮。1993 年之后,独立电视台开始与多家运营商合并,通过裁并同质化服务的方式进一步节约开支,其中最主要的两家是格林内达

① ITV 网站:http://www.itvmedia.co.uk/why-itv,检索时间:2015 年 6 月 28 日。

(Granada)和卡尔顿(Carlton)。格林内达公司是英国老牌的电视制作公司,也是最大的商业制作公司,独立电视台旗下各分台播出节目中47%的原创电视节目都是由该公司制作的,每年制作的原创节目内容在6000小时以上。其制作的优秀节目包括:《加冕街》(*Coronation Street*,1960年12月开播,至今仍在播出的长寿剧集,播出的半个多世纪间长期占据英国所有电视节目收视率排行第一位)、《美丽家园》(*Better Homes*)、《他们眼中的明星》(*Star sin Their Eyes*)、《今晨》(*This Morning*)等。而卡尔顿公司则是近些年来发展较好的电视制作公司,年节目生产量在18000小时以上,尤其在电视剧、娱乐节目和少儿节目方面颇具实力。

2003年开始,英国政府放宽了对电视制作公司之间合并的限制。格林内达和卡尔顿这两家公司强强联合,于2004年1月开始合并为一家新公司,独立电视制作公司(ITV plc.)。其中,格林内达持有62%的股份,其余48%归卡尔顿所有。新的公司掌握了独立电视台绝大部分节目的制作权,成为独立电视台节目供应的主要支柱。

2013年,独立电视台推出了全新的台标和呼号之后,独立电视第一台改回原来的名称独立电视台。

二、发展现状

就近年来独立电视台公司的财务状况来看,公司公布的财报显示,2012年的税前利润增长了6%,收入总额达到3.48亿英镑。[①] 2014年的税前利润相比2013年来说又上升了23%。[②] 单就独立电视台旗下的ITV Studios制作公司来说,营业利润就强劲增长22%。在2014年,公司节目制作部门的海外收入增长了24%,几乎是公司海外收入的一半。

目前,独立电视台下辖的频道主要有6个:

表2 独立电视台主要频道

频道名称	频道类型	播放内容
独立电视第一台(ITV1)	综合频道	新闻、戏剧、电视剧等娱乐节目(只限于英格兰和威尔士)
独立电视第二台(ITV2)	数码电视频道	娱乐节目
独立电视第三台(ITV3)	数码电视频道	娱乐节目
独立电视第四台(ITV4)	数码电视频道	男性节目
独立电视男人与汽车频道(Men & Motors)	数码电视频道	男性节目
CITV电视台(Children's ITV,独立电视儿童台)	数码电视频道	儿童节目

除了传统的电视频道外,独立电视台还设有官网 http://www.itv.com/,网站全天候提供在线流媒体、ITV档案、新闻、体育、娱乐、游戏、肥皂剧、生活方式、戏剧和互动电视指南等收视服务。

三、报道特点

在独立电视台的节目播出中,主要特色就是大量自制的地区性原创节目。独立电视台播出的原创节目,大多由各家制作公司制作推出,内容包括新闻、娱乐、休育、文化、科技等等。在独立电视台的各个频道中,24小时都有原创节目在播出。近些年来,独立电视台每年制作的原创节目可以达到10000小时以上,这一数字令英国广播公司都自愧不如。例如,风靡世界的真人秀节目《百万富翁》(*Who Wants to Be a Millionaire?*)就是由独立电视台制作,在1998年9月首次播出。初次播出获得1900万收视的佳绩,之后又继续屡创收视纪录,引得世

---

① 新浪传媒:《英国独立电视台税前利润增长6%》,2013年3月2日,http://news.sina.com.cn/m/2013-03-02/095326404812.shtml,检索时间:2015年6月28日。

② 《第一财经周刊》网站:《ITV为什么可以靠内容维持高速增长?》,http://www.cbnweek.com/v/article? id=18550,检索时间:2015年6月28日。

图 46　独立电视台网站首页

图片引自独立电视台网站:http://www.itv.com,检索时间:2016 年 3 月 30 日。

界各国纷纷跟进效仿。包括中国香港亚洲电视台在内的多家电视媒体机构,均出高价购买了节目的本地版权。

就节目调性来说,商业性质的独立电视台要比公共电视机构英国广播公司具有更强的娱乐性。但是,整体来看,由于独立电视台最初建立的时候,政府管理者给它确定了一个"电视新闻节目走公共广播服务的路线"的方针,因而该台的节目仍然以严肃节目路线为主。尤其是新闻节目,注重平衡的、高质量的新闻报道内容,强调要多角度、多侧面地传递信息、教育公众、娱乐社会。政治新闻、人情味新闻在独立电视台的新闻节目中有相对较高的比重和相对较长的平均播放时长。在新闻角度的选择上,独立电视台也能更加贴近平民生活,报道得更加全面、详细,语言风格更加犀利。

就节目播出安排来说,独立电视台通常在晨间安排少儿节目和综艺节目,以早起准备上学的少年儿童和家庭主妇为主要收视目标群体。中午则以新闻为主,辅之以少量电视剧和娱乐节目。下午则主要是少儿节目和游戏类节目,以吸引放学归来的儿童。在晚间黄金时段,独立电视台则往往推出原创制作的重头节目,包括娱乐节目、精品剧集以及纪录片等。在周末时间,则往往以体育节目为主。

四、涉华报道

图 47　独立电视台招牌新闻节目《十点新闻》

早在 1998 年,独立电视台便在北京设立了记者站,并派出招牌新闻节目《十点新闻》(*ITV NEWS AT TEN*)的外事记者庄锐(John Ray)常驻北京。《十点新闻》是该电视台的旗舰新闻节目,也是英国最受欢迎的晚间新闻节目之一,观众人数约为 300 万,在英国具有广泛影响力。

庄锐在《人民日报》对他的采访中介绍,自己刚到北京时,语言的障碍让他的生活很不方便,特别是他注意到北京大街上当时为数不多的英语标识在翻译上有很多问题。而在 2008 年北京奥运会之际,他已经注意到,北京慢慢将所有不正确的标识翻译重新更换。而北京人学英语的劲头也让他感到欣喜。他的评价是,"奥运会期间的北京将会焕发光彩"。

庄锐长期负责中国重大事件及日常新闻的报道,在 2014 年 1 月 3 日,他还曾经对中国驻英国大使刘晓明进行过专访,该台在当晚黄金时段播放了专访主要内容,并在该台网站播放了采访实录视频。[①]

在独立电视台网站以"China"/"Beijing"为关键词进行检索,所得有效结果数量不多。而通过网络信号收看独立电视台的节目也可以发现,该台的节目内容中涉及中国相关议题的报道较少。与此同时,独立电视台在内容和机制层面上与中国媒体同行之间都有较多的交流和合作。到目前为止,独立电视台与中央电视台及许

---

① 外交部网站:《中国驻英国大使刘晓明接受英国独立电视台专访》,2014 年 1 月 6 日,http://www.fmprc.gov.cn/mfa_chn/dszlsjt_602260/t1114656.shtml,检索时间:2015 年 6 月 28 日。

图 48 独立电视台驻华记者庄锐

多地方台，包括湖南卫视等都有常规的合作。近几年，湖南卫视播出的多个广受欢迎的节目，如《名声大震》《舞动奇迹》《以一敌百》《足球小子》等，都是与英国制作公司合作的成果。湖南卫视和独立电视台的制作人已经开始互换交流，自 2008 年 10 月起就有独立电视台的制片人开始在湖南卫视上班。[①] 1998 年，独立电视台开播的问答节目《百万富翁》风靡世界，之后中国的香港亚洲电视、广东电视台、贵州电视台均开始与该台合作，通过授权播出上述电视机构各自的版本。

综上所述，独立电视台在新闻报道中对中国的关注较少，基本没有涉华报道。但是在交流合作层面，独立电视台对中国以及中国媒体机构都抱持开放态度。

路透社 Reuters

REUTERS

路透社(Reuters)是当今世界三大通讯社之一[②]，是世界上最重要的财经信息服务机构，建立至今已经有超过 150 年的历史。在漫长的发展历史中，路透社始终坚持“准确、精确、迅速、独家”的报道理念[③]，在全世界享有良好的声誉和极高的威信。如今，路透社在全球 200 多个地区拥有 2700 名记者，是全世界规模最大的新闻媒体机构之一。

一、历史沿革

路透社的创办者是英国人保罗·朱利叶斯·路透(Paul Julius Reuter，1816—1899)，他是一个勤奋努力且善于发现机遇的新闻人。1848 年，路透在世界上第一家通讯社——哈瓦斯通讯社中担任译员，熟悉新闻业务后便萌发了自己创办通讯社的想法。次年，路透就开始在德国亚琛独立开展小规模的新闻业务。到 1851 年，路透听说了英国将在英吉利海峡底铺设电报电缆的消息，随即来到英国，在伦敦正式成立了路透新闻社。刚开始时，路透社只发一些商业消息，编辑成手抄的路透快讯出售给银行、公司和交易所。

到 1858 年时，路透社已经基本在欧洲各地建立起了一个以电报为连接的通讯网络，并且开始扩大信息范围，增加政治、军事、外交等方面的信息。同时，通过免费使用的方法，路透社成功获得了第一个正式订户《广告晨报》。紧接着，伦敦其他报纸纷纷效仿，向路透社订阅信息。不久之后，屡次拒绝过路透社的《泰晤士报》为了避免陷入孤立，最终妥协，也开始向路透社订购稿件。至此，路透社在英国站稳脚跟，开始了向世界扩张的步伐。

路透社的记者秉持“迅速、准确、客观、公正”的原则，在欧洲的奥法战争等重要报道中建立起了良好的声誉。此后，路透社在世界范围内建立报道网络。美国内战中，路透社也以详尽客观的报道赢得了客户认可。

---

① 《金融时报》中文网：《湖南卫视宣布与英国最大商业电视台合作》，2010 年 1 月 13 日，http://www.ftchinese.com/story/001030780，检索时间：2015 年 6 月 28 日。

② 其余两家分别是美联社(AP)和法新社(AFP)。

③ Handbook of Journalism，http://handbook.reuters.com/index.php? title=Main_Page，检索时间：2015 年 10 月 23 日。

图 49　路透社创办人保罗·朱利叶斯·路透

1865 年 4 月,美国总统林肯遇刺,当时大西洋海底电缆尚未开通,仍需要以邮船传递消息。路透社驻美记者在得到消息后,第一时间租用快艇追上已经离港的邮船,将新闻稿投掷到船上带回本部。路透社成为欧洲大陆第一个发布这一消息的机构,甚至连美国驻英使馆都尚不知情。

从 1865 年开始,路透社组建电报公司,兴建由德国、俄国、伊朗到印度的电报专线,开始在国际新闻业务上与沃尔夫社竞争。1866 年,路透社在印度孟买建立了第一个亚洲分社,作为远东地区的大本营。1870—1872 年,电缆线铺设到了新加坡、上海、长崎、横滨,路透社也随着电报线路的延伸而不断扩展业务范围。1873—1874 年,路透社又成功地将触角延伸到了澳大利亚和南美洲。随着遍布世界各地的分社建立,路透社的业务达到新的高峰。

1865 年,路透社改制成为有限责任公司,名称定为"路透社电报公司"(Reuter's Telegram Company)。当时世界范围内的新闻竞争十分激烈,德国沃尔夫通讯社、法国哈瓦斯通讯社也在各自的地域范围内垄断新闻供应。三家通讯社之间的竞争冲突加剧,导致派驻记者花费增多,但实际收益却不高。经过协商,三家通讯社于 1870 年 1 月 17 日签订协议成立"联环同盟"①,划定了三个通讯社各自的势力范围,路透社对大英帝国、荷兰及远东地区的垄断权得到书面保障,同时也可以在"中立地区"自由收集和发布新闻。

路透社在世界新闻界的垄断霸主地位得到巩固,随后逐渐开始了迈向现代化通讯社的征程。老路透的儿子继承父业,在通讯社发展中采取了一系列积极措施,推进通讯社的现代化,包括更新通讯设备、加强从业人员培训、改善经营组织等。在他的带领下,路透社的影响进一步扩大。1915 年,赫伯特·路透(Herbert Reuter)去世后,路透社开始由一个私人家族企业发展为公众公司。到第二次世界大战之后,路透社进一步发展成为一家国际公司。

1984 年,路透社在伦敦证券交易所和美国纳斯达克上市,成为一家上市公司,股票由包括员工在内的世界各地投资者所拥有,这使得路透社又向市场化迈出重要一步。外界对这一举措褒贬不一,质疑主要集中在市场化是否会影响报道的客观性。路透社也考虑到这种危险,进而建立起一整套制度来保证报道业务不受股东干扰,如规定任何一名股东都不能持有超过 15%的公司股份。在这一规则实施前,"新闻大王"鲁伯特·默多克曾持有路透社超过 15%的股份,之后也不得不遵循规则,减持股份至 15%。此外,路透社还设有"创办人股份",对任何其他股东试图干预新闻报道的活动拥有一票否决权,以保证路透社能坚持公正客观的报道风格。

二、发展现状

2001 年路透社遭遇危机,当年全球股市下跌,路透社也受到很大影响。前一年路透社的税后利润为 5 亿英镑,而到 2001 年却下跌到不足 1 亿英镑。2002 年,路透社的业绩又进一步下滑,历史上第一次出现高达 4.93 亿英镑的亏损。

2008 年,路透社被汤森公司收购,汤森公司控制了路透社 53%的股份。随后,公司正式改名为汤森路透(Thomson Reuters Corporation)。之前路透社有规定任何股东不得持有超过 15%的股份,也随着此次收购而实际作废。随后,汤森路透公司将核心业务定位为:给愿意为内容和服务付费的专业人士和决策者提供智能化信息。汤森路透的主要赢利模式是付费订阅服务。公司按照不同业务单元进行分类,每一业务单元采取"一条线式"的业务模式,利用强有力的技术平台,通过向客户提供有价值的专业信息来收取订阅费用,这种业务模式保证了较高的现金流通率。

---

① 即著名的"三社四边协定",除了三家通讯社以外,当时初露峥嵘的美联社也参与进来,但是协定以三家欧洲通讯社为主体,因而成为"三社"但又"四边"。

根据公司年报显示，2014 年汤森路透的收入来源比例分配如下：

其中比例最大的是财经服务，收入达到 65 亿美元。排在第二位的法律服务收入也达到了 34 亿美元，税务审计和技术服务分别有 14 亿美元和 10 美元。[①]

图 50　2008 年，合并后的汤森路透公司

今日的路透社仍是世界财经信息的最主要提供者，综合报道也世界领先。据统计，每天有超过 1 亿人阅读路透社新闻。在世界范围内，路透社在 115 个国家中拥有超过 750 家电视台用户，以及超过 1000 家报刊用户，订阅使用路透社的新闻服务。[②] 路透社网站每月访问数高达 3100 万。路透社高质量的报道也得到世界媒体业界的充分认可，仅 2014 年 1 年，路透社就收获包括普利策奖在内的大小奖项 100 余个。截止到 2015 年上半年，路透社在世界范围内有近 2500 名记者。2014 年全年，路透社提供了超过 200 万条独家新闻，近 60 万张新闻图片和 100 万个视频新闻故事。[③]

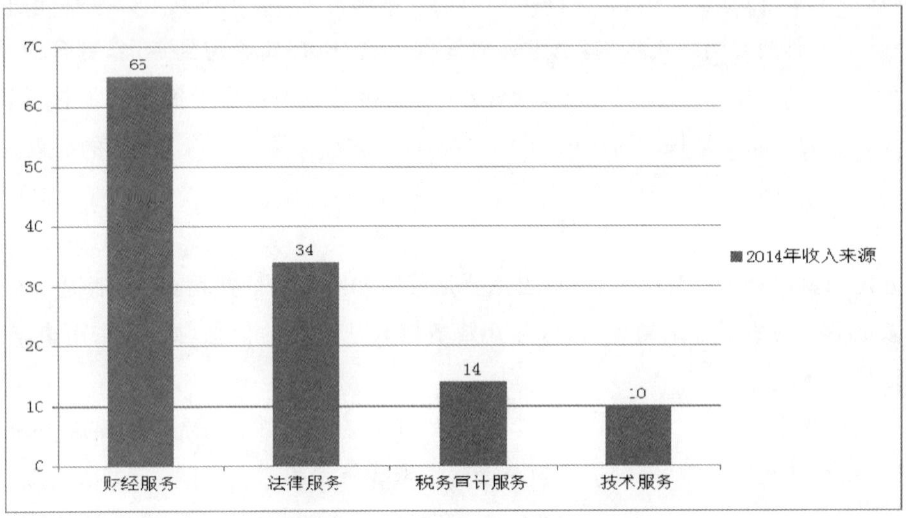

图 51　2014 年汤森路透的收入来源比例

虽然路透社的新闻在世界范围内享有盛誉，但从业务范围上看，路透社的新闻只占业务的一小部分。路透社开发运营了专业的金融信息提供平台 Eikon，提供即时信息、数据、分析报告，这一平台还融合来自客户和第三方机构的信息，旨在为客户提供决策参考。这一部分业务基于路透社的新闻业务，但更加专业化，是路透社盈利的重要组成部分，用户数量超过 40 万。与 Eikon 相似的金融市场与风险管理平台还包括 Accelus、Elektron、Enterprise Platform Solution，用户遍及世界各地。除了专业金融信息，汤森路透还提供专业法律搜索服务、知识产权及科技服务、税务与会计服务，这些服务的盈利用以补贴单纯的新闻服务，使得路透社作为世界最古老的通讯社之一，运营至今仍经久不衰。

路透社中文网是路透社网站为大中华地区开发的版本，在中文网上集中了关于中国的新闻报道，以财经报道和分析为主。稿件来源上，一部分编译路透社外文稿件，也有一部分自写报道。

---

① Reuters：http://thomsonreuters.com/en/about－us.html，检索时间：2015 年 9 月22 日。

② 其中包括 15 家全球范围发行的重要报刊。

③ Thomson Reuters：2015 Fact Book，http://ir.thomsonreuters.com/phoenix.zhtml? c=76540&p=irol－factbook，检索时间：2015 年 9 月 22 日。

三、报道特点

就报道特点来说，路透社的新闻主要体现出高度国际化、财经信息为主的内容特点，以及秉承“公正、准确、快速”的报道原则、利用新技术和经营多元化的采编经营特点。

(一)高度国际化

路透社是典型的国际化公司。从通讯社的性质上来看，通讯社之所以被称为世界新闻的生产机，主要是因为它靠出售纯粹的新闻为生，这也是其声誉的主要来源。路透社要想做世界性的有声望的通讯社，就不得不在报道中抛弃为某一个国家“代言”的想法，因而英国利益在路透社的报道中并没有过多反映。

路透社虽然从传统上被认为是英国的公司，但业务早已经国际化，海外业务是路透社的主打。路透社的客户遍及全球，1970 年，路透社 77%的收入来自海外，1990 年，这一数字提高到 85%。此外，从股权上看，路透社的国际化更为明显。1915 年前后，路透社就开始由一个私人企业发展成为一个公众公司。第二次世界大战后又发展为国际公司，1984 年公开上市，其股权由包括其员工在内的世界各地的投资者所有。

现今的路透社在英国和美国设有总部，在世界上 200 多个国家驻有记者，其母公司汤森集团(Thomson)是加拿大公司，路透社员工来自 50 多个国家，在许多外国记者站和分社中，外籍员工数量都超过英国员工。从这个角度看，路透社是最为典型的国际化机构，至于为何提到路透社，都要联想到英国，更多的是历史遗留原因，毕竟路透社 160 多年的发展史与英国密不可分。路透社的起落与英国历史上实力的消长密切相连，但时至今日的路透社早已经成长为一家全球性的跨国公司。

(二)财经信息为主

路透社在创办之初就以财经信息起家，订户也主要是英国和欧洲的商业精英，包括银行家、股票交易员等。后来路透社从伦敦证券交易所附近搬到舰队街，并开始增加其他方面的信息，如政治、军事、外交等，但经济信息仍然占有主导地位。

财经信息还是路透社收入的主要来源，2000 年的收入，通讯社依靠财经信息带来的收入占总收入的 71%。可以说，新闻信息为路透社建立品牌，财经信息为路透社带来经济来源。

(三)“公正、准确、快速”的报道原则

“公正、准确、快速”是路透社的立足之本，也是其历史传统。路透社在建立初期，保罗·路透为了加快信息传送速度，就曾用信鸽传送信息。报道美国南北战争时，当英国媒体都在安普顿港口等待邮船带来的消息时，为了保证能快速拿到信息，路透社秘密把接船地点向英国的北部移动 500 公里，再利用电报发稿。这一传统延续至今，在 1997 年 2 月 19 日晚 9 点零 8 分，邓小平逝世，路透社发出的消息比新华社还早了 36 分钟，在 20 日凌晨 2 点零 5 分就发出了消息。为了保证稿件的速度，路透社还创建了一些独特的方法。例如，路透社的消息大致有特急快讯、急电和普通电讯 3 种。这 3 种电讯的时效按顺序递减，篇幅按顺序递增。然而路透社从不为了速度而追求速度，公正、准确才是迅速的前提。

为了保障新闻的公正准确，路透社也做了大量努力。从对员工的严格要求来看，每一位入职员工都必须与路透社签订“协议”[①]，这份名称为《商业行为与道德规范》的协议的中文版本多达 39 页，详细地规定了员工的行为规范。行为规范里明确规定员工不得收取贿赂，不得受商业的干预而发表报道等，以保证报道的客观公正性。除此之外，160 多年来路透社沉淀了自己的一套记者行为标准和价值[②]，要求每一位记者熟记在心，务必遵守。这 10

---

① Reuters:Code of Conduct ,http://ir.thomsonreuters.com/phoenix.zhtml? c=76540&p=irol-govConduct,检索时间:2015 年 9 月 22 日。

② Reuters:Standers and Values,http://handbook.reuters.com/index.php? title=Standards_and_Values,检索时间:2015 年 9 月 22 日。

条"金科玉律"的第1条就是"尽一切努力保障准确性",其余还有"对报道中的错误公开更正""保障报道平衡性,远离偏见""不在新闻报道中掺杂个人意见""永不造假""永不通过贿赂来获取新闻,也不接受贿赂来报道新闻"。以上几条可以总结为三个方面,即"准确、独立、公正平衡",这样,路透社在信息生产者方面,为保障其报道原则做出了极大的努力。

(四)利用新技术、经营多元化

可以说,路透社的起家离不开对新技术的利用。正是得益于当时刚刚出现的电报技术,路透社才建立了它的全球传播网络。在当代,路透社又是最早抓住网络技术的通讯社。早在1964年,当路透社开始采取"股票大师"电脑化桌面终端机来传递股票及其他市场行情时,就标志着路透社进入了用电脑采集、加工和传输信息的新时期。70年代电子信息开始成为路透社的重点,在1975年的年度报告中,路透社已经不再称自己是通讯社,而改称为"世界上主要的新闻与信息机构""占领先地位的电子信息提供者"了。90年代初,路透社又开始改进信息服务,1999年5月17日,路透社与美国道琼斯公司组建了道琼斯—路透交互式商业公司。2000年,路透社又宣布了在未来的4年中投入5亿英镑实现互联网化。①

四、涉华报道

作为世界上最早建立的国际新闻通讯社之一,路透社早在1871年就首次在上海设立了新闻办公室,成为最早开设长期驻华机构的国际新闻媒体之一。目前,路透社在中国设有三个常驻记者站,分别在北京、上海和香港。其中,北京记者站是中国的总分支机构,驻站记者数量最多。现任大中华区总编辑(Greater China Bureau Chief)为简森·萧泊莱(Jason Subler),负责统筹大中华地区的新闻报道。简森具有多年驻华经验,熟知中国国情。路透社的驻华记者基本分为两大类,文字记者和图片、视频记者,为路透社提供丰富的信息来源。记者在报道中都力求报道多方观点,特别是在有争议事件的处理中,一般会寻求政府等官方机构的回应。由于通讯社时效性的要求,能否在截稿时间之前及时回应显得尤为重要。

从报道来源上看,路透社的报道均为自采,是信息的一手提供者,其新闻被世界各大媒体订阅,被广泛地转载,进而把自己的信息传递到世界各地。在报道领域上,路透社有以经济议题为重点的传统,对中国的报道自然也不例外。关于中国的经济议题占有主要地位,政治议题,特别是与国际局势有关的议题,也是路透社报道的重点。此外,社会议题、环境议题也有重要地位。路透社对于娱乐信息的关注极少,除非有重大社会影响,否则路透社不关注单纯的娱乐新闻,这也是路透社作为严肃的国际通讯社的特色所决定的。在除经济议题外的报道领域中,路透社也注重从经济角度进行解读,即不同事件对中国经济产生的影响,又是否会进一步影响世界经济。微观层面上,则关注中国各大公司的政策变动,投资走向,为其用户提供深度分析,以供其决策参考。

从报道倾向上看,路透社作为国际化的通讯社,其威望基于报道的客观公正性,不歧视、不抱有偏见也是路透社报道的重要原则,正如上文所述,公正的原则在历史上延续至今。在这一原则的指导下,加之制度保障,使得其对华报道较为客观公正。

在具体事件的报道中也能看出其对华报道的特点。2013年亚太经合组织(APEC)会议在北京召开,世界各国媒体聚焦中国,对这一事件进行了集中报道,路透社也不例外。在路透社的报道中,中国的画像充满矛盾,中国是世界第二大经济体,但经济增速放慢,经济发展似乎遇到瓶颈,发展带来的环境问题也不容忽视。外交上,经济实力的增强让中国在国际事务上更加自信,积极争取发出自己的声音,态度日益强势,在某些方面抑制了美国重返亚太的战略。中国与周边国家的海洋摩擦也不断增加,台湾问题对中国共产党执政来说有潜在军事威胁,美国对中国有极大牵制作用,中国崛起仍然面临巨大挑战。②

---

① 刘笑盈:《国际一流媒体系列介绍之六世界财经信息专家——路透社》,《对外传播》2009年第6期。

② 张国文:《路透社2013 APEC峰会报道中的中国国家形象研究》,《学理论》2014年第7期。

从北京报道来看,北京作为中国的政治、经济、文化中心,自然是路透社对中国报道的重中之重。路透社在北京设有记者站,位置靠近市中心,有大量记者驻站,对北京的变动非常敏感。2015 年 7 月 31 日,奥委会宣布北京成为冬奥会举办城市,在前后两天的时间里,据不完全统计,路透社至少发布了 50 条与北京冬奥会相关的新闻报道。其中既有单纯的事实信息,也有引用各方评论的内容,总体上来看,比较客观公正。如在申奥中,北京降雪过少成为争论焦点,路透社在报道中指出,中国的技术和资金足以解决这一问题。另外则是西方媒体无法绕开的人权问题,部分人权组织在申奥过程中阻挠进程。路透社在报道相关事件中,引用了中国政府、国际奥委会、人权组织的观点,整个报道较为平衡。其中较为激进的内容来自于人权组织观点的引用,在一定程度上可能对政府观点有所冲淡。从篇幅上来看,人权一方的篇幅大于政府一方,但报道中指明“政府有关部门拒绝回应”,也侧面表明路透社采访中的困境。在申奥这一具体事件的报道中,也大量反映民众的庆祝活动,也写明北京政府可能遇到的困境及解决办法。

REUTERS VIDEO

Beijing says is safe choice for 2022 winter Games

KUALA LUMPUR | BY KAROLOS GROHMANN

Beijing 2022 winter Olympics bid officials on Friday highlighted the nation's ability to deliver on promises as the Chinese capital, the frontrunner in the race, made its final pitch to the International Olympic Committee on Friday.

Beijing, seeking to become the first city to be awarded both summer and winter Olympics, is up against the Kazakh city of Almaty, who had presented their plans to the 85 voting IOC members earlier on Friday.

The IOC will elect the winner later on Friday.

"We will honor all the commitments," said Chinese President Xi Jinping in a video message at the start of Beijing's presentation. "Let me assure you, if you choose Beijing the Chinese people will stage excellent and extraordinary Games."

China is banking on its extensive Olympic experience from the 2008 summer Games, while also using many of those venues in their winter Games concept.

Among them is the iconic Bird's Nest stadium and the Water Cube as well as media and broadcasting centers within Beijing's Olympic park.

The plan also includes the mountain zones of Yanqing and Zhangjiakou, 90km and 160km away from Beijing respectively though the IOC has highlighted the minimal annual snowfall and the need to rely almost entirely on artificial snow.

China's Sports Minister Liu Peng played down these concerns, saying ski resorts have been operating in Zhangjiakou for two decades.

"Beijing 2022 will build on our existing snow-making capabilities to supplement snowfall... with minimal environmental impact," he said. "We have a strong experience in organizing winter Games."

In a largely pragmatic presentation that included former NBA player Yao Ming but had few surprises, Beijing bid officials repeatedly stressed they were a safe pair of hands for the IOC.

While Kazakhstan presented a compact bid and urged the IOC to be bold in their decision, Beijing officials said picking their plan would ensure successful Olympics while also tapping into a market of 300 million Chinese with a growing appetite for winter sports.

"We pledge our full guarantees in the financial, legal, security, organizational and operational areas," Chinese Vice Premier and bid chief Liu Yandong said. "We will

IN PHOTOS: YOGI BERRA 1925 - 2015

ease of setting up sets you free to go operational faster

TRENDING ON REUTERS

Trump tests his appeal in South Carolina

图 52 路透社网站关于北京举办 2022 年冬奥会的报道

总体来看,不论是对中国的报道还是对北京的报道,路透社基本都秉承了自身作为国际通讯社较为公正客观的新闻特色。

帕诺斯图片社 Panos Pictures

panos pictures

帕诺斯图片社(Panos Pictures)成立于 1997 年,总部设在英国伦敦,现已成为世界著名的独立图片社。该社在 40 多个国家里拥有超过一百名摄影记者,是世界上重要的新闻图片通讯社之一。

一、历史沿革

1986 年,帕诺斯研究所(Panos Institution)建立,是一家非营利性新闻组织,关注世界发展中国家议题与环境议题。帕诺斯图片社是帕诺斯研究所的一部分,成立于 1997 年。建立之初,该社的目的是为研究所提供经济来源，并协助研究所开展工作。因而，帕诺斯图片社所关注的议题与研究所一脉相承。这也决定了帕诺斯图片社与其他图片社最显著的不同在于其具有慈善与商业双重属性。

二、发展现状

目前，帕诺斯图片社以高品质的新闻图片闻名世界，在世界上重要的摄影奖项中，经常能见到帕诺斯旗下的摄影师。

2015 年，帕诺斯图片社获得美国"全国新闻摄影师协会"（National Press Photographers Association，简称 NPPA）四项大奖，包括国际新闻报道奖一等奖、国际新闻二等奖。

三、报道特点

（一）聚焦社会议题，挖掘背后故事

帕诺斯图片社的关注焦点是社会问题，与其他新闻通讯社图片部不同，帕诺斯并不对事件的新闻性给予过多的关注，相反，它更关注媒体不关注的社会性问题。例如，在 2015 年赢得 NPPA "肖像"版块一等奖的系列作品，是一组反映俄罗斯同性恋群体的摄影，讲述在对待同性恋相对保守的俄罗斯社会，同性恋群体的生存状况。①

图 53　帕诺斯图片社 Andrew McConnell，《老无所依》，2015 年

但帕诺斯图片社并不满足于做事件的记录者，而力求通过图片挖掘背后的故事。这是帕诺斯图片社区别于其他图片社的重要特点。在反映俄罗斯同性恋的系列照片里，反映出俄罗斯国内对待同性恋问题的政策环境、民间激进团体活动、同性恋生活现状等问题，用一组照片讲述一个群体的生存现状。在另一组名为《老无所依》②的照片中，反映了战乱下的叙利亚，难民中大批老人老无所依，受到的影响往往比年轻的难民更为显著的状况，也体现出对记者深度的追求。

此外，帕诺斯图片社在反映社会问题时往往以个人为切入点，记录具体事件，唤起关注，从而反映社会整体问题。《贫穷面孔》③是摄影师在 2005 年和 2015 年分别造访同一个村庄的同一群人，记录十年间的变化，以管窥联合国帮助第三世界国家的政策在这个典型的贫困村庄中发生的变化。

---

① Panos Pictures：LEGB in Russia，2013 年 6 月，http://www.panos.co.uk/preview/00173322.html? p=68，检索时间：2015 年 10 月 25 日。

② Panos Pictures：No Country for Old Man，2014－4，http://www.panos.co.uk/preview/00198102.html? p=41，检索时间：2015 年 10 月 25 日。

③ Panos Pictures：The Face of Poverty 2005－2015，http://www.panos.co.uk/stories/2－13－1830－2323/Jan－Banning/The－Face－of－Poverty－2005－2015/#，检索时间：2015 年 10 月 25 日。

图 54 帕诺斯图片社 Jan Banning,《贫穷面孔》,2005—2015

(二)立足边缘议题,关注第三世界

新闻报道是投向世界的一束束探照灯,报道所到之处,也是普通公众关注的焦点,媒体报道议程,很大程度上决定了公众的议程,即"媒体也许不能告诉人们怎么想,却能决定人们想什么"。帕诺斯通讯社致力于在媒体关注不到的世界里投下一束光。

帕诺斯的报道焦点是"被遗忘的世界",并认为被遗忘的社会不一定是不值得关注的社会。反之,在很多情况下,正是这些世界值得人们投注更大的关注。艾滋病等边缘议题和贫穷的第三世界国家都是帕诺斯通讯社最为关注的领域。帕诺斯通讯社的大部分摄影师也驻扎在非洲、南亚以及战乱地区,很多摄影师更在报道战争中失去了生命。

"记录未被人发现的世界,倾听未被人倾听的声音",①这一信条被帕诺斯图片社的主编和摄影师奉为使命,帕诺斯图片社对这些议题的关注也在世界范围内得到肯定。

(三)兼备艺术性与新闻性

帕诺斯图片社虽然也不回避新闻热点,但关注领域大多数集中在长线社会话题,因而对时效性要求并不高。帕诺斯的一组图片故事通常要拍摄数月,需要摄影师在一个地区驻扎很长时间,深入了解社会问题,从而拍出"有深度"的照片。在这种"慢拍摄"节奏下拍出的照片往往具有艺术性,因为摄影师有时间精心选取素材,细细打磨照片。正因如此,帕诺斯图片社的照片也常常被画廊收藏为艺术品。

四、涉华报道

目前,帕诺斯图片社有两名驻华摄影记者,分别驻扎在北京和上海。总体上看,帕诺斯图片社在中国的关注领域与其报道特点一脉相承,具体来看,又可划分为如下几点。

第一,关注环境问题。在对中国的报道中,十分关注高速发展的中国经济对环境的负面影响,用图片讲述故事,力图展现良好的经济发展下,中国社会所付出的代价,如一组建筑工人走在工地的照片,反映中国在高速城镇化的过程中,很多农民失去土地。②

---

① Conversations with Photography:25 Years of Panos Pictures,https://www.youtube.com/watch? v=uQ3DZsAS1eU,检索时间:2015 年 10 月 25 日。

② Panos Pictures:Another Great Leap Forward?,2015 年 3 月,http://www.panos.co.uk/preview/00201149.html? p=9,检索时间:2015 年 10 月 25 日。

第二,关注中国"普通人"生存现状。从广场舞的大妈,[①]到街头发传单的务工者;从农村务农人员,到大城市里的白领,帕诺斯图片社关注中国社会中奋斗的普通人的生活,向外界社会揭开中国的神秘面纱。

图 55 帕诺斯图片社 Justin Jin,2015

在其他方面,帕诺斯图片社也关注中国经济发展建设情况、社会民俗风情、新奇趣事、壮美风景等等,用富有表现力的照片讲述现代中国。

天空电视台 Sky TV

sky

天空电视台(Sky TV)是英国最大的付费电视媒体,占有英国电视收视市场高达 40%的份额,同时也是欧洲最大的付费电视台之一。目前,天空电视台隶属于传媒大亨默多克的新闻集团,总部设在伦敦,面向付费用户提供卫星电视直接入户服务。该电视网共有 370 个数字电视频道,内容包罗万象,融知识娱乐于一体,能满足不同年龄不同层次人群的订阅需求。[②]

一、历史沿革

天空电视台的前身是英国天空广播公司(British Sky Broadcasting,简称 BskyB),而后者的历史可以追溯到天空电视频道(Sky Television)和英国卫星广播公司(British Satellite Broadcasting,简称 BSB)。其中,天空电视成立于 1980 年,当时名为卫星电视有限公司(Satellite Television Ltd. 简称 SATV),以面向欧洲提供卫星直播电视节目为主要业务。1983 年,默多克对该公司产生兴趣,于 6 月实现对卫星电视有限公司 65%股份的收购,并于次年 1 月对公司展开重组,正式更名为天空频道(Sky Channel)。

1989 年,新闻集团整体收购了天空频道,进一步扩展成为天空电视台(Sky TV)。同年,默多克租用欧洲第一颗直播卫星 Astra 上的四个转发器播送天空电视台旗下四个频道的节目,包括天空频道(Sky Channel)、天空新闻频道(Sky News)、天空电影频道(Sky Movies)和欧洲体育频道(Euro Sport)。起初,默多克在欧洲推广直播卫星电视的进展并不顺利,由于没有加密技术,频道开始是免费收看的。尽管如此,用户增长仍然缓慢。为了推动用户增加,天空电视台一方面免费提供机顶盒和碟形卫星天线,另外还付钱给有线电视运营商,让频道在有线网中落地。

---

① Panos Pictures: Another Great Leap Forward?, 2015 年 3 月, http://www.panos.co.uk/preview/00201181.html? p=3, 检索时间: 2015 年 10 月 25 日。

② 吴长伟:《天空广播领跑电视发展》,《对外传播》2013 年第 2 期。

天空频道　天空新闻频道　天空电影频道　欧洲体育频道

图 56　1989 年天空电视台打包播送四个频道

与此同时，天空电视台的竞争对手英国卫星广播公司也处于经营不善、难以为继的状况。1990 年 11 月，两家公司合并成立了英国天空广播公司(British Sky Broadcasting，简称 BSkyB)，默多克成为该公司最大的股东。同一年，新闻集团旗下公司开发的加密技术用于天空广播公司，推出英国首个加密频道天空电影台(Sky Movies)，天空广播公司开始有了收视收入。之后几年中，随着更多 Astra 卫星的发射升空，天空广播公司得以开办更多的频道和节目。1997 年，天空广播公司开办了全新的数字电视业务——天空数字台(Sky Digital)，能够同时传送几百个电视和广播频道。①

1998 年，天空电视台在英国首次开办了 140 个频道的数字服务，并且逐步扩展到如今的 300 多个频道。2011 年 3 月，英国政府批准新闻集团全资收购天空电视台。2012 年 4 月 5 日，《卫报》刊文揭露天空电视台在新闻报道过程中非法窃取当事人的电子邮件，新闻集团随后承认了这一指控，成为英国电视行业首次卷入"窃听门"丑闻。

二、发展现状

作为传统媒体大国，英国的电视市场竞争激烈、发展迅速。天空电视台面临着与英国广播公司、独立电视台等主要竞争对手的激烈角逐，必须不断地推进技术水平和服务质量。2006 年 5 月，天空电视台开始推出高清电视服务，用户可以通过加置天空高清电视接收装置收看高清节目。2007 年 3 月，天空电视台推出了名为"天空即时"(Sky Anytime)的定制视频服务，使用天空高清机顶盒的用户可以通过这一服务点播自己感兴趣的视频内容。到 2012 年 10 月，"天空即时"全面升级为"天空定制"(Sky on Demand)，播出内容还涵括了独立电视台和第五频道的很多节目。

此外，从 2010 年 4 月开始，天空电视台还推出了自己的 3D 频道，主要包括天空体育 3D 频道和天空电影 3D 频道。2015 年 12 月，天空电视台宣布将于次年推出全新的产品服务线天空 Q(Sky Q)。天空 Q 系列将采用全新的数字电视服务平台，推出包括适用网络、无线热点和蓝牙连接的机顶盒、迷你机顶盒、专用路由器，以及相应的手机客户端应用等。从 2016 年 2 月开始，天空 Q 系列产品及服务已经开始陆续上线。

如今，天空电视台已经发展成为英国最大的直播卫星数字电视运营商，在英国和爱尔兰均有业务，被认为是世界上数字电视服务运营最成功的公司。在 2010 年时，天空电视台的直接入户卫星电视用户就已达到了 1000 万，成为全欧洲第一家用户数达到千万量级的电视媒体机构。在英国本土，天空电视台覆盖了全英 36% 的家庭，为约两千五百万观众提供服务。根据天空电视集团发布的 2015 年年报数据，英国公司在 2015 年的市场表现非常突出，拥有收视用户 1200 万，较上年新增用户 50.6 万，推出内容和服务产品达 3800 万。②

目前，天空电视台旗下的主要电视频道包括——以娱乐节目为主的天空一频道(Sky 1)、天空二频道(Sky2)、天空直播频道(Sky Live)、天空大西洋频道(Sky Atlantic)、天空艺术频道(Sky Arts)、天空 3D 频道(Sky 3D)等。

---

① 唐世鼎、黎斌主编:《世界电视台与传媒机构》，中国传媒大学出版社 2005 年版，第 145 页。

② Sky Plc: Annual Report 2015, https://corporate.sky.com/documents/annual－report－2015/annual－report－spreads－2015.pdf, p18，检索时间:2016 年 3 月 10 日。

图 57 Sky Q 系列产品及收视服务

图片引自天空电视台网站：https://corporate.sky.com/media－centre/skyq/press－releases/2016/sky－q－the－most－anticipated－tv－tech－launch－of－2016－available－to－buy－now，检索时间：2016 年 3 月 10 日。

天空新闻频道(Sky News)是英国第一家全天 24 小时播出新闻节目的电视频道，从天空电视台位于伦敦西部爱斯利沃斯的总部传送节目。天空新闻频道以"忠于事实，报道和叙事完整"为宗旨，赢得观众的普遍信任，在受众市场中享有很高的声誉。天空新闻频道的新闻策略深受母集团在美国的主要电视业务机构——福克斯电视网的影响，两台之间也在内容和经营等层面建立了密切的合作。

天空电影频道(Sky Movie)是 1989 年天空电视台最初通过卫星打包传送的四个频道之一，并且从 1990 年开始成为天空电视台旗下第一个加密单独播出的电视频道。之后，随着公司业务的不断拓展，天空电影频道也由原来的单一频道逐渐发展成为系列频道，并且从 2007 年开始逐渐按照影片类型成为独立频道。其中主要包括：天空电影首播频道(Sky Movies Premiere)、天空喜剧电影频道(Sky Movies Comedy)、天空家庭影片频道(Sky Movies Family)、天空动作冒险频道(Sky Movies Action & Advanture)、天空犯罪惊悚频道(Sky Movies Crime& Thriller)、天空科幻恐怖电影频道(Sky Movies Sci-Fi & Horror)等等。

另外，天空电视台旗下最受欢迎的频道还有天空体育频道(Sky Sports)。天空体育品牌下主要包括：天空体育一频道(Sky Sports 1，1991 年由原来的"体育频道"更名推出，主要播出足球赛事)、天空体育二频道(Sky Sports 2，1994 年 8 月开办，主要播出曲棍球和橄榄球赛事)、天空体育三频道(Sky Sports 3，1996 年 8 月开办，主要播出网球比赛，以及美国大联盟橄榄球联赛 NFL 和全美职业摔角大赛 WWE 等国外赛事)、天空体育四频道(Sky Sports 4，1999 年 4 月开办，以播出高尔夫球赛事为主)、天空体育五频道(Sky Sports 5，2014 年 8 月开办，主要播出包括欧洲足球锦标赛 UEFA European Championship、西班牙足球甲级联赛 La Liga、荷兰足球甲级联赛 Eredivisie 等在内的欧洲顶级赛事)。此外，天空体育旗下还有高清、综合等频道。

Channel Number	Channel Name
301	sky MOVIES PREMIERE
302	sky MOVIES PREMIERE +1
303	sky MOVIES SHOWCASE
304	sky MOVIES GREATS
305	sky MOVIES Disney
306	sky MOVIES FAMILY
307	sky MOVIES ACTION & ADVENTURE
308	sky MOVIES COMEDY
309	sky MOVIES CRIME & THRILLER
310	sky MOVIES DRAMA & ROMANCE
311	sky MOVIES SCI FI & HORROR
312	sky MOVIES SELECT

图 58 天空电视台旗下主要电影频道

图片引自天空电视台网站：http://www.sky－digital－box.org.uk/blog/2013/08/21/sky－movies－disney－channel/，检索时间：2016 年 3 月 10 日。

三、报道特点

天空电视台的传播特点与其所属公司媒体的整体特点基本一致，其优势首先在于它极大地满足了电视受众对内容的个性化需求。早在 1999 年，天空电视台便利用互联网与数字技术的互动功能，率先推出互动体育频道。在观看比赛时，观众可以通过电视机的机顶盒和手中的遥控器自由选择观看角度、重放、特写或慢镜头，不仅能够随时查阅参赛各队的信息及赛事花絮,甚至还可以选择侧重其中特定队伍的主播等。推出互动体育频道后,天空电视的观众曾以每日1万户的惊人速度增长。2013年,天空电视台的互动频道已经涵盖了购物、电子节目单、与商家联机的互动电视广告等多项业务。

为增加订户、占领市场,天空电视台的一项重要举措就是免费提供机顶盒和碟形卫星天线。仅仅三年之内,公司就为此支付了近7亿英镑。靠着这一手段,天空电视台在付费电视市场上打败其最大的竞争对手——独立电视网的数字服务。近几年,天空电视台的用户增长已经基本稳定,扩增用户的成本从2012年的234英镑到2013年的207英镑,进一步降低到2014年的200英镑以下。

天空电视台的重点发展用户锁定在中、青年人家庭。根据频道范围和观众口味的不同,天空电视台的价格标准共有六百多种组合,每月收费从只有最基本电视节目内容的20英镑到包含多种节目内容、网络服务和节目录制等附加功能的140英镑不等。[①] 而且随着订户的增多,其收费标准也在不断上调。天空电视台拥有"业界最好的订户管理系统和高效的市场营销体系"。如果要想取消服务,公司也会给用户提供更好的媒体消费建议;而如果用户向朋友推荐使用天空电视台的服务,还会获得相应的优惠折扣等。2013年,天空电视台的用户退订率只有9.4%,在世界同行中都是最低的。

四、涉华报道

自2012年起,马克·斯通(Mark Stone)便作为天空电视台的驻京记者常驻北京。斯通从事新闻行业多年,从2002年起在美国广播公司(ABC)担任节目制作,后于2005年转到天空电视台,并于2007年开始作为一名记者开展新闻采访报道工作。作为记者,马克·斯通访遍全球,足迹甚至覆盖利比亚、伊拉克等战乱之地。[②]

2013年,斯通就中英关系发表一篇题为《今天的英国能否得罪得起中国》的评论文章。在文中,斯通多次以"世界第二大经济体"来指称中国,表示如今的中国在世界的政治、经济舞台上都容不得英国小觑。2014年12月,斯通实地采访了中国知名的葡萄酒企业张裕集团。通过走访酒庄、生产车间,斯通制作完成了题为《中国佳酿适合女王》(*China's Fine Wine That's Fit For The Queen*)的专题报道。报道称,中国的葡萄酒行业在最近十年中飞速发展,"葡萄园遍布全国,能够生产出世界级的葡萄酒品",并且以张裕集团出口欧洲的产品为例,"甚至能够成为女王杯中之物的上乘酒品"。[③] 除此之外,斯通也对"东方之星"沉船事故等中国的突发性新闻事件作

图59 马克·斯通对中国葡萄酒行业的报道

---

① 天空电视台网站:http://www.sky.com/shop/offers/,检索时间:2016年3月10日。

② 《每日邮报》网站:British TV reporter seized in China as he tried to film in Tiananmen Square on SAME DAY new Communist leader takes charge, 2013-3-15, http://www.dailymail.co.uk/news/article-2293788/British-TV-reporter-seized-China-tried-film-Tiananmen-Square-SAME-DAY-new-Communist-leader-takes-charge.html,检索时间:2015年7月5日。

③ 天空电视台新闻频道网站:China's Fine Wine That's Fit For The Queen, 2014-12-21, http://news.sky.com/story/1395035/chinas-fine-wine-thats-fit-for-the-queen,检索时间:2016年3月10日。

出了报道,但大多数都较为简短浅显,时效性强但深度稍显不足。[①]

通过天空电视台官网以关键词"China"进行检索,能够得到较大数量的涉华新闻报道,但是由于该网站搜索功能设置所限,并不显示词条总数量,仅呈现根据相关程度或发布时间排序的前100条新闻。以此为基础,天空电视台每天发布的涉华新闻平均有2到3条,其中大多数为3到5分钟的视频辅以文字报道的形式。相关报道涉及的议题涵盖中国的政治、经济、文化、娱乐、体育等各个方面,相对来说对中国的关注程度比较高。然而,从涉华报道的议题选择和报道立场来看,天空电视台的涉华报道都以负面倾向为主。就议题选择来说,天空电视台的涉华报道大量关注包括人权问题、政治制度、争议事件等为主的负面新闻议题,并且在报道的选词用语上极尽嘲讽暗喻,在大多数报道中体现出较为负面的对华态度。在发表的涉华评论性报道中,天空电视台及其下属记者编辑人员也比较倾向于将中国置于"他者"的立场予以阐释。例如,2013年1月1日,天空电视台网站刊发了一篇由马克·斯通撰写的涉华评论文章,盘点"为什么你应该重视中国?"(China: Why Should You Care?)的六大原因,不仅指出中国是世界人口数量最大、世界第二大经济体的体量性因素,还特别强调了中国在环境问题、军事力量、政治制度和社会环境等方面与欧洲国家的不同,尤其突出差别和对立的层面。[②]

不过,天空电视台不时也有积极肯定中国的发展和变化的报道。例如,2008年北京奥运会举办前夕,天空电视台派出主播杰里米·汤普森为核心的报道团队赴北京展开采访报道。期间,汤普森在北京奥运会开幕式举办场所鸟巢附近的演播室内进行报道,在报道中对开幕式大加赞扬,称中国人充满了自豪感和爱国热情。在此期间,天空电视台还播放了有关奥运会前一系列准备工作的画面,介绍北京为办好奥运会做出的大量努力和细致工作。该台记者彼得·夏普在北京演播室评论说,北京奥运会对中国人来说是一件了不起的事,它不仅仅是一个体育盛会,也是一个向世界展现中国的重要场合。[③] 四年后在伦敦奥运会举办之际,天空电视台又在报道中称,对于伦敦奥运会来说,北京是难以逾越的高峰。中国人在准备工作上面面俱到,确保万无一失。四年后重返鸟巢,可以发现鸟巢依然游人如织。

英国广播公司 British Broadcasting Corporation

BBC

英国广播公司(British Broadcasting Corporation,通常采用简称BBC)成立于1922年,是英国最大的新闻广播机构,也是当今世界最有影响力的全球媒体之一。英国广播公司的员工最多时达到两万七千人[④],拥有广阔的记者网和巨大的国际影响力。在全世界媒体中,英国广播公司树立了公共媒体的典范,被视为全球最受尊敬、最具公信力的媒体之一。

一、历史沿革

英国广播公司建立于1922年,由无线电制造商马可尼(Marconi)、英国通用电气公司(GEC)等联合出资建立,11月14日起开始每天定时播出节目。英国广播公司建立的初衷,是为了推动公司生产的无线电设备销量。1927年,英国广播公司获得皇家特许状(Royal Charter of Incorporation),随即成立理事会负责电台的运营,由

---

① 天空电视台新闻频道网站:China Ferry Capsize "Not Caused By Cyclone",2015年12月30日,http://news.sky.com/story/1495619/china-ferry-capsize-not-caused-by-cyclone,检索时间:2016年3月10日。

② 天空电视台新闻频道网站:China: Why Should You care? http://news.sky.com/story/1029509/china-why-should-you-care,检索时间:2016年3月10日。

③ 新华网:《英国电视台评论北京奥运会开幕式》,2008年8月8日,http://news.xinhuanet.com/olympics/2008-08/08/content_9052548.htm,检索时间:2016年3月10日。

④ 陈永庆:《BBC:世界传媒王国的成长之路》,华夏出版社2009年版,前言,第1页。

政府任命理事会成员,每位成员的任期为4年。

图60 "BBC之父"约翰·里斯

图片引自BBC网站:History of the BBC — 1920s,http://www.bbc.co.uk/timelines/zxqc4wx,检索时间:2015年5月18日。

约翰·里斯(John Reith)是英国广播公司的第一任总裁,他奠定了英国广播公司发展的诸多原则,因而被称为"BBC之父"。里斯为英国广播公司订立了高标准的职业准则,建立起充满理想色彩的公共广播体制。他主张媒体应该肩负起教育大众的责任,提供高品质的节目,为此应该拒绝商业的干预,同时抵制政府的控制。在最大程度上减少商业和政府的控制,以此保证为受众提供公正的、不偏不倚的新闻,这既是创台总裁里斯的追求,也是英国广播公司一直以来孜孜以求的独立。然而从英国广播公司的发展历程来看,在大多数时候,英国政府仍然通过直接、间接的方式对英国广播公司施以影响。一方面,政府制定了相关法律对英国广播公司的行为加以监管,包括藐视法庭法、公务保密法、诽谤法与隐私法等。而在战争时期,还有更为严格的战时新闻检查,政府可以对新闻施加更为严格的控制。另一方面,政府在人事任免、收视费额度等经济方面,也可以对英国广播公司施加甚至更为有效的间接影响。

在英国广播公司成立之初,英国国力强盛,因而有向世界其他地区传递自己声音的需求。1932年,"BBC帝国服务"(BBC Empire Service)开播,这是英国广播公司第一个向英国本土以外地区广播的电台频道。1938年,英国广播公司第一个非英语频道——阿拉伯语电台开播。到第二次世界大战结束时,英国广播公司已经以英语、阿拉伯语、法语、德语、意大利语、葡萄牙语和西班牙语7种语言向全世界广播,这也是BBC全球服务(BBC World Service)的前身。

1936年11月2日,BBC1正式开始播出节目,成为世界上第一个电视台。同年,英国广播公司首次开始向观众征收电视执照费,奠定了延续至今的付费传统。英国广播公司向订阅的用户收取执照费,费用每年不同,总体上根据物价而浮动。因为面向用户收取费用,所以其开销也必须每年公开,普通民众可以查阅英国广播公司的实际花费情况,以判定其是否履行"为公众服务"的职能。英国广播公司几乎每年都会投入超过八成的用户缴费总额,作为节目制作的经费,以此确保受众能看到制作精良的电视节目,这是英国广播公司的生存之本,也是其与商业电视台的重要区别。商业电视台为了追求受众,非常在意节目带来的收视率,希望用最少的投入获得最大的广告利润。作为公共电视体制的杰出代表,英国广播公司则希望培养和教育受众,即用高质量、高品质的节目来引导受众的趣味。到第二次世界大战前时,已经有大约25000个家庭收看该台的节目。

图61 丘吉尔首相的演讲通过BBC传往整个英国

图片引自BBC网站:history of the BBC,http://www.bbc.co.uk/historyofthebbc/,检索时间:2015年5月18日。

第二次世界大战期间,英国广播公司的电视服务一度中断,但广播服务仍然得以延续。在此期间,丘吉尔首相的演说通过英国广播公司的广播传到千家万户,鼓舞了英国军民的士气,英国广播公司在英国的地位进一步得到巩固，也在世界新闻传播史上留下了浓抹重彩的一笔。1955 年，英国出现了英国广播公司的竞争者——独立电视台(ITV)，但其对英国广播的垄断一直延续到 20 世纪 70 年代。1979 年，英国广播公司正式成立有限责任公司(BBC Enterprises Ltd.)，以应对愈发激烈的市场竞争。

1980 年代后期，英国广播公司开始整顿旗下业务，通过转让出售，剥离部分机构。例如，将图片检索业务 Hulton Press Library 出售给盖蒂图片社。1995 年，经过新一轮公司重组，成立了英国广播公司国际有限公司(BBC Worldwide Ltd.)，由这个专门的国际公司负责包括音像、出版等内容产品的营销，面向全世界进行销售以及版权交易。2000 年以来，面临不断增大的财政压力，传统的收入支柱收视费近年也受到越来越多的争议，英国广播公司一方面裁撤机构缩减开支，另一方面力促向新媒体领域的转型，形成了以几大电视台为基础，以精品内容制作和新媒体传播为主阵地的国际媒体集团。

二、发展现状

(一)转型全媒体

1998 年被称为英国的新媒体元年。在这一年，英国广播公司开播了全新的电视频道 BBC Choice(选择台)，之后又开播 BBC Knowledge(知识台)，等等，逐步实现数字化转型。近年来，英国广播公司的新媒体转型受到广泛关注，作为一个有着近百年历史积淀的庞大机构，难度可想而知。但是，英国广播公司的转型策略在全球范围内获得了广泛认可。

2006 年，新上任总裁面向全台发表“创意未来”演说，以此演说内容为纲领，目标是在未来 6 年内，全力向全媒体转型。创意未来战略包含五大主题，其中最重要的是“马提尼媒介”“易于查找”两大思想。[①] “马提尼媒介”是一种跨平台的传播战略，如今，手机、平板电脑等移动终端成为媒介的重要组成部分，英国广播公司希望用户能够在这些移动终端上便捷地获取信息。因此，“马提尼媒介”尝试实现内容在不同媒介、不同平台上的自由转换，实现在各终端上的“无缝衔接”。“易于查找”是英国广播公司竭力达成的另一目标，即力图通过便捷的分类和先进的检索算法，使用户在信息爆炸的社会中便捷地检索信息。另外，英国广播公司对于受众的认识也有所转变，充分认可受众的主动性，从而提出发展“用户生产内容”(User Generated Content，简称 UGC)的尝试方式，打通受众与媒体交流的渠道。

创意未来计划下又有“三大概念”——“导航”“点播”与“共享”，都以用户为服务核心进行考量。这三大核心概念中，“点播”的成果颇为显著。iPlayer 是英国广播公司该理念的代表产品，是公司推出的一项流媒体服务，允许客户点播七天内播出的节目。2008 年，iPlayer 服务登陆 iPhone 平台，迈出了向移动化进军的第一步。到 2014 年，超过 46%的用户使用移动设备访问 iPlayer 服务，其中手机用户占到 18%左右，平板用户占到 27%，而且使用平板的用户数量呈现上升趋势。[②] 近半数的用户使用量来自移动端口，这使得英国广播公司更加重视移动端的建设。“共享”这一理念再次强调 UGC 内容的重要性，希望用户在公司网站上建立自己的博客，并将自己的视频、音频发布到相应的网站上，以英国广播公司网站为平台，创建自己的内容。[③]

(二)遭遇信任危机

21 世纪之初，英国广播公司遭遇到前所未有的信任危机。2003 年，英国广播公司在广播节目中引用戴维·凯利博士(David Kelly)的观点，称英国政府此前为了赢得英国民众对战争的支持，蓄意夸大伊拉克拥有大

---

① BBC：Creative Future－BBC Address Creative Challenges of on－demand，2006 年 4 月 25 日，http://www.bbc.co.uk/pressoffice/pressreleases/stories/2006/04_april/25/creative.shtml，检索时间：2015 年 5 月 18 日。

② 中国互联网数据中心：《BBC：2014 年 2 月 46%的用户通过移动设备访问电视服务》，2014 年 3 月 31 日，http://www.199it.com/archives/206351.html，检索时间：2015 年 7 月 2 日。

③ CCTV：《BBC 的全媒体战略》，http://www.cctv.com/cctvsurvey/special/BBCquanmeiti/bbc/index.shtml，检索时间：2015 年 7 月 2 日。

规模杀伤性武器的情况。英国政府否认这一指控，并指责英国广播公司报道假新闻。凯利博士在事件爆发后不久自杀身亡。公众认为，凯利博士是英国广播公司与政府斗争中的牺牲品，这一不满情绪进而转化为对英国广播公司和政府的质疑，最终公司总裁和理事会主席双双辞职。在危机过后，英国广播公司虽然进行了反思改革，但这些质疑也不曾停止。

2007 年，英国广播公司再一次深陷信任危机，从这一年开始，英国警方开始陆续接到举报，称著名主持人杰米·萨维尔(Jimmy Savlle)从 1970 年就开始性侵少女，警方虽然开始调查，但最终以证据不足而告终。2011 年，萨维尔在家中逝世，调查更加难以进行。英国广播公司被指控在调查期间，内部高层打压新闻节目 Newsnight 对此事件的调查，引起全英国社会的哗然，甚至惊动了英国国会。这一事件是对英国广播公司公信力的又一次沉重打击。①

三、报道特点

(一)准确高于时效

新闻的竞争很大程度上是时效性的竞争，但快速并不是英国广播公司的第一追求。在英国广播公司的编辑指南中明确规定，对于突发性新闻的报道“准确性比时效性更重要”。2015 年 3 月 19 日，网传新加坡总理李光耀辞世，事后被证明信息失实。面对这一爆炸性新闻，为抢占时效性，众多媒体纷纷未经核实转发，其中不乏世界性大媒体，如美国有线电视网(CNN)等。在这一过程中，英国广播公司却始终没有急于发布，与其自身对新闻准确性的追求不无相关。

图 62 BBC 旗下主要电视、广播及网络频道

(二)融合品牌战略

英国广播公司为自己的发展设定了“同一个 BBC”战略(One BBC)，一方面指内部资源整合，另一方面也包括整体产品整合，对外的每个产品都属于英国广播公司品牌下的一部分。早在 2012 年，手机就已经超过电脑，成为中国网民的第一上网终端，这也是世界的整体趋势，因此，手机客户端在品牌建立上的作用不可忽视。

BBC News 是英国广播公司的英语新闻类客户端，客户端的发展也是公司整体品牌战略的有机组成部分。客户端完全免费下载使用，表明英国广播公司是把它作为整体品牌战略的一部分。虽然客户端在经济上并不能提供可观的产出，但品牌效益、建立忠诚客户方面的效益等也属于广义上的产出，也是不可忽视的。

---

① 江苏、陈化南:《英国 BBC 何以深陷性侵风波》,《长春教育学院学报》2013 年第 3 期。

(三)开辟"用户生产内容"途径

随着手机的普及,公民新闻、公民记者越来越流行,用户生产内容(User Generated Content)也随之流行。UGC使得用户自己成为内容生产者,使权威媒体无法独占新闻资源,让每个人都能参与到新闻生产过程中去,是未来新闻发展的一大方向。

在这方面BBC News也作出了尝试,它在客户端上开辟了两个端口,一个供用户上传照片,另一个上传文字新闻,为用户贡献内容提供了最为便捷的渠道。只要有一台可联网、可照相的手机,广大用户就能做到为BBC News上传新闻。这种方式带来的便捷性是无可比拟的,无需使用电脑、登录网站,也无需复杂的编辑程序,极大地简化了UGC的流程。此外,允许用户上传新闻和图片,带给用户参与感,也一定程度上有助于增加用户黏性,使得客户端拥有更为稳定的受众群。

(四)客观公正的报道态度

从性质上看,英国广播公司是世界上历史最悠久的公营电视公司,不依赖广告提供收入,因而受商业干扰较小。由于接受英国政府的补助,因此有人质疑英国广播公司为英国政府操控。不可否认的是,每个具有国家属性的媒体在涉及国家利益的重大事件上,总代表着自身国家的利益。但作为一家国际媒体,英国广播公司一直以客观公正的角度维持自身的国际影响力,其受英国政府的影响并不大。英国广播公司的编辑手册也对客观公正作出了明文规定,要求对事件的相关方同时给予报道,最大限度保障报道的公正性。

四、涉华报道

2006年1月,英国广播公司推出了中文网,开辟在中国发布新闻的窗口。BBC中文网是一个24小时不断更新的中文新闻的多媒体网站,与公司旗下英语及其他语种网站一样,它是BBC多语种网上新闻时事平台的其中一个组成部分。BBC中文网在主页上提供最新的新闻、分析和多媒体内容。网页上也有各种链接,可关联到BBC中文网内的不同网页和其他有关信息资料。国际新闻版块提供最新国际新闻的详细内容,包括有关分析评论和背景资料,深入解析全球新闻事件。英国动态版块以多媒体形式为中文读者提供有关英国的最新消息,包括文娱动态和英国生活与教育的介绍。此外,用户可在中文网的网上论坛专区就热门新闻时事话题畅所欲言,发表意见,也可利用有关链接向BBC中文网发送原创作品。[①]

图63 纪录片《西藏一年》

除此之外,在节目内容制作播出方面,英国广播公司也对中国非常重视,相关的报道数量也很多。根据对英国广播公司官方网站的检索,整体来看,该台每天都有播出与中国相关的报道。在官网的子菜单中,还开辟有专门的"中国"专题网页,集合了与中国相关的最新报道和评论文章,内容涉及方方面面,议题非常全面。

从报道议题分布上来看,经济、政治、社会议题所占比重相

① BBC中文网:《官方介绍》,http://www.bbc.com/zhongwen/simp/institutional/2011/04/111111_about_us,检索时间:2015年5月18日。

当,在有特殊事件的时期,相关方面的报道数量会激增。例如,2008 年北京奥运会时期,体育方面的报道数量远远超过平时。再如,2015 年六七月份,由于中国股市变动很大,关于中国股市、中国经济的报道数量相对更多。而在报道具体事件时,英国广播公司力争给事件双方发言机会,但在双方所占报道量上可能有所不同。

在所有的涉华报道中,有相当一部分可以归为负面报道。其中,英国广播公司关注的常规议题主要包括以下几个领域:一是环境问题,环境与中国经济发展的关系等方面是英国广播公司长期关注的议题,具体包括中国的水污染、空气污染是如何产生的,政府又采取了哪些措施加以治理等;二是人权问题,其中又对言论自由问题尤为关注;三是民族问题,英国广播公司对民族问题投注了很大的关注,其中最为关注的是西藏、新疆等民族地区的相关事件,以及政府对民族问题的处理方式。可以说,英国广播公司对这类报道主要持负面态度,而对于各民族融合发展的关注较少。在很多政府定义的恐怖事件中,英国广播公司也持有保留态度,不时指责中国政府相关信息披露迟缓,内容不明确。

除了新闻报道外,英国广播公司还与中央电视台、上海文广集团及湖南卫视等多家中国媒体展开密切合作,拍摄了很多关于中国的纪录片,例如 BBC 环球公司与中国国际电视总公司合作拍摄的《美丽中国》环境纪录片,展现了中国的壮美山川,行销 60 多个国家。在这些纪录片中,既有包含负面倾向的《中国人要来了》,也有积极阐释西藏故事的《西藏一年》。2011 年出品的《中国人要来了》一片,讲述了中国人在非洲、南美和美国的生存境况,总体上客观公允,“其采访的对象既涉及当地人也涉及外来的中国人,在谈论同一个事物的时候往往同时记录不同方面的声音,以显示平衡原则”,但“不露声色地传达出对中国崛起的偏见,塑造了一个负面为主的中国国家形象”。虽然纪录片里表面上给同一事件的双方发言机会,但代表中国声音的发言时间、详细程度上都低于另一方面。① 与之相对,英国广播公司于 2008 年播出的《西藏一年》也在国际上引发热议,以平直、朴实的镜头语言,通过西藏普通人的故事还原了藏文化,传扬了中国的传统价值理念。该片在英国广播公司播出之后,又被广泛引进到包括美国、法国、德国、西班牙在内的世界 40 多个国家和地区,并于次年开始在中央电视台播出,几乎在所有播出地区都获得了高度评价。

图 64　2015 年 9 月 3 日,再次派驻中国的凯莉参与了世界反法西斯战争胜利 70 周年阅兵的报道工作

英国广播公司于 1964 年开始向中国派出常驻记者,并于 2007 年将驻京分社升格为东亚总分社,现有驻华记者 6 人。现任东亚分社总编辑是 2010 年 5 月上任的华金・弗洛托(Joaquin Floto),中文名字周飞鹏。在驻任北京的几年时间里,周飞鹏的报道领域非常广泛,在许多突发新闻事件中都能看到他的报道,如 2015 年 6 月 1 日长江沉船事件的系列报道。总的来说,作为总编辑,他的主要工作职责是协调记者站的整体工作,同时也作为资深记者采写与中国相关的深度报道。

凯莉・格雷西(Carrie Gracie)是英国广播公司驻北京的资深编辑,早在 1991 年就曾到北京担任外派记者,任期长达八年。此后,凯莉也长期关注中国,从事与中国相关的新闻报道工作,是个不折不扣的中国通。2013

① 韩昀良:《客观外衣下的话语霸权——BBC〈中国人要来了〉的编码特点及对我国对外传播的启示》,《传播与版权》2014 年第 9 期。

年12月20日，凯莉再次被英国广播公司派往中国，成为首席编辑。[①] 2012年10月18日，英国广播公司的广播节目分10集播放了系列专题节目——《中国：历史的见证》。专题节目介绍了一系列关于中国历史的故事，故事的主人公既有中国封建时代的王侯将相，如秦始皇、忽必烈、刘备、洪秀全，也有文人墨客，诸如司马迁、李白、杜甫、王安石，还不乏中国现代普通老百姓的身影。这一系列节目正是由凯莉操刀制作的。她表示，"如果说中国当代领导人在给国民提供机会去塑造未来，那么历史人物的过去就是我们的现在。"[②]

2015年6月22日，英国广播公司推出了由凯莉采编制作的多媒体报道《一座村庄与它的女孩》（*The Village and The Girl*），前后两次采访跨度长达十年时间（2006年到2015年），通过一个年轻女性小张的个人经历，反映了经济发展和社会剧烈变化下的今日中国，尤其是普通中国人在生活水平和思想观念上的质性飞跃。其中，既凸显了工业化、城市化过程中随之而来的问题，包括环境污染等，同时也突出了经济发展如何从根本上改变了中国社会和普通国人的面貌。十年前，小张一家生活在一个名叫"白马村"的"没有贫困只有更贫困"的小村庄，而小张是个11岁就辍学在家务农的普通农村姑娘；对比十年后，昔日贫困村庄变成现代化气息十足的无锡新区，而小张的女儿即将进入当地排名第二的中学读书，她面对的未来有着无限可能性。[③]

图65　左为2006年凯莉到白马村采访小张一家，右为2015年凯莉再次赴当地采访小张一家

---

① BBC：BBC Appoints Telegraph's Kamal Ahmed as Business Editor，2013年12月20日，http://www.bbc.co.uk/news/business－25463326，检索时间：2015年8月9日。

② 张慧：《一位英国记者的"中国历史课"》，《青年参考》2012年11月7日A28版。

③ BBC：The village and the girl，2015－6－22，http://www.bbc.co.uk/news/resources/idt－dd0e6fd5－12fc－4a4a－a0eb－4ef064900f92，检索时间：2015年8月10日。

爱尔兰

《爱尔兰时报》*The Irish Times*

THE IRISH TIMES

《爱尔兰时报》(*The Irish Times*)是爱尔兰历史最为悠久的报纸,也是当今爱尔兰境内最为重要的主流报刊。报纸每日发行,主要覆盖爱尔兰国内,是一份综合性英语日报。

一、历史沿革

《爱尔兰时报》成立于1859年3月29日,创办者是劳伦斯·诺克斯(Lawrence E. Knox)。创办初期的《爱尔兰时报》两周刊行一期,从6月8日开始变为每天发行的日报。

在发展过程中,《爱尔兰时报》的政治倾向也不完全一致,而是随着所有者的不同而发生改变。成立初期,受劳伦斯个人政治立场的影响,《爱尔兰时报》支持爱尔兰从英国独立,是爱尔兰国家主义的宣扬者。1873年,报刊易主,阿诺特(Arnott)家族接管报纸。报纸在阿诺特家族的管理下,进入了近百年的稳定发展时期,政治倾向也发生了转变,转而支持爱尔兰与英国统一。1958年,董事会成员中最后一位阿诺特家族后裔辞世,报刊发展又迈入了新时期。

1974年,爱尔兰时报信托公司(The Irish Times Trust)成立,接管《爱尔兰时报》的管理工作。这一公司属于担保责任有限公司(Company Limited by Guarantee),成立目的是保证后者的独立性,保证其最大限度免受政治与经济的干预,能坚持独立的报道方针。信托公司董事会最多由11个人构成,要求在人员选取上能够代表爱尔兰各个团体的利益。

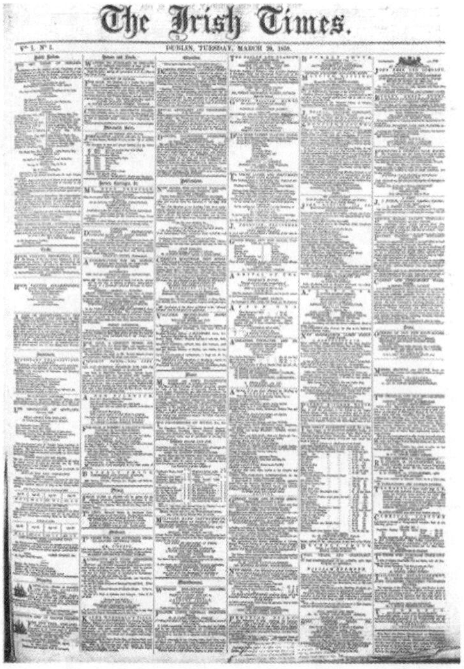
The Irish Times.
DUBLIN, TUESDAY, MARCH 29, 1859.

图1 1859年创刊的《爱尔兰时报》

THE IRISH TIMES
DUBLIN'S CAMDEN CRAWL FESTIVAL
THE TICKET
DEVELOPER WITH A POP STAR PAST
BUSINESS THIS WEEK
NewsDigest
Eircom examiner rejects €2bn bid
Brady urged by party leaders to consider position
Pressure grows on cardinal to resign over abuse scandal
Close and personal: Roy Keane talks football and his future on Dublin visit
Growth must be central to fighting crisis, says ECB chief
Dervish pull out of Israel tour after social media 'venom'
O'Briens
SAVE
3 FOR 2

图2 《爱尔兰时报》头版

二、发展现状

根据统计，2013 年，印刷版《爱尔兰时报》日均销售量为 31.4 万份，男性读者略高于女性读者(男性读者占 51%)，大部分读者受过良好教育且分布在大城市里。《爱尔兰时报》网站的访问量也很大，日均访问量达到 12 万，其中男性占到 65%。①

时至今日，《爱尔兰时报》依然保持着严肃的版面风格，版式上类似有“灰色女士”之称的《纽约时报》，显示出在商业化大潮下，坚持走严肃报刊、精英报刊的决心。

图 3 《爱尔兰时报》网站首页

图片引自《爱尔兰时报》网站：http://www.irishtimes.com，检索时间：2016 年 3 月 8 日。

与此同时，《爱尔兰时报》也是爱尔兰境内最早创办网络版的报刊之一，旗下网站已经成为国内最受欢迎的线上媒体网站。网站广受欢迎一方面是因为《爱尔兰时报》提供全面、严肃的新闻和评论，另一方面是由于网站设计非常出色，使得查询和搜索信息非常便捷，排版也错落有致，信息布局非常有条理。网站采取付费模式，但每个用户每周在电脑版网站上，可以享受 10 篇免费文章。同时，报纸也推出了移动客户端应用，用户可以享受每周 20 篇免费文章的优惠，超过这一数量的内容需要订阅才能阅读。

三、报道特点

《爱尔兰时报》是一份严肃大报，其报道特点符合一般严肃大报的特点。

在版面布局上，《爱尔兰时报》的风格较为严肃。《爱尔兰时报》采用黑色通栏报头，报刊头版采用图片的比例不高，标题也采用严肃的黑色字体，整个版面非常庄重。

而在报道内容上，《爱尔兰时报》主要关注严肃的政治经济新闻，对于一般市场小报更为关注的娱乐新闻等内容关注程度很低。国际新闻曾经是《爱尔兰时报》的发展重点，但是在 2000 年前后爱尔兰遭遇经济危机，《爱尔兰时报》也遭受到沉重打击，广告减少，受众量下滑，迫不得已加入裁员大潮。在这次裁员中，《爱尔兰时报》一方面减少了驻外记者数量，同时也缩减了国际新闻的内容版面，进而使一直以来引以为傲的国际新闻报道受

① 《爱尔兰时报》读者统计：http://www.irishtimes.com/polopoly_fs/1.1776475.1398694056!/menu/standard/file/TheIrishTimes2013.pdf，检索时间：2015 年 5 月 25 日。

到影响。[①]

四、涉华报道

1996 年,《爱尔兰时报》在北京建立了亚洲地区的第一个记者站,由此也表明了该报对中国的重视。《爱尔兰时报》是一份严肃大报,但是限于爱尔兰的综合国力,该报在世界上的影响力有限。但是多年以来,《爱尔兰时报》的国际版一直是制作最精良的版块之一,体现出该报试图扩大国际影响力的努力。

从报道数量上看,在《爱尔兰时报》网站上以“中国”为关键词进行检索,结果多达 33 456 条,[②]在各个版块的分布情况如下。

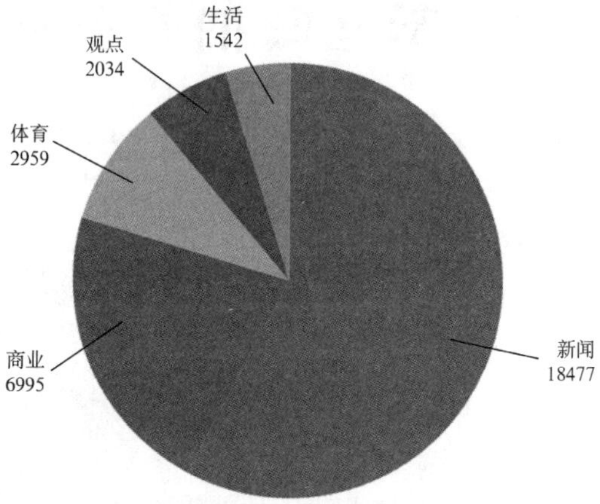

图 4 《爱尔兰时报》涉华报道各版块分布

其中,在新闻版块下,又涉及政治、经济、社会等诸多领域,其中尤以经济议题在报道中占有重要地位。一是中国经济崛起,经济发展引起世界关注,而中国经济是否能健康发展,也对世界经济产生重大影响。在《中国经济开始蓬勃发展》[③]一文中,《爱尔兰时报》充分肯定了中国经济已经足够强大,成为整个地区发展的动力,文章客观地指出了当时中国经济发展面临的问题,如企业价格战导致的恶性竞争,但整体上,中国经济改革不断深化,问题掩盖不了中国经济强劲的发展趋势。二是中爱两国经济往来日益加深,爱尔兰将中国视为重要市场,因而关注中国经济动向。《爱尔兰时报》对中国的经济发展持有肯定的态度,同时关注中爱两国之间的经济往来,探索爱尔兰如何搭上中国经济发展的“顺风车”。

在政治报道上,《爱尔兰时报》略显保守。特别是在人权问题的相关报道上,对中国人权问题颇有微词,认为中国政府的一些做法限制自由,特别是新闻自由。在一篇名为《中国政府关押记者高瑜》[④]的报道中提出,对记者的关押是“对言论自由的又一次压制”,而这已经是高女士第三次被判入狱,此次入狱高女士已经是 71 岁高龄,并引用联合国和记者无国界组织对中国政府关押记者行为的批评。通过文章,该报对人权问题表现出了担忧的情绪。

《商业与财经》*Business & Finance*

《商业与财经》(*Business & Finance*)杂志是爱尔兰最有影响力的专业财经杂志,从属于商业与财经媒体集团(Business & Finance Media Group),总部设在都柏林。

---

① Britannica:http://academic.eb.com/EBchecked/topic/293754/Ireland/23044/Media-and-publishing,检索时间:2015 年 5 月 25 日。

② 检索自《爱尔兰时报》官方网站:http://www.irishtimes.com/search/search-7.1213540? q=china&page=3&sortOrder=newest,检索时间:2015 年 5 月 25 日。

③ The Irish Times: Chinese Economy Begins to Boom, 2000 年 7 月 28 日, http://www.irishtimes.com/business/chinese-economy-begins-to-boom-1.297524,检索时间:2015 年 9 月 21 日。

④ The Irish Times:China Jails Journalist Gao Yu(71) Accused of Leaking State Secrets,2015 年 4 月 17 日,http://www.irishtimes.com/news/world/asia-pacific/china-jails-journalist-gao-yu-71-accused-of-leaking-state-secrets-1.2180179,检索日期:2015 年 9 月 21 日。

一、历史沿革

《商业与财经》创刊于 1964 年，创办人是爱尔兰出版业的传奇人物休·麦克劳克林(Hugh McLaughlin)[1]。

多年以来，《商业与财经》杂志一直致力于为各行各业的经济管理者提供行业最新资讯和深度分析。成立五十多年以来，《商业与财经》的报道涵盖了众多爱尔兰商业历史上的里程碑。这份杂志创办了一系列具有世界影响力的专业排行榜，包括“爱尔兰顶级企业排行榜”(Top 1000 Companies in Ireland)、“爱尔兰商界风云人物榜”(Who's Who in Irish Business)等。

图 5　2015 年“爱尔兰商界大奖”

图片引自：《商业与金融》杂志网站：http://www.businessandfinanceawards.com/，检索时间：2015 年 11 月 11 日。

通过对本国在商业、信息技术、财经、政治等方面取得成就的公司企业和商业领袖的报道，《商业与财经》在财经领域建立起强大的影响力和引导力。以此为基础，杂志社还主办了一系列高端峰会，为爱尔兰商业精英提供建立联系、共同交流的平台。[2] 除此之外，《商业和财经》杂志还时常举办商业论坛，为业界新锐观点提供交锋场所，进而在辩论和交锋中对经济形势有更准确的把握。

二、发展现状

目前，《商业与财经》不仅在能在爱尔兰国内买到，在世界几大重要金融中心都有发售，包括伦敦、纽约、华盛顿、芝加哥和香港。除了纸质版杂志，《商业与财经》还拥有自己的官方网站，在网站上不仅能看到每期杂志的文字内容，还有丰富的新闻图片和视频报道。网站更新信息速度很快，弥补月刊杂志更新时效性上的不足。此外，杂志运营的推特账号也非常活跃，每天都会更新数条内容，内容涵盖经济、金融、科技、环保等诸多领域。

杂志的现任发行人是伊恩·哈兰德(Ian Hyland)，同时他也是爱尔兰知名新闻期刊《麦吉尔》(*Magill*)的发行人。

三、报道特点

《商业与财经》是一份每月刊行一期的专业财经月刊，是全爱尔兰发行量最大的财经类期刊。在报道范围上，由于杂志主要立足爱尔兰，因而以聚焦于爱尔兰国内的经济问题为办刊特色。虽然对美国、英国、德国、法国和中国等主要经济体也有所关注，但绝大部分的报道聚焦还是以爱尔兰本国的经济、金融、商业新闻信息为主，其中也包括爱尔兰企业在世界各地的表现。

在报道特点上，《商业与财经》的侧重点在于深度分析。较为精练的新闻简讯虽然也有，但在总体报道中只占很小的比重，对于新近商业新闻事件的深度分析占据大量篇幅。在通常情况下，具体的新闻事件只是文章的

---

① 休·麦克劳克林(1918—2006)，是爱尔兰的出版业大亨，20 世纪五六十年代期间，他创办了一系列重要期刊，使得爱尔兰的出版业能够与已经占据市场先机的英国期刊相媲美。

② Business& Finance：About Us，http://businessandfinance.com/about－us/，检索时间：2015 年 9 月 7 日。

切入点,深度分析经济产业的内部问题才是文章的重点。此外,大多数文章篇幅较长,也与杂志注重分析的特点相契合。

四、涉华报道

《商业与财经》杂志在中国设有驻华记者站,比较重视由中国本土发出的报道文章。同时,驻华记者站也是对整个亚太经济圈的机动报道机构。

在《商业与财经》杂志的官方网站 http://businessandfinance.com/中以"中国"为关键词进行检索,从 2011 年 9 月 7 日到 2015 年 9 月 7 日四年间,共有 68 篇报道中提及中国。其中,大多数报道都是以世界经济、欧洲经济乃至爱尔兰本国经济为主体的报道,中国作为影响当今世界发展局势的重要经济体,作为背景信息出现在上述报道中。以中国为主体的文章仅有 12 篇,但都是篇幅较长的深度报道,具体内容包括——①

表 1

发表日期	文章题目	发表日期	文章题目
2015—8—25	中国"黑色星期一"引起全球投资者恐慌②	2014—1—13	中国加大对外投资③
2015—2—23	嘿! 消费大国④	2014—1—9	欧洲首家中国 A 股基金落户爱尔兰⑤
2014—12—3	"喂饱"中国⑥	2013—11—15	中国基金⑦
2014—10—8	中国信息控制 ⑧	2013—10—29	与中国合作,创造新就业⑨
2014—7—21	中国可能未富先老吗?⑩	2013—10—8	改革"动真格"?⑪
2014—5—30	走向"新常态"⑫	2011—9—10	小麻烦,大中国⑬

基于上述统计数据,可见《商业与财经》杂志对中国投注了一定的关注。《商业与财经》为双月刊,正常情况下,每年只有 6 期杂志发行,2014 年一年以中国为报道主体的文章就有 6 篇之多,可谓数量较为可观。

从篇幅上看,除《欧洲首家中国 A 股基金落户爱尔兰》属于新闻报道外,其余报道都很长,基本在 2000 词左右,属于深度报道。从来源上看,报道均出自《商业与财经》原创,杂志所有原创文章都只署名《商业与财经》,而不表明记者姓名,以中国为主体的报道中没有转载其他媒体消息。从报道领域上看,所有报道基本都属于商业、财经方面的信息,

---

① Business & Finance:http://businessandfinance.com/? s=China,检索时间:2015 年 9 月 7 日。

② Business& Finance: China's Black Monday Causes Panic Amongst World's Global Investors,2015 年 8 月 25 日,http://businessandfinance.com/news/chinas—black—monday—causes—panic—amongst—worlds—global—investors/, 检索时间:2015 年 4 月 28 日

③ Business& Finance: China's Appetite for ODI,2014 年 1 月 13 日,http://businessandfinance.com/chinas—appetite—for—odi/,检索时间:2015 年 4 月 28 日。

④ Business& Finance: Hey Big Spender,2015 年 2 月 23 日,http://businessandfinance.com/hey—big—spender/,检索时间:2015 年 4 月 28 日。

⑤ Business& Finance: Ireland Provides Home for First China a Shares ETF in Europe,2014 年 1 月 9 日,http://businessandfinance.com/news/ireland—provides—home—for—first—china—a—shares—etf—in—europe/,检索时间:2015 年 4 月 28 日。

⑥ Business& Finance:Feeding a Nation,2014 年 12 月 3 日,http://businessandfinance.com/feeding—nation/,检索时间:2015 年 4 月 28 日。

⑦ Business& Finance: Funds for China,2013 年 11 月 15 日,http://businessandfinance.com/funds—for—china/,检索时间:2015 年 4 月 28 日。

⑧ Business& Finance: China's Information Crackdown,2014 年 10 月 8 日,http://businessandfinance.com/chinas—information—crackdown/,检索时间:2015 年 4 月 28 日。

⑨ Business& Finance: Chinese Business Creating Jobs in Cork for VERDELED,2013 年 10 月 29 日,http://businessandfinance. com/news/chinese—business—creating—jobs—in—cork—for—verde—led/,检索时间:2015 年 4 月 28 日。

⑩ Business& Finance: Can China Get Rich before It Get Old?,2014 年 7 月 21 日,http://businessandfinance.com/can—china—get—rich—gets—old/,检索时间:2015 年 4 月 28 日。

⑪ Business& Finance: Reform for Real, 2013 年 10 月 8 日,http://businessandfinance.com/reform—for—real/,检索时间:2015 年 4 月 28 日。

⑫ Business& Finance: Towards a New Normal, 2014 年 5 月 30 日,http://businessandfinance.com/towards—new—normal/,检索时间:2015 年 4 月 28 日。

⑬ Business& Finance: Little Trouble in Big China,2011 年 9 月 10 日,http://businessandfinance.com/little—trouble—in—big—china/,检索时间:2015 年 4 月 28 日。

从内容上看，关于中国的报道大致可以分为两部分：第一部分是关注爱尔兰企业在华的变动，包括中国政策环境对爱尔兰企业的影响等，总体上还是从爱尔兰受众的视角出发，关注本国企业的发展；第二部分的主要内容即中国，这部分内容关注点不是“爱尔兰商业在中国”，而是单纯地分析中国经济形势与政策变动，以及这种变动将对中国经济产生的影响，或者剖析中国经济中的问题与弊病，分析这些问题是否会制约经济发展。

图 6 《商业与财经》2014 年 7 月 21 日发表报道“中国可能未富先老吗”

Business& Finance: Funds for China，2014 年 7 月 21 日，http://businessandfinance.com/can－china－get－rich－gets－old/，检索时间：2015 年 4 月 28 日。

从新闻角度来看，经济新闻是最有价值的新闻，相对于政治和文化而言，经济报道的政治性和民族性不那么强烈。[①]《商业与财经》对中国的报道基本体现了这一特点，在评论分析中，重视陈述客观事实，严肃地给予评论，没有小报上的“噱头标题”，也不会用极端民族主义刻意煽动受众情绪。如在《嘿！消费大国》中，指出中国作为消费大国的一个问题是资金外流，分别提出中产阶级在海外大量消费、中国海外投资规模巨大等论据，文章风格严肃，评论分析严谨。最后值得一提的是其关于中国报道的配图都极具中国特色，基本以红色为主色调，配以剪纸、龙图腾、古建筑等，很有“中国味”。

爱尔兰广播电视台 Radio Telefís Éireann

RTÉ

爱尔兰广播电视台（Radio Telefís Éireann，简称 RTÉ）是世界上历史最悠久的广播电视服务商之一，于 1926 年 1 月 1 日成立开播，前身为总部设于都柏林的 2RN 电台。爱尔兰广播电视台主要播出地区为爱尔兰，是爱尔兰境内最为重要且受众覆盖最为广泛的广播电视台。在经营性质上，爱尔兰广播电视台属于半国有的公共企业，其员工属于政府公务员，负有为公民服务的使命，与英国广播公司（BBC）非常类似。

① 刘笑盈：《国际新闻学：本体、方法和功能》，中国广播电视出版社 2010 年版，第 56 页。

一、历史沿革

1926 年 1 月 1 日开播的 2RN 广播电台,是爱尔兰自由邦的第一家广播电台,由爱尔兰邮政部门负责运营监管。创办初期,2RN 广播电台每晚播出 3 个小时的节目,通过高功率发射设备覆盖全国。但是鉴于当时的技术水平有限,都柏林以外地区的听众往往很难收听到 2RN 的节目。直到 1933 年,2RN 广播电台为新设立的阿斯隆广播(Radio Athlone)所取代,到 1960 年又进一步更名为爱尔兰广播(Radio Éireann),同时与爱尔兰电视(Telefís Éireann)一起收归新成立的广播管理局(Broadcasting Authority)。1966 年,广播管理局正式将广播和电视两部分合并,并改为沿用至今的名称:爱尔兰广播电视台 RTÉ(Radio Telefís Éireann)。

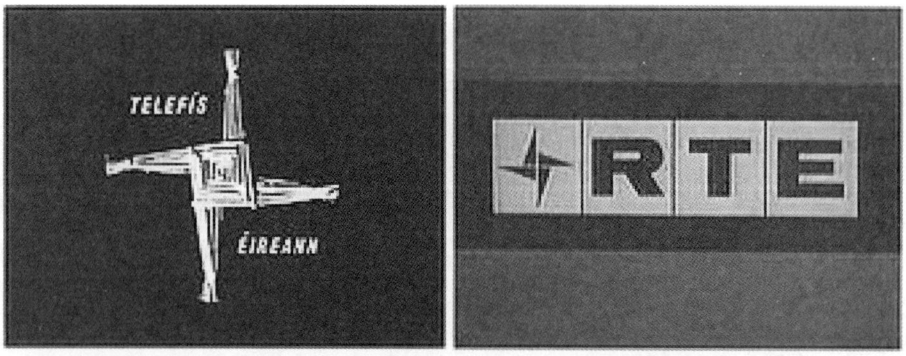

图 7　左为 1961～1966 年标识,右为 1966～1969 年标识

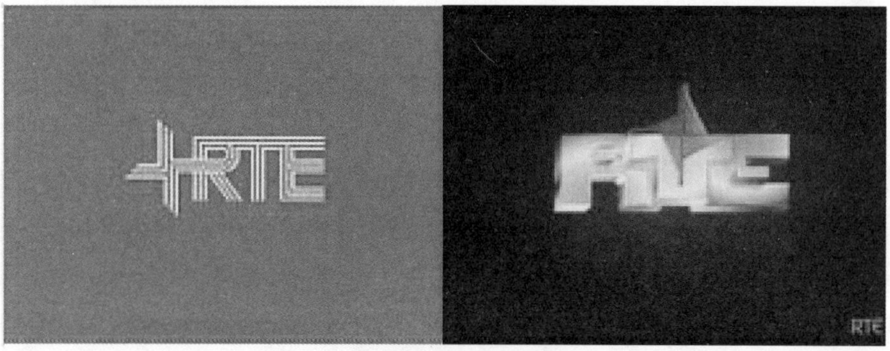

图 8　左为 1969～1986 年标识,右为 1986～1995 年标识

在 20 世纪 60 年代,爱尔兰广播电视台开始运营之时,曾在爱尔兰国内引起轰动。在此之前的很长一段时间,爱尔兰只能依赖英国的广播电视节目,没有本国自己的有影响力的广播电视。直到爱尔兰广播电视台的创办,一举填补了这一空白。时任总统曾亲自出面,特批给爱尔兰广播公司一栋房产,用作电视节目传送的大本营。[①] 1961 年 12 月 31 日开始,爱尔兰广播电视台的节目播出进入正轨,所有节目都能够按照时间表定期播出,内容均为英语。

在爱尔兰广播电视台的发展过程中,政府既给予了不少特殊政策以示支持,同时也制定了相应条例对广播内容加以管理。1960 年,爱尔兰政府颁布了《广播权限条例》(*Broadcasting Authority Act*),其中第 31 条规定政府有权禁止爱尔兰广播电视台播出特定的内容。直到 1971 年,政府第一次真正使用这一权限,规定"不准播出任何煽动暴力反抗的内容"。整个 20 世纪 70 年代,爱尔兰广播电视台都在这一条例下接受政府审查,来自内部的自我审查也愈演愈烈。与此同时,这也成为爱尔兰广播电视台发展历程中深受诟病的时期。除了内容

① 唐世鼎:《世界电视台与传媒机构》,中国传媒大学出版社 2005 年版,第 134 页。

限制，1960年条例还规定了爱尔兰广播电视台的管理体制。在条例促使下，爱尔兰广播电视台管理局（RTÉ Authority）成立，成员均由内阁直接任命。这一管理机构既是爱尔兰广播电视台的法定拥有者，又是其合法管理者。

在政府的大力扶植下，爱尔兰广播电视台长久以来都在国内占据广播电视业的龙头垄断地位。这一局面一直持续到1998年，商业电视台TV3建立，成为爱尔兰广播电视台在本国境内的第一个竞争对手。

二、发展现状

目前，爱尔兰广播电视台旗下的媒体业务主要分为两大块，一是电视，二是广播。

首先，爱尔兰广播电视台的电视业务主要由七大频道组成，分别是一台（RTÉ One）、一台高清频道（RTÉ One HD）、一台附加频道（RTÉ One +1）、二台（RTÉ 2）、二台高清频道（RTÉ 2HD）、少儿频道（RTÉjr）和即时新闻频道（RTÉ News Now）。

（一）RTÉ 一台

RTÉ ONE是爱尔兰广播电视台的旗舰频道，也是国内收视率最高、最受欢迎的电视频道。RTÉ One主营新闻和时事，是全国性的综合频道。播出内容大多为英语节目，也有部分从英国、澳大利亚及美国引进的节目。其中，从播出时数占比来说，仍以爱尔兰本土制作的节目数量最多。2011年5月，RTÉ One +1开始运行，这一频道在内容上以RTÉ One的黄金时段高收视节目为主，播出渠道是青少年频道RTÉjr的晚间时段，因而被称为"附加频道"。2013年12月16日，高清频道RTÉ One HD正式上线。从此以后，观众可以通过普通信号或高清信号收看RTÉ One的节目。爱尔兰广播电视台计划通过一段时间的转变期后，将全部以高清信号播出节目。

（二）RTÉ 二台

RTÉ2于1978年6月6日首播，是爱尔兰自由邦的第二个全国频道，同样也是爱尔兰广播电视台的旗舰频道。起初，RTÉ2的定位是转播英国电视机构的节目，包括英国广播公司（BBC）和英国独立电视台（ITV）在内。1988年，RTÉ2开始转型，成为专门的免费收视娱乐频道，主打年轻观众群体。节目内容上力求清新活泼，以英语节目为主。在时间区分上，日间节目侧重于8到16岁的青少年受众，晚间节目则以体育赛事和最新电影、电视剧集为主。经过最新一轮改革调整以后，RTÉ2声称自己将转变为"35岁以下人群的代言"[①]，播出内容更加注重本国的电影电视，以及真人秀、纪录片等节目。2011年5月27日，高清频道RTÉ2 HD开始播出，内容除了RTÉ2播出的电视节目，增加了对国内、国际体育赛事直播和转播的力度，同时还播出大量从美国、加拿大和澳大利亚引进的电视节目。

（三）RTÉ 少儿

RTÉjr是爱尔兰广播电视台的少儿频道，目标受众为2至6岁的少儿群体。最初，少儿节目仅仅是在RTÉ2日间节目中占少量时段的栏目，2011年5月27日首次播出。根据爱尔兰政府通讯传播管理部门的规定，少儿节目时段不允许播出任何广告。从2013年4月开始，少儿节目开始通过自己的专属频道播出，每天从早7点到晚7点播出12个小时。为了让孩子们能够更方便地收看节目，RTÉjr搭建了便捷的网络平台和移动客户端应用，可以随时随地下载各种节目资源。

---

① Irish Times："Connected" and "Drunk"：RTÉ Two looks to become the "Irish voice" aimed at under－35s，2014年9月11日，http://www.irishtimes.com/business/media－and－marketing/connected－and－drunk－rté－two－looks－to－become－irish－voice－aimed－at－under－35s－1.1924001，检索时间：2015年9月14日。

(四) RTÉ 即时新闻

RTÉ News Now 是爱尔兰广播电视台旗下的新闻资讯频道,全天候 24 小时播出。不同于大多数电视机构,RTÉ News Now 最初是从网络电视台起步的,在确立根本之后才开始传统电视播出。2008 年 6 月,作为爱尔兰广播电视台的新闻资讯专线,RTÉ News Now 搭载于 RTÉ 官方网站上,在线推出新闻节目。从 2010 年 10 月开始,RTÉ News Now 开始作为独立电视频道,播出内容包括新闻资讯(直播节目)和时事报道(录制节目)等。与少儿频道 RTÉjr 一样,RTÉ News Now 也是完全没有广告播出的电视频道。

多年以来,RTÉ 一台和 RTÉ 二台一直是爱尔兰最受欢迎的电视频道。在每年一次的收视率调查中,排名前 20 的节目中通常有 18 个左右是由这两个频道播出的。在 2013 年,爱尔兰广播电视台更是占据了 19 个席位。

其次,爱尔兰广播电视台的传统业务是广播电台服务。旗下主要有广播一台(RTÉ Radio 1)、调频二台(RTÉ 2FM)、爱尔兰语广播台(RTÉ RnaG)、调频音乐台(RTÉ Lyric FM)。其中,广播一台是爱尔兰境内唯一一家听众数量超过一百万的广播台。自 1996 年开始,爱尔兰广播电视台推出第三套公共广播频道 Telefísna Gaeilge(TG-4),使用爱尔兰语播出节目,由爱尔兰广播电视台管辖,但又有相对独立的管理机构。这一频道主要为了适应国内使用爱尔兰语的受众,主打文化和语言。①

爱尔兰广播电视台的财政实行“双轨制”,主要分为两部分:一是电视节目执照费,二是广告费。政府为爱尔兰广播电视台设定了最高广告收益,从而限制了爱尔兰广播电视台的商业化程度,使其保留公共服务的性质。2001 年,爱尔兰广播电视台通过决议,着手对公司财会和财务报告体系做一次根本性变革。2003 年度的现金流动量达到 2670 万英镑,是自 1999 年以来现金流动状况最好的一年,这是改革带来了良好的资金控制,从而使资金利用效率提升。开支中,有一半左右是员工的工资,所以当经济状况恶化时,裁员也就成为公司最先采取的措施。② 2008 年经济危机对爱尔兰经济打击严重,爱尔兰广播电视台的收益也随之减少。2011 年,爱尔兰广播电视台总收入约为 350 亿欧元。到 2013 年,总收入下降到约 327 亿欧元。近年来,爱尔兰广播电视台不断从各个方面减少开支。2008 年以来,爱尔兰广播电视台共裁员近 500 人,加上其他方面的节流措施,共减少开支约 1 亿 3 千万欧元。③

三、报道特点

一是范围广泛。爱尔兰广播电视台作为爱尔兰国内最为主要的广播电视提供商,报道范围广泛。从地域上来看,既包含爱尔兰国内新闻,又关注世界上最热点的问题。从题材方面看,从政治到经济,再到体育和娱乐,既提供各方面的新闻信息,也独立制作各类节目满足受众需求。从语言上来看,英语仍然是爱尔兰广播电视台的主要语言,但随着以爱尔兰语为主要播出语言的 TG-4 的建立,爱尔兰语所占比重有所增加。可以毫不夸张地说,爱尔兰广播电视台是爱尔兰广播电视媒体的核心,在爱尔兰国内占有霸主地位,它的竞争者多来自国外,特别是英国广播公司、英国独立电视台。

二是注重自制节目。爱尔兰毗邻英国,受英国影响很大,特别是英国广播电视业十分发达,对爱尔兰本国广播电视业形成很大冲击。加之美国商业电视的围攻,爱尔兰广播电视台的生存十分艰难。为了争夺受众,爱尔兰广播电视台十分重视自制节目,力图以有本国特色的节目吸引受众。新闻节目的优劣是一家媒体机构国际影响力的重要评判标准,也是媒体权威性的重要评判标准。爱尔兰广播电视台专门成立了新闻时事部(RTÉ News and Current Affairs)来总体负责整个电视台的新闻节目制作,这一部门整合全台的新闻采编资源,为广

---

① Europe Journalism Center: Media Landscape—Ireland,http://ejc.net/media_landscapes/ireland,检索时间:2015 年 7 月 22 日。

② 唐世鼎:《世界电视台与传媒机构》,中国传媒大学出版社 2005 年版,第 134 页。

③ RTÉ Annual Report: http://static.rasset.ie/documents/about/annual—report—2013.pdf,检索时间:2015 年 7 月 22 日。

播、电视和网络分别提供新闻资源,有77%的国内受众表示新闻时事部是其最为主要的新闻来源。[①]

三是严肃的报道风格和高品质的节目。爱尔兰广播电视台是爱尔兰政府管辖下的媒体集团,其性质与美国商业媒体有很大不同,与邻国英国的英国广播公司很相似。由于其经费来源只有部分来自广告收入,因而爱尔兰广播电视台无需为了广告收入而过分迎合受众。这形成了爱尔兰广播电视台相对中立严肃的报道风格。

爱尔兰广播电视台的目的之一是为爱尔兰群众提供原创的高品质节目。它也肩负着教育公众的社会责任,高品质的节目是其实现目的的重要手段。

四、涉华报道

爱尔兰广播电视总台对中国投注了很大关注,以"China"为关键词在官网上搜索,截至2015年7月,共有3658条新闻报道,其中有很大一部分以中国为主要报道对象,相关报道涵盖中国的各个领域,包括政治、经济、娱乐、体育等多方面内容。

从报道数量上看,商业议题的报道数量最多,达到1322篇;其次是新闻版块的内容,多达1089篇;再次是体育报道,共计794篇。由此可见,爱尔兰广播电视台对中国的关注主要集中在商业领域,这一版块的内容有经济类新闻也有商业金融性的分析评论,主要在宏观层面上关注中国经济的发展,例如《中国7月GDP增速下降至7%》[②]等报道,也关注微观层面上的具体行业发展状况,包括具体公司的经济表现,例如《阿里巴巴将提供视频流服务》[③]等等。

从新闻议题来看,爱尔兰广播电视台在中国发生特大突发事件时涉华报道量往往会大大增加。比如说,在2015年5月24日至8月24日之间,以中国为主要报道对象的报道共有43篇,其中有19篇报道了发生在8月12日的天津爆炸事件,另有19篇报道了6月1日发生的长江沉船事故。在这一时段中,两起事件的报道占据新闻版块下总报道量的近90%,其余报道则零散分布在社会、外交等版块之下。从消息来源上看,以上43篇报道中有7篇来自路透社,2篇来自法新社,3篇来自路透社和法新社。来自通讯社的报道较之其他新闻报道基本上篇幅更长,更具有综合性,信息更为丰富。

在报道一些敏感议题时,爱尔兰广播电视台也体现出西方立场先导的主观性特点。比如在西藏问题相关报道中,爱尔兰广播电视台也倾向于将西藏问题与人权挂钩,对中国国内政策指手画脚。虽然整体上,对西藏问题的明显负面评价不多,但在具体报道中,特别是用词的选择上,体现着媒体隐藏的倾向。

总体来看,与商业化媒体不同,爱尔兰广播电视台报道更加严肃,关注内容也以中国发生的有国际影响的大事为主,特别是与爱尔兰相关的事件。即使报道中国方面的社会新闻,也不以哗众取宠的标题或血腥的照片吸引眼球。但在一些敏感问题报道中,仍然难以脱离西方主观视角的报道方式,无法客观公正地报道相关新闻议题。

---

① 爱尔兰广播电视台:News and Current Affairs,http://www.rte.ie/documents/about/news.pdf,检索时间:2015年7月23日。

② 爱尔兰广播电视台:China's First Quarter GDP Growth Slows to 7%,2015年4月15日,http://www.rte.ie/news/business/2015/0415/694183-china-economy/,检索时间:2015年7月23日。

③ 爱尔兰广播电视台:Alibaba to Launch Video Streaming Service in Two Month,2015年6月15日,http://www.rte.ie/news/business/2015/0615/708187-alibaba-china/,检索时间:2015年7月23日。

俄罗斯

《俄罗斯报》*Российская газета*

Российская Газета

《俄罗斯报》(*Российская газета*)是俄罗斯联邦一份地位特殊的社会政治类日报。该报是联邦政府的官方报纸,在全俄罗斯境内具有较强的指示性和影响力。

一、历史沿革

《俄罗斯报》的历史并不悠久。1990年11月10日,由俄罗斯上议院开办了《俄罗斯报》。1993年后,《俄罗斯报》的管理权移交给了俄罗斯联邦政府。2012年,该报更新了版面,为了让报纸更加现代化,开始在莫斯科和圣彼得堡的印刷厂出版彩色版本。

《俄罗斯报》除周六、日以外每天出版一期,通常出刊16—24个版面。该报在国内的41个城市作为日报刊发,发行量达到15万份;在另外46个城市中作为周报刊发,发行量接近350万份,每一期的读者数可达110多万人。《俄罗斯报》的发行量65%靠订阅,35%靠零售,订阅的对象有超过11万家的企业、公司、工厂和个人。①

图1 《俄罗斯报》头版

目前,《俄罗斯报》拥有32个记者站。在国内13个城市有较大分支机构,包括喀山(Казань)、叶卡捷琳堡(Екатеринбург)、圣彼得堡(Санкт-Петербург)、新西伯利亚(Новосибирск)、克拉斯诺亚尔斯克(Красноярск)等。同时,《俄罗斯报》还在中、英、美、法、韩等国设有驻外记者。

二、发展现状

近年来,《俄罗斯报》积极开拓国际市场,力争成为俄罗斯外宣的重要窗口。其下属的《透视俄罗斯》特刊是开辟国际市场的领跑者,以14种语言在世界21个国家发行。在落地别国的时候,该刊都选择与目的国的权威媒体合作,比如美国的《纽约时报》《华盛顿邮报》等,在中国的合作媒体是《环球时报》。

《俄罗斯报》非常重视迎合受众国的需求,定期展开读者调查,了解受众需求。《透视俄罗斯》特刊也是如此,在文章刊发前都会给对象国合作媒体的编辑进行专门的审校,使得内容符合该国的编辑传统、新闻标准和语言表达方式,以便能进一步吸引读者,扩大发行量。

与此同时,《俄罗斯报》十分注重新媒体的发展,其官方网站RG.RU实时更新当日新闻,为读者提供最及时

① Российская газета:http://mediator－rus.com/images/mediakits/MediaKitRossGaZET_.pdf,检索时间:2015年7月17日。

的信息。从 2009 年开始，该网站就一直是社会政治类新闻网站中访问量最大的网站。2011 年，该网站还由于“让读者及时了解立法事务”而获奖。据特恩斯市场研究公司（Taylor Nelson Sofres，简称 TNS，也译为索福瑞集团）数据统计，平均每天访问网站的人数为 457700 人次。

图 2 《俄罗斯报》网站 RG.RU 首页

图片引自 RU.RU 网站：http://rg.ru，检索时间：2016 年 3 月 15 日。

三、报道特点

官方权威性是《俄罗斯报》的一大重要特点。在《俄罗斯报》上不仅会及时发布有关各个方面的新闻消息、评论、采访，还会刊登俄罗斯联邦在宪法、联邦法律法规、总统指示，联邦政府指令、各个政府部门命令、指示以及俄罗斯联邦会议的活动以及宪法法庭决议等方面的最新权威信息。最重要的是，国家的各种法律法令文件生效后都是通过该报发表全文。正是由于这样的绝对权威性，从 2009 年开始，《俄罗斯报》的刊发内容经常被其他电视台、广播台以及其他报纸援引，成为被引用频次最高的媒体。在 2012 年一年之中，援引《俄罗斯报》内容的新闻就达到了 7585 条。[①]

基于高权威性的特点，《俄罗斯报》的读者定位为稳健的、对事情倾向于保守观点的成年人。

四、涉华报道

2007 年 3 月 14 日，《俄罗斯报》在北京成立驻华记者站。通过对《俄罗斯报》官方网站的检索，2015 年 4 月 7 日至 7 月 7 日三个月的时间里，《俄罗斯报》网站共有 259 篇关于中国的报道，80％的报道集中在与俄罗斯有关的内容上，包括中俄高层往来、中俄经济合作、旅游、文化合作等各个方面。作为一份俄罗斯联邦的官方报纸，该报在报道中俄合作等相关议题时，对中俄关系的现况以及未来走向都持有积极的态度。其他报道内容则大多涉及独联体国家、美国、日本与中国的交往等等，不过数量上要大大少于与中俄相关的内容。此外，还有一小部分对于发生在中国的突发事件的报道，比如火灾、暴雨等等。总的来说，《俄罗斯报》对华报道的态度是比较中立的，特别是格外注重对中俄两国关系的相关报道。

创办以来，《俄罗斯报》一直和中国政府以及中国媒体有较多的交流合作。2015 年 5 月 7 日，习近平主席赴

① Российская газета：http://mediator－rus.com/images/mediakits/MediaKitRossGaZET_.pdf，检索时间：2015 年 7 月 17 日。

俄罗斯出席纪念卫国战争胜利 70 周年庆典前，在《俄罗斯报》上发表题为《铭记历史、开创未来》的署名文章。文章高度赞扬了俄罗斯和中国为世界反法西斯战争做出的重大贡献，展望了中俄两国未来携手并进，和平发展的前景。而此前在 2014 年 10 月 10 日，李克强总理也曾在《俄罗斯报》上发表题为《让中俄友好合作之路越走越宽》的署名文章，回顾了中俄两国近年来在能源、贸易、文化等多个方面的合作成果，提出中俄要继续维护和平，开创创新合作的新征程。

图 3 《俄罗斯报》旗下中文网站"透视俄罗斯"

图片引自透视俄罗斯网站：http://tsrus.cn，检索时间：2016 年 3 月 15 日。

《俄罗斯报》较为重视与中国媒体的合作，致力于推进中俄两国之间的文化交流。2014 年底，由中国国际广播电台承办的"你好，中国"第三季系列微电影在《俄罗斯报》官方网站播出，"中俄百万青年网上交流"百幅大数据图也在《俄罗斯报》上连载。除此之外，两家媒体还共同合作，在俄罗斯出版俄文杂志《中国风》，受到了广大俄罗斯民众的喜爱。双方表示，往后还可能进一步缩短该刊的发行周期，逐步扩大发行量。[①]

此外，《俄罗斯报》还在中国开办了其中文网站"透视俄罗斯"(http://tsrus.cn)，向中国读者提供实时、准确、客观的俄罗斯资讯，并对中俄关系以及国际大事进行深入的探讨。

《论据与事实》*Аргументы и факты*

АРГУМЕНТЫ И ФАКТЫ

《论据与事实》(*Аргументы и факты*)是俄罗斯一份重要的大众化报纸，是俄罗斯社会政治类报纸的领导者，以较高的发行量，忠实的读者群闻名，在俄罗斯全境和独联体国家都享有盛誉。

一、历史沿革

《论据与事实》于 1961 年创刊，但一直到 1978 年才开始正式出版，起初是作为给一些演说家、政治时事宣传员提供的一种简报，提供大量的统计数据和情报，这些内容在当时的政府官方网站上也很难找到。

1978 年至 1979 年，报纸每月发行一次；1980 年至 1982 年 3 月间每月发行两次；从 1982 年开始每周三出版。在这期间，报纸的封面和内部设计经过了两次改变，一直到 1983 年 2 月才比较接近现代的版本。当时，刊物没有采取零售的方式进行销售，所有刊物订单都是通过有组织的形式订阅的。此后很长一段时间里，刊物都

① 国际在线：《中国国际广播电台台长王庚年会见〈俄罗斯报〉社长》，2015 年 4 月 1 日，http://gb.cri.cn/42071/2015/04/01/8011s4920428.htm，检索时间：2015 年 7 月 17 日。

是在政界消息灵通人士的帮助下以一种半公开刊物的形式生存着。即便如此，刊物仍然经常受到书报检查机关的检查。

1990年，《论据与事实》作为发行量最大的印刷类周刊出版物被载入《吉尼斯世界纪录》。在1995年的世界报刊展览上，《论据与事实》被授予“年度最佳刊物”称号。1996年俄罗斯联邦记者协会授予《论据与事实》编辑部“年度最佳编辑”和“最佳报纸”的称号。同年，刊物还得到了一个国际性的奖项，即“世界最佳非英语类出版物奖”。1998年，《论据与事实》庆祝刊物连续发行20周年，还被授予1998年度“俄罗斯最佳周刊类出版物”的称号。1999年，《论据与事实》进入历史悠久的阿尔巴特大街。《论据与事实》的历史可谓是相当辉煌，并且一直延续至今。

二、发展现状

如今，该报的发行量超过200万份，每期的读者数量超过600万人，半年的读者数量达到2600多万人，相当于俄罗斯成年人数量的一半。

图4 《论据与事实》封面

该报不仅在俄罗斯国内享有盛誉，在其他国家也有极大的影响力，它在全世界60个不同的国家都有订阅，其中包括独联体国家、欧洲、美国、澳大利亚、以色列等等。《论据与事实》有着广泛的出版网，其中在俄罗斯有66个出版中心，在国外有17个。

1997年，《论据与事实》也开办了自己的官方网站，2013年经过了改版，改善了后台技术，现已拥有35个地区卫星为其服务。网站24小时均可访问，据统计，月均访问量在1500次左右，该网站在2014年位列俄罗斯十大最受欢迎新闻传媒类网站之列。

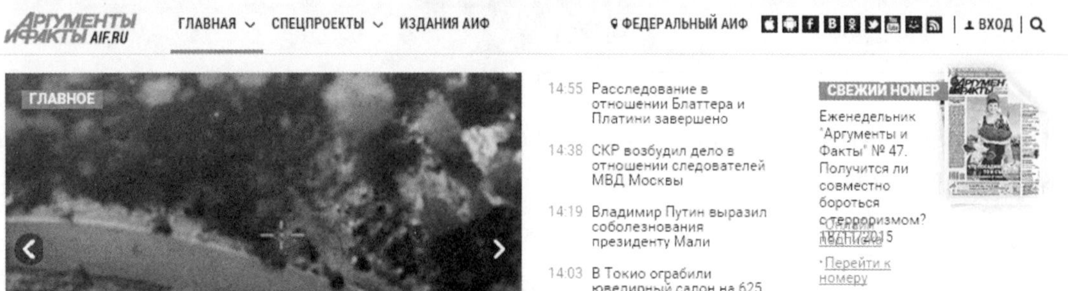

图5 《论据与事实》网站

《论据与事实》网站：http://www.aif.ru/检索时间：2015年11月21日。

三、报道特点

虽然《论据与事实》是一份大众化报纸,但是它并不是一份低俗报纸,不是以广受读者欢迎的所谓“黄色”新闻来获取销量,反而它的报道是相当权威的。连俄罗斯联邦主席普京和莫斯科大学新闻系副主任都曾赞扬《论据与事实》是一份客观、及时、真实的好报纸。该报在政治倾向上属民主派,主要提供给读者关于政治、经济事件的解释性报道以及新闻调查类报道,报道热点事件、青年问题,并刊登天气预报、广播和电视节目预报、回答读者问题等。根据《论据与事实》创刊人——出版物集体的说法,报纸的名称本身就说明一个问题:即报纸的立场是从现实中得来的,即使有的时候人们会不同意该报所持观点,但广大读者依然在关注它——因为周刊的报道终究还是事实。

《论据与事实》专栏众多,有“健康卫生”“灾难报道”“本刊关注”“权力之页”“热点话题”“社会专版”“经济”“地方新闻”“人物传记”“犯罪纪实”“历史上的今天”“周围的世界”“体育报道”和广告等。《论据与事实》还定期出版“有个好主意”“健康”“我是年轻人”等 8 个副刊。

四、涉华报道

在《论据与事实》报官方网站上检索“китай(中国)”,从 2015 年 4 月 10 日至 7 月 10 日三个月间,得出搜索结果共 366 条,经过筛选发现以中国为主的报道共有 134 篇。报道主要还是以与中国和俄罗斯两国相关的内容为主,在这之内包含了政治、经济、军事、社会、旅游、科技等多个方面。其次还对中国与美国之间的关系和互动较为关注,以及对中国在国际组织或是会议上的表现也有较多报道。就中国国内发生的事的报道而言,《论据与事实》报比较关注一些自然灾害或是有死伤的人为灾祸事件,比如暴雨、沙尘暴、爆炸等,中国发生的“东方之星”沉船事件该报也做了密切的跟踪报道,刊登了数十篇相关新闻。因为《论据与事实》报并未在中国派驻记者,因此它的稿件内容主要还是来自于转引别的媒体,以转载俄罗斯媒体为多,报道大多为简短的消息,只阐述事件,相关评论分析较少。也有少量专门的采访或是评论文章,大多展现的中国形象还是积极的,对中国的飞速发展给予肯定,对中俄未来的合作给予了希望。

《莫斯科共青团员报》*Московский комсомолец*

《莫斯科共青团员报》(*Московский комсомолец*)是俄罗斯的一份大众化报纸,它不仅在莫斯科及周围极具影响力,在俄罗斯其他地区也享有盛誉。

一、历史沿革

《莫斯科共青团员报》经历了曲折的历史。该报的历史要追溯到 1919 年 12 月 11 日,俄罗斯共青团莫斯科委员会出版了《年轻的公社成员》(Юный коммунар),当时的编辑部位于莫斯科老城的中心。开办伊始,报纸的纸张是黄色的,纸质很差,极易被撕烂,专栏也只有几个:“在莫斯科”“在俄罗斯”“咨询”等。

1920 年 7 月,《年轻的公社成员》改名为《青年的真理》(Юношеская правда),每期出版四页内容。《青年的真理》的印刷车间设在莫斯科的一个监狱印刷厂内。说是车间,其实不过是一个木头房子底层的两个小房间,出版条件可谓十分艰苦。无产阶级革命领袖列宁逝世以后,报纸又改名为《年轻的列宁主义者》(Молодой ленинец),直到 1929 年 9 月 1 日才有了现在仍在使用的名字——《莫斯科共青团员报》。

ЮНЫЙ КОММУНАР

№ 1.

Четверг, 11-го декабря 1919 г.

№ 1.

Надо подтянуться.

общегородское Собрание Членов Союза.

От редакции.

О союзной дисциплине.

图 6　1919 年创办的《年轻的公社成员》

РАБОТАТЬ СУДЬЕЙ СТАНОВИТСЯ ВСЕ ОПАСНЕЕ

WWW.MK.RU

№1

МК

В УЛЬЯНОВСКЕ

МОСКОВСКИЙ КОМСОМОЛЕЦ

ЛОВКОСТЬ РУК – И НИКАКОГО МОШЕННИЧЕСТВА

У этих выборов только один победитель. И это снова Путин

ЧТО ПОСЛЕ МИТИНГОВ? УСЛЫШИТ ЛИ ВЛАСТЬ СВОИХ ГРАЖДАН

ЧТО БУДЕТ ДАЛЬШЕ С ЗОНОЙ ЕВРО

ГУБЕРНАТОРСКИЙ ПЕРЕВОРОТ

图 7　《莫斯科共青团员报》头版

在历史发展过程中，《莫斯科共青团员报》曾多次停刊，在 1928 年 5 月 31 日至 1929 年 9 月 1 日，1930 年 1 月 18 日至 1940 年 1 月 1 日期间均未发行。继续出版后没过多久，1941 年因为编辑部的同事们加入战争，报纸再度暂停，一直到战争结束的 1945 年 10 月 2 日才恢复出版。1993 年 10 月 5 日，《莫斯科共青团员报》由于编辑部在前一天夜里遭枪击扫射而又一次停刊。

在苏联时期，《莫斯科共青团员报》每周发行六天，一般为 4 至 8 个黑白 A2 版面。苏联解体以后，该报的平均版面数量为 6 至 16 个，在 2004 年至 2008 年间曾达到 24 个版面。从 2009 年 10 月 1 日起，报纸采用全彩色印刷。

二、发展现状

《莫斯科共青团员报》的口号是："现实性与可靠性不仅仅是一句口号，而是存在的原则。"该报的影响力在俄罗斯国内和国外都很大，在加拿大、以色列、希腊、西班牙等世界各地出版的报纸为说俄语的受众提供了非常重要的消息来源。

《莫斯科共青团员报》有一批非常优秀的报人，他们在俄罗斯传媒史上赫赫有名，此外还有一批著名的漫画家为报纸提供了大量具有深厚影响力的插画作品。在多年的发展历史中，该报曾多次获奖，如 1997 年该报被评为"俄罗斯最佳报纸"，报社的优秀记者及编辑尤利娅·卡里妮娜、阿列克谢·梅里诺夫等也多次在国际国内大赛上获奖。

《莫斯科共青团员报》设有很多专栏，既有从苏联时期一直延续至今的老专栏，也有 2000 年之后新采用的。比如："今天"栏目下主要刊登时事新闻，大约占据二分之一至三个版面；"生命点滴"，开办于 2009 年，该栏目占据版面较多，类似于"报中之报"，主要介绍一些关于献血的问题；"班级工作"着眼于目前俄罗斯的教育问题，上面会刊登一些关于教师的特写或是对于教育学者的采访。

三、报道特点

(一)结合当地实际

《莫斯科共青团员报》是俄罗斯销量较大的一份报纸,其成功吸收众多受众的一大法宝就是“接近性”。在不同的地区,报纸刊名会加上当地的地名,如《莫斯科共青团员报——沃罗涅日》,这是《莫斯科共青团员报》开办的第一个地区报纸,创立于1996年。此外,该报还于1995年在美国开办了第一家国外报纸,命名为《莫斯科共青团员报——世界周刊》(Московский комсомолец-World Weekly)。在各个地区版本的内容上,既有国内大事件的报道,也更多地指向与当地人民息息相关的事件,在新闻报道上非常重视与受众的接近性,如此将首都和地方的材料结合起来,使得报纸对每一个地区来说都是独特的。

(二)风格大胆

《莫斯科共青团员报》是一份大众化报纸,但该报的新闻报道质量还是非常高的。在历史上,该报报道了许多其他报纸不敢报道的事件。比如1970年代末至1980年代初,《莫斯科共青团员报》对当时遭到禁止的一些新闻议题进行了报道,如非官方青年运动、摇滚音乐、西方的电影业等等。1986年,该报上还第一次出现了“第四权力”等以前从未被提及过的说法。

四、涉华报道

《莫斯科共青团员报》在中国没有驻外记者,但是它对中国的报道还是不少的。在其官网上进行检索,从2015年4月10日至7月10日三个月间,《莫斯科共青团员报》网站上共有239条关于中国的新闻,不仅数量多,新闻的体裁和内容也非常全面,既有消息,也有评论、采访等,内容上也涵盖了政治、经济、社会、科技、体育等多种议题。

《莫斯科共青团员报》网站上关于中国的新闻,在来源上主要有两大类,一类是该报记者自行采写撰稿的报道,一类是转载俄罗斯其他媒体的新闻内容,其中以转载俄罗斯其他媒体的简短通稿占大部分。与其他大多数俄罗斯报纸一样,《莫斯科共青团员报》对于中俄之间的互动非常关注,每当中俄之间有交流合作、签署协议的时候,都会进行相应的报道。在报道内容上,《莫斯科共青团员报》基本只介绍陈述事实内容,很少进行具有明显倾向性的评论。比如2015年11月8日,《莫斯科共青团员报》转引俄新网的内容,介绍有关中俄商讨信息卫星合作一事。报道仅陈述事件本身,而未做评论。再如2015年10月12日,《莫斯科共青团员报》采用“国际文传通讯社”电文发表的文章,称为了进一步加强与俄罗斯之间的交往,中国打算与俄罗斯就旅游签证申请进行修改甚至实行免签。该报道只陈述了事实,并未进行详细的评论,不过从副标题“这是东方邻居为与我国加强联系所必需的”可以感受到该报对于中俄交流持有的态度是较为积极的。

《消息报》*Известия*

ИЗВЕСТИЯ
ОБЩЕНАЦИОНАЛЬНАЯ ГАЗЕТА

《消息报》(*Известия*)是俄罗斯一份历史悠久的报纸,在革命历程中曾占有重要的地位,发挥了“集体的宣传员、鼓动员和组织者”的作用。如今的《消息报》,作为俄罗斯国内一份拥有较高质量的独立报纸得以延续。

一、历史沿革

《消息报》在历史上有多个名字，1917年3月13日以《彼得格勒工人代表苏维埃消息报》(Известия Петроградского совета рабочих депутатов)的名字第一次发表于现在的圣彼得堡。从8月14日起，报纸更名为《中央执行委员会和彼得格勒工人士兵苏维埃消息报》(Известия Центрального Исполнительного Комитета и Петроградского совета рабочих и солдатских депутатов)；10月12日起，报纸又更名为《工人士兵代表苏维埃中央执行委员会消息报》(Известия ЦИК Советов рабочих и солдатских депутатов)。从1917年11月9日起，该报成为中央执行委员会和彼得格勒工人士兵代表苏维埃的机关单位，成为新政权的官方刊物。

该报上会刊登与十月革命相关的重要文件，如《和平法令》(Декрет о мире)、《土地法令》(Декрет о земле)等。1918年3月，报纸编辑部跟随首都迁移到莫斯科。1918年3月12日，在莫斯科出版的第一期刊物名为《全俄农民、工人、士兵、哥萨克代表苏维埃中央执行委员会消息报》(Известия Всероссийского Центрального Исполнительного Комитета Советов крестьянских, рабочих, солдатских и казачьих депутатов)。从1923年7月14日起，该报成为苏联和全俄中央执行委员会的机关刊物。1938年1月26日，该报又以《劳动的苏维埃代表消息报》(Известия Советов депутатов трудящихся СССР)的名字出版。1991年4月起，该报改名为《消息报》，并一直沿用至今。

在历史的发展过程中，《消息报》为俄罗斯的大众传媒做出了重要的贡献，现在也广受俄罗斯民众的喜爱。1949年，《消息报》被授予"劳动红星奖"，1967年被授予"列宁奖章"，1977年1月12日又被授予"十月革命奖章"。

二、发展现状

1991年苏联解体以后，《消息报》成为私营报纸，沿用原来的名称和创办日期，但是报头旁边原有的荣获几枚勋章图案以及"全世界无产者联合起来"的口号全已去除。①

现在的《消息报》，既有纸质版，也有电子版。纸质版每期出刊12到48个版面之间，纸张大小为A2，每周一至周五出版5期，并在莫斯科和圣彼得堡发行周末增刊。

目前，《消息报》在俄罗斯联邦境内发行量约为15万份，在独联体国家发行量约2.3万份，在欧洲则拥有4000份的发行量。

三、报道特点

在苏联时期，《消息报》主要承担刊登政府法令，发布政府消息等任务。在苏联解体之后，该报开始成为独立的报纸，报道内容包括俄罗斯境内和国外的消息报道、评论、分析，对于商业、经济问题的看法，对于文化事件和体育生活也都有报道。除此之外，《消息报》从1996年到2000年每周星期天还出版了增刊《一周》(在2006年1月再次出版)，2008年年中圣彼得堡的《消息报》也于每周五出版增刊《彼得堡一周》。从1992年到2011年，《消息报》还出版了商务增刊《财经消息报》。该增刊最初是与英国《金融时报》联合创办，过程中虽一度停刊，但随后发展成为《消息报》的单独增刊和网络项目。

ИЗВЕСТИЯ

Правительство похоронило газовую биржу

Детскими суицидами займется специальное министерство

Полпреда Игоря Холманских хотят выселить из резиденции

За передачу PIN-кода карты накажут рублем

Баррели на «ось добра»

Идут ли к нам «демократические казаки»?

图8 《消息报》头版

① 张允若：《外国新闻事业史教程》，高等教育出版社2003年版，第210页。

图 9 《消息报》网站

图片引自《消息报》网站：http://izvestia.ru，检索时间：2016 年 3 月 17 日。

《消息报》在风格上属于严肃报纸，其及时、客观的报道和具有深度的评论受到业界的一致好评，《消息报》同时和《生意人报》《俄罗斯报》都是俄罗斯传媒信息领域被引用得最多的报纸，由此可见其权威性。

四、涉华报道

2010 年，《消息报》在北京设立了驻华分社，长期派驻记者在中国展开采访报道工作。

据统计，该报从 2000 年至 2010 年共有 189 篇提及中国的报道，除去仅将中国作为例子引用的报道，主要关注中国的文章共有 77 篇。随着年份的增加，报道的数量也在显著增加。从 2001 年至 2005 年，《消息报》对中国的报道共有 21 条，而从 2006 年至 2010 年是之前的两倍，共 56 条，在一些重大活动的时期，如中俄互办国家年之时，报道的数量会显著增多。从 2015 年 4 月至 7 月初这三个月，通过检索在其官网上共搜索到 146 篇提及中国的报道，而主要报道中国的新闻则共有 23 条。报道的内容主要可以分为政治、经济、文化和社会四大类，其中政治和社会内容更多。主要内容还是多涉及中俄两国关系的，政治主要涉及外交事件、国际关系、政治活动等；经济包含了中国的经济活动以及与其他国家的经济合作，与俄罗斯的合作报道得相对更多；社会类主要报道了一些大的灾难或者一些社会事件；文化类包括教育、体育、医学、科技等等。

总的来说，《消息报》对于中国的大部分报道持相对中立的立场，少见明确表明态度的报道，而明确表明态度的报道中又以积极态度占了大多数。

《真理报》*Правда*

Пролетарии всех стран, соединяйтесь!
ПРАВДА
Орган Центрального Комитета КПРФ

《真理报》(*Правда*)在 1917 至 1991 年间是苏联共产党中央委员会的机关报，曾经作为苏俄和苏联时期对内和对外传播的重要喉舌,具有极大的影响力。1991 年,原《真理报》被下令关闭,随后重新登记后作为独立报纸发行。目前,《真理报》是俄罗斯一份全国性的报纸,仍然具有一定的影响力。

一、历史沿革

《真理报》最早由俄国社会民主工党领导人托洛茨基(Троцкий)于 1908 年创建,面向俄国工人发行。早期的《真理报》为避免沙皇政府的新闻管制,全部在国外刊印,再偷运入俄。

1912 年 1 月,在俄国社会民主工党第六次全国代表会议上,布尔什维克由社会民主工党的一个党内政治集团,形成独立的社会民主工党(布尔什维克),即后来苏联共产党的前身。会上,根据列宁的倡议,决定出版一份群众性的工人日报。5 月 5 日,这份名为《真理报》的报纸开始在圣彼得堡正式发行,以刊载工人通讯为主,创刊号为对开大报,共出刊四版。在 1912 到 1914 年期间,列宁通过通信指导报纸的工作,在报上发表近 300 篇文章。当时,报纸发行量达到 4 万份左右,主要依靠工人的捐款和订阅费用来维持。到 1914 年 7 月 21 日,《真理报》被沙皇当局最终查封,此前已经有过多次查封但还断断续续坚持出版。

二月革命胜利后,1917 年 3 月 18 日,《真理报》重新开始出版,成为俄国社会民主工党中央委员会和圣彼得堡委员会的机关报,由斯大林和列·加米涅夫主持报纸工作。1917 年 4 月 17 日,列宁从芬兰回国即来到圣彼得堡,参与到报社的编辑工作中。四天后,列宁起草的十月革命指导性文件《四月提纲》在《真理报》发表。11 月 7 日,为躲避查封改头换面为《工人之路报》的《真理报》在头版发表了“全部政权归苏维埃! 和平! 土地! 面包! 全俄苏维埃代表大会定于今日开幕!”,这份报纸两次共印刷了 20 万份。次日的报纸又刊出了“苏维埃革命政府万岁!”和“工人、士兵和农民们! 万众一心拥护这个人民政权!”的口号。

ПРАВДА

ОРГАНЪ

Центральнаго Комитет

Петербургскаго Комитет

Р. С.-Д. Р. П.

ЕЖЕДНЕВНАЯ ГАЗЕТА

ПРИВѢТЪ ПОЛЬСКОМУ НАРОДУ.

НАРОДУ ПОЛЬСКОМУ.

Do Narodu Polskiego! Carat, który w ciągu półtora wieku dławił zarówno naród polski jak i rosyjski, został obalony wspólnymi siłami proletariatu i wojska. Zawiadamiając Naród Polski o zwycięstwie wolności nad ogólnorosyjskim żandarmem, Piotrogradzka Rada Delegatów Robotniczych i Żołnierskich oświadcza, że demokracja w Rosji stoi na stanowisku uznania samookreślenia politycznego narodów i oznajmia, że Polska ma prawo do całkowitej niepodległości pod względem państwowo międzynarodowym.

Przesyłamy Narodowi Polskiemu swe bratnie pozdrowienia i życzymy mu powodzenia w oczekującej go walce o wprowadzenie w niepodległej Polsce demokratycznego republikańskiego ustroju.

图 10　1917 年 3 月 18 日《真理报》

1918 年 3 月 3 日,《真理报》随苏维埃政府一同迁至莫斯科,并成为苏共中央的官方出版物,发布党中央及国家政策,宣传苏共中央提出的计划等。在 1989 年之前,整个苏联所有的国营单位、部队及其他组织都被要求订阅《真理报》。作为苏联共产党的唯一机关报,该报在苏联的报业中享有至高无上的地位。[①] 在斯大林当政的三十年中,《真理报》除在莫斯科出版外,还在苏联 12 个大城市同时印发,日出对开四版逐渐发展到六版,最高发行量 500 万份,迅速发展成为苏联第一大报。

1985 年,戈尔巴乔夫上台,提出“全面改革”方针,倡导公开性原则。在此期间,《真理报》努力传播戈尔巴乔夫式的新思维,发行量一度达到 1100 万份。当时,《真理报》的经费来自国家财政拨款,最初每份 2 戈比,后来上浮到 4 戈比,绝大部分由党员和党政机关订阅,年收入最低 12450 万卢布,利润全部上交党中央。[②]

到 1990 年 6 月,苏联第一部《新闻法》颁布,使苏联新闻体制和性质发生根本性变化,《真理报》等党报受到重创。1991 年,叶利钦于 8 月 22 日发布命令,《真理报》被解散,当日是该报作为苏共中央机关报最后一次发行。一周之后,该报重新登记,作为独立报纸继续存在。原《真理报》的标志,包括刊头左侧的列宁头像,右上角的“全世界无产者联合起来!”口号,以及刊头下方“苏共中央机关报”的字样,全部消失。新的报头改而印上一

---

① 张丹:《〈真理报〉的历史变迁和经验教训》,《新闻传播与研究》2001 年第 3 期。

② 陈力丹、陶瑞钢:《苏共中央机关报〈真理报〉》,《新闻前哨》2012 年第 6 期。

句话:本报 1912 年 5 月 5 日根据列宁的倡议创办,以此铭记该报曾经的光辉历史。

二、发展现状

苏联解体后,《真理报》财产被全部没收,总编被撤职,位于真理报大街 24 号的编辑部大楼也被封冻,后来以 1 亿卢布拍卖给俄罗斯联邦政府新闻中心。俄罗斯联邦独立后,宣布境内的所有报刊都需要重新登记注册,《真理报》也获准恢复出版,但其性质已经发生改变,不属于任何党派,独立经营。之后,编辑部内部发生严重分歧,并发生分裂。1999 年,在原编辑的带领下,一部分记者脱离出去创建了真理报在线,并同时提供英文、意大利文和葡萄牙文版本。该网站与如今在俄罗斯出版的《真理报》并无联系。

如今的《真理报》,在新闻报道评论中主要持左翼立场,在俄罗斯的影响力并不是很大。2012 年 5 月 5 日,《真理报》发行了 100 周年纪念刊。尽管已经不复当年的地位,现在的《真理报》,仍然是俄罗斯最大的全国性报纸之一。

ПЯТИГОРСКАЯ
ПРАВДА

ОБЩЕСТВЕННО-ПОЛИТИЧЕСКАЯ ГАЗЕТА | ОСНОВАНА В 1937 г. | ВОЗРОЖДЕНА В 1995 г.

Проблемы пенсионного обеспечения в СКФО на контроле у власти

Вернуть грамотность поколению

Борьба с теневым заработком продолжается

图 11 《真理报》头版

三、报道特点

作为曾经苏联社会主义报业体系的重要一员,原《真理报》的根本特点是代表劳动人民的根本利益,来源于苏联的新闻理论模式。随着苏联解体,苏联共产党苦心经营几十年的社会主义报业也一夕失落。

复刊之后的《真理报》在“致读者”中宣称,“要成为公民和睦的报纸,要坚持中派立场,支持社会的民主改革”。现在的《真理报》,侧重关注俄罗斯国内新闻事件,并积极就国内政治、经济情况展开评论,同时也关注社会主义国家的新闻动态。

在《真理报》的网站上,不仅附有俄罗斯共产党刊物的网站链接,还有《人民日报》俄语版的网站链接。①

四、涉华报道

现在的《真理报》,不论是经济实力还是报道能力,都已经大不如前。在重新登记之后几年间,经历了大批裁员和裁撤海外记者站的过程,目前该报的新闻报道大多集中于俄罗斯及独联体国家,对中国的报道也相对较少。

以 2010 年 1 月 1 日到 2012 年 12 月 31 日为例,《真理报》每年平均发表涉华报道 49 篇,每个月发表的涉华报道数量约为 1~6 篇不等。其中,每年的 3 月、5 月和 10 月相对报道数量略高。就报道议题来看,《真理报》涉华报道中最多的是政治报道,可以占到总量的 37.8%;其次是经济报道,可以占到 31%;军事、科技和文化领域的报道占 31%左右。

在涉华政治报道中,《真理报》侧重关注中国的两会、政府改革成就以及中外政府层面交流,还有中国在国际政治舞台上起到的重要作用。这类报道以正面积极倾向为主,而在涉及腐败等问题时有部分负面报道。在经济议题中,《真理报》最为关注中国的经济发展成就,重视中俄经贸交流合作,尤其对于中国在世界经济面临危机时期做出的贡献予以积极评价,同时深入报道分析中国的经济体制和经济政策,不仅对其成就予以正面肯

① 《真理报》网站:http://gazeta-pravda.ru/,检索时间:2015 年 6 月 5 日。

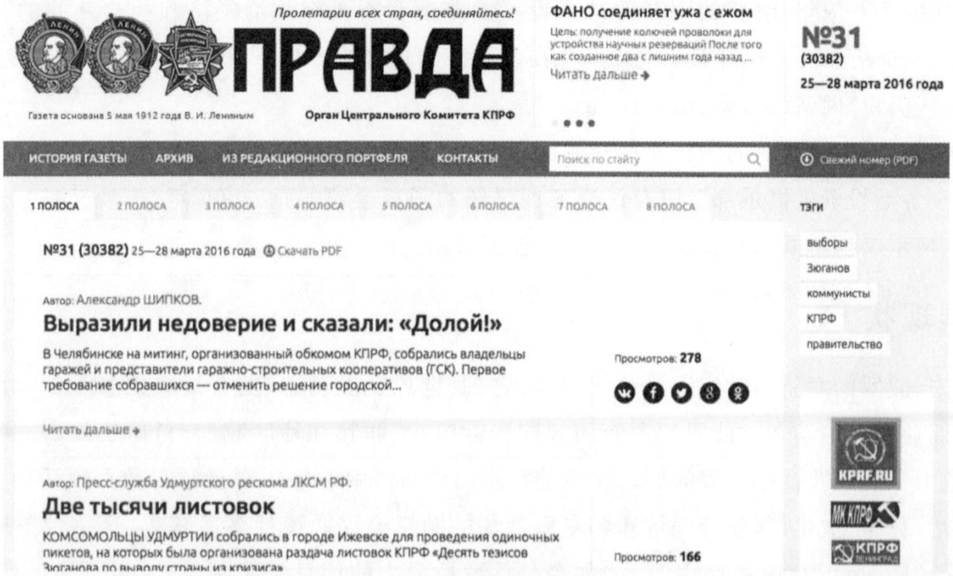

图 12 《真理报》网站首页

《真理报》网站：http://gazeta－pravda.ru，检索时间：2016 年 3 月 26 日。

定，同时也对面临的问题予以分析，所提问题和意见较为客观中肯。在军事相关报道中，54％的报道强调中俄两国军队有着友好的历史交往关系，11％的报道关注中美之间的军事力量对比，其他报道也有提及中国与俄罗斯之间的力量对比。在文化报道中，《真理报》关注在中俄两国举办彼此国家的文化展览、在俄罗斯兴起的汉语热，以及赴两国留学的对方国家留学生等议题。在科技报道中，《真理报》的 69％涉华报道都积极肯定了中国在科技发展方面的成就和能力，认为应该加强两国的科技合作。也有部分报道提出，基于中国不断强大的国家实力以及军事、科技能力，对于俄罗斯来说也有一定的威胁。

此外，由于《真理报》目前的海外报道实力有限，而且并未在中国设站，该报对于中国社会现实的报道非常有限。仅有的部分报道虽然关注面也比较广泛，涉及人口老龄化、性别比例等议题，但报道内容大都不甚扎实，缺乏对中国社会的深入理解。

波罗的海新闻社 Расбалт

РОСБАЛТ информационное агентство

波罗的海新闻社（Расбалт）是俄罗斯国家级通讯社，2000 年成立于圣彼得堡，现于俄罗斯国内和独联体地区设有分支机构，拥有广阔的信息网、专业的工作团队及多个科研中心，与国内外多家媒体建立了信息合作关系。官方网站 ROSBALT.RU 也已成为俄罗斯的重要网络资讯来源之一。2010 年，波罗的海新闻社在北京设立了分社。

一、历史沿革

俄罗斯波罗的海新闻社成立于 2000 年 11 月，成立初时便确立了以互联网为信息分享和发布平台的定位，报道及信息发布范围覆盖俄罗斯全境及独联体、欧盟、中东和亚洲地区。2001 年 1 月 29 日，波罗的海新闻社的网站 www.rosbalt.ru 正式上线。随后，新闻社开始广泛在俄罗斯主要地区设立记者站，并在俄罗斯、独联体及北欧国家设立分支机构。2004 年，该社又在萨拉托夫和里加（拉脱维亚）开设了两家分支机构。2005 年，为纪念加里宁格勒建城750周年，波罗的海新闻社开设了发布俄罗斯西部政治经济和社会新闻的“加里宁格勒在线”网站(http://www.kaliningrad-online.ru)，并在圣彼得堡政府的支持下开设了重点报道跨文化和种族关系问题的“民族社区门户”网站(www.etnosite.ru)。

此外，自2004年开始，波罗的海新闻社开始同政府、企业或社会团体合作，推出一些公共项目，如“里瓦几亚俱乐部”“列宁各类投资者俱乐部”，以及讨论各项议题的圆桌会议等。[①] 2006年，该社又进一步在罗斯托夫、下诺大哥罗德、阿尔汉格尔斯克及基辅(乌克兰)开设记者站。[②]

二、发展现状

自成立以来，波罗的海新闻社广泛关注俄罗斯国内及世界发展动态，发布权威信息及专家评论分析文章，关注俄罗斯的商业和政治动态。波罗的海新闻社同国际组织、联邦和地区政府、科研机构、公共组织合作开展多媒体项目，致力于国家及社会发展问题。波罗的海新闻社新闻中心每年都会举行数百项活动，包括新闻发布会及俄罗斯政治、科学、文化、医学等领域知名专家参加的圆桌会议。该社多次获得“金笔”“芝麻”“最优网站”“金锣”等奖项。“Rosbalt”(www.rosbalt.ru)如今是俄罗斯最大的信息资源网站之一，平均每月的访问量超过500万人次，阅读量高达2000万，引用量为1.3万条。网上在线提供独家新闻和评论分析信息，其客户多为记者、政府官员、投资咨询公司、研究机构及教育机构。[③]

三、报道特点

波罗的海新闻社以报道俄罗斯国内及独联体国家的新闻为主，侧重莫斯科和圣彼得堡的新闻事件报道，注重政治和经济信息，尤以分析报道见长。

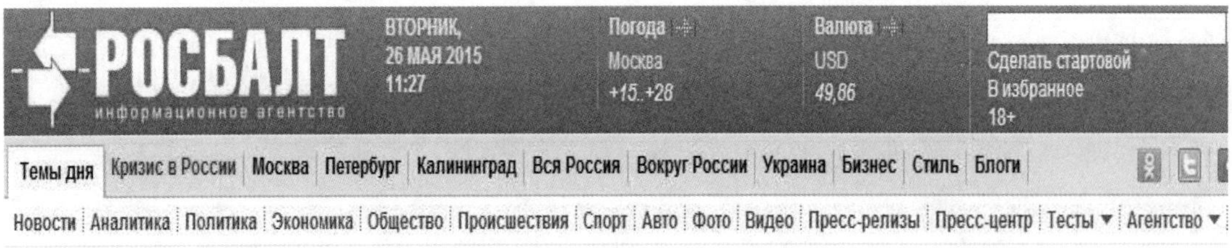

图13 波罗的海新闻社网站 http://www.rosbalt.ru/aboutus/

波罗的海新闻社重视分析报道，这一特点在网站首页就有充分的体现。在网站首页的索引条目中，“今日主题”下的二级条目中，分析评论被置于首要位置。另外，波罗的海新闻社还另辟“分析家”板块，对国内外近期发生的重大事件进行分析评论，不论是医药改革、地区竞选等关乎国计民生的事务，还是俄罗斯足球运动的发展，都是分析评论的重点议题。其中，有几个议题是分析报道的重点关注，一个是俄罗斯群众体育运动普及度低的问题，报道从体育文化着手，认为群众运动的普及是同体育文化的深入相伴随的；[④]另一个是关于乌克兰新军事学说的分析讨论，认为虽然目前看来新军事学说中将俄罗斯认定为乌克兰的主要军事对手，但相比于文字形式的确认，双方的实际行动更为重要；[⑤]还有一篇则是有关“二战”的，文章对“二战”时期德国同苏联在坦克数量、坦克技术的投入、坦克性能对比以及几次战争的分析的基础上得出结论称，虽然许多影视作品及纪录片中

① 波罗斯海新闻社网站：http://www.rosbalt.ru/aboutus/，检索时间：2015年5月26日。

② 波罗斯海新闻社网站：http://www.rosbalt.ru/aboutus/，检索时间：2015年5月26日。

③ 波罗斯海新闻社网站：http://www.rosbalt.ru/aboutus/，检索时间：2015年5月26日。

④ 波罗的海新闻社网站：http://www.rosbalt.ru/main/1439013.html，检索时间：2015年9月13日。

⑤ 波罗的海新闻社网站：http://www.rosbalt.ru/ukraina/1439331.html，检索时间：2015年9月13日。

都将坦克作为“二战”中的主角，但实质上坦克并不是战争中的主要武器。[①] 这几篇分析报道也赢得了广泛关注，获得了较高的点击量。

四、涉华报道

波罗的海新闻社 2010 年在北京设立分社，长期就中国各个领域开展广泛深入的报道。

从报道数量上看，截止到 2015 年 5 月 26 日，波罗的海新闻社共有 3 万多条有关中国的报道，仅 2015 年 1 至 5 月间就有 1000 条关于中国的报道。可以说，波罗的海新闻社在报道与中国有关的新闻方面，还是相对较为重视的。

从报道议题上看，波罗的海新闻社的涉华报道涵盖政治、经济、社会等各个方面。第一，就政治领域的报道来看，波罗的海新闻社主要关注两国关系发展，如《西方制裁使俄中关系走向历史最高水平》《普京开启为期两天的中国之旅》《俄中关系虽面临许多外部问题，但仍在继续深入发展》等报道，都是围绕中俄关系发展展开的相关报道。就报道的基本立场来说，总体上较为看好中俄两国之间的关系，尤其注重两国的高层交流互访和政府层面的合作。

图 14　2015 年 5 月 12 日，波罗的海新闻社对习近平出席俄罗斯纪念卫国战争胜利 70 周年庆典的报道

第二，经济是波罗的海新闻社涉华报道的重中之重，除了对中国本国经济发展、现状问题以及政策调控等进行关注外，尤为关注中国经济发展对俄罗斯的影响，如《8 月份中俄双边贸易额下降了三分之一》《俄罗斯跌出中国的主要经济合作伙伴》。经济议题的相关报道，突出了俄罗斯对于中国经济发展对远东地区整体经济发展推动作用的肯定和重视，同时突出中俄经济交流合作对于俄罗斯的重要性。

第三，从数量上来看，波罗的海新闻社对于中国社会文化等议题的报道并不多。相关报道更多聚焦在中国社会发生的重大事件和奇闻逸事，报道选取上以猎奇吸引人眼球为标准。比如说《河南养老院失火已致 38 人遇难》《天津爆炸事故死亡人数已超过 160 人》《一中国女子用老鼠药毒死 20 名同学》《一位中国妇女躲过雷击》《洗涤剂增加流产风险》等报道。一方面，这些报道涉及的议题五花八门，凸显了俄罗斯国内对于了解中国社会的关切；另一方面，这些报道对中国的呈现又极其碎片化、表面化，并不能触及中国社会的深层次内涵，也凸显了俄罗斯新闻媒体对中国的解读仍停留在新奇有趣的表层。[②]

总的来看，波罗的海新闻社对中国报道较为重视，报道的更新速率较高，时效性比较强。但是在议题上呈现出极大的不平衡，在政治经济领域的报道相对较多较深入，对中国社会文化的报道呈现则较为琐碎浅显。

---

① 波罗的海新闻社网站：http://www.rosbalt.ru/main//1439366.html，检索时间：2015 年 9 月 13 日。

② 波罗的海新闻社网站：http://www.rosbalt.ru/search/，“中国”关键词搜索，数据来自波罗的海网站搜索数量统计，检索时间：2015 年 5 月 26 日。

第一频道 Первый Канал

第一频道(Первый Канал,英文 Channel One Russia)在俄罗斯拥有 99.8%的收视人口,是俄罗斯电视媒体中的领军者。第一频道是俄罗斯最早创办的电视台之一,凭借较长的历史传统、优势的覆盖范围及高质量的电视节目,第一频道一直以来稳居俄罗斯电视台收视率榜首。如今,第一频道的播出范围不仅覆盖俄罗斯全境,在海外也有大量的观众,是世界上普及度最高的俄语电视频道。

一、历史沿革

第一频道成立于 1995 年 4 月 1 日,前身为"苏联中央电视台"。"第一频道"的发展历程大致可以分为三个阶段。

第一阶段,苏联时期的"苏联中央电视台"(Центральное телевидение Гостелерадио СССР)。"苏联中央电视台"成立于 1951 年 3 月 22 日,是一家集广播电视于一体的媒体机构,曾是苏联唯一一家电视频道,在它成立后数年,其他电视频道才相继成立。"苏联中央电视台"主要播放新闻、音乐节目、电影、苏联动画片,还播出教育节目、幽默节目、儿童节目以及电视游戏。

图 15 苏联中央电视台

第二阶段,苏联解体后的调整时期。1991 年底,伴随着苏联的解体,俄罗斯开始向自由资本主义国家过渡,原来的"苏联中央电视台"第一频道被俄罗斯继承并改组为"奥斯坦基诺"国家广播电视公司(РГТРК《Останкино》),成为俄罗斯第二家全国性的国家电视台。[①]

第三阶段,稳定发展时期。1995 年 4 月 1 日,该台改名为"俄罗斯公共电视台"(Общественное российское телевидение),总部设在莫斯科。由该台改组而成的俄罗斯公共电视台是在国家控股名义下部分私有化的电视台,51%的股份为国家所有,其余股份为大金融、大工业集团所有。[②] 1995 年,第一频道开始向海外播出。1998 年 2 月,俄罗斯公共电视台由股份有限公司改为股份公司。

2002 年 9 月 1 日,"俄罗斯公共广播电视台"正式改名为"第一频道",以强调其在俄罗斯电视业的领军地位,并建立在线网站 www.1tv.ru。[③]

二、发展现状

目前,俄罗斯影响最大的三大电视台为俄罗斯国家电视台(Россия)、第一频道(Первый Канал)和独立电视台(НТВ)。第一频道坐落于莫斯科"奥斯坦基诺"电视中心,[④]共有员工 1300 人,在全俄罗斯有 31 个记者站。[⑤]

---

① 贾乐蓉:《当代俄罗斯大众传媒研究》,中国广播电视出版社 2008 年版,第 95 页。

② 董锦瑞:《新闻当家娱乐助力——俄罗斯"第一频道"因创新而"夺目"》,《视听界》2006 年第 1 期。

③ 俄罗斯新闻网:《俄罗斯公共广播电视台创办新网站》,2002 年 11 月 29 日,http://www.newsru.com/russia/29nov2002/1_tv.html,检索时间:2015 年 4 月 10 日。

④ 第一频道官方网站:http://www.1tvrus.com,2015 年 8 月 5 日。

⑤ 吴非、胡逢瑛:《俄罗斯传媒体制创新》,南方日报出版社 2006 年版,第 83 页。

第一频道通过8颗卫星、7000多个地面站和22万多公里长的地面通信线路转播节目，覆盖99.8%的俄罗斯人口和95%的独联体人口以及所有波罗的海沿岸国家。[①] 其播出范围几乎覆盖俄罗斯全境，电视节目远达西欧、东欧、东南亚、北美及大洋洲的40多个国家。除此之外，俄罗斯第一频道还拥有超过1亿的海外观众，已然成为世界上最有影响力的俄语频道。[②]

图16　俄罗斯公共电视台标识

2005年，第一频道开办了数字频道，即五个24小时电视频道："旋转木马"（Крусель，原名"电视保姆"）、"时间"（Время）、"第一频道音乐"（Музыка Первого）、"电视咖啡馆"（Телекафе）、"家庭影院"（Дом кино）。为适应分众化趋势，这五个频道分别播出儿童节目、新闻、音乐节目、烹饪节目、电影。如今，这些频道通过无线电网及卫星转播得到了很大的推广，并向独联体国家、美国、加拿大、欧盟国家、以色列、澳大利亚提供俄语电视节目。[③]

数十年来，第一频道一直稳居俄罗斯电视收视率冠军宝座。根据俄罗斯"主流媒体广告中心"发布的数据，2014年1月1日至2014年9月30的收视率统计显示，第一频道在莫斯科的收视率为13.4%，在整个俄罗斯联邦的收视率为14.2%，依然稳居第一的位置。[④] 在网络新媒体兴起并且不断蚕食电视受众的趋势之下，能保持这样的收视率实属不易。

三、报道特点

第一频道将自己的收视群体定位在普通老百姓，力求节目符合大众的审美情趣。其节目构成是：时事报道类节目、娱乐节目、谈话节目和新闻节目。其中，新闻时事类节目是频道重点建设对象。一直以来，新闻节目都是第一频道的重点所在，其新闻报道也被认为是俄罗斯诸电视台中最为客观真实的。

作为第一频道的当家节目，第一频道每天从早上5点的新闻节目"早安"（Доброе утро）开始，全天共有八个时段播出新闻节目。最主要的新闻节目"时间"（Время）（从1968年开办至今，现在莫斯科时间晚上9点播出。）在其开办40多年间共获得两次"电视太空"最佳新闻报道奖。除了"时间"之外，该台还有四档新闻节目，分别为"新闻"（Новости）、"星期天时间"（Воскресное время）、"晚间新闻"（Вечерние новости）、"最新消息"（Новости часа）（2014年5月20日开办）。[⑤] 该频道新闻节目的特点是：1）尊重新闻规律，按新闻价值大小进行编排；2）加大突发性事件、灾难新闻和监督性、批评性新闻报道；3）重视深度报道，聚焦政治、经济及社会热点问题，并进行分析解读；4）注重实效性，为了抢时效，该频道新闻节目一般不打标题，只标出事件发生的地点，尤以"时间"节目为代表。[⑥]

四、涉华报道

自2009年开始，第一频道开始较频繁地对中国进行报道，包括军事、经济、国际会议等内容，还关注中国的政治、社会新闻，曾对中国云南地区发生的地震进行了报道。第一频道比较重视对中国的报道，平均每天有两至三条有关中国的新闻报道，其报道立场也比较客观中立。2015年8月2日，第一频道报道了北京获得2022年冬季奥运会举办权的新闻，2015年7月31日，还就中国获得2022年冬季奥运会举办权进行了题为《北京成为历史上第一个既举办夏季奥运会，又举办冬季奥运会的首都》的报道。[⑦]

---

① 徐琴媛等：《世界一流媒体研究》，中国广播电视出版社2011年版，第99页。
② 第一频道：《频道简介》，http://www.1tvrus.com/company，检索时间：2015年8月5日。
③ 第一频道：《频道简介》，http://www.1tvrus.com/company，检索时间：2015年8月5日。
④ 主流媒体广告中心：http://www.brandmedia.ru/serv，检索时间：2015年8月5日。
⑤ 第一频道：http://www.1tvrus.com，检索时间：2015年8月5日。
⑥ 刘笑盈：《国际一流媒体系列介绍之十——转轨中的俄罗斯第一频道》，《国际传播》2009年第12期。
⑦ 第一频道：《"中国"关键词检索》，http://www.1tv.ru/allsearch/? s=%EA%E8%F2%E0%E9，检索时间：2015年8月5日。

国际文传电讯社 Интерфакс

国际文传电讯社(Интерфакс,英文名为 Interfax)成立于 1989 年 9 月,是俄罗斯三大通讯社之一,目前已经成为独联体国家中最大的独立新闻通讯社。国际文传电讯社在提供新闻资讯的同时,也为俄罗斯、独联体、中欧和中国等新兴市场中的投资者、分析师及商业公司提供优质的新闻和商业服务。

一、历史沿革

国际文传电讯社的历史要追溯到 1989 年。在当时,它作为一个独立的私营通讯社打破了俄罗斯国有通讯社在新闻市场上的垄断。[①] 成立之后,国际文传电讯社将目光投向了商业信息服务。进入 90 年代,国际文传电讯社成为俄罗斯第一个为金融市场提供网上服务的机构。

2000 年后,国际文传电讯社已经成为开发现代风险管理系统的先驱。如今,国际文传电讯社向客户提供高质量信息及高科技信息分析产品,以便订阅用户作出政治及商业决策。[②]

二、发展现状

目前,国际文传电讯社已经成为独联体国家最大的商业信息提供者,共有 1000 多名员工,每天向全世界提供 4000 多篇新闻稿。国际文传电讯社在全球拥有 36 个办事处,分布在伦敦、纽约、丹佛、法兰克福和香港等地,用 7 种语言提供新闻及商业资讯,并有 100 多项专业服务。[③]

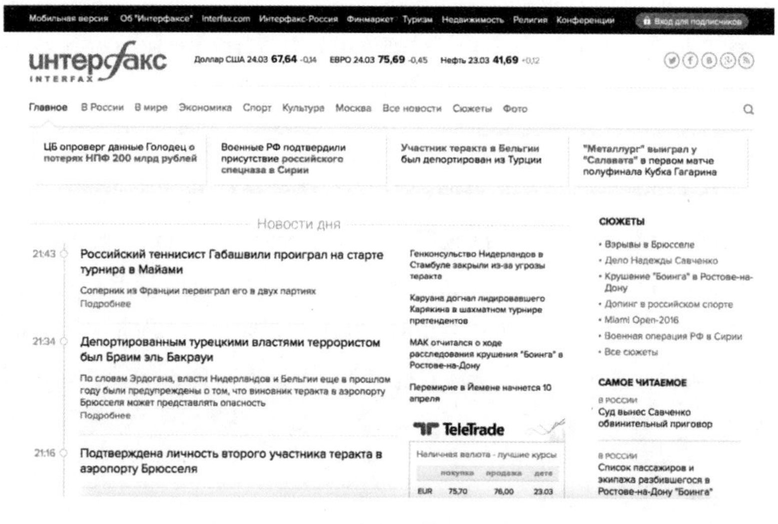

图 17 国际文传电讯社网站首页

图片引自国际文传电讯社网站:http://www.interfax.ru,检索时间:2016 年 3 月 23 日。

2000 年 3 月,国际文传电讯社在中国成立分支机构——国际文传(中国)电讯社(Interfax－China),现已成为中国商业资讯的主要提供者之一。国际文传(中国)电讯社在香港、上海、北京三地设有办事处,拥有 40 多名员工。[④] 作为独立的新闻机构,为了让客户及时获取客观中立、富有价值的行业信息,国际文传(中国)电讯社致力于提供深度报道和深入的评论分析。

国际文传(中国)电讯社关注金融、能源、医药卫生及电信、媒体等行业的重大事件并进行报道。提供 ЭФИР 综合信息终端服务,汇集俄罗斯金融市场新闻、股票、证券及发行人信息,并向用户提供 2.4 亿家公司全球数据库。除此之外,国际文传(中国)电讯社还向客户提供定制的详细行业分析报告,每周以电子邮件的形式

① 国际文传电讯社:《致国际文传电讯社 25 周年》,http://group.interfax.ru/txt.asp? rbr＝1&id＝140,检索时间:2015 年 6 月 15 日。

② 国际文传电讯社:http://group.interfax.ru/txt.asp? txt＝about_group_txt,检索时间:2015 年 6 月 15 日。

③ 国际文传电讯社:《致国际文传电讯社 25 周年》,http://group.interfax.ru/txt.asp? rbr＝1&id＝140,检索时间:2015 年 6 月 15 日。

④ 文传商讯:http://www.cn－info.net/news/2009－02－04/1233741521d2711.html,检索时间:2015 年 6 月 15 日。

发送，订阅用户可以借此重点关注与之紧密相关的重大新闻和行业观察。①

三、报道特点

国际文传电讯社的业务主要可以分为两个方面——新闻信息和商业资讯。新闻信息的提供上更加侧重政治和经济新闻，而商业资讯则面向金融、能源等市场上的投资者、分析师及商业公司。②

作为一家独立的私营新闻机构，国际文传电讯社的报道比较客观中立。独立性、客观性、准确性、完整性和及时性也是国际文传电讯社一直以来所秉承的原则。国际文传电讯社将发展重点放在了经济信息的提供上，向金融、能源、冶金等行业的客户提供专业服务，对信息进行深入挖掘，并在收集整理后提供给客户。正是因为其提供商业资讯这一特点，使得国际文传电讯社的报道更加客观真实。

图 18　国际文传电讯社产品及服务

图片引自国际文传电讯社网站：http://group.interfax.ru/rbr.asp? rbr＝3，检索时间：2015 年 9 月 23 日。

四、涉华报道

国际文传电讯社 2000 年就在中国设立了分社，在其报道中对中国的态度也较为友好，重视对中国的新闻报道。2015 年 6 月 26 日至 2015 年 9 月 23 日，就有 520 篇以上有关中国的报道，仅 2015 年 9 月 3 日一天就有 13 条有关中国的报道。国际文传电讯社对华报道涉及政治、经济、社会、体育等领域，相对其他领域，更关注经济领域的报道，经济报道占报道量的 70％以上。

国际文传电讯社曾多次采访中国驻俄大使及中国外交部长。2014 年 1 月 10 日，在国际文传电讯社官网上，中国驻俄罗斯大使李辉发表了题为《拒绝正视历史，日本必将威胁亚洲乃至世界的和平》的署名文章，批判日本首相安倍晋三罔顾历史参拜靖国神社。2015 年 4 月 7 日，外交部长王毅在正式访问俄罗斯前接受俄罗斯国际文传电讯社的采访，对"二战"及中俄两国关系等问题发表看法。③ 2015 年 4 月 23 日，李辉大使就世界反法西斯战争胜利的历史意义、中俄在"二战"中的重要历史作用等接受了国际文传电讯社采访。④

国际文传电讯社的驻华记者柯舍夫是知名的中国通，多年、多任的在华工作经历让他越来越了解中国。柯舍夫可以讲流利的汉语，对中国以及中国文化都非常熟悉。他曾 3 次作为俄罗斯媒体记者派驻中国工作，累计在华工作 17 年，曾任国际文传电讯社北京分社社长，并多次担任重大会议及活动的采访工作。⑤ 2015 年 3 月 4 日，柯舍夫接受新华社记者采访时说，"我看到了一个越来越开放的中国"。

---

① 国际文传电讯社：http://group.interfax.ru/rbr.asp? rbr＝3，检索时间：2015 年 6 月 15 日。

② 国际文传电讯社：http://group.interfax.ru/rbr.asp? rbr＝3，检索时间：2015 年 6 月 15 日。

③ 新华网：《王毅接受国际文传电讯社采访》，http://news.xinhuanet.com/world/2015－04/07/c_127660849.htm，检索时间：2015 年 6 月 15 日。

④ 中华人民共和国外交部网站：《驻俄罗斯大使李辉接受俄罗斯国际文传电讯社采访》，http://www.fmprc.gov.cn/mfa_chn/dszlsjt_602260/t1257414.shtml，检索时间：2015 年 6 月 15 日。

⑤ 新华网：《"我看到越来越开放的中国"——一位俄国记者眼中的中国两会》，2015 年 3 月 4 日，http://news.xinhuanet.com/politics/2015－03/04/c_1114522741.htm，检索时间：2015 年 9 月 23 日。

今日俄罗斯 Russia Today

今日俄罗斯(Russia Today,英文简称:RT)是俄罗斯第一个全天候24小时不间断播出新闻节目的电视台,同时也是俄罗斯第一家全数字化电视频道,其办台口号为“Question More”(不断问询)。从2005年12月创建至今,在短短的十年时间内,今日俄罗斯凭借推陈出新的报道风格、视角独特的新闻选题以及与美欧媒体大唱反调的评论立场,在竞争激烈的世界电视新闻报道领域成功占据了一席之地。

一、历史沿革

今日俄罗斯(后简称RT)的历史并不长,可谓世界电视媒体业界的后起之秀。2005年12月,由俄罗斯政府出资3000万美元,在俄新社的牵头下成立了这一电视台,旨在“在国际政治的主要问题上反映俄罗斯立场”以及“向受众通报俄罗斯生活中的事件与现象”。[①] 建立初期,电视台的运营经费主要来源于俄罗斯联邦出版与大众传媒署拨款,播出内容以即时新闻、纪录片、脱口秀、访谈等节目为主,一天24小时播出。同时,电视台还针对海外市场的需求,播出很多俄罗斯本土制作的体育、文化节目。2009年,为强化电视台的世界性定位,同时淡化俄罗斯官方背景和意识形态色彩,避免海外受众作出政治性解读,“今日俄罗斯”电视台将其英文名称“Russia Today”直接简化为“RT”。

从2007年6月开始,今日俄罗斯将节目放上YouTube的网络开放平台,供世界各地观众在线观看,以进一步扩大今日俄罗斯的传播覆盖和影响范围。2007年,今日俄罗斯的阿拉伯语频道(Rusiya Al-Yaum)开播,节目播出覆盖包括中东、北非和欧洲部分国家在内的阿拉伯世界。随后于2009年,今日俄罗斯又建成了西班牙语频道(RT en Español),主要面向拉丁美洲国家展开传播。2010年,今日俄罗斯的新闻资讯网站rt.com建设完成,代替了原本以电视节目转载为主的russiatoday.com,即时更新新闻报道的同时,还能够面向全世界的受众提供更多俄罗斯的相关资讯信息。

2013年12月,俄罗斯总统普京签署《关于提高国有媒体效率的一些措施》的总统令,撤销俄罗斯新闻社(РИА－новость),并将其与原来负责对外广播的“俄罗斯之声”(Голос России)重组,并在此基础上成立“今日俄罗斯”国际新闻通讯社,成为俄罗斯在国际传播的航母级媒体平台。在全新的今日俄罗斯国际新闻通讯社中,电视台仍然是俄罗斯对外传播的主体。原电视台总编辑玛格丽特·西蒙尼杨继续担任新集团的总编辑。

二、发展现状

开播近十年来,今日俄罗斯已经成为美国和英国境内除半岛电视台之外影响最大的境外媒体。[②] 如今,今日俄罗斯拥有2000多名员工,用俄语、英语、阿拉伯语和西班牙语4种语言在全世界100多个国家24小时连续播放。今日俄罗斯获誉为“当今世界上国际化程度最高的电视台之一”[③],目前通过30个卫星电视以及500个地面电视运营商实现24小时不间断的节目播出,在全球100多个国家拥有7亿以上的受众。[④] 在英国,今日俄罗斯的收视人数逐年高企,不仅超过了半岛电视台,到2014年时,已成为继英国本土频道BBC和天空电视之后

---

① 纽带新闻网:《俄罗斯筹备建立新的电视频道》,2005年6月6日,http://lenta.ru/news/2005/06/06/channel/,检索时间:2015年8月5日。

② 黄鹂:《“今日俄罗斯”成功原因及启示》,《对外传播》2014年第8期。

③ 常江、徐帅、李峰:《“今日俄罗斯”的新闻生产策略及启示》,《中国记者》2015年第4期。

④ RT官方网站:http://rt.com/about－us/,检索时间:2015年8月5日。

的第三大电视新闻频道。[①] 尼尔森的收视调查报告也显示，今日俄罗斯目前是美国最受欢迎的外国新闻电视台。早在 2008 年，今日俄罗斯在 YouTube 开设了频道，当年就进入前 100 位媒体频道排行。到 2013 年时，今日俄罗斯又成为全世界第一家在 YouTube 上实现点击量过 10 亿的新闻频道。[②]

目前，今日俄罗斯在华盛顿、伦敦、柏林、加沙、开罗、巴格达等城市设分支机构，及时报道世界热点地区发生的新闻事件，坚持自采新闻，在国际上发出自己的声音。在今日俄罗斯的努力之下，它凭借 2013 年 2 月的雅宾斯克陨石撞击事件的报道获得蒙特卡罗国际电视节金奖，击败了 CNN 国际频道、英国天空电视台（BskyB）和半岛电视台（Al-Jazeera）英语频道等国际一流竞争对手。[③] 2014 年又凭借乌克兰报道和 BBC、英国天空电视台、CNN 一同获得蒙特卡罗国际电视节金奖提名。[④]

今日俄罗斯现有英语、西班牙语和阿拉伯语三个环球电视频道，每天 24 小时播出新闻节目。作为国际电视业的后起之秀，今日俄罗斯电视台开播 8 年多就迅速成为在国际上，尤其是在西方世界较有影响力的电视频道。目前，今日俄罗斯的节目播出可以覆盖 100 多个国家和地区的 6.44 亿观众。[⑤]

三、报道特点

今日俄罗斯的报道风格独特，坚持以新闻立台的原则，同时坚持以俄罗斯的视角报道世界，强调独家新闻和独家视角。

今日俄罗斯的创办初衷，就是要“传播俄罗斯的观点，用俄罗斯的视角看世界”。今日俄罗斯总编辑玛格丽特·西蒙尼杨就曾明确表示：“今日俄罗斯国际新闻通讯社将不仅向国际社会介绍有关俄罗斯的情况，还将以俄罗斯视角介绍国际事件。俄罗斯是一个主要的世界大国，它的声音应当一直被听到。在我们的帮助下，国外所有有此意愿的人都能够获取有关莫斯科立场和利益的第一手信息，而不是仅仅经过外国媒体解读后的信息。”[⑥]与此同时，今日俄罗斯一向热衷报道国际敏感争议事件。从 2008 年的“南奥塞梯之争”到 2014 年的“克里米亚危机”，包括埃及军事政变乃至“棱镜门”事件等，今日俄罗斯始终不曾缺席，并且坚持发出与西方媒体不同的俄罗斯声音。

图 19　阿桑奇在今日俄罗斯主持新闻访谈节目《明日世界》

长期以来，今日俄罗斯一直以敢于做出创举而闻名。2012 年，今日俄罗斯邀请“维基解密”创始人朱利安·保罗·阿桑奇（Julian Paul Assange）主持《明日世界》节目。这是阿桑奇在受到美国政府通缉之后首次公开亮相，节目同时还邀请众多国际社会争议人物作为嘉宾，通过他们在节目中做出的评论，尝试为观众提供“另类视角”。正如阿桑奇本人所说，这一节目就是“跟一系列来自世界各地，重要的政治人物、思想家、革命家间的一次深度谈话”。[⑦] 以此为理念，这一节目也在世界范围内引发了众多的关注和热议。

---

① 常江、徐帅、李峰：《“今日俄罗斯”的新闻生产策略及启示》，《中国记者》2015 年第 4 期。

② 俄新社：《RT 成为第一家在 YouTube 上点击量超过 10 亿的新闻频道》，2013 年 6 月 3 日，http://ria.ru/society/20130603/941030745.html，检索时间：2015 年 8 月 5 日。

③ RT 官方网站：http://rt.com/about－us/，检索时间：2015 年 8 月 5 日。

④ RT 官方网站：http://rt.com/about－us/，检索时间：2015 年 8 月 5 日。

⑤ 张超：《国际传播中的话语争夺策略——以俄罗斯 RT 电视台为例》，《传媒》2014 年第 13 期。

⑥ 转引自王磊：《“今日俄罗斯”运营成功经验及其借鉴意义》，《今传媒》2014 年第 12 期。

⑦ 转引自常江，徐帅，李峰：“今日俄罗斯”的新闻生产策略及启示，中国记者：2015－04，第 121 页

在许多新闻报道与评论中,今日俄罗斯善于另辟蹊径,不盲从于西方主流媒体的议程设置,主动设置议程展开新闻评论。当美国的媒体对"占领华尔街"运动鲜有报道时,今日俄罗斯做到了 24 小时向观众传递现场新闻;当西方媒体都在报道朝鲜核试验及安理会出台制裁措施时,今日俄罗斯则集中报道叙利亚反对派扣押联合国维和人员作为人质事件;[①]在美国两党垄断总统大选新闻报道时,今日俄罗斯则集中力量直播了美国小党派候选人的电视辩论。这种反其道而行之的做法,使得今日俄罗斯在国际新闻报道同质化的形势下显得与众不同。此外,今日俄罗斯还针对中东、西亚、非洲等发展中国家的弱势群体展开持续关注报道,而这些议题往往是英美电视媒体不愿或无暇关注的。

从另一个角度来看,反美倾向在今日俄罗斯的报道中也较为明显。比如说,在今日俄罗斯的报道中,"9·11"事件乃是美国自导自演的事件,为的是借机打击伊斯兰国家,为自己谋利益。在许多报道中,今日俄罗斯都不断指出美国在国际事务中的双重标准,采取与普遍西方媒体迥异的报道立场。同时,今日俄罗斯还关注中东、西亚、非洲等地区的局势,关注伊拉克、阿富汗等国家人民战后的生存状态。

图 20 拉里·金在今日俄罗斯的主要节目《拉里·金时事谈》

今日俄罗斯的报道特点,还体现在坚持新闻自采,注重本土化建设。今日俄罗斯很早就开始聘用本地采编人员,寻求贴近当地受众的最大化效应。在今日俄罗斯的编辑记者队伍中,外籍雇员始终占据较高的比例。2013 年 5 月,今日俄罗斯更是重金邀请 CNN 前著名主持人拉里·金(Larry King)加盟,以他为核心打造两大重要新闻谈话节目,*Politic King*(《拉里·金政治谈》)和 *Larry King Now*(《拉里·金时事谈》)。随后不久,普京到今日俄罗斯时表示:在今日俄罗斯,拉里·金的任务很简单,那就是"打破美国人对英语媒介的垄断"。

四、涉华报道

基于中国与俄罗斯两国之间长期以来的紧密友好关系,两国媒体之间的交流合作也已经成为一种常态。经过 2013 年的整合以后,今日俄罗斯已经成为俄罗斯在国际传播领域的核心力量,同时也成为国际媒体合作中的主体。

2015 年 1 月,今日俄罗斯与中国国际广播电台两家媒体的主要负责人,在北京就两国媒体在中俄友好、和平与发展委员会媒体理事会框架内的合作、筹建中俄媒体沟通与协调机制、联合报道世界反法西斯战争胜利 70 周年暨中国人民抗日战争胜利 70 周年纪念活动等话题展开磋商。随后,双方签订了《中国国际广播电台与"今日俄罗斯"国际新闻通讯社合作协议》,确定将共同建立中俄媒体沟通与协调机制,从而将双方的新闻媒体交流合作落实为常规化机制。同月,今日俄罗斯也同新华社签订了新闻交换与合作协议。基于这一协议,双方合作的第一步就是加强双方新闻互换、新闻产品互用、启动创建记者经验交流机制的对话。此外,双方还将共同开发一系列今后或可作为合作平台的具体新闻项目。

通过与中国国际广播电台的合作,今日俄罗斯将更多同中国媒体同行合作展开新闻报道,加强对两国相关新闻信息的连同报道。而与新华社的合作,将大大提高两家媒体在彼此新闻报道中的信源采用率,增强彼此在国际新闻信息传播中的声音。

① 张超:国际传播话语争夺策略——以俄罗斯 RT 电视台为例,传媒,2014-13:60-62 页

一直以来，今日俄罗斯对关涉中国的报道都比较重视。从报道频度上来看，今日俄罗斯对中国的报道较为频繁，平均每天都有三到四条涉及中国的报道，多时可以达到一天七八条的数量。就报道的议题来说，今日俄罗斯的涉华报道广泛触及中国的政治、经济、军事、国际关系等各个方面。报道数量最多的议题是中国与俄罗斯及其他国家的外交关系，尤其是中俄关系的各个相关议题。除此之外，中美关系、中欧关系及中国与日本、印度等国家的关系也是今日俄罗斯经常关注的涉华报道相关主题。值得注意的是，在这些文章内容中，尤其是在报道中国与其他国家有所争议的相关问题时，今日俄罗斯经常会在报道中阐释中方的观点立场，在尽量提供客观新闻信息的同时，为西方媒体主导的国际舆论洪流中增添一股不一样的声音。例如，2015 年 9 月 25 日，今日俄罗斯发布报道《网络制裁：习近平访问前夕美国就黑客攻击问题再发难》(*Cyber sanctions: US threatens China over hack attacks ahead of Xi Jinping talks with Obama*)①，报道称："习近平主席即将展开访美旅程，除了将与美国总统奥巴马展开深层会谈，还带着大笔订单预备会见商业巨头。然而，美国却打着自己的另外一副算盘。"并且还不无讽刺地评价道，"为了惩戒所谓的国际网络犯罪，大举实施经济制裁，白宫此举倒是别出心裁。"报道以东方文明重视待客之道指出，美国在远方来客之际用一些无法确证的问题无端非难中国，反而暴露了美国在面对飞速发展的中国时体现出的不自信，并且指出美国在黑客攻击一事上的双重标准和言行不一致。

与此同时，今日俄罗斯的涉华报道非常关注中国的经济发展，以及中国经济给俄罗斯带来的影响。此类文章诸如：《中国公司在俄承建太阳能电站》(*Chinese firm to build solar power plant in Russia*)②、《中国投资撑起俄罗斯北极地区液化天然气项目》(*Chinese investments shore up Russia's Arctic LNG project - Total CEO*)③、《中国制造业生产降至 2009 年以来最低》(*China's factory activity lowest since 2009*)④、《人民币成为第四大国际货币》(*China's yuan joins top 4 global currencies*)⑤。在这些文章中，今日俄罗斯将中国描述为"发展最快的经济体""地区最大的投资国""最重要的贸易伙伴"，以较为客观中立的报道介绍说明中国在经济领域的新变化。其中，在提及西方国家或西方公司时，则倾向于将中国置于与之相对照的位置，只有这时会以西方媒体常用的"新兴经济体""崛起中的大国"来指代中国。可见，在涉华报道的用词用语层面，今日俄罗斯也非常注重不落西方媒体的常见窠臼，坚持以中立的不带倾向色彩的直白表述来进行报道。

除此之外，很多涉华报道都是对国际会议、领导人会晤、国际事务表态及国际性事件的广泛综述评论，其中经常引述中国的立场态度。作为国际社会重要一员，中国在很多国际场合和国际事件中都有重要作用。尤为突出的是，在很多国际问题上，例如朝核问题、叙利亚问题、伊朗问题等等，中国与俄罗斯两国基本秉持一致的原则立场，因此今日俄罗斯的相关报道中都将中国与俄罗斯并置，同时表述两国的相关立场。

另外，今日俄罗斯的报道还经常关注中国国内发生的一些灾难性事件，如天津爆炸、煤矿事故等。还有其他一些社会文化类的新闻报道，如中国功夫表演、青少年网瘾戒除中心，以及"小伙花 16 年发明洗头机器"⑥、网络动画"十三五"⑦等万花筒式的中国故事。

总的来说，今日俄罗斯的对华报道中，政治议题的报道中含有较为明显的批驳西方舆论、平衡中国立场的

---

① Russia Today: Cyber sanctions: US threatens China over hack attacks ahead of Xi Jinping talks with Obama. Sep 25, 2015 https://www.rt.com/news/316490－china－us－hacking－sanctions/，检索时间：2015 年 10 月 11 日。

② Russia Today: Chinese firm to build solar power plant in Russia, Sep. 24, 2015, https://www.rt.com/business/316375－china－russia－solar－plant/，检索时间：2015 年 10 月 11 日。

③ Russia Today:Chinese investments shore up Russia's Arctic LNG project - Total CEO, Sep. 25, 2015, https://www.rt.com/business/316477－china－russia－investments－arctic/，检索时间：2015 年 10 月 11 日。

④ Russia Today: China's factory activity lowest since 2009, Oct 1, 2015, https://www.rt.com/business/317225－china－pmi－activity－contraction/，检索时间：2015 年 10 月 11 日。

⑤ Russia Today: China's yuan joins top 4 global currencies, Oct. 6, 2015, https://www.rt.com/business/317755－yuan－global－currency－devaluation/，检索时间：2015 年 10 月 11 日。

⑥ Russia Today: Chinese inventor spends 16 years designing hair－washing machine, Oct. 12, 2015, https://www.rt.com/news/318373－china－invent－hair－wash/，检索时间：2015 年 10 月 15 日。

⑦ Russia Today: China's 2020 vision, Oct. 30, 2015, https://www.rt.com/op－edge/320156－china－economy－plan－2020/，检索时间：2015 年 11 月 1 日。

态度倾向,而在经济等议题的报道中则大多较为客观中立。同时,也有不少文章关注不同侧面的中国,但是在数量上要大大少于前几类报道。

俄罗斯萨哈广播电视台 НВК САХА

俄罗斯萨哈广播电视台(НВК САХА)位于俄罗斯雅库特(Якутия)共和国。目前,该台已成为俄罗斯远东地区规模最大的广播电视公司,其收视率与受众和全国性的俄罗斯第一频道以及俄罗斯国家电视一台位列该地区前三名,在当地影响较大。

一、历史沿革与发展现状

萨哈广播电视台主要有广播和电视两部分业务。

萨哈广播是雅库特地区历史最悠久的广播台,它是 1992 年 3 月 3 日在雅库特共和国领导人的指示下建立的。如今,该广播电视公司由俄罗斯雅库特共和国政府管理,在雅库特共和国内的城市、乡镇拥有 34 个分支机构,同时在莫斯科(Москва)和哈巴罗夫斯克(Хабаровск)也有相应的分支机构。萨哈广播电台是该区域传达消息最迅速的广播媒体机构,广播节目已经全部实现数字化技术播出。电视台通过雅库特共和国的卫星系统传送,一共租用了 380 个接受转送电视基站,在雅库特有 40 个帧输出变压器。同时,萨哈广播电视台也与"星星"电视台(Звезда)建立了网络合作伙伴关系。此外,通过卫星和网络,萨哈广播公司的节目在国外也能收听到,如日本、印度、加拿大、爱尔兰以及其他国家。

萨哈广播电视每天通过卫星网络播放 6 小时节目,在雅库特共和国城市内 24 小时滚动播放。节目播放中约有 60%使用俄语,30%的节目使用当地的雅库特语,其余节目则会使用北部地区的民族语言进行播送。

萨哈广播电视台的节目在当地非常受欢迎,电视节目在共和国区域的受众能达到 99.7%,广播节目则能覆盖到 93%。[①]

二、涉华报道

由于萨哈广播电视台的官方网站不支持搜索功能,因而无法直接通过检索得出其涉华报道的具体数量。而且,该台网站提供在线浏览的新闻数量非常少,仅仅保留当天及近两天的新闻。

通过对该网站各个专栏的浏览,可以发现该网站上大多数报道都是雅库特的本地新闻,也有部分发生在俄罗斯其他地区的重大新闻。国际新闻报道的数量非常有限,其中对中国的报道数量更是少之又少。仅有的几篇涉华报道,大多在"政治"和"经济"专栏。与中国相关的报道,侧重于雅库特地区与中国东北省市之间的合作。例如,2015 年 9 月 11 日发表的一篇报道,介绍了雅库特与中国黑河市签署经济合作协议的情况。[②] 整体来看,这些涉华报道体裁大多较为简短,也多为关注事实性内容,没有媒体本身的评论性内容。

根据雅库特共和国政府网站提供的信息,萨哈广播电视台目前已经在北京派驻了记者。[③]

---

① Министерство внутренних дел по республике Саха:https://14.mvd.ru/press/MEDIA_PARTNJORI/NVK_SAHA,检索时间:2015 年 9 月 10 日。

② НВК online:Якутская гордума подписала соглашение о сотрудничестве с постоянным комитетом собрания народных представителей г. Хэйхэ,2015—9—11,http://nvk—online.ru/index.php/politica/3270—yakutskaya—gorduma—podpisala—soglashenie—o—sotrudnichestve—s—postoyannym—komitetom—sobraniya—narodnykh—predstavitelej—g—khejkhe,检索时间:2015 年 9 月 11 日。

③ Официальный информационный портал Республики Саха:http://www.sakha.gov.ru/node/145626,检索时间:2015 年 9 月 11 日。

НВК онлайн

Политика | Общество | Культура | Спорт | Экономика | Промышленность | Сельское хозяйство

Якутская гордума подписала соглашение о сотрудничестве с постоянным комитетом собрания народных представителей г. Хэйхэ

Сентябрь 11, 2015 Автор: Manager

Twitter

Подписи под докуметном поставили спикер гордумы Александр Саввинов и заместитель председателя собрания народных представителей г. Хэйхэ Мэн Сянцюань.

Стороны надеются на укрепление и развитие экономических отношений между городами. Ранее, весной этого года, делегация из Якутска побывала в г. Хэйхэ, во время этой поездки были уточнены направления дальнейшего сотрудничества.

图 21　萨哈广播电视台官方网站

塔斯社 Tacc

ТАСС ИНФОРМАЦИОННОЕ АГЕНТСТВО РОССИИ

塔斯社(Tacc)是目前俄罗斯唯一的国家通讯社,也是世界五大通讯社之一。塔斯社是俄罗斯国内最大的信息聚集地,在俄罗斯和独联体国家都有着极大的影响力。

一、历史沿革

塔斯社历史悠久,在俄罗斯有着重要的地位和意义。2014 年,俄罗斯联邦总统普京下令为塔斯社庆祝成立 110 周年,赞扬其在俄罗斯媒体发展和信息传递中的重大作用。塔斯社的历史要一直追溯到沙皇俄国时期。1904 年,在沙皇的指令下成立了圣彼得堡通讯社(Санкт－Петербургское телеграфное агентство),这是俄国第一个信息传播的统一机构,也是塔斯社的前身。彼时的圣彼得堡通讯社 24 小时全天候向外发布消息,在欧洲、中亚和远东的合作伙伴和记者站有 70 名人员,为超过 80 个俄国和国外的通讯社以及出版物提供官方政府消息。

1914 年 10 月 18 日,沙皇尼古拉二世将圣彼得堡改名为彼得格勒,圣彼得堡通讯社也随之更名为彼得格勒通讯社(Петроградское телеграфное агентство)。四年后,即 1918 年,该社与全俄中央执行委员会所属的新闻局合并,合并后简称"罗斯塔"(РОСТА)。也就是在这一年,所有的政府机关包括"罗斯塔"由圣彼得堡迁往莫斯科。

1925 年 7 月 10 日,根据苏联中央执行委员会主席团和苏联人民委员会的指令,成立了苏维埃社会主义共和国联盟通讯社,即"塔斯社",这一指令进一步巩固和加强了其作为中央信息机构的地位,使其能够在苏联境内和境外收集和传播消息。

1971 年 12 月，根据苏联部长会议的决定，塔斯社升为政府部一级机构。对内向大约 4000 家报纸、电台和电视台供稿，对外用俄文、英文、法文、德文、西班牙文等向世界上 120 多个国家发布消息。作为苏联政府部一级的机关，塔斯社还负责领导俄罗斯联邦以外的 14 个加盟共和国的通讯社，形成了统一的国家新闻通讯网络。塔斯社在国内进行采访的记者有 50 多人，另外还有不少特约记者和通讯员；在各加盟共和国有 70 个分社和支社，在 120 多个国家设有分社或记者站。[①]

1992 年 1 月 2 日，俄罗斯联邦总统叶利钦下达命令，将塔斯社和俄罗斯国内的另一家通讯社合并成为俄罗斯通讯社，简称俄通社，受俄罗斯总统、政府和议会的领导。但塔斯社的名字在国际上早已享受盛誉，为了保住塔斯社作为世界性通讯社的地位，俄通社仍然保留着塔斯社原有的机构和名称。1993 年 12 月 2 日，叶利钦

① 先直:《塔斯社的历史变迁》,《新闻与传播研究》1995 年第 2 期。

发布命令，把俄通社—塔斯社作为国家通讯社，直属政府领导。①

2014 年，正值塔斯社成立 110 周年之际，俄罗斯政府下令再次将其恢复到苏联时期的名称，即塔斯社。

第二次世界大战期间，塔斯社大批记者走上前线，报道战争的情势，每天发 200 条国内消息、2000 至 3000 行国外消息。此外，还出版了一千多幅政治宣传画，在莫斯科和俄罗斯境内各大城市张贴，让俄罗斯人民及时了解战事，也激发了他们打败法西斯的斗志，被称为“塔斯之窗”。

二、发展现状

塔斯社目前为超过 5000 家的国内外集团提供新闻产品，其中包括了超过 1000 家的媒体，200 多家外交代表机关，250 多家金融公司和银行，以及超过 2000 家工业企业、科教学校和图书馆。此外，塔斯社的消息还会传送给总统管理机构、政府、联邦会议、安全委员会、俄罗斯国内各共和国的政府管理机构，联邦和地区的各个部门。

每天塔斯社会发布超过 100 条信息产品，其中内容涵盖了政治、经济、社会、文化、体育、生活等多个方面，用俄语、英语、法语、德语、西班牙语和阿拉伯语 6 种语言发布。每天通讯社发布的消息能构成大约 300 个整版的报纸内容。塔斯社官网全天 24 小时都可访问，每天官网上会有上百条新闻消息，数十张照片和视频材料。

目前，塔斯社在俄境内拥有 8 个区域中心和 34 个分社，在世界各地拥有 75 个代表机构，同路透社、新华社、美联社、共同社等多家世界各地的通讯社建立了信息合作关系。

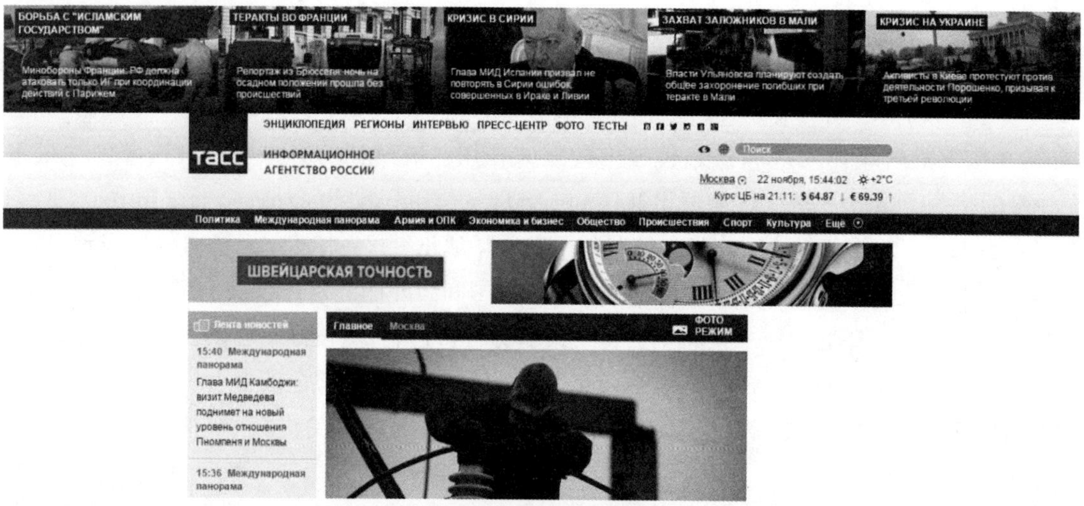

图 22　塔斯社网站

塔斯社网站：http://tass.ru/，检索时间：2015 年 11 月 22 日。

三、报道特点

首先，塔斯社的新闻报道资源广泛，在内容上丰富多样。塔斯社是俄罗斯许多媒体的消息源，早在 1918 年就创立了一个独特的信息问询储备资源，至今存储了海量的信息资源，在几秒中之内就可以查询到相关历史事件的新闻讯息。

在信息源建设方面，塔斯社拥有广泛的采编网络，国内其他通讯社都无法与之相比。68 个国外代表分布在世界 63 个国家和 70 个中心地区，让该社能够及时获得发生在地球任意一个角落的最新新闻信息。2014 年 4 月，塔斯社还成立了一个专门的调查中心，主要针对发生在世界各地的重大经济、社会进程进行研究和分析，为进一步发掘新闻事件背后的深层次内容打好基础。

---

① 先直：《塔斯社的历史变迁》，《新闻与传播研究》1995 年第 2 期。

其次，作为一家国际性的通讯社，塔斯社在国际合作方面表现突出。目前，塔斯社已经与超过60家世界通讯社建立并保持长期合作关系，领导着联合国教科文组织国际传媒发展计划的俄罗斯委员会，也是联合国教科文组织信息和传媒问题研究的跨政府委员会的成员。同时，塔斯社也是很多世界级、地区性富有声望的媒体机构的成员，如欧洲信息通讯社联盟、亚太国家信息通讯社组织等。

塔斯社在发展过程中不断地完善其提供的新闻内容的质量，力求做到更及时、更客观。随着全球新媒体的蓬勃发展，塔斯社近几年也朝着新媒体多元化方向发展。不仅有自己的官方网站，同时还开辟了几个新的版块，如"塔斯一音频""商务经济信息纽带""交通信息纽带""图片库"等等，不断完善自己的内部体系，分工更加明确，使之能够包容更多的消息。

"塔斯一音频"是通讯社的一个新企划，主要任务就是抓住一些重要的新闻主题，制作成音频形式，其主要消费者是广播电台的编辑部。如今，每周能够生产超过500条音频新闻，供给俄罗斯超过50座城市的100多家广播电台使用。

"商务经济信息纽带"主要是提供对俄罗斯和世界经济产生重要影响的新闻消息和评论，其中会有许多独家的评论和采访。

"交通信息"版块中，塔斯社主要报道从国家海关、港口联合以及大型企业获得的数据消息。

塔斯社的图片库是俄罗斯联邦以及独联体国家中历史最悠久的，同时也是国内规模最大的图片资源库，里面有数百万张图片和底片，每年还会增加大概数十万张数码照片，能为每天的新闻讯息提供充足而准确的图片支持。塔斯社还经常会做一些图片盘点，让受众直观地了解发生在各国的重大事件。

四、涉华报道

塔斯社从20世纪30年代就已经在上海派驻新闻记者，目前在北京、上海、香港设有分社。[①] 塔斯社与新华社、光明日报、中央电视台、北京电视台等媒体机构都有着良好的合作。塔斯社与新华社正共同筹办金砖国家媒体论坛，与《经济日报》一起建立金砖国家新闻网站，此外还建立了上海合作组织（简称"上合组织"）新闻俱乐部，举办上合组织成员团领导人、政府、部委及上合组织秘书长的新闻发布会，甚至塔斯社的驻外记者还与中国国内的媒体记者有着较好的私人关系。

塔斯社社长米哈伊洛夫在采访中曾强调，塔斯社对中国的关注是十分密切的，塔斯社关注中国政治生态的发展，特别是注重对于中国共产党方针政策的全面解读和详尽报道。经济方面也不可忽视，驻北京分社有两名记者专门负责报道中国经济领域的发展变化，眼下对华报道的重点在于"欧亚联盟"和"一带一路"的报道，塔斯社希望能够全面、详实地报道这两大经济构想的对接进程。[②]

作为一个世界性的通讯社，塔斯社承担着为俄罗斯国内其他媒体提供咨询的重要任务，因此对中国的报道是相对较多的。我们进入塔斯社的官方网站，在其搜索框内输入"Китай"（中国）后，搜索结果数量是非常多的，每天都基本有5篇以上的报道。仅从6月1日至7月6日这一个多月的时间内，按"中国"字眼搜索出来的报道就有612篇，经过筛选，其中直接以中国为主体进行报道的也有162篇之多，而剩下的大多是在新闻中提及中国。在如此短的时间内就有这么多数量的主题报道，足以说明塔斯社对于中国的关注程度非常之高。

从内容上来看，塔斯社对中国的报道是很全面的，经济、政治、社会、科技、教育、文化、体育等各个方面都有所涵盖，其中以政治、经济和社会报道偏多。政治上的报道主要以中国内部，中俄高层会面，中俄政治合作，中国与美国、日本、朝鲜半岛的关系以及中国与南海邻国之间的关系占大多数；经济上，中国和俄罗斯之间的经济合作报道较多，主要涉及石油、天然气方面的合作，同时也对中国国内的经济有所关注，比如对阿里巴巴、中国

① 雷向晴：《多元化竞争格局下的塔斯社》，《对外传播》2005年第7期。

② 光明网：《塔斯社社长米哈伊洛夫：我们致力于全方位报道中国》，2015年6月29日，http://news.gmw.cn/2015－06/29/content_16116055.htm，检索时间：2015年7月16日。

证券市场波动的报道等。此外,塔斯社对于中国国内居民的生活状况着墨较少,但是对发生在中国的突发事件或是灾难性事件非常关注,例如对“东方之星”沉船这样的大事件进行了跟踪报道。但对一些稍小的事件也会有报道,这在其他俄罗斯媒体中较为少见,比如车祸、楼房倒塌等等,不过报道也基本是讲述事件的发生经过和伤亡情况,一般不予过多评论。此外,塔斯社对于中俄共同参加的国际性组织的活动报道量较多,比如金砖国家、上海合作组织等等。就态度来说,塔斯社的报道以阐述事实为主,具有明显倾向性的评论报道相对较少,态度相对客观。比如,7月8日,由北京发稿的一篇新闻,题目为《中国打算增强网络安全,保卫信息主权》,在这篇稿件中,记者报道了中国人民代表大会网站上公布的网络安全法草案,主要介绍了草案中提及的内容,而并没有对该草案做出任何的评论。

涉及发生在中国国内的事件报道,塔斯社的稿件大多来自于在中国的驻外记者,其中以北京驻站的报道为主。而对于中国与别的国家的一些合作、交流等的报道,以塔斯社俄罗斯国内记者的稿件为主。

“卫星”新闻通讯社 Sputnik

“卫星”新闻通讯社(Sputnik)是俄罗斯传媒的新鲜血液,隶属于俄罗斯政府统筹成立的航母级媒体“今日俄罗斯”。该通讯社以“卫星”网为主要平台,用多种语言向世界传达俄罗斯的声音。

一、历史沿革

为了进一步整合资源,打破西方媒体统治国际舆论市场的局面,提高俄罗斯媒体在西方传媒市场上的地位,2014年11月10日,俄罗斯的外宣旗舰“今日俄罗斯”推出了新的国际多媒体项目——“卫星”。这一项目中包括新闻通讯社、网站、新闻中心以及能够从34个国家用30种语言进行传播的广播电塔,旨在向西方受众展现一个更为客观的俄罗斯图景。

“卫星”新闻通讯社主要整合了前俄新社外语部和俄罗斯之声的资源力量,是一个在二者基础上成立的全新媒体机构。

图23 “卫星”新闻通讯社致力于“报道其他媒体缄口不言的事件”

二、发展现状

目前,“卫星”新闻通讯社的多媒体中心分布在世界各国的25个城市,包括北京、伦敦、华盛顿、开罗等世界主要城市。每个多媒体中心的编制为30到100名采编人员不等,主要由来自当地的专业新闻人员组成,多在当地采编新闻信息并直接制作成节目内容。

截至2015年年底,“卫星”新闻通讯社已经推出英语、西班牙语、阿拉伯语及中文的全天候新闻专线。这些专线以订阅方式传播,面向专业媒体、商界、学术机构以及各国政府等客户,一天24小时不间断发布新闻信息。在该社驻华盛顿(北美地区中心)、开罗(非洲及阿拉伯地区中心)、北京(亚洲地区中心)和蒙得维的亚(南美洲地区中心)等地区级编辑部采用一周7天、每天24小时的工作制度。

截至 2016 年 3 月底，“卫星”新闻网 http://sputniknews.com 现已推出上线 31 种语言版本，包括俄语、阿布哈兹语、阿塞拜疆语、英语、阿拉伯语、亚美尼亚语、格鲁吉亚语、达利语、西班牙语、哈萨克语、克里米亚鞑靼语、吉尔吉斯语、中文、库尔德语、拉脱维亚语、摩尔多瓦语、德语、塔吉克语、波兰语、葡萄牙语、普什图语、塞尔维亚语、土耳其语、乌兹别克语、乌克兰语、芬兰语、法语、印地语、爱沙尼亚语以及日语。未来，“卫星”新闻通讯社还将继续致力于扩大其语言种类，将品牌的发展重点放在广播和网络，用多种语言制作全媒体新闻报道内容并进行传播，进一步延伸其在国际市场上的触角。

三、报道特点

对“卫星”新闻网的新闻报道内容进行分析，能够总结出如下报道特点。

（一）页面颜色对比强烈，多用图片

与俄罗斯其他大多新闻网站不同，“卫星”新闻网采用的网页设计是颜色对比强烈、视觉冲击力强的版式。目前，网站采用的底色是纯黑色，标题字体为黑色加粗，一律以橙色底色予以突出，色彩上的对比非常强烈、抢眼。所有新闻都以高清图片加标题的方式展现，醒目聚焦的同时给人一种直观、严肃的感受。单篇新闻的标题配色为橙色底与白色字的搭配，同样十分突出。

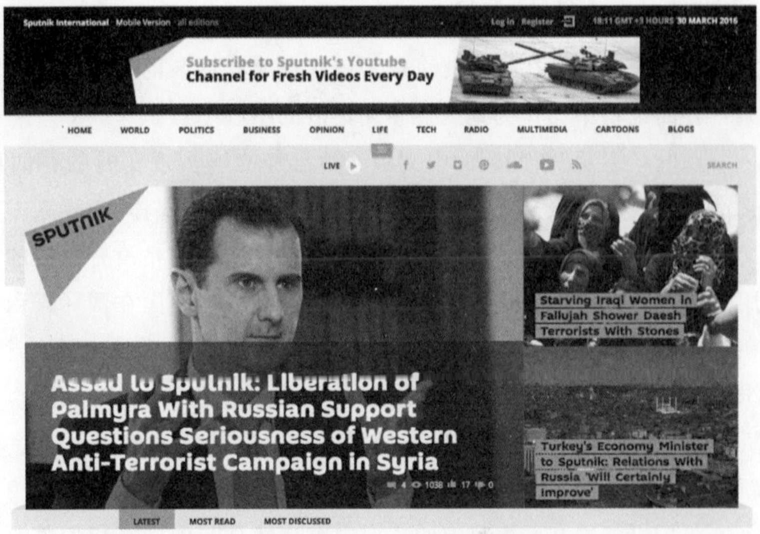

图 24　俄罗斯“卫星”新闻网首页

（二）版本多样，结合受众需求

作为一个多语种网站，俄罗斯“卫星”新闻网的新闻内容并不是千篇一律的，不是仅仅将相同的报道内容以不同语言发布，而是让每一个语言版本的新闻内容都尽量符合目标国家的语言和文化，较为注重该国受众的新闻需求。比如，以中文版和英文版为例，在专栏频道设置上就明显不同。由于英文版是“国际通用版本”，下设频道主要按照“世界”“政治”“商业”“观点”等大的议题领域来划分，而中文版则主要是面向中国的新闻受众，因此其栏目设置上包括了“中国”“俄罗斯”和“俄中关系”等专门为中国受众定制的栏目内容。其他语言的版本，也都是同样的做法。另外，在网站新闻内容的议程排列上，也基本按照目的国受众更为关心的议题，重新安排了新闻报道的呈现方式和排列顺序。

图 25　“卫星”新闻网英文版和中文版对比

(三)内容全面,语言简练,侧重俄罗斯立场

目前,“卫星”新闻网上的新闻大多篇幅不长,主要是简短的新闻通讯,即使是评论性的文章也较为简练。作为俄罗斯外宣的旗舰产品,“卫星”新闻网上有大量关于俄罗斯的内容,大到政治、经济、国际关系,小到农业、生活等各个方面。同时,这些内容的倾向性也比较明显,更多站在俄罗斯的立场进行阐述。例如,2015 年 11 月 11 日刊发的一篇报道,称俄方确定俄罗斯的导弹防御系统比美国的更为便宜和高效。[①]

四、涉华报道

“卫星”新闻通讯社的采编团队由来自世界 50 多个国家,具有丰富国际媒体工作经验的 80 多名记者组成,工作语言均为当地的主要语言。基于这样的专业新闻团队,“卫星”新闻通讯社得以广泛从世界各地发回独家新闻信息,通过新闻在线终端、电子邮件和 FTP 等方式送达至目标读者。[②] 可以说,中文版网站是“卫星”新闻网开通的最早几个语言版本之一,这一点本身就已经显示出了“卫星”新闻通讯社对中国的重视程度。而且,“卫星”新闻通讯社还选择北京作为该社在亚洲地区的新闻采编总站,一方面便于大量在中国的新闻采编工作,另一方面也将中国作为地区性新闻集散的中心结点。

目前,“卫星”新闻网的中文版网站已经能够实现实时的新闻更新,平均每天发布 60 余条新闻信息。该中文信息专线的受众主要为中国媒体、国际中文播报媒体、商界人士、包括各部委及直属机构在内的国家机构、外交使团、科研单位及非营利性组织。同时,中文版网站设有专门的“中国”版块。卫星新闻网的中文信息专线采用中文进行报道,其报道范畴涉及中俄外交政策,两国在国际舞台上的战略协作,全球经济改革,以及中俄两国在工业、能源、金融、建筑、贸易、航天、军事技术和先进技术等各个领域的双边合作,中俄参与的国际和地区组织框架下的活动和项目(包括联合国、上海合作组织、金砖五国),还有其他内容介绍俄罗斯及独联体国家的投资环境以及外企经营特点,以及俄罗斯本国的社会文化资讯等。新闻报道的类型除快讯、急电外,还包括扩展新闻、综述、专访、观点、分析、预告等。

在“卫星”中文网上报道的主要内容自然是与中国密切相关的。“卫星”作为俄罗斯试图打破西方媒体对信息市场垄断的利器,对中国持有友好的态度,对中俄关系的发展和中俄未来在国际舞台上的作用也抱有很大的期望。

---

① “卫星”新闻网:《克里姆林宫确信,俄罗斯导弹防御系统将比美国导弹防御系统更为便宜和高效》,2015 年 11 月 11 日,http://sputniknews.cn/russia/20151111/1016956108.html,检索时间:2015 年 11 月 15 日。

② 人民网:《俄最大媒体打造中文信息 24 小时播报专线“卫星”新闻重磅来袭》,2014 年 12 月 2 日,http://world.people.com.cn/n/2014/1202/c1002-26128622.html,检索时间:2015 年 7 月 9 日。

白俄罗斯

《苏维埃白俄罗斯报》*Советская Белоруссия*

《苏维埃白俄罗斯报》(*Советская Белоруссия*,即 *Sovetskaya Belorussiya*)是白俄罗斯最大、读者最多的报纸,也是最具权威、最有影响力的大众化报纸。该报是白俄罗斯日常政治社会性报纸中的领导者,在整个欧洲地区都有一定的竞争力。

一、历史沿革

1927 年 8 月 2 日,《苏维埃白俄罗斯报》成立。作为苏联共产党分支的喉舌,《苏维埃白俄罗斯报》在历史上是共产主义的忠实拥护者。报纸开办后不久恰逢十月革命胜利十周年纪念,《苏维埃白俄罗斯报》连续发表多篇文章赞扬列宁、伟大的劳动人民和伟大的社会主义。苏联解体之后,该报由白俄罗斯总统办公厅掌管。

二、发展现状

目前,《苏维埃白俄罗斯报》是白俄罗斯国内发行量最大的报纸,稳定发行量超过 50 万份。每周二、三、四、五、六均会出版,出版语言为俄语。

该报推出的官方网站,即时更新新闻内容。《苏维埃白俄罗斯报》网站共有九大版块,主要有报纸新闻、官方文件、博客等。新闻涵盖了政治、社会、灾难、观点等各个小版块;博客主要是该报一些优秀记者的博客,分析发生在国内和国外的事件,提出自己的观点。

图 1 《苏维埃白俄罗斯报》网站首页

图片引自《苏维埃白俄罗斯报》网站:http://www.sb.by,检索时间:2016 年 3 月 20 日。

三、报道特点

在《苏维埃白俄罗斯报》上,除了有常规的政治、社会、教育、体育、文化、灾难等版块以外,还会有"白俄罗斯总统"这样一个专门的栏目,里面会刊登白俄罗斯总统的致辞、日常官方活动等。然后还有"历史上的今天",向白俄罗斯民众介绍历史上这一天发生的重大事件或是重要人物的诞生。在这所有的版块之中,以"社会"版内容最多,篇幅上政治类和社会类新闻较长。

一直以来,《苏维埃白俄罗斯报》在报纸报道中对插图的作用是非常看重的。该报目前已经形成了一套较为完善的插图系统，既有采访图片，也有风景照片，还有一些漫画、图表、地图等等。每一期的编辑都会根据文章内容和风格配以相适应的插图，使得报纸不会全是一片黑压压的文字，从而让版面更美观、更有可读性，让读者对于文字内容的理解也更容易。

四、涉华报道

《苏维埃白俄罗斯报》主要通过两个渠道来获取关于中国的消息：一个是该报自己的驻华记者，这也是最主要的来源；另一个重要的来源则是白俄罗斯通讯社的通稿。此外，还有一个补充途径，即读者来信。这些读者大多是生活在中国的白俄罗斯人，有时可获取一些独家新闻写信发给报社的驻华机构。

有学者通过对白俄罗斯共和国国家图书馆档案馆中收藏的《苏维埃白俄罗斯报》进行研究，分析观察该报涉华报道的特点。其中，1992 年到 1999 年的每份报纸都可于馆中查找到纸质版，2000 年至 2013 年年底的报纸材料则是通过网络档案馆关键词检索获取的。通过对该报涉华报道的统计，《苏维埃白俄罗斯报》于 1992 年至 2013 年 22 年间共发表了 375 篇与中国有关的报道，每年的涉华报道量随年份增加呈现出递增的趋势，反映出该报对中国的关注度在不断提升。[①] 其中，对于中国的报道篇幅都不大，以 1000 字左右篇幅的报道为多，体裁上以消息为主，报道内容以中白关系最多，大多是报道事实性的内容。

对《苏维埃白俄罗斯报》网站进行关键词检索，以 2015 年 4 月 10 日至 7 月 10 日期间为例，共有 52 篇关于中国的报道。在内容上，该报对中国的报道多采用“消息”这一体裁，评论性的文章相对较少。涉及中国和白俄罗斯的合作关系方面的内容得到最多的报道，其报道态度比较积极的，多为对中白合作前景的展望。在中国和白俄罗斯之间有较重要的合作活动时，比如习近平主席访问白俄罗斯期间，该报上关于中国的报道比起平时有明显增加。该报对于“一带一路”战略的相关议题也非常关注，认为“一带一路”对于白俄罗斯的经济发展具有促进作用，希望积极参与其中。此外，对于邻国俄罗斯与中国之间的往来合作，以及发生在中国的一些特大事件，比如“东方之星”沉船等，《苏维埃白俄罗斯报》也会相应地进行报道。其他与白俄罗斯及俄罗斯关联不大的中国新闻议题，基本没有报道。

根据上述研究得出的结论主要是，至今为止，白俄罗斯的全国性报纸《苏维埃白俄罗斯报》对中国进行报道已经有 23 年有余，对于中国形象的塑造是有一定体系可循的，呈现出循序渐进不断发展的态势。可以明显看到，该报作为白俄罗斯国家官方报纸，有着在未来对中国树立积极形象的基本方针。如今，中国的飞速发展让白俄罗斯非常感兴趣，与中国关系的全方面发展是白俄罗斯共和国的一个重要优先举措。因此，白俄罗斯大众传媒通过自己的报道，将中国的发展情况展现给本国民众。

2015 年 5 月 8 日，在对白俄罗斯进行国事访问之前，习近平在《苏维埃白俄罗斯报》发表了题为《让中白友好合作的乐章激越昂扬》的署名文章，通过该报向白俄罗斯民众阐释中国对白俄罗斯的友好态度和合作意愿。[②]

---

① 〔白俄罗斯〕Zayats Iryna(叶丽娜)：《白俄罗斯媒体的中国报道研究》，华东师范大学硕士学位论文，2014 年。

② 新华网：《习近平在白俄罗斯媒体发表署名文章》，2015 年 5 月 8 日，http://news.xinhuanet.com/politics/2015－05/08/c_1115227216.htm，检索时间：2015 年 8 月 18 日。

白俄罗斯国家电视二台 Общенациональное телевидение

白俄罗斯国家电视二台(Общенациональное телевидение,简称 ONT)是白俄罗斯国内的全国性电视台,目前已成为一个集新闻、娱乐为一体的大众化电视媒体。

一、历史沿革

2002 年 2 月 15 日,白俄罗斯国家电视二台依据总统法令开始筹备成立,随后于同年 6 月 25 日正式开播。最先开播的节目是当地时间晚 8 点 35 分的《我们的新闻》(*Наши новости*)。成立之初,白俄罗斯国家电视二台大多是转播一台的节目,在这之中穿插一些由国家电视二台推出的新闻节目。

从 2013 年 11 月 7 日起,白俄罗斯国家电视二台推出了自己的网络平台 http://www.ont.by。网站上的节目 24 小时不间断播放,观众不仅可以在网上收看当天的节目,同时还能搜索到自电视台成立以来的所有优秀节目。

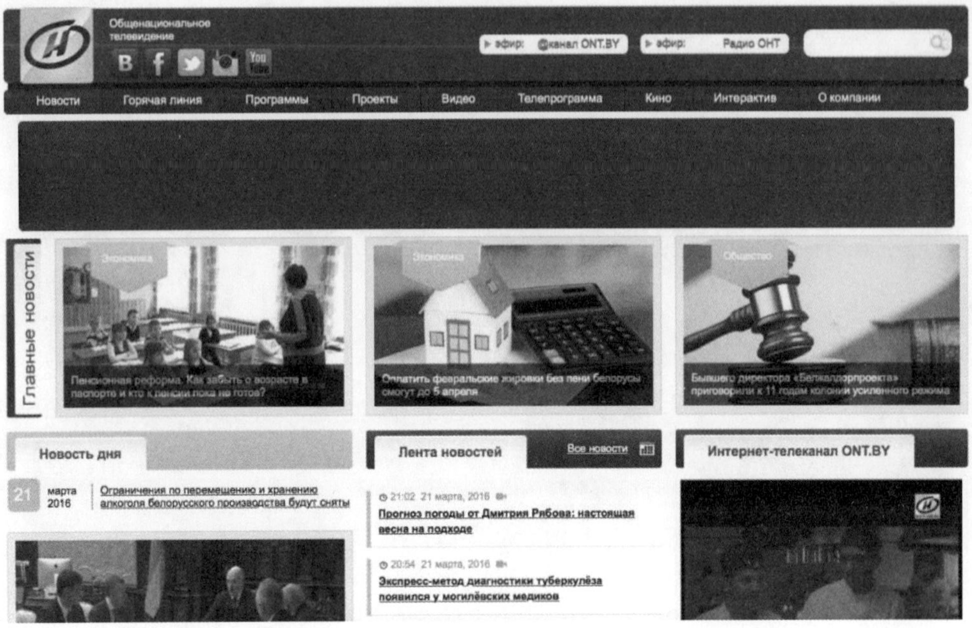

图 2　白俄罗斯国家电视二台网站首页

图片引自白俄罗斯国家二台网站:http://www.ont.by,检索时间:2016 年 3 月 20 日。

二、发展现状

建台以来这些年中,白俄罗斯国家电视二台不断完善自己的电视节目。首个推出的品牌节目,《我们的新闻》是一个日播节目,分别穿插在一天的其他节目之间,及时向观众传递国内外发生的重要新闻事件。

目前,该台在海外共设有 12 个记者中心,包括美国、英国、波兰、立陶宛、俄罗斯、乌克兰、德国等,遍布各国的记者网络保证了国际新闻报道的及时性。除了新闻节目,该台的生活节目和纪录片也深受观众喜爱,收视率颇高。其中,节目《星球的呼吸》(Дыхание планеты)利用电视台遍布各国的记者站,广泛采编各地素材,为观众讲述世界各国文化、历史的趣闻,受到观众的一致好评。

三、涉华报道

通过白俄罗斯国家电视二台网站以关键词“китай”(中国)进行检索,以2015年4月10日至7月10日三个月为例,白俄罗斯国家电视二台对中国的报道共有84条。这些新闻从内容上可以分为两大种类:一类是中国与白俄罗斯之间的交往与合作,包括航线的开辟、领导人互访、经济合作、教育交流等多个方面;另一类是中国国内发生的自然灾害或是事故,比如暴雨、火灾等,电视二台也比较关注,尤其是当事件涉及人员伤亡的话,一般都会进行报道。

就涉华报道采用的体裁来说,白俄罗斯电视二台对中国的报道大多使用“消息”体裁,新闻内容非常简短,对上述两类新闻议题的报道都基本只简短介绍该事件的经过、结果。除此之外,部分稿件中会经常出现诸如“中国与白俄罗斯友好合作”之类的表述,突出表现中国和白俄罗斯之间的交往合作。这类稿件的篇幅往往也很小,但该台在其中通常对中国的经济发展成就给予较高评价,并且认为中国是白俄罗斯非常重要而稳定的合作伙伴,中国的发展对于白俄罗斯来说是重要的发展机遇。

乌克兰

乌克兰国家通讯社 Укринформ

乌克兰国家通讯社(Укринформ,简称乌通社)成立于1918年,创办之初是苏联塔斯社独立新闻系统的一部分。[①] 乌通社每天用乌克兰语、俄语、英语、德语、西班牙语和中文六种语言发布消息,向乌政府机关、新闻机构、社会团体、企业、驻乌外交使团提供新闻稿,[②]是乌克兰唯一的官方通讯社。

一、历史沿革

乌克兰国家通讯社总社设在乌克兰首都基辅,初成立于1918年3月16日,当年年底更名为乌克兰新闻局(Бюро украинской прессы)。1920年1月改组,成为苏联塔斯社(ТАСС)的一部分。1990年更名为乌克兰国家通讯社,成为在原塔斯社基础上运营的独立通讯社。1996年,在乌克兰国家通讯社的基础上成立了乌克兰官方通讯社(ДИНАУ)。2000年,根据总统令,乌克兰官方通讯社改称为乌克兰国家通讯社(Укринформ)。[③]

二、发展现状

乌克兰国家通讯社向乌克兰全境提供新闻稿,在乌克兰所有地区都有自己的新闻记者和图片记者。在顿涅茨克、利沃夫、辛菲罗波尔和哈尔科夫都设有分社,并在中国、美国、德国、法国、俄罗斯、波兰、匈牙利、阿拉伯联合酋长国等11个国家设常驻记者。[④] 乌通社每天报道300多条新闻,包括独家评论、专访、信息图表等。乌通社还拥有乌克兰最大的历史图片资料库,并提供专业图片服务。

乌克兰通讯社与26家国外新闻通讯社保持着合作关系,其中包括新华社(中国)、塔斯社(俄罗斯)、白通社(白俄罗斯),以及保加利亚、塞尔维亚、立陶宛等国家的通讯社。乌通社同时也是欧洲联盟通讯社(Европейский Альянс информационных агентств)成员及黑海国家新闻协会(ПАНИА)的会员。合作方包括数印媒体、电视广播公司、外国媒体、政府和商业机构、大使馆和领事馆、企业和银行。

乌通社有多种信息出版物,这些出版物可以在"乌克兰消息——新闻"等在线网站上浏览,该网站除提供常规的新闻信息外还有商务信息、图片及世界各国概况介绍等信息。

三、报道特点

乌克兰通讯社向国内的报纸、电视台、广播电台及商业组织、企业提供信息服务,其报道量每天达300条以上,包括独家评论和专访、图片、信息图表等,同时传播大量的专业新闻消息、通讯和公告。[⑤]

---

① 赵永华:《大众传媒与政治变迁——聚焦独联体国家"颜色革命"》,中国书籍出版社2013年版。

② 乌克兰国家通讯社官方网站:《中文简介》,http://china.ukrinform.ua/about－ukrinform/,检索时间:2015年6月10日。

③ 乌克兰政府网站:《2000年命名"乌克兰国家通讯社"的总统令》,2000年11月14日,http://zakon4.rada.gov.ua/laws/show/1230/2000,检索时间:2015年6月10日。

④ 乌克兰国家通讯社官方网站:《中文简介》,http://china.ukrinform.ua/about－ukrinform/,检索时间:2015年6月10日。

⑤ 乌克兰通讯社官方网站:《中文简介》,http://china.ukrinform.com/about－ukrinform/,检索时间:2015年9月23日。

乌通社关注国内及独联体国家相关的新闻事件,报道也以国内新闻报道为主。在提供新闻信息的同时,乌通社还向用户提供专业的图片服务。该社拥有乌克兰最大的历史图片资料,涵盖了自 1918 年起的超过 50 万张图片。

四、涉华报道

乌通社比较注重对华报道,在其官方网站进行搜索可得 1000 条以上有关中国的报道,但直接单独的对华报道比较少,多涉及重大政治、经济、社会议题,如中国抗战胜利 70 周年纪念日阅兵、天津特大爆炸事故、中国股市震荡。其他有关中国的报道多是与乌克兰相关或中俄关系、中美关系的新闻报道。如中美间的网络黑客问题,中俄加强军事合作等。

图 1 乌通社网站中文首页

乌通社中文:http://china.ukrinform.ua/,检索时间:2015 年 9 月 23 日。

赫维日贾拉和西班牙语网站,中文网站是马航 MH17 事件后首次开通。[①] 乌克兰通讯社中文网站分政治、经济、社会、非常实践、访谈评论等版块,内容及版面基本同其他语种网站相同。该网站“图片新闻”版块关注两国文化及文化交流活动,如:在北京乌克兰之家的协助下,以“战争与和平——童真印象”为主题的乌克兰儿童画展于上周六在乌驻华大使馆举办;2015 年 6 月 13 日北京国粹苑艺术品交易中心,“乌克兰之家”和乌克兰社会代表共同参加了第三届北京国际文化节等文化活动的报道。目前,乌通社网站已经基本能够做到几种语言版本的新闻报道同时更新。

---

① 澎湃新闻:《乌克兰国家通讯社开通中文网站,直播 MH17 乌克兰立场》,http://www.thepaper.cn/www/resource/jsp/newsDetail_forward_1257142,检索时间:2015 年 6 月 10 日。

亚太媒体概况

从亚太地区整体来看,媒体格局呈现出传统媒体与网络媒体并存的局面,形态十分复杂。在这一地区,报纸仍是人们获取新闻的主要传播平台。不过,随着国家的不断发展以及新的传播平台的出现,电子媒介的普及率越来与高,网络媒体的增长也愈加快速。如图1所示,在世界所有大洲中,亚太地区是媒体受众增长最快的地方,尤其是纸媒的发展。亚洲各国的日报总发行量占世界的40%(约1.6亿份),报纸在亚太地区较发达国家及发展较快的国家普及率极高,日本、新加坡、泰国、新西兰、澳大利亚、马来西亚等国都位居世界每千人报纸拥有量前列。① 这与亚太地区日益提高的教育水平不无关系,尤其进入21世纪以来,亚太地区是全世界脱贫速度最快、儿童受教育程度最高的地区。② 根据2014年发布的统计结果,在世界其他地区的报纸发行量大幅下滑的同时,亚洲和拉丁美洲的各种报纸发行量则呈上升趋势。2014年,在世界范围内盈利最多的50家报纸中,亚洲报纸就占了44家。③ 而且,在2015年亚洲品牌500强当中有54家媒体单位,其中纸质媒体就占了34家。④ 与此同时,电视在亚太地区仍占主导地位。研究发现,亚太地区的电视普及率跟国家发达程度呈现出一定的相关性,经济发达的国家在电视普及率上也相应领先。在世界每千人电视机拥有量排名榜上,日本、澳大利亚和新西兰三个亚太地区的发达国家均名列前茅。⑤ 而一些经济较不发达的国家,电子媒介的普及率也相对较低。就网络发展情况来说,亚太地区低于世界平均水平,而且地区内部发展较不均衡。2014年,亚洲总人口数近40亿(占世界总人口数的55.6%),但网络使用人数仅为13.8亿(占世界网络使用人数的45.7%),网络普及率为34.7%,低于世界平均水平的51.8%。⑥ 截止到2013年,东亚及太平洋国家每百人中的互联网用户有约40人,但南亚的这一数值只有约20人,而且南亚部分低收入人群当中的绝大多数人则根本无法接触网络。⑦ 亚太国家中网络使用人数比率较高的国家为卡塔尔、日本、阿联酋、新西兰、澳大利亚、韩国、新加坡及科威特,与国家的富裕及开放程度基本保持一致。⑧ 不过值得注意的是,由于亚洲人口众多,网络普及率基础又较低,亚洲正在成为世界上网民增长最快的地区。

一、亚洲媒体

亚洲是世界媒体发展的重要地区,也是中国身在其中的大洲。在本书的研究中,选择的亚洲媒体共有104家,在数量上仅次于欧洲。

欧亚大陆是世界文明的发源地,而亚洲是世界七大洲中面积最大、人口最多的大洲。在地理上,可以分为

---

① 根据"国家大师"统计机构发布的每千人报纸拥有量国家排行榜,在亚太国家中,日本以551.23位居世界第2位,新加坡以360.78位居第8位,泰国以196.89位居第19位,新西兰以182.46位居第23位,澳大利亚以155.07位居第29位,马来西亚以109.28位居第39位,菲律宾以78.61位居第49位。国家大师统计网. 检索时间:2015年9月30日。每千人报纸拥有量国家排行榜[EB/OL]. [2015-09-30].http://www.nationmaster.com/country-info/stats/Media/Daily-newspapers/Per-1,000-people。

② 这一结论来自世界银行报告 The World Bank: 2015 World Development Indicator。

③ 数据来自世界报业协会:The World Press Trends,2014。

④ 2015年亚洲品牌500强排行榜[EB/OL]. (2015-09-20). http://www.worldbrandlab.com/meeting/AsiaBrand/2015/.

⑤ 其中日本以677.27位列第6位,澳大利亚以510.17位列第23位,新西兰以478.25位列第27位。国家大师统计网. 检索时间:2015年9月20日。每千人电视机拥有量国家排行榜[EB/OL]. (2015-10-9). http://www.nationmaster.com/country-info/stats/Media/Televisions-per-1000.

⑥ 互联网世界统计网站亚洲网络使用情况[EB/OL]. (2015-09-29). http://www.internetworldstats.com/stats3.htm.

⑦ 数据来自世界银行报告 The World Bank: 2015 World Development Indicator.

⑧ 卡塔尔以91.49%位列第18位,日本以90.58%位列第20位,阿联酋以90.40%位列第21位,新西兰以84.50%位列第26位,澳大利亚以84.56%位列第28位,韩国以84.33%位列第29位,新加坡以82.00%位列第34位,科威特以78.70%位列第40位。国际电信联盟:2015世界电信指数数据库 World Telecommunication/ ICT Indicators database 2015 (19th Edition/June 2015),检索时间:2015年10月2日。

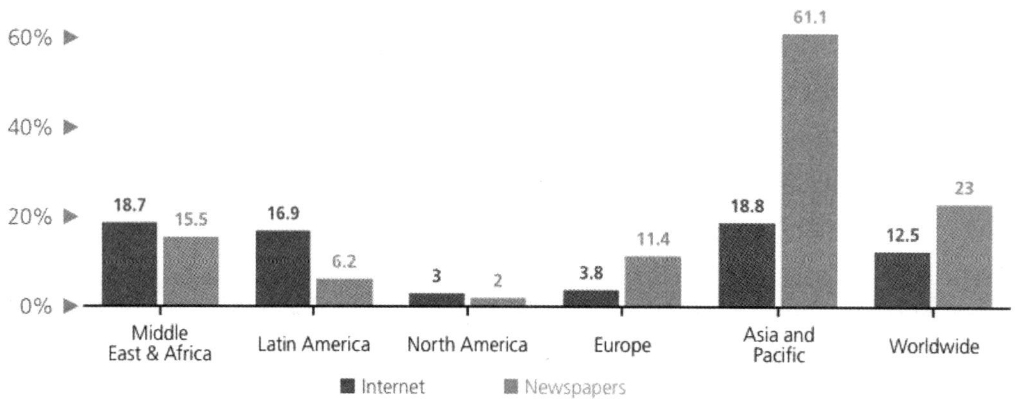

图 1　世界各大洲网络用户(深蓝)及报纸读者量(浅蓝)变化①

东亚、东南亚、南亚、西亚、中亚和北亚。亚洲有 48 个国家,国体和政体非常复杂,几乎包括了世界上所有形式的政府结构。亚洲共有 40 亿人口,约占世界人口的 60%,数量庞大且密集度高。在社会经济方面,亚洲各国间存在显著的不均衡与差异性。2014 年,亚洲的国民生产总值超过 28 万亿美元,占全球经济总值的比例为 36%,位列各大洲之首。但是,全亚洲的人均 GDP 只有 7000 美元,②仅高于非洲,而远远低于北美和欧洲,也略低于南美。而且,中国、日本、印度、韩国四个国家就占了整个亚洲 GDP 的 66%以上。在媒体发展方面,亚洲也呈现出多元复杂的局面。总体而言,亚洲还处于传统媒体占主导地位的阶段,网络新媒体发展低于世界平均水平,但是各国之间发展极不平衡,呈现出媒体发展两极化的局面。

由于亚洲地区的传媒环境、传媒体制和媒体发展水平差异很大,可以把亚洲各国划分为三个层次:一是媒体比较发达的日本、韩国、中国和印度等国,这几个国家的媒体体系完整,而且有部分媒体具有国际或地区性的影响力;二是媒体相对发达的泰国、新加坡、马来西亚、印尼以及黎巴嫩、卡塔尔、土耳其、沙特、伊朗等国,这些国家的媒体体系也较为完整且发展势头良好;三是其他一些媒体发展较为落后、传媒环境较为封闭的国家,媒体体系不甚完整,影响力也相对较小。

在接下来的进一步研究中,将以东亚、东南亚、南亚、中亚四个板块分别予以介绍。

东亚包括中国、日本、韩国、朝鲜、蒙古五国。其中,日本作为较早现代化的国家,媒体发展的历史也比较悠久。就媒体格局而言,日本的纸媒最为发达,本国的媒介融合也由报纸为主体的传统媒体为先导。日本有综合性日报社 121 家,其中五大全国性报纸《朝日新闻》《读卖新闻》《每日新闻》《产经新闻》和《日本经济新闻》的发行量占到了全国报刊发行总量的 53%,此外还有包括《中日新闻》《北海道新闻》《西日本新闻》在内的三份地方大报的发行也基本覆盖全国,在国内具有很大影响力。广播电台、电视台有近 200 家,全国性广播电视公司主要是半官方性质的日本放送协会(NHK)。③ 共同通讯社是日本最大的通讯社,除东京总社外,还设有国内的 6 个总分社和 46 个支局,并且在国外 38 个主要城市派有常驻记者,同外国 68 个新闻机构有合作关系。另外还有时事通讯社,是日本第二大通讯社。整体来看,日本的传媒产业集中化现象严重,朝日新闻、东京广播公司、读卖新闻集团、富士产经等传媒集团居于垄断地位。尽管日本也已经进入了网络媒体时代,网络普及率高达 78%,但是以报纸和电视台为代表的传统媒体依然保持了较强的影响力。

和日本相近,韩国媒体行业也非常发达。截至 2014 年,韩国拥有 150 种日报,三大全国性电视网(韩国广播公司、文化广播公司和首尔广播公司)和四大有线电视运营商(CJ Hellovision、C&M、T-Broad 和 HCN),200 多家广播电台,同时有高达 80%的网络普及率,居于世界前列。④ 与日本相似,韩国的传媒产业也处于高度集

---

① 图片引自世界报业协会:The World Press Trends 2014。

② 其中,中国略高于平均值。2014 年,中国的人均 GDP 为 7485 美元。

③ 日本的新闻出版[EB/OL].(2013-09-04)[2016-07-30].http://japan.people.com.cn/n/2013/0904/c35421-22808444.html.

④ 美通社 2015 年发布的白皮书《韩国媒体传播概况》。

中化的状态。三大全国性日报《朝鲜日报》《东亚日报》和《中央日报》占据着韩国报业的半壁江山，共同占据韩国报业55%的市场份额，三大报的发行量均超过200万份。而在广播电视行业，韩国广播公司、文化广播公司和首尔广播公司三家长期以来独占鳌头，主要依靠优良制作的电视剧来互相竞争，其中韩国广播公司的News9节目相当于中央电视台的《新闻联播》，影响力巨大。与此同时，韩国广播公司隶属韩国放送公社，经营有韩国唯一的国际广播电台，通过6个广播网以多语种向世界宣传韩国。值得注意的是，韩国的媒体集团都已经开启了媒介融合的进程，是数字化变革的引领者，进而也使得传统媒体能够依然保持影响力。作为韩国的官方通讯社，韩联社是韩国国内外新闻报道的消息源基地，不仅与世界各大通讯社建立有合作关系，还在2002年与朝鲜中央通讯社签订了新闻交流合作协定。近年来，韩联社对世界新闻的报道量持续增加，对中国的关注度也居高不下。

同属于东亚的朝鲜，至今依然维持着集中化和计划性的传播体制，媒体数量有限，传播内容也较为单一，相对闭塞简单。朝鲜的国家通讯社是中央通讯社，主要报刊有《劳动新闻》（朝鲜劳动党中央机关报，发行量150万份）、《民主朝鲜》（最高人民会议和内阁机关报）、《勤劳者》杂志（劳动党中央机关刊物），另外还有《朝鲜人民军》《青年前卫》《平壤新闻》等。此外，朝鲜还有多种外文出版的杂志刊物，包括《今日朝鲜》、画报《朝鲜》，英、法文的周报《平壤时报》等。报刊依然是朝鲜民众获取信息的主要渠道。朝鲜的广播主要有朝鲜中央广播电台、平壤广播电台和朝鲜之声广播电台三家，其中前者是国家电台，除用朝鲜语广播外，还用多种外语对外广播。就电视媒体来说，朝鲜有三个主要电视台：朝鲜中央电视台、朝鲜教育文化电视台和万寿台电视台。除此之外，朝鲜的网络媒体也有一定发展，但是网络普及率很低。

总的来看，包括中国在内的东亚国家媒体在亚洲处于领先地位，在世界媒体版图中也是值得注意的一个新高地。在本书的研究中，共选择了日本的各类媒体26家，韩国媒体14家，朝鲜媒体2家，另外还选入了蒙古国的4家媒体，四国合计有48家，占了入选亚洲媒体总数的1/3以上。

东南亚诸国均属于发展中国家，地理文化情况比较复杂，媒体发展程度也相应各异。总体而言，这一地区媒体相对发达的国家有泰国、新加坡，其次是马来西亚、菲律宾、越南、印尼，其他如缅甸、老挝、柬埔寨等国的媒体比较落后。

就各国的发展情况来说，泰国有40多家日报，包括通俗的大众日报和政治经济各类专业报纸，主要泰文报纸有《泰叻报》《每日新闻》《国家报》等，主要华文报纸有《新中原报》《中华日报》《星暹日报》《亚洲日报》等，主要英文报纸有《曼谷邮报》《民族报》等。不过，泰国人接触媒体的主渠道还是电视，80%的泰国人依靠电视获取新闻资讯。目前，泰国的电视台主要由军队和政府掌控，电视网已经实现覆盖全国，共有无线电视台6家，地方有线电视公司86家，大部分电视节目都是通过卫星转播。此外，泰国还有524家广播电台，如今也正在向网络媒体时代迈进。新加坡是“发展新闻学”的典范，媒体在国家建设中作用巨大，政府也对媒体有较多的管控。新加坡的大多数主流报纸和杂志都由新加坡报业控股公司（SPH）所有，集中化比较明显。印刷报纸在新加坡成年人中依然拥有较高的阅读量，68.4%的人每天阅读纸质报纸。新加坡的报纸以多种语言出版，英文报有《海峡时报》《商业时报》《新报》等，华文报有《联合早报》《联合晚报》《新明日报》等，马来文报有《每日新闻》，泰米尔文报有《泰米尔日报》等。其中，特别值得注意的是英文的《海峡时报》和中文的《联合早报》，都在地区乃至国际范围内具有一定影响。1999年，由经营电视、广播业务的数家公司合并而成的新传媒集团是新加坡最大的内容制作和广播电视播出公司，也是新加坡唯一的一个地面广播电视公司，共经营有6个电视频道。

马来西亚的人口和文化都呈现出多元化的特点，媒体发展也非常多元化。马来西亚约有50份报纸，用8种文字出版，发行量从几万到几十万不等。马来西亚广播电台拥有6个广播网，用马来语、英语、华语和泰米尔语广播。马来西亚还有约30座电视台，公众最信赖的电视新闻渠道是全国性广播公司、马来西亚广播电视台以及第三电视台。[①] 马来西亚国家新闻社为马新社，是半官方通讯社，在亚太地区设有32家分社。印度尼西亚

① 世界知识年鉴编委会．世界知识年鉴2012—2013[M]．北京：世界知识出版社，2013：132.

的媒体在结束了苏哈托的专制统治后开始进入繁荣发展阶段。该国最重要的电视台是共和国电视台，私营电视台有鹰记电视台、太阳电视台、美都电视台等等。印尼的互联网普及率也比较高，达到了57%。在印刷媒体中，主要印尼文报纸有《罗盘报》《专业之声报》《印尼媒体报》《共和国日报》等，英文报纸有《雅加达邮报》《印尼观察家报》等，华文报纸原来仅有政府主办的《印度尼西亚日报》，近几年发行有《国际日报》《世界日报》等。印尼的国家通讯社是1937年成立的安塔拉通讯社，另外还有私营通讯社印尼民族通讯社等。菲律宾同样体现出传媒发展的多样性特点，媒体受美国影响较大，新闻报道的对华态度比较不友善。菲律宾的印刷媒体较为发达，主要以英文、菲律宾文和华文出版，主要英文日报有《马尼拉公报》《菲律宾星报》《菲律宾每日问询者报》《马尼拉时报》等，主要菲律宾语报纸有《消息报》《菲律宾快报》等，华文日报有《世界日报》《商报》《菲华时报》等。菲律宾通讯社是官方通讯社，与中国、马来西亚、印尼、泰国、巴基斯坦、日本等15个国家和地区的通讯社及美联社、路透社建有新闻交换关系。从传媒体制上看，越南也属于传统的集中和中央计划体制，新闻出版法规定报纸由国家控制。近年来，随着政策的改变和经济的发展，媒体在名义上依然归国家所有，同时也开始了商业运作的转向。目前，越南有中央及地方新闻单位共450家，各种出版物13515种，年发行量2.18亿册。报社约150家，其余为行业小报。[①] 主要报刊有《人民报》(越共中央机关报)、《人民军队报》(越南人民军机关报)，《大团结报》(祖国阵线中央机关报)等。越南有"越南之声"广播电台，有四套对内节目用越南语及数种少数民族语言播音，每天广播98小时。对外广播用中国普通话、广东话、俄语、英语、法语、西班牙语、日语、泰语、老挝语、柬埔寨语、印尼语、马来语等制作，每天播出26小时。越南还有自己的中央电视台，面向全国播出电视节目。越南的网络普及率约34%，远低于世界平均水平，媒体也处于初步电子化的阶段。此外，越南通讯社是国家通讯社。

东南亚的其他国家如柬埔寨、老挝、缅甸等，基本上媒体处于更低的发展阶段。在本书的研究中，选择研究了东南亚的各类媒体共27家。

南亚地区媒体比较发达的国家主要是印度，其他如斯里兰卡、马尔代夫、孟加拉国、尼泊尔、不丹等国的媒体则较不发达。作为媒体大国的印度，2014年的注册报纸数量达到了99660份，[②]用180多种语言出版，数量惊人。其中，《印度快报》《印度时报》《印度教徒报》在地区乃至世界范围内都有一定影响。印度有35家报纸拥有百年以上的出版历史，堪称世界之最。印度有四家通讯社，其中最大的是印度报业托拉斯。此外，印度还是世界第三大电视市场，拥有18家电视台，电视网覆盖全国人口的90%以上，1995年还开办了印度电视的国际频道。不过，印度的网络普及率则是世界最低的，到2014年只有17.4%，近两年的增速很快。

可以说，印度的情况代表了南亚地区媒体发展的基本情况，主要呈现出以下特点：一是尚处于传统媒体时代，报纸、广播、电视依然是人们获取信息的主要渠道，报刊还处于增长之中；二是传播体制依然具有很强的政府因素，传统的管理体制依然在发挥着重要的作用，而且印度也是发展传播学重要的基地；三是电视及网络媒体正处于一个快速的发展阶段。由于南亚高达17亿的众多人口，也是世界媒体地图中不可或缺的一块仍待开发的低地。在本书的研究中，选择了印度的各类媒体6家，巴基斯坦1家，孟加拉、尼泊尔和斯里兰卡三国各2家。

中西亚地区的国家都属于亚洲的伊斯兰世界，其媒体发展也值得注意。中亚的五个国家，土库曼斯坦、乌兹别克斯坦、吉尔吉斯斯坦、塔吉克斯坦和哈萨克斯坦，都属于温和伊斯兰国家，同时又是从苏联脱离出来的，媒体发展特色不明显，在世界媒体中的地位也不高。而位于西亚的阿富汗、伊朗、土耳其、塞浦路斯、叙利亚、黎巴嫩、巴勒斯坦、约旦、伊拉克、科威特、沙特阿拉伯、也门、阿曼、阿拉伯联合酋长国、卡塔尔和巴林等国的媒体则特色鲜明。从地理位置上来看，西亚整体从属于中东地区，[③]地缘位置十分重要，又是伊斯兰复兴运动的中心

---

① 越南国家概况[EB/OL].(2015-11-02)[2016-07-30]. http://politics.people.com.cn/n/2015/1102/c399743-27765488.html.

② 印度现有注册报纸99660份[EB/OL].(2014-07-30)[2015-09-17]. http://articles.economictimes.indiatimes.com/2014-07-30/news/52237784_1_registrar-print-media-newspapers.

③ 中东是一个政治地理概念，主要包括西亚地区(除阿富汗)和北非部分地区，区域内主要都是伊斯兰国家。

区，不仅存在着激烈的宗教文化冲突，而且也是世界能源、国际政治等争夺的主要舞台，因而也成为世界新闻舆论的焦点汇集区，更凸显了这一地区的媒体发展的重要性。西亚各国发展新闻事业的客观条件参差不齐，媒体发展程度也各不相同。由于这一地区的文盲率较高，视听新闻媒体的发展更为突出，尤其是广播的发展相较更快且最为发达。在西亚国家中，黎巴嫩因其优越的地理位置和发达的教育水平，媒体发展较早，被视为阿拉伯新闻媒体的诞生地和发展中心；科威特由于报业崛起，一跃成为阿拉伯新闻业的又一中心；土耳其、卡塔尔、沙特、伊朗等国则建立了新闻传播的完整体系，其中卡塔尔的半岛电视台迅速崛起，彻底改变了中西方的传播格局。半岛电视台立足于阿拉伯文化，制作播出关于阿拉伯国家和国际社会的政治、经济、社会、宗教等领域的新闻，开办涉及敏感话题的资讯、谈话等节目，很快成为阿拉伯语地区首屈一指的电视台，并且在世界媒体行业中成为新起之秀。在本书的研究中，共选择这一地区的各类媒体 18 家。

二、大洋洲媒体

在本书的体例编排上，将大洋洲包括在了亚太地区的大范围之内，但实际上大洋洲的媒体发展有其自己的特色。在本书的研究中，介绍了该地区的 12 家各类媒体，其中澳大利亚 10 家，新西兰 2 家。

从地理上来说，大洋洲是世界上最小的一个大洲，有 14 个独立国家以及十余个尚在美、英、法等国管辖之下的地区。通常将大洋洲划分为澳大利亚、巴布亚新几内亚、新西兰、美拉尼西亚、密克罗尼西亚和波利尼西亚六区，共有一万多个分散岛屿。大洋洲的陆地面积为 897 万平方公里，约占世界陆地总面积的 6%，人口 2900 万，在全球人口中的比例非常低。2014 年，大洋洲的 GDP 为 0.6 万亿美元，占全球比例约为 1%，但是人均 GDP 达到约 2 万美元，几乎与欧洲相当，也是世界上最富裕的地区之一。大洋洲的人口密度很低，居民中有 70%以上都是欧洲移民后裔。其中，澳大利亚和新西兰两国最大，其他均为人口不足 10 万的小国(有些国家人口刚刚达万)。

大洋洲媒体的第一个特点就是呈现出了明显的双层结构，澳大利亚和新西兰两个大国处于这个结构的顶层，传播实力较强，媒体影响力达到整个地区，而其他小国则是第二层，媒体极不发达，主要靠外来媒体传播覆盖。第二个特点是深受西方殖民主义文化影响，采用相对自由的传媒制度。以澳大利亚和新西兰为例，两国的传媒体系很大程度上效仿英国。尽管在地理位置上距离其他西方国家较远，但大洋洲国家依然是西方世界传媒产业的重要组成部分，与欧美等国有着千丝万缕的联系。起家于澳大利亚的传媒大亨鲁伯特·默多克(Rupert Murdoch)能够在西方大肆收购兼并，并且建立起实力雄厚的国际传媒帝国，就是一个明显的实例。除此之外，大洋洲媒体的第三个鲜明特点，则是本土化意识与全球化意识并存，采取多元文化的发展策略。

澳大利亚和新西兰的传媒体系比较完善，纸媒、电子媒体都比较发达，而网络媒体的发展也很迅猛。下面的两张图表可以说明这一情况。

表 1 澳大利亚、新西兰报纸发行量统计数据①

	2009	2010	2011	2012	2013	成年人千人发行量(千份)
澳大利亚	2890	2817	2711	2548	2281	121.7
新西兰	632	634	619	596	551	154.0

表 2 澳大利亚、新西兰网民人数统计②

	2009	2010	2011	2012	2013	成年人口(千)
澳大利亚	16299.14	16.969,89	17.983,38	18.627,96	19.198,65	18736
新西兰	3.439,69	3.625,27	3.788,47	3.943,13	3.700,93	3577

① 数据引自世界报业协会报告：World Press Trends 2013。

② 数据引自世界银行：http://data.worldbank.org.cn/country，检索时间：2015 年 10 月 10 日。

澳大利亚共有550多种报纸,其中含51种日报和499种非日报,日报发行量达228.1万份。[1] 澳大利亚的媒体特点就是资源高度集中,最大的两家传媒机构是默多克的新闻传媒集团和费尔菲克斯集团两家上市公司,这两大传媒巨头拥有全澳报刊的90%,同时还在广播电台、电视台以及其他媒体中占有份额。除此之外,澳大利亚全国还有数百家中小型规模的独立媒体机构。澳大利亚的著名报纸有《澳大利亚人报》《悉尼先驱早报》《时代报》等。澳大利亚全国共有各类广播电视机构938家,从所属性质上可以分三种类型:一类是政府经营或公营电视台,如著名的澳大利亚广播公司。公营电视台的数量不多,仅占全国电视台的10%,二类是私人经营的商业电视台、商业广播电台共274家,还有一类是居民自办的社区广播或公共电视台,社区台有359家,此外还有一些特殊行业的专门电视机构或对特定地区播出的电视台。联合通讯社是澳大利亚最大的通讯社,也是国家通讯社,是澳大利亚各类媒体的主要新闻来源。澳大利亚也是世界上网络普及率最高的国家之一,媒介融合也进入到了实质性的发展阶段。截止到2014年年底,澳大利亚的智能网络电视普及率就达到了30%,传统媒体向网络和移动媒体的转型已经进入现实阶段。再如,澳大利亚发行量最大的《悉尼晨锋报》日发行约50万份,其新闻网站的日点击率已达到500万。"电子报刊+互动广电+网络手机"的融合模式,将成为未来澳大利亚媒体的发展方向。

新西兰也是一个文化多元的国家,英语是其官方语言,但是生活在新西兰的众多族裔大多都有自己的本族语言,因而拥有很多以本族语言为传播语言的社区媒体。新西兰全国共有报纸140种,其中日报25种,杂志4700多种。[2] 新西兰报联社是全国性新闻通讯社,由新西兰主要报纸联合组成。新西兰广播电台共190多家,其中170多家为商业电台。除新西兰广播公司为国有外,其余电台分属广播网和广播工厂两大广播网络。前者主要股东为澳大利亚地方报业集团(APN)公司,后者由加西传媒公司控股。近年来,政府也资助成立了一些反映多元文化的公益性电台。同澳大利亚一样,新西兰的网络普及率也很高,也呈现出媒介融合转型的特点。

至于大洋洲的其他岛国,由于人口较少、经济水平低,自有媒体极不发达,主要以西方国家媒体消费为主,尤其对澳大利亚和新西兰两国的媒体依赖性强。因此,大洋洲其他国家地区的媒体并未纳入本书研究介绍范围之内。

---

① 数据引自世界报业协会报告:World Press Trend 2014。

② 世界报业协会WAN-ifra:World Press Trend 2014,p. 38.

日 本

《北海道新闻》*The Hokkaido Shimbun*

《北海道新闻》(*The Hokkaido Shimbun*)是日本三大地方报之一,与北海道文化放送、《道新体育》等同属于日本株式会社北海道新闻社。该报多关注北海道地区动态与世界形势,尤其重视北海道居民的观点和态度,备受读者的支持和信赖,在日本北海道地区具有很大的影响力。

一、历史沿革

《北海道新闻》由多家报纸合并而来,最早可追溯到1887年在札幌创办的《北海新闻》。1942年,为配合日本战争时期"一县一报"的政策,北海道内的《北海时报》《小樽新闻》《根室新闻》《新函馆》《钏路新闻》《网走新闻》《室兰日报》《北件新闻》《旭川新闻》和《十胜每日新闻》等11家日报合并为《北海道新闻》,也就是现在的这份报纸。

《北海道新闻》的报道核心地区是北海道,这也是北海道新闻社的重点报道地区。1967年,为推动当地新闻事业的发展,北海道新闻社设立了北海道新闻奖,用以表彰那些对北海道文化和产业发展做出贡献的记者和单位。1971年,北海道新闻社还创立了北海道文化放送(ほっかいどうぶんかほうそう,Hokkaido Cultural Broadcasting Co., Ltd.,略称UHF),次年正式开播,与北海道电视台(即北海道放送,Hokkaido Broadcasting Co., Ltd.,简称HBC)一起共同推动北海道地区广播电视事业的发展。

1979年,《北海道新闻》已初具影响力,朝刊发行量达到100万份。为了紧跟互联网事业的发展,1996年,北海道新闻社开设了北海道新闻网,每日在网站上即时更新报道。在不断改进新闻报道和内容的努力下,到了2000年,《北海道新闻》朝刊发行量达到125万份。2006年,《北海道新闻》创办了北海道新闻读者俱乐部,进一步扩大与读者以及北海道居民之间的交流往来。为跟上新媒体发展的脚步,2014年,《北海道新闻》正式启动电子版。[1] 在与全国大报和其他地方报竞争的过程中,《北海道新闻》一直在内容和技术上有所突破与创新,始终在北海道地区具有很大的影响力。

二、发展现状

北海道新闻社现总部位于北海道札幌市,员工人数达1408人(截止至2015年5月),现任社长为广濑兼三。目前,《北海道新闻》朝刊日发行量已经达到106.633万份,占北海道地区报纸总发行量的70%以上;晚刊日发行量达到46.319万份(2015年2月日本ABC协会[2]数据),在北海道地区全部晚刊的发行量中占有80%的市

---

① 检索自北海道新闻社官网:http://kk.hokkaido-np.co.jp/joho/kyoku.html,检索时间:2015年8月9日。

② 日本ABC协会,全称为Audit Bureau of Cirvulation,是日本一个专业第三方机构,负责调查报纸发行数量。

场。[1] 特别是在北海道西南部的重要港口城市函馆,《北海道新闻》的朝、晚刊发行量都相当高。

图 1 北海道新闻社总部办公楼

《北海道新闻》在关注地方新闻的同时,也非常重视日本其他地区的情况及国际新闻。北海道新闻社在日本国内设有札幌总社和函馆、旭川、东京、大阪等十个分社以及四十个分局,各地区的新闻由分社的报道部及分局报道部深入社区采访报道。《北海道新闻》东京支社的报道中心直接通过首相官邸、中央官厅、经济团体和民间企业等采访取材。此外,《北海道新闻》在海外的主要城市华盛顿、莫斯科、北京、首尔、伦敦、开罗以及与北海道有着密切关系的俄罗斯南萨哈林斯克七个地方设立了海外记者站并派出驻外记者。除了独立采编,报纸还与共同社、时事通讯社以及《东京新闻》《中日新闻》《西日本新闻》等全国主要报纸保持着良好的合作关系,经常相互交换新闻内容。不管是在什么地方,《北海道新闻》在新闻取材上既关注全国消息也关注国际新闻,更时刻注意北海道地区的动态。

图 2 北海道新闻网

为增强新闻的时效性及媒体集团化经营,《北海道新闻》所属北海道新闻社设有专门的电子媒体部门,每天通过互联网、电视以及广播等多种渠道发布相关新闻。以互联网为例,北海道新闻社通过道新电子版和道新网两个网络平台发布新闻、活动以及生活资讯等各方面内容。"道新"即 Doshin 的音译词,是《北海道新闻》(Hokkaidō Shimbun)的缩写,也就成了《北海道新闻》的简称。道新网创立于 1996 年 4 月,任何人都可以免费从道新网上获取信息。2014 年 6 月,道新电子版正式成立,主要面向《北海道新闻》的读者。这两个网站每个月大概会发出 2000 万网页的内容。其中道新电子版还可以通过智能手机进行阅读,补充了早报和晚报之间的新消息,也使新闻获取变得更加便捷。

---

① 数据引自日本媒体国书(2015 年),http://www.kokusyo.jp/category/%E6%96%B0%E8%81%9E%E3%81%AE%E7%99%BA%E8%A1%8C%E9%83%A8%E6%95%B0/,检索时间:2015 年 4 月 18 日。

此外，北海道新闻社很重视立体化经营。该社出版中心每年出版的单行本超过50份，其中体育、观光、温泉以及铁道等内容最受欢迎。出版中心还发行与体育、教育和医疗相关的月刊、杂志等，在北海道地区深受欢迎。除了各类出版物，丰富多彩的线下活动成为媒体与读者交流的重要渠道。《北海道新闻》设有专门的事业中心负责北海道地区的活动，北海道新闻社的事业中心也会与美术馆共同举办画展，或者举办大量舞台演出与体育比赛等。这些活动为读者和北海道地区的居民提供了相互接触的场所，丰富了北海道地区的文化活动。

三、报道特点

《北海道新闻》的报道特点主要体现在版面内容与地方性两个方面。

首先，在版面内容方面，《北海道新闻》的版面特点值得关注。其版面被大大小小的新闻块所分割，一方面增加了信息量，另一方面重要的新闻也不会抢占正版空间。《北海道新闻》报道的次序极其符合读者关注度的转移顺序：从日本新闻到北海道地区新闻，再到国际新闻。《北海道新闻》还有不同的专栏涉及经济、生活等各方面，特别是生活专栏文章涉及的人群从儿童到老人。《北海道新闻》作为综合性报纸，一直秉承的优点是兼顾地方性新闻与国际报道。面对如此大的跨度，《北海道新闻》的报道做到了国际报道国际化、地方报道特色化。[①]

其次，在地方性方面，《北海道新闻》关注地方报道，是北海道地区的地方大报，被民众简称为“道新”。因为其从北海道地区居民的视角出发进行取材并设计报纸版面，所以赢得了很大的支持。该报重视北海道居民的观点和态度，在北海道有着细密的采访网。札幌的本社内设置了报道本部、经济部、札幌圈部等，负责全面报道北海道的新闻。该报的版面内容主要以北海道地区密切相关内容为主，朝刊为46版、晚刊为26版，在全国的地方报纸中有着突出的特色。

北海道新聞
中韓FTA交渉へ
「日中韓」に先行
財政協定 3月署名
市民が築く風の王国
中道リース

图3 《北海道新闻》头版

四、涉华报道

2002年9月，《北海道新闻》开始向北京派出驻站记者，加大对整个亚洲地区的新闻关注力度。目前，《北海道新闻》涉华报道的信息主要来自共同社和北海道新闻社驻北京记者。近年来，北海道与中国在经济和旅游等领域合作密切，特别是电影《非诚勿扰》[②]的热映使中国前往北海道的游客大大增加，这也使得《北海道新闻》对中国更加关注，报道内容也明显有所增多。

从数量上来看，在《北海道新闻》网站上搜索关键词“中国”，每天都会有5条左右的相关新闻报道。涉华报道体裁多为消息，主要是对共同社关于中国新闻报道的转载，也有部分来自北海道新闻社的自采报道。从内容上来看，报道的内容涉及政治、经济、历史、文化等多个方面。其中对于经济相关议题的关注度有所增加，特别是近来关于中国经济发展的走向变化以及中国对北海道的投资等议题。除此之外，《北海道新闻》对中日间文化交流的报道也比较关注。

与大多数日本媒体相比，《北海道新闻》对中日历史问题的报道相对比较客观，对台湾问题的报道态度也比较鲜明。可以说，在日本媒体圈中，《北海道新闻》在历史和台湾问题上的报道对中日关系一直起着积极作用。

---

① 崔保国：《走进日本大报》，南方日报出版社2007年版，第225页。

② 由冯小刚执导，葛优、舒淇主演的电影《非诚勿扰》将日本北海道的壮丽景色带进了千万中国家庭，影片主人公在北海道发生的一幕幕幽默诙谐又感人的故事给人留下了深刻的印象。

2015 年是世界反法西斯战争胜利七十周年,也即日本所称的"战败七十周年"。《北海道新闻》推出专题报道《战后七十年·北海道与战争》,采访了多位亲历战争的日本老兵,内容还涉及毒气战等问题。报道通过对老兵的采访,还原了日本在中国实施毒气战的残酷历史,还明确指出日本政府不承认日本军队在战争中使用了致命性毒气。[①] 由此传达了尊重历史的新闻态度。

除此之外,《北海道新闻》也比较注重与中国新闻界的交流。例如,《北海道新闻》与《黑龙江日报》有着深厚的合作基础。自 1986 年两报建立联系以来,双方相互派员访问几十次,一方面开阔了双方记者的眼界,丰富了两家报纸的版面内容,另一方面也促进了两地人民之间的交流往来。

总体来看,《北海道新闻》的涉华报道比较客观,对经济领域的报道最为关注,对于历史问题等议题的报道也比较客观,同时还非常重视对与北海道相关的中国信息的报道。

《产经新闻》*The Sankei Shimbun*

《产经新闻》(*The Sankei Shimbun*)是日本五大全国性报纸之一,在日本报界有一定的影响力。《产经新闻》几经风波,走过了从经济类报纸到全国性综合报纸的转型历程。立体化的组织架构和独特的报纸定位,使《产经新闻》在日本报界具有举足轻重的地位。由《产经新闻》投资建设的富士电视台已经在规模和影响力上超过它的母公司。《产经新闻》与富士电视台、日本放送、文化放送合并成富士产经集团公司,业务涉及报纸、电视、广播、出版、音乐、电影、物流、软件销售、邮购及房地产等多个领域。

一、历史沿革

《产经新闻》的前身是 1933 年 6 月 20 日创刊于大阪的《日本工业新闻》。1939 年,作为产经新闻社前身之一的日本工业新闻社创立。1941 年起,在"二战"时日本政府政策引导下,《日本工业新闻》陆续兼并爱知县以西 33 家经济类报纸,并于 1942 年 11 月更名为《产经经济新闻》。1947 年,产经新闻东京本社成立,1950 年开始在东京印刷《产经经济新闻》,并迈出从经济类报纸转向全国性报纸的关键一步——设立了地方版和体育版。1958 年 7 月,东京本社和大版本社两社发行的报纸统一更名为《产经新闻》。1959 年,东京本社和大阪本社合并,商号变更为现在的产业经济新闻社。

20 世纪 50 年代开始,产经新闻社由经济类新闻社转向成为全国性综合新闻社,创办了体育文化类的报刊,《产经新闻》也由经济类报纸转向成为全国性综合类报纸。1955 年产经新闻社大阪本社创办《产经体育》,1960 年东京也开始发行《产经体育》,该报关注棒球、足球、橄榄球、高尔夫、赛马以及娱乐方面的新闻报道,与富士电视台有着密切的合作,特别是娱乐方面的报道多利用富士电视台的信息源。赛马类报道是《产经体育》的一大特色,1971 年产经新闻社发行《产经体育特别版》——《竞马 eight》,作为赛马的专业报纸。

20 世纪 60 年代,产经新闻社开始走向集团化经营。1967 年,产经新闻社与富士电视、日本放送和文化放送共同组成"富士产经集团"。而产经新闻集团作为富士产经集团下的一个企业集团,也拥有众多企业,包括产经新闻社、日本工业新闻社、数字产经等。集团化的经营模式使产经新闻社可以综合利用更多的信息资源,跨媒体的立体化经营模式极大地促进了广告收入,最大限度地促进了产经新闻社的传播效果。

2005 年,产经新闻社推出"数码产经"(现在是产经新闻社独立的子公司),负责新闻网站的运营和报道中用

① 《北海道新闻》网站:「戦後 70 年、北海道と戦争『特別編』悔恨毒ガス戦の記憶」,2015 年 7 月 28 日,http://dd.hokkaido－np.co.jp/cont/to-postwar70year_S_2/2－0027838.html,检索时间:2015 年 8 月 6 日。

到的新闻信息的发布以及贩卖等，是产经新闻迈向新媒体时代的重要一步。2007 年 10 月开始，产经新闻社与微软公司共同设立新闻网站“MSN 产经新闻”，为保证内容和收益，该网站采用网络和新闻并行的双层体制，而不是单纯地把报纸内容复制网络上去。随着门户网站 MSN 在全球范围内的更新，微软日本不再运营 MSN 产经新闻。2014 年 10 月开始，产经新闻集团开设独立的《产经新闻》网站，开始独自运营该网站。

二、发展现状

《产经新闻》是日本全国五大报纸之一，《产经新闻》每日朝刊发行量达到 160 余万份，晚刊发行量达到 47 余万份(2015 年 2 月日本 ABC 协会数据)[①]，仅次于《读卖新闻》《朝日新闻》《每日新闻》《日本经济新闻》以及《中日新闻》，排名全国第六，具有很大的影响力。

产经新闻社在东京和大阪分别设有本社，现任会长为太田英昭(おおたひであき)，报社员工数达 1893 人。产经新闻社现发行的报刊有《产经新闻》《产经体育》《竞马 eight》《周刊 Gallop》，杂志有《正论》《东京海滨故事》等。

1967 年，产经新闻社与富士电视、日本放送和文化放送共同组成“富士产经集团”(Fujisankei Communications Group，简称 FCG)。富士产经集团旗下拥有 89 家公司、4 家法人、3 家美术馆、13000 多名员工，是日本最大的媒体集团企业。富士产经集团的业务涉及报纸、电视、广播、出版、音乐、电影、物流、软件销售及房地产等多个领域。其中“雕刻之森美术馆”“上野之森美术馆”“美之原高原美术馆”获得了“高松宫殿下世界文化纪念奖”。[②] 产经新闻集团是富士产经集团下属的一个企业集团，主要负责《产经新闻》等一系列报纸杂志的发行。

图 4 富士产经集团 2015 年口号“应对变化”

《产经新闻》在东京以朝刊代替晚刊，在大阪却施行了充实晚刊巩固朝晚刊的套报比率战略，使“高品质、低价格”具体实施到现场销售的“一日元战略”中，同时也推出了很多新媒体产品。《产经新闻》的发行量虽然排在《读卖新闻》《朝日新闻》之后，但是其媒体的综合实力还是很高的，在读者与消费者的需求、价值观的多样化的进程中，大力发展作为“跨媒体集团”的产经新闻集团[③]。《产经新闻》虽是全国性报纸，但是它的发行区域却不像其他报纸那样面向日本全国：在九州、四国和北海道地区很少看到《产经新闻》，它的读者主要集中在关西和关东两个地区。同时它也是日本全国性报纸中唯一在东京停止晚刊的报纸。

虽然《产经新闻》的发行量在日本五大报中排名最末，但是其电子版发展迅速。首先，产经新闻社旗下的《产经新闻》网站、zakzak 等多家网站可以通过电脑进行免费观看；其次，产经新闻社还推出了完全免费的 iPhone 版和 Android 版。产经电子版只对 iPad 版和屏幕在 7 英寸以上的 Android 平板电脑收费，不过该费用和印刷版相比价格低廉。为了保证内容和收益，《产经新闻》报纸和网站实行并行体制，即网站不是照搬报纸内容，读者可以通过网站看到记者个人博客的部分内容。

三、报道特点

《产经新闻》在报道中坚持的信条是：为民主和自由而战，致力于推动国家富强、维护社会稳定，从全球视角来审视日本，努力创造光明的未来。《产经新闻》在日本《宪法》、安全保障、如何看待历史等备受关注的问题上

---

① 引自日本媒体国书(2015)，检索自：http://www.kokusyo.jp/category/%E6%96%B0%E8%81%9E%E3%81%AE%E7%99%BA%E8%A1%8C%E9%83%A8%E6%95%B0/，检索时间：2015 年 4 月 18 日。

② 高松宫殿下世界文化纪念奖，全称为纪念高松宫殿下世界文化奖，于 1988 年由日本美术协会在纽约创立。该奖旨在对促进国际间相互理解及为推动文化艺术发展作出重要贡献的、代表世界的艺术家，表示敬意并表彰其终身成就。

③ 崔保国：《走进日本大报》，南方日报出版社 2007 年版，第 209 页。

都有自己明确的观点。《产经新闻》发表了很多独家新闻,如《逮捕连淮企业爆炸案犯》《苏联共产党放弃独裁》《北朝鲜绑架日本人事件的疑惑》等。这些独家报道为《产经新闻》的记者树立了榜样。

偏保守的政治态度是《产经新闻》的一大特点。在日本国内新闻的报道方面,《产经新闻》在政治上比较保守,观点上比较偏向自民党。以 2015 年 1 月在日本国内备受关注的极端组织绑架日本人质后藤健二事件为例,《产经新闻》在此事件上报道数量较多,在内容上强调"人道主义救援""自己责任"(伊拉克人质事件中提出的概念,指人质在被绑架过程中自身负有责任)、"集体自卫权""对比伊拉克人质事件""反驳政府责任""自卫队与反恐"等方面。《产经新闻》在报道中指出,后藤在进入叙利亚前留下信息"不管发生什么,一切责任在我自己",还指出外务省多次劝告后藤健二不要进入叙利亚境内的事实[①]。与其他全国性大报相比,《产经新闻》在报道上侧重于为政府开脱责任,并且提出了自卫队对于抵抗恐怖主义的重要性。除此之外,在日本《新安保法案》的相关报道上,《产经新闻》也侧重于强调日本在亚洲太平洋地区所处的地理位置,从而从侧面强调自卫队的重要性。总体上来说,《产经新闻》与《读卖新闻》在日本报纸中论调都比较保守。《产经新闻》在报道上比较亲美,强调解禁集体自卫权的重要性,对日本共产党持批评态度。

图 5 2015 年 7 月 16 日《产经新闻》对自卫队的报道

四、涉华报道

《产经新闻》也是一直以来被认为是对中国不友好的报纸。它对中国的消极报道比《读卖新闻》多出好几个百分点,它的中立报道量比《读卖新闻》少好几个百分点。[②]《产经新闻》只是对中国正在发生的变革给予了较为积极的报道。《产经新闻》关于中国的报道在立场上与《读卖新闻》各有千秋,但是两者都是负面报道比较多。

文化大革命期间,《产经新闻》驻中国记者柴田穗在 1967 年发表对"文革"的不同看法,被驱逐出境,遣送回东京。当时产经新闻社更是不顾反对在台湾设立海外支局,在此之后,《产经新闻》被禁止向中国派遣特派员。到 1998 年的 31 年间,《产经新闻》在北京未曾设立支局。1998 年《产经新闻》驻北京总局才再次开张。

在日本《产经新闻》网站国际栏上可以浏览关于中国的新闻报道。本文统计了 2015 年 8 月 8 日至 2015 年 8 月 15 期间《产经新闻》网站对中国的报道。

从报道数量上来看,《产经新闻》网对中国的关注程度较高,7 天共报道了 70 余篇与中国相关的新闻报道,平均每天有 10 条左右与中国相关的新闻报道。从内容分布上来看,《产经新闻》网对中国经济和政治事件最为关注,对中国发生的突发事件(如天津港爆炸案)及时跟进。从信息源来看,《产经新闻》网对中国的报道主要依靠产经新闻社驻北京、上海、台北海外总支局发来的新闻稿件,还依赖共同社所发稿件,此外还有 3 篇对新华社新闻的转述(新华社英文版)。从报道倾向上来看,《产经新闻》网对中国的新闻报道多为负面报道,数量达到报道总数的一半以上;也有一些是客观陈述。在历史方面的个别报道中也会通过转述国外媒体的报道来表达对日本历史态度的意见。

① 日本产经新闻网:「人質殺害画像卑劣な蛮行を許さない対テロで国内外の結束強めよ」,2015 年 1 月 26 日,http://www.sankei.com/column/news/150126/clm1501260002－n2.html,检索时间:2015 年 8 月 10 日。

② 刘林利:《日本大众媒体中的中国形象》,中国传媒大学出版社 2007 年版,第 195 页。

表1 2015年8月8日至2015年8月15期间《产经新闻》网站对中国的报道

内容	数量	关键词	负面报道关键词
经济	16	人民币;国际贸易	威胁;不景气
突发事件	11	天津爆炸案	政府态度暧昧;隐瞒信息
社会	5	冬奥会;中国游客;大气污染	空气污染疾病;素质低
政治	15	腐败;台湾;人权	腐败;民主;人权
国际	8	中俄;中美;中韩	牵制;威胁
军事	5	南海;军演排练	牵制
中日关系	5	慰安妇;安倍谈话;历史回顾	
文化	5	动漫;科学;少林寺;音乐	封杀;1989

从新闻报道的标题内容就可以看出,日本《产经新闻》网涉华报道多为负面新闻。例如:《人民币势力的扩大是对日本的军事威胁》(「人民元の勢力拡大は日本にとって軍事的脅威そのもの」)[①]、《中国大气污染每天造成4千人死亡》(「中国、大気汚染禍で1日4千人死亡発電用の石炭排出が元凶　米国では「不健康」の大気レベルに約4割が居住」)[②]、《中美权对话要求释放被关律帅》(「拘束の弁護士解放を要求米中人権対話」)[③]等。从新闻标题中的"威胁""大气污染""人权对话"可以看出,这些新闻报道多为负面新闻报道。

通过对《产经新闻》网涉华内容分析可以发现,其报道呈现"正负"失衡现象,负面新闻报道远多于正面新闻报道。而且,负面新闻报道涉及领域十分广泛,包括中国的社会、政治、经济、文化、外交等各个方面。例如:在文化方面有两篇报道涉及美国歌手泰勒·斯威芙特最新专辑《1989》,文章表示中国对泰勒新专辑名称感到敏感,该专辑在中国发售可能会发生问题,并借此对1989中国发生的政治事件进行大篇幅报道。[④]

现日本产经新闻社驻中国总局特派记者为矢板明夫。矢板明夫1972年出生于中国天津,15岁时作为在中国遗留的日本孤儿被遣送回日本。1997年毕业于日本庆应大学文学部,后进入松下政经塾。2002年进入产经新闻社,从2007年开始成为产经新闻社驻中国总局北京特派员。矢板明夫主要报道政治问题和外交问题,在日本《产经新闻》网站有"矢板明夫之眼"(矢板明夫の目)专栏,主要报道中国政治特别是与共产党相关的内容。矢板明夫对中国的报道也多为负面新闻。

① 日本产经新闻网:「人民元の勢力拡大は日本にとって軍事的脅威そのもの」,2015年8月15日,http://www.sankei.com/world/news/150815/wor1508150002—n1.html,检索日期:2015年8月15日。

② 日本产经新闻网:「中国、大気汚染禍で1日4千人死亡発電用の石炭排出が元凶米国では『不健康』の大気レベルに約4割が居住」,2015年8月14日,http://www.sankei.com/world/news/150814/wor1508140030—n1.html,检索日期:2015年8月15日。

③ 日本产经新闻网:「拘束の弁護士解放を要求　米中人権対話」,2015年8月14日,http://www.sankei.com/world/news/150814/wor1508140016—n1.html,检索日期:2015年8月15日。

④ 日本产经新闻网:「アップルに抗議した強気の歌姫、中国には屈するのか」,2015年8月15日,http://www.sankei.com/world/news/150815/wor1508150003—n1.html,检索日期:2015年8月15日。

《朝日新闻》*Asahi Shimbun*

《朝日新闻》(朝日新聞,*Asahi Shimbun*)是日本五大全国性综合报纸之一,也是目前全球日报发行量排名第二的大报。《朝日新闻》每天出版朝刊和晚刊,是朝日新闻社的主要发行报纸之一,其中朝刊日发行量达680多万份,晚刊日发行量达220多万份(2015年2月日本ABC协会数据)。[①] 其报道在日本具有重要的影响力,朝日新闻社还发行日文、英文报纸和杂志等,是一个立体经营的传媒集团。《朝日新闻》坚持“不偏不党”的办报方针,根据报纸读者调查显示,《朝日新闻》在日本比较值得值得信赖,社会评价高、能代表日本,有社会影响力,报道公正,能积极应对社会问题,[②]是能够代表日本的综合性大报。

一、历史沿革

1879年1月25日,《朝日新闻》由大阪商人木村平八(きむらひらはち)创立于当时经济发达的大阪。《朝日新闻》的报名蕴含“旭日升天、万象维明”之意,字体取自欧阳询的《大唐宗圣观记》。创刊时《朝日新闻》只有四版,刊名四个字自左至右。《朝日新闻》最初以小报的形式出版,发行宗旨为“劝善惩恶,引导并教化俗人、妇人,版面辅以插图、拼音,虽儿童亦可一见而善解其意”。[③]

(一)创办初期(明治时期1879—1912)

《朝日新闻》最初是以小报的形式发行的,随着报纸的不断变化,《朝日新闻》开始逐步兼备了大报和小报的特点,[④]成为一家“中间性”的报纸。随着发展,《朝日新闻》开始贯彻不成为政党机关报、不偏不党的主张。在日本各报卷入政治斗争的时候,《朝日新闻》在各地安排通讯员,建立完善的通讯网,并且开始注重海外报道。在报纸版面模式方面,《东京朝日新闻》和《大阪朝日新闻》分别在1900年和1901年调整版式。《东京朝日新闻》与英国的《泰晤士报》于1907年1月达成协议,《朝日新闻》由此扩大了海外通讯网。同年4月日本文豪夏目漱石(なつめそうせき)加盟《朝日新闻》,随时为该报发表作品。当时夏目漱石的小说作为优秀的文艺作品深受知识分子的喜爱,《朝日新闻》作为知识分子报纸的地位以此得以确立。[⑤]

(二)发展时期(大正时期—昭和前期1912—1945)

这一时期,《朝日新闻》已经从创办时期的小报开始逐渐变为关注国家政治的大报。这一时期,也是日本逐步走向军国主义道路、发动侵略战争的时期,日本的报纸也随着时局的变化呈现出不同的报道策略。1912年

---

① 引自日本媒体国书,2015,http://www.kokusyo.jp/category/%E6%96%B0%E8%81%9E%E3%81%AE%E7%99%BA%E8%A1%8C%E9%83%A8%E6%95%B0/,检索时间:2015年4月18日。

② 艾勤径:《〈朝日新闻〉:最能代表日本的报纸》,《新闻与写作》2006年第5期。

③ 崔保国:《走进日本大报》,南方日报出版社2007年版,第38页。

④ 《大报和小报——在当时的日本》,大报和小报区别明显。所谓的“大报”就是以刊登政论等严肃性话题为主要内容,主要以知识阶层为对象,通常为四开版面;小报则主要是为了满足大众的需求与趣味,主要刊登市井事件、花柳新闻等内容,由于版面一般比较小,是八开版面,所以被称为“小报”。

⑤ 〔日〕山本文雄:《日本大众传媒史》,诸葛蔚东译,广西师范大学出版社2007年版,第83页。

12月，《东京朝日》《大阪朝日》参与了护宪运动，反对藩阀政府，站在维护言论自由运动的最前列，推动了运动的发展，是日本言论史上具有划时代意义的大事。[①] 但是在倡导言论自由的高峰时期，《大阪朝日》因为一次笔祸[②]，遭遇右翼施压，社长村山龙平离职，报纸改变了编辑方针。在"一战"的报道中，《朝日新闻》与英国路透社、《泰晤士报》以及合众通讯社合作，并拥有许多特派记者，建立起了具有绝对优势的通讯网。[③]

(三)新时代新发展(昭和后期 1945 年至今)

"二战"日本战败后，新闻报纸一度处于美军的控制之下，报纸不得报道对盟军批判的内容。而随着日本经济的腾飞和科学技术的不断发展，报纸也不断发生新的变化。在盟军占领初期，与占领军实施的促进民主化政策相呼应，在各社掀起了追究报纸的战争责任的运动。《朝日新闻》在 1945 年 11 月 7 日刊登了《与国民一起奋起》的宣言。[④] 随着日本经济的发展，报纸之间的竞争也日趋激烈，在销售竞争日趋白热化的时候，《朝日新闻》《每日新闻》和《读卖新闻》三家报社于 1952 年 9 月突然向共同通讯社申请退出。20 世纪 70 年代，《朝日新闻》和《读卖新闻》的竞争进入白热化阶段，70 年代以后，《朝日新闻》由于没有降低售价的失误决策，使《读卖新闻》的发行量超过了《朝日新闻》成为第一，虽然《朝日新闻》发行量位于第二，但是其广告额收入仍居第一，纳税额一直领先。[⑤]

二、发展现状

《朝日新闻》的成功与其遍布日本的发行网络密不可分。《朝日新闻》在日本设有东京、大阪、西部和名古屋 4 个本社以及北海道支社和福冈本部。各都道府县共设有 43 个总局，全国各主要城市共设有 250 个支局。支持其世界第二大发行量的是遍布全国的 ASA(朝日服务点)的《朝日新闻》专卖店。ASA 拥有队伍庞大的在职和兼职发行人员。秉承日本报业的"户别投递""送报上门"的发行传统，《朝日新闻》通过 ASA 这种覆盖面广的发行网络，向读者推送《朝日新闻》及其他出版物，并根据读者的反馈进行适当调整。[⑥]

《朝日新闻》的主要读者定位为知识分子，所以在该报上刊登广告最多的是出版、教育和文化相关的行业。该报的头版约五分之一的版面广告基本上全是各出版社出版的新书或者新出的杂志等出版物。为保证报纸新闻报道的公正与客观，《朝日新闻》的采编与经营绝对分离。

《朝日新闻》依托自身强大的实力和影响力实现了立体化经营，一方面做到资源共享，另一方面整合资源形成合力，使盈利方式实现多样化。在平面媒体方面，朝日新闻社主打报纸《朝日新闻》，同时还出版其他的定期刊物，如周刊：《周刊朝日》《朝日评论》《周刊朝日百科世界》。月刊：《科学朝日》《朝日摄影》《朝日》等。季刊：《日本季刊》《朝日亚洲论坛季刊》。年刊：《朝日年鉴》《民力》等。朝日新闻社每年发行 700 多种杂志和书籍。

在广播电视方面，朝日新闻社拥有一个与 40 家广播电视台相关的广播中心。该中心包括 12 个联播电视台、11 个普通电视台和 12 个调频广播电台。全国朝日广播公司也是朝日新闻系统的商业电视台。[⑦] 在网络数字媒体方面，《朝日新闻》还提供网络信息服务和数字广播。1995 年，《朝日新闻》创办了当时日本最大的新闻网站"asahi.com"，向社会提供新闻资讯服务，2012 年 1 月 23 日，该网站整合系统，变为朝日新聞デジタル，作为《朝日新闻》的网站和电子资源。《朝日新闻》还充分利用互联网技术和移动通讯技术以及双向互动的优势，成

---

① 〔日〕山本文雄：《日本大众传媒史》，诸葛蔚东译，广西师范大学出版社 2007 年版，第 99 页。

② 此次笔祸又称"白虹贯日"事件。《大阪朝日》社会版记者文章引用"白虹贯日"来说当时的日本帝国。当局认为"日"象征天子，构成不敬之罪。右翼分子像《朝日》施压，社长村山龙平也在中之岛遭人毒打。

③ 〔日〕山本文雄：《日本大众传媒史》，诸葛蔚东译，广西师范大学出版社 2007 年版，第 103 页。

④ 〔日〕山本文雄：《日本大众传媒史》，诸葛蔚东译，广西师范大学出版社 2007 年版，第 203 页。

⑤ 崔保国：《走进日本大报》，南方日报出版社 2007 年版，第 43 页。

⑥ 王勇：《〈朝日新闻〉经营模式探索》，《中国报业》2010 年第 6 期。

⑦ 王勇：《〈朝日新闻〉经营模式探索》，《中国报业》2010 年第 6 期。

功地吸引了上百万付费读者，使其通过移动电话服务获取新闻信息。①

在其他方面，朝日新闻社还兼办其他文化出版业和非文化企业，同时还广泛与其他媒体和企业合作，与神奈川新闻社、森林文化协会等约 60 家媒体和企业有密切联系。除此之外，《朝日新闻》的 NIE 工程②也做得很成功，设计了适合儿童和学生阅读的版面并定期邀请学生到报社参观，也鼓励编辑、记者到各个大学演讲，与年轻人分享办报的经验。③ 除此之外，《朝日新闻》还逐渐成了一份对高考有用的报纸，日本多所大学的问题常以《朝日新闻》上的内容作为素材，这就形成一种良性阅读循环，促使新一代年轻人养成读报的好习惯。

1995 年，《朝日新闻》率先创建了新闻网站，该网站是日本最大的新闻网站之一，在硅谷设有“媒介开发中心”，专门收集硅谷的最近发展动向。除了进行新闻速报外，这家网站还建立了囊括新闻、图片、人物、团体等综合信息的日本最大级别的“HIASK”新闻数据库，读者可以付费注册并在网上查阅数据库，获得所需资料。《朝日新闻》还开创了免费的读者社交平台——Aspara 俱乐部，目的在于借此建立紧密的读者关系。④

《朝日新闻》在华盛顿、伦敦、开罗、曼谷和北京设有海外总局，另有支局和驻点 33 个。国际部负责全部海外消息，包括重大新闻事件、各类焦点国际问题及海外日本人动向。《朝日新闻》还与国内外 20 多家报社、通讯社建立了特约通讯和合同关系，包括美联社、路透社、新华社、塔斯社、共同社、时事社、朝鲜通讯社、《纽约时报》《泰晤士报》等。为应对突发事件，《朝日新闻》拥有 2 架双引擎飞机、5 架直升机，记者随时可以从东京总社大楼顶层的停机坪乘飞机出发及时赶到新闻现场。⑤

《朝日新闻》中文网是日本朝日新闻社于 2012 年 4 月开设的中文版新闻网站。该站将随时刊载每日于日本国内发行的《朝日新闻》、《朝日新闻》官方网站以及应用程序“朝日新闻 DIGITAL”内新闻报道的中译版本。《朝日新闻》中文网提供了很多独家内容，包括名人访谈、旅游信息等。2012 年 5 月，《朝日新闻》官方微博亮相，其简单轻快的风格赢得了大量粉丝，在腾讯和新浪两个微博上的粉丝总量超过 100 万。2013 年 7 月 17 日，《朝日新闻》中文网因一篇言论较为敏感，其中文网站被封，在中国开设的 4 个微博账号全部无法使用。目前《朝日新闻》网只有日本版和英文版。

三、报道特点

坚持不偏不倚之立场，贯彻言论自由，为建设民主国家和确立世界和平而努力；基于人道与正义，献身于国民幸福，排除一切违法与暴力，与腐败现象坚决斗争；报道真实、公正、迅捷，以进步精神保持评论之公正；常怀宽容之心，注意品格及责任，崇尚清新厚重之风。⑥ 这是《朝日新闻》1952 年指定的纲领，也是指导《朝日新闻》报道的方针。

《朝日新闻》的报道特点与其报纸定位是分不开的。朝日新闻社 2014 年的统计数据显示，《朝日新闻》的阅读者与其他报纸相比，公务员和研究性工作者比较多，大学和研究生毕业的读者较多，读者年均收入较高。《朝日新闻》的读者定位主要是面向知识阶层为主的大众。报纸风格充满自由主义色彩和新闻专业主义色彩，文章平易化且报道内容层次较高，深受知识阶层欢迎，这些特点使该报成为在日本知识层次中普及率最高的报纸，为《朝日新闻》带来了稳定的知识层次读者群。⑦

《朝日新闻》从总体上来说，对国内和国际的新闻报道属于中立偏左立场，但是 2014 年《朝日新闻》出现了两起误报事件，朝日新闻社社长也因此辞职。一起误报事件是在福岛核事件过后，《朝日新闻》收集了原福岛第

---

① 王勇：《〈朝日新闻〉经营模式探索》，《中国报业》2010 年第 6 期。

② NIE 工程——最早起源于美国，在各类报纸中有一定影响力的日报，通过与学校教育有机结合，创办辅助性刊物和印发相关资料，扩大报纸在学校的发行量，培养青少年阅读报纸的习惯，使他们成为报纸的未来读者的做法。

③ 崔保国：《走进日本大报》，南方日报出版社 2007 年版，第 36 页。

④ 崔保国：《日本报业走向整合——日经、朝日、读卖三大报系着手联合》，《中国报业》2008 年第 20 期。

⑤ 崔保国：《走进日本大报》，南方日报出版社 2007 年版，第 31 页。

⑥ 朝日新闻社官网：http://www.asahi.com/shimbun/company/platform/，检索时间：2015 年 11 月 30 日。

⑦ 崔保国：《走进日本大报》，南方日报出版社 2007 年版，第 42 页。

朝日新聞 1992年(平成4年)1月11日 土曜日

慰安所 軍関与示す資料

防衛庁図書館に旧日本軍の通達・日誌

部隊に設置指示

募集含め統制・監督

「民間任せ」政府見解揺らぐ

参謀長名で、次官印も

图 6 《朝日新闻》对慰安妇的报道

一核电站站长吉田昌郎的讲述情况，形成《吉田笔录》，内容称 90％的员工违反吉田命令，擅自撤退到福岛第二核电站，但事后证实员工并不是故意违反命令而是存在沟通不畅。《吉田笔录》事件对《朝日新闻》打击很大，引起日本各大媒体的议论，时任社长的木村伊量承认报道有误。另一误报事件是《朝日新闻》过去曾长期引用已故作家吉田清之“韩国济州岛存在日军强征慰安妇”的证言，而 2014 年 8 月 5 日《朝日新闻》刊登题为《关于慰安妇问题的思考》的特辑，称吉田清治的证言是虚假的。木村也承认过去的报道可能有误，此事件更是给《朝日新闻》带来了危机，社长木村伊量通过辞职破解了危局。

2014 年 2 月 5 日，日本首相安倍晋三在参议院预算委员会上，曾对《朝日新闻》进行了点名批评，“听说《朝日新闻》的办报宗旨就是打到安倍政权，当然把这作为办报宗旨也没关系，我就是抱着这样的看法在读这份报纸的。”[①]安倍晋三在公开场合对媒体的批评是源于《朝日新闻》在报道上一直以来以中立偏左的立场为主，经常对日本政府提出批判。但是在“吉田笔录”和“吉田证言”事件发生后，特别是社长木村伊量辞职之后，《朝日新闻》在报道和言论上可能会出现保守化的倾向。

四、涉华报道

中日两国的新闻报道是与中日两国之间外交关系密切程度相关的。日本媒体对中国的报道正面还是负面，与某一时期两国之间的关系密不可分。从数量上来看，日本媒体的涉华报道数量还是很多的，每天都有十条以上与中国相关的新闻报道，其数量的多少一方面与中日两国之间的外交关系发展相关，另一方面也与是否有国际事件相关。比如最近中国建立亚洲基础设施投资银行(简称“亚投行”)的事件受到日本的关注，“亚投行”相关的新闻、评论等都会经常出现在《朝日新闻》中。从报道内容上来看，在两国外交关系处于紧张状态时，政治历史相关的内容比较多；在两国关系较为缓和时，经济文化相关内容比较多。《朝日新闻》作为日本五大全国性综合报纸之一，其对华态度和涉华报道内容也是与中日两国之间的外交政策密不可分的。

日本朝日新闻社于 2012 年 4 月 16 日正式开通了简体版中文信息网站“朝日新闻中文网”(http://asahichinese.com/)，该网站面向以中国为主体的全球华语圈读者，发布以日本为主的最新资讯，内容涵盖政治、经济、文化、旅游等领域，读者可免费浏览。其中“中国・港澳台”与“国际栏”发布中国新闻，形式多以简讯为主，内容涉及体育(如《2022 冬奥会敲定北京首办夏冬两季盛会》)、政治(如《中国前军委副主席郭伯雄因贪腐被开除党籍》)、经济(如《50 国签署 AIIB“一带一路”构想上路》)、历史(如《旧日军毒气弹遗害日中首设基金援助》)等各个方面，报道多以陈述事实为主，比较客观中立。此外，朝日新闻编辑还在中国建立了电子杂志《新鲜日本》，提供日本观光、历史文化、社会、体育、娱乐等咨询，在新浪和腾讯微博上有很多粉丝。

朝日新闻社在北京设有中国总局，在上海、广州、沈阳、香港和台北设有支局，负责中国新闻的采编与报道。在信息源方面，《朝日新闻》主要采用朝日新闻社驻中国记者的报道，有个别新的简讯会使用共同社的通稿。朝日新闻前驻华记者峰村健司，在 2008 年 12 月 31 日出版的《朝日新闻》英文刊率先刊登了其撰写的《中国将于明年开工建造首艘航空母舰》一文，凭借对中国安全政策方针的熟稔，诸如建造国产航空母舰相关计划和海上战

---

① 崔保国：《媒体的责任与担当——评安倍点名批判〈朝日新闻〉》，《传媒批评》2014 年第 3 期。

略等内容，峰村健司获得了2010年度上田国际记者奖[①]，峰村健司获奖的主要理由是其对中国问题的独家深度报道，也说明国际舆论和读者对中国新闻的关心和重视。

图7 《朝日新闻》中文网新闻"战时强征中国劳工问题三菱显示和解姿态"

从报道内容上来看，《朝日新闻》的涉华报道涉及中国的政治、经济、外交、文化以及近几年来备受关注的环境问题。在报道来源方面，《朝日新闻》对中国问题的关注和报道在日本全国性报纸中，属于报道量最大、报道范围最广、报道立场相对比较客观的报纸[②]。在有关中国政治内容的报道方面，该报议题主要集中在中国重大会议报道上，比如"十八届四中全会"、中国两会的召开等。在中国政治相关的报道方面，《朝日新闻》会较为客观地陈述会议的内容，但是如果涉及评论，则会分析中国发展改革的问题，从而提出一定的批评意见。总体来说，在与中国政治相关的报道方面，《朝日新闻》会给出积极评价，并作出适当批评。

在中国外交方面的报道上，日本主要是站在自己的立场上，而且会经常与美国站在同一立场上。在南海等问题上，经常会用到"中国在南海海域上的扩张"等描述，也会用到"牵制"一词。在外交相关的报道上，《朝日新闻》基本上与本国外交政策协调，会在用词上用微妙的变化来体现其对该事件的态度。在对中日两国之间问题的报道中，《朝日新闻》与其他报纸相比，在历史问题上比较倾向于承认日本的侵略史，2015年是战后70周年，《朝日新闻》也十分关注相关问题，在报道方面，批判日本政府的报道较多，但是2014年的"吉田证言"事件可能会对《朝日新闻》中立偏左的立场带来一定的影响。

在中国经济方面的报道上，随着中国经济的发展，日本媒体对中国经济相关的内容越来越关注。《朝日新闻》会提到中国经济发展现象等，比如在"亚投行"问题上，《朝日新闻》也会有相关报道思考日本是否应该加入。另外随着中国经济的发展，日元的贬值，中国游客前往日本购物、旅游并因此给日本带来一定的经济效益，《朝日新闻》关于这方面的报道内容也是很多的。但是涉及经济的报道内容也出现两极化趋势，一方面承认中国经济的发展，另外一方面也会提出中国经济发展相应的问题，涉猎的内容也比较广泛。

在中国文化相关内容的报道上，一方面文化内容报道本身不会存在太大的价值分歧，所以内容一般不会涉及太多正面、负面的判断，主要争议在内容的选取上。《朝日新闻》在涉华文化的相关报道中，取材主要以与日本相关的内容为主，比如高仓健去世在中国的引起巨大反响，村上春树在中国备受关注等。

在涉及中国其他发面的报道中，最突出的是日本媒体对中国环境问题的关注与报道。在环境问题的报道方面，《朝日新闻》多以消息为主，也会报道相关的现象。比如对中国亚太经合组织会议期间的"APEC蓝现象"的关注与报道。内容多以客观纪实和分析原因为主。

总体上来说，《朝日新闻》涉及中国报道方面的最大特点就是中立性报道比较多，这也显示了该报纸对中国的报道是站在较为客观的基础上，对中国的观察也较为冷静，在一些事件上的报道展示了其宽一定的胸怀，传递了一个较为真实的中国形象。[③] 但是，在涉及国家利益时，《朝日新闻》更多地还是站在日本本国的立场上。日本媒体保守化和右倾化的现象值得我们关注的，《朝日新闻》在今后的报道中会不会有保守化倾向也有待进一步研究和观察。

① 沃恩上田国际记者奖——沃恩上田奖是日、美两国新闻界于1950年设立的国际新闻奖项，最初由日本新闻协会负责运营，后来成立了沃恩上田奖委员会专门负责选评奖项得主，其知名度与普利策奖齐名。该奖每年评选一次，授予通过杰出国际新闻报道为增进国际理解做出贡献的优秀记者。

② 刘林利：《日本大众媒体中的中国形象》，中国传媒大学出版社2007年版，第144页。

③ 刘林利：《日本大众媒体中的中国形象》，中国传媒大学出版社2007年版，第158页。

《赤旗报》*Shimbun Akahata*

《赤旗报》(*Shimbun Akahata*)是日本共产党中央委员会面向全国发行的日语机关报,也是日本历史最久、发行量最大的政党报纸。尽管是日本共产党的机关报,《赤旗报》现在也报道日本国内外各种一般时事社会新闻报道,拥有很多时事社会内容的版面,在党员之外也拥有很多读者。

一、历史沿革

《赤旗报》创刊于1928年2月1日,创刊之时是非法发行的地下报纸,当时报纸名为《赤旗》(「せっき」),作为半月刊出版发行。1935年1月20日,《赤旗》在发行了187期以后,日本共产党中央委员袴田里见(はかまださとみ)被逮捕进而导致该报也停止发行。“二战”日军战败以后,日本共产党中央委员会得以重建,并于1945年10月20日重新开办机关报,《赤旗报》第一期重新发行,题字为“アカハタ=AKAHATA”。1952年5月1日起,《赤旗报》正式恢复发行,1966年2月1日报名正式变更为现名。

作为日本共产党中央委员会的机关报,《赤旗报》自创刊以来,不断遭遇创刊——停刊——复刊的曲折过程。报纸也从月刊发展到日刊,并推出了很有特色的周日刊。此外,《赤旗报》还特别推出了针对盲人读者人群的《盲文版赤旗》和《声音版赤旗报》等特别刊物。

二、发展现状

《赤旗报》是日本共产党的机关报,承担着宣传党的政策的任务。相对于各西方资本主义国家的纸媒,《赤旗报》作为政党的机关报纸,其发行量是很大的。目前,《赤旗报》有日报和《赤旗周日版》。日报发行量大概在24万份左右,[①]而《赤旗周日版》的发行量较高,大约达在110万份左右。在只有30万共产党员的日本,《赤旗报》的发行量可谓相当可观。

从读者群体来说,《赤旗报》日刊的主要读者为日本共产党员,而周日版的读者则突破了日本共产党员的范围,在普通民众中也具有一定的影响力。作为共产党的机关报纸,《赤旗报》编辑局的记者和编辑在内所有人员都是共产党员,该报承担着宣传党的政策的任务。一方面,报纸通过采用与党中央组织机构及财务方面一体化的管理模式,确立党对报纸的领导地位,贯彻党的政策方针;另一方面,也为报纸的发行提供可靠保障,为党的政治活动提供所需资金。

《赤旗报》有几大特点:第一,党对报纸负有全面责任,日本共产党对《赤旗报》具有领导地位。全体党员都要阅读《赤旗报》,订阅报纸是每个党员应尽的义务,这也是日本共产党员人人订报局面的原因之一;第二,报纸与党中央委员的财务决算一体化,作为一份非商业的报纸,《赤旗报》能够实现较好的收入;第三,《赤旗报》的送报工作以各地党支部的普通党员为主,参加义务送报的有退休人员,也有公司员工,都带有志愿性质,为《赤旗报》减少了劳务费用支出。与商业报纸不同,《赤旗报》的广告收入很少,也因此维持了机关报在宣传和报道上的独立性。

---

① 《〈赤旗报〉:日刊紙発行危機打開の全党への訴えを確認》,2011年7月5日,http://www.jcp.or.jp/akahata/aik11/2011-07-05/2011070501_01_1.html,检索时间:2015年7月10日。

三、报道特点

从内容上来看,《赤旗报》的日刊从周一到周日每天发行,由16个版面构成,主要包括政治、经济、文化、生活、体育及社会等多方面的新闻。在地方和广播电视节目预告两个版面上,《赤旗报》采取了面向特定发行地区提供当地广播电视节目信息和新闻的方式。与其他商业报纸不同的是《赤旗报》第五版面的国民运动,刊登有关工会组织及其活动的消息,并在每周二、四、六的日刊中添加了日本共产党的“学习·当活动”共计2版的增页,以此来介绍各地党支部的活动情况。从《赤旗报》的内容构成来看,它更侧重于对大新闻和小新闻的报道。

《赤旗报》的报道方针主要是宣传共产党的政策主张,在对大新闻特别是政治新闻的处理上,《赤旗报》更多地采取了表明报纸鲜明立场和政治主张的新闻写作方法。作为一份政党机关报,《赤旗报》的报道方针和日本共产党的政治主张及追求目标是完全一致的。

しんぶん赤旗 日曜版

2015年8月9日 合併号 8月16日

戦争法案反対

自民県議も立つ

憲法9条なくすことに反対

谷川俊太郎さん

高校生がデモ

今号は合併号

图8 《赤旗周日版》头版

对小新闻的侧重则源于《赤旗报》特有的通讯员网的存在,由于其在新闻的报道方面无法和商业性报纸相提并论,于是其更注重基层普通民众的投稿。形成以大新闻和小新闻为主的报道特征的另一个原因在于,《赤旗报》不能参加记者俱乐部,因为新闻协会成员的首要条件是报纸必须在政治上保持客观中立态度。这也促使《赤旗报》摆脱了政府信息发布会式的报道作风,记者更注重于自身去挖掘新闻并进行深度报道,这也使其更具个性。而周日版的内容减弱了党派色彩,更务实,对与民众息息相关的社会政治事件进行深度报道,使周日版的读者超越了党派界限,从另一个侧面增加了普通民众对共产党的认知度,其发行收入也从财政上支撑了日本共产党的组织活动。①

四、涉华报道

19世纪60年代,《赤旗报》发展迅速,在莫斯科、北京等社会主义国家首都设立了常驻记者站,开始更加关注国际问题,特别是社会主义国家的发展。在早期《赤旗报》的国际新闻报道中,对苏联和中国的关注很多,主要涉及各社会主义国家发展的进程等内容,具有很大的史料研究价值。

1981年,日本作者森村诚一(もりむらせいいち)出版了《恶魔的乐园》(「悪魔の饱食」)一书。这部纪实文学以大量的事实揭露了第二次世界大战期间日本侵略中国东北时,以中国人为生物实验对象来试验细菌生化武器的事实。作品在日本共产党机关报《赤旗报》上连载,引起轰动,出版的300万册图书销售一空。

现在,《赤旗报》在全世界重要城市都派驻有记者,包括北京、柏林、开罗、伦敦、河内、莫斯科、墨西哥等。《赤旗报》作为日本共产党发行的政党报纸,对与中国相关的政治和历史问题较为关注,特别是对中日之间的历史问题和领土争端等问题关注程度较高,对中国发生的经济社会新闻也会做出相关报道。该报在报道内容上提倡和平,反对战争,对中国的报道相对客观公正,如2007年12月12日发表了题为《历史真相不容抹杀——写在南京事件70周年》的文章。

从报道内容和数量来看,该报对中日之间的历史、政治问题较为关注,内容相对客观。作为日本共产党的机关报,《赤旗报》是一家对中国较为友好的媒体。但是在涉及日本国家利益方面的问题时,也存在着报道倾向

① 龙一春:《宣传与经营的并存——对日本共产党机关报〈赤旗〉办报模式的分析》,《新闻大学》2006年第3期。

明显的问题。例如在南海问题的相关报道中,《赤旗报》认为中国在南海建设人工岛使事态更加复杂,即使建设人工岛屿,也不能宣示对南海海域的领海主张。[①] 在南海相关问题上,《赤旗报》的报道态度和政治主张都非常明确。

《东京新闻》*Tōkyō Shinbun*

《东京新闻》(原文报名为《東京新聞》,英文名为 *Tōkyō Shinbun*)是中日新闻社在东京地区发行的地方报纸,主要覆盖日本关东地区一都六县,包括东京都、群马县、栃木县、琦玉县、千叶县、茨城县和神奈川县。该报与中日新闻社在中部地区发行的《中日新闻》共同覆盖了日本经济最为发达和人口最为密集的地区。《东京新闻》是东京唯一的一家地方报纸,内容贴近大众,读者多为老年人,是一份很人性化的报纸。

一、历史沿革

《东京新闻》有着 130 多年的历史,现在是东京唯一的地方报。1884 年,《东京新闻》的前身《今日新闻》在东京创刊发行。1886 年,《今日新闻》改名为《都新闻》,在社长福田英助(ふくだえいすけ)的经营改善之下,《都新闻》关注社会、娱乐界话题,对地方情况和文学等方面也较为关注。同时,由于该报关注并报道大众生活,因此发行数量大幅增长,经营情况转好。

"二战"时期,日本实行"一县一报"的报业体制,《都新闻》和 1890 年在东京创刊的《国民新闻》合并成为《东京新闻》,于 1942 年开始发行。1963 年,中部日本新闻社(现在的中日新闻社)开始参与《东京新闻》的经营。1967 年《东京新闻》被中日新闻社收购,与当时中日新闻社在东京所创办的《东京中日新闻》合并成为《东京新闻》。

二、发展现状

《东京新闻》与《中日新闻》的风格有所不同,前者更加贴近大众,读者群体多为老年人。在东京地区,全国五大报(《读卖新闻》《朝日新闻》《每日新闻》《产经新闻》《日本经济新闻》)的发行量都比较大,是当地报业市场的主体力量。但是作为东京唯一的地方报,《东京新闻》也有不错的发行量。根据 2015 年 2 月日本 ABC 协会发布的数据,《东京新闻》的早报发行量达到 51 万份,晚报发行量达到 19 万份。

如今的《东京新闻》兼具全球视野与地方特色。作为一份地区性报纸,《东京新闻》在涉及全国乃至世界的报道方面,并不逊色于全国性大报,在此基础上,它又在地方新闻报道方面拥有突出优势,深受东京读者的喜爱。

《东京新闻》的生活版面和"星期日版"都非常具有特色。《东京新闻》十分重视生活版面,从一般市民的视角出发进行报道取材,通常有三大版关于市民的报道,内容从新闻到生活时尚各个方面,备受读者欢迎。为了更好地推动学生阅读报纸并让他们通过报纸学习到更多的知识,《东京新闻》电视没有广告的"星期日版",围绕国际局势等展开报道,以文字加图片的图解方式为学生普及大量知识。

---

① 《赤旗报》:「米軍、南シナ海に艦船派遣　中国の人工島 12カイリ以内に」,2015 年 10 月 28 日,http://www.jcp.or.jp/akahata/aik15/2015-10-28/2015102801_04_1.html,检索时间:2015 年 10 月 30 日。

作为一份地方报纸,《东京新闻》的早报发行量能够达到 51 万份,这与其贩卖店式的发行模式密切相关。《东京新闻》不是由报社直接发行,而是在各种贩卖店发展的体制下,通过贩卖店的努力实现大量发行。此外,报社还会回收过期报纸,对报纸的内容进行归纳,总结经验。[①]

在经营方面,《东京新闻》也在不断革新。该社记者既可以撰写文章也可以完成之后的印刷工作,每个部门的人员都可以调到其他部门工作,从而使员工能够得到全方位的培养。[②]

2014 年 8 月 1 日,《东京新闻》电子版正式开始运营,读者从此可以通过电脑、智能手机等电子设备阅读《东京新闻》的纸面内容。

2009年(平成21年)3月4日(水曜日)
東京新聞
小沢代表の秘書逮捕
「西松」から違法献金容疑
民主内に辞任論
東京地検特捜部
「きちんと処理」小沢氏きょう会
献金額が突

图 9 《东京新闻》头版

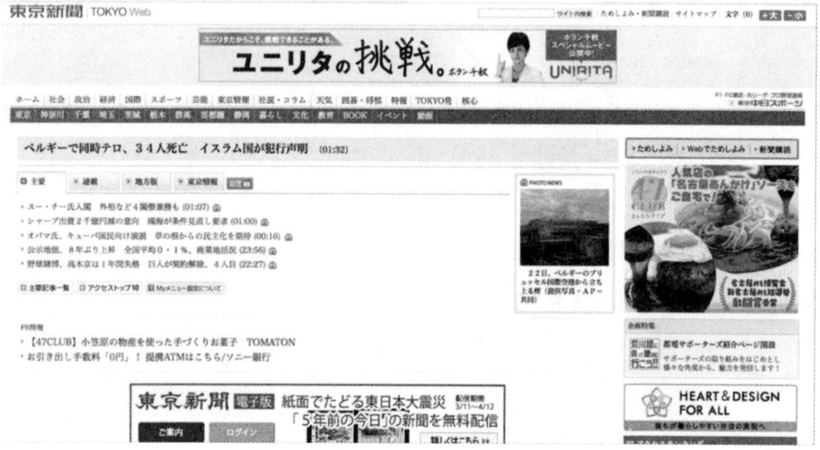

图 10 《东京新闻》网站首页

图片引自东京新闻网站:http://www.tokyo－np.co.jp,检索时间:2016 年 3 月 22 日。

三、报道特点

东京是各种信息的集合地,虽然全国五大报在东京都设有分社,但是《东京新闻》也有其优势,那就是兼顾政治、经济、地方新闻三个方面,更符合本地人的需求。《东京新闻》以“首都圈的主打报纸”为口号,每天都有大量关于文化、影视剧、广播、电视方面的报道。

《东京新闻》的广播、电视消息刊登在第四版,最后一页是东京地区的消息,对东京地方新闻的关注是其最大的特色之一。《东京新闻》的另一大特色在于评论性文章的分量较大,一些匿名批评、时评等都具有丰富的内涵和重大意义,内容也往往是市民非常关心的。

《东京新闻》将对权力的舆论监督视为报道使命。在石原慎太郎(いしはらしんたろう)担任东京知事期间,《东京新闻》推出专栏《石原观察》,由原共同社记者嶋田昭浩(しまだしょうこう)担任主笔。《石原观察》内容以大众关心的政治问题为主,采用连载的方式,代表大众观察真实的东京,深受读者的喜爱。

在经济方面,《东京新闻》的报道也很有特色。其中,《商工贷款》栏目给大众提供了很多有益的建议,比如“如何解决贷款渠道拥堵问题”“如何解决高利贷契约的各种麻烦”等。《商工贷款》栏目还曾对宫城、秋田两县中小企业主的非法交易进行报道。报纸对经济生活中发生的一系列问题进行客观详细的报道,这在日本堪称首次。[③]

此外,《东京新闻》还推出特色的图解报道。为倡导更多的年轻人阅读报纸,《东京新闻》在每周末特别推出

① 崔保国:《走进日本大报》,南方日报出版社 2007 年版,第 243 页。
② 崔保国:《走进日本大报》,南方日报出版社 2007 年版,第 242 页。
③ 崔保国:《走进日本大报》,南方日报出版社 2007 年版,第 239 页。

图解夹页。该夹页报道以热点话题或与人们密切相关的重要领域内的问题为主要内容，通过图画与文字相结合的方式进行报道，对各种问题进行全方面系统的介绍。比如，介绍国际恐怖主义发展情况的夹页，画面主体是全球地图，上面标画出各国恐怖主义的活动地点，在每个地点周围拉出小框对应文字介绍，然后在地图周围配有包括恐怖主义领导人、军事力量等的描述。这种配有大量图片和文字的报道清楚地还原了新闻事件，内容详细甚至可以用于教学。“大图解”夹页不仅赢得了读者的喜爱，政府也很好地利用了这个版面，在制定政策或者分析形势时，也会参考《东京新闻》的图解夹页，因为它在全面、系统地讲解知识的基础上，更增加了获取信息的便利性。①

图 11　2012 年 11 月 20 日《东京新闻》图解“东洋医学和西洋医学”

四、涉华报道

《东京新闻》作为中日新闻社的东京地方报纸，在言论方面也秉承了中日新闻社的特点，其言论倾向与《朝日新闻》比较相似，主张秉持和平的理念，具有很强的市民风格。中日新闻社还与北京日报社有相关合作，两家新闻社定期开展座谈会，让记者们进行交流。

图 12　《东京新闻》刊登四格漫画《中国嫁日记》

作为一家地方报纸，《东京新闻》总体上对中国的关注程度较为高。2011 年 2 月开始，该报连载刊登了《中国嫁日记》，这部作品以日本漫画家井上纯一（いのうえじゅんいち）的视角，讲述了 40 岁日本阿宅老公与 26 岁中国老婆的超爆笑日常生活，从生活的小细节表现了两国间的文化差异，从家庭角度展示了不一样的中日关系。该漫画先在网络发布，后刊登在《东京新闻》，受到日本读者的广泛关注和追捧。

除此之外，《东京新闻》还在相关专栏聚焦中国问题，比如《特辑：日本留学生眼中的中国》②、《东日本大地震——来自中国的声音：日本加油》③等文章。这些都反映出《东京新闻》虽然是一家地方报纸，但对与中国相关的信息较为关注，同时也在通过报道积极传播中日两国友好关系。随着中国经济的发展，该报上与中国相关的经济类报道的内容也在增多。在历史问题上，《东京新闻》曾就安倍的电视讲话发表《战后 70 周年谈话：没有反省，就无法谈论未来》的社论，督促安倍反省历史。

《东京新闻》在对中国的报道中，也存在有失偏颇的现象。比如 2004 年关于中日双方东海划界一事，该报刊的述评指出中国在东海上对日本海底资源的利用。但实际上这是错误报道，不符合事实。《东京新闻》受到读者喜爱的原因之一就是其尖锐性，当然其有失偏颇的内容里也经常含有作者的个人观点。

总体上来说，《东京新闻》作为一家日本地方报纸，从报道数量上看对中国关注程度较高；从报道内容上来看，虽然有不够准确之处，但也在不少报道中能够客观表述中国。

---

① 崔保国：《走进日本大报》，南方日报出版社 2007 年版，第 240 页。

② 东京新闻官网：「日本人留学生が見た中国」（日本留学生眼中的日本），2007 年 6 月 13 日，http://www.tokyo－np.co.jp/hold/2007/china2007/news/CK2007082602144126.html，检索时间：2015 年 11 月 28 日。

③ 东京新闻官网：「中国から『頑張れ日本！』」（来自中国的声音“日本加油”），2011 年 3 月 25 日，http://www.tokyo－np.co.jp/article/feature/tohokujisin/list/CK2011032502000037.html，检索时间：2015 年 11 月 28 日。

《读卖新闻》*Yomiuri Shimbun*

THE YOMIURI SHIMBUN

讀賣新聞

《读卖新闻》(*Yomiuri Shimbun*)是日本五大全国性综合报纸之一，目前是日本也是全世界发行量最大的日报，能够代表日本社会的主流报纸。该报以市民和大众为主要读者对象，文字通俗易懂，社会新闻报道方面颇具特色，被认为是“群众性”“庶民性”突出的大众报纸。[①]

一、历史沿革

《读卖新闻》于1874年11月2日在东京创刊，创始人为子安峻(こやす・たかし)、本野盛亨(もとのもりみち)、柴田昌吉(しばたまさきち)三人，最初名为“日就社”，1917年改名为读卖新闻社。《读卖新闻》创办初期的特点是“通俗浅谈”，旨在让更多的民众阅读新闻，主要报道市井新闻。初创时期，《读卖新闻》是东京具有代表性的市井“小报”，报纸内的汉字都附有假名注音，力求文章通俗易懂，报名取自江户时代的《读卖瓦版》。所谓“读卖”，即是让报童边读边卖。《读卖新闻》最初的版面内容有布告、新闻、漫画、通知等。《读卖新闻》在创刊后发行量逐步超过大报。从1886年开始，《读卖新闻》在报刊上连载小说，拥有坪内逍遥(つぼうちしょうよう)、尾崎红叶(おざきこうよう)、幸田露伴(こうだろはん)三大文豪。在这一时期，《读卖新闻》吸引了许多剧作家、文人，报纸的目标受众以社会下层为主，主办者获得了很大的利润。[②]

1923年，《读卖新闻》在关东大地震中遭遇危机，读卖新闻总社被烧，发行量陡然下降。时任社长的正立松太郎(しょうりきまつたろう)在报刊中设立围棋栏、广播版等，并在1934年建立了职业棒球队——巨人军，巩固了读卖新闻社的经营基础，也正是这支职业棒球队的建立，为以后《读卖新闻》发行量的增长起到了很大作用。在日本全国12支职业棒球队中，最有人气的就是巨人军。1931年《读卖新闻》在全国各地开始构建地方的销售店网络，将报道本地新闻的地方版充实起来，使《读卖新闻》既是全国性报纸又成为地区居民的地方报纸。1977年《读卖新闻》在发行量上超过《朝日新闻》，成为日本发行量第一的全国性大报，并一直保持着发行量第一。由于其发行销售网的变强以及在其他报纸提高价格时并不加价的政策，《读卖新闻》得以将其优秀的表现持续至今。

1991年，渡边恒雄就任社长，确立了《读卖新闻》社论的基调。1994年5月《读卖新闻》早报的发行量突破1000万份，创造了报纸日发行量的新纪录。在新时期，《读卖新闻》的发展仍然注重建立庞大的销售网络，其在全国拥有8500多个销售店。另外，《读卖新闻》还重视大量贴近百姓生活的信息。这使得《读卖新闻》仍然稳居日本全国报纸销量第一的位置。

二、发展现状

经过上百年的发展，如今的《读卖新闻》已经成为能够代表日本的、具有良好声誉的重要报刊。目前，《读卖新闻》每天发行早报和晚报，根据日本报纸发行核查机构ABC协会2015年2月发布的数据，《读卖新闻》的日平均发行量早报为911万份，晚报为297万份，[③]这一数据在世界报界首屈一指。

---

① 崔保国:《走进日本大报》，南方日报出版社2007年版，第99页。

② 崔保国:《走进日本大报》，南方日报出版社2007年版，第115页。

③ 日本媒体国书，「『新聞崩壊』2015年2月度の新聞のABC部数、前年同月差で朝日は約65万部、読売は63万部減、毎日はひと月で10万部減」，2015年3月，http://www.kokusyo.jp/category/%E6%96%B0%E8%81%9E%E3%81%AE%E7%99%BA%E8%A1%8C%E9%83%A8%E6%95%B0/，检索日期:2015年6月16日。

图 13 读卖新闻社东京总社

同时，报社对于先进科技和技术的使用也能够证明其自身的实力。《读卖新闻》开发出了能够打通两个全版的技术，使报纸的单面能作最大篇幅的处理，视觉效果极为壮观。《读卖新闻》还开发出素材管理系统，提高了新闻与照片的管理效率，也实现了新闻素材的二次利用，此外，报社开发的“读卖历史观”方便读者查找《读卖新闻》明治时期以来的所有报道，为读者查找信息和做研究都提供了十分便捷的途径。①

读卖新闻社还有 6 架配有现代通信设备的双引擎飞机和直升机，一旦发生突发事件便能迅速飞赴现场进行采访，报社同时拥有一艘用于采访与调查水文状况的潜水艇。这些设备无疑代表了日本国内媒体的最高水平，证明了《读卖新闻》雄厚的实力。

《读卖新闻》之所以能后来居上，成为日本发行量最高的报纸有很多原因，如日本电视台与巨人棒球队的配合造势，每年高达 500 项社会活动的强力服务等。而报社对于新科技的投入和灵活运用也是关键。②

三、报道特点

《读卖新闻》的编辑核心在于“通俗易懂”，其内容与百姓的生活密切相关，版面设计也新颖活泼，日报和晚报都注重生活服务性信息。《读卖新闻》的办报理念是“读者信条”，倡导有责任感的自由，在尊重个人尊严和基本人权的基础上，追求人本主义的目标，立足国际主义，为日本和世界的和平与繁荣做出贡献，并通过真实公正的报道和有勇气肯担当的言论来回报读者的信赖。《读卖新闻》的社论坚持以下三项基本原则：(1)议会制民主主义；(2)自由主义市场经济；(3)尊重基本的人权。③

《读卖新闻》以做真正易读的报纸为基本原则，以对老百姓的日常生活有利为目标，着眼于宪法、福祉、医疗等内容，留意对大众有益的报道，主旨是关心一切对国民有益的事物。而在政治立场方面，内容比较保守。从读者群体来看，《读卖新闻》与其他四家全国性大报相比，其读者层比较集中在从事体力劳动和事务性劳动以及工商服务业的人群。该报的读者群体属于中下阶层人群，④以专业技术工作者、工商自营业者为主，因此，该报在内容方面也更为贴近生活。

讀賣新聞

学校襲撃141人死亡

タリバン生徒に乱射

パキスタン「軍へ報復」声明

介護報酬引き下げへ

万年野党逆戻り危惧

民主代表選 年明け

图 14 《读卖新闻》早报头版

《读卖新闻》的版面内容设计有三个特点：(1)版面众多，生活方面的内容丰富；(2)安排灵活，根据突发性事件随时调整；(3)特色版面风格固定，深入人心。面对突发性大事件，《读卖新闻》能够随时调整版面，突出重点，并在其他版面有相关内容的介绍与分析。《读卖新闻》的“生活时尚”与“老龄福祉”版面非常有特色。生活版块为读者提供了各个角度的生活信息。日本已经进入老龄化社会，《读卖新闻》在超高龄化时代所展开的医疗与

① 崔保国：《走进日本大报》，南方日报出版社 2007 年版，第 118 页。

② 崔保国：《走进日本大报》，南方日报出版社 2007 年版，第 126 页。

③ 崔保国：《走进日本大报》，南方日报出版社 2007 年版，第 104 页。

④ 尹良福：《日本报业集团研究》，南方日报出版社 2007 年版，第 102 页。

护理信息相关报道,向读者提供高质量的医疗知识与信息,也吸引了高龄读者群体。①

在经营思路方面,《读卖新闻》也有自己的独到之处。读卖新闻集团包括读卖新闻东京社、读卖新闻大版本社、读卖新闻西部本社、读卖巨人军和中央公社。下设企业还包括旅行读卖出版社、东经媒体制作等出版印刷公司,日本电视广播网、读卖电视广播等电视情报处理公司,读卖代理商等广告公司等。报纸作为历史最悠久的传统媒介,在其发展过程中不断受到新媒体的冲击,但是其立体的经营模式,特别是日本电视网的发展促进读卖新闻集团不断取得新的进步。

读卖巨人军是《读卖新闻》秘密武器之一。这是将报纸的发行促销与职业棒球的经营捆绑在一起的经营策略。《读卖新闻》利用报纸版面宣传、推广由日本最优秀的职业棒球选手组成的巨人俱乐部这一品牌,同时,巨人俱乐部的比赛相关消息为报纸提供了丰富的体育报道内容,成为读者的"盛宴",这是《读卖新闻》创下千万销量的重要支撑点。

四、涉华报道

《读卖新闻》作为五大报纸一,很重视对中国新闻的报道。目前,《读卖新闻》在中国香港发行了香港版,但在大陆地区没有开展业务。《读卖新闻》曾表示希望能与中国开展体育方面的合作,比如帮助中国培养棒球报道的记者等,加强中国和日本体育事业的交流。②

讀賣新聞
中国軍 有事即応型に
陸海空を統合運用
7軍区を5戦区に
緩和2年限定せず
物価2%安定まで

图 15 《读卖新闻》对中国军队报道

图 16 加藤隆则与竹内诚一郎合著

在内容方面,《读卖新闻》关注中国的政治、外交和经济等。在政治方面,《读卖新闻》对中国的政治会议,尤其是人民代表大会的情况有着较为密切的关注。在有些方面,《读卖新闻》对于中国的评价相对较为积极,但是在"失业""台湾""贫富差距"等方面,《读卖新闻》往往对中国持批评态度,并提出"政治改革"等要求,总体上来说消极报道较多。在外交方面,《读卖新闻》对朝鲜核问题、东盟问题、中日双边关系、"亚投行"、"中国一带一路"等问题都密切关注。在中日双边关系的报道上,《读卖新闻》的报道往往以两国近况为基础,态度经常发生变化。在经济方面,由于中国经济实力的上升,《读卖新闻》在该领域的报道量逐渐增加,特别是对"亚投行"问

① 崔保国:《走进日本大报》,南方日报出版社 2007 年版,第 142 页。

② 崔保国:《走进日本大报》,南方日报出版社 2007 年版,第 108 页。

题的报道较为密集，由于日本与美国站在同一立场，所以主要持疑虑态度。

2005年6月4日，《读卖新闻》发表了长篇社论，针对日本首相参拜靖国神社的问题，提出“首相不应参拜合祀了甲级战犯的靖国神社”的主张，呼吁尽快建立另外的国立追悼设施。8月和10月，该报又连续发表了质疑小泉参拜靖国神社的社论。在日本，《读卖新闻》一直以来都有很浓的保守色彩，发表“反对首相参拜靖国神社”的社论，引起了读者和日本社会的关注。

《读卖新闻》前中国总局负责人为加藤隆则（かとうたかのり），2005年被派驻中国，第一站是上海，2009年到北京工作，2011年成为《读卖新闻》中国总局负责人，2015年5月辞职回国。2008年四川地震，他长期在灾区报道。驻上海期间，加藤隆则参与了关于陈良宇案的报道；2013年，济南庭审薄熙来，他也发表了很有分量的报道。此外，加藤隆则还著有与中国相关的书籍，《上海36人踩踏事件是如何发生的？》（「上海36人圧死事件はなぜ起きたのか」）、《中国社会看不见的规则——潜规则到底是什么》（「中国社会の見えない掟——潜規則とは何か」）、《习近平的政治思想“红”与“黄”的正统》（「習近平の政治思想「紅」と「黄」の正統」）、《“反日”中国的真实》（『「反日」中国の真実』），以及与现驻中国北京支局记者竹内诚一郎合著的《习近平的密约》（「習近平の密約」）。这些书籍反映了《读卖新闻》驻华记者对中国政治制度以及文化的各方面看法。

总体上，《读卖新闻》的涉华报道负面报道较多，且对中国政治体制较为否定。尽管《读卖新闻》是日本发行量全国第一的报纸，但是从整体的涉华报道数量来看，在五大报中，《读卖新闻》的报道总量要少于《朝日新闻》，甚至比《产经新闻》还要少。

《化学工业日报》*The Chemical Daily*

化学工業日報

《化学工业日报》（日文报名为《化学工業日報》，英文报名为 *The Chemical Daily*）是日本化学工业日报社创办的日语版化学工业专业报纸。该报创刊于1936年，是业界唯一以化学工业为核心并网罗其他关联产业的行业日报。目前，该报在日本国内拥有13余万读者，在化学相关产业的信息新闻方面具有极高的权威性。[①]

一、历史沿革

《化学工业日报》的前身是《东京药品日报》。《东京药品日报》创立于1936年10月1日，并于1937年2月21日开始刊发，1947年正式改名为《化学工业日报》，并一直沿用至今。从创办早期到发展中期，《化学工业日报》用新闻报道的方式记录了不断走向国际化道路的化学工业及其关联产业的变化历程。

1960年，《化学工业日报》所在的化学工业日报社迈出了国际化的第一步，创办了英文周报《日本化学周刊》（*Japan Chemical Week*），成为日本唯一一份英文版的化学工业专业报纸。除此之外，日本化学工业日报社还积极拓展出版行业，定期发行专业刊物，如每月1日发行的月刊《化学经济》等，同时还出版各种专业书籍。

二、发展现状

日本化学工业日报社总部位于东京中央区日本桥浜町3－16－8号，现任社长是织田岛修（おだじまおさむ）。报社的资本金约3亿3315万日元，从业员工人数约160人（截至2015年4月1日数据）。化学工业日报社的主要股东有住友化学、三井化学、三菱化学、日本化学工业等公司企业及专业商社。[②]

---

① 化学工业日报网站：《化学工业日报社会社案内》，http://www.chemicaldaily.co.jp/corporate/index.html，检索时间：2015年10月31日。

② 化学工业日报网站：《化学工业日报社会社案内》，http://www.chemicaldaily.co.jp/corporate/index.html，检索时间：2015年10月31日。

化学工业日报社主要由四个大的部门组成,具体组织结构如下表所示。

表 2 化学工业日报社部门组织结构

部门	具体部门	职责
编辑总部	编辑室	日常新闻的采编
	化学经济编辑室	针对化学经济相关专业内容的采编
营业总部	广告部	设计广告和企划案
	销售部	承担报纸日常销售
企划事业总部	企划局	报社事业的企划工作
	电子事业推进部	新媒体环境下报社电子业务的拓展
	出版编辑室	化学相关专业书籍的出版发行
管理总部	总务局	负责化学工业日报社日常的事务

在公司分布方面,化学工业日报社除在东京设有总部以外,还在日本西部城市大阪设有分社,在日本重要港口城市名古屋设有分局。在海外,化学工业日报社在中国上海设有分局,并于 2012 年 6 月成立了化日(上海)投资咨询有限公司。化学工业日报社还在新加坡设有分局 The Chemical Daily Pte. Ltd.,主要负责国际版新闻内容,此外,其在泰国曼谷也设有分局。

化学工业日报社现在的业务内容主要涉及报纸、出版以及展会参观三个部分。其中,《化学工业日报》是日报,主要提供化学工业以及相关产业的信息,以化学工业为基础,广泛涉及生命科学电子工程学等领域。为了迎合国际化时代的变化,《化学工业日报》向国内外提供亚洲以及国际相关环境、安全等多样化的最新信息。化学工业日报社出版定期刊物以及各种专业书籍,定期刊物包括《化学商品》《化学工业会社录》等,也会随时发行从入门书籍到食物书籍的各种专业书籍,该社还出版月刊杂志《化学经济》。除此之外,化学工业日报社也会出版英文实物书籍。

图 17 2006 年 10 月 20 日《化学工业报》头版版面

三、报道特点

《化学工业日报》采取普通报纸的篇幅尺寸,每日只发行早刊,周六周日以及假日休刊。《化学工业日报》的版面主要由 12 页构成,特辑等也会随时增加版面。版面主要包括以下几个方面的内容:

综合版面。在保证新闻及时性和准确性下综合发布化学以及关联产业的最新新闻,并以连载企划以及解说新闻的形式传递业界动向和产品开发动向。

化学综合、资源能源版。石油化学及其上流产业石油制造在国际竞争力中占有重要地位,该版以这两个产业为中心,提供石油化学制品的供给、价格动向等信息。

市场情况、商品情报。每日提供从石油化学制品到无机通用制品,再到特殊化学制品的价格、供需以及相关图片。

绿色创新。集中刊载对可持续发展有贡献的新能源领域的素材、零件信息,详细报道节能类材料的动向。

高级材料。网罗有机与无机精细化学制品信息,提供最新研究开发制品和技术动向。

生活创新。以"健康 · 舒适"为主题,提供医药/医疗领域的先端技术、化妆用品/化妆品业界的市场动向、机能性食品/素材等多方面信息。

电子技术。报道电脑、液晶电视等电子制品的相关信息。

高分子加工(周二、周四、周五)。电子技术、机械构造零件、汽车零件以及高分子加工制品的动向。

商社·物流(周一、周三)。提供化学行业商社的活动状况、化学品运输船等化学品物流信息。

机械·工程/行政·环境。提供化学关联品牌的动向,最前端的高科技装置、分析装置、水处理等多领域的动向,以及以化学物质管理为中心的环境行政和以经济产业为中心的行政动向。

中国·亚洲·全球商务。主要报道从新加坡和上海两支局获取的最新信息和以欧美为中心的外资化学企业的最新动向。

企划新闻。以国内外产业动向和业界动向为中心深入挖掘,并加以解说。

四、涉华报道

《化学工业日报》共有十二个版面,其中一个版面为"中国·亚洲·全球商务",该版主要刊载上海和新加坡两个海外支局提供的新闻以及欧美化工企业的相关信息。从版面的分布上可以看出,《化学工业日报》对与中国相关的化学领域报道较为关注,几乎每日的报道都有与中国相关的内容。

化学日报社的新闻网站对中国也十分关注,在化学日报社的新闻网站中输入"中国"检索,可以搜索出约4410条相关信息。经笔者研究分析,这些内容主要由三部分构成:

一是与中国相关的新闻报道,主要涉及经济发展以及与化学领域直接相关的报道,如2015年7月8日的《中国网购市场仍在扩大中》[①]一文,分析了中国的网购市场以及使用支付宝在中国的便捷性,并提出日本产品在中国网购中将很有市场前景;2015年9月2日的《天津事故·暴露中国发展弊病——超过想象的巨大爆炸》[②]一文,该事件涉及化学药品管理等专业问题。《化学工业日报》对天津爆炸事件十分关注,并对该事件进行了专业的分析与报道,文章指出,天津港位于天津新区,海滨高速、唐津高速、津晋高速等多条高速公路经过天津新区,交通的便利使得每天都有大量危险化学品运输车经过,运送车辆每日达到7000辆以上,形成一个巨大的危险化学品运输网,现在以天津为据点的企业,特别是化学企业今后能否安定的生产经营成为最大的问题,该事件是否会对京津冀一体化战略的实施带来不利影响有待观察。

二是出版与中国化学领域相关专业的报告、年鉴、书籍,如《2015年版中国·化学调查报告》,该报告由化学工业日报社与中国化工信息中心合作完成,中国化工信息中心编辑了150余种化学品的市场动向,化学工业日报社根据最新数据编辑的15年版报告分析了中国化学工业的生产状况、制法以及技术、贸易状况、需求供给等多方面的信息。

此外,《每日新闻》还报道与中国化学产业相关的活动、讲座等,如中国法规系列研讨会——"应对中国危险化学品目录实施标准",该研讨会是针对2015年9月2日中国国家安全生产监督管理总局公布的2015年版的危险化学品目录,针对中国危险化学品目录的研究与探讨,邀请中国专家分析中国危险化学品的相关内容。该研讨会是就天津港事件发生之后的最新讯息为基础,提供信息。[③]

2015年,化学工业日报社迎来了上海支局成立第十周年。2015年7月24日,中日两国约300人在上海召开了以"绿色能源·次生代技术与中国市场的展望"为主题的纪念研讨会。日本《化学工业日报》作为化学领域的专业报纸,对中国化学领域以及经济发展的信息内容十分关注,与中国化学领域的合作也十分密切。

---

① 化学日报社官网:「拡大止まぬ中国のネット通販市場」(中国网购市场仍在扩大中),2015年7月8日,http://www.kagakukogyonippo.com/headline/2015/07/08－20882.html,检索时间:2015年11月1日。

② 化学日报官网:「天津事故露呈する中国のひずみ〈上〉想像を超えた巨大爆発」,2015年9月2日,http://www.kagakukogyonippo.com/headline/2015/09/02－21657.html,检索时间:2015年11月1日。

③ 化学工业日报社官网:セミナー紹介,http://www.kagakukogyonippo.com/seminar/seminar.html,检索时间:2015年11月6日。

《每日新闻》*The Mainichi Shimbun*

《每日新闻》(日文报名为《毎日新聞》,英文报名为 *The Mainichi Shimbun*)是日本历史最悠久的报纸,也是日本全国性综合类报纸中的发行量排行第三位的报纸,目前该报发行量仅次于《读卖新闻》和《朝日新闻》,拥有较为固定的读者群体,影响力巨大。《每日新闻》有早报和晚报,根据日本报业协会 ABC 的统计数据(2015 年 2 月),早报发行量达到 325 万份,晚报发行量在 95 万份左右。①

一、历史沿革

《每日新闻》创建于日本明治时期的政治中心——东京,该报前身是 1872 年在东京发行的《东京日日新闻》和在大阪发行的《大阪每日新闻》。1872 年 2 月 21 日,开始在东京发行的《东京日日新闻》是日本最早的日报。具有超前意识的记者岸田吟香(きしだぎんこう)、福地樱痴(ふくちげんいちろう)等发起自由论运动,创立了社论栏目,倾向于口语文体的文章,并使用号外版面的形式,形成了《东京日日新闻》的鲜明特色。② 1875 年,《每日新闻》成为世界上首次尝试送报到户的报纸。而《每日新闻》的另一前身——《大阪每日新闻》,是在 1882 年创办的《日本立宪政党报》和 1876 年创办的《大阪日报》关闭之后,于 1888 年以《大阪每日新闻》的名义再度出版发行的报纸。

1911 年,《东京日日新闻》和《大阪每日新闻》合并,两报仍以各自的报刊名称在两地分别发行报纸,就此两家报纸迈出了成为全国性报纸的第一步。创办初期,《大阪每日新闻》和《东京日日新闻》主要以中产阶层读者为目标。③

1922 年,每日新闻社创办了《周末每日》、英文版《每日新闻》,还创办了盲文点字版《每日新闻》,以方便盲人读者阅读。

在第二次世界大战中,分开出版的《东京日日新闻》和《大阪每日新闻》于 1943 年 1 月 1 日正式统一更名为《每日新闻》。“二战”期间,《每日新闻》的战时报道和言论都被置于军国主义政府的严厉控制之下。“二战”结束后,《每日新闻》逐渐恢复言论自由,并开始拓展发行区域。1959 年 5 月 1 日,《每日新闻》开始在北海道札幌发行。

20 世纪 60 年代,《每日新闻》的发行量大增,一度曾与《朝日新闻》不相上下。然而,由于该报记者涉嫌泄露国家机密被逮捕,受此影响,《每日新闻》之后的

图 18 《每日新闻》网站首页

图片引自每日新闻网站:http://www.mainichi.co.jp/index.html,检索时间:2016 年 3 月 22 日。

---

① 日本媒体国书:『新聞崩壊』2015 年 2 月度の新聞のABC 部数、前年同月差で朝日は約 65 万部、読売は63 万部減、毎日はひと月で10 万部減」,2015 年 3 月,http://www.kokusyo.jp/category/%E6%96%B0%E8%81%9E%E3%81%AE%E7%99%BA%E8%A1%8C%E9%83%A8%E6%95%B0/,检索时间:2015 年 6 月 15 日。

② 崔保国:《走进日本大报》,南方日报出版社 2007 年版,第 3 页。

③ 崔保国:《走进日本大报》,南方日报出版社 2007 年版,第 3 页。

发行量大为下降。[①] 20世纪70年代中期,《每日新闻》陷入经营危机。1973年石油危机背景下,各大报纸之间展开价格比拼,《每日新闻》的经营陷入恶性循环之中。为了扭转局面,《每日新闻》采取新旧公司分离、压缩开支等一系列经营策略,及时摆脱了经营困境。

1991年,每日新闻社制定了新的企业理念——尊重和珍爱每一个人并创造一个生机勃勃的时代。该社不仅在1991年开创了新的版面,还于1996年在全国报纸中开创所有版面文章署名的先河。2007年,每日新闻社创立"地球环境部",以关注环境发展。在互联网不断发展的新时期,《每日新闻》作为日本历史最悠久的传统媒体之一,也在不断探索着适应新时代的报纸经营模式。

二、发展现状

如今,《每日新闻》属于日本每日新闻社株式会社,现任社长为朝比奈丰,公司员工约2600人,基本资金41亿5000万日元。该公司主要从事报纸、杂志和书籍的出版发行,媒体事业、体育和文化活动的企划以及其他各种文化事业。2011年4月1日,每日新闻社与控股公司体育日本新闻社(スポーツニッポン)共同设立"每日·体育日本持股株式会社"(每日·スポニチ持株移行株式会社),两家新闻社成为下属子公司。2011年6月24日,公司更名为"株式会社每日新闻集团"(株式会社毎日新聞グループホールディングス)。由此,日本历史最悠久的综合报纸《每日新闻》与代表日本体育综合娱乐新闻的《体育日本》开始在内容上互相合作,成为更符合新时代的综合媒体企业。

图19 《每日新闻》头版

目前,《每日新闻》采用对开版面的大报,每天发行早报和晚报。早报一般四十几个版,晚报一般二十几个版。每日新闻社在全国设有99个总支局以及268个通信部,以保证对国内新闻的取材。每日新闻社在海外设有欧洲总局(伦敦)、中国总局(北京)、亚洲总局(曼谷)、北美总局(华盛顿),另外在罗马、开罗、上海等十九个城市设有海外支局,在多伦多派有通信员。这些总支局以及通信员为每日新闻社搭起了海外采访网,负责为《每日新闻》提供国际新闻。

除此之外,每日新闻社还发行《每日新闻》(英文版)、《经济学家》杂志、《日本统计年鉴》以及《每日中学生新闻》等10多种刊物及书籍,还拥有每日画报社、每日新闻东京社会事业团、大阪高速印刷和富民协会等企业和社团法人。

三、报道特点

《每日新闻》秉承独立于一切权势的作风,坚持不偏不倚的报道,强调为建立自由和民主的社会做贡献的编辑方针,以所有阶层的读者为对象,通过健全的、不违背个人良知的社论和报道,为建立人道主义社会作贡献,并保证在一切领域进行均衡的采访,对世界充分关注,为建立一个和平的社会作贡献。[②]

《每日新闻》坚持贴近读者。文章署名制是《每日新闻》的一大特点,方便读者关注记者文章。《记者之眼》是《每日新闻》最受欢迎的栏目之一,该栏目将复杂的社会新闻变得简明扼要、贴近生活。在日本的"新闻协会

① 刘林利:《日本大众媒体中的中国形象》,中国传媒大学出版社2007年版,第169页。

② 崔保国:《走进日本大报》,南方日报出版社2007年版,第7页。

大奖”评比中,《每日新闻》多次获奖。1922 年 5 月 11 日,《每日新闻》为盲人读者创立了第一份残疾人报纸——《点字每日》。这份报纸已经发行了八十余年,每日新闻社也因此成为全国第一家为盲人设立点字版的报,[①]体现了其对不同读者群体的关照。同时,该报也一向以文字清新、版面新颖著称。

在报道内容上,《每日新闻》信奉言论自由,坚持客观的报道立场。《每日新闻》的言论开放和民主氛围在日本报纸中是很著名的。日本报纸往往对于一些有争议的敏感问题有各自不同的报道立场,而《每日新闻》则趋向于中立和稳健。此外,《每日新闻》还关注“绿色新闻”,关怀人类生存环境。报纸非常重视环境问题报道,是绿色新闻的倡导者。

每日新闻社的企业文化比较鲜明,尊重人性,最大的特点是“论争与共鸣的平台,用浅显的语言报道复杂的新闻,内容紧密贴近生活”。每日新闻社对年轻人不读报现象十分苦恼,试图通过一系列方式把年轻人拉入中期计划之中,通过改变报纸的内容等途径,争取更多年轻读者参与到报纸的阅读中来。[②]

图 20 《每日新闻》“News Bottle”

从 2013 年开始,每日新闻社意识到读报纸的年轻人越来越少。为了推动更多的年轻人读报,每日新闻社从 2013 年夏天开始推出“News Bottle”计划,将报纸与矿泉水结合在一起,用新闻报道作为瓶装水包装。由于包装上印有报纸广告,使得每瓶水的价格由 120 日元下降到 58 日元,年轻人为主要消费群体。另外,矿泉水瓶身上还印有二维码,消费者可以通过扫描二维码,在手机端读到《每日新闻》的最新内容,这为人们阅读报纸带来新体验。“News Bottle”还推出募捐瓶,将慈善项目分为几个不同的主题,人们更愿意购买,利润也会捐给相应的慈善组织。募捐瓶装水也成为一些政府活动的官方指定水,印有 Mainichi(每日新闻)标志的“News Bottle”为《每日新闻》在社会上扩大了知名度,也推动了年轻人对报纸的关注与阅读。

四、涉华报道

《每日新闻》非常重视对中国的报道,其在北京设有一个海外总局,并在上海、香港、台北设有办事处。其中,香港办事处是《每日新闻》在中国最早设立的办事处。这些办事机构的派驻记者们广泛在各地收集新闻,及时给《每日新闻》总社提供最新消息。

日本学者山本贤二(やまもとけんじ)教授把日本对中国的言论分为强硬派和稳健派两种。《每日新闻》和《朝日新闻》趋向于稳健派,而《读卖新闻》和《产经新闻》则趋向于强硬派。[③]

目前,每日新闻社驻中国总局局长为西冈省二(にしおか・しょうじ)。他于 1991 年加入每日新闻社,2005 年到 2010 年间担任北京特派员,负责对韩国局势的新闻取材。从 2013 年 4 月开始,西冈省二开始担任中国总局的局长。另外,每日新闻社北京总局还有三名日本驻北京特派员,特派员石原圣(いしはらせい)1996 年加入每日新闻社,从 2013 年 4 月开始派驻北京,主要以北京为据点负责在中国各地进行取材;特派员井出晋平(いでしんぺい)1998 年进入每日新闻社,从 2012 年 4 月开始派驻北京,主要负责中国经济的相关报道;特派员工藤哲(くどうあきら)1999 年加入每日新闻社,从 2011 年 4 月开始派驻北京,主要负责采访抗日游行以及“十八大”等内容。

---

① 崔保国:《走进日本大报》,南方日报出版社 2007 年版,第 22 页。
② 崔保国:《走进日本大报》,南方日报出版社 2007 年版,第 13 页。
③ 崔保国:《走进日本大报》,南方日报出版社 2007 年版,第 19 页。

《每日新闻》的涉华报道主要有日常新闻和“特辑·连载”两种类型。在每日新闻网的国际栏中可以搜索到《每日新闻》对中国新闻的最新报道，内容涉及中国的政治、经济、文化、军事、突发事件、中日历史等各个方面。在数量上，每天的报道大概有5条左右。新闻报道主要来自于每日新闻社驻中国总局以及各办事处，个别最新消息援引自共同社。《每日新闻》对中国的日常报道方面，负面新闻较多，主要以客观陈述的方式为主。例如：《中国军队干部不正最高贪污4000亿日元以上》（中国：軍元幹部の不正過去最高の4000億円以上か）①、《中国：抗日战胜纪念活动强要韩国总统出席》（中国：抗日戦勝記念行事朴大統領の出席要請強める）②。从文章内容上来看主要涉及贪污和中日历史，从标题来看，“不正”“强要”都是负面词汇，文章中也会援引一些中国媒体（如《环球时报》等）的内容。在历史问题上，《每日新闻》主要以反对战争为主，在中日历史问题上的报道比较客观公正。例如：《村上·元首相：批评战后七十年谈话“应更坦率、诚实”》（村山·元首相：戦後70年談話批判「もっと率直、素直に」）③。文章通过对前日本首相村上谈话的转述，显示了对安倍战后七十年谈话的态度。《每日新闻》在历史问题上的报道一直比较客观中立，也希望安倍政府能直面历史，积极推动日本的亚洲外交。

图21 每日新闻社中国总局局长西冈省二

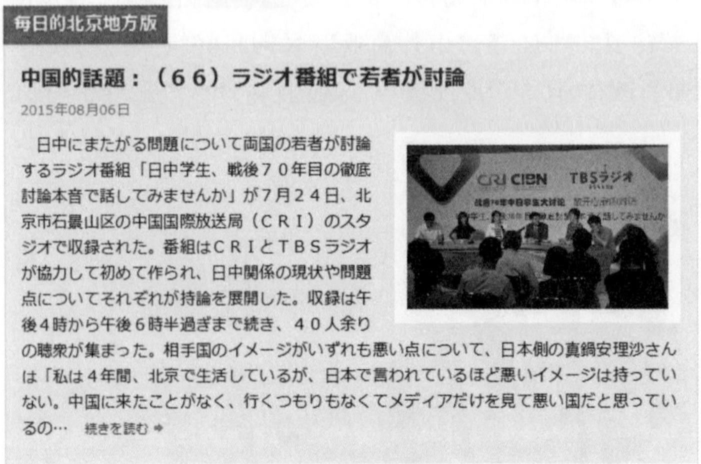

每日的北京地方版

中国的話題：（66）ラジオ番組で若者が討論

2015年08月06日

日中にまたがる問題について両国の若者が討論するラジオ番組「日中学生、戦後70年目の徹底討論本音で話してみませんか」が7月24日、北京市石景山区の中国国際放送局（CRI）のスタジオで収録された。番組はCRIとTBSラジオが協力して初めて作られ、日中関係の現状や問題点についてそれぞれが持論を展開した。収録は午後4時から午後6時半過ぎまで続き、40人余りの聴衆が集まった。相手国のイメージがいずれも悪い点について、日本側の真鍋安理沙さんは「私は4年間、北京で生活しているが、日本で言われているほど悪いイメージは持っていない。中国に来たことがなく、行くつもりもなくてメディアだけを見て悪い国だと思っているの… 続きを読む ➡

图22 《每日新闻》每日的北京地方版中国的话题专栏

在“特辑·连载”方面，每日新闻网专门设有“每日的北京地方版”专门刊登北京总局发来的特别报道。“每日的北京地方版”分为“中国的话题”“乙级事件簿”“建国门东北角”“特点话题”“北京的风景”“北朝鲜的风景”六个栏目。中国的话题专栏主要介绍中日两国民众在中国的交流，该专栏从2014年2月19日开始，第一篇专栏为《兰州观光向导：苟世蛟先生》（蘭州の観光ガイド苟世蛟さん④），介绍了兰州和敦煌受中日关系影响日本游客人数下降的现状，文章还呼吁更多的日本朋友前往兰州、敦煌感受中国文化魅力。该专栏目前已经收录了一批文章，内容涉及中国文化的方面面面，特别突出中日两国文化交流以及中日两国友好活动的相关报道，内容都比较正面、积极。热点话题专栏则介绍了很多中国存在的问题，包括空气污染、留守儿童等，有正面新闻也有负面新闻，多以客观陈述为主。每日的北京地方版还设有“北京的风景”专栏，从2014年1月23日开始，主要介绍北京街头巷尾的生活，例如北京的冰糖葫芦、路上的自行车修理店、天安门广场等。该专栏从驻外特派员的视角出发，描述了中日两国生活中的差异。总体上，《每日新闻》对中国的报道有正面也有负面，中性报道多，相对来讲较为客观。

---

① 日本每日新闻网：軍元幹部の不正過去最高の4000億円以上か，2015年8月11日，http://mainichi.jp/select/news/20150811k0000m030108000c.html，检索时间：2015年8月12日。

② 日本每日新闻网：抗日戦勝記念行事朴大統領の出席要請強める，2015年8月11日，http://mainichi.jp/select/news/20150811k0000m030086000c.html，检索时间：2015－8－12。

③ 日本每日新闻网：村山·元首相：戦後70年談話批判「もっと率直、素直に」，2015年8月15日，检索自：http://mainichi.jp/select/news/20150816k0000m030071000c.html，检索时间：2015年8月15日。

④ 日本每日新闻网：蘭州の観光ガイド苟世蛟さん，2014年2月19日，http://mainichi.jp/feature/news/20140219mog00m070002000c.html，检索时间：2015年8月12日。

《日本经济新闻》*The NIKKEI*

《日本经济新闻》(*The NIKKEI*,报纸全名为 *The Nihon Keizai Shimbun*)是日本发行量最大的五大报纸之一。该报在日本拥有相当强的影响力,其报道和分析文章为日本政府看重,经常作为制定政策的参考。企业界则将《日本经济新闻》作为必读刊物之一,是日本人上班时间可以在办公室看的唯一一份报纸。[①]《日本经济新闻》隶属于日本经济新闻社。从世界范围来看,该社发布的日经指数是各国研究日本经济必须参考的指数。2015 年,日本经济新闻集团在受众人数上成为全球最大的财经类媒体。[②]

一、历史沿革

《日本经济新闻》的前身是 1876 年 12 月 2 日创刊的《中外物价新报》(*Chugai Bukka Shimpo*)。该刊创立之初是一份 4 版的周报,主要报道日本国内大米、食盐行情及交易状况。1885 年,《中外物价新报》改为每日发行。1889 年,报纸更名为《中外商业新报》,报道内容也不再局限于商品物价及贸易概况,而是拓展到了日本的政治、经济、社会等方方面面,报纸开始向综合性报纸转型。1924 年,《中外商业新报》开始发行晚报。到了 1942 年,《中外商业新报》合并《日刊工业》和《经济时事》,改称《日本产业经济》。1946 年,《日本产业经济》正式改名为《日本经济新闻》。

图 23 历版《日本经济新闻》

图片引自日本经济新闻社网站:http://www.nikkei.co.jp/nikkeiinfo/en/about/,检索时间:2015 年 12 月 20 日。

在 1889 年时为《中外商业新报》的创刊头版上,时任社长的木村清四郎发表了一篇以反对极端言论和通过报道促进实业繁荣为主旨的社论文章。在此基础上,《日本经济新闻》发展出了“中正公平的报道方针,继续推动日本发展以经济建设为中心的和平发展的民主道路”的社训。

① 于明山:《权威性不是说出来的》,《新闻传播》2009 年第 5 期。

② 日经中文网:《日经收购英国〈金融时报〉》,2015 年 7 月 24 日,http://cn.nikkei.com/industry/management－strategy/15378－20150724.html,检索时间:2015 年 9 月 22 日。

在与日本其他各报的竞争当中,《日本经济新闻》逐渐形成了以财经报道为主,偏重企业经营信息的风格,并于1975年开始发布日经平均股价,逐渐发展成为日本发行量最大的五家报纸之一。这五家报纸分别是《读卖新闻》《朝日新闻》《每日新闻》《日本经济新闻》和《产经新闻》。

二、发展现状

目前,《日本经济新闻》是全球发行量最大的经济日报。2014年,其纸质版订户为273万,电子版订户为43万,总计用户达到了316万。[①] 近年来,该报的发展主要着力于两个方向:一是全球化,二是数字化。

图 24 《日本经济新闻》推出手机应用 Niid

在全球化方面,《日本经济新闻》有遍布全球的36个记者站,在海外工作的日本记者和当地工作人员人数达230人,居日本各媒体的首位。日本经济新闻社也在不断扩展国际化业务。2013年秋季,日本经济新闻社创立了英文杂志《日经亚洲评论》(*Nikkei Asian Review*),内容以亚洲财经为主。2014年春季,日本经济新闻社在曼谷开设了"亚洲编辑总局"。2015年7月24日,该社更是以8.44亿英镑的价格收购了英国培生集团旗下的《金融时报》(*Financial Times*),迈出了国际化战略的一大步。两报电子版的付费读者人数合计跃居世界第一,达93万,超过美国《纽约时报》91万的付费读者人数。同时,报纸发行量将达到《华尔街日报》(146万份)的2倍以上。在并购完成后召开的记者招待会上,日本经济新闻社的最高领导层称并购的目的在于将《日本经济新闻》全球化和数字化。《金融时报》全球50个办公室中超过500位采编人员(包括中文网驻北京、上海、伦敦、香港等地的30位编辑)也归入了日本经济新闻社麾下。[②]

在数字化方面,2010年,《日本经济新闻》电子版上线(www.nikei.com),并推出了电子版收费服务,只订购电子版每月费用为4000日元。2014年4月,该报发布了手机应用Niid,对时下经济界最为关心的话题进行数据整合和深度分析报道。可以说,在《日本经济新闻》和《金融时报》完成并购后,数字化新闻服务整合将会得到进一步推动。

三、报道特点

《日本经济新闻》区别于日本其他报纸的最大特点就是注重数据,该报的分析和报道为经济界所看重的最大原因也是因为其数据翔实。其中,最有代表性的就是日本经济新闻社发布的日经指数(Nikkei Index),该指数是世界判断日本经济情况的权威指标,其包括两个方面:一是日经225种平均股价指数,从1950年9月开始编制;二是日经500种平均股价指数,从1982年1月开始编制。这两种指数涉及日本各主要行业500多家上市公司方方面面的数据。

《日本经济新闻》日文版每日发布的消息中,各国的主要经济指数、日本政府发布的经济指标、日经研究所的调查报告等占了重要的篇幅。而日经中文网每天发布的20条新闻中就有一半新闻是配发数据的。

日经还将其各类媒体发布的所有数据综合分析,提供专门的数据服务,通过Nikkei Needs数据网站(www.

---

① 日经中文网:《日经收购英国〈金融时报〉》,2015年7月24日,http://cn.nikkei.com/industry/management－strategy/15378－20150724.html,检索时间:2015年9月22日。

② 日经中文网:《日经收购英国〈金融时报〉》,2015年7月24日,http://cn.nikkei.com/industry/management－strategy/15378－20150724.html,检索时间:2015年9月22日。

nikkeieu.com/needs/)发布。该网站是日本最知名的数据库，在该数据库不仅可以检索到日本和世界主要的经济指标，还有日本的企业数据，所有超市、便利店的销售额以及粮油等主要商品的价格变动、日本各地区的经济指标变化等。

四、涉华报道

《日本经济新闻》非常重视中国，于1960年在香港开设了记者站，并早在中日两国邦交实现正常化之前的1964年就在北京设立了记者站，是日本首家在中国大陆开设记者站的媒体。此后，《日本经济新闻》先后于1986年在上海、1998年在广州和台北、2004年在重庆、2010年在大连开设了记者站。其中，自1964年以来，《日本经济新闻》一直在北京设有记者站，而且北京记者站也一直是其驻华总站。《日本经济新闻》及其电子版发布的国际新闻当中有一半左右是和中国相关的内容，平均每天均在10条以上，包含关键词“北京”的内容年均在2000条以上。

2012年3月，《日本经济新闻》又在日本五大报社中率先开设了中文新闻网站——日经中文网(cn.nikkei.com)，并在中国成立了日经创意(北京)广告有限公司负责该网站的运行。现在，日经中文网每天发布20多条中文报道，分为日经精选、中国、政经观察、产业聚焦、新产品、穿梭日本、专栏/观点、职场/深造等版块，内容多数涉及中国的经济和社会状况。

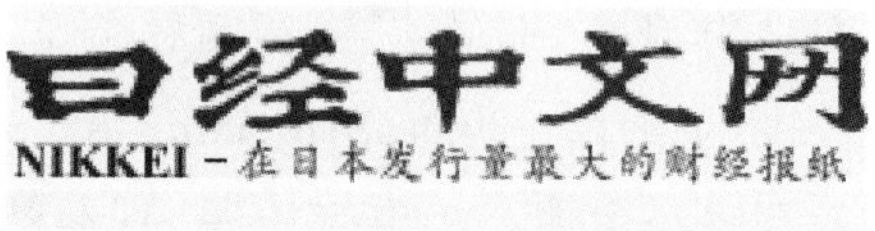

图25 日经中文网

“日经精选”版块刊登每日的重要新闻及近期经济界的专题，如2015年中国为庆祝抗战胜利70周年进行的阅兵、安倍同年9月或将访华等。“中国”版块主要是介绍中国的经济政策和经济数据的变化，如“央行”发布的存款利率、中国的外汇贮备、“世行”对中国经济增长的预测、进出口总额的变化等。“政经观察”版块偏重国际关系和中国国内政治动向，如习近平访美、安倍访华、中印关系，还关注中国国内的新的养老政策、房价走向等。“产业聚焦”版动报道中日两国大型企业的状况和重要大宗商品的价格变动，如“小米”挺进印度市场、优衣库在华投资计划、原油价格的变化等。“新产品”版块介绍的是日本企业开发的技术或者是比较有趣的新产品，如“软银”发布的类人机器人、“松下”开发的智能住宅、日企开发的可以泡在浴缸内的音箱等；“穿梭日本”版块是图片新闻，每日更新一条，介绍日本的一些独特有趣的景观，如日本的祭、赏樱花等。“专栏/观点”版块刊登的是《日本经济新闻》邀请的专栏作家的文章及《日本经济新闻》的社论文章。“职场/深造”版块刊登的是就业和职业培训方面的内容。如日本大学生的就业率、日企的职业培训等。这八个版块中，日经精选、中国、政经观察、产业聚焦和穿梭日本是每日都会更新的，其他版块不定期更新。

虽然大国内学者近来认为日本政府通过新闻源头封锁、记者俱乐部制度等加大了对新闻媒体的控制，但在报道取向方面相对其他日本媒体，身为财经媒体的《日本经济新闻》的报道口径相对中立，这一点主要反映在《日本经济新闻》刊登的评论员文章和社论上。以2015年安倍发布的“战争讲话”为例，8月15日当天《日本经济新闻》日文版和《日本经济新闻》中文版同步刊登了评论员文章，分别为《东大名誉教授御厨贵：安倍谈话“道歉”主语不明》，认为安倍讲话模糊道歉主语，没有说明日本发动战争到底对谁造成了伤害，具体该向哪些群体道歉；另一篇文章《小熊英二：战争并非发生在另一个世界》则提醒普通的日本国民反省自己是否对发动战争也负有责任。此外，日经中文网还独家刊登了《抗战胜利70周年重新思考历史观》一文，文中强调应客观看待历史，不忘历史的教训。

《日刊产业新闻》*Japan Metal Bulletin*

《日刊产业新闻》(*Janpan Metal Bulletin*)是由日本产业新闻社创办的钢铁、金属专业报纸,该报自1936年创刊以来已有80年的历史,是了解日本以及世界金属业界动向的日刊发行专业报纸。该报主要以钢铁厂商、非铁类金属制造商、钢铁零售业者、投资家、政府机构等为读者,提供丰富的金属业界信息咨询,是了解钢铁、金属业界不可忽视的报纸资源。

一、历史沿革

《日刊产业新闻》的前身是创刊于1936年2月26日的《钢铁金物新闻》,该报开启了日本专业报纸的先河。1937年,《钢铁金物新闻》改名为《钢铁新闻》,公司也变更为钢铁新闻社。1941年5月,受日本“二战”时新闻统治令影响,《钢铁新闻》被日本工业新闻社(也就是现在的产业新闻社)合并后暂时停刊,直到1947年11月才发行复刊后的第一期。

1948年11月,日本工业新闻社正式将公司名变更为产业新闻社,报纸的报头也由《钢铁新闻》变更为《产业新闻》。从1949年到1951年,产业新闻社发行了一系列专业速报,包括《日刊金属特报》《日刊油脂特报》《日刊纤维新报》《日刊化学特报》等。1953年3月,产业新闻社创办了英文版报纸 *Japan Metal Bulletin*,面向国外提供金属行业资讯。1958年6月,产业新闻社在专业报纸界内首次使用轮转印刷机,提升了报纸印刷的速度和数量。1968年3月,产业新闻社成立了专业报纸界内最早的海外分局——纽约分局。1984年2月,产业新闻社首次用文字处理机录入新闻。1997年9月,产业新闻社开始发展网络业务。2010年8月,产业新闻社开始配送 iPhone 版新闻。2011年3月,产业新闻社开始发行面向海外的电子新闻。2012年4月,产业新闻社在上海设立分局,负责收集中国金属产业的相关新闻。[①] 产业新闻社作为一家专业类新闻报纸,在发展的过程中十分重视技术上的革新,多次开创专业类报纸先河。

二、发展现状

《日刊产业新闻》是产业新闻社刊发的日刊金属专业报纸,产业新闻社现任社长为山村俊郎(やっむらとしろう),公司资本金约为5380万日元。产业新闻社在东京和大阪都设有总部,在名古屋以及广岛设有分社,还设有北海道、福冈、东北以及北信越支局,在海外设有上海分局。产业新闻社现公司员工约100人。此外,关西经济联合会、大阪商工会议所、关东・关西・九州各地区新闻输送联盟都是产业新闻社的加盟团体。[②]

产业新闻社的业务内容主要涉及五个方面:

(1)报纸发行,如大版12页日刊《产业新闻》的发行。

(2)媒体事业。早间信息服务,提供国际非铁类金属市场情况,向道琼斯等提供情报,向阪和兴业等网站提供情报以及网页的制作、数据销售事业等。

(3)出版事业(定期出版物)。《钢铁重量便览》《非铁小辞典》《变化的钢铁业》等。

(4)出版物制作。报纸制作・印刷、社史・公司导览・营业用小册子等的制作。

(5)活动业务。举办钢铁国际大赛(由新日铁住金等公司赞助)以及各种会议的召开。

---

① 日刊产业新闻官网:《産業新聞社の沿革》,http://www.japanmetal.com/company,检索时间:2015年11月5日。

② 日刊产业新闻官网:《産業新聞社の概要》,http://www.japanmetal.com/company,检索时间:2015年11月5日。

三、报道特点

《日刊产业新闻》的报道主要由四个方面的内容构成：一是世界钢铁业界动向，介绍钢铁业、铁骨、建材、机动车、钢材需求产业等多领域的最新动向，也对海外信息进行汇总报道，特别是对以中国为中心亚洲地区的钢铁报道内容十分充实。二是提供钢材价格，对于商业和投资行业的人士，《日刊产业新闻》提供的钢材价格是获知业界动向和趋势的重要指标，可以更深入了解业界发展。三是提供非金属相关信息，该报对于非金属的关联信息内容具有很高的信用度，对公共机关非金属投标也有所帮助。四是提供非铁金属信息，该报也是非铁金属界最专业的报纸，提供铜、铅、亚铅等各类金属的全球动向，以及日本国内相关制品、原料等关联产业的最新动向。

《日刊产业新闻》的版面主要由 12 页构成，周末以及假日休刊。该报版面的内容周一到周五每天都会有内容上的变化，版面主要包括以下内容：

1 至 3 版：提供钢铁业界综合新闻内容。

4 版：周一至周五分别提供特殊钢/不锈绸缎钢、电炉/废金属/技术/环境、海外信息/美国金属市场报告、钢板/二三次制品/需求产业、钢管/建材/线材/二三次制品等内容。

5 版：周一和周四、周二和周五、周三分别提供中日本网络、西日本网络、北日本网络的金属相关内容。

6 版：提供钢铁关联的数据以及资料期待商品。

7 版：提供钢铁商业情况。

8 版：提供钢铁市场行情。

9 版：提供海外非铁类金属行情交易动向。

10 版：介绍国内非铁类金属商业情况及市场交易行情。

11 至 12 版：提供非铁业界综合信息。

産業新聞
Japan Metal Bulletin
中山金属の事業買収
非鉄販売の体制強化
長契、一部除き据置き

图 26　2015 年 10 月 1 日《日刊产业新闻》头版

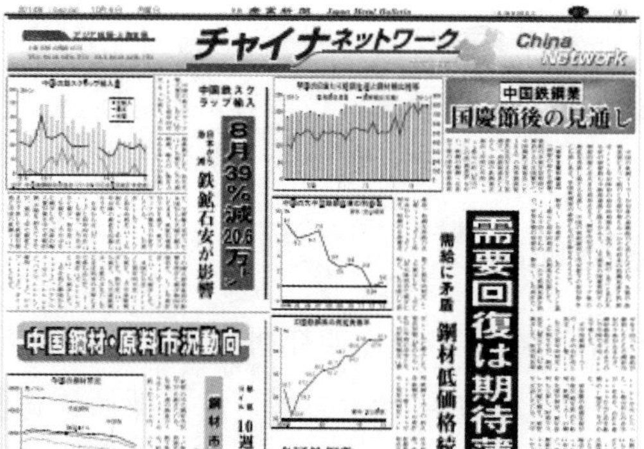
チャイナネットワーク
China Network
中国鉄鋼業
国慶節後の見通し
需要回復は期待薄
需給に矛盾 鋼材低価格続く
中国鋼材・原料市況動向
8月39%減
鋼材輸出事業拡大
中国金属情報
http://www.ztkk.com

图 27　《日刊产业新闻》地域 · 中国报道

四、涉华报道

中国粗钢年产量占世界粗钢年生产量(16 亿吨)的一半,对国际需求的原料和制品都有很大的影响,《日刊产业新闻》作为金属业专业报纸对中国的钢铁、金属业十分关注。产业新闻社在中国设有亚洲总局——上海支局,以搜集并发布与中国相关的最新钢铁信息。

在版面分布上,《日刊产业新闻》很重视与中国相关的报道,周一的地域报道版面,一整版都是上海分局提供的与中国钢铁、金属行业相关的新闻内容,涉及中国钢铁行业发生的最新的消息,包括钢铁企业、中国钢铁在国际上的出口事宜等各方面内容。

在《日刊产业新闻》的网站上也可以看到《亚洲金属》专栏,该专栏主要以中国钢铁、金属行业报道为主,也涉及亚洲其他国家的部分报道。在新闻检索栏中以"中国"为关键字,可搜索到约 3420 条相关信息,以钢铁、金属领域的最新信息为主,如《中国不锈钢产业大会供给过剩转向扩大出口,2020 年粗钢生产将超过 2500 万吨》①,文章主要报道了中国不锈钢产业大会上所传达的信息与内容,指出中国不锈钢产业在今后发展中可能将进一步扩大钢材出口,也有可能在海外设立制铁所。

此外还有特辑类的报道,比如中国制铁所系列报道分别对宝钢集团的湛江制铁所、武汉钢铁的防城港制铁所、吴刚集团的广西盛隆冶金三家钢铁厂进行了系列报道②,介绍了三家钢铁厂的基本情况、发展、面临的问题以及未来发展趋势等内容。《日刊产业新闻》对中国钢铁行业十分关注,发布的相关信息在日本在具有权威性。

《西日本新闻》*Nishinippon Shinbun*

西日本新聞

《西日本新闻》(原文报名:《西日本新聞》,英文名为 *Nishinippon Shinbun*)是株式会社西日本新闻社在日本发行的日文报纸,是日本九州地区的唯一跨区域发行的地方报纸,其发行区域主要集中在日本九州、山口一带,并且是日本福冈县唯一的县报,也是日本三大地域性报纸之一,在日本九州地区有很大的影响力。

一、历史沿革

《西日本新闻》从创办到今天已经走过了百年历程,其前身是创办于 1877 年的《筑紫新闻》,主要为了报导西南战争的状况,战争结束后停止出版。1878 年,创办《筑紫新闻》的藤井孙次郎(ふじいまごじろう)创办了《觉醒日报》,后改名为《筑紫新报》。1880 年 4 月 17 日,《筑紫新闻》成立新的公司设立福冈县第一份日报《福冈日日新闻》。1887 年,《福陵新报》创刊,成为《福冈日日新闻》竞争对手。1907 年《福冈日日新闻》开始走跨区域的发展之路,先后在佐贺县内创办《佐贺日日新闻》,在熊本县内创办《熊本日日新闻》《佐世保日日新闻》。1911

---

① 日刊产业新闻官网:「中国ステンレス産業大会、供給過剰で輸出拡大へ粗鋼 20 年には2500 万トン超」(中国不锈钢产业大会供给过剩转向扩大出口 2020 年粗钢生产将超过 2500 万吨),2015－11－5,http://www.japanmetal.com/news－a2015110562413.html,检索时间:2015 年 11 月 6 日。

② 日刊产业新闻官网:「中国製鉄所ルポ宝鋼集団・湛江製鉄所(上)技術コスト世界最高の競争力」(中国制铁所报道宝钢集团・湛江制铁所(上)技术成本世界最高竞争力),2013－8－9,http://www.japanmetal.com/news－to2013081938849.html,检索时间:2015 年 11 月 6 日;「中国製鉄所ルポ(中)武漢鋼鉄・防城港製鉄所進ちょく遅れも冷延着工」(中国制铁所报道武汉钢铁・防城港制铁所(中)),2013 年 8 月 21 日,http://www.japanmetal.com/news－to2013082138949.html,检索时间:2015 年 11 月 6 日;「中国製鉄所ルポ(下)呉鋼集団・広西盛隆冶金鉄鋼能力過剰抜本的改革案地方で調整難航」(中国制铁所报道吴刚集团・广西盛隆冶金钢铁产能过剩改革案地方调整进展不顺),2013 年 8 月 21 日,http://www.japanmetal.com/news－to2013082138952.html,检索时间:2015 年 11 月 6 日。

年10月24日,《福冈日日新闻》发行量突破一万份,主编菊竹六皷(きくたけろっこ)在日本"五·一五事件"①中大胆抨击了日本军国主义,在日本报业评论史上具有很大的影响力,直至今日,《西日本新闻》的员工也仍然以"菊竹精神"②为纲领从事着新闻报道。

1942年,日本出台"一县一报"的政策,从8月15日起,《福冈日日新闻》与《九州日报》合并为《西日本新闻》,其报名一直延续至今。1950年,《西日本新闻》《中日本新闻》《北海道新闻》三家跨地方区域报纸开始合作,新闻报道相互借鉴,海外取材相互补充,并且共同举办很多交流活动。自《筑紫新闻》1878年创刊以来,经过了一次次的合并,经历了138年的发展历程,成为《西日本新闻》。一直以来,《西日本新闻》都将"与地区同进步,站在地区的最前沿"作为发展理念。

二、发展现状

《西日本新闻》现资本金为3.6亿日元,现任社长是川崎隆生(かわきたかお)。《西日本新闻》现朝刊日发行量达70.439万份,晚刊日发行量为8.404万份(2015年2月日本ABC协会③数据),在日本九州地区发行量位居第一。全球化时代,《西日本新闻》也在不断适应与发展。

《西日本新闻》现总部位于福冈县福冈市,在东京、大阪、北九州设有分社,在福冈县、佐贺县、长崎县、熊本县、大分县、鹿儿岛县、宫崎县、山口县等设有总局、分局、记者站。在国际新闻采访方面,《西日本新闻》也派遣了大量记者到世界上重要的国家及地区,在并华盛顿、巴黎、北京、台北、首尔、曼谷等地设立了海外分局。《西日本新闻》还与许多国际知名的新闻机构签订了交换重要新闻的协议,合作对象包括新华社、美联社、路透社、德新社、塔斯社、合众社等,与中国的人民日报社也保持着密切的联系。④ 作为日本九州地区的跨区域地方大报,《西日本新闻》既努力报道地区新闻,又不断在国际新闻报道中有所突破。

图28 西日本新闻社本社大楼

三、报道特点

与日本的五大报纸不同,《西日本新闻》最大的特点在于具有一定的"地方视野"。一方面,《西日本新闻》在全国拥有强大的采访网络,另一方面,其在地方上也能得到的最大的支持。而且,地方报纸的优势在于能够结合中央和地方的不同状况进行独家报道。

如今,报业面对着多媒体的挑战,西日本新闻社确立了"《西日本新闻》走在我们九州地域的最前沿"的企业理念,突出对九州地区新闻的报道。在多媒体时代,西日本新闻社坚信媒体的核心仍然是内容,《西日本新闻》媒体开发局进行了电子媒介调查研究,不断充实《西日本新闻》的网站主页。

另一方面,《西日本新闻》在运营方式上采取立体化的发展战略。《西日本新闻》隶属于西日本新闻社,西日本新闻社作为一个新闻集团,拥有西日本电视、西日本新闻印刷、西日本新闻会馆、福冈国际大厦、西日本家庭乐园、西日本新闻广告社、西日本生命新闻社、西日本新闻中心、西日本新闻旅行社、西日本新闻展会服务、西日

① 五一五事件:1932年5月15日在日本发生的叛乱事件,日本帝国海军青年将校们子在武装后闯入总理大臣官邸,杀害了当时内阁总理大臣犬养毅。

② 菊竹精神,指主编菊竹六皷在当时不畏强权大胆报道的精神,在报道中要坚持自由独立。

③ 日本ABC协会,全称为Audit Bureau of Cirvulation,是日本一个专业第三方机构,负责调查报纸发行数量。引自日本媒体国书,2015,http://www.kokusyo.jp/category/%E6%96%B0%E8%81%9E%E3%81%AE%E7%99%BA%E8%A1%8C%E9%83%A8%E6%95%B0/,检索时间:2015-4-18。

④ 崔保国:《走进日本大报》,南方日报出版社2007年版,第260页。

图 29 《西日本新闻》网站首页

图片引自西日本新闻网站：http：//www.nishinippon.co.jp，检索时间：2016 年 3 月 22 日。

本新闻福冈插页广告中心等多家企业。在文化方面，西日本新闻社拥有西日本妇女文化圈、西日本文化圈北九州教室、西日本文化圈等 10 家企业。目前，以“综合媒体企业”为目标的西日本新闻社，设立了处理数字信息、提供以网络和手机短信等新形式信息服务的数字编辑部，并提供管理和经营报道的数据库等网络相关业务。为提高新闻报道的时效性，西日新闻社构筑了报道自动发送系统①等一系列应用，以适应多媒体时代的发展。

《西日本新闻》的另一大特色是“人权”，其对人权的报道兴起于 1977 稻积谦次郎（ふりがないなづみけんじろう）担任大分总局局长时期，以他为首的记者大力报道了在日本备受歧视部落的状况。此外，《西日本新闻》纲领的第一条就是“遵守言论自由和独立公正报道，尊重事实”，这也是对《西日本新闻》前总编菊竹六皷的尊重，以发扬他在新闻报道中的精神。

四、涉华报道

《西日本新闻》总部设在福冈市，在日本各列岛中，福冈作为日本重要的通商口岸，具有 2000 多年的历史，自古以来这里就是西渡中国大陆的要冲，也是日本与亚洲各国经济文化交流的窗口。发端于广州的海上丝绸之路，其环海东行的第一站便是博多——福冈的前身。② 因此，福冈在中日交往中发挥了重要的作用，而作为日本接受中国文化的窗口，其对中国的报道也显示出多样性的特点，尽管其在报道数量上无法与全国性报道相比，但是其涉华报道的题材比较广泛，视角也与全国性报纸有所不同，突出了中国与西日本地区相关的新闻报道。

图 30 2011 年 4 月 23 日介绍中国市场的魅力与风险

西日本新闻网对国际新闻的报道设有《亚洲 · 世界》专栏，从数量上来看，在西日本新闻网的网站搜索栏中输入关键字“中国”，根据搜索结果可以统计出，其每天对中国的新闻报道有 3 条左右，主要以最新发生在中国的新闻事件为主，经常引用共同社发来的稿件。

在内容方面，《西日本新闻》关于中国的报道涉及中国的政治、经济、外交等多个方面，在涉及中国政治的报道中，其对中国领导人、中国两会等相关内

① 崔保国：《走进日本大报》，南方日报出版社 2007 年版，第 264 页。
② 崔保国：《走进日本大报》，南方日报出版社 2007 年版，第 260 页。

容较为关注，其中有对中国政府在解决“贫富差距”“就业难”等问题的报道，也有对中国新任领导人赞许的报道。此外，该报在涉及中国台湾和香港地区的报道中最注意立场，基本上都是站在局外人的立场上进行报道。在外交方面，中国如今在亚洲地区的经济中扮演着重要的角色，而该报在相关的报道中几乎看不到任何有感情色彩的用词。在经济报道中，该报较为关注中国经济发展与日本之间的联系等。在文化领域的报道中，《西日本新闻》经常有对中国武侠小说的介绍，对中国传到冲绳地区的三弦文化、二胡文化以及中国电视剧的介绍等也常出现在报道当中。综合来看，《西日本新闻》希望将历史上和现在的真实中国传递给大家，这也是其可贵的地方。

《西日本新闻》有关中国报道的稿件也呈现出客观化的特点。消极报道的数量比客观报道少，但是比积极报道多。尽管日本的地方报纸在很多情况下依赖于日本共同通信社的稿件，但是《西日本新闻》在中国北京设有中国总局，有关中国报道的稿件基本上来自于自己的第一线记者。由于九州地区离中国大陆距离近，其对中国的报道跟其他日本地方报纸有明显不同。①

《中日新闻》*Chunichi Shimbun*

《中日新闻》(*Chunichi Shimbun*)是由日本中日新闻社发行的一份地方性报纸，主要面向日本中部地区，包括爱知、岐阜、三重、静冈、长野、滋贺以及福井等中部七县。在日本各大地方报纸中，《中日新闻》的发行量位居首位，紧随全国大报《读卖新闻》《朝日新闻》《每日新闻》《日本经济新闻》之后，在中部地区的发行量更是远远高于全国五大报，《中日新闻》在日本很多地方尤其是中部地区具有很大的影响力。

一、历史沿革

作为主要在日本中部地区发行的地方报纸，《中日新闻》创刊至今已经有一百多年的发展历程。1886年，《无题号》(『無題号』)和《金城消息》(『金城たより』)两份报纸先后在日本创刊。之后，《无题号》发展成为《新爱知》，而《金城消息》则衍变成《名古屋新闻》。1942年，受“二战”时日本“一县一报”新闻管制政策的影响，新爱知新闻社和名古屋新闻社合并，在此基础上创立了中部日本新闻社。随后，《新爱知》和《名古屋新闻》两份报纸也合并发行，并更名为《中部日本新闻》。从1965年1月开始，《中部日本新闻》正式改名为《中日新闻》，并一直沿用至今。1971年9月1日，中部日本新闻社正式将社名变更为中日新闻社。

图31 《中日新闻》将主要发行城市地标都包含在报头设计中

中日新闻社一直对各种媒体业态的发展有所关注。1951年，中部日本新闻社开始拓展广播事业，创办了日本第一家民间广播机构——中部日本放送。除了时事新闻报道之外，中部日本新闻社对体育、娱乐、教育等其他领域的专门报道也很关注。1954年，中部日本新闻社开始发行《中日体育报》。与此同时，中部日本新闻社还非常注重地方业务的拓展。1956年，中部日本新闻社开始

① 刘林利：《日本大众媒体中的中国形象》，中国传媒大学出版社2007年版，第218页。

在东京发行《东京中日新闻》。1967 年,《东京中日新闻》与《东京新闻》合并,并以《东京新闻》的名字一直发行至今。在国内发展的同时,中日新闻社还十分关注在国际上的发展,曾在 1986 年举办“中日友好万里长城接力赛”活动,以积极行动促进中日两国之间的友好关系。

多年以来,《中日新闻》非常重视技术发展,一直紧跟时代变化。《中日新闻》所在的中日新闻社,也逐渐从的地方新闻社发展成为日本中部地区的地方性新闻媒体机构,在整个中部地区有很大的影响力。

二、发展现状

如今,《中日新闻》隶属于株式会社中日新闻社。在日本众多报业集团中,中日新闻社是经济效益最好的报团之一,发行区域主要是日本中部地区。日本中部地区是日本经济发达和人口覆盖较为密集的地区,《中日新闻》在这一地区的发行量占有绝对优势。目前,《中日新闻》朝刊的日发行量已经达到 253 万份左右(2015 年 2 月日本 ABC 协会[①]数据),占中部七县报纸总发行量的 70%,其余 30% 主要被全国四大报和一些地方报纸分享。从这样的发行量分布上,也可以看出《中日新闻》在日本中部地区的巨大影响力。

中日新闻社的现任社长是小出宣昭(こいで のぶあき),曾任东京总社社长,小出宣昭对华态度较为友好。

目前,中日新闻社发行有《中日新闻》《东京新闻》《北陆中日新闻》《日刊县民福井》《中日体育报》和《东京中日体育报》等报纸。除报纸外,该社还出版书籍,从事各类文化活动,经营有中日剧场、中日文化中心等,是一家立体经营的报业集团,在文化和体育事业上都有所发展。

中日新闻社现有四个总社,分别是名古屋总社、东京总社、北陆总社和东海总社,分社有包括大阪分社、岐阜分社和福井分社在内的三个分社,此外还在国内设有 173 个支局,在国外设有 16 个通信处,在伦敦、华盛顿、柏林、北京等主要国际城市都派有驻外记者负责国际新闻的采写和编辑。

图 32 中日新闻总社社址

在新媒体发展方面,《中日新闻》很早就开始着手发展新媒体方面的业务。1986 年中日新闻报社本部进行改组,建立了新媒体委员会,从主持卫星放送、通信网络、建立数据库,到电子配文系统的投入使用,再到国际新闻直接配信服务的发展,《中日新闻》在新媒体发展中紧跟时代,具备“科技办报”的理念,也使得《中日新闻》虽然是一家地方报纸,但其影响力及发展前景在日本报业之中处于领先地位。

三、报道特点

《中日新闻》虽然是一家地方报纸,但也在为打造世界一流报纸而努力。

在新闻报道的内容上,《中日新闻》紧抓地方报纸特色,关注地方新闻事件。《中日新闻》的国际报道也非常有特色,特别是在对海湾战争、日本驻秘鲁使馆被占等世界性事件的报道中,《中日新闻》的记者完成了许多独家新闻。

中日新闻社的海外报道采访采用两种方式进行:一方面,通过东京的通讯社转载新闻;另一方面,直接派遣

---

① 日本 ABC 协会,全称为 Audit Bureau of Cirvulation,是日本一个专业第三方机构,负责调查报纸发行数量。引自日本媒体国书,2015,http://www.kokusyo.jp/category/%E6%96%B0%E8%81%9E%E3%81%AE%E7%99%BA%E8%A1%8C%E9%83%A8%E6%95%B0/,检索时间:2015 年 4 月 18 日。

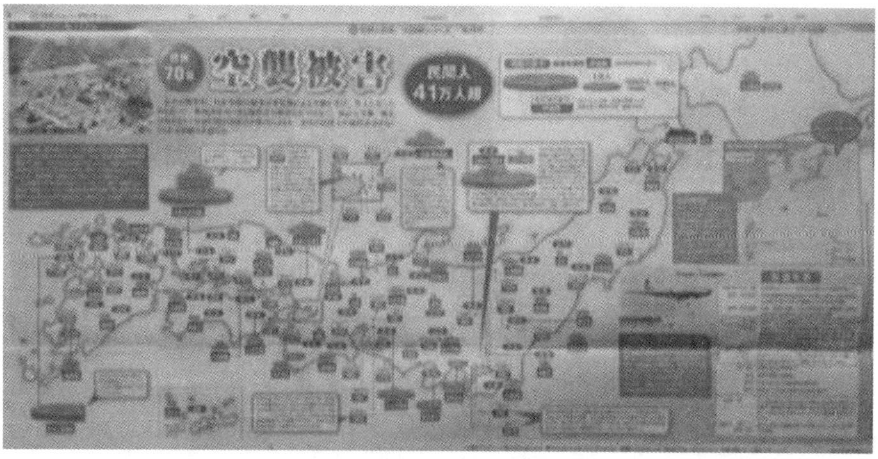

图 33 《战后 70 年空袭被害》(2015 年 8 月 2 日朝刊)

记者驻外独家采访。正是这些独家新闻,挑起了政治新闻报道的“大梁”,看惯了全国大报对国际事件大同小异的报道的读者,能从《中日新闻》中读出个性化的味道。[①]

《中日新闻》在图片新闻的报道上也很有特色,特别是其周日推出的《世界与日本——系列大图解》专栏,利用图片配文字的方式来帮助读者了解国际新闻事件,了解热点事件内容,使新闻的阅读性、资料性、记录性得到了很好的发挥。

四、涉华报道

中日新闻社在言论上与《朝日新闻》的倾向比较相似,报纸主张和平理念。在 2012 年,在时任名古屋市长的河村隆之否认南京大屠杀事件之后,《中日新闻》曾拒绝刊登“支持河村发言”团体的广告,《中日新闻》也因此事件遭到起诉。

长期以来,《中日新闻》与中国、韩国等亚洲国家都保持着良好的关系。中日新闻社曾多次出版与中国相关的书籍,包括《黄河文明展》《南京博物院名宝展》等以中国历史文化为主要内容的书籍,以及《万里长城友好传承》等专门以中日友好为主题的相关书籍。

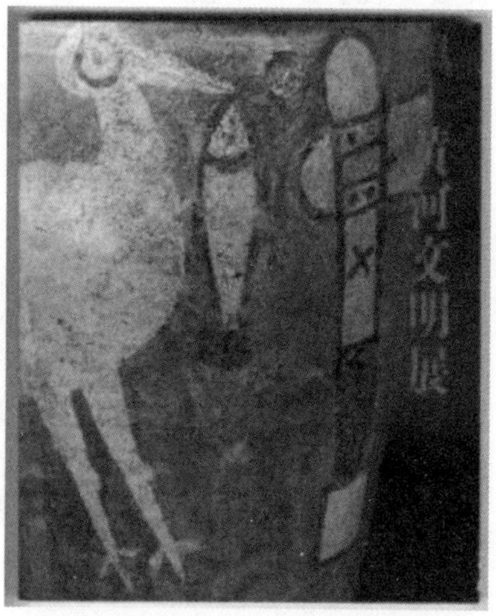

图 34 《黄河文明展》1986 年东京国立博物馆中日新闻社出版

目前,《中日新闻》在北京、上海都设有海外通信处,并派有驻华记者。《中日新闻》虽然是地方报纸,但是很关注对国际新闻的报道。《中日新闻》对中国也比较关注,从报道内容上来看,其报道涉及中国的政治、经济、文化等各个方面,特别是对政治和经济方面的内容较为关注。从报道的形式上来看,主要有消息和社论。消息主要聚焦在中国发生的热点事件,包括重大会议的召开、社会热点事件等,其会持续进行关注;在社论中也有与中国相关的内容,多与政治相关。

从报道数量和报道形式两方面来看,《中日新闻》都比较重视与中国相关的报道,报道内容大部分比较客观,但是也涉及部分负面内容,特别是当提到与政治体制相关的内容时,大多会以疑问的句式展开,评价也较为负面。总体上来看,《中日新闻》在政治领域涉华报道中正面积极的评价较少,但在经济、文化等领域的涉华报道中则以新闻事实为主,客观报道较多。

① 崔保国:《走进日本大报》,南方日报出版社 2007 年版,第 246 页。

朝日电视台 TV Asahi

tv asahi

朝日电视台(テレビ朝日,英文名为 TV Asahi Corporation)是一家日本重要的民营电视台,播出覆盖范围以广域关东地区为主,也涵盖冲绳的大东诸岛地区。作为全日本新闻网(All－Nippon News Network,简称 ANN)下属电视台的总站,朝日电视台的播出内容主要是电视剧、电影、健康栏目和体育赛事。

一、历史沿革

朝日电视台的前身是日本教育电视台。随着日本电视事业的发展,民间电视台如雨后春笋般涌现。1957年,由日本最著名的电影公司东映株式会社提供网络,日本经济新闻社株式会社、旺文社共同参与,株式会社日本教育电视台正式成立。

株式会社日本教育电视台是专门的教育节目电视台,该台获得成立许可的条件就是,电视台 50%的栏目要与教育相关,30%以上的栏目与启蒙教育相关。日本教育电视台的目标是建立一家以营利为目的的教育电视台,但这种尝试随着政府方面和朝日新闻社的介入宣告失败。此后,教育电视台以"为了孩子们的情操教育"为由,播放动画片和外国电影,介绍外国文化知识,并将这一部分内容纳入教育节目和启蒙教育中,对外称呼也从"日本教育电视台"改为"NET 电视台"(NETテレビ),实际上株式会社日本教育电视台形态上逐渐转变为综合电视台。

1973 年 11 月,NET 电视台与同为教育电视台的"东京第 12 频道"(东京 12チャンネル,即现在的东京电视台)一起,以严重经营不善为由,取得了综合电视台的执照,以"综合电视台 NET"(総合局 NET)为名继续播出。1977 年 4 月 1 日,NET 电视台进一步改名为"全国朝日放送株式会社",简称"朝日电视台"。

1979 年,电视剧《西部警察》放映之后,主演石原裕次郎人气暴增,并与朝日电视台结下深厚情谊。随后,由他出演的几部电视剧除了《大都会》在日本电视台放映外,其余作品都在朝日电视台放映,后来石原裕次郎去世后的追悼会也是通过朝日电视台播出。这些电视剧的播出,引起了全国观众的瞩目。此外,朝日电视台还注重培养新人,挖掘人气偶像。

1984 年,在美国有线电视新闻网(CNN)的帮助下,朝日新闻集团制作了一系列大型新闻类节目,包括时事新闻、深度访谈、对话节目、时事问题以及深夜档节目等。1996 年,全国性的电视媒体网络全日本新闻网 ANN 成立,朝日电视台作为总站开始推进多项改革,以吸纳更多地方支局加入,以期带来收视率的大幅提升。

ANN ANN

图 35　左为 1996～2003 年 9 月 ANN 台标,右为 2003 年 9 月至今 ANN 台标

2003 年 12 月 1 日,朝日电视台开播无线数位电视节目。2006 年 4 月 1 日,朝日电视台在 1seg 开播无线数位电视节目。2008 年 5 月 12 日,无线数位电视节目开始加注企业标志样式的浮水印。

二、发展现状

一直以来,朝日电视台都是日本民营电视台的标杆。由于其教育电视台的传统,朝日电视台对中小学生教育特别重视,经常组织中小学生来电视台参观学习,并且经常在学校内组织学生观看影片,同时举办讲座等多种形式的活动,丰富中小学生的课外生活,增强电视台的社会责任感。同时,朝日电视台也有着来自东宝株式会社的电影制作背景,因而该台在影视剧制作方面也是首屈一指。《哆啦 A 梦》系列、《美少女战士》系列以及

《蜡笔小新》等蜚声海外的卡通动画作品,均是朝日电视台出品。电视剧《白色巨塔》《相棒》等,也在亚洲各国受到了普遍欢迎。

据朝日电视台 2013 年 1 月 1 日的公告,朝日电视台在 2012 年的平均收视率(关东地区电视调查)中,黄金档(晚上 7～10 点)和最强档(晚上 7～11 点)两时间段的年度收视率位居全国首位。在过去的 30 多年里,朝日电视台强势进入了原本由日本电视台和富士电视台对收视率三冠的争夺中,并且开始大步前进。2015 年 6 月 30 日的新闻发布会上,朝日电视台台长吉田慎一在做工作总结时表示,朝日电视台目前的综合收视率位居全日本第二,虽然和雄踞第一的 NHK 有一定差距,但在体育节目、电视剧的收视率上表现突出。①

图 36 朝日电视台网站首页

朝日电视台网站:http://www.tv－asahi.co.jp,检索时间:2016 年 3 月 21 日。

三、报道特点

与其他民营电视台一样,朝日电视台更注重那些吸引普通民众的内容,电视剧、电影和娱乐生活类节目是其主要发展方向。2007 年,朝日电视台制定了自己的报道理念,并形成了一个从宏观到微观,金字塔式的理念体系图。如图 37 所示。

图 37 朝日电视台的报道理念

朝日电视台官网:http://company.tv－asahi.co.jp/contents/corp/philosophy.html,检索时间:2015 年 9 月 22 日。

金字塔的最顶端是朝日电视台的社会使命,即作为社会的一员,朝日电视台希望提供新的感动,带着梦想和希望不断为社会做贡献,承担起媒体的责任与义务。这一使命统领电视台的全部报道。金字塔的第二层是朝日电视台服务观众的理念,即要用独创的内容在这个时代刮起新旋风,与观众一起不断发展。金字塔的底层是具体的企业誓言:保持一颗公正、大胆、光辉的心灵。

对观众:迅速准确地提供信息,提供质量优良的娱乐节目,努力为观众们安全、优质的生活做贡献。

对待广告商:精准定位用户,把握广告商的诉求,提高广告媒体的价值,促进自由竞争,共同发展。

对同仁:相互配合,共同发展。

对社会:始终保持社会责任感和自觉性,遵守法律规定,为地域、社会的发展和优越生活环境的实现做出贡献。

对股东:实现企业目标,不仅要建立健全的、透明度高的运行制度,提高收益,更要与股东建立长期良好的信赖关系。

四、涉华报道

朝日电视台重组为全日本新闻网 ANN 之后,逐渐扩展自己的国内外播出覆盖范围,在亚非各国建立多家

① 朝日电视台网站:《朝日电视台社长记者发布会》,2015 年 7 月 1 日,http://company.tv－asahi.co.jp/contents/interview/cur/index.html,检索时间:2015 年 9 月 22 日。

分支机构，以北京为地区总局，包括上海、台北、马尼拉等多个支局，积极增进与亚洲各国的文化交流。其中，北京作为朝日电视台的亚非总局所在地，长期驻有专职记者，由他们制作的很多节目会在台北专门播放日本娱乐节目的电视台播出。

在全世界纪念反法西斯战争胜利 70 周年之际，朝日电视台也推出了电视剧，以战争为背景的“纯爱故事”——《与妻共飞的特攻兵》。该剧根据太平洋战争结束之后，一起乘坐特攻战斗机的特攻兵少尉和妻子的真实故事改编，由当红女星堀北真希出演。与此前许多战争题材的电视剧一样，此剧也强调日本作为“战争受害者”的一面。

根据朝日电视台搜索结果显示，从 2015 年 1 月 1 日至 2015 年 8 月 23 日，朝日电视台共有涉华报道 300 余篇（网站系统限制只能显示 300 篇），内容主要偏重于体育新闻、文艺资讯和环境问题。近年中国承办了很多世界级的比赛项目，在这些项目中日本选手的表现以及中国运动员的成绩，都受到朝日电视台的关注。此外，作为重要的文化中心，中国每年会举办多种多样的文化交流活动，其中不乏日本明星参与，而一些中国明星，如“女子十二乐坊”也受到日本观众的追捧，朝日电视台对于相关演出活动等的报道也受到观众瞩目。另外，朝日电视台一直在关注环境问题，特别是全球变暖问题，长期设立这一类主题的节目。

东京电视台 TV TOKYO

东京电视台（テレビ东京，TV TOKYO），是一家以关东广域圈为播送范围的电视台。东京电视台是日本五大民营地面无线电视台中规模最小、设立最晚的一个。东京电视台总社在东京都港区，简称“东视”（テレ东）、“TX”（源自其呼出信号 JOTX－DTV）或“东京台”。东京电视台由日本经济新闻创办，其最大的股东为日本经济新闻社。

一、历史沿革

1964 年 4 月 12 日，日本科学技术振兴财团附属的“科学技术学员工业高等学校”开始招生授课，并于同日开播电视教学频道，称为“科学电视台”（科学テレビ），通称“东京 12 频道”（株式会社东京 12チャンネ儿）。[①] 1966 年，为了与 NHK 合并，打造东京 3 频道，科学电视台向国会提出了修改《放送法》的提案，但提案未被审议通过，合并宣告流产。东京电视台的节目受此影响大量缩水，仅剩下一半左右。[②] 1968 年，东京电视台重新振兴，开始以彩色讯号播放节目，是东京第五家播放彩色电视节目的电视台。1968 年 7 月 1 日，科学电视台分裂为几家公司。1973 年 10 月 31 日，日本经济新闻社从日本科学技术振兴财团电视事业本部手中接过东京 12 频道的经营权。1973 年 10 月 1 日，公司名称变更为“株式会社东京 12 频道”，日本科学技术振兴财团完全退出公司营运。1973 年 11 月 1 日，东京 12 频道从教育电视台转型为综合电视台。

1978 年 12 月 25 日，东京 12 频道开始提供双语服务，成为日本各电视台中第一家取得双语播出许可证的电视台。1981 年 10 月 1 日，公司名称变更为“株式会社东京电视”（株式会社テレビ东京），简称“东京电视台”。2006 年 5 月 7 日，东京电视台在东京巨蛋转播日本职业棒球队读卖巨人对养乐多燕子的比赛，为开台以来首次转播职业棒球。2011 年 7 月 24 日，东京电视台模拟电视频道（JOTX－TV）停播，地面频道的数字化转型正式完成。

---

① 〔日〕金子明雄：『東京 12チャンネルの挑戦』，三一書房，1998 年，41－42 页。

② 〔日〕金子明雄：『東京 12チャンネルの挑戦』，三一書房，1998 年，51－52 页。

二、发展现状

东京电视台一向将“个性化”“品质化”“影响力”作为节目的制作方针，以经济新闻、动漫、娱乐等领域为中心制作并播出多样的人气节目。该台的“WORLD BUSINESS SATELLITE”(简称 WBS)节目，是面向全世界的专业产经节目。该节目内容丰富多彩，深受广大观众特别是年龄较高的经济人士的欢迎，[①]也是日本最著名的经济类节目之一。

东京电视台是日本制作最多动画片的电视台，以动画及综艺节目闻名于世。其中，动画《夏目友人帐》《宠物小精灵》《新世纪福音战士》《Keroro 军曹》《哈姆太郎》《火影忍者疾风传》《死神》《银魂》《家庭教师 Hitman reborn!》《妖精的尾巴》等作品，更是广为世界各地电视台转播的热门剧作，在世界范围内拥有一大批粉丝。其中，《宠物小精灵》的主角“皮卡丘”是该台的吉祥物。

但从另一方面来说，东京电视台又是日本五家全国播送的民营电视台中规模最小的一个，同时也是其中电视剧制作量最少的一家。

图 38　2014 年东京电视台建台 50 周年庆推出特别企划

三、报道特点

与其他电视台不同，东京电视台有着不管发生什么事都“雷打不动”地播放预订节目的传统。这是东京电视台一直坚持的传统，这一惯例甚至可以追溯到海湾战争时期。日本一家网站专门为东京电视台做了合集，整理取名《东京电视台的传说》。

- 三原山噴火 → アニメ
- 湾岸戦争開始 → 楽しいムーミン一家、三つ目がとおる、スーパーマリオクラブ、学園キッズ
- バスジャック → レディス4
- 同時多発テロ → 旅番組
- 雅子様ご出産 → 日本全国年越し旬の美味こだわり鍋料理特集
- フセイン発見 → レディス4
- 昭和天皇危篤 → アニメ
- 昭和天皇崩御・宮内庁発表 → テレビ東京社長挨拶
- 昭和天皇が崩御して昭和を振り返る特番を各局が流す → アニメ
- 昭和天皇崩御の翌朝 → 将棋番組
- 湾岸戦争 → ムーミンの続編
- 阪神・淡路大震災 → ムーミン再放送、覇王大系リューナイト、ゲーム王国、BLUE SEED、ミュータントタートルズ、I love SMAP
- 地下鉄サリン → ムーミンの再放送
- 台風21号 → アニメ
- 北海道東部地震 → 筋肉が割れるグッズ紹介
- 麻原判決 → 風呂 58歳退職
- 拉致被害者帰国 → レディス4
- 小泉総理北朝鮮到着 → 特撮（グランセイザー）
- 蓮池地村さんの家族帰国 → アド街ック天国・三崎
- 新潟震度6大地震=パンチ佐藤旅番組、海鮮丼を喰う
- 皇太子妃雅子さまご出産 → 年越し旬の美味こだわり鍋料理特集

图 39　东京电视台不同于其他几家电视台的报道

《东京电视台的传说》テレビ東京伝説，http://2chart.fc2web.com/tereto.html，检索时间:2015 年 10 月 1 日。

从下图可以看到，左侧是日本其他电视台播放的节目内容，都是当时的社会热点话题，而东京电视台却在

① 日本 post7 news:『絶好調のテレ東視聴者多い中高年大切にする姿勢が支持獲得』，NEWSポストセブン，2014 年 2 月 16 日，http://www.news－postseven.com/archives/20140216_240827.html，检索时间:2015 年 10 月 4 日。

播放预订节目，旅游、美食、动漫、养生、综艺等等，从不为一时风潮所动。三原山火山喷发时，东京电视台在播动画片；海湾战争爆发海战时，东京电视台在播电视剧；各地爆发大游行时，东京电视台在播放旅游节目。昭和天皇病危时，东京电视台还在播放动画片。这样一个保持鲜明特色的电视台，在日本也引起了各种争论。

日本大地震期间，东京电视台一开始并没有对地震灾情展开报道，直到数百名观众打电话到电视台质问，东京电视台才被迫开始进行特别报道。东京电视台这种“我行我素”的态度招致了许多观众的不满。但也有观众认为，不论是什么样的社会新闻都不能破坏正常的生活秩序，应该存在这么一家电视台，让并不关心社会新闻的人有别的选择，也提醒人们应该按照日常秩序正常生活。

四、涉华报道

东京电视台的新闻报道以财经见长，因此其涉华报道也相应地更为关注中国的经济发展状况。比起公共电视台，东京电视台更注重文化交流。东京电视台曾制作专门节目介绍日本的中华料理店，电视台主播的博客上也经常见到以中国文化为主的文章。此外，东京电视台也承担了部分中国海外媒体的见习工作，2012 年 7 月，东京电视台针对中国的媒体人举办过系列见习讲座培训班。①

图 40　2013 年 9 月 8 日，日本各大电视台都在直播东京申奥成功的盛况，东京电视台仍在播放该时段既定的电视购物节目(正在销售钻石项链)

搜狐娱乐：《东京电视台被封傲娇台：申奥成功时淡定卖钻石》，2013 年 9 月 9 日，http://yule.sohu.com/20130909/n386171520.shtml，检索时间：2015 年 10 月 1 日。

图 41　东京电视台记者发表的采访日记

日本东京电视台：北京奥运采访日记(北京五輪取材日記)，2008 年 8 月 1 日，http://ablog.tv－tokyo.co.jp/maeda07/2008/08/post－1112.html，检索时间：2015 年 10 月 1 日。

在东京电视台的官方网站上，以“北京”为关键词进行搜索，共搜到 527 条新闻。这些新闻的主要方向是关于北京奥林匹克运动会、北京的文艺演出、北京的小吃等，这与东京电视台的整体风格相符，在对华报道的内容上倾向于关注文化交流等相关主题。

东京广播公司 Tokyo Broadcasting System

TBS

东京广播公司(株式会社东京放送，英文名为 Tokyo Broadcasting System，Inc.，简称“TBS”)，是日本五大

① 日本富士电视台：《对中国媒体人的讲座》(中国のメディア関係者にアニメ事業の講義)，2012 年 7 月 3 日，http://www.tv－tokyo.co.jp/csr/society/other/20120703_010.html，检索时间：2015 年 8 月 22 日。

民营无线电视台之一,也是日本历史最悠久的民营无线广播公司。

一、历史沿革

东京广播公司于1951年开播,当时,以日本最大的广告代理及制作公司电通为首成立了"株式会社东京电台"(株式会社ラジオ东京),电台在原有的朝日新闻社的"朝日放送"、每日新闻社的"日本广播"、读卖新闻社的"读卖放送"以及日本电报通讯社的"东京放送"为一体的基础上成立,总社位于东京千代田区霞关,简称"KRT"。同年12月25日,东京广播公司开始发展广播业务,兼营电视台及广播电台。

1959年,日本皇太子(即如今的明仁天皇)成婚,为了与拥有全国性电视网的日本放送协会(NHK)对抗,日本第一个电视联播网——日本新闻网(Japan News Network,简称"JNN")在KRT的主导下成立。

1960年,该公司于东京证券交易所第一部上市,同年11月29日,公司名称变更为"株式会社东京放送",简称"TBS"。2000年2月,TBS集团、JNN、TBS广播网的统一徽号"ジ～ン"(人)开始使用。

2006年4月1日,东京广播公司地面行动数位电视开播,"JNN News Bird"改名"TBS News Bird"。

二、发展现状

东京广播公司是日本最大的民间电视台,也是日本500强企业之一,拥有3000万观众,[①]在全国范围内收视率较高。

目前,东京广播公司共有员工315名。作为民营广播公司,东京广播公司要为股东的经济利益负责,因此其监管制度比较健全。法务财务有5名,其中3名为公司外人员,董事会有15名,其中4名为公司外成员。另外,公司设置有专门的执行人员,现有执行人员6名。集团每月召开一次董事会,会上会发表集团重要的业务执行决定和重要事项的报告,社长也会向监督机构做工作总结和汇报,相关内容整理后会公布在集团网站上。[②]

图42 东京广播公司总部办公大楼

此外,东京广播公司在新闻图像资料库检索和数字电视等方面都发展较早。

三、报道特点

东京广播公司是日本最大的民营广播公司,在全国拥有32个联营分支机构,被称为"民放(民间放送)之雄"。[③] 东京广播公司每天的总播出时间为24小时,每天播出新闻13次,其中10次为整点新闻。2009年12月2日,莫斯科时间11时13分,日本东京广播公司记者秋山丰宽随同两名苏联宇航员搭乘苏联"联盟TM－11"号宇宙飞船进入太空轨道,做了世界上第一次太空报道。在秋山太空旅行期间,东京广播公司的电视收看率由平时的6%～8%上升到37.2%。[④]

---

① 东京电视台公司概要:http://www.tbsholdings.co.jp/information/gaiyou.html,检索时间:2015年10月4日。

② 日本东京广播公司集团监管制度:http://www.tbsholdings.co.jp/governance/taisei.html,检索时间:2015年10月4日。

③ 邹杨帆:《日本广播电视新闻一瞥》,《新闻记者》1983年第5期。

④ 桦桦:《第一次太空现场报道耗资2500万元》,《新闻界》1991年第3期。

图 43 东京广播公司网站

图片引自东京广播公司网站:http://www.tbs.co.jp,检索时间:2016 年 3 月 22 日。

东京广播公司的新闻广播别具特色。东京广播公司是日本四大纸质媒体合办的广播电视媒体。其中,《每日新闻》、《朝日新闻》和《读卖新闻》都有自己的新闻广播。在东京广播公司开办时,播放厅位于东京有乐町,和《每日新闻》在同一栋楼里,因此,每日放送的内容也成了当时 TBS 新闻的主要内容。两社之间人员流动频繁,但随着东京广播公司对各新闻社进行统一管理,逐渐脱离了《每日新闻》的影响,三社协定每社一天轮流开播新闻节目。但由于不同新闻社在采访报道的新闻源和角度不同,往往同一个题材报道的内容却相互矛盾。这也是当时东京广播公司欠考虑的地方。1955 年,砂川事件的报道中,东京广播公司开始独立采访,从此开启了独立采访的先河,随后东京广播公司逐渐完善了这一方针,其报道一部分由公司独立取材,一部分依靠三社取材,从此逐步实现的独立了取材的形式。

四、涉华报道

东京广播公司北京支局负责采集中国发生的政治、经济、体育等各方面的新闻,在日本播出,向日本观众介绍中国的最新动向。

东京广播公司的涉华报道多见于文化领域,其制作了系列电视节目介绍中国的文化遗产如长城、黄山等,而中国的电视剧《甄嬛传》《美人心计》等也在该公司的频道中向日本民众播放。纪录片《长城》播出后,在日本引起了比较大的反响,收视率达到 19%,创同类节目最高收视率。①

在东京广播公司官方网站输入“北京”进行搜索,能够得到超过 1000 条检索结果。新闻报道主要以北京召开的体育活动、国际会议等实时热点为主。世界反法西斯战争胜利 70 周年之际,东京广播公司也播出了自制的电视剧《红十字女人们的入伍通知单》,讲述了一个不幸的战争故事。全剧虽然没有提到“侵略”字眼,剧中台词却直面了这样的事实:“战时关东军对中国人有过残忍行为”。负责该片企划的东京广播公司电视台制作人濑户口克阳表示,“讲述大时代话题的时候,对小人物的细致描写很重要”。②

读卖电视台 ytv

ytv
讀賣テレビ放送

读卖电视台(读卖电视放送株式会社,简称“ytv”),于 1958 年 2 月 13 日,由大阪读卖新闻社出资成立,当时称为“新大阪电视放送”,后改名为“读卖电视台”。该电视台是日本电视台联播网成员,现总部位于大阪市中央区,播放范围主要在日本近畿地区(包括两府五县:京都府、大阪府、滋贺县、奈良县、三重县和歌山县、兵库县),

① 韩金度:《拍第一感觉——记 TBS〈万里长城〉的创作》,《现代传播》1992 年第 2 期。

② 新京报:《日本播抗日剧:演员穿八路军军装读毛泽东选集》,2015 年 8 月 27 日,http://et.21cn.com/webfocus/a/2015/0827/03/29961612.shtml,检索时间:2015 年 8 月 29 日。

呼出信号为JOIX—DTV。

一、历史沿革

1953年,日本电视网在东京建台,但未成功申请到在大阪的播放权,当时大阪只有NHK大阪放送局和大阪电视放送两家广播电视公司。其中大阪电视放送是由《朝日新闻》和《每日新闻》共同出资设立的,读卖新闻社为了推动在关西地区的发展,1958年2月13日,由大阪读卖新闻社等出资,成立了作为准教育电视局的新大阪电视放送(第10频道,呼出信号JOIX—TV),同年8月1日改名为"读卖电视放送株式会社"(简称"YTV"),1958年8月28日正式开播,为主要播放日本电视网(NTV)制作的节目,读卖电视台作为NTV在近畿地区的民营电视台播出节目。

1960年9月10日,读卖电视台开始播出彩色电视。1967年4月,读卖电视台与NTV签订节目制作协定。1967年11月,读卖电视台由教育电视局变为一般电视局,播出内容更加广泛。1988年,读卖电视台本社由大阪市北区东天满搬至现在的中央区。2009年,读卖电视台东京支社搬进东京都港区的日本电视塔。2011年7月24日,读卖电视台正式停止模拟信号播送,全部转为数字信号播送。2014年8月28日,读卖电视台发布计划,将在现大阪总部西南400米处建立新的公司大楼,新公司地址位于大阪城东北侧,占地面积约1万2487平方米,是现公司的1.5倍,新公司将从2016年秋开工,预计在2019年8月28日建成。

二、发展现状

读卖电视台现总部位于大阪市中央区,另外在东京设有分社(在日本电视塔20层),在名古屋、京都和神户都设有分局,在国外的上海、巴黎、纽约设有分局。读卖电视台现任社长为望月桂夫(もちづきよしお),注册基本金为6亿5000万日元,日本电视控股株式会社与读卖新闻社是读卖电视台的主要控股公司。读卖电视台现有员工537名(截至2015年3月),主要业务内容是从事基于日本广播电视法的基本放送事业,广播电视节目的策划、制作和贩卖以及与文化事业和广播电视事业相关的内容,此外,读卖电视台还提供各种广播电视和通信相关的软件。读卖电视台旗下还有读卖电视企业家(読売テレビエンタープライズ)等集团株式会社公司。①

图44 读卖电视台总部大楼

读卖电视台的广播电视网包括札幌电视、中京电视、秋天放送等23家地方电视台,其中大部分电视属于NTV所在的广播电视网。读卖电视广播网主要由董事会和监事会两大部分组成,董事会下设营业委员会等负责读卖电视台的日常营业工作,监事会设内部监察部等负责监督工作。节目内容包括新闻节目(ニュース スクランブル)、体育节目、综艺节目以及电视剧等,读卖电视台播出的动画《名侦探柯南》一直深受观众喜爱。

三、报道特点

读卖电视台主要播出六个方面的相关内容,包括新闻、综艺、电视剧·电影、动画、音乐和体育,主要以娱乐综艺内容为主,收视的群体主要是关西地区的观众。在新闻报道方面,读卖电视台周一到周五从早上5:20开始播出节目《今朝》(「すまたん」),介绍每天早间应该告知观众信息,在接下来的节目中会播出新闻、购物、生活

① 读卖电视公司网站:http://www.ytv.co.jp/info/index.html,检索时间:2015年8月20日。

资讯等内容，最后一档节目是晚间 11：00～11：30 播出的《News Zero》，每晚会有不同的话题内容，主要涉及明星舞台背后的故事；周六早间会播出《倾听你的声音》，这是读卖电视台推出的特别节目，连接观众和读卖电视台，介绍节目制作背后的故事，倾听观众的意见，周日早间推出特别节目《皇室日记》，该节目从 1996 年开始播出，主要介绍皇太子一家以及各亲王的活动，在特辑中还会介绍皇室的历史、传统以及文化，读卖电视台这部分的内容主要转播自日本电视台。

图 45　读卖电视台网站

读卖电视台网站：http://www.ytv.co.jp/index.html，检索时间：2016 年 3 月 22 日。

读卖电视台的综艺类节目主要从晚间七点开始播出，每天都有不同的综艺节目，包括《有吉小组》(「有吉ゼミ」)、《周二大惊喜》(「火曜サプライズ」)、《一亿人大质问！笑着回答》(「1 億人の大質問！笑ってコラえて！」)，读卖电视台的这些综艺类节目主要转播自日本电视网。

四、涉华报道

读卖电视台播出地区主要以关西为主，内容方面主要以娱乐为主。读卖电视台在上海设有分局，主要负责节目内容的推广等，在与中国相关的节目和新闻视频内容上，读卖电视台主要播出日本电视网推出的节目和读卖新闻社的报道。在读卖电视台官网搜索栏中输入关键字"中国"，可以搜到 2940 条相关内容，这些与中国相关的内容主要涉及两个方面。

第一，涉及中国的节目，读卖电视台作为日本电视联播网的成员，部分节目转播自日本电视网，也有部分节目是读卖电视台制作录制的，例如周六早上 8：00～9：25 播出的《唤醒！加油》(「ウェークアップ！ぷらす」)，该节目在开始时会播出一周的重要新闻，然后与邀请来的嘉宾（包括专家学者、官员、演员等）一起讨论话题。该节目的内容时有涉及中国，如 2015 年 9 月 5 日就以"抗战胜利七十周年……中国・军演的目的是什么"为题进行了报道评论，节目报道了军演当天的情况，然后表示军演旨在提高中国政府的向心力，还邀请了军事专家对中国军演装备进行了评析，节目最后表示大规模的军演让人对中国产生了更多的疑惑，以及今后日本和国际社会该如何与中国相处等。[①] 此外，还对因为韩国 MERS 而改变行程，4700 名中国游客突然到访岛根县港口的事情进行了报道，报道采访了前来观光的中国游客，在大型商场中也专门设置了中文看板，方便中国游客购物，节目还对当地人和港口管理人员进行了采访。[②]

第二，读卖电视台网站和电视台节目中刊登与中国相关的信息，包括娱乐资讯等。例如中文字幕版《名侦探柯南》的播出，[③]报道提到《名侦探柯南》将通过上海新创华文化发展有限公司、比日本原版晚两个小时进行中文字幕版播出，中国的爱奇艺、腾讯和 PPTV 都是合作播出的视频公司。另外，读卖电视官网的主持人博客和

---

① 读卖电视台节目「ウェークアップ！ぷらす」，《抗战胜利七十周年…中国・军演的目的是什么》(「抗日戦争勝利 70 年…中国・軍事パレードの狙いとは」)，2015 年 9 月 5 日，http://www.ytv.co.jp/wakeup/news/n11081909_main.html，检索时间：2015 年 11 月 29 日。

② 读卖电视台节目「ウェークアップ！ぷらす」，《4500 名中国人来杭，当地港口大混乱》(「4500 人の中国人が来航！地元港は大混乱！」)，2015 年 7 月 4 日，http://www.ytv.co.jp/wakeup/news/n11081879_main.html，检索时间：2015 年 11 月 29 日。

③ 读卖电视台通知：《中文字幕版〈名侦探柯南〉播出》，2015 年 7 月 1 日，http://www.ytv.co.jp/fromytv/news/number/page_200259.html，检索时间：2015 年 11 月 29 日。

新闻站也会刊登一些与中国相关的评论和信息。

总体上来说，读卖电视台作为日本电视网的成员之一，其大型综艺节目主要转播自日本电视网制作播出的节目，涉及中国的报道内容不多，涉及内容多以文化和娱乐为主，在发生国际重大事件时，也会邀请嘉宾参与节目。

富士电视台 Fuji TV

フジテレビ

富士电视台(Fuji Television Network, Inc.简称“Fuji TV”)是日本五大民营电视台之一，现属于富士媒体控股公司，该公司是2008年10月由原富士电视台改组而来。这家公司是富士产经集团的主要控股公司，也是日本首家广播电视控股公司，关联公司包括日本全国五大新闻社之一的产经新闻社。富士电视台是日本规模最大、收视率最高的民营电视台，在亚洲地区的商营电视广播机构中十分具有影响力。

一、历史沿革

1957年11月18日，以文化放送和日本放送为主体，在日本东宝、松竹和大映等电影公司共同参与之下，株式会社富士电视台成立了。

1959年1月，富士电视台在东京市新宿区的本部正式建成演播室，并取得经营许可证。1959年3月1日，富士电视台正式开播，以关东地区为服务区域。1963年1月，富士电视播出了日本最早的国产动画片《铁臂阿童木》，开启了日本电视动画片的黄金岁月，后来富士电视台又播出了一系列受人欢迎的动画片，如《汤姆历险记》(1980)、《樱桃小丸子》(1990)、《七龙珠》(1986～1997)等，这些动画片同时广为中国观众所熟知。1964年，富士电视开始播放彩色电视节目。

图46 2013年庆祝《铁臂阿童木》播出50周年

在发展过程中，富士电视台一直注重以娱乐为主。1981年5月，富士电视开始播出娱乐节目《我们都是滑稽族》，同年10月播出电视剧《来自北国》。1982年10月开播白天娱乐节目《笑一笑》(「笑っていいとも」)，12月该节目获得年度收视“三冠王”，[①]在那之后，该节目直到1993年为止，该节目12年间一直保持着年度收视“三冠王”的纪录，该节目一直播出了32年，直到2014年3月才正式停播。1991年推出电视剧《东京爱情故事》，这部电视剧还被引入中国，是中国观众较早接触的日剧之一，并且在中国引起广泛热议。《东京爱情故事》在日本被称为“90年代3部经典爱情剧之一”。2003年富士电视台出品的电影《跳跃搜查线2封锁彩虹桥》(「踊る大捜査線 THE MOVIE 2 レインボーブリッジを封鎖せよ!」)开创了日本写实电影票房新纪录。

除了娱乐节目以外，富士电台还关注文艺活动，关注体育赛事。1987年7月，富士电视台在东京和大阪同时举办“交流狂欢节·梦工厂”活动，共有70万人参与其中。2002年，富士电视台现场直播世界杯“日本VS俄罗斯”，获得历史上排名第二的收视率66.1%。富士电视作为日本五大民营电视之一，从动画片到综艺节目到日剧再到电影，不断推动日本娱乐节目的发展。

① 收视三冠王——在黄金档(19点到22点为止)、黄金时段(19点到23点为止)、全天(6点到24点为止)这3个时间段均获得收视率冠军，被称为“三冠”。

二、发展现状

现在的富士电视台是经由 2008 年 10 月 1 日重组后形成的新台，隶属于富士媒体控股公司，基本运营资金达 88 亿日元，现有员工 1373 人，总部位于东京都港区。目前，富士电视台主要由播出娱乐节目的富士电视网(FNS)和播出新闻节目的富士电视新闻网(FNN)组成。

图 47　东京富士电视台大楼

经过多年的发展，富士电视网已经是日本最大的民营电视网，包含国内 28 个地方加盟台。虽然在创立初期，富士电视台主要以关东地区为播放区域，但是在发展过程中其不断扩大播出范围，吸收了北海道文化放送、长野放送、关西电视台、宫崎电视台和鹿儿岛电视台等 28 个地方加盟台，并且在北京、上海、纽约等地建立了 13 个海外分局(其中上海支局是由关西电视台建立的，关西电视台属于富士媒体集团)。这些下属分台和海外分局共同组成了富士电视网联合体，相互之间实行节目、新闻和广告的联网共享，以协议确定各自的利益和服务，包括新闻、娱乐等节目的提供、节目委托销售和电视网的收入分配协议，基于权利和义务的关系协定、总台和地方加盟台之间形成了长期稳定又密切合作的关系。[①]

富士电视网的体育节目主要直播赛车和棒球赛事。富士电视网除直播、转播职业棒球比赛以外，还是播出美国“职业棒球大联盟”比赛的三大电视转播机构之一，也是赛车比赛“日本大奖赛”的主要转播机构，向全世界 200 多个国家传输节目信号。富士电视网播出的比赛都比较受观众喜爱。富士电视网的综艺节目范围广泛，包括音乐节目、喜剧节目、动画片及日剧等，节目多定位于年轻观众，独具风格，很受欢迎。富士电视网还发掘综艺节目的收视人群，在非娱乐节目时段播出综艺节目，也广受到好评。富士电视台在开播周年台庆时会推出电视剧，比如 45 周年台庆推出的《白色巨塔》等，十分受到观众喜爱。

与富士电视网相对，富士电视新闻网是日本最大的民营广播新闻组织。在富士电视网的 28 个地方合作频道均设有办公机构，还设有 12 个海外记者站。富士电视台新闻网采用日本国内的先进技术，如卫星新闻采集系统以及高效能的富士卫星系统等进行新闻传输。富士电视台还拥有专用直升机，保证记者以最快速度到达新闻采集点。富士电视台的新闻节目从录制、采编到播出全程均采用数字化技术。富士电视新闻网使富士电视台在全球范围内可以及时地采集和播出新闻节目，几乎所有的海外机构都有独立的演播室和设备，富士电视新闻网还与世界上很多新闻网络建立了合作关系，包括美国广播公司、路透电视、韩国文化广播公司、中国中央电视台以及台湾电视台等，极大地扩大了新闻来源。富士电视台在国内的主要新闻节目包括：《FNN 超级消息》(晚间新闻节目)，1998 年 4 月开播；《日本新闻》(午夜新闻节目)，1994 年 4 月开播；《FNN 新闻》(下午新闻节目)，1987 年 10 月开播。[②]

三、报道特点

富士电视台最大的经营特点在于集团化经营。富士电视台于 1997 年 8 月在东京证券交易所上市。上市后富士电视台还积极投资海外传媒市场，它是台湾电视公司的股东。2005 年 3 月，日本三大门户网站之一的活力门宣布掌握了富士电视台母公司日本放送的部分股份，企图并购富士电视台，引发该电视台公司派大股东与活力门公司的股权夺战，最后双方达成互相联盟合作的协议。2005 年 1 月 17 日，富士电视台并购富士产经集

① 姚金笛：《日本地方电视台的经营特点》，《视听纵横》2008 年第 1 期。

② 唐世鼎：《世界电视台与传媒机构》，中国传媒大学出版社 2005 年版，第 264 页。

团的日本放送,并取得36.4%的股权。2005年9月1日,富士电视台与日本放送交换股权,并让日本放送成为其子公司。[①] 2008年富士电视台改组成立富士媒体集团,改组后的富士媒体集团成为日本目前上市媒体企业中规模最大的企业,也是富士产经集团的主要控股公司,富士电视台、产经新闻社、日本放送都是其关联公司,富士产经集团也是日本首家广播电视控股公司,控有涉及节目制作、播放、出版、电影等多方面的21家子公司。集团式的经营使富士媒体集团可以更好地整合资源,富士电视台也可以更好地利用资源发展业务。

富士电视台的业务内容广泛,涉及新闻采访、节目制作、娱乐活动以及版权商务等各个方面。其业务量连续20年维持日本第一,电视节目也深受年轻观众欢迎,收视率与收入排在日本同行榜首。该台提出"如果不快乐就不是电视"的口号,电视节目走喜剧搞笑路线,以综艺节目为中心,深获年轻观众的喜爱。富士电视台的节目在海外也很有市场,比如《101次求婚》《白色巨塔》等电视剧深受台湾观众欢迎。富士电视台还对手机电视十分关注,希望能推动移动电视的发展。

富士电视台善于营业推广,除广告收入之外,还有一部分来自于观众服务与互动的业外营业收入。富士电视台会举办一些大型活动,一方面这些大型活动的门票与赞助收入成为业外营业收入;另一方面,这也对富士电视台的形象建设起到了促进作用。富士电视台曾引进著名音乐剧《狮子王》,在东京、大阪等多地演出,市场反应良好;富士电视台还与意大利波洛尼亚歌剧院合作,在1993年、1998年、2002年三次在日本公演;除此之外,富士电视台还举办过其他古典音乐公演活动、美术展览以及马戏团演出等活动。1998年富士电视台迁入东京都港区台场的新大楼之后,开辟了观众参观区域,采取收费进入模式。这些活动都提高了富士电视的知名度,增强了受众对富士电视台的认识与了解。

四、涉华报道

富士电视台在中国北京设有支局,同时富士电视新闻网与中央人民电视台签订了合作协议。富士电视台作为日本最大的民营电视台,与日本放送协会较为严肃的节目风格不同,节目娱乐倾向更重。该台涉及中国的节目也主要分为娱乐节目和新闻节目两个方面。

富士电视台播出了大量娱乐综艺节目,其中也有一部分综艺节目涉及中国,内容轻松,吸引了不多对中国感兴趣的观众。2011年10月,富士电台推出综艺节目《Nakayoshi TV—中日韩爱豆大激辩》,该节目由日本搞笑组合"奶油浓汤"的上田晋也担任,每周三深夜播出,节目主要是中、日韩三国学生针对各种问题展开激烈争辩,加强互相理解。该节目本身为综艺节目,具有一定的娱乐性,观众可以通过该节目来了解中、日、韩三国学生对于相同问题的不同看法。

在富士电视新闻网上可以通过关键词输入检索与中国的相关报道。以2015年7月为例,输入关键词"中国",会出现大量与中国相关的内容,但是部分内容只是文章中提到中国。与中国直接相关的报道有31条,从形式上来看,主要是短视频配上解说文字,以消息和陈述事实内容为主。从报道的内容来看,富士电视新闻网的报道涉及政治、社会、经济、文化等多个方面,其中社会消息7条,内容多为负面新闻,包括爆炸事故等;政治新闻7条,内容主要涉及东海油田以及中国"反腐"问题等;经济新闻6条,主要与中国市场以及股票相关;历史新闻4条,涉及中日历史问题,主要涉及中国的抗日纪念活动;外交4条,都是与中日两国关系相关的报道,主要是领导人会议的视频与相关内容;文化新闻3条,文化新闻较为积极,选取了发生在中国国内较为有趣的新闻。

从总体上来看,富士电视新闻网的涉华报道内容主要以消息为主,较为客观。用同样的方式输入关键词"北京",并未发现直接相关的报道,但是北京作为中国的政治中心,在涉及与中国相关的新闻中"出场率"较高。作为民营电视台,富士电视台的涉华报道主要以消息为主。

---

① 赵新利:《日本传媒企业上市情况概览》,《青年记者》2010年第10期。

共同社 Kyodo News

共同社(Kyodo News),全称为"共同通信社",是日本最大的通讯社。共同社搜集国内外信息和新闻材料,为日本的新闻社、NHK、民间广播电台以及海外媒体提供新闻和信息。共同社由非营利性质的社团法人共同通信社和子公司株式会社通讯社两部分组成。前者是通常意义上的共同社,后者是由社团法人共同通信社出资设立的综合信息服务公司,成立于1972年,主要提供新闻类信息,此外还涉及出版行业。

一、历史沿革

日本最早的通讯社是成立于1901年的电报通讯社,后来又先后成立了国际通信社、东方通信社以及新闻联合社。而共同社的前身是诞生于1936年的同盟通信社,该社由日本新闻联合社和日本电报通讯社(即今"电通"前身)两家通讯社合并诞生。由于两社对"九·一八"事变的报道不一致,促使外务省和陆军最后同意设立一个统一的国家通讯社。同盟通信社是代表日本政府发声的传媒机构。在第二次世界大战期间,同盟通信社迅速发展为代表"大东亚共荣圈"的通讯社,是当时世界上最有影响力的通讯社之一。

1945年10月日本战败后,同盟通信社被解散,其普通报道部门等被改组为非营利机构共同通信社,经济报道部门等变成了株式会社时事通信社。1945年11月1日,共同社正式成立,作为非营利机构的通信社主要由加盟新闻社和日本放送协会出资建立。最初,共同社总社设在东京千代田区日比谷的市政会馆,后总社迁至东京港区。

1946年,共同社先后与美联社、合众社、路透社签订互通消息合同。1951年,共同社在纽约设立分局,以扩大海外新闻的采集。1972年,共同社成立株式会社共同通信社。2001年2月,共同社开设线上新闻服务网站共同网,以加强新闻整合和新媒体战略。2010年4月,共同社为应对公益法人制度[①]改革由社团法人变为一般法人。

共同社以"提供正确的国内外新闻报道,促进公平的舆论形成,推动社会健全发展,增进国际间相互理解"为目的继续推进强有力的报道活动。现在共同社是代表日本立足于亚洲的综合国际通讯社。

二、发展现状

目前,共同社现总部位于东京港区,在日本全国和海外设有支局,现任社长为福山正喜(ふくやま・まさき)。现在的共同社为日本全国的新闻报纸以及电台广播提供日常新闻信息,并且支持着多个媒体部门的新闻报道,发挥着影响日本的媒体的中枢作用。共同社不仅用日语发送稿件,还用英语、中文、朝鲜语发送新闻稿件,是代表日本的综合国际通讯社。共同社现有员工1600余人,预算规模约416亿日元。

除了东京港区的总社,共同社还在日本札幌、仙台、东京、名古屋、大阪和福冈设有6家支社,在日本全国46个都道府县都设有分局,在全国布有完整的取材网,方便信息的搜集整合。除此之外,共同社还在海外的纽约、华盛顿、伦敦、巴黎、莫斯科、北京、曼谷、开罗等42座城市设有总局或者分局播发国内外重要消息,主要报道经济、社会、体育新闻,并设有为各新闻机构和企业服务的经济专线。2006年9月,共同社作为首家在朝鲜平壤设立分局的日本媒体展开新闻活动。此后,共同社又在古巴哈瓦那、印度孟买开设支局,加强了对世界新闻的取材和编辑活动。

---

① 公益法人制度:公益法人首先要获得一般法人资格,在此基础上再获得公益认定,才能成为公益法人。

图 48 共同社总部大楼

作为一家通讯社，共同社主要负责及时为日本国内和海外媒体提供信息。在日本有 55 家新闻社加盟共同社，包括《每日新闻》《产经新闻》《日本经济新闻》在内的全国大报和《北海道新闻》《中日新闻》《东京新闻》等在内的地方报纸，除此之外，日本放送协会（NHK）也是共同社的加盟成员。共同社的契约新闻社共有 10 家，包括《朝日新闻》和《读卖新闻》在内的全国大报和《八重山日报》《山口新闻》等在内的地方报纸；共同社的契约民间放送局共有 106 家，包括朝日电视、东京广播电视台、北海道放送等在内的民间放送局。

海外方面，共同社为约 70 家海外日系报纸和日语广播电视局发稿。除此之外，共同社还有约 700 艘外航船舶和渔船，与约 50 家通信社交换信息或签订合作协议。共同社还用英文、中文等发布新闻信息，其中英文新闻信息主要提供给国内的新闻通讯社、广播电视局、驻东京大使馆、企业（如东日本高铁，成田机场）等约 80 处地方以及国外新闻通信社、广播电视局、数据库、各国政府和国家机关等约 150 余处地方，中文新闻信息主要提供给日本国内的华文报纸以及国际机构、大学等。

共同社作为非营利组织，其运营主要依靠加盟社和契约社，加盟社根据各家报纸的发行份数和每份报纸的价格为基础进行分摊，分摊金额占共同社预算的主要部分；契约社根据采用共同社消息的情况按照契约付款。此外，共同社还通过向日本的远洋航运船舶和日本企业提供“传真新闻”服务，向日本国内和海外的新闻媒体提供英文消息，以获得收入。共同社还向子公司——株式会社共同社收取负担金。株式会社共同社成立于 1972 年 8 月 1 日，资本金在一亿日元左右，主要运营业务有出版业、企业宣传、国际信息服务以及举办讲座和展览会等，是一家涉及多领域的信息服务公司。

三、报道特点

共同通讯社主要由六大部门组成：编辑局、国际局、放送局、数字推进局、视觉报道局、系统局。

编辑局是主要的信息采集中心，是共同社的核心部门，针对报纸、广播和网络等多媒体发送编辑内容，共同社每日发稿量约 1500 条，编辑局把全国和世界各地记者采访的新闻不间断地送出。

国际局由海外部和报纸工作室以及多语言工作室组成，主要负责英语和中文等外语新闻的发送工作。英语新闻从 1965 年 1 月开始放送，中文新闻从 2005 年 4 月开始正式发稿，2011 年 2 月成立了与韩国最大门户网站进行合作的韩国（朝鲜）语网站。

放送局由放送编辑部和放送事业部组成，负责为全国的民间电视台和广播局提供新闻。

数字推进局主要是为了应对多媒体时代变化而形成的技术部门，在智能手机、电子书等多媒体终端 IT 技术的急速变化下推进技术上的发展。

视觉报道局是 2008 年 6 月由摄影、摄影数据、录像录音和画报四个部门合并而成的，为强化摄影和动画等视觉方面的取材和出稿，现在又加入了漫画等负责图解说明的部门。

系统局主要把控多媒体时代下的内容编辑，把共同社记者采访到的新闻和照片处理得超出传统媒体的框架，以提供电子广告、网络以及智能手机等服务，也向海外媒体提供英文、中文和韩语等新闻的编译工作，还负责对大量数据的管理和发布工作。

上述这六个部门是共同社的主要组成部门，负责整个通讯社的运营工作。从部门设置来看，共同社作为一家立足于亚洲的综合国际通讯社，十分重视对国际新闻的采集以及外文网站的建设，同时对新媒体技术和内容的推进也投入了很大的精力。

共同社以“促进世界和平、确保民主、实现人类幸福”为原则，积极开展各项新闻报道活动。在取材方面，共同社主要选取日本国内民众所关心的新闻，同时从日本的视角出发，坚持言论自由原则，向海外媒体提供日本国内的新闻报道。共同社报道新闻的基本原则是“准确、迅速、深度、易理解”，以客观事实为基础，尊重价值观的多样性，重视社会弱者的视点。该社灵活运用署名报道的方式，锻炼记者报道新闻的角度，提高新闻质量。共同社主要以简讯和详讯的形式发稿，也会根据时间推出专题。在日本国内，共同社集国内外新闻与全国 52 家新闻社的新闻，以组成了综合网站“47NEWS”，这 52 家新闻社皆为共同社的加盟社或契约社，“47NEWS”更好地集合了新闻为读者服务。

四、涉华报道

共同社作为“立足于亚洲的国际通讯社”，在原有的日语和英语服务基础上，于 2001 年设立了日本媒体中唯一一家综合性的中文新闻网站“共同网”，并在建社 60 周年之际的 2005 年正式成立了中文新闻部门，扩大了中文信息服务。共同网在向媒体机构提供会员增值服务的同时，也将部分新闻向广大读者公开，以期增进华人读者对日本社会的了解。中文信息服务以报道日本国内新动向、中日关系新进展和亚洲局势新热点为主要内容，提供共同社快讯、第一手新闻及资深记者撰写的时事评析，为广大中国媒体和个人读者第一时间提供最新资讯。

共同社在中国北京设立了总局，在上海、广州、香港和台湾分别设立了支局，采集中国新闻进行报道。共同社驻中国总局局长是渡边阳介，曾在上海和香港支局工作，共同社中国总局目前共有 16 人，其中 9 名记者，3 名中国秘书，4 名司机，是共同社驻海外的第二大分社，仅次于华盛顿分社。[1] 1956 年起，共同社和新华社开始交换新闻图片；1972 年共同社社长福岛慎太郎访华时和新华社签订了关于加强两社合作关系的备忘录，建立了供两社使用的北京—东京专线。1980 年 3 月，以曾涛社长为团长的新华社代表团访日，签订了关于两社共同使用话音专线的协议。

图 49　共同社中文网站

从共同社中文网站的设立和共同社驻中国总局规模可以看出，共同社对中国新闻报道非常关注。从报道数量上来看，共同社每天都会发出与中国相关的稿件，内容涉及中国政治、经济、文化等各个领域，共同社中文网《全球纵横》一栏会刊登各国大事，《中日关系》一栏每日会更新 5 条左右有关中日两国之间关系的新闻，每到国际赛事如（2008 年北京奥运会）、重要会议（如“人民代表大会”）以及周年纪念（如“战后 70 周年”），共同社中文网站也会推出专题栏目，及时报道相关新闻，由于通信社主要是为媒体提供稿件，共同社涉华报道量很高，共同社作为立足于亚洲的通讯社在新闻采集时对与中国相关的新闻关注程度高，特别是对涉及中日两国的内容更是予以极大关注。

从报道题材上来看，共同社对中国的新闻报道主要以快讯为主，其加盟报纸《东京新闻》和《中日新闻》等通常会采用共同社发出的与中国相关的快讯，然后根据快讯追踪新闻事件。从报道内容上来看，共同社对重大事件如“北京奥运会”“上海世博会”“全国两会”等关注程度较高，报道角度也比较宽泛。近两年来，共同社对中国经济相关的新闻关注程度增大，特别是今年以来，中国游客前往日本购物人数不断增加，这一现象对日本带来

① 潘天翠：《日本记者眼中的中日关系——访日本共同社驻中国总局局长渡边阳介》，《对外大传播》2005 年第 4 期。

的变化在共同社关于中国相关的新闻报道中很受关注。总体来说,共同社作为一家立足于亚洲的国际通讯社,在新闻取材方面,注重中国政治、经济和文化等多方面的内容,报道体裁多以快讯为主,涉及观点性的内容较少,总体上比较客观公正。共同社中文网更为我们了解日本动态和中日关系提供了一个窗口。

关西电视台 Kansai Telecasting Corporation

8カンテレ

关西电视台(Kansai Telecasting Corporation),全称为"关西电视放送株式会社",是以日本近畿地区(包括二府五县:京都、大阪、兵库、奈良府和歌山、滋贺以及三重县)为主要播出地区的民营广播电视台。简称"KTV"或"关西电视台",总部位于日本大阪府大阪市,是以富士电视台为首的联播网(FNS、FNN)旗下的民营电视台。关西电视台成立于1958年2月,现任社长为福井澄郎(ふくいすみお),现在富士媒体集团是其最大的股东。

一、历史沿革

1958年2月1日,由阪急电铁(现阪急阪神控股)、产经新闻社、京都新闻社、京都放送(KBS)、神户新闻社、神户放送(今关西广播电台,CRK)共同出资,"大关西电视放送株式会社"正式成立。1958年7月5日,"大关西电视放送株式会社"改为"关西电视放送株式会社"。

1958年10月,关西电视放送株式会社位于本社的演播室建成。1958年11月22日16时30分,关西电视台大阪第8频道正式开播。开播后的第一个节目是关西电视台公司的特别节目《这才是广告》(「これがコマーシャルだ」),而最后的节目是21时45分播出的《KTV新闻》。1959年3月1日,关西电视台与富士电视、东海电视放送、九州朝日放送共同建立了四局基本广播电视网。

从20世纪60年代起,为赢得更多的观众,关西电视台开始注重对电视节目的播出。1960年,关西电视台的两部电视剧《青春深渊》(「青春の深き淵より」)、《少奶奶》(「御寮人さん」)获得了日本文部省艺术节中电视部分大奖。1964年6月关西电视台播出纪录片《河内的青蛙》(「河内のかえる屋」),该片获得了日本第13届民放大会奖、电视社会教养部门最优秀奖。1968年10月,关西电视台播出了10周年纪念电视剧《大奥》,《大奥》是日本的时代连续剧,分别在1968年、1983年以及2003年至2005年年间,前后共计五度拍摄,由富士电视台系统播出。前两部是作为纪念作品为关西电视台创立周年拍摄,21世纪以后的三部则为同一组系列作,由富士电视台制作,东映支援拍摄。1973年播出15周年纪念电视剧《厉害的男人》(「どてらい男」),1974年7月收视率达到30.2%。

1969年,关西电视台加入富士联播网。1970年富士电视台与27个地方电视台建立了民营电视台中最大的富士联播网。关西电视台在发展过程中也开始关注公众视野,1978年关西电视台建立29周年时,关西电视台设立财团法人关西电视青少年育成事业团,以推动青少年育成教育的发展。

关西电视台从20世纪80年代开始逐步走向国际化,1982年5月1日,关西电视台在瑞士日内瓦设立支局。1995年4月1日,关西电视台在上海设立支局。2010年3月关西电视台吉隆坡支局关闭。2011年,关西电视台与韩国文化放送(MBC)缔结友好协定。

关西电视台的电视剧及娱乐节目一直深受观众喜爱,1985年、1986年关西电视台成功达成年度收视"三冠王"。1994年,关西电视台连续10年达成视听率年度"三冠王"。除了对节目内容做出改变,关西电视台在技术上也紧跟时代发展。1989年,关西电视台制作完成大阪民营电视的第一部高清电视剧《雪之樱》(「雪の桜」)。1992年,关西电视台东京演播室竣工。1995年11月22日,关西电视台开设网站页面,登载播出的节目咨询。2003年12月1日,关西电视台数字电视开播。

关西电视台曾经也因节目造假遭遇危机。2007 年 4 月 19 日，关西电视台的《发掘！真有其事大百科Ⅱ》节目造假，关西电视台被日本民间放送联盟除名。2008 年 4 月 17 日，关西电视台重新加入日本民间放松联盟。

二、发展现状

关西电视台现总部位于大阪市，现任社长为福井澄郎，公司基本运营资金达到 5 亿日元，公司现有员工 579 名(截至 2014 年 4 月 1 日)。关西电视台除大阪的总社外还在东京设有支社，在名古屋设有支局。在海外只有在上海设有支局，在巴黎和柏林设有海外特派员。

关西电视台的节目涉及电视剧、音乐、体育、动画片和小视频等多个方面，但是主要以娱乐新闻为主。新闻节目有《KTV 新闻》(KTVニュース)、《FNN Speak》(FNNスピーク)等。综艺节目有《SMAP×SMAP》(由关西电视台东京分公司与富士电视台合作)等。体育节目有《BASEBALL LIVE 阪神虎及欧力士野牛直播比赛》《DREAM 竞马》(不定时)《大阪国际女子马拉松》等。电视剧方面，周一到周四晚上九点或十点是关西电视台电视剧播放时间，每天有不同的电视剧内容，每周进行更新。

图 50　关西电视台总部

三、报道特点

关西电视台在 2015 年提出了新的口号“超越吧，关西电视台”(“超越，関テレ”)，希望能够在新媒体不断更新的环境下继续前进，跟上技术的变化与革新。关西电视台立足于日本关西地区，希望能够为民众提供更有趣、更刺激的内容，从日本迈向世界，把信息更准确、更容易理解、更快速地传达给每一位受众。

图 51　关西电视台网站新闻页面

在新闻报道方面，关西电视台关注地方新闻，对关西地区发生的新闻事件每天都会有专门的报道，在网站上也有相关的文字和视频等。除了对关西地区的报道以外，关西电视台与富士电视新闻网共享新闻，在全国新闻方面关西电视台的新闻网站也直接与富士电视新闻网相连接。

四、涉华报道

关西电视台作为富士媒体集团旗下的地方民营电视，播出内容主要以娱乐节目为主，包括电视剧和各种综艺节目，受众多为关西地区的年轻观众。关西电视台在上海设有支局，但是主要负责商业和电视节目版权方面的运作，关西电视台还在巴黎和柏林派有特派员。关西电视台网站的全国新闻以及其他海外相关信息与富士电视台共享，网站链接可以跳转到富士电视新闻网，其对华态度与富士电视台相同，作为民营电视台，主要以消息传播为主，评论性内容较少。

每日放送 Mainichi Broadcasting System

每日放送(まいにちほうそう，英文名称为“Mainichi Broadcasting System”，简称“MBS”)的全称为“株式会社每日放送”。该台的地面电视识别呼号为“JOOR－DTV”，以日本近畿广域圈为放送区域，总部设在大阪府。每日放送成立于1950年，是日本第二家民营电台，后于1959年开设电视台，是日本为数不多的兼营广播和电视的民营放送媒体。电视台现在隶属于日本新闻网，为东京放送在大阪府的副局。①

一、历史沿革

1950年12月27日，“新日本放送株式会社”(New Japan Broadcasting Company)成立，简称“NJB”。② 1958年6月1日，新日本放送改名为“株式会社每日放送”，简称“MBS”。次年，MBS电视台正式开播。1960年，位于大阪府吹田市千里丘陵的每日放送千里丘放送中心完工，每日放送的节目录影场地移转至千里丘放送中心。

进入20世纪60年代，日本电视网络重新洗牌，曾经隶属于朝日电视台的每日电视台，于1965年5月2日加入由东京放送组织成立的日本广播网(Japan Radio Network，简称“JRN”)。次日，该台又加入由日本放送和文化放送组织成立的全国广播网(National Radio Network，简称“NRN”)。

1975年3月31日，每日放送所属的联播网有所改变：与每日放送同区的朝日放送决定改播ANN的电视节目，每日放送电视台改加入JNN，MBS电视台的核心局从综合电视台NET(日本教育电视台，今朝日电视台)改为TBS电视台。1986年3月，MBS电视台首次以立体声转播选拔高等学校野球大会，成为日本第一家实施立体声广播的电视台。1990年9月1日，位于大阪市北区的每日放送新总部兼放送中心完工，每日放送千里丘放送中心的部分功能移转至新总部兼放送中心。2011年9月1日，每日放送开播60周年，MBS更改为现在的台标。

二、发展现状

每日放送拥有自己的剧场以及数辆转播车，2009年开始启用直升机航拍设备，2014年2月更换了新的直升机。就像大阪地区的其他电视台一样，每日放送也有很多自己的吉祥物，也成功塑造了很多卡通形象。

每日放送的员工待遇很好，刚毕业的大学生月薪为266400日元(2013年4月数据，该薪水包括住房补贴)，相当于每月1.4万元人民币的收入，另外还有各种其他补贴和福利。为了防止夜间有紧急事件发生，记者、制作、技术等各部门的人员连夜值班，换班的制度一直延续至今。由于公司的福利好，很多女性员工都选择回家休产假，育儿假后再返回每日放送工作。

---

① 每日新闻会社介绍：http://www.mbs.jp/mbs/，检索时间：2015年10月4日。

② 每日新闻会社介绍：http://www.mbs.jp/mbs/，检索时间：2015年10月4日。

每日放送还承担起社会责任，在阪神淡路大地震发生后，每日放送设立专门的基金会，用于救助灾难中的人们。

三、报道特点

每日放送的总部位于大阪府大阪市北区。在京都、神户、名古屋以及德岛设有分局，在东京设有分社。每日放送的节目主要由七部分组成，包括：信息・纪录片，主要有每周日播出的《美丽的京都遗产》（美の京都遺産）、《直面》（face）等节目；综艺节目，主要有每周日播出的《林先生惊讶的初次听到》（林先生が驚く初耳学！）、每周二播出的《世界各地的日本太太》（世界の日本人妻は見た！）等；电视剧，每日放送会播放与东京放送合作制作电视剧；报道节目，如每周一到周五下午播出的《声音》（voice）等；动漫，自 1966 年《我系西瓜刨》（おそ松くん）作为 MBS 系列的第一部动画播放以来，每日放送就十分热衷于动画的企划制作，并与索尼旗下著名的动画企划公司 ANIPLEX 有着较好的关系；体育，主要对甲子园等比赛进行实况转播；音乐节目，主要有每周一到周五深夜播出的《赤鬼青鬼》、每周二深夜播出的《Kawaii Asia》等音乐类节目。每日放送在新闻报道方面主要与东京放送合作，隶属于日本广播网，主要负责日本关西地区新闻的播放。[①]

图 52　每日放送总部大楼

四、涉华报道

每日放送在中国上海设有海外分局，作为在中国的新闻报道活动中心。

在新闻报道方面，每日放送主要以关西地区和日本国内新闻为主。在每日放送的节目播出中，每周一到周五播出的新闻报道节目《声音》在特辑中经常会涉及与中国相关的内容。平均来说，每个月大概有两至三期特辑会涉及。相关报道例如《刺激中国人爆卖的网上攻略》[②]，该特辑主要提到在春节期间有大量中国游客赴日本采购，在中国的微博上有大量与日本商品相关的购物攻略，很多游客通过这些攻略购买物品；再如《在高野山祈祷的中国年轻人们！想更深刻了解传达日本》[③]，主要介绍了很多希望重新认识日本的中国青年，这些中国青年希望通过创办杂志等方式进一步了解日本。

每日放送的涉华报道主要以中日两国之间的联系以及互动为主，以特辑的方式进行呈现，特辑出现的频率也与两国之间的互动频率有关。比如，在春节期间，中日两国之间的文化、旅游等层面的交流很多，涉华报道的内容也相对比较多。整体来看，每日放送的涉华报道主要以客观事实为主，相关评论内容较少，没有明显的倾向和立场。

日本产业时报社 Sangyo Times, Inc.

産業タイムズ社
SangyoTimes, Inc.

日本产业时报社（Sangyo Times, Inc.）是以报道电子器件、商业设施、环境资源、工厂计划、医疗产业信息

---

① 每日新闻官网：http://www.mbs.jp/news_pgm/，检索时间：2016 年 4 月 3 日。

② 每日新闻官网：《刺激中国人爆卖的网上攻略》，（中国人の爆買い心をくすぐるネットの口コミ情報…仕掛け人に密着），2016 年 2 月 12 日，http://www.mbs.jp/voice/special/archive/20160212/，检索时间：2016 年 4 月 3 日。

③ 每日新闻官网：《在高野山祈祷的中国年轻人们！想更深刻了解传达日本》（高野山で“爆祈り”中国の若者が知りたい！伝えたい！ディープな日本），2016 年 2 月 19 日，http://www.mbs.jp/voice/special/archive/20160219/，检索时间：2016 年 4 月 3 日。

为主的产业新闻社。该社创办于20世纪60年代后期,最初对以重工业为中心的工厂设备投资信息进行报道,后紧随时代潮流,对与城市建设相关的前沿产业投资信息展开多角度报道。日本产业时报社的这些专业信息受到了很多读者的支持,其在近半个世纪的报道中确定了持续向读者提供设备投资信息的企业理念,并以提供综合服务信息为目的扩大发展。

一、历史沿革

"二战"以后,日本经济高速发展,东京奥运会的举办更促进了公共产业方面的投资。在这样的背景下,1967年,日本产业时报社正式成立,创刊并发行了以工厂设备投资为报道内容的《新产业通信》(后变为《产业时报》的前身,现在为《工厂计划情报》),该报的发行是产业时报社作为媒体发展的第一步。

从1972年到1983年,产业时报社不断拓展报道领域,先后创办了《都市开发情报》,开展以都市再开发为基础的大型楼层建设、宾馆、公寓、文化社区等各种商业设施的相关投资报道;《医疗产业情报》,报道医院、特别养老中心等医疗新增计划,报道受到好评后还特别推出了《医院计划纵览》等书籍;《商业设施情报》,详细报道全国流通行业的投资信息;《环境设备情报》,报道垃圾处理、再回收等设备相关信息;《外食产业情报》,关注各类食品外卖公司的生产计划、店铺地点等;《余暇设施情报》,报道游览地、休闲、娱乐、体育设施等信息。

1991年,产业时报社创办并发行了报纸媒体《半导体产业新闻》,该报是半导体界唯一以报纸形式关注并推动行业发展的媒体。1993年,产业时报社又创办并发行了报纸《商业设施新闻》,该报不断革新内容,对外卖、游览地、大厦、再开发等多领域进行报道。2011年,产业时报社为应对时代变化开始了电子媒体计划,全面改革主页并积极开办电子书籍、电子杂志。2015年,该社的《半导体产业新闻》全面革新,以新媒体的形式创办并发行了《电子器件产业新闻》。①

二、发展现状

如今,产业时报社总部位于东京都千代田区,现任社长为泉谷涉(いずみやわたる),公司资本金达到1000万日元,主要合作的银行有三井住友银行、瑞穗银行、三菱东京UFJ银行和朝日信用金库。

报社主要业务有报纸和杂志的编辑、制作、贩卖,各种产业相关书籍的编辑、制作、贩卖,举办研讨会、商务会议、活动,就企业经营、技术管理等进行技术指导,调查、分析业务,电子媒体的编辑、制作、贩卖。在公司分布方面,日本产业时报社除了在东京设有总部之外,在日本大阪、福冈设有分局,在中国上海和韩国首尔设有海外分局。

产业时报社现主要由六大部门组成,具体组织结构如表3所示。

表3

部门	具体部门	职责
编辑局	东京本社编辑部	负责大阪、福冈、首尔、上海四大分局的稿件以及日常新闻的采编。
	校正部	对日常编辑内容进行核对校正。
信息处理部	书籍部	书籍的出版和制作。
	新闻·信息部	承担报纸、信息杂志的制作工作。
贩卖部	贩卖部	负责报纸、信息杂志、书籍贩卖、工作。
广告部	广告部	负责公司的广告业务。
事业开发部	事业开发部	负责研讨会、活动、展示会、视察团、顾问、调差·分析、电子媒体业务。
管理总部	总务局	负责化学工业日报社的日常事务。

① 日本产业时报社会社概要:http://www.sangyo－times.jp/seminarDtl.aspx? ID＝44,检索时间:2015年11月17日。

三、报道特点

日本产业时报社目前总共发行了《电子器件产业新闻》和《商业设施新闻》两份报纸以及《环境资源产业信息》《工厂计划信息》《医疗产业信息》三份杂志并出版产业相关书籍。

《电子器件产业新闻》是日本国内唯一一份电子器件专业报纸，该报每周四发行，采取普通报纸的篇幅尺寸，版面由 10 页组成。主要报道对象是半导体、一般电子零件、平板显示器、太阳能电池、各种制造装置与电子材料等。该报从电子器件的视角出发关注汽车、医疗、机器人、航空等多个产业领域的最新动向并对其进行详细的报道分析。

《商业设施新闻》是该社发行的另一份报纸，该报每周二发行，采取普通报纸的篇幅尺寸，版面数在 8 页以上，主要报道零售商店、外卖店、服务类企业的开店计划、商业大厦的新增设计计划以及城市建设的最新新闻，除此之外也介绍照明等店铺设备的相关内容。

電子デバイス産業新聞
Electronic Device Industry News
電子デバイス新時代 25年に90兆円の巨大市場
日本の主役は電子部品
日系勢でシェア4割超
インタビュー
「20年に車載半導体で世界一」が目標
スーパー垂直統合で新製品多数投入
加藤 之啓 氏
電子デバイス産業新聞、15年1月22日発刊

图 53 《电子器件产业新闻》头版

《环境资源产业信息》是一本介绍绿色能源、绿色新政相关商业信息的周刊信息类杂志。该杂志创刊于 2010 年 1 月 26 日，现每周二发行，以 A4 纸大小为版面，胶版印刷，每本一般在 20 页以上。作为一本即时报道环境资源相关信息的杂志，其涉及环境资源的技术革新、设备投资、市场动向等自上而下多个领域。

《工厂计划信息》是一本以介绍制造业的设备投资为主要内容的专业信息杂志，主要关注全国工厂的最新设备、追加设备等内容。该杂志创刊于 1967 年 10 月，每周一、四发行，以 B5 纸为版面大小，内容在 10 页以上。除了工厂以外，物流部门、海外投资计划、建厂地址等企业投资动向也是该信息杂志的取材对象。近来制造业的设备投资有所减少，更突出了该杂志作为提供商业信息类杂志的价值。

《医疗产业信息》创刊于 1973 年 8 月，每周五发行，以 B5 纸为版面大小，内容通常在 16 页以上。该杂志充分利用产业时报社在东京、大阪和福冈的取材网，利用各个都道府县特别记者的原创文章，致力于把该刊打造成为报道日本医院和社会福祉设备相关的专业杂志。[①]

四、涉华报道

产业时报社作为日本专门搜集产业投资类信息的专业报社，对亚洲地区的半导体行业以及设备投资行业也有一定的关注，在中国上海设有海外分局，搜集中国产业设备相关投资信息以提供给日本读者。

产业时报社关于中国的产业信息主要以研讨会和书籍这两种方式进行分析说明，在报纸、网站上会刊登研讨会和书籍的具体信息，供读者参考。在研讨会方面，与中国相关的研讨会内容有“中国太阳能电池，淘汰后的获胜者为谁?”[②]这次研讨会于 2014 年 5 月 29 日在日本东京举行，主要针对于中国政府对于太阳能发电以及太阳能电池发展的新目标。与该类研讨会类似的研讨会还有“中国的电子技术行业将走向何方?”[③]、“中国的组合

---

① 日本产业日报社官网：http://www.sangyo－times.jp/shinbun/，检索时间：2015 年 11 月 17 日。

② 日本产业时报社官网：「中国太陽電池、淘汰後の勝者は?」(中国太阳能电池，淘汰后的获胜者为谁)，2014 年 5 月 10 日，http://www.sangyo－times.jp/seminarDtl.aspx? ID＝86，检索时间：2015 年 11 月 17 日。

③ 日本产业时报社官网：「中国エレクトロニクス業界はどうなる?」(中国电子技术行业将走向何方?)，2014 年 5 月 5 日，http://www.sangyo－times.jp/seminarDtl.aspx? ID＝87，检索时间：2015 年 11 月 17 日。

元件将如何发展?”[①]等。此类研讨会的内容以中国产业的最新情况为主,相关内容也会在产业时报社年终出版的书籍中有所体现。这些与中国相关产业信息以中国政府的最新政策为基础,参与研讨会的既有中国专家也有日本学者,为日本读者和与会者提供了与中国半导体等产业相关的最新信息。

日本电视网 Nippon Television Network

日本电视放送网株式会社由读卖新闻社创办于1952年7月,统称“日本电视台”(日本テレビ,Nippon Television Network),通常简称为“日视”(日テレ)或者“NTV”,是以日本关东地区为主要播放区域的无线电视台,也是日本最早成立、开播的民营商业电视台。

一、历史沿革

日本电视网是日本首家开始发展电视事业的民营广播机构,也是日本全国五大报之一的《读卖新闻》的“姊妹机构”,日本电视网自创立起就与读卖新闻有业务上的合作,读卖新闻社也一直是日本电视网最大的股东。创立初期,日本电视网希望建立以东京为中心面向全国的电视网,但是邮政省未批准,使得其广播范围限于关东地区。随着1966年建立的日本电视新闻网(NNN,Nippon News Network)以及1972年开始运作的日本电视网协议会(NNS,Nippon television Network System),日本电视网也开始构建起由NNN和NNS共同组成的全国性联播网络。

1951年10月,日本电视网开始申请电视广播执照,并于次年7月获得了日本第一个电视播放执照。1952年10月15日,日本电视放送网株式会社第一次股东大会召开,正力松太郎当选首任社长。10月28日,日本电视放送株式会社正式成立,注册资金为2亿5000万日元。经过近一年的准备,1953年8月20日,日本电视网开始发射试播信号。1953年8月27日,日本电视网拿到了电视广播的正式执照,第二天便开始正式播出。

开播之后,日本电视网对体育赛事的转播创造了良好的收视率。特别是1958年8月29日,日本电视网首次转播后乐园职业棒球赛巨人对阪神的赛事,以及1955年5月,日本电视网播出白井选手对佩雷斯选手的职业拳赛,取得高达96.1%的收视率。[②] 1959年9月,日本电视放送网株式会社股票在东京证券交易所上市。

1960年9月,日本电视网取得彩色电视广播的正式执照。1966年6月,日本电视网在日本武道馆独家播出披头士乐队(Beatles)公演,收视率高达56%。1976年9月,日本电视网节目《把握明天“小贵”的4745日》获得国际艾美奖纪录片奖,为日本电视网赢得了国际上的认可。1978年9月28日,日本电视网取得多声道广播实用化试验局执照,实现首次全球播放。1987年10月,日本电视网有线新闻开播。1989年8月,日本电视网高清电视广播正式播出。1995年7月,日本电视网开发的宽屏幕高清信号(EDTV-11)正式开播。1998年4月,日本电视网24小时新闻频道NNN24正式开播,该台采取有线卫星播放。1994年,日本电视网插播广告营业额登上民营广播公司首位。在这一时期,日本电视网通过文化娱乐活动不断提高自身知名度,不时组织、举办包括滚石乐队在内的大型演出活动,同时也通过不断推进技术革新来改变传播方式,适应新的传播环境。[③]

进入20世纪以后,日本电视网的发展更为多元,在继续不断推出文娱活动、扩大自身影响力的同时,也在数字播出和网络平台建设方面不断探索,在企业运营方面整合企业资源,组成控股公司。2000年12月,NTV

---

① 日本产业时报社官网:「中国デバイスはどうなる? 2013」(中国组合元件将如何发展),2014年4月5日,http://www.sangyo-times.jp/seminarDtl.aspx? ID=44,检索时间:2015年11月17日。

② 日本电视网官网:《日本电视网略史》,http://www.ntv.co.jp/info/history/ryakushi.html,检索时间:2015年10月11日。

③ 日本电视网官网:《日本电视网略史》,http://www.ntv.co.jp/info/history/ryakushi.html,检索时间:2015年10月11日。

BS数字频道开播。2003年1月,日本电视网地面波首次播放电影《千与千寻》,收视率达46.9%。到2003年时,日本电视网连续十年获得日本收视率"四冠王",被公认是日本最重要的电视媒体机构。2005年10月,日本电视网"日本电视台2台"开播,率先提供由电视台经营的正规互联网VOD随选视频服务。2011年3月,《NNN紧急特报》在地震后立即展开连续播报,特别节目《东日本大地震》(「東日本大地震」)长达76小时,成为日本民众关注灾情的主要信息源。2012年10月,日本电视网成为认证广播控股公司,日本电视网控股集团株式会社诞生。

目前,日本电视网的公司总部位于东京都港区东新桥,在大阪、名古屋等地设有分支机构,现任社长执行董事为大久保好男(おおくぼよしお)。

二、发展现状

日本电视网现总公司位于东京都港区新桥,另外还设有关西分公司和名古屋分公司。主要从事广播事业及一般广播事业、媒体事业和其他播送相关事业,现企业资本金达60亿日元(截至2015年4月1日),公司员工人数达到1232人(截至2015年4月1日)。日本电视网的广播网有NNN和NNS两个组织:NNN作为相互联播新闻的组织,现在有30家企业加盟;NNS主要向旗下各家电视网公司提供NTV的节目,现在有29家公司加盟。另外,NNS有共同事业委员会及媒体委员会两个委员会,该组织为促进相互团结及繁荣,服务于各家公司。[①]

图54 日本电视台总公司

NNN是以日本电视台为核心的电视联播网,是日本历史第二长的联播网。1966年4月1日,日本电视新闻网成立,核心成员是日本电视台和读卖电视台,成立时有18个电视台加盟。目前NNN共有30个成员,包括日本电视台、西日本放送、读卖电视台、中京电视台等,加盟台的数量位居日本第一。NNN在海外还设有北京中国总局、上海分局、纽约分局、巴黎分局、伦敦分局等11家总分局,连接NNN在海外的新闻传播网。1998年4月,NNN24正式开播,该频道24小时不间断播出新闻。

NNS成立于1972年6月1日,现在有29家广播电视局加盟,所有加盟NNS的广播电视局同时也加盟了NNN。20世纪80年代,富士电视广播网(FNS)一直有较高的收视率,进入90年代,为了与FNS对抗,NNS增加了多种多样的节目,收视率逐渐增加。以日本电视台为首,NNS广播电视网各台的收视率先后达到高峰。另外,专业棒球比赛巨人战也为NNS的收视率做出了贡献。日本电视台、读卖电视台、札幌电视台、宫城电视台、广岛电视台以及福冈放送都是NNS在各地的主要加盟台,播放NNS提供的综艺节目与电视剧。

三、报道特点

作为日本五大民营电视广播网之一,日本电视网的经营基本方针是在追求观众收视率的情况下努力制作品质更高的节目,在新媒体时代下积极的展,受众主要以年轻观众为主。

2012年10月,日本电视网成为认证广播控股公司,日本电视网控股集团株式会社诞生。日本电视网控股集团下属多个公司,包括读卖新闻社以及日本电视台、株式会社BS日本(NTV系列BS数字播放台)、株式会社CS日本(NTV系列CS数字播放台)、株式会社日本电视台技术资源公司(技术制作公司,专注演播室技术、转播技术、播送技术、EJ采访、剪辑、后期制作等)、株式会社日本电视台活动公司(专注体育事业、各项大型活动、日本电视台学院的营运等)等九家株式会社公司;下设株式会社日本电视台服务(电视节目联动的商品企划销

① 日本电视网官网:《日本电视网略史》,http://www.ntv.co.jp/info/outline.html,检索时间:2015年10月11日。

售、节目销售、保险代理店等)、株式会社龙之子制作(卡通动画的企划、制作以及卡通动画的企划、著作权管理等)、NTV 国际株式会社(以美国为据点,制作新闻报道、信息、体育等采访节目。国际媒体信息的收集与分析)、NTV 欧洲株式会社(以欧洲为据点,主要业务是制作当地的电视节目和美术展以及收集与分析国际媒体信息)等 28 家分公司;还有日活株式会社(专注电影企划、制作及发行,频软件企划、制作、销售及出租,并利用通讯卫星的委托播放事业)、黑剑电视节目制作股份有限公司(面向台湾、中国、东南亚制作电视节目及节目销售等)等 12 家关联公司;还有株式会社读卖·日本电视台文化中心及包括读卖日本交响音乐团在内的三家公益财团法人。

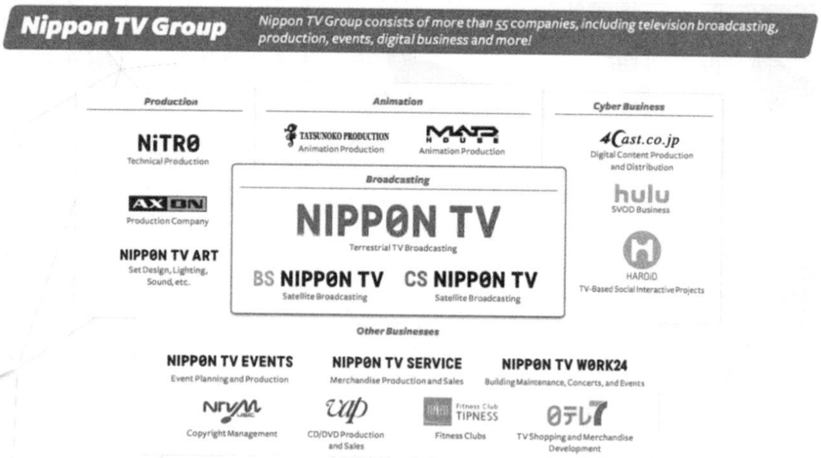

图 55 目前日本电视网的主要业务和机构

日本电视网官网:《公司介绍》,http://www.ntv.co.jp/english/an/nippontv.pdf,检索时间:2016 年 2 月 22 日。

从日本电视网集团株式会社的整个内部集团企业来看,其业务内容涉及新闻、娱乐、播送技术、节目制作、艺术活动策划等多个方面,活动区域涉及整个日本以及设立在海外的公司(NTV 国际株式会社、NTV 欧洲株式会社、黑剑电视节目制作股份有限公司),这为日本电视网更好地发展打造了广泛的资源基础,也使日本电视网的业务内容可以从多方面拓展,集团化的运营方式可以帮助日本电视网更好地适应当时的媒体环境,可以帮助其更快地发展。

在节目设置上,日本电视网的节目内容非常丰富,这也为日本电视网保持较高的收视率提供了保障。日本电视网的节目内容主要包括以下几种:新闻·情报类节目,包括特别节目和连续节目两种,特别节目包括战后 70 年以及舆论调查等,连续节目包括晨间新闻《ZOOM IN!! SUPER》、午间新闻《新闻最前线》、《真实时间》(NNN Newsリアルタイム)、《皇室日记》(日本皇室新闻节目)等;电视剧,日本电视网主要有三个电视剧播出时段:周三连续剧、周六连续剧以及周四晚间连续剧。日本电视网制作的连续剧大多在 10 集左右,每周更新一次,网站也会及时更新每周电视剧收视率;综艺节目,包括《嵐にしやがれ》《1 亿人の大质问! 笑ってコラえて!》《笑点》等。这些节目大都在黄金时段播出,还有其他一些在日本以外地区播出的综艺节目;体育节目,日本职棒比赛实况转播(以转播读卖巨人赛事为主)、东京马拉松、国际足联俱乐部世界杯、世界排球锦标赛、日本职业高尔夫锦标赛等;电影节目,主要是周五电影院,以播出日本电影和好莱坞电影为主;还有《名侦探柯南》《面包超人》《樱兰高校男公关部》等一些非常有名的系列动画片,也为日本电视网带来了良好的收视率。

四、涉华报道

作为商业电视企业,日本电视网的节目内容主要以娱乐节目为主,受众主要是年轻观众。其新闻广播网 NNN 在北京设有中国总局,在上海还设有一个分局,为日本电视网提供中国的最新消息与信息,其关联企业读卖新闻社也可以为日本电视网提供中国的新闻与信息。作为一家电视网,日本电视网的涉华内容主要有两个方面:一是涉华节目,包括与中国相关的节目以及在综艺节目中提及中国的内容;另外一方面则主要是在国际新闻中播出的涉华新闻报道。

在建台五十五周年(2008 年)时,日本电视网推出特别节目《女人们的中国》(「女たちの中国」)。节目介绍了中国不同女性的生活面貌,通过这些女性来反映中国的发展进程中不可小觑的女性力量。节目主持人历经一年走访了北京、上海、香港等地的众多女性,将中国社会的发展与女性联系起来,用特别的视角反映了中国的发展，包括近年出现的父母相亲等社会现象，内容十分亲切而有趣。

图 56　日本电视网综艺节目《有吉小组》

日本电视网新闻国际报道可以通过日本电视新闻网的“NTVnews24”网站进行浏览，在搜索栏中输入关键词“中国”可以搜索到与中国相关报道共 7621 条。[①]从数量上来看，网站平均每天发出三条与中国相关的新闻报道，在有突发事件或者与中日两国相关事件时，新闻数量会有所上升。从报道形式上来看，日本电视网的涉华报道主要以视频为主，内容主要以较为简短的新闻消息为主，包括对被采访人（中国或日本国家领导人）话语的转述以及对专家的采访等，有时也会邀请读卖新闻社记者对内容进行评价和分析。从内容上来看，日本电视网平均每天发布一条关于政治的涉华报道，内容涉及南海问题、岛屿问题、打击腐败等；发布一条关于经济的报道，内容涉及股票、市场等；还会发布一条关于文化社会的报道，内容涉及熊猫、中日之间的交流、奥运会等。

总体上，日本电视网的涉华报道以陈述消息为主，评论和涉及立场的内容较少。例如《从物价看中国》，该报道对中国城市物价进行了调查报道，以反映中国经济的发展与物价的变化。[②]

日本放送协会 Nippon Hōsō Kyōkai

NHK
Japan Broadcasting Corporation

日本放送协会（日文名为“日本放送協会”，罗马译法为“Nippon Hōsō Kyōkai”，因而简称为“NHK”，正式的英文机构名称为 Japan Broadcasting Corporation）是日本第一家根据《放送法》成立的大众传播机构，也是唯一一家公共广播电视机构。在日本众多广播电视机构中，NHK 是广播电视节目频道最多、覆盖面最广、拥有观众最多的广播电视机构。在国际媒体业界，NHK 具有很高的声誉，连续多年入选国际上具有极高影响力的《国际电视业》杂志评选的世界电视企业百强中的前五位。[③] 如今的 NHK 是亚洲规模最大、影响最大的公共广播电视机构，与美国有线电视新闻网、英国广播公司等并列为世界屈指可数的一流电视媒体机构。

一、历史沿革

日本广播电视业实施的是公共电视台和民间广播公司双轨制，NHK 则是日本国内唯一一家公共广播电视机构。NHK 的前身是东京广播电视台（Tokyo Broadcasting Station），创办于 1925 年 3 月 22 日。加上后来成立的大阪广播电台（1925 年 6 月）和名古屋广播电台（1925 年 7 月），三家广播电台于 1926 年 8 月合并成了一个全国性的广播电台组织，即日本放送协会。

1945 年日本战败，当时的 NHK 虽然是社团法人，但是受政府控制，仍是官办性质。1950 年日本政府公布

① 日本电视网官网：《日本电视网 news24》，http://search.news24.jp/news24/search/? encode=utf-8&keyword=%E4%B8%AD%E5%9B%BD&page=1&category=news&encode=utf-8&sort=match，检索时间：2015 年 11 月 29 日。

② 日本电视网 news24：「物価から見える『中国』」（从物价看中国），2010 年 10 月 12 日，http://www.news24.jp/articles/2010/10/12/06168481.html，检索时间：2015 年 11 月 29 日。

③ 薛洁：《论公共广播电视体制的优势——日本 NHK 经营模式分析》，《新闻知识》2004 年第 10 期。

图 57 1964 年,NHK 实况转播了东京奥运会

《广播法》,同年 6 月,社团法人日本放送协会解散,政府又根据《广播法》设立了特殊法人日本放送协会,确定其公共广播电视机构的性质,同时确立其法律地位。1953 年 2 月 1 日,NHK 电视演播室首次播放综合电视节目,开创了日本电视播报的新纪元。1959 年,NKH 教育电视台开始播出节目。1960 年,NHK 正式播出彩色电视节目,日本的电视节目进入了“彩色”时代。

随着电视技术的发展,特别是实况转播技术的出现和成熟,大大推动了电视观众人数的增长。1963 年 11 月,日本和美国之间首次使用卫星电视实况转播了美国总统肯尼迪被刺事件;1964 年 10 月,东京奥运会召开,这是世界上第一个“电视奥运”,NHK 首次运用卫星对奥运会进行了实况转播。1969 年,NHK 的超短波广播(FM)开始正式广播节目。1971 年 10 月开始,NHK 综合电视台的所有节目都开始进行彩色播放。1972 年 10 月,NHK 大厅建成并投入使用,也就是现在位于涉谷区的 NHK 放送中心本馆。

进入 20 世纪 90 年代,NHK 的发展主要体现两个方面:一是对国际传播的重视,寻求国际化发展道路;二是对新技术和媒体新发展的重视,开拓卫星电视和新媒体领域。NHK 积极开展面向世界的电视节目播出服务,1991 年 4 月开始以纽约为起点面向美国播出节目;同年 7 月又从伦敦开始向欧洲提供电视节目播送业务;1995 年 4 月,开始正式进行电视节目的国际播出;1998 年 4 月,NHK 世界频道正式启动。到目前为止,NHK 的国际电视已经覆盖了除非洲西部、南部以外的全世界所有地区,每天 24 小时全天候进行电视播放。其次,就推动技术提升来说,从 20 世纪 90 年代开始,NHK 推动了卫星电视在日本的导入和普及。1989 年 6 月,NHK 的第 1 电视频道和第 2 电视频道开始播出;2000 年 12 月,NHK 广播卫星数字电视开播;2003 年 12 月,NKH 开始提供地面数字电视广播;2011 年,电视广播完全实现数字化。①

二、发展现状

目前,除东京涉谷区广播电视中心本部以外,NHK 在全国的各都道府县共设有 54 个广播电视局,在海外的北京、巴黎、华盛顿等 30 个地方设有海外总支局。NHK 现任会长为籾井勝人(もみいかつと),共有员工 10242 人(截至 2015 年)。在日本国内,NHK 通过 4 个电视频道和 3 套广播节目提供电视和广播服务。NHK 的地面电视综合频道、教育频道和 3 套广播节目,主要提供新闻和教育类节目,还有其他一些家庭欣赏的娱乐节目等。另外两个卫星电视频道则通过灵活的编排,满足广大观众的各种兴趣和爱好。

图 58 NHK 东京总部

除此之外,NHK 环球广播网还面向海外提供各种广播和电视服务。NHK 环球广播网是 NHK 的

① NHK 网站:《NHK 的沿革与放送史》,http://www.nhk.or.jp/info/about/intro/history.html,检索时间:2015 年 10 月 31 日。

图 59 NHK 环球广播网

NHK World 网站:《国际放送 80 年》,http://www.nhk.or.jp/intl80th/ja/chronology/,检索时间:2016 年 2 月 22 日。

对外广播电视服务,其通过电视、广播、互联网向世界提供新闻和各种信息。播出内容包括:NHK WORLD TV(国际电视频道),以英语为播出语言,通过 3 颗卫星向世界各国的观众,全天 24 小时传递日本、亚洲和世界的最新资讯;NHK WORLD PREMIUM,提供日语电视节目,全天 24 小时向世界各国的闭路电视台和卫星电视台等提供节目,包括 NHK 新闻、资讯节目、娱乐节目、少儿节目、体育节目、文化和演艺节目;NHK 环球广播网·日本国际广播电台,用日文、中文、英文等 18 种语言,面向全世界播出,每天累计播出 58 小时 40 分钟的广播节目(各语言节目播出时间不同);NHK 环球广播网·互联网站,18 种播出语言均设有网站,提供新闻和各种节目,内容包括视频、音频、文字稿、手机网页、日语讲座等各类服务(各语言网站内容设置上有所不同)。①

在 NHK 新制定的经营计划里,主要提到三个方面的内容:第一是继续坚持 NHK 公共放送的基础,在收费制度的基础下公平、公正地进行报道。在广播和通信融合的时代下,NHK 将继续朝着"公共媒体"之路前进。第二是强化国际报道,在媒体环境日益变化的时代下,NHK 必须以强化国际内容、灵活运用网络为重点,把关于日本的信息积极而准确地传达给世界,加强世界对日本的认识。基于这一目标,NHK 将重点强化英语国际电视,发挥把日本和世界连接起来的公共媒体的积极作用。第三是创造更加多元的平台以传播信息服务,为了在 2020 年使广播电视服务达到世界最高水准,NHK 将更加灵活地运用网络提供更新的服务、更好的视觉效果,积极努力为观众和听众提供有价值的信息服务,更多样的形式推进 NHK 的发展。NHK 预期在 2017 年末实现"支付率 80%""卫星合作率 50%"的历史新高度。②

三、报道特点

从所有性质来说,日本放送协会属于公共广播电视机构。1950 年,政府根据《广播法》条款重建 NHK,明确了其不同于商业台的公共机构性质。在财政收支上,NHK 不能像商业电视台一样依赖广告收入,其收入的 97%来自于视听费,其余来自于政府补贴。NHK 每月的电视节目收费标准为:收看普通电视节目的家庭每月缴纳 1260 日元,若包括卫星电视在内,则需每月缴纳 2230 日元。视听费制度为 NHK 实现公共广播电视机构的定位奠定了基础,也使 NHK 在总体上能够保持较为客观、公正的态度。③

NHK 的决策机构是经营委员会,对有关 NHK 经营管理的基本方针和内部管理做出决策,包括年度预算、运营计划和基本的节目编排计划等。经营委员会由 12 名经验丰富的管理者组成,委员任命需要经过众议院和参议院两院的同意,并由首相任命。而这一点也使 NHK 进行在一些报道时,被指责带有半官方色彩。经营委

① NHK 网站:《NHK 概要》,http://www.nhk.or.jp/info/about/intro/summary.html,检索时间:2015 年 10 月 30 日。

② NHK 网站:《NHK 経営計画 2015—2017 年度》,http://www.nhk.or.jp/pr/keiei/plan/index.html,检索时间:2015 年 10 月 30 日。

③ 丁汉青:《NHK 的经营管理》,《青年记者》2005 年第 3 期。

员会对会长以下的员工业绩以及工作目标进行评价，以加强执行部对内部的管理工作。从 2008 年起，为强化内部管理并对经营委员会的权限进行限制，NHK 设立了新的组织监察委员会，由经营委员会中的 3 名成员构成，对经营委员会的职务进行监督，同时对执行部的职务执行进行监督。这样的组织结构保证了 NHK 各部门在工作中各司其职、互相监督，也正是这样的管理经营体制促进了 NHK 作为公共电视台的发展。

除公共广播电视中心以外，NHK 还有 13 家子公司，包括 NHK 出版、日本国际放送等；4 家关联公司，包括卫星放送系统等；9 个关联公益法人，包括 NHK 交响乐团等团体。关联团体的从业员工数达到 6365 人，2014 年度收入(除日本放送协会健康保险组合、日本放送协会共济会以外)达到 2967 亿日元，与 NHK 之间的交易收益达到 1705 亿日元(占 57.5%)，除 NHK 以外的收入达到 1262 亿日元(占 42.5%)。①

NHK 的播送内容较为综合，涉及新闻、影视剧、教育、音乐等多个方面。总体上，由于不受商业广告的影响，NHK 的节目内容较为严肃，每年会推出基于历史的《大河剧》。与此同时，NHK 的纪录片在全国乃至全世界都很有影响力。由于内容较为严肃、正统，与商业电视台相比比较缺乏娱乐性，新闻报道方面力求准确、公正，注重实效性，NHK 节目的观众群主要集中在中老年，年轻人则对商业电视台的节目更感兴趣。在新闻报道方面，NHK 主要由《各地新闻》《特写现代》《国际报道》《解说委员会》《经济前线》《手语新闻》等节目构成，此外，NHK 也推出新闻网站，及时更新日本国内与国际新闻。

相对其他电视机构来说，防灾、减灾报道是 NHK 的一大特色。根据日本灾害对策基本法，NHK 作为公共媒体机构，是唯一指定对地震、海啸等自然灾害以及威胁生命和国民生活等非常事态进行报道的机构，这也是 NHK 作为公共电视台最大的使命之一。在 2011 年 3 月东日本地震发生时，NHK 在地震发生 2 分钟之后开始播报临时新闻，利用综合电视台向全国播出关于震后的电视和节目，一个月内播出时间达到 571 小时 52 分钟。NHK 作为公共电视台，在灾难报道方面报道及时，时效性强，综合播报全国各方面的内容。

从受众的角度来看，由于 NHK 的主要收入源于收视家庭缴纳的收听费，所以 NHK 在电视节目制作上更加立足于受众，尽量从各个渠道提供不同的新闻和信息。NHK 的"放送方针"规定，NHK 作为公共广播电视机构，言论自由受宪法保障，以提供公平、公正、优质而丰富的电视节目内容，推动日本民主主义的发展和文化进步。为了能够实现这一目标，NHK 作为报道机关要坚定不偏不党的立场，确保电视节目编辑自由不受干涉。

四、涉华报道

作为亚洲规模最大的公共广播电视机构，NHK 十分重视与亚洲各国，特别是中国的交流与合作。NHK 在北京设有总局，还在上海、广州、香港和台北设有支局，为 NHK 在中国取材报道提供了便利。其中，广州分局成立于 2004 年 7 月 21 日，是海外电视台在广州设立的第一家办事机构。NHK 在广播、纪录片等方面与中国都有合作，与中央电视台也签订了新闻交换协议。

NHK 环球广播网电台设有华语广播节目，是日本媒体中唯一的华语国际广播。每天从东京分 6 次，共计播出 2 个小时 50 分钟的节目(傍晚和夜间每次 30 分钟，早晨 20 分钟)，为中日两国间增进理解、加深友谊发挥了重要作用。广播内容包括日本国内外新闻、各类资讯节目以及日语讲座等，涉及层面广泛，内容丰富多彩。从 2011 年 4 月起，NHK 新设《简明日语》《学做日本菜》和《魅力日本新天地》节目，并定时播出。此外，NHK 的华语国际广播开设有中文网站，可随时在线收听新闻和节目、阅读新闻稿、收看包括新闻在内的视频节目。在没有广播节目播出的时间段里，网站也会及时更新文字新闻内容。

NHK 作为日本最大的广播电视机构，以制作纪录片著称的，并一直对中国很关注，今年更是制作了多部与中国相关的纪录片，这些纪录片在日本国内和中国都引起了广泛的关注。从 1974 年开始至今，NKH 制作了超过 5000 期关于中国的节目。纪录片《丝绸之路》是 20 世纪 80 年代中日关系"蜜月期"的产物，作为中日两国文化交流的一个项目，NHK 与中央电视台合作，一起深入中国腹地及近东地区拍摄。这部完成于 1981 年的纪录

① NHK 网站:「NHKの関連団体」，http://www.nhk.or.jp/kanrenjigyo/，检索时间:2015 年 10 月 30 日。

图 60　2005 年 NHK 重新发行的中日合拍纪录片《新丝绸之路》

片一经播出，就引起国际上对“丝绸之路”的热议。1994 年，为了介绍中国的改革开放发展进程，NHK 制作了特别节目《中国 12 亿人的改革开放》，在 11 集内容中介绍了中国改革开放总设计师邓小平，介绍了中国上海、广州、沈阳等城市，展示了中国经济发展的成果。在奥运会前夕的 2007 年 7 月，NHK 播出了精心制作的电视系列纪录片《激流中国》系列，内容包括中国贫富差距、中国教育现状、“十七大”、青藏铁路、物权法、医保制度、中国企业走向世界等内容。其中，前两集关于贫富差距的内容较为消极，观点较为负面，《激流中国》涉及较多的敏感话题，挖掘了中国经济发展过程中的各种社会矛盾，在日本引起了强烈的反响。此外，还有《改革开放秘话前后篇》《我的朋友们》《外面的世界：北京第一代打工人》等一系列关于中国的纪录片，这些纪录片关注中国政治问题，也关注中国普通老百姓的生活，涉及政治、经济、文化等各个方面的内容，总体上反映了中国的社会现实，但是由于是外国人的拍摄视角，所以在有的方面观点较为消极，也存在一定的偏差，但是这是日本了解中国的一个窗口。

在 NHK 的公司网站上可以进一步登陆 NHK 的新闻网站，其中的国际新闻一栏刊登了 NHK 每天关注的国际新闻报道，并且配有文字和视频。以日文关键词“中国”进行搜索，可以得到近三天内关于中国的新闻报道。在数量上，NHK 每天大约有 10 条左右与中国相关的新闻报道，在中日相关事件发生时，每天与中国相关的报道可能达到十七八条左右。在报道形式上，NHK 的国际新闻报道主要以消息为主，评论内容较少，通常在文章结尾处有一两句简评。另外，NHK 的解说委员会有时会就中日关系进行评论解说，通常是在重大事件或者历史纪念时制作相关专题。在消息源上，NHK 关于中国的新闻报道主要是 NHK 自采的新闻信息，但是在涉及个别社会新闻和反腐事件上会陈述新华社的内容。在议题上，NHK 的新闻报道涉及政治、军事、领土、经济、文化以及社会各个方面，其中涉及经济的内容最多。基本上，NHK 每天发布的涉华报道中都有与中国经济相关的内容，主要包括中国的股票、原油、市场以及汽车等内容。除此之外，有关中日领土以及东海、南海资源问题也是受关注的焦点，在东海问题的报道上，分别有日本政府官员、中国外交发言人以及日本在野党不同立场的消息，但是内容主要以陈述各方话语为主，涉及自身立场较少。在文化方面特别关注与熊猫相关的新闻议题，在社会方面主要报道较为负面的消息，例如“国内电梯事故”和“飞机内纵火事件”等，虽然都是以陈述事实为主，但是都选取的是负面新闻事件。

总体上，NHK 涉及中国的新闻报道在呈现上尽量以事实为主，不大直接表露立场和态度，但是在新闻内容的选取上则以负面新闻较多。除此之外，NHK 的涉华报道较为关注与日本相关的中国新闻，特别是中日两国之间关系的新闻。

纤研新闻社 The Senken

纤研新闻社（The Senken）是专门提供时尚行业相关商业资讯的新闻社，为日本时尚业界提供相关的新闻资讯。该社主要发行日刊《纤研新闻》和期刊 *Senkenh*，另外，该社还从事出版行业以及时装咨询服务，是一家以提供时装资讯为主的专业新闻社。纤研新闻社紧抓时装行业最新动态，并在通信技术不断革新的时代，改变新闻社形式，在以报纸为信息传播的基础之上，充分利用网络发布信息，纤研新闻社在日本时装商业界很有影响力。

图 61 2014 年度纤研新闻社百货店买家奖证书

一、历史沿革

纤研新闻社的前身是创建于 1948 年 7 月 20 日的财团法人纤维经济研究所，该研究所在 1950 年 3 月发行了《纤研·行情速报》，开始介绍服装市场信息。1956 年 2 月正式设立纤研新闻社，并在同年 4 月将报纸名变更为《纤研新闻》发行出版，作为提供时装商业相关资讯的专业报纸，该报从 1963 年开始由朝日新闻社提供印刷、发行和配送等业务。

在发展过程中纤研新闻社还提供了一系列奖项推动时尚业的发展。1970 年该社设立纤研奖，主要奖励在纤维、成衣制造商、零售业中对时装行业发展有贡献的个人、团体和企业，日本文化服装学院、信州大学的纤维学部等先后获得过此奖。该社还于 1982 年 9 月 10 日《纤研新闻》发刊 1 万份时设立百货店买家奖，该奖项对各个百货商店推荐的品牌和商品进行选拔奖励。另外该社还先后设立了纤研流通广告奖、开发商大奖等，奖励在各个方面对时装行业有贡献的个人或组织。[①]

二、发展现状

纤研新闻社现总部位于东京中央区，现任社长为白子修男。该社基本运营资金约 2200 万日元，工作员工约 200 人。除了在东京的总部之外，纤研新闻社还在日本的大阪、名古屋、京都设有分社，在九州设有支局。在海外方面，该社在上海设有唯一的海外分局，在时尚前沿地区巴黎、米兰、伦敦、马德里、纽约、旧金山和首尔都布有海外通信网。

图 62 纤研新闻网站

纤研新闻社官网：http://www.senken.co.jp/thesenken/，检索时间：2015 年 11 月 25 日。

纤研新闻社的目光聚焦于日本和世界的时装界，主要从事的业务有五个方面：第一，刊发与时装界咨询相关的报纸、杂志，包括日刊《纤研新闻》、隔月发行提供季节信息的 *Senkenh*；第二，出版事业，包括与时尚行业相关的书籍的出版、时尚品牌指导等；第三，咨询服务，提供与时装相关的咨询业务；第四，举办纤研时装界交流会，该交流会由 100 家以上的企业组成，定期举办早餐会及研讨会，除此之外该社还组织各种行业交流活动；第五，提供人才录用信息，该社还面向日本时装人才，提供求职、工作相关信息。[②]

三、报道特点

纤研新闻社发行的主要报纸是《纤研新闻》，该报是提供时装行业综合信息的专业报纸。《纤研新闻》的内容涉及企业动向、市场数据、市场分析和人物介绍等多个方面，从各个视角洞察时装界的最新发展。该报主要通过朝日新闻社贩卖部流通发行并配送至订阅用户家中。

《纤维新闻》每周一至周五发行，采用普通报纸版面大小，每份由 12 页组成，版面主要由 7 个部分组成。

综合面：首页是《纤研新闻》最重要的部分，从欧洲时装会的报道到服装、首饰等的最新趋势，再到零售市场的变化、丝和布料以及海外生产动向，《纤研新闻》聚焦于纤维与时尚领域。首页新闻不分种类，选取当日最热

① 纤研新闻社官网：http://www.senken.co.jp/corporate/profile/，检索时间：2015 年 11 月 25 日。
② 纤研新闻社官网：http://www.senken.co.jp/corporate/profile/，检索时间：2015 年 11 月 25 日。

新しい価値を見つけたい
繊研新聞
製造発注から小売・ECまでを一元管理
NBS Professional for Apparel

图 63　2015 年 8 月 15 日《纤研新闻》头版

门的时装信息进行报道；第二面主要刊登业界的议论话题以及热点新闻；第三面为经营面，关注企业的经验战略，对业界关心的问题进行分析报道，刊登重要采访内容。

趋势 · 时装发布会：最后一页刊登最近一个季节的时尚趋势，也是最重要的版面之一。除了对巴黎、米兰、东京等世界时装发布会进行报道以外，还会介绍知名设计师、话题品牌和店铺工作人员的采访，提供多彩的新闻内容。

零售店信息：该版面旨在为服装零售店主提供有用的信息，内容包括店铺运营的方法、如何提高销售额的咨询、扎根于地域的店家如何变为专业独立店铺、商业设施的动向等，通过这些内容来帮助时装零售店运营，该版面从周一到周五隔日出版。

知 · 趋势：该版为大家解说每个季节的热点话题，除了《热点新闻》《话题追踪》《想知道更多》这些栏目，还有追问企业的《我这么想》、介绍纤维素材历史与特征的《素材故事》等栏目。

服装 · 商品 · 零售：该版面主要介绍国内外大型、中型企业的服装、时尚产品的制造商以及服装批发企业、百货店、贩卖店、专卖店、网上贩卖店等时装商品的流通和与此相关的企业、市场的动向。

素材 · 制造：该版面主要介绍合成纤维的制造商，纺织、染色工厂，纤维产地，商社等，并报道时装的素材与服装制作相关企业、商品以及市场情况的相关内容。

新兴 · 个性派：该版面每周一、周三、周五刊载，主要介绍新兴的时装企业与个性的品牌、新的设计师、令人瞩目的潮流等，也会对将有很大波动的企业等进行报道。[①]

四、涉华报道

日本纤研新闻社在中国上海设有唯一的海外支局，以获取与中国时装行业相关的最新资讯，除此之外，纤研新闻社还成立了纤研时装资讯有限公司。纤研新闻与《中国纺织报》在 2013 年 3 月达成了资讯互换和共享协议，《中国纺织报》定期出版“国际 · 日本”专版。

图 64　纤研新闻社 2004 年出版书籍

纤研新闻社涉华报道的主要内容集中在时装行业，在纤研新闻社官网的搜索栏以“中国”为关键字，可以搜到 1006 条相关信息[②]（截至 2015 年 11 月 25 日），这些信息以新闻报道为主，还有部分书籍出版信息。

在新闻报道方面，该社注重对中国时装业相关的行业、中国经济的发展进行报道，也关注中国在经济方面最新发生的热点，把热点与服装产业相结合，是该社的特点。例如，上海分局发出的报道《天猫再创历史新高 1 兆 7600 亿日元》，该报道首先介绍了今年“双十一”中国网络电商的活动，阿里巴巴集团创下了 912 亿 1700 万元的营业额，与去年相比上涨了 60%，而文章最后特别关注了时装行业的销售情况，Nike、杰克琼斯、新百伦、太平鸟等

① 纤研新闻社官网：《新闻特征》，http://www.senken.co.jp/subscribe/feature/，检索时间：2015 年 11 月 25 日。

② 纤研新闻社官网：搜索栏，http://www.senken.co.jp/? s=%E4%B8%AD%E5%9B%BD，检索时间：2015 年 11 月 25 日。

服装品牌的销售额位居前列。[①]除即时新闻以外,该报也有相关评论,如《这个、那个》,这篇文章主要对在日元贬值后中国游客在日本大量购物的事件进行评论,标题的“这个、那个”就是形容顾客购买时的状态,文章指出那些还没有进驻中国的日本品牌很有人气,更多的商铺也在申请免税来吸引中国顾客,文章特别指出,无论规模还是知名度,日本商家今后要想拓展业务是不能忽视中国观光客的。[②]

另外,日本纤研新闻社还出版了与中国时装行业相关的书籍,如 2004 年 9 月出版的《日中共生新时代——中国时装行业最前沿》,2004 年末,中国开始遵循 WTO 的规则,试行贸易自由和对外开放,该书以此为契机向日本读者提供中国布料、成衣、流通以及零售等各个方面的最新信息。

综上所述,日本纤研新闻社在涉华报道方面十分具有专业特色,内容较为客观,主要以商业新闻资讯为主,结合中国经济现状介绍时装业界相关内容,有助于时装业界人士了解中国情况。

时事通信社 Jiji Press

JIJI PRESS

时事通信社(Jiji Press,简称“时事社”)是日本第二大通讯社,与共同社并列为日本两大通讯社。时事社创立于 1945 年 11 月 1 日,是由日本战败后的原同盟通讯社的经济报道部门改组而成。时事社作为日本第二大通讯社在日本国内外有着丰富的取材网络,国内设支社、总支局共 75 处,海外设支社、总支局共 28 处,时事社为读者提供日本和国际新闻,为用户提供丰富的信息产品。

一、历史沿革

1888 年创办的时事社被认为是日本最早的通讯社,得到政府的支持。1892 年 5 月,该社兼并新闻用达公司改名为帝国通讯社。“二战”开始以后,日本政府勒令停办所有通讯社,把日本电报通讯社和日本新闻联合社合并组成日本“二战”时唯一的通讯社——同盟通讯社。战后驻日盟军对同盟社不断施加压力,当时的同盟社社长古野伊之助(ふるのいのすけ)决定解散同盟社。

1945 年 11 月 1 日,同盟社被改组为企业化的股份公司时事社和非营利的社团法人共同通信社。时事社继承了同盟通信社的经济通信部门,当时的运营基本资金为 10 万日元。为拓展国际新闻业务,时事社在 1948 年先后与路透社和经济通信社签订合约,1949 年与法新社签订合约,与上述通讯社之间互换信息。1951 年,时事社开始向海外派遣特派员。1952 年,时事社正式开始面向海外开展英文信息服务,刊发以行政为主题的《官厅速报》,并且开始进行现场直播报道;1953 年,时事社又创办了以海外日本人为对象的杂志《时事速报》;1980 年,时事社又与新华社签订报道互换协定。这一时期是时事社的发展初期,主要与海外著名通讯社达成互换信息条约,开始发行报刊、杂志,在战后混乱的时期发挥了海外信息源的重要作用。

以 1964 年东京奥运会为契机,时事社开始面向大众媒体开展广泛的信息服务业务,与共同社之间逐渐变为竞争关系。由于民间通讯社从媒体得到的收入较少,时事社开始把目光投向金融机构的信息服务领域。1965 年,时事社与德新社开始合作;1968 年,时事社在东京—名古屋—大阪之间开设专用线,增强新闻信息传送的能力;1982 年,时事社开始启动面向报社的信息发稿系统,并于当年获得年度新闻协会大奖;1986 年,时事社开始以电子媒体为平台提供金融信息服务。

---

① 纤研新闻社官网:「天猫、史上最高の1 兆 7600 億円」(天猫 1 亿 7600 万日元创历史新高),2015 年 11 月 13 日,http://www.senken.co.jp/news/management/tmall-uniqro-151113/,检索时间:2015 年 11 月 25 日。

② 纤研新闻社官网:「これと、これを」(这个,那个),2015 年 10 月 20 日,http://www.senken.co.jp/column/metemimi/china1020/,检索时间:2015 年 11 月 25 日。

20世纪90年代开始，时事社创办了很多面向企业和政府的专门信息服务，同时不断探索、创新新闻发稿系统，更加注重出版行业的发展，刊发了《世界周报》等著名杂志。1989年，时事社开创了商品信息服务“J－COM”；1992年开创了行政信息服务“JAMP”；1993年开创了证券信息服务“PRIME”；1996年开创了针对企业和政府的信息服务“JNW”；2000年开创了网上行政信息服务“IJAMP”；2011年导入体育记录发稿系统。为与主要竞争对手共同社差别化，后期时事社主要向日本经济界提供行情信息，向政府部门提供参考信息，同时经营图书出版，但是两家通讯社之间的竞争一直很激烈。①

二、发展现状

与共同社的社团法人性质不同，时事社是股份有限公司。目前，时事社的总部位于东京中央区，现任社长为西泽丰(にしざわ ゆたか)，基本运营资金为4亿500万日元左右，共有员工855人。

时事社在国内设有札幌、仙台、大阪、名古屋、广岛、福冈6家支社和横滨、静冈、京都、神户等6家总局以及千叶、成田、奈良等68家支局。这些分支机构共同构成了时事社在国内的信息通讯网，为时事社及时提供国内最新的新闻信息。在海外分支机构方面，时事社在亚洲的北京、上海、新加坡等共设有12家总支局，在大洋洲的悉尼设有总局，在中东的开罗和耶路撒冷设有总支局，在欧洲的伦敦、巴黎等共设有7家总支局，在美洲的纽约、圣保罗等共设有6家总支局。这28家总支局构成了时事社在海外的通讯网，为时事社及时提供国际新闻。此外，路透社、法新社与道琼斯等是时事社的特约国外通讯社。②

图65 时事社大楼

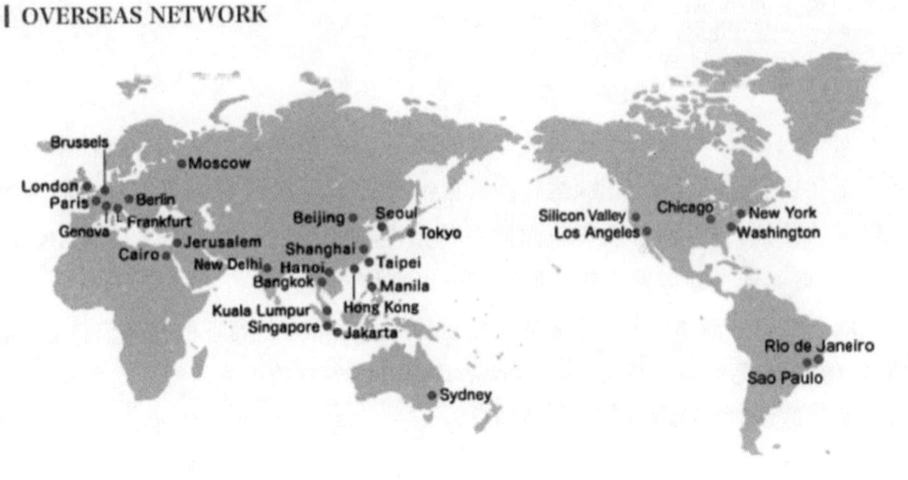

图66 时事社的海外机构分布

图片引自时事通信社网站：http://www.jiji.com/c_profile/about_us.html，检索时间：2015年8月20日。

时事社不仅向通讯社提供新闻，同时还经营着各种信息服务。时事社开设的网站“jiji.com”，每月约有1000万用户访问。该网站是日本为数不多的新闻信息网站，及时提供国际新闻和贴近生活的主题报道。时事社还在日本东京的成田机场登机口和到达口处配有电子浏览板，通过电子浏览板进行照片速报，并提供英文版内容、播出世界遗产特辑等。此外，时事社还运营手机客户端新闻，使重要的新闻能及时传递给客户端用户。该社在金融机构柜台设立电子板以提供股票指数等市场信息，这对于包括银行在内的金融机构来说也是一种公关媒体。水产公司信息是时事社特有的信息服务，其渔业相关信息主要包括渔港的捕鱼量及鲜鱼市场情况等。

时事社的新闻信息源主要来自于本社的各编辑部门，本社编辑部门通过国家的记者俱乐部(包括首相官

① 时事通信社网站：《时事通信社沿革》，http://www.jiji.com/c_profile/enkaku.html，检索时间：2015年10月28日。

② 时事通信社网站：《时事通信社沿革》，http://www.jiji.com/c_profile/enkaku.html，检索时间：2015年8月20日。

邸、警察厅、财务省等的记者俱乐部)获取信息。时事社国内的支社和总支局主要通过地方的记者俱乐部、海外总支局(包括伦敦、纽约、北京、新加坡等)、外国协作通信社(包括路透社、法新社、新华社等)、外部数据(包括证券、商品交易所、银行、商社、批发市场等)获取信息。这些信息经过编辑之后将提供给各类用户:图片提供给报社、广播电台以及门户网站,金融与证券情报提供给银行、证券公司、商社、保险公司政府机关以及制造商,行政情报提供给中央省厅和地方自治体,商品情报提供给商品贸易公司、商社、制造商以及关联企业,企业新闻提供给商社、物流、制造商以及政府机关,短消息提供给机场、车站,海外消息以及英文新闻提供给企业、在外公馆、合作外国通讯社、国内外报道机构,专门通信(金融、地方行政、税务、教育、福祉、医疗等各领域的专门新闻信息)提供给政府机构、金融机构、各种团体企业、医疗机构、学校以及个人。

时事社除了提供各方面的信息以外还通过一些关联团体以及企业进行讲座、舆论调查、出版事业以及综合调查等涉及多方面的业务。关联团体包括内外情势调查会,主要以全国各地的领导为会员,开展国内外诸多问题的讲座,讲师由内阁总理大臣、实力政治家、日本银行总裁、经济团体首脑、主要国驻日大使、国内各地自治体首长以及涉及政治、经济、国际、防卫等各领域内的专家构成。地方行政调查会成立于1975年,是以国家和地方自治机构为会员的调查团体,进行利于行政和财政运营的各种调查。中央调查社,成立于1952年,是日本为数不多的舆论调查专门机构,在全国各地有超过750名调查员提供准确的数据,以时事社调查室和原国立舆论调查所为基础建成,作为被总理府认可的社团法人,设立了舆论调查、社会调查和市场调查的专门机构。时事社照片部,向国内外书籍、杂志、网站以及电视台提供照片。时事综合研究所,对地域政策、国际情势、范围问题提供综合智库。时事通讯出版局,是从时事社的出版社独立出来的综合出版部门,开展一般书籍的出版活动以及教师员工的培养活动等。

三、报道特点

对于通讯社来说,报道新闻最重要的就是快速和准确。对于时事社来说,特大新闻首先发出特急稿,直接播出事实内容作为第一报道,然后再根据情况针对事实内容有角度地进行二次报导、三次报导,使采访的内容可以最快传播,一方面将最新新闻同时传给全国报纸、地方报纸以及NHK、民营广播电视等约140家合作媒体,另一方面通过新闻网络使一般读者可以直接阅读。

时事社报道活动中另一重要的支柱是针对金融等专门行业的实务信息服务:从金融、证券市场的动态,到工业品、谷物、水产品等商品行情,再到中央省厅以及地方自治机关的行政动向等。时事社向日本国内传达欧美主要金融市场的最新消息,这些信息可以瞬间传达给市场参与者,所以这类金融信息的服务往往是“一秒之争”。

时事社海外的采访网由30家总支局特派员组成,同时与路透社、法新社等国际通讯社合作,每天从全世界获取大量新闻、照片,并向契约社发稿,另外还将日本的政治、经济、社会等相关新闻用英语向海外媒体发稿。在跨越国境提供信息交换的同时,时事社实践着自己的基本方针——“把世界的动向传递给日本,把日本的声音传播到世界”。

四、涉华报道

时事社的第一任社长是长谷川才次(はせがわ さいじ),是一名极右分子,在报道上坚持反共、反华,引起了社内职工的不满。1971年7月,长谷川被迫辞职,佐藤达郎(さとたつろう)出任社长。从此以后,时事社的报道内容和对华态度都有了明显的变化,同中国的关系也逐渐有了改善。1978年6月,佐藤达郎辞职,由大畑忠义(おおはた・ただよし)任社长。大畑于1979曾率代表团访华,同新华社之间建立了初步业务合作关系。

目前,时事社在中国的北京、上海、香港和台北设有总支局,在北京派有常驻记者。城山英巳(しろやまひでみ)在2002年至2007年期间为时事社北京特派员之一,并从2011年8月开始再次被派往北京。他曾在2013年获得日本记者上田奖,对中国的政治报道较多,关注中日之间钓鱼岛争端等问题,还著有书籍《中国共产党〈天皇工作〉秘录》,对中国政治、社会、军事等领域的报道较多。

时事社的《时事速报》部分把海外新闻分为亚洲、美洲、欧洲和大洋洲四大部分。在亚洲版块，可以看到关于中国的《上海·华东版》《北京·华北版》《广州·华南版》和《香港版》四个版块的内容，每个版块都是通过独立网页呈现相应区域的新闻内容。以《北京·华北版》为例，其内容主要由《中国头条新闻》《中国·经济》《北京·天津》等部分构成。从报道的形式上来看，主要以消息、短讯为主，也会有专栏和现场报道内容。从报道内容上来看，头条新闻中大部分为经济相关新闻，涉及中国各省经济增长率等内容；另外还专门设有与《中国·经济》相关的版块，报道中国股票、中国企业以及各地的住房等经济最新情况，所涉及的内容较为细致，数据也比较精确。在各版块中内容也主要以经济内容为主，就《北京·天津》版块来说，该部分涉及北京经济、企业等最新内容，甚至深入到广告以及法律等行业。

总体上，时事社在涉华报道上以经济议题为主，对文化、政治等方面也有所涉及。在经济相关报道中，时事社主要涉及中国企业、股票、市场等各个方面，并附有大量数据，其中有正面报道也有负面报道，但是多以经济消息为主。

外交学者网 The Diplomat

THE DIPLOMAT

外交学者网(The Diplomat)是一个英语在线时事网站，报道内容覆盖亚太地区政治、经济、安全以及文化等多个方面。外交学者网经常发布一些针对时事外交的最新评论，包括来自世界各国学者、评论家的评论报道，观点鲜明、分析深刻。该刊受众层次较高，在政治外交领域影响力较大。

一、历史沿革

起初，《外交学者》是一份澳大利亚双月刊杂志，由大卫·卢埃林·史密斯(David Llewellyn-Smith)、裴明·琼斯(Minh Bui Jones)以及李宋(Sung Lee)在 2001 年创立。首期杂志在 2002 年 4 月发行，琼斯为创刊编辑，大卫为首位出版人。该刊的创立源于澳大利亚人对于时事讨论的热情。[①]博克担任了执行出版人的职位，并聘请英国热门男性杂志《阁楼》(*Penthouse*)的前任编辑伊恩·杰拉德负责《外交学者》的版面更新。尽管如此，该杂志的印刷仍遭受持续亏损，业绩一直没有起色，固定读者也由起初的 15000 多人短时间内下降到 13000 人。最终，从 2009 年 8 月起，该刊停印。至此，纸质期刊《外交学者》停止发行，转而成为一个在线时事报道网站，网址为"http://thediplomat.com"。原本设在悉尼的办公室也于同年关闭，总部移至日本东京。[②]

二、发展现状

目前，外交学者网的总部设在东京涩谷惠比寿的 MF 大厦 701 室。作为一家时事在线媒体，外交学者网与不少在公共决策领域有影响力的智库及媒体建立了正式合作伙伴关系，例如，同为在线媒体的美国《赫芬顿邮报》(*The Huffington Post*)、英国外交政策中心(The Foreign Policy Centre)、印度著名智库国防研究分析所(Institute for Defence Studies and Analyses)等。其中，外交学者网最著名的伙伴莫过于美国战略与国际研究中心(Center for Strategic and International Studies，英文简称"CSIS")，双方曾联合推出太平洋地区的青年领袖计划，为崭露头角的年轻业界人士提供发展平台。

---

① The Diplomat：About us，http://thediplomat.com/about－us/，检索时间：2015 年 10 月 31 日。

② 澳大利亚《时代报》：Diplomat magazine folds，7 years in，2009－9－4，http://www.theage.com.au/national/diplomat－magazine－folds－7－years－in－20090904－fbgj.html，检索时间：2015 年 10 月 31 日。

2010 年 12 月,美国在线新闻汇总网站“RealClearWorld”(RCW)列出的 2010 年全球五大新闻网站中,便有外交学者网。① 2011 年,外交学者网再次蝉联了这一殊荣。在此之前,连续两年排名前五的新闻网站是美国的“国家利益”(The National Interest)。

作为在线新闻期刊,除了新闻网站以外,外交学者网还发行电子杂志。读者可以在苹果 App Store、亚马逊 Amazon Apps、谷歌 Google Player 等移动应用市场下载客户端软件,享受优质的付费内容。

图 67 外交学者网移动端应用

三、报道特点

博客是外交学者网报道的一大特色。在其新闻网站上,除常规新闻报道外,还设有独立的博客,每一个博客主题涉及一个具体的国家或地区的政治外交事务(包括中国、日本、澳大利亚、朝鲜半岛、南亚、东南亚、中亚等),或者围绕某一具体议题展开评论分析(包括军事、经济、地缘政治、文化及社会问题等)。来自亚太各国的专家、学者、评论员通过博客发表时事评论,其中包括来自中国、韩国、印度、巴基斯坦、菲律宾、马来西亚、澳大利亚以及美国等各国的人士。

除了博客外,网站还通过视频、图片等多种形式提供新闻信息,进一步丰富评论分析的内容。

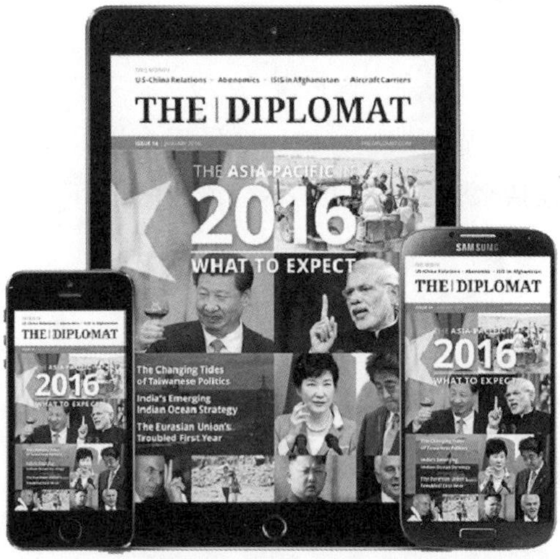

图 68 外交学者网 2016 年 1 月刊《展望 2016 亚太局势》

四、涉华报道

由于外交学者网本身就是针对亚太地区时事方面的在线网站,因此涉华报道较多。该刊的关注点主要是中国的军事、中国与各国关系、亚太各国的势力抗衡等。其中,在对中国相关事宜进行评论时,该刊采用的文章往往言辞鲜明,观点明显。例如,2015 年 5 月,外交学者网刊发标题为《美国的反华情绪愈演愈烈》的文章②,认为中美关系进入新的紧张阶段,美国可能将推出新的制华政策;9 月,外交学者网一篇关于中国军事的报道指出,俄罗斯军事在增强中国海军打击水面舰艇的能力,包括远程精确打击并使中国舰艇可以对美国的空袭和远程导弹攻击进行自卫。文章由此指出,尽管中国在军事技术领域正在迅速赶上俄罗斯,但是两国在这一领域的合作对中国来说是非常重要的,因为中国海军在反潜防御等方面比较薄弱。

除此之外,外交学者网也时常刊载或引用多篇来自中国学者的言论,例如清华大学教授阎学通、北京外国语大学教授谢韬的文章等。例如 2015 年 12 月,外交学者网刊登了一篇由澳门学者撰写的文章《2015 年中国外交的五大成就》,盘点包括在建立“亚投行”、推进全球气候变化协议等事务中发挥全球领导者作用、提出“一带一路”倡议、成熟处理南海争端、成功的经济外交、加深全球治理参与度在内的五大外交成就,并提出观点称,中国的外交政策已经非常成熟,2016 年的中国外交将继续推进。

尽管,外交学者网的文章措辞犀利,甚至时有对华态度较为偏激的内容,但仍有不少独到的评论分析值得参考借鉴,因而常被中共中央编译局、《环球时报》《参考消息》等中国媒体或机构编译引用,作为观察海外对华舆论的研究对象。

---

① Real Clear World: Top News Sites 2010, http://www.realclearworld.com/lists/top_world_news_sites_2011/the_diplomat.html,检索时间:2015 年 10 月 31 日。

② 俄罗斯卫星网:《外媒:俄罗斯帮助中国发展海上力量》,2015 年 9 月 10 日,http://sputniknews.cn/foreignmedia/20150910/1016271896.html,检索时间:2015 年 10 月 31 日。

韩　国

《朝鲜日报》*The Chosun Ilbo*

朝鮮日報

《朝鲜日报》(*The Chosun Ilbo*)创刊于1920年，是韩国影响力最大的新闻媒体之一，也是韩国历史最悠久、发行量最高、面向全国发行的综合性日报，被称为“韩国新闻业的评论者”。韩国各大调查机构的调查结果显示，无论是阅读率、影响力，还是公正性，《朝鲜日报》都稳居第一。① 该报在报道立场方面趋向于韩国保守派的观点。

一、历史沿革

1920年3月5日，《朝鲜日报》创刊。在近百年的历史中，《朝鲜日报》以笔作枪抗击日本帝国主义的侵略，代表韩民族的心声并带头发起国民教育运动。韩国政府成立以后，报纸在国家经济发展、政治民主化、环保、信息化等领域依然积极发挥着主流媒体的作用。

从创刊至1960年之前，由于日本的殖民统治和半岛战乱等，《朝鲜日报》多次被迫停刊，发展之路历经坎坷。创刊不到半年时，《朝鲜日报》便遭遇首次停刊。1920年8月27日，因刊发《为什么停刊了我们的报纸?》的社论，《朝鲜日报》被日本总督府当局停刊，但因积极抵抗日本殖民当局而积累了名声。除此之外，《朝鲜日报》也多次受到日本当局禁止发行、禁止派送等处罚。1940年，因中日战争爆发，日本朝鲜总督府终止了《朝鲜日报》等朝鲜文日报的发行。1945年日本战败，结束在朝殖民统治后，《朝鲜日报》复刊。1950年6月，受韩国战事的影响，《朝鲜日报》停止发行，时任社长方应谟也被掳到北方，设施也被掠夺。

朝鮮日報
多聞闕疑 慎言其餘
益智補心元
麝香蘇合元
牛黃清心元
山蔘清心元

图1 《朝鲜日报》创刊号头版

1960年以后，《朝鲜日报》进入正式的发展期。许多知名专栏作者以朝鲜日报为舞台进行积极的活动，为延续至今日的赫赫声名打下了坚实的基础。其新闻报道以正确传达和批判社会问题为宗旨，实时洞察世界和国内动向，提高声势。1968年，《朝鲜日报》发行《周刊朝鲜》(*Jugan Chosun*)杂志。1980年，《朝鲜日报》发行《月刊朝鲜》(*Wolgan Chosun*)杂志。

1995年，《朝鲜日报》在韩国媒体中率先开通了网站www.chosun.com，引领网络新闻时代。朝鲜日报网站每天访问人数约为1100万人，占韩国总人口的22%左右，居韩国网络媒体之首。《朝鲜日报》还面向智能手机用户提供移动新闻服务。2011年成立综合电视频道“TV朝鲜”，播放新闻、电视剧、纪录片和娱乐节目等。朝

---

① 鲁锦松．浅析《朝鲜日报》涉华报道与情感特点[J]．当代韩国，2014(6).

鲜日报传媒集团已经成长为集报纸、杂志、网络、移动、电视于一体的全方位媒体。①

二、发展现状

目前,《朝鲜日报》的日发行量为 175 万份,居韩国报社之首,社会影响力也最大,是韩国政治界领导人、经济界人士、知识分子以及中产阶级的必读报纸。

在经营上,《朝鲜日报》隶属于朝鲜口报传媒集团。除了报纸之外,还发行有《周刊朝鲜》《月刊朝鲜》《女性朝鲜》《体育朝鲜》《少年朝鲜日报》《月刊山》《健康生活》等报纸杂志。报社旗下还设有教育朝鲜、健康朝鲜、朝鲜经济等子公司。

2000 年,朝鲜日报传媒集团还成立了中文网络媒体"朝鲜日报网",在韩国中文媒体中成立时间最早,提供朝鲜日报传媒集团生产的所有信息以及面向中国读者独立生产的信息。用中文报道韩国新闻、韩流文化以及韩国人对世界问题的看法等内容。来自中国大陆、中国台湾、中国香港、东南亚、美洲、欧洲等地的华侨都对该网站青睐有加。2014 年 9 月,借由中文网站成立 15 周年的契机,"朝鲜日报网"全新改版为自适应网站。自适应网页(Responsive Web)能自动适应台式电脑、笔记本电脑、平板电脑、智能手机等屏幕大小不同的数码终端,通过最适合用户阅读的画面提供信息。除此之外,朝鲜日报网还有英文版和日文版两个外语版本。

图 2 朝鲜日报网有中文版(上)、英文版(左下)和日文版(右下)三个外语版本②

三、涉华报道

在《朝鲜日报》的新闻报道中,对中国经济领域尤为关注,其次是外交、社会文化教育、政治、体育、图书介绍等方面的内容。

经济领域的报道在《朝鲜日报》涉华报道中所占比重最大,这与中韩日益密切的经济往来、中国世界经济大国地位的崛起相关。其中内容大多集中在中国经济走向和在华韩资企业的发展动态。③ 作为韩国的第一大贸易对象国和投资对象国,中国经济形势的风吹草动时刻牵动着韩国的神经。而《朝鲜日报》早在 2003 年 9 月就发表以《中国的崛起》为题的系列文章,报道中国经济的高速发展和建设成就。④ 随着近年来中韩经济合作往来日益密切,《朝鲜日报》对中韩企业的合作报道也为数不少,其中也不乏对中韩影视剧合作制作与投资的相关报道。

外交领域的报道在涉华报道中所占比重排第二,这显然是中国国际影响力上升的直接反映。该类报道内容涉及较为广泛,包括中国对外政策、中韩关系、中美关系、中朝关系、钓鱼岛和南海问题等。如 2012 年《朝鲜日报》在中韩关系报道内容中,除 1 月份共有 7 篇报道回顾和展望双方建交 20 周年所取得的成绩和未来走向

---

① 数据来自朝鲜日报网:http://cnnews.chosun.com/client/info/aboutus.asp,检索时间:2015 年 8 月 11 日。

② 图片引自朝鲜日报网:http://cnnews.chosun.com/(中文版),http://english.chosun.com/(英文版),http://www.chosunonline.com/(日文版),检索时间:2016 年 1 月 15 日。

③ 徐玉兰:《韩国媒介中的中国国家形象研究——以〈朝鲜日报〉为例》,《新闻爱好者》2010 年第 11 期。

④ 凤凰网:http://finance.ifeng.com/opinion/hwkzg/20090930/1300286.shtml,检索时间:2015 年 8 月 11 日。

外，大多数报道内容围绕着中韩双方的外交摩擦，如中国渔船“非法捕鱼”、苏岩礁、“脱北者”等。受地缘政治影响，韩国不仅在处理“脱北者”问题、朝核问题、韩日争端等悬而未决的国际事务中离不开与中国的沟通和合作，并且中国的国际地位和影响力不断提升的今天，在两国关系的发展和国际事务处理中也不得不考虑中国的因素。

社会领域的涉华报道中，内容涵盖中国社会、文化、教育等方方面面，不仅包括中国的一些热点新闻，还包括食品、治安、移民、留学生、文化交流等内容。这一领域的报道主题可以说包罗万象，可以窥视出《朝鲜日报》作为综合性的报纸，努力将全面的中国呈现给韩国读者。尤其是近年来，随着中韩民间交往的日益频繁，中韩青少年交流活动、中国游客对韩国旅游业发展的贡献等相关情况，也受到《朝鲜日报》的高度关注。

图 3 2015 年 10 月 31 日李克强在发表文章“更好续写中韩友好的千秋史话”[①]

不过《朝鲜日报》历年来的涉华报道中，最引起争议的也是社会、文化报道方面。如：“朝鲜日报中文网”曾虚假报道“孙中山有韩国血统”“汉字申遗”等，引起中国学者和网民的愤慨。[②] 2012 年 6 月，中国国家文物局认定，历代长城的总长度为 21196.18 千米。《朝鲜日报》报道认为，中国应是以现在的国境线为标准，将分布在国内的所有城墙都视为万里长城，而将高句丽、渤海国、契丹、女真建造的城墙都视为万里长城不合理。[③]

值得一提的是在环境污染与治理方面，《朝鲜日报》2013 年 2 月 15 日曾发表文章《为中国雾霾辩护》，报道韩国三分之一的大气微尘来自中国，中国污染正向全世界范围扩散。但应从另一个角度看待：中国不会停滞于技术低端和产业污染严重的现阶段，正处于追赶发达国家的阶段，可以使用更新换代的尖端技术，随着中国政府的重视、环保运动的活跃、环境投资的增加，中国早晚会走上环境改善之路并实现最终目标。[④] 而 2015 年 8 月 11 日，朝鲜日报网对中国渤海湾的污染情况也做出相关报道：“韩国政府正密切关注渤海湾污染可能会对韩国西海造成的影响。韩中两国政府将就（渤海湾等）海洋垃圾问题进行协商。有分析称，中国渔船进入韩国西海，进行非法作业与渤海湾鱼类枯竭有关。”[⑤]

关于中国政治领域的报道，仍以 2012 年《朝鲜日报》的相关报道为例，其主要内容包括十八大前对政治局常委人选的预测和十八大后对新政府的政治路线的介绍，报纸还对新当选的国家领导人和常委进行了介绍，因此该领域的报道大多集中在会前的 3、4 月份和会议期间的 11 月份。而 2015 年以来，《朝鲜日报》对中国政治领域的报道中，关于中国国家主席习近平和中国政府反腐行动的相关报道较为集中。

一方面，从对《朝鲜日报》相关涉华报道的分析可以看到，其报道内容不乏正面积极的报道倾向，呈现出的中国形象大致为：迅速崛起的经济大国、引领世界经济向前发展的动力、在世界政治舞台上扮演着重要角色、努力改善和重塑国家形象。

---

① 图片引自：http://www.korea.net/NewsFocus/Policies/view? articleId=130774，检索时间：2016 年 1 月 15 日。

② 中国网：http://www.china.com.cn/news/txt/2008-08/02/content_16120137.htm，检索时间：2015 年 8 月 11 日。

③ 金勇：《韩国国际传播的优劣分析及其对中国的启示》，《新闻与传播研究》2013 年第 8 期。

④ 新华网：http://news.xinhuanet.com/fortune/2013-11/02/c_125640705.htm，检索时间：2015 年 8 月 11 日。

⑤ 朝鲜日报网：http://cnnews.chosun.com/client/news/viw.asp? cate=C01&mcate=M1002&nNewsNumb=20150841270&nidx=41271，检索时间：2015 年 8 月 11 日。

具体来说,《朝鲜日报》的涉华报道中,中国是名副其实的经济大国,引领世界经济向前发展。这主要包括以下几个方面的内容:中国企业和投资能力在韩国显著增强;中国已被世界广泛公认为强大的经济体;中国游客具有强劲的购买力;世界各国经济复苏和增长举步维艰之时,中国通过调整发展模式,持续保持经济增长。《朝鲜日报》对中国经济增长持乐观的态度,认为萎靡不振的世界经济中,中国调整其发展模式,以城市化、扩大内需、技术集约型等新的发展模式来代替过去以出口导向和劳动密集型为主的增长模式,并且由于受高等教育人口的增加,中产阶级队伍也随之壮大,整个社会消费水平得到提高,中国不会陷入"中等发展国家"陷阱。同时,惊叹中国的对外投资,期待更多的中资企业来韩投资,热忱欢迎节假日成群结队来韩旅游消费的中国人,欢呼中国富人的"豪放"购物,使其面临倒闭的店铺起死回生,中国的投资和消费给韩国国内市场带来了更多活力,带动了韩国经济的发展。

在涉华文化新闻方面,内容大多集中在文化教育动态、积极开展文化教育交流等。报道文化教育类新闻时,《朝鲜日报》多采用"宏大""悠久""果断投资""爆发性增长""汉语热"等词语,把中国描写成具有悠久历史文化、文化产业兴隆、大胆创新、敢于投资、注重本国文化遗产和形象的国家。尤其对音乐类主题,中国加大软硬件投资,花巨资建设国家大剧院和上海东方艺术中心,积极申办国际音乐大赛和邀请世界大师来华演出,政府甚至出资在纽约时代广场电子屏幕上为朗朗等中国艺术家做广告,其做法是其他国家可遇不可求的事情。

而另一方面,《朝鲜日报》报道中国时,出于商业利益的考虑,凸显负面事件,制造负面舆论,吸引关注。例如,在报道苏岩礁问题时,经常引用强硬派专家的观点并将其作为主流观点,刻意抹黑中国形象;并拿"脱北者"北送问题大做文章,强调中国作为经济大国不尊重人权。有关中国的负面形象报道,主要体现在以下几个方面。

第一,反复提及中韩外交矛盾和摩擦事件,并使事件扩大化。比如,报道苏岩礁问题、大陆架划界、中国渔民"非法捕鱼""脱北者"北送等内容时,经常在标题中使用具有明显负面倾向的词语,如"袭击""宣战""霸权时代""抓捕""威胁"等。报纸还经常引用美韩专家的观点,认为中国是"欺软怕硬"的国家,在两国事务处理上韩国应采取更强硬的态度。

第二,中国的政治制度深受质疑。受西方媒体影响,《朝鲜日报》对中国民主和人权问题一向采取负面报道。报道中国人权时经常使用"独裁""权利斗争""镇压""拷问""流配"等词语,并引用异见人士和外籍人士的话语称,中国应向韩国学习东方式的民主形式。该报甚至称中国人权越来越恶化,向美国请求帮助改善中国的人权。

第三,中国的社会问题令人担忧。尽管《朝鲜日报》在这方面的报道数量屈指可数,但无一例外地认为中国的社会、食品等存在安全隐患,普遍采用夸大的报道手段。报道称,中国每年为社会稳定花费高额预算,为防止恶性事件的发生,限制在超市出售菜刀;瘦肉精猪肉、速成鸡、塑化剂白酒等都含有致癌物,甚至中国人自己都不敢食用。这类报道大多援引中国国内媒体的报道,但问题在于,《朝鲜日报》只关注报道事件中的负面消息,而事件发展的后续报道上显得有些"力不从心",由此构筑中国的食品安全、公共安全等问题一直长期存在而未得到有效改善的刻板印象。

此外,在中国的国民素质和社会风气等主题的报道上,《朝鲜日报》也有负面报道的倾向。如在公交车、地铁、餐厅、酒店等公共场所中的中国人无所顾忌地大声喧哗,不遵守社会公德;中国的司机和行人通常都不遵守交通规则;在韩国的中国城内,中国人酗酒打架如家常便饭;在公共场合中国人不顾及别人的感受,经常做出损人利己的事情。

综合分析近年来《朝鲜日报》中的涉华报道可知,韩国对中国越发关注,显示出中韩文化交流日益密切的态势,中韩之间的关系越发重要而密切。不过,在反映中国社会现实的同时,《朝鲜日报》也体现出韩国对中国的担忧和戒备心理。[①]总的来说,《朝鲜日报》对中国带有复杂的感情,而这些情感中不乏"仰慕期待""敏感焦虑"等。

---

① 〔韩〕郑寅淑:《从〈朝鲜日报〉看韩国媒体中的中国形象》,《淮阴工学院学报》2009年第4期。

《东亚日报》*The Dong-A Ilbo*

東亞日報

《东亚日报》(동아일보,英文报名 *The Dong-A Ilbo*)是一份韩语对开日报,以"民族主义""民主主义""文化主义"为核心价值,是韩国知名日报。目前,《东亚日报》的日发行量约为150万份。[①] 作为韩国的一家中央级全国性综合性报纸,《东亚日报》与《朝鲜日报》《中央日报》《文化日报》并称为韩国四大报纸。

一、历史沿革

《东亚日报》由金性洙、朴泳孝、金弘祚、高厦柱等77名韩国爱国人士发起主办。1920年4月1日创刊以来,《东亚日报》以"成为民族代表机构""支持民主主义""倡导文化主义"为宗旨,为保持韩民族的运动精神,站在各种民族运动的前列。20世纪20年代,《东亚日报》推行的物产奖励运动[②]等韩国大众性民族运动和民众启蒙运动,为其赢得了代表民众的声誉和名望。

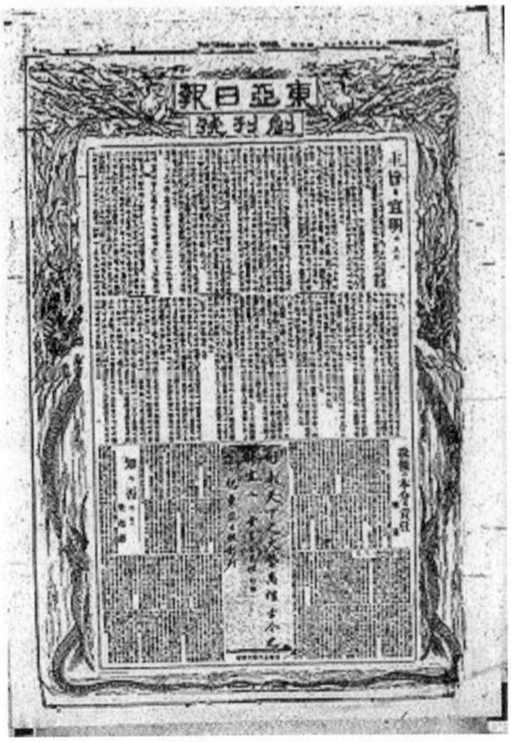
東亞日報
創刊號

图4　《东亚日报》创刊号头版

《东亚日报》在创刊初期就推动"唤醒女性"运动。当时《东亚日报》设过"新女生与教育""解放女性与大家庭制度""女性与职业"等专栏,以提高女性权益意识和鼓励女性参与社会活动。1933年1月,《东亚日报》创办韩国最早的女性月刊杂志《新家庭》。《东亚日报》不但组织多种启蒙活动,而且举行各种运动会,激发女性的社会参与积极性。

1939年9月,第二次世界大战后,日治朝鲜总督府对朝鲜民族实施民族扼杀政策。这样的情况下,《东亚日报》遭到很大冲击。1945年以前,即日本统治时期,《东亚日报》曾因主张抗日、发表不满日本殖民统治的言论,四次被勒令"无限期停刊"。1953年6月,《东亚日报》因朝鲜战争而又一次暂时停刊,8月复刊。1955年3月,《东亚日报》又因刊登反独裁言论、支持"反独裁斗争",再次被迫停刊1个月。[③] 由于该报较多地反映了韩国在野人士和知识界的呼声,还不时受到新闻内容删除、新闻审查等各种压制。

70年代初,《东亚日报》曾带头反对政府当局管制言论。1974年,《东亚日报》的记者们发布了"自由言论实践宣言"。1987年12月,《东亚日报》创办世界报刊史上第一家代表"国民主义言论"的报纸——《韩民族报》,推动韩国踏着时代洪流走上民主化道路。

二、发展现状

《东亚日报》总部位于首尔特别市钟路区清溪川路1号东亚媒体中心。该报常规版面为每天24版,版式与

---

① 东亚日报网:http://chinese.donga.com/gb/introduce.html,2015年8月22日。

② 物产奖励运动:在日治时期的1920年,韩国提出"靠朝鲜的东西过朝鲜的日子"的口号,展开了抵制日货的"泛国民物产奖励运动",是韩国历史上第一次抵制日货运动。转引自人民网韩国:http://korea.people.com.cn/205155/205165/8142183.html,2015年8月22日。

③ 于美华:《南朝鲜报纸简介》,《国际研究参考》1988年第4期。

日本报纸风格接近,图文并茂。如今的《东亚日报》,在韩国全国范围内设有分社,在日本、美国等地也设有分部。旗下还有系列报刊《少年东亚日报》《新东亚》杂志、《科学东亚》杂志、《音乐东亚》杂志、《风采月刊》《女性东亚》杂志和《东亚年鉴》等。

图 5 《东亚日报》总部大楼

《东亚日报》是东亚媒体集团(DAMG)的母公司,旗下有 Sports Donga、Donga Science、Dunet、Donga.com、Donga EZ Edu、Donga E&D 等 11 个分公司。同时,《东亚日报》还是 2011 年 12 月 1 日正式开播的综合电视 A 频道的最大股东。A 频道通过有线电视、互联网、移动终端等,每天 24 小时不间断播放新闻、教育、娱乐、连续剧、体育、电影等各类广播节目。

《东亚日报》与中国《人民日报》、美国《纽约时报》(*New York Times*)以及日本《朝日新闻》等全世界最具权威的新闻媒体建立了合作关系,向美国华盛顿和纽约、中国北京、日本东京以及法国巴黎等地派遣了特派员。目前,《东亚日报》社拥有约 800 名员工,东亚媒体集团员工约为 1600 名。

東亞日報

朴대통령 "배신의 정치, 국민이 심판해야"
文대표 "정치 사라지고 고집-독선만 남아"

세계명문대학이
인천글로벌캠퍼스에
다있다

图 6 《东亚日报》头版

三、报道特点

在韩国众多日报中,《东亚日报》的特点比较突出。《东亚日报》笔锋犀利,较多地反映了韩国在野人士和知识界的呼声。新闻标题和内容都不通俗,倾向于使用高级与优雅的语言,书面语使用程度较高。①

报纸标题侧重于引起读者的注意力及美化报纸版面,对新词的态度更开放;同时也有越来越多的新闻标题以英文拼写的方式呈现其义,更有些直接使用网络语言做标题。总之,随着韩国报纸商业化程度的普遍提高,《东亚日报》的新闻标题也偏爱夸张、耸人听闻的手法,普遍使用引用、拟声词等,以吸引读者。

四、涉华报道

《东亚日报》一直比较关注对中国的报道,一方面推出了东亚日报中文网 http://chinese.donga.com,网站设有财经、社会、政治、国际、体育、文化和社论几大版块,以中文面向中国网民提供韩国国内新闻以及国际事务的韩国立场,是促进中韩之间交流了解的一扇窗口;另一方面,东亚日报中文网特设一个小版块"新华网新闻",位于整个网页的右侧,专门刊发转载来自新华社和新华网的新闻内容。

就《东亚日报》发表的涉华报道来说,具有以下一些主要特点:

(一)评论报道重视中美韩外交的平衡与实际利益

该报在报道中国和韩国外交关系的时候,习惯从中美韩三国利益博弈的角度审视中韩关系,并善于从细节处发现问题,见微知著,对中韩关系的时局分析具有一定的高度。例如,2015 年 8 月 21 日,《东亚日报》发表社论,从多个角度探讨权衡朴槿惠此行的利弊得失,并指出:青瓦台(韩国总统府)在发布朴槿惠总统访华的消息时出言谨慎,对于朴槿惠总统是否出席中国反法西斯战争胜利 70 周年阅兵活动也迟迟不能给出准确答复,这一模糊表态说明韩国目前在中美之间试图维持一种平衡关系,也说明中美两国之间正在进行着外交的较量;朴

① 〔韩〕金美香:《中韩报纸标题语言特点的对比研究》,上海交通大学硕士学位论文,2013 年。

总统此次访华的成果，将成为韩国在美国和中国之间探索新的平衡外交的试金石。[①]

(二)关注并建言中韩关系发展

《东亚日报》曾以"走向未来的 KORINA"[②]为题推出专题文章，并在该专题文章中发表"提升中韩关系的十个建议"——

第一，在韩国每一个"道"级行政单位(相当于国内的省、自治区、直辖市)建立一个超越"唐人街"(China Town)概念的"中国城市"(China City)，给予该地区居住的中国人一定的行政权限，打造结合旅游、居住、休闲、美食为一体的全新街区，吸引中国资本的投资；第二，在韩国仁川市(仁川位于韩国西海岸，靠近中国山东半岛)，以及现在暂时没有明确用处的全罗北道新万金海堤，大规模开发面向中国人的博彩园区；第三，在首尔市和济州岛境内通用中国人民币，为喜欢使用现金购物的中国游客提供消费上的便利；第四，对中国游客发放 10 年有效的个人多次旅游签证；第五，开发"Korea it"，即开发一系列韩国独有，并且韩国具有一定竞争力的，针对中国游客的旅游文化商品，吸引中国游客的到来；第六，创造"China Job"(中国工作，即因中国游客的到来而被创造的工作，例如酒店营业员、免税店售货员等，多为服务型行业)；第七，每年吸引 10 万名中国留学生访韩学习；第八，外交政策脱离"联美和中"，走向"联美联中"；第九，中韩"FTA"的服务市场可以开放到香港、台湾水平；第十，培养中韩两国儿童对彼此的好感，达成"民心相通"。

这篇报道获得了许多韩国当地人士的响应和支持，例如韩国外交部就曾经命所有外交部相关公务员、外交官要阅读这篇专题报道，新世界百货、首尔明洞购物街管委会、韩国法务部等单位、机构也对文章中提到的建议积极响应。[③]

(三)鼓励韩国向中国学习

2013 年 1 月 7 日，《东亚日报》发表文章《中国和韩国的建国以后》，称"中国会回顾领导人的功过并进行评价，但不会全面否定。他们把早就过去当成一种资本去包容。这正是为何中国式市场经济体制能令国家高速发展的原因，中国式的政治有其长处。反观韩国呢？否定过去和前任领导人，甚至连建国史都被否定……连一个像样的建国纪念馆都没有的国家，何来对历史的包容？"，以此表达"对历史的包容让中国前进"的观点，称赞中国有韩国可学习之处。[④]

《韩国时报》*The Korea Times*

THE KOREA TIMES

《韩国时报》(*The Korea Times*)是韩国第一份英文日报。它是韩国发行量最大的报纸之一，同时也是韩国影响最大、历史最悠久、且最具独立性的英文报刊之一[⑤]，创刊以来，一直作为韩国走向世界的桥梁而起着重要作用。该报以其国际新闻报道、权威的商业经济以及金融信息闻名，是有关韩国经济发展以及其他重大事件的持续可靠消息来源。对于那些想要了解有关韩国历史、现状和未来深度内容的读者来说，《韩国时报》是他们的

---

① 东亚日报网：http://chinese.donga.com/gb/srv/service.php3? biid=2015082187278，检索时间：2015 年 8 月 22 日。

② KORINA，即 KOREA 和 CHINA 的合成词。

③ 沪江网：《韩国〈东亚日报〉中韩交流"十个建议"在韩引争议》，http://kr.hujiang.com/new/p526401/，检索时间：2015 年 8 月 16 日。

④ 高气正：《韩国〈东亚日报〉：对历史的包容让中国前进》，金惠真译，环球网：http://oversea.huanqiu.com/political/2013－01/3458454.html，检索时间：2015 年 8 月 16 日。

⑤ 《韩国时报》网站：http://www.koreatimes.co.kr/www/common/aboutus.asp? wpage=aboutus&bmx=2&hm=8，检索时间：2016 年 1 月 24 日。

必然选择。作为韩国面向世界的重要窗口,该报一直向读者提供重要的本地及世界新闻、深度报道、专题报道和分析评论等。

一、历史沿革

《韩国时报》创刊于1950年11月1日,至今已有65年的发展历史。《韩国时报》的发展历程大致经历了四个阶段:

(一)战争年代:第一份英文日报的诞生

图7 《韩国时报》1950年第一版以及创始人海伦·金博士

《韩国时报》创刊之时,正值朝鲜战争进入高潮之际,其创办目的是为了给国内外读者提供战争的最新消息。它也因此成为韩国创刊时间最长的英文报刊,也成为韩国英语新闻的黄金标杆。

最早提出在韩国创办英文报刊的是海伦·金博士(Dr. Helen Kim,1899—1970),她是当时著名的先锋教育工作者和新闻工作者,梨花女子大学(Ewha Womans University)的第一任韩国校长。她于1949年在校长任期内提出了通过英文报刊推动韩国走向世界的想法,她的计划后来付诸了实施。该报最初的编辑团队都是来自梨花女子大学的英国文学教授。

《韩国时报》的第一份日报仅出版了两页,并在首页发表了一篇社论,名为《真正的新开始》(*A Really New Start*),社论指出韩国需要同世界其他国家促进友好合作和相互理解。①

(二)20世纪50年代初:独裁统治时期的看门狗

起初,《韩国时报》与李承晚政府保持着密切关系。后来,政府实行独裁统治,对报纸和新闻自由实施完全控制,该报因此陷入严重困境。当政府染指时报业务时,该报开始带领民众公开批评政府的独裁统治。

当时,还是《韩国时报》忠实读者的李承晚立即停止了政府对报纸的购买,并逼迫海伦·金博士维护政府。李承晚还开始策划出资创办一份新的"听话"的英文报刊,时报因此面临着严重的财政压力。为继续维护自己独立的发展地位,《韩国时报》于1954年4月23日转到了当时《朝鲜日报》和《韩泰日报》的出版人张键瑛(Chang Key-young)手中,张同时担任韩国银行副行长,解决了时报的经济问题。

(三)20世纪50年代至90年代:独立发展的创新时期

公开宣称脱离政府之后,《韩国时报》走上了真正的独立发展之路,开始专注于精进业务,注重发展创新。1964年,该报首创"时报观点"专栏和实践"个人新闻"理念。在时任总编辑李圭贤(Lee Kyoo—hyun)的带领

① 《韩国时报》网站:http://www.koreatimes.co.kr/www/common/aboutus.asp? wpage=aboutus&bmx=1&hm=2,检索时间:2015年12月30日。

下,《韩国时报》效仿美国个人新闻和社会新闻的想法,开创了“时报观点”专栏,用于刊载来自各个行业读者的投稿,不管是家庭主妇、传教士、商人,还是学者、外交官、医生、记者,都在此栏刊登过文章。1974 到 1982 年间,时报致力于规模扩建和实现现代化,于 1974 年 9 月 1 日开始刊发省级版。到 1982 年年底,时报 34 周年之际,该报全面使用了电脑排版系统(computerized typesetting system),实现了其日常业务的现代化。这在当时是重要的技术创新,不仅结束了纸媒的原始排字时代,还引领了韩媒的现代化进程。1982 年 10 月 13 日,时报发行量首次破万,届时,该报已经成为韩国无可争议的英文报刊领导者。

1988 年,《韩国时报》出版的官方汉城奥运会报纸《汉城奥运会选手》(*The Seoul Olympian*),是该报发展历程上的里程碑。这份报纸在奥运会举办期间每天印刷 64 版,内容涵盖了整个奥运会的赛事进展和得分情况,深受读者喜欢。自此,时报开始成为重大国际事件的“真正发布者”,在推进韩国走向世界,促进全球范围内的相互理解上发挥着主导作用。它报道过的重要事件还包括:韩国夏季和冬季亚运会、2005 年首尔亚太经合组织(APEC)论坛、釜山国际电影节(PIFF)和 2007 年朝韩首脑会议等等。

(四)步入 21 世纪:紧随时代,荣登发行量榜首

《韩国时报》准确地报道过韩国的动荡时期,包括 1950 — 1953 年的朝鲜战争和 1997 — 1998 年的亚洲金融危机等。在总编的领导下,该报致力于提供广泛的全球议题,以其深度新闻报道和特色评论引领舆论。并于 2015 年,该报发行量首次破 20000。[①]

它不仅创刊于动荡的历史时期,其发展经历也并非一帆风顺。该报曾多次遭受严重损失,所幸时报都度过了难关,并在困难中造就了自己的业绩。一次是发生在 1958 年,时报当班总编去世。1958 年 9 月 26 日,《韩国时报》当时的执行总编崔秉佑(Choi Byung-woo)去世,是时报第一位在当班时去世的总编。崔作为一名充满活力、兴趣广泛的记者,至今仍是韩国新闻界的标杆。1958 年 5 月,崔为《韩国时报》和《韩泰日报》同时报道印尼反共产主义的消息,后来又到台湾报道金门和马祖的消息。9 月份总编的去世,曾给时报带来措手不及的打击和巨大的悲伤气息。但都是凭着记者编辑们顽强的意志,时报才得以在悲痛的气氛中继续振作起来。

还有一次是 1968 年,《韩国时报》主楼起火,造成 7 名员工遇难。1968 年 2 月 27 日,《韩国时报》大楼起火,造成 7 亡 3 伤,机器设备、场地资源等损失严重。好在主楼后面新建的四层小楼完好无损,时报得以不受影响继续出版。火灾发生后,《韩国时报》很长一段时间用的都是读者或是工作人员捐赠的机器。当时一些读者和外国组织,包括美国大使馆等都向时报捐赠打字机,共同帮助了困境中的时报,足见其在世界范围内的地位。[②]

二、发展现状

发展至今,《韩国时报》不断从逆境中成长,逐渐成为韩国政治、经济、科技、体育、娱乐界英语新闻的领导者,甚至在世界范围内也享有地位。

如今,它不仅仍是韩国新闻界多项纪录的保持者:第一份独立的英文日报,公开宣称不依附于韩国政府;第一家发行量超过两万份的英文日报;最早认识到英文日报重要性,等等。[③]还是勇于创新的先驱者:时报的新闻报道从不停歇,通过其官方网站,为国内外读者提供着全天候的新闻服务。《韩国时报》虽然历史悠久,但也不忘秉承与时俱进的精神,鼓励记者编辑们不断收集最新鲜的新闻素材,以满足全球读者的需要。它代表世界公民呼声、坚持行业标准、恪守公正准则,既不支持保守派,也不倒向自由派。时报继往开来,不论是在顺境还是困境之中,都能服务读者,努力成为世界与韩国之间照亮真相的灯塔。[④]

---

① 《韩国时报》网站:http://www.koreatimes.co.kr/www/common/aboutus.asp? wpage=aboutus&bmx=2&hm=8,检索时间:2016 年 1 月 24 日。
② 《韩国时报》网站:http://www.koreatimes.co.kr/www/common/aboutus.asp? wpage=aboutus&bmx=1&hm=2,检索时间:2015 年 12 月 30 日。
③ 《韩国时报》网站:http://www.koreatimes.co.kr/www/common/aboutus.asp? wpage=aboutus&bmx=2&hm=8,检索时间:2016 年 1 月 24 日。
④ 《韩国时报》网站:http://www.koreatimes.co.kr/www/common/aboutus.asp? wpage=aboutus&bmx=1&hm=2,检索时间:2015 年 12 月 30 日。

三、报道特点

作为韩国英文新闻的标杆,《韩国时报》在报道新闻时承担着多重的角色。

(一)权威信息的提供者

国内外读者不仅会在国际大事发生时,把时报当作权威的消息来源,重大事件发生时首先查看时报的报道,了解时报的立场观点;还把它当作丰富的信息来源库。《韩国时报》每天出版的内容十分丰富,时报每天发行报纸 20—24 版,版面多且排版紧凑,每版视重要性不同刊登 3—10 条信息。时报涵盖领域十分多样,有国际新闻、国内新闻、商业、经济、教育、文化、艺术、生活、娱乐、体育等,且涵盖的题材范围搭配均衡,篇幅数量和长短平衡排版。样式上,不仅注重最新报道,也注重社论、读者文章等,通过丰富的样式、高质量的报道、全面的领域,为读者提供了负责任的新闻,也享受着权威的领导地位。

(二)读者声音的放大器

如前所述,《韩国时报》是最早认识到读者重要性的报纸之一,也是最早实践个人新闻的报纸之一。该报于 1964 年首先开辟的读者专栏,名为"时报观点",为韩国以及全球范围内的读者提供了发表意见的平台。在这里,只要读者的观点符合当下的道德准则,就可以自由发表意见。这不仅是提高读者忠实度的有效措施,读者看到普通人的文章也能发表到报纸之上,自然对时报的好感提升;同时也是扩大报纸知名度的有效方法,由于报纸筛选信息时不会局限于作者的社会地位,于是上至国家官员,下至平民百姓都有参与的机会和兴趣,从而让时报满足了各类读者的需求。

ART & LIVING

Korean architecture highlights harmony

图 8 《韩国时报》2015 年 12 月 3 日"文化"版

(三)文化传播的火炬手

该报是首先开始向世界范围内推广韩国文学的英文报纸,《韩国时报》创建 20 周年之际(1970 年),便开设了"现代文学翻译奖"(Modern Literature Translation Awards)奖励优秀的文学翻译作品传播,以促进韩国文学和文学翻译走向世界。奖项设置包括四类作品:长篇小说,短篇小说,诗歌和戏剧。截止到 2006 年,该报已经为 16 篇长篇小说、58 篇短篇小说、29 首诗歌以及 1 篇话剧颁发过奖项。同时,该报也是第一份推进多元文化的报纸,每年都会推选出来自多元文化家庭的优秀学生以作奖励。

(四)英语教育的领先者

最早认识到英文日报的重要性,这是该报的长远视野;在报纸上开设英语教育相关栏目,这是报道的重大特色。该报每期都开设"英文教育"专栏(ENIE,English Newspaper in Education),每期四版,为教师和学生们学习英文提供指导,从而帮助韩国民众轻松学英语。前总统金大中就曾是《韩国时报》的忠实读者,也是该报推行英文教育板块的受益者之一。从未读过大学的金大中称自己通过读《韩国时报》提高了自己的英语水平,从而扩大自己的国际视野,这才助他成为诺贝尔和平奖得主。[①]

① 《韩国时报》网站:http://www.koreatimes.co.kr/www/common/aboutus.asp? wpage=aboutus&bmx=1&hm=2,检索时间:2015 年 12 月 30 日。

四、涉华报道

《韩国时报》对中国比较关注，经常刊登有关中国的新闻和图片，报道内容方面也有自己的倾向和选择。《韩国时报》的官方网站搜索系统比较先进，不仅可以大量浏览报道内容，还可以设置“时间跨度”“作者姓名”和“报道领域”等搜索条件。

首先，报道量比较大。以《韩国时报》的官方网站作为研究对象，利用站内搜索系统，以“China”为关键词，得到的结果是，该网每天都会刊登有关中国的报道，多的时候甚至达到每天 9－10 篇的频率。其中多数文章会把“China”/“Chinese”放在题目里，剩下的则是会在文章甚至是导语中就提及中国。比如，2015 年 11 月 27 日－12 月 3 日这一周的时间里，有关中国的报道就有 76 篇；而 2015 年 9 月 3 日－12 月 3 日这三个月的时间里，《韩国时报》官网上可搜索到有关中国的报道便多达 892 篇；2014 年 12 月 3 日－2015 年 12 月 3 日这一年的时间里，报道数量则更是有 3056 篇，可见报道数量之多。

图 9 《韩国时报》2015 年 12 月 3 日“英文教育”版

其次，在报道领域上，《韩国时报》涵盖的范围比较广泛，但是重点十分集中。一方面，与该报的总体报道内容一致，该报对中国的报道包括的领域很多：有人物、国际、经济、技术、文化、体育、国内板块，形式上有报道，也有评论。另一方面，侧重点也十分明显，主要是关注“国内新闻”（多是双边关系）和“经济”领域，较少关注体育、文化等领域。例如，对该报官方网站以“China”为关键词进行检索，在 2015 年 9 月 3 日－12 月 3 日三个月中共有 892 篇相关涉华报道。其中，国内新闻占到 333 篇，比例高达 37％；经济报道 186 篇，比例达 21％；体育领域有 11 篇，只占到 1％；此外评论文章有 207 篇，也占到了 23％，可见该报对中国议题的重视。数据足以表明，《韩国时报》对国际、国际关系等“硬新闻”领域的关注多于文化、体育等领域。[①]

最后，就其报道态度来看，《韩国时报》的对华报道态度比较客观。它的客观，主要体现在两个方面。第一，是其报道立场体现的。该报官方网站上有关中国的报道多集中在“国内新闻”板块（如上指出，占到 37％），可见该报对中国的关注主要是出于本国自身利益的考量，主要是在涉及中韩文化、旅游、政治等双边关系时报道中国，因此是以本国利益为中心的。第二，是其评论立场体现的。该报发表的有关中国问题的评论，或是涉及中国的评论十分丰富（如上指出，占到 23％），且多为署名评论。从笔者对其中数篇内容的研究来看，也可以看出该报比较客观中立。比如，2015 年 12 月 1 日，该报官网上刊登了作者为 Jay Kim 的关于各国政治制度的评论文章，其中也提到了中国的政治制度。文章认为，中国共产党的任何选择和决策都能迅速得到执行。这也是中国办事快速、高效的原因，这或许可以解释中国的经济奇迹。[②] 政治制度的问题一般比较敏感，但是本文却没有对中国不同的政治制度进行批判，而是客观而公正。再比如，2015 年 12 月 2 日，该网站刊登了关于“人民币作为储备货币”的评论。文章既陈述了人民币与美元、欧元、日元和英镑共同成为储备货币的事实，又提到了这对人民币和中国经济带来的机遇与挑战，最后，文章主要部分阐述的观点是“这对韩国经济来说是一把双刃剑”[③]，既体现了对人民币评价立场的公正，又体现了“以我为中心”的报道取向。这样讲来，还是可以证明它的客观取向的。

基于以上研究，可以得出结论：《韩国时报》对中国的关注十分密切，在内容方面广泛而侧重点集中，尤其关注高层往来、国内国际等硬新闻。最后，其态度是比较客观中立的。

---

① 《韩国时报》网站：http://www.koreatimes.co.kr/www/archive/ksearch.asp，检索时间：2015 年 12 月 30 日。

② 《韩国时报》网站：Referendm on textbook issue，2015 年 12 月 1 日，http://koreatimes.co.kr/www/news/opinon/2015/12/137_192193.html，检索时间：2015 年 12 月 30 日。

③ 《韩国时报》网站：Yuan as reserve currency，2015 年 12 月 2 日，http://koreatimes.co.kr/www/news/opinon/2015/12/137_192296.html，检索时间：2015 年 12 月 30 日。

《韩国先驱报》*The Korea Herald*

The Korea Herald

《韩国先驱报》(*The Korea Herald*)是韩国最大的英文综合性报纸,报社总部位于首尔,隶属于先驱传媒集团(Herald Corporation)。该报以英文报道国内外最新发生的时事信息,涉猎范围广泛,包括政治、商业、体育、娱乐、生活等等,旨在成为"韩国的世界之窗"。

一、历史沿革①

《韩国先驱报》是韩国最早的英文报纸。该报前身是1953年8月由韩国信息服务有限公司(The Korea Information Service Inc.英文简称:KIS)发行的《朝鲜共和报》(*The Korea Republic*),一份每日发行的4页英文小报。时值朝鲜战争刚刚结束,报纸的发展比较艰难。在1960年代到1970年代之间,《朝鲜共和报》首次向海外发行了一份12页的周刊小报,并在美国洛杉矶成立分公司,更名为沿用至今的报名《韩国先驱报》。1975年3月,《韩国先驱报》引进了韩国第一个计算机排版系统(CTS),并在1977年在韩国推出第一份法语周刊杂志。1982年4月起,该报每刊都增刊国际版8页小报。

进入90年代,互联网和数据技术给《韩国先驱报》注入了新的活力。1995年9月,《韩国先驱报》推出新闻网站:www.koreaherald.com。1996年12月,该报的新闻发布过程实现了全微机控制。凭借报社先进的技术基础。1997年,韩国最大的电信公司——韩国电信公司(Korea Telecom,英文简称:KT)选择了《韩国先驱报》作为其官方公共数据库的合作伙伴。

KOREAN REPUBLIC

RE-UNIFICATION OF KOREA IS GOAL, RHEE

Withdrawal of C. Communist Army Asserted

Celebration To Be Observed

图10 1953年开始发行的《朝鲜共和报》

Korea Herald: Celebrating 60 Years,检索时间:2015年11月12日。

图11 《先驱的历史》封面

Korea Herald 官网:Herald Coroeration,http://company. heraldcorp. com/sec _ index. php? nlm=1&nsi=8,检索时间:2015年11月12日。

① Korea Herald 官网:Herald History,http://company.heraldcorp.com/sec_index.php? nlm=1&nsi=8,检索时间:2015年10月10日。

从 1992 年开始,《韩国先驱报》便开始在全球范围内发行,逐渐受到各国读者的好评。2000 年 8 月,《韩国先驱报》每刊增至 20 页。2003 年 7 月,先驱报中国公司成立,主要负责中文版网站的运营。2010 年,《韩国先驱报》的智能手机客户端可供读者下载。2013 年 10 月,在先驱传媒集团庆祝成立 60 周年之际,该报出版了《先驱的历史》(*Herald's History*),以生动的语言记录了该公司过去 60 年的成长、所遇到的挑战及变革。

在 21 世纪的第一个 10 年中,韩国的媒体业经历了重大转型,而先驱传媒集团连续 10 年增长,且盈利日益攀升。在成立 60 周年之际,先驱传媒集团提出了"再次想象"(Re-imagine)这一口号,致力于打造媒体形象,目标在于推动公司在未来 10 年之内效益呈 10 倍增长,并期望在韩国人的日常生活中能扮演更为重要的角色。

二、发展现状

《韩国先驱报》的市场份额可以占到韩国英文报纸的 50%以上,是韩国最大的英文报纸。凭借差异化和高品质的英语新闻内容,该报的发行范围辐射全世界超过 80 个国家。同时,每天还有超过 100 万的读者通过官方网站在线阅读。此外,作为韩国在亚洲新闻联盟(ANN)[①]的唯一成员,《韩国先驱报》可以在当今国际社会中代表韩国媒体发声。

作为"韩国面向世界的窗口",在现任会长洪政旭(홍정욱)2002 年上任后,先驱传媒集团开始了全面振兴计划。如今,先驱传媒集团成为韩国最具活力、多元化的媒体之一,在业界拥有最年轻、最有活力的团队。此外,先驱传媒集团还积极致力于社会事业,举办过"我爱公司文化"和"建设一个多元文化社会"等活动。半个世纪以来,先驱传媒集团以创新为动力,不断成长为一个传递信息与知识的公司。它的信息新闻业务涵盖较广,向读者提供报纸、杂志、网络和移动端服务;其多媒体事业以印刷媒体内容为基础,向互联网和手机提供文字、图片和图像内容,并积极涉足卫星和有线电视领域。[②]

该报的网站——韩国先驱报新闻网(http://www.koreaherald.com)1995 年正式上线,是韩国大型综合性新闻网站,以英文为主,同时也有韩语内容,其内容十分丰富,包括国内国际新闻、商业新闻以及体育报导和新闻评论。同时该网站也是推荐韩国明星新闻的主要网站。该网站界面清晰,包含数十个子站,信息量非常大。

韩国先驱传媒集团的信息业务包括报纸、杂志、电视、网络及手机服务。

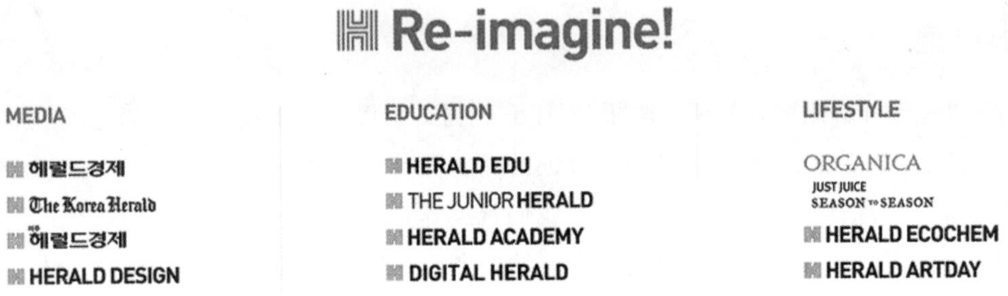

图 12　先驱传媒集团业务领域

Korea Herald 官网:Herald Corporation,http://company.heraldcorp.com/sec_index.php? nlm=1&nsi=1,检索时间:2015 年 10 月 10 日。

三、报道特点

在新闻业务方面,从其官网信息可见,除去《韩国先驱报》,该集团旗下还有三大媒体值得关注——

第一,大众经济娱乐报纸《先驱经济》(http://biz.heraldcorp.com)。《先驱经济》计划将现有报纸从"可视化内容的报纸",进化成为一种"为所有的人增长文化的报纸"。先驱报业务已迅速发展成为全国领先的商业新

---

① 亚洲新闻联盟(Asia News Network, ANN)是当今世界上最大的由多国报纸组成的新闻联盟,目前由亚洲 18 个发展最快的国家和地区的 21 份主流报纸组成。

② 人民网:《韩国先驱传媒集团》,2007 年 8 月 8 日,http://media.people.com.cn/GB/6085792.html,检索时间:2015 年 10 月 10 日。

闻来源之一。虽然它的重点是管理和业务，但也包括文化娱乐等有趣的内容，是韩国著名的非传统的社论及新奇主题的代表晚报。该报的网络版也迅速成长，拥有平均每天 1500 万页面访问量。

图 13 《先驱经济》报头

Korea Herald 官网：Herald Media，http://company.heraldcorp.com/sec_index.php? nlm＝1&nsi＝4，检索时间：2015 年 10 月 10 日。

图 14 《先驱经济》(美国版)报头

Korea Herald 官网：Herald Media，http://company.heraldcorp.com/sec_index.php? nlm＝1&nsi＝4，检索时间：2015 年 10 月 10 日。

第二，《先驱经济》(美国版)(http://www.koreaheraldbiz.com)。美国版报纸与《先驱经济》的差别主要体现在市场定位，为在美国的韩国人打造的在线社区。成立于 2005 年 7 月，该报对于在美国生活的韩国人是必不可少的。与韩国本土的《先驱经济》不同，该版本提供了当地要闻。该报的出版商“早安媒体”不仅出版报纸，还定期举办有助于留美韩国社群的各种活动，如论坛等。

第三，以艺术设计为主的《先驱设计》(http://www.heralddesign.co.kr)。相比其他媒体，《先驱设计》更加体现出先驱传媒集团在韩国媒体中首当其冲的领导地位。自 2011 年“先驱设计论坛”开始，该集团便一直充当一股改变世界的设计和创意灵感，激活了整个韩国设计业，先驱设计论坛通过国际知名设计师的参与吸引了公众的注意。先驱设计致力于推进设计和与公众分享创意的知识。

图 15 《先驱设计》报头

Korea Herald 官网：Herald Media，http://company.heraldcorp.com/sec_index.php? nlm＝1&nsi＝4，检索时间：2015 年 10 月 10 日。

在教育投资领域，该集团旗下的教育事业主要是韩国外语教育方面，通过在全国设立英语村、语言学校和幼儿园，为学生提供个性化的教学方案。向韩国民众提供语言教育服务，包括韩国国内 40 家幼儿园，1 个高级语言学院及在线教育服务。

除此之外，近五年来先驱传媒集团还注重提升和改善韩国民众的生活方式，创办了针对环保、有机食物等健康生活方式的下属部门。①

四、涉华报道

2008 年北京奥运会开幕之际，《韩国先驱报》8 月 1 日刊文为奥运送上祝福：“一周之后北京奥运会就开幕了。正如在首尔举行的第 24 届奥运会是韩国人迈进世界主舞台的机会，对中国人而言，第 29 届奥运会是一个机会，证明他们愿意在国际社会中发挥主导作用。我们祝愿这世上最盛大的体育盛会取得巨大成功。”②但是，在 2013 年 12 月 12 日韩国海警被中国船员刺死事件发生之后，《韩国先驱报》13 日刊登社论抨击，“中国已经是超级大国，但它的一些国民的行为就像索马里海盗”，③用词颇为犀利贬损，对华态度相对恶劣。

2012 年恰逢中韩建交 20 周年，《韩国先驱报》特别刊登文章，总结中韩关系过去 20 年的发展，而得出的结论是：双方的经济合作显著增加，但在外交和政治领域的障碍依然存在。文章表示，自从中韩在 20 年前开展外交关系之后，双方在经济、社会和文化关系上有很大进展。但在外交和政治方面，双方关系一直备受对朝鲜问题的分歧及冷战遗留下来的猜疑所影响。④ 由措辞及态度来看，该报相对中肯地表述出中韩关系的发展现状。

---

① Korea Herald：Herald History，2015，http://company.heraldcorp.com/sec_index.php? nlm＝1&nsi＝8，检索时间：2015 年 10 月 10 日。

② 新华网：《外媒盛赞奥运筹备：在历届奥运中最充满人文关怀》，2008 年 8 月 4 日，http://news.xinhuanet.com/politics/2008－08/04/content_8938728.htm，检索时间：2015 年 10 月 10 日。

③ 华讯财经：《北京不小心曝光——可怕信息，让朝鲜彻底惊呆了》，2012 年 5 月 21 日，http://stock.591hx.com/article/2012－05－21/0000499821s.shtml，检索时间：2015 年 10 月 10 日。

④ 中评社：《韩国先驱报详析中韩纠结 20 年》，2012 年，http://www.zhgpl.com/doc/1021/9/1/2/102191257.html? coluid＝197&kindid＝8818&docid＝102191257，检索时间：2015 年 10 月 10 日。

进入 2015 年,《韩国先驱报》在 2 月 8 日发表题为《中国梦就是保持朝鲜的威胁》[1]的文章,一方面可以说该报一直对中韩关系及半岛局势表示高度关切,另一方面也可以看到该报在此议题中的立场是相对敌视中国的。

综上所述,由报道议题和措辞细节可以看到,《韩国先驱报》较为重视对中国的报道,但是在涉华报道的立场态度上并不亲华,在具体涉及两国关系的报道中甚至有贬损中国、敌视中国的倾向。

《韩民族日报》*The Hankyoreh*

한겨레
HANI.CO.KR

《韩民族日报》(한겨레,英文报名 *The Hankyoreh*)是一份韩语日报,原名《韩民族新闻》,1996 年改名为《韩民族日报》。该报是韩国的主流日报之一,是一份发行范围辐射全国的综合性报纸,每日发行量高达 281814 份。现在,《韩民族日报》与《京乡新闻》一起被视为韩国进步阵营的报纸。

一、历史沿革

1988 年 5 月 15 日,《韩民族新闻》(한겨레신문,*Hankyoreh Shinmun*)创立。在这之前,还有许多人为《韩民族新闻》的创刊付出了大量心血。这其中既有 1975 年因卷入言论自由斗争而被《东亚日报》《朝鲜日报》免职的记者,也有 1980 年因媒体改组合并遭到强制辞退的记者。这些进步记者们聚集到一起,带头发起了捐资募款活动。1988 年,由这批记者召集的两万多人共筹集到了 50 亿韩元的创刊资金。正是基于这个原因,《韩民族新闻》敢于自称为世界第一家真正独立于政权和财团的报纸。该报是由普通民众出资成立的,出资人享有股东权利,是一份真正意义上的"国民股份报纸"。5 月 15 日,《韩民族新闻》首次发行,并以 50 万份的发行量开启了良好的势头。1989 年 5 月,《韩民族新闻》又通过公众募捐的方式,集资 119 亿韩元为报社建造了办公楼。

1995 到 1996 年,《韩民族新闻》开始发行《韩民族 21》(*Hankyoreh 21*)、《经济洞见》(*Economy Insight*)、《电影 21》(*Cine 21*)等姊妹报刊,并开设主页,提供网上服务。1996 年,报社决定将报名改为《韩民族日报》。

二、发展现状

2005 年,《韩民族日报》营业额达到 766 亿韩元,盈利 19 亿韩元。统计显示,在 2006 年,《韩民族日报》的发行量位于《朝鲜日报》《中央日报》《京乡新闻》《每日经济》等报纸之后,在韩国报界排在第八位,但在民众信赖度上,《韩民族日报》排名第一。在韩国记者协会承办的"本月记者奖"中,《韩民族日报》从 2012 到 2014 年连续 3 年获奖。2009 年 5 月 15 日,正值创刊 21 周年之际,《韩民族日报》的网络电视台 haniTV 正式开播。

《韩民族日报》的主要读者群体是拥有进步思想的年轻一代和公司职员,受到年轻一代依赖网络的影响,《韩民族日报》的稳定消费人数不及《朝鲜日报》《中央日报》和《东亚日报》。《韩民族日报》一直秉承着"责任、公正、交流"的信念。它推行"市民编辑"和"读者权益委员会"制度,以此保障读者的权益,拉近了与读者们的距离。不仅如此,在 2007 年 1 月 29 日,《韩民族日报》于行业内率先制定并公布了"报道取材准则",明确了报社记者和论述委员应当遵守并执行的准则。

三、报道特点

韩国报纸普遍具有十分鲜明的意识形态倾向,所以除了发行范围、内容、出版时间等分类方法外,韩国的报

---

① 前瞻网:韩媒:朝韩对抗中国渔翁得利朝替解放军拦住美军,2015 年 2 月 9 日,http://mil.qianzhan.com/detail/150209－4e8957c4.html,检索时间:2015 年 10 月 10 日。

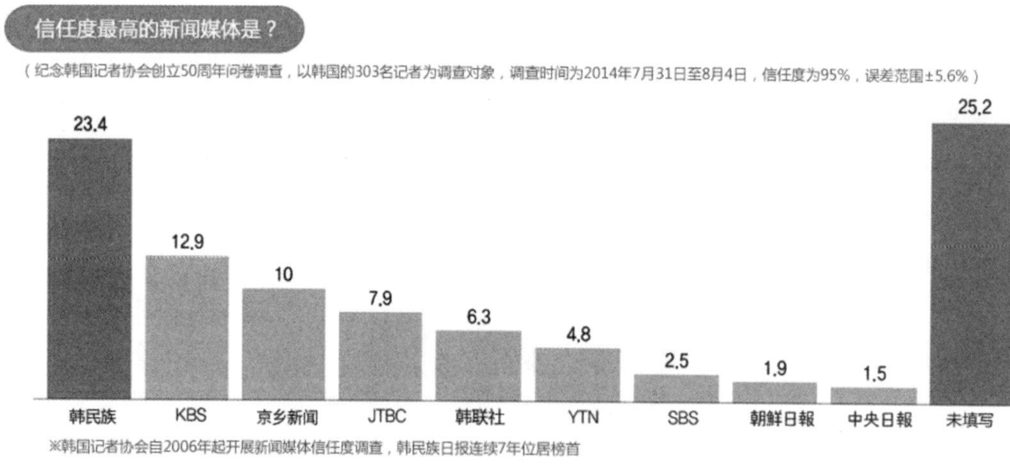

图 16 《韩民族日报》是信任度最高的新闻媒体

图片引自《韩民族日报》中文网：http://china.hani.co.kr/introduction.html，检索时间：2016 年 2 月 22 日。

纸还可以分为保守阵营报纸和进步阵营报纸两大类。在韩国的全国性综合报纸中，《朝鲜日报》《东亚日报》和《中央日报》是大家公认的保守阵营报纸。而《韩民族日报》和《京乡新闻》则属于进步阵营报纸。《韩民族日报》以促进国家的民主秩序建立和民族统一为目标，在政治立场上，以进步主义及温和的社会民主主义为基础，代表了劳动者、农民和城市低收入阶层等广大民众的意见。虽然成立时间不长，却深受读者的信任和青睐。

作为一家年轻的报纸，《韩民族日报》在形式上有别于其他报纸。该报是韩国综合性报纸中第一个采用直接选举制选择总编的，也是第一家从创立之初就引进横向排版，使用全韩文书写的报纸媒体。这些特点也一直被延续到今天。早期的韩国报纸为了防止同音不同字带来的意思混淆，都使用汉字标记报纸名称及标题。而《韩民族日报》在书写上全部只用韩语文字，不使用汉字。从这个细节可以看出《韩民族日报》所体现出来的浓厚的民族精神。

图 17 《韩民族日报》版面

图片引自《韩民族日报》公司简介：http://company.hani.co.kr/images/main/brochure_e.pdf，检索时间：2016 年 2 月 22 日。

此外，在揭露政府黑幕时，《韩民族日报》更是彰显着不屈从于权威的鲜明个性。2015 年 8 月，韩国国家情报院被曝出涉嫌进行黑客行为，而《韩民族日报》是报道此事的第一家报纸。《韩民族日报》于 7 月 11 日率先刊载了三篇新闻报道，并于 13 日再次通过连续七篇报道为读者们勾勒出了事件的大致轮廓。相比之下，《中央日报》《东亚日报》《京乡新闻》等韩国媒体在这一段时间内并未发表过任何相关报道。直到 18 日中午，一名韩国国家情报院职员被发现在车内死亡，而且在现场留下谈及黑客攻击案的遗书，这才引发了韩国政治圈的争议。[①] 相比其他报纸，《韩民族日报》最早开始对这次事件进行报道，发表相关报道的数量也是最多的，从 11 日至 22 日，一共刊载了 73 篇报道，仅在头版就刊登了 9 篇，对国情院和执政党提出了强烈的批评。

① 权顺泽：《国情院黑客谜团，京乡、韩民族、JTBC 以外的其他媒体隐瞒真相》，韩国 mediaus 新闻，2015 年 7 月 26 日，http://www.mediaus.co.kr/news/articleView.html? idxno=49535，检索时间：2015 年 8 月 9 日。

四、涉华报道

图 18　《韩民族日报》中文网“中国・国际”专版

图片引自《韩民族日报》网站：http://china.hani.co.kr/arti/international/，检索时间：2016 年 2 月 22 日。

近年来，《韩民族日报》加大了对中国的关注。《韩民族日报》把中国每年的两会当成重点关注的对象，开辟专门版面予以报道。在网络主页上，《韩民族日报》开设了 World & Now 版块，经常刊登中国的相关新闻。《韩民族日报》总编辑权台仙曾连续参加了五届中韩媒体高层对话，她在接受中国媒体的采访时曾表示：韩民族日报社特别重视中韩两国友好关系，一直在尽最大努力去公正客观地报道中国。报社广泛征求专家意见，尽量努力让韩国国民准确无误地了解中国的情况。[①]

在 2008 年北京奥运会期间，《韩民族日报》对奥运会进行了大量报道。这些新闻大多持积极或者中立的态度，或直接或间接地展现出了中国的体育实力和改革开放后的经济文化发展，甚至还涉及大陆对待台湾的态度。除了报纸新闻，《韩民族日报》还创办了名为“韩民族北京 2008”的网站，详细介绍北京奥运会的情况，刊登奥运会的相关新闻。

2016 年 1 月初，《韩民族日报》开设了中文网站 http://china.hani.co.kr。网站以面向中国受众报道半岛局势、国际新闻为主要内容，还专辟了“中国・国际”版块，集中关注中国与各国之间的关系以及中国对国际事务的观点态度。1 月 25 日，人民网韩国公司与韩民族日报社签署了新闻互换合作协议，加强在新闻内容方面的交流与合作，从而加深两国民众的相互理解和友谊。

《京乡新闻》*Kyunghyang Shinmun*

경향신문

《京乡新闻》(경향신문，英文报名为 *Kyunghyang Shinmun*)是韩国的主流日报之一，发行范围辐射全国，现在每日发行量约为 293647 份。

一、历史沿革

“京乡”一词源自罗马天主教会的“Urbi et Orbi”，意为“降福于全世界”。[②]《京乡新闻》最早创刊于 1906 年 10 月 19 日，是一份天主教周报。当时，反抗日本侵略的爱国启蒙运动正在兴起，《京乡新闻》正是在这种环境下孕育而生。该报的发行目的就是为了向罗马天主教会的信徒传播正确的教理，说明并讨论时事问题。后由于韩国被日本强制合并，报纸终于在 1910 年 12 月 30 日遭到废刊。如今的《京乡新闻》，是由天主教首尔大教区在 1946 年 10 月 6 日重新创办的报纸。报社的第一任社长是梁基涉神父。[③]

---

① 国务院新闻办网站：《专访韩民族新闻总编辑权台仙：韩民族新闻社特别重视中韩两国友好关系》，2013 年 7 月 30 日，http://www.scio.gov.cn/video/gxft/Document/1340883/1340883.htm，检索时间：2015 年 8 月 9 日。

② 《京乡新闻》官方网站：About us，http://www.khan.co.kr/aboutkh/engkh.html，检索时间：2015 年 10 月 3 日。

③ 두산백과：http://terms.naver.com/entry.nhn? docId=1060632&cid=40942&categoryId=31755，检索时间：2015 年 8 月 4 日。

《京乡新闻》早期的论调偏于保守,但随着李承晚就任总统期间自由党对内独裁体制的加深,该报的报道也开始逐渐倾向于在野党及其主张的反独裁思想。特别是在身为副总统的天主教徒张勉遭遇袭击之后,《京乡新闻》对政府的批判也愈发犀利。这种独特的论调吸引了众多读者,甚至在当时创下了20万份的发行量纪录。为了限制言论自由以维护政权稳定,李承晚政府采取了一系列的独裁措施,其中就包括对反政府报纸《京乡新闻》的查封。1959年4月,自由党利用军政法令迫使《京乡新闻》停刊,此举遭到了国内外的一致反对。尽管《京乡新闻》在之后的诉讼中获得了胜利,但仍无法扭转报纸暂停发行的命运。直到四·一九革命后的1960年4月27日,《京乡新闻》才得以重新发刊。

京鄕新聞
경향신문

图19 早期的《京乡新闻》

1962年2月,首尔大教区将报纸的经营权卖给了民营企业家李俊九。从此,《京乡新闻》与罗马天主教会切断了直接联系,正式成为独立的媒体机构。1966年4月,《京乡新闻》被起亚公司收购,后由于经营者的频繁更换,企业遭遇经济困难。1974年7月,《京乡新闻》同韩国文化广播公司MBC联合,于同年11月组成文化广播·京乡新闻公司,联合以后收益大幅增长。1980年,因媒体基本法的颁布,文化广播公司与《京乡新闻》又分拆各自独立。1990年8月,《京乡新闻》被韩华集团收购,转变为股份公司。1998年,《京乡新闻》从韩华集团独立出来,转变为完全的职工持股公司,由全体职员持有公司整体股份的96%。

在其发展历程中,《京乡新闻》创办了一系列子刊物。其中包括:1968年11月创刊的《周刊京乡》;1969年9月创刊的《少年京乡》;1990年创刊的月刊《京乡女人》;1992年*News Maker*创刊,后该刊改名为"Weekly 京乡"。

从1997年4月7日起,《京乡新闻》的所有版面均开始使用横向排版。2000年2月,京乡新闻社成为韩国新闻单位中第一家通过社外招聘制度选出新任社长的报社。

二、发展现状

图20 《京乡新闻》网站首页

图片引自《京乡新闻》网站:http://www.khan.co.kr,检索时间:2016年3月20日。

目前,《京乡新闻》的报社总部位于首尔特别市中区贞洞22号。

发展至今,《京乡新闻》已经成为韩国重要的主流日报之一,①日发行量约有350000份,网站每天的综合浏览量达到620万次。在韩国六大全国性韩文日报中,《京乡新闻》报社是少有的私营企业。

在如今的网络化时代下,报纸的购买率大大下降。《京乡新闻》也像其他纸媒一样面临着成本与销量的矛盾,同时受困于广告商和广告量大幅减少的现状。对此,《京乡新闻》通过"编辑室一体化"和网络平台的变革使报社实现了新生,扩大了收益。"编辑室一体化"精简

① 《京乡新闻》官方网站:http://www.khan.co.kr/aboutkh/engkh.html,检索时间:2015年10月3日。

了规模，整合了所有资源，实现了传统纸媒向数字化和多平台的转型。

三、报道特点

无论执政政府是自由派还是保守派，《京乡新闻》一直走在调查政府和财阀的前线，反对一切滥用职权损害民众们权益的行为。该报长期以来秉承的宗旨是打击腐败暴力，追求自由、正义和人权。并在报道立场上呈现出进步性、批判性和亲劳工的特征。[①]

경향신문
메르스 15일 지나서야… 첫 회의 연 대통령
메르스 격리자 1364명…학교 544곳 휴교
'축구 독재자' 비리로 퇴장
6천만원 투자시 매월 109만원 고정수익 따박따박~

图 21　《京乡新闻》头版

为了保障所写新闻的公正性，《京乡新闻》在组织结构和部门设置上都下了很大功夫。报社包括 240 名记者在内，共有 600 名职工。他们是《京乡新闻》最大的股份持有者，手里掌握着公司 50%的股份。这样的组织结构使《京乡新闻》能够独立于集团和政府的制约。《京乡新闻》的首席执行官和管理人员是通过公开招募并由职工选举产生的，由首席执行官任命的总编辑也要获得记者们足够的选票。除此以外，报社还拥有一个独立的报纸委员会，负责定期审核报纸的内容和观点。

《京乡新闻》主要关注国内的重大事件和社会问题。对于资本主义社会中存在的问题，它能毫不留情地给予批评，以至于让很多人误解该报为左派媒体。《京乡新闻》不畏强权的特点赢得了民众们的广泛信赖。在 2009 年由韩国记者协会举办的舆论调查中，《京乡新闻》在“公正性”领域中占据榜首，在信赖度和影响力上分别排在第 2 和第 6。

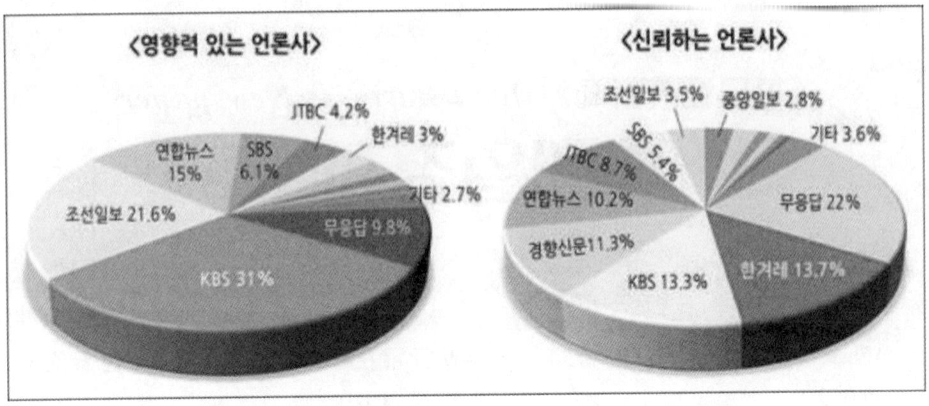

图 22　2009 年韩国记者协会举办的舆论调查结果图

四、涉华报道

通过对《京乡新闻》在线网站以“中国”为关键词进行检索，以 2015 年 9 月 5 日至 2015 年 10 月 5 日这一个月为例，期间《京乡新闻》发表的涉华报道共 58 篇，平均每天一到两篇，内容以政治、经济等议题为主。总体上来看，《京乡新闻》对于中国的报道还是比较友好的。

《京乡新闻》的亲民定位决定了该报通常从本国国民角度出发，尤其在涉及两国历史及民族敏感问题时，难免带有一定的担忧心理。[②] 例如针对东北工程及国内高句丽史研究这类敏感议题，《京乡新闻》刊登了《周恩来，高句丽－渤海国属于韩国历史》(2004 年 8 月 13 日)、《令人失望的胡锦涛主席的历史观》(2004 年 8 月 15 日)和《不要让韩国人再失望》(2004 年 8 月 24 日)等文章，标题就已相当犀利。关于朝鲜脱北者人权问题的社论中则

---

① 《京乡新闻》官方网站：http://www.khan.co.kr/aboutkh/engkh.html，检索时间 2015 年 10 月 3 日。

② 〔韩〕金基燮：《韩国报纸对美国和中国的报道倾向——以〈朝鲜日报〉和〈京乡新闻〉的社论为中心》，春川江原道大学硕士学位论文，2005 年。

有《说谎的中国,无所谓的韩国》(2004 年 6 月 16 日)等文章,认为中国对待这一问题的态度比较敷衍,因而表现出不满。《被中国技术紧追的韩国经济》(2004 年 9 月 30 日)一文,则在强调中国骄人经济发展成绩的同时,也意在提醒国人注重本国的技术开发和教育制度的改善。

近几年来,随着中国经济的高速发展,作为与中国有着密切经贸往来的邻国,韩国加大了对于中国的重视程度,这一点在韩国报纸上也有所体现。韩国报纸报道的焦点已经逐渐从朝鲜问题转向了中国的经济形势和政府政策上。2015 年 3 月 6 日,《京乡新闻》就用了一整个版面来介绍并解读前一天李克强总理所作的政府工作报告。

리커창 총리 "올 경제성장 목표 7%"… '저성장 시대' 선언

图 23 2015 年 3 月 6 日,《京乡新闻》第 8 版整版解读中国政府工作报告

目前,《京乡新闻》报社在北京望京设立了记者站,以便随时关注中国动态。现任驻华记者是吴官哲,他从 1995 年进入《京乡新闻》工作,2011 年 8 月起常驻中国。2015 年 3 月,吴官哲参与了两会报道。他在与中国媒体同行的交流中表示,两会对于驻华记者来说,是了解中国政治的一个绝佳机会。韩国媒体十分关注中国的两会,关注中国政治、经济、军事、社会等各个领域的政策和话题。他本人就已经写了多篇稿子介绍当年的两会,其中一篇在两会开幕前刊登在国际版头条上,该文大篇幅介绍了习近平主席提出的"四个全面"的具体内容。

作为韩国驻华采访人员,吴官哲一直努力寻找两会中的韩国流行文化元素。2014 年,中纪委书记王岐山在发言中提到了《来自星星的你》以及韩剧制作,这一发言也受到了包括《京乡新闻》在内的韩国媒体的高度关注。

《每日经济新闻》*Maeil Business Newspaper*

매일경제

MAEIL BUSINESS NEWSPAPER

《每日经济新闻》(매일경제신문,英文报名 *Maeil Business Newspaper*,简称 MBN)是韩国最大的经济类报纸,主要报道国内外最新发生的重大财经新闻。该报发行量在财经类纸媒中一直处于首位,旨在树立"韩国知识媒体集团的典型代表"。该报隶属于每日经济传媒集团,集团除发行报纸、杂志外,还拥有韩国 MBN 电视台和在线网站(http://news.mk.co.kr)等多种媒体。

一、历史沿革

1966 年 3 月 24 日,《每日经济新闻》创刊于首尔,至今已有半个世纪的历史。创刊初期,每份报纸出刊 4 版,每周发行 6 天。作为韩国财经类报纸的龙头老大,该报在发展历程中历经变革与创新,但始终秉承着创始人郑辰期的初衷,即"为社会贡献出自己的一份力量"。

在创刊后 10 年间,报社体系日益完善,设立了教育部、海外部等部门,报纸内容不断丰富,广泛听取民众反馈意见进行改版。20 世纪 80 年代起,该报致力于推广经济知识,巡回设立韩国国民经济课堂,并为中小企业发展开展各种活动,创办了韩国首个房地产经纪人专业课程。①

在互联网等新兴媒体的凌厉攻势中,在 90 年代末韩国报业开始节节衰退的背景下,《每日经济新闻》积极应对调整,通过多样化经营依然站稳了脚跟。1985 年,每日经济传媒集团(Maekyung Media Group)正式成立。

① 연혁,2015,检索自:http://etc.mk.co.kr/company/intro/sub01_2.php,检索时间:2015 年 10 月 29 日。

1988 年,报纸电子版上线。1993 年,集团又成立了 MBN 电视台。1999 年 11 月,旗下网络有限公司成立。自 2000 年起,集团每年还举办"世界知识"论坛,演讲嘉宾为各国政要、诺贝尔经济学奖获得者、著名财团领袖等。① 其中 2007 年的论坛盛会吸引了来自 30 多个国家的 3000 多名代表出席,包括美国前国务卿鲍威尔、美联储前主席格林斯潘等都是论坛演讲嘉宾。

拥有 110 万份发行量的《每日经济新闻》在面临新媒体的浪潮时,仍意欲反守为攻,在 2008 年至 2010 年间把发行量提升到了 150 万份。这在当时媒体竞争白热化的形势中可谓是一个壮举。进入 21 世纪,该报对社会事务的关心程度变得更高,举办了国内外各种金融会议,并于 2011 年 7 月成立了韩国每日新闻中国研究院。

二、发展现状

《每日经济新闻》时刻将社会责任为己任,立志存高远,同时兼顾各层读者的需求,其韩国经济大报的地位不可撼动。

《每日经济新闻》现任社长郑大阔(장대활)认为,每一个经济体都肩扛着时代责任,媒体也不例外。在克服经济结构性问题之余,韩国期望在 21 世纪建成一个世界一流国家。作为韩国经济大报,《每日经济新闻》也致力于成为国之明天储备的智库。②

(一)立志存高远

创造出世界领先的知识型经济是每一个经济类报纸的目标。《每日经济新闻》响应时代号召,强调创新的重要性。作为领先全韩国的综合信息中心及媒体中心,该报新闻编辑室拥有最先进的智能设备,为读者带来最及时的财经新闻。2013 年 9 月之前,《每日经济新闻》都是以纸质报纸的形式销售,但此后该报的付费在线版正式上线,同时刻纸质版电子版同时发售。到了 2013 年底,该版本再一次升级,升级之后,次日的报纸提前一天就可以在网上购读,且在线版有着超高清的 PDF 阅读。特别是版面,可放大 4 倍。除了电脑,在智能手机和平板电脑上也一样可以阅读,外出时可以方便地使用。一般订阅用户在浏览器地址栏中输入"每经 e 报"的网址(digital.mk.co.kr),在登录后点击"每日经济",即可阅读。③

图 24 《每日经济新闻》报社社长郑大阔

CEO 인사말,2015,http://etc.mk.co.kr/company/intro/sub01_3.php,检索时间:2015 年 10 月 29 日。

除了报社本职工作之外,举办各种大型活动,也是韩国各报业集团扩大社会影响力、积极创收的一个重要方面。如今,《每日经济新闻》已是一个拥有多家子报、杂志、书籍出版、广播电视、网站的多媒体集团。《每日经济新闻》的主笔张容诚曾经在采访中自豪地称,"《每日经济新闻》的另一个代名词是'韩国知识媒体集团的典型代表'"。

《每日经济新闻》作为韩国无可争议的财经新闻领袖,以引领韩国经济的发展为己任。《每日经济新闻》还为每年一次的韩国国民大会制定一个主题,为国家设计该年度的经济发展主题和方向。该报作为国家经济发展的咨询与顾问,每五年的第一个月,与新任总统一起向国民展示国家经济计划。该报记者还参与全国各地成人教育培训的经济内容的教学活动。④

---

① 연혁,2015,http://etc.mk.co.kr/company/intro/sub01_2.php,检索时间:2015 年 10 月 29 日。

② 赖寄丹:《网络时代韩国报业的创新》,《新闻战线》2008 年第 12 期。

③ 《明天的报纸今天晚上看,随时随地一手掌握》,2013 年 12 月 29 日,http://china.mk.co.kr/china/view.php? category=20002001&year=2013&idx=9157,检索时间:2015 年 10 月 30 日。

④ 赖寄丹:《网络时代韩国报业的创新》,《新闻战线》2008 年第 12 期。

매일경제

mk.co.kr

"네이버, 기업신용정보 무차별 노출"

병원·소기업 대표 30여명 소송제기

先 일본식→後 영국식이 노후 해법

대학생 '실험실 창업' 길 터

흑자잔치는 끝났나

기숙사형 원룸텔의 단점을 보완한 신개념 오피스룸 등기분양!

(031)286-5200

图 25 《每日经济新闻》报纸头版

(二)开掘读者层

现今来自互联网对报纸的最致命的冲击，并非互联网所更具优势的新闻时效性及其互动性，而是大量年轻人对互联网的迷恋、习惯，从而对报纸不再问津。因此，以《每日经济新闻》为首的韩国各主流媒体都把争取和培养年轻人读报，努力开掘新的读者层，当作重点工作来抓，多数报纸都办教育版或教育网站。

《每日经济新闻》定期举行大学生讲座，大学生订阅本报可以享受50%的优惠。另外，还专门开辟园地供大学生发稿，刊登大学生的论文，每年评选优秀论文，向大学生颁发优秀论文奖。这些都深受大学生欢迎。经校园问卷调查显示，80%以上的大学生认同《每日经济新闻》，而对其他报纸的认同率只有15%。①

作为经济类报纸，《每日经济新闻》增加了时政、社会、娱乐等综合内容，主要也是为了扩及青少年、家庭主妇等读者群。以前经济报主要是上岁数的人才看，这种举措让大学生、年轻人都看，现在是全球经济一体化的时代，要让他们从小关心经济、懂得经济。

三、报道特点

韩国报业都是民营，这意味着每间报业的背后都有一个强大财团背景。报纸在新闻报道和舆论导向上的公正性及客观性不受其财团的控制与左右。对于这一点，韩国老百姓多数欢迎民办的报纸，他们认为政府办报纸可能会说假话。《每日经济新闻》是韩国主流报纸中唯一不受财团控制的媒体，因其创始人把50%的股份分给财团工作人员，20%分给报社工作人员，完全由民间控股。

面对新媒体的冲击，《每日经济新闻》认为对高层次新闻的需求始终是会有的，纸媒体不会被抛弃。制作高层次新闻对记者编辑提出了更高要求，提高纸媒体从业人员自身的学习创新能力至为关键。截止到2010年，该报社送到海外读博士的员工就有150人。2010年时该报便拥有110万份发行量，计划在近两年要把发行量提升到150万份。②

四、涉华报道

总体来看，《每日经济新闻》网站中涉华报道数量较多。该报设有中文版网站http://china.mk.co.kr/china/，内容除报道韩国新闻外，也向用户提供劳务信息及留学信息。

具体到报道内容，2013年10月时值APEC会议举行，《每日经济新闻》网站关于中日韩关系的文章中形象的描述，韩国总统朴槿惠会见中国国家主席习近平和日本首相安倍晋三的情形是“热情的中韩，冷淡的日韩”。该评论彰显出该报的亲华态度及官方措辞。③ 2015年9月，《每日经济新闻》发表“韩国科学技术，已经被中国超越”④一文，可看出该报面对中国突飞猛进的科技发展，持有积极的态度，并非像西方媒体一样的敌视。

以该报英文版网站为基础，可以检索到383条关于“中国”的新闻报道，绝大部分都是关于中美、中韩、中朝

① 赖寄丹：《网络时代韩国报业的创新》，《新闻战线》2008年第12期。

② 赖寄丹：《网络时代韩国报业的创新》，《新闻战线》2008年第12期。

③ 习近平：《坚决反对朝鲜核试验》，2013年10月7日，检索自MK China：http://china.mk.co.kr/china/view.php? category=20002001&year=2013&idx=8591，2015年10月29日。

④ 《韩国科学技术，已经被中国超越》，2015年9月21日，检索自MK China：http://china.mk.co.kr/china/view.php? category=20002001&year=2015&idx=13255，检索时间：2015年10月29日。

关系走向，该报一直持续关注亚太局势走向。而针对中国经济的新闻也有不少，其中 2015 年 5 月的一篇“中国传统医药”宣传了中国中医行业的蓬勃发展，并称北京某一家医院大小等同韩国某知名医院三倍。[①]

除此之外，《每日经济新闻》与中国媒体关系密切，交流合作都比较多。2012 年 8 月 20 日，每日经济新闻中国研究所为庆祝中韩建交 20 周年，在韩国首尔每日经济新闻社举行了题为“中韩经济合作向新的 20 年迈进”的研讨会。[②] 此外，中国每日经济新闻与韩国每日经济新闻共同于 2015 年 5 月 21 日举办了“2015 世界知识论坛・中韩企业家高峰论坛”，中韩影视文化产业论坛让中韩两国文化界翘楚齐聚一堂，深入交流、探讨两国影视文化。[③] 韩国每日经济新闻国际部部长金明洙还参加了由人民日报社主办，云南省委宣传部、云南日报报业集团承办，云南省人民政府新闻办公室、环球人物杂志社协办的第六届 10＋3 媒体合作研讨会。[④]

整体来说，《每日经济新闻》非常注重中国报道，与中国媒体和相关机构有着密切的往来与合作。

《首尔新闻》*Seoul Shinmun*

서울신문

《首尔新闻》(서울신문，英文报名为 *Seoul Shinmun*)是韩国历史最悠久的报刊，创刊于 1904 年 7 月 18 日，每日发行量达到 780,000 份。

一、历史沿革

在韩国报业中，《首尔新闻》历史最为悠久，发行过程中经历了数次停刊和名字更改。该报的前身是《大韩每日申报》(*Daehan Maeil Sinbo*)，由英国人裴说于 1904 年 7 月 18 日创办。在 1904 年 7 月 18 日至 1910 年 8 月 28 日期间，《大韩每日申报》经常刊登抗日的文章和新闻评论，揭露了日本的侵略野心，推动了朝鲜爱国启蒙运动和民族意识的发展。

1910 年，日本吞并朝鲜半岛。《大韩每日申报》也因此被纳入总督府的日语机关报《京城日报》旗下，去掉“大韩”两字，改名为《每日申报》，作为《京城日报》的韩语版继续发行。1938 年，《每日申报》从《京城日报》中独立出来，改名《每日新报》。从殖民侵略到国家光复，《每日申报》作为唯一一份不间断发行的韩语报纸，为当时的民众们带去了心灵的慰藉，也在韩国媒体史上留下了浓墨重彩的一笔。

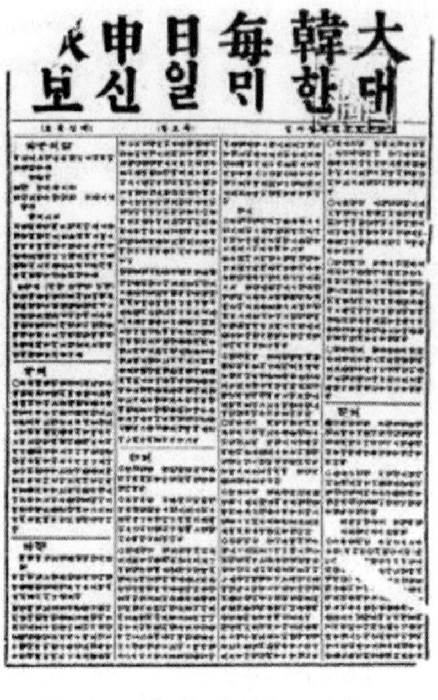
大韓每日申
대한매일신보

图 26　早期的《大韩每日申报》

1945 年，日本殖民结束之后，《每日申报》改为现名《首尔新闻》，由左倾的社员自治委员会管理。1945 年 10 月 2 日，报社被驻朝鲜美国陆军司令部军政厅(简称“美国军政厅”)收购。美国军政厅希望重组报社的领导班子，任命吴世昌等右翼人士为领导，但此举受到了社员自治委员会的反

---

① China's medical industry rising，2015 年 5 月 25 日，检索自 Pulsenews：http://pulsenews.co.kr/view.php? year＝2015&no＝499021，检索时间：2015 年 10 月 29 日。

② 《韩国每日经济新闻社举行中韩经济合作研讨会》，2012 年 8 月 20 日，检索自人民网：http://world.people.com.cn/n/2012/0820/c1002－18786678.html，检索时间：2015 年 10 月 29 日。

③ 韩国每日经济新闻传媒集团会长张大焕：中韩文化交流基地有望落户成都，2015－5－21.检索自网易：http://news.163.com/15/0521/01/AQ3RC57I00014AEE.html，检索时间：2015－11－30。

④ 《韩国每日经济新闻国际部部长金明洙》，2013 年 12 月 6 日，检索自网易：http://money.163.com/13/1206/18/9FECDO5S00254TI5.html，检索时间：2015 年 11 月 30 日。

对。11 月 10 日,美国军政厅以财产调查的理由强迫《首尔新闻》停刊。

11 月 23 日,经营团队改组后的《首尔新闻》以晚报的形式开始重新出刊。社长为吴世昌,主笔是李宽求,编辑部部长则由洪起文担任。20 世纪 50 年代,《首尔新闻》作为政府的机关报纸,一直深得自由党政权的支持。1960 年,四·一九革命爆发,游行队伍烧毁了《首尔新闻》的办公大楼和设施,这使报社损失了众多珍贵的资料并停刊了一段时间。1961 年 12 月 22 日,《首尔新闻》再次重新复刊。

1946 年 1 月 15 日,报社创办了《新天地》。这是韩国自光复以后,朝鲜战争之前发行时间最长、最具代表性的一本综合杂志。此外,报社还推出了一系列周刊杂志,比如面向大众的《首尔星期天》(1968 年 9 月 22 日首刊),面向儿童的《少年首尔》(1970 年 4 月 22 日首刊),《周刊运动》(1975 年 3 月 30 日首刊),以及《首尔评论》(1973 年 11 月 4 日首刊)。①

1985 年 4 月,报社的办公大楼和韩国新闻中心一起竣工。

二、发展现状

目前,《首尔新闻》的总部位于韩国首尔世宗大路。

该报的报社现为股份制公司形态,代表理事是李哲辉。报社在全国有 2 个分社,605 个分部,47 个报摊,721 名员工。国内分部地点包括仁川、水原、春川等 17 个地区,在美国华盛顿、中国北京、日本东京等地驻有海外特派记者。

2007 年,《首尔新闻》投身环保事业,成立了碳排放权交易公司(Korea Carbon Bank)。2009 年 10 月,《首尔新闻》与有线电视台合作,开设了"首尔新闻 STV"频道,开始涉足电视行业。

图 27 《首尔新闻》网站首页

图片引自《首尔新闻》网站:http://www.seoul.co.kr,检索时间:2015 年 9 月 20 日。

三、报道特点

在报道内容上,《首尔新闻》广泛涉及政治、经济、社会、国际、娱乐和生活等多个议题领域。与此同时,《首尔新闻》声称自己最大的股东是公司职工,不受权力、资本和财阀的控制。②

在使用文字上,《首尔新闻》比韩国其他报纸更早开始使用全韩文书写。早在 1956 年 10 月 18 日,《首尔新闻》就开始混用汉字和韩语并单独发行了全韩文版的《首尔新闻》。但由于报纸销量一直无法提高,全韩文版的《首尔新闻》在 1959 年初结束了发行。虽然这次改革没有成功,但它对探索适合报纸的标题用语、文字排列、编辑体制、报道句式的全韩文使用起到了很大帮助。

四、涉华报道

从刘云山访问朝鲜到证券股票交易,从天津港爆炸事故到《来自星星的你》在中国掀起热潮,《首尔新闻》一直密切关注着中国在政治、经济、社会、文化等各方面的热点话题以及韩国文化在中国的影响,但政治和经济仍然是报道的重点关注对象。在政治相关报道中,《首尔新闻》主要关注中韩两国的高层交往以及中美朝韩的国际关系,观点相对客观。在经济相关报道中,《首尔新闻》既重视对中国宏观经济政策的讨论,也对股票涨跌、大企业发展、赴韩游客等话题进行了大量的报道。2015 年 1 月 31 日,《首尔新闻》的特派记者专栏刊登了《中国的

---

① 《首尔新闻》网站:《首尔新闻百年史》,http://www.seoul.co.kr/company/company.php? sub=tradition,检索时间:2016 年 2 月 10 日。

② 《首尔新闻》网站:서울신문,http://www.seoul.co.kr/company/company.php? sub=company,检索时间:2015 年 9 月 10 日。

“任性”时代》一文,[①]以“有钱就是任性”的流行语为切入点,分析了中国的经济发展,探讨了习近平新政和新权威主义的影响。

虽然,韩国记者对中国已经不再陌生,但可以看出该报记者对中国的采访环境仍有诸多不满之处。2012 年 2 月 18 日,《首尔新闻》驻北京记者周贤珍在特派记者专栏发表《请把提问以传真的方式发过来》[②]一文,针对韩国报纸涉华报道主要源自于西方媒体这一现象,提出了自己的看法。她认为僵硬的政治体制是记者在采访时很难获得令人满意的新闻素材和回答的主要原因,但自身新闻挖掘能力的不足也是原因之一。

서울신문
www.seoul.co.kr
스포츠 | 2010년 2월 3일 수요일 27
동계올림픽·광저우 AG 코앞인데
가맹단체 밥그릇 싸움… KOC뒷짐
카누연맹 "광저우 드래곤보트 우리가 출전"
피겨 "선수육성집중" 빙상연맹서 분리추진

图 28 《首尔新闻》版面

通过对《首尔新闻》网站的数据搜索可以发现,截至 2015 年 10 月 5 日,《首尔新闻》共刊登 101761 篇与中国相关的文字报道,5260 条图片新闻。内容涉及政治、经济、生活,重点关注在北京召开的重大会议和国际性活动。从报道来源上看,《首尔新闻》的涉华报道大都由本报驻北京的特派记者完成。其中,发表报道较多的记者有李昌九(现任特派记者)和周贤珍(前任特派记者)。[③]

李昌九发表的涉华报道有:2015 年 9 月 5 日发表的《尽管中韩关系友好,中朝依然紧密……金正恩即将访问中国》。在中国举行抗战胜利 70 周年阅兵式后,李昌九记者对北京大学韩国学学者沈定昌教授进行了采访。这篇文章让读者看到与西方媒体不同的观点,了解中国人眼中的阅兵式。除了政治话题,他还十分关注北京的环境。例如 2013 年 5 月 3 日发表的《北京‘杀人雾霾’吓跑职工,公司发放危险工作补助》,[④]以及 2013 年 10 月 7 日刊登的《北京‘雾霾长城’—中国初秋大气污染严重,恐惧正在蔓延》。[⑤]

《亚洲经济》*AJU Business Daily*

아주경제

《亚洲经济》(아주경제,英文报名 *Aju Business Daily*)是韩国首份也是唯一一份以韩、中、英、日四种语言同步报道产业财经、房地产、金融、证券、企讯等各领域信息的全球经济报刊。

一、历史沿革

《亚洲经济》原名《亚洲日报》,2007 年 9 月注册成立,该报创办人是韩国著名传媒人士郭永吉,任该报代表

① 주현진: 중국의 ‘내멋대로’ 시대/周贤珍:《中国的任性时代》,2015 年 1 月 31 日第 22 版,http://www.seoul.co.kr/news/newsView.php? id=20150131022011,检索时间:2015 年 9 月 15 日。

② 주현진: 질문은팩스로보내세요,2012 年 2 月 18 日 第 26 版,http://www.seoul.co.kr/news/newsView.php? id=20120218026009,检索时间:2015 年 9 月 15 日。

③ 이창구: [박대통령訪中] “韓·中우호불구北·中멀어지지않아…김정은곧中방문할것” 선딩창베이징大한국학연구센터소장이본 ‘전승절이후韓·中·北관계’ 2015 年 9 月 5 日第 5 版,http://www.seoul.co.kr/news/newsView.php? id=20150905005001,检索时间:2015-9-15。

④ 주현진: 베이징 ‘살인스모그’ 에외국인직원도망가고기업은위험수당도입,2015 年 5 月 3 日第 16 版,http://www.seoul.co.kr//news/newsView.php? code=seoul&id=20130503016019&keyword=%BA%A3%C0%CC%C2%A1%20%BD%BA%B8%F0%B1%D7,检索时间:2015 年 9 月 28 日。

⑤ 주현진: 베이징 ‘스모그만리장성’ 一中초가을부터대기오염극심…공포확산,2015 年 10 月 7 日 第 15 版,http://www. seoul. co. kr//news/newsView.php? code=seoul&id=20131007015021&keyword=%BA%A3%C0%CC%C2%A1%20%BD%BA%B8%F0%B1%D7,检索时间:2015 年 10 月 8 日。

理事。从 2007 年 10 月开始,《亚洲经济》作为定期日刊开始发行,报道亚洲每日新闻。11 月,《亚洲经济》开设韩中双语的新闻网站。

2008 年 11 月,《亚洲经济》韩文版的版面由 28 版增至 32 版,英文和中文版报纸也随即进行扩版发行。2009 年 10 月,《亚洲经济》日文版扩版发行。2009 年 10 月,《亚洲经济》加入韩国 ABC 协会。[①] 同年 12 月又加入韩国网络新闻协会。2010 年 6 月,《亚洲经济》加入韩国记者协会。

2010 年 9 月,“亚洲中国”网络媒体注册成立。2011 年 9 月,《亚洲经济》成立全球财经研究院(GEFRI)。2011 年 11 月,《亚洲经济》加入世界中文报业协会,成为韩国媒体中首家加入该协会的报纸。2012 年 4 月,《亚洲经济》全球财经研究院在中国山东的代表处成立。2012 年 5 月,《亚洲经济》创办旗下月刊《中国》和周刊《亚洲旅游》。

二、发展现状

《亚洲经济》隶属于 2003 年 2 月成立的韩国亚洲新闻集团。亚洲新闻集团旗下还包括有亚洲爱恩希、亚洲中国、亚洲网络电视、亚洲手机等四大部门。其中,亚洲爱恩希作为一家经济信息咨询有限公司,与中国主流媒体携手合作,业务涵盖公关代理、媒体咨询、论坛筹办、文化宣传等多个领域,截至目前已成功举办历届“亚洲太平洋金融论坛”“韩中文化艺术节”“绿色增长论坛”等国际性会议等交流活动。

《亚洲经济》的合作伙伴有香港《文汇报》、新华通讯社、中国新闻社、人民网及海外华文传媒合作组织、世界华文媒体合作联盟、世界中文报业协会等全球 100 多家媒体。其中《亚洲经济》与人民网和《文汇报》保持内容交换协议,为韩国国内读者提供了一个中国新闻的阅读环境。

《亚洲经济》不仅拥有网络新闻媒体,也与离线媒体建立起了有机的合作关系,从而生产更为多样的新闻资讯。此外,还与拥有电视节目制作团队的亚洲广电建立了合作关系,共同提供动态资讯。

图 29 《亚洲经济》中文版网站

亚洲经济中文网:http://china.ajunews.com/,检索时间:2016 年 2 月 29 日。

三、报道特点

“幸福、未来、生命、女性、中国”是该报关注的五大主题,主要读者群是在韩中国人(在韩华侨)、韩中企业人

① ABC 协会,即 Audit Bureau of Circulations,是报纸、杂志的发行量及网络媒体等浏览量的调查机构。韩国 ABC 协会成立于 1989 年,《朝鲜日报》《韩民族新闻》等报社 1993 年 9 月向韩国 ABC 协会提交了份数资料,这是国内首次的份数调查。然而《朝鲜日报》参与其中之后,在发表的报告书中《朝鲜日报》的购买及发行份数都占据首位,其他参与其中的报纸不久之后便不再接受 ABC 调查。

士、中资机构、韩国舆论领袖等。

中国是《亚洲经济》的特色主题之一,《亚洲经济》也一直致力于促进中韩两国经济间的沟通交流。依托于亚洲新闻集团的强大优势以及与中国权威媒体的合作关系,《亚洲经济》成功地与中国地方政府和企业建立友好关系,并策划了一系列中国专题报道。最具代表性的有 2012 年 6 月发表的三国演义系列报道(中文、韩文)和燕赵访古系列报道等。①

为了在经济报道现场进行 24 小时实时报道,报社强化了网络新闻制作和编辑工作,并于 2011 年 1 月增设了"网络统筹新闻部",该部门拥有包括特派员、中国新闻部记者、网络新闻部记者等在内的 30 余名报道人员活跃在中国新闻领域内,并为读者提供 24 小时现场实时报道。

除了韩国股市、楼市信息外,《亚洲经济》还提供外汇基金、保险等理财资讯,同时该报也为读者提供与汽车、高尔夫、休闲度假等有关的生活资讯。

四、涉华报道

综合来看,《亚洲经济》的涉华报道体现出两个鲜明的特点。

(一)重视中韩间相互了解与交流

2014 年 8 月 12 日,仁川亚运会火炬在威海传递。山东省威海市作为本届亚运会在中国唯一的火炬传递城市,在分享这一亚洲体育盛事的激情之外,也拉近了与仁川之间的距离,增进了两地间的友谊。亚运会火炬在威海的成功传递给亚组委留下了深刻的印象,也在韩国引起了巨大的反响和关注。在仁川亚运会开幕之前,包括《亚洲经济》在内的 9 家韩国颇具影响力的媒体记者采访团来到威海,专访了威海市长张惠,对威海的投资环境、风土人情进行更加深入的采访了解,在韩国展示威海城市新形象,扩大威海在韩国的影响力。②

(二)对中国经济的关注度最高

韩国由于国内市场有限,文化、服务等多种产业对中国市场的依赖度越来越高。而中国消费者和资本也不断涌入韩国,体现中韩两国日益密切的经济联系。通过对《亚洲经济》网站中涉华报道的搜索分析,发现其侧重于对中国经济的报道,尤其是中韩自由贸易协定(FTA)的签订,使中韩两国之间的经济往来与相互影响更加密切。

在其网页上搜索关键词"中国",所得新闻几乎全是中韩经济往来的报道,包括:中国电视台购买韩国综艺节目版权、中国地产商投资韩国济州岛江原道、中国游客赴韩旅游的相关报道、韩剧在中国的播出情况、韩国化妆品在中国的销售和受喜爱情况等。其中"旅游报道"最常见,并随着时间的推移对其发展变化进行系列报道。如 2015 年 5 月中旬,亚洲经济网《80 后成访韩中国游客主力　人均消费两年下降近四成》一文报道了"中国游客赴韩旅游人数逐年增长,但消费量却低于赴日消费量",并对此现象展开深度的分析。这则新闻报道一度占据《亚洲经济》中文网主页的头版头条新闻数天之久。6 月 18 日,在亚洲经济网一则题为《韩爆发 MERS 中国游客受惠股'蒸发'数百亿元》的报道中,记者根据当下韩国形势对中国游客赴韩旅游的影响做了相应的分析报道。③

此外,《亚洲经济》也相当重视对中国最大电商平台阿里巴巴和马云的投资等的相关报道。2015 年 5 月 18 日,马云出席阿里巴巴天猫商城韩国馆在首尔的开通仪式。《亚洲经济》中文网 18 日报道马云携天猫在韩开

---

① 亚洲经济韩文网:《重游三国系列报道》,http://www.ajunews.com/kor/section.jsp? categoryId=0109034000000000,检索时间:2015 年 8 月 30 日。

② 李晓佳:《张惠接受韩国媒体专访》,《威海日报》2014 年 9 月 18 日(A001)。

③ 亚洲经济中文网:《周钰斌:韩爆发 MERS 中国游客受惠股"蒸发"数百亿元》,2015 年 6 月 18 日,http://china.ajunews.com/view/20150618133940834,检索时间:2015 年 9 月 12 日。

馆，以《女儿喜欢看 Running Man》为标题，称韩国馆是阿里巴巴电商平台上的第一个国际馆。报道引用马云的表述指出，未来 10—15 年内，中国中产阶级人口将达到 2—3 亿，他们对国际高质量商品和服务的需求将越来越大，对韩国大企业、特别是中小企业是个良机，能很好地将韩国的旅游和文化等通过商品体现出来。[①] 5 月 19 日，《亚洲经济》报道马云在接受韩媒采访时称“韩国应打造本土支付宝”。次日，《亚洲经济》又发表《马云携天猫给韩国送去三个希望》《马云：把世界当作你隔壁的邻居》等文章，报道马云此次韩国之行，不仅为韩国企业和产品顺利进入中国搭建了平台，同时也促进了韩流明星在中国的市场价值和影响力，也为韩国青年的创业和就业带来希望。

总体来看，《亚洲经济》对于中国的报道一方面体现了其对中国经济腾飞的重视及欣羡之情，另一方面也足以说明中韩经济往来与发展的紧密相依。

《中央日报》*JoongAng Ilbo*

중앙일보

《中央日报》(韩文중앙일보，英文 *Joong Ang Ilbo*)是在韩国出版发行的一份韩文日报，主要宗旨是：“超越党派，站在社会正义的立场上，大胆如实地反映现实”。[②]《中央日报》与《朝鲜日报》《东亚日报》《文化日报》并称为韩国四大报纸，在发行量和影响力上都是韩国最重要的报纸之一。

一、历史沿革

JoongAng Ilbo

English Edition

2 Weeks of Labor Unrest Ahead

Officials Bribery Blueprint Is Reported to Be Found

Most Violent Crime Rising

图 30 创办初期的《中央日报》

1965 年 9 月 22 日，《中央日报》由三星集团创办人李秉喆(이병철)创立。当时作为分支机构下属东洋广播公司(TBC)。东洋广播公司设有 AM639 千赫的电台波段频道及电视第 7 频道。韩国前总统全斗焕执政时，东洋广播公司(TBC)被政府强行解散，并合并至韩国广播公司(KBS)。2011 年，随着一系列与媒体相关的法律法规的通过，《中央日报》正式成立《中央日报》东洋广播公司 JTBC，成为当年成立的四家综编频道之一。[③]

《中央日报》很早就开始了报纸发展的国际化，于 1974 年开办了《中央日报》的第一个海外版，美洲版报纸以“The Korea Daily”的名称，从当年 11 月 19 日正式开始发行。美洲版不仅在美国境内发行，在加拿大及南美地区也已得到普及，提供能够成为移民生活指南的丰富而有深度的消息。在美洲发行的报纸，版面分为美国、韩国、体育、日常版块(Daily Section)和分类广告等五部分，平均每期发行 100 余页面。同时发行的还有费城、橘郡、圣迭戈、罗兰岗等地的地区版。另外，在 joongangusa.com 上还网罗了美洲各地韩国人社会所需要的新闻、生活信息、移民

---

① 亚洲经济中文网：《林芳浚：马云携天猫在韩开馆“女儿喜欢看跑男”》，2015 年 5 月 18 日，http://china.ajunews.com/view/20150518152048990，检索时间：2015 年 5 月 20 日。

② 于美华：《南朝鲜报纸简介》，《国际研究参考》1988 年第 4 期。

③ 综编，即综合编成频道，是综合性广播电视频道。四大综编频道 JTBC、Channel A、TV 朝鲜和 MBN 分别由《朝鲜日报》《东亚日报》《中央日报》《每日经济新闻》四家报业公司管控。2011 年 12 月 1 日下午 4 点，韩国四大综编频道开播，象征着韩国电视传媒业进入了一个新纪元。相对于大部分韩剧观众已经比较熟悉的 KBS、SBS、MBC 三大地面公共台，四大综编频道是在 2008 年韩国国会通过了《报纸法》《电视广播法》《IPTV 法》等充满争议的相关法律后，并在 2010 年年末韩国国会通过的媒体新法案，允许报社媒体进入电视传媒业经营后，以投票评分的形式产生的，其中又以 JTBC 的获分最高，实力最强。陈宜芳：《从有线频道发展看韩国电视领域变革》，《今传媒》2015 年第 4 期。

信息、工作介绍等信息，通过网络提供给读者。[①]

与此同时，《中央日报》在技术开发上一直为韩国媒体之先。1989年，《中央日报》成为韩国第一家引进超高速新闻传输系统的媒体机构。这一年年底，名为“JOINS”的《中央日报》数据库开始启动运行，到1991年9月时彻底实现新闻制作电子化，并于1995年开始提供电子新闻“Internet《中央日报》”的服务。

1999年，《中央日报》提出要“二次创业”，与创设母公司三星集团分离，成为一家独立的报业公司。

二、发展现状

《中央日报》总社位于首尔特别市中区，现任社长和发行人为宋弼镐。目前，《中央日报》社总社员工有586人，其中记者人数远超一半，有341人。如今的《中央日报》，日平均发行页面数为50页面，发行份数为180万份，读者中男性比例超过60%，大学及大学以上学历读者占59.8%，另外30～49岁的读者比例占61.9%。[②]

《中央日报》所属集团为中央媒体集团（简称JMnet）。目前，中央媒体集团已经发展成为韩国最大的综合传媒集团，包括报纸、期刊、有线电视台、网络以及一些事业部门等等。旗下媒体还包括周日版《中央Sunday》《日刊体育》、杂志《中央m&b》、广播中央放送和网络Joins.com等等。中央媒体集团以报纸为主，并通过时事报道、广播、网络等多样化媒体传达着世界各地各种各样的消息。

2000年，《中央日报》创办英文版（*JoongAng Daily*）。从2007年3月18日开始，《中央日报》每逢星期日都会推出星期日特别号《中央Sunday》，在韩国属首创。另外，香港版的《中央日报》每逢星期三亦会随报附送一份有关在港韩国人生活消息的特刊。

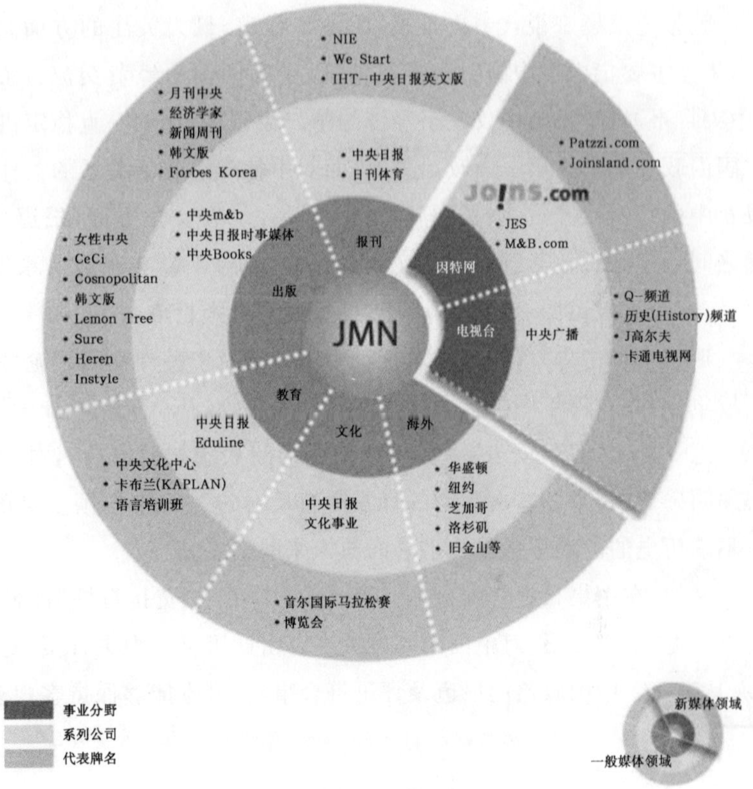

图31　中央媒体集团的经营范围

图片引自《中央日报》中文网：http://chinese.joins.com/gb/company.do? method=joongang&code=0201，检索时间：2016年1月14日。

三、报道特点

凭借准确的信息和正确的评论，《中央日报》在韩国逐步成为最为读者所信赖的报纸，也是拥护民主主义和市场经济、引导韩国不断进步的“一流的报章”。民主主义和市场经济，是《中央日报》自创刊以来一贯追求的目标。

《中央日报》一线记者怀有强烈的使命感，最大限度地倾听读者的意见并反映在新闻制作中，尽最大的努力作出报道和评论，因此推出了比韩国任何一家媒体都多的独家报道。在韩国民众中，建立起权威的影响力。凭借客观公正的报道，颇具特色的新闻，《中央日报》在韩国报纸中具有代表性地位。

四、涉华报道

1993年，《中央日报》社便开始在中国设立记者站，当时只有一名驻华记者负责所有的涉华报道工作。2000

① 《中央日报》中文网：http://chinese.joins.com/gb/company.do? method=joongang&code=0501，检索时间：2015年8月16日。

② 中央日报中文网：http://chinese.joins.com/gb/company.do? method=joongang&code=0601，检索时间：2015年8月16日。

年左右,《中央日报》驻华记者站开始扩大,增加了两名常驻记者,同时在中国香港也设立了记者站。从此之后,由北京记者站和香港记者站共同负责报道发生在中国的新闻事件。① 从内容上来看,《中央日报》长期开设一个中文的教学专栏《一二三中国语》。1997 年,《中央日报》就"邓小平逝世"进行过一个大型独家报道,在韩国国内引起极大关注。后来又于 2000 年发表对"中朝关系"的大型独家报道,对东亚地区和国际问题展开深入的讨论。②

2007 年 7 月 21 日,《中央日报》开通了中文网站。至此,包括《中央日报》《朝鲜日报》和《东亚日报》在内的韩国三大报业,全部以中文网站的形式提供网上中文新闻服务。《中央日报》中文网由该报业集团下属的中国研究所承办,中文网站除了有反映韩国媒体观点的"中央论坛"以外,还有"滚动新闻""中国报道""韩国要闻""财经新闻""投资韩国""金融股市""韩流时尚""围棋""游在韩国""留学韩国"和"人物资料"等栏目,将《中央日报》报业集团下属几十家媒体的新闻资源与中国读者共享。③

就报道议题来说,《中央日报》的涉华报道,最为关注的方面是经济领域。相关报道所占比例超过三分之一,焦点主要集中在中国国内经济情况、中韩两国的经贸交流方面及中国与第三国的经贸关系。政治报道是《中央日报》对华报道中仅次于经济的第二大领域,比例一直稳定占据总报道量的 20%左右,其中最为关注的是中国内政和中国与第三国政治关系,而对中韩双边政治关系的关注度则相对较少,此外该报还对中国军事航天以及中国"涉台、涉藏、涉疆"等问题相当关注。在文化方面,报道焦点集中在向韩国读者介绍中国文化以及中韩之间近年来日益活跃的文化交流情况上,而对于影响双边关系发展的"中韩历史文化争端问题"并没有很多报道;社会类报道所占比重则较小,且呈逐渐下降趋势。

近年来,《中央日报》日益重视对中国政治及中韩外交的评论性报道。如 2015 年 8 月 11 日该报对于反法西斯战争胜利 70 周年中国纪念仪式专门发表题为《朴总统应参加中国抗战胜利 70 周年纪念活动》的社论。此后第二天 8 月 12 日又发表一则评论《中国的阅兵式如何成功》,对中国阅兵的目的进行了深入分析,认为:"中国必须明确表明,举办这次活动的背景源自反对过去日本军国主义的历史认识……阅兵仪式应向人们传达一种在不忘历史的前提下珍视和平的面向未来的信息。"

又如,在中央日报官网 2015 年 8 月 16 日的"浏览排行榜"排名前十的报道中,关于中国的报道有七则,借此一斑可见《中央日报》对中国的高度关注。由此可见,《中央日报》对中国政治的敏锐观察、对中国经济的密切关注;其中关于中国政治的报道及评论符合事实,基本能够保持客观公正的态度。

韩国广播公司 Korean Broadcasting System

KBS

韩国广播公司,又称韩国放送公社(韩文名称为한국방송공사,Han-guk Bangsong Gongsa,英文名为 Korean Broadcasting System),通常简称为 KBS。KBS 是大韩民国最早设立的公营电台及电视机构,与韩国文化广播公司(MBC)和首尔广播公司(SBS)并称为大韩民国三大广播机构。

一、历史沿革

韩国广播公司的前身是朝鲜在日本殖民统治时期成立的朝鲜放送协会,于 1926 年 12 月 21 日成立,1927

① 于淼:《"中国对国外媒体采访报道有了信心"——专访韩国〈中央日报〉驻华特派记者站副站长张世政》,《对外传播》2008 年第 12 期。

② 《中央日报》中文网:http://chinese.joins.com/gb/company.do? method=joongang&code=0401,检索时间:2015 年 8 月 16 日。

③ 夏春平主编:《世界华文媒体年鉴 2011》,世界华文传媒年鉴社,2011 年,第 527 页。

年 2 月 16 日开始播出节目。1945 年 10 月 1 日，伴随着日本宣布无条件投降，朝鲜放送协会的日本籍成员被全部解雇，成为真正意义上的国家广播机构。1948 年 8 月 6 日，朝鲜放送协会改名为大韩放送协会。其后经过几次变迁，大韩放送协会改组为韩国放送公社，成为韩国的国营媒体。1953 年，KBS 开始运营对外广播业务，以“自由大韩之声”的台名播出节目，是韩国唯一的国际广播机构。

1961 年 12 月，KBS 电视台成立，是韩国第一家正式的电视广播机构。1973 年 3 月 3 日，韩国放送公社由政府直属改制为公共广播机构。1979 年，KBS 的广播节目开始通过 FM 调频播送，大大提高了广播的质量和覆盖程度。作为公共广播机构，KBS 一直致力于公共信息广播和教育职能，但是在 1980 年到 1994 年期间，也曾一度引入商业广告，直到韩国政府调整了电视收视费政策，使得 KBS 可以相对独立于商业市场。1990 年 12 月 27 日，KBS 旗下的电视第 3 频道和教育广播从 KBS 分离，重组为韩国教育放送公社。自 1996 年 7 月起，KBS 开通多频道卫星电视节目，主要采用数字信号播放。2001 年 KBS 开始播出高清节目信号，到 2012 年时则完成了节目的数字化播放。

二、发展现状

目前，KBS 的公司总部位于首尔的汝矣岛区，在全国范围内有 18 个地区分站和 11 个海外办事处，以及 8 个旗下分公司。其中，KBS 媒体（KBS Media）主管媒介产品营销业务，负责将 KBS 制作的电视节目产品推广到世界各地。如今的 KBS，将自身定位为秉承“公正·公益”的公共机构，以服务大众为宗旨。

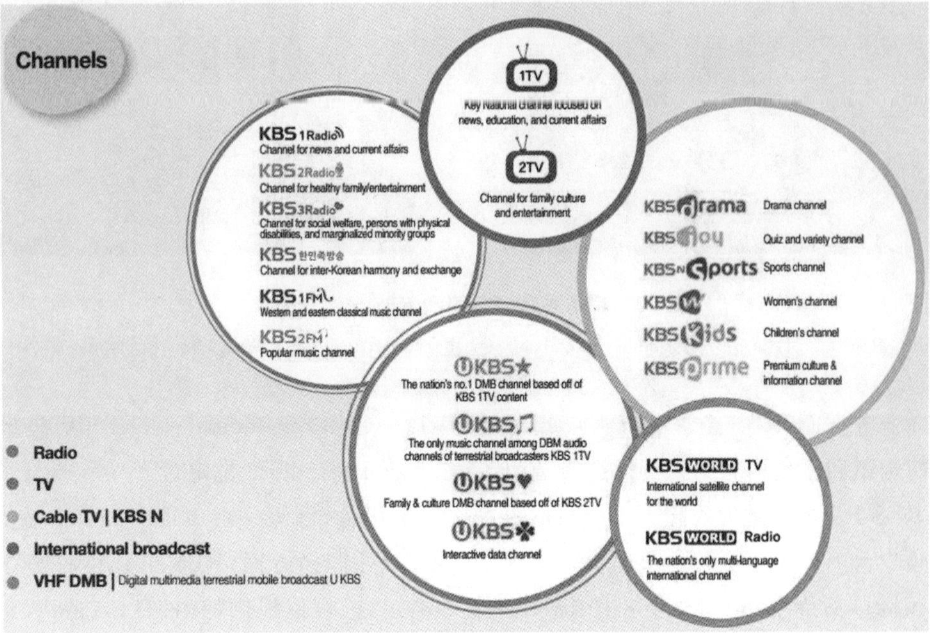

图 32　KBS 主要业务板块

KBS Annual Report 2014，http://english.kbs.co.kr/about/annual_report_2015_15_full_en.pdf，检索时间：2015 年 7 月 25 日。

总的来看，KBS 的主要业务有电视、广播和网络传播三大块。

首先，KBS 旗下拥有两个地面电视频道，一台 TV1 和二台 TV2，二者在韩国电视受众市场占有率达到 40%左右。[①] 其中，一台是面向全国受众的综合频道，集中播放新闻、时事及文化、教育资讯，偶尔播出电视剧，不播放任何商业广告；二台则商业程度较高，以播出娱乐节目和电视剧为主，同时也播放商业广告。根据 2000

---

① 唐世鼎：《世界电视台与传媒机构》，中国传媒大学出版社 2005 年版，第 254 页。

年 KBS 发布的《元年宣言》:KBS 一台的定位为“韩国人的中心频道”,以公营性为主,服务公众;KBS 二台的定位为娱乐性为主,以年轻人为主要收视目标群体,“年轻的感觉、家人共享的文化频道”。同时,KBS 旗下还有多个国内卫星频道,包括 KBS drama(电视剧频道)、KBS joy(综艺频道)、KBS N sports(体育频道)、KBS W(女性频道)、KBS kids(少儿频道)和 KBS Prime(文化节目频道)。

除此之外,KBS 目前还拥有国际卫星频道 KBS World,于 2003 年 7 月 1 日正式开播,全天 24 小时连续播出,通过国际通讯卫星向世界各地播出电视节目。KBS World 致力于推动韩国文化走向世界,播出内容大多为本土制作的优良电视节目,附有包括英语、汉语、西班牙语、日语等在内的外文字幕。目前,KBS World 的覆盖范围可以达到全世界 100 个国家的 5.06 千万受众。[①] KBS World 还下设两个海外分支机构,美国分部 KBS America(2004 年 9 月 6 日成立)、日本分部 KBS Japan(2006 年 4 月 1 日成立)。

图 33 KBS 美国分公司和 KBS 日本分公司

KBS Annual Report 2014, http://english.kbs.co.kr/about/annual_report_2015_15_full_en.pdf, 检索时间:2015 年 7 月 25 日。

其次,在广播业务方面,KBS 经营有五大广播频道:广播一台 KBS Radio 1 是 KBS 历史最悠久的广播频道,目前是以新闻资讯和文化内容为主的综合频道;广播二台 KBS Radio 2 是定位于中年受众群体的娱乐信息频道;广播三台 KBS Radio 3 是为残障人士提供服务的专门资讯台;调频一台 KBS 1FM 以播放古典音乐和民族音乐为主;调频二台 KBS 2 FM 则主要播出流行音乐。在对外广播方面,KBS 单独设有国际台 KBS World Radio。KBS 的国际广播最早从 1953 年 8 月 15 日开始广播,目前可以提供韩语、日语、法语、俄语、汉语、西班牙语、阿拉伯语等 11 种语言的节目内容。[②]

最后作为 KBS 的网络播出平台,KBS Global 集合了电视频道、广播节目的综合资源。同时,KBS 还推出了一系列基于电视、广播节目资源的数字多媒体播放平台,可以支持网络和移动端的播放。其中,Player K 是 KBS 旗下的视频播出移动客户端应用,同时还有广播节目移动客户端应用 Mobile Kong,受众可以通过二者免费获取 KBS 电视台和广播台的节目内容。

三、报道特点

KBS 是目前韩国最大、最具代表性的公营广播电视公司,其节目内容议程与政府的导向和目标始终保持高

① KBS World 网站:http://kbsworld.kbs.co.kr/about/about_kbsworld.php,检索时间:2015 年 9 月 2 日。

② KBS World Radio 网站:http://world.kbs.co.kr/english/about/about_kbsworld.htm,访问时间:2015 年 9 月 10 日。

度一致。韩国媒体有着严格的制约机制,并且受到社会舆论的监督。作为公营广播机构的 KBS,在进行报道时必须做到公正公益,不可带有任何政治倾向性,要传播公正的言论,正确引导舆论。

韩国现行《广播法》对广播电视机构日常的经济行为和节目制作都有明确而严格的规定限制,为了突显公营广播电视以公众权益为中心的经营宗旨,KBS 根据《广播法》第六章的规定,设立了“自我评议”机制,还成立了观众委员会,让更多的观众参加到 KBS 的管理和日程节目制作中来。观众委员会的成员来自教育、娱乐、文化、金融等社会各界,兼顾不同社会群体和专业领域,具有较强的代表性。观众委员会可以对 KBS 播出的节目进行评议、申诉等,相关意见会被 KBS 参考甚至吸纳,并且在后续的节目制作中有所体现。目前,在教育类节目、社会教养类节目和电视剧制作中,观众委员会都发挥着很大的作用。

目前,KBS 最为人所知的就是每晚的新闻播报和大型电视剧。每日开始播出及结束播出时,以大韩民国国歌作为开播曲及收播曲。“做最好的节目”是 KBS 的口号。作为公共机构,KBS 的台长由理事会提名并须经总统的正式任命。管理运营交由独立公共机构负责,运营经费一部分来自于收视费收入,一部分来自政府拨款资助。

除此之外,KBS 还与多个国家的媒体建立了合作关系,包括日本放送协会、法国一台、德国电视二台、加拿大广播公司、美国公共广播电台、澳大利亚广播公司、西班牙广播电视机构、意大利广播电视公司、中国中央电视台、新加坡新传媒电视台等。

四、涉华报道

目前,KBS 在北京和上海都设有常驻记者站,北京办公室是驻华总分社,负责整个中国北方和华东地区的新闻报道工作,派驻有五名韩国记者。

作为韩国最具影响力的公营广播电视媒体,KBS 不仅在新闻节目中对中国有极高的关注度,其播出制作的纪录片、专题节目、影视剧等,对中国的关注热情也持高不下。

(一)涉华专题节目

早在 2008 年,KBS 就策划直播了关于北京奥运会的专题节目,主持人是在韩国留学生活了 7 年的中国女孩孙瑶。KBS 直播北京奥运赛事的同时,也向韩国观众介绍中国传统文化和风俗人情。

除此之外,与中国有关的专题节目是 KBS 经常制作播出的内容。观察大多涉华专题节目的制作团队,留学中国的韩国学生回到韩国后,成为关注和传播中国形象的关键主体之一。他们通过媒体的力量、让自己的韩国同胞对中国有更深入的了解,改变对中国的看法。①

(二)涉华纪录片

2015 年 1 月,KBS 推出新年特别企划纪录片《超级中国》,通过 7 个专题——“13 亿的力量”“钱的力量”“中国治世”“大陆的力量”“软实力”“中国共产党的领导力”和“中国之路”全景呈现中国,以此让韩国观众了解中国的崛起。可以说,这一纪录片是继中国本土视角、西方俯视视角之外,罕见的以第三种视角——“仰视”来观察记录中国崛起,也是为数不多的介绍中国比较全面的文化产品。

在韩国,通常情况下,纪录片的收视率仅为 5%左右,而《超级中国》在韩国的收视率一度超过 10%。片子一经播出立刻成为韩国社会热点,在网上引发热烈讨论。朴槿惠上台之后,中韩两国关系日益紧密,《超级中国》的适时播出也顺势引发韩国受众对中国的关注热情高涨不下。②

---

① 张伟:《韩国 KBS 电视台主持人孙瑶:讲述一个“多彩的中国”》,《中国经济周刊》2008 年第 33 期。

② 陈小北:《“超级中国”引发的“中国热”》,《决策与信息》2015 年第 4 期。

图 34　2015 年初 KBS 制作播出解析中国崛起的纪录片《超级中国》

(三)涉华新闻报道

KBS 的 News 9 节目，是综合性的时事新闻报道节目。就报道数量上来说，KBS News 9 一直对中国有很高的关注度，节目积极采用特派记者与现场采访，对新闻事件的发展过程进行深入分析。现场特派员先向观众说明事件的背景，并在报道中预测事件的发展方向或对事件情况进行总体评价。就报道形式来说，反映事件背景、过程、影响、社会反应等内容的深度报道较多。

由于中韩两国在缓和朝鲜半岛紧张局势、维护朝鲜半岛及东亚的和平稳定发展等方面，有着共同的利益；因此在 KBS News 9 的新闻报道中，大多数涉华报道都聚焦于朝鲜和中国边境地区等相关新闻事件的报道，对中韩关系的发展变化前景关注度很高，对全世界共同关注的朝核问题等中国的立场表现出极大关心。其中，关于中国领导人的报道方面，KBS News 9 在 2014 年曾对习近平主席上台进行了连续报道。同时，KBS News 9 对中国的政治、经济、社会、文化等领域都有深入报道，主要涉及中国新一代领导人在中国社会层面的改革性变化、中国重大的政治活动——两会，并对中国“反腐”的动向变化等持肯定态度。此外，KBS News 9 的记者擅长运用现场采访、深度调查等多种形式，帮助受众理解中国报道，提高收视率。

韩联社 Yonhap News Agency

연합뉴스

韩联社全称为联合通讯社(Yonhap News Agency)，是韩国的官方通讯社，同时也是韩国最大的新闻通讯社。韩联社全年 24 小时不间断地为韩国的报纸、广播、电视和其他媒体提供内容充实的新闻服务。

一、历史沿革

韩联社创建于 1980 年 12 月，由原来的合同新闻社(Hapdong News Agency)和东方社(Orient Press)合并而成，次年开始正式发稿。1988 年 8 月，韩联社在韩国媒体中率先实现电子化传播。1999 年，韩联社又兼并韩国内外通讯社，进一步巩固了自身实力。

在发展过程中，韩联社作为联合主办媒体，参与到 1986 年汉城亚运会、1988 年汉城奥运会、2000 年亚欧会议(ASEM)、2002 年韩日世界杯和 2005 年亚太经合组织(APEC)峰会等各项重要国际性活动的报道工作中。

1993 年 9 月，韩联社成立子公司“联合电视新闻”，开始提供视频新闻服务。到 2011 年，韩联社正式成立了自己的“韩联社电视台”，新闻频道“News Y”于当年 12 月正式开播。

韩联社与美联社、合众社、法新社、路透社、德国新闻社等西方主要通讯社和俄罗斯、东欧、中国、日本、中东地区的世界78家通讯社签订了新闻交流合作协定。2002年12月，韩联社还与朝鲜中央通讯社(KCNA)签订新闻交流合作协定，为增进韩朝之间的交流和理解做出了贡献。

二、发展现状

目前，韩联社是韩国拥有最大采访报道网络的媒体。韩联社在全国设有13个分社，共派驻有140余名记者。与此同时，韩联社还在北京、华盛顿、巴黎、莫斯科、东京等全球39个主要地区城市派有60余名驻外特派记者。

2005年8月，韩联社的网络新闻视频服务平台“U&I”正式启动。2009年年底，韩联网的手机版正式上线。2010年，韩联社的全球新闻地区服务启动(Newsmap)。

2005年，韩联社开始首次向海外派驻英文特派记者。当年11月，韩联社设立了美洲新闻总局。

三、报道特点

作为一家承担“媒体的媒体”任务的国家级通讯社，韩联社非常重视新闻资讯的时效性。因此，韩联社一向非常重视最新信息通讯技术的推进和应用。1988年8月，韩联社就实现了新闻撰稿及传收业务的全面电算化，在韩国媒体中一马当先。1993年，韩联社的官方网站正式上线，并于此后几年推出了各种语言的版本，包括：英文版(2000年)、中文版(2004年)、日文版(2005年)、阿拉伯语版(2006年)，以及西班牙语版(2007年)。

韩联社是“提供地方新闻的尖兵”，为迎接地方化时代的到来，全力以赴提供各种可增进地方居民利益和促进地方社会发展的新闻。作为韩国最有影响力的官方通讯社，韩联社报道的新闻具有一定的代表性和政治性，也代表着国家利益和外交方针政策。

图35　韩联社网站

韩联社还发挥着韩国与世界之间的桥梁作用，担负着将国内新闻传递至海外的窗口作用，用英文、中文、日文、阿拉伯文、西班牙文、法文共6种文字，向全球读者提供政治、经济、社会、文化等领域新闻。除此之外，韩联社国际局还向78家外国通讯社、160家韩国驻外使馆和主要国际机构提供外语新闻服务，为向外国人介绍韩国社会日新月异的发展面貌做出贡献。

四、涉华报道

韩联社随时关注发生在中国，或与中国有关的重大新闻事件，其报道速度之快不仅在韩国媒体中名列前茅，而且报道程度之深也颇为引人关注。如早在2003年，韩联社对两会的报道，不仅以快讯形式报道两会的开闭幕消息，还就一些韩方相当关注的议题做了纵深报道。①

近年来，韩联社关于中国的报道范围不断扩大和丰富，由经济和政治报道为主，逐渐演变为文化、民间旅游往来、经济、政治等全面报道。

---

① 全宇虹：《韩国媒体中国报道启示录》，《中国社会报》2004年8月19日。

尤其是韩联社关于中韩影视剧文化及艺人报道的分量日益密集并呈上升趋势。如2014年3月11日,韩联社报道分析称,韩剧《来自星星的你》在中国热度空前,不仅剧中演员和产品人气爆棚,甚至走进中国两会,其所代表的韩国文化也被中国个别领导人关注。韩联社关注韩国影视剧在中国的影响力,同时也重视涉及中国题材的韩国影视剧的发展。如5月22日,韩联社报道:韩国著名艺术片导演金基德新片《中国制造》6月在韩国上映,故事以中国鳗鱼为素材,影片主人公试图揭开隐藏在中国产鳗鱼背后的秘密。虽然这则新闻报道本身与中国无关,但是却足以说明韩国影视剧越来越多地加入和关注中国元素,甚至以中国元素、中国故事及文化作为影视剧创作的主题。而作为韩国最权威的媒体,韩联社也相当关注此类沟通中韩文化的影视剧作品。这不仅与近些年来,中韩两国之间的友好往来、交流合作日益频繁密切相关,更与韩国影视剧加大对中国市场的投放、韩国电视节目制作等加强与中国的合作、一波又一波的韩国艺人重视中国粉丝市场等文化经济现象有关。

韩联社涉华报道关注的另一大议题,是中国游客的相关新闻报道。截止到2015年9月12日,在韩联社网站检索有关“中国游客”的新闻,共有1494篇。韩联社新闻数据库自2011年开始,除去通讯社节假日,平均1.2天一篇的中国报道频率。最近一年,该社相关新闻报道有172篇,达到几乎2天一篇的报道频率。这些统计数据足以说明韩联社对中韩民间旅游往来相关报道的重视,与韩国旅游市场近年来对中国公民放宽签证等一系列支持鼓励政策、旅游内容更加丰富、韩国旅游业对中国市场的愈加依赖等密切相关。

韩国文化广播公司 Munhwa Broadcasting Corporation

韩国文化广播公司(문화방송주식회사,英文名称为 Munhwa Broadcasting Corporation,简称 MBC),也被称为文化放送株式会社。韩国文化广播公司是大韩民国的大型传媒企业之一,也是韩国三大电视主流媒体之一,有“韩剧皇国”之誉。同时,MBC 又与 SBS、KBS 并称韩国三大全国性广播机构。MBC 是一家股份制公营公司,以公益财团放送文化振兴会为大股东,依靠广告收益进行经营。其可信度、好感度、收视率及影响力等均居韩国首位,是一家深受观众喜爱的广播电视台。

一、历史沿革[①]

MBC 创立于1961年,最初是一家商业广播机构,只经营 AM 广播业务。1969年,MBC 开始兴办电视业务,电视识别讯号为 HLKV－DTV。之后五十多年,MBC 开始了随着历史时代进步而不断发展变化的历程。

1961年12月~1969年6月　1969年7月~1974年7月　1974年7月~1981年4月　1981年4月~1981年11月

1981年12月~1985年12月　1986年1月~2004年12月　2005年1月~2011年12月　2012.1~现在

图36　1961年至今,MBC的历次更换台标

MBC 官网:http://aboutmbc.imbc.com/chinese/corporateinfo/ci/index.html,检索时间:2015年8月11日。

---

① MBC 官网:http://aboutmbc.imbc.com/chinese/corporateinfo/history/history_multi.html,检索时间:2015年8月11日。

1961到1968年是MBC的无线广播时代。1961年12月2日,MBC开通电台广播,伴随着第一道电波的传出,作为首尔第一家民营电台登上历史舞台的MBC,坚守传媒人的公益性,以充满正能量、贴近听众的节目,引领着韩国民营传媒的发展。1963到1965年期间,MBC逐步建立起全国性广播网。MBC电台20世纪60年代所呈献的广播活动在韩国广播史上留下了浓重的一笔,为韩国电视的发展奠定了基础。

1969到1980年是MBC的黑白电视时代。1969年8月,MBC开始电视广播业务,即MBC-TV,13频道;1969年贞洞总部大楼的成立,是MBC正式成为全国广播电视台的里程碑,也为日后成长为世界级广播电视台奠定了坚实的基础。在贞洞总部期间,MBC冒着"十月维新"①的严酷形势,一直坚持发展,于1971年开通MBC FM广播电台,1974年收购合并了京乡新闻社,在各大城市设卫星转播站,等等。同时,为彩色电视时代的来临做好万全的准备,也是MBC在贞洞时代最光辉的业绩。

1981到1990年是MBC的彩色电视时代。"10·26事件"(即"暗杀朴正熙事件")和新军部势力登上历史舞台以后,广播经历了舆论管制、废弃、合并等变迁,曾经一度生活在"被管制的时代"。但自1987年兴起民主化之风以来,韩国重新确立了广播的功能与作用。这一时间段内,MBC于1981年开设了彩色电视广播,1982年将公司搬迁至汝矣岛本部,1988年成立放送文化振兴会,完成了汉城奥运会转播,实现了前所未有的巨大跨越。从此意义上看,汝矣岛时代开启了MBC跨越性成长的阶段。

1991到2000年,MBC进入多媒体时代。1997年,韩国杨州MBC文化公园竣工;2000年,构建MBC标准FM全国广播网络,正式启动电台无纸化广播体系,"MBC新闻"在美洲地区实施同步卫星广播,并且成立了互联网MBC(iMBC)。随着传媒环境向多媒体、多渠道模式转变,MBC以领先一步的态度积极应对电视环境,扩大覆盖区域,构思新型事业模式的契机。

2001年至今,MBC进入数字化时代。MBC在这一时期同步提供有线电视、卫星电视、新概念DMB电视等服务,同时加快了研发所需的尖端广播设备和技术的步伐。2013年,MBC的节目开启数字播出,每天24小时播出各种电视节目。此外,MBC还将舞台扩大至全球,以优秀的内容为依托,成功打入国际市场,提高了MBC作为综合传媒集团在国际上的地位。

二、发展现状

目前,MBC电视台的总部位于首尔市麻浦区城岩路267号,此外在京畿道高阳市还建有一个名为一山梦幻中心的数字制作中心。MBC有着完备的现代文化设施,其分支机构遍布全国,新闻触角已伸向全球各主要城市。一直以来,MBC在可信度、好感度、收视率和影响力方面稳居韩国首位,是一家深受观众喜爱的广播电视台。

2000年以来,MBC通过全国17家地方分公司,形成了全国性网络。同时,MBC旗下还有8家子公司,为广播电视产业做出了很大贡献。现在发展成为拥有1个全国地面电视频道、3个广播频道、5个有线电视频道(电视剧、体育、综艺、音乐、Queen)、5个卫星电视频道(电视剧、体育、综艺、音乐、Queen)及4个数位多媒体广播(DMB)频道(其中2个电视频道、1个广播频道和1个数字频道)的多媒体集团。在整个韩国,MBC的覆盖率达到了98%以上。②

MBC作为国际型媒体集团,不仅在国内具有极高的知名度,还因其诸多高品质、优秀的节目内容出口到海外60多个国家而深受海外观众的好评。集团通过与世界各广播电视公司的提携合作,推动着多种领域的交流与合作。

MBC以"通过广播电视给观众提供有益的信息,创造趣味和感动"为目标,在"追求公正性、信赖性、创意性、专家精神及以此来实现的满足于顾客"的核心价值体系下,致力于成为21世纪最具竞争力的综合媒体集团。

---

① 1972年10月26日,韩国总统朴正熙在执政期间突然推行"维新体制",极大地加强了权威主义独裁统治。即"十月维新",也称"10·26事件"。

② MBC官网:http://aboutmbc.imbc.com/chinese/corporateinfo/brief/index.html,检索时间:2015年8月11日。

图 37 MBC 内容制作主要包括:电视剧、电台广播、纪录片、新闻、综艺)

MBC 网站:http://aboutmbc.imbc.com/chinese/,检索时间:2015 年 12 月 5 日。

三、报道特点

MBC 电视台拥有一个庞大而灵活的新闻信息网络,同时又有严密高效的机制作为保障,使得 MBC 可以及时、全面、深入地报道国际国内新闻时事。MBC 在国内 19 个地区设有地方站点,仅在首尔就有 7 个新闻处。在海外建有十余个常驻机构,同时还与美国有线电视新闻网 CNN、美国全国广播公司 NBC 和英国路透社电视部等机构建立了紧密的资讯共享合作关系。如此,确保 MBC 可以及时向受众提供来自世界各地的新闻资讯。在内容安排上,MBC 设置了各种类型的新闻类节目,从针砭时弊的新闻杂志、电视辩论,到高层访谈、特别报道等,丰富多样。目前,MBC 制作有十档新闻类节目,包括“时事杂志 2580”“100 分钟讨论”“经济杂志 M”“统一展望台”等政治、经济、社会、文化领域的深度分析节目。MBC 新闻作为最值得信赖的信息来源,深受韩国国民的信任。

除了新闻节目,韩国电视机构一贯重视电视剧和综艺节目的制作播出,MBC 更是其中的领军者。1969 年 8 月,MBC 播出了第一部电视剧,名为《太阳的恋人们》,在韩国引起广泛关注。此后,MBC 不断推出精品之作,不仅在韩国国内受到关注,更在世界范围内引发收视热潮。其中,最为知名的电视剧作应该是 2003 年 9 月推出的历史剧《大长今》。该片出口全球 89 个国家,在世界范围内约有 30 亿人观看过此剧,不仅在亚洲各国形成热议话题,更在包括伊朗、沙特在内的中东地区、以津巴布韦、坦桑尼亚为主的非洲国家等其他文化地区受到追捧,成为一代韩国文化走向世界的主推手,被赞为“最佳韩流电视剧”。

图 38 MBC 近年最受欢迎的综艺节目

图片引自 MBC 电视台:http://aboutmbc.imbc.com/chinese/contents/entertainment/index.html,检索时间:2015 年 8 月 15 日。

在综艺节目制作领域,MBC 也是韩国电视界的先头部队。1969 年 8 月 8 日,MBC 第一档综艺节目《一笑福自来》开始播出,成为韩国家庭必看的节目。从此以后,以幽默剧、模仿秀、情景喜剧、谈话节目为主的 MBC 综艺节目,成为韩国国人必不可少的文化食粮。2005 年,MBC 开始制作播出《无限挑战》,被认为是韩国第一个真正的真人秀综艺节目，开创了 Real Variety 的先河，给韩国电视节目生态带来了前所未有的创新。所谓真人秀 Real Variety，即节目依照制片组的整体构思制作出一个基本设计框架，在这一框架基础上，参与节目就可以进行即兴发挥，或者根据主要框架以自己构思好的创意参与演出。无论表演什么，这些都将成为表演者自己的自由选择。播出至今，“无限挑战”始终都是韩国最受欢迎、收视最高的综艺节目之一。目前，MBC 的很多节目都在韩国本土，乃至整个亚洲地区广泛受到观众的喜爱。其中，《我是歌手》《爸爸去哪儿》《真正的男子汉》和《无限挑战》等节目还以版权合作方式，得到包括中国在内的多个国家的引进。

四、涉华报道

MBC 以制作精良的综艺节目和电视剧深受观众的喜爱，其对中国的关注也更多体现在文化娱乐节目当中，尤其是与中国电视同行在节目与内容制作方面的合作与互动。最近几年，在中国电视荧屏热播的很多真人综艺节目，包括湖南卫视播出的《我是歌手》《爸爸去哪儿》等节目，都是从 MBC 引进版权的节目。

根据 MBC 电视台的公开表态，从 2015 年开始，MBC 将改变以往简单出售版权的合作方式，而是将通过与中国电视台合作制作节目的方式加快进军中国市场的步伐。① 从 2015 年开始，MBC 与中国电视台的合作开始向更加全面深入的层次发展。2015 年上半年，MBC 开始与江苏卫视合作，推出中国版《我们结婚了》，节目采用 MBC 原班人马与中国电视台合作的方式制作。中国版节目名为《我们相爱吧》，于 4 月 19 日开始播出。随后于 2015 年 6 月 30 日，MBC 电视台与中央电视台相关负责人在北京签订协议，双方合作制作中国版《无限挑战》，将从 10 月 25 日开始在全国范围内播出。② 由中央电视台播出的中国版节目定名为《了不起的挑战》，采用季播方式以适应中国的电视收视习惯和制作周期，其中弱化了原版中娱乐游戏色彩浓厚的东西，突出表现知名人物参与体验各行各业劳动者日常辛劳的生活场景，通过真实的挑战和体验，传达更多积极的社会意义，传播正面的主流价值观。

除了在节目播出和内容制作层面与中国的合作，MBC 还制作播出过很多以中国为聚焦点的纪录片，为韩国人深入了解中国提供了诸多不同的视角。2006 年，MBC 与上海文广新闻传媒集团合作，举办“中国电视周”活动，于 12 月 11 日到 15 日播出由上海文广制作的 5 集纪录片。2007 年 7 月，MBC 又引进播出了上海文广推出的汶川地震纪录片《五日生死录》，讲述上海消防部队 400 多名官兵徒步 14 小时抵达汶川县映秀镇开展救援工作的过程。真实感人的救灾故事，打动了很多韩国观众。

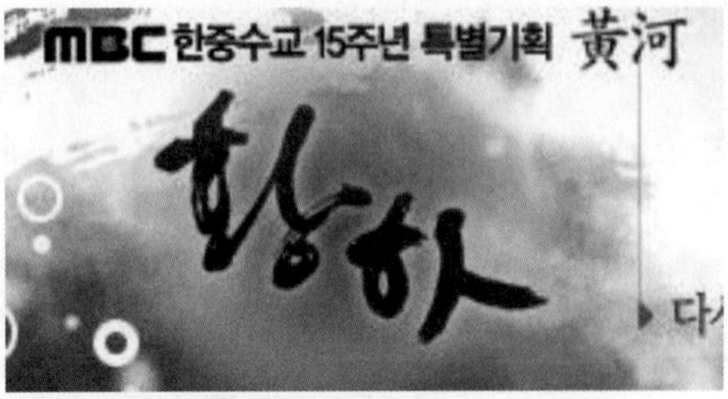

图 39　MBC 制作播出的纪录片《黄河》

MBC 网站：http://www.imbc.com/broad/tv/culture/yellowriver/index1,0,0.html，检索时间：2015—12—15。

通过合作引进中国制作的纪录片以外，MBC 也自主投资摄制了不少中国题材的纪录片。2007 年是中韩建交十五周年，MBC 制作播出了 10 集大型电视纪录片《黄河》，于当年 2 月 24 日开始播出。MBC 投资 15 亿韩元，派出一支由 20 多人组成的摄制组，历经两年时间走访黄河流域的 9 个省和自治区摄制完成这部电视纪录片。该片通过普通中国人的日常生活和充满人情味的故事，介绍了黄河流域各地的政治、经济、自然、历史、文化和民俗等，力图让韩国观众能够更多地了解中国文化和社会发展。在 2008 年北京奥运会举办之前，MBC 又播出了上下两集的特别纪录片《中国，聚焦 13 亿人民》，以北京奥运会为契机，展现中国各地发生的巨大变化。通过发展迅速的武术学校、现代化的影视城、走向世界的传统民乐等等，展现了一个飞速变化、面向世界的今日中国。

---

① 凤凰网：http://ent.ifeng.com/a/20150104/42131518_0.shtml，检索时间：2015 年 8 月 11 日。

② 凤凰网：http://ent.ifeng.com/a/20150630/42443929_0.shtml，检索时间：2015 年 8 月 11 日。

首尔广播公司 Seoul Broadcasting System

首尔广播公司(주식회사에스비에스,英文名称为 Seoul Broadcasting System,简称 SBS),是韩国国家级广播电视台,也是韩国唯一一家播出范围覆盖全韩的私营商业广播电视台。自成立以来,SBS 制作播出了大量高品质的娱乐综艺节目以及电视剧,符合年轻人的口味,为韩国文化在世界范围内的推广做出了巨大贡献。

一、历史沿革

1987 年韩国民主改革后,政府同意在文化广播公司(MBC)之外另外成立一家私营电视台,目的是为了让观众能有更多可以选择的节目。1990 年 8 月,韩国国会通过了修订后的《放送法》,允许成立民营性质的广播电视机构。同年 11 月 14 日,以泰荣建设集团为首的 31 家公司合作创立了首尔放送株式会社(韩语中的“放送”意为“广播电视”),也就是现在的首尔广播公司。首尔放送的成立,开启了韩国商业性私营广播电视的新纪元。

图 40　1991－1994 年首尔放送早期台标

1990 年 12 月 1 日起,SBS 开始在首尔试运行,并从 1991 年 12 月 9 日正式开始常规播放节目,这天被视为“首尔放送的诞生日”。

在成立之初,首尔放送拥有 500 亿韩元(约合人民币 2 亿 7 千万元)的股本,代表理事是泰荣建设集团的社长。首尔放送的播放范围覆盖了首尔市及其周围的江原道和忠清道的部分地区,收视人群约有 1900 万。为实现全国联播,首尔放送与多家地方私营电视台签署加盟合约,按照“一道一社”(在行政区划上,韩国的“道”相当于中国的“省”)的原则,在每个道成立了自己的分台。1995 年 4 月 4 日,首尔放送与釜山放送(KNN)、大邱放送(TBC)、大田放送(TJB)、光州放送(KBC)四家广播电视台签署加盟合约。1997 年,首尔放送在全州、清州、蔚山、仁川开设分部。2001 年,江原放送(GTB)加盟首尔放送。到 2002 年,济州放送(JIBS)也成了首尔放送的

图 41　SBS 网站首页

SBS 官网:http://www.sbs.co.kr/main.do,检索时间:2015 年 11 月 12 日。

加盟成员之一。[①]

1999 年 5 月，首尔放送在 KOSDAQ(全称为“韩国证券交易商协会自动报价系统”)的创业板上市。2000 年 3 月，首尔放送将公司名称正式变更为首尔广播公司，并且启用英文名称 Seoul Broadcasting System 的首字母简写 SBS 作为公司的代称。同年 8 月，SBS 开始试行数字电视放送。2004 年，SBS 将办公大楼搬到了木洞。

图 42　位于木洞的 SBS 办公大楼

二、发展现状

2008 年 5 月，SBS 的最大控股人从泰荣建设集团变为 SBS 媒体控股公司，持有电视台 30% 的股份。2009 年 9 月，SBS 节目制作中心成立，并开办 SBS Plus 频道。2010 年，SBS 与国际奥组委以及 FIFA 签下了 2010 年温哥华冬奥会、2016 年里约夏季奥运会、2010 年南非世界杯、2014 年巴西世界杯的独家转播权，成为上述赛事在韩国唯一的授权播出电视机构。这引起了 KBS 和 MBC 的强烈不满，两家电视台向韩国广播通信委员会提出申诉，指责 SBS 违反了韩国广播法。尽管如此，到目前为止，SBS 仍然是这些世界性体育赛事的唯一转播机构。

2013 年 11 月，SBS 成为世界首个通过地面无线信号定期播出 3D 电视节目的电视台。

三、报道特点

图 43　SBS 知名综艺节目 *Running Man*

目前，SBS 的总部在首尔特别市阳川区木洞，是韩国人气度、收视率最高的电视台。SBS 的经营口号是“看到美好的明天”(내일을봅니다)，这个口号从 2010 年起一直使用到现在。SBS 出产大量娱乐综艺节目以及电视剧，符合年轻人的口味，为收视率做出不少贡献，同时也为韩国流行文化风行亚洲各国做出了极大的贡献。

同时，由于 SBS 节目形式整体以娱乐综艺节目和电视剧为主，受众对象以年轻人为主，娱乐化倾向比较明显。其新闻报道和专题节目等的严肃性和客观性就有所降低，常以个性、激烈的观点来吸引受众。

很多由 SBS 制作推出的综艺节目和电视剧集，不仅在韩国国内广受欢迎，甚至在亚洲各国乃至一些欧美国家都引起了观看热潮。其中，由 SBS 制作的 *Running Man*《金炳万的丛林法则》《人气歌谣》等，多年来一直是韩国最受欢迎的综艺节目。近年来，在中国国内引发热议的韩国电视剧《来自星星的你》《继承者》《匹诺曹》等，也都是 SBS 的手笔。

四、涉华报道

由于和中国在地理、文化上的接近，韩国媒体具有解读中国的天然优势和热忱，中国也因此成为 SBS 电视台纪录片主题的热门选择。[②] 但是，其中也不乏一些传达偏颇的观点。

2009 年 2 月 8 日，SBS Special 选择在春节档播放了一部名为《生存列车中国号》的纪录片。节目通过截取几个关于春节的片段，采访一些贫苦人民，反映出了金融危机后中国面临的失业问题以及穷人的艰辛生活。但

① 〔韩〕张允值:《广播电视政策》，韩国 Communication Books 出版社 2013 年版，第 25 页。

② 王惜梦:《韩国纪录片紧盯中国变化解读中国充满热忱》，参考消息网，2015 年 3 月 10 日，检索自参考消息网：http://www.cankaoxiaoxi.com/china/20150310/697997.shtml，检索时间：2015 年 10 月 1 日。

有韩国问题研究专家表示,任何时候都可能有人过得不如意,但绝大多数中国人都度过了一个愉快的春节。① 在这样一部纪录片中,SBS 通过截取几个小人物的故事来反映中国春节,可能会误导韩国民众对中国的认识。在 2014 年,SBS 又筹备制作一档反映中国汽车工业发展的纪录片,采访中国《家用汽车》杂志总监陈梓萱,但在采访前就预设了观点,其基本论调是中国汽车工业发展缓慢,中国民族汽车企业涉嫌简单抄袭、模仿,不求上进,中国民族汽车工业正在一个不健康的环境中发展。② 采访过程引起被采访对象的反感和驳斥,最终未能按计划完成采访拍摄。

除此之外,SBS 也制作推出一些对于理解中国、阐释中国具有积极作用的纪录片作品。2012 年,SBS 推出四集纪录片《最后的帝国》,其中的《钱与花》一集专门讲述了“富人选妻”等暴富的中国阶层之“怪现状”。2014 年 12 月,SBS 又推出了三集纪录片《中国富的秘密》,以人物为中心讲述了中国人对财富的追求。第一集《富人的梦想》,以阿里巴巴上市、马云成为中国首富为开篇,介绍了中国成功企业家的投资理念及思想;第二集《山寨的力量》介绍尽管中国有很多看似“山寨”的产品,其实内部有很多创新,是一种独特的经济增长模式;第三集《大陆的生存记》分别采访了在中国发展的韩国演员秋瓷炫、化妆品企业家、流通业企业家等,介绍了他们在中国大陆奋斗的故事。

2015 年 7 月 8 日,SBS 的可视广播节目《蝴蠨的 Power FM》中开设了一个固定环节——《你好中国》。这一环节中除了韩国主持人蝴蠨,还邀请了在韩国发展的中国籍男歌手周觅担任主持,负责传授中文和介绍中国文化。现在每周周二、周三、周四的早晨 7 点 40 分,听众们都能够收听到这个节目环节。

近几年来,由于韩国综艺节目的模式在中国国内广受欢迎,作为韩国综艺节目制作的杰出代表,SBS 也积极开始与中国电视媒体同行之间的交流合作。除了节目模式版权输出,更是与浙江卫视合作共同制作中国版的 *Running Man*。SBS 在制作过程中投入原版的制作团队全程跟进,包括现场导演在内的韩版主要制作人员都将参与制作。随着中国版节目《奔跑吧兄弟》大获成功,SBS 进一步加深与中国媒体的合作。目前,SBS 与包括浙江卫视、安徽卫视、搜狐视频、央广传媒等多家中国媒体都有合作关系。

---

① 环球网:《韩 SBS 电视台报道中国春节充斥“凄凉紧张”》,2009 年 2 月 9 日,http://world.huanqiu.com/roll/2009-02/366335.html,检索时间:2015 年 10 月 1 日。

② 欧飞:《陈梓萱总编辑驳斥韩国 SBS 电视台的傲慢与偏见》,《汽车生活》2014 年第 12 期。

蒙　古

《今日报》Өнөөдөр

ӨНӨӨДӨР

《今日报》(Өнөөдөр)是蒙古国内最具影响力的报纸,发行量大且覆盖范围广。该报是蒙古国实行民主化改革以来的第一个自由刊物。

一、历史沿革

《今日报》创刊于1996年,每天的发行量为1万份,被誉为蒙古国最权威的报纸之一。目前在蒙古国的众多日报中,《今日报》的读者数量占第一位。根据《今日报》进行的调查分析,该报读者的90%以上是首都乌兰巴托的市民,80%接受过高等教育。其中,高层管理人员的比例高达50%。可以说,《今日报》是一份覆盖了城市精英阶层的高端报纸。同时,《今日报》在读者中享有很高的忠诚度。

二、发展现状

根据蒙古国的媒体使用调查,国内读报人群在年龄构成上以年轻人为主,25－35岁的群体可以占到55%,而35岁以上人群占45%。因此,很多报纸不仅出版纸质版,而且非常注重对新媒体的开发推进。《今日报》自2001年起开办"蒙古新闻网"www.mongolnews.mn,是一个综合新闻资讯网站,提供包括报纸新闻报道在内的多种最新新闻信息。目前,蒙古新闻网已经发展成为蒙古国最具权威性的新闻网站之一。[①]

图1　蒙古新闻网首页

图片引自蒙古新闻网:http://mongolnews.mn,检索时间:2016年3月30日。

三、涉华报道

整体来看,《今日报》对中国政治、经济和社会的关注程度较高。特别是随着中蒙两国政府之间的往来日益密切,《今日报》也越来越重视对中国政治、中蒙外交的报道。如2014年8月,中国国家主席习近平出访蒙古国前夕,《今日报》发表评论员文章称,蒙古国对中国国家主席习近平的访问充满期待。文章指出,"蒙古国希望通过习近平主席的出访,能够推动过境运输、铁路建设和天然气管道建设等重大项目的实施。蒙古执政党和政府都期望习主席的访问能促进蒙古的经济发展"[②]。而2014年8月21日,在对蒙古国进行国事访问之

---

① 〔蒙〕Enkhtaivan Erdenesuvd:《邻邦眼中的中国形象——以蒙古国主流媒体涉华报道为例》,上海外国语大学硕士学位论文,2014年(作者为蒙古国公众广播电视台及蒙古之声广播电台向上海外国语大学推荐的蒙古留学生)。

② 国际在线:《蒙古国今日报:蒙古国对习近平主席的访问充满了期待》,2014年8月18日,http://gb.cri.cn/42071/2014/08/18/6071s4657439.htm,检索时间:2015年7月29日。

际,习近平主席也在蒙古国包括《今日报》在内的多家媒体发表题为《策马奔向中蒙关系更好的明天》的署名文章。①

《今日报》所表现的中国国家形象主要包括以下几个关键词:经济强大的中国、最重要的战略伙伴、危险的中国等。从报道倾向来看,以中性客观报道为主,正面和负面比例较为均衡。此外,由于转载自外国媒体的编译类文章占总体报道的一半以上,很难说《今日报》对中国的报道是完整的、全面的、公正的。

总体来说,《今日报》展现的中国主要呈现为以下三个方面。

(一)经济强大的中国

《今日报》对中国的经济报道几乎都是积极的。其中包括《2009 年金融危机中中国经济增长达 8.7%,高于世界经济增长》《2010 年中国制造业产出占全球 19.8%,高于美国的 19.4%》《中国大笔购买欧洲和美国国债》等一系列文章。文中提到"21 世纪将是中国的世纪",这一说法已经得到了蒙古全社会的极大认同。

(二)最重要的战略伙伴

在《今日报》2010 年的涉华报道中,涉及访问信息、经贸合作、矿产资源开发、教育文化和艺术等的话题中呈现出的中国形象都是"最重要的战略伙伴"的形象。报道都以中立和正面态度为主。可以看到,《今日报》对中国政治、经济、教育文化交流的报道是比较全面的、公正的、积极的,这间接说明了蒙中两国政府把睦邻互信伙伴关系提升到战略伙伴关系的及时性和重要性。

(三)危险的国家

《今日报》2010 年涉华报道中,犯罪类消息所占的比例最多。其中比较突出的是在蒙古国的华人犯罪以及中国公司违法行为。对报道主题对象的倾向分析说明,《今日报》对中国公民和中国企业的负面报道比例较大,分别为 72.2%和 47.6%。由此,《今日报》把中国塑造成一个"危险的国家"。并提醒中国应该重视进一步加强与其他周边国家之间的友好关系,使经贸合作得到进一步顺利实现。

蒙古通讯社 МОНЦАМЭ

蒙古通讯社(МОНЦАМЭ),简称蒙通社,是蒙古国的官方通讯社,也是蒙古国建立的第一家国家通讯社。②蒙通社在蒙古国具有十分重要的地位,是世界了解蒙古国的主要渠道之一,也是蒙古国民众获知世界动态的重要来源。

一、历史沿革

蒙古通讯社创建于 1921 年,至今已有将近百年的发展历史。它的发展历程可以划分为三个阶段:1921 年至 1957 年的初步发展时期,1957 年至 90 年代的发展变迁期,以及 90 年代至今的改革适应期。

---

① 新华网:《习近平在蒙古国媒体发表署名文章》,2014 年 8 月 21 日,http://news.xinhuanet.com/politics/2014-08/21/c_1112172340.htm,检索时间:2015 年 7 月 29 日。

② 世界知识出版社编:《外国报纸、期刊、通讯社和广播电台背景材料》,世界知识出版社 1959 年版,第 30 页。

(一)1921年至1957年:初步发展期

这一时期蒙通社刚刚建立,还不是国家级通讯社,新闻业务逐步完善,传播效果初见成效。经过36年的初步发展之后,1957年10月,蒙通社正式成为国家通讯社,发挥起连通内外的作用,进入发展新阶段。

(二)1957年至90年代:发展变迁期

成为国家通讯社之后,蒙通社的地位更加重要。作为国家级通讯社,蒙通社开始调整业务,适应更广的传播范围。对内,蒙通社抄收国外新闻并提供给国内报纸,主要接收来自新华社以及塔斯社的中俄两国新闻;对外,蒙通社负责用多语种编发蒙古国内消息,传播蒙古国内的消息和动态。为加强自身的报道评论性,蒙通社后又设有数名专职国际评论员,负责对国际重大事件撰写评论,供蒙古国各主要新闻单位采用。①

(三)90年代至今:改革适应期

新时期以来,蒙通社在传媒技术不断发展的背景下也采取了一系列改革措施以适应新的传播环境,包括更新传播手段和技术、与更多的国际性通讯社发展合作业务、发展驻外记者队伍、创办新的刊物以适应不同群体的读者需求等。蒙通社尊崇"踏实、拼搏、责任"的企业精神,并以诚信、共赢、开创的经营理念努力创造良好的企业环境,以全新的管理模式、完善的技术、周到的服务、卓越的品质坚持做好自己的产品②,最终在国际社会赢得了一定的知名度。

二、发展现状

早在20世纪80年代,蒙通社的规模就已经达到了200多人。③现在,蒙通社在国内外多地都设有常驻记者,包括蒙古国首都乌兰巴托、俄罗斯的莫斯科和乌兰乌德、中国的北京等等。

蒙通社还与全球多家知名通讯社签署了合作协议,包括塔斯社、路透社、新华社、韩联社、越南通讯社、拉美社(拉丁美洲通讯社)、波兰新闻社、保加利亚通讯社、阿纳多卢通讯社、乌克兰国家通讯社、阿塞拜疆国家电讯社、梅尔通讯社以及朝鲜中央通讯社等,业务合作范围更加广阔,不仅可以在世界范围内提升该社的影响力,也会给蒙古国内的新闻媒体带来更全面丰富的通讯产品。

在网络新媒体方面,蒙通社也设有自己的新闻网站(http://en.montsame.mn),包含蒙古语、中文、俄语、英语以及日语五个语种页面,提供政治、经济、社会、科学、体育、矿山、艺术与文化以及视频八个版块的新闻报道。网页左上角标有该社的口号:Mongolia to the World,the World to Mongolia,即"让蒙古国走向世界,让世界了解蒙古国"。

三、报道特点

长期以来,蒙通社十分注重自身的新闻服务,在新闻报道和服务上呈现出两个特点。

首先,消息来源十分广泛。与蒙古国国内其他新闻媒体相比,蒙通社作为蒙古国的国家级通讯社,拥有十分广泛的消息来源。不仅有蒙通社派驻各地的常驻记者自己采写的新闻稿件,以及专门的评论员对国际事件发表的评论,还有从世界各大通讯社抄收来的消息。

其次,信息服务种类丰富。蒙通社以信息为核心,以服务为理念,提供丰富的产品,而且突破了语言的限制。其新闻网站五个语种的版本,不仅在内容排版上,就连在内容侧重和具体报道内容上都有所不同,而非简

---

① 外国新闻界概况编辑室编:《外国新闻界概况》,新华出版社1982年版,第4—5页。

② 《蒙古通讯社企业简介》,http://127131.czvv.com/,检索时间:2015年9月16日。

③ 外国新闻界概况编辑室编:《外国新闻界概况》,新华出版社1982年版,第4—5页。

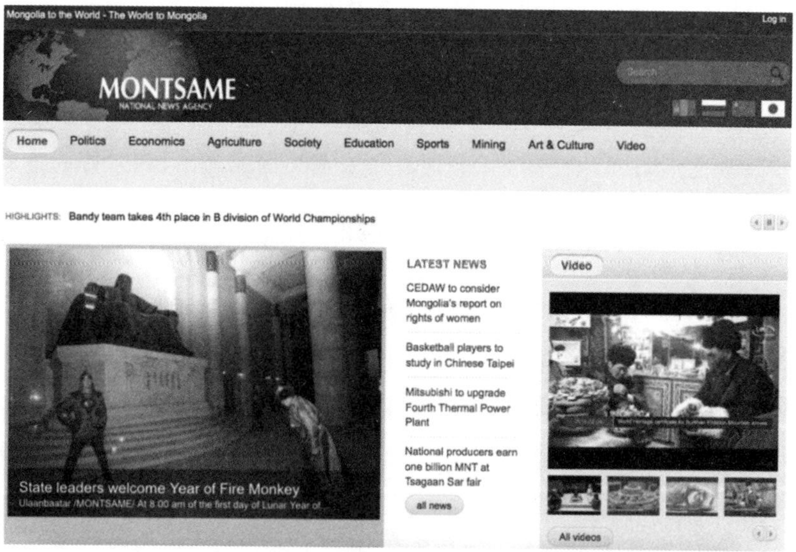

图 2 蒙通社网站首页

单的互译照搬。如中英两个版本比较而言:中文版网站的特点是,类似卡片式的布局,主要内容按领域不同分两栏排列,排版上工整简洁,在内容上除热点新闻占据头条位置之外,其他几项均等排开。而英文版则没有分栏,头条的热点新闻下方,不同内容依次排列,且因中英文语言特点不同,英文版的信息由于标题较长,相比起来,版面上有较宽的特点。

四、涉华报道

蒙古通讯社每天发布的信息十分丰富,不过其官方网站每天更新的数量不是很多。与其他国家相比,关于中国的报道在发布总报道数中所占比例还是很大的,而且多与中蒙关系相关。总的来说,蒙通社对中国还是很关注的,在报道内容上也有自己的选择和倾向。

首先,报道数量上,虽然各个版本的蒙通社网站,都以蒙古国的信息为主要内容,但是相比其他国家,与中国相关的新闻在比例上还算可观。在其新闻网站中文版上,以"中国"为关键词进行搜索,对检索出的报道进行数据统计,在 2014 年 9 月 8 日到 2015 年 9 月 8 日一年的时间中,蒙通社的涉华报道共有 18 篇,平均每月一至两篇。其中标题中出现"中国"的次数占绝大多数。当然,因为网站语言版本不同,统计得出的数据也会有所差异,如对英文网站进行统计的话,2015 年 8 月 21 日到 2015 年 9 月 15 日这不到一个月的时间里,相关中国的报道就已经达到了 10 篇①(英文网站搜索限制的原因,只能查看短期的报道数量)。

其次,报道领域上,涵盖的领域十分全面,报道主题大多集中在中蒙相互关系上,包括中蒙国事交流、中蒙贸易交流以及中蒙艺术和民间交流等等,其中贸易交流最为常见。同样是以官方网站的数据进行统计,2015 年 3 月—2015 年 9 月,蒙通社共有中国相关报道 8 篇,中蒙经济和贸易交流有 4 篇,占到半数,其他报道则包括国事交流、艺术交流各 1 篇,以及医疗领域的 2 篇。② 从比例来看,还是以中蒙经济报道为主。

最后,在报道取向上,蒙通社对中国的报道态度比较积极。一方面,从选材上讲,蒙通社聚焦中蒙之间的友好往来,很少出现负面报道领域;另一方面,多数报道的态度取向也偏向乐观,如该社在 2014 年 1 月 2 日的一篇比较典型的涉及中蒙关系的报道,文章是有关"蒙中关系发展机遇研讨会"的内容,文章传达了"中国改革开放政策成功得到推进和深化,将为蒙古国经济发展提供新的机遇和推动力量"的积极信号。③

此外,蒙通社还与中国媒体有着紧密联系。在蒙通社成为国家通讯社之初,便与新华社建立了合作关系,如今已走过了半个多世纪的历程。2007 年 5 月,时任蒙通社社长的道尔吉·阿伦包勒德对新华社进行访问,双方进行了友好交流,并达成了进一步加强两社合作的共识。④ 2011 年蒙通社成立 90 周年庆典上,社长巴桑苏伦在接受新华社记者采访时表示,两社每天都在交换新闻,蒙通社采用的外国稿件中相当一部分都来自新华

---

① 蒙古通讯社官方网站(英文版),http://en.montsame.mn/search/node/China? page=1,检索时间:2015 年 9 月 16 日。

② 蒙古通讯社官方网站(中文版),http://cn.montsame.mn/index.php? searchword=中国&option=com_k2&view=itemlist&task=search&limitstart=0,检索时间:2015 年 9 月 16 日。

③ 蒙古通讯社官方网站:《蒙中关系发展新机遇研讨会在蒙古国召开》,2015 年 1 月 2 日,http://cn.montsame.mn/index.php? option=com_k2&view=item&id=698:2014-01-02-07-32-31&Itemid=764,检索时间:2015 年 9 月 16 日。

④ 新华网:《蒙通社社长会见新华社总编辑南振中》(图),2007 年 5 月 23 日,http://news.xinhuanet.com/newmedia/2007-05/23/content_6140747.htm,检索时间:2015 年 9 月 16 日。

社。[①] 而蒙通社总编苏荣扎布曾经作为蒙通社驻北京记者多年在中国工作学习，是个地地道道的中国通。

基于以上可以总结，蒙古通讯社对中国的报道比例较大，报道领域主要集中在中蒙关系，尤其是中蒙经济往来上，报道态度是比较积极的。

欧诺网 Olloo

olloo

欧诺网(Olloo)是蒙古国一家私营新闻网站，网址为 www.olloo.mn。该网站主要提供关于蒙古国的每日新闻以及其他受众感兴趣的新闻内容。

一、发展现状

2009 年，在蒙古国媒体学院(Mongolian Press Institute)发布的蒙古媒体检测报告中，欧诺网获得年度最具权威的网站。该网站在本国用户中广受欢迎，是最有影响力的网站之一。

目前，该网站还办有自己的电视台 Olloo TV，即欧诺电视台。

二、报道特点

从报道来源上看，欧诺网中的新闻有 64.4%是转载自蒙古国内其他媒体，如蒙古通讯社、《今日蒙古》《乌兰巴托时报》《真理报》等。

从报道形式上看，由于蒙古国内网络媒体刚刚萌芽，欧诺网自己的报道大部分属于短消息，基本都在 300 字以下。篇幅的限制使得一些相对缺乏比较深入详细的内容的报道，受众只能知道事件却不能知道事件发生背后的故事以及多方面的深入的观点。

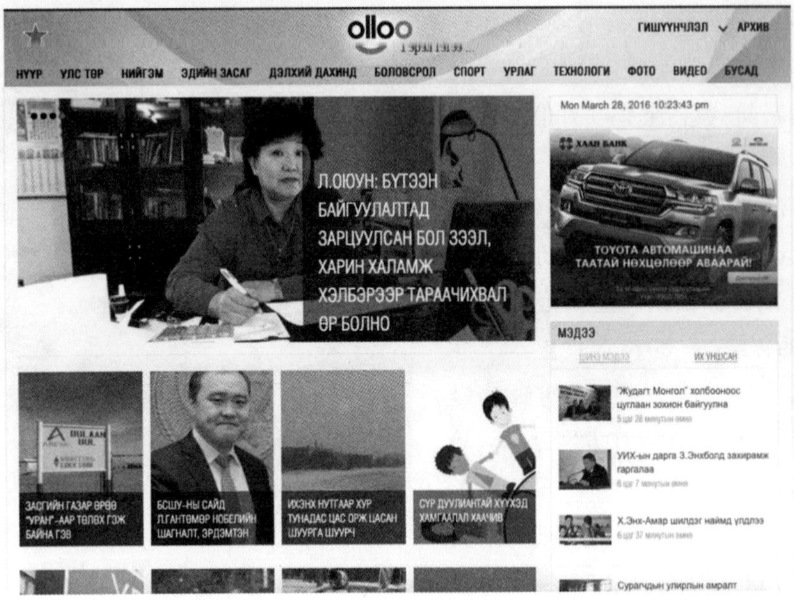

图 3 欧诺网首页

图片引自欧诺网：http://www.olloo.mn/，检索时间：2016 年 3 月 25 日。

三、涉华报道

作为蒙古国为数不多的互联网媒体，欧诺网重视中蒙双方的民间往来和相互了解交流。从欧诺网的涉华议题来看，其关注更多的是中国的社会生活以及在蒙古国华人的生活情况。特别是与在蒙华人有关的犯罪新闻报道，占有很大的比例。在涉及中国政府的报道中，欧诺网更关注政府在一些社会现象中的角色。和西方媒体报道的角度相似，很多报道对中国带有批判的眼光。

---

① 新华网：《蒙古国通讯社举行建社 90 周年庆典》，2011 年 7 月 15 日，http://news.xinhuanet.com/overseas/2011－07/15/c_121674582.htm，检索时间：2015 年 9 月 16 日。

朝　鲜

《劳动新闻》*Rodong Sinmun*

로동신문

《劳动新闻》(로동신문,英文称为 Rodong Sinmun)是朝鲜劳动党的机关报,由劳动新闻社负责出版,是朝鲜最大的报纸之一。该报在朝鲜社会政治生活中有着十分重要的地位,发挥着不可替代的重要作用。

一、历史沿革

1945 年 11 月 1 日,《劳动新闻》创刊,当时名为《正路》(朝鲜语:정로,1946 年 9 月改为现名)。《劳动新闻》在中国、俄罗斯、埃及和古巴 4 国派有常驻记者。1988 年,《劳动新闻》曾创下 200 万份的日发行量最高纪录。

自 1995 年开始,《劳动新闻》每年元旦会与《青年前卫》《朝鲜人民军》发表联合社论。这一延续近二十年的传统,于 2013 年终止。

2011 年 4 月 15 日,朝鲜政府正式开通劳动新闻官方网站 www.rodong.rep.kp/ko/(朝鲜语),读者可以通过网站浏览当日报纸。2012 年 1 月 11 日,《劳动新闻》网站又开设了英文和中文版面。

로동신문
전체 조선인민들에게 호소한
조선민주주의인민공화국내각
수상 김일성장군의 방송연설
우리의 전체 력량을
우리인민군과 전선을
원조함에 돌리라!

图 1　1950 年的《劳动新闻》

二、发展现状

《劳动新闻》在国内各地派有常驻记者,国外各地常驻记者一般由朝中社记者兼任。[①]该报的读者主要集中于朝鲜劳动党党员、国家干部、工人、农民和知识分子。

《劳动新闻》的领导机构是编委会,编委会由总编辑、副总编辑(七人)以及各部部长组成。编委会特别重视对报社记者的人才培养和提高,编辑部所有工作人员均需达到大学及以上文化程度。此外报社实行三年的实习考察制度,对记者实施奖励和升级制度,并鼓励记者进修、做研究工作等。

① 郑超然,程曼丽,王泰玄. 外国新闻传播史[M]. 北京:中国人民大学出版社,2009:432.

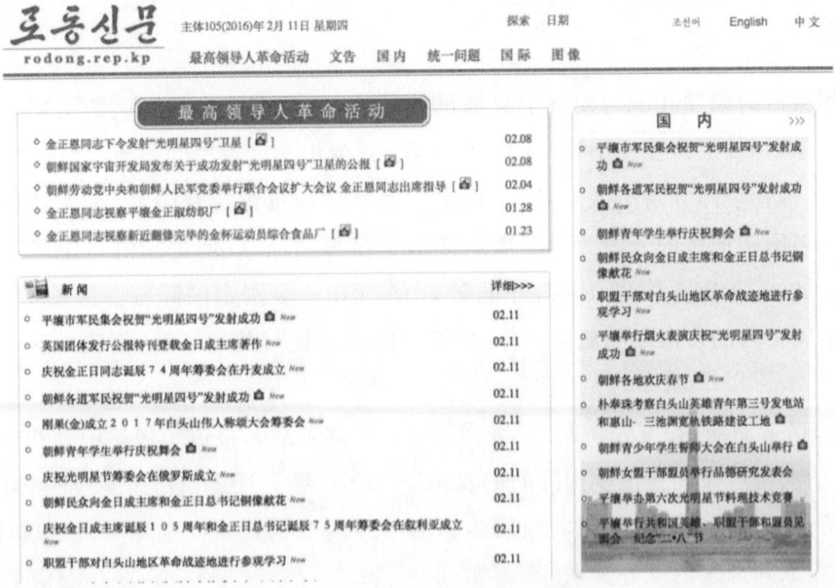

로동신문
rodong.rep.kp

主体105(2016)年 2月 11日 星期四

探索 日期 조선어 English 中文

最高领导人革命活动 文告 国内 统一问题 国际 图像

最高领导人革命活动

金正恩同志下令发射"光明星四号"卫星	02.08
朝鲜国家宇宙开发局发布关于成功发射"光明星四号"卫星的公报	02.08
朝鲜劳动党中央和朝鲜人民军党委举行联合会议扩大会议 金正恩同志出席指导	02.04
金正恩同志视察平壤金正淑纺织厂	01.28
金正恩同志视察新近翻修完毕的金杯运动员综合食品厂	01.23

新闻 详细>>>

平壤市军民集会祝贺"光明星四号"发射成功 New	02.11
英国团体发行公报特刊登载金日成主席著作 New	02.11
庆祝金正日同志诞辰 7 4 周年筹委会在丹麦成立 New	02.11
朝鲜各道军民祝贺"光明星四号"发射成功 New	02.11
刚果(金)成立 2 0 1 7 年白头山伟人称颂大会筹委会 New	02.11
朝鲜青年学生举行庆祝舞会 New	02.11
庆祝光明星节筹委会在俄罗斯成立 New	02.11
朝鲜民众向金日成主席和金正日总书记铜像献花 New	02.11
庆祝金日成主席诞辰 1 0 5 周年和金正日总书记诞辰 7 5 周年筹委会在叙利亚成立 New	02.11
职盟干部对白头山地区革命战迹地进行参观学习 New	02.11

国 内 >>>

- 平壤市军民集会祝贺"光明星四号"发射成功 New
- 朝鲜各道军民祝贺"光明星四号"发射成功 New
- 朝鲜青年学生举行庆祝舞会 New
- 朝鲜民众向金日成主席和金正日总书记铜像献花 New
- 职盟干部对白头山地区革命战迹地进行参观学习 New
- 平壤举行烟火表演庆祝"光明星四号"发射成功 New
- 朝鲜各地欢庆春节 New
- 朴奉珠考察白头山英雄青年第三号发电站和惠山-三池渊宽轨铁路建设工地
- 朝鲜青少年学生誓师大会在白头山举行
- 朝鲜女盟干部盟员举行品德研究发表会
- 平壤举办第六次光明星节料理技术竞赛
- 平壤举行共和国英雄、职盟干部和盟员见面会 纪念"二·八"节

图 2 《劳动新闻》网站中文版面

编辑部有社论室、革命传统教育部、共产主义教育部、书信部、军事部、韩国部、地方部(联系各道特派记者)和编辑局(相当于中国的总编室)等。编辑部和印刷厂各有三百多人。后勤人员不多,主要任务是为报社第一线服务,即为编辑部和工厂服务。他们为党报事业服务的思想很明确,全局观念、组织纪律性很强。[①]

三、报道特点

目前,《劳动新闻》通常每天刊行 6 版。其中,第 1 版内容包括领导人活动、社论及重要新闻;第 2 版是主流思想教育消息;第 3 版是国内经济报道;第 4 版是国内外新闻;第 5 版是韩国新闻;第 6 版是日本、美国等敌对国家的新闻报道。此外,有重大事件进行时,《劳动新闻》会增至 8 版。

위대한 김일성-김정일주의 만세!

로동신문

우리 당과 인민의 최고령도자 김정은동지 만세!

경애하는 김정은동지를 천만년 높이 받들어모시렵니다

우리의 운명이고 미래이신

신년사

김정은

图 3 2013 年 1 月 1 日,《劳动新闻》头版头条报道金正恩公开发表新年贺词

---

① 施大鹏 . 劳动新闻[J]. 新闻战线,1979(6).

四、涉华报道

《劳动新闻》涉华报道的议题几乎与朝鲜中央通讯社一致,非常重视中朝两国的历史友谊和政府间的友好往来。不同的是,《劳动新闻》更多涉及中朝两国体育文化、青少年交流及民间旅游、经济商业往来等报道。

例如,《第 18 届平壤春季国际商品展 5 月 11 日在三大革命展览馆拉开帷幕》一文,报道了包括中国、柬埔寨、法国、澳大利亚等多国和地区的公司为本届展览推出了多种产品,以增进朝鲜与中国等多国在国际范围内的经济商业往来。又如 2015 年 5 月 27 日《朝鲜举办 2015 元山—金刚山国际旅游区投资说明会》[①],报道介绍了朝鲜通过加强与中国在内的多国间的旅游合作,以增进国际社会对其的了解,使旅游区成为中朝及多国间经济文化交流的平台。

2015 年 7 月 30 日《劳动新闻》发表新闻《平壤公开乒乓球赛开战》,报道了包括中朝在内的多国选手在球赛中决一雄雌,以体育活动增进民间交流及国际间的友谊。[②] 2015 年 7 月 27 日《第 30 届松涛园国际少年团夏令营开营》,报道中介绍了来自朝鲜、中国、俄罗斯等多国的少年夏令营代表团前来参加开营仪式,以期通过青少年之间的交流,培养国家间未来的友好关系。[③]

朝鲜中央通讯社 Korean Central News Agency

조선중앙통신
Korean Central News Agency

朝鲜中央通讯社(조선중앙통신사,英文媒体名为 Korean Central News Agency,简称 KCNA,中文简称朝中社)是朝鲜民主主义人民共和国的国营通讯社,也是朝鲜唯一正式的通讯社。朝中社是朝鲜劳动党和朝鲜民主主义人民共和国政府的喉舌,是朝鲜向外发布国内新闻动态的唯一机构。

一、历史沿革

1946 年 12 月 5 日,朝中社成立,总部位于平壤,在中国、俄罗斯、古巴、印度、伊朗、埃及设立分社。

2010 年 10 月,朝鲜官方正式开通朝鲜中央通讯社新的官方网站 www.kcna.kp,提供朝鲜语、英语、日语、西班牙语和汉语共 5 种语言的信息服务。此前,朝中社官方网站的服务器曾位于日本,域名是 www.kcna.co.jp。

2011 年,朝中社设立对外新闻网站,提供朝鲜语、英语、西班牙语、日语和中文服务。自 2011 年 12 月 1 日起,朝中社正式开始用多语种进行文字、图片和视频报道,开辟了"国内新闻""韩国""北南关系""对外关系"等近 20 个栏目。

二、发展现状

自 2013 年 1 月 4 日起,朝鲜中央通讯社官方网站全新改版上线,页面设计更鲜明,页面开始出现大量图片,风格逐渐接近西方主流网站,以前网站上攻击美国和韩国的标语也不见了。[④]

---

① 劳动新闻网. 朝鲜举办 2015 元山-金刚山国际旅游区投资说明会[EB/OL]. (2015-05-28)[2015-07-30]. http://www.rodong.rep.kp/cn/index.php? strPageID=SF01_02_01&newsID=2015-05-28-0007.

② 劳动新闻网. 平壤公开乒乓球赛开战[EB/OL]. (2015-07-30)[2015-07-30]. http://www.rodong.rep.kp/cn/index.php? strPageID=SF01_02_01&newsID=2015-07-30-0005.

③ 劳动新闻网. 第 30 届松涛园国际少年夏令营开营[EB/OL]. (2015-07-28)[2015-07-30]. http://www.rodong.rep.kp/cn/index.php? strPageID=SF01_02_01&newsID=2015-07-28-0010.

④ 王峥. 朝鲜中央通讯社网站改版接近西方主流网站[EB/OL]. (2013-01-16)[2015-07-29]. http://finance.chinanews.com/it/2013/01-06/4461377.shtml.

此外，朝中社还发行日刊《朝鲜中央通讯》与《朝鲜中央年鉴》等刊物。除使用朝鲜语外，朝中社还使用英语、俄语和西班牙语、汉语发布新闻稿。

三、报道特点

朝中社的新闻一般包括以下内容：最高领导人的英雄事迹及其关于各种国际、国内事件的看法和指示；美国、韩国、日本等国针对朝鲜的敌对活动，尤其是军事活动；呼吁朝鲜半岛在朝鲜政府领导下统一；朝鲜的军事和社会成就；各友好国家和国际友人在朝鲜的访问活动；宣称朝鲜政府在国际上被广泛仰慕和支持。

朝中社网站内容包括：朝鲜领导人的相关出访活动、朝鲜本国民生新闻、海外同胞的有关消息，以及重要的国际新闻等。但是没有娱乐新闻报道，也没有广告。报道栏目共有 24 个，分三大部分；第一部分是：金正恩著作、金正恩革命活动；第二部分是国内新闻，包括要闻、突发新闻、政治、经济、文化、科技、教育卫生、体育、文学艺术、旅游名胜、社会生活、环境、文件、报刊等；第三部分是国际新闻，包括韩国、北南关系、朝鲜半岛和平、海外同胞、对外关系等相关报道。

除文字稿外，朝中社官网的图片和视频报道也随时更新。朝鲜最高领导人金正恩视察军队、工厂、企业等的照片被放在显著位置。视频报道中，目前还没有出现解说的画外音，同期声也没有经过外文和朝鲜语的互译，只是在画面中打出了外文标题和相应的外文字幕。

四、涉华报道

2011 年朝中社成立 65 周年之际，朝中社特别发出声明强调，推出中文服务，旨在加强中朝两国之间的传统友好关系，有助于世界上众多汉语人群增进对朝鲜的了解。目前朝中社网站中文服务的内容主要由总社负责，驻京记者会为其提供有关中国的报道。

由于朝中社平均发稿量较少，关于中国报道的相关议题数量和类型都相对较少，报道也多以简讯形式为主。截至 2015 年 9 月 29 日 24 时，朝中社官网中 2015 年以来关于中国的报道总数只有 10 篇。其中 6 篇关于纪念中朝抗日战争、缅怀抗日友谊，旨在表达两国人民友好往来和深厚感情，如“朝鲜代表团离开平壤出席中国人民抗日战争暨世界反法西斯战争胜利 70 周年纪念活动”（2015.09.02），同时也以简讯的形式提及中国抗日战争 70 周年的纪念活动，但并未对此展开详尽报道。2015 年 7 月 27 日，朝中社则发表报道“金正恩向中国人民志愿军烈士陵园送花圈”，以表达朝鲜领导人对中国抗美援朝战争历史的铭记及感激之情。2015 年 9 月 9 日，朝中社发表报道“中国的党和国家领导干部致电金正恩祝贺朝鲜成立 67 周年”，并全文刊登了电文内容，足以见得朝鲜权威媒体对中国的重视。2015 年 3 月 31 日，“金永南接受中国新任驻朝大使国书”则报道了中朝两国之间常规的外交外事活动。另外一篇 8 月 5 日的报道“东亚杯女足赛：朝鲜 3:2 战胜中国”则属于体育新闻。

朝中社在其提供中文服务伊始就大力报道中国和朝鲜之间的友好交流活动。中国纪念辛亥革命 100 周年、朝鲜设宴庆祝新中国成立 62 周年、中国外交官在朝鲜参加支农活动等报道都出现在网站页面的重要位置。纵观朝中社近三年来关于中国的报道，除了提及中朝两国之间的历史友谊及政府间的友好往来以外，体育、文化及民间交流的报道量紧随其后，尤其是在东亚地区，朝鲜女足一直与中国女足展开激烈的竞赛，这也成为朝中社的相关报道经常涉及的话题之一。

泰　国

《曼谷邮报》*Bangkok Post*

《曼谷邮报》(*Bankok Post*)是泰国历史最悠久的报纸,也是泰国最主要的英文日报之一。该报深得读者信赖,它不仅提供关于本国的政治、财经、教育、交通、旅游等方面的信息,一些读者还依靠它提高英文水平。该报立场趋于中立和保守,发行对象为在泰外籍人士和本国社会精英,其泰国报道在亚洲和全球也具有一定的影响力。

一、历史沿革

1946 年 8 月 1 日,《曼谷邮报》由美国情报机构人员亚历山大·麦克唐纳(Alexander MacDonald)和泰国人巴实·陆里他暖(Prasit Lulitanond)于曼谷创办。1953 年前,该报由麦克唐纳任主编。从 1953 年起,原副主编哈利·弗莱德(Harry Fred)升任主编。该报经常发表美国官方的看法,暗示泰国统治集团应奉行的政策,对外消息最为灵通。1971 年 4 月,该报宣布与另一家英文报纸《曼谷世界报》(*Bangkok World*)合股成立安莱报业公司,统一领导两报的业务。[①]自 1999 年起,《曼谷邮报》每年都提供半年的泰国经济报告。

图 1　《曼谷邮报》2014 年 7 月发布的半年经济报告

泰国对报刊的审查较为严格,而《曼谷邮报》对外一直宣称其报道自由。因此,该报也因矛盾的自我审查问题而饱受非议,例如禁止报道皇室成员负面新闻的规定等。越战期间,美国在泰国的军事基地对越南和柬埔寨进行突袭,该报却对此事件默不做声。除此之外,《曼谷邮报》对一些本国政府的腐败案件也始终避而不谈。长此以往,这类事件不胜枚举。此外,该报对政治议题的报道也较为敏感。例如,在他信执政期间,《曼谷邮报》呈现出屈服于政府的姿态,然而在他信下台后该报又转而联合民主党,表现出反他信、反政府的立场。

二、发展现状

作为泰国的主流英语日报,《曼谷邮报》的主要服务对象是在泰国工作的外国人和国内上层人士,目前的发行量有 75000 份左右。该报除了发行纸质版之外,还推出了一系列多媒体终端产品,报纸网站地址为 http://www.bangkokpost.com。至 2015 年 4 月,《曼谷邮报》拥有包括记者、编辑、摄影师及设计师等在内的 179 名新

① 外国新闻界概况编辑组:《外国新闻界概况》,新华出版社 1982 年版,第 116 页。

闻工作者，其中有 29 名外籍员工。①

目前，《曼谷邮报》在泰国国内最大的竞争对手是《民族报》（The Nation）。相较而言，《民族报》的内容和立场更为贴近皇室与政府。总体来说，《曼谷邮报》的版面比较严肃，注重新闻报道，是一张很受读者欢迎的报纸。②

图 2 《曼谷邮报》推出了网络版以及适应平板和手机使用的客户端

图片引自《曼谷邮报》网站：http://www.bangkokpost.com/epaper，检索时间：2016 年 1 月 25 日。

三、报道特点

现在的《曼谷邮报》，每日刊行 50 版左右，主要内容包括本国、地区、世界、言论和体育，可以占到四分之一以上版面。《曼谷邮报》较为重视经济新闻，约占五分之一版面，这一部分不仅介绍本国、地区和世界经济新闻，还有金融新闻和股票市场信息。《曼谷邮报》的副刊《生活》(Life)是比较有特色的部分，包括故事、旅游、汽车、科技、娱乐、社会、漫画、谜语、电视节目和电影广告等版面。除此之外，《曼谷邮报》还经常刊行一些补充性副刊，例如周四刊发的《我的生活》(*MyLife*)用漫画的形式给读者提供改进生活的建议，《古鲁》(*Guru*)是在周五随刊发行的针对年轻读者的时尚杂志，周六的《缪斯》(*Muse*)旨在为女性读者提供流行、化妆、成功女性故事、家庭及出行建议等信息。

此外，《曼谷邮报》还另外出刊周日版《曼谷邮报周日版》(Bangkok Post Sunday)，版面多达 90～100 版。周日版除了新闻之外，增加了许多副刊内容，例如"周日论坛"(Sunday Forum)会刊登一些时事分析文章，"周日人物"(Sunday People)会刊登名人轶事，"周日漫画"(Sunday Comics)则用八九个版面刊登趣味多样的漫画，关于体育的内容还进一步细分为足球、高尔夫球、网球及美国体坛等版面。周日版较有特色的内容是《早午餐》(*Brunch*)副刊，这一部分囊括美食、旅游等生活内容，科技、园艺等自然内容，还有读者来信、影视、音乐和名人等文化艺术内容。周日版尤为特殊的一个部分是"周日光谱"(Sunday Spectrum)，主要刊登分析和调查性新闻，该部分细分为"健康"(Health)、"社会"(Society)、"环境"(Environment)、"安全"(Security)等等内容，还专设有"中国"(China)、"新加坡"(Singapore)、"印度"(India)等以亚洲国家为核心的版块。

Bangkok Post
Abe skirts WW2 apology
BIKE FORMOM
INTERNATIONAL

Bangkok Post SUNDAY
TRICKY TRANSITION
STAR
BEIJING EXPRESSES CONCERN OVER COURT RULING
Falun Gong moves to calm public fears
NORTH KOREAN MINISTER IN RARE VISIT
PANDORA
SPECIAL GIFT FOR MOM

图 3 左为周内版头版；右为周日版头版

---

① Pichai Chuensuksawadi: Bangkok Post rebuts CJR falsehoods, 2015 年 4 月 17 日，http://www.bangkokpost.com/news/general/532067/bangkok－post－rebuts－cjr－falsehoods，检索时间：2015 年 10 月 15 日。

② 潘玉鹏：《泰国报业的当代剪影》，《国际新闻界》1996 年第 6 期。

《曼谷邮报》网站主要有"新闻与商业新闻"(News&Business)、"旅游与生活"(Travel&Lifestyle)、"泰国指南"(Thailand Guide)、"服务"(Services)和"今日消息"(Today's Info)等部分。在"新闻"部分,除了提供普通新闻之外,该网站还专设政治、世界、东盟、亚洲等版块,为读者提供深度亚洲新闻。该网站"商业新闻"部分又有电信、金融、旅游和公司等版块。"旅游与生活"部分除了提供旅游和文化信息之外,还为读者贴心提供餐饮住宿信息。"泰国指南"部分则有关于在泰国生活各方面的指引。该网站的"服务"版也是包罗万象,例如招聘启事、英语学习等版块一应俱全,网络版还提供视频图片服务。"今日消息"部分则主要提供天气预报、油价、汇率等信息。

四、涉华报道

通过在《曼谷邮报》网站上进行了关键词搜索可以看到,《曼谷邮报》涉华报道数量不多,每月少则一篇,多则五六篇,报道量和报道内容主要与时事有关。例如,2015 年 8 月 9 日《曼谷邮报周日版》的"中国"专题以《住持绯闻震撼少林》(*The Saffron－robed Sensation Who Rocked Shaolin*)为题用一整版介绍了关于少林寺住持释永信的流言蜚语,并提及释永信缺席了在泰国的一场武术演出。[1] 关于少林寺住持的传闻在中国国内也引起了很大震动,而泰国本身是一个佛教国家,因而对此事件倍加关注。可以说,《曼谷邮报》涉华报道的主要议题,都与泰国人的兴趣点和中国时事有很大关系。

《曼谷邮报》对中国的关注点主要在于政治和经济这类严肃话题上,这也符合该报的一贯风格。同时,《曼谷邮报》涉华报道的主要议题都是围绕南海问题以及中国与亚太国家关系来展开的。举例来说,2015 年 8 月 15 日是日本二战投降 70 周年纪念日,这一天的《曼谷邮报》在头版头条刊发新闻:"安倍回避二战道歉"(Abe Skirts WW2 Apology)。报道指出,安倍在讲话中承认日本在二战期间所犯下的罪行,但并未就此做出道歉,而且安倍还表示没有参加过战争的日本后人也不应注定要道歉。这篇报道还提到,安倍这一时期的一言一行都被包括中国在内的、二战期间遭受过日本伤害的国家所密切关注,而此时中日在南海还有领土纷争。[2] 通过对涉华报道的标题及正文的用词用语进行分析,可以看到《曼谷邮报》总体对华态度较为中立客观。

《民族报》*The Nation*

THE NATION

《民族报》(*The Nation*)是泰国第二大英文报纸,在泰国具有广泛的影响力。该报内容丰富、形式灵活,且注重观点的多样性,颇受年轻的精英阶层的肯定。《民族报》所属的民族报多媒体集团发起成立了亚洲新闻联盟,不仅拓宽了《民族报》的信息来源,也在亚洲媒体之间搭建起一个重要的交流合作平台。

一、历史沿革

《民族报》于 1971 年由几名记者在曼谷创立,最早名为《民族之声报》(*The Voice of the Nation*),后简化为现名。1991 年,多名原本任职于《曼谷邮报》的记者加盟《民族报》,报社也做出一系列调整,使得报纸的发展更加步入正轨。1997 年,受金融危机影响,《民族报》裁掉了八成外籍员工,规模有所缩减。

2001 年他信上台后,与他有关的几家公司停止了在《民族报》上的广告业务,随之《民族报》采取了反对他信

---

① Andrew Jacobs: The Saffron－robed Sensation Who Rocked Shaolin, Bangkok Post, 2015 年 8 月 9 日,http://www.pressreader.com/thailand/bangkok－post/20150809,检索时间:2015 年 12 月 10 日。

② AP: Abe Skirts WW2 Apology, Bangkok Post, 2015 年 8 月 15 日。

的立场。2008 年，该报再次经历裁员并大举进行改革，将原本的国际版推送信息服务改造成轻松小报形式的《每日快讯》(*Daily Xpress*)，作为《民族报》免费附赠的插页内刊，同时《民族报》本身也进一步地向商业化媒体靠近。

二、发展现状

目前，《民族报》日均发行量稳定在 7 万多份左右。① 《民族报》隶属于民族报多媒体集团（Nation Multimedia Group)，该集团旗下共有三份报纸、两家电视台和电台，以及多种期刊。民族报多媒体集团是创建亚洲新闻联盟的主要倡导者。

图 4　《民族报》及其插页内刊《每日快讯》

《民族报》报道范围极为广泛，除了政治议题，该报在商业、旅游和娱乐等方面的报道都有不俗表现。值得一提的是，该报的科技报道别具一格，不仅有很多科普报道，还经常对大趋势加以分析，这也归功于母公司对信息科技的注重和大量的投资。目前，《民族报》在曼谷和各大省会城市均有发售。《民族报》的主要竞争对手是《曼谷邮报》，二者同为泰国最重要的英语报纸，有着相似的国际新闻报道态度，读者也多为受过英语教育的上层人士。在政治立场上，《民族报》具有亲皇室、亲政府的倾向，显露出更强烈的本土观念，不迎合主流观点和西方立场，更能突破常规，呈现出多方面的不同观点。②

提到《民族报》，就不得不提由民族报多媒体集团首倡发起的亚洲新闻联盟③。该联盟的初衷是打破西方媒体在亚洲报道的舆论强权和新闻垄断，实现“亚洲人报道亚洲”的理想。该联盟下属亚洲新闻网、亚洲新闻杂志、亚洲新闻图片网及亚洲编辑中心，将所有成员媒体的媒体资源进行了有效整合，逐步建立了成员之间的文字报道、新闻图片和视频报道的网络交换平台。④

三、报道特点

《民族报》周内每日发行 32 版，周六发行 24 版，周日有 20 版的《周日民族报》(*The Sunday Nation*)。《民族报》虽然版数不多，但是版块十分丰富灵活。《民族报》的头版一般都会刊发泰国国内的重要新闻，例如政治变动、突发灾情等。紧随头版之后的是“泰国”(Thailand)版，一般有两版面，主要刊登泰国的国内新闻。如果遇到重大的国内新闻，该报还会在头版后增加专版，例如 2015 年 8 月泰国发生爆炸案，《民族报》就增设了“Bangkok Blast”(曼谷爆炸)专版以介绍爆炸后家属和各国反应、推测爆炸原因等。接下来《民族报》会在国内新闻之后安排两三版面的“世界”(World)版刊发国际新闻，也是有两版左右。有时《民族报》还会在世界新闻前加一版“东盟附送”(ASEAN Plus)，专门刊登东盟国家的新闻。《民族报》有两个版面的“观点与分析”(Opinions&Analysis)对国内外的重要事情加以点评，还有三个版面的“观点与特写”(Opinions&Features)来

---

① 截止到 2014 年 8 月，《民族报》发行量为日均 70000 份。检索自 Sodexo：http://th.sodexo.com/thth/Images/13082014%20Sodexo%20Manager%20goes%20the%20distance_Nation%20Newspaper_EN446－820658.pdf，检索时间：2016 年 2 月 13 日。

② Thailand Guru：Introduction to English Language Newspapers，http://www.thailandguru.com/newspapers－bangkok－post－the－nation－thailand.html，检索时间：2015 年 5 月 14 日。

③ Asia News Network(简称 ANN)，成立于 1999 年 3 月，总部设在泰国曼谷。目前，亚洲新闻联盟由亚洲 18 个发展最快的国家和地区的 21 份主流报纸组成，是当今世界上最大的由多国报纸组成的新闻联盟。其成员有孟加拉国的《每日星报》、不丹的《不丹政府公报》、文莱的《文莱时报》、柬埔寨的《柬埔寨之光》、中国的《中国日报》、中国台北的《中国邮报》、印度的《政治家报》、印度尼西亚的《雅加达邮报》、日本的《读卖新闻》和《每日读卖》、韩国的《韩国新闻导报》、老挝的《万象时报》、马来西亚的《星报》集团和《星洲日报》、尼泊尔的《加德满都邮报》、巴基斯坦的《民族报》、菲律宾的《每日问询者报》、新加坡的《海峡时报》、斯里兰卡的《岛报》、泰国的《民族报》和越南的《越南新闻》。

④ 中国日报网：亚洲新闻联盟简介，2010 年 3 月 30 日，http://www.chinadaily.com.cn/hqgj/2010ann/2010－03/30/content_9661842.htm，检索时间：2015 年 5 月 14 日。

对世界范围内政治文化等事件进行知识性介绍,并刊登一些招聘信息。从《民族报》对深度言论及实用信息的重视,可以窥见其风格特色及读者特征。《民族报》的经济新闻是分开的,有两个版面的“商业”(Business),一个版面的“世界商业”(World Business),还有三个版面的“股票市场”(Stock Markets)并穿插房地产等广告版面。

THE NATION
INSIGHTFUL, IN TREND, INDEPENDENT
HILLTRIBES INSPIRE DESIGNS AT LOUIS VUITTON
I'm innocent, Spaniard claims
Dismal university entrance exam results continue, as solutions evade educators

THE SUNDAY NATION
INSIGHTFUL, IN TREND, INDEPENDENT
A WOMAN OF SUBSTANCE
ADAM JOHNSON ABUSED POSITION IN SOCIETY
THIS WAS NAI LERT'S WORLD
Thai missions to tell world election to be definitely held next year
Varsity satire parade comes under close junta scrutiny
PressReader

图 5　左为周内版《民族报》头版;右为周日版《民族报》头版

《民族报》的丰富性还体现在副刊部分,例如“教育”(Education)刊登一些教育项目广告,“娱乐”(Entertainment)提供与明星相关的讯息,“漫画与游戏”(Cosmic&Games)可以增添读者乐趣,“荧屏”(Screen)介绍一些影视作品,“声音”(Sound)主要介绍音乐作品,“艺术”(Arts)介绍歌舞剧等艺术活动,“时尚”(Fashion)与“流行”(Trend)提供时装秀等信息。《周日民族报》更像是一个副刊集合,除保留了一版“泰国”、三版“世界”、一版“言论”和三版“体育”外,添加了诸如“周日消闲”(Sunday Leisure)、“科技”(Science)、“购物”(Shopping)和“生活”(Living)等副刊版面,可谓五花八门。

四、涉华报道

通过对《民族报》网站进行搜索查询,可以发现该报涉华报道平均每天可以达到5篇左右。报道内容以政治经济为主,同时对华态度也较为积极正面,可见该报对中国的重视。

例如该报2015年8月15日发表以《我们应与中国加深关系》(*We should deepen ties with China*)为正标题,以“前驻北京大使敦促泰国利用中国战略打通东盟”(*Former Ambassador to Beijing Urges Thailand to Take Advantage of China's Strategy to Reach out to ASEAN*)为副标题的文章,借用泰国前驻华大使的话呼吁泰国年轻人加强与中国青年的交流,并建议泰国利用中国“一带一路”战略以及东盟提倡地区强化联系的契机,加强多方合作,提振本国经济。① 又如该报2015年8月9日发表题为《中国出口下降引担忧》(*Fears rise over drop in Chinese exports*)的文章,称中国为“提升全球经济的关键动力”,中国汇率的波动给出口及经济复苏带来了较大影响。②在《民族报》涉华报道中的中国,是在亚洲地区乃至世界范围都具有重要影响力的大国。

此外,《民族报》也与中国媒体有合作。2006年1月9日,由《中国日报》编辑出版的《中国商业周刊》(*China Business Weekly*)正式开始随泰国第二大英文报纸《民族报》在泰国全国发行。中国英文媒体再次在海外“生根发芽”,标志着媒体在改善国家外交上作用进一步增强,地区性新闻联盟成员间合作正逐步深入。③

---

① Supalak Ganjanakhundee. “We should deepen ties with China” —Former Ambassador to Beijing Urges Thailand to Take Advantage of China's Strategy to Reach out to ASEAN, The Nation, 2015年8月15日。

② AFP: Fears rise over drop in Chinese exports, The Nation, 2015年8月9日。

③ 中国日报网:《中国日报〈中国商业周刊〉今起在泰发行》,2006年1月9日,http://www.chinadaily.com.cn/gb/doc/2006-01/09/content_510679.htm,检索日期:2015年5月8日。

《泰叻报》*Thai Rath*

《泰叻报》(*Thai Rath*，泰文报名ไทยรัฐ)是泰国历史最悠久的泰文报纸，也是现在泰国发行量最大的日报。《泰叻报》报道内容以社会新闻为主，图片绚丽且选题很有吸引力，也会关注国家大事和国际新闻，保持了客观报道的风格，在报业较为发达的泰国较受读者欢迎。

一、历史沿革

《泰叻报》成立于 1948 年 1 月 1 日，原名《考拨周报》。1958 年 10 月 20 日因故停刊，在 1959 年 5 月 1 日又以《祥安通》的报名复刊，1962 年 12 月 25 日改为《泰叻报》并一直沿用至今。

1974 年之前，《泰叻报》曾为民主党摇旗呐喊，被认为是该党喉舌，接受美国津贴。[①]多年以来，《泰叻报》的发行量一直稳居泰国报纸之首，20 世纪 70 年代初的发行量就达到 20 万份，80 年代达到 85 万份，90 年代固定在 80 万份左右，此后曾一度达到了 100 万份，其中 40%为订阅，60%为零售。

《泰叻报》采取多次印刷的方式出版，广告通常占全部版面的一半，而且发往各地的版面往往有不一样的设置。《泰叻报》是泰国首先采用电脑技术的报纸。[②] 为了应对金融危机，1998 年，过去只刊登娱乐新闻和肥皂剧故事的大众化报刊《泰叻报》加入了批评政府的媒体大军。[③]

二、发展现状

作为泰国历史最悠久的媒体形式之一，报纸在泰国仍是最流行的读物。泰国发行量比较大的报纸不以特定的读者群为目标，这些报纸的新闻和内容涉及面广，包括犯罪、重大事件、体育和娱乐新闻，其中快讯比深入细致的分析更受人们的喜爱。泰国人平均每天读报 30 分钟，报纸在工作人群中也最受欢迎。《泰叻报》是泰国目前发行量最大的泰文对开日报，在曼谷出版，全国发行。平时日发行量超过 100 万份，[④]有时多达 150 万份。《泰叻报》有一个非常好的发行系统，能以很快的速度将报纸发行到泰国全国各地。报社还设立了一个基金会，开展社会救济活动，帮助贫困地区发展教育事业。《泰叻报》年收入的 90%都是来自广告。[⑤]

图 6　《泰叻报》网站首页

除此之外，《泰叻报》还提供网站阅读服务，网址为 www.thairath.co。

---

① 外国新闻界概况编辑组：《外国新闻界概况》，新华出版社 1982 年版，第 112 页。

② 傅采茹：《访泰国最大的报纸——泰叻报》，《新闻战线》1985 年第 4 期。

③ 李异平：《"亚洲新闻观"与部分东盟国家新闻》，《东南亚研究》2005 年第 5 期。

④ 凤凰网：《驻泰国大使宁赋魁走访泰叻报社》，2014 年 5 月 21 日，http://news.ifeng.com/a/20140521/40393833_0.shtml，检索时间：2015 年 12 月 8 日。

⑤ 潘玉鹏：《泰国报业的当代剪影》，《国际新闻界》1996 年第 6 期。

三、报道特点

图 7 《泰叻报》封面

《泰叻报》的报纸版面大都采用鲜艳夺目的大标题,彩色版面,并且刊登许多毫不掩饰的煽情主义的黄色新闻。因为煽情主义的新闻可以吸引更多的读者,报纸的发行量就会保持在一定的水平上,由此可以带来相当好的广告效益,该报的广告也大都采用煽情主义的办法。《泰叻报》社会新闻较多,既报道社会上层人物的活动,也反映中下层群众的呼声与意见,此外该报还常刊登一些领导人的讲话文章,也会刊登政治、经济、娱乐、体育等类别的新闻。总体而言,该报在报道方式上较为注重客观性。

四、涉华报道

通常,《泰叻报》的涉华报道会集中在涉及中泰关系的议题上。例如 2011 年 10 月,泰国发生了震惊中外的“湄公河惨案”,泰国主流报纸对此都进行了大量报道,《泰叻报》也不例外。经统计,《泰叻报》在 10 月 6 日至 12 月 28 日之间,发表了 9 篇报道、4 篇评述性报道。该报在 9 篇报道中引用了 13 个新闻源,其中中国大陆新闻源有 4 个,泰国官方新闻源 7 个,模糊新闻源 1 个。《泰叻报》较为平均地使用了本国官方新闻来源与中国官方新闻来源,部分引用了些民间的意见,显示了较为理性的报道方式。①

2014 年 4 月 27 日至 28 日,《泰叻报》连载了中国驻泰大使宁赋魁题为《传承丝路精神 共创亚洲辉煌》的署名文章。通过这篇文章,宁大使与泰国朋友们分享了对推进“一带一路”建设的看法和感受。②同年 5 月 15 日,驻泰国大使宁赋魁走访《泰叻报》报社,就进一步加强中泰媒体合作等事宜与报社总裁英乐女士交换意见。宁大使表示,中国驻泰使馆高度重视包括《泰叻报》在内的两国媒体在促进两国友好关系中发挥的积极作用,希望《泰叻报》今后进一步与中国媒体开展合作,使馆愿为此提供协助。《泰叻报》方面也表示报社重视涉华报道,将不断加强与使馆和中国媒体的联系与合作。③

不过,《泰叻报》的涉华报道也不全是客观公正的。2015 年 4 月,不少网络媒体流传中国主动放弃泰国高铁的消息,泰国主流媒体对谈判进行了密集追踪报道,《泰叻报》《泰国经理人报》《民族报》《曼谷邮报》等泰文、英文纸媒基本上都在每轮谈判前后进行大量报道,并且发表评论和社论。《泰叻报》等媒体竟然毫无根据地宣称,“中方向泰国索要 873 公里的铁路沿线土地开发和使用权”,“这就如同泰国拱手献出自己的土地,为中国修建供其运送和倾销商品的免费大通道,并将沿线土地割让给中国。未来中国制造将彻底占领泰国市场”。事实上,中方根本没有,也不可能提出这样的要求。④

《泰叻报》一向标榜客观公正,但在涉华报道中却并未做到完全的客观公正。不过,随着中泰两国媒体合作的加深,双方的了解也会进一步提高,报道的准确性和客观性有望增进。

---

① 姚婷:《泰国主流报纸“湄公河事件”报道中的“中国形象”》,《广西民族师范学院学报》2013 年第 6 期。

② 中华人民共和国驻泰王国大使馆:《〈泰叻报〉刊登宁赋魁大使〈传承丝路精神共创亚洲辉煌〉署名文章》,2015 年 4 月 28 日,http://www.fmprc.gov.cn/ce/ceth/chn/sgxw/t1258484.htm,检索日期:2015 年 12 月 22 日。

③ 凤凰网:《驻泰国大使宁赋魁走访泰叻报社》,2014 年 5 月 21 日,http://news.ifeng.com/a/20140521/40393833_0.shtml,检索时间:2015 年 12 月 8 日。

④ 新华国际:《辟谣:中国没有放弃泰国高铁项目》,2015 年 4 月 9 日,http://xhgj.api.zhongguowangshi.com/wap/share.aspx? clientApp=104&docid=85305,检索日期:2015 年 12 月 22 日。

《星暹日报》*Sing Sian Yer Bao Daily*

星暹日報
Sing Sian Yer Pao Daily

《星暹日报》(*Sing Sian Yer Bao Daily*)是泰国历史最悠久、知名度最高的华文报刊。1950 年 1 月 1 日，《星暹日报》由东南亚著名侨商胡文虎、胡文豹兄弟出资创办，总部设在泰国曼谷。自创刊以来，《星暹日报》一直坚持公正办报，服务读者的宗旨，奉行“宣扬文物、沟通文化、辅导教育、增进文明、促进世界大同”[①]的理念，并以推动中泰邦交，弘扬中华文化，促进华人团结为使命。2013 年 11 月 5 日，《星暹日报》与中国南方报业传媒集团正式签约，南方报业入股《星暹日报》。至此，双方开始展开全面深度合作，着力打造泰国第一华文媒体。

一、历史沿革

1949 年，胡文虎、胡文豹兄弟邀请华商侨领张兰臣、伍竹林、郭秋实、刘汉华等人在曼谷合作筹办《星暹日报》，报纸于 1950 年正式创刊。不久，胡氏家族收购了郭秋实等人的股份，开始独资经营。胡文虎之子胡蛟担任报社社长，该报成为星系报业有限公司的实业。[②]其后，《星暹日报》历经改组。1971 年，胡文豹的女婿李益森接任社长，胡文虎儿子胡一虎接任董事长，泰华报人张艺光为总编辑兼督印人。1975 年以后，李益森任董事长兼社长，董事会成员皆为李氏子女，该报产业实为李氏家族所控制。后来《星暹日报》脱离了星系报业，以星暹报业有限公司的名义注册发行，开始独立经营。

图 8　《星暹日报》总部办公楼

图片转引自南方报业网：http://www.nfmedia.com/jtdt/jtxw/201312/t20131206_362690.htm，检索时间：2015 年 12 月 12 日。

2010 年，《星暹日报》被泰国康蒂证券集团有限公司收购。其公司执行董事长、泰国全国总工商会主席郑芷荪先生接管报纸，对该报进行了全面改革，率先实现现代化管理。改版后的《星暹日报》采用简体汉字，成为泰国华文报纸首创。

二、发展现状

2013 年，《星暹日报》与中国南方报业传媒集团签约战略合作，开泰国华文报纸与中国媒体深度合作之先例。南方报业管理团队进驻《星暹日报》，对该报进行了全面改版。改版后的《星暹日报》主打时政和经济新闻，内容主要涉及泰国新闻、中国新闻、国际新闻和深度新闻。

此外，该报还特别推出了“曼生活”版，为读者提供在泰国衣食住行和旅游等方面的资讯。《星暹日报》在立足报纸这一基础之上，加强了网站、微信、微博建设，搭建了多媒体的立体传播平台。[③]在 2012 年底，《星暹日报》开辟网络版面，随后开辟了微博和微信公众号。截止到 2013 年 10 月底，《星暹日报》新浪官方微博累积了 13000 多名真实粉丝，其重大新闻的阅读量高达 346.7 万次，平均每条微博阅读量达万余人次，热门微博的阅读

① 黄海珠：《泰国华文纸媒研究》，中国社会科学出版社 2013 年版，第 54 页。

② 黄海珠：《泰国华文纸媒研究》，中国社会科学出版社 2013 年版，第 54 页。

③ 《〈星暹日报〉有华闻，有泰度》，泰国星暹日报官方微信公众号：http://mp.weixin.qq.com/s? __biz＝MjM5MTcyNzcwMQ＝＝&mid＝10000002&idx＝1&sn＝98f3637fc7de409cd72099d0b4a22118&scene＝20#wechat_redirect，检索时间：2015 年 12 月 12 日。

量经常达数十万人次。[①] 此外,《星暹日报》的官方微信 ssdaily 订阅用户遍布全球,数量多达 20 多万。微信总浏览量突破 2000 万次,转发量达 600 多万次,单条最高点击达 68 万次。[②] 目前,《星暹日报》积极拥抱新媒体,已经吸引了更年轻和更广泛的读者群,受到了读者、客户和同行的好评。

图 9　2015 年《星暹日报》与南方报业携手全新出发

图片引自《星暹日报》网站首页:http://www.singsianyerpao.com/,检索时间:2015 年 12 月 24 日。

三、报道特点

从报纸的版面设置来看,整份报纸分为三叠。A 叠主要为时政新闻,包括泰国新闻、中国新闻、国际新闻、侨社新闻、深度新闻等,B 叠主要报道经济消息,包括工商服务、股市讯息、中国及国际经济等。C 叠主要为娱乐、体育和副刊。[③] 作为泰国当地的一份外文报刊,《星暹日报》是世界华文传媒圈中不可或缺的组成部分以及中泰两国的连接纽带。

首先,报道中国是《星暹日报》的主要内容,也是其重要特点。作为泰国华人了解中国的窗口,《星暹日报》积极报道有关中国的政治、经济和社会新闻,其头版多为有关中国的政治新闻。每逢中国发生重大事件,《星暹日报》还会辟专版进行报道。如 2011 年习近平主席对泰国进行正式访问时,该报除了报道行程外,还发表了评论,对访问的成果和影响进行深度解读。其次,《星暹日报》侧重于对中华文化的报道。该报通过对中华民族传统文化的传承和传播,引发泰国华人对中华文明的情感认同和精神依附。《星暹日报》曾开辟"中医养生"专版,传播历史悠久的中医养生文化。正是通过对这些文化符号的建构,该报增强了华人群体的向心力和凝聚力。

四、涉华报道

《星暹日报》在创刊初期立场保守,加之当时泰国政府的亲美立场,该报有明显的反共倾向。1971 年李益森任社长以来,宣称该报为"中立性报纸,不受任何方面的约束和影响"[④],在报道上适应时局的变化,立场较为中立。在泰国政局反复无常和屡次推行排华政策期间,不少华文媒体被查封,而《星暹日报》从未被勒令停刊。1975 年中泰建交以后,该报越来越多地报道中泰友谊的消息。对华报道中很少有对中国的诬蔑歧视,言论较为客观。1983 年后,该报大多采用来自中国香港、新加坡和马来西亚报纸的中国新闻稿件。自 1984 年起,《星暹日报》开始订购中国新闻社的电传稿和图片,同时也接受中国香港通讯社的供稿。[⑤]

随着中泰两国建立全面战略合作伙伴关系,中国跃升为全球第二大经济体,东盟一体化进程加速,《星暹日报》的涉华报道大量增加。2014 年,《星暹日报》联合中国南方报业传媒集团旗下媒体组成记者团报道中国两

---

① 《〈星暹日报〉有华闻,有泰度》,泰国星暹日报官方微信公众号:http://mp.weixin.qq.com/s? __biz=MjM5MTcyNzcwMQ==&mid=10000002&idx=1&sn=98f3637fc7de409cd72099d0b4a22118&scene=20#wechat_redirect,检索时间:2015-12-12。

② 《〈星暹日报〉有华闻,有泰度》,泰国星暹日报官方微信公众号:http://mp.weixin.qq.com/s? __biz=MjM5MTcyNzcwMQ==&mid=10000002&idx=1&sn=98f3637fc7de409cd72099d0b4a22118&scene=20#wechat_redirect,检索时间:2015 年 12 月 12 日。

③ 《〈星暹日报〉有华闻,有泰度》,泰国星暹日报官方微信公众号:http://mp.weixin.qq.com/s? __biz=MjM5MTcyNzcwMQ==&mid=10000002&idx=1&sn=98f3637fc7de409cd72099d0b4a22118&scene=20#wechat_redirect,检索时间:2015 年 12 月 12 日。

④ 黄海珠:《泰国华文纸媒研究》,中国社会科学出版社 2013 年版,第 54 页。

⑤ 潘玉鹏:《泰国报业的当代剪影》,《当代传播》1996 年第 6 期。

Lactasoy 星暹日报 THE SING SIAN YER PAO DAILY NEWS EURO CAKE

泰中號碼服務

以文明沟通 谱人类命运

中韩自贸协定签署

超九成产品进入"零关税"时代

中国解放军 中缅边境演习

别让平衡失调影响您的生活

中国银行 BANK OF CHINA

"服务卓越 诚信永远"

Lactasoy 星暹日报 THE SING SIAN YER PAO DAILY NEWS EURO CAKE

泰中號碼服務

长江中游客轮沉没 四百余人生死未明

疑突遇龙卷风，李克强现场指挥救援

阁兰岛海域游轮失火 102名中国游客获救

FUSE公寓

送！金额转账费用／家具

即降300,000铢

价起 2.7 百万

图10 从左至右依次为2015年6月1日、3日《星暹日报》头版

图片引自《星暹日报》电子版网站：http://www.singsianyerpao.com/epaper/，检索时间：2015年12月12日。

会。①《星暹日报》的特派记者抵达北京直击两会现场，以泰国的视角写出数篇文章。这是泰国华文报刊首次派记者赴京报道两会。2014年10月，中国国务院总理李克强访问泰国，《星暹日报》的记者对整个访问进行了详细的报道。除了对中泰重大新闻进行现场报道之外，《星暹日报》还以特刊和系列报道的形式推出了各种涉及中国的专题，如"中共十八届三中全会"特别报道等。

随着中国的崛起，"中国威胁论"的言论也在东南亚出现。对此，《星暹日报》以积极友好的态度传递信息，强调共识，搁置争议。如2011年9月，《星暹日报》在头版报道了中国国务院新闻办公室发表的《中国的和平发展》白皮书，强调了互利共赢的宗旨，向世界传递了中国和平发展的决心。《星暹日报》以坦诚的态度报道了中国和东盟历年发展进程，强调了双方的信任和努力。

《亚洲日报》*Asia News Time*

亞洲日報 ASIA NEWS TIME

《亚洲日报》(*Asia News Time*)是泰国六大华文报刊中最为年轻、发展势头最为强劲的一份报纸，也是目前全球最知名的境外中文媒体之一。《亚洲日报》创刊于1993年8月28日，由一批在泰华人企业家集资创办。该报旨在宣扬中华文化，促进中泰友好关系和文化交流。

① 《〈星暹日报〉有华闻，有泰度》，泰国星暹日报官方微信公众号：http://mp.weixin.qq.com/s?__biz=MjM5MTcyNzcwMQ==&mid=10000002&idx=1&sn=98f3637fc7de409cd72099d0b4a22118&scene=20#wechat_redirect，检索时间：2015年12月12日。

一、历史沿革

《亚洲日报》是泰国第六家华文日报，于 1993 年 8 月 28 日在曼谷创刊。包括李光隆、李石成、庄锡鸿、陈荣泉、郭振等在内的 15 名创始人员皆是泰国企业界知名人士，如董事局主席李光隆是华尔街金融证券有限公司及协达饲料有限公司董事长，再如泰兴集团总裁李石成被称为“泰国钢铁大王”等。由于联合创始人具有强大的资本力量和社会影响力，《亚洲日报》在创办初期便吸引了大量新闻人才，如资深报人萧汉昌、林兴、纪云程等，进而也获得了全泰国的瞩目。

尽管如此，初创时的《亚洲日报》因为准备不足，印刷设备等都依赖于别人，加上发行和销售网络还未成型，经常遭到代理商和读者抱怨。直到 1995 年初，该报迁入新址，并购置了新印刷机，各项业务才开始步入正轨，不久便崭露头角，占领市场，跻身泰国大报之列。随着报社发展壮大，业绩提高，董事会还曾两次将员工薪资上调 10%。

图 11 泰国版文汇报

1997 年，亚洲金融风暴入侵东南亚，泰国报业遭受重大打击，还未站稳脚跟的《亚洲日报》也不例外。“亚洲日报社广告锐减，该报出纸下限由原来的 8 张 32 版(有时 10 张或 12 张不等)缩减成 5 张 20 版或 6 张 24 版，由盈变亏，总资产缩减到 3000 万元泰铢。”与此同时，报社内部也出现人员变动和削减的状况，各项业务低迷不前。而金融风暴期间的资金补助和运转皆由李光隆等艰难维持。

艰难运转 5 年后，《亚洲日报》开始转型升级。内部组织方面，2002 年 9 月初，李光隆商请泰华报人公益基金会主席陈世贤协助报务改革，并改组董事会。在外部交流方面，同年 10 月 12 日与香港《文汇报》达成新闻交流与合作协议。在设备技术方面，购置现代化自动彩色菲林冲印机，启用苹果计算机排版系统，由《文汇报》派员辅导培训，在 2003 年 3 月底完成改版计划，于 4 月 1 日起实现排版全面计算机化。全面改革后，《亚洲日报》开始扭转颓势，开启了报社的新局面。2006 年，《亚洲日报》乘胜追击，与《人民日报》海外版、印尼《世界日报》以及香港《文汇报》合作发行。“因为《人民日报》海外版、香港《文汇报》、印尼《国际日报》各两张八版的加盟，泰国《亚洲日报》八月一日开始将以崭新的面目呈现在读者面前：版面从原来的二十四个增至三十个，内容变得更加丰富多彩，使读者在泰国也能很容易就看到国外的华文报。”①

二、发展现状

如今，《亚洲日报》已经发展成为泰国最年轻、势头最强劲、影响范围最广的华文报刊。《亚洲日报》由亚洲日报报业集团发行，董事主席为李光隆，董事长为郭振，董事总经理为陈一平，执行总编辑为周密。亚洲日报报业集团进行市场化运作，主要分编辑部、发行部、营业部，约有 100 多名员工。发行和广告是报社收入的两大来源，其中发行收入约占总收入的三分之一，广告多是泰华社会的喜庆祝贺广告、丧殡广告，但各种商业广告也随着中泰经贸交流合作的热络呈递增的趋势。

目前，《亚洲日报》平日里出版对开 7 张至 10 张、28 版至 40 版左右(一般为 32 个版面)，周日为对开 2 张 8 版。《亚洲日报》内容丰富，版面明了，一般分为 A、B、C、D、E 五部分，A 部分为要闻，主要有“泰国新闻”“外媒看中国”“亚洲文苑”“社会新闻”“国际新闻”等版面；B 部分偏重经济内容，多为“侨团新闻”“内地新闻”“经贸”“股市行情表”等版面；C 部分主要为副刊，有“工商服务与行情”“武侠小说”“两岸四地”“体育世界”等内容；D

① 中国经济网：《“借船出海” 三份中文报纸随〈亚洲日报〉登陆泰国》，2006 年 8 月 1 日，http://www.ce.cn/culture/news/200608/01/t20060801_7962476.shtml，检索时间：2015 年 12 月 13 日。

部分则为文摘史料及深度报道性内容，包括“史海揭秘”“中国经济”“海外华人”“专题报道”等版面；E 部分则是休闲娱乐服务等内容，有“图说天下”“大千世界”“时尚潮流及健康生活”“谈古论今”“书画艺术”等版面。除 A、B 两部分版面较为固定之外，其他几个部分及版面多有变动或增减。逢星期日还会增辟《亚洲日报（柬埔寨）》要闻专版，单独面向柬埔寨发行。

三、报道特点

由于《亚洲日报》发展时间较短，配套硬件设施不尽完善，发展规模也比不上一些大报、老报，因此报纸的自采能力较弱，自采稿件较少，关于中国新闻事实的报道多转引自国内外通讯社和媒体的新闻。

《亚洲日报》的董事和编辑大都是泰籍，受意识形态和行政干预的影响微乎其微，因此报社言论氛围十分自由。“议论政局，针砭时弊，任何评论只要有道理和根据，都可秉公而论，畅所欲言，所以言论成为《亚洲日报》的最大特点和优点”。① 报纸开辟了许多社论专栏如《阿丰随笔》等，供报社评论人员发表言论。

与泰国其他报纸相比，《亚洲日报》有一个独特之处便是从柬埔寨引入新闻。该报在金边设置新闻站，并发回柬埔寨各类信息，柬埔寨版块中的大部分内容为“金边快讯”等自采新闻。这一特点使得《亚洲日报》独树一帜，“对于沟通中泰柬三边信息，密切三方联络，了解东南亚动态，提供商业讯息等，均起到了不容忽视的重要作用，并为《亚洲日报》全面进军东南亚华人社会打下了良好基础”。②

四、涉华报道

《亚洲日报》的创刊宗旨便是“弘扬中华文化，促进中泰文化交流，并作为海外华人的沟通桥梁，借着传媒的特殊作用，互通声气，联络感情，守望相助，维护团结，加深了解”，③ 由此便确立了《亚洲日报》对华态度的基调。曾有抽样调查显示，“《亚洲日报》有关中国的新闻报道，以正面报道为主，占到了 60.6%；其次是客观中立报道，占到了 31.3%；负面报道较少，只有 8.1%”。《亚洲日报》的亲中属性表现在以下方面。

胡錦濤會見日本民主黨代表團

亞洲日報

AJ

ASIA NEWS TIME

華府反對台入聯公投

图 12　《亚洲日报》关于中日会面的报道

从报道数量和篇幅上看，《亚洲日报》的既定传统便是头两个版面报道中国新闻，如果遇上重大事件，更是会用整版进行深入全面报道。如在中国国庆 60 周年庆典时，《亚洲日报》开辟了两个专版进行报道，并配发社论（1 篇）和新闻评论（13 篇），其中包括题为《中国社会主义道路愈走愈宽——热烈庆祝中华人民共和国建国六十周年》的社评等一系列文章。④

从报道内容上看，涉华报道包含社会、政治、经济和文化等多个方面，既包括全国性事件，也包括中国地区性事件，其中以与政治相关的报道为主，集中在要闻版和国际新闻版。其中很多报道甚至紧贴中国政策口号。

从报道来源上看，由于报社自采率较低，关于中国事实性的报道多转载自中国的通讯社或者媒体。根据

① 彭伟步：《东南亚华文报纸研究》，社会科学文献出版社 2005 年版，第 80 页。
② 彭珊萍：《从〈亚洲日报〉的崛起看泰国华文报业新走向》，《云南师范大学学报（哲学社会科学版）》1995 年第 8 期。
③ 彭伟步：《东南亚华文报纸研究》，社会科学文献出版社 2005 年版，第 79 页。
④ 《亚洲日报》2009 年 10 月 1 日要闻版——中华人民共和国 60 周年国庆专版。

2009 年至 2010 年报纸的抽样研究显示,转载稿件“以新华社和中新社的稿件居多,各自占到了 52.1%和 20.8%,其次是香港中通社的稿件,占到了 14.7%”。

从报道立场上看,《亚洲日报》虽坚持“客观中立”,但仍尽量把中国塑造成一个“积极正面的大国形象”,出现与中国利益相关的国际事件时,报纸也与中方立场一致。如 2013 年中日因为钓鱼岛问题关系紧张,中方一度表示愤怒,《亚洲日报》于 11 月 1 日刊载评论文章《日本绝不是亚洲的领导而是亚洲的威胁》,文章指出,“日本从来没有在历史的罪恶中省悟过来。如今安倍政府继续延续日本的军国主义传统,绝不可能成为亚洲的领导,而正是亚洲的威胁”。①

从与中国的人员交流上看,《亚洲日报》和中国联系紧密。2006 年《亚洲日报》与中国《人民日报》海外版合作发行,中泰两国报业人员进行了十分深入的交流。2008 年,泰国《亚洲日报》副社长钱丰成为北京奥运会的泰国火炬手,他表示“我是一名华人华侨的代表,我要代表华人华侨对北京举办奥运会这样的百年盛事感到自豪”。②

虽然该报对中国的报道多是正面积极的,但批判中国的某些社会问题时仍是一针见血。如 2009 年新疆“7·5 暴动事件”后,《亚洲日报》就曾发表社论《新疆、乌鲁木齐及其他》(参见《亚洲日报》2009 年 7 月 16 日《阿丰随笔》专栏),评价中国政府并没有做好事先防火工作,而是充当了事后的“消防员”角色。

泰国国际中文电视台 Thai-China International TV

泰华卫视

泰国国际中文电视台(Thai-China International TV,简称 TCITV),通常也称泰华卫视,是一家使用中泰双语 24 小时不间断播出的卫星电视台,也是目前泰国唯一一家使用中文播出泰国时事新闻的电视台。泰国国际中文电视台以中华文化为核心,以泰国文化风情为特色,以海内外华人交流为依托,以华商贸易经济为主线,打造具有浓厚中泰文化特色的电视节目,制作包括新闻资讯、泰中生活资讯、文化娱乐、旅游休闲等各类精彩纷呈的节目。

一、历史沿革

泰国国际中文电视台是一家非常年轻的泰国媒体,该台于 2011 年 5 月 1 日正式开播。通过泰国有线电视协会有线网以及与中国的合作,在东南亚海外华人最密集的泰国率先集中落地,覆盖用户数超过 1000 万。通过 Regional Beam 新星 6 号卫星实现 24 小时播出,信号可覆盖泰国、中国大陆、中国台湾、中国香港、马来西亚、印度尼西亚、菲律宾、文莱、新加坡、越南、柬埔寨、老挝、缅甸、印度、尼泊尔、韩国、日本、朝鲜、哈萨克斯坦、蒙古、巴基斯坦、斯里兰卡、阿富汗等 20 多个国家和地区。③

经过该台董事会研究决定,为了与时俱进,自 2013 年 11 月 1 日起,泰国国际中文电视台正式更改中文名为泰华卫视,英文名则采用简称 TCITV,同时启用新台标。新台标源于古时人们传递信息的原鸽,寓意着原鸽飞翔传递中泰两国信息,加强两国的交流与交往,体现“中泰一家亲”。

---

① 中华网:《日本绝不是亚洲的领导而是亚洲的威胁》,2013 年 11 月 4 日,http://m2.china.com/neirong.jsp? forumid=1013&threadid=276540674,检索时间:2015 年 12 月 13 日。

② 搜狐奥运频道:泰国《亚洲日报》副社长钱丰任第 72 棒火炬手,2008-4-17,http://2008.sohu.com/20080417/n256366237.shtml,检索时间:2015-12-13。

③ 华人频道:泰国国际中文电视台,2013 年 9 月 26 日,http://www.hrtv.cn/newskbao/1372.html,检索时间:2015 年 12 月 6 日。

二、发展现状

泰国国际中文电视台的目标受众是旅居泰国的华人华侨，由专业的技术制作团队按照规范的运营模式和市场实际需求实现滚动式发展。该台以“传播东方文明、展现东方智慧、弘扬泰中文化、促进泰中友好”为宗旨，力求在短期内建成为深受泰中两国人民认可和喜爱的卫星电视台。这种定位和策略不仅得到了包括两国政府及私人团体的大力支持，而且也得到了中国大陆以及台湾地区各大传媒机构的大力支持，并与它们相继建立合作伙伴关系，如中国中央电视台、中国电影海外推广公司、亚洲旅游卫视、湖南电视台、广西电视台、云南电视台、重庆电视台、厦门电视台等国内电视传媒机构。

2012 年 4 月，中国北斗卫星文化产业集团与泰国国际中文电视台签署了共同投资建设一系列文化产业与国际贸易项目的合作协议。项目总投资金额高达 300 亿泰币，签订双方将在两国建设文化产业和国际贸易合作基地，以此推动两国企业在文化传媒交流、非物质文化遗产保护、国际商贸交易等领域的深度合作，采用新一代卫星多媒体应用技术，开发建设泰国卫星多媒体文化传媒和安全诚信国际商贸服务平台，促进两国文化传媒和国际商贸快速发展，为海外华人和国际社会提供丰富多彩的中国文化内容，成为中泰企业产品推广与安全诚信交易的国际商贸直通车。①

目前，电视台总部位于曼谷，已经在泰国范围内设立多个联络处，未来也将会在其他各国家和地区陆续建立记者站、联络处。

三、报道特点

泰国国际中文电视台力求将泰国风土人情通过新闻专题、资讯、文化、生活、旅游及娱乐节目等的展现方式，把有关泰中友好、文化交流的节目送进中泰两国和东南亚的家家户户，构建成东南亚区华裔华人最大的公共文化交流平台。

该台较有代表性的节目如下：

(1)“TCI 新闻”。节目时长 60 分钟，是泰国唯一的以中文播报时事资讯的新闻节目，汇集每日热点新闻和重大事件、突发新闻，及时、准确、全面分析当下最时新的新闻资讯，以独特的视角、个性化的语言解读新闻事件，真实反映报道泰国政治、经济、文化等领域的热点与焦点。

(2)“@Siam”。节目时长 30 分钟，该节目带观众去领略独特的泰国文化精髓，发掘珍贵的艺术宝藏，让观众感受暹罗绚丽多彩的文化风韵。

(3)“惊叹曼谷”(Wow，Bangkok)。节目时长 30 分钟，该节目带领观众畅游有“东方威尼斯”之称的曼谷。主持人语言幽默，在轻松诙谐的气氛中漫步在曼谷大街小巷，品尝泰国最原汁原味、独具特

图 13　泰华卫视网站中文版首页

图片引自泰华卫视网站：http://www.tcitv.co.th/ch_front_main.php，检索时间：2016 年 3 月 20 日。

① 中金在线：《泰国国际中文电视台与北斗卫星文化产业集团在京签署合作协议》，2012 年 4 月 25 日，http://news.cnfol.com/120425/101%2C1280%2C12254862%2C00.shtml，检索时间：2015 年 12 月 6 日。

色的美食小吃，同时介绍一些关于泰国的历史文化和民风民俗。

(4)“泰国游游游”。节目时长30分钟，该节目以一个普通旅行背包客的足迹为线索，带领观众感受最原汁原味的泰国风光、广博的佛教文化、丰富多彩的民间艺术、独有的民风民俗、特有的文化风韵。[①]

泰国国际中文台节目播出语种为汉语和泰国语。目前收看该台节目有三种方式：第一种方式是通过卫星波段KU－BAND/NSS或者调频11635/27500 mhZ；第二种方式是通过其官方网站http://www.tcitv.co.th，用户可以通过网站观看“在暹罗”“暹罗风情”“美味记”“疯狂泰语”“旅游明信片”“泰报头版”“今日新闻”“独家新闻报道”等热门节目；第三种方式是通过新媒体获取该台报道，目前该台在新浪微博和腾讯微博[②]都开设了官方微博账号，为读者提供文字和视频报道。

四、涉华报道

泰国国际中文电视台涉华报道主要有三个方面：“公关关系”“综合新闻”和“宣传片”，主要报道中泰两国国家政治经济关系发展及国事活动、涉华民生新闻及中泰交流宣传活动。

总体来看，泰国国际中文电视台涉华报道的频率不是很高，较为注重涉及中泰交流的新闻，例如有关“庆祝中泰建交40周年活动”“中国广东文化丝路行——广东粤剧院泰国演出”“2015年第三届泰国(曼谷)留学中国教育展”等活动的报道。

目前，泰国国际中文电视台在北京设有办事处，负责中国地区的广告、活动、节目制作、重大活动新闻报道业务等。

泰国国家电视台 National Broadcasting Services of Thailand

NBT

泰国国家电视台(National Broadcasting Services of Thailand，简称NBT)是泰国的主流电视媒体，主要提供泰语节目。因其国家电视台背景，具有较高权威性，影响遍及泰国内外。

一、历史沿革

泰国国家电视台前身是泰国电视11频道(TVT11)，于1988年7月11日开播，总部设在曼谷。初创伊始，该台就不具备商业色彩，主要目的是普及教育及公关宣传，也因此得到了国内外多个组织机构的支持，尤其得到了日本方面的鼎力相助。同时，政府对该台节目中有关性和暴力的内容进行了严格的审查。1988年起，该台每天在不同的省份播放两小时地方节目，从而取代了地方电视台。自2008年起，该台改为现名——泰国国家电视台，也即泰国广播服务公司(National Broadcasting Services of Thailand，简称NBT)，并将大部分股份转让给私人企业。同年4月起，该台启用24小时播出制度，以便于夜间收看节目的受众也可以得到很好的服务。

此外，由于具有政府背景，泰国国家电视台也在一定程度上受到政治局势的连带影响。例如在2008年，泰国反政府民间政治组织人民民主联盟占领了该台，要求政府下台；[③] 2009年，受反政府示威活动影响，泰国国家

---

① 央视网：泰国国际中文电视台，2012年11月2日，http://news.cntv.cn/special/hymtxzh/20121102/106904.shtml，检索时间：2015－12－6。

② 截止至2015年12月6日，该台新浪微博粉丝数为73596，微博条数为8926，腾讯微博听众数量为125288，微博广播数为9213。

③ 石家庄新闻网：《泰国抗议者占领国家电视台》，2008年8月27日，http://sjzrb.sjzdaily.com.cn/review/html/2008－08/27/content_117461.htm，检索时间：2015年4月20日。

电视台在东北部地区的分台从4月13日开始暂停播出节目;[①] 2010年期间,该台多次受到疑似"红衫军"的炸弹袭击;[②]而在2014年,泰国军方也是通过该台电视直播宣布发动军事政变。[③]

二、发展现状

目前,泰国国家电视台归总理办公室公共关系部管理。该台全天候播放新闻节目,其中每晚有20分钟英语新闻节目。泰国国家电视台还有一个姐妹台——World频道,全天候播放英语新闻节目,旨在为泰国、东盟和亚洲地区国家提供英语新闻服务。

目前泰国国家电视台的制式为1080i 16∶9 HDTV和576i 4∶3 SDTV,通过TrueVisions卫星提供信号。现在,泰国国家电视台的立台标语为"泰国电视,人民新选择"。根据泰国大众传播机构(MCOT)2011年调查显示,泰国国家电视台的收视率为2.4%,较往年有所下降。[④]

泰国几乎所有的电视台都有保持自由和批评政府的权利,但唯独国家电视台除外,这与其政府管控的背景有直接关系。泰国国家电视台与由军方掌控的第五频道(TV5)是泰国仅有的两家完全由政府管控的电视台。[⑤]

如今,泰国国家电视台还推出了网络服务,在线网站为http://nbttv.prd.go.th,用户可以通过网站检索观看该台的节目内容。

三、报道特点

泰国国家电视台的新闻节目比较丰富,早六点到八点播放早间新闻,中午十二点到一点播放午间新闻,晚六点到八点半播放晚间新闻,晚上十一点半到十二点还有半小时的夜间新闻。此外,该台每小时整点时间还播放10分钟的"小时新闻"(Newshour)。泰国国家电视台的节目大部分都是泰语的,只有晚八点十分到八点半的"新闻线"(Newsline)是英语节目。

作为国家电视台,泰国国家电视台在报道泰国大事小情时都站在政府立场上,它也被视作政府的代表。在泰国的政治性抗议活动中,泰国国家电视台甚至被当作向政府抗议与示威的标志。有泰国示威者表示,国家电视台代表的仅仅是政府的声音,而不是老百姓的声音。[⑥]此外,泰国国家电视台的权威性也曾遭到过质疑。2015年8月17日,泰国曼谷著名景点四面佛外发生大爆炸事件并酿成惨重伤亡,泰国国家电视台在8月20日的节目中对爆炸过程进行"重演",该台员工身着主要作案嫌疑人的黄色T恤衫,并在事发地放置模拟"炸弹"背包。然而,上述重演行为却引发了大量寺院参拜者和普通泰国人的愤怒声讨。随后在周四晚的电视播送期间,泰国国家电视台的主持人宣读了电视台的公开道歉信。[⑦]

四、涉华报道

由于地缘关系,泰国国家电视台与中国南方省市的地方电视台有着较为密切的交流。该台于2008年5月启动"中国广西电视展播周",在固定时段播出由中国广西电视台提供的电视专题片。此举意在深化两家电视

---

① 新浪网:《泰国国家电视台节目暂停在东北部播出》,2009年4月13日,http://news.sina.com.cn/w/2009-04-13/203217601196.shtml,检索时间:2015年8月21日。

② 南国今报:《泰国国家电视台遭榴弹袭击》,2010年9月1日,http://epaper.gxnews.com.cn/ngjb/html/2010-09/01/content_1683257.htm,检索时间:2015年4月21日。

③ 潼南网:《英拉下落不明 中国在泰公民未有伤亡》,2014年5月23日,http://www.cqtn.com/html/2014-05/23/content_30845642.htm,检索时间:2015年4月19日。

④ Analysist Briefing of MCOT,2011年8月16日,http://mcot.listedcompany.com/misc/analyst_briefing/2Q11_AnalystBriefing.pdf,检索时间:2015年4月19日。

⑤ Isriya Paireepairit. Free Space of Expression: New Media and Thailand's Politics, Fesmedia Asia of Friedrich-Ebert-Stiftung, p. 17.

⑥ 在线导报:《示威者冲进泰国国家电视台》,2008年8月27日,http://www.dw.com/zh//a-3595253,检索时间:2015年8月25日。

⑦ BBC中文网:《泰国电视台为"重演"爆炸案道歉》,2015年8月21日,http://www.bbc.com/zhongwen/simp/world/2015/08/150821_thai_bombing_reenactment,检索时间:2015年8月24日。

台之间的交流,促进中泰之间的新闻和文化交流。[①] 2015 年 8 月 15 日,由广西卫视和泰国国家电视台联合举办的第六届“万水千山总是情”泰中友谊歌会在泰国首都曼谷的国家电视台中心进行了录制和转播。[②]

此外,近年来泰国国家电视台与中国在纪录片方面的合作有较大进展。2013 年 9 月,泰国国家电视台和广西电视台国际频道摄制组到德保县拍摄《泰国大象·中国矮马》纪录片,了解德保矮马的生存现状、保护与繁育等情况。[③] 2014 年 5 月,泰国国家电视台旅游频道采风考察团一行 8 人到张家界大峡谷风景区采风取景,拍摄风光宣传片。泰国国家电视台一位旅游栏目主持人称,通过此次拍摄,他们将把张家界大峡谷风景区神奇梦幻的峡谷景观及秀丽深邃的峰壑峭壁和滑道、滑索及游船等风光,全方位展现给泰国国民乃至更多海外荧屏前的观众。[④]

---

① 新华网:《泰国国家电视台启动“中国广西电视展播周”》,2008 年 5 月 9 日,http://news.xinhuanet.com/newmedia/2008－05/09/content_8133647.htm,检索时间:2015 年 4 月 20 日。

② 新浪网:《李行亮献唱泰中歌会为两国人民祈福》,2015 年 8 月 18 日,http://ent.sina.com.cn/y/yneidi/2015－08－18/doc－ifxfxrav2759350.shtml,检索时间:2015 年 8 月 25 日。

③ 百色广电网:泰国国家电视台聚焦德保矮马,2013 年 9 月 23 日,http://www.gxbstv.com/Article/localnews/debao/201309/19313.html,检索时间:2015 年 4 月 20 日。

④ 红网:《泰国国家电视台摄制组取景张家界大峡谷景区》,2014 年 5 月 16 日,http://hn.rednet.cn/c/2014/05/16/3351624.htm,检索时间:2015 年 4 月 20 日。

马来西亚

《太阳报》*The Sun Daily*

theSundaily

《太阳报》(*The Sun Daily*)是马来西亚出版的一份英语日报，也是马来西亚第一份全国性免费小报，该报深受马来西亚白领和城市青年的喜爱。

一、历史沿革

《太阳报》成立于1993年6月1日，由太阳传媒集团私人有限公司(Sun Media Corporation Sdn Bhd)出版经营，《太阳报》是该集团的旗舰媒体。《太阳报》是一份在全国范围发行，以英文出版的日报。

1994年6月30日，《太阳报》被勒令停刊整顿，原因是该报在报头中使用了马来西亚国旗，而根据相关法律的规定，任何机构和个人未经许可不得将国旗的形象用于商业目的。这次停刊为时一个多月，8月1日重新开始出版。2002年，集团决定将《太阳报》改为免费发行的小报，4月份开始实行免费赠阅。2004年5月，《太阳报》创办了周末版，后又于2006年3月停刊，原因是其风格不符合免费报纸的模式。

二、发展现状

目前，《太阳报》周一至周五出刊，是一份免费英文报纸。根据马来西亚发行统计局(Audit Bureau of Circulation Malaysia，简称ABCM)的数据显示，该报是2014年马来西亚发行量最高的英语日报，日发行量为301853～306023份不等。[①]《太阳报》的内容比较广泛，既有国内新闻也有国际新闻，涵盖版块有体育、地产、媒体与市场、生活与娱乐等。其特色在于大量的简明新闻，这也是为了迎合目标读者的需求。《太阳报》有固定的发放地点，主要集中于繁华地带，人们甚至能从便利店拿到这份报纸，或者花0.3马币让报摊摊主送货上门。

《太阳报》在业界也获得了一定的肯定。2004年和2005年，马来西亚广告代理协会(The Association of Accredited Advertising Agents Malaysia)连续两年授予《太阳报》"年度媒体伙伴"奖项；2007年，《太阳报》获得了亚洲出版业协会(Society of Publishers in Asia)颁发的杰出公共服务奖和评论写作奖，这一奖项是亚洲新闻出版业界最高的奖项之一，被认为是亚洲媒体界的普利策奖。

除了纸质版报纸的发行赠阅以外，《太阳报》还设立了网站(www.thesundaily.my)，同时也推出报纸的电子版和移动端阅读应用。读者可以通过多种方式和渠道看到《太阳报》的内容，也可以随时通过《太阳报》的新媒体产品获得最新新闻资讯。

三、报道特点

《太阳报》每日出刊32版左右，比较有特色的部分在于独特的排版方式，即将国内新闻和国际新闻都放在

---

① 马来西亚发行统计局网站：http://abcm.org.my/abcmfiles/uploads/2015/05/ABC－Circulation－Figures－Jul－14－to－Dec－14－Newspapers－West－and－East－Malaysia－Price－Bands1.pdf，检索时间：2016年1月2日。

一个名为“无国界新闻”(News Without Borders)的版块中。在内容上较为重视亚洲及东盟新闻,而且与国内新闻没有明显区分。通常,“无国界新闻”可以占到12版左右,可见该报对新闻的重视。另外,《太阳报》的经济新闻有一个专门的版块名称——“太阳经闻”(SunBiz),占7版左右。这部分涵盖了国内外的经济要闻,但国外的内容还是以亚洲国家为主。体育版虽然放在最后,但也占到了七八版。其他的部分占比不大,有生活、娱乐、观点、图片等版块,基本都在一两版左右。

图1 《太阳报》网站首页

图片引自《太阳报》网站:http://www.thesundaily.my,检索时间:2016年3月5日。

整体来看,《太阳报》报道风格较为平实,既没有夸张的题目,也没有绚丽的内容,但正是这种风格将新闻最本质的内容带给了读者。正如该报提出的口号一样,“如实讲述”(Telling it as it is)。同时,该报的报道也非常注重第一手信源,尽量直接引用当事人或专家的话作为新闻论据。

四、涉华报道

《太阳报》对中国较为关注,基本每期报纸都会有对中国的报道。该报对发生在中国的重大新闻事件比较关注,比如突发事件、经济走向等,而且在这类报道中体现的态度较为中立。例如,2015年8月12日天津塘沽港口发生爆炸,《太阳报》于14日发文《中国仓库爆炸50人亡》(50 *killed in China warehouse explosions*)①,对此事进行了详尽的描述,在报道中以新华社信息作为援引信源。该文对灾情的描述与中国媒体的报道基本相符,而且除了描述事实之外,该文没有任何附加评论。此外,针对2015年人民币贬值一事,该报在8月13、14日两天,分别发文《中国将进一步降低人民币汇率》(*China moves to weaken yuan further*)、《中国称停止“常规”人民币干预手段》(*China says has halted 'regular' Yuan intervention*)。报道频率较高,体现出对中国经济形势尤其是中国经济对世界经济的影响关切尤深。

50 killed in China warehouse explosions

Head of Myanmar ruling party ousted

IS truck bomb attack kills 76 in Baghdad

Yuan closes down 1%, more weakness expected

China moves to weaken yuan further

IMF welcomes China currency devaluation

Credits continue to slide on China devaluation

Vietnam doubles trading band for dong

China says has halted 'regular' Yuan intervention

PIAM revises premium growth downwards

New 640i Gran Coupe launched

Oil price up on lower US stocks, demand outlook

Indian court rules in favour of Nestle in Maggie noodle ban case

图2 从左至右依次为《太阳报》刊载上述三篇报道的版面

通过对《太阳报》网站进行关键词检索,在“世界”栏目里经常可见以中国为主题的报道,日均发稿量三至四篇,内容涉及比较广泛,从社会到政治经济,但多为转发法新社、路透社等西方通讯社的稿件。大多数文章在行文叙述上基本保持中立立场,但在关注议题上则偏重人权问题、台湾问题等,与西方媒体常见报道议程相符。

① The Sun. 50 *killed in China warehouse explosions*, 14th Aug 2015, 12。

《新海峡时报》*New Straits Times*

NEW STRAITS TIMES

《新海峡时报》(*New Straits Times*)是马来西亚历史最为悠久、发行量最大的英文对开日报。在马来西亚,该报一直是一份具有权威性的报刊,并以一种鲜见的热情报道新闻。《新海峡时报》以国家各方面的幸福和进步为己任,因而又被誉为马来西亚"国报"。

一、历史沿革

从早期的《海峡时报》到今天的《新海峡时报》,从古老的牛车时代到新世纪的网络时代,这份报纸始终都是一个充满活力的信息来源。该报经历了两次世界大战,历经殖民主义衰落到民族主义兴起,见证了社会的剧变和国家的诞生。[①]

《新海峡时报》的历史可以追溯到1845年在新加坡创刊的《海峡时报》。准确来说,《新海峡时报》的历史应该是在脱离了《海峡时报》之后才正式开始的。1965年新、马分家后,新加坡成立了"海峡时报出版公司",控制新加坡和吉隆坡两地的公司。马来西亚政府担心新政府通过该报系影响本国舆论,进而干预国内政治,因此强迫马来西亚《海峡时报》和新加坡《海峡时报》脱离关系,并于1972年将本国《海峡时报》的八成股份转让给具有官方背景的"国营企业公司",新加坡《海峡时报》报系仍保留二成股份。从此之后,马来西亚《海峡时报》正式更名为《新海峡时报》。[②]

NEW STRAITS TIMES
HIP, HIP HOORAY! SHAKIRA!
MISSING AMMO MISSING NAMES
Crooked maid agents
Fresh perspectives
Why is PETRONAS PRIMAX 95 XTRA so extraordinary?

图3 《新海峡时报》头版

《新海峡时报》曾是马来西亚唯一一份以宽幅版式出版的英文报纸,然而为了向英国《泰晤士报》和《独立报》作出的改革看齐,该报从2004年9月1日起开始印发紧凑版式的小型报纸,并于同年10月成为马来西亚第一个推行网络版的英文报纸。2005年4月起,《新海峡时报》只印刷小型报纸,持续150年的宽幅传统就此终结。2011年11月,该报的印刷开始采用3D技术。2012年,《新海峡时报》还开启了有声服务,为盲人读者提供了极大的便利。[③]

二、发展现状

《新海峡时报》隶属于首要媒体集团旗下的新海峡时报集团,首要媒体集团拥有新海峡时报集团43%的股权。目前,除了旗舰报纸《新海峡时报》以外,新海峡时报集团还拥有《每日新闻》(*Berita Harian*,马来文)和《大都会日报》(*Harian Metro*,马来文)两份报纸,是马来西亚乃至东南亚最具影响力的报业集团之一。

目前,《新海峡时报》的读者量达到189000,最大的读者群体处在20～29岁之间,读者平均收入有5700马来西亚令吉(一美元约等于四令吉)。[④] 根据马来西亚发行数据认证机构公布的2013年下半年报纸发行数据结

---

① 人民网:《全世界最古老的报纸之一:马来西亚〈新海峡时报〉》,2002年9月20日,http://www.people.com.cn/GB/jinji/222/9023/9025/20020920/827607.html,检索时间:2015年5月12日。

② 外国新闻界概况编辑组:《外国新闻界概况》,新华出版社1982年版,第158页。

③ 《新海峡时报》网站:http://www.nstp.com.my/corporate-history/,检索时间:2015年5月12日。

④ 数据来源为新海峡时报出版社网站公布:http://www.nstp.com.my/new-straits-times/,检索时间:2015年5月12日。

果显示,全国大选后各报销量纷纷下滑或保持不变。《新海峡时报》的下跌情况最严重,从 2013 年上半年的 115570 份,暴跌 32.8% 至 77685 份。[①] 而到 2014 年时,《新海峡时报》的日发行量最高为 59363 份。[②] 然而相对来说,马来西亚传统报纸的地位仍然稳定,相较于网络信息,马来西亚人更信任纸质出版物的真实性。如果能将传统报纸既有的品牌优势和现代科技手段相结合,开设权威报纸的网络版,则既保留了其公信力,又增进了与读者的互动。[③]

图 4 《新海峡时报》网站首页

图片引自《新海峡时报》网站:http://www.nst.com.my,检索时间:2015 年 5 月 12 日。

就版面内容来看,该报主要有 Tech&U,Travel Times,Business Times,Emedia,Life&Times 等部分,主要提供信息传播技术、旅游、商务、报纸及图片电子版、生活万象等方面的内容。《新海峡时报》致力于为读者提供详尽的新闻内容,为马来西亚的团结、稳定和进步服务。

目前,随着"多媒体超级走廊"[④]项目的推出,《新海峡时报》也拥有了自己的网页和电子报。

三、报道特点

就新闻内容而言,《新海峡时报》的国内新闻特别注重政治新闻的报道,甚至在网络版中还有"政治"(Politics)专栏。相对于其他的马来西亚报纸,《新海峡时报》对国际新闻的报道范围更为广泛。该报的国际新闻虽然是以亚洲各国新闻为重点,但不止于关注亚洲地区新闻,该报对世界各地新闻的报道都很充分及时,而且对大国更加关注的倾向也较为明显,如中国、俄罗斯、美国和英国等世界舞台上的主要政治势力都是该报报道的重点。《新海峡时报》的经济新闻也有国内国外之分,但以国内为主。

《新海峡时报》的报道在事实基础上会有一定的判断和立场,这点在涉及马来西亚政府的新闻时较为明显。例如该报在 2015 年 8 月 14、15 日两天都报道了马来西亚成立的"国家财政咨询委员会"(National Consultative Committee on Political Financing,JKNMPP),这一议案得到了政府的支持。该报 14 日的报道以《咨委会制定诚信财政计划》(JKNMPP to outline political financing plan with integrity)为题,介绍了"国家财政咨询委员会"的正当性与正确性。[⑤] 15 日则发表题为《副总统表示咨委会应无所畏惧与偏袒》(*JKNMPP should be done without fear or favour, says Hishammuddin*)的文章,引述了副总统的发言,认为反对者的建议是曲解的并且是消极的。[⑥]可以说,该报对政府政策是完全支持的,其报道立场也基本是紧随政府的。

---

① 中国国际广播电台国际在线:《马来西亚大部分报章大选后销量下滑》,2014 年 6 月 6 日,http://gb.cri.cn/42071/2014/06/06/5931s4567064.htm,检索时间:2015 年 5 月 12 日。

② 马来西亚发行统计局 2015 年数据:http://abcm.org.my/abcmfiles/uploads/2015/05/ABC-Circulation-Figures-Jul-14-to-Dec-14-Newspapers-West-and-East-Malaysia-Price-Bands1.pdf,检索时间:2015 年 5 月 12 日。

③ 洪雨:《新世纪亚非国家新闻传播与文化交流》,中国传媒大学出版社 2012 年版,第 76 页。

④ 多媒体超级走廊(Multimedia Super-Corridor,简称 MSC):由马来西亚政规划,从吉隆坡国际机场至国油双峰塔,总面积 750 平方公里的科技园区。它是马来西亚信息通讯产业的核心,是加快其产业结构升级和实现国家发展战略的重要举措。

⑤ Fazleena Aziz and Fairuz Mohd Sahar, JKNMPP to outline political financing plan with integrity,2015 年 8 月 13 日,http://www.nst.com.my/node/96180,检索时间:2015 年 5 月 12 日。

⑥ Melissa Darlyne. JKNMPP should be done without fear or favour, says Hishammuddin, 14th Aug 2015, http://www.nst.com.my/node/96302,检索时间:2015 年 5 月 12 日。

四、涉华报道

近几年,《新海峡时报》的涉华报道频率可以达到日均四至五篇左右,而且多为转自美联社、路透社和法新社等西方通讯社的消息报道。

从报道主题来看,《新海峡时报》的新闻涉及中国经济、政治、典型事件以及文化等,其中经济是马来西亚最为关注的,可以占到所有涉华报道的一半以上。其内容大致可以分为三类:如何认识中国、对中国的机遇与挑战的态度以及对中国—东盟自由贸易区的看法。例如针对 2015 年 8 月人民币对美元汇率走低一事,《新海峡时报》发文《中国数据显示亚洲市场随美元汇率走高而衰落》(*Asian markets mostly fall on US rate hike, Chinese data*),对中国乃至世界金融市场的走向进行了分析,并尤其强调了中国和美国市场变化对世界的影响。[①]

《新海峡时报》亲政府的风格一直特别鲜明,其涉华报道的态度也在一定程度上代表了马来西亚对中国的态度。有学者在研究中提出,从《新海峡时报》对中国的报道所获得的信息可以得出这样的结论:在与中国交往的历史中,不管是在冷战激烈的意识形态斗争中还是在今天全球化的大潮中,马来西亚都能准确地把握来自中国的风向,与中国一同前进,而且显得越来越自信。不管中国对东盟构成什么样的威胁,马来西亚都会熟练地从中获利。[②] 例如,《新海峡时报》在 2012 年 11 月 28 日发表的文章《西方有必要认识到,中国与他们不同》中提到,西方必须要认识到中国与他们的不同,对亚太地区的大多数人来说,越是了解中国,它就愈加显得不可怕。在亚太地区,了解它的人越来越多。随着中国的崛起,地区其他国家因为贸易和援助而同步上升。因此,大多数亚洲人想要美国与中国"合作共存",想要两国成为"同等的竞争者"而非敌手。[③]

《星报》The Star

《星报》(*The Star*)是马来西亚一份小报形式的英语报纸。该报是马来西亚发行量最大的报纸之一,风格较为活泼。

一、历史沿革

《星报》于 1971 年 9 月 9 日成立,总部位于马来西亚槟城。1976 年 1 月,《星报》在吉隆坡设立了新的办公室,并开始在全国发行。1978 年该报将总部迁往吉隆坡。1981 年,报社员工数量及电子设备数目不断增加,鉴于此情况该报又将总部迁往八打灵再也(吉隆坡卫星城市)。1987 年,在马来西亚的"茅草行动"[④]中,《星报》被勒令停刊。直到 1988 年,《星报》在巫统管理层监督下复办,所有参与"茅草行动"的职员,被禁止发表相关言论,否则将遭遇牢狱或内安法令对待,《星报》也在一定程度上失去了往日的自由风采。

二、发展现状

目前,《星报》是马来西亚第二大的英文报纸,日发行量达 288916 份(周日版可以达到 292293 份)。[⑤]《星

---

① Asian markets mostly fall on US rate hike, Chinese data,2015—8—10,http://www.nst.com.my/node/95453,检索时间:2015 年 5 月 12 日。

② 唐翀:《马来西亚如何看待中国——以〈新海峡时报〉2002—2003 年对中国的报道为分析视角》,《东南亚研究》2005 年第 4 期。

③ 环球网:《〈新海峡时报〉:越了解中国,越不害怕它》,2012 年 11 月 29 日,http://oversea.huanqiu.com/political/2012—11/3324240.html,检索时间:2015 年 4 月 20 日。

④ 马来西亚警方阻止种族骚乱的行动,在"马来西亚内安法令"的压制下,有 106 人被捕,三家报章,包括英文报《星报》、中文报《星洲日报》及马来文报《祖国日报》被勒令关闭。

⑤ 马来西亚华文报日发行量约 85 万份《星洲日报》居首,http://www.chinanews.com/hr/2013/07—08/5012820.shtml,检索时间:2015 年 8 月 23 日。

图 5 初创时期的《星报》

报》多数股权由马来西亚华人协会所拥有,主要竞争对手是《新海峡时报》和《太阳报》。《星报》是亚洲新闻联盟成员,并与《中国日报》有着较密切的合作。除了报道国内和国际新闻之外,《星报》还有商业、科技、生活、观点等版块,并且提供招聘、理财和汽车等咨询服务。此外,星报网(www.thestar.com)还提供视频等在线服务。

《星报》特别注重新媒体发展,新媒体部和多媒体部门对移动终端的开发和管理都做出了很大贡献。① 今年恰逢“《星报》在线”成立 20 周年,网站还举行了抽奖等系列庆祝活动。同时《星报》集团还特别注重社会活动,《星报》设立了“《星报》教育基金奖学金奖”,旨在鼓励为贫困儿童提供教育机会的教育机构,还设有“《星报》杰出商业奖”(The Star Outstanding Business Awards),意在表彰有前景的企业及其为马来西亚经济做出的贡献。

三、报道特点

《星报》的国内新闻占有很大比重,国内版至少占整份报纸一半以上的版面,可见该报对民生新闻的重视。该报在世界版报道国际新闻,报道重点是亚洲各国和美国,中国也是其重点报道对象国。《星报》的体育版也占有较多篇幅,其中不乏特写报道。其他新闻版则用来刊登一些谋杀、失踪一类的耸人听闻的事件。《星报》的观点版则包罗万象,从对凶杀一类的事件到对东盟发展的看法都有。此外《星报》还专门有一版刊载讣闻。

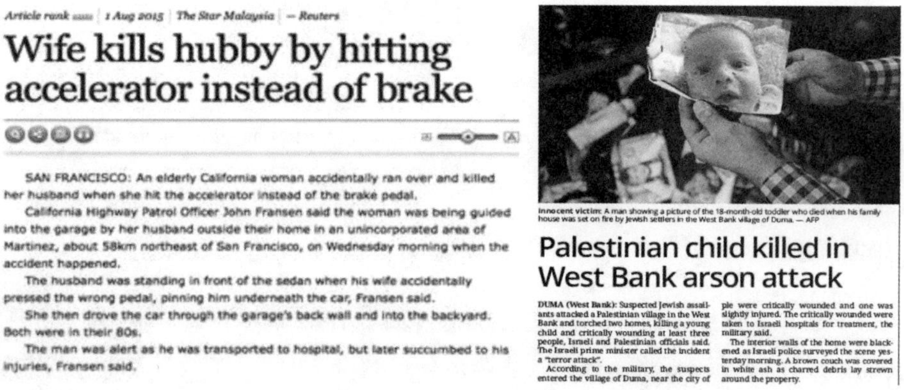

Article rank | 1 Aug 2015 | The Star Malaysia | — Reuters

Wife kills hubby by hitting accelerator instead of brake

SAN FRANCISCO: An elderly California woman accidentally ran over and killed her husband when she hit the accelerator instead of the brake pedal.

California Highway Patrol Officer John Fransen said the woman was being guided into the garage by her husband outside their home in an unincorporated area of Martinez, about 58km northeast of San Francisco, on Wednesday morning when the accident happened.

The husband was standing in front of the sedan when his wife accidentally pressed the wrong pedal, pinning him underneath the car, Fransen said.

She then drove the car through the garage's back wall and into the backyard. Both were in their 80s.

The man was alert as he was transported to hospital, but later succumbed to his injuries, Fransen said.

Innocent victim: A man showing a picture of the 18-month-old toddler who died when his family house was set on fire by Jewish settlers in the West Bank village of Duma. — AFP

Palestinian child killed in West Bank arson attack

DUMA (West Bank): Suspected Jewish assailants attacked a Palestinian village in the West Bank and torched two homes, killing a young child and critically wounding at least three people, Israeli and Palestinian officials said. The Israeli prime minister called the incident a "terror attack".

According to the military, the suspects entered the village of Duma, near the city of ple were critically wounded and one was slightly injured. The critically wounded were taken to Israeli hospitals for treatment, the military said.

The interior walls of the home were blackened as Israeli police surveyed the scene yesterday morning. A brown couch was covered in white ash as charred debris lay strewn around the property.

图 6 2015 年 8 月 1 日,《星报》刊发的国际新闻报道

《星报》的报道手法相对夸张,无论是标题还是文章内容都会选取十分吸引人的内容。比如灾难性报道的标题,会突出伤亡人数,也会配上震撼人心的全彩图片。《星报》报道还倾向于选取小报惯用的题材,例如凶杀案、凶手秘闻等等。《星报》的文章也经常使用给人震慑力的动词和形容词,例如“杀害”(kill)、“致死的”(deadly)等等。

四、涉华报道

通过在“《星报》在线”进行关键字搜索可以发现,《星报》涉华报道量较大,日均 15 篇有余。《星报》报纸上与中国有关的报道日均也有两三篇,甚至用一整面来报道涉华新闻。同时涉华报道题材也颇为广泛,从政治经济到体育文化不一而足,且较多转载新华社消息。如果某期涉华报道较多,该报还会在报眉位置标出五星红旗

---

① 星报网:http://www.thestar.com.my/AboutUs/,检索时间:2015 年 8 月 23 日。

作为提示。《星报》在中国的北京和上海都有记者站，涉华报道不仅数量多且较为客观，即赞颂中国的政治进步、经济发展，也会批评社会问题。此外，《星报》与中国也有着业务往来，2014 年《中国日报》东南亚版与马来西亚《星报》开展了电子报合作。

world 35

Landslide leaves 40 missing

Mining company dormitories and houses buried after midnight deluge

China probes ex-tourism official for corruption

No T in team

Beijing seeks neighbourly love for elderly

Chinese sailor retraces ancient Maritime Silk Road

739764896

32 world

Wooden ball passes three generations

图 7　2015 年 8 月 12、13 两日《星报》报道中国新闻的版面

《星报》上所呈现出的中国是积极向上的。例如 2015 年 8 月 12 日的《星报》世界版中有一整页都用来介绍中国的文化军事新闻，中国的民族团结、旅游业的良好发展和大规模的军演都得到了较好的呈现。即使是转发西方通讯社有关中国网络审查问题的报道，《星报》也没有如许多西方媒体一样对此加以评论，而是说明在中国被禁的歌曲都包含暴力、色情及违法的内容。[①] 再如 2015 年 8 月 13 日的《星报》世界版中也有一整页都是中国新闻，四篇报道和一篇图片新闻中有三篇报道援引自新华社消息，而且也都是从正面谈及中国体育比赛、改进养老政策和重建丝绸之路的正面话题。这一版中的有关灾害和反腐的新闻虽然转引自西方新闻社，但并没有对中国负面评价，反而体现出中国战胜天灾人祸的行动与信念。

《星洲日报》*Sin Chew Daily*

星洲日報

SIN CHEW DAILY

《星洲日报》创刊于 1929 年，它不仅是马来西亚全国发行量最大的华文报纸之一，还是除中国以外全世界最大的华文报纸。报纸自创刊以来，就一直坚守为马来西亚华人社会服务的宗旨。该报属于马来西亚世华媒体集团，并于 1995 年进入国际网络，成为马来西亚第一家开设官方网站的华文日报。至今，《星洲日报》仍是马来西亚华文日报中拥有最大读者群的报纸。

---

① The Star：China bans 120 "harmful" songs online，2015 年 8 月 11 日，http://www.thestar.com.my/news/regional/2015/08/11/china－bans－120－harmful－songs－online/，检索日期：2015 年 8 月 13 日。

一、历史沿革

1929年1月15日,《星洲日报》创刊于新加坡,初为“万金油大王”胡文虎与商邓荔生合股经营,由邓荔生任总经理,聘朱宝筠为主笔。当年6月,邓荔生转营别业,将所有股份转让于胡文虎,该报遂归胡氏独资经营,并改派林靄民为总经理,三个月后又改聘傅无闷为编辑主任。由于胡文虎资力雄厚,报纸借鉴当时著名华侨企业家陈嘉庚创办《南洋商报》的办报经验,不惜重金延揽人才、充实设备,比如说,他曾礼聘著名文学家郁达夫主编《星洲日报》副刊。此后,胡文虎在中国大陆、中国香港、马来西亚等地创办了多份星字头报纸,成为当时著名的星系报业集团。①

除在新加坡发行外,《星洲日报》还在马来亚北部及泰国南部发行。为更便于在北马发行,1936年开始出版《星洲日报》槟城版,并在1939年1月1日发展成为独立的《星槟日报》。日军侵华战争开始之后,身为华侨报业的《星洲日报》,不断刊出最新战事,向南洋的华侨传播中国最前线的抗日消息,甚至不惜冒着巨额亏损的危险,出版号外,在南洋号召华侨捐钱捐物,支持中国的抗日事业。② 1941年12月,日军南侵。翌年初,马来西亚和新加坡相继沦陷,《星洲日报》遭到日军封社抓人的打击,于2月15日被迫停刊,开始了三年半的停刊时期。1945年日军投降后,《星洲日报》于1945年9月8日复刊,此后进入恢复和迅速发展的时期。

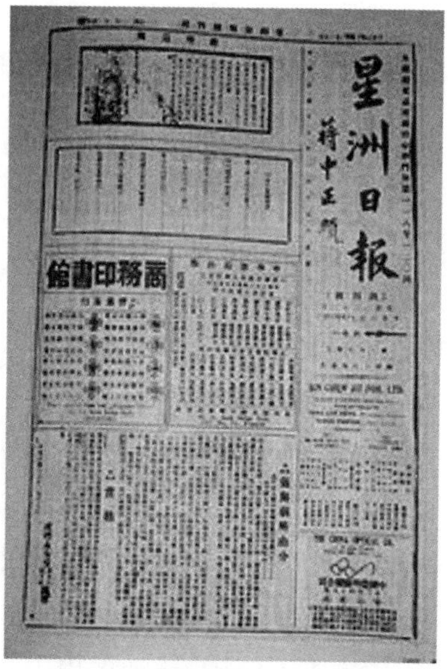
星洲日報
蔣中正題
商務印書館

图8 创办早期的《星洲日报》

复刊初期,《星洲日报》与《联合报》联合印行,称为《星洲日报总汇报》联合版。1947年,《星洲日报》另行出版《星洲晚报》,但不久后停刊。1948年,《星洲日报总汇报》联合版取消,以《星洲日报》原名继续出版。恢复出版后,《星洲日报》的内容不断丰富。

1962年至1964年,《星洲日报》先后在吉隆坡、槟城、怡保各地办事处装置中文稿件电传机,把中国、北马一带的新闻电传到新加坡总社。它是马来西亚当时第一家采用电传机的华文日报。为节省运输与派报的时间,《星洲日报》于1966年再耗资200万令吉③,在八打灵再也设立厂房,出版《星洲日报》吉隆坡版,为日后马来西亚《星洲日报》奠下发展的基础。④

1965年新加坡脱离马来西亚后,《星洲日报》新加坡与吉隆坡版仍然有密切的联系,但两版的运作已经呈现出高度独立性。自1966年7月起,《星洲日报》分别在新加坡和吉隆坡两地出版,此时两版内容才具有明确的目标对象群。胡氏家族只是持有《星洲日报》的股权,但是具体业务却由新马两国的公民所经营,而且新马两国的法律也规定非该国公民不许经营。1982年,受制于马来西亚的法律,《星洲日报》马来西亚版与《星洲日报》正式分家,逐渐成为一份由马来西亚人独立经营的华文报纸。1983年新加坡版《星洲日报》停刊之后,马来西亚《星洲日报》继续发行,传承了《星洲日报》的办报理念,⑤继续承担向马来西亚华人传播中华文化、维护华人权益的华文媒介责任。⑥

20世纪80年代中期,马来西亚报业恶性竞争加剧,《星洲日报》陷入财务危机。同时,由于种族关系异常紧

① 彭伟步:《〈星洲日报〉研究》,复旦大学出版社2008年版,第5页。
② 彭伟步:《〈星洲日报〉研究》,复旦大学出版社2008年版,前言第1页。
③ 1人民币=0.67185马来西亚令吉,截至2015年12月。
④ 彭伟步:《〈星洲日报〉研究》,复旦大学出版社2008年版,第32页。
⑤ 彭伟步:《少数族群传媒的文化记忆与族性书写——〈星洲日报〉文艺副刊不同时期对华人的身份建构》,暨南大学出版社2012年版,第114页。
⑥ 彭伟步:《〈星洲日报〉研究》,复旦大学出版社2008年版,第39页。

张，种族情绪日益高涨，民营华文报纸首先受到冲击。1987 年 10 月 28 日，政府展开“茅草行动”①，同时禁止三家报纸出版，其中包括《星洲日报》。由此，《星洲日报》经历了创刊以来的第二次停刊，持续约半年时间，后来张晓卿以 2100 万令吉收购了报纸，并于 1988 年 4 月 8 日复刊。②

这次复刊以后，《星洲日报》的发行量节节上升，现在已经达到 40 万份。每天有超过 140 万的马来西亚人阅读《星洲日报》，《星洲日报》不仅是东南亚发行量最高的华文报纸，也是中国以外最大的华文日报。

二、发展现状

除了在马来西亚扩大销量、增强影响力之外，《星洲日报》还把视野投向东南亚，立志为东南亚华人提供更详尽准确的资讯。2000 年 11 月 8 日，《星洲日报》迈出马来西亚华文报业向外办报的第一步，在柬埔寨金边出版《柬埔寨星洲日报》，体现了马来西亚《星洲日报》报业集团跨出区域的决心和实现服务东南亚华人的理想。

2004 年 10 月，《星洲日报》连同《光明日报》《亚洲眼》《星洲网站》及其他 3 份教育周刊《学海》《星星》及《小星星》正式组成星洲媒体集团，并在吉隆坡证券交易所主要交易板上市。2006 年 12 月 2 日，《星洲日报》开始进军印尼华文报业市场，接管印尼有 40 年历史的华文《印度尼西亚日报》，并将它改名为《印尼星洲日报》。③

2007 年 1 月 29 日，星洲媒体集团和香港《明报》集团宣布合并，并邀请南洋报业参与。在合并计划下，星洲媒体将倒置收购《明报》企业，实现走向全球的计划。《明报》企业将取代星洲媒体在大马股票交易所主要交易板的上市地位，成为第一家在大马与香港双边上市的公司。2008 年 1 月，星洲媒体、南洋报业以及明报企业分别举行特别股东大会（简称股东特大）。三个特大都以近 100%的票数通过合并计划。

新集团取名“世华媒体”，旗下中文日报包括《明报》《星洲日报》《光明日报》《南洋商报》《中国报》，以及《亚洲周刊》《亚洲眼》等 30 多家杂志。其中，《明报》在北美发行四个地方版本，分别是多伦多版、温哥华版、纽约版与三藩市版，外加张晓卿旗下公司出版的《柬埔寨星洲日报》《印尼星洲日报》与巴布亚新几内亚英文报《国民报》（*The National*），业务版图分布极广。④

目前，《星洲日报》和《光明日报》在马来西亚的华文报纸市场占有率已经达到了 50%。但随着华文报业市场趋近饱和，《星洲日报》再想有更大的突破，从当前的华文教育、读者市场以及网络的冲击来看，并不很乐观；同时，它还面临新媒体的巨大挑战，手机、网络、移动电话等，都将对其形成强烈冲击。⑤

图 9 《星洲日报》网站

为了满足马来西亚人民对即时资讯和先进多媒体内容的需求，当地政府也积极投入网络的新闻竞争。互联网的普及使传统华文报业获得新的机遇，也为传统媒体的发展提供了契机。为迎接电子媒体的挑战，当地华文报纸也相继在互联网上开设电子版，以顺应形势发展的需要。各大网站均向人们发布着大量的、各式各样的信息和各个方面的最新动向，可以说是集各类新闻、娱乐、时事、广告及服务功能于一身。

从简单的互联网模式到各种各样的独立创新，《星洲日报》不断突破现状，优化自身，利用网络互动性、传播速度快的优势在互联网上全面开发，成为向世界展示马来西亚的一条重要信息渠道。作为世华多媒体有限公司下属《星洲日报》的电子版，星洲互动网 www.sinchew.com.my/于 2000 年 4 月 21 日正式出现在广大网络受众面前，读者可以进入网站浏览新闻信息，了解今日马来西亚及全球新闻动态。

---

① 茅草行动（O erasiLalang）属于马来西亚民主历史上最黑暗的事件之一，常被拿来与 1969 年发生的“5・13 事件”相提并论。马来西亚警方在当时援引 1960 年内安法令，以危害国家安全为由进行了一次大逮捕，总共逮捕了 107 名朝野政党领袖、华教人士、环保分子、社运分子以及宗教人士，等等，使整个社会陷入一片人人自危的氛围当中。同时，三家各语文报章也被内政部（现为国安部）撤销出版准证。

② 彭伟步：《〈星洲日报〉研究》，复旦大学出版社 2008 年版，第 27 页。

③ 彭伟步：《〈星洲日报〉研究》，复旦大学出版社 2008 年版，第 50 页。

④ 根据星洲媒体集团网站介绍整理：http://www.sinchew.com.my/intro/，检索时间：2015 年 12 月 13 日。

⑤ 彭伟步：《〈星洲日报〉研究》，复旦大学出版社 2008 年版，第 232 页。

在集团化的系统运作中,《星洲日报》享有更多的优势和资源,集团表示将向世界性的报业集团迈进。近几年,星洲报业集团负责人频频到中国访问,希望能在中国发行报纸,由此可见其对中国市场虎视眈眈,急欲进来办报。①

三、报道特点

目前,《星洲日报》是全马最大的华文报纸。《星洲日报》除了报道国内外的政治、财经、社会、文化、体育和娱乐新闻之外,也刊登各种抒情散文和评论文章。《星洲日报》还办有综合性副刊——《活力副刊》,每日都会有关于不同主题的副刊,以吸引各个阶层读者的注意。例如,星期一的《上班男女》,星期二的《新教育》,星期三的《新媒体》,星期四的《心灵》,星期五的《健康人生》,星期六的《休闲天地》以及星期日的《High 星期天周报》。这些副刊版面内容多元、体裁多样,较有趣味性。

《星洲日报》还开设地方版包括《大都会》《大霹雳》《大北马》《大柔佛》《花城》《古城》《东海岸》等。报纸关心的对象和范围不局限于本国和本民族,还关注全世界、全人类范围的问题如人口问题、资源问题、环境问题和社会发展问题等等。在所有的报道当中,都会有一定的篇幅报道国际新闻。可以说,打开一份报纸,不仅所有国内外读者皆可读到他们所关心的报道,还为他们展开了广阔的视野。为了提升马来西亚华人的"阅读力"和"阅读率",在每天的副刊里还有一个"悦读书房"的版面,是一个介绍新书和好书的版面。《小星星》《星星》和《学海》是《星洲日报》专为儿童读者出版的周刊。

除了传播资讯之外,《星洲日报》还组织各种赞助活动,鼓励青少年参加各种比赛,以培养青少年从小阅报的良好习惯和能力。报纸主办了数以百计传扬中华文化、文学和教育的活动如《花踪》文艺营和文学讲座等,为马来西亚社会知识发展和中华文化的薪火相传作贡献。此外,报纸还举办"花踪世界华文文学奖",鼓励华文文学创作,表扬优秀的马华作家和国际作家,希望借此为世界华文文学的发展出一份力量。马来西亚常青集团董事长、中国侨商投资企业协会常务副会长张晓卿说,"文化是经济的明天,中华文明的传承不但为全球华人企业的变革、创新提供理论基础,也必能促进世界文明的进一步发展"。

《星洲日报》以敢言、负责的新闻专业主义和评论精神为马来西亚华人所认可。长期以来,该报敢于维护社会正义、有节有理有据地维护华人利益,反映出《星洲日报》与华人鱼水不可分离的关系,也凸显了该报的社会责任,更是展示了在一个种族关系比较复杂的国家,华文报纸如何既履行华人喉舌功能,又有效处理种族问题的技巧与手法。

《星洲日报》对于全国性新闻,坚持全面反映、深度报道、不漏掉一条重大全国性新闻的报道原则,同时其地方版做到能够反映南洋浓郁的地方特色,展现出马来西亚各州华人社会独特的人文景观,成为反映不同华人文化的主要渠道。由于地方新闻准确、快捷、全面、客观,深受各州读者信赖,同时也成为海内外研究马来西亚各地区华人社会的重要资料来源。②

四、涉华报道

作为以文化传播为己任的华文报纸,《星洲日报》架起了连接中国与马来西亚的桥梁,并为此发挥了重要作用。在种种不可回避的原因作用下,《星洲日报》把自己当作马来西亚与中国联系的重要纽带和桥梁,利用自己双重身份的优势,为马来西亚的经济发展和社会稳定作出贡献,也为促进马来西亚与中国的关系发展作出贡献。

随着中国改革开放,中国巨大的消费市场和商机吸引了马来西亚华人的投资,华人与中国经贸关系更加密切,在此情形下,《星洲日报》承担了报道中国商情和其他新闻的重要任务。同时还能充当当地华人与中国之间

---

① 彭伟步:《东南亚华文报纸研究》,社会科学文献出版社 2005 年版,第 52 页。

② 彭伟步:《〈星洲日报〉研究》,复旦大学出版社 2008 年版,第 53—62 页。

的交流管道，向中国反映有关华人的一些看法。[①]

纵观《星洲日报》的发展历程，可以发现其涉华报道内容有以下变化：创刊之初到 20 世纪 50 年代，报道的政治主导仍是以中国为主，其社论中的“自己的国家”和“我们的政府”都是指中国和中国政府。[②] 新马争取独立之后，《星洲日报》便变成了当地的报纸，逐渐将视角投放到当地的事务上，中国新闻数量有所减少。中国改革开放后，经济迅速发展，国力急剧增强，80 年代后期开始，《星洲日报》辟专版刊登越来越多的中国新闻。据 1985 年《星洲日报》的调查，有 77％的读者对国际新闻感兴趣，而《星洲日报》刊登的国际新闻中，至少有 30％以上的新闻是关于中国的。承担华人与中国的桥梁纽带角色是《星洲日报》的重要任务，也是华文报纸无可替代的功能。《星洲日报》由于中国是马来西亚华人的文化母国，加强与中国的联系，从中国经济迅猛发展中获得经济利益，推动本国华人经济发展，让华人了解中国现状，是其责任之一。综合来看，《星洲日报》对中国的报道是全方位的，但其相当多的版面还是放在报道中国经济发展方面。[③]

对《星洲日报》来说，对中国社会生活的高度关注可被视为其在所在国的政治、文化环境制约下，表达和诠释中华传统文化的一种主动选择。但也要注意，《星洲日报》关注中国的军事、科技议题，其实与马来西亚的国家安全战略有关，因为马来西亚对于中国这一距离最近的强邻所怀有的戒心或许从未消除，无论其两国的友好合作如何加深，在对华政策上，马来西亚一直把安全考虑放在第一位，因此，无论对华政策怎样变化，都可以从中发掘出安全问题的影子。

有研究显示，在多数报道中，《星洲日报》采用非单一新闻源的方式来凸显其客观性。在表现出自己明显倾向性的报道中，议题的分野十分明显。对中国的经济改革以及繁荣昌盛，《星洲日报》从未吝惜笔墨地表示赞扬，但对于社会新闻、“天灾人祸”，《星洲日报》又表现出明显的批评态度，在意识形态方面的抨击也是不遗余力。

由此可见，《星洲日报》对中国的报道具有双重特征，既有肯定、赞扬、关切的　面，又有揭露、异议、批驳的一面。这种情况的出现，有报纸所在国政策上平衡新闻报道的考量，也有对中国在意识形态上的抗拒以及其国内民族安全问题上的防范，是多种影响因素合力的结果。《星洲日报》的涉华报道从多个角度折射出中国的方方面面，反映出马来西亚社会对于中国的看法，体现出中国社会的发展与进步，也为审视中国现实中存在的不足提供了某种参考。《星洲日报》十分重视与中国相关的议题，报道量维持在一个相当高的比例，并且波动幅度不大。这说明马来西亚华人社会对中国有着强烈的了解需求，媒介对中国始终进行重点关注。《星洲日报》的涉华报道更倾向于使用“人情趣味框架”而非使用“议题框架”来建构中国的形象。新闻工作者根据对大众口味和兴趣的预期来选择报道议题和报道内容。《星洲日报》对于中国的报道绝大多数是中性的，在新闻与评论中对中国的倾向性差异很大，新闻基本平衡，显示了客观、中立的新闻精神，评论则表现出了强烈的倾向分野。正面报道和负面报道的议题分化十分明显，在经贸议题、“军事与安全”议题中，正面报道呈现出“一边倒”的态势，负面报道多数集中在“社会生活”议题的都市题材领域，以及“人权”等意识形态领域。但在涉及两国间争议性的话题及国际关系议题时，《星洲日报》对中国较为支持。

马来西亚国家新闻社 National News Agency of Malaysia

BERNAMA.com

马来西亚国家新闻社（National News Agency of Malaysia，英文简称 BERNAMA），简称马新社，是马来西

① 彭伟步：《〈星洲日报〉研究》，复旦大学出版社 2008 年版，第 168－173 页。

② 骆莉：《马来西亚华文报的身份转换与本土发展》，世界知识出版社 2014 年版，第 21－28 页。

③ 彭伟步：《〈星洲日报〉研究》，复旦大学出版社 2008 年版，第 57－59 页。

亚官方通讯社。作为一个可信赖的新闻来源,马新社在马来西亚国内以及国际媒体界、政府机构、公司、高等院校和个人用户中享有较高知名度。马新社在中国设有记者站。

一、历史沿革

马新社于1967年依照国会法令成立,并于1968年5月开始正式运营,提供文字新闻服务,于20世纪80年代初开始对外发布图片。1998年,马新社成立了音视频部门。目前,马新社向新加坡国家电视台提供胶片,并为马来西亚付费电视台提供英文、马来文、中文、印地语的每日新闻简报。[①] 2004年6月马新社开始提供中文服务,这为马新社增强国际影响力和增进华人关系提供了渠道。2007年8月,马新社开办了自己的24小时新闻广播电台,这在马来西亚尚属首家。除此之外,马新社还开办了自己的新闻门户网站www.bernama.com,它也成了马新社面向世界的窗口。

二、发展现状

马新社是马来西亚传播与多媒体部(Ministry of Communication and Multimedia)下属的一个单位,由管理委员会管理,该委员会由一名主席和六名代表组成,他们来自政府和媒体订户。此外,马新社还接受监督委员会的监督,从而保证其遵照法律要求。[②] 马新社共有约700名雇员,在马来西亚国内的主要城市以及北京、新加坡、曼谷、雅加达、新德里、迪拜、华盛顿、达卡、墨尔本、科伦坡等地派驻有常驻记者。[③]

马新社为马来西亚、新加坡和文莱的商业公司订户提供普通新闻与经济新闻服务,以及平面实时金融信息服务,股票和商业数据可通过个人电脑获取。马新社还为新闻机构以及非新闻机构和个人提供图片服务。马新社现在提供五种语言服务,包括英语、马来语、普通话、阿拉伯语和西班牙语。

马来西亚大多数报纸、电子媒体和其他国际新闻社都是马新社的订阅用户。新闻业务上马新社与路透社、德新社和新华社都有合作。除了新闻通讯社服务,马新社还经营着一个24小时电视频道Bernama TV on Astro Channel 502,和一个24小时广播频道BERNAMA Radio 24。此外,马新社还提供图书馆数据库服务。

三、报道特点

马新社300多名记者每天都从吉隆坡总部和世界各分部发送消息,使得马新社能以网络报道、卫星电视、图片等各种方式为用户提供信息服务。马新社报道的内容十分丰富,政治、经济、体育、国内外要闻无所不包。该社的稿件都十分简练,一般都是简明扼要地将新闻的基本要素和盘托出。

作为国家通讯社,马新社的政治立场是右倾的和亲政府的,其报道也与马来西亚政治有着天然的联系。例如在马来西亚第13届全国大选期间,马新社成为最大的"媒体伙伴",大部分新闻都是瞄准抨击人民联盟。根据诺丁汉大学连同独立新闻中心的研究显示,92.86%的马新社新闻都是负面描绘人民联盟,而这在所有印刷、网络和广播媒体当中是最高的。[④]此外,马新社的消息经常由马来西亚《信使报》一类的政府喉舌转载,这类报道时常用来表达马来政府在南海问题等关键和敏感事务上的态度。

四、涉华报道

马新社专门设有中文网站,该网站是马新社下属的中文资讯服务(BERNAMA Mandarin Info Service)的

---

① 人民网:《马来西亚新闻社简介》,2007年8月8日,http://media.people.com.cn/GB/22114/87028/87031/6086406.html,检索日期2015年4月27日。

② 马新社官网:http://www.bernama.com/aboutbernama/bi/about-bernama.htm,检索时间:2015年4月27日。

③ 人民网:《马来西亚新闻社简介》,2007年8月8日,http://media.people.com.cn/GB/22114/87028/87031/6086406.html,检索日期:2015年4月27日。

④ 当今大马:《马新社成国阵最大"媒体伙伴" 研究指92%大选新闻攻击民联》,2013年9月17日,http://www.malaysiakini.com/news/241281,检索日期:2015年8月9日。

其中一个平台,通过互联网为国内外读者提供即时、准确的中文新闻信息。为配合马新社服务走向国际化,马新社中文网也肩负起协助开拓海外中文市场及为全球中文读者提供服务的重任。马新社中文资讯服务除了作为政府与华人社会沟通的桥梁,和直接传达政府政策的管道之外,还向国内其他族群反映华人社会心声,促进谅解以达致国民团结目标,也在为推广群众阅读新闻和关注国家及全球华人社会发展扮演重要角色。[①] 马新社中文网提供华人社会的活动信息,还提供中文报纸的链接。

马新社涉华报道量不小,其英文网上直接与中国相关的议题日均有 4 篇左右,涉华报道量也与事件重大程度呈正相关,如 MH370 事件期间该社就有大量报道。又如 2015 年 7 月找到马航失事飞机残骸、北京申请冬奥会成功,该社都给予了极大的关注度,日均发稿量有 10 篇左右,态度较为客观。此外马新社中文网的涉华报道基本上每天都有 1 篇,涉及议题也较为广泛,政治经济民生都有。综观马新社的涉华报道,虽然报道方法很客观,但在一些敏感问题上依旧坚定地站在马来西亚的立场上。例如在南海问题上,马新社针对 2015 年中国在南海填海造田一事,在 8 月 5 日题为《中国受促停止南海复垦计划　克里:拟和平方案解决争议》的文章中指出,中国应该接受美国的敦促停止复垦土地计划。[②]

马新社的涉华报道稿件多从北京发出,一定程度上北京发出的稿件,也代表了马新社的涉华报道的态度。这些报道不乏引用新华社的稿件,马新社也一直与新华社保持着良好的关系,二者的友好关系在促进两国关系发展,增进两国人民了解方面发挥了桥梁作用。[③] 例如马新社中文网在 2015 年 7 月 29 日的文章中,谈及安理会未通过关于设立马航 MH17 航班空难国际刑事法庭决议草案一事时,引述了中国常驻联合国代表刘洁的话,"中方参与了决议草案磋商,一直呼吁安理会成员保持团结,相向而行,兼顾各方关切,避免政治对抗"。[④] 当然,马新社北京报道也有关于北京自身的议题,例如《中国焦点:北京将养老政策推广到周边》一文,就讲述了由于成本问题,北京日后的养老院、医疗等服务将迁往河北省。这虽然引起了一些老人的担忧,但北京还是出台了很多举措来满足北京市民的养老需求。[⑤] 可见,马新社的北京报道通常能够从一手信源出发,在很大程度上真实地体现出中国的发展与富强,这也说明马新社的涉华报道从中国的实情出发才能更中立。

---

① 马新社中文网:http://mandarin.bernama.com/v2/index.php,检索日期:2015 年 8 月 9 日。

② 马新社中文网:《中国受促停止南海复垦计划·克里:拟和平方案解决争议》,2015 年 8 月 5 日,http://mandarin.bernama.com/v3/index.php?sid=news&cat_news=ge&id=122324,检索日期:2015 年 8 月 12 日。

③ 新华网:《马来西亚新闻部长会见新华社代表团》,2007 年 12 月 13 日,http://news.xinhuanet.com/newmedia/2007-12/13/content_7245637.htm,检索日期:2015 年 8 月 11 日。

④ 马新社中文网:《安理会未通过关于设立马航 MH17 航班空难国际刑事法庭决议草案》,2015 年 7 月 29 日,http://mandarin.bernama.com/v3/index.php? sid=news&cat_news=ge&id=122119,检索日期:2015 年 8 月 12 日。

⑤ Bernama: China Focus: Beijing Looks ToNeighbours To Accommodate,2015 年 8 月 12 日,http://www.bernama.com/bernama/v8/newsindex.php? id=116096,检索日期:2015 年 8 月 12 日。

菲律宾

《菲律宾每日问询者报》*Philippine Daily Inquirer*

《菲律宾每日问询者报》(*Philippine Daily Inquirer*)是菲律宾发行量最大的报纸,也是菲律宾公信力最高、影响力最大的报纸。该报被称为菲律宾新闻报业中的奇迹,虽是后起之秀,但后来居上成为菲律宾第一大报。

一、历史沿革

《菲律宾每日问询者报》于1985年12月9日创刊,前身是《问询周报》(The Weekly Inquirer)。最初以周报形式出现的《问询周报》在1985年2月4日独家报道了法庭对著名反对党领袖阿基诺遇刺[1]一案的审讯过程,并以其客观公正的报道广受民众关注。1985年12月9日,《问询周报》正式改版为日报,并且更名为《菲律宾每日问询者报》。新闻界的名记者刘易斯(Louis Beltran)担任该报主编,与马克斯(Max Sovliven)以及亚特(Art Borjal)携手打造政治新闻专栏。言论犀利的三人被称为"新闻业三重唱",受到国内百姓的极力推崇。

在多年发展历程当中,除了在新闻行业发出强有力的声音之外,《菲律宾每日问询者报》还积极参与社会活动和社会项目。1998年,该报因优秀的商业能力和高尚的社会道德被授予了"年度杰出营销公司——阿戈拉奖"(Agora Award for Outstanding Marketing Company of the Year)。2003年,该报还获得了"道德砧奖"(Anvil Award of Merit)和"金鹅毛笔奖——杰出经济、社会及环境发展"(Gold Quill Award of Excellence for Economic, Social and Environmental Development)等荣誉称号。这些成就也反映了该报在菲律宾的影响力。[2]

二、发展现状

《菲律宾每日问询者报》在菲国内拥有4个地区分社,向各省派遣130多名记者,在宿务、达沃、拉古纳和马尼拉等地设有印刷机构,能够快速、高效地向读者提供新闻。《菲律宾每日问询者报》内容丰富,受到各个年龄层读者的欢迎,是目前菲律宾国内公信力最高,同时也是最热销的报纸。该报还是"亚洲新闻联盟"(ANN)的成员,在国际新闻方面有着广泛的消息来源。

《菲律宾每日问询者报》在读者人数和发行量等方面一直遥遥领先,在国内享有270万左右的读者并占据五成以上的市场份额。[3] 同时,《菲律宾每日问询者报》还是菲律宾最具创新能力的大报,其创立的免费报

① 1983年8月21日,菲律宾反对党领袖、著名政治家贝尼格诺·尼诺·阿基诺结束海外流亡,准备返回马尼拉参加选举,但却在马尼拉国际机场遭到暗杀。这一事件迅速引发舆论关注和国内政治波动,并且升级为国际事件。然而,迫于时任总统马科斯的压力,法庭调查一再拖延,先后经过百余次听证会。在随后举行的总统选举中,阿基诺夫人继承丈夫遗志,成为菲律宾和亚洲国家历史上第一位女总统。这一事件也因此成为改变菲律宾政治历程的一次历史性转折。

② 《菲律宾每日问询者报》官网:《报纸介绍》,http://services.inquirer.net/about/,检索时间:2015年8月9日。

③ 菲律宾中心网:《菲律宾报纸介绍》,http://newspaper.philippinecentral.com,检索时间:2015年8月9日。

纸——《自由问询者》在读者中的影响力也越来越大。

此外，报纸所属母集团"问询者报集团公司"还建立了自己的官方网站，不仅提供旗下《菲律宾每日问询者报》《自由询问者报》《宿务日报》等报纸内容，还提供多媒体服务。[①] 该网站日均点击量达到 100 万，是菲律宾访问量最大的网站之一。

三、报道特点

《菲律宾每日问询者报》通常每日有 42 个版面，周末加上周末特别版面。报纸前五个版面一般为新闻版，报道国内新闻及菲律宾外交新闻；第六至第七版为问询者评论版，接下来是体育版、都市新闻版、世界版、商业信息、分类信息、生活美食、轻松戏剧和娱乐版。

《菲律宾每日问询者报》自诩客观公正，无论何时何地都将"新闻均衡，观点无畏"(Balanced news, fearless views)作为其坚定不移恪守的承诺，其办报宗旨和理念影响着菲律宾人的日常生活。政治倾向中立偏左，与《旗帜报》(*Bandera*)、《自由询问者报》(*Inquirer Libre*)、《宿务日报》(*Cebu Daily News*)等报纸一样，属于菲律宾每日询问有限公司(Philippine Daily Inquirer, Inc.)的旗下报纸，该公司还有杂志、广播等业务。

作为国家主流媒体，该报在涉及国家及国际政治的问题上都站在国家立场上进行报道。例如，2012 年中菲黄岩岛之争期间，《菲律宾每日问询者报》完全不敢刊登关于"有证据说明黄岩岛属于中国"的文章。这说明《菲律宾每日问询者报》的对华报道显然是与菲政府政治需要相符合的，并没有像它所标榜的那样客观公正。与此同时，该报不仅是菲律宾国内最主流的媒体，且富有社会责任感，在一些社会和民间项目中发挥着积极的作用。该报每年都会评出"年度菲律宾人"，以奖励那些给菲律宾带来积极影响的人物。另外，该报十分具有环保意识，在菲国内首先使用以有机大豆为基础的油墨以及 100%可回收的新闻纸，并改变报纸尺寸以节省纸张资源。[②]

四、涉华报道

从报道数量上看，《菲律宾每日问询者报》近两年对中国的报道数量呈上升趋势，特别是头版头条，显示出菲律宾媒体对华报道的重视程度。从消息来源来看，《菲律宾每日问询者报》的涉华报道主要有三大消息来源——法新社、美联社以及报社记者的自采新闻。其中，法新社和美联社的稿件数量总和占到总报道数量的 90%，可以说该报呈现的中国形象基本是由西方国家的大众媒介机构建构的。这一特点与菲律宾特殊的历史、社会文化、政治制度和政治立场有关。《菲律宾每日问询者报》自己的记者所提供的稿件只占整个涉华报道的 4%，总体上数量很少，绝大部分是关于中菲关系的报道。

从报道议题上来看，中菲关系尤其是两国之间的领域争端无疑是《菲律宾每日问询者报》关注的重中之重。不过，随着近几年来相关研究的不断深入，可以看到，以《菲律宾每日问询者报》为代表的菲主流媒体对华报道涉及范围越来越广泛，主要议题有"南海问题""台湾问题""西藏问题""人权""中国与他国的外交""文化科技""社会问题""军事""卫生与灾难事件""中国内政""中菲关系"和"经贸"等等，这些议题的报道可以占到对华报道总量的 97%左右。尽管中菲有关南沙群岛的争端仍然时有起落，但菲主流媒体对中国其他方面的报道日益增多，这充分说明菲律宾已经意识到中国对菲律宾越来越重要，也从侧面反映了菲政府对华态度的转变。

在两国无重大外交事件发生时，《菲律宾每日问询者报》对中菲关系很少做出报道，其数量远远落后于对中日、中朝关系的报道。在领土争端等敏感事件发生时，该报则积极为本国政府发声。例如，2012 年中菲黄岩岛之争期间，《菲律宾每日问询者报》则对这一事件及中菲两国关系做出了大量集中的报道，并站在菲律宾的立场上运用多种手法极力为本国政府开脱辩解。

---

① 《菲律宾每日问询者报》官网：《报纸介绍》，http://services.inquirer.net/about/，检索时间：2015 年 8 月 9 日。

② 《菲律宾每日问询者报》官网：报纸介绍，http://services.inquirer.net/about/，检索时间：2015－8－9。

首先,该报在报道中提供片面的证据以论证黄岩岛归属。比如 2012 年 4 月 23 日,《菲律宾每日问询者报》刊登的《老地图显示黄岩岛属菲律宾国土》大肆搜罗所谓的“证据”以证明黄岩岛属菲律宾领土:“西班牙殖民时期的旧地图可能是证明黄岩岛属于菲律宾国土的关键性证据。1734 年,自从欧洲向外殖民并且开始测绘世界地图,黄岩岛就已被世界所知,那时它名为‘BajoScarburo’(西班牙语,即黄岩岛)”。但是这样的报道并未论证此份“证据”在国际法层面的有效性,也未能客观指出中国在证明黄岩岛归属方面拥有的证据。

其次,该报在报道中多次使用“不实消息”以混淆视听。[①] 例如,在黄岩岛事件中,中国政府始终保持克制,力图不使冲突规模扩大化,因此在对峙过程中始终运用政府公务船只进行维权。但是,该报则在 9 篇文章中声称中国动用“炮艇”(gunboat),刻意捏造中国动用海军的假象,并借此煽动舆论。

最后,在报道倾向上,该报在呈现中国时立场较为负面。仅以消息类新闻为例,在黄岩岛事件发生后的一个月内(2014 年 4 月 11 日至 5 月 10 日)发表的 121 篇文章中,仅有 34 篇对中国的报道持中性态度,2 篇持正面立场,而具有负面倾向的报道达 85 篇之多(其比重分布如图 1 所示)。在负面报道中,该报经常以主观色彩强烈的贬义形容词形容中国,把中国塑造成野心勃勃、恃强凌弱的形象。[②]

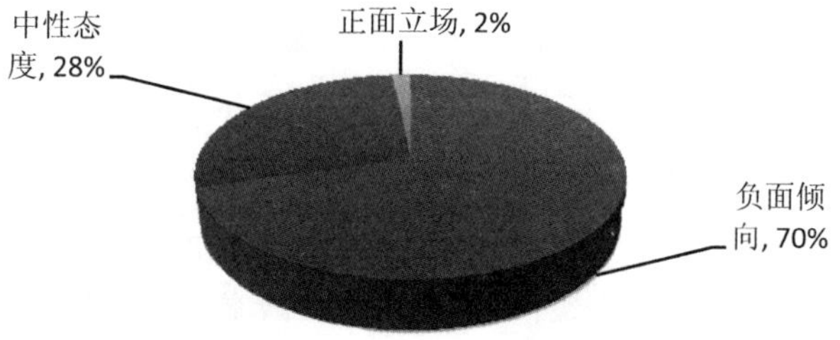

图 1　涉华报道态度及比重

综上所述,《菲律宾每日问询者报》涉华报道量并不多,但随着中国的崛起以及菲律宾与中国交往的日渐增多,该报对中国的关注度日趋上升。同时在涉及国家利益之时,该报客观公正的天平会让步于为政府说话的坚定立场,中国在该报报道中呈现出的形象也打了折扣。

《马尼拉公报》*The Manila Bulletin*

《马尼拉公报》(*The Manila Bulletin*)是菲律宾历史最悠久的英文日报。无论从读者人数、广告收入还是覆盖地域来说,《马尼拉公报》都遥遥领先于其他报纸。该报现已发展成为一份日刊综合性报纸,附带发行周刊和杂志,报道主题涵盖广泛,满足不同领域读者的需要。

一、历史沿革

至今具有一百一十多年历史的《马尼拉公报》,不仅是菲律宾历史最悠久的报纸之一,也是整个远东地区历史最悠久的英语报纸之一。《马尼拉公报》于 1900 年 2 月 2 日在马尼拉创立,创办者是一名来自美国伊利诺伊州的教师。原名为《马尼拉每日公报》,是一份商业出版物,主要刊登船运信息和商业广告。当时的报纸,每期只有四页,免费发放。到 1912 年,这份刊物才发展为一张真正的报纸,开始采用六栏竖版的版面设计。

1961 年,华裔商人叶应禄(EmilioT. Yap)通过股份收购入主公司,成为这份报纸的新任董事长。1972 年 11 月 2 日,报纸更名为《每日公报》,后又于 1989 年更名为现在的《马尼拉公报》。在叶应禄领导下,公司在菲律宾上市成为股份公司,并且购进了一批国内最为先进的印刷排版设备。

---

① 李德霞:《菲律宾主流英文媒体对黄岩岛事件的报道分析——以〈菲律宾每日问询者报〉为例》,《当代亚太》2013 年第 4 期。

② 李德霞:《菲律宾主流英文媒体对黄岩岛事件的报道分析——以〈菲律宾每日问询者报〉为例》,《当代亚太》2013 年第 4 期。

二战期间,《马尼拉公报》的主编班尼特(Roy Anthony Cutaran Bennett)因其反日爱国立场而遭到逮捕。二战结束后,在马科斯总统执政实施军事管制期间,该报充当了政府的宣传工具。事实上,《马尼拉公报》一直被认为是亲政府的媒体,无论哪位领导人在任,该报一直秉承对当局乐观赞扬的报道基调。1989 年 6 月 22 日,《马尼拉公报》的所属公司正式更名为马尼拉公报出版集团。2005 年 7 月 1 日,马尼拉公报出版集团从利威威出版公司手中收购了《塔加拉日报》等地方杂志,扩大了出版覆盖范围,同时也扩展了影响力。

图 2 《马尼拉公报》115 周年纪念年刊总结"为国效力 115 年"

二、发展现状

《马尼拉公报》由菲律宾上市公司——"马尼拉公报出版集团"在马尼拉出版发行。2014 年,德高望重的老董事长叶应禄辞世,由 Basilio C. Yap 接任董事长一职。目前,新的掌舵人致力于推动《马尼拉公报》走向媒体融合,大力推进新媒体和社交媒体领域的发展。

除《马尼拉公报》之外,马尼拉公报出版集团还出版农业、时尚以及地方语种等报纸杂志,例如《速度报》(*Tempo*,英文日报)、《新闻报》(*Balita*,菲律宾语日报)、《菲律宾全景》(*The Philippine Panorama*,周刊)、《风格周末》(*Style Weekend*,周刊)、《旅游杂志》(*Travel Magazine*,半月刊)等等。

图 3 《马尼拉公报》位于马尼拉市中市的总部办公楼

图 4 《马尼拉公报》网站主页

作为马尼拉公报出版公司的旗舰报纸,《马尼拉公报》平均每天的内容多达 100 版,有时甚至可以达到 200 版。在读者人数以及广告收入等方面,它都远远超过国内其他报纸,堪称菲律宾第一大报。《马尼拉公报》培养了一大批忠实读者,而且读者群还在不断扩大。为吸引年轻读者,《马尼拉公报》不断对其内容进行改革①,但是仍然面临激烈的竞争。据尼尔森调查显示,该报的竞争对手《菲律宾每日问询者报》已经坐稳菲律宾读者量排行的头把交椅。②

除此之外,《马尼拉公报》的网站 www.mb.com.ph.,也是菲律宾历史最悠久的新闻资讯网站。除了提供旗下媒体的新闻资讯之外,公报网还提供订阅和广告等服务。③

① 人民网-媒介频道:《菲律宾〈马尼拉公报〉简介》,2007 年 8 月 8 日,http://media.people.com.cn/GB/22114/87028/87031/6086395.html,检索时间:2015 年 8 月 9 日。

② 菲律宾媒体博物:《菲律宾媒体历史》,http://ww2.aijc.com.ph/PCCF/mediamuseum/thehall/the-hall-living.htm,检索时间:2015 年 8 月 9 日。

③ 《马尼拉公报》官网:http://www.mb.com,检索时间:2015 年 8 月 9 日。

三、报道特点

《马尼拉公报》自称为“菲律宾领先的全国性报纸”(The Philippines’ Leading National Newspaper)。在政治立场上,《马尼拉公报》采取独立态度,新闻报道以及评论都比较保守。同时,《马尼拉公报》也保有歌颂政府部门和官员的传统,对总统以及一些私营或官方机构的活动一般都从正面报道,轻易不涉及政治事件或者敏感问题。

《马尼拉公报》采用的消息源通常具有一定的权威性和代表性,除了转载美联社、法新社等世界级通讯社的消息外,大部分报道都由该报驻各地记者发稿,满足了新闻时新性和深度报道的需求。

此外,由于菲律宾有大量华人,《马尼拉公报》十分照顾华人读者的阅读习惯和文化背景。例如,该报有个不成文的规定,在使用合影照片时,尽量不采用四个人的合影,因为“4”对中国人来说是不吉利的数字。

四、涉华报道

《马尼拉公报》对中国事务进行了大量报道,平均每天至少一篇,多则六七篇。这不仅体现了菲律宾对近邻中国的高度关注,也显示出中菲关系不断发展的趋势。按照议题类别来看,《马尼拉公报》的涉华报道可以分为经济、政治、旅游、文化、体育、社会等六大类。其中,政治和经济类的报道占有很大比重,政治类报道包括外交(中菲关系、中国与其他国家关系)、政府消息、政策等;而经济类报道又可细分为贸易(包括中菲贸易和中国与他国贸易)、金融、商业、中国经济政策等。

从报道立场来看,《马尼拉公报》对于中国的报道都比较客观公正,整体上展示出一个“正面、积极、进步”的中国形象。在很多涉及中国的重大报道中,引用很多来自中国学者、专家、商界和民间人士的言论,中国人的声音被越来越多地列入了参考范围。在《马尼拉公报》的涉华报道中,虽然有一些文章表达了菲律宾对中国的指责与批评,但也可以看到很多文章流露出对中国发展的惊讶与羡慕。例如,2014 年 10 月 12 日,该报发表《菲律宾应与中国设立“热线”》一文,援引菲律宾国内权威的外交与经济分析专家理查德·海德瑞安(Richard Heydarian)的观点称,“黄岩岛是重要的,但顺畅的交通以及满足农村地区人民的基础设施需求也同样重要,那也是菲律宾的国家利益”,[①]如果重视发展与中国关系的其他方面,菲律宾将获得更多益处。

虽然黄岩岛之争在一定程度上影响了中菲两国的关系,但是《马尼拉公报》在整体上仍然坚持对中国保持客观公正的报道立场,并希望能够在改善中菲两国关系上发挥作用。该报高级记者、菲律宾记者协会前主席罗伊·马巴沙在第六届“10+3”媒体合作研讨会上曾表示,菲律宾将会进一步加强与中国之间的伙伴关系,中国和菲律宾之间的领土争端不会影响到双方实质性的关系,菲律宾媒体应该在报道中国的崛起方面发挥更加积极和正向的作用。[②]

《世界日报》*World News*

菲律濱世界日報
World News

《世界日报》(*World News*)是菲律宾发行量最大、市场占有率最高、影响力也最大的一份华文报纸。该报创刊于 1981 年,经过三十多年的发展,如今已成为最受菲华社会欢迎的报刊,发售范围遍及国内外。

---

① 卢秋莉:《菲律宾部分精英对中菲关系的最新评述——菲律宾中菲商务论坛发言摘编》,《南洋资料译丛》2015 年第 1 期。

② 人民网-传媒频道:《罗伊·马巴沙:媒体报道中国崛起应发挥更积极和正向的作用》,http://media.people.com.cn/n/2013/1206/c120837-23771521.html,检索时间:2015 年 8 月 9 日。

一、历史沿革

菲律宾《世界日报》脱胎于 1974 年创办发行的华文报纸《东方日报》。当时，正值菲律宾总统马科斯(Ferdinand Marcos)实行军事管制，戒严令使得菲华社会成为一个有语言无文字的社会，《东方日报》在帮助华侨了解和认识中国方面发挥了巨大的作用。

1981 年，华商陈永栽与菲华联谊会中坚分子合股组成公司，并向时任总统特别助理的杜比拉(Johnny Tuvera)租用《东方日报》的执照，于 6 月 1 日正式开始出版《世界日报》，创刊宗旨与菲华联谊会的创会宗旨相一致，即以“促进中菲两国人民的友谊和经济文化交流”为使命。[①]创刊初期，《世界日报》由施天津任总经理，吴永源任总编辑，开辟“国际新闻版”和“本岛版”等主要版面。当时，中菲建交即将迈入第七年，华人希望更多地了解中国国情，《世界日报》国际版以报道中国新闻为重点，并继承华文报纸以国际版作为第一版的传统习惯，创刊不久即在爱国华侨中产生了很大的影响。

1993 年，《世界日报》引进《大公报》菲律宾版，促使了《世界日报》积极改版，提升了办报水平，在报业竞争中占据了制高点。1998 年，《世界日报》开辟了“世界广场”言论版，建立发放稿酬制度，随即获得广大读者的欢迎。两个月后，“世界广场”进一步扩展成两大版，成为菲律宾华文报的言论重镇。

到 2000 年时，《世界日报》已是菲律宾拥有大陆新移民读者最多的华报。[②] 经过多次人事调整后，吴自泽主编本岛新闻版，吴胜利主编经济版，刘少宏主编国际新闻版，助理编辑陈刚负责“世界广场”。至此，《世界日报》编辑部告别各版编辑各自为政的时代，在陈华嶽社长和王明媛总经理的带领下，形成了一个遵循企业运作规律、高效合作的经理管理团队。

二、发展现状

如今，《世界日报》已经成为最受菲华社会喜爱的报刊，每天的读者超过 10 万人，发售范围不仅遍及菲律宾全国各地，更扩展到东南亚其他国家、中国大陆和香港特别行政区，在菲律宾华人报刊中首屈一指。

《世界日报》现平均每日出版对开纸 13 张 52 版左右，最多时达到 69 张 276 版。内容编排包括“要闻”“本岛新闻”“国际新闻”“经济新闻”“港澳台新闻”等版面，另有言论版“世界广场”、文艺副刊以及一些生活类版面。《世界日报》一向重视技术发展，采用先进排版软件，使用 ECRM 制版系统[③]，制版的效率和准确性稳步提高。该报早就于 1995 年便开始实行彩色印刷，是菲律宾首家推出彩色版面的华文报刊。

图 5 《世界日报》网站首页

2012 年，《世界日报》开设网络版，网址为 www.worldnews.net.ph。现在，世界日报网站几乎每天都更新社论，并且可以查看最近一周的纸版报纸版面。另外，该报还注册了微信公共号“shijieribaoph”(菲律宾世界日报)，于每天早晨 6、7 点推送一次，每次推送 8 条内容，包括新闻和评论，更新速度甚至领先于网络版，基本上每日都能有上千阅读量。

---

① 赵振祥、陈华岳、侯培水：《菲律宾华文报史稿》，世界知识出版社 2006 年版，第 290 页。

② 赵振祥、陈华岳、侯培水：《菲律宾华文报史稿》，世界知识出版社 2006 年版，第 348 页。

③ 《世界日报》官网：http://worldnews.net.ph/about，检索时间：2015 年 12 月 12 日。

三、报道特点

自创刊起，《世界日报》就声称自己负有双重使命：一是作为祖籍国和所在国的桥梁，报道祖籍国的新闻，使当地华人了解祖籍国发生的事情；二是传达当地政府的政令，报道当地的消息与国际新闻，促进华人与当地人的关系。[①]总的来说，该报是站在华人立场上，以反映华人困境为职责，维护华人利益，敢于抨击恶势力。

《世界日报》经济独立，新闻报道较为真实客观公正，有较强的新闻敏感度和较高的业务水平。本岛新闻大多标注为“本报讯”，但实际上这类新闻也并非由该报社独立采写，而是报社通过购买当地英文大报和网站的新闻，对其进行编译而来。华社新闻多源自各地华人商会。国际新闻则多引用权威媒体的稿件，如新华社、法新社等。

该报的国际新闻较为侧重于经济新闻和政治新闻，军事新闻也占很大比例，而一般的民生类、科技教育类报道则比重较小，几乎在10%以内。

世界日報
World News
“亞洲脈搏”民調稱大選選情翻轉
敏乃以33%支持率再度領先
選舉署決取消格麗絲競選資格
亞謹諾簽署2016年財政預算
亞謹諾簽署預算演講全文

图6　2015年12月23日《世界日报》头版

四、涉华报道

《世界日报》作为一份华文报纸，对中国的关注度非常高，一直都秉承着“立足菲律宾，放眼世界，面对新移民，关心中国”的办报宗旨。

在业务合作方面，1993年开始，《世界日报》就引进香港《大公报》菲律宾版，将其作为副刊随报赠阅，既推广了《大公报》的发行量，也提升了自身的业务水平。随后，《世界日报》也一直从中国聘请学者担任编辑、记者、翻译、评论员等工作。2005年之后，《世界日报》与厦门大学新闻传播系建立合作关系，引进人才，推动菲律宾华报发展。[②]

从内容来看，《世界日报》的社论中，与中国相关议题所占分量非常重，报道态度也通常比较友好。在关于中菲南海问题的报道中，《世界日报》尖锐指出，美国蓄意就南海问题挑拨中菲关系，呼吁中菲保持克制，淡化冲突。[③] 新闻报道方面，关于中国的新闻所占比重也非常大。以2015年9月17日到12月17日三个月为例，《世界日报》共发表了359篇国际新闻报道。其中，有226篇涉华报道，所占比重将近63%，大多数是关于时政外交，如“习马会”“习近平访英”等，其他报道则涉及大陆生活的方方面面，如“双11”“雾霾”等[④]，很多报道引自新华社、中新社和香港中通社等，向华侨介绍中国的发展，立场客观，展现出中国是一个“正面、积极、正面”的大国形象，积极推动中菲的友好关系，为两国人民的友好合作做出了巨大努力，其卓有成效的工作也得到了中国驻菲大使馆的高度肯定。

菲律宾通讯社 Philippines News Agency

Presidential Communications Operations Office
News and Information Bureau
PHILIPPINES NEWS AGENCY
Malacañang, Manila

菲律宾通讯社（The Philippine News Agency，缩写PNA），简称菲通社，隶属于菲律宾新闻部国内外新闻局，是菲律宾的官方通讯社。

---

① 彭伟步：《东南亚华文报纸研究》，社会科学文献出版社2005年版，第85页。

② 赵振祥：《厦门大学新闻传播系与菲律宾〈世界日报〉签署合作协议》，《新闻战线》2015年第11期。

③ 陈东霞、邢永川：《海外华文媒体的沟通桥梁功能——以菲律宾〈世界日报〉为例》，《青年记者》2015年1月20日。

④ 《世界日报》官网：http://worldnews.net.ph/about，检索时间：2015年12月18日。

一、历史沿革

菲律宾通讯社成立于1973年3月1日，前身是由马尼拉几家英文报纸合办的民营性质的菲律宾新闻社。多年以来，该社在新闻收集与传递上一直处于前沿位置，为记录菲律宾历史做出了贡献。2003年起，为了适应新时代的需求，也为了适应世界了解菲律宾的需要，菲律宾通讯社开设官方网站 http://www.pna.gov.ph，提供网络新闻服务。2010年6月30日起，菲律宾总统阿基诺三世签署第四号行政令，建立了“总统通讯行动办公室”(Presidential Communications Operations Office，简称 PCOO)以及“总统通讯发展与战略计划办公室”(Presidential Communications Development and Strategic Planning Office)，从而建立起政府与民众更有效、更系统的交流。自此，菲通社开始划归 PCOO 管理。

二、发展现状

目前，菲律宾通讯社归菲律宾“总统通讯行动办公室”管理。菲通社向国内各大报纸、广播电台、电视台以及其他国内外订户提供国内和国际新闻、评论、背景资料、新闻分析等，使用英文和菲律宾本地语言塔加洛语发稿。与此同时，菲通社还同菲律宾全国广播者协会(The National Broadcasters Association)签订了合作合同，向该协会下属的二百五十多个电台、电视台提供新闻综述服务。菲通社在国内二十几个省设有记者站，通常与当地新闻局一起办公。该社在国外派有常驻记者，同时也在一些地区聘当地人为其提供消息。

菲通社与中国、马来西亚、印尼、泰国、巴基斯坦、日本等十多个国家和地区的通讯社建立了新闻信息交换关系，与美联社、合众国际社、法新社、路透社均有工作联系。1978年12月13日，菲通社和新华社之间签订新闻交换协定，根据此协定规定，两社相互无偿地抄收、交换和利用对方的国内与国际新闻，两社同意相互无偿地通过航寄或双方同意的其他合适途径交换新闻图片并加以利用，并提供设备等方面的合作帮助，双方交换的新闻和图片都不具有专利权。[①]

三、报道特点

菲律宾通讯社旨在建设一个由政府监管的全方位的通讯社。菲通社每天24小时为本国、地区乃至世界的订户提供菲律宾重大消息，包括总统选举、自然灾害等，报道及时，内容丰富。菲通社还积极参与国际重要事件的消息发布，如 APEC 峰会、东盟会议、国际青年节等。此外，菲通社的消息来源非常广泛，甚至包括政府官员。

从报道内容来看，菲通社的消息比较全面客观，在报道上据实以禀，不多加评论。菲通社网站上提供的信息十分丰富，除了国内各省及国外消息外，还专设有“农贸”“商业”“科技”“旅游”“健康与生活”“体育与娱乐”“环境与天气”等版块，并提供宗教、天气和汇率等便民服务。

四、涉华报道

从报道数量上来看，菲律宾通讯社有关中国和北京的报道较多，日均报道量能够达到二十五篇左右。如逢东南亚地区发生重大事件(例如黄岩岛事件、MH370事件)时，每日涉华报道数量甚至多达四、五十篇。菲通社涉华报道内容涵盖范围比较广泛，包括政治、经济、民生等各个方面。虽然在个别涉及国家利益的问题上该社报道态度会有所偏袒，但整体报道内容和报道方式较为中立。

从总体上来看，菲通社的涉华报道还深受菲美关系的影响。美国对菲律宾在军事上有很大的影响，在亚洲的制衡策略对中国也有一定的牵制，加之中菲之间南海争端由来已久，美、中、菲三国的关系一直比较微妙。在某些领域，中菲关系远没有菲美关系密切。这一特点体现在菲通社的报道立场中，也是非常明显。例如，菲通社2015年8月6日发布的“菲律宾与美国重申反对中国填海造田”(PHL, US reaffirm opposition to China

---

① 外国新闻界概况编辑组:《外国新闻界概况》，新华出版社1982年版，第71页。

reclamation)[①]一文,从题目开始就显示出菲律宾同美国同气连声,一起对中国填海一事抱持反对态度。文中引用的都是菲律宾和美国官员的讲话,没有添加任何评论,对涉及态度和立场的官员讲话均加上引号予以标注。但是,明晰的立场态度已经昭然若揭。

菲通社的涉华报道有很大一部分来自新华社,很少见到驻华记者从中国发回的独立报道。相对于本社报道而言,转引新华社的消息较少涉及领土争端等敏感问题,议题较为广泛,涵盖包括自然灾害、中国与东盟及周边国家的交流合作等等内容。对于在国际上引发热议的跟中国有关的话题,该社也会大量引用来自新华社的消息,所持立场也都比较客观。

2015 年 7 月,"马航失联事件"的客机残骸确认,这一事件重又引起人们的关注,作为当事者之一的中国也频繁出现在媒体报道中。在此期间,菲通社的报道普遍较为理性。它没有运用煽情的手法报道此事,而是更多关注事件本身。例如,该社 2015 年 8 月 7 日援引新华社消息发布的《聚焦点:黑匣子仍是解开 MH370 谜团要素》(Spotlight: Black box still key to unfolding MH370 mysteries),并没有提及遇难者家属的表现及国际各方的舆论,而是引用航空安全专家的建议,强调找到黑匣子的重要性,并深入分析了目前存在的困难。[②]

总体而言,菲律宾通讯社的涉华报道基本秉持客观、公正和理性的态度。与此同时,基于与新华社的合作关系,菲通社的报道能够基本呈现出一个较为真实的中国,对中国形象在菲律宾的建构发挥了重要的积极作用。

---

① PHL, US reaffirm opposition to China reclamation, PNA, 2015－8－6, http://www.pna.gov.ph/index.php? idn＝&sid＝&nid＝&rid＝790611,检索时间:2015 年 8 月 19 日。

② Spotlight: Black box still key to unfolding MH370 mysteries,PNA,2015－08－07,http://www.pna.gov.ph/index.php? idn＝&nid＝4&rid＝790795,检索时间:2015 年 8 月 19 日。

老　挝

《人民报》*Pasaxon*

ປະຊາຊົນ

《人民报》(*Pasaxon*)是老挝人民革命党党报，用老挝文出版，也是老挝最重要、最知名的报纸之一。

一、历史沿革

《人民报》创刊于 1950 年 8 月 13 日。起初该报被命名为《自由老挝报》，每三个月出版两个版面，发行量仅为 200 份。《自由老挝报》在宣传自由战线的方针政策、启发鼓舞人民的抗战斗志等方面做出了积极贡献。1956 年 1 月 6 日，老挝爱国战线成立，《自由老挝报》更名为《老挝爱国报》，报纸的内容和形式都有了较大的改进，由石印改为铅印，由月刊逐步变为半月刊、周刊，每期发行 1500 份到 2000 份。也有材料表明这一时期《爱国报》为双周刊，发行量达 3000 份。[1] 1975 年 12 月 2 日，老挝人民民主共和国成立，《老挝爱国报》改名为《人民之声报》，成为老挝人民革命党的喉舌，每天的发行量增加到 5000 份。[2] 1983 年 3 月 22 日，老挝人民革命党第三届全国代表大会结束之后，该报被正式更名为《人民报》，并成为老挝人民革命党党报，其发行量也增长至 2 万份。[3]

二、发展现状

《人民报》在首都万象出版发行，该报设有办公厅、国内新闻部、评论部、国际新闻部等 6 个部门。在老挝成为东盟成员国之后，《人民报》为老挝在各个领域积极融入东盟、推动东盟各国人民之间的相互理解等方面做出了不懈努力。《人民报》还创建了自己的网站：www.pasaxon.org.la。《人民报》与其他报纸相比有点落伍。它在社会新闻和科技新闻方面的报道上，仍然是以正面报道为主，批评报道比较少。[4] 随着互联网、手机等媒体的发展，老挝报纸发行量一再下降，目前报纸主要订户为政府机关。《人民报》以前日发行量为 3 万份，近十年下降到 5000 份，现在只有两三千份。[5]

三、报道特点

老挝政府对媒体的控制比较严格，《人民报》也非常具有党报的特色。该报的报道主要都是老挝新闻，且内容大多是关于政府动态及领导活动，其网站还专门开辟了介绍政治与政府的部分。《人民报》网站除了刊登报纸的新闻报道外，还有关于老挝国情、政府结构的介绍，广告等内容。

---

① 李异平：《东盟国家媒介透视》，云南人民出版社 2004 年版，第 116 页。

② 张良民：《老挝庆祝〈人民报〉创刊 35 周年》，《东南亚纵横》1985 年第 4 期。

③ 人民网传媒频道：《老挝人民报简介》，2007 年 8 月 8 日，http://media.people.com.cn/GB/22114/87028/87031/6086408.html，检索时间：2015 年 4 月 19 日。

④ 李异平：《东盟国家媒介透视》，云南人民出版社 2004 年版，第 116 页。

⑤ 中国国际广播电台国际在线：《〈对话博鳌〉——对话老挝巴特寮通讯社社长孙通・坎他翁》，2014 年 5 月 16 日，http://gb.cri.cn/42071/2014/05/16/7551s4544365.htm，检索时间：2015 年 4 月 19 日。

四、涉华报道

近年来《人民报》与中方有着密切合作。2014 年 10 月底,老挝《人民报》代表团访问云南成行。根据双方签署的《谅解备忘录》,云南日报报业集团和老挝《人民报》将在信息交流、新闻宣传、人员互访及培训等方面开展合作。[1] 2015 年 3 月,云南日报报业集团代表团与老挝《人民报》代表探讨了中国"一带一路"战略以及媒体合作情况,内容主要包括在老挝《人民报》开设《中国 · 云南》专版,合办新型中文报纸,联合建设多语种国际传播新媒体平台,以及共同构建中国(云南)老挝新媒体联盟等。[2]

《人民报》涉华报道也充分体现出了中老之间的良好关系以及两国媒体间的密切合作。《人民报》曾在文章中高度赞扬了中国共产党和政府对老挝长期以来的无私援助,称"中国对老挝等外国的援助是没有条件的援助",为老挝保卫和建设国家做出了重要贡献。[3] 2015 年 1 月 8 日,《人民报》报道了驻老挝大使馆在老挝国立大学举办首度"中国大使奖学金"颁发仪式。文章称,中老两国是好邻居、好朋友、好同志、好伙伴,两国在各自国家发展事业中相互支持、相互帮助,共同实现国家梦想。作为中老友好交流的重要组成部分,两国人文交流蓬勃开展,教育合作日益密切。[4]

应老挝人民革命党中央机关报《人民报》的邀请,2015 年 3 月 23 日至 26 日,云南日报报业集团代表团对老挝进行访问。《人民报》在显著位置对此次活动进行了报道。在交流座谈时,代表团团长、云南日报报业集团社长徐体义向老挝方面介绍了云南主动服务和融入国家"一带一路"战略、加快建设面向南亚、东南亚辐射中心的情况,并向老挝合作方提出一系列合作建议。[5]

《万象时报》*Vientiane Times*

《万象时报》(*Vientiane Times*)是老挝发行量最大的英文报纸[6],由老挝信息文化部(the Ministry of Information, Culture and Tourism)下设的老挝外文出版社(The Lao Press in Foreign Languages)负责编辑和出版,主要在老挝首都万象地区发行。《万象时报》是老挝的主流媒体之一,作为一份成功的英文报纸,它在全国具有较大的影响力。

一、历史沿革

《万象时报》是老挝民主共和国的第一份英文报纸,创办于 1994 年 4 月。旨在为读者广泛提供国际与国内时事,同时反映老挝政府的政策理念以及老挝经济社会发展的情况。

---

① 云南日报:《云报首次牵手老挝媒体》,2014 年 12 月 11 日,http://yndaily.yunnan.cn/html/2014—12/11/content_909320.htm? div=—1,检索时间:2015 年 4 月 19 日。

② 云南网:《云报集团深化与老挝主流媒体合作》,2015 年 3 月 28 日,http://yn.yunnan.cn/html/2015—03/28/content_3666414.htm,检索时间:2015 年 4 月 19 日。

③ 中华人民共和国商务部网站:《老挝〈人民报〉刊登文章赞扬中国党和政府对老援助》,2010 年 7 月 1 日,http://www.mofcom.gov.cn/aarticle/i/jyjl/j/201007/20100707000371.html,检索时间:2015 年 4 月 18 日。

④ 环球网:《驻老挝大使关华兵出席老挝国立大学首度"中国大使奖学金"》,2015 年 1 月 13 日,http://china.huanqiu.com/News/fmprc/2015—01/5399460.html,检索时间:2015 年 8 月 27 日。

⑤ 云南网:《抓住"一带一路"机遇滇老媒体探索合作新路径》,2015 年 3 月 31 日,http://yn.yunnan.cn/html/2015—03/31/content_3669579.htm,检索时间:2015 年 8 月 27 日。

⑥ 中华人民共和国外交部:《驻老挝大使关华兵走访〈万象时报〉社》,2014 年 9 月 13 日,http://www.fmprc.gov.cn/mfa_chn/zwbd_602255/nbhd_602268/t1192498.shtml,检索时间:2015 年 9 月 23 日。

该报的发行周期经过多次调整，创刊初期为周报，每周只发行一期。1996 年改为每周四、周五出版两次。到了 2004 年，报纸迅速发展，从周一到周五每日都发行，并于 2007 年增加了周六版。[①]

《万象时报》被喻为老挝最成功的英文报纸，因为它的广告收入足以养活自己。该报创办初期发行量只有 1500 份，两年后即达到 3000 份，读者来自全世界 30 个国家。1999 年，《万象时报》还开办了法语姊妹篇，为 16 版的法语周报，发行量达 2000 份。[②]

VIENTIANE TIMES

Established 1994 VOLUME 6 NUMBER 24 March 27 - 29, 2001 4000 KIP

Age-old cure for riverbank erosion

Viengsone Phimmasone

ENGINEERS in Vientiane have recently launched an artificial embankment project along the Mekong river, which aims to prevent riverbank erosion caused by deforestation and slash and burn cultivation. The new experimental project makes use of giant wooden beds called 'Fascine mattresses' that are hoisted along the sides of the river. The mattresses are put together according to age-old techniques that made their way from Europe to East Asia two centuries ago. Made from natural resources, the mattresses provide a stable foundation for the soil, allowing the regeneration of vegetation, preventing the build up of sand, and easing the flow of the often raging Mekong course.

The mattresses originated in the Netherlands and were exported to Japan in the 19th century, where they became a popular and affordable form of riverbank development. The mattresses are currently being tested to see if they suit the Lao environment.

The mattresses are built using brushwood, a natural material that provides the sought-after combination of flexibility and strength for construction projects. Brushwood can be bent into any shape and is resistant to decay, making it especially suitable for moist environments. The use of local vegetation for this project will also discourage slash and burn cultivation, which destroys much useful material. The Fascine mattresses are set down at an angle imitating the shape of the river bank, and a vertical embankment is constructed beneath the water level to provide support for the structures.

According to Project official, Mr Omi, the year-long experimental construction was completed this month. "Our technicians will now spend the rest of this year monitoring the quality of the development," said Mr Omi. Because of the flexibility of the mattress, it can easily adapt to changes in riverbed conditions and is ideal for large slow-flowing rivers whose banks are used by farmers and fishermen. "Our method is also used to create breakwaters in sandy coastal areas," added Mr Omi.

Japanese 'Fascine mattress' technology being hoisted onto the Mekong riverbank.

Continued page 3

Age-old...

The initial project was funded by Japanese development agency, IDI, and construction was contracted to Japanese firm Obayashi at a cost of US$ 150,000. Experienced engineer, Mr Sasaki, explained that the experimental site is about 80 metres long and 10 metres high. The mattress system has been used for more than 120 years in Japan with high rates of success. "If successful here in Laos, it will catch on in a flash," said Mr Sasaki.

The IDI, Engineering Consultants, and Newjec of Japan designed the project in co-operation with the Ministry of Communication, Transportation, Post and

From page 1

Construction. "The material used to construct the mattresses is quite porous and so the structures are resistant to water decay. These mattresses are very strong and are suitable for rivers of all sizes, large and small," added Mr Sasaki.

Chief Project Manager, Bounthieng Vonvongsoth, said that "If this experimental project proves to be successful, the Ministry of Communication, Transportation, Post and Construction will request additional assistant from the Japanese government in order to fund a widespread development of age-old technology."

图 1 《万象时报》版面

二、发展现状

《万象时报》隶属于老挝信息文化部下属的老挝外文出版社，该出版社共有包括记者和行政人员在内的 50 名员工。其中，《万象时报》的员工有 25 五名。

老挝的文化教育事业相对落后，全国 72％的男性和 53％女性接受过教育，15 岁以上识字率为 60％，而首都万象的识字率较高，达到了 85％。[③] 目前，《万象时报》在国内的发行范围主要为首都万象地区。与老挝的电视和广播一样，该报在农村偏远地区的覆盖率很小。《万象时报》是一份每期只有 20 个版面左右的小型报纸，影响力远不及邻国泰国的《曼谷邮报》，但作为老挝唯一的英文报纸，它是老挝了解外界和外界了解老挝的重要窗口。

而除了在本国发行之外，《万象时报》在亚洲、欧洲、大洋洲及北美洲都提供订阅服务。根据地区不同，半年订阅费用在 416 美元至 780 美元不等，一年订阅费用在 936 美元至 1560 美元不等。此外，《万象时报》还提供网络订阅服务，价格仅为 10 美元。《万象时报》也是老挝广告客户的理想选择，该报上广告彩版二十分之一版面到全版面价格从 40 美元到 600 美元不等，黑白版的价格为 25 美元到 350 美元不等。

在此基础上，《万象时报》开设了自己的新闻网站 www.vientianetimes.org.la，年访问量达 28 万左右。该网站不仅提供往期报纸的 PDF 下载，还提供订阅、天气和汇率等服务内容。该报还比较重视新媒体发展，不仅在各类社交网站上有账号，还开发了多媒体终端应用。

三、报道特点

老挝的所有媒体都由政府掌管和监督，媒体也自然承担着解读老挝政治议程的角色。

在报道议题方面，《万象时报》除了提供国内外新闻外，还提供经济新闻和体育新闻板块。此外，该报还有娱乐、旅行、艺术与文化、教育、环境、健康、生活和脱贫等版块。商业与贸易问题是《万象时报》的报道重点，尽管一些涉及文化的报道也是该报的闪光点之一。该报时不时刊发的针对一些社会热议话题的专栏文章也值得一读。[④]

在报道内容方面，《万象时报》的报道内容以老挝国内经济贸易信息为主，报道贴近老挝实际情况且较为客观。例如，据《万象时报》2015 年 7 月 20 日报道，由于老挝政府当前财政状况依然紧张，2015－2016 财年老挝政府暂不上调公务人员工资，计划于 2016－2020 年老挝经济社会发展 5 年规划落实后上调，根据当前财政情

---

① 《万象时报》官网简介：http://www.vientianetimes.org.la/About_us.htm，检索时间：2015 年 9 月 23 日。

② 李异平：《东盟国家媒介透视》，云南人民出版社 2004 年版，第 116 页。

③ 中华人民共和国驻老挝人民民主共和国大使馆经济商务参赞处：《老挝概况》，2012 年 11 月 7 日，http://la.mofcom.gov.cn/article/ddgk/200211/20021100047128.shtml，检索时间：2015 年 8 月 23 日。

④ Jeff Cranmer, Steven Martin, KirbyCoxon: Rough Guides to Laos. London: Rough Guides, 2011, p. 5.

图 2 《万象时报》的网站首页

况,预计 2017—2018 财年执行工资上调。①

四、涉华报道

2006 年后,老挝人民革命党内亲中派掌握国家权力,老挝人民民主共和国与中华人民共和国关系密切。《万象时报》是老挝国内有影响力的报纸,该报在宣传老挝革新开放成果、介绍中国改革开放成果、促进中老两国关系发展和加深人民传统友谊方面做出了重要贡献。②

20

Feature

The People's Republic of China

VWW wishes the 9th Vientiane ASEM Summit great success!

图 3 2012 年 7 月 25 日,《万象时报》专栏“中国预祝第九届亚欧首脑会议圆满成功”

---

① 中华人民共和国驻老挝人民民主共和国大使馆经济商务参赞处:《2015—2016 财年老挝国家公务人员工资不上调》,2015 年 7 月 20 日,http://la.mofcom.gov.cn/article/zwjingji/201507/20150701051596.shtml,检索时间:2015 年 8 月 23 日。

② 外交部网站报道:《驻老挝大使关华兵走访〈万象时报〉》,2014 年 9 月 13 日,http://www.fmprc.gov.cn/mfa_chn/zwbd_602255/nbhd_602268/t1192498.shtml,检索时间:2015 年 4 月 13 日。

例如,《万象时报》在2010年7月就曾刊文报道,近5年来中国首次取代泰国成为对老最大投资国。据老挝计划投资部的一份报告显示,自2000年以来,中国对老投资达到29亿美元。报告分析称,日益密切的老中关系增加了投资者信心,这是中国企业对老挝投资快速增长的一个重要因素。[①]又如,为迎接即将在万象召开的第九届亚欧首脑会议,《万象时报》设专栏,介绍亚欧首脑会议及其成员国情况。2012年7月25日,该专栏刊登题为《中国预祝第九届亚欧首脑会议圆满成功》的文章,详细介绍了中国地理、人口和经济发展情况,并着力介绍了中国改革开放以来经济领域取得的巨大成就和"十二五"规划主要内容。[②]

在《万象时报》新闻网站上以"China"为关键词进行检索,《万象时报》涉华报道量基本保持在每天一篇左右,且对华态度友好。新华社、《人民日报》和《中国日报》都是该报最重要的合作伙伴,《万象时报》上很多涉华报道都转自这几家媒体,同时也有一些该报自采的涉华报道。2015年6月15日,《万象时报》记者桑孔塞·布潘欧汪(Sangkhomsay Phoubphanouvong)曾发表以《彩色沙林,不虚此行!》为题的报道,为读者介绍了云南陆良的彩色沙林、当地的传统文化。他在第三届中国—南亚博览会期间表示,希望今后云南日报报业集团能成为《万象时报》记者获取云南新闻的来源。中国提出了"一带一路"构想,在老挝记者的采访报道中,他们也感受到老方领导人对这个构想的支持。随着泛亚铁路等基础设施的建设以及亚投行的设立,云南与老挝之间的交往与合作会更加密切。[③]

巴特寮通讯社 KhaosanPathet Lao

巴特寮通讯社(KhaosanPathet Lao,简称KPL,又称老挝通讯社)是老挝国家通讯社,也是老挝国营新闻机构。由于老挝自身的经济政治发展有限,巴特寮通讯社的国际影响力比较小。

一、历史沿革

巴特寮通讯社前身为老挝爱国战线中央通讯社,1968年1月6日在爱国战线中央所在地华潘省桑怒市成立。1975年底,老挝人民民主共和国成立后,巴特寮通讯社迁至老挝首都万象并成为国家通讯社。该社的机器设备由中国、苏联和法国提供,并与新华社、塔斯社(俄通社前身)、越通社、古巴拉美社和法新社等世界各国通讯社签订了交换新闻合同。除了常规的通讯社业务以外,巴特寮通讯社还出版老挝文《巴特寮日报》(1999年12月2日创刊)及英、法文报纸《KPL新闻》[④],并提供在线新闻服务。

二、发展现状

目前,巴特寮通讯社提供老挝语、法语和英语三个语种的信息服务。该社的信息分为新闻、政治、经济、教育、旅游、综合和体育等类别。该社新闻网站(http://kpl.gov.la)的月访问量为15万左右。

---

① 中国经济网:《〈万象时报〉:速度"泰"慢了 投资老挝中国第一》,2010年7月21日,http://intl.ce.cn/zgysj/201007/21/t20100721_21636606.shtml,检索时间:2015年8月23日。

② 外交部网站报道:《老挝〈万象时报〉刊文介绍中国情况》,2012年7月25日,http://www.fmprc.gov.cn/mfa_chn/wjdt_611265/zwbd_611281/t955242.shtml,检索时间:2015年4月13日。

③ 中国—南亚博览会网站:《老挝记者难忘多彩云南》,2015年7月7日,http://www.csa-expo.org/zh-cn/topic/topicdetail/611948,检索时间:2015年8月25日。

④ 外交部网站:《老挝概况》,2014年7月,检索自:http://www.fmprc.gov.cn/web/gjhdq_676201/gj_676203/yz_676205/1206_676644/1206x0_676646/,检索时间:2015年4月15日。

成立 47 周年来,巴特寮通讯社不断发展壮大,至 2014 年该社共有职工 93 人。①巴特寮通讯社在老挝境内的乌多姆赛、万赛、琅勃拉邦、沙湾拿吉和巴色省设有分社,在其他省派有记者和通讯员。② 在国际合作方面,巴特寮通讯社与包括新华社和越南通讯社在内的许多国家新闻通讯社都签订有双边协议,另外该通讯社还是不结盟国家通讯社联盟和亚洲—太平洋通讯社组织的成员。③

2014 年,巴特寮通讯社社长孙通・坎他翁(Sounthone Khanthavong)在接受中国媒体采访时表示,巴特寮通讯社正在进行战略调整,由于老挝交通和运输成本的限制,通讯社的信息应该更多地通过广播电视系统传播出去,并为适应受众需求调整内容。④

三、报道特点

作为老挝国营新闻机构和国家通讯社,巴特寮通讯社为国家和政府发声,其报道也十分正统,实时体现老挝政府的态度。例如老挝与中国和越南等邻近的国家关系紧密,通过巴特寮通讯社发表的报道以及它与其他通讯社之间的合作关系就能体现出来。巴特寮通讯社曾发表评论说,经过老中两党和两国政府的共同努力,老中睦邻友好与全面合作关系近年来稳步发展,为今后两国关系的巩固和发展奠定了坚实基础。⑤ 近年来,越南通讯社与老挝通讯社加强合作、互相帮助,不断提高新闻报道的质量和水平,改善信息技术基础设施,同时注重宣传越老之间的特殊合作关系以及两国部委、行业的活动,旨在让越老人民更加了解两国各方面的情况。⑥ 2015 年 6 月 21 日,老挝通讯社和日本共同通信社在万象酒店(LaneXang Hotel)签署谅解备忘录以加强双边合作。这份谅解备忘录旨在促进老日人民之间的相互理解,并把准确及公正的新闻传达给世界。⑦

四、涉华报道

目前,巴特寮通讯社与新华社保持着越来越密切的合作关系。巴特寮通讯社将继续致力于宣传老中全面战略合作伙伴关系,积极报道老中合作和两国人民的友谊,为两国关系发展贡献力量。⑧ 巴特寮通讯社还与中国国际广播电台保持密切合作,二者准备进行全方位的合作,尤其是在技术和人力资源发展方面的合作。巴特寮通讯社还在 2015 年 8 月 20 日的稿件中具体描述了二者增加互派工作人员及加强互译稿件的良好愿景。⑨

---

① 中华人民共和国驻老挝人民民主共和国大使馆:《老挝巴特寮通讯社成立 47 周年》,2015 年 1 月 9 日,http://la.china－embassy.org/chn/lwdt/t1228250.htm,检索时间:2015 年 8 月 25 日。

② 外国新闻界概况编辑组:《外国新闻界概况》,新华出版社 1982 年版,第 54 页。

③ 云南网:《老挝巴特寮通讯社社长顺吞・坎他翁在第六届东盟＋3 媒体合作研讨会上讲话》,2013 年 12 月 7 日,http://yn.yunnan.cn/html/2013－12/07/content_2987599.htm,检索时间:2015 年 4 月 15 日。

④ 国际在线:《〈对话博鳌〉——对话老挝巴特寮通讯社社长孙通・坎他翁》,2014 年 5 月 16 日,http://gb.cri.cn/42071/2014/05/16/7551s4544365.htm,检索时间:2015 年 4 月 15 日。

⑤ 新华网:《老挝通讯社发表评论高度评价老中关系》,2008 年 3 月 29 日,http://news.xinhuanet.com/newscenter/2008－03/29/content_7880614.htm,检索时间:2015 年 8 月 25 日。

⑥ 越南通讯社:《越南政府副总理阮春福会见老挝巴特寮通讯社高级代表团》,2014 年 10 月 29 日,http://zh.vietnamplus.vn/,检索时间:2015 年 8 月 25 日。

⑦ 老挝资讯网:《老挝通讯社和日本共同通信社签署谅解备忘录》,2015 年 6 月 23 日,http://www.360laos.com/? action－viewnews－itemid－1911,检索时间:2015 年 8 月 25 日。

⑧ 环球网:《驻老挝大使关华兵走访巴特寮通讯社》,2014 年 8 月 21 日,检索自:http://china.huanqiu.com/News/fmprc/2014－08/5113508.html,检索时间:2015 年 4 月 15 日。

⑨ 巴特寮通讯社:KPL, CRI to strengthen cooperation,2015 年 8 月 20 日,http://kpl.gov.la/En/Detail.aspx? id＝5708,检索时间:2015 年 8 月 25 日。

老挝国家电视台 Lao National Television

老挝国家电视台(Lao National Television,简称 LNTV)是老挝的官方电视台,隶属于老挝政府新闻部。近几年,老挝国家电视台的发展十分迅速。同时,由于地域关系,该台与中国媒体有着密切的交流合作。

一、历史沿革

老挝国家电视台建于 1983 年 12 月,前身为巴特寮广播电台。创办初期,老挝国家电视台的节目只在每天早晚各播出一次,全天播出时间只有 3 个小时,而且播出范围只覆盖首都地区。

1993 年,老挝国家电视台与国家广播电台合并,成立了老挝国家广播电视公司(Lao National Radio and Television)。同年,老挝国家电视台与泰国达成协议,通过 9 频道对外播出,同时购进新的设备,完善了电视传送服务。在日本和越南的大力协助下,老挝国家电视台建立了新的广播中心。

1994 年,与泰国合资创办的电视三台开始播出,当时电视三台的设备是由柬埔寨私人投资者提供的。开播之后,电视三台由老挝文化和信息部负责管理。1999 年,电视三台由老挝国家电视台接管。因为该台是与泰国合资经营的,经常播出由泰国制作的电视游戏节目、电视肥皂剧和电影等。

2002 年,与法国合资的电视五台开播,每天播出 14 个小时的法语节目。播出两年之后,由于与法方的合作终止,电视五台也随即停播关闭。

2006 年,在中国的援助支持下,老挝的电视七台得以开工建设。老挝国家电视台发言人宣布,电视七台得到来自中方的资助为 800 万美元。电视七台建成后,将播出中国中央电视台国际频道(CCTV 9)和越南国家电视台的节目。

二、发展现状

如今,老挝国家电视台开设的频道中,老挝电视一台的节目内容主要涉及新闻和时政消息,为国家发展、教育和经济服务;老挝电视三台于 2002 年由老挝国家电视台正式接管之后,以往娱乐化的风格也逐步淡化了。① 除此之外,老挝国家电视台还下设十余个地方台,分布在各个省市。但是省级电视台的力量较为薄弱,通常不能独立制作电视节目,只有万象市、琅勃拉邦城等几个主要城市的电视台能够播出 1 小时左右的自制节目。②

近年来,老挝国家电视台发展十分迅速,已通过卫星将节目覆盖全国,成为各省电视台的主要节目资源。③ 老挝国家电视台还提供在线服务,网址为 http://www.tnl.gov.la。

目前,老挝电视传媒也呈现出国际化色彩,国家电视台建立了外语新闻部和国际新闻部。老挝国家电视台的内部机构设置如下:老挝国家电视台管理部,主要负责电视台的日常管理和组织工作;国内新闻部,主要负责追踪国内新闻,制作新闻故事并将其编辑成 20～25 分钟的地方新闻节目,该节目每天播放 5 次;娱乐部,主要负责制作国产的轻娱乐节目,其中包括体育类节目(足球、拳击、体操)、儿童类节目(卡通片、科教节目和世界故事)、艺术类节目(国际和当地的音乐、舞蹈、戏剧、电影,以及游戏和谈话节目),此外还有外语新闻部、国际新闻部、第一电视台部、第三电视台部、技术保障和研究部、技术服务部。

---

① 刘琛:《老挝电视传媒:历史、身份与意识形态》,《国际新闻界》2010 年第 3 期。

② 刘琛:《全球化背景下的亚洲电视传媒——发展与文化》,北京交通大学出版社 2009 年版,第 42 页。

③ 国际在线:《对话博鳌——对话老挝巴特寮通讯社社长孙通・坎他翁》,2014 年 5 月 16 日,http://gb.cri.cn/42071/2014/05/16/7551s4544365.htm,检索时间:2015 年 3 月 27 日。

三、报道特点

受老挝国家新闻体制的影响,老挝国家电视台的报道呈现出以下两个特点:

首先,媒体自主性不高。老挝的新闻体制是政府和媒体的“一体化”——媒体的所有权属于国家,由老挝人民革命党管理,宣传政策由信息文化部统一制定。老挝政府仍然信奉“政府是建立在对思想控制的基础上”这一原则,要求媒体做党、政府和社会机构的喉舌。老挝媒体的财政一直由政府补贴,广播电台的广告不能超过总节目时长的十分之一。

图 4　老挝国家电视台网站首页

图片引自老挝国家电视台网站:http://www.tnl.gov.la,检索时间:2016 年 3 月 11 日。

其次,新闻专业人才和技术的极度匮乏严重制约了新闻业的发展。老挝国家电视台成立至今只播出过四五部本土电影。电视台也试图制作一些谈话节目,但只维持了短短两三年的时间。相对而言,老挝民众更喜欢泰国的电视节目,一方面是因为语言相通,另一方面是泰国电视媒体的质量要远胜于老挝。老挝以佛教为国教,相当注重民族化、本土化、道德伦理和文化范式。因此,老挝国家电视台较少播出本土文化外的节目,老挝人认为让外国尤其是西方国家的影视节目无限制地进入老挝,本国电视将会失去属于自己的个性和风格。

四、涉华报道

近些年来,中国对老挝国家电视台的发展给予了大量的协助,包括资金资助、技术支持和人员培养等各个方面。同时,老挝国家电视台与中国电视媒体同行之间的交流合作也很多,其中既有中央电视台这样的国家级媒体,也有云南电视台等省级电视媒体机构。

2006 年 10 月,中老两国政府换文批准中国政府援助老挝电视三的项目,总金额为 7900 万元人民币。该项目配有设备先进的电视转播车、大小演播室、自动控制系统及节目编辑制作系统等,并被用于 2009 年 12 月在老挝举办的第 25 届东南亚运动会赛事当中,向全球现场直播及制作系列节目。[①] 2007 年 11 月,老挝国家电视台与云南电视台、老挝科技发展有限公司共同创建了老挝数字有限公司,转播老挝、中国、泰国等国家的无线数字电视节目共 54 套,播出节目内容涵盖新闻、财经、体育、娱乐、电影、卡通、科普等各个领域,满足了多语言和不同年龄阶段消费者的需求。老挝无线数字公司的成立使老挝成为了东南亚第四个拥有数字电视的国家,更重要的是为中国电视行业搭建了一个面向老挝的传播平台,以先进的数字电视形式让云南卫视、中央第四频道和英文频道在老挝万象顺利落地。这使老挝人民能全面了解中国的政治、经济、文化等方面的发展动态,对促进中老两国文化交流产生了积极的影响。[②] 2010 年,中国普天集团联合国家数字电视工程实验室、云南省电视台、老挝国家电视台等单位率先实现了老挝国家电视台万象机房的地面数字电视网络标准的转换。[③]

作为国家媒体机构,老挝国家电视台也承担起了中老文化交流媒介的使命。2014 年 1 月 25 日,由中共云南省委宣传部、老挝新闻文化和旅游部、中国驻老挝大使馆主办,云南广播电视台和老挝国家电视台承办的

① 中华人民共和国商务部网站:《中国政府援助老挝国家电视台三频道项目竣工移交》,2009 年 9 月 26 日,http://www.mofcom.gov.cn/aarticle/i/jyjl/j/200909/20090906536156.html,检索时间:2015 年 3 月 28 日。

② 老挝数字电视有限公司介绍:http://www.ldtv－lao.com/doc/web/index.php? wid＝13,检索时间:2015 年 3 月 28 日。

③ 电子信息产业网:《地面数字电视传输系统演进(DTMB－A)》,2012 年 3 月 20 日,http://znzd.cena.com.cn/2012－03/20/content_153690.htm,检索时间:2015 年 8 月 27 日。

《“中老情·合家欢”——2014中国·老挝大型春节联欢晚会》在老挝国家会议中心成功举行，老挝国家电视台全程直播晚会盛况，在老挝引起强烈反响。[①] 2009年，在中国一东盟电视论坛期间签署的《中国广西电视台与老挝国家电视台电视节目交流协议》不仅是中老新闻媒体之间的合作，也是加深中老人民之间相互了解和互信、推动两国全方位合作的重要环节和基础。[②] 2014年11月1日中央电视台与老挝国家电视台新闻产品使用授权书签约仪式、广西人民广播电台与老挝国家电视台《中国剧场》合作协议签约仪式同时在老挝万象举行。这对中老两国的传媒合作具有里程碑意义，是在老挝吹起的又一股“中国风”。根据协议，广西人民广播电台与老挝国家电视台将在老挝国家电视台合作开办固定栏目——“中国剧场”，每周六、周日在栏目中播出由广西人民广播电台译制的中国电视剧，每年固定播出电视剧过百集。第一期播出剧目有26集都市情感电视剧《野鸭子》和30集青春励志电视剧《时尚女编辑》。电视剧的交流合作，对连通两国人民心灵、了解彼此文化、加深纯真友谊起到了桥梁纽带作用。[③] 2015年4月23日，老挝电视台采访报道了由中国—东盟中心和老挝中国文化中心共同举办的“中国传统魔术讲座及表演”，表演给老挝民众带来了优秀的中国传统文化，对促进中老两国人民的相互了解和友谊起到了积极作用。[④]

---

① 新华网:《云南广播电视台社会责任报告(2014年度)》,2015年5月12日,http://news.xinhuanet.com/zgjx/2015－05/12/c_134218306_6.htm,检索时间:2015年8月27日。

② 中越快网:《广西:构建中国－东盟区域文化交流与合作新格》,2011－9－8,http://www.vn163.cn/dongmeng/20110908/106579.html,检索时间:2015－8－27。

③ 北部湾在线:《央视、广西电台与老挝国家电视台签署合作协议》,2014－11－1,http://www.bbrtv.com/2014/1101/173693.html,检索时间:2015－3－28。

④ 中国文化中心:《中国传统魔术讲座及表演在老挝中国文化中心举行》,2015－4－29,http://cn.cccweb.org/portal/pubinfo/001002003007/20150506/07c4ea1b9a914142be94d37264e74525.html,检索时间:2015年8月27日。

印度尼西亚

《罗盘报》*Kompas*

《罗盘报》(*Kompas*)是印度尼西亚的一份全国性日报,是全印尼最有权威性的报纸。该报一直以来秉持权威信誉和客观报道风格,在读者群中享有很高的忠诚度。《罗盘报》不仅是印度尼西亚发行量最大的报纸,同时也是东南亚地区发行量最大的报纸。

一、历史沿革

《罗盘报》创办于 1965 年 6 月 28 日,创办人是欧阳炳(P.K. Ojong)和耶谷·乌达玛(Jakob Oetama)。二人都曾从事记者工作,还曾于 1963 年创办《精华》(*Intisari*)月刊。当时,印尼官方建议天主教团体出版一份日报,以与印尼共产党报刊《人民日报》相抗衡。该团体领导人弗兰士·施达(Frans Seda)将此事托付给具有媒体从业经验的欧阳炳和耶谷·乌达玛二人,并筹资成立一个"日报基金会"以支持办报事业。最初,报纸定名为《人民报》(*Bentara Rakyat*),由欧阳炳和耶谷·乌达玛二人负责日常编辑工作。首期报纸出版在即,施达面见苏加诺总统汇报报纸筹备事宜,苏加诺建议以《罗盘报》为正式刊名,意为使该报成为指南,引领印尼国民克服障碍与挑战。随后,作为天主教党派机关报的《罗盘报》正式开始出版,初始资本为 10 万盾,初期日发行量为 4800 份,发行的范围仅局限于雅加达地区。

不久之后,基金会改变了办报初衷,决定将《罗盘报》办成一份独立的报纸,脱离宗教及政党的背景,内容尽可能自己派记者采写,避免报道当时已经被政治化的新闻。随后几年中,在印尼大多数报纸发行量下降的情况下,《罗盘报》的发行量却逐年攀升。1966 年,《罗盘报》开始成为全国发行的日报。到 1969 年时,《罗盘报》的发行量达到全国之首,成为印尼第一大报。

从 1965 年到 1998 年,印尼经历了苏哈托统治时期。在苏哈托治下,一方面国家政治局势稳定,包括新闻媒体在内的国内经济实体都有所发展;另一方面由于严格的言论控制,新闻媒体逐渐成为政府控制下进行宣传的工具。在此期间,《罗盘报》逐渐形成了与政府的相处之道,并内化为其报道的一大特色。在处理各种新闻时,《罗盘报》都持谨慎态度,尽量很好地平衡政府与读者之间的关系,不时刊登一些简单的政府活动新闻,传达一些政府的观点,同时也能够巧妙做到既使政府满意也让读者满意,刊登的新闻大都为读者所喜爱。

图 1 Kompas Gramedia 传媒集团标识

图片引自 Kompas Gramedia 集团网站:http://www.kompasgramedia.com,检索时间:2016 年 2 月 19 日。

1995 年,《罗盘报》开始网络化经营,开通了报纸的电子版 Kompas online,每日将纸质版报纸转成网络版,以供更多读者及时浏览。1998 年,Kompas online 正式更名为罗盘报网(kompas.com),从单纯的电子版报纸升级为综合新闻资讯网站,由 PT Kompas Cyber Media(简称 KCM)公司负责经营。经过多年的发展,现在罗盘报网已经成为印尼最受欢迎、最有口碑、阅读量最大的新闻门户网站之一。

目前,《罗盘报》隶属于印尼最大的传媒集团 Kompas Gramedia。该集团旗下拥有 90 家平面媒体以及电视台(Kompas TV)和数十家广播电台,此外还经营出版、印刷、书店、网络以及教育机构等业务。

2013 年,《罗盘报》成立 50 周年之际,印尼副总统布迪约诺称赞该报既是商务成功的典范,同时也不忘理想主义和社会责任。《罗盘报》一直以来秉承"人民良知"的使命,为打造民族性格发挥了重要作用。①

二、发展现状

多年起来,《罗盘报》一直稳坐印尼第一大报的宝座。印刷版的每日发行量平均为 50 万份,周末发行量达 60 万份,而每日读者的平均数量达到 185 万人。② 2014 年,《罗盘报》的发行量为 507 000 份,总读者量接近 200 万。③

《罗盘报》以印尼文发行,报社总部位于雅加达 Palmerah Selatan 大街。每日出版的《罗盘报》主要分为三个部分,第一部分为国内外重大新闻,第二部分为商务财经新闻,第三部分为体育新闻。同时,该报还非常重视市场经营,大约 35%的版面用于刊登广告。

目前,罗盘报网(http://www.kompas.com)每月的网页浏览量为 1.2 亿。该网站提供了更丰富的信息和信息展示方式,内容更及时更多样。网站还开通了专门的女性、足球、科技、图片、娱乐等频道,满足受众多元化的需求。为了更贴近受众,罗盘报网还在 Facebook、Twitter、Youtube 等社交网站上开辟了账户,负责内容推广。此外,网站本身也增设了评论功能来增强互动性。在新媒体发展方面,2010 年,《罗盘报》采用 Wood Wing 的数字杂志公司为 iPad 创建电子报纸,成为亚洲首个支持 iPad 格式的日报,从而使世界各地的 iPad 用户可在第一时间了解到《罗盘报》上的新鲜资讯。

KOMPAS

AMANAT HATI NURANI RAKYAT

Mendahulukan Keadilan kepada Masyarakat

Presiden Instruksikan Pembenahan Kejaksaan

Bahan Baku Pakan Tertahan di Gudang

Sang "Panser" Sedang Menembaki Diri Sendiri

图 2 《罗盘报》头版

三、报道特点

作为印尼最受欢迎、最具影响力的报纸,《罗盘报》风格严肃,在知识文化界享有很高的声誉。《罗盘报》的报道具有分类化和国际化两大特点。分类化可以让读者迅速找到自己最需要了解和关心的版面,这一点使《罗盘报》可以准确抓住读者心理;国际化的特点是指《罗盘报》立足于印尼,同时关注全球重大事件。在国际政治方面,《罗盘报》主要报道有关美国、欧洲、澳大利亚的新闻,而在经济方面,从中国—东盟自由贸易协议签订以来更加关注于中国。

在报道中,《罗盘报》秉持客观中立的态度,尽量淡化意识形态色彩。这是苏哈托政府以政策导致的"保守"报道风格留下的遗产,同时也与该报的主旨相符。自从 1998 年印尼新闻媒体得到言论自由,《罗盘报》就秉持着客观求实的态度传播读者所需要的日常新闻与信息。当然,《罗盘报》的中立立场也不是一成不变的,同印尼众多媒体一样,也要受政府和媒体主管部门的影响。2011 年 8 月 4 日,《罗盘报》发表了一篇题为《首相纳吉的妻子与价值 2400 万美元的戒指》的报道,直指首相妻子的生活充满争议,有涉腐败,并且首相一家由于姻亲而

---

① 印度尼西亚《商报》:《副总统出席 Kompas Gramedia 50 周年报庆称:商务成功但不失理想主义》,2013 年 9 月 12 日,http://www.shangbaoindonesia.com/indonesia-berita/副总统出席 kompas-gramedia50 周年报庆称-商务成功但不失理想主.html,检索时间:2016 年 2 月 19 日。

② 人民网:《印度尼西亚〈罗盘报〉简介》,2007 年 8 月 8 日,http://media.people.com.cn/GB/22114/87028/87031/6086423.html,检索时间:2015 年 4 月 26 日。

③ Kompas Media Kit 2014, https://kompasinteractivedisplay.files.wordpress.com/2014/02/mediakit-2014-small.pdf, 检索时间:2016 年 2 月 19 日。

与黑道深有牵连。之后,《罗盘报》迫于高层压力发布道歉消息。别有深意的是,这次道歉并非专门刊文致歉,而是在对首相的专访报道中插入短短一句话,既未承认之前报道有误,也未从网站上撤下相关报道内容。印尼其他媒体的分析,此举是《罗盘报》在最后两分钟做出的“非一般情况下的决定”。①

四、涉华报道

通过罗盘报网检索关键词“China”,以 2013～2014 两年间的报道为例,涉华报道共有 10562 篇。相对来说,报道数量比较大。其中,以新闻事实为主的消息类报道占到报道总量的 48%,通讯报道占到 30%,深度报道和特写专访占 21%左右,而评论数量最少,仅占 1%。②

通过对相关报道的分析可以看到,《罗盘报》对中国的呈现是多面的。在国际新闻议题上,《罗盘报》将中国定义为印尼的“盟友”,重视对两国关系的报道。在地区层面两国是互相扶持的邻邦,为保护区域和平尤其是在解决海域争端问题上有一定的共同利益。在中国领导人与反腐败方面,《罗盘报》时常把中国打击腐败的新闻作为印尼政府活生生的教材、一个学习的榜样。与此同时,印尼在很大程度上受到西方价值观影响,印尼媒体对死刑制度以及严格的审查制度等持反对态度,《罗盘报》也在此类涉华报道中表达出不理解和遗憾。③

在经济类议题中,随着中国经济快速增长,中国在国际经济贸易合作中扮演着不可忽视的角色,呈现出积极参与者的形象。而对于印尼来说,中国是印尼经济贸易的重要合作者,印尼媒体通常会把中国定义为“领导者”“机会”,同时也是“威胁”。在《罗盘报》的涉华报道中,一方面突出中国经济的快速发展以及中国－东盟自由贸易区在给东南亚国家带来的机遇同时,也在一定程度上带来“不公平”竞争等影响。而在涉及中国社会与民生的报道中,《罗盘报》经常会报道一些消极事件,例如社会道德滑坡等问题。

总体上来看,《罗盘报》的涉华报道多是以事实信息为主的消息类报道,报道倾向相对缓和,基本上没有过激或者夸大的评价。该报呈现的中国形象,既有积极面也有消极面,但整体上以客观叙述为主。

除此之外,《罗盘报》也较为重视与中国的交流合作。2012 年 6 月,中国驻印尼大使刘建超拜会《罗盘报》,该报总编辑巴贡表示,《罗盘报》将抓住两国关系快速发展的机遇,通过增派记者赴华采访、扩大与中国媒体交流合作等方式,不断加大对中国和双边关系的一手报道,及时更新印尼读者对当代中国的了解,增进双方人民的友谊。④ 2016 年 1 月 12 日,《罗盘报》在“观点版”辟整版刊发中国驻东盟大使徐步的署名文章。这篇题为《中国维护南海和平稳定、推动互利共赢的决心坚定不移》的文章,从历史、现实和未来发展的角度阐述了中国在对待南海问题上的和平、合作、开放的态度。文章指出,“中国与印尼的携手合作,必将为南海问题的妥善处理注入不可或缺的正能量”。同时还表示,“在地区国家共同努力下,将南海建成和平、友谊、繁荣之海的梦想定然可期”。⑤

《雅加达邮报》*The Jakarta Post*

《雅加达邮报》(*The Jakarta Post*)是印度尼西亚发行量最大的英文报纸,是了解印尼外交政策的重要窗

① 当今大马:《〈罗盘报〉最后一刻转态“半道歉” 黑手党亲家争议继续纠缠纳吉》,2011 年 8 月 23 日,http://www.malaysiakini.com/news/173855,检索时间:2015 年 8 月 6 日。

② 尤思佳:《印尼〈罗盘报〉之中国国家形象》,《新闻传播》2015 年第 5 期。

③ 尤思佳:《印尼〈罗盘报〉之中国国家形象》,《新闻传播》2015 年第 5 期。

④ 国际在线:《印尼〈罗盘报〉总编:中国的发展为印尼和地区带来机遇》,2012 年 6 月 12 日,http://gb.cri.cn/27824/2012/06/12/5951s3724740.htm,检索时间:2016 年 2 月 19 日。

⑤ 外交部网站:《〈罗盘报〉刊登驻东盟大使徐步署名文章“中国维护南海和平稳定、推动互利共赢的决心坚定不移”》,2016 年 1 月 12 日,http://www.fmprc.gov.cn/web/dszlsjt_673036/t1331093.shtml,检索时间:2016 年 2 月 19 日。

口。该报的目标受众是外国人和具有较高学历的印尼人。不过，选择阅读该报的中产阶级人士也越来越多。

一、历史沿革

《雅加达邮报》的历史算不上悠久，但快速的发展势头使其已经跻身为印尼的头号英文日报。该报于 1983 年 4 月 25 日创刊，创办人是印尼前新闻部长阿里·穆尔多波(Ali Murtopo)和政治家林绵基(Jusuf Wanandi)。起初，《雅加达邮报》是四家印尼媒体的协作项目，其中包括《罗盘报》(*Kompas*)。在创办初期，《雅加达邮报》并没能形成独立的规模，经常需要协作项目中的其他媒体的支持帮助，例如借用《罗盘报》的办公地点，员工需要手工发报，还要面临难以吸引广告的问题。在此后数年，该报的销量日渐增长，但刊登的广告依然很少。在 1991 年更换主编后，《雅加达邮报》日趋独立，并显露出拥护民主的立场。1994 年 9 月 18 日，《雅加达邮报》创办周日版，新闻报道比平日版更深入，并且增加了娱乐和小说等休闲版块。1994 年，《雅加达邮报》与英国路透社和美国 DIALOG 信息服务公司签订合作协议，以期能够获得更好的发展。

KOMPAS, SELASA, 12 JANUARI 2016 OPINI 7

"Quo Vadis" Kebijakan Perpajakan Indonesia

Oleh YUSTINUS PRASTOWO

Sengketa LTS dan Posisi Tiongkok

Oleh XU BU

SURAT KEPADA REDAKSI

IELTS di IALF

Pantai Wisata di Yogyakarta

图 3　2016 年 1 月 12 日，《罗盘报》"观点版"刊发中国驻东盟大使徐步的署名文章

21 世纪以来，《雅加达邮报》仍展现出生生不息的发展态势。2006 年，印尼记者协会(Persatuan Wartawan Indonesia)赞誉《雅加达邮报》是一份能好好秉持新闻道德准则的报纸。该报关于外国政局的报道获评为"准确、体现学养、分析良好"，故此在 2009 年 1 月获得阿丹·马力克奖(Adam Malik Award)。一年之后，《雅加达邮报》的三名记者凭着关于文化、法律和政治领域的优秀摄影作品而获得由印尼烟草公司三宝麟颁授的阿迪瓦塔奖(Adiwarta Award)。

2012 年 4 月 9 日，由于《雅加达邮报》的大部分读者住在峇里，因此报社特别创办了《峇里日报》(*Bali Daily*)，每期刊行四版，直接在峇里岛印刷发行。

二、发展现状

《雅加达邮报》的报社总部位于雅加达，全报进行彩版印刷。该报除了平日发行的版本外，还有周末版、网络版和《峇里日报》。《雅加达邮报》采用宽幅排版，"生活"版面采用比常规报纸更加丰富的图片，周末版提供深度新闻和娱乐、小说等内容。雅加达邮报网(http://www.thejakartapost.com)是印度尼西亚重要的新闻资讯网站，不仅涵盖了纸质版报纸发表的全部内容，而且网站发布新闻信息更为丰富及时，并能提供更为丰富的照片和视频服务，所有内容均为免费提供。

《雅加达邮报》的目标受众是印尼商人、学历高的印尼人和外国人，这也印证了其创立伊始的目标——成为如同新加坡《海峡时报》、马来西亚《新海峡时报》及泰国《曼谷邮报》那样有质量的英文报纸。《雅加达邮报》以印尼记者的"训练营"而著称，许多记者在离开该报后往往能够进入彭博社等更大的媒体平台工作。

此外，《雅加达邮报》还是亚洲新闻联盟成员，有着较为丰富的新闻信息共享资源。

三、报道特点

《雅加达邮报》的头版主要刊载国内政治经济要闻，国际新闻报道通常也都在头条中体现。该报还设有世界版(World)、国际版(International)、东盟版(ASEAN)、财经版(Business)和市场指数(Market Indexes)等版面，可见该报对国内外重要新闻的重视以及题材选择的严肃性。在国内版(National)中，《雅加达邮报》经常会刊登一些案件审理或政治活动等内容的新闻。同时，该报还辟有“群岛”(Archipelago)版面，内容拓展到环境与生活等领域。此外，该报还开设娱乐和体育等版块，报道风格相对轻松活泼。

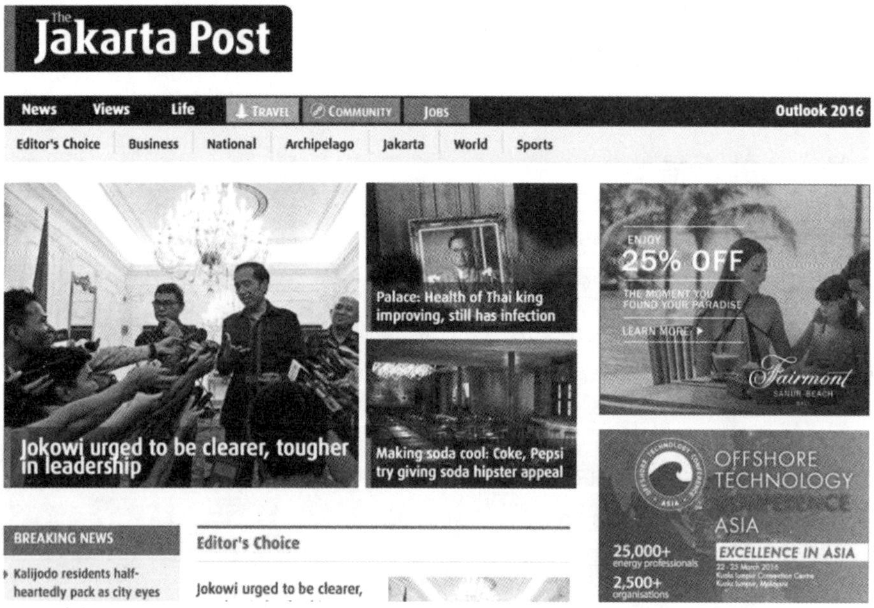

图 4 《雅加达邮报》网站首页

图片引自雅加达邮报网：http://www.thejakartapost.com，检索时间：2016 年 2 月 19 日。

在严肃新闻议题上，《雅加达邮报》通常持较为中立的报道立场和评论观点。在政治新闻报道方面，《雅加达邮报》往往能体现出准确性、教育性的特点。该报对自身的职能定位是以国家议程的政治语境为背景，承担协助国家发展、社会整合和社会稳定的社会职能，在提升多民族国家凝聚力、促进民众的认同方面发挥重要作用。

四、涉华报道

《雅加达邮报》一向较为重视涉华报道，对于与中国媒体之间的交流合作也比较积极主动。该报时常会刊登关于中国和印尼两国的友好外事活动和双边关系发展的文章。2012 年 6 月 1 日，中国驻印尼大使刘建超在官邸接受了该报记者的专访，在访问中他谈到当前中国与印尼之间的关系、对于中国发展道路的看法，同时还就有关印尼经济政策调整、两国经贸投资合作等问题进行了回答。①

此外，关于中国与东盟国家的关系发展的内容也在该报中有所体现。例如 2014 年 12 月 15 日，驻东盟大使杨秀萍在《雅加达邮报》发表一篇题为《中国—东盟关系的变与不变》的署名文章，结合近期中央外事工作会议精神、中国—东盟战略伙伴关系新 10 年发展方向，阐述了我国与东盟的合作政策、合作理念及倡议举措。②又如 2015 年 8 月 5 日，《雅加达邮报》刊登了驻东盟大使徐步的署名文章《21 世纪海上丝绸之路为中国－东盟合作搭起了新桥梁》。该文的核心观点是，建设“21 世纪海上丝绸之路”将有助于打造中国－东盟更稳固的政治互信、更紧密的经贸关系、更融洽的人文交流。③

近年来，该报涉华报道的热议话题为东盟和南海问题，在这一方面该报发出了较为多元的声音。例如该报在 2011 年 6 月发表的一篇文章中指出，“中国将通过改变现有的国际规则，建立为其利益服务的新规则，来排除阻碍其崛起的障碍”。④另一篇发表于 2013 年 4 月的文章提出，“中国应该保持‘友善的大象’这一形象，这种

① 中华人民共和国驻印度尼西亚共和国大使馆：《刘建超大使接受印尼〈雅加达邮报〉专访》，2012 年 6 月 4 日，http://www.fmprc.gov.cn/ce/ceindo/chn/gdxw/t937962.htm，检索时间：2015 年 5 月 10 日。

② 中华人民共和国外交部：《驻东盟大使杨秀萍在印尼〈雅加达邮报〉发表署名文章：中国—东盟关系的变与不变》，2014 年 12 月 15 日，http://www.fmprc.gov.cn/mfa_chn/wjdt_611265/zwbd_611281/t1219270.shtml，检索时间：2015 年 7 月 17 日。

③ 中华人民共和国外交部：《驻东盟大使徐步在印度尼西亚〈雅加达邮报〉发表署名文章：21 世纪海上丝绸之路为中国—东盟合作搭起了新桥梁》，2015 年 8 月 5 日，http://infogate.fmprc.gov.cn/mfa_chn/dszlsjt_602260/t1286538.shtml，检索时间：2015 年 8 月 11 日。

④ Mustaqim Adamrah: Go back to DOC, RI tells South China Sea claimants, the Jakarta Post, 2011－6－10, p. 12.

Change, unchanged in China-ASEAN ties

Maritime Silk Road can bridge China-ASEAN cooperation

图 5　左为该报《中国—东盟关系的变与不变》一文；右为《21 世纪海上丝绸之路为中国—东盟合作搭起新桥梁》一文

形象将会支持中国作为潜在的超级大国在国际体系中获得长期的利益”。[①]这在一定程度上反映出东南亚国家对于中国的矛盾情感。他们一方面欢迎中国的帮助和贸易经济投资，但另一方面也担心这些经济联系会使得他们失去外交谈判的空间。他们既希望中国的崛起能为东盟创造无限机遇，又对中国的日益强大感到恐慌，担心成为中美区域力量博弈的牺牲品。[②]

总体上，《雅加达邮报》涉华报道的数量并不多，但整体对华态度较为友善。

安塔拉通讯社 Antara News

安塔拉通讯社（Antara News）是印度尼西亚的国家通讯社，也是印尼国内唯一一家被授权可以对来自国外通讯社的新闻材料进行分配的新闻组织，是印尼国内了解外部世界的重要媒介。

一、历史沿革

安塔拉通讯社创办于 1937 年 12 月 13 日，是为了抵抗荷兰殖民者和日本侵略者、争取国家独立而创办的媒体机构。1954 年，该社国有化并由政府接管。80 年代起，为了适应市场要求和科技发展，该社开始提供经济新闻服务。1986 年，安塔拉社开始计算机化。到 1994 年时，安塔拉社正式启用网络，通过电子邮件与发展中国家通讯社交换信息并将信息传递给用户和印尼政府。

1957 年，安塔拉通讯社与新华社签订了互换新闻协议。在 1996 年两社又重新签署了新闻合作协议，继续免费交换新闻。2007 年 3 月 29 日，安塔拉通讯社设立北京分社，这实际上是该分社继 1999 年因财政困难临时关闭后的二次开启。

---

① Yeremia Lalisang, ASEAN's procrastination in the South China Sea, the Jakarta Post, 2013－04－03, Location(s): Brunei China Asia South East Asia.

② 张昆、陈雅莉：《东盟英文报章在地缘政治报道中的中国形象建构——以〈海峡时报〉和〈雅加达邮报〉报道南海争端为例》，《新闻大学》2012 年第 2 期。

二、发展现状

图 6 安塔拉通讯社网站首页

图片引自安塔拉通讯社网站:http://www.antaranews.com,检索时间:2016 年 2 月 19 日。

安塔拉通讯社总部位于雅加达,在印尼所有省份都设有记者站,在全国共派驻有将近 200 名记者,报道印尼各省、地区和村庄发生的新闻。目前,该社在纽约、堪培拉、吉隆坡、开罗、萨那等地也设有记者站。为了满足受众对于世界信息的需求,安塔拉通讯社与世界各国众多新闻社建立了合作关系,如马来西亚新闻社、澳大利亚联合通讯社、路透社、法新社、德新社、新华社、共同社等。安塔拉通讯社注重多边交流,同时也很注重双边交流。安塔拉通讯社是东盟新闻交换机制的成员,也是亚太新闻社组织、不结盟新闻社交换机制的成员。

安塔拉通讯社每天都通过卫星通信网、卫星电视、因特网、电子邮件等现代科技手段将本社记者采写的 250 多条新闻以及由协作通讯社提供的 3000 多条新闻提供给客户。除了新闻和图片之外,安塔拉通讯社还提供其他种类的服务,包括股市和汇市实时数据服务、新闻信息发布服务等,例如名为“印度尼西亚市场行情”的商业活动数据。①

三、报道特点

安塔拉通讯社为用户提供印尼语和英语资讯服务。该社不仅提供国内、国际、商业、体育、娱乐新闻资讯,还提供科技与环境方面的消息。此外,该社网站上还有专门提供图片服务的版块。

安塔拉通讯社消息类报道整体较为客观,注意引用信源与证据。国内报道较为平实,除了交代基本要素之外不做过多评论。在国际报道方面,该社消息用词相对有些倾向性,例如在报道恐怖组织、极端天气等问题时会体现出厌恶之感,但同样不会加以倾向性评论。

四、涉华报道

2007 年 3 月,安塔拉通讯社恢复了北京分社,并派驻常驻记者。在整个亚洲区域中,该社始终把大部分注意力都放在亚洲最大的经济体——中国身上。

中国政府的政策如何利好邻邦、周边国家如何搭上中国发展的便车,这是周边国家驻华记者优先关注的问题。安塔拉通讯社驻华记者黎妮(Rini Utami)女士曾在采访中表示,包括印尼在内的许多国家都越来越关注中国的变化,这甚至成为他们首要关注的事情。而印尼如此重视中国,不仅仅是因为两国是海上邻国,也因为两

① 人民网:《印度尼西亚安塔拉通讯社简介》,2007 年 8 月 8 日,http://media.people.com.cn/GB/22114/87028/87031/6086425.html,检索时间:2015 年 4 月 5 日。

国之间快速发展的双边贸易交流关系。同时印尼国内对中国两会非常关注，认为这是每年一度的重要事件。[①]

2007年至2009年，艾哈迈德·维加亚(Ahmed Wijaya)担任印尼安塔拉通讯社的驻华记者以及北京分社社长。在此期间，他曾采访报道了汶川地震、北京奥运会等一系列重大新闻事件，到过上海、西安、乌鲁木齐等十多个中国城市。维加亚在总结自己的中国工作经历时说，"我最大的感受就是中国是一个大国，自然资源丰富、人口众多，能够集中力量建设基础设施，并有效推动经济的发展"。[②]

新华社与安塔拉通讯社有着长期的友好合作关系。随着中国和印尼两国政治和经贸关系的快速发展，新华社与安塔拉通讯社的合作也进入了新的发展时期，二社的进一步合作也将为两国的经济发展与友好合作作出贡献。[③]安塔拉通讯社国际部主任艾力斯万表示，印尼各界人士都钦佩中国的快速发展，对中国和中印尼关系的未来发展充满信心。安塔拉通讯社作为印尼官方通讯社，将不断加强对中国和中印尼关系的报道，扩大与中国媒体的交流合作，为促进中印尼人民的相互了解和友谊发挥窗口和桥梁作用。[④]

2003年，安塔拉通讯社还与新华社合作，共同举办名为"两个城市的故事"的联合摄影展。安塔拉通讯社资深摄影家奥斯卡和新华社驻雅加达分社摄影记者壮锦，分别通过自己的镜头拍摄了印尼记者眼中的北京和中国记者眼中的雅加达。参展的40幅作品，通过各自独特的视角向人们展现了两国首都在异国摄影家镜头中不同的印象。[⑤]

从对安塔拉通讯社网站英文界面的搜索结果来看，该社涉华报道频率并不是很高，平均三四天一篇，有时五到六天发表一篇。进一步观察该社涉华报道，其对华态度分为两个极端。一方面，从国际关系方面考虑，印尼对中国怀有好感。例如该社2015年7月28日发展的《印尼咨询部发言人崇拜中国发展成就》(*Indonesian consultative assembly speaker admires achievements of China*)一文，充分表达了印尼对其与中国关系的重视和建设更好的两国关系的愿景；[⑥]另一方面，对于涉及普通中国人的报道，该社又体现出漠然的一面。例如在MH370失踪飞机残骸发现后，各国报道集中在残骸确定等问题上，但安塔拉通讯社在2015年8月3日转载了路透社名为《愤怒的中国家属就失踪马航飞机讨说法》(*Angry Chinese families seek answers about missing Malaysian plane*)的文章，文中将中国家属的状态形容为"愤怒"，家属的抗议被形容为"喧闹"(noisy)，并且没有表达出任何对家属的同情。[⑦]

总体而言，安塔拉通讯社的涉华报道在一定程度上反映了印尼眼中的中国。近年来随着中国的发展，亚洲国家对中国的重视与日俱增，印尼也不例外，中国与印尼关系的进一步发展也是两国的要务，这一点也在安塔拉通讯社的报道中有所体现。由于印尼对华人和中国人的态度有历史文化等因素掺杂其中，不宜单一地用友好与否的标准来说明。

---

① 中国社会科学网：《印尼安塔拉通讯社驻华记者黎妮谈"海上新丝路"》，2015年3月16日，http://www.cssn.cn/hqxx/tt/201503/t20150316_1547261.shtml，检索时间：2015年4月8日。

② 环球网：《印尼记者：中国维护亚太和平不是麻烦制造者》，2013年3月8日，http://mil.huanqiu.com/world/2013－03/3712957.html 检索时间：2015年7月16日。

③ 新华网：《新华社代表团专访印尼安塔拉通讯社》，2009年3月24日，http://big5.xinhuanet.com/gate/big5/news.xinhuanet.com/ziliao/xhsld/2009－03/24/c_12405375.htm，检索时间：2015年8月6日。

④ 中华人民共和国驻印度尼西亚大使馆：《刘建超大使接受印尼安塔拉通讯社专访》，2013年4月1日，http://id.china－embassy.org/chn/sgsd/t1027220.htm，检索时间：2015年8月8日。

⑤ 新华网：《新华社和安塔拉通讯社联合摄影展在雅加达开幕》，2003年12月10日，http://news.163.com/2003w12/12396/2003w12_1071016453113.html，检索时间：2015年8月6日。

⑥ 安塔拉通讯社：Indonesian consultative assembly speaker admires achievements of China，http://www.antaranews.com/en/news/99664/indonesian－consultative－assembly－speaker－admires－achievements－of－china，检索时间：2015年8月1日。

⑦ 安塔拉通讯社：China, Southeast Asia to set up hotline for South China Sea，2015年8月1日，http://www.antaranews.com/en/news/99725/china－southeast－asia－to－set－up－hotline－for－south－china－sea－issues，检索时间：2015年8月3日。

新加坡

《海峡时报》*The Straits Times*

THE STRAITS TIMES

《海峡时报》(*The Straits Times*)是新加坡的旗舰英文日报，也是新加坡唯一的一份英文四开早报，一个多世纪以来一直在为读者提供优质的新闻信息服务。《海峡时报》是新加坡国内受众最广泛的报纸，报道范围覆盖国内外各个领域，尤其是对亚洲新闻和世界新闻的深入报道，使其影响力远远超过了新加坡的地域范围，在亚洲乃至世界媒体圈中都有很高的知名度。

一、历史沿革

《海峡时报》是一份历史悠久的英文日报，创办于殖民地时期，于1845年7月15日首次发行，创办人是亚美尼亚人吉席·摩西(Catchick Moses)。原本是摩西的一位朋友有意在新加坡创办一份本地报纸，特地从英国运来印刷机等设备，但却遇到经济困难没有办法继续。摩西接手以后才正式创办了《海峡时报》，随即他任命英国人罗伯特·卡尔·伍兹(Robert Carr Woods)担任主编。初创时，《海峡时报》是一份每刊八页的周报，使用手动印刷机在商业广场印刷制作。报纸内容分为两个版块，第一部分报道殖民群体的相关信息，第二部分则提供实时价格和市场信息。

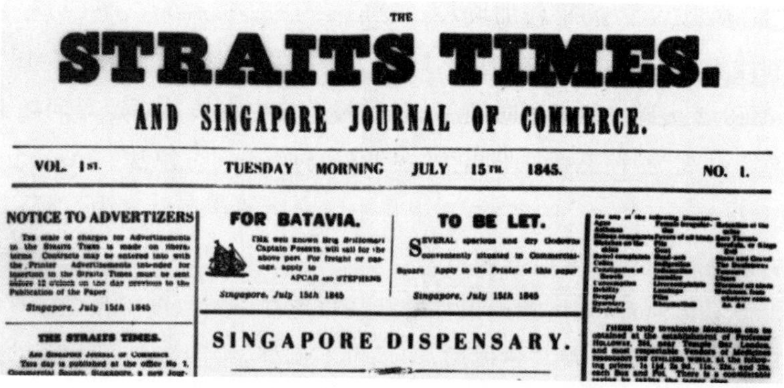
THE
STRAITS TIMES.
AND SINGAPORE JOURNAL OF COMMERCE.
VOL. 1st. TUESDAY MORNING JULY 15TH 1845. NO. 1.
NOTICE TO ADVERTIZERS
FOR BATAVIA.
TO BE LET.
SINGAPORE DISPENSARY.

图1 1845年7月15日第一期《海峡时报》

图片引自《海峡时报》网站：《创刊170周年回顾特刊》，https://straitstimes170.com/our—story/1845/，检索时间：2015年10月10日。

1846年9月，因报纸创办以来一直不见盈利，摩西便把《海峡时报》卖给了伍兹。记者出身的伍兹，显然对于办报事业有着更高的热忱。到1858年初时，报纸开始改为每天下午出刊的日报，并且更名为《新加坡每日时报》(*Singapore Daily Times*)，每周还出版一期主要在海外发行的周刊，仍继续沿用《海峡时报》的报名。直到1883年，主报恢复《海峡时报》的报名，而每周发行一期的刊物则改称《陆路周刊》(*The Overland Journal*)。1888年，《海峡时报》展开改革，将报价降至15分，在扩充版面的同时内容也大大延伸，将马来西亚、中国香港、印度尼西亚、泰国、印度等国家地区也都纳入常规报道的范围。报社还扩充了报道队伍，聘任了一批通讯记者和特约撰稿人。随着这一时期新加坡国内的英语教育日益兴起，这份英文日报的读者市场也更加成熟。1897年，《海峡时报》引入彩色印刷设备，增发全部彩色版面的副刊，进一步增强了报纸的市场化特色。

1900年，《海峡时报》成功实现转型，成为一家现代媒体公司。在社论中，《海峡时报》声明自己身为殖民地报刊所承担的责任，就是要作为"回声"，"尽全力感知广大公众的舆论，尽可能传达这个国家的声音"。① 到 1929 年时，基于越来越广泛的中产阶层读者，《海峡时报》扩展到每期 20～24 个版面，成为大马来亚地区的主要报纸之一。20 世纪 30 年代产生于美国的经济危机逐渐蔓延到世界范围，也给东南亚地区带来了巨大的冲击，包括传媒产业在内的当地经济急速收缩。然而，《海峡时报》却在一片颓势之中坚定自身的发展，斥资引进全新的印刷设备，并且购进一批小货车组建起自己的车队，及时将每天的报纸投送到全国各地。同时，《海峡时报》还开辟了一个名为"遭遇大萧条"(Victims of the Slump)的栏目，为在种植、开矿等受到经济危机重创的行业中失业的人们免费刊登求职广告。诸如此类的实际行动，使《海峡时报》在普通读者中留下深刻的印象，也产生了一定的社会效应。

THE SHONAN TIMES
No. 1. FEBRUARY 20, SHOWA 17. 5 cents.
JAPAN'S POSITION IMPREGNABLE
Effect Of Fall Of Singapore
Gen. Shunroku Hata Issues Verbal Statement
Australia Further Isolated
THE SHONAN TIMES
FEBRUARY 20, SHOWA 17.
OUR FIRST ISSUE
To Our Friends—The People Of Malaya

图 2 二战期间沦为日军宣传工具后的《昭南时报》

图片引自《海峡时报》网站：《创刊 170 周年回顾特刊》，https://straitstimes170.com/our-story/1942/，检索时间：2015 年 10 月 10 日。

第二次世界大战期间，作为英国的殖民属地，新加坡也卷入到战争的洪流之中。《海峡时报》发起了一个基金以支持反法西斯同盟的战斗事业，捐资总额达到六百多万马元。1941 年 12 月 8 日太平洋战争爆发，日军的轰炸机群也空袭了新加坡。1942 年，新加坡沦为日军占领区，媒体也由日本占领军的宣传部门全面接管。在这一时期，《海峡时报》被迫改名为《昭南时报》(*The Shonan Times*)，彻底变成日军发布宣传信息的工具，整个报社的运作都要以东京时间为准(比当地时间早两个小时)。后来，日军又进一步以《昭南新闻》(*The Syonan Sinbun*)全面取代在新加坡出版的所有报纸。

AVERAGE DAILY CERTIFIED SALE EXCEEDS 150,000
The Straits Times
PAGE ONE LEADER
Now look to the future
Tengku pledges support for admission to Commonwealth and United Nations
What it means—at a glance
Singapore is out
SINGAPORE today separated from Malaysia, following an amendment to the Constitution approved unanimously by both Houses of Parliament under a certificate of urgency.
Bitter battle
Tengku: It was my idea...
INSIDE
STOP PRESS
Secret signing

图 3 1965 年 8 月，《海峡时报》头版刊发新加坡被迫独立的报道

图片引自《海峡时报》网站：《创刊 170 周年回顾特刊》，https://straitstimes170.com/our-story/1963/，检索时间：2015 年 10 月 10 日。

1945 年 9 月，新加坡重回英国统治后，《海峡时报》也脱离日军管辖，一批记者编辑开始重建报纸的工作。9 月 7 日，重获新生的《海峡时报》出版战后第一期，在头版头条宣告："新加坡重回英国怀抱！我们的自由日！"经过一番整顿之后，《海峡时报》的发行量在当年年底就恢复到了战前的水平。战后亚洲各国民族主义兴起，作为社会舆论的主要阵地，《海峡时报》也刊登了大量反殖民主义的文章，报道亚洲各国反殖民地的斗争。1952 年，《海峡时报》兼并了《马来邮报》(*Malay Mail*)，建立起两大新闻中心(《海峡时报》总部和原《马来邮报》总部吉隆坡)的基本格局。在此基础上，《海峡时报》逐步确立了作为马来地区主要报纸的地位，在整个马来亚联合邦(Malayan Federation)派驻有 100 多名通讯记者。到 1960 年时，《海峡时报》的发行量突破了 10 万份。

① 《海峡时报》网站：《创刊 170 周年回顾特刊》，https://straitstimes170.com/our-story/1900//，检索时间：2015 年 10 月 10 日。

随后,新加坡进入了一个剧烈动荡变革的时期。1957 年 8 月 31 日,马来亚取得独立;1959 年 6 月,新加坡实行内部自治,成为自治邦;1963 年 9 月 16 日,新加坡正式并入马来西亚;1965 年 8 月 9 日,新加坡宣告脱离马来西亚成为独立的共和国。这样的时局变革,迫使《海峡时报》也必须做出机构和体制的改革。原本的一份报纸两个中心的机构,遍布全马来西亚的报道机制,都需要根据新的形势作出适当调整。在此情况下,《海峡时报》拆分为两份报纸,在两个新闻中心各自编辑出版,而作为“马来亚公司”的“海峡时报出版公司”,一直延续到 1972 年才得以变更。

1972 年,报社实行转股改革,将报纸实际拆分为两家,马来西亚发行的报纸更名为《新海峡时报》(*New Strait Times*),新加坡部分保持现名。1984 年,新加坡报业控股公司(Singapore Press Holdings,简称 SPH)成立,将新加坡的报纸全部收归统一运营管理。至今,《海峡时报》仍由新加坡报业控股有限公司(Singapore Press Holdings Ltd.简称“报业控股”)掌管,是公司核心业务的旗舰报刊。该公司旗下还有《联合早报》《商业时报》《新明日报》等十余家报刊,几乎垄断了新加坡的所有新闻报刊。

二、发展现状

从报道内容来看,《海峡时报》以提供世界级国际新闻报道见长,在世界主要城市设有 20 个记者站,广泛关注并及时报道世界新闻大事,并以新加坡人的视角向读者提供深入解读。[①] 进入 21 世纪以来,《海峡时报》经历了两次较大规模的改版。2008 年改版之后,《海峡时报》启用全新报头,并且采用了现代报刊的纵栏排版技术。2012 年,现任总编辑华伦·费南德斯(Warren Fernandez)接任之后,对报纸启动了全面改版,将报纸的版次和内容都进行了重新组织设计,推出要闻、本土、国际、言论、体育、财经、周末和生活副刊八个版次。

除此之外,与时俱进的《海峡时报》还在周末版中出版增刊,设置了“数字生活”(Digital Life)、“城市与健康”(Urban and Mind Your Body)和“时尚小红点”(IN and Little Red Dot)[②]等以刊登社会文化内容为主的副刊,以此吸引年轻读者。与此同时,《海峡时报》还启动了媒体融合的进程,将原本分立的纸质版和网络版两大部门整合到一起,在统一的新闻室进行内容采编制作,推出符合不同媒介平台的新闻产品。

图 4 2012 年 5 月 18 日,《海峡时报》刊发整版文章介绍全新版面设置

图片引自《海峡时报》网站:《创刊 170 周年回顾特刊》,https://straitstimes170.com/our－story/2012/,检索时间:2015 年 10 月 10 日。

在传播渠道方面,除了传统的印刷报纸外,《海峡时报》还推出了新媒体平台以适应网络、智能手机、平板电脑等终端的需求。《海峡时报》很早就开始了数字化发展的进程,1995 年 6 月 15 日,新加坡报业控股公司的网站 AsiaOne.com 率先上线,到 12 月 1 日时《海峡时报》正式推出网络版 The Strait Times Interactive。2009 年,《海峡时报》登录社交网络,首先开设了推特账户@STcom。同年,《海峡时报》

---

① 新加坡报业控股公司订阅网站:http://www.sphsubscription.com.sg/eshop/index.php? r＝site/ProductPage&PCODE＝STSU,检索时间:2015 年 4 月 25 日。

② Little Red Dot 即“小红点”,是新加坡的代称,新加坡曾因领土面积小被笑称为地图上的“小红点”,而后新加坡人乐于接受这个玩笑,并称自己为“小红点”。

的移动网络应用也在苹果应用商店上架。

图 5　1995 年上线的《海峡时报》网络版

图片引自《海峡时报》网站：《创刊 170 周年回顾特刊》，https://straitstimes170.com/our－story/1995/，检索时间：2015 年 10 月 10 日。

2014 年，《海峡时报》的发行量达到了创办以来最高的 41 万份，其中包括 10 万电子订阅用户，新增电子订阅的数量要远超纸版发行的下滑数量。[①] 目前，《海峡时报》的发行量基本稳定为平均每日 40 万份，通常采用国际上较大的几家通讯社的消息。对国内外大事发表本报评论，同时还刊登来自本报记者的专题报道。《海峡时报》素以高质量的新闻、深度分析、有影响的评论以及突发新闻报道著称，引领读者深入了解新加坡国内、马来亚地区以及世界范围内所发生的重大新闻事件。

三、报道特点

《海峡时报》的版数不固定，周内版平均每日有六七十版，周末版则能达到一百一二十版。新闻内容占《海峡时报》三分之一的版面，其中分为“新闻简报”（Briefing）、“头条”（Top of News）、“世界”（World）以及“亚洲”（Asia）四个主要版块。此外，《海峡时报》还设有“观点”（Opinion）、“家园”（Home）、“教育”（Education）、“商业”（Business）、“体育”（Sport）和“生活”（Life）等版块。

长期以来，《海峡时报》以高质量新闻、深度分析、有影响的评论以及突发新闻报道见长，同时还以世界级的国际新闻报道而蜚声国际媒体业界。其国际新闻主要集中在“世界”（World）和“亚洲”（Asia）两个版块，占据约四分之一版数。《海峡时报》的报道大多能够做到有理有据，既能充分陈述观点，又能通过转引当事人、专家学者及各家媒体报道等的发言或表态展开论述，使文章显得饱满且有说服力。

基于新加坡报业长期以来的政府管控，大多数报纸都抱持亲政府立场，《海峡时报》的报道也体现出同样的倾向。《海峡时报》有关政治经济的报道大多都会从政府的角度出发，国际报道也会从本国利益出发。无论是观点性的还是评论性的文章，《海峡时报》的报道都会设身处地为新加坡本国、政府和人民的长久利益考虑。

---

① 新加坡报业控股公司旗下新闻网站：Circulation of Straits Times hits all－time high，May 7 2014，http://news.asiaone.com/news/singapore/circulation－straits－times－hits－all－time－high，检索时间：2015 年 10 月 10 日。

四、涉华报道

在《海峡时报》亚洲版块中,对中国的报道数量占相当大的比重,通常可以达到30%左右。这种报道格局说明新加坡政府乃至市民社会对中国的关注程度很高,对于中国各方面的动向尤其是军费开支、人民币币值变动、政策变动等非常关注。例如,2015 年 8 月人民币汇率大幅度波动,《海峡时报》对此刊发了多篇报道,尤其是连续两天在头版头条位置对此事进行了报道。8 月 12 日刊发的文章《中国哀叹前景迷茫 星洲未来发展渺茫》(*Chinese woes cloud outlook as S'pore trims forcast*)中,作者提出了在中国以降低汇率方式提振经济之后,新加坡经济呈现出不确定性。[①] 次日,《海峡时报》又刊发了题为《市场与汇率受人民币贬值冲击》(*Markets, currencies hit by yuan's fall*)的文章,该文提出中国汇率的降低给整个亚洲地区都带来了很大的震动。[②]由此可见,新加坡对中国的关注,重点在于中国的变化与动向对新加坡乃至地区的影响。

就报道议题来说,《海峡时报》对中国的报道还是比较均衡的,各方面主题的内容均相对平衡地有所涉及,其中政治和社会是其最为关注的两大版块。在报道立场方面,《海峡时报》的报道大多比较客观,对与事实相关的各方观点都给予了一定的关照,不但报道了新闻事实,也充分阐述了各方的态度以及核心观点。[③]

根据此前相关研究,从《海峡时报》的相关报道中所反映出的"中国镜像"体现为:第一,政治领域的中国展现了一个大国的姿态,在处理国家事务和国际事务中发挥了积极的作用。《海峡时报》在报道中认为,中国积极参与解决国际问题,避免了一些潜在的武力危机,而且中国在国际救援方面也有较好的表现;第二,中国的经济、军事力量发展迅速,使其他国家产生潜在的危机感。《海峡时报》在对此展开报道时,对不同国家的立场态度都予以了说明,在两方甚至多方立场的争论对比中,呈现出"中国崛起"的国际语境;第三,中国在发展的过程中也存在一些问题,但是中国政府始终在力求改革。《海峡时报》在报道中也透露出今日中国存在的一些问题,诸如收入差距、暴发户追求奢华、办事效率不高等。但是,该报在相关报道中也同时指出了推进改革的积极面,包括中国在积极推行禁止强拆的法律出台,中国政府关注民生问题、促保食品卫生安全等。这种客观全面的报道方式,呈现出的中国尽管存在问题,但都在不断地改善、发展之中。[④]

A12 | ASIA

China debates training of firefighters

China's work safety chief under probe for corruption

740764884

图 6 2015 年 8 月 19 日,《海峡时报》刊发整版文章报道天津港爆炸事故

《海峡时报》在北京设有驻华记者站,对发生在中国的重大新闻事件予以及时深入的报道。2015 年 8 月 12 日,天津港发生爆炸事故,引发世界范围内新闻媒体的关注,《海峡时报》驻华记者站也积极投入了报道工作。8 月 19 日,《海峡时报》的"亚洲"版块刊发整版文章,报道了这一事件。消防员家属在遗像前悲痛欲绝的大幅图片下,《海峡时报》中国区总编辑许建明(Kor Kian Beng)在题为《中国讨论消防员培训》(*China debates training of firefighters*)的报道中提到,中国消防员在火灾事故中的高伤亡率的三大因素是缺乏培训与经验、承担消防

① Chia Yan Min. Chinese woes cloud outlook as S'pore trims forcast, *New Strait Times*, 2015 年 8 月 12 日, A1。

② Grace yeong: Markets, currencies hit by yuan's fall, *New Strait Times*, 2015 年 8 月 13 日, A1。

③ 邢永川、许荣华:《新加坡〈海峡时报〉关于中国报道的分析》,《东南亚纵横》2012 年第 2 期。

④ 张昆、陈雅莉:《东盟英文报章在地缘政治报道中的中国形象建构——以〈海峡时报〉和〈雅加达邮报〉报道南海争端为例》,《新闻大学》2014 年第 2 期。

外的过多任务以及消防员人数过少。紧接着上文，在北京的驻华记者埃斯特(Esther Teo)的《中国国家安监总局局长因腐败受调查》(*China's work safety chief under probe for corruption*)一文又报道了天津爆炸事故原因以及国家安监总局局长杨栋梁被调查一事，并提出了如化学药品泄露等天津爆炸事故遗留问题。[①]

《联合早报》*Lianhe Zaobao*

联合早报
Lianhe Zaobao

《联合早报》的全称是《南洋·星洲联合早报》，由新加坡报业控股公司出版，是新加坡最主要的华文综合性日报。《联合早报》平日的发行量约为20万份，星期天可达22万份，在新加坡的读者人数约75万。除在新加坡本土发行之外，该报也在中国内地、香港特别行政区和东南亚等地少量发行。《联合早报》以及时、客观、公正的新闻和评论在华人世界享有很高的声誉，被认为是当今世界最具影响力的海外华文平面媒体。

一、历史沿革

《联合早报》的前身是1923年创刊的《南洋商报》和1929年创刊的《星洲日报》。1982年，新加坡政府颁布关于全面调整中英文报业的公告，在其中有关华文报纸重组的内容中，特别要求将两家当时销量最大的报纸《南洋商报》和《星洲日报》合并，组建南洋·星洲控股公司。1983年3月16日，这两家有着50多年历史的华文报刊同时停刊，重组为《南洋·星洲联合早报》，并以此名继续出版。至此，《联合早报》成为新加坡唯一一份上午出版的华文日报。该报"兼收并蓄《南洋商报》和《星洲日报》两大华文报的精华，在内容和编排方面，也做出重大的改进和创新的尝试"。

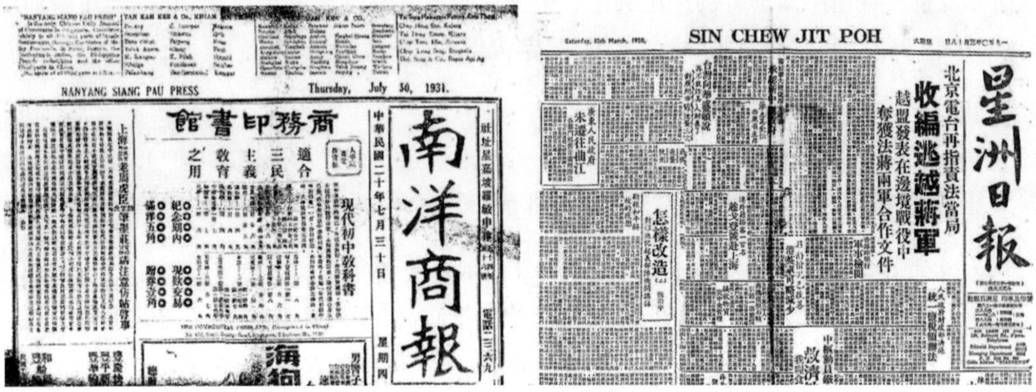
NANYANG SIANG PAU PRESS
Thursday, July 30, 1931.
商務印書館
南洋商報
SIN CHEW JIT POH
星洲日報
北京電台再指責法當局
收編逃越蔣軍
越盟發表在邊境戰役中
奪獲法蔣兩軍合作文件

图7　1931年的《南洋商报》和《星洲日报》

1978年，中国开始实行改革开放政策，对外交流程度逐渐扩大，国际地位不断提高，日新月异的变化引起了国际社会的广泛关注。与此同时，东南亚国家再度开始重视华文教育，华文报刊在这个过程中发挥了重要作用。在新加坡，人们逐渐把振兴华文、传承华人优秀文化的希望寄托于《联合早报》。为了承担这一使命，《联合早报》自创办以来进行了多次改版，不仅提供本地社区、华人社会的综合新闻，还增加了有关中国大陆及香港、台湾地区的报道。在报道中国大陆和港台新闻时，《联合早报》采取温和的立场，有观点但不偏激，因此获得了各方面的称道。

在技术应用方面，《联合早报》始终走在华文报业的前列。报纸于20世纪80年代初期逐步采用电脑排版，

---

① Esther Teo. China's work safety chief under probe for corruption, *New Strait Times*, 2015年8月19日, A12。

至90年代初，采、编、印全过程均实现电脑化，是世界上最早"告别纸与笔"的华文报纸。1995年8月，《联合早报》开办电子版，成为全球最先进入互联网的华文报之一，上网当月访问量就达25万人次。

1997年5月15日，《联合早报》电子版进行了改版，新版具有图文并茂、简洁明快、信息量大的特点，深受读者欢迎，当月访问次数即达417万人次。《联合早报》电子版的读者遍布世界各地，随着电子版的推出，《联合早报》已经跨越地理与政治的界限，一跃而成为一份具有国际影响力的华文报纸。就中国来说，虽然早在1992年《联合早报》就在北京设立了办事处，1993年获准在北京多家酒店销售，但是中国知识界更多地了解和喜爱这份报纸，则是始于它的电子版。时任电子版主编的袁舟先生在其出版的《媒体集团的经营与管理》一书中提到："根据1998年的统计，来自中国的网上读者已超过母报，而且呈迅速增长趋势。"①

进入新世纪，《联合早报》在此前数十年努力奠定的坚实基础上，又开启了一个改革、探索的新时期。与此相应，它在世界华人群体中的影响也进一步扩大。2000年初，为了应对大中华区商业网站井喷式发展带来的竞争压力，新加坡报业控股公司决定将早报电子版与《联合早报》分离，改称"联合早报网"，并与以公司旗下英文报为基础建立的亚洲网合并，组建亚洲网有限公司。

2001年5月，顺应媒体发展的时代潮流，新加坡报业控股公司开播华语电视台"优频道"，并将旗下华文集团包括《联合早报》在内的五份报纸的150名专线记者培训成为平面与电视两栖记者。优频道开播后，《联合早报》获得中国中央电视台的新闻使用权，可以直接引用该台的新闻片段；《联合早报》驻北京、上海、广州的特派员也获得了电视采访证，从而使优频道的新闻异军突起，收视率迅速上升。平面与电视两栖记者的出现，使《联合早报》真正形成了多媒体业务格局。

2003年3月27日，《联合早报》再次改版，其中一大亮点是开辟了《早报中国》专版。作为主报第二部分的内容，该版重点聚焦大中华地区的信息动态，进一步提升了中国新闻报道的地位。为了配合此项改革，早报扩充了中国特派员的队伍，同时扩大了通讯员网络，目的是巩固该报在新加坡及东南亚地区对中国报道的领先地位，对新老移民产生更大的吸引力。由于《联合早报》独特的新闻视角和客观的报道立场，该报迅速在中国打响，成为中国精英喜爱的新闻媒体。经过十年的积累和磨炼，联合早报网也成为国际上最受欢迎的电子华文报之一，受到东南亚及世界各地中文读者的广泛关注。中国前国务院总理温家宝曾于2007年在新加坡总理李显龙所设的晚宴上，毫不掩饰地宣称"我是《联合早报》的忠实读者"。②

二、发展现状

(一)华文报读者群锐减

1987年，传统华校在新加坡消失。至此，新加坡的学校不再大量培养以华语为第一语言的学生，它象征着新加坡的华文水平日益滑落。统计数字和许多的实例告诉我们，新加坡的年轻一代已经逐渐不看华文报了。根据新加坡南洋理工大学传播学院郝晓鸣博士的调查显示，中文报纸的读者基础将在未来10年至20年受到严重挑战。由于英文强势不可逆转，进入21世纪，新加坡的中文报纸和英文报纸之间的差距继续加大。虽然中国因素的出现使这种情况在近几年稍有改变，人们对华文的兴趣有所回升，但总的来说，目前的形势仍然相当严峻。对于《联合早报》来说，这是一个对自身生存发展很不利的信号，必须主动地调整和改进，尽量争取年轻读者，争取那些通晓华文却不阅读早报的人群。③

(二)办报专业人才不足

办报专业人才不足是海外华文报面临的一个比较突出的问题。相对其他华文报而言，《联合早报》在这方

① 方积根、胡文英：《海外华文报刊的历史和现状》，新华出版社1989年版。

② 北京大学新闻学研究会：《新加坡〈联合早报〉前总编林任君谈早报的发展历程》，2011年8月31日，http://ioj.pku.edu.cn/NewsContent.asp?id=141，检索时间：2015年4月17日。

③ 林任君：《柳暗花明又一村——〈联合早报〉迈向新纪元》，《联合早报》75周年特刊。

面的问题还不算严重。它继承了《南洋商报》和《星州日报》的优良传统，以较高的薪酬和宽松的工作环境来吸引优秀人才加入报社。除了招募本地的大学毕业生外，还从中国大陆、香港和台湾地区招募采编人员。虽然目前《联合早报》人才济济，但这些资深报人已经不再年轻。他们退出之后，年轻人能否接过重任，成为《联合早报》最为担心的问题。此外，以华语为第一语言的传统华校在新加坡消失，对《联合早报》吸纳人才的影响尤其明显。

(三)多媒体整合面临困难

同时拥有报纸、网络和电视使《联合早报》成为真正意义上的多媒体，这是新加坡报业控股公司为了应对国际传媒巨头的挑战而采取的一项战略决策。由《联合早报》提供新闻内容的华语电视台"优频道"建立一年之时，收视率就跃居新加坡第二位，并且逐渐逼近占据首位的新传媒华语台"第八波道"。[①]不过，平面媒体的从业人员兼作电视新闻也带来了不少问题，毕竟在电视镜头前以标准华语做报道与写文章完全是两回事，为报纸拍摄新闻照片和为电视拍摄新闻画面也是两种不同的技能。

由于媒体市场的开放，加上经济不景气，多媒体整合让广告销售部门感到前所未有的压力，他们尤为担心网络媒体会分流报纸读者。随着网络泡沫破裂，销售人员对网络媒体广告避之不及，拒绝网络广告和报纸广告捆绑销售的做法，以防削弱核心产品竞争力。[②]在一个人口只有300多万的城市国家，推行多媒体整合确实存在不少困难。如何让《联合早报》、联合早报网和优频道协调有序发展，新加坡报业控股公司目前还没有找到有效的方法。

三、报道特点

(一)明确定位，传播中华文化

在《联合早报》从属的新加坡报业控股公司中，政府控股达60%以上，公司的编辑总方针明确写道：旗下的报刊"都致力于为读者、为国家服务，并照顾到我们的国情和社区的需要与愿望"，"协助增加新加坡的国家力量和克服缺点"。[③] 因此，《联合早报》在报道内容、方式、角度等方面都要考虑与政府的立场和观点保持一致。不过，《联合早报》也有自己的传媒态度和职业道德，在其发刊词《我们的话》中明确表明了报社的责任和立场："我们有责任协助向读者传达与阐析我们民选政府的政策与措施，我们不偏袒任何个人和集团，我们鼓励公正的公众舆论与批评，但绝不为任何个人或团体所利用，因而损及国家与社会整体利益。"[④]

作为华文媒体，《联合早报》采取了多种措施，以期通过自身的传媒影响力将中华文化发扬光大：一是在报道中体现儒家中庸思想，促进新加坡这个多民族、多种族的国家更加和谐地发展；二是倡导传统文化，在传统节日会制作如"春节特辑""中秋节特辑"的专题版面；三是联合新加坡的华文报、华文机构和华文社团举办社会活动，比如邀请中国学者来新加坡做有关中华传统文化的讲座等。

(二)内容为王，依靠新闻取胜

《联合早报》平时每天发行30～60版，星期天发行60版左右，由新闻版块和副刊组成。报纸侧重报道政治新闻，每天都有社论、言论内容涉及国家大政方针、政策法令、经济形势、文化教育及国际重大事件。[⑤] 除美联社、路透社和新华社等通讯社供稿之外，该报还有来自北京、上海等地的特派员和特约撰稿人以及东京、曼谷等

---

① 朱研：《〈联合早报〉办公室挂着红灯笼》，《环球时报》2002年8月8日第十七版。

② 袁舟：《整合的风险——新加坡报业控股多媒体整合遭挫的启示》，《新闻记者》2003年第1期。

③ 袁舟：《新加坡报业集团的成功之道》，《新闻记者》2003年第2期。

④ 崔贵强：《东南亚华文日报现状之研究》，新加坡：华裔馆，2002年版。

⑤ 彭伟步：《新加坡〈联合早报〉的办报特色》，《东南亚研究》1998年第6期。

亚洲各大城市的通讯员和特约撰稿人提供的稿件。在新闻版块中,“新加坡新闻”所占比重最大,内容包罗万象,硬新闻和软新闻兼有。此外,报纸还设有《财经》《体育》等新闻专刊,《财经》专刊主要刊登新加坡、亚太及世界各地的财经资讯及股市行情。作为海外华文报纸,《联合早报》还开设了专门的“中国新闻”版块,除了整合中国大陆、香港、台湾的政治和财经新闻外,还增加了社会文化新闻,力求为读者提供丰富而准确的中国新闻报道和分析。

在言论方面,《联合早报》注重各抒己见,自由探讨。比如周一到周六每天一篇的社论,代表报社立场,由社论委员会讨论选题和内容并撰写;在言论和观点方面颇具特色的“天下事”会邀请对时事有专门研究的人撰写严谨的中篇文章,分析和讨论国际时事,有时还会出现针锋相对的观点;为读者设置的“交流站”版块,则通过读者来稿反映不同读者的意见和看法。

(三)副刊创新,吸引年轻读者

《联合早报》的副刊叫《现在》,1999 年 9 月起采用此名字,希望通过刊载更多通俗易懂且有趣的文章,吸引年轻读者,让他们养成阅读华文报纸的习惯。副刊每天的版数为 8～14 版不等,有“四面八方”“都会情报”“电视指南”“影艺”“名采”等不同的专题内容,采用软性新闻杂志的风格,力图展现出青春活力的面貌。例如,专门为中学生和老师打造的学生专刊《爆米花》,以具有新闻性、知识性和生活性的内容,生动活泼的文笔,图文并茂的包装,吸引青少年读者走近华文,走近华文报。①

《现在》还保留了一些文化气息浓郁、内涵深厚、适合华文水平较高的读者阅读的栏目,比如“名采”。2006 年推出的“名采”是刊登世界华人名作家随笔的版面,精选世界各地华人作家的最新作品,让读者在享受阅读时,提高自己的文化修养。很多名人如李欧梵、梁文道、陈文茜等都通过这个栏目与《联合早报》建立了联系,大大拓展了《联合早报》的作者资源。此外,为了加强与读者、作者的互动,《现在》编辑部还常常举办各种各样的主题文化活动,以提升该刊的文化影响力。

(四)打造网络,提升媒介影响

联合早报网坚持新闻内容的客观、公正、准确,每天不间断地将《联合早报》的优质新闻和评论带给全世界的网友。网站依托着报业集团,拥有丰富的新闻资源、强大的品牌影响力和雄厚的资金,广受读者欢迎。为了吸引更多华人读者参与,联合早报网不断增加关于华人活动和中国的报道。例如,在“专题报道”中,不仅有“新中关系”“大熊猫来到新加坡”等新加坡的专题,还有像“中国雪灾”“中共十八大”这样关于中国时政的专题。

网站还邀请包括华人在内的世界范围的网友来参与中国问题的互动。例如 2013 年两会期间,联合早报网与中央电视台中文国际频道联合发起了读者调查活动,对“如果您有机会向新当选的中国总理提问,您最想问哪方面的问题?”和“中国两会召开将产生新一届政府,中国民众对未来有什么样的期待? 有什么样的中国梦?”这两个问题进行读者投票。网站的高点击率不仅提高了《联合早报》在世界范围的知名度,更提升了《联合早报》的媒介影响力。

(五)精心管理,推动报业经营

《联合早报》实行的是总编辑负责制,广告、印刷、发行等由集团统一负责。《联合早报》有 200 多名员工,记者编辑在一起办公,设有本地新闻组、国际组、财经组、言论组、体育组等部室,分别负责相关内容的组稿和报道工作。由于新加坡不存在新闻审查制度,所以新闻报道一律由总编辑负责。只要是符合事实的报道,即使是负面报道,如果报纸想报道,谁也不能阻止。② 在记者的考核方面,报社采用的是每年一次评估,有包括个人表现

---

① 刘晓慧:《从“纯文艺”到“大副刊”——新加坡〈联合早报〉副刊〈现在〉的创新研究》,《东南亚纵横》2010 年第 1 期。

② 陆建义:《以事业凝聚人心——〈联合早报〉的管理之道》,《今传媒》2009 年第 5 期。

等一百多个评判指标，通过自评、互评和主任评语来给予等级评定，在考虑总体比例关系和部室之间的平衡基础上确定每个人的等级。此外，报社还设有好新闻奖，请报社外聘的评审团负责评奖，每月一次。

在广告营销方面，《联合早报》也很有特色：广告量大，版面多，内容以旅游、房地产、影剧信息等为主，最特别的是每天都有两个版面左右的讣闻类广告。

四、涉华报道

涉华报道在《联合早报》的新闻内容中所占比例很大，单设的“中国新闻”与国际新闻、东南亚新闻、新加坡新闻等栏目并列。综观其涉华报道，有如下特征：

(1)内容上以政治类报道为主，多为正面报道。《联合早报》对华政治类报道的信息量大，内容涉及面广，主要侧重以下几方面：新政策解读和政府工作动态；中日、中美关系报道；海峡两岸局势和福建等东南亚移民祖籍地区的新闻。这些报道措辞相对客观，少有意识形态的强烈偏见和断章取义的解释。

(2)报道形式多样、活泼。《联合早报》对华报道的形式趋向于年轻化和多元化，一方面对同一事件使用多种媒体并存罗列的组合方式进行报道，另一方面采用实证的表现方式将新闻事实及与事实有关的数据一目了然地呈现在报道中。

(3)涉华新闻评论质疑性强。《联合早报》对华新闻评论有如下特点：一是多以政治、经济话题为切入点；二是多以精英视角解构，话题焦点多集中在政府官员、商务白领、专家学者等受教育程度较高的人士关注的问题上，评论者多以专家身份出现，对话题给予结果性判断，掺杂了道德评判色彩，质疑性较强。

联合早报
中共十八届三中全会闭幕
中国市场化改革将显著推进
回家真好
6名本地黑客落网

图 8　《联合早报》2013 年 11 月 13 日封面报道“中共十八届三中全会闭幕”

亚洲新闻台 Channel News Asia

亚洲新闻台(Channel News Asia，简称为 CNA)成立于 1999 年 3 月，是以英文播出的全新闻频道。亚洲新闻台以亚洲视角报道全球发展情况，并以亚太地区作为新闻报道的关注重点。目前，亚洲新闻台隶属于新加坡传媒集团(Mediacorp，简称新传媒)，受到亚洲乃至世界范围的电视观众的欢迎。

一、历史沿革

亚洲新闻台的母公司是新加坡传媒集团，成立于 1936 年 6 月 1 日，并从 1963 年 2 月开始发展电视业务。新加坡传媒集团是新加坡最大、最知名的广播电视公司。1999 年 3 月，新加坡传媒集团创立了亚洲新闻台，它是一个以亚洲视角为基础，报道全球新闻事务的新闻频道。自开办以来，亚洲新闻台的节目就一直在其他国家播出。以新加坡为总部，该台在亚洲和欧美国家的首都和主要城市都布设有报道力量，包括纽约、华盛顿、伦敦、巴黎、耶路撒冷、莫斯科等城市。

2000 年 9 月，亚洲新闻台国际频道开播，播出范围延伸至中东、南亚、东南亚、东北亚及澳大利亚的大部分地区。国际频道的节目播出主要依靠光缆传输，通过亚洲 3 号卫星向各国各地发送节目信号。首次播出以后，在短短一年内，已有超过千万户家庭在 15 个国家收看国际频道的节目。

2003 年到 2004 年，在新加坡有线电视频道收视率排行中，亚洲新闻台位列第一，成为新加坡国内电视媒体中的主要力量，并且开始在亚洲地区具有一定的影响力。同时，亚洲新闻台也发展成为亚洲覆盖最广的报道网络，在澳大利亚、中国内地和香港、印度、印度尼西亚、韩国、日本、马来西亚、泰国、菲律宾等亚太国家地区都派驻有专职记者。

2004 年 11 月，亚洲新闻台国际频道正式登陆中国。这是新加坡传媒集团和中国国际广播电视公司于 2004 年 5 月 14 日在北京签署的合约所取得的重大突破，亚洲新闻台获得中国广播电影电视总局授权，向高级宾馆的住客以及外国人住户播放其节目。

2013 年 1 月 21 日，亚洲新闻台将立台标语从“理解亚洲”(Understand Asia)改为“提供亚洲视角”(Providing Asia Perspectives)。如今，亚洲新闻台在宣传海报上提出的标语是，“不止浅尝品亚洲，别开生面看亚洲”(More than a taste of Asia… for a different view of Asia)。

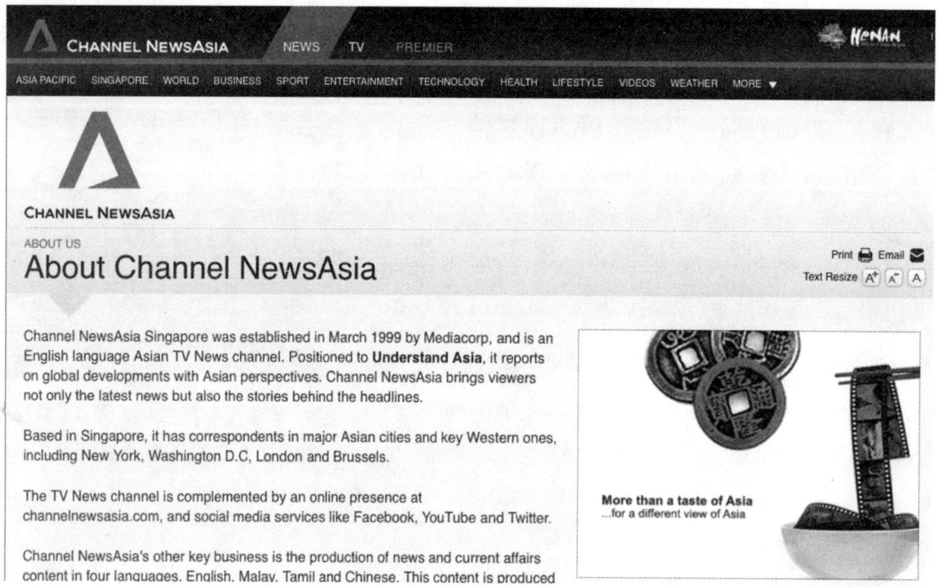

图 9　亚洲新闻台网站一频道介绍页面

图片引自亚洲新闻台网站：http://www.channelnewsasia.com/news/about/aboutchannelnewsasia，检索时间：2015 年 10 月 12 日。

二、发展现状

亚洲新闻台是以英文播出的全新闻频道，旨在以亚洲的视角报道全球发展情况。为此，亚洲新闻台已经建立起一个遍布全亚洲的高密度报道网络，主要由派驻在全亚洲 13 个首都城市的新闻记者组成，同时它还在为不断加强其能力建设招募更多具有本地文化背景的新闻记者。此外，在欧美主要城市，如纽约、华盛顿、伦敦、布鲁塞尔、悉尼等，以及莫斯科和伊朗，亚洲新闻台也都派驻有新闻记者。

亚洲新闻台将专业人员、管理人员、经营主管人员、商人和业务决策者作为其目标客户。即使是对于家中有线电视可以接入其他国际新闻频道的人而言，亚洲新闻台仍然是最受欢迎的新闻频道。亚洲新闻台的节目主要面向亚洲地区，根据不同国家地区提供新加坡版、中国香港版、印度版、雅加达版等 4 套节目。亚洲新闻台的另一重要业务是以英语、马来语、泰米尔语和汉语 4 种语言，为其所属的新加坡传媒集团的电视及网络平台，如以制作娱乐节目为主的第 5 频道、第 8 频道、U 频道及以少数族群语言播出的 Suria、Vasantham 频道，提供新闻及最新资讯。

目前,亚洲新闻台的播出范围覆盖亚洲 22 个地区、1500 万个家庭和旅馆。这些地区包括新加坡、印度、中国香港、巴基斯坦、中国台湾、孟加拉、菲律宾、斯里兰卡、泰国、尼泊尔、印度尼西亚、不丹、文莱、马尔代夫、柬埔寨、巴布亚新几内亚、越南、阿拉伯联合酋长国、中国内地、马来西亚、澳门、澳大利亚等。

除了卫星传播外,亚洲新闻台也提供在线网络、手机终端等收看方式,实现交互式传播。通过其官方网站 www.channelnewsasia.com 可以实时收看频道的直播节目,还可以以视频剪辑的方式及时更新最新新闻及资讯。此外,亚洲新闻台还开发了适用于苹果、黑莓、安卓等手机平台的免费应用软件,用户可以以文字、图片或视频形式移动收看世界新闻、新加坡新闻、亚太地区新闻、财经新闻、娱乐体育新闻、天气预报等最新内容。①

三、报道特点

在策略层面上,亚洲新闻台有如下几个特点:

第一,全天候不间断播出,及时滚动最新资讯。亚洲新闻台主要在整点、半点转换节目,并在夜间时段(凌晨 2:00—6:00)采用全屏字幕滚动播出的方式更新新闻信息;第二,整合亚洲其他电视频道的电视资源。这样既有效地整合了亚洲主要国家的新闻资源,也在一定程度上体现了在节目投放国家的"本土化"的贴近性。例如,《亚洲门户新闻》就是一档综合其他亚洲国家电视台晚间档重要新闻的栏目;第三,作为商业化运作的频道,亚洲新闻台广告播出量较少,但是相对较为高端。广告内容主要集中在酒店、航空公司等,服务于商务人士;第四,从亚洲新闻台国际频道的落地范围来看,在新加坡以外的国家和地区,主要还是集中在家庭收入相对较高的家庭和较高档的宾馆。以中国大陆地区为例,亚洲新闻台国际频道主要在希尔顿、千禧国际酒店、香格里拉等较高档酒店落户,其目标受众人群主要偏向较高端的专业、商务人群。②

在新闻内容上,亚洲新闻台体现出以下几个特点:

第一,节目安排上以新闻资讯类栏目为主,可以占到总播出时长的一半以上,同时以专题、访谈、生活休闲类栏目为辅。新闻资讯类栏目主要有《头条新闻》《今日亚洲》《今日世界》等。专题类栏目主要由新闻时事专栏、财经专栏和纪录片构成,如《记者日记》《世界观察》《新加坡航空节拍》等。而生活休闲类栏目主要有《魅力亚洲》《日本时间》等,访谈类栏目主要有《对话》《博客电视新加坡》等;第二,在全天播出的节目中,财经类节目的分量比较充足,财经新闻及最新资讯能得到及时传递。亚洲新闻台开设了专业财经类新闻栏目,如《亚洲股市报道》和《亚洲财经报道》,同时每个栏目中都设有播报股市、汇率等相关内容的财经子栏目。此外,在专题节目和访谈节目的设置中,也充分体现与财经相关的内容,如《金钱观》《成长速度:新加坡 1000 强企业》《新加坡航空节拍》等;第三,在新闻选材偏向上以亚洲地区的新闻为主,即便是其他地区的新闻,也注重从亚洲的角度解读。例如,2003 年伊拉克海湾战争时期,当其他国际新闻媒体都把目光集中在战火纷飞的伊拉克的时候,亚洲新闻台同时把报道重点指向 SARS 疫情爆发,因为它是亚洲观众的独特需求。在 2014 年马航 370 失联期间,亚洲新闻台更是进行了大量报道。

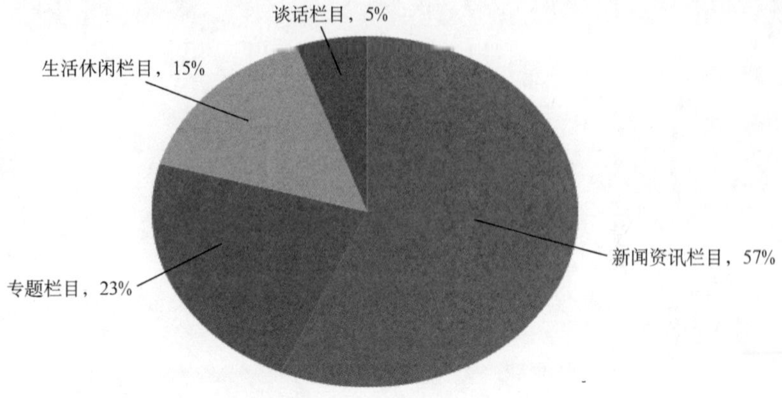

图 10　亚洲新闻台各类型节目播出时间占比

---

① 亚洲新闻台网站介绍:http://www.channelnewsasia.com/news/about/aboutchannelnewsasia,检索时间:2015 年 10 月 2 日。

② 高昊、薛宝琴:《新加坡亚洲新闻台国际频道的办台理念、经验及启示》,《东南亚纵横》2013 年第 1 期。

四、涉华报道

近年来,亚洲新闻台和中央电视台九套已经达成相互落地的协议。根据该协议,新加坡观众将能够通过电缆电视收看到用英语播出的中央电视台九套的新闻节目,而在中国国内的三星级及以上饭店的宾客以及涉外公寓居住者,也能够收看到亚洲新闻台的节目。[①]

以亚洲新闻台网站为例,亚洲新闻台对中国的报道频率相对较高。在亚洲新闻台网站以“China”为关键词进行搜索,从 2015 年 7 月到 9 月 3 个月里,可以检索到相关报道 2600 余篇。[②] 在这些涉华报道中,关注话题涵盖经济、政治、社会、体育、中外关系、外企在华情况等,较为全面综合。不过,由于电视和视频是其业务的重点,因此亚洲新闻台的官网在对华文字报道中投入有限,稿件多援引自路透社、法新社和美联社等世界几大通讯社,自采稿件较少。

尤其值得注意的是,由于新加坡与中国南方的地理接近性,亚洲新闻台对于中国香港和台湾的关注度较高,其官网援引了各大通讯社关于中国香港、台湾的大量新闻报道。可以说,这是亚洲新闻台关注中国的一个议题上的侧重。比如,2015 年以来,亚洲新闻台在其官网上转载了许多关于在台湾选举中各党派竞争的新闻,体现了其对于台湾政坛的关注。而对于香港,亚洲新闻台也是保持了高度的关注。2014 年香港“占中”期间,亚洲新闻台的官网就曾高频率地更新关于香港最新动态的报道,而 2015 年香港的一些小规模的群众游行也成为其报道的主题。

---

① 邵泽慧:《新加坡两大媒体集团的分立时代》,《传媒》2005 年第 2 期。

② 亚洲新闻台官网:www.channelnewsasia.com,检索时间:2015 年 10 月 2 日。

缅 甸

《缅甸新光报》*The Global New Light of Myanmar*

《缅甸新光报》(*The Global New Light of Myanmar*)是缅甸目前发行历史最悠久的报纸,有缅甸语和英语两个版本。缅文版刊名为《缅甸之光》(*Myanmar Ahlin*),英文版刊名为《缅甸环球新光报》(*The Global New Light of Myanmar*)。

一、历史沿革

《缅甸新光报》1919年5月1日开始出版,由吴哥基任社长,塞耶都担任编辑。报纸每周刊发三期,同年7月1日起改为每日出版。由于办报有方,报纸深受人们欢迎,成为当时发行量最大的报纸之一。编辑塞耶都因撰写连载小说,揭露黑暗统治而遭杀害。二次大战前,该报改名为《缅甸之光报》。1969年1月13日,报纸被正式收归国有。[①]此后,《缅甸新光报》一直充当政府的喉舌。自1988年新军人政府上台以来,《缅甸新光报》的评论文章内容一般只有三种:为政府歌功颂德,批评西方敌对国家,以及批评国内不同政见者。

2012年8月20日起,缅甸政府正式宣布废除实行了半个世纪的出版物事先审查制度。同年11月7日,在内比都召开的宣传部改革工作研讨会上,宣传部部长吴昂基还表示,长达六十年间仅仅报道官方消息的《缅甸新光报》将改变宗旨,以"为人民服务"的方式运作,成为"为人民服务"的媒体。该方案于2013年开始实施,政府持有大部分股份,参股人以组建有限合作公司的方式进行改革。英文版的《缅甸新光报》由外国公司、缅甸私营公司和政府组成合资公司进行运作。[②] 2014年9月1日起,该报转为合资经营,并更名为《环球新光报》。

二、发展现状

缅甸目前全国性的日报有《缅甸之光》(*Myanmar Ahlin*,也称《缅甸新光报》缅文版)、《缅甸环球新光报》(*The Global New Light of Myanmar*,也称《缅甸新光报》英文版)以及《镜报》(*Kyaymon*)三家。在全国性日报的市场份额中,缅文报纸《缅甸之光》占比最大,可以达到52%,而英文版的《缅甸环球新光报》也占有2%。[③]

缅甸宣传部新闻与期刊公司拥有《缅甸环球新光报》51%的股份,Global Direct Link公司拥有49%的股份。缅甸宣传部长吴昂基在该报印刷厂开业典礼上表示,此为缅甸政府首次将国营报纸转为合资经营,是缅甸向民主转型以来意义深远的一次变革。此举旨在将国营的英文报纸转变为自由公开的媒体,促进媒体多元化发展,是缅甸媒体改革的一部分。[④]相对来说,缅甸人更喜欢购买周报、杂志而不是日报,因为新闻类周报常常刊登一些热点新闻,如报道关于昂山素季的新闻,同时周报还会就一周内发生的政治事件作出评论。近年来,缅

---

① 钱伯良:《缅甸报纸概况》,《东南亚研究》1987年第4期。

② 李晨阳、祝湘辉、邹春萌:《缅甸国情报告(2012—2013)》,社会科学文献出版社2014年版,第5页。

③ 李晨阳、祝湘辉、邹春萌:《缅甸国情报告(2012—2013)》,社会科学文献出版社2014年版,第79页。

④ 商务部驻缅甸经商参处网站:《缅甸国营报纸〈新光报〉将转为合资经营》,2014年8月7日,http://www.mhwmm.com/Ch/NewsView.asp?ID=5671,检索时间:2015年8月19日。

甸的周报和杂志销量都有所上升,日报的销量则有所下降。[①]

目前,缅甸仅有一家政府建立的官方网站“缅甸指南”(www.myanmar.com),其中附有三大官方日报网站的网址链接,但是网站内容更新较慢,也不提供往期查询功能,使用效果一般。

三、报道特点

图 1 英文版《缅甸环球新光报》头版

尽管在出版管制方面,缅甸政府完成了对出版审查制度的改革,基本实现了出版自由,但是缅甸政府管制媒体的积习已深。到目前来看,缅甸三大日报依旧保持观点一致,其中《缅甸新光报》最能反映出缅甸官方的立场。作为缅甸官方报纸,该报报道内容涵盖每天的国际要闻和国家大事。该报国内消息主要来自缅甸新闻通讯社(Myanmar News Agency),国外消息则主要来自路透社等国际通讯社,采用的国外消息也都经过缅甸通讯社的审核。作为政府的表达工具,当有公共事件发生时,《缅甸新光报》会完全站在官方的立场展开报道。

《缅甸新光报》上的国际新闻报道,主要可以分为两种:一是缅甸官方的涉外活动,一般会根据新闻中缅甸官员的官职大小决定篇幅与照片大小;二是其他国际新闻,又可以进一步分为两类:一类是有关国外天灾人祸的、简短的“负面”消息,另一类则是与政治无关的以体育和娱乐为主的国际新闻。其中,前一类是国际新闻中数量最多的报道类型。除此之外,该报一般不会刊登来自国外的其他新闻。从中可看出,缅甸报纸在报道国际新闻时的选择性非常明显,直至今日,这样的选择方式仍未曾改变。

四、涉华报道

从报道的数量和议题选择来看,《缅甸新光报》并未对中国给予“特别待遇”。不过,其中有大量缅中工商合作相关报道和中国各领域公司的代表会见缅甸官员(部级以上)的报道,充分体现出中国在缅甸经济发展中的重要地位。

在《缅甸新光报》的涉华报道中,最值得一提的是 2011 年密松水电项目纷争期间的报道。2011 年 9 月 30 日,在一些私营媒体以及环境保护组织的强烈反对下,缅甸总统吴登盛单方面宣布搁置由中国投资 36 亿美元的密松水电项目。10 月 1 日,《缅甸之光》全文刊登了总统的决定。这一事件迅速在国际上引起关注,国际舆论认为此事标志着缅中关系的转折点,缅甸将会逐渐疏远与中国的关系。在重重舆论压力之下,《缅甸之光》于 10 月 16 日至 19 日连续发表四篇署名长文《任何人都无法破坏》《应结合事实、知识和理智思考》《愿传统友谊互信合作不断发展》以及《情谊永固的北方朋友》,以表达缅中关系始终稳固,并且强调将继续巩固两国关系。这样的连续刊文强调发声是绝无仅有的,对于缅中两国来说也极具历史意义。[②]

① 李晨阳、祝湘辉、邹春萌:《缅甸国情报告(2012—2013)》,社会科学文献出版社 2014 年版,第 79 页。

② 伍庆祥:《缅甸官方媒体眼里的中国形象——以〈缅甸之光〉报为例》,《对外传播》2012 年第 8 期。

印 度

《国民先驱报》*National Herald*

《国民先驱报》(*National Herald*)是印度出版的一份英文对开报纸,从属于国民先驱报系。1938 年,该报由印度前总理尼赫鲁在印度城市勒克瑙创办,1968 年增加了新德里版。该报被视为印度"国大党"的党报。

一、历史沿革

1938 年 9 月,《国民先驱报》在勒克瑙创办,该报的创办人是印度独立运动的主要领导人贾瓦哈拉尔·尼赫鲁(Jawaharlal Nehru)。1942 年,《国民先驱报》响应圣雄甘地(Mohandas Karamchand Gandhi)发起的呼吁英国退出印度的运动[①],受到了英国殖民当局的查封。直到 1945 年,《国民先驱报》才得以复刊。1947 年 8 月,印度宣布独立,尼赫鲁出任印度第一任总理,他也是《国民先驱报》的董事会主席。在此期间,尼赫鲁一直作为该报的国际新闻记者在该报发表了大量新闻报道和评论文章。例如,1954 年,尼赫鲁发表了题为《死亡交易者》(*The Death－dealer*)的文章,反对美国在太平洋岛屿上进行的一系列核试验等。

NATIONAL HERALD
Founded by Jawaharlal Nehru
MANY AKALIS HELD ON SAMAGAM-EVE
Tension grips Capital
Kalpnath Rai attacked

图 1 创刊早期的《国民先驱报》

图片转引自《印度教徒报》网站:http://www.thehindu.com/news/national/pleas－of－sonia－rahul－against－summons－in－national－herald－case－dismissed/article7957981.ece? homepage＝true,检索时间:2016 年 4 月 20 日。

1946 年到 1950 年期间,费罗兹·甘地(Feroze Gandhi)出任该报总经理,协助管理该报的财务。[②]费罗兹是尼赫鲁的女婿,也就是两度出任印度总理的英迪拉·甘地(Indira Gandhi)的丈夫,他本人也是印度著名的政治家和新闻记者。同一时期,尼赫鲁还任命了知名新闻人马尼孔达·查拉帕提·劳(Manikonda Chalapathi Rau)作为《国民先驱报》的主编。在此期间,尼赫鲁给予了劳充分的编辑独立权,由劳全权处理报纸的编辑事务。劳在《国民先驱报》任职长达三十余年(直到 1978 年离任),因此也有评论称他是该

---

① 退出印度运动——1942 年 8 月,圣雄甘地发起让英国殖民者退出印度,让印度急速独立的一次行动。这个运动采取非暴力抵抗作为行动指南,目的是为了让英属印度政府尽快走上谈判桌。该运动最终受到了英属印度当局的镇压。

② 互联网档案馆:《纪念查拉帕提·罗》,2014 年 6 月 26 日,https://web.archive.org/web/20140626231014/http://yabaluri.org/TRIVENI/CDWEB/inmemoriumoct83.htm,检索时间:2016 年 4 月 19 日。

报真正的缔造者,是他将这份报纸打造成了一家真正的新闻媒介。

作为印度“国大党”的喉舌媒体,《国民先驱报》的命运和“国大党”息息相关。1977 年,印度“国大党”主席英迪拉·甘地(Indira Gandhi)在大选中失败,并被捕受审,印度“国大党”也因此分裂。在此之后,《国民先驱报》也被封停了两年,恢复发行后一直惨淡经营。1986 年,《国民先驱报》又再度面临被封停的危险,最后在总理拉吉夫·甘地(Rajiv Gandhi)的介入之下,经过一年的整顿恢复才得以摆脱再次被封停的厄运。

1992 年 5 月,印度“国大党”主席索尼娅·甘地(Sonia Gandhi)出面改组该报董事会,聘请了英迪拉·甘地(Indira Gandhi)和拉吉夫·甘地(Rajiv Gandhi)两任前总理的新闻顾问帕拉·沙特(Parra Saudi)和《印度快报》的前总编苏门·贝拉(Sumen Bela)加入董事会,并更换了该报的总编辑。在此之后,《国民先驱报》开始进入较为稳定的发展阶段。

二、发展现状

目前,《国民先驱报》有编辑、记者和其他员工共计约 450 人。除了英文版外,《国民先驱报》还分别出版有印地语版和乌尔都语版。

从 1968 年开始,《国民先驱报》开辟了新德里版,之后长期以勒克瑙和新德里两个地方版出版。1998 年,《国民先驱报》关闭了其位于勒克瑙的报社。当时,由于没有更新现代化的印刷设备,缺乏电子化的办公,同时又没有足够的广告营收,该报长期处于亏损状态。因此,在关闭勒克瑙报社以后,《《国民先驱报》》的大部分资产在法院的命令下被拍卖以偿还债务。①

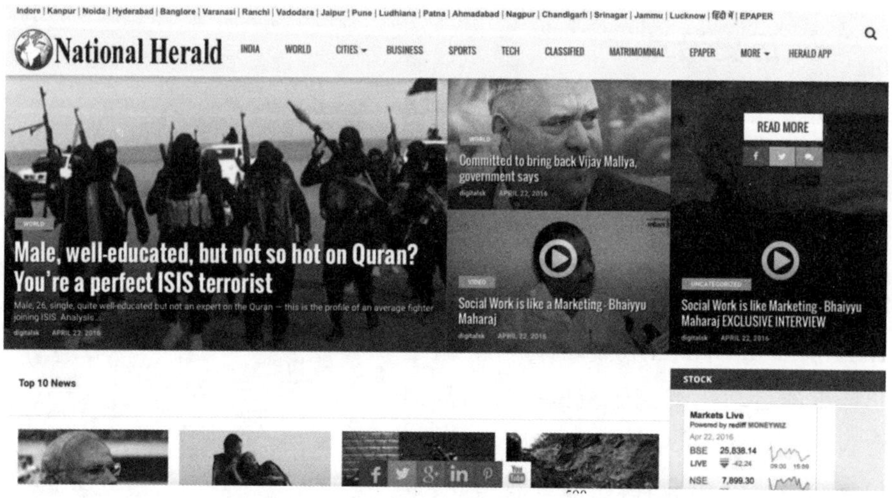

图 2 国民先驱报网首页

图片引自国民先驱报网:http://nationalherald.net,检索时间:2016 年 4 月 20 日。

到 2008 年 1 月,《国民先驱报》又一次面临关闭的危险。当时,《国民先驱报》所属的联合报刊有限公司(Associated Journals LTD)负债高达九亿卢比。同年 4 月,《国民先驱报》的编辑部宣布报纸暂停运营。直到 2010 年,联合报刊有限公司以五百万卢比的价格被青年印度有限公司(Young India LTD)收购。但在 2011 年,这桩收购案卷入了索尼娅·甘地和其子拉胡尔·甘地(Rahul Gandhi)的信托丑闻。②

2014 年,德里法院开始接手相关案件,就《国民先驱报》及其所属联合报刊有限公司的资产所属问题展开调查。2015 年,印度中央执法局重启该案的审理。截止到 2016 年 4 月,这场争讼仍然未得出结果。

三、报道特点

从创刊伊始,《国民先驱报》就一直被视为印度“国大党”的喉舌媒体,但其报道内容却相对客观。该报创始人尼赫鲁的新闻思想和美国总统杰斐逊有相似之处,都极力维护新闻自由。③ 1950 年,尼赫鲁在全印度编辑会

① 《印度快报》:《〈国民先驱报〉挣扎中生存》,1998 年 11 月 4 日,http://expressindia.indianexpress.com/news/ie/daily/19981114/31851024.html,检索时间:2016 年 4 月 19 日。

② 《印度快报》网站:《你需要知道的〈国民先驱报〉案》,2015 年 12 月 10 日,http://indianexpress.com/article/explained/national-herald-case-where-the-matter-stands/,检索时间:2016 年 4 月 19 日。

③ 王生智:《论尼赫鲁的新闻思想》,《湛江师范学院学报》2009 年第 2 期。

议上说："即使政府不喜欢媒体享有自由，认为这是危险的，但去干预它则是错误的。对报纸强加限制不能改变什么；限制公民对某些公共问题的表达，只能导致一些观点和思想传播得更广泛。"①之后他又在 1952 年的全印度报纸编辑会议上指出："我们宁愿允许一定的错误发生，也不去压制自由。因为如果试图压制一个错误，正确的事物也可能被压制。所以我们要容忍错误，以便正确最终战胜错误。我认为，控制思想和思想的表达是危险的，因为这么做可能产生一些弊病，会阻碍社会进步。"②

尼赫鲁的新闻思想深深影响了《国民先驱报》的报道传统。实际上，在报刊成立之初，尼赫鲁就赋予了总编辑劳充分的自主经营权和管理权，并保证他独立的编辑权。因此，《国民先驱报》的报道内容相对独立客观，并没有受到其政党报刊属性的影响。

目前，《国民先驱报》网主要分为八个版块，分别报道印度、世界主要城市的新闻，网站还设有商业、体育、科技、婚姻等专题版块。由于印度是一个多民族国家，印度的官方语言原则上是英语和印地语，但由地方政府确立的官方语言加起来却有 24 种。③所以除了英文版面，《国民先驱报》网站还开设了印地语等 20 种印度当地语言的版面，以吸引更多的读者，扩大受众群。

四、涉华报道

从报道数量上来看，《国民先驱报》对中国的报道比较少，内容主要集中在时政要闻领域。在《国民先驱报》网站中输入"中国"一词，截至 2016 年 4 月 19 日，只能搜到 5 篇相关文章，其中有 3 篇是关于中国南海问题的，两篇关于朝核问题。

表 1 《国民先驱报》2016 年主要涉华文章

标题	核心内容
《菲律宾和越南在南海拟开展海上联合巡逻》④	菲律宾和越南的国防官员将在见面时对两国可能进行的联合演习和海上巡逻举行磋商。菲越两国可能会形成一个新的联盟，对中国在南海进行封锁。
《前线上的中国渔民》⑤	中国利用庞大的捕鱼船队作为其在南海扩张的先头部队，这使中国与其他邻国在南海发生冲突的风险加大。
《美国企图在 G7 峰会上谈南海问题》⑥	美国十分希望在七国集团外长会议上讨论南海问题，但这一举动可能会引发中国的不满。
《中国不支持朝鲜核武器》⑦	中国表达了对朝鲜核问题的态度。中国外交部长王毅在 2016 年 3 月 8 日答记者问上表示中方不会坐视半岛稳定受到根本破坏，不会坐视中方的安全利益受到无端损害。中国强烈敦促各方理性克制，不再激化矛盾。
中国警告朝鲜勿生事⑧	中国外交部长王毅态度强硬，强调中国是朝鲜半岛近邻，在朝鲜半岛有重大利益关切。中国决不允许朝鲜半岛生乱。中国呼吁各国顾全大局，早日恢复对话，为维护地区和平稳定发挥建设性作用。

① Sharma, S. K. Press in India. Vol.1, Historial Development, Delhi: Vista International Publishing House, 2006, p. 222.

② Sharma, S. K. Press in India. Vol.1, Historial Development, Delhi: Vista International Publishing House, 2006, p. 228.

③ 吴顺煌：《印度纸媒一枝独秀地方报纸潜力巨大》，《第一财经日报》2013 年 8 月 13 日(A06)。

④ 国民先驱报网：Philippines, Vietnam to explore joint patrols in South China Sea: Sources，2016 年 4 月 13 日，http://nationalherald.net/? p=3765，检索时间：2016 年 4 月 10 日。

⑤ 国民先驱报网：China's Front－Line Fishermen，2016 年 4 月 13 日，http://nationalherald.net/? p=3762，检索时间：2016 年 4 月 10 日。

⑥ 国民先驱报网：U.S. Seeks to Put South China Sea on Table at G－7 Meeting，2016 年 4 月 10 日，http://nationalherald.net/? p=3546，检索时间：2016 年 4 月 10 日。

⑦ 国民先驱报网：No backing for your nuclear arms: China to North Korea，2016 年 3 月 8 日，http://nationalherald.net/? p=2013，检索时间：2016 年 4 月 10 日。

⑧ 国民先驱报网：China warns of intervention if Korean peninsula is destabilised，2016 年 3 月 8 日，http://nationalherald.net/? p=2001，检索时间：2016 年 4 月 10 日。

在关于南海问题的3篇报道中,《国民先驱报》着重报道了菲律宾、越南等东南亚国家在南海上的最新举动以及美国对南海问题的看法及在南海的动作。尽管报道中对中国的提及较少,但其报道用词表现了对中国的负面态度,比如用"野心勃勃"和"激进"来形容中国在南海的举动。而在关于朝鲜核问题的报道中,两篇报道均以较大篇幅引用了中国外交部长王毅的讲话。以这些案例来看,《国民先驱报》的涉华报道以重点关注亚太局势变化为主,对于中国本身的报道较少关注,并且在报道立场上以负面态度为主。

《印度教徒报》*The Hindu*

THE HINDU

《印度教徒报》(*The Hindu*)是印度南部较有影响力的英文对开日报,在印度全境及世界范围内也有较大影响力。该报曾多次获得世界性奖项,被国际各大主流媒体认可。《印度教徒报》有着较为明显的"左倾"倾向,并且这一倾向已经逐渐成为该报的特色之一。

一、历史沿革

《印度教徒报》创刊于1878年,创立之初为周报。创办人是六名青年知识分子,他们希望通过报纸传达反对殖民统治的声音,积极支持民族独立运动。《印度教徒报》于9月20日面世,首份报纸只印发了80余份。创办报纸的六人之中,由中学教员 Subramania Iyer 出任总编,大学讲师 M. Veeraraghavachariar 担任报社总经理。

创办初期,《印度教徒报》每周出一期。1883年,报社迁至新的办公地点,并且拥有了自己的印刷机构——民族印刷所(The National Press)。由于资金有限,购置印刷设备的资金主要依靠借贷。从此时开始,《印度教徒报》每三周出版一期。直到1889年,《印度教徒报》才转为日报,当时报纸的定价仅为每份4安那(相当于1/4卢比)。随着报社经营蒸蒸日上,到1892年时,《印度教徒报》正式买下了长期租用作为办公地点的大楼,拥有了自己的大本营。

从创刊之日起,《印度教徒报》就具有明显的自由主义立场,并且一直沿袭至今。早期的《印度教徒报》是一份高度商业化、市场化的报纸,非常重视广告刊登,在报纸的头版和最后三个版面都辟有专门的广告版面。除了广告之外,其他内容以评论为主,反而不大重视新闻报道。直到1958年,《印度教徒报》才立志转型,并以英国大报《泰晤士报》为楷模,一改往日重广告、重评论而轻新闻的风格,开始向真正的媒体转型。20世纪以来,《印度教徒报》经常刊文揭露殖民当局镇压人民的罪行,在第二次世界大战期间坚决反对法西斯主义。

20世纪初,《印度教徒报》一度陷入经营不善的困境,发行量骤降至800余份,当时的报纸所有人 M. Veeraraghavachariar 决定出售该报。1905年4月,大律师卡斯图里(Kasturi Ranga Iyengar)出资买下了这份报纸,并由他的家族经营该报直至今日。《印度教徒报》的母公司是卡斯图里父子公司(Kasturi & Sons Ltd.),该公司实行家族式管理,1965年至1991年由 G. Kasturi 经营,1991年至2003年由 N. Ravi 管理,2003年至今由其兄弟 N. Ram 管理。

1965年时,《时代周刊》将《印度教徒报》评选为世界十佳报纸,颁奖词中明确指出:"《印度教徒报》发出印度声音时具有印度南部的色彩,可以说是印度最受信任的报纸"。

二、发展现状

目前,《印度教徒报》是印度发行量第二大的英文报纸,2014上半年发行量为1314016份,2013下半年

1391550 份，居印度所有报纸发行量第 13 位。[①]在全球知名调研公司尼尔森展开的“印度读者调查（Indian Readership Survey）”中，《印度教徒报》在印度英文报纸中排名第二。[②]

目前，《印度教徒报》报社总部位于印度城市钦奈，在全印度拥有 17 个印刷点。《印度教徒报》雇用了超过 1600 名员工，主要收入来源是读者订阅费用和广告费用。在技术更新上，该报也十分具有特色。《印度教徒报》是印度报纸中最晚（2004 年）更换彩色版面的报纸，却是印度第一家（1995 年）提供网络在线阅读的报纸。

图 3 《印度教徒报》网站

在网站建设方面，《印度教徒报》于 2009 年 8 月 15 日推出全新测试版网站（beta.thehindu.com），这是其网站上线以来第一次改版（改版过程中一直是测试版）。2010 年 7 月 24 日，《印度教徒报》网站的网址最终确定为“www.thehindu.com”。现在，读者可以通过网站阅读当日的新闻，也可以根据栏目设置来查看报道，其栏目主要有新闻、国内新闻、国际新闻、评论、商业、体育、特稿、科技和娱乐九大类别。

THE HINDU

Supreme Court stays Allahabad High Court verdict on Ayodhya

Who was responsible for the birth of al-Qaeda, asks Gilani

Plus Two: minor increase in pass percentage

图 4 《印度教徒报》头版

在报纸发行中，《印度教徒报》发行有钦奈特版，周一增发《都市增刊》、《商业评论》、《教育增刊》；周二增发《都市增刊》、《年轻世界》、《书评》；周三增发《都市增刊》、《赋权》；周四增发《都市增刊》、《NXG 特版》、《科技工程技术农业版》；周五增发《周五评论》、《都市增刊周末版》；周六增发《城市增刊》、《风俗版》；周日增发《周末杂志》、《田野》、《电影增刊》、《分类服务》、《开卷》、《文学评论》。可以看出，《印度教徒报》钦奈特版每日都会增加特定内容，并根据不同城市进行定制服务。《印度教徒报》所属的集团同时还发行泰米尔语版《印度教徒报》、四种旬刊、《商业日报》和《运动明星》，形成了较为完整的报业杂志体系。

三、报道特点

《印度教徒报》的报道特色之一是报道重点在印度南部，其政治主张、受众需求都与其“南部特色”密切相关，因而《印度教徒报》在印度南部的影响力较大。

《印度教徒报》的报道特色之二是“总体上对政府持批评态度”。[③]《印度教徒报》的政治倾向是基本中立偏左。这与其创办人的政治倾向以及该报的创办意图都有一定关联：该报创办人曾在当地组织过旨在反对英国统治印度的政治反抗运动，创

① 印度发行量统计局（Audit Bureau Of Circulations）：《2014 上半年发行量统计》，2014 年 8 月，www.auditbureau.org/files/Details%20of%20most%20circulated%20publications%20for%20the%20audit%20period%20January%20－%20June%202014.pdf，检索时间：2015 年 5 月 5 日。

② IRS 2012 Q2 Topline Findings：India Readership Survey，2012，http://mruc.net/sites/default/files/IRS%202012%20Q2%20Topline%20Findings_0.pdf，检索时间：2015 年 5 月 5 日。

③ 卢山：《“新闻自由”光环下的印度新闻运作》，《新闻记者》2005 年第 12 期。

办《印度教徒报》的初衷就是通过报纸传播自身立场。

四、涉华报道

虽然英文媒体在印度媒体产业的整体中占比不大,但是英文媒体仍占据着印度媒体话语的主导权。与印度本地语言媒体以普通百姓为主要受众对象不同,印度的英文媒体主要受众为印度社会中最主要的力量:印度的中产阶级以及青年学生。英语对于印度人来说,与其阶级、种姓、教育程度、收入有很大的内在关联性。

一般来说,在外交与国防政策等问题上,印度本地语言媒体的报道议程多数情况下是由印度英文媒体来设置的。[①]同时,有关中国的最具代表性的言论观点也都出自主流英文媒体。因此,作为印度国内重要的英文报纸,《印度教徒报》的涉华报道也对中国形象在印度的塑造起着十分重要的作用。

通过在《印度教徒报》网站对特定关键词的搜索,可以发现,《印度教徒报》对于中国的报道议题涉猎十分广泛,但是大多转发自通讯社的稿件,如印度报业托拉斯、美联社、路透社等。因而,其报道偏重事实陈述,较少进行评论,对华态度较为客观。

《印度教徒报》在中国派有记者,《印度教徒报》经营家族中最年轻一代的安南克里什南(Ananth Krishnan)曾经就是北京的特派记者,也可以从侧面看出《印度教徒报》对于中国报道特别是北京报道的重视。

《印度快报》*The Indian Express*

The Indian EXPRESS
JOURNALISM OF COURAGE

《印度快报》(*The Indian Express*)是一份英文日报,在印度多个城市出版发行,发行量常年名列前茅,是印度国内最有名望的报纸之一。[②] 其所属报系印度快报系也是印度最大的报团[③],实力雄厚,影响力较大。

一、历史沿革

1932 年,印度财团巨头戈恩卡(Shri Ram Nath Goenka)出资创办了《印度快报》,为民族独立运动振臂高呼。到了 20 世纪 30 年代末时,《印度快报》的发行量达到 2000 份左右。1940 年,《印度快报》遭遇了一场大火,整个报社的资产都付之一炬。在竞争对手《印度教徒报》的帮助之下,《印度快报》报社迁入新的办公地址,并且借由《印度教徒报》的印刷所才得以保证报纸的正常印刷发行。在此之后,《印度快报》更新了排版印刷设备,大大提高了报纸生产的速度。

初创之时,《印度快报》只在马德拉斯出版。随后几年中,戈恩卡通过收购当地报纸和创办当地版本等方式,不断扩大《印度快报》的发行范围。例如,1944 年,戈恩卡收购了孟买的当地报纸《晨标准报》(*Morning Standard*),并在此基础上改造刊行了《印度快报》(孟买版)。后来又陆续创办了德里(Delhi,1953 年)、马杜赖(Madurai,

图 5 《印度快报》第一期报纸头版

图片引自印度快报网:http://indianexpress.com/ramnath－goenka/,检索时间:2015 年 12 月 30 日。

① 唐璐:《印度主流英文媒体报道与公共舆论对华认知》,《南亚研究》2010 年第 1 期。
② 外国新闻界概况编辑室编:《外国新闻界概况》,新华出版社 1982 年版,第 199 页。
③ 程曼丽、乔云霞主编:《新闻传播学辞典》,新华出版社 2012 年版,第 137 页。

1957 年)、班加罗尔(Bangalore,1965 年)、艾哈迈达巴德(Ahmedabad,1968 年)等地方版本的报纸,加上 1961 年创办的《金融快报》(*The Financial Express*)等报纸,逐渐形成了覆盖整个印度的快报系。1990 年,印度快报集团又收购了以期刊发行为主的斯特林集团,进一步扩大了业务范围。

印度快报系属于戈恩卡家族控制下的印度快报集团,主要包括旗舰日报《印度快报》、商业日报《金融快报》以及在孟买出版的著名英文娱乐周刊《银幕》(*Screen*)等。戈恩卡是印度最大的垄断财阀之一,更是印度最大的媒体界财阀,与美国的垄断财团关系密切。戈恩卡曾一度与英迪拉·甘地不和。其子拉杰夫·甘地上台后,戈恩卡一反过去的批评态度,转而支持"国大党"政府。1986 年,他甚至公开赞扬拉杰夫·甘地,并聘任拉杰夫·甘地的同学、好友苏曼·杜贝为《印度快报》总编。但当戈恩卡发现其劲敌——印度第三大财团里连斯工业有限公司的老板迪鲁巴伊·阿姆巴尼与拉杰夫·甘地关系密切后其与"国大党"政府的关系再度恶化。《印度快报》曾刊登了印度总统致总理的一封不宜公开发表的信件,激怒了拉杰夫·甘地。政府指示中央调查局搜查了戈恩卡住宅,同时,逮捕了该报顾问斯·古鲁姆梯及其同事加哈克里拉曼。政府的这些举措加剧了戈恩卡与政府的紧张关系。《印度快报》系便抓住总统与总理之间的矛盾及印度购置西德潜艇与瑞典榴弹炮中发生的贿赂丑闻等事件,多次抨击"国大党"政府。①

图 6 《印度快报》创始人拉姆·纳特·戈恩卡

图片引自印度快报网:http://indianexpress.com/ramnath-goenka/,检索时间:2015 年 12 月 30 日。

1991 年,戈恩卡去世之后,家族成员将《印度快报》系的生意分割成两部分,印度北部各省统归于《印度快报》孟买公司,印度南部各地报纸则以《印度快报》马杜赖版为核心。一开始,两个公司共享《印度快报》的品牌,后来逐渐分化成为两个独立的报业公司。北部公司称自己为快报集团(The Express Group),旗下报纸仍以《印度快报》为名,而南部公司定名为快报出版有限公司(Express Publication Ltd.),所辖报纸改称《新印度快报》(*The New Indian Express*)。

由于具有多地出版的优势,《印度快报》多年以来一直在印度英文报刊中出版量名列前茅。2006 年,报纸日发行量达到 50.2 万份,在印度英文报纸中排在第 12 位。②

二、发展现状

印度国内新闻事业的发展,相较于其经济发展水平来说,一直都有被学界称为"超前发达"的说法,"印度新闻业的发达程度是远远超前于其经济和社会发展状况的"。③印度报刊语种多样,尤其是印地文和英文的报纸,分别占报刊总数的 37%和 16%。虽说数字来看,英文报刊在印度国内所占的比例不大,但是由于印度特殊的殖民历史背景,多数印度民众,尤其是中产及以上阶层都具有英文识字能力,因此英文报刊的读者数量比较多。作为英文报刊,发行量常年位居前列的《印度快报》很容易在政治社会生活的舆论场上占有一席之地,掌握一定的媒体话语权。与此同时,印度也是传媒业被高度垄断的国家,家族财团垄断报业是印度报刊的显著特征。印度传媒业家族报系众多,各自发挥自己的影响力,共同主导着印度的舆论风向。

如今,《印度快报》还在新媒体尝试上做了很多努力,除了大力发展网络媒体之外,还着力打造电子版报纸,既方便阅读,又提供搜索查找功能。凭借强大的《印度快报》系实力,《印度快报》正在印度政治、社会生活中发挥着举足轻重的作用。

三、报道特点

《印度快报》的报道特点主要体现在内容丰富、趣味性强以及注重读者满意度三个方面。

---

① 张喜禹:《印度新闻业发展概况》,《南亚研究季刊》2003 年第 1 期。

② 周宏刚:《印度英文主流报纸的中国形象研究》,《对外传播》2013 年第 10 期。

③ 陈昌凤:《印度超前发达的新闻事业》,《中国新闻》2003 年第 2 期。

图 7　印度快报系的主要媒体

图片引自印度快报集团网站:http://expressgroup.indianexpress.com/our－brands.html#ie,检索时间:2015 年 12 月 30 日。

(一)内容丰富

《印度快报》通常每份报纸刊行 22 版,且版面排列紧凑,字多行密。每个版面少则刊登 5 至 6 条消息,多则刊登 7 至 8 条消息,若是广告版面,则内容量更大。此外,其覆盖内容上,也是呈现全面涵盖和视角独特的特点。内容上按版面的顺序,至少涵盖了城市、消息、政府与政治、观点与评论、周末故事、知识、世界新闻、经济和体育等报道,其中城市版和体育版所占篇幅较大。独具特点的地方是,《印度快报》还会在报纸版面上将报道的作者简介登出来,不仅包括其职业经历,还包括其写作和新闻上面的座右铭或是心得,方便读者形成深刻认识,以更好地了解报纸内容,尤其是评论内容。

(二)趣味性强

《印度快报》的趣味性除了上文提到的比较注重城市版面和记者实名介绍之外,还在于其图片的使用和专门开设了吸引读者的版面。《印度快报》每版必有插图,多的时候每条信息至少配一图。图片种类也是各式各样,包括新闻图片、地图、人物肖像、图表,甚至是漫画,这些图片能迅速达到吸引人眼球的效果。每份《印度快报》专设《Calendar》版面,作为一种扩大发行量的手段。《Calendar》版的内容包括猜字谜、数字迷宫、漫画故事、星座运势等,以吸引更多读者购买报纸。

(三)注重读者满意度

报道的领域丰富、选择的内容有趣味性,都是《印度快报》注重读者满意度的客观表现。此外,更加重要的一点,是其内容排版方便阅读。《印度快报》上面的内容呈"窄条式",每版都排有 6 至 8 列。这使报纸不仅整体看起来十分工整美观,而且读起来也十分方面。如今印度也处于经济快速发展的阶段,在读者生活节奏提高的背景下,"窄条式"排版利于大家将报纸小空间化,方便在上下班路上、乘车期间或是闲暇时间阅读,而不用专门抽出时间看报。这种排版方式,正是服务读者意识的集中体现。

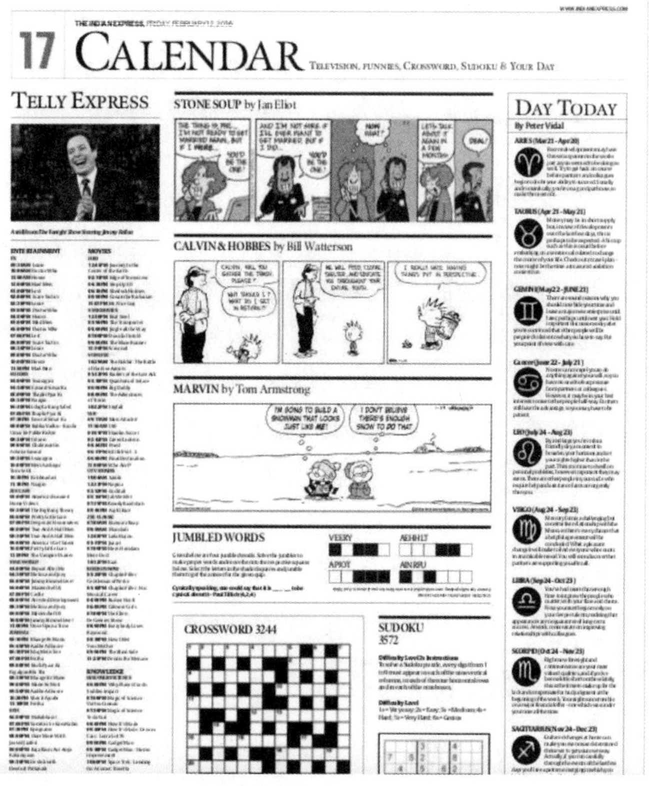
17 CALENDAR

TELEVISION, FUNNIES, CROSSWORD, SUDOKU & YOUR DAY

TELLY EXPRESS

STONE SOUP by Jan Eliot

DAY TODAY

By Peter Vidal

CALVIN & HOBBES by Bill Watterson

MARVIN by Tom Armstrong

JUMBLED WORDS

CROSSWORD 3244

SUDOKU 3572

图 8　《印度快报》Calendar 专版

图片引自印度快报网站:http://epaper.indianexpress.com/719546/Ahmedabad/12－February－2016#page/17,检索时间:2016 年 2 月 12 日。

四、涉华报道

学术界一般认为，印度英文媒体对中国的态度各有不同。其中，《印度快报》一般态度温和，报道手法客观、冷静。如学者周宏刚在其研究中就认为，“《印度快报》注重军事和环境议题的报道，关注宏观议题，对事件的历史和国际背景的介绍较多，常常采用对比的视角。《印度快报》对中国的立场表面上比较温和，而实际上关注的都是事关全局利益的战略性议题。”①

就研究来看，《印度快报》对中国的关注还是比较多的，报道内容方面也有自己的倾向和选择。

首先，报道量比较大。以其官方网站为例，该网站几乎每天都会刊出与中国有关的报道，多的时候甚至达到每天 5 到 6 篇。其中几乎每天都会有 1 篇以“China”为标题关键词，其余报道也有一些是在文中提及中国。截至 2015 年 10 月 25 日，在《印度快报》网站可以找到 27552 篇关于中国的报道，最早的一篇始于 1981 年 8 月 4 日。当然，每年的报道数量不尽相同，且总体上呈现逐年上升的趋势。

其次，在报道领域上，《印度快报》的涉华报道涵盖的议题范围比较多样，如关于中国外交关系的报道、中国经济领域的报道、与中国有关的体育赛事报道以及在中国发生的突发事件的报道等。从比例上看，《印度快报》把更多的注意力放在了经济、政治这样具有战略意义的重要议题上。以 2015 年 10 月 15 至 25 日这 10 天的报道数量统计来看，10 天内涉及中国的报道大约有 82 篇，政治外交议题占到 36 篇，约占 43.9%；经济科技议题占到 25 篇，约占 30.5%；其他几部分内容加起来占比不到 30%。

最后，就其报道态度来看，该报对中国的报道比较冷静温和。中印海域存在争议之际，中印军事相关的领域报道比较敏感，但是该报在这类问题上，也鲜有站队倾向或是过激言论，而是比较冷静地客观陈述。以 2015 年 10 月 17 日的一篇关于美印日三国军演的报道为例，虽然这篇报道的题材较为敏感，但是文章转述了《中国日报》的观点，传达了“中方对美日印三国军演态度谨慎、中国重视中印关系”的事实，而没有评论或是评价。②再以 2015 年 10 月 17 日对中方就南海问题表态的报道来说，文章只是客观转述了中国官方在南海问题上“不会轻易使用武力”的表态，同样没有主观性的评价，只为读者提供消息。③同样的例子还有很多，可见就算是敏感议题，该报也是重报道而少评论，足显其客观冷静的立场。

基于以上研究，可以说，《印度快报》对中国的关注比较多，这与中国越来越积极地参与国际事务有关，中国有更多的新闻点可以报道，也与中国和印度往来日益密切有关。在报道内容上，《印度快报》的涉华报道涵盖议题比较丰富，以政治和经济领域的重要新闻为主。最后，其态度基本是较为冷静的，或者说是比较温和客观的。

《印度时报》*The Times of India*

THE TIMES OF INDIA

《印度时报》(*The Times of India*)是一份英语日报，与其他 40 余份报纸共同组成了《印度时报》报系，在印度乃至整个南亚地区都有着巨大的影响力。该报是目前世界上发行量最大的英文对开日报，有超过 300 万的日发行量和千余万的读者群。④ 同时，《印度时报》的网络版与门户网站合作，网络点击量巨大。该报在全印度

---

① 周宏刚：《印度英文主流报纸的中国形象研究》，《对外传播》2013 年第 10 期。

② 《印度快报》网站：China Daily Cautions India over Naval Exercises with Japan, US, 2015 年 10 月 17 日，http://indianexpress.com/article/india/india－news－india/india－us－and－japan－hold－naval－exercises－china－daily－cautions－india/，检索时间：2015 年 10 月 25 日。

③ 《印度快报》网站：Won't use force 'recklessly' in South China Sea: China, 2015 年 10 月 17 日，http://indianexpress.com/article/world/asia/china－says－wont－use－force－recklessly－in－south－china－sea/，检索时间：2015 年 10 月 25 日。

④ 熊燕：《发行量大得惊人的印度纸媒——看印度媒体的繁荣与开放》，《云南日报》2015 年 2 月 10 日，http://yndaily.yunnan.cn/html/2015－02/10/content_937541.htm? div=－1，检索时间：2015 年 8 月 29 日。

14 个城市都有不同的版本,深受当地民众喜爱。

一、历史沿革

1838 年,《印度时报》在孟买创刊,时称《孟买时报》(*The Bombay Times*),于每周三和周六出版两期。1850 年,报纸正式改为每日出版。1861 年时,该报纸与《旗帜报》《电讯与信使报》两报合并,更名为《印度时报》并一直沿用至今。在纸质媒体受到极大冲击的行业背景下,《印度时报》的广告收入依然在印度报纸行业内名列前茅,在新媒体领域也广受受众欢迎。

《印度时报》的影响力首屈一指,是世界上发行量最大的英文报纸。2008 年,《印度时报》发表报道称,经印度发行监察局(the Audit Bureau of Circulations)证实,该报发行量已超过 314 万份,在南亚地区英文日报中位列榜首,在世界所有报纸发行量排行中位居第八位。截至 2015 年 2 月,该报的年发行量为 650 万份。[①]《印度时报》的读者群体主要为知识分子、商人、官员等社会主流精英阶层。报纸每日出 12 至 20 版,广告占到内容的 50%到 70%。

在世界英文报纸中,《印度时报》的网络版是点击量最大的。《印度时报》网络版与门户网站合作,向登录用户提供其他新闻网站没有的独家新闻信息。根据美国互联网流量跟踪分析公司 Comscore 的数据,2009 年 5 月时,《印度时报》网的访问量接近 1 亿 6 千万次,是世界上访问量最大的英文报纸网站,超过了包括《纽约时报》《太阳报》《华盛顿邮报》《每日邮报》和《今日美国》在内的诸多世界主流媒体网站。根据统计网站流量及排名的 Alexa 访问量查询,《印度时报》网站每周平均日 IP 量为 25050000,每季度平均日 IP 量为 26970000。[②]

The Bombay Times,
and
Journal of Commerce.

图 9 1938 年 11 月 3 日《孟买时报》创刊号

《印度时报》的扩张能力也不容小觑。很长一段时间内,印度腹地广大,有能力跨越省界的报纸并不多,地方特色报和方言报往往能够独霸一方。近几年来,由于外资的进入,很多大报开始广泛设置地方版。目前,《印度时报》已经走出传统阵地新德里和孟买这样的大城市,开始在其他城市制作发行地方版本。《印度时报》总部在新德里,但在全国有 8 个不同版本。其中只有评论版的内容是全国统一版本,其他各版发布的新闻报道都不相同,不同发行地区可以根据当地读者的需要来设置版面和提供消息。雄厚的实力基础以及不断扩张的影响力,给《印度时报》带来了良好的经济效益。

二、发展现状

印度的英文媒体是印度与外部,尤其是与西方之间联系的一个平台和纽带,因而《印度时报》非常关注国际问题。同时,由于印度的政府官员、知识精英及对外交政策有影响力的人都讲英语,这就使得英文媒体对印度的外交决策产生了潜移默化的渗透力和重大影响力。

(一)关注美欧和南亚,不太重视亚洲整体

在《印度时报》的国际新闻报道中,现实利益、地理优先性与文化、历史纽带决定着新闻报道的数量。

鉴于《印度时报》的读者主要是中产阶级及以上人群,这样的家庭基本都有亲友在美国读书、工作;同时,印度

---

① 熊燕:《发行量大得惊人的印度纸媒——看印度媒体的繁荣与开放》,《云南日报》2015 年 2 月 10 日,http://yndaily.yunnan.cn/html/2015—02/10/content_937541.htm? div=—1,检索时间:2015 年 8 月 29 日。

② 全球网站排名:《〈印度时报〉网站 IP 访问量》,2015 年 6 月 3 日,http://www.alexa.cn/index.php? url=indiatimes.com,检索时间:2015 年 6 月 3 日。

服务外包的客户大部分在美国；再者，一段时间以来，美印关系颇为融洽。以上三种因素共同作用，使美国在《印度时报》中受到了比其他任何国家更多的关注，有关美国的内容占据了国际版发稿量的第一名。

印度本身所在的南亚地区一直比其他地区受到更多关注。然而，《印度时报》对于亚洲整体的关注仍显不够。其实，这也是亚洲媒体的一个共同特点。近些年来，尽管网络化的黏性使亚洲国家间的互动越来越密切，但各国的媒体对彼此的关注度并不高。

图 10　印度时报网

印度时报网：http://timesofindia.indiatimes.com/international－home，检索时间：2016 年 2 月 13 日。

（二）为谋求大国地位制造有利舆论

近些年来，得益于迅猛发展的经济和有利的国际格局，印度谋求成为全球性大国的愿望更加迫切。资本力量和政治力量的合谋得到了传媒力量的支持。在《印度时报》上，对大国身份的诉求，既是“政治正确”，更是一种报道和解释的议程框架。《印度时报》作为影响力巨大的媒体，通过制造舆论压力，成为当地政府发展国力的工具。

三、报道特点

在报道倾向上，《印度时报》宣称自己“保持独立，不支持任何政党”。[①] 根据相关研究，《印度时报》发表的报道中，以负面、中性报道偏多，与该报所宣称的希望对政府加以监督相符合。印度作为较大的发展中国家，对于国际关系特别敏感，对中国国家实力的增强及国际地位的提升抱有警惕心理。这些反映在《印度时报》的报道中，就是涉华报道负面报道和中性报道居多，正面报道偏少。

就稿件来源来说，《印度时报》的国内报道多采用记者自采报道和印度报业托拉斯（PTI）的消息。对国际报道而言，除本报记者自采内容以外，《印度时报》稿件多来自英国的 TNN 新闻网（Transport News Net－work）、印度报业托拉斯和法新社（AFP）等外媒；由路透社（Reuters）和美联社（AP）以及印度亚洲通讯社（IANS）提供的新闻稿件也占到较大比重。

四、涉华报道

总体而言，《印度时报》比较重视对华报道，但对中国的报道中普遍存在偏见和误读。

在印度媒体中，《印度时报》是最早派出驻华记者的媒体机构。近年来，事关中国的稿件数量一直稳居该报国际新闻版第二的位置。印度关于中国最有代表性的观点，也多出自《印度时报》。尽管《印度时报》在报道国内容易引起公众舆论矛盾激化的问题时，往往较少采用带有偏见的言论，但在涉华新闻报道上，它却以追求耸人听闻为目的，经常发布诸如“中印边界爆发流血冲突”和“要 10 天内封杀中国手机”等有明显事实差错或者舆论煽动的假消息。

追求中国负面新闻的原因之一是出于经济利益的考量。印度的媒体多为私营，依靠广告维持生存，点击率、收视率、发行量是媒体生存之本。为此，许多媒体不惜代价，千方百计地在首发新闻、独家新闻和深度报道方面赢得竞争优势，中国议题也由此成为印度媒体吸引公众眼球、占领新闻市场的一大招数。因此，《印度时报》的涉华报道就形成了一种迎合某些利益集团特殊需要的结构性谎言，形成了一种程式化的涉华报道模式——首先寻找中印关

---

① 卢山：《“新闻自由”光环下的印度新闻运作》，《新闻记者》2005 年第 12 期。

系中的敏感话题,然后捕风捉影地在头版头条推出报道,接着引导国内其他媒体跟风炒作,短时间内这些虚假新闻形成强势影响舆论,直到最后官方察觉事态的严重性后出面澄清。

近几年来,《印度时报》涉华报道的关注重点没有发生明显变化,主要集中在西藏问题、中国国内、中印关系三个方面。其中,中国国内报道比例逐年上升,到2010年,该比例已上升到35.7%;对西藏问题的报道在2008年“3·14”事件前后达到最大值,比例高达46.1%,此后逐年下降,到2010年为15.7%,但仍居于第2位;中印关系报道比例比较稳定,维持在15%上下,居第3位。①

在《印度时报》网站以“中国”为关键词进行搜索,以2015年8月的搜索结果为例,共得到79条相关新闻。《印度时报》平均每日发布2至3条中国相关新闻,其中负面新闻、中性新闻较多,几乎没有正面新闻。其关注领域十分广泛,不仅限于军事新闻、政治新闻、经济新闻,社会各领域新闻都有涉及。社会新闻多为中国社会发展的新动态和奇闻异事;军事新闻以中国的军事演习为重点;经济新闻以中国经济发展最新动态为报道重点。此外,该报涉华报道中的负面新闻多集中于突发事故报道,包括人为性质的工伤事故和自然灾害。例如,2015年8月,天津港发生爆炸,这一事件一经发生就成为《印度时报》的报道重点,共发布了24篇相关报道,约占当月中国新闻报道的30%。《印度时报》对这起事故的报道,重点关注伤亡人数和中国政府的回应,基本使用中国官方的数据进行事实性的连续报道,态度立场较为客观。

《印度斯坦时报》*Hindustan Times*

hindustantimes

《印度斯坦时报》(*Hindustan Times*,简称HT)是一份英文报纸,于1924年创刊,在新德里出版,由印度最大资本家比拉(Birla)家族控制。该报支持“国大党”(英迪拉派)政府,政治倾向较为明显,但是总体报道较为客观。《印度斯坦时报》是印度发行量最大的英文报纸之一,具有很大的影响力。

一、历史沿革

印度斯坦是历史上对整个印度次大陆的称谓,从报纸的名字就可以看出,该报的成立与印度独立运动有着深厚的渊源。

1924年,印度独立运动领导人孙达尔·辛格·利亚尔普里(Sunder Singh Lyallpuri)发起并创办了《印度斯坦时报》。除了出资支持,孙达尔本人还担任了报社的执行社长。报社聘请潘尼迦(K. M. Panikkar)担任主编,圣雄甘地的儿子德夫达斯·甘地(Devdas Gandhi)也在报社担任编辑。9月26日,圣雄甘地亲自出席了《印度斯坦时报》的创刊大会,该报随后开始正式发行。作为印度独立运动的组成部分,这份报纸在孙达尔等人的支持下持续出版。然而,在两年的时间里,报纸的发行量也始终未能突破3000份。长期入不敷出的现实,使他们不得不重新考虑这份报纸的前途。

图11 《印度斯坦时报》网

① 李波:《“两会”期间〈印度时报〉涉华报道实证研究》,《东南传播》2010年第6期。

正当《印度斯坦时报》陷入难以为继的窘境之时，马尔维亚(Pandit Madan Mohan Malaviya)①筹集了5000卢比资金，使报纸得以继续维持。从1924年到1946年，马尔维亚一直在《印度斯坦时报》任职。在他的力主之下，该报于1936年推出了印度语版的报纸 *Hindustan Dainik*。1933年，比拉家族出资买下了《印度斯坦时报》，并且经营该报直到今日。

二、发展现状

目前，《印度斯坦时报》隶属于印度最大的财团比拉集团，现任领导人是比拉家族的肖巴娜·巴拉蒂亚(Shobhana Bhartia)女士。1986年，年仅29岁的肖巴娜接手家族的媒体生意，出任《印度斯坦时报》的公司主席和总编辑，也是这家全国性报纸的首位女性领导人。2006年，在首都新德里发行量名列前茅的《印度斯坦时报》首次在孟买开办了当地版。②在业务的不断拓展中，该报纸在新德里、孟买、加尔各答、勒克瑙、巴特那、兰契、博帕尔和昌迪加尔同时发行，主要读者集中于北印度。

根据印度流通审计局的数据，2008年该报发行量超过了114万，在印度英文报纸中位列第3。到2013下半年时，该报纸的发行量为1321807份。③ 2014上半年，《印度斯坦时报》的发行量达到1187729份，位居印度所有报纸第16位，英语类报纸第3位。根据尼尔森主导的"印度读者调查"(Indian Leadership Survey)显示，2010年该报读者有346.7万，是全印度读者数仅次于《印度时报》的英文报纸；2013与2014两年，该报在印度英文媒体中的排名依然靠前。整体来说，《印度斯坦时报》在当地的影响力仅次于《印度时报》，可以说是印度的第二大英文报纸。

hindustantimes

PM defends reforms, says risks necessary

Ghaziabad riots: 6 die in cop firing

Facebook's teen generation lonely, suicidal

Soaring food prices leave middle-class hopeless

Former RSS chief Sudarshan dies

Clashes on campus as NSUI sweeps poll

unitech

图12 《印度斯坦时报》头版版面

《印度斯坦时报》开设的网站《印度斯坦时报》网(http://www.hindustantimes.com)面向网络用户提供印度国内新闻、世界新闻、城市新闻、评论、体育、娱乐、生活方式、房产、图片、视频等各种新闻资讯，是印度最主要的新闻资讯网站之一。与印度其他报纸一样，《印度斯坦时报》也在网站提供报纸的电子版。与此同时，《印度斯坦时报》也开始进入社交媒体领域，开通了谷歌+(Google+)、脸书(Facebook)、推特(Twitter)的官方账号，以吸引年轻读者群体的关注。

三、报道特点

印度新闻业的一大特点，就是主要媒体都控制在少数家族财团手中，《印度斯坦时报》即由印度最大资本家比拉家族控制。因此，《印度斯坦时报》的报道特色，特别是报道倾向不可避免地带有资本主义新闻媒体的特征，明显受制于所在财团的政治倾向与经济利益。持有《印度斯坦时报》的比拉家族曾经是圣雄甘地所领导的印度独立运动的坚定支持者，并且一直以来都是印度国民大会党的支持者，因而该报也具有中间偏左的政治倾向。

总体而言，《印度斯坦时报》是一份亲民、注重实效的报纸，在印度国内享有很高的声誉和极大的影响力。

---

① 马尔维亚(Pandit Madan Mohan Malaviya)，印度独立运动时期知名政治家、教育家，由他创办的贝拿勒斯印度大学(Banaras Hindu University，简称BHU)是印度最好的大学之一，在整个亚洲都具有极高的影响力。他还曾多次出任印度国大党的主席，在印度政坛有很高的声誉。在个人的职业生涯中，马尔维亚有着多年的媒体从业经验，曾在多家报纸担任过记者、编辑和出版人。

② 王耀东：《印度报业的现状及发展趋势》，《新闻战线》2008年第1期。

③ 印度发行量统计局：《2014上半年发行量统计》，2015年3月，www.auditbureau.org/files/Details%20of%20most%20circulated%20publications%20for%20the%20audit%20period%20January%20-%20June%202014.pdf，检索时间：2015年8月23日。

四、涉华报道

印度与中国敏感的地缘政治关系,在印度的大国诉求中起着举足轻重的作用,因而印度对中国的战略部署非常敏感,往往会根据中国的战略动向调整自身的部署。与此相应,印度媒体也将关注的重点放在中国身上,《印度斯坦时报》也是如此。长期以来,《印度斯坦时报》都将中国政府的动向和外交事务视为最值得关注的报道议题,所占比例大大超过其他新闻报道。也正是由于这种敏感的地缘政治再加上中印过去存在的边境冲突,《印度斯坦时报》还将关切的目光投向了中国的军事国防建设。这种关注与印度宣布的扩军方案和向中印边境增派军队的计划是一致的,反映了印度社会对中国军事实力不断增强的一种普遍焦虑。

随着中国经济的崛起,印度在中国有很多经济利益,日益扩大的中产阶级也把中国更多地看作是一个巨大的市场和机会。然而,《印度斯坦时报》显然把对经济的关注置放于对安全考虑的框架下,经济话题只能屈从于政府外交和军事议题,报纸的关注重点相对更多契合了印度安全领域人士的思路。

除此之外,《印度斯坦时报》还将目光盯向中国自身的发展状况。印度在与中国竞争地区大国地位的过程中,由于两国相似的地位、相近的地理,时时都被放在一起进行比较。在这种影响下,《印度斯坦时报》也会将重点聚焦于中国自身的发展状况,以便为印度读者提供本国发展的参照。同时,该报这种对中国发展的关注并不仅仅停留在现状的表面。尽管新闻通常总是报道最新鲜的事务,《印度斯坦时报》却注重把中国的现实放在历史背景和发展进程中予以深入解读。

《印度斯坦时报》深知中国发展问题的复杂性,以中国为发展参照的同时,更重视以发现矛盾和问题的眼光审视中国。比如,中国的地方事务、娱乐与体育、能源问题、医疗问题、人口问题以及灾难报道等,往往是冲突框架最集中的报道议题。而在国际关系领域,《印度斯坦时报》非常关注美国与中国的互动,对中国的关注带上了较为浓厚的美国色彩。

从《印度斯坦时报》对中国的认知性质来看,总体而言,该报以中性认知为主,所占比例近70%,因此整体上报纸还是秉承了客观公正的报道原则。

2013年,《印度斯坦时报》驻中国记者苏蒂尔托·帕特拉诺比斯接受新华社记者的采访,表达了印度媒体深入采访报道中国面临的困难,也提出了中国媒体对印度报道不足的问题。他表示对中国个别政府部门的封闭思维感到困惑不解,在采访的过程中经常遭遇"我们将很快为您解答"的闭门羹;同时,他也认为中国媒体对印度报道存在严重的选择性,"中国媒体很少报道有关印度的积极故事。在更多情况下,它们会聚焦于印度的贫困、腐败和缺乏基础设施。"①

印度报业托拉斯 Press Trust of India

PTI PRESS TRUST OF INDIA
India's Premier News Agency

印度报业托拉斯(Press Trust of India,缩写为"PTI",中文简称"印报托"),是目前印度最大的通讯社,前身为1910年成立的印度联合新闻社。印度报业托拉斯的总社位于孟买,总编辑部位于新德里。印度报业托拉斯在印度国内十分具有影响力,同时也是其他国家了解印度的重要信息源。

一、历史沿革

印度报业托拉斯的成长发展与印度国家独立运动密切相关。在殖民地时期,印度的新闻媒体大多数都处

① 唐璐:《四位印度驻华记者的中国印象》,《国际先驱导报》2013年11月25日,http://ihl.cankaoxiaoxi.com/2013/1125/306940_2.shtml,检索时间:2015年8月22日。

于英国殖民者的掌控之中。印度报业托拉斯的前身印度联合新闻社成立于 1910 年,后于 1919 年成为路透社在印度的附属机构。直到 1947 年 8 月 15 日印度取得独立后,才从路透社收回了印度多家报纸的管理权,印度报业托拉斯也由此开始筹建。1948 年,印度报业托拉斯通讯社正式成立,并从 1949 年 2 月 1 日开始正式对外发稿。然而,在创办初期,印度报业托拉斯的主要业务依然控制在路透社手中,直到 1953 年才收回了路透社在印度报业托拉斯中的股权,真正成为一个独立、自由的新闻通讯社。1976 年,为扩大业务和影响力,该社曾与另外 3 家通讯社合并为萨尔查尔通讯社。联合通讯社仅维持到 1977 年 11 月就宣告解散,印度报业托拉斯又恢复工作。

作为印度首家独立通讯社,印度报业托拉斯在国内具有极大的影响力。早在 1991 年以前,由于印度官方经常采用调整报纸出版量配额等行政方法来限制媒体经营,影响它们的报道内容,印度报业托拉斯所发布的信息常常成为大部分报纸转载的对象。[1]这段时期内,人们甚至会经常发现,同一天内印度所有报纸的新闻标题竟然都是一样的。

图 13 印度报业托拉斯网站

在业务领域,印度报业托拉斯利用其新闻资源不断延伸。1976 年至 1993 年间,在主营的文字新闻业务之外,印度报业托拉斯陆续推出了经济、科技、股市扫描、军事顾问、图表图形等服务业务。1986 年推出的"PTI－Bhasha",使得印度报业托拉斯拥有了自己的印地语新闻版块,从此开始进行双语发布。1987 年,印度报业托拉斯开展了新闻图片业务,由此开始发布图文新闻报道。与此同时,在印度媒体同行中,印度报业托拉斯也是较早开始向发达国家拓展订阅用户的媒体。1984 年,印度报业托拉斯将订阅用户的分布版图拓展至美国,一年后又将英国纳入其中。

除此之外,印度报业托拉斯也在不断延伸其传媒产业链和资产投资领域。1986 年 2 月,印度报业托拉斯着力进军电视行业,推出"PTI－TV",并于同年 8 月进军广播新闻。1996 年,印度报业托拉斯首次投资外国并注册公司"亚洲脉动"(Asia Pulse),使得通讯社能够在亚洲国家范围内提供在线数据银行业务。1999 年时值通讯社成立五十周年庆典,印度报业托拉斯开始开展互联网业务,随后从 2003 年开始通过互联网实时发布新闻、图片。该网站现在分别设置了国内新闻、国际新闻、商业新闻、法务新闻、娱乐新闻、体育新闻、图片新闻、图表新闻八个英文版块以及 Bhasha 的印地语版块。

二、发展现状

如今,印度报业托拉斯的经营总部在孟买,编辑部则设在新德里,分支机构分布也十分广泛。其中,国内分社 132 个,分布在全国 114 个城市,另外还在 350 个镇聘有兼职记者;国外分社 11 个,分别位于北京、达卡、科伦坡、伊斯兰堡、加德满都、吉隆坡、伦敦、莫斯科、纽约、内罗毕和巴林等城市,并在东京、柏林、波恩、汉城、仰光、曼谷、华盛顿、维也纳等城市聘有 30 名兼职记者或撰稿通讯员。

---

① 唐璐:《印度媒体市场——不是想象的那样简单》,《对外传播》2010 年第 3 期。

总社与各分社之间通常使用卫星或微波线路进行联络。目前,印度报业托拉斯拥有电传线路7万多公里,每天向全国1400多家订户提供新闻和专稿,订户覆盖主流媒体、特色杂志、研究机构、公司、政府、非政府组织等。新闻以英文和印地文为主,每天的发稿量可以达到英文10万余字、印地文4万余字,[①]同时,国外发稿量每天大约在8000字左右。根据印度报业托拉斯网站提供的数据,目前在整个印度的通讯社市场中,印度报业托拉斯可以占到90%的市场份额。[②]

与此同时,印度报业托拉斯也积极与外国媒体机构开展新闻互换业务,不断扩大自己的国际影响力。目前,印度报业托拉斯与新华社、路透社、合众社、法新社等世界各国的100多家通讯社建立了新闻稿件交换关系。[③]同时,印度报业托拉斯还是"亚洲一太平洋通讯社联盟"的成员。[④]

三、报道特点

作为印度国内最大的通讯社,同时也是在整个南亚地区具有极大影响力的通讯社,印度报业托拉斯在新闻报道上的突出特点是区域性很强。首先,在对印度本土、南亚地区的新闻报道方面,印度报业托拉斯有着绝对的报道优势与区域特色。其次,在国际新闻报道领域,印报托的报道中,主要内容是依靠国内外分支机构发回的通讯信息,同时在新闻中还时常会转发其他世界主流通讯社的稿件,比如在北京驻站记者发回的稿件中就经常转引部分新华社的消息。

结合其创立背景来看,印度报业托拉斯在一定程度上代表着印度政府的形象,被认为是具有半官方色彩的新闻通讯机构。因而,印度报业托拉斯的新闻报道往往较为严谨、客观,不会有明显的倾向性。但是,在印度传媒业竞争日益激烈的媒介环境下,印度报业托拉斯也开始在标题或者文章导语部分,采用一些吸引眼球的字眼来争取受众。总体来说,印度报业托拉斯的新闻报道还是比较遵循客观、真实原则的。

四、涉华报道

就印度媒体的总体涉华报道情况来看,可以说,由于印度国内报业主体众多,市场竞争激烈,为达到吸引读者的效果,印度媒体整体在涉华报道中倾向偏激论调。然而,印度报业托拉斯作为国家级通讯社,在国内新闻市场中起着中流砥柱的作用,在涉华报道中往往以提供事实层面信息为主,对华态度较为中立客观。

就整个印度媒体的涉华舆论基调来看,他们的涉华报道情况可以用政、经、军"三杆秤"来衡量。首先在政治上,主要论调是不反对中印合作,但往往又夸大双方分歧;在经济上,主要论调是承认中国的建设成就,但又倾向于以"民主"为印度遮羞;而在军事上,主要关注中国发展,同时又要渲染"中国威胁"。总体而言,印度媒体对政府推动中印两国合作的政策是支持的,在理性上认同"亚洲有足够的空间容纳印中两个崛起的大国",但对合作前景倾向于持怀疑态度,尤其在领土争议、西藏问题、贸易赤字等双方存在分歧的议题上,总体上持悲观消极态度。[⑤]根据此前《环球时报》舆论中心公布的调查数据,印度媒体涉华报道中,9.5%为消极报道,4.2%是积极报道。[⑥]

具体到印度报业托拉斯的涉华报道,作为一家地区性的新闻通讯社,印度报业托拉斯在新闻报道的基调立场上与普通商业媒体差别很大。例如,2014年9月,印度报业托拉斯发表了一篇名为《中国:发扬东方智慧解决

---

① 张喜舜:《印度新闻业发展简况》,《南亚研究季刊》2003年第1期。

② 印度报业托拉斯:About us,http://www.ptinews.com/aboutpti/aboutus.aspx,检索时间:2015年7月29日。

③ 徐耀魁:《众多传媒同场较量——印度新闻界扫描》,《新闻实践》2000年第4期。

④ 亚洲一太平洋通讯社联盟 Oganization of Asia-Pacific News Agencies(OANA)。1961年在联合国教科文组织发起下成立,由来自亚洲和太平洋地区的通讯社组成,旨在促进亚洲和太平洋地区的新闻和信息的自由流通。目前,联盟共有43个成员,其中包括新华社。引自亚洲一太平洋通讯社联盟网站:http://www.oananews.org/agencies,检索时间:2015年9月11日。

⑤ 伊洛:《印度媒体对华态度为什么会扭曲》,《党政论坛》2010年第5期。

⑥ 唐璐:《印度媒体人诊断印媒对华报道》,2013年8月29日,http://home.blshe.com/space.php? uid=5659&do=blog&id=129492,检索时间:2015年4月5日。

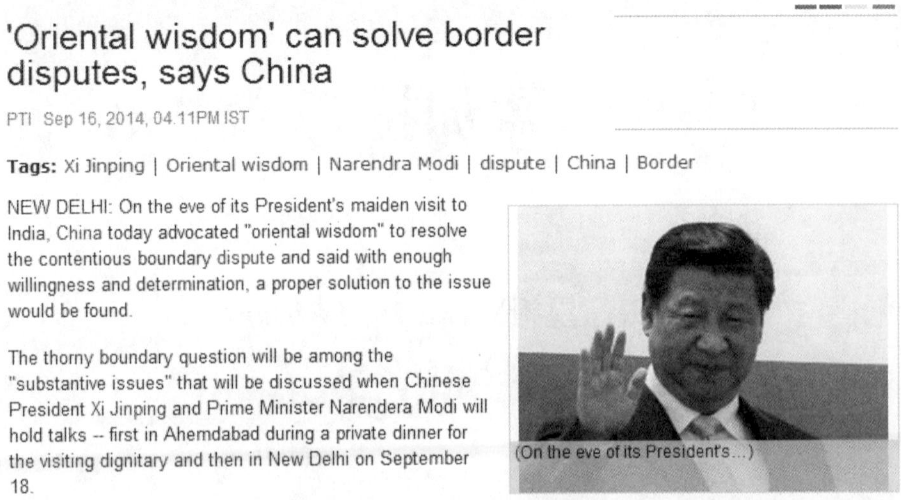

'Oriental wisdom' can solve border disputes, says China

PTI Sep 16, 2014, 04.11PM IST

Tags: Xi Jinping | Oriental wisdom | Narendra Modi | dispute | China | Border

NEW DELHI: On the eve of its President's maiden visit to India, China today advocated "oriental wisdom" to resolve the contentious boundary dispute and said with enough willingness and determination, a proper solution to the issue would be found.

The thorny boundary question will be among the "substantive issues" that will be discussed when Chinese President Xi Jinping and Prime Minister Narendera Modi will hold talks -- first in Ahemdabad during a private dinner for the visiting dignitary and then in New Delhi on September 18.

(On the eve of its President's...)

图 14　印度报业托拉斯发表文章"中国:发扬东方智慧解决边界问题"

边界问题》的文章,文中大量引用驻印大使乐玉成专访中的原话,表达了中国对中印关系,乃至两国之间的领土争端等问题的观点立场,尤其是"只要双方有足够的意愿和决心,终究会找到妥善解决边界问题的办法"等的积极表态。这篇报道被印度各大媒体刊载,在印度国内引起了很大的反响。文章发布的时机也配合了习近平主席随后的访印行程,为此次访问营造了积极的舆论环境。

除此之外,印度报业托拉斯还与中国媒体之间建立了交流合作关系。早在 1980 年 11 月 14 日,印度报业托拉斯就与新华社签订了新闻合作协定,双方同意授权对方使用自己的新闻内容。协议同时规定,在采用对方的新闻时,不得改变原意、事实和内容,并注明新闻来源并严格遵守新闻发表的时限。在协议框架下,印度报业托拉斯免费向新华社新德里分社提供电传新闻稿。在对等基础之上,新华社向印度报业托拉斯北京分社提供电传英文稿。新华社和印度报业托拉斯交换的新闻不具有专利权,双方交换内容也都是免费的。同时,双方向对方在首都的常驻记者在执行采访报道任务方面应尽力提供一切可能的协助。①从此以后,印度最大通讯社与中国新华社开始了常规性的新闻信息业务合作。

图 15　印度报业托拉斯现任驻华记者莫康达

图片转引自国际在线:《印度报业托拉斯记者》,2015 年 3 月 8 日,http://gb.cri.cn/42071/2015/03/08/7311s4893638.htm,检索时间:2015 年 9 月 3 日。

目前,印度共有四家媒体在北京设有常驻机构,其中印度报业托拉斯是驻华时间最长、对华报道经验最丰富的一家。1976 年中印两国恢复关系后,印度报业托拉斯是向中国派出驻华记者的第一家媒体机构,驻华记者名为约瑟夫。在很长一段时间内,约瑟夫一直是全印度所有媒体中唯一常驻中国的记者。在那段时期,他的报道就是印度上下能够看到的全部中国。现任印度报业托拉斯驻华记者名叫莫康达,2010 年开始接替约瑟夫常驻北京。从第一任驻华记者至今,印度报业托拉斯驻京记者站的主要报道任务基本没有太大变化,首要关注点都是中印关系,注重对经济发展相关领域的报道,还有中国与其他国家的国际关系等议题。在历届两会、"党代会"等重大会议中,也经常能够看到印度报业托拉斯驻京记者在奔波采访。而且,在多次记者发布会上,印度报业托拉斯记者也都有提问机会。例如,2014 年 7 月 31 日,国防部例行记者会首次向外国记者开放,莫康达就围绕中印边界和两军关系向发言人耿雁生提问。

① 法律图书馆:《新华通讯社和印度报业托拉斯通讯社新闻合作协定》,1980 年 4 月,http://www.law－lib.com/law/law_view.asp? id＝75956,检索时间:2015 年 1 月 3 日。

孟加拉

《每日星报》*The Daily Star*

The Daily Star

《每日星报》(*The Daily Star*)是一份英文日报,创办时间并不长,但如今它已经发展成为孟加拉国多年来发行量最大、最受欢迎和尊重的英文报纸。《每日星报》不仅因坚持新闻自由和新闻理想、提供可靠可信的新闻报道而受到读者的欢迎,还因主张遵守新闻职业道德,履行社会责任,追求新闻目标而成为孟加拉国记者们最向往的媒体、新闻专业毕业生的首选之地。

一、历史沿革

1991年1月14日,《每日星报》创刊。在传媒领域,《每日星报》的创建是出于一种挑战精神:以一种谦虚的姿态,做一份独立的报纸,从而实现在孟加拉国新闻界的自由发展。

该报创办的历史时期十分特殊,正值孟加拉国专制政权倒台、全新民主政府刚刚成立的时代。因此,在很长一段时间,《每日星报》的使命就是告诉民众,民主制度应该如何执行,如何有效地维持和培育民主规范。90年代初,军事独裁者下台之后,这一使命更是成为《每日星报》始终如一的重要责任。

1991年创刊时,该报还是发行量不过几千的小报,而如今已经在孟加拉国颇受欢迎。

二、发展现状

经过二十几年的发展,《每日星报》已经成为孟加拉国国内举足轻重的英文报纸。

《每日星报》的运营分工非常明确。该报的运营董事会由六人组成,包括一名主席和五名董事。董事会只决定报社的收入和投资问题,不负责决策问题。与决策相关的责任在主编身上,此主编也是五名董事之一。主编,也即出版商,负责新闻决策、指挥报道、编辑版面,他由一个副主编和助理编辑协助。副主编和助理编辑又组成编委会,整个编委会均在主编的监督下工作。主编不在时,副主编全权负责工作。助理编辑负责根据主编的指示撰写社论,编写和收集其他作家的社论和责任特刊。

《每日星报》的内容版块主要分为以下几个部分:新闻、体育、商业、社论、都市、《明星周末杂志》、法律和权利、生活、文化、网络、基建、发行、广告、电脑操作等。目前,该报共有员工280人,其中40人为女性,诸如法律生活、文化、电脑操作等版块的内容主要由女性员工负责。

在业务指导方面,《每日星报》会定期举办内部培训,特别是对见习记者和编辑进行培训。该报员工还可以定期参加其他外部培训课程和研讨会,或者到国外进修。为了提高报纸的专业水准,《每日星报》还会从国内外聘请专家撰写部分稿件。

在报纸版面和内容方面,为了满足不同读者的信息需求,报纸每期页数经常多达20页。此外,《每日星报》每周五还刊发一次特刊——《星报》(*The Star*)、每周四刊发4页彩色小报(Shout)、每周二另有《生活》(Lifestyle)特刊。

目前它的网络版(http://www.thedailystar.net)是海外孟加拉国公民浏览最多的网页,[①]也是国内和国际期刊、研讨会、研究论文等值得信赖的新闻来源。

三、报道特点

作为孟加拉国重要的英文媒体,《每日星报》的报道特点体现在以下几个方面:

(一)崇尚新闻价值

《每日星报》的独特性在于它的无党派特征,在于它能够独立于任何政治集团和利益集团之外,享有新闻自由。它能在善与恶、正义与非正义、正确与错误之间保持中立的立场,不受任何人的控制。该报客观报道新闻,无所畏惧,也无所偏向。它致力于为人民服务,也因此得到了在野党和执政党的尊敬。《每日星报》支持法治人权,维护国家利益,坚持新闻自由、透明度和问责制,并且从未违背过这些原则,没有人有理由怀疑它的公正性。

《每日星报》还特别鼓励新闻毕业生以新闻作为自己的职业,主张严格遵守新闻职业道德,履行社会责任,追求新闻目标,因此它是孟加拉国新闻记者所向往的媒体。

(二)坚守社会责任

《每日星报》深知自己的社会责任和义务,因此致力于维护国家利益,确保人权,消除性别歧视,倡导法律规则,维护新闻自由和透明度。《每日星报》始终以最大的诚意服务于国家利益。

除了经常对以上领域进行新闻报道之外,《每日星报》还刊登富有人情味的故事、特写,收集世界各地专业人士写的文章。出于社会职责,《每日星报》经常组织圆桌会议、研讨会,对社会问题进行讨论,还与民间社会密切合作。为培养青年人才,《每日星报》还在高中和大学举办辩论等不同形式的竞赛,奖励在不同领域表现卓越的人才。

(三)信息量大,种类丰富

《每日星报》每天的版面内容十分丰富。不仅版面很多,而且报道数量也很庞大。该报每天发行报纸24~25版,版面多且排版紧凑,每版视重要性不同刊登2~10条信息。内容涵盖领域十分广泛,有国际新闻、国内新闻、商业经济、文化娱乐、社会生活、艺术体育等,且涵盖的题材范围搭配均衡,几个大的版块篇幅数量和长短比较平衡。在样式上,不仅注重最新报道,也注重社论、评论文章等,不过新闻报道的数量要远多于评论类的文章。

(四)多平台融合,注重创新

从《每日星报》官方网站上就可以看出,为了吸引更多的读者,《每日星报》开创了多个平台帮助自己扩大影响力。该报不仅在每周的周二、周四、周五都推出特别版的分类信息吸引不同类型的读者,还以网站为平台,开设多个互动栏目,如"书评(book reviews)""圆桌会议(round tables,主要介绍各类型的最新会议,包括政府会议、学术会议等)""旅游指导手册(travels)""健康知识普及(health)"等,这些十分有趣的平台有诸多活跃的读者在进行广泛互动,读者与作者之间、读者与读者之间的交流让该报的名气越来越大,网站点击量极大增长,同时还提高了自身的舆论地位。

(五)多媒体发展,"卡片"式布局

《每日星报》的网站建设十分先进,浏览页面整洁清晰,需要的信息一目了然,字体、行距等设置都十分舒

---

① 《每日星报》网站:http://www.thedailystar.net/about－us,检索时间:2016年1月24日。

服。从网站的“多媒体版块（multimedium）”就可以看出，该报非常注重多媒体的建设。在这一版块中，高清质量的独家视频、照片、音频资料十分丰富，给用户带来极好的视听觉体验。该报官网还采用“卡片”式的排列方式。网站上，每条重要的新闻信息、音频视频都展示在一张张“卡片”内，“卡片”里的内容通常只有文章的标题、一张配图和一两句导语，详细的报道内容只有打开“卡片”才能浏览。这些“卡片”的整体面积比较大，因此内容清晰简洁，不给人拥挤之感。“卡片”式布局是目前在各大世界新闻媒体客户端、网站等终端上比较流行的一种布局样式，《每日星报》的“卡片”布局更是精益求精，不仅图片美而清，而且字数少而精，使整个网站的设计更显美观。

图 1 《每日星报》网站“多媒体”视频内容展示

《每日星报》网站：http://www.thedailystar.net/multimedia，检索时间：2016 年 1 月 24 日。

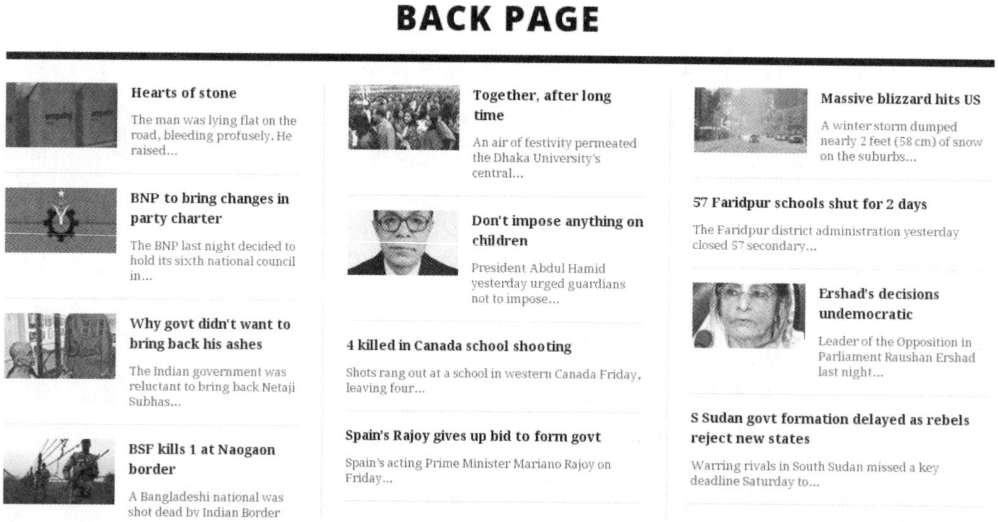

图 2 《每日星报》官方网站“卡片式”布局

《每日星报》网站：http://www.thedailystar.net/newspaper，检索时间：2016 年 1 月 24 日。

四、涉华报道

《每日星报》对中国十分关注，经常刊登有关中国的文字、图片，甚至是音视频内容。在报道内容方面，该报也有自己的倾向和选择。

首先，报道数量十分丰富。笔者以《每日星报》的官方网站作为研究对象，通过站内搜索系统，以“China”为关键字进行检索，得到的结果是：该网每天都会刊登有关中国的报道，多的时候每天可达到 5～6 篇。其中，多数文章会把“China”或“Chinese”放在题目中，剩下的则是会在文章甚至是导语中就提及中国。比如，在 2015 年 11 月 28 日至 12 月 4 日这一周内，有关中国的报道就有 13 篇；而 2015 年 11 月 4 日至 12 月 4 日一个月里，《每日星报》官网上可搜索到有关中国的报道便多达 78 篇。由于搜索系统的限制，笔者不能查看更早的报道，但是现有数据也足以表明《每日星报》对中国的报道数量之多。

其次，在报道领域上，《每日星报》涵盖的范围比较广泛，但是重点十分集中。一方面，与总体报道内容一致，该报对中国的报道覆盖领域很多，有国际事件、经济报道、科学技术、文化生活、体育活动、环境问题、政治军事等。形式上既有报道，也有评论；另一方面，《每日星报》的侧重点也十分明显，该报主要关注中国“经济”领域的报道，尤其是中国的对外投资情况。排在第二位的是政治议题（主要涉及的是中国的南海问题等），对社会、文化等领域关注较少。例如，以笔者对其官方网站的研究来看，该报在2015年11月4日至12月4日这一个月的78篇相关报道中，经济报道占到48篇，比例高达61.5%；政治和军事报道9篇，比例达11.5%；其他领域的报道包括体育、科技、文化、社会在内共21篇，只占到26.9%。这些数据足以表明，《每日星报》对中国经济、中国投资等领域的关注多于文化、体育等领域。

最后，就其报道态度来看，《每日星报》的对华报道态度比较客观。它的客观主要是源于两方面因素：一是报道领域。该报关注最多的就是中国的经济和投资信息，此类新闻是国际新闻报道中意识形态和偏见最少，而客观性最高的，一般只陈述客观事实，为相关读者提供信息参考。

二是报道形式。在涉华报道中，该报多直接引用相关人士的讲话和表态，较少在文章中直接评述，这样就较少体现出偏向和立场。比如，2015年11月20日，该报官网上刊登了援引自法新社的一篇关于中国“山体滑坡事件伤亡情况”的报道。①灾难新闻一般比较敏感，但是文章只是客观指出了伤亡人数和受灾情况，没有对原因、后果或是影响等问题进行臆测。再比如，2015年11月10日，该网站刊登了援引自BBC关于中国雾霾问题的文章。文章中虽然指出了中国现在“雾霾情况比较严重，空气质量让人不满”的消极情况，但是每句评价都是引自当事人的观点，既没有多加评论，也没有借机对中国的经济发展模式大肆批评。②以上例子既显示出该报在报道中国时多采用的新闻来源，又展示了该报在报道时多采用的“只说话，不评论”的原则。

基于以上研究，可以得出结论：《每日星报》对中国的关注十分密切，在报道内容方面广泛而侧重点集中，尤其关注中国的经济动向、投资情况等方面新闻。此外，其报道态度是比较客观中立的。

《孟加拉今日》*The Bangladesh Today*

《孟加拉今日》（*The Bangladesh Today*）是孟加拉国一份全国性的英文日报。尽管创办时间不长，但经过十几年来的发展，《孟加拉今日》已经逐步成为国内最成功的英文报纸之一。在此过程中，报纸经过了三次易主，但它始终坚持服务社会正义，致力于消除腐败现象，在服务孟加拉国的发展方面有着突出的贡献。

一、历史沿革

《孟加拉今日》创刊于2002年，至今已经走过了十几年的历史。在此过程中，《孟加拉今日》历经三次易主，因而可将该报的发展历程分为三个阶段：

（一）初创时期：2002年8月24日至2007年5月

《孟加拉今日》于2002年8月24日在达卡创办，是一份全国性的英文日报。该报的创办人将创刊口号定为“调节明天的节奏”。初创时期的《孟加拉今日》以巩固民主基础、维护社会正义、消除当时社会的腐败现象为使

① 《每日星报》网站：China landslide deaths rise to 38，2015年11月20日，http://www.thedailystar.net/world/china－landslide－deaths－rise－38－175297，检索时间：2015年12月4日。

② 《每日星报》网站：“Worst ever” pollution in China's northeast，2015年11月10日，http://www.thedailystar.net/world/%E2%80%9Cworst－ever%E2%80%9D－pollution－china%E2%80%99s－northeast－170233，检索时间：2015年12月4日。

命。彼时报纸的内容几乎涵盖所有的社会现象,包括每天消息更新、娱乐新闻、体育新闻等。经过编辑和后期加工的过程,通过逐渐扩大报纸的幅宽,该报在新闻领域确立了自己一定的地位。从创办之日到2007年5月,《孟加拉今日》完成了发展的第一个阶段,开始进入过渡发展时期。

(二)过渡时期:2007年5月至2012年底

进入这一阶段,《孟加拉今日》的所有权转移到赛义德·沙哈布丁·艾哈迈德(Syed Shahabuddin Ahmed)上校手上。转手之后,该报秉承新的创新理念,崇尚社会正义的价值,开始了新的发展历程。律师出身的赛义德·萨贾德·艾哈迈德(Syed Sajjad Ahmed)成为该报的主编。除了人事上的变化之外,该报还将原来的办刊口号更换为"每天都努力凝聚人心"。报纸在内容上基本保持不变,仍然以报道最新新闻消息、发表社论等为主要内容。在版面上,《孟加拉今日》采取缩小容量的方式,将内容篇幅限制在了12页。到2012年底时,报纸所有权再次发生变化,随即也进入了发展的新时期。

(三)发展新时期:2013年至今

2012年底,《孟加拉今日》在所有权和经营管理上都有了新的变化,开始进入新的发展阶段。从2013年开始,孟加拉达卡大学副教授阿拉姆(Md. Jobaer Alam)成为该报的最新领导人、执行主编和出版人。从此之后,报纸在采编原则和报道观点上都发生了一些变化,但总体上还是以捍卫人权、维护社会正义和消除腐败等主旋律为核心。

二、发展现状

如今,《孟加拉今日》致力于成为孟加拉国领先的英文报纸。目前,报纸由侯赛因(Iffat Hossain)担任执行主编,并由萨卡尔(Tapash Ray Sarker)出任总编辑。[①]

2015年以来,《孟加拉今日》承载着服务于孟加拉国国家利益的使命,以巨大的勇气和力量步入了发展的新时期。致力于克服一切障碍,推动民族向前发展。在十余年的发展历程中,《孟加拉今日》一直以不妥协的精神坚持着新闻价值和社会责任,坚信真理是凝聚民族的最强大的力量。以严肃的新闻态度实践着"每天都努力凝聚人心"的口号,力争把来自国内外的可靠新闻传递给遍布世界各地的读者,逐渐向"成为孟加拉国最成功的英文报纸"这个目标靠近。[②]

三、报道特点

经过了几次调整和改革,如今的《孟加拉今日》在报道上呈现出以下几个特点:

(一)报道重点集中

《孟加拉今日》虽然以全面覆盖社会新闻为目标,但其报道重点却主要集中在国内新闻、国际新闻、经济新闻和体育新闻上,报纸的编排也是按此进行分类。可以说《孟加拉今日》主要是以硬新闻报道为主。硬新闻的选择既是其主要价值观体现,也是其新闻专业性的体现。该报报道涵盖的题材范围搭配均衡,几个大的版块篇幅数量和长短也基本比较平衡。而在样式上,该报不仅注重最新报道,也注重社论、评论文章等。不过在发表内容的比例上,新闻报道要远多于评论类的文章。

---

① 《孟加拉今日》网站:http://thebangladeshtoday.com/about/,检索时间:2016年4月16日。

② 《孟加拉今日》网站:http://thebangladeshtoday.com/about/,检索时间:2016年4月16日。

THE BANGLADESH TODAY
UNITING PEOPLE EVERYDAY
ACC arrests 8 more graft suspects
Probe body submits report on BB heist to Muhith
Headon collision kills 12 in Rangpur
Electioneering to wrap up in 625 UPs today
BNP conspired to kill Joy, alleges Obaidul
Govt brought up Joy issue to confuse people: BNP
US election 2016
Clinton, Trump win NY primaries

图 3 《孟加拉今日》报纸头版

Planning Minister trashes WB's 6.3pc GDP growth

DHAKA : Dismissing the World Bank's recent projection of 6.3 percent GDP growth rate for Bangladesh in the current fiscal year (FY15-16), Planning Minister AHM Mustafa Kamal on Tuesday said the GDP growth could be higher than the provisional estimation of 7.05 percent this year, reports UNB. "The growth in the services and industrial sectors [...]

It approves 8 projects involving Tk 3,583.99 cr
Ecnec clears Tk-1,878cr project for farmers

DHAKA : The Executive Committee of the National Economic Council (Ecnec) on Tuesday approved the National Agricultural Technology Programme-2nd Phase (NATP-2) with an estimated outlay of Tk 1,878 crore aiming to improve the overall socioeconomic conditions of farmers, reports UNB. The approval came from the 26th Ecnec meeting of the current fiscal year held at [...]

Foolproof security for Pahela Baishakh celebrations: DMP

DHAKA : Commissioner of Dhaka Metropolitan Police (DMP) Asaduzaman Miah on Monday said all necessary steps have been taken to ensure foolproof security for the celebrations of Pahela Baishakh across the capital, reports UNB. Nine observation towers will be set up at the main venues-Ramna Botomul, Teachers-Student Centre (TSC) and Suhrawardy Udyan areas- for ensuring [...]

Nation is ready to celebrate Pahela Baishakh

DHAKA : The nation is ready to celebrate "Pahela Baishakh", Bengali New Year, 1423 amid much enthusiasm and traditional gaiety as tens of thousands of people are expected to join the "Nabo Barsho" festivities across the country, reports BSS. Different socio-cultural organizations and government institutions have drawn up elaborate programmes

Depot managers behind BRTC's fall: Obaidul

DHAKA : Road Transport and Bridges Minister Obaidul Quader on Monday expressed dissatisfaction at they way Bangladesh Road Transport Corporation (BRTC) is currently operating and blamed its depot managers for the dismal state, reports UNB. "Fund crisis is also crippling the institution (BRTC)," he said during a meeting with

UP polls
Independent candidates stole show as BNP, JaPa failed to play

DHAKA : It is neither of BNP nor of the main opposition in parliament Jatiya Party, but the independent candidates have emerged as the main competitors of pro-Awami League hopefuls in the ongoing staggered Union Parishad elections that started in March last, reports UNB. The

图 4 《孟加拉今日》网站采取简洁的“卡片”式布局

《孟加拉今日》网站：http://thebangladeshtoday.com/category/news/back-page/，检索时间：2016 年 4 月 16 日。

(二)兼顾娱乐生活

除了每日的报道重点之外，该报也不定期地发布与娱乐和生活方式相关的有趣新闻，但是更新频率不太固定，在时效性上略显不足。只有当十分重要的相关事件发生时，该报才会对其进行报道。与此同时，根据具体内容的不同，有关娱乐和生活方面的新闻有的几月一更新，有的几周一更新，也有的每日更新。对娱乐和生活信息的兼顾，可以说是《孟加拉今日》在关注重点上的延伸。延伸的部分也是在精心挑选下加以刊登或是在网站上列出，因此数量并不多。尽管数量有限，但在增加报纸的趣味性、可读性方面也发挥了不小的作用。

(三)版面简短整洁

《孟加拉今日》在其第二阶段的改革期间就做出了缩减版面的决定，并将出版的内容集中在 12 页的篇幅之内。虽然版面不多，但也并不影响其信息量的承载，反而使报纸变得紧凑简洁。简短的报纸篇幅，既可以让读者在较短时间内迅速获得最新的消息，又方便保存和传阅。此外，该报官网页面的排版也遵循简洁的风格，并将每篇报道设置为“卡片”式布局，重要的消息既相互独立、一目了然，又可以通过超链接了解详细内容，让读者的浏览变得十分方便。

(四)时效与深度相结合

从其官方网站上刊登的信息就可以看出，《孟加拉今日》刊载的新闻报道，结合了深度和时效两个要素。在该报网站上，不仅可以看到即时更新的国内和国际新闻，还可以看到几个月前的娱乐和生活报道。既可以看到消息更新的专版，也可以看到分析内容的专版。在需要时效的内容上注重每日更新，在时效性不强的内容上注重深度分析，是该报的特点和优势。

四、涉华报道

《孟加拉今日》对中国比较关注，经常刊登有关中国的消息和分析文章。在报道内容选择和呈现方面，该报也有自己的倾向和选择。

首先,报道数量十分丰富。以《孟加拉今日》的官方网站作为对象,通过站内搜索系统,以“China”为关键词进行检索,得到的结果是:在2016年3～4月两个月的时间里,该网刊登的中国报道有50余篇,接近每天一篇的报道频率。几乎所有的文章都会把“China/Chinese”这个关键词包含在题目当中,并以中国的相关新闻作为报道的主体。受该报网站搜索系统的限制,只能查看两个月之内的报道。基于现有数据可以看到,《孟加拉今日》对中国的关注程度相对不低。而且,其关注的内容范围也十分广泛,包括中国的经济形势、中国企业的近期动态、中国的外交关系、中国的文化体育新闻以及一些突发社会新闻等。

图5 《孟加拉今日》网站首页

图片引自《孟加拉今日》网站:http://thebangladeshtoday.com,检索时间:2016年4月21日。

其次,在报道领域上,《孟加拉今日》涵盖的范围比较广泛,同时重点比较集中。如上文指出的,该报对中国的报道覆盖领域很多,有国际事件(集中关注中国与邻国之间的关系)、经济报道(尤其关注电子商务领域的发展)、科学技术、文化生活、体育活动、政治军事等,在报道形式上既有新闻消息也有分析评论。另一方面,《孟加拉今日》报道的侧重点十分明显,该报主要关注中国在经济领域的相关新闻,尤其是中国的对外投资情况。除经济报道之外,该报对其他领域议题的报道数量比较平均,其中文化体育类的议题数量最少。例如,2016年3～4月的50余篇涉华报道中,经济报道达到34篇,占比高达68%;政治和军事报道分别是6篇和7篇;其他领域包括体育、文化、社会在内共3篇,仅占不到10%。这些数据足以表明,《孟加拉今日》对中国经济、中国投资等领域的关注程度最高。

最后,就其报道态度来看,《孟加拉今日》的涉华报道态度整体来说比较客观,主要可以从以下两方面予以说明:

一是报道领域。该报关注最多的就是中国的经济和投资信息,此类新闻是国际新闻报道中意识形态和文化偏见最少,而客观性相对最高的一类。在这类报道中,媒体通常只陈述客观事实,为相关读者提供信息参考;而且该报在报道中国的经济形势时兼顾中国经济的优势和不足之处,既不一味拔高唱优也不会消极唱衰。例如,该报在《上海、香港经济受挫,日本经济增长》①一文中,通过具体经济数据报道了中国在2015年经济增速下滑的新闻事实;而在另一篇报道《2015年中国农村地区网购数量翻倍》②中,同样以数据新闻的形式,通过报道网络、电子商务的快速发展说明中国经济的持续快速发展。

二是消息来源。在涉华报道中,该报的消息来源一般是新华社、法新社、美联社。与此同时,该报还经常在涉华报道中直接援引来自中国官方发言人的立场表态。例如,上述两篇涉华经济报道《2015年中国农村地区网购数量翻倍》和《上海、香港经济受挫,日本经济增长》,报道的新闻信息来源分别是新华社和美联社。此外,在该报发表评论时,一般援引的是“分析人士”或者是相关发言人的原话,很少夹杂自身的评论观点。在内容中实现新闻报道和评论内容的区分,是媒体专业性的一种体现,这也从一个侧面该报以客观报道为主的报道理念。

总的来说,《孟加拉今日》对中国的报道量比较大,关注点主要集中在经济领域。同时,该报的涉华报道以呈现新闻事实为主,较少掺杂主观评论,态度取向上比较客观中立。

---

① 《孟加拉今日》网站:Shanghai, Hong Kong hit by China data but Tokyo soars again,2016年2月1日,http://thebangl adeshtoday.com/2016/02/shanghai-hong-kong-hit-china-data-tokyo-soars/,检索时间:2016年4月16日。

② 《孟加拉今日》网站:Online shopping in rural China nearly doubles in 2015,2016年4月9日,http://thebangladeshtoday.com/2016/04/online-shopping-rural-china-nearly-doubles-2015/,检索时间:2016-4-16。

尼泊尔

《坎特普尔日报》*Kantipur Daily*

《坎特普尔日报》(*Kantipur Daily*)是尼泊尔销量最大的尼泊尔文报纸,于1993年2月创办,从属于由希亚姆·戈恩卡(Shyam Goenka)建立的坎特普尔集团,是一家私营媒体。该报宣扬民主与自由,是首家成为世界报业协会(World Association of Newspapers)会员的尼泊尔媒体。

一、历史沿革

1993年,年仅29岁的希亚姆·戈恩卡(Shyam Goenka)以新闻专业主义的崇高理想在极其艰难的条件下创办了《坎特普尔日报》(*Kantipur Daily*)和《加德满都邮报》(*The Kathmandu Post*)。[1]《坎特普尔日报》所在的坎特普尔集团是尼泊尔历史上第一家私营媒体公司,致力于提升尼泊尔人民的信息知情权,促进尼泊尔民主制度的建立。现在,该集团是尼泊尔唯一的集成性媒体集团,拥有电子媒体、广播、电视、报纸等各类媒介业态。

《坎特普尔日报》特别重视其民主性、先进性,注重对政府和任何政党的中立姿态,标榜新闻报道的客观公正。正因如此,《坎特普尔日报》受到尼泊尔读者的欢迎,发行量迅速上升。目前,据其官网数据显示,《坎蒂普尔日报》日发行量高达325000份。

总体来说,尼泊尔的新闻业受政治局势的影响很大。在政治方面,《坎特普尔日报》倡导多党民主与新闻自由。2001年6月,《坎特普尔日报》的主编因刊登了一篇尼泊尔联合共产党领导人的文章而被捕。之后,该主编被释放并取消所有罪名。这件事情震动了尼泊尔新闻界,同时也巩固了《坎特普尔日报》所宣扬的先锋、民主理念。2010年,《坎特普尔日报》公开指责政府尝试干涉其编辑的内容。

二、发展现状

《坎特普尔日报》每期刊行24版,全彩色印刷。它的读者主要集中于加德满都谷地地区。尼泊尔首都所在的加德满都谷地地区人口密集,为《坎特普尔日报》贡献了约59%的销售量。[2]

目前,《坎特普尔日报》仍然是尼泊尔读者最多的报纸,但是在纸质媒体整体受到新媒体冲击的情况下,《坎特普尔日报》早已开始网站内容的同步制作。坎特普尔集团集合旗下的各类型媒体,按照纸质媒体、广播、电视,分别成立了三大网站,提供电子内容供读者阅读。根据网站提供的信息,坎特普尔日报网站已有10万位独立访客,接近500万页面阅读量。

在社交媒体领域,《坎特普尔日报》通过建立公共账号,吸引年轻人阅读浏览。现在,《坎特普尔日报》已经在脸书、推特、YouTube上推送多媒体信息,向其官网引流。

---

① 陈力丹、白维栋:《从一家独大到百家并存——尼泊尔新闻业的发展》,《新闻界》2013年第4期。

② Infoasaid. Nepal Media Landscape Guide Final,2015年3月,http://www.internews.org/sites/default/files/resources/nepal_media_landscape_guide_final_011011_19.12.12.pdf,检索时间:2015年11月10日。

三、报道特点

受其历史背景的影响,《坎特普尔日报》在报道中十分注重民主意识的树立。同时,作为尼泊尔第一家私营媒体,《坎特普尔日报》打破原有的官方对于新闻出版行业的垄断,一直引领着尼泊尔私营媒体的发展。

通观《坎特普尔日报》的报道,评论版块对于当局政府的批判很犀利,对于尼泊尔政局混乱、立宪缓慢等问题批判较多。这样的评论文章,一方面获得了读者的喜爱,特别是年轻读者群体的喜爱;但是另一方面,该报的记者、编辑也常常受到政府相关部门的警示。

四、涉华报道

《坎特普尔日报》在报道中国方面涉猎很广,政治、经济、军事、文化都有涉及,在具体议题上持有不同的态度立场。

图 1 《坎特普尔日报》头版

在政治领域,《坎特普尔日报》关注中国的政治改革、宗教问题、地方政治情况,主要集中于西藏、云南等与尼泊尔贸易往来密切的地方,总体报道态度较为客观。在经济领域,《坎特普尔日报》关注中国的国际战略,特别是"一带一路"战略。尼泊尔作为"一带一路"战略的相关国,对于近期中国企业在尼泊尔电力、水利方面的经济合作十分关注;亚投行等涉及尼泊尔自身经济利益的国际组织也在其密切关注的范围之内。由于中国与尼泊尔的经济合作多为中国政府向尼泊尔政府提供援助,因而该报在相关报道中体现出的态度也较为亲华。在文化领域,《坎特普尔日报》关注中国的大型佛教活动、两国的青年文化交流等,报道态度较为亲华。

总体来看,在这些报道中《坎特普尔日报》所体现的态度,与其所宣称的坚持新闻真实、自由的原则基本吻

图 2 《坎特普尔日报》电子版报纸浏览界面

图片引自《坎特普尔日报》网站:http://epaper.ekantipur.com,检索时间:2016 年 3 月 7 日。

合,对于中国的报道基本客观公正。

在 2015 年 5 月尼泊尔地震的系列报道中,中国政府向尼泊尔派出救援团队,获得尼泊尔媒体及民众的赞誉。《坎特普尔日报》于 13 日发表题为《大地震与中国救援》的文章,报道中国政府在结束对尼第一轮救灾援助之后,很快启动了第二轮援助计划。中国作为尼泊尔两大邻国之一,在尼抗震救灾工作中发挥了重要作用。文章说,中国国际救援队、医疗队发挥出国际一流的专业水准,凭借自身积累的经验在尼积极开展各项救援工作。救援队和医疗队携带专业的救援设备、先进的医疗器械和大量的药品、帐篷、食品等救灾物资,成功救出了数名幸存者,快速诊治了大量伤员。

《新兴尼泊尔报》*The Rising Nepal*

THE RISING NEPAL
THE FIRST & FOREMOST NATIONAL DAILY

《新兴尼泊尔报》(*The Rising Nepal*)是尼泊尔最大的国有英文日报,是国际社会了解尼泊尔当地及政府态度的重要渠道。《新兴尼泊尔报》从属于尼泊尔官方的报业公司——廓尔喀报业公司管理。长期以来,《新兴尼泊尔报》一直是尼泊尔国内最受欢迎的报纸之一。

一、历史沿革

由于地理位置处于南亚次大陆深处,位于喜马拉雅山中段南麓,尼泊尔与外界交流的开始时间较晚、频次较低。再加上政权更迭频繁、文化多元等诸多因素,该国的新闻出版事业发展较晚,长期处于相对滞后状态。尼泊尔现代新闻业的发展,长期受到政治因素的影响。①在 1951 年到 1960 年的十年君主立宪期之后,新闻业的生存环境得到了一定的改善。现今,尼泊尔注册发行的报刊约有 4614 份,其中日报 340 份,周报 1661 份,双周刊 319 份,月刊 1397 份。其中尼文报刊 3186 份,英文报刊 376 份,印地文报 14 份。②

十年君主立宪之后,尼泊尔政府于 1963 年创办了官方国有的廓尔喀报业公司。1965 年 12 月 15 日,《新兴尼泊尔报》创刊,由廓尔喀报业公司管理经营,直接归尼泊尔政府新闻和通讯部管理。《新兴尼泊尔报》很快就开始了飞速的发展,迅速成长为尼泊尔发行量最大的报纸。

之后,《新兴尼泊尔报》受到更加具有新闻专业性、非政府色彩相对更浓的《坎特普尔日报》(*Kantipur Daily*)和《加德满都邮报》(*The Kathmandu Post*)的冲击,不再是尼泊尔地区报纸发行量第一的报纸,③但是作为官方经营的英文报纸,《新兴尼泊尔报》在尼泊尔当地乃至整个国际社会仍然具有相当大的影响力。

THE RISING NEPAL
CPDCC set to settle all remaining issues of new constitution today
Sub-committee formed to resolve disputes
Govt targets to get commitment of Rs. 800 billion at donors' conference
UN chief welcomes new political deal
'Monsoon after three days'
Ministries directed to verify workers' demand letters
Minister Dr Mahat calls on Swaraj

图 3 《新兴尼泊尔报》头版

① Infoasaid. Nepal Media Landscape Guide Final,2011 年 5 月,http://www.internews.org/sites/default/files/resources/nepal_media_landscape_guide_final_011011_19.12.12.pdf,检索时间:2015 年 3 月 3 日。

② 中华人民共和国驻尼泊尔联邦民主共和国大使馆网站:《尼泊尔国家概况》,2014 年 8 月,http://www.fmprc.gov.cn/mfa_chn/gjhdq_603914/gj_603916/yz_603918/1206_604522/,检索时间:2015 年 4 月 5 日。

③ 陈力丹、白维栋:《从一家独大到百家并存——尼泊尔新闻业的发展》,《新闻界》2013 年第 4 期。

二、发展现状

目前,《新兴尼泊尔报》每天发行8版,除封面之外,国内新闻、国际新闻、商业新闻、新闻评论、体育、娱乐新闻、杂刊(Miscellany)各占1版。

在世界传媒产业都已进入新兴媒体迅速发展的背景下,《新兴尼泊尔报》也在不断融入新媒体的潮流。廓尔喀报业公司开办了网站,《新兴尼泊尔报》以及公司旗下其他报纸、杂志,都可以在网站上看到电子版。同时,网站还设有搜索功能,用户可以通过检索查阅想看的新闻内容。

三、报道特点

由于国有官办媒体的身份属性,《新兴尼泊尔报》的报道中,尼泊尔国内政治新闻的比重较大;除此之外,商业报道、评论文章也是其报纸主打的内容。在《新兴尼泊尔报》中经常会有尼泊尔各大党派的领导人讲话、专访等,各党派也将这类行为视作“官方发言”的一部分。尼泊尔虽然国家不大,但是党派林立,各党派之间竞争激烈,因而通过新闻媒体,特别是官方媒体进行党派宣传,对各党政客来说十分重要。也正因为这样,《新兴尼泊尔报》成为国内人士、国际社会了解尼泊尔政治的绝佳通道。

图4 《新兴尼泊尔报》网站首页

图片引自《新兴尼泊尔报》网站:http://therisingnepal.org.np,检索时间:2016年3月7日。

四、涉华报道

作为尼泊尔政府主导的报纸,《新兴尼泊尔报》在报道中所呈现的对华态度也深受政府影响,但是总体而言,相关报道较为客观。

近些年,中国与印度都在迅速发展。在地理位置上,尼泊尔处于两国之间,同时与两国相邻,在中印之间的大国战略部署中显得越发重要。在尼泊尔国内,也有着明显的亲印或亲华派别。但是就《新兴尼泊尔报》而言,通过对报纸网站以“中国”关键词进行检索,共找到884条相关新闻,主要集中于中国与尼泊尔的国际关系、中国的发展态势,以及中美关系、中国的军备和核武器等方面。

此外,中国近些年与尼泊尔的经济建设合作项目或者是医疗救助、道路建设等协助项目日益增多。继而,围绕双方的合作、特别是经济合作,文化交流等议题的报道数量逐年增加。尼泊尔是一个旅游国家,每年有大量的中国人前往尼泊尔旅游消费。2015年4月25日尼泊尔发生8.1级地震之后,关于中国对于尼泊尔的医疗救助、道路救援信息,以及尼泊尔文物修复援助等信息迅速占据该报版面。2015年为中尼建交60周年,《新兴尼泊尔报》刊登了一系列社论文章,如《尼中关系的重要一年》等,对中国与尼泊尔近些年在经济、文化等领域的密切协作加以梳理,并对两国的未来合作充满希冀。

斯里兰卡

《每日新闻》*Daily News*

Daily News

Sri Lanka's National Newspaper Since 1918

《每日新闻》(*Daily News*)是斯里兰卡最早的英文报纸，也是斯里兰卡主流英文媒体之一。该报历史悠久，在该国有着较大的影响力。

一、历史沿革

《每日新闻》的创始人是斯里兰卡报业大亨维杰瓦德纳(D. R. Wijewardena)，报纸最早名为《锡兰每日新闻》。该报长期由政府全资拥有的公司锡兰联合报业有限公司(The Associated Newspapers of Ceylon Ltd)出版，首份报纸出版于1918年1月3日。

锡兰联合报业有限公司是南亚地区最大的报业公司，目前旗下拥有三份日报、三份周末报、五份周报、两份月报以及三份年鉴。其中，《每日新闻》是唯一一份仅以英文出版的报纸，其他报纸都以僧伽罗文和泰米尔文出版。①

由于锡兰联合报业有限公司的官方性质，《每日新闻》自问世以来就始终以国家报纸的身份出版发行。

二、发展现状

根据斯里兰卡国家档案局(Department of National Archives)公布的数据，截至2005年，斯里兰卡共有2512种印刷报纸，主要分布在科伦坡、加姆伯哈(Gampaha)、卡卢特勒(Kalutara)等西部省份。②

图1 《每日新闻》报纸头版

《每日新闻》总部位于科伦坡。报纸采用宽版印刷，图片兼有彩印和黑白印刷。版面包括国内、国际、商业、体育、政治分析和社论等多方面内容。为丰富版面内容，该报每周四还会发行一份名为《智慧》(*Wisdom*)的免费小报，每周五还会发行《斯里兰卡公报》(*Sri Lanka Gazette*)，两者都作为主报的副刊发行。

作为政府管控的报业公司，《每日新闻》的母公司锡兰联合报业有限公司在1981年就建立了完善高效的全国发行网络，在全国拥有2000多名代理，他们与公司签订合同，推销报纸不力可能遭到解雇。每个代理人往往又联系着众多报贩，穿行在街头巷尾。一名学者在

① Daily News Sri Lanka. Online Advertising Information For The Daily News in Sri Lanka，http://encyclopedia.jrank.org/articles/pages/1724266/daily－news－sri－lanka－Online－Advertising－Information－Daily－News－in－Sri－Lanka.html，检索时间：2015年12月21日。

② 陈力丹、刘名美：《从严控到开放的斯里兰卡新闻传播业》，《新闻界》2014年第3期。

访问斯里兰卡时曾经写道,“这个城市最北部的城市贾夫纳,离科伦坡400公里,每天早晨六点半就可以买到科伦坡当天的报纸”,“为了把报纸尽快送到读者手中,斯里兰卡的发行人员在夜深人静的时候,长途跋涉,翻山越岭,天天如此,常年如此”。[①] 由此可以一窥《每次新闻》对新闻时效性的重视。正如该国新闻界人士所说:“我们必须赶在早晨新闻广播之前把报纸送到读者手中,否则报纸就失去了新闻价值。”[②]

三、报道特点

目前,斯里兰卡的新闻传播媒体和集团以国营为主。随着社会政策的日益开放和市场机制的引入,也出现不少私人经营的媒体,但实力雄厚的媒体,多与政府或政党有利益上的密切关系。[③] 加之斯里兰卡政党林立,派系众多,因而斯里兰卡媒体的声音往往带有党派性质,倾向性明显。

斯里兰卡自1948年独立以来,政府一直对新闻业采取较为严格的管制措施,锡兰联合报业有限公司创办不久后即被政府接管。1973年7月20日,斯里兰卡自由党领导的左翼联合政府通过了锡兰报业联合公司特定条款,接管了湖滨大厦;统一国民党1977年执政后,更换了公司的组织机构,把它置于总统直接领导之下,成为政府的舆论机构。[④] 该公司旗下的《每日新闻》自然难以在新闻客观与政府舆论的博弈中独善其身。

四、涉华报道

斯里兰卡政府于1950年承认新中国,1957年2月7日同中国正式建交。长期以来,两国在许多重大国际和地区问题上拥有共识,具有良好的合作基础。在此背景下,斯里兰卡媒体对中国也保持了较高的关注度。

在《每日新闻》官网以“China”为关键词进行搜索,可以得到相关新闻条目共404条;搜索“Beijing(北京)”共获得新闻条目71条。在关于北京的报道中,多数新闻都以北京指代中国。《每日新闻》的涉华报道内容涉及政治外交、中斯经济合作、中国经济发展、文化等多个领域。总体来看,《每日新闻》涉华报道能够较为客观公正地呈现中国现实,在一些官方新闻上还往往表现出积极友好的态度。

2014年9月16日,《每日新闻》报发表了中国国家主席习近平的署名文章《做同舟共济的逐梦伙伴》。文章回顾了中斯两国友好往来的历史,并对两国关系的美好前景进行了展望。[⑤] 2015年初,斯里兰卡大选前后,当地和西方的一些媒体大肆炒作关于中斯合作的一些大型项目的传言,称新政府会叫停合作项目,造成了中斯合作可能会出现停顿的猜想。《每日新闻》对传言进行了驳斥,报道援引斯里兰卡高官的话称中斯合作项目不会中止。[⑥] 随后,中国政府派遣外交部部长助理刘建超访问斯里兰卡,斯里兰卡主流媒体均在头版或显要位置图文刊登刘建超访斯并拜会斯里兰卡总统、总理的消息,《每日新闻》则在其网站头条位置刊发了斯里兰卡总统西里塞纳及总理维科勒马辛哈会见刘建超的图文报道。[⑦]

---

① 高福源:《斯里兰卡报纸的发行》,《新闻战线》1981年第2期。

② 高福源:《斯里兰卡报纸的发行》,《新闻战线》1981年第2期。

③ 陈力丹、刘名美:《从严控到开放的斯里兰卡新闻传播业》,《新闻界》2014年第3期。

④ 陈力丹、刘名美:《从严控到开放的斯里兰卡新闻传播业》,《新闻界》2014年第3期。

⑤ 新华网:《习近平在斯里兰卡媒体发表署名文章》,2014年9月16日,http://news.xinhuanet.com/world/2014-09/16/c_1112500462.htm,检索时间:2015年12月21日。

⑥ 环球网:《斯里兰卡高官:中国以及其他国家项目不会停》,2015年1月22日,http://world.huanqiu.com/exclusive/2015-01/5466334.html,检索时间:2015年12月22日。

⑦ 新华国际:《中国政府特使刘建超访斯里兰卡破合作生变传言》,2015年2月7日,http://xhgj.mobile.zhongguowangshi.com:8090/wap/104/81474?nsukey=KU5n4vMJA2GX9mMOVc2amUpWSSZJel5aASGPpsKGWhWyIIhMST8BXyT7BqwnVq4Yad4ykKsKrTnu7A2E2pYKxw%3D%3D,检索时间:2015年12月22日。

MTV 频道 MTV Channel

MTV 频道(MTV Channel,MTV 是 Maharaja Television Network 的简写)是斯里兰卡首个私有电视台,旗下拥有英语、泰米尔语、僧伽罗语三种语言频道。MTV 频道的播出信号可以覆盖全国 80%的地区,在斯里兰卡国内拥有较大影响力。

一、历史沿革

MTV 频道是一家私营企业,由首都马哈拉贾公司(Capital Maharaja Organisation)在 1992 年与新加坡电信(Singapore Telecom)合资成立,随后于 9 月份开播电视节目。首都马哈拉贾公司是斯里兰卡最大的企业集团之一,业务范围涵盖制造、营销、出口、通讯、媒体、信息工程、食品、包装等。集团投资成立 MTV 频道的立意,在于打算深化集团在媒体领域的业务。

在成立初期,MTV 频道主要播出新闻节目和英语教学节目。1998 年 6 月,MTV 频道旗下的 Sirasa 频道开播,用僧伽罗语进行播出。随后于同年 11 月,又相继推出了以泰米尔语播出的 Shakthi 频道。

1998 年,新加坡电信出售了手中的 MTV 频道股份,由格雷格森控股有限公司(Gregson Holdings Ltd.)购入。之后,另一个跨国企业——国际传媒管理(International Media Management)也注资 MTV 频道的发展。

二、发展现状[①]

目前,MTV 频道的主要演播室位于距科伦坡仅 25 分钟车程的 Depanama。

MTV 频道是整个公司的旗舰频道,播出内容主要是音乐和娱乐节目。该频道的音乐节目广泛关注国内、国际音乐动向,拥有大量忠实受众。该频道下的音乐节目,如《罗巴之夜》(*Roba Eve*)、《音乐传奇》(*Legends of Music*)和《面向全国》(*Face the Nation*)等都广受欢迎,拥有大量粉丝观众。《新闻第一》(*News 1st*)一直是该频道的主打品牌节目之一,另一档新闻节目《晚九点新闻》(9PM news)则是目前斯里兰卡观看人数最多,也是公信力最强的新闻节目。

Shakthi 频道以泰米尔语播出节目,是泰米尔语媒体的主导力量。它是斯里兰卡贾夫纳半岛(Jaffna Peninsula)唯一的私营电视频道,覆盖斯里兰卡东北地区。该频道是一个综合频道,播出节目内容包括娱乐、运动、时事、儿童节目和新闻。

Sirasa 频道以僧伽罗语播出节目,是斯里兰卡收视率最高的电视频道。该频道的播出节目内容包括娱乐、新闻和时事。

《新闻第一》(*News 1st*)栏目的宗旨是"我们报道,你来决定",提供新闻事实资讯以供公众作出判断。该节目是一档独立播报的新闻节目,在全国范围内拥有超过 400 位新闻线人。播出时间从早上 5:55 到每日中午,每日提供三种语言的新闻播报。

---

① 首都马哈拉贾公司网站:http://www.capitalmaharaja.com/index.php/our－companies/mtv－channel.html,检索时间:2015 年 10 月 15 日。

图 2　MTV 频道旗下以泰米尔语播出的 Shakthi 频道

图 3　MTV 频道旗下以僧伽罗语播出的 Sirasa 频道

图 4　MTV 频道主打新闻节目《新闻第一》

三、报道特点

MTV 频道的节目内容具有多元化的特点，极富创新性。内容覆盖新闻、教育节目、家庭娱乐、音乐、体育、电视剧、游戏等。

该频道的主打新闻节目《新闻第一》注重新闻时效性，并已经开始使用多媒体新型演播室播出新闻。

四、涉华报道

MTV 频道及其下属电视频道属于同一新闻集团，因而对华报道具有一致性。总体来说，MTV 频道的涉华报道内容集中于中国经济动态及中国与斯里兰卡的外交动态。2015 年 3 月，斯里兰卡暂时叫停中国对科伦坡码头的投资项目，引起该台新闻节目的关注，报道内容涉及中国投资对本国经济、码头运营等行业的冲击。

以 2015 年 12 月为例，当月从《新闻第一》(*News 1st*)栏目网站(newsfirst.lk)上可以检索到涉华新闻 3 条，分别为“北京发布空气污染预警”“北京发布第二次空气污染预警”“中国深圳发生滑坡”。由此可以看到，该节目重点关注了中国的环境污染问题，同时对灾害事故也予以了关注，报道题材以简讯为主。①

① News 1st. Bejing on “Red Alert” due to pollution，2015 年 12 月 6 日，http://newsfirst.lk/english/2015/12/bejing—on—red—alert—due—to—pollution/120601，检索时间：2016 年 1 月 6 日。

巴基斯坦

《黎明报》*Dawn*

DAWN

《黎明报》(*Dawn*)是巴基斯坦全国三大英文报纸之一,发行范围十分广泛。报纸由巴基斯坦黎明媒体集团(The Dawn Media Group)发行,该媒体集团业务领域多元、颇具规模,在巴基斯坦影响力较大。

一、历史沿革

1942年的印度次大陆[①]依然受英国殖民统治,在这样的历史背景下,《黎明报》在新德里创办。该报的创立者是巴基斯坦的伟大领袖穆罕默德·阿里·真纳(Mohammad Ali Jinnah),被巴基斯坦人民喻为"巴基斯坦之父"。

作为穆斯林联盟在德里的官方机构,《黎明报》也是该联盟的喉舌报纸和唯一的英文报纸。《黎明报》反映和拥护巴基斯坦的独立事业。穆罕默德·阿里·真纳在创刊时就曾表示:"《黎明报》将在全国范围内,如实无畏地反映印度斯坦穆斯林以及穆斯林联盟在各个方面的观点和立场,包括经济活动、教育社会问题,尤其是政治活动。此外,尽管《黎明报》是穆斯林事业和一切印度斯坦穆斯林联盟政策坚定的倡导者和拥护者,它同时也会兼顾这个次大陆上普通民众的福祉。"[②]

Dawn

BIRTH OF PAKISTAN AN EVENT IN HISTORY

Lord Mountbatten's Address to Pakistan Constituent Assembly

COLOURFUL SCENES OF SPLENDOUR AT THE SECRETARIAT HALL

VICEROY'S GOOD WISHES FOR THE PROSPERITY OF NEW NATION

TRIBUTES TO QAED-E-AZAM JINNAH

Some Salient Features

DAWN OF FREEDOM IN INDIAN UNION

Hindu Members Take Prescribed Oath

Jinnah's Reply

KING'S MESSAGE TO PAKASSEMBLY

PAKISTAN PROVES INVINCIBILITY OF TRUTH, SAYS B. NICHOLS

Today's Karachi Programme

PAKISTAN ZINDABAD GREETINGS

图1 1947年8月14日《黎明报》头版宣告巴基斯坦的诞生

1947年印巴分治,《黎明报》迁至巴基斯坦第一大城市卡拉奇,后随着巴基斯坦政府统治力量的变化,该报同政府之间的关系也在不断调整。

在1958年阿尤布·汗(Ayub Khan, Mohammad)宣布实行"军法统治"[③],加强对国内报刊的控制后,《黎明报》在国内重大问题上基本持中立态度。人民党执政后,该报在其主编阿尔塔夫·古哈(Altaf Guha)的主持下,采取反政府立场,经常大量报道反对党的言论和活动。1973年上半年,巴政府拘押阿尔塔夫·古哈,禁止官方机构和工商企业在该报刊登广告,限制为其供应新闻纸,古哈被迫辞职。在新任

① 印度次大陆又称南亚次大陆,包括印度、印度河以东的巴基斯坦、孟加拉、尼泊尔等国家,简称次大陆。在英语中,次大陆一词可以用来特指印度次大陆。

② Jang Newspaper Group:Aqeel-uz-zafar Khan:Jinnah and the Muslim press,http://jang.com.pk/thenews/spedition/14aug/14aug2004/default.htm#2,检索时间:2015年9月23日。

③ 阿尤布·汗于1947年巴基斯坦独立后,历任师长和陆军副总司令,1951年任陆军总司令。1951~1955年兼任国防部长。1958年10月7日发动军事政变,10月27日出任总统兼国防部长、武装部队最高统帅和军法管制首席执行官,在巴实行军事统治。

主编就职后,该报才改变了反政府的立场。

二、发展现状

如今,《黎明报》由黎明媒体集团出版发行。黎明媒体集团是巴基斯坦先驱出版(私人)有限公司[Pakistan Herald Publications (Pvt.) Ltd.]的商业名称①,2008年开始启用,标志着集团业务由原先单纯的报刊发行转为更加多元化发展的多媒体集团。

黎明媒体集团总部位于卡拉奇,由巴基斯坦两大富裕家族——哈龙家族和赛戈尔家族(Haroon and Saigol families)所有,集团CEO是哈米德·哈龙(Hameed Haroon),主席是安伯·哈龙·赛戈尔(Amber Haroon Saigol),她是前任主席马哈茂德·哈龙(Mahmoud Haroon)之女,曾入围巴基斯坦富人榜。

黎明媒体集团的主要业务涵盖三个方面:印刷媒体、广播媒体和互联网媒体。除了下列表格中的主要媒体外,该集团每年还会举办黎明教育博览会等展会活动,业务范围广泛。

表1 黎明媒体集团三大主营业务

媒体类别	主要媒体
印刷媒体(独立部门,即《黎明报》报系)	旗舰报纸《黎明报》(*Dawn*)
	晚报《星报》(*the Star*)
	时事月刊《先驱》(*Herald*)
	网络月刊《蜘蛛》(*Spider*)
	《极光》(*Aurora*)
广播媒体	黎明新闻 (Dawn News,英语广播,24小时新闻频道,2007—2010年为英语,2010年以后转为乌尔都语)
	城市FM 89(City FM 89,音乐广播频道)
网络媒体	英文版新闻网站:Dawn.com
	乌尔都语版新闻网站:urdu.Dawn.com

《黎明报》作为该媒体集团的旗舰报纸,如今已经在巴基斯坦首都伊斯兰堡以及卡拉奇、拉合尔、白沙瓦等四地设有办事处,并在多国设有驻外代表,在国内和国际上都发挥着一定作用。

《黎明报》认为,新闻传播的基本目标就是确保人们知道发生了什么事,了解事件可能的原因,以便能够形成自己的观点,得出自己的结论。因此,记者最有价值的资本便是读者的尊重,这种尊重,必须通过一直坚持职业操守的最高标准才能得到。因此,一个记者若想要在巴基斯坦的新闻领域有所成就,就应该了解相关道德准则,也应该经历严格的审核。《黎明报》长期坚持履行其职责,并鼓励其工作人员遵从新闻道德和新闻理想,承担自己的责任。为此,该报的编辑和记者们都必须遵守包括"公正、准确、客观""捍卫新闻自由""避免歪曲报道"等在内的24条准则,以求自己的新闻产品有严格的标准和质量。②

三、报道特点

作为巴基斯坦国内最为重要的英文报纸,《黎明报》也会定期从《独立报》(*The Independent*)、《卫报》(*The Guardian*)、《洛杉矶时报》(*Los Angeles Times*)和《华盛顿邮报》(*The Washington Post*)等西方主流报纸上转载文章。此外,该报在自己的报道上还呈现出以下三个特点:

---

① 商业名称,即商法主体在进行商事活动时所使用的名称。

② 《黎明报》网站:http://www.dawn.com/code-of-ethics/,检索时间:2015年9月23日。

(一)信息丰富,报道领域集中

《黎明报》的信息量十分丰富。作为日报,《黎明报》每期刊登量达到 30－40 页内容,且单页信息条数也至少保证在 7－8 条之多,单页和单期承载信息量都很丰富。在领域上,《黎明报》的报道范围十分集中,主要是关注具有重要性和受到读者喜欢的新闻类型,包括国内新闻、国际新闻、体育新闻、经济新闻以及四大城市的当地新闻等。此外,在报道的种类样式上,主要包含评论类、报道类以及社论文章等。

(二)版面分类体现服务读者意识

版面划分是《黎明报》的一大特色,它采取独有的版面排列样式,集中体现了其服务读者的意识。首先,同其他报纸一样,《黎明报》同一领域的报道是集中排列的,如国内新闻、国际新闻等,都集中排版。其次,《黎明报》单设广告版面,而不是将广告散布在各个版面。这样不仅可以去除阅读干扰,还会使广告变得集中可管理,需要广告信息的读者不必逐页寻找特定的内容。这一举措同时也便于广告主投放广告内容,明确自己的受众定位。最后,《黎明报》的报道排版遵循详略相间的原则。例如,内容较多的国内新闻后面一般会与篇幅较少的社论挨在一起,而不同的报道领域之间又会穿插一页广告以作间隔。《黎明报》在排版上的这三方面特点,不仅让整个报纸显得整洁有条理,也便于读者分类,快速寻找自己需要的消息,忽略那些自己不需要的内容。

图 2　读者可以通过网站浏览当日报纸电子版

《黎明报》网站:http://epaper.dawn.com/,检索时间:2015 年 12 月 17 日。

(三)当地新闻增加新闻接近性

在国内,《黎明报》在卡拉奇、拉合尔、白沙瓦以及联邦首都伊斯兰堡均设有办事处,因此在每期报纸上,也会为四个城市特别开出版面(每个城市占 3 版左右),专门报道当地新闻。虽然国内新闻的范围一般会覆盖整个巴基斯坦,但是能够这样在较大城市独立采编,且在报纸上大幅报道,不仅是一家报纸实力的显现,也是其业务上注重新闻接近性的表现。当地新闻版面的信息不仅更加精准、更加全面详细,而且更能吸引当地读者,这对报纸来说,是很大的一个优势。

四、涉华报道

《黎明报》对华态度友好,经常刊登有关中国的新闻和图片。1977 年中国国庆 28 周年时,该报是唯一出版了 8 页特刊的英文、乌尔都文报纸。[①] 总的来说,该报对中国的关注还是非常多的,在报道内容方面也有自己的倾向和选择。

首先,报道量比较大。由于《黎明报》官方网站搜索系统的限制,笔者无法对一段时间内的报道数据做精确统计。因此笔者以官方网站上提供的该报电子版作为研究对象,得到的结果是,该报几乎每周都会刊登有关中国的报道,多的时候甚至达到每天 1 篇的频率。其中多数文章会把“China”放在题目中,剩下的至少也会在文

① 外国新闻界概况编辑室编:《外国新闻界概况》,新华出版社 1982 年版,第 182 页。

章提及中国。比如,2015 年 9 月 23 日,中国国家主席习近平访问美国之际,《黎明报》就在国际新闻一版的头条位置刊登了题为“A Long Agenda for Xi and Obama”的相关消息[1],而且报道还占据了三分之一的版面,可见该报对中国的重视程度较高。

其次,在报道领域上,《黎明报》涵盖的范围比较多样。通过对该报电子版的研究来看,该报关注的内容有以下几个方面:关于中巴国事交流的报道(如中国国家主席的国事访问、中巴关系等),中巴经济交流的报道(如中巴轮船贸易、中巴石油贸易、中国在巴基斯坦的投资计划等方面的报道);中巴军事交流报道,以及一些对中国相关论调的评论等。当然,在以上这些领域中,中巴经济往来和国事交流是报道的重点,双方之间每次重要的国事访问,《黎明报》几乎都会给予相关报道和积极评论。在 2015 年 4 月 20 日,《黎明报》就针对习近平访巴发表了大量报道,并称此次访问为“历史性的国事访问”。[2]

DAWN The National Advertiser
ADBUZZZZ
SECTION 2
UNDER THE HAMMER AT SOTHEBY'S 2
AUTOMOBILES
AUTOS FOR SALE
Built For Bond
From the Vault at Christie's

图 3 2015 年 11 月 1 日《黎明报》汽车广告专版

最后,就其报道态度来看,《黎明报》的对华报道态度也较为积极。上文提到,该报 2015 年 4 月 20 日就将中国国家主席的访问称为历史性的访问[3]。再如,2015 年 9 月,《黎明报》针对印度高层超越中国的论调发表了文章,对这种论调进行驳斥,并指出“印度不应为增速超越中国而盲目乐观,应继续大力推进国内改革和经济结构调整,提高营商便利度,改善与巴基斯坦的关系,加入到中国促进地区经济融合的努力中,促进地区共同繁荣与发展”[4]。

基于以上分析可以基本得出结论:巴基斯坦《黎明报》对中国的关注比较多,这与中巴之间的交往比较密切有关,也是因为中国发展正在吸引越来越多关注的目光。该报的涉华报道在内容方面涵盖比较丰富,特别关注中巴经济往来和外事活动。此外,其涉华报道的态度是比较积极友好的。

---

① 《黎明报》网站:A Long Agenda for Xi and Obama,2015 年 9 月 23 日,http://epaper.dawn.com/? page=23_09_2015_013,检索时间:2015 年 10 月 2 日。

② 《黎明报》网站:Chinese President Due Today on Historic Visit, 2015 年 4 月 20 日, http://www.dawn.com/news/1177046/chinese-president-due-today-on-historic-visit, 检索时间:2015 年 9 月 23 日。

③ 《黎明报》网站:Chinese President Due Today on Historic Visit, 2015 年 4 月 20 日, http://www.dawn.com/news/1177046/chinese-president-due-today-on-historic-visit, 检索时间:2015 年 9 月 23 日。

④ 中国商务部网站:《巴基斯坦媒体驳斥印度超越中国论》, 2015 年 9 月 14 日, http://www.mofcom.gov.cn/article/i/jyjl/j/201509/20150901111616.shtml, 检索时间:2015 年 9 月 23 日。

卡塔尔

《海湾时报》*Gulf Times*

GULF TIMES

《海湾时报》(*Gulf Times*)于1978年12月10日创办于卡塔尔首都多哈。该报由海湾出版印刷公司(Gulf Publishing & Printing Company)所有,是卡塔尔国内三大英文报纸之一。该报的创办人是卡塔尔前副首相阿卜杜拉·本·哈马德·阿提亚。

一、历史沿革

在《海湾时报》出版之前,报纸的创办者们首先于1978年1月筹备建立了海湾出版与印刷公司,并于当年8月5日获得了营业执照并开始正式经营。此后的几个月内,公司重点招募了多位管理和技术人员,参与《海湾时报》的创刊出版印刷工作。随着多年的发展,该公司获誉为卡塔尔传媒业的"基石"。[①]

1978年8月,卡塔尔信息部批准了海湾出版与印刷公司关于在本国创办一份英文报纸的请求,《海湾时报》获准成立,并于当年12月10日以周报的形式首次出版。初创之时,《海湾时报》是一份黑白印刷的小报。1979年,该公司开始发行阿拉伯文报纸《旗帜报》(*Al Raya*)作为《海湾时报》的"姊妹刊物"。1981年,《海湾时报》改为日报发行。

在《海湾时报》创办之初,人员非常紧缺。该报主编兼任《旗帜报》主编,所有新闻相关工作均由22名员工完成。[②] 1995年12月,《海湾时报》改为大报出版,在报道内容上也有了极大的拓展,重点报道国际国内各类重大新闻。

二、发展现状

目前,《海湾时报》每期出刊40版,已经成为卡塔尔最主要的英文出版媒体。除了每日刊发一期的报纸以外,该报还单独出版一份每月一期的杂志,名为《社会》(*Society*)。与此同时,互联网技术也为《海湾时报》提供了新动力,海湾时报网的推出大大推动了该报的进一步发展。

截止到2013年底,卡塔尔的互联网用户已达181万多人,互联网渗透率高达85.3%。同一公司旗下的两家"姊妹报纸"《海湾时报》与《旗帜报》均已实现数字化转型,开通上线了电子在线阅读模式。读者既可以通过网站获取最新一期的报纸,免费浏览PDF版本的报纸,也可以通过数据库检索浏览往期报纸。同时,网站还配套设计了移动阅读客户端,用户可以通过新闻客户端、APP应用软件等阅读报纸。网站界面中均展示内容提要,重点新闻一目了然。[③]

---

① 《海湾时报》官网:http://www.gulf-times.com/Static/About,检索时间:2016年4月21日。

② 《海湾时报》官网:http://www.gulf-times.com/Static/About,检索时间:2016年4月21日。

③ 陈力丹、许瑞仪:《现代化进程中后来居上的卡塔尔新闻传播业》,《新闻界》2015年第15期。

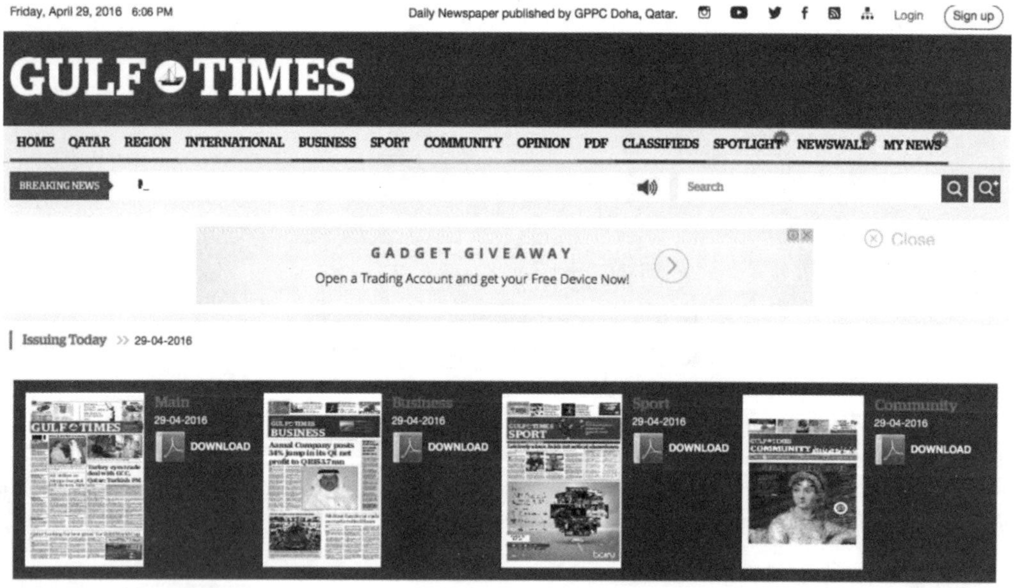

图 1 《海湾时报》电子报纸浏览界面

图片引自《海湾时报》电子是报纸浏览网页:http://www.gulf-times.com/pdf/,检索时间:2016 年 4 月 1 日。

三、报道特点

《海湾时报》是卡塔尔最重要的英文出版物之一,并以敢于对抗海湾国家司空见惯的内部审查机制而闻名。

由于卡塔尔国内的阿拉伯语报纸普遍缺乏国际影响力,《海湾时报》因使用英语以及报纸私属民营的身份,一时成为被国际媒体引用次数最多的卡塔尔报纸之一。[①]

与此同时,《海湾时报》还在海湾地区率先报道刑事案件新闻,敢于揭露社会阴暗面。另外,《海湾时报》还是第一份揭露海湾地区骆驼师受虐待一事的报纸,这篇报道在多个海湾国家引发了骆驼竞赛行业的改革。

Aamal posts 34% jump in Q1 net profit

Rayyan produce stirring fightback to beat Jaish for title

GULF TIMES

Emir greets Moroccan king

In brief

Air strikes on Aleppo hospital kill doctors, kids

Turkey eyes trade deal with GCC, Qatar: Turkish PM

Qatar 'looking for best grass' for 2022 World Cup

FINDING THE PERFECT PITCH FOR 2022

图 2 《海湾时报》头版

四、涉华报道

在该报官网搜索关键词"China",以 2016 年 1 月 15 日至 4 月 15 日的 3 个月时间内,仅标题中出现"China"一词的新闻就达到 223 条,平均每天有 2 至 3 篇与中国直接相关的报道。从内容上看,归入商务(Business)一类的新闻最多,达 141 条,归入国际(International)一类的有 60 篇,其余数篇报道则分散归入地区(Region)、卡塔尔(Qatar)、体育(Sports)、社区(Community)和言论(Opinions)等多个类别。由此可见,《海湾时报》对中国经济发展与外交活动持有较高的关注度。

具体来说,《海湾时报》的涉华商务报道覆盖面较为广泛,包括了从宏观国家政策到企业动态、从人民币币值到单月通胀水平等多个方面的议题。从消息源来看,这些涉华商务报道多数来源于以路透社、法新社、彭博

① 陈力丹、许瑞仪:《现代化进程中后来居上的卡塔尔新闻传播业》,《新闻界》2015 年第 15 期。

社等为主的西方主流通讯社，鲜见本报自采稿件。而归入卡塔尔（Qatar）一类的消息则主要为本国记者采写，但其涉华内容主要是将中国作为对比参照，报道的主要核心在于本国的新闻议题。

此外，在参考时段内，《海湾时报》共发表了4篇涉华的文章，1篇为本报社论，两篇为西方人士撰写的特邀稿件，另外还有1篇是为由前中国世界经济学会会长、中国知名经济学家余永定撰写的文章。从观点上看，4篇社论以分析探讨中国的经济发展和行业动态为主，体现出的报道立场较为客观中立。

另外，2013年11月，在中国共产党十八届三中全会闭幕前后，《海湾时报》还刊文表示，“在国内人均收入超过6000美元的情况下，中国人要求进一步提高，希望有安全的食品、清洁的空气、透明的政府、住得上房子、优质的教育、社会安全和平等的机会。与此同时，国际上呼吁中国承担起一个大国责任的声音也日益响亮。”①

《卡塔尔论坛报》*Qatar Tribune*

《卡塔尔论坛报》（*Qatar Tribune*，简称“QT”）是中东国家卡塔尔的一份英文报纸，面向多哈地区出版。该报既报道卡塔尔本国新闻，也注重对国际新闻的报道。该报由卡塔尔信息与营销集团（Qatar Information and Marketing，QIM）出版，同时发行在线版本。

一、历史沿革

《卡塔尔论坛报》是一份年轻的报纸，创刊于2006年9月3日，这一天正是卡塔尔的第35个独立日。《卡塔尔论坛报》由卡塔尔信息与营销集团创办，并一直经营至今。卡塔尔信息与营销集团是卡塔尔一家私营媒体集团，在出版、印刷和发行领域具有丰富的经验。

自创办以来，《卡塔尔论坛报》一直以“率先报道新闻及背后的故事”（First with the News and What's Behind it）为准则。

二、发展现状

目前，《卡塔尔论坛报》是卡塔尔，尤其是多哈地区的主流英文报纸。报社现任董事长为H.E. Sheikh Hamad bin Suhaim Al Thani，总经理为Adel Ali Bin Ali，Hassan Mohammed Al Ansari出任总编辑。

《卡塔尔论坛报》为自己设定的发展目标是：为公众提供交流观点的平台，尽可能广泛地为公众报道国际新闻，努力培养固定的读者群和广告商，通过网站面向全世界发布新闻。与其发展目标相应，《卡塔尔论坛报》一方面在内容上十分重视国际新闻报道，同时在媒体传播方式上对新媒体发展给予了高度重视。

目前，《卡塔尔论坛报》的网站及其电子版报纸在中东国家中较为先进。同时，报社还在移动客户端应用方面大力推进，已经推出了包括安卓、苹果和Windows在内的多平台新闻应用产品。

三、报道特点

从《卡塔尔论坛报》的内容安排上来看，该报的版面主要涵盖五大部分：《主版》（Main）、《国家》（Nation）、《商务》（Business）、《体育》（Sports）以及《休闲》（Chill Out）。②

---

① 观察者网：《外媒迅速解读十八届三中全会公报最关注市场地位新提法》，2013年11月13日，http://www.guancha.cn/strategy/2013_11_13_185230.shtml，检索时间：2016年4月21日。

② 《卡塔尔论坛报》官网：http://www.qatar－tribune.com/info.aspx? page＝aboutus，检索时间：2015年7月20日。

《主版》以报道国内、国际的最新重大新闻为主要内容,关注世界各地的新闻,主要涉及的地区有美国、欧洲、海湾地区、中东、南亚、巴基斯坦、东南亚、菲律宾和印度。除此之外,报纸还有专门开辟了《观点》和《分析》两个专栏供记者和读者进行交流。

《国家》版块主要关注本土新闻,这一版面包括报纸的头条新闻,还有一些政治或外交方面的新闻。《多哈新闻电头》部分则收录了对卡塔尔政府官员和社会名流的访谈以及在卡塔尔国内发生的奇闻异事等。读者还能够在这一版面找到许多分类广告。

图 3 《卡塔尔论坛报》网站首页

图片引自《卡塔尔论坛报》网站:http://qatar-tribune.com,检索时间:2016 年 4 月 1 日。

《商务》版主要提供银行、金融和油气基础设施建设相关的信息。周一和周六这一部分还会对热门股票进行介绍。

《体育》版是最受读者喜爱的版面,这一部分既包括卡塔尔本土体育赛事的相关新闻,也有关于世界体坛的报道,

《休闲》版共计有 8 页,这一版涉及对世界各地名人的独家采访,读者能在这一版读到时尚、模特、美食、音乐、游戏和卡通等各个方面的报道。这一部分还有各种分类广告和当天的电视节目列表。

HMC, SIDRA JOIN HANDS FOR MEDICAL RESEARCH

120 PAINTINGS ON DISPLAY AT IAID EXPO

SHATER ABBAS
44 01 5656

Weather Today

Qatar Tribune
Nation

PRAYER TIMING

Filipino electrical engineers take oath

图 4 《国家》版块

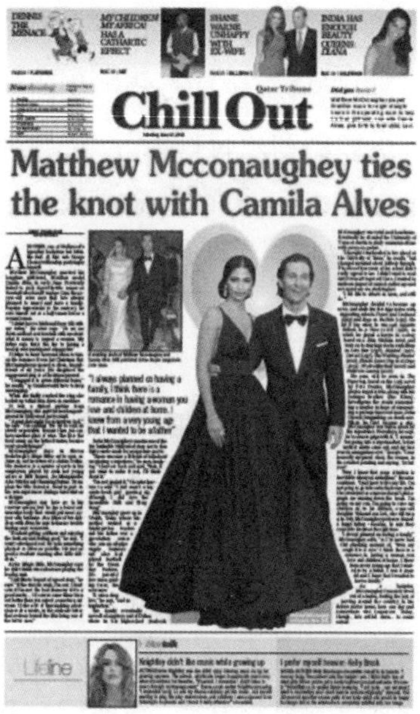
Qatar Tribune
Chill Out

Matthew Mcconaughey ties the knot with Camila Alves

Lifeline

图 5 《休闲》版块

在《卡塔尔论坛报》的网站上,读者可以免费获取报纸的电子版,这正符合报纸由卡塔尔走向全世界的战略目标。主版面上不同国家和地区新闻更新速度较慢,除《国家》版面自采新闻占多数之外,其他几个版面大多是转载路透社、美联社、印亚新闻社等通讯社的新闻。网站还设有《最新消息》一栏,时刻跟踪实时报道。

四、涉华报道

在《卡塔尔论坛报》官网以“中国”为关键词进行搜索,能够得到 70000 余篇报道,主要分布在《南亚》《东南亚》和《世界》三个栏目版块中。就报道信息源来说,大多数文章基本都转引自西方通讯社,其中涉及南海领土

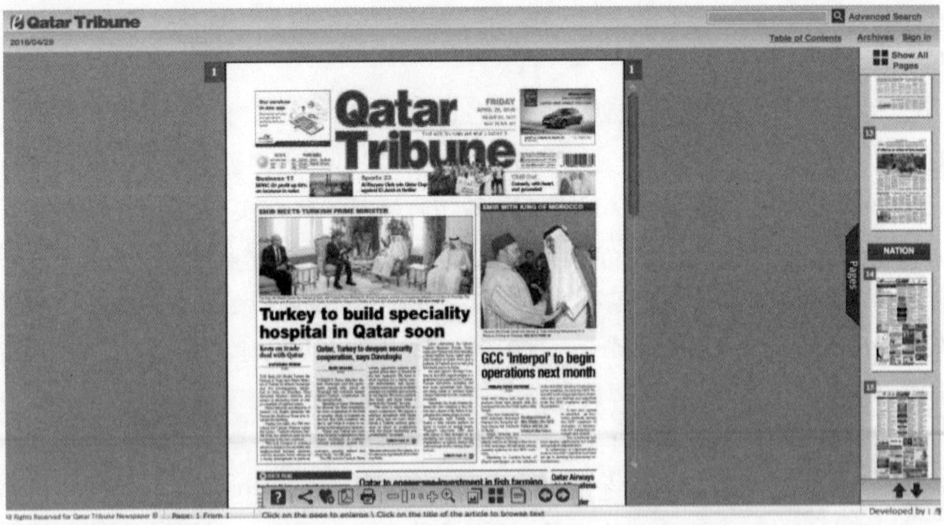

图 6 《卡塔尔论坛报》电子报纸浏览网页

图片引自《卡塔尔论坛报》电子报纸数据库：http://www.qatartribuneepaper.qa，检索时间：2016 年 4 月 10 日。

问题等主题的报道转自印亚新闻社等亚洲地区通讯社。

综合来看，《卡塔尔论坛报》对于中国与邻国之间关系的话题最为关注，频繁刊登中国与东南亚国家在南海地区的争端，或者涉及中国与朝鲜关系等议题的新闻报道。与此同时，《卡塔尔论坛报》在报道这方面议题时，明显受到西方媒体的影响，在南海纠纷等问题上的舆论导向较为倾向于东南亚国家。

除了中国与其他国家之间的外交关系，《卡塔尔论坛报》有时也会刊登关于中国在经济或政治等领域的报道，但在总体上这类报道内容仍以负面居多。例如 2016 年 1 月 9 日，该报官网就刊登了一篇题为《阻止中国操纵市场》的报道，对中国在国际市场上的商业行为大加抨击，[①]文章中不乏对中国的偏见，呈现出对中国参与国际经济发展的敌视态度。

除此之外，《卡塔尔论坛报》对于中卡两国关系也时有关注。如 2015 年 12 月，报纸刊登新闻报道中国和卡塔尔之间签订的大宗货物在线采购的贸易协定，对于协定的用意和影响等问题进行了简要的分析。[②]

总的来说，《卡塔尔论坛报》对于中国在某些层面保持了较高程度的关注，但是总体对华态度并不友好，涉华报道有失客观。

半岛电视台 Al Jazeera

半岛电视台（الجـزيرة，英文名为“Al Jazeera”，在阿拉伯语中是“半岛”之意），是中东地区最大也是最具争议性的阿拉伯新闻频道。它立足于阿拉伯世界，面向全球受众，在报道中坚持不同于西方媒体的独特视角，还曾一度被美国小布什政府定性为“恐怖分子的电视台”。对基地组织以及阿富汗战争的独家报道使得半岛电视台名声大振，被喻为“阿拉伯世界的 CNN”，也被称为“海湾 CNN”。在整个世界新闻传播体系中，半岛电视台都被视为是一股重要的传播力量，被视为另类媒体（alternative media）的典型代表。

---

① Qatar Tribune：Stop China's Market Manipulations，http://www.qatar－tribune.com/viewnews.aspx? n＝A36E7540－AB96－45E6－A309－0691DD826D59&d＝20160119，检索时间：2016 年 4 月 19 日。

② Qatar Tribune：Qatar，China sign deal for online bulk procurement，http://www.qatar－tribune.com/viewnews.aspx? n＝55009447－83B1－4576－A449－E76A2DB45A32&d＝20151215，检索时间：2016 年 4 月 19 日。

一、历史沿革

长期以来,中东地区的新闻资讯受制于西方媒体报道,没有一个 24 小时连续播报新闻的电视台。时任卡塔尔外交大臣的贾巴·阿尔—塔尼提出了创办半岛电视台的想法,并得到了卡塔尔王室的支持。卡塔尔埃米尔[①]谢赫·哈马德·宾·哈里发(Sheikh Hamad bin Khalifa)投资 1.37 亿美元,用于电视台创立最初 5 年的开支。1996 年 2 月,半岛电视台最终在卡塔尔首都多哈成立,股份属于卡塔尔政府和私人投资者,并于当年 11 月正式开播。[②]创立之初的新闻报道团队,主要来自英国 BBC 广播公司的阿拉伯语部等国际一流媒体。半岛电视台以高薪和享有完全自由的双重许诺聘请到一大批编辑记者,再加上从其他渠道招募的人才,刚刚成立的半岛电视台就集中了众多阿拉伯世界电视新闻界的精英。

成立之初,半岛电视台只有 250 名员工,只有一颗卫星转播信号,每天只能播出六个小时的节目。直到 1998 年 12 月英美联军对伊拉克发动"沙漠之狐"军事行动,半岛电视台作为唯一在伊拉克境内展开实况报道的媒体,迅速蹿红,成为世界顶级媒体争相转引的一级信息源。1999 年 2 月,半岛电视台终于真正实现了 24 小时全日播出,通过三颗通讯卫星将节目信号覆盖到中东、欧洲和北美。

为保证半岛电视台报道的独立性,卡塔尔埃米尔为半岛电视台注资时曾承诺,要让半岛电视台"报道他们所见的新闻"。虽然国家在建台时提供了资金,但对电视台的经营从不干涉。[③] 1997 年,他在一次演讲中还特别表示,"批评有益,给一些政府官员带来的不愉快只是为重建新闻自由付出的一点代价而已。"[④]

半岛电视台的最终崛起,与它屡次在重大国际事件中发布独家新闻有着很大的关系。首先是"9·11 事件"中,半岛电视台第一时间开启实时报道,用阿拉伯语向世界播送了曼哈顿遭遇袭击的整个过程,并且积极调动分布在全世界的 27 个记者站展开 24 小时连续深入报道。在此次报道中,半岛电视台的表现丝毫不亚于美国有线电视新闻网(CNN)等国际一流电视媒体,一举获得全世界的关注。随后的阿富汗战争中,塔利班政权宣布禁止各国记者进入阿富汗境内。在这样的情况下,拥有地缘优势的半岛电视台脱颖而出,成为唯一一个能够深入塔利班控制区的新闻媒体,大量发自战火一线的报道使半岛电视台在这场国际媒体报道竞争中独领风骚。包括美国有线电视新闻网在内的国际媒体巨头们,也不得不同半岛电视台签订合约,以高价购买他们的独家报道内容。[⑤]与此同时,半岛电视台还顶住来自各方的非议,多次独家播放本·拉登和塔利班领导人的讲话录像。然而在本·拉登袭击美国驻非使馆后,半岛电视台对本·拉登的专访录像带成为奇货可居的重要报道素材,在各国媒体中卖到了每盘 3.5 万美元的高价。在一次又一次震惊世界的事件中,半岛电视台通过及时准确地提供独家新闻,逐步确立并巩固了自己国际媒体的地位。[⑥]

二、发展现状

成立近 20 年以来,半岛电视台已经从一个海湾小国电视台发展成为与西方大牌媒体平起平坐、炙手可热的世界级新闻媒体。

目前,半岛电视台 24 小时全天候向世界各地传送新闻节目,关注的焦点主要围绕最具争议和发生激烈冲突的地区,在全世界共设有 59 个记者站。其中,美洲 10 个,欧洲 7 个,撒哈拉以南非洲 5 个,中东 17 个,北非 8 个,亚洲 12 个。此外,在半岛电视台巨大的媒体王国中,共有 4000 多名来自世界上 70 多个国家的经验丰富的

---

① 埃米尔为卡塔尔国家元首和武装部队最高司令,掌握国家最高权力。

② Hugh Miles: Al-Jazeera: The Inside Story of the Arab News Channel that is Challenging the West. New York: Grove Press, 2005, p. 346.

③ 李文静:《半岛电视台:中东的 CNN》,《传媒观察》2003 年第 4 期。

④ Allied Media Corps, The History of Al Jazeera Television, http://allied－media.com/aljazeera/jazeera_history.html,检索时间:2015 年 8 月 20 日。

⑤ 在阿富汗战争中,美国有线电视新闻网等媒体购买的半岛电视台独家报道胶片,每分钟要支付 2 万美元。引自杨荣浩:《饿死半岛电视台》,《明日风尚》2010 年第 8 期。

⑥ 李文静:《半岛电视台:中东的 CNN》,《传媒观察》2003 年第 4 期。

员工，集中了众多世界电视新闻界的精英。这也使半岛电视台拥有世界上最多元的新闻编辑室。

图 7 半岛英语频道台标

半岛电视台之所以能在阿拉伯世界获得新闻自由，很大程度上是因为受到了政府的充分支持。卡塔尔政府在财力和人力上的支持，解决了发展中国家电视传媒长期面临的资金短缺和经验不足的问题。但是，关于半岛电视台的财政状况，各方说法并不一致。有资料显示，半岛电视台至今无法实现自负盈亏，卡塔尔政府每年还要补贴上亿元。① 同时也有文章指出，在连续 5 年得到政府拨款支持后，半岛电视台这几年靠卖电视片和制作广告获得了大笔利润，现在已经基本实现了经济自立。②毋庸置疑的是，与很多电视台不同，广告收入并不是半岛电视台的主要经济来源。尽管出售本·拉登专访录像带这一类独家新闻的胶片和节目，能够使电视台获得丰厚收入，但这仍非长久之计。

图 8 "半岛美国"旗舰新闻节目《今夜美国》，由华裔女主播陈泰芝(Joie Chen)主持

半岛美国网站：http://america.aljazeera.com/watch/shows/america－tonight.html，检索时间：2015 年 9 月 1 日。

为打破语言在全球传播的障碍，进一步扩大影响力，2006 年 3 月，半岛电视台设立了半岛英语频道。这一频道是全球第一家总部位于中东地区的英语新闻频道，从包括 BBC、CNN 和 CNBC 等在内的各大国际知名电视台招募人才，并且在全球建立了超过 40 个办事处。至此，半岛电视台真正实现了"立足半岛，面向世界"的宏愿，致力于在阿拉伯世界之外的发展，受到了西方国家与亚洲国家受众的关注。③

2013 年初，卡塔尔半岛电视台以 5 亿美元的价格收购了美国副总统戈尔与合伙人共同创立的潮流电视台(Current TV)。随后，半岛电视台宣布将在美国建立一个全新的电视频道代替原来的潮流电视台。根据半岛电视台网站上发布的消息，新的电视台名为"半岛美国"(Al Jazeera America)，台址设在纽约，并以此为基点在美国全境开设记者站，与原有的已经在纽约、华盛顿、洛杉矶、迈阿密和芝加哥成立的记者站一起，形成一个覆盖美国全境的集新闻采写、发布于一体的电视新闻平台。但是，新频道的报道范围聚焦于美国又不限于美国，国际新闻也是半岛美国频道的报道重点。同年 8 月 20 日，半岛美国的有限频道正式开播，同时在传统和社交媒体上展开推广。新频道由前美国 CNN 记者哈里斯(Tony Harris)担任主播，每天播出 14 个小时的新闻、纪录片与谈话性节目，一天 24 小时每个整点都会播报最新消息。为加强专业形象，半岛美国承诺不会报道名人明星花边新闻，广告时间也较一般电视台少。④ 开播后两个月，半岛美国与时代华纳签订协议，用户可以通过时代华纳有线电视收看到半岛电视台美国频道的节目。根据半岛电视台发布的消息，此举将使 5500 万个美国家庭能够收看到半岛美国的节目。⑤尽管到目前为止，"半岛美国"的表现仍属不温不火，甚至有批评人士称其"没有特色"，但是这一频道的创办本身就已经深具意义。

---

① 龙井昌：《世界在看 CNN，CNN 却在看 Al Jazeera：半岛电视台——中东最"牛"的电视台》，《明日风尚》2010 年第 8 期。

② 李文静：《半岛电视台：中东的 CNN》，《传媒观察》2003 年第 4 期。

③ Allied Media Corps：The History of Al Jazeera Television，http://allied－media.com/aljazeera/jazeera_history.html，检索时间：2015 年 8 月 21 日。

④ 中国新闻出版网：《半岛电视台美国频道开播》，2013 年 8 月 26 日，http://www.chinaxwcb.com/2013－08/26/content_275783.htm，检索时间：2015 年 9 月 1 日。

⑤ 新浪传媒：《半岛电视台美国频道进入时代华纳有线网》，2013 年 10 月 29 日，http://news.sina.com.cn/m/2013－10－29/103928560092.shtml，检索时间：2015 年 9 月 1 日。

如今,全球共有 140 多个国家的 2.7 亿个家庭可以收看到半岛电视台的新闻节目。根据研究报告,半岛电视台阿拉伯频道已经成为中东及北非阿拉伯世界的第一大电视频道,其观众数量超过阿拉伯世界其他新闻频道观众的总数。[①] 从成立的第一天起,半岛电视台就在阿拉伯世界掀起了轩然大波,至今已然是全世界的观众、政府部门以及决策者都不可小觑的一流国际媒体。

三、报道特点

半岛电视台的出现,重塑了全球媒体传播格局。秉承着信任、尊重和重视的态度,关注民众以及与民众生活相关的事件,半岛电视台用全新的视角播报新闻,勇于打破禁忌,一改阿拉伯世界亲政府的宣传态度。同时,也经常发布一些反西方的报道,引起了西方国家新闻界的极大关注。半岛电视台倾听各方新闻当事人的声音,最终目标是与观众建立起积极的互动关系,将观众整合到新闻生产中去。

图 9 半岛电视台网站对自身定位的阐释

半岛电视台网站:http://www.aljazeera.com/aboutus/,检索时间:2015 年 9 月 1 日。

(一)意见与“异见”的观点自由

半岛电视台的台标下面有一行字,“Opinion, another opinion”(意见与“异见”),这是半岛电视台的座右铭。半岛电视台沿袭了原先 BBC 阿拉伯台的传统,要让阿拉伯人观看阿拉伯记者制作的与西方新闻频道同等标准的新闻和节目,而这一标准就是要保证“新闻的价值、准确性和客观性”。半岛电视台坚持公正、客观和准确的报道,尊重所有人表达的权利。它宣称:“我们不是一个政党,不拥护任何人,也不反对任何人。我们希望能够尽可能准确地反映现场的情况。”[②]同时,半岛电视台还坚持不漏报,倾听各方声音,“为无声者发声”,从而备受观众的信任和支持。在世界范围内,半岛电视台公正客观的播报方式被广泛认可,这也是半岛电视台的新闻王牌。[③]

(二)时效与独家的双料王牌

半岛电视台的新闻节目时效性非常强。“9·11 事件”发生后,半岛电视台立即行动,在事件发生后几十分钟内,便制作播出了专题节目,用阿拉伯语播放了美国遭遇袭击的整个过程,报道持续了七八个小时。

在追求时效性的同时,独家报道也是半岛电视台的一张王牌。即便是在 CNN 和 BBC 的报道中,也经常会传出“半岛电视台报道……”的声音,由此可见半岛电视台是许多重大国际新闻的独家消息源。以对阿富汗战

---

① 半岛电视台网站:Researchers confirm Al Jazeera Viewership, 2013－6－4, http://www.aljazeera.com/pressoffice/2013/06/201364181423546953.html,检索时间:2015 年 9 月 1 日。

② 谢金荣:《半岛:意见与异见》,《中北大学学报(社会科学版)》2007 年第 12 期。

③ 半岛电视台官网:http://www.aljazeera.com/aboutus/,检索时间:2015 年 8 月 21 日。

争的报道为例，半岛独家获取了本·拉登的录音带和录像带，在媒体中独占鳌头，是唯一一家获得塔利班政权特许而留在阿富汗的外国电视台。

(三)观众参与性强，传播手段新颖

从半岛电视台网站的栏目设置就可以看出，半岛对于中东和阿拉伯国家有着非常全面的关注，新闻节目与评论节目相辅相成。此外，半岛电视台还专门设立了调查性的栏目，深入非洲等地对热点问题进行实地调查。半岛电视台不仅致力于将新闻节目做到极致，还极其重视新闻评论，一些评论性节目还经常邀请学者对科索沃战争、车臣问题等热点事件进行讨论和分析。而这些讨论也不仅仅局限在演播厅内。半岛电视台的很多节目都是互动直播节目，类似西方电视台的谈话节目。观众可以直接参与分析讨论。由于阿拉伯人是表现欲较强的一个民族，参与讨论各种问题的观众很多。[①]这也成为半岛电视台的一个优势所在。

在传播手段上，半岛电视台积极探索博客与视频等各种传播方式，扩展新闻播报渠道，并对热点问题进行深度分析。从媒介融合的角度来看，半岛电视台将传统的电视播报与现代的网络传播很好地结合在了一起，取得了不错的传播效果。

四、涉华报道

由于半岛电视台的新闻网站无法实现历时搜索，经粗略统计可以看到，半岛电视台关于中国的报道在逐年增加，对中国的关注度在不断上升。仅 2015 年 6 月到 8 月，半岛电视台关于中国的报道就有 150 篇以上。半岛电视台的对华态度也比较客观，报道议题涵盖政治、经济、农业、文化、生活等各个方面，也有关于新疆等敏感问题的报道。除半岛电视台自采的内容之外，多数新闻内容都是对多家通讯社的综合报道。

总体来看，半岛电视台的涉华报道内容十分广泛，在截至 2015 年 7 月底所有涉华报道中随机抽出 50 篇为案例，并对其进行分析归纳可以看到，半岛电视台的涉华报道主要分为以下几种类型：

(1)对中国与世界大国之间外交关系的报道，如中美、中日之间的大国博弈、岛屿问题等。在这些报道中，半岛电视台大多能做到客观公正。作为第三方，半岛电视台能够平等地展现来自各方的观点，有时也会受到西方媒体态度的影响，在报道态度上略有偏向。

(2)对中国与非西方国家关系的报道，以经济金融领域内容为主，尤其是经贸合作交流等主题。其中，也有不少文化方面的软新闻，如津巴布韦考虑采用人民币作为法定货币的报道、印度茶在中国销路广泛的报道等。

(3)对中国国内热点问题的报道，如“占中事件”。在此类敏感问题上，半岛电视台的报道坚持其一贯风格，即在当地采集一手新闻，报道新闻当事人对事件的看法，但在角度选择上会很尖锐。如，在 2015 年 2 月 1 日的一篇名为《香港抗议者恢复占中》的报道中，半岛电视台引用了大量“占中”支持者的表态，但却没有表现香港普通市民对“占中”的态度，整体报道视角仅突出了尖锐对立；[②]

(4)对中国的社会和文化的报道。这类报道大多没有体现出明显倾向性，报道整体较为客观，反应内容也比较全面，向受众展现了中国社会文化的不同侧面。

自 2002 年 7 月起，半岛电视台开始设立驻华机构。期间虽然也经历过撤站风波，[③]但是半岛电视台驻华机构一直与中国保持着良好的交流合作关系，制作了大量关于中国社会方方面面的报道。目前，半岛电视台在北京设有两个分支机构：一个是半岛电视台驻京分社，另外一个是半岛电视台英文频道的驻华记者站。前者共有

---

① 杨荣浩：《饿死半岛电视台》，《明日风尚》2010 年第 8 期。

② 半岛电视网：《香港抗议者恢复占中》，2015 年 2 月 1 日，http://www.aljazeera.com/news/asia－pacific/2015/02/protesters－return－central－hong－kong－streets－150201070713634.html，检索时间：2015 年 8 月 20 日。

③ 2012 年 5 月 8 日，半岛电视台英文频道在网站上发表声明，由于时任驻华记者梅丽莎·陈遭遇签证问题，不得不“被迫”关闭北京办公室，并且表示对此事感到“失望”。这一事件迅速在世界各国媒体中引发广泛关注。参考《环球时报》：半岛台英文频道关闭北京分社，引自环球网，2012 年 5 月 9 日，http://world.huanqiu.com/hot/2012－05/2704709.html，检索时间：2015 年 9 月 1 日。

四名工作人员,包括具有多年驻华经验的社长伊扎特·沙哈尔。伊扎特早在1980年代起就留学中国,能够说流利的汉语,从驻京分社筹建起就成为半岛电视台驻京分社的负责人。作为资深的外国驻华记者,伊扎特在驻华记者圈和中国媒体同行中名气不小。他曾多次接受中国媒体的专访,介绍半岛电视台及其对中国的报道和认知。

根据伊扎特的介绍,早期从北京分社发出的报道,基本上都是关于中国穆斯林和中国回民的内容。后来总部要求伊扎特把报道领域放宽,尽力呈现一个完整的中国形象。2006年,在伊扎特的主导下,北京分社创立新栏目《聚焦中国》(China Week),取得了很大成功,并成为半岛电视台常规报道的模式之一,每六个月做一次报道。这是一个历时一周、每天5个小时的直播项目,针对中国的政治、经济、文化、军事等各个层面展开,这也是半岛电视台第一次针对某一个国家进行的直播报道。[①] 尽管来到中国已经有30多年时间,伊扎特对于中国的评价仍然是"捉摸不透"。他还认为中国媒体对阿拉伯国家的报道不尽客观公正,对于时局的把握不够准确。

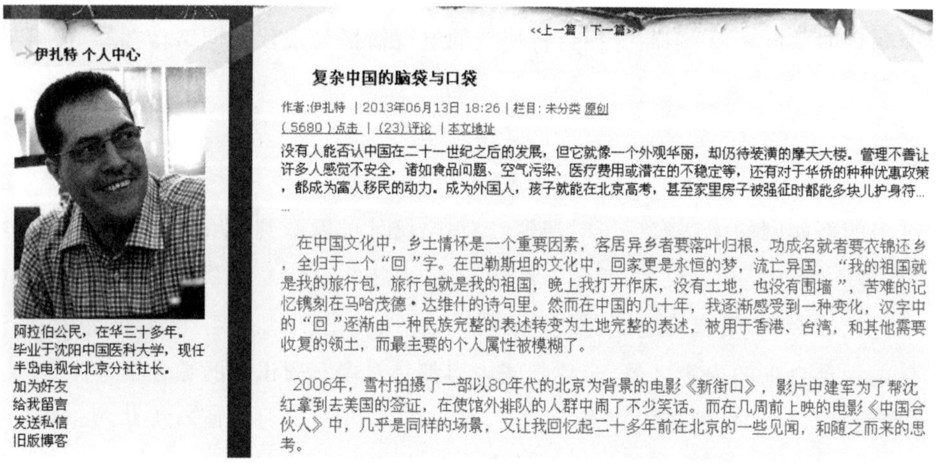
伊扎特 个人中心

阿拉伯公民,在华三十多年。
毕业于沈阳中国医科大学,现任半岛电视台北京分社社长。
加为好友
给我留言
发送私信
旧版博客

<<上一篇 | 下一篇>>

复杂中国的脑袋与口袋

作者:伊扎特 | 2013年06月13日 18:26 | 栏目: 未分类 原创
(5680)点击 | (23)评论 | 本文地址

没有人能否认中国在二十一世纪之后的发展,但它就像一个外观华丽,却仍待装潢的摩天大楼。管理不善让许多人感觉不安全,诸如食品问题、空气污染、医疗费用或潜在的不稳定等,还有对于华侨的种种优惠政策,都成为富人移民的动力。成为外国人,孩子就能在北京高考,甚至家里房子被强征时都能多块儿护身符......

在中国文化中,乡土情怀是一个重要因素,客居异乡者要落叶归根,功成名就者要衣锦还乡,全归于一个"回"字。在巴勒斯坦的文化中,回家更是永恒的梦,流亡异国,"我的祖国就是我的旅行包,旅行包就是我的祖国,晚上我打开作床,没有土地,也没有围墙",苦难的记忆镌刻在马哈茂德·达维什的诗句里。然而在中国的几十年,我逐渐感受到一种变化,汉字中的"回"逐渐由一种民族完整的表述转变为土地完整的表述,被用于香港、台湾,和其他需要收复的领土,而最主要的个人属性被模糊了。

2006年,雪村拍摄了一部以80年代的北京为背景的电影《新街口》,影片中建军为了帮沈红拿到去美国的签证,在使馆外排队的人群中闹了不少笑话。而在几周前上映的电影《中国合伙人》中,几乎是同样的场景,又让我回忆起二十多年前在北京的一些见闻,和随之而来的思考。

图10 扎伊特博客中发表的《复杂中国的脑袋和口袋》

2013年6月,伊扎特在自己的博客中发表了一篇题为《复杂中国的脑袋和口袋》的文章,充分展现了他对于中国社会的深刻认识。这篇文章主要围绕"人才流失"的问题做了阐述,针对越来越中国人选择移民的现象做了深刻的剖析。文章中称,"也就是从那时开始(20年前的中国),'人才外流'成了社会上的一个新词,并且数目在逐年的增大。很快中国便成了世界最大的人才输出国,流失了难以计数的知识精英。"[②]从历史和现实的角度阐述了中国人才流失的危机,也从一个侧面体现了伊扎特对中国的深刻认识。

卡塔尔通讯社 Qatar News Agency

QNA وكالة الأنباء القطرية QATAR NEWS AGENCY

卡塔尔地处波斯湾之滨,面积只有1.15万平方公里,仅有200多万人口。这样一个小国却拥有一家生气勃勃、在阿拉伯世界都有着极大影响的通讯社——卡塔尔通讯社。

---

① 南都周刊网:《十年半岛,三十年中国》,2011年5月25日,http://www.nbweekly.com/news/people/201105/26060.aspx,检索时间:2015年9月1日。

② 伊扎特个人博客:《复杂中国的脑袋和口袋》,2013年6月13日,http://home.blshe.com/space.php? uid=491&do=blog&id=113439#comment,检索时间:2015年8月20日。

一、历史沿革[1]

卡塔尔通讯社是卡塔尔的国营通讯社，于1975年5月25日成立。最初，该通讯社仅报道本国、海湾地区和阿拉伯国家的新闻，但很快就发展成了一个国际性的通讯社。[2]在所有海湾国家媒体中，卡塔尔通讯社是第二个致力于报道本地区新闻的通讯社，也是卡塔尔在新闻领域的一大进步，40年的历史中卡塔尔通讯社经历了无数次蜕变。

成立初期，卡塔尔通讯社通过埃及的“中东社”向外发稿，从1978年开始，该社开始建设自己独立的发稿系统，并迅速迈向现代化。1978年至1984年，通讯社分三个阶段建成了卫星发稿系统，可以通过卫星将新闻稿发至所有阿拉伯国家和欧、美、亚各地。因此，卡塔尔通讯社也成为第一家拥有卫星发稿网的阿拉伯通讯社。创立初期时，卡塔尔通讯社每天只播报一小时新闻，而如今卡塔尔通讯社已经能全天候发布新闻信息。除了发稿，卡塔尔通讯社还负责为本国的国家领导人编辑作为内参用的新闻稿，从事国际和地区问题研究，并撰写专题书刊和文件集。

图 11　2010年卡塔尔通讯社创立35周年发行纪念邮票

卡塔尔通讯社主要关注同海湾及阿拉伯国家有关的新闻，同时要求时效和数量。在20世纪80年代，该社的记者团队还仅有30余名成员，每个驻外分社也只有一名记者，但其发稿量却不同小觑。在贝鲁特事件、海湾事件、约旦河西岸人民斗争等许多事件中，卡塔尔通讯社的报道都占有一席之地，该社在阿拉伯国家也占有很高的地位。[3]

二、发展现状

目前，卡塔尔通讯社是阿拉伯通讯社联盟（ANAU）、不结盟运动通讯社联盟和世界报业协会（WAN）的成员，并且扮演着在不同联盟间实现信息交换的重要角色。此外，卡塔尔通讯社还加入了东南亚和太平洋地区通讯社联盟，并且还是伊斯兰通讯社联盟的理事会成员。

卡塔尔通讯社成为了连接阿拉伯世界与国际媒体之间的桥梁，也加强了阿拉伯媒体与其他地区新闻机构的合作。卡塔尔通讯社向世界各地的国家新闻机构提供卡塔尔的最新消息。2012年，该社发布新闻数量超过了58000条，比2011年增长超过1000条（近年统计数据并未发布）。

目前，卡塔尔通讯社总共由5个主要部门组成：新闻部、编辑与监督部、技术部、媒体公关部和公共服务部。其中，新闻部和编辑与监督部门主要负责阿拉伯国家与非阿拉伯国家新闻的编辑与翻译、调查与研究，此外还有新闻简报与图片的编辑、电视与广播监督、新闻管制以及网站英语和阿拉伯语新闻的发布。技术部门主要负责通过网络将新闻发送给其他通讯社和订户，同时承担多媒体和技术等方面的业务。

媒体公关部负责与许多国际机构之间的合作，为媒体人员提供免费的英语和阿拉伯语高级培训，提高新闻工作者的专业素质。公关部还负责为国际访问专家学者以及其他国家的驻卡塔尔媒体代表与本国官方的交流合作和新闻采集提供协助。公共服务部，负责与其他部门合作承担通讯社的行政与财务管理事宜，同时也负责对人事、档案、订阅与信息系统进行管理和维护。

三、报道特点

卡塔尔是一个奉行不结盟政策的第三世界国家，同时是阿拉伯国家联盟和海湾合作委员会成员国。作为

---

① 卡塔尔通讯社官网，网址：http://www.qna.org.qa/en－us/Home，检索时间：2015年8月11日。

② 符福渊：《生气勃勃的卡塔尔通讯社》，《新闻记者》1987年第7期。

③ 符福渊：《生气勃勃的卡塔尔通讯社》，《新闻记者》1987年第7期。

图 12　卡塔尔通讯社总部大楼

一个国营通讯社,卡塔尔通讯社注重报道的客观公正。曾经有两年的时间里,卡塔尔通讯社负责管理阿拉伯通讯联盟,在新技术的使用上为阿拉伯媒体带来了诸多变革。

总体上来看,卡塔尔通讯社扮演着向世界各地输送卡塔尔本国和中东地区新闻的角色,通讯社着重关注本土以及中东地区的新闻,对国际新闻兼有报道。

四、涉华报道

以卡塔尔通讯社网站为检索框架,截至 2015 年 8 月 1 日,该社网站共有 103 条关于中国的新闻,报道涉及的内容十分广泛,如“中美举行联合军演”“上海跨年踩踏事件”“2014 年中国自然灾害伤亡总数”“人民币对美元弱势”“2016 卡中文化年宣言签署”“中国发现翼龙化石”等。总体来看,卡塔尔通讯社与其他更加关注中国经济发展的中东媒体不同,对于中国的灾害事故报道较为频繁。

在南海问题和中日海洋纠纷的报道中,该社对中国的态度也不甚积极,如 2015 年 5 月 16 日,卡塔尔通讯社发布了一条题为《克里敦促中国缓解南海紧张局势》的文章,2015 年 3 月 30 日发布了一条题为《中国舰艇驶入日本海域》的文章。在两篇文章中均表示钓鱼岛归日本所有,中国的巡逻船进入钓鱼岛海域属于非法行为,在报道中对中国持谴责的态度。在此类报道中,卡塔尔通讯社的对华态度都较为消极。

不过,在体育和生活娱乐类方面,卡通社对中国的态度比较友善,甚至有褒扬之意。

伊　朗

《德黑兰时报》*Tehran Times*

《德黑兰时报》(*Tehran Times*)是伊朗三大英文报纸之一,创立于1979年伊朗伊斯兰革命之后,旨在向世界传播伊朗独立的声音,内容涵盖政治、社会、文化、体育和宗教等,是外界了解伊朗的重要窗口。

一、历史沿革

《德黑兰时报》是创立于1979年的一份英文日报。在创立之初,《德黑兰时报》的目的是宣传"伊斯兰革命"。《德黑兰时报》的创立者阿亚托拉·穆罕默德·胡赛因·贝赫塞提(Ayatollah Mohammad Hossein Beheshti)曾说过,"《德黑兰时报》不是一家国有报纸,所以它要为伊斯兰革命发声,要做全世界受压迫的人们的扩音器。"[①]这句话就写在时报总部办公大楼的外墙上面,这句话也成为激励全体员工的座右铭,而《德黑兰时报》在发行政策上也一直将这句话作为指导原则。

图1　迈赫尔通讯社

2002年,《德黑兰时报》还创立了一个新闻通讯社,也就是后来伊朗半官方性质的迈赫尔通讯社(Mehr News Agency,简称"MNA")。目前,《德黑兰时报》和迈赫尔通讯社属于同一个管理体系。近年来,媒体集团的高层决定扩大《德黑兰时报》的发行范围,因此。《德黑兰时报》也曾在国外发行过,如2011年的下半年到2012年3月之间,报纸就在马来西亚发行过2000份。

二、发展现状

《德黑兰时报》已经走过三十余载,现在已经发展成为一个十分强大的报业机构。目前,《德黑兰时报》拥有来自全球80多个国家的读者。每一天,报纸的工作人员从德黑兰的各个区域聚集到一起讨论第二天时报16个版面的内容安排。《德黑兰时报》报道的内容包括政治、经济、社会、文化等多方面的新闻。此外,《德黑兰时报》还设有评论频道。自伊朗历1390年(公历2011年3月21日)开始,所有的报纸均开始采用彩色印刷。

目前,《德黑兰时报》是许多国外媒体重要而且可靠的消息源,也是许多国家驻德黑兰大使获取消息的重要渠道。与此同时,《德黑兰时报》的官方网站(http://tehrantimes.com/),是世界各国获得伊朗资讯的重要门户,网站日访问量已经达到10000人次。通过《德黑兰时报》网站,读者可以免费获得电子版报纸,也可以检索往期报道内容。

三、报道特点

由于《德黑兰时报》在最初阶段就是为宣传伊斯兰革命而创办的,因此一些文化和宗教事件曾是其主要关

---

① 《德黑兰时报》官网:http://tehrantimes.com/Index_info.asp? I=A,检索时间:2015年12月31日。

注的领域。《德黑兰时报》会对伊斯兰的节日和宗教活动进行重点报道。

为了让报道的内容更加丰富,《德黑兰时报》逐渐加入了一些关于名胜古迹的专题式报道,女性问题、儿童问题、互联网发展趋势等也是该报经常关注的内容,读者可以在每周的特别版上阅读到这一方面的资讯。

《德黑兰时报》大部分文章都是自采内容,也有一部分是引用国外通讯社的文章,报道内容较为均衡,比较客观公正。

TEHRAN TIMES

Indonesia starts shuttle diplomacy amid Iran-Saudi row

Schroeder: Some states back terrorists 'directly or indirectly'

'Farewell to foreign shores'

NITC ready for fast return to markets

'Voroojaka', elves who bring happiness to children

Organizers of conference on fiqh of art visit Leader

Airbus poised to re-enter Iranian passenger jet market

Professor disputes Gary Sick's views on U.S. presence in Persian Gulf

Job Opportunity

图 2　2016 年 1 月 14 日《德黑兰时报》头版

四、涉华报道

2010 年《德黑兰时报》发表的一篇文章引起国内媒体的关注,题为《中国令人惊奇的发展》。文章称,中国的发展速度令人惊奇,东南亚的国家,即便是雄心勃勃的印度,与迅速崛起的中国相比也矮了一截。文章还将中国比作一只迅猛的老虎,而印度只能是一头行动迟缓的大象。这篇文章还指出中国在亚洲各国的发展状况正如 20 世纪 80 年代的日本,而且中国还在努力构建与邻国繁荣稳定的发展关系,中国对亚洲国家的投资日益增多,并且对较为贫困的亚洲国家施以援手。与《德黑兰时报》众多报道中国经济发展的文章一样,这篇文章也较为积极地总结了中国的经济发展,展现了一个正面的大国形象。

通过对《德黑兰时报》网站的关键词检索,截止到 2015 年 7 月底,关于中国的报道共有 5900 余篇。选取其中最近 100 篇报道进行分析和总结,可以得出《德黑兰时报》关于中国报道的以下几个特点:第一,经济报道数量众多,大部分都反映了中国经济的迅速发展,塑造了一个较为积极正面的中国形象;第二,社会类新闻报道,如对中国食品问题和灾害事故的报道也构成了《德黑兰时报》涉华报道的一个重要部分;第三,在台湾问题上,《德黑兰时报》的报道则不够正面,如 1998 年《德黑兰时报》曾刊登过一篇题为《中国拉拢台湾,台湾态度冷淡》[①]的报道,对于两岸关系有一定程度上的误解,而《德黑兰时报》对台湾问题的报道态度也大部分都不够积极。

总体来说,《德黑兰时报》的涉华报道较为客观,但在一些敏感问题的报道中则具有明显的倾向性,不够客观公正。

《伊朗新闻报》*Iran News*

IRAN NEWS

《伊朗新闻报》(*Iran News*)是一份私营英文报纸,报社总部位于伊朗首都德黑兰。《伊朗新闻报》致力于发布影响国家未来和国际关系的新闻报道与评论。

一、历史沿革

《伊朗新闻报》自 1994 年 10 月起开始发行,在政治立场上一直坚持独立于政府,由一家名为 Sokhan Gostar Cultural Institute 的机构发行。该机构是一家成立于 1994 年的公关媒体机构,办公地点设在德黑兰。[②]

① 《德黑兰时报》官网:http://tehrantimes.com/Index_view.asp? code=5372,检索时间:2015 年 8 月 8 日。

② 《伊朗新闻报》官网:http://www.irannewsdaily.com/? lng=en&cid=cms&gid=632,检索时间:2015 年 8 月 9 日。

该机构共发行两份报纸，一是英文版的《伊朗新闻报》，另一份是波斯语的《经济早报》（*Sobh-e Eghtesad*）。对于那些在使馆和外企工作的人员来说，《伊朗新闻报》几乎是必读刊物，因为该报综合了有关伊朗政治、社会、文化等各个方面的报道，是广受欢迎、备受重视的新闻信息源。

波斯语版的《经济早报》自 2003 年起在伊朗首都德黑兰开始发行，也是一份日报。《经济早报》主要关注的是国际商务和经济方面的新闻和相关评论。

图 3　《伊朗新闻报》网站首页

图片引自《伊朗新闻报》网站：http://irannewsdaily.com/? lng＝en，检索时间：2016－2－22。

二、发展现状

目前，马哈德·阿卡扎德（Majid Aqazadeh）担任两份报纸的执行主编。

这两份报纸都已经有了电子版本，目前纸质版报纸的所有内容都可以在网站上查看，除此之外，网站还会刊登一些专属内容。由此可以看出该媒体对于新媒体发展的重视程度。

图 4　《伊朗新闻报》头版

三、报道特点

在新闻报道方面，《伊朗新闻报》主要关注中东地区的政治与经济。刊发新闻报道之外，《伊朗新闻报》还十分重视评论。该报针对重要的国际新闻事件专门设有分析和评论版块，为读者提供围绕新闻时事展开的深度解析。

四、涉华报道

在《伊朗新闻报》网站以“China”为关键词进行搜索，以前 50 条结果为例进行分析，可以看到《伊朗新闻报》的涉华报道主要包括三大部分：

一是中国在朝核问题上的表态，如 2014 年 7 月 15 日发表的一篇题为《中美首脑讨论伊朗核问题》的文章。二是中国与伊朗的经济关系。这一部分有很多对中国援助伊朗经济建设的报道，如 2015 年 1 月 24 日发表的一篇题为《中国资助伊朗石油气项目》的报道，就是以中国援助伊朗展开石油气项目开发建设为内容。也有一部分是对中国援助的负面报道，如 2013 年 8 月 27 日的一篇报道，题为《伊朗在石油项目中换掉中国公司》，称中国在伊朗的工作进度十分缓慢，拖延工期导致最终不得不换掉合作公司。三是中国的社会问题。这方面的报道既涉及发生在新疆的暴力事件，也有环境污染等问题。如 2013 年 8 月 27 日的一篇报道，题为《中国环境污染重创旅游业》，就着重对中国环境污染的危害进行了报道。

总体上，该报的涉华报道态度较为消极，负面报道要多于正面报道。

伊朗伊斯兰共和国声像组织 Islamic Republic of Iran Broadcasting

صداوسیمای جمهوری اسلامی ایران

伊朗伊斯兰共和国声像组织(波斯语 سازمان صداو س يماي جمهیري ا سلام ياي ران ,意为 Voice and Vision of the Islamic Republic of Iran,机构正式英文名称为 Islamic Republic of Iran Broadcasting,通常采用简称 IRIB)是伊朗国家级的广播电视台。伊朗伊斯兰共和国声像组织在伊朗国内的广播电视界处于垄断地位,是伊朗唯一覆盖全国的广播电视媒体,在伊朗占据绝对强势的地位。同时,伊朗伊斯兰共和国声像组织也是亚太地区最大的媒体机构之一,电台用波斯语、阿拉伯语、英语、法语、德语及汉语等 25 种语言对外广播。电视有 7 个台播放节目,并有 3 个卫星台向海外播出。伊斯兰共和国声像组织还是亚太广播联盟的成员之一[①],拥有自己的报纸和杂志。

一、历史沿革

1966 年,经伊朗国家政府批准,伊朗伊斯兰共和国广播电台于 10 月 26 日成立,播放的第一条消息是伊朗国王的一则声明。电台进行了半年左右的试播,最终在 1967 年 3 月伊朗的春节正式开始播放节目。1970 年,伊朗伊斯兰议会决定通过开设新电台、开发新产品、建新中转站等方式迅速发展伊朗国内的广播电视业。1971 年,伊朗国家广播电视台正式成为独立的政府部门,以垄断的方式为伊朗国内提供公共广播服务。伊朗国王任命雷扎·古特比(Reza Ghotbi)为第一任台长。[②]

伊朗国内的广播电视业发展速度很快,到 1974 年,国内能收看电视的人数已经超过 1500 万,几乎占到了当时总人口的一半以上。由于国内受众对收看和收听节目的热情高涨,因此伊朗伊斯兰议会决定将大笔预算拨给伊朗国家广播电视台,该台由此也可以投入大量经费开发新的节目,使用新的播放技术。到 1976 年,伊朗国内几乎达到了电台的全覆盖,70%的民众可以收看电视。观众的喜爱和政府的支持形成了良性互动,伊朗国家广播电视台的规模迅速扩张,成为了亚洲地区最大的传媒机构之一。

1976 年,伊朗国家广播电视台推出国际广播业务,最初的受众国是伊朗的周边国家。随后,国际广播台拓展了播出范围,播出语种增加到波斯语、法语、德语和俄语四种。[③] 该台邀请了很多来自西方国家的播音员和技术人员,以帮助电台播出更符合西方受众的节目。

1979 年,伊朗宗教领袖霍梅尼从巴黎返回伊朗,于 4 月 12 日宣布成立伊斯兰共和国。这标志着在伊朗存在了 2500 年的君主制结束,伊朗成为世界上唯一的政教合一国家。在此之后,伊朗政府对广播电视业大举改革,伊朗国家广播电视台正式更名为伊斯兰共和国声像组织,并以法律形式禁止在国内成立任何私人电视台,伊斯兰共和国声像组织中传播的所有内容必须与伊斯兰法和国家利益相一致。[④]

为提高影响力、维护国家利益、提高伊朗的国际形象,伊朗政府决定大力支持伊朗国际电台以及电视台的发展。

---

① Ayse, Valentine; Nash, Jason John; Leland, Rice (January 2013): The Business Year 2013: Iran, London, U.K.: The Business Year, p.112.

② Annabelle Sreberny—Mohammadi, Annabelle Sreberny, Ali Mohammadi (1994). Small media, big revolution: communication, culture, and the Iranian revolution. U of Minnesota Press.

③ Hooten, Claude "Hoot". Drunk & Disorderly, Again: My Name Is Hoot, I'm an Alcoholic. Wordclay, 2009.。

④ Iran: Constitution 1979, Ace Project: The Electoral Knowledge Network, aceproject.org/ero—en/regions/asia/IR/Iran%20Constitution%201979.pdf/view,检索时间:2015 年 10 月 12 日。

二、发展现状

多年来，伊朗广播不断发展，收听率和社会影响力与日俱增。伊朗伊斯兰共和国声像组织目前有超过 1200 名员工，在全世界 45 个国家设有办事处，包括法国、美国和马来西亚等地，提供伊朗国内和国际的广播和电视服务。伊朗伊斯兰共和国声像组织提供国内和国际的广播电视服务，在国内共有 8 个电视频道，对外拥有 4 个国际新闻电视频道和 6 个面向国际受众的卫星电视频道，此外，还拥有 30 个省级电视频道，这些频道都采用当地方言播音。伊朗伊斯兰共和国声像组织在国内共有 12 家广播电台，还有 30 个国际广播电台面向国际受众。该台对外的口号是传播“伊朗伊斯兰共和国的声音”。

图 5　伊斯兰共和国声像组织网站（波斯语）

伊斯兰共和国声像组织：http://www.irib.ir/，检索时间：2015 年 11 月 10 日。

作为政府喉舌，伊朗全部广播电视资源均由国家掌控，除国家电台之外，28 个省各设有一家省级台，市、县一级不设电台。全国共有广播频率 80 多个。2007 年 7 月，伊斯兰共和国声像组织开通伊朗首家英语电视台“PRESS TV”。

伊朗伊斯兰共和国声像组织归伊朗政府所有，台长直接由伊朗最高领袖任命，任期为 5 年，2014 年上任的新台长是赛义德·伊扎托拉赫·扎哈米（Ezzatollah Zarghami）。

伊朗伊斯兰共和国声像组织的广播共有 18 个频率，同时承担对内、对外广播功能，其中的 11 个频率使用波斯语对内广播，另外 7 个对外频率以 27 种语言对全球广播。伊朗伊斯兰共和国声像组织网站使用波斯语、英语两种文字，除电台介绍、滚动新闻、服务信息之外，所有广播频率都可实现网上点播。伊斯兰共和国声像组织还拥有自己的报纸和杂志。除了新闻节目外，伊朗伊斯兰共和国声像组织还每年制作 5000 小时电视节目、300 部电影、20000 分钟动画片[1]。此外，每个语种的编辑室还会根据受众国的需求制作特别节目，如英语电台每天制作一小时的节目《正义之声》（The Voice of Justice），专门针对美国受众。[2]

三、报道特点

伊朗的媒体受到政府的严格控制，宪法中对于媒体有着明确的规定，因此伊朗媒体在报道方针上会受到政治的影响。

伊朗宪法明确规定，伊朗的广播电台和电视台在享有言论自由和传播自由的同时必须符合伊斯兰教义和国家利益。而且媒体机构领导人的任命和任免都要由国家领袖来决定。媒体运营也要严格受到总统、司法部门、伊斯兰议会和国会的监督。媒体在政策和管理模式上也受到法律的监管。

因为媒体受到政府的严格管制，伊朗国内民众对媒体体制的信任度有所下降，并希望从其他渠道获取信息。伊朗的一名记者曾表示，“2000 年 2 月的伊朗议会大选结果在伊朗国家电台和电视台的呈现十分有限，这

① Press TV (Iran), Programs, presstv.com/Program/141275.html.

② Pahlavi, Pierre (May 2012). “Understanding Iran’s Media Diplomacy” (PDF). Israel Journal of Foreign Affairs (Israel Council on Foreign Relations) 6 (2): 22.

意味着人们不得不寻找其他的消息来源。”根据民意调查显示，仅有45.5%的伊朗年轻观众信任伊朗伊斯兰共和国声像组织播出的信息。[1]

伊斯兰共和国声像组织的报道方式强烈地受到伊斯兰文化的影响，这一特点经常受到西方国家的抨击，因为该台的报道经常带有反美和反犹太的色彩，缺乏客观性。此外，因为伊斯兰共和国声像组织受到政府的严格管控，伊朗国内反对派的声音在该台的节目中几乎看不到。[2]

四、涉华报道

伊朗伊斯兰共和国声像组织开设有中文广播，通过短波每天播出两小时。华语节目呼号为“伊朗伊斯兰共和国对外广播电台”。

图6 伊斯兰共和国声像组织网站(中文)

伊朗伊斯兰共和国声像组织(中文)：http://chinese.irib.ir/，检索时间：2015年11月11日。

华语广播开台时，先播放伊朗国歌，然后播送《古兰经》及中文翻译，之后播出新闻及其他专题节目。

该台对华报道多集中于中国对伊斯兰世界的外交言论、中伊关系以及中国的穆斯林宗教问题上，对其他方面涉及相对较少。报道较为客观中立，多为事实性报道，评论较少。

伊斯兰共和国通讯社 Islamic Republic News Agency

伊朗伊斯兰共和国通讯社(Islamic Republic News Agency，简称“IRNA”，以下简称“伊通社”)，是伊朗的官方通讯社。作为国家通讯社，伊通社是伊朗国内外信息发布的源头。伊通社的前身是1934年成立的波斯通讯社，在伊朗伊斯兰革命之后改为现在的名称，该社总部位于德黑兰。此外，伊通社还在亚洲、欧洲、非洲和美洲等地区设立了30个分社。

一、历史沿革

伊朗伊斯兰共和国通讯社成立于1934年，成立之初名为“波斯通讯社”。在成立后的六年里，波斯通讯社受外交部管辖，负责收集和发布国内外新闻，每两天用法语和波斯语向伊朗官员、驻德黑兰的外国新闻机构和

① 《德黑兰时报》：http://www.tehrantimes.com/politics/118310-674-of-iranian-youths-use-internet-survey，检索时间：2015年11月8日。

② IRIB Das Deutsche Programm vom 14. Juni 2011 Neue Taktik des zionistischen Regimes: Verbreitung von Unzucht.

当地新闻机构发布新闻简报。

1940年，伊朗政府成立宣传部，波斯通讯社转为宣传部的下属机构。1954年，波斯通讯社取得了较大的发展。该社招收了大批受过高等教育的人才来提高和改善自己的专业服务，不再局限于收集和发布其他外国新闻社的新闻。波斯通讯社还通过广播用波斯语播报国际新闻。

1963年，伊朗政府成立信息部，波斯通讯社归属该部，并改名为波斯新闻通讯社。1975年7月，伊朗议会通过法案，成立信息与旅游部，波斯新闻通讯社又转入该部。1979年，伊朗伊斯兰革命胜利，伊朗共和国成立。[①] 同年6月，伊朗革命委员会决定将信息与旅游部改为国家指导部。1981年议会通过法案将波斯新闻通讯社正式改名为伊朗伊斯兰共和国通讯社，简称“伊通社”。[②]

伊斯兰革命后，时任伊通社社长的穆罕默德·贾法里安(Mohamoud Jafarian)被枪决，社长职务几度易人。1980年，时任伊朗宣传部主席的卡玛尔·哈拉奇(Kamal Kharrazi)成为社长。2005年，伊朗总统艾哈迈迪·内贾德上任后，阿赫马德·哈德穆勒迈莱赫(Ahmad Khademolmelleh)成为社长，但不久后便辞职。2006年，萨伊德·贾拉勒·菲亚兹(Seyyed Jalal Fayyazi)任社长。现任社长穆罕默德·哈达迪(Mohammad Khodaddi)于2010年上任。

二、发展现状

目前，伊通社除了自采新闻，还抄收世界各大通讯社的消息，并向伊朗驻外使馆、国内报纸和驻伊外国记者供稿。该社发行三种波斯语的新闻简报：一种刊载国际新闻，一种刊载国内新闻，一种刊载政府主要声明和官员言论。此外，伊通社向政府当局、各刊物等机构提供新闻、快报研究报告、民意调查等内容。伊通社还通过线上服务提供即时新闻和图片。伊通社官网主要分为6个版块，每天发布政治、经济、文化、体育新闻以及伊通社的图片和档案。除了图片和档案外，其他内容都可以免费阅读。[③]

伊通社旗下共有7家报纸和期刊杂志，包括波斯文日报《伊朗报》以及英文日报《伊朗日报》。除波斯语以外，伊通社还用英语、阿拉伯语、俄语、法语、西班牙语、土耳其语、塞尔维亚语和中文发稿。

伊通社在伊朗各大城市中设有25个分社。除了扩大国内市场，该社也始终致力于扩展海外国际新闻业务。为此伊通社在世界各地设有分社，分三个地区：中东和非洲区、欧洲和美洲区、亚太区。伦敦、贝鲁特和吉隆坡是三个地区的总分社，下管各区内的各国分社。世界上的重要城市如华盛顿、巴黎、东京、罗马、新德里、波恩、安卡拉、伊斯兰堡、阿尔及尔、贝尔格莱德、达卡、大马士革等都有伊通社的办事处。[④]

伊通社与许多国家的通讯社签有新闻合作协定。世界上著名的通讯社如法新社、新华社、共同社、道琼斯等都与伊通社有合作关系。其中，法新社是伊通社的第一个合作伙伴。伊通社还号召第三世界国家的通讯社联合起来共同发展，从而维护第三世界国家的利益。目前，伊通社是许多新闻合作组织的成员，其加入了如国际伊斯兰新闻社[⑤]、亚洲太平洋通讯社组织[⑥]等地区性新闻通讯联盟。[⑦]

三、报道特点

尽管伊朗的新闻传播业在近年内得到了较快发展，但一直受到相对严格的新闻管制。自1979年伊斯兰革

---

① 伊朗伊斯兰革命：又称1979年革命。伊朗君主沙阿·穆罕默德·礼萨·巴列维领导的君主立宪政体被推翻，革命领袖霍梅尼在伊朗成立了政教合一的伊斯兰共和国。

② 陆瑾、张立明：《伊朗：东西方文明的汇合点》，香港城市大学出版社2011年版，第332页。

③ BBC Monitoring：Guide to Iran Media，2007，http://www.sssup.it/UploadDocs/4528_8_Guide_to_Iranian_Media_and_Broadcast_BBC_Monitoring_resaerch_02.pdf，检索时间：2016年4月20日。

④ 陈大斌、王玉成：《国际大众传播媒介》，青岛出版社1998年版，第44页。

⑤ 国际伊斯兰新闻社：伊斯兰会议组织所属集团性新闻机构。其宗旨是弘扬伊斯兰教精神。促进世界各国穆斯林在宗教、文化方面的交流。

⑥ 亚洲太平洋通讯社组织：1961年于泰国成立，前身为亚洲通讯社组织。该组织的宗旨是促进亚太地区新闻和信息的自由流通，加强本地区之间和世界其他通讯社之间的合作。

⑦ Iran Chamber Society：Islamic News Agency (IRNA) Its History and Activities，2007，http://www.iranchamber.com/media/articles/islamic_republic_news_agency.php，检索时间：2016年4月20日。

命胜利后,一个国家政权、法律以及社会生活三方面彻底伊斯兰化的伊朗伊斯兰共和国建立。伊朗的新闻传播业也因此受到影响。经过不断地完善,伊朗宪法和《伊朗新闻法》《伊朗广播电视节目总路线和原则的法律》组成了伊朗新闻传播的法律体系。但其行文规定存在明显的主观成分,因而形式上颇为自由的条文落实在执行中,变成了以思想观念、宗教信仰为标准控制社会的信息传播。[①]法律规定"保障新闻机关按照伊斯兰教义进行宣传的自由"[②],以及"报刊可以自由发表言论,但不许损害伊斯兰教规和群众的权利"。[③] 由此可见,伊朗新闻业有着明显的伊斯兰化色彩,伊通社的报道也不例外。

而作为伊朗的国家喉舌,伊通社还具有特别的任务。根据伊通社的指导手册,伊通社还担负起保卫伊朗国家利益、促进伊斯兰文化发展和抵御来自伊斯兰革命敌人的文化入侵的责任。[④] 所有伊通社的新闻都要以以上三个目标为报道前提。所以伊通社的新闻报道特点可以总结为:为受众提供大量关于伊朗国内和国外的新闻资讯;宣传伊斯兰文化,为伊斯兰世界发声,讲述伊斯兰的故事。但是自 2005 年伊朗总统艾哈迈迪·内贾德上任后,伊通社的报道风格发生了转变,立场变得相对保守起来。[⑤] 目前,伊通社的新闻重视事实报道,评论性和分析性的文章很少。

四、涉华报道

中国和伊朗的交往可以追溯到公元前 2 世纪,张骞的副使甘英曾到过伊朗,并开通了古丝绸之路。1971 年中伊建交。1978 年 5 月,伊通社同新华社签订了互换新闻的协定,[⑥]正式开始合作。20 世纪 80 年代,伊通社是在华唯一的伊朗媒体,许多伊朗人通过伊通社的报道开始认识和了解中国。2005 年 3 月 2 日,伊通社中文网站正式开通,下设伊朗新闻、国际新闻、时政新闻、经济新闻等栏目,及时介绍中伊两国交流合作的动态,为两国人员来往和交流合作提供服务。[⑦]

1979 年伊朗伊斯兰国成立以后,中伊两国在各领域的友好合作关系保持稳定发展的势头。[⑧]近年来,中伊两国在政治、经贸等领域的合作不断。中国与伊朗在政治和经贸方面的密切合作也明显反映在了伊通社对中国的密切报道中。

从报道数量来看,在伊通社官网上输入关键字"中国"进行搜索,在 2013 年 7 月到 2016 年 4 月,伊通社共有 510 条涉华报道。也就是说,平均下来伊通社每天都有两条关于中国的报道,而且每年涉华报道的数量呈增长态势。从报道的内容上看,这些涉华报道中有二分之一属时政报道,四分之一属经济报道。政治报道的内容主要集中在中伊高层领导人互动、中国和伊朗的战略合作伙伴关系上。伊通社十分看好中国与伊朗在政治上的互动,认为中国在亚太地区有举足轻重的作用。伊通社涉华经济报道的内容主要集中在中国在伊朗的基础设施建设、中国在伊朗的投资、中国与伊朗的贸易往来等方面。在报道中常出现"中国是世界上第二大经济体""中国的海外投资数量巨大""中国帮助伊朗建设""一带一路开启新篇章"等词句。可以看出,伊通社对中国的经济前景较为乐观,而且肯定了中国在寻求自身发展中带动了周边国家的经济发展。总的来说,伊通社积极评价了中国与伊朗在各领域的合作,伊通社对中国持欢迎态度。

---

① 陈力丹、樊文波:《曲折发展的伊朗新闻传播历程》,《新闻界》2013 年第 16 期。

② 世界宪政网:《伊朗伊斯兰共和国宪法》,2008 年 8 月 18 日,http://www.globalcon.cn/Asia/AsiaOther/text/20080818/114723.shtml,检索时间:2016 年 4 月 20 日。

③ 世界宪政网:《伊朗伊斯兰共和国宪法》,2008 年 8 月 18 日,http://www.globalcon.cn/Asia/AsiaOther/text/20080818/114723.shtml,检索时间:2016 年 4 月 20 日。

④ Iran Chamber Society:Islamic News Agency (IRNA) Its History and Activities,2007,http://www.iranchamber.com/media/articles/islamic_republic_news_agency.php,检索时间:2016 年 4 月 20 日。

⑤ BBC Monitoring:Guide to Iran Media,2007,http://www.sssup.it/UploadDocs/4528_8_Guide_to_Iranian_Media_and_Broadcast_BBC_Monitoring_resaerch_02.pdf,检索时间:2016 年 4 月 20 日。

⑥ 陈大斌、王玉成:《国际大众传播媒介》,青岛出版社 1998 年版,第 44 页。

⑦ 新华网:《伊朗通讯社中文网在京开通》,2005 年 3 月 2 日,http://news.xinhuanet.com/newscenter/2005-03/02/content_2639694.htm,检索时间:2016 年 4 月 20 日。

⑧ 《世界知识年鉴 2012—2013》,世界知识出版社 2013 年版,第 223 页。

表 1 2016 年 4 月伊通社涉华报道文章

标题	核心内容
《中国出席伊朗建军节》①	4 月 15 日，北京举行了庆祝伊朗建军节的活动。出席该活动的有伊朗驻华大使阿里·阿斯加尔·哈吉以及中国军方高层。出席人员表达了对伊朗的祝贺。
《伊朗与中国会谈伊北部油田开发》②	4 月 18 日，伊朗的石油公司高管与中国公司进行谈判，内容涉及伊朗北部油田开发。如果合作顺利，该油田年产量将大幅度提高，达到 16 万桶每年。
《伊朗与中国将增强安全和法律合作》③	4 月 19 日，伊朗内政部长法利兹在纽约会见了中国副总理张高丽，双方就增强中伊安全和法律合作进行了谈话，具体包括打击极端分子、禁毒等方面。
《中国投资伊朗石化项目》④	4 月 19 日，中国技术进出口公司和伊朗的石油公司最终签订了合作协议。中国技术进出口公司将帮助伊朗在伊朗城市迈赫兰建设石化电力站。

① 伊通社：Chinese army felicitates Iran on army day，2016 年 4 月 15 日，http://www.irna.ir/en/News/82036357/，检索时间：2016 年 4 月 20 日。

② 伊通社：Iran in talks with China for development of north Azadegan, Yadavaran fields，2016 年 4 月 18 日，http://www.irna.ir/en/News/82040590/，检索时间：2016 年 4 月 20 日。

③ 伊通社：Iran, China stress security, law enforcement cooperation，2016 年 4 月 20 日，http://www.irna.ir/en/News/82042514/，检索时间：2016 年 4 月 20 日。

④ 伊通社：China to invest in Mehran Petrochemical construction，2016 年 4 月 19 日，http://www.irna.ir/en/News/82042386/，检索时间：2016 年 4 月 20 日。

沙特阿拉伯

《阿拉伯新闻报》*Arab News*

《阿拉伯新闻报》(*Arab News*)是沙特阿拉伯一份重要的英文日报,总部位于吉达(Jeddah)。该报面向吉达、利雅得等地区发行,读者人群包括商人、高级管理人员和外交官。

一、历史沿革

1975年4月20日,《阿拉伯新闻报》创办于吉达,是沙特第一份英文日报。该报由沙特研究与出版公司(Saudi Research and Publishing Company)出版发行,是该公司旗下29份出版物之一。创办人希沙姆·哈菲兹和穆罕默德·哈菲兹兄弟同时也是沙特研究与出版公司的创始人。

沙特的大多数报纸虽为私人所有,但往往受政府资助和控制,或与王室关系密切,或由王室成员参与报纸的经营。根据传统,任何与王室家族有关的正面重要事件会由政府所有的沙特通讯社发送给每家报纸进行刊发。此外,不同报纸有不同的侧重点,如政治、宗教、社论、消费者信息、当地、本国、国际新闻、经济等。与此同时,沙特信息部会针对某些问题为报纸提供一些指导性意见。①

《阿拉伯新闻报》所属的沙特研究与出版公司隶属于沙特研究与市场集团(Saudi Research and Marketing Group)。尽管该集团与政府关系非常密切,但还是有《阿拉伯新闻报》编辑或记者遭到政府解雇的情况发生。1992年3月,该报时任主编哈立德·阿尔米纳(Khalid Almeena)因重印此前发表在美国媒体的对埃及穆斯林领导人拉赫曼的采访而被解雇。2007年,又有一名记者因报道印尼在占领东帝汶期间的暴行而被解雇。

图1 《阿拉伯新闻报》网站首页

图片引自《阿拉伯新闻报》网站:www.arabnews.com,检索时间:2016年3月20日。

二、发展现状

《阿拉伯新闻报》是沙特最有影响力的英文报纸。由于缺乏独立的数据统计机构,沙特报纸的发行量往往因统计者不同而有较大出入,对于《阿拉伯新闻报》的发行量统计,从5万份到11万份说法不一。②

① 郑蓉:《沙特阿拉伯的媒体环境研究》,《中外企业家》2014年第20期。

② Press reference:http://www.pressreference.com/Sa－Sw/Saudi－Arabia.html,检索时间:2015年11月30日。

除纸质版外,《阿拉伯新闻报》还推出了网络版。该报的网站(www.arabnews.com)是沙特阿拉伯最主要的英文新闻资讯网站,内容包含大量新闻、评论、漫画等,并且能够做到实时更新。

三、报道特点

《阿拉伯新闻报》最大的报道特点,是其宗教标准与新闻标准并行的采编原则。

中东是伊斯兰教的发源地。作为中东大国,沙特是政教合一的君主专制国家,沿袭了一脉相承的君主制和贝都因部族的历史传统,构建了具有浓厚伊斯兰复古主义和传统主义倾向的政治制度。沙特在言论自由问题上实施非常严格的管制,尤其是在限制亵渎伊斯兰教的言论上尤为严格。相关法律对否认伊斯兰教义、冒犯伊斯兰教圣典《古兰经》和侮辱宗教领袖者予以严厉惩罚,直至死刑。[①] 因此,《阿拉伯新闻报》等沙特主流媒体在报道新闻时,除了新闻报道规律之外,伊斯兰教义是更重要的标准。如在伊斯兰教义中女性地位低于男性,因此在沙特,女性记者无法得到社会的完全认可,一有重要采访任务,女记者往往被排除在外,女记者采写的稿件也很少被沙特新闻媒体采用。[②]

在报道与美国的关系时,《阿拉伯新闻报》往往表现得更为实际,展现出能够代表地区利益的独特视角。如在伊拉克战争期间和战争后,《阿拉伯新闻报》并没有为美国的胜利而欢呼,而是将关注点放在战争本身是否合法、伊拉克民众的疾苦以及战争对中东地区经济的冲击等方面。在报道中,《阿拉伯新闻报》始终从整个阿拉伯世界的高度来关注中东的命运,对美国在中东的介入行动表示担忧。[③]这与多年来沙特在阿拉伯世界的政治经济地位有着密切联系。

四、涉华报道

中国与沙特在1990年建交,两国高层展开了较为频繁的互访,双方在许多国际问题上能够保持一致,外交关系良好。此外在国际油气贸易中,近年来中国是沙特最大的石油出口国之一,双方也保持了持久稳定的国际合作。与此相对应,《阿拉伯新闻报》在总体上也保持了对中国较为友好的态度。2014年,《阿拉伯新闻报》高级编辑阿卜杜·哈南·塔戈在接受《经济日报》专访时称,中国是沙特重要的战略伙伴。

arab news
The Middle East's Leading English Language Daily

Bird Flu Cases Found in Saudi Arabia

OIC Demands Unqualified Danish Apology

Group to Honor Palestinian Commitments Made to Israel
Hamas Rejects Aid 'Blackmail'

'Onus on Iran to Clarify N-Intention'

Inside:
Middle East
Economy
Sports

FDA Approves Inhaled Version of Insulin for Diabetics

图2 《阿拉伯新闻报》版面

2006年,《阿拉伯新闻报》刊载题为《中国象征着世界力量不断变化的动力》的文章,称:"中沙关系既坦率又透明,两国都能从双方的战略合作中获得长远利益。中国的外交政策建立在相互尊重的基础之上,中国没有地缘政治野心,也不会向其他国家输出意识形态和生活方式。中国的重点很清楚,那就是发展经济。"文章肯定了中国过去20年间让几亿人口脱贫的巨大成就,对中国在全球经济中举足轻重的地位予以认可。[④] 2015年3月19日,该报又刊登了高盛集团前首席经济学家吉姆·奥尼尔的文章《给中国腾空间》,借英国加入"亚投行"的时机,指出美国不愿给新兴国家在现有国际金融机构中适当的话语权,[⑤]并且再次肯定了中国在国际经济体系中

① 卢家银:《伊斯兰教国家亵渎宗教言论的法律规制研究——基于对埃及、巴基斯坦和沙特阿拉伯三国的比较法分析》,《国际新闻界》2015年第8期。

② 晓静:《戴着面纱采访——沙特女记者的特殊新闻生涯》,《决策与信息》2002年第4期。

③ 张维燕:《不同的媒体·不同的战争》,《新闻与写作》2003年第5期。

④ 华夏经纬网援引沙特《阿拉伯新闻报》:《中国是世界发展的动力》,2006年4月27日,http://www.huaxia.com/xw/dl/2006/00450882.html,检索时间:2016年1月23日。

⑤ 环球网:《高盛专家:美国不得不接受中国角色加强现实》,2015年3月20日,http://oversea.huanqiu.com/article/2015-03/5959888.html,检索时间:2016年1月23日。

的重要地位。

中国是沙特最重要的对外直接投资来源国,沙特国内许多基础设施项目都由中国企业承建,由中国“铁建”承建的麦加轻轨项目是其中的代表。2014 年 10 月 16 日,《阿拉伯新闻报》高级编辑阿卜杜拉赫曼曾就该项目专访中国“铁建”,并刊发专版予以报道,配以沙特当地小学生参观麦加轻轨铁路和第一年朝觐列车运行的照片,以大量篇幅介绍了中国铁路建设公司为麦加轻轨铁路建设和运营所付出的努力及取得的成绩,对中国企业能够高质量完成工程表示赞赏,也对该项目为沙特社会带来的变化充满期许。[①]

2016 年 1 月 19 日,习近平主席访问沙特。在访问前后,《阿拉伯新闻报》就此次访问展开了连续报道。2015 年 12 月,该报刊登《沙特接受中国“一带一路”倡议,中沙贸易额站稳 700 亿美元》的报道,对中沙关系充满乐观的期望。[②] 同时,《阿拉伯新闻报》网站也发表了题为《中国的诚意感动沙特人民》的报道。文章称,沙特与中国在能源、文化和工业合作等领域签署了 14 项协议,两国为提升双边关系承诺建立全面战略伙伴关系,共同推进世界的发展与和平安全。在提及共建“一带一路”倡议时,报道引用中国外交官的表述:“我们希望并相信位于‘一带一路’西十字路口的沙特将成为这一战略的重要组成成员,为之贡献并从中获益。”[③]

总体而言,《阿拉伯新闻报》涉华报道主要集中在两国经贸关系和外交互访上,并保持了较为友好的倾向,并未过多触及敏感政治问题。经贸关系是两国关系的“压舱石”,正如该报在报道中所说,“双方关系是由共同的经济利益所驱动的。”中国经济发展对能源要求的日益提高,则是两国经贸关系未来发展最重要的推动力。也正因如此,《阿拉伯新闻报》才会对中国保持密切的关注。

《生活报》*Al-Hayat*

《生活报》(الحياة,英文报名为“*Al-Hayat*”)是一份阿拉伯文日报,属于泛阿拉伯(Pan－Arab)报纸。该报发行范围覆盖整个阿拉伯世界,不仅在沙特国内发行,还面向伦敦、纽约、贝鲁特、吉达、达曼和利雅得等海外城市发行。《生活报》总部设在伦敦,在欧美、中东各大城市都设有办事处,在整个阿拉伯媒体世界中地位独特。

一、历史沿革

1946 年,一位名叫卡迈勒·穆鲁韦(Kamel Mrowa)的穆斯林在黎巴嫩首都贝鲁特创办了《生活报》,并于同年 1 月 28 日刊行首期报纸。在刻苦经营一段时间之后,1976 年,《生活报》迫于黎巴嫩内战的混乱局势而停刊。直到 1988 年,报纸才重新获得新生,由沙特王子哈立德·本·苏尔坦(Khalid bin Sultan)购下,并一直持有至今。

1993 年,《生活报》独家报道了“巴以奥斯陆和谈”,一时名声大噪。1997 年,《生活报》因在耶路撒冷开设办事处而再次震惊阿拉伯世界。随着报纸知名度的飞升,发行量也有了大幅提升,雇员更是由来自穆斯林、天主教、马龙教等多教派人员组成。《纽约时报》评论该报为“颠覆式采访之源”“在整个阿拉伯世界拥有最具影响力的文化版面”,“为保守的穆斯林原教旨主义者、支持萨达姆政权的阿拉伯民族主义者打开了言论之门”。[④]

---

① 凤凰资讯:《让中沙友好之花开得更鲜艳》,2016 年 1 月 18 日,http://news.ifeng.com/a/20160118/47111098_0.shtml,检索时间:2016 年 1 月 23 日。

② 中国新闻网:《沙特阿拉伯各界热切期待习近平主席访问》,2016 年 1 月 19 日,http://www.jx.chinanews.com.cn/2016/0119/962255.html,检索时间:2016 年 1 月 23 日。

③ 新浪网:《沙特媒体:中国促发展谋和平的诚意感动沙特人民》,2016 年 1 月 21 日,http://news.sina.com.cn/c/2016－01－21/doc－ifxnvhvu6957850.shtml,检索时间:2016 年 1 月 23 日。

④ Al Hayat: A Journalistic Noah's Ark,1997 年 1 月 15 日,http://www.nytimes.com/1997/01/15/world/al－hayat－a－journalistic－noah－s－ark.html,检索时间:2015 年 11 月 27 日。

此后,《生活报》曾两次因其言论而被禁止出版发售。2002 年 10 月 23 日,该报刊登了一封由 67 名美国学者联名为美国发动反恐战争辩护的公开信,并呼吁沙特学界应谴责“武装圣战”是非伊斯兰的行为。随后,该报又刊登了一篇由一百多名沙特学者共同起草的回应文章,其中对美国以反恐之名发动阿富汗战争的道德基础展开质疑,并称“9·11 事件”的根源是美国的对外政策。美国对此提出抗议,最终导致沙特政府对该报实施了为期一天的报禁。[①] 2007 年 8 月,《生活报》连续刊登多篇由专栏作家 Abdul Aziz Suwaid 撰写的文章,批评当局效率低下、作为不力等。加之其他几篇报道也有批评政府的言论,《生活报》再次被禁止发行。[②]

二、发展现状

目前,《生活报》隶属于生活报出版公司(الحيـاة دار)。报社总部位于伦敦,同时还在巴黎、华盛顿、纽约、莫斯科、贝鲁特、开罗、巴格达、大马士革等地设有办事机构。在沙特国内的三个分支机构——利雅得、吉达和达曼分别负责中部、西部和东部三个地区版的编辑发行工作。同时,《生活报》还推出了在线网站(www.alhayat.com),读者可以通过网站浏览电子版报纸。如今的《生活报》共发行三种刊物,一是每日刊行一期 24 版的国际版《生活报》,二是周内版刊行 36 版、周末版增发至 48 版的沙特版《生活报》,三是每周刊行一期的女性杂志《她》(لها,*Laha*)。

图 3　国际版《生活报》头版

图片引自《生活报》网站:http://alhayatweb.com/services/pdf/free/,检索时间:2016 年 3 月 3 日。

三、报道特点

泛阿拉伯媒体始于 20 世纪 50 年代,1952 年埃及革命后建立的阿拉伯之音广播电台是第一个面向整个阿拉伯世界的泛阿拉伯媒体。1975 年黎巴嫩内战爆发,大批黎巴嫩记者移民西方。与此同时,拥有丰厚石油资本的海湾投资人也开始涉足新闻出版业。泛阿拉伯媒体发展由此迎来快车道。

泛阿拉伯报纸是阿拉伯媒体的一类,通常将总部设在欧洲(以伦敦、巴黎居多),以黎巴嫩记者、西方记者和阿拉伯本土记者为主力,借助西方自由宽松的新闻环境,出版面向整个阿拉伯世界的刊物,因此也被称为阿拉伯的“离岸纸媒”(Offshore Press)。泛阿拉伯报纸的报道内容不局限于某一个阿拉伯国家,而是就整个阿拉伯世界的事务发表地区性观点。

作为一份典型的泛阿拉伯报纸,《生活报》的办报理念是“生活就是信仰和奋斗”,以深度分析和评论见长,在得到大众青睐的同时也在阿拉伯社会精英群体中享有很高的声誉。该报的报道重点在阿拉伯半岛,因而表现出“亲沙特”的特点,同时也为不同地区的不同声音敞开了窗口。1997 年,《纽约时报》曾在一篇题为《〈生活报〉:一艘新闻界的诺亚方舟》”的文章中评价该报是“最好的、最具阅读欲求的阿拉伯报纸”。[③] 2005 年,《纽约时报》又称该报为“果敢的阿拉伯民族主义报纸”。[④]

---

① Alan Cooperman: Saudis Ban Paper With U.S. Scholars' Letter; International Intellectuals Have Debated Campaign Against Terrorism for Months, 2002 年 10 月 24 日, https://www.highbeam.com/doc/1P2-399512.html,检索时间:2015 年 11 月 27 日。

② Salah Nasrawi: Saudi government bans leading Arab paper, 2007 年 8 月 28 日,http://usatoday30.usatoday.com/news/world/2007-08-28-1466143259_x.htm,检索时间:2015 年 11 月 27 日。

③ YOUSSEF M. IBRAHIM: Al Hayat: A Journalistic Noah's Ark, New York Times, 1997 年 1 月 15 日,http://www.nytimes.com/1997/01/15/world/al-hayat-a-journalistic-noah-s-ark.html,检索时间:2015 年 10 月 29 日。

④ HASSAN M. FATTAH: Spreading the Word: Who's Who in the Arab Media, 2005 年 2 月 6 日,http://www.nytimes.com/2005/02/06/weekinreview/spreading-the-word-whos-who-in-the-arab-media.html,检索时间:2015 年 10 月 29 日。

四、涉华报道

根据此前相关研究，有学者对《生活报》中的中国形象进行了系统全面的分析，并消息源、议题、立场三个方面进行了阐述。研究表明，《生活报》中的中国形象是矛盾的，它是西方媒体的对华架构与阿拉伯学者自身对华架构博弈的结果——一方面是西方媒体对华报道充斥报纸版面，另一方面是阿拉伯学者的积极观点偶尔见诸报端。从新闻报道的信息来源来看，路透社、法新社、美联社等国际通讯社是该报主要的信息来源。在报道议题方面，经济、政治类占据大多数，且多数表现出负面态度。

在具体报道案例方面，2009 年 6 月 21 日，《生活报》刊登题为《华盛顿对付朝鲜，意在中国》的文章，虽然表面上看是讨论美国政策，但整体上强调突出了中美对立。[1]同年 11 月 25 日，《生活报》又刊登报道《中国崛起：阿拉伯的押宝也许是错误的》，对中国崛起表示担忧，认为中东会成为中美角力的竞技场，中国经济发展会增加阿拉伯、非洲国家对中国的依赖，还认为中国产品会让中东、非洲本土经济“无法抵挡”。[2]

除此之外，在叙利亚、利比亚一些具体的中东问题上，《生活报》能够比较客观地展现中国政府的立场和观点。这与中国在中东积极灵活的外交政策密切相关。

沙特通讯社 Saudi Press Agency

沙特通讯社（Saudi Press Agency，以下简称“沙通社”）是沙特阿拉伯的官方通讯社。沙通社于 1971 年 1 月 23 日成立，用阿拉伯语、英文、法文发稿，在波恩、开罗、伦敦、华盛顿、突尼斯、贝鲁特等都设有分社。

一、历史沿革

沙通社不仅是沙特的第一家通讯社，也是整个海湾地区第一家通讯社，隶属于沙特文化与信息部的下属机构，通讯社主管直接对部长负责。

沙通社从建立起就拥有明确的定位，那就是为全球沙特公民提供多种真实信息，与沙特王国发展齐头并进。这既说明了通讯社的发展方向，也表明了沙通社的官方性质。与众多阿拉伯国家通讯社一样，沙通社虽然对国家有所依赖，但始终在追求企业化经营的目标。

沙通社无疑是幸运的。2012 年 5 月，沙通社经政府批准实现重组，成为独立公司。重组后，沙通社实行总裁负责制，沙特文化与信息部部长阿卜杜拉·本·法赫德·阿尔·侯赛因（Abdullah bin Fahd Al Hussein）担任通讯社总裁。

二、发展现状

尽管成立时间不长，但沙通社凭借其权威的报道和高度职业化的工作水准赢得了广泛的认同，成为沙特王国第一新闻消息源。[3] 为提高新闻与图片服务水平，沙通社从 1986 年 9 月 5 日开始实现了每天 24 小时不间断发稿。目前，沙通社雇员已达到 500 人，平均每天可通过阿、英、法三语发稿超过 400 条，总字数超过 20 万字，每

① 中国网：《沙特阿拉伯〈生活报〉：美国对付朝鲜意在中国》，2009 年 6 月 26 日，http://www.china.com.cn/international/txt/2009－06/26/content_18019735.htm，检索时间：2015 年 10 月 29 日。

② 人民网：《沙特生活报：别把宝全押崛起的中国身上》，2009 年 11 月 30 日，http://world.people.com.cn/GB/10477491.html，检索时间：2015 年 10 月 29 日。

③ About Saudi Press Agency：http://www.nawc.com.sa/index.php/about－us，检索时间：2015 年 11 月 30 日。

日图片量可达到 150 张，重点关注与沙特王国密切相关的新闻事件，并对全球重大事件以及受众反馈发表相应评论。

沙通社与众多地区性和全球性通讯社都建立了双边合作关系。在中东地区，沙通社通过通讯卫星和微波信号向科威特、卡塔尔、突尼斯、摩洛哥等地区通讯社直接传输消息。在国际层面，沙通社与路透社、美联社、合众社、法新社、荷兰通讯社签订了新闻交换协议。1999 年，沙通社还与新华社达成新闻交换与合作协议，免费交换各自的阿拉伯文和英文新闻。[①] 2013 年，沙通社作为东道主，主办了第四届世界通讯社大会。

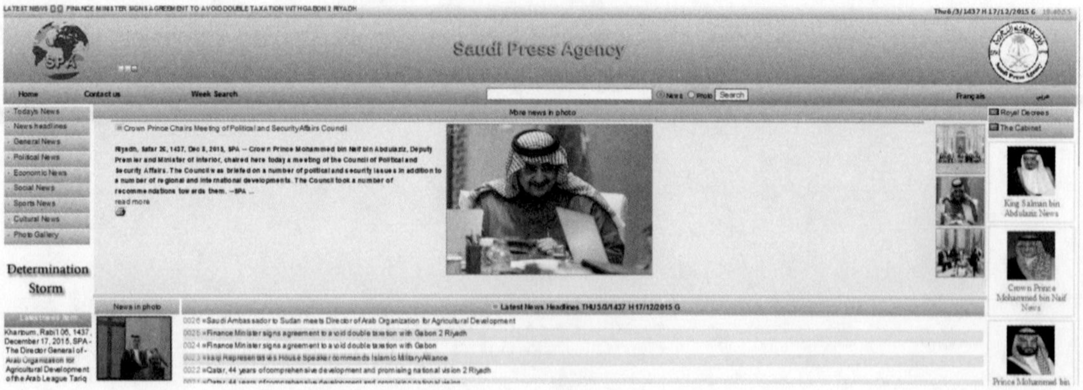

图 4 沙特通讯社网站

沙通社网站：http://www.spa.gov.sa/English/index.php，检索时间：2015 年 12 月 17 日。

目前，沙通社下设三个部门：

（1）新闻编辑部。该部门分为国内部与国际部，共同负责通讯社日常报道工作。国内新闻部按照事件类型划分为多个分支，如文化新闻部、体育新闻部和经济新闻部等。未来，沙通社还将开设伊斯兰事务部、妇女新闻事务部等。无论国内部还是国际部，其雇员均为沙特公民。

除国内部与国际部外，新闻编辑部还包括翻译部，专门负责阿拉伯语稿件与英语、法语稿件的互译工作；还有政治监察部，负责收听国外广播，为国内报道提供素材。

沙通社在新闻编辑部以下，还拥有一个现代化的信息研究中心，被誉为沙特王国最大的专业性成就之一。该中心旨在为沙特各项工作提供统计数据、专业报告和新闻信息，成为沙特的信息分类与储存核心。

（2）技术部。从 1997 年 9 月开始，沙通社各个部门和分社就实现了计算机办公，信息的发布与接受、分类与储存都实现了自动化。技术部主要负责通讯社计算机硬件设备的运行与维护。该部门分为规划与更新部、运维部、图片传输与接收部、计算机部。

（3）行政事务部。主要负责沙通社总社及国内外各分社的行政、财务管理工作。

截止到 2015 年，沙通社尚未在中国设立分社，但派驻有记者。

三、涉华报道

1990 年，中国与沙特正式建立外交关系，双方友好关系不断发展，政治、经济、文化交流日益密切。特别是随着近年来中国经济的崛起，中国能源需求量大幅增加，中国与沙特之间的能源贸易往来日益密切。因此，沙通社对中国保持了较高的关注度。

在沙通社官方网站搜索关键词“China”“Beijing”，可以发现，从 2015 年 9 月 30 日至 2015 年 11 月 24 日间，沙通社涉华报道共 53 篇，平均每天一条。在议题方面，沙通社涉华报道议题主要分布在政治外交、中国经济发

---

① 中国法律网：《新华通讯社与沙特通讯社新闻交换和合作协议》，1999 年 10 月 31 日，http://www.chinalawedu.com/news/1200/23155/23156/23169/2006/4/ma08592456451324600221870－0.htm，检索时间：2015 年 11 月 30 日。

展态势、重大自然与社会灾害以及文化体育等方面。其中,政治外交类和中国经济发展类新闻占 30 条,占总数的一半以上。

从官网显示的稿件来看,沙通社的涉华报道全部为短消息。从中可以观察到,沙通社对中国的报道并未表现出明显的倾向,也少见直接明了的负面报道。但我们还是可以在字里行间看到沙通社的对华态度。一篇题为《王储电贺中国国庆》的稿件表达了沙特王室对中国的友好态度。[①] 在一篇题为《中国愤怒,菲律宾呼吁美国介入争议海域》的稿件中,沙通社称菲律宾的行为是在打破地区力量平衡,并在文中以争议水域(Disputed water)指代南海。[②]而在全部 52 篇报道中,只有一篇题为《中俄间谍试图窃取澳大利亚潜艇计划》的稿件属于直接负面报道。文章称来自中国和俄罗斯的间谍"每晚对项目网站发起 30 至 40 次黑客攻击""试图监控每个人的通讯记录,导致人人自危"。[③]

---

① SPA: Crown Prince Congratulates China's President on National Day,2015 年 9 月 30 日,http://www.sauress.com/en/spaen/1403889,检索时间:2015 年 11 月 30 日。

② SPA: China furious, Philippines hails US presence in disputed sea,2015 年 10 月 27 日,http://www.spa.gov.sa/english/details.php? id=1413034,检索时间:2015 年 11 月 30 日。

③ SPA: Spies from both China and Russia have tried to hack,2015 年 11 月 9 日,http://www.spa.gov.sa/english/details.php? id=1417079,检索时间:2015 年 11 月 30 日。

哈萨克斯坦

哈萨克斯坦国家电视广播公司

АО « Республиканская телерадиокорпорация « Қазакстан »

ҚАЗАҚСТАН

哈萨克斯坦国家电视广播公司(Республиканская телерадиокорпорация《Қазакстан》)在哈萨克斯坦传媒领域占有非常重要的位置。该公司建立在哈萨克广播电台(Қазахское радио)和哈萨克斯坦国家电视台(Қазахстанский Государственный Телеканал)的基础之上,前者于1922年创办,后者于1958年建立。

一、历史沿革

1958年3月8日,哈萨克斯坦第一个彩色电视节目——"区域窗口"在阿拉木图电视演播室开播。之后,在苏联时期,哈萨克斯坦国家电视台的电视节目覆盖整个哈萨克苏维埃社会主义共和国。

苏联解体后,该电视台继承了苏联时期大量宝贵的影视文献资料,同时建立了发达的电视网络,是哈萨克斯坦唯一一家不仅播出哈萨克语、俄语节目,还播出维吾尔语、德语和朝鲜语节目的电视台。[①]

1992年,哈萨克国家电视台同哈萨克广播电台合并为哈萨克斯坦国家电视广播公司。1994年,哈萨克斯坦国家电视广播公司改革后成为大型媒体集团。2001年,该电视台开始接受哈巴尔通信公司的管理。

二、发展现状

哈萨克斯坦国家电视广播公司如今已经成为一个大型媒体集团,哈萨克斯坦国家电视台、哈萨克体育电视频道、阿斯塔纳广播电台及一些地区广播电视公司都属于该媒体集团。其中,哈萨克斯坦国家电视台是哈萨克斯坦收视率最高、覆盖面积最大、历史最悠久的电视台。[②]

哈萨克斯坦国家电视广播公司覆盖全国98.63%的人口,在哈萨克斯坦传媒领域占据无可争议的领先地位,其基础设施建设完善,是哈萨克斯坦规模最大、影响力最大的媒体。此外,该公司的信号还覆盖到俄罗斯、蒙古、中国、吉尔吉斯斯坦、乌兹别克斯坦等周边国家的边境地区。在哈萨克斯坦,至少有一半农村人口靠哈萨克斯坦国家电视广播公司的节目获取信息。

2012年,该广播公司迁入位于阿拉木图的新媒体中心。2013年6月17日,哈萨克斯坦国家电视广播公司加入国际广播电视协会(Association for International Broadcasting),这个协会的成员有英国广播公司、半岛电视台、彭博新闻社、法国24电视台、今日俄罗斯等在世界上具有影响力的媒体。加入这一协会,为公司的发展注入了新的动力。2013年7月29日,哈萨克斯坦国家电视广播公司又加入了亚太广播发展研究所(Asia－Pacific Institute for Broadcasting Development)。2013年8月28日,哈萨克斯坦国家电视广播公司与英国广播公司签署了新闻合作协议。[③]

---

① 赵永华:《中亚转型国家的新闻体制与媒介发展》,中国书籍出版社2013年版,第47页。

② 哈萨克斯坦国家广播电视公司:http://kaztv.kaztrk.kz/ru,检索时间:2015年6月5日。

③ 哈萨克斯坦国家广播电视公司:https://archive.is/5Jtxr,检索时间:2015年6月5日。

三、报道特点

哈萨克斯坦国家电视广播公司基于国家电视台建立,其电视频道也都是依国家电视台发展而来。其旗下电视频道和广播众多,涵盖社会、政治、经济、文化、教育、少儿、资讯、娱乐、体育、军事等各类节目,以满足观众的需求和喜好。该公司还积极创办《哈萨克斯坦好声音》等大型娱乐节目及音乐剧。该公司体育频道也会直播世界重大体育赛事,如“欧洲冠军联赛”等,这为其赢得了广大的男性受众。①

哈萨克斯坦国家电视广播公司旗下的哈萨克斯坦国家电视台作为受众最广泛的电视台,是一个综合性的电视台,其节目丰富多彩,既有新闻报道,又有娱乐休闲类节目,和中国中央电视台 CCTV－1 综合频道类似。就新闻报道而言,该电视台的报道侧重国内新闻,关注本国政治、经济建设及人民生活,对国际新闻关注度较低。②

四、涉华报道

受两国友好关系的影响,哈萨克斯坦国家电视台比较关注中国,两国高层领导人之间的互访,中国政治、经济、社会、文化及体育新闻都属于哈萨克斯坦国家电视台涉华报道的选题范畴。

值得一提的是,自 2015 年 8 月 3 日起,哈萨克斯坦国家电视台每晚 7:30 至 8:30 播放中国电视剧《红楼梦》(2010 年版),每晚播出一集,这对于哈萨克斯坦人民了解中国的文化及历史有着重要作用。

从哈萨克斯坦国家电视台有关中国的报道看,该电视台非常关注中国、俄罗斯的政治活动,同时也非常关注中俄、中日关系。该电视台曾报道俄罗斯支持中国申办 2022 年冬奥会、中俄举行军事演习、中日领土争端等新闻事件。

哈萨克通讯社 ҚАЗИНФОРМ

kazinform

哈萨克通讯社(ҚАЗИНФОРМ)是哈萨克斯坦的官方通讯社,创立于 1920 年,哈萨克通讯社成立 90 多年以来,致力于传播政治、经济、教育、卫生、体育、文化等多面的信息,是哈萨克斯坦重要的国家通讯社和世界性通讯社。③ 作为哈萨克斯坦国家通讯社,哈萨克通讯社也及时发布哈萨克斯坦总统办公厅、议会、政府、国家财政部门等各部门相关的权威信息。

一、历史沿革

1920 年,哈萨克通讯社成立。苏联时期,哈萨克通讯社一直作为塔斯社的哈萨克斯坦分社而存在。苏联解体后,成为哈萨克斯坦唯一的官方通讯社。

2002 年 8 月,根据哈萨克斯坦共和国政府决议,在哈萨克斯坦通讯社的基础上成立“哈萨克通讯社”国家公司(АО,Национальная компания Қазахское информационное агентствоs)。

2008 年,根据政府决议,将“哈萨克通讯社”并入“阿尔纳”国家信息媒体集团(АО Национальный информационный холдинг,Арна Медиа)。2011 年 8 月 1 日,政府对“哈萨克通讯社”国家公司进行重组,并入

---

① 哈萨克斯坦国家广播电视公司:https://archive.is/5Jtxr,检索时间:2015 年 6 月 5 日。

② 哈萨克斯坦国家广播电视公司:https://archive.is/5Jtxr,检索时间:2015 年 6 月 5 日。

③ 哈通社网站:http://www.inform.kz/chn/content/312,检索时间:2015 年 9 月 9 日。

股份公司“哈萨克斯坦共和国广电集团”(Республиканская телерадиокорпорация《Қазахстан》)。

2013 年,该社改称“哈萨克斯坦国际通讯社”,并作为独立的国际机构进行活动。①

二、发展现状

哈萨克斯坦通讯社总部设在阿拉木图,在北京、纽约、莫斯科、布鲁塞尔、塔什干、比什凯克等 15 个城市设有记者站。目前,哈萨克通讯社用哈萨克语、俄语、英语进行新闻报道。同时,哈萨克通讯社网站也设有阿拉伯文字版面,为读者通过哈萨克通讯社官方网站及时了解哈萨克斯坦国内和国际资讯创造了必要的条件。② 此外,哈萨克斯坦通讯社还推出了中文和西班牙语网站。2014 年 3 月 14 日,哈萨克通讯社中文网站正式上线,是中亚国家中首个开设中文网站的媒体机构。③

图 1　哈通社网站首页

哈通社网站:http://www.kazinform.kz/rus,检索时间:2016-3-17。

哈萨克斯坦通讯社还同世界上 26 个国际组织和协会进行合作,其中包括世界报业协会、俄罗斯塔斯社、西班牙埃菲社、韩国联合通讯社、白俄罗斯国家通讯社、乌克兰国家通讯社等。

三、报道特点

哈萨克通讯社主要提供政府机构的活动信息和国家政策信息,同时还提供中亚和国际社会政治、经济、社会生活等领域的最新信息。此外,哈萨克通讯社还向企业和私人客户提供专门的信息咨询服务。哈通社设有时政、经济、社会、国际、地方、欧亚一体化和国家战略方针共七大版块,各版块下设多个子版块。④ 其重视国内新闻事件的报道,尤为重视时政新闻,经常对总统纳扎尔巴耶夫的讲话及指示进行报道。

四、涉华报道

目前,哈萨克通讯社在许多国家都设有记者站。值得一提的是,哈萨克通讯社的第一个外国记者站就设在中国,1998 年。哈萨克通讯社就开始了在中国的采访报道工作。哈萨克通讯社驻北京记者站站长鲁斯兰·苏莱曼诺夫经常在哈萨克斯坦主流媒体介绍中哈发展,对两国友好关系的发展起到了促进作用。⑤ 2014 年 3 月 14 日,哈萨克通讯社开通了中文网站。在北京举办的网站开通仪式上,哈萨克斯坦驻华大使叶尔梅克巴耶夫表示,哈萨克斯坦十分重视中哈两国之间的信息交流。⑥

随着中哈经贸文化交流的增加,哈萨克通讯社多年来一直积极报道中国。仅 2015 年 4 月份的头 20 天,哈萨克斯坦通讯社就有 42 条有关中国的报道,涉及政治、经济、体育、自然灾害等各个方面。在政治报道方面,哈

---

① 哈通社网站:http://www.inform.kz,检索时间:2015 年 6 月 5 日。

② 哈通社网站:http://www.inform.kz/chn/content/312,检索时间:2015 年 9 月 9 日。

③ 哈通社网站:http://www.inform.kz/chn/content/312,检索时间:2015 年 9 月 9 日。

④ 哈通社网站:http://www.inform.kz/chn/content/312,检索时间:2015 年 9 月 9 日。

⑤ 哈萨克斯坦共和国国际一体化基金会驻西安代表处:《我代表处领导拜会哈、乌两国驻京使馆及哈通社驻京记者站》,http://www.ifico.com.cn/cn/aboutView.asp? ID=337&SortID=35,检索时间:2015 年 9 月 12 日。

⑥ 新华网:《增进中哈信息交流哈通社开通中文网》,http://news.xinhuanet.com/2014-03/14/c_126269299.htm,检索时间:2015 年 9 月 9 日。

萨克通讯社最为关注的新闻议题是中国与哈萨克斯坦之间的双边关系。例如2015年7月10日,哈萨克通讯社发表题为《中哈两国元首:两国合作关系呈快速发展势头》的报道;在经济议题领域,2015年7月13日,哈萨克通讯社刊文《全球投资者密切关注中国股市》,同时有数篇中国股市的动态报道,密切关注中国的经济动态;6月29日,哈萨克通讯社发表有关"中俄东线输气管道中国段开工建设"的报道,9月3日再刊文《总统战略研究所所长:中哈新合作将为哈萨克斯坦工业化提供新动力》,称中哈在资源加工产业上的合作将使两国在工业领域的合作迈上一个新的台阶。

图2 哈萨克通讯社中文网首页

图片引自哈通社中文网:http://www.inform.kz/chn,检索时间:2016—3—17。

总体而言,哈萨克通讯社在涉华报道上最为关注经济报道,对中国的态度是比较友好的,其报道也较为客观。

土耳其

《国民报》*Milliyet*

Milliyet
BASINDA GÜVEN

《国民报》(*Milliyet*)是土耳其著名的土耳其文日报,创办于1950年3月。与《自由报》(*Hürriyet*)、《晨报》(*Sabah*)同为土耳其三大非官方报纸。①

一、历史沿革

土耳其新闻界多元且活跃,全国大约有2124家报纸。其中40家全国性报纸,23家地区性报纸,其余均为地方报纸。土耳其媒体被传媒集团牢牢控制,其中就包括《国民报》的所有者道昂集团,该集团在土耳其印刷媒体领域居于垄断地位。②

1950年,《国民报》由土耳其著名报人阿里·南希·卡拉坎(Ali Naci Karacan)创办于伊斯坦布尔。早在1918年,卡拉坎就曾创办了报纸《晚报》(*Akşam*)。1979年,《国民报》部分股权被卖给土耳其主要传媒集团道昂集团。2011年5月,道昂集团买下该报全部股份,成为《国民报》的持有人。

Gençler mucizesi
Ve Elvan finalde
En iyi gruba düştük
Milliyet
BASINDA GÜVEN
Cumhurbaşkanı, Çakıcı skandalıyla ilgili Milliyet'e konuştu
Sezer'den ilk yorum
Saat 05.30 Kocatepe
Yargıçlık zırh değil

图1 《国民报》头版

二、发展现状

《国民报》采用宽版印刷,该报主要读者对象是知识分子、军官、政府官员、职员和大学生等,内容比较严肃,是土耳其最受欢迎的大报之一。2010年,该报的日发行量达到26.3万份。③ 2009年9月,《国民报》成为第一份建立数字档案的土耳其报纸。

三、报道特点

时至今日,土耳其仍旧没有完全独立的新闻事业。该国媒体可被视为半独立性质,并且经常处于自我防卫状态。随着市场的发展,土耳其媒体的所有权越来越集中在少数人手中。这种情况严重威胁着新闻出版物的质量,也给新闻记者就业带来了负面影响,媒体在受到国家控制的同时也开始被商业利益所侵蚀。④在这种环境下,《国民报》也难以独善其身。1954年,土耳其著名记者阿卜迪·伊佩克奇(Abdi Ipekçi)担任主编,为报纸树立了"高端新闻"的编辑方针,旨在将《国民报》办成一份定位高端、内容严肃的报纸。然而自1994年以来,《国

---

① 王润泽、孙权:《土耳其新闻传播业的历史与现实》,《新闻学论集》2006年第28期。

② 阿诺德·S.戴比尔、约翰·C.梅里尔:《全球新闻事业:重大议题与传媒体制》(第5版),郭之恩译,华夏出版社2010年版,第250页。

③ 郑珮:《土耳其媒体新闻舆论监督功能初探》,《新乡学院学报(社会科学版)》2011年第5期。

④ 郑珮:《土耳其媒体新闻舆论监督功能初探》,《新乡学院学报(社会科学版)》,2011年第5期。

民报》逐渐开始偏离这一原则,其国际版经常充斥着来自英国小报《太阳报》《每日邮报》以耸人听闻为主的新闻,其中还有大量完全未经编辑加工的文章,给报纸声誉带来了不小的负面影响。

土耳其今天仍旧存在着普遍的媒体审查制度,尤其是在关于军队、政治、伊斯兰教和库尔德人的敏感问题上。在土耳其语中,新闻(Jurnalci)一词从19世纪中期才出现,最初指的是政府的信息官员。[①]通常,在土耳其,无论是印刷媒体还是广播电视媒体,只要被认为是报道了危及国家安全、扰乱治安、与政府在世俗化上观点相悖或者批评了当权者的文章,都有可能受到审查,相关记者和报社或广播电台都将受到处罚。[②] 2012年,一名有着近20年从业经历的记者因撰文批评政府2011年12月针对库尔德人的乌卢代雷屠杀而遭到解雇。[③] 同年,另一名记者因受到土耳其总理埃尔多安的公开批评而被解雇。[④]

图 2 《国民报》网站首页

图片引自《国民报》网站:http://www.milliyet.com.tr/,检索时间:2016年3月15日。

四、涉华报道

尽管难逃政府和市场的双重影响,《国民报》仍自称独立报纸,不依附任何党派和团体,主张自由、民主和尊重人权,对外主张土耳其"不依附任何国家和集团,同各国和各个集团都建立友好关系"。该报许多专栏作家和记者都先后来华访问,对中国的报道比较客观和友好。[⑤]

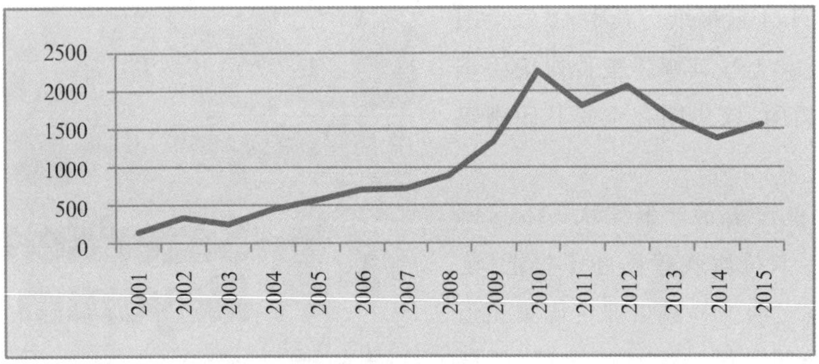

图 3 2001 至 2015 年《国民报》涉华报道数量

图表数据引自《国民报》官方网站:http://www.milliyet.com.tr/,检索时间:2015年12月4日。

通过对《国民报》官方网站进行检索,发现该报对中国保持了较高的关注度。从下表可以看出,2001年到2010年间,该报涉华报道数量基本呈现出稳步攀升的态势。2010年后,数量出现下滑,但总数仍然客观,报道数量最少的2014年也有1376条。2015年,该报涉华报道数量再次迎来上涨。

选取2015年11月4日至12月4日间《国民报》官网的涉华报道加以分析可以发现,一个月内,该网站总共刊载涉华新闻139篇,内容涉及政治外交、经济发展与合作、文化、科技、体育等多个方面。从对华态度来看,该网站能够较为客观地反映中国的真实情况。特别是在经济新闻报道方面,《国民报》对中国经济发展及其对全球经济增长的贡献都予以肯定。如2015年11月5日,该报网站刊载的《土耳其财长西姆塞克:金融改革即将开始》一文称,土耳其对欧盟和俄罗斯出口下滑导致经济增长放缓,土耳其将向印度、中国等新兴经济体寻求新的

① Andrew Finkel: A Special Kind of Awful: The State of the Turkish Media, 2013年5月8日, http://www.turkeyanalyst.org/publications/turkey-analyst-articles/item/8-a-special-kind-of-awful-the-state-of-the-turkish-media.html,检索时间:2016年1月20日。

② 郑珮:《土耳其媒体新闻舆论监督功能初探》,《新乡学院学报(社会科学版)》2011年第5期。

③ Matthew Cassel: Firing Turkey's Ece Temelkuran: The Price of Speaking Out, 2012年1月6日, http://uprootedpalestinians.blogspot.com/2012/01/firing-turkeys-ece-temelkuran-price-of.html,检索时间:2016年1月20日。

④ Hürriyet Daily News: Turkish PM targets Economist magazine, journalist Nuray Mert, 2011年6月3日, http://www.hurriyetdailynews.com/default.aspx? pageid=438&n=pm-targets-economist-magazine-journalist-nuray-mert-2011-06-03,检索时间:2016年1月20日。

⑤ 王润泽、孙权:《土耳其新闻传播业的历史与现实》,《新闻学论集》2006年第28期。

发展机会。[①] 2015 年 12 月 1 日,《国民报》刊文报道人民币加入 IMF 特别提款权货币篮子。报道援引 IMF 官员的话称:"中国货币入篮,是世界金融体系一体化进程中具有里程碑意义的事件",并指出人民币"入篮"将稳定国际金融体系,为全球经济增长注入新的动力。[②]

阿纳多卢通讯社 Anadolu Ajansi

阿纳多卢通讯社(土耳其语为"Anadolu Ajansi",简称为"AA")是一家半官方性质的通讯社,有着与土耳其共和国相当的历史。阿纳多卢通讯社为土耳其政府公布了第一项立法案,经历了国家斗争、解放战争和共和国改革等重要历史时期。

一、历史沿革

第一次世界大战结束后,土耳其进入独立战争时期。1920 年 3 月 16 日,土耳其当时的首都伊斯坦布尔被占领,奥斯曼帝国国会解散。穆斯塔法·凯末尔(Mustafa Kemal,被尊称为"Atatürk",意为"土耳其之父")号召土耳其各省进行选举,并在安卡拉成立一个新的国会。追求进步的知识分子加入了民族斗争,离开伊斯坦布尔前往安卡拉。这其中,有一位名叫于纳斯·纳迪(Yunus Nadi)的记者和一位名叫哈利德·艾迪普(Halide Edip)的作家,他们认为此时的土耳其非常需要一个新闻通讯机构,面向国内外说明土耳其的变革以争取支持。因此,他们决定在安卡拉成立一个这样的新闻通讯机构,并将其命名为"阿纳多卢通讯社"。

图 4　凯末尔在阿纳多卢通讯社的信息接收室里工作

图片引自阿纳多卢通讯社网站:http://www.aa.com.tr/en/corporate/61991-history,检索时间:2015 年 9 月 1 日。

1920 年 4 月 6 日,也就是在土耳其大国民会议第一次集会前的 17 天,阿纳多卢通讯社正式成立。可以说,阿纳多卢通讯社的创立伴随着土耳其共和国的诞生,并且在其中发挥了十分重要的作用。在土耳其争取独立的过程中,阿纳多卢通讯社将外界的消息传达给土耳其民众,与国内其他媒体唱衰土耳其的论调作斗争。与此同时,刚刚成立的阿纳多卢通讯社还担负起向世界宣传土耳其民族独立斗争的重任,为争取国际舆论支持、维护国家主权与正义做出了巨大的贡献。

1923 年 7 月,土耳其和英、法、意、希腊等国签订了《洛桑条约》,条约承认土耳其为独立国家。10 月,土耳其共和国正式在安那托利亚及色雷斯东部成立。此后,凯末尔及其同僚决心共同将阿纳多卢通讯社打造成一个西方式的通讯社,进而于 1925 年 3 月 1 日成立了阿纳多卢通讯社集团。阿纳多卢通讯社当时在西方国家中也有着很高的地位,许多西方国家都破例承认阿纳多卢通讯社作为媒体机构的自治权。

---

① Şimşek FT'ye konuştu: Reform paketi geliyor,2015 年 11 月 5 日,http://www.milliyet.com.tr/simsek-ft-ye-konustu-reform/ekonomi/detay/2143260/default.htm,检索时间:2015 年 12 月 4 日。

② Çin Yuanı sepete girdi,2015 年 12 月 1 日,http://www.milliyet.com.tr/cin-yuani-sepete-girdi/ekonomi/detay/2156487/default.htm,检索时间:2015 年 12 月 4 日。

二、发展现状

如今，阿纳多卢通讯社与许多世界顶尖的通讯社都建立了合作关系，与法新社、美联社、德新社、埃菲社、俄通社一塔斯社、伊通社、共同社和新华社等国际性和地区性通讯社都建立了信息交换合作关系。在成立将满一百周年之际，阿纳多卢通讯社从组织架构、业务范围、公司标识到企业形象和新媒体业务都将有一个新的面貌。阿纳多卢通讯社秉承“可靠、公正、道德、快速”的原则继续新闻事业。作为一个有着近百年历史的通讯社，阿纳多卢通讯社计划在未来五年内成长为“世界五大通讯社”之一。

在语言方面，阿纳多卢通讯社发布的新闻涉及土耳其语、英语、阿拉伯语、法语、波斯尼亚语、西伯利亚语、克罗地亚语、库尔德语和阿尔巴尼亚语等9个语种，并且计划在2020年实现用11种语言发布新闻。此外，通讯社目前在81个国家都派有自己的记者。其中，安卡拉、北京、布鲁塞尔、开罗、莫斯科和纽约是六个地区的总站所在地。

图5 阿纳多卢通讯社驻华记者站

阿纳多卢通讯社网是站：http://www.aa.com.tr/en/corporate/64552—international—offices，检索时间：2015年9月1日。

在新媒体方面，社交媒体是当今和未来最有效的信息交流媒介。阿纳多卢通讯社也积极利用社交媒介，并计划建立一个完善的新媒体网络。通讯社要求员工充分利用社交媒体对通讯社进行品牌宣传。阿纳多卢通讯社规定，员工在社交媒体上必须公布自己媒体人的身份，必须以新闻专业素质和严肃的态度发布信息，发布信息时还应附加通讯社的网址，协助通讯社的品牌宣传。如果通讯社的人员要在社交媒体上发布未公开的消息，则需要提前与主编进行沟通。对于可能影响通讯社公正、可靠和准确等原则的消息或图片，通讯社都不予进行报道和发布。通讯社人员不得通过社交媒体参与任何形式的政治宣传。在通讯社正式发布任何消息之前，工作人员都不得通过个人社交媒体提前发布。

三、报道特点

在新闻报道中，阿纳多卢通讯社设有一套完整的报道规定，要求所有编辑记者都必须遵循。尤其是针对“恐怖主义”“暴力行为”和“自然灾害”一类特殊主题的报道，阿纳多卢通讯社更是特别提出报道时需要遵从以下原则：

(1)在进行“恐怖主义”“暴力行为”和“自然灾害”等相关报道时，始终把公众利益、人权问题、国家安全和公共秩序作为重要的考虑因素，力求全面、准确地对事件进行报道。

(2)对于可能引发有关阶级、种族、语言、宗教、性别和地区歧视以及会进一步引起公民恐慌与暴力行为的内容，通讯社一律不予报道。

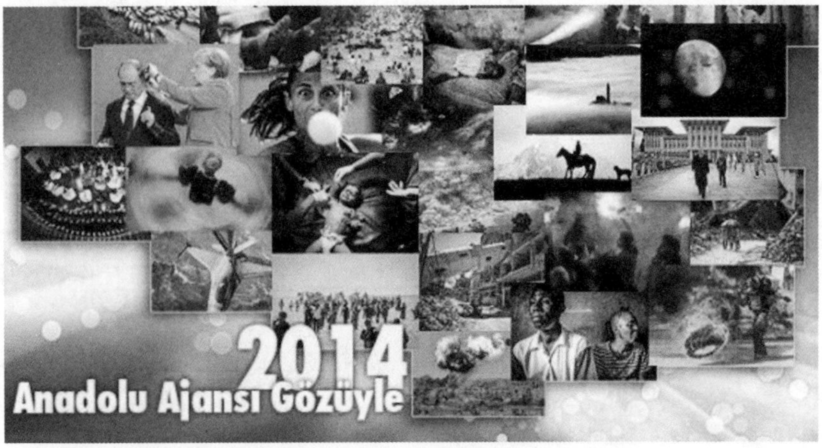

图6 阿纳多卢通讯社2014年度新闻回顾

(3)对于可能引发人民内部仇恨、恐惧、混乱和恐慌的内容，通讯社一律不予报道。

(4)对报道风格和质量进行严格把关，不提倡暴力行为和扩散恐慌，而是追求高质量、公正客观点的报道，尊重人权，反对歧视。

(5)在进行"恐怖主义""暴力行为"和"自然灾害"等相关报道时实事求是，不能夸大事实。对此类消息源严格把关并且遵守相关法律。

(6)通讯社进行灾害事故和暴力行为相关报道时，在通知亲属之前不公布遇难者的姓名。尊重受害者的人身权利，不公布遇难者的相关图片或视频信息，避免对家属造成进一步伤害。

(7)在对战争冲突、恐怖主义和自然灾害进行报道时，尊重死者的隐私和人身权利。避免对恐怖分子行刑场面的图片或视频进行报道。

(8)不公布新闻现场死伤或被肢解者的特写，尊重受害者人权，避免对公众造成心理创伤。

(9)避免在报道中直接或间接为恐怖组织做宣传，禁止运用恐怖组织的表达方式、特定语言、宣传图像和标识。

(10)在进行自然灾害报道时，不发布任何耸人听闻的消息或图片，避免影响公共秩序和民族团结。

四、涉华报道

阿纳多卢通讯社在海外共设有28个办事处，包括华盛顿、巴黎、柏林、莫斯科等。北京也是其中之一，并且是阿纳多卢通讯社的六大地区总站之一，负责亚太地区的新闻报道。[①]

在阿纳多卢通讯社网站上以"Beijing"为关键词进行搜索，共可检索到570条新闻报道。其中，2014年7月到2015年7月一年间的涉华报道数量达到了289篇。与经济有关的内容可以占到近10%比例，有39条搜索结果与双方之间的经济合作有关，而与生活文艺相关的内容仅有1条。在报道涉及地域层面，国际性的消息占了50%以上，达到了153条。由此可见，阿纳多卢通讯社对北京的关注多集中在国际关系和政治方面，其次是两国的经济往来。从报道立场来看，由于通讯社的新闻集散性质，大多数报道都是较为客观中立的事实性信息，并没有表露明确的立场倾向。

图7　2008年11月2日，新华社社长李从军与阿纳多卢通讯社社长希尔米·本格会面

图片引自新华网：《新华社社长李从军参观土耳其阿纳多卢通讯社》，2009年11月12日，http://news.xinhuanet.com/newmedia/2008－11/12/content_10349974.htm，检索时间：2015年9月1日。

除此之外，阿纳多卢通讯社与中国的媒体同行之间也有很多交流合作。2008年11月，正在土耳其访问的新华社社长李从军就曾参观阿纳多卢通讯社，与阿纳多卢通讯社社长法希尔米·本格举行会谈。2009年6月，在胡锦涛主席和土耳其总统卜杜拉·居尔(Abdullah Gul)的见证下，新华社社长李从军与土耳其阿纳多卢通讯社社长希尔米·本格签署了《新华通讯社和阿纳多卢通讯社视频新闻互换协议》，成为两社合作的一个崭新起点。[②]

---

① 阿纳多卢通讯社网站：http://www.aa.com.tr/en/corporate/64552－international－offices，检索时间：2015年8月2日。

② 外交部网站：《中国与土耳其两国签署7份双边合作文件》，2009年6月25日，http://www.fmprc.gov.cn/mfa_chn/zyxw_602251/t569543.shtml，检索时间：2015年9月1日。

阿富汗

阿富汗伊斯兰通讯社 Afghan Islamic Press

阿富汗伊斯兰通讯社(Afghan Islamic Press,简称“AIP”),是阿富汗第一家独立自主的通讯社。该社成立于苏联占领时期,报道范围遍布整个阿富汗境内20多个城市。作为一家独立的通讯社,该社在资金上通过商业活动实现全面自给自足,从而避免了对包括政府、非政府机构、西方或其他阿拉伯机构的外部依赖。

一、历史沿革

1979年12月25日,苏联派兵入侵阿富汗,直到1989年2月撤出阿富汗。十年战争期间,阿富汗陷入动乱。在此期间,苏联占领军只允许亲苏的媒体发声,战争中的真相与事实被湮没在信息控制手中。在这种情况下,唯一来自阿富汗方面的新闻信息源就是国有的巴赫塔通讯社(Bakhtar)。然而,作为国有的新闻媒体,巴赫塔通讯社的报道也有一定的偏颇,比如将民间武装反抗力量定性为“异端分子”等,这对真实传递阿富汗国内的情况十分不利。在国家遭到入侵需要应对宣传战的紧迫情况下,阿富汗伊斯兰通讯社应运而生。1982年2月,穆罕默德·亚考柏·沙拉法特(Muhammad Yaqoub Sharafat)在一个叫白沙瓦(Peshawar)的小城创办了阿富汗伊斯兰通讯社。[①]当时,阿富汗伊斯兰通讯社唯一的员工(名叫 Sheen Gul Khan Mudadyar)还从阿富汗政府位于坎布尔的电台监测新闻信息。

1982年9月,阿富汗伊斯兰通讯社正式开始常规新闻业务。虽然当时阿富汗的国情亟须这样一个中立的新闻机构,但人们并未注意到这个新生的通讯社。1989年2月15日,苏联从阿富汗撤军。之后,阿富汗伊斯兰通讯社在纳吉布拉[②]担任总统时期持续工作。1992年,随着纳吉布拉政权被推翻,圣战组织控制了坎布尔,阿富汗伊斯兰通讯社是首家发布政权更迭的新闻机构。白沙瓦协定[③]签署之后,阿富汗并未得到和平,圣战组织派系斗争此起彼伏。阿富汗伊斯兰通讯社再一次战斗在了新闻第一线,从前线带来的突发新闻使其获得了驻扎伊斯兰堡的国外通讯社的广泛认可。

“9·11事件”过后,美国在坎布尔开始了针对塔利班组织的轰炸。同时,在激烈的媒体竞争环境下,阿富汗伊斯兰通讯社尽力快速并准确地报道本·拉登及其组织的活动,并且报道了美国领导的联军袭击给塔利班组织以及阿富汗社会带来的影响。阿富汗伊斯兰通讯社的报道再一次吸引了关注阿富汗局势的国际媒体及记者的注意。虽然这一时期的报道重点在于塔利班的活动,但阿富汗伊斯兰通讯社的报道范围拓展至阿富汗全境。阿富汗的电子通讯系统建设在塔利班政府后期才开展起来,直到2001年11月塔利班政府倒台,舒拉亚(Thu-

---

① 白沙瓦(Peshawar)是巴基斯坦一个邻近阿富汗边境的城市,地处中亚多个的贸易要道上。这一地点的选择也基于该地是阿富汗难民、圣战者及各类组织集中的地方。

② 纳吉布拉——苏联入侵阿富汗后升任阿富汗总统,1996塔利班武装攻入喀布尔后将其残酷处死。

③ 白沙瓦协议 Peshawar Accord——根据该协议,阿富汗政党同意在和平与权力分享协议。白沙瓦协定创造了阿富汗伊斯兰国,并任命一个过渡性临时政府,直到大选。

rara)卫星电话才在阿富汗境内大部分地区普及，这也使阿富汗伊斯兰通讯社的报道范围拓展至较为偏远的地区。[1]

二、发展现状

如今，阿富汗伊斯兰通讯社用英语、乌尔都语和普什图语三种语言向订户提供最新而且真实的新闻报道。尽管只有相对较少的资金维持运转，但是阿富汗伊斯兰通讯社一直秉持着提供及时并且真实新闻信息的传统，并且受到了用户的广泛认可。总体来看，在整个西亚地区，独立的新闻机构很少，该地区很多媒体机构实际上都依靠政府或西方机构的资助，而阿富汗伊斯兰通讯社却不接受这类财政支持。阿富汗伊斯兰通讯社早期是不收订阅费的，但由于运营成本及工作量的增大，才开始向媒体订户每月收取固定的费用。

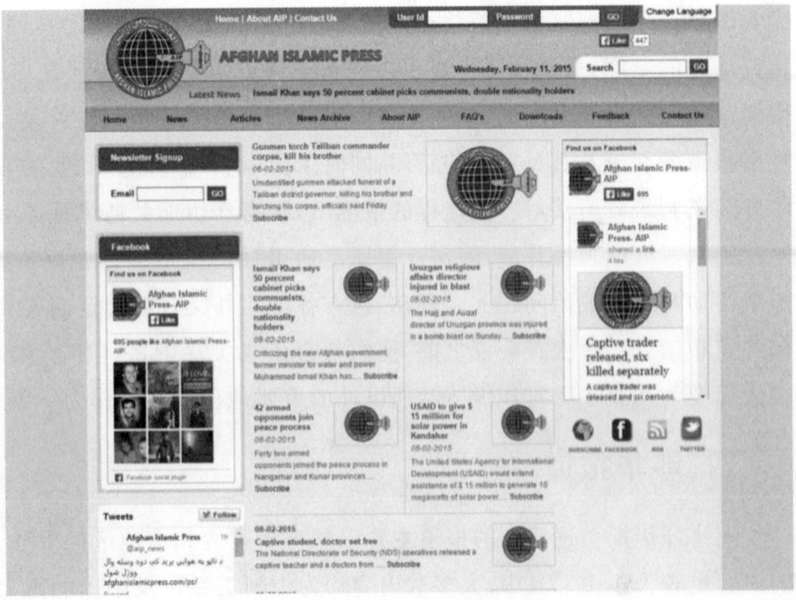

图 1 阿富汗伊斯兰通讯社网站

阿富汗伊斯兰通讯社可谓白手起家。作为一家私营通讯社，阿富汗伊斯兰通讯社甚至无法负担起传真及其他电子通讯系统的费用。在创社初期，社长的一辆自行车和办公室的一台电话机是通讯社仅有的设备。尽管有这样的限制，该社还是将大量的资源投入到核实新闻信息上，而这也为其赢得了可靠的名声。该社也因此开始逐步吸引更多订户，包括路透社、美联社、法新社、美国之音、英国广播公司、德新社等国际通讯社和其他媒体机构在伊斯兰堡的分社。阿富汗伊斯兰通讯社通过电话将新闻信息传递给这些通讯社。近些年，阿富汗伊斯兰通讯社的订户不仅数目增多，还吸引了很多其他国家的媒体机构，例如彭博社、新华社、日本放送协会、《朝日新闻》及其电视台、《读卖新闻》及其电视台、富士电视台、自由欧洲电台、巴基斯坦国家电台和电视台等。

在新闻领域积累了二十余年的经验之后，阿富汗伊斯兰通讯社设立了自己的网站(http://www.afghanislamicpress.com/)，使其西亚地区的媒体机构中先行一步，对于整个西亚地区的新闻传播具重要意义。

三、报道特点

对于一个历经战乱、百废待兴的国家而言，阿富汗媒体的发达程度令人惊讶，光通讯社就有大大小小近二十家，阿富汗伊斯兰通讯社便是其中之一。该社特别注重专业化报道标准，强调任何信息必须至少经由三方核实确认。尽管阿富汗伊斯兰通讯社并不是唯一一家能够采集阿富汗新闻的媒体机构，但阿富汗伊斯兰通讯社力求消息准确的良好声誉为其赢得了媒体同行的认同。

阿富汗伊斯兰通讯社的工作始于阿富汗被占领时期，消息主要是由白沙瓦驻地的圣战组织通过无线电系统发送出来的。由于圣战组织经常发布夸大其实的消息，通讯社便通过采访事件目击者等方式来核实这些信息。通讯社不断鼓励员工，如果对一则新闻的真实性有任何存疑，这篇报道就绝不能发给媒体用户。对于一个专业记者而言，在白沙瓦这样的地方确认消息是难上加难的任务，这里不仅充斥着阿富汗方面夸张的报道，而且各派势力也常年混战。然而，阿富汗伊斯兰通讯社几年来却完成了这一任务，这也是其获得用户信任并且获

---

① 伊斯兰通讯社官网：http://www.afghanislamicpress.com/en/about.php，检索时间：2015 年 11 月 28 日。

得一定的成功的主要原因。

在阿富汗伊斯兰通讯社的发展历程中,还有不少里程碑式的事件,比如首家公布塔利班成立的消息。经过多方核实后,阿富汗伊斯兰通讯社于1994年12月12日发布了这一消息,消息一经公布便使该社获得了世界各国媒体组织的广泛注意。1994年,塔利班控制了坎大哈省,在塔利班扩展势力的同时,坎布尔的圣战组织也继续着派系斗争。阿富汗伊斯兰通讯社通过电话和无线系统同时在两个前线发送报道。为了报道阿富汗北方联盟领导人的新闻,通讯社还将线人拓展到了塔吉克斯坦。塔利班夺取了阿富汗首都政权的消息也是由阿富汗伊斯兰通讯社最先发出的,此前许多派系斗争的新闻也是该社首发。在塔利班的统治下,阿富汗伊斯兰通讯社平衡报道塔利班及其反对派的新闻,同时采访塔利班和北方联盟的领导人。这一时期,国际媒体开始回到坎布尔并与塔利班政府接触。在这样的情况下,阿富汗伊斯兰通讯社原有的报道模式受到了极大的挑战。

因其所处的独特环境,阿富汗伊斯兰通讯社的报道多涉及阿富汗局势,报道内容也主要集中在战争、恐怖组织活动及地区政治问题上。现在,西方各国的外交官都会定期聚集在伊斯兰堡举行会议,随后就阿富汗最新局势发布信息。每次在会议之前,他们都会认真关注阿富汗伊斯兰通讯社在会前两到三天发布的信息。这在很大程度上凸显了阿富汗伊斯兰通讯社的重要地位以及其作为一家新闻媒体在国际关系中起到的作用。

四、涉华报道

阿富汗伊斯兰通讯社的报道主要以阿富汗国内和本地区的事务为主,发布涉华报道的频率并不高,所涉及的议题也较为集中。其中,大多数内容均为中阿关系以及中国的重大事件。作为一家通讯社,它的新闻报道没有办法通过公开途径直接进行检索。但是,作为一家重要的地区通讯社,阿富汗伊斯兰通讯社的报道经常被中国新闻媒体转载,其中,大多是阿富汗局势的新闻消息,包括关于阿富汗战事进程[①]、本·拉登的动向[②]或者阿富汗国内重大新闻[③]等。除此之外,也有该社发布的涉华新闻报道。

在阿富汗伊斯兰通讯社发布的新闻报道中,涉及中国的新闻报道大多只是新闻内容中有一些与中国有关的信息,而非对中国的直接报道。

① 东方新报:《2001年10月10日,美英袭击阿富汗最新进展——塔利班领袖住所被炸》,http://www.changsha.cn/publish/gb/content/2001-10/10/content_65146.htm,检索时间:2015年11月10日。

② 南方网:《阿富汗伊斯兰通讯社称拉登不在托拉波拉》,2001年12月14日,http://www.southcn.com/news/international/junshi/200112141348.htm,检索时间:2015年11月10日。

③ 新华网:《塔利班最高领导奥马尔敦促外国军队全部撤离阿富汗》,2011年8月30日,http://news.xinhuanet.com/world/2011-08/30/c_121928958.htm,检索时间:2015年11月12日。

人民网:《奥马尔发表长篇讲话促美撤军》,2011年8月30日,http://paper.people.com.cn/jhsb/html/2011-08/30/content_912010.htm,检索时间:2015年11月12日。

中国新闻网:《阿富汗总统候选人达成共识全部票选将核查》,2014年7月14日,http://www.chinanews.com/gj/2014/07-14/6380833.shtml,检索时间:2015年11月12日。

阿联酋

《国家报》*The National*

TheNational

《国家报》(*The National*)是一份年轻的英文日报,2008 年在阿联酋阿布扎比创办,由政府所有。该报以西方著名新闻媒体为榜样,力图在报纸言论受到政府严格管控的阿联酋发出不同的声音,在中东做不同的新闻。《国家报》素来优待记者编辑,在报纸行业严重依赖广告的背景下艰难生存,并且在阿联酋具有较高的影响力。

一、历史沿革

《国家报》创刊于 2008 年 4 月 16 日,至今已有近 10 年的发展历史。期间,《国家报》共换过三任主编,分别是:2008 年至 2009 年创立之初的马丁·纽兰(Martin Newland);2009 年 6 月 8 日至 2013 年 10 月 2 日的哈桑·法塔赫(Hassan Fattah)和现任主编穆罕默德(Mohammed Al Otaiba)。作为一份出版于阿联酋国家的报纸,其与政府和王室之间的关系始终是贯穿其发展脉络的重要问题。这三任主编风格各异,在他们领导下的《国家报》也经历了不同的变化。因此,按照报纸与政府的关系不同,可以将《国家报》短暂的发展历史划分为三个阶段。

(一)斗争时期:2008 年 4 月 16 日至 2009 年 6 月 8 日

首任主编马丁·纽兰 2003 年至 2005 年期间曾在英国《每日电讯报》担任编辑。他在任时,正是《国家报》初创谋求脱离政府控制之时,再加上他个人追求新闻专业主义的精神,使得该报这一时期发展比较独立,是处在自由与控制的"斗争时期"。当然,追求自由的斗争也并非一路顺利,因此这段时间报纸一直处在挣扎低谷。

(二)归顺时期:2009 年 6 月 8 日至 2013 年 10 月 2 日

与第一任主编的风格不同,第二任主编哈桑·法塔赫更擅长在政府的压力之下,想尽一切办法避免麻烦。如果说前任主编还在新闻自由与新闻管制之间挣扎的话,那么主编哈桑·法塔赫可以说天生就是来遏制与妥协的。哈桑·法塔赫的诸多决断,都以不得罪政府或是不得罪与政府相关的人为上,因此这一时期,报纸处在不惹麻烦的"归顺时期"。这一时期,有的记者完全适应并接受这种体制,当然也有的记者因受不了过分严苛的审查过程而辞职离开。

(三)调整时期:2013 年 10 月 2 日至今

现任主编穆罕默德上任之后,开始对该报进行调整。面对报纸远离最初使命、偏离民众期望的现实,开始寻求新的发展之路。同样,这一时期,对《国家报》的批评与赞扬同时存在。

《国家报》发展时间虽然不长,但是在西方国家受到的关注却不少。创立之初,人民对它寄予的期望十分高,当然发展至今其受到的质疑也仍然存在,尤其是来自西方媒体的抨击。

2012 年,《美国新闻评论》(*American Journalism Review*)曾发表文章,指控《国家报》只是致力于维护阿联酋的政府议程，报道存在不公。该文章援引事例表明，《国家报》有一个“细致的审查过程”，会直接影响报道角度和词语用法。麦当娜于2012年6月3日在阿布扎比举行演唱会时，因其迟到一小时40分钟而致使粉丝恼怒抱怨。关于此次演唱会，《国家报》当班记者在截稿时间之前，如实写下报道。其中，粉丝抱怨部分占到3至6行左右，其他内容则包括演唱会的正常流程以及观众的评价等。由于时间紧迫，该篇报道没有经过严格的内部审核就直接刊登到官网上。但是此事却严重惹怒了《国家报》当时的主编哈桑·法塔赫。他不仅非常生气地指责报道者，还命令网站编辑删除粉丝抱怨的内容。理由是“政府一直以阿联酋能够吸引大牌明星为荣，决不能有任何明星相关的问题出现在这里，因为那不是报纸的使命”。文章在最后指出，该报始建之初宣称“要成为与世界最著名的媒体一样的机构”。但这样的誓言显然没能实现。它做的是“不要惹恼政府，或是任何和政府相关的人员”。每个新任编辑，都必须知道三条铁令：标题不能含“猪”字（因为穆斯林认为猪很脏）；不能报道巴林警察向游行者使用催泪弹；只字不提同性恋权利。而这些，均与王室的名声、决定、利益相关。铁令如此，使得编辑部做出如上奇怪决定的例子数不胜数。①

Circulation

Emirate	Total
Abu Dhabi	19,089
Al Ain	3,209
Dubai	26,551
Sharjah	5,655
Ajman	1,443
Umm Al Quwain	1,099
Ras Al Khaimah	1,521
Fujairah	1,433
Overseas	5,000
Total	65,000

图1 《国家报》发行量地区分布

数据及图片引自《国家报》网站：http://www.thenational.ae/assets/pdf/AB2474215.PDF，2015年11月8日。

2013年2月，美国《新共和》期刊（The New Republic）也发表文章，称《国家报》未能满足初创时期民众给予的期望。文章表示，2008年，《国家报》成立之初时，它代表着“石油之乡”阿布扎比的崛起，是该地致力于建立先进的西方组织的最新例证。很快，《国家报》发展成为“中东地区的《纽约时报》”，变成新崛起的阿布扎比媒体公司的支柱。《国家报》创刊前夜，阿布扎比媒体公司在酋长国宫殿酒店（Emirates Palace Hotel）举办了庆祝晚宴，晚宴上，公司主席宣布：“《国家报》的诞生，体现的是先进的视野，它将作为自由、专业、先进的报纸，为国家的发展服务。”可见，成立之初，《国家报》被赋予了无限的期望。然而如今，这种期许却不再延续，《国家报》不再是西方著名记者的向往之地。反而，报纸管理和编辑指导上的危机一直隐藏在背后，领导班子调整、预算削减，内部意见不一和猖獗的自我审查等一系列问题，已经使该报无法发挥出它天生的才能了。《国家报》忽视王室丑闻，淡化“阿拉伯之春”，放弃追求新闻自由，深深被束缚。最后，文章评论道，当然，还有一些人喜欢这样的体制，也有一些人认为报纸的情况会好转。不过，这些都未能改变记者流失、预算危机、有关报纸未来的预期也在逐渐消退的事实。②

二、发展现状

根据《国家报》公布的数据，到2015年，《国家报》印刷版报纸的发行量达到平均每天65000份。其中以迪拜和阿布扎比为最主要的读者市场，另外还有大约5000份报纸海外发行。

如今，《国家报》由阿布扎比媒体公司（Abu Dhabi Media）出版发行，也是该公司出版的第一份英文日报，很

---

① Tom OHara：“Just Make Sure You Don't Call It the Persian Gulf!”，American Journalism Review，December 2012/January 2013，http://ajrarchive.org/article.asp? id=5460，检索时间：2015年11月8日。

② Joe Pompeo：“We Are Not Here to Fight for Press Freedom：The National wanted to be the Times of the Middle East. It failed”，The New Republic，28 February 2013，http://www.newrepublic.com/article/112542/national－abu－dhabis－brief－experiment－press－freedom，检索时间：2015年11月8日。

快成为该公司的业务支柱。[1] 阿布扎比媒体公司由阿布扎比王储所有，业务范围涵盖了广播、电视、数字媒体和印刷媒体。旗下印刷媒体包括《团结报》(*Al Ittihad*)和《阿拉伯国家地理》(*National Geographic Al Arabiya*)等。

图 2　阿布扎比媒体公司

相关内容参见公司网站：http://www.admedia.ae/，检索时间：2015 年 11 月 8 日。

《国家报》通常出版 20 到 30 版面，共分为四个版次，包括《要闻》《商业》《体育》及《艺术文化》。每周六时，还另外加出一份文化副刊，名为《评论》(The Review)。一方面，《国家报》宣称要效仿西方报纸的标准，以"有助于社会的发展"为己任，声称要在中东地区的报纸界做"异类"，脱离政府的控制。当然，该报也会因报道阿布扎比新闻时明显的能力不足而导致多起高层编辑团队的辞职事件发生。另一方面，该报还同时承担维护政府利益、为该国政府赢得声誉的使命。

《国家报》的工作人员来自阿联酋国家和世界各地[2]，尤其擅长从世界知名报纸挖掘人才创建自己的团队，包括美国《华尔街日报》(*The Wall Street Journal*)、《纽约时报》(*The New York Times*)和英国《每日电讯报》(*The Daily Telegraph*)等在内的世界著名报纸，都成为《国家报》招揽人才的源头。借助于此，《国家报》已为自己打造了一支 200 多人的强劲工作队伍。如前主编马丁·纽兰，便是《国家报》"挖墙脚"得来的杰出人才。当时跟他一起加入《国家报》的还有多名前任电讯报员工，其中不乏知名新闻人，如科林·兰德尔(Colin Randall，原英国《电讯报》主管新闻编辑)、苏·瑞恩(Sue Ryan)以及资深摄影师斯蒂·洛克(Stephen Lock)。几年来，虽然《国家报》的编辑队伍也有变化，但是由于调整结构有限，员工数量总体维持在 200 人左右。

图 3　《国家报》头版及其周六副刊"评论"

图片引自《国家报》网站：http://thenational.newspaperdirect.com/epaper/viewer.aspx，2015 年 11 月 8 日。

三、报道特点

作为"用中东视野报道中东故事"的报纸，《国家报》在报道上主要呈现出以下三个特点：

(一)报道领域集中

上文已经提到，《国家报》的报道领域十分集中，主要是四版内容：阿联酋新闻和国际新闻、经济、体育、艺术和生活。不过，报道领域的集中并不影响其报道信息的多少。尽管只涉及四个领域，但《国家报》每天仍有数条信息，其官方网站则更是排版紧凑、信息丰富。此外，报道领域的集中还可以使版面清晰，不论网站还是报纸，都能方便读者阅读，内容分类一目了然。

(二)报道形式多样

《国家报》是"多平台"新闻机构，其消息发布样式包括印刷版、电子版、网站版。该报利用 Twitter、Facebook 等多个新媒体平台发布消息，并开发了电脑端、iPad 端等不同的阅读终端。内容的形式不仅有文字、图片，还有音频、视频，且各种形式的报道都可以在多平台上方便预览。

---

① 《国家报》官网介绍：http://www.thenational.ae/about-us，检索时间：2015 年 11 月 8 日。

② 《国家报》官网介绍：http://www.thenational.ae/about-us，检索时间：2015 年 11 月 8 日。

(三)注重当地特色

《国家报》着重报道中东故事,尤其是阿联酋故事,注重UAE(The United Arab Emirates)新闻。这既是它服务于本国利益、促进社会发展、帮助世界了解阿联酋的目标所在,也是其业务上注重新闻接近性的表现。当地新闻版面的信息不仅更加精准、更加全面详细,也更能吸引当地读者,这对报纸来说,算是一个优势。

四、涉华报道

总体来说,《国家报》对中国比较关注,经常刊登有关中国的新闻和图片,报道内容方面也有自己的倾向和选择。

首先,《国家报》涉华报道的数量比较多。以《国家报》官方网站为例,利用站内搜索系统以"China"为关键字,检索结果显示,该网每天都会刊登有关中国的报道,多的时候甚至达到每天5至6篇。其中近半数文章会把"China"或"Chinese"放在题目中,其余文章则在论述中提及中国。比如,2015年11月1至7日这一周的时间里,有关中国的报道总数达到51篇,而2015年10到11月期间,《国家报》官网上有关中国的报道更是多达203篇,可见报道数量之多。

其次,就报道领域来说,《国家报》涵盖的范围比较集中。与该报的总体报道特点一致,该报对中国的报道也更多集中在"体育"和"经济"领域。其次是"艺术和生活"领域,反而对于常规的政治议题较少报道。以该报在2015年11月1至7日这一周为例,其中涉华体育报道达到23篇,占涉华报道总量的45%,经济报道16篇,占31%,艺术与生活共9篇,占17%;其余3篇为政治报道,占比不足1%。可见,《国家报》对中国经济、体育、文化的关注远远多于对政治的关注,这既与报纸的总体议程倾向有关,也与当地读者的兴趣偏好相关。

最后,就报道态度来看,《国家报》的对华报道态度比较客观。这一特点主要源于三个原因:第一,与其涉华报道的议题领域相关。该报最多关注的就是中国的经济和体育新闻。而这两类新闻,是国际新闻中相对意识形态最少,客观性最强的。第二,与其报道来源密切相关。因报纸实力和地理位置的限制,该报对中国的报道较多引用法新社、美联社等西方媒体的内容,且以通讯社发布的新闻消息为主,侧重于报道事实而较少发表评论。第三,由其报道形式决定。在涉华报道中,该报大多直接引用相关人士的讲话和表态,少在文章中直接评述,较少体现明显的立场倾向。

基于以上论述可知,阿联酋《国家报》对中国的关注比较多,在内容方面比较集中,尤其关注中国的经济、体育消息。从涉华报道的立场倾向来说,《国家报》较多关注新闻事实,较少提出主观性的观点立场,总体来说比较客观中立。

科威特

《阿拉伯时报》*Arab Times*

ARAB TIMES

THE FIRST ENGLISH LANGUAGE DAILY IN FREE KUWAIT

《阿拉伯时报》(*Arab Times*)创办于1977年,是科威特独立后的第一份英文报纸。目前,该报隶属于科威特媒体集团《政治报》新闻出版印刷与发行公司,总部位于科威特重要港口城市舒韦赫(Al Shuwaikh)。

一、历史沿革

尽管科威特国土面积只有1.78万平方公里,人口在400万左右,但媒体行业却在海湾地区占据重要地位。早在1954年,科威特就出版了海湾地区第一份报纸《今日科威特》。1961年独立后,随着石油经济的发展,科威特新闻事业也逐渐迎来发展高峰期。早在1979年,该国就已经出版了37种日报、16种周报和其他刊物。1990年8月伊拉克入侵前,科威特较好的日报发行量都在8万份以上。截至20世纪90年代,科威特共有80余种报刊杂志。[①]

科威特是伊斯兰国家,原政府对新闻舆论界控制较严。1986年,政府决定实施新闻检查制度。海湾战争以后,随着科威特与西方国家的关系进一步密切,西方新闻观念也逐渐渗透进来。1992年,科威特宣布取消新闻检查制度。[②]

1977年2月,《阿拉伯时报》由当时在科威特已具有一定影响力的《政治报》创办,起初为周报,很快改为日报,并逐渐在科威特国内和海湾地区发挥重要作用。该报从创办之日起至今,始终是科威特英语读者的读报首选。[③]

二、发展现状

《阿拉报时报》主编艾哈迈德·贾拉拉赫(Ahmed Al-Jarallah)是科威特新闻事业史上著名人物。1963年,21岁的贾拉拉赫在科威特《舆论报》开始了他的新闻生涯。两年后,年仅25岁的他离开《舆论报》,成为周刊《政治报》的主编。

图1 《阿拉报时报》主编艾哈迈德·贾拉拉赫

1968年,贾拉拉赫成为《政治报》的所有人,并将其由周报改编为日报。1977年,他又创办了《阿拉伯时报》和一份周刊,并将《政治报》扩大成为媒体集团,资产规模已超过五百万科威特第纳尔。该集团还拥有一家在该地区最现代化的印刷厂。

贾拉拉赫以呼吁巴以和谈、批评伊斯兰极端主义著称。2004年,他在一篇社论中呼吁阿拉伯世界与以色列和谈,停止利用巴勒斯坦人民推行自己的外交政策。2010年,他又呼吁巴勒斯坦领导人阿巴斯与以色列展开无条件谈判。2011年,他又在一次采访中指责伊朗在海湾地

① 孟庆顺:《阿拉伯世界的新闻媒体——从报纸到通讯卫星》,《阿拉伯世界》1993年第1期。

② 黄秉生:《向世界传送阿拉伯人民的声音——埃及、科威特新闻事业一瞥》2001年第1期。

③ 《阿拉伯时报》网站:http://www.arabtimesonline.com/news/about-us/,检索时间:2015年10月30日。

区煽动什叶派革命,正在“通过不断升级的争吵和恐吓将海湾地区推向战争边缘”。激烈的言论让贾拉拉赫多次遭到生命威胁甚至直接袭击,所幸屡次大难不死。

到 2001 年时,《阿拉伯时报》的发行量达到每天 4 万 8 千份。① 目前,《阿拉伯时报》是科威特乃至整个海湾地区最重要的英文媒体之一,也是地区内英语新闻受众的首选报纸。现在,《阿拉伯时报》的网站也是读者获得新闻报道和新闻信息重要的渠道平台。读者可以通过《阿拉伯时报》网站浏览、检索报纸内容,评论文章以及最新的新闻资讯。同时,还可以通过该报推出的一系列新媒体产品实时获得《阿拉伯时报》推送的新闻信息服务。

图 2 《阿拉伯时报》网站

图片引自《阿拉伯时报》网站:http://www.arabtimesonline.com/news/,检索时间:2016 年 3 月 1 日。

图 3 《阿拉伯时报》的新媒体产品

图片引自《阿拉伯时报》网站:http://www.arabtimesonline.com/news/e-paper/,检索时间:2016 年 3 月 1 日。

三、报道特点

《阿拉伯时报》重视言论,主编贾拉拉赫经常亲自为报纸撰写评论。在《阿拉伯时报》官方网站的“言论”一栏中,目前总共显示言论 40 余篇,其中署名贾拉拉赫的就达到 12 篇,占比超过四分之一。除了对宗教极端主义和恐怖主义的激烈抨击外,贾拉拉赫的评论矛头还指向伊朗政权以及伊拉克对科威特的领土野心。2003 年,《阿拉伯时报》对美国发动的伊拉克战争持支持态度。为此,贾拉拉赫的秘书还遭到了邮寄炸弹威胁。

四、涉华报道

通过对《阿拉伯时报》官方网站进行关键词搜索,可以看到该报网站对中国保持密切关注。以关键词“China”进行检索,从 2015 年 9 月 29 日至 11 月 1 日间,总共 71 篇涉华报道。从关注议题来看,其中归入商业(Business)类的报道 28 篇,接近总数 40%。其中不仅包括中国自身经济发展、中国国际经贸往来的报道,还包含中国周边国家例如印度、日本、朝鲜等国的经济情况。由此可以说,该报特别关注中国经济走势。在 2015 年 9 月 28 日,该报官网刊登题为《中国呆账即将爆炸》的报道,文章称中国正在经历过去 25 年来最慢的经济涨幅,借款人正面临越来越高的不良贷款风险。② 随后,该报又在连续两篇报道中表达了对中国经济下滑的担心。值得注意的是,在这 71 篇涉华报道中,归入娱乐(Entertainment)和体育(Sports)类的报道同样达到 28 篇。由此可见,该报对中国保持了较为全面和广泛的关注。从消息源上看,法新社、美联社是其主要西方稿源。由于科威特独立前为英国殖民地,因此该国报刊在报道中国时也较多使用了西方媒体来稿。

总体来看,虽然在消息源上容易受到西方媒体的影响,《阿拉伯时报》的涉华报道中并未表现出明显的倾向性。

---

① Kuwait Press: Press Reference. Retrieved 15 September 2013.

② 《阿拉伯时报》网站:China's bad debt set to explode - Foreign players testing the market,2015-9-28,http://www.arabtimesonline.com/news/chinas-bad-debt-set-to-explode-foreign-players-testing-the-market/,检索时间:2015-10-30。

黎巴嫩

《每日星报》*The Daily Star*

《每日星报》(*The Daily Star*)的报社总部在黎巴嫩，是一份面向整个中东地区发行的泛中东英文日报。中东地区是全球关注的热点地区，但这一地区的新闻媒体发展却面临重重困难，在国际新闻报道中处于“被表述”的被动地位。因而，发展中东地区自己的媒体，表述自己的声音成为《每日星报》担负的重要职责。

黎巴嫩的信息部长曾对《每日星报》表态：“保护黎巴嫩的媒体是我们的责任，我们相信表达可以保护我们自己。拥有表达的自由和觉悟，我们就可以保护自己。”[1]

一、历史沿革[2]

由于国内战乱频发，中东地区局势动荡，因此黎巴嫩《每日星报》在半个多世纪的发展中经历了一段独特又坎坷的历史。

《每日星报》于 1952 年创办，创办人是卡玛尔·慕洛瓦(Kamel Mrowa)。当时，黎巴嫩的石油业吸引了许多外籍劳工，这份报纸就是为了服务这些外籍劳工而创办的。创办初期，《每日星报》只在黎巴嫩发行，之后扩大到了整个中东地区。创办者慕洛瓦在创办《每日星报》之前，经营着一家成功的阿拉伯语报纸《生活报》，并担任该报的主编。但是，慕洛瓦希望能让报纸的影响扩展到非阿拉伯世界的读者们，因而他希望在中东地区创办一家有影响力的英文报纸。

《每日星报》不仅反映有关外籍劳工的新闻，也帮助他们了解有关该地区的新闻。到了 20 世纪 60 年代，《每日星报》成为中东的主要英文报纸。《每日星报》的优良传统一直延续到 1966 年，之后因为战争爆发，报社不得不暂时关闭。

在 1983 年，《每日星报》报社面临着永久停业的威胁，创始人慕洛瓦的大儿子贾米尔(JamilMroue)与两个兄弟克服种种困难，于当年 11 月让《每日星报》再次恢复出版。然而，1984 年 2 月 6 日内战升级，不仅仅是《每日星报》，整个黎巴嫩都到了生死存亡的时刻。当时许多知识分子都逃离了黎巴嫩，《每日星报》的工作人员损失过半，读者数量也大大减少。尽管如此，直到 1985 年，《每日星报》都坚持每日出版，直到一年之后战争爆发，报社不得不再次关闭。

到 1991 年，黎巴嫩国内局势趋于稳定，政府出台总规划在三年之内重建黎巴嫩。贾米尔决心重整旗鼓，在 1996 年，为了让报社重归正轨，贾米尔积极使用先进的传播技术，引进国外记者人才，在本国招聘了一批年轻的队伍，采用了与本土报社完全不同的编辑理念。

2006 年，《每日星报》宣布将要在美国印刷出版。但是 2009 年 1 月后，报社暂时关闭，随后减少了报纸版面篇幅的大小。

---

① 部书锴：《黎巴嫩：烽火新闻自由路》，《东南传播》2007 年第 7 期。

② 《每日星报》官网：http://www.dailystar.com.lb/AboutUs.aspx，检索时间：2015 年 8 月 2 日。

二、发展现状

2010年底,又有新的投资者买下了《每日星报》,并且决定提高报纸的质量,让《每日星报》继续发展,融合到全球媒体的大环境中,并采用最先进的传播手段。《每日星报》借此加速重建计划,不断引进专业新闻人才和年轻的有识之士,报纸的发行也在阿拉伯世界和全球范围内不断扩大。

thedailystar.com

图1　每日星报网

目前,《每日星报》在中东地区是一家有着巨大影响力的英文报纸,《每日星报》的线上版本(www.dailystar.com.)也拥有一批忠实的读者,并且关注量还在不断攀升。《每日星报》在线版是外界了解黎巴嫩信息和中东地区新闻的一个重要来源。

在经历了一系列改革之后,《每日星报》致力于报道最新的突发性新闻和追踪报道热点事件。《每日星报》的新闻网站希望为读者提供独一无二的高质量新闻内容,并充分利用网络的优势,加强与读者之间的互动。读者可以在《每日星报》的网站上浏览黎巴嫩和中东地区有关政治、宗教、社会、艺术等多种主题的新闻。网站还设有搜索功能,读者可以通过高级搜索查找从前的新闻信息。网站还有社交功能和分类广告专区,以方便读者之间的交流,也增加了网站的实用性。

三、报道特点

《每日星报》主要关注的内容是黎巴嫩本国新闻和中东地区的最新动态,提供相关新闻的追踪报道。目前,国际新闻也成了《每日星报》的重要关注点。《每日星报》对于经济方面的报道,主要内容也是本地经济新闻和地区性经济新闻,对于国际经济新闻兼有关注。运动、艺术娱乐和生活三个版块的内容大多来自于国际新闻,报道角度多样,涉及内容广泛。

在《观点》版面,有专栏作家的文章和主编的新闻评论,为了促进与读者的交流和沟通,《观点》版面还设有评论专区。

THE DAILY STAR

Abbas accuses Israel of trying to 'wipe out our people' in beleaguered Gaza

UN body rips Israeli forces for trampling rights of children

Beirut repeats support of calls for summit on Gaza

Cairo, Riyadh want informal talks in Kuwait, not summit in Qatar

图2　《每日星报》头版

四、涉华报道

黎巴嫩对于中国的报道比较客观,经济、政治、生活、娱乐、体育等方面的新闻都有涉及。

2009年,《每日星报》曾刊登过一篇题为《中国在非洲——软实力,硬结果》的报道①,引起了中国国内媒体的广泛关注。这篇报道主要讨论了中国对非援助对非洲"是福是祸"的问题,认为这个问题的最终答案要取决于非洲国家的态度,但同时肯定了中国对非洲国家的援助以及在非洲开展的各种基础设施建设工程,并且指出西方国家从未给予过非洲如此实际的帮助。报道体现出该报中对中国对非援助这一热点问题的关注,所持态度也基本客观公正。

2014年7月16日,《每日星报》刊登了一篇由美国知名学者约瑟夫·奈撰写的文章,题为"中国崛起,欧洲

① 中国网:《黎巴嫩〈每日星报〉:中国在非洲——软实力硬结果》,2009年11月18日,http://www.china.com.cn/international/txt/2009-11/18/content_18909326.htm,检索时间:2015年9月10日。

未必损失”[①]。文章认为，“有关大西洋伙伴关系下滑的警告严重被夸大了。奥巴马以‘再平衡’取代‘转向’，其用意显而易见。因为‘转向’意味着疏远，这个改变反映了美国承认中国日益增长的经济主导力量，同时也不否认欧盟依然重要。”在此基础上，奈指出，“中国并不是像纳粹德国或苏联那样的修正主义国家，急欲推翻现有国际秩序。实际上，诸如联合国、世贸组织和国际货币基金组织等机构，帮助推动了中国崛起，破坏这些机构并不符合中国的利益。鉴于欧洲在这些机构中的领导作用，它可助中国取得其所谋求的多边合法性，以换取负责任的行为”。文章在肯定中国经济发展的同时，也有效地反驳了西方国家所谓的“中国威胁论”。这篇文章不仅在黎巴嫩受到广泛关注，也在中国国内引发了媒体的大量转载和讨论。

此外，《每日星报》对中国的报道还涉及中国投资海洋经济、政治上反腐倡廉的“打老虎”行动、中黎两国的经济往来不断加深以及关于中国旅游方面的新闻等。总体来看，黎巴嫩《每日星报》的涉华报道基本持客观态度，立场较为中立且倾向于正面。

① 环球网：《〈每日星报〉：中国崛起欧洲未必损失》，2014 年 7 月 16 日，http://finance.huanqiu.com/zhinang/2014－07/5068843.html，检索时间：2015 年 9 月 10 日。

以色列

《国土报》*Haaretz*

הארץ

《国土报》(原文报名为希伯来语“הארץ”,英文报名为(*Haaretz*)创办于1919年,是以色列最古老的日报,也是以色列三家主流报纸之一。目前,《国土报》以希伯来文和英文出版,总部位于特拉维夫。

一、历史沿革

图1 《国土报》现任发行人阿莫斯·肖肯

1918年,驻巴勒斯坦的英军政府资助创办了一份名为《国土新闻报》(Adashot Ha'aretz)的报纸,这便是《国土报》的前身。次年,一批来自俄罗斯的犹太复国主义者接手了这份报纸,更名为《国土报》并于6月18日开始重新出版。创办初期,该报一直在耶路撒冷出版。1922年,报纸总部迁至特拉维夫并一直延续至今。1935年,支持犹太复国主义的德国零售商人萨尔曼·肖肯(Salman Schocken)购得《国土报》,从此该报便始终由肖肯家族所有。目前,肖肯家族第三代领导人阿莫斯·肖肯(Amos Schocken)担任报纸发行人。[1]

2006年,另一位来自德国的出版商杜蒙特·绍贝格(DuMont Schauberg)买下了《国土报》25%的股份,结束了该报由肖肯家族全资拥有的历史。此事在以色列国内引发了争议,因为杜蒙特·绍贝格的父亲曾是一名德国纳粹党员,“二战”期间他的出版公司曾鼓吹纳粹思想。为此,阿莫斯·肖肯不得不出面解释,称杜蒙特家族的出版公司只是“在独裁政权下被迫奉命行事”。最终,争议仍未能阻止此次股权交易。[2]

目前,《国土报》由肖肯家族控股60%,杜蒙特·绍贝格和另外一名俄裔以色列商人分别持股20%。

二、发展现状

以色列有12种希伯来语日报,《国土报》被认为是以色列最有影响力的日报,[3]被誉为“以色列的《纽约时报》”。该报读者的受教育程度、收入水平普遍较高,每周6天出版,星期六休刊。报纸平日为18至24版,星期

① 《国土报》网站:http://www.haaretz.com/news/about－haaretz－1.63277,检索时间:2016年1月14日。

② Haaretz's “Nazi problem”,2006年8月16日,http://www.ynetnews.com/articles/0,7340,L－3292189,00.html,检索时间:2016年1月14日。

③ 陈力丹:《稳定发展的以色列新闻传播业》,《新闻界》2013年第8期。

五为 60 至 70 版。2008 年，该报订户达到 6.5 万，日发行量 7.2 万份，周末版发行量可达 10 万份。[①] 现任主编为阿鲁夫・本恩（Aluf Benn）。

1998 年，《国土报》增加了英文版，在以色列发行。1999 年 2 月，该报开始在北美以周报的形式发行，内容为以色列国内刊一周要闻汇总。《国土报》官方网站有希伯来文和英文两种版本。网站消息包括日常新闻报道、突发新闻报道以及各种政治话题的专栏博客。用户还可通过网站与巴以及世界各地新闻人物进行线上问答。

图 2 《国土报》希伯来文和英文另种版本的头版

随着网络技术的发展，纸质媒体的生存和发展受到了前所未有的影响。为应对发行量持续下滑的局面，2012 年，《国土报》网站率先在以色列建立付费墙，当年的订阅量占总收入的比例比上年增加了 10 个百分点。同一年，《国土报》还开发了 iPad 移动应用端，并及时通过用户注册为付费系统建立了完善的用户数据库。[②] 这些都成为当今纸媒谋求进一步发展的有益经验。

三、报道特点

《国土报》采用宽版印刷，新闻报道多用短标题，图片使用较少，关于政治的分析评论较多。评论专栏是该报引以为豪的品牌内容，其评论多由专职评论员而非特邀作者撰写，在以色列政府官员中很有影响。

《国土报》不从属于任何党派团体，敢于批评揭露官方和社会的各种弊端，重视国际新闻报道。在政治观点方面，《国土报》被普遍认为持左派立场，有以色列“自由灯塔”之称。该报长期以来支持巴以和谈，在报纸上发出巴勒斯坦方面的观点，为其赢得了国际知名度。此外，《国土报》对以色列境内的外国雇员、阿拉伯人以及埃塞俄比亚移民等弱势群体表现出同情倾向。

近年来，由于发行量的下降，《国土报》减少了政治报道和评论内容，转而增加了经济新闻、休闲体育新闻等报道，以吸引商界人士和年轻读者。[③] 受此影响，该报在以色列国内的影响力也因为“脱离政治”而出现下滑情况。

四、涉华报道

以色列早在 1950 年就承认了中华人民共和国，多年来与中国保持了较为友好的关系。受此影响，《国土报》涉华报道态度也较为积极温和。

---

① 《国土报》网站：Dov Alfon Named as New Haaretz Editor－in－chief，2008 年 2 月 12 日，http://www.haaretz.com/news/dov－alfon－named－as－new－haaretz－editor－in－chief－1.239137，检索时间：2016 年 1 月 14 日。

② 中国数字出版信息网：《以色列〈国土报〉“付费墙”：你不收费，读者就不付费》，2012 年 9 月 26 日，http://www.cdpi.cn/xzx/huanqiusaomiao/yunyingmoshi/20120926/3182.html，检索时间：2016 年 1 月 14 日。

③ Open Source Center：Israel－Hebrew and English Language Media Guide，2008 年 9 月 16 日，https://fas.org/irp/dni/osc/israelmedia.pdf，检索时间：2016 年 1 月 14 日。

2004 年 12 月 9 日,《国土报》刊载题为《中国的变革》的评论文章,通过历史对比肯定了中国市场经济改革带来的经济和社会进步。[①] 2014 年 2 月 26 日,《国土报》发表题为《中国能否取代美国成为以色列头号科技资本来源国》的文章,表达了对中国对以色列投资的强烈兴趣。[②]

近年来,以色列尽管同时是美国的特殊盟友,但在对华态度上却往往表现得比较微妙,并没有一味地站在西方角度支持美国,而是站在自身利益立场上灵活应对。2013 年 9 月 29 日,《国土报》发文《以色列为什么应考虑将重心向中国转移》,称中国短时间内不会取代美国成为以色列最强大的盟友,但以色列应考虑同国际社会最新的"负责任成熟大国"建立更密切的联系。[③] 2014 年 3 月 4 日,该报又刊登题为《什么以色列应欢迎中国的投资》的文章,既强调了中国投资对以色列经济社会发展的重要性,又申明应该采取明智审慎的行动,即"热情对待中国,但又不要太过热情。我们仍是美国人办的聚会的客人,但与中国人一样,首先要关照好自己。"[④]

总体而言,《国土报》对华报道能够站在自己的立场上看问题,希望能够在西方和中国之间找到某种平衡,因而其涉华报道能够从一定程度上客观地反映中国现实,表达中国声音。

① 中国网:《以色列国土报:中国的变革》,2004 年 12 月 9 日,http://www.china.com.cn/chinese/HIAW/738025.htm,检索时间:2016 年 1 月 14 日。

② 中国新闻网:《以媒:中国或取代美成以色列科技头号投资国》,2014 年 2 月 27 日,http://www.chinanews.com/gj/2014/02－27/5887827.shtml,检索时间:2016 年 1 月 14 日。

③ 环球网:《以媒:以色列应考虑同中国建立更密切联系》,2013 年 9 月 30 日,http://oversea.huanqiu.com/political/2013－09/4408444.html,检索时间:2016 年 1 月 14 日。

④ 环球网:《以色列应把北京拉入自家帐篷》,2014 年 3 月 6 日,http://oversea.huanqiu.com/article/2014－03/4881556.html,检索时间:2016 年 1 月 14 日。

澳大利亚

《澳大利亚金融评论》*The Australia Financial Review*

FINANCIAL REVIEW

THE DAILY HABIT OF SUCCESSFUL PEOPLE.

《澳大利亚金融评论》(*The Australia Financial Review*)是澳大利亚顶尖金融财经类报纸，其和《澳大利亚人报》是澳大利亚仅有的两份全国性报纸。该报是澳大利亚商业、金融以及科技领域日报中的佼佼者，隶属于费尔法克斯集团旗下。

一、历史沿革

1951 年 8 月，费尔法克斯集团在悉尼创办了《澳大利亚金融评论》。创办初时，该报以周报的形式发行。1961 年，该报由周刊改为双周刊出版，又于两年后改为日报发行。

1995 年 2 月，报社开始发行每月一期的同名杂志《澳大利亚金融评论杂志》(*The Australian Financial Review Magazine*)。同年 6 月，《澳大利亚金融评论》的网络版推出上线，该报进入了电子时代。之后，《澳大利亚金融评论》还推出了移动端应用。目前，用户也可以通过登录澳大利亚金融评论网或使用移动客户端应用来阅读其电子版。

2013 年，《澳大利亚金融评论》开始涉足视频财经新闻，与澳大利亚 9 频道合作推出了一档电视节目《周日金融评论》(*Financial Review Sunday*)，于当年 5 月 5 日开始播出。[①] 节目内容包括最新的金融市场分析、商业新闻评论、公司高层访问以及投资建议等，每则消息时长 1 分钟到 5 分钟不等，全部收录在报纸网站的视频专线当中。

图 1　1951 年创刊的《澳大利亚金融评论》

到 2002 年 9 月，《澳大利亚金融评论》的发行量为每日 9 万份，周末为 9.25 万份，覆盖读者达到 29.3 万人。之后随着传统报业日渐式微，该报的纸质版发行也受到了极大冲击。截止到 2013 年底，该报平日发行量 6.26 万份，周末为 7.17 万份。

2016 年 3 月 4 日，费尔法克斯集团宣布将关闭旗下另一家金融财经媒体《商业评论周刊》(*Business Review Weekly*)网站，将其旗下所有员工和资源并入《澳大利亚金融评论》。在此之后，《澳大利亚金融评论》将开辟一个以《商业评论周刊》(BRW)命名的新版块，刊载原《商业评论周刊》网站负责的特色内容，包括《200 富豪榜》(Rich 200)、《新贵富豪榜》(Young Rich)、《新晋百强》(Fast 100)等。

---

① 明安香:《全球传播格局》，社会科学文献出版社 2006 年版，第 257 页。

二、发展现状

图 2　电视节目《周日金融评论》

目前,《澳大利亚金融评论》在悉尼和新南威尔士均设有编辑总部。报纸以宽幅版面发行,每周发行六天,周一至周六每天出刊一期。《澳大利亚金融评论》的内容主要分为八大版块,包括:国内新闻、国际新闻、读者来信、新闻特写、信息技术、金融服务、理财和社论等。

通常,在周末,《澳大利亚金融评论》还出版有副刊《金融评论——明智投资人》(Financial Review Smart Investor)、《金融评论——地产资本》(Financial Review Asset)以及新开辟的专版《商业评论周刊》。

除此之外,报纸每月还会随报赠送两份月发增刊《金融评论杂志》(*Financial Review Magazine*)和《金融评论——老板》(*Financial Review BOSS*)。

Portfolio liftout
Penalty rates win
$30m sale for Lew
Economists survey
Bumper Easter AFR

FINANCIAL REVIEW

Big banks cruise to $7.4bn half-year payday

Landmark iron ore deal
Boost for economy
BHP shares surge

Miners win pricing battle

PM, Abbott trade blows on economy

More strength.

图 3　《澳大利亚金融评论》头版

图 4　月刊《金融评论杂志》

三、报道特点

自 20 世纪 70 年代开始,《澳大利亚金融评论》就与澳大利亚的经济自由主义紧密联系在一起。一直以来,该报的社论一贯秉持赞成小政府和市场自由化,鼓励私有化,主张降低税收和贸易自由化。与此相对,该报的言论版则较为开放,广泛刊登来自不同立场的观点。正因如此,《澳大利亚金融评论》在澳大利亚被认为是"偏见最少的报纸”。

近几年来,《澳大利亚金融评论》还通过网站和移动客户端应用向用户推送连续而有深度的新闻信息,构成该报扩展影响力的重要组成部分。目前,该报网站的新闻内容分为政治、政策、经济、世界和特殊报道五个部分。[①]

四、涉华报道

通过《澳大利亚金融评论》网站对含有关键词“China”的新闻报道进行检索,2015 年 1 月 1 日至 12 月 31 日期间共有相关报道 7624 条。其中,刊登在《要闻版》(NEWS)的报道有 96 篇,《商业版》(Business)的有 383 篇,《市场版》(Market)有 496 篇,《社论版》(Street Talks)有 169 篇,《言论版》(Opinion)有 239 篇,《科技版》(Technology)263 篇。基本上,《澳大利亚金融评论》的每一个版块中都有涉及中国的新闻信息,但是其他版块,包括《地产投资》《商界领袖》和《生活方式》等,都是侧重于澳大利亚本国的新闻内容,与中国的相关度较低,大多都是将中国作为本国新闻报道的背景信息。

以该报 2015 年刊载在《要闻版》的涉华报道为例,可以看到了在该报的议题安排当中,“中国”是一个非常重要的议题,在其最为重要新闻的《要闻版》上出现的频率相当高,可以达到平均每个月 7 到 8 次。在《要闻版》的内容设置中,主要又分为政治、政策、经济、世界和特别报道五个部分。其中,政治、政策和经济三个部分都是以澳大利亚本国的新闻内容为主,中国主要是作为“世界第二大经济体”“世界经济增速最快的国家”等,出现在对澳大利亚本国的报道之中,用作案例或者对比。

《世界版》是刊登涉华报道最多的一部分,而且其中大多数报道是对中国的直接报道。在这些对于中国的报道中,主要集中于中国的经济发展现状、中国企业对海外尤其是澳大利亚的投资拓展、涉华国际贸易以及中国股市近况等议题。除此之外,该报也有少量涉及中美军事力量对抗以及中国与周边国家领土争端的报道。而在这些报道中,主要涉及澳大利亚主要盟国美国与中国之间的关系和对抗,文章的主要基调在于探讨在二者之中如何寻找澳大利亚的位置。

就涉华报道的消息来源来看,相关涉华报道大多为本报自采的新闻或由本报编辑、专家撰写的评论内容,此外也有部分从其他媒体转引的报道,主要转引自同属费尔法克斯集团的《布里斯班时报》(*Brisbane Times*)。而就涉华报道的报道倾向来看,该报的涉华报道较为分散。在报道中国国内的经济发展和股市现状时,往往以消极态度为主,经常出现“担忧”“不稳”“震荡”等词汇和表述;在涉及中国对澳投资贸易时,该报又一改为开放的态度,认为中国投资对于澳大利亚的经济具有重要推动作用,对于中国企业进入澳大利亚市场、中国人投资澳大利亚房地产等议题,都时有积极报道出现;而在为数不多的国际关系相关报道中,该报则明显表露出澳大利亚作为美国重要盟国的属性,通常将中国视为“威胁”或“不安定因素”。

《澳大利亚人报》*The Australian*

THE AUSTRALIAN

《澳大利亚人报》(*The Australian*)是澳大利亚发行量最大的全国性报纸,该报的工作日发行量为 112269 份,周末版达到 242158 份。[②] 目前,该报隶属于默多克执掌的新闻集团。基于新闻集团的优势资源,《澳大利亚

---

① 《澳大利亚金融评论》网站:http://www.afr.com/,检索时间:2015 年 5 月 27 日。

② ABC Circulation Results - Feb. 2014,检索自:http://yaffacdn.s3.amazonaws.com/live/adnews/files/dmfile/ABC_Feb2014.pdf,检索时间:2015 年 11 月 2 日。

人报》能够整合包括《华尔街日报》和《泰晤士报》在内众多国际一流报纸的内容。

一、历史沿革①

堪培拉是澳大利亚的联邦首都,也是澳大利亚人口增长最快、报业市场最为成熟的城市之一。自 1928 年开始,《堪培拉时报》一直是这座大都市唯一的报纸,直到 1962 年,一份名为《地方新闻》的当地报纸创办起来。1964 年初,默多克买下《地方新闻》,并开始与《堪培拉时报》展开竞争。本想吞并《堪培拉时报》的默多克,由于费尔法克斯报团接手该报而打乱了他原本的计划。为了彻底压倒对方,默多克认为要创办一份新报,这份新报可以销往沿海都市,同时其堪培拉版也能够依靠当地广告来源做到经济自立。当时在澳大利亚,全国性报纸的主要市场在悉尼和墨尔本。因此,新报将在堪培拉制版,连夜用飞机运往悉尼和墨尔本印刷发售。

经过周密的考量,默多克开始部署《澳大利亚人报》的创办事宜。首先,他将竞争对手费尔法克斯报团麾下《澳大利亚财经评论报》的总编马克思韦尔·牛顿(Maxwell Newton)挖了过来,出任新报的主编。牛顿还带来了几个知名记者和资深编辑,构成了《澳大利亚人报》最初的中坚力量。同时,曾任英国《每日快报》编辑的索利·钱德勒毛遂自荐,担任《澳大利亚人报》的版面编辑。默多克将该报定位于"一张与众不同的报纸"。与他所经营的通俗小报不同,《澳大利亚人报》格调很高,是一份有立场的报纸,甚至有时可以"板起面孔"认真负责地面对社会,是一份严肃报纸。

THE AUSTRALIAN

Strain in Cabinet

Liberal-CP row flares over Senate

Trapped skiers rescued after three-day vigil

FBI finds second headless body

Mafia attack alleged

GOOD DAY

Opera cost queried

No bidders at £85,000

TUSSLE WITH MINISTERS -'DON'T PUT UP TAXES'

Call girl raid

More jet links

MERCANTILE MUTUAL INSURANCE

THE WEATHER – Sydney: Showers easing; Melbourne: mainly fine. See page 2.

图 5　1964 年 7 月 1 日发行的《澳大利亚人报》创刊号

1964 年 7 月 1 日,第一份《澳大利亚人报》发行,创刊号印刷 25 万份。在最初的 4 周内,报纸免费送给当地住户。② 在最初的一段时间内,由于各方人员磨合以及机构整合不到位,尤其是主编牛顿与默多克之间的分歧,导致报纸出现了很多问题。只有从英美大报和各大新闻社摘登的新闻吸引了较多读者,周六版的报纸最为畅销。随后,牛顿聘请了堪培拉当地学者鲍勃·布里森登担任报纸的文学编辑,布里森登又召集了一大批著名作家,其政治倾向左、中、右兼有,由他们撰写的大量政治评论文章,使得该报逐渐赢得读者的喜爱,从而扩大了报纸销量。

虽然《澳大利亚人报》占尽地缘优势,但并未因身处首都堪培拉而在政治新闻上有所建树。相反,因其版样是由飞机运到悉尼和墨尔本,受天气条件制约,有时会造成因运输延误而导致两地读者中午才能看到报纸,这无形中影响了报纸的信誉和形象。到 1964 年 11 月,《澳大利亚人报》的发行量从 7 月的 7.4 万余份下降到 5 万余份。1965 年 3 月 8 日,对默多克和《澳大利亚人报》失去信心的主编牛顿辞职,沃尔特·科默(Walter Kommer)随后接任,但他也并未给报纸带来太大起色。

1966 年 2 月,曾任澳大利亚销量第一的《太阳新闻画报》代理总编的阿德里安·迪莫(Adrian Deamer)出任《澳大利亚人报》的业务主编,默多克从一开始便给予他很大权力,同时还追加投资更新了设备,配置了一套传真通讯系统,从此报纸不必再依赖飞机运送版样至悉尼和墨尔本。1966 年 10 月,《澳大利亚人报》的管理和经

① 周小普:《全球化媒介的奇观:默多克新闻集团解读》,中国社会科学出版社 2006 年版,第 88—97 页。

② Daily commercial news and shipping list, National Library of Australia Trove,检索自:http://trove.nla.gov.au/newspaper/title/641,检索时间:2015 年 11 月 2 日。

营人员转移至悉尼，只留下编辑人员留守堪培拉。1967 年，迪莫成为负责新闻业务的主编，他逐步把《澳大利亚人报》打造成了一份专业化的严肃报纸，在版式的处理和内容的遴选上做到了精益求精，该报的自由主义态度也深受中产阶级和知识分子的喜爱。至 1969 年初，该报销量已经达到 12 万份，彻底扭转了当初的尴尬局面，树立起有口皆碑的公众形象。

1971 年 2 月，默多克创办了《星期日澳大利亚人报》，面向南威尔士州发行，风格倾向于悉尼的通俗性周末报纸，由原英国《每日邮报》的副主编布鲁斯·罗斯韦尔出任主编。然而，这份以英式风格办起来的周日版的报纸很快遭遇了“水土不服”，创刊 18 个月之后便以停刊告终。

1975 年大选期间，默多克与惠特拉姆总理反目，继而发起针对惠特拉姆政府的文字讨伐。在此过程中，默多克强势过多干涉报纸新闻业务，最终导致了报社记者编辑的大罢工。之后好多年里，《澳大利亚人报》一直由于这一问题而成为优秀新闻人才避而不入的媒体。经过很长时间，《澳大利亚人报》才逐渐洗清了这一恶名。

2002 年，克里斯·米切尔受命成为《澳大利亚人报》的新任主编，直到 2015 年 11 月卸任，米切尔成为带领《澳大利亚人报》转型并走向新媒体时代的灵魂人物。米切尔从 1992 年开始在《澳大利亚人报》担任编辑，老板默多克称他是新闻集团在世界范围内供职时间最长的一位编辑。

二、发展现状

目前，《澳大利亚人报》日报版面包括国内新闻、国外新闻、体育和经济新闻等部分，针对重大事件有专门的社论对页版，文章由常规专栏作家和特约供稿人撰写。其他常规版面包括科技、媒体、特写、法制、航空、国防、赛马、艺术、健康、财富和高等教育。星期六版包括休闲旅游版块和咨询版块。星期六增刊主要是评论，话题集中在书籍、艺术、电影和电视领域。

图 6 《澳大利亚人报》版面

2010 年 5 月，《澳大利亚人报》推出了适用于 iPad 平板电脑的新闻客户端，在澳大利亚报纸中一马当先。[①] 2011 年 10 月，新闻集团引进“付费墙”模式，向通过电脑、手机和平板设备及 APP 应用程序阅读新闻内容的用户收取每星期 4 澳元的费用。

三、报道特点

长期以来，《澳大利亚人报》关注与土著人相关的事件，并将注意力放在信息、技术、国防、矿业、科学、经济、政治和气候变化等问题上，也为澳大利亚能源政策提供了大量的“特殊报道”。前主编克里斯·米切尔就曾经表示，报纸的编审和社论是核心权利，与主流的工党总理陆克文(Kevin Rudd)交好，就像从前与约翰·霍华德(John Winston Howard)舒服地相处一样。根据业界评论，《澳大利亚人报》大体上来说是保守的，并且严重倾向商业利益。该报的一系列专栏作家持有各种各样的政治论调，但大多数是偏右的。该报的前编辑保罗称，《澳大利亚人报》已经在市场中被定位为强烈的经济自由主义支持者。

《澳大利亚人报》在气候变化方面提出了各种观点，并留出版面位置给那些达成科学共识的文章和作者，也同样为那些在原因上观点一致但在解决方法上有所分歧的作家留有余地，当然也提供空间给那些既对原因持不同意见，又对全球变暖表示理解的作家。

---

① Daily commercial news and shipping list, National Library of Australia Trove，检索自：http://trove.nla.gov.au/newspaper/title/641，检索时间：2015 年 11 月 2 日。

图 7 《澳大利亚人报》网站首页

图片引自《澳大利亚人报》网站：http://www.theaustralian.com.au，检索时间：2016 年 3 月 20 日。

默多克不只是一个报人，还是一个大商人和投资者，政治投资也是他投资的重要一部分。然而，商人的本质决定了默多克的政治立场是多变的。早在 1961 年，他与领导乡村党的麦克尤恩关系甚密，二人政见一致。但默多克明白报纸的读者大多在城市，拥立乡村党对自己的报业发展益处不大。于是，1963 年他转而拥护工党，但自由党在大选中获胜后，他又马上放弃了对工党的支持。1966 年 1 月，《澳大利亚人报》在选举日宣布："霍尔特上台势不可挡。"默多克总是在试图由自己的报纸扶持一个政府上台，然后再指望这个政府给他的报业带来实惠。在这一点上，政治家们的想法却与之相反，他们总是希望借助默多克的宣传力量帮助自己上台，之后再根据本党的利益需要来采取相应政策。于是，默多克带领着他的报纸，一次次扮演那种扶"盟友"上台，之后旋即抨击政府的角色。

四、涉华报道

截至 2015 年 5 月 29 日，《澳大利亚人报》新闻网站有关"China"报道的搜索结果约为 395000 条。有关中国的报道 90%以上集中在《世界版》(World)，有少数报道被编排在《体育版》和《国内版》，引用消息源方面，除转载该事件直接发布的官网信息外，《澳大利亚人报》主要依靠美联社。

《澳大利亚人报》对中国的报道主要集中在经济、军事、亚太及周边国家事务(包括朝鲜、伊朗问题、领土争端等)、国际事件和人权问题等议题领域。其中，与澳大利亚本国联系的报道主要集中在经济方面。对于与"军事"有关的议题，《澳大利亚人报》也密切关注。同时，对于中国在国际事务当中的作用，该报一般采取客观报道的态度。除此之外，对于有关言论出版自由、西藏问题等议题的报道中，《澳大利亚人报》体现出典型的西方媒体报道风格，往往站在反对中国政府的一方，采取指责性语言，带有浓郁的主观色彩。

目前，《澳大利亚人报》在中国设有常驻记者站。2012 年，时任《澳大利亚人报》驻华首席记者孙博睿(Michael Sainsbury)在接受中国媒体同行的采访时谈到自己在中国工作的经验体会，他指出，中国的媒体环境正在好转，尤其在北京、上海这样的地方，媒体环境并不糟，但采访官员非常非常难。①

① 腾讯新闻：《Sainsbury：在中国做记者最难的是采访官员》，2012 年 9 月 17 日，http://news.qq.com/a/20120917/001157.htm，检索时间：2015 年 9 月 3 日。

《每日电讯报》*The Daily Telegraph*

The Daily Telegraph

《每日电讯报》(*The Daily Telegraph*)创办于1879年,是在悉尼地区发行的一份小开本型报纸。该报在悉尼和新南威尔士出版,发行范围覆盖新南威尔士州、堪培拉和昆士兰的东南部地区。目前,该报隶属于默多克的新闻集团。在澳大利亚报界,该报有着很高的发行量,但却被认为是"最不可靠"的报纸之一。

一、历史沿革

《每日电讯报》创刊于1879年,在随后多年的发展过程中起起落落,所有权也几经变更。1936年,出版人弗兰克·帕克(Frank Packer)成为《每日电讯报》的所有人,随后将该报与自己手中另一份期刊《澳大利亚女性周刊》(*Australian Women's Weekly*)合并,在此基础上成立了澳大利亚联合出版社(Australian Consolidated Press)。1972年,《每日电讯报》在此被转手,卖给了当时日渐风生水起的新闻集团,之后一直作为默多克媒体帝国的一部分。

创刊以来,《每日电讯报》一直作为一份宽幅大报出版,直到1927年改为小报版式。之后,在1931年到1942年期间,《每日电讯报》一度恢复为大报形式。第二次世界大战期间,澳大利亚作为同盟国一方参战,期间颁布了相关战时规定,包括对纸张使用的限制,《每日电讯报》随即再次开始采用小报版式,在很大程度上节省了印刷成本。

1990年10月,默多克将《每日电讯报》与手中另一份报纸《每日镜报》合并。在此之前,两份报纸长期以"姊妹报"的形式并行发展。与《每日电讯报》不同,《每日镜报》是一份每天下午出刊发行的晚报。两报合并之后,开始以《每日电讯—镜报》(The Daily Telegraph—Mirror)的名字发行,分为晨报和晚报两个版本出刊,晨报以原来《每日电讯报》的采编团队为主,而晚报则以原来的《每日镜报》采编团队为主。

到1996年时,报纸读者提出现在的报名太过冗长,而读者更习惯于以"讯报"(The Tele)的名字来称呼该报。为顺应读者的呼吁,报纸从1996年1月开始恢复《每日电讯报》的名字,继续按照晨报和晚报的"一报两刊"的形式出版。一直持续到2002年,报社决定再次做出调整,停止发行晚报。

图8 《每日电讯报》与《每日镜报》合并

作为一份高度市场化的小报,《每日电讯报》的发行量一路飙升,在2013年6月时,周末发行量达到30余万份,成为悉尼发行量最大的报纸。[①] 之后几年,受传统报业发行不景气的影响,该报的发行量也开始逐步下滑。

---

① 澳大利亚哎呀网:Newspaper circulation results shocker: the contagion edition,2013年8月16日,http://www.crikey.com.au/2013/08/16/newspaper—circulation—results—shocker—the—contagion—edition/? wpmp_switcher=desktop,检索时间:2015年10月14日。

二、发展现状

目前,《每日电讯报》每周发行六天,周一至周六每天出刊一期。星期日发行周末版《周日电讯报》(*The Sunday Telegraph*)。《周日电讯报》与平日版报纸分开单独发行,也是一份小报形式的报纸。《周日电讯报》的发行范围与《每日电讯报》基本一致,主要覆盖新南威尔士、堪培拉和昆士兰的东南部地区。作为周末出刊的报纸,《周日电讯报》的内容侧重家庭和生活,经常随报赠送小礼品。每份售价仅 2.5 澳元,颇受欢迎。

作为一份多地发行的市场化小报,《每日电讯报》在各地都面临来自其他报纸的竞争。在墨尔本地区,《每日电讯报》主要面临的《先驱太阳报》(*Herald Sun*)及其周末版的竞争,在布里斯班地区则经常被拿来与《信使邮报》(*The Courier*－*Mail*)相提并论,在阿德莱德则与《周日邮报》(*The Sunday Mail*)分庭抗礼。此外,还有珀斯地区的《广告报》、达尔文地区的《水星报》和《周日塔斯马尼亚人报》等,都是《每日电讯报》的竞争对手。不过有意思的是,这些报纸基本都隶属于新闻集团的澳大利亚公司,貌似繁荣的市场竞争其实不过是集团内部不同产品之间的同场竞技。

图 9 《每日电讯报》及其新媒体

2010 年 11 月 19 日,《每日电讯报》发布了 iPad 移动端应用,读者从此能够通过移动设备随时随地浏览由《每日电讯报》提供的新闻信息。

2015 年,《每日电讯报》纸质版报纸的发行量达到了 255448 份,覆盖读者数量达到 975000 人。同年,《每日电讯报》网站(dailytelegraph.com.au)的浏览量达到 18707000。根据新闻集团澳大利亚公司的统计,包括纸质版和电子版在内,《每日电讯报》的总读者数可以达到 3988000 人。①

三、报道特点

作为新闻集团旗下的小报,《每日电讯报》有着非常鲜明的小报特点。报纸对于体育、娱乐、名人花边等一类的软新闻关注更多,且在头版经常使用大幅的彩色图片和大字号标题吸引读者。此外,《每日电讯报》的报道或者图片常常引发争议,关于报纸争议事件的发生频率很高。

《每日电讯报》的周末版《周日电讯报》,每期包括五个版块,《国内新闻》(News)、《世界新闻》(World)、《当日要务》(Agenda)、《体育新闻》(Sport)和《内幕消息》(Insider)。其中,《当日要务》专门刊登特写报道和深度分析,针对当天的重要新闻事件展开评论和分析;《内幕消息》则是刊登八卦新闻和名人轶事的专版,小报气息颇为浓厚。

① 数据来源:新闻集团澳大利亚公司网站,http://newscorp.com/business/news－corp－australia/,检索日期:2016 年 11 月 13 日。

图 10 《每日电讯报》头版

为应对新兴媒体冲击，与众多澳大利亚传统报纸一样，《每日电讯报》极力推行跨屏新闻服务，订阅用户可以享受除该报外，《先驱太阳报》《昆士兰邮报》和《广告报》的网络阅读权限，包括在平板应用中的使用权限，以及免费纸质版投递到户服务和福克斯体育新闻直播和视频亮点。

目前，《每日电讯报》网站的版面设置主要分为新闻、体育、经济、娱乐、生活和视频几个部分，新闻类型细分为悉尼本地、新南威尔士州、世界、国内、国际、视频、图片、评论和读者互动等。

图 11 《每日电讯报》网站首页

图片引自《每日电讯报》网站：http://www.dailytelegraph.com.au，检索时间：2016 年 3 月 30 日。

四、涉华报道

截止到 2015 年 10 月，在《每日电讯报》官网以“China”为关键词进行检索，可以得到结果 20 余万条，涉华报道的数量非常大。选取检索前 10 页的涉华报道作为案例进行分析，《每日电讯报》关于中国的报道也受到其本身小报性质的影响，呈现出以下几点特色：

首先，《每日电讯报》对中国的关注，侧重点几乎都在社会新闻甚至趣味花边上，而严肃的政治或者经济新闻数量很少。其中，大多数涉华报道都是发生在中国各地的奇闻异事。例如，2008 年 12 月刊登的一则新闻报道，内容是一名学习射箭的儿童被弓箭射入眼睛，最终不治身亡的事件。这则新闻在中国国内很多媒体都没有关注到，但是远在大洋彼岸的这份澳大利亚小报却将其纳入了自己的报道范围。

其次，《每日电讯报》的涉华报道少有深入一线自采的新闻报道。一方面是因为《每日电讯报》以“我们为悉尼办报”(We're for Sydney)为口号，市场定位主要在国内尤其是悉尼及其周边地区，对于国际新闻报道的关注和投入都非常有限；另一方面是因为该报隶属于国际传媒巨头新闻集团，可以直接从同一集团下其他媒体的报道中获取消息源,能够直接转载和改写其他媒体的报道。不仅综合报道多,而且大部分报道篇幅很短,仅仅简单交代发生在中国的新闻事件中吸引人的一些要素,不会展开分析。

最后,由于《每日电讯报》的小报属性,其并不会像严肃大报一样认真分析和看待中国发生的新闻事件,而往往以猎奇和戏谑的口吻讲述“来自中国的故事”。这样的风格特色,导致其涉华报道严重缺乏严肃性和客观性。对于其本国读者来说,这种报纸或许具有很高的阅读感官刺激,但却不会被引以为信。正因如此,该报才被认为是“最不可靠”、仅供这种报纸娱乐的报纸。

《时代报》*The Age*

THE AGE
INDEPENDENT. ALWAYS.

《时代报》(*The Age*)创办于 1854 年,是一份地方性的都市报纸,隶属于费尔法克斯传媒集团。在发布纸质版的同时,《时代报》也提供网络版,内容方面与费尔法克斯旗下的其他日报共享众多文章来源。

一、历史沿革

《时代报》创办于 1854 年,由约翰和亨利·库克(John and Henry Cooke)两兄弟连同友人沃尔特·鲍威尔(Walter Powell)共同创办,首期报纸于 10 月 17 日出版。创办初期,不熟悉报业经营的三人并没能按照初衷将报纸办出特色。1856 年 6 月,库克兄弟通过拍卖以 2000 英镑的价格将报纸出售给了埃比尼泽·赛姆(Ebenezer Syme)和詹姆斯·麦克伊万(JamesMcEwan)。6 月 17 日,由新出版人负责的第一期报纸开始出版。

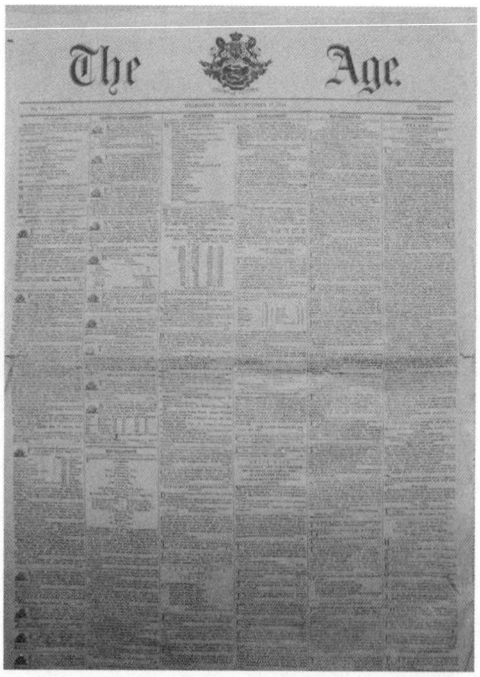
The Age

图 12　1854 年 10 月 17 日出版的第一期《时代报》

图 13　《时代报》的缔造者大卫·赛姆

埃比尼泽·赛姆是一名爱尔兰裔商人,同时也为一些媒体撰稿,具有一定的新闻工作经验。1853 年,埃比尼泽携妻带子来到澳大利亚,随后便开始从事记者工作。1854 年《时代报》创办时,他已经作为编辑人员开始在该报工作。在两年后报纸经营陷入困难时,埃比尼泽果断出资买下这份报纸。入主报纸后几个月,埃比尼泽就当选为维多利亚立法议会的洛登区议员。由于行政职务与记者工作之间产生冲突,1859 年任期结束以后,埃比尼泽决然放弃了自己的政治生涯，集中于报纸经营和新闻报道工作。

1860 年，埃比尼泽去世后，他的弟弟大卫·赛姆(David Syme)成为《时代报》的总编。1891 年，大卫·赛姆出资将哥哥的继承人和合伙人麦克伊万手中的股权全部买下来，成为了报纸的唯一所有人。在他的领导下，《时代报》发展迅速，很快成为维多利亚地区最大的报纸，在销量上远超其竞争对手《先驱报》(*The Herald*)和《百眼巨人报》(*The Argus*)。为了赢得读者，《时代报》于 1883 年派出自己的探险队到新几内亚探险，由记者乔治·莫里循(George Morrison)率领，他发表的精彩报道吸引了大批读者。《时代报》对澳大利亚报业的现场直击报道进一步做出了贡献，这一做法令其对手《百眼巨人报》等起而效仿。到 1890 年时，《时代报》的日均销量突破了 10 万份，成为当时世界范围内最成功的报纸之一。在维多利亚地区，《时代报》对当地政治和社会都具有极大的影响力。大卫·赛姆主张澳大利亚实行保护主义政策，被认为是"澳大利亚保护主义之父"(the father of protection in Australia)。在 1890 年代，《时代报》一直坚定支持澳大利亚联邦，并且拥护鼓吹"白澳政策"。[①]

1908 年，大卫·赛姆离世，将报纸留给了他的三个儿子，由长子赫伯特·赛姆(Herbert Syme)出任报社总经理，另一个儿子杰弗里·赛姆(Geofrrey Syme)担任出版人。大卫·赛姆去世前制定了一项限制性遗嘱，要求在他的儿子有生之年不得出售报社任何资产，意在确保报纸的所有权控制在家族手中。然而，这也在长达 40 余年的时间内限制了报纸获得进一步融资的可能。进入 20 世纪 40 年代，《时代报》的发行量已经低于 1900 年的水平，进而也导致其政治影响力大大下降。澳大利亚历史学家西比尔·诺兰(Sybil Nolan)曾描述这一时期的《时代报》："这几年的《时代报》只是二流水平，不管是版式还是外观都充满陈腐之气。"由于与保守党派势力的紧密联系，《时代报》变得故步自封，失去了跟上时代步伐的活力。

图 14　1975 年的《时代报》

1942 年，奥斯瓦尔德·赛姆(Oswald Syme)从兄长手中接过了《时代报》的大权，随即着手对报纸进行现代化改造，一方面更新版面设计方法，另一方面提升新闻报道专业水准，将分类广告撤下头版，引入图片印刷等。到 1948 年时，奥斯瓦尔德意识到仅靠一己之力难以给《时代报》带来根本性的转变，必须引入外来资本提升报纸的发展规模。因此，他出面向法院申请改变父亲的遗嘱，将家族私营公司改制为公共股份公司，随即售出价值 40 万英镑的股票，融资用于实现报纸的现代化生产。当时，《悉尼先驱晨报》的出版人沃里克·费尔法克斯(Warwick Fairfax)正着手准备彻底收购《时代报》，经此一变也只得打消念头。之后几年间，《时代报》迅速恢复了市场上的强劲竞争力。到 1957 年时，老对手《百眼巨人报》停刊，《时代报》的市场份额进一步提升。

1964 年，奥斯瓦尔德退休，将报纸移交给自己的外孙雷纳德·麦克唐纳(Ranald Macdonald)。麦克唐纳首次开始聘请来自赛姆家族以外的专业新闻人出任总编辑，格雷厄姆·珀金(Graham Perkin)受命负责报纸的新闻编辑事务。在他的带领下，《时代报》开始由保守自由主义转向支持澳大利亚共党的左倾自由主义立场。1966 年，麦克唐纳协议向费尔法克斯集团转让了小部分股权，从而松动了赛姆家族对《时代报》超过一个世纪的所有权控制。

1972 年，费尔法克斯集团成为《时代报》的控股股东。到 1983 年时，费尔法克斯集团又进一步买断了大卫·赛姆公司(David Syme and Co.)全部股权，赛姆家族经营业已百余年的报业拱手交给了老竞争对手。1999 年，已经成为费尔法克斯集团子公司的大卫·赛姆公司经过改组，正式更名为《时代报》集团，彻底脱离了与赛

---

① 白澳政策 White Australia Policy，是澳大利亚联邦政府推行的反对亚洲移民的种族主义政策的统称。1901 年，《移民控制法案》(Immigration RestrictionAct)颁布，使得白澳政策正式确立为澳大利亚的基本国策。在此政策下，很多华人移民忍受不了欺压而被迫离开澳大利亚。直到 1972 年，澳大利亚工党政府才正式取消了"白澳政策"。

姆家族的联系。至今,《时代报》一直是费尔法克斯集团旗下的主要报纸媒体之一。

2007 年年初,《时代报》宣布由宽幅大报版式转为柏林版式印刷出版。2009 年 10 月,费尔法克斯集团斥资 1.1 亿美元建设的媒体大厦落成,《时代报》连同同一母公司旗下的其他媒体开始在同一屋檐下办公。2012 年,《时代报》同时出版三个版本,包括向洲际之间和维多利亚近郊读者发行的 NAA 版、面向城市地区读者的 MEA 版以及城市周末版 THA 版。

二、发展现状

根据澳大利亚媒体发行统计机构(Audited Media Association of Australia,简称“AMAA”)发布的数据,截至 2013 年 12 月,《时代报》在工作日的平均发行量约为 130767 份,星期六发行约 196051 份,《周日时代报》(*Sunday Age*)的发行量约为 164243 份。相比前一年,《时代报》的发行量整体以 14%到 17%的幅度下降。[①] 而到 2015 年 6 月时,《时代报》在工作日的发行量为 100339 份,周六为 172280 份,《周日时代报》的发行量则为 139989 份,整体降幅 7%到 11%。[②] 尽管降幅有所缩小,但是依然没有办法改变报纸发行量一路下行的趋势。

2012 年 6 月,受费尔法克斯集团出台“3 年裁员 1900 人计划”的影响,《时代报》不得不随之减员。2013 年 3 月,《时代报》开始实行纸质版简化政策,除周末版依然可以保留以往版式以外,其他时间发行的报纸一律以简版形式出版。[③]

LOCAL HERO
LIONEL ROSE
Trailblazing national icon
NEWS & OPINION
THE AGE
Baillieu criticises police chief, calls in top QC to investigate removal of deputy
Overland to face probe over turmoil
Timor rejected Chinese spy offer
THE WIKILEAKS FILES
Swan's budget to crack down on long-term jobless
A no-fee home loan available in 60 minutes?
Yes, from Australia's leading bank.

epicure
Straight from the paddock to your plate
Cats triumph again
Kennett opens fire on Clarkson SPORT
THE AGE
Rational suicide Why Beverley Broadbent chose to die
'I'm not depressed, I'm not sad. I'm having a good life that I'm enjoying right to the last minute.'
Beverley Broadbent
Julia Medew reports
Beverley Broadbent was not dying of a terminal illness, nor was she depressed or unhappy. But at 83, she wanted to die.
DO YOU HAVE A SKIN CONDITION?
RSVP at Veilcream.com.au/forum
veil

图 15　2011 年和 2013 年《时代报》版面对比

2013 年 7 月,费尔法克斯集团宣布将为旗下的《时代报》和《悉尼先驱晨报》引进“付费墙”,用户必须通过支付费用成为订户以后才能够阅读《时代报》电子版的内容。除了网站以外,移动客户端应用也将引入“免费增值”机制,即该报电子版的订阅用户可以阅读应用提供的所有新闻信息,但是普通用户只能浏览有限数量的文

---

① ABC Circlation Results—Feb 2014: http://yaffacdn.s3.amazonaws.com/live/adnews/files/dmfile/ABC_Feb2014.pdf,检索时间:2015 年 10 月 14 日。

② ABC Circlation Results—June 2015: http://yaffacdn.s3.amazonaws.com/live/adnews/files/dmfile/ABCCirculationAug15.pdf,检索时间:2015 年 10 月 14 日。

③ Carson, Andrea: Two of Australia's most noted newspapers go tabloid: Will the content follow suit? 2013 年 3 月 3 日, http://www.niemanlab.org/2013/03/two-of-australias-most-noted-newspapers-go-tabloid-will-the-content-follow-suit/,检索时间:2015 年 10 月 14 日。

章，其他内容则不再免费提供。[①]

图 16 《时代报》推出的移动客户端应用

图片引自《时代报》网站：http://www.theage.com.au/interactive/ipad－app－landing/，检索时间：2015 年 10 月 14 日。

三、报道特点

（一）政治调查性新闻

《时代报》刊登的政治调查报道具有很大影响力。1993 年，在“澳工党”政府的一次内阁改组中，刚过 40 岁的格里菲斯从一名低级部长升为举足轻重的工业部长。由于他活动能力强，年纪轻，并与总理基廷过从甚密，工党内部和社会舆论普遍认为他最有希望在不久的将来成为基廷的接班人。然而，一桩原本不大的是非，却在《时代报》的宣扬下断送了他的政治前途。

格里菲斯持有墨尔本一家食品店的股份，而他办公室的一位工作人员曾一次性挪用公款数千澳元帮这家食品店交纳所欠的水电费，事后此人又补齐了这笔公款。然而，《时代报》记者从食品店经理嘴里打听到这件事之后，快马加鞭地采访了企业注册主管部门、税务局和银行，并获得了有关支票的复印件。支票的账号显示款项出自格里菲斯办公室，用途则证明了假公济私之实。可以说，《时代报》对格里菲斯这一假公济私行为的报道是客观公正的。编辑部进行了充分核实后决定将有关报道公之于众，报社提前数天通知了这位部长，并要求他予以回应。尽管格里菲斯矢口否认知情这件事，并声明事情均为该工作人员擅自做主，然而最终他仍是无法收拾局面并以辞职告终。[②]

（二）媒介融合举措

《时代报》在 Facebook 和 Twitter 上有自己的网页，并把新闻图片刊发在上面，配以简单的文字说明，然后标明该新闻在《时代报》网站上的网址，供读者了解详情。有时，《时代报》甚至把自己报纸的头版拍成照片上传到 Facebook 网上，以招揽读者。与此同时，报纸还积极从 Twitter 网上获得读者反馈。这一举措目的在于：第一，逐步实现媒体网络化过渡；第二，留住读者；第三，留住广告客户。虽然盈利空间正逐步缩小，但《时代报》在

---

① 澳大利亚广播公司网站：Fairfax introduces paywall for digital versions of The Age and The Sydney Morning Herald，2013 年 7 月 2 日，http://www.abc.net.au/news/2013－07－02/fairfax－introduces－paywall－for－the－age－and－smh/4794962，检索时间：2015 年 10 月 14 日。

② 陈新：《澳大利亚新闻界一瞥》，《中国记者》1995 年第 1 期。

当前新媒体冲击、发行量下挫的局面下,依然能够保持盈利。[①]

四、涉华报道

截至 2015 年 5 月 29 日,以"China"为关键字在《时代报》新闻网站上进行检索,共有涉华相关报道 61482 条。[②]

从报道议题来看,《时代报》对中国的报道主要集中在经济、军事和国际政治方面,尤其针对中国南海领土争端和中国股市的议题展开了多篇报道。在经济方面,该报关注中国资本市场和商业领域政策;在军事方面,该报十分关注中国在亚太地区的军事举动,并将澳大利亚作为其地缘政治上的利益相关邻国来思考;在政治方面,该报近年来一直处于探讨"澳大利亚如何在美国和中国之间做出选择"的处境。

由于费尔法克斯集团在北京设有驻华记者站,《时代报》发表的相关涉华报道中,绝大部分都是由母公司驻华记者采写的内容。另外,由现任驻华记者约翰·加诺特(John Garnaut)采写的大量涉华报道,主要刊登在该报的评论版,主要集中在国际政治和国际关系方面,同时读者可以对该版块议题发表评论。加诺特文风犀利而颇具批判性,评论文章带有鲜明的个人观点。

由于同属一个母公司旗下,《时代报》与《悉尼先驱晨报》共用涉华报道的主要信息源,两报在新闻报道上多有雷同。然而,相较于《悉尼先驱晨报》,《时代报》对涉华重大新闻事件往往刊发具有自己视角的独家评论文章,观点更为突出。

《悉尼晨锋报》*The Sydney Morning Herald*

The Sydney Morning Herald

《悉尼晨锋报》(*The Sydney Morning Herald*)隶属于费尔法克斯传媒集团(Fairfax Media),是在悉尼出版的一份日报,报纸销往悉尼、新南威尔士、堪培拉和南部东昆士兰地区,每周出版 6 天。同时,《悉尼晨锋报》也是澳大利亚全国性的网络新闻品牌,该报的前身可追溯到 1831 年成立的《悉尼先驱报》,是澳大利亚至今仍在出版的最古老的报纸。[③]

一、历史沿革

1831 年,《悉尼公报》(*Sydney Gazette*)[④]的 3 名雇员沃德·斯蒂芬斯(Ward Stephens)、弗雷德里克·斯托克斯(Frederick Stokes)和威廉·麦加维(William McGarvie)共同创立了《悉尼先驱报》(*The Sydney Herald*)。

当时的《悉尼先驱报》仅刊行 4 个版面,每周发行 1 期,发行量仅为 750 份。从 1840 年开始,《悉尼先驱报》改为日报出版。1841 年,一位名叫约翰·费尔法克斯(John Fairfax)的英国人将其收购,将报名改为《悉尼晨锋报》,并一直沿用至今。费尔法克斯家族将其"以坦诚为原则、以诚实为荣耀,不误导、不盲从"的编辑政策贯彻在 150 年的报刊管理之中。

1944 年 4 月 15 日开始,《悉尼晨锋报》将头版的内容由广告改为新闻,这相对于国内其他都市报而言,已经

---

① 宗春启:《媒体融合在澳大利亚》,《新闻与写作》2013 年第 1 期。

② 《时代报》网站:http://www.theage.com.au/execute_search.html? text=China&ss=theage.com.au%2Fexecute_search.html,检索时间:2015 年 5 月 29 日。

③ CNN:Breaking: News and hearts at the Herald,2012 年 6 月 26 日,http://edition.cnn.com/2012/06/26/opinion/australia－global－mail－media－opinion/,检索时间:2015 年 10 月 23 日。

④ 《悉尼公报》原名为《悉尼公报与南威尔士广告者》(*The Sydney Gazette and New South Wales Advertiser*),由南威尔士殖民政府创办于 1803 年 3 月,是澳大利亚第一份报纸。该报一直发行到 1842 年 10 月 20 日。

是非常滞后的行动了，仅仅领先于《西澳洲人报》。1949 年，报纸发行了周日版——《星期日先驱报》(*The Sunday Herald*)。4 年后，费尔法克斯将《星期日先驱报》与刚收购的《太阳报》(*Sun*)合并，在此基础上成立了新的《太阳先驱报》(*The Sun*－*Herald*)，并一直持续发行至今。

1995 年，《悉尼晨锋报》的网络版(smh.com.au)推出上线，在纸质版内容的基础上，增添了包括互动和多媒体新闻在内的丰富内容。与此同时，报社办公室迁至达令公园(Darling Park)，并且在位于悉尼西部的丘洛拉(Chullora)建立了新的印刷出版社。目前，《悉尼晨锋报》与其他费尔法克斯集团的媒体成员一样，都已搬至达令岛(Darling Island)的办公大厦。

THE SYDNEY HERALD.

图 17　1831 年 4 月 18 日出版的《悉尼先驱报》

LATE EDITION

STOP PRESS, PAGE 4

Price 2d

INVASION TRAINING PICTURES, PAGE 5

The Sydney Morning Herald.

ALLIES INVADE NORTH FRANCE

VAST SEA AND AIR OPERATION

Armada of 4,000 Ships

BEACH-HEADS ESTABLISHED

From Our War Correspondents and A.A.P.

LONDON, June 6.—Last night and early this morning the Allied Expeditionary Force launched a huge sea and air borne invasion of the Normandy coast of northern France.

Mr. Churchill told the House of Commons to-day that the landing of our troops on a broad front had been effective and they had penetrated in some cases several miles inland. Lodgements existed on a wide front.

Air-borne troops, he added, had been landed behind the enemy's lines on a scale far larger than ever before seen, with great accuracy and extremely little loss.

CALL TO PRAYER

Broadcast by King

"CRUSADE" BEGUN

Order-of-Day to Troops

MASSIVE AIR AND SEA COVER

11,000 Planes Enter Battle

TANKS DRIVING INLAND, SAY THE GERMANS

图 18　1944 年 6 月 7 日《悉尼晨锋报》头版

2007 年 5 月，费尔法克斯传媒宣布将跟随《泰晤士报》的脚步，将《悉尼晨锋报》以及旗下另一份报纸《时代报》的报纸版面改为紧凑型小报，并于同年将此计划付诸行动。然而，受到经济形势以及纸媒行业整体式微的影响，2012 年 6 月，费尔法克斯传媒宣布将于次年 3 月开始对两份报纸进行版面缩减。同时，集团还宣布计划在接下来的 3 年中裁员 1900 人，旗下报纸的网络版将启用“付费墙”。届时，网络版新闻订阅采取免费增值模式，每个月对读者免费阅读新闻的数量加以限定，对更多的阅读需求加以收费。这是费尔法克斯传媒整个“数字第一”战略的一部分，增加线上出版以提升编辑内容的分享性，并且有助于帮助管理者完成“线上、线下与移动平台完整联通”的发展目标。[①]

2014 年 3 月 1 日开始，《悉尼晨锋报》的周六版也开始由宽幅报纸改为紧凑版式出版。

二、发展现状

历史上，《悉尼晨锋报》是一份持保守立场的报纸。在 1984 年之前，《悉尼晨锋报》一直未曾在任何一次选举中支持澳大利亚工党。2004 年澳大利亚联邦选举期间，《悉尼晨锋报》声明自己将“不在选举期间支持任何一个党派”，并且声称这一立场不会一成不变。之后，在 2007 年新南威尔士州选举中，《悉尼晨锋报》选择支持保

① Sydney Morning Herald：Fairfax to shed 1900 staff，erect paywalls，2012 年 6 月 18 日，http：//www.smh.com.au/business/fairfax－to－shed－1900－staff－erect－paywalls－20120617－20ix1.html，检索时间：2015 年 10 月 15 日。

守党联盟,在 2007 年和 2010 年的联邦选举中其又站在了工党一边,而到 2013 年联邦选举之前,《悉尼晨锋报》又宣称:"只有保守党联盟能够成为说到做到、落到实处的稳固政府"。近几年来,《悉尼晨锋报》积极参与政治宣传活动,投身到"地球一小时"等公益活动当中。

The Sydney Morning Herald

Love, war and Hemingway

Police bugging scandal

Stop the Twitter trolls

Defence crews forced to sit on eskies during chopper flights

Private doctors criticised on births

Change in the air as Libs take over Labor strongholds

Watchdog probes Obeids' Quay cafes

Optus 4G. Brace yourself.

图 19　改版后的《悉尼晨锋报》头版

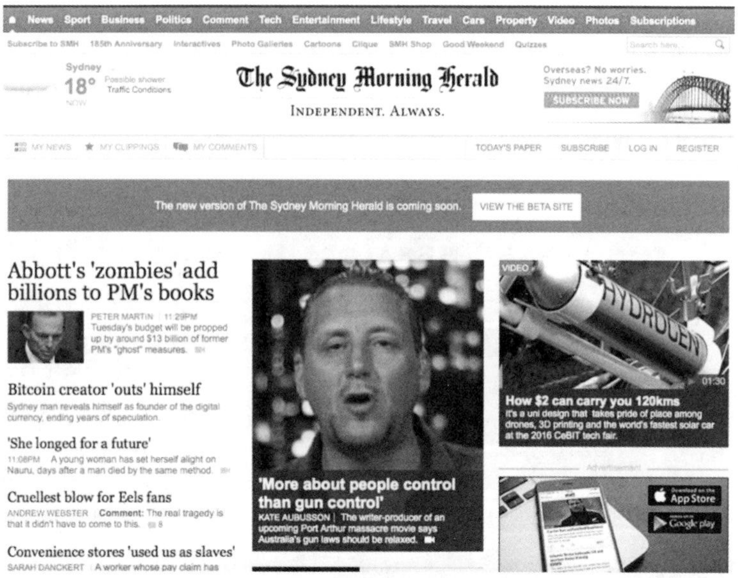

图 20　《悉尼晨锋报》网站首页

图片引自《悉尼晨锋报》网站:http://www.smh.com.au,检索时间:2016 年 4 月 30 日。

根据澳大利亚媒体市场调查机构罗依摩根研究公司(Roy Morgan Research)的读者调查,2010 年 3 月至 2011 年 3 月的一年当中,《悉尼晨锋报》的平日版阅读量达到 766000 次,而星期六版更高达 1014000 次。[①] 澳大利亚销量审计署提供的数字显示,2013 年全年间,该报的平日版平均销售量为 132000 份,星期六版为 228000 份,皆较上一年下降 16%左右。[②]

三、报道特点

与大多数澳大利亚媒体的新闻报道风格相近,《悉尼晨锋报》的报道内容倾向于以奇闻异事为主的都市新闻。该报通常广泛报道澳大利亚各个领域的重大事件,重点关注政治、法律和文化方面的相关报道。目前,该报言论版的政治专栏作家有菲利普·库里(Phillip Coorey)、保罗·西汉(Paul Sheehan)和理查德·奥克兰(Richard Ackland),偶尔刊登读者投稿的评论文章。

除此之外,《悉尼晨锋报》的一大特色就是对读者投稿文章的开放。1947 年 1 月 11 日,《悉尼晨锋报》首次刊登了一篇读者来稿,内容是读者对于新近发生的有趣事件发表个人观察和评论。之后,这一版块逐渐固定下来,成为《悉尼晨锋报》最具特色的《八栏评论》(Column 8),此类文章往往发表在头版的最后八栏。头版刊登《八栏评论》的传统延续了多年。2000 年悉尼奥运会之前,报社对报纸头版进行改版,将这个版块移到了报纸第一叠次的末页,并一直延续至今。《八栏评论》一向以亲切平易的风格著称,在读者中有"老奶奶"的雅称。在《八栏评论》最初风靡的近 20 年间,编辑创造了一个老奶奶的

Column 8

图 21　"八栏评论"的栏目标识

---

① Roy Morgan Research:Roy Morgan Readership estimates for Australia for the 12 months to March 2011,2011 年 5 月 14 日,http://www.roymorgan.com/findings/finding－1760－201304282346,检索时间:2015 年 10 月 23 日。

② Audit Bureau of Circulations:ABC Circulation Results－Feb 2014,2014 年 2 月,http://yaffacdn.s3.amazonaws.com/live/adnews/files/dmfile/ABC_Feb2014.pdf,检索时间:2015 年 10 月 23 日。

形象，声称这一版块就是由如此一位亲切的老奶奶来编辑的。

目前，《悉尼晨锋报》已经参与到由澳大利亚国家图书馆启动的澳大利亚报纸数字化项目中，将报纸内容实现了数字化。

四、涉华报道

截至 2016 年 4 月底，通过在《悉尼晨锋报》新闻网站以"China"为关键词进行检索，检索结果有 70902 条，其中新闻报道有 67738 篇，其余的有博客文章和影评书评。[①]总体来看，该报的涉华报道内容十分丰富，涉及政治、经济、外交、文化、社会等方方面面的新闻议题。

在《悉尼晨锋报》的涉华报道中，政治、政治论述、政治新闻三个版块在内共有涉华报道 1886 篇。在这些文章中，《悉尼晨锋报》对中国的关注更多地集中在中国的对外关系和中国在国际政治舞台中所起的作用上。例如，在 2016 年 4 月 14 到 15 日期间，澳大利亚总理马尔科姆·特恩布尔（Malcolm Turnbull）及贸易投资部部长斯蒂文·乔博（StevenCiobo）率领 1000 多位政企精英访问中国。对此，《悉尼晨锋报》发表了一系列文章报道此次访问。4 月 16 日发表的一篇评论文章题为《这是危险吗？马尔科姆访华获得的讯息》（"Was that a threat? The message given to Malcolm Turnbull on his visit to China"），[②]文章反复指出在南海问题上澳大利亚应坚定立场，完全了忽视此次访问以经贸合作和文化交流为主要内容的实质，片面强调两国之间的差异乃至对立。文章在文字和词法的使用上明嘲暗讽中国对澳大利亚颐指气使，对中国的描述中随处可见"intimidate（恐吓）、bluff and bluster（虚张声势）"等词汇，表面上是对特恩布尔政府外交政策的评论，实则充满了对中国的敌视。

在经济报道领域，《悉尼晨锋报》的涉华报道广泛涉及商业、金融、企业、投资、房地产等各个方面，其中既有对中国自身经济发展和市场现状的报道和评析，也有大量澳大利亚本国经济报道中提及中国和中国人的情况。对于中国经济发展现状，该报普遍持消极态度。如 2016 年 4 月 29 日发表的评论文章《如果苹果前股东卡尔·伊坎对中国表示担忧，我们是否也应如此》（"If former Apple shareholder Carl Icahn is worried about China, should we be too?"）[③]，同日，另一篇对中国股市的报道题为《中国股市让投资者备受考验》（"China's markets putting investors to the test"），均对中国的经济发展表露出明显的消极态度。

除此之外，《悉尼晨锋报》向来以鼓吹"中国威胁论"为能事。2014 年 4 月 21 日和 26 日，《悉尼晨锋报》以及费尔法克斯传媒集团下属其他几家媒体共同发出连续报道，称中国情报部门正在建立相关情报网络，尤其是在澳大利亚各高等教育机构内，以监控澳大利亚的华裔社区，保护中国的"核心利益"，这澳大利亚方面不得不加强反情报能力。[④]通过这一报道，《悉尼晨锋报》等媒体热炒"中国间谍"话题，中国大使馆以及留学生等海外华人群体都对此提出了抗议。然而，时至今日，类似论调仍然在《悉尼晨锋报》的涉华报道中不时出现。2016 年 4 月 14 日，《悉尼晨锋报》再发文将旅澳爱国人士称为"中国企图操控澳大利亚的工具"，文章题为《我们身边的中国爱国者：中国影响澳大利亚的新杠杆》，甚至将此前发表的"中国间谍"报道作为相关链接放在一起。通过如此的报道论调和彼此联系，《悉尼晨锋报》大力鼓吹"中国威胁论"，发表的大量涉华报道也以此为基调。

---

① 《悉尼晨锋报》官网：2016 年 3 月 31 日，http://www.smh.com.au/execute_search.html? text=China+&ss=smh.com.au%2Fexecute_search.html，检索时间：2016 年 4 月 30 日。

② 《悉尼晨锋报》网站：Was that a threat? The message given to Malcolm Turnbull on his visit to China，2016 年 4 月 16 日，http://www.smh.com.au/federal－politics/political－news/was－that－a－threat－the－message－given－to－malcolm－turnbull－on－his－visit－to－china－20160415－go7s3k，检索时间：2016 年 4 月 30 日。

③ 《悉尼晨锋报》网站：If former Apple shareholder Carl Icahn is worried about China, should we be too? 2016 年 4 月 29 日，http://www.smh.com.au/business/china/if－former－apple－shareholder－carl－icahn－is－worried－about－china－should－we－be－too－20160429－goi5jw.html#ixzz47VLuambE，检索时间：2016 年 4 月 30 日。

④ 《悉尼晨锋报》网站：Chinese spies at Sydney University，2014 年 4 月 21 日，http://www.smh.com.au/national/chinese－spies－at－sydney－university－20140420－36ywk.html，China spreads its watching web of surveillance across Australia，2014 年 4 月 26 日，http://www.smh.com.au/national/china－spreads－its－watching－web－of－surveillance－across－australia－20140425－379om.html，检索时间：2016 年 4 月 30 日。

《先驱太阳报》*Herald Sun*

Herald Sun

《先驱太阳报》(*Herald Sun*)是一份基于墨尔本地区的晨间小报,由新闻集团的子公司先驱与时代周刊报业集团(The Herald and Weekly Times)出版。该报在澳大利亚墨尔本、维多利亚行政区、塔斯马尼亚、首都直辖区、南澳边界地区以及新南威尔士州的很多地区均有销售。报纸主要提供维多利亚州的新闻服务,但也会刊登新闻集团其他日报中的以澳大利亚为主的有关消息。

一、历史沿革

1840 年 1 月 3 日,乔治 · 卡夫纳(George Cavenagh)创办了《菲利普岗先驱报》(*Port Phillip Herald*),1849 年更名为《墨尔本晨锋报》(*The Melbourne Morning Herald*)。1855 年初,该报再次更名为《墨尔本先驱报》(*The Melbourne Herald*),随后又在 9 月 8 日进一步更名为《先驱报》(*The Herald*)并沿用该名长达 135 年。《先驱太阳报》另外一股前身力量《太阳新闻画报》,成立于 1922 年 9 月 11 日。1925 年,先驱与时代周刊报业集团将该报收入囊中。

在鼎盛时期,《先驱报》的发行量接近 60 万份,但到了 1990 年创刊 150 周年纪念之际,随着晚间电视新闻的兴起以及私人汽车成为人们下班回家的主要交通工具,《先驱报》的销量跌至 20 万份。由于销量大幅下降,先驱与时代周刊报业集团决定将《先驱报》与《太阳新闻画报》合并。1990 年 10 月 5 日,《先驱报》长达 150 年 10 个月的独立报纸生涯画上句号。第二天,《太阳新闻画报》也以最后一期谢幕。全新的《先驱太阳报》取代二者开始发行,新报纸保留了《太阳新闻画报》的尺寸与风格。与此同时,两份报纸的星期日版,即《星期日先驱报》和《星期日太阳报》也同样合并成为《星期日先驱太阳报》。《先驱报》的时任编辑布鲁斯 · 巴斯凯特(Bruce Baskett)继续留任,是《先驱太阳报》的首位编辑。

二、发展现状

1990 年,晨间小报《太阳新闻画报》与午后大报《先驱报》合并为《先驱太阳报》创刊,并于 10 月 8 日开始发行。此举传达出该报继往开来、开创新局面的打算。1993 年,大部分从《太阳新闻画报》和《先驱报》继承的专栏和特写等栏目,要么不再继续保留,要么移至他处。2009 年 3 月,《先驱太阳报》的平均发行量已达到 53 万份。①

在遭遇连年的发行量下滑后,《先驱太阳报》2013 年周内版发行量约为 39.4 万份,星期六版为 39.5 万份,而星期日版则以 45.3 万份的发行量依旧领跑全国报纸。②

三、报道特点

在《先驱太阳报》供职的记者大多经验老到,他们善于揭露社会的黑暗面,言辞辛辣,刊发的文章曾多次在全国范围内引发讨论。在 2004 年澳大利亚大选前夕,《先驱太阳报》刊登由杰勒德 · 马尔科姆(Gerard McManus)撰写的标题为《绿营支持非法毒品》(Greens back illegal drugs)的文章,一时间引发了大量对澳大利亚绿营有害最小化与非刑罚化的网络诉求。随后,绿营向澳大利亚媒体委员会提起诉讼。③

---

① Australian Bureau of Circulation 2009.

② ABC Circulation Results - Feb. 2014.

③ 澳大利亚传媒委员会:http://www.austlii.edu.au/au/other/apc/2005/3.html,检索时间:2015 年 5 月 27 日。

2007 年 6 月，两名《先驱太阳报》的记者迈克尔·哈维(Michael Harvey)和杰勒德·马尔科姆(Gerard McManus)，因拒绝披露消息来源而被维多利亚法庭判处藐视法庭罪名成立。此案的结果导致《新闻来源保护法》被引入澳大利亚，成为对记者道德规范的考量。[1]

Herald Sun

HAMISH & ANDY TV REVIEW

LAUGHS ON US

COLLECT THE SET

HARRY POTTER POSTERS

Win for families as smart meter rip-off stopped

POWER TO THE PEOPLE

BLACK SATURDAY SURVIVORS DEMAND:

HAND BACK BOOK CASH

OUR NEW SWIM KING

TEAMS & TIPS

图 22 《先驱太阳报》头版

四、涉华报道

截至 2015 年 5 月 29 日，《先驱太阳报》新闻网站有关“中国”报道的搜索结果约为 16.8 万条。[2]

《先驱太阳报》对中国的报道绝大多数集中在经贸往来方面，关注与投资和产品相关的议题，同时讨论民生问题(例如亚洲饥饿比例下降)。虽然 50%左右的文章来自《澳大利亚人报》，但对报道议题的选择上则相对轻松。《先驱太阳报》对于国际政治的关心较弱，遇到政治性议题也多从关注该事件当事人的生存状况出发，而非立足于国际关系格局的考虑。相对于全国性报纸《澳大利亚人报》而言，作为地区报的《先驱太阳报》更关注中国的动态给澳大利亚和维多利亚地区民众带来的影响。因此，在该报的涉华报道中，80%集中在对中国的经济报道上，对于农业、物资的国际贸易非常关心。例如，该报 2015 年 8 月发表了一篇题为《中国贸易协会遭遇塔斯马尼亚副省长》的文章以及多篇关于中国经济对世界经济影响的报道。同时，该报也会从新闻集团中的一些地区性报纸选取读者关心的话题，探讨中国与澳大利亚的贸易相关议题。报道的用语表述比较客观，将中国作为“最主要的商业合作伙伴”来看待。该报另外一个特点是，针对同一个议题，《先驱太阳报》会以多条报道配合发表，力求全面生动地阐述新闻事实，同时也会对一些相对细小的、关系到个人的事件进行跟踪报道，比如《美国捕获中国在逃贪官杨秀珠》的报道。

与其他新闻集团旗下报纸相同，《先驱太阳报》涉华报道的消息来源比较单一，主要依靠新闻集团的共享平台及少量其他网络新闻源。虽然各家报纸的创办背景乃至编辑方针各有差异，但在统一集团新闻信息源的前提下，对华报道体现出同质化的特点。

哎呀网 Crikey

Crikey

“哎呀网”(www.crikey.com.au)是一家澳大利亚独立政治性新闻网站，在独立新闻方面有很大影响力。澳大利亚前反对党领袖马克·莱瑟姆称其为“在国会大厦最受欢迎的网站”。[3] 2015 年，该网站的付费订阅用户为 1.7 万。[4] 在澳大利亚的网络媒体中，具有较强的影响力。

---

① “Evidence Amendment (Journalists’ Privilege) Bill 2011”。

② 《先驱太阳报》网站：http://www.heraldsun.com.au/search-results? q=China，检索时间：2015 年 5 月 29 日。

③ Mark Latham：The Latham Diaries，Carlton：Melbourne University Press，2005，p. 403.

④ A Companion to the Australian Media，North Melbourne：Australian Scholarly Publishing，2014，p. 124.

一、历史沿革

“哎呀网”诞生于2000年6月[①],创始人史蒂芬·梅恩(Stephen Mayne)是活动家、记者和前政府雇员。[②] 史蒂芬·梅恩为帮助澳大利亚自由党的杰夫·肯尼特(Jeff Kennett)竞选澳大利亚维多利亚州州长而创办了网站“jeffed.com”,该网站是“哎呀网”的前身。

2005年2月1日,史蒂芬·梅恩将“哎呀网”以100万澳元卖给私人媒体合作伙伴——《悉尼晨锋报》前主编埃里克·比彻(Eric Beecher)的公司。根据协议,史蒂芬·梅恩现在有时为该网站写通讯。[③]

二、发展现状[④]

为保持其新闻的独立性和开放性,“哎呀网”不属于任何传媒集团,也不依赖于任何政治团体,经费主要来自于订阅费和广告费。

目前,“哎呀网”的服务由网站和内部推送(也就是每日会员邮件)两部分组成。网站部分而言,“哎呀网”的网站编辑会搜罗和筛选网络上各种新闻,将有趣和有价值的新闻发布在网站上,首页分为政治、经济、媒体、文化、技术和博客6个部分,主体部分为醒目且简洁的新闻标题。

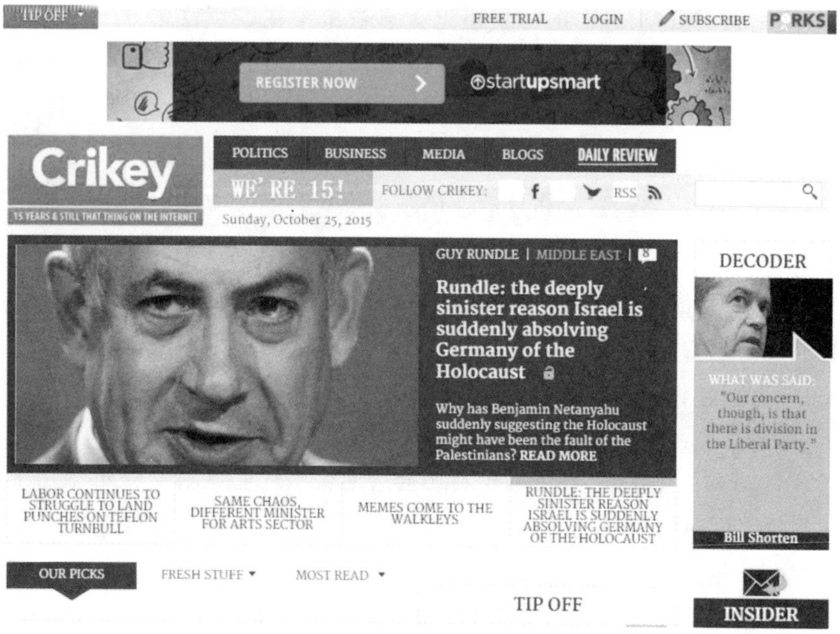

图23 “哎呀网”官方网站界面

哎呀网:http://www.crikey.com.au/,检索时间:2015年10月25日。

网站采取主动推送模式,在每个工作日的中午为数以万计的订阅用户发送25条以上的新闻内容至邮箱,内容包括政治、媒体、经济、法律、文化以及国内外事件等方面。所有内部推送的新闻内容也发布在网上,但是,其中一些内容必须付费才能进行阅读。

三、报道特点

“哎呀网”是独立的新闻网站,追求的目标是让读者了解澳大利亚公共生活各方面的真实走向,披露别的媒体不能报道或不愿意报道的内容。“哎呀网”将自己视为第四阶层的一部分,以自身的活跃来检验和平衡政府的政治活动。[⑤]

相较于传统媒体(报刊、广播、电视),“哎呀网”的新闻内容编辑更加自由,观点表达也比较直接。比如2015年9月3日的一篇以“Business bites: Future Fund’s win…China’s festive grin… mining in the bin…”为题的报道,在标题形式上突破了传统新闻标题的形式。

---

① 哎呀网:http://www.crikey.com.au/crikey15/,2015年6月13日,检索时间:2015年9月8日。

② A Companion to the Australian Media, North Melbourne: Australian Scholarly Publishing, 2014, p. 124.

③ Shiel Fergus: Legal web snares Crikey publisher. The Age (Melbourne). Retrieved 22 August 2009.

④ 哎呀网: http://www.crikey.com.au/about/,2015年6月13日,检索时间:2015年9月8日。

⑤ 哎呀网:http://www.crikey.com.au/about/,2015年6月13日,检索时间:2015年9月8日。

四、涉华报道

“哎呀网”对于中国的报道集中在政治经济重大议题方面，其中关注亚太地区局势的新闻最多，例如中日关系和中菲关系。与此同时，对于中国的经济议题，该网站也十分关注，包括投资、贸易、经济走势等方面。与其整体报道风格一致，“哎呀网”对有关中国的报道采取设问式、开放探讨式模式，在每篇报道后面允许读者评论，同时用户也可以将该文章转载至脸书(Facebook)等社交媒体。

为增加点击量，该网站在报道中往往引入多方观点并进行争议性探讨。因此，在涉华报道的语言使用上，“哎呀网”用词较其他媒体更为犀利。[①]例如，针对中国反法西斯胜利70周年阅兵的报道，该网站采用了《中国军队松松筋骨，全世界为之震撼》的标题，并且在文中指出中国“对于太空的争夺正愈演愈烈”[②]。

澳大利亚电视九台 Nine Network Australia

澳大利亚电视九台(Nine Network Australia，也称 Channel Nine，通常简称“九台”)是澳大利亚五大主要供用户免费使用的商业电视网之一，总部位于澳大利亚悉尼。“九台”是澳大利亚收视率最高的电视台之一。

一、历史沿革

图 24 九台全国新闻

1956年9月16日，位于悉尼的TCN－9电视台正式开播，该台是澳大利亚第一个拥有常规播出权的电视台。该台播出第一个节目为《这就是电视》(This Is Television)，主持人布鲁斯·金吉尔(Bruce Gyngell)成为出现在澳大利亚电视荧屏上的第一人。同年，位于墨尔本的GTV－9电视台转播了1956夏季奥运会。1959年，上述两家电视台与位于布里斯班的QTQ－9电视台和位于阿德莱德的NWS－9电视台共同组成了一个全国性的电视网。到20世纪60年代末，该电视网开始非正式地称自己为“国家九网”，并在1989年正式被命名为澳大利亚电视九台。随后，该台又成为澳大利亚第一个定期播放彩色节目的电视台。

1967年，为吸引更多受众的关注，“九台”以5000美元购下新南威尔士州橄榄球联赛总决赛的转播权，这在当时是一个大数目。[③] 事实证明，该台采取的措施十分奏效，观看比赛转播的观众人数众多，由此开始，“九台”逐渐发展成为澳大利亚最受欢迎的电视台。

1977年以后的30年中，澳大利亚电视九台进入发展的黄金时期，特别是在20世纪80年代极为成功。在

---

① 哎呀网：http://www.crikey.com.au/? s=China，2015年6月13日，检索时间：2015年9月18日。

② 哎呀网：中国军队松松筋骨，全世界为之震撼 http://www.crikey.com.au/? s=China，2015年9月12日，检索时间：2015年9月18日。

③ Masters, Roy (4 October 2009). “Messenger can watch a better league broadcast in the US than south of the border”. Brisbane Times (Fairfax Digital). Retrieved 10 May 2009.

此期间,该台的“九台全国新闻”(National Nine News)成为澳大利亚最受欢迎的新闻节目。

二、发展现状

2005 年,澳大利亚电视七台(The Seven Network)崛起,对“九台”形成了极大的挑战。同年,“九台”的品牌节目《九台全国新闻》被七频道的《第七新闻》(Seven News)抢占了收视率第一的位置,另一知名新闻评论节目《今日》(Today)也被七频道的《日出》(Sunrise)所超越。对此,“九台”采取了一些措施,如更换台标和口号、开发新栏目等,可是成效并不显著。2007 年,“九台”在七频道的凌厉攻势前全面落败。

图 25 澳大利亚电视九台

从 2008 年开始,九台进入调整阶段。相较于七频道未对目标受众进行细分的特点,“九台”希望能吸引更多年轻的观众。为应对七频道新闻节目的挑战,“九台”新开设了《第九新闻》(Nine News)栏目,该栏目很快就在收视率上超过了《第七新闻》。此外,该台制作的电视剧《墨尔本黑帮》(Underbelly)第一季在澳大利亚吸引了 250 万人观看,成为当年最热门的电视剧。在初获成功后,“九台”再接再厉,制作了该剧的续集,并且引进了多部热门美剧,包括《生活大爆炸》《犯罪现场调查》等,均获得了较高的收视率。除电视剧外,“九台”还争取到了板球比赛的转播权,这也成为该频道争取年轻观众的一大利器。九台播出的大多数美国引进节目,均来自华纳兄弟电视(Warner Bros. Television)和狮门电视(Lionsgate Television)两家公司。

这一系列举措让九台在 2011 年获得了 19.6%的市场份额,仅次于七频道(23.1%)[①]从 2012 年开始,九台将重点放在真人秀节目上,[②]陆续推出《澳洲好声音》《老大哥》等节目。此外,“九台”还取得了 2012 年伦敦夏季奥运会的转播权。2012 年 3 月,“九台”又开创新频道,提供家庭购物、品牌投资、宗教、社会、教育等有广告商和多元文化的节目内容,以应对出现的债务危机。

在经历了一个时期的动荡之后,通过大规模裁员、节目取缔和削减预算,目前澳大利亚电视九台的发展逐步趋于平稳。

三、报道特点

目前,“九台”的主要新闻节目有《今日》(Today)、《周末版今日》(Weekend Today)、《第九新闻》(Nine News)。此外,还有每个工作日播出的《正在发生》(A Current Affair),星期日晚上播出的《新闻 60 分》,星期六晚、星期日早播出美国广播公司制作的《ABC 新闻》以及时事节目《早安美国》。

从 2008 年开始,《今天》的星期六、星期日版得到扩充,《九台早新闻》的退出削减了星期日的节目,《九台全国新闻》改为《九台新闻》,《九台晚间新闻》推出后更名为《晚间新闻线》(Nightline)。

为了方便更多受众关注和观看节目,澳大利亚电视九台还推出了综合网站(http://www.ninemsn.com.au),用户可以通过网站检索并观看由“九台”制作播出的电视节目和新闻内容。除此以外,“九台”还专门开设新闻网站(http://www.9news.com.au),网站上设有全国、地区、世界、原始资料、天气几大版块,汇集整理来自

---

① Free To Air TV Ratings For The Year 2011 Throng, 26 November 2011.

② Nine's Home of Excitement in 2012. The Voice, Excess Baggage, Big Brother, more Underbelly, Celebrity Apprentice and The Block Throng, 24 November 2011.

图 26 "九台"节目网官方网站首页

第九台节目网：http://www.ninemsn.com.au/? rf=true，检索时间：2015 年 10 月 25 日。

"九台"的所有文字、图片和视频等新闻报道。该台采用的主要新闻消息源为本台自采新闻和综合新闻网站的内容，同时也引用法新社的消息。2008 年年底，九台开始在海外派驻记者。

四、涉华报道

澳大利亚电视九台较为注重文化娱乐节目，在新闻领域投入本来就不是太大，而且更多地集中在澳大利亚本国的新闻报道上。

在"九台"新闻网站中，涉及"中国"的报道主要集中在国际部分，报道量相较于报刊媒体和澳大利亚广播公司显得非常少，低于国际版块新闻条目的 5%。2015 年 6 月对"东方之星沉船"事件进行了追踪报道。较于对其他国家的报道，"九台"对于中国的态度没有明显倾向，议题集中在突发事件，尤其是造成死伤的突发事件以及纠纷上。例如"美方承认大量数据被中国黑客获取"[①]和"肯德基起诉中国公司八腿鸡谣言"[②]等事件。

澳大利亚广播公司 Australian Broadcasting Corporation

ABC

澳大利亚广播公司（Australian Broadcasting Corporation，简称"ABC"）成立于 1932 年 7 月 1 日，是澳大利亚的国有广播公司，提供电视、广播、网络和移动服务。该电视台的节目风格灵活多变，有特写、纪录片、专题讨论等，并以多样化的形式挖掘广播媒介潜力。[③]虽然财政方面由政府拨款，但澳大利亚广播公司依然保持着编辑的独立性。[④]

一、历史沿革

1923 年 11 月 23 日，悉尼成立了第一家公共广播。随后，在墨尔本、布里斯班、阿德莱德、珀斯和霍巴特相继落成广播电台。1927 年，政府建立了国家广播服务协会，以代替需要更多资金的广播台。

① 第九台节目网：US admits massive data breach by "Chinese hackers" http://www.9news.com.au/world#r2PIPyxkU4LSoGYP.99，检索时间：2015 年 8 月 20 日。

② 第九台节目网：KFC sues Chinese companies over eight－legged chicken rumour Read more，http://www.9news.com.au/world#Xem6eozio1sjWS0s.99，检索时间：2015 年 8 月 20 日。

③ 明安香：《全球传播格局》，社会科学文献出版社 2006 年版，第 539－540 页。

④ Attorney－General's Department：Australian Broadcasting Corporation Act 1983，Retrieved 1 October 2007.

1956 年,澳大利亚广播公司开始电视广播,各个地方的电视台都遵循以所在地的地名首字母来命名电视台的方式。例如,1956 年 11 月由首相罗伯特·孟席斯(Robert Menzies)开办的位于新南威尔士州的 ABN—2;① 1956 年 11 月 18 日在维多利亚墨尔本开办的 ABV—2。

表 1 "二战"后 ABC 各地电视台开创时间及名称

序号	建立时间(年)	电视台名称	所在城市	所在州
1	1956	ABN—2	悉尼	新南威尔士 New South Wales
2	1956	ABV—2	墨尔本	维多利亚 Victoria
3	1959	ABQ—2	布里斯班	昆士兰 Queensland
4	1960	ABS—2	阿德莱德	南澳 South Australia
5	1960	ABW—2	珀斯	西澳 Western Australia
6	1960	ABT—2	塔斯马尼亚	霍巴特 Hobart
7	1961	ABC—3	堪培拉	堪培拉 Canberra
8	1971	ABD—6	达尔文	北领地 Northern Territories

1973 年,新南威尔士橄榄球联盟老板凯文·汉弗莱斯(Kevin Humphreys)与澳大利亚广播公司谈成了第一笔电视交易。② 1975 年彩色电视机进入澳大利亚,接下来的不到十年内,澳大利亚广播公司进军卫星广播业,大大加强了向全国传送内容的能力。

澳大利亚广播公司法案(The Australian Broadcasting Corporation Act)③于 1983 年 7 月 1 日生效,将"澳大利亚广播委员会"更名为"澳大利亚广播公司"。与此同时,新建的公司经历了一个重组过程。澳大利亚广播公司被拆分为独立的电视和广播部分,对管理、财务、资产和工程方面进行彻查。1995 年,澳大利亚广播公司成立多媒体部,用于管理新建的澳大利亚广播公司网站。1996 年,澳大利亚广播公司进行首次网络选举报道,内容包括新闻、选民地图、候选人信息和直播竞选结果。至 20 世纪 90 年代初,所有的澳大利亚广播公司全面进入 24 小时运作模式,而区域广播伴随新增的 80 个发电机而得到扩展。④

2001 年,数字电视问市,澳大利亚广播公司具备完整的节目生产、后期和传输设备,在当时凭"自彩色电视机诞生以来最先进的技术"而成为行业先导者。最先由宽屏生产的节目是电视剧《空中不明物》(Something in the Air)、《草根》(Grass Roots)和《建筑师想什么》(In the Mind of the Architect)。引入数字电视不久,飞翔电视台(Fly TV)和 ABC 儿童频道(ABC Kids)在同年开播,为青少年播放各类综合节目,而后在 2003 年,由于资金缩减导致停播。2002 年,"ABC 亚太"创立,代替已不复存在的澳大利亚国际电视。与之前类似,该台继续以亚太地区为目标,提供综合类节目。2005 年 3 月 7 日,ABC2 第二次尝试建立全数字化电视频道。与之前不同,新服务不依赖政府拨款,而是每年有三百万美元的预算。⑤ 2006 年,对于节目体裁的限制放宽,ABC2 从此能够播放喜剧、新闻、体育和娱乐类的节目。⑥ 2008 年 2 月,澳大利亚广播公司电视台更名为 ABC1,以补充现有的数字频道 ABC2,同时增加了一个新的儿童频道。⑦一个新的在线视频点播服务也于同年 7 月推出,名为

① Australian Broadcasting Corporation: About the ABC: History of the ABC: James Dibble, Retrieved 3 September 2008.

② Rothfield, Phil: NRL now generates more money per minute than AFL, 2012—8—21, news.com.au (News Ltd). Retrieved 22 August 2014.

③ "Australian Broadcasting Corporation Act 1983". Attorney—General's Department. Retrieved 1 October 2007.

④ "2UE; Australian Television International.". Australian Broadcasting Corporation. March 2001. Retrieved 25 September 2007.

⑤ Inglis, Kenneth Stanley (2006). Whose ABC? The Australian Broadcasting Corporation 1983 - 2006. Melbourne, Victoria: Black Inc..

⑥ Day, Julia (18 October 2006). "Australia opens up media investment". The Guardian (London). Retrieved 31 March 2007.

⑦ "ABC promises more content choice". The Australian. 6 February 2008. Retrieved 6 February 2008. Welch, Dylan (30 January 2008). "ABC squiggle to stay". Brisbane Times. Retrieved 30 January 2008.

"ABC iView",[①]ABC还在当月推出了数字广播。

2010年7月22日,《澳广24小时新闻》与观众见面,[②]并且带来了新的节目内容以与现有新闻和时事的产品资源进行整合。澳大利亚广播公司推出的24小时新闻频道意欲补充澳大利亚广播公司新闻广播服务和24小时有线电视商业产品的竞争,它成为澳大利亚广播公司在国内的第五个电视频道。2014年,ABC1电视频道再次改回原名,重新以ABC为名。

二、发展现状

澳大利亚广播公司的运行由董事会负责,由一位总经理[③]及5到7名董事组成。[④]总经理由董事会任命,任期为5年,并且可以连任。[⑤]董事委任的授权和经营指导方针遵循《1983年澳大利亚广播公司法》的规定。[⑥]与英国广播公司(BBC)这样的国际同行相异,除小部分零售网获益外,澳大利亚广播公司主要由澳大利亚政府资助。与此相关,澳大利亚广播公司与政府和政党之间的关系都较为密切,一批前记者和主持人已经从澳大利亚广播公司走上政治舞台。一项2007年的研究表明,总共19名澳大利亚广播公司的前雇员已经进入政治领域,10人加入了工党和自由党。[⑦]

图27　澳大利亚广播公司大楼

目前,澳大利亚广播公司拥有54家本地电台和4家国内外广播网。与此同时,澳大利亚广播公司还拥有4个电视频道。实验多媒体单元于1995年成立,负责澳大利亚广播公司网络发布的工作政策。这一直持续到2000年新媒体事业部成立,截至2003年末,该部门已发布超过一百万页的材料。通过与澳大利亚广播公司广播部紧密配合,2004年12月,澳大利亚广播公司的第一个播客上线。2006年年中,澳大利亚广播公司已经成为该领域的国际领军媒体,提供的50多个节目,每星期下载量的成千上万。2007年2月,新媒体与数字服务部门被拆分,各自成为独立运作部门。

此外,还有澳大利亚网,即之前的"ABC亚太",是一个由澳大利亚广播公司经营的国际卫星电视台,由外交部和贸易广告补助,针对亚太地区用英语播出包括娱乐、体育和时事等内容的综合节目。澳大利亚广播公司电台通过国际短波、卫星和互联网广播,针对东亚和太平洋岛屿开展包括普通话、印尼语、越南语、高棉和托克皮辛语的多语种广播,但是它的信号在世界其他许多地方也可被接收到。

三、报道特点

澳大利亚广播公司旗下的各地方电台在节目风格上较为相似,包括轻娱乐、新闻、体育、音乐、访谈栏目等。

---

① "The Television Revolution Has Begun!" (Press release). Australian Broadcasting Corporation. 24 July 2008. Archived from the original on 15 September 2008. Retrieved 21 September 2008.

② "ABC to launch 24h news channel". Australia: ABC. Retrieved 16 May 2010.

③ "Membership of Board". ScalePlus. Archived from the original on 27 September 2007. Retrieved 5 October 2007.

④ "Membership of Board". ScalePlus. Archived from the original on 27 September 2007. Retrieved 5 October 2007.

⑤ "Tenure of Managing Director". ScalePlus. Archived from the original on 27 September 2007. Retrieved 5 October 2007.

⑥ "Australian Broadcasting Corporation Act 1983". Attorney-General's Department. Retrieved 1 October 2007."About the board". ABC Online. Retrieved 26 November 2006"Membership of Board". Scaleplus. Archived from the original on 30 May 2006. Retrieved 26 November 2006.

⑦ Senate Standing Committee on Environment, Communications, Information Technology and the Arts (24 May 2007). "Budget Estimates" (PDF). Parliament of Australia. Retrieved 9 February 2008.

除此之外还有一些全国性节目，如《当今世界》《体育赛事》和《夜生活》。澳大利亚广播公司国家电台播出超过 60 种节目，每周覆盖的主题广泛而多样。“ABC 经典调频”是澳大利亚广播公司的第一个调频广播服务，它最初被称作“ABC FM”。该台的形式很大程度上借鉴了英国社区广播站，主要播放经典音乐。悉尼青年无线电台面向青年人播放音乐节目。[①]《“三 J”晨间秀》是全国青年广播网节目，受众年龄为 18 至 35 岁。“三 J”原名“双杰”(Double Jay)，1975 年 1 月 19 日在悉尼推出，播送来自世界各地的音乐，但它对本地艺术家更关注。

图 28　澳大利亚广播公司网站首页

澳大利亚广播公司官网：http://www.abc.net.au/news/，检索时间：2015 年 10 月 26 日。

澳大利亚广播公司最初的电视服务，大部分经费用于戏剧、纪录片、新闻和时事节目的首轮播放。各地区的当地新闻公告均在晚间 7 点播出。2001 年，澳大利亚广播公司电视台推出数字服务。ABC2 启动于 2005 年，该频道是一个数字频道，对澳大利亚广播公司的节目进行重播，同时也有一些原创内容包括新闻节目、儿童节目和音乐节目。2007 年 9 月，澳大利亚政府宣布计划新推出一个少儿数字频道，被命名为“ABC3”。[②] 2010 年 1 月，澳大利亚广播公司宣布推出澳大利亚首个免费新闻专用频道。

澳大利亚广播公司新闻频道是一个滚动的新闻服务，之前被称为“议会和新闻网”。该新闻服务建立了联邦议会会议广播，将当地的澳大利亚广播公司广播网从断断续续的任务解脱出来，并在其他时间提供新闻服务。网络广播新闻在“每天 24 小时/每周 7 天”的播出模式基础上实行 1/4 小时更新。大部分的新闻内容是由澳大利亚广播公司自主生产，但也有很多节目转播自英国广播公司、美国国家公共广播、德国之声广播电台、荷兰和美国有线电视新闻网。

四、涉华报道

截至 2015 年 6 月 6 日，在澳大利亚广播公司网站以“China”为关键词进行涉华报道检索，得到结果共 6，553 条。其中，“新闻”版块 5024 条，“电视”版块 5294 条，“广播”版块 1068 条，“儿童”版块 144 条，“商店”版块 208 条，“开放 ABC”版块 148 条。

根据网站的近期议题进行整理，如表 2。[③]

相对于《澳大利亚人》等报刊媒体而言，澳大利亚广播公司对中国的报道数量较少，政治色彩较轻。除新闻版块议题比较严肃外，其余主要以文化生活方面为主。政治和经济方面，对于亚太地缘政治和经济互动比较感兴趣，生活方面则集中在饮食、旅游和文化议题。值得一提的是，在与用户的互动交流平台“开放 ABC”中，到访过中国的澳大利亚游客对中国的态度多为积极肯定的，上表中所列“中国列车的温暖关怀”和“尽责出租车和失物复得”两则消息均记录了中国之行的愉快，表达了对中国人友好的感叹。

---

① 明安香：《全球传播格局》，社会科学文献出版社 2006 年版，第 539—540 页。

② Koutsoukis, Jason (23 September 2007). “Free kids' TV channel is as easy as ABC3”. The Age (Melbourne, Australia). Archived from the original on 16 September 2008. Retrieved 1 September 2008.

③ ABC 网站：http://search.abc.net.au/s/search.html? query=China&collection=abcall_meta&form=simple，检索时间：2015 年 6 月 6 日。

表 2

板块 议题	新闻(News)	电视(TV)	广播(Radio)	儿童(Kids)	商店(Shop)	开放 ABC (ABC OPEN)
1	肺癌发病率提升	地理特征改变生活	南海争端	上海生活	DVD	城墙日落景色
2	建牛奶厂	电脑游戏	西藏	电脑游戏	饮食	出海
3	棉花种子	独生子女方面的争议书籍	功夫	地理特征改变生活	旅行	体育竞技
4	政府腐败	中国繁荣	爱乐乐团	功夫	经济实力	格斯到中国
5	上海申花	中国梦	上海四方	旅行	音乐	通向中国的航船
6	环境污染	观赏树	音乐比赛	汉语中国文化	新长征	父亲从中国移民来澳
7	官员吃娃娃鱼	华为	人权	气候变化展览	猴子魔术盒	中国城墙
8	同性恋歧视诉讼	工人	品牌秀	儿童生活	参观熊猫	中国广西蜻蜓
9	亚洲杯	非法移民	上海音乐学院	饮食	汽车	中国列车的温暖关怀
10	油价下跌	改革而非革命	中国、印度、澳大利亚	音乐	李小龙	尽责出租车和失物复得

澳大利亚联合通讯社 Australian Associated Press

澳大利亚联合通讯社(Australian Associated Press,简称"AAP",中文简称"澳联社")是澳大利亚的一家全国性新闻通讯社。澳联社由澳大利亚的三家新闻传媒企业——新闻集团、费尔法克斯集团和西澳大利亚报业集团共有。虽然澳联社的特色是发布突发新闻,但亦发布软性新闻、故事、专题新闻、言论和照片。

一、历史沿革

澳联社创立于 1935 年 5 月 20 日,创办人是新闻集团的创始人基思·默多克。创办之时,澳联社共有 12 名雇员,办公地点位于墨尔本伊丽莎白大街。建社一个月之后,澳联社开始正式发稿。从成立伊始,澳联社就将国际新闻作为主打产品,因此在建设同时就在伦敦和纽约设立了两个海外分社。1939 年到 1945 年的第二次世界大战期间,澳联社飞速成长。多名经验丰富的记者被派往战争前线,他们从前线发回来很多有价值的报道,其中一些记者还在战争中负了伤。此后,澳联社的地位迅速提高,与路透社成为正式伙伴关系,而并非是订阅用户关系。[①]

1949 年,曾在路透社担任记者的邓肯·胡珀(Duncan Hooper)获聘成为澳联社的首席编辑,开始了他在澳联社长达近三十年的任职,历任澳联社的总编辑、总经理。在胡珀的领导下,澳联社开始了快速发展。在此期间,澳联社先后在莫尔斯比港、奥克兰、雅加达和洛杉矶等地设立特派记者,同时从美国、欧洲、亚洲和非洲通过网络供稿。1969 年,澳联社与路透社合作建立了专注于经济金融资讯的分支机构"AAP RES",成为全澳大利亚首个引进电子信息传输设备的媒体机构。1974 年,澳联社又成为全澳大利亚第一个引进电脑编辑技术的媒体。1977 年,胡珀离职后,又一位出身于路透社的新闻人李·凯西(Lee Casey)成为澳联社的新任领导人。

20 世纪 90 年代,澳联社将旗下的电讯部门分拆出来,成立澳联社电讯公司(AAPT)。2000 年,澳联社电讯公司被新西兰电讯收购,2013 年又被 TPG 电信公司收购。在 2000 年悉尼奥运会举办时,澳联社成为主办新闻通讯社,派出 75 名记者组成的报道团,全方位报道各种赛事信息,进而发往全球。2012 年,澳联社经过融资改组,开始了新的发展历程。

二、发展现状

目前,澳联社共有 800 多名雇员,包括 200 多名专业记者,分布在世界各地。[②]澳联社的现任主编是托尼·吉利斯(Tony Gillies),他所秉承的新闻理念是:平衡和公正的报道,确保准确,然后再求速度,做高质量新闻。

澳联社让花费高昂的国际新闻能够被城市新闻报纸所分享。当前,澳联社日发稿量达数十万字。从开始时的力量弱小,到如今能提供多种多样的媒体解决方案,澳联社一直抱持公平、独立和准确的职业信条。该社的定位是不受政府限制,自由地进行国际性新闻报道。如今,澳联社依然是澳大利亚突发新闻报道的领先力量,业务范围已经拓展到多媒体、出版和商业咨询领域。

在进行国际新闻报道时,除了对国际新闻事件的最新呈现,澳联社的报道凸显了事件与澳大利亚的关联,强调对事件进行"澳大利亚视角"的解读。澳联社向美联社、路透社、法新社、埃菲社、德新社、共同社和新西兰新闻协会等在内的合作伙伴提供国际新闻和图片。澳联社的资料库并非简单地把新闻信息输送给用户,而是可以分类筛选,并且根据澳大利亚市场需求进行观点提炼,以确保观点平衡,帮助澳大利亚人更好地了解世界。

澳联社服务于国内众多地区报纸以及主要城市和地区的无线网络。澳联社旗下的新闻网站(http://aap.com.au)是澳大利亚的新闻资讯网站,同时该社还经营有电信业务。多年以来,该社在媒体界中保持独特而显著的地位,为报纸、广播电视在内的国内各大媒体提供报道和新闻信息。

三、报道特点

目前,澳联社的编辑团队平均每天发送 4500 余条报道,发稿形式包括文字、图片和其他数据及信息。全天候新闻服务是澳联社的业务核心,在此基础上澳联社的服务范围包括:金融股票市场资讯、飞机航程中的定制广播新闻服务、在线视频、体育资讯、新闻图片。除此之外,澳联社还为报纸和杂志用户提供成套的版面产品,并提供为新闻专业人士服务的短信新闻提醒。

澳联社提供新闻服务的突出特点在于:聚焦澳大利亚新闻,内容无需过多加工便可直接采用,新闻信息可靠、准确、独立,全天候提供最新新闻资讯。尽管如此,澳联社在大众当中的知名度并不高,但是大多数媒体用户都对澳联社信赖有加。

四、涉华报道

截至 2015 年 6 月 14 日,澳联社新闻网站有关"中国"的报道搜索结果约为 9243 条。[③]主要议题集中在高层

① 澳联社官网:http://www.aap.com.au/About? l=eighty-years,检索时间:2015 年 6 月 14 日。

② 澳联社官网:http://aap.com.au/About,检索时间:2015 年 6 月 14 日。

③ 澳联社官网:http://one.aap.com.au/#/search/China,2015 年 6 月 14 日,检索时间:2015 年 6 月 14 日。

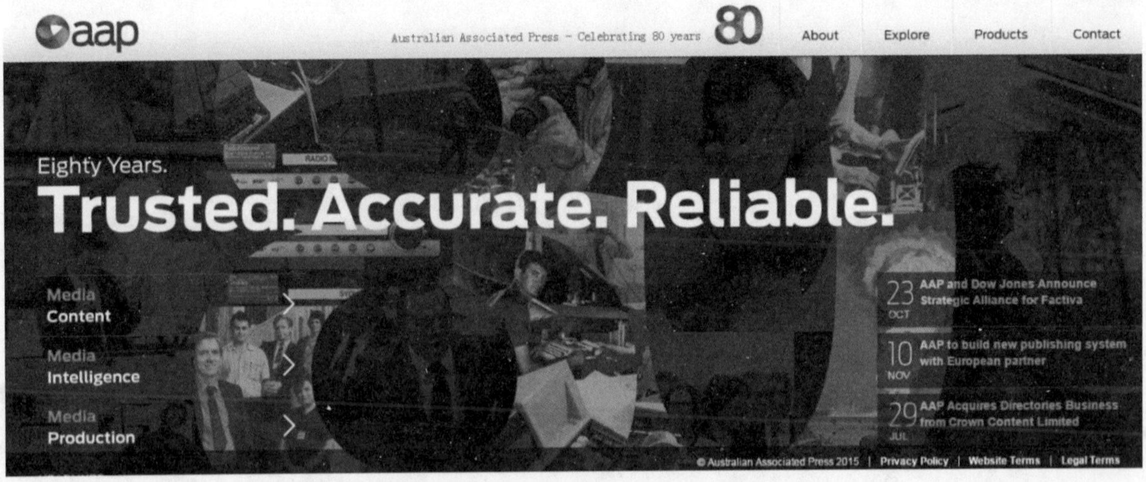

图 29　2015 年是澳联社建社 80 周年

澳联社网站:http://aap.com.au,检索时间:2016 年 2 月 21 日。

领导人访问、重大国际事件和重大体育赛事方面。与报纸、电视、广播、网站等媒体相比,澳联社的新闻资料库中有关中国的新闻报道体现出如下特点:

第一,报道议题非常集中。例如,2015 年 5 月的涉华报道议题主要集中在"澳洲之星"羽毛球公开赛、胡春华访问悉尼和黄金海岸通航协议三个方面,尽管议题较为单一,但是新闻讯息较为丰富。对于同一个议题,澳联社网站往往提供大量图片和新闻内容信息。

第二,作为一家新闻通讯社,澳联社提供的新闻产品均属于半成品化的新闻内容,提供的新闻材料准确详实,但仍需进一步加工后方可使用。正因如此,澳联社的涉华报道也基本没有明显的报道倾向,仅仅是新闻信息资料。

新西兰

《新西兰先驱报》*The New Zealand Herald*

The New Zealand Herald

《新西兰先驱报》(*The New Zealand Herald*,简称为“NZ Herald”)隶属于新西兰媒体娱乐公司(New Zealand Media and Entertainment),是一份在新西兰奥克兰地区发行的日报。该报的发行量在2006年超过20万份,到2012年12月下降到162181份,但仍然是全国发行量最大的报纸。[①]其主要发行区域是奥克兰,同时也包括多北岛北部地区,如怀卡托(Waikato,新西兰北岛中部)和国王领地(King Country,新西兰北岛西部)。

一、历史沿革

《新西兰先驱报》由威廉·奇泽姆·威尔逊(William Chisholm Wilson)创办,于1863年11月13日开始发行。在此之前,威尔逊注资与约翰·威廉姆森(John Williamson,新西兰政治家、报纸发行人)合作出版了《新西兰人报》(*New Zealander*)。随着奥克兰的人口迅速增长,威尔逊敏锐地发现了报业发展的契机,便选择离开威廉姆森创办了自己的日报,开始与当时已经成为奥克兰最大报纸的《新西兰人报》展开竞争。很快,《新西兰先驱报》便在新西兰南北二岛展开了积极的推广。

The New Zealand Herald.
AUCKLAND, FRIDAY, NOVEMBER 13, 1863.

图1 1863年11月13日第一期《新西兰先驱报》

1866年《新西兰人报》停止发行,然而一份名为《南十字星报》(*The Daily Southern Cross*)的日报带来了更为激烈的竞争。1876年,威尔逊家族与持有《南十字星报》的霍顿家族(Horton)建立合作,《新西兰先驱报》随即合并了这家老对手。

1879年,联合报业新闻社(United Press Association)成立,新西兰各地的报纸可以通过新闻社共享新闻消息来源。随即,《新西兰先驱报》也成为联合报业新闻社的成员之一。1892年,《新西兰先驱报》和另外两家报纸共同派出一位驻伦敦特派记者,开始建立自己的国际新闻报道源。

1996年,来自爱尔兰的独立新闻媒体集团(Independent News & Media Group)收购了霍顿家族的股票份额,开始经营《新西兰先驱报》。后来,该报又随母公司一起被APN新闻传媒集团收购(APN News & Media

① ABC statistics:New Zealand Audit Bureau of Circulation,http://www.abc.org.nz,检索时间:2015年7月8日。

Ltd.)，由集团旗下的新西兰媒体娱乐公司(New Zealand Media and Entertainment，简称“NZME”)直接负责对该报的经营管理。

2012 年 9 月 10 日，《新西兰先驱报》对使用了 150 年的宽幅印刷报纸进行改版，使之在形式上更加紧凑，同时周六版保留原来的版面设计方式。[①] 两个月后，母公司 APN 集团宣布，对报社进行人员调整，包括各子刊物在内，失裁掉了 8 个高级职位，以便将业务范围统一整合。

二、发展现状

目前，《新西兰先驱报》是新西兰国内最大的日报，每天阅读该报的人数达到 50 万人以上。在 2013 年的佳能媒体大奖(Canon Media Awards)中，《新西兰先驱报》获评为“年度报纸”(Newspaper of The Year)，同时得到了“年度最佳报纸设计”(Best Newspaper Design)的大奖。2014 年，《新西兰先驱报》又再度获得“年度报纸”的殊荣。[②]

图 2 《周末先驱报》

1998 年，《新西兰先驱报》创办了周报《周末先驱报》(*Weekend Herald*)。同年，先驱在线网站也推出上线。2004 年 10 月 3 日，《新西兰先驱报》又推出了周日出版的《周日先驱报》(*Herald on Sunday*)。与一向采取宽幅印刷的《新西兰先驱报》不同，《周日先驱报》采用紧凑型的版面设计，纳入更多文化性、生活化的内容，很快获得了广大读者的欢迎，上升为新西兰发行量第二大的周。2010 年，《周日先驱报》发起运动呼吁立法层降低开车饮酒最低量限制。为了推动这场称为“两杯限”(Two Drinks Max)的运动，《周日先驱报》不仅充分利用自己的报纸和网站展开宣传，同时通过 Facebook、Twitter 等社交媒体发起声势浩大的呼吁，在国内乃至世界范围都引起了热议。[③]

目前，《新西兰先驱报》的网站先驱在线(www.nzherald.co.nz)，每月能吸引超过 210 万的用户。[④] 1998 年上线之后，网站在 2006 年和 2012 年两次进行改版升级。2007 和 2008 年，先驱在线网站连续两年在澳洲传媒大奖中获得“最佳新闻网站”提名，并于 2007 年荣获“最佳重新设计网站”奖项。[⑤]

三、报道特点

创办多年以来，《新西兰先驱报》长期被认为是中间偏右派的报纸，直到 20 世纪 90 年代，其被称作“老太婆报”。1996 年，独立新闻媒体集团入住报纸之后，这样的立场得以改变。

---

① The New Zealand Herald：New look Herald smaller and bigger，2012 年 7 月 9 日，http://www.nzherald.co.nz/nz/news/article.cfm? c_id=1&objectid=10818328，检索时间：2015 年 7 月 9 日。

② 新西兰媒体娱乐公司网站：http://advertising.nzme.co.nz/news/the-new-zealand-herald/，检索时间：2015 年 7 月 15 日。

③ The New Zealand Herald Editorial：Two Drinks Max：Sign up and make us safer，2010 年 10 月 24 日，http://www.nzherald.co.nz/nz/news/article.cfm? c_id=1&objectid=10682676，检索时间：2015 年 7 月 8 日。

④ NielsenNetRatings，NZ Market Intelligence，February & March，2008，检索时间：2015 年 7 月 8 日。

⑤ The New Zealand Herald：Herald website judged best news site，2007 年 5 月 19 日，http://www.nzherald.co.nz/nz/news/article.cfm? c_id=1&objectid=10440446，检索时间：2015 年 8 月 19 日。

如今,在金融、贸易和外国投资等经济议题上,《新西兰先驱报》仍保持商业性较强的自由主题色彩,但在国际地缘政治、外交和军事等议题的报道上,该报总体来说较为“左倾”。很多报道消息都是从诸如《独立报》和《观察家报》之类的英国媒体取材,有时也从《每日电讯报》这样的保守派报纸转载文章。

而在国内事务报道中,《新西兰先驱报》的社论观点往往是中间派,通常持社会保守主义的价值观。例如,2007 年,《新西兰先驱报》刊登的一篇社论强烈反对由工党领导的政府出台立法——《选举财政法案》,直指立法的过度选举。[①]

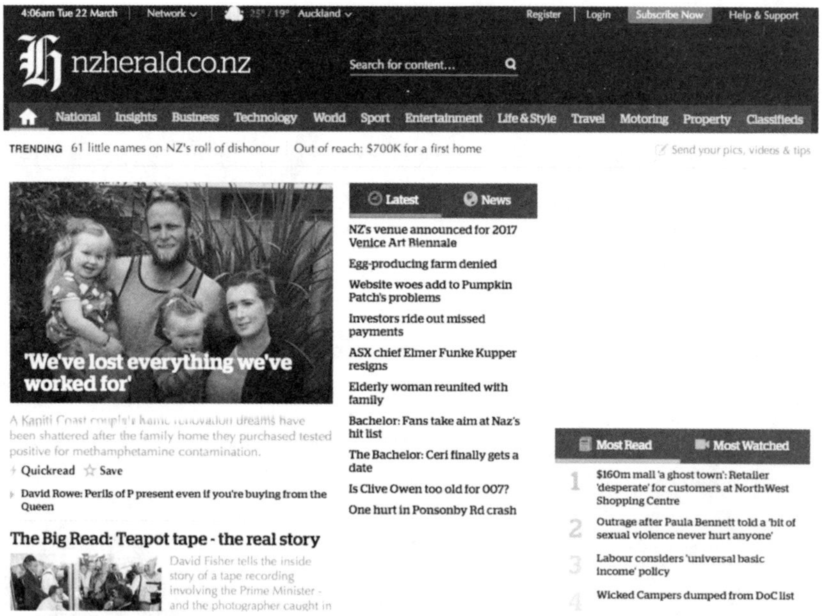

图 3 先驱在线网站首页

图片引自先驱在线网站:http://www.nzherald.co.nz,检索时间:2016 年 3 月 20 日。

四、涉华报道

目前,《新西兰先驱报》没有在中国设立驻华记者站,其发表的国际新闻稿件中的涉华报道主要来自主要国际新闻通讯社,尤以美联社报道为主。

以《新西兰先驱报》的新闻网站先驱在线为基础,通过关键词检索发现,其涉华报道内容相对较少,在该报刊发的国际新闻中仅占不足 10%。该报的涉华报道基本秉承其主要新闻来源的通讯社风格,报道内容以事实陈述为主。所选新闻议题较为分散,如经济报道《中国消费者青睐自主品牌》(“China's consumers want Chinese brands”)[②]、《人民币贬值意味着什么?》(“Q&A: What does China's yuan devaluation mean?”)[③]等。在政治议题方面,对中美关系和中国国内政治情况,如人权问题、言论自由等关注较多。

新西兰电视台 Television New Zealand

新西兰电视台(Television New Zealand,简称“TVNZ”)是新西兰的国有电视台,归新西兰政府所有,播出覆盖范围包括新西兰本土及部分太平洋国家地区。虽然该电视台为国有电视台,属于公共媒体性质,但事实上其运营费用完全依赖商业出资,约 90%的收入来自商业活动(包括广告营销),[④]其余部分来自政府资助。

---

① The New Zealand Herald Editorial: Democracy under attack,2007 年 11 月 12 日,http://www.nzherald.co.nz/nz/news/article.cfm? c_id=1&objectid=10475416,检索时间:2015 年 8 月 19 日。

② The New Zealand Herald:China's consumers want Chinese brands,2015 年 7 月 8 日,http://www.nzherald.co.nz/china/search/results.cfm? kw1=China,检索时间:2015 年 8 月 19 日。

③ Q&A:What does China's yuan devaluation mean? 2015—7—8,http://www.nzherald.co.nz/business/news/article.cfm? c_id=3&objectid=11495547,检索时间:2015 年 8 月 19 日。

④ 新西兰电视台网站:http://tvnz.co.nz/content/823737,检索时间:2015 年 6 月 27 日。

一、历史沿革

在世界范围内，新西兰的电视传播属于后起力量。从1946年开始，新西兰政府的一个委员会就开始着手研究电子媒体传播，直到1951年才开始允许电子传播。1959年11月，新西兰政府下令批准成立电视台。1960年7月1日晚7:30，新西兰第一个转播台在奥克兰开始播出节目，成为新西兰第一次正式的电视播出活动。当时电视每周播出两天，每次播出两个小时的节目。随后，在新西兰广播公司（New Zealand Broadcasting Corporation，简称“NZBC”）的经营管理下，又在克赖斯特彻奇（1961年6月）、惠灵顿（1961年7月）、但尼丁（1962年7月）三个城市建立起电视转播台。到1965年时，四家转播台实现了一周内每晚都播出节目，共计播出50小时。起初阶段，四家转播台之间基本各自为政，每个地区的观众都只能看到本地节目，共用的节目资源也是通过船运方式在四地之间轮流播放。直到1969年，新西兰广播公司才建立了统一的电视广播网，当年11月3日开始播出全国性的电视新闻节目《新西兰广播公司电视网新闻》（NZBC Network News）。1973年10月31日，新西兰广播公司开始播出彩色电视节目。

1975年，新西兰广播公司被拆分为三个机构，电视一台（TV 1）、电视二台（TV 2）和新西兰广播台（Radio New Zealand）。到1980年时，新西兰的电视传播格局再次发生变化，电视一台和电视二台合并成了新的国有公共电视机构，即今日的新西兰电视台（TVNZ）。

作为一家国有媒体机构，新西兰电视台在商业化方面大获成功，在新西兰电视收视市场占到三分之二的份额。然而，商业上获得成功的同时，该台也遭到“追求民粹主义和小报化内容”的诟病。2003年，海伦·克拉克（Helen Clark）政府推行广电媒体改革，将新西兰电视台重组为“公共机构”（Crown Entity），引入“双重职责”，即在维持商业运营的同时还需要履行其作为公共服务机构的职责。新形成的宪章（TVNZ Charter）规定了新西兰电视台必须在商业盈利和公共服务之间的潜在矛盾之中寻求平衡。同时，作为公共机构的新西兰电视台还必须继续每年向皇室缴纳分红。很快公众便发现，除了在地方节目上稍有加大投入外，新西兰电视台的节目内容与新宪章出台前并无二致，这种“双重职责”的属性反而限制了电视台向真正的公共服务机构转变。

2006年，新西兰电视台开始购进数字设备，筹备推出全新的数字电视频道。2007年底，新西兰电视台推出了24小时新闻频道（TVNZ News 24），主要播出新闻和体育节目。后又于2008年初开通了家庭频道（TVNZ Home），播出适合儿童和家庭观看的艺术和纪实类节目。

2013年12月，新西兰电视台实现全面数字化，同时停止了模拟信号发射，将频道让给了电信发射服务。

二、发展现状

目前，新西兰电视台是新西兰的国有电视传播机构以及数字传媒公司。该台旗下经营有六个电视频道：新西兰一台（TV ONE）、新西兰二台（TV2）、新闻频道（ONE News）、儿童频道（TVNZ Kidzone）、流行频道（TVNZ Pop－Up）以及2016年3月全新推出的高端频道（TVNZ Duke，主要播出优质影视作品和体育赛事）。除此之外，新西兰电视台还开设有网络频道（TVNZ OnDemand），于2007年3月推出。目前，网络频道已经有超过一百万的注册用户。

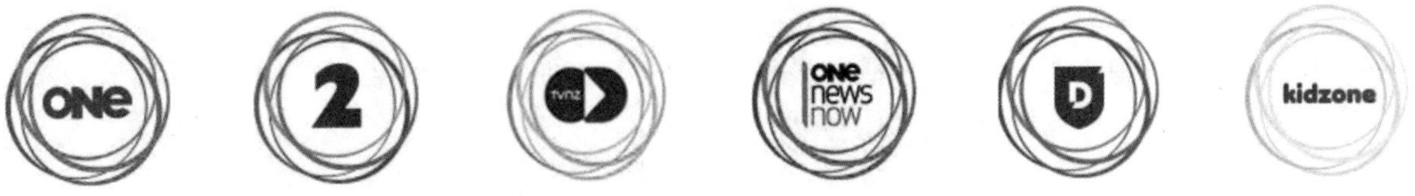

图4 新西兰电视台主要频道

除了本国受众,新西兰电视台还向包括库克群岛、斐济和所罗门群岛在内的太平洋岛国提供电视服务,播出的大多电视节目都是由本地制作的内容。与此同时,新西兰电视台还通过公司企业运作与其他国家的电视媒体交换发行节目,如同英国广播公司(BBC)和澳大利亚广播公司(ABC)之间的内容交换等。这些都为新西兰电视台提供了素材和资源。基于这些业务,新西兰电视台在制作和播出服务领域都形成了自己的风格,2002年,其出色的对外服务获得了"新西兰对外贸易嘉奖"。①

新西兰电视台还建有一个电视资料馆,收集了最广泛的新西兰电视历史资料。馆藏内容涵盖了从1960年开始新西兰电视台的大多数节目,包括新闻与时事节目、纪录片、体育节目和娱乐节目等。同时,还有很多从国家电影集团收集的影像资料,包括每周的电影回顾和1938年到1973年间的图片展览,以及大量关于毛利人文化和遗产的电影资料等。目前,资料馆面向公众开放,以使所藏资料能够为社会所用。

三、报道特点

新西兰电视台的两大主要频道电视一台和电视二台,是新西兰收视率最高的电视频道。电视一台是以惠灵顿为播出中心的综合频道,覆盖全国人口的99.96%,定位于国内的成熟观众群体。该频道的播出内容主要包括新闻与时事报道、体育节目,以及纪录片、电视剧等。一些大型体育赛事的转播,包括奥运会等,主要都由电视一台来承担。与此同时,电视一台也播放乡村题材的电视节目,带有浓郁的家庭和太平洋岛屿气息,比如乡村历法、乡村速递、毛利社区演讲、选举新闻、乡村重点项目推荐、少数民族关系和邻里关系等。电视二台则是以娱乐节目为主的文娱频道,从奥克兰中心播出,覆盖范围达到全国人口的98.82%。该频道以年轻人和家庭观众为主要收视目标,播出的节目也相应侧重于电视剧、情景喜剧、电影和娱乐信息,还有从英美等国引进的热播剧集等。

新西兰电视台的自制节目主要包括电视剧、纪录片、教育节目等,其中尤其是为当地少数毛利人推出的节目,深受当地受众的欢迎。毛利语新闻 Te Karere 从1983年开播已经超过30年,从2002年开始采用数字信号播出,目前还推出了移动客户端应用。

图5 毛利语新闻 Te Karere 网页

新西兰电视台网站:http://tvnz.co.nz/te-karere-news,检索时间:2016-3-17。

四、涉华报道

相对来说,在新西兰电视台播出的节目中,关于中国本身的内容并不多,在其视频新闻网站上则有较多涉华新闻报道,平均每月6到8条涉华视频新闻,每则新闻都是一到两分钟的简短报道。其中,既有对于中国经济、社会的报道,也有大量与华人相关的新闻报道。

在这些新闻报道中,新西兰电视台涉华报道的突出特点是,相较于政治、经济等较为严肃的议题,该台更为关注与中国的社会、生活息息相关的新闻内容,大多比较轻松和生活化。比如说,来自中国的奇闻趣事在新西

① 唐世鼎、黎斌主编:《世界电视台与传媒机构》,中国传媒大学出版社2005年版,第297页。

兰电视台涉华报道中所占比例很大，例如《建筑工人绊脚导致五楼高空倒吊》①之类的新闻。2015 年 12 月，一条《中国神秘飞车之谜》②的报道甚至以四则视频报道的篇幅讲述了邢台一个十字路口路况摄像镜头记录下三辆汽车状似瞬间飞起的趣闻。这些报道大多较为关注民生视角，通过简短的视频传递具有趣味性的新闻内容，大部分视频下方附有简短说明或附有新闻来源说明。

其次，一些西方媒体常规关注的涉华报道新闻议题，包括中国股市震荡、空气污染问题、人权事件以及灾害、事故等，也经常进入新西兰电视台的报道视野。在这类涉华报道中，内容虽然大多以陈述事实为主，但新闻标题和结语也不时表达出对中国的不理解甚至批评和讽刺。然而，对于中国的经济发展成就以及中国对稳定国际经济局势所做的贡献等方面，新西兰电视台的报道则多有积极正面的评价，相关报道如《中国下调利率促经济，全球市场获益》③，而在另一篇报道《新西兰在中国主导的国际银行建立中扮演重要角色》④高度评价了中国主导成立亚投行的意义，引用新西兰总理约翰·基(John Key)的表态称"新西兰将积极参与这一进程，并且期待'亚投行'的建立将为亚洲各国以及新西兰带来更多的发展机会"。

除此之外，由于近些年到新西兰旅游乃至移民的中国人数量大增，新西兰电视台的很多涉华报道实际上是对在新西兰的华人以及中国游客相关的报道。对华人的报道，大多议题关注华人富翁在当地的奢华生活等，例如《中国人超过澳大利亚人成为新西兰马头号买主》⑤、《争论中国人在新西兰置业是否涉及种族》⑥等。

---

① 新西兰电视台网站：Construction worker dangles by his foot five stories up building，https://www.tvnz.co.nz/one－news/world/construction－worker－dangles－by－his－foot－five－stories－up－building－avid－060a2b340101010501010f1013－000000－32d0d2badbdf0094－a0c70060dd44－a8b1，检索时间：2015 年 12 月 30 日。

② 新西兰电视台网站：Mystery solved: the truth behind China's flying cars，2015 年 12 月 1 日，https://www.tvnz.co.nz/one－news/world/mystery－solved－the－truth－behind－chinas－flying－cars.html，检索时间：2015 年 12 月 30 日。

③ 新西兰电视台网站：Global markets bounce back after China cuts interest rates to help economy，2015 年 8 月 26 日，https://www.tvnz.co.nz/one－news/business/global－markets－bounce－back－after－china－cuts－interest－rates－to－help－economy－q07486，检索时间：2015 年 12 月 30 日。

④ 新西兰电视台网站：NZ played key role in setting up China－led international bank，2015 年 6 月 16 日，https://www.tvnz.co.nz/one－news/new－zealand/nz－played－key－role－in－setting－up－china－led－international－bank－6338570，检索时间：2015 年 12 月 30 日。

⑤ 新西兰电视台网站：China set to take over Aussies as number one NZ horse buyers，2016 年 1 月 25 日，https://www.tvnz.co.nz/one－news/new－zealand/china－set－to－take－over－aussies－as－number－one－nz－horse－buyers，检索时间，2016 年 2 月 20 日。

⑥ 新西兰电视台网站：Is the debate around Chinese people buying NZ real estate racist，2015 年 7 月 17 日，https://www.tvnz.co.nz/one－news/new－zealand/is－the－debate－around－chinese－people－buying－nz－real－estate－racist－q01962，检索时间：2016 年 2 月 20 日。

拉丁美洲媒体概况

作为世界媒体的丘陵地带,作为发展中国家的汇聚之地,拉丁美洲同时也是世界媒体的重要市场。本书,选择了拉丁美洲主要媒体国家的近20家各类媒体进行介绍。

拉丁美洲即America Latina(西班牙语),是基于地理、政治、语言、文化、种族等方面,与撒克逊美洲相对的概念,位于西半球的南半部。20世纪70年代,联合国等国际组织决定将拉美地区的名称正式修订为"拉丁美洲与加勒比海地区",以涵括后来独立的加勒比诸岛。不过,为便于表达,通常还是将这一地区称为"拉美"。根据联合国拉美和加勒比经济事务委员会(ECLAC)的信息,拉美地区目前有34个国家和地区,总面积达2070万平方公里,有6.34亿人口(2015年数字)。① 拉美从整体上属于发展中国家,2014年,拉美的GDP大约为6万多亿美元,占全球的8.8%。人均GDP大约为一万美元,略高于亚洲,但是只相当于欧洲的一半。与此同时,拉美各国的经济发展差异很大,既有墨西哥、智利这样的中等收入国家,也有洪都拉斯、玻利维亚这样的低收入国家。其中,经济总量最大的是巴西、墨西哥、阿根廷三国,加上委内瑞拉、哥伦比亚、智利、秘鲁,七个国家占据了拉美GDP的90%。与经济发展情况相似,拉美的媒体发展也很不平衡,其中巴西、墨西哥和阿根廷是这一地区的媒体大国,而古巴、智利、秘鲁、委内瑞拉和哥伦比亚构成了紧随其后的第二梯队,其他国家为第三梯队。

20世纪80年代以后,拉美也开始了经济、政治与社会的转型。进入21世纪以来,这种转型开始加速,社会的动荡和进步也促进了媒体的发展,拉美的媒体市场开始繁荣。

从媒体传播格局的角度来说,新世纪以来,拉美包括印刷、电子和网络在内的各种媒体形态都迅速发展,新闻传播体系也日趋成熟。尽管拉美的各类媒体都在发展,但是基本上可以说主要还是处于电视时代。与电视相比,报纸在拉美地区的覆盖率略低。2010年,拉美地区平均百人可获取的报纸为6.7份,报刊总发行量为2700万份。在覆盖率和发行量两个方面,拉美地区都远逊于新闻传播最为发达的欧美国家。然而,就近几年的发展趋势来看,西欧和北美地区的报刊覆盖率和发行量都在下降,拉美地区却处于上升态势。与此同时,拉美地区报刊发行量的增长率相对要高于人口增长率。在2005年到2010年期间,拉美地区的报刊发行量增长15%,同期人口增长为6%。换句话说,读报人口的增长要比人口增长快两倍以上。这一现象的出现,一方面是由于现有报刊的发行量大幅增长,新发报刊的数量也不少;另一方面是由于新式的免费报刊发展迅速,2011年拉美地区的免费报刊发行量达到350万份。根据世界报业协会的统计数据,2006年至2011年间,拉美地区报刊的盈利收入增长了65%。其中,广告是拉美报刊最为主要的收入渠道。2010年,西欧和北美地区的报刊广告收入较上年分别缩水1%和9%。同期,拉美地区报刊的广告收入上涨6%。②与此同时,世界报业协会2014年度报告的统计数据显示,拉美各国的报纸发行总量较前一年增长2.56%,在各个区域中市场表现最好(亚太地区增幅为1.45%,其他地区均为负数)。截止到2013年底,拉美几个媒体大国的报纸媒体数量都基本保持稳定。其中,巴西有722份日报;墨西哥有510份日报;委内瑞拉有109份日报;秘鲁有101份日报。除此之外,其他国家的日报数量均不足百份。③预计近几年内,拉美报业将继续保持较高的年增长率。2016年,拉美报业的年盈利收入将达到104亿美元。④

① Economic Commission for Latin America and the Caribbean (ECLAC): Statistical Yearbook for Latin America and the Caribbean 2015. Santiago: United Nations publication, 2015.

② 世界报业协会:World Press Trends 2012。

③ 世界报业协会:World Press Trends 2014。

④ 世界报业协会:World Press Trends 2011。

从媒体覆盖率来看，电视无疑是拉丁美洲的第一大媒体，2010 年拉美地区家庭拥有电视机的比例达到 87%。[①] 免费电视节目在很多国家的覆盖率超过 95%，付费电视也已接近 50%。目前，拉美各国共有 1500 多家电视台。由于国家之间经济水平和媒体发展的不同，各国的电视媒体之间差别也较大。整个拉丁美洲电视业最为发达的国家是墨西哥和巴西，墨西哥的特莱维萨电视台和巴西的环球电视台是整个区域内最具影响力的电视媒体机构。另外，在加勒比海地区，很多小国都是仅有为数不多的几家本国商业电视媒体机构，而在播出内容上也以转播美国或墨西哥、巴西的电视节目为主。在拉美地区，广播的覆盖率仅次于电视，尤其在一些加勒比岛国，广播是当地使用最多的媒体。

拉美地区在新兴的网络媒体方面发展也很快，2012 年互联网覆盖率是 40%，全地区共有互联网用户 2.4 亿（占世界互联网用户数量的 8%），其中尤以巴西（8500 万）、墨西哥（4060 万）、阿根廷（2800 万）三国的用户数量最多。到 2015 年，拉美地区的互联网覆盖率增至 60%，新增 1.2 亿用户。[②]调查数据也表明，86.3%的拉美网民通过互联网获取新闻信息（巴西 97.6%、秘鲁 95.9%、阿根廷 94.8%、智利 94.3%及墨西哥 84.8%）。[③] 随着互联网技术的进一步发展，整个世界范围内的数字新闻消费都处于高速发展阶段。2014 年，在全球互联网用户中，有 8.12 亿人使用互联网进行日常新闻消费，可以占到全球网民的 46%。[④]其中，拉丁美洲通过互联网进行新闻消费的网民比例可以达到 50.2%。

从国家的层面来看，拉美各国的新闻传播发展不平衡。总体来说，工业程度较高、经济比较发达，同时新闻传播发源较早的国家，新闻传播也较为发达，媒体的发展也比较成熟。在全球化和地区一体化的趋势推动下，拉美地区形成了“由三个层级构成的国家传播实力梯队，由传播实力最强的巴西、墨西哥和委内瑞拉构成第一层级，相对处于中等水平的阿根廷、智利、哥伦比亚和秘鲁为第二层级，最后一层为玻利维亚、中美洲国家、厄瓜多尔、巴拉圭和乌拉圭”。[⑤] 在此基础上，新闻信息和媒体产品呈现由高层级向低层级的流动，围绕第一层级的国家构成地区的媒体中心。同时，基于语言和文化的接近性，相对于巴西（葡萄牙语国家）来说，墨西哥和委内瑞拉在拉美地区的影响力更为显著，两国的媒体产品可以辐射到整个拉美地区以及美国的西语族群。

图 1 中各维度的参数单位分别为每千人拥有日报数，拥有电视的家庭比例（%），以及每百人中拥有电脑和互联网的用户数。数据来自世界银行报告（The World Bank: 2012 World Development Indicator. pp.328－330.全部拉美国家列表参见附录 1）。

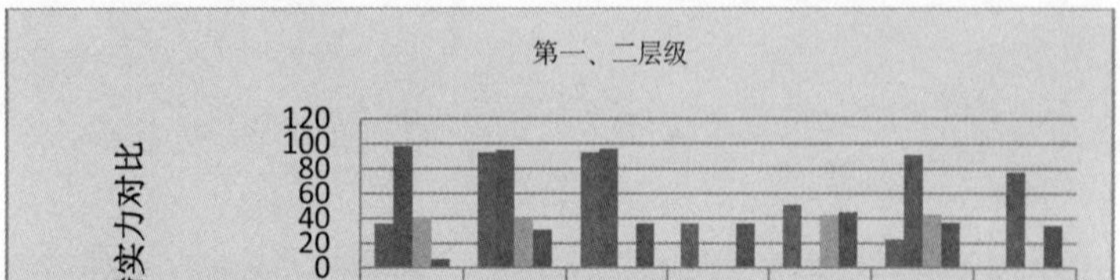

	Brazil	Mexico	Venezuela	Argentina	Chile	Colombia	Peru
Daily Newspaper	36	93	93	36	51	23	0
Household with TV	98	95	96	0	0	91	77
PC User	40.7	40.1	0	0	42.8	43.1	0.0
Internet User	6.81	31.1	35.9	36	45	36.5	34.3

图 1　拉美主要国家传播实力对比

在传媒体制方面，拉美存在着各种不同所有制的媒体，有国营、公营和私营各种类型，但是媒体的私有化趋势非常明显。目前，拉美国家的传媒产业大多数为私营企业，并且集中程度非常高。因此，在拉美地区的新闻信息和媒体产品，与其说是按照传播实力层级在国家之间流动，不如说是以地区内传媒大国的主要媒体集团为中心展开传播，尤以传播实力处于第一、二层级的几个国家为主。这些国

① The World Bank: 2012 World Development Indicator, April 2012, p. 330.

② 拉丁美洲及加勒比地区互联网注册管理机构 LANIC, http://prensa.lacnic.net/news/en/14－edition/latin－america－and－the－caribbean－now－have－their－own－internet－hub, March, 2013, 检索时间：2013 年 3 月 20 日。

③ Futuro Digital, comScore, http://www.comscore.com/Insights/Presentations_and_Whitepapers/2013/2013_Brazil_Digital_Future_in_Focus, March, 2012, 检索时间：2013 年 3 月 20 日。

④ 世界报业协会：World Press Trends 2014 report, Total paid－for and free daily, number of titles, p. 25。

⑤ Elizabeth Fox, Silvio Waisbord. *Latin Politics, Global Media*. Texas: University of Texas Press, 2002, p. 18.

家都有较有影响的媒体集团,如巴西的环球集团(Organizações Globo)①、OESP 集团(Grupo OESP/Grupo Estado)②,墨西哥的特莱维萨集团(Grupo Televisa)③、改革新闻集团(Grupo Reforma)④,委内瑞拉的西斯内罗斯集团(Organización Cisneros)⑤,以及阿根廷的号角集团(Grupo Clarín)⑥等等。尽管如此,政府依然在试图以各种方法控制媒体,发挥自己的影响力。

对于拉美媒体来说,它们面临的另一个问题是来自美国文化的冲击。美联社是拉美媒体的国际新闻报道主要供应商,而电视台所播的电视剧及各种节目也有很多是来自美国传媒集团。总的来说,拉美地区国际新闻传播的特点是:以跨国媒体集团为轴线,由欧美西方发达国家向拉美发展中地区辐射,同时在地区内又呈现出由核心传媒国家向周边其他国家辐射的态势。当然,随着拉美媒体的独立性增强,这种状态也正在发生改变,尤其是由巴西、墨西哥等地区传媒强国向美欧国家输出媒体产品的"信息逆流"现象,也正在成为常态。

① 环球集团:巴西最大的媒体集团,成立于 1925 年,总部位于里约热内卢。集团属于马里尼奥(Marinho)家族,最早经营的媒体是《晚报》(*A Noite*),核心则是 1925 年创办的《环球报》(*O Globo*),该报是巴西目前最大的报纸;1944 年开办环球电台,1965 年建立环球电视。环球集团在拉美各国拥有多家报纸、杂志、电台、电视台(包括国际卫星电视)、网站,还有出版社、音乐公司,同时还涉足食品、房地产和金融领域。见集团网站:http://globoir.globo.com/。

② OESP 集团:成立于 1875 年,总部位于圣保罗。集团由声名显赫的梅斯基塔(Mesquita)家族所有,最早经营的媒体是《圣保罗州报》(*O Estado de S. Paul*,1875),目前是巴西历史最悠久、发行量最大的报纸。集团还拥有数家报纸、杂志、电台,以及通讯社(Agência Estado,1970)和出版社,同时还有印刷设备及服务。见集团网站:http://www.grupoestado.com.br/。

③ 特莱维萨集团:墨西哥最大的多媒介大众媒体集团,同时在整个拉美地区、世界范围都属首屈一指的传媒机构。成立于 1955 年,总部位于墨西哥城,所属于阿斯卡拉加家族(Azcárraga)。集团初时由墨西哥最早的三家电视台 XHTV－TV(1950)、XEW－TV(1951)和 XHGC－TV(1952)构成,名为 Telesistema。现在的集团由 Telesistema 和 TIM(Televisión Independiente de México)合并成立(1972),广泛涉足于广播、电视、出版、音乐,以及体育、投资、博彩等行业。同时,特莱维萨是世界最大的西语媒介产品出口商,大量产品出口到美国。见集团网站:http://www.televisa.com/。

④ 改革新闻集团:墨西哥及拉美地区最大的报业媒体集团,成立于 1922 年,总部位于墨西哥城。集团所属于洪科(Junco)家族,最早经营的媒体是《太阳报》(*El Sol*,1922),核心是 1994 年创办的《改革报》。集团下属还有数家报纸、杂志、电台、网站,以及改革新闻社(Agencia Reforma)。见集团网站:http://www.reforma.com/。

⑤ 西斯内罗斯集团:根植于委内瑞拉的国际性商业集团,成立于 1929 年,由西斯内罗斯家族所有。最初从事运输行业,1961 年获得首个电视许可证后开始涉足媒体行业。目前,集团业务包括娱乐、媒体、电讯、消费商品以及旅游业,其媒体产品销往五大洲的 90 多个国家。见集团网站:http://www.cisneros.com/。

⑥ 号角集团:阿根廷最大的媒体集团,成立于 1999 年,总部位于布宜诺斯艾利斯,由诺夫来家族经营。集团的核心是《号角报》,是阿根廷发行量最大的报纸。集团还拥有新闻纸制造厂(Papel Prensa)、数家报纸、电视频道、电台、网站和电影公司。见集团网站:http://www.clarin.com/。

巴 西

《巴西日报》*Jornal do Brasil*

JORNAL DO BRASIL

《巴西日报》(*Jornal do Brasil*)是在巴西发行的一家葡萄牙语综合性报纸,总部位于里约热内卢。该报是政论性较强的日报,因版面严肃、国际新闻较多,特稿和评论很受读者欢迎,在国内的影响力仅次于《圣保罗州报》。① 从 2010 年 9 月 1 日起,《巴西日报》改为电子版发行,原纸质版停止刊行。②

一、历史沿革

1891 年 4 月 9 日,鲁道夫·丹塔斯(Rodolfo Dantas)等四人在里约热内卢创办了《巴西日报》。它是一份葡萄牙语的对开报纸,以刊登政论性文章著称。当时,巴西在布拉干萨王朝的体制和葡萄牙贵族势力统治之下,大庄园制和奴隶制依然存在。1889 年 11 月 15 日,丰塞卡将军发动政变推翻帝制,成立巴西合众国。新政府以"秩序和进步"为口号,并以总统制为基础来加强巴西的近代化。但由于《巴西日报》的创办者大多属于保守派,在政治上支持君主立宪制,因此报纸以维护旧王朝和有限度地批评新共和国为宗旨。好在此时新政府的政策相对开明自由,《巴西日报》也获得了很好的发展。

1956 年,《巴西日报》进行了一次改革,吸收了一批当时很有名望的撰稿人、评论家和专栏作家,每天都刊登数篇评论文章,对国内外的重大事件进行评述。由于这些学者型的撰稿人知识广博和本身具有的名人效应,《巴西日报》的文章深受中上层人士的推崇。

JORNAL DO BRAZIL
RIO DE JANEIRO—QUARTA-FEIRA 15 DE ABRIL DE 1891

图 1　1891 年初创时期的《巴西日报》

1964 年,巴西军队通过政变上台,加大了对报纸等媒体新闻内容的审查。1965 年,军政府总统布朗库颁布 2 号制度法,授权总统可以违反 1953 年颁布的报刊自由法,查封反政府报刊;1968 年 5 号制度法颁布后,更是规定一切出版物都必须预先接受检查。③ 这些严苛的制度在一定程度上束缚了《巴西日报》的发展。尽管日报坚持反对军政独裁的立场,但是为了避免严格的审查和直接的冲突,报纸的编辑在言论的尺度上做出了一些妥协,有时甚至用菜谱等内容替换掉本已写好的评论文章。报纸上关于国内事件的评论数量也大大降低,取而代之的是更多地评述国际事件。1966 年报社自办了《巴西日报》通讯社(简称巴通社),每天向用户提供国内外的重大新闻。

---

① 张昆:《中外新闻传播史》,高等教育出版社 2008 年版。

② 夏征农、陈至立:《大辞海·文化·新闻出版卷》,上海辞书出版社 2013 年版。

③ 吕银春、周俊南:《列国志·巴西》,社会科学文献出版社 2004 年版。

图 2 《巴西日报》刊出基辛格的尴尬照片

进入 20 世纪 80 年代，随着巴西军人政治的告竭，伴随着经济的发展，巴西的新闻事业开启了稳定发展期。在此期间，《巴西日报》达到发展史上的一个顶峰，在印刷、内容和管理等方面都称得上是巴西报业史上的先驱代表。1988 年，《巴西日报》日平均版面达到 50 版以上，发行量在 28 万份左右；周末版平均版面则超过 200 版，发行量为 29 万份左右。①

1992 年 9 月 13 日，基辛格在巴西参加贸易会议期间，《巴西日报》在首页刊登了一张照片，照片中基辛格的姿态略显尴尬。此后基辛格的律师致函《巴西日报》警告其立即停止刊登出售该照片，否则这位前国务卿将提起诉讼并要求赔偿损失。面对着巨大的威胁，《巴西日报》拒绝了这一要求，将照片卖给了一些其他的媒体和出版商。

20 世纪 90 年代，巴西经济经历了严重的通货膨胀期，股市下跌，石油危机加剧。在此背景下，《巴西日报》也开始出现经营危机，陷入了沉重的债务中。在这种情况下，报纸也在通过各种改革尝试转型。1995 年 5 月，《巴西日报》开始尝试通过电子版发行，网络版报纸 O JB Online 随即开通。

2001 年《巴西日报》的广告收入为 19.75 亿雷亚尔，②与 1999 年相比增长了 6.61%。③尽管如此，在 2002 年巴西十大日报的排名中，已不见其踪影。2002 年，《巴西日报》被一名叫尼尔逊的商人买了下来，从此开启了改组之路。然而，一系列的改革也并未使《巴西日报》扭亏为盈。

二、发展现状

图 3 《巴西日报》网站首页

图片引自《巴西日报》网站：http://www.jb.com.br，检索时间：2016 年 3 月 12 日。

2010 年 9 月 1 日，《巴西日报》停止印刷版的发行，成为巴西第一家只以网络版形式存在的报纸，原本每月约 50 雷亚尔的订阅费将改为约 10 雷亚尔(约合 5.6 美元)。《巴西日报》网站当天在首页刊登了题为《巴西第一份 100% 电子报纸亮相》的文章，巴西总统卢拉在文中赞扬了《巴西日报》“光荣的过去”，强调巴西需要好报纸，而“不管传播平台是什么”。④

尽管《巴西日报》将“转网”称作“面向未来的一步”，但很多报业同行仍视此举为《巴西日报》的“死亡”。《巴

① 张隆栋、傅显明：《外国新闻事业史简编》，中国人民大学出版社 1998 年版。

② 2001 年，1 美元等于 2.135 雷亚尔。

③ 明安香：《全球传播格局》，社会科学文献出版社 2004 年版。

④ 新华网：《百年老报〈巴西日报〉停刊》，2010 年 9 月 3 日，http://news.xinhuanet.com/newmedia/2010－09/03/c_12515008.htm，检索时间：2016 年 1 月 30 日。

西日报》曾经的竞争对手、位居巴西发行量第二位的《环球报》以《永别了》为题，辟专版就此事进行了报道。另据《圣保罗州报》报道，《巴西日报》的劳工债务已高达 3000 万雷亚尔（约合 1700 万美元），发行量也在逐渐减少。最近工作日的报纸发行量降至约 1.7 万份，周日版也跌至约 2.2 万份。在过去几年中，已有多位老员工因拖欠工资起诉《巴西日报》。8 月 31 日当天，曾在该报工作的一些员工也在里约热内卢市中心示威游行，要求报社发放拖欠的工资。

三、报道特点

一直以来，《巴西日报》的新闻报道以独立客观、丰富多彩著称。1977 年，报纸曾拒登政府的广告，以缩小官方对它在国内问题报道上的压力。它的文艺、娱乐版，对电影、戏剧、电视、流行音乐和巴西民间音乐经常发表评论，颇受群众欢迎。它的调查性报道，对有组织的犯罪，特别是对贪污、走私、贩卖麻醉品的调查文章，曾引起人们广泛的注意。该报在世界上 14 个大城市有特派记者，其驻外记者较注重从巴西所关心的角度报道所在地区的情况。例如，7 个非洲国家在世界市场上较多地出口咖啡后，它的有关驻外记者就加强了对这些国家咖啡生产、贸易情况的调研与报道。

《巴西日报》的周末版《巴西日报周刊》亦办得很有特色，版面多达 200 页，设有"周末指南""电影新片介绍""星期日"和"电台电视台节目"等多个栏目。内容丰富，图文并茂，集时事性、知识性和趣味性为一体。既有国内外重大事件的评说，也有名人生活的掠影；既有新潮时装彩照，也有艺坛名人传记。[①]

《巴西日报》十分注重媒体经营，该报会将广告加以分类排在第一版，这在世界大报中颇为独特。多达 5 类的广告版面几乎涉及了里约热内卢生活的方方面面，报社也因此获利颇丰。

四、涉华报道

《巴西日报》的涉华报道态度友好，这与两国之间的友好外交不无关联。早在 1974 年，巴西与中国建立外交关系，《巴西日报》就发表评论称，中国是世界上最重要的大国，和新中国建立外交关系提高了巴西的国际地位，中国和拉美国家的关系由此揭开了崭新的篇章。[②] 1992 年，中共十四大闭幕，《巴西日报》以大字标题"中国共产党支持邓的改革"并配以照片进行了报道，并表示中共十四大的召开标志着邓小平的经济改革获得完全支持。[③]

进入新世纪，随着两国贸易往来的加深，《巴西日报》也刊登了许多这方面的文章，报道倾向总体来说较为正面。2005 年，巴西政府出台了针对中国进口商品实行的贸易保护政策，《巴西日报》则发表评论称，"这项限制性法规的负面影响将远远大于其保护本国企业的初衷。相反会给巴西带来许多深层次贸易问题，面对中国商品，最好的办法就是对话"。[④] 同属金砖国家，《巴西日报》对于五国间加强交流合作也持积极态度，2013 年 3 月金砖国家领导人第五次会晤 27 日在南非德班举行。《巴西日报》发表评论称，金砖国家要进一步加强"制度化"，将成为真正国际组织作为近期的目标。过去七国集团曾无视二十国集团，现在金砖国家应以行动让欧美知道，它已成了世界经济"新的核心"。[⑤]

此外，在一些国际问题上，《巴西日报》也能秉承公正客观的态度。2015 年 9 月 19 日，日本强行通过被反对者称为"战争法案"的安保法案，《巴西日报》刊文直言，这是把和平宪法规定的"和平主义、不使用武力"条款丢到了一边。[⑥]

---

① 徐耀魁：《世界传媒概览》，重庆出版社 2000 年版。

② 李久林：《毛泽东在建国后的国际战略思想及其实践效应》，中国社会科学出版社 2012 年版。

③ 张静茹：《中国共产党全国代表大会史丛书·从一大到十七大·第 5 册》，辽宁万卷出版公司 2008 年版。

④ 环球时报：《该针对中国贸易保护么》，2015 年 11 月 7 日第 6 版。

⑤ 参考消息网：《金砖国家面临新的挑战与风险》，2013 年 3 月 26 日，http：//m.cankaoxiaoxi.com/finance/20130326/183512.shtml，检索时间：2016 年 1 月 30 日。

⑥ 人民日报海外版：《日本"协防"，能让美国省心吗》，2015 年 9 月 22 日第 6 版。

《南美侨报》

南美僑報

《南美侨报》是南美地区最大的华文日报，前身为《巴西侨报》。总部设在巴西圣保罗，在巴西和南美部分城市都设有办事处。① 因为其内容丰富，且观点较为中立，受到华人读者广泛的欢迎。

南美僑報

范长龙与美防长会谈

中国敦促美方减少南海军事活动

图 4 《南美侨报》头版

一、历史沿革

《南美侨报》的前身为《巴西侨报》，由王之一于 1960 年 3 月 29 日创建。创建初期为 8 开小型周报。在 1977 年，报纸改为周三刊。李海安在 1985 年接任发行人，并将报纸更名为《巴西华侨日报》，对开 8 版，每周出版 5 天。但是报纸在 1989 年停刊，之后又于 1992 年复刊，并沿用旧名《巴西侨报》。

1999 年，《巴西侨报》正式更名为《南美侨报》。报社根据实际情况推出了内容丰富的周末版，并增设了独创的南美新闻版。

二、发展现状

《南美侨报》在巴西圣保罗市、里约市、福斯市等城市以及巴拉圭、乌拉圭、阿根廷、智利、玻利维亚等南美国家都有发行。② 其日发行量大约为 2000 多份，是巴西地区发行量最多的一份华文报纸，同时也是拥有最多华人读者的报纸。

目前，《南美侨报》周二至周六发行。每日发行的报纸由 A、B 两版组成。A 版包括一些热点新闻、环球新闻、特别报道、大陆新闻、台湾新闻、港澳新闻、南美新闻、巴西新闻等。B 版则是文娱副刊，里面主要包含一些港澳台娱乐、中国和世界体育新闻，以及从中国网络转载的一些新闻评论和小说等，时而也会有一些健康养生、古今轶闻等内容。工作日发行的《南美侨报》，A 版通常刊行 16 个版面，B 版则只有 8 个版面。但是周末版 A 版内容一般会减少到 12 版，B 版则增加到 12 版。

三、报道特点

巴西的许多侨胞都希望能够准确全面地了解祖国的发展，而巴西媒体很少有关于中国的报道，且大部分都是负面报道，甚至很多华文媒体对中国的新闻报道也有失偏颇。因而，在巴西的侨胞很难获得关于中国的正确、全面的信息。为了弥补这样的空缺，《南美侨报》以迅速扭转信息失衡为发行宗旨。他们不虚张声势，利用现有条件，坚持办好报纸。他们在报道方面一边尽可能多地提供客观公正的中国新闻，一方面也为侨胞提供与他们利益相关的当地新闻。《南美侨报》的准则是：看时情，少辩论，多帮助。③

① 南美侨报网：http://www.br—cn.com/static/about.html，检索时间：2015 年 12 月 4 日。

② 中国侨网：http://www.chinaqw.com/node2/node116/node117/node163/node820/node835/node942/userobject6ai49584.html，检索时间：2015 年 12 月 4 日。

③ 人民网：http://chinese.people.com.cn/GB/42476/56994/56996/3984844.html，检索时间：2015 年 12 月 4 日。

目前,依托《南美侨报》全部资源而设立的南美侨报网 www.br－cn.com 是报社唯一的官方网站。南美侨报网立足巴西,面向南美,辐射全球,为广大网友提供准确翔实的巴西和南美新闻、商务、社会等方面的资讯,是了解南美的重要渠道。

图 5　南美侨报网首页

图片引自南美侨报网:http://www.br－cn.com,检索时间:2016 年 3 月 17 日。

四、涉华报道

作为巴西最受华人欢迎的华文报纸,《南美侨报》的对华态度客观积极,而且报纸有很大的篇幅都是关于中国的报道。另外,除了由《南美侨报》记者自主采写的新闻报道外,该报纸还经常援引中新社的报道。《南美侨报》对华报道的内容涵盖了中国政治、社会、气候、科技、体育、娱乐等各方面,而关于热点问题还会有很大篇幅的特别报道。

例如关于人民币纳入特别提款权(SDR)的货币篮子这一热点问题,《南美侨报》就在多期报纸中的头版中对此进行了大篇幅的报道。2015 年 12 月 1 日的头版中,《南美侨报》将该事件称为"历史性的一刻"。而在 2015 年 12 月 3 日的报道中,《南美侨报》又以《美媒评人民币入篮醋心大发:国际货币基金组织葬送世界》为题发表了一篇报道,文章引用了美国媒体对人民币入篮的一些报道,指出了这些报道的不客观之处。从标题中的"醋心大发",也可以看出《南美侨报》的评论意味。在文章的最后,《南美侨报》又引用了新华社的报道,表示人民币加入 SDR 影响深远。

另外,因为《南美侨报》的读者大部分是在巴西的中国人,身在他乡难免会有思乡之情,因此《南美侨报》有时候也会刊登一些关于中国故土的内容。例如,2015 年 11 月 23 日,《南美侨报》就专门有一个版面放上了一组 11 月 22 日北京和天津的雪景图,在带来视觉冲击的同时,也缓解了在巴西的华人的思乡之情。

总体来说,《南美侨报》作为由华人创办的报纸,比较具有亲华的特征,对华报道与国内的媒体取向近似,而由于其侨报的特殊性质,报纸对于南美的华人生活和情感也有着较多的关照。

《圣保罗页报》*Folha de S.Paulo*

FOLHA DE S.PAULO

★★★ UM JORNAL A SERVIÇO DO BRASIL

《圣保罗页报》(*Folha de S.Paulo*)是巴西发行量最大的日报之一,在圣保罗州出版发行,以葡萄牙语印刷。该报比较关注社会问题,经常发表揭露性的文章,地方性较浓,立场较为自由、激进。从 1986 年开始,《圣保罗页报》成为巴西发行量最大的日报,2015 年第一季度平均发行量为 361231 份。[①]

一、历史沿革

《圣保罗页报》的前身为《晚报》(*Folha da Noite*),是由几名记者在 1921 年 2 月 19 日创办的。不同于当时

---

① Sacchitiello, Barbara.Circulação dos cinco grandes jornais cresce, Meio&Mensagem, 2015 年 5 月 16 日。

已经颇有名气的《圣保罗州报》主要面对社会精英群体的定位,《晚报》刊登的新闻以短消息为主,较少刊登评论性的文章,内容主要涵盖普通上班族生活的方方面面。在政治上,《晚报》反对当时共和党的垄断独裁统治,主张建立一个反对党派。1925 年,报纸推出了一个名叫茹卡・帕托(Juca Pato)的漫画卡通人物,借由他的口吻讽刺当时社会存在的各种问题。

1929 年,因反对当时通过革命上台的瓦加斯政权,报社的印刷设备被摧毁,场地也被主管出卖给一名经营咖啡贸易的商人。到 1931 年时,阿尔维斯・德・利马(Alves de Lima)在原来《晚报》的基础之上,创办了日报《圣保罗报》(*São Paulo*),而且《晚报》也同时恢复发行。但阿尔维斯自己并没有办报经验,又任命了同样毫无新闻素养的诗人古伊列梅・德・阿尔梅达(Guilherme de Almeida)担任主编。在新闻报道方面,报纸将重点放在了关于农业生产者和农场主的信息上,而忽略了当时的一些重大事件,如 1932 年革命、第二次世界大战等。再加上当时巴西经济落后,报纸发行只局限在圣保罗州,发行量非常有限,每期只有几千份。到 30 年代末,报纸的经营陷入困境,尽管曾尝试降低售价来吸引读者,但并未能实现扭亏为盈。

图 6 《圣保罗页报》的著名漫画人物茹卡・帕托

20 世纪 40 年代,报社换了新的主编若昂・纳班蒂诺・拉莫斯(João Nabantino Ramos)。在他的带领下,报纸进行了一系列的改革:引入了员工竞争性考核机制,以绩效奖金来奖励表现突出的人。同时,拉莫斯还亲自编写编辑方针和新闻报道手册,以用作对员工进行入职培训。然而,他的努力也并未改变报社糟糕的经营状况。进入 60 年代,因印刷纸张价格上涨,报纸的经营再度陷入困境。特别是在 1961 年,报社员工联合起来举行罢工,要求报社能支付他们更高的工资,使得报社的经营状况进一步恶化。

1964 年,大企业家弗里亚斯(Frias)买下了《晚报》和《圣保罗报》。为扭转经营困境,他将两份报纸合并为《圣保罗页报》,从此只发行日报,停止了晚报的发行。经营初见成效后,《圣保罗页报》开始致力于更新设备和打造一个现代化的发行网络。1968 年,报社从美国购进新的印刷机,成为拉丁美洲第一份采用胶版印刷的报纸。1971 年,报纸开始采用先进的冷活字排版技术。在新闻报道方面,《圣保罗页报》还努力拓展了巴西的新闻品种,增加了当时其他报纸涉及较少的商业新闻、教育新闻和体育新闻等。通过一系列的改革创新,《圣保罗页报》逐渐获得了在"经济奇迹"下成长起来的那批中产阶级的青睐,成为一大批年轻人的首选报纸。20 世纪 70 年代,报纸的发行量与份额都在逐年增长,广告收入也获得了很大的提升。

在政治上,《圣保罗页报》主张开放,把其言论版开放给持各种不同政见的人,与此同时在新闻报道中也采用批判的立场。1984 年,在军政府下台的前夕,《圣保罗页报》发起了"立即进行直接选举"的运动,来促进巴西自由民主的回归,得到了巴西社会的普遍认可,报纸由此名声大振。两年后,其发行量超过了从 20 世纪 30 年代以来发行量一直居巴西首位的《环球报》。① 普选的实现使科勒总统成为巴西第一个通过人民民主选举出来的总统,《圣保罗页报》在选举的过程中大力支持科勒经济自由化的观点,以助他一臂之力。但在 1992 年,报纸发现他在 1985 年南德州铁路的建设过程中存在贪污行为,由此进行了及时披露,最终使得科勒总统辞职下台。

经过这一系列的尝试,《圣保罗页报》逐渐将"无党派""多元化"作为自己的新闻报道原则,并直接写入了其新闻报道手册中,这本手册在后来被公开出版,并已再版多次。其中规定,《圣保罗页报》中所刊登的新闻应该是准确的、描述性的,对于那些本身带有争议的报道主题,应该如实反映各方的观点,努力做到不偏不倚。与此同时,报纸也开始重视读者的意见。1989 年,报纸设立了新闻监察与投诉专员,并于 1991 年起,每天推出"更正"版面,用以处理和回应读者对报纸提出的种种批评。其中的内容涉及:评价报纸新闻、评论、标题以及图片的优劣;讨论报纸出现的职业道德问题;介绍读者的需求;对报纸的发行、经营等问题进行讨论;与其他新闻界

① 吕银春、周俊南:《列国志——巴西》,社会科学文献出版社 2004 年版。

同行进行辩论；介绍新闻工作流程；对报社重要人物开展访谈等。①

1994 年，《圣保罗页报》的周日版发行量突破 100 万份，更在 1995 年创下发行量纪录，超过 1613872 份。同年，该报建成了拉丁美洲最先进的印刷中心，该中心斥资 12 亿美元，这使报纸实现了整份的全彩印刷。

二、发展现状

目前，《圣保罗页报》仍是巴西发行量最大的日报，该报网站的访问量也居于巴西新闻类网站的首位。日报平日版发行量为 36 万份，周日版约为 50 万份上下。在版面数量上，平日 60 版，周日 200 版。版面内容包括政治、经济、体育、文化及大圣保罗地区新闻，在每个城市分别有地方版发行。②

图 7　《圣保罗页报》头版及其周五增刊“圣保罗州”

《圣保罗页报》每天的报纸以“日常版面＋增刊”的形式发行，具体的版面安排如下：

日常版面分为五叠：A 叠包括要闻版、言论版、能源版和国际新闻版；B 叠为市场版，主要刊登经济新闻；C 叠包括本地新闻版、健康版和科学版；D 叠为体育新闻版；E 叠为娱乐新闻版和每日生活指南版。

周一到周日均有增刊发行，每天增刊的内容包括：周一为科技增刊；周二为社会福利增刊；周三为旅游增刊；周四为食品增刊；周五为圣保罗州增刊；周六为儿童增刊；周日为文化增刊。

目前，《圣保罗页报》拥有采编人员 400 多名，其他工作人员有 1000 多人。采编人员是通过公开招聘、笔试、面试等程序进行选拔。记者之间的收入差别较大，新进报社记者的收入每月为 2800 雷亚尔，③资深记者每月可达 5 万雷亚尔，社长、总编每月为 3 万至 4 万雷亚尔。报纸较为重视国际新闻报道，在美国的华盛顿和纽约、阿根廷的布宜诺斯艾利斯、英国的伦敦、以色列的耶路撒冷、伊朗的德黑兰和中国的北京等城市设有常驻记者。

在经营方面，《圣保罗页报》旗下拥有多种业务，其中包括报纸、杂志、资料库、一个民调机构、一条新闻专线和快递服务。《圣保罗页报》自己的印刷厂，不仅印刷自己的报纸，还承担其他印刷业务。印刷厂自负盈亏，并有一定的赢利。报社在全国没有分印点，到各地的报纸每天靠飞机运送。报纸发行量曾达到过 100 万份，后来受到国内经济的影响，下降到 30 万份，尽管目前受到新的媒体的冲击，但是还是回升到近 50 万份。报纸发行量的 90％是靠订阅，只有 10％来自零售。报社的收入 60％来自广告。报纸售价工作日每份约合 1.25 美元，周末版每份约合 2 美元。

---

① 雷跃捷：《大众传播与媒介批评——首届两岸三地媒介批评学术研讨会论文集》，中国传媒大学出版社 2010 年版。

② 胡晓娟：《巴西新闻传播业概况及特点》，《新闻前哨》2016 年第 1 期。

③ 1 雷亚尔约等于 1.77 元人民币。

三、报道特点

《圣保罗页报》在新闻报道中坚持独立客观的办报方针,不受政府或其他利益集团影响。这一切也归功于报纸良好的经营状况,和其他绝大多数报社都要进行贷款不同,《圣保罗页报》没有一分钱的贷款,因此能够超脱任何党派,在新闻报道中始终坚持客观公正,尤其是能够敢于对政府和社会上的一些问题开展批评,因而也得到了社会和读者的认可。[①]

《圣保罗页报》的记者因为在报道中坚持如实报道,为此承担了很大的风险,甚至付出了血的代价。如因为反映里约热内卢贫民区的问题,先后有几名记者遭到杀害,其中,一名资深的知名记者金罗维斯就是因报道贫民窟的社会问题被害身亡。即使这样,他们依然坚守记者的职业道德,坚持客观真实地报道各种新闻,不为恐吓暗杀所吓倒,其敬业精神令人佩服。

四、涉华报道

1980 年 2 月《圣保罗页报》派出记者常驻北京,成为巴西第一家设有驻华记者的报纸,此后该报开启了对中国的持续关注。1992 年 10 月 12 日至 18 日,中国共产党第十四次全国代表大会在北京举行,《圣保罗页报》在 19 日刊登了有关中共十四大的消息,称中共更新了中央委员会将近一半的成员,并通过了邓小平提出的改革路线,新的中央委员会将保证改革的持续性。[②] 1997 年 7 月 1 日,《圣保罗页报》又以较大的篇幅报道了香港回归交接仪式,并附上了相关的背景材料。[③]

中国的经济发展引起巴西的高度重视,虽然两国相距遥远,但是这些年来,两国的交往越来越多,许多巴西人到中国投资或旅游。为此,《圣保罗页报》开辟专版,从多个方面介绍中国的经济情况。如在 2007 年 5 月 31 日,该报刊出 16 个版面,报道上海市经济发展和旅游等方面的情况。2008 年 3 月,《圣保罗页报》报道了中国奇瑞公司计划在 2011 年投资 5 亿至 7 亿美元在巴西建厂。文章表示,奇瑞为扭转国内产能过剩的困境而将目光投向海外的战略,在拉美市场上取得了预期的效果。公司用于生产的零部件主要来自于中国、巴西和阿根廷,合资公司将在 3 年内实现 60%的零部件本地化生产,公司最终将建成年产 30 万辆以上的现代化汽车制造厂。[④] 2008 年,世界金融危机爆发。次年年底,《圣保罗页报》特邀专栏记者艾伯蒂·菲斯洛教授撰文盛赞中国在提振全球经济方面的作用,他指出中国的经济发展及其对全球经济稳定与恢复所做出的贡献,使古老的“未来之国”越来越成为现实,中国无愧这次经济危机中的全球风云国家。[⑤]

与此同时,《圣保罗页报》还较为关注中国领导人对巴西的出访活动。2015 年 5 月 18 日至 26 日,李克强对巴西、哥伦比亚、秘鲁、智利四国进行了正式访问。《圣保罗页报》在 19 日发表评论员文章说,中国已经是巴西第一大贸易合作伙伴,两国双边贸易额达到 780 亿美元,巴西出口总额的五分之一都在中国市场。文章还指出,巴西迫切需要基础设施建设投资,同时也期待将多种多样的、安全的、高质量的巴西食品出口到中国。特别是在中国倡导“一带一路”和亚洲基础设施投资银行的大背景下,巴西和中国作为全球两个大国,具有很大的协同性和互补性,现在已经是时候构建一个更有质量的长期的战略伙伴关系。[⑥]

---

① 佘家金:《“触摸”巴西报业》,《中国新闻出版报》2007 年 10 月 29 日第 8 版。

② 张静茹主编:《中国共产党历届代表大会:一大到十八大》下,河北人民出版社 2012 年版。

③ 果继山:《走向祖国统一的足迹——关于“一国两制”要闻纪事一续编 3》,红旗出版社 1999 年版。

④ 苏振兴:《中拉关系 60 年回顾与思考》(上),当代世界出版社 2010 年版。

⑤ 程超泽:《中国应该对美国说“不”》,中国广播电视出版社 2012 年版。

⑥ 国际在线:《巴西媒体热议李克强访问》,http://gb.cri.cn/42071/2015/05/19/8011s4967002.htm,检索时间:2015 年 5 月 19 日。

《圣保罗州报》*O Estado De S.Paulo*

O ESTADO DE S. PAULO

《圣保罗州报》(*O Estado De S.Paulo*)是巴西最大的葡萄牙语对开日报,是公认的代表巴西国家水平的综合性日报,也是目前巴西大都市报中历史最悠久的报纸。该报为梅斯基塔家族所有,现在由梅斯基塔三世掌管。《圣保罗州报》因以严肃庄重的风格充分报道国内、国际新闻,发表政府重要的官方声明而著称,有"拉美的《纽约时报》"之称,具有很高的权威性,深受读者喜爱。

一、历史沿革

1875 年 1 月 4 日,17 名立志建立共和国的人创办了《圣保罗省报》(*Provincia de Sao Paulo*)。报纸创办后一直主张废除奴隶制度,从而赢得广泛声誉,还拟定了"叙述与公正"的报训。当时的发行方式也很有意思,负责卖报的是一位法国移民,他骑着马,带着最新的报纸沿街叫卖。这一度开启了巴西报纸发行的新形式——零售发行,此前在巴西报纸只通过订阅的方式送到读者手里。此后这也一度发展为读者可以通过设在大街小巷的报刊亭或杂货铺买到最新的报纸,这一传统一直延续至今。

A PROVINCIA DE SÃO PAULO

PROPRIEDADE DE UMA ASSOCIAÇÃO COMMANDITARIA

REDACTORES: AMERICO DE CAMPOS E F. RANGEL PESTANA

Segunda-feira 4 de Janeiro de 1875

图 8　1875 年创办的《圣保罗省报》

图片引自圣保罗州报网:《历史回顾》,http://acervo. estadao. com. br/noticias/acervo, estado－completa－140－anos,10679,0.htm,检索时间:2016 年 2 月 1 日。

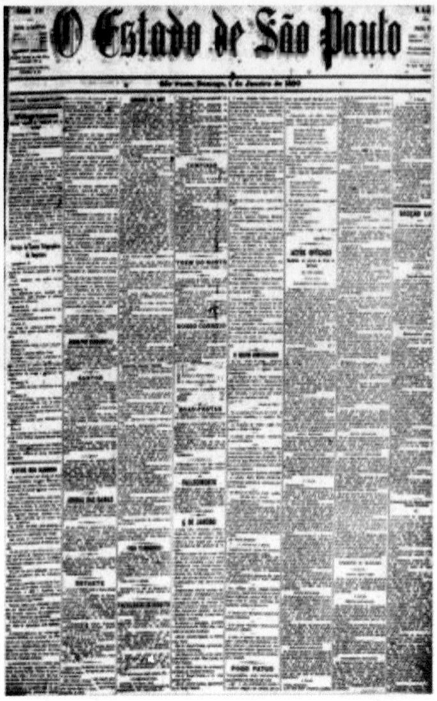
O Estado de São Paulo

图 9　1890 年 1 月 1 日更名为《圣保罗州报》后的第一期报纸

圣保罗州报网:《历史回顾》,http://acervo.estadao. com. br/historia － do － grupo/decada_1890.shtm,检索时间:2016 年 2 月 1 日。

当时巴西在文化方面非常落后,帝国前期报刊的文化意义比其党派倾向显得更为重要。巴西历史学家 J. M.贝洛就此写道:"在一个精神生活十分贫乏,又没有书籍和文化刊物予激励的国家里,报纸便成了传播思想的最好媒介。在报纸的荫庇之下,文人在探索着他们自己的道路。”[①]报纸连载的小说深受普通读者欢迎,当时大多数著名作家都曾从事过报纸记者和编辑工作。

1889 年,帝制被推翻,巴西合众国成立,报纸也因此易名为《圣保罗州报》。从 1890 年 1 月 1 日起,开始以新报名出版。《圣保罗州报》虽然支持当时合众国的成立,却一直坚持自身的独立地位,报纸甚至拒绝为当时处于支配地位的圣保罗共和党服务。之后,随着原主编弗朗西斯科·兰赫尔·佩斯塔纳(Francisco Rangel Pestana)为制定宪法而离任,茹利欧·德·梅斯基塔(Julio dc Mesguit)便开始担任主编的工作。在他的主持下,报纸开始了一系列的改革,其中最重要的便是与当时最大的通讯社——法国哈瓦斯通讯社签订了新闻交换协议。

1891 年,德·梅斯基塔家族买下《圣保罗州报》,从此开启了该报家族经营的历史。到 19 世纪末,《圣保罗州报》已成为当地最大的报纸。20 世纪初,巴西与外界的联系开始密切起来,由于其民主政体带有明显的外来性质,公众的素质不高,因而政治开始呈现不稳定,民主和独裁统治交替出现。这对于巴西新闻业的发展和长期以来的新闻自由传统,是一种严重的挑战,巴西的新闻业经历了这一场历史的炼狱。在第一次世界大战期间,《圣保罗州报》因支持同盟国一方被协约国阵营所封禁,报纸在特别困难的情况下仍然坚持出版,并通过读者传阅的方式送达读者的手中。1924 年,因特南特斯发动的军事政变(Tenentes' Rebellion)失败,政府军以《圣保罗州报》中间派的立场为由逮捕了德·梅斯基塔夫妇,将他们关进在里约热内卢的监狱中,报纸也在一段时间内被禁止发行。1927 年,老梅斯塔基去世,他的两个儿子梅斯塔基二世开始接管报纸的编辑和经营工作。

O ESTADO DE S. PAULO

1875

140 ANOS

A história *do* jornal
A história *no* jornal

140 ANOS ESTADÃO

2014

2015

Digitalização faz notícias terem recorde de público

图 10　2015 年 1 月 4 日,《圣保罗州报》刊发特别报道纪念创刊 140 周年

图片引自圣保罗州报网:http://acervo.estadao.com.br/historia-do-grupo/decada_2010.shtm,检索时间:2016 年 2 月 1 日。

O ESTADO DE S. PAULO

STEVE JOBS
★1955 †2011
Morre o ícone da era digital

Alckmin cobra deputado que denunciou venda de emendas

Experimento cria 'tato' em mão artificial

Bancos da UE precisam de até € 200 bilhões

O MÁXIMO DO LUXO E DA TECNOLOGIA EM QUALQUER TERRENO.

图 11　《圣保罗州报》头版

1930 年,由于路易斯总统没有处理好社会各集团的利益,热图利奥·瓦加斯(Getúlio Vargas)在民众和多数报刊包括《圣保罗州报》的支持下,得以推翻路易斯而上台。瓦加斯统治时期,一定程度上满足了下层民众的一些利益要求,加之遇上第二次世界大战,这使他在特殊的情况下得以连续当政。但是这是在对社会实行强力控制,牺牲新闻出版自由的条件下取得的。特别是他成立的巴西新闻宣传部,对于媒体实行严苛的新闻检查。在此期间,1932 年,《圣保罗州报》因鼓吹宪政引起了瓦加斯的不满,梅斯塔基二世被放逐到巴西以外的地区。1940 年,报纸与政府间的冲突日益严重。当年 3 月,政治警察在报社的大楼里“发现”了一个武器秘藏处,这给

① 陈力丹:《巴西——一部从零开始的新闻史》,《新闻与传播研究》1999 年第 6 期。

瓦加斯提供了寻找很久的借口，他迅速关闭并接管了这份报纸，该报被瓦加斯独裁政权控制。[①]

1945年，瓦加斯在一次不流血的军事政变中被驱逐，民主制度得以恢复，《圣保罗州报》重新回到德·梅斯基塔家族手中。在“二战”结束之后的一段时间里，报纸采取美国大报式的编辑经营模式，取得了长足的发展，逐渐赢得了“巴西报坛的灰色巨人”的美誉。该报当时特别重视国际新闻，在十多个国家派有常驻记者，国际新闻报道量约占其总篇幅的15%。联合国教科文组织于1951年和1960年曾对世界十多家大报做过调查，两次调查结果显示，《圣保罗州报》的国际新闻所占篇幅超过许多世界知名媒体，排名第一。

1964年巴西再次发生军事政变，从此开始了一个长达20年的军政府专制时期。《圣保罗州报》虽支持军队政权，但是批评军政府的文章也不少。1972年，军政府宣布对该报实行事先检查，受检初期该报曾多次被勒令暂时停刊。因此，该报被迫在很长一段时间内淡化政治色彩，增加了诗歌、文学和读者来信等软性内容的篇幅。

1975年，军政府下令正式停止对《圣保罗州报》的事先检查，对其他报刊的检查也开始逐渐放宽。以此为契机，巴西新闻界发起了一次新闻自由运动，被称为“开放运动”。20世纪80年代，《圣保罗州报》聘请著名记者奥古斯都·努涅斯(Augusto Nunes)担任主编，开启了对报纸的一系列改革。1986年，该报工作日版每天出50～80版，发行量为17.9万份，周末版出200多版，发行量达到40多万份。[②]

1991年，《圣保罗州报》开始了彩色印刷。1996年主编努涅斯去世，他的弟弟Ruy成为该报的新主编。

二、发展现状

《圣保罗州报》的现任主编为奥利维·罗斯·费雷拉。现有450名记者、编辑及特约通讯员，在华盛顿、莫斯科、伦敦、巴黎、罗马、哈瓦那、墨西哥城等处有特派记者。这些工作人员中95%是大学毕业生，少数甚至拥有博士学位。[③] 该报还拥有自己的通讯社、森林和造纸厂。[④]

目前，《圣保罗州报》是整个拉美地区出版页数最多的报纸，平日版在60版左右，分为1个消息版和9个专版，内容相当丰富。周末版甚至超过150版。《圣保罗州报》的头版为要闻版，报名下方注明过去几届社长的姓名及起讫年月，报头左侧登天气预报，右侧刊登现任社长姓名。后续版面安排大致为：国际新闻、国内新闻、圣保罗市及其周围地区新闻分别占一、二版至三、四版，其他有教育版、经济版、警事、法庭版、宗教版、军事版、政治版、讣告版、体育版和文化版(包括电影、戏剧、音乐、舞蹈、广播、电视等内容)以及大大小小五花八门的广告。此外，它每周还轮流出版一些专题性副刊。圣保罗州报网(www.estadao.com.br)也已经成为全世界最重要的葡萄牙与新闻网站之一，尤其在拉美地区具有很大的影响力。

图12　圣保罗州报网首页

图片引自圣保罗州报网：http://www.estadao.com.br，检索时间：2016年2月1日。

据2006年巴西全国报纸协会(ANJ)的统计，《圣保罗州报》的发行量为36万份，排名第2，仅次于《圣保罗页报》。[⑤] 读者群覆盖联邦各级官员、议员和商界领袖，影响力遍及整个拉丁美洲。[⑥] 世界上很多国家，包括中国在内的许多政府部门和研究机构，均订有此报。

---

① 〔美〕布拉德福德·伯恩斯：《巴西史》，王龙晓译，商务印书馆2013年版。

② 《中国大百科全书·新闻出版》，中国大百科全书出版社1990年版。

③ 王泰玄：《巴西的新闻事业》，《国际新闻界》1984年第6期。

④ 童清艳：《美国冲击与痛苦调整——南美洲新闻事业》，《新闻与传播研究》1999年第6期。

⑤ 张胜冰：《世界文化产业导论》，北京大学出版社2014年版。

⑥ 胡晓娟：《巴西新闻传播业概况及特点》，《新闻前哨》2016年第1期。

三、报道特点

《圣保罗州报》的特色主要体现在其深度报道和体育报道方面。

为了适应该报的主要读者对象——政界、工商界、文化界人士及各方面上层分子的需要,《圣保罗州报》常常用大量篇幅刊登有参考价值的资料和有深度的文章。其中包括许多名人演说和新闻招待会上的发言,国外报刊上有分量的稿件也经常全文刊登或译载。遇到国内外重要问题,没有现成材料可以刊登,它就组织力量,及时撰写专文。邀请的作者通常是对有关问题有研究的专家、学者或教授。有时在一个大题目下,会从不同角度组织许多篇文章,在十天半个月里连续刊载。

同时,《圣保罗州报》的体育报道也很有特色。该报除了每周有一期体育副刊外,每天至少有两三版篇幅刊登各种体育活动消息。一方面,报纸专注于赛事报道,有很强的社会责任意识和体育专业精神。另一方面,体育新闻评论则大多以严肃内容为主,强调社会责任和客观公正。报社硬件和软件基础雄厚,对各种体育赛事都建有一套完整的数据库,采编人员也具有很高的素质。①

四、涉华报道

多年以来,《圣保罗州报》一直以报道国际新闻著称,因此对于中国也有持续的关注。1963 年至 1976 年间,该报刊登了大量的有关毛泽东主席的文章和照片。② 由于此时该报倾向于亲美,反苏联、反共,对于中国的报道在态度上也较为负面。③

改革开放之后,伴随着中国与巴西建立外交关系,《圣保罗州报》开始密切关注中国经济的发展。1985 年 3 月至 8 月间,该报就曾以《中国巨大而虚弱的躯体重新站起来了》(3 月 31 日)、《中国在走自己的路》(7 月 20 日)、《神话般的中国市场》(8 月 20 日)三篇文章报道了中国经济的发展状况。这些文章肯定了中国的经济发展状况,并客观地指出要提防通货膨胀的威胁。而在《神话般的中国市场》一文中,更是强调了巴西要与中国建立良好的贸易往来关系,“中国正在向外部打开门户,这正是巴西与中国建立持久而明确关系的机会。如果我们失去这次机会,其他国家将占领我们的份额,将来我们再想在这个神话般的巨大市场中占一个位置,势必会特别困难”。④

1930 年,由于路易斯总统没有处理好社会各集团的利益,热图利奥·瓦加斯(Getúlio Vargas)在民众和多数报刊包括《圣保罗州报》的支持下,得以推翻路易斯而上台。瓦加斯统治时期,一定程度上满足了下层民众的一些利益要求,加之遇上第二次世界大战,这使他在特殊的情况下得以连续当政。但是这是在对社会实行强力控制,牺牲新闻出版自由的条件下取得的。特别是他成立的巴西新闻宣传部,对于媒体实行严苛的新闻检查。在此期间,1932 年,《圣保罗州报》因鼓吹宪政引起了瓦加斯的不满,梅斯塔基二世被放逐到巴西以外的地区。1940 年,报纸与政府间的冲突日益严重。当年 3 月,政治警察在报社的大楼里“发现”了一个武器秘藏处,这给瓦加斯提供了寻找很久的借口,他迅速关闭并接管了这份报纸,该报被瓦加斯独裁政权控制。⑤ 世纪的政治经济路线,并选出一个执行改革路线的新的中央委员会。改革时代开始 14 年来,11 亿中国人民是无可争议的进步的见证,这包括:千百年来处于贫困状况的农民开始发家致富,商店里充满了各式的消费品中共十四大的成功不仅与中国人民有关,而且也同整个世界有关,它将决定中国是否能发展成为一个世界强国。⑥ 2002 年,《圣保罗州报》赞扬了中国共产党在十六大顺利实现新老领导层交接,认为它将对中国共产党未来发展具有积极和

① 程雪峰:《现代体育新闻评论学》,吉林大学出版社 2012 年版。

② 陈树勋:《南美归来话传媒》,《中华新闻报》2002 年 11 月 23 日第 6 版。

③ 陈大斌:《国际大众传播媒介简介》,青岛出版社 1992 年版。

④ 杨效农:《外国人看中国》(上),新华出版社 1986 年版。

⑤ 〔美〕布拉德福德·伯恩斯:《巴西史》,王龙晓译,商务印书馆 2013 年版。

⑥ 张静茹:《中国共产党历届代表大会:一大到十八大》(下),河北人民出版社 2012 年版。

深远的影响，中共新一届领导人将会继续领导国家向前发展。[1]

随着中国和巴西外交的逐渐深入，《圣保罗州报》的新闻报道也开始涉及关于中国文化的内容。2004 年，在胡锦涛主席访问巴西期间，该报推出了一系列关于中国文化的报道，文章介绍了中国的美食、太极拳等。并指出，“由于中国这个东方大国的经济发展，使得许多巴西人都开始学习汉语，在一所名为 HOLDING 的汉语学校中，报名学习中文的学生较去年增长了 150%”。为了表达对中国文化的喜爱，记者在文末甚至说“中国也在我们这里！”。[2]

环球电视网 Rede Globo

环球电视网（全称为 Rede Globo de Televisao，简称 Rede Globo）隶属于巴西环球传媒集团，是巴西最大的全国性电视机构，播出范围可以覆盖到整个巴西的 99%，[3]黄金时段的收视率可以达到 95%～98%。[4] 同时，环球电视网的规模仅次于美国广播公司（ABC），是全球第二大商业电视公司。[5] 而在整个拉丁美洲地区，环球电视网是当之无愧的电视行业龙头。

一、历史沿革

在南美最大的国家巴西，电视无疑是影响力最大的第一媒体。巴西从来就没有形成阅读传统，印刷出版业在 19 世纪之前都是非法的。从巴西印刷媒体的历史背景来看，大量文盲和对待阅读的文化态度，使得大多数巴西人在电视到来之际，对媒体的认识还非常落后。对大多数巴西人而言，电视是了解地方、国内、国际信息的主要渠道（很多时候甚至是唯一渠道）。尤其对普通民众来说，电视是“村落通往全球化的主要入口”。[6]

巴西的电视业肇始于 1950 年，初时都是由政府颁发许可证，私人投资开办的小电视台。当年 9 月在圣保罗开播的图庇电视台（Tupi），是巴西的第一家电视台。然而，巴西电视业真正的发展，要从 1965 年正式开启，环球电视网的发展历程一直代表并引领着巴西电视业的发展进程。

环球电视网的创办者是巴西传媒大亨罗贝尔托·马里尼奥（Roberto Marinho）。马里尼奥出身于巴西富豪家族，他的父亲于 1925 年 7 月 29 日创办了《环球报》（*O Global*），但新报出刊仅二十多天，这位出版人便猝然离世。年仅 21 岁的马里尼奥继承父业，怀揣对新闻行业的热情，他决定让自己从最基础的岗位做起，开始在报社担任初级校对员和采访记者。直到 6 年后，积累了丰富新闻从业经验的马里尼奥才让自己坐上社长的职位。随着报纸发展越来越有声色，马里尼奥又进一步扩展公司媒体业务，于 1944 年开办了环球广播电台，并在此基础上获得了政府颁发的电视播出执照。1957 年 12 月 30 日，全国广播电视通讯委员会（Conselho Nacional de Telecomunicações，简称 CONTEL）向环球公司正式颁发了开办私营电视机构的执照。

1965 年 4 月 26 日，环球电视正式开播，通过第 4 频道播出节目。创办初期，马里尼奥只获得了在里约热内卢播出电视节目的经营许可证。受制于有限的市场，同时经营条件也相当简陋，开始几年一直处于入不敷出的状态。但是马里尼奥看好电视行业，对电视台的业务亲历亲为，经过几年的励精图治，环球电视的业务很快步

① 本书编写组：《中国共产党代表大会史》（下），新华出版社 2013 年版。
② 国务院新闻办公室：《感知中国——在巴西阿根廷》，五洲传播出版社 2005 年版。
③ 张朴宽：《发展中国家广播电视概况》，中国广播影视出版社 2014 年版，第 175 页。
④ 胡晓娟：《巴西新闻传播业概况及特点》，《新闻前哨》2016 年第 1 期。
⑤ 王明华主编：《国际传播论文集》（第十五辑），中国国际广播出版社 2014 年版，第 279 页。
⑥ 〔美〕科塔克：《远逝的天堂：一个巴西小社区的全球化》（第四版），张经纬等译，北京大学出版社 2012 年版，第 199－200 页。

上轨道。后来通过兼并 TV Paulista,环球电视的影响范围扩大到了圣保罗。与此同时,电视台开始在全国电视播出收视率排行上崭露头角。

图 13　罗贝尔托·马里尼奥手持由他掌管的《环球报》

1966 年 1 月,环球电视网派出采访摄制小组,第一次以电视直播的形式报道了里约热内卢遭遇洪水,在巴西的电视传媒行业发展历史上留下了新的第一。1967 年,环球电视网正式开始建设自己的全国性电视传播网络,将位于阿雷格里港的 TV Gaúcha 收为附属电视台,随后位于乌贝兰迪亚的 TV Triângulo 及位于戈亚尼亚的 TV Anhanguera 等多家地方电视台也相继加入环球电视。1968 年,环球电视网的第一家分台环球电视米纳斯台(Rede Globno Minas)在美景城(贝洛奥里藏特)建成开播。1969 年 9 月 1 日,环球电视网推出了首个全国播出的电视直播新闻节目《全国新闻报》(*Jornal Nacional*),通过分布在全国各地的附属台和分台实现同时播出,迅速成为国内收视率最高的电视节目。《全国新闻报》的开场音乐、节目标识以及主持人每天以"晚安"作为结束语,都已成为整个国家的时代记忆。时任环球电视网新闻部总编的阿曼多·诺盖拉(Armando Nogueira)曾经说,《全国新闻报》在当时对于整个巴西的国家认同起到了重要的作用,因为这个节目使得全国上下能够共享同样的信息。[①] 乘胜出击的环球电视网,又于 1971 年 4 月 21 日推出了《今日新闻》(*Jornal Hoje*),初时仅在里约热内卢地区播出,从 1974 年开始改为在全国播出。1972 年,环球电视网引进了彩色电视节目播出。1978 年世界杯足球赛在阿根廷举办,环球电视网首次对这一世界性的体育赛事进行了转播。

1980 年,巴西的第一家电视台图庇电视台正式关闭,大量原本图庇电视节目的拥趸开始转向环球电视网。与此同时,以开播 15 周年为契机,环球电视网推出了一系列优质的电视节目,包括电视长剧 *Os Trapalhoes*、以本地新闻为主的《环球本地闻》(*Globo Rural*)、面向女性观众的《女性电视》(*TV Mulher*)、喜剧节目 *Viva O Gordo* 等,以巩固受众的收视。在这些节目中,大多数都在各自播出时段获得了超高的收视率。到 80 年代中期,环球电视网已经成为巴西最大的电视广播机构,拥有 31 个分台、176 个附属台,而且拥有包括《今日新闻》在内的多个全国收视率最高的节目。[②] 与此同时,马里尼奥致力于开拓国际市场,对欧洲国家的电视私营化表现出浓厚的兴趣。1985 年,马里尼奥买下了蒙特卡洛电视台的意大利分公司,到 1989 年又收购了蒙特卡洛电视台。[③]

1991 年,环球电视网推出了环球卫星台频道(Globosat),作为电视网旗下的有线电视频道。同时,环球电视网开始同包括美国福克斯电视网在内的国外电视机构建立内容合作机制,当年环球电视网引进了由福克斯广播公司制作播出的动画系列片《辛普森一家》(*The Simpsons*),开始面向南美的葡语受众播出。1994 年,环球电视网取得当年举办的世界杯足球赛的播出权,随着巴西国家队第三次问鼎大力神杯,环球电视网的体育节目收视率达到历史新高。1995 年,环球电视网的节目制作中心 Projeto Jacarepaguá(通常简称 Projac)建成并投入使用。这个中心是环球电视网最主要的节目制作基地,旗下大多数节目的拍摄、编辑、制作都在这里完成,后

---

① Mauro P. Porto. *Media Powerand Democratization in Brazil—TV Globo andthe Dilemmas of Political Accountability*, New York: Routledge, 2012, p.61.

② 王泰玄:《巴西的新闻事业》,《国际新闻界》1984 年第 3 期。

③ 潘英毅:《巴西媒介巨头马里尼奥》,《国际新闻界》1991 年第 3 期。

来逐步发展成为整个拉美地区最大的电视节目制作中心。1996年，环球电视网率先开播了环球新闻频道(Globo News)，成为巴西首个全新闻电视频道。环球新闻频道以里约热内卢为新闻总部，在圣保罗也设有新闻编辑部，既播出来自环球电视网现有频道的主要新闻节目，也有大量自己采编制作的新闻报道和评论节目。

1999年6月，环球电视网开办了环球国际频道(Rede Globo International，后改称为Globo TV International)，通过卫星及IPTV面向美国、加拿大、日本和欧洲播出节目，为居住在世界不同地区的葡语受众提供新闻信息和娱乐节目。它也成为巴西传媒业界首个面向国际的广播电视频道，次年5月巴西的官方对外传播频道巴西国际电视(International TV Brazil)才正式开播。环球国际频道主要以葡萄牙语全天24小时播出，节目来自整个电视网的电视剧、体育、儿童节目以及新闻，视角更加全球化。这个频道既是面向全球受众展示巴西的窗口，也是巴西观众探知世界的渠道。[①]到20世纪末时，环球电视网已经拥有108家附属台，对巴西5043个市区实现了99%的覆盖率。

进入21世纪，环球电视网已经进入了世界一流电视传媒集团行列，在国际传播领域具有相当的影响力和代表性。2003年8月6日，环球电视网的创办人、巴西最有影响力的富商、拉美传媒业界巨擘。罗贝尔托·马里尼奥以98岁高龄离世。为了纪念这位资深媒体人，巴西总统卢拉宣布全国哀悼3天，国会也宣布在此期间停止一切内部活动。在马里尼奥去世之后，他的子女继承了环球电视网的领导职位。从2007年开始，环球电视网的节目逐步改为以数字信号播出，先从收视最好的热门电视剧集和新闻节目开始，目前大多数节目是以模拟信号和数字信号同步播出。

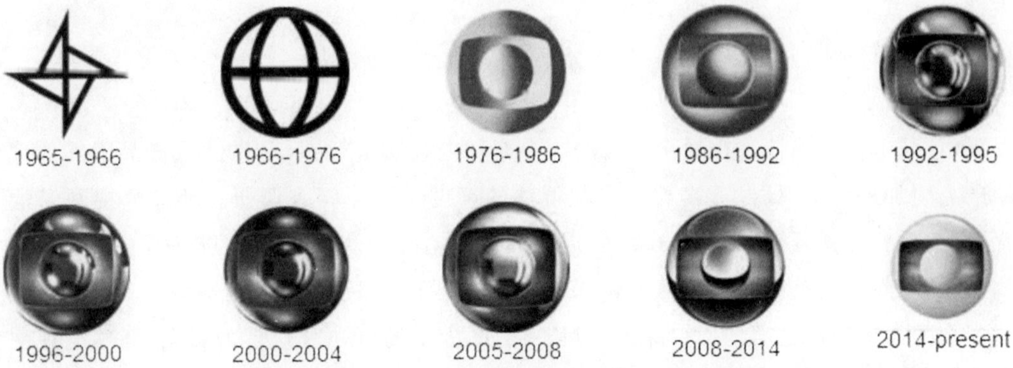

图14　1965年至今，环球电视网的标识历经多次改变

二、发展现状

目前，环球电视网是巴西最大的传媒集团，在整个拉美地区也是规模最大的电视网。从《环球报》开始，环球电视网的业务已经广泛扩展到传媒行业的方方面面，涉及印刷出版、广播、电视和互联网等多个领域。

多年以来，环球电视网凭借与政府的紧密关系、对受众需求的准确把握以及雄厚的资金实力，一直在国内电视收视市场占据垄断地位，雄踞国内第一大电视网、最高收视率节目的位置几十年之久。近几年来，随着其他私营电视机构的崛起，巴西国内的电视收视市场竞争愈发激烈，尤其是受众市场趋于小众消费的分流，环球电视网的受众数量开始下滑，一些大热节目的收视率也大不如前。比如说，在1980年代，环球电视网每年推出的主打剧集基本都能达到50%左右的高收视率，一些制作精良的作品经常造成万人空巷的收视热潮，而到了2010年以后，每年收视最高的电视剧集收视率也不过在20%～25%左右。尽管如此，由于市场高度分流，环球电视网仍然是巴西收视最高、影响力最大的电视传媒，其龙头老大的位置一时仍无可撼动。

在国际传播市场，环球电视网的卫星频道——环球国际频道已经在世界多个地区实现了落地，包括美洲、

① 周俊、毛湛文：《巴西国际传播的发展与特点》，《中国记者》2012年第1期。

欧洲、中东、非洲以及亚洲的日本，拥有超过 620000 收视用户。环球国际频道的播出内容以娱乐、新闻和体育节目为主，并且针对不同地区的时差和受众收视习惯做出内容和播出上的调整。环球电视网在葡萄牙首都里斯本开设有分公司，专门负责面向欧洲和非洲地区的节目编播。

图 15　环球网首页

图片引自环球网：http://www.globo.com/，检索时间：2016 年 3 月 31 日。

环球电视网的综合网站环球网(Globo.com)是公司新媒体战略的重要组成部分。通过网站，环球电视网将大量经典节目内容搬上互联网，以供用户检索回顾。同时，新节目的内容也实时更新到网站上。2006 年，环球网就开始网络直播世界杯足球比赛。除此之外，用户还可以通过环球网检索浏览来自公司下属其他媒体的内容，包括《环球报》及其他刊物的文章内容，以及环球广播电台的广播节目。目前，环球网已经发展成为葡语世界最大的综合新闻资讯网站之一，在世界范围内都是浏览量最高的新闻网站之一。

三、报道特点

自创办以来，环球电视网不仅重视播出节目的收视率和内容质量，而且非常注重产品附加的理念。在环球电视网强调的产品附加理念中，处处透露着对受众群体的高度重视与深入调研。环球电视网经常就节目受欢迎程度做调查，在节目中设置互动收集受众反馈，以及通过邮箱向受众投递有奖调查问卷等等。调查内容大致包括对节目的意见和建议，以及受众最喜欢看的节目形式、节目内容等等。基于常规性的受众调查，环球电视网会根据不同观众的需求制作适合他们口味的节目。例如，上午的电视观众多为妇女，环球电视网就在上午主要播出与女性相关的节目，内容多是女性更为关心的问题，如儿童健康、妇女权利、女性代言人和美容资讯等等。

由于历史原因，巴西是一个文化上非常多元化的国家，巴西人口的种族构成十分复杂。既有美洲原著的印第安人，16 世纪开始进入的欧洲移民，17 世纪大量到来的黑人，还有 19 世纪开始涌入的亚裔人口，巴西媒体面对的受众市场具有人口构成复杂而文化体系多元的特点。环球电视台秉承"求同存异"的价值主导，致力于制作推动文化的发展进步、符合多元文化氛围、体现人文精神的节目。

多年以来，环球电视网形成了以新闻、体育和电视剧三大版块为主打内容的节目播出特色，这三类节目也构成了环球电视网的主要竞争力和收视率主力。

1969 年 9 月 1 日，环球电视网开始播出具有划时代意义的新闻节目《全国新闻报》。当晚的节目中，主持人希尔顿·戈麦斯就宣称，"巴西环球电视网的《全国新闻报》将开辟为整合巴西新闻服务的平台：报道来自全国各地的图像和声音"。首播之后，《全国新闻报》就被确认为巴西的国家新闻广播节目，成为公众舆论的主要引导者。[①] 如今，环球电视网的新闻节目个性鲜明，在报道各地新闻时注重保留地方特色。在《每周评述》等新闻评论节目中，经常邀请国际评论员就国际、国内新闻时事展开评述，内容充实而观点新颖。

由于巴西是世界体育大国，全民的体育普及程度非常高，这也相应地反映在环球电视网的电视节目设置

① 〔巴〕马瑞娜：《巴西全国新闻播报若干问题思考》，《中国报业》2014 年第 5 期(下半月)。

中。很多年以来，环球电视网的全年收视率最高峰往往都成就于大型体育赛事期间。近些年来，环球电视网的各大频道每天从上午 11:30 至凌晨 3:30 都不时播出体育节目，例如新闻频道的《环球体育新闻》《体育赛事直播》，体育频道的《体育教学》《今日赛事评论与展望》《体育大爆炸》《今日重头戏》《体坛今日》《赛事直播》《NBA 赛场》《巴西足球甲级联赛直播》《谁是大赢家》等等。同时，环球电视网的体育节目很注重对地缘体育文化的挖掘，通过名人效应，既满足了观众的心理需求，也将其发展成为一种经济发展的契机。①

图 16　环球电视网的旗舰新闻节目《全国新闻报》标识

除了新闻节目和体育节目以外，造就环球电视网超高收视率的主要力量就是其自制出品的电视剧。多年以来，巴西各大电视台每年播出数百部电视剧集，其中最受欢迎、收视率最高的前十位基本都是来自于环球电视网。在黄金时间播出的电视剧，通常都由最受欢迎的演员出演，故事情节以家庭故事、爱恨情仇等等观众喜欢的题材为主。经过几十年，环球电视网的电视剧制作不断发展，形成产业化规模后，又逐渐有了连续剧、系列短剧、舞台剧、喜剧、儿童剧等多种剧目形态。从 20 世纪 70 年代中后期开始的 30 年时间里，巴西的电视剧开始从拉美走向北美，再扩展至全球范围。以环球电视网为例，目前已经在世界范围内向 130 多个国家售出了 300 多部电视剧集。为了拓展电视剧的海外市场，在新媒体技术的发展环境下，环球电视网也开始逐渐将电视剧的推广平台向网站延伸，以进一步扩大影响。环球电视网已经建立了环球电视国际网(Globo TV International)的英语付费网站，汇聚了公司出品的各类电视剧视频，供全球各地喜爱巴西电视剧的观众点播观看。

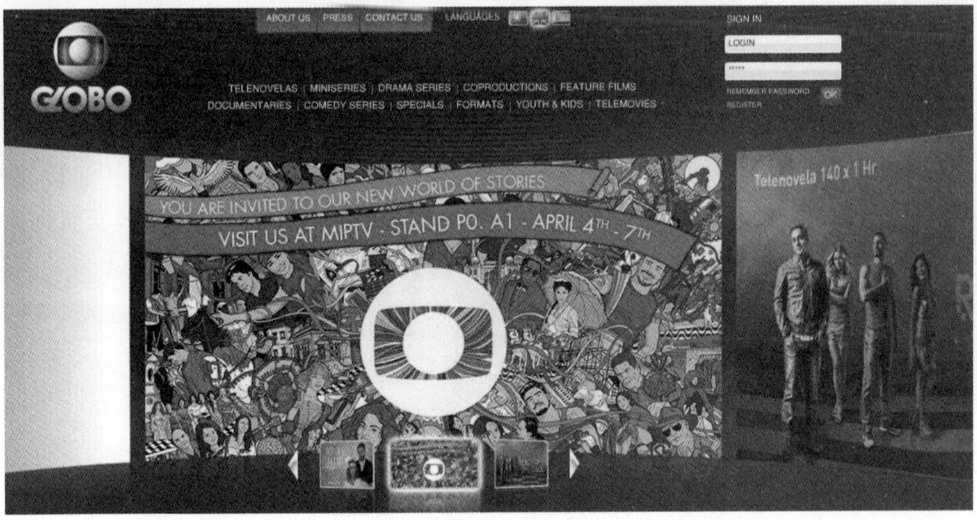

图 17　环球电视网的英文网站——环球电视国际网

图片引自环球电视国际网：http://www.globotvinternational.com/，检索时间：2016 年 3 月 31 日。

四、涉华报道

总体来说，巴西媒体近年来都较为重视国际新闻的报道。尤其是随着巴西逐步进入世界交往体系，巴西人渴望对国门外的世界有更多了解，希望知晓巴西的国际形象以及与巴西利益相关的国家情况，这些需求无形中推动了国际新闻报道的繁荣。作为巴西第一媒体的电视媒体，更是在国际报道方面不遗余力，努力推进。最近几年来，环球电视网在对国际大事进行报道时，往往积极创新，力图通过自己的视角，近距离、全方位地观察其

① 黄小强、刘达：《巴西电视体育节目的特点及成因分析——以巴西环球体育台为例》，《现代传播》2013 年第 10 期。

他国家。尤其是中国等与巴西同为发展中国家,作为金砖四国同列世界新兴发展国家,巴西媒体以及巴西受众对中国的关注都日益热切。一向重视受众需求的环球电视网,也致力于为受众提供丰富、独家的涉华国际新闻报道。为此,环球电视网已经于几年之前开始在中国开设驻华记者站,办事机构就设在北京。现任驻华记者艾德·阿伦卡尔(Edgar Alencar)于2012年来到中国,开始作为环球电视网常驻中国记者展开采访报道工作。

2008年,为全面报道北京奥运会,环球电视网派出了多达120名工作人员组成的特别报道队伍,加上在中国雇佣的70多名本地工作人员,共有近200人投入对北京奥运会的报道工作。这是环球电视网,乃至巴西媒体,在历届奥运会报道中派出人数最多的一次。奥运会开始前两个月,环球电视网派出的前期报道团队就已经抵达北京,开始对奥运会准备工作以及中国的社会文化、北京的风土人情展开报道。在奥运会期间,环球电视网专门开辟5个频道用于全程转播奥运比赛以及相关报道内容。此次团队的负责人、环球电视网体育节目总编若昂·佩德罗在采访中表示,中国的一切都能引起巴西民众的兴趣,环球电视台将通过奥运向巴西民众介绍一个全面的中国,"我们将给巴西观众介绍他们所关注的中国,中国现在是一个经济大国,中国人的日常生活是什么样的,中国会不会在15年后超过美国成为超级大国,在本届奥运会上的金牌数量是否会是第一,以及中国文化在哪些方面跟巴西是一样的,哪些方面又是完全不同的,这些所有的异同都会引起巴西民众的极大兴趣"。在此次报道中,环球电视网特别推出的《今日北京》节目,一方面播出与奥运会相关的新闻动态信息,另一方面专门设置时段播放特派记者走上北京街头、采访中国人生活的内容,在巴西观众中引起了极大的关注。

2011年9月30日,环球电视网报道了中国成功发射天宫一号的新闻。报道介绍了此次发射的具体情况,并指出天宫一号是中国在2020年前后建立属于自己空间站的第一步,其主要任务是为将来飞行器在太空中进行对接积累经验。报道还评论称,虽然中国没有参与国际空间站项目,但中国正在逐步缩小在空间技术领域同美俄的差距。

2013年4月22日,中央电视台台长胡占凡访问环球电视网,与环球电视网总裁卡洛斯·施耐德会面,并签署了合作备忘录。施耐德表示,环球电视网方面将利用在巴西及拉美地区的强大播出网络,为央视提供各方面的支持。由此开始,两家电视机构将在电视剧、纪录片、新闻和体育等节目方面展开进一步合作。

过去几年间,环球电视台作为中国电视节目走进巴西和拉美地区的主要渠道,播出了包括动画片《熊出没》在内的多部中国电视剧集和节目内容。可以说,在对中国进行采访报道、与中国展开各层面合作等方面,环球电视网都抱有较为积极的态度和开放的心态。

墨西哥

《改革报》*Reforma*

REFORMA

《改革报》(*Reforma*)是一份西班牙语日报,从属于墨西哥改革新闻集团(Grupo Reforma)。《改革报》不仅是墨西哥的第一大报,在整个拉丁美洲是首屈一指的大报。它的发行范围可以辐射到整个拉丁美洲以及北美地区的西语族裔,在整个西班牙语世界都具有极大的影响力。

图 1　拉美大报《改革报》

图片引自《改革报》网站:http://comercial.reforma.com/libre/comercial/mediakit2014/default.asp,检索时间:2015 年 7 月 10 日。

一、历史沿革

《改革报》创刊于 1993 年 11 月 20 日,美国学者查贝尔·劳森称其为"注定成为最伟大、最有影响力的媒体"[①]。报名为"改革",首先是因为集团主席亚历杭德罗·洪科·德拉维加(Alejandro Junco de la Vega)志在创办一份全新的报纸,为国内的新闻传播业改革开树新风;同时,报名意在铭记该报创办正是拉美民主改革兴起之时。

洪科家族原本在北方城市蒙特雷经营《北方报》(*El Norte*),以不畏强权、不党不私的独立媒体而闻名。1971 年,具有新锐思想的留美派新闻人亚历杭德罗回国继承洪科家族的媒体事业,并成功将《北方报》发展成为国内最具影响力的地方性报纸,进而萌发创办全国性报纸的想法。新报拟创之时,亚历杭德罗曾与《华尔街日报》商讨合资共建,希望借鉴这份全世界最成功金融报刊的经验,提高墨西哥乃至整个拉美的报刊业的水平。然而,道·琼斯集团坚持要成为新报的控股人,同时保有插手报纸采编业务的权力。亚历杭德罗一力排除资本对新闻的干涉,最终独资开办了这份全国性的报纸。

---

① Chappell H. Lawson: Building the Fourth Estate, Democratization and the Rise of a Free Press in Mexico, p. 76.

从创办之日开始,无论在新闻报道还是媒介经营方面,《改革报》都是开创新风的行业典范。首先,亚历杭德罗力主实行专业的新闻报道,依托《北方报》开办新闻培训班,传授专业的新闻知识和采编技巧,培训合格者获得高薪聘用。这些人才既是《改革报》的创立班底,也是日后叱咤各大新闻媒体的新一代业界将帅。同时,《改革报》的薪资水平是同行业界的三至四倍,并且严格规定报社同仁不得收受任何形式的贿赂,报社自身也坚决抵制付费新闻等各种形式的内容操控;[①]其次,《改革报》是首个建立起完整自有印刷发行体系的拉美媒体,报社有自己的发行商,集合私人业者实现报纸的分销;第三,《改革报》是墨西哥第一个成功实现市场转型的报纸,成为国内媒介经营方面的业界典范。《改革报》的盈利几乎百分之百依靠受众市场,报社的广告收入97%左右来自于私营广告客户;[②]第四,重视读者对报刊的意见,开设由来自社会各界的读者组成的评议委员会,他们有权向报社的编辑记者以及经营管理人员提出意见或发起问责;第五,大力推进当时在整个拉美都属冷门的国际新闻报道,投入大量精力开办国际版,并建立拉美媒体较早的一批常设驻外记者站。

基于这样的经营理念,《改革报》长期以来的运营成本都大大高于其他同行。在上世纪末墨西哥处于经济危机的时期,洪科将90%以上的家族资产都投入报社的运营,力图保证报纸作为新闻媒体的专业水准。

二、发展现状

历经二十余年的发展,《改革报》不仅成长为墨西哥最大、最具影响力的独立报刊,同时也赢得了整个拉美地区乃至国际受众的尊重。此外,洪科家族经营的改革新闻集团,是整个拉美地区罕有的专业性新闻媒体集团。其他媒体集团企业,往往兼涉其他行业,或者从一开始就是由其他行业进入媒介领域的经营。洪科家族一直秉承专业的办报理念,他们认为:新闻是一项事业,而非谋图利益的生意。除了旗舰报刊《改革报》以外,改革新闻集团旗下还有《北方报》(El Norte)、《太阳报》(El Sol)等在内其他九大报纸,出版体育娱乐画报《赛场内外》(Cancha),同时运营新闻信息通讯社改革新闻社(Agencia Reforma)。

根据墨西哥国家印刷媒体管理机构(Padron Nacional de Medios Impresos)的数据,《改革报》是目前墨西哥国内实际发售量排名第二的日报(2014年的日均发行量为139469份,此前几年的数据均为发行量排名第一)。[③] 报纸发行范围辐射整个拉美地区,延及北美的西语族群。同时,《改革报》的新闻报道通过集团内部共享及其旗下的改革新闻社,发往拉美地区其他国家的媒体用户。《改革报》网络版于2000年推出,除了提供报纸内容的在线浏览、往期报道的搜索之外,还提供视频节目和其他咨询类信息。目前,改革新闻社旗下的三大网站reforma.com、mural.com和El Norte.com都已进入点击量最高、影响力最广的西语新闻网站之列。同时,《改革报》的所有内容都通过新闻客户端实时发布,旗下共有十余种新闻资讯类客户端可供用户选择。

三、报道特点

现在的《改革报》分为周内和周末两个版本,均为全版彩色印刷。周一至周五通常有60~80版面,周六版通常有100~120个版面,而周日版则能达到160~200个版面。从内容安排上来看,每天最为重要、时效性最强的新闻报道主要集中在"要闻版",紧随其后的有"经济版""城市版""赛场内外版"和"人物版"。

从2002年开始,《改革报》与《纽约时报》签订合作协议,从当年11月23日起,以"纽约时报国际周报"(New York Times International Weekly)的名义发行一份周六副刊。该刊采用西语发行,由设在纽约的NYT News Service的专门部门负责采编制作,《改革报》方面不参与,亦不干涉。每期刊行6~8版,内容包括来自美国、拉美地区及其他国家和地区的新闻、评论以及社会文化信息。此外,《改革报》与《华尔街日报》也有类似合作协

---

① José Luis Benavides: Gacetilla, a keyword for a revisionist approach to the political economy of Mexico's print news media. Media Culture Society, 2000-1(22).pp. 85-104.

② Chappell H. Lawson: Building the Fourth Estate, Democratization and the Rise of a Free Press in Mexico, pp. 77-79; Sallie Hughes: Newsrooms in Conflict, Journalism and Democratization of Mexico. Pittsburgh: University of Pittsburgh Press, 2006. pp. 118-120, p. 205.

③ 数据来自墨西哥印刷媒体管理机构网站:http://pnmi.segob.gob.mx/,检索时间:2015年4月24日。

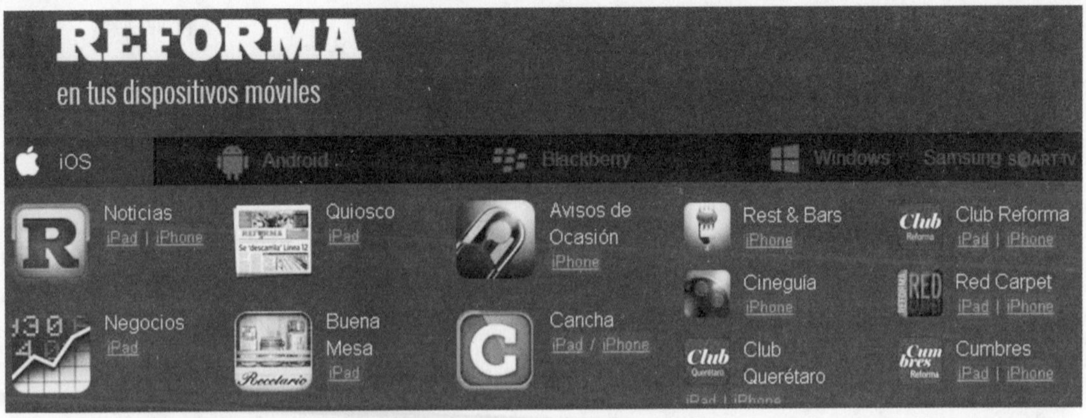

图 2 《改革报》旗下移动客户端产品

《改革报》网站：http://www.reforma.com/libre/offlines/apps/，检索时间：2015 年 7 月 10 日。

议。虽不单独成刊，"华尔街日报(Wall Street Journal Americas)美洲版"作为经济版的一个特别版块，每天刊行一个整版。内容同样由华尔街日报社单独制作，包括经济金融领域的国际简讯、新闻报道和相关评论，同时大量采用数据图表和漫画插图。

在拉美媒体中，《改革报》向以重视国际新闻报道而著名，甫一创刊就投入大量资金直接派设驻外记者站，这在拉美媒体中较为少见。一方面出于经济因素考量，一方面由于市场趋势，从 2008 年年底开始，报社大幅调整国际报道策略，包括国际新闻编辑部门的调整以及驻外站点的整合，期间裁并了一批驻外记者站。例如，此前在亚洲地区设有两个记者站，一个是驻北京记者站，负责东亚和大洋洲地区的新闻报道；另一个是泰国记者站，负责东南亚和中东地区的新闻报道，撤并之后仅留北京记者站作为亚太地区总站。尽管在整体的国际新闻报道战略上有所收缩，但国际新闻的版面并未相应减少，报社要求在国际新闻报道方面实现量简而质精：国际新闻报道的绝对数量要有所减少，但是报道的深度和广度要有所进益。

四、涉华报道

《改革报》是最早在中国常设记者站的拉美新闻媒体之一，长期就中国各个领域展开涉猎广泛、解析深刻的报道，这些报道经常为拉美各国媒体所采用转载。

自 1993 年创刊以来，《改革报》一直都有涉及中国的报道。最早一篇涉华报道发表于创刊当日的时尚版，在介绍羊绒制品的文章中，中国作为"全世界最好的羊绒制品生产国"首次进入读者视野。此后多年间，涉华报道的数量一直呈上升趋势。从 2004 年开始常设驻华记者站后，《改革报》开始不时出现发自中国本土、关于中国本身的报道，而且以中国为主题的新闻报道开始经常进入汇集重要新闻的要闻版。从数量上看，《改革报》涉华报道数量的最高峰值出现在 2008 年，当年共有 4353 条涉华报道，其中 1064 条是与奥运相关的报道。从 2010 年开始，国际报道部门经过调整后，涉华报道的总体数量逐步趋于稳定。

根据报道内容与"中国"的关联程度，可以将所有的涉华报道划分为三个类别："中国报道"指直接对于中国的新闻报道，"国际议题"指在全球性、国际性或地区性议题的报道中涉及中国，"他国报道"指以其他国家为报道核心，但其中仍有涉及中国内容的新闻报道。相对来说，《改革报》的"中国报道"可以占到涉华报道总量的 45%左右，较为重视对中国的近景观察，注重对于中国的直接体验。同时，作为国际事务的主要参与者，中国在国际议题类报道中也是非常重要的关切点，这类报道可以达到总量的 30%以上。其中，报道议题尤其集中在经济发展、国际事务等领域，凸显中国作为"第二大经济体"(el segunda economía)、"亚洲引擎"(motorasiático)、"亚洲巨人"(el gigante Asiático)的形象特点，探讨中国在区域经济和国际事务当中的作用和影响。涉及拉美地区的经济发展等议题时，中国也作为与己相对的"参照者"出现在报道中，即使是探讨本国的就业情况、城市建设、市场管理等议题，往往也以中国的情况作为对比进行说明。

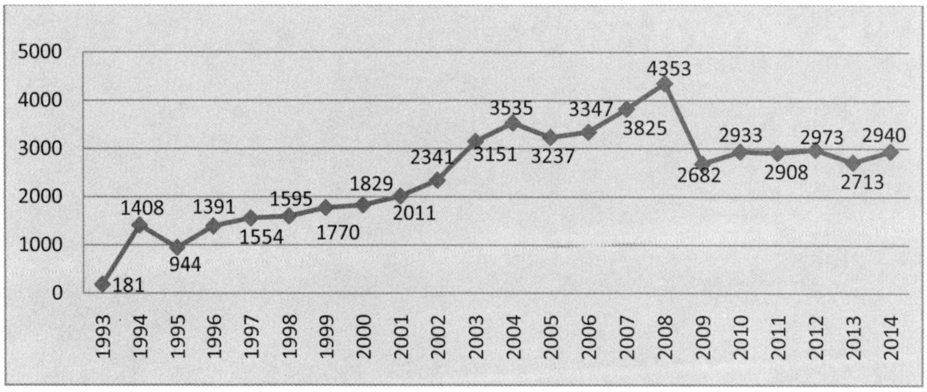

图 3 《改革报》涉华报道数量变化趋势 1993－2014

在所有的国际新闻报道中，驻站报道是指由媒体的驻外记者从对象国本土采写的一线报道。在亚太区域内，中国是《改革报》报道最多的国家。以亚太地区的三个大国——中国、日本和印度为例，《改革报》对中国的报道是数量最多的，每年都有 100 条左右的涉华驻站报道。涉华报道在亚太分社的驻站报道总量中，所占的比重也比较高，可以达到 60％以上。由此可以看出：一方面，对于《改革报》的国际报道来说，“关注程度”最高的亚太国家当属中国，涉华报道的数量以及比重都是最为突出的；另一方面，在国际/地区事务乃至周边他国相关议题的报道中，涉及中国的报道数量也远高于其他国家。

从消息来源来看，大多数拉美媒体在国际新闻报道方面大量依靠来自国际通讯社的消息和欧美国家媒体的报道。在这一点上，《改革报》虽也未出其右，但是在其涉华报道的消息来源中，半数以上的新闻信息都属于自采性质，其中又有 35％以上的报道是由驻华记者采写自中国本土的一手报道。来自于国际通讯社和国外媒体的外电消息可以占到涉华报道总量的 30％左右，其中尤以法新社、路透社、美联社三大国际通讯社最多，其后还有埃菲社、墨西哥国家通讯社和彭博社，其他国外媒体主要是美国《纽约时报》和西班牙《国家报》。值得注意的一点是，《改革报》近年也开始与新华社合作，时常采用刊发新华社的新闻消息，传达来自中国的官方媒体立场，但是在涉华报道中反而较少采用新华社的信息。

> Xi Jinping y Peña Nieto brindan en Palacio Nacional durante la cena que ofreció el Presidente mexicano a la delegación china.

Elevan relación México y China

Érika Hernández y Silvia Garduño

Los gobiernos de China y México acordaron elevar su relación a una asociación estratégica inte-

han apoyado y comprendido mutuamente en su camino de desarrollo, manteniendo una estrecha coordinación en los asuntos globales para convertirse en buenos amigos y grandes socios", manifestó el Mandatario chino.

图 4 《改革报》2013 年 6 月 5 日头版报道

ELOGIA JINPING A LATINOAMÉRICA

El Presidente de China, Xi Jinping, dijo en el Senado que América Latina registra condiciones de desarrollo inigualables y que la época de oro por la que atraviesa obliga a países como el suyo a estrechar las relaciones con esta región. NAC. 4 Y 5

图 5 《改革报》2013 年 6 月 6 日头版报道

最后，从报道立场来看，《改革报》的涉华报道在价值倾向上以立场中立的中性报道最多，可以占到涉华报道总量的半数左右，消极和积极两种取向的报道之间数量差别不大。通过进一步分析可以看到：在积极取向的涉华报道中，近 80％都属于自采来源的新闻报道，而中性取向的涉华报道中也有六成左右属于自采新闻，消极取向的报道则大多数来自于外电信息。也就是说，在援引外电的新闻报道中，态度消极有、采取批评立场的涉华报道较多。与此相对，《改革报》自身采写的报道则大多持积极和中立的态度。

2013 年 6 月 4 日，中国国家主席习近平访问墨西哥。随后两天内，《改革报》都在头版发表报道，围绕习近平访问的相关内容展开报道。6 月 5 日发表了《提升墨中关系》（*Elevan relaciónMéxico y China*）一文，报道了习近平主席和涅托总统的会面，指出："中墨领导人将两国关系提升为全面战略伙伴关系，确定了中国和墨西哥未来发展的目标"。[1] 次日，《改革报》又以《习近平评点拉美关系》（*ElogiaJinPing A LatinoAmérica*）为题在头版发表文章，报道了习近平主席在墨西哥参议院的演讲。报道引述习近平主席的演讲内容，称"中国国家主席习近平在演讲中表示，拉丁美洲具有独特的发展环境，目前面临发展的黄金机遇，中国致力于同拉丁美洲国家建立更加紧密的关系"。[2]

从开始设立驻外记者站以来，《改革报》长期在北京派驻有专职记者。尽管期间也有过一定的空站时期，但是驻华记者站的办公地点一直常设在北京。2009 年到 2013 年期间，北京更是作为亚太总分社所在地，成为《改革报》最重要的海外新闻采集中心之一。根据粗略统计，《改革报》每年发表的新闻报道中，含有"北京"一词的频度为年均 600 余次（2010 年至今）。其中，80％以上的报道都不是关于北京本身的报道，而是提到"北京"一词的涉华报道。通常情况下，"北京"是作为中国或中国政府的代称出现，凸显北京作为国家首都和政治中心的形象地位；其次是作为地理意义的名词，为新闻报道提供背景信息。其中最常见的用法，是以北京作为"奥运会"关联信息在体育报道中的背景信息中出现，接下来是作为新闻主体的所在地出现，如在关于中国产品、中国公司、国际活动举办地的报道中。

《至上报》*Excelsior*

EXCELSIOR
EL PERIÓDICO DE LA VIDA NACIONAL

《至上报》（*Excelsior*）是墨西哥影响力最大的西班牙文对开日报，也是历史较为悠久、发行量较大的报纸之一。该报以公正、客观、发表独立见解著称，不时和政府唱反调。发行采取"一报多刊"的形式，每天分早、中、晚三次发行，晨报的发行量在 15 万份左右，午报和晚报的发行量均在 10 万份左右。此外，还出版《至上报》周一副刊，发行量在 3 万份左右。

一、历史沿革

1910 年，墨西哥国内资产阶级民主革命爆发。1917 年，墨西哥颁布新宪法，其中在第六章规定："思想的自由表达不应受任何司法、行政的干预，除非这种表达有害于道德及他人的权利、能够引起纠纷或妨害公共秩序。"伴随政治环境的改善，加之商品经济的进一步发展，1917 年 3 月 18 日，拉斐尔·阿尔杜辛（Rafael Alducin）在墨西哥城创办了《至上报》。

创办之初，《至上报》仿照当时美国各大主要报纸的编排形式，力图办成一份综合性的日报。《至上报》不仅在排版、印刷等方面采用了许多当时的先进技术，使墨西哥的新闻业朝着专业化的方向前进，而且它还大大扩展了新闻获取的种类和范围，广泛采用各大通讯社所发出的信息，也勇于采用其他的稿件来源，其中甚至包括

---

① Reforma. Elevan relaciónMéxico y China，2013－6－5：Prima.

② Reforma. ElogiaJinPing A LatinoAmérica，2013－6－6：Prima.

编译刊登一些英文稿件。更为值得一提的是,作为报纸的创始人,阿尔杜辛在经营方面也颇有天赋。他在《至上报》上举办各种活动来吸引读者参与,如新生宝宝照片大赛、耶稣降生造像展览等。

1924 年,35 岁的阿尔杜辛英年早逝,他的家人接手了《至上报》。到 20 世纪 30 年代初,因管理不善,报纸的经营陷入困境,被一系列所有权争议和劳资纠纷所困扰。最终在 1932 年,《至上报》根据“墨西哥合作企业法”,改私营制为合作所有制,即报社全体职工参与投资分红,享有平等的权利,而不以追求利润为目的。随后,Gilberto Figueroa 被推选为报社总经理,在他的带领下,报社度过了较为平淡的 30 年。在此期间,《至上报》一直为国有新闻纸垄断机构 PIPSA 所控制,以低价购进政府所控制的纸张来赚取利润。《至上报》从此成为了一份缺乏腔调、四平八稳的报纸,经营上则主要依靠各种直接和间接的政府补贴。

"EXCELSIOR"

EXCELSIOR

SEGUNDA SECCION

"Jueves de Excélsior"

LA TRANSFORMACION DE LOS LOCOS EN ARTISTAS Y GIMNASTAS

图 6　创办早期的《至上报》

20 世纪 60 年代初,墨西哥大学生开始大规模支持全国的群众运动,要求进行大学自主改革。1968 年,墨西哥国立自治大学(UNAM)学生组织“全国抗议会议”开始动员各种社会力量与政府进行抗争。从当年 9 月起,民众开始在街头大量集结,与警察的冲突愈来愈频繁。在这种情况下,政府非但没有回应学生的要求,反而在奥运会举办前 10 天(10 月 2 日)发动武装镇压,造成近 500 人死亡,史称“特拉特洛科尔惨案”。在此之前,墨西哥的媒体包括《至上报》是受政府严格控制的,因此之前对于学生运动的报道大多采取亲政府的官方话语模式。但“特拉特洛科尔惨案”对于墨西哥的媒体而言是一个非常重要的转折点,大多数的记者因受到了学生的激励,逐渐显示出反对维权政府的意识。[1]

正是在这种背景下,60 年代末,《至上报》在极具新闻专业主义精神的主编胡里奥·斯科尔(Julio Scherer)的带领下,开启了一系列的改革。在他的主持下,《至上报》变得越来越具有独立性,越来越敢于超出革命制度党(PRI)政府为新闻报道设置的禁令,揭露墨西哥威权体制中不太光鲜的一面的限制,引入了一种新的视角来报道新闻,让民众发现墨西哥还存在着另一个贫穷落后的世界。在《至上报》的报道中,经常出现无地的农民、失业的工人以及背井离乡的流浪者,它还向民众展示了这个国家一直都存在着的冲突和斗争。[2] 这些新闻题材很少出现在以前的媒体报道上,《至上报》的新闻报道极大地改变了墨西哥报纸的报道尺度。这种改变逐渐让媒体承担起应有的责任来,让民众意识到执政者的徇私舞弊、冷漠自私以及滥用权力。

可想而知,这些报道会遭到墨西哥政府强有力的压制,官方对《至上报》的打压早在 1971 年就开始了,他们发动了抵制在《至上报》刊登广告的行动,使得以广告收入为主要经济来源的《至上报》一度几乎濒于破产。这种迫害的高潮发生在五年之后,在 1976 年 6 月 8 日的一次会议之后,斯科尔被迫离开了《至上报》,其他所有的高级编辑也相继被免职,政府用一支更加听话、更加亲政府的编辑队伍取而代之。

此后,《至上报》在政治上一度陷入迎合政府的行列中去,它与政府的关系得到进一步的加深与巩固,以此来换取广告收入、有偿新闻等来维持生存。从 1991 年开始,政府开始减少对报纸发放补贴,迫使其独立面对市场。1994 年,墨西哥爆发金融危机,《至上报》的经营随后陷入困境。到 90 年代末,随着旧的政府资助模式逐步解体,读者纷纷转向新兴的独立报纸,《至上报》几乎完全失去了市场。[3]

---

① 张建中:《大众媒介与社会转型——墨西哥个案考》,三联书店出版社 2013 年版。

② 〔美〕波特·斯坦迪什:《走世界品文化——浪漫墨西哥》,长春出版社 2012 年版。

③ 赵绍龙:《最初的月亮——新闻写作散文化的实践与思考》,南京大学出版社 2000 年版。

二、发展现状

从 20 世纪 90 年代末期陷入困境，到 2006 年被迫出售，《至上报》内部缺乏任何改革的动向，一直都未能切断与革命制度党的联系。在 2000 年大选中，《至上报》仍然毫不掩饰地为其大肆宣传，结果造成读者对报纸的厌弃情绪愈演愈烈，最后的出售也是无奈之举。

2006 年 1 月，报社内部投票以多数赞成的结果将《至上报》卖给了墨西哥城的一家名为 Grupo Imagen 的媒体集团。同年 3 月 18 日，改版之后的《至上报》重新与读者见面。

三、报道特色

像其他拉丁美洲国家一样，由于长期的文化接受传统，即使是当代公众的文化水平已经大大提高，养成阅读印刷媒体习惯的人仍然不够多。在墨西哥，电子媒介，特别是电视观众的数量远远超过印刷媒介的读者，所以发行 20 万份以上的报刊杂志就已是屈指可数。因此，总部设在墨西哥城的《至上报》堪称墨西哥影响较大的报纸之一。

EXCELSIOR
EL PERIÓDICO DE LA VIDA NACIONAL
NO ES SU ESTILO
SUBSIDIO HABRÍA COSTADO 60 MIL MDP
Alza a gasolina, lo más viable: SHCP
3.57
TALENTO PROVOCADOR
R.S.V.P.
ACELERAN SU PRECIO
Pagan fiesta con dinero público
$7.9

SLIM SALTA A LA CANCHA... Y LEVANTARÁ ÁMPULAS
EXCELSIOR
EL PERIÓDICO DE LA VIDA NACIONAL
EL TRIBUNAL ELECTORAL DECLARA VÁLIDOS LOS COMICIOS DEL 1 DE JULIO
Peña, Presidente electo
Llaman a acatar el fallo
Marines, a la caza de zetas en Guatemala

图 7 《至上报》头版

《至上报》版面较多，分为要闻版、金融版、文艺版、体育版、国际版和美洲版，每期多达 100 版。《至上报》的新闻报道有强烈的民族主义色彩，奉行积极介入社会生活的办报方针，稿件力求公正、客观，评论犀利，对内呼吁改革，对外主张民族独立，反对美国的控制和干涉，是墨西哥的舆论先声，在拉美舆论界也享有很高声誉。《至上报》的读者以进步知识分子、左翼力量和政府官员为主。

四、涉华报道

《至上报》对中国的关注由来已久，在报道倾向上也较为客观。同时，《至上报》还与新华社签有供稿协议，是新华社在墨西哥的主要客户之一。

历史上，《至上报》与中国政府关系密切，分别在 1956 年 10 月和 1971 年的 8 月派遣社长和记者访问中国，并且两次都受到了周恩来总理的接见。1976 年，周恩来总理和毛泽东主席相继逝世，《至上报》分别以题为《推动历史发展的非凡人物之一》和《二十世纪东方最伟大的人物》两篇文章来悼念两位中国领导人。1993 年 7 月 7 日，国家主席江泽民还在中南海接受了《至上报》社长雷希诺·迪亚斯·雷东多的采访，就中国的经济形势和改革、对毛泽东同志和毛泽东思想的评价、香港问题、中墨关系及中拉关系、国际形势和世界前途等问题进行了广泛的论述。[①]

不仅如此，《至上报》还一直关心中国各地的发展成就，如在 1985 年 6 月 5 日的一篇题为《北京，变革中的城市》的文章中称，"北京的商业规模越来越大，这不仅是市民和郊区居民的需要，也是国际旅游业的需要。对外国旅游者来说，北京是人们最愿意游玩的中国城市"。[②] 2005 年是西藏自治区成立 40 周年，《至上报》记者在游览拉萨后评论说，"置身西藏自治区首府拉萨，你就会感到这座城市发生了显著的变化。在这里也能看到先进

---

① 董兆祥、彭小华：《中国改革开放 20 年纪事》，上海人民出版社 1998 年版。

② 方建文：《百年名人自述——二十世纪中国风云实录》(第 14 册)，线装书局出版社 2000 年版。

的计算机中心,甚至还有卫星通讯站——中国的经济奇迹已经抵达西藏”。[①]

此外,对于“两会”等一些外媒关注较多的话题,《至上报》也有自己独特的解读。2014 年 3 月 5 日,第十二届全国人大二次会议开幕,国务院总理李克强代表国务院作《政府工作报告》,随后《至上报》发表题为《中国寻求可持续发展中的经济增长》的文章称,“《政府工作报告》向外界释放出一个清晰的信号,中国将朝着更平衡、更清洁的经济增长方式发展,承诺向污染宣战,扩大内需,以寻求一个更加可持续的经济增长模式”。[②]

特莱维萨电视台 Televisa

“特莱维萨”(Televisa)意为“卫星传输电视”,它是墨西哥第一大商业电视台,也是拉丁美洲的第二大电视机构(仅次于巴西环球电视台)。特莱维萨电视台是一家私营媒体机构,从属于特莱维萨集团。在整个世界新闻传播体系中,特莱维萨电视台的地位也不容小觑,是整个西班牙语世界的第一大传媒集团。

一、历史沿革

相对于现代报刊的后起晚发,墨西哥的电视产业很早就已兴起,不仅是拉丁美洲各国中最早开始发展电视业的国家,同时也是世界范围内第六个引进电视的国家。[③]墨西哥的电视产业始于 20 世纪 50 年代,1950 年 8 月 31 日开播的“第四频道”(XHTV Channel 4)是墨西哥第一家电视台,同时也是整个拉丁美洲的首家商业电视机构。随后,“第二频道”(XEWTV Channel 2,1951 年开播)和“第五频道”(Channel 5,1952 年开播)相继投入墨西哥的电视市场,历经几年的彼此竞争。1955 年,这三家电视台合并组成墨西哥电视网(Telesistema Mexicano,简称 TSM),强强联合大举推动了本国电视事业的迅猛发展。

1973 年,墨西哥电视网又进一步与蒙特雷集团旗下的独立电视台“第八频道”(Televsivion Independiente de Mexico,简称 TIM)合并,组成一家全新的私营广播电视机构,并正式启用“特莱维萨”一名,借此开宗明义地表明要凭借先进的卫星通讯手段在电视传播领域大展拳脚的鸿愿。特莱维萨集团的成立对于墨西哥的媒体产业发展具有历史性的意义,这一联合将墨西哥几大媒体大亨聚拢为一股强势的发展力量,包括阿斯卡拉加家族(Azcarraga)、阿莱曼集团(Group Aleman)、费瑞尔集团(Group O’Farril)等在内的垄断资本都汇聚到了新兴的广播电视产业当中。20 世纪 70 年代,特莱维萨已经发展成为拥有四个无线电视网、一个有线电视网和全国近半数广播电台的大型媒体集团。在此期间,特莱维萨在收视市场、广告盈利等各个方面都表现突出,旗下四大无线频道吸引了全国 93%的观众,自制节目可以占到播出总量的 80%,[④]实现对国内媒体市场的绝对优势性占有,成为墨西哥首屈一指的媒体巨头。

与此同时,特莱维萨还积极拓展国际市场,迅速崛起成为世界范围内最重要的跨国媒介公司之一。它的电视信号先是通过出口或转播实现覆盖整个拉丁美洲,之后更进一步传送到全世界范围。1961 年,特莱维萨在美国创办了西班牙语国际电视网 SIN(Spanish International Network),成为第一个打入美国腹地并站稳脚跟的外国传媒公司,继而牢牢掌握了美国的西语族裔受众市场。尽管在 1986 年,由于美国联邦通讯委员会裁定其违反对外国人拥有广播电视所有权的限制法令,特莱维萨被迫将 SIN 出售。目前,改组后的 Univision 仍是美国最大的西语电视网,特莱维萨不仅是其大部分播出节目的提供方,同时也是其主要股东之一,长期持有

① 冯永宽:《西部贫困地区发展路径研究》,四川大学出版社 2010 年版。

② 辛向阳:《2014 政策热点面对面——改革是最大的红利》,言实出版社 2014 年版。

③ 〔英〕詹姆斯·卡伦,〔韩〕朴明珍(编):《去西方化媒介研究》,卢家银等译,清华大学出版社 2011 年版,第 121 页。

④ 李黎丹:《西班牙语电视市场的巨擘——行进中的墨西哥 Televisa 集团》,《中国电视》2007 年第 11 期。

Univision 将近 40%的股份。

1988 年 9 月，特莱维萨投资 2 亿美元创建了西语世界第一个 24 小时新闻频道 ECO，面向全世界的西班牙语受众提供不间断的新闻节目。为此，特莱维萨特地租用七颗卫星覆盖包括西欧、东欧和北非在内的世界主要西语国家地区。到 2001 年时，由于营收问题，ECO 频道停止播出，但其新闻报道班底继续为特莱维萨电视服务。基于对新闻节目长期以来的重视和投入，特莱维萨赢得了西语世界 CNN 的美誉。

图 8 UNIVISION 公司标识

1991 年，特莱维萨在墨西哥证券交易所上市，两年后又在美国纽约证券交易所上市。2000 年 5 月 27 日，特莱维萨旗下网站 Esmas.com 上线，迄今为止它仍是拉丁美洲地区最大的门户网站，依托特莱维萨广泛的广播电视和出版资源，为受众提供丰富的新闻信息和娱乐节目。2004 年，特莱维萨在美国迈阿密建立了长期战略规划中心，随后成立 Televisa Cine 公司作为面向海外市场的节目制作和发行中心。

二、发展现状

根据德国媒体与传播政策研究中心 IfM(Institut fur Medien－und Kommunikations politik)发布的“2015 国际媒体集团 50 强”，特莱维萨排名第 38 位，2014 年的年度营收达到 45.38 亿美元。目前，特莱维萨最大的股东仍是传媒巨头阿斯卡拉加家族，现任集团总裁是艾米略·阿斯卡拉加(Emilio Azcárraga Jean)。特莱维萨电视台的主营业务包括电视节目的制作播映、付费电视节目、电视节目的国际发行、家庭卫星电视服务、有线电视以及专题电影的制作发行等。在此基础上，集团涉足的行业更加广泛，不仅包括广播、电影、电视、出版、音乐等传媒业务，还深入到网络电讯、体育运动等周边产业中，形成了一个以传媒为中心的国际商业帝国。

表 1 特莱维萨四大频道节目定位①

频道	频道标识	频道名称	节目特色
第二频道		Canal de las Estrellas	综合频道，黄金时间首播电视剧、体育赛事，晨间和下午播出新闻节目和综艺节目
第四频道		FOROtv	新闻频道，新闻评论、时事对话以及体育赛事等
第五频道		Canal 5	青少年频道，日间以教育类节目为主，夜间播出外国电影及引进节目
第九频道		Gala TV	影视频道，再播经典电视小说和连续剧，以及墨西哥自由摔跤大赛(Lucha Libre)

① 根据特莱维萨网站频道介绍整理：http://www.televisa.com/，检索时间：2015 年 7 月 10 日。

目前,特莱维萨电视台的核心业务是四个国内电视网,即第二频道(XEW 2)、第四频道(XHTV 4)、第五频道(XHGC 5)和第九频道(XEQ 9),下辖近三百家电视台遍布全国。其中,第二频道是特莱维萨的旗舰电视网,24 小时不间断播出节目,所有内容全部由特莱维萨制作;第四频道经调整后成为全新闻频道,所有的新闻时事类节目都在这一频道播出;第五频道则定位在儿童和年轻群体,白天播出儿童节目,晚上播出电影和真人秀节目,其中包括大量来自海外的引进内容,尤其是美国的电视节目;第九频道的名字"Gala TV"的字面意思是"欢乐频道",主要播出广受欢迎的经典剧目,同时负责转播在墨西哥广受欢迎的自由摔跤大赛。

图 9　2013 年 6 月 5 日,中国国家主席习近平夫人彭丽媛在墨西哥总统夫人里韦拉陪同下,来到墨西哥特莱维萨电视台电视剧制作中心参观

图片转引自新华网:http://news.xinhuanet.com/politics/2013－06/06/c_124822739.htm,检索时间:2015 年 7 月 10 日。

除了四个主要电视网之外,特莱维萨目前还有 25 套付费电视节目品牌,制作的节目经由下属分公司特莱维萨国际(Televisa Internacional)行销至全世界。根据集团发布的年报,2014 年全年集团生产制作的节目内容就超过 94000 小时,当年的节目出口总计达到大约 87000 小时,出口目的地为世界 80 多个国家,而内容销售的营收额可以占到集团年度总收入的 42.8%。[①]从 20 世纪 80 年代至今,特莱维萨的电视节目已经行销至全世界 100 多个国家,出口量超过美国三大电视网节目出口量的总和,内容产品销售的收入通常可以占到集团总收入的一半以上。早期出口的主打产品是电视小说,现在主要出口产品还包括真人秀、动画电影以及节目模式。[②]

作为全世界最大的电视节目制作商和出口商,特莱维萨的重要地位已经不仅仅是一家媒体机构,更在于它立足全球化发展的商业典范意义,很多电视媒体机构都以特莱维萨的发展路径为模板来规划自身的国际化蓝图。2013 年 6 月,国家主席习近平夫妇访问拉美期间,就曾特地到特莱维萨的电视制作中心参观,考察特莱维萨集团的经营运作机制。

与此同时,特莱维萨集团还拥有下属 104 个电台的广播传播网络,旗下的 Edivisa 出版社是全球最大的西班牙语杂志出版商,还有唱片发行公司 Videocine。作为墨西哥天空电视台(Sky)的控股股东,特莱维萨通过与新闻集团的合作,进一步巩固了自身在全球有线电视和卫星电视市场的地位。同时,特莱维萨还是墨西哥有线电视集团 Cablevision 和拉丁美洲卫星广播公司 Innova 的第一大股东。

三、报道特点

特莱维萨集团总裁艾米略·阿斯卡拉加曾就特莱维萨电视台的特色说过,墨西哥的劳动人民是非常勤劳而忙碌的民族,他们的工作很辛苦。特莱维萨电视台的职责就是给劳动人民的生活带来快乐和笑声……特莱维萨的节目长期以来并将永远都是为最受欢迎的人民大众服务的。[③]

作为一个根植于墨西哥的国际性传媒集团,特莱维萨电视台能够长期稳坐国内市场头把交椅,制作推出的

① 特莱维萨集团网站:《2014 年公司年报》,http://www.televisair.com/annual－reports/,检索时间:2015 年 7 月 10 日。
② 特莱维萨国际公司网站:http://www.televisainternacional.tv/acerca,检索时间:2015 年 7 月 10 日。
③ 唐世鼎、黎斌:《世界电视台与传媒机构》,中国传媒大学 2005 年版,第 117 页。

节目多年来风行世界各地，主要归功于它的以下几个特点：

第一，特莱维萨一直将自制原创内容产品作为立身之本。特莱维萨旗下的所有电视台，播出节目的主体必须是特莱维萨出品的自制原创内容，即便是在以播出引进节目为特色的第五频道，引进节目的播出占比也限制在40%左右。近几年，特莱维萨每年制作的节目总时数都可以达到九万多小时，涉及各种节目形态，包括新闻、体育、音乐、喜剧和综艺等。其中，特莱维萨得以风靡世界的拳头产品是电视小说（telenovela）[①]。特莱维萨从20世纪60年代开始制作电视小说，80年代开始走出国门进入国际市场。到目前为止，电视小说是世界上受众最多的电视节目种类。特莱维萨的电视小说非常注重品质，平均每部剧集的制作费都在400万美元以上。电视小说的主题集中于家庭、亲情、爱情等普世情感，讲究情节的曲折跌宕。目前，精品层出的电视小说已经成为特莱维萨电视台行走世界的一大标志。

图10　2015年特莱维萨电视台热播剧集《再爱一次》

第二，特莱维萨的节目承担着对内引导社会舆论和对外传播本国文化的重要角色。一方面，从20世纪70年代开始，特莱维萨出品的电视节目就开始有意识地在故事内容中融入积极健康的生活理念，向受众传递诸如“抽烟是不好的”“你需要接受教育来改变自己的生活”等思想，乃至更为深刻的社会主题。特莱维萨前副总裁米格尔·萨维多（Miguel Sabido）曾明确提出“edutainment”（寓教于乐）的理念，“我们的目的是在商业的电视小说中产生社会效益，在观众中绝大部分需要得到更好的告知，我们要提供给那些观众他们可以用来提高自身生活的工具”。[②] 另一方面，作为面向世界发行的内容产品，特莱维萨的电视节目还承担着展现墨西哥风貌、拉美风情的对外传播功能。特莱维萨引人关注的原因不仅在于它对墨西哥政治和社会生活的重大影响力，还在于把墨西哥文化输出到世界的每个角落。特莱维萨前任副总裁阿尔弗恩索·德·安格伊第（Alfonso de Angoitia）曾经评价称，“我们把自己的文化产品卖到了世界上100多个国家，中间不仅仅有电视小说，还有西语儿童教育节目、真人秀、世界杯和其他足球比赛等等。特莱维萨电视的节目深刻影响了世界上其他国家的人看待墨西哥的方式”。[③]

第三，作为一家以制作西班牙语节目产品为主的传媒公司，特莱维萨电视台很早开始就将目光落在了面向国际的整个西语市场。按照使用人数，西班牙语是世界第三大语言（仅次于汉语和英语），同时也是第二大非母语的通用语（仅次于英语）。在拉丁美洲，就有18个国家使用西班牙语，其他国家也有过西班牙殖民、西语文化

---

① 电视小说（telenovela），即电视长剧，是风行拉丁美洲的电视剧形式。电视小说源起于播讲长篇连载文学作品的广播剧，通常被认为与美国肥皂剧类似。电视小说在题材、主题和风格上都突出体现了拉美国家的社会文化，它已经成为一种独有的电视节目类型。

② 李黎丹：《西班牙语电视市场的巨擘——行进中的墨西哥 Televisa 集团》，《中国电视》2007年第11期。

③ 〔美〕安东尼·范·阿格塔米尔：《世界是新的——新兴市场崛起于争锋的世纪》，蒋永军等译，东方出版社2007年版，第241页。

输入的历史。除了西班牙，在美国境内也有大量的西语族裔。特莱维萨电视台采取的是一种延伸战略，即将本国国内的区域优势延伸到国外市场，把在国内有竞争力的资产移至国外，把国内成功的产品拓展到国外的同类市场。[①] 特莱维萨集团2013年的年报总结了集团2003—2013十年间的国际化发展历程，其中特别提到：特莱维萨的节目模式出口延伸到了包括中国、巴西、美国、哥伦比亚、阿根廷、法国在内的世界多个国家，节目内容出口则覆盖了包括北美洲、拉丁美洲、亚洲、欧洲和非洲在内的广泛国际市场。[②]

四、涉华报道

特莱维萨电视台虽然是私营的商业电视公司，但是因其与墨西哥执政党——革命制度党一直保持密切关系，在很长时间内都被认为是具有“半官方色彩”的媒体机构。著名的拉美电视研究学者辛克莱就曾指出，墨西哥媒介巨人特莱维萨电视台与巴西环球电视台具有相似的发展轨迹，都受惠于和政府之间的长期关系。[③] 正因如此，特莱维萨的涉华报道一直以来都深受中墨两国政府关系的影响。

与此同时，特莱维萨电视台还与包括中央电视台在内的中国媒体建立了交流合作机制。1997年12月，中央电视台国际频道正式进入“拉美天空娱乐”，通过特莱维萨控股的墨西哥天空电视台实现了在墨西哥的落地入户。天空娱乐是一个付费卫星电视频道，大多数外国电视频道都首选通过它到达观众，包括法国电视5台、德国之声等的节目都集合在这一平台上。基于这一合作平台，特莱维萨电视台也将中央电视台国际频道的节目传送到全球西班牙语地区。十年之后，2007年6月4日，特莱维萨电视台开始通过旗下的有线数字电视公司(Cablevision Systems Corp.)的263频道播出中央电视台西法频道的节目。播出内容包括每天四个小时的节目，涵盖中国政治、经济、文化、体育等领域，旨在为墨西哥乃至拉美观众提供一个全面的中国视角。特莱维萨集团执行副总裁何塞·巴斯顿表示，特莱维萨集团将展开与中国媒体的全面合作，“进入中国市场是特莱维萨集团向全球化迈出的重要一步”。对此，时任中国驻墨西哥大使殷恒民认为，中央电视台西法频道登陆墨西哥是中墨加强联系的明证，也是中墨两国加深互相了解的一项重要举措。[④]

---

① 唐世鼎、黎斌：《世界电视台与传媒机构》，中国传媒大学出版社2005年版，第118－119页。

② Grupo Televisa Transnational: 2013 Annual Report, P16. http://www.televisair.com/annual-reports/, 检索时间：2015年7月10日。

③ 李黎丹：《西班牙语电视市场的巨擘——行进中的墨西哥Televisa集团》，《中国电视》2007年第11期。

④ 中国网：《CCTV西法频道落地墨西哥“感知中国”推广我形象》，2007年6月1日，http://www.china.com.cn/international/zhuanti/mexico/2007-06/01/content_8538300.htm，检索时间：2015年8月6日。

委内瑞拉

《国家报》*El Nacional*

EL NACIONAL

《国家报》(*El Nacional*)总部位于委内瑞拉首都加拉加斯,是一家独立报纸,同时也是委内瑞拉全国发行量最大、影响力最深的媒体之一。

一、历史沿革

《国家报》于1943年8月3日创刊,创办人为Miguel Otero Vizcarrondo。发行之初,就以其醒目的标题和清楚的提纲为委内瑞拉报业带来了重要的创新。《国家报》创办的第一年内,日发行量就达到了1万份,每期报纸有两版内容,每版有8页,有诸多委内瑞拉著名作家为其供稿。1996年,《国家报》的电子版正式上线,是委内瑞拉国内第一家新闻网站,其内容与发行的报纸不尽相同。《国家报》分别在1959、1977、1981和2000年四次获得委内瑞拉国家新闻奖(Premio Nacional de Periodismo)。

二、发展现状

《国家报》经历了三代家族继承,现任负责人为Miguel Henrique Otero。如今,报纸平均日发行量超过8万份,周末发行量达到17万份[①],其政治倾向为中间派。

三、报道特点

如今《国家报》由国内新闻、国际新闻等四个版面组成,其新闻关注的焦点较为广泛。

在政治立场方面,《国家报》的立场曾经是中间派偏左,但近年来其立场又趋于中立。1998年《国家报》曾支持过委内瑞拉前总统乌戈·查韦斯的选举。

《宇宙报》*El Universal*

EL UNIVERSAL

《宇宙报》(*El Universal*)是委内瑞拉的重要媒体,其总部位于委内瑞拉首都加拉加斯(Caracas)。《宇宙报》是拉丁美洲报业协会成员,其主要竞争对手为委内瑞拉的《国家报》。

---

① Producto, De Caracas para Venezuela.

一、历史沿革

《宇宙报》于 1909 年 4 月在委内瑞拉首都加拉加斯创办,创办人是委内瑞拉诗人安德莱斯·马塔(Andrés Mata)与其朋友安德莱斯·维加斯(Andrés Vigas)。① 1910 年 1 月,该报纸开始有了图片报道。1914 年,《宇宙报》同美联社、路透社、法新社等国际通讯社签署了合作协议,成为委内瑞拉国内第一家与外媒合作的媒体。1948 年《宇宙报》总部搬迁,1969 年又迁至现在的所在地,逐渐发展成了全委内瑞拉最主要的报纸媒体之一。

二、发展现状

《宇宙报》公司实行家族继承制,经历三代发展之后,2014 年 7 月 4 日被西班牙公司 Espalisticia 以 2200 万美元收购,报纸的现任主席为何塞·安东尼奥·阿布来乌(José Antonio Abreu)②。如今,《宇宙报》的日发行量约为 15 万份③,是委内瑞拉国内最重要的媒体之一。

三、报道特点

在意识形态方面,《宇宙报》属于偏右的保守派,在政治上批评反对属于改革派的委内瑞拉前总统乌戈·查韦斯(Hugo Chávez)④以及时任总统尼古拉斯·马杜罗(Nicolás Maduro)。⑤ 2002 年《宇宙报》曾发表文章公开支持委内瑞拉政变,称政变是委内瑞拉"前进的一大步"⑥。

四、涉华报道

《宇宙报》在涉及我国的新闻报道中,总体上态度友好,尤其关注中委关系的发展。2015 年 8 月,在深圳经济特区成立 35 周年之际,《宇宙报》发表文章称,委内瑞拉计划部长梅嫩德斯负责落实中委全面战略伙伴合作,其中包括派遣委内瑞拉技术、工业、贸易人才赴华学习经济开发区建设经验以及其他经济领域经验。计划部长表示,中国在这方面经验丰富,而委内瑞拉将在地区发展方面加强对华合作。⑦ 2014 年 7 月,在习近平主席即将对委内瑞拉展开访问之际,《宇宙报》则刊文表示,中国政府十分重视与拉美国家的关系,将后者视为最具潜力、蓬勃发展的重要经济区域,并不断挖掘双边经贸合作的潜力。委中正迎来建交 40 周年的重要时刻,双方都愿意进一步深化交往,并将坚定地携手共进。⑧

南方电视台 TeleSUR

南方电视台(TeleSUR)是一家总部设在委内瑞拉首都加拉斯加的泛拉丁美洲电视台,其背后支持力量还包括阿根廷、古巴以及厄瓜多尔等多个拉美国家。南方电视台是世界上第一家跨国公共电视台,致力于向全球

---

① Historia. Fundación Andrés Mata. 2004. Archivado desde el original el 30 de noviembre de 2015. Consultado el 27 de junio de 2010.

② Diario venezolano El Universal fue vendido a grupo español. El Universo. 4 de julio de 2014. Consultado el 6 de julio de 2014.

③ Browning, Mark (2003), "Venezuela", World Press Encyclopedia.

④ "Rumors over Chavez absence reach frenzy in Venezuela". Reuters. 28 June 2011. Retrieved 6 July 2014.

⑤ "Maduro vows no let—up in Venezuela business crackdown". Reuters. 14 November 2013. Retrieved 6 July 2014.

⑥ Kaiser, Patricia (2003), Estrategias discursivas antichavistas de los medios de comunicación, Revista Venezolana de Economía y Ciencias Sociales 9 (3).

⑦ 南方日报:《特区 35 年:广东"杀出一条血路"》,2015 年 9 月 13 日。

⑧ 人民日报:《委内瑞拉各界热切期盼习近平主席访问:给国家带来发展》,2014 年 7 月 11 日。

报道“我们的美洲”，是拉美国家挑战发达国家媒体霸权的积极尝试。同时，南方电视台的建立，也是拉美一体化不断深入在媒介领域的重要体现。

一、历史沿革

南方电视台由乌拉圭记者亚兰·阿罕罗尼安(Aram Aharonian)于2005年建立。在创立该台之前，阿罕罗尼安迫于乌拉圭国内的右翼势力压力而出走他国，也正是因为阿罕罗尼安之前的经历，才促使其将南方电视台的创办理念设定为“面对真实的自己”(to see ourselves as we truly were)，这也是其本人坚定秉持媒体理念多样化观点的一个表现。

在阿罕罗尼安的努力立下，南方电视台的建立得到了时任委内瑞拉总统乌戈·查韦斯(Hugo Rafael Chávez Frías)的鼎力支持。在媒体和宣传方面一向以精明强干著称的查韦斯，将南方电视台的建立称作“拉丁美洲社会主义对CNN的有力回应”，同时还为电视台提供了70%的运作资金和齐全的播送设备。在各方的努力下，2005年7月24日，亦即拉丁美洲传奇领导人西蒙·玻利瓦尔(Simón Bolívar)222岁诞辰之际，南方电视台开始了每日4小时的试验性限时广播。10月31日，电视台进入正式运营阶段，开始进行全时段的节目播送。[①]

随着南方电视台影响力的不断扩大，玻利维亚、厄瓜多尔和尼加拉瓜等国也在2006年和2007年先后加入。

二、发展现状

如今南方电视台的标签已经不仅仅是世界上第一家跨国公共电视台，也是拉丁美洲乃至整个世界最有影响力的电视台之一。在财务方面，从南方电视台2010年发布的财报可以看到，公司2010年净收入超过29120万苏元，相比2009年得到了大幅增长，财务状况良好，[②]

目前，南方电视台以西班牙语和葡萄牙语双语24小时不间断地向拉美、欧洲、北非和中东的部分地区播出节目，其在拉丁美洲的潜在观众有约6500万人，在世界其他国家和地区的观众也达到了550万人。作为拉丁美洲国家向发达国家媒体霸权挑战的重要尝试，南方电视台试图形成一种能够抗衡国际大型传媒集团的信息传播模式，成为具有国际性影响力的媒体之一。[③]

三、报道特点

“我们的北方在南方”是南方电视台一句非常旗帜鲜明的宣传口号，在其建立至今的十余年中，南方电视台致力于向全球报道“我们的美洲”，并以“南方”为指导口号，力求更为彻底而全方面地报道拉丁美洲地区，让世界了解拉美，并推动拉美各民族一体化发展，其传播方式也受自身定位的影响，有着鲜明的特点。

在节目的选择上，南方电视台不播放电视剧，而是以新闻报道和时事性评论为主，新闻节目占比达到40%～60%，其余部分由体育类和文化类节目进行补充。而且注重教育性，而非娱乐性。

另外在新闻节目的编排上，南方电视台非常注重新闻节目在内容上的长短、深浅结合，也就是一般的新闻快讯和深度的新闻评论、综述相结合，通过这样的形式，让观众获得全面而富有深度的新闻信息。在体育节目和文化节目的选材上，南方电视台更注重对拉丁美洲本地事件的报道，并希望以这种方式推动拉美各族文化认同感的增强，并让世界认识、了解拉丁美洲。

---

① TeleSUR Official Website：About Us，http://www.telesurtv.net/english/pages/about.html，检索时间：2015年12月30日。

② 张建中：《拉美的声音：从战略传播视角看南方电视台的崛起》，《中国电视》2013年第1期。

③ 李菡：《浅析拉美的另类传媒——以南方电视台为例》，《拉丁美洲研究》2011年第6期。

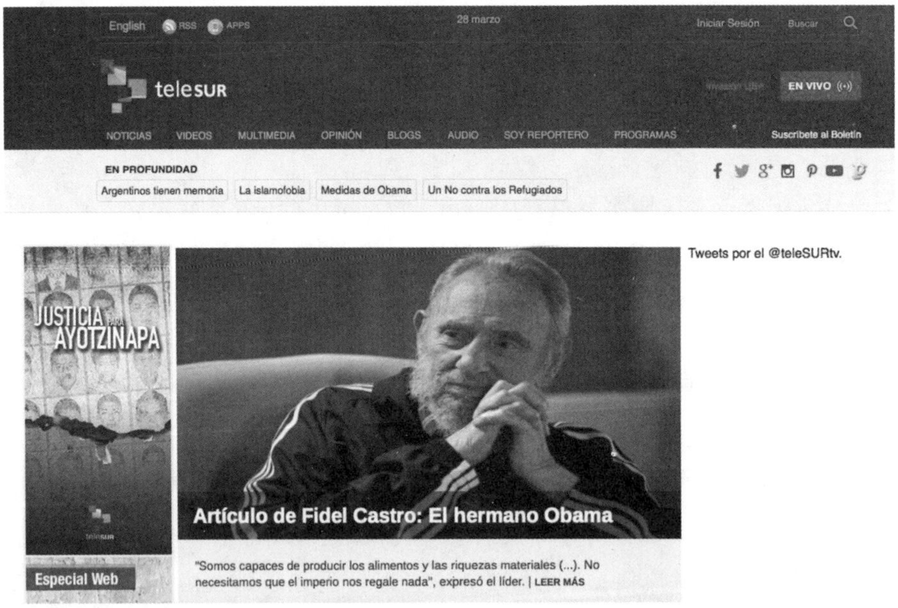

图 1　南方电视台网站首页

图片引自南方电视台网站:http://www.telesurtv.net,检索时间:2016 年 3 月 26 日。

四、涉华报道

从南方电视台建立之初起,就对中国秉持着十分友好的态度,其同中国各方的合作也十分密切。目前,南方电视台在中国设有报道机构。2015 年,南方电视台的古巴籍记者埃克托·冈萨雷斯在中国负责采访报道工作。在 2005 年南方电视台正式建立之时,中国国内以新华社为代表的多家媒体都进行了报道,并对该台的意义予以积极评价。

相对的,南方电视台也对中国保持着较高的关注度。通过其官方网站的数据检索可以发现,仅在 2016 年 2 月 25 日到 2016 年 3 月 25 日的一个月时间内,就有 57 条同中国相关的新闻信息,①更为重要的是,这其中大部分都是南方电视台的自采新闻报道,可见其对中国作为新闻报道对象的重视程度。

同时,受其电视台定位的影响,南方电视台对于中国的文化、教育产业十分关注,2016 年 3 月 4 日,其首席记者跟随厄瓜多尔共和国驻华大使 Jose Maria Borja 来到中国某国际双语学校进行访问,对活动全程进行了报道,并制作成纪录片在拉丁美洲多国播出。②

---

① TeleSUR Official Website: Search, http://www.telesurtv.net/english/search.html,检索时间:2016 年 3 月 25 日。

② 《厄瓜多尔大使走访青苗校园》,2015 年 3 月 5 日,http://bibs.com.cn/zh-hans/2015/03/05/historic-visit-bibs-cn/,检索时间:2016 年 3 月 4 日。

阿根廷

《号角报》*Clarín*

《号角报》(*Clarín*)是阿根廷最具影响力的大报，以西班牙文出版，是国内读者最多的四开日报。该报在布宜诺斯艾利斯出版，信息量大、专刊数多，读者主要为中产阶级。据2012年的统计数据，《号角报》的日均发行量为270444份，占阿根廷所有报纸发行量的21%左右。①

一、历史沿革

《号角报》创刊于1945年8月28日，由阿根廷著名律师兼记者罗伯托·诺夫莱(Roberto Noble)在首都布宜诺斯艾利斯创办。诺夫莱曾出任阿根廷的全国众议员，后期则专门从事新闻工作。《号角报》是阿根廷第一份以小报形式出版的报纸，创办之初正值该国社会急剧变革的年代，办报宗旨被设定为"一声警号求得对阿根廷问题的阿根廷式解决办法"，故此取名为《号角报》。在政治上，《号角报》在当时反映了总统弗朗迪西和经济学家弗里赫利奥发展主义派的观点，主张依靠外资发展本国工业，促进经济发展。②到1965年时，《号角报》已经成为阿根廷发行量最大的日报。1967年，《号角报》推出了周日专刊。

CONCURRIO A LA CANCILLERIA EL DR. AMEGHINO: PREPARA EL DOCUMENTO

INICIAN LA OCUPACION

TOKIO

ACLAMAN EN NUEVA YORK A DE GAULLE

DIARIO DE LA MAÑANA

Clarín

5 CENTAVOS

AÑO 1 BUENOS AIRES, MARTES 28 DE AGOSTO DE 1945 No. 1

Exclusivo de la INTERNATIONAL NEWS SERVICE Para CLARIN

DESCIENDEN CUERPOS DE PARACAIDISTAS EN TOKIO

Todavia Arde Nagasaki Por Efectos De La Bomba Atómica

DESTRUIDA

NO SERA RECONOCIDO POR EL MOMENTO EL GABINETE GIRAL

图1 1945年8月28日出版的《号角报》创刊号

1969年，报纸创办人诺夫莱去世。在此之后，由其夫人埃雷斯蒂纳·德诺夫莱接任《号角报》的社长。1976年，《号角报》开始进入彩色印刷时代。在20世纪80年代中期，报纸的发行量一度达到高峰，甚至登顶成为拉丁美洲发行量最大的西班牙语报纸。当时的统计数据显示，该报平日的发行量为48万份，周日专刊的发行量更是高达85.6万份。③

1994年，《号角报》周日专刊更名为《万岁》(*Viva*)，独立刊发并一直延续至今。1996年，《号角报》推出了自己的官方网站clarin.com。据2011年4月的统计数据显示，《号角报》网站的日访问量为600余万人次，在阿根廷所有网站中排名第五，而在新闻资讯类网站中更是处于领先地位。

---

① "Clarín vende un 32% menos que en 2003 y reduce su presencia en el mercado de diarios". Telam. 30 August 2013.

② 陈大斌、王玉成:《国际大众传播媒介简介》，东南大学出版社1999年版。

③ 《中国大百科全书(新闻出版)》，中国大百科全书出版社1990年版。

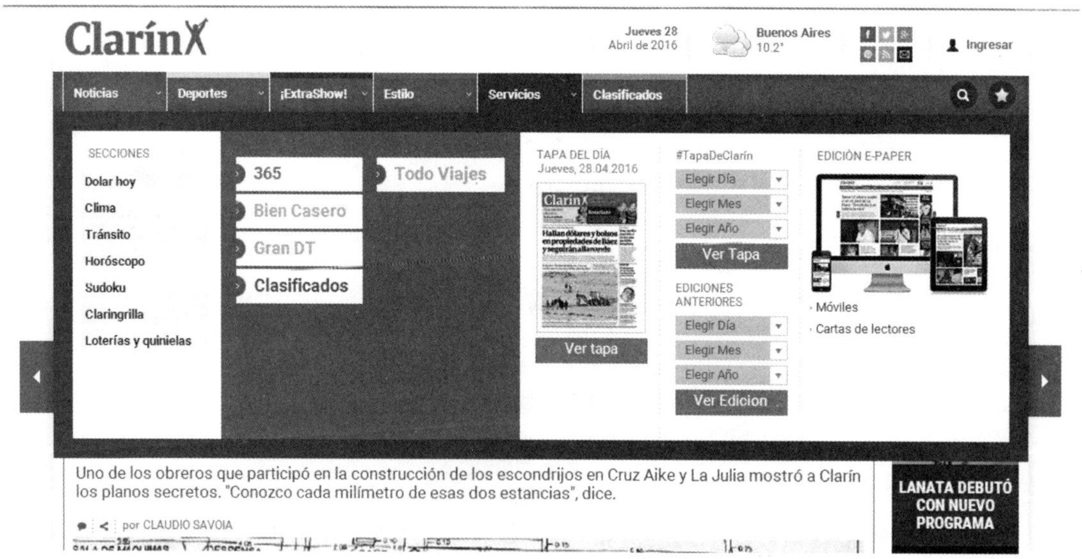

图 2 《号角报》网站首页服务选项

图片引自《号角报》网站：http://www.clarin.com，检索时间：2016 年 3 月 2 日。

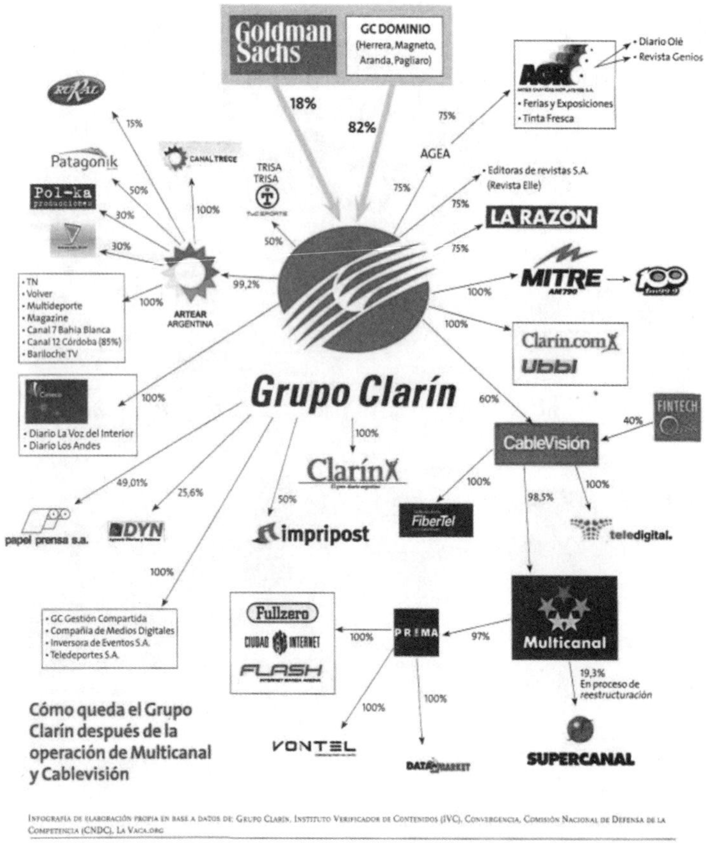

图 3 《号角报》集团旗下主要媒体和公司业务

二、发展现状

1999 年，因阿根廷国内媒体政策的放宽，《号角报》也走上了向多媒体集团发展的道路。目前，《号角报》隶属于《号角报》传媒集团(Grupo Clarín)。如今的《号角报》传媒集团，是拉丁美洲地区最大、最有影响的媒体企业集团之一。《号角报》集团成立于 1999 年，总部位于布宜诺斯艾利斯。除了旗舰媒体《号角报》以外，该集团旗下还经营有阿根廷最大的新闻纸生产公司 Papel Prensa、国内最大的有线电视和互联网服务提供商有线电视集团(Cablevisión)，以及主要经营广播电视业务的阿特赫媒体公司(Artear)等媒体，广泛涵盖包括报纸、广播、电视、网络等在内的多种业务。

近几年来，《号角报》的发行量有所下降，市场份额也从 1985 年的 35% 下降到 2012 年的 21%，但它依然是阿根廷发行量最大的报纸。多年以来，《号角报》在社会各层次人士中一直保持着较好的声誉和稳定的发行量，报纸的代销点和广告代办处遍布全国各地，上到政府机关，下至普通居民，都长期订阅该报，甚至还向邻国的乌拉圭、巴拉圭和巴西大量发售。

三、报道特点

《号角报》是一份综合性的日报，及时准确报道国际国内重大时事新闻，并设有专门的体育、商业财经和即时评论版块。《号角报》每期出刊近 100 版，其中几乎有一半的版面均为广告。广告的内容无所不有，包括人们的衣食住行、求职、雇工、征婚、求医、寻人等，难怪当地对《号角报》有着“一报拿在手，万事不发愁”的说法。①

具体到版面设置上，《号角报》每天以“常规版加专版”的形式发行。周一至周六出刊大约 90 个版，逢周日加出至 120 版。常规版主要有三个叠次：第一叠次以国内外政治和社会新闻、社论、评论、官方公告和政治漫画等为主；第二叠次是文化和体育新闻，主要栏目有文艺欣赏以及电影、电视及各类演出预告等，辅以航班、船次信息以及漫画、卡通和连环画等内容；第三叠次为广告专刊，分为工商产品广告及个人广告两大类别。另外，该报每天均设有专版，分别为文艺、经济、科技、体育、建筑工程、农村以及周日版。

plazademayo.com/mediosyopinion/
Amores cruzados de telenovela
Clarín
GANÓ INSAURRALDE
Buenos Aires: Crisis en el Massismo bonaerense El intendente de Tigre dejaría la política por la meditación
Capital: Escándalo en UNEN Carrió estaría embarazada de Pino Solanas y Prat Gay sería el padrino de bautismo
461
La intriga del día después.
FILMUS ARRASÓ EN CAPITAL
CABA: EL KIRCHNERISMO SE IMPUSO CON COMODIDAD EN LA CIUDAD DE BUENOS AIRES, DONDE GABRIELA MICHETTI QUEDO CON EL CARGO POR LA MINORÍA FERNANDO "PINO" SOLANAS FUERA DE JUEGO
VHM Escribe para Clarín
EL PASE DEL AÑO: 678 Y DDD A CANAL 13
Clásico español
El Barcelona de Martino le ganó al Real Madrid
MURIÓ LANATA
El periodista Jorge Lanata falleció esta mañana luego de haber estado internado en elHospital Británico un
presidenciales.
Símbolo del periodismo golpista
12 septiembre de 1960
26 octubre de 2013
El costo de vivir
Las pastas del domingo, un lujo que sale 20% más
Once y Castelar
Sobrevivientes de tres tragedias ferroviarias: "Nos tienen olvidados"
Del Potro, en la final
Define el título de Basilea ante el local Roger Federer.

图 4 《号角报》头版

在新闻采集方面，《号角报》内部有一套比较健全的快速反应机制，因而其刊载的新闻相较其他报纸，内容上也更丰富一些。目前，《号角报》拥有职工 1300 人，其中编辑记者 680 人，包括常驻国内各省市的外派记者。在阿根廷国内，《号角报》在全国 20 多个城市均派有常驻记者。② 在外派记者方面，“巡回记者”成为《号角报》的一个创举，目前只在欧洲派有。出任“巡回”的记者主要以法国巴黎为基地，负责整个欧洲的重大新闻报道工作。因此，他们经常要奔波于数个国家之间，哪里发生重大新闻，他们便会很快出现在那里。此外，《号角报》的国际新闻也主要来自美联社、埃菲社、路透社和安莎社，该报同时也同新华社签有供稿协议。③

四、涉华报道

从发展历程来看，《号角报》一向对中国的态度较为友好。第二任社长德诺夫莱夫人曾于 1977 年访问中国。在很长一段时间内，每逢中国的国庆，她都要亲自到中国驻阿根廷大使馆送花表示祝贺。④

一直以来，《号角报》都对中国的重大政治事件较为关注。1984 年 10 月 10 日，在中共十二届三中全会召开的前夕，《号角报》发表了题为《中国朝着现代化迅跑》的评论文章，文中指出“中国大陆正在朝着经济现实主义和现代化迅跑，它在这种众所周知的努力中又迈出了新的一步：中国近日宣布，从六年前开始的深刻的经济改革将从农村扩大到城市，这意味着放松对商业、工业、科学和文化的各种束缚”。⑤同年 12 月 19 日，中英两国签

---

① 焦敬铎、孙玉江、王正先：《名利双收——广告世界探秘》，云南科学技术出版社 1993 年版。

② 宋晓平：《列国志 · 阿根廷》，社会科学文献出版社 2010 年版。

③ 徐耀魁：《世界传媒概览》，重庆出版社 2000 年版。

④ 徐耀魁：《世界传媒概览》，重庆出版社 2000 年版。

⑤ 方华：《参考的启示——国事卷 11》，陕西师范大学出版社 1999 年版。

署关于香港问题的联合声明。《号角报》评论道:“中英两国关于香港问题的协议细节,构成一个很有意思的范例。如何在不常见的非殖民化进程中处理领土、政治和经济方面的利益。两种不同的经济和社会制度确实有可能在同一个旗帜下共存。”①1987 年 10 月底,中国共产党第十三次全国代表大会在北京召开,《号角报》于 31 日发表了题为《使社会主义建立在扎实的经济基础之上》的文章,作者认为,“尽管难以预料中国以后将会是什么样的,但显而易见的是邓和他的追随者需要加快发展经济,他们都不愿意让中国继续贫穷下去。中国就像一个沉睡的巨人,他们现在的主要任务就是去唤醒这个巨人”。②

此外,《号角报》对中国政治的关注还体现在与中国几代领导人的关系上。在周恩来和邓小平去世时,《号角报》都曾刊发文章予以怀念。该报称周恩来为“毛的左右手”,认为“几乎是靠他一个人的力量塑造了中华人民共和国的内外形象”。③ 而在邓小平去世时,《号角报》刊登长篇文章介绍他的生平,文中称他为“中国经济改革的发起人”,是一位“实事求是的领导人”。④

近年来,随着中国社会发展的不断深入以及两国关系的不断发展,《号角报》对于中国的关注点也在不断拓展,开始涉及文化、外交等各个方面。2011 年 4 月 3 日,《号角报》发表文章评价了中美的经济贸易往来,认为“对华出口的增加推动了美国农业繁荣,美国经济从 2009 年以来稳步增长,这是由对中国等新兴国家出口这种新的力量推动的”。⑤ 2016 年 4 月 7 日,贾樟柯执导的影片《山河故人》开始在阿根廷公映。《号角报》以“历史漩涡中的爱情”为主题评论道:“提到中国,多数阿根廷人会想到它 30 多年来取得的经济成就,然而作为个体置身其中又是怎样一种经历?而在本片中似乎能找到答案,这段切分为过去、现在和将来的普通人的情感故事引人入胜。贾樟柯的这部影片把当代中国巨大经济惯性下人的聚散离合与情感冲突表现得细腻而深刻。影片从文化、经济和政治不同维度深刻解读了改革转型进程中的中国。”⑥

《新大陆周刊》

新大陆周刊

《新大陆周刊》是阿根廷当地最具影响力的华文媒体之一,对当地的华人华侨而言是重要的消息来源,促进了中阿两国的交流与友谊。

一、历史沿革

《新大陆周刊》创刊于 1997 年 12 月,由周刊社社长裘征宇和几名志同道合的朋友共同创办,是一份逢周五发刊的周刊。创刊初期,《新大陆周刊》面临的环境相当困难,举步维艰。当时的杂志社既没有任何传媒策划的过程,也没有相关的从业人员。当时的办刊人员均为义工,没有工资报酬,他们在一步步摸索中前进。

此后,依托阿根廷侨界的帮助,《新大陆周刊》逐渐摆脱了创刊初期的困境,开始走上了正常化的发展道路。1999 年,七家阿根廷侨团联合向《新大陆周刊》提供资金支持,并呼吁广大侨胞积极提供新闻线索,在刊物上刊

---

① 臧乐源、王永善、穆秀昆:《邓小平思想研究》(第一卷),国防大学出版社 1993 年版。

② 方华:《参考的启示——国事卷 12》,陕西师范大学出版社 1999 年版。

③ 《举世悼念周恩来总理》,新华通讯社,1978 年。

④ 《再道一声小平您好——深切缅怀敬爱的邓小平同志》,中共中央文献研究室邓小平研究组,1997 年。

⑤ 腾讯财经:《阿根廷号角报:对华出口推动美国农业繁荣》,http://finance.qq.com/a/20110406/001055.htm,检索时间:2016 年 3 月 2 日。

⑥ 国搜报道:《阿根廷观众为中国电影〈山河故人〉点赞》,2016 年 4 月 12 日,http://report.chinaso.com/sy/detail/20160412/1000200032898641460443039823187499_1.html,检索时间:2016 年 4 月 13 日。

登广告，极大地改善了《新大陆周刊》的生存环境。[①]

2005 年，阿根廷政府决定对境内的外国人进行身份正常化。在阿根廷境内的众多中国侨民都并不了解具体的手续如何办理，《新大陆周刊》为了方便侨民侨胞的手续办理，特地在报纸上刊登相关法律译文，对相关条文和程序进行了详尽的阐释，在中国侨民身份正常化过程中做出了很大的努力。

二、发展现状

《新大陆周刊》已经经历了近 20 年的风雨，为阿根廷的侨民侨胞提供了诸多的帮助，为海外侨胞提供了重要的信息渠道。现在，《新大陆周刊》已经成为集出版、网站、音视频为一体的综合传媒。在此基础上，《新大陆周刊》集团成立了拉丁华人出版社，下辖《新大陆周刊》、阿根廷中文网、新大陆音视频工作室、亚洲旅行社等机构。

与此同时，《新大陆周刊》还非常重视与其他华人媒体的合作，以期资源共享、促进发展。2008 年创刊 10 周年之际，《新大陆周刊》宣布与《南美侨报》联手出版一份面向阿根廷侨胞的周报，希望借助资源共享与合作扩大覆盖范围。此外，《新大陆周刊》还与《人民日报》合作出版了《人民日报》海外版阿根廷周刊，积极与国内实现信息对接，互通有无。

图 5 《新大陆周刊》官网

《新大陆周刊》在新媒体方面也有着积极的尝试，除了推出阿根廷中闻网，还开办了头条网 www.toutiao.com.ar，以报道阿根廷国内新闻信息为主，还开辟了版块专门报道中国新闻和有关中阿关系的新闻信息。2012 年 9 月 23 日，《新大陆周刊》入驻新浪微博，截至 2016 年 3 月 13 日，该杂志已经有了 22451 名粉丝，发布了 4377 条微博。

三、涉华报道

由于一直以来得到了阿根廷侨界的大力支持，《新大陆周报》一直坚持立足于阿根廷当地侨民侨胞的需求，为便利华人侨胞在当地的生活做出了重要贡献。

从创刊时的筚路蓝缕到现在的努力拓展，《新大陆周报》一直展现出了不畏困境的努力姿态，以准确的信息为海外侨胞服务，搭建起中国在南美地区重要的友谊桥梁。

---

① 新华网：《通讯：阿根廷华文〈新大陆〉周刊回顾创刊 10 周年》，2008 年 1 月 10 日，http://news.xinhuanet.com/newscenter/2008－01/10/content_7400280.htm，检索时间：2016 年 2 月 1 日。

秘 鲁

《商报》*El Comercio*

El Comercio

《商报》(*El Comercio*)创办于1839年,是秘鲁最古老的报纸,在整个西班牙语世界也是历史最悠久的报纸之一。目前,《商报》是秘鲁发行量最大的综合性日报,也是秘鲁最有影响力的媒体之一。

一、历史沿革

1821年,秘鲁摆脱西班牙殖民,宣布独立。1829年至1844年,秘鲁陆续爆发内战,导致社会动荡不安。在此期间,秘鲁"考迪罗"制(Caudillismo)[1]军事独裁政府并没有将媒体视为社会中的一个重要力量,因此当时媒体主要关注经贸领域,转为支持其他政党领袖。[2]

ORDEN. LIBERTAD. SABER.

EL COMERCIO.

DIARIO COMERCIAL, POLITICO Y LITERARIO

Lima, Sabado 4 de Mayo de 1839.

AVISOS.

图1 1839年5月4日出版的第一期《商报》

在此历史背景下,1839年5月4日,由智利人玛努埃尔·阿穆纳特吉(Manuel Amunátegui)和阿根廷人亚历杭德罗·比略塔(Alejandro Villota)创立了《商报》。1875年,玛努埃尔将《商报》的管理权转交给巴拿马记者何塞·安东尼奥·米罗·克萨达(José Antonio Miró Quesada)。

20世纪70年代中期,总统胡安·贝拉斯科·阿尔瓦拉多(Juan Velasco Alvarado)将《商报》征收为政府资产。1980年7月28日,新任总统费尔南多·贝朗德·特里(Fernando Belaúnde Terry)就任当日,将《商报》还给了原本的主人。从此之后,米罗·克萨达家族一直经营《商报》以及商报传媒集团,直到现在。

秘鲁的媒体整合始于20世纪90年代中期,《商报》的网络版创立于1997年1月15日。[3] 进入21世纪以后,《商报》在立刊口号中增加了"创新和服务",以顺应互联网技术不断发展,读者新闻阅读参与度不断提高的趋势。

二、发展现状

目前,《商报》的控股所有人依然是米罗·克萨达家族,通过聘用专业新闻从业人员来负责报纸的经营。除了《商报》以外,商报传媒公司旗下还经营有其他几家出版媒体,包括报纸《秘鲁21》(*Peru 21*)和期刊《我们》(*Somos*)。

---

① "考迪罗"制是拉美地区的(含美国以南的墨西哥、中美洲及南美洲地区)大多数国家在19世纪20年代独立后至20世纪前盛行的一种以暴力夺取政权、维持统治,代表地主(庄园主)利益的,对人民能够生杀予夺的独裁制度。

② Lugo, J. O.. *The Media in Latin America*. Maidenhead: Open University Press, 2008, p. 180.

③ 商报集团官网:http://grupoelcomercio.com.pe/corp.php,检索时间:2015年8月10日。

商报传媒集团的全称是 Empresa Editora El Comercio S.A.，于 1996 年经合并成立。公司负责旗下媒体的编辑、出版、发行，以及广告营销。与此同时，公司还经营图书、期刊等的出版、印刷和发行，出品多媒体产品等。

另外，公司旗下的分公司 Orbis Ventures S.A.C.作为新闻通讯机构，经营信息内容提供服务，并且负责该公司的网站。

El Comercio
SÁBADO
Bolsa de Lima gana 10,32% en lo que va del 2010
INC acusa a vándalos que dañaron Chan Chan
En una semana llovió como en seis meses
Justicia repone al titular del banco central argentino
Acribillan bus de la selección de Adebayor
Triángulo amoroso en Irlanda del Norte
Campeonato 2010 viene con cambios
El Comercio
DOMINGO
Votaría por Lourdes para Lima "porque es muy decente"
SIP considera enviar una misión al Perú
Hidalgo denuncia campaña de desprestigio
Apostemos por un país tolerante e inclusivo
Piden cuentas especiales para los sueldos
En el Perú persisten prácticas racistas

图 2　《商报》头版

图 3　《商报》网站首页

图片引自《商报》网站：http://elcomercio.pe，检索时间：2016 年 3 月 30 日。

三、报道特点

在创立初期，针对独立解放后无政府主义社会环境下国内尚存的奴隶制和文盲现象问题，《商报》提出的口号为“秩序、自由、知识”(Orden, Libertad, Saber)。[①] 在 20 世纪，《商报》在其口号中新增“独立和真实”，并且发展成为秘鲁国内最有影响力的报纸。

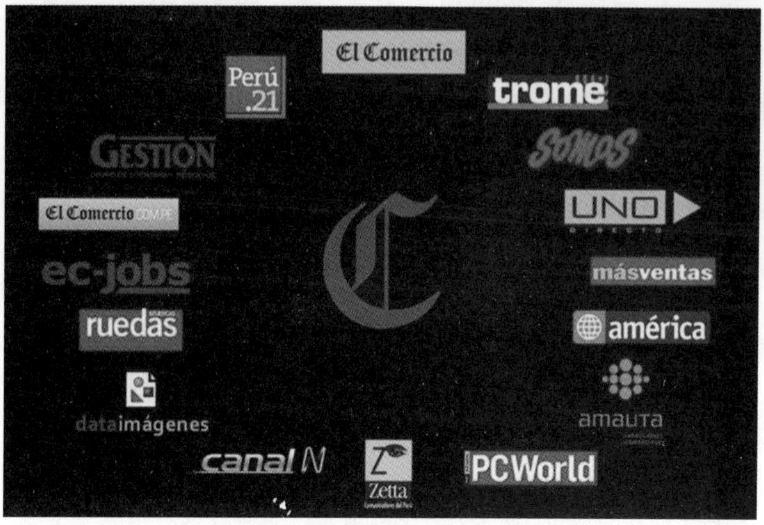

图 4　商报传媒集团旗下主要出版物

创办一个多世纪以来，《商报》一直保持较为严肃、庄重的风格。该报平均每天发表 1～2 篇社论，对相关新闻事件展开深入评析探讨。在评论立场上，《商报》秉持较为保守的立场，曾经较为倾向商界和产业者，但是通观《商报》多年来的新闻报道，人们普遍认为该报的报道及时广泛、立场客观平衡，是整个南美大陆公信力较高的媒体之一。

在报道内容上，《商报》除了刊登国内国际的政治、经济和社会等领域的新闻以外，也非常重视对文化、科技和体育新闻的报道。

① 《商报》官网：http://elcomercio.pe/principios－rectores/? ref＝ecf，检索时间：2015 年 8 月 10 日。

四、涉华报道

《商报》在中国设有常驻记者,主要负责对中国国内的新闻事件进行采编与报道。通过以西班牙语的为“中国”关键词在该报网络版进行检索可知,《商报》对中国的报道呈现以下特点:

《商报》关于中国的报道最主要来源于西方主流通讯社。在关于政治、经济等重大话题的新闻事件报道上,《商报》主要参考法国的法新社(AFP)、西班牙的埃菲社(EFE)和英国的BBC,其中以法新社为新闻源的报道最多,图片主要来源于美国的美联社(AP)和英国的路透社。与此同时,《商报》还会从不同的社交网络平台如Youtube和Facebook抓取与中国有关的奇闻逸事进行报道。

《商报》在关于中国的报道上关注话题较为广泛,在对中国的政治、经济等重大事件进行报道的同时,也对中国社会的多个方面进行关注。其中,在关于中国社会的新闻中,关注的话题涉及食品安全、教育、环境以及奇闻逸事。

《新世界日报》

《新世界日报》与《秘商华报》《国际日报》并称秘鲁当地的三大华文媒体。《新世界日报》承担着重要的民间交流任务,是秘鲁当地华人唯一发行的中西文化双语日报,既促进了秘鲁当地人民对中国的了解,也帮助当地华人华侨了解中国的发展,适应秘鲁当地的生活。

一、发展概况

《新世界日报》由秘中友谊基金会主办,于2013年1月8日正式发行,辟有国际要闻、秘鲁新闻、今日秘鲁、中国新闻、世界新闻、港澳新闻、今日焦点、华人天下、经济快讯、新闻故事、科技前沿、古今轶事、健康养生、娱乐新闻、体坛精英、侨乡信息、小说连载、时尚沙龙、环球视野等近20个版面。[①]

二、报道特点

作为一份海外华文报纸,《新世界日报》的办报方向是传播中国文化、宣传中国的正面形象。

《新世界日报》是中新社供版业务客户,与中新社在多个方面有着密切的合作。该报致力于从新的角度向社会各界人士介绍中国,满足当地人民和海外华人华侨的需要,将《新世界日报》打造成华人华侨在秘鲁的精神家园。

《新世界日报》的诞生与发展与中秘两国友谊的发展是分不开的,在中秘两国的文化交流和信息交流中都占据着重要的地位,对促进中秘两国人民的交流具有重要意义。

① 广东侨网:《〈新世界日报〉发行秘鲁 开平同乡会会长罗兆雄任社长》,2013 年 2 月 6 日,http://www.qb.gd.gov.cn/dfqw2010/jm/201302/t20130206_358231.htm,检索时间:2016 年 3 月 13 日。

智 利

《信使报》*El Murcurio*

EL MERCURIO

《信使报》(*El Murcurio*)是一份在智利全国发行的西班牙语日报,也是智利最大的对开日报,隶属于美洲传媒集团(Grupo de Diarios América,简称 GDA)。根据主要发行地的不同,《信使报》有圣地亚哥版(El Murcurio de Santiago)、瓦尔帕莱索版(El Murcurio de Valparaiso)等版本。

一、历史沿革

《信使报》的瓦尔帕莱索版创办于 1827 年 9 月 12 日,是世界上历史最悠久的西班牙语报纸。该报由智利记者佩德罗·菲利斯·比库尼亚(Pedro Félix Vicuña)创办,后于 1880 年被商人奥古斯丁·爱德华兹·罗斯(Agustín Edwards Ross)收购。之后,罗斯的儿子奥古斯丁·爱德华兹·麦克克鲁雷(Agustín Edwards Mac－Clure)继承父业开始经营报纸,并于 1900 年 6 月 1 日创办了该报的圣地亚哥版。

MERCURIO DE VALPARAISO.

PERIODICO MERCANTIL POLITICO, Y LITERARIO

NUM. 1. SETIEMBRE 12 DE 1827. TOMO 1

IMPRENTA DE WELLS Y SILVA.

Saldrá á luz, por ahora, sólo dos veces cada semana los dias miércoles y sabados, ó sus inmediatos, cuando en los designados recayere festividad—Los SS. que gusten suscribirse lo podrán hacer en esta imprenta, en la oficina de don José Maria Alamos, y en el almacen de los SS. Alsop, Wetmore y Cryder, y en Santiago en el del señor don Ignacio Vicuña el precio de la suscripcion es 12 reales por 12 pliegos. Recibirán los ejemplares en sus casas, los que fueren vecinos de esta ciudad, ó por la estafeta, libres de porte y con la mayor puntualidad, los de fuera.

SE INSERTARAN todos los avisos que se nos dirijan con este fin, aunque sean en cualquier idioma estrangero.

EL MERCURIO.

¿Fue o no, ultrajante al honor y dignidad nacional, la escandalosa y horrible escena que presenciamos la noche del 9 del corriente?

Es la importante cuestion, que, en nuestro concepto, va á quedar difinitivamente resuelta, con solo la sencilla é imparcial relacion de los hechos que presentamos a la consideracion de nuestros compatrictas.

HECHOS.

1. El Comandante de la guardia del teatro es asesinado, en su mismo puesto, por un oficial de la marina britanica.

2.° Una partida de tropa inglesa desembarca y principia á abanzar sobre la poblacion.

3.° Segundo desembarque de la misma, en aptitud mas hostil.

Si los hechos precedentes son incuestionables, por que fueron presenciados por la mitad de Valparaiso: su pormenor no hará mas que agrabar la criminalidad de ellos, por el modo, lugar y circunstancias en que se efectuaron.

Antes de principiar este prolijo detalle, permitasenos protestar, que no somos impelidos á escribir por el innoble deseo de promover, funestos odios y ecsitar á una venganza, que habria sido mui facil conseguir en el acto mismo de la ofenza y que contribuimos a evitar. No se crea tan poco que pretendemos disculparnos para con aquellos a quienes pueda desagradar el contenido de este articulo: nuestro unico objeto es el de obtener una justa reparacion de los ultrages inferidos a la nacion; y no cesaremos de clamar por esto, mientras no tengamos la satisfacción de conseguirlo.

DETALLE DE LOS HECHOS.

Iva a principiarse el cuarto acto de la sublime tragedia, cuya bien desempeñada representacion habia fijado la atencion de todos los espectadores que se disponian á compadecer la injusta muerte del virtuoso Juan de Calaz, y la desgraciada situacion de su infeliz familia; cuando inopinadamente es sostituida aquella tierna y triste escena por la escandalosa y horrible que tuvimos el pesar de presenciar

Mr. Fallarton oficial de la marina de S. M. B. con un tono insolente y amenazador, manda a un ciudadano que se levante del asiento que ocupaba para colocarse él: este contesta negandose a obedecerle, como era natural, pero en sus espresiones no se separó de la moderacion y desencia debida al lugar: Fallarton le replico á puñadas, sacando y preparando al mismo tiempo una pistola con la cual lo habria asesinado, si felizmente no se hubieran interpuesto al acto de dispararla, el comandante de serenos, y el capitan de artilleria don Pedro Gazitua.

El desorden, entretanto; se propagaba con la mayor rapidez: era ya indispensable ocurrir á medidas vigorosas para tratar de sofocarlo. Entonces el mayor de plaza ordena la prision del delincuente, y dos soldados destinados al efecto, son obligados á retirarse arredrados por los repetidos gritos de—fuera tropa, fuera tropa. Se encarga de nuevo la ejecucion de la orden al comandante de la guardia, sargento de artilleria José Maria Muñoz, quien apenas se aprocsima al criminal para intimarsela, cuando este lo asesina de un pistoletazo. El asesinato aumenta mas y mas el desorden: á su favor logra escaparse el asesino, y como nadie lo conocia, ni menos lo habian visto fugar, se creyó que fuese uno de los cuatro ó seis compañeros suyos que aun permanecian alli despues del hecho; se prende por consiguiente, á estos, cuyo acto restablecio una parte del órden.

En este estado se hallaban las cosas cuando llegó el Ser. Gobernador militar, y en seguida los SS. Consul ingles, y comandante de la fragata Doris, con el objeto de informarse bien de todo lo acaecido; y sabida por el ultimo la prision de algunos de sus oficiales, reclamó la libertad de ellos al primero, quien espidió

图 1　1827 年 9 月 12 日发行的第一期《信使报》瓦尔帕莱索版

在麦克克鲁雷之后,他的儿子(1946 年)和孙子(1956 年)又继续经营该报。爱德华兹家族本来是来自英国威尔士的移民家庭,从 19 世纪开始成为智利最有影响力的商人家庭和政治家家庭。作为《信使报》的所有人,爱德华兹家族一直以来对智利政坛具有很大的影响力,直至今天仍是如此。

自创办之日起,《信使报》就秉持偏向保守派的政治立场。在 20 世纪 70 年代萨尔瓦多·阿连德·戈森斯(Salvador Allende Gossens)执政期间(1970 年 11 月 3 日—1973 年 9 月 11 日),来自人民团结阵线的阿连德主张智利应走"和平过渡到社会主义"的道路。在此期间,《信使报》接受来自美国中央情报局(CIA)的资助,宣传反阿连德政府的言论。在 1973 年 9 月 11 日皮诺切特将军发起的军事政变中,《信使报》起到了重要的推动作用，造成时任阿连德政府的政局不稳，并最终推动了皮诺切特将军的上台。① 之后，该报还对皮诺切特将军的军政独裁统治进行大力支持。

自 20 世纪 80 年代中期以来，《信使报》就拥有了拉丁美洲最先进的印刷工厂。《信使报》被誉为是“智利新闻业的元老”，其圣地亚哥版报纸被视为智利的“历史记录报”。2004 年，《信使报》入选“营销名人堂”并获得“智利老字号”的荣誉。

同时，《信使报》在引进先进报纸技术、提升报纸形象等方面，也一直是智利国内媒体行业的先驱。

二、发展现状

如今，《信使报》已经发展成为智利最大的报纸，同时也是最有影响力的媒体之一。该报目前隶属于信使报新闻集团(El Mercurio S.A.P.)，旗下经营有 19 份地区性日报以及 32 家广播电台。《信使报》是该集团的旗舰媒体，在新闻信息源上同集团旗下其他媒体实现资源共享。

目前，《信使报》已经推出了综合资讯网站信使在线 www.emol.com。网站除了收录报纸发表的新闻报道和文章内容之外，还提供大量综合性的新闻资讯内容。其中，信使在线还专设了网页以供读者在线查阅报纸的电子版，读者既可以浏览当日报纸的版面，也可以检索查询往期报纸的文章。

图 2 信使在线网站首页

图 3 《信使报》头版

图片引自信使在线：http://www.emol.com，检索时间：2016 年 3 月 25 日。

三、报道特点

目前，《信使报》在智利全国发行，主要有 A、B、C、D、E 五个版面。其中，A 版主要报道国际新闻，B 版主要报道财经新闻，C 版主要报道国内新闻。在每周六刊发的周六版会增加生活版面，周日刊发的周末版则增加了艺术版面。此外，其他版面还有体育新闻、汽车新闻等。

除了常规报纸的版面外，《信使报》每天还发行不同的增刊，包括每周一发行的农业类杂志 *Campo*、周二发行的女性杂志 *Ya*、周五发行的文化娱乐类杂志 *Wiken*、周六发行的《星期六》和周日发行的《星期天》，以及家居

① O'Brien, Phil and Jackie Roddick. Chile: The Pinochet Decade: The Rise and Fall of the Chicago Boys. London: Latin American Bureau (Research and Action) Ltd, 1983.

装修类杂志 VD 等。

四、涉华报道

近几年,《信使报》对中国的关注度较高,在北京设有常驻记者站,其在网站以及报纸上发布的消息多为发自北京的自采新闻稿件,也有部分是转引或综合汇编来自埃菲社、法新社和新华社等通讯社的报道。

以“中国”的关键词对信使在线网站检索,2015 年《信使报》及其网站上发表的涉华报道共有 2200 余篇。报道内容主要涉及国际关系以及经济领域,同时也对中国的文化、体育等有所关注。其报道内容关注的重点为中国的经济形势以及同美国等大国之间的关系等。最为突出的是,《信使报》对中国同智利以及其他拉美国家的经济、外交往来尤为关注,涉华报道中很大一部分都是相关议题的直接或延伸报道。

与此同时,该报整体对华态度比较开放友好,积极开展与中国政府之间的交流合作。仅 2015 年一年间,《信使报》就多次发表由中国政府官员撰写的文章及专访报道,积极成为中国政府面向智利及南美洲国家阐述中国立场和友好合作态度的主要平台。首先是年初 1 月 7 日,《信使报》刊登了由中国外交部部长王毅撰写的署名文章《共创中拉全面合作伙伴关系新局面》,在即将举办中国—拉共体论坛(中拉论坛)首届部长级会议之际,面向拉美受众阐释“中国梦和拉美梦息息相通,中国愿与拉美共同开创中拉全面合作伙伴关系新局面的美好愿景[①]。”8 月 1 日,《信使报》在重要版面刊登了对中国驻智利大使李宝荣的专访。李大使通过列举具体事实和数字说明,2015 年中国有能力实现全年预期目标,推动经济保持中高速增长,同时提高发展质量。[②]随后在 9 月 3 日,李大使又在《信使报》上发表题为《铭记历史,珍爱和平》的署名文章,介绍在中国人民抗日战争暨世界反法西斯战争胜利 70 周年之际,中国举行纪念活动及阅兵式旨在铭记历史,强调中国将坚定不移走和平发展道路、坚定不移维护世界和平的立场。[③]

ENTREVISTA AL EMBAJADOR LI BAORONG:

"Tenemos plena confianza de que el mercado de valores de China tendrá un desarrollo saludable"

Pese a las variaciones en el corto plazo, el diplomático asegura que los fundamentos de la economía son sólidos y que el gobierno de su país intervendrá para prevenir riesgos.

"El gobierno chino tiene tanto la capacidad como la confianza para evitar riesgos financieros regionales y sistemáticos."

图 4 2015 年 8 月 1 日,《信使报》刊登对中国驻智利大使李宝荣的专访

智利国家电视台 Televisión Nacional de Chile

TVN

智利国家电视台(Televisión Nacional de Chile,简称为 TVN)是智利 9 家电视台中唯一的国家公共电视台。目前,智利国家电视台是该国国内总体收视率最高、综合影响力最大的电视台,总部位于智利首都圣地亚哥。

---

① 中国驻智利大使馆网站:《智利〈信使报〉刊登王毅外长署名文章》,2015 年 1 月 7 日,http://www.fmprc.gov.cn/ce/cechile/chn/sgxw/t1226373.htm,检索时间:2015 年 12 月 30 日。

② 中国驻智利大使馆网站:《驻智利大使李宝荣接受智利主流媒体〈信使报〉专访,强调中国经济健康稳定发展》,2015 年 8 月 4 日,http://www.fmprc.gov.cn/ce/cechile/chn/sgxw/t1286077.htm,检索时间:2015 年 12 月 30 日。

③ 外交部网站:《驻智利大使李宝荣在智利主流媒体〈信使报〉发表署名文章》,2015 年 9 月 4 日,http://www.fmprc.gov.cn/web/zwbd_673032/gzhd_673042/t1293630.shtml,检索时间:2015 年 12 月 30 日。

一、历史沿革

20 世纪 60 年代初,在智利仅有三个所有权为大学的电视台,[①]尚未有一个由国家设立的公共电视台。因此,尽快建立一个播放范围覆盖全国的国有电视台是智利政府当时的一项重要任务。1964 年,智利国家电视台有限责任公司开始进行一系列的区域试验性播放。经过一段时间的筹备,1968 年,智利国家电视台在全国范围内实现了第一次播放。

1970 年,智利出台的第一个关于电视行业的法规规定,智利的电视体制是为公共服务的,但是当时政治的不宽容与以广告创收为主的盈利方式之间的矛盾扭曲了这一个模式。[②] 1973 年,时任智利陆军总司令奥古斯托·皮诺切特(Augusto Pinochet)通过流血政变,推翻了民选社会党总统阿连德,建立右翼军政府,进行资本主义的新自由主义经济改革并实行残酷的军事独裁。在皮诺切特统治时期,TVN 成为统治政府的政治宣传工具。在 1982 年至 1989 年间,TVN 原有的 83% 财产逐渐流失,主要债权人为私有银行和国外电视节目提供方。[③]

1989 年,智利举行差额选举的总统大选,帕特里西奥·埃尔文(Patricio Aylwin)获胜并于次年出任总统。1990 年 1 月 23 日,帕特里西奥·埃尔文任命豪尔赫·纳瓦雷特(Jorge Navarrete)为 TVN 的台长。当时,人们普遍呼吁国家电视台真正为公共服务,希望 TVN 重新确立欧洲模式的运营模式,回归民主。但是当时智利的经济、政治条件却与以上诉求差之甚远。政府无资金也无意愿给电视提供资助,在遭受国家长达二十年的高度干预后,智利电视行业脱离了应有的市场发展规律。1992 年智利国家电视委员会在相关法律中规定:公共电视台不可接受来自国家的经济补助,[④] TVN 所有制仍然保持国有状态,但所有收入均来自广告,使电视台成为独立于任何执政政府并真正为人民服务的国家电视台。[⑤]

在 90 年代初,TVN 的发展状况不容乐观,面临着收视率较低、缺乏公信力、员工结构中关系户较多、债务压力大等问题。于是,纳瓦雷特针对上述系列问题进行大幅度、渐进式的改革。在新闻节目设置上,纳瓦雷特及其团队将之前以提供信息为导向的新闻节目“60 分钟”(60 Minutos)改版为“新闻”(Noticias),邀请当选左翼参议院、左翼党派人、文化界人士等在专制统治时期的政府敌对分子上节目。在经过将近 7 个月的准备,“24 小时”新闻栏目在 1990 年 8 月正式开播,是一档在借鉴欧洲主流媒体基础上精心策划的新闻纪录片节目。上述节目形式和内容的改革卓有成效,TVN 逐获民心,收视率逐步提高。与此同时,TVN 还针对其他内部问题进行了相应的改革应对措施。这些改革使得 TVN 逐渐摆脱经济困境,在国内获得越来越多的关注,其影响力也随之提高。

二、发展现状

自 90 年代初以来,TVN 依靠市场自筹资金的运营模式使 TVN 始终保持较强的市场应变力和竞争力。

TVN 不仅在国内电视行业保持领先地位,还积极拓展海外市场。目前,在全世界有超过 100 个国家可接收 TVN 频道,主要覆盖包括美国在内的美洲地区和欧洲地区。2001 年,TVN 创建了网络版(tvn.cl)。

2009 年,TVN 的“24 小时”新闻频道正式开播,并在网络版上有专门的页面,主要覆盖拉美的多个国家,成为该媒体国内、国际新闻报道的主要平台。

---

① 三个电视台分别为智利大学电视台(11 频道)、天主教大学电视台(13 频道)和瓦尔帕莱索天主教大学电视台(5 频道)。

② 智利天主教大学传播学院网站:¿Para qué sirve Televisión Nacional? http://www.accionaudiovisual.uc.cl/prontus_fcom/site/artic/20050517/pags/20050517184357.html,检索时间:2015 年 7 月 11 日。

③ Moreno F., Julio P., María J. L. S. (2007).TVN 1990 Las claves de una gestión exitosa. Cuadernos de Información, N0 21, p. 54.

④ Lugo, J.O. (2008) the Media in Latin America.Maidenhead:Open University Press: 64.

⑤ Moreno F., Julio P., María J. L. S. (2007).TVN 1990 Las claves de una gestión exitosa. Cuadernos de Información, N0 21, p51.

三、报道特点

图 5　智利国家电视台网站首页

图片引自智利国家电视台网站：http://www.tvn.cl，检索时间：2016 年 3 月 26 日。

作为综合性频道，TVN 的节目内容比较多样化，节目设置包含新闻资讯类节目、电视剧、儿童节目、访谈节目等，以满足不同需求的受众。

不同于大多数其他国家的公共电视台，进入 21 世纪后的 TVN 逐渐成为国内最重要的电视台。这一方面得益于电视台新领导班子实施的一系列针对性改革措施；另一方面则是因为公共电视台在国内重大政治、经济和国际事件消息获取上具有绝对的优势。

在过去几十年中，TVN 的新闻资讯类节目成为了在社会动荡和不安中生活的智利人民了解与自己密切相关的社会动态的重要窗口。

四、涉华报道

智利是拉美国家中同中国开展经贸交往较早的国家之一，两国外交自建交以来长期保持健康、稳定的发展态势。从媒体角度来看，作为智利国家电视台的 TVN 对中国呈现出较为积极的关注态度，并在中国设立常驻记者。

TVN 对于中国的报道主要集中在网络版“24 小时”中，它对中国的关注度持续而平稳，关注话题多样化。在与中国有关的重大国际新闻事件上，TVN 较多关注中国与智利的外交，对两国以经济为主的多领域外交关系表现出肯定和乐观的态度。TVN 还积极关注中国及其他大国或重要国际组织（如美国、俄罗斯、欧盟）的重大外交事件。除此之外，TVN 对中国国内的奇闻逸事、突发性事件和具有特色的社会现象等均有涉及，在一定程度上展示出渴望了解中国社会的态度。

在关于中国本土的报道上，TVN 主要以英国媒体 BBC 和路透社为新闻来源，本媒体驻华记者采编率极低。因此，在关于中国本土新闻的选题和报道角度上受到西方主流媒体的影响，在一定程度上对中国真实社会现状缺乏足够客观的认识。

哥伦比亚

《时代报》*El Tiempo*

EL TIEMPO

《时代报》(*El Tiempo*)创办于1911年3月11日,是哥伦比亚发行量最大的综合性日报,是该国重要媒体公司——时代报出版集团(Casa Editorial El Tiempo)的旗舰新闻出版刊物。

一、历史沿革

19世纪末,哥伦比亚的报纸都与国家政治运动紧密联系,并掌握在具有很大社会影响力的家族财团手中。自1886年至2010年,哥伦比亚有21位总统在上任前后都曾在国内重要报纸担任过董事长或主编。随着重要集团私有资产的逐渐进入,报纸逐渐脱离了传统的政治教条色彩,[①]开始作为独立的商业性机构展开经营。适逢其时,《时代报》的诞生和发展恰如其分地证明了哥伦比亚这一特殊历史时期的发展特点。

Primer ejemplar de *El Tiempo*, 30 de enero de 1911. Archivo de *El Tiempo*.

Alfonso Villegas Restrepo (1884-1945). Archivo de *El Tiempo*.

图1 1911年1月30日发行的第1期《时代报》及其创办人阿方索

1911年1月30日,阿方索·维勒加斯·雷斯特雷波(Alfonso Villegas Restrepo)创办了《时代报》。1913年6月,由于母亲的去世,阿方索决定离开《时代报》,随后将报纸以5000哥伦比亚比索的价格出售给当时外交部的一位职员兼该报专栏作家爱德华多·桑多斯(Eduardos Santos)。

1921年,《时代报》明确宣布自己的政治立场是支持和宣扬自由党的思想。1930年,长期执政达44年的保守党逐渐失去民意,加上美国1929年经济大萧条给南美洲各国带来的深重影响,自由党领袖恩里克·奥拉亚·埃雷拉(Enrique Olaya Herrena)走上了总统之位。在此过程中,桑多斯及其领导的《时代报》起到了功不可没的作用。在此之后,自由党连续四届执政,《时代报》也在这一时期成为引导全社会公共舆论的最重要的媒体。《时代报》的老板和出版人桑多斯先后被任命为外交部部长、国际联盟驻哥伦比亚大使、欧洲特命全权公使、桑坦德省省长、昆迪纳马卡省议会议员和众议院议员和参议院主席等重要职位。1938年,桑多斯迎来了自己政治生涯中最光辉的一页,当选为哥伦比亚总统。任职四年之后,桑多斯又回归《时代报》,继续担任报纸的董事,直至逝世。

1946年,保守党领袖马里亚诺·奥斯皮纳·佩雷斯(Mariano Ospina Pérez)担任国家总统,他上任不久即

① Albarran A. B.. *The Handbook of Spanish Language Media*, New York: Routledge, 2009, p. 71.

图 2 一手打造《时代报》的著名报人、政治家爱德华多·桑多斯

宣布全国进入戒严状态并执行严格的审查制度等强硬政策。这一系列铁拳政策的出台，导致执政党和在野党之间的冲突、暴力事件频繁发生。秉持自由党派立场的《时代报》，也在这一时期遭遇重重困难。1955 年，《时代报》迫于政治形势宣布停刊。为了解决因停刊而导致的上千人的失业问题，桑多斯创立了时代报编辑集团(Casa Editorial El Tiempo)，并开始发行一份名为《过渡》(*Intermedio*)的小型报刊，寓指专制统治不会长存。

之后多年，哥伦比亚政局动荡，历经武装政变和军队强人把持的考迪罗政权，桑多斯也在此过程中受到强权的压制和威胁，不得不流亡海外。1957 年，哥伦比亚爆发全民罢工，政变上台的 G.罗哈斯·皮尼利亚放弃权力远走国外，桑多斯也于同年 6 月 8 日结束了流亡法国的生活，回到哥伦比亚并恢复发行《时代报》。不久之后，自由党和保守党达成“两党联盟”的和平协议，《时代报》全力支持两党展开的国民阵线。

1974 年，桑多斯病逝，由他的两个侄子继承其业。由埃尔南多·桑多斯·卡斯蒂略担任副总裁，哈利·桑多斯·卡斯蒂略担任总编辑。1981 年，埃尔南多进一步升任总裁。直到 1999 年埃尔南多去世，《时代报》一直归桑多斯家族持有。

20 世纪 80 年代，哥伦比亚贩毒集团因不满媒体的报道，对记者实行了一系列的暴力攻击。为此，包括《时代报》在内的国内报刊、广播、电视等主要媒体组成联盟，团结一致，报道与贩毒集团有关的政治、经济、社会类新闻，共享该话题的新闻资源。直至今日，哥伦比亚的新闻媒体仍然在坚持着与贩毒集团的不懈战斗。

二、发展现状

图 3 2010 年改版前后《时代报》头版对比

2007 年 8 月，西班牙媒体集团 Planeta 从桑多斯家族手中购下《时代报》55%的股份，成为这份南美报纸的控股股东。2010 年 10 月，《时代报》实施全面改版，将报头设计升级为全部彩色印刷的新版式，使用更为鲜艳的大幅图片作为头版报道的亮点，报纸的印刷装帧也更为精细美观。2012 年，哥伦比亚商人路易斯·卡洛斯·萨米恩托·安古洛又逐渐从 Planeta 集团、桑多斯家族及其他剩余股东手中购买了《时代报》的所有股权，成为该报的唯一股东和所有者。

目前，《时代报》所在的时代报集团是哥伦比亚最重要的媒体集团，在整个拉美地区都具有较大的影响力。时代报集团重视多媒体的发展，以“时代”为标志，继续保持报刊及其网络版在国内的领先地位，成为该国最重要的报刊和网络新闻媒体。根据哥伦比亚媒体研究机构 Estudio General de Medios(简称 EGM)最新发布的数据显示，2015 年，《时代报》的周日订阅人数和网络版阅读人数超过 351 万，同时日均阅读人数达到 969.713，与 2014 年同比增长 2.8%。[1] 与此同时，为满足人们接收新闻资讯的需求，集团旗下的电视——“时代”频道于 2010 年 10

---

① 《时代报》网站：《〈时代报〉阅读量持续增加》，http://www.eltiempo.com/estilo－de－vida/gente/audiencia－de－el－tiempo－continua－en－crecimiento/15907306，检索时间：2015 年 7 月 11 日。

月开播,是目前哥伦比亚唯一的新闻资讯频道。

三、报道特点

在报道内容上,《时代报》在重视国内及拉美地区的新闻的同时,积极关注国际新闻事件。《时代报》在拉美地区的多个国家设有常驻记者,同时与多个国际媒体展开合作,包括埃菲社、美联社等,重点关注拉美、美国和欧洲地区的新闻事务,同时也积极报道世界其他国家地区的重要新闻事件。

与此同时,《时代报》网络版设立"评论"专栏并置于所有栏目之首,与多名专栏作家合作,对国内国际重要新闻事件进行评论分析,通过专家评论来保持和吸引受众。

图 4 《时代报》网站首页

图片引自《时代报》网站:http://www.eltiempo.com,检索时间:2016 年 3 月 23 日。

四、涉华报道

近年来,中国与哥伦比亚两国的关系日益密切,作为哥伦比亚最大的综合性日报,《时代报》积极关注中国,在对华报道上呈现出明显的特点。

通过对《时代报》网络版的观察可以发现,在"世界"版块下关于亚洲地区的报道中,中国受到了持续、积极和稳定的关注,关于中国的报道在亚洲地区新闻中所占比重,相对其他国家最大。在"亚洲"版块下,"中国"成为最热门的新闻关键词。

在关注议题上,《时代报》首要关注中国经济相关的新闻信息。在李克强总理访问拉美期间,《时代报》进行了追踪报道,发表了一篇题为《一次历史性的访问》的社论,文章称"时值中哥两国建交 35 周年,此次访问的意义不仅在于回顾历史上的友好历程,更在于面向未来的更多互惠互利的交往"。① 同日,该报还发表了拉丁美洲和加勒比经济委员会秘书阿丽西亚·巴尔塞纳(Alicia Bárcena)撰写的文章——《中国与拉美:多样包容是关键词》②从相关报道和文章可见,《时代报》积极跟进中国在拉美地区特别是哥伦比亚的经济贸易动向,其中对中国在哥投资、哥对华出口贸易的领域重点进行重点关注,同时多次将中国与拉美其他国家的经济关系进行对比和分析,突出中国作为"伙伴"作用以及为拉美国家带来的"机遇"。

另外,《时代报》对中国国内的关注度也较高,话题涉及政治、经济、社会、科技、文化等议题。对于涉及中国国内的新闻事件,《时代报》主要采取自采原创和转引其他媒体新闻并重的方式进行报道。《时代报》对中国国内的新闻报道大多将新闻信息源表属为"中国档案"(China Files)③以及西班牙的埃菲社。其中"中国档案"记者圣地亚哥·比利亚斯(Santiago Villas)是《时代报》涉华报道的最主要撰稿人,对中国的政治、经济、社会等话题都有过相关报道。他在文章中善于使用叙事性描写,同时注重采访中外专家。与此同时,《时代报》也会采用其他媒体如英国路透社、秘鲁《商报》(El Comercio)等对中国国内新闻事件的报道。

---

① 《时代报》网站:Editorial: Una visita trascendental,2015 年 5 月 20 日,http://www.eltiempo.com/opinion/editorial/una-visita-trascendental-editorial-el-tiempo-21-de-mayo-2015/15791956,检索时间:2015 年 7 月 11 日。

② 《时代报》网站:China y América Latina: diversificación es la palabra clave,2015 年 5 月 20 日,http://www.eltiempo.com/economia/sectores/comercio-entre-colombia-y-china-analisis/15792557,检索时间:2015 年 7 月 11 日。

③ "中国档案"(China Files)是总部位于北京的哥伦比亚新闻机构,主要服务于在华外国新闻媒体、外国企业及机构和关注中国的新闻媒体。该新闻机构由对中国有较深了解、在华时间较长的不同国籍的记者组成,是哥伦比亚和拉美其他国家了解和获取中国本土新闻报道的重要窗口和渠道之一。

古 巴

拉丁美洲通讯社 Prensa Latina

拉丁美洲通讯社(全称为 Agencia de Noticias Latinoamericana,也称 Prensa Latina,简称 PL),通常称为拉美通讯社,是古巴的国家官方新闻通讯社。该社创办于 1959 年 7 月,总部位于古巴首都哈瓦那。

图 1 切·格瓦拉与拉丁美洲通讯社创办人马塞蒂

图片引自拉丁美洲通讯社网站:http://www.plenglish.com/index.php? task=viewcat&cat=quienessomos,检索时间:2015 年 7 月 14 日。

一、历史沿革

1959 年 1 月,经历了 5 年多时间的古巴革命取得胜利。为改变美国媒体在关于古巴报道上占据绝对话语权的状态,时任古巴领导人菲德尔·卡斯特罗公开对"用我们自己语言书写的"拉美新闻媒体表示支持。在革命胜利不久,在切·格瓦拉的提议下,由一名阿根廷记者豪尔赫·里卡多·马塞蒂(Jorge Ricardo Masetti)主持此项工作,着手筹建古巴自己的新闻通讯机构。①

1959 年 7 月 16 日,位于古巴首都哈瓦那的拉美通讯社正式成立,开始用真正属于自己的声音报道发生在古巴的新闻事件,向世界展现有别于当时西方强势媒体笔下的拉美实况。② 该社对外以非官方的地区通讯社身份从事新闻采访报道工作,接受政府的领导和财政支持。拉美通讯社的主要任务是向世界各国传播拉美地区的新闻,报道古巴社会主义建设取得的成就,反映拉美国家和第三世界其他国家维护民族独立、发展民族经济的斗争,向古巴各新闻机提供国际新闻。③

目前,古巴共有两家通讯社,一家就是拉美通讯社,另一家是 1974 年建立的全国通讯社(Agencia de Inormacion Nacional,简称 AIN)。拉美通讯社主要业务是国际新闻报道,而全国通讯社则主要负责国内新闻报道。

二、发展现状

如今,拉美通讯社已经发展成为一家提供新闻、广播、电视、图片、其他出版刊物,同时具有出版社特点的多媒体新闻通讯社。④

目前,拉美通讯社在世界各地共有 400 多个分社。除西班牙语外,拉美通讯社还提供多种语言的新闻服务,包括英语、葡萄牙语、意大利语、法语、俄语和土耳其语。另外,拉美通讯社旗下拥有 17 个网站,可提供不同

① 庞炳庵:《亲历古巴》,新华出版社 2000 年版,检索自光明日报网站:http://www.gmw.cn/01ds/2000-10/11/GB/2000^321^0^DS2708.htm,检索时间:2015 年 7 月 14 日。

② 拉丁美洲通讯社网站:http://www.prensa-latina.cu/index.php? task=viewcat&cat=quienessomos,检索时间:2015 年 7 月 14 日。

③ 徐耀魁:《世界传媒概览》,重庆出版社 2000 年版,第 250 页。

④ Caba Debate:《拉美通讯社今日 55 岁生日:继续完成它的基本目标》,http://www.cubadebate.cu/noticias/2014/06/16/prensa-latina-cumple-hoy-55-anos-sigue-vivo-objetivo-fundacional/#.VaMWIM65rnM,检索时间:2015 年 7 月 14 日。

语言、不同内容的新闻资讯服务。其中,拉美通讯社的主网站是以通讯社名称命名的拉美通讯网(http://prensa－latina.cu),拥有6种语言的版本。

进入21世纪以来,拉美通讯社的新闻媒体业务在国内和整个拉美地区不断得到发展。一方面,拉美通讯社是古巴发行刊物最多的编辑出版社,共出版超过30个不同的刊物,包括周刊*OBRE*[①]以及一系列专题类杂志,例如《古巴国际》《古巴医疗发展》等,还有为国内外机构或企业出版的刊物。[②] 另一方面,拉美通讯社通过开办和运营自己的电视台(PLTV)、广播、网站等多个媒体渠道,拓宽自身影响力。

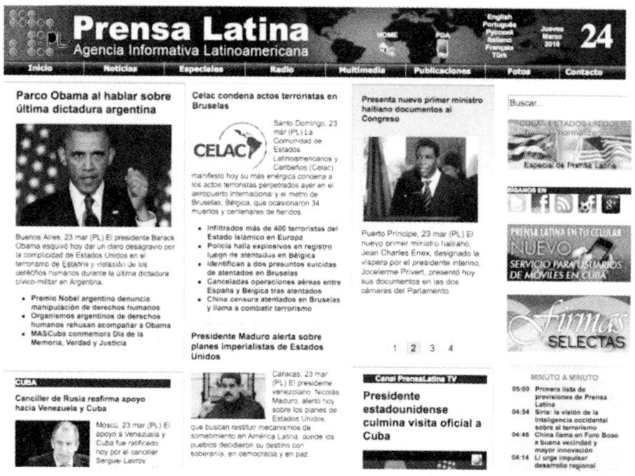

图2 拉丁美洲通讯社网站

图片引自拉丁美洲通讯社:http://prensa－latina.cu,检索时间:2016年3月23日。

三、报道特点

"及时、准确和合适"(Inmediatez, veracidad y oportunidad)是拉美通讯社的新闻报道理念。[③] 拉美通讯社的网站新闻更新速度快、报道数量多,较多引用官方数据,而比较少使用评论性词语和语句。

自创立以来,拉美通讯社致力于向世界展现被西方媒体忽视的真实拉美,这也成为该社在报道国内和拉美地区新闻事件时自始至终贯穿的宗旨。因此,在新闻报道比重上,古巴国内和拉美各国的新闻报道占比较高。拉美通讯社对其所在大洲各国的经济、政治、文化、体育、社会、科技等方面都较为关注,同时会积极报道拉美各国在各领域的合作交流事件。

随着拉美通讯社驻外记者站的不断拓展,该社在国际报道上形成了一定的规模。一方面,拉美通讯社积极报道国际社会新闻,根据地域分为五大版块进行报道关注,五大版块包括美国和加拿大、南美、欧洲、亚洲与大洋洲、非洲与中东;另一方面,来自该社驻外记者的自采新闻构成其国际报道的主要内容,拉美通讯社通过自身努力在国际社会上发出属于自己的声音,在一定程度上体现了古巴和拉美地区的立场和观点。

四、涉华报道

1962年,拉美通讯社与新华社签署了合作协定,双方开始交换新闻信息内容。目前,拉美通讯社在北京设有常驻专职记者,是该社报道关于中国国内国际新闻事件的主力军。

拉美通讯社关于中国的报道主要在其"亚洲和大洋洲"版块中呈现,是该版块报道数量最多的国家之一。据粗略统计,该社对于中国的报道绝大多数采自北京,每日报道量为3～5篇。所有涉华报道均由两名记者负责完成,其中署名为"dav"的记者参与了所有发自北京的中国报道。

在报道话题上,拉美通讯社重点关注中国经济、政治外交事件,对于中国与发展中国家的外交事件尤为关注,并在报道中呈现积极和肯定的态度。与此同时,拉美通讯社对中国各领域的报道均有涉及,包括国内经济、社会发展等。

在消息引用上,拉美通讯社绝大部分使用中国官方消息,包括各政府机构举行的新闻发布会和政府有关部门公布的数据等,并结合国内重要媒体(主要为新华社和《中国日报》)的报道作为新闻来源。

总体来讲,拉美通讯社积极关注中国政治进步、外交进展、经济发展和社会完善等方面,积极引用中国官方数据和中国新闻媒体的信息,通过报道呈现积极的中国形象。

① 该周刊在拉美地区的古巴、墨西哥、委内瑞拉、玻利维亚、尼加拉瓜和萨尔瓦多发行。

② 拉美通讯社官网:http://www.prensa－latina.cu/index.php? task＝viewcat&cat＝quienessomos,检索时间:2015年7月14日。

③ 拉美通讯社官网:http://www.prensa－latina.cu/index.php? task＝viewcat&cat＝quienessomos,检索时间:2015年7月14日。

非洲媒体概况

非洲是个古老而年轻的大陆，是世界经济发展比较落后的地方。受限于不发达的经济和不甚成熟的媒体环境，非洲因而成为世界媒体最为欠发达的地区。在世界媒体版图中，非洲可以说是媒体发展的洼地。但是，作为具有巨大潜力的欠发达媒体市场，非洲是绝对不容忽视的一个地区，所以在本书的研究中选择了近40家非洲各类媒体进行介绍，甚至在数量上超过了拉美地区的媒体。

非洲幅员辽阔、国家众多，社会发展程度整体偏低，其媒体整体上与世界其他地区相比尚有较大差距。非洲大陆内部各国的发展水平也参差不齐，因而其传媒业发展水平也高低不一。法国新闻学家贝尔纳·瓦耶纳认为，“新闻业不发达和经济不发达是一对孪生姐妹”。[①] 这一点在非洲新闻传播事业的发展状况中体现得十分明显。

非洲面积为3022万平方公里，占世界陆地面积的20.4%，人口10.32亿，共有53个国家和6个殖民地遗留的自治区。从地理上看，由于非洲中部存在一个占非洲面积三分之一的撒哈拉大沙漠，可以将其划分为北部非洲和南部非洲两个大区域。非洲是世界上最贫困的大洲，2014年非洲的GDP只有2.2万亿美元，占全球的比例只有大约3%，而非洲的人口则占世界人口比例的15%以上，人均GDP大约只有2100美元，仅为欧洲、大洋洲人均GDP的十分之一。同时，非洲大陆内部的经济发展非常不平衡，北部非洲整体高于南部非洲。就国家来说，南非(3500亿)和埃及(2865亿)两个国家合起来就几乎占了整个非洲GDP的近三分之一，但是这两个国家在2014年GDP的世界排名也分别只有33位(南非)和39位(埃及)。多年以来，非洲的大部分地区都处于极度贫困状态，联合国每年发布的人类发展报告中，人类发展指数排名最低的国家，绝大多数都在非洲。

就非洲整体的传媒格局来看，主要还是处于广播时代。在非洲大部分地区，广播是最有影响力的主导媒介。根据抽样统计，非洲地区的广播设备拥有率在2008年达到了80%。[②] 因为民众文化程度较低和有限的经济条件，报纸和电视在非洲的普及率都较低，每千人报纸拥有量最高不超过30份，远低于世界千人90份的平均水平。而由于经济和基础设施建设水平低，也导致了非洲国家在互联网和网络媒体发展领域的落后。根据统计，到2015年，非洲的互联网用户数量为3.34亿，网民数量仅占世界网民总数的9.4%，与非洲人口占世界人口总数16.2%的比例不相称，28.1%的网络普及率也远低于世界平均的48.6%。[③] 不过也正因如此，非洲也是互联网传播增长最快的地方。2014年，非洲互联网用户仅有1.67亿人，一年之内就增长了一倍之多。

因为社会文化和经济发展的差异，非洲的媒体发展状况，在北部非洲和南部非洲有着明显的不同。

北部非洲即非洲大陆的北部地区，地理上通常以撒哈拉沙漠为界，撒哈拉沙漠以北为北部非洲。依据世界银行的划分标准，北部非洲主要包括埃及、摩洛哥、阿尔及利亚、突尼斯和利比亚等五个国家。北部非洲的地理位置非常重要，三面环海，北隔地中海与欧洲相接，西临大西洋，东临红海，自古以来就是亚欧非三洲的重要中转站。根据联合国农粮组织统计，北部非洲地区的土地面积约为838万平方公里，占非洲土地面积的31.43%。2014年，北部非洲国家的人口约为2.135亿，占全非人口的18.75%。[④] 北部非洲国家大多信奉伊斯兰教，与西亚阿拉伯国家人文特征相似度很高，所以在学术研究中也经常把北部非洲与西亚合并，统称“西亚北非地区”，这一地区以阿拉伯国家为主，以阿语为官方用语。与此同时，北部非洲大多数国家有着殖民历史，文化和传媒都深受原法国殖民地的影响，法语也是北部非洲多数国家的主要语言。相比南部非洲很多人均收入只有几百

---

① 〔法〕贝尔纳·瓦耶纳：《当代新闻学》，新华出版社1985年版，第38页。

② 陈佳沁、齐峥伊：《非洲广播的发展历程与现状探析》，《中国广播》2014年第7期。

③ Internet World Stats：http://www.internetworldstats.com/stats1.htm，检索时间：2016-7-25

④ 联合国农粮组织官网：http://faostat3.fao.org/download/O/OA/E，检索时间：2015年9月14日。

美元的国家,北部非洲国家的经济发展水平发展还是比较高的。

表1 北部非洲国家经济发展情况数据[①]

	国内生产总值(十亿)	人均国民生产总值(美元)	收入水平	人口(百万)
阿尔及利亚	214.1	5340	中高等收入国家	39.93
摩洛哥	107.0	3020	中低等收入国家	33.49
埃及	286.5	3280	中低等收入国家	83.39
突尼斯	46.99	4210	中高等收入国家	11.00
利比亚	41.12	7920	中高等收入国家	6.253

就北部非洲的传媒格局来看,各种媒体的发展比较均衡,尤其是广播电视的发展程度较高。就国家的传媒发展情况来说,北部非洲的国家之间呈现出了区域性的一超和多强并存的局面。所谓一超指的是埃及,埃及是这一地区的传媒霸主,《金字塔报》《消息报》、中东通讯社、国家电视台等新闻媒体不仅在非洲具有很强的影响力,而且在世界也有一定的知名度,在涉非问题的新闻报道中有着很强的权威性。埃及国内的媒体市场也较为成熟,电视、卫星、广播、电视等各种媒体设备的普及率也在北部非洲各国中名列榜首;除了埃及以外,摩洛哥、突尼斯和阿尔及利亚等国构成地区内传媒发展的多强,各国均有各自的知名媒体,如本书中介绍的阿尔及利亚《圣战者报》、摩洛哥的《摩洛哥晚报》和摩洛哥国家通讯社等;另外,利比亚则由于连年战乱,传媒事业基本处于停滞状态。在本书的研究中,选择了阿尔及利亚、埃及和摩洛哥的7家各类媒体进行了介绍。

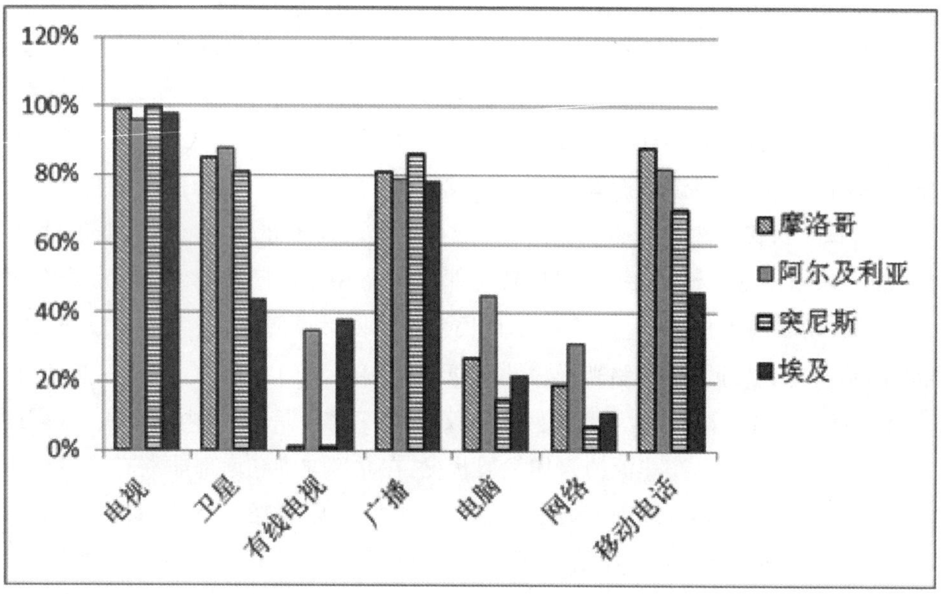

图1 北部非洲国家媒体设备拥有率

陈佳沁、齐峥伊:《非洲广播的发展历程与现状探析》,《中国广播》2014年第7期。

北部非洲的传媒体制主要有国营、公营和私营三种。其中,广播电视媒体大多为国营体制,报纸中也有不少为公营体制。20世纪90年代以后,随着各国展开体制改革,也出现了传媒体制的多元化转向,私营的独立媒体数量在增加,媒体的商业化趋势也开始出现。不过,政府在放宽对媒体限制的同时,也在探讨对媒体管理的新方法。

北部非洲媒体的另一个特点,就是与外部世界的关系。首先是北部非洲媒体与整个阿拉伯世界的紧密联

① 世界银行网站:http://data.worldbank.org.cn/,检索时间:2015年9月15日。

系。北部非洲和西亚同为阿拉伯世界，多数国家使用的语言大体相同，因此这就为跨国的信息流动创造了条件。北部非洲的知名媒体，如《金字塔报》和中东通讯社，都在阿拉伯世界中享有较为重要的话语权。其次，北部非洲各国大多有着较长的殖民地历史，在独立后的发展历程中也受到较多来自欧美国家的影响，因此包括传媒在内的社会文化深受原殖民宗主国和西方国家的影响。如埃及的《消息报》，从经营到编辑各方面深入模仿美国大众报纸的风格，经常刊登骇人听闻的消息和黄色新闻，为埃及传统报业注入了新的理念，并迅速成为埃及销量最大的日报。再如阿尔及利亚和摩洛哥均为前法国殖民地国家，阿尔及利亚的《圣战者报》和摩洛哥国家通讯社都在争取国家独立、民族解放的过程发挥了重要作用，但是也受法国新闻传播业的影响，与法国媒体在新闻理念和专业操守等方面一脉相承。再次，因为经济相对欠发达，北部非洲也是国外媒体巨头争夺的重点区域，不仅传统的国际媒体公司包括英国广播公司、有线电视新闻网、法新社、美联社等都十分重视在北部非洲的经营，半岛电视台的非洲传播也是先从北部非洲开始的。

南部非洲即撒哈拉以南非洲，泛指撒哈拉沙漠中部以南地区。在历史上，南部非洲是尼格罗人种的故乡，居民以黑色人种为主，因此该地区也被称为“黑非洲”。这一地区包括毛里塔尼亚、尼日尔、索马里、肯尼亚、赞比亚、马达加斯加和南非等 46 个国家和地区，[①]占非洲大陆总面积近 70%和非洲总人口的 80%以上。从文化渊源和人种分布上看，南部非洲与北部非洲有着明显的差异，通常不仅将南部非洲视为一个地理概念，而且视为一个社会文化的单位概念。在本书的研究中，共选择了南部非洲各国的 31 家各类媒体展开阐述。

在地理大发现之前，南部非洲仍处于原始社会末期，在近现代历史上长期处于西方国家的殖民统治之下。在此背景下，南部非洲的传媒业起步较晚，发展模式也是直接从各宗主国移植借鉴过来的。[②] 南部非洲的早期报纸都是由西方殖民者创办的。南部非洲最早的报纸出现在南非，首先是 1795 年由英国殖民者创办的《开普敦公报和非洲广告人报》，随后是 1816 年由英国记者创办的《南非商报》，1830 年又有一份《南非人报》开始出版。在英属西非的塞拉利昂，1801 年创刊的《皇家新闻与塞拉利昂广告报》是第一份报纸。1822 年，英国人创办了加纳第一份报纸《皇家黄金海岸公报》。1832 年，法属东非出版了一份名为《塞内加尔人》的法文周报，成为第一份报纸。到 19 世纪下半期，随着非洲殖民地化不断加深，报业开始逐渐渗透到非洲内陆，包括尼日利亚、加纳、马达加斯加等在内的南部非洲内陆国家也开始出现了英语、法语、阿语的近代报纸。尤其在南非，19 世纪末还出现了一个办报的高峰。这些报纸基本上都是为西方殖民者服务的，但是也在南部非洲国家的民族意识形成和本土知识分子的培养过程中，充当了“历史不自觉的工具”。

20 世纪五六十年代以后，南部非洲地区各国纷纷独立，真正属于本土国家的媒体行业才得以缓慢发展起来，例如肯尼亚的《民族日报》和肯尼亚广播公司、加纳的加纳通讯社、乌干达的《新观察报》等等，不仅出现了国人自办自刊的媒体，而且这些媒体都在民族独立的过程中发挥了重要作用。在长期的历史发展中，南非、肯尼亚、尼日利亚等国也逐渐发展成了地区性的媒体大国。尽管相对世界其他区域的媒体强国来说，这些“大国”的含金量并不高。

值得注意的是，伴随着民族解放运动成长起来的南部非洲本土媒体，在发挥政治宣传、培养民族意识作用的同时，还直接培养了非洲的第一批政治领袖。例如，加纳总统恩克鲁玛、尼日利亚总统阿齐克韦、肯尼亚总统肯雅塔等，在当上国家首脑之前都长期担任政治性报刊的主编。[③] 这也导致了南部非洲媒体普遍政治性较强的特点，同时政府也分外重视对媒体的控制。

由于南部非洲社会文化的特点，加之经济条件和基础建设落后，作为“部落鼓”[④]的广播深受国家政权的青睐，南部非洲传媒业的显著特点就是广播媒体发展迅速，成为该地区最具影响力的媒体形态。相比之下，报纸、

---

① 世界银行网站：http://data.worldbank.org.cn/region/SSA，检索时间：2015 年 9 月 15 日。

② 陈力丹：《外国新闻传播史纲要》，中国人民大学出版社 2008 年版，第 233 页。

③ 陈力丹：《外国新闻传播史纲要》，中国人民大学出版社 2008 年版，第 233 页。

④ 麦克卢汉在著作中阐述了广播的作用，认为广播具有传播范围广、感染力强、传播速度快等特点，如同“部落鼓”一样具有鼓舞士气，进行舆论宣传的作用。〔加〕马歇尔・麦克卢汉：《理解媒介：论人的延伸》，何道宽译，译林出版社 2011 年版，第 338 页。

电视和网络等其他媒体则发展相对较为缓慢。非洲长期处于原始社会与私有制社会混合的状态,部族语言就有上千种,而且大多没有文字,因此口语传播的习惯在非洲社会中根深蒂固。同时,非洲各国受困于经济条件有限,教育水平普遍较低,民众识字率较低,因此报纸、期刊等文字传播的市场狭小,民众更青睐于广播电视等更为直观的媒体传播形式。在此基础上,由于经济和技术能力所限,广播又不同于价格昂贵、技术复杂的电视,因此便成了南部非洲地区最为适合当地情况的选择。曾有调查显示,近乎100%的南部非洲地区受访者表示,广播是他们日常获取信息的最主要渠道。① 表2数据为南部非洲居民的媒体使用情况。

表2 南部非洲媒体持有率表②

媒体形态	2007年	2009年	2013年	预计2016年
广播	92%	87%	89%	90%
电视	33%	41%	30%	65%
电脑	2%	5%	8%	10%
手机	42%	71%	76%	85%
智能手机	ND	ND	8%	20%
平板电脑	ND	ND	<1%	7%
互联网	1%	11%	17%	20%

由表2可以看出,广播在南部非洲地区拥有高达87%以上的持有率,而电视只有30%到40%,互联网则更低。尽管在这一地区,大多数传统媒体都建立起了自己的网站,但总体发展水平仍然落后于世界平均水平。截止到2014年,南部非洲每百人中互联网用户仅为19.2人,远低于世界40.7人的平均水平。③ 目前,南部非洲受制于基础设施薄弱、媒体行业垄断和电子设备进口税高等多方面的制约影响,④网络发展还很困难。总而言之,广播是南部非洲地区最重要的媒体,本书中介绍的刚果(金)国家广播电视台、肯尼亚广播公司、马里广播电视台、南非广播公司等重要媒体,大多都是以广播业务为主体,同时也兼有电视业务。当然,南部非洲也有一些知名电视媒体和平面媒体,在电视方面除了上述一些公司经营电视节目外,还有如加蓬的非洲一台、尼日利亚电视台、南非的电子媒体网络有限公司等。在报刊方面,本书的研究包括了肯尼亚的《旗帜报》和《民族日报》、加蓬的《团结报》、南非的《每日太阳报》和《索韦托人报》、尼日利亚的《笨拙报》和《每日时报》以及乌干达的《警戒者报》和《新观察报》等。

就南部非洲各国的传媒体制来看,由于受20世纪90年代以后的私有化、产业化、市场化和不断开放改革的影响,这一地区的南非、肯尼亚、加纳等传媒强国已经出现了传媒产业集团化的趋势,形成了一批有地区影响、业务多元且跨国经营的传媒集团,如南非的纳斯派斯集团(Naspers)、肯尼亚民族传媒集团和旗帜集团等。这些传媒集团因其私营体制的灵活性和强劲竞争力而开始崛起,通过整合各种资源以及并购获得迅速发展,形成了囊括报纸、广播、电视、新闻网站、投资等多个业务版块的大型传媒集团,并已开始推进数字化、跨国化等多方面业务。目前,这些集团大多在陆续推进跨国业务,逐渐将自身影响力投射到周边国家和地区,成为整个地区信息流动的重要节点。但是,私人垄断同样也带来了问题。"政府对传媒的管控能力减弱,国家统一规划传媒事业、要求传媒集团服务于国家长远发展将面临巨大压力,如在肯尼亚、南非,几大传媒集团已经对两国实现

① Gallup:Radio the Chief Medium for News in Sub-Saharan Africa,2008年6月23日,http://www.gallup.com/poll/108235/radio-chief-medium-news-subsaharan-africa.aspx,检索时间:2015年9月15日。

② Balacing Act:The Sub-Saharan African Media Landscape, 2014年8月,http://www.balancingact-africa.com/sites/balancingact-africa.com/files/products/1.%20SSA%20Media%20Landscape.pdf,检索时间:2015年9月16日。

③ 世界银行官网:http://data.worldbank.org.cn/topic/infrastructure,检索时间:2015年9月16日。

④ 中华人民外交部:《非洲互联网发展的主要问题》,2014年5月19日,http://www.mofcom.gov.cn/article/i/dxfw/gzzd/201405/20140500592073.shtml,检索时间:2015年9月16日。

广播电视数字化转型设置障碍。如何应对传媒集团的垄断化经营、如何让传媒集团更好地服务于经济社会发展、承担社会责任,将是非洲国家需要考虑的问题"。[①]政府在放宽媒体市场的同时,也没有放弃对国有及公营媒体集团的支持。在重视舆论宣传、代表政府声音、强调媒体对社会发展起配合促进作用的南部非洲各国,主要还要依靠政府所能掌握的媒体实现这些功能需求。在这一地区,包括肯尼亚广播公司、加纳通讯社、南非广播公司等国营及公营的媒体公司,在资金、人才、新闻源等各个方面都得到了政府更多的关照,也是整个南部非洲地区重要的新闻传播力量。

与此同时,南部非洲地区同样是跨国媒体公司竞争的重要舞台。2006 年,自半岛电视台开设英语频道开始,便与南部非洲的电视台展开合作,还在肯尼亚开设有斯瓦西里语频道。到 2014 年,半岛电视台更进一步实现了对非洲大陆的全覆盖。当然,在非洲参与传媒市场竞争的还包括有线电视新闻网、英国广播公司、天空电视台、美联社、法新社等在内的西方主流媒体,而且这些媒体往往占据非洲媒体市场的主导地位。在 2012 年进行的一项非洲媒体收视市场调查中,用户反馈显示,有线电视新闻网和英国广播公司位列非洲观众收视最多的电视媒体行列,半岛电视台紧跟其后排在第三,随后还有天空电视台和哥伦比亚广播公司。[②] 2012 年,中国中央电视台也在肯尼亚首都内罗毕设立了非洲分台,而新华社早在 1986 年就在内罗毕设立了非洲总分社,面向南部非洲 46 个国家和地区从事新闻报道和市场经营工作。新华社非洲总分社下辖 23 个常驻非洲各国的分社(含 12 个英语分社、9 个法语分社、2 个葡语分社),截止到 2011 年,非洲总分社每天用中文、英文、法文三种语言向总社和非洲各国的媒体用户发布文字稿、图片稿、视频稿,英文稿月均 1800 条、法文稿月均 2000 条、图片月均 2200 张、视频稿月均 150 条,其中每日播发的有关非洲内容的英文稿和法文稿数量远远超过了美联社、路透社、法新社日均播发的同类稿件的数量。古老的南部非洲,现在已经成为国际媒体竞争的舞台。

---

① 龙小农:《非洲传媒集团化经营及其影响》,《青年记者》2014 年第 25 期。

② The Baltimore Sun: New report shows CNN International as top news channel in Africa, 2012 年 7 月 19 日, http://articles.baltimoresun.com/2012－07－19/entertainment/bal－cnn－international－africa－ratings－20120718_1_al－jazeera－english－erin－burnett－euronews, 检索时间:2016 年 8 月 6 日。

埃　及

《金字塔报》*Al-Ahram*

《金字塔报》(الأهرام,英文名称为 *Al-Ahram*)创办于 1875 年,是埃及共和国一家比较严肃的政治性报纸,媒体属性为半官方机构。《金字塔报》在国际上的知名度与美誉度都很高,是埃及的一家报业托拉斯。早在 1988 年,《金字塔报》就被"世界报纸指南组织"列入"最佳国际报纸"[1];2006 年的日发行量已达到约 110 万份,居埃及各日报之首。通过计算,《金字塔报》的人口覆盖率是中国报纸《参考消息》的 6 倍。可以说,《金字塔报》是中东地区及阿拉伯世界最有影响力的阿拉伯文日报。

一、历史沿革

1875 年,黎巴嫩人萨利姆·塔克拉(Saleem Takla)和比沙拉·塔克拉(Beshara Takla)兄弟在开罗创办了《金字塔报》,成为阿拉伯国家中创办最早的报纸。创刊之初为周刊,不久后改为日报,一直由塔克拉家族经营。1900 年,《金字塔报》迁至开罗出版。早在 1950 年,中东研究机构就形容《金字塔报》对阿拉伯受众的影响,相当于《泰晤士报》对英国人、《纽约时报》对美国人的影响。1952 年埃及革命前,该报接受英、美及法鲁克王朝的津贴,一直维护英、美及埃及封建王朝的利益。1957 年,埃及政府接管该报 30%的股份,并任命穆罕默德·哈桑宁·海卡尔为总编辑,开始了对该报的控制和改革。这也是《金字塔报》最令人瞩目的时期,海卡尔使当时濒于破产的《金字塔报》获得了新生,并使之跻身于世界先进报刊行列。1960 年 5 月,政府把该报收归国有,成为埃及官方的喉舌。[2] 1968 年,《金字塔报》报社由原来的马兹鲁姆街搬到现址,即开罗市中心。《金字塔报》虽已历经 130 余年沧桑,如今仍焕发着发展的无限活力。

二、发展现状

目前,金字塔报集团旗下有 16 份报纸,包括《金字塔报》《金字塔图片报》《金字塔论坛报》《经济报》《青年报》《妇女报》《儿童报》《体育周刊》和《税务指南月刊》等等,此外还有《政治研究》《医疗》等 8 份杂志。[3]现在发行的报纸中,既有阿拉伯文的报纸,也有法文、英文的报纸,还有一份傍晚 5 点出版的《金字塔晚报》。现在,《金字塔报》的日发行量约为 110 万份,《金字塔晚报》还要更多一些。同时,《金字塔报》在埃及全国设有 5500 多个发行点。在电视、网络等媒体空前发达的今天,这样的发行量着实令人称道。早在 1999 年,该报业集团的年总产值就达到了 12 亿埃镑(1 美元约合 5.7 埃镑)。[4] 除此之外,《金字塔报》还出版发行等刊物。《金字塔报》及其刊物的读者遍及整个中东和世界各大城市。[5] 与此同时,《金字塔报》的网络版 http://gate.ahram.org.eg,也已经

---

① 赵鸿燕、李金慧:《埃及〈金字塔报〉的国际传播经验》,《中国记者》2012 年第 2 期。

② 袁方:《埃及的〈金字塔报〉》,《新闻战线》1981 年第 7 期。

③ 朱梦魁:《〈金字塔报〉巡礼》,《新闻实践》1992 年第 7 期。

④ 黄培昭:《埃及〈金字塔报〉的成功之道》,《人民日报》2006 年 5 月 16 日第 7 版。

⑤ 朱梦魁:《〈金字塔报〉巡礼》,《新闻实践》1992 年第 7 期。

图 1　《金字塔报》网络版

成为阿拉伯世界最重要的新闻网站之一。

《金字塔报》的办公总部现坐落于繁华的开罗市中心，是 1968 年竣工的一幢十二层楼高层建筑。大楼窗户全部用浅色的大块玻璃镶嵌而成，十分端庄素雅。金字塔报社有一个资料齐全、设备现代化的图书馆，设在大楼的四、五两层，图书馆分为图书室和资料室两部分。图书室拥有若干个阅览大厅，每天接纳不少读者，面向报社 5000 多名记者、编辑和工作人员开放。图书室分三个小馆——埃以战争馆、综合馆和参考馆。其中期刊多达 130 余种，藏书约 4000 余册，有“埃及战争”“中东问题”“经济问题”“军事问题”等专题开架插籍，供记者们研究埃以战争问题及为报社撰写评论之用。《金字塔报》的图书馆为报社研究国际形势、撰写文章提供了重要的资料，这家图书馆已成为阿拉伯世界和全世界都极为关注的资料库之一。[①]

三、报道特点

《金字塔报》从属于埃及首屈一指的报业集团，并拥有一个埃及的重要智库，即由前联合国秘书长加利创办并领导过的国际政治和战略研究中心，这是使该报保持权威性和独立性的一个重要原因，它的研究中心加强了报纸评论的权威性，其报道作者队伍中拥有一批知名度很高的学者，这有助于扩大报纸的发行量。[②]《金字塔报》时常充当政府的半官方喉舌。其总编辑历来由总统任命，同时也是总统智囊团中的重要成员。当然，官方观点也经常在该报纸上得以反映。

《金字塔报》讲究时效，重视抓新闻的“快”与“新”。该报每天在夜间 10 点、凌晨 1 点 30 分和 3 点 30 分三个时间定版，每天的《金字塔报》都在报头上标有“第一版”“第二版”“第三版”的字样。第一版头天晚 10 时印刷，主要向国外发行，第二版和第三版在当天的凌晨及黎明出版，随时更新内容，尤其是首页的要闻常有变化。遇有重大国际事件时，甚至一天出版 5 次。[③] 该报一般为 24－28 版，约 10 万阿文单词容量，被称为埃及的“新闻王国”。政府规定其每份售价 1 埃镑(西方国家报纸一般都 30 埃镑一份)。每逢周五付印的报纸为 40 版，另外附赠 8 版的文化专刊，内容与相应时段阿拉伯世界的文化活动有关，如 2011 年 12 月 16 日的附赠内容就是有关悼念埃及伟大文学家纳吉布・马哈福兹的文章。《金字塔晚报》则是每天两次印刷。该报的强项是地区和国际新闻报道，有关内容常常上头版头条。记者报告版、调查版、文章版和每天两个整版的问题与评论版均为该报强项，这些版登的都是重头稿，不但观点鲜明，内容翔实，而且文采飞扬，分析鞭辟入里，是其他报纸难以比拟的。[④]

目前，《金字塔报》拥有 7 个海外站点，分别是伦敦站、美国站、俄罗斯站、土耳其站、迪拜站、纽约站和吉达

---

① 徐伟：《〈金字塔报〉图书馆》，《阿拉伯世界》1986 年第 2 期。

② 高福源、刘宏：《影响阿拉伯世界的〈金字塔报〉——访〈金字塔报〉董事长兼总编辑伊卜拉欣・纳菲尔》，《新闻战线》1989 年第 9 期。

③ 黄培昭：《埃及〈金字塔报〉的成功之道》，《人民日报》2006 年 5 月 16 日第 7 版。

④ 黄培昭：《埃及〈金字塔报〉的成功之道》，《人民日报》2006 年 5 月 16 日第 7 版。

站;另外在 8 个国家设有驻外记者,分别是奥地利、希腊、卡塔尔、伊拉克、也门、巴林、巴勒斯坦和阿尔及利亚。该报拥有 5 个境外印刷点,即伦敦、纽约、法拉克福、迪拜和科威特城。除当天发行到埃及各地外,该报还以固定的渠道发行到阿拉伯各国以及欧洲一些国家,日发行量近百万份,是具有世界影响力的国际性阿拉伯文日报。《金字塔报》还免费提供上网阅读服务,读者无须花钱订阅。该报追求新闻时效,特别重视国际新闻的采编,加大国际新闻的报道力度,同样也重视与国际媒体的交流合作。[①]

经过不懈的努力和实践,《金字塔报》逐步建立起了一套独特而有效的管理协调机制,在推动报社经营创新、培育新闻人才等方面都取得了良好效果。该报业集团共有 1.2 万名员工,其中编辑记者不过千人。在积极提倡“上下一盘棋”团队精神的同时,报社拉大了采编人员与一般员工的工资档次,不惜用重金调动编辑记者的积极性。报社除了每年为编采人员普调 20%的工资外,还实施不同的奖励机制,即根据编辑记者的不同工作量和实际效果进行不同等级的奖励,使其彼此间的差别之大可达数倍。[②]

الأهرام
Al-Ahram
أخيرا.. العالم بدون بن لادن
قوة أمريكية محمولة جوا اغتالته برصاصة فى الرأس داخل منزل بشمال إسلام أباد
احتفالات فى أمريكا وأوروبا وتحذيرات من هجمات انتقامية فى الأسابيع المقبلة

图 2 《金字塔报》头版版面

四、涉华报道

在过去几十年中,《金字塔报》与部分中国媒体同行之间建立起了交流合作的常规机制,例如《人民日报》就曾与《金字塔报》建立过定期互访关系。1992 年 3 月 3 日,应埃及《金字塔报》的邀请,以总编辑邵华泽为团长的《人民日报》代表团就曾赴开罗,对埃及尤其是埃及的媒体机构展开友好访问。

就涉华报道来说,《金字塔报》在网站中收录了 1998 年至今所有报道的电子版,这些电子版的内容以印刷版母报内容为基础,资料易于获取、便于搜索。了解《金字塔报》的对华态度,可以由此窥一斑以见全豹,感知《金字塔报》的对华立场,使之成为中国在埃的晴雨表、温度计。

表 1 2010—2012 年间《金字塔报》涉华报道数量统计

	2010 年	2011 年	2012 年	总计
涉华报道量(篇)	60	27	38	125

有学者对 2010 年到 2012 年《金字塔报》的对华态度进行了历时性定量分析,就该报 2010—2012 年涉华报道进行统计、内容以及话语分析可得出以下结论:《金字塔报》涉华报道只占其总发稿量的极小比例。这 3 年内涉华报道的新闻立场倾向性一致,以正面报道为主,辅以中立报道。经济报道所占比重最大,其次是政治报道。批评性报道主要集中在经济报道这一主题下。就所统计的涉华报道来看,《金字塔报》体现的中国是一个和平、强大的大国,外交上友好、崇尚和平,人权状况仍待改进,军事发展令西方吃惊也令其担忧;中国经济蓬勃发展但充满争议,中国产品极大冲击了埃及本土市场,而埃及民众已逐渐习惯并接受中国商品;中国的文化博大精

① 王南:《关于中非媒体的交流与合作》,《亚非纵横》2010 年第 3 期。

② 黄培昭:《埃及〈金字塔报〉的成功之道》,《人民日报》2006 年 5 月 16 日第 7 版。

«تجربة الحكم والإدارة في الصين»

كتاب جديد للرئيس شي جين بينج يكشف فكر القيادة الصينية لماضي ومستقبل الصين وعلاقاتها مع آسيا والعالم

الشعب قدم تضحيات وواجهة تحديات صعبة لتحقيق التقدم

الحكم الرشيد مثل الإنسان الذكي يعدل أسلوبه مع تقلب الأزمنة

السنوات العشر المقبلة تشهد تطورا كبيرا في علاقات الصين مع العالم العربي

شي جين بينغ

حول الحكم والإدارة

图3　埃及《金字塔报》刊发中埃关系特刊

中华人民共和国驻阿拉伯埃及共和国大使馆:《埃及〈金字塔报〉刊发中埃关系特刊》,http://www.fmprc.gov.cn/ce/cee-gy/chn/zxxx/t1221662.htm,检索时间:2016年1月23日。

深且富有魅力;中国社会和谐发展但存在问题。

表2　《金字塔报》2010—2012年涉华报道数量统计

一级主题	报道立场	报道量	报道量总计	占总选取量的比例
政治	正面	16	37	12.8%
	中立	15		12.0%
	批评性	6		4.8%
经济	正面	22	41	17.6%
	中立	5		4.0%
	批评性	14		11.2%
文化	正面	19	22	15.2%
	中立	3		2.4%
	批评性	0		0.0%
社会	正面	11	25	8.8%
	中立	9		7.2%
	批评性	5		4.0%
汇总	正面		68	54.4%
	中立		32	25.6%
	批评性		25	20.0%

综上所述,以2010—2012年为例,《金字塔报》的涉华报道以正面报道为主,辅以中立报道,对中国总体还是持相对友好的态度。

《消息报》*Al Akhbar*

《消息报》(*Al Akhbar*)是一份阿拉伯语报纸,从属于埃及今日消息出版社。《消息报》具有半官方报纸的背景,同时又以其大众化的风格吸引着年轻一代的大众读者。目前,《消息报》是埃及发行量最大的报纸,本国的新闻业深受其影响,呈现出越来越浓厚的国际化风格。埃及的报业发展,在立足于自身阿拉伯文化的基础上,也逐渐接受来自西方的新闻文化,呈现出多姿的商业色彩。

一、历史沿革

《消息报》创办于 1944 年,起初名为《今日消息报》,每周刊发一期。[①] 报纸的主要创办人是穆斯塔法·阿明(Mustafa Amin),他毕业于开罗的美国新闻学校,具有西式的新闻报业理念。同时,他还曾作为职业记者,在《金字塔报》等多家埃及媒体任职,积累了丰富的从业经验。离开记者工作后,他与孪生兄弟阿里·阿明(Ali Amin)共同在开罗创办了这份阿文报纸,他同时还担任报纸的总编辑和主笔。他试图把美国式的大众报纸风格带到埃及。通过模仿美国大众报纸的风格,《今日消息报》经常刊登骇人听闻的消息和黄色新闻,为埃及传统报业注入了新的理念,从而迅速崛起成为埃及销量最大的日报。在 50 年代,《今日消息报》的发行量就已达到 70 万份以上。[②] 1952 年 5 月,《今日消息报》正式更名为《消息报》,并且改为日报发行。

تاكيداً لانفرادنا: ٩٨٫٣٪ الحد الأدنى للطب و٩٧٫١٪ للصيدلة و٩٤٪ للهندسة و٩٣٫٢٪ للإعلام
وزير المالية: «الخدمة المدنية» مهم وإيراداتنا لا تكفى الرواتب
وزير الإسكان: لا تراجع عن العاصمة الجديدة وباكورة المليون فدان فى احتفالات أكتوبر
الأخبار
AL-AKHBAR
رئيس مجلس الإدارة ورئيس التحرير ياسر رزق
MONDAY 3 AUGUST 2015
كيرى للسيسى: القناة الجديدة إنجاز عظيم
لدينا معلومات على تورط قيادات بالإخوان فى العنف
الجيش يبدأ الانتشار استعداداً لتأمين احتفالات افتتاح القناة
الجيش يقتل ٨٨ من بيت المقدس فى ١٠ أيام
ضبط ٤١ من قيادات الإرهابية بالمحافظات
محافظ القاهرة فى الدويقة:
احنا معاك على الحر.. والأسعار
معهد الجيزة العالى للهندسة والتكنولوجيا

图 4 《消息报》头版

除了具有美式新闻传统的创办人带来的办报理念,《消息报》的资金来源也是影响报纸风格的重要因素。在创刊之初,《消息报》得到了埃及法鲁克国王的财政支持,后来又得到来自美国的津贴。由美国援助建设的《消息报》报社大楼是当时中东最大的报业建筑。除此之外,美国还为报社提供了当时最先进的新式排版印刷设备。因此,从创刊之初开始,《消息报》就具有浓厚的半官方和亲美的色彩。

到了 20 世纪六七十年代,埃及政府加大了对媒体的管控。1960 年,埃及政府公布了报刊国有化法令,规模较大的报刊均被收归国有,《消息报》也不例外。为了报纸的良好发展,兄弟二人于 1962 年又重新被任命为《消息报》的编辑和董事长。然而,进入埃及前总统纳赛尔的晚年任期,埃及政府开始大规模迫害新闻从业者。1965 年,《消息报》的联合创始人阿里·阿明被迫离职,并且踏上海外流亡之路。期间,他还曾兼任《金字塔报》的驻英记者。但是,他的兄弟就没有这么幸运,穆斯塔法·阿明以美国特务的罪名被捕入狱。直到 1974 年前后,二人才得以恢复名誉。1975 年,埃及前总统穆罕默德·萨达特(Mohamed Anwar el－Sadat)邀请二人分别担任《金字塔报》和《消息报》的主编。可惜好景不长,由于意见不合,他们二人与萨达特的关系日趋僵化,于 1976 年再度离职。

---

① Arthur Goldschmidt.*Biographical Dictionary of Modern Egypt*. Boulder: Lynne Rienner Publishers, 2000,p. 21.

② Arthur Goldschmidt:.*Biographical Dictionary of Modern Egypt. Boudler: Lynne Rienner Publishers*,2000,p. 21.

二、发展现状

埃及的新闻报刊集团，大多是以“出版社”命名的报业托拉斯，每个集团都围绕最为知名的旗舰报刊建立，就如金字塔出版社的核心报刊是《金字塔报》。除了报纸，这些出版社也出版非新闻类的杂志和大量书籍，同时还投资其他产业。目前，埃及共有五个较大的印刷出版社，《消息报》隶属于其中之一的今日消息出版社。在埃及颇有名气的老杂志《最后一点钟》(*Akher Sa A*)周刊，也由今日消息出版社发行。

今日消息出版社设有专门的新闻网站：akhbarelyom.com，将其下所属的《消息报》《晚报》《最后一点钟》等报纸杂志的内容资源进行整合管理。网站首页滚动最新热点新闻，同时有图片、视频等多媒体呈现方式。另外，在网站的最下方还提供各报纸杂志自己的分类网站，读者可根据需要选择自己喜欢的内容。

三、报道特点

从创立初期开始，《消息报》采取美式大众报刊的风格，采用耸人听闻的标题，刊载大幅照片，大量登载社会新闻和黄色新闻，还有连载的故事，一举打开了读者市场。由于采用全套美式先进设备，《消息报》可以快速完成排版印刷，截稿时间也就定得比其他报纸晚二到三小时，因而新闻内容也能较其他媒体更新更多。

尽管历经更迭，《消息报》大众化的风格始终没有发生根本变化，市民、学生和下层官员是报纸的主要读者。目前，《消息报》是埃及所有日报中销量最大的报纸。《消息报》每日发行，日发行量在2万份左右①。每周六增加版面，以《今日消息报》为名出版，日发行量在4000份左右②。《消息报》注重刊登人们关心的社会新闻和一些知识性的内容，以广泛吸引读者。

在报道立场上，《消息报》秉承半官方媒体的色彩基调，在重大新闻议题上与埃及政府保持一致。2012～2013年间，由于《消息报》刊发大量批评穆斯林兄弟会的评论文章，在穆兄会成员任职政府信息部门后，进一步加强了对媒体的管控，《消息报》成为众矢之的，不得不停办多年经营的“自由言论”专版，一批持严肃批评态度的评论作者也被迫离开报社。经此之后，《消息报》的官方色彩更加浓重，政府喉舌的角色更加明显。

四、涉华报道

由于创刊早期深受西方理念，特别是美国新闻办报思想的影响，以穆萨·萨布里(MoussaSabry)为代表的《消息报》的主编们也大多亲美反共、反苏。在19世纪五六十年代，《消息报》可谓是埃及报界反华的急先锋。③ 然而，随着冷战结束，《消息报》的对华态度也日益解冻，开始逐渐向公正友好的方向转变。

التعرف على الصين يعزز العلاقات

كانت ندوة «الحكم والإدارة.. رؤية صينية واستفادة مصرية- قراءة فى فكر الرئيس الصينى شى جين بينغ» التى أقامها المركز الثقافى الصينى ومجلة «الصين اليوم» بنقابة الصحفيين فى السابع عشر من ديسمبر ٢٠١٤، فى موعدها تماما، إذ وفرت فرصة للتعرف على الصين أكثر قبيل زيارة فخامة الرئيس عبد الفتاح السيسى للصين.

لقد بدأت جمهورية الصين الشعبية منذ تأسيسها قبل أكثر من ستين عاما، وخاصة منذ تنفيذ سياسة الإصلاح والانفتاح قبل أكثر من ثلاثين عاما، استكشاف النظام الاشتراكى فاستخلصت تجارب وخبرات كثيرة، حتى نجحت فى شق طريق التنمية الاشتراكية ذات الخصائص الصينية. وقد أكد الرئيس شى جين بينغ أن التمسك بالاشتراكية ذات الخصائص الصينية هو الطريق الوحيد لتحقيق الاستقرار والتنمية للصين، بفضل ما له من جذور تاريخية عميقة وأسس واقعية.

لقد تعهد فخامة الرئيس شى جين بينغ والقيادة الصينية الجديدة بتحقيق الحلم الصينى المتمثل فى النهوض العظيم للأمة الصينية، باعتباره هدفا مشتركا لكفاح كل أبناء الشعب الصينى من مختلف القوميات والأعراق. وقد شرح الرئيس شى فى أكثر من مناسبة المفاهيم الأساسية للحلم الصينى، ألا وهي: ازدهار الدولة ونهضة الأمة وسعادة الشعب، وقال: «إن شغلنا الشاغل هو جعل الشعب الصينى البالغ عدده مليار وثلاثمائة مليون نسمة يعيشون حياة كريمة سعيدة.» ومن أجل تحقيق هذا الحلم، جعل قادة الصين تطوير الاشتراكية ذات الخصائص الصينية وتحقيق التحول الحضرى والقدرة على إدارة الدولة أهدافا عامة لتعميق الإصلاح بشكل شامل، مع صياغة خطة متكاملة وخارطة طريق وجدول زمنى لها.

بقلم

السفير سونغ اى قوه

سفير الصين لدى مصر

خلال العامين الماضيين، زار الرئيس الصينى ثلاثين دولة تقريبا، وأوضح خلال زياراته أفكار وفلسفة الدبلوماسية الصينية. وقد أكد على أن الصين تتمسك بطريق التنمية السلمية، ولن تسعى أبدا إلى الهيمنة والتوسع. وأشار إلى أن طريق التنمية السلمية هو الخيار الاستراتيجى للصين وفقا لمصالحها الأساسية وتيار العصر، وأن نهوض الصين يجلب للعالم العديد من الفرص. تحرص الصين على تقاسم فرص التنمية والازدهار المشترك مع جميع دول العالم. الصين ترفع عاليا راية السلام والتنمية والتعاون والكسب المشترك، وتسعى إلى تعزيز التعاون الودى مع جميع دول العالم وتنهض بواجباتها ومسؤولياتها الدولية المنشودة، وتدعم القضية السامية للسلام والتنمية مع جميع شعوب العالم.

图5　驻埃大使宋爱国在《消息报》发表署名文章《感知中国，助力中埃关系发展》

作为仅次于《金字塔报》的埃及第二大报，《消息报》的对华报道受到中国方面的重视，中国积极通过各种交

① 《消息报》官网数据：http://dar.akhbarelyom.com/issuse/? mag＝akh，检索时间：2015年8月2日。

② 《今日消息报》官网数据：http://dar.akhbarelyom.com/issuse/? mag＝akh，检索时间：2015年8月2日。

③ 《外国报纸、期刊、通讯社和广播电台背景材料》，世界知识出版社1959年版，第227－228页。

流合作,帮助《消息报》的编辑记者们更好地了解中国、报道中国。2012 年 3 月 27 日,中国驻埃大使宋爱国接受埃及《消息报》副主编马哈拉维专访,围绕 2011 年埃及发生重大变革以来中埃两国关系发展回答了提问。① 2014 年 12 月 22 日,宋爱国大使还在《消息报》上发表署名文章《感知中国,助力中埃关系发展》②,结合中埃关系发展实际,介绍了《习近平谈治国理政》一书的有关内容。

如今,在涉华报道中,《消息报》力图向埃及民众展示一个友好真实的中国。2012 年中共十八大期间,《消息报》发表了题为《中国新图景:2020 年全面建成小康社会》的文章,介绍了十八大召开的背景,大篇幅援引胡锦涛所作报告中对中国当前现实的分析,以及对保持经济持续健康发展、提高国内生产总值和城乡居民人均收入、增强文化软实力等目标的阐述。文章强调,此次会议是在中国进入全面建成小康社会决定性阶段召开的一次十分重要的大会,具有里程碑的意义。③

由于经费和人员等原因,《消息报》并未设立驻华记者站,但在一些重要活动或重大事件期间,《消息报》会有特派记者赴华展开采访报道。例如在 2008 年奥运会期间,《消息报》特地派出报社国际部主编艾哈迈德·哈桑到中国参加奥运报道,并且走访了多个中国城市。在报道中,哈桑描述了自己对于北京的美好印象,他写道:"在我眼中,北京是东西合璧的经典之作,她具有闭月羞花的容貌,雍容典雅的气质,宁静高尚的心境,怎能不袭人心怀、沁人心脾呢?"在此基础上,哈桑积极肯定了中国改革开放以来的发展成就,并且认为:"北京日新月异的变化是中国经济腾飞的一个生动缩影,她背后的发展尤其值得埃及学习"。④

埃及国家电视台 Egyptian Ground-Broadcast Television

埃及是中东乃至非洲大陆电视事业最为发达的国家之一。埃及国家电视台(Egyptian Ground-Broadcast Television,简称 ETV),是埃及的国营电视台,在埃及国内电视业中具有不可动摇的领先地位。同时,它也是中东地区最大的电视台,收视范围覆盖整个中东地区的各个国家,包括伊拉克在内。埃及国家电视台的节目,主要以阿拉伯语制作播放。同时,每天在固定时间还播出以英语和法语制作的新闻节目。

一、历史沿革

埃及国家电视台又称埃及电视台,开播于 1960 年 7 月 21 日,当时正值埃及"七月革命"八周年。1970 年 8 月,埃及政府成立了管理广播电视台的国家机构——埃及广播电视联盟(Egypt Radio Television Union,简称 ERTU)⑤,将全国的广播电视台置于严格的国家控制之下。联盟下属 9 个广播网,其中包括 60 多个短波和 AM 调幅频率,此外还有 8 个 FM 调频频率。除传统模拟广播以外,埃及广播电视联盟还于 1999 年开始了网络广

① 驻埃及大使馆网站:《驻埃及大使宋爱国接受〈消息报〉专访》,2013 年 3 月 28 日,http://www.fmprc.gov.cn/ce/ceegy/chn/zxxx/t918229.htm,检索时间:2015 年 8 月 4 日。

② 驻埃及大使馆网站:《驻埃及大使宋爱国在〈消息报〉发表署名文章推介〈习近平谈治国理念〉一书》,2014 年 12 月 22 日,http://eg.china-embassy.org/chn/zxxx/t1221659.htm,检索时间:2015 年 8 月 4 日。

③ 人民网:《埃及〈消息报〉:中国明确提出 2020 年实现全面小康目标》,2012 年 11 月 9 日,http://cpc.people.com.cn/18/n/2012/1109/c350830-19535626.html,检索时间:2015 年 8 月 2 日。

④ 新华网:《埃报主编访华观感:中国创造了不折不扣的世界奇迹》,2008 年 5 月 15 日,http://news.xinhuanet.com/world/2008-05/15/content_8176556.htm,检索时间:2015 年 8 月 4 日。

⑤ Hussein Amin,"Strengthening the Rule of Law and Integrity in the Arab World", *Arab Center for the Development of the Rule of Law and Integrity*, http://www.arabruleoflaw.org/Files/PDF/Media/English/P2/Egypt_MediaReportP2_En.pdf,检索时间:2015 年 6 月 21 日。

播节目的播出。[①] 埃及广播电视联盟连同埃及其他19家地方性、全国性及泛非性质的广播电台一起隶属于埃及国家信息新闻部。[②] 其中，埃及国家电视台是联盟下属最重要的电视媒体机构。

作为埃及广播电视的最高机构，埃及广播电视联盟既是政府的一个部门，也是一个经营机构。联盟的经费来源有三个方面：国家拨款、广告费以及出售广播电视节目版权的收入。联盟下属媒体机构的每日播出时间达到490小时。其中，埃及电视台每年为联盟赚取超过1500万美元的收入(到1995年的数据)。

图6　埃及广播电视联盟

埃及国家电视台，乃至整个埃及广播电视业的发展，都在极大程度上依赖于卫星通讯技术的发展。1998年4月，埃及发射了自己的第一颗卫星，即尼罗河卫星101号(NileSat101)。通过这颗卫星，埃及电视台下属的7个频道实现了卫星转播，包括新闻、文化、体育、教育、娱乐、健康和戏剧。2000年8月，埃及又发射了第二颗数字卫星，尼罗河卫星102号(NileSat102)，进一步提高了埃及电视台的节目播出质量。到了2001年，埃及又拥有了三颗私有电视卫星，这又进一步给埃及传统的国营电视产业带来了巨大的推动。

2012年9月2日，埃及国家电视台第一位头戴面纱的女主播法蒂玛·纳比勒出镜播报新闻。这是埃及国家电视台成立半个世纪以来首次打破禁忌，允许女性主持人戴面纱出镜。此前，国内民主人士一直批评埃及政府对此的禁令，称其侵犯人身自由。穆尔西总统上任后取消了对女性播音员戴面纱出镜的限制，女性播音员可以选择是否戴面纱。纳比勒评论称，“现在，面纱是个人选择，而从业标准完全取决于专业技巧和才华”。[③]

二、发展现状[④]

目前，埃及国家电视台共有2个全国频道、6个地方频道和3个卫星频道。其中，第一频道及第二频道为全国性频道，第三频道到第八频道为地方频道，主要播出一些关于发展和地方环境保护方面的专题节目。卫星频道则分为第一频道、第二频道及尼罗河国际频道，播出语言包括英语、法语和希伯来语。

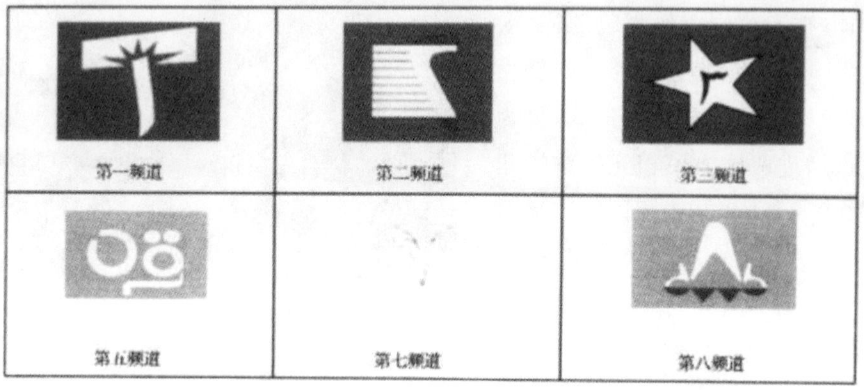

图7　埃及国家电视台部分频道标识

图片转引自唐世鼎、黎斌:《世界电视台与媒体机构》,中国传媒大学出版社2005年版,第311页。

按照节目播出覆盖范围，埃及国家电视台旗下的电视频道可以分为中央、地方、卫星和专题四个大类，下属多个频道。其中，部分频道每天在固定时间用英语、法语播放新闻节目。电视台的大部分节目均由埃及广播电视联盟制作。目前，节目播出已经覆盖到亚、非、欧、北美等世界各地。

---

① Hussein Amin:“Strengthening the Rule of Law and Integrity in the Arab World”, *Arab Center for the Development of the Rule of Law and Integrity*, http://www.arabruleoflaw.org/Files/PDF/Media/English/P2/Egypt_MediaReportP2_En.pdf,检索时间:2015年6月21日。

② 陈佳沁、齐峥伊:《非洲广播的发展历程及现状探析》,《中国广播》2014年第7期。

③ 南方传媒学院主编:《南方传媒研究》2012年第38期。

④ 唐世鼎、黎斌:《世界电视台与媒体机构》,中国传媒大学出版社2005年版,第302—303页。

尽管是国营电视台,埃及国家电视台的重要收入来源之一却是自制节目的销售营收。由埃及国家电视台自行录制的电视节目以及肥皂剧,长期销往整个阿拉伯世界的各大电视机构,影响范围非常广泛。

三、涉华报道

埃及国家电视台非常注重与中国媒体间的合作与交流,近十年来与中国媒体同行的交流合作都非常频繁。

2003 年 4 月 30 日,埃及举办“上海电视周”期间,埃及国家电视台每天播放 1 部由上海电视台提供的电视节目,共计播出 5 部节目。这些电视节目分别是:《2000 年世纪风歌舞节目荟萃》《彩虹里的星星——小荧星艺术团成立 15 周年文艺晚会》《城市交响曲》《旗袍的魅力》和《美丽的家》。电视节目均采用阿拉伯文字幕、汉语声音播出,全部节目长达 200 分钟。这股来自上海的中国风,在观众中引起了很大反响。

2010 年 1 月 19 日下午,埃及国家电视台一台的《家庭百味》(*Home Taste*)栏目把开罗中国文化中心的国家特级烹饪师张伟请到演播室,现场为埃及电视观众烹制了一道正宗的中国菜。同时,电视台还播放了关于《中国饮食文化》的专题纪录片片段。此次活动不仅向埃及人民推介了中国的传统美食,而且还弘扬了中国饮食文化的博大精深。[①]

2013 年“中国电影周”于 5 月 5 日至 8 日在埃及共和国剧院举办。[②] 5 月 6 日,埃及国家电视台尼罗文化频道播出了一档特别为 2013 年“中国电影周”制作的专题直播访谈节目,本次电影周所选的 4 部电影《山楂树之恋》《杜拉拉升职记》《画皮 II》和《人在囧途》分别从不同侧面介绍了中国社会的历史、发展现状以及中国普通大众的日常生活,同时也展现了中国电影的拍摄技术和艺术手法。通过埃及国家电视台的推介,让更多的埃及观众了解到了中国电影周的相关活动,也让他们接触到了中国电影以及这些电影所传达的中国文化。

2013 年 12 月 19 日,中国驻埃及使馆举办首部阿拉伯语版中国电视剧《金太狼的幸福生活》首映式。这部电视剧于 12 月 21 日起,在埃及国家电视二台每晚黄金时段播出,成为第一部在阿拉伯世界播出的中国电视连续剧。阿语版的《金太狼的幸福生活》是两国文化影视工作者共同努力的结晶,开创了中埃文化交流合作的新形式,也为深化中埃传统友谊、增进两国人民相互了解搭建起新的桥梁。[③] 之后在 2014 年与中国国际广播电台副台长的会见中,埃及国家电视台台长表示,由中国国际广播电台译制的中国电视剧《金太狼的幸福生活》在埃及受到当地观众的热烈欢迎,并表示埃及是中国媒体走进阿拉伯世界的理想“入口”,将继续与中国同行加深合作。

图 8 阿语版《金太郎的幸福生活》电视剧首映礼

图片转引自国际在线:《首部阿拉伯语版中国电视剧〈金太郎的幸福生活〉首映礼在埃及举行》,2013 年 12 月 20 日,http://gb.cri.cn/42071/2013/12/20/7291s4363315_5.htm,检索时间:2015 年 8 月 31 日。

埃及高度重视与中国开展媒体领域的交流与合作,正在转变长期以来倚重西方媒体的倾向,逐步实现“向东看”。[④]埃及国家电视台对中国从整体上持开放及接纳的正面态度。

---

① 康小兰:《埃及国家电视台录制节目 向埃及观众介绍中国饮食》,中华人民共和国国务院新闻办公室,2010 年 1 月 28 日,http://www.scio.gov.cn/hzjl/hdjj/wz/Document/534012/534012.htm,检索时间:2015 年 6 月 21 日。

② 王红:《埃及国家电视台直播“中国电影周”专题节目》,文化传通网,2013 年 5 月 15 日,http://www.culturalink.gov.cn/portal/pubinfo/104001/20130515/5a1c4680081445488a5edb10d68e113c.html,检索时间:2015 年 6 月 21 日。

③ 驻埃及使馆:《驻埃及使馆举办首部阿拉伯语版中国电视剧〈金太狼的幸福生活〉首映式》,中华人民共和国外交部,2013 年 12 月 21 日,http://www.fmprc.gov.cn/mfa_chn/wjdt_611265/zwbd_611281/t1110964.shtml,检索时间:2015 年 6 月 21 日。

④ 国际在线:《中国国际广播电台副台长王明华会见埃及广电联盟主席》,2014 年 6 月 29 日,http://gb.cri.cn/42071/2014/06/29/6351s4594531.htm,检索时间:2015 年 6 月 21 日。

中东通讯社 Middle East News Agency

中东通讯社(Middle East News Agency,简称中东社),是埃及唯一的国家通讯社[1],也是西亚北非最大的地区通讯社。[2] 同时,它也是整个中东地区、阿拉伯世界乃至非洲大陆上历史最悠久的通讯社之一。[3] 中东社被视为整个阿拉伯世界的通讯社,因而在国际新闻传播体系中有着广泛的影响力。

一、历史沿革

1955 年 12 月 15 日,埃及几家新闻机构共同筹资建立了中东通讯社。由于资金匮乏,总资产不足 2 万埃及镑,中东通讯社起初的发展十分艰难。1956 年 2 月 8 日,随着政府资助的加入,中东通讯社的发展逐渐有所起色。当年 2 月 28 日发出了通讯社的第一条新闻消息。

同大多数埃及媒体一样,中东通讯社也经历了国有化阶段。1960 年,中东社收归埃及信息部管辖;1978 年,正式成为埃及唯一的国家通讯社,由埃及协商会议(埃及两院制国会的上院)管控。埃及政府为中东社设定的宗旨是:通过报道最新事态发展,向国内外公众和舆论机构提供及时、清晰、准确和真实的新闻,在不损害公众利益和国家安全的前提下探查并准确地表达公众舆论倾向。[4] 自此以后,通讯社在资金和人员配置方面得到极大的支持,由政府拨款更新设备,中东社进入快速发展时期,迅速成为阿拉伯世界以及非洲地区最大的通讯社。据中东通讯社的官网介绍,联合国教科文组织公布的世界通讯社排名中,中东通讯社位居第 11 位。[5]

中东社采用了较先进的通讯设备,1996 年起开始通过人造卫星传送信息服务,三颗卫星分别是可以覆盖亚洲、东非的亚洲通讯卫星,覆盖欧洲、地中海国家及北非的大西洋通讯卫星,以及覆盖欧洲的通讯卫星。目前,中东社可以用阿拉伯、英、法 3 种文字发稿(包括视频新闻),平均发稿量在每天 1000 条左右,约为 25 万字,在世界主要媒体上的落地率都比较高。报道重点是埃及、阿拉伯世界事务以及世界各地的重大新闻,也对重大问题和受众感兴趣的问题发表评论。

二、发展现状

中东通讯社的组织结构成蜂窝巢状,以确保通讯社运行的原则性、灵活性、平稳性以及沟通的顺畅、各部门间的通力合作。具体包括三个部门:

(1)董事会。作为中东通讯社的最高领导机构,董事会设有 1 名董事长和 12 名董事会成员,其中一半由董事长提名后经埃及协商会议任命,一半由通讯社职员推选产生。董事会每月至少开一次会,决定政策方针、工作规划、年度预算以及其他涉及通讯社发展的事务。根据法律规定,董事长被授权处理通讯社的日常事务,董事会议以外的时间,主要由董事长作出决策。中东通讯社现任董事长兼任总编辑阿拉·海达尔(AlaaHeidar)多年来工作在新闻一线,是一名出色的老记者,有着丰富的从业经验。

(2)日常委员会。负责日常事务,包括执行董事会决议、制定日常工作计划和落实资金预算等等。委员会由 30 人组成,其中一半由公司职员选举产生,另一半经埃及协商会议任命。

---

① 徐耀魁主编:《世界传媒概览》,重庆出版社 2000 年版,第 282 页。

② 明安香主编:《全球传播格局》,社会科学文献出版社 2006 年版,第 600 页。

③ 孙宝玉等主编:《世界新闻出版大典》,新华社国际部编纂,1994 年,第 179 页。

④ 孙宝玉等主编:《世界新闻出版大典》,新华社国际部编纂,1994 年,第 179 页。

⑤ 中东通讯社官网:http://www.mena.org.eg/fr/section/aboutusfr,检索时间:2015 年 7 月 18 日。

(3)编辑部。负责具体的新闻采编工作,设有一名总编,下设若干名副总编和编辑顾问组成的专门委员会。为提高业务水准、合理分配各站点人员、解决记者采编中遇到的问题等,通讯社总编会定期与编辑部成员见面会谈。倘若总编无法出席,也会有经验丰富的资深编辑出席,确保编辑部的水准。

目前,中东通讯社除了通讯社的基本职能业务外,还会出版一些专题性新闻刊物。例如:日报《开罗报刊综览》(Cairo Press Review),分为英文和法文两版,主要详细摘译当天埃及阿文报纸的重要消息、评论和文章,其读者为外交使团、外国记者和外国机构;周刊《中东经济周刊》(MENA Economic Weekly),分为英文和法文两版,主要刊登埃及和阿拉伯世界在经济领域的报道、评论和相关统计信息,经济专业性强;季刊《经济评论》(Economic Review),英文和法文版面各占一半,刊登有关财政经济方面的重要评论。

作为地区通讯社,中东通讯社也有着自己的职责使命:

(1)充分挖掘新闻产品的双重价值。自创办伊始,中东通讯社就为自己做出了如下定位:在获取、传播和运营新闻产品的过程中要充分利用各种渠道,无论是国内的还是国外的,并要保证新闻的客观性、可靠性和专业性。作为一家地区通讯社,中东社力求在地区及国际事务中做最透彻的新闻报道,通过各种形式(专题报道、新闻分析、图片、深度调查以及相关研究等)呈现新闻信息,包括多媒体产品以及有图报道,最大限度地挖掘新闻产品的商业价值。

(2)承担起地区通讯社的责任,积极参与各类地区及国际合作。中东社与近30个阿拉伯世界及其他地区性、国际性通讯社签有合作协议。同时,中东通讯社也是伊斯兰国际通讯社(INA)、泛非新闻社(PANA)、阿拉伯通讯社联盟(FANA)、地中海通讯社联盟(AMAN)以及不结盟国家通讯社联盟(Pool)的成员,承担为中东和非洲其他国家通讯社培养新闻人才的职责。此外,中东通讯社还与许多从事新闻研究的国际机构签有合作协议。

三、报道特点

技术的发展对于媒体有着重要的意义,中东通讯社一直以来都十分注重技术的变革。从誊写版印刷机到自动收报机,再到如今的电子化办公,中东通讯社的技术装备始终都在不断地变革提升。同时,中东通讯社也致力于自主开创新媒体平台,例如开设音视频部、创办官方网站、使用社交媒体等。随着埃及"1·25革命"[①]所带来的时局变化,中东通讯社与埃及三大通讯集团建立起短信信息推送服务,并在网络平台上为订阅者提供信息推送服务。

根据世界银行发布的国际电信联盟世界电信发展报告公布的数据,[②]2013年,埃及每百人的移动蜂窝式无线通讯系统的电话租用量达到了122台,已经实现了100%的移动式蜂窝网络覆盖。此外,埃及的每百人互联网用户数达到了49.6,在发展中国家中处于领先地位。手机移动客户端的推送业务成为埃及媒体发展的重要组成部分。在这方面,中东通讯社由于发力较早,已经占据了移动新闻信息市场的先机。这一系列新媒体技术的积极引进,充分体现了中东通讯社紧跟时代潮流的发展理念。

与此同时,中东通讯社的门户网站也在不断发展。1996年首度开设门户网站(网址为:mena.org.eg),后于2005年进行了改版更新。2013年初,全面升级的官网作为"中东通讯社的综合网络入口"彻底进行了更新,新的网址为portal.mena.org.eg。现在,中东通讯社面临的竞争对手不仅来自其他大众媒体机构,也包括了网络电子媒体。

如今,中东通讯社正在致力于进一步开发网站平台,并将建成两套网络体系:一套是向传统客户提供新闻产品,另一套则是提供给个人用户来自主传播新闻内容、提供服务建议。建成以后,中东通讯社将成为阿拉伯

① 埃及"1·25革命":即2011年埃及革命,指从2011年1月25日开始爆发的由埃及民众所进行的一系列街头示威、游行、集会、罢工等抗议活动,意在向政府表达不满。此次大规模示威活动已经成了自1977年埃及发生"面包暴动"以来近30年内发生的规模最大的民主示威运动。

② 世界银行,世界发展指标库:http://data.worldbank.org.cn/indicator/IT.CEL.SETS.P2? display=default,检索时间:2015年7月18日。

北非中东地区第一个，也是全世界第二个拥有网民互动网络平台的通讯社。

四、涉华报道

埃及是阿拉伯世界，同时也是非洲国家中第一个承认中华人民共和国，并同中国正式建交的国家。1956 年 5 月 30 日两国建交后，友好合作关系不断发展、深入。作为埃及的国家通讯社，中东通讯社也非常关注中国的发展，十分重视对中国的报道。1996 年，中东通讯社在北京开社驻华分社，这是整个阿拉伯世界第一个在中国设立的驻华新闻机构。

2005 年，时任中东通讯社北京分社社长的阿扎・哈迪迪曾表示，“客观、真实、及时”是中东通讯社的报道原则，这一原则并不是要直接给出正面或负面的报道，而是要求先听和看，然后再报道。中东通讯社驻外记者首先重视报道埃及与所在国的关系，比如驻华分社关注的首要议题就是埃及与中国的关系。当然优先并不代表只关注这个方面，对于中国的政治、经济、科学、体育等各个方面也都有所关注，包括穆斯林族群和阿拉伯语在中国的情况。[①]

总体来说，中东通讯社的对华报道较为客观，对于中国政府的执政能力给予了高度赞扬，认为中国的发展经验值得阿拉伯世界学习和借鉴。2011 年中国共产党成立 90 周年，时任中东通讯社副总编，也是首任驻华记者阿卜杜・拉赫曼・百克利发表了题为《中国是一个奇迹的国家》[②]的评论文章，高度赞扬中国共产党领导下中国的快速发展；2013 年十八届三中全会期间，分社社长艾曼・卡迪也曾向人民网发来专稿，讲述了阿拉伯媒体人眼中的三中全会，认为“中国自 1978 年实施改革开放以来取得的巨大成就，使中国的发展模式成为其他国家效仿的榜样，而这也是阿拉伯世界所需要的”。[③]

---

① 《“一说到中国就好像到了另外一个星球一样”——访埃及中东通讯社北京分社社长阿扎・哈迪迪》，《对外大传播》2005 年第 8 期。

② 中国网：《中东通讯社副总编：中国是一个奇迹的国家》，2011 年 7 月 12 日，http://www.china.com.cn/cpc/2011－07/12/content_22976550.htm，检索时间：2015 年 7 月 18 日。

③ 中国共产党新闻网：《中东通讯社北京分社社长：三中全会将改变中国、造福世界》，2013 年 11 月 12 日，http://cpc.people.com.cn/n/2013/1112/c368480－23517312.html，检索时间：2015 年 7 月 18 日。

阿尔及利亚

《圣战者报》*El Moudjahid*

EL MOUDJAHID
LA REVOLUTION PAR LE PEUPLE ET POUR LE PEUPLE

《圣战者报》(*El Moudjahid*)是一份全国性法文日报,是阿尔及利亚重要的官方报纸之一。《圣战者报》主要报道政府机构的活动,注重新闻的真实性和严肃性,代表政府立场,在阿尔及利亚乃至整个北非都有一定的影响力。

一、历史沿革

《圣战者报》创办于阿尔及利亚独立战争期间。1954年11月1日,争取阿尔及利亚独立的"民族解放阵线"(Front de Libération Nationale,以下中文简称:民阵)①发表宣言,掀起反抗法国殖民统治的解放运动。1956年6月,为配合民族解放运动的展开,《圣战者报》作为民阵的中央机关报秘密成立。受动荡局势所限,初期的《圣战者报》只能每周一刊,并且在突尼斯印发。在此期间,《圣战者报》先后刊登了多篇鼓舞拉尔及利亚人民摆脱法国殖民统治的文章,阿前总理雷德哈·马利克(Rédha Malek,1993年8月至1994年4月任阿尔及利亚政府总理)称之为"阿尔及利亚革命运动的摇篮"②。

1962年,历经近十年的不懈斗争,阿尔及利亚终于获得了国家独立。到1965年6月22日,《圣战者报》与另外两份官方报纸《人民报》和《共和阿尔及尔报》合并,新的报纸成为阿尔及利亚的国家官方日报,随之进入稳定发展的阶段。由于党报喉舌的官方背景,《圣战者报》的影响力不断扩大,成为阿尔及利亚的核心主流媒体。

二、发展现状

如今,《圣战者报》在阿尔及尔进行编辑制作,分别在阿尔及尔、奥兰和君士坦丁等地印刷发行。除在国内发行外,还销往法国,主要面向广大的阿尔及利亚在法侨民。

《圣战者报》的主要读者对象是包括知识分子和政府官员在内的精英阶层,这类读者往往具有较高的法文水平。在报道内容上,《圣战者报》侧重国内新闻和国际要闻,遇国内或国际重大事件,均会发表社论或评论,阐明阿尔及利亚政府的立场和态度。日常报道的国际新闻覆盖整个马格里布国家③、阿拉伯世界和欧洲地区,同时也关注其他重大国际事件。

《圣战者报》十分注重技术的发展,设有自己的官方网站 elmoudjahid.com。除了报纸本身的法文内容外,《圣战者报》的官网还提供阿拉伯语、英语以及西班牙语等文字版本。同时,网站上还设有视频图片专栏,丰富

---

① 阿尔及利亚最早为单一政党国家,由"民族解放阵线"(前身为"团结与行动委员会"),即民阵党,领导国家实现独立。后来,阿尔及利亚开始实行多党制,"民族解放阵线"曾一度沦为在野党,后又于2002年恢复第一大党地位,并在2012年立法选举中继续保持这一地位。

② Djazairess: El Moudjahid fête son 55e anniversaire: Uneécole de la révolution, 2011年6月26日, http://www.djazairess.com/fr/search/El+Moudjahid+fête+son+e+anniversaire++Une+école+de+la+révolution,检索时间:2015年7月24日。

③ 马格里布是一个文化地理概念,阿拉伯语意为"日落之地"。古时马格里布指阿特拉斯山脉与地中海之间的地区,深受地中海和穆斯林文化的影响,后又大部分成为法国殖民地。现代的马格里布国家主要包括摩洛哥、突尼斯、阿尔及利亚、利比亚和毛里塔尼亚等地处北非地区的国家。

了报纸的报道内容。目前,《圣战者报》已经实现对过刊报纸的电子版转制,从 2010 年 6 月以后的所有报纸都已经录入网站数据库。读者只需在线注册成为网站用户,就可以免费下载阅览任何一期报纸的电子版。同时,《圣战者报》也有自己的 Facebook 主页,每天也会实时推送当天的报道内容。

此外,为进一步扩大报纸的影响力,《圣战者报》还定期举办时事论坛、学术沙龙等活动,邀请政府要员、知名学者、媒体从业人员等就特定主题共同探讨。2010 年 12 月 11 日,为纪念 1960 年阿尔及利亚人民大规模和平示威五十周年,《圣战者报》举办大型论坛,前总理莱达·马立克出席并发表演讲,其中还特别肯定了中国在阿尔及利亚独立运动时期提供的坚定支持。论坛期间,时任中国驻阿大使刘玉和也应邀出席了相关活动。

三、报道特点

作为阿尔及利亚的官方报纸,《圣战者报》的报道特点主要体现在报道立场和版面内容两个方面:

首先,从报道立场来看。独立运动时期的革命传统对《圣战者报》的报道风格影响很大,该报曾刊发过大量反对法国殖民统治、强调民族独立解放的言论。除此之外,官方喉舌和爱国主义始终是《圣战者报》秉承的核心报道立场。1990 年以前,阿尔及利亚的新闻出版业由国家垄断,1990 年颁布的新的新闻法成为一个分水岭,从此阿尔及利亚开始实行有条件的新闻自由。作为国内第一大党民族解放阵线的喉舌,《圣战者报》选取的报道角度始终切合政府立场,积极渲染爱国主义。2015 年 5 月 4 日,《圣战者报》头版刊发了总统布特弗利卡(Abdelaziz Bouteflika,阿卜杜勒—阿齐兹·布特弗利卡)呼吁阿尔及利亚媒体致力于捍卫国家的爱国主义报道。

图 1　2015 年 3 月 8 日《圣战者报》“杰出女性”专刊封面

其次,从版面内容来看。《圣战者报》采用四开小报样式,每天刊行 20 版左右,头版通常发表关于阿尔及利亚国家领导人的新闻,同时刊登大幅领导人照片。第二版名为“口口相传”,刊登天气预报以及一些当日或次日即将召开的会议信息。其他版面内容则按照国内新闻、经济新闻、地区新闻、国际新闻、文化新闻、社会新闻、体育新闻的次序进行安排。其中,国内报道篇幅最多,占每期报纸的近一半。此外,《圣战者报》还不定期地增加专页报道,以专刊册页的形式夹在报纸中间。例如,2014 年 3 月 3 日,《圣战者报》发表专刊介绍现任总统布特弗利卡的人生履历以及政绩[①];2015 年 3 月 8 日,《圣战者报》增发专刊《杰出女性》,介绍了各个领域杰出的阿尔及利亚女性[②]。

四、涉华报道

作为阿尔及利亚的官方媒体,《圣战者报》是阿尔及利亚民众了解中国的一个重要窗口。多年以来,《圣战者报》与中国媒体和中国大使馆等机构建立了良好的合作关系。在新闻报道中,《圣战者报》经常援引新华社、《人民日报》等中国媒体的新闻信息,而中国媒体也不时采编《圣战者报》的观点评论,双方还经常有互访交流的活动。例如,2008 年 11 月,《人民日报》记者走访北非地区并发表系列报道《一个民族的记忆(出访归来)——北非纪行》[③],走访过程中特地访问了《圣战者报》总部,采访了多位编辑记者,并且在报道中多次引用他们的观点。此外,《圣战者报》与包括中国大使馆在内的中国驻阿机构都建立了很好的联系。如前所述,《圣战者报》经常邀

① 《圣战者报》头版,2014 年 3 月 3 日,http://www.elmoudjahid.com/pdf-politis/6,检索时间:2015 年 7 月 24 日。

② 《圣战者报》头版,2014 年 3 月 8 日,http://www.elmoudjahid.com/pdf-politis/9,检索时间:2015 年 7 月 24 日。

③ 《人民日报》:《一个民族的记忆(出访归来)——北非纪行》,2008 年 11 月 4 日第 6 版,http://paper.people.com.cn/rmrb/html/2008-11/04/content_132056.htm,检索时间:2015 年 8 月 3 日。

请中国驻阿大使参加报社举办的论坛等交流活动,在报道中引述对中国驻阿大使的采访。与此同时,中国大使馆也很重视同《圣战者报》的交流。2014 年 8 月 6 日,中国驻阿大使杨广玉专程访问《圣战者报》,并会见了社长阿巴斯女士。

在具体的新闻实践中,《圣战者报》一直非常重视对中国的报道,而且在报道立场上往往采取积极肯定的态度。早在 1972 年 1 月,《圣战者报》在年度回顾《1971 年的世界》①一文中就将对中国的重视态度表露无遗。报道表示,1971 年发生的两件国际大事使得这一年格外值得纪念,其中首要的一件就是中华人民共和国在联合国的合法席位得以恢复,并且称这是一场"三大胜利"——既是中国提升国际地位的胜利,更是以中国为代表的整个第三世界的胜利,同时也是联合国作为最重要的国际组织的胜利。报道还特别强调,阿尔及利亚要为自己能够参与其中并且做出贡献而感到自豪。可以说,《圣战者报》有着深厚的亲华友华传统报道基调,并且在日后的新闻报道中一以贯之。

ALGÉRIE - TUNISIE
Le Président Bouteflika reçoit l'envoyé spécial du Président tunisien
EL MOUDJAHID
LA REVOLUTION PAR LE PEUPLE ET POUR LE PEUPLE
ALGÉRIE - CHINE
M. Sellal reçu à Pékin par le Président chinois
CÉLÉBRATION DEMAIN DE LA FÊTE DES TRAVAILLEURS
Consolidation des acquis
L'Algérie réitère son engagement à contribuer de manière effective à la réussite du programme
SAHARA OCCIDENTAL
L'Algérie note avec « satisfaction » l'engagement de l'ONU pour un règlement juste du conflit

图 2 2015 年 4 月 30 日第 15425 期《圣战者报》头版刊发"塞拉勒总理在北京与中国主席习近平会见"

2008 年北京奥运会期间,《圣战者报》特地派出记者到中国展开采访报道,期间刊发了两个整版,介绍北京奥运会的相关情况,称"拥有 13 亿人口的中国即将实现百年梦想"。报道认为,为使奥运会顺利举行,中国政府在交通运输和周边环境方面做出了很大努力。报道对北京的市容称赞不已,称各种名胜风景给人留下美好印象。② 2015 年 4 月 28 日至 5 月 1 日,阿尔及利亚现任总理阿卜杜勒—马利克·塞拉勒对中国进行正式访问。在此期间,《圣战者报》刊发的相关报道多围绕两国共同发展的主题,并且在 4 月 29 日的头版刊发塞拉勒总理出席阿中贸易投资论坛的活动照片,鼓励广大中国企业到阿尔及利亚参与投资建设。③ 随后,又在 4 月 30 日的头版刊登两国领导人会见的大幅照片,盛赞中阿友谊历久弥新。④

阿尔及利亚广播电台 Radio Algérienne

阿尔及利亚广播电台(Radio Algérienne)是阿尔及利亚国营的电台公司,也是欧洲广播联盟(European Broadcasting Union, EBU)的成员。听众范围辐射全国,拥有包括全国性电台以及地方性电台共 55 个下属电台。其中,法语三台是唯一一个全国性法语电台,节目丰富多彩,影响较大。

一、历史沿革

1956 年,为摆脱殖民统治,推进国家解放运动,阿尔及利亚当局创办了"战斗的阿尔及利亚之声",即阿尔及

① 原载《参考消息》1972 年 1 月 9 日,"阿尔及利亚《圣战者报》说:去年恢复我在联合国合法权利是值得纪念的日子,中国参加联合国也是第三世界的胜利"。

② 阿尔及利亚《圣战者报》:《中国即将实现百年梦想》,新华网,2008 年 5 月 5 日,http://news.xinhuanet.com/sports/2008-05/05/content_8105324.htm,检索时间:2015 年 7 月 19 日。

③ 《圣战者报》头版,2015 年 4 月 29 日,http://www.elmoudjahid.com/pdf-elmoudjahid/1674,检索时间:2015 年 7 月 24 日。

④ 《圣战者报》头版,2015 年 4 月 30 日,http://www.elmoudjahid.com/pdf-elmoudjahid/1675,检索时间:2015 年 7 月 24 日。

利亚广播电台的前身。随着阿尔及利亚的独立,1962 年 12 月,阿尔及利亚政府又接管了法国殖民当局的广播电视台,将两者合并正式成立了阿尔及利亚广播电视台。在此之前,当地的电视台只是法国广播电视台的一个地区站。

国家独立后,阿尔及利亚政府十分重视发展广播电视事业。1965 年以来,广播电视发展经费占整个新闻、文化事业经费的 50%。[①] 为加强经营管理,1986 年,阿政府对广播电视台进行了机构改革,将广播和电视以及其他相关业务分别拆分,原来的阿尔及利亚广播电视台(RTA)分成四个独立的集团:广播电台公司(ENRS,即阿尔及利亚广播电台 Radio Algérienne)、国家电视公司(ENTV)、音像制品公司(ENPA)和电视播放公司(ENTD)。四家公司独立运营,极大地推动了阿尔及利亚广播电视事业的专业化发展。至此,阿尔及利亚广播电台也进入了组织和资金独立发展的道路。

1991 年 4 月 20 日,阿尔及利亚政府颁布第 91-102 号法令,阿尔及利亚广播电台成为一家工业化和商业化的国有企业。关于电台定位的相关文件也同时公布,阿尔及利亚广播电台不仅要承担信息流通的功能,包括向全国播送国家、地区、本地乃至国际的新闻信息;与此同时,作为国营电台,电台还承担着加强社会沟通、增进国家认同感的责任。

二、发展现状

1991 年,阿尔及利亚广播电台开始频道多元化发展,各地方电台相继成立。到 2012 年,阿尔及利亚广播电台已建成了一个下辖 55 个电台的广播网络,包括 3 个全国电台(阿拉伯语一台、柏柏尔语二台和法语三台)、3 个阿语专题电台(古兰经电台、文化台、音乐台)、1 个四种语言混合播送的国际台(缩写 RAI,其中阿拉伯语节目占 55%、法语节目占 35%、英语节目占 5%、西班牙语节目占 5%),以及 48 个地方电台。基于这 55 个电台,阿尔及利亚广播电台在总体上形成了内容丰富多样、范围辐射全国各地的传播格局。

其中,法语三台是阿尔及利亚广播电台各频道中较为出色的一个全国频道。其宗旨是"提供信息、娱乐消遣、教育学习",希望能做出"可以听的图像(des images qui s'écoutent)"。该频道有 140 多名工作人员,包括记者、主持人和编导。全天 24 小时播送近 30 档不同类型的节目,其中文化音乐节目占到 25%,其他娱乐节目占 20%,时讯和体育节目占 28%。每周日至周四 8:20 到 8:45 播出一档名为"编辑室特邀嘉宾"的新闻访谈类节目,邀请政府各部门部长(如商业部部长、宣传部部长等)、企业家和各领域专家学者进行访谈,就国内现状发表观点看法,是了解阿尔及利亚社会的一个窗口。

在技术方面,阿尔及利亚广播电台也在不断更新,设备及工作设施逐步实现现代化。随着频道节目的电子化,各国用户都可以通过互联网收听节目。其官网 http://www.radioalgerie.dz/news/fr 提供法阿双语版内容,即时发布节目预告,受众可以在网上收听并下载各频道的节目。网站的建设打破了地缘界限,进一步扩大了阿尔及利亚广播电台的国际影响力。另外,电台旗下各频道都开有 Facebook 等社交网络的专门账号,成为电台与听众互动的一个渠道。

三、涉华报道

从信息来源来看,阿尔及利亚广播电台播出的新闻内容基本都来自于阿尔及利亚国家通讯社(APS)。其中的对华报道题材广泛,涉及中国的方方面面,不仅关注中阿两国关系、中国对非贸易建设、中美大国关系等与本国联系紧密的议题,对于中国自身的经济发展、社会问题等也有相当篇幅的报道。例如,2015 年 5 月 15 日,阿尔及利亚广播电台网站上就发布了一则对陕西咸阳"5·15"特别重大道路交通事故的法文报道,通过新闻报

① 明安香主编:《全球传播格局》,社会科学文献出版社 2006 年版,第 614 页。

道指出中国的发展面临着日益严峻的道路交通问题的困扰。[①]

从报道数量上来看,电台网站基本每天都会更新一两篇涉及中国的报道,电台也会不定期推出一些关于中国的特别节目,包括邀请中国官员进行在线访谈。2009 年,中国前驻阿大使刘玉和就曾接受阿广播电台专访,在线向听众介绍中国的发展建设成就、中国政府应对国际金融危机的举措以及中非和中阿关系等;2010 年 1 月 13 日下午,为扩大杨洁篪部长阿尔及利亚之行的访问成果,中国驻阿尔及利亚使馆文化参赞崔学梓与广播电台记者苏海卜、阿尔及尔大学政治学院教授穆斯塔法一起做客国际频道节目,以直播形式围绕中国外交部部长访问阿尔及利亚取得的积极成果和影响展开讨论。通过阿尔及利亚广播电台,中国政府曾多次面向当地民众发声表态,说明中国政府在对非援助、中非合作等多个领域的立场和主张。

图 3 2012 年,阿尔及利亚广播电台迁往位于阿尔及尔烈士大街上的新址

此外,阿尔及利亚广播电台与中国媒体的互动合作也很多。阿广播电台也曾派相关人员参加 2012 年在京举行的非洲法语国家广播电视管理官员研修班,并参观中国广播电台等媒体同行单位。参与者穆斯塔法·卡米尔·布鲁奇在接受记者采访时曾表示,阿尔及利亚的国际广播媒体仍处在起步阶段,仅有四五年的历史,这次到访国际台希望能寻求到合作的机会。他同时希望通过学习国际台的经验,让世界了解一个真实的阿尔及利亚。[②]

---

① 阿尔及利亚广播电台:《中国:一起车祸至少造成 33 人丧生》(*Chine : au moins 33 mortsdans un accident d'autocar*),2015 年 5 月 15 日,http://www.radioalgerie.dz/news/fr/content/40553.html,2015 年 7 月 19 日。

② 国际在线,《非洲法语国家广播电视中高层研修班学员到访国际台》,2012 年 9 月 21 日,http://gb.cri.cn/27824/2012/09/21/5311s3861483.htm,检索时间:2015 年 7 月 19 日。

摩洛哥

摩通社 Maghreb Arabe Press

20 世纪五六十年代，北非各国相继独立。摩洛哥王国（简称：摩洛哥）于 1956 年独立，是北非各国中较早独立的国家，也是较为发达的国家之一。该国重视文化教育，新闻传播业也比较发达。作为摩洛哥的国家通讯社，马格里布阿拉伯通讯社（英文全称：Maghreb Arabe Press，缩写为 MAP，中文简称：摩通社）在该国新闻传播业的地位举足轻重，同时也在整个北非地区的新闻传播业发展历程中起着积极的推动作用。

一、历史沿革

1959 年 5 月，摩洛哥一个爱国团体开始筹资准备建立一家属于本国的通讯社。随后，马格里布阿拉伯通讯社正式成立，总资产为 20 万迪拉姆。初创时的宗旨在于"满足马格里布地区的新闻需求，同时发展各项信息技术手段，传播北非及世界各国的新闻信息"。摩洛哥通讯社的主要发起创始人，同时也是摩洛哥王国的首任总经理默赫迪·贝努纳（1918－2010，M. Mehdi Bennnouna）是一名爱国人士。他早年在埃及开罗获得新闻学位，曾在《金字塔报》以及美国之音（VOA）等国际知名媒体机构工作，并参与了摩洛哥独立运动。

1959 年 11 月 18 日是摩洛哥独立三周年纪念日，国王穆罕默德五世前往摩通社参观，并用阿拉伯语在电传打字机上发出了这样一段文字："马格里布阿拉伯通讯社弥补了信息领域的空白。在我们国家成立这样一家保证信息发布公正、真实、客观的国家级通讯社是十分必要的。在庆祝马格里布阿拉伯通讯社成立的同时，我们也期望其坚守座右铭：'新闻是神圣的，评论是自由的'（La nouvelle estsacrée，le commentaireestlibre）。"这段来自国王的嘱托，也正体现了摩通社的立社宗旨。

1975 年，摩通社逐步实现了由匿名股东向国家所有的转换，由私营媒体机构转变为国家新闻媒体。1977 年 9 月 19 日，根据摩洛哥王国 1－75－235 号"关于资金独立和个人资助的公共机构的诏令"，摩通社划归摩洛哥新闻部管理，正式成为摩洛哥的国家通讯社，致力于打造成一家"建立于承担新闻道德职责与保持资金独立自治下的受政府新闻部门管控的国家性通讯社"。

摩通社不仅立足于本国新闻事业，同时也致力于增强在地区乃至国际的影响力。1961 年，摩通社设立中东新闻部，主要播送中东新闻。参与创建阿拉伯通讯社联盟（FANA）、伊斯兰国际通讯社（IINA）、地中海通讯社联盟（AMAN）等地区通讯社联盟，并积极推动地区新闻事业的发展。1979 年摩通社开始设置驻外机构，11 月 1 日在伦敦建成第一个驻外分社，随后相继在墨西哥、突尼斯、阿尔及利亚、加拿大、葡萄牙、俄罗斯、瑞士等国相继设置分站。之后，摩通社进入了稳定发展阶段。

二、发展现状

作为国家通讯社，摩通社的日常运作受政府新闻部管控，核心领导层由王室成员、政府相关部门官员、编辑记者和技术人员等组成。通讯社尽一切可能将权力下放，将更多的权力交给职能部门，下设交流与合作部、新闻编辑部、财务部、日常事务部、人力资源部、信息技术部以及商务部等七大部门。其中编辑部分为五个部门：

重点中心编辑部、国内部、多媒体部、国际部以及地区编辑部。此外，摩通社还设有专门的巡视官制度，以确保所发新闻符合伦理要求与职业道德。

目前，摩通社的总部设于摩洛哥首都拉巴特，在国内28座城市设有办公地点。在北京、伦敦、华盛顿、莫斯科、巴黎、马德里等地设有24个国际分社，另与纽约、东京、巴塞罗那、阿曼等12座城市的媒体有合作机构，与亚、非、拉等60多家国际及国家通讯社签有新闻交换及相关合作协议。其国内订户主要是报纸、广播电视台、各类门户网站、政府机构及使馆等；国外订户除了门户网站，主要是亚、非、拉、欧及中东地区的通讯社，还有一些摩洛哥驻外使馆。

如今，该通讯社每周七天24小时推送电讯稿，日稿件量基本维持在600篇左右，内容涉及政治、经济、体育、文化等方方面面。既有国内新闻，也有国际新闻。语言包含阿拉伯语、法语、西班牙语、英语、阿马齐格语等五个语种。其中，1959年11月25日，摩通社就开始了法语新闻的播送。1975年10月14日启动英文新闻发布。此外，摩通社的稿件不仅有文字，还有新闻图片，日图片推送量在30幅左右。

三、报道特点

作为北非地区最为重要的国家级通讯社，摩通社的发展有许多自己的特色。首先，摩通社在业务扩展方面与摩洛哥的国家影响范围十分吻合，在地中海沿岸、北非地区包括中东地区都有一定的影响力。摩洛哥是一个君主立宪制国家，作为官方通讯社，摩通社在报道王室事务、本国事务方面有着绝对优势。其次，摩通社注重传播技术的革新。1997年3月，摩通社实现了卫星传递服务并建成自己的网站，进入网络信息时代；2005年6月1日，摩通社与摩洛哥电信(MarocTelecom)、地中海电信(Méditélécom)等摩洛哥主要电信公司合作，手机用户可以通过短信的形式获取法语及阿拉伯语的新闻资讯。据摩洛哥国家电信管理署(ANRT)报告显示，2014年摩洛哥手机用户达到4411万户，同比增长4%，渗透率达133%。在3G技术的带动下，互联网的发展也进一步加速，2014年摩洛哥网民数量达到1000万人，同比增长72.6%，90%的网民使用3G上网，每月平均网费从36迪拉姆降至23迪拉姆，下降36%。[①] 传播技术的进步与应用普及大力推动了新闻事业的发展，摩通社也致力于在移动新闻领域大展拳脚。此外，摩通社的业务范围较广，除了常规文字电讯稿之外，摩通社也拍摄录制音视频新闻，整合数据信息、制作数据图片等，这些新闻产品主要通过网站付费下载的方式提供给用户。另外，摩通社也运营有自己的手机客户端，定期发行的法语与阿拉伯语刊物均可在客户端上订阅。

不过，在国际新闻市场竞争激烈的背景下，摩通社的发展也面临着一些问题。尽管在世界各地分支机构众多，摩通社的稿件自采率却较低，多为合作供稿。国际话语权不足，摩通社依然是一个地区层面或者说是国家层面的通讯社。北非国家多有殖民背景，如何建立自己的新闻话语权是这些国家的新闻媒体在发展中面临的共同问题。

四、涉华报道

中国和摩洛哥两国于1958年11月1日建交，两国关系持续、稳定发展，在国际事务中有着广泛共识，合作良好。摩通社作为摩洛哥的国家通讯社，积极同中国新闻机构同行开展交流，努力促进两国人民的相互了解和友谊。自1984年起，摩通社便与新华社建立了合作关系。2002年，两社进一步签署了《中华人民共和国新华通讯社与摩洛哥王国马格里布阿拉伯通讯社合作协定》，2007年再度修订以加强两社间的合作关系。双方在信息交流、人员往来和技术合作等层面展开强强联合，特别是在新闻图片共享和法阿双语报道方面，全方位的交流合作积极深入。

2007年，摩通社推出了一个中文网站，内设摩洛哥—中国、摩洛哥—非洲、人文发展等多个专栏。摩通社社

---

① 摩洛哥国家电信管理署(ANRT)：《2014年第四季度报告》(*Le marché des télécommunications au 4ème trimester 2014*)，2015年2月9日，http://www.anrt.net.ma/lagence/actualites/le－marche－des－telecommunications－au－4eme－trimestre－2014，检索时间：2015年7月10日。

长穆罕默德·哈巴希介绍，开设中文网站意在增进两国人民的交流和联系，"让中国朋友能更容易地与我们交流和查阅有关摩洛哥的信息"。[①] 网站还推出旅游图片专栏，向中国游客推介融汇非洲、欧洲、地中海和阿拉伯文明的摩洛哥风情。除了中国人熟知的卡萨布兰卡，还有非斯、马拉喀什、梅克内斯等诸多摩洛哥历史旅游名城。

2005 年 8 月 1 日，摩通社在北京设立分社，对中国的报道进入更为积极自主的深入阶段。一方面，摩通社记者积极参加中国国内重要活动的报道工作，如两会等重要会议。另一方面，摩通社记者也积极活跃在各种中非交流活动中，进行了大量内容丰富生动的新闻报道。与此同时，摩通社驻华机构也向本国发回了大量关于中国国内的经济建设、社会发展等领域的报道。

在 2009 年与 2010 年的两会期间，在前任外交部部长杨洁篪的中外记者招待会上，摩通社记者连续两年获得提问机会，就中非合作的未来走向、对非事务的中国态度等提问（如苏丹达尔富尔问题以及非洲北部冲突等）[②]。同时，摩通社还积极与中国主流媒体联合发稿。2013 年 11 月，摩通社驻京分社社长在人民网发表专稿，以一个资深阿拉伯媒体人的视角表达了对十八届三中全会的观点和期待，认为三中全会对于实现"中国梦"具有重大意义，中国的改革是一个和平的、循序渐进的过程，需要凝结全社会的共识和智力劳动。[③]

---

① 新华网：《摩洛哥国家通讯社推出中文网站》，2007 年 11 月 8 日，http://news.xinhuanet.com/newscenter/2007－11/08/content_7029771.htm，检索时间：2015 年 7 月 19 日。

② 新华网：《外交部长杨洁篪答中外记者问全文》，2009 年 3 月 7 日，http://www.xinhuanet.com/2009lh/zhibo/wjbz/zhibowz_1.htm，检索时间：2015 年 7 月 10 日。

中国人大网：《中非合作进入良好发展阶段》，杨洁篪，2010 年 3 月 7 日，http://www.npc.gov.cn/npc/xinwen/2010－03/07/content_1553421.htm，检索时间：2015 年 7 月 10 日。

③ 人民网：《摩洛哥通讯社驻京分社社长：三中全会对于实现"中国梦"具有重大意义》，2013 年 11 月 13 日，http://cpc.people.com.cn/n/2013/1113/c368480－23529988.html，检索时间：2015 年 7 月 10 日。

南　非

《每日太阳报》*Daily Sun*

《每日太阳报》(*Daily Sun*)是一份英文日报，是南非发行量最大、最具影响力的日报。该报总部位于约翰内斯堡，在全国范围都有印刷网点。该报内容以社会新闻和广告为主，读者主要为黑人和工薪阶层。在南非中下层社会中影响较大。该报首屈一指的销量以及巨大的读者群体，为他们赢得了南非传媒业的尊重。如今，每10 个南非人中就有 3 个是《每日太阳报》的读者。[①]

一、历史沿革

《每日太阳报》是一份年轻的报纸，创办于 2002 年 7 月。创刊之初，《每日太阳报》曾饱受传统报刊的蔑视——创刊当年，作为地方小报发行的《每日太阳报》发行量仅有 7 万份。经过十余年的努力，该报已成为南非第一大报。

可以说，《每日太阳报》的成功是南非媒体私营化浪潮的一个缩影。20 世纪 90 年代前后，南非经历了重大的政治变革，特别是种族隔离结束以后，南非开启了一个自由民主化的历史进程，媒体私营化也由此开始。除报刊外，广播电视业的民营化也受到政府的鼓励，民营媒体开始长驱直入，与公营媒体争夺市场。[②] 在这一过程中，媒体同时出现了集团化发展趋势，形成了独立报业集团(Independent Newspapers Group)、时代传媒集团(Times Media Group)、纳斯派斯集团(Naspers)、卡克斯顿集团(Caxton)和新非洲投资集团构成的五大传媒集团。[③] 目前，《每日太阳报》由南非传媒巨头纳斯派斯传媒集团(Naspers)下属的媒体 24 小时公司(Media 24)控股，依托母公司的雄厚实力，发展前景广阔。

二、发展现状

截至 2014 年 12 月，《每日太阳报》的日发行量达到 262431 份(仅包括销售日报份数，不含赠阅部分)，读者人数超过 500 万，[④]读者占有率能够达到全国 15 岁以上人口的 15.2%。[⑤] 根据南非受众研究基地(South Africa Audience Research Foundation)的统计数据，与南非其他日报相比，《每日太阳报》的读者人数遥遥领先，比处在第二位的《索韦托人报》高出两倍之多。因此，“南非第一大报”的头衔，《每日太阳报》当之无愧。

在新媒体方面，《每日太阳报》还拥有巨大的移动终端读者群体，日均浏览量达到 7 万。同时，该报还利用

---

① 南非品牌网：The media in South Africa，http://www.mediaclubsouthafrica.com/component/content/article? id=110:the－media－in－south－africa，检索时间：2015 年 9 月 9 日。

② 董锦瑞：《论新时期南非传媒与政府的关系》，《国际新闻界》2005 年第 4 期。

③ 王丹娜：《南非国际传播的发展与特点》，《中国记者》2012 年第 3 期。

④ Media 24 官方网站：http://www.media24.com/newspapers/daily－sun/，检索时间：2015 年 9 月 9 日。

⑤ 南非受众研究基地(South Africa Audience Research Foundation)：《南非报刊读者覆盖率报告》，http://www.saarf.co.za/amps/readership.asp，检索时间：2015 年 9 月 9 日。

AVERAGE ISSUE READERSHIP OF NEWSPAPERS / MAGAZINES

	AMPS Jul '11 - Jun '12				AMPS Jan - Dec '12				AMPS Jul '12 - Jun '13 ^				AMPS Dec '13 ^			
	TOTAL	TOTAL			TOTAL	TOTAL			TOTAL	TOTAL			TOTAL	TOTAL		
INFORMANTS	25162	25162			25108	25108			25432	25432			25444	25444		
POPULATION ('000)	34934	34934			34935	34935			37214	37214			37214	37214		
	'000s	%	± %	± '000	'000s	%	± %	± '000	'000s	%	± %	± '000	'000s	%	± %	± '000
DAILY NEWSPAPERS																
BEELD	426	1.2	0.13	47	441	1.3	0.14	49	496	1.3	0.14	52	485	1.3	0.14	52
BURGER	471	1.3	0.14	49	497	1.4	0.15	51	484	1.3	0.14	52	459	1.2	0.13	50
BUSINESS DAY	68	0.2	0.06	19	59	0.2	0.06	19	69	0.2	0.05	20	79	0.2	0.05	20
CAPE ARGUS	288	0.8	0.11	38	294	0.8	0.11	38	303	0.8	0.11	41	319	0.9	0.12	43
CAPE TIMES	261	0.7	0.10	36	258	0.7	0.10	36	251	0.7	0.10	38	215	0.6	0.09	35
CITIZEN	519	1.5	0.15	52	451	1.3	0.14	49	448	1.2	0.13	50	452	1.2	0.13	50
DAILY DISPATCH	237	0.7	0.10	36	238	0.7	0.10	36	224	0.6	0.09	35	233	0.6	0.09	35
DAILY NEWS	342	1.0	0.12	43	295	0.8	0.11	38	225	0.6	0.09	35	236	0.6	0.09	35
DAILY SUN	5669	16.2	0.46	159	5554	15.9	0.45	158	5488	14.7	0.44	162	5661	15.2	0.44	164
DAILY VOICE	493	1.4	0.15	51	463	1.3	0.14	49	528	1.4	0.14	54	509	1.4	0.14	54
DFA	76	0.2	0.06	19	76	0.2	0.06	19	57	0.2	0.05	20	62	0.2	0.05	20
HERALD	242	0.7	0.10	36	257	0.7	0.10	36	201	0.5	0.09	32	208	0.6	0.09	35
ISOLEZWE	867	2.5	0.19	67	943	2.7	0.20	70	1049	2.8	0.20	75	1065	2.9	0.21	77
MERCURY	237	0.7	0.10	36	234	0.7	0.10	36	217	0.6	0.09	35	197	0.5	0.09	32
NEW AGE	87	0.2	0.06	19	107	0.3	0.07	24	143	0.4	0.08	29	178	0.5	0.09	32
PRETORIA NEWS	147	0.4	0.08	27	141	0.4	0.08	27	172	0.5	0.09	32	174	0.5	0.09	32
SON	1058	3.0	0.21	74	1102	3.2	0.22	76	1130	3.0	0.21	78	1097	2.9	0.21	77
SOWETAN	1651	4.7	0.26	91	1646	4.7	0.26	91	1692	4.5	0.25	95	1748	4.7	0.26	97
THE STAR	683	2.0	0.17	60	615	1.8	0.16	57	661	1.8	0.16	61	656	1.8	0.16	61
THE TIMES	342	1.0	0.12	43	287	0.8	0.11	38	290	0.8	0.11	41	349	0.9	0.12	43
VOLKSBLAD	148	0.4	0.08	27	155	0.4	0.08	27	126	0.3	0.07	25	135	0.4	0.08	29
THE WITNESS	118	0.3	0.07	24	134	0.4	0.08	27	118	0.3	0.07	25	116	0.3	0.07	25
ANY "AMPS" DAILY NEWSPAPER	10808	30.9	0.57	199	10795	30.9	0.57	200	10936	29.4	0.56	208	11080	29.8	0.56	209

图 1　《每日太阳报》发行量数据

社交媒体提高自身影响力，其 Twitter 账号的关注量已经超过 63000 人。①

2014 年，《每日太阳报》荣获"《星期日时报》顶级品牌年度大奖"。这一奖项是南非商界大奖，由《星期日时报》主办评选。时代传媒集团总经理特雷沃·奥默罗德(Trevor Omcrod)表示，"赢得这一奖项是伟大的成就"。②

《每日太阳报》巨大的读者人数源于其对目标读者的精准定位。自种族隔离结束后，虽然南非的经济、社会都得到了快速发展，但社会群体分化依然较为明显。社会地位较高的黑人、受过高中及以上教育的英语人口，以及工薪阶层构成了南非经济的核心，这也成了《每日太阳报》最主要的读者来源。

图 2　《每日太阳报》头版

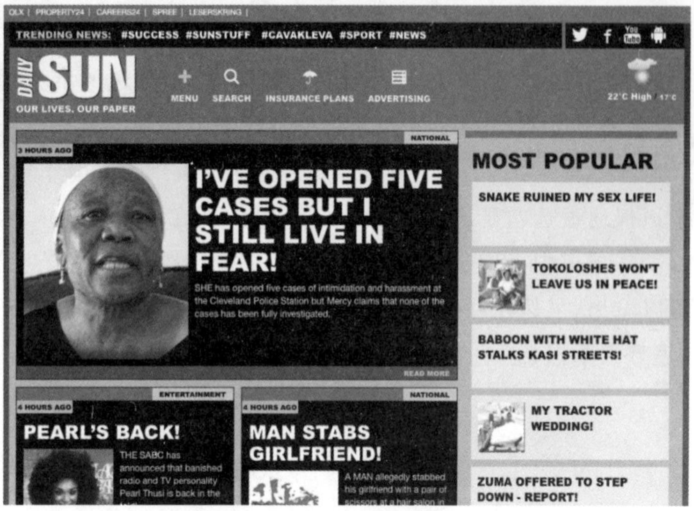

图 3　《每日太阳报》网站

图片引自《每日太阳报》网站：http://www.dailysun.co.za，检索时间：2016 年 3 月 22 日。

① Media 24 官方网站：http://www.media24.com/newspapers/daily－sun/，检索时间：2015 年 9 月 9 日。

② Media 24：Daily Sun is SA's best－read newspaper，2014 年 10 月 1 日，http://www.news24.com/SouthAfrica/News/Daily－Sun－is－SAs－best－read－newspaper－20141001，检索时间：2015 年 9 月 9 日。

三、报道特点

《每日太阳报》作为地方小报起家,而时至今日,小报化依然是其最明显的特点。

从内容上看,《每日太阳报》往往以重要版面和大量篇幅来关注报道社会新闻,如犯罪、事故等经常登上该报的头版头条。而且,该报在版面设计上往往采用大幅彩色图片占满头版,以大字标题突出故事性很强的社会新闻议题。诸如"庭审""血泪""哭诉"等词语,经常以大字标题的形式出现在该报头版最为醒目的位置。

除了内容之外,《每日太阳报》的版面编排也尽显小报化的特征。报纸广泛使用超大字号和标题,以达到吸引读者的效果,而文章标题也往往骇人听闻,抓人眼球。此外,《每日太阳报》经常在头版刊登出大尺寸且内容惊悚的图片,甚至常有血腥和暴力的画面出现,对于小报新闻手段的使用比起西方的同类媒体有过之而无不及。

这一特点,在《每日太阳报》网站的内容设置上也比较突出。该网站对于新闻的分类非常简单,且基本不涉及政治等硬新闻。相反,"娱乐"和"体育"是官网最重要的新闻版块,这类软新闻占据大量版面是小报最为明显的特征。此外,除了传统新闻报道之外,《每日太阳报》官网还刊登卡通漫画、笑话和与读者互动的趣味竞赛等内容。

四、涉华报道

《每日太阳报》所属的母公司纳斯派斯传媒集团,近年来在国际传媒市场上动作活跃,特别是与中国媒体展开了深度合作。该集团为中国腾讯公司最大的单一股东,控股34%,并和北青传媒、安徽日报报业集团建立了合作关系。[①]

同许多南非报刊一样,《每日太阳报》的报道也以国内为主。国际报道则以非洲国家、欧美国家为主。该报涉华报道主要来自西方大报或通讯社。

截至2015年7月,通过该报网站以"China"和"Chinese"为关键词进行检索,网站显示过去八个月内总计只有20篇报道。其中10篇报道较为负面,内容涉及宗教迫害、凶杀、事故、酗酒、象牙交易等。从消息源来说,这10篇负面报道中,除一篇未注明来源,一篇为自由撰稿人采写外,其余全部为南非通讯社与美联社、法新社的合作稿。可以说,《每日太阳报》的涉华报道态度明显受到了来自西方主流通讯社的干扰。同时在负面报道的图片选择方面,沾满鲜血的刀、钉在十字架上的耶稣像、酒瓶边的醉鬼都从视觉上给读者一种强烈的冲击。在搜索到的20篇涉华报道中,态度偏积极正面的报道只有3篇。其中1篇介绍了南非艺术代表团访华交流的情况,1篇介绍了南非艺人在中国香港生活的情况,还有1篇介绍了南非华人聚居区的警察学习中文以方便交流的情况。三篇报道仅通过选题显示出一定的积极态度,而在语言中并未表现出明显倾向。需要说明的是,在所调查的该报全部涉华报道中,仅有1篇提到了北京马拉松比赛,但并未对北京表明显著态度,属中性报道范畴。

由此可以看出,虽然在母公司层面纳斯派斯传媒集团与中国展开了较为深入广泛的合作,但从报道重点放在国内的《每日太阳报》这一份报纸来看,其对华态度仍然受到了西方国家媒体的负面影响。

《索韦托人报》*The Sowetan*

Sowetan

《索韦托人报》(*The Sowetan*)隶属于南非五大传媒集团之一的时代传媒集团(Time Media Group),总部设

---

① 广视网:《广州广播电视台及广电传媒集团高层考察南非 MIH》,2012年9月13日,http://www.gztv.com/article/a7976.shtml,检索时间:2015年9月9日。

在约翰内斯堡，是南非最大的以黑人为主要发行对象的全国性报纸。

一、历史沿革

《索韦托人报》创刊于 1981 年，该报前身是《德拉士瓦邮报》(The Post Transvaal)。20 世纪 70 年代末，《德拉士瓦邮报》由于濒临破产被迫出售给南非卡克斯顿(Carxton)传媒集团，却在再次出版的前两天遭到政府关闭。因此，《德拉士瓦邮报》不得不以备份注册名《索韦托人报》的名义再次发行。在南非著名反种族隔离活动家纳塔托・莫特拉纳(Nthato Motlana)的支持下，1994 年《索韦托人报》被出售给由黑人拥有的繁荣非洲报业集团，[①]逐渐成为南非著名的黑人报纸。目前，《索韦托人报》为南非时代传媒集团旗下资产。

图 4　《索韦托人报》网站

图片引自《索韦托人报》网站：http://www.sowetanlive.co.za，检索时间：2016 年 2 月 20 日。

二、发展现状

归入时代传媒集团旗下后，《索韦托人报》在该集团雄厚的资金支持下，发行量迅速攀升。截止 2014 年 12 月，《索韦托人报》以 165 万人的全国读者覆盖率居南非日报第二位，占全国 15 岁以上人口的 4.4%。该项数据仅次于《每日太阳报》[②]。

除了发行纸质版之外，《索韦托人报》还开设有官方网站，其官网制作水平在非洲国家媒体中相对属于前列。同时，根据其官网版块设置判断，《索韦托人报》对于体育、娱乐和生活类的新闻关注度较高。同时，该报还积极利用社交网络，其 Facebook 公共账号关注度达到 33.6 万，而 Twitter 和 Pinterest 等社交媒体也成为《索韦托人报》进行推广的平台。

三、报道特点

在种族隔离时期，《索韦托人报》重点报道黑人群体在南非经济发展和社会等方面所发挥的作用，以及当地黑人生活变迁的消息。特别是在创办之初，该报大力宣传反种族隔离运动，在索韦托、高登等种族隔离地区的市镇免费发放。今天，南非黑人的社会地位有了很大提高，《索韦托人报》报道的内容也随之发生变化，逐步加大指导黑人如何消费、理财和运用法律保护自己的内容。[③] 同大多数南非报纸一样，《索韦托人报》报道重点放在国内新闻上，国际新闻报道比重较低，且稿源多来自于西方通讯社。此外，体育、娱乐等软新闻也是该报的主要报道内容之一。

近年来，《索韦托人报》也遭到一些非议。有观点认为，该报实际上是“黑人的面孔，白人的思想”。称该报主编更希望迎合政府，以一种维持现状的态度进行报道。有声音指出该报报道正在塑造一个黑人中产阶级，并

---

① 佘家金：《看南非人办报》，《传媒》2005 年第 6 期。

② 南非受众研究基地：报刊读者人数数据报告，http://www.saarf.co.za/amps/readership.asp，检索时间：2015－9－11。

③ 佘家金：《看南非人办报》，《传媒》2005 年第 6 期。

帮助白人在其中开辟市场。[①]

总体而言,《索韦托人报》报道态度偏左。这与它常年关注黑人权利、种族平等问题有关。

四、涉华报道

中国与南非同属金砖国家,南非媒体对中国都保持了较高程度的关注。通过在《索韦托人报》官网上搜索关键词“China”,从2014年8月25日到2015年7月25期间,该报网站涉华报道数量达到500篇,其中在标题中包含China、Chinese的直接涉华报道为80篇,占比为16%,其余多数为文中提及中国的间接涉华报道。

Sowetan
THE SOUL TRUTH
KIDS REJECT 'KILLER FATHER'
WIFE DUMPS LOVE RAT SOAPIE STAR
Zille's amazing attack on Msholozi
ZUMA AN AIDS RISK
EXCLUSIVE FULL REPORT PAGE 5
'Jacob Zuma is a self-confessed womaniser ... who put all his wives at risk by having unprotected sex with an HIV-positive woman'

图5 《索韦托人报》头版

《索韦托人报》的涉华报道内容覆盖政治、经济、科技、社会等多方面。中非外交、中国经济发展、中非经济关系是该报关注的重点。但由于该报国际新闻稿源以西方通讯社报道和转载西方报刊为主,因此在涉华报道,特别是在政治报道中,其态度表现出较为明显的西方影响痕迹。比如,2014年8月26日一篇关于津巴布韦总统穆加贝访华的报道,文中以北京代称中国,称中国近年来在非洲的“扩张”取得巨大进展,意欲通过非洲资源来推动国内经济发展。同时文中还强调,中国以不干涉别国内政为由,对滥用权力等问题不予理睬。[②]而在经济报道中,该报则相对客观。同年10月21日,该报网站刊登了一篇关于中国经济增幅五年来最低的报道,表达了对中国经济增长放缓对全球经济产生溢出效应的担忧。[③] 虽然文中个别用词,如“共产主义领袖”(communist leader)等,仍然表现出意识形态的偏见,但报道主基调仍是对中国经济地位的认同以及对未来发展的预测。

《星期日时报》*Sunday Times*

《星期日时报》(*Sunday Times*)是南非发行量最大的周报。报社总部设在约翰内斯堡,同时在比勒陀利亚、开普敦、德班和伊丽莎白港等城市设有分社,主要面向南非国内及博茨瓦纳、莱索托、斯威士兰和津巴布韦等周边国家发行。

一、历史沿革

《星期日时报》创办于1906年2月,自创办之日起即确定了其“人民的报纸”(The Paper for the People)的口号。《星期日时报》追随其姐妹报《兰德每日邮报》,揭露抨击南非当局的种族主义行为,在国际国内产生了巨

① Mail & Guardian: The Sowetan: Black faces, white thoughts, 2011年3月10日, http://www.thoughtleader.co.za/sandilememela/2011/03/10/sowetan-newspaper-black-faces-white-thoughts/,检索时间:2015年9月11日。

② 《索韦托人报》网站:China's Xi hails Mugabe as renowned leader, old friend, 2014年8月26日, http://www.sowetanlive.co.za/news/africa/2014/08/26/china-s-xi-hails-mugabe-as-renowned-leader-old-friend,检索时间:2015年9月11日。

③ 《索韦托人报》网站:China economy grows at slowest pace in 5 years, 2014年10月21日, http://www.sowetanlive.co.za/business/2014/10/21/china-economy-grows-at-slowest-pace-in-5-years,检索时间:2015年9月11日。

大影响。1906 年 2 月 4 日，该报第一期最初发行 11600 份，但报纸甫一上架便很快售罄，报社不得不加印 5000 份。到 1909 年，《星期日时报》的日发行量已经达到 35000 份。

在百余年的发展历史中，《星期日时报》不仅多有影响重大的新闻报道，还有不少成为一时沸议的话题事件。1992 年，《星期日时报》前专栏作家贾妮·阿兰(Jani Allan)告诉英国电视台第四频道诽谤，在案件审理过程中爆出《星期日时报》主编为帮助老同事而做伪证，导致案件败诉而报纸的声誉也大大受损。近年来，《星期日时报》又因为和南非总统祖玛相关的一系列新闻报道和牵连事件，而频频受到世界媒体同行的瞩目。2010 年，祖玛就一幅涉嫌“诋毁”他个人形象的漫画向法院提起诉讼，状告《星期日时报》及其聘用的专职漫画家，但这起案件最终以撤诉告终。2015 年，《星期日时报》又爆出祖玛总统妻子涉嫌对其投毒，充满权力阴谋意味的报道再次引发社会轰动。

Sunday Times
THE PAPER FOR THE PEOPLE
SA's Number One . . .
COWARD!
President won't face parliament as challenges mount
Mbalula rules out hosting Afcon

图 6　2014 年 10 月 19 日《星期日时报》头版以大字标题直指总统祖马“南非头号懦夫”

二、发展现状

目前，《星期日时报》隶属于南非五大传媒集团之一的时代传媒集团(Times Media Group)，是该集团的旗舰媒体。截止到 2014 年底，《星期日时报》的发行量已经达到了 405458 份，覆盖读者人数达到 3489000，占全国成年人口的 9.3%。① 近年来，由于媒体市场竞争激烈，加之新媒体冲击等因素的影响，《星期日时报》的发行量一直处于下滑趋势。不过，相对报业市场的整体萎靡下挫，《星期日时报》的发行数量和广告营收仍然能在南非的周报市场中独占鳌头。

目前，《星期日时报》的母公司——时代传媒集团不断锐意拓展经营版图，已经成为非洲大陆最为主要的多媒体跨国集团。2013 年 10 月，时代传媒集团购买了加纳多媒体集团(Multimedia Group)32.26%的股份，12 月又出资购进南非电台(South African radio station Mpower，后更名为 Rise FM)65%的股份；2014 年 1 月，时代传媒集团再次出手，收购了南非另一家广播电台(South African radio, Vuma FM)60%的股份，随后又于 4 月购进肯尼亚非洲电台(Kenya's Radio Africa Limited)49%的股份。现在，时代传媒集团旗下除了报纸、杂志、书籍等传统出版业务以外，还有广播、电视、影视制作和互联网业务，甚至已经延伸到传播终端的销售行业。

时代传媒集团开设的时代新闻网(http://www.timeslive.co.za/)，是南非最重要的主流新闻网站之一。网站集合了来自旗下媒体《星期日时报》《时报》(*The Times*)、多份新闻期刊，以及广播电视媒体的新闻资讯资源，为用户提供包括新闻报道、图片和音视频服务在内的各种信息资讯。同时，时代新闻网还为《星期日时报》搭建了专属网页 http://www.timeslive.co.za/sundaytimes/。在盈利方式上，时代新闻网已经实现了付费墙搭建，注册用户可以不受限制浏览网站内的所有信息，而且可以通过注册邮箱接收新闻简报。读者也可以通过网站订阅电子版的《星期日时报》和《时报》，用户甚至可以使用支付宝和银联卡支付费用。

三、报道特点

自创办以来，《星期日时报》一直坚持自由主义的办报方针。在这一办报方针的感召下，该报多年来以敢于秉笔直言、批评政府而著称。很多报道都直指政府高层，屡屡在社会中引起争议波澜。此前因为刊登涉嫌“诽谤”的报道内容，南非政府曾在发布会上表示对报道的强烈不满，称该报主编为“在玩弄事实中寻找乐趣的独裁者”。

---

① South Africa Audience Research Foundation: Average Issues Readership of Newspapers and Magazines, 2014 年 12 月, http://www.saarf.co.za/amps/readership.asp, 检索时间:2015 年 8 月 20 日。

然而,《星期日时报》并不将自己限定在“敢言”的框架里。在其官网中,该报的自我定义为一份“传统的将家人团聚在一起,在放松的环境中分享信息的报纸”,这一理念明确体现在了报纸的内容安排和栏目设置上。目前,《星期日时报》每周出版 6 个叠次,共计 110 多个版面。其中,头版和新闻是报纸的核心叠次,每周刊行 24 个版面,内容包括 14 个版面的国内新闻和国际要闻、4 个版面的观点评论和 6 个版面的体育新闻;另外 5 个叠次分别是“商业时报”(Business Times)、“生活风尚”(Life Style)、“旅行周刊”(Travel Weekly)、“家庭周刊”(Home Weekly)和“电视”(TV)。可以看到,新闻内容在整个报纸中所占比例仅为全部版面的五分之一左右,其他版面都是以经济投资、家庭生活为核心关照的内容。

图 7　身穿《星期日时报》绿衫的报纸发售人员

总体来看,《星期日时报》的报道范围广泛,内容较为丰富,涵盖政治、经济、文化、社会、体育乃至日常生活等各个方面,是一份典型的综合性报纸。然而,在以“家庭”为核心的定位理念下,《星期日时报》更多面向国内及周边国家的受众市场,因而报道内容更多聚焦在南非国内以及非洲相关新闻信息上,国际新闻报道相对比较薄弱。在为数不多的国际新闻报道中,大多都是援引自路透社、美联社等西方国家通讯社的新闻通讯。

四、涉华报道

近年来,“金砖国家”发展迅速,中国与南非之间的经济、文化交往日益频繁,两国之间的媒体交流合作也初见端倪。2013 年 7 月 25 日,中国驻南非大使田学军会见《星期日时报》所属母公司——时代传媒集团董事会主席,双方均表达了加强两国媒体间合作的良好愿望。同年 9 月 17 日,《星期日时报》以及其他多家非洲媒体代表受人民日报社邀请,到中国进行媒体同行间的参观交流。访问团访问人民网,并且就进一步深化中非两国媒体合作、加强发展经验借鉴与分享等议题展开深入讨论。

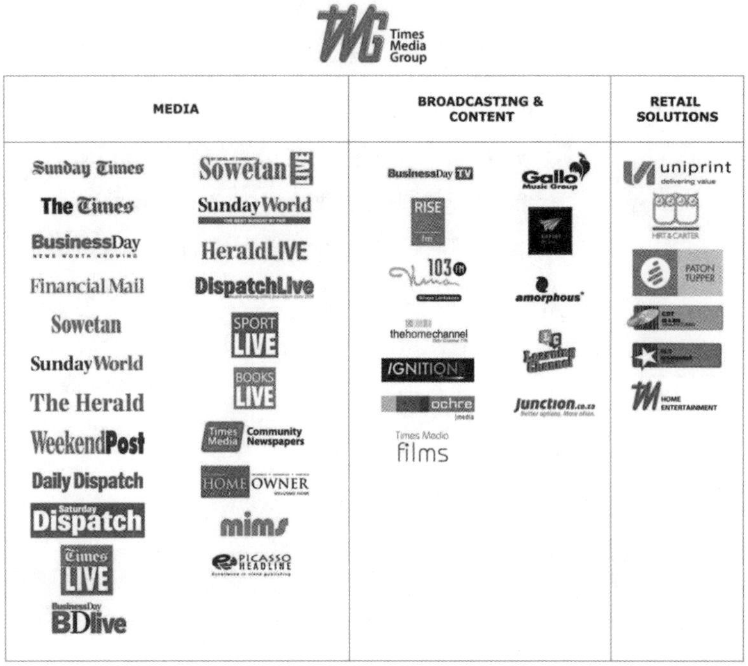

图 8　南非时代传媒集团的产业版图

南非时代传媒集团网站:http://www.timesmedia.co.za/about－us/structure/,检索时间:2015 年 9 月 13 日。

通过对《星期日时报》官方网站涉华报道的检索分析,可以看到:

从数量上来说,《星期日时报》整体上对国际新闻报道的重视程度不高,涉华报道的数量较少。以 2015 年 4 月为例,当月共有 4 篇涉华报道,报道议题涉及政治(反腐新闻:南京前市长季建业受审)、社会(中国男子交往 17 名女友、中国孕妇出国生产热潮)和艺术(中国画家创作以曼德拉为主题的巨幅油画)。从整体报道立场上来看,《星期日时报》的涉华报道以负面为主。在所有涉华报道中,对于中国经济发展和中国企业投资的报道通常表现为相对中立的态度,以介绍情况、提供信息为主要内容,其他议题下的报道则倾向于负面。例如,前面提到过该报报道了一位中国画家创作曼德拉主题油画的新闻，其中特意提及这位画家对中国“八九”政治风波的立场态度。7 月 25 日，该报网站刊登了一篇关于“南非民主联盟谴责现政府前往中国学习媒体法律法规”的报道，言辞激烈地批评政府官员“前往中国学习媒体法律法规跟去苏丹学习人权、去希腊学习宏观经济政策没什么两样”，并列举了若干数据来批评中国的媒体环境缺乏自由。[①] 从消息源上来说，《星期日时报》的涉华报道同其他国际新闻一样，尤其在涉及中国的重大事件报道和突发事件报道中，主要都是采用路透社和法新社的新闻通讯，沿袭了西方主流媒体一贯的对华态度。

南非电子媒介电视网 M-Net

M-Net 的全称是南非电子媒介电视网(Electric Media Network Limited)，是南非第一家私营电视公司，它的出现打破了国营南非广播公司的垄断。目前，M-Net 是非洲最有影响力的收费电视频道，包括南非在内的四十多个非洲国家以及邻近岛屿的 2500 万用户订购观看该公司的节目。[②] 它是南半球第一家，同时在全世界范围内也是第二家直接将卫星电视送到用户家中的付费电视网。

一、历史沿革

1985 年，南非放开电视广播行业的经营权，开始允许民营资本进入这一领域。纳斯派斯传媒集团(Naspers)获准创建南非第一家民营商业电视台——南非电子媒介电视网(Electric Media Network Limited，M-Net)，并于次年 10 月正式开播，成为南非最早的私营付费电视台。开播之初，M-Net 每天播出 12 小时，由于是付费频道，覆盖观众人数极低。为提高知名度，吸引更多订户，南非广播局(Broadcasting Authority)允许 M-Net 每天拥有一小时的免费播放时段，被称为开放时间(Open Time)。但同时规定这只是暂时性措施，当订户数达到 15 万时 M-Net 必须立即关闭开放时间。事实上，随着订户的增长，开放时间不仅没有按照规定关闭，而且在 90 年代进一步增加为两个小时——每天晚 5 点到晚 7 点，直到 2007 年 4 月 1 日才正式关闭。

免费播出的开放时间的确为 M-Net 带来了突破性的发展。开播第一年，尽管频道出现 3700 万兰特[③]的亏损，但是 M-Net 的知名度获得大幅提升。到 1988 年 3 月，M-Net 的付费订户突破了 10 万。到 1990 年，M-Net 实现了扭亏为盈，利润达到 2000 万兰特，当年的订户数量也达到了 50 万。

1989 年，M-Net 创办了 M-Net Super Sport 频道，成为南非第一个专业体育频道，进一步吸引了大批观众。从 1992 年起，M-Net 开始向非洲各国发送节目，1995 年起向欧洲国家发送节目，包括南非在内的 40 多个非洲国家的用户能够收看到 M-Net 的节目。[④] 2010 年，M-Net 创办了 M-Net HD，成为南非首个提供高清电视节目的电视传媒机构。全新的高清频道可以为拥有高清接收设备的订户提供 720P 高清电视节目，同时非高清频道订户也可以收看标清节目。

---

① DA challenges Communications Minister to denounce Chinese media laws，2015 年 7 月 26 日，http://www.timeslive.co.za/politics/2015/07/26/DA－challenges－Communications－Minister－to－denounce－Chinese－media－laws，检索时间：2015 年 9 月 26 日。

② 数据引自 M-Net 网站：http://mnetcorporate.co.za/history/，检索时间：2015 年 9 月 6 日。

③ 兰特，由南非储备银行发行的货币，于 1961 年 2 月正式发行，取代了之前的南非镑。

④ 王丹娜：《南非国际传播的发展与特点》，《中国记者》2012 年第 3 期。

表 1　M-Net 主要频道列表①

频道定位	频道标识	子频道
综合娱乐频道	mnet	
电影频道	MOVIES PREMIERE	下设首映(Premiere)、喜剧(Comedy)、家庭(Family)、浪漫喜剧(Romance)、系列剧(Showcase)、明星(Stars)、区域(Zone),以及包括 Action 和 Action+两个动作频道在内的一系列子频道
电视剧频道	SERIES SHOWCASE	下设系列剧(Showcase)、真人秀(Reality)和区域片(Zone)三个子频道
引进节目频道	EDGE	主要播出由美国 HBO 有线台引进的电视节目
南非当地荷兰语 Afrikaans 频道	kykNET	以南非当地荷兰语为播出语言,下设 KykNet &Kie 和 KykNet Musiek 两个子频道
少儿频道	VUZU.TV	设有姊妹频道 VUZU 和 AMP
本地节目频道	MZANSI MAGIC	下设三个子频道:Mzansi Magic Music、Mzansi Wethu 和 Mzansi Bioscope
城市频道	CITY 115 My City. My World.	
非洲频道	AFRICA MAGIC	下设四个子频道:Showcase、Epic、Urban 和 World
音乐频道	channel O ORIGINAL AFRICAN	

二、发展现状

目前,M-Net 直接隶属于米拉德国际控股集团公司(Myriad International Holdings,MIH),而纳斯派斯传媒集团是米拉德国际控股集团公司(MIH)最大的股东。MIH 是非洲最大的付费电视供应商,其发射卫星信号可全面覆盖非洲大陆,卫星电视平台有 100 多个频道,其中转播外国著名频道 40 多个,包括 CNN、BBC、体育频道 ESPN、音乐频道 MTV 等,诸多国际一流电视机构都以该公司作为落地非洲的首选平台,因而也使得 MIH 成为南非观众最多的付费电视机构。而且,这些用户全部是付费订购用户,每年为公司带来高额利润,付费节

① 频道信息来自 M-Net 网站:http://mnetcorporate.co.za/our—channels/,检索时间:2015 年 9 月 6 日。

目收入占总收入的 90%(另有 10%来自广告经营)。[①]

现在,M-Net 已发展成南非最大的娱乐节目提供商,频道数量和种类也不断扩充。目前,M-Net 拥有 10 个频道,分别为 M-Net(综合娱乐频道)、M-Net Movie(电影频道)、M-Net Series(电视剧频道)、M-Net Edge(引进节目频道)、KykNet(南非当地荷兰语 Afrikaans 频道)、Vuzu(少儿频道)、Mzanzi Magic(本地节目频道)、M-Net City(城市频道)、Africa Magic(非洲频道)、Channel 0(音乐频道)。各个频道又根据具体播出内容的类别,进一步分为多个子频道,总计达到近 30 个播出频道。

三、报道特点

M-Net 的播出内容以娱乐节目为主,包括电视剧、电影、儿童剧和体育赛事等。由于政府许可限制,M-Net 无法涉足新闻节目。但在 1988 年播出的《全权委托》(*Carte Blanche*)节目中,M-Net 尝试通过"打擦边球"的方式进入电视新闻领域,并且一举大获成功。该节目以无所畏惧地调查南非的政治腐败、社会新闻为主要内容,不仅为节目自身赢得奖项无数,同时也为 M-Net 在南非观众当中赢得了极高的声誉。1990 年,M-Net 正式获得了制作播出新闻节目的许可,《全权委托》也得以进一步发展。这一节目至今仍在播出,多年来一直雄踞 M-Net 节目收视排名的前十名,每周观众数量达到 50 万。[②]

图 9 《全权委托》新闻调查节目的定位口号是"你有权看到真相"

在 M-Net 的节目内容中,真人秀、肥皂剧以及电影占据了大部分播出时间。1992 年,M-Net 筹备大量资金投拍南非电视史上第一部本土电视剧《黄金之城》(*Egoli*),该剧从 1992 年 4 月 6 日播出第一集,一直延续到 2010 年 4 月,共播出了 18 季 4000 多集,成为南非播出时间持续最久的长寿剧集。[③]

同时,M-Net 对本地剧目也给予很大的支持。南非荷兰语剧集《拜恩兰德人》(*Binnelanders*)已经在 M-Net 连续播出了 9 季,目前仍在 KyKNet(荷兰语频道)独家播出。在电视节目方面,除了上文介绍的《全权委托》,在非洲频道播出的《下一位非洲名模》(*Africa's Next Top Model*)真人秀节目同样引发了高度关注。该节目在全非洲范围内挑选目前从事或有志于从事模特职业的女性参加,通过竞赛角逐"下一位非洲名模"的桂冠。

四、涉华报道

M-Net 频道的定位主要以提供娱乐为主,播出内容多为影视作品和娱乐节目,新闻节目较少。因此,在 M-Net 的播出节目中,较少涉及日常的涉华新闻。但是在文娱节目中,M-Net 与中国电视媒体机构建立了经常性的交流合作,不时播出甚至参与制作与中国有关的节目。

2000 年 10 月 21 日,M-Net 和中央电视台合作在南非太阳城共同举办了"跨越彩虹——手拉手"文艺晚会,将中国的音乐舞蹈等艺术形式带到南非。通过 M-Net 的播出,众多南非观众首次感受到中国文化艺术的魅力,

---

① 广视网:《广州广播电视台及广电传媒集团高层考察南非 MIH》,2012 年 9 月 13 日,http://www.gztv.com/article/a7976.shtml,检索时间:2015 年 8 月 7 日。

② 《全权委托》节目网站 Carte Blanche:http://carteblanche.dstv.com/about,检索时间:2015 年 8 月 7 日。

③ 剧集信息来自 M-Net 网站:http://mnetcorporate.co.za/genres/egoli/,检索时间:2015 年 9 月 6 日。

在全国引起强烈反响。当地媒体也对此次晚会给予高度关注,认为这场演出“盛况空前,取得巨大成功,加深了中南两国和两国人民之间业已存在的友谊,促进了两种不同风格文化的相互理解与认同”。①

图 10 电视剧《黄金之城》

基于这次合作的成功经验,在 2002 年的 2 月 17 日,M-Net 再次作为当地合作电视媒体机构,与中央电视台和上海东方电视台联合主办了以“为中国喝彩”(Bravo China)为主题的大型歌舞晚会。此前,“为中国喝彩”主题晚会已经在美国、俄罗斯、英国、希腊等多个国家举办,成为迄今为止中国在海外举办的规模最大、质量最高的音乐歌舞晚会,也成为中国形象对外传播的一个经典之作。此次在南非举办的晚会,是“为中国喝彩”首次在非洲及第三世界国家亮相,以弘扬两国文化、加深相互了解、促进中南友谊为宗旨。南非总统姆贝基也在为晚会特别录制的录像讲话中表示,“南非骄傲而荣幸地成为在自己国土上举办这一盛大文化活动的国家之一。这充分表明中国把南非看作宝贵的伙伴和朋友”。②

除此之外,M-Net 的母公司 MIH 也与中国有着非常密切的交流合作关系。在外事访问中,江泽民、朱镕基、胡锦涛、李长春等多位国家领导人都曾亲自前往公司总部访问。

从 2001 年到 2002 年,在互联网产业处于低迷谷底的时候,MIH 先后从电讯盈科、IDG 和腾讯主要创始人手中购得腾讯 45.5%的股权,成为腾讯最大的单一股东。目前,MIH 仍然是这家中国互联网产业巨头“腾讯”最大的单一股东。除此之外,MIH 还和北青传媒、安徽日报报业集团等中国传媒产业集团建立了合作关系。在广电业务方面,MIH 在机顶盒制造等领域处于世界先进水平。MIH 及其控股的爱迪德公司在中国的业务始于 1997 年,中央电视台的第四套中文国际频道和第九套英文国际频道,都是通过 MIH 的付费电视平台实现覆盖整个欧洲和非洲的。MIH 还参与了国家广电总局、中央电视台以及其他中国媒体公司的项目,例如“村村通电视”。其下属的爱迪特公司在北京设有专门办事处,MIH 也派员长期驻华,负责与中国媒体的联系。③

总的来看,尽管 M-Net 本身并没有常规性的涉华新闻内容,但是基于文娱节目合作及其母公司与中国多年来建立的良好合作关系,可以说 M-Net 的对华态度非常积极,这也为未来进一步的合作交流打下了良好的基础。

南非广播公司 South African Broadcasting Corporation

南非广播公司(South African Broadcasting Corporation,简称 SABC)是南非最大的,也是唯一的国营电视节目提供商。该台以 11 种语言播出节目,成年观众达 1800 万人以上,占所有收看电视观众数目的 74%。拥有 3 个国内电视频道和一个综合娱乐和公共服务的频道。④

---

① 央视网:《传播亲情增进友谊:“跨越彩虹——手拉手”文艺晚会在南非取得成功》,2000 年,http://www.cctv.com/tvguide/dongtai/sanji/phjs001.html,检索时间:2015 年 9 月 8 日。

② 新华网:《金色大厅再奏中国旋律“为中国喝彩”轰动南非》,2012 年 2 月 18 日,http://news.xinhuanet.com/newscenter/2002-02/18/content_280478.htm,检索时间:2015 年 9 月 8 日。

③ 广视网:《广州广播电视台及广电传媒集团高层考察南非 MIH》,2012 年 9 月 13 日,http://www.gztv.com/article/a7976.shtml,检索时间:2015 年 8 月 7 日。

④ 王丹娜:《南非国际传播的发展与特点》,《中国记者》2012 年第 3 期。

一、历史沿革

南非广播公司成立于1936年8月1日。该公司最初只用英语广播，此后随着南非本地使用的语言“南非语”（Afrikaans）的地位逐步提升，于1942年实现了南非语言广播，并于同年开始制作播出本国新闻。20世纪60年代，南非国内一度对电视这种媒介形态持有偏见，认为电视不利于种族隔离政策，南非广播公司因此迟迟未能开播电视节目。直到1976年2月5日，该公司正式推出其官方电视频道。截止到1985年，SABC的电视频道已经扩充到4个。

进入1990年代以后，随着政治发生巨大变革以及M-Net等私营电视台的日益激烈的竞争，南非广播公司开始寻求变革和业务升级。该台在技术上持续加强投入推动设备升级，开通了付费数字卫星电视频道；同时在电视业务上重新整合频道资源，开通免费的SABC1－3台，并开通了一个电影卫星频道以及一个购物频道，旨在丰富观众选择，最终拓宽受众市场。1999年，南非广播公司开始了市场化转型，由原来的国家广播公司转变为由政府完全控股的面向市场的广播有限责任公司。到2003年，南非广播公司完成了从一个政府传播者到为所有南非人民服务的公共传播服务者的转变。①

二、发展现状

目前，南非广播公司是南非最大的广播电视机构。广播方面，该公司拥有23个广播电台，可向全国和国外发射，部分听众也可以通过卫星来收听。平均每日的电台听众总数超过2000万人，占到南非总人口的近一半。此外，南非广播公司还管理一个名为南非频道（Channel Africa）的面向国外广播的电台，该电台使用英语、法语、葡萄牙语和斯瓦希里语对全非洲的听众进行广播。该台的主要目的是，通过广播新闻和资讯节目建立南非和国际社会的联系，并对外代表真正的南非形象。②

在电视方面，南非广播公司拥有3个免费电视频道、1个24小时播放的收费频道。付费的SABC Africa频道通过卫星24小时播放数字电视，已有超过84万人次的观众观看过南非广播公司的卫星数字电视。该公司现有的3个无线电视频道中，有2个是综合性的电视频道，SABC3则是以商业内容为主的频道。3个频道提供的电视节目侧重各有不同。SABC1和SABC3大部分时间都是非英语节目，有少量的英语节目。SABC2大部分时间的节目为英语节目。③

南非广播公司的节目从总体上可以分为三类：新闻节目、谈话节目、影视节目。新闻报道是SABC最重要的工作。目前，SABC电视新闻已实现整点播出，内容随时更新，不仅包括南非国内的新闻，还包括大量的国际新闻。④

三、报道特点

种族隔离政策废除之前，南非广播公司曾经是旧政府的“喉舌”，而在政治变革之后，它又成为“广大纳税人的公立电视台”，是南非无可争议的电视老大。⑤ 南非广播公司自身由政府控股的体制使其具有私营电视台所不具备的政府支持，因此该公司旗下的各电视台也多次承接国内大型活动的报道，在这一方面积累了丰富的经验。

---

① 陈菊香：《走近非洲，见证历史——南非广播公司简介》，《中国电视》2005年第4期。

② 中国经济网：《南非广播公司》，2007年7月27日，http://intl.ce.cn/gjzx/africa/sa/gsx/200707/27/t20070727_12337172.shtml，检索时间：2015年7月11日。

③ 中国经济网：《南非广播公司》，2007年7月27日，http://intl.ce.cn/gjzx/africa/sa/gsx/200707/27/t20070727_12337172.shtml，检索时间：2015年7月11日。

④ 中国经济网：《南非广播公司》，2007年7月27日，http://intl.ce.cn/gjzx/africa/sa/gsx/200707/27/t20070727_12337172.shtml，检索时间：2015－7－11

⑤ 平客：《南非电视：“中央军”与“民团”之争》，《南方周末》2010年6月17日第19版。

2010年南非世界杯官方合作电视台及赛事转播权就因此毫无悬念地花落南非广播公司。为转播世界杯，该公司动用了最顶尖的技术设备——4辆高清转播车，转播车上包括15台24讯道的高清摄像机和3台超级慢动作摄像机，[①]这些都是私营电视台所难以企及的。

但是，由于其浓厚的政治背景，这个南非电视的霸主在报道时受到较多限制，因此在突发新闻报道上相对缺乏灵活性，在与国内私营电视台竞争的过程中处于下风。例如，在2001年"9·11"事件报道中，南非广播公司就不敌南非私营电视台E-TV，未能及时快速地转播电视画面。

四、涉华报道

同为金砖国家的南非，对中国保持了较高的关注度。作为官方电视台的南非广播公司更是如此。在其官网以"China"为关键词进行搜索，能够发现以经济为主题的报道约占总数的三分之一。在此类报道中，南非广播公司主要关注中非经济合作、中国投资动向等议题，且态度积极，对中国不添加政治附加条件的对非经济援助与合作表示赞赏。如该公司官网在2015年7月14日刊载了一篇题为《中国协助南非发展核能技术》的文章，文中曾两次提到中国的协助是无条件的(with no conditions attached)。[②] 政治议题涉及了中国仪仗队阅兵、中日关系、南海争端、中美关系、77国集团等主题。由此可见，南非广播公司对中国外交关系表现出较高的关注度。从内容上分析，这类议题普遍采取了较为中立的态度，并未表现出明显的倾向性。

从信源角度分析，南非广播公司在报道中国国际关系时，大多转载来自路透社的稿件，而很少使用自采稿，更是缺乏来源于中国新闻机构所做的报道。这表明，南非广播公司对中国的认识在很大程度上仍依赖西方。

南非广播公司还多次对中国驻南非大使进行专访。2006年10月16日晚，南非广播公司非洲频道(SABC AFRICA)黄金时段播出时事访谈节目，邀请时任驻南非大使刘贵今和南非全球对话研究所执行所长勒佩尔(Garth Lepere)与该台高级制片人、主持人马可科拉(Daniel T. Makokera)就中非关系展开热烈而深入的讨论。该节目时间长达30分钟。[③] 2007年3月28日，即将离任回国的驻南非大使刘贵今再次应邀接受南非广播公司高级制片人、主持人Daniel Makokera的专访，就中南关系、中非关系和驻南工作感受等广泛话题发表看法。南非广播公司将这一访谈节目于刘大使离任前夕在其非洲频道(SABC AFRICA)全程实况录播，节目时长30分钟。[④] 2013年3月，驻南非大使田学军也接受了南非广播公司(SABC)专访，就中国国家主席习近平即将对南非进行国事访问并出席金砖国家领导人第五次会晤回答了记者提问。[⑤]

此外，南非广播公司还与中国高等院校展开交流。2013年7月22日下午，南非广播公司选派代表团到中国传媒大学进行学习交流，了解我国数字电视发展的经验与挑战。

---

① 平客:《南非电视:"中央军"与"民团"之争》,《南方周末》2010年6月17日第19版。

② 南非广播公司网站:China to help South Africa develop nuclear technology, 2015年7月14日, http://www.sabc.co.za/news/a/5f512080491a577499f4dd083fa4ce14/China-to-help-South-Africa-develop-nuclear-technology-20151407,检索时间:2015年7月11日。

③ 外交部网站:《中国驻南非大使刘贵今出席南非广播公司时事访谈节目谈中非关系》,2006年10月16日,http://www.fmprc.gov.cn/mfa_chn/wjdt_611265/zwbd_611281/t440613.shtml,检索时间:2006年10月17日。

④ 中国驻南非大使馆网站:《中国驻南非大使刘贵今接受南非独立传媒集团、南非广播公司电视台专访》,2007年3月28日,http://www.chinese-embassy.org.za/chn/dsxx/dshd/t307023.htm,检索时间:2015年7月11日。

⑤ 外交部网站:《驻南非大使田学军接受南非广播公司(SABC)专访》,2013年3月16日,http://www.fmprc.gov.cn/mfa_chn/zwbd_602255/gzhd_602266/t1021946.shtml,检索时间:2015年9月16日。

南非卫星电视五台 E.tv

南非卫星电视五台(E.tv)是南非的第二大电视台和第一大英语电视台。同时,南非卫星电视五台也是南非三家免费电视台中唯一一家民营电视台。该台以英语为主要播出语言,电视信号覆盖南非全境。南非卫星电视五台的总部位于南非首都开普敦,并在中国设有分社。

一、历史沿革

南非卫星电视五台始建于 1998 年 10 月 2 日,最初由迷笛电视公司(Midi TV)在其背后提供资金支持,自成立起便对南非电视台构成了一定的竞争威胁。2001 年 1 月,南非卫星电视五台因为与政府立场相悖,屡遭政府压制,但自开播以来其收视率节节攀升,或许正是由于其大胆独特的选片风格和视角,才让观众耳目一新,从而赢得了市场。2001 年发生的"9・11"事件是南非卫星电视五台发展过程中的一次重要契机。在"9・11"事件中,南非卫星电视五台更为迅速、及时地播报了相关消息及画面,也为其后来开通 24 小时新闻频道奠定了基础。

图 11　南非卫星电视五台的全新闻频道 eNCA

2008 年 6 月 1 日,南非卫星电视五台的全新闻频道 eNews 开播,成为南非第一个 24 小时播出新闻的电视频道,成为直播报道、突发新闻等新闻资讯的首要信源。2012 年,频道更名为 eNCA(e News Channel Africa),突出对自身定位的提升,成为全非洲的新闻频道。2013 年,eNCA 推出多媒体网络平台 www.enca.com,同时上线的还有移动应用客户端,志在为广大受众提供随时随地、随心所求的新闻资讯服务。①

二、发展现状

图 12　南非卫星电视五台旗下高清频道

南非卫星电视五台现在隶属于易荷易视(Sabido)传媒投资集团旗下。该集团是非洲大陆最大的传媒集团之一,由南非约翰内斯堡上市公司霍斯肯投资集团(Hosken Consolidated Investments,简称 HCI)控股,该公司控制着非洲最大的博彩集团,在整个非洲共拥有 14 家赌场和 94 家酒店,影响力极大。

然而,南非卫星电视五台的开普敦办公室坐落在一座完全不起眼的普通写字楼内,办公区与演播区的划分尽可能节省空间,新闻直播室狭小,与国控南非广播公司的排场相比显得有些寒酸。作为一家民营商业电视台,该电视台以广告收入为主要盈利来源。② 在对外合作方面,南非卫星电视五台与加纳广播公司、肯尼亚广播

① eNCA 网站:http://www.enca.com/about－enca,检索时间:2015 年 9 月 10 日。

② 平客:《南非电视:"中央军"与"民团"之争》,《南方周末》2010 年 6 月 17 日第 19 版。

公司、澳大利亚广播公司及美国的公共广播公司等多国主流媒体有业务合作关系。[①]

如今,南非卫星电视五台旗下还设有多个高清频道,包括电影台(emovies+)、娱乐频道(ekasi+)、非洲频道(eafrica+)、少儿频道(eteenz)和音乐频道(beatlab.tv)等。现在,南非卫星电视五台的收视率甚至高于国有的南非电视台。可以说,南非卫星电视五台已经在南非的电视行业中占据了一席之地。同时,南非卫星电视五台的全新闻频道 eNCA 覆盖非洲 49 个国家,在整个非洲大陆的电视新闻市场可以占到 70%的份额。[②]

三、报道特点

自民营电视机构南非卫星电视五台开播后,其独特的制作手段和新颖的播报内容便在整个南非掀起了收视浪潮。其中,南非卫星电视五台的新闻频道播报内容大胆,能够深入南非不同社区,及时发现并报道各种冲突与变化。它制作的电视剧及电视节目也更能迎合南非普通观众的需求,南非人民常说"我们终于有了一个不需要仰着脖子看的电视台了"。成立短短几年间,南非卫星电视五台以亲民的态度,给南非观众留下了极佳印象。虽然硬件设施不是一流的,但南非卫星电视五台一直致力于创新,尽可能让新闻播报在电视上看起来更专业,当类似"9·11"这样的突发新闻发生时,新闻编辑部和直播室能有效、迅速地运转起来。[③]

正如该台的口号"放飞你的想象力(Free Your Imagination)"一样[④],南非卫星电视五台在南非世界杯期间体现出了其作为一家新兴电视台的灵活机动。作为民营电视台的南非卫星电视五台并没有赛事直播权,也没有向南非广播公司购买转播信号。然而,南非卫星电视五台却别出心裁,在世界杯开幕后,推出了一档以足球生活方式为内容的世界杯节目 Playa,每日定时播出,节目内容包括赛后评论、幕后花絮、球队探班,还有世界杯在南非不同社区引发的各类事件的相关报道。新颖的形式颇受观众欢迎。[⑤]

四、涉华报道

2010 年,南非卫星电视五台在北京设立常驻记者站,约翰·贝利(John Bailey,中文名为钟贝利)成为南非卫星电视五台的驻华记者。现如今,他已成为南非卫星电视五台驻中国分社的社长。

其实,自 1995 年起贝利就开始在南非国控广播公司工作,也曾担任驻北京记者,自 2008 年起便奔波于北京与开普敦之间,向非洲报道中国。2008 年汶川地震期间,贝利曾到四川灾区进行现场报道。自该年至今,贝利年年向非洲观众报道中国的两会情况。2010 年,贝利曾就南非总统祖马访华以及中南关系、两国经贸合作等方面的问题采访了中国非洲司卢沙野司长。[⑥] 2013 年 3 月 19 日,贝利又就中非关系在人民大会堂与其他国家记者联合采访了中国国家主席习近平。[⑦] 2013 年 10 月 31 日,贝利还在第二届金砖国家财经论坛的圆桌会议上进行了发言。[⑧]中国国际广播台、《中国日报》、新华社等多家中国媒体曾对约翰·贝利做

图 13　南非卫星电视五台驻华记者钟贝利

---

① 王丹娜:《南非国际传播的发展与特点》,《中国记者》2012 年第 3 期。

② 《易荷易视(北京)传媒咨询有限公司简介》,http://www.wealink.com/gongsi/jianjie/1596381/,检索时间:2015 年 5 月 11 日。

③ 平客:《南非电视:"中央军"与"民团"之争》,《南方周末》2010 年 6 月 17 日第 19 版。

④ TVSA :About e.TV, 2015,http://www.tvsa.co.za/channels/viewchannel.aspx? channelid=4,检索时间:2015 年 5 月 11 日。

⑤ 平客:《南非电视:"中央军"与"民团"之争》,《南方周末》2010 年 6 月 17 日第 19 版。

⑥ 中华人民共和国驻开普敦总领馆:《非洲司卢沙野司长接受南非卫星电视五台记者约翰·贝利采访内容全文》,2010 年 8 月 23 日,http://www.fmprc.gov.cn/ce/cgct/chn/xwdt/t726241.htm,检索时间:2015 年 5 月 11 日。

⑦ 微民网:《关于巴西世界杯习总发话了》,2013 年 3 月 21 日,http://www.vimiy.com/a/dazahui/170252.html,检索时间:2015 年 5 月 11 日。

⑧ 中国经济网:《南非卫星电视 5 台记者贝利发言》,2013 年 10 月 31 日,http://intl.ce.cn/zhuanti/2013/brics/lts/yztl/201310/31/t20131031_1694172.shtml,检索时间:2015 年 5 月 11 日。

过专题采访。

总体来看,南非卫星电视五台播出的涉华节目大都围绕中国社会文化及在中国的非洲人等主题,对中国的政治经济等话题涉及不多。在其官网上搜索出关于中国的节目有:来自中国的明信片(Postcards from China)、中国风土人情(China Faces and Places)、中国纪录片及最受欢迎的中国功夫盛宴(Kong－Fu Festivals)。[①] 2009 年 3 月,中国电视节目交易中心与南非 E.tv 电视台签署电视连续剧《李小龙传奇》电视播映授权合约,这部电视剧集合了功夫、爱情、明星等非洲观众喜爱的元素,[②]成为非洲人民了解中国文化的一个窗口。

就卫星电视五台的报道来看,与中国相关的消息相对较多,可以在网上找到的资源都与南非 E.TV 北京分社社长约翰·贝利相关,或是由他而作,或是中国媒体对他的采访。而这部分报道关注的主题主要包括与中国的政治交往、中国经济发展及时事新闻等方面的内容。例如,在今年"东方之星"号客轮翻沉事件发生后,贝利在接受媒体采访时表示,面对灾难,中国政府的做法是值得肯定的,中国政府快速反应,协调各方面力量,出动了大量人力物力,尽最大努力搜救幸存者以及搜寻遇难者的遗体。在那样艰难的条件下,进行这样大范围的搜救并不容易。中国政府通过社交媒体发布了及时准确的信息,让外界了解搜救工作的进展。[③] 此外,在贝利自己做的报道中,也不乏对中国与南非关系的发展希冀。就中非关系的发展,在 2014 年 8 月他曾发表题为《中非关系紧密,却不平等》[④]的文章,主要采访在中国做贸易的非洲商人,报道内容相对中立。但他个人在 2012 年时曾接受 FT 中文网的专访,在视频节目《对话南非 E.TV 钟贝利》中他说道,中国更愿意倾听非洲人民的声音,对待他们更公平。[⑤]

综上,南非卫星电视五台对中国还是持开放态度的。

---

① eTV 网站. http://www.etv.co.za/search/node/China? page=11,检索时间:2015 年 5 月 11 日。

② 李法宝:《试论中国电视剧在非洲的传播》,《中国电视》2014 年第 1 期。

③ 中国共产党新闻网:《国际舆论积极评价中国应对"东方之星"号客轮翻沉事件》,2015 年 6 月 8 日,http://theory.people.com.cn/n/2015/0608/c49154－27118374.html,检索时间:2015 年 9 月 10 日。

④ eNCA:Africa－China trade: a strong yet unequal relationship, https://www.enca.com/africa－china－trade－strong－yet－unequal－relationship,检索时间:2015 年 5 月 11 日。

⑤ FT 中文网:《对话南非 E.TV 钟贝利》,http://www.ftchinese.com/video/1029,检索时间:2015 年 5 月 11 日。

尼日利亚

《笨拙报》*The Punch*

在非洲各国中,尼日利亚的新闻出版业比较发达。全国各种期刊杂志上百种,报纸20余种,电台和电视台近百家。《笨拙报》(*The Punch*)是尼日利亚阅读最广泛的报纸之一。① 该报新闻来源较广,经常刊登评论性的文章,在全国以及地区内都有较大影响,发行量比较大。②

一、历史沿革

《笨拙报》由一对朋友——会计师詹姆斯·阿博德林(Aboderin)和前《每日时报》专栏作家、编辑山姆·爱姆卡(Sam Amuka)创办,由山姆·爱姆卡担任《笨拙报》的第一任编辑。1976年11月,两人在出版了第一期周日刊之后,开始出版《笨拙报》日刊。他们将两个版本均设计成比其他报纸更友好的"非政治报道"形式,将日常政治新闻结合社会事件一起报道。

初创时期,该报坚持挖掘大多数人关心的广泛话题,但是到了第二共和国后期,政治上的突变给报纸内容也带来了很大变革。此时的《笨拙报》逐渐开始拥有政治立场,主要是支持沙嘎(Shagari)政权。不过在沙嘎政府任期结束前几天,几位编辑们也察觉到政变逼近,在报道中又开始注入许多反政府论调。

在其发展历史上,与其他报纸一样,《笨拙报》也不能幸免于该国独裁政权的压制。1990年,《笨拙报》编辑曾被判入狱54天。1993年至1994年,该报出版社还曾经被统治者关闭。

二、发展现状

目前,《笨拙报》出版有三个版本:《笨拙报》《周六版笨拙报》和《周日版笨拙报》,三张报纸几年来一直保持着很高的阅读量纪录。而其网络在线版也在近三年以来渐渐获得声誉,逐渐成为最新消息和评论的权威来源。③

目前,《笨拙报》由尼日利亚笨拙有限公司所有(Punch Nigeria Limited,为私人公司)。《笨拙报》在拉各斯市的伊科贾岛编辑出版,每日出刊24版。④

三、报道特点

《笨拙报》的最大特点,就在于它报道的内容涵盖范围和层次十分丰富,各个领域的内容也都在其官方网站上有所体现。

该报在其官网上自称是"尼日利亚阅读人数最多的报纸/阅读最广泛的报纸"。主要原因大概就是《笨拙

---

① 《笨拙报》网站:http://www.punchng.com/,检索时间:2015年7月11日。

② 外国新闻界概况编辑室:《外国新闻界概况》,新华出版社1982年版,第582页。

③ 《笨拙报》网站:http://www.punchng.com/,检索时间:2015年7月11日。

④ 潇湘:《尼日利亚大众传播业概略》,《新闻与传播研究》1998年第1期。

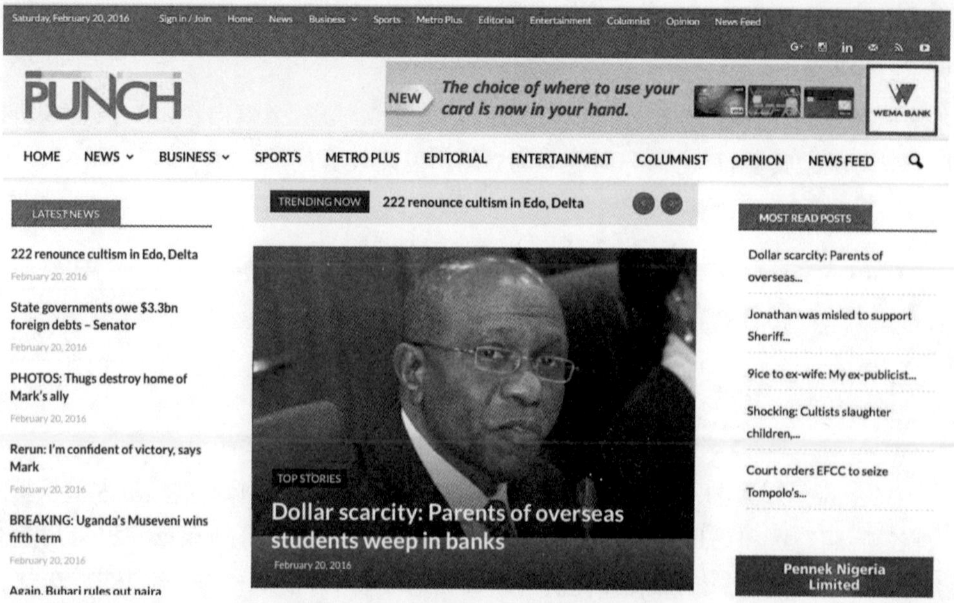

图 1 《笨拙报》网站首页

《笨拙报》网站：http://www.punchng.com，检索时间：2016 年 2 月 20 日。

报》的市场定位："任何一个有基本识字能力"的读者都是《笨拙报》的目标人群。另一个原因在于其内容涵盖十分多样，各个层次的信息都包含在内的特点。该报纸官方网站就设有"专栏""新闻""政治""经济""娱乐""专题"等多个项目，还专门设有疟疾讨论专区（Malaria Portal）。这一专区结合当地特色，主要进行关于疟疾的用药禁忌、经验分享等。此外，上述多个项目还包括了若干分支，比如"娱乐"一项下面，包括婚礼、校园、流行等内容；"专题"则包括婚姻问题、生活、汽车以及周六周日刊等，主要讲一些个人趣味故事、名人成功故事、个人生活故事等，吸引了很多读者。

四、涉华报道

《笨拙报》对中国保持了较高程度的关注，报道内容方面也有自己的倾向和选择。

首先，从报道量上讲，该报对中国的报道十分丰富。以其官方网站为例，以"China"为关键词搜索，可以看到该网站几乎每周都会刊登有关中国的报道，多时甚至会达到每天刊登报道的频率。而且这些报道中的绝大多数都是直接以中国为选题的正面描写，侧面提及中国的往往占少数。这能从一个方面证明《笨拙报》对于中国的重视程度。此外，从消息来源角度分析，《笨拙报》的涉华报道中新华社的稿件占了很大的比例，这在一定程度上有助于中国在非话语权的提升。

其次，在报道领域上，《笨拙报》几乎涵盖了中国新闻的方方面面。从其官网的新闻来看，《笨拙报》涉华报道话题涵盖中国经济、科技、外交、法律、体育、政治（如反腐问题）、文化、两岸关系、邻国关系、社会新闻、灾难新闻等各个层面，涉及面十分丰富。其中关注较多的是有关中国经济发展的报道。如中国对尼日利亚的资金援助、中国的石油进口情况、就业情况、税收政策、商业市场报道等。当然，在国际重大新闻发生时，如果有中国的参与，该报也会报道中国政府的行为（如中国政府对抗埃博拉的报道等）。

最后，在报道态度上。该报在报道新闻时取向比较客观，选取的信息也比较公正；在发表评论时则是秉承"以我为中心"的态度，一般都是代表本国立场、服务于本国利益的。例如，在该报 2015 年 5 月 22 日一篇有关中国的亚投行建设情况的报道中，就分别阐述了美日等国对亚投行表示的不信任、英国等其他国家的加入这两方面的信息，最后对于亚投行的评论立场则是：尼日利亚对亚投行不发表评论，但是尼日利亚政府应该将这些资金为我所用。[①] 该报道案例体现了该报选材和报道他国行为时的客观态度,以及在处理涉及尼日利亚利益的新闻时"以我为中心"的出发点。

综合来看,《笨拙报》对中国保持了较高程度的关注,且关注领域广泛,偏向经济。该报涉华报道比较客观,由于其报纸立场与官方关系紧密,评论部分则从本国立场出发发表言论。

《今日报》*This Day*

THIS DAY LIVE

《今日报》(*This Day*)是尼日利亚最重要的主流媒体之一,也是尼日利亚发行量最大的报纸之一,总部位于首都阿布贾,在拉各斯、阿布贾和尼日尔三角洲三地设有印刷处。它是尼日利亚第一家采用整版彩印的报纸,许多首创之举引得同行纷纷效仿。《今日报》提供的新闻内容丰富,涉及政治、经济、体育、生活、健康等方方面面。不仅如此,因其覆盖读者广泛,在尼日利亚拥有很大的影响力。国内读者普遍认为,不经《今日报》报道的消息,就是不可信赖的消息。

一、历史沿革

《今日报》隶属于尼日利亚今日报有限公司,创刊于1995年1月22日。创刊之初,就因报道重大的政治、经济新闻而大获成功。《今日报》曾几次夺得新闻报道的"第一名",从1995年起,连续三年获得了尼日利亚的"年度报纸奖"。

1995年,《今日报》曾成功报道了政变导致奥卢塞贡·奥巴桑乔(Olusegun Obasanjo)和谢胡·穆萨·亚拉杜瓦(Shehu Musa Yar'Adua)等人被监禁的事件。1996年5月11日,尼日利亚的首任总统本杰明·纳姆迪·阿齐克韦(Benjamin Nnamdi Aziki－we)逝世,《今日报》先于其他媒体发出了这个消息。

《今日报》以敢言著称,有时甚至不惜与强权做斗争。1993年,尼日利亚将军阿巴查(Sani Abacha)发动政变,成功地攫取了最高权力。1998年,阿巴查突发心脏病死亡。在阿巴查统治四年半的时间里,法治倒退,贪腐公行,这是尼日利亚历史上一段不堪回首的时光,阿巴查因此被尼日利亚人称为国贼(National Thief)。在此期间,《今日报》进行了长时间的追踪报道,公开宣称追求民主,反对独裁的军事统治,导致该报的记者时常遭受拘留和监禁,其总裁和主编曾被关押在军事情报部(DMI)长达七天,最后总裁被迫辞职。

二、发展现状

《今日报》是尼日利亚商界、政界精英的首选报纸,拥有大量的高端广告客户。并且被认为是在全球范围内最知名和最有影响力的全国性媒体品牌之一。

《今日报》是尼日利亚传媒产业的创新者和引领者,有很多创新之举值得称赞,如在封底刊登广告或是有特点的评论、星期日版的华丽包装等。近期,《今日报》推出ARISE杂志,全球文化,该杂志现在在全球范围内的多国出售。

对于很多尼日利亚人来说,他们都有着这样的共识:如果一条消息不是《今日报》报道出来的,那它就是不可信的。

《今日报》现有团队如下:

---

① The Punch: Nigeria can do with China's Free Funds, 2015年5月22日, http://www.punchng.com/opinion/nigeria－can－do－with－chinas－free－funds/,检索时间:2015年7月11日。

领导队伍——

主席/行政总裁/总编:Nduka Obaigbena

董事总经理/首席营运官:Eniola Bello

副董事总经理:Kayode Komolafe

编辑队伍——

编辑/分区总监:Ijeoma Nwogwugwu

《今日报》星期日版编辑:Tokunbo Adedoja

《今日报》星期六版编辑:Shaka Momodu

时尚杂志编辑:Ruth Osime

商业团队——

集团执行董事:Israel Iwegbu

运营总监:Emmanuel Efeni

机构事务总监:Gbayode Somuyiwa

财务副主任:Peter Iwegbu

国际版领导团队——

国际版副总裁:Getenesh Gizaw

网络版团队——

技术总监:Danboyi Victor Ojogun

网站管理员:Fred Ojeh

三、报道特点

《今日报》的总部位于阿布贾的中央商务区,这里也是《今日报》每年举行"卓越奖"颁奖典礼的地方。一年一度的颁奖典礼吸引了许多世界著名的政治家,如美国前总统比尔·克林顿和乔治·华盛顿·布什,墨西哥前总统比森特·福克斯和前联合国秘书长科菲·安南。此外,该活动的主持人也很有特色,包括前英国首相托尼·布莱尔和戈登·布朗、前澳大利亚总理约翰·霍华德、美国国务卿赖斯和基辛格、鲍威尔将军,还有前德国总理格哈德·施罗德、前法国总理多米尼克·德维尔潘、前爱尔兰总理伯蒂·埃亨以及哈佛大学教授拉里·萨默斯、奥巴马前经济顾问、前世界银行行长史蒂夫·福布斯等。

除此之外,《今日报》也会举办一些其他涉及尼日利亚社会和情报类的知名活动,通过各种出版物、商务活动、文化橱窗和节日活动,在发挥"把世界介绍给尼日利亚,把尼日利亚介绍给世界"作用上扮演着重要的角色。如今,《今日报》相信并秉承其社论价值,迅速成为一个全球性的媒体平台,正在以一个有活力的姿态,用非洲的视角报道着世界动态。

四、涉华报道

《今日报》对中国的关注十分密切,涉及中国的报道量很大,具体来说有以下几个特点:

首先,在报道数量上,对华报道的篇幅较多。以"China"为关键词在其官方网站上进行搜索,结果显示,几乎每天都会有涉及中国的报道,多则2—3篇,少则1篇。仅在2015年4月26日到7月16日这不到三个月的时间里,涉及中国的报道就有至少100篇(受搜索系统限制,每次最多能显示100篇报道)。其中"China"一词出现在题目中的概率大概占三分之一,也就是说,其余的三分之二至少在内容中涉及中国。

其次,在消息来源上,涉华报道以自采为主,发表的相关评论、分析大部分都由报纸内部所撰写。在少数援引其他媒体的报道中,新华社的稿件占绝大多数,如2015年4月27日,该报援引新华社的稿件说明中国西藏的地震死亡人数。2014年2月14日,中国驻拉各斯总领馆代总领事邱舰对尼日利亚《今日报》进行了专访,该报全文刊登了专访的过程和内容,发出了“中国是尼日利亚在技术和基础建设方面最好的合作伙伴”的积极信号。

再次,在报道内容上,主要关注中国的经济领域。较多地涉及中国与尼日利亚以及非洲的经济往来,如中国对尼日利亚农业和基础设施的投资、中国石油进口、中非石油贸易等,这也与两国经济往来的密切有关。在其 2015 年 5 月的 35 篇涉华报道中,关于经济的有 23 篇,社会的 4 篇,体育的 3 篇,教育的 2 篇,政治的 1 篇,由此可见经济领域的报道占比之多。

最后,在报道倾向上,总体上来说较为客观。如在报道中,该报一般都会客观地评价中国经济的发展形势,指出这对尼日利亚等非洲国家有很大的借鉴意义。此外也会涉及关于中国对尼日利亚等非洲发展中国家的资助政策以及发展中国家的经济发展预期等内容。

《每日时报》*Daily Times*

《每日时报》(*Daily Times*)是尼日利亚的一份英文日报,是尼日利亚创办最早的报刊之一,在政府控股的报纸中享有较高声望。

一、历史沿革

尼日利亚每日时报有限公司成立于 1925 年 6 月 6 日。初创时名为尼日利亚印刷与出版有限公司。1926 年 6 月 1 日起,公司开始印刷报头为《每日时报》的报纸。公司成立之初的主营业务是“作为《每日时报》以及其他几份报纸、期刊和杂志的印刷商、出版商、广告代理和销售商,并开展相关业务”。后在 1963 年 5 月 30 日举行的股东特别决议上,公司更名为尼日利亚每日时报有限公司(Daily Times of Nigeria,简称 DTN),迅速发展成为尼日利亚领先的报业公司,也是最早在非洲大陆建立的报业公司之一。

1963 年 6 月,DTN 成为一家上市公司,其股份于尼日利亚证券交易所挂牌上市。1925 年到 1947 年这段时间,DTN 的所有权几经易手。1935 年,被利物浦商人保罗私人收购,后于 1947 年被每日镜报集团(DMG)收购。1963 年,DTN 的所有权开始逐步转移到本国国人手中。直到 1974 年 3 月 31 日,尼日利亚企业促进法令颁布,DTN 成为全资的尼日利亚公司。1975 年 9 月 1 日,尼日利亚联邦政府通过尼日利亚全国保险公司(尼孔),获得了 DTN60%的股份。

到了 20 世纪 70 年代,DTN 已成为家喻户晓的名字和尼日利亚知名的公共媒体机构。该公司在很大程度上控制着尼日利亚出版业,其报纸和出版物于全国各大城市和城镇发行,甚至包括西非邻国加纳和喀麦隆,在伦敦、纽约和东非也设有办事处。在发展的巅峰时期,该公司出版的报纸和刊物包括了《每日时报》《星期日时报》《拉各斯周末》《体育时报》《工商时报》《时报院研究》《时报评论》《时报文摘》和《标题》等众多纸媒。

当时,《每日时报》是尼日利亚唯一一家发行量达到 500000 份的报纸,可以说已经成为尼日利亚报业的庞然大物,正处于其成功和辉煌的顶峰时期。1977 年,联邦政府接管了 DTN 公司的总控制权,尽管公司之后继续呈现繁荣状态,利润回报也很高,但它很快就处在政府的政治压力之下,业务上也出现了财务不足和鲁莽决策的现象,公众的评价开始转向负面,导致该公司业务和财富下滑。由于失去了对市场的把握,《每日时报》及其公司的荣耀很快衰落,政府别无选择,只能将其出售。

2004 年,公共企业机构和奥巴桑乔政府决定让表现不良的半国营企业和机构私有化,拉开了尼日利亚每日时报有限公司的私有化序幕。开本传播有限公司作为最高竞价者,最终赢得《每日时报》96.5%的股份。开本传播有限公司完成收购,成为《每日时报》核心投资者之后,及时开始技术管理再造和重新调整,以满足 21 世纪的巨大需求和报业挑战,通过战略品牌重塑,定位重新调整,为《每日时报》重新成功进入市场提供保证。这些措施是为了给以前DTN公司旗下家喻户晓的报纸品牌带来稳步复兴，包括《每日时报》《工商时报》《星期日时报》和《拉各斯周末》等知名报纸。开本传播有限公司不顾其他股东的意见分歧和其他商业干扰，在公共企业局的支持下，加快推进《每日时报》的改革。为使该报回归荣誉，赢回读者喜爱，开本传播有限公司进行了必要的基础设施开发和初始资本投入。开本传播有限公司投入了国家最先进的设备，采购了印刷设备，花费金额达数亿奈拉，使报纸具有卓越的印刷质量。

二、发展现状

《每日时报》的发展经历，突出表明了新闻出版的衰落。落后的阅读文化、文盲、贫穷以及低行业投资回报(ROI)，都是尼日利亚报纸发行量减少的原因。广告商在对报纸的投资上也变得更加谨慎，他们坚持物有所值，把目光转向了以网络平台为主的其他媒体，从而大大削减了印刷品中的广告预算。

图2 《每日时报》网站首页

图片引自《每日时报》网站：http://dailytimes.com.ng，检索时间：2015年7月11日。

目前，尼日利亚正经历着信息通信技术的变革，带来的结果是在线投资的提升。现有数据显示，尼日利亚约有40亿互联网用户，其中70%是社交媒体用户。对于寻求收入来源的信息市场行业来说，网络平台已经成为新的浪潮。《每日时报》利用这样的大趋势，开启了彻底性的革新，以全新的方式重新进入市场。2011年3月1日，《每日时报》数字新闻推出。除了在ICT基础设施上的投资，《每日时报》还组建了一个顾问团队，由具有当地经验和国际经验的项目管理和技术人员组成。诸如此类的努力，是其重新回归市场、将《每日时报》建设成为一个可持续发展的企业的第一步。对于新闻出版业，开本传播有限公司通过与国际伙伴合作，已完成了主打品牌《每日时报》的重塑品牌项目计划，并带领着大无畏的编辑和设计团队，准备重新打入市场。该报将继续在商业竞争中保全印刷行业，并励志在不久的将来复兴出版业。

毫无疑问，报业私有化以来，消息不灵通和长期的商业分歧是报业巨头不景气的原因。但是，作为核心和战略投资者，《每日时报》的承诺和决心丝毫没有减弱。开本传播有限公司将不顾一切挑战，继续将《每日时报》

打造成为多元化经营的私有品牌。①

三、报道特点

《每日时报》的报道范围十分广泛,包括:要闻(分为尼日利亚、非洲、世界三个层次)、政治、经济、体育、教育、科技、文艺等等,甚至还包括特刊形式、电子刊形式、论坛形式和评论形式的信息。此外,从来源上讲,自采新闻较多,转载援引较少。

同时,《每日时报》还设有评论专栏,由该报知名评论员对国内外的热点问题展开署名评论。这种署名评论的形式,使得观点比较自由,行文和语言比较多样,多用第一人称写成,同时培养出了一批知名评论员(如 Yinka Olujimi 等),打出了该报品牌。

在日常要闻报道之外,《每日时报》网站还有一大特点,就是丰富的专题报道。如“选举”专题之下,该网站会将所有与选举相关的信息、报道、观点汇集于此,不仅包括各国当年的选举进展,还包括专家对于选举形势的分析等内容,方便读者查阅,对选举活动感兴趣的读者可以直接在此专题下了解足够的信息。②

www.dailytimes.ng
Daily Times
Since 1926
For the People, without fear or favour
NSE GAINERS AND LOSERS AS AT 11 February 2016
GAINERS
LOSERS
N150
Boko Haram now under ISIL control -ex-US envoy
• No Nigerian territory under Boko Haram control, says Buhari • EU to donate $50m to support fight against insurgents
Continued on page 6
Lamido's case adjourned over witness's incoherent testimony → 12
Anambra Central rerun: INEC bars APC, PDP? → 8
IMF nominates Largarde for second term → B1
Juliet Ibrahim: I came into acting by accident → L1
• Appeal Court nullifies impeachment of Nyako → 12

图 3 《每日时报》头版

四、涉华报道

《每日时报》对中国保持着一定程度的关注,在报道内容方面也有自己的倾向和选择。

首先,《每日时报》的涉华报道数量,与大多数非洲媒体相比较多。以其官方网站为例,以“china”为关键词搜索之后可以发现,该网站几乎每周都会刊登有关中国的报道,多的时候甚至达到每天 1 篇的频率。其中有近半数报道会在题目中直接体现“china”字眼。

其次,在报道领域上,《每日时报》的报道涵盖的范围比较多样。该报的涉华报道领域包括:外交关系(如中国和巴基斯坦共商区域安全、中日领导人见面等报道),经济发展(如中国与欧洲旅游业合作、中国对某国的经济援助等报道),体育赛事以及突发事件等(如矿难、化工厂爆炸事件等报道)。当然,在国际重大新闻发生时,如果与中国相关,该报也会客观地报道中国参与的情况。比如 2015 年 4 月 25 日发生的尼泊尔地震中,《每日时报》就于 4 月 27 日报道了中国的死亡人数等内容;③再如在有关全球气候的问题上,该报会谈到中国的相关政策等。

最后,就其报道态度来看,该报对中国的报道比较客观中立。以报纸官方网站 2015 年 4 月 22 日的一篇关于中国矿难的报道来说,虽然这篇报道的题材偏向消极,但是文章结尾却表示,中国近年来因安全措施的提高,矿难发生的数量已经大大减少了。虽然表面上看起来这是个客观事实,但是属于客观事实的积极方面,能够注意并报道这一方面,在一定程度上可以证明《每日时报》能够从客观的角度观察分析中国④。再拿 2015 年 4 月

① 《每日时报》网站:http://dailytimes.com.ng/about/,检索时间:2015 年 7 月 11 日。

② 《每日时报》网站:http://dailytimes.com.ng/about/,检索时间:2015 年 7 月 11 日。

③ 《每日时报》网站:Nepal Earthquake Saga, Death Toll Hits 986,2015 年 4 月 25 日,http://dailytimes.com.ng/nepal－earthquake－saga－death－toll－hits－986/,检索时间:2015 年 7 月 11 日。

④ 《每日时报》网站:Seven Dead, 17 Trapped In Flooded China Coal Mine, 2015 年 4 月 22 日,http://dailytimes.com.ng/seven－dead－17－trapped－in－flooded－china－coal－mine/,检索时间:2015 年 7 月 11 日。

23日对中日领导人见面的报道来说。在谈到中日冲突时,该报分别列出了中日两国对对方的指控,避免下判断和结论,且篇幅长短相当,这就说明在这一问题上《每日时报》是秉承客观不站队的立场的①。另外,在其报道范围的选取上,也可以说明问题。该报既没有集中精力报道中国的负面新闻,也没有一味地关注积极向上的正面新闻,而是报道了具有新闻价值的事件。

综合来看,《每日时报》对中国的关注比较多,这与中国越来越与世界接轨以及积极参与国际事务有关,也与中国和以尼日利亚为代表的非洲国家往来日益密切有关。从内容上看,《每日时报》涉华报道涵盖领域比较丰富,政治、经济、社会、文体几乎无所不包。同时,报纸对华态度相对较为客观中立。

《卫报》*The Guardian*

TheGuardian

Conscience, Nurtured by Truth

《卫报》(*The Guardian*)是尼日利亚发行时间较长的英文日报,总部位于拉各斯,隶属于卫报有限公司。其读者定位在精英阶层,被誉为"尼日利亚最受人尊敬的报纸"。

一、历史沿革

《卫报》创立于1983年,创立者是企业家亚历克斯(Alex Ibru)和前英国《每日时报》的高级记者斯坦利(Stanley Macebuh)。1983年2月22日,《卫报》的创刊号发布,那时还只是周报,每周日出版。从1983年7月4日开始,《卫报》正式变更为日报。

《卫报》的发展史,是一部为自由而斗争的历史,它的努力过程为其奠定了声誉。

20世纪90年代初,《卫报》进行了长期"反对使用传统酋长地位头衔称呼尼日利亚人"的斗争,呼吁使用"先生"和"夫人"来代替,体现了进步的思想。《卫报》还为争取新闻自由进行了长久的斗争。在布哈里(Muhammadu Buhari)经营期间,记者汤普森(Tunde Thompson)和伊拉博(Nduka Irabor)因违反1984法令第四条被送到监狱,而该法令就是以压制新闻自由出名的,这次事件虽然是以记者被押送监狱为结局,但是却为《卫报》换来了声誉。

1989年8月26日,《卫报》发表了由人权活动家Bekolari Ransome－Kuti博士撰写的题为"致总统的公开信"的文章,文章中批评了越来越严重的言论自由压制。此事使得《卫报》的老板亚历克斯遭到阿巴察(Sani Abacha)军事政府的暗杀,但他成功逃脱。1996年2月2日,他又被放火烧车,所幸被救,但受伤住进医院。此事直到1998年6月阿巴察突然去世后才有所缓解,之后法律开始对阿巴察的儿子穆罕默德·阿巴察及其首席安全官哈姆萨(Al－Mustapha)提出诉讼。最终,2010年12月,拉各斯高等法院才宣布涉及此事的作者和《卫报》相关人员无罪。②

二、发展现状

《卫报》虽由一个少数民族成员所有,但在新闻报道上却突破了狭隘的视野,自称独立于任何民族、宗教团体、政党和利益集团之外。依靠其广泛的报道范围和独立公正的论调,《卫报》得以在尼日利亚众多的报纸中长期生存,并且保持受欢迎的地位。

---

① 《每日时报》网站:Chinese, Japanese Leaders In Rare Meeting, 2015年4月23日, http://dailytimes.com.ng/chinese－japanese－leaders－in－rare－meeting/,检索时间:2015年7月11日。

② 《卫报》网站:http://www.ngrguardiannews.com/about－us/,检索时间:2015年7月17日。

在出版早期,《卫报》是不刊登广告的,但这一做法在 1989 年被打破。经过 20 多年的发展,《卫报》的广告收入已相当可观,特别是依托于精英的读者群体,高端广告成为收入的主要来源。与《笨拙报》专门"吸引工人阶级"的目标不同,《卫报》的受众主要集中于受过教育的精英群体。以这两张报纸为界限,尼日利亚的其他报纸一般处在二者之间。①

TheGuardian
Conscience, Nurtured by Truth
Vol. 30, No. 12,629 Friday, July 26, 2013 www.ngrguardiannews.com N150
Veteran journalist, Odunewu, dies at 85
National Assembly takes over Rivers legislature
. Senate seeks redeployment of Mbu
. Political tension over 2015, says Jonathan
. Rift threatens democracy, says ACN
. NBA urges president's intervention
Court orders PDP to suspend special convention - Page 2

图 4 《卫报》头版

三、报道特点

《卫报》在新闻报道上主要有三个特点:

首先,内容丰富。尼日利亚《卫报》的内容不仅涉及全球范围内的政治、经济、体育、娱乐等各方面的信息,还关注饮食、教育、法律等较为冷门的内容。除了报道新闻(包括国际新闻、国内新闻、非洲新闻和都市新闻等版块)外,该报还有大量的评论内容(包括名家专栏、社论、读者来信等版块)。

其次,注重质量。高质量的新闻、有深度的评论既是《卫报》创刊时的努力方向,也是其现在日常工作中的目标追求。相对于其他非洲国家,在新闻业发展程度较高、传媒竞争比较激烈的尼日利亚,《卫报》始终坚持"内容为王"的信条。

此外,事实至上。《卫报》的内容以经济新闻为主,这使得它对事实的精确性有更高的要求。《卫报》自称是代表"真理培养出来的良知"。这既是一句广告语,也是日常的编辑方针,指导《卫报》在追求事实的道路上精益求精。

四、涉华报道

《卫报》关于中国的报道有以下几个特点:

首先,涉华报道量比较大。以"China"为关键词在其官方网站搜索,发现其关于中国的报道数量很多,且在近年来有逐年快速增长的趋势。据统计,该网站在 2009 年、2010 年关于中国的报道分别只有 15 篇和 11 篇,而在 2011 年到 2014 年,网站上几乎没有涉及中国的报道,但在 2015 年,此类的报道出现了井喷式的增长。截至 7 月 16 日,相关的报道就有 981 篇之多。然而,就新闻来源来看,其中的报道大多数是援自法新社以及其他西方媒体,自采的只占少数。例如,2015 年 6 月的 23 篇报道中有 14 篇来自法新社,2 篇来自其他媒体,只有 7 篇是《卫报》自己的稿件。

其次,在报道内容上,几乎涵盖了中国的方方面面,涉及政治(如反腐)、经济、科技、外交、法律、体育、文化、两岸关系等。其中关注较多的是有关经济和科技的报道,如报道中国手机产业的发展情况、中国央行汇率变化以及自贸区建设等。还是以 2015 年 6 月的 23 篇报道为例,其中涉及经济领域的报道至少 9 篇,占到将近 40%。在经济报道领域,中非经济往来是报道的重点,如中国对吉布提农业和基础设施的投资、中国石油进口、中非石油贸易等,这也与两国经济往来的密切有关。当然,在国际重大新闻发生时,如果有中国的参与,该报也会报道中国政府的行为和中国的相关情况,这方面也是引用的信息较多。

最后,在报道态度上,倾向较为客观。从援引其他媒体的报道来看,涉及的领域涵盖得比较均匀,事实性的内容较多,观点性的内容较少。另外,在关于中国的报道上,该报报道偏多,评论偏少。例如,该报在 2015 年 5 月 9 日援引法新社关于中美在中国南海问题的态度报道时,就分别陈述了中国和美国的观点,而并未发表评论。②

① 《卫报》网站:http://www.ngrguardiannews.com/about-us/,检索时间:2015 年 7 月 17 日。

② 《卫报》网站:China Says US Report on its Military Distorts Facts,2015 年 5 月 9 日,http://www.ngrguardiannews.com/2015/05/china-says-us-report-on-its-military-distorts-facts/,检索时间:2015 年 7 月 17 日。

尼日利亚电视台 Nigerian Television

尼日利亚电视台(Nigerian Television,简称 NTV)是尼日利亚的官方电视台,由联邦政府新闻和通信部领导,现任执行董事长是玛雅基·穆萨(Mayaki B. Musa)。尼日利亚电视台的管理权归尼日利亚电视管理局(Nigerian Television Authority,简称 NTA)统一所有,NTA 是目前非洲最大的电视网之一,也是黑非洲第一个全球广播的电视网。[1]

一、历史沿革

尼日利亚电视台的历史沿革大致可以划分为两个发展阶段:前期独立发展时期和后期统一管理时期。

(一)独立发展时期:1962—1977 年

尼日利亚是非洲广播电视事业起步比较早的国家之一,从 1959 年起就开始创办广播电视台。尼日利亚联邦共和国是由不同的种族群体与高度发展的部落社会组织构成的,许多部落和国家在权力和影响之间存在着相互竞争,而尼日利亚的广播电视首先也是在与中央政府持反对立场的地区出现的。1959 年,西尼日利亚地方政府与一家英国公司合作,创办了尼日利亚最早的广播电视台,台址在伊巴丹。[2]

尼日利亚电视台(NTV)成立于 1962 年,是由联邦中央政府在首都拉各斯建立的。自尼日利亚电视台建立以来,政府先后在全国 20 个州建立了电视台。从 1977 年 1 月起,全国的电视台组成了电视联播网。每晚从 8 点到 9 点半由拉各斯总台通过卫星直接向各台联播文艺节目和新闻节目。拉各斯台每天播送节目 9 小时。[3]

(二)统一管理时期:自 1977 年起

1977 年,为了加强全国电视广播的统一管理和发展,联邦中央政府以"管理混乱带来了财政的浪费"为由,于 1977 年 5 月设立了尼日利亚电视管理局(NTA),将电视台的管理权统一收归国有。全国电视系统被分为了六个管理区域(Zonal Board),并赋予其政策制定、节目制作、广告监管等行政职权[4]。每区设立电视局,管辖 3—4 个电视台。这样全国电视台就均为联邦中央政府管理,电视局由总统特别顾问直接负责。尼日利亚电视局的第一任总局长和总经理分别是文森特·马杜卡(Vincent Maduka)和阿达穆·奥吉耶(Adamu Augie)。[5]

尼日利亚电视台(NTV)的设备较为先进,各台都播放彩色电视节目,新闻采访均采用英国 ENG 设备。[6] NTA 作为政府控制的全国性电视集团,拥有 101 个电视台,10 个地区性的电视网络,覆盖全国 90%的地区。其全国性的电视台实现了国际广播,电视节目被传送到了美国、加拿大和欧洲各主要国家。1996 年,NTA 将其总部迁至新首都阿布贾,成为非洲最大的电视网之一,以及黑非洲最早的全球广播电视网。[7]

---

① 陈力丹、钱婕:《外国新闻传播史》,中国人民大学出版社 2012 年版,第 155 页。

② 郭镇之:《中外广播电视史》,复旦大学出版社 2005 年版,第 194 页。

③ 陈大斌、王玉成主编:《国际大众传播媒介简介》,青岛出版社 1992 年版,第 229 页。

④ 陈力丹、钱婕:《外国新闻传播史》,中国人民大学出版社 2012 年版,第 155 页。

⑤ 外国新闻界概况编辑室编:《外国新闻界概况》,新华出版社 1982 年版,第 581 页。

⑥ 陈大斌、王玉成主编:《国际大众传播媒介简介》,青岛出版社 1992 年版,第 229 页。

⑦ 陈力丹、钱婕:《外国新闻传播史》,中国人民大学出版社 2012 年版,第 155 页。

二、发展现状

尼日利亚全国共有45个电视台,其中17个为私人有线电视和卫星转播站。NTA目前约有观众5000人。在全国划分的六个电视区中,36个州均有电视台通过卫星接收国家电视台的节目。

尼日利亚电视台的部分节目可以通过Africast和TelAfric Television(分别属于US和Canada)在线观看。它的新闻节目还频繁地被非洲独立电视和英国的BEN电视转播。在英国,尼日利亚电视台可以在星空电视台的202频道观看,但是自2010年3月起,NTA拒绝在星空电视台按次计费收看,随后便停止了在星空电视台上的转播。它也可以通过Galaxy 19台和国际通信卫星公司的507号、905号免费卫星在独立电视台局美国新亚电视台频道转播。

三、报道特点

尼日利亚电视台的节目特点主要有两个:

(一)英文节目为主,信息量不大

尼日利亚电视台(NTV)有两套节目,每天用英语播放15个小时左右,播放内容有新闻和当地节目,晚间10点后播放一些英、美故事片或喜剧片,偶尔也有印度电影和香港电影。目前,该台的总部设在拉各斯,节目主持人多能用较标准的英式英语播音,但有相当一部分记者播送节目时,用尼日利亚英语播送,包括英美人在内的受众可能不易听懂。新闻节目的信息量不太大,可视性也有待改进。图像质量有时还较差,画面跳动频繁,主要原因是录像带长期使用不更换。有时,该台还占用美国有线新闻广播公司(CNN)和英国广播公司(BBC)的频道播放节目。①

(二)内容独立性不强,代表尼日利亚政府声音

尼日利亚电视台一直被认为是尼日利亚政府的喉舌。尼日利亚所采取的美国式联邦体制不是十分成熟,执政党与其他合法党派之间互不信任,执政党经常将NTA作为批评其他党派的武器。于是盘踞在各州的党派高举1979年宪法中新闻自由的条款,在NTA的管理体系之外建立独立电视台,并借此发出自己的声音。因此通过研究尼日利亚电视台的发展历史,不难发现这样一个共同规律:在军人统治时期,NTA宁可播放反政府势力的演说,也拒绝播出执政党以外的合法党派所表达的政治见解。尼日利亚广播电视业自发端之时起,便一直处于"地方"与"中央"交织并存的状态中,它们之间的关系就如同连体婴儿一样,任何试图将它们分开的手术都必须在足够小心的情况下进行,即便如此也未必能成功。在漫长的军人统治时期,这一特征表现得尤为突出。

四、涉华报道

尼日利亚电视台的节目虽然不在中国的电视台播出,也不在中国进行转播,但尼日利亚在国家层面却一直与中国保持着良好关系,尼日利亚电视台还通过双方签订的供片协议定期播放中国题材的电视节目,致力于推进尼日利亚民众对中国的了解。

2014年9月17日,中国国务院新闻办公室影视数据库与尼日利亚国家电视台(NTV)签署了供片协议,根据协议规定,中方将定期向尼方提供中国题材的电视纪录片、专题片,供尼方免费播放。国务院新闻办公室副主任李伍峰在尼日利亚首都阿布贾会见尼日利亚国家电视台执行董事长玛雅基·穆萨时,完成了该协议的签署。

尼日利亚电视台董事长认为,中华民族是勤劳的民族,通过这一平台播放中国电视片,可进一步发展中尼

---

① 潇湘:《尼日利亚大众传播业概略》,《新闻与传播研究》1998年第1期。

关系。当时他还透露,豪斯语配音的中国电视剧《北京爱情故事》将很快在尼日利亚国家电视台的豪斯频道播出。在该协议之下,首批提供的《中国设计》《中国建筑奇观》《畅行中国》《从非洲看中国》《中国人的现代生活》《中国太空之旅》以及中国梦主题的《中国人物志——梦想篇》等12部影视节目,反映了中国经济、政治、文化、艺术、民生等多领域的发展及中非间的友好交流。此批节目还于2014年9月16日至22日期间在尼日利亚国家电视台的黄金时段循环播出,向尼日利亚人民展示了一个既传统又现代的中国。

供片协议的签署旨在进一步扩大中尼两国人文交流,增加相互理解,深化双方的传统友谊。正如李伍峰所言,"通过尼日利亚的国家电视台播出中国内容的电视片,一方面是中尼友好的需要,另一方面是市场发展的需要。有很多尼日利亚朋友到中国去,也有中国朋友到尼日利亚进行建设项目。所以在尼日利亚对中国的电视片有需求,尼日利亚人希望了解中国的情况"。[①]

---

① 新华网:国务院新闻办与尼日利亚签署中国电视片供片协议,2013年9月18日,http://news.xinhuanet.com/politics/2013－09/18/c_117426637.htm,检索时间:2015年7月16日。

刚果(金)

《潜力报》*Le Potentiel*

《潜力报》(*Le Potentiel*)是刚果民主共和国[简称刚果(金)]的一份法语日报,总部位于首都金沙萨。《潜力报》是该国最有影响力的报纸之一,以独立且具有强烈批判性的报道而著称。

一、历史沿革

1982年,刚果(金)知名报人莫德斯特·穆丁加创办成立了《潜力报》。在成立之初,《潜力报》便敢于秉笔直书,多番报道触及政府高层利益的新闻。正因如此,创始人穆丁加屡次遭到恐吓与威胁。然而,《潜力报》始终坚持自身的报道理念和新闻实践,在当地赢得了很高的公众信誉度。[①]

在刚果(金),由于战乱不断、政局动荡,国内的媒介生态十分恶劣。在长达18年的动乱中,很多报纸都因经营困难而倒闭。据2008年8月的统计,刚果领土范围内记录在案的638家报纸中只有228家仍然在发行,而其中能够忠于自己原有编辑方针的媒体更是少之又少。然而,《潜力报》却能够在这样的恶劣环境中独树一帜,使自己的编辑方针一以贯之。从另一个角度来说,刚果(金)有着深厚的政党报刊土壤,绝大部分媒体都由不同的政治势力创办资助。在这股风气之中,《潜力报》仍能保持相对独立,被称为“饱受战争蹂躏的刚果民主共和国中唯一一份独立日报”。因此,《潜力报》创建三十多年以来能够在动乱中发展并保持独立的编辑方针,不啻为具有强大生命力、竞争力和公信力的体现。

二、发展现状

目前,经过三十多年的发展,《潜力报》已经成为刚果民主共和国境内最有影响力的报纸之一。[②]《潜力报》以促进经济发展和宣传民主思想为宗旨,注重严肃性的新闻报道,关注本国和非洲的经济动态,同时也注重国内政治方面的新闻。

三、报道特点

《潜力报》是一份综合性的报纸,报道内容涵括政治、经济、社会、文化、体育等多个方面。但是,由于刚果(金)当地战乱不断,民众对于国家稳定、政治民主的诉求日益强烈,要求政治信息透明的呼声也逐渐增强。因此,《潜力报》目前的新闻报道更多关注国内政治方面的内容。

报纸创始人兼主编莫德斯特·穆丁加曾对该报的宗旨做过如下描述:“《潜力报》要为推动刚果经济发展和民主进程发挥设置议程的作用。”穆丁加认为,《潜力报》所设立的议程应该支持国内民主和经济发展。因此,该

---

① 记者保护委员会:Announcement of IPF Awards 2000, 2000年1月1日,http://cpj.org/awards/2000/awards00.php,检索时间:2015年4月21日。

② 外交部:《刚果民主共和国国家概况》,2007年8月20日,http://wcm.fmprc.gov.cn/pub/chn/pds/gjhdq/gj/fz/1206_14/1206x0/,检索时间:2015年5月14日。

报通过报道、评论、社论等多种方式特别关注刚果国内的民主化、善治(good governance)和人权等方面的议题。与此同时,《潜力报》还十分善于做调查性报道,其报道曾多次剑指政府当局的不端行为,在国内引起舆论热潮。

Le devoir d'informer, l'exigence de la démocratie

Le Potentiel

Attendre son heure n'est pas un signe de faiblesse au contraire, c'est celui de la sagesse et de la dignité.

Trimensuel Indépendant d'Informations Générales et d'Analyses - N° 74 du 16 au 22 juillet 2012 | 8ème Année - 500 FCFA

Déby en désaccord total avec le MPS

sommaire

EDITORIAL
- La haute trahison, P. 2

POLITIQUE
- Idriss Déby en désaccord avec le MPS, P. 3
- Les leaders événementiels du MPS du Logone Occidental, P. 4

MEDIAS
- Hassan Sylla, recule, P. 5

REGION
- Cobra a perturbé la JMP dans le Batha, P. 6

DEVELOPPEMENT
- L'ADEC offre de l'eau dans le Mayo-Boneye, P. 7

Le Bureau Politique National du MPS vient, en effet, de prendre une décision répartissant les sièges de l'exécutif communal entre lui et ses alliés. Le Chef de l'Etat Idriss Déby Itno ne serait pas d'accord avec cette répartition et, très fâché contre ces camarades militants

Les Mahamat Itno agacent les Déby Itno P.8

图 1 《潜力报》版面

四、涉华报道

根据网络检索统计,2014 年,《潜力报》共刊登以中国为主题的报道 70 余篇,每周都至少有 1 篇以中国为主题的报道。从议题来看,这些报道较多关注中非政治关系、中非经济交往等与非洲发展密切相关的主题。可以说,《潜力报》的涉华报道围绕的核心主题,都在整体上凸显了中国议题与其自身发展的相关性。

政治报道方面,该报十分关注中国和刚果(金)之间的政治合作交往。它不仅关心中国与刚果(金)政治方面合作所取得的进展和最新动向,也热衷于探讨两国政治合作对刚果带来的影响。总的来说,《潜力报》肯定两国之间政治合作的积极作用,但是对于中国在非洲愈加频繁的合作举措表现出了一定的担忧,认为中国的这种行为在实质上是中国政治势力扩张的过程。

经济报道方面,该报关注中非之间经济、贸易、投资等多方面的合作,尤其关注中国企业在非洲的投资动向。这一部分的报道主要以客观描述事件的消息类新闻为主。但是,该报对于中国对非洲的经济援助持怀疑的态度和论调,例如在一篇题为《透视中国援助》[①]的文章中,该报虽然承认中国对非援助有着悠久的传统,并且对非洲经济发展也起到了积极的推动作用,但仍然认为中国所宣称的“不附加条件”的对非援助仍有一定的政治图谋,是为了谋求自身的经济利益。除此之外,也有报道关注中国企业在非洲所带来的负面影响和社会问题。例如,2015 年 1 月发表的一篇文章中,《潜力报》对中国企业四达时代与刚果(金)政府官员的合作提出质疑,认为他们的合作是通过不正当的手段达成的。[②]

从报道来源上看,《潜力报》的涉华报道采用的信源比较丰富多元,既有本报记者采写的一手信息,也有从西方媒体转载的评论文章。与此同时,在一些重大问题上,《潜力报》也会引用来自中国媒体的稿件,以表述中国方面的观点立场。总体看来,《潜力报》对于中国的态度较为中立,在不同议题上都会依据自己的编辑立场作出判断。

刚果(金)国家广播电视台 Radio Télévision Nationale Congolaise

刚果(金)国家广播电视台(Radio Télévision Nationale Congolaise,简称 RTNC)是刚果民主共和国[简称刚果(金)]的国营媒体机构。目前,它是刚果(金)影响力最大的广播电视媒体机构。现在,RTNC 制作的节目

① 《潜力报》网站:DÉCRYPTER L'AIDE DE LA CHINE À L'AFRIQUE, 2014 年 9 月 13 日,http://www.lepotentielonline.com/index.php?option=com_content&view=article&id=3121:decrypter-l-aide-de-la-chine-a-l-afrique&catid=92:internationale&Itemid=435,检索时间:2015 年 5 月 14 日。

② 《潜力报》网站:STARTIMES, UN GÉANT QUI FAIT PEUR, 2015 年 1 月 24 日,http://www.lepotentielonline.com/index.php? option=com_content&view=article&id=10476:startimes-un-geant-qui-fait-peur&catid=85:a-la-une&Itemid=472,检索时间:2015 年 5 月 14 日。

内容可以通过法语、斯瓦西里语等5种语言播出,基本覆盖全国各地。

一、历史沿革

刚果(金)国家广播电视台(以下简称RTNC)的发展历程,在很大程度上与这个国家的曲折历史紧密相连。RTNC成立于1945年,当时的民主刚果是比利时的殖民地,称为比属刚果。二次世界大战后,刚果民族意识觉醒,民族独立运动逐步兴起。1960年,比属刚果取得独立,民族政党开始兴起。随后,刚果(金)的政治力量逐步走向新闻媒体,开始进入政治传播阶段。这一时期,国内大多数媒体都依靠政治家的资助,媒体权力与政治权力不可避免地紧密融合在一起。因而,在政治权力更迭的过程中,媒体也不免连枝同气地受到影响。

1971年,由于国内发生政变,改国名为扎伊尔,RTNC的名称也因此变为"扎伊尔广播电视办公室(OZRT)",此名称一直延续至1997年。在这期间,电视台始终保持其国有媒体的性质,以及首要广电媒体的地位。根据1972年政府颁布的法令,该电视台一直是唯一一个政府承认的广播电视机构,收听率多年来一直遥遥领先于其他私营电台。

1997年5月17日,朗·卡比拉领导的刚果解放民主力量同盟(ADFL)的武装部队攻占首都金沙萨,卡比拉宣布就任总统,并恢复国名为刚果民主共和国。随后,RTNC也恢复了原本的名称。1998年,刚果(金)再次卷入战乱,RTNC同全国的其他广播电视机构一样,致力于为公众提供最及时的国情报道。同年,刚果(金)发起内部对话,全国的广播电视网也随着国内局势的变化对自身的新闻报道安排作出了调整。

二、发展现状

目前,RTNC的业务主要包括电视和广播两个部分。刚果民主共和国是非洲20世纪90年代早期拥有私人电视的少数非洲国家之一,现有82个电视频道。其中,RTNC是唯一一个公共广播电视公司,其他均为私营媒体机构。

RTNC总部设于首都金沙萨,下设两个电视频道:一个是RTNC1(国家综合频道),以新闻报道为主要播出内容;另一个是RTNC2,创建于1996年,起初承担广播电视学校的任务,目前主要播出内容为娱乐节目。此外,RTNC还拥有10个省级电视台,各自享有经济自主权,但是工作人员的工资支出仍由总部承担。RTNC的节目通过卫星可以实现面向全国十一个省份的覆盖播出,但是在每个省份的播出频率都有很大差别。

从广播业务来看,在宏观层面上,同其他非洲国家一样,无线电广播目前仍然是刚果(金)普及率最高的媒体形式。刚果(金)国家广播台的代表频道名为"刚果之声"(La Voix du Congo),以法语及包括斯瓦西里语在内的多种当地土著语言作为播出语言,节目通过短波覆盖刚果(金)全境。①

另外,RTNC还设立了官方网站http://www.onewovision.com作为其在互联网上重要的信息发布平台。网站的主要用户包括生活在欧洲、美洲及非洲大陆的刚果(金)社群,他们可以通过网站找到RTNC的电视节目和广播音频。音视频节目内容平均每周更新一次,网站最前端的文字新闻内容则每日更新。②

作为非洲主要的法语国家之一,RTNC与法国媒体之间的交流合作非常紧密。自1996年开始,RTNC便与法国国际电视台(CFI)建立了合作关系。2009年至2010年间,法国国际电视台为RTNC举办了题为《调查报告中的经济报告》的培训项目,10名刚果(金)记者作为学员学习了如何展开深度经济新闻报道的技巧。2010年至今,两家媒体间已经举办过十余次合作交流活动。此外,为了完善刚果(金)电视广播的经营架构,法国国际电视台还开展了两次相关项目,以帮助推动刚果(金)在媒体领域的民主化过渡。2010年世界杯期间,法国国际电视台陪同非洲派出的记者展开采访,其中便有1名来自刚果(金)国家广播电视台的体育记者。2011年,法

① BBC网站:Democratic Republic of Congo profile - Media, http://www.bbc.com/news/world-africa-13285760,检索时间:2015年4月29日。

② Contactor onewovision: http://www.onewovision.com/contact,检索时间:2015年4月29日。

图 2 刚果(金)国家广播电视台网站

国国际电视台还派出专家团队为刚果(金)国家电视台的未来发展之路出谋划策。①

三、涉华报道

RTNC 一直以来与中国保持着良好的关系。一方面,RTNC 与中国政府和媒体的合作十分紧密。例如,2005 年 12 月 13 日,中国驻刚果(金)大使范振水率使馆部分外交官到 RTNC 参观访问;作为此次访问的礼尚往来,2006 年 1 月 10 日,使馆应 RTNC 电视节目部的请求,向该部赠送了 DVD 播放机一台。②

另一方面,作为国有媒体,RTNC 积极向国内引进了大量由中国制作的影视剧作品,并且与中国联合举办“中国电影周”主题文化活动。这些活动在当地广泛宣传中国文化,增进了当地民众对中国社会生活的认识。2004 年到 2005 年连续两年的 10 月,时值中国欢庆国庆节的时间,中国驻刚果(金)大使馆与刚果(金)国家电视台共同合作举办了“中国电影周”和“中国国庆电影周”等文化交流活动。期间,刚果(金)国家电视台还与中国驻刚果(金)使馆文化处合作,在首都金沙萨的一个中国餐馆“东方明珠”拍摄了两期有关中国饮食的节目。这两期节目于 2005 年 9 月 24 日和 10 月 1 日播出,让更多刚果(金)民众接触了解到中国的饮食文化。第三届“中国电影周”于 2006 年元旦举办,为期七天的电影周期间,共播放了《中国武术》《四季中国》《中国创造》等 7 部纪录片和《卧虎藏龙》《英雄郑成功》《手机》等 7 部故事片。③

从现有的网络数据库来看,RTNC 的新闻主要关注点在于本国的国计民生及非洲邻国的相关消息。网站中可供参考的涉华报道数量较少,且未见提及北京的消息。但在 RNTC 网站(Onewovision.com)中分别以“Beijing/Pékin”为关键字进行检索,近四年内一共可以搜到 3 篇消息,内容均是提及中国的国际议题报道。在这 3 篇报道中,有 2 篇是对 2012 年中国在联合国安理会上对叙利亚问题决议草案投票否决一事的报道。新闻内容完全以陈述事实、提供信息为主,没有体现任何主观评价态度;④其余 1 篇则是关于 2014 年中美发布应对

---

① CFI 网站:http://en.cfi.fr/overview－of－cfi/beneficiaries/public－partners/congolese－national－radio－television－rtnc,检索时间:2015 年 4 月 29 日。

② 中国文化网:《交流档案》,http://www.chinaculture.org/gb/cn_world/2004－07/27/content_571933.htm,检索时间:2015 年 4 月 29 日。

③ 中国文化网:《交流档案》,http://www.chinaculture.org/gb/cn_world/2004－07/27/content_571933.htm,检索时间:2015 年 4 月 29 日。

④ RTNC 网站:Syrie et Conseil des droits de l'homme : Enquête spéciale demandée sur les crimes d'El－Houleh, http://www.onewovision.com/actu－onu/Syrie－et－Conseil－des－droits－de－l－homme－Enquete－speciale－demandee－sur－les－crimes－d－El－Houleh, 2012060302, Syrie : Résolution bloquée par la Chine et la Russie au Conseil de sécurité, http://www.onewovision.com/actu－onu/Syrie－Resolution－bloquee－par－la－Chine－et－la－Russie－au－Conseil－de－securite,2012020601,检索时间:2015 年 4 月 29 日。

气候变化的联合声明,报道介绍了联合声明的主要内容,以及中美对 2020 年后行动作出的承诺,同样以阐述声明内容为主,并未呈现观点立场。①

综上所述,刚果(金)与中国两国间有着良好的外交基础,总体舆论环境比较友好。具体到 RTNC,该媒体更多关注国内和地区新闻,在国际新闻报道方面整体着力不大。因此,在对华报道方面,新闻内容中的涉华内容数量非常少,而且仅限于国际议题中的中国表态。不过,基于该台与中国驻外使馆的良好合作,可以说刚果(金)国家电视台对于当地的中国形象构建仍起到了一定的积极作用。

刚果通讯社 Agence Congolaise de Presse

刚果通讯社(Agence Congolaise de Presse,简称 ACP)是刚果民主共和国[即刚果(金)]的国家通讯社。该国的新闻通讯机构寥寥无几,刚果通讯社是其中影响力最大的一家。刚果通讯社不仅是国家的公共机构,也是一个上市的媒体公司,同时受到政府技术交流新闻部和有关行政部门的双重监督。②

一、历史沿革

刚果通讯社的发展与刚果(金)的国家命运紧密相连。刚果(金)曾是比利时的殖民地,当时被称为比属刚果。第二次世界大战结束后,刚果民族意识普遍觉醒,民族运动逐渐酝酿。1960 年,刚果民族运动党(le Mouvement National Congolais,简称 MNC)成功带领本民族走向了民族独立的新纪元。该党领导人帕特里斯·卢蒙巴(Patrice Lumumba)也于同年登上政治舞台,成为国家总理。当时刚果正处于殖民与独立交替之际,国内情势百废待兴。在独立政权的大力支持下,殖民地时期的比利时通讯社退出历史舞台。同年 8 月 12 日,刚果通讯社正式建立。

1967 年 2 月 3 日,卢蒙巴颁布政府令,明确了刚果通讯社的合法地位,并称其为"集技术、行政及商业于一身的公共机构"。1971 年 10 月 27 日,由于国内政变,刚果通讯社因国名变更而改为"扎伊尔通讯社(AZAP)",但其国有媒体的性质及首要媒体的地位不曾动摇。1974 年,扎伊尔通讯社先后在北京、布鲁塞尔和巴黎等地设立驻外办事处。1981 年 4 月 2 日,政府宣布扎伊尔通讯社正式成为上市公司。

1997 年 5 月 17 日,洛朗·德西雷·卡比拉(Laurent－Désiré Kabila)领导刚果解放民主力量同盟(Alliance des Forces démocratiques pour la libération du Congo,简称 ADFL)的武装部队攻占首都金沙萨,宣布就任总统,恢复国名为刚果民主共和国,并一直延续至今。随即,刚果通讯社也恢复了原有名称。③

二、发展现状

作为一国之社,刚果通讯社一直致力于及时准确地发掘国内外热点新闻线索,在客观报道的同时,兼顾提升刚果金的国际形象。同时,刚果通讯社还致力于在每日能发布辐射全球的新闻,并促进刚果教育业的发展。④为此,刚果通讯社还建立了自己的网站:www.acpcongo.com。

然而,由于刚果(金)时局不稳,政斗层出,刚果通讯社近几年一直处于低迷状态,通讯社的发稿量也日益减

① RTNC 网站:Climat après 2020: Accord entre la Chine et les Etats－Unis, http://www.onewovision.com/actu－onu/Climat－apres－2020－Accord－entre－la－Chine－et－les－Etats－Unis,2014111304,检索时间:2015 年 4 月 29 日。

② 〔刚〕Kipoy Munzala Patrick(立特):《刚果(金)大众传媒发展研究》,东北师范大学硕士学位论文,2013 年。

③ Qui Sommes Nous? —ACP:http://acpcongo.com/acp/qui－sommes－nous/,检索时间:2015 年 4 月 23 日。

④ Qui Sommes Nous? —ACP:http://acpcongo.com/acp/qui－sommes－nous/,检索时间:2015 年 4 月 23 日。

图 3　刚果通讯社网站首页

图片引自刚果通讯社网站，http://acpcongo.com/acp/，检索时间：2016 年 3 月 20 日。

少。2006 年，刚果政府曾出资 1.47 亿刚果法郎(今约合人民币 98 万元)为刚果通讯社购置电脑，但在那之后便再无更新。近 10 年来，刚果通讯社员工一直在恶劣的环境中工作，用陈旧的设备维持日常报道。① 据有关数据显示，刚果通讯社目前有员工 500 人左右，大约十分之一在首都金沙萨的总社工作，其他成员则分布于全国各个省份。②

目前，刚果通讯社一共分为七个部门，分管包括行政、财务、销售、基础设施在内的大小事务。由于资金匮乏，刚果通讯社发展缓慢，举步维艰。

三、报道特点

从 1967 年时刚果(金)当局对刚果通讯社的定位来看，刚果通讯社的存在不仅仅是为了服务大众传媒。在刚果(金)流传着这样一句话：如果人们想要发起群众革命运动，那就一定要去刚果通讯社找伊莱博·玛·埃孔佐(Elebe MaEkonzo)。埃孔佐是刚果(金)的文学巨匠，也是知名传媒工作者。这样的印象使人们能直接感受到媒体对政治的影响之大。1967 年法令的颁布让刚果通讯社自始至终都笼罩在浓重的政治色彩之中，媒体不断政治化，在群众中缺乏公信力。国内新闻报道也是由政治问题占主导，缺乏对国民教育和娱乐方面的信息报道，在信息处理上也具有明显的政治立场。从 1965 年起，刚果(金)的政治便走向了媒体化，开始了政治主导传播的局面。媒体基本都是由创建它们的政治家资助的，因此媒体权力与政权的融合无法避免。

尽管到了 1990 年，媒体兴起变革，试图改变媒体的信息处理方式。许多人开始可以公开批判政府权力的滥用，为政治变革而战，以实现国家的民主化。但如此甚小的进步还是无法动摇刚果(金)政治家对通讯社的操

---

① L'Agence Congolaise de Presse ：26 ans après la promulgation des statuts，http://www.laconscience.com/L－Agence－Congolaise－de－Presse－26－ans－apres－la－promulgation－des－statuts.html，检索时间：2015 年 4 月 23 日。

② 〔刚〕Kipoy Munzala Patrick(立特)：《刚果(金)大众传媒发展研究》，东北师范大学硕士学位论文，2013 年。

控,通讯社仍然难以取得民众的信任。在刚果(金),媒体不是战争的罪魁祸首,也不是和平的使者。[①]

四、涉华报道

总体来看,刚果通讯社涉华报道较多。在刚果通讯社网站内搜索,输入关键词"China",以 2014 年 6 月至 2015 年 4 月为例,共搜到报道 25 篇。从搜索到的涉华报道的稿件来源上观察,其中大部分是刚果通讯社与法新社的联合通讯,都是关于中国国内或外交关系(香港占中、中日关系)的相关报道,还有 2 篇是与新华社的联合通讯。除此之外,只有为数不多的稿件为刚果通讯社独立采编。

进一步对标题展开分析可以发现,在这 25 篇涉华报道中,有 6 篇是对香港占中事件的专题报道(全部都是与法新社的联合通讯),17 篇报道了中国与世界各国(美国、日本、朝鲜、非洲各国)的外交事务及政治斡旋,还有 2 篇是对中国经济发展形势的报道。细究其内容可以发现,虽然刚果通讯社大多数对华报道都涉及中国在国际社会上有争议的问题,包括人权问题、西藏问题、香港"占中"事件、新疆问题等,但其所持立场并不与西方反华势力相同,反而基本保持中立,与中国立场并没有较大冲突。在该通讯社网站可查到的涉华报道中,有 17 篇都是持中立态度以陈述新闻事实,并没有明显体现该媒体对中国的友好态度。此外有 2 篇报道涉及加强中国与刚果的外交合作方面,在报道了事实情况之余,还突出表达了中国与刚果之间的友好情谊。其余 6 篇在报道的极个别用词上能体现出与中国立场相异的情况。例如,在 2014 年 10 月 15 日发布的关于香港"占中"的消息,[②]曾用"大陆政府的傀儡"(la marionnette de Pékin)的表述来形容香港特区政府。

综上所述,刚果通讯社从整体上看对中国的态度还是相对客观中立的,但在由于其新闻自采能力所限,在一些新闻议题的报道上难免掣肘于信息来源,跟随西方主流媒体的议程而动。

---

① 〔刚〕Kipoy Munzala Patrick(立特):《刚果(金)大众传媒发展研究》,东北师范大学硕士学位论文,2013 年。

② Les manifestantsannoncentleurretraitdansdeux sites stratégiques de Hong Kong: http://acpcongo.com/acp/les－manifestants－annoncent－leur－retrait－dans－deux－sites－strategiques－de－hong－kong/,检索时间:2015 年 4 月 23 日。

肯尼亚

《民族日报》*Daily Nation*

DAILY NATION

《民族日报》(*Daily Nation*)是民族传媒集团(Nation Media Group,简称 NMG)旗下的英文日报。民族传媒集团是东非地区最大的媒体集团,总部位于肯尼亚首都内罗毕。该报是肯尼亚重要的独立报纸,在东非乃至整个非洲地区都享有很高的知名度。

一、历史沿革

《民族日报》的前身是《塔依法报》,由英国报人查尔斯·海耶斯创办于 1958 年。1959 年,该报被伊斯兰伊斯玛仪教派精神领袖阿加汉四世(Agha Khan)收购,并于 1960 年改版成为英文日报。[1] 在当时,这份报纸打破了由欧洲人主办的《东非旗帜报》的市场垄断,并实行了非洲化的编辑方针。[2]《民族日报》的出现,使得肯尼亚人能够在舆论中发出自己的声音,并在与殖民主义斗争的过程中发挥了积极的作用。

1963 年,肯尼亚实现独立,本国的新闻传播业也随即开始转型,而这一过程正是肯尼亚从前英国殖民地向独立国家政治转型的缩影。[3] 肯尼亚开国领袖乔莫·肯亚塔担任国家领导人期间(1963～1978),政府非常重视肯尼亚本土文化,而率先实行非洲化编辑方针的《民族日报》则顺应了这一发展趋势,得到了长足的发展。

在总统丹尼尔·阿拉普·莫伊当政时期(1978～2002),肯尼亚一度对国内新闻行业严加控制,而这份报纸被看作是人民权利的捍卫者,但后来其政治立场则偏向于目前的执政党全国彩虹同盟。不过综合来看,《民族日报》还是独立并且注重公正平衡的一份报纸。[4]

在发展的过程中,《民族日报》一直十分重视先进技术的运用。在 20 世纪 60 年代,《民族日报》在创刊初期就运用了先进的印刷技术和照相排版技术。[5] 现在,该报也不断调整传播策略,搭建新闻网站 www.nation.co.ke,并且在 Facebook、Twitter 等社交网络上建立账号,顺应新媒体的发展潮流。

二、发展现状

现在,无论评论影响力、发行量还是拥有的读者群方面,《民族日报》都位居东非媒体的前列。[6] 截止到 2014 年 7 月,该报日均发行量达到 170000 份,是肯尼亚发行量最大的报纸。相比较而言,其最大的竞争对手《旗帜报》日均发行量为 48000 份。[7] 由此可见,《民族日报》在肯尼亚报界稳居领先地位。考虑到肯尼亚当地人

---

① Daily Nation Group:http://www.nationmedia.com,检索时间:2015 年 4 月 21 日。

② 陈力丹、刘晓媛:《肯尼亚新闻传播业的发展历史及当代传媒格局》,《当代传播》2010 年第 5 期。

③ 陈力丹、刘晓媛:《肯尼亚新闻传播业的发展历史及当代传媒格局》,《当代传播》2010 年第 5 期。

④ 陈力丹、刘晓媛:《肯尼亚新闻传播业的发展历史及当代传媒格局》,《当代传播》2010 年第 5 期。

⑤ Daily Nation Group: About US. http://www.nationmedia.com date of retrieve,2015 年 4 月 21 日。

⑥ 陈力丹、刘晓媛:《肯尼亚新闻传播业的发展历史及当代传媒格局》,《当代传播》2010 年第 5 期。

⑦ Bloomberg: Kenyan media company linked to Kenyatta offers free daily newspaper: http://www.bloomberg.com/news/articles/2014－07－01/kenyan－media－company－linked－to－kenyatta－offers－free－daily－paper,检索时间:2015 年 4 月 21 日。

往往数人共同阅读一份报纸的习惯,《民族日报》真实的读者数量还要远远高于其发行量。此外,《民族日报》读者还可以通过网站免费阅读报纸内容。

另外,民族传媒集团旗下还拥有肯尼亚目前唯一的一份斯瓦西里语日报《塔依法报》。由于《塔依法报》自身没有单独的记者人员,其内容主要来自《民族日报》。可以说,《塔依法报》实际上是《民族日报》的斯瓦西里语简版。[①]

三、报道特点

《民族日报》办报的宗旨在于"用报道推动社会、经济和政治的进步"。[②] 因此,在风格上更多的是偏向于"严肃新闻"的路线,较多关注政治、经济、社会等方面相对严肃的议题。作为肯尼亚第一大报,《民族日报》在报道中也较为注重所阐述观点的深度,在报纸和网站上都有占较大篇幅和重要位置的评论页面,经常邀请学者、官员、社会知名人士撰稿对重大事件进行评论。

Permaculture: Agriculture with a green touch
DAILY NATION
Shabaab chiefs could be probed by Ocampo
SATURDAY NATION
Under fire EACC chiefs face vetting
Opposition man detained as Museveni leads in poll
Kanu rises in battle for Kericho
GET THE LATEST!
Despair for matatus as D-Day nears
What subversion? I am a journalist
SUNDAY NATION
CJ: No regrets over Raila poll verdict
The judgement by the Supreme Court last year had been the subject of debate and criticism by Cord supporters and some lawyers who have described it as incompetent, inadequate and poorly researched Story Page 10
The Kimemia headache in Jubilee alliance

图 1 《民族日报》的周内版、周六版和周日版头版

《民族日报》在其官方网站的介绍中强调,这份报纸的愿景是"建立为非洲所拥有且为非洲服务的媒体"。因此,这份报纸所关注的不仅限于肯尼亚国内的新闻事件,而是将目光投向东非地区甚至整个非洲,同时也关注国际新闻,尤其是与非洲和本国息息相关的重大事件。

四、涉华报道

《民族日报》对中国较为关注。在其网络数据库中以"China"和"Beijing"等关键字检索其 2014 年 4 月至 2015 年 4 月一年内的报道,共搜索到有关中国的报道 173 篇,平均每两天就有一篇涉华报道。

有学者对《民族日报》的对华态度进行了定量分析[③],归纳出《民族日报》对中国的报道主要关注以下四个方面:第一是"硬新闻",主要包括与中国相关的政治话题和国际新闻;第二是"软新闻",即与中国相关的体育、社会、风土民情等内容;第三是"对华舆论",即当地人对于中国的相关评论;第四是"经济新闻",即与经济合作、贸易、投资与金融相关的新闻。这四个议题构成了《民族日报》对中国报道的主要视角。

从对中国报道的褒贬态度上看,《民族日报》的大多数报道对中国都持中立或积极的评价,同时也存在少量的负面报道。通过对该报 2015 年 1 月至 2015 年 4 月之间的涉华报道进行统计,在共计 48 篇涉华报道中,绝大多数报道都是较为中立的事实性报道,主要关注中国国内经济的发展趋势、中国在非投资、体育竞技等议题;其

---

① 陈力丹、刘晓媛:《肯尼亚新闻传播业的发展历史及当代传媒格局》,《当代传播》2010 年第 5 期。

② Daily Nation Group: About US:http://www.nationmedia.com,检索时间:2015 年 4 月 21 日。

③ 〔肯〕Joy Peris Kerubo:《肯尼亚媒体中的中国形象研究》,中国传媒大学硕士学位论文,2014 年。

中有评论以《我们应与中国朋友增进友谊》为题，肯定中肯之间的政治与经贸合作的重要性；负面报道则较多关注中国国内雾霾等社会问题。另外部分有关中国对非投资的报道也表现出对中国进入肯尼亚对当地经济和就业所产生的负面影响和担忧。

经过对该报 2014 年 4 月至 2015 年 4 月的涉华报道进行抽样统计，《民族日报》上关于中国的文章中 73% 的稿件来自于《民族日报》记者的自采内容，19% 来自包括路透社在内的通讯社消息，剩下的小部分稿件来自于肯尼亚国内知识分子和学者撰写的评论性稿件。这一部分样本中有超过三分之二的稿件对中国都持褒扬态度，而对中国持批评态度的稿件则大多来自肯尼亚国内的知识分子和学者。此外，中国驻肯尼亚大使曾在该报上发表多篇文章，论述中非之间的友谊发展。

《旗帜报》*The Standard*

STANDARD

《旗帜报》(*The Standard*)是肯尼亚共和国历史最悠久的报纸，隶属于私人企业旗帜传媒集团。作为肯尼亚国内主流媒体之一，《旗帜报》总部位于该国首都内罗毕，以英文为发行语言，内容涵盖国内国际各个方面的新闻。据 2014 年统计数据表明，其日均发行量超过四万份，约占肯尼亚市场份额的 30%。①

一、历史沿革

在获得国家独立以前，肯尼亚国内最好的媒体都是由欧洲人兴办的媒体。20 世纪初欧洲殖民者定居后，很快就创办了他们自己的出版物。《旗帜报》的前身——《东非旗帜报》(*East African Standard*)便由欧洲商人创办于 1902 年，每周在蒙巴萨出版一次。1910 年，《东非旗帜报》总部迁至首都内罗毕，并由周报改为日报。1963 年肯尼亚独立之前，有英国背景的媒体集团将该报收购。此后，肯尼亚出现了拥有强大资本支持的旗帜传媒集团，开始逐渐占据肯尼亚新闻传播业的主导地位。

1977 年，《东非旗帜报》更名为现今的《旗帜报》，之后名字偶有新旧更替。1995 年，肯尼亚当地商人(背景为旗帜传媒集团)收购该报，后于 2004 年将报纸名称确定为《旗帜报》。

NYS scam: Gethi's kin to surrender Sh7m car
Charity Wangui ordered to surrender vehicle to CID, P. 6
SmartHarvest
Deputy Governor's thriving farm
THE STANDARD on Saturday
Battle for Malindi seat intensifies
CORD, Jubilee to pitch camp in vote-rich Shella and Malindi Town which hold half the constituency's voters, Story page 11
Also Inside...
Anti-Ruto protest grows in Rift
Prepare for vote, Central urged
eve
Raila to MPs: Skip House, register voters

图 2 《旗帜报》头版

二、发展现状

自 20 世纪五六十年代起，《旗帜报》的所有权同其他媒体集团一样，构成变得比较复杂，既有外国资金来源、政党势力参与，也有少量个体的资本投入。20 世纪 90 年代中期，旗帜传媒集团收购了《旗帜报》和 KTN 广播公司，并以《旗帜报》作为该集团的旗舰媒体，将其与旗下其他各家媒体融合到了一个网络平台——旗帜网(www.standardmedia.co.ke)上。

综合来看，这一时期的《旗帜报》新闻数量少，深度报道也不多。《旗帜报》为英文日报，受到其所有制构成

① Paul .R，Charles .W：Kenyan Media Company Linked to Kenyatta Offers Free Daily Paper，http://www.bloomberg.com/news/articles/2014—07—01/kenyan—media—company—linked—to—kenyatta—offers—free—daily—paper，检索时间：2015 年 5 月 20 日。

图 3 旗帜网首页

图片引自旗帜网:http://standardmedia.co.ke,检索时间:2016 年 2 月 20 日。

成分的影响,该报是政府政策的主要批评者,也是《民族日报》的竞争对手。

三、报道特点

民营的《旗帜报》商业化程度较高,且具有外资背景。由于该报政治化程度不断加深,媒体言论颇受限制。[①] 该国的报纸与政治局势联系紧密,下述事例便是强有力的证据:2006 年《旗帜报》报道了当时政府首脑密见反对党头目的事件。紧接着《旗帜报》的办公室便被政府以"维护国家安全"的名义突袭,编辑部、发行部都不同程度地遭到破坏。除此之外,在整个非洲有一些私营媒体多为政客所有,这些媒体的新闻报道往往很大程度上受到政治的影响,一些匪夷所思的假新闻在政治因素的介入下产生。[②]

《旗帜报》筛选记者十分严格,每名记者和编辑在上岗前必须获得两个证书:一个是肯尼亚媒体委员会颁发的证书,另一个是该报纸内部颁发的资质证书。《旗帜报》也强调对记者和编辑的培训,以防范假新闻的产生。但每年 4 月 1 日,肯尼亚当地媒体都会"愚弄"一次读者,并骄傲地在第二天的报纸上登出消息,说有多少疑惑的读者打电话来向报社核实。2011 年 4 月 1 日,《旗帜报》在刊头登出一则"独家新闻",声称肯尼亚当地两个著名音乐人秘密订婚。而众所周知,其中一个音乐人已经公开过自己的恋爱状况,这样的新闻不过是愚人节的玩笑而已。

四、涉华报道

此前,有学者对《旗帜报》的对华态度进行了定量研究。分析后得出的结论是,该报在报道与中国相关事件时主要关注以下四个方面:第一是"对华舆论",即当地人对于中国的相关评论,该部分之所以占据重要比例是因为评论专栏为社会所欢迎,是社会舆论的风向标;第二是"软新闻",即与中国相关的体育、社会、风土民情等内容;第三是"硬新闻",主要包括与中国相关的政治话题和国际新闻;第四是"经济新闻",即与经济合作、贸易、投资与金融相关的新闻。这四个议题构成了《旗帜报》对中国报道的主要视角。

---

① 陈力丹、刘晓媛:《肯尼亚新闻传播业的发展历史及当代传媒格局》,《当代传播》2010 年第 5 期。

② 桂涛:《威慑、规范、培训、监督——非洲媒体如何防范假新闻》,《中国记者》2011 年第 5 期。

从对中国报道的褒贬态度上看,《旗帜报》的大多数报道对中国都持积极的评价,称中国为“伙伴”及“朋友”。然而,占全部报道32%的负面新闻中也经常提及“中国殖民”等词。① 具体分析特定新闻事件也能看出《旗帜报》对中国的态度变化:1964年10月就中国第一颗原子弹爆炸这一事件进行报道评论时,《旗帜报》先后刊登了来源不同的两封信件,表明了该报本身对此事的态度。首先于当月21日,该报刊登了一名为潘迪特的民众写给编辑的信,信中对我核爆炸成功进行大肆诬蔑,称其为“可恶的扩张主义骗局”;但一周后,该报又刊登了肯尼亚非洲民族联盟中尼安萨支部总书记、肯尼亚甘蔗种植园工人工会总书记奥伦德就中国核试验写给该报的一封信,间接地表明了对该报之前报道的谴责,这封信中称:“在大多数情况下,中国被人误解了,它的观点甚至被你报记者这种人‘故意’错误地加以引述。”而《旗帜报》对此事的态度在其愿意刊登信件这一行为上便可窥知,而第二封刊登的信还强调说中国核爆炸成功是朝着世界持久和平的方向跃进了一大步。②

2014年5月,《旗帜报》对李克强总理访问东非进行了全程报道。在总理未抵达东非之前,该报便发表文章称,“中国总理此次非洲之行的目标不是石油”。报道说,访肯期间,李克强总理预计将与肯雅塔总统和卢托副总统举行会谈,探讨如何加强两国在贸易、投资、基础设施建设、能源、金融、农业、航空、空间技术、信息通讯等领域的合作。③ 而在会晤结束之后,5月11日,《旗帜报》又发表了题为“肯尼亚将中国视为发展繁荣进程中的强力伙伴”的文章。文章称,中非有着传统友谊,且随着双方新时期合作的不断推进,友谊也随之加深。随着多领域的良好合作,中国在肯尼亚经济社会发展中的重要性与日俱增。肯方对中肯关系未来充满信心。④

可以说,《旗帜报》对中国的态度还是相对友好的。

肯尼亚广播公司 Kenya Broadcasting Corporation

肯尼亚广播公司(Kenya Broadcasting Corporation,简称KBC),是肯尼亚的国营媒体机构,是目前肯尼亚国内规模最大、广播电视节目覆盖全国的广播电视公司。肯尼亚广播公司能够以英语以及包括斯瓦西里语在内的15种非洲当地语言进行节目播出。⑤

一、历史沿革

肯尼亚广播公司的历史最早可以追溯至殖民时期。早在1928年,英国殖民者创建了主要面向肯尼亚当地白人殖民者群体的广播电台。1954年,肯尼亚广播(Kenya Broadcasting services)成立,除英语外还增加了斯瓦西里语、阿拉伯语等非洲当地语言作为日常播出语言,并在尼耶利、蒙巴萨、基苏木等国内重要城市设立分站。1961年,肯尼亚广播公司正式成立并接管了之前肯尼亚广播的相关业务。⑥ 1962年起,肯尼亚广播公司正式开始发展电视业务。到1964年,肯尼亚摆脱殖民统治,成立肯尼亚共和国,并于当年颁布国会第221号法令,将肯尼亚广播公司国有化,更名为“肯尼亚之声”(Voice of Kenya)。到1989年时,又再次将公司名称改回肯尼亚广播公

---

① 〔肯〕Joy Peris Kerubo:《肯尼亚媒体中的中国形象研究》,中国传媒大学硕士学位论文,2014年。

② 《参考消息》:《外电评中国第一颗原子弹爆炸》,腾讯新闻,2009年8月28日,检索自腾讯网:http://news.qq.com/a/20090828/002949_3.htm,检索时间:2015年8月10日。

③ 《东非媒体高度关注中国总理的非洲之行》,国际在线,2014年。检索自国际在线:http://gb.cri.cn/42071/2014/05/04/7211 s4527803.htm,检索时间:2015年9月10日。

④ 《中国与东非合作开始 中肯签订38亿美元铁路融资协议》,财经网,2014年。检索自财经网:http://economy.caijing.com.cn/2014－05－12/114172064.html? bdmprm＝tcfrom－pbnews,检索时间:2015年9月10日。

⑤ 陈力丹、刘晓媛:《肯尼亚新闻传播业的发展历史及当代传媒格局》,《当代传播》2010年第5期。

⑥ Kenya Broadcasting Corporation: The History of Kenya Broadcasting Corporation, 2015年4月8日, http://www.kbc.co.ke/the－history－of－kenya－broadcasting－corporation/,检索时间:2015年7月11日。

司。20 世纪 90 年代以来,肯尼亚广播公司一方面加强与日本等发达国家的合作,引进先进技术设备;另一方面加快投资步伐,收购了一系列地方媒体。[①] 21 世纪初期以来,肯尼亚广播公司逐渐成为拥有多个广播电视频道,同时兼顾互联网传播的综合性广电集团。

二、发展现状

目前,肯尼亚广播公司的业务主要包括广播和电视两个部分。其中,广播以 KBC 英语广播(KBC English Service)和以斯瓦西里语为播出语言的塔依法广播(KBC Radio Taifa)为代表,旗下还拥有不少地区性广播电台和商业性广播频道;电视则以免费的肯尼亚第一频道(Kenya Channel 1)为核心。另外,肯尼亚广播公司的官方网站也会刊载新闻内容,成为其在互联网上的重要发布平台。

图 4　肯尼亚广播公司三大主营媒体

肯尼亚广播公司的经济来源主要来自于政府财政拨款,辅以少量的商业收入。此前,肯尼亚广播公司可以向电视用户收取入网费,这构成公司财政的一个重要收入来源。后来,随着肯尼亚电视市场的自由化发展进程,相关法律规定废除了电视收视入网费。与此同时,面对肯尼亚国内商业媒体的冲击,肯尼亚广播公司的盈利状况日益令人担忧。与商业媒体相较,身为国营媒体的肯尼亚广播公司还必须不计商业利益,提供覆盖全国所有地区的电视广播服务。这就迫使肯尼亚广播公司不得不将大量资源投向并不产生商业利益的一些地区,在很大程度上加重了公司的成本支出,促使财政状况进一步恶化。2013 年,肯尼亚广播公司的年度亏损达到了 41 亿先令(约合 4830 亿美元),业界批评其为“肯尼亚表现最差的国营单位之一”。[②]

三、报道特点

肯尼亚广播公司的节目播出,主要以新闻资讯为主,同时也播放大量自制的及从外国引进的娱乐节目。肯尼亚广播公司的新闻资讯节目内容广泛,涵盖国内新闻、国际新闻,深入到商业、社会、经济、科技等各个层面。其中,肯尼亚广播公司的节目对于国际新闻的报道也较为重视,设有专门从事国际新闻报道的记者团队。作为一家国营媒体,肯尼亚广播公司既要在报道上体现政府的立场,又要承担相对更多的公共服务职能。除了将新闻、信息、娱乐等内容传递给公众外,它还肩负着“增进民众对政府政策战略认识”“向公众传授知识”以及“促使广播电视成为推动国家发展有效手段”的重要职责。[③]

然而,由于在很多新闻报道中必须立足于政府立场,肯尼亚广播公司在国内广遭诟病。尽管它也在努力寻求平衡,相比于国内其他商业电视广播媒体机构,肯尼亚广播公司的公众信誉度要低一些。[④]

---

① Kenya Broadcasting Corporation: The History of Kenya Broadcasting Corporation, 2015 年 4 月 8 日, http://www.kbc.co.ke/the－history－of－kenya－broadcasting－corporation/,检索时间:2015 年 7 月 11 日。

② Business Daily: KBC worst－performing State firm after Sh4.1bn loss, 2013 年 11 月 11 日, http://www.businessdailyafrica.com/Corporate－News/KBC－worst－performing－State－firm－after－Sh4－1bn－loss/－/539550/2069668/－/mibnvl/－/index.html, date of retrieve: 2015 年 4 月 9 日。

③ 肯尼亚广播公司网站:http://www.kbc.co.ke/about－kbc/,检索时间:2015 年 4 月 8 日。

④ 陈力丹、刘晓媛:《肯尼亚新闻传播业的发展历史及当代传媒格局》,《当代传播》2010 年第 5 期。

四、涉华报道

肯尼亚广播公司一直以来与中国保持着良好的关系。一方面，肯尼亚广播公司与中国政府和媒体的合作十分紧密。例如，在2008年，肯尼亚广播公司就与中国驻肯尼亚大使馆签订合作谅解备忘录，协议商定肯尼亚广播公司将播放介绍中国和中非关系的纪录片，并将与中方展开深入合作，共同制作、播放关于中国文化等方面内容的专题片的相关事宜；[①]2012年9月，肯尼亚广播公司的新闻总编辑访问中国，参加中非媒体同行的交流互动，期间他表达了进一步与中国媒体进行合作的意愿。[②]此外，肯尼亚广播公司还与中国国际广播电台开展合作项目，由肯尼亚广播公司旗下的斯瓦西里语电台塔依法广播和KBC英语广播每天各自播放一个小时由中国国际广播电台为非洲听众专门制作的广播节目，内容包括新闻、音乐、体育、谈话节目和汉语教学等多个方面。与此同时，肯尼亚广播公司还负责中国国际广播电台在内罗毕郊区的传送站工作。[③]

除此之外，肯尼亚广播公司也是中国媒体产品进入非洲的主要窗口和重要推介者。从2008年开始，肯尼亚广播公司引进了包括《非洲人看中国》《中国非物质文化遗产》《中国烹饪》等在内的多部介绍中国的专题片；[④]2012年，肯尼亚广播公司又引进播出了中国电视剧《媳妇的美好时代》，这是首部在肯尼亚播出的中国电视剧，成为中非媒体合作的重要里程碑。这些引进内容在肯尼亚国内引起收视热潮，很多观众甚至打电话要求电视台重播。由此可见，肯尼亚广播公司与中国媒体机构之间的合作为中肯之间架起了文化沟通的桥梁，同时肯尼广播公司也表示这些合作也为今后中肯在广播电视领域的合作奠定了良好的基础。

具体到涉华报道方面，肯尼亚广播公司始终保持独立、公正的报道态度，在许多与中国相关的新闻议题上，能够力摒西方主流媒体舆论的影响，保持独立观点发表真实报道。在肯尼亚广播公司网站的节目数据库中，从对涉华报道进行检索的整体情况来看，肯尼亚广播公司的涉华报道主要集中于双方高层互访和经贸合作等议题，报道立场以积极的正面报道为主，其中也有少量报道持负面批评态度，主要是对于部分旅非华人触犯当地法律等事件的报道。

在2008年北京奥运会前夕，众多西方媒体借奥运会之际炒作所谓的中国政治问题，并借此机会向中国施压，甚至扬言抵制或破坏奥运会。正当其时，肯尼亚广播公司总裁大卫·瓦瓦鲁则在采访中明确批判了西方媒体的这种行径，他表示，"把奥运会和政治挂钩十分荒谬"，并承诺将在本媒体的报道中秉承客观、公正的原则报道各项体育赛事，绝对不涉及政治问题。[⑤]这一事例也表明，在一些涉及中国的重大议题方面，肯尼亚广播公司能够保持独立立场，不受西方媒体舆论的引导。

① 中华人民共和国外交部网站：《驻肯尼亚使馆与肯广播公司签订合作谅解备忘录》，2008年6月15日，http://www.fmprc.gov.cn/mfa_chn/wjdt_611265/zwbd_611281/t488822.shtml，检索时间：2015年7月11日。

② 新华网：《肯尼亚媒体期待与中国同行开展深入合作》，2012年9月13日，http://news.xinhuanet.com/world/2012－09/13/c_113061598.htm，检索时间：2015年7月11日。

③ 国际在线：《肯尼亚广播公司总编：城市广播电台的合作与交流》，2011年12月5日，http://gb.cri.cn/27824/2011/12/05/1545s3461924.htm，检索时间：2015年7月11日。

④ 国际在线：《肯尼亚国家广播公司将播出多部介绍中国的电视专题系列片》，2008年6月13日，http://gb.cri.cn/19224/2008/06/13/2225@2099182.htm，检索时间：2015年7月11日。

⑤ 国际在线：《肯尼亚广播公司总裁称奥运报道绝不涉及政治》，2008年8月5日，http://gb.cri.cn/17844/2008/08/05/1062s2179761.htm，检索时间：2015年7月11日。

坦桑尼亚

《每日新闻报》*Daily News*

DAILYNEWS
Tanzania's leading Online News Edition

《每日新闻报》(*Daily News*)是坦桑尼亚的英文日报,是坦桑尼亚历史最悠久的报纸之一。该报在坦桑尼亚国内较多代表政府的观点和立场,享有很高的知名度和公信力,是坦桑尼亚国内最重要的报纸之一。

一、历史沿革

《每日新闻报》是由坦桑尼亚两家报纸《旗帜报》(*The Standard*)和《民族主义者报》(*The nationalist*)于1972年合并成立的。《旗帜报》最早由肯尼亚东非旗帜有限公司(Kenya East African Standard Limited)创办于1930年,起初命名为《坦噶尼喀旗帜报》(*Tanganyika Standard*)。1964年坦桑尼亚联合共和国成立后,该报更名为《旗帜报》,1970年被坦桑尼亚政府收购。《民族主义者报》于1964年由坦桑尼亚政府创立,当时的创立初衷是为了抗衡《旗帜报》。后者被收购后,坦桑尼亚政府最终决定终止二者之间的对立竞争状态,并于1972年促成了两家报纸的合并。①

20世纪80年代中叶前后,坦桑尼亚国内仅有三家报纸,《每日新闻报》始终是这一时期坦桑尼亚国内发行量最大的报纸,其发行量一度达到十万份。1993年坦桑尼亚施行多党制之后,该国的媒体行业发展有所起色,《每日新闻报》也在日益激烈的竞争中渐渐受到压力,进而实施了版面改革,使其版面风格与市场上的同类竞争对手更加接近。在过去的20年中,《每日新闻报》渐渐地丧失了发行量第一大报的地位,但仍然保持着深厚的影响力,广告利润也一直保持在较高的水平。②

二、发展现状

多年来,《每日新闻报》在当地媒体市场保持着一线位置。该报未曾公布过发行量等数据,但根据学者的研究估计,目前该报的发行量大约在50000份左右。③曾经在坦桑尼亚雄踞第一的《每日新闻报》受到《卫报》等媒体同行的冲击,在技术硬件和人员素质上都稍落下风。随着互联网的快速发展,作为传统纸媒的《每日新闻报》也在面临着读者减少和广告客户流失的冲击。④

《每日新闻报》于2007年创立斯瓦西里语版,名为Habari Leo。2011年,为了更好地适应互联网发展的趋势,该报发布新版网站www.dailynews.co.tz,力图保持其在国内新闻业的领先地位。

---

① Martin Sturmer. *The Media History of Tanzania*. Mtwara: Ndanda Mission Press, 1998, p. 110.

② Anthony A. Olorunnisola, Aziz Douai. *New Media influence on social and political change in Africa*. Pennsylvania: Information Science Reference, 2013, p. 123.

③ Demetrius Kweka. REDD+ politics in the media: A case study from Tanzania. Indonesia: Center for International Forestry Research, 2014, p. 5.

④ 《每日新闻报》网站:Tsn Told To Help Foster Lasting National Unity,2013年12月31日,http://tsn.go.tz/index.php/news/77－tsn－told－to－help－foster－lasting－national－unity,检索时间:2015年7月17日。

三、报道特点

目前,《每日新闻报》周一至周六出版,周末发行副刊《周日新闻》。报道内容以严肃新闻为主,主要关注政治和公共事务,较多关注坦桑尼亚政治中心达累斯萨拉姆。在报纸编排上,主要分为政治、经济、教育、培训、社会、宗教、国际新闻、体育娱乐以及非洲新闻等几个版块。

《每日新闻报》以"政府喉舌"为报道特色。这种"政府喉舌"属性一方面是源于政府为该报提供财政补助,另一方面是由于该报与政府的密切合作。《每日新闻报》每年都与政府签订多项战略合作协议,只有《每日新闻报》完成政府既定的要求,才能继续获得政府的财政支持,否则政府将有权根据合同减少支付费用或选择其他媒体进行合作。可以说,在这样的合作框架下,《每日新闻报》需要在报道上更加凸显政府的意志,在报道上也努力听从政府政策要求完成相关报道。坦桑尼亚政府高级官员也多次视察报社,要求该报"在国内传递和平和安定的理念"。①

四、涉华报道

在涉及中国的报道中,《每日新闻报》基本能够保持相对独立、公正的报道态度。在许多与中国相关的有争议的新闻议题上,《每日新闻报》也能够保持不受西方新闻舆论影响,从国家利益和自身民族的角度出发,作出客观判断。

从稿件来源上看,《每日新闻报》十分重视直接采自中国的一手新闻信息。《每日新闻报》的涉华报道极少直接采用西方通讯社的稿件,在绝大多数情况下都会派出自己的记者展开自主报道,或者联系供职于中国媒体的非洲记者协助进行报道。有时,《每日新闻报》也会针对特定话题向中国学术界的专家学者约稿。这样的稿件来源,保证了报道能够摒除来自西方主流媒体的干扰,从非洲自身的角度和利益出发去审视中国的发展和中非关系,减少来自西方对中国持有的刻板印象的消极影响。

从报道议题上看,《每日新闻报》的大部分涉华报道都主要集中于中非友好关系、中国对非援助等方面,对中国在非的各种活动多持积极正面评价。就报道中体现的观点来说,《每日新闻报》坚持在中国实地采访获得一手新闻报道,对中非友谊和中国对非政策也有着较深的理解,在很多问题上屡屡发声支持中国的立场。例如,近年来,有不少国际媒体热炒"中国在非洲投资只为攫取利益"的论调,该报多次发表文章,分析中非友谊尤其是中坦友谊的历史渊源与发展现状,认为"非洲和中国是真正的朋友"②,同时还特地采访中国在相关领域的权威人士以正视听③,切实体现了新闻报道的公正性和平衡性。另外,在日本屡次否认"二战"历史这一问题上,《每日新闻报》也能从和平正义的国际主义立场出发,批评日本当局罔顾历史的行径。④

《卫报》*The Guardian*

The Guardian

《卫报》(*The Guardian*)是坦桑尼亚最有影响力的民办报纸,从属于坦桑尼亚国内最大的新闻集团——IPP

---

① 《每日新闻报》网站:Tsn Told To Help Foster Lasting National Unity,2013-12-31,http://tsn.go.tz/index.php/news/77-tsn-told-to-help-foster-lasting-national-unity,检索时间:2015-7-17 日。

② 环球网援引《坦桑尼亚每日新闻》:《非洲和中国是真朋友》,查尔斯・桑噶,2012-7-27,http://firefox.huanqiu.com/oversea/political/2012-07/2955272.html,检索时间:2015-7-11 日。

③ 中国新闻网:《驻坦桑尼亚大使撰文驳"中国在非只攫取资源论"》,中新社,2012 年 9 月 5 日,http://www.chinanews.com/gn/2012/09-05/4161602.shtml,检索时间;2015 年 7 月 11 日。

④ 国际在线:《坦桑尼亚每日新闻官方媒体发表文章奉劝安倍勿揭"二战"丑恶伤疤》,2014 年 2 月 7 日,http://gb.cri.cn/42071/2014/02/07/5931s4413732.htm,检索时间:2015 年 7 月 11 日。

新闻集团。报社总部位于坦桑尼亚政治中心达累斯萨拉姆,发行量在国内稳居首位。

一、历史沿革

1993年,坦桑尼亚进行政治改革,开始转向多党制。同时,坦桑尼亚的新闻业也随之开启自由化发展,并且获得了蓬勃的发展动力。《卫报》正是在这一时期建立的私营媒体之一。

建立之初,该报就采取了多项举措,增强自身在市场上的竞争力。首先,《卫报》十分重视偏远地区的报纸投放问题,在全国各个地方都设立办事机构,方便报纸在全国范围内发行①;其次,《卫报》在硬件设施上投入较大,相比主要竞争对手官方报纸《每日新闻报》,《卫报》在技术设备上都先进很多;最后,作为国内最大的私营媒体,《卫报》的主要竞争对手都是官方媒体,因而凸显差异化定位成为《卫报》参与市场竞争的主要战略。《新视野报》和《每日新闻报》这两份报纸都是坦桑尼亚国内主要的官方媒体。在版面设计上,《卫报》采取了与《每日新闻报》截然不同的风格,而在报道风格上则呈现出同《新视野报》的明显差异。② 因此,该报一经问世就在市场上获得成功,对坦桑尼亚的老牌报纸产生了巨大的冲击。

《卫报》凭借着创立初期所表现出的强劲冲击力,在随后的发展中后来居上,超过《每日新闻报》成为该国发行量最大的报纸。随着和《每日新闻报》的竞争日益激烈,《卫报》的具体排名也有升有降,总的来说处于该国报纸发行量排行的前列。

二、发展现状

目前,《卫报》每日发行量可达35000份左右,占到全国报纸市场份额的35%,是当地最富影响力的报纸之一③。自成立以来,《卫报》始终保持强劲的发展势头,给国内以《每日新闻报》为首的传统媒体产业带来强烈的冲击和推动。

《卫报》所在的IPP新闻集团是坦桑尼亚乃至整个东非地区最有影响力的传媒集团之一。集团旗下还拥有ITV、EATV等电视机构,以及East Africa Radio、Radio One和Capital Radio等广播电台,是一个综合性的媒体集团。《卫报》利用IPP新闻集团旗下的多个媒体集团进行全方位的广告宣传,提升自己的知名度。集团旗下各大媒体都已经开通网站,新闻报道内容又经过集团网站进一步集中整合,读者可以通过http://www.ippmedia.com/阅读《卫报》的报道内容。

图1 《卫报》周末特别版封面

坦桑尼亚当地的日常用语是斯瓦西里语,使用人口非常广泛。为适应当地广大读者的阅读习惯,坦桑尼亚境内有80%的媒体都推出了自己的斯瓦西里语版,以争夺读者市场。在这一大趋势中,《卫报》也不例外,推出了斯瓦西里语版Nipashe,并在编辑风格和定位上根据当地文化阅

① 《卫报》网站:http://www.guardian.co.tz/about-us,检索时间:2015年7月18日。

② Anthony A. Olorunnisola, Aziz Douai. *New Media influence on social and political change in Africa*. Pennsylvania: *Information Science Reference*, 2013, p. 123.

③ Anthony A. Olorunnisola, Aziz Douai. New Media influence on social and political change in Africa. Pennsylvania: *Information Science Reference*, 2013, p. 123.

读习惯作出相应调整。在市场定位上,《卫报》的英语版主要面向当地受过较高教育的白领阶层,斯瓦西里语版则面向全社会全年龄段的大众读者。①

三、报道特点

《卫报》是一份英文日报,周一至周六发行日常版,每周日推出周末特别版。《卫报》的内容以严肃新闻报道为主,分为新闻、运动、商业、娱乐和评论等几个版块,对国内外的重大事件都有涉及和关注。

在报道上以对当地社会问题的报道为特色,报道中体现了强烈的社会责任感。在 2000 年和 2001 年,该报分别因其在防治艾滋病和推广斯瓦西里语方面的报道而获得了当地政府和社会组织的嘉奖②。另外,该报的专栏评论也在国内因其富有深度而享有盛名。

四、涉华报道

在新闻报道中,《卫报》对于中国议题较为关注。通过对 IPP 新闻集团的在线网络数据库进行搜索,可以统计出在 2014 年 7 月至 2015 年 7 月这一年间,《卫报》及其斯瓦西里语版 Nipashe 的涉华报道共有 140 篇,平均每两到三天即有一篇有关中国的报道。

从报道来源上看,《卫报》的涉华报道大都由本报记者独立采写完成,全文引用西方通讯社报道的情况很少发生。因此,报道立场较为独立公正,对于中国的评价也较为正面。

Vituo 22 kura za urais Kenya kuhesabiwa upya
NIPASHE
MWANGA WA JAMII
Maafa mapya
10,000 waliokata rufaa matokeo kidato cha IV wafeli zaidi
Rais wa China atangaza neema
...Mungai aiumbua serikali

图 2　2013 年 3 月 26 日 Nipashe 头版对习近平主席访问期间演讲的报道

Nipashe: Rais wa China atangaza neema,2013 年 3 月 26 日,http://www.ippmedia.com/frontend/index.php?l=52775,检索时间:2015 年 7 月 31 日。

从内容上看,《卫报》较为关注中坦政治合作等较为宏观的议题,也较多关注中国和坦桑尼亚的经济交往和合作。政治方面,主要关注中坦两国的高层交往,肯定中坦两国关系所取得的进步和中国在非洲发展过程中起到的积极推动作用,并呼吁非洲人民重视中非关系③;同时,报道也对中国的发展模式展开分析探讨,希望能从中找到可供本国借鉴的发展经验④。在经济方面,该报较多关注中国与坦桑尼亚的经济合作,多篇报道都集中介绍中坦之间投资合作协议的签订。同时,《卫报》也很关注中国经济发展对非洲经济的带动作用,呼吁非洲经济界人士重视中国发展带给非洲的机遇。⑤除此之外,《卫报》还对多家中国在非企业进行过报道,对中国企业在非洲发展起到的积极作用进行了正面评价。但是需要注意的是,《卫报》十分关注中国商品的质量问题,针对时有出现的产品质量问题展开批评。⑥

2015 年 2 月 26 日,《卫报》刊发文章发表国内知名智库机构"减贫研究所"的研究报告。报告的核心观点是:(1)相较于美国、英国、印度、南非等国,以及世界银行等国际组织,中国对坦桑尼亚的影响力更大,其次才是

---

① 《卫报》网站:About us,2014 年 1 月 1 日,http://www.guardian.co.tz/about-us,检索时间:2015 年 7 月 18 日。

② 《卫报》网站:About us,2014 年 1 月 1 日,http://www.guardian.co.tz/about-us,检索时间:2015 年 7 月 18 日。

③ 《卫报》网站:Tanzania-China friendship must be treasured,2014 年 10 月 24 日,http://www.ippmedia.com/frontend/index.php/? l=74514,检索时间:2015 年 7 月 17 日。

④ 《卫报》网站:Tanzania-China friendship must be treasured,2015 年 2 月 13 日,http://www.ippmedia.com/frontend/index.php/javascript/page_home.js? l=77339,检索时间:2015 年 7 月 17 日。

⑤ 《卫报》网站:Tanzania-China friendship must be treasured,2015 年 2 月 23 日,http://www.ippmedia.com/frontend/index.php/javascript/page_home.js? l=77683,检索时间:2015 年 7 月 17 日。

⑥ 《卫报》网站:Tanzania-China friendship must be treasured,2015 年 5 月 14 日,http://www.ippmedia.com/frontend/? l=80200,检索时间:2015 年 7 月 17 日。

美国;(2)中国的发展模式是坦桑尼亚未来发展的参照模式;(3)大多数受访者认为,中国在坦桑尼亚的经济活动对坦桑尼亚经济有“一些”或“很大”的帮助;(4)半数受访者表示满意或很满意中国对坦桑尼亚的经济发展援助。总体来看,70%的受访者认为,中国对坦桑尼亚的经济政治影响是“正面”或“非常正面”的,同时也不否认某些损害中国正面形象的因素,其中包括中国产品的质量以及中国开展经济活动从当地人手中抢走了工作和商业机会等。

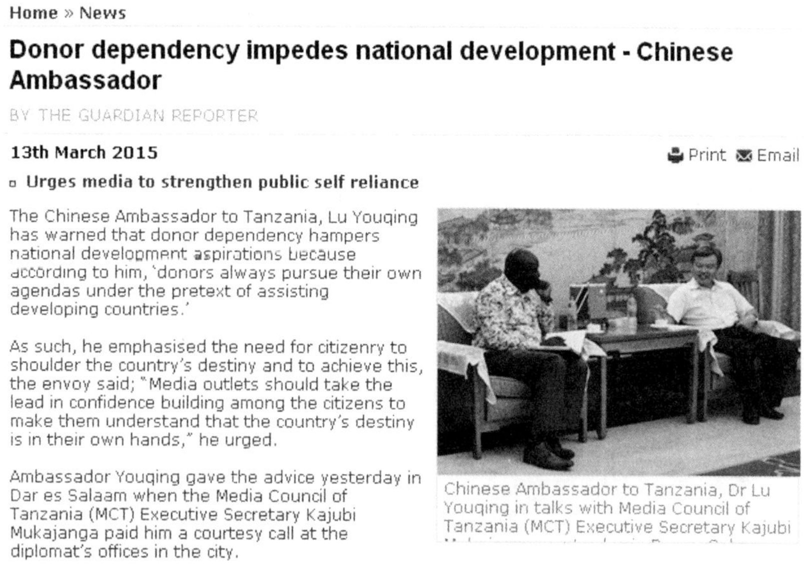

Home » News

Donor dependency impedes national development - Chinese Ambassador

BY THE GUARDIAN REPORTER

13th March 2015 Print Email

▫ **Urges media to strengthen public self reliance**

The Chinese Ambassador to Tanzania, Lu Youqing has warned that donor dependency hampers national development aspirations because according to him, 'donors always pursue their own agendas under the pretext of assisting developing countries.'

As such, he emphasised the need for citizenry to shoulder the country's destiny and to achieve this, the envoy said; "Media outlets should take the lead in confidence building among the citizens to make them understand that the country's destiny is in their own hands," he urged.

Ambassador Youqing gave the advice yesterday in Dar es Salaam when the Media Council of Tanzania (MCT) Executive Secretary Kajubi Mukajanga paid him a courtesy call at the diplomat's offices in the city.

Chinese Ambassador to Tanzania, Dr Lu Youqing in talks with Media Council of Tanzania (MCT) Executive Secretary Kajubi

图 3 2015 年 3 月 13 日《卫报》刊发对吕友清大使专访

《卫报》网站:Donor dependency impedes national development — Chinese Ambassador,2015 年 3 月 13 日,http://www.ippmedia.com/frontend/index.php? l=78308,检索时间:2015 年 7 月 31 日。

此外,《卫报》与中国驻坦使馆及中国媒体之间的交流合作非常广泛。中国驻坦桑尼亚大使吕友清经常接受《卫报》记者采访,并多次在该报刊发署名文章。2015 年 3 月 11 日,《卫报》发表该报记者对吕友清大使的专访,围绕外国发展援助的相关问题展开探讨。吕大使提出建设性意见,“对于外来发展援助的依赖对本国发展亦有负面作用”,敦促坦国的发展建设应基于自身特点,重视创造能力的发展。6 月 16 日,吕大使又在《卫报》署名发表《坦桑尼亚农业发展大有可为》①一文,全面阐述坦国农业发展成就和面临的机遇与挑战,纠正有关报道对基奎特总统讲话的错误理解,也借此机会全面宣传中国对坦农业发展所做贡献。文章引起当地舆论重视,并且受到基奎特总统和坦国政府有关部门官员的高度赞扬。

除此之外,《卫报》还与新华社等中国媒体建立了良好的合作关系。除了派出代表展开互访等交流活动以外,双方记者还经常合作展开联合采访、共同报道等具体工作。例如,2013 年 12 月 20 日《卫报》刊发的《作为新发现资源富有国,坦桑尼亚将引领非洲发展》②一文,就是由《卫报》和新华社记者通过联合采访完成的一篇报道。

① 驻坦桑尼亚大使馆网站:《坦桑尼亚农业发展大有可为——中国驻坦桑尼亚大使在坦桑尼亚〈卫报〉发表署名文章》,2015 年 6 月 16 日,http://tz.china-embassy.org/chn/tsyw/t1273597.htm,检索时间:2015 年 7 月 31 日。

② 坦桑尼亚《卫报》网站:Tanzania among “new” resource-rich states leading in Africa's growth,2013 年 12 月 20 日,http://www.ippmedia.com/frontend/index.php? l=62845,检索时间:2015 年 7 月 31 日。

乌干达

《警戒者报》*Daily Monitor*

TRUTH EVERY DAY
Daily Monitor

《警戒者报》(*Daily Monitor*,也有译为《箴言日报》)是乌干达警戒者出版有限公司(Monitor Publications Limited)旗下的英文日报,总部位于乌干达首都坎帕拉。《警戒者报》是乌干达规模最大、富有影响力的私营报纸。

一、历史沿革

《警戒者报》创刊于 1992 年,起初名为《警戒者》(*The Monitor*),而后于 2005 年 6 月改为日报发行,进而也将报名改为现在的《警戒者报》(*Daily Monitor*)。这份报纸由多位资深媒体人联合创办,他们在独立办报之前都供职于《每周话题》(*Weekly Topic*)。《每周话题》的创办者和实际控股人与政府保持着密切关系,因而在很多批评政府不当行为的调查性深度报道中,都对记者编辑实施诸多阻挠,导致部分记者编辑离职。因此,《警戒者》创刊伊始就已经具有了秉持新闻自由,不攀依权势的美誉,报纸自身也宣称将以深刻的舆论监督为己任,保持批评政府的风格特色。[①]

1993 年,刚刚成立的《警戒者》就针对乌干达军队内部的暗箱操作展开深度调查,并刊发系列报道揭露了隐藏在军队中的军购丑闻,导致包括总统私人秘书、乌干达驻美大使在内的多位高层人士被捕。[②] 这一报道也开启了《警戒者报》以深度调查性新闻为特色的报道实践,此后二十余年一直秉承不变。此后,《警戒者报》进行的调查性报道针砭时弊,打破了乌干达国内长久以来刻意对政府决策失误文过饰非的报道风格,开一时风气之先。

二、发展现状

目前,《警戒者报》已经逐步成长为乌干达国内最重要的报刊之一,以及主要的舆论监督者。报社在乌干达全国多地都设有办事机构,报道覆盖各个领域,影响力都堪与官方报纸《新观察报》(New Vision)相匹敌[③]。目前,肯尼亚的民族传媒集团(Nation Media Group)是《警戒者报》所属的乌干达箴言出版有限公司的主要控股股东。《警戒者报》宣称,正是现在这种公司化运营体制能够使其接受来自社会各方面的投资,从而保证了该报在

---

① 《警戒者报》网站:Timothy Kalyergira:Tracing the Monitor-govt relationship since 1992,2014 年 5 月 18 日,http://www.monitor.co.ug/Magazines/PeoplePower/Tracing-the-Monitor-govt-relationship-since-1992/-/689844/2318548/-/qtc56rz/-/index.html,检索时间:2015 年 4 月 30 日。

② 《警戒者报》网站:Timothy Kalyergira:Tracing the Monitor-govt relationship since 1992,2014 年 5 月 18 日,http://www.monitor.co.ug/Magazines/PeoplePower/Tracing-the-Monitor-govt-relationship-since-1992/-/689844/2318548/-/qtc56rz/-/index.html,检索时间:2015 年 4 月 30 日。

③ 《警戒者报》网站:Timothy Kalyergira:Tracing the Monitor-govt relationship since 1992,2014 年 5 月 18 日,http://www.monitor.co.ug/Magazines/PeoplePower/Tracing-the-Monitor-govt-relationship-since-1992/-/689844/2318548/-/qtc56rz/-/index.html,检索时间:2015 年 4 月 30 日。

报道时可以不受政府或其他政治势力影响,保障新闻报道的独立公正。①

此外,依托自身新闻资源,《警戒者报》在1994年创办了名为"警戒者在线"(Monitor Online)的新闻网站,这也是非洲最早的新闻网站之一。该网站首先将纸质版的所有刊载内容搬到网上,并且致力于将新闻内容与互联网的即时性和交互性相融合,实现实时更新新闻最新动态,而且大大提升了报社与读者之间的联系互动。② 自2009年以来,"警戒者在线"连续多年稳居乌干达网站访问量排行的第一位,③足见其影响力。

图1 《警戒者报》是乌干达最大的私营报纸

三、报道特点

自创刊以来,《警戒者报》就以"敢言"著称,并在多年发展过程中一直保持独立立场,敢于保持对政府的批评态度。因此,《警戒者报》以调查性深度报道最为知名,也成为其区别于其他媒体的重要特点。在官方网站中,《警戒者报》声称自己是"乌干达境内唯一一家敢于出于公众利益、不受约束地进行深度调查新闻的报纸"。不过,尽管《警戒者报》时常对政府进行批评,但这种批评被认为是对政府行政的客观监督和积极建言,有学者称之为是"类似于朋友或亲人之间的逆耳忠言"④。

对《警戒者报》来说,调查性新闻报道既是其创刊初衷,也是其得以长远立足的根本。这类新闻报道往往涉及较为敏感的议题,极易引起争议,从而对媒体的专业要求更高。为此,《警戒者报》编辑部对记者编辑的职业素养的专业水准提出了很高的要求,力求在新闻报道中保持真实客观公正,摒弃任何预设性的偏见,并且尽力做到细节准确,以此在读者中维护自身的声誉和形象。

四、涉华报道

从总体上来看,《警戒者报》对中国的报道数量不少,涉及多个方面的相关议题,在具体议题上持有不同的态度立场。其中,尤以中国在非活动和中国发展模式两个议题为报道重点。

首先,《警戒者报》对中国在非洲的投资、贸易和援助等议题非常关注,所持态度立场多为批评。通过对《警戒者报》网站上2014—2015年的涉华报道进行抽样统计可以发现,中国和乌干达之间的经贸合作和中国的对乌援助是该报长期关注的重点议题,在所有涉华报道中可以占到40%。对于中国对乌干达的医疗、教育等人道主义援助,《警戒者报》基本持积极肯定态度,认为这种援助能够切实帮助乌干达人民,改善他们的生活状况。同时,对于中国对乌干达的经济援助和投资行为,该报认为中国对于非洲的帮助多出于其在非政治经济利益的考虑,典型观点是"中国只是被乌干达的投资项目和石油资源吸引,因此选择与乌干达政府的腐败官员合作,并

① 《警戒者报》网站:http://www.monitor.co.ug/meta/about-us/-/691198/691168/-/1159r8wz/-/index.html,检索时间:2015年4月29日。

② 《警戒者报》网站:http://www.monitor.co.ug/meta/about-us/-/691198/691168/-/1159r8wz/-/index.html,检索时间:2015年4月29日。

③ Timothy Kalyegira: Tracing the Monitor-govt relationship since 1992, Daily Monitor online, 2014年5月18日, http://www.monitor.co.ug/Magazines/PeoplePower/Tracing-the-Monitor-govt-relationship-since-1992/-/689844/2318548/-/qtc56rz/-/index.html,检索时间:2015年4月30日。

④ 《警戒者报》网站:Timothy Kalyegira: Tracing the Monitor-govt relationship since 1992, 2014年5月18日, http://www.monitor.co.ug/Magazines/PeoplePower/Tracing-the-Monitor-govt-relationship-since-1992/-/689844/2318548/-/qtc56rz/-/index.html,检索时间:2015年4月30日。

不是真的以乌干达人民的利益为考量”[①]。这一观点明显与西方媒体炒作的“中国新殖民主义论”一致，在很大程度上受到了西方媒体论调的影响，对中国在非活动时常保持怀疑和批评。

其次，在近几年的涉华报道中，《警戒者报》多次刊文探讨中国发展模式，从总体上肯定中国改革开放后的发展模式和取得的成就，并且认为中国发展模式对乌干达乃至整个非洲都有积极的借鉴价值和重要意义。例如，2008 年奥运会期间，《警戒者报》特派记者赴北京报道奥运盛事，并深入展开对中国的新闻报道。期间，《警戒者报》刊发了题为《21 世纪的中国东亚的新面孔》[②]的报道，向非洲介绍了中国经过改革开放后飞速发展所展现的全新面貌。报道指出，这些成就归因于中国人的辛勤劳动和成功的经济改革，其中的成功经验可以为乌干达所借鉴。再如，2011 年 2 月 15 日，《警戒者报》刊发了题为《非洲可借鉴中国的发展经验》[③]的评论文章，称中国经济的转型过程可为其他转型经济体提供许多有意义和重要的借鉴经验。2012 年 9 月 9 日，一篇题为《中国是非洲“新男友”而非保姆》[④]的文章，将中国与非洲的关系比喻为恋人，声称“中国已来到并将继续留在非洲大地，不仅在此从事建筑和贸易等工作，还在塑造、影响我们非洲人做事的方式”。文章还认为，通过举办中非合作论坛等方式，中国向非洲国家引入了一种新的国家治理和改革发展的范例，中国通过实际行动表明他们已经做到了，而非洲也可以在不用西方介入的情况下，通过中国式的发展模式获得成功。

《新观察报》*New Vision*

New Vision
UGANDA'S LEADING DAILY

目前，乌干达有两份全国性报刊，其中最重要的一份是官方的英文报纸《新观察报》(*New Vision*)。《新观察报》隶属于乌干达观察传媒集团(the Vision Group)旗下，报社总部位于乌干达首都坎帕拉，是乌干达发行量最大、最有影响力的主流报纸。

一、历史沿革

早在 1955 年，英国殖民当局在乌干达开办了英文报纸《乌干达巨人报》(*Uganda Argus*)。1962 年，乌干达获得独立之后，国父米尔顿·奥博特带领的政府接收了报纸，将其改造为官方媒体。在后来的数次政府更迭中，该报也经历了屡次更名，曾经用过《乌干达之声》(*Voice of Uganda*)、《乌干达时报》(*Uganda Times*)等报名。直到 1986 年，该报定名为《新观察报》，一直沿用至今。两年之后，《新观察报》改为周一至周五发行的日报。

20 世纪 90 年代开始，《新观察报》采取了多项措施，积极开拓和抢占当地的阅读市场。1993 年，为了迎合阅读市场日益多元化的需要，《新观察报》开始在周五的日常版面基础上，加入娱乐休闲副刊；1994 年，为了满足当地文化层次较低群体的阅读需求，《新观察报》又推出了卢干达语版日报 Bukedde。这些措施为《新观察报》吸引了新的受众群体，进一步提高了该报在当地的影响力；1998 年，为了应对当地报纸市场的激烈竞争，《新观察

---

① 《警戒者报》网站：The citizens of Uganda will not pay Chinese odious debts，2014－10－22，http://www.monitor.co.ug/OpEd/Commentary/The－citizens－of－Uganda－will－not－pay－Chinese－odious－debts/－/689364/2494688/－/emtwmw/－/index.htmlns－of－Uganda－will－not－pay－Chinese－odious－debts/－/689364/2494688/－/emtwmw/－/index，检索时间：2015－4－29 日。

② 新华网：乌干达《箴言报》：中国是令人着迷的新世界，2008－8－10，http://news.xinhuanet.com/world/2008－08/10/content_9113941.htm，检索时间：2015－7－30 日。

③ 商务部网站：非洲可借鉴中国的改革发展经验，2011－2－17，http://www.mofcom.gov.cn/aarticle/i/jyjl/k/201102/20110207403522.html，检索时间：2015－7－30

④ 《警戒者报》网站：China is Africa's new “boy friend” not baby sitter，2012－9－9，http://www.monitor.co.ug/Magazines/PeoplePower/China－is－Africa－s－new－－boyfriend－－not－baby－sitter/－/689844/1499942/－/t17j28z/－/index.html，检索时间：2015－7－30

报》进行了重新设计和改版,并于1999年推出了新闻网站"新观察在线"(New Vision Online),卢干达语版网站BukeddekuSsande也于次年上线,成了当地重要的互联网资讯平台。在2007年至2009年期间,"新观察在线"一度位居该国新闻网站浏览量的首位。近两年来,《新观察报》所运营的新闻网站各方面表现稍逊于《警戒者报》。①

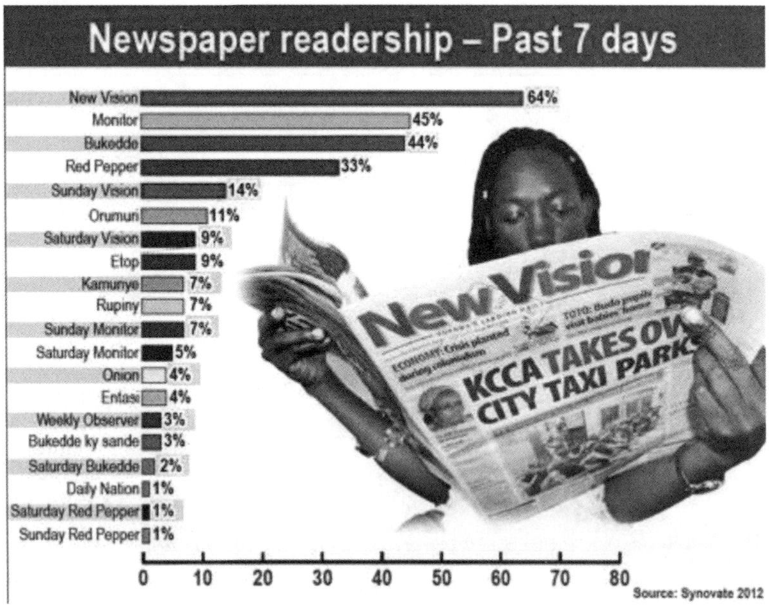

图2 《新观察报》是乌干达阅读率最高的报纸

图片引自《新观察报》网站:Vision Group papers top market,http://www.newvision.co.ug/mobile/Detail.aspx? NewsID=628773&CatID=1,检索时间:2015年7月29日。

2004年,该报所在传媒集团成功上市,其中多数股权归政府所有,其余股权则在乌干达证券交易所公开发售,以此在保证政府有效管控的基础上提高集团的经营效率。② 以此为契机,《新观察报》展开了一系列媒体融合的实践。2007年,观察传媒集团整合《新观察报》的媒体资源,建立"观察之声"广播台(Vision Voice Radio),并于2008年推出卢干达语版。2010年,该报进军移动端市场,推出手机短信报服务。

在近三十年的发展历程中,《新观察报》一直在当地的媒体竞争中保持着优势地位,在发行量、影响力和市场份额方面均名列前茅。根据乌干达独立市场调查公司的统计,《新观察报》的每周阅读人次可达到580万,而且有64%的乌干达受访者称有定期阅读《新观察报》的习惯。目前,《新观察报》的发行量已经达到了33000份,高于其主要竞争对手《警戒者报》。③

二、发展现状

目前,《新观察报》每周一到周五发行,周末两天分别刊发《周六观察》和《周日观察》两份周末副刊,发行量约4万份。④ 正刊关注严肃新闻,而副刊则主要聚焦较为娱乐轻松的主题。此外,该报还推出了当地民族语言卢干达语版,这也是乌干达当地唯一的卢干达语日报。此外,作为乌干达国内最有影响力的报纸之一,《新观察报》在全国多地都设有办事机构。⑤

目前,《新观察报》所在的乌干达观察传媒集团已经发展成囊括报纸、杂志、互联网、电视、广播等多种业务的大型综合传媒企业。观察传媒集团旗下拥有9家报纸、3家电视台、6家广播电台以及2家杂志。2004年11月,观察传媒集团在乌干达证券交易所上市,其中乌干达政府持有53.3%的股权⑥,从而保持了《新观察报》作为

① Timothy Kalyergira: Tracing the Monitor—govt relationship since 1992, Daily Monitor online,2014年5月18日,http://www.monitor.co.ug/Magazines/PeoplePower/Tracing—the—Monitor—govt—relationship—since—1992/—/689844/2318548/—/qtc56rz/—/index.html,检索时间:2015年4月30日。

② 中华人民共和国驻乌干达共和国大使馆经济商务参赞处:《乌干达最大报纸〈新观察报〉将出售部分股份》,2003年6月19日,http://ug.mofcom.gov.cn/aarticle/jmxw/200306/20030600101129.html,检索时间:2015年7月27日。

③ 《新观察报》网站:Vision Group papers top the market.,2015年4月30日,http://www.newvision.co.ug/mobile/Detail.aspx? NewsID=628773&CatID=1,检索时间:2015年7月17日。

④ 中华人民共和国外交部:《乌干达概况》,2014年7月,http://www.fmprc.gov.cn/mfa_chn/gjhdq_603914/gj_603916/fz_605026/1206_606332/,检索时间:2015年7月27日。

⑤ 《警戒者报》网站:Tracing the Monitor—govt relationship since 1992,2014年5月14日,http://mobile.monitor.co.ug/LifeandStyle/Tracing—the—Monitor—govt—relationship—since—1992/—/691254/2318548/—/format/xhtml/—/ftn7f8z/—/,检索时间:2015年4月30日。

⑥ 观察传媒集团网站:Vision Group Inverstor Information,http://www.visiongroup.co.ug/historicalbg.php,检索时间:2015年5月1日。

AKADIRISA: ABALAGUDDE OGWA MANU NE LIVERPOOL
Bukedde
LWAMUKAAGA
Mayinja ayongedde bwino ku bya Eagles
Mesach, Kavuma, Serugga nabo batadde akaka
LUTAAYA Y'ASUDDE EAGLES
UKRAINE
Russia egezesezza emizinga ku nsalo -p4
Bwe nvuddemu bapanga kunnyonoona - Lutaaya
- p.2, 3
IRAQ: BAWAMBYE EDDONGOOSEZO LY'AMAFUTA ERISINGA OBUNENE
Bukedde
CHAMELEONE
•Abaamupangisizza okuyimba n'atalabikako bamututte mu kkooti
•Bamuyise omufere olw'obutatuukiriza ndagaano
Laba P2
Omukristu asibisizza Faaza lwa bukadde 73 - p4
Ono ye KAMPALA
Eyasse aba famire e Rakai bamukutte - p4
Corporate
Mega-Bonus
airtel

图 3　卢干达语版报纸 Bukedde 版面

政府喉舌的官方色彩。

三、报道特点

由于在一定程度上具有官方色彩,《新观察报》承担着更多的社会功能。该报不定期地发行增刊,主要关注教育、就业、健康、农业等与乌干达社会发展息息相关的议题。而且,《新观察报》还直接参与到当地的教育事业中,推出了分别面向在校学生和在职工作人员的教育项目,参与促进乌干达教育事业的发展。

尽管在经营管理上,《新观察报》要受到政府的监督管理,但在一些重大新闻报道上,《新观察报》仍努力保持新闻专业的独立性。1998 年,《新观察报》报道了乌干达军方秘密走私汽车的案件,并因此承受了来自军方的巨大压力。2013 年,该报的卢干达语版推出系列报道,揭露乌干达农村医疗资源薄弱的问题,引发了社会的广泛关注。[①] 凭借真实敏锐的新闻报道,《新观察报》坚持对政府执政和社会发展起到舆论监督作用,也因此在国内民众中赢得了广泛的信任和支持。

四、涉华报道

《新观察报》的涉华报道涵盖中国国内政治经济、与中国相关国际事件以及中非关系等多个议题。与其他非洲媒体相比,《新观察报》涉华报道所涵盖的议题更多,对华报道也更加全面。

通过在《新观察报》网站数据库中随机抽取 100 篇涉华报道进行分析,可以发现:

从报道的消息来源来看,《新观察报》的涉华报道主要以外来信源为主,可以占到所有涉华报道的 88%,其中尤以以法新社为代表的西方通讯社为主。在样本报道中,83%的涉华报道直接援引自法新社。这一部分报道主要关注中国国内的政治、经济、社会等领域的新闻议题。可以说,《新观察报》对中国国内新闻事件的报道,在很大程度上依赖于西方媒体,更多地体现了西方的价值观,实际上是在“透过西方的眼睛看中国”。除此之外,还有近 5%的新闻报道援引自包括新华社在内的中国媒体。在这一点上,中国媒体与《新观察报》的合作仍

① 《警戒者报》网站:Tracing the Monitor－govt relationship since 1992,2014 年 5 月 14 日,http://mobile.monitor.co.ug/LifeandStyle/Tracing－the－Monitor－govt－relationship－since－1992/－/691254/2318548/－/format/xhtml/－/ftn7f8z/－/,检索时间:2015 年 4 月 30 日。

有很大的发展空间。

另外12%的涉华报道属于自采信源,即由《新观察报》的记者采写完成。从内容议题上来看,这部分报道主要是围绕中乌关系的相关议题展开。所发表报道基本上都肯定了中国在非洲日益增强的影响力,探讨中国政府在非援助措施的积极意义。比如说,2015年6月22日发表的一篇报道,以中国对乌干达汉语教学的援助为主题,从积极角度肯定了中国此举对促进乌干达教育和对外开放所起到的正面推动作用。[①]这些报道尽量摒除了西方媒体所谓中国在非进行"新殖民主义"活动的论调影响,从乌干达实际利益出发,坚持发表独立的新闻报道,说明非洲国家自己的观察。

除了新闻报道,《新观察报》还发表了很多涉及中国议题的评论文章,阐述对于中国的国内发展、国际关系等各方面的观点立场。在《新观察报》看来,中国改革开放三十年来快速发展的成功经验,是乌干达等非洲国家获得长远发展可资借鉴的重要资源。如2014年7月发表的一篇题为《非洲是否能够向中国学习》的文章,探讨了中国发展过程中秉承的"和平共处五项原则"对保持非洲稳定团结的借鉴意义。[②] 此外,还有很多评论文章深入探讨了中国的经济政策、国际地位以及中国对非援助等各方面内容。这些评论文章在很大程度上反映了《新观察报》对中国发展模式的关注,并且体现了该报对中国经验的积极肯定态度。

---

① 《新观察报》网站:China to fund teaching of Chinese in Ugandan schools,2015年6月22日,http://www.newvision.co.ug/news/670034－china－to－fund－teaching－of－chinese－in－ugandan－schools.html,检索时间:2015年7月19日。

② 《新观察报》网站:Can Africa Learn From China? 2014年7月7日,http://www.newvision.co.ug/news/657260－can－africa－learn－from－china.html,检索时间:2015年4月30日。

赞比亚

《赞比亚每日邮报》*Zambia Daily Mail*

《赞比亚每日邮报》(*Zambia Daily Mail*)是赞比亚发行的一份宽幅英文日报。该报总部设在赞比亚首都卢萨卡,和《赞比亚时报》同为赞比亚政府所有的两大报纸。

一、历史沿革

《赞比亚每日邮报》的前身是《非洲邮报》(*African Mail*),由英国女出版商芭芭拉·霍尔(Barbara Hall)于1960年创办。1962年,报纸改名为《中非邮报》(*Central African Mail*),每周发行一期。该报敢于秉笔直书,不畏权贵,因此在当地读者中广受欢迎。

1965年,《中非邮报》遭遇经济困难,被赞比亚政府国有化并更名为《赞比亚邮报》,1967年改为双周刊发行。到1970年时,该报进一步改为日报出版,报名也变为《赞比亚每日邮报》。①

图1 《赞比亚每日邮报》大力推广基于移动端应用的绿色阅读

图片引自《赞比亚每日邮报》网站:https://www.daily－mail.co.zm,检索时间:2016年3月25日。

实现国有化之后的《赞比亚每日邮报》,以报道政府新闻、发布官方信息为主,逐渐成为赞比亚政府"构建国家的工具"。然而这样的转变,在一定程度上导致了读者数量和广告收入的下降。此后,《赞比亚每日邮报》增加出版《星期日邮报》(*Sunday Mail*)和《金融邮报》(*Financial Mail*)以扩大其报道范围。

《赞比亚每日邮报》十分注重技术进步。1994年,该报就实现了电脑化办公,并迅速推出了网络版报纸。相对于大多数非洲国家的报纸媒体来说,该报的网站建设情况比较好。2011年开始,该报大力投资印刷设备以提高其彩色印刷水平。② 目前,该报推出了支持手机等移动客户端阅读的电子报纸,开始大力推广绿色环保的电子阅读形式,鼓励读者下载使用其应用程序。

二、发展现状

《赞比亚每日邮报》坚持"不畏惧、不偏私地为国家服务"(Serve the nation without fear or favour)的办报理

① 陈力丹、李弘扬:《赞比亚新闻业的历史及面临的问题》,《新闻界》2013年第8期。

② Zambia Daily Mail: Zambia Daily mail challenged to improve circulation, 2011年1月22日, http://lusaka.social/about/online－news/daily－mail/,检索时间:2015年9月9日。

念，被视为赞比亚政府的喉舌，主要负责发布政府声明以及新闻通告等。该报为四开宽幅报纸，以英文出版。据估计，2013 年该报日均发行量在 1 万至 1.5 万份之间。①

图 2 《赞比亚每日邮报》网站首页

图片引自《赞比亚每日邮报》网站：https://www.daily－mail.co.zm，检索时间：2015 年 9 月 9 日。

由于赞比亚国内的报业竞争，以及电视、社区广播站的兴起，作为传统官方报纸的《赞比亚每日邮报》面临着严峻的经济困难，发行量下降严重。对此，赞比亚政府已经对该报提出了改善发行状况的要求。然而，该报也在听从政府要求的同时为自身争取更多的发展空间，报社已经向政府请求更多注资，并申请免除其部分政府债务。②

为提高从业者业务素质，《赞比亚每日邮报》2013 年 8 月与纳米比亚国有报纸《新时代报》签订谅解备忘录，旨在交换编辑内容，提高记者新闻采集能力，还将在增进两国信息互通中发挥重要作用。

三、报道特点

作为国有化的政府所有报纸，《赞比亚每日邮报》的官方色彩浓重，因此带来了报道僵化和内容偏向的弊端。这也使该报不时遭到诟病，称其报道偏离了“不畏惧、不偏私”的办报理念。赞比亚信息与广播服务部曾对该报提出建议：“《赞比亚每日邮报》应该深入改进报道技巧，有效分析社会动态，并且提供多元化观点，而不是一味遵循政府口径。”

从《赞比亚每日邮报》的网站来看，报道内容主要包括本国新闻、法庭新闻、商业、体育、娱乐、科技等版块。在新闻报道方面，主要以国内新闻报道为主，对国际新闻的报道比重较少。

四、涉华报道

中赞两国友好外交关系历史悠久，两国政府之间的交往合作也日益加深。作为赞比亚政府所有的官方报纸，《赞比亚每日邮报》的涉华报道也基本上呼应了赞比亚政府对待中国的积极友好态度。

例如，2012 年 8 月 14 日，《赞比亚每日邮报》刊登题为《中国在非洲的外交成功：软实力的价值》的文章，对多年来中国对赞比亚以及坦桑尼亚等国的巨大经济援助予以褒扬，对中国在非洲的软实力外交予以高度肯定，并且批驳了西方媒体将中国妖魔化成“新殖民主义”的论调。③ 2014 年 7 月，赞比亚新闻代表团来华访问，该报

---

① Namibia Sun：New Era，Zambia Daily Mail sign deal，2013 年 8 月 14 日，http://www.namibiansun.com/government/new－era－zambia－daily－mail－sign－deal.56014，检索时间：2015 年 9 月 9 日。

② Lusaka Times：Zambia Daily mail challenged to improvecirculation，http://www.lusakatimes.com/2011/01/22/zambia－daily－mail－challenged－improve－circulation/，检索时间：2015 年 9 月 9 日。

③ 环球网：《〈赞比亚每日邮报〉：北京在非洲彰显软实力》，2012 年 8 月 17 日，http://oversea.huanqiu.com/political/2012－08/3034683.html，检索时间：2015 年 7 月 11 日。

周日版编辑再次强调中国是赞比亚可靠的朋友，西方媒体渲染“中国剥削非洲”是“混淆是非”。[①] 2014 年 8 月 6 日，中国驻赞比亚大使杨优明前往《赞比亚每日邮报》报社访问，在与该报总经理布莱森·蒙巴(Bryson Mumba)交谈时称赞《赞比亚每日邮报》为促进中赞传统友谊、务实合作和相互了解做出了大量工作，表示中国使馆将继续与报社保持良好合作，希望该报继续积极报道中赞关系以及 2014 年中赞建交 50 周年系列庆祝活动。

通过在《赞比亚每日邮报》网站上搜索关键词“China”和“Chinese”，可以看到《赞比亚每日邮报》的涉华报道中，与中国相关的经济报道占了相当大的比例，该报尤其关注中国对赞比亚的投资与经济援助等议题。2015 年 7 月，该报引述赞比亚副总统伊农格·维纳的讲话表示，“中国投资为赞比亚创造了大量就业机会，为赞比亚减少贫困做出了突出贡献”。

近年来，随着大批中国投资进入赞比亚，个别中国商人的不法行为也影响到赞比亚人对中国人的态度。在网站检索得到的涉华报道中，也出现了部分关于赞比亚珍稀树种血檀遭到来自中国的不法商人非法砍伐等问题，以及部分旅赞商人涉及走私、洗钱、商业贿赂等问题的负面新闻。

总体来看，《赞比亚每日邮报》作为赞比亚官方报纸，延续了政府与中国友好交往的主旋律。在报道官方交往时，表现出较为积极的对华态度。在报道关系到本国实际经济利益，特别是涉及有色金属、血檀等自然资源的涉华新闻时，该报则从本国自身的经济利益和民族情感出发，对某些中国人在当地的不法行为进行了谴责。

《赞比亚时报》*Times of Zambia*

TIMES
OF ZAMBIA
Forward with the Nation

《赞比亚时报》(*Times of Zambia*)是一份在赞比亚发行的全国性日报，由赞比亚政府所有。该报以英文出版，报社总部位于恩多拉，是赞比亚的第三大城市。

一、历史沿革

《赞比亚时报》的历史可以追溯到殖民时代，曾经以《铜带时报》和《北方新闻》的报名发行。

1951 年，一位名叫罗伊·韦伦斯基(Roy Welensky)的商人决定创办一份报纸，报名定为《铜带时报》(*The Copperbelt Times*)，总部设在铜带省的主要城市恩多拉，之后更名为《北方新闻》(*The Northern News*)。创办初期，该报的印刷能力非常有限，只能两周出版一期，后来才逐渐改为日报。报纸的定位即是为当地的欧洲殖民者群体服务。

之后，来自南非的报业连锁集团“守望”购得了《北方新闻》。该集团退出罗德西亚市场后，将《北方新闻》出售给了“伦敦和罗德西亚矿业”(London and Rhodesia Mining)。这家英国公司着手将该报与旗下购进的另一份报纸《赞比亚人时报》(*Zambian Times*)合并，并于 1965 年 7 月 1 日开始出版合并后的新报，命名为《赞比亚时报》(*Times of Zambia*)。报纸由罗德西亚白人公务员理查德·霍尔(Richard Hall)担任主编，他训练了一批非洲的编辑记者来接管这份报纸。

20 世纪 70 年代初，在主编邓思顿·卡马纳(Dunston Kamana)的领导下，《赞比亚时报》重视言论、强调批判，对政府行为发起严肃的监督批评。结果招致了政府的不满，并于 1972 年插手报社事务，直接任命了亲政府的弗农·姆旺加(Vernon Mwaanga)出任总编一职。1975 年，当时的执政党联合民族独立党(United National

① 中国记协网：《赞比亚新闻代表团：实现中国梦就要坚持走中国道路》，2014 年 7 月 15 日，http://news.xinhuanet.com/zgjx/2014－07/15/c_133485126.htm，检索时间：2015 年 7 月 11 日。

Independence Party,简称 UNIP)接管了该报,将其变成自己的机关报,并将报社总部迁至首都卢萨卡。①

1991 年,赞比亚的新兴政党"多党民主运动"(The Movement for Multi-Party Democracy,简称 MMD)成为执政党,随即向法院提起诉讼,反对联合民族独立党非法控制报纸。根据法院判决,《赞比亚时报》的所有权移交给了政府,从此成为政府控制的官方报纸。

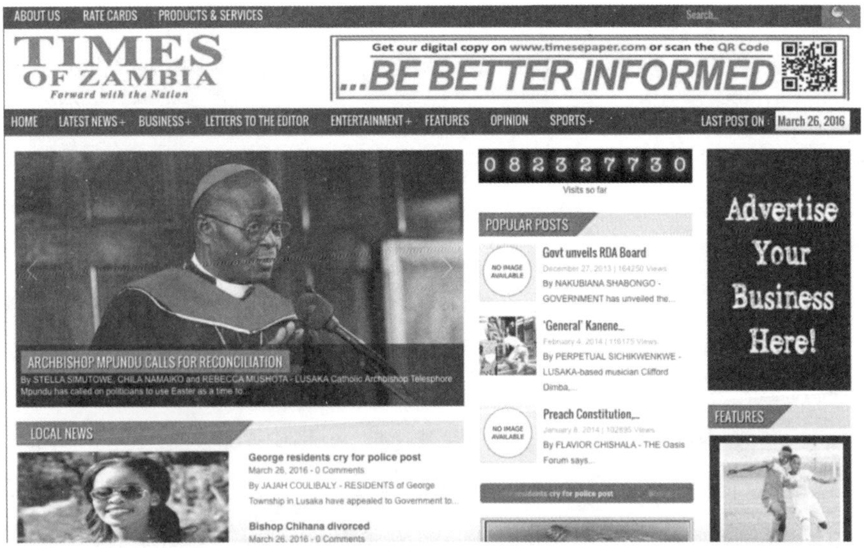

图 3 《赞比亚时报》网站首页

图片引自《赞比亚时报》网站:http://www.times.co.zm,检索时间:2016 年 3 月 25 日。

二、发展现状

目前,《赞比亚时报》是赞比亚最大的官方报纸,日发行量达到 1.5 万份,与《赞比亚每日邮报》同为赞比亚政府的喉舌媒体。②

现在,报社总部仍设在恩多拉。除了每天出版一期报纸,该报每周末还出版一期《星期日赞比亚时报》(*Sunday Times of Zambia*)。

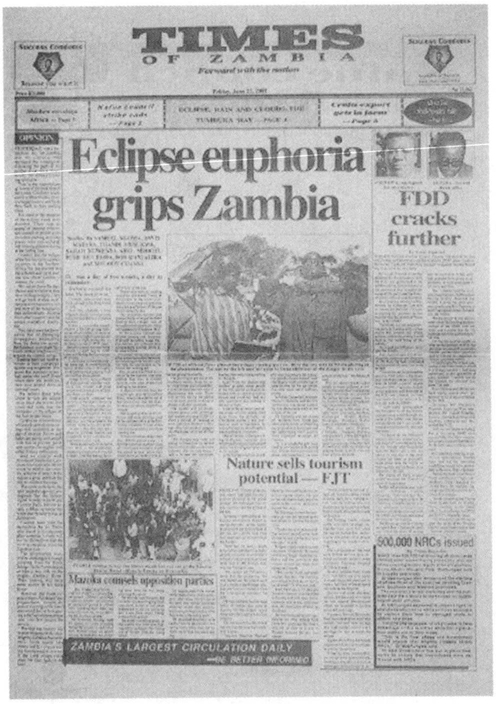
TIMES OF ZAMBIA

Eclipse euphoria grips Zambia

FDD cracks further

Nature sells tourism potential — FJT

500,000 NRCs issued

Mazoka consults opposition parties

ZAMBIA'S LARGEST CIRCULATION DAILY

—BE BETTER INFORMED

图 4 《赞比亚时报》头版

近年,《赞比亚时报》已经推出了英文网站 http://www.times.co.zm。目前,网站已经实现了每日的新闻内容更新上线,将当日报纸的主要文章刊登在网站上,但是其他栏目仍处在建设当中,具体内容还没有呈现在读者面前。

三、报道特点

自从 1975 年由政府接管报纸以后,《赞比亚时报》一直处于政府的直接控制之下,实际上是来自执政党的控制。而《赞比亚时报》也忠实扮演着官方媒体和执政党喉舌的角色,在国内、国际新闻报道中都以赞比亚政府为先。在 2011 年的大选期间,由于《赞比亚时报》只发布支持执政党的信息,而从不报道反对党的相关消息,在民众中引发不少诟病。

目前,《赞比亚时报》网站主要是将报纸内容搬到网上进行发布,因此其网站内容与报纸报道高度重合。在《赞比亚时报》的网站上,导航栏中除主页外还有最新动态、商业新闻、致编辑的信、娱乐、特写、言论和体育等栏目。最新动态栏目平均每天更新约 4—8 条新闻,主要包括社会新闻(故事)与法庭新闻两类。这一特点,符合非洲大多数报纸重视社会报道和法庭新闻的传统;商业新闻栏目主要分为货币与股票交易两类;致编辑的

---

① David J Simon, James R. Pletcher, Brian V. Siegel. *Times of Zambia*, *Historical Dictionary of Zambia*—*African Historical Dictionaries* (3rd ed.) New Jersey: Scarecrow Press, 2008, pp.454—455.

② 外交部网站:《赞比亚国家概况》,http://www.fmprc.gov.cn/mfa_chn/gjhdq_603914/gj_603916/fz_605026/1206_606408/,检索时间:2015 年 8 月 11 日。

信是一个重在与读者互动的栏目，内容主要是读者参与讨论的一些国家社会议题，以及读者发文呼吁帮助支持的内容；娱乐一栏的内容较为宽泛，实际上包括了音乐、戏剧、电影等文化报道的内容；特写栏目主要是由知名学者或文化人士开设的专栏，介绍书籍、发表影评或者讨论生活常识等等；言论栏目主要是由几位编辑记者开设的专栏，就社会文化的各个方面抒写自己的观点和看法；最后还有体育栏目，对于足球、橄榄球、拳击和排球等项目都有相关报道。

四、涉华报道

在《赞比亚时报》官方网站搜索关键词"China"和"Chinese"，从 2014 年 7 月到 2015 年 7 月，一年间涉华报道总数为 482 篇，平均每天至少有一篇涉及中国的报道，内容主要聚焦于中赞外交往来、中赞经济交往以及非洲经济社会发展等议题。从报道来源上看，《赞比亚时报》刊载的稿件以自采稿为主，尤其是在涉华报道方面几乎全部为该报自采。

在有关政治议题的涉华报道中，该报对华态度积极友好，基本塑造了积极正面的中国形象。例如，2015 年 3 月博鳌亚洲论坛期间，该报刊载题为《伦古示好中国》的文章。文中引述赞比亚总统埃德加·伦古（Edgar Lungu）在论坛上的讲话表示，中赞有着几十年的友好往来，赞比亚鼓励中国企业投资赞比亚基础设施、矿产开发等领域，并称中国的投资对改善赞比亚人民生活、增加当地就业有着巨大的作用。[①]

近几年，西方部分媒体指责中国发展与非洲国家的关系是为了攫取非洲资源。针对这一说法，《赞比亚时报》发表评论阐释不同观点。2014 年 6 月 18 日，李源潮访问赞比亚期间，该报评论指出，多数非洲国家民众都认为，中国是包括赞比亚在内的非洲国家的可靠合作伙伴。中国持续通过大批援助项目和直接投资等方式为非洲国家的发展做出了巨大贡献，而这些援助和投资都没有任何的附加条件，这是任何人都不能否认的事实。文章指出，毫无疑问，对于赞比亚这样的非洲国家基础设施和相关产业的发展，以及削减债务等方面，中国所起的作用是值得称道的。[②]

在有关经济议题的相关报道中，《赞比亚时报》能够从国家发展的高度看待中国及其发展，尤其对中国对非投资持支持态度。2009 年 3 月 10 日，该报刊载文章《请不要妖魔化中国投资者》，呼吁赞比亚人停止妖魔化中国投资者，因为中国正在为保持赞比亚的稳定作出贡献。该报援引赞比亚矿产和矿业发展部部长马克斯韦尔·姆瓦莱的话称，尽管当前的全球经济形势给当地工业造成了负面影响，但是中国投资者决心继续开采工作，在所有中国人经营的矿上，并不存在裁员的现象，这与其他投资者经营的矿不同。[③]

---

① 《赞比亚时报》网站：Lungu Woos Chinese，2015 年 3 月 29 日，http://www.times.co.zm/? p=54468，检索时间：2015 年 8 月 11 日。

② 国际在线：《〈赞比亚时报〉认为李源潮访赞将进一步提升赞中关系》，2014 年 6 月 19 日，http://gb.cri.cn/42071/2014/06/19/5931s4583128.htm，检索时间：2015 年 8 月 11 日。

③ 中国网：《〈赞比亚时报〉：请不要妖魔化中国投资者》，2009 年 3 月 12 日，http://www.china.com.cn/international/txt/2009-03/12/content_17428108.htm，检索时间：2015 年 8 月 11 日。

博茨瓦纳

博茨瓦纳国家电视台 Botswana TV

博茨瓦纳国家电视台(Botswana TV,简称 BTV),是博茨瓦纳官方电视台,于 2000 年 7 月开播,总部设在博茨瓦纳首都哈巴罗内。

一、历史沿革

虽然博茨瓦纳的电视产业兴起较晚,但兴建电视产业的设想却很早以前就开始出现在政府的报告中。早在 20 世纪 80 年代初,博茨瓦纳政府就曾有过组建国家电视台的构想。当时主要的考虑因素是,南非广播公司在本国境内节目的影响力越来越大,博茨瓦纳政府意欲夺回被抢走的观众,减少来自他国的“文化污染”。然而,由于全国电网建设的滞后,电视网迟迟未能建成。同时,居高不下的成本预期也使得国家电视台建设一再推迟。

最初,博茨瓦纳政府将电视视为服务国家和政府的工具,而不是仅供城镇居民享用的消费产品。随着种族隔离的结束和政治民主化的进程,去政治化的媒体改革风潮席卷了整个南部非洲地区,博茨瓦纳国家电视台的组建风向标也从政治导向转向商业导向。同时,南非的电视节目在博茨瓦纳的影响力有增无减,也促使博茨瓦纳电视台加快了建设脚步。1998 年,耗资 1.55 亿普拉(约合 7500 万美元)的电视台总部大楼开始建设。同时,政府还从英国广播公司 BBC 挖来了专业人员担任电视台要职,人员培训和大学里的新闻专业教育也步入正轨。最终,博茨瓦纳国家电视台于 2000 年正式开播。①

二、发展现状

博茨瓦纳国家电视台的节目播出分为英语和茨瓦纳语两大类,全部使用数字传输技术,可通过卫星覆盖全国,同时可以延伸到南部非洲发展共同体(Southern African Development Community)的大部分地区。值得一提的是,博茨瓦纳国家电视台是非洲第一个,在全世界范围内也是第二个,全部使用数字传输技术的电视台。

图 1　博茨瓦纳电视台全部采用数字传输技术

由于商业特征明显,播出覆盖率高,博茨瓦纳国家电视台的广告客户自开播以来始终处于增长状态。同时,基于南部非洲发展共同体的秘书处正设在

---

① James Zaffiro.“Broadcasting Reform and Democratization in Botswana”, *Africa Today*, 2000—47(1), http://muse.jhu.edu/journals/at/summary/v047/47.1zaffiro.html,检索时间:2015 年 7 月 10 日。

哈巴罗内的便利条件，博茨瓦纳国家电视台还希望通过表达博茨瓦纳观点，以期在促进本国成为地区金融服务中心和吸引外资过程中发挥重要作用。

三、涉华报道

博茨瓦纳国家电视台官方网站还处在建设之中，因此无法直接通过其节目内容来了解该媒体的对华态度。但是，博茨瓦纳近年来经济发展迅速，政治社会稳定，与中国保持了较好的经济文化往来。在此大背景之下，博茨瓦纳国家电视台也积极开展与中国媒体同行之间的交流合作，引进播出中国电视机构制作的节目内容，对华态度开放积极。

图 2　博茨瓦纳电视台新闻节目

2014 年 5 月 13 日，英文配音版的电视剧《金太狼的幸福生活》在博茨瓦纳国家电视台首次播映，在当地观众中引起广泛关注。次年 4 月，又一部国产电视连续剧《北京爱情故事》也通过博茨瓦纳国家电视台与当地观众见面。博茨瓦纳国家电视台对外合作负责人泰碧表示，博茨瓦纳观众能够看懂并且喜欢中国的电视剧，除了英文翻译生动、配音技术纯熟的原因外，还缘于两国之间有着非常相似的文化传统和价值观念。[①]此外，2014 年 10 月，博茨瓦纳国家电视台还播出了一部庆祝新中国成立和中博建交的专题电视纪录片。[②]

可以说，博茨瓦纳电视台在与中国媒体同行交流合作方面持开放积极的态度，也乐于播出反映中国社会生活的节目内容，对于在当地受众中传播中国文化、介绍中国社会有着积极的作用。

① 国际在线：《国际台译制〈北京爱情故事〉在博茨瓦纳国家电视台播出》，2015 年 4 月 21 日，http://www.cri.com.cn/2015－4－21/e23be966－d3d5－436d－81ed－a48100173483.html，检索时间：2015 年 10 月 16 日。

② 中国企业网：《博茨瓦纳国家电视台播出新中国国庆专题纪录片》，2014 年 10 月 9 日，http://www.qiye.gov.cn/news/20141009_74878.html，检索时间：2015 年 10 月 16 日。

加　纳

加纳通讯社 Ghana News Agency

加纳通讯社(Ghana News Agency,简称 GNA)是加纳共和国的官方通讯社,也是撒哈拉以南非洲建立的第一家通讯社。加纳通讯社在全国设有 10 个分社,同时还与多家世界通讯社签订了新闻交换协议。客观精确的报道和丰富的新闻来源使其成为加纳境内甚至是整个非洲的媒体的主要新闻来源。

一、历史沿革

加纳通讯社成立于加纳共和国独立的前夜,即 1957 年 3 月 5 日,至今已有将近 60 年的历史。作为撒哈拉以南非洲的第一家通讯社,加纳通讯社从初创之日就以“传播真实无偏见的新闻”为宗旨。初创加纳通讯社的目的,是源于一项旨在“充分利用国家信息资源”的综合通信政策,建立国家通讯社是这项政策的一部分,该政策后来广泛服务于建立一个团结和谐的民族国家这一目标。因此,在其整个发展历程中,加纳通讯社都在动员加纳人民积极参与国家建设、推动经济和社会发展、促进民族团结与统一上发挥着十分重要的作用。①

作为加国的官方通讯社,加纳通讯社的新闻信息被国内其他新闻单位广泛采用,是该国最可靠的新闻来源。该社在国内各区都设有分社和隶属于分社的支社,并在全国各地雇佣多名通讯员;国外在伦敦、纽约、内罗毕和拉各斯等派有常驻记者②,拥有独立和强大的采编队伍,并且能提供丰富准确的消息。加纳通讯社于 1989 年起就开始采用现代化通讯设备,通过卫星接收路透社、法新社和新华社的新闻并连接了国际互联网,进一步拓展了业务范围。

一直以来,加纳通讯社通过向全国新闻单位、政府部门、外国使馆和私人订户提供国内和国际消息,在国内承担着不可替代的作用。

二、发展现状

加纳通讯社目前有包括管理人员、记者、计算机技术人员、文秘人员、司机和汽车修理人员等 217 名长期正式员工③,主要用户包括加纳国内的各大报纸、电台、电视台、外交使团、企业和政府机构等。

加纳通讯社属国家所有,经费由全国统一基金支付,现也通过招收广告增加收入,充足的资金保障了通讯社的良性运营。加纳通讯社秉承着“速度快”“准确度高”和“客观公正”的报道信条,致力于成为加纳国内、非洲各国,乃至全世界新闻和信息的首选来源。

加纳通讯社在加纳政府与民众之间起着一个中介和桥梁的作用。一方面,它将政府的有关政策计划、工作项目阐释传达给民众,尤其传达给那些偏远地区的民众;另一方面,它也保证了大多数人的发言权,能够及时发

---

① 加纳通讯社网站:http://www.ghananewsagency.org/about－gna,检索时间:2015 年 7 月 16 日。

② 外国新闻界概况编辑室编:《外国新闻界概况》,新华出版社 1982 年版,第 557 页。

③ 加纳通讯社网站:http://www.ghananewsagency.org/about－gna,检索时间:2015 年 7 月 16 日。

现民众的问题和困难，传达他们的期望，从而减少信息的不平等，促进政府的有效管理。此外，一些重大突发事件如灾难、疾病（布鲁里溃疡等）通过它的报道，能够快速、及时传达给政府，以帮助政府有效解决问题，提高执政能力。

三、报道特点

在新闻报道上，加纳通讯社有三个十分显著的特点：

（一）消息来源十分广泛

作为国家级通讯社，加纳通讯社拥有十分广泛的消息来源。从国内来讲，作为该国的中心信息集合机构，加纳通讯社从全国各大小区域和城市收集新闻。依赖其遍布全国各地的通信网络，加纳通讯社能够通过大量报道那些有利于发展、团结、和平的消息，达到促进民族国家团结和谐的目的。[①]从国外来讲，该社的主要新闻来源是路透社和法新社，另外也抄收来自塔斯社、德新社、德通社、南通社和安莎社的新闻，有时还抄收美联社、波通社、中东通讯社、阿尔及利亚新闻社、古巴拉丁美洲通讯社和新华社的新闻。此外，加纳通讯社还向路透社提供国内新闻，并同巴基斯坦通讯社、阿尔及利亚新闻社、安莎社、南通社、捷通社、德新社、德通社、塔斯社、新华社在内的一些通讯社签有交换新闻的协定[②]。

（二）信息服务种类繁多

加纳通讯社提供的主要信息服务种类包括以下几种：

国内新闻报道：此类报道由各分社、支社和各地通讯人员提供。每日一发，通过电子媒介传给用户。

国际新闻报道：国际新闻主要是从路透社、新华社、泛非新闻社和德新社汇编而来。

对外消息报道：是加纳对外报道国外受众感兴趣的消息。

每日新闻总结：总结当天的重大新闻事件，消息来源包括加纳通讯社和外国的新闻机构。

（三）报道领域全面丰富

加纳通讯社报道涵盖的领域十分全面，包括政治、经济、文化、教育、健康、科学、体育、公益等多个领域，并覆盖加纳新闻、非洲新闻和世界新闻三个层次。在其官方网站上，不仅分不同内容版块配合图片展示了最新的报道，还以标题的形式逐条列举“昨日新闻”，以及重要的“当月新闻”，使得首页上的信息含量十分丰富。网站上还提供站内搜索功能，按关键词展示给读者海量信息。

四、涉华报道

加纳通讯社每天发布的信息十分丰富。尽管涉及中国的报道占全部报道的比例不高，但是数目还是非常多的。总的来说，其对中国还是很关注的，在报道内容上也有自己的选择和倾向。

在报道数量上，虽然所占比例在所有报道中不算大，但是具体数字不小。在其官方网站上，以“China”为关键字进行搜索，对检索出的报道进行数据统计，结果发现，在2014年7月1日到2015年7月1日这一年的时间段中，加纳通讯社有关中国的报道共有231篇，约每月二十多篇的频率。其中。标题中出现“China”的次数占到少数，在文章内容中提及的占到多数。例如，以2014年9月这一时间段为例，在有关中国的23篇报道中，只有4篇在标题中出现，而其他19篇都是在文章中提到了中国。

在报道领域上，涉华报道涵盖的领域十分全面，且以社会、经济新闻为主。同样是以官方网站的数据进行

---

① 加纳通讯社网站：http://www.ghananewsagency.org/about－gna，检索时间：2015年7月16日。

② 外国新闻界概况编辑室编：《外国新闻界概况》，新华出版社1982年版，第557页。

统计,2015 年 6 月,加纳通讯社共有中国相关报道 26 篇,其中经济和商业报道 5 篇,社会报道 9 篇,政治报道 5 篇,非洲和国际新闻 3 篇,其余是健康、体育、专题、公益各 1 篇。从数据的比例来看,还是社会报道和经济报道占最主要地位。

在报道取向上,加纳通讯社的涉华报道比较客观。首先,从理论上讲,通讯社一般情况下能够在报道新闻时保持客观中立的立场,再加上加纳通讯社又是以"报道没有偏见的新闻"为目标的,因此有客观立场的理论前提。其次,从其报道领域上讲,加纳通讯社对中国的报道主要集中在经济、社会新闻这样偏见较少的新闻种类上,本身就具有报道客观的可能性。最后,从其产品类型上看,加纳通讯社的消息是报道居多,评论极少,在涉及中国报道时更是如此。以该社 2015 年 4 月 9 日的一篇关于中日双方努力修复双方关系的报道为例,虽然选择的是涉及国际关系中比较敏感的中日关系话题,但加纳通讯社在报道中较多引用了中日相关人员的谈话和表态,同时补充了必要的历史背景知识,而并没有提到自己对中日双方的偏向或是偏袒任何一方,也没有发表任何评论,只是客观地陈述了事实①。此外,加纳通讯社对中国的报道多数是他们自己的报道,援引自其他通讯社的很少,能免受其他消息源的影响。

基于以上研究可以得出结论,加纳通讯社对中国的报道数量比较丰富,报道领域主要集中在经济和社会新闻方面,报道态度是比较客观中立的。

---

① 加纳通讯社网站:Japan, China Agree to Repair Strained Ties,2014-4-9,http://www.ghananewsagency.org/world/japan-china-agree-to-repair-strained-ties-88086? utm_source=gna&utm_medium=search&utm_campaign=sitesearch&utm_term=keywords&utm_content=china,检索时间:2015-7-16

加 蓬

《团结报》*L'Union*

《团结报》(*L'Union*)是加蓬的一份法语报纸，从属于索纳出版集团(Sona Presse)。该集团由法国知名的阿歇特图书出版集团(Hachette)协助创办，目前阿歇特辑团仍持有索纳出版集团的股份。作为加蓬第一份也是唯一一份全国性官方日报，《团结报》是加蓬最有影响的报纸。该报在加蓬国内各大城市，以及部分中、西非国家均有发售，在非洲法语世界具有一定影响力。

一、历史沿革①

1972 年，加蓬前总统哈吉奥马尔·邦戈·翁丁巴(El Hadj Omar Bongo Ondimba)决定筹办一家日报，并将这一筹办工作交于莱昂·奥格(Léon Auge)。奥格与法国、摩洛哥以及塞内加尔的多家出版机构都有着密切联系，在办报方面也有一定经验。然而，受技术条件约束，当地的印刷机构实力尚不足以保障一份日报的每日发行。考虑到投资成本以及加蓬新闻印刷业的长久发展，总统邦戈最终决定成立一家国有印刷公司，或者单政党性印刷机构。通过考察，确定由法国阿歇特图书出版集团(Hachette)作为合作伙伴，为该报的创办提供资金与技术支持。

自 1973 年底开始，筹备工作持续了 18 个月的时间。从资金的运筹配备、办公地点的择定修建到各种印刷设备的采购，索纳出版社最终于 1975 年 3 月正式成立。在筹备期间，《团结报》也出版了过渡期报刊，并最终于 1975 年 12 月 30 日正式被确立为加蓬的国家报纸。当时，报社资产的 75% 由国家所有，另外 25% 由法国阿歇特图书出版集团及部分私营出版社所有。

通过一系列的变革发展，《团结报》在加蓬的影响力越来越大。该报的资金来自三方面：法国合作方、加蓬索纳出版集团以及加蓬 Multipress－Gabon 集团。其中，加蓬 Multipress－Gabon 集团成立于 1973 年，是加蓬印刷行业占领先地位的集团公司。该集团设置匿名董事会作为经营决策机构，除与报纸合作外，也印刷涵盖初级教育阶段的课本教材、旅游观光手册以及企业宣传册等。②

《团结报》的成功为西非其他前法国殖民地国家的报刊事业提供了典范，创报人之一弗莱德·伊达尔戈(Fred Hidalgo)后又协助邻国吉布提创办了该国唯一的官方法文周报《民族报》(La Nation)。

二、发展现状

如今，《团结报》每周发行 6 期，每期出刊 20 版左右，信息较多时可以达到 24 版。日发行量在 2 万 5 千份左

---

① 《团结报》网站：http://www.lunion－archives.org/web.11/index.php? option＝com_content&view＝article&id＝64&Itemid＝53，检索时间：2015 年 7 月 10 日。

② Multimedia－Gabon 网站：http://www.multipress－gabon.com/，检索时间：2015 年 7 月 10 日。

右,读者人数达到 12 万人。①

《团结报》的发展见证了加蓬民族独立的历史。同时,由于《团结报》的资料保存工作到位,它成为获知加蓬国家历史的重要研究资料。② 尽管加蓬宪法规定官方保障言论与出版自由,但本国的传媒法却限制着新闻自由,报刊审查较为严格,即便是官方报纸《团结报》也一样要接受审查。2009 年 9 月 25 日,因报道加蓬第二大城市让蒂尔港发生民众不满总统选举结果,发生严重骚乱,《团结报》发行部主任艾伯特(Albert Yangari)被军方召见问讯。③

随着信息技术的发展,《团结报》也开设了自己的官网以及 Facebook、Twitter 等社交网站的主页。通过与电子报刊发售网站 Epresse.fr 的合作,网民可以在网上付费购买当天的电子版《团结报》。Epresse.fr 是一个大型的国际电子报刊发售网站,通过该网站发行的媒体还包括法国各大报刊,如《费加罗报》《回声报》等,以及美国《纽约时报》下属的《国际纽约时报》等等。

三、报道特点

自创刊伊始,《团结报》力图提供最全面的报道,特别是当地的新闻报道。编辑准则是满足新闻报道的贴近性与合法性。正如它的报名一样,《团结报》致力于团结加蓬民众,宣扬国家统一的观念。当然,除了严肃规整的一面,《团结报》也希望给读者带来阅读的乐趣。于是,从 1976 年 1 月 6 日开始,该报刊发幽默专栏《马卡亚》(*Makaya*)。《马卡亚》代表面对强势群体的弱势群体,并且通过文章揭露各种社会陋习,很快受到读者的广泛喜爱。

目前,《团结报》的报道内容涉及经济、政治、体育、文化等各个方面。除了报纸,《团结报》还定期出版杂志汇编。《团结报》的记者按稿件行数计算报酬,有固定记者也有兼职记者。该报记者使用数字化设备,稿件编辑完成时便会直接上传至官网,保证网站报道具有较高的时效性。此外,该报还与世界各地的图片通讯社签有合作协议,重大国际新闻报道通常会获得比较丰富的图片素材。除了发布官方新闻,《团结报》还承担着信息交换平台的功能,包括刊登各类小广告,例如房屋租赁、旅游出行、美食推介、招聘信息等等。

四、涉华报道

作为加蓬的国家报纸,《团结报》对于中国同加蓬之间的友好交流合作等各个方面都有密切的关注和报道。自 1977 年起,中国就开始向加蓬派遣医疗队。此外,中国还为加蓬援建了一系列建设项目,包括大布巴哈水电站、象征着两国友好关系的中加友谊体育场等等。最近几年,中加之间在文化艺术等领域的交流日益频繁。在此过程中,《团结报》对于中国在加医疗救援及基础设施建设的帮助等均给予了充分报道和高度赞扬。④

图 1　孙继文大使在《团结报》刊文

同时,《团结报》也非常认可中国经济的蓬勃发展。2006 年中非合作论坛在北京召开,《团结报》发表社论指

---

① Sona presse 40 周年纪念视频(Sona presse 40 ans HD),2015 年,检索自 Youtube 视频网站:https://www.youtube.com/watch? v=IqjOGrY02_E,检索时间:2015 年 7 月 10 日。

② 《团结报》所属集团介绍,检索自 Viadeo 集团:http://ga.viadeo.com/fr/company/l-union-sonapresse#,检索时间:2015 年 7 月 10 日。

③ 法国《世界报》网站:Le directeur du quotidian "L'Union"interpellé au Gabon,2009,http://www.lemonde.fr/afrique/article/2009/09/25/le-directeur-du-quotidien-l-union-interpelle-au-gabon_1245313_3212.html,检索时间:2015 年 7 月 10 日。

④ 中国外交部网站:《中国同加蓬的关系》,2016 年 1 月,http://wcm.fmprc.gov.cn/pub/chn/pds/gjhdq/gj/fz/1206_19/sbgx/t6568.htm,检索时间:2016 年 2 月 3 日。

出，由 48 个国家参加的北京峰会宣布了世界上经济发展最活跃的中国和世界上最贫穷的非洲大陆的关系开始进入了历史上一个新纪元。《团结报》的文章更是就中非关系指出，北京峰会就是新的非洲梦的开始。①

2013 年 9 月 24 日，驻加蓬大使孙继文在《团结报》发表题为"庆祝中华人民共和国 64 周年华诞，为中加关系喝彩"的署名文章，介绍中国国内形势和外交政策，解读中国经济发展对中加合作产生的积极影响。在 2014 年迎来中加建交 40 周年之时，孙大使指出习近平主席提出的"中国梦"与加蓬邦戈总统提出的"新兴加蓬"战略，都是促进国家发展、提高人民生活的发展战略，将两国对未来的发展图景联系在一起，并且指出"中国重视与加蓬的关系，在为'中国梦'奋力拼搏的同时，也将尽力支持加蓬人民实现'新兴加蓬'战略"。②

总体来说，《团结报》在涉华报道中关注中加两国在各个领域的合作，肯定中国的对非援助和中非关系的发展，与中国政府和媒体有着比较不错的互动往来。

非洲一台 Africa N°1

非洲一台(Africa N°1)，又称非洲第一法语广播电台，是非洲最大的法语广播电台。③ 非洲一台由加蓬与法国两国共同运营，使用短波面向全球播报非洲新闻、音乐、体育和文化类的法文节目。在非洲法语国家可以调频收听，而巴黎调频为 FM 107.5。④ 在泛非地区和包括法国在内的整个法语世界，非洲一台都有一定的知名度和较大的影响力。

一、历史沿革

非洲一台的历史最早可以追溯到 1974 年，由时任加蓬共和国总统的民主党领袖奥马尔·邦戈创办。当时，邦戈总统决定将短波无线电广播普及到加蓬全境，通过短波收音机联通加蓬和法国的国际广播中心。这一计划与法国广播公司的设想不谋而合，双方决定以投资合作的形式开始建设加蓬的本土广播电台。广播电台定址于利伯维尔以南 600 公里的莫亚比，因而非洲一台又称为莫亚比短波电台。1979 年，两国合作的广播台建设项目开始投入运作，随后两年间取得了巨大的成功。出人意料的成功给了双方合作伙伴以信心，决定推出第一个泛非的法语广播电台——Africa N°1，让全非洲的人们都能通过短波调频收听到广播节目。随着加蓬官方、本土私人投资者和法国广播公司(SOFIRAD)的资金逐步到位，非洲一台最终在 1981 年正式成立。非洲一台的巴黎分部也于 1992 年正式成立，但分部在经营上隶属于法国。⑤

二、发展现状

作为非洲最重要的法语广播电台，非洲一台目前每天从 5:30 到 23:00 之间，每个整点都会播放新闻节目。每天 12:00 和 18:00 的广播内容主要以有关利伯维尔(加蓬首都)以及非洲和欧洲各国的新闻为主。同时，电台每天还会定点转播 BBC 的非洲时事新闻。根据非洲一台网站的简介显示，非洲一台在全世界范围内共有 90

① 驻加蓬经商参处：《加蓬媒体对中非合作论坛北京峰会的评论》(之一)，2006 年 11 月 3 日，http://www.mofcom.gov.cn/aarticle/i/jyjl/k/200611/20061103791184.html，2015 年 7 月 10 日。

② 外交部网站：《驻加蓬大使孙继文在〈团结报〉发表署名文章》，2013 年 9 月 24 日，http://wcm.fmprc.gov.cn/pub/chn/gxh/tyb/zwbd/dszlsjt/t1079902.htm，检索时间：2016 年 1 月 10 日。

③ Press reference：http://www.pressreference.com/Fa－Gu/Gabon.html，检索时间：2015 年 4 月 10 日。

④ 非洲一台官网：QUI SOMMES NOUS? Africa N°1，http://www.africa1.com/spip.php? rubrique26，检索时间：2015 年 4 月 10 日。

⑤ 非洲一台官网：QUI SOMMES NOUS? Africa N°1，http://www.africa1.com/spip.php? rubrique26，检索时间：2015 年 4 月 10 日。

万听众,每天都有超过18万的人收听非洲一台的法语广播节目。① 非洲一台的服务对象是广大非洲人民及全世界对非洲大陆感兴趣的人们。

为方便听众的移动收听需求,非洲一台还开设网站收录所有节目,同时还推出了针对智能手机用户的应用程序。目前,全球听众都可以通过手机客户端收听到由非洲一台播出的各类节目。同时,非洲一台的官方网站(www.africa1.com)也能适应听众各种不同的节目需求。

图2 非洲一台网站

四、涉华报道

总体来看,在非洲一台的节目内容中,涉华报道的数量比较少,播报内容也基本都来自非洲新闻组织(African Press Organization,APO)以及法新社(AFP)。

通过对非洲一台网站的检索,分别以"Beijing/Peking"和"Chine"为关键字进行搜索,从2013年至2015年8月共有16篇涉华新闻报道。从稿件来源看,16篇稿件全部出自于非洲新闻组织(African Press Orgnization,APO)。其中,15篇新闻都是关于中国与非洲不同国家间的外交活动,包括中国国家主席、总理、外交部长等高层领导人与非洲各国政府首脑的会见和访问。这15篇报道都提及了中国与非洲国家之间在医疗(抗击埃博拉病毒)、外交(中国与刚果、塞内加尔、阿尔及利亚等国)方面的亲密友好关系以及兄弟情谊。其余1篇是关于中国足球的体育新闻。

值得说明的是,在全部16篇涉华报道中,篇幅最长的一篇是2014年4月23日关于庆祝中国与加蓬建交四十周年的报道。报道大篇幅地讲述了中国与加蓬两国邦交的历史、发展与现状,并且强调了两国继续深化合作的重要意义。②

综上所述,加蓬非洲一台虽然在对华报道的力度上并不突出,报道来源也以引用外电消息为主,这主要是基于非洲一台立足非洲的报道定位。但从整体上看,非洲一台对中国的态度还是比较友好的。

---

① 非洲一台网站:http://africa1.com/spip.php? rubrique26,检索时间:2015年8月11日。

② Africa N°1: Echange de messages de félicitations entre le Président Xi Jinping et le Président gabonais Ali BongoOndimba à l'occasion du 40e anniversaire de l'établissement des relations diplomatiques sino, 2014年4月23日, http://www.africa1.com/spip.php? article42948,检索时间:2015年4月10日。

喀麦隆

《喀麦隆论坛报》*Cameroon Tribune*

《喀麦隆论坛报》(*Cameroon Tribune*)是喀麦隆共和国发行量最大的报纸。作为喀麦隆的全国性官方日报,《喀麦隆论坛报》总部位于该国首都雅温得,现由政府直辖的喀麦隆新闻和出版公司出版,内容涵盖国内国际各个方面的新闻,每周一至周五,用法文和英文共出 16 版,日发行量约 2 万余份。①

一、历史沿革

1960 年喀麦隆独立前,仅有的几家报刊都掌握在外国殖民者手里。独立后,喀麦隆民族新闻事业发展迅速,逐步建立起了比较齐全的新闻体系。到 1989 年,喀麦隆共有 50 余种报刊,其中既有官方主办的,也有各类社团及私人经营的。②

《喀麦隆论坛报》自 1974 年 7 月 1 日创刊以来,发行量高居榜首。其业界标杆地位也因政府 1966 年新闻法令的颁布得以巩固:该法令对在喀麦隆出版和印发报刊、刊登广告等事宜均作了明确规定,并规定对私营报刊实施新闻检查。③ 创刊伊始,该报每日同时发行法文、英文两版,但由于报纸销量不佳,80 年代中期不得不将两个版本合并以节约成本。

二、发展现状

作为一国之报,《喀麦隆论坛报》的总部设在首都雅温得,由政府直辖的喀麦隆新闻出版公司编辑出版,该公司的注册资本为 2.5 亿非洲法郎,其中喀麦隆国家资本占 70%,法国私人资本占 30%。④《喀麦隆论坛报》在杜阿拉派有记者,全喀麦隆境内各城市设有通讯员。⑤该报一直致力于及时发掘国内外最新消息,客观报道新闻并兼顾提升国家形象。由于喀麦隆天生不利的地理位置,《喀麦隆论坛报》还肩负着促进本国旅游业发展的使命。

《喀麦隆论坛报》建立了自己的网站 www.cameroon tribune.com,网站官方语言为法语,其内容包括:喀麦隆新闻、论坛、照片、旅行指南、赌场指南、体育等。同时,它还有很强的互动性和交流性,网民可在线发表自己的看法和评论,也可以与其他网民交流。该网站不仅是在线版的报纸,还是一个电子文档管理系统。自 1974 年起,与《喀麦隆论坛报》相关的资料档案都可从该网站查到。

---

① 《中国新闻实用大辞典》编委会:《中国新闻实用大辞典》,新华出版社 1996 年版,第 475 页。
② 甘惜分:《新闻学大辞典》,河南人民出版社 1993 年版,第 484 页。
③ 甘惜分:《新闻学大辞典》,河南人民出版社 1993 年版,第 484 页。
④ 甘惜分:《新闻学大辞典》,河南人民出版社 1993 年版,第 484 页。
⑤ 余家宏:《新闻学简明词典》,浙江人民出版社 1984 年版,第 326—327 页。

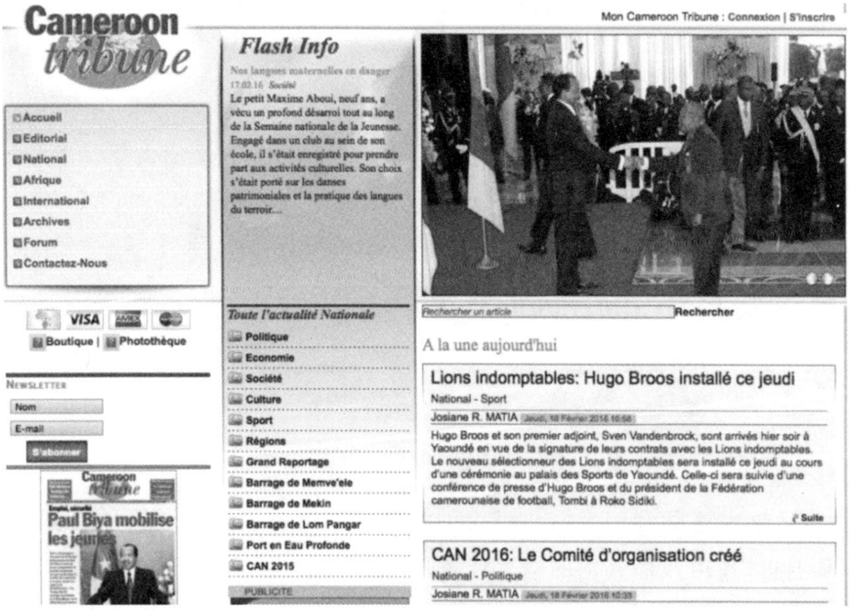
Cameroon tribune
Mon Cameroon Tribune : Connexion | S'inscrire
Flash Info
Nos langues maternelles en danger
17.02.16 Société
Le petit Maxime Aboui, neuf ans, a vécu un profond désarroi tout au long de la Semaine nationale de la Jeunesse. Engagé dans un club au sein de son école, il s'était enregistré pour prendre part aux activités culturelles. Son choix s'était porté sur les danses patrimoniales et la pratique des langues du terroir...

Accueil
Editorial
National
Afrique
International
Archives
Forum
Contactez-Nous

VISA
Boutique | Photothèque
Newsletter
Nom
E-mail
S'abonner

Toute l'actualité Nationale
Politique
Economie
Société
Culture
Sport
Régions
Grand Reportage
Barrage de Memve'ele
Barrage de Mekin
Barrage de Lom Pangar
Port en Eau Profonde
CAN 2015
PUBLICITE

Rechercher un article
Rechercher
A la une aujourd'hui
Lions indomptables: Hugo Broos installé ce jeudi
National - Sport
Josiane R. MATIA
Hugo Broos et son premier adjoint, Sven Vandenbrock, sont arrivés hier soir à Yaoundé en vue de la signature de leurs contrats avec les Lions indomptables. Le nouveau sélectionneur des Lions indomptables sera installé ce jeudi au cours d'une cérémonie au palais des Sports de Yaoundé. Celle-ci sera suivie d'une conférence de presse d'Hugo Broos et du président de la Fédération camerounaise de football, Tombi à Roko Sidiki.
Suite
CAN 2016: Le Comité d'organisation créé
National - Politique
Josiane R. MATIA

Cameroon tribune
Paul Biya mobilise les jeunes

图 1 《喀麦隆论坛报》网站首页

Taxe foncière
La feuille d'impôt servie à domicile
Cameroon tribune
La Tribune des Régions
Bafut : Footprint of Antiquity
30 ans du RDPC
Solidarité contre Boko Haram
Refugee Management
Efforts By Cameroon Appreciated
Réseaux sociaux
Ces dérapages qui inquiètent
International Football Friendlies
Indomitable Lions Face Indonesia
France 150 morts dans un crash
www.cameroon-tribune.cm

图 2 《喀麦隆论坛报》头版

三、报道特点

与其他非洲国家类似，喀麦隆的官方报纸基本代表政府的声音，有关政府和总统的新闻报道仍然占主要版面。该报在信息处理上也具有明显的政治立场，因此当地民众又称其为“《好消息报》”。由于该报政治化程度不断加深，其刊载的广告公信力也随之每况愈下。公信力下降最显著的标志即该报销量的下滑，1989 年该报每日发行法文版 6000 余份，每周出一期英文版，发行 3000 份①；而如表 1 显示，十余年后法英双语混合排版《喀麦隆论坛报》发行量也只有 7000 份，甚至有私营报纸的发行量超过了原本稳居榜首的《喀麦隆论坛报》。

表 1　喀麦隆主要报纸及其 2003 年发行量②

报名	出版商	发行量(千份)	读者(千人)	零售价(美元)	版式
《信使报》(*Le messenger*)	PiurNJawe	12	120	0.49	小报
《喀麦隆论坛报》(*Cameroon Tribune*)	SOPECAM	7	70	0.49	小报
《诺韦洛》(*Nouvelle Expression*)	SeverinTehounkia	10	100	0.49	小报

四、涉华报道

总体来看，《喀麦隆论坛报》在线版中涉华报道较多，具体涉及北京的消息也较常见。通过在其官方网站内搜索，分别以“Beijing/Pékin”为关键词输入搜索引擎，一共可以搜到 50 篇 2015 年刊登的新闻报道。从搜索到的涉京涉华报道的稿件主题上观察，50 篇中关于中喀两国政治互通的有 10 篇；关于两国经济交流的有 23 篇；介绍中国社会的有 9 篇；其余 8 篇则分别聚焦两国文化体育等方面。由此可以看出，喀麦隆对于与中国合作共同发展经济较为关注。深入分析其报道内容可以发现，《喀麦隆论坛报》对中国的态度还是十分友好的；该报尤

① 甘惜分:《新闻学大辞典》，河南人民出版社 1993 年版，第 484 页。
② 只有一周印刷至少三次以上的报纸才统计在内，World Press Trends 2003，WAN/Zenith Opimedia，2002。

其赞扬中国对非洲难民的人道主义援助①及对喀麦隆本国建筑业的资金及技术支援②，并期许中国与喀麦隆的长期友好合作。在文化方面，《喀麦隆论坛报》报道了喀麦隆中国文化月（2015 年 4 月）的盛况，着重描述了在喀麦隆的孔子学院的歌唱比赛，称赞赛况异彩纷呈。③由此可以看到，《喀麦隆论坛报》的涉华报道凸显了中喀两国间日益深入频繁的文化交流。

综合来看，由于喀麦隆与中国相对亲密的关系，《喀麦隆论坛报》在报道中对于中国持认同态度，报道也相对较为客观。

---

① MESSI BALA：La Chine offreprès de 20 millions de F en Appui aux réfugiéscentrafricains，2015 年 4 月 10 日，https://www.cameroon－tribune.cm/index.php? option＝com_content&view＝article&id＝89006:appui－aux－refugies－centrafricains－la－chine－offre－pres－de－20－millions－de－f&catid＝1:politique&Itemid＝3，2015 年 5 月 6 日。

② Roland MBONTEH：Office Equipment Donated To National Assembly，2014 年 4 月 10 日，https://www.cameroon－tribune.cm/index.php? option＝com_content&view＝article&id＝88983:office－equipment－donated－to－national－assembly&catid＝1:politique&Itemid＝3，2015 年 5 月 6 日。

③ Kimeng Hilton NDUKONG：Conficius Institute Holds Chinese Singing Competition，2015 年 4 月 13 日，https://www.cameroon－tribune.cm/index.php? option＝com_content&view＝article&id＝89014:conficius－institute－holds－chinese－singing－competition&catid＝5:culture&Itemid＝3，检索时间：2015 年 5 月 6 日。

马拉维

《每日时报》*The Daily Times*

《每日时报》(*The Daily Times*)是马拉维的一份英文日报,总部设在该国最大的城市、南部省首府布兰尔太。《每日时报》是马拉维历史最悠久的日报,发行量和影响力在马拉维都名列前茅,而其背后的出版公司也一直是马拉维传媒行业的创新者和领导者。

一、历史沿革

《每日时报》创刊于 1985 年,在马拉维拥有最长的出版历史。该报虽然创刊时间较早,但前期发展很不成熟,这也与其创刊时马拉维尚未独立有关。前期发展过程中,该报纸的名称更替十分频繁。

初创时,该刊是一份名为《中非新闻汇编》(*Central African Planter*)的月刊。1900 年,月刊改名为《中非时报》(*Central African Times*),每周出版一期。之后,周刊名称再次改为《尼亚萨兰时报》(*Nyasaland Times*)。1964 年,马拉维独立之后,该报曾改名为《时报》,双周出版。最终于 1972 年才将名称确定为《每日时报》,并且开始固定每日出版,持续至今。

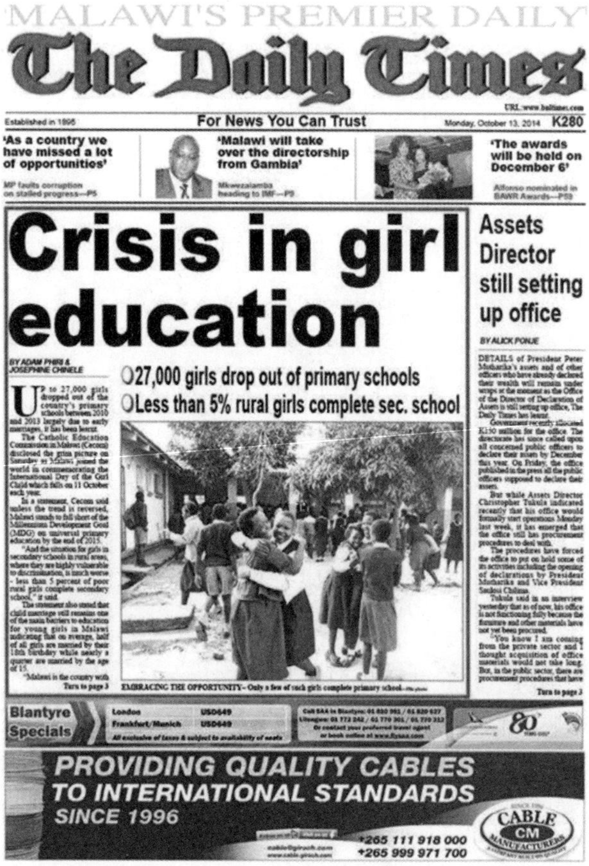
MALAWI'S PREMIER DAILY
The Daily Times
Established in 1895 | For News You Can Trust | Monday, October 13, 2014 | K280
'As a country we have missed a lot of opportunities'
'Malawi will take over the directorship from Gambia'
'The awards will be held on December 6'
Crisis in girl education
27,000 girls drop out of primary schools
Less than 5% rural girls complete sec. school
Assets Director still setting up office
EMBRACING THE OPPORTUNITY
Blantyre Specials
PROVIDING QUALITY CABLES TO INTERNATIONAL STANDARDS SINCE 1996
+265 111 918 000
+265 999 971 700
CABLE CM MANUFACTURERS

图 1 《每日时报》头版

在报名和出版发行周期都确定之后,《每日时报》开始进入了持续稳定发展的时期。《每日时报》由马拉维布兰太尔报业有限公司(BNL)发行。布兰太尔有限公司是布兰太尔出版和印刷有限公司的分支,后者共出版和印刷四种与《每日时报》相关的报纸,包括:《每日时报》(每周一至周五出版),周末刊《周末时报》(每周五出版),《马拉维新闻》(每周六出版)和《星期日时报》(每周日出版)。[①]

二、发展现状

现在,布兰太尔报业有限公司时报传媒集团(bnlTimes)是马拉维时报集团的一个分支。在公司 117 年的发展史上,一直致力于通过创新的精神和精明的商业领导在马拉维保持着产业领导地位。

公司旗下包括六家优秀国内外出版物,分别是《每日时报》《马拉维新闻》《星期天时报》《工商时报》《时报在

---

① 《每日时报》网站:http://www.times.mw/bnl-times/,检索时间:2015 年 7 月 17 日。

线》和《电视时代》。作为传媒领域的先行者，BNLTimes 始终能为马拉维国内许多媒体机构提供灵感。BNL-Times 一直秉承的理念是“引领潮流，是我们的生活方式”，在这样的理念指导下，公司多年来一直走在媒体创新的前列，牢牢掌握着市场的领导地位。①

三、报道特点

作为马拉维国内报纸的先驱，《每日时报》的报道特点可以总结为“内容丰富”“形式多样”这两点。

内容上，《每日时报》的报道有国内新闻、国际新闻、体育新闻、艺术和娱乐新闻、商业新闻以及观点等多种内容。

形式上，《每日时报》除了消息和新闻外，还刊登专栏、特写、评论等。

四、涉华报道

《每日时报》对中国的报道数量很少，但是对马拉维和中国的关系，尤其是马拉维和中国驻马拉维大使馆的关系总体上比较积极。

在《每日时报》的官方网站上，分别以“China”和“Beijing”为关键词搜索，均得不到任何相关报道。而直观来看，报纸确实也鲜有涉及中国的新闻。渠道和技术的原因，限制着《每日时报》的涉华报道。

但是，《每日时报》历来与中国驻马拉维大使们保持着良好的关系。中国驻马拉维大使经常会在《每日时报》上或发表署名文章或进行访问、接受该报采访等，相互之间交流密切。2013 年 9 月 17 日，前任中国驻马拉维大使潘和钧在使馆接受了马拉维《民族报》记者索纳尼和《每日时报》记者卡姆洛莫的联合采访，他在采访中就中国梦、中国经济形势、外交政策、中非关系和中马关系等回答了记者提问，为马拉维人民了解中国实际情况、方针政策提供了真实准确的信息，促进了中马之间的友好交流。此外，潘大使还就中国与周边国家关系、中马农业合作、孔子学院建设等问题回答了记者提问，在帮助《每日时报》正确传递中国信息上发挥了重要的作用。②

2014 年 2 月 16 日，驻马拉维大使张清洋就中马关系在《每日时报》发表了署名文章，指出了建交七年来，中马两国关系始终快速健康发展。表达了中方高度重视中马关系的发展，愿与马方一道努力，进一步提升两国友好合作关系水平，更好地造福两国人民的愿望。文章还对马拉维的媒体朋友表示期待，希望媒体朋友能够积极识别西方媒体和舆论对中国的不实报道和负面言论，能够多看到两国关系积极、正面的一面，正面报道一些有利于两国人民交往、增强共识的内容。张大使希望他们与大使馆做朋友，使馆愿意为马拉维的媒体朋友提供素材，为双方合作营造良好氛围，共同致力于维护来之不易的双方关系。《每日时报》对这篇文章全文刊登，说明了它对中马关系重要性的认识和对大使观点的认同。③

以上事例都表明，虽然《每日时报》对中国的报道并不多见，但也很少受西方媒体的左右，很少转载西方报道。该报与中国大使保持着良好关系，能从使馆处获得中国的相关消息，这些都有利于该报形成真实、客观的中国印象和对中国积极、良好的态度。

---

① 《每日时报》网站：http://www.times.mw/bnl—times/，检索时间：2015 年 7 月 17 日。

② 中国驻马拉维使馆官网：《驻马拉维大使潘和钧接受〈民族报〉和〈每日时报〉联合采访》，2013 年 9 月 17 日，http://mw.china—embassy.org/chn/sghdhzxxx/t1077837.htm，检索时间：2015 年 7 月 17 日。

③ 外交部官网：《驻马拉维大使张清洋就中马关系在〈每日时报〉发表署名文章》，2014 年 2 月 16 日，http://www.fmprc.gov.cn/mfa_chn/wjdt_611265/zwbd_611281/t1238540.shtml，检索式时间：2015 年 7 月 17 日。

马 里

马里广播电视台 Radiodiffusion-Télévision du Mali

ORTM

马里广播电视台(Radiodiffusion-Télévision du Mali),隶属于马里广播电视办公室(Office de Radiodiffusion-Télévision du Mali,简称 ORTM)。该台是由马里政府主办的全国性广播电视播放机构,分为电台部和电视部。马里广播电视台的播出覆盖范围达到全国人口的 80%以上。广播部用法语、班巴拉语、颇尔语和桑海语等 9 种语言对内广播,用法语、英语和阿拉伯语对外广播,每天播音累计 115 小时;电视部于 1983 年 9 月开始播放节目,每周播放 36 小时。①

一、历史沿革

马里广播电视台的发展历程大致可以分成三个阶段:初创困难时期、援助发展时期和独立经营时期。

(一)初创困难时期:1957—1969 年

马里广播电视台始建于 1957 年,它的建立标志着马里广播事业的正式开始。初创时期,马里广播电视台的功率较小、设备落后、覆盖范围也不广泛。该台原名为苏当电台,功率仅 1 千瓦,位于当时法国殖民地"法国苏当"的行政中心巴马科。1960 年,该地独立后,官方的马里广播电视台(无线电马里)开始在巴马科附近的伯左拉市(Bozola)用无线电进行广播。1962 年,通过采用捷克进口的 18 千瓦~30 千瓦的发射器,其技术能力得到了巩固与提高,不过整体功率仍然处在比较小的水平。

(二)援助发展时期:1970—1992 年

这一时期,马里广播电视台接受了来自多个国家的援助,得以扩大规模和迅速发展。1970 年,中国政府在包括卡蒂在内的巴马科方圆 7 公里的范围内建立了四座高达 50 千瓦的无线电发射台,使马里的无线广播能到达到西非大部分地区。1983 年,利比亚资助的电视广播中心在巴马科成立,马里广播电视台从此可以播出彩色电视。此外,于 1984 年和 1990 年分别启动的法德资助计划大大扩展了该台的新闻报道的范围,此后马里广播电视台先后在塞古(1986)、库利科罗(1989)、锡卡索(1990)和莫普提(1993)建立了分站。1992 年,第二个全国广播电台网络(CHIFFRE II)正式成立。

(三)独立运行时期:1992 年以后

1992 年以后,马里广播电视台变成独立运行的实体,不过仍然接受官方的资助。1992 年 10 月 5 日,在以建立"马里第三共和国"为目的的国家自由化进程中,马里政府依据"92－021 号法案"将马里广播电视台从政府管辖下分离出去。该台开始从一个由政府直接控制的广电机构,变成由政府资助的、独立运行的实体。截至

① 陈大斌、王玉成主编:《国际大众传播媒介简介》,青岛出版社 1992 年版,第 216 页。

2002年，马里广播电视台已经拥有35个地方电台、电视广播点或中转站，覆盖了马里的全部八个区域。首都巴马科总部负责发射两个无线电网络（RTM和CHIFFRE II），管理国家网络电视台（RTM），并为区域性电台工作提供指导。引外，马里广播电视台还同其他政府以及国际组织合作，在整个马里国内开展教育和发展项目。

二、发展现状

目前，经过近半个世纪的发展，马里广播电视台已经成为该国境内最有影响力的媒体。马里广播电视台积极促进政治信息的传递和经济发展，在报道中注重严肃性，关注本国和非洲的经济动态，同时也关注国内政治方面的新闻。

近年来，马里广播电视台已经上线了自己的网站http://ortm.ml，并且能够每天更新网站新闻内容。目前，网站尚未实现视频节目的播出功能，但是用户能够通过该网站阅读新闻报道，并且能够在线收听广播节目。

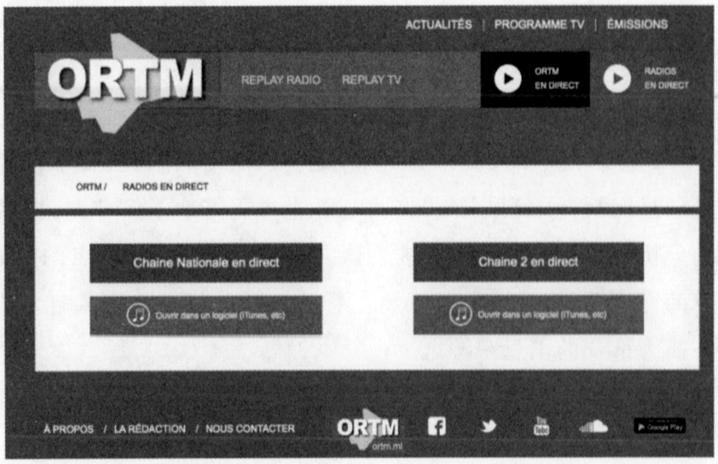

图1 马里广播电视台网站目前支持两个广播频道的收听

图片引自马里广播电视台网站：http://ortm.ml/direct－radios/，检索时间：2015年12月30日。

三、报道特点

马里广播电视台的节目主要有：新闻信息节目、轻娱乐性节目（包括国内和国外两部分）、音乐节目和体育节目。大多数全国性广播用法语播出，也有几小时的广播节目以巴拉语播出，还有用其他语言播出的区域广播。

马里广播电视台办公室创办的每周新闻杂志《信息周刊》自1998年起每周日中午出版，由漫画家登贝莱（Manga Dembélé）和优素福·图（Youssouf Touré）负责编辑。该台每天的新闻节目分两次播出。第二广播网实现了在官方网站上进行联播，而电视广播则通过区域卫星实现播放。

目前，马里广播电视台的电视部每周至少三天定期播放地方体育，以马里甲级足球联赛的比赛居多，因为此类节目拥有众多狂热的受众群体。

四、涉华报道

在历史上，马里广播电视台就与中国渊源深厚。1964年1月，周恩来总理访问马里期间，就曾通过马里电台向当地人民讲话，传递中国人民的友谊；[①]而在1966年10月4日，马里电台也就中国成功进行核试验发表评论，称“中国成功进行的有热核材料的核爆炸是对付帝国主义者核讹诈的保障。这是和平的炸弹”，在当时以西方反对声音为主流的世界舆论体系中发出了公正的声音。

从对其官方网站报道的粗略观察和统计来看，相较于对英美等西方国家的报道，马里广播电视台对中国的报道较少。在为数不多的涉华报道中，大多是对与中国有关的比较重要的国际关系事件的报道，中国与非洲国家之间的双边、多边关系是其报道的重点，如中非合作论坛、中国国家领导人对非洲相关国家的访问等。此外，马里广播电视台对中国对非援助的相关议题也十分关注，对中国对非援助既报以肯定态度，但同时也关注援助模式可能对非洲社会带来的影响。

总体来说，目前马里广播电视台对于中国的关注较多集中于中国在非的相关动态，报道角度较为客观中立。

---

① 赖亚力：《回忆周恩来总理访问马里之行》，《外交学院学报》1988年第1期。

泛　非

《青年非洲》*Jeune Afrique*

JEUNE AFRIQUE

《青年非洲》(*Jeune Afrique*)是一份法语周刊,从属于青年非洲传媒集团(Groupe Jeune Afrique)。作为创立最早的泛非周刊[①],该杂志意在让世界更好地了解非洲,提供各类非洲及国际资讯,尤其是对于非洲政治经济的分析报告。《青年非洲》被公认为是非洲大陆最为著名的法语周刊,发行范围涵盖包括整个非洲地区、法国在内的世界 80 多个国家。该杂志不仅在非洲大陆极具影响力,其观点也经常被世界各大媒体引用,成为非洲事务最为重要的消息来源之一。

一、历史沿革[②]

《青年非洲》诞生于非洲民族解放运动风起云涌的 20 世纪 60 年代,成为反帝反殖民反种族主义运动中的一杆旗帜。历经坎坷的创刊历程,这份早期名为《非洲行动》(*Afrique Action*)的杂志于 1960 年 10 月 7 日在突尼斯创办,创办人是原突尼斯宣传部长贝希尔·本·亚美德(Béchir Ben Yahmed)。次年 11 月 21 日,由于政府监管的要求,杂志更名为《青年非洲》。为进一步扩大杂志的国际化程度并保持独立性,《青年非洲》又迁至法国巴黎出版,面向法国及非洲各国发行。

杂志创办人贝希尔·本·亚美德(Béchir Ben Yahmed)1928 年出生于突尼斯,早年曾在法国求学,是一名资深的记者、媒体活动家。1955 年,贝希尔开始在突尼斯从事办报活动。在他的带领下,《青年非洲》从一份杂志成为对非第一大国际出版传媒集团,旗下还有多种出版发行物。直到 2007 年,贝希尔才卸下集团大任,将编辑权交于新一任接班人弗朗西斯·苏当(François Soudan)。

一直到 20 世纪 90 年代,《青年非洲》都是撒哈拉以南非洲法语地区定期阅览最多的外国媒体。[③] 随着非洲传媒事业的不断发展,各国媒体纷纷崛起,《青年非洲》的销售量受到冲击,但它作为泛非媒体的独特性依然具有广泛的影响力。它的"泛非"特点首先体现在报道范围上,报道的内容广泛涉及非洲国家的方方面面;其次也体现在它的受众覆盖面上,在超过 80 个国家均有销售,平均每周的读者达到 80 万人。[④]《青年非洲》始终以为读者提供各类非洲及国际资讯以及对于非洲政治经济的分析评论为己任,伴随着非洲的进步与发展历程,增加更多的实时资讯、重大采访、政治调查及经济解读等。如同其刊名一样,与年轻的非洲大陆共同成长。

1997 年,《青年非洲》周刊进入电子报刊时代,建立了自己的新闻网站:www.jeuneafrique.com,从此可以更加便捷地发布最新时讯。2000 年起,《青年非洲》开始每年发布副刊报告,对非洲前 500 名企业、前 200 家银行进行排名。该排行榜具有很高的权威性,是为数不多的非洲发展数据报告,受到世界各大主要媒体的转发报

---

① 青年非洲传媒集团官网简介:http://www.laboutiquejeuneafrique.com/cms.php? id_cms=4,检索时间:2015 年 7 月 16 日。

② 《青年非洲》周刊创始人 Béchir Ben Yahmed 采访,2010 年 10 月 26 日,http://www.dailymotion.com/video/x19o3wz_bechir-ben-yahmed-j-ai-fonde-jeune-afrique-avec-10-000-francs_news,检索时间:2015 年 7 月 16 日。

③ Tudescq (A.-J.), 1995, Feuillesd'Afrique. Étude de la presse de l'AfriqueSubsaharienne, Talence, MSHA, p. 311.

④ 青年非洲传媒集团官网简介:http://www.laboutiquejeuneafrique.com/cms.php? id_cms=4,检索时间:2015 年 7 月 16 日。

道。此外，这一副刊报告还会介绍非洲各国的发展状况，对经济方面的报道比重越来越大。

二、发展现状

《青年非洲》杂志从属于青年非洲传媒集团，该集团成立于1960年，它重视非洲大陆的政治、经济和社会等方面的发展，致力于提供独立、可靠以及广为接受的信息资讯。目前，集团业务主要包括四个部分：出版社、网络新媒体、编辑以及其他合作项目。在与各方合作者的合作中，集团始终秉持着这样的价值观：对于事业保持激情严谨的态度、独立的精神和责任感。鉴于自身熟练的编辑技能，并紧随时代变化不断改善进步，青年非洲传媒集团被视为非洲第一大国际出版传媒集团，在全世界15个国家有130个合作伙伴，每年各类出版物发行总量达到500万份。

从2006年起，集团开始了新的发展计划，预计在5年内实现集团多媒体双语化（法语和英语），致力于成为所涉及各个领域的佼佼者。除了《青年非洲》周刊，集团还定期发行《月刊》《非洲报告》等出版物，另设美洲豹出版社，主要出版一些文化教育类读物，如百科全书、小手册等，旨在将一个富饶美丽的非洲介绍给全世界。

如今，在集团的官方网站（http://www.laboutiquejeuneafrique.com）上，可以在线购买到各类出版物的电子读物或邮购纸质读物。

图1　2012年8月N. 2692－2693期《青年非洲》封面报道“中国与非洲：超越成见”专题

图2　中非企业家峰会在2015年7月26日第2846期《青年非洲》第五版上刊登广告

三、涉华报道

《青年非洲》是非洲事务最重要的消息来源之一，其对中非关系的报道影响力较大，重要性不可忽视。近年来，中国在非投资与日俱增，中非合作日益密切，《青年非洲》在这方面的报道也越来越多，其报道总体比较客观，分析评论性较强。

通过对《青年非洲》新闻网站的检索可以发现,网站基本每天都会更新两到三篇涉及中国的报道。在内容方面,不仅有关于中国在非洲投资建设、合作项目、援助计划、人民币国际化的报道,也有涉及中国经济发展、政治外交(如贪腐整顿、邻国外交等)、社会问题(如食品安全、环境污染等)、民族矛盾(如新疆问题)等各个方面的报道,且多为长篇报道。

另外,《青年非洲》周刊中对中国、中非关系的报道也越来越多。每当有中非交流的重大活动举行时,《青年非洲》周刊还会开辟专题报道。2012 年 7 月 20 日,中非合作论坛第五届部长级会议圆满落幕,中非合作迎来新的机遇。值此契机,《青年非洲》周刊特地组织刊发《中国与非洲:超越成见》的专题报道,通过六篇文章从六个不同角度,深度探讨了中非合作过程中的机遇与挑战,尤其是经济领域的合作前景。①

表 1 《青年非洲》2012 年中非专题报道主要文章

标题	核心内容
中国与非洲:幻想与现实之间②	中国如今已是非洲大陆的第一大贸易伙伴国,也是非洲资金的主要来源。尽管世人对中国在非投资的方式和动机存在种种流言蜚语,现实并非如此。文章举例指出,有人说中国在非洲大量购买土地,但实际上中国购买土地的总额还不到撒哈拉以南非洲土地总量的 4%。
义乌:非洲超市③	毛绒玩具、服装以及各种中国制造的小玩意,中国义乌已经成为非洲小商品最大的进货地,并给非洲商人带来财富。即使在金融危机的背景下,这些做小商品买卖的非洲商人也没有受到太大影响。
中国的阿尔及尔④	由于中国在阿尔及利亚进行了大量的基建工程,许多中国工人在这里生活。他们与当地居民关系融洽,各个行业中国工人无处不在,首都阿尔及尔甚至出现了小型的中国城。
非洲大陆的第一家“银行”⑤	中国对非贷款有三大优点:量大、低息、长远。这些贷款集中在基础设施领域,对非洲经济的长期增长大有裨益。文章同时也提及了一些负面问题,例如贷款透明度。
矿业:有利可图的交往⑥	中国集团的资金实力对于在非项目建设至关重要。非洲企业会毫不犹豫地与中国集团签订合作伙伴协议或是合办公司,双方间的往来互动对于非洲企业来说也是有利可图的。
石油企业亦是如此⑦	在非洲石油企业的范畴中,它们以往将与中国企业共事视为一种“禁忌”,但如今却变成“大家的愿望”。与中国企业签订伙伴合同已经成为该领域跨国企业重要的战略。

除了这类专题报道以外,近几年来,《青年非洲》还不时刊登一些涉及中非合作的内页广告,积极推动中非经济合作发展。

泛非通讯社 Pan-African News Agency

泛非通讯社(Pan-African News Agency,简称 PANA)是非洲统一组织的通讯社,总部设在塞内加尔首都

① 马佳盈:《浅析〈青年非洲〉对中非关系的报道特点——以 2006 年及 2012 年中非合作论坛特刊为例》,《西亚非洲》2015 年第 2 期。

② Clara Arnaud. Entre mythes et réalités, *Jeune Afrique*, N. 2692—2693, 2012—8, pp. 118—120.

③ Sébastien le Belzic, Yiwu. le supermarché de l'Afrique, *Jeune Afrique*, N. 2692—2693, 2012—8, p. 121.

④ Tarek Hafid. Alger la chinoise, *Jeune Afrique*, N. 2692—2693, 2012—8, pp. 122—123.

⑤ Stéphane Ballong. La première《banque》du continent, *Jeune Afrique*, N. 2692—2693, 2012—8, p. 123.

⑥ Christophe le Bec. MINES: Rentablesfréquentations, *Jeune Afrique*, N. 2692—2693, 2012—8, p. 124.

⑦ Michael Pauron. Chez les pétroliersaussi, *Jeune Afrique*, N. 2692—2693, 2012—8, p. 124.

达喀尔。目前有84个非洲国家加入了这一通讯社，在非洲7个国家设有分社。报道内容广泛覆盖非洲各国的新闻信息，每天用英语、法语、葡萄牙语、阿拉伯语四种文字发稿，各成员国均可使用泛非通讯社的稿件供本国新闻单位采用。现在，非洲各国对泛非通讯社新闻信息的采用率很高，该通讯社在整个非洲大陆具有很高的影响力。

一、历史沿革

1979年7月20日，在埃塞俄比亚首都亚的斯亚贝巴举行的第十六届非洲统一组织首脑会议上，各国决定共同成立泛非通讯社，目的在于打破西方通讯社对非洲新闻的控制和垄断，客观地报道非洲，促进非洲的发展，使其成为非洲国家的消息总汇中枢。其成立宗旨是便利成员国之间交换新闻，并为发展和建立非洲各国的通讯社作出贡献。

建社起初，由十四国14人组成理事会，作为指导性机关，资金由各成员国按照比例提供。1983年5月25日，泛非通讯社正式开始发布新闻，当天总共编发了从刚果(布)、安哥拉、喀麦隆、苏丹和刚果(金)五个国家通讯社收到的25条新闻，共计5400多字。开始发稿后的第一年，泛非通讯社的总社有53名人员，5个总分社共有51人，加在一起逾百人。

1988年，泛非通讯社与新华通讯社签订新闻交换协定，开始内容层面的常态化交流合作。这一协定有效促进了非洲各国人民对中国的了解。[①] 1991年参加泛非通讯社新闻交换网的非洲国家通讯社达到了48个。泛非通讯社现在总部设在塞内加尔首都达喀尔，有工作人员100多人，分属28个不同的国籍。

二、发展现状

泛非通讯社的使命是向世界真实反映关乎非洲发展的成与败。作为泛非主义的践行者，泛非通讯社在非洲各个国家的首都设有分社，旗下有来自非洲各个国家的记者及摄影师逾百名，他们团结共事，以一个团队展开工作。此外，它还在纽约(美国)和巴黎(法国)设立了两个外部办事处。因此，泛非通讯社拥有非洲大陆最密集的记者群。

泛非通讯社是非洲新闻社中数一数二的拥有最先进技术工具的通讯社，最新的摄像工具让非洲摄影师们能用自己的镜头捕捉他们眼中的魅力非洲。泛非通讯社的总部设在塞内加尔首都达喀尔，整体运营、资金管理都在此地汇集。他的新闻报道分为十几个类别(政治、经济、社会、卫生、教育、科学、技术、环境、性别、农业、文化以及体育等)。纷繁的种类使得泛非通讯社运营井然有序，能及时地在一些大事件发生时明确分工合作，做到责任明确到部门。

泛非通讯社每天自采新闻，它联合超过130多家非洲媒体挑选稿件，每日发稿量可达2000条。泛非通讯社在开普敦、达喀尔、蒙罗维亚、内罗毕和华盛顿特区都设有工作点。它的中央编辑部主要负责每天集中调度信息的发布，每周一次对非洲各国新闻的汇总回顾，整理日常信息时与几个分社协调合作。工作语言涵盖法语、英语、葡萄牙语和阿拉伯语。

泛非通讯社网站(www.panapress.com)是非洲最全面的信息门户网站，面向所有非洲国家以及海外非裔人群。目前，网站有法语、英语、葡萄牙语和阿拉伯语四种语言的版本。该网站每天总访问量累积可达165000次，近500万的读者用户能通过浏览该网站访问其发布的所有文稿。

三、报道特点[②]

泛非所有社是在整个第三世界为建立国际新闻新秩序的斗争中诞生的，扎根于非洲大陆。它的主要干部

① 示日:《泛非通讯社在困难中前进》,《新闻记者》1989年第2期。

② 李学纯:《非洲事业的兴起》,《中国记者》1986年第6期。

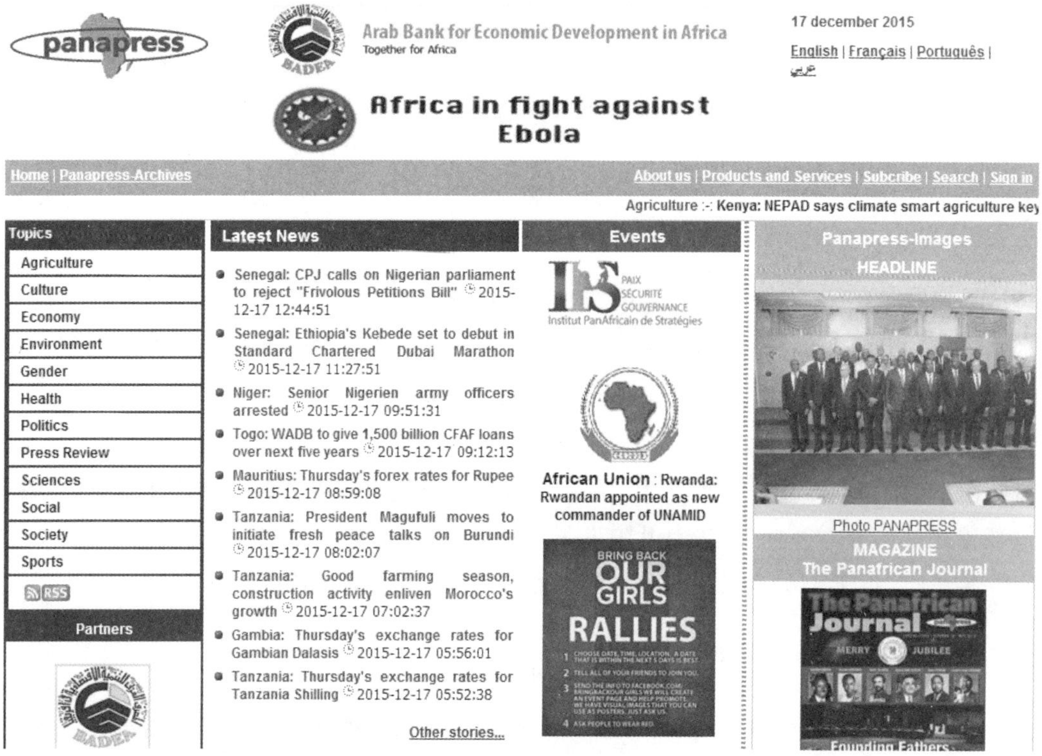

图 3　泛非通讯社网站

队伍来源于各成员国,主要新闻来自各成员国的国家通讯社。它是一个新型的、大陆性的通讯社,具有自己的特色。

首先,泛非所有社的指导思想和编辑方针,是由各成员国新闻部长两年一次的会议决定的。指导泛非所有社的理论基础是泛非主义,它的宗旨是促进非洲国家独立、统一、团结的巩固。它的基本任务是替非洲人民说话,捍卫非洲人民的根本利益,对一切歪曲和诬蔑非洲形象的言论加以揭露和驳斥。

其次,泛非通讯社积极培训非洲自己的新闻队伍,要求编辑和记者严格执行由非洲 37 个国家通讯社总编辑会议制定的编辑指南,在泛非通讯社工作的是塞内加尔、尼日利亚、突尼斯、摩洛哥等非洲国家的编辑、记者。它不雇用英国、法国培养的,长期习惯于按照西方通讯社立场、观点工作的编辑和记者。

另外,在电讯网络建设方面,泛非通讯社从实际出发,发扬自力更生精神。发稿初期,因陋就简,充分利用非洲现有的通讯设备,并依靠集体力量建设自己的电讯网络。1986 年时泛非通讯社总社与大部分非洲国家的通讯联系,主要通过赛贝加尔电传中心提供的 25 千瓦的发报机组完成。西非国家经济共同体的 16 个成员国于 1979 年动工兴建大型电讯工程,并于 1986 年年底前完成安装测试。30 年前,泛非通讯社便具备了把整个西非国家连在一起的电讯网络。

四、涉华报道

泛非通讯社非常注重与中国媒体间的合作与交流,多年来与中国媒体同行的交流合作都非常频繁。早在 1988 年,泛非通讯社便与新华通讯社签订了新闻交换协定,开始业务上的常规合作,大大促进了中非之间的互相了解。泛非通讯社社长穆巴曾说,通过新华社的客观报道,经泛非通讯社转发,使非洲人民更加及时地了解了世界上发生的事情,如海湾战争,泛非通讯社主要采用新华社的有关消息。穆巴认为,由于中国没有像西方国家那样直接介入战争,因而新华社的报道不带偏见,时效性也快。①

① 侯健:《"我们的眼睛盯着中国"——泛非通讯社社长穆巴访华点滴》,《中国记者》1991 年第 8 期。

而在泛非通讯社的日常报道中，也经常体现出对中国的友好态度，相关报道例如“中国让非洲年轻人印象深刻”[①]“中国非洲投资是‘授人以渔’”[②]“不要祈求中国，而要复制中国”[③]“中国不是贪婪的老虎”[④]等等，它们所涉及的议题虽然不一而足，但包括了中国的政治、经济、文化，尤其对中国对非的援助和投资等议题尤为关注。在报道中，泛非通讯社经常通过援引对非洲国家各界人士的采访，切实说明中非关系的实质内容，表述中国对于非洲的重要意义。例如，在“中国让非洲年轻人印象深刻”的报道中，泛非通讯社以对非国大青年联盟副秘书长戈本尼等非洲青年领袖的采访为主，阐释了非洲年轻人对中非日益紧密的关系的理性认识，“我们接受中国带来的机会时，必须界定它同非洲的关系”。对于中国的对非投资，他们认为中国注资对非洲来说具有重大影响，非洲国家应该学习中国经验，但是非洲国家也应在中非关系中发挥主动性，这才是中非关系良性发展的可持续之道。

---

① 泛非网：《中国让非洲年轻人印象深刻》，2009 年 8 月 27 日，检索自中国网：http://www.china.com.cn/international/txt/2009－08/27/content_18410364.htm，检索时间：2015 年 9 月 18 日。

② 泛非网：《中国非洲投资是“授人以渔”》，2009 年 10 月 22 日，检索自凤凰网：http://finance.ifeng.com/opinion/hwkzg/20091022/1373094.shtml，检索时间：2015 年 9 月 18 日。

③ 泛非网：《不要祈求中国，而要复制中国》，2008 年 3 月 5 日，检索自中国网：http://www.china.com.cn/international/txt/2008－03/05/content_11584583.htm，检索时间：2015 年 9 月 18 日。

④ 泛非网：《中国不是贪婪的老虎》，2008 年 4 月，检索自环球网：http://oversea.huanqiu.com/entertainment－Articles/2008－04/87774_2.html，检索时间：2015 年 9 月 18 日。

图书在版编目(CIP)数据

当代世界媒体 / 徐和建,刘笑盈主编. — 北京 ：中国传媒大学出版社，2017.7

ISBN 978-7-5657-2027-7

Ⅰ.①当… Ⅱ.①徐… ②刘… Ⅲ.①传播媒介－发展－研究－世界 Ⅳ.①G219.1

中国版本图书馆 CIP 数据核字(2017)第 115866 号

当代世界媒体(上下册)

DANGDAI SHIJIE MEITI(SHANGXIACE)

主　　编　徐和建　刘笑盈
副 主 编　邹璐巍　康秋洁
策划编辑　阳金洲
责任编辑　黄松毅　阳金洲　欧丽娜
特约编辑　张　静　李克俭
封扉设计　泰博瑞国际文化传媒
责任印制　日　新

出版发行　中国传媒大学出版社
社　　址　北京市朝阳区定福庄东街 1 号　　邮编:100024
电　　话　010-65450532 或 65450528　　传真:010-65779405
网　　址　http://www.cucp.com.cn
经　　销　全国新华书店

印　　刷　艺堂印刷(天津)有限公司
开　　本　889mm×1194mm　1/16
印　　张　81.5
字　　数　2513 千字
版　　次　2018 年 1 月第 1 版　2018 年 1 月第 1 次印刷

书　　号　ISBN 978-7-5657-2027-7/G·2027　　**定　价**　480.00 元